D1805681

# THE MILSTEIN EDITION

ArtScroll Series™

Rabbi Nosson Scherman/Rabbi Meir Zlotowitz
*General Editors*

A PROJECT OF THE

# Mesorah Heritage Foundation

# נביאים אחרונים

עם פירוש רש"י, רד"ק, מצודת דוד ומצודת ציון

# PROPHETS

## ישעיה

## ISAIAH

The ArtScroll Series™

Published by
Mesorah Publications, ltd

The MILSTEIN EDITION

**THE LATER PROPHETS** WITH A COMMENTARY ANTHOLOGIZED FROM THE RABBINIC WRITINGS

by
Rabbi Nosson Scherman

Contributing Editors:
Rabbi Meir Zlotowitz
Rabbi Yitzchok Stavsky
Rabbi Dovid Oratz
Rabbi Yitzchok Basser
Rabbi Yitzchok Schechter

Designed by
Rabbi Sheah Brander

FIRST EDITION
*First Impression . . . March 2013*
*Second Impression . . . June 2013*
*Third Impression . . . February 2014*

*Published and Distributed by*
**MESORAH PUBLICATIONS, Ltd.**
4401 Second Avenue
Brooklyn, New York 11232

*Distributed in Europe by*
**LEHMANNS**
Unit E, Viking Business Park
Rolling Mill Road
Jarrow, Tyne & Wear NE32 3DP
England

*Distributed in Australia & New Zealand by*
**GOLDS WORLD OF JUDAICA**
3-13 William Street
Balaclava, Melbourne 3183
Victoria Australia

*Distributed in Israel by*
**SIFRIATI / A. GITLER — BOOKS**
Moshav Magshimim,
Israel

*Distributed in South Africa by*
**KOLLEL BOOKSHOP**
Northfield Centre, 17 Northfield Avenue
Glenhazel 2192, Johannesburg, South Africa

---

**THE ARTSCROLL® SERIES / MILSTEIN EDITION**
**THE LATER PROPHETS: ISAIAH**


ISBN 10: 1-4226-1365-8 / ISBN 13: 978-1-4226-1365-8 (Hardcover)
ISBN 10: 1-4226-1366-6 / ISBN 13: 978-1-4226-1366-5 (Leather)

*Typography by Compuscribe at* ArtScroll Studios, Ltd.
Custom bound by **Sefercraft, Inc.**, Brooklyn, N.Y.

# The Milstein Edition of the Later Prophets

This volume, the Book of Isaiah, is lovingly dedicated by

**Asher David Milstein**

in memory of his grandparents

Rabbi Elazar Kahanow ז״ל

הגאון רבי אלעזר בן הגאון ר׳ אורי מאיר הכהן זצוק״ל

Henrietta Milstein ע״ה — מרת הינדא בת אברהם הלוי ע״ה

his brother

Betzalel Milstein ז״ל — הילד בצלאל בנימין ז״ל ב״ר אליעזר פסח שליט״א

his great-uncles

Aaron Kahan ז״ל — אהרן בן הגאון ר׳ אורי מאיר הכהן ז״ל

Yankel Basch ז״ל — יעקב בן יהושע ז״ל

and his great-aunt

Hanka Kozlovsky ע״ה — הנקא בת הגאון ר׳ אורי מאיר הכהן ז״ל

And in honor of his parents

Lazer and Ziporah Milstein שיחי׳

his grandparents

Monroe and Judy Milstein שיחי׳ Rebbetzin Rochel Kahanow שיחי׳

and in tribute to

Rabbi Jeff Seidel, Rabbi Yehoshua Bertram,
Rabbi Efraim Weingot and Rabbi Ezriel Munk

# ☙ Preface

THIS VOLUME INAUGURATES THE NEW MILSTEIN EDITION OF THE LATER Prophets. The Book of *Isaiah* is the longest and most quoted of the Prophets. More *Haftarahs* come from this Book than from any other. Isaiah himself lived at the beginning of a new era, as generations of prophets from his time onward began to warn the nation that unless it repented, destruction and exile were inevitable. Nevertheless, as discussed in the Overview, the Talmud describes *Isaiah* as a "Book of consolation and comfort." The prophet promises Israel that its enemies will disappear and that it will emerge from exile into a Messianic Era that will eclipse even the miracles of the Exodus, an era that will bring all the world to serve Hashem and acknowledge Israel as His Chosen People.

The language of this Book soars; its poetry is complex, as well as inspiring. In the original ArtScroll translation, we have earnestly attempted to capture the beauty of the language while being faithful to its meaning. However, the nature of language requires that the commentary in this volume concentrate on a phrase-by-phrase elucidation, not merely explain the context, historical background, and message of Isaiah's prophecies. Such a treatment is especially important in the Book of *Isaiah,* because many references in the Book have been twisted out of context to support ideologies and religions that are antithetical to the meaning of the verses, as they have historically been understood by the Sages and the classic commentators.

To make this work even more useful, we have added the newly typeset Hebrew classic commentaries of *Rashi, Radak,* and *Metzudos,* taken from the standard *Mikraos Gedolos* text. In aggregate, this volume comprises an unprecedented array of features. We hope that, with Hashem's help, it will bring a new level of knowledge and understanding of the Book; it will introduce countless people to the beauty and profundity of the Word of Hashem, as expressed through His prophets; and it will inspire our people to respond to Isaiah's eternal message of faith in Hashem and His Torah, no matter what the difficult challenges of history and exile.

This **MILSTEIN EDITION OF NEVI'IM ACHARONIM** — the Later Prophets — is dedicated by **ASHER DAVID MILSTEIN**, a man of unusual sensitivity and generosity, who devotes himself to spreading Torah knowledge throughout the world in many ways. He has also dedicated **SEDER NASHIM** in **THE SCHOTTENSTEIN EDITION OF TALMUD YERUSHALMI** and **THE FIVE MEGILLOS** in **THE KLEINMAN EDITION OF MIDRASH RABBAH.** Asher has become a dear personal friend and we are proud that he associates himself with our work in such a meaningful way. Asher distributes large numbers of ArtScroll books to *kiruv* libraries and institutions around the world, and we are gratified that he regards our work as a valuable means to draw people closer to Hashem and Torah. In addition, he has suggested sources that have been incorporated into the Overview and commentary of this work. Graciously, he expresses his appreciation to **RABBI JEFF SEIDEL**, **RABBI YEHOSHUA BERTRAM**, **RABBI EFRAIM WEINGOT**, and **RABBI EZRIEL MUNK.** The author was a student of Asher's grandfather, Rabbi Elazar Kahanow *zt"l,* so that Asher's association with us is especially meaningful.

The attractive and conveniently designed page, which includes *Rashi, Radak* and *Metzudos,* cannot but elicit amazed admiration, especially from connoisseurs of the graphic arts. For that we are deeply grateful to our dear friend and colleague **REB SHEAH BRANDER**, who is not only a genius of his craft, but a *talmid chacham* of note.

The author is deeply grateful to **RABBI YITZCHOK STAVSKY**, **RABBI DOVID ORATZ**, **RABBI YITZCHOK BASSER**, and **RABBI YITZCHOK SCHECHTER**, who did extensive research and provided early drafts of the commentary. The breadth of their scholarship and their good judgment enhanced the final product immeasurably.

**GAVRIEL SANDERS** made very important comments, provided guidance, and helped coordinate the contributions of others. **RABBI MOSHE SHULMAN** is an authority of the Book and on how it has been misunderstood. Generously, he made his time and expertise available at every juncture. We are grateful to them both. Parts of the manuscript were read and commented on by **RABBI NAFTOLI LESHKOWITZ** and **MRS. MALKA ZEILBERGER. RABBI ELI HERZKA** read and commented on the Overview. We thank them all.

We are grateful to the entire staff of ArtScroll/Mesorah, whose dedication under pressure does so much to make our work possible. **MENDY HERZBERG** coordinated the work throughout its many stages with his invariable good cheer and efficiency. **AVROHOM BIDERMAN** made himself available whenever called upon. **ELI KROEN** sets a high standard in graphics. **RABBI YISROEL LONDINSKI** proofread and assured the accuracy of the Hebrew commentaries; **RABBI AVRAHAM SHERESHEVSKY** assured the accuracy of the Hebrew text of the Book.

**RABBI MORDECHAI GUTTMAN** paginated the complex layout and integrated the many components with great skill; **RABBI MOSHE DEUTSCH** and **RABBI YECHEZKEL SOCHACZEWSKI** prepared the manuscript for print. We are grateful for their efficiency and diligence.

**MRS. FAYGIE WEINBAUM** proofread with her customary skill. **MRS. MINDY STERN**, who once taught *Isaiah,* proofread and commented. **MRS. SURY ENGLARD**, **MRS. ESTHER FEIERSTEIN**, and **MRS. TOBY GOLDZWEIG** entered corrections, and **MRS. CHUMIE LIPSCHITZ** skillfully assisted in the pagination. We are grateful to them all.

Finally, we express our profound thanks to Hashem Yisbarach for granting us the greatest of all privileges: to have a share in bringing His Torah to His people. May the time soon come when, as Isaiah prophesied, *the earth will be as filled with knowledge of HASHEM as water covering the seabed* (11:9).

*Rabbi Meir Zlotowitz / Rabbi Nosson Scherman*

*Adar 5773*
*March 2013*

# An Overview: Prophet of Consolation

מֹשֶׁה אָמַר "וַאֲבַדְתֶּם בַּגּוֹיִם". בָּא יְשַׁעְיָהוּ וְאָמַר "וְהָיָה בַּיּוֹם הַהוּא יִתָּקַע בְּשׁוֹפָר גָּדוֹל" — *Moses said* (*Leviticus* 26:38), *"You will become lost among the nations." [But] Isaiah came [to contradict him] and said* (27:13), *"It shall be on that day that a great shofar will be blown ... "* [and the exiles will return and prostrate themselves to HASHEM on the holy mountain in Jerusalem] (*Makkos* 24a).

כָּל נְבוּאוֹת קָשׁוֹת שֶׁנִּתְנַבֵּא יִרְמְיָהוּ עַל יִשְׂרָאֵל, הִקְדִּים יְשַׁעְיָהוּ וְרִפְּאָן — *All the harsh prophecies that Jeremiah prophesied against Israel, Isaiah anticipated him and healed them* (*Eichah Rabbasi* 1:23).

יְשַׁעְיָהוּ כֻּלּוֹ נֶחָמָה — *The Book of Isaiah is [primarily] one of consolation* (*Bava Basra* 14b; *Maharsha*).

## I. Isaiah Accepts His Mission

***He hears and accepts***

ISAIAH'S INAUGURATION AS THE PROPHET WHOSE MESSAGES WOULD RESONATE throughout history began in Chapter 6 of this Book. As the verse (6:8) says, וָאֶשְׁמַע אֶת־קוֹל אֲדֹנָי אֹמֵר אֶת־מִי אֶשְׁלַח וּמִי יֵלֶךְ־לָנוּ? וָאֹמַר הִנְנִי שְׁלָחֵנִי, *I heard the voice of the Lord saying, "Whom shall I send, and who shall go for us?" And I said, "Here I am! Send me!"*

That was a pivotal moment in the life of Isaiah and in the history of our people. There are more chapters in the Book of *Isaiah* than in any other single Book of the Scriptures, and there are more *Haftarahs* from the Book than from any other Book of *Tanach*. Clearly, his prophecies have a special role in the history and consciousness of our people.

*Clearly, his prophecies have a special role in the history and consciousness of our people.*

Chapter 6 relates that Isaiah was shown the *Maaseh HaMerkavah*, the awesome vision of the angels praising God, and only then did he hear this Divine call. The Talmud (*Megillah* 14a) tells us that there were hundreds of thousands of prophets among our people, twice as many as the Jews who were redeemed from Egypt, and Isaiah was obviously one of them. Of all those many prophets, the only ones mentioned in Scripture — forty-eight men and seven women — are those whose prophecies were needed for posterity. Now, Isaiah became one of that elite number.

*Of all those many prophets, the only ones mentioned in Scripture are those whose prophecies were needed for posterity. Now, Isaiah became one of that elite number.*

It is a mistake to think that large numbers of prophets heard God's question, "Whom shall I send?" but that only Isaiah volunteered. Heavenly messages are heard only by those for whom they are intended (see *Rashi, Leviticus* 1:1). If Isaiah is the one who heard that prophetic question, we must assume that of all the many, many prophets among the nation in his time, this particular mission was intended for him, and that is why he was the one who heard the call.

*If Isaiah is the one who heard that prophetic question, we must assume that this particular mission was intended for him.*

An example of a Heavenly message meant for a particular person is found in the Talmud (*Taanis* 21b), which relates that two great sages, Rabbi Yochanan and Ilfa, decided to leave the academy to earn a livelihood. As they rested in the shade of a dangerously dilapidated wall, angels were sharply criticizing the two scholars who preferred the temporal life of commerce over the eternal world of Torah scholarship. One angel said that they should topple the wall to crush them for having made such a choice. The other angel said no, because one of them was destined to become head of the academy. Rabbi Yochanan heard the dialogue; Ilfa didn't. Rabbi Yochanan understood that if only he was able to hear the angels, it must have been a message to him. He returned to the academy and, indeed, became not only the Rosh Yeshivah, but also one of the leading Sages of the Talmudic era and the creator of the Jerusalem Talmud.

*Rabbi Yochanan understood that if only he was able to hear the angels, it must have been a message to him.*

Similarly, we may assume that only Isaiah heard God's call. The Almighty needed someone to bring His message to His straying nation. He wanted Isaiah to be that prophet. Isaiah heard. He understood. He accepted.

## A new era of prophecy

ISAIAH, HOSEA, AMOS, AND MICAH ALL PROPHESIED DURING THE SAME PERIOD (*Pesachim* 87a). Before their time, the prophets of Israel warned of punishments that would take place in *Eretz Yisrael,* as we see in the Books of *Judges*, *Samuel*, and most of *Kings*. If the people sinned, the land would be invaded by their aggressive neighbors and the people would suffer a period of oppression. When they repented, God would appoint a leader to defeat the enemy and the land would be restored to tranquility. This pattern was repeated over and over from the time Israel entered the Land in 2488/1273 BCE until Saul became king in 2882/879 BCE. King Solomon's Holy Temple was completed in 2935/826 BCE. Isaiah's prophecies began in 3142/619 BCE. In all of those

654 years from the Exodus, although there were times of sinfulness and idol worship, never was there a suggestion that the nation would be driven out of the Land or that the Temple would be destroyed.

*Never was there a suggestion that the nation would be driven out of the Land or that the Temple would be destroyed. Then came a cosmic change.*

Then came a cosmic change. King Uzziahu had been a successful king of Judah, spiritually and economically. Then he became arrogant. He decided to perform the incense service in the Temple, a service that the Torah reserves exclusively for Kohanim. Immediately he was stricken with *tzaraas*, and the Kohanim unceremoniously removed him from the Temple Courtyard (see 6:4 and comm.). Transgressions had been building up in the years before Uzziahu, and now they had reached an intolerable degree. This signified the beginning of a new era in Jewish history. No longer did the prophets warn of invasion; now God would send them to warn of destruction.

*No longer did the prophets warn of invasion; now God would send them to warn of destruction.*

## The end nears

SO IT WAS THAT THE JEWISH PEOPLE BEGAN THE DECLINE THAT WOULD END WITH the loss of the Temple and the Babylonian exile. That decree was not yet irreversible, but only sincere and significant repentance could change the Heavenly decision. Now prophets had an enhanced role. They had to warn the people that an end was approaching — not merely drought or invasion, but exile and destruction. It would be nearly two hundred years before the Temple would be destroyed, and for all those years Isaiah and his colleagues and successors would bring the Divine message that repentance was the nation's only hope. In the end, Israel heeded them not, but their message resonates still; there *will* be repentance and there *will* be the Messianic Redemption.

*In the end, Israel heeded them not, but their message resonates still; there will be repentance and there will be the Messianic Redemption.*

Isaiah was chosen to be a prophet for the ages, for the centuries before the exile and to this day. He would chastise the people, warn them, prophesy about the eventual destruction of Israel's enemies, the extermination of the wicked Sennacherib's massive army, the miracle that would save the righteous King Hezekiah, the glories awaiting Israel in the Messianic Era, and how all the nations would unite under the leadership of Israel and the sovereignty of God. There was one underlying theme in his career that spanned the reigns of four kings: The Sages describe his Book as one of consolation; even his admonitions were to prepare Israel for God's blessings, to urge them to repent and not to despair, and his ultimate message was one of assurance that there would be a glorious future for all twelve tribes.

*The Sages describe his Book as one of consolation; even his admonitions were to prepare Israel for God's blessings.*

He knew that his task would not be easy. God warned him, "My son, My children are difficult. They resist authority. If you are willing to accept blows and abuse, you may embark on My mission. But if not, you cannot undertake it" (*Vayikra Rabbah* 10:2). Isaiah agreed. He was dedicated totally both to God and to Israel, and therefore he could succeed.

Why did Isaiah merit to be the one who, more than any other prophet, comforted Israel with assurances about the future? Because he accepted upon himself the yoke of Divine service with greater joy than anyone else (*Tanna d'Vei Eliyahu Rabbah*).

ISAIAH'S DESIGNATION AS GOD'S PROPHET WAS PRECEDED BY HIS VISION OF THE Heavenly panorama and the praise of the angels. They sang:

**The mission is everywhere**

קָדוֹשׁ קָדוֹשׁ קָדוֹשׁ ה׳ צְבָאוֹת מְלֹא כָל הָאָרֶץ כְּבוֹדוֹ — *Holy, holy, holy is* HASHEM*, Master of Legions, the whole world is filled with His glory* (6:3).

*Targum's* rendition of the three "holies" is that there are three levels of God's holiness. It is found in the loftiest Heaven, the abode of His *Shechinah*, the Divine Presence. It is found here on earth. And His holiness will be found for ever and ever, filling the entire universe with His glory.

This verse is a fitting introduction for Isaiah's mission. God's holiness is not only in heaven, but also on earth; and it is not only in times when there is a Temple and Israel is in its land, but it is forever. Judaism does not countenance a cleavage between Heaven and earth. God's Presence must be everywhere. The Torah does not limit holiness to Heaven or to the Temple. Man's office, farm, factory, and home must all be equal habitats of God's glory. An early chassidic master said, "Where is God? Wherever man lets Him in."

*Judaism does not countenance a cleavage between Heaven and earth. God's Presence must be everywhere.*

Indicative of this concept is the proximity of chapters in the Torah. Following the Ten Commandments, the Torah gives laws of the Altar in the Tabernacle, which is followed by *Parashas Mishpatim*, with its laws of servitude, torts, and damages (*Exodus* Chs. 20-23). From this proximity of subjects, the Sages derive that the Sanhedrin, the High Court, must be adjacent to the Temple. The message is clear. Judaism does not divorce "ritual" from civil law and from ethics and respect for the rights of others. All the world and all its activities must be reflections of God's glory.

*Judaism does not divorce "ritual" from civil law and from ethics and respect for the rights of others.*

## II. All Is in the Torah

**Self-imposed blindness**

BUT ISRAEL WAS FAILING TO LIVE UP TO THIS MISSION. FROM THE START, ISAIAH'S prophecies are filled with protests against the nation's shortcomings, in its service of God and in its dealings with its fellow Jews. Over and over, Isaiah warns that the wages of such sin will be defeat, destruction, and exile.

When he said, "Here I am! Send me!" God spelled out his task:

וַיֹּאמֶר לֵךְ וְאָמַרְתָּ לָעָם הַזֶּה שִׁמְעוּ שָׁמוֹעַ וְאַל־תָּבִינוּ וּרְאוּ רָאוֹ וְאַל־תֵּדָעוּ. הַשְׁמֵן לֵב־הָעָם הַזֶּה וְאָזְנָיו הַכְבֵּד וְעֵינָיו הָשַׁע פֶּן־יִרְאֶה בְעֵינָיו וּבְאָזְנָיו יִשְׁמָע וּלְבָבוֹ יָבִין וָשָׁב וְרָפָא לוֹ

*Go and say to this people, "Surely you hear, but you do not comprehend; and surely you see, but you fail to know." This people is fattening its heart, hardening its ears, and sealing its eyes, lest it see with its eyes, hear with its ears, and understand with its heart, so that it will repent and be healed* (6:9-10).

*Surely you hear, but you do not comprehend; and surely you see, but you fail to know.*

Strong words. A harsh condemnation. The nation ignores the obvious. It knows what it should do. It is all in the Torah, but the people prefer to be deaf, blind, and uncomprehending.

The Talmudic sage Rabbi Yitzchak declared, "Whatever the prophecy may be, in any generation, the prophets had received it from Sinai" (*Shemos Rabbah* 28:4). Does this mean that the hundreds of chapters of *Tanach* were all related to Moses at Sinai? Where in the Five Books of Moses do we find the contents of those chapters?

*The essence of God's Will is found in the Torah. The Sages were capable of finding everything in the Torah.*

*Rabbi Yaakov Kamenetsky* explains this concept (see Introduction to *Emes LeYaakov*). The essence of God's Will is found in the Torah. For example, when Queen Esther asked the Sages of her time to record the miracle of Purim, include it in Scripture, and ordain it as an annual mitzvah, they agreed to her request only after they found an allusion to it in the Torah. The Sages were capable of finding everything in the Torah. Similarly, the Sages derived certain laws regarding the Temple service from the Book of *Ezekiel*, whereupon the Talmud asks: In the eight centuries from the Exodus until Ezekiel, weren't these laws known? The Talmud answers that, indeed, the laws were known and conveyed orally, but Ezekiel provided a Scriptural support (*Sanhedrin* 22b).

*When people became less attuned to the implications and nuances of the Torah, it became necessary for the prophets to teach the people what they failed — or preferred not — to see.*

In other words, whatever *had* to be known *was* known from the time of Moses. One whose eyes are not blinded by worldly allures, whose ears are not deafened by the competing blares of opposing cultures, whose heart is not insulated with spiritual plaque — such a person will see in the Torah what Moses saw, what the Sages saw, what Isaiah was drafted to teach. In later generations, when people became less attuned to the implications and nuances of the Torah, it became necessary for the prophets to teach the people what they failed — or preferred not — to see.

## Prophets and messengers

AS MENTIONED ABOVE, THERE WERE ALWAYS VERY LARGE NUMBERS OF PROPHETS. In the words of Rabbi Joseph Elias in his Overview to the ArtScroll edition of *The Twelve Prophets*:

> The sheer number of prophets of whom we know nothing indicates that a prophet is not necessarily sent on a specific mission or to deliver a message for eternity, or even to his own generation. Essentially, a prophet is an individual who has purified his mind and nature to the point that he is able to receive the outpouring of God's spirit upon himself (see *Rambam, Hilchos Yesodei HaTorah* 7:7; *Chasam Sofer, Even HaEzer* §40). Thus the earlier prophets were called רֹאִים, *seers* (*I Samuel* 9:9), because they had Divinely granted deeper insight, which enabled them to provide spiritual and practical guidance to people; however, they were not sent

to be the *leaders* of the people. In contrast, the word נָבִיא [*navi*], which essentially means a *preacher* (*Rashi, Exodus* 7:11), was commonly used for a person who exhorted others to go in the right way and prayed for them in their time of need (*Emes LeYaakov, Genesis* 20:7).

Only in later years, when there was a need to send prophets to admonish the Jewish people and provide national leadership, did *navi* become the general appellation of a prophet. In commenting on *I Samuel* 9:9 [which states that a person who is now called a *navi*, was formerly called a *seer*], Rabbi Kamenetsky explained that this marked a turning point in Jewish history, with the creation of the monarchy in Israel. The advent of a hereditary kingship meant that the heads of state would not necessarily be righteous, as had been the case when God had chosen the leaders of the people, none of whom were succeeded by their children. The judges who led the nation from the time of Joshua until the anointment of King Saul were all righteous God-chosen people, so there was no fear that they would lead the nation astray. But a hereditary monarchy was a different sort of institution. Indeed there was no shortage of kings who sullied the image of the Chosen People. Henceforth the nation stood in great need of prophets with the mission of conveying נִיב ה׳, *the word of God*, to the people.

*The advent of a hereditary kingship meant that the heads of state would not necessarily be righteous.*

*Henceforth the nation stood in great need of prophets with the mission of conveying נִיב ה׳, the word of God, to the people.*

## *Equally great*

IT IS IMPORTANT, HOWEVER, TO NOTE THAT PROPHETS WITHOUT a specific leadership mission were by no means unimportant to the community. On the contrary, they made a crucial contribution to the people, simply by their presence as persons so closely in communion with God, and by providing guidance to their contemporaries. It was from them that people gained advice and direction, an understanding of the challenges and obligations they faced, and a true interpretation of the happenings of their time. Thus they inspired their contemporaries to go in God's way. Therefore, the fact that only a few — or in the great majority none — of their prophecies are passed on to us is no measure of these prophets' significance (see *Nevi'ei Emes* pp. 110ff).

*The fact that only a few — or in the great majority none — of their prophecies are passed on to us is no measure of these prophets' significance.*

In a sense, the prophets whose teachings and even names are not recorded may be likened to great Torah leaders who never published their writings. It is natural that we are aware of the great contributions of those whose works are still studied avidly, but this does not mean that in its long history the Jewish people had no leaders who were of equal stature and whose guidance was critical to the survival of their contemporaries. Similarly, there were Tannaim and Amoraim who were mentioned in the Talmud as little as one time, but it would surely be inaccurate to say that the stature of the respective luminaries can be determined according to how many times they are listed. So, too, the prophets cannot be judged on the basis of whether and how extensively they are quoted in Scripture.

*It would surely be inaccurate to say that the stature of the respective luminaries can be determined according to how many times they are listed.*

# III. Essentially a Book of Consolation

***The brilliant end***

*The first chapter of the Book is a blistering criticism of the nation. Where is the love and comfort?*

This OVERVIEW WAS INTRODUCED WITH QUOTES FROM THE SAGES THAT describe Isaiah as the model of love of his people and as their comforter. It is hard to see this characteristic in the first mission given him by God (Ch. 6). He is told to castigate his people as sinners who are blind, deaf, and unfeeling. This introduction to his mission is hardly one of love and comfort. So, too, is the first chapter of the Book. It is a blistering criticism of the nation and, as such, is the fitting *Haftarah* for the Sabbath before Tishah B'Av, the somber day of mourning and defeat. Where is the love and comfort?

Let us look further, to the end of Chapter 1 and the opening verses of Chapter 2, which is actually a continuation of the first chapter. [It should be noted that the familiar and universally used chapter divisions are not of Jewish origin. This explains why we find that the authentic Jewish sources often combine parts of separate "chapters" into one passage.]

וְאָשִׁיבָה שֹׁפְטַיִךְ כְּבָרִאשֹׁנָה וְיֹעֲצַיִךְ כְּבַתְּחִלָּה אַחֲרֵי־כֵן יִקָּרֵא לָךְ עִיר הַצֶּדֶק קִרְיָה נֶאֱמָנָה. צִיּוֹן בְּמִשְׁפָּט תִּפָּדֶה וְשָׁבֶיהָ בִּצְדָקָה

*Then I will restore your judges as at first and your counselors as at the beginning; after that you will be called "City of Righteousness," "Faithful City." Zion will be redeemed through justice, and those who return to her through righteousness* (1:26-27).

וְהָיָה בְּאַחֲרִית הַיָּמִים נָכוֹן יִהְיֶה הַר בֵּית־ה׳ בְּרֹאשׁ הֶהָרִים וְנִשָּׂא מִגְּבָעוֹת וְנָהֲרוּ אֵלָיו כָּל־הַגּוֹיִם ... כִּי מִצִּיּוֹן תֵּצֵא תוֹרָה וּדְבַר־ה׳ מִירוּשָׁלָםִ ... וְכִתְּתוּ חַרְבוֹתָם לְאִתִּים וַחֲנִיתוֹתֵיהֶם לְמַזְמֵרוֹת לֹא־יִשָּׂא גוֹי אֶל־גּוֹי חֶרֶב וְלֹא־יִלְמְדוּ עוֹד מִלְחָמָה

*It will happen in the end of days: The mountain of the Temple of* HASHEM *will be firmly established as the head of the mountains, and it will be exalted above the hills, and the nations will stream to it . . . For from Zion will the Torah come forth, and the word of* HASHEM *from Jerusalem . . . They shall beat their swords into plowshares and their spears into pruning forks; nation will not lift sword against nation and they will no longer study warfare* (2:2-4).

Throughout the Book, Isaiah chastises Israel and warns it of dire consequences for its transgressions; nevertheless, the major theme of his prophecy, as our Sages taught, is love and consolation, for he makes clear over and over again that at the End of Days the Messiah will come to restore Israel to the Torah and its Land, that all the nations will acknowledge Israel as their spiritual guide and leader, and that even the formerly antagonistic nations will take part in transporting Israel back to *Eretz Yisrael* from the furthest ends of its exile.

In a sense, 6:12-13 encapsulates Jewish history: *HASHEM will drive the people far away, and abandonment will be great amid the land . . . it shall regress and become barren — like an elm and an oak which, when shedding [their leaves], still have vitality in them, so will the holy seed be the vitality of [the land].* God likens Israel to a tree in winter that has lost its leaves and appears to be dead. But the truth is that it only *seems* to be dead. In the spring its leaves will sprout again. So, too, the sins of Israel will cause the Land to be emptied of its inhabitants, and onlookers will be convinced that the Israel of the Patriarchs, Moses, and the Temple has joined the many other nations that once flourished but have become fossils of history — but they will be wrong. *Eretz Yisrael* will once again be populated by the "holy seed," the righteous of Israel. God's Chosen People will blossom anew, as *the vitality of [the land].*

*God likens Israel to a tree in winter that has lost its leaves and appears to be dead. But the truth is that it only seems to be dead. In the spring its leaves will sprout again.*

## *Comfort at last*

DESPITE ITS MANY CHAPTERS OF WARNING AND ADMONITION, THE BOOK OF *ISAIAH* is aptly described by the Sages as a book of consolation, because, just as a surgeon must lance an infection in order to heal the body, even the suffering of exile is meant as preparation for a glorious future. Isaiah chastised Israel not to prepare it for its demise, but to urge it to repent and reverse the decree. Therefore, the concluding chapters of the Book are lyrical depictions of the glories awaiting Israel with the coming of the Messiah and the inauguration of the era when all the world will rejoice in the realization that *HASHEM will be King over all the world — on that day HASHEM will be One and His Name will be One* (*Zachariah* 14:9).

*Therefore, the concluding chapters of the Book are lyrical depictions of the glories awaiting Israel with the coming of the Messiah.*

It is for this reason that Ezekiel's vision of the *Maaseh HaMerkavah* is presented in much greater detail than that of Isaiah. Isaiah's account is in only four verses (6:1-4); Ezekiel's takes twenty-six (*Ezekiel* Ch. 1). *Zohar* explains that Isaiah prophesied when the Temple still stood and the people felt that their future was secure. Ezekiel, however, was in Babylon when he saw his vision; the Land had been conquered by Babylon and the exile had begun. The nation's finest sons had been brought to Babylon and the Temple was on the verge of destruction. The people were in despair, fearful that their ties to God had been severed for good. It was then that God commanded Ezekiel to relate the *Maaseh HaMerkavah* in detail, in order to show the people that though they were being cast out of the Land, God still loved them, shared their pain, and would be with them in their exile. The Divine covenant with the Patriarchs is eternal, in Isaiah's time, Ezekiel's time, and to this day.

*Though they were being cast out of the Land, God still loved them, shared their pain, and would be with them in their exile.*

### When Isaiah misspoke

THE EXTENT OF THIS LOVE WAS SHOWN AT THE TIME WHEN ISAIAH ONCE MISSPOKE. After seeing the *Maaseh HaMerkavah,* he was sure he would die because a human being cannot gaze at such supreme spiritual glory and remain alive. He exclaimed, אוֹי־לִי כִי־נִדְמֵיתִי כִּי אִישׁ טְמֵא־שְׂפָתַיִם אָנֹכִי וּבְתוֹךְ עַם־טְמֵא שְׂפָתַיִם אָנֹכִי יֹשֵׁב כִּי אֶת־הַמֶּלֶךְ ה׳ צְבָאוֹת רָאוּ עֵינָי, *"Woe is me, for I am doomed, for I am a man of impure lips and I dwell among a people of impure lips, for my eyes have seen the King, HASHEM, Master of Legions"* (6:5).

*Isaiah, you have a right to call yourself a man of impure lips, but how dare you call Israel a people of impure lips!*

*Midrash Tanchuma* writes that God rebuked him. "Isaiah, you have a right to call *yourself* a man of impure lips, but how dare you call Israel a people of impure lips! At Sinai they proclaimed that they would accept the Torah even before they knew what it contained, and they proclaim the *Shema* twice a day!" Immediately, God dispatched an angel to take a glowing coal from the Altar — the Altar consecrated by the very nation Isaiah had criticized — and touch it to his lips (6:7, see comm. there).

The Talmud (*Yevamos* 49b) relates that after his eighty-six-year career as a prophet who both encouraged and admonished his people, Isaiah was murdered by King Manasseh, his own grandson, an evildoer of historic proportions. God protected Isaiah from Manasseh's onslaught, until the prophet was struck in the mouth. Because his mouth had too harshly criticized Israel, that part of his body remained vulnerable.

On the one hand, one wonders how such a great man — a prophet whom the Sages compare to Moses himself (*Yerushalmi, Sanhedrin* 10:4) — could pay such a heavy price for a sincere, though mistaken statement he had uttered so many years before. On the other hand, his very greatness supplies the answer. The greater a person is, the more strictly he is judged. Errors that would be trivial for an ordinary person are not tolerated from someone like Moses or Isaiah. On our own mediocre human level, we see this. We insist that our leaders maintain a higher standard of conduct than the ordinary drifter in the street — as well we should.

*Errors that would be trivial for an ordinary person are not tolerated from someone like Moses or Isaiah.*

### The essence of the Jew

R' TZADOK HAKOHEN OFFERS A REMARKABLE, NOVEL INSIGHT INTO ISAIAH'S declaration that Israel was a nation of impure lips. True, Isaiah meant it as a criticism and was punished for saying it; however, since God ordained that the statement should be included in a book of prophecy, we must assume that it contained an underlying truth. In every person, there is the inner man and the public man. Someone may present himself very convincingly as saintly, yet his essence may be corrupt. His outward behavior is hypocritical because it misrepresents his true self. Conversely, one may be essentially good, even truly holy, but he may commit transgressions that make him seem to be a sinner. In other words, a good person may sometimes sin, even though his essence remains untarnished. While Isaiah saw and was dismayed by what he saw as the impurity of the nation, God rebuked him for saying so, because God saw more deeply. Israel's essence was pure; it was only their *lips* — their outward conduct — that was impure (*Pri Tzaddik*).

*God saw more deeply. Israel's essence was pure; it was only their lips — their outward conduct — that was impure.*

As *Maharal* writes in many places, Israel's essence is good; its sins are external. He cites a Midrash that likens Jacob to a bald man and Esau to someone with bushy, tacky hair. Chaff blows onto both their heads. The bald person can easily brush it off. But when chaff becomes entangled in Esau's hair, it can be removed only with great difficulty. Esau, the epitome of evil, was born as a hairy person, and that characteristic describes not only his outer form, but his inner nature as well. When chaff attaches itself to him, it is almost a part of him. So, too, sin attaches itself to Esau, and it remains with him. Israel, however, is likened to a bald person, to whom chaff does not cling. Therefore, even when Israel sins and is exiled, it can be redeemed because it remains pure. Once it repents and achieves atonement, its innate purity surges to the fore. It remains the nation of God, His children. He remains its Father and Redeemer, because He knows that its sinfulness is only superficial.

*Even when Israel sins and is exiled, it can be redeemed because it remains pure.*

## IV. Themes of the Book

### *Israel is eternal*

ISAIAH ENDS HIS BOOK WITH STIRRING PROPHECIES ABOUT ISRAEL. NO MATTER HOW much it seemed to lose its status as God's Chosen People, it remained His firstborn, and He will restore it to its former eminence and eternal homeland. Esau's Edomite successors, initiators and symbols of the current exile, will be battered and discredited.

*Maharal* (*Netzach Yisrael* 10,11) cites the Talmud (*Megillah* 29a):

> Rabbi Shimon ben Yochai says, "Come and see how beloved Israel is, for wherever they were exiled, the *Shechinah* accompanied them. They were exiled to Egypt, the *Shechinah* accompanied them . . . they were exiled to Eilam, the *Shechinah* accompanied them . . . they were exiled to Babylon, the *Shechinah* accompanied them . . . they were exiled to Edom [i.e., Rome], the *Shechinah* accompanied them. And when they are destined to be redeemed, the *Shechinah* will accompany them."

*Come and see how beloved Israel is, for wherever they were exiled, the Shechinah accompanied them.*

It seems superfluous to say that God will return with Israel when He ends the exile. Is that not obvious? *Maharal* says that one might have thought that God's constant Presence is more essential to ensure Israel's very survival when it is in exile. The condition of exile is like that of a person who is very ill; he needs constant care and attention, but when he recovers he can be on his own. Not so God's relationship with Israel. Certainly He protects His Chosen People when they are in exile. During the long and bitter current exile, could Israel have survived oppression, pogrom, and genocide without God's protection at critical times? Rabbi Yaakov of Emden famously declared that the survival of Israel in exile is a greater miracle than the Splitting of the Sea.

But God will not stop when Israel is redeemed from this final exile. Israel is His firstborn (*Exodus* 4:22); a son remains his father's flesh and blood even if he has sinned. When the wayward son returns to his father, as Israel will return to God with the coming of the Messiah, God, too, will return with them to *Eretz Yisrael*, with an eternal embrace.

*When the Messiah ushers in the era of ultimate good, the exile will seem like a bad dream and the miracles of the Exodus from Egypt will pale in comparison.*

The *Haftarahs* of consolation that are read on the seven Sabbaths after Tishah B'Av (see Chs. 40, 51, 52, 53, 54, 55, 60, 61, 62, and 63), as well as the closing chapters of the Book, state this theme over and over again. God consoles Israel and promises that they will always remain His people. When the Messiah ushers in the era of ultimate good, the exile will seem like a bad dream and the miracles of the Exodus from Egypt will pale in comparison.

## Universal recognition

IN THE WORLD OF THE FUTURE, THE WORLD OF THE MESSIAH, THE WORLD OF PEACE and universal acknowledgment of God's sovereignty, Torah, and Israel, every nation will have an honored role. Hashem will be King of the world, He will be One and His Name will be One, and every nation will come to learn from Israel how to serve Him. Isaiah declares that not only will Israel be recognized as the nation of God, but every nation will strive to serve God and will flock to live under the guidance of His Chosen People.

The well-known verse that the wolf will live with the sheep and the leopard will lie down with the kid (11:6, see comm.) has various interpretations, but all agree that life in the Messianic Era will be tranquil and elevated, not only for Jews, but for all people. It will be a time of plenty. Jealousy and competition for resources will cease because there will be prosperity for everyone, and therefore people will be able to turn their attention to study of Torah, knowledge of Hashem, and the performance of His commandments. This is why strife among nations will no longer exist. It is because of this that prophets and wise people long for the Messiah (*Rambam, Shemoneh Perakim*).

*Rambam writes that in the Messianic Era there will be so much plenty that there will be no need for strife or war.*

In the concluding words of his monumental code, *Rambam* writes that in the Messianic Era there will be so much plenty that there will be no need for strife or war, and the main preoccupation of people will be to know the ways of God, as Isaiah declared (11:9), *for the earth will be as filled with knowledge of HASHEM as water covering the seabed.*

## Rote Observance

HUMAN BEINGS ARE CREATURES OF HABIT. FOR EXAMPLE, IN THE CIVIL LIFE OF EVERY country there are historic triumphs that are celebrated every year as national holidays. When they are first proclaimed and for several years afterward, they are observed with joy and fervor. As the years go by, fewer and fewer people identify emotionally with the origins of the holiday, but the day remains part of the calendar. Instead of instilling younger people and future generations with the ideal that motivated the founders, the holidays become days for leisure, shopping, and athletic events. There will still be speeches and parades, but the zeal is gone.

Lamentably, Israel in Isaiah's time had fallen into such a rut. The Temple stood and offerings were brought. By and large, the populace observed the commandments, but the feeling was missing. Their observance had become מִצְוַת אֲנָשִׁים מְלֻמָּדָה, *commandments performed out of habit,* rather than conviction (29:13). Even fear of God had become a rote exercise in pious behavior, without much inner feeling. Isaiah declared that God has no desire for such empty observance. God wants spiritual growth and introspective searching for what is right.

*Even fear of God had become a rote exercise in pious behavior. God wants spiritual growth and introspective searching for what is right.*

## *Greed and selfishness*

IN HUMAN RELATIONSHIPS, ISAIAH LOOKED AROUND AND SAW LEADERS CONSUMED with profit and power, wealthy people obsessed with increasing wealth and possessions, women concentrating on beauty and striving to impress others, and, perhaps worst of all, the poor and the weak being subjugated and mistreated by the rich and the strong.

In the words of *Rav Samson Raphael Hirsch*:

> In Isaiah's world we see that man was concerned only with himself and his own prospects, giving no thought to life's higher meaning, or heeding any call to serve God on earth with his whole being. Man was aware only of himself, recognized only his own needs and desires. To satisfy these he had to extract every possible advantage from the physical and social world around him, of which his gods were a part. [We may add that "gods" are not only gold and silver statues. Man also formulates philosophies designed to legitimate his desires. Or he may dedicate himself fully to a fashionable — or seductive, if unpopular — ideology. These, too, are foreign gods if they divert one from devotion to Hashem and His Torah.]
>
> Even his religious observance and his politics were based solely on self-interest. The highest ideal that man set for himself and his gods was might and power. Whatever little of goodness, humanity, and love did exist, was not the result of any free and deliberate nurturing of these virtues, but the natural fruit of the seed of nobility innate in every human being . . .
>
> In such circumstance, a deed was judged not by its inner, moral value, but according to its material success.
>
> . . . All intelligence and science were used in the service of this art, and therefore their demoralizing influence was

*"Gods" are not only gold and silver statues. Man also formulates philosophies designed to legitimate his desires.*

clearly visible. The malevolence of this ancient science practiced in Isaiah's time lay not in its lack of truth, but in its lack of morality. For science in any age, if it sets itself as a substitute for the basic law of morality, is misused and becomes a curse.

*For science in any age, if it sets itself as a substitute for the basic law of morality, is misused and becomes a curse.*

The above comment of Rav Hirsch could have been written today. It illustrates why the prophecies chosen to be recorded in Scripture were the "prophecies that are needed for future generations."

### *Hezekiah and Sennacherib*

MUCH OF ISAIAH'S PROPHECY DEALS WITH SENNACHERIB'S INVASION OF ERETZ *Yisrael* and God's miracle that saved Hezekiah and his people from certain defeat. As will be seen in the commentary, much the same narrative is found in the Books of *Kings* and *Chronicles*. That it is repeated in three different Books shows its importance. Sennacherib was a great conqueror and a great strategist. He captured most lands of the region and devised an ingenious plan to prevent his newly conquered vassals from rebelling for their freedom. In what is today called "ethnic cleansing," he transferred entire populations to different lands. People are ready to fight for their native lands, but Sennacherib's victims had been dispatched from their homelands; they would remain docile because they had little to fight for. After Sennacherib exiled the Ten Tribes of the Northern Kingdom — whose whereabouts will remain unknown until the Messiah restores them to their origins — he turned his sights to the Davidic Kingdom of King Hezekiah.

*People are ready to fight for their native lands, but Sennacherib's victims had been dispatched from their homelands; they would remain docile because they had little to fight for.*

The narratives in this Book and in *Kings* and *Chronicles* tell the story. The lessons we learn from it are many, and all of them point to one essential fact: God rules. No conqueror, no matter how mighty, can overpower His Will. Sennacherib was "invincible," but God thwarted his plans and destroyed his army. Hezekiah thought that only by paying Egypt to become his ally could he save his kingdom, but Egypt betrayed him. Salvation comes not from allies but from God.

There is another essential lesson in this narrative. No situation is so desperate that a believing Jew should give up faith and stop praying. Hezekiah lay deathly ill and Isaiah told him that he should set his affairs in order, for he would soon die. The king rejected Isaiah's message. He relied on the tradition of David that it is never too late or too hopeless for prayer to make a difference. Hezekiah turned to the wall and poured out his heart to God — and then Isaiah was sent to him with a new prophecy: the king's prayer had earned him fifteen more years of life.

*He relied on the tradition of David that it is never too late or too hopeless for prayer to make a difference.*

But Sennacherib's massive army was still at the gates. Traitors in Hezekiah's court attempted to negotiate a surrender. Was there any natural means to save Jerusalem from being overrun? No. Impossible. Then, Sennacherib's entire army died overnight. Surely this was a message for the ages.

## The foolishness of idolatry

ISAIAH BITINGLY CASTIGATES THOSE WHO CREATED IDOLS AND ACTUALLY BELIEVED in them. How could someone have faith in a piece of gold, silver, or marble he himself had fashioned? How could mortal man attribute power to the product of his mortal hands?

The prophet declared forcefully that God cannot be reduced to any physical entity. As briefly expressed in Maimonides' third Principle of Faith, "I believe with complete faith that the Creator, blessed is His Name, is not physical and is not affected by physical phenomena, and that there is no comparison whatsoever to Him." The same would apply to an attempt to ascribe divinity to a human being or an animal.

## The vulnerability of power

*Century after century, the once mighty have disappeared or they have toppled ... And the Jewish people survives.*

ISAIAH DEVOTES SEVERAL CHAPTERS TO THE GREAT POWERS OF HIS TIME, prophesying that they would decline and be forgotten. This is an important lesson for Israel in its centuries of exile under foreign powers. Century after century, mighty empires and world powers have controlled the world and Jews were in their sway, and often their targets. But century after century, the map of the world has changed and the once mighty have disappeared or they have toppled to second and third tiers of power. And the Jewish people survives — survives and resurges.

## Isaiah, the Book of Consolation

THE SAGES (*BAVA BASRA* 14B) GIVE THE ORDER OF THE BOOKS OF *TANACH*. IN their order, since the Book of *Kings* ends with the narrative of destruction, it should be followed by the Book of *Jeremiah*, which deals almost entirely with destruction. Next should come *Ezekiel*, most of which deals with destruction, but which ends with the prophecy of the Third Temple and the details of its construction. Finally, comes *Isaiah*, which is a Book of Consolation. True, much of Isaiah tells of impending doom, but, as we have seen, that is only to inspire the nation to prevent it from happening — and never to despair even if it does happen, for this Book assures us that exile is temporary; redemption is eternal. Israel always remains God's only, chosen, beloved people.

*True, much of Isaiah tells of impending doom, but, as we have seen, that is only to inspire the nation to prevent it from happening.*

[It should be noted that the *Mesorah*, or tradition, of ancient Tiberias and the Sephardic lands lists the Later Prophets in chronological order of their lives, so that the Book of *Isaiah* is first, followed by the Books of *Jeremiah* and *Ezekiel*. This is the order that has been followed by virtually all communities (*Radak, Abarbanel,* Introductions to *Jeremiah*).]

*Zohar* (Vol. 2, p. 179b) teaches that the very name of Isaiah represents the message that God will redeem Israel from exile: the Hebrew word Isaiah is composed of two words: ישע יהו, *God will save.* Indeed, Isaiah *is* the prophet who promises — *guarantees* — Israel's national salvation from this bitter exile. Israel will always be God's people, and exile, no matter how grueling, is not permanent. Isaiah says in the Name of God:

*The very name of Isaiah represents the message that God will redeem Israel from exile.*

וְעַד־זִקְנָה אֲנִי הוּא וְעַד־שֵׂיבָה אֲנִי אֶסְבֹּל; אֲנִי עָשִׂיתִי וַאֲנִי אֶשָּׂא וַאֲנִי אֶסְבֹּל וַאֲמַלֵּט, *Until [your] old age I remain He, and until [your] hoary years I will carry [you]; I made [you] and I will bear [you], I will carry [you] and I will rescue [you]* (46:4).

May we and all Israel see it speedily, in our days.

Rabbi Nosson Scherman

Adar 5773 / March 2013

קָמוּ בָנֶיהָ וַיְאַשְּׁרוּהָ בַּעְלָהּ וַיְהַלְלָהּ
*Her children have risen and praised her;*
*her husband, and he extolled her*
(*Mishlei/Proverbs* 31:28).

Shortly before the completion of this volume,
Klal Yisrael lost an extraordinary woman

**Chana Scherman ע"ה**
**חנה פרומט בת החבר אפרים ע"ה**
**י"ט טבת תשע"ג**

The Torah says of Abraham בָּא בַּיָּמִים, literally, *he came with the days.* Masters of Chassidus and Mussar interpret homiletically that Abraham made every day count, doing every day what was called for on that day.

Mrs. Scherman filled every day of her life. When she was a teacher, she was devoted to her students. When her children were young, she was a mother. When she was a counselor, she worked day and night to help the people who relied on her. As a wife, she was the full partner of Rabbi Nosson Scherman in everything he accomplished.

She served Hashem with dedication and modesty. She was a genius in hiding her greatness. Even her family did not know about all her countless good works and daily acts of thoughtfulness and kindness. There is no greater testimony to her caliber than the family she raised and that carries on in her image.

One of her great legacies is that many people who read and heard about her after her passing resolved to do more for others. They ask themselves, "What would Chana Scherman have done?" — and then they do it.

She remains a role model. Her memory remains an inspiration.

**תנצב"ה**

# Isaiah ישעיה

Isaiah was a member of the Judean aristocracy and his long career as a prophet spanned eighty-six years (619-533 B.C.E.), a period during which he uttered some of the most stirring and lyrical prophecies in all of Scripture. Far more Haftaros are taken from the Book of Isaiah than from any other Book. Isaiah lashes out at the wicked among his people and warns them of dire destruction, but he also consoles and comforts. Interestingly, this Book is the source both of the chilling "Vision of Isaiah" that is read on the Sabbath before the Ninth of Av and of the seven prophecies of consolation that follow it. He foretold the exile that took place during his lifetime, as the powerful Assyrian army under Sennacherib conquered the Northern Kingdom and scattered its people around the Assyrian kingdom, so that they would lose their Jewish identity. Then the seemingly invincible Assyrian ruler moved against Judah, but Isaiah prophesied that this time the army would be wiped out.

Isaiah's contemporary, Hosea, prophesied to the Northern Kingdom at the time Isaiah prophesied to the Kingdom of Judah. Like the other prophets of that era, he railed against idolatry — indeed, as soon as the notorious idolater, King Manasseh, assumed the throne, he had Isaiah murdered. The prophet stressed the holiness of the people and the sanctity of the Temple service. He condemned hypocrisy and the attitude that habitually performed commandments were satisfactory, and taught that a Judaism empty of sincerity and striving is not Judaism. Could anyone think that lip service without content would satisfy God? It is ironic that the secular scholars praise Isaiah for his cadences and lyricism. People speak of Isaiah as a "poet" — he, the prophet who so condemned empty talk and insincere service! He also offered hope and encouragement to the downtrodden, the forlorn, and the childless.

His prophecies have yet to be fulfilled; they clearly await the final Redemption, when the earth will be filled with the purity and holiness he demanded. This could have happened in his day. It could have happened when the Second Temple was built. It could have happened at any time, had people heeded his message and been worthy of its realization. But it did not, because they did not. Not yet. But because we know, as he said in his final stirring declaration, that no word of God goes back unless it has accomplished what He desired, we can read Isaiah's words as harbingers of a future better than anyone has ever known. And this has always been Israel's consolation, no matter how dreadful the circumstances.

HAFTARAS DEVARIM 1:1-27

# א

א ◄ חֲזוֹן יְשַׁעְיָהוּ בֶן־אָמוֹץ אֲשֶׁר חָזָה עַל־יְהוּדָה וִירוּשָׁלָם בִּימֵי עֻזִּיָּהוּ יוֹתָם
ב אָחָז יְחִזְקִיָּהוּ מַלְכֵי יְהוּדָה: שִׁמְעוּ שָׁמַיִם וְהַאֲזִינִי אֶרֶץ כִּי יְהוָה דִּבֵּר בָּנִים

### רש״י

(א) **חזון ישעיהו בן אמוץ וגו׳.** אמר רבי לוי, דבר זה מסורת בידינו מאבותינו, אמוץ ואמציה מלך יהודה אחים היו (סוטה י, ב): **אשר חזה על יהודה וירושלים.** והלא על כמה אומות נתנבא, מַשָּׂא בָּבֶל (לקמן יג, א) מַשָּׂא מוֹאָב (לקמן טו, א)? הא למדת שאין זה תחלת הספר ולא נקרא הספר על שם החזון הזה. וכן שנינו בברייתא דמכילתא, בִּשְׁנַת מוֹת הַמֶּלֶךְ עֻזִּיָּהוּ (לקמן ו, א) תחלת הספר, אלא שאין מוקדם ומאוחר בסדר. והדברים מוכיחים, שהרי ביום הרעש, יום שנצטרע עוזיהו, נאמר, וָאֶשְׁמַע אֶת קוֹל אֲדֹנָי אֹמֵר אֶת מִי אֶשְׁלַח וּמִי יֵלֶךְ לָנוּ וָאֹמַר הִנְנִי שְׁלָחֵנִי (לקמן ו, ח); למדנו שהוא תחלת שליחותו. ונבואה זו נאמרה אחר כך, ועל זו לבדה נאמר אֲשֶׁר חָזָה עַל יְהוּדָה וִירוּשָׁלָיִם; כשם שאמר על משא כל אומה ואומה משא אומה פלונית אף כאן כתב חזון זה חזה על יהודה וירושלים. ולפי שהם תוכחות קושי קראם חָזוֹן, שהוא קשה מעשרה לשונות שנקראת נבואה כמו שאמרו בבראשית רבה (מד, ו). וראיה לדבר חָזוּת קָשָׁה הֻגַּד לִי (לקמן כא, ב): **בימי עוזיהו וגו׳ מלכי יהודה.** ארבעה מלכים הללו קפח בימיו. ביום שנצטרע עוזיהו שרתה שכינה עליו, ונתנבא כל ימי המלכים הללו, עד שעמד מנשה והרגו. (ונבואה זו נאמרה בימי חזקיהו אחר שגלו עשרת השבטים. כת״י): **(ב) שמעו שמים והאזיני ארץ.** משה אמר הַאֲזִינוּ הַשָּׁמַיִם. . . וְתִשְׁמַע הָאָרֶץ (דברים לב, א), למה שינה ישעיה את הלשון? שנו רבותינו בדבר זה, ומדרשות רבים בפרשת האזינו בספרי (סופק ד ס״ו). ונחלקו חכמים עליהם ואמרו (שם), אין הדבר כן, אלא בזמן שהעדים באים ומעידים ונמצאו דבריהם מכוונין, עדותן קיימת ואם לאו, אין עדותן קיימת. אילו לא בא ישעיה ונתן שמיעה לשמים והאזנה לארץ, היו שמים מעידים ואומרים, כשנקראנו לעדות זו בימי משה, שאמר הַעִדֹתִי בָכֶם הַיּוֹם (דברים ל, יט), בהאזנה שמענו. והארץ מעידה, אני נקראתי בלשון שמיעה, ואין עדותן מכוונת. בא ישעיה וחילף את הדבר; נמצאו שניהם מעידים בלשון האזנה ובלשון שמיעה: **כי ה׳ דבר.** (שתהיו עדים בדבר כשהתריתי בם בימי משה, לכן באו ושמעו שאני מתווכח עמם שעברו על ההתראה. אני לא סרחתי בהם אלא גידלתים ורוממתים והם פשעו בי, ס״א) שתהיו עדים לדבר. והיכן דבר? הַאֲזִינוּ הַשָּׁמַיִם וַאֲדַבֵּרָה (דברים לב שם). במכילתא:

### רד״ק

(א) **חזון ישעיהו בן אמוץ.** לא ידענו יחסו מאי זה שבט היה, אלא שרבותינו זכרונם לברכה קבלו (מגילה י, ב), כי אמוץ ואמציה אחים היו: **(ב) שמעו שמים.** החל ספרו בדברי תוכחה, כי בני דורו היו רעים; ואף על פי שכתוב בעזיהו וַיַּעַשׂ הַיָּשָׁר בְּעֵינֵי ה׳, (מלכים־ב טו, ג), וכן יותם (שם, פסוק לד), הרי נאמר בעזיהו וּכְחֶזְקָתוֹ גָּבַהּ לִבּוֹ עַד לְהַשְׁחִית (דברי הימים־ב כו, טז); ובימי שניהם היו העם מזבחים ומקטרים בבמות; (מלכים־ב שם פסוקים ד ו־לה), וכתוב בדברי הימים במלכות יותם וְעוֹד הָעָם מַשְׁחִיתִים (דברי הימים־ב כז, ב), כל שכן בימי אחז שהיה רע ועשה רעות גדולות, כמו שכתוב (מלכים־ב טז, ב־ד). וכן העם היו רעים בימיו כמו שכתוב בְּעָזְבָם אֶת ה׳ אֱלֹהֵי אֲבוֹתָם (דברי הימים־ב כח, ו); ואף בימי חזקיהו לא היה לבבם שלם את ה׳, כמו שכתוב בדברי הימים (ראה שם ל, י). ואמר בפתחו דברי תוכחה, שמעו שמים, וכן משה רבינו עליו השלום כשבא להוכיח את ישראל אמר, הַאֲזִינוּ הַשָּׁמַיִם (דברים לב, א), כי הם עדים בין ה׳ ובין ישראל, כמו שכתוב וְאָעִידָה בָּם אֶת הַשָּׁמַיִם וְאֶת הָאָרֶץ (שם לא, כח), לפי שהם קיימין לעולם והדורות הולכין, או לפי שאם יעברו על הברית, השמים לא יתנו טלם והארץ לא תתן את יבולה. ויש דרשות למה אמר שמעו לשמים והאזיני לארץ, בהפך מה שאמר משה רבינו עליו השלום; ואחד מהם (ספרי האזינו פרק ד סו), לפי שהיה משה קרוב לשמים לפיכך אמר האזינו השמים, ולפי שהיה רחוק מן הארץ לפיכך אמר ותשמע הארץ; בא ישעיהו ואמר שמעו שמים, לפי שהיה רחוק מן השמים, ואמר והאזיני ארץ, שהיה קרוב לארץ: **כי ה׳ דבר.** מה שאני אומר הם דברי ה׳ אשר שלחני, שהוא צועק על בניו ואמר, בנים גדלתי ורוממתי והם פשעו בי, כי גדלתי אותם ורוממתים מעל כל עם. והכפל לחזק הענין במלים שונים, והענין

### מצודת דוד

(א) **חזון.** זו היא מראית הנבואה של ישעיה אשר ראה במראה הנבואה על יהודה וירושלים. ואין זה תחלת הספר, לומר שכל נבואתו היתה על יהודה וירושלים לבד, כי באמת ניבא גם על בבל כו׳. אלא שבא לומר; הנבואה ההיא היתה על יהודה וירושלים. וכדרך שאמר מַשָּׂא בָּבֶל (לקמן יג, א), מַשָּׂא מוֹאָב (לקמן טו, א). אבל תחלת הספר הוא בִּשְׁנַת מוֹת הַמֶּלֶךְ עֻזִּיָּהוּ וכו׳ (לקמן טו, א), ואין מוקדם ומאוחר בסדר. והדברים מוכיחים כך שהרי שם נאמר וָאֶשְׁמַע וכו׳ אֶת מִי אֶשְׁלַח וכו׳ (שם פסוק ח). למדנו שאז היתה תחלת השליחות: **בימי עוזיהו וכו׳.** בימי ארבעת המלכים האלה ניבא עד שעמד מנשה והרגו (סנהדרין קג, ב): **(ב) שמעו שמים.** מה שאני קובל ומתרעם על ישראל: **והאזיני ארץ.** אמר בלשון יחיד, כי סדנא דארעא חד היא. מה שאין כן השמים, כי שבעה רקיעים הם לפי תכונת הקדמונים (ראש השנה לב, א):

**כי ה׳ דבר.** לא מאלי אני אומר כי דבר ה׳ בפי, ולזה שמעו אמרי:

### מצודת ציון

(א) **חזון.** ענין ראיה והבטה כמו וְתַחַז בְּצִיּוֹן עֵינֵינוּ (מיכה ד, יא), ועל שם זה נקרא הנביא בשם חוֹזֶה (מלכים־ב יז, יג), כי רואה במראה הנבואה, וכאשר יקרא רוֹאֶה (שמואל א ט, ט) וצוֹפֶה (יחזקאל ג, יז): **(ב) והאזיני.** הטי אוזן לשמוע, וכן אָזִין עַד־תְּבוּנֹתֵיכֶם (איוב לב, יא):

---

### 1.

◆§ **Isaiah's Role.** The Sages call Isaiah the "prophet of consolation" (*Bava Basra* 14b), and declared that his greatness was second only to that of Moses (*Devarim Rabbah* 2:3). The people said to him, "Have you come to comfort only the generation of the Temple's destruction?" Isaiah answered, "I have come to comfort all generations" (*Pesikta d'Rav Kahana* 16:103). Indeed, the encouraging *Haftaros* of the seven Sabbaths after Tishah B'Av are all taken from *Isaiah* and, although many of his prophecies are sharp reproofs of the sinners of his time, the bulk of his prophecies refer to the glories of Messianic times. He was a disciple of the prophet Amos (*Rambam's* introduction to *Mishneh Torah*) and the teacher of Jeremiah and Ezekiel (*Shir HaShirim Rabbah* 7:13).

**1. חֲזוֹן** — *The vision.* Of the ten different synonyms for prophecy, the word חֲזוֹן connotes the harshest. It is used here because, as is obvious from this chapter, Isaiah is about to deliver a stinging rebuke to the people (*Rashi*).

*R' Hirsch* relates the word *chazon* to *chazeh* [חָזֶה], breast, the seat of the heart. This implies that the deteriorated state of Judah and Jerusalem, where Isaiah prophesied, was not apparent to the naked eye, but could be felt by a perceptive heart. Outwardly, all seemed to be well. The Temple stood. It was filled with devout Jews bringing their offerings and the Kohanim performed the service. On the throne sat a descendant of David and Solomon, and there were abundant numbers of prophets and scholars. But the surface veneer concealed the rot within. The people were blind to their faults. Isaiah — like Jeremiah and Ezekiel after him — had the difficult mission of bringing the vision of his heart to the eyes of the public, so that they would "see" the imperative of repentance and thereby avoid the destruction and exile.

**בֶּן־אָמוֹץ** — *Son of Amoz.* The Sages had a tradition that

**1** (See Appendix) [1] *The vision of Isaiah son of Amoz, which he saw concerning Judah and Jerusalem, in the days of Uzziah, Jotham, Ahaz, and Hezekiah, kings of Judah:*
[2] *Hear, O heavens, and give ear, O earth, for HASHEM has spoken: "Children have*

Isaiah's father was a brother of King Amaziah of Judah (*Megillah* 10a); thus he was a descendant of King David. Furthermore, Amoz was a prophet (ibid. 15a).

**עַל־יְהוּדָה וִירוּשָׁלָם** — *Concerning Judah and Jerusalem.* The implication would seem to be that the entire Book of *Isaiah* refers to Judah and Jerusalem, but this is not so, since there are prophecies about Babylonia (Chs. 13 and 21) and Moab (Ch. 15). Rather, this description refers only to the prophecy in this chapter. Furthermore, Isaiah's career as a prophet began not with this chapter, but with Chapter 6, which describes how God initiated him into prophecy and gave him his mission to the nation. Thus, the first five chapters of the Book are an illustration of the familiar rule that the chapters of Scripture are not arranged in chronological order (*Rashi*).

*Abarbanel* and *Malbim* comment that although the chapters are not in chronological order, they are surely not scattered about haphazardly, without any logic. They explain, therefore, that Isaiah prophesied during the time of the four kings mentioned in this verse, and he repeated this prophecy constantly, during their reigns. Therefore, this prophecy was chosen to introduce the Book.

It may also be that since his primary mission was to make the nation understand the terrible fate that awaited it if the people did not repent, this was his most important prophecy and therefore it is mentioned first.

**בִּימֵי עֻזִּיָּהוּ** — *In the days of Uzziah.* Isaiah's first prophetic vision came on the day Uzziah became a *metzora* (*Rashi*), in his twenty-seventh year (*II Kings* 15:5). Uzziah, also known as Azariah, reigned for fifty-two years (twenty-five after he was stricken with *tzaraas*); Jotham and Ahaz reigned for sixteen years each; and Hezekiah reigned for twenty-nine years. Thus Isaiah's career spanned eighty-six years.

**2. Isaiah chastises the nation.** The Book begins with a very sharp rebuke of the nation for failing to carry out the mission given it at Mount Sinai. Appropriately, this chapter is the *Haftarah* of the Sabbath before Tishah B'Av.

⁂ Although the general expression of sharp disapproval implies that no one was free of sin, this was not the case. Rather, all Jews share joint responsibility for the conduct of even a small minority of sinners. This follows the principle of כָּל יִשְׂרָאֵל עֲרֵבִים זֶה בָּזֶה, *all Jews are responsible for one another* (*Shevuos* 39a, *Sanhedrin* 27b). The Talmud there explains that this applies when one can protest and prevent sinful conduct, but refrains from doing so. A classic example of this principle is found in the Book of *Joshua* (7:10-12), where God castigates the *nation* for serious sins, but it was then revealed that only one man had sinned (ibid. 13:18). Similarly, in the generation of the destruction, the prophet Ezekiel (Chs. 8, 22) describes the sins of leaders, not the populace. Later in this Book, as well, Isaiah singles out the powerful and the wealthy, rather than the entire nation. However, since the corruption was not resisted, everyone shared responsibility.

**שִׁמְעוּ שָׁמַיִם וְהַאֲזִינִי אֶרֶץ** — *Hear, O heavens, and give ear, O earth.* Israel's misdeeds are not a "private affair" between God and the nation, with no bearing on anyone or anything else. God deemed the very existence of the world to be dependent on Israel's loyalty to the Torah and performance of its commands. Israel's good deeds have a positive effect on even the physical world, and its sins cause heaven and earth to suffer (*Nefesh HaChaim*). This is one reason why God and Moses called heaven and earth to witness the Divine covenant with Israel (*Deuteronomy* 4:26, 32:1). Furthermore, human witnesses would eventually die, but heaven and earth are eternal (*Rashi,* ibid. 30:19), which is why Isaiah now summoned them to hear his rebuke of the nation that was violating its covenant with God. Also, if Israel violates its covenant, the heaven would cease to give dew and rain and the earth would withhold crops (*Radak*).

The Sages note that Moses told the heavens to *give ear* and the earth to *hear,* but Isaiah did the reverse; he said, *Hear, O heavens, and give ear, O earth.* Moses, the man of God, was close to heaven in the spiritual sense, so he addressed it as if it were nearby. Isaiah, not being at that exalted level, was in closer spiritual proximity to the earth. Since he was more distant from heaven, as it were, he told it to *hear,* as if from a distance (*Radak*).

Man is comprised of two parts: his soul, which emanates from heaven, and his body, which [in the creation of Adam] came from the earth. By studying and observing the Torah and its commandments, man unites heaven and earth, and God created the world so that only man has the power to do so. It is in this sense that God says, as it were, "I [i.e., the spiritual, heavenly nature of the Torah] am not greater than you [i.e., the commandments] and you [i.e., your mitzvah observance] are not greater than I [i.e., the spiritual Torah]." In other words, God's plan is carried out only when the Divinely given Torah is combined with man's physical performance of the commandments. It is in this sense that the Sages speak of Moses, who received the Torah, as closer to heaven, and Isaiah, who exhorted the nation to perform the commandments, as being closer to earth (*Aderes Eliyahu*).

*Abarbanel* cites a Midrash that Isaiah pointed to heaven and earth to contrast their conduct with Israel's. Unlike Israel, the forces of nature obey God.

**כִּי ה׳ דִּבֵּר** — *For HASHEM has spoken,* in the time of Moses, when He designated heaven and earth as His witnesses (*Rashi*).

Alternatively, heaven and earth should listen carefully, because the following words are not Isaiah's, but God's (*Metzudos*).

Homiletically, Isaiah's dire prophecy was addressed to the aristocracy — *the heavens* — and the common people — *the earth.* However, because he was chastising a nation that had become so degraded, he feared that his unpopular message

ג גִּדַּ֥לְתִּי וְרוֹמַ֖מְתִּי וְהֵ֖ם פָּ֥שְׁעוּ בִֽי׃ יָדַ֥ע שׁוֹר֙ קֹנֵ֔הוּ וַחֲמ֖וֹר אֵב֣וּס בְּעָלָ֑יו יִשְׂרָאֵל֙
ד לֹ֣א יָדַ֔ע עַמִּ֖י לֹ֥א הִתְבּוֹנָֽן׃ ה֣וֹי ׀ גּ֣וֹי חֹטֵ֗א עַ֚ם כֶּ֣בֶד עָוֺ֔ן זֶ֣רַע מְרֵעִ֔ים בָּנִ֖ים
ה מַשְׁחִיתִ֑ים עָזְב֣וּ אֶת־יהוה נִאֲצ֛וּ אֶת־קְד֥וֹשׁ יִשְׂרָאֵ֖ל נָזֹ֥רוּ אָחֽוֹר׃ עַ֣ל מֶ֥ה תֻכּ֛וּ

## רש"י

(ג) **קונהו.** מתקנו בחרישה ביום, ומאחר שהרגילו בכך יודע בו. אבל חמור אטום, אינו מבין בעליו עד שיאכילנו. וישראל לא נתפקח לידע כשור, כשקראתיו יִשְׂרָאֵל יִהְיֶה שְׁמֶךָ (בראשית לה, י) והודעתיו קלת חוקותי; והם עזבוני כדמפורש (ביחזקאל כ, ז־ח) וָאֹמַר... אִישׁ.. גִּלּוּלֵי וגו'. ואף לאחר שהוצאתים ממצרים והאכלתים את המן וקראתי אותם עַמִּי בְנֵי יִשְׂרָאֵל (שמות ג, י) לא התבוננו כחמור (סא"א). דבר אחר, ידע שור קונהו, מכיר השור קונהו להיות מוראו עליו, לא שינה מה שגזרתי עליו לומר איני חורש היום, וחמור לא אמר לבעליו איני טוען היום. ומה אלו שנבראו לשמשכם, ואינם לא לקיבול שכר אם יזכו, ולא לשילום פורענות אם חוטאים, לא שינו את מדתם שגזרתי עליהם, וישראל שאם זוכים מקבלים שכר ואם חוטאים מקבלים פורענות; לא ידע - לא אבו לידע, וידעו ודשו בעקב ועמי לא נתן לב להתבונן: (ד) **הוי.** כל הוי שבמקרא לשון קובל וקינה, כאדם הגונח מלבו וצועק אהה; אלא שיש מהם מועטין שהם לשון צעקת קריאת קול; כמו, הוֹי הוֹי וְנֻסוּ מֵאֶרֶץ צָפוֹן (זכריה ב, י), ותרגומו אַכְלוּ, לשון הכרזה. **הוי** יש לזעוק על גּוֹי קָדוֹשׁ (שמות יט, ו) הנהפך להיות גוי חוטא; ועם שנאמר בו כִּי עַם קָדוֹשׁ אַתָּה (דברים ז, ו), נהפך להיות עם כבד עון: **עם כבד עון.** כבדות עון. כבד אדם שהוא כבד, פישנ"ט בלעז. כֹּבֶד, שם דבר של כבדות, פישנטומ"א בלעז, ודבוק עם תיבת עון: **זרע מרעים.** והם היו זֶרַע בֵּרַךְ ה' (לקמן סא, ט). בנים היו להקדוש ברוך הוא (דברים יד, א), נהפכו למשחיתים: **נאצו.** הרגיזו: **נזורו אחור.** אין נזירה בכל מקום אלא לשון פרישות, וכן הוא אומר, וְיִנָּזְרוּ מִקָּדְשֵׁי בְנֵי יִשְׂרָאֵל (ויקרא כב, ב), נְזִיר אֶחָיו (בראשית מט, כו); אף כאן, נזורו, נסוגו לאחוריהם מאחר המקום: (ה) **על מה תוכו וגו'.** אדם שלקה וחוזר על סרחונו, חברו מוכיחו ואומר לו, על זה לקיתה, ואיך נותן לב לומר על סורחן זה לקיתי, לא אשוב לעשות עוד. אף כאן, על מה תוכו מאחר שעדיין אתם מוסיפים סרה לסור מאחרי המקום, הלא כבר כל ראש לחלי ולמה לא תבינו:

## רד"ק

אחד. וכן מנהג המקרא במקומות רבים. ואדוני אבי זכרונו לברכה פירש, גדלתים בתורתי ורוממתים בשכינתי: **והם פשעו בי.** מרדו בי במרד ובמעל, עברו על תורתי להכעיסני; כי יש מכירים וכופרים, ויש שאין מכירים, ועליהם אמר: (ג) **ידע שור.** זכר הבהמות שהן גדלות עם האדם לעבודתו, ואף על פי שאינן בני דעת, בכח ההכרה שיש בהם לרחק מן הנזק ולקרב אל התועלת, יכירו מי שייטיב להם תמיד, והם הבעלים, ושבים לביתם ולמקום מאכלם כשבאים ממלאכתם. ואין פירוש קנהו — קונה אותו בדמים לבד, אלא המגדלו ועושה לו צרכיו תמיד; וכן, אָבִיךָ קָּנֶךָ (דברים לב, ו); וכן אמר, קֹנֵה שָׁמַיִם וָאָרֶץ (בראשית יד, יט). ופירוש אבוס, מקום מאכל הבהמה. והוא בצר"י בשקל אֵטוּן (משלי ז, טז), והוא אחד בסמוך ובמוכרת. והנה אלה הבהמות, אף על פי שהם בהמות, מכירים המטיב להם, וישראל שהם עמי שקניתים מבית עבדים, הם לא ידעו כי אני המטיב להם, ונתתי להם ארץ נחלה, וגרשתי גוים מפניהם; שאם הכירו זה, לא עזבוני ולא עבדו אלהים אחרים במקומי; והם לא התבוננו, כי בשמרם את תורתי הם בטובה, ובעזבם אותה הם ברעה; איך לא התבוננו זה? (ד) **הוי גוי חוטא.** הוי לשון קריאה וצעקה, הן לאבל הן להשמיע השומע. ויונתן תרגם זה לשון אֵבֶל, כמו אוי, שתרגם, וַי עַל עַם דְאִתְקְרִיאוּ עַם קַדִּישׁ וְחָטוּ: **כבד.** שם תאר בשקל מלך, עבד, והוא אחד בסמוך ובמוכרת: **מרעים.** אינו אומר על האבות, אלא עליהם אומר, שהם זרע המרעים לעצמם במעשיהם הרעים, הפך זֶרַע בְּרוּכֵי ה' (לקמן סה, כג). וכן הם בנים משחיתים דרכיהם: **נאצו.** הכעיסו: **את קדוש ישראל.** שנתקדש בתוכם בנפלאותיו ובנקמותיו אשר עשה באויביהם, והם עזבוהו: **נזרו.** בשקל יָכְלוּ (שמות ח, יד); מענין, וְיִנָּזְרוּ מִקָּדְשֵׁי בְנֵי יִשְׂרָאֵל (ויקרא כב, ב); כלומר, נבדלו מהאל, והלכו להם אחורנית מעבודתו. או פירושו, שהפכו לאל עורף ולא פנים; כמו שאמר, וַיִּהְיוּ לְאָחוֹר וְלֹא לְפָנִים (ירמיה ז, כד). ויונתן תרגם, וְחָזְרוּ לְפוּלְחָנֵי קֳדָל וגומר. ויתכן להיות נזרו מבנין נפעל, בשקל שָׁדַיִם נָכֹנוּ (יחזקאל טז, ז), נָסֹגוּ (לקמן מב, יז); מענין זר. ויונתן תרגם נָזֹרוּ אָחוֹר לענין העונש, ולא לענין המעשה, שתרגם, וּבְדִיל עוֹבָדֵיהוֹן וגומר: (ה) **על מה תכו.** לא תעלו על לבבכם על מה אתם מוכים, כי עוד תוסיפו סרה, ולא תחשבו כי האל הוא המכה אתכם על עונותיכם, אלא תלכו בקרי, ותאמרו כי הרע בא עליכם דרך מקרה, ולא עונש עונותיכם. ויש מפרשים, על מה תכו, מה יועיל הכות אתכם, כי לא תוסרו בזה; כי עדיין אחר המכות תוסיפו לחטוא, ולא תוסרו על ידי המכות. וסרה; שם תאר, כלומר, דרך סררת ומעוותת:

## מצודת דוד

**בנים גדלתי.** רצונו לומר, וזהו דברי, ראו נא הטובה שעשיתי לבני בכורי ישראל, אשר גדלתים ורוממתים על כל האומות הקדמונים, והם לא השיבו כגמולי כי מרדו בי: (ג) **ידע שור.** הלא אף השור יודע ומכיר את בעליו אשר קנהו, ונשמע הוא אליו; והחמור הזה, עם שהוא סכל ביותר, עם כל זה יודע הוא מקום האבוס של בעליו והולך שמה להנאתו: **לא ידע.** לא אבו לדעת אותי להיות נשמעין לי: **עמי.** עם שהמה עמי ואני בעזרתם, עם כל זה לא יתבוננו לדעת מה טוב להם; כי הלא בשמעם טוב הארץ יאכלו; ואינם אפילו כחמור הזה המכיר בטובה: (ד) **הוי.** הנביא מתאנח וקובל על ישראל שהיו מאז גוי קדוש (שמות יט, ו), ונהפכו להיות גוי חוטא: **עם כבד עון.** מאז היו עם קָדוֹשׁ (דברים ז, ו), ונהפכו להיות עם כבד עון: **זרע מרעים.** מאז היו זֶרַע בֵּרַךְ ה' (לקמן סא, ט), ונהפכו להיות זרע מרעים: **בנים משחיתים.** מאז היו בְּנֵי אֵל חָי (הושע ב, א), ונהפכו להיות בנים המשחיתים את דרכם: **נזרו אחור.** פרשו מהם ללכת לאחור; כאדם הממאן לשמוע דברי המדבר אליו: (ה) **על מה תוכו.** על העבירה עצמה שלקיתם עליה, על העבירה ההיא בעצמה תוסיפו עוד לעשות סרה. רצונו לומר, עשיתם שוב העבירה ההיא בתוספות איסור, ואינכם משימים על לב לחשוב, הלא בשבילה לקינו:

## מצודת ציון

**פשעו.** מרדו; כמו, מֶלֶךְ מוֹאָב פָּשַׁע בִּי (מלכים ב ג, ז): (ג) **אבוס.** הוא המקום המיוחד למאכל הבהמות; וכן, אִם יָלִין עַל אֲבוּסֶךָ (איוב לט, ט): (ד) **הוי.** המלה הזאת היא ענין קריאה בין לצער בין לשמחה; כמו, הוֹי אָחִי וְהוֹי אָחוֹת (ירמיה כב, יח), וכמו, הוֹי צִיּוֹן הִמָּלְטִי (זכריה ב, יא): **כבד.** ענין רבוי; כמו, עַמְּךָ הַכָּבֵד הַזֶּה (מלכים-א ג, ט), מרעים. רשעים: **נאצו.** הוא מושאל על הבזיון; וכן, כִּי נִאֲצוּ הָאֲנָשִׁים אֵת מִנְחַת ה' (שמואל-א ב, יז): **מרעים.** רשעים: **נזורו.** ענין הפרשה, כמו אֲשֶׁר נָזֹרוּ מֵעָלַי (יחזקאל יד, ה):

might cost him his life. Indeed, years after this prophecy, the prophet was murdered by his own nephew, the wicked King Menashe (*Yevamos* 49b). Therefore, he said that they should not blame him, because the words were not his. Rather, *HASHEM,* not I, *has spoken* (*Toldos Yaakov Yosef*).

**בָּנִים גִּדַּלְתִּי וְרוֹמַמְתִּי** — *Children have I raised and exalted.* God likens Israel to children who are helpless on their own. God, their "Father," raised and exalted them over their peers (*Ibn Ezra*), by making them His chosen people. But instead of showing gratitude and allegiance to God, *they rebelled against Me. Abarbanel* comments that the plural form — *My children* — refers to the two kingdoms, Judah and Israel.

Homiletically, God was saying that He exalted the people by giving them a holy soul that is carved from His essence, as it were, but they used His Divine gift of life to rebel against Him (*Likkutei Torah*).

A rebellious people . . .

*I raised and exalted, but they have rebelled against Me.* 3 *An ox knows*
*its owner, and a donkey its master's trough; but Israel does not know,*
*My people does not comprehend."*
4 *Woe! [They are] a sinful nation, a people weighed down by iniquity,*
*evil offspring, corrupt children! They have forsaken* HASHEM*; they*
*have angered the Holy One of Israel, and they have turned their back*
*[on Him].* 5 *For what have you been smitten? Yet you continue to*

---

A child must show appreciation to his parents simply for raising him and providing for his basic needs. But God went further. Not only did He provide for His people, He also showered them with special treatment. Thus, their rebellion was doubly egregious (*Malbim*).

**3.** The prophet makes a scathing comparison between Israel and domestic animals. Without innate intelligence, an animal instinctively recognizes its benefactor; Israel, with human intelligence, chooses to ignore its dependence on God.

**יָדַע שׁוֹר קֹנֵהוּ** — *An ox knows its owner,* i.e., the one who raises and trains it, and the ox responds to his command and does not stray from his property (*Radak*).

**וַחֲמוֹר אֵבוּס בְּעָלָיו** — *And a donkey its master's trough.* A donkey has less intelligence than an ox; it does not develop loyalty to its owner, but it knows the source of its food (*Metzudos*).

**יִשְׂרָאֵל . . . עַמִּי** — *Israel . . . My people.* God saved Israel from Egyptian bondage; that should have been enough to earn its loyalty to God. But more: God made Israel His own chosen people, drawing it closer to Him than any other nation. Why did it not *comprehend* that its special relationship imposed special responsibilities upon it? Why did it not comprehend that its good fortune on earth depended on its allegiance to the Torah? Intelligence is more powerful than instinct. Therefore, if animals are instinctively loyal to their source of food, surely Israel should recognize the Ultimate Source of all good.

Israel should have understood that a Jew must develop an attachment to his Master and Provider, just as an animal does with one who cares for it and feeds it. Only such an understanding defines the Jew and creates the uniqueness of Israel (*R' Hirsch*).

According to *Abarbanel,* the *trough* is a metaphor for the Holy Temple in Jerusalem. Just as a trough is an animal's source of nourishment, so the Temple, the resting place of the *Shechinah,* was the source of the nation's spiritual life. But the people did not *comprehend* its importance.

**4.** The prophet emphasizes that he is speaking to the nation as a whole, not to individuals, because the nation as a whole has not lived up to its mission of holiness (*R' Hirsch*).

**הוֹי** — *Woe!* This exclamation is both a call for the listener's attention and an expression of Isaiah's grief (*Radak*).

**גּוֹי חֹטֵא עַם כֶּבֶד עָוֹן** — *[They are] a sinful nation, a people weighed down by iniquity.* God referred to Israel in its exalted state after the Exodus as *a great nation* [גּוֹי גָּדוֹל] (*Deuteronomy* 4:7) and as *a holy people* [עַם קָדוֹשׁ] (ibid. 7:6). But now they have besmirched both those appellations with sin (*Mahari Kara*).

The word חֹטֵא refers to unintentional sin, while the word עָוֹן refers to willful sin. Thus the prophecy alludes to Israel's descent into more and more serious sin (*Malbim*).

*Abarbanel* interprets these two phrases as references to Judah and the Ten Tribes. Both monarchies had sinned, but Judah's sins were of a much lesser order than those of the northerners, like unintentional sins compared to willful ones.

**זֶרַע מְרֵעִים** — *Evil offspring.* The once-blessed offspring of the Jewish people (see 65:23) have become evil (*Radak*).

An alternative translation is *offspring of evildoers* (*Ibn Ezra*).

**בָּנִים מַשְׁחִיתִים** — *Corrupt children.* Although God is chastising Israel for evil and idolatry, He still calls them His *children* (*Kiddushin* 36a).

They are corrupt because they sinned even without deriving personal benefit from their misdeeds. This is much worse than merely giving in to temptation (*Malbim*).

**עָזְבוּ אֶת־ה׳** — *They have forsaken* HASHEM. God and Torah are no longer relevant in their lives. The sins of the succeeding generations reached a point where the people no longer respect, love, and honor the Torah, and certainly do not understand it (*R' Hirsch*).

**נִאֲצוּ אֶת־קְדוֹשׁ יִשְׂרָאֵל** — *They have angered the Holy One of Israel.* God's holiness should have motivated the Jewish people to elevate themselves and make themselves holy (see *Leviticus* 19:2). By doing the opposite, Israel *angered* its *Holy One.*

The Name HASHEM*,* used above, refers to God as the sovereign of the universe. The term *Holy One of Israel* refers to God's special relationship with Israel, and in particular to the holiness that He has conferred upon them. Thus the prophet is accusing Israel of a double transgression: general disobedience to God and the even more serious betrayal of the One Who gave them the unique gift of holiness (*Malbim*).

**נָזֹרוּ אָחוֹר** — *They have turned their back [on Him].* God commanded Israel וּלְדָבְקָה־בוֹ, *to cleave to Him* (*Deuteronomy* 30:20), which, as the Sages explain, means to imitate His ways of mercy and kindness. Instead, the people turned their backs on such conduct (*Aderes Eliyahu*).

**5-9. Purpose of retribution.** God inflicts suffering to induce the victim to consider his waywardness and realize that he must repent. Both Jewish kingdoms had been punished so much — their heads, their hearts, every part of their bodies — that thoughtful, rational people should have recognized that

ו עוֹד תּוֹסִיפוּ סָרָה כָּל־רֹאשׁ לָחֳלִי וְכָל־לֵבָב דַּוָּי: מִכַּף־רֶגֶל וְעַד־רֹאשׁ אֵין־בּוֹ
ז מְתֹם פֶּצַע וְחַבּוּרָה וּמַכָּה טְרִיָּה לֹא־זֹרוּ וְלֹא חֻבָּשׁוּ וְלֹא רֻכְּכָה בַּשָּׁמֶן: אַרְצְכֶם
שְׁמָמָה עָרֵיכֶם שְׂרֻפוֹת אֵשׁ אַדְמַתְכֶם לְנֶגְדְּכֶם זָרִים אֹכְלִים אֹתָהּ וּשְׁמָמָה
ח כְּמַהְפֵּכַת זָרִים: וְנוֹתְרָה בַת־צִיּוֹן כְּסֻכָּה בְכָרֶם כִּמְלוּנָה בְמִקְשָׁה כְּעִיר נְצוּרָה:

### רש"י

**(ו) מתום.** לשון תמימות, שלם מאין מכאוב: **פצע.** מכת חרב: **חבורה.** לשון חבלה: **ומכה טריה.** תרגם יונתן מְרַסְסָא, כתותה ומרוססת. טריה, דמילייד"א בלע"ז, ובלשון גמרא יש (חולין מה, ב), טרייה לרישיה. ומנחם פירש לשון לחות, כלומר לחה ורטובה, תמיד נובעת, מויסט"א בלע"ז: **לא זורו.** הנגעים האלה לא זורו על ידי רופאים אבקת סממני תחבושת. לשון יְזֹרֶה עַל נָוֵהוּ גָפְרִית (איוב יח, טו). ומנחם פירש לשון רפואה; כמו, אֵין דָּן דִּינֵךְ לְמָזוֹר (ירמיה ל, יג): **ולא חובשו.** לשון רפואה: **ולא רככה בשמן.** לא רככה מכתם בשמן כמשפט שאר מכות. ואין נופל כאן לומר "לא רוככו בשמן" שאין מרככין אלא במקום המכה, אבל המזור והחבישה נופל לשונם על כל הגוף, לפיכך נופל בם לשון רבים: **לא זורו** הנגעים ולא חובשו. ויונתן פתר כל המקרא בלשון דוגמא, על שהם מלוכלכים ומנוגעים בעון, ותרגם, מכף רגל ועד ראש, מקטנים ועד גדולים אין בו מתום, אין טוב בו; פצע וחבורה, פשע ועונות וחטאים; לא זרו וגו'; כלומר לא נתרפאו לשוב בתשובה שלימה; ולא רככה בשמן אפילו לד הרהור תשובה אין בלבם: **(ז) לנגדכם זרים אוכלים אותה.** לעיניכם יאכלוה אויביכם: **ושממה.** מהם, כנחלה הנהפכת לזרים והיא שממה מבעליה. כך תרגם יונתן: **(ח) ונותרה בת ציון.** ריקנית מיושביה כי יגלו מתוכה, כאשר תִּוָּתֵר סוכת הכרם שעשאה נוצר, ובעת יבצר הכרם מניח סוכתו והולך. בָּתַר דְּקַטְפוּהִי, לאחר שבצרו אותה: **במלונה במקשה.** כאשר תעזב המלונה שעשה נוצר בראש המקשה לשמור קישואין שלה, ומשתלקט מניחה והולך. זו שבכרם קרויה סוכה, לפי שהוא גר שם יומם ולילה; ביום שומרה מן העופות, ובלילה מן הגנבים; אבל הקישואין קשין הם ואין לירא מן העופות ואין צריך לשומרם ביום, לפיכך נקראת מלונה, על שהיא ללינת הלילות, כְּעַרְסַל מַבְּתוּתָא, כמשכב המלונה במקשה, בְּמִקְשְׁיָא בָּתַר דְּאַבְעֲיוּהִי, לאחר שלקטוהו, לשון המשנה (פאה ד, ה), שלש אבעיות ביום: **בעיר נצורה.** כעיר שצרו עליה ועושים סוכות סביב לה להסתתר שם החיילות, וכשמסתלקים מעליה מניחין אותם והולכין; כל זה תרגם יונתן:

### רד"ק

**כל ראש לחלי.** לא תחשבו אם האל יתברך מכה אתכם, ותאמרו, דרך מקרה נפלו החלאים הרעים על כולכם; אין זה כי אם על עונש עונותיכם. כי כל ראש מזומן לחלי וכל לבב דוי; כמו שאמר בתוכחות משה רבינו עליו השלום, יַכְּכָה ה׳ בְּשִׁגָּעוֹן וּבְעִוָּרוֹן וּבְתִמְהוֹן לֵבָב (דברים כח, כח): **(ו) מכף.** כמו שכתוב בתוכחות, יַכְּכָה ה׳ בִּשְׁחִין רָע עַל הַבִּרְכַּיִם וְעַל הַשֹּׁקַיִם אֲשֶׁר לֹא תוּכַל לְהֵרָפֵא מִכַּף רַגְלְךָ וְעַד קָדְקֳדֶךָ (שם פסוק לה): **לא זרו ולא חבשו ולא רככה בשמן.** כי לא תועיל בה רפואה, כמו שאמר בתוכחות, אֲשֶׁר לֹא תוּכַל לְהֵרָפֵא (שם, כז). ורפואת המכה; לזור אותה ולחבשה ולרכך אותה במשיחה. וכיון שאתם רואים כי לא תועיל רפואה למכתכם, היה לכם לחשוב כי מה׳ היה, כמו שיעד לכם בתוכחות. ופירוש מתם, רצונו לומר, שלמות; כלומר, אין בבשרכם דבר שלם ובריא, כי כלו נגוע. ופירוש פצע, מכה המוציאה דם או ליחה, שנפצע הבשר. ופירוש חבורה, מכה שנצרר הדם או הליחה. ופירוש טריה, לחה, כלומר, מכתה טריה היא, שלא תתנגב לעולם, אלא כל זמן היא לחה, וזה סימן למכה שאין לה רפואה. ויונתן תרגם הפסוק הזה על דרך משל, מִשְּׁאַר עַמָּא וְעַד רֵישָׁא וגו׳: **(ז) ארצכם.** כמו שכתוב בתוכחות, וְהָיְתָה אַרְצְכֶם שְׁמָמָה וְעָרֵיכֶם יִהְיוּ חָרְבָּה (ויקרא כו, לג). ופירוש **שרופות אש**, כאילו הם שרופות אש, כל כך הם חרבות. ופירוש אדמתכם, שדות הזריעה ואילנותיהם: **זרים אוכלים אותה.** לעיניכם ולנגדכם, ואין בכם יכולת למנעם; כמו שכתוב בתוכחות, יִשָּׂא ה׳ עָלֶיךָ גּוֹי מֵרָחֹק וגו׳ (דברים כח, מט); וְאָכַל פְּרִי בְהֶמְתְּךָ וּפְרִי אַדְמָתְךָ וגו׳ (שם פסוק נא): **כמהפכת זרים.** והנה נותרה האדמה שממה, כי גוים זרים באים ואוכלים אותם מה שימצאו, ואתם אין אתם יכולין לעבוד את האדמה עוד, כי הנה האויבים באים עליכם יום יום; והנה האדמה שממה, והיא כמהפכת סדום ועמרה, שהיו זרים מיראת האל; וכן כתוב בתוכחות, כְּמַהְפֵּכַת סְדֹם וגומר (דברים כח, מט). ויונתן תרגם וּבְחוֹבֵיכוֹן וגו׳. ויש מפרשים זרים, כמו זרם מטר, כלומר, המקום ששטף המטר הסחף: **(ח) ונותרה.** כי רוב ערי יהודה היו חרבות, ובימי חזקיהו כל הערים הבצורות תפשם מלך אשור, והנה נותרה ירושלים לבדה כמו הסכה שהיא בכרם, וכמו המלונה שהיא בשדה הקשואין, שאין סביבותיה בית וסכה אחרת. וסכה ומלונה ענין אחד במלות שונות, כי הסכה היא שילין בה השומר תקרא מלונה. ויונתן תרגם כְּמְטַלַּלְתָּא בְכַרְמָא. . דַּאֲבַעְיוּהִי וגו׳. ופירש דַּאֲבַעְיוּהִי, חפשוהו, שלא נשארו בו קשואים; מן נִבְעוּ מַצְפֻּנָיו (עובדיה א, ו); ורוצה לומר, שלא נשארו בו קשואים אחר שנקטפו הענבים, שהלך לו השומר. וכן כמלונה במקשה, אחר שלקטו הקשואים, וחפשו המקשה שלא נשאר בה קשואים, והולך לו השומר; כן נשארה ציון בלא שומר, כי הקדוש ברוך הוא ששומר ישראל סילק שכינתו מהם. ואמר סכה בכרם ומלונה במקשה ולא אמר כסוכה בגן, כי בסוכת הגן כל הימים השומר שם; כי אחר שילקטו פרי זה או ירק זה, ישאר אחר, וכן כל השנה; אבל בכרם ובמקשה, אחר שילקטו הענבים והקשואים לא נשאר דבר לשמור, והולך לו השומר: **בעיר נצורה.** פירוש כעיר חרבה מאנשיה; וכן וּבַנְּצוּרִים יָלִינוּ (לקמן סה, ד), וּנְצוּרֵי יִשְׂרָאֵל לְהָשִׁיב (לקמן מט, ו), ענין

### מצודת דוד

**כל ראש לחלי.** הלא על ידי ההכאה נחלה כל הראש וכל הלב, ומדוע לא תקחו מוסר: **(ו) אין בו.** אין בכל אחד מקום שלם ממכה. במקום אחד יש פצע ובמקום וכו׳: **לא זרו.** לא נפזר עליהם אבק סממנים המרפאים: **ולא חובשו.** לא נכרך עליהם מטלית כדרך שכורכים על המכות: **ולא רככה.** לא נתרככה המכה בשמן כדרך שמרככין המכות. רצונו לומר, הלא עדיין לא נרפאתם מהמכות אשר באו עליכם מאז על העבירות שעשיתם, ומדוע חזרתם לעשות שוב. והוא דרך משל לאמר, הלא מאז בא הפורעניות על השרים ועל יתר העם ועדיין משמשת בכם, ולמה תחטאו שוב: **(ז) ארצכם.** לכן תהיה ארצכם שממה: **אדמתכם.** פרי אדמתכם: **לנגדכם.** בעיניכם תראו, ואין לאל ידכם לעמוד כנגדה: **רצונו לומר**, ותהיה שוממה כארץ אשר יבואו עליה אויבים זרים ורחוקים כי המה מהפכים ומחריבים הכל ועושים שממה על כי המה לא יעמדו בה; מה שאינו כן כשהאויב הוא מבני הארץ ההיא וסמוך אליה: **(ח) ונותרה.** תשאר רקנית מיושביה כמו סוכת הכרם; מה שהשומר יושב בה, כי בעת יבצר כרמו, מניח סוכתו ריקן והולך לו: **המלונה במקשה.** כמו המלונה העשויה בשדה קשואין; כי משתלקט מניחה ריקן והולך לו. (זה שבכרם קרוי סוכה כי השומר יושב בה ביום ומשמרה מפני העופות, ובלילה מפני הגנבים. אבל הקשואים קשים הם למאכל העופות ואינו שומרם אלא מפני הגנבים, ובלילה, ולכן נקראת מלונה עשויה ללינה): **כעיר נצורה.** כמו העיר אשר האויבים צרים עליה העושים הסוכות לעצמם להסתתר בהם, וכשמסתלקין מעליה נשארים הסוכות ריקן:

### מצודת ציון

**(ה) סרה.** ענין הסרה מדרך הישר; וכן, סוֹרֵר וּמוֹרֶה (דברים כא, יח): **דוי.** ענין מכאוב; כמו, עַל־עֶרֶשׂ דְּוָי (תהלים מא, ד): **(ו) מכף רגל.** כן נקרא שטחות הרגל, וכמו שנקרא שטחות היד כף יד (ראה שמואל־א ה, ד): **מתום.** מלשון תמימות ושלימות: **פצע.** מכה שנבקעה ונפתחה ומוציאה דם: **וחבורה.** מכה שנצרר הדם תחתיה וממעל נראה כתם אדום; כמו, וְנָמֵר חֲבַרְבֻּרֹתָיו (ירמיה יג, כג), וכן, פֶּצַע תַּחַת פָּצַע חַבּוּרָה וגו׳ (שמות כא, כה): **טריה.** לחה; כמו, לְחִי חֲמוֹר טְרִיָּה (שופטים טו, טו): **זורו.** ענין פזור; כמו, וְזֵרִיתִי פֶרֶשׁ (מלאכי ב, ג): **חבשו.** ענין קשור הכריכה שעל המכה; כמו, וְלַנִּשְׁבֶּרֶת לֹא חֲבַשְׁתֶּם (יחזקאל לד, ד): **רככה.** מלשון רַךְ וָטוֹב (בראשית יח, ז): **(ח) בת ציון.** עיר ציון: **כמלונה.** מלשון מלון: **במקשה.** מלשון קשואין, והוא שם פרי: **נצורה.** מלשון מצור:

*act perversely. Each head [is smitten] with sickness; each heart [with] infirmity.*
*. . . and their chastisement* [6] *From the sole of the foot to the head, nothing in him is whole; [only] injury, bruise,*
*and festering wound: They have not been treated and they have not been bandaged,*
*and [the wound] has not been softened with oil.* [7] *Your country is desolate; your cit-*
*ies are burned with fire; as for your land — strangers consume its [yield] in your*
*presence; it is as desolate as if overturned by foreigners.* [8] *The daughter of Zion is left*
*like a booth in a vineyard, like a lodging hut in a field of gourds, like a city besieged.*

---

the hand of God was beckoning them to return to Him. Now Isaiah laments that Israel has failed to heed the message.

**5. עַל מֶה תֻכּוּ עוֹד תּוֹסִיפוּ סָרָה** — *For what have you been smitten? Yet you continue to act perversely.* If a person missteps and goes back to doing what had caused him to fall, his friend would chastise him severely, saying, "Don't you realize that this is why you were injured? How could you go back to doing the same thing?" (*Rashi*). As noted in the introduction to this chapter, the *entire* nation did not sin, but the community shares responsibility for the sins of its members.

Alternatively, you were smitten for your sins, yet you add to your iniquities by continuing to sin! (*Metzudos*).

*Aderes Eliyahu* punctuates the verse differently: עַל מֶה תֻכּוּ עוֹד, *Where can you be smitten more [than you have already been]?* I.e., every part of your body has been struck. What more can God do to wake you from your spiritual slumber?

**6.** Metaphorically, the prophet says that every part of the nation, from the greatest to the lowliest, was guilty of sin and deserved to suffer, but they had not healed their spiritual malady by repenting (*Targum, Rashi*).

All your efforts to find relief from your ailments have failed. Shouldn't this have convinced you that they were God's punishments for your sins? (*Radak*).

פֶּצַע is a wound that bleeds; חַבּוּרָה is a bruise; מַכָּה טְרִיָּה is a wound that continues to ooze, indicating that it will not heal.

Isaiah mentions three methods of healing, alluding to the three major components of repentance: confession, regret, and resolving not to sin again (*Abarbanel*).

The suffering will hit not only the people, but the country as a whole. Isaiah was foretelling the future destruction of the Ten Tribes, as a warning to the Kingdom of Judah that unless its people repented they would suffer the same fate. As is common in prophecy, he spoke in the past tense, as if the destruction had already taken place, because a prophet sees the future as clearly as if it had already happened (*Abarbanel*).

**7. עָרֵיכֶם שְׂרֻפוֹת אֵשׁ** — *Your cities are burned with fire,* i.e., the cities will be as desolate as if they had been completely burned down (*Radak*).

**זָרִים אֹכְלִים אֹתָהּ** — *Strangers consume its [yield].* Not only will your land be desolate, you will suffer the heartbreak and humiliation of watching helplessly as foreign conquerors plunder the crops you worked very hard to produce.

**וּשְׁמָמָה כְּמַהְפֵּכַת זָרִים** — *It is as desolate as if overturned by foreigners.* Your land will be as desolate as if it had been destroyed and rendered infertile by the scorched-earth tactics of foreign marauders. Alternatively, *it is as desolate as the upheaval of the estranged,* i.e., the land will be destroyed as were Sodom and Gomorrah because they *estranged* themselves from God (*Radak*).

*Ibn Ezra* relates the word זָרִים to זֶרֶם, *flowing water.* He renders, *the land will be as desolate as if it had been inundated by a flood.*

**8.** After his dire prophecy about the Ten Tribes, Isaiah turns to Judah, *the daughter of Zion,* which remained in the Land for 133 years after the last of the northern tribes were exiled. Even Judah, however, did not escape the conquests of its northern cousins. Most of Judah was overrun by Assyria, leaving Jerusalem and its environs an isolated enclave for more than a century before the destruction of the Temple and the exile.

**כְּסֻכָּה בְכָרֶם** — *Like a booth in a vineyard.* The prophet uses the metaphor of a vineyard and an open farm with no inhabitants. During the growing season, the only person there is a watchman who has a small booth to shelter him from the elements, which he abandons when the harvest is complete. When the time of tragedy comes and even Jerusalem is plundered, the Holy City will be like a lonely booth when the harvest is over (*Rashi*), and God, the Watchman of the nation, will depart from His booth, as it were (*Radak*).

**כִּמְלוּנָה בְמִקְשָׁה** — *Like a lodging hut in a field of gourds.* Unlike most fields that must be protected from hungry animals or birds day and night, gourds are too hard for animal marauders, so the field is safe during the day. At night, however, a watchman must be stationed there to safeguard the crop from thieves. Thus, this is a variation on the previous example of *a booth* (*Radak*).

*Malbim,* however, finds a new message in this term. It alludes to the time when the Assyrians besieged the country and the people were in hiding during the day — like a field of gourds, where people did not bother going by day — but emerged only under cover of darkness.

**כְּעִיר נְצוּרָה** — *Like a city besieged.* When a besieging army is victorious, the troops abandon their tents (*Rashi*). So too, Jerusalem will be as deserted as tents that are no longer needed.

**⊲§ Isolation of the Temple.** *R' Hirsch* differentiates between *daughter of Jerusalem,* which he interprets as a reference to the nation, and *daughter of Zion,* which means the Temple. Accordingly, this verse refers to the Temple, whose values and ideals should have been the protector and motivator of the nation. The people should have embraced the Temple

ט לוּלֵי֙ יְהוָ֣ה צְבָא֔וֹת הוֹתִ֥יר לָ֛נוּ שָׂרִ֖יד כִּמְעָ֑ט כִּסְדֹ֣ם הָיִ֔ינוּ לַעֲמֹרָ֖ה
י דָּמִֽינוּ׃ שִׁמְע֥וּ דְבַר־יְהוָ֖ה קְצִינֵ֣י סְדֹ֑ם הַאֲזִ֛ינוּ תּוֹרַ֥ת אֱלֹהֵ֖ינוּ עַ֥ם עֲמֹרָֽה׃
יא לָמָּה־לִּ֤י רֹב־זִבְחֵיכֶם֙ יֹאמַ֣ר יְהוָ֔ה שָׂבַ֛עְתִּי עֹל֥וֹת אֵילִ֖ים וְחֵ֣לֶב מְרִיאִ֑ים וְדַ֨ם פָּרִ֧ים
יב וּכְבָשִׂ֛ים וְעַתּוּדִ֖ים לֹ֥א חָפָֽצְתִּי׃ כִּ֣י תָבֹ֔אוּ לֵרָא֖וֹת פָּנָ֑י מִֽי־בִקֵּ֥שׁ זֹ֛את מִיֶּדְכֶ֖ם רְמֹ֥ס
יג חֲצֵרָֽי׃ לֹ֣א תוֹסִ֗יפוּ הָבִיא֙ מִנְחַת־שָׁ֔וְא קְטֹ֥רֶת תּוֹעֵבָ֛ה הִ֖יא לִ֑י חֹ֤דֶשׁ וְשַׁבָּת֙ קְרֹ֣א

### רש״י

**(ט) לולי... הותיר לנו שריד.** מאליו וברחמיו, ולא בצדקותינו: **כמעט כסדום היינו.** כולנו כלים: **(י) קציני סדום.** שרים שמעשיהם כסדום. מכאן אמרו, (ברכות יט, א), אל יפתח אדם פיו לשטן: **(יא) שבעתי עולות אילים.** כמו, פֶּן יִשְׂבָּעֶךָ וּשְׂנֵאֶךָ (משלי כה, יז): **מריאים.** בהמות לאן פטומות: **לא חפצתי.** אחר שאתם עוברים על תורתי; זֶבַח רְשָׁעִים תּוֹעֵבָה (משלי כא, כז): **(יב) מי בקש זאת מידכם רמס חצרי.** לרמוס את חצרי, אחרי שאין לבבכם שלם עמי: **(יג) לא תוסיפו הביא מנחת שוא.** מתרה אני בכם, לא תביאו לי מנחת שוא שלכם, שהעשן עולה ממנה קיטור של תיעוב הוא לי, ולא לנחת הרוח:

### רד״ק

חרבה. ויונתן תרגם כְּקַרְתָּא דְצַיְירִין עֲלָהּ: **(ט) לולי ה׳ צבאות.** כן נקרא על שם צבאות מעלה ועל צבאות מטה, שהם ישראל שנקראו צִבְאוֹת (שמות יד, מא); לפיכך לא רצה לכלותינו כולנו כמו שהיינו חייבים, והותיר לנו שריד למען שמו הנקרא עלינו. והשריד הוא מעט, ולולי כי ברחמיו הותיר לנו, כמעט כסדום היינו ולעמורה דמינו, שלא היה בהם שריד ופליט; כי אנחנו עשינו מעשיהם, והיינו חייבים כליה כמוהם. וכ״ף כמעט כ״ף האמתות שבאה על המילין לאמת הדבר; כמו, הִשָּׁבְעָה לִּי כַּיּוֹם (בראשית כה, לג), כִּי אֹתוֹ כְהַיּוֹם תִּמְצְאוּן אֹתוֹ (שמואל־א ט, יג), הָיוּ שָׂרֵי יְהוּדָה כְּמַסִּיגֵי גְּבוּל (הושע ה, י); והדומים להם, כמו שכתבנו בספר מכלול. וזה הפסוק הוא לשון הנביא, וכלל עצמו עם הפושעים לכבוד ישראל; כמו שאמר ירמיהו, נַחְנוּ פָשַׁעְנוּ וּמָרִינוּ (איכה ג, מב); ואמר הקדוש ברוך הוא למשה רבינו, עַד אָנָה מֵאַנְתֶּם לִשְׁמֹר מִצְוֹתַי וְתוֹרֹתָי וגו׳ (שמות טז, כח): **(י) שמעו.** אמר לשרים ולעם; כי הקצינים הם דומים לקציני סדום ועמרה, בעשקם העניים ובהטותם המשפטים, והעם גם כן דומה לעם סדום ועמרה במעשיהם הרעים. ואמר להם, שמעו דבר ה׳ ותורת אלהינו, והדבר והתורה היא זאת התוכחה, שאומר להם, למה לי רוב זבחיכם, וכל הפרשה: **(יא) למה לי רב זבחיכם.** אף על פי שהיו מזבחים ומקטרים בבמות, היו מביאים גם כן קרבנות לבית המקדש בחדשים ובמועדים. והואיל ואתם עוזבים תורתי, למה לי רוב זבחיכם? כי לא ציויתי אתכם עליהם אלא כדי שתזכרוני ותעלוני על לבבכם תמיד, ולא תחטאו; ואם חטאתם, שתתודו עם הקרבן ותשובו מדרכיכם הרעים. ואילו עשיתם כן, היו לי לריח ניחוח, כמו שאמור בתורה; אבל עתה אני קץ בהם ומואסם, כאדם השבע מן הדבר שהוא קץ בו ומואסו; וזהו שאמר, שבעתי עולות אלים ודם פרים וכבשים וגו׳: **(יב) כי תבאו.** בשלש רגלים, זו הראייה. מי בקשה מידכם שתבאו לפני ותמרו את דברי? איני חושב לכם זה לכבוד אלא לבזיון, שתרמסו חצרי. ואמר חֲצֵרָי, כי בחצרות בית השם היו עומדים ישראל, ולא היה נכנס להיכל כי אם הכהנים: **(יג) לא תוסיפו.** אם עשיתם עד עתה לא תביאו עוד מכאן ואילך; כי תביאו מנחה לפני ואין לבבכם אלי, זאת היא מנחת שוא והבל, ותועבה היא. וכשתקראו מקרא קדש ותאספו, ואתם נעצרים בביתי לקדש חדש או מועד, שהיא יום שבתון ובלבבכם און ושוא, לא אוכל אני לראות זה **און ועצרה.** וכפל עוד ואמר:

### מצודת דוד

**כסדום.** היינו ראוים להיות כלים כסדום ועמורה מבלי שארית מה: **(י) קציני סדום.** שרים הדומים לשרי סדום: **(יא) למה לי וכו׳.** הלא כל עצם הזבח בא להתוודות עם הבאתו, ואתם הואיל ואינכם שבים, למה לי הזבח: **שבעתי וכו׳.** רצונו לומר, אני קץ בהם כאדם השבע שהוא קץ בדבר שהוא שבע ממנו: **לא חפצתי.** הואיל ואינכם שבים: **(יב) כי תבואו.** כאשר תבואו לראות לפני ברגל, אז אומר לכם, מי בקש זאת מידכם לדרוך ולרמוס בחצרי: **(יג) מנחת שוא.** כי הואיל ואיננה לי לרצון, היא מנחת שוא, כי אין בה תועלת; כי הקטרת הקומץ היא תועבה לפני: **חודש ושבת.** בין בראש חודש, בין בשבת, בין בימי המועד, אשר תקראו מקרא קודש, ואתם נעצרים לפני בהבאת קרבנות; הנה לא אוכל לסבול האון שבלבבכם עם העצרה שאתם נעצרים, לפני כי אין שני אלו ראוים להתאחד:

### מצודת ציון

**(ט) לולי.** מלשון אם לא: **שריד.** שארית; כמו, פָּלִיט וְשָׂרִיד (איכה ב, כב): **דמינו.** מלשון דמיון והשואה: **(י) קציני.** ענין שררה; כמו, כָּל קְצִינַיִךְ נָדְדוּ (לקמן כב, ג): **(יא) מריאים.** פטומים ושמנים; וכן, וְשֶׁלֶם מְרִיאֵיכֶם (עמוס ה, כב): **ועתודים.** הם הזכרים מן העזים: **(יב) פני.** כמו לפני, ותחסר הלמ״ד: **רמוס.** ענין דריכה ברגל; כמו, וְרִמְסִי בַחֹמֶר (נחום ג, יד): **(יג) קטורת.** ענין העלאת עשן, והוא מלשון קִיטֹר הָאָרֶץ כְּקִיטֹר הַכִּבְשָׁן (בראשית יט, כח):

---

and brought it into their daily lives, like the *booth* and *lodging hut* that are in the center of the fields and protect them against outside influences. Instead, the people chose to isolate the Temple's influence behind its walls, like *a city besieged*. The people wanted a wall of separation between the spiritual imperatives of the Temple and their preferred secular way of life.

**9.** In the name of the Jewish people (*Ibn Ezra*), Isaiah declares gratefully that in God's kindness and love for Israel, He did not permit the nation to be utterly destroyed, as were the cities of Sodom and Gomorrah in the time of Abraham.

**שָׂרִיד כִּמְעָט** — *A trace of a remnant.* After the dispersion of the Ten Tribes and the Assyrian conquest of most of Judah, God preserved a small remnant of the tribes of Judah and Benjamin (*Mahari Kara*).

This *remnant* was the minority that remained loyal to the Torah and defied the majority that drifted away. Because their numbers were too small to influence events, the Book of *Kings* is almost exclusively a story of national decay, but without this loyal remnant the Jewish people could not have survived as a spiritual entity and returned to *Eretz Yisrael*, cleansed of idolatry, ready to build the Second Temple, and inaugurate the glorious era of the Mishnah and Talmud, both in the Land and in Babylon. Only because this remnant remained strong could this new blossoming of spiritual life happen after the relatively short seventy-year Babylonian exile (*R' Hirsch*).

God likened the people to Sodom and Gomorrah because Ruth, the ancestress of the Messiah, descended from Lot's daughter, who was saved from Sodom (see *Bereishis Rabbah* 50:10). The Sages teach that King Hezekiah, who lived during Isaiah's time, was destined to become the Messiah, but sin prevented it from happening (*Sanhedrin* 93a). Thus, Isaiah alluded to that unrealized possibility by comparing the people to Sodom (*Pri Tzaddik*).

9 *Had not* HASHEM, *Master of Legions, left us a trace of a remnant, we would have been like Sodom; we would have resembled Gomorrah!*
10 *Hear the word of* HASHEM, *O chiefs of Sodom; give ear to the teaching of our God, O people of Gomorrah:*

Worthless offerings

11 *Why do I need your numerous sacrifices? says* HASHEM. *I am sated with*
*elevation-offerings of rams and the fat of fatlings; the blood of bulls, sheep,*
*and goats I do not desire.* 12 *When you come to appear before Me, who*
*sought this from your hand, to trample My courtyards?* 13 *No longer should*
*you bring a worthless meal-offering, it is smoke of abomination to Me.*
*[As for] the New Moon and Sabbath, and your calling of convocations,*

By saying **we** *would have been,* Isaiah included himself with the nation to show them respect (*Radak*).

**10-20.** Isaiah turns to the leaders of Judah, who had behaved like the selfish, violent, morally corrupt leaders of Sodom and Gomorrah. He shocks them by addressing them as *chiefs of Sodom* and *people of Gomorrah,* telling them that instead of making their own rules of conduct, they should give heed to the *word of* HASHEM and *the teaching of our God.* He goes on to tell them that God despises their hypocrisy. They ply the Temple with offerings as if God desires only that His Altar be piled high with sacrifices. But their offerings are meaningless to God. He wants sincerity, repentance, justice, kindness to the needy, and obedience to His Torah. Let them provide that, Isaiah concludes, and their sins will be transformed to virtues. But if they persist in their stubbornness, they will be destroyed.

**10.** In verse 9, the people had proclaimed that only God's kindness had prevented them from being annihilated, like Sodom and its companion cities. Once they likened themselves to those personifications of evil, Isaiah condemned them as being just like them. From this the Sages (*Berachos* 10a) derive אַל יִפְתַּח אָדָם פִּיו לְשָׂטָן, *A person should never open his mouth to Satan,* i.e., a person should never speak of himself in such a way that leaves him open to condemnation (*Rashi*).

**11. שָׂבַעְתִּי עֹלוֹת אֵילִים** — *I am sated with elevation-offerings of rams.* Like one who has eaten too much and is nauseated by the overabundance of food, God despises your offerings (*Radak*).

It may be that the prophet chose to speak of elevation-offerings, rather than any other kind, because these offerings are completely burned on the Altar and, in most cases, are brought voluntarily, rather than as required atonements for sin. They are intended to "elevate" man by symbolizing that he dedicates his entire being to God. Therefore, when they are brought insincerely, they anger God.

**וְחֵלֶב . . . וְדַם** — *The fat ... the blood.* The blood of offerings was thrown on the Altar and their fat was removed and burned on the Altar. *Fatlings,* i.e., specially fattened animals, would naturally have more fat to be placed on the Altar, and bulls had more blood than did smaller animals. Thus Isaiah may have used these examples to emphasize that God was offended by those who thought they could appease Him with nothing more than the quantity of sacrificial parts, rather than the integrity of their personal service.

**12. Worthless offerings.** The following verses imply that people brought offerings, observed the Sabbath and pilgrimage festivals, and prayed to Hashem. Nevertheless, Isaiah charges that these acts were insincere and therefore unacceptable, as King Solomon said, *The offering of the wicked is an abomination* (*Proverbs* 21:27). The Torah commands that Jews from throughout the Land should *appear before the Lord* (*Exodus* 23:17), and the people of Judah observed this commandment in the time of Isaiah, but physical presence alone is not what God wants. God has no need for people who come in their finery, with animals for the Kohanim to slaughter, but without inner dedication to His Will. Such people come not to serve Him, but to *trample [His] Courtyards.* Not only does God despise their empty offerings, He is offended even by their presence.

Isaiah was warning the people not to think that such offerings would shield them from conquest and exile (*Ibn Ezra*).

**13. לֹא תוֹסִיפוּ הָבִיא מִנְחַת־שָׁוְא** — *No longer should you bring a worthless meal-offering.* Isaiah continues the theme of the previous verse, that offerings brought without sincerity are *worthless.*

**קְטֹרֶת תּוֹעֵבָה הִיא לִי** — *It is smoke of abomination to Me.* The Torah describes the smoke of a meal-offering on the Altar as רֵיחַ נִיחֹחַ לַה׳, *a satisfying aroma to* HASHEM (*Leviticus* 2:2), because, as *Rashi* there explains, it pleases God that He has given a commandment and His people have fulfilled it. By contrast, our verse decries the smoke from an insincere offering as an *abomination* (*Rashi*).

Alternatively, *Ibn Ezra* renders קְטֹרֶת as *incense.* Accordingly, the verse enumerates two types of offerings — meal-offerings and incense — that should not be brought if their bringers are not sincere. Meal-offerings, properly brought, are particularly beloved to God, because they are typically brought by poor people who cannot afford animal offerings (*Menachos* 104b). Incense, too, has a special status because it is the only regular offering that is brought on the Golden Altar, which is inside the Temple building (*Abarbanel*). Nevertheless, God has come to despise even these two offerings because they are being brought hypocritically.

יד מִקְרָ֑א לֹא־אוּכַ֥ל אָ֖וֶן וַעֲצָרָֽה׃ חָדְשֵׁיכֶ֤ם וּמוֹעֲדֵיכֶם֙ שָׂנְאָ֣ה נַפְשִׁ֔י הָי֥וּ עָלַ֖י
טו לָטֹ֑רַח נִלְאֵ֖יתִי נְשֹֽׂא׃ וּבְפָרִשְׂכֶ֣ם כַּפֵּיכֶ֗ם אַעְלִ֤ים עֵינַי֙ מִכֶּ֔ם גַּ֛ם כִּֽי־תַרְבּ֥וּ תְפִלָּ֖ה
טז אֵינֶ֣נִּי שֹׁמֵ֑עַ יְדֵיכֶ֖ם דָּמִ֥ים מָלֵֽאוּ׃ רַחֲצוּ֙ הִזַּכּ֔וּ הָסִ֛ירוּ רֹ֥עַ מַעַלְלֵיכֶ֖ם מִנֶּ֣גֶד
יז עֵינָ֑י חִדְל֖וּ הָרֵֽעַ׃ לִמְד֤וּ הֵיטֵב֙ דִּרְשׁ֣וּ מִשְׁפָּ֔ט אַשְּׁר֖וּ חָמ֑וֹץ שִׁפְט֣וּ יָת֔וֹם רִ֖יבוּ
יח אַלְמָנָֽה׃ לְכוּ־נָ֛א וְנִוָּכְחָ֖ה יֹאמַ֣ר יְהוָ֑ה אִם־יִהְי֨וּ חֲטָאֵיכֶ֤ם

### רש"י

**חדש ושבת קרא מקרא לא אוכל וגו'.** ולקרוא מקרא חדש ושבת שאתם נאספים לקרא **עצרה** ואסיפה בהם, לא אוכל לסבול **און** שבלבבכם הנוטה לעכו"ם והעצרה עמו. שאין שני הדברים כאלו ראוין יחד; לקרוא עצרה ליאסף לפני, והאון שבלבבכם לעכו"ם, ואין אתם מוציאין אותו מתוך לבבכם: **(טו) ובפרשכם כפיכם אעלים עיני מכם.** לפי שידיכם דמים מלאו: **דמים.** רציחה: **(טז) רחצו הזכו.** (פתח הוא); לשון צווי, לפי שהוא מגזרת רָחוֹץ. אבל רָחֲצוּ, קָמַץ; לשון עבר שהוא מגזרת רָחַץ. רַחֲצוּ, הִזַּכּוּ, הָסִירוּ, חִדְלוּ, לִמְדוּ, דִּרְשׁוּ, אַשְּׁרוּ, שִׁפְטוּ, רִיבוּ, לְכוּ; עשר אזהרות של לשון תשובה יש כאן, כנגד עשרת ימי תשובה וכנגד עשרה מלכיות זכרונות ושופרות: **חדלו הרע.** חדלו ממעשים הרעים: **הרע.** כמו להרע. אין צריך לכתוב מִלְּהָרֵעַ, שכן לשון המקרא נופל על לשון חדלה, וְחָדַל לַעֲשׂוֹת הַפֶּסַח (במדבר ט, יג), עַד כִּי חָדַל לִסְפֹּר (בראשית מא, מט); כלומר, חדלה הספירה, חדלה העשיה; אף כאן, תחדלו הרעה: **(יז) למדו.** רפי נקוד, והוא מגזרת לָמוֹד, היו למדין להיטיב. המלמד לעצמו הוא ממשקולת לשון 'קל', לפיכך צווי לשון רבים שלו נקוד בחירק; כמו אִמְרוּ, שִׁמְעוּ. אבל המלמד לאחרים הוא ממשקולת לשון 'כבד' המדגיש, ואם בא לצוות את הרבים הוא נקוד לַמְּדוּ, וכן דִּרְשׁוּ מגזרת דְּרֹשׁ. אבל אַשְּׁרוּ, שהשי"ן מודגשת ממשקולת לשון 'כבד' ומגזרת אַשֵּׁר, לפיכך לשון צווי לרבים נקוד פַּתָּח כמו דַּבְּרוּ, סַפְּרוּ, בַּשְּׂרוּ: **אשרו חמוץ.** החזיקו את הגזול, והוא לשון משנה (גמרא כתובות כח, א), אַשְּׁרְנוּהִי; אִי אִיַּשַּׁר חֵילִי (גיטין פז, א), יַשַּׁר כֹּחָךְ (שבת פז, א). לשון אחר, הדריכוהו בנתיב אמת לזכות בשלו; לשון, בַּאֲשֻׁרוֹ אָחֲזָה רַגְלִי (איוב כג, יא), וְאַשֵּׁר בַּדֶּרֶךְ לִבֶּךָ (משלי כג, יט): **שפטו יתום.** פלוני זכאי, פלוני חייב: **ריבו אלמנה.** השתדלו בריבה להתווכח בעדה, שאינה יוצאת לחזור אחרי בעלי דינה (ס"א): **חמוץ.** גָּזוּל, ודומה לו, מִכַּף מְעַוֵּל וְחוֹמֵץ (תהלים עא, ד): **(יח) לכו נא ונוכחה.** יחד, אני ואתם, ונדע מי סרח על מי; ואם אתם סרחתם עלי, עודני נותן לכם תקוה לשוב: **אם יהיו חטאיכם כשנים.** כתומים לפני כאודם שנים, אלבינם כשלג: **יאמר ה'.** תמיד הוא אומר לכם כן;

### רד"ק

**(יד) חדשיכם. . . לטורח.** למשא כבד היו עלי, עד שנלאתי לסבול אותם. ויונתן תרגם, אַסְגֵּיתִי לְמִשְׁבָּק, כלומר, הרבה נשאתי וסלחתי לכם עונותיכם, ולא אוכל עוד לסלוח: **(טו) ובפרשכם.** הרי"ש בחיר"ק תחת סגול, כְּדַבֶּרְכֶם (שמות יב, לא). פרישת כפים היא לתפלה, כמו אֶפְרֹשׂ אֶת כַּפַּי אֶל ה' (שמות ט, כט). ואיך לא תבושו ותפרשו אלו כפיכם ששפכו דמים? לפיכך אני אעלים עיני מכם ולא אקבל תפלתכם, אפילו תרבו תפלה ותצעקו כל היום. ורבותינו זכרונם לברכה דרשו הפסוק בנשיאת כפים בכהן, ואמרו (ברכות לב, ב), כל כהן שהרג הנפש לא ישא כפיו, שנאמר ובפרשכם כפיכם. . . ידיכם דמים מלאו: **(טז) רחצו הזכו.** רחיצת הלב וזכותו. ופירוש הסירו רוע מעלליכם. . . חדלו הרע; חדלו לכם מלהרע איש לאחיו. ורבינו שלמה זכרונו לברכה פירש, חדלו הרע, כמו להרע: **(יז) למדו.** מן הטוב, ומן הרע חדלו, ותלמדו להטיב איש לחבירו: **דרשו משפט.** בין עושק לעשוק: **אשרו.** כמו ישרו: **חמוץ.** הוא הגזול, כמו מִכַּף מְעַוֵּל וְחוֹמֵץ (תהלים עא, ד), שפירושו גוזל; ישרו מי שהוא גזול ומעוות בדינו. ורבותינו פירשו לשון חמץ, ואמרו (סנהדרין לה, א), אשרי הדיין שמחמץ את דינו: **שפטו יתום ריבו אלמנה.** שפטו משפט יתום, ריבו ריב אלמנה, כי הם העשוקים ברוב, ואינכם משימים אזניכם לצעקתם: **(יח) לכו נא.** לכו אינו ענין הליכה ממש, אלא ענין זירוז; וכן, וַיֹּאמְרוּ לְכוּ וְנַחְשְׁבָה עַל יִרְמְיָהוּ (ירמיה יח, יח); לְכָה נָּא אֲנַסְּכָה בְשִׂמְחָה (קהלת ב, א); והדומים להם שכתבנו בספר מכלל: **ונוכחה.** ענין ספור הטענות בעל דין עם בעל דינו. וכן שָׁם יָשָׁר נוֹכָח עִמּוֹ (איוב כג, ז), וְעִם יִשְׂרָאֵל יִתְוַכָּח (מיכה ו, ב);

### מצודת דוד

**(יד) חדשיכם.** זבחי חדשיכם וכו': **לטורח.** למשא כבד המטריח עד שאני עיף לשאת את המשא. ואמר בלשון הנופל באדם להשמיע האוזן כפי שהורגלה: **(טו) ובפרשכם כפיכם.** בעת התפלה: **ידכם וכו'.** לפי שידיכם מלאים משפיכת דם: **(טז) רחצו הזכו.** הסירו כתמות העון בתשובה: **הסירו וגו'.** לפי שרוע מעללי גבר עומדים מול ה' לקטרג עליו לזה אמר עשו תשובה ובזה תסירם מנגד עיני: **הרע.** מלהרע: **(יז) היטב.** להטיב מעשיכם: **דרשו.** חקרו המשפט לדעת הדין עם מי, והיו מישרים את העשוק. ושפטו משפט היתום וריבו ריב האלמנה; כי המה הנעשקים על פי רוב: **(יח) ונוכחה.** נברר הדברים לדעת מי סרח על מי: **אם יהיו וכו'.** רצונו לומר, וכאשר תודו שהדין עמדי ותשובו לי, אז אם יהיו חטאיכם אדומים כשני, תולעת, יולבנו כשלג. רצונו לומר, אכפר על חטאתכם (דימה העון לכתם אדום שהוא צבע חזק ונראה למרחוק ולא יוסר מהר בכבוס):

### מצודת ציון

**אוכל.** מלשון יכולת: **און.** ענינו מחשבת שקר, כמו, הִנֵּה יְחַבֶּל אָוֶן (תהלים ז, טו): **ועצרה.** ענין קבוצת אנשים; כמו, עֲצֶרֶת בֹּגְדִים (ירמיה ט, א), על שם שהם עצורים ועכובים במקום אחד: **(יד) נלאיתי.** ענין יגיעה; כמו, וּמָה הֶלְאֵתִיךָ (מיכה ו, ג): **נשוא.** מלשון משא: **(טו) אעלים.** מלשון העלמה והסתרה: **(טז) הזכו.** מלשון זכות ובהירות: **חדלו.** מנעו: **(יז) אשרו.** מלשון ישר, ובאה האל"ף במקום היו"ד. וכן בהפוך; כמו, וּבִכְבוֹדָם תִּתְיַמָּרוּ, (לקמן סא, ו), ומשפטו תִּתְאַמָּרוּ: **חמוץ.** עשוק; כמו, מִכַּף מְעַוֵּל וְחוֹמֵץ (תהלים עא, ד), (יח) לכו. הוא ענין לשון זרוז; כמו, וְעַתָּה לְכוּ וְנַהַרְגֵהוּ (בראשית לז, כ) והלא לא הלכו אליו: **ונוכחה.** ענין ברור דבר; כמו, אֲשֶׁר־הֹכִיחַ ה' (שם כד, מד):

---

**לֹא־אוּכַל אָוֶן וַעֲצָרָה** — *I cannot abide mendacity with solemn assembly.* God decries these ostensibly solemn religious gatherings. The ceremonies are impressive, but they are exercises in *mendacity,* i.e., dishonesty, because the people bring thoughts of idolatry to these *solemn assemblies* (*Rashi*).

**14.** In the plain sense of the verse, God continues the thought of verse 13: Since the people's Temple service was false, He detests their festivals (*Radak*). God wants people to study Torah and observe its commandments to elevate their conduct and make it Godly. But Israel celebrated the festivals for its own selfish pleasure (*Malbim*).

**חֹדֶשׁ וְשַׁבָּת קְרֹא מִקְרָא** — *[As for] the New Moon and Sabbath, and your calling of convocations.* The Torah refers to the Sabbath and festivals as מִקְרָאֵי קֹדֶשׁ, *holy convocations* (*Leviticus* 23:2,4), because Israel proclaims them as days when it dedicates itself to an intensified awareness of its bond with God and its dedication to His service. The *New Moon* symbolizes people's ability to renew its spiritual vigor, just as the moon "renews" itself after half a month of decline, and the Sabbath is our testimony that God created heaven and earth in six days and rested on the seventh. The festivals, our holy convocations, flow from these two concepts.

*I cannot abide mendacity with solemn assembly.* 14 *My soul detests your New Moons and your appointed times; they have become a burden upon Me, I am weary of bearing [them].* 15 *When you spread your hands [in prayer], I will hide My eyes from you; even if you were to intensify your prayer, I will not listen; your hands are filled with blood.* 16 *Wash yourselves, purify yourselves, remove the evil of your deeds from before My eyes; cease doing evil.* 17 *Learn to do good, seek justice, vindicate the victim, render justice to the orphan, take up the grievance of the widow.*

*Repent!*

18 *Come now, let us reason together, says* HASHEM. *If your sins are*

Alternatively, the verse refers not to the insincere performance of commandments, but to the nation's innovative rituals in honor of its idols (*Megillah* 31b). Thus the emphasis is on **your** *new moons* and **your** *appointed times;* God is angered because these observances were *yours,* and not His (*Abarbanel*).

**הָיוּ עָלַי לָטֹרַח נִלְאֵיתִי נְשֹׂא** — *They have become a burden upon Me, I am weary of bearing [them].* God says that He has lost patience with their bogus piety (*Radak, Ibn Ezra*).

Alternatively, the word נְשֹׂא can be translated as *forgiveness.* Thus, God is saying that although He had always shown patience and forbearance to sinners, that time is now past. *I have grown weary of forgiving,* because the more I forgive them the more they sin (*Mahari Kara*).

**15. וּבְפָרִשְׂכֶם כַּפֵּיכֶם** — *When you spread your hands [in prayer]* (*Radak*), or when the Kohanim spread their hands to bless the people (*Berachos* 32b), I will ignore you because ...

**יְדֵיכֶם דָּמִים מָלֵאוּ** — *Your hands are filled with blood.* God will not answer your prayers because you are guilty of murder of the poor and defenseless; you have blood on your hands (*Rashi;* see also below, comm. to v. 21).

*Abarbanel* and *Aderes Eliyahu* comment that דָּמִים can also be rendered as *money.* Thus the prophet refers to such financial crimes as denying debts, not paying workers, or demanding money for legitimate services in the Temple.

The Sages (*Berachos* 32b) derive from these verses that גְּדוֹלָה תְּפִלָּה יוֹתֵר מִן הַקָּרְבָּנוֹת, *prayer is greater than the Temple offerings,* because even though verses 11-13 had already rejected the offerings, it was still necessary for our verse to declare that God disdained their prayers, as well.

According to *R' Hirsch,* the verse does not necessarily refer to actual murder, but to crimes such as bribery, robbery, and injustice that undermine the social order. He notes further that Isaiah was echoing the concept going back to the times of Moses, Samuel, and Solomon. The Torah states that before a person can expect to receive atonement through an אָשָׁם, *guilt-offering,* he must make restitution to whomever he had cheated. Samuel had warned that offerings are no substitute for obedience to God's word (*I Samuel* 15:22). And when Solomon was building the Temple, God told him that His Presence would rest on the Temple and the Jewish people only if he and they obeyed all the commandments (*I Kings* 6:11-13, 9:3-9).

**16.** Though offerings and prayer offer no hope for sinners to be blessed as long as they continue to disobey the commandments, there is still a way for the sinners to save themselves and restore their connection to God. That foolproof way is sincere repentance.

*Aderes Eliyahu* comments that the four commands of this verse refer to the four primary components of repentance: (1) *Wash yourselves* = חֲרָטָה, *remorse;* (2) *purify yourselves* = וִדּוּי, *confession;* (3) *remove the evil* = עֲזִיבַת הַחֵטְא, *abandoning the sin,* i.e., seriously resolving not to transgress again; and (4) *cease doing evil* = לַחֲדוֹל מִכָּל הַדְּרָכִים שֶׁהֵבִיאוּ לַחֲטוֹא, *refrain from all activities that influenced one to sin.*

**17. לִמְדוּ הֵיטֵב** — *Learn to do good.* The translation follows *Radak* and *Ibn Ezra.* It is not enough to stop sinning; one must also perform good deeds (*Malbim*) because people can perfect themselves only through positive action.

This exhortation also urges people not to act on impulse. To define what is good requires thought and analysis. It is easy to deceive oneself into thinking that what one *wants* is right and what is difficult or inconvenient is wrong.

**דִּרְשׁוּ מִשְׁפָּט** — *Seek justice.* This is directed not only to judges. Every person must make decisions about other human beings and about matters that can affect them.

**שִׁפְטוּ יָתוֹם רִיבוּ אַלְמָנָה** — *Render justice to the orphan, take up the grievance of the widow,* both of whom are generally helpless and easy to victimize (*Metzudos*), and therefore need your help so that their plight should not worsen (*Me'am Loez*). This is a good example of the need to *seek justice.* It is very tempting to rationalize that the powerful are right and the weak are wrong.

*Rashi* notes that verses 17 and 18 contain ten expressions of repentance, corresponding to the Ten Days of Repentance from Rosh Hashanah to Yom Kippur and the ten verses that comprise each of the Rosh Hashanah *Mussaf* blessings of מַלְכִיּוֹת זִכְרוֹנוֹת וְשׁוֹפָרוֹת, *Kingship, Remembrances, and Shofar Blasts.*

**18-20. A plea for repentance.** Lest Isaiah's admonition make people feel that there is no hope for them, he tells them now that if they only stop to think and repent, God would forgive all their sins. He challenges them, therefore, to an honest discussion of who wronged whom.

**18. לְכוּ־נָא וְנִוָּכְחָה** — *Come now* [lit., *go*], *let us reason together.* God tells the people to forget their passions and discard the natural defense mechanism. If only they would analyze their

יט כַּשָּׁנִים֙ כַּשֶּׁ֣לֶג יַלְבִּ֔ינוּ אִם־יַאְדִּ֥ימוּ כַתּוֹלָ֖ע כַּצֶּ֥מֶר יִהְיֽוּ׃ אִם־תֹּאב֖וּ וּשְׁמַעְתֶּ֑ם
כ ט֥וּב הָאָ֖רֶץ תֹּאכֵֽלוּ׃ וְאִם־תְּמָאֲנ֖וּ וּמְרִיתֶ֑ם חֶ֣רֶב תְּאֻכְּל֔וּ כִּ֛י פִּ֥י יְהֹוָ֖ה
כא דִּבֵּֽר׃ אֵיכָה֙ הָיְתָ֣ה לְזוֹנָ֔ה קִרְיָ֖ה נֶאֱמָנָ֑ה מְלֵאֲתִ֣י מִשְׁפָּ֔ט צֶ֖דֶק יָלִ֥ין
כב־כג בָּ֖הּ וְעַתָּ֥ה מְרַצְּחִֽים׃ כַּסְפֵּ֖ךְ הָיָ֣ה לְסִיגִ֑ים סָבְאֵ֖ךְ מָה֥וּל בַּמָּֽיִם׃ שָׂרַ֣יִךְ סוֹרְרִ֗ים

**רש"י**

כמו, עַל פִּי ה' יַחֲנוּ (במדבר ט, כ). דבר אחר, לכו נא ונוכחה; מה כתוב למעלה ממנו? חִדְלוּ הָרֵעַ, לִמְדוּ הֵיטֵב; ואחר שתשובו אלי לכו ונוכחה יחד להודיעני, עשינו מה שעלינו, עשה מה שעליך. ואני אומר, אם יהיו חטאיכם כשנים וגו': **כתולע**. צבע שצובעים בו אדום. גרעינים הם, ויש תולעים בכל אחד ואחד: **(כ) כי פי ה' דבר**. והיכן דבר? וְהֵבֵאתִי עֲלֵיכֶם חֶרֶב (ויקרא כו, כה): **(כא) לזונה**. תועה מעל אלהיה: **קריה**. שהיתה נאמנה ומליאה משפט וצדק היה לן בה, ועתה מרצחים: **מלאתי משפט**. כמו, רַבָּתִי עָם (איכה א, א): **צדק ילין בה**. תמיד של שחר היה מכפר על עבירות של הלילה, ושל בין הערבים מכפר על של היום. דבר אחר; שהיו מלינים בה דיני נפשות; כשלא היו מוצאין לו זכות ביום הראשון, לא היו גומרין את דינו עד למחרת, אולי ימצאו לו זכות, ועתה נעשו רוצחין. ומצינו בפסיקתא, (רבה איכה רבתי הקדמה פסקא יב וילקוט שמעוני כאן של). רבי מנחם בר אושעיה אמר, ארבע מאות שמונים ואחד בתי כנסיות היו בירושלים, כמנין מְלֵאֲתִי בגימטריא; ועתה מרצחים, הרגו את אוריה, הרגו את זכריה: **(כב) כספך היה לסיגים**. שהיו עושין מעות נחשת ומצפין אותן בכסף, להונות בהם: **סבאך מהול במים**. משקים שלכם מעורבים במים, כדאיתא בפסיקתא (דרב כהנא טו, ח). מהול, מעורב ואין לו דמיון במקרא. ומדרש אגדה פותר לִשְׂחוֹק אָמַרְתִּי מְהוֹלָל (קהלת ב, ב), מעורבב (מדרש רבה שם): **(כג) סוררים**. סרים מן הדרך הישרה:

**רד"ק**

והדומים להם. יאמר האל שיתוכחו עמו ויספר הוא הטובות שעשה לכם, והרעות שעשיתם אתם לפניו; ואתם, כיון שלא תוכלו לטעון כנגדו דבר, תתחרטו על מעשיכם הרעים. ואם תעשו כן, אם יהיו חטאיכם כשנים כשלג ילבינו. ופירוש תולע, כמו תוֹלַעַת שָׁנִי (שמות כח, ו), שהוא צבע קרימאזי"ן. ואף על פי שזכר שנים שפירושו אדום, זכר אחריו תולע, רצה בו יותר אדום. ודמה החטא לאדום, שהוא צבע חזק ונראה למרחוק; ואם יהיה בבגד כתם מאותו צבע לא יסור בכיבוס; וכן אמר, אִם תְּכַבְּסִי בַּנֶּתֶר וְתַרְבִּי לָךְ בֹּרִית נִכְתָּם עֲוֹנֵךְ לְפָנַי (ירמיה ב, כב); והתשובה היא לבון הכתם: **ילבינו יאדימו**. פועלים עומדים: **כצמר יהיו**. חסר התואר. פירושו, כצמר לבן ונקי; וכן הַנֹּתֵן שֶׁלֶג כַּצָּמֶר (תהלים קמז, טז), וכמוהם בחסרון התאר וזכר הַמְּתֹאָר, מְלֻבָּשִׁים בְּגָדִים (דברי הימים־ב יח, ט), זֶרַע אֲנָשִׁים (שמואל־א, א, יא) יָמוּתוּ אֲנָשִׁים (שם ב, לג), בָּא בַּאֲנָשִׁים (שם יז, יב). ופירש אדוני אבי זכרונו לברכה, אם יהיו חטאיכם כשנים, שאינו אדום מאד, כשלג ילבינו, אכפר על עונותיכם; ואם יהיו אדומים מאד כתולע, אז יהיו כצמר, שאינו לבן מאד כמו השלג: **(יט) אם תאבו**. טוב הארץ, מה שאוכלים זרים לעיניכם תאכלו אתם: **(כ) ואם תמאנו ומריתם**. לא תהיו אוכלים אבל אכולים לחרב: **חרב**. כמו בחרב, חסר בי"ת השימוש. וכן, הַנִּמְצָא בֵית ה' (מלכים־ב יב, יא), לִזְנוֹת בֵּית אָבִיהָ (דברים כב, כא), וַיִּקְבְּרֻהוּ בֵּיתוֹ (דברי הימים ב לג, כ), יִרְחֲצוּ מַיִם (שמות ל, כ), כִּי שֵׁשֶׁת יָמִים (שמות כ, יא) והדומים להם: **כי פי ה' דבר**. וכיון שדבר, הוא יקיים את דברו: **(כא) איכה**. הזונה אינה נאמנת לבעלה, אבל משקרת בו ומזנה תחתיו; וכן ירושלם שהיתה נאמנת לאל בימי דוד ובימי שלמה ובימי אסא ובימי יהושפט, ולא היו מזבחים ומקטרים בבמות אלא בבית המקדש, ואחר כך שבה להיות זונה, ועזבו בית ה', והם מזבחים ומקטרים בבמות ולאשרות: **מלאתי משפט**. היו"ד נוספת. אומר כי ירושלם היתה מלאה משפט מתחילה, כי יהושפט העמיד שפטים בכל ערי יהודה, ואמר להם, רְאוּ מָה אַתֶּם עֹשִׂים כִּי לֹא לְאָדָם תִּשְׁפְּטוּ כִּי לַה' וגו' (דברי הימים ב יט, ו), וְגַם בִּירוּשָׁלַיִם הֶעֱמִיד... לְמִשְׁפַּט ה' וְלָרִיב וגו' (שם פסוק ח); ועתה אין בה משפט, כמו שאמר בסמוך, כֻּלּוֹ אֹהֵב שֹׁחַד וְרֹדֵף שַׁלְמֹנִים (פסוק כג): **צדק ילין בה**. ילין אינו לשון לינה ממש, אלא לשון שקידה וההתמדה בדבר, וכן, וּבְהַמְּרוֹתָם תָּלַן עֵינִי (איוב יז, ב), בְּצַוָּארוֹ יָלִין עֹז (איוב מא, יד), וְלָנָה בְּתוֹךְ בֵּיתוֹ (זכריה ה, ד), והדומים להם. וירושלם היה הצדק תמידי בה, ועתה מרצחים. ועוד כספם היה לסיגים וגו', כל זה הפך הצדק. ורבותינו זכרונם לברכה אמרו (סנהדרין לב, א), דיני ממונות גומרין בו ביום בין לזכות בין לחובה ודיני נפשות גומרין בו ביום לזכות וביום שלאחריו לחובה; ועשו לפסוק הזה סמך (שם לה, א). וחשבה מרצחים כשאין מלינים בו דיני נפשות אלא דנין אותו בו ביום: **(כב) כספך**. עושים בה מטבע שקר, וחושבים בני אדם כי כלו כסף, ויש בו סיגים נחשת ובדיל והדומים להם, ומחופה בכסף, ומטעין בו בני אדם. וכן מוכרי יין, חושבים הקונים שהם קונים יין חי, והוא מעורב במים: **סבאך**. הוא היין הנמכר בחנות, לפי שבאים שם רקים ופוחזים, וסובאים ומשתכרין שם: **מהול**. מעורב, ואין לו ריע במקרא; ואדוני אבי הביא לו חבר מהערבי 'אלמהל': **(כג) שריך**. השרים שהיה להם לתקן המעוות הם סוררים ומעוותים הישר, והם חברי גנבים; כי הגנבים חולקים עמהם, לפיכך לא ייסרו אותם ולא ימנעום מלגנוב:

**מצודת דוד**

**(יט) אם תאבו**. להיות מוכנעים לי ושמעתם בקולי, אז תאכלו מיטב הארץ: **(כ) ואם תמאנו**. אם תהיו ממאנים לשמוע אמרי ותמרו פי: **חרב תאכלו**. לא תהיו אוכלים, אלא אכולים לחרב: **כי פי ה' דבר**. ובידו לקיים מאמרו: **(כא) איכה**. מתאונן לומר, איך ירושלים עיר אמונה נהפכה להיות משקרת בה' כזונה המשקרת בבעלה: **מלאתי**. מעולם היתה מלאה משפט והצדק התמיד בה ועתה נהפכו אנשים להיות מרצחים: **(כב) כספך**. הכסף שאתה נותן לזולת הוא סיגים, ואתה מרמה ומאנה אותו: **(כג) סוררים**. סרים מדרך הטוב ומתחברים עם הגנבים:

**מצודת ציון**

**כשנים**. חוטים צבוע אדום; כמו, וְתוֹלַעַת שָׁנִי (שמות כה, ד): **כתולע**. הוא שם הצבע שצובעים בו אדום: **(יט) תאבו**. תרצו; כמו, לֹא אָבָה יַבְּמִי (דברים כה ז): **(כ) תמאנו**. מלשון מיאון וסרוב: **ומריתם**. מלשון מרי ומרד: **(כא) קריה**. עיר: **מלאתי**. היו"ד נוספת, ובעבור תוספות היו"ד נהפכה הה"א לתי"ו להסמיכה אל היו"ד: **ילין**. ענין התמדה; וכן, וְלָנֶה בְּתוֹךְ בֵּיתוֹ (זכריה ה, ד): **(כב) לסיגים**. הוא פסולת הכסף; כמו, סִגִים כֶּסֶף הָיוּ (יחזקאל כב, יח): **סבאך**. כן נקראים משקים המשכרים; כמו, וְנִסְבְּאָה שֵׁכָר (לקמן נו, יב): **מהול**. מזוג ומעורב ודומה לו, לִשְׂחוֹק אָמַרְתִּי מְהוֹלָל (קהלת ב, יב):

---

behavior objectively, they would acknowledge that they, not God, were at fault (*Radak*).

Alternatively, *Let us all be admonished.* Isaiah meant to encourage the people to repent by including himself in the admonishment. "All of us must repent. Come, let us all recognize our shortcomings and return to God together" (*Abarbanel*).

Why did Isaiah say, לְכוּ, *go,* rather than בֹּאוּ, *come?* Homiletically, it is common that when someone is chastised, he may well resolve to change his ways and repent, but when he leaves the serious assembly and goes back to his everyday affairs, he forgets about his new resolve and resumes his old ways. Therefore, the prophet stressed that his words should continue to inspire his listeners even when they *go* (*Menachem Zion*).

**כַּשָּׁנִים כַּשֶּׁלֶג** — *Like scarlet ... as snow.* Sin is likened

*like scarlet they will become white as snow; if they have become red as*
*crimson, they will become [white] as wool.* 19 *If you are willing and obey,*
*you will eat the goodness of the land.* 20 *But if you refuse and rebel, you will*
*be devoured by the sword — for the mouth of* HASHEM *has spoken.*
21 *How the faithful city has become a harlot! — she had been full of jus-*
*tice, righteousness lodged in her, and now murderers!* 22 *Your silver has be-*
*come dross, your heady wine diluted with water.* 23 *Your princes are rebellious*

---

metaphorically to a red stain on a garment, which is visible from afar and is hard to wash out. Repentance "bleaches" it clean and white (*Radak*).

**כַּתּוֹלָע כַּצֶּמֶר** — *As crimson ... as wool. Crimson* is a deeper, darker shade of red, i.e., if the sins were very serious, repentance will still help, but it will only change the crimson to the off-white color of unprocessed *wool* (*R' Yosef Kimchi*).

**19-20.** If you are willing to respond positively to My admonishment, then you will be saved from those who plunder your land. It will be yours, to enjoy its abundance. But if you persist in your rebellion, your plight will only worsen and you will be devoured by the sword.

**20. כִּי פִּי ה' דִּבֵּר** — *For the mouth of* HASHEM *has spoken.* Since the speaker is God, He will surely keep His word, so that the people should realize that their very survival depends on whether or not they repent (*Radak*). The prophecy that began on verse 18 is now concluded.

**21-23. Isaiah laments the state of his fallen nation.** Before conveying the prophecy that begins with verse 24, Isaiah surveys the degradation of the once-proud city of Jerusalem and marvels at how it has fallen. *Mahari Kara* interprets this passage as a study in contrasts, to which Isaiah applies the pejorative of harlotry (v. 21), a term that signifies disloyalty. Jerusalem had been a city of justice and honest business practices, but now it has descended to the point where it harbors murderers and where dishonesty is rampant.

*Malbim* likens Isaiah to a visitor who last saw a city when it was at its peak, and sees it now in a state of decay. He is shocked and cannot understand how such a thing could have happened.

**21. אֵיכָה הָיְתָה לְזוֹנָה קִרְיָה נֶאֱמָנָה** — *How the faithful city has become a harlot!* Isaiah likens Jerusalem to a wife who has become unfaithful. During the reigns of David, Solomon, Asa, and Jehoshaphat, its people were faithful to God and brought their offerings only in permitted altars (in the time of David) and only in the Temple, once Solomon completed it. But then, they became unfaithful and began using private altars, like their sinful cousins of the Northern Kingdom (*Radak*).

Three prophets — Moses, Isaiah, and Jeremiah — used the expression אֵיכָה, *how* or *alas.* Moses saw Israel in its glory and tranquility, and said, "How can I alone carry your burden?" (*Deuteronomy* 1:12). Isaiah saw them in their impetuosity. Jeremiah saw them in their disgrace, at the time of the Temple's destruction, and said (*Lamentations* 1:1), "Alas, she [Jerusalem] sits alone" (*Eichah Rabbasi*).

**מְלֵאֲתִי מִשְׁפָּט צֶדֶק יָלִין בָּהּ** — *She had been full of justice, righteousness lodged in her.* King Jehoshaphat had strengthened the court system and upgraded its fairness throughout the land and especially in Jerusalem (see *II Chronicles* 19:5-8), thus making the capital a city *full of justice* (*Radak*). So honest was the prevailing atmosphere — *righteousness lodged in her* — that dishonest people stayed away from the city (*Mahari Kara*).

**וְעַתָּה מְרַצְּחִים** — *And now murderers!* How is possible that a city of virtue and justice had become hospitable to murderers and robber barons!

The Sages (*Sanhedrin* 35a) interpret this as a criticism of the courts that illegally dispensed with a rule that was meant to protect life. The law is that a court may render judgment in monetary disputes on the same day the arguments are presented, but in capital cases, if the majority of the court is ready to impose the death penalty, they must delay the verdict until the next day to give judges a chance to find a defense for the accused. When the courts stopped following this rule, thus permitting the too-hasty execution of accused criminals, the judges, in effect, brought murder into the city.

*Rashi* interprets this as a prophetic allusion to the particularly notorious murders of prophets, which would take place over a hundred years later. As is often found in Scripture, the spiritual corruption of one generation plants the seeds that flower in the form of heinous future crimes. Uriah son of Shemaiah prophesied in support of Jeremiah's message that destruction and exile were imminent unless the people repented. In return for his unpopular message, King Jehoiakim of Judah had him killed (*Jeremiah* 26:20-24), and the prophet Zechariah son of the Kohen Gadol Jehoiada rebuked the people for worshiping idols, and was killed by order of King Joash of Judah (*II Chronicles* 24:15-22). At the time of the destruction, when famine and suffering were so severe that mothers actually cannibalized their own children, anguished people asked how God could permit such atrocities to happen, to which a Heavenly voice responded, "And how could you have sanctioned the murder in the Temple of a prophet and a Kohen?" (see *Rashi, Lamentations* 2:20).

**22. כַּסְפֵּךְ הָיָה לְסִיגִים סָבְאֵךְ מָהוּל בַּמָּיִם** — *Your silver has become dross, your heady wine diluted with water.* Dishonesty has become so rampant that even the coinage is debased. Whereas coins were once pure silver, now they are made of copper and plated with silver to appear genuine. Knowing that your coins are probably counterfeit, the wine seller dilutes his product, so there is a cycle of cheating (*Rashi*).

Alternatively, the verse is a metaphor. The *silver coins* and

וְחַבְרֵי֙ גַּנָּבִ֔ים כֻּלּוֹ֙ אֹהֵ֣ב שֹׁ֔חַד וְרֹדֵ֖ף שַׁלְמֹנִ֑ים יָתוֹם֙ לֹ֣א יִשְׁפֹּ֔טוּ וְרִ֥יב אַלְמָנָ֖ה
כד לֹֽא־יָב֥וֹא אֲלֵיהֶֽם׃ לָכֵ֗ן נְאֻ֤ם הָֽאָדוֹן֙ יְהוָ֣ה צְבָא֔וֹת
כה אֲבִ֖יר יִשְׂרָאֵ֑ל ה֚וֹי אֶנָּחֵ֣ם מִצָּרַ֔י וְאִנָּקְמָ֖ה מֵאוֹיְבָֽי׃ וְאָשִׁ֤יבָה יָדִי֙ עָלַ֔יִךְ וְאֶצְרֹ֥ף
כו כַּבֹּ֖ר סִיגָ֑יִךְ וְאָסִ֖ירָה כָּל־בְּדִילָֽיִךְ׃ וְאָשִׁ֤יבָה שֹׁפְטַ֙יִךְ֙ כְּבָרִ֣אשֹׁנָ֔ה וְיֹעֲצַ֖יִךְ
כז כְּבַתְּחִלָּ֑ה אַחֲרֵי־כֵ֗ן יִקָּ֤רֵא לָךְ֙ עִ֣יר הַצֶּ֔דֶק קִרְיָ֖ה נֶאֱמָנָֽה׃ צִיּ֖וֹן בְּמִשְׁפָּ֣ט
כח תִּפָּדֶ֑ה וְשָׁבֶ֖יהָ בִּצְדָקָֽה׃ ◄ וְשֶׁ֧בֶר פֹּשְׁעִ֛ים וְחַטָּאִ֖ים יַחְדָּ֑ו וְעֹזְבֵ֥י יְהוָ֖ה יִכְלֽוּ׃

**רש״י**

**ורודף שלמונים.** תשלומין. תרגם יונתן, אָמְרִין גְּבַר לְחַבְרֵיהּ עֲבֵיד לִי טַב בְּדִינִי וַאֲשַׁלֵּם לָךְ בְּדִינָךְ. שופט שהיה גזלן והנגזל צועק עליו בפני שופט אחר, זה אומר לו צדקני היום ואני אשלם גמולך כשיצעקו עליך בפני. הוי רודף תשלום גמולות: **וריב אלמנה לא יבא אליהם.** האלמנה באה לצעוק והיתום יוצא, וזו פוגעת בו ושאלתו, מה הועלת בצעקתך לפני השופט? והוא אומר, כל היום הזה יגעתי לו במלאכה, וסופי לא הועלתי; וזו חוזרת לאחוריה ואומרת, ומה זה שהוא איש לא הועיל, אני, לא כל שכן; הוי, יתום לא ישפטו, וריב אלמנה לא יבא אליהם כלל: **(כד) נאם האדון.** שהכל שלו, ובידו לעקור אתכם מארצכם ולנטוע בה אחרים: **אביר ישראל.** תקפו של ישראל: **הוי.** לשון הזמנה והכרזה, ודומה לו, הוֹי הוֹי וְנֻסוּ מֵאֶרֶץ צָפוֹן (זכריה ב, י) וידעו הכל כי אנחם מצרי שהכעיסוני במעשיהם: **(כה) ואשיבה ידי עליך.** מכה אחר מכה, עד כלות הפושעים: **כבור.** לשון 'בורית', סבו״ן בלע״ז, ולשונו לשון 'נקיון'; כמו, וּבַר לֵבָב (תהלים כ״ד, ד); על שם שהוא מנקה הבגד מכתמיו. **סיגיך.** האמור למעלה; כמו, כַּסְפֵּךְ הָיָה לְסִיגִים (לעיל כב), תערובת נחשת בכסף קרוי סיג, אף כאן תערובת רשעים עם הכשרים; אני אכלה הפושעים שהם הסיג: **כל בדיליך.** בדיל המעורב בכסף, כלומר, הרשעים שבך. בדיל, אשטיי״ם בלע״ז: **(כו) כבראשונה.** אעמיד לכם שופטים כשרים: **עיר הצדק.** כבתחלה, צֶדֶק יָלִין בָּהּ (פסוק כא): **(כז) במשפט תפדה.** על ידי שיהיו בה עושה משפט: **תפדה.** מעונותיה: **ושביה.** עושי תשובה שבתוכה. (בצדקה, במצדיקים עצמם במשפט ובצדקה שבתוכה): **(כח) ושבר פושעים וגו׳.** שבכולן הוכיחן למעלה, וְהֵם פָּשְׁעוּ בִי (פסוק ב), גּוֹי חֹטֵא (פסוק כב), עָזְבוּ אֶת ה׳ (שם): **פושעים.** מורדים והעובדים לעכו״ם: **וחטאים.** אלו עבריינים העוברים על שאר איסורין:

**רד״ק**

**כלו.** דרך כלל על השרים, כי כלם בדרך אחד, לפיכך אמר כלו בלשון יחיד. והם אוהבים לקבל **שחד** ומטים המשפט: **ורודף שלמונים.** כתרגומו, אָמְרִין גְּבַר לְחַבְרֵיהּ עֲבֵיד לִי טַב בְּדִינִי וַאֲשַׁלֵּם לָךְ בְּדִינָךְ: **יתום לא ישפוטו.** מן העושקים אותו: **וריב אלמנה לא יבא אליהם.** כי אינם רוצים לשפוט משפטה ולריב ריבה מן העושקים אותה, לפיכך לא תביא אליהם ריבה כי לא תועיל. ויונתן תרגם, קְבִילַת אַרְמַלְתָּא לָא עֲלַת קֳדָמֵיהוֹן. כלומר, צועקת לפניהם על ריבה, ואינם שומעים אותה: **(כד) לכן. . . האדון.** כי בעת ההיא יכירו הכל כי הוא אדון הכל, וכן אדון צבאות, מעלה ומטה: **אביר ישראל.** שיהיה עוד חוזק העשוקים על ישראל, ויקח נקמה מהעושקים אותם, והם צריו ואויביו; נקמה שלמה יקח מהם עד שינחם מהם, כלומר, שיכלה כעסו וינחם. ומלת הוֹי פירשתיה: **(כה) ואשיבה ידי.** פעם אחר פעם; עד שאצרוף אותך, ותשארי נקיה. והסיגים והבדיל הם הרשעים: **כבור.** כמו הדבר המברר הכסף מן הסיגים, וישאר נקי. ואני שמעתי כַּבֹּר היינו כבורית, ספון בלע״ז. כמו שהבורית מוציא כל כתם כך אוציא אני סיגיך ובדיליך. בְּדִילָיִךְ מה רצונו לומר? כי הבדיל מעורב בכסף עד שינקוהו ממנו. ואמר בלשון רבים, בדיליך, להביא כל התערובות המעורבים בו: **(כו) ואשיבה שופטיך כבראשונה.** כמו שאמר מְלֵאֲתִי מִשְׁפָּט (לעיל, פסוק כא), וזה יהיה בימות המשיח, שיכלו הרשעים כלם, ו״שְׁאֵרִית יִשְׂרָאֵל לֹא יַעֲשׂוּ עַוְלָה וְלֹא יְדַבְּרוּ כָזָב״ (צפניה ג, יג): **(כז) ציון.** במשפט שיעשו ישראל, **תפדה**, כלומר, יפדו הם וישובו לה. ובצדקה שיעשו, ישובו לה הגולים ממנה; זהו **ושביה בצדקה: (כח) ושבר.** ואז ישברו ויכלו הפושעים וחטאים יחדו, כמו שאמר בנבואת מלאכי, וְהָיוּ כָל זֵדִים וְכָל עֹשֵׂה רִשְׁעָה קַשׁ וְלִהַט אֹתָם הַיּוֹם הַבָּא (מלאכי ג, יט):

**מצודת דוד**

**כלו.** כל העם: **שלמונים.** האחד אומר לחבירו הצדיקני היום בדיני, ולמחר אצדיקך בדינך: **לא יבוא.** בראותם שאף היתום לא הועיל עם כי הוא איש ומכל שכן היא, ותחדל לבוא: **(כד) האדון.** שהכל שלו ובידו מאין מוחה: **אנחם.** במה שאשלם כגמול אנחם על הכעס שהכעסוני: **(כה) ואשיבה.** להכותך מכה אחר מכה: **ואצרוף.** אסיר ממך הסיג כמו שמסירים כתמי הבגד על ידי הבורית. ורצונו לומר, אכלה ממך הפושעים והמורדים: **(כו) ואשיבה.** אעמיד עליך שופטים כשרים וצדיקים כמו שהיה מאז: **(כז) במשפט.** על ידי המשפט שיעשה בה, תהיה פדויה: **ושביה.** ההשבה מן הגולה תהיה על ידי הצדקה אשר יעשו: **(כח) ושבר.** הפושעים והחוטאים שבהם ישברו יחדו זה כזה, איש לא נעדר: **יכלו.** בלי שארית:

**מצודת ציון**

**(כג) שלמונים.** מלשון תשלומין: **(כד) אביר.** ענין חוזק; כמו, מִידֵי אֲבִיר יַעֲקֹב (בראשית מט, כד): **(כה) ואצרוף.** ענין זכוך וזקוק: **כבור.** כבורית שמנקין בו הבגדים מכתמיהם: **בדיליך.** היא מין מתכת; כמו, אֶת־הַבְּדִיל (במדבר לא, כב):

---

*heady wine* symbolize the pure judges and leaders of old. But now they have all become corrupt (*Ibn Ezra*).

**23. שָׂרַיִךְ סוֹרְרִים וְחַבְרֵי גַּנָּבִים** — *Your princes are rebellious and associates of thieves.* The spiritual and moral downfall began with the leaders, who are responsible to guide the people to do right. Instead they rebelled against the Torah and perverted the law. Rather than protecting the people against thieves, the leaders colluded with them (*Radak*).

**כֻּלּוֹ אֹהֵב שֹׁחַד** — *Each of them loves bribery.* The leaders sell themselves to the highest bidder (*Radak*).

**וְרֹדֵף שַׁלְמֹנִים** — *And pursues payments.* Two judges are accused of robbery. Each tells the other, you adjudicate my case and find me innocent and I will repay you by doing the same for you (*Targum, Rashi*).

**וְרִיב אַלְמָנָה לֹא־יָבוֹא אֲלֵיהֶם** — *The grievance of the widow does not come to them.* Seeing that the judges ignore the plight even of helpless orphans, widows don't even bother coming to the courts (*Radak*).

Alternatively, widows don't come to the courts because they don't have the means to pay the corrupt judges (*R' Eliezer of Beaugency*).

**24-31. Jerusalem's spiritual grandeur will be restored, but the sinners will be destroyed.** In a new prophecy, Isaiah offers both encouragement and a threat. Jerusalem's perversions will be cured and it will become the pure and righteous city of old, but the evildoers will not see it. The corrupt princes and greedy leaders will vanish, to be replaced by the kind of righteous leaders and honest judges who led Israel in its golden era.

*and associates of thieves; each of them loves bribery and pursues payments. They do not render justice to the orphan; the grievance of the widow does not come to them.*

*Divine punishment . . .*

24 *Therefore — the word of the Lord, HASHEM, Master of Legions, Mighty One of Israel:*
*Oh, I shall be appeased of My adversaries, and I shall avenge Myself of My enemies!* 25 *I will turn My hand against you, until I refine your dross as with lye and I remove all your base metal.* 26 *Then I will restore your judges as at first, and your counselors as at the beginning; after that you will be called 'City of Righteousness,' 'Faithful City.'* 27 *Zion will be redeemed through justice, and those who return to her through righteousness;* 28 *but calamity [awaits] rebels and sinners together, and those who forsake HASHEM will perish;*

*. . . and redemption*

**24.** לָכֵן — *Therefore,* i.e., because of the corruption described above, God will remove power from the malefactors and restore the nation's purity.

**נְאֻם הָאָדוֹן** — *The word of the Lord.* Since God is the Lord and Master of all Creation, He has the power to accomplish what He is now about to announce (*Rashi*). It is natural for people to despair that after many years, a situation has become so ingrained that it is impossible to change it. To give hope to his listeners, Isaiah begins his prophecy by saying that he is quoting the *Lord, HASHEM, Master of Legions,* the only One Who has the ultimate power to carry out His promise.

**אֲבִיר יִשְׂרָאֵל** — *Mighty One of Israel.* God has elevated Israel to receive His Torah and serve Him. He will not permit His people to become so degenerate that they are beyond salvation.

**אֶנָּחֵם מִצָּרַי וְאִנָּקְמָה מֵאוֹיְבָי** — *I shall be appeased of My adversaries, and I shall avenge Myself of My enemies.* The oppressors of Israel are the enemies of God (*Radak*). Alternatively, God says that His anger will not end until the corrupt judges and leaders are removed (*Metzudos*).

**25.** וְאָשִׁיבָה יָדִי עָלַיִךְ — *I will turn My hand against you,* i.e., I will strike blow after blow against the wicked (*Rashi*).

**וְאֶצְרֹף כַּבֹּר סִיגָיִךְ** — *Until I refine your dross as with lye.* God will purge the nation of its wicked people, i.e., the corrupt judges of verse 23, as a smith refines silver to remove its impurities (*Sanhedrin* 98a).

The wicked are referred to as dross because, like foreign matter that adulterates silver, evildoers infiltrate the nation and contaminate its moral and spiritual standing (*Rashi, Radak*).

**26.** וְאָשִׁיבָה שֹׁפְטַיִךְ כְּבָרִאשֹׁנָה — *Then I will restore your judges as at first.* The corrupt judges will be replaced by righteous ones, like those who served in the times of David and Solomon. This will happen during the reign of King Hezekiah (*Ibn Ezra*), or not until Messianic times (*Radak*).

The verse ends by recalling the descriptions of the Jerusalem of old, from verse 21. Jerusalem will once again be *the faithful city* and a place of *righteousness.*

**27.** צִיּוֹן בְּמִשְׁפָּט תִּפָּדֶה וְשָׁבֶיהָ בִּצְדָקָה — *Zion will be redeemed through justice, and those who return to her through righteousness.* In contrast to the corruption that caused Jerusalem's downfall, Israel will merit to be redeemed when it repents and resolves to return to the practice of justice and righteousness (*Mahari Kara*). In the context of the previous passage, which decried the leaders' lack of righteousness, many commentators render צְדָקָה [*tzedakah*] here as a rebirth of righteous conduct.

The Talmud (*Sanhedrin* 98a), however, renders *tzedakah* as *charity,* i.e., Zion will be redeemed in the merit of the people's generosity in helping those in need. *Rambam* (*Matnos Aniyim* 10:1) follows this interpretation in explaining the importance of charity.

Homiletically, the Sages expound that this refers to people who "judge" their inclinations, i.e., when they realize that they are tempted to sin, they judge their evil inclination and overpower it (*Megillah* 15b). There is a principle that God treats people according to their own deeds on earth. Therefore, if people work to fight their evil inclination, God responds by distancing evil from them. And when they engage in charity to the poor, God is generous to them (*Shem MiShmuel*).

**וְשָׁבֶיהָ** — *And those who return to her.* The translation follows most commentators, who regard this as a reference to the future redemption, when the exiles will return to *Eretz Yisrael.* However, following his interpretation of verse 26, *Ibn Ezra* renders וְשָׁבֶיהָ as *penitents,* and comments that Jerusalem will be energized during the reign of Hezekiah.

**28.** The prophecy refers back to the rebels and sinners mentioned in verses 2 and 4. When the time of redemption comes, their fate will be calamitous. *Rebels* are idolaters; *sinners* are those who commit lesser sins (*Rashi*). According to *Malbim,* a *rebel* is one whose sins are not the products of wrong logic; rather, he is a person who wantonly rebels against God without any rationale. A *sinner* is someone who sins because temptation gets the better of him.

**וְעֹזְבֵי ה'** — *And those who forsake HASHEM.* This phrase includes all the sinners, whatever the degree of their transgressions.

The implication of the term is that to *forsake HASHEM* is the root of sin. As long as one remains conscious of one's relationship to God — through Torah study, observance of commandments, and recognizing the need to perform good deeds — one can hope to avoid falling into a spiritual abyss. Awareness of religious responsibilities, even when one fails to live up to them, maintains the bond with God. But if someone forsakes Him, there is nothing to prevent one from slipping further and further into sin.

כט-ל כִּי יֵבֹשׁוּ מֵאֵילִים אֲשֶׁר חֲמַדְתֶּם וְתַחְפְּרוּ מֵהַגַּנּוֹת אֲשֶׁר בְּחַרְתֶּם: כִּי תִהְיוּ
לא כְּאֵלָה נֹבֶלֶת עָלֶהָ וּכְגַנָּה אֲשֶׁר־מַיִם אֵין לָהּ: וְהָיָה הֶחָסֹן לִנְעֹרֶת וּפֹעֲלוֹ לְנִיצוֹץ
ב א וּבָעֲרוּ שְׁנֵיהֶם יַחְדָּו וְאֵין מְכַבֶּה: הַדָּבָר אֲשֶׁר חָזָה יְשַׁעְיָהוּ בֶּן־
ב אָמוֹץ עַל־יְהוּדָה וִירוּשָׁלָ‍ִם: וְהָיָה | בְּאַחֲרִית הַיָּמִים נָכוֹן יִהְיֶה הַר בֵּית־יהוה
ג בְּרֹאשׁ הֶהָרִים וְנִשָּׂא מִגְּבָעוֹת וְנָהֲרוּ אֵלָיו כָּל־הַגּוֹיִם: וְהָלְכוּ עַמִּים רַבִּים

## רש"י

**(כט) מאילים.** לשון אֵלָה, מין אילן שקורין אולמ"א בלע"ז: **אשר חמדתם.** לעבוד תחתיהם עבודת כוכבים, כענין שנאמר, תַּחַת אַלּוֹן וְלִבְנֶה וְאֵלָה כִּי טוֹב צִלָּהּ (הושע ד, יג): **מהגנות.** שם היו עובדים כוכבים, כמה דאת אמר, הַמִּתְקַדְּשִׁים וְהַמִּטַּהֲרִים אֶל הַגַּנּוֹת (לקמן סו, יז): **(ל) נובלת עלה.** העלה שלה נובל, כְּמוֹשׁ, פלישטייש"ט בלע"ז. בבא עליו שרב או קרח הוא כמש, וליחלוחו אבד וכלה. ואין נובֵל לשון רקבון כמו בָּלֶה, שאין נו"ן נופלת באותו לשון, אלא נובֵל לשון דבר הנלאה וכלה כחו, כמו מגזרת נָבֹל תִּבֹּל (שמות יח, יח) כמו תִּנְבּוֹל, ומתרגמינן מִלְאָה תִלְאֶה: **אשר מים אין לה.** להשקות זרעיה; בדבר שחוטאים בו, משוה פורענותם: **(לא) החסן.** התוקף, שהיו אונסין את העניים וגוזלין אותן ומתחסנין בממון, כמו שאמר למעלה (פסוק כג) וְחַבְרֵי גַּנָּבִים, יהיה אותו ממון לנעורת שמנערין מן הפשתן, שהוא קל ונוח לישרף: **ופעלו.** והעושה אותו תוקף יהיה לניצוץ אש, ובערו זה בזה: **ניצוץ.** אישטנציל"א בלע"ז. תרגם יונתן, ופֹעֲלוֹ, וְעוֹבַד יְדֵיהוֹן. ואין זה אחר לשון העברית, שאם כן היה לו לינקד וּפָעֳלוֹ, חטף קמץ; ויהא נבאר לשון פוֹעַל; עכשיו שהוא נקוד מלאפום (רלה לומר חולם) נבאר לשון פּוֹעֵל: **ואין מכבה.** תרגם יונתן, ולא יְהֵא עֲלֵיהוֹן חַיָּיס: **(ב) באחרית הימים.** לאחר שיכלו הפושעים, נכון. מתוקן: **בראש ההרים.** בהר שהוא ראש לכל ההרים בחשיבות ההרים: **ונשא מגבעות.** יגדל נס שנעשה בו מניסי סיני וכרמל ותבור: **ונהרו.** יתקבצו ימשכו אליו כנהרות:

## רד"ק

**(כט) כי יבשו.** אמר יבֹשו, ואמר תחפרו; כי כן מנהג המקראות לדבר לנכח ושלא לנכח כאחד; כמו, שִׁמְעוּ עַמִּים (מלכים־א כב, כח), תָּשֻׁבוּ וּבֹאוּ נָא (איוב יז, י); והדומים להם, כמו שכתבנו בספר מכלל. אלה השלשה פסוקים עד סוף הפרשה אינם לימות המשיח, כי מימי חרבן בית ראשון ואילך לא היו עובדים עבודה זרה בישראל בגנות ותחת כל עץ רענן, כמו שהיו, ואין זכרון אילים וגנות אלא לאותם דורות שהיו בבית ראשון. ולפי שזכרו כליון הרשעים כולם, בין מעובדי עבודה זרה בין משאר עבירות, וזה יהיה בימות המשיח, אמר כי כליון עבודה זרה תהיה טרם זה, וזהו בחרבן בית ראשון, שיכלו עובדי עבודת עבודה זרה בישראל שהיו בוחרים הגנות והאילים לאשירה; ואז בחרבן הבית יבשו, כי יראו כי לא יועילו להם האשרים, ולא יצילום מיד האויב המחריב אותם והמגלה אותם; אז יבשו ויחפרו, וידעו כי שקר היה נסכם ועבודתם לעבודה זרה, לפיכך לא היה בבית שני עובדי עבודה זרה כלל בישראל. ואילים כמו אילנים; וכן, הַנֵּחָמִים בָּאֵלִים (לקמן נז, ה), אֵילֵי הַצֶּדֶק (לקמן סא, ג). ויונתן תרגם, אֲרֵי תִּתְבַּהֲתוּן מֵאִילָנֵי טַעֲוָתָא דַחֲמַדְתּוּן. והפסוק כפול בענין במלות שונות, כמנהג: **(ל) כי תהיו.** יאמר, אתם המרתם אותי באלים ותהיו כאלה נובלת, אתם בחרתם גנות ותהיו כגנה אשר אין מים לה: **עלה.** חסר יו"ד הרבים מהמכתב. אמר, כן תהיו כאלה נובלת עליה, שלא ישאר בה דבר ירוק, כן תהיה כל ארצכם חרבה, שלא ישאר בה אחד מכם; ותהיו כמו הגנה אשר מים אין לה להשקותם, שיבשו הירקות והזרעים לא יצמחו. וכאשר המשילם לאלה, הבטיחם שישובו לארצם, כמו האלה שתוציא העלים עוד לזמן הנצת האילנות; וכן בגנה כשיבאו מים לה, תצמיח זרעיה וילחלחו שרשי הירקות. ואלה תרגומו בוּטְמָא, וכן תרגם רבינו סעדיה בערבי, בוטמא: **ואלה נובלת עליה.** פירושו, אלה שעליה נובלים; וכן, מְגֻלְּחֵי זָקָן (ירמיה מא, ה), שזקנם מגלח. ודמה אותם לאלה, ולא לאילן אחר; כי האלה והאלון כשיפלו עליהם, ידמה שהם יבשים מכל וכל, יותר משאר אילנות; וזכר אחד מהם למשל: **(לא) והיה החסון.** אמר על האלילים ועל עובדיהם; אמר כי החסון והחזק שבפסילים; כמו, שאמר עֵץ לֹא יִרְקַב יִבְחָר (לקמן מ, כ), אמר, מה יועילו להם חוזק הפסילים? כי כמו הנעורת יהיו, שיכלה מהרה מפני נצוץ האש, כן ישרפו מהרה; וכן היה, כי נבוזראדן שרף כל בתי ירושלם באש, ובהם היו הפסילים והאלילים. ואמר, ופעלו לניצוץ, כי העושה אותו פסל הוא גרם לו הבערה, כמו שהנצוץ מבעיר הנעורת. וכשהנצוץ נאחז בנעורת, במעט זמן יכבו שניהם, כי הנצוץ אינו אש שיעמוד, אלא מעט והוא כבה, וכן הנעורת הבוערת, לא תהיה בוערת אלא זמן מועט ותכבה; כן יהיו פועלי הפסל והאליל, כי שניהם יכלו יחד; כי בחרבן ירושלם נשרפו הבתים והאלילים עמהם, ונהרגו העובדים הפסילים והעושים אותם: **ואין מכבה.** ואין מציל אותם מן הדלקה. ונעורת הוא מה שמנערין מן הפשתן, סטופ"א בלע"ז; ונצוץ הוא שביב האש, בלאגא בלע"ז. ויונתן תרגם הפסוק כן, וִיהֵי תּוּקְפְּהוֹן דְּרַשִׁיעַיָּא וגומר: **(א) הדבר.** אחר שאמר הפורענות אשר חזה על יהודה וירושלם, אמר הנחמה אשר חזה על יהודה וירושלם גם כן: **(ב) והיה באחרית הימים.** כל מקום שנאמר באחרית הימים הוא ימות המשיח: **הר בית ה'.** זהו הר המוריה שבו נבנה בית המקדש: **בראש ההרים.** שיהא נכון ונשא ונעלה מכל שאר הר וגבעה; שכל הגוים יכבדוהו וינשאוהו ויבאו לעבוד בו לשם ה'. וזכר הרים, לפי שהגוים היו עובדים את אלהיהם עַל־הֶהָרִים הָרָמִים (דברים יב, ב): **ונהרו.** וירוצו. ומזה נקרא מקום מרוצת מים הרבים, נהר: **(ג) והלכו.** לכו ונעלה (לקמן ב, ג). כל עם יאמר

## מצודת דוד

**(כט) כי יבושו.** עוזבי ה' יבושו אז ממה שחמדו האלים להעמיד עבודת כוכבים ומזולות בצלה; כמו, שכתוב תַּחַת אַלּוֹן וְלִבְנֶה וְאֵלָה כִּי טוֹב צִלָּהּ (הושע ד, יג): **מהגנות.** ממה שבחרו הגנות להעמיד בה עבודת כוכבים ומזולות; כענין שנאמר, הַמִּתְקַדְּשִׁים וְהַמִּטַּהֲרִים אֶל הַגַּנּוֹת (לקמן סו, יז): **(ל) כי תהיו.** בעבור שבחרתם באלה תהיו דומים להם בדבר העונש, כי תהיו כמושים מבלי לחלוחית טובה כעלי אילן האלה הכמושים ביותר: **אין לה.** להשקותה ולרוות צמאונה: **(לא) החסון.** הפסל העשוי מעץ חזק; כמו שכתוב, עֵץ לֹא יִרְקַב יִבְחָר (לקמן מ, כ): **לנעורת.** שהוא דבר חלש וקל להשרף: **ופועלו.** החרש העושה הפסל, היה דומה לניצוץ אש: **שניהם.** הפסל והחרש: **ואין מכבה.** לא ימצא מי מכבה ואין ביד הפסל לעזור ואף לא לעצמו: **(ב) באחרית הימים.** בימי המשיח: **הר בית ה'.** ההר שיעמוד עליו בית המקדש: **בראש ההרים.** בהר החשוב והראש שבכל ההרים: **ונשא.** ינשא במעלה וחשיבות: **(ג) והלכו.** עם לעם:

## מצודת ציון

**(כט) מאילים.** שם אילן סרק; כמו, הַנֵּחָמִים בָּאֵלִים (לקמן נז, ה): **(ל) נבלת.** ענין כמישה; כמו, נָבֵל צִיץ (לקמן מ, ז), עלה. העלין שלה: **(לא) החסן.** החזק; וכן, חֲסִין יָהּ (תהלים פט, ט): **לנעורת.** היא הפסולת שמנערין מעצי הפשתן: **לניצוץ.** הוא הנתז מן הבערת האש; וכן, וְנֹצְצִים כְּעֵין נְחֹשֶׁת (יחזקאל א): **ובערו.** ענין שרפה והדלקה: **מכבה.** מלשון כבוי: **(ב) נכון.** מוכן ומתוקן: **ונהרו.** רצונו לומר, ימשכו אליו כנהר המושך; וכן, וְנָהֲרוּ אֶל טוּב ה' (ירמיה לא, יא):

---

**29.** Lest you wonder why they deserve such a severe punishment, this verse provides the answer: because the sinners chose trees to designate as idols [or under which to place their idols (*Rashi*)], and they scoured their gardens to select sturdy, rot-proof trees from which to carve their idols (*Mahari Kara*). Alternatively, they planted and landscaped beautiful gardens as sites for their idols.

Although *Radak* interprets the previous verses as referring

[29] *for they will become ashamed of the idolatrous elms that you desired, and*
*you will be embarrassed over the gardens that you chose.* [30] *For you will be*
*like an elm tree with withered leaves, and like a garden without water.* [31] *The*
*mighty will be like flax and its maker like a spark; and the two of them will*
*burn together, with no one to extinguish it.*

**2**

*In Messianic times*

[1] *The prophecy that Isaiah son of Amoz saw, concerning Judah and Jerusalem:*
[2] *It will happen in the end of days: The mountain of the Temple of* HASHEM
*will be firmly established as the head of the mountains, and it will be exalted*
*above the hills, and all the nations will stream to it.* [3] *Many peoples will go*

---

to Messianic times, he comments that verses 29-31 cannot refer to that period because idol worship among Jews came to an end after the First Temple era. Therefore, these verses must refer to the time of the First Temple's destruction, when idolatry was common in the Land.

**30.** You chose elm trees and gardens, and your fate will be like theirs. When summer is over their leaves wither, and when a garden is deprived of water its vegetation dies. So too, your idols will be powerless to shield you from destruction. God chose the metaphor of trees and gardens to intimate to the nation that it should never lose hope. When spring comes the trees will blossom again and when the gardens are watered, they will bloom again. So too, the Jewish nation will suffer exile and persecution, but it should be confident that when the time comes it will be rejuvenated (*Radak*).

**31. הֶחָסֹן . . . וּפֹעֲלוֹ** — *The mighty . . . its maker.* The *mighty* leaders victimized the poor and helpless to steal their money. Their ill-gotten loot will be like flax that is highly flammable. They themselves, the *makers* of such a cruel society, will be like the sparks that ignite the flax. Both the robbers and their gains will be consumed (*Rashi*).

Alternatively, the idols that their *maker* thought would be *mighty* enough to prevail against any foe will be consumed. When Jerusalem was destroyed, the temples, the idols, the makers, and the worshipers all went up in flames (*Radak*).

**וְאֵין מְכַבֶּה** — *With no one to extinguish it.* No one will pity them (*Targum*), or be able to save them (*Radak*).

**2.**

**1. הַדָּבָר אֲשֶׁר חָזָה יְשַׁעְיָהוּ בֶּן־אָמוֹץ עַל־יְהוּדָה וִירוּשָׁלָם** — *The prophecy that Isaiah son of Amoz saw, concerning Judah and Jerusalem.* In contrast to the harsh prophecy of the rebuke uttered by Isaiah in the first chapter of this Book, he now consoles the people and foretells events that will occur during the Messianic Era, when Judah and Jerusalem will again be exalted by the nations of the world (*Radak*). At that time, the Jewish people will return to their land, but they will not be a nation-state like all others. The newborn Jewish nation will be the people of God, ready to put His Torah into practice, fulfill His word, and live up to His charge that they be a kingdom of priests and a holy nation (*R' Hirsch, Collected Writings* IV, p. 227).

**עַל־יְהוּדָה וִירוּשָׁלָם** — *Concerning Judah and Jerusalem.* Although this prophecy actually is concerning the entire world, it is centered on Judah and Jerusalem, since they will be exalted when the nations will stream to Jerusalem to learn the word of God (*Abarbanel*).

**2. וְהָיָה בְּאַחֲרִית הַיָּמִים** — *It will happen in the end of days,* i.e., the Messianic Era (*Radak; Ibn Ezra*), after the evildoers will be destroyed (*Rashi*). *The end of days* is still in the future. It cannot apply to any period since the days of Isaiah because countless wars have taken place since then, contrary to the word of the prophet (v. 4) that *they will no longer study warfare* (*Ibn Ezra*).

Some translate בְּאַחֲרִית הַיָּמִים as *in days to come* because the term *the end of days* may erroneously imply that time will end upon the arrival of the Messiah (*The Living Nach*). However, *the end of days* actually means the end result, the culmination of all world history that was flowing toward this point of time (see *R' M. Eisemann,* ArtScroll *Yechezkel* 38:8). It will also be the end of the exile and of all Israel's troubles (*Me'am Loez*).

**נָכוֹן יִהְיֶה הַר בֵּית־ה׳ בְּרֹאשׁ הֶהָרִים וְנִשָּׂא מִגְּבָעוֹת** — *The mountain of the Temple of* HASHEM *will be firmly established as the head of the mountains, and it will be exalted above the hills.* This is Mount Moriah on which the Holy Temple was constructed. Since the nations of the world had worshiped their gods upon the high mountains and hills, the prophet confirms that in Messianic times the Temple Mount will be firmly established above all other mountains as the religious metropolis of the world, esteemed and respected by all nations (*Radak; Mahari Kara*).

Alternatively, the *mountains* and *hills* metaphorically represent the great miracles that took place on mountains throughout Jewish history. On Mount Sinai Israel received the Torah, on Mount Carmel the Prophet Elijah thoroughly discredited the horde of idolatrous prophets and proved God's Omnipotence through the descent of a heavenly fire (see *I Kings* Ch. 18), and on Mount Tabor the Jewish armies defeated the army of Sisera (see *Judges* 4:15,16). Great though those miracles were, the miracles that will occur on the Temple Mount in Messianic times will greatly surpass them all (*Rashi*).

**וְנָהֲרוּ אֵלָיו כָּל־הַגּוֹיִם** — *And all the nations will stream to it.* All the nations will gather together and stream to the Temple, like rivers coming together and swiftly flowing to the sea (*Rashi; Radak*). The *Vilna Gaon* suggests that the nations

וְאָמְרוּ לְכוּ | וְנַעֲלֶה אֶל־הַר־יהוה אֶל־בֵּית אֱלֹהֵי יַעֲקֹב וְיֹרֵנוּ מִדְּרָכָיו וְנֵלְכָה
ד בְּאֹרְחֹתָיו כִּי מִצִּיּוֹן תֵּצֵא תוֹרָה וּדְבַר־יהוה מִירוּשָׁלָֽם: וְשָׁפַט בֵּין הַגּוֹיִם וְהוֹכִיחַ
לְעַמִּים רַבִּים וְכִתְּתוּ חַרְבוֹתָם לְאִתִּים וַחֲנִיתוֹתֵיהֶם לְמַזְמֵרוֹת לֹא־יִשָּׂא גוֹי
ה אֶל־גּוֹי חֶרֶב וְלֹא־יִלְמְדוּ עוֹד מִלְחָמָֽה: בֵּית יַעֲקֹב לְכוּ וְנֵלְכָה
ו בְּאוֹר יהוה: כִּי נָטַשְׁתָּה עַמְּךָ בֵּית יַעֲקֹב כִּי מָלְאוּ מִקֶּדֶם וְעֹנְנִים כַּפְּלִשְׁתִּים

**רש״י**

(ג) **אל בית אלהי יעקב.** לפי שהוא קראו בית אל (בראשית כח, יט) לפיכך יקרא על שמו, אבל אברהם קראו בְּהַר ה׳ יֵרָאֶה, יצחק קראו שדה, לָשׂוּחַ בַּשָּׂדֶה (בראשית כד, סג): (ד) **לאתים.** קולטר״ש בלע״ז: **למזמרות.** שרפ״ש בלע״ז שזומרין בהן הכרמים, עֵן לֹא יִרְקַב יִבְחָר, אחרים יאמרו להם כן. והמקרא הזה הוא מוסב על וְהָלְכוּ עַמִּים רַבִּים וגו׳ (לעיל, ב, ג): **לכו ונלכה באור ה׳.** יאמרו להם. כן ויונתן תרגם, יֵמְרוּן דְבֵית יַעֲקֹב אֱתוֹ וגו׳: (ו) **כי נטשתה עמך בית יעקב.** הנביא מיסב הדיבור אל השכינה ואומר, כי עד הנה עזבת את עמך בשביל עונם. (דבר אחר, הנביא מוכיחן ואמר להם כן, כִּי נָטַשְׁתָּה עַמְּךָ בֵּית יַעֲקֹב כו׳ עזבת את מעשה הטוב אשר על ידו נהיית לעם, אָדָם אַתֶּם (יחזקאל לד, לא) בית יעקב), כי מלאו מקדם. נתמלאו לבאותם ממעשי ארמיים שהיו יושבים במזרח, שהיו מכשפים ומשתמשים בשם עבודת כוכבים:

**רד״ק**

לחברו, כי מציון, זה דברי הנביא, לא דברי העמים. כלומר, למה יאמרו הגוים לכו ונעלה... וירנו מדרכיו, כי מציון תצא תורה , ומצוה לכל העמים. והמורה הוא מלך המשיח, ועליו אמר ושפט: (ד) **ושפט.** השופט הוא מלך המשיח; וכן, וַיַּגֵּד לְיַעֲקֹב (בראשית מח, ב) — המגיד, וַיֹּאמֶר לְיוֹסֵף (שם, א) — האומר, והדומים להם, כמו שכתבנו בספר מכלל. אמר, כי אם יהיה בין גוי לגוי מלחמה או תביעות ביניהם, יבאו למשפט לפני מלך המשיח שיהא אדון כל העמים, והוא יוכיח להם ויאמר למי שימצא בו העול, ישר המעוות לבעל דינך. ומפני זה לא תהיה מלחמה בין עם לעם, כי הוא ישלים ביניהם ולא יצטרכו לכלי מלחמה; וכתתו אותם לעשות מהם כלי לעבודת האדמה: **לאתים.** המַר שחופרים בו נקרא אֵת. ודגש תי״ו לְאִתִּים מקום הנח אשר במלת אֶת מַחֲרַשְׁתּוֹ וְאֶת אֵתוֹ (שמואל־א יג, כ): **למזמרות.** הם הכלים שזומרים בהם הגפנים ושאר אילנות; כמו, וְכַרְמְךָ לֹא תִזְמֹר (ויקרא כה, ד): (ה) **בית יעקב.** אלה דברי הנביא לאנשי דורו. ואמר בית יעקב, לפי שאמר למעלה כי לעתיד יאמרו כל העמים לכו ונעלה, אמר, אתם, שאתם חייבים ומצווים מעתה ללכת באור ה׳, לכו ונלכה באור ה׳. ואור ה׳ הוא התורה והמצות. ומלת לכו פירשנו למעלה (לעיל א, יח) שהוא ענין זירוז. ויונתן תרגם, יֵמְרוּן וגו׳. ואמר ונלכה, נשתתף הנביא עמהם כמו שפירשנו בפסוק לוּלֵי ה׳ צְבָאוֹת (לעיל א, ט): (ו) **כי נטשתה.** כנוי ונטשתה כנגד האל. אמר אתה האל שנטשתה עמך בית יעקב, עתה הדין עמך, כי הם מלאו מקדם. ויונתן פירשו כנגד ישראל, אֲרֵי שְׁבַקְתּוּן דַחֲלָא תַקִּיפָא דַהֲוָה פָּרִיק לְכוֹן דְבֵית יַעֲקֹב. ופירוש עמך, לפי דעתו, אתה שהיית עושה מעשה עמך, כמו שאמרו רבותינו זכרונם לברכה (בבא מציעא צא, ב) בעושה מעשה עמך, ואז היית גואל אותם מכל צרה, ועתה נטשת אותו: **כי מלאו מקדם.** פירוש, מלאו כשפים יותר מבני קדם. וידוע היה זה ביניהם, כי בני קדם היו מכשפים ומעננים. וכן פלשתים היו יותר מעננים מבני קדם וישראל כהם. ועננים שם תאר; וכן, בְּנֵי עֹנְנָה (לקמן, נז, ג). ונקראו ארם בני קדם לפי שהם למזרח ארץ ישראל. והם

**מצודת דוד**

**ואמרו.** אלו לאלו: **ויורנו.** המקום ילמד אותנו על ידי יודעי התורה: **מדרכיו.** מה מדרכיו: **כי מציון.** כי התורה האמתית היא היוצאת מציון, ואין זולתה בעולם: (ד) **ושפט.** רצונו לומר, וכאשר יבקשו כן, יהיה כי השופט והוא מלך המשיח, הוא ישפוט בין האומות בדברי ריבותם, והוא יברר המשפט לעמים רבים: **וכתתו.** ישברו כלי המלחמה לעשות מהם כלי עבודת אדמה, כי לא יעשו עוד מלחמה ולא ילמדו אותה, כי המשיח ישפוט בדברי ריבותם: (ה) **בית יעקב.** הנביא מזרזם לומר הואיל וכן יהיה נלכה נא באור ה׳, רצונו לומר, באור התורה והמצוה, כי יש תקוה: (ו) **כי נטשתה.** הנביא מיסב הדבור כלפי המקום ואמר כי עד הנה, בדין עזבת עמך כי מלאו כשפים יותר מבני קדם המלאים כשפים:

**מצודת ציון**

(ג) **לכו.** הוא ענין לשון זרוז, ויורנו. ענין למוד: (ד) **והוכיח.** ענין ברור דברים: **וכתתו.** ענין כתישה: **לאתים.** הם כלי חפירה; וכן, אֶת מַחֲרַשְׁתּוֹ וְאֶת אֵתוֹ (שמואל־א יג, כ): **למזמרות.** שם הכלי שכורתין בו הזמורות מלשון וְכַרְמְךָ לֹא תִזְמֹר (ויקרא כה, ד): (ו) **נטשתה.** עזבת: **ועוננים.** הוא מין כשוף; כמו, לֹא תְנַחֲשׁוּ וְלֹא תְעוֹנֵנוּ (שם יט, כו ):

---

will stream to the Temple by way of ships and boats across rivers and seas.

Alternatively, the word נָהָר, literally, *river,* refers not only to a flow of water but also to the streaming forth of light (see *R' Hirsch, Psalms* 34:6). Accordingly, the nations of the world will hasten toward the spiritual light that radiates from the Temple (*Tos. Rid, Micah* 4:1).

**3.** ... **וְהָלְכוּ עַמִּים רַבִּים וְאָמְרוּ לְכוּ וְנַעֲלֶה אֶל־הַר־ה׳** — *Many peoples will go and say, "Come, let us go up to the Mountain of HASHEM . . ."* The nations of the world will encourage one another (*Metzudas Zion*) to ascend to the Mountain of Hashem, so that they may go to His Temple (*Malbim*), for they will be drawn to it as the source of their light and life (*R' Hirsch*).

**אֶל־בֵּית אֱלֹהֵי יַעֲקֹב** — *To the Temple* (lit., *House*) *of the God of Jacob.* The commentators wonder why Isaiah refers to the Temple as the Temple of the God of Jacob, without mentioning Abraham and Isaac. *Rashi* explains that it was Jacob, not Abraham or Isaac, who gave Mount Moriah the distinguished name of Beth-el, the House of God (*Genesis* 28:19). Abraham referred to it as the *Mountain of God* (ibid. 22:14) and Isaac referred to it as a *field* (ibid. 24:63). By referring to the Temple as the House of God, Isaiah uses the title given to it by Jacob. See *Pesachim* 88a.

**וְיֹרֵנוּ מִדְּרָכָיו וְנֵלְכָה בְּאֹרְחֹתָיו** — *And He will teach us of His ways and we will walk in His paths.* God will teach the people through those who know the Torah (*Metzudos*). Alternatively, Isaiah is not referring to God but to the King Messiah who will teach them the ways of Hashem and will judge disputes between the nations (*Radak*).

**כִּי מִצִּיּוֹן תֵּצֵא תוֹרָה וּדְבַר־ה׳ מִירוּשָׁלָם** — *For from Zion will the Torah come forth, and the word of HASHEM from Jerusalem.* The nations are explaining why they are converging on the Temple Mount (*Mahari Kara*). Torah law that comes forth from Zion is the most authoritative, because it is the location of the לִשְׁכַּת הַגָּזִית, *the Chamber of Hewn Stone,* where the *Sanhedrin* sits in judgment (*Malbim*).

Some say that these are the words of the prophet, who explains that the nations will aspire to go to the Temple Mount

*and say, 'Come, let us go up to the Mountain of* HASHEM, *to the Temple of*
*the God of Jacob, and He will teach us of His ways and we will walk in His*
*paths.' For from Zion will the Torah come forth, and the word of* HASHEM *from*
*Jerusalem.* [4] *He will judge among the nations, and will settle the arguments*
*of many peoples. They shall beat their swords into plowshares and their*
*spears into pruning hooks; nation will not lift sword against nation and they*
*will no longer study warfare.*
[5] *O House of Jacob: Come, let us walk by the light of* HASHEM!
[6] *For You have abandoned Your people, the House of Jacob, because they*
*were filled with [sorceries] of the East and divinations, like the Philistines;*

because it is from there that Torah law and moral instruction will come forth (*Radak*).

**דְּבַר־ה'** — *The word of* HASHEM. Not only the teachings of the Torah will come from Jerusalem, but also the prophetic word. Although Torah law will come forth from Zion, which is the Temple Mount, the prophetic word will come forth from the city of Jerusalem, for that is where the prophets will assemble (*Malbim*).

*Rambam* writes that the King Messiah will be wiser than even King Solomon and almost as great a prophet as Moses (*Mishneh Torah, Hilchos Teshuvah* 9:2). Accordingly, it is he who will teach the Torah that will come forth from Zion and it is he who will prophesy the word of Hashem from Jerusalem (*Rinas Yitzchak*).

**4. וְשָׁפַט בֵּין הַגּוֹיִם וְהוֹכִיחַ לְעַמִּים רַבִּים** — *He will judge among the nations and will settle the arguments of many peoples.* The King Messiah will arbitrate disputes and will clarify the law to the many nations of the world (*Radak*). Alternatively, the inhabitants of Mount Zion — those who dwell on the mountain of Hashem (*Mahari Kara*) — or the *Sanhedrin* that sits in judgment on the Temple Mount will judge the nations (*Abarbanel*).

**וְכִתְּתוּ חַרְבוֹתָם לְאִתִּים וַחֲנִיתוֹתֵיהֶם לְמַזְמֵרוֹת** — *They shall beat their swords into plowshares and their spears into pruning hooks.* אִתִּים are the sharp blades that attach to the beams of the plow and cut into the ground (*Rashi* to *I Samuel* 13:20). מַזְמֵרוֹת are implements used for pruning vines and trees (*Rashi*). There will be no need for weapons in the Messianic Era, so the people will beat their now useless weapons into farming equipment (*Metzudos*).

**לֹא־יִשָּׂא גוֹי אֶל־גּוֹי חֶרֶב וְלֹא־יִלְמְדוּ עוֹד מִלְחָמָה** — *Nation will not lift sword against nation and they will no longer study warfare.* Since the decisions of the King Messiah will be accepted by all, no nation will again resort to war for settling its disputes (*Radak*). Moreover, once the nations join together to acknowledge that Hashem is the One and only God, there will be no reason for war, since most wars are rooted in religious antagonisms (*Abarbanel*).

**בֵּית יַעֲקֹב לְכוּ וְנֵלְכָה בְּאוֹר ה'** — *O House of Jacob: Come, let us walk by the light of* HASHEM! The prophet now interjects his own message to his contemporaries. He addresses the people and beseeches them to lead the way and seek the light of God's Torah (*Radak*). Alternatively, this is a continuation of the words of the many peoples in verse 3. They will turn to the Jewish nation and beseech them to lead the way to the observance of God's Torah (*Rashi*).

The term בֵּית יַעֲקֹב, *House of Jacob,* refers to the common people, and, as Hashem told Moses, "Haven't I given you greatness only for the sake of Israel?" (*Berachos* 32a). Therefore, the verse can be interpreted homiletically as follows: Isaiah is exhorting the common people of Israel to elevate themselves — *Come!* — then the prophets and other leaders of the people will be granted Divine Inspiration, so that, together, *Let us walk by the light of* HASHEM (*Yismach Moshe*).

In the previous verses, Isaiah has expounded on the glorious future when all the nations will flock to the service of Hashem. It will not come about through the efforts of the Jews who will leave their land to proselytize. Instead, Israel will be in *Eretz Yisrael,* and the *Beis HaMikdash* and its people will be at the zenith of holiness and service of Hashem. The people will achieve maximum attainable knowledge of Hashem and the Torah (see *Rambam, Hil. Melachim* 12:4-5) and their spiritual light will be so powerful that the nations will be drawn to it, saying, "*Come let us go up to the mountain of* HASHEM" (*Likkutei Sichos*).

In a similar vein, *Ohr Gedalyahu* (*Moadim, Shavuos*) cites *Arizal* and *Ohr HaChaim,* who ask: According to the Talmud, Israel was exiled in order to gather sparks of holiness and bring non-Jews to the Torah. What would have happened to these sparks and potential converts if Israel had not sinned and been exiled? The answer is that if Israel had not fallen from its pedestal of holiness, they would have been like spiritual magnets, drawing seekers of holiness to *Eretz Yisrael.*

**6.** Frustrated that the nation does not yearn to seek the light of God's Torah and partake of the glorious future that awaits it, Isaiah now turns to God and justifies the harsh judgments with which He punished the nation.

**כִּי נָטַשְׁתָּה עַמְּךָ בֵּית יַעֲקֹב** — *For You have abandoned Your people, the House of Jacob.* The prophet addresses God, saying that He was justified in forsaking Israel, for the nation has followed the ways of the heathen nations. They have absorbed the sorcery of the Arameans who dwell in the East and practice divination (*Rashi*).

ז וּבְיַלְדֵי נָכְרִים יַשְׂפִּיקוּ: וַתִּמָּלֵא אַרְצוֹ כֶּסֶף וְזָהָב וְאֵין קֵצֶה לְאֹצְרֹתָיו וַתִּמָּלֵא
ח אַרְצוֹ סוּסִים וְאֵין קֵצֶה לְמַרְכְּבֹתָיו: וַתִּמָּלֵא אַרְצוֹ אֱלִילִים לְמַעֲשֵׂה יָדָיו
ט־י יִשְׁתַּחֲווּ לַאֲשֶׁר עָשׂוּ אֶצְבְּעֹתָיו: וַיִּשַּׁח אָדָם וַיִּשְׁפַּל־אִישׁ וְאַל־תִּשָּׂא לָהֶם: בּוֹא
יא בַצּוּר וְהִטָּמֵן בֶּעָפָר מִפְּנֵי פַּחַד יהוה וּמֵהֲדַר גְּאֹנוֹ: עֵינֵי גַּבְהוּת אָדָם שָׁפֵל וְשַׁח
יב רוּם אֲנָשִׁים וְנִשְׂגַּב יהוה לְבַדּוֹ בַּיּוֹם הַהוּא: כִּי יוֹם לַיהוה צְבָאוֹת עַל
יג כָּל־גֵּאֶה וָרָם וְעַל כָּל־נִשָּׂא וְשָׁפֵל: וְעַל כָּל־אַרְזֵי הַלְּבָנוֹן הָרָמִים וְהַנִּשָּׂאִים

**רש"י**

**ובילדי נכרים ישפיקו.** בועלים בנות עכו"ם ומתערבים בהם, ויולדות להם ילדים ובהם הם מספיקים תמיד ומתעסקים ומתרפקין ונטרחים בהם, לשון פֶּן יְסִיתְךָ בְסָפֶק (איוב לו, יח) דביטימנ"ט בלע"ז: **(ז) אין קצה.** לשון קץ: **(ח) ישתחוו.** כמו משתחוים: **(ט) וישח אדם.** הקטנים: **וישפל איש.** הגדולים והגבורים אנשי החיל: **ואל תשא להם.** הנביא אומר להקדוש ברוך הוא, וידעתי כי לא תסלח להם מלהפרע מהם: **(י) בוא בצור.** לבוא בצור לברוח בנקרת הצורים: **והטמן בעפר.** ולהטמן בעפר: **(יא) עיני גבהות אדם.** גסות הרוח וכן כל לשון גובה עינים שבמקרא, כמה דאת אמר, גְּבַהּ עֵינַיִם וּרְחַב לֵבָב (תהלים קא, ה): **(יג) ארזי הלבנון.** דוגמא הוא על הגבורים:

**רד"ק**

למדו מעשים רעים מאשר לפניהם ומאשר לאחריהם; וכן, אֲרָם מִקֶּדֶם וּפְלִשְׁתִּים מֵאָחוֹר (לקמן, ט, יא): **ובילדי נכרים ישפיקו.** עוזבים תורת ה׳ ומתעסקים בספרי הכשופים והנחושים ומספיקים בהם; והם אומרים דיינו באלה הספרים, והם ספרים נולדים להם מקרוב. כמו שאמר משה רבינו עליו השלום, חֲדָשִׁים מִקָּרֹב בָּאוּ (דברים לב, יז), שלמדו אותם מהאומות שהם מעכו"ם, והתורה שלמדו אותה מקדם ונצטוו בה הם ואבותיהם מכמה שנים עזבו אותה. ויונתן תרגם כי מלאו מקדם, אֲרֵי אִתְמְלִיאַת וגו׳; רצונו לומר, כמו שהיתה בימי הכנענים. ותרגם ובילדי נכרים ישפיקו, וּבְנִמּוּסֵי עַמְמַיָּא אָזְלִין: **(ז) ותמלא ארצו.** ארצו של זה העם שזכר כי נטשת עמך. אמר כאשר נתמלאה ארצו כסף וזהב וסוסים, עד שאין סוף לאוצרותיו ולמרכבותיו, אז נמלאה ארצו אלילים; כמו שאמר, וַיִּשְׁמַן יְשֻׁרוּן וַיִּבְעָט (דברים לב, טו). ואמר, וְכֶסֶף הִרְבֵּיתִי לָהּ וְזָהָב עָשׂוּ לַבָּעַל (הושע ב, י). וזה היה בימי שלמה שהיתה ארץ ישראל מלאה כסף וזהב; כמו שכתוב, וַיִּתֵּן הַמֶּלֶךְ אֶת הַכֶּסֶף בִּירוּשָׁלַםִ כָּאֲבָנִים (מלכים־א י, כז). וכן וְזָהָב לָרֹב (דברי הימים־ב ט, א) שהיו מביאין לו מאופיר וממלכת שבא ומכל המלכים; וסוסים כמו שכתוב, וַיְהִי לִשְׁלֹמֹה אַרְבַּעַת אֲלָפִים אֻרְיוֹת סוּסִים (דברי הימים־ב ט, כה). ובימות שלמה החלו לעשותם ולעבוד להם ואף בחייו החלו לעשות כמו שכתוב. ופירוש ואין קצה, ואין סוף, כלומר אין סוף למספרם, והוא דרך הפלגה: **(ח) ותמלא.** פירשנוהו: **(ט) וישח אדם וישפל איש.** כפל הענין במלות שונות. ויש מפרשים אדם, הקטנים, איש, הגדולים. וישח וישפל בוי"ו פתוחה עָבַר במקום עתיד כמנהג הלשון. וברוב דברי הנבואה אמר, עוד יבא זמן שִׁיִּשָּׁפְלוּ בני אדם ולא יגבהו ברוב כסף וזהב וברוב סוסים; וזה יהיה בימות המשיח שיתקבצו כל הגוים להלחם בירושלם ואז יראו כי לא יועילו להם לא כספם וזהבם ולא גבורתם ולא הרבות עמים ואז תשפל גבהותם וישח גאונם: **ואל תשא.** תי"ו, תשא כנגד האל. אמר לא תשא ולא תסלח להם מה שהרעו לישראל, אלא תענישם בפעם ההיא על כל מה שעשו: **(י) בא בצור.** ואז יאמר איש לאחיו בא בצור, בעפר. במחלות עפר: **(יא) עיני גבהות אדם.** לפי שגבהות האדם נראה בעינים, לפיכך סמך עיני אל גבהות. וכן אמר, וְעֵינַיִם רָמוֹת (תהלים יח, כח), רום עינים: **שפל.** בשקל כִּי חָפֵץ בְּבַת יַעֲקֹב (בראשית לד, יט). והוא עבר במקום עתיד, כמו יִשָּׁפֵל, וטעמו לגבהות; כמו, וְשַׁח גַּבְהוּת הָאָדָם (פסוק יז). או טעמו לעיני; כמו, וְעֵינֵי גְבֹהִים תִּשְׁפַּלְנָה (לקמן ה טו). ואמר שפל על כל אחד ואחד, ונמצא עין בלשון זכר, שִׁבְעָה עֵינָיִם (זכריה ג, ט), עֵינֶיךָ לְנֹכַח יַבִּיטוּ (משלי ד, כה), עיני ה׳ המה משוטטים: **ונשגב ה׳ לבדו.** כמו שאמר, וְהָיָה ה׳ לְמֶלֶךְ עַל כָּל הָאָרֶץ (זכריה יד, ט): **(יב) כי יום.** טעם למה שאמר ונשגב; אמר כי יום לה׳ צבאות כי כל גאה ורם ונשא ישפל ואותו היום יהיה לה׳ כי הכל יכירו במלכותו. ושפל כמו וַיִּשְׁפָּל (לקמן ה טו): **(יג) ועל כל ארזי.** ארזי ואלוני משל על מלכי העכו"ם. וזכר ארזים ואלונים כי הם הגדולים מכל העצים; וכן אֲשֶׁר כְּגֹבַהּ אֲרָזִים גָּבְהוֹ (עמוס ב, ט), וְחָסֹן הוּא כָּאַלּוֹנִים (שם). ותרגם יונתן, וְעַל כָּל רַבְרְבָנֵי עַמְמַיָּא וגו׳:

**מצודת דוד**

**ובילדי נכרים ישפיקו.** מספיקים עצמם במחשבות ועצות פילוסופיות ואינם חוששים למחשבת התורה ועצתה: **(ז) ותמלא.** בעבור שארצו של העם הנזכר נתמלא בכסף ובזהב וכו׳ ובעבור שנתמלא ארצו סוסים כו׳: **(ח) ותמלא.** מוסב למעלהת לומר; בעבור שנתמלא ארצו כסף וכו׳, לכן נתמלא ארצו אלילים. וכן נאמר, וְכֶסֶף הִרְבֵּיתִי לָהּ וְזָהָב עָשׂוּ לַבָּעַל (הושע ב, י): **ישתחוו.** כולם ישתחוו כל אחד למעשה ידיו: **(ט) וישח.** בעבור זה יהיה כל אחד כפוף ושפל: **וישפל.** כפל הדבר במילים שונות: **ואל תשא.** הן ידעתי שלא תשא להם העון: **(י) בוא.** אז יאמר איש לאחיו בוא להטמן בנקיקי הצור ובמחילות העפר מפני הפחד; והוא ענין מליצה כי אין מסתור לפניו: **(יא) עיני גבהות וכו׳.** אז ישפיל עיני גבהות שבאדם רצונו לומר, בעלי הגאוה: **ושח וכו׳.** כפל הדבר במילים שונות: **ונשגב וכו׳.** אז יודע לכל שהכח הוא לה׳ לבדו: **(יב) כי יום.** יש יום מוכן לשלם לכל אחד כפי הגמול: **(יג) ארזי הלבנון וכו׳:**

**מצודת ציון**

**ובילדי.** כן יקראו המחשבות והעצות, לפי שהלב מוליד אותם: **ישפיקו.** ענין די הצורך; כמו, אִם יִשְׂפֹּק עֲפַר שֹׁמְרוֹן (מלכים־א כ, י): **(ז) ואין קצה.** אין סוף: **(ט) וישח.** ענין השפלה וכפיפה; כמו, שַׁחוּ רָעִים לִפְנֵי טוֹבִים (משלי יד, יט): **תשא.** ענין מחילת העון: **(י) גאונו.** מלשון גאוה וממשלה:

**7-8.** In a theme that echoes *Deuteronomy* 32:14-18 and is similar to the words of *Hosea* 2:10, Isaiah reasons that it was because the people enjoyed great prosperity that they left the ways of the Torah; and it was that prosperity that ultimately led the people to idolatry (*Radak*).

*R' Hirsch* sees Isaiah painting a picture of the political and social habits of the world around him. People fashion their moral laws according to their general outlook on life. They adopt a particular view of life — a zeal for wealth, power,

**וּבְיַלְדֵי נָכְרִים יַשְׂפִּיקוּ** — *And they content themselves with the children of foreigners.* The *children of foreigners* is a metaphor for the modern, fashionable ideas of the non-Jews. Isaiah proclaims that the people have traded the ancient wisdom of the Torah for modern heathen philosophies, another good reason for God's abandonment of His nation (*Radak*). Others explain that *the children of foreigners* refers to the children born from sinful intermarriage with non-Jewish women (*Rashi*).

*and they content themselves with the children of foreigners.* 7 *Its land became full of*
*silver and gold, with no end to its treasures; its land became full of horses, with no*
*end to its chariots.* 8 *Then its land became full of false gods; each one of them bows to*
*his own handiwork, to what his fingers have made.*
9 *Humankind will have bowed and man will have humbled himself; yet, You will*
*not forgive them.*

*The Day of Judgment*

10 *Enter the rock and be hidden in the ground, because of the fear of* HASHEM, *and*
*from the glory of His greatness.* 11 *Humankind's haughty eyes will be brought low*
*and men's arrogance will be humbled; and* HASHEM *alone will be exalted on that*
*day.* 12 *For* HASHEM, *Master of Legions, has a day [for retribution] against every proud*
*and arrogant person and against every exalted person — and he will be brought*
*low;* 13 *and against all the lofty and exalted cedars of Lebanon and against all the*

or pleasure — and shape their moral laws accordingly. Man has an enormous ability to rationalize. If he values pleasure, for example, he will develop a philosophy that emphasizes the "virtue of freedom." Isaiah now laments that his contemporaries measured their high opinion of others and the respect due them according to their wealth and power. Silver and gold, treasures, horses and chariots (v. 7) determined the pride of mankind and led to arrogance. If people are judged by their moral and spiritual characteristics, there will be equality and respect. But if gold, silver, and power are the criteria, discrimination and disrespect are inevitable. But there was no inclination at all toward morality (*Collected Writings* IV, p. 40).

**7. וַתִּמָּלֵא אַרְצוֹ כֶּסֶף וְזָהָב** — *Its land became full of silver and gold.* The prophet is referring to the days of King Solomon when a huge amount of silver and gold was brought into the Land of Israel (see *I Kings* 10:25), as well as a vast number of horses — see ibid. 5:6 (*Radak*).

**8. וַתִּמָּלֵא אַרְצוֹ אֱלִילִים** — *Then its land became full of false gods.* After the death of King Solomon, Jeroboam erected his golden calves, and the worship of false gods increased in the land (*Abarbanel*).

**9. וַיִּשַּׁח אָדָם וַיִּשְׁפַּל־אִישׁ** — *Humankind will have bowed and man will have humbled himself.* When the nations will attempt to battle the King Messiah at Jerusalem, they will see that neither their silver nor their gold nor their power — in which they had placed their hope — would be able to rescue them. Then, realizing the folly of their ways, they will humble themselves and eventually capitulate (*Radak*).

**וְאַל־תִּשָּׂא לָהֶם** — *Yet, You will not forgive them.* Nevertheless, says the prophet, I know that You will not forgive them (*Rashi*). You will exact retribution from them for all the physical and spiritual havoc they wreaked upon Israel (*Radak*).

**10. בּוֹא בַצּוּר וְהִטָּמֵן בֶּעָפָר מִפְּנֵי פַּחַד ה׳ וּמֵהֲדַר גְּאֹנוֹ** — *Enter the rock and be hidden in the ground, because of the fear of* HASHEM, *and from the glory of His greatness.* Speaking figuratively, Scripture describes the fear of the non-Jewish nations when God will exact retribution from them. Their fear of God will be so great that they will say to one another that they should hide in the rocks and in the ground to avoid God's punishments (*Metzudos*). Alternatively, the prophet is using this description as a figure of speech describing the degree of humility that Israel needs to repent its wicked ways. People should feel so chagrined that they must even hide in the rocks and crawl underground (*Abarbanel*).

**מִפְּנֵי פַּחַד ה׳ וּמֵהֲדַר גְּאֹנוֹ** — *Because of the fear of* HASHEM *and from the glory of His greatness.* These two terms describe different levels of יִרְאַת ה׳, *fear of* HASHEM. פַּחַד ה׳ refers to the fear of retributive punishment for one's sins. הֲדַר גְּאֹנוֹ refers to the awe one experiences when he beholds the greatness, majesty, and omnipotence of Hashem (*Abarbanel*).

**11. עֵינֵי גַּבְהוּת אָדָם שָׁפֵל וְשַׁח רוּם אֲנָשִׁים** — *Humankind's haughty eyes will be brought low and men's arrogance will be humbled.* In the coming verses Isaiah describes the Day of Judgment that will take place in Messianic times, and, like other prophets, refers to the Day of Judgment as יוֹם הַהוּא, *that day,* or יוֹם ה׳, *the day of* HASHEM. (See *Zechariah* 14:9; *Amos* 5:18; *Malachi* 3:23.) He warns the arrogant sinners that their presumed power and wealth will not avail them against God's judgment.

**וְנִשְׂגַּב ה׳ לְבַדּוֹ בַּיּוֹם הַהוּא** — *And* HASHEM *alone will be exalted on that day.* When the haughty and arrogant will be humbled, all will know that God is exalted above all those who exalt themselves and that He alone is the Ruler of the world (*Radak*).

**12. כִּי יוֹם לַה׳ צְבָאוֹת עַל כָּל־גֵּאֶה וָרָם וְעַל כָּל־נִשָּׂא וְשָׁפֵל** — *For* HASHEM, *Master of Legions, has a day [for retribution] against every proud and arrogant person and against every exalted person — and he will be brought low.* This verse explains the preceding one. The reason that Hashem alone will be exalted on that day is because He will then mete out retribution against every proud and arrogant person, who will then humble himself before Him (*Radak*). Our translation of יוֹם לַה׳ follows *Metzudos,* who explains that this is a day of retribution. It is the Day of Judgment when the righteous will receive their reward and the wicked will receive their punishment (*Yalkut Me'am Loez*).

יד וְעַל כָּל־אַלּוֹנֵי הַבָּשָׁן׃ וְעַל כָּל־הֶהָרִים הָרָמִים וְעַל כָּל־הַגְּבָעוֹת הַנִּשָּׂאוֹת׃
טו־טז וְעַל כָּל־מִגְדָּל גָּבֹהַּ וְעַל כָּל־חוֹמָה בְצוּרָה׃ וְעַל כָּל־אֳנִיּוֹת תַּרְשִׁישׁ וְעַל כָּל־
יז שְׂכִיּוֹת הַחֶמְדָּה׃ וְשַׁח גַּבְהוּת הָאָדָם וְשָׁפֵל רוּם אֲנָשִׁים וְנִשְׂגַּב יהוָה לְבַדּוֹ
יח־יט בַּיּוֹם הַהוּא׃ וְהָאֱלִילִים כָּלִיל יַחֲלֹף׃ וּבָאוּ בִּמְעָרוֹת צֻרִים וּבִמְחִלּוֹת עָפָר מִפְּנֵי
כ פַּחַד יהוה וּמֵהֲדַר גְּאוֹנוֹ בְּקוּמוֹ לַעֲרֹץ הָאָרֶץ׃ בַּיּוֹם הַהוּא יַשְׁלִיךְ הָאָדָם
אֵת אֱלִילֵי כַסְפּוֹ וְאֵת אֱלִילֵי זְהָבוֹ אֲשֶׁר עָשׂוּ־לוֹ לְהִשְׁתַּחֲוֺת לַחְפֹּר פֵּרוֹת
כא וְלָעֲטַלֵּפִים׃ לָבוֹא בְּנִקְרוֹת הַצֻּרִים וּבִסְעִפֵי הַסְּלָעִים מִפְּנֵי פַּחַד יהוה וּמֵהֲדַר גְּאוֹנוֹ
כב בְּקוּמוֹ לַעֲרֹץ הָאָרֶץ׃ חִדְלוּ לָכֶם מִן־הָאָדָם אֲשֶׁר נְשָׁמָה בְּאַפּוֹ כִּי־בַמֶּה נֶחְשָׁב

### רש״י

**אלוני הבשן.** השלטונין, כמו שאלונים פחותים מן הארזים: **(יד) ועל כל ההרים הרמים.** על יושביהם: **(טז) ועל כל אניות.** תרגם יונתן, וְעַל כָּל דְיָתְבִין בְּנִסֵי יַמָּא, באיי הים שמולאין ומובאין באניות: **תרשיש.** שם ים ששמו תרשיש, **שכיות החמדה.** פלטרין רצופין במשכיות רצפת שיש; כמו, וְאֶבֶן מַשְׂכִּית (ויקרא כו, א), על שם שסוככים בו את הקרקע: **(יז) ביום ההוא.** הוא יום הדין: **(יח) כליל יחלוף.** כלו יחליף כולם יאבדו: **(יט) ובאו.** יושבי הארץ במערות צורים: **מחלות.** הם הם מערות: **בקומו.** ליום הדין: **לערוץ הארץ.** לשבור רשעי הארץ: **(כ) להשתחות לחפור פירות.** גלולים בדמות חפרפרות מיני שרצים שחופרין הארץ שקורין טלפ״ש בלע״ז: **ועטלפים.** קילבא שורי״ן בלע״ז יש לפתור עוד את אליליו אשר עשה לו להשתחות, ישליך האדם בחריצים ובנעילין שימצא לפניו כשהולך לברוח ולהטמן: **(כב) חדלו לכם מן האדם.** שלא לשמוע לאותן המתעים אתכם מאחרי ולהשתחוות למעשה ידיו: **אשר נשמה באפו.** אשר כל חייתו וכחו תלויה בנשמת אפו שהוא רוח פורח, שהיום ישנה בו ומחר תצא ממנו, וקל וחומר לדמות חפרפרות שאין בו ממש. דבר אחר, חדלו לכם מכל הדרכים הרעים ולמדו מן האדם אשר נשמה באפו הראיתם למה נחשב הוא וקל וחומר (לגלולים) שאינו נחשב לכלום:

### רד״ק

**(יד) ועל כל ההרים.** זכר הדברים אשר יתגאה האדם בהם; וכל הגאות ישפל ביום ההוא; כי האל יגבה על כלם ויודו לו גבהותו וישפלו לפניו. והדברים שיתגאה אדם בהם על בני אדם הם ההרים הרמים והגבעות הנשאות שיהיה נשגב בהם מפני אויביו, ויעשה הוא בהם והם לא יעשו בו. וכן מי שיש לו במישור מגדל גבוה או חומות העיר בצורה, וכן מתגאה האדם בעושר וברוב נכסים גדולים הבאים לאדם דרך סחורת הים ברוב, ועל כן אמר: **(טז) ועל כל אניות תרשיש.** וזכר תרשיש כי היא חוף אניות. ויונתן תרגם, וְעַל כָּל דְיָתְבִין בְּנִסֵי יַמָּא. ויתגאה אדם גם כן בדירות גדולות ונאות ומצויירות: **ועל כל שכיות החמדה.** פירוש שכיות, ציורים; כמו, אִישׁ בְּחַדְרֵי מַשְׂכִּיתוֹ (יחזקאל ח, יב), ויונתן תרגם, וְעַל כָּל דְּשָׁרָן בְּבִירָנְיָתָא שַׁפִּירָן: **(יז) ושח.** מפורש הוא: **(יח) והאלילים.** אף על פי שהאלילים כבר פסקו מרוב האומות היום; עוד יש בקצה המזרח עובדי אלילים, ועוד יחשבו גם הם עכו״ם שהם משתחוים ועובדים לצלם. ואז בימות המשיח, כל האלילים יכרתו עד גמירא. לפיכך אמר כליל. וכן, כָּלִיל תָּקְטָר (ויקרא, ו, טו). ופירוש יחלוף, יכרית; כלומר האל יכרית אותם כלם. וכן בענין כריתה, אִם יַחֲלֹף וְיַסְגִּיר (איוב יא, י), וְחָלְפָה רַקָּתוֹ (שופטים ה, כו): **(יט) ובאו במערות צרים.** מערות לא נשתנה בסמיכות. יאמר, עכו״ם יתחבאו במערות ובמחלות כי יחשבו להנצל שם: **לערוץ הארץ.** כתרגומו, לְמִתְבַּר רַשִׁיעֵי אַרְעָא: **(כ) ביום ההוא.** בימות המשיח; כשיעשה האל משפט ברשעים: **אלילי כספו ואלילי זהבו.** כמו שפירשתי, כי עוד היום, בקצה ארץ המזרח עובדים אלילי כסף וזהב, וכן בצורות של כסף ושל זהב: **לחפר פירות.** טעם הלמ״ד למלת ישליך שזכר, כלומר אל החפירות ואל חורי העטלפים שם ישליכו האלילים. ויונתן פירש טעם הלמ״ד למלת להשתחות הסמוך לה; שתרגם, לְמִסְגֵּיד לְטַעֲוָתָא וּלְצַלְמָנַיָּא; תרגם ולעטלפים, וּלְצַלְמָנַיָּא, כי יש עובדים צורות עטלף; ולפירושו גם כן יהיה לחפר פירות פירוש, כמו מלה אחת, אף על פי שהוא שתי מלות; ומפרשים אותו עוף שמנקר הפירות. ויש מפרשים שרץ שחופר בארץ חפירות, והיו עובדים צורתו. ולפיכך יהיה פירושו לחפר פירות, פירוש שתי מלות, ויהיה פירוש פירות, חפירות. ודומה לו בדברי רבותינו (קידושין עג, ב) פירא דסופלי, שפירושו חפירה שמשליכים שם גרעיני התמרים. ואמר, שישליך האדם האלילים למקומות שיחפרו החפירות להסתר שם, וישליכו האלילים שם דרך בזיון, כי לא הועילו להם. ואם ינצלו, ישברום להיות כסף וזהב; לא צלמים: **(כא) לבא בנקרת הצורים.** רצונו לומר, יברחו להכנס במערות הצורים. ונקראו המערות נקרות; וכן, וְשַׂמְתִּיךָ בְּנִקְרַת הַצּוּר (שמות לג, כב), לפי שמנקרים בצורים ועושים שם מערות: **ובסעיפי הסלעים.** ויבאו גם כן להשגב בשיני הסלעים הגבוהים. ודמה שן הסלע לסעיף האילן הגבוה, וכן בִּסְעִיף סֶלַע עֵיטָם (שופטים טו, ט): **(כב) חדלו לכם.** אז יאמר כל אחד לחבירו, חדלו לכם מן האדם, כי יהיה פחד ה׳ על כל העולם. ויאמר איש לאחיו, לא יהיה עוד מורא בשר ודם עליכם, אלא מורא האל לבדו, כי האדם כאין נחשב, כי במעט רגע ימות, כי הנשמה באפו, כלומר קרוב לצאת. ואמר באפו, כי רוח החיים תלוי באף, כי דרך נקבי האף יצא החום הטבעי אשר בלב תמיד, וכן יכנס אליו דרך נקבי האף קרירות האויר, ובזה חיי האדם, כמו שידוע בחכמת הטבע. אם כן שחייו קצרים, במה נחשב הוא, ואיך יתכן לבטוח עליו או לירא ממנו:

### מצודת דוד

**(יד) ועל כל ההרים וכו׳.** רצונו לומר, על היושבים שמה: **(טו) מגדל גבוה.** רצונו לומר, הבוטחים במבצר חוזק המגדל: **(טז) אניות תרשיש.** ההולכים באניות על ים תרשיש: **שכיות החמדה.** השרים היושבים בהיכלי עונג הרצופים ברצפת אבנים חמודים: **(יז) ושח.** אז יושפל גבהות האדם: **(יח) כליל יחלוף.** את כולם יעביר מן העולם: **(יט) ובאו.** עובדי כוכבים יבואו להטמן במערות וכו׳: **הארץ.** יושבי הארץ: **(כ) אשר עשו לו.** אשר עשו כולם כל אחד לעצמו להשתחות אליה: **לחפור פרות.** מוסב על מלת ישליך לומר; האלילים ישליך אל החפירות העמוקות ואל חורי העטלפים: **(כא) לבוא.** רצונו לומר, כשילך לבוא בנקרות הצורים וכו׳, אז בדרך מהלכו ישליך האלילים מידו: **(כב) חדלו לכם.** מנעו עצמכם מעבודת האלילים כי תבינו הדבר, מן האדם אשר יש נשמה באפו, הראיתם במה נחשב הוא; הלא תצא רוחו ישוב לאדמתו ואיך אם כן ראוי לעבוד האליל, שאפילו נשמת חיים אין בו:

### מצודת ציון

**(יג) אלוני הבשן.** שם אילן הגדל בבשן: **(טו) שכיות.** מלשון סכך ומכסה, והיא הרצפה; וכן, וְאֶבֶן מַשְׂכִּית (ויקרא כו, א): **(יח) כליל.** מלשון כל; וכן, כְּלִיל תְּכֵלֶת (שמות לט, כב): **יחלף.** ענין העברה מן העולם: **(יט) ובמחלות.** הוא כמין מערה: **לערץ.** לשבר; כמו, לֹא תַעֲרֹץ מִפְּנֵיהֶם (דברים ז, כא): **(כ) לחפר פרות.** פתרונו כמו מלה אחת, והוא מלשון **חפירה.** ונכפלה העי״ן והלמ״ד הפעל לומר בחפירות עמוקות כמו אדמדם שפירושו אדום ביותר, וכן ירקרק והדומות: **ולעטלפים.** שם עוף עטלף, והוא הפורח בלילה: **(כא) בנקרת.** ענין חור ונקב; כמו, וְאֶל מַקֶּבֶת בּוֹר נֻקַּרְתֶּם (לקמן נא, א): **ובסעיפי.** ענינו שן הסלע הבולט; וכן, בִּסְעִיף סֶלַע עֵיטָם (שופטים טו, ח). והוא לשון מושאל מהנוף הבולט מן האילן הנקרא סעיף; כמו שנאמר, וְכִלָּה סְעִפֶיהָ (לקמן כז, י):

*oaks of the Bashan;* 14 *and against all the lofty mountains and against all the exalted*
*hills;* 15 *and against every tall tower and against every fortified wall;* 16 *and against all*
*the ships of Tarshish and against all the splendid palaces.* 17 *Humankind's haughtiness*
*will be humbled and men's arrogance will be brought down; and* HASHEM *alone will*
*be exalted on that day.* 18 *And the false gods will perish completely,* 19 *and [idolaters]*
*will enter caves in the rocks and tunnels in the ground, because of the fear of* HASHEM
*and because of the glory of His greatness, when He arises to break the land.* 20 *On that*
*day man will throw away his false gods of silver and his false gods of gold, which they*
*made for him to prostrate himself, to moles and to bats,* 21 *to enter the clefts of the rocks*
*and the cracks of the crags, because of the fear of* HASHEM *and from the glory of His*
*greatness, when He arises to break the land.*
22 *Withdraw from man who has breath in his nostrils, for with what is he deemed*
*worthy?*

---

**13.** **וְעַל כָּל־אַרְזֵי הַלְּבָנוֹן הָרָמִים וְהַנִּשָּׂאִים וְעַל כָּל־אַלּוֹנֵי הַבָּשָׁן** — *And against all the lofty and exalted cedars of Lebanon and against all the oaks of the Bashan.* Isaiah likens the arrogant sinners to trees and hills (v. 14). He compares the kings of the nations to the lofty cedars of Lebanon and their officers to the oaks of the Bashan (*Radak*).

*R' Hirsch* explains that when people are judged by their material wealth and power, human society is transformed into a human jungle in which the "high cedars" lift themselves above the lower ones and the lower cedars over the "oaks." It is transformed into a mountain range in which hills rise above hills and peaks above peaks (*Collected Writings* IV, p. 41).

**14.** **וְעַל כָּל־הֶהָרִים הָרָמִים . . .** — *And against all the lofty mountains . . .* God's retribution will be against the inhabitants of the lofty mountains and the exalted hills (*Rashi*). Those on the higher mountains or hills arrogantly think that they are invulnerable against their enemies (*Radak*).

**15.** **וְעַל כָּל־מִגְדָּל גָּבֹהַּ וְעַל כָּל־חוֹמָה בְצוּרָה** — *And against every tall tower and against every fortified wall.* This is a metaphor for the arrogant warriors who rely on their might to defeat their enemies (*Gra*). Alternatively, it is referring to those who place their trust in towers and fortified walls (*Mahari Kara*). God's retribution will be against them as well.

**16.** **וְעַל כָּל־אֳנִיּוֹת תַּרְשִׁישׁ** — *And against all the ships of Tarshish.* The ships of Tarshish metaphorically represent those who take pride in the wealth and abundant possessions that are generally imported from overseas by ship (*Radak*). The Israelite ships would travel to Tarshish to bring back abundant amounts of gold and silver (see *I Kings* 10:22) to satisfy the peoples' lust for riches, for in their world, greatness and might was determined by wealth (*R' Hirsch*).

**וְעַל כָּל־שְׂכִיּוֹת הַחֶמְדָּה** — *And against all the splendid palaces.* They took pride in the marble that covered the floors of their palaces (*Rashi*) and in the mosaic designs that decorated their pavements (*Radak*).

**17.** **וְשַׁח גַּבְהוּת הָאָדָם וְשָׁפֵל רוּם אֲנָשִׁים . . .** — *Humankind's haughtiness will be humbled and men's arrogance will be brought down . . .* The next part of the verse will result from the first part of the verse: Because man's haughtiness will be totally humbled on the Day of Judgment, therefore וְנִשְׂגַּב ה׳ לְבַדּוֹ בַּיּוֹם הַהוּא, *HASHEM alone will be exalted on that day* (*Me'am Loez*).

**18.** **וְהָאֱלִילִים כָּלִיל יַחֲלֹף** — *And the false gods will perish completely.* Although the majority of the civilized world no longer practices idolatry, some nations of the Far East have not yet abandoned their pagan ways. On the Day of Judgment their idols will completely disappear (*Radak*). Alternatively, *Mahari Kara* comments that the false gods of this verse are the same as those of v. 8; the idolatry that crept into Israel will be destroyed on that day.

**19.** **וּבָאוּ בִּמְעָרוֹת צֻרִים וּבִמְחִלּוֹת עָפָר . . .** — *And [idolaters] will enter caves in the rocks and tunnels in the ground . . .* On the Day of Judgment, when God will mete out punishment to the wicked, the idolaters will try to hide in the caves and tunnels to escape His retribution (*Radak*).

**בְּקוּמוֹ לַעֲרֹץ הָאָרֶץ** — *When He arises to break the land,* i.e., to break the wicked of the land (*Rashi*).

**20.** **בַּיּוֹם הַהוּא יַשְׁלִיךְ הָאָדָם . . . אֲשֶׁר עָשׂוּ־לוֹ לְהִשְׁתַּחֲוֹת לַחְפֹּר פֵּרוֹת וְלָעֲטַלֵּפִים** — *On that day man will throw away . . . which they made for him to prostrate himself, to moles and to bats.* On the Day of Judgment, the people will cast aside their silver and gold idols that had been made in the form of moles and bats (*Rashi; Radak*). Alternatively, the words לַחְפֹּר פֵּרוֹת וְלָעֲטַלֵּפִים, *to moles and bats,* are connected with the words יַשְׁלִיךְ הָאָדָם, *man will throw away:* the people will throw away their idols in a contemptuous manner, by throwing them into the hiding places of moles and bats (*Rashi; Radak*).

The people have become so low that they would pray to the moles and the bats who "nibbled at their orchards and laid waste to their fields," for their pride and might depended on the yield of their produce (*R' Hirsch, Collected Writings* IV, p. 41).

**21.** **לָבוֹא בְּנִקְרוֹת הַצֻּרִים** — *To enter the clefts of the rocks.* This will take place as the people flee to hide in the caves and tunnels as described in v. 19.

**22.** **חִדְלוּ לָכֶם מִן־הָאָדָם אֲשֶׁר נְשָׁמָה בְּאַפּוֹ** — *Withdraw from man*

ג א הוּא: כִּי הִנֵּה הָאָדוֹן יהוה צְבָאוֹת מֵסִיר מִירוּשָׁלַםִ וּמִיהוּדָה
ב מַשְׁעֵן וּמַשְׁעֵנָה כֹּל מִשְׁעַן־לֶחֶם וְכֹל מִשְׁעַן־מָיִם: גִּבּוֹר וְאִישׁ מִלְחָמָה שׁוֹפֵט
ג וְנָבִיא וְקֹסֵם וְזָקֵן: שַׂר־חֲמִשִּׁים וּנְשׂוּא פָנִים וְיוֹעֵץ וַחֲכַם חֲרָשִׁים וּנְבוֹן לָחַשׁ:

**רש״י**

**(א) מסיר מירושלים וגו׳.** כולה מפורשת במסכת חגיגה (יד, ב), שמנה עשר קללות קלל ישעיה את ישראל, ולא נתקררה דעתו עד שאמר, יִרְהֲבוּ הַנַּעַר בַּזָּקֵן וְהַנִּקְלֶה בַּנִּכְבָּד (לקמן, ה): **(ג) יועץ.** יודע לעבר שנים ולקבוע חדשים: **וחכם חרשים.** שכשפותח בדברי תורה נעשו הכל כחרשים: **ונבון לחש.** ראוי למסור לו סתרי תורה שנתנו בלחש, כגון מעשה בראשית ומעשה מרכבה:

**רד״ק**

**(א) כי הנה האדון.** אמר בפרשה שלמעלה גמול הרשעים וכלתם בימי מלך המשיח; ועתה אמר, כי עתה יעשה דין ברשעים בירושלם וביהודה ויתמו ברעב ובחרב הגדולים שבהם, וישארו הנערים והתעלולים. ואמר האדון, להודיעם כי הוא אדון ובידו להרוס ולבנות להשביע ולהרעיב; והם אינם חושבים כי הוא אדון ויפנה אל מעשיהם, כי אם היו חושבים זה, לא היו חוטאים ולא היו יוצאים מרשותו ממצותו: **משען משענה.** לפי שכפל הענין לחזק, כמנהג, שנה הענין במלות שונות זכר ונקבה. ואחר כך פירש כל משען לחם ומשען מים, ואמר משען כי המאכל והמשתה משען גוף האדם ובהם ישען ויחיה; וכן אמר בתורה בתוכחות, בְּשִׁבְרִי לָכֶם מַטֵּה לֶחֶם (ויקרא כו, כו). כמו המטה שישען האדם עליו, כן ישען במאכל ובמשתה: **(ב) גבור ואיש מלחמה.** אלה ימותו בשדה בחרב, שופט ונביא וקוסם וזקן. אלה ימותו בעיר ברעב ובדבר, ואלה הארבעה אנשים הנכבדים שבעם. ויונתן תרגם ונביא, וְסוֹפֵר, ותרגם וקוסם, וּמִשְׁתְּאַל; רצונו לומר, סופר ומזהיר בעם. וּמִשְׁתְּאַל, האדם הנשאל, שישאלו את פיו על העתידות, כמו חוזה בכוכבים: **(ג) שר חמשים.** אפילו שר חמשים, אין צריך לומר שרי אלפים ושרי מאות: **ונשוא פנים.** מי שהוא נכבד מרוב עשרו וגדולתו: **ויועץ.** מי שיש לו דעה ודעת בדרכי העולם ובעסקים שבין אדם לחבירו: **וחכם חרשים.** הוא מי שמתעסק בחכמות וקנה אותם וידעם: **וחרשים.** בפלס חכמים. ופירוש חרשים מענין מחשבה; כמו, אַל תַּחֲרֹשׁ עַל רֵעֲךָ רָעָה (משלי ג, כט); כי עיקר החכמה במחשבת הלב. ואמר וַחֲכַם, סמוך; לומר כי הוא חכם על חכמים אחרים; כלומר, שיש לו תלמידים חכמים: **ונבון לחש.** פירוש, מי שהוא נבון בחכמת הטענה והדבר. ואמר לחש, שהוא הדבור בחשאי ובנחת; כמו, כִּי עֲבָדָיו מִתְלַחֲשִׁים (מלכים־ב יב, יט). לפי שבענין זה הם דברי חכמים; כמו שכתוב, דִּבְרֵי חֲכָמִים בְּנַחַת נִשְׁמָעִים (קהלת ט, יז). ובאלה הד׳ שזכר הוא תיקון העיר וקיומם וזולתם הוא חרבות העיר והשחתתה. והחכם הגדול רבי משה ברבי מיימון פירש, יועץ נקרא מי שעצתו נכונה ועסקיו כראוי בדברים המנהגים, אך לא יבין שום שכל; ואשר יש לו החכמות המושגות בפעל, הוא נקרא חכם חרשים; ואשר הוא מבין, וזך הטבע, ויכול להשלים הענינים בפירוש קצר מתוקן הוא, הנקרא נבון לחש, אך לא התעסק בחכמה ולא השיג החכמות. ויונתן תרגם רַב חַמְשִׁין וגו׳, ובדברי רבותינו ז״ל (חגיגה יד, א), י״ח קללות קלל ישעיהו הנביא את ישראל ולא נתקררה דעתו עד שאמר להם, יִרְהֲבוּ הַנַּעַר בַּזָּקֵן וְהַנִּקְלֶה בַּנִּכְבָּד (לקמן פסוק ה); מאי היא דכתיב כי הנה האדון ה׳ צבאות וגו׳. משען, אלו בעלי מקרא; משענה, אלו בעלי משנה; כל משען לחם, אלו בעלי תלמוד; שנאמר לְכוּ לַחֲמוּ בְלַחֲמִי (משלי ט, ה); וכל משען מים, אלו בעלי הגדה שמושכין לבו של אדם כמים; גבור אלו בעלי שמועות; ואיש מלחמה, זה שיודע לישא וליתן במלחמתה של תורה; שופט, זה דיין שדן דין אמת לאמתו; נביא, כמשמעו, קסם זה מלך, שנאמר, קֶסֶם עַל שִׂפְתֵי מֶלֶךְ בְּמִשְׁפָּט לֹא יִמְעַל פִּיו (משלי טז, י); זקן, זה שראוי לישב בישיבה; ונשוא פנים ויועץ וחכם חרשים ונבון לחש שר חמשים, זה שיודע לישא וליתן בחמשה חומשי תורה. דבר אחר, שר חמשים (חגיגה יד, א) אמר רבי אבהו, מכאן שאין מעמידין תורגמן על הצבור פחות מחמשים שנה: **ונשוא פנים.** זה שנושאים פנים לדורו בעבורו למעלה, כגון רבי חנינא בן דוסא; למטה כגון רבי אבהו בקסרי: **יועץ.** זה שיודע לעבר שנים ולקבוע חדשים: **חכם.** זה תלמיד המחכם את רבותיו: **חרשים.** שבשעה שפותח פיו נעשו הכל כחרשים, ונבון. זה המבין דבר מתוך דבר: **לחש.** זה מי שראוי למסור לו דברי

**מצודת דוד**

**(א) מסיר וכו׳.** רצונו לומר, לא ימצא בהם לא איש ולא אשה אשר יחונן דלים להספיק להם לחם ומים: **(ב) גבור וכו׳.** מוסב על מלת מסיר שאמר בהמקרא שלפניו: **(ג) שר חמשים.** מסיר שר חמשים כי יבוטל השררה מכל וכל: **ונשוא פנים.** איש נכבד שהכל נושאים לו פנים: **וחכם חרשים.** חכם על חכמים אחרים; כלומר שיש לו תלמידים חכמים: **ונבון לחש.** המבין סתרי תורה הנאמרים בלחש, והם מעשה בראשית ומעשה מרכבה:

**מצודת ציון**

**(א) משען לחם.** על כי חיות האדם תלויים בלחם ובמים ונשען בהם, אמר משען לחם; וכמו שנאמר, כָּל מַטֵּה לֶחֶם שָׁבָר (תהלים קה, טז): **(ב) וקוסם.** הוא כחוזה בכוכבים ויודע מהעתידות: **(ג) חרשים.** הוא ענין מחשבה; כמו, אַל תַּחֲרֹשׁ עַל רֵעֲךָ רָעָה (משלי ג, כט), רצונו לומר, חכמים, כי החכמה היא במחשבה: **לחש.** ענין קול נמוך הנאמר בלחישת האוזן:

*who has breath in his nostrils.* Now that the prophet has forewarned the people that all human might and eminence is about to fall before the majesty of God, he tells them that they should not place their confidence in man, whose entire life and strength depends only on the breath of his nostrils, for if he cannot breathe, he cannot live. Surely, then, one should not place his hope and confidence in the images of moles and bats that are not even alive (*Rashi*).

### 3.

After foretelling events that will take place in Messianic times, Isaiah's prophecy switches back to his own generation and foretells events that will occur to Judah and Jerusalem.

**1. כִּי הִנֵּה הָאָדוֹן ה׳ צְבָאוֹת מֵסִיר מִירוּשָׁלַםִ וּמִיהוּדָה מַשְׁעֵן וּמַשְׁעֵנָה** — *For behold, the Lord, HASHEM, Master of Legions, is removing from Jerusalem and from Judah support of men and support of women.* When God will mete out justice to Jerusalem and Judah, He will cause the most prominent of its citizens, the men of power and influence, to perish through famine and war. The leaders upon whom the people relied for their support will be taken away and replaced by the young and inexperienced (*Radak*).

**הָאָדוֹן** — *The Master.* Isaiah understood that it was only because the people had not realized the extent of God's mastery over the world that they allowed themselves to sin and forsake His commandments. He therefore referred to God as the Master and hoped to impress upon them that He alone has the ability to build and destroy, to satiate and starve (*Radak*).

**כֹּל מִשְׁעַן־לֶחֶם וְכֹל מִשְׁעַן מָיִם** — *Every support of bread and every support of water.* This is an explanation of the previous phrase מַשְׁעֵן וּמַשְׁעֵנָה, *support of men and support of women,* and it describes the type of support that God will remove (*Radak*). God will remove all the men and women who support the people with bread and water (*Metzudos*).

# 3

*Dire prophecy of the siege of Jerusalem*

[1] *For behold, the Lord, HASHEM, Master of Legions, is removing from Jerusalem and from Judah support of men and support of women, every support of bread and every support of water;* [2] *hero and man of war, judge, prophet, diviner and elder;* [3] *captain of fifty, respected person, adviser, teacher of the wise and comprehender of mysteries.*

Some explain that bread and water are metaphors for people who are indispensable to society and who are listed in the following verses. According to the Talmud, Isaiah is foretelling that Torah scholars will be removed from Jerusalem and Judah, which would thereby end the study of Torah in the Holy Land. Accordingly, מַשְׁעֵן refers to Torah scholars who are masters of Scripture and מַשְׁעֵנָה refers to those who are masters of the Mishnah. מִשְׁעַן לֶחֶם refers to the masters of the Talmud and מִשְׁעַן מָיִם refers to masters of Aggadic teachings (*Chagigah* 14a).

**2-3.** Isaiah now lists the national leaders who were respected and relied upon by the people. These leaders were about to be removed by God from their exalted positions and replaced by people who were unworthy of leadership. The commentators explain each of the terms according to the plain meaning of the words. The Talmud gives different, sometimes homiletical interpretations. We will cite both.

**2. גִּבּוֹר וְאִישׁ מִלְחָמָה** — *Hero and man of war.* The *hero* is one who has the strength and courage to fight in battle, but is not an experienced soldier. In contrast, the אִישׁ מִלְחָמָה, *man of war,* is experienced in battle and is a seasoned warrior (*Ibn Ezra*). Isaiah foretells that despite their courage and military experience, they will both fall in battle (*Radak*).

The Talmud interprets these verses homiletically. The *hero* refers to one who is a master of halachic traditions (*Chagigah* 14a). Just as a powerful hero can perform feats of strength at any time or in any place, so too, through his analytical brilliance, a master of halachic traditions can cite the appropriate ruling in any given situation (*Maharsha* ibid.). The *man of war,* explains the Talmud, refers to one who knows how to thrust and parry in the battle of Torah interpretation. He has not mastered the halachic tradition as has the hero, but he can arrive at the same conclusions. It should be noted that *tzaddikim* are not mentioned among those who will be removed. There will always be *tzaddikim* (*Maharsha* ibid.).

**שׁוֹפֵט וְנָבִיא** — *Judge and prophet.* The people consult the judges and prophets for their decisions on all Torah matters (*Ibn Ezra*). According to the Talmud, the *judge* is one who renders decisions that are unquestionably correct. The *prophet* is one who relates the prophetic word of God (*Chagigah* 14a). *Targum Yonasan,* however, translates נָבִיא as a *scribe* for, through the written word, he admonishes the people like a prophet (*Radak*).

**וְקֹסֵם** — *Diviner.* People respect a *diviner* because he foretells the future and claims to have mastery over nature, albeit through astrology (*Ibn Ezra*). *R' Hirsch* notes that by allowing the diviner to play a leadership role together with the prophet, the nation practiced a mixture of heathenism and Judaism. No longer was God viewed as the One Single Power and no longer was His Will considered the sole binding law. Thus, "religion," as we refer to it today, was regarded as "also" a power, which deserved special consideration, but no more than the craft of the *diviner* (*Collected Writings* IV, p. 131). According to the Talmud, however, the diviner is the king, who seems to have a supernatural ability to know the details of any issue. Actually, this is not because the king has special metaphysical power, but because many sycophants act as informers in order to curry favor with him (*Chagigah* 14a).

**וְזָקֵן** — *And elder.* The people hold elders in esteem because they are people of wisdom and experience (*Ibn Ezra*). According to the Talmud, this is someone who is recognized as suitable for a distinguished position in a scholarly academy (*Chagigah* 14a). Other than the hero and man of war who will die in battle, the other leaders on Isaiah's list will either starve to death or die in a plague that will ravage the city (*Radak*).

**3. שַׂר־חֲמִשִּׁים** — *Captain of fifty.* Isaiah foretells that one will not even find among the people of Judah a captain who was chosen to lead a small group of only fifty people, for even this minor leader will perish with the others (*Radak*). The Talmud understands this phrase as if it were written שַׂר חוּמָשִׁים, *Prince of the Pentateuch,* instead of שַׂר חֲמִשִּׁים, and explains that it is referring to one who knows how to thrust and parry in scholarly discussions of the Five Books of the Torah (*Chagigah* 14a).

**וּנְשׂוּא פָנִים** — *Respected person,* i.e., a person whom the people respect because of his great wealth (*Radak*). The Talmud, however, explains that this refers to someone who, because of the nobility of his deeds, is held in such great esteem in heaven that the entire world is sustained in his merit, and non-Jewish kings honor the Jews for his sake (*Chagigah* 14a).

**וְיוֹעֵץ** — *Adviser,* i.e., someone whose experience in worldly matters and interpersonal relationships had made him a leader among the people (*Radak*). According to the Talmud, the *adviser* is one who possesses the technical wisdom to determine when a thirtieth day should be added to a month and when a thirteenth month should be added to turn an ordinary 12-month year into a leap year (*Chagigah* 14a).

**וַחֲכַם חֲרָשִׁים** — *Teacher of the wise.* Our translation follows *Radak,* who translates חֲרָשִׁים as thinkers, for wisdom is generally found in those who think. Alternatively, the חֲכַם חֲרָשִׁים is a skillful craftsman (*Ibn Ezra*). The Talmud separates חֲכַם and חֲרָשִׁים into two separate categories. The חָכָם is a student who makes his teacher wise. חֲרָשִׁים, literally, *deaf-mutes,* is homiletically explained as Torah scholars whose erudition is so outstanding that they silence all others, making them as speechless as deaf-mutes (*Chagigah* 14a).

**וּנְבוֹן לָחַשׁ** — *And comprehender of mysteries,* i.e., one who is fit to be entrusted with the mysteries of the Torah such as

ד־ה וְנָתַתִּ֥י נְעָרִ֖ים שָׂרֵיהֶ֑ם וְתַעֲלוּלִ֖ים יִמְשְׁלוּ־בָֽם׃ וְנִגַּ֣שׂ הָעָ֔ם אִ֥ישׁ בְּאִ֖ישׁ וְאִ֣ישׁ
ו בְּרֵעֵ֑הוּ יִרְהֲב֗וּ הַנַּ֙עַר֙ בַּזָּקֵ֔ן וְהַנִּקְלֶ֖ה בַּנִּכְבָּֽד׃ כִּֽי־יִתְפֹּ֨שׂ אִ֤ישׁ בְּאָחִיו֙ בֵּ֣ית אָבִ֔יו
ז שִׂמְלָ֣ה לְכָ֔ה קָצִ֖ין תִּֽהְיֶה־לָּ֑נוּ וְהַמַּכְשֵׁלָ֥ה הַזֹּ֖את תַּ֥חַת יָדֶֽךָ׃ יִשָּׂא֩ בַיּ֨וֹם הַה֤וּא ׀
ח לֵאמֹר֙ לֹא־אֶהְיֶ֣ה חֹבֵ֔שׁ וּבְבֵיתִ֕י אֵ֥ין לֶ֖חֶם וְאֵ֣ין שִׂמְלָ֑ה לֹ֥א תְשִׂימֻ֖נִי קְצִ֥ין עָֽם׃ כִּ֤י
כָשְׁלָה֙ יְר֣וּשָׁלִַ֔ם וִיהוּדָ֖ה נָפָ֑ל כִּֽי־לְשׁוֹנָ֤ם וּמַעַלְלֵיהֶם֙ אֶל־יְהוָ֔ה לַמְר֖וֹת עֵנֵ֥י כְבוֹדֽוֹ׃

### רש״י

**(ד) ונתתי נערים שריהם.** אלו בני אדם המנוערים מן המצות: **ותעלולים ימשלו בם.** שועלים, בני אדם חלשים. ואני אומר לפי פשוטו, תעלולים, ליצני בני אדם המתעוללים בהן ומבזין אותם; כמו, וְעֹלַלְתִּי בֶעָפָר קַרְנִי (איוב טז, טו), אֵת אֲשֶׁר הִתְעַלַּלְתִּי (שמות י, ב): **(ה) ונגש העם.** יהיו דוחקין ונוגשין זה על זה בתיגור וחירוס: **ירהבו הנער בזקן.** יתגדל הנער על הזקן: **והנקלה בנכבד.** כפשוטו. ומדרשו, (חגיגה יד, א) יבא מי שחמורות דומות עליו כקלות וירהב במי שהקלות דומות עליו ככבדות: **(ו) כי יתפש איש באחיו.** כאשר יתפוש איש באחיו בבית אביו לאמר עשיר אתה בתורה ומחוורת היא בידך כשמלה: **קצין תהיה לנו.** ותלמדנו: **והמכשלה הזאת.** שאנו נכשלים בה באיסור או בהיתר בטומאה או בטהרה, תחת ידיך הוא, שאתה יודע להורות לנו. דבר אחר שמלה לך להלביש ערום, והמכשלה (פיילנג״א בלע״ז) מחסרוני שאני מחוסר לחם תחת ידיך להספיקני, ולכך קצין תהיה לנו. והוא משיב, בביתי אין לחם ואין שמלה, ומה טיבי לקצין: **(ז) ישא ביום ההוא.** אין ישא אלא לשון שבועה, הוא ישבע להם, לא אהיה חובש, לא אהיה מחובשי בית המדרש, ובביתי אין לחם ושמלה, אין בידי לא טעם משנה ולא טעם אגדה. דבר אחר לפי פשוטו, לא אהיה חובש; לא אהיה שופט שהוא חובש את הנדונים בבית הסוהר: **(ח) כי כשלה ירושלים.** כולם חסירים ונפולים ואין עוזר זה לזה ולמה? כי מֵאֲנוּ לִשְׁמוֹעַ (ירמיה יא, י), ועתה כולם מכעיסים: **כי לשונם ומעלליהם אל ה׳.** לנגדו להכעיסו: **למרות עיני כבודו.** להקניט לפני כבודו. דבר אחר, עניני כבודו:

### רד״ק

תורה בלחש. ואמר עוד, (חגיגה יג, א), אין מוסרין סתרי תורה אלא למי שיש לו חמשה דברים הללו יועץ, וחכם חרשים, ונבון לחש: **(ד) ונתתי נערים.** כיון שהוא הסיר הזקנים, הרי הוא כאלו נותן הנערים להיות שרים עליהם.ודרך הדרש (חגיגה יד, א), אלו בני אדם שמנוערין מן המצות: **ותעלולים.** כמו נערים; וכן, עוֹלָלִים שָׁאֲלוּ לֶחֶם (איכה ד, ד), אלא שהוא משקל אחר. והוא תאר בשקל תַּחֲלוּאֵי רָעָב (ירמיה יד, יח). ויונתן תרגם, וְחַלָּשַׁיָּא. והדרש (חגיגה יד, א) תעלי בני תעלי; פירוש שועלים: **(ה) ונגש העם.** עוד קללה אחרת, שלא יכנעו מפני שריהם ומפני המושלים שישימו עליהם, אלא כל אחד יהיה נעשה נוגש ושומר בחברו, ואפילו הקטן בגדול. ופירוש ירהבו, יחזקו עליו ויעיזו בו פניהם, הנער בזקן והנקלה בנכבד: **ירהבו.** ענין חזק; מן, וְרָהְבָּם עָמָל וָאָוֶן (תהלים צא, י). ויונתן תרגם, ונגש, וְיִתְגָּרוּן. ותרגם ירהבו יִשְׁלְטוּן, וענין אחד הוא כמו שפירשתי. והדרש הנער בזקן (חגיגה יד, א), מי שמנוער מן המצות ירהב במי שמלא מצות כרמון: **והנקלה בנכבד.** (חגיגה יד, א), מי שחמורות דומות עליו כקלות, ירהב במי שקלות דומות עליו כחמורות: **(ו) כי יתפש.** כאשר יתפוש איש באחיו, כלומר; שיתפשוהו בבגדו לדבר עמו ולבקש ממנו זה. ופירוש בית אביו, משפחת בית אביו, כי אינו רוצה לומר אחיו בן אביו אלא איש ממשפחתו, שיש לו קרוב דעת עמו. ויאמר לו בבקשה כיון ששמלה לך, כלומר שאתה מלובש בגדים נאים ותראה גדול וישאו פניך, תהיה קצין לנו ותוכיח מי שראוי להוכיח, ותהיה תחת ידך ותחת ממשלתך המכשלה הזאת שאנחנו נכשלים איש ברעהו ואין אנחנו יראים מפני רעהו: **לכה.** כתוב בה״א נוספת; כמו, וּלְכָה אֵפוֹא מָה אֶעֱשֶׂה בְּנִי (בראשית כז, לז). והדרש, (שבת קיט, ב) שמלה, דברים שמתכסה אדם בהם כשמלה. והמכשלה; דברים שאין בני אדם עומדין עליהם אלא אם כן נכשלים בהם (שבת קכ, א). **ישנן תחת ידך.** קצין תהיה לנו, ויונתן תרגם, המכשלה; וּמַגְבִּיתָא, כלומר לגבות המס שהיו מלכי העכו״ם מטילים עליהם; כמו שכתוב בפרעה נכה, וַיִּתֶּן עֹנֶשׁ עַל הָאָרֶץ מֵאָה כִּכַּר כֶּסֶף וְכִכַּר זָהָב (מלכים־ב, כג, לג): **(ז) ישא.** פירוש, ישא האל בפיו, כלומר ישבע; וכן, לֹא תִשָּׂא אֶת שֵׁם ה׳ אֱלֹהֶיךָ לַשָּׁוְא (שמות כ, ז): **וחובש.** מושל. נקרא כן לפי שחובש ואוסר העוברים על מצותיו; וכמוהו, הַאַף שׂוֹנֵא מִשְׁפָּט יַחֲבוֹשׁ (איוב לד, יז). וטעם לא אהיה; כי אינני ראוי לכך, כי אין בביתי לחם ושמלה, ואף על פי שאני מתראה בחוץ בשמלה זו. וכל זה אמר להודיע כי עניות ומסכנות רב יהיה בעיר, כי אפילו המתראים בחוץ, ביתם רק מכל טוב. והדרש, לא אהיה חובש; (חגיגה יד, א) לא הייתי מחובשי עצמן בבית המדרש. ובביתי אין לחם ואין שמלה, (שבת קב, א) שאין בידי לא טעם מקרא ולא טעם משנה: **(ח) כי כשלה.** ומה טעם כשלו ונפלו?, לפי שחטאו לה׳ בפה ובמעשה להכעיסו. וזה למרות עיני כבודו; כלומר, כי הוא רואה מעשיהם והם עוברים על מצותו כאלו הוא אינו רואה מעשיהם: **למרות.** כמו להמרות: **עיני.** חסר היו״ד עי״ן הפעל:

### מצודת דוד

**(ד) נערים שריהם.** כי הנער לפי עזות נערותו ישתחרר בהם: **ותעלולים.** הליצנים ימשלו בם על ידי ליצנותם בדברי שחוק: **(ה) ונגש העם.** כל אחד יהיה נוגש בחבירו על כי לא יהיה בהם מושל: **ירהבו.** הנער יתגאה על הזקן ואדם נקלה על איש נכבד: **(ו) כי יתפוש.** כאשר יתפוש איש באחיו, ולא אחיו ממש אלא הקרוב אליו מבית אביו, ויאמר לו, הלא יש לך שמלה. רצונו לומר, הלא אתה מלובש מלבושי פאר ושעתך מצלחת ויהיו דבריך מקובלים, לזאת תהא לנו קצין ולראש: **והמכשלה הזאת.** מה שאנו נכשלים איש ברעת רעהו תהיה תחת יד ממשלתך. רצונו לומר, אתה תסיר המכשול בכח הזרוע: **(ז) ישא.** והוא ישיב לומר, בשבועה לא אהיה מושל החובש את המחויב במאסר, כי אינני ראוי למשול: **ובביתי.** רצונו לומר, אף שאני מתראה בחוץ לבוש מלבושי פאר, אבל בביתי אין כל ואין שעתי מצלחת למשול: **(ח) כי כשלה.** במרבית העוני: **אל ה׳.** רצונו לומר, להקניט אותו: **למרות עיני כבודו.** רצונו לומר, שאומרים שעיני המקום המה מחולפים מעיני האדם, כי לא יביט ולא ישגיח במעשה הבריות:

### מצודת ציון

**(ד) ותעלולים.** ענין שחוק ולעג; כמו, כִּי הִתְעַלַּלְתְּ בִּי (במדבר כב, כט): **(ה) ונגש.** ענין לחץ; כמו, מִפְּנֵי נֹגְשָׂיו (שמות ג, ז): **ירהבו.** ענין התחזקות וגאוה; כמו, רַהַב הֵם שָׁבֶת (לקמן ל, ז): **בזקן.** הבי״ת היא במקום על; כמו, כֵּן יִנָּתֶן בּוֹ (ויקרא כד, כ), ומשפטו עליו, כי על עונש ממון ידבר: **(ו) יתפוש.** ענין אחיזה: **שמלה.** ענין מלבוש: **לכה.** כמו לך: **קצין.** שר: **(ז) ישא.** ענין שבועה; כמו, לֹא תִשָּׂא (שמות כ, ז): **חובש.** ענין מאסר כלא; כמו, חֲבֹשׁ בַּטָּמוּן (איוב מ, יג): **(ח) ומעלליהם.** ומעשיהם: **למרות.** כמו להמרות, והוא מלשון תמורה וחלוף:

---

*Maaseh Bereishis*, the act of Creation, and *Maaseh Merkavah*, the "Heavenly Chariot" (*Rashi*). The Talmud, however, separates נָבוֹן and לַחַשׁ into two separate categories. A נָבוֹן, *comprehender*, is one who is capable of deducing one fact from another fact. A לַחַשׁ is one who *whispers*, i.e., someone to whom it is appropriate to transmit words of Torah that were passed down in "whispers," such as someone who is well versed in the "revealed" Torah and is qualified to head a Rabbinic Court, and is full of reverence for Heaven (see *Chagigah* 13a and 14a).

*4 I shall make youngsters their leaders, and mockers will rule them. 5 The peo-*
*ple will be oppressed, man by man and man by his fellow; they will domi-*
*neer, the youngster over the elder and the base over the respectable. 6 When*
*a man will grasp his relative, a member of his father's house, [saying], "You*
*have a garment! Become a benefactor for us; and let this obstacle be under*
*[the control of] your hand!" — 7 he will swear on that day, saying, "I can-*
*not become a patron, for in my house there is neither bread nor garment.*
*Do not make me a benefactor of the people!" 8 [All this has come about] be-*
*cause Jerusalem has stumbled and Judah has fallen; for their speech and*
*their actions are against HASHEM, rebelling before the eyes of His glory.*

**4.** Having said that the nation will be punished by the removal of qualified and deserving leaders, Isaiah compounds the punishment by foretelling that the new leaders will be base, arrogant, cruel people.

**וְנָתַתִּי נְעָרִים שָׂרֵיהֶם** — *I shall make youngsters their leaders.* Because God will remove the elders, the leadership positions will be filled by the young people (*Radak*). According to the Talmud, the *youngsters* are people who are lacking in mitzvos; they will become the new leaders of the nation (*Chagigah* 14a).

**וְתַעֲלוּלִים יִמְשְׁלוּ־בָם** — *And mockers will rule them.* Our translation follows *Rashi,* who relates the word תַּעֲלוּלִים to *Exodus* 10:2, אֵת אֲשֶׁר הִתְעַלַּלְתִּי בְּמִצְרַיִם, *how I mocked the Egyptians.* The Talmud, however, relates תַּעֲלוּלִים to the Aramaic תַּעֲלֶה, *fox,* a metaphor for a weak, inferior person — see *Rashi* here and *Targum Yonasan* (*Chagigah* 14a). Alternatively, these are wicked men who, with the cleverness of foxes, are adept at presenting themselves as righteous individuals. They can be far more harmful than people whose wickedness is apparent (*Ben Yehoyada* to *Chagigah* 14a). *Malbim* comments that these young people will have perverted character traits and wrongful lusts; consequently the leaders will be very bad role models.

**5. וְנִגַּשׂ הָעָם אִישׁ בְּאִישׁ וְאִישׁ בְּרֵעֵהוּ** — *The people will be oppressed, man by man and man by his fellow.* Because the new leaders will be young and inexperienced, people will not respect them and will not subordinate themselves to their leadership. The result will be anarchy and a state of affairs in which everyone will consider himself entitled to exercise authority, and become a self-appointed officer to force his fellows to submit to his will (*Radak*).

**יִרְהֲבוּ הַנַּעַר בַּזָּקֵן וְהַנִּקְלֶה בַּנִּכְבָּד** — *They will domineer, the youngster over the elder and the base over the respectable.* In the natural order of things, the elders and respectable people are held in esteem, but now the opposite will be the case (*Malbim*). The young will insolently dominate their elders and lowly people will dominate the respectable ones (*Radak*). The Talmud interprets the phrase וְהַנִּקְלֶה בַּנִּכְבָּד to mean that a person to whom grave sins (נִכְבָּד) seem like light sins (נִקְלֶה) will come to domineer righteous people who regard light sins as grave ones (*Chagigah* 14a).

**6. כִּי־יִתְפֹּשׂ אִישׁ בְּאָחִיו בֵּית אָבִיו שִׂמְלָה לְכָה קָצִין תִּהְיֶה־לָּנוּ** — *When a man will grasp his relative, a member of his father's house, [saying], "You have a garment! Become a benefactor for us."* To depict the overwhelming poverty of worthy leadership, the prophet uses the similes of people who grasp at another's garment when they wish to catch that person's attention. The prophet foretells that the paucity of distinguished people will be so great that when one is wearing good clothing, others will assume he must be prominent and capable of leading the nation. He will therefore plead with him to accept the mantle of leadership (*Radak*). Alternatively, the unfortunate people will beg their relatives for food to relieve them of their hunger pangs (*Mahari Kara*).

According to the Talmud, the garment is a metaphor for matters of Torah. Since the men of Jerusalem had become lax in Torah study, people capable of answering questions of Torah were scarce. When confronted with a questioner, they would cover their ignorance by pretending not to hear the questions, like one who covers himself with a garment. When they would find someone who knew some Torah, they would seize hold of him and beg him to be their teacher (*Chagigah* 14a and *Rashi* to *Shabbos* 119b).

**וְהַמַּכְשֵׁלָה הַזֹּאת תַּחַת יָדֶךָ** — *And let this obstacle be under your hand.* The *obstacle* of the verse is the general chaos and anarchy. By assuming the mantle of leadership you will remove the chaos and anarchy from the city because your word will surely be obeyed by all (*Radak*). Alternatively, the *obstacle* is the poverty that had overtaken the city. By supplying the people with bread you will remove the obstacle from us (*Mahari Kara*).

**7. יִשָּׂא בַיּוֹם הַהוּא לֵאמֹר לֹא־אֶהְיֶה חֹבֵשׁ . . .** — *He will swear on that day, saying, "I cannot become a patron . . ."* These family members, however, will be unable to assist you, for although they may appear to be well dressed, they actually are totally impoverished (*Radak*).

**8. כִּי כָשְׁלָה יְרוּשָׁלַםִ וִיהוּדָה נָפָל** — *[All this has come about] because Jerusalem has stumbled and Judah has fallen.* The nation has been stricken with terrible poverty because they have sinned against God both in speech and in deed, and they transgress His commandments as though He doesn't see their actions (*Radak*). Furthermore, they looked at God's watchful presence as a hindrance that prevented them from indulging their desires, and they tried to avoid acknowledgment of His authority (*R' Hirsch*).

ט הַכָּרַת פְּנֵיהֶם עָנְתָה בָּם וְחַטָּאתָם כִּסְדֹם הִגִּידוּ לֹא כִחֵדוּ אוֹי לְנַפְשָׁם כִּי־
י־יא גָמְלוּ לָהֶם רָעָה: אִמְרוּ צַדִּיק כִּי־טוֹב כִּי־פְרִי מַעַלְלֵיהֶם יֹאכֵלוּ: אוֹי לְרָשָׁע
יב רָע כִּי־גְמוּל יָדָיו יֵעָשֶׂה לּוֹ: עַמִּי נֹגְשָׂיו מְעוֹלֵל וְנָשִׁים מָשְׁלוּ בוֹ עַמִּי
יג מְאַשְּׁרֶיךָ מַתְעִים וְדֶרֶךְ אֹרְחֹתֶיךָ בִּלֵּעוּ: נִצָּב לָרִיב יהוה וְעֹמֵד
יד לָדִין עַמִּים: יהוה בְּמִשְׁפָּט יָבוֹא עִם־זִקְנֵי עַמּוֹ וְשָׂרָיו וְאַתֶּם בִּעַרְתֶּם הַכֶּרֶם

### רש״י

**(ט) הכרת פניהם.** עון שהם מכירים פנים בדין, היא ענתה בם לפני. לשון אחר, הכרת פניהם ניכרים הם בעזות פניהם: **כסדום הגידו.** לא כחדו, בפרהסיא עשו: **(י) אמרו.** למי שהוא צדיק כי טוב עשה: **(יא) אוי לרשע רע.** שהוא רע לעצמו ורע לאחרים, גורם רעה לו ולאחרים, בתנחומא (ויקרא אמור פרק ה) והמקרא מוסב על אמרו צדיק כי טוב לו ואוי לו לרשע רע: **(יב) נגשיו מעולל.** ליצנים הם: **ונשים משלו בו.** נשים נואפות משלו בו, כמו שאמר למטה (לקמן, טז), יַעַן כִּי גָבְהוּ בְּנוֹת צִיּוֹן והטו לבם לרעה (לפיכך כל חלשים משלו בו). ויונתן תרגם לשון (נשים): **מאשריך.** מדריכיך, שיש להם לאשרך בדרך טוב, הם מתעים אותם: **בלעו.** קלקלו: **(יג) נצב לריב.** עמידה זו לשון עכבה: **(יד) ה׳ במשפט יבוא עם זקני עמו.** שהיה להם למחות, ולעובדי כוכבים אומר אתם בערתם את כרמי, אני קלפתי מעט ואתם עזרתם לרעה: **גזלת העני.** דור שהיו עניים במעשים טובים, כל זה במדרש אגדה. ולפי משמעות פשוטו כל הענין על ישראל ועומד לדין. עמים הם השבטים: **ואתם בערתם הכרם.** הזקנים והשרים אכלו את שאר העם:

### רד״ק

**(ט) הכרת.** מענין וְאֶת אֶחָיו לֹא הִכִּיר (דברים, לג, ט). רצונו לומר, כי בפניהם יוכל האדם להכיר שהם רעים וחטאים כסדום; והם גם הם מגידים חטאתם בפיהם ואינם מכחידים, כמו שהיו אנשי סדום עושים, שהיו מתפארים ברשעם. ואדוני אבי זכרונו לברכה פירש, הכרת; הה״א שרש, ופירש עזות פניהם. וכן פירש, לֹא תֵבֹשׁוּ תַּהְכְּרוּ לִי (איוב יט, ג), תעיזו פניכם לי. ודמהו ללשון ערב שאומרים הכר לעזות מצח. ויונתן תרגם, הכרת פניהם, שהם מכירים פניהם בדין, אִשְׁתְּמוֹדָעוּת אַפֵּיהוֹן בְּדִינָא אַסְהֵיד בְּהוֹן: **אוי לנפשם.** כלומר; שתאבד נפשם במותם מפני מעשים הרעים, לבד מן הפורענות שיבא להם בחייהם. והנה הם גמלו רעה לנפשם, כלומר; לעצמם, ברעה שעושין לאחרים: **(י) אמרו.** אינו צווי לאנשים מיוחדים אלא לכל אדם; כמו, רְאֵה רֵיחַ בְּנִי (בראשית כז, כז), אֱמֹר לַמֶּלֶךְ וְלַגְּבִירָה (ירמיה יג, יח), והדומים להם. אומר לכל מי שיכיר האמת וידע כי משפט האל אמת, אמרו וקראו לכל כי אל צדיק ה׳, ישלם לכל צדיק כצדקתו ולרשע כרשעתו. וסמך זה לפסוק אוי לנפשם, לפי שלפעמים יהיה טוב לרשע בעולם הזה, אמר כי על כל פנים, תאבד נפשו, גמול מעשיו הרעים, כי אֵל אֱמוּנָה וְאֵין עָוֶל (דברים לב, ד): **צדיק כי טוב.** פירוש; צדיק כאשר יהיה טוב, שלא ישוב מצדקתו, ועשה עול, אמרו, כי פרי מעלליהם יאכלו, בזה ובבא. וכן אמרו, אוי לרשע רע: **(יא) אוי לרשע שיעשה רע.** ולא שב מרשעתו, כי על כל פנים גמול ידיו יעשה לו בזה או בבא. אבל בזה העולם יהיה גמולם ברוב, כמו שתראו בישראל כי כשלו ונפלו מפני מעשיהם הרעים. ועליהם תצדיקו את הדין. ורבותינו זכרונם לברכה דרשו הפסוק, אמרו צדיק כי טוב, (קידושין מ, א), וכי יש צדיק טוב ויש צדיק שאינו טוב? אלא טוב לשמים וטוב לבריות, זהו צדיק טוב, ועליו נאמר כי פרי מעלליהם יאכלו, שאוכל פירות בעולם הזה, והקרן קיימת לעולם הבא; טוב לשמים ואינו טוב לבריות, זהו צדיק שאינו טוב. אוי לרשע רע (שם), וכי יש רשע רע ורשע שאינו רע? אלא רע לשמים ורע לבריות זהו רשע רע, רע לשמים ואינו רע לבריות זהו רשע שאינו רע. ורשע רע גמול ידיו יעשה לו בעולם הזה. ואמרו, הזכות יש לה קרן ויש לה פירות, שנאמר כי פרי מעלליהם יאכלו. עבירה יש לה קרן ואין לה פירות, שנאמר כי גמול ידיו יעשה לו, שהעבירה עקרה היא, ואין לה פירות אלא אם כן עשתה פירות, כגון שבא על הערוה והוליד ממנה בן. ויונתן תרגם, אֶמָרוּ לְצַדִּיקָא טוּבֵיכוֹן וגו׳: **(יב) עמי נוגשיו מעולל.** כמו עולל; כמו שאמר, ונתתי נערים שריהם (לעיל, פסוק ד) וגו׳. ויונתן תרגם, עַמִּי דְסַרְכוֹהִי בַזוֹזֵהִי כִּמְעַלְּלֵי לְכַרְמָא: **ונשים משלו בו.** חלשים כמו נשים; או פירוש מרוב רודפם תאותם במשגל, משלו בהם הנשים, הפך והוא ימשל בך. ויונתן תרגם נשים מענין נושה בה״א; וּכְמָרֵי חוֹבָא שַׁלִּיטוּ בֵּיהּ: **עמי מאשריך מתעים.** מי שאומר לך אשריך; כשתעשה מעשים רעים, אותם הם מתעים אותך והם נביאי השקר; שמשבחים אותך במעשיך הרעים, והם בלעו ושחתו דרך אורחותיך, שלא חזרת לדרך הטובה והלכת בדרך רעה. וכן תרגם יונתן, מְשַׁבְּחָךְ אַטְעֲיוּךְ וְאוֹרַח שְׁבִילָךְ קַלְקִילוּ. ויש מפרשים מאשריך; כמו מְיַשְּׁרֶיךָ, כלומר, אותם שהיו ראויים לישר אותך בדרך הטובה הם הטעו אותך: **(יג) נצב לריב.** כמו לְהָרִיב. וכן לדין, כמו לְהָדִין. ואלו היה שם היה הלמ״ד בשוא. לדין עמים. אמר, אל תחשבו כי לא יענישכם האל על הרעות שתעשו, כי בכל זמן הוא נצב ועומד לדין כל העכו״ם; כל שכן עמו ישראל, שהשגחתו יותר עליהם מפני שהם קרובים אליו יותר משאר העכו״ם: **(יד) ה׳ במשפט יבא.** כי גם זקני העם ושריו עליהם עון העם, שלא יוכיחו אותם, וגם הם אונסים וגוזלים דלת העם: **ואתם בערתם.** יאמר להם בשפטו אותם, ישראל הנקרא כֶּרֶם ה׳ (לקמן ה, ז),אתם בערתם וכליתם אותו. ובערתם, מענין וּבִעֵר בִּשְׂדֵה אַחֵר:

### מצודת דוד

**(ט) הכרת.** היכר עזות פניהם העידה על רשעותם: **וחטאתם.** מפרסמים חטאם כאנשי סדום, כי המה מגידים ומספרים אותם ולא מנעו מלהגיד. וכפל הדבר במילים שונות: **כי גמלו.** במעשיהם גמלו רעה לעצמם: **(י) אמרו צדיק.** שבחו ורוממו את הצדיק כי עשה את הטוב, כי הצדיקים יאכלו גמול מעשיהם. ולזה שבחוהו למען ילמדו ממנו לטוב להם: **(יא) אוי.** אבל רשע האוחז ברע ולא שב ממנו אוי לו, כי יקבל גמולו משלם: **(יב) נוגשיו מעולל.** הליצנים שבהם המה לוחצים אותם ומושלים בהם, והנשים הנואפות הנה משלו בהם, כי הטו לב השרים אחרי דעתן: **מאשריך.** המנהיגים המדריכים אותך המה מתעים אותך מדרך הישר: **בלעו.** משחיתים דרך הישר שהלכת בו מאז, למען לא תשוב אליו. וכפל הדבר במילים שונות: **(יג) נצב.** לכן נצב ה׳ לעשות מריבה עם העמים ולדון אותם. (ולפי שכל שבט לעצמו קרוי עם, לזה קרא לכל ישראל בכללם בלשון עמים): **(יד) ה׳ במשפט.** יערוך ויכוח עם זקני עמו ושריו, וכה יאמר, לא האומות השחיתו עמי, אבל אתם בעצמכם רעיתם את כרמי. רצונו לומר, ישראל הקרואים כֶּרֶם ה׳ צְבָאוֹת (לקמן ה, ז), הם היו לכם למרעה, כי אכלתם אותם בכל פה:

### מצודת ציון

**(ט) ענתה.** העידה; כמו, לֹא תַעֲנֶה (שמות כ, יג): **לא כחדו.** לא מנעו: **(י) אמרו.** ענינו שבח ורוממות, כמו, אֶת ה׳ הֶאֱמַרְתָּ (דברים כו, יז). והוא לשון מושאל מהנוף העליון ברום האילן הנקרא אמיר כמו שנאמר, בְּרֹאשׁ אָמִיר (לקמן יז, ו): **(יב) נוגשיו.** לוחציו: **מעולל.** ענין שחוק ולעג: **מאשריך.** ענין דרך והלוך; כמו, אִם תִּטֶּה אַשֻּׁרִי (איוב לא, ז): **מתעים.** מלשון תועה: **בלעו.** ענין השחתה: **(יד) ואתם.** הוי״ו היא במקום אבל; כמו, וַעֲבָדֶיךָ בָּאוּ (בראשית מב, י): **בערתם.** רעיתם; כמו, וּבִעֵר בִּשְׂדֵה אַחֵר (שמות כב, ד):

---

**9. הַכָּרַת פְּנֵיהֶם עָנְתָה בָּם** — *Their brazen countenance testifies against them.* Their evil deeds leave a brazen imprint on their faces (*Mahari Kara*).

**וְחַטָּאתָם כִּסְדֹם הִגִּידוּ לֹא כִחֵדוּ** — *Their sins, like Sodom's, speak out and do not withhold [anything].* Like the inhabitants of Sodom, they sin publicly (*Rashi*) and pride themselves

[9] *Their brazen countenance testifies against them; their sins, like Sodom's,*
*speak out and do not withhold [anything]. Woe to their souls, for they*
*have brought evil upon themselves!* [10] *Tell [each] righteous man that it is*
*good; for they shall eat the fruit of their deeds.* [11] *But woe to the wicked*
*person who does evil, for the recompense of his hands will be dealt to*
*him.* [12] *My people — their oppressors are mockers and women dominate*
*them. O My people, your leaders mislead you, and they have corrupted*
*the direction of your ways.*
[13] *HASHEM stands erect to contend and stands to judge peoples.*
[14] *HASHEM will enter into judgment with the elders and officers of His*
*people, [saying], "You have consumed the vineyard; what you have*

---

on their sins (*Radak*). They disapprove of anyone who still dares to pay attention to God and His Divine Will (*R' Hirsch*).

**אוי לְנַפְשָׁם כִּי־גָמְלוּ לָהֶם רָעָה** — *Woe to their souls, for they have brought evil upon themselves.* They can blame no one but themselves for their dire situation, for their very deeds have brought evil upon themselves (*Mahari Kara*). Alternatively, not only will they be punished during their lifetime, but their souls will be destroyed after their deaths, as well (*Radak*).

**10-11.** The prophet now develops the theme of the previous verse: People are responsible for their deeds. He points to the righteous man and the reward he earns and to the wicked man who receives what he deserves.

**10. אִמְרוּ צַדִּיק כִּי־טוֹב כִּי־פְרִי מַעַלְלֵיהֶם יֹאכֵלוּ** — *Tell [each] righteous man that it is good; for they shall eat the fruit of their deeds.* Tell the righteous person that his deeds are good [and that he will enjoy the fruits of his actions] (*Rashi*). According to *Abarbanel*, the righteous man of this verse is the man who refused to be appointed the leader; see v. 7. Praise this humble and righteous man who regards his own abilities as inadequate for the leadership of his people. According to the Midrash, the verse teaches that one who mentions a righteous person [אִמְרוּ צַדִּיק], should bless him as well [כִּי טוֹב] (*Yalkut Shimoni*).

The *Chafetz Chaim* commented that God treats people the way they treat others: *they shall eat the fruit of their deeds.* Thus, if someone is kind and generous to others, God will treat him kindly and generously, even though he is lacking in many ways (*Ahavas Chesed*).

Noting that *righteous man* is singular, while מַעַלְלֵיהֶם, *their deeds,* is plural, *Sfas Emes* comments homiletically that a righteous person influences many others to perform good deeds.

The Talmud (*Kiddushin* 40a) translates the phrase צַדִּיק כִּי־טוֹב as *a righteous person who is good,* and therefore wonders, "Is there a righteous person who is good and a righteous person who is not good?" By definition a righteous person is someone who is good! The Talmud explains that the righteous person who is good focuses on the good in other people and therefore his actions find favor in both God's eyes and the eyes of his fellow men. Such a person will enjoy the fruits of his actions in this world. But one who focuses on other people's deficiencies, even for the sake of Heaven, is not righteous in the eyes of others and his actions will not bear fruit for him to enjoy in this world.

**11. אוי לְרָשָׁע רָע כִּי־גְמוּל יָדָיו יֵעָשֶׂה לּוֹ** — *But woe to the wicked person who does evil, for the recompense of his hands will be dealt to him.* Just as a righteous person will receive his reward, so too will a wicked person who does not repent his evil ways receive his due for whatever good deeds he may have to his credit, but his reward will be only in this world, not in the World to Come (*Radak*).

**12. עַמִּי נֹגְשָׂיו מְעוֹלֵל** — *My people — their oppressors are mockers.* After describing the nation's future leaders, Isaiah bemoans the state of his people and cries out that indeed, the mockers have become the leaders and it is they who oppress and rule over the masses (*Metzudos*). Alternatively, the word מְעוֹלֵל is related to עוֹלֵל, *infant;* the rulers of the nation are infants, i.e., youngsters — see v. 4 (*Radak*).

**וְנָשִׁים מָשְׁלוּ בוֹ** — *And women dominate them,* i.e., adulterous women dominate them. The people have become so driven to satisfy their lusts that they do anything to please their immoral women. Alternatively, people as weak as women dominate them (*Rashi*).

**עַמִּי מְאַשְּׁרֶיךָ מַתְעִים** — *O My people, your leaders mislead you.* Your leaders who should have guided you on the proper path lead you astray (*Rashi*). These leaders are the false prophets who praise the people when they commit evil deeds (*Radak*). The excessive praise that they lavished on the people did not allow them to come to a clear understanding of their misdeeds (*R' Hirsch*).

**וְדֶרֶךְ אֹרְחֹתֶיךָ בִּלֵּעוּ** — *And they have corrupted the direction of your ways.* These leaders have prevented you from returning to the service of God (*Rashi*).

**13. נִצָּב לָרִיב ה׳ וְעֹמֵד לָדִין עַמִּים** — *HASHEM stands erect to contend and stands to judge peoples.* The *peoples* are the Tribes of Israel (*Rashi*). God is now ready to contend with Israel (*Metzudos*), warning them that they will indeed be punished for their misdeeds. God is always prepared to judge the nations of the world; surely then, he is prepared to judge Israel, the nation that is His own (*Radak*).

**14. ה׳ בְּמִשְׁפָּט יָבוֹא עִם־זִקְנֵי עַמּוֹ** — *HASHEM will enter into judgment with the elders and officers of His people.* The *elders*

טו גְּזֵלַ֥ת הֶעָנִ֖י בְּבָתֵּיכֶֽם: °מלכם [°מַה־לָּכֶם֙ ק׳] תְּדַכְּא֣וּ עַמִּ֔י וּפְנֵ֥י עֲנִיִּ֖ים
טז תִּטְחָ֑נוּ נְאֻם־אֲדֹנָ֥י יֱהֹוִ֖ה צְבָאֽוֹת: וַיֹּ֣אמֶר יהוה֒ יַ֗עַן
כִּ֤י גָֽבְהוּ֙ בְּנ֣וֹת צִיּ֔וֹן וַתֵּלַ֙כְנָה֙ °נטוות [°נְטוּי֣וֹת ק׳] גָּר֔וֹן וּֽמְשַׂקְּר֖וֹת עֵינָ֑יִם
יז הָל֤וֹךְ וְטָפֹף֙ תֵּלַ֔כְנָה וּבְרַגְלֵיהֶ֖ם תְּעַכַּֽסְנָה: וְשִׂפַּ֣ח אֲדֹנָ֔י קָדְקֹ֖ד בְּנ֣וֹת
יח צִיּ֑וֹן וַיהוָ֖ה פָּתְהֵ֥ן יְעָרֶֽה: בַּיּ֨וֹם הַה֜וּא יָסִ֣יר אֲדֹנָ֗י

### רש״י

**(טו) מלכם.** כמו מה לכם: **תטחנו.** תכתתו ותמעיטו לבזות בדינם: **(טז) ויאמר ה׳.** על הנשים אשר משלו בעמי יען פיאות נכריות קליעת שערות כי גבהו וגו׳: **ומשקרות עינים.** לשון הבטה. דבר אחר, צובעות עיניהם בסיקרא ובכחול, הלוך וטפוף תלכנה. לשון דבר צף על גבי חבירו; כמו, (דברים יא, ד), אֲשֶׁר הֵצִיף, ומתרגמינן דִי אַטִיף. כך היתה ארוכה מהלכת בין שתי קצרות כדי שתהא נראית צפה למעלה מהם. ויונתן תרגם, וּבְפָתְהֵן מַקְפַן, היו קושרות פיאות נכריות, קליעת שערות תלושין כורכות עם קליעותיהן שיראו גסות וטפופות: **וברגליהם תעכסנה.** כשהיו עוברות בשוק אצל בחורי ישראל, דורסתו ברגלו ורמזתו אצ חיבת נואפות כדי להבעיר בו יצר הרע כעכס זה של נחש (יומא ט, ב), עכס. הוא ארס של נחש: **(יז) ושפח.** לשון צרעת; כמו (ויקרא יג, ו), מִסְפַּחַת הִוא ועל שנכתב בשי״ן. דרשו בו רבותינו (ויקרא רבה טז, א) שתעשנה ספחות מכודנות. ויש שדרשוהו (ילקוט שמעוני ישעיה רמז שלט) שהרבה בהן משפחות משפחות של כנים: **פתהן יערה.** כליהן יערה לשון ארמי היא, פתיא אוכמא. הן היו אומרות ימהר יחישה מעשהו, שר רואה אותי ונוטל אותי. כשבא הפורענות היו שרי נבוכדנצר נוטלין אותן להיות לנשים מחמת יופין, ורמז הקדוש ברוך הוא, והיו שופעות כאדם המערה מכלי אל כלי, וכאשר נעשו בדם נדה והיו נמאסות עליהן ומשליכין אותן לארץ מעל קרונות שלהן. ויונתן תרגם, יְקָרְהֶן יַעֲדִי, פתהן. לשון רוחב לשון גודל: **(יח) ביום ההוא.** לעתיד לבא, כשיבא הקדוש ברוך הוא להשיב את ישראל אליו, יסיר ה׳ מהם את תפארת העכסים, שלא יהו תולין תפארתם בנוי תכשיטי נשים ודברי נבלה:

### רד״ק

**גזלת העני.** מי שיחפש אחריכם ימצא גזלת העני בבתיכם; שמלתו וכלי ביתו שאתם גוזלים אותם. ובדברי רבותינו זכרונם לברכה, (שבת נד,ב) עם זקני עמו ושריו, אם שרים חטאו זקנים מה חטאו? אלא לפי שלא מיחו בשרים: **(טו) מלכם.** פירוש מלה אחת, הה״א נבלעת בדגש, וקרי מַה לָּכֶם. וכן, מַזֶּה בְיָדֶךָ (שמות ד, ב). אמר להם לשרים, מה לכם תדכאו עמי והם הענים. וכן, אִם כֶּסֶף תַּלְוֶה אֶת עַמִּי אֶת הֶעָנִי עִמָּךְ (שמות כב, כד). וקרא אותם עמי, לפי שהעניים אין להם עזר וסמך אלא האל יתברך. לא די לכם שתגזלו ממונם, אלא שתדכו אותם בגופם ותמרטו פניהם, כלומר תכו אותם ותכתתו פניהם, רצונו לומר, מכת לחי: **נאם ה׳.** הוא אומר לכם זה כי הוא יודע במעשיכם הרעים. ואתם תחשבו אין ה׳ רואנו, והנה הוא מעיד בכם על גזלת העני שהיא בבתיכם ועל מה שתדכאו ותכו עניים. והוא רואה הכל, וישפוט אתכם על הכל, כי הוא אדון צבאות מעלה וצבאות מטה: **(טז) ויאמר ה׳.** גבהו, פירושו לפניו: **נטויות גרון וגו׳.** אלה דברי גבהות וגאות, ורבותינו פירשו (יומא ט, ב), מהלכות בקומה זקופה: **בנות ציון.** ציון היתה עיר מלוכה, לפיכך זכר בנות ציון. ועוד, כי רוב ארץ ישראל היתה חרבה בימי אחז, והיו הנשים מתגאות ביופיין, ומראות עצמן בשוקים וברחובות, נטויות גרון. שיסתכלו בהן הנואפים, ורבותינו פירשו (יומא ט, ב), נטויות גרון שהיו מהלכות ארוכה בצד קצרה, ומשקרות עינים. כלומר רומזות להם עיניהן שילכו אחריהן לבית. ותרגום עַיִן שְׁזָפַתּוּ (איוב כ, ט), עֵינָא סְקַרְתֵּיהּ. ורבותינו זכרונם לברכה פירשו (שם), שהיו הולכות עקב בצד גודל: **תעכסנה.** מקשקשות ברגליהם בעכסים שתלוין בהם, שהם הפעמונים, ומשמיעין קול (שבת (סב, ב): **(יז) ושפח ה׳.** כתוב בשי״ן והוא ענין ספחת. אמר במקום שהיו מתגאות בו, תהיינה נספחות. והקדקד הוא מקום חלוק השער לכאן ולכאן. והיו מחלקות שער ראשן ומתייפים בו. והאל יביא על קדקדן מספחת, הפך גאותן ביופיין: **פתהן יערה.** פתהם יגלה. והוא כנוי לבית הערוה; כלומר, שתלכנה ערומות לפני האויב המוליך אותן בשביה. ויונתן תרגם יְקָרְהֶן יַעְדִי. ודברי ורבותינו זכרונם לברכה (שבת סב, ב), רב ושמואל; חד אמר שנשפכו כקיתון, וחד אמר שנעשו פתחיהן כיער: **(יח) ביום ההוא.** זה, וביום ההוא הבא אחריו יש מפרשים, בימי אחז וחזקיהו. כי הפורענות אשר בפרשה היה בימי אחז, ולנשארים היה הטוב והכבוד בימי חזקיהו; ועליו נאמר צמח ה׳ לצבי ולכבוד. ויש לפרש כל זה בשוב הגלות, שיכלו רבים מישראל שלא שבו לה׳ בכל לבם, כמו שנאמר עליהם, וּבָרוֹתִי מִכֶּם הַמֹּרְדִים וְהַפּוֹשְׁעִים בִּי וגו׳ (יחזקאל כ, לח). ונאמר עוד עליהם, וְהֵבֵאתִי אֶת הַשְּׁלִשִׁית בָּאֵשׁ (זכריה יג, ט),

### מצודת דוד

**גזלת העני.** לא חסתם אף על העני וגזלתם אותו, והנו עדיין בבתיכם ולא חזרתם לו: **(טו) מה לכם.** רצונו לומר, מדוע תדכאון את עמי ומדוע תטחנו פני עניים: **(טז) יען כי גבהו.** בעבור שהולכות בקומה זקופה: **נטויות גרון.** נוטות בגרון אילך ואילך להראות יפיין: **ומשקרות עינים.** רומזות עם העינים אל הנואפים: **הלוך וטפוף.** הולכות דרך גאוה בנחת כדבר הצף על פי המים: **תעכסנה.** כשהיא עוברת אצל בחורי ישראל דורסת במנעלה אשר ברגלה (שבת סב, ב): **(יז) ושפח.** בגמול זה תהיינה מוכות בצרעת על הקדקד: **פתהן יערה.** לפי שאמרו ימהר יחישה מעשהו ומה בכך; דוכס רואה אותי ביפיי ויקחני במרכבתו, וכן היה. ורמז הקדוש ברוך הוא, והיו שופעות, ונמאסו ונשלכו מן המרכבה, או רצונו לומר, שילכו בגולה ערומות בגילוי ערוה: **(יח) יסיר ה׳.** רצה לומר לא יתקשטו עוד בתכשיטי פאר כמאז:

### מצודת ציון

**(טז) גרון.** צואר; כמו, קְרָא בְגָרוֹן (לקמן נח, א): **ומשקרות.** ענינו הבטת קריצה ורמיזה, עַיִן שְׁזָפַתּוּ (איוב כ, ט) תרגומו עֵינָא סְקַרְתֵּיהּ: **וטפוף.** ענין הצפה ממעל, אֲשֶׁר הֵצִיף (דברים יא) תרגם אונקלוס, דִּי אַטִיף: **תעכסנה.** ענין ארס; כמו, וּכְעֶכֶס אֶל מוּסַר אֱוִיל, (משלי ז, כב): **(יז) ושפח.** מלשון ספחת הצרעת; כמו, שְׂאֵת או סַפַּחַת (ויקרא יג, ב): **קדקד.** היא אמצעית הראש מקום יחלק שם השער אילך ואילך: **פתהן.** כליהן ובדברי רבותינו זכרונם לברכה, אפתיא אוכמא (פסחים פח, א). או הוא מלשון וְהַפֹּתוֹת לְדַלְתוֹת (מלכים־א ז, נ): **יערה.** ענין הרקה ושפיכה; כמו, וַתְּעַר כַּדָּהּ (בראשית כד, כ). או היא ענין גלוי ערוה; כמו, מְקֹרָהּ הֶעֱרָה (ויקרא כ, יח):

---

are the members of the *Sanhedrin* and the *officers* are the leaders of the people — see *Rashi* to *Shabbos* 54b. Although it was the leaders who actually committed the sins listed in the above verses, the elders were held responsible, as well, because they did not protest the wicked deeds of the leaders (*Shabbos* 54b).

**וְאַתֶּם בִּעַרְתֶּם הַכֶּרֶם גְּזֵלַת הֶעָנִי בְּבָתֵּיכֶם** — *[Saying], "You have consumed the vineyard; what you have robbed from the poor man is in your houses."* The prophet takes the officers to task for exploiting the people. The very leaders who had been appointed to protect the oppressed were guilty of being the oppressors, for their intent was not to serve the people but to wield power over them. Instead of being the caretakers and guardians of God's vineyard — the Jewish people (see 5:1) — they enriched themselves from it and consumed whatever it produced.

*robbed from the poor man is in your houses.* [15] *What has become of you that*
*you crush My people and grind the faces of the poor?" — the word of my Lord,*
*HASHEM/ELOHIM, Master of Legions.*
[16] *HASHEM said:*

*Fate of the immoral women*

*Because the daughters of Zion are haughty, walking with outstretched*
*necks and winking eyes; walking with dainty steps, jingling with their feet,*
[17] *[therefore] the Lord will afflict the heads of the daughters of Zion with lesions,*
*and HASHEM will bare their private parts.* [18] *On that day the Lord will remove*

---

**15. מַה־לָּכֶם תְּדַכְּאוּ עַמִּי וּפְנֵי עֲנִיִּים תִּטְחָנוּ** — *"What has become of you that you crush My people and grind the faces of the poor?"* God now confronts the leaders through His prophet and asks, "How dare you so oppress My people? They are *My* people, not yours to treat as you please (*Abarbanel*). You were chosen to lead and protect them, not to degrade them and abuse them" (*Radak*).

**נְאֻם־אֲדֹנָי אֱלֹהִים צְבָאוֹת** — *The word of my Lord, HASHEM / ELOHIM, Master of Legions.* By referring to God as *my Lord,* Isaiah concludes his prophecy with a subtle but strong reproof to those who had placed their trust in their human "masters" and had forsaken the true Master, *HASHEM / ELOHIM,* the Master of Legions.

**16. וַיֹּאמֶר ה׳ יַעַן כִּי גָבְהוּ בְּנוֹת צִיּוֹן** — *HASHEM said: Because the daughters of Zion are haughty.* The wealthy women of Jerusalem were proud and arrogant. They dominated and ruled over the nation — see v. 12 (*Rashi*). The prophet declares that they will therefore be punished with the afflictions enumerated in the following verses.

Our translation of גָּבְהוּ, *are haughty,* follows *Rashi* and *Mahari Kara.* The Talmud, however, translates *they are tall* and explains that the women would walk בְּקוֹמָה זְקוּפָה, *with erect posture* [to appear to be tall and attract attention] (*Shabbos* 62b).

*R' Hirsch* maintains that just as public life was corrupted by the evil of the leaders, so was family life undermined by the women. Instead of cultivating spiritual and moral values in their homes, they were concerned only with gratifying their own selfish desires. They became pampered and spoiled, and developed a passionate love for luxurious dress and finery, and introduced a spirit of frivolity into their families, which unnerved the men and demoralized the youth (*Collected Writings* IV, pp. 144-145).

**וַתֵּלַכְנָה נְטוּיוֹת גָּרוֹן** — *Walking with outstretched necks.* One who walks with an outstretched neck must walk slowly and deliberately because he cannot see his feet (*Rashi* to *Shabbos* 62b). The women would therefore walk with short strides, putting the heel of one foot next to the big toe of the other, and walk slowly so that people would gaze at them (*Shabbos* 62b).

**וּמְשַׂקְּרוֹת עֵינָיִם** — *And winking eyes.* They would wink at the men in a beckoning manner, hinting that they should follow them home (*Radak*). According to the Talmud, they would paint their eyes with makeup and beckon to the young men (*Shabbos* 62b).

**הָלוֹךְ וְטָפֹף תֵּלַכְנָה** — *Walking with dainty steps.* The women would walk ostentatiously by taking small steps like טַף, *little children* (*Ibn Ezra*). The Talmud, however, translates הָלוֹךְ וְטָפֹף as *floating as they walked,* and explains that a tall woman would walk next to a short one so that she would appear to "float" above the shorter one, and thereby enhance her attractiveness (*Shabbos* 62b).

**וּבְרַגְלֵיהֶם תְּעַכַּסְנָה** — *Jingling with their feet.* The women would affix bells to their shoes and jingle them as they walked (*Radak*), or they would seductively stamp their feet on the ground to arouse the attention of young men (*Rashi*). According to the Talmud, they would place perfume in their shoes and as they would pass a group of young men they would stamp their feet and spray them with perfume, to tempt them (*Shabbos* 62b).

**17. וְשִׂפַּח אֲדֹנָי קָדְקֹד בְּנוֹת צִיּוֹן** — *[Therefore] the Lord will afflict the heads of the daughters of Zion with lesions.* The Talmud relates וְשִׂפַּח to סַפַּחַת (*Leviticus* 13:2), and identifies these lesions as *tzaraas,* the skin afflictions that render a person טָמֵא, *contaminated* (*Shabbos* 62b). Some commentaries related וְשִׂפַּח to מִשְׁפָּחָה, *family,* and explain that God will smite the women with many families of lice (*Rashi*).

**וַה׳ פָּתְהֵן יְעָרֶה** — *And HASHEM will bare their private parts,* i.e., they will be driven into exile naked (*Radak*). The Talmud, however, translates יְעָרֶה as *to pour,* and explains that these haughty women will be afflicted with an abnormal menstrual flow (*Shabbos* 62b). The Midrash adds that because of the great beauty of Jewish women, Nebuchadnezzar's officers had taken them as wives, but because of their abnormal flow, the women became loathsome and the Babylonian officers threw them from their chariots to the ground (*Eichah Rabbah* 4:15).

**18.** In the following verses (18-23) the prophet lists twenty-one ornaments that the haughty women of Jerusalem proudly wore on their feet and around their necks. As a result of the physical afflictions with which they will be punished (vs. 16-17), the women will voluntarily remove these luxurious ornaments and stop wearing them. Alternatively, the enemy will remove these ornaments forcefully on the day of retribution (*Abarbanel*).

**בַּיּוֹם הַהוּא** — *On that day. Radak* cites commentators who maintain that the day of retribution foretold by the prophet took place during the reign of Ahaz, a wicked king of Judah. He was succeeded by his righteous son Hezekiah, who ushered in a time of blessing. Others, however, maintain that this prophecy is foretelling events of Messianic times,

יט אֶת תִּפְאֶרֶת הָעֲכָסִים וְהַשְּׁבִיסִים וְהַשַּׂהֲרֹנִים: הַנְּטִפוֹת וְהַשֵּׁרוֹת וְהָרְעָלוֹת:
כ־כא הַפְּאֵרִים וְהַצְּעָדוֹת וְהַקִּשֻּׁרִים וּבָתֵּי הַנֶּפֶשׁ וְהַלְּחָשִׁים: הַטַּבָּעוֹת וְנִזְמֵי
כב־כג הָאָף: הַמַּחֲלָצוֹת וְהַמַּעֲטָפוֹת וְהַמִּטְפָּחוֹת וְהָחֲרִיטִים: הַגִּלְיֹנִים וְהַסְּדִינִים
כד וְהַצְּנִיפוֹת וְהָרְדִידִים: וְהָיָה תַחַת בֹּשֶׂם מַק יִהְיֶה וְתַחַת חֲגוֹרָה נִקְפָּה
וְתַחַת מַעֲשֶׂה מִקְשֶׁה קָרְחָה וְתַחַת פְּתִיגִיל מַחֲגֹרֶת שָׂק כִּי־תַחַת יֹפִי:

### רש"י

**העכסים.** המנעלים אשר ברגליהם אשר בהם תעכסנה, והשביסים. מיני שבכה לתכשיטי הראש. והרבה יש בלשון משנה (כלים כח, י) שביס של שבכה, והשהרונים. יונתן תירגם סיבכיא: **(יט) הנטיפות.** ענקיא לשון וענקים לגרגרותיך (משלי א, ט). ולשון נטיפות על שם שתלויות על הצואר ונוטפות על החזה, והן כמין מרגליות נקובות וחרוזות בחוט ובלע"ז מושטיכלא"ש: **והשרות.** צמידי הזרוע דמתרגם ושירי, והרעלות. צניף שמצניפות כל פרצופיהם חוץ מגלגל העין כדי שיתאוה אדם ליזון במראות האחרות (סא"א). לשון אחר, והרעלות; מיני סרבלים נאים להתעטף בהן. ובל' משנה יש מדיות רעולות במסכת שבת (ו, ו): **(כ) הפארים.** תרגום כליליא כמו פארי המגבעת (שמות לט, כח): **והצעדות.** אצעדה של שוקים: **והקשורים.** כמשמעו קשורים קצרים שקושרים בהן שערן ויש שעושין אותו מוזהבים פרשייל"ש בלע"ז: **ובתי הנפש.** שכנגד הלב, נושק"א בלע"ז: **והלחשים.** נזמי האוזן, מקום שלוחשין לה שם: **(כב) המחלצות.** כתוניא כמו (שמואל־ב ב, כא), וקח לך את חליצתו, שהגוף מלובש בהם, וכשפושטין אותם חולצין אותם מן הגוף: **והמעטפות.** מצעות המטה כתרגומו, ושושיפיא: **והמטפחות.** מפות: **והחריטים.** תרגומו, ומחכייתא, דפוס של בית הרחם כדמתרגמינן וכומז, ומחוך (שמות לה, כב): **(כג) והגליונים.** הן המראות, כתרגומו, ומחזייתא, (ספיקיי"ן בלע"ז). על שם שמגלות צורות הפנים קרוין גליונים, או שמא מראות שלהם נגללות היו: **והסדינים.** של פשתן הם המתעטפין בהם: **והצניפות.** (מולקי"ש בלע"ז): **והרדידים.** וכבינתא (פרמל"ן בלע"ז) והם של זהב שמכבנין בה הסרבל שהאשה מתעטפת בו: **(כד) והיה תחת בשם מק.** מקום שהיו מתבשמות בו יהיה נימק: **ותחת חגורה נקפה.** מקום שחגרה שם יהיה ניקף, נחתך בחבורות ורשומי מכות; כמו, ואחר עורי נקפו (איוב יט, כו), ונקף סבכי היער (לקמן י, לד): **ותחת מעשה מקשה.** מקום שהיו עושות בו המעשה האמור למעלה, הלוך וטפוף תלכנה, והוא בגובה הראש, שם תהיה מקשה קרחה מכה המקרחת את הראש. מקשה לשון דא לדא נקשן (דניאל ה, ו). ואני הייתי מפרשו תחת המעשה מקשה, מקום שהיו שם חגורות נותנות טסי הזהב העשויות מקשה בטדי"ן בלע"ז, אלא שהוא נקוד פתח והוא במסורה בעשרה נקודים פתח ואין אחד מהם דבוק לתיבה של אחריו, וכל מעשה שהוא דבוק לתיבה של אחריו נקוד קמץ: **ותחת פתיגיל.** והוי (ספרים אחרים־ הרי) כשתי תיבות, פתי גיל; כלי שהוא מביאן לידי גילה והוא בית הרחם האמור למעלה, פתהן יערה. אותה גילה תהיה מחגורת שק בכל מתניה: **כי תחת יופי.** כי זאת הוגנת להיות להם, תחת יופי שהיו משתחלות בו:

### רד"ק

והנשארים יהיו ענוים וקדושים, הפך מה שהיו בימי אחז, שהיו גאים וטמאים, ולא תהיינה הנשים עוד מתפארות בתכשיטיהן. לפיכך אמר, יסיר ה' את תפארת העכסים וגו'., ונאמר בנבואת צפניה, אָז אָסִיר מִקִּרְבֵּךְ עַלִּיזֵי גַּאֲוָתֵךְ וְלֹא תוֹסִפִי לְגָבְהָה עוֹד בְּהַר קָדְשִׁי. וְהִשְׁאַרְתִּי בְקִרְבֵּךְ עַם עָנִי וָדָל וְחָסוּ בְּשֵׁם ה' (צפניה ג, יב). ועתה זכר הדברים אשר היו מתגאות ומתפארות בהם בימי אחז, שכולם יהיו בטלים לעתיד לבא, שלא תהיה אז גאוה לא באנשים ולא בנשים. והדברים ההם הם העכסים **והשביסים והשהרונים.** ופירוש העכסים, עדי, שמשימה האשה ברגליה שמקשקש. ויונתן תרגם, מְסָנַיָא; ואפשר שיהיה זה שמקשקש תלוי במנעל, **והשביסים.** כמו בצד"י, מן וְשִׁבַּצְתָּ הַכְּתֹנֶת שֵׁשׁ (שמות כח, לט); והוא כלי עשוי כמלאכת תשבץ: **והשהרונים.** כלי עשוי בדמות ירחא סהרא. ויונתן תרגם, וְסִבְכַיָא, כולן מיני שבכה: **(יט) הנטפות.** מן נטף ושחלת. ופירוש; כלי שמניחין בו הצרי ותולין אותו הנשים בצואריהן. ויש מפרשים הענקים שעושין אותו מאבני הבדולח הקטנים, וכן נקרא הבדלח הזך בערבי אלנטף. וכן תרגם יונתן, עֲנָקַיָא: **והשרות.** תרגום יונתן, וְשֵׁירֵי יְדַיָא. והם הצמידים (בראשית כד, כב), כתרגומו: **והרעלות.** מן המשנה (שבת ו, ו), מדיות רעולות. ופירשו הגאונים, צעיף משימות על ראשן ומתכסות בו כל הפנים שאין נראה להם אלא העינים, וקושרות למטה. ויונתן תרגם, וַחֲנִיסְנְסַיָא, כמו שתרגם חמנים. וכן תרגם אונקלוס חמניכם (ויקרא כו, ל), חֲנִיסְנְסֵיכוֹן: **(כ) הפארים.** כמו מגבעות, מן אֶת פַּאֲרֵי הַמִּגְבָּעֹת (שמות לט, כז), פַּאֲרֵי פִשְׁתִּים יִהְיוּ עַל רֹאשָׁם (לקמן מד, יח). ויונתן תרגם, כְּלִילַיָא: **והצעדות.** כמו, אֶצְעָדָה (במדבר לא, נ). והוא עדי שנושאות הנשים בשוקיהן, וכן תרגם יונתן, וְשֵׁירֵי רַגְלַיָא: **והקשורים.** יתרי משי שקושרות מהם ראשן. ויונתן תרגם, וְקַלְמַסְמְסַיָא, ולא ידעתי מה הוא: **ובתי הנפש.** הוא עדי שתולות הנשים בין שדיהן על לבן. ויונתן תרגם, וְקָדָשַׁיָא:

### מצודת דוד

**(כד) תחת בושם.** במקום שהיו מתבשמות, שם יהיה שמה המקה והמסה: **ותחת חגורה.** במקום שהיו חוגרות שם בתכשיטי פאר, שמה יהיה שבירה ורציצה, ותחת מעשה מקשה. במקום שהיו מתקשטות בעדי זהב מעשה מקשה, שמה יהיה קרחה כי יפול שער ראשן, והוא דבר מגונה ומאוס: **ותחת פתיגיל.** במקום שהיו חגורות בחגורה של פאר, שמה יהיה מחגורת שק בעבור הצער והאבל: **כי תחת יופי.** רצונו לומר, כי כן ראוי והגון להם, במקום שהיו מייפות את עצמן בפני הנואפים;

והוא מקרא קצר ומאליו יובן:

### מצודת ציון

**(יח) העכסים.** המנעלים שברגליהן אשר בהם תעכסנה: **והשביסים.** מין שבכה לתכשיט הראש ובדברי רבותינו זכרונם לברכה, ושביס של סבכה (נגעים יא, יא): **והשהרונים.** תכשיט עשוי בדמות ירח; כי תרגום של ירח הוא סִיהֲרָא. וכן, לבד, מן, לְבַד מִן הַשַּׂהֲרֹנִים (שופטים ח, כו): **(יט) הנטיפות.** מרגליות חרוזות בחוט התלוי בצואר ונוטף על החזה: **והרשות.** צמידי הזרוע, כי תרגום של צמידים (בראשית כד, כב) הוא שֵׁירִין: **והרעלות.** סרבלים נאים עשויין להתעטף ובדברי רבותינו זכרונם לברכה, ערביות רעולות (שבת סה, א): **(כ) הפארים.** כעין כיפת כובע; כמו, פַּאֲרֵי הַמִּגְבָּעֹת (שמות לט, כח): **והצעדות.** העדי שמשימות בשוקיהן; כמו, אֶצְעָדָה וְצָמִיד (במדבר לא, נ), אֶצְעָדָה וְצָמִיד חוטי משי שקושרת בהם שער ראשן: **ובתי הנפש.** עדי זהב שהנשים תולות בין שדיהן על לבן: **והלחשים.** נזמי האוזן התלוי במקום שלוחשין שם: **(כב) המחלצות.** מין מלבוש נאה; וכן, וְהַלְבֵּשׁ אֹתְךָ מַחֲלָצוֹת (זכריה ג, ד): **והמעטפות.** כסות שמתעטפות בו: **והמטפחות.** כעין צעיף, וכן, הָבִי הַמִּטְפַּחַת (רות ג, טו): **והחריטים.** מין כיסים נאים; וכן, וַיָּצַר וגו' בִּשְׁנֵי חֲרִטִים (מלכים־ב ה, כג): **(כג) הגליונים.** הם המראות, על שם שפני האדם נגלה אליו כשרואה בו. או כן יקרא האבנט (עדיות ג, ד) גלגילון (ועיין שם בתוספות יום טוב): **והסדינים.** סדיני פשתן עשויין ולהתעטף: **והצניפות.** מצנפות הראש: **והרדידים.** תכשיט מה מרודד ודק; כמו, נָשְׂאוּ אֶת רְדִידִי (שיר השירים ה, ז): **(כד) מק.** ענין המסה והמגה; כמו, הָמֵק בְּשָׂרוֹ (זכריה יד, יב): **נקפה.** ענין שבירה ורציצה, וְאַחַר עוֹרִי נִקְּפוּ (איוב יט, כו): **מקשה.** תכשיט הנעשה מהקשת הקורנס: **קרחה.** ענין נפילת השער; כמו, קֵרֵחַ הוּא (ויקרא יג, מ): **פתיגיל.** חגורה רחבה של משי ואין לו דומה, ויתכן שהוא לשון מורכב, כי פתי הוא תרגומו של רחב; כִּי יַרְחִיב ה' אֱלֹהֶיךָ אֶת גְּבֻלְךָ (דברים יב, כ), תרגם אונקלוס, יַפְתֵּי. וגיל הוא ענין שמחה כי הדרך לחגור בה בשמחות לרקד בה במחולות. או הוא מלה מורכבת לשון פתיל גיל רצונו לומר, אבנט הנעשה מפתילים. (ועיין בתוספות יום טוב בעדיות פרק ג). ופתיל ענינו חוט; כמו, פְּתִיל תְּכֵלֶת (במדבר טו, לז), וגיל ענינו אבנט מלשון הגליונים הנאמר למעלה (פסוק כג):

*the splendor of the shoe-bells, the head scarves, the moon-shaped ornaments,*
*[19] the necklaces, the bracelets, the veils, [20] the bonnets, the leg bands, the hair-*
*ties, the brooches, the earrings, [21] the rings, the nose rings, [22] the robes, the*
*shawls, the kerchiefs, the pouches, [23] the mirrors, the linens, the turbans and*
*the clasps. [24] And it shall be that in the place of fragrance there will be rot; and in*
*the place of the belt, abrasion; and in the place of coiffure, baldness; and in the*
*place of the ornamental belt, a belt of sackcloth; [a burn] in the place of beauty.*

**רד"ק**

**והלחשים.** הוא עדי שתולין אותו הנשים באזניהם. נקראו כן, לפי שהאזנים בעלות הלחש. ויונתן תרגם, וַחֲלִיטָתָא; וכן תרגום וַתַּעַד נִזְמָהּ וְחֶלְיָתָהּ (הושע ב, טו), וְאִתְקִינַת בִּקְדָשָׁהָא וּבַחֲלִיטַת מַרְגְלִיתָהָא: **(כא) הטבעות.** ידוע. וכן נזמי האף, וכן, וָאָשִׂם הַנֶּזֶם עַל־אַפָּהּ (בראשית כד, מז) : **(כב) המחלצות.** כמו, וְהַלְבֵּשׁ אֹתְךָ מַחֲלָצוֹת (זכריה ג, ד), והם לבושים נאים. וכן תרגם יונתן; כִּתּוּנַיָא: **והמעטפות.** כסות שמתעטפת בו, והמטפחות. כמין צעיף; וכן הָבִי הַמִּטְפַּחַת אֲשֶׁר עָלַיִךְ (רות ג, טו): **החריטים.** כיסים; וכן, בִּשְׁנֵי חֲרִטִים (מלכים־ב ה, כג). וכן נקרא בערבי הכיס כרטא, והחי"ת בעברי, בערבי כ"ף במקומות רבים. ויונתן תרגם וּמַחְכַיָא, ותרגום אונקלוס וכמו ומחוך: **(כג) והגליונים.** המראות נקראו כן לפי שנגלים בו הפנים לרואה בהם. וכן תרגם יונתן, וּמַחְזְיָתָא; וכן תרגם אונקלוס בְּמַרְאֹת הַצֹּבְאֹת (שמות לח, ח), בְּמֶחְזְיָת נְשַׁיָא: **והסדינים.** ידוע: **והצניפות.** ידוע; כמו, וּבְמִצְנֶפֶת בַּד יִצְנֹף (שמות טז, ד), והרדידים. הוא לבוש דק, נקרא בערבי אריד; וכן, נָשְׂאוּ אֶת רְדִידִי מֵעָלַי (שיר השירים ה, ז); וכן תרגם יונתן, וּכְבֵינָתָא. ובדברי רבותינו זכרונם לברכה, (בבא בתרא קכא, ב) תנתן כבנתי לבתי. והיה זו הקללה עד סוף הפרשה בימי אחז: **(כד) והיה בשם.** מחזיק הבשר ומעמידו. ויהיה מק בהפכו והוא מסיסת הבשר; כמו, וּלְשׁוֹנוֹ תִּמַּק בְּפִיהֶם (זכריה, יד, יב): **נקפה.** יהיה הבשר נגוע וּמֻכֶּה שלא יוכלו לחגור עליו, כמו, וְאַחַר עוֹרִי נִקְּפוּ זֹאת (איוב יט, כו). ובדברי רבותינו זכרונם לברכה, אין אדם נוקף אצבעו מלמטה אלא אם כן מכריזין עליו מלמעלה (חולין ז, ב): **מעשה מקשה.** פירוש מעשה שוה, וכן, כְּתֹמֶר מִקְשָׁה הֵמָּה (ירמיה, י, ה). ועניננו, תחת אשר היו מתקנות השער ומשוות אותו, תהיה עתה קרחה, תחת אותה השוות השער ותקונו. ומעשה אינו סמוך כי הוא נקוד סגול ומקשה תאר לו, פתיגיל. חגורת משי רחבה: **תחת יופי.** כל זה הכעור בא להן תחת שהיו מתיפות בעדיהן ובקישוטיהן. ויש מפרשים כי זה לשון כויה. וכן בדברי רבותינו זכרונם לברכה, (שבת סב, ב) כי תחת יופי, אמר רבא היינו דאמרי אנשי חלופי שופרא כואה:

when sinners will cast away their illusions of grandeur and superiority (*Rashi, Radak*). See comm. to 2:20, which foretells that false illusions will be cast away with the advent of Messiah.

**הָעֲכָסִים** — *The shoe-bells.* The bells were attached to the feet of the women or to their shoes (*Radak*), apparently to herald their arrival so that people would notice and pay attention to them.

**וְהַשַּׂהֲרֹנִים** — *The moon-shaped ornaments.* Our translation follows *Metzudos,* who relates שַׂהֲרֹנִים to the Aramaic סִיהֲרָא, moon. *Targum Yonasan* translates סְבְכַיָא as *hairnets.*

**19. הַנְּטִיפוֹת** — *The necklaces,* i.e., pearls that are strung and are hung around the neck. They are called נְטִפוֹת, lit., *to drip,* because they "drip" onto the woman's chest (*Metzudos*).

**20. וּבָתֵּי הַנֶּפֶשׁ** — *The brooches,* i.e., ornaments that the women hang over the heart (*Metzudos*).

**וְהַלְּחָשִׁים** — *The earrings.* לַחַשׁ actually means *to whisper.* These ornaments were placed on the ears, into which people whisper (*Metzudos*).

**21. וְנִזְמֵי הָאָף** — *The nose rings.* Our translation follows *Radak* and *Mahari Kara. Abarbanel* suggests that these ornaments may have been suspended from the woman's hat and hung near her nose.

**24. וְהָיָה תַחַת בֹּשֶׂם מַק יִהְיֶה** — *And it shall be that in the place of fragrance there will be rot.* The parts of their body where they would perfume themselves will become decayed (*Rashi*), because the perfume will no longer possess the quality of strengthening and preserving the flesh (*Radak*).

**וְתַחַת חֲגוֹרָה נִקְפָּה** — *And in the place of the belt, abrasion.* They will no longer be able to wear their girdles because their flesh will be bruised and lacerated (*Radak*).

**וְתַחַת מַעֲשֶׂה מִקְשֶׁה קָרְחָה** — *And in the place of coiffure, baldness.* Our translation of מַעֲשֶׂה מִקְשֶׁה is based upon *Radak* and *Ibn Ezra,* who translate this phrase as to make even and explain that the women labored on their hairdos, combing and trimming their hair to make it look beautiful. The prophet foretells that instead of the elaborate hairdos with which they expected to entice the young men, their hair will fall out and they will become bald. Others explain that מַעֲשֶׂה מִקְשֶׁה refers to a gold plate that was hammered into an ornament and worn on the head. The place where this plate was worn will become bald (*Mahari Kara*).

**וְתַחַת פְּתִיגִיל מַחֲגֹרֶת שָׂק** — *And in the place of the ornamental belt, a belt of sackcloth.* The ornamental belt was a symbol of joy and happiness and was worn while dancing at joyous occasions. It will be removed and replaced by a belt of sackcloth, symbolic of mourning (*Metzudos*).

**כִּי־תַחַת יֹפִי** — *In the place of beauty.* All the punishments foretold in this verse are proper and just, for instead of reserving their beauty for their husbands, these women misused it for adultery (*Metzudos*).

As noted above (comm. to v. 16), *R' Hirsch* comments that the women were called *daughters of Zion* (v. 16) because they had the privileged responsibility to maintain a high spiritual level in their homes and families, but they betrayed this call by devoting themselves to pursuit of beauty and luxurious clothing and jewelry. He adds that although physical beauty certainly has its place when used to enhance moral values, in this case, however, it had replaced everything else. When sensual physical beauty becomes the ideal of life, supplanting every mission and responsibility, denuding man of his true value, then God must intervene to shatter such destructive beauty (*Collected Writings* IV, p. 145).

כה־כו מְתַיִךְ בַּחֶרֶב יִפֹּלוּ וּגְבוּרָתֵךְ בַּמִּלְחָמָה: וְאָנוּ וְאָבְלוּ פְּתָחֶיהָ וְנִקָּתָה לָאָרֶץ תֵּשֵׁב:

**ד** א וְהֶחֱזִיקוּ שֶׁבַע נָשִׁים בְּאִישׁ אֶחָד בַּיּוֹם הַהוּא לֵאמֹר לַחְמֵנוּ נֹאכֵל וְשִׂמְלָתֵנוּ נִלְבָּשׁ

ב רַק יִקָּרֵא שִׁמְךָ עָלֵינוּ אֱסֹף חֶרְפָּתֵנוּ: בַּיּוֹם הַהוּא יִהְיֶה צֶמַח יהוה לִצְבִי

ג וּלְכָבוֹד וּפְרִי הָאָרֶץ לְגָאוֹן וּלְתִפְאֶרֶת לִפְלֵיטַת יִשְׂרָאֵל: וְהָיָה | הַנִּשְׁאָר בְּצִיּוֹן

ד וְהַנּוֹתָר בִּירוּשָׁלַ͏ִם קָדוֹשׁ יֵאָמֶר לוֹ כָּל־הַכָּתוּב לַחַיִּים בִּירוּשָׁלָ͏ִם: אִם | רָחַץ אֲדֹנָי

### רש״י

**(כה) מתיך.** גבוריך, מתי מלחמותיך היוצאים בצבא במניין: **(כו) ואנו.** לשון אנינה: **פתחיה.** שערי עיירות ובתים בכל שעריה, יהא הספד: **ונקתה.** ותתרוקן מכל; כמו, וְגַם אֲנִי נָתַתִּי לָכֶם נִקְיוֹן שִׁנַּיִם (עמוס ד, ו), ובלשון משנה (קידושין נו, ב) יצא פלוני נקי מנכסיו: **לארץ תשב.** מגובה לשפלות; יֵשְׁבוּ לָאָרֶץ יִדְּמוּ (איכה ב, י) בתשעה באב: **(א) והחזיקו.** ויאחזו: **שבע נשים באיש אחד.** מרוב אלמנות רבות, באיש אחד, מבקשות ממנו שישא אותן: **אסוף.** הטמן חרפתנו, כמו, וַאֲסַפְתּוֹ אֶל תּוֹךְ בֵּיתֶךָ (דברים כב, ב), שהאשה כשהיא נשואה אין נוהגין בה מנהג הפקר. ומדרש אגדה, (איכה רבה פרשה ה) נבוכדנאצר גזר שלא יבעלו אשת איש שלא יענשו, לכן היו מבקשות שיהא עליהן שם אישות: **(ב) ביום ההוא.** לאחר שיכלו נוי תכשיטי הנואפות. והגבלות לא תכלה (ספרים אחרים, לא תסולה) עוד צבי, נוי כבודם באלה: **יהיה צמח ה׳.** לכם לנוי: **לצבי ולכבוד.** הם הצדיקים הנשארים בם והחכמים תלמידי התורה, בהם יתלו את צבי כבודם: **ופרי הארץ.** הם בני הצדיקים, פרי עץ חיים, הם יהיו לגאון ולתפארת אשר בהם יתפארו ויתהללו פליטת ישראל: **צבי.** הוא נוי, דבר צביון שיש חפץ בו: **(ג) והיה הנשאר.** בהם בציון יתיישבו: **והנותר.** בכל מקום, ישכנו בירושלים: **קדוש יאמר לו.** כולם יהיו צדיקים. ואם תאמר צדיקים המתים לפני אותו היום אבד כבודם? תלמוד לומר, כל הכתוב לחיי העולם הבא יהיו בירושלים. כתב יד: **(ד) אם רחץ.** כי רחץ; יש אם משמש כן בלשון כי, וכן (איוב ח, יח), אִם יְבַלְּעֶנּוּ מִמְּקוֹמוֹ, כי יבלענו, עַד אִם כִּלּוּ לִשְׁתֹּת (בראשית כד, יט):

### רד״ק

**(כה) מתיך.** תהיה זאת לאנשים הקללה הנזכרת, לאנשים בחרב יפלו. והדבור כנגד ציון, כמו שאמר למעלה בנות ציון: **וגבורתך.** פירוש מתי גבורתיך. ומתוך שזכר עומד במקום שנים, פירוש אנשי גבורתך שהיתה בוטחת בגבורתם יפלו במלחמה. וכן תרגם יונתן, וְעָבְדֵי נִצְחָנַיִךְ בִּקְרָבָא: **(כו) ואנו.** מענין תאניה ואניה: **ואבלו.** ענין אבל. והוא על דרך משל כמו, כָּל שְׁעָרֶיהָ שׁוֹמֵמִין (איכה א, ד): **ונקתה.** תהיה נקיה מאנשיה מאין יושב בה: **לארץ תשב.** שתהיה חרבה ויפלו חומותיה ובתיה ומגדליה לארץ. או פירוש לארץ תשב, על דרך משל, דרך אבלות, כאלו תשב העיר לארץ על אנשיה שיצאו ממנה. כמו, יֵשְׁבוּ לָאָרֶץ יִדְּמוּ זִקְנֵי בַת צִיּוֹן (איכה ב, י). ויונתן תרגם, וְתִתְרוֹקַן אַרְעָא וְתֶחֱרוֹב: **(א) והחזיקו.** כמו, וְהַחֲזִיקִי אֶת־יָדֵךְ (בראשית כא, יח). וזה היה בימי אחז, שהרג פקח בן רמליהו ביהודה מאה ועשרים אלף ביום אחד, ונשארו הנשים. ועל זה אמר עָצְמוּ־לִי אַלְמְנוֹתָיו מֵחוֹל יַמִּים, (ירמיה טו, ח). ושבע, אינו לחשבון מכוון, אלא כן דרך המקרא לזכור שבע ושבעה לחשבון רב, לפי שכל ימי העולם שבועות; כמו, שֶׁבַע כְּחַטֹּאתֵיכֶם (ויקרא כו, כא), שֶׁבַע יִפּוֹל צַדִּיק וָקָם (משלי כד, טז), עַל־אֶבֶן אַחַת שִׁבְעָה עֵינָיִם (זכריה ג, ט), וכן שבע נשים רוצה לומר נשים רבות: **לחמנו נאכל.** מה שחייב אדם לעשות משלו, שאר כסות, יאמרו לו אנחנו נעשה משלנו שאר כסות רק שתקחנו לנשים; שיאמרו עלינו בעולות בעל הן: **אסף חרפתינו.** כי חרפה היא לאשה שיושבת בלי בעל. ויש דרש (איכה רבתי ה, יב), כי נבוכדנצר צוה לחייליו שלא יבעלו אשת איש לפיכך היו מבקשות שיהיה להם שם בעל: **(ב) ביום ההוא.** כבר פירשנו למעלה כי ביום ההוא, ביום התשועה בבא הגואל, ופירוש צמח ה׳, משיח בן דוד; כמו, שנאמר וַהֲקִמֹתִי לְדָוִד צֶמַח צַדִּיק (ירמיה כג, ה), לצבי. פירושו, חפץ, או הדר ותפארת; כמו, צְבִי הִיא לְכָל־הָאֲרָצוֹת (יחזקאל כ, ו), לַעֲטֶרֶת צְבִי (לקמן כח, ה). ופרי הארץ הוא אומר גם כן על המשיח. מתחילה יהיה כמו הצמח היפה שישמח האדם בראייתו, וכשיגיע להיות פרי, יהנו עוד ממנו וישמחו בו יותר; כן מלך המשיח, מתחילה ישמחו, ואחר כן כשיעשה מעשה, וינצח מלחמת גוג, וישים הארץ שלוה ושקטה שכל העולם ייראו ממנו; אחר כן יהיה לגאון ולתפארת, שיתגאו ויתפארו בו על כל הגוים. ואמר לפליטת; כמו שכתוב, אָסִיר מִקִּרְבֵּךְ עַלִּיזֵי גַּאֲוָתֵךְ... וְהִשְׁאַרְתִּי בְקִרְבֵּךְ עַם עָנִי וָדָל וְחָסוּ בְּשֵׁם ה׳ (צפניה ג, יא). וכן אמר הנה והיה הנשאר. ויונתן תרגם, צמח ה׳, מְשִׁיחָא דה׳; ותרגם ופרי הארץ, וְעָבְדֵי אַרְעָא: **(ג) והיה.** זכר ציון וירושלם כי היא ראש מלכות ישראל, או לפי ששם תהיה מלחמת גוג ומגוג, יאמר לו. יאמר בעבורו: **כי הוא קדוש.** וצדיק הכתוב שיגזור עליו שיחיה לפי ישרו ומעשיו הטובים. וכמוהו, מְחֵנִי נָא מִסִּפְרְךָ אֲשֶׁר כָּתָבְתָּ (שמות לב, לב). ויונתן תרגם הפסוק כן, וִיהֵי דְאִשְׁתְּאַר יְתוּב לְצִיּוֹן וגו׳: **(ד) אם רחץ.** אם זה ענינו כמו והיה אם בא אל אשת אחיו, אם יהיה היובל לבני ישראל, ואם הקריב מנחת בכורים, והדומים להם כמו שכתבנו בספר מכלל, ופירוש הפסוק לענין הנזכר למעלה קדוש יאמר לו וגו׳, מתי יהיה זה? כשירחץ ה׳ צבאות צואת בנות ציון, כלומר הטנוף והצואה, והוא דרך משל

### מצודת דוד

**(כה) מתיך.** אנשיך יפלו בחרב האויב: **וגברתך,.** הגבורים שבך אשר לא ימסרו עצמן לחרב האויב ויצאו למולם למלחמה עם כל זה, שמה במלחמה יפלו בחרב ,כי האויב יתגבר עליהם: **(כו) פתחיה.** בכל פתחי הבתים יהיה אנינות ואבלות: **ונקתה.** תהיה נקיה וריקנית מכל טובה ותשב לארץ בשפל המצב: **(א) והחזיקו.** אמרו רבותינו ז״ל (איכה רבה פרשה ה), נבוכדנצר גזר על עמו שלא יאנסו הנשואות לאיש. ועל שיתרבו האלמנות יחזיקו שבע נשים באיש אחד להנשא לו: **לאמר.** וכה תאמרנה, אל תחוס לדאוג על צורך הספוק והמזון כי נאכל לחמנו ונלבש שמלתנו, ואין לנו עליך כלום. רק יקרא שמך עלינו לומר שאתה בעל שלנו ואנו נשואות לך: **אסוף.** כנוס החרפה מאתנו שלא יאנסו אותנו חיל נבוכדנצר: **(ב) ביום ההוא.** רצונו לומר, אחר שיתמרק עון ישראל בקושי ובמרבית היסורים, אז תהיה גאולה שלמה ויהיה צמח ה׳ להדר ולכבוד; והוא משיח בן דוד הנקרא צמח; כמו שאמר הכתוב, וַהֲקִמֹתִי לְדָוִד צֶמַח צַדִּיק (ירמיה כג, ה): **ופרי הארץ.** גם זה על המשיח יאמר: **לפלטת ישראל.** להנשארים שחסו במקום ועמדו באמונתם: **(ג) הנשאר בציון.** הנשאר מישראל ישב בציון, והנותר מהם ישכון בירושלים וכפל הדבר במילים שונות: **יאמר לו.** על כל הנשאר יאמר עליו שהוא קדוש: **כל הכתוב.** כל מי שכתוב בספר להיות חי בעולם הנצחי ישכון בירושלים: **(ד) אם רחץ ה׳.** רצונו לומר, הדבר הזה יהיה כאשר ירחץ ה׳ את צואת וכו׳;

### מצודת ציון

**(כה) מתיך.** אנשיך; כמו, מְתֵי מִסְפָּר (בראשית לד,ל): **(כו) ואנו.** מלשון אנינות: **ואבלו.** מלשון אבלות: **ונקתה.** מלשון נקי: **(א) והחזיקו.** ענין אחיזה: **אסוף.** הכנס; כמו, וְאֵין אִישׁ מְאַסֵּף (שופטים יט, טו): **(ב) לצבי.** להדר ויופי; כמו, וּצְבִי עֶדְיוֹ (יחזקאל ז, כ): **לגאון.** לממשל רב; וכן, לִפְנֵי שֶׁבֶר גָּאוֹן (משלי טז, יח): **לפליטת.** לשארית: **(ד) אם.** ענינו כמו, כאשר; וכן, וְאִם יִהְיֶה הַיֹּבֵל (במדבר לו, ד):

---

**25. מְתַיִךְ בַּחֶרֶב יִפֹּלוּ** — *Your men will fall by the sword.* The prophet continues to address the women of Jerusalem and states that they will become widowed, because their men will fall victim to the sword of the attacking enemy (*Ibn Ezra*).

**וּגְבוּרָתֵךְ בַּמִּלְחָמָה** — *And your might in war.* Your heroic warriors who rely on their might will go out to fight the enemy expecting to prevail, but will be killed on the battlefield (*Malbim*).

*25 Your men will fall by the sword and your might in war. 26 Her doorways*
*will lament and mourn; she will be wiped out; she will sit on the ground.*

**4**

*1 And seven women will grasp one man on that day, saying, "We will*
*eat our own food and wear our own clothes; just let us be called by*
*your name, and end our disgrace!"*
*2 On that day HASHEM's sprout will come forth for splendor and*
*honor; and the fruit of the land will be for pride and glory for the*
*survivors of Israel. 3 Of every remnant that will be in Zion and every re-*
*maining one in Jerusalem, "Holy" will be said of him, everyone who*
*is inscribed for life in Jerusalem. 4 When my Lord will have washed*

*Zion cleansed*

**26. וְאָנוּ וְאָבְלוּ פְּתָחֶיהָ** — *Her doorways will lament and mourn.* The slaughter will be so intense that they will lament and mourn at every doorway (*Mahari Kara*). Alternatively, the verse alludes to the razing of Jerusalem's buildings (*Radak*). According to the Midrash, the plural *doorways* alludes to the destruction of the two Holy Temples (*Eichah Rabbasi*).

**וְנִקָּתָה לָאָרֶץ תֵּשֵׁב** — *She will be wiped out; she will sit on the ground.* Metaphorically, Jerusalem will be bereft of her people — *wiped out* — and will sit on the ground in mourning like a woman mourning the loss of her children (*Abarbanel*).

**4.**

**1.** In a graphic illustration of the downfall described in the previous chapter, Isaiah foretells that there will be a great many widows, so many that women will far outnumber men, and they will offer themselves in marriage without any promise of support. *Radak* suggests that this may have taken place during the reign of King Ahaz of Judah, when Pekah son of Remaliah of Samaria massacred 120,000 men in one day, leaving a staggering number of widows — see *II Chronicles* 28:6.

**וְהֶחֱזִיקוּ שֶׁבַע נָשִׁים בְּאִישׁ אֶחָד** — *And seven women will grasp one man.* The commentators note that the number seven is not meant literally, but is often used by Scripture to denote a large amount. Thus many widows will pursue the same man.

**לַחְמֵנוּ נֹאכֵל וְשִׂמְלָתֵנוּ נִלְבָּשׁ** — *"We will eat our own food and wear our own clothes."* Food and clothing are two of a man's principal obligations to his wife. But lonely, destitute women will declare that they are willing to forgo even basic necessities — that were actually their due — to persuade someone to marry them.

**רַק יִקָּרֵא שִׁמְךָ עָלֵינוּ אֱסֹף חֶרְפָּתֵנוּ** — *"Just let us be called by your name, and end our disgrace."* Since it was considered embarrassing and humiliating to remain unmarried, they were ready to marry anyone just to end their disgrace (*Radak*). According to the Midrash (*Eichah Rabbah* 5:11), the women were desperate to marry to avoid the shame of being abused by the invading armies of Nebuchadnezzar, since the Babylonian king had decreed that married women were not to be molested (*Rashi*).

**2. בַּיּוֹם הַהוּא יִהְיֶה צֶמַח ה׳ לִצְבִי וּלְכָבוֹד** — *On that day HASHEM's sprout will come forth for splendor and honor.* After God will remove the false beauty described above (3:18-24), the true beauty of His people will blossom (*Rashi*). According to *Abarbanel,* who explains that the punishments described in the previous chapter took place during the days of Ahaz, one of the most evil of the kings of Judah, the splendor and honor of this chapter took place during the days of his son and successor, the righteous King Hezekiah, who brought about a great religious revival (see *II Chronicles* Ch. 29). *Radak* however identifies *that day* as the day that the Messiah, son of David, will arrive, who is described as *HASHEM's sprout* (see *Jeremiah* 23:5). Others identify *HASHEM's sprout* as the righteous people of the nation (*Ibn Ezra*).

**וּפְרִי הָאָרֶץ לְגָאוֹן וּלְתִפְאֶרֶת לִפְלֵיטַת יִשְׂרָאֵל** — *And the fruit of the land will be for pride and glory for the survivors of Israel. The fruit of the land* refers metaphorically either to the children of the righteous, who will be the pride of the survivors of Israel (*Rashi*), or to the Messiah, who at first will be like a beautiful *sprout,* whose sighting brings happiness to its observers, and brings additional joy as it forms into a *fruit* (*Radak*).

**3. וְהָיָה הַנִּשְׁאָר בְּצִיּוֹן וְהַנּוֹתָר בִּירוּשָׁלַםִ קָדוֹשׁ יֵאָמֶר לוֹ** — *Of every remnant that will be in Zion and every remaining one in Jerusalem, "Holy" will be said of him.* Anyone who survives the terrible wars that will take place at the advent of the Messianic Era will settle in Jerusalem and be regarded as a holy person (*Rashi; Radak*), because only the holy and righteous will survive and be inscribed for life (*Mahari Kara*). *Radak* suggests that [although survivors will dwell in other Israelite cities as well,] the prophet singled out Zion / Jerusalem because of its prominence as the seat of the kingdom, or because it is there that the war of Gog and Magog will take place prior to the coming of the Messiah.

The righteous who will be brought back to life will remain alive forever, for they will be called "*Holy,*" and holiness never dies (*Tanna d'Vei Eliyahu*).

**כָּל־הַכָּתוּב לַחַיִּים בִּירוּשָׁלָםִ** — *Everyone who is inscribed for life in Jerusalem.* The ones who will be regarded as *"Holy"* will be those who had been inscribed in the Book of Life to survive the wars (*Mahari Kara*). Alternatively, not only those who survived and are alive in that generation will be in Jerusalem, but even those who had passed away will be restored to life in Jerusalem (*Rashi*).

אֵת צֹאַת בְּנוֹת־צִיּוֹן וְאֶת־דְּמֵי יְרוּשָׁלַם יָדִיחַ מִקִּרְבָּהּ בְּרוּחַ מִשְׁפָּט
ה וּבְרוּחַ בָּעֵר: וּבָרָא יהוה עַל כָּל־מְכוֹן הַר־צִיּוֹן וְעַל־מִקְרָאֶהָ עָנָן | יוֹמָם
ו וְעָשָׁן וְנֹגַהּ אֵשׁ לֶהָבָה לָיְלָה כִּי עַל־כָּל־כָּבוֹד חֻפָּה: וְסֻכָּה תִּהְיֶה לְצֵל־
**ה** א יוֹמָם מֵחֹרֶב וּלְמַחְסֶה וּלְמִסְתּוֹר מִזֶּרֶם וּמִמָּטָר: אָשִׁירָה
ב נָּא לִידִידִי שִׁירַת דּוֹדִי לְכַרְמוֹ כֶּרֶם הָיָה לִידִידִי בְּקֶרֶן בֶּן־שָׁמֶן: וַיְעַזְּקֵהוּ

**רש״י**

**צואת.** תַּגְעֲלַת כתרגומו, כלומר העביר עונש על ידי יסורין וביעור מן העולם: **ידיח.** לשון רחיצה בלשון משנה (מקואות א, א). ובמקרא, שָׁם יָדִיחוּ אֶת הָעֹלָה (יחזקאל מ, לח), ברוח משפט. על ידי יסורין טלנ״ט בלע״ז, שיעלה על רוחו לשפוט אותם: **וברוח בער.** לבערם מן העולם. בער כמו לבער דישקומבמ״ט בלע״ז, לשון פעול הלוך: (ה) **ועל מקראיה.** הקרואים בתוכה: **ענן יומם ועשן.** להגין עליהם מן העובדי כוכבים, כי על כל כבוד. האמור להם, תהא החופה שתחופף שכינתי עליהם. ושבע חופות יש כאן ענן, ועשן, נוגה, אש, להבה, חופה, שכינה: (ו) **וסוכה תהיה לצל וגו׳ מחורב.** להגין מלהט יום הבא שנאמר ברשעים, וְלִהַט אֹתָם הַיּוֹם הַבָּא. (מלאכי ג, יט) שהקדוש ברוך הוא מוציא חמה מנרתקה ומקדרה עליהם: **ולמחסה.** לשון כיסוי: **ולמסתור.** להסתר בה, מזרם. אש המקלחת מנהר דינור על הרשעים בגיהנם, שנאמר, עַל רֹאשׁ רְשָׁעִים יָחוּל (ירמיה כג, יט); במסכת חגיגה (יג, ב): **וממטר.** מטר היורד על הרשעים; כענין שנאמר, יַמְטֵר עַל רְשָׁעִים פַּחִים (תהלים יא, ו): (א) **אשירה נא לידידי.** הנביא אומר, אשירה נא לידידי, תחת ידידי, ובמקומו ובשליחותו כמו, ה׳ יִלָּחֵם לָכֶם (שמות יד); בשבילכם: **שירת דודי.** היא זו אשר שר בשביל כרמו; על עסקי כרמו, כמו, וַיִּשְׁאֲלוּ אַנְשֵׁי הַמָּקוֹם לְאִשְׁתּוֹ (בראשית כו, ז): **כרם וגו׳ בן שמן.** בזויות, העושה פירות שמנים כשמן טוב: **בן שמן.** זויות ראוי לשמן לזיתים לעשות שמן; כמו, בֶּן מָוֶת (שמואל־ב יב, ה) ראוי למות ודוגמא הוא זו, ובסוף הענין יפרשנה: (ב) **ויעזקהו.** סייגו וגדרו סביב, מוקף כמין טבעת דמתרגמינן, עִיזְקָא:

**רד״ק**

למעשים הרעים שהם בציון היום לא יהיו שם, אָז אָסִיר מִקִּרְבֵּךְ עַלִּיזֵי גַּאֲוָתֵךְ (צפניה ג, יא): **ורחץ.** עבר במקום עתיד, וכמוהו רבים בדברי הנבואה ברוב: **ורחץ.** וידיח כפל ענין במלות שונות, וכן צואת ודמי וכן משפט ובער, כלומר כי במשפט יעשה ולא יאריך עוד לרשעים ובזה יבער הרע כלו ולא ישאר ממנו דבר. וסמך רוח אל לשון הדחה ורחיצה, רוצה לומר, לרוב הבעור, שלא ישאר מלחלוחית החטא דבר, כמו שהרוח מיבש הדבר. או יהיה פירוש רוח כמו וברוח שפתיו וברוח פיו, וכן תרגם יונתן וּבְמֵימַר: (ה) **וברא ה׳.** מתחילה היה ענן הכבוד חונה במשכן ובבית המקדש אבל בשוב הגלות יראה ענן הכבוד על בתי החכמים והגדולים והחסידים, וזהו שאמר על כל מכון הר ציון ועל מקראיה, כלומר על כל נכון ונשא בכבוד יושביו. ונקרא גם כן המקום ההוא מקראה לפי שנקראים שם העדה לפני החכמים, וכנוי ה״א מקראיה לציון. ויהיה שם ביומה ענן ועשן ובלילה נוגה אש להבה כמו שהיה במשכן עמוד הענן ביום ועמוד האש לילה (במדבר מ, לה). ועשן הוא הענן העב. ותרגם יונתן, ועשן, וְאַמִטְתָּא, ופירוש על דרך שאמר וערפל סביביו. והוא משל על השגת אמתת האל שלא תושג על האמת, כִּי לֹא־יִרְאַנִי הָאָדָם וָחָי (שמות לג, כ), אפילו חיות הקדש אין רואין אותו. ואמר שבאותו הזמן תרבה השגת בני אדם: **כי על כל כבוד חפה.** פירוש על כל כבוד בתי ירושלם חפה, כלומר תהיה כבוד האל חופף עליהם, הענן ביום והאש בלילה. ויונתן תרגם על כל מכון, עַל כָּל מִקְדַּשׁ טוּרָא דְצִיּוֹן: (ו) **וסכה.** ואותה החופה שהיה להם לצל יומם החורב שלא יכה שמש ושרב ולא יזיקם, וכן המטר לא יזיקם, כי החופה תהיה להם למחסה ולמסתור. ותרגם יונתן, וְעַל יְרוּשְׁלֵם תְּהֵא וגו׳: (א) **אשירה נא.** דברי הנביא עושה משל בין האל יתברך ובין ישראל. וקורא ישראל כרם והאל בעל הכרם, וקורא זה המשל שירה. ודבר זה המשל על אנשי דורו לפי שהוא שבח האוהב ואהבתו עם האהוב. וכן, שִׁיר הַשִּׁירִים אֲשֶׁר לִשְׁלֹמֹה (שיר השירים, א, א), לפי שהוא מספר אהבת החושק עם החשוקה; והוא משל לאל עם כנסת ישראל. וקורא הנביא האל יתברך ידידי ודודי על דרך, כִּי בִי חָשַׁק (תהלים, צא, יד): **בקרן בן שמן.** כתרגומו, בְּטוּר רָם בְּאַרְעָא שְׁמֵינָא. וקרא ארץ ישראל קרן לפי שהיא גבוהה מכל הארצות, והקרן גבוה מכל הגוף. וקורא ארץ ישראל בן שמן כמו שנאמר עליה אֶרֶץ זָבַת חָלָב וּדְבָשׁ (שמות ג, ח). ותרגם יונתן, וְקַדֶּשְׁתִּינוּן וגו׳: (ב) **ויעזקהו.** פירוש חפרו. מדברי רבותינו זכרונם לברכה (מנחות פה, ב), מצאום יושב ועוזק תחת הזתים. או פירוש גדרו סביב, מתרגומו טבעת עִזְקָן, שהיא עגולה מסבבת; והרוצה לטעת כרם גודרו תחילה כדי שלא תכנס שם חיה ותשחית הנטעים וגם חופר מקום נטיעת הגפנים. וכן מסקל ממנו האבנים ואחר כך נוטע

**מצודת דוד**

רצונו לומר, כשיסיר מהם לכלוכי העון: **דמי ירושלים.** דם הנקי הנשפך בה: **ברוח משפט.** בחוזק משפט יסורין ורצונו לומר, כמו הרוח הזה מייבש את הלחלוחית, כן ימרקו היסורין לחלוחית העון: **וברוח בער.** ביסורין יבער החטאים מן העולם: (ה) **וברא וכו׳.** אז יברא ה׳ ענן חדש להיות שוכן ביום על כל מקומות המוכן לשבת אשר המה בהר ציון: **ועל מקראיה.** על האנשים הקרואים לבוא בהמה: **ועשן וכו׳ לילה.** כל אלה ישכנו עליהם בלילה: **ונגה אש להבה.** הארת להבת אש: **כי על כל וכו׳.** מלבד הכבוד שיהיה להם אז, יהיו כל אלה לחופף עליהם להגן מן האומות: (ו) **וסוכה תהיה.** הענן הזה יהיה לסוכך עליה להיות לצל ביום להציל מחורב ושרב השמש: **מזרם.** משטיפת המים. והוא דרך משל לומר, שיגין עליהם לבל תשיגם יד האויב: (א) **לידידי.** אמר הנביא אשירה נא במקום ידידי ובשליחותו: **שירת דודי.** השירה אשר שר דודי על עסקי כרמו: **כרם.** וזהו השיר הנה כרם היה לידידי וכו׳: (ב) **ויעזקהו וגו׳.** גדרו מסביב,

**מצודת ציון**

**צואת.** מלשון צואה, ויאמר על עבירות מגונות: **ידיח.** מלשון הדחה ושטיפה: **בער.** ענין הפנוי מן העולם; כמו, הִנְנִי מַבְעִיר אַחֲרֵי בַעְשָׁא (מלכים־א טז, ג): (ה) **מכון.** מלשון הכנה: **מקראיה.** הקרואים והמזומנים לבוא בה: **ונוגה.** הארה וזריחה: **חופה.** ענין מכסה: (ו) **מחורב.** ענין יובש; כמו, וְנָתַתִּי יְאֹרִים חָרָבָה (יחזקאל ל, יב) ורצונו לומר, מִשָּׁרָב וחום המביא היובש: **מזרם.** ענין שטיפת ומרוצת המים: (א) **לידידי.** אהובי ובן דודי: **בקרן.** פנה וזויות; וכן עַל קַרְנוֹת מִזְבַּח (ויקרא ד, ז): **בן שמן.** הראויה לעשות פירות שמנים; וכן, בֶּן מָוֶת הוּא (שמואל־א כ, לא) שרצונו לומר, ראוי למות: (ב) **ויעזקהו.** תרגום של טבעת, עִזְקָן. ורצונו

**4. אִם רָחַץ אֲדֹנָי אֵת צֹאַת בְּנוֹת־צִיּוֹן** — *When my Lord will have washed the filth of the daughters of Zion.* Jerusalem and its inhabitants will be regarded as holy only after God washes away the spiritual filth brought about by the sins of the people.

**וְאֶת־דְּמֵי יְרוּשָׁלַם יָדִיחַ מִקִּרְבָּהּ** — *And rinsed the blood of Jerusalem from her midst.* Filth and blood are metaphors for the spiritual degradation caused by the sins of the people (*Radak*). Others, however, feel that the blood of Jerusalem refers to the specific sin of shedding innocent blood, of which the people of Jerusalem were guilty (*Metzudos*).

**בְּרוּחַ מִשְׁפָּט וּבְרוּחַ בָּעֵר** — *With a spirit of judgment and a spirit of purging.* When God deems it proper, He will execute judgment on the sinners and purge them from the world (*Rashi*). Alternatively, רוּחַ may be translated as *wind.* Just as the

*the filth of the daughters of Zion and rinsed the blood of Jerusalem from her midst, with a spirit of judgment and a spirit of purging.* [5] *And HASHEM will create over every structure of Mount Zion and over those who assemble in it, a cloud by day, and smoke and a glow of flaming fire by night, for this will be a canopy over all the honor.* [6] *And there will be a tabernacle as a shade from heat in the daytime, as a protection and refuge from storm and from rain.*

**5** *Song of the vineyard*

[1] *I will now sing on behalf of my Beloved, my Beloved's song for His vineyard:*
*My Beloved had a vineyard in a fertile corner.* [2] *He fenced it around*

---

wind dries up moisture and leaves no trace, so, too, will the sins of the people be purged, without a trace (*Radak*).

**5.** The commentators disagree as to whether the prophet is foretelling events that were to occur in the near future or events of Messianic times. *Radak* explains these verses as referring to Messianic times when the Jewish people will return from exile to the Land of Israel. Because of the lofty spiritual level of the nation's great sages and pious men, they will merit Divine Revelation comparable to that of the Tabernacle and Temple eras.

*Abarbanel* maintains that the next two verses describe the Divine protection that will be granted to Jerusalem's inhabitants when Sennacherib's armies will attempt to overrun Judah. God will then create protective canopies that will miraculously shelter the people from the enemy.

**וּבָרָא ה׳ עַל כָּל־מְכוֹן הַר־צִיּוֹן וְעַל־מִקְרָאֶהָ עָנָן יוֹמָם** — *And HASHEM will create over every structure of Mount Zion and over those who assemble in it, a cloud by day.* The cloud of glory that had been present at the Tabernacle in the Wilderness and later at the Temple in Jerusalem will appear over the houses of the great sages and pious men upon their return to Jerusalem (*Radak*).

**וְעַל־מִקְרָאֶהָ עָנָן יוֹמָם וְעָשָׁן וְנֹגַהּ אֵשׁ לֶהָבָה לָיְלָה** — *And over those who assemble in it, a cloud by day, and smoke and a glow of flaming fire by night.* Just as there was a pillar of cloud by day and a pillar of fire at night over the Tabernacle of the Wilderness, in Messianic times, the cloud and fire will appear over the people who congregate before the sages (*Radak*).

**כִּי עַל־כָּל־כָּבוֹד חֻפָּה** — *For this will be a canopy over all the honor.* The houses of Jerusalem that deserve honor will be sheltered by a canopy of cloud by day and fire by night, indicating the presence of God's glory (*Radak*). The Talmud, however, understands that the verse is alluding to seven forms of coverings that will protect the people: (1) עָנָן, *cloud;* (2) עָשָׁן, *smoke;* (3) נֹגַהּ, *light;* 4) אֵשׁ, *fire;* (5) לֶהָבָה, *flame;* (6) חֻפָּה, *canopy,* and (7) סֻכָּה, *booth* or *shade,* and explains that God will make a canopy for each and every person according to his honor (*Bava Basra, Rashi* 75a).

**6. וְסֻכָּה תִּהְיֶה לְצֵל־יוֹמָם מֵחֹרֶב וּלְמַחְסֶה וּלְמִסְתּוֹר מִזֶּרֶם וּמִמָּטָר** — *And there will be a tabernacle as a shade from heat in the daytime, as a protection and refuge from storm and from rain.* The canopy of the previous verse will act as a shelter and its shade will protect the people from the heat of the sun, and from storm and wind (*Radak*). Alternatively, this tabernacle will protect the people from the burning sun of the future, at the time when God will remove the sun from its protective case, as it were, and its intense heat will punish the wicked (*Rashi*).

**5.**

The first seven verses of this chapter are a poetic parable that expresses God's disappointment with His beloved nation, Israel. Using the imagery of a vineyard, the prophet describes the love and care that its owner expended in the hope that it would produce the luscious grapes for which it had such rich potential. But alas, it was a disappointment; the vineyard produced only inferior grapes. Isaiah's overt message is one of rebuke, but the prophet declares, אָשִׁירָה, *I will sing,* because its underlying message is God's everlasting love for His people (*Radak*).

Although Isaiah was a prophet, *Abarbanel* maintains that this particular chapter is a result of his רוּחַ הַקֹּדֶשׁ, *Divine Inspiration,* and is not the actual prophetic word of God. That is why the chapter is called a song and not a prophecy. The imagery of Israel described as a grapevine is fairly common in Scripture — see *Jeremiah* 2:21; *Hosea* 10:1; *Ezekiel* Chs. 15, 17; *Psalms* 80:9. However, it was King Solomon who spoke of Israel as God's personal vineyard (*Shir HaShirim* 8:11). So too, *Isaiah* refers to Israel as *God's* vineyard.

But why a grapevine or vineyard? *R' Moshe Eisemann* (Introduction, *Ezekiel* Ch. 15) explains that the vine is unique among fruit-bearing trees. All others have a value independent of their fruit, for their wood is strong and pliant and can be put to many uses. Only the vine stands or falls by its harvest. Its fruits are the noblest of all, but if they fail, there is nothing left. Its wood is unsuitable for any purpose. So it is with God's nation. Israel can have no secular existence. Its body is doomed to destruction unless it produces the fruits of holiness.

**1. אָשִׁירָה נָּא לִידִידִי שִׁירַת דּוֹדִי לְכַרְמוֹ** — *I will now sing on behalf of my Beloved, my Beloved's song for His vineyard.* The words יְדִידִי and דּוֹדִי, *my Beloved,* refer to God (*Radak*). *His vineyard* is the nation of Israel; in v. 7 the prophet himself says this specifically. The prophet declares, "I will now sing the song that my Beloved sang regarding His vineyard" (*Rashi*).

**כֶּרֶם הָיָה לִידִידִי בְּקֶרֶן בֶּן־שָׁמֶן** — *My Beloved had a vineyard in a fertile corner.* Our translation follows *Rashi,* who translates קֶרֶן as *a corner.* Others relate קֶרֶן to *horn,* the highest point of an animal and translate קֶרֶן בֶּן שָׁמֶן as *the fertile hilltop* (*Radak*). This is referring to the land of Israel, the most fertile of all the lands (*Rashi, Succah* 49a; *Radak*).

וַיְעַזְּקֵהוּ וַיְסַקְּלֵהוּ וַיִּטָּעֵהוּ שֹׂרֵק וַיִּבֶן מִגְדָּל בְּתוֹכוֹ וְגַם־יֶקֶב חָצֵב בּוֹ וַיְקַו לַעֲשׂוֹת עֲנָבִים
ג־ד וַיַּעַשׂ בְּאֻשִׁים: וְעַתָּה יוֹשֵׁב יְרוּשָׁלַ͏ִם וְאִישׁ יְהוּדָה שִׁפְטוּ־נָא בֵּינִי וּבֵין כַּרְמִי: מַה־
לַּעֲשׂוֹת עוֹד לְכַרְמִי וְלֹא עָשִׂיתִי בּוֹ מַדּוּעַ קִוֵּיתִי לַעֲשׂוֹת עֲנָבִים וַיַּעַשׂ בְּאֻשִׁים:
ה וְעַתָּה אוֹדִיעָה־נָּא אֶתְכֶם אֵת אֲשֶׁר־אֲנִי עֹשֶׂה לְכַרְמִי הָסֵר מְשׂוּכָּתוֹ וְהָיָה לְבָעֵר
ו פָּרֹץ גְּדֵרוֹ וְהָיָה לְמִרְמָס: וַאֲשִׁיתֵהוּ בָתָה לֹא יִזָּמֵר וְלֹא יֵעָדֵר וְעָלָה שָׁמִיר וָשָׁיִת
ז וְעַל הֶעָבִים אֲצַוֶּה מֵהַמְטִיר עָלָיו מָטָר: כִּי כֶרֶם יְהוָה צְבָאוֹת בֵּית יִשְׂרָאֵל

### רש״י

**ויסקלהו.** הוציא אבנים מתוכו הרעים לגפנים; כמו סַקְּלוּ מֵאֶבֶן (לקמן סב, י): **ויטעהו שורק.** הם זמורות היפות לנטיעה משאר זמורות: **ויבן מגדל בתוכו.** גת לעצור ענבים: **וגם יקב חצב בו.** הבור שלפני הגת לקבל היין; וכן כל יקב שבמקרא לשון בור הוא; וכן, עַד יִקְבֵי הַמֶּלֶךְ (זכריה יד, י). יונתן תרגם, עַד שִׁיחֵי מַלְכָּא, הוא עומק אוקינוס. ולכן נופל בו כאן לשון חציבה; כמו, וּבֹרֹת חֲצוּבִים (דברים ו, יא): **ויקו לעשות ענבים.** ויקו ידידי לעשות לו הכרם הזה ענבים: **ויעש באושים.** דומים לענבים, וקורין אותם (לנברוויי״ט בלע״ז): **(ה) הסר משוכתו.** להסר גדר המסוכך ומגין עליו. מסוכה הוא סייג קוצים, גדר הוא גדר אבנים: **והיה.** הכרם: **לבער.** שירעו בו בהמה וחיה: **(ו) ואשיתהו בתה.** לשון שממה וריקנות היא, וכן, בְּנַחֲלֵי הַבַּתּוֹת (לקמן ז, יט): **ולא יעדר.** לשון חפירת כרם היא, **ועלה שמיר ושית.** מיני קוצים פתר בהם מנחם בן סרוק. ואני אומר, שמיר לשון תולעת חזק הוא המבקע אבנים שבו בנה שלמה את בית המקדש, כענין שנאמר, כְּשָׁמִיר חָזָק מִצֹּר (יחזקאל ג, ט): **שית.** לשון הַשֵּׁאת וְהַשָּׁבֶר (איכה ג, מז). לשון תִּשָּׁאֶה שְׁמָמָה (לקמן ו, יא) לדו אחין דורש ליכנס בו, ומתוך כך תעלה בו תולעת: **(ז) כי כרם ה׳ צבאות בית ישראל.** לכרם הזה אתם משולים בית ישראל, כי כל מה שעשה לכרם הזה עשה לישראל. והכרם הוא אדם הראשון, כי מצינו במדרש אגדה במקומות הרבה בתנחומא ובבראשית רבה (פרשה יט, פיסקא יב, ילקוט שמעוני פרשת בראשית רמז כח, ד״ה ויקרא), שמקראות הללו נדרשין עליו, לא נטרד אדם הראשון עד שחירף וגידף שנאמר ויקו לעשות ענבים וגו׳. ובמקום אחר (בראשית רבה פרשה כא, פיסקא ח) מצינו, הושיב עליו שומרים שלא יאכל מעץ החיים שנאמר ועל העבים אצוה וכן נדרשו עליו, (א) (**כרם.** זה אדם הראשון: **לידידי.** זה הקדוש ברוך הוא: **בן שמן.** בגן עדן: **ויעזקהו.** בעשר חופות האמורות (ביחזקאל כח, יג)

### רד״ק

ממבחר הנטעים שימצא. זהו שאמר ויסקלהו, שהסיר משם האבנים ואחר כך ויטעהו שורק. ושורק היא הנטיעה החשובה; וכן, נְטַעְתִּיךְ שׂוֹרֵק (ירמיה ב, כא). ואמר כי נקרא שורק הגפן שמוציא ענבים טובים שאין בהם חרצן. ופירוש המשל, כי שמר האל ישראל כשהכניסן לארץ, והגדר הם העננים אשר סביבותם וסקל מן הכרם האבנים, זהו שבעה אומות מארץ ישראל, ונטע בו זה העם שהוא נטע נבחר זרע אמת שהוא זרע אברהם יצחק ויעקב, והיו ראויים שיעשו פרי טוב. ויש דרש (ילקוט שמעוני וילך סימן ב), תר״ו מצות כמנין שור״ק הוספתי להם על שבע מצות שנצטוו בני נח: **ויבן מגדל בתוכו.** מי שיש לו כרם טוב וירצה לשמרו תמיד שמירה מעולה, בונה מגדל בתוכו וגם עושה בו יקב ודורך שם הענבים ושומר שם היין, כל זה עושה לאהבתו הכרם. גם יש שבונים מגדל אחד בכרם לשמור כל הכרמים. כן האל יתברך בנה מגדל בתוכו, שהבטיחם בשמירתו כל זמן שישמעו לקולו ויבטחו בשמו שלא יבואם רע. וזהו המגדל החזק; כמו שכתוב, מִגְדַּל עֹז שֵׁם ה׳ בּוֹ יָרוּץ צַדִּיק וְנִשְׂגָּב (משלי יח, י): **וגם יקב חצב בו.** הם הנביאים; כמו שנאמר, חָצַבְתִּי בַּנְּבִיאִים (הושע ו, ה). והיקב דורכין בו הענבים להוציא פרי הענבים למעשה, כן הנביאים מורים לישראל התורה כדי שיהיו מעשיהם טובים עם אֱלֹהִים וְאָדָם (משלי ג, ד). ויונתן תרגם מגדל, בית מַקְדְּשִׁי, ותרגם יקב, מַדְבְּחִי: **ויקו לעשות ענבים ויעש באושים.** והנה הוא קוה שיעשה זה הכרם ענבים טובים, כמו שהיה המטע טוב, כי ממטע טוב היו, מאברהם יצחק ויעקב. וכן הורה תורת אמת, והיה ראוי שיהיו מעשיהם טובים: **ויעש באושים.** פירוש ענבים רעים, וכן פירש רבינו סעדיה מתרגום וירע וּבְאֵישׁ. ורבינו האיי זכרונו לברכה כתב באושים הוא מין ידוע ממיני הענבים והוא הרע שבהם. וידוע הוא מלשון משנה הענבים האובשים במוקדם האל״ף על הבי״ת, כן ישראל, במקום שהיו ראוים לעשות מעשים טובים עשו מעשים רעים: **(ג) ועתה.** כלומר אתם בעצמכם תהיו שופטים ביני וביניכם. ואמר יושב ירושלם ואיש יהודה כי שאר עשרת השבטים גלו כשנאמרה נבואה זו, כי בשנת שש לחזקיהו גלו עשרת השבטים: **(ד) מה לעשות.** כל השמירות והמלאכות שאדם עושה לכרמו עשיתי לו, לא נשאר לי דבר טוב לעשות שלא עשיתי. אם כן מדוע היה שקויתי לעשות ענבים ויעש באושים? קויתי בצר״י הוי״ו: **(ה) ועתה. . . הסר משוכתו.** בדג״ש עם הוי״ו כִּמְשֻׂכַת חָדֶק (משלי טו, יט), ברפ״י. והמשוכה היא שעושים לכרם מקוצים חוץ לגדר אבנים שעושים לו ועושין זה לרוב שמירה. ואם אין משוכה יכנס בו אדם על ידי הדחק, וזהו והיה לבער כלומר למאכל; כמו, וּבִעֵר בִּשְׂדֵה אַחֵר (שמות כב, ד). ואחר שיפרוץ גדר האבנים הוא למרמס, שירמסוהו חיות ובהמות. והמשל במשוכה ובגדר הוא שמירת האל שיסלק מעליהם, ואומות העולם יהיו שולטות בהם; כמו שאמר הכתוב, וְהִסְתַּרְתִּי פָנַי מֵהֶם וְהָיָה לֶאֱכֹל (דברים לא, יז): **(ו) ואשיתהו בתה.** ועוד אעשה לו זה, כי אף על פי שעשיתיו הפקר

### מצודת דוד

ופנה אותו מן האבנים, ונטע בו זמורות יפות, ועשה בו גת, וחפר בו יקב: **ויקו.** על פי המעשים והתקונים האלה היה מקוה שיעשה הכרם ענבים טובים, ולא כן היה, כי עשה באושים: **(ג) ועתה.** הואיל וכן היה: **יושב ירושלים.** כל מי שיושב בירושלים וכל איש מאנשי יהודה: **שפטו נא.** בררו הדבר הנעשה ביני ובין כרמי, וראו הדין עם מי: **(ד) מה לעשות.** מה היה לי לעשות עוד לכרמי מכל הדברים שעושים לכרם, ולא עשיתי לו אותן הדברים: **מדוע קויתי.** רצונו לומר, מדוע לא היה כן כמו שקויתי: **(ה) את אשר אני עושה.** את אשר בלבבי לעשות לכרמי: **הסר.** להסר גדרו ותהיה למרעה: **פרוץ.** לפרוץ גדרו ותהיה למרמס הרגל והוא כפל ענין במילים שונות: **(ו) ואשיתהו.** אשים אותו שממה: **לא יזמר.** לא יחתכו הזמורות להרבות ענפים כדרך שעושים לכרמים: **ולא יעדר.** לא יחפרו תחת האילנות כדרך שחופרים בכרמים לתקון הגפנים: **ועלה שמיר ושית.** יגדל קוצים כדרך השדה שאינו נעבד: **מהמטיר.** רצונו לומר, שלא להמטיר עליו מטר. והמ״ם הוא מ״ם השלילה; וכן, מֵעֲבֹר מֵי נֹחַ (לקמן נד, ט): **(ז) כי כרם וכו׳.** עכשיו מפרש המשל, ואמר שבית ישראל הם הכרם:

### מצודת ציון

לומר, גדר סביבו בהיקף, כעין טבעת: **ויסקלהו.** הסיר האבנים מתוכו, וכן סַקְּלוּ מֵאֶבֶן (לקמן סב, י): **שורק.** זמורות נבחרים; כמו, וְאָנֹכִי נְטַעְתִּיךְ שׂוֹרֵק (ירמיה ב, כא): **מגדל.** הגת שעוצרים בו הענבים להוציא היין: **יקב.** הוא הבור שלפני הגת, והיין יורד בו: **חצב.** החפירה באבנים נקרא חציבה בלשון המקרא: **ויקו.** מלשון תקוה: **באושים.** פירות דומים לענבים וגרועים מהם. וכן, וְתַחַת שְׂעֹרָה בָאְשָׁה (איוב לא, מ), שרצונו לומר, שעורה גרועה: **(ה) משוכתו.** הוא הגדר הסוכך ומגין בעדו; כמו, הלא אַתָּה שַׂכְתָּ בַעֲדוֹ (שם ה, י): **והיה.** כמו ויהיה: **לבער.** למרעה; כמו, וּבִעֵר בִּשְׂדֵה אַחֵר (שמות כב, ד): **למרמס.** למדרך הרגל: **(ו) ואשיתהו.** אשים אותו: **בתה.** ענין שממון; כמו, בְּנַחֲלֵי הַבַּתּוֹת (לקמן ז, יט): **יזמר.** כן יקרא קציצת ענפי גפן; כמו, וְכַרְמְךָ לֹא תִזְמֹר (ויקרא כה, ד): **יעדר.** ענין חפירה; כמו, וְכֹל הֶהָרִים אֲשֶׁר בַּמַּעְדֵּר יֵעָדֵרוּן (לקמן ז, כה): **שמיר ושית.** שמות מיני קוצים:

*and cleared its stones; He planted it with choice shoots and built a tower inside it; He even hewed a wine vat in it. He hoped to produce [fine] grapes, but it produced only inferior grapes.*
3 *[So my Beloved said,] "Now, O inhabitant of Jerusalem and people of Judah, judge between Me and My vineyard.* 4 *What more can be done for My vineyard that I have not done for it? Why — though I had hoped to produce [fine] grapes — did it produce only inferior grapes?* 5 *So now I will tell you what I am doing to My vineyard: I will remove its hedge and it will be consumed; I will breach its fence and it will be trampled.* 6 *I will make it a wasteland; it will not be pruned and it will not be hoed; thorns and weeds will grow. And I will command the clouds not to pour rain on it."*
7 *Now the vineyard of HASHEM, Master of Legions, is the House of Israel,*

**רד"ק**

ואכלוהו ורמסוהו החיות, אף על פי כן הגפנים הנשארים בו, לא אעשה בהם שום עבודה שיוציאו פירות, אלא אניחנו שיהיה שממה; לא יזמר ולא יעדר. ופירוש יזמר, כריתת הזמורה להרבות בפירות. ופירוש יעדר, שחופרים סביב הזמורה ותולשין הקוצים והעשבים הרעים. וכיון שלא יעבד, יעלה שמיר ושית, כמו הארץ שאינה נעבדת שצומחין בה שמיר ושית. ושמיר ושית מיני קוצים הם. ובתה פירוש שממה; וכן, בְּנַחֲלֵי הַבַּתּוֹת (לקמן ז, יט); אף על פי שהוא דגוש וזה רפי. והמשל, אף על פי שסלקתי שמירתי מהם, והם למאכל לגוים, והגלו אותם מארצם רובם, כי עשרת השבטים גלו; אף על פי כן הנשארים לא אעשה עמהם טובה ולא אשלח ברכתי להם שיפרו וירבו, כמו שחותכין הזמורה כדי שתוציא פירות יותר: **ועלה שמיר ושית.** שיהיו מעשיהם לקללה; כמו שאמר, וְהַמִּשְׂתַּכֵּר מִשְׂתַּכֵּר אֶל צְרוֹר נָקוּב (חגי א, ו). ומשל ועל העבים אצוה יתפרש כמשמעו, שאמנע ברכתי מארצם, כמו שכתוב, וְעָצַר אֶת הַשָּׁמַיִם וְלֹא יִהְיֶה מָטָר (דברים יא, יז). ויונתן תרגם, וְעַל נְבִיַּיָּא וגו׳: **(ז) כי כרם ה׳.** עתה פירש המשל בית ישראל, עשרת השבטים:

**2.** **וַיְעַזְּקֵהוּ וַיְסַקְּלֵהוּ** — *He fenced it around and cleared its stones.* The prophet describes how hard his Beloved worked to plant and cultivate a vineyard that would produce grapes of superb quality. Our translation of וַיְעַזְּקֵהוּ follows *Rashi,* who relates it to עִיזְקָא, *a ring,* and explains that the vineyard's owner built a fence around the vineyard to protect his young plantings from trespassing animals. Alternatively, וַיְעַזְּקֵהוּ means *to dig.* He dug up the land to clear away the stones that hinder the growth of the vines (*Radak*).

**וַיִּטָּעֵהוּ שֹׂרֵק** — *He planted it with choice shoots.* The owner planted superior grapevines that produce choice seedless grapes (*Radak*).

**וַיִּבֶן מִגְדָּל בְּתוֹכוֹ** — *And built a tower inside it,* i.e., either *a winepress* (*Rashi*) or *a watchtower* (*Radak*).

**וְגַם־יֶקֶב חָצֵב בּוֹ** — *He even hewed a wine vat in it,* i.e., either a pit in front of the winepress into which the juice flows from the freshly pressed grapes (*Rashi*), or the actual winepress (*Radak*).

**וַיְקַו לַעֲשׂוֹת עֲנָבִים וַיַּעַשׂ בְּאֻשִׁים** — *He hoped to produce [fine] grapes, but it produced only inferior grapes.* The owner of the vineyard had hoped that his vineyard would produce the most luscious grapes but his efforts were in vain. It produced only the most inferior grapes.

**3.** **וְעַתָּה יוֹשֵׁב יְרוּשָׁלַםִ וְאִישׁ יְהוּדָה שִׁפְטוּ־נָא בֵּינִי וּבֵין כַּרְמִי** — *[So my Beloved said,] "Now O inhabitant of Jerusalem and people of Judah, judge between Me and My vineyard."* Before identifying the owner of the vineyard in verse 7, and what the vineyard symbolizes, the prophet calls for the people to pass judgment between his Beloved and the vineyard.

**4.** **מַה־לַּעֲשׂוֹת עוֹד לְכַרְמִי וְלֹא עָשִׂיתִי בּוֹ** — *What more can be done for My vineyard that I have not done for it?* Speaking for the vineyard's owner, the prophet rhetorically asks what else could have been done to produce the superb grapes that he had expected. Confident that he could not have invested any more effort than he did, the owner challenges the vineyard for not yielding the fine grapes that it was capable of producing.

**5.** **וְעַתָּה אוֹדִיעָה־נָּא אֶתְכֶם אֵת אֲשֶׁר־אֲנִי עֹשֶׂה לְכַרְמִי** — *So now, I will tell you what I am doing to My vineyard.* The owner feels that he has been betrayed by his vineyard. He does not wait for the verdict of the people of Jerusalem and Judah, but informs them of the harsh retribution that he will mete out.

**הָסֵר מְשׂוּכָּתוֹ וְהָיָה לְבָעֵר, פָּרֹץ גְּדֵרוֹ וְהָיָה לְמִרְמָס** — *I will remove its hedge and it will be consumed; I will breach its fence and it will be trampled.* It seems that a vineyard was generally surrounded by two fences: a stone wall to keep out animals, and a hedge of sharp thorns outside or on top of the wall to prevent people from climbing over it. The removal of the hedge would allow people to come in and eat its produce; the removal of the wall would let animals in to trample it (*Radak*).

**6.** **וַאֲשִׁיתֵהוּ בָתָה לֹא יִזָּמֵר וְלֹא יֵעָדֵר וְעָלָה שָׁמִיר וָשָׁיִת** — *I will make it a wasteland; it will not be pruned and it will not be hoed; thorns and weeds will grow.* The vines that will not be trampled by animals will simply waste away because I will not prune and hoe them. Ultimately, the entire vineyard will become a field of thorns and weeds.

**וְעַל הֶעָבִים אֲצַוֶּה מֵהַמְטִיר עָלָיו מָטָר** — *And I will command the clouds not to pour rain on it.* The retribution continues. I will instruct the clouds to withhold their rain, so that the remaining vines will die.

The prophet now explains the metaphor.

**7.** **כִּי כֶרֶם ה׳ צְבָאוֹת בֵּית יִשְׂרָאֵל** — *Now the vineyard of HASHEM, Master of Legions, is the House of Israel.* The *vineyard* refers

וְאִ֣ישׁ יְהוּדָ֔ה נְטַ֖ע שַׁעֲשׁוּעָ֑יו וַיְקַ֤ו לְמִשְׁפָּט֙ וְהִנֵּ֣ה מִשְׂפָּ֔ח לִצְדָקָ֖ה וְהִנֵּ֥ה
ח צְעָקָֽה׃ ה֗וֹי מַגִּיעֵ֥י בַ֙יִת֙ בְּבַ֔יִת שָׂדֶ֥ה בְשָׂדֶ֖ה יַקְרִ֑יבוּ עַ֚ד אֶ֣פֶס
ט מָק֔וֹם וְהֽוּשַׁבְתֶּ֥ם לְבַדְּכֶ֖ם בְּקֶ֥רֶב הָאָֽרֶץ׃ בְּאָזְנָ֖י יְהוָ֣ה צְבָא֑וֹת אִם־לֹ֞א בָּתִּ֤ים
י רַבִּים֙ לְשַׁמָּ֣ה יִהְי֔וּ גְּדֹלִ֥ים וְטוֹבִ֖ים מֵאֵ֥ין יוֹשֵֽׁב׃ כִּ֗י עֲשֶׂ֙רֶת֙ צִמְדֵּי־כֶ֔רֶם יַעֲשׂ֖וּ
יא בַּ֣ת אֶחָ֑ת וְזֶ֣רַע חֹ֔מֶר יַעֲשֶׂ֖ה אֵיפָֽה׃ ה֛וֹי מַשְׁכִּימֵ֥י בַבֹּ֖קֶר

## רש"י

בפרשת חירם מלך צור: **ויסקלהו.** מיצר הרע, עד שאכל מן העץ ונכנס בו יצר הרע: **ויטעהו שורק.** תחילת יצירתו ממקום המזבח: **ויבן מגדל בתוכו.** ויפח באפיו נשמת חיים מן העליונים: **וגם יקב חצב בו.** מעיין נובע מקור חכמה: **ויקו לעשות ענבים.** שיודה וישבח לפניו: **ויעש באושים.** דברים נבאשים חירף וגידף: **שפטו נא.** לפי שסוף המשל בא לומר שאף הם עשו כמותו, שואל להם המשפט: (ה) **אודיעה נא אתכם.** מה נראה בעיני לעשות לו ועשיתי: **הסר משוכתו.** טרדתיו מתוך חופותיו: **והיה לבער.** סופו למות ולמשול בו חיות רעות: **פרוץ גדרו.** טרדתיו ממחילת גן עדן: (ו) **ואשיתהו בתה.** לדו הושבתיו, שלא נתתי תורה בימיו: **לא יזמר ולא יעדר.** לא ילמדו ממנו לא זכות ולא מעשה טוב: **ועלה שמיר ושית.** שלט בו יצר הרע ובדורותיו אחריו לעשות מעשים מקולקלים: **ועל העבים אצוה.** צויתי עליו שומרים לשמור את דרך עץ החיים: (ז) **כי כרם ה׳ צבאות בית ישראל.** כי כאותו הכרם לי בית ישראל, עשרת השבטים הם היו לי ככרם יין, ככרם זית, כקרן שמן בארץ שמינה, שמן כהונה שמן מלכות שמן מנורה שמן מנחות. עזקתים תחלה בהיקף ענני כבוד במדבר, וסקלתים ונקיתים מפושעי הדור. נטעתים שורק, שש מאות ושש מצות כמניין שורק הוספתי עליהם, על שבע מצות שנצטוו בני נח. בניתי מגדל בתוכו משכני ומקדשי וגם יקב המזבח והשיתין: **ויעש באושים.** קילקלו מעשיהם. ועתה יושב ירושלים ואיש יהודה אשר לא גליתים עדיין, ישפטו נא ביני וביניהם על הרעה שהבאתי עליהם. מי סרח על מי? מה היה לי לעשות עוד טובה לכרמי ולא עשיתי לו? אודיע נא אתכם, גם אתם המכעיסים אותי, את אשר הגון בעיני לעשות לכרמי ככל אשר עשיתי לאדם הראשון, הסר מסוכתו — אסלק שכינתי מעליהם המסוככם עליהם; כמה שנאמר (לקמן כב, ח), וַיְגַל אֵת מָסַךְ יְהוּדָה: **פרוץ גדרו.** אתוץ חומותיו: **ואשיתהו בתה.** וְאֶשַׁוֵינוּן רְטִישִׁין: **לא יזמר ולא יעדר.** לָא יִסְתַּעֲרוּן וְלָא יִסְתַּמְכוּן: **ועלה שמיר ושית.** וִיהוֹן מְטַלְטְלִין וּשְׁבִיקִין, דוגמת שמיר ושית של כרם. ואצל הכרם ממש במקום אחר (לקמן ז, כג), הוא מתורגם, הוּבָאי וּבוּר: **ועל העבים אצוה.** וְעַל נְבִיַּיָא אֲפַקֵּיד דְּלָא יִתְנַבּוּן עֲלֵיהוֹן. הנבואה נמשלה למטר (דברים לב, א), שהעבים מקבלין אותה מן השמים; כך הנביאים מקבלין הנבואה מפי הקדושה: **נטע שעשועיו.** כמו נטע, ולפי שהוא דבוק נקוד (פתח) כמו, בְּקַר זֶבַח הַשְּׁלָמִים (במדבר ז, פח): **ויקו.** שיעשו משפט, והנה משפח; אסיפת חטא על חטא כמו, מֵהִסְתַּפֵּחַ (שמואל א כו, יט). דבר אחר לשון נגע (ויקרא יג, ב). ולפי שהוא לשון נופל על הלשון בקריאתו דומה משפט למספח, וכן צעקה לצדקה; נפל בו רוח הקודש בפי הנביא: (ח) **הוי מגיעי בית בבית.** עשרים ושנים 'אשרי' נאמר בספר תהלים על מקיימי התורה ועשרים ושנים 'הוי' אמר ישעיה על הרשעים. הוי לשון צעקת אנחה על פורענות העתידה לבא: **מגיעי בית בבית.** מקרבים בתיהם זה אצל זהת ומתוך כך גוזלים קרקע העניים האמצעים שבין שני הבתים, וכן שדה בשדה:

## רד"ק

**איש יהודה.** שבט יהודה ובנימן: **נטע שעשועיו.** מתחילה כשנטעם נטע שעשועיו היו, שהיה משתעשע בהם ושמח עמהם כשהיו עושים מעשים טובים, וקוה מהם שיעשו תמיד מעשים טובים ויעשו משפט העניים, כמו שהיה עושה עמהם תמיד טובות, והנה משפח. פירוש נגע, כמו, סַפַּחַת (ויקרא יג ב). ולצחות הלשון סמך משפח אל משפט, וכן צעקה לצדקה מפני שהם קרובים להם באותיות. וענין הפסוק רוצה לומר, אני קויתי שיעשו משפט העניים והעשוקים, והנה הם להם משפח ונגע צרעת. וקויתי שיעשו להם צדקה והנה צעקה, שצועקים העניים מהעושק שעושקים אותם: **משפח.** כתוב בשי"ן: (ח) **הוי מגיעי בית.** רוצה לומר שמשיגים גבול וגוזלים העניים, ואם יש לעני בית סמוך לבית העשיר או שדה סמוך לשדהו בא עליו בעקיפין עד שלקחו ממנו ומחברו עם שלו: **עד אפס מקום.** עד שלא נשאר מקום לעניים לשבת. ואתם סבורים שאתם לבדכם תשבו בארץ שאתם גדולים ועשירים: **והושבתם.** מבנין הופעל; והמושיבים הדיינים הרעים: (ט) **באזני.** מאמר הקדוש ברוך הוא, אמר, מה שאתם מדברים ביניכם ומסכימים לגזול העניים, באזני עלה, כי אני אדון צבאות מעלה וצבאות מטה ובידי להשפיל ולהרים. ואני אומר, בתים רבים לשמה יהיו; אתם הייתם חושבים שאתם תשבו לבדכם, ואני אומר שאתם תגלו מהם ובתיכם שהיו רבים וגדולים יהיו שממה מאין יושב: **אם לא.** לשון שבועה; וכן, אִם לֹא כַּאֲשֶׁר דִּמִּיתִי כֵּן הָיָתָה (לקמן כד, יד), אִם לֹא שִׁוִּיתִי וְדוֹמַמְתִּי (תהלים קלא, ב). והוא כאדם שאומר, לא יהיה זה אם לא יהיה זה: **רבים.** כמו, רַבֵּי הַמֶּלֶךְ (ירמיה מא, א); כלומר חשובים בבנין יפה, וכן גדולים וטובים, והוא כפל ענין במלות שונות. ויונתן תרגם הפסוק כן, אֲמַר נְבִיָּא בְּאוּדְנַי הֲוֵיתִי שָׁמַע וגו׳: (י) **כי עשרת צמדי כרם.** עתה נתן טעם למה יהיו הבתים שממה מאין יושב; כי אשלח קללה בשדות ובכרמים, תחת אשר היו גוזלים אותם מהעניים, לפיכך תהיה תבואתם לקללה וכיון שלא יהיו הפירות לא יהיו היושבים. ופירוש עשרת צמדי בקר, מקום בכרם שיחרשו עשרת צמדי בקר ביום אחד, לא יצא ממנו יין אלא בת אחת. ומדת בת היא בלח, כשיעור איפה ביבש.ומקום עשרה בשדה כשיזרעו בו כור לא יעשה אלא איפה. וחומר הוא הכור והוא עשר איפות: (יא) **הוי משכימי בבקר.** לשתות יין. אוי להם שכל עסקם הוא לשתות ולתענוג הבשר ואינם עוסקים בדברי תורה וחכמה. ובבקר ישכימו לשתות כאלו ירדפו השכר אנה ימצאו אותו טוב, וכן בנשף מאחרים בבית המשתה עד שידליקם היין ויבעירם לעשות כל תאות נפשם:

## מצודת דוד

**נטע שעשועיו.** הנטיעה שהוא משעשע ומשמח בו: **ויקו.** לפי מרבית הטובה שעשה להם היה מקום שיעשו משפט, והנה לא כן הוא, כי אספו חטאים רבים או עשו מעשים מגונים כנגע צרעת: **לצדקה.** היה מקוה שיעשו צדקה, והנה נשמע צעקת עשוקים: (ח) **הוי.** רצונו לומר, יש להתאונן על מה שהמה מגיעים בית בבית. כשאדם חלש היה לו בית בין בתי אנשים חזקים בעלי זרוע, היה החזק שמצד זה מגיע ביתו בתוך גבול בית החלש ולקח מגבולו, וכן זה שמצד השני, עד שלא נשאר מקום להחלש שביניהם: **והושבתם.** אמר הנביא לבעלי הזרוע, וכי סבורים אתם שרק אתם לבדכם תשבו ותתקיימו בקרב הארץ, ואין להחלש מקום עמכם: (ט) **באזני ה׳ צבאות.** באזני אמר ה׳ צבאות, ותחסר מלת אמר ומאליו יובן: **אם לא.** הוא ענין לשון שבועה, כאדם האומר אם לא יהיה כן, אזי יהיה ענשי כך וכך. ומגזם ואינו אומר. וכן, אִם לֹא כַּאֲשֶׁר דִּמִּיתִי (לקמן יד, כד): **בתים רבים וכו׳.** וכאומר, הואיל וכן, מה תועלת להם מה שלוקחים עוד מגבול החלשים: (י) **כי עשרת וכו׳.** מקום עבודת עשרת וכו׳ יעשה בת אחת יין, ומקום זרע חומר יעשה איפה אחת. ובעבור הרעב יעזבו בתיהם וילכו להם, וישארו שממה מבעליהן: (יא) **משכימי בבקר.** משכימים בבוקר ורודפים לבקש יין המשכר, ומאחרים לשבת בערב לשתות הרבה, עד אשר היין דולק ובוער בהם:

## מצודת ציון

(ז) **שעשועיו.** ענינו התעסקות בדבר מה לשמוח בו: **משפח.** רצונו לומר, אסיפת חטא; כמו וְנִסְפְּחוּ עַל בֵּית יַעֲקֹב (לקמן יד, א). או הוא מלשון ספחת הצרעת. ולפי שלשון משפח נופל על לשון משפט אמר כן: (ח) **אפס.** הוא כמן אין: (י) **צמדי.** ענין זוג; כמו, צֶמֶד בָּקָר (שמואל־א יא, ז). ועבודת יום אחד בצמד בקר קרוי צמד כרם: **בת.** מדת הלח מחזקת שלשה סאין: **חמר.** הוא כור מחזיק שלושים סאין. איפה מדת היבש מחזקת שלשה סאין:

*and the people of Judah are the shoot of His delight; He had hoped for jus-*
*tice, but behold, affliction! for righteousness, but behold, an outcry!*
8 *Woe to you who cause house to encroach against house, and make*
*field approach field, until there is no more place; are you the only ones*
*to be settled in the midst of the land?* 9 *"It has entered] into My ears,"*
*[said] HASHEM, Master of Legions, "I swear that many houses, great and*
*splendid ones, will be laid ruin, without inhabitant.* 10 *For ten portions*
*of vineyard will produce only one bath, and a homer of seeds will pro-*
*duce only one ephah."* 11 *Woe to those who arise early in the morning*

*Fate of the selfish ...*

*... the drunk ...*

**רש"י**

**יקריבו עד אפס מקום.** שאין מקום לעני לישב: **והושבתם לבדכם בקרב הארץ.** כסבורים אתם שאין חלק להקדוש ברוך הוא ולא לעניים בארץ. חלקו במעשרות אתם גוזלים, ולעניים את ארצם; שתהיו אתם לבדכם יושבים בה: (ט) **באזני ה׳ צבאות.** אמר הנביא, שתי אזני שמעו כשנגזר עליהם גזירה מאת ה׳ ובשבועה, אם לא על דבר זה בתים רבים לשמה יהיו, ובתים גדולים וטובים יהיו מאין יושב: (י) **כי עשרת צמדי כרם.** ומפני הרעב יגלו יושבי הבתים ואין יושב בה. וגם זאת תהיה לכם מדה במדה על הקרבת השדה בשדה, שגזלתם חלקו של מקום במעשר הארץ: **עשרת צמדי כרם.** (ארפינ"ט בלע"ז). ואומר אני כדי עבודת יום אחד בצמד בקר, קרוי צמד: **יעשו בת אחת.** מדה אחת של יין, בת שלש סאין: **וזרע חומר.** בית כור שהיא שלשים סאין של תבואה, יעשה איפה, שלש סאין:

to the House of Israel, the Ten Tribes of Israel (*Radak*), because whatever was done to the vineyard was done to the exiled Ten Tribes (*Rashi*).

**וְאִישׁ יְהוּדָה נְטַע שַׁעֲשׁוּעָיו** — *The people of Judah are the shoot of His delight.* The people of Judah and Benjamin originally were God's delight because they had always performed good deeds and fulfilled God's commandments (*Radak*), unlike the Northern Kingdom whose very first king, Jeroboam, plunged his people into idolatry.

**וַיְקַו לְמִשְׁפָּט וְהִנֵּה מִשְׂפָּח לִצְדָקָה וְהִנֵּה צְעָקָה** — *He had hoped for justice, but behold, affliction! For righteousness, but behold, an outcry!* The prophet uses a play on words, מִשְׁפָּט . . . מִשְׂפָּח, *justice . . . affliction;* צְדָקָה . . . צְעָקָה, *righteousness . . . outcry.* The words sound similar but have far different meanings, which emphasizes God's great disappointment.

Instead of using your gifts of productive land and prosperity to help the poor and encourage the afflicted, you enriched yourselves and brought misery and exploitation to the needy (*Radak*).

*Mahari Kara* and others interpret the parable: When God brought the Children of Israel [His vineyard] into the Holy Land [a fertile corner], he protected them [he fenced it around] by building fortified cities with thick walls (*Rashi* to *Succah* 49a), and expelled the Canaanite nations from the Land [cleared it of stones]. He placed the Children of Israel, descendants of Abraham, Isaac, and Jacob, in the land [He planted it with choice shoots], and expected them to perform good deeds [produce luscious fruit]. He protected them [built a tower] and sent prophets to "press out" the proper conduct that He expected of the people [He even hewed a wine vat, i.e., winepress]; but the people were wicked [produced inferior grapes]. God will therefore remove His protection from the people [remove its hedge], with the result that they and their land will become desolate.

Homiletically, *Likkutei Torah* explains that the stones and thorns of the vineyard symbolize man's base character traits, such as jealousy, hatred, and lust. If man does not labor to purge them, his personal vineyard will become unproductive and desolate.

In the following verses (8-22), the prophet cries out bitterly against the faults of his people. He takes them to task and indicts them on six accounts, each beginning with a cry of distress, הוֹי, *woe,* articulating his grief over the impending retribution (*Rashi*). He first describes the corruption of the people and how they amassed large estates by unlawfully seizing the property of the poor and helpless.

**8. הוֹי מַגִּיעֵי בַיִת בְּבַיִת** — *Woe to you who cause house to encroach against house.* If a wealthy or powerful person wished to enlarge his house or field, he would simply encroach on the adjacent property of a poor, defenseless neighbor and leave no place for the poor man to live (*Radak*).

**וְהוּשַׁבְתֶּם לְבַדְּכֶם בְּקֶרֶב הָאָרֶץ** — *Are you the only ones to be settled in the midst of the land?* The prophet cries out with a challenge. Do you think that the weak and the poor are not entitled to a portion of the land? That only the wealthy have a right to it? (*Radak*). You act as if God and the poor have no share in the land. You did not distribute the required tithes and you robbed the poor of their property (*Rashi*).

**9. בְּאָזְנָי ה׳ צְבָאוֹת** — *"[It has entered] into My ears," [said] HASHEM, Master of Legions.* Our translation follows *Radak,* who says that the prophet is quoting God: "I have heard how you have plotted to oust the poor from their houses and fields. I therefore swear that your great and splendid houses will become desolate, for you will be sent into exile and your houses will be abandoned." Alternatively, *Rashi* explains that Isaiah is informing the people of the judgment and the decree that he had heard from God: "I have heard God swear that He will lay many great houses to ruin."

**10. כִּי עֲשֶׂרֶת צִמְדֵּי־כֶרֶם יַעֲשׂוּ בַּת אֶחָת** — *For ten portions of vineyard will produce only one bath.* The volume of the liquid measure *bath* and the dry measure *ephah* are the same, the volume of 432 average eggs. A *homer* contains ten *ephos.* Thus, the prophet is warning the people of the consequences

יב שֵׁכָר יִרְדֹּפוּ מְאַחֲרֵי בַנֶּשֶׁף יַיִן יַדְלִיקֵם׃ וְהָיָה כִנּוֹר וָנֶבֶל תֹּף וְחָלִיל וָיַיִן מִשְׁתֵּיהֶם
יג וְאֵת פֹּעַל יהוה לֹא יַבִּיטוּ וּמַעֲשֵׂה יָדָיו לֹא רָאוּ׃ לָכֵן גָּלָה עַמִּי מִבְּלִי־דָעַת
יד וּכְבוֹדוֹ מְתֵי רָעָב וַהֲמוֹנוֹ צִחֵה צָמָא׃ לָכֵן הִרְחִיבָה שְּׁאוֹל נַפְשָׁהּ וּפָעֲרָה פִיהָ
טו לִבְלִי־חֹק וְיָרַד הֲדָרָהּ וַהֲמוֹנָהּ וּשְׁאוֹנָהּ וְעָלֵז בָּהּ׃ וַיִּשַּׁח אָדָם וַיִּשְׁפַּל־אִישׁ וְעֵינֵי
טז גְבֹהִים תִּשְׁפַּלְנָה׃ וַיִּגְבַּהּ יהוה צְבָאוֹת בַּמִּשְׁפָּט וְהָאֵל הַקָּדוֹשׁ נִקְדַּשׁ בִּצְדָקָה׃

### רש״י

**(יא) מאחרי בנשף.** לשתות יין בלילות: **יין ידליקם.** בוער בם: **(יב) כנור ונבל.** כימין יתרות יש בנבל מן הכנור. ולמה נקרא שמו נבל? שמנבל כל מיני כלי זמר, במדרש תהלים (פרק פא): **תוף.** של עור הוא: **וחליל.** אבוב של קנה (ערכין י, ב). (ג׳למיי״ל בלע״ז): **ואת פועל ה׳ לא יביטו.** וּבְאוֹרַיְיתָא דַה׳ לָא אִסְתַּכָּלוּ: **ומעשה ידיו לא ראו.** עשו עצמם כאילו לא ראו את גבורותיו. דבר אחר, לא קלסוהו שחרית יוצר אור, ולא ערבית המעריב ערבים (שבת קיט, ב) : **(יג) מבלי דעת.** לפי שהיה לבם בלי דעת: **וכבודו מתי רעב.** נכבדיו ימותו ברעב: **צחה צמא.** נמא, כנגד רוב משתיהם: **צחה.** תרגום של נמאה: **(יד) לכן הרחיבה.** מדה במדה, הם הרחיבו נפשם לבלוע מאכל ומשתה לרוב, ופערו פה לבלוע; אף שאול תרחיב נפשה לבלוע: **ופערה.** ופתחה: **לבלי חק.** באין סוף. ולמה לבלי חק? לפי שלא היה בידם של אלו חק וקצבה לתפנוקיהם: **וירד.** שם הדרה של ירושלים: **ועלו בה.** העליזים שבה: **(טו) וישח.** וַיֶּחְלַשׁ תְּקוֹף גַּבְרִין. ולפי מדרשו (סוטה מח, א), זה הקדוש ברוך הוא; שהם גרמו לו להראות כאיש נדהם. וכן הוא אומר, צוּר יְלָדְךָ תֶּשִׁי (דברים לב, יח), ואומר, בַּעֲצַלְתַּיִם יִמַּךְ הַמְּקָרֶה (קהלת י, יח): **(טז) ויגבה ה׳ צבאות במשפט.** כשיעשה משפטים בהם יגבה שמו בעולם. במשפט, יוסטיל״א בלע״ז: **והאל הקדוש.** יתקדש בתוך הצדיקים הנשארים בכם:

### רד״ק

**(יב) והיה כנור.** עתה מספר איך היו משתיהם, הכנור והנבל והתוף והחליל שמנגנין בהם, והיין לפניהם ובדרך הזה הוא משתיהם בדברים שמושך אותם לשתות כלי הנגון והיין לפניהם: **ואת פעל ה׳ לא יביטו ומעשה ידיו לא ראו.** הנה הם פנויים ממלאכה כי הם עשירים; והנה כל עסקם במשתה ובשמיעת הנגונים, ולא יתעסקו בכל עתות הפנאי בדברי תורה ובדברי חכמים שהם פעל ה׳ ומעשה ידיו, שכתוב על הלוחות עשרת הדברים. והם כלל לכל המצות שבין אדם לחברו ושבין אדם למקום. ויש לפרש את פעל ה׳ ומעשה ידיו, חכמת הכוכבים, כי ממנו יגיע האדם לכבוד הבורא; כמו שאמר במזמור, מָה אַדִּיר שִׁמְךָ בְּכָל הָאָרֶץ (תהלים ח, ב). אמר כִּי אֶרְאֶה שָׁמֶיךָ מַעֲשֵׂי אֶצְבְּעֹתֶיךָ (שם פסוק ד). ואמר, הַשָּׁמַיִם מְסַפְּרִים כְּבוֹד אֵל (שם יט ב), רצונו לומר, כל העומד על סוד בריאתם ידע כבוד האל. ואמר הנביא, שְׂאוּ מָרוֹם עֵינֵיכֶם וּרְאוּ מִי בָרָא אֵלֶּה (לקמן מ, כו), רוצה לומר שיתבוננו בחכמה זאת וממנה ידעו כבוד הבורא. וכן אמרו רבותינו זכרונם לברכה (שבת עה, א), כל היודע לחשב בתקופות ומזלות ואינו מחשב עליו הכתוב אומר ואת פעל ה׳ לא יביטו ומעשה ידיו לא ראו. ועוד דרשו (שבת קיט, ב), ואת פעל ה׳ לא יביטו, שלא התפללו שחרית וערבית כלומר יוצר אור ומעריב ערבים, זהו פעל ה׳ ומעשה ידיו: **(יג) לכן גלה עמי מבלי דעת.** בעבור שלא ידע מעשה האל ולא התבונן בו, ופנה אל המאכל והמשתה והתענוג, לפיכך יגלה ממקומו ויהיה ברעב ובצמא מדה כנגד מדה. ופירוש כבודו ואנשי כבודו, כלומר אותם שהיו נקראים אנשי הכבוד יהיו נקראים אנשי רעב: **מתי.** כמו אנשי, כמו מעיר מתים: **והמונו.** והמון העם יהיו יבשים בצמא: **צחה.** מן, וְהִשְׂבִּיעַ בְּצַחְצָחוֹת נַפְשֶׁךָ (לקמן נח, יא) שהוא ענין יובש. ותרגום צחא, בְּצָחוּתָא. וענין יבשים, שייבש גרונם מפני הצמא. וצחה תאר סמוך בשקל אִשֵּׁה רֵיחַ נִיחוֹחַ לַה׳ (ויקרא א, ט), ובאמרו הרעב לאנשי הכבוד והצמא להמון העם, לא להביא זה על זה וזה על זה אלא כולם יהיו שוים ברעב ובצמא אנשי הכבוד והמון העם. ויונתן תרגם, מִיתוּ כמו מתי בצר״י המ״ם מענין מות; שתרגם, וְיַקִּירֵיהוֹן מִיתוּ בְּכַפְנָא וְסִגְוֵהוֹן בִּבְצוֹרְתָא בְּצָחוּתָא. ולפי הדקדוק לא יתכן, כי מְתֵי בשו״א המ״ם שרשו מתה ומֵתי בצר״י המ״ם שרשו מות: **(יד) לכן הרחיבה.** אמר דרך משל, לרוב בני אדם שימותו מישראל: **הרחיבה שאול נפשה.** לקבל המתים: **וירד הדרה.** פירוש, הדר ארץ ישראל, או הכנוי כנגד ירושלם. אמר שירדו לשאול אנשי הכבוד והמון העם, ועוד כפל הענין במלות שונות. ואמר ושאונה ועלז בה; ושאונה, כמו המונה שזכר. ופירוש ועלז בה, ומי שהיה עלז ושמח בעיר מרוב הטובה, ירד לשאול כמו כן. ויונתן תרגם ועלז בה, וּדְתָקֵיף בְּהוֹן, והוא כענין שפירשנו. ויש מפרשים ועלו בה האויב: **(טו) וישח אדם.** כפל הדבר במלות שונות. או פירוש אדם על הפחותים, ואיש על הגדולים; כמו, גַּם בְּנֵי אָדָם גַּם בְּנֵי אִישׁ (תהלים מט, ג) , וכן תרגם יונתן, וְיִמְאַךְ אֱנָשָׁא וַיֶּחְלַשׁ תְּקוֹף גַּבְרִין: **ועיני גבוהים.** לפי שגבהות אדם נראה בעינים, לפיכך אמר עיני גבוהים. וכן אמר, עֵינֵי גַּבְהוּת אָדָם (לעיל ב, יא). וכן אמר, עֵינַיִם רָמוֹת (תהלים יח, כח), וכן אמר, רוּם עֵינַיִם (משלי כא, ד): **(טז) ויגבה.** באותו משפט שיעשה ברשעי ישראל, יהיה הוא גבוה במשפטו. ויאמרו כי הוא רם ונשא ושופט העולם כרצונו, והאל הקדוש, בעשותו בהם המשפט יהיה נקדש בהם, כמו שאמר, בִּקְרֹבַי אֶקָּדֵשׁ (ויקרא י, ג); ונאמר, וְנִקְדַּשְׁתִּי בָם (יחזקאל כח, כה). ופירוש בצדקה; ביושר, כמו משפט:

### מצודת דוד

**(יב) והיה כנור וכו׳.** בידם היה הכנור וכו׳ לנגן בעת השתיה לתענוג, וגם יין משתיהם היה בידם: **פועל ה׳.** אינם נותנים לב להסתכל פועל ה׳, שעל הכל יביא במשפט: **ומעשה וכו׳.** כפל הדבר במילים שונות: **(יג) מבלי דעת.** על שמאנו לדעת דרכי המקום: **וכבודו.** אנשי הכבוד והחשובים יהי מתי רעב, והמון העם ימותו בעבור יובש הצמאון. ומלת מתי משמשת בשתים: **(יד) הרחיבה.** מדה במדה, על שהרחיבו נפשם להתענג ביותר, לכן תרחיב השאול נפשם, לבלוע את הכל: **הדרה.** תפארת עדתם: **בה.** בהשאול ומוסב על וירד. רצונו לומר הכל תרד אל השאול: **(טו) וישפל איש.** כפל הדבר במילים שונות: **ועיני גבוהים.** העינים שהיו מגביהים להסתכל כלפי מעלה כדרך גסי הרוח: **תשפלנה.** להסתכל למטה, כדרך השרוי בצרה וצער: **(טז) ויגבה וכו׳ במשפט.** כשיעשה משפט יתרומם ויתעלה שמו: **נקדש בצדקה.** יתקדש שמו במה שיעשה צדקה להכשרים שבדור:

### מצודת ציון

**(יא) בנשף.** בחשכת הלילה; כמו, נֶשֶׁף חִשְׁקִי (לקמן כא, ד): **(יב) כנור ונבל תוף וחליל.** הם שמות כלי נגון: **(יג) מתי רעב.** אנשי רעב: **צחה.** ענין יובש וצמאון; כמו, עַל צְחִיחַ סָלַע (יחזקאל כד, ח): **(יד) ופערה.** פתחה ביותר; כמו, פִּי פָּעַרְתִּי (תהלים קיט, קלא): **לבלי חוק.** בלא קצבה, והמונה. המון עמה: **ושאונה.** הוא כמו המונה וכפל הדבר במילים שונות: **ועלז.** ענין שמחה: **(טו) וישח.** ענין כפיפה; כמו, שַׁחוּ רָעִים לִפְנֵי טוֹבִים (משלי יד, יט):

---

of their greed and cruelty. An area that would normally require ten pairs of oxen to plow it [עֲשֶׂרֶת צִמְדֵּי־כֶרֶם] will produce only one *bath* of grapes, a pitifully small amount. And a *homer* of seed will yield only a tenth that amount of produce. Because the wicked had forced the poor out of their properties, God will punish them with such a shortage of food that they, too, will be forced from the land. Not only will the yield be meager, but they will be so severely punished that each field would produce only a tenth of the seed with which it was sown (*Radak*).

*to pursue liquor, who stay up late at night while wine inflames them.* [12] *There*
*are harp and lyre and drum and flute, and wine at their drinking parties;*
*but they would not contemplate the deed of* H*ASHEM, and would not look*
*at His handiwork.* [13] *Therefore, My people is being exiled because of igno-*
*rance; its honored ones dying of starvation, and its multitude parched from*
*thirst.* [14] *Therefore, the netherworld has enlarged its appetite and opened*
*its mouth wide without limit; and [into it] will descend her glory and her*
*multitude and her horde, and whosoever revels within her.* [15] *Humankind*
*will have bowed and man will have humbled himself, and the eyes of the*
*haughty will be brought low.* [16] H*ASHEM, Master of Legions, will become ex-*
*alted through judgment, and the Holy God will be sanctified through justice.*

*... the ignorant ...*

*... and the haughty*

The prophet now cries out against those who exclude spiritual values from their lives and pursue physical pleasures.

**11. הוֹי מַשְׁכִּימֵי בַבֹּקֶר שֵׁכָר יִרְדֹּפוּ** — *Woe to those who arise early in the morning to pursue liquor.* Instead of rising early in the morning to recite the morning prayers, they rise and immediately fill their craving for aged wine (*Malbim*). Their sole craving is to pursue physical pleasure and not the wisdom of the Torah (*Radak*).

**מְאַחֲרֵי בַנֶּשֶׁף יַיִן יַדְלִיקֵם** — *Who stay up late at night while wine inflames them.* They drink and party late into the night until the wine inflames their desire and causes them to pursue their every lust (*Radak*).

In the morning they pursue alcohol, but when they become drunk, they are no longer in control, and the liquor takes control of them (*Mahari Kara*). This is a fundamental principle of human nature. When people give in to their desires habitually, they may well become addicted to their desires.

**12. וְהָיָה כִנּוֹר וָנֵבֶל תֹּף וְחָלִיל וָיַיִן מִשְׁתֵּיהֶם** — *There are harp and lyre and drum and flute, and wine at their drinking parties.* At their drunken orgies they use a variety of instruments playing the kind of music that will incite them to increase their drinking (*Radak*).

**וְאֵת פֹּעַל ה׳ לֹא יַבִּיטוּ** — *But they would not contemplate the deed of* H*ASHEM. The deed of* H*ASHEM* is God's Torah (*Targum Yonasan*). The people would spend their time reveling with their drink and music, but make no effort to study God's Torah (*Radak*).

**וּמַעֲשֵׂה יָדָיו לֹא רָאוּ** — *And would not look at His handiwork.* Furthermore, they pretended that they did not see God's mighty deeds (*Rashi*). Alternatively, the deed of Hashem and His handiwork refers to the movements of the heavenly bodies, for through the study of astronomy one can gain a deeper understanding of the greatness of God — see *Psalms* 19:2: *The heavens declare the glory of God* (*Radak*). Consumed with their hedonism, the people had no interest in studying the wonders of God's universe.

**13. לָכֵן גָּלָה עַמִּי מִבְּלִי־דָעַת** — *Therefore, My people is being exiled because of ignorance.* The people pursued a materialistic life. They feasted and drank in their orgies and had no interest in seeking the wisdom of God or His Torah (*Radak; Mahari Kara*). Therefore they will be exiled and will die of starvation and thirst, measure for measure (*Radak*).

**14. לָכֵן הִרְחִיבָה שְּׁאוֹל נַפְשָׁהּ וּפָעֲרָה פִיהָ לִבְלִי־חֹק** — *Therefore the netherworld has enlarged its appetite and opened its mouth wide without limit.* The prophet figuratively describes the exile and destruction of the people. So many will die of hunger and thirst that it will seem as if the netherworld had expanded its capacity to accommodate their vast numbers (*Radak*).

*Rashi* notes that the retribution will be meted out measure for measure. The people had expanded their physical capacity in order to gorge themselves with large amounts of food and drink; so, too, will the netherworld expand itself to swallow them. Alternatively, *Mahari Kara* understands the *netherworld* as a metaphor for the nations of the world that will swallow up Israel.

**וְיָרַד הֲדָרָהּ וַהֲמוֹנָהּ וּשְׁאוֹנָהּ** — *And [into it] will descend her glory and her multitude and her horde.* The *glory* of Jerusalem or of the Land of Israel, meaning its most distinguished citizens, will descend into the netherworld with the mediocre inhabitants (*Radak*).

**וְעָלֵז בָּהּ** — *And whosoever revels within her.* Those who had rejoiced with ill-deserved prosperity will die and descend into the netherworld. Alternatively, when Jerusalem will fall, her enemies will rejoice (*Radak*).

**15. וַיִּשַּׁח אָדָם וַיִּשְׁפַּל־אִישׁ** — *Humankind will have bowed and man will have humbled himself.* After witnessing the retribution that will be meted out to the people of Judah, the neighboring nations (*Ibn Ezra*) and the surviving Israelites will humble themselves before God (*Mahari Kara*).

**16. וַיִּגְבַּהּ ה׳ צְבָאוֹת בַּמִּשְׁפָּט** — H*ASHEM, Master of Legions, will become exalted through judgment.* Although God's nation will be humbled, He will become elevated in the eyes of the people (*Abarbanel*), because when God punishes the wicked, He becomes elevated and feared (*Rashi*).

**וְהָאֵל הַקָּדוֹשׁ נִקְדַּשׁ בִּצְדָקָה** — *And the Holy God will be sanctified through justice.* When God's righteousness is displayed in judgment, His Name becomes sanctified among the people.

יז־יח וְרָעוּ כְבָשִׂים כְּדָבְרָם וְחָרְבוֹת מֵחִים גָּרִים יֹאכֵלוּ: הוֹי מֹשְׁכֵי
יט הֶעָוֹן בְּחַבְלֵי הַשָּׁוְא וְכַעֲבוֹת הָעֲגָלָה חַטָּאָה: הָאֹמְרִים יְמַהֵר | יָחִישָׁה מַעֲשֵׂהוּ
כ לְמַעַן נִרְאֶה וְתִקְרַב וְתָבוֹאָה עֲצַת קְדוֹשׁ יִשְׂרָאֵל וְנֵדָעָה: הוֹי
הָאֹמְרִים לָרַע טוֹב וְלַטּוֹב רָע שָׂמִים חֹשֶׁךְ לְאוֹר וְאוֹר לְחֹשֶׁךְ שָׂמִים מַר
כא לְמָתוֹק וּמָתוֹק לְמָר: הוֹי חֲכָמִים בְּעֵינֵיהֶם וְנֶגֶד פְּנֵיהֶם
כב־כג נְבֹנִים: הוֹי גִּבּוֹרִים לִשְׁתּוֹת יָיִן וְאַנְשֵׁי־חַיִל לִמְסֹךְ שֵׁכָר: מַצְדִּיקֵי רָשָׁע

**רש״י**

**(יז) ורעו כבשים כדברם.** צדיקים הנמשלים כעדר הרחלים: **כדברם.** כמנהגם ביושר ובמדה מכלכלים דבריהם במשפט ככבשים הללו. ורבותינו דרשו (ילקוט שמעוני, פרק ה, רמז תב), כדברם, כמדובר בם, נחמות הנדברות להם: **וחרבות מחים.** בתי הרשעים שהם שמנים: **גרים יאכלו.** הצדיקים שהם כגרים יאכלום: **מחים.** שמנים; כמו, עלות מֵחִים אַעֲלֶה (תהלים סו, טו): **(יח) הוי מושכי העון.** גוררים יצר הרע עליהם מעט מעט, (מדרש רבה בראשית פרשה כב פסקא ו), בתחילה בחבלי השוא, כחוט של קורי עכביש, ומשנתגרה בהם מתגבר והולך עד שנעשה כעבות העגלה שקושרין בו את הקרון למשוך: **השוא.** דבר שאין בו ממש: **חטאה.** חטא: **(יט) יחישה מעשהו.** הפורענות שהוא אומר להביא: **למען נראה.** דבר מי יקום: **(כ) האומרים לרע טוב.** מקלסין לעובדי כוכבים, ורע בעיניהם לעבוד הקדוש ברוך הוא שהוא טוב: **שמים חשך לאור.** דבר שהוא עתיד להביא עליהם חשך, אומרים שיאיר להם: **שמים מר למתוק.** עון שהוא עתיד להביא עליהם פורענות מר, אומרים שימתיק להם: **ומתוק למר.** עבודת הקדוש ברוך הוא המתוקה, אומרים, מרה היא: **(כב) למסוך שכר.** למזוג שכר. תיקון המשקה קרוי מסך:

**רד״ק**

**(יז) ורעו כבשים.** משל הוא על הצדיקים והחלושים שהיו טרם זה גרושים מבתיהם והולכים מפני הרשעים; ובבלות הרשעים יאכלו העניים מה שהיו אוכלים הרשעים. וזה היה בימי חזקיהו; שהיה מלך צדיק ושופט אמת, ובימיו לא היה כח ביד החזקים לעשוק החלושים, ומתו או גלו רוב ישראל בימיו. ופירוש כדברם, כמנהגם. מתרגמינן, וַיִּנְהַג (בראשית לא, יח), וּדְבַר; כלומר אין אונס להם. ופירוש וחרבות מחים, חרבות השמנים בעלי מוח והם העשירים שהיו עושקים העניים, בתיהם שיהיו חרבות גרים יאכלו העניים שברחו מפניהם, יבאו עתה לגור בהם ולאכול את חלקם. ויונתן תרגם הפסוק כן, וְיִתְפַּרְנְסוּן צַדִּיקַיָּא וגו. תרגמו על דעת שפירשתי, אלא שתרגם כדברם ענין דבור: **(יח) הוי מושכי העון.** אמר על דרך משל; כי כמו שמושך האדם העגלה הטעונה בחבלים ובעבותות, כן הם מושכים העון אליהם בחזקה, וחבליהם הם חבלי שוא ושקר. וחטאת המשיכה היא התענוגים ומשתה היין שמושכין האדם ומביאין אותו לעון גלוי עריות ולגזל ולשפיכות דמים, והם מושכים העון כרצונם אליהם בהרגילם התענוגים אליהם ומשתה היין. וכן אמר שלמה בזה הלשון, לִמְשׁוֹךְ בַּיַּיִן אֶת בְּשָׂרִי (קהלת ב, ג): **וכעבות.** בכ״ף השמוש, רוצה לומר, כמו שמושכים העגלה בעבות, כן הם מושכים החטאת אליהם. וחטאה שם כמו חטאת: **ועבות.** שם לחבל היחיד, בשקל שאור יאור, בשו״א הוא במוכרת או בסמו״ך כמו, מַעֲשֵׂה עֲבֹת (שמות כח, יד); ולרבים עבותים או עבותות. והחבל שהוא עשוי משלש יתרים יקרא עבות. ובדברי רבותינו זכרונו לברכה (מדרש רבה בראשית פרשה כב פסקא ו), יצר הרע בתחילה דומה לחוט השער ולבסוף לעבות העגלה שנאמר הוי מושכי העון בחבלי השוא: **(יט) האומרים.** כשאני שולח להם נביאי, ואומרים להם הרע שאני מביא להם בעונש מעשיהם הרעים; הם אומרים, אין אנו מאמינים: **ימהר יחישה מעשהו.** כלומר, מעשה הפורענות, ונראה שנביאינו אומרים אמת, כי עתה אין אנו מאמינים: **עצת קדוש ישראל.** מה שיעץ להביא עלינו, כי הוא קדוש ישראל ואיך ירע לנו. כי הם חושבים שאין מעשיהם רעים, כמו שאמר הוי האומרים לרע טוב: **(כ) הוי האומרים.** למעשיהם הרעים שהם עושים הם אומרים כי טובים הם; ולהתעסק בתורה ובחכמה הם אומרים רע ויגיעת בשר. והם כאלו שמים חשך לאור, כיון שלא יבדילו בשכל מה הוא טוב ומה הוא רע הרי הם כמי שלא יבדילו בחושים ויכזב להם חוש הראות וחוש הטעם: **(כא) הוי חכמים.** הם חושבים עצמם חכמים ונבונים; וכשאומרים להם הנביאים, זו דרך טובה לכו בה, וסורו מדרך הרעה; הם אומרים להם, לא כי, אלא הדרך שאנחנו אוחזים הטובה ,ואנחנו חכמים מכם להכיר הטוב והרע. ואדוני אבי זכרונו לברכה פירש, חכמים המה לעשות הישר בעיניהם, ונבונים המה לתקן מה שהוא נגד פניהם נכון. והוא על דרך שאמר, חֲכָמִים הֵמָּה לְהָרַע (ירמיה ד, כב): **(כב) הוי גבורים.** כל גבורתם היא לשתות יין, כלומר כחם וגבורתם אינה נראית להלחם עם אויביהם אלא כל עסקם לשתות יין. ושתיית היין והתענוגים מביאים החולשה; והנה הם מפסידים חכמתם וגבורתם בשתיית היין והתענוגים. וכן אמר, וְשָׂרַיִךְ בַּבֹּקֶר יֹאכֵלוּ (משלי י, טז). ובהפכו אומר, וְשָׂרַיִךְ בָּעֵת יֹאכֵלוּ בִּגְבוּרָה בַשְּׁתִי (שם פסוק יז), הנה כי שתית היין מונעת הגבורה: **ואנשי חיל.** כמו גבורים כי פירוש חיל, כח; כמו, הַמְאַזְּרֵנִי חָיִל (למלחמה) (תהלים יח, לג), ותרגום כח, חֵילָא. ויונתן תרגם, וְגִבָּרִין מָרֵי נִכְסִין, כמו, עָשָׂה לִי אֶת הַחַיִל (דברים ח, יז), למסוך. כמו למזוג: **(כג) מצדיקי.** השופטים מצדיקים הרשע בדינו:

**מצודת דוד**

**(יז) כבשים.** הצדיקים הנמשלים לעדר הרחלים המה ירעו בנחת והשקט כמנהגם מאז, ולא יהיו נכללים עם הרשעים: **וחרבות מחים.** בתי החרבות של הרשעים בעלי המוח, יאכלו הצדיקים, שהמה עתה כגרים מול רשעים: **(יח) מושכי העון.** ממשיכים על עצמן את היצר הרע המסית על העון: **בחבלי השוא.** בחבלים דקין, וכמעט שאין בהם ממש, וכעבות. לבסוף ממשיכים היצר הרע המחטיא בחבלים עבות שמושכים בהם את העגלה. רצונו לומר, בתחלה מעט נמשכים אחריו, ולבסוף נמשכים הרבה: **(יט) האומרים וכו׳.** אומרים בלעג, ימהר להביא מעשה הפורעניות שאומר, למען נראה אם יוכל עשוהו: **ותקרב ותבואה.** כפל הדבר במילים שונות: **ונדעה.** שיש בידו הכח: **(כ) לרע.** על עבודת אלילי כנענים היו אומרים שהוא טוב: **ולטוב.** הוא עבודת המקום: **שמים חושך וכו׳.** כפל הדבר פעמים ושלש כדרך המליצה ולהתמדת הדבר: **(כא) בעיניהם.** מחזיקים את עצמם לחכמים: **ונגד פניהם.** לפי הסתכלות פניהם. וכפל הדבר במילים שונות: **(כב) לשתות יין.** מראים גבורות לשתות יין הרבה: **ואנשי וכו׳.** כפל הדבר במילים שונות: **(כג) מצדיקי.** מצדיקים בדין את הרשע בשכר שוחד:

**מצודת ציון**

**(יז) כדברם.** כמנהגם. כי וינהג (בראשית לא, יח) תרגומו וּדְבַר. וכן, וַאֲנִי אֲשִׂימֵם דֹּבְרוֹת בַּיָּם (מלכים־א ה, כג), שהוא ענין הנהגה: **מחים.** רשעים השמנים בעלי המוח: **(יח) וכעבות.** חבלים עבות: **(יט) יחישה.** הוא כמו ימהר; וכן, אָחִישָׁה מִפְלָט לִי (תהלים נה, ט) וכפל הדבר בשמות נרדפים. וכך, אַדְמַת עָפָר (דניאל יב, ב): **(כב) למסוך.** מזיגת היין קרוי מסך:

**17.** **וְרָעוּ כְבָשִׂים כְּדָבְרָם** — *Then the sheep will graze in their usual way.* This verse is meant metaphorically. The sheep are the righteous (see *Shir HaShirim* 6:6). After God punishes the wicked, the righteous will live peacefully because there will no longer be wicked people to rob them (*Rashi*).

**וְחָרְבוֹת מֵחִים גָּרִים יֹאכֵלוּ** — *And sojourners will eat of the ruins of the fattened animals.* The *sojourners* are the righteous people and downtrodden poor who had been ousted from their

*[17] Then the sheep will graze in their usual way, and sojourners will eat of the*
*ruins of the fattened animals.*
*[18] Woe to those who pull iniquity upon themselves with cords of falsehood,*
*and sin like the ropes of a wagon. [19] Those who say, "Let Him hurry, let Him*
*hasten His action, so that we may see it; let the plan of the Holy One of Israel*
*approach and take place, so that we may know it."*

*Woe to the deceitful*

*[20] Woe to those who say that evil is good and good is evil; who make*
*darkness into light and light into darkness; they make bitter into sweet and*
*sweet into bitter!*
*[21] Woe to those who are wise in their own eyes, and who view themselves*
*as understanding. [22] Woe to those who are mighty in drinking wine and are*
*men of accomplishment in pouring liquor. [23] They acquit the wicked one*

---

properties. *The fattened animals* are the greedy wicked who had seized their properties. Now the destroyed properties of the wicked will revert to their rightful owners.

**18.** The prophet describes the degenerative process that results in addictions to sin.

**הוֹי מֹשְׁכֵי הֶעָוֹן בְּחַבְלֵי הַשָּׁוְא** — *Woe to those who pull iniquity upon themselves with cords of falsehood.* Woe to those who did not resist the first temptation to sin when the desire was still weak, merely like a flimsy cord, a cord of falsehood, a cord of nothingness that could have easily been broken. The people, however, pursued their temptations until they became addicted to a sinful way of life, and the thin cords became like thick, unbreakable wagon ropes, making the once-weak temptation addictive and virtually irresistible (*Rashi*).

Sin is like a strong, unbreakable cord. If someone lets himself become ensnared by sin, it wraps itself around him and it becomes harder and harder to free himself from it (*Shem MiShmuel*).

**19. הָאֹמְרִים יְמַהֵר יָחִישָׁה מַעֲשֵׂהוּ לְמַעַן נִרְאֶה** — *Those who say, "Let Him hurry, let Him hasten His action, so that we may see it."* When the prophets reprimand the people concerning their lives of sin and inform them of the impending doom, the people reply that they don't believe it. Indeed, they will challenge the prophet, saying, "Let God hasten to bring the retribution upon us. Then we will know that there is truth to your predictions" (*Radak*).

**עֲצַת קְדוֹשׁ יִשְׂרָאֵל** — *The plan of the Holy One of Israel.* The sinners deny that they have done any wrong — see next verse — and therefore declare that since God is the Holy One of Israel, He surely will not bring retributions upon His blameless people (*Radak*).

**20.** Isaiah now addresses those who distort the definitions of good and evil, a blight that is common in all ages.

**הוֹי הָאֹמְרִים לָרַע טוֹב וְלַטּוֹב רָע** — *Woe to those who say that evil is good and good is evil.* Woe to those who consider their evil deeds to be good but claim that the study of Torah and wisdom is evil and useless (*Radak*). Alternatively, woe to those who praise idolatry but consider the worship of God as evil (*Metzudos*).

**שָׂמִים חֹשֶׁךְ לְאוֹר . . . וּמָתוֹק לְמָר** — *Who make darkness into light . . . and sweet into bitter.* Since they lack the sense to differentiate between what is truly good and what is truly evil, it is as though their sense of sight and taste deceive them as well, and they don't know the difference between darkness and light or between sweet and bitter (*Radak*).

Because they so enjoy the corrupt and evil pleasures of this world — which is truly bitter — they rationalize that the sweetness of Torah is bitter and undesirable and they begin to believe that bitter sin is truly sweet. Distressing though this is, it also means that a Jew can transform the bitter and make it sweet, in a constructive way. If so, just as a bee transforms its food into honey, so too, a Jew should transform everything in this world into the sweetness of serving God (*Sfas Emes*).

By internalizing the faith that everything was created by God, one can look for the Divine message in every phenomenon and seek to understand it and utilize it to perfect himself.

**21.** The prophet now takes the people to task for their arrogance and conceit.

**הוֹי חֲכָמִים בְּעֵינֵיהֶם וְנֶגֶד פְּנֵיהֶם נְבֹנִים** — *Woe to those who are wise in their own eyes, and who view themselves as understanding.* When the prophets attempt to teach people the proper way, they arrogantly reply that they do not need anyone to advise them, for they are wiser than the prophets and are already practicing the proper way (*Radak*).

*Ibn Ezra* sees this as the next logical stage of the degenerative process that began when they did not differentiate between good and evil (see v. 20). The next step is that they mistakenly regard themselves as wise and understanding and acting correctly. Alternatively, *Malbim* translates: *Woe to those who are wise in their own eyes even though opposite their faces stand people of profound understanding.*

**22. הוֹי גִּבּוֹרִים לִשְׁתּוֹת יָיִן** — *Woe to those who are mighty in drinking wine.* The prophet rails against habitual drunkenness and bemoans those whose might lies only in their ability to drink. Their overindulgence weakens their physical strength and mental capacity, and they are therefore unable to use their might to battle their enemies (*Radak*).

**וְאַנְשֵׁי־חַיִל לִמְסֹךְ שֵׁכָר** — *And are men of accomplishment in*

כד עֵ֚קֶב שֹׁ֑חַד וְצִדְקַ֥ת צַדִּיקִ֖ים יָסִ֥ירוּ מִמֶּֽנּוּ׃ לָכֵ֡ן כֶּאֱכֹ֨ל קַ֜שׁ לְשׁ֣וֹן אֵ֗שׁ וַחֲשַׁ֤שׁ
לֶֽהָבָה֙ יִרְפֶּ֔ה שָׁרְשָׁם֙ כַּמָּ֣ק יִהְיֶ֔ה וּפִרְחָ֖ם כָּאָבָ֣ק יַעֲלֶ֑ה כִּ֣י מָאֲס֗וּ אֵ֚ת תּוֹרַת֙ יהו֣ה
כה צְבָא֔וֹת וְאֵ֛ת אִמְרַ֥ת קְדוֹשׁ־יִשְׂרָאֵ֖ל נִאֵֽצוּ׃ עַל־כֵּ֞ן חָרָ֧ה אַף־יהו֛ה בְּעַמּ֗וֹ וַיֵּ֨ט יָד֤וֹ
עָלָיו֙ וַיַּכֵּ֔הוּ וַיִּרְגְּזוּ֙ הֶהָרִ֔ים וַתְּהִ֥י נִבְלָתָ֛ם כַּסּוּחָ֖ה בְּקֶ֣רֶב חוּצ֑וֹת בְּכָל־זֹאת֙ לֹא־
כו שָׁ֣ב אַפּ֔וֹ וְע֖וֹד יָד֥וֹ נְטוּיָֽה׃ וְנָֽשָׂא־נֵ֤ס לַגּוֹיִם֙ מֵֽרָח֔וֹק וְשָׁ֥רַק ל֖וֹ מִקְצֵ֣ה הָאָ֑רֶץ וְהִנֵּ֥ה
כז מְהֵרָ֖ה קַ֥ל יָבֽוֹא׃ אֵין־עָיֵ֤ף וְאֵין־כּוֹשֵׁל֙ בּ֔וֹ לֹ֥א יָנ֖וּם וְלֹ֣א יִישָׁ֑ן וְלֹ֤א נִפְתַּח֙ אֵז֣וֹר
כח חֲלָצָ֔יו וְלֹ֥א נִתַּ֖ק שְׂר֥וֹךְ נְעָלָֽיו׃ אֲשֶׁ֤ר חִצָּיו֙ שְׁנוּנִ֔ים וְכָל־קַשְּׁתֹתָ֖יו דְּרֻכ֑וֹת פַּרְס֤וֹת

### רש"י

(כג) **וצדקת צדיקים.** שהן ראויין לזכות בבית דין, יסירו ממנו, ומחייבין אותו בדין וגוזלין ממונו: (כד) **לכן.** והיה הדבר הזה לכם וגו': **כאכול קש לשון אש.** כאכול את הקש, לשון אש: **וחשש.** תרגם יונתן, וְכַעֲמִירָא, קשין של שבולין. וכחשש אשר הלהבה תרפנו ותעשנו אפר: **כמק.** כדבר הנימוק: **ופרחם.** גדולתם. כאבק העולה לפני רוח ומסתלקת, כך תסתלק: (כה) **על כן.** על מעשיהם הללו: **וירגזו ההרים.** מלכי יהודה ושריהם: **כסוחה.** כרוק וקיא הניסח מתוך גופו של אדם שהוא **מאוס.** ובלשון חכמים (מדרש רבה איכה פרשה ג, פסקא טו) קרוי סחי; וכן, סְחִי וּמָאוֹס (איכה ג, מד): **בקרב חוצות.** כן יהיו מאוסים בין הבבלים: **בכל זאת.** הבאה עליהם: **לא שב אפו.** לא נתקנו במעשיהם להשיב אפו מהם: **נטויה.** להרע להם: (כו) **ונשא.** הקדוש ברוך הוא נס לגוים, ירמוז להם רמזים להתאסף ולבא עליהם. נשיאת נס הוא כמו כלונס ארוך, ונותנין בראשו בגד, ועולין בראש הר גבוה ורואין אותו מרחוק. והוא סימן לקיבוץ בני אדם. וכן, וְאֶל עַמִּים אָרִים נִסִּי (לקמן מט, כב), וכן, וְשִׂים אֹתוֹ עַל נֵס (במדבר כא, ח). כלונס, פירקא בלע"ז. ועל שם שהוא לאות, קרוי נס: **ושרק.** שיבליר בלע"ז. אף הוא סימן לקיבוץ: **מקצה הארץ.** שיבאו מרחוק לצור על ישראל: **קל יבוא.** האויב עליהם, כמו שמפרש והולך: (כז) **אין עיף ואין כושל בו.** לא ייעף ולא יכשל במרוצתו לקיים ימהר יחישה (לעיל, יט) שהם אומרים לפניו: **נפתח.** לשון ניתר; כמו, וַיְפַתַּח הַגְּמַלִּים (בראשית כד, לב): **ולא נתק.** ולא יראו שם סימן כשלון לירא ממני מלבא:

### רד"ק

**עקב שוחד.** בשכר שוחד שלוקחים ממנו, והצדיק בדינו יסירו במשפטם צדקתו ממנו. ואמר ממנו, אחר שאמר צדיקים, רוצה לומר, מכל אחד ואחד מהצדיקים הבאים למשפט: (כד) **לכן כאכול קש.** מנהג הלשון להקדים הפועל לפעול, אבל כשהדבר מבואר שאין לטעות בו, יקדימו הפעול לפועל, כמו זה. כי ידוע כי האש אוכלת הקש ולא הקש האש; וכן, מַיִם תִּבְעֶה אֵשׁ (לקמן סד, א), אֲבָנִים שָׁחֲקוּ מַיִם (איוב ד, יט), לשון אש הלהבת שהוא כצורת הלשון: **וחשש להבה.** היא כפל ענין במלות שונות, חשש הוא הקש הדק, ופירוש ולשון להבה ירפה החשש, כלומר יחלישנו ויבעירנו; כלומר כמו שהמעשה הזה הוא קל מהרה, שלשון האש יאכל הקש ולשון להבה ירפה החשש, כן יבא להם הרע קל ויכלה עד ששרשם כמק יהיה. ומק הוא מקק הנזכר בדברי רבותינו זכרונו לברכה (שבת צ, א), מקק של סופרים, והוא הרקב. ומשל שרשם, רצונו לומר, החזק שלהם יהיה נמק ונמס: **ופרחם.** הוא משל על החלשים, כמו האבק, שמרוב קלותו יעלה באויר ויכלה; כן יכלו כלם, החזקים והחלשים שהם רעים: **כי מאסו את תורת ה' צבאות ואת אמרת קדוש ישראל נאצו.** כפל ענין במלות שונות. כאבק כלו קמוץ וגם הכ"ף. ויונתן תרגם, וחשש להבה, וְכַעֲמִירָא בְּשַׁלְהוֹבִיתָא. ובדרש (ילקוט שמעוני פרשת עקב, רמז תתסא), לכן כאכול קש לשון אש, וכי יש לך קש שהוא אוכל אש? אלא קש זה עשו; שכל זמן שמרפים ישראל ידיהם מן המצות שולט בהם בישראל, שהם אש, עשו שהוא קש, שנאמר והיה בית יעקב אש ובית יוסף להבה ובית עשו לקש: (כה) **על כן. . . וירגזו ההרים.** דרך משל, כאלו רגזו ההרים ורעשה הארץ להם מרוב צרתם: **כסוחה.** בשקל וְשִׁכְלָה אֵין בָּהֶם (שיר השירים ד, ב), ופירוש כרותה; תרגום לֹא תִזְמֹר (ויקרא כה, ד), לא תִכְסָח: **לא שב אפו.** לפי שהם אינם שבים בתשובה: (כו) **ונשא נס.** כאלו האל ישא להם נס, וכאלו ישרוק להם שיבאו לארץ ישראל להחריבה. וענינו שיעיר את רוחם לבא. מהרה קל, הכפל לחזק המהירות. והוא מלך אשור שיבא מהרה ובקלות, כמו הקל ברגליו שהולך מהרה. ויונתן תרגם קל, כְּעַנְנִין קַלִילִין: (כז) **אין עיף.** הפסוק הזה הוא על דרך הפלגה, מרוב חפצם ומהירותם לבא, לא יעפו ולא יגעו מן הדרך ולא יכשל אחד מהם בדרך; כלומר שלא תגוף רגלו באבן מדרך מפני מהירותם ללכת. לא ינום ולא ישן ביום, וגם בלילה לא ישן אחד מהם דרך קבע שיצטרך להתיר אזורו ולהתיר שרוך נעליו, אלא לבוש ונעליו ברגליו ישן מה שישן בלילה; וכל זה דרך הפלגה: **נתק.** פירושו התרת קשר המנעול: (כח) **אשר חציו.** וכן כלי מלחמתו כולם ערוכים להלחם; חציו שנונים ומחודדים, וכן קשתותיו דרוכות. לא יצטרכו לדרוך אותם כשירצו להלחם שלא יתעכבו במלחמה. וכן פרסות סוסיו כמו הצור, והוא האבן החזק נחשב שלא יכאבו מן הדרך, ולא יצטרכו להטיל להם ברזלים. וכן גלגלי המרכבה יבאו מהרה כמו הסופה, והוא הקש המתגלגל ברוח, וכל זה דרך הפלגה:

### מצודת דוד

**יסירו ממנו.** מכל אחד מן הצדיקים מסירים צדקתו, לומר עליו שאינו צדיק בדינו: (כד) **לכן.** בעבור הטיית המשפט: **כאכול קש לשון אש.** כמו לשון אש שורף את הקש, וכמו להבה מרפה את החשש ומחלישו עד כי ישוב לאפר, כן יחלש שרשה להיות כדבר הנימק: **ופרחם.** גדולתם יסתלק כאבק דק המסתלק ברוח קמעא: (כה) **עליו.** על עמו: **ההרים.** מלכי יהודה ושריהם: **כסותה.** כרוק המושלך בקרב חוצות: **בכל זאת.** עם כל הפורעניות הזאת לא שב אף ה' ועוד ידו נטויה להכות בהם: (כו) **ונשא נס.** רצונו לומר, יעורר לב האומות היושבים ממרחק לבוא עליהם, כאלו נשאר להם נס וכאלו שרק להם להתאסף ולבוא: (כז) **אין עיף.** בהעם הבא לא ימצא בו עיף וכושל: **לא ינוס.** רצונו לומר, לא יהיה מי מתעצל בדבר: **ולא נפתח.** רצונו לומר, לא יהיה למי שום צד עכוב: (כח) **אשר חציו שנונים.** יהיה עם אשר חציו יהיה שנונים. רצונו לומר, יהיה מוכן למלחמה:

### מצודת ציון

(כג) **עקב.** בשכר, כמו, וְהָיָה עֵקֶב תִּשְׁמְעוּן (דברים ז, יב): (כד) **קש.** תבן: **לשון אש.** להב אש על שם שנמשך כלשון: **חשש.** היא תבן הדק; וכן, תַּהֲרוּ חֲשַׁשׁ (לקמן לג, יא): **ירפה.** מלשון רפיון: **כמק.** מלשון המקה והמסה: **ופרחם.** המשיל הגדולה לפרחי האילן: **יעלה.** יסתלק; כמו, כַּעֲלוֹת גָּדִישׁ (איוב ה, כו): **נאצו.** ענין בזיון: (כה) **וירגזו.** ענין תנועת החרדה: **כסותה.** כרוק הניסח מן הגוף; וכן, סְחִי וּמָאוֹס תְּשִׂימֵנוּ (איכה ג, מה): (כו) **נס.** הוא כלונס ארוך ובראשי בגד, ועשוי לרמוז בו ולהתאסף ולבא: **ושרק.** הוא קול הנעשה בקבוץ השפתים, והוא סימן להתאסף; וכן, אֶשְׁרְקָה לָהֶם וַאֲקַבְּצֵם (זכריה י, ח): (כז) **נפתח.** ענין התרת הקשר; כמו, יִתְרִי פִּתַּח (איוב ל, יא): **אזור.** חגורה: **חלציו.** מתניו: **נתק.** נעתק ממקומו: **שרוך.** ענין קשורים; כמו, מִחוּט וְעַד שְׂרוֹךְ נַעַל (בראשית יד, כג): (כח) **שנונים.** חדודים: **דרוכות.** הדרך לדרֹך ברגליו על הקשת למתחו היטב: **פרסות.** הוא כעין מנעלים:

*because of a bribe, and strip the righteous one of his innocence.*
God's wrath [24] *Therefore, just as a tongue of fire consumes straw, and a flame destroys*
*stubble, so will their root become rot and their flower will be blown away*
*like dust; for they have abhorred the Torah of* HASHEM, *Master of Legions,*
*and they have scorned the word of the Holy One of Israel.* [25] *Therefore,*
*HASHEM's wrath has flared up against His people and He has stretched forth*
*His hand against them and stricken them; the mountains have quaked, and*
*their corpses are like refuse in the middle of the streets. Yet still His wrath*
*has not ceased and His hand is still stretched out.* [26] *He will raise a ban-*
*ner for far-off nations and He will whistle [for the enemy to come] from the*
*ends of the earth; and behold, he will come with quickness, with alacrity.*
[27] *None among him is tired or stumbles; he neither sleeps nor slumbers; the*
*belt around his waist will not be opened, and the laces of his shoes will*
*not be untied.* [28] *His arrows are sharpened and all his bows are drawn;*

---

*pouring liquor. Radak* sees the words אַנְשֵׁי חַיִל as synonymous with גִּבּוֹרִים of the first part of the verse. Our translation however follows *Targum.*

**23.** **מַצְדִּיקֵי רָשָׁע עֵקֶב שֹׁחַד** — *They acquit the wicked one because of a bribe.* Isaiah points out the degree to which judicial corruption has seized the hearts of the people. Bribery, like wine, had blinded their hearts and weakened their mental capabilities (*Ibn Ezra*). For money they render verdicts in favor of the guilty parties (*Metzudos*).

**וְצִדְקַת צַדִּיקִים יָסִירוּ מִמֶּנּוּ** — *And strip the righteous one of his innocence.* They further pervert justice by falsely accusing and convicting a righteous person and thereby rob him of his possessions (*Rashi*).

It is the responsibility of judges to chastise evildoers, or, at least, to show them disfavor. But if judges or other representatives of righteousness are swayed by the wealth of sinners and let themselves be bribed into treating them with respect, or they feel intimidated by the wealthy and powerful, such judges are stripped of their innocence, and they will be unable to influence sinners to correct their behavior (*Chozeh David*).

**24.** **לָכֵן כֶּאֱכֹל קַשׁ לְשׁוֹן אֵשׁ וַחֲשַׁשׁ לֶהָבָה יִרְפֶּה** — *Therefore, just as a tongue of fire consumes straw, and a flame destroys stubble.* For permitting widespread judicial corruption to be rampant, the people are condemned to suffer Divine retribution (*Metzudos*). As portrayed by the imagery of a quickly consuming fire, the retribution will come quickly and suddenly (*Radak*).

**שָׁרְשָׁם כַּמָּק יִהְיֶה וּפִרְחָם כָּאָבָק יַעֲלֶה** — *So will their root become rot and their flower will be blown away like dust.* The root and the flower metaphorically refer to either the strong and the weak of the nation (*Radak*) or to the nation's fathers and sons (*Ibn Ezra*). Because they have rejected God's Torah and scorned His word, the entire nation — the strong and the weak, its fathers and sons — will suffer Divine retribution.

**25.** **עַל־כֵּן חָרָה אַף־ה' בְּעַמּוֹ** — *Therefore,* HASHEM'*s wrath has flared up against His people.* Because the people have ceased to follow God's Torah (*Ibn Ezra*) and corruption and immorality have been their way of life, God's wrath has flared up against them (*Rashi*).

**וַיִּרְגְּזוּ הֶהָרִים** — *The mountains have quaked.* Their punishment will be so intense that it will seem as though the very mountains have quaked (*Radak*). Metaphorically, the mountains are the kings and officers of Judah (*Metzudos*).

**וַתְּהִי נִבְלָתָם כַּסּוּחָה בְּקֶרֶב חוּצוֹת** — *And their corpses are like refuse in the middle of the streets.* The punishment will be meted out measure for measure. Because the people abhorred God's Torah, their corpses will be thrown into the middle of the streets and, like refuse, will be repugnant in the eyes of the nations (*Mahari Kara*).

**בְּכָל־זֹאת לֹא־שָׁב אַפּוֹ** — *Yet still His wrath has not ceased.* The people did not take these punishments to heart and did not repent their evil ways, so God continued to punish them (*Radak*).

**26.** **וְנָשָׂא־נֵס לַגּוֹיִם מֵרָחוֹק וְשָׁרַק לוֹ מִקְצֵה הָאָרֶץ** — *He will raise a banner for far-off nations and He will whistle [for the enemy to come] from the ends of the earth.* God will signal foreign nations, even from distant lands, to come and attack Israel (*Rashi*). This refers to the Assyrians who invaded the Northern Kingdom and sent the Ten Tribes into exile (*Radak*). This had been foretold in *Deuteronomy* 28:49: HASHEM *will carry against you a nation from afar* (*Mahari Kara*).

**וְהִנֵּה מְהֵרָה קַל יָבוֹא** — *And behold, he will come with quickness, with alacrity.* The enemy will come swiftly to attack Israel, as Scripture will proceed to explain (*Rashi*).

**27.** **אֵין־עָיֵף וְאֵין־כּוֹשֵׁל בּוֹ** — *None among him is tired or stumbles.* In their eagerness to attack the Israelites, the Assyrians will travel a great distance speedily, but will not stumble on the road nor become weary from their difficult journey. So eager will they be to attack that they will not doze by day nor open their belts and untie their shoes to sleep at night (*Radak*).

**28.** **אֲשֶׁר חִצָּיו שְׁנוּנִים וְכָל־קַשְּׁתֹתָיו דְּרֻכוֹת** — *His arrows are sharpened and all his bows are drawn.* The enemy is fully prepared to attack. He needs no time to prepare his weapons,

HAFTARAS YISRO
*Ashkenazim:* 6:1-7:6, 9:5-6
*Sephardim:* 6:1-13

כט סוּסָיו֙ כַּצַּ֣ר נֶחְשָׁ֔בוּ וְגַלְגִּלָּ֖יו כַּסּוּפָֽה׃ שְׁאָגָ֥ה ל֖וֹ כַּלָּבִ֑יא °ושאג [°יִשְׁאַ֤ג ק׳]
ל כַּכְּפִירִ֗ים וְיִנְהֹם֙ וְיֹאחֵ֣ז טֶ֔רֶף וְיַפְלִ֖יט וְאֵ֥ין מַצִּֽיל׃ וְיִנְהֹ֥ם עָלָ֛יו בַּיּ֥וֹם הַה֖וּא
**ו** א כְּנַהֲמַת־יָ֑ם וְנִבַּ֤ט לָאָ֙רֶץ֙ וְהִנֵּה־חֹ֔שֶׁךְ צַ֣ר וָא֔וֹר חָשַׁ֖ךְ בַּעֲרִיפֶֽיהָ׃ בִּשְׁנַת־
מוֹת֙ הַמֶּ֣לֶךְ עֻזִּיָּ֔הוּ וָאֶרְאֶ֧ה אֶת־אֲדֹנָ֛י יֹשֵׁ֥ב עַל־כִּסֵּ֖א רָ֣ם וְנִשָּׂ֑א וְשׁוּלָ֖יו

**רש"י**

(כח) **בצר**. תרגם יונתן כְּטִינָרָא, כמו צור: **וגלגליו**. אופני מרכבותיו: (כט) **שאגה**. אימה זו תהיה עליכם כמו לביא: **ויפליט**. יצילנו לטרפו מיד כל הבאים להצילה. יפליט אישקמולייר בלע"ז: (ל) **וינהום**. אותו האויב על עם ה' הנזכר למעלה: **כנהמת ים**. אשר יהמו גליו (לקמן נא, טו), כן יבוא בחיילות הומות: **ונבט לארץ**. לשון הבטה, יביטו ישראל ויצפו שיעזרום מלכי ארץ שהם סומכין עליהם כענין שנאמר, הַיֹּרְדִים מִצְרַיִם לְעֶזְרָה (לקמן לא, א): **והנה חושך**. שלא יהא עוזר להם. ונבט לשון נפעל, כמו לא נפתח ולא נתק (לעיל, כז). והוי"ו גורמת לו להסב הדיבור להבא. אייר"ט אישגרד"י בלע"ז: **צר ואור חשך**. כמו, וְכָשַׁל עוֹזֵר וְנָפַל עָזֻר (לקמן לא, ג). מי שצר לו שבאת עליו הצרה, וזה שבא להציר לו, שניהם חשכו. ויש פותרין, צר היא הלבנה, שנתמעטה, ואור היא החמה: **בעריפיה**. בבא מאפליה שלה, לשון יַעֲרֹף כַּמָּטָר (דברים לב, ב) וכן דרך, בערוף מטר האור מאפיל: (א) **בשנת**. סימן זה תחלת הספר ותחילת נבואת ישעיה. וחמשה סימנים הקודמים נאמרו אחר זה הסימן, אלא שאין מוקדם ומאוחר בתורה. וראייה לדבר, ישעיה נבא, וְנוֹתְרָה בַת צִיּוֹן כְּסֻכָּה וגו' (לעיל א, ח), זה היה לאחר שהחריב וגלה סנחרב את עשרת השבטים ונשארו רק יהודה וירושלים. לכך אמר חזון ישעיה וגו' על יהודה וירושלים וגו' על מה תכו עוד תוסיפו סרה וגו', אברבנאל): **בשנת מות**. כשנצטרע: **ושוליו**. כמו, שׁוּלֵי הַמְּעִיל (שמות כח, לד). תחתיתו ראיתיו יושב על כסא בשמים, ורגליו בהיכל, הדום מרגלותיו בבית המקדש,

**רד"ק**

(כט) **שאגה לו**. וְשָׁאַג כתוב, יִשְׁאַג קרי, והענין אחד: **ויאחז טרף**. כי לא תהיה שאגתו ונהמתו לחנם, אלא שיאחז טרף; כמו, שנאמר הֲיִשְׁאַג אַרְיֵה בַּיַּעַר וְטֶרֶף אֵין לוֹ (עמוס ג, ד), כן האויב הזה; והוא מלך אשור, יאחז טרף ואין מציל מידו; שהרי בבאו כבש כל ארץ ישראל וגם כל ערי יהודה הבצורות. ופירש ויפליט יקח הפלטה, והיא ארץ יהודה כי הכל כבש זולתי ירושלם: (ל) **וינהום. . . כנהמת ים**. כנהמת גלי הים: **ונבט לארץ**. מבנין פעל הדגוש בשקל אבד ושבר. אומר יביט ישראל לארץ. בבא עליו האויב פתאם יביט אם יבא לו עוזר ואין, ולא יראה כי אם חשך. ומהו החושך? חושך צר, כלומר חשך האויב הבא עליו. ואף על פי שבמלת חשך עמד, הטעם הענין דבק עם צר: **ואור חשך בעריפיה**. ואור השמש חשך לו לישראל בשמים; כלומר קדרו לו השמים ממעל מרוב הצרה. והשמים נקראו עריפים מפני שמזילים המטר; כמו שאמר, אַף־שָׁמָיו יַעַרְפוּ טָל (דברים לג, כח). ופירוש יערפו, יזלו; וכן, יַעֲרֹף כַּמָּטָר לִקְחִי תִּזַּל (דברים לב, ב). ויש מפרשים בעריפיה, ברחובותיה כמו יַעֲרֹף מִזְבְּחוֹתָם (הושע י, ב), שהוא ענין הריסות. ויש מפרשים צר ואור שמש וירח: (א) **בשנת מות המלך עזיהו**. תרגם יונתן, בְּשַׁתָּא דְאִתְנְגַע בָּהּ מַלְכָּא עֻזִיָּה. והוא כשנכנס להקטיר קטרת בהיכל והצרעת זרחה במצחו. ויש לפרש מיתה ממש, ולפירוש הזה לא יהיה זה תחילת נבואתו. ומה שספר השנה שראה זאת המראה, לפי שבמותו הרעו העם כמו שנאמר בתחילת מלכות יותם. אמר ואראה את ה', ראה במראה הנבואה כבוד ה', כי פי' ה' כבוד ה'. וכן תרגם יונתן יקרא דה', וכן נאמר על הכבוד וירד ה' על הר סיני, ותרגם גם כן אנקלוס, ואתגלי יְקָרָא דה', וכן אמר יחזקאל, דְּמוּת כִּסֵּא וְעַל דְּמוּת הַכִּסֵּא דְּמוּת כְּמַרְאֵה אָדָם עָלָיו מִלְמָעְלָה (יחזקאל א, כו). וזהו שאמר ואראה את ה' יושב על כסא רם ונשא; ורם ונשא הוא על הכסא, והכל הוא דמות במראה הנבואה. ורבותינו הקשו הפסוקים ואמרו (יבמות מט, ב), כתיב, כִּי לֹא יִרְאַנִי הָאָדָם וָחָי (שמות לג, כ) וכתיב ואראה את ה'? לא קשיא כאן באספקלריא המאירה כאן באספקלריא שאינה מאירה. ואמרו רבותינו זכרונם לברכה (חגיגה יג, ב), כל מה שראה יחזקאל ראה ישעיהו. יחזקאל למה הוא דומה? לבן כפר שראה את המלך, ישעיהו לבן כרך שראה את המלך. כלומר שיחזקאל ספר פרטי הדברים לפי שהיו חדוש גדול אצלו או אצל בני דורו, אבל ישעיה לא ספר אלא דרך כלל, כי הוא היה שלם יותר מיחזקאל ולא היתה המראה כל כך חדוש אצלו, או בני דורו היו שלמים יותר מבני דורו של יחזקאל. וישעיהו זכר שרפים ולא זכר החיות: **ושוליו**. הכנוי כנגד הכבוד, וכן תרגם יונתן, וּמִזִּיו יְקָרֵיהּ אִתְמְלֵי הֵיכְלָא. או יהיה הכנוי כנגד הכסא, והשולים הם תחתית הבגד או זולתו. והמשל הנה כי ההיכל מכוון כנגד כסא הכבוד:

**מצודת דוד**

**כצר**. חזקים כסלע ולא יתנגפו במרוצתם: **כסופה**. ימהרו ללכת כרוח סופה: (כט) **שאגה לו**. להעם הזה: **ויפליט**. יציל הטרף לעצמו מיד הבא לחטוף מידו: **ואין מציל**. לא יהיה ביד מי להציל מידו: (ל) **עליו**. על ישראל: **ונבט לארץ**. יביט למלכי ארץ, אולי ימצא מהם עזרה: **והנה חושך צר**. יש לו חושך מהצר והאויב הבא עליו כי לא מצא עזר: **ואור חשך בעריפיה**. אור השמש חשך לו בשמים מרוב הצרה. או בעריפיה רצונו לומר, בבוא מאפליה. ועל כי בעת יערוף המטר מאפיל האור, אמר בעריפיה: (א) **בשנת מות**. כשנצטרע כשנכנס בהיכל להקטיר; כמו שנאמר, וְהַצָּרַעַת זָרְחָה בְמִצְחוֹ (דברי הימים ב כו, יט), כי המצורע חשוב כמת (מדרש תנחומא צו פרק יג):

**מצודת ציון**

**כצר**. כסלע: **וגלגליו**. אופן העגלה: **כסופה**. רוח חזק: (כט) **כלביא**. שם משמות האריה: **וינהם**. מלשון המייה: **ויפליט**. ענין הצלה, (ל) **כנהמת**. מלשון המייה: **ונבט**. מלשון הבטה וראיה, בעריפיה. כן נקראים השמים על כי יערפו ויזלו את הטל; כמו שכתוב, אַף שָׁמָיו יַעַרְפוּ טָל (דברים לג, כח). או רצונו לומר, במאפליה: (א) **ושוליו**. תחתיתו רצונו לומר, רגליו:

for his arrows are already sharpened and his bows are bent and ready to be used (*Radak*).

**פַּרְסוֹת סוּסָיו כַּצַּר נֶחְשָׁבוּ וְגַלְגִּלָּיו כַּסּוּפָה** — *His horses' hooves are considered like flint, and his [chariots'] wheels are like a storm.* His horses, too, are ready for battle, for their hooves are hard as flint and need not be shod. The wheels of his chariots will race down the road as fast as stubble blows in the wind (*Radak*) or as fast as a storm wind (*Metzudos*).

**29. שְׁאָגָה לוֹ כַּלָּבִיא** — *His roar is like a lion's.* The prophet describes the terror that will seize the Israelites at the time of the Assyrian assault. The people will be terrified, as if they had heard a lion emit its mighty roar (*Rashi*).

**יִשְׁאַג כַּכְּפִירִים וְיִנְהֹם** — *He will roar like young lions, and growl.* A young lion emits a jubilant roar after it has seized its prey (*Metzudos* to *Amos* 3:4). The prophet alludes to the conquest of the Assyrian king who will conquer the entire Land of Israel, including all the Land of Judah, except for Jerusalem. He will seize "as prey" all those who will attempt to escape (*Radak*).

**30. וְיִנְהֹם עָלָיו בַּיּוֹם הַהוּא כְּנַהֲמַת־יָם** — *He will growl at [Israel] on that day like the rumble of the sea.* The sound of the attacking armies will be like the crashing rumble of waves (*Rashi*).

**וְנִבַּט לָאָרֶץ וְהִנֵּה־חֹשֶׁךְ צַר** — *[Israel] will peer across the land, but there will be only the darkness of the enemy. Radak* notes

*his horses' hooves are considered like flint, and his [chariots'] wheels like
a storm.* 29 *His roar is like a lion's; he will roar like young lions, growl, seize
prey and pull it away, and none can save it.* 30 *He will growl at [Israel] on
that day like the rumble of the sea; [Israel] will peer across the land, but
there will be only the darkness of the enemy; the light [of day] has darkened
in the sky.*

**6** 1 *In the year of King Uzziah's death, I saw the Lord sitting upon a high and lofty*

that according to the cantillation of the verse, the word צַר should start a new phrase. Nevertheless, he relates it to the first phrase of the verse and explains that Israel will look across the land to Egypt, and to other kings upon whom they rely (*Abarbanel*), in the hope that they will come to rescue Israel from Assyria. However, they will find *only the darkness of the enemy,* because no nation will come to their aid.

*Rashi,* however, follows the cantillation and renders the earlier phrase: *But there will be darkness.* The next phrase begins: צַר, *the distressed one (Israel),* וָאוֹר, *and the [would-be] light* — i.e., its allies — *will become darkened by the thick clouds [of doom].*

### 6.

In this chapter Isaiah is granted a vision of the Heavenly Court and describes what is happening in the שְׁמֵי מָרוֹם, *the spiritual heaven above,* a world of which we have no understanding, only the faith that it exists. Rabbi Schwab emphasizes that we can have no real conception of the true meaning of the subject matter in this chapter. We are like sightless people discussing traffic lights. They may *say* that red means "stop" and green means "go," but since they have never seen light or colors, they can have no real conception of what these words mean. Similarly, we can have no true conception of the various spiritual creatures known as *ofanim, chayos, seraphim, eilim,* or *shinanim,* nor of their functions and activities that are described in the prophecies of Isaiah and Ezekiel (Ch. 1). Nevertheless, we can have some limited understanding of what the verses mean (see *Rav Schwab on Yeshayahu*).

**Isaiah's Vision of the Heavenly Court.** Most commentators maintain that the prophecy described in this chapter is Isaiah's first vision, for it is in this chapter that he answers God's summons and offers to carry the Divine message to His people — see *Rashi* to 1:1; *Ibn Ezra* 6:1 and commentary to 1:1.

**1. בִּשְׁנַת־מוֹת הַמֶּלֶךְ עֻזִּיָּהוּ** — *In the year of King Uzziah's death.* This is either the year that King Uzziah actually died (*Radak*) or the time he was stricken with *tzaraas* (*Targum Yonasan, Rashi*), and, as the Talmud declares, *one who is stricken with tzaraas is considered as dead* (*Avodah Zarah* 5a). King Uzziah of Judah had an unusually successful reign, defeating enemies, building up the army, expanding the economy, and constructing important projects in the kingdom. However, his success went to his head and he decided to offer *ketores* (incense) in the Temple, a function reserved for the Kohanim. [He may have mistakenly reasoned that since the Davidic kings had been chosen by God, they had the status of Kohanim (*Behold a People*).] When the Kohanim told him that he must desist because an Israelite is forbidden to perform the Temple service, he became infuriated and insisted on going ahead. Divine retribution struck immediately. He was smitten with *tzaraas* on his forehead and was rushed from the Temple — see *II Chronicles* 26:16-21. The reaction of the Kohanim to the king's audacious act and God's immediate punishment showed that God's Torah was still upheld in the Temple at this time and that His Presence was still there (*R' Hirsch, Collected Writings* IV, p. 6).

**וָאֶרְאֶה אֶת־אֲדֹנָי יֹשֵׁב עַל־כִּסֵּא רָם וְנִשָּׂא** — *I saw the Lord sitting upon a high and lofty throne.* Isaiah is shown a vision of the *Merkavah,* or the Heavenly Court, where the angels pay homage to God. The same vision is given in far-greater detail in the first chapter of the Book of *Ezekiel,* but not because Ezekiel was greater than Isaiah. On the contrary, he was startled by the vision that he perceived and therefore recorded it in greater detail.

In the idiom of the Sages, Isaiah was like a בֶּן כְּרַךְ, a *city dweller,* who saw the king. Since he was "sophisticated" and accustomed to seeing the king, he took what he saw for granted and felt no need to describe it in detail. Ezekiel, however, was like a בֶּן כְּפָר, a *villager,* who saw the king. Everything was new to him so he reported it all (*Chagigah* 13b). *Rambam* (*Moreh Nevuchim*) explains the analogy of the Sages. A city dweller has no need to describe the king's palace, his royal garb, his elaborate chariot, and so on, because his compatriots see them often and are familiar with them. A villager, however, must describe the vision in great detail because his neighbors have never seen the king and his entourage. In this sense, Ezekiel had to go into great detail for the sake of his listeners.

The Torah records that when the elders of Israel escorted Moses to the foot of Mount Sinai, the Torah states, וַיִּרְאוּ אֵת אֱלֹהֵי יִשְׂרָאֵל, *They saw the God of Israel* (*Exodus* 24:10). *Rambam* (*Moreh Nevuchim* 1:28) teaches that this phrase must be interpreted allegorically, since God has no physicality and cannot be "seen." The same would apply to the prophecy of Isaiah. He saw the Heavenly Court in a prophetic vision (*Radak*) or in a dream (*Abarbanel*). He perceived the כְּבוֹד ה׳, *the glory of God,* in the form of a man sitting on a high and lofty throne (*Radak*).

God was sitting in judgment but sitting quietly, for He did not yet actively intervene in the fate of Judah (*R' Hirsch*).

ב מְלֵאִים אֶת־הַהֵיכָל: שְׂרָפִים עֹמְדִים | מִמַּעַל לוֹ שֵׁשׁ כְּנָפַיִם שֵׁשׁ כְּנָפַיִם
ג לְאֶחָד בִּשְׁתַּיִם | יְכַסֶּה פָנָיו וּבִשְׁתַּיִם יְכַסֶּה רַגְלָיו וּבִשְׁתַּיִם יְעוֹפֵף: וְקָרָא
זֶה אֶל־זֶה וְאָמַר קָדוֹשׁ | קָדוֹשׁ קָדוֹשׁ יהוה צְבָאוֹת מְלֹא כָל־הָאָרֶץ

**רש״י**

לדון על עוזיה שבא ליטול כתר כהונה: (ב) **שרפים עומדים ממעל.** בשמים: **לו.** לשמשו, כן תרגם יונתן, שַׁמָּשִׁין קַדִּישִׁין בְּרוּמָא קֳדָמוֹהִי: **בשתים יכסה פניו.** שלא יביט לצד השכינה: **ובשתים יכסה רגליו.** לצניעות, שלא יראה כל גופו לפני בוראו. ובתנחומא (שמות, אחרי מות פרק א) ראיתי, כסוי הרגלים, לפי שהם ככף רגל עגל; שלא להזכיר לישראל עון העגל: **ובשתים יעופף.** וּבִתְרֵין מְשַׁמֵּשׁ (תרגום יהונתן): (ג) **וקרא זה אל זה.** נוטלין רשות זה מזה, שלא יקדים האחד ויתחיל ויתחייב שריפה אלא אם כן פתחו כולם כאחד. וזהו שיסד ביוצר אור, קְדֻשָּׁה כֻּלָּם כְּאֶחָד עוֹנִים כו׳. ומדרש אגדה מעשה מרכבה הוא, וכן תרגם קדוש קדוש קדוש, שלשה פעמים כתרגומו:

**רד״ק**

**מלאים את ההיכל.** כמו ממלאים; וכן, וּכְבוֹד ה׳ מָלֵא אֶת הַמִּשְׁכָּן (שמות מ, לד). וההיכל הוא היכל בית המקדש. או פירוש ההיכל, השמים כמו, וַה׳ בְּהֵיכַל קָדְשׁוֹ (חבקוק ב, כ), ה׳ בַּשָּׁמַיִם כִּסְאוֹ (תהלים יא, ד): (ב) **שרפים. . . ממעל לו.** סמוך לו; וכן, וְעָלָיו מַטֵּה מְנַשֶּׁה (במדבר ב, כ), וְזָבַחְתָּ עָלָיו (שמות כ, כא). ויונתן תרגם ממעל, בְּרוּמָא, ותרגם לו כמו, לְפָנָיו (בראשית כד, לג), קֳדָמוֹהִי. ותרגם שרפים עומדים, שַׁמָּשִׁין קַדִּישִׁין. תרגם עומדים קדישין, רצונו לומר, עומדים קיימים, והם המלאכים הקדושים שהם קיימים לעד: **שש כנפים לאחד.** ולא זכר מנין השרפים, אבל זכר כי לכל אחד מן השרפים ראה שש כנפים. ויחזקאל ראה לכל אחד מהחיות ארבע כנפים; וזה כי לכל תנועה מהם הם ארבע סבות כמו שיתבאר בספר החכם הגדול רבינו משה זכרונו לברכה. וכנפים הם סבת התנועה הממהרת מכל תנועות והוא העופפות. וישעיה זכר לשרף שש כנפים, והנה זכר הנגלה כי בשתים יכסה פניו ובשתים יכסה רגליו ובשתים יעופף. והנה מפרש בספרו טעם ההסתר וטעם שתים. ורבותינו זכרונם לברכה אמרו (חגיגה יג, ב), כאן בזמן שבית המקדש קיים כאן בזמן שאין בית המקדש קיים כביכול נתמעטו כנפי החיות. ואני תמה, למה סמך הרב הארבעה לתנועה, כי לא היו בחיות אלא שתים לעופף ושתים לכסות גויותיהן כמו שאמר ושתים מכסות את גויתיהנה ובשתים שהיו פרודות מלמעלה היתה העופפות? והוא שאמר פרודות מלמעלה, פירוש פרודות מהגוף ופרושות לעופף, כי השתים האחרות היו מחוברות לגוף כדי לכסות את גויותיהן. והנראה לנו לפי מה שלמדנו מדברי הרב, כי טעם ארבע וטעם שש כי ההסתר בשרפים בפנים וברגלים וזה דרך משל. וההסתר בחיות בגופן לא ברגליהם וגם לא בפניהם, וזה סוד ידוע למשכילים. ויונתן תרגם, בִּתְרֵין מְכַסֵּי אַפּוֹהִי דְלָא חָזֵי וּבִתְרֵין מְכַסֵּי גְוִיָּתֵיהּ דְלָא מִתְחֲזֵי וּבִתְרֵין מְשַׁמֵּשׁ; ומה מאד הטיב פירושו למבינים. וכל המראה הזה במראה הנבואה ובהשגת השכל ולא בהשגת חוץ לשכל; כי אין למלאכים שקראן שרפים לא פנים ולא רגלים ולא כנפים לפי דעת חכמים הפלוסופים, וכן דעת החכם הגדול הנזכר. וגם בדברי רבותינו זכרונם לברכה דברים מסכימים מורים זו הדעת. וקראם שרפים לפי שראה במראה הנבואה בדמות אש שורף, וזה לגלות עון הדור שהיו חייבים כליה: (ג) **וקרא זה אל זה ואמר.** שמעתי שהיה קורא שרף אל שרף זה, והיה אומר אחד לחבירו דרך זרוז, והיה קורא אחד לחבירו, קדוש קדוש כקורא לחבירו פלוני פלוני והיו אומרים נקדש האל ביחד. ונאמר קדוש ה׳ צבאות, כי הוא אדון צבאות מעלה וצבאות מטה:

**מצודת דוד**

(ב) **ממעל.** בשמים: **לו.** לשמשו: **לאחד.** לכל אחד ואחד: **יכסה פניו.** לבל יביט כלפי השכינה: **יכסה רגליו.** לצניעות, שלא יראה בכל גופו לפני בוראו. ורבותינו זכרונם לברכה אמרו (תנחומא שמות, אחרי מות פרק א), שלא להזכיר מעשה העגל כי כף רגליהם ככף רגל עגל: **יעופף.** יעוף בשליחות המקום: (ג) **וקרא וכו׳.** שרף קורא לחבירו לומר קדוש כאחד, ולא יקדים האחד לחבירו: **ואמר.** הקול יוצא מבין כולם כאחד כאילו הוא קול אחד: **קדוש וכו׳.** רצונו לומר, שהוא מקודש ומרומם בעולם המלאכים ובעולם הגלגלים ובעולם השפל: **מלא וכו׳.** כבודו מלא בכל הארץ:

**מצודת ציון**

**מלאים.** ממלאים:

**וְשׁוּלָיו מְלֵאִים אֶת־הַהֵיכָל** — *And its legs filled the Temple.* To the observer, it seemed as though all was well. The daily Temple services and procedures were performed properly, so that an observer would have thought that God's glory still filled the Temple. Was not God perceived as sitting on His throne? But alas, this was not true. God's glory was actually raising itself high above, far from the realm of the Temple. For although He was perceived as sitting on His throne, the throne was no longer in the Temple. It was high above it and only its legs still remained in the Sanctuary (*R' Hirsch*).

**2. שְׂרָפִים עֹמְדִים מִמַּעַל לוֹ** — *Seraphim were standing above, at His service. Rambam* (*Hil. Yesodei HaTorah* 2:7) notes that there are ten levels of angels; *Seraphim* are the fifth. We have not translated *Seraphim* because we lack the vocabulary to do so. *Ibn Ezra* suggests that Isaiah referred to these spiritual beings as *Seraphim,* lit., *burning angels,* from the root שרף, *burn,* because they later burned the prophet's mouth with a glowing coal that they removed from the Altar in the Temple (v. 6).

Others suggest that they are called *Seraphim* because anyone who gazes at their awesome appearance is immediately burned (*Mefaresh* to *Rambam, Hil. Yesodei HaTorah* 2:7). They are *angels of fire* (*Malbim*) who stand before God's throne in the heavens above, awaiting His command (*Rashi*).

**שֵׁשׁ כְּנָפַיִם שֵׁשׁ כְּנָפַיִם לְאֶחָד** — *Each one had six wings.* Isaiah describes the appearance of each *Saraph* as it appeared in his vision and records the number of its wings, but he does not mention the number of *Seraphim* that he was privileged to see (*Radak*). According to *Pirkei D'Rabbi Eliezer* (Chapter 4), there were only two *Seraphim,* one on each side of the Heavenly Throne. *Ibn Ezra,* however, feels that there were many *Seraphim* (see v. 3).

Although Isaiah describes the *Seraphim* as possessing six wings each, the prophet Ezekiel describes the *Chayos,* the angels that he saw in his vision, as possessing only four wings each (*Ezekiel* 1:6). Now, do angels have six wings or four? The Rabbis explain that Isaiah was granted his vision while the Temple still stood with its spiritual grandeur intact, and the angels had six wings. Ezekiel, however, was granted his vision when the Temple was about to be destroyed and the Divine Presence was leaving it. Two wings of the *Chayos* had been removed, corresponding to the reduced spirituality on earth (*Chagigah* 13b).

**בִּשְׁתַּיִם יְכַסֶּה פָנָיו** — *With two it would cover its face.* The *Saraph* would cover its face with two wings so that it should

*Isaiah's vision of the Heavenly Court*

*throne, and its legs filled the Temple.* [2] *Seraphim were standing above, at His*
*service. Each one had six wings: with two it would cover its face, with two it*
*would cover its legs, and with two it would fly.* [3] *And one called to another and*
*said, "Holy, holy, holy is* HASHEM, *Master of Legions; the whole world is filled*

not gaze upon the Divine Presence (*Rashi*). See *Exodus* 3:6 where Moses, upon seeing the burning bush, did the same; he hid his face, for he was afraid to gaze toward the vision of God (*Ibn Ezra*). Although these are spiritual creations and don't actually have physical wings, they are described as having wings for without them the act of flying (see further) would appear to be as impossible as walking without legs (*Moreh Nevuchim* 1:49).

**וּבִשְׁתַּיִם יְכַסֶּה רַגְלָיו** — *With two it would cover its legs.* Modestly, the *Saraph* would cover its legs with two of its wings so that it would not appear before God with its body uncovered (*Rashi*). Alternatively, the feet of the *Seraphim* resembled the soles of a calf. They covered these calflike feet because they were reminiscent of Israel's sin of the Golden Calf (*Midrash Tanchuma, Emor* 8).

**וּבִשְׁתַּיִם יְעוֹפֵף** — *And with two it would fly.* When something moves very quickly it is said to fly (*Moreh Nevuchim* 1:49). With two of its wings it would fly, as it were, to attend God (*Rashi*) and fulfill his missions (*Ibn Ezra*). The Talmud writes that the wings that were used for flying were also used to sing praises to God (*Chagigah* 13b), with the song emerging from the sound of their flapping wings (*Rashi* ibid.). Although *Seraphim* don't actually fly, the simile expresses the life and movement of spiritual beings, because flight is the most perfect and most sublime movement of physical creations (*Moreh Nevuchim* 1:49).

*R' Hirsch* explains that the prophet is describing the manner in which a *Saraph* serves God. It covers its eyes and feet because it sees not where it goes, looks not where it stands, and uses its winged power only to carry out God's Will. It leaves everything to God: its very existence, its attitude, its goal, the shaping of the plan and purpose of what it is to do. It is sufficient for the *Saraph* to fulfill God's aim, and it devotes all of its winged energy and its very being toward this purpose (*Collected Writings* IV, p. 68).

**3. וְקָרָא זֶה אֶל־זֶה וְאָמַר** — *And one called to another and said.* The prophet now describes how the *Seraphim* called to each other to praise and glorify the Name of Hashem. With reverence and awe they proclaim in unison, "Holy, holy, holy is HASHEM, Master of Legions." Accordingly, the three words, קָדוֹשׁ, קָדוֹשׁ, קָדוֹשׁ, *Holy, holy, holy,* all refer to God (*Rashi*).

*Radak* understands the verse differently. When one *Saraph* called to another, it referred to its counterpart as קָדוֹשׁ, *holy one.* The repetitive expression of קָדוֹשׁ, קָדוֹשׁ, *holy, holy,* denotes the urgency with which the *Saraph* called. Accordingly, the verse means that one *Saraph* urgently called to its counterpart, "Holy one! Let us proclaim together that Holy is Hashem, Master of Legions . . ." (*Radak*).

*One called to another,* saying, "You should begin the praise of God because you are greater than I." The other angel responded, "No, you begin, because you are greater." This is unlike human beings, whose ambitions drive them to feel that they are more worthy of leadership than their colleagues (*Avos D'Rabbi Nassan*).

**קָדוֹשׁ קָדוֹשׁ קָדוֹשׁ ה׳ צְבָאוֹת** — *Holy, holy, holy is* HASHEM, *Master of Legions.* The word קָדוֹשׁ actually means *separate.* When we refer to God as קָדוֹשׁ we mean that He is elevated above and separated from the limitations of physical existence. It means also that He is removed from the perception of any of His creations, be it a human or spiritual being. Hence, קָדוֹשׁ קָדוֹשׁ קָדוֹשׁ expresses the idea that God is so exceedingly exalted, so far removed and high, that He is beyond the comprehension of any creature (*Kuzari* 4:3; *Rav Schwab on Prayer;* see also *Nefesh HaChaim, Shaar* 1, Chapter 11, on the *Kedushah* prayer).

*Targum Yonasan's* rendering is quoted in the daily prayer וּבָא לְצִיּוֹן. The threefold repetition of קָדוֹשׁ קָדוֹשׁ קָדוֹשׁ, *Holy, holy, holy,* represents a descending order of holiness. Isaiah perceived the holiness descending from the highest level to a lower level. The first קָדוֹשׁ refers to the highest level: קַדִּישׁ בִּשְׁמֵי מְרוֹמָא עִלָּאָה בֵּית שְׁכִינְתֵּהּ, *Holy in the most exalted heaven, the abode of His presence.* Then, descending to our world: קַדִּישׁ עַל אַרְעָא עוֹבַד גְּבוּרְתֵּהּ, *Holy on earth, product of His strength.* Finally, referring to the future: קַדִּישׁ לְעָלַם וּלְעָלְמֵי עָלְמַיָּא, *Holy forever and ever. R' Hirsch* maintains that *Targum Yonasan* is teaching that Hashem is not only in the highest of the high places but that He is also holy on earth and that He wishes to be hallowed also in this world, which He had created expressly for this purpose.

God places His holiness on earth to show that man is enjoined to bring holiness into his personal life and activities — and by demanding this of man, God implies that it is possible for human beings to rise to such an exalted level. This involves abstinence from what is wrong and abominable, and participation in what is good and noble. Withdrawal from lust and evil is merely the first step, because such withdrawal frees man to inculcate holiness into himself.

**ה׳ צְבָאוֹת** — HASHEM, *Master of Legions.* Although it is commonly translated simply as *hosts* or *legions,* the word צְבָאוֹת is a Name of God (see *Shevuos* 35a). It means that He is the Master of all the forces in the universe. The word צָבָא refers to an organized, disciplined group; thus, an army is commonly called צָבָא. In the context of this Divine Name, it expresses the idea that all the forces of the universe — the plants, animals, forces of nature, and the heavenly bodies (*R' A. Miller, Praise My Soul,* 240) — are organized according to God's Will to do His service (ArtScroll *Siddur*). Among these legions is mankind, especially the Children of Israel, who are called צִבְאוֹת ה׳, *army of God* (*Exodus* 12:41). By entrusting Israel with the task of carrying out His Will, God intended that they strive for holiness, so that they become holy like the Master Whom they serve. Only as long as the

ד־ה כְּבוֹדוֹ: וַיָּנֻעוּ אַמּוֹת הַסִּפִּים מִקּוֹל הַקּוֹרֵא וְהַבַּיִת יִמָּלֵא עָשָׁן: וָאֹמַר אוֹי־לִי
כִי־נִדְמֵיתִי כִּי אִישׁ טְמֵא־שְׂפָתַיִם אָנֹכִי וּבְתוֹךְ עַם־טְמֵא שְׂפָתַיִם אָנֹכִי יֹשֵׁב כִּי
ו אֶת־הַמֶּלֶךְ יהוה צְבָאוֹת רָאוּ עֵינָי: וַיָּעָף אֵלַי אֶחָד מִן־הַשְּׂרָפִים וּבְיָדוֹ רִצְפָּה

### רש"י

**(ד) וינועו אמות הספים.** אילות סיפי הם מזוזות הפתח שנמדדין במדות אמות לגובה ולרוחב, והן מזוזת ההיכל: **מקול הקורא.** מקול המלאכים הקוראים. והוא היה יום הרעש שנאמר בו, וְנַסְתֶּם כַּאֲשֶׁר נַסְתֶּם מִפְּנֵי הָרַעַשׁ בִּימֵי עֻזִּיָּה (זכריה יד, ה). בו ביום עמד עזיה להקטיר בהיכל, רעשו שמים לשורפו; לומר דינו בשריפה; כמו שנאמר, וַתֹּאכַל אֵת הַחֲמִשִּׁים וּמָאתַיִם אִישׁ (במדבר טז, לה). וזהו שקראם שרפים, שבאו לשורפו. רעשה הארץ לבולעו, כסבורה דינו לבלע כקרח שערער על הכהונה, יצתה בת קול ואמרה, זִכָּרוֹן לִבְנֵי יִשְׂרָאֵל וגו' (שם יז, ה), ולא יהיה עוד אדם המעורר על הכהונה כקרח בבליעה וכעדתו בשריפה, אלא, כַּאֲשֶׁר דִּבֶּר ה' בְּיַד מֹשֶׁה (שם), בשנה, הָבֵא נָא יָדְךָ בְּחֵיקֶךָ (שמות ד, ו), והוציאה מצורעת כשלג, אף כאן צרעת פרחה במצחו: **והבית ימלא עשן.** היה נמלא עשן: **(ה) כי נדמיתי.** הריני מת, שלא הייתי כדאי שאראה פני השכינה. ודוגמתו מצינו במנוח, מוֹת נָמוּת כִּי אֱלֹהִים רָאִינוּ (שופטים יג, כב): **נדמתי.** כמו, כִּי נִדְמָה כָּל עַם כְּנַעַן (צפניה, א, יא): **טמא שפתים.** דִּמְגַעַל בְּחוֹבִין (תרגום יונתן): **(ו) רצפה.** גחלת, וכן, עֻגַת רְצָפִים (מלכים א יט, ו), כמו עוגת רצפים. ונאמר בישעיהו ובאליהו בצד"י — רצפה, מפני שאמרו דילטוריא על ישראל; זה קראם עם טמא שפתים, וזה אמר, כִּי עָזְבוּ בְּרִיתְךָ (מלכים א יט, יד). אמר הקדוש ברוך הוא למלאך, רצוץ פה, שאמר דלטוריא על בני (תנחומא וישלח ב):

### רד"ק

**מלא כל הארץ כבודו.** כי הוא ברא הכל ועל הכל יכבדוהו בעלי השכל. ויש לפרש כי השלש תיבות הם על האל, וזכר שלש פעמים קדוש כנגד שלשה עולמות, עולם העליון והוא עולם המלאכים והנשמות; ועולם התיכון, והוא עולם הגלגלים והכוכבים; ועולם השפל, והוא זה העולם. והנכבד בזה העולם הוא האדם. ואמר שהוא קדוש ומרומם ונעלה משלש העולמות, ובשני העולמות יקדישוהו וירוממוהו בתהלתם, והאדם גם כן בעולם השפל. ויונתן תרגם, קַדִּישׁ בִּשְׁמֵי מְרוֹמָא עִלָּאָה בֵּית שְׁכִינְתֵּהּ, קַדִּישׁ עַל אַרְעָא עוֹבַד גְּבוּרְתֵּהּ, קַדִּישׁ לְעָלַם וּלְעָלְמֵי עָלְמַיָּא, כלל כל העליונים כאחד; וזכר אחר כן הארץ שהיא עולם השפל. ומה שאמר קדיש לעלם ולעלמי עלמיא רוצה לומר לאורך זמן, כן היה וכן יהיה לעולם ועד. וכן תרגם אנקלוס, ה' יִמְלֹךְ לְעֹלָם וָעֶד (שמות טו, יח), יְיָ מַלְכוּתֵהּ קָאֵם לְעָלַם וּלְעָלְמֵי עָלְמַיָּא. והחכם הכוזרי כתב, כן וקדוש הוא כנוי שהוא נקדש ומרומם משתאנה לו מדה ממדות הברואים. ואם יקרא בהם הוא דרך העברה, ועל כן שמע ישעיה, קדוש קדוש קדוש — עד אין תכלית. והטעם שהוא נקדש ומרומם משהשיגהו מאומה מטומאת העם אשר השכן כבודו ביניהם וכן ראה אותו על כסא רם ונשא: **(ד) וינועו אמות הסיפים.** כתוב בסדר עולם (סדר עולם רבה פרק כ), עמוס נתנבא לפני הרעש; שנאמר, שְׁנָתַיִם לִפְנֵי הָרָעַשׁ (עמוס א, א); ישעיהו נתנבא בימי הרעש היינו הוא דאמר וינועו אמות הסיפים מקול הקורא. ובדרש עוד (מדרש תנחומא נח פרק יג), כי אותו יום שנכנס עזיהו להיכל להקטיר היה הרעש. ואמת הוא כי הרעש היה בימי עזיהו כמו שכתוב בנבואת זכריה, וְנַסְתֶּם כַּאֲשֶׁר נַסְתֶּם מִפְּנֵי הָרַעַשׁ בִּימֵי עֻזִּיָּה מֶלֶךְ יְהוּדָה (זכריה יד, ה); אבל פסוק זה אינו מן הדומה אלא במראה הנבואה דבר הלמד מענינו. ואמר כי הקול אשר שמע במראה הנבואה שהיה קורא זה אל זה ואמר קדוש קדוש, אותו הקול היה גדול עד שנעו וזעו אמות הסיפים ממנו. וראה גם כן שהבית נמלא עשן, פירוש בית המקדש, ראה במראה הנבואה שהיה מלא עשן; כמו שראה אברהם אבינו עליו השלום במראה הנבואה שאמר, וְהִנֵּה תַנּוּר עָשָׁן וְלַפִּיד אֵשׁ (בראשית טו, טז). ותרגם יונתן, וְזָעוּ אֵילָוֺת סִפֵּי הֵיכְלָא מִקָּל מְלוּלָא וּבֵית מַקְדְּשָׁא אִתְמְלֵי אַמִטְתָא. והסיפים הם מזוזות השער, ואמות הם האלים אשר על הסיפים מבית ומחוץ שהם עשוים כמין כפה. ובסמכו אמות אל הסיפים רצה לומר כי האמות נעו עם הסיפים. ויש מפרשים אמות; כמו אמה ארכו, כלומר הסיפים נעו ממקומם אמות שתים או שלש כמו שהיו: **והבית ימלא עשן.** זה היה משל על חרון האף על ישראל כמו אָז יֶעְשַׁן אַף ה' (דברים כט, יט): **(ה) ואמר אוי לי כי נדמתי.** כיון ששמע הקול הגדול וראה הבית שנתמלא עשן, פחד שימות, כי חשב שלא היה ראוי להסתכל בכבוד אלא להסתיר פניו; כמו שנאמר במשה, וַיַּסְתֵּר מֹשֶׁה פָּנָיו כִּי יָרֵא מֵהַבִּיט אֶל הָאֱלֹהִים (שמות ג, ו). וזהו שאמר כי את המלך ה' צבאות ראו עיני, כיון שראיתי הכבוד אמות, כמו שאמר מנוח, מוֹת נָמוּת כִּי אֱלֹהִים רָאִינוּ (שופטים יג, כב). ופירוש המלך, כבוד המלך. וכן תרגם יונתן, אֲרֵי יַת יְקַר שְׁכִינַת מְלַךְ עָלְמַיָּא ה' צְבָאוֹת חֲזָאָה עֵינָי. ופירוש נדמתי, נכרתי, כמו נִדְמָה מֶלֶךְ יִשְׂרָאֵל (הושע י, טו). ויונתן תרגם, וַי לִי אֲרֵי חָבֵית אֲרֵי גְּבַר חַיָּב לְאוֹכָחָה אֲנָא וּבְגוֹ עַמָּא דִּמְגַעַל בְּחוֹבִין אֲנָא יָתֵיב. ואדוני אבי זכרונו לברכה פירוש נדמתי, נשתתקתי. ופירוש טמא שפתים הראשון, סגור שפתים; כמו, נִטְמִינוּ בְּעֵינֵיכֶם (איוב יח, ג), וְנִטְמֵתֶם בָּם (ויקרא יא, מג); רצונו לומר, כי חשב בעצמו עון שלא הקדיש האל עם כחות השרפים, כי לא נתן לו רשות לדבר עד שהגיע המלאך הרצפה אל פיו. והנראה בעיני כי לפיכך זכר טומאת שפתים ולא טומאת הגוף; כי כששמע הנביא דברי השרפים המקדישים האל, אמר, להם נאה לראות הכבוד ולהקדיש האל כי הם טהורים ודבריהם טהורים, ולהם נאה לראות בשכליהם הכבוד ולהקדיש האל בדבריהם. אבל אני, שאני טמא, כי כל גוף בשר טמא ושפתי טמאים מלהזכיר בפי קדושת האל כשאעריך עצמי כנגדם; כל שכן שאני שוכן בתוך עם טמא שפתים, כמו שנאמר עליהם, וְכָל פֶּה דֹּבֵר נְבָלָה (לקמן ט, טז); ואיך אני ראוי לכל זה הכבוד. לפיכך אני ירא שאמות מהמראה הזאת שראיתי, והקול הזה בעבורי נהיה לכלותי ולאבדני מן העולם, לפי שנסתכלתי בכבוד ואני בשר ודם טמא: **(ו) ויעף.** העי"ן נקרא בקמץ חטף, וַיָּעַף דָּוִד (שמואל ב כא, טו) העי"ן נקרא בפת"ח שהוא ענין אחר, ענין עיפות, וזה ענין עופפות, ושניהם שרש אחד. אמר, אחר שנבהלתי מהמראה ומהקול וחשבתי שאמות, עף אלי אחד מן השרפים ובידו רצפה והיא גחלת אש, ואני ראיתי שהוא לקחה מעל המזבח במלקחים להגיעה אל פי. וכתב אדוני אבי זכרונו לברכה כיון שהוא שרף, למה לקחה במלקחים? אלא עשה כן כדי שלא ישרף הנביא אם יגע על פיו בידו. ויונתן תרגם הפסוק על דרך משל, וְאִשְׁתְּדִי לְוָתִי חַד מִן שַׁמָּשַׁיָּא וּבְפוּמֵיהּ מַמְלַל דְּקַבֵּיל מִן קֳדָם דִּשְׁכִנְתֵּיהּ עַל כּוּרְסֵיהּ יְקָרָא בִּשְׁמֵי מְרוֹמָא עֵיל מִן מַדְבְּחָא:

### מצודת דוד

**(ד) וינועו.** מזוזות הפתח היו נעים מחוזק קול הקריאה וסרים ממקומם הרבה אמות, ולא פירש כמה: **והבית.** ההיכל: **ימלא עשן.** היה נמלא עשן: **(ה) ואמר.** אמרתי אוי לי וכו', כי פחד פן ימות על שראה מראה כבוד ה': **כי איש וכו'.** על כי אני איש טמא שפתים וכו', ואינני אם כן כדאי, לא מצד מעשי ולא מצד מעשה העם אשר אני בקרבו: **כי את המלך וכו'.** מוסב למעלה, כאומר אוי לי וכו', כי את המלך וכו', כי איש וכו':

### מצודת ציון

**(ד) וינועו.** מלשון תנועה והסרה ממקומה הרבה אמות ולא פירש כמה אמות: **הספים.** הם המזוזות הנמדדים באמות; כמו שכתב, סַף אֶחָד קָנֶה אֶחָד (יחזקאל מ, ו): **(ה) נדמיתי.** ענין שתיקה; כמו, וַיִּדֹּם אַהֲרֹן (ויקרא י, ג). ורצונו לומר נאבדתי, כי הנאבד מן העולם הוא מושתק כי לא ישמע קולו. וכן, עָר מוֹאָב נִדְמָה (לקמן טו, א): **(ו) רצפה.** גחלת והוא כמו רשפה בשי"ן כי זסשר"ץ מתחלף; וכן, עֻגַת רְצָפִים (מ"א יט, ו):

---

Will of God is holy to the people of Israel, and they are conscious of their obligation to sanctify themselves by fulfilling His holy Will, will the people of Israel remain God's servants (*R' Hirsch, Collected Writings* ibid.).

**מְלֹא כָל־הָאָרֶץ כְּבוֹדוֹ** — *The whole world is filled with His glory. Targum Yonasan* translates: מַלְיָא כָל אַרְעָא זִיו יְקָרֵהּ, *the entire world is filled with the radiance of His glory.* It is the radiance of God's glory that moves people, sometimes to tears

*with His glory."* 4 *The doorposts moved many cubits at the sound of the calling, and the Temple became filled with smoke.*
5 *Then I said, "Woe is me, for I am doomed: for I am a man of impure lips and I dwell among a people of impure lips, for my eyes have seen the King,* HASHEM, *Master of Legions."*
6 *One of the Seraphim flew to me and in his hand was a coal; he had taken it with*

and sometimes to singing, when they see the beauty of nature or are fascinated when they see the sun setting into the ocean or rising at the top of a mountain. We cannot see the *Shechinah* but we can see and appreciate זִיו יְקָרָה, the *radiance of His glory,* as evidenced in the beauty of nature that God has created (*R' Schwab on Prayer,* p. 275).

*R' Hirsch* takes this a step further and explains that everything without exception, the fullness of the *whole* world, מְלֹא כָל הָאָרֶץ, should be filled with כְּבוֹדוֹ, *God's honor.* Everything on earth should contribute to the glorification of God's honor, including man and whatever he does. It is not just the few yards of space in the Temple or the few minutes that man spends in the Temple that must glorify the Name of Hashem, but the whole of his life, his domestic and national life must reflect God's honor. Every impulse, every thought, every deed, whatever its nature, should bear the mark of God's Will and — כָּל מַעֲשֶׂיךָ יִהְיוּ לְשֵׁם שָׁמַיִם, *everything you do should be to honor God.*

**4. וַיָּנֻעוּ אַמּוֹת הַסִּפִּים מִקּוֹל הַקּוֹרֵא** — *The doorposts moved many cubits at the sound of the calling.* As the *Seraphim* called to one another to praise and glorify the Name of Hashem, the resounding sound of their call caused the doorposts of the Temple to tremble and move several cubits (*Rashi*). According to *Midrash Tanchuma* (*Tzav,* Chapter 13), this took place on the very day that Uzziah brazenly attempted to burn incense in the Temple, for a powerful earthquake struck on that day and almost swallowed up the king. It was the force of this earthquake that shook the doorposts of the Temple (*Rashi;* see also *Seder Olam,* Chapter 20).

The lesson of this prophecy is that God sits, as it were, on the throne of justice. Some have the good sense to serve Him reverently and sincerely. Others, like Uzziah, choose to aggrandize themselves with rituals of their own invention and for which they are unqualified. It may be that the *sound of the calling* was God's "announcement" that Uzziah had been punished for his brazenness and for filling the Holy of Holies with profane incense (*Me'am Loez*).

*Radak,* however, finds this explanation to be difficult. Although it is true that an earthquake occurred on the day of Uzziah's abortive attempt to bring the unauthorized incense, this verse does not even allude to an earthquake. He maintains, therefore, that Isaiah was granted a prophetic vision in which he saw the doorposts moving, as the *Seraphim* called to one another.

According to *R' Hirsch,* Isaiah was granted a vision of the shaky status of the Temple itself, as reflected by the trembling pillars. Was the Temple still worthy of being the home of God or had this now changed? If the Temple service was viewed as a way to learn how to sanctify the whole of life outside it, then the Temple would stand and not be destroyed. If, however, honoring God begins and ends within the Temple and the Temple is merely a showcase for the glory of God, then the cry of true holiness proclaimed by the *Seraphim* will resound through the length of the Temple with the force of an earthquake that will topple the pillars and collapse the structure (*Collected Writings* IV, p. 13).

**וְהַבַּיִת יִמָּלֵא עָשָׁן** — *And the Temple became filled with smoke,* symbolizing God's anger at Israel (*Radak*).

**5. וָאֹמַר אוֹי־לִי כִי־נִדְמֵיתִי** — *Then I said, "Woe is me, for I am doomed."* The ear-shattering noise of the *Seraphim* and the thick smoke that filled the Temple terrified the prophet into thinking that he was about to die because he had seen the King, Hashem, Master of Legions. Isaiah knew that no human can see God's face and live — *Exodus* 33:20 (*Radak*).

**כִּי אִישׁ טְמֵא־שְׂפָתַיִם אָנֹכִי** — *For I am a man of impure lips.* Isaiah felt that he was unfit to witness such an exalted vision since he is a lowly man from a lowly nation (*Radak*). *Ibn Ezra* adds that it was for this reason that Isaiah did not utter the exalted praises of God together with the *Seraphim.* Alternatively, *Radak's* father maintains that Isaiah felt that he had sinned by refraining from joining the chorus of *Seraphim* in hallowing God's Name.

**וּבְתוֹךְ עַם־טְמֵא שְׂפָתַיִם אָנֹכִי יוֹשֵׁב** — *And I dwell among a people of impure lips. Yalkut Shimoni* (406) notes that this was an extraneous comment; it was neither an admonishment addressed to the people nor a prophecy that God had instructed him to deliver to them. The Talmud writes that Isaiah was ultimately punished for speaking about the Jewish people in a negative manner. His death occurred through a blow to his mouth as a punishment measure for measure (*Yevamos* 49b).

**6. וַיָּעָף אֵלַי אֶחָד מִן־הַשְּׂרָפִים וּבְיָדוֹ רִצְפָּה** — *One of the Seraphim flew to me and in his hand was a coal.* Isaiah observed that the *Saraph* removed a burning coal from the Altar that was in the Temple Courtyard. Although the *Saraph* was made entirely of fire, he did not remove the burning coal with his hand but with a pair of tongs. *Radak's* father explains that since the *Saraph* was to touch the prophet's mouth, he would have been severely burned by the hand of the fiery *Saraph* had the coal been in its hand. Therefore, the *Saraph* used tongs to diminish the heat. Others suggest that the heat of the burning coal was so intense that even the fiery *Saraph* was afraid to touch it without tongs (*Rashi*). According to *Berachos* 4b, this *Saraph* was the angel Michael, one of the most eminent angels (*Rashi* to *Daniel* 10:13), the heavenly prince of Israel (ibid. 10:21).

According to *R' Hirsch,* the רִצְפָּה that the *Saraph* brought

ז בְּמֶלְקַחַיִם לָקַח מֵעַל הַמִּזְבֵּחַ: וַיַּגַּע עַל־פִּי וַיֹּאמֶר הִנֵּה נָגַע זֶה עַל־

ח שְׂפָתֶיךָ וְסָר עֲוֺנֶךָ וְחַטָּאתְךָ תְּכֻפָּר: וָאֶשְׁמַע אֶת־קוֹל אֲדֹנָי אֹמֵר אֶת־מִי

ט אֶשְׁלַח וּמִי יֵלֶךְ־לָנוּ וָאֹמַר הִנְנִי שְׁלָחֵנִי: וַיֹּאמֶר לֵךְ וְאָמַרְתָּ לָעָם הַזֶּה

י שִׁמְעוּ שָׁמוֹעַ וְאַל־תָּבִינוּ וּרְאוּ רָאוֹ וְאַל־תֵּדָעוּ: הַשְׁמֵן לֵב־הָעָם הַזֶּה וְאָזְנָיו

הַכְבֵּד וְעֵינָיו הָשַׁע פֶּן־יִרְאֶה בְעֵינָיו וּבְאָזְנָיו יִשְׁמָע וּלְבָבוֹ יָבִין וָשָׁב וְרָפָא

יא לוֹ: וָאֹמַר עַד־מָתַי אֲדֹנָי וַיֹּאמֶר עַד אֲשֶׁר אִם־שָׁאוּ עָרִים מֵאֵין יוֹשֵׁב

### רש״י

**במלקחים.** בצבת: **לקח מעל המזבח.** שבעזרה: **(ז) ויגע על פי וגו׳. וסר** עונך מזה ליסרך לכפר עונך שחירפת את ישראל. וגדול כחו, שהמלאך ירא לקחתה כי אם במלקחים, והגיעה על שפת הנביא ולא הוזק בתנחומא (וישלח ב). וזהו שנאמר, כִּי רַב מְאֹד מַחֲנֵהוּ (יואל ב, יא) אלו מלאכים (שם), עָצוּם עֹשֵׂה דְבָרוֹ (יואל ב, יא) הם הנביאים. ויונתן תרגם ובידו רצפה, ובפומיה מַמְלַל. לשון רצפה, דבר הרצוף בפה ובלשון. קבל הדבור מפי הקדוש ברוך הוא מכסאו בשמים שהיה מכוון כנגד המזבח שבהיכל: **(ח) את מי אשלח.** להוכיח את ישראל? שלחתי את עמוס והיו קורין אותו פסילוס, לפי שהיה כבד לשון (מדרש רבה ויקרא פרשה קא ב). והוא נתנבא שנתים לפני הרעש, והיו ישראל אומרים, הניח הקדוש ברוך הוא את העולם, והשרה שכינתו על הדין. קטיע לישנא כו׳, כדאיתא בפסיקתא (פסיקתא דרב כהנא פסקא טז אות ד): **(ט) שמעו שמוע.** אני אומר לכם, שמעו שמוע, ואתם אין אתם נותנים לב להבין. וראו נסים שעשיתי לכם, ואינכם נותנים לב לדעת אותי: **(י) השמן לב העם הזה.** כמו, הַכְבֵּד אֶת לִבּוֹ (שמות ח, יא), לשון הלוך (לשון) פעול. לבם הולך הלוך והשמן (אנגרייש״ט בלעז), ואזניו הולכים הלוך והכבד משמוע: **ועיניו השע.** טחים, כענין שנאמר (לקמן מד, יח), כִּי טַח מֵרְאוֹת עֵינֵיהֶם. הַטּוּחַ (ויקרא יד, מג) מתרגמינן, דִּיתְּשָׁע: **פן יראה בעיניו.** נתנו לבם שלא ישמעו דברי נביאים; שהם יראים שמא יוטבו בעיניהם דבריו, ויבינו בלבם וישובו אלי והיא רפואתם: **(יא) עד מתי.** יכבידו את לבם ולא ישמעו: **ויאמר.** ידעתי כי לא ישובו עד תבא פורענות עליהם, וילכו בגולה ושאו עריהם מאין יושב:

### רד״ק

**(ז) ויגע על פי.** הגיע הרצפה על פי להסיר העון במכות אש ההיא, ומכאן ואילך יהיה לי רשות לדבר. ויונתן תרגם דרך משל, וְסַדַּר בְּפוּמִי וַאֲמַר הָא שַׁוִּיתִי פִּתְגָמֵי נְבוּאָתִי בְּפוּמָךְ וְיַעְדּוּן חוֹבָךְ וְחֶטְאָךְ יִתְכַּפְּרוּן. ובדרש (יבמות מט, ב), העון הוא שחרף ישראל, ואמר ובתוך עם טמא שפתים: **(ח) ואשמע את קול ה׳.** מזה הפסוק אמרו כי זה היה תחלת נבואתו, וכבר פירשנו הענין בפתיחת הספר. ופירוש לנו, בעבורנו. ואמר לנו לשון רבים, כאלו היה הדבר עם השרפים ונמלך עמהם בזה הדבר. וכן, הָבָה נֵרְדָה (בראשית יא, ז). ובדרש (מדרש רבה ויקרא פרשה קא ב), את מי אשלח? שלחתי את מיכה והיו מכין אותו על הלחי, היינו הוא דאמר, בַּשֵּׁבֶט יַכּוּ עַל הַלְּחִי אֵת שֹׁפֵט יִשְׂרָאֵל (מיכה יד, ד). שלחתי את עמוס, והיו קורין אותו פסילוסא. אמרו, לא היה לו להקדוש ברוך הוא להשרות שכינתו אלא על הדין פסילוסא; פירוש קטיע לישנא. אמר רבי פנחס למה נקרא שמו עמוס על שהיה עמוס בלשונו (ילקוט שמעוני ישעיה פרק מ, רמז תמג). ואומר הנני שלחני אמר לו הקדוש ברוך הוא ישעיה בני טרחנים הם סרבנים הם אם אתה מקבל להתבזות לך ואמר לו על מנת כן היינו הוא דאמר (לקמן נ, ו), גוי נתתי למכים (ילקוט שמעוני שם) : **(ט) ויאמר.** יש מפרשים שמעו וראו, לשון צווי כמשמעו, וכן השמן. וזה דין ומשפט מאת האל יתברך, כשירצה החוטא לחטוא, הקדוש ברוך הוא מונע ממנו דרכי התשובה עד שיקבל עונשו. וכן נאמר בפרעה, וַיְחַזֵּק ה׳ אֶת לֵב פַּרְעֹה (שמות ט, יב). וכן בסיחון, כִּי הִקְשָׁה ה׳ אֱלֹהֶיךָ אֶת רוּחוֹ וְאִמֵּץ אֶת־לְבָבוֹ (דברים ב, ל). וכן בבני עלי, וְלֹא יִשְׁמְעוּ לְקוֹל אֲבִיהֶם כִּי־חָפֵץ ה׳ לַהֲמִיתָם (שמואל־א ב, כה), ושם פירשנו. ויש לפרש שמעו וראו, צווי במקום איתן, כאלו אמר תשמעו ותראו; כלומר אתם שומעים באזניכם דברי הנביאים המוכיחים אתכם, ואין אתם מבינים, ותראו נפלאות הבורא ואין אתם יודעים; כלומר לא תשימו לבב ואין אתם משגיחים אלי. ואתם משמינים בכונה לבבכם ומכבידים אזניכם ומשיעים עיניכם, שלא תשמעו ולא תראו ולא תבינו ולא תדעו, כי אינכם חפצים בתשובה ולא ברפואה שהיא הסליחה אחר התשובה. ואל הדרך הזה תרגם יונתן, דְשָׁמְעִין מִשְׁמַע וְלָא מִסְתַּכְּלִין וַחֲזוֹ מֶחְזָא וְלָא יָדְעִין: **(י) השמן.** פירשנוהו על שני פנים: **השע.** כענין שנאמר, כִּי טַח מֵרְאוֹת עֵינֵיהֶם (לקמן מד, יח). ותרגום וְטָח אֶת הַבָּיִת (ויקרא יד, מב), וִישׁוּעַ יַת בֵּיתָא; כאלו טח על העין כדי שלא יראו: **ולבבו יבין.** כמו ובלבבו: **ורפא.** רפואת הנפש, והיא הסליחה; וכן כתוב, רְפָאָה נַפְשִׁי כִּי חָטָאתִי לָךְ (תהלים מא, ה).: **(יא) ואמר עד מתי.** לפירוש הראשון יהיה פירושו, עד מתי תמנע מהם התשובה, כבר לקו בעונם וקבלו עונש חטאתם, עתידים הם לקבל עוד עונש:

### מצודת דוד

**(ו) במלקחים.** בצבת לקח הגחלת מעל המזבח: **(ז) ויגע.** השרף נגע הגחלת על פי: **הנה נגע.** רצונו לומר, בכוית נגיעת הגחלת קבלת העונש, ובזה סר עונך. ואמרו ורבותינו זכרונם לברכה (תנחומא וישלח ב), שהעון היה במה שאמר ובתוך עם טמא שפתים וכו׳, ולא היה ראוי לומר כן על ישראל: **(ח) אשלח.** לדבר דברי לישראל: **לנו.** בשליחותנו, וכאלו מדבר עם השרפים ונמלך בהם: **הנני.** הנה אני מוכן ללכת ושלחני: **(ט) שמעו שמוע.** הלא אתם שומעים דברי מפי הנביאים, ואינם נותנים לב להבין: **וראו ראו.** הלא אתם רואים נפלאותי ואינכם שמים על לב לדעת ולהכיר בהם: **(י) השמן.** היצר הנטוע בלבו הוא השמן והאטים אל הלב לבל הבין. וקצר בדבר המובן מאיליו, כי זהו דרך מעשה היצר: **הכבד.** היצר הכביד אזניו לבלי שמוע והשע עיניו לבל יראה: **פן יראה.** כי היצר חושב פן כשיראה בעיניו וישמע באזניו ויבין בלבבו שלא עשה את הטוב ויעשה אם כן תשובה, ויבוא לו בזה רפואת הנפש והיא הסליחה; ואין דעת היצר נוחה מזה כי איננו דורש אליו לשלום. ולזה מטמטם את הלב למען ישאר חייב: **(יא) עד מתי.** יהיה לבם אטום מלהבין: **עד אשר וכו׳.** רצונו לומר, לבם יהיה אטום עד שיבוא הפורעניות ויהיו עריהם חרבה ובתיהם שממה:

### מצודת ציון

**במלקחים.** בצבת; כמו, וּמַלְקָחֶיהָ וּמַחְתֹּתֶיהָ (שמות כה, לח): **(י) השע.** ענין הסרה; כמו, הָשַׁע מִמֶּנִּי וְאַבְלִיגָה (תהלים לט, יד): **(יא) אם.** כמו אשר, וכפל המלה בשמות נרדפים; כמו, אַדְמַת־עָפָר (דניאל יב, ב):

---

was a smoldering coal. Its outer surface had already lost its glow, but deep within, it still had a hidden glow of the holy fire of the Altar. Although almost extinguished, this spark was still more potent than the fire of the *Saraph,* who was unable to touch it without the aid of tongs. So is it with man. The pure Divine spark within him, even when only smoldering and waiting to be revived, is greater than the rays from which the *Seraphim* are formed (*R' Hirsch, Collected Writings* IV, pp. 14-15).

**7.** **וַיַּגַּע עַל־פִּי וַיֹּאמֶר הִנֵּה נָגַע זֶה עַל־שְׂפָתֶיךָ** — *He touched it to my mouth and said, "Behold, this has touched your lips."* By touching the prophet's mouth with the glowing coal, the

*tongs from atop the altar.* [7] *He touched it to my mouth and said, "Behold, this has*
*touched your lips; your iniquity has gone away and your sin shall be atoned for."*
[8] *I heard the voice of the Lord, saying, "Whom shall I send, and who shall go for*
*us?"*

Call to prophecy

*And I said, "Here I am! Send me!"*
[9] *He said, "Go and say to this people, 'Surely you hear, but you do not compre-*
*hend; and surely you see, but you fail to know.'* [10] *This people is fattening its heart,*
*hardening its ears, and sealing its eyes, lest it see with its eyes, hear with its ears,*
*and understand with its heart, so that it will repent and be healed."*
[11] *I then asked, "How long, my Lord?"*
*And He said, "Until the cities become desolate without inhabitant, the houses*

*Saraph* delivered a fiery message from God that Isaiah had sinned grievously by referring to God's nation negatively as a people of impure lips. The burning coal did not injure Isaiah but caused him to suffer some pain, which atoned for his sin (*Rashi*). Alternatively, the burning coal atoned for the sin of gazing at God's glory (*Ritva* to *Yevamos* 49b) or for not praising God together with the *Seraphim* (*Me'am Loez*).

According to these views, the sin of degrading the Jewish people remained, and was not atoned for until the prophet was murdered by King Menasseh. The *Chafetz Chaim* writes that the atonement process was started when the *Saraph* touched Isaiah's mouth with the coal, but was not completed until the prophet was killed (*Shemiras HaLashon, Shaar HaTevunah,* Chapter 7).

By touching his lips with the seemingly extinguished coal, the *Saraph* was actually instructing Isaiah to dedicate those very lips to bringing the lifeless back to consciousness and to blowing the inner spark of the people back into a flame (*R' Hirsch*).

**8. וָאֶשְׁמַע אֶת־קוֹל אֲדֹנָי אֹמֵר אֶת־מִי אֶשְׁלַח** — *I heard the voice of the Lord, saying, "Whom shall I send?"* In a prophetic vision, Isaiah perceived that he had heard God ask the *Seraphim,* "Whom shall I send to reprimand Israel?" (*Rashi*). God was seeking a human being for this mission. Countless angels are always ready to serve him, but only a being who is devoted to God's service of his own free will — a human — can undertake such a mission. Only man can deliver God's message to man (*R' Hirsch*).

**וּמִי יֵלֶךְ־לָנוּ** — *And who shall go for us.* The plural לָנוּ, *us,* is used to make it appear as if God is taking counsel with the *Seraphim* (*Radak*). God does not need the advice of angels, of course, but He consulted with them, as it were, to set an example so that people should show courtesy to others by involving them in discussions. Similarly, God consulted the angels regarding whether to create Adam. Obviously He did not need their agreement, but He meant to teach that one should always show courtesy to colleagues and underlings (*Rashi* to *Genesis* 1:26).

There were countless prophets among the Jewish people, but as in the choice of Moses, Samuel, and other leaders, the person entrusted with the awesome task of reversing a national trend must have superlative personal attributes. That God chose Isaiah from among all the other great people is tertimony to his stature.

**וָאֹמַר הִנְנִי שְׁלָחֵנִי** — *And I said, "Here I am! Send me!"* The voice of God is always calling, but only a few are discerning enough to be able to hear it, and even those with the potential to do so rise to the challenge only seldom. Thanks to the awesome Heavenly phenomena that he had experienced, Isaiah could hear that voice and when he did, he answered: "Here I am, send me."

**9. וַיֹּאמֶר לֵךְ וְאָמַרְתָּ לָעָם הַזֶּה** — *He said, "Go and say to this people."* Isaiah is given the instructions for his first prophetic mission. He is to tell the people that although they have heard the words of the prophets and their words of reproof, they fail to comprehend all that they have been told. Similarly, although they have seen the amazing miracles and marvelous wonders that occurred for their benefit, they have failed to recognize that it is God Who has performed them (*Rashi*).

Alternatively, Isaiah is to tell the people that although they may listen well to his words, they will not comprehend his message. Because they chose to sin and refused to heed the words of the prophets in the past and rejected their call to repent, they deserve to be punished and therefore God will deny them the opportunity to repent. Similarly, because Pharaoh deliberately and repeatedly refused to heed Moses' call to recognize the hand of God and let Israel go, God "hardened his heart" so that he would suffer the punishment he deserved (*Radak;* see *Rambam, Hil. Teshuvah* 6:3).

**10. הַשְׁמֵן לֵב־הָעָם הַזֶּה** — *This people is fattening its heart.* God continues to describe the degraded state of the nation and explains that the people ignore the prophets and even God Himself. They "fatten" their hearts, close their ears, and shut their eyes, because they fear that the word of God may reach them and would then bring them to change their ways (*Rashi*). *Fattening* the heart is a metaphor for insulating the heart so that words of reproof cannot penetrate (*Metzudos*).

**11. וָאֹמַר עַד־מָתַי אֲדֹנָי** — *I then asked, "How long, my Lord?"* Distraught at the nation's indifference, Isaiah cries out to God and asks how long the people will refuse to heed the words of His prophets. God replied that they will not repent and change their ways until they are punished with exile and desolation (*Rashi*). Alternatively, Isaiah wished to know how

יב וּבָתִּים֙ מֵאֵ֣ין אָדָ֔ם וְהָאֲדָמָ֖ה תִּשָּׁאֶ֥ה שְׁמָמָֽה׃ וְרִחַ֥ק יְהוָ֖ה אֶת־הָאָדָ֑ם וְרַבָּ֥ה
יג הָעֲזוּבָ֖ה בְּקֶ֥רֶב הָאָֽרֶץ׃ וְע֥וֹד בָּהּ֙ עֲשִׂ֣רִיָּ֔ה וְשָׁ֖בָה וְהָיְתָ֣ה לְבָעֵ֑ר כָּֽאֵלָ֣ה
**ז** א וְכָאַלּ֗וֹן אֲשֶׁ֤ר בְּשַׁלֶּ֙כֶת֙ מַצֶּ֣בֶת בָּ֔ם זֶ֥רַע קֹ֖דֶשׁ מַצַּבְתָּֽהּ׃ וַיְהִ֡י
בִּימֵי֩ אָ֨חָז בֶּן־יוֹתָ֜ם בֶּן־עֻזִּיָּ֨הוּ מֶ֣לֶךְ יְהוּדָ֗ה עָלָ֣ה רְצִ֣ין מֶֽלֶךְ־אֲ֠רָם
וּפֶ֨קַח בֶּן־רְמַלְיָ֤הוּ מֶֽלֶךְ־יִשְׂרָאֵל֙ יְר֣וּשָׁלַ֔͏ִם לַמִּלְחָמָ֖ה עָלֶ֑יהָ וְלֹ֥א יָכֹ֖ל
ב לְהִלָּחֵ֥ם עָלֶֽיהָ׃ וַיֻּגַּ֗ד לְבֵ֤ית דָּוִד֙ לֵאמֹ֔ר נָ֥חָה אֲרָ֖ם עַל־אֶפְרָ֑יִם וַיָּ֤נַע לְבָבוֹ֙

## רש״י

**שאו תשאה.** לשון גלמוד מאין יושב: **(יב) ורבה העזובה.** שהארץ תעזב מהם; וכך הלשון, ירבו מקומות עזובים בקרב הארץ: **(יג) ועוד בה עשיריה.** גם אותה השארית אשיב ידי עליה בצרוף אחר צרוף, והיתה לבער, עד שלא ישארו אלא צדיקים גמורים שישובו אלי בכל לבם: **באלה ובאלון.** אשר בעת זמן שלכת שלהן, משליכין עלין שלהן בימי הסתיו שילוך אחר שילוך עד שאין נותר בה זולתי המצבה. אף הם זרע הקדש הנמצאין בה, עומדין בקדושתו הם יהיו לה למצבת. דבר אחר, מצבתה — נטיעתה. לכך איני מכלה אותם, נטעתים זרע קודש. ויש פותרים שער שלכת היתה בירושלים (דברי הימים־א כו, טז) כמו שאמר בעזרא, והיו שם אלה ואלון נטועים: **(א) ויהי בימי אחז.** מה ראה הכתוב לייחסו? אלא מפני שסופו של הכתוב לומר ולא יכול להלחם עליה, ולמדך שזכות אבות עמדה לו, אמרו מלאכי השרת לפני הקב״ה, ווי (ספרים אחרים), מי הוא זה שמלך רשע זה? אמר להם, בן יותם הוא בן עוזיהו הוא. אבותיו היו צדיקים, לפיכך אי אפשי לפשוט ידי בו. הדא הוא ולא יכול להלחם עליה, מפני זכות אבותיו (בבראשית רבה פרשה סג פסקה א ): **(ב) ויגד לבית דוד.** לפי שרשע היה, לא הזכיר שמו: **נחה ארם על אפרים.** נתחבר מלך ארם על מלך ישראל לבא עליך. נחה לשון נקבה על שהמלכות נחה. פוסי״ר בלעז, לשון, וַיָּנַח בְּכָל גְּבוּל מִצְרָיִם (שמות י, יד): **וינע לבבו.** לפי שכבר נלחם בו כל אחד מהם בפני עצמו ויכלו לו, שנאמר, וַיִּתְּנֵהוּ ה׳ אֱלֹהָיו בְּיַד מֶלֶךְ אֲרָם וגו׳ (דברי הימים־ב כח, ה). אומר, וַיַּהֲרֹג פֶּקַח בֶּן־רְמַלְיָהוּ בִּיהוּדָה מֵאָה וְעֶשְׂרִים אֶלֶף (שם פסוק ו). שניהם בדברי הימים: **בנוע עצי יער.** קול אילני סרק ישמע

## רד״ק

**ויאמר עד אשר אם שאו ערים מאין יושב.** ולפירוש השני יהיה פירושו, עד מתי יהיו מקשים לבבם ואינם רוצים לשמוע תוכחות, ויאמר ידעתי כי לא ישובו עד אשר אם שאו ערים: **אשר אם.** זה פירושו כי; כמו, וְאִם תַּקְרִיב מִנְחַת בִּכּוּרִים (ויקרא ב, יד), שהוא כמו וכי תקריב. וכן, וְאִם יִהְיֶה הַיֹּבֵל לִבְנֵי יִשְׂרָאֵל (במדבר לו, ד), כי יהיה היובל, והדומים להם שכתבנו בספר מכלל בחלק הדקדוק ממנו. וזה גם כן כמותה; כאלו אמר עד כדי שאו ערים. ואמר אשר, ואמר אם, שפירושו כי; כפל הענין במלות שונות כמנהג הלשון לחזק הענין. ושאו עבר במקום עתיד. ואפשר שישאו הערים שיהיו מעטים היושבים בהם, אבל ישארו קצת בתים בעיר שימצא בהם אדם. אמר גם זה לא יהיה, אלא כל הבתים גם כן יהיו שאיות מאין אדם, והאדמה גם כן תשאה שממה, כי אין עובד אותה; על דרך, וְהָאֲדָמָה לֹא תֵשָׁם (בראשית מז, יט): **(יב) ורחק ה׳.** שמא תאמר יגלו למקום קרוב וישובו לארצם, לא כן, אלא ירחק אותם בקצות הארץ כמו עשרת השבטים שגלו לחלח וחבור (דברי־הימים א ה, כו), ויהודה ובנימן לבבל. וכן אמר בנבואת עמוס, וְהִגְלֵיתִי אֶתְכֶם מֵהָלְאָה לְדַמָּשֶׂק (עמוס ה, כז). כלומר, לא תחשבו כי תגלו למקום קרוב לארצכם כמו דמשק, אלא רחוק מדמשק מאד. ומה שאמר את האדם, אינו אומר על המין כולו כמו, אֶמְחֶה אֶת־הָאָדָם (בראשית ו, ו), אלא על ישראל. וכן, וְנָפְלָה נִבְלַת הָאָדָם (לקמן ט, כא): **העזובה.** שם בשקל מלוכה, כלומר העזובה שתעזב הארץ מהם רבה תהיה, כלומר זמן רב: **(יג) ועוד בה עשיריה.** שם בשקל תחתיה, וענינו; כי עוד ימלכו בארץ עשרה מלכים מעת נבואה זו, ונבואה זו היתה בשנת מות המלך עזיהו. ועשרה מלכים הם, יותם, אחז, חזקיהו, מנשה, אמון, יאשיה, יואחז, יהויכין, יהויקים, צדקיהו. ואחרי כן, ושבה האדמה והיתה לבער, שיכלה הכל; שיגלו כולם וחרבה ירושלם: **לבער.** ענין כליון; כמו, וּבִעַרְתָּ הָרָע (דברים יג, ו), כַּאֲשֶׁר יְבַעֵר הַגָּלָל (מלכים א יד, י): **כאלה וכאלון אשר בשלכת מצבת בם.** ובעורם יהיה כבעור האלה והאלון שישירו עליהם בזמן החורף ויראה שהם יבשים. וזהו פירוש בשלכת; פירוש בהשליך עליהם. ואף על פי כן מצבת בם, פירוש העמדה כי עמדה לחותם בהם אף על פי שנראין יבשים, כי בימי ניסן ישובו ויפרחו העלים. כן זרע קדש מצבתם, כי אף על פי שיגלו כולם לא תחשבו כי יכלו בגלות ולא ישובו לארצם, כי עוד יפרחו ויצמחו וישובו לארצם. וכן תרגם יונתן הפסוק, כְּבוּטְמָא וּכְבְלוּטָא וגו׳. פירוש מצבת כמו מטע, כתרגום וַיִּטַּע (בראשית ב, ח), וּנְצִיב. וכנוי ה״א מצבתה כנגד האדמה, כמו שאמר ושבה והיתה לבער. ויונתן תרגם ועוד בה עשיריה, וְיִשְׁתַּאֲרוּן בָּהּ חַד מִן עַסְרָא. יש מפרשים בשלכת, שם שער שהיה בבית המקדש וזה זכר בדברי הימים, עִם שַׁעַר שַׁלֶּכֶת (דברי הימים־א כו, טז), ושם היו נטועים אלה ואלון ואמר המשל בהם: **(א) ויהי בימי אחז.** אמר בן יותם בן עזיהו, כי שניהם היו צדיקים. ואף על פי שהוא היה רשע והחטיא את יהודה עד שהענישם האל, ונתנם ביד מלך ארם וביד מלך ישראל, ומלך ארם שבה ממנו שביה רבה, ומלך ישראל הרג ביהודה מאה ועשרים אלף ביום אחד. ועתה עלו שניהם להלחם עליה: **ולא יכול.** רצין, כי הוא היה עקר המלחמה והוא הביא עמו פקח. וכן אמר עלה רצין, נראה כי הוא העקר. ואמר ולא יכול לו, (לא) מפני חוזק יהודה וירושלם, שהרי הם פחדו שלא יכבשו ירושלם שנאמר (פסוק ב), וינע לבבו ולבב עמו. אלא ולא יכול; כי לא רצה האל לתת את ירושלם ביד אויב, כי זכות היתה עומדת להם עדין; כמו שאמר גם בימי חזקיהו, לְמַעֲנִי וּלְמַעַן דָּוִד עַבְדִּי (מלכים־ב כ, ו). עד עת בא עתה וחרבה על ידי נבוכדנצר. ובדרש (בראשית רבה סג, א), ויהי בימי אחז בן יותם בן עזיהו. מה ראה הכתוב ליחסו? אלא אמרו מלאכי השרת לפני הקדוש ברוך הוא,

## מצודת דוד

**(יב) ורחק וכו׳ האדם.** ישראל הקרואים אדם יהיה גולה למקום רחוק: **ורבה העזובה.** זמן מרובה תהיה הארץ עזובה מהם: **(יג) ועוד בה עשיריה.** עוד ימלכו בה עשרה מלכים; כי זה נאמר אחר שנצטרע עוזיה ומלכו אחריו יותם, אחז, חזקיה, מנשה, אמון, יאשיה, יהואחז, יהויקים, צדקיה, ובימיו תשוב להיות לבער וכליון. או רצונו לומר, תשעה חלקים יהיו אבודים ותשאר חלק עשירי, ואף היא תשוב להיות לבער: **אשר בשלכת.** בימי הסתיו, עת שמשליכין העלין, דרכם להשליך מעט מעט עד שלא ישאר כי אם הנטיעה אשר בה כמות שהיא. ואמר שכן יהיה ישראל לבעור אחר בעור: **זרע וכו׳.** הנשאר בה יהיה זרע קודש. ולפי שהמשיל לאילנות אמר מצבתה, לשון הנופל באילן, ורצה לומר שארית: **(א) למלחמה עליה.** לעשות מלחמה עליה: **ולא יכול.** מוסב על רצין, כי הוא היה העיקר במלחמה: **להלחם עליה.** להתגבר ולהתחזק במלחמה עם כי מאז כשנלחם פקח לבד התגבר במלחמה כמו שכתוב בדברי הימים־ב כה. או מוסב הוא על אחז לומר, שהוא לא היה יכול לעמוד למולם להלחם בעבור העיר: **(ב) ויוגד.** טרם עלו למלחמה: **לבית דוד.** הוא אחז, ועל שהיה רשע לא רצה להזכירו בשמו: **נחה ארם וכו׳.** ארם עם אפרים חנו עליהם להלחם בהם: **וינע.** מגודל הפחד נעה לבבו, כמו עצי היער הנעים ברוח:

## מצודת ציון

**שאו, תשאה.** ענין שממון וכן וּשְׁאִיָּה יֻכַּת שָׁעַר (לקמן כד, יב): **(יג) לבער.** לכליון, כמו כִּי אִם יִהְיֶה לְבָעֵר קָיִן (במדבר כד, כב): **כאלה וכאלון.** שמות אילני סרק: **בשלכת.** מלשון השלכה: **מצבת.** היא הנטיעה הנצב ומתקיים ותרגום של וַיִּטַּע (בראשית ב, ח) היא וּנְצִיב: **(ב) נחה.** ענין חניה: **על אפרים.** עם אפרים כמו וַיָּבֹאוּ הָאֲנָשִׁים עַל הַנָּשִׁים (שמות לה, כב): **וינע.** מלשון תנועה:

*without a person, and the land becomes desolate, wasted;* [12] *and HASHEM will drive the people far away, and abandonment will be great amid the land.*
[13] *There will be ten more [kings] in it, then it shall regress and become barren — like an elm and an oak which, when shedding [their leaves], still have vitality in them, so will the holy seed be the vitality of [the land]."*

## 7

*Aram and Israel attack Jerusalem (See Appendix)*

[1] *It happened in the days of Ahaz son of Jotham son of Uzziah, king of Judah: Rezin, king of Aram, and Pekah son of Remaliah, king of Israel, went up to wage war against Jerusalem, but he could not triumph over it.* [2] *It was told to the House of David, saying, "Aram has joined with Ephraim"; and his heart and the*

**רד"ק**

ווי הוא זה שמלך זה הרשע. אמר להם הקדוש ברוך הוא, בן יותם הוא, בן עזיהו. אבותיו צדיקים היו, לפיכך אי אפשר לפשוט יד בו. הדא הוא דכתיב ולא יכול להלחם עליה, מפני זכות אבותיו: **(ב) ויגד לבית דוד.** אמר לבית דוד, כי לולי דוד כבר פסקה המלכות מזרעו בעונם ובעון זה המלך שהיה רשע: **נחה ארם על אפרים.** כמו, וַיָּבֹאוּ הָאֲנָשִׁים עַל הַנָּשִׁים (שמות לה, כב). והגד למלך כי מחנה ארם עם מחנה אפרים נחה; כלומר, באו עד קרוב לירושלם ותקעו אהליהם, ונחו שם לצור על ירושלם ולהלחם עליה. ואמר נחה לשון נקבה על המחנה או על עדת ארם, כמו, וַתְּהִי אֲרָם (שמואל־ב ח, ו) וַתְּהִי יִשְׂרָאֵל (שם כד, ט): **וינע לבבו.** פחדו מאד כי כבר נכשל לפניהם, כי כן כתוב במלכים (מלכים־ב טו, כה). וינע מן הקל ונפתחה הנון מפני הע"ן:

long God would deprive the people of their ability to repent (*Ibn Ezra*).

**עַד אֲשֶׁר אִם־שָׁאוּ עָרִים מֵאֵין יוֹשֵׁב וּבָתִּים מֵאֵין אָדָם** — *Until the cities become desolate without inhabitant, the houses without a person.* If the cities are desolate without inhabitant, are not the houses without a person? *Radak* explains that a city may be considered desolate even if a few inhabited houses still remain there. God is informing Isaiah that the Land of Israel will not only be desolate, but no house will be inhabited.

**12. וְרִחַק ה׳ אֶת־הָאָדָם** — *And HASHEM will drive the people far away.* Although sometimes אָדָם refers to mankind in general (see *Genesis* 6:7), here it refers specifically to the Jewish nation. The Ten Tribes of the Northern Kingdom were exiled to Halah and Habor and the two tribes of the Southern Kingdom were exiled to Babylonia (*Radak*). *Abarbanel* and *Malbim,* however, feel that this verse seems to better describe the exile of the Ten Tribes.

**וְרַבָּה הָעֲזוּבָה בְּקֶרֶב הָאָרֶץ** — *And abandonment will be great amid the land.* The people will be exiled to a faraway land, leaving the land desolate. The area of abandonment will be vast (*Rashi*) and its duration will be lengthy (*Radak*).

**13. וְעוֹד בָּהּ עֲשִׂרִיָּה וְשָׁבָה וְהָיְתָה לְבָעֵר** — *There will be ten more [kings] in it, then it shall regress and become barren.* Our translation follows *Radak,* who explains that from the time of Uzziah, when Isaiah received this prophecy and when the Ten Tribes were exiled, there would be ten more kings of Judah, and then it too would be exiled and the Temple destroyed.

Alternatively, *a tenth will still be in it,* i.e., when the wicked ones among them have been killed, only one tenth of the people will remain (*Targum, Rashi*).

**כָּאֵלָה וְכָאַלּוֹן אֲשֶׁר בְּשַׁלֶּכֶת מַצֶּבֶת בָּם זֶרַע קֹדֶשׁ מַצַּבְתָּהּ** — *Like an elm and an oak which, when shedding [their leaves], still have vitality in them, so will the holy seed be the vitality of [the land].* When a tree loses its leaves, it gives the appearance of being completely dead, but the truth is that in the spring, its leaves will sprout again. So, too, the Land of Israel. Although it appears to have been completely emptied of its inhabitants, it will once again be populated by the *holy seed,* i.e., the righteous people of Israel (*Radak*).

### 7.

**1. וַיְהִי בִּימֵי אָחָז בֶּן־יוֹתָם בֶּן־עֻזִּיָּהוּ מֶלֶךְ יְהוּדָה** — *It happened in the days of Ahaz son of Jotham son of Uzziah, king of Judah.* Upon the death of King Uzziah, his righteous son Jotham ascended the throne and ruled for sixteen years (*II Chronicles* 27:1). Jotham was succeeded by his son Ahaz, a wicked king who plunged the Kingdom of Judah to an unprecedented spiritual low, by introducing an unheard of degree of idolatry and depravity into the land (ibid. 28:1-4). God therefore influenced King Rezin of Aram and King Pekah of the Ten Tribes to attack Judah. They mounted separate invasions and secured resounding victories (ibid. 5-6). Then, Rezin and Pekah joined forces in an effort to conquer Jerusalem. Indeed, the Talmud cites this verse as an example of the rule that the words וַיְהִי בִּימֵי, *it happened in the days of,* introduces a painful time in Jewish history (*Megillah* 10b).

**בֶּן־יוֹתָם בֶּן־עֻזִּיָּהוּ . . . וְלֹא יָכֹל לְהִלָּחֵם עָלֶיהָ** — *Son of Jotham son of Uzziah . . . but he could not triumph over it,* lit., *could not wage war against it.* The phrase is in the singular and refers to Pekah, who led the alliance, as indicated in verse 2, where he is referred to as *Ephraim,* which was the leader of the Ten Tribes (*Ibn Ezra*). Jerusalem was militarily weak and Ahaz was a wicked king, but God protected Jerusalem in the merit of his righteous father and grandfather (*Rashi; Radak*).

**2. וַיֻּגַּד לְבֵית דָּוִד לֵאמֹר** — *It was told to the House of David, saying. The House of David* refers to Ahaz. Because of his wickedness he is not referred to by name, but is recorded as a nameless member of the royal family (*Rashi*). Alternatively, Scripture is pointing out that if not for the merit of King David, the royal dynasty would have been terminated because of the evil Ahaz (*Radak*).

**נָחָה אֲרָם עַל־אֶפְרָיִם** — *Aram has joined with Ephraim.* The king of Aram has joined forces with the king of Israel and they

ג וּלְבַ֣ב עַמּ֑וֹ כְּנ֥וֹעַ עֲצֵי־יַ֖עַר מִפְּנֵי־רֽוּחַ׃ וַיֹּ֨אמֶר יהוה֮ אֶל־יְשַׁעְיָ֒הוּ֒ צֵא־נָ֞א
לִקְרַ֣את אָחָ֔ז אַתָּ֖ה וּשְׁאָ֣ר יָשׁ֣וּב בְּנֶ֑ךָ אֶל־קְצֵ֗ה תְּעָלַת֙ הַבְּרֵכָ֣ה הָעֶלְיוֹנָ֔ה אֶל־
ד מְסִלַּ֖ת שְׂדֵ֥ה כוֹבֵֽס׃ וְאָמַרְתָּ֨ אֵלָ֜יו הִשָּׁמֵ֣ר וְהַשְׁקֵ֗ט אַל־תִּירָא֙ וּלְבָבְךָ֙ אַל־יֵרַ֔ךְ מִשְּׁנֵ֨י
ה זַנְב֧וֹת הָאוּדִ֛ים הָעֲשֵׁנִ֖ים הָאֵ֑לֶּה בָּחֳרִי־אַ֛ף רְצִ֥ין וַאֲרָ֖ם וּבֶן־רְמַלְיָֽהוּ׃ יַ֛עַן כִּֽי־יָעַ֥ץ
ו עָלֶ֖יךָ אֲרָ֣ם רָעָ֑ה אֶפְרַ֥יִם וּבֶן־רְמַלְיָ֖הוּ לֵאמֹֽר׃ נַעֲלֶ֤ה בִֽיהוּדָה֙ וּנְקִיצֶ֔נָּה וְנַבְקִעֶ֖נָּה
ז אֵלֵ֑ינוּ וְנַמְלִ֥יךְ מֶ֙לֶךְ֙ בְּתוֹכָ֔הּ אֵ֖ת בֶּן־טָֽבְאַֽל׃ ◀ כֹּ֥ה אָמַ֖ר אֲדֹנָ֣י יֱהֹוִ֑ה

*Haftaras Yisro* for *Ashkenazim* continues on p. 78.

**רש"י**

יותר מכל אילני פירי כדאיתא בבראשית רבה (פרשה טז פסקה ג): (ג) **ושאר ישוב בנך.** שארית מעט שישובו אלי על ידך והם כבנך: **אל קצה תעלת.** שם תמלאהו (תעלת, פוסיר בלעז): **ברכה.** כעין מקוה מים שעושים לדגים: **העליונה.** במורד ההר, ויש ברכה אחרת למטה הימנה בתחתיתו: **שדה כובס.** שדה שהכובסים שוטחים שם בגדים לנגבם, כך תירגם יונתן. ורבותינו דרשו (סנהדרין קד, א), ננעו אחז לפני ישעיהו ושם על ראשו אוכלא דקלרי, כפה עליו כלי פירוש, כלי מנוקב של כובסים שמזלפין בו מים על הבגדים: (ד) **השמר.** שב בשלום כיין על שמריו: **זנבות האודים העשנים.** יהיו בעיניך כזנבות אודים שכבתה שלהבת שלהם. אודים, טילונ"ש בלעז: (ו) **ונקיצנה.** נעוררה במלחמה: **ונבקיענה אלינו.** נשוה אותה עמיו כבקעה זו שהיא שוה וכן תרגם יונתן, וּנְשַׁוִינוּן עִמָּנָא. שיהיו שוין עם עשרת השבטים במלך אחד: **את בן טבאל.** בן הטוב אלינו כן תרגם יונתן. ויש לפרש טוב אל, אשר לא טוב בעיני המקום. ובגימטריא של אותיות אלב"ס טבאל הוא רמלא, ט"ר ב"ם א"ל בן טבאל בן רמלא:

**רד"ק**

**ואמר עצי יער.** שכולם נעים מפני הרוח ואחד מניע חברו שנוגע בו מפני התנועה. והנה התנועה רבה מתנועת עץ יחידי מפני רוח כן היו כל אחד מהם פוחדים והאחד מפחיד. ויש דרש (בראשית רבה פרשה טז פסקה ג), קול אילני סרק נשמע יותר מקול אילני פירות, לפיכך אמר עצי יער: (ג) **ויאמר.** ושאר ישוב בנך. שני בנים היו לו לישעיהו, האחד שמו שאר ישוב, לאות ולסימן כי שאר יהודה ישובו עוד אחר הגלות ולא כן עשרת השבטים שלא שבו אחר שבעים, ועדין לא שבו אף על פי שעתידין לשוב. ועוד כי לא מהרו לגלות יהודה כמו עשרת השבטים. והבן האחר קרא שמו מהר שלל חש בז, לאות ולסימן עשרת השבטים שימהרו לגלות קודם שבט יהודה. ודעת יונתן כי שאר ישוב לא היה בן ישעיהו, אלא פירוש שאר ישוב אנשים טובים שהיו תלמידי ישעיהו. ותרגם כן, וּשְׁאָר (תַּלְמִידָךְ) דְּלָא חֲטוּ וּדְתָבוּ מֵחֶטְאָה תַּלְמִידָךְ: **תעלת הברכה.** תעלה היא אמת המים הנמשכת מן הברכה. והברכה היא עשויה בבנין אבנים שמי המטר מכונסין בה. ואמר העליונה, כי שתי ברכות היו שם וזו היתה העליונה: **שדה כובס.** שהיו כובסים שם הבגדים לפיכך, נקרא שדה כובס. ויונתן תרגם, חֲקַל מַשְׁטַח קְצְרַיָּא; שהיו מכבסים הבגדים. לפיכך נקרא שדה בתעלה, והיו שוטחין הבגדים לשמש בזה השדה: (ד) **ואמרת.** השמר זה לבדו מלרע לפיכך פירשנוהו ענין אחר, ענין שמרים; כלומר שב על שמריך בנחת כיין היושב על שמריו. ויונתן תרגם ענין שמירה, כלומר, אִסְתַּמַּר, וכן פירש רבינו סעדיה, השמר מעשות מלחמה. והשקט לך אל תירא. והשקט פעל עומד או יוצא פירוש השקט לבך: **משני זנבות האודים.** האוד הוא עץ שמנדדין בו האש, ובדברי רבותינו זכרונם לברכה (שבת קמג, א), ליטול אוד מבין העצים. ואינו עשוי להדליק, אלא שנשרף מאליו מעט מעט כשמנדדין בו האש תמיד, וכשנשרף עד שחוזר קטן שאין ראוי לאוחזו ביד ולנדד בו האש, משליכין אותו לצד אחד והוא עשן, ויקרא זנב האוד. וחרון האף נמשל לעשן; כמו, יֶעְשַׁן אַף ה' (דברים כט, יט), עַד מָתַי עָשַׁנְתָּ (תהלים פ,ה). וכמו שזנב האוד אין בו כח להבעיר דבר, אלא שהוא עשן ומצער בני הבית מעט עד שיכלה העשן, כן אלו המלכים באו בחרון אפם, אבל אין כח בהם להבעיר ולכלות, ובמעט זמן יכלה עשנן וישובו להם ויכלו: **ובן רמליהו.** פירוש עם אפרים, כמו שאמר רצין וארם. וקצר הכתוב דבריו וסמך על המבין, כי בזכור המלך הוא הדין לעם, וכן אמר בפסוק הבא אחריו: (ה) **יען.** שזכר ארם ולא זכר המלך: (ו) **נעלה ביהודה.** במי שהוא ראש יהודה והיא ירושלם: **ונקיצנה.** נעשה לה מצור עד שיקוצו מפנינו ויפתחו לנו: **ונבקיענה אלינו.** או נבקיענה, כלומר נבקיע חומותיה ונכנס בה ותהיה ברשותינו, ונמליך מלך בתוכה על ידינו וממנו. ומי יהיה זה? את בן טבאל, והוא היה איש מבני אפרים שהיו חושבים להמליכו בירושלם. זאת היתה עצתם ולא תקום ולא תהיה. ויונתן תרגם ונקיצנה ונבקיענה אלינו, וּנְחַבְּרִינוּן וּנְשַׁוִינוּן עִמָּנָא. ותרגם את בן טבאל, יַת מַן דְּכָשֵׁר לָנָא. עשה מלת טבאל נוטריקון הטוב אלינו. ויש מפרשים טבאל, רמלא באלפא בית"א דא"ל ב"ם, ורמלא הוא על בן רמליהו: (ז) **כה אמר.** לא תקום עצתם ולא תהיה:

**מצודת דוד**

(ג) **אתה ושאר ישוב בנך.** גם אתה צא לקראתו, גם בנך אשר נקרא שמו שאר ישוב, לאות וסימן אשר שארית יהודה ישובו מן הגלות בימי עזרא: **אל קצה וכו'.** כי שם תמצאנו: **העליונה.** כי שתים היו אחת ממעל ואחת מתחת: **שדה כובס.** השדה שהיו שוטחים שמה אל מול השמש את הבגדים המכובסים: (ד) **השמר והשקט.** השמר מעשות מלחמה והשקט לבך. אל תירא ואל יבוא מורך בלבבך: **זנבות האודים.** שהמה כמו האודים האלה שאין בהם כח לבער אלא לעשן, כך אין כח בידם לעשות לך מאומה רע, רק העם מפחידים: **בחרי אף.** הבאים בחרי אף, רצין. עכשיו מפרש מי הם האודים: **ובן רמליהו.** פירוש, עם אפרים כמו שכתוב רצין וארם, וסמך על המבין: (ה) **ויען.** בעבור שיעץ מחשבות, כאלו נצחון המלחמה תלויה בכח חכמתו: (ו) **ונקיצנה.** רצונו לומר, נעשה לה מצור עד שיקוצו מפנינו ויפתחו לנו שערי העיר: **ונבקיענה.** אז נבקיע חומתה לצרכינו ליכנס בה, ותהיה אם כן תחת ממשלתנו: **ונמליך בתוכה את בן טבאל.** והוא היה איש מהר אפרים:

**מצודת ציון**

(ג) **תעלת הברכה.** הברכה הוא מקום בנוי באבנים ובסיד, ושם מתכנסים המים, והתעלה היא חפירה סמוך לה. ובעת הצורך ממשיכים לה אמת המים מן הברכה וכן, בִּתְעָלַת הַבְּרֵכָה (מלכים־ב יח, יז): **מסלת.** מלשון מסילה ושביל: (ד) **זנבות.** מלשון זנב: **האודים.** הם העצים שמנדנדין בהם האש לישבו על מקומו, ונשרף מעט מעט על ידי החתיה באש. וכשחוזר להיות קטן ואינו ראוי עוד להאחז ביד, משליכים אותו ומעלה עשן רב. וזהו נקרא זנב האוד; וכן, כְּאוּד מֻצָּל מִשְּׂרֵפָה (עמוס ד, יא): (ו) **ונקיצנה.** ענין מאוס; כמו, קַצְתִּי בְחַיַּי (בראשית כז, מו): **ונבקיענה.** מלשון בקוע:

are planning to attack your people (*Rashi*). The Northern Kingdom of Israel is referred to as Ephraim because its first king, Jeroboam, was an Ephraimite (*Ibn Ezra*).

**וַיָּנַע לְבָבוֹ וּלְבַב עַמּוֹ** — *And his heart and the heart of his people shuddered.* Familiar with the havoc that Rezin and Pekah had wrought separately when they invaded the land of Judah, Ahaz and his people were terrified when they heard that the two had joined forces and were planning a new attack (*Rashi*).

**כְּנוֹעַ עֲצֵי־יַעַר מִפְּנֵי־רוּחַ** — *Like the shuddering of the trees of the forest in the wind.* Unlike trees in an orchard, the trees of the forest are not protected by walls and fences and are therefore

*heart of his people shuddered, like the shuddering of the trees of the forest in the wind.*
*3 HASHEM said to Isaiah, "Go out and meet Ahaz, you and your son Shear-*
*jashub [A Remainder Will Return], at the edge of the channel of the Upper Pool,*
*at the road of the Launderer's Field, 4 and say to him, 'Be calm and still; fear not.*
*Let your heart not grow faint before these two smoldering, spent firebrands: before*
*the burning wrath of Rezin and Aram, and [before] the son of Remaliah. 5 Because*
*Aram, along with Ephraim and the son of Remaliah, has counseled evil against*
*you, saying, 6 "Let us attack Judah and vex it and annex it to ourselves, and*
*crown the son of Tabeel as king within it" — 7 thus said my Lord HASHEM/ELOHIM:*

*They will not succeed*

much more exposed to the wind (*Abarbanel*). When the wind blows through the forest, each tree trembles and causes its neighbor to tremble as well. So was it with the people of Judah. Each person trembled and caused his neighbor to tremble; fear is contagious (*Radak*).

**3. וַיֹּאמֶר ה׳ אֶל־יְשַׁעְיָהוּ צֵא־נָא לִקְרַאת אָחָז** — *HASHEM said to Isaiah, "Go out and meet Ahaz."* Upon hearing the frightening news of the imminent attack, Ahaz, who had been visiting one of the cities of Judah, immediately returned to Jerusalem, to lead the defense of the capital. A pious king would have searched for the prophet and entreated him to beseech God for His help, but not the arrogant and wicked Ahaz. God therefore directed Isaiah to take the initiative and go to the king. The prophet therefore left Jerusalem with his son Shear-jashub to meet the king and inform him that he need not fear; God will protect the city (*Abarbanel*).

**שְׁאָר יָשׁוּב בְּנֶךָ** — *Your son Shear-jashub.* The name Shear-jashub literally means, *a remainder will return.* Isaiah's son was given this name to symbolize that the remnant of Judah will return to their land after the exile (*Radak*). *Targum Yonasan,* however, understands that Isaiah did not have a son named Shear-jashub. He renders, אַתְּ וּשְׁאָר תַּלְמִידָךְ דְּלָא חֲטוֹ וּדְתָבוּ מֵחָטְאָה, *you and your disciples who have not sinned and those who have repented of their sins.* שְׁאָר יָשׁוּב בְּנֶךָ would then be understood figuratively: שְׁאָר, *those who remained faithful,* יָשׁוּב, *those who repented,* and בְּנֶךָ, *your disciples who are like your own sons* (*Radak*).

**אֶל־קְצֵה תְּעָלַת הַבְּרֵכָה הָעֶלְיוֹנָה אֶל־מְסִלַּת שְׂדֵה כוֹבֵס** — *At the edge of the channel of the Upper Pool, at the road of the Launderer's Field.* There were two pools, one on the incline of the mountain and one at its base (*Rashi*). Isaiah was to meet Ahaz at the Upper Pool, which was a reservoir that trapped rainwater for the people of Jerusalem. When the people needed water for drinking or laundering, the gate of the pool would be opened and water would flow into the channel. The שְׂדֵה כוֹבֵס, *Launderer's Field,* was where people spread out their wet clothing to dry in the sun (*Metzudos, II Kings* 18:17). *Malbim* suggests that Ahaz chose to come to this pool on his way back to Jerusalem for he wished to cut off the water supply to deprive the enemy of drinking water.

According to the Talmud (*Sanhedrin* 104a), as soon as Ahaz saw Isaiah standing before him, he hid his face in shame because he was terribly embarrassed of the sins that he had committed. According to some, he inverted a perforated washer's trough over his head and turned away.

**4. וְאָמַרְתָּ אֵלָיו הִשָּׁמֵר וְהַשְׁקֵט אַל־תִּירָא** — *And say to him, "Be calm and still; fear not."* Isaiah is to tell Ahaz to be calm and still, to sit tranquilly, like wine on its lees; הִשָּׁמֵר is related to שְׁמָרִים, *lees* (*Rashi; Radak*). Following *Targum Yonasan, Metzudos* renders *be careful* not to wage war.

**וּלְבָבְךָ אַל־יֵרַךְ מִשְּׁנֵי זַנְבוֹת הָאוּדִים הָעֲשֵׁנִים הָאֵלֶּה** — *Let your heart not grow faint before these two smoldering, spent firebrands.* You need not fear Rezin and Pekah, for these two powers that seem so fearful are nearing their end. They are only stumps of firebrands. They are still smoking, but are already extinguished (*R' Hirsch*). Like smoldering firebrands, the invading kings irritate the people with the "smoke" of their burning wrath, but will cause no actual damage (*Radak*).

**בָּחֳרִי־אַף רְצִין וַאֲרָם וּבֶן־רְמַלְיָהוּ** — *Before the burning wrath of Rezin and Aram, and [before] the son of Remaliah.* Although Rezin's nation, Aram, is mentioned here, the verse does not mention Ephraim in connection with the *son of Remaliah. Radak* points out that in the next verse Rezin is not mentioned with Aram. Scripture often abbreviates that which is common knowledge. The *Vilna Gaon,* however, comments that Ephraim is omitted intentionally in this verse because, unlike Aram, which hated Israel, the wrath of Ephraim did not burn against Judah.

**5. יַעַן כִּי־יָעַץ עָלֶיךָ אֲרָם רָעָה אֶפְרַיִם** — *Because Aram, along with Ephraim . . . has counseled evil against you. Vilna Gaon* renders, "Because Aram has counseled Ephraim to do evil against you."

**6. נַעֲלֶה בִיהוּדָה וּנְקִיצֶנָּה וְנַבְקִעֶנָּה אֵלֵינוּ** — *Let us attack Judah and vex it and annex it to ourselves.* Let us besiege Jerusalem and cause it so much distress that the king will surrender (*Radak*); then we will annex the city (*Rashi*).

**וְנַמְלִיךְ מֶלֶךְ בְּתוֹכָהּ אֵת בֶּן־טָבְאַל** — *And crown the son of Tabeel as king within it.* Their intent was to eradicate the royal line of David (*R' M. Eisemann, ArtScroll, II Chronicles,* Section II to Ch. 27) and appoint the son of Tabeel, who was either an Ephraimite or Aramean official, as the new king of Judah (*Ibn Ezra*). Some say that the name טָבְאַל seems to be a contraction of הַטּוֹב אֵלֵינוּ, *one who is good for us.* Rezin and Pekah wished to crown as king of Judah someone who would benefit them (*Rashi* from *Targum Yonasan*). Alternatively, the name Tabeel may be a combination of the words טוֹב אַל, *not good,* i.e., someone who is not good in the eyes of

ח לֹא תָקוּם וְלֹא תִהְיֶה׃ כִּי רֹאשׁ אֲרָם דַּמֶּשֶׂק וְרֹאשׁ דַּמֶּשֶׂק רְצִין וּבְעוֹד
ט שִׁשִּׁים וְחָמֵשׁ שָׁנָה יֵחַת אֶפְרַיִם מֵעָם׃ וְרֹאשׁ אֶפְרַיִם שֹׁמְרוֹן וְרֹאשׁ שֹׁמְרוֹן
י בֶּן־רְמַלְיָהוּ אִם לֹא תַאֲמִינוּ כִּי לֹא תֵאָמֵנוּ׃ וַיּוֹסֶף יהוה
יא דַּבֵּר אֶל־אָחָז לֵאמֹר׃ שְׁאַל־לְךָ אוֹת מֵעִם יהוה אֱלֹהֶיךָ הַעְמֵק שְׁאָלָה אוֹ
יב־יג הַגְבֵּהַּ לְמָעְלָה׃ וַיֹּאמֶר אָחָז לֹא־אֶשְׁאַל וְלֹא־אֲנַסֶּה אֶת־יהוה׃ וַיֹּאמֶר
שִׁמְעוּ־נָא בֵּית דָּוִד הַמְעַט מִכֶּם הַלְאוֹת אֲנָשִׁים כִּי תַלְאוּ גַּם אֶת־אֱלֹהָי׃

## רש״י

(ז) **לא תקום.** עצתם זאת שתהא יהודה כבושה תחתיהם: (ח) **כי ראש ארם היא דמשק.** ואין לירושלים עמהם כלום: **וראש דמשק רצין.** בדמשק יהיה ראש ולא בירושלים. וגם פקח ועשרת השבטים בעוד ששים וחמש שנה מיום שנגזר בימי עמוס וישראל, גָּלֹה יִגְלֶה מֵעַל אַדְמָתוֹ (עמוס ז, יא): **יחת אפרים.** תרוצץ אפרים מעם. שיגלם סנחריב עם מלכם הושע בן אלה. צא וחשוב מנבואת עמוס עד שגלו עשרת השבטים ותמצאם ששים וחמש שנים. נבואת עמוס היתה שתי שנים לפני שנתנגע עוזיה שנאמר, שְׁנָתַיִם לִפְנֵי הָרָעַשׁ (בעמוס א, א). ועוזיה נתנגע עשרים וחמש שנים הרי עשרים ושבע. שש של יותם, שש של אחז, שש של חזקיהו שנאמר (מלכים ב־ יח, י־יא) וַיִּלְכְּדֻהָ. . . בִּשְׁנַת שֵׁשׁ לְחִזְקִיָּה הִיא שְׁנַת תֵּשַׁע לְהוֹשֵׁעַ. . . וַיֶּגֶל. . . אֶת יִשְׂרָאֵל אַשּׁוּרָה; הרי ששים וחמש. ומניין שימי חלופו של עוזיהו עשרים וחמש שנים? שנאמר (שם טו) בִּשְׁנַת עֶשְׂרִים וָשֶׁבַע. . . לְיָרָבְעָם (בן יואש) מֶלֶךְ יִשְׂרָאֵל מָלַךְ עֲזַרְיָה (עוזיה) בֶּן אֲמַצְיָה מֶלֶךְ יְהוּדָה (על יהודה). אפשר לומר? והלא עוזיה וירבעם מלכו כאחת לפי החשבון שתמצא בספר מלכים? אלא שמלך מלכות מנוגעת, בשנת עשרים ושבע למלכו נתנגע והוא מלך חמשים ושתים שנה. ואי אפשר לימנות בעוד ששים וחמש שנה מיום שאמר ישעיה נבואה זו, שהרי בימי אחז אמרה, והם גלו בשנת שש לחזקיהו. וכך מפורש בסדר עולם (פרק כ) שמנה הכתוב לנבואתו של עמוס: (ט) **אם לא תאמינו.** לנבואתי; אתם אחז ועמו אשר ידעתי כי רשעים אתם: **לא תאמנו.** לא אמון בכם: (י) **ויוסף ה׳.** ואוסיף נביא דה׳: (יא) **שאל לך אות.** לדבר הזה, כי ידעתיך שאין אתה מאמין לדברי הקדוש ברוך הוא: **העמק שאלה.** העמק ושאל שאלה; כמו, שְׁמָעָה. . . סְלָחָה (דניאל ט, יט). שאל אות בעמקי תהום להחיות לך מת, או הגבה למעלה לשאול אות בשמים: (יב) **לא אנסה.** אין רצוני שיתקדש שמו על ידי: (יג) **הלאות אנשים.** נביאי ה׳: **כי תלאו וגומר.** לפי שהוא יודע שאתם אין מאמינים בו והוגעתם לפניו ברשעכם:

## רד״ק

(ח) **כי ראש.** לא יהיו הם ראש ומלך בירושלם כמו שחשבו, כי דמשק הוא ראש ממלכת ארם, וראש דמשק הוא רצין, ולא יהיה ראש ירושלם. ועוד אני אומר להם, כי בעוד ששים וחמש שנה יחת אפרים מעם. ופירושו יחת עם אפרים, כלומר רצין וארם יחת עם אפרים מהיות זה עם זה. ויהיה חסר אפרים וי״ו השמוש, כמו שמש ירח, ורבים כמוהו. ופירוש יחת, רצין הנזכר, כי עליו היה מדבר ועל ארם. ואמר כי הוא יחת אפרים גם כן מהיות עם, ולא יהיה ראש רצין אפילו מארם, וגם ארם לא יהיה עיר שיוכלו להלחם ולעשות דבר מעצמם. וכן שמרון שהוא ראש אפרים היום, וראש שמרון היא בן רמליהו, לא יהיה זה לאורך זמן כי יחתו ארם ואפרים מעם. וכן אמר, יִשָּׂא אֶת חֵיל דַּמֶּשֶׂק וְאֵת שְׁלַל שֹׁמְרוֹן לִפְנֵי מֶלֶךְ אַשּׁוּר (לקמן ח, ד).ואמר וּשְׁאָר אֲרָם כִּכְבוֹד בְּנֵי יִשְׂרָאֵל יִהְיוּ (לקמן יז, ג). וחשבון ששים וחמש שנים אינו מתחיל מנבואה זו, שהרי בזה הפרק נולד הבן שנקרא עמנו אל. ואמר, בְּטֶרֶם יֵדַע הַנַּעַר קְרֹא אָבִי וְאִמִּי יִשָּׂא אֶת חֵיל דַּמֶּשֶׂק וְאֵת שְׁלַל שֹׁמְרוֹן לִפְנֵי מֶלֶךְ אַשּׁוּר (לקמן ח, ד). וכן נאמר במלכים, וַיַּעַל מֶלֶךְ אַשּׁוּר אֶל דַּמֶּשֶׂק וַיִּתְפְּשֶׂהָ וַיַּגְלֶהָ קִירָה וְאֶת רְצִין הֵמִית (מלכים־ב טז, ט). אלא פירושו, ובעוד ששים וחמש שנה, בהשלמות ששים וחמש שנה מנבואת עמוס שהתנבא על דמשק ואמר, וְשָׁבַרְתִּי (את) בְּרִיחַ דַּמֶּשֶׂק וגומר, וְגָלוּ עַם אֲרָם קִירָה אָמַר ה׳ (עמוס א, ה), וכן התנבא על גלות ישראל. והיתה נבואת עמוס לפי החשבון בשנת שבע עשרה לירבעם בן יואש מלך ישראל. כיצד, ירבעם מלך אחד וארבעים ומנחם עשר הרי אחד וחמשים. ופקחיהו בן מנחם שנתים הרי חמשים ושלש. ופקח עשרים הרי שבעים ושלש. והושע בן אלה תשע, ואז גלו ישראל הרי שמנים ושנים. הסר מהם שבע עשרה, הרי ששים וחמשה חשבון מכוון. ולא חשבנו ששה חדשים לזכריה וירח ימים לשלום: (ט) **וראש אפרים.** פירשתיו: **אם לא תאמינו כי לא תאמנו.** אמר הנביא אם לא תאמינו לדברי אלה למה היא זה? לפי שאין אתם נאמנים וקיימים באמונת האל: **תאמנו.** ענין קיום כמו מימיו נאמנים: (י) **ויוסף ה׳ דבר אל אחז.** פירוש על ידי ישעיהו: (יא) **שאל לך אות.** ידע שלא היה מאמין בדברי האל, והוא עצמו הוכיח שלא היה מאמין, ששלח מלאכים אל מלך אשור ואמר לו, עֲלֵה וְהוֹשִׁעֵנִי מִכַּף מֶלֶךְ אֲרָם וּמִכַּף מֶלֶךְ יִשְׂרָאֵל הַקּוֹמִים עָלָי (מלכים־ב טז, ז). ואם היה מאמין בדברי האל לא היה עושה כן, ולא היה שולח לו שחד. אלא מתוך שלא בטח בדברי האל שהבטיחו מהם, שלח שחד למלך אשור לעזור לו מהם: **ה׳ אלהיך.** אמר לו אלהיך, אף על פי שהוא לא היה מאמין בו. אמר הוא אלהיך ושופטך מיד אלה המלכים, והאמן בו, כי הוא אלהים; ענינו אדון ומשגיח ושופט: **העמק שאלה.** העמק לשאל איזה אות תרצה שיתן לך. שאלה מקור במשקל הצווי, אֲדֹנָי שְׁמָעָה אֲדֹנָי סְלָחָה (דניאל ט, יט). ופירוש העמק והגבה, אם תרצה אות בשמים

## מצודת דוד

(ז) **לא תקום.** לא תתקיים עצתם ולא תהיה כן, והוא כפול במילים שונות: (ח) **ראש ארם.** עיר המלוכה של ארם היא דמשק, ואין לה כלום על ירושלם: **וראש דמשק רצין.** הוא ראש ומלך על דמשק ולא על ירושלים, ובעוד. רצונו לומר, ואף מה שבידו לא ישאר, כי במשך זמן ששים וחמש שנה מעת שנגזר הדבר בנבואת עמוס; שאמר, וְשָׁבַרְתִּי בְּרִיחַ דַּמֶּשֶׂק (עמוס א, ה) יחת וישבר מלכות ארם, וכמו שכתוב, וַיַּעַל וכו׳ דַּמֶּשֶׂק וַיִּתְפְּשֶׂהָ (מלכים־ב טז, ט). וזה היה בימי אחז, והרחיב הזמן בעבור שזכר גם אפרים: **אפרים מעם.** תחסר הוי״ו ומשפטו ואפרים מעם ורצונו לומר, גם מלכות אפרים תשבר במשך זמן ששים וחמש שנה מהיות עוד עם, כי ילכו גולה בימי הושע בן אלה. והיתה בשנה הששית לחזקיה, בתוך זמן ששים וחמש שנה מנבואת עמוס, שניבא על ארם ועל מלכות אפרים; כמו שכתוב, הִנֵּה אָנֹכִי מֵעִיק וכו׳ (עמוס ב, יג), וְיִשְׂרָאֵל גָּלֹה יִגְלֶה (שם ז, יא). כי נבואתו היתה שתי שנים קודם שנצטרע עוזיה; כמו שכתוב, שְׁנָתַיִם לִפְנֵי הָרָעַשׁ (שם א, א). והרעש היה כשנצטרע עוזיה בעשרים ושש למלכו; כמו שכתוב, בִּשְׁנַת עֶשְׂרִים וָשֶׁבַע וכו׳ (מלכים־ב טו, י), וכמו שכתוב שם וכל ימי מלכותו חמשים ושתים (שם פסוק ב). הרי נשאר עשרים אחמש. ושנתים לפניהם הרי עשרים ושבע. ימי יותם שש עשרה, ימי אחז שש עשרה, ושש של חזקיה הרי היתה בתוך זמן ששים וחמש שנה, כי יותם ואחז מלכו שנים מקוטעות כמו שכתוב במלכים ב. ועיין שם בחשבון הדורות: (ט) **וראש.** ואף עתה עיר המלוכה של אפרים היא שמרון ואין לה כלום על ירושלים: **וראש שמרון בן רמליהו.** הוא ראש ומלך על שומרון ולא על ירושלים: **אם לא תאמינו.** אם אינכם מאמינים לדברי אלה, זהו לפי שאין אתם קיימים ומחוזקים באמונת האל: (י) **דבר.** על ידי ישעיהו: (יא) **אות.** לעשות אות למען דעת שיתקיימו דברי: **העמק שאלה.** שאל שאלה לעשות אות בעומק התהום או בגבהי השמים ממעל: (יב) **לא אשאל וכו׳.** לא אשאל אות ולא ארומם את המקום בעשיית האות, כי לא רצה שיתקדש שם שמים על ידו: (יג) **המעט מכם.** וכי מעט לכם מה שאתם מייגעים אנשים בגאוה ורמות רוח,

## מצודת ציון

(ח) **ובעוד.** רצונו לומר, בתוך משך זמן: **יחת.** ישבר; כמו, חִתְּתָה קַשְּׁתוֹתָם (ירמיה נא, נו): (ט) **תאמנו.** ענין קיום; כמו, אֱמוּנַת עִתֶּיךָ (לקמן לג, ו): (יב) **אנסה.** מלשון נס, וענינו התנשאות ורוממות כנס, והוא כלונס ארוך: (יג) **הלאות.** ענין יגיעה; כמו, וּמָה הֶלְאֵתִיךָ (מיכה ו, ג):

*It shall not endure and it shall not be!* 8 *For the capital of Aram is Damascus and*
*the head of Damascus is Rezin; in sixty-five more years, Ephraim will cease to*
*be a people.* 9 *And the capital of Ephraim is Samaria and the head of Samaria*
*is the son of Remaliah. If you do not believe this, it is because you lack faith.' "*
10 *HASHEM spoke further to Ahaz, saying,* 11 *"Request a sign for yourself from*
*HASHEM your God; request it in the depths, or high above."*
12 *But Ahaz said, "I will not request; I will not test HASHEM."*
13 *[Isaiah] responded, "Hear now, O House of David: Is it not enough*
*for you that you scorn human [prophets], that you scorn even my God?*

**רד"ק**

או בארץ, וכתרגם יונתן, שְׁאַל דִי יִתְעֲבֵיד לָךְ נֵס עַל אַרְעָא אוֹ תִתְחֲזֵי לָךְ בִּשְׁמַיָא. ואמר נס על אשר בארץ, כי על ידי נס היה האות שנתן לו בארץ להיות דעת והכרה לתנוק: **(יב) ויאמר אחז לא אשאל ולא אנסה.** כל זה היה מעט האמנה. ואף על פי שהוא אומר בלשון האמנה, כי לא ינסה האל, אף על פי כן הנביא ידע את לבבו; כי לא אמר אלא ממיעוט האמנה; כאומר, איני חושש לנסותו בזה. לפיכך ענה לו הנביא כי תלאו גם את אלהי: **(יג) ויאמר. . . בית דוד.** לגנותו לא קראו בשמו; כמו, שְׁמַע נָא בֶּן אֲחִיטוּב (מלכים־א כב, יב). וזכר דוד ולא זכר אביו כי בעבור דוד היתה לו המלוכה ובעבורו עושה עמו האל נסים. וכן, וַיֹּאמֶר מֹשֶׁה אֶל קֹרַח שִׁמְעוּ נָא בְּנֵי לֵוִי (במדבר טז, ח): **אנשים.** כתרגומו, יַת נְבִיַיָא. וכן את אלהי, יַת פִּתְגָמֵי אֱלָהָי. כלומר,

God (*Rashi*). According to *Midrash Tanchuma* (*Korach* 12), Tabeel is Remaliah. Accordingly, they wished to install Pekah himself as king of Judah.

**7. כֹּה אָמַר . . . לֹא תָקוּם וְלֹא תִהְיֶה** — *Thus said . . . It shall not endure and it shall not be.* Isaiah continues his prophecy and foretells that the plan of Rezin and Pekah to subordinate Judah will not materialize (*Rashi*), not during the reign of Ahaz nor during the reign of his son Hezekiah (*Abarbanel*).

**8-9. כִּי רֹאשׁ אֲרָם דַּמֶּשֶׂק . . . וְרֹאשׁ אֶפְרַיִם שֹׁמְרוֹן** — *For the capital of Aram is Damascus . . . and the capital of Ephraim is Samaria.* Although Rezin is indeed king of Aram and rules in his capital city of Damascus, and Pekah is the king of the Ten Tribes of the Northern Kingdom and rules in his capital city of Samaria, they will never rule over Jerusalem, for Jerusalem is the capital city of Judah, to which neither of them have any claim (*Rashi*).

**וּבְעוֹד שִׁשִּׁים וְחָמֵשׁ שָׁנָה יֵחַת אֶפְרַיִם מֵעָם** — *In sixty-five more years, Ephraim will cease to be a people.* Furthermore, their plan will never materialize because in sixty-five years, both Aram and Ephraim will be exiled by Sennacherib and disappear as independent nations (*Radak*). Actually, the exile of Ephraim and the other tribes of the Northern Kingdom did not take place sixty-five years from the day of Isaiah's prophecy in this verse, but from the time that the prophet Amos originally foretold of Israel's exile forty-seven years earlier. Accordingly, only eighteen years remained until total destruction would bring an end to the Northern Kingdom of Israel (*Rashi* from *Seder Olam*).

**9. אִם לֹא תַאֲמִינוּ כִּי לֹא תֵאָמֵנוּ** — *If you do not believe this, it is because you lack faith.* If you do not believe my prophecy, it is because you lack faith in God (*Radak*). Alternatively, it is because you are wicked and dishonest (*Rashi*), and dishonest people always suspect others of lying (*Abarbanel*).

If a person loses his faith in one part of the Torah, his general faith becomes weakened and he will lose faith in another and another and yet another aspect of the Torah (*Tzemach Hashem LaTzvi*).

**10. וַיּוֹסֶף ה׳ דַּבֵּר אֶל־אָחָז לֵאמֹר** — *HASHEM spoke further to Ahaz, saying.* God did not actually speak directly with the wicked Ahaz, but communicated His message to him through Isaiah (*Radak*). *Targum Yonasan* paraphrases, "And the prophet of Hashem continued to speak with Ahaz."

**11. שְׁאַל־לְךָ אוֹת** — *Request a sign for yourself.* Isaiah knew that Ahaz did not trust that God would save the city from the invading armies. He therefore told the king to request a sign to prove the veracity of the prophecy (*Rashi*).

**מֵעִם ה׳ אֱלֹהֶיךָ** — *From HASHEM your God.* Although Ahaz was an idolater and did not believe in Hashem, Isaiah reprimanded the king and ordered him to ask Hashem for a sign, for He is still your God and will judge you favorably if you will trust in Him (*Radak*).

**הַעְמֵק שְׁאָלָה אוֹ הַגְבֵּהַ לְמָעְלָה** — *Request it in the depths, or high above.* Ask God for the most far-fetched sign. Ask for a sign from the *depths* below, i.e., to bring a dead person back to life, or go up to the heights *high above* and request that a sign appear in the heavens (*Rashi*).

**12. וַיֹּאמֶר אָחָז לֹא־אֶשְׁאַל וְלֹא־אֲנַסֶּה אֶת־ה׳** — *But Ahaz said, "I will not request; I will not test HASHEM."* Ahaz's reply sounds righteous, as if he has so much faith in Hashem that he did not require a sign, but Isaiah's sharp response in the next verse makes it clear that this was not the case. Rather, Ahaz was answering contemptuously, as if to say, "I don't believe that Hashem could supply any sign" (*Radak*). Furthermore, the wicked Ahaz did not want to risk that God's Name would be sanctified through him (*Rashi*).

**13. וַיֹּאמֶר שִׁמְעוּ־נָא בֵּית דָּוִד** — *[Isaiah] responded, "Hear now, O House of David."* In an expression of contempt, Isaiah addresses Ahaz as a nameless member of the House of David, who has no personal merit to occupy the throne (*Radak*). He is no more than an heir to a righteous dynasty that he has betrayed (*Me'am Loez*).

**הַמְעַט מִכֶּם הַלְאוֹת אֲנָשִׁים כִּי תַלְאוּ גַּם אֶת־אֱלֹהָי** — *Is it not enough for you that you scorn human [prophets], that you scorn even my God?* It is bad enough that you view the prophets of God as

יד לָכֵן יִתֵּן אֲדֹנָי הוּא לָכֶם אוֹת הִנֵּה הָעַלְמָה הָרָה וְיֹלֶדֶת בֵּן וְקָרָאת שְׁמוֹ
טו־טז עִמָּנוּאֵל: חֶמְאָה וּדְבַשׁ יֹאכֵל לְדַעְתּוֹ מָאוֹס בָּרָע וּבָחוֹר בַּטּוֹב: כִּי בְּטֶרֶם
יֵדַע הַנַּעַר מָאֹס בָּרָע וּבָחֹר בַּטּוֹב תֵּעָזֵב הָאֲדָמָה אֲשֶׁר אַתָּה קָץ מִפְּנֵי
יז שְׁנֵי מְלָכֶיהָ: יָבִיא יְהֹוָה עָלֶיךָ וְעַל־עַמְּךָ וְעַל־בֵּית אָבִיךָ יָמִים אֲשֶׁר לֹא־בָאוּ
יח לְמִיּוֹם סוּר־אֶפְרַיִם מֵעַל יְהוּדָה אֵת מֶלֶךְ אַשּׁוּר: וְהָיָה |

### רש"י

**(יד) יתן ה' הוא לכם אות.** יתן הוא מאליו על כרחכם: **הרה.** לשון עתיד הוא, כמו שמצינו באשת מנוח שאמר לה המלאך, וְהָרִית וְיָלַדְתְּ בֵּן, וכתיב, וַיֹּאמֶר לָהּ הִנָּךְ הָרָה וגו' (שופטים יג, ג,ה): **העלמה.** אשתי הרה השנה הזאת והיא היתה שנת ארבע לאחז: **וקראת שמו.** רוח הקודש תשרה עליה: **עמנואל.** לומר, שיהא צורנו עמנו. וזה האות, שהרי נערה היא ולא נתנבאית מימיה, ובזו תשרה בה רוח הקודש. וזהו שנאמר למטה, ואקרב אל הנביאה וגו', ולא מצינו אשת נביא שנקראה נביאה אלא אם כן התנבאה. ויש פותרין שעל חזקיהו נאמר; ואי אפשר, שהרי כשאתה מונה שנותיו תמצא שנולד חזקיה לפני מלכות אביו תשע שנים. ויש פותרין שזה האות שעלמה היתה ואינה ראויה לולד: **(טו) חמאה ודבש יאכל.** הולד, שתהא ארצנו מלאה כל טוב: **לדעתו מאוס ברע ובחור בטוב.** כשידע למאוס ברע ובחור בטוב. ומאין לנו הטובה הזאת? הלא עתה הארץ חרבה בגדודי מלכי ארץ ופקח בן רמליהו: **(טז) כי בטרם ידע הנער מאוס ברע ובחור בטוב.** תעזב הארץ מיושביה אדמת רצין ואדמת פקח: **אשר אתה קץ.** ויגור מפני שני מלכיה, רצין ופקח. שבאותה שנה עלה מלך אשור על דמשק, כי שכרו אחז, כמה שנאמר בספר (מלכים־ב טז, ט), וַיִּתְפְּשֶׂהָ וַיַּגְלֶהָ קִירָה וְאֶת רְצִין הֵמִית. ואותה שנה, וַיִּקְשָׁר קֶשֶׁר הוֹשֵׁעַ בֶּן אֵלָה עַל פֶּקַח בֶּן רְמַלְיָהוּ וַיַּכֵּהוּ וַיְמִיתֵהוּ... בִּשְׁנַת עֶשְׂרִים לְיוֹתָם בֶּן עֻזִּיָּה (שם טו, ל) שהיא שנת ארבע לאחז: **(יז) יביא ה' עליך ועל עמך.** על חזקיהו בנך המולך אחריך, ולפי שהוא צדיק לא קראו בנו: **ימים אשר לא באו.** מיום שנחלקה מלכות בית דוד וסר אפרים מעל יהודה. ומה הם הימים? ימי חיל מלך אשור. ואף בהם יעשה ליהודה וכן מצינו (בדברי הימים ב כח, כ) שבא מתחילה על אחז; דכתיב, וַיָּבֹא עָלָיו תִּלְּגַת פִּלְנְאֶסֶר, וצר לו ולא חזקו. ובימי חזקיהו בנו נעשה הנס:

### רד"ק

שאין אתם מאמינים בהם, ותחשבו בלבבכם כי הוא נלאה וחלש מלהקים את דבריו. והלאות והיגיעה בדברים או בפעולות: **(יד) לכן.** הוא יתן לכם אות מעצמו, אף על פי שאין אתם חפצים בו, והוא יתננו לכם כדי שתאמינו בו על כרחכם: **הנה העלמה הרה.** העלמה אינה בתולה, אלא עלמה, כמו נערה תהיה, בתולה או בעולה. והנה, דֶּרֶךְ גֶּבֶר בְּעַלְמָה (משלי ל, יט) היא בעולה, וכן לזכר קטן בשנים יקרא עלם, בֶּן מִי זֶה הָעָלֶם (שמואל א יח, נו). וזאת היתה קטנה בשנים, לפיכך נקראת עלמה. והעלמה הזאת היא אשת הנביא או אשת אחז, והוא הנכון; כי אם היתה אשת הנביא היה אומר הנביאה; כמו שאמר, וָאֶקְרַב אֶל הַנְּבִיאָה (לקמן ח, ג). ועוד שאמר מְלֹא רֹחַב אַרְצְךָ עִמָּנוּאֵל (שם ח), משמע כי בן מלך היה. אמר עתה היא הרה ועתה היא יולדת בן, ותקרא אמו שמו עמנואל: **וקראת.** על אמו הוא אומר, והיה מנהג כי האמות היו קוראות שם לבניהן. ואמר וקראת דרך צווי, כי הנביא היה מצוה שתקרא שמו כן, כי מיום שיולד יהיה לכם שלום ויהיה האל עמכם לכך תקרא שמו עמנואל. ומהו האות: **(טו) חמאה ודבש יאכל.** כלומר מיום שנולד יאכל לדעתו חמאה ודבש, וכל דבר מתוק שיקריבו לפניו הוא יפתח פיו לו ויקחנו. ואם יקריב לפניו מאכל רע ימאסנו ויסגור פיו לו ולא ירצה בו; וזהו מאוס ברע ובחור בטוב. ויבחר במאכל הטוב, כמו שאמר חמאה ודבש יאכל לדעתו. ומלת לדעתו היא נקשרת למעלה ממנה ולמטה ממנה. וזה הבן לא נוכל לומר כי הוא חזקיהו, כי כשמלך אחז היה יחזקיהו בנו בן תשע שנים, וזאת הנבואה נאמרה לאחז בימי מלכותו. והעלמה גם כן אינה אם חזקיהו, כי לא היתה עלמה כשנאמר נבואה זו. ויונתן תרגם פסוק חמאה ודבש כן, שְׁמַן וּדְבַשׁ יֵכוּל עַד לָא יְדַע לְרָחָקָא בִּישָׁא וּלְקָרָבָא טָבָא. ולהשיב לחולקים בזאת הפרשה, מבואר בספר הברית שחבר אדוני אבי זכרונו לברכה בתשובת החולקים. וענין הפרשה, כי אחז היה מפחד בעבור שני המלכים האלה שלא ילכדו את ירושלם, ונתן לו אות כדי להאמין שלא ילכדוהו. ואם האות דבר כאשר הם אומרים, מה אות היה זה לאחז, דבר שהיה אחר כן ליותר מארבע מאות שנה? ואיך יתחזק לבו בזה הדבר שלא היה בימיו? ושאר התשובות מסודרות שם בספר הברית: **(טז) כי בטרם.** פי' אדוני אבי זכרונו לברכה, אמר לו כי בטרם שיגיע זה האות להם ילכו להם המלכים. זהו שאמר תעזב האדמה, כלומר תעזב מהם שילכו להם. אבל היה יכול שישוב אחרי כן וילכדו אותה, לכך נתן לו האות; שכיון שיראה האות בנער יבטח לבו באל. כי כמו שהאות הזה שנתן לו נתקיים, כן יתקיים דברו שלא ילכדו ירושלם ולא תקום עצתם ולא תהיה. ומה שאמר מפני מלכיה, והם לא היו מלכי האדמה ההיא, שהיא ירושלם, אלא מלכי דמשק ושמרון; כך פירוש, מפני אלה השנים שהיו מחשבים שהיו מלכיה. ויש לפרש הפסוק בענין אחר, ולא יהיה פירוש מאוס ברע השני כמו הראשון, אלא פירוש זה השני מאוס ברע ובחור בטוב, כשאר נערים שיגדלו ותכנס בהם דעת הבחירה מעת שיחלו לדבר. ואמר כי בטרם שיחל נער זה לדבר, שיהיה בעת בחירת הטוב ומאסו ברע כשאר הנערים, וזה עד שלש שנים או קודם, תעזב אדמת שמרון ודמשק ותהיה שממה. אשר אתה קץ עתה מפני שני מלכים, והם רצין ופקח. וכדי שתאמין זה נתן לך האל זה האות מעתה, כי מיד שיולד הנער יבחר במאכל טוב וימאס ברע לדעתו, כמו שפירשנו: **(יז) יביא ה' עליך.** מאלה המלכים לא תפחד, אבל עוד יביא ה' עליך ועל עמך ועל בית אביך ימים אשר לא באו וגומר; כלומר ימי רעה אשר לא באו מיום שנחלק המלכות, כי אז החלו הרעות לבא על ישראל. ולא היו בכלל הימים שעברו ימי רעה כמו אלה הימים. ומי יהיה העושה הרעה הגדולה הזאת שיביא ה' עליך? את מלך אשור. ואמר עליך, כי עליו עלה תגלת פלאסר מלך אשור ויצר לו, כמו שכתוב בדברי הימים. ואמר ועל בית אביך, בעבור חזקיהו בנו שעליו עלה סנחריב מלך אשור על כל ערי יהודה הבצורות ויתפשם, ולא נשארה עיר בכל ארץ יהודה שלא כבש אלא ירושלם. ואמר ועל בית אביך, ולא אמר על בנך לכבוד חזקיהו שהיה צדיק ואחז היה רשע:

### מצודת דוד

כי גם תרצו ליגע לפני המקום ברוך הוא בדברי עזות כאלה: **(יד) לכן.** הואיל ואין רצונך שיתקדש שם שמים, לזה יתן המקום אות מאליו ויתקדש שמו: **העלמה.** היא אשת אחז: **הרה.** עדיין לא היה נודע אם היא הרה: **וקראת.** העלמה עצמה תקרא שמו עמנואל, והשם הזה יורה שהאל יהיה עמנו ולא תשלוט בנו יד האויב: **(טו) חמאה ודבש יאכל.** מעת הוולדו יאכל חמאה ודבש, כי יתאוה באלה: **לדעתו.** לדעת עצמו ימאס ברע ויבחר בטוב. עודו לא יבוא למספר הימים הראוים לדעת ולהבחין בין רע לטוב: **(טז) כי בטרם וכו'.** אשר עד לא יבוא זה האות תעזב אדמתכם מהם כי ילכו להם, ולבל ישובו שוב אמר לו אות: **אשר אתה קץ.** האדמה אשר אתה קץ בה עכשיו מפני שני המלכים החושבים להיות מלכים ולמשול בה: **(יז) יביא ה' עליך.** אולם ממקום אחר יביא ה' עליך וכו' ימים רעים שלא היו כמוהם מיום שנחלק אפרים מעל יהודה בימי ירבעם, שאז נחלקה מלכות בית דוד ואז החלו הרעות לבוא על ישראל: **ועל בית אביך.** זהו חזקיה בנו, ולפי שאחז היה רשע וחזקיה היה צדיק לא קראו בנו: **את מלך אשור.** רצונו לומר, את מי יעורר לעשות הרע, את מלך אשור והוא תגלת פלאסר שהצר לו. וסנחרב הצר לחזקיהו כי כבש כל ערי הבצורות ביהודה זולת ירושלים:

### מצודת ציון

**(יד) העלמה.** כן תקרא הרכה בשנים, ואם היא בעולה; וכן, דֶּרֶךְ גֶּבֶר בְּעַלְמָה (משלי ל, יט): **(טז) קץ.** ענין מאוס:

A sign, a son

[14] *Therefore, my Lord Himself will give you a sign: Behold, the young woman is
pregnant and will bear a son, and she will name him Immanuel.* [15] *He will eat
cream and honey as soon as he knows to abhor evil and choose good.* [16] *For before
the child will know to abhor evil and choose good, the land of the two kings whom
you fear will be abandoned.* [17] *[Later] HASHEM will bring upon you and upon your
people and upon your father's family days such as have not come since the day
Ephraim turned away from Judah: the king of Assyria's invasion.*

---

weak and incapable of performing miracles, but you consider even God Himself as too weak to carry out His word (*Radak*).

**14. לָכֵן יִתֵּן אֲדֹנָי הוּא לָכֶם אוֹת** — *Therefore, my Lord Himself will give you a sign.* Although you arrogantly refuse to ask God for a sign, He will grant you one nevertheless, so that you will be forced to trust His word and sanctify His Name in spite of your stubbornness (*Mahari Kara*).

**הִנֵּה הָעַלְמָה הָרָה וְיֹלֶדֶת בֵּן** — *Behold the young woman is pregnant and will bear a son.* The word עַלְמָה is the feminine form of the word עֶלֶם, *a young man* (see *I Samuel* 17:56; 20:22); hence our translation *young woman.*

It was common in Isaiah's time — as for centuries afterward — for people to marry at a young age; therefore, although the woman was married, she was called a *young woman.*

The Hebrew definite article, ה, *the,* indicates that Isaiah is referring to a specific woman who was known to them, perhaps even someone who was standing nearby and could be pointed to. According to *Rashi,* the *young woman* was Isaiah's wife; according to *Radak,* she may have been the wife of Ahaz. See 8:3 with commentary. The similarity between 7:15-16 and 8:4 indicates that the two events are related in time. According to *Rashi,* that the young woman was Isaiah's wife, *Immanuel* (v. 15) is the child mentioned in Chapter 8. According to *Radak,* that she may have been Ahaz's queen, they were two different children.

**וְקָרָאת שְׁמוֹ עִמָּנוּאֵל** — *And she will name him Immanuel. Rashi* translates וְקָרָאת שְׁמוֹ in the third person, *and she will name him.* The young mother, Isaiah's wife, will be endowed with רוּחַ הַקֹּדֶשׁ, *Divine Inspiration,* and without being informed of this prophecy, she will name the child Immanuel, which means עִמָּנוּ אֵל, *God is with us.* It is very common of Biblical names to join the name of God to the names of humans, such as יִשְׂרָאֵל — *Israel,* שְׁמוּאֵל — *Samuel,* דָּנִיֵּאל — *Daniel,* אֱלִיעֶזֶר — *Eliezer,* אֵלִיָּהוּ — *Elijah.* The Torah is replete with such names.

Accordingly, *the sign* is that a woman who has never previously prophesied will "happen" to name her son Immanuel and thereby, in effect, will foretell that God will rescue Judah from the threat of Rezin and Pekah.

*Radak,* however, translates וְקָרָאת שְׁמוֹ in the second person, *and you* (in the feminine form) *shall name him.* Thus, according to *Radak's* interpretation that the wife of Ahaz is the pregnant woman, Isaiah is instructing the queen to name her child Immanuel. *Radak* will therefore explain *the sign* differently. See vs. 15-16.

**15. חֶמְאָה וּדְבַשׁ יֹאכֵל** — *He will eat cream and honey.* From the time the child is born he will accept only good, tasty foods and refuse to eat foods that are not palatable, for he will immediately know to reject anything bad. The child's birth will be a sign to Ahaz, but not a sign that God will rescue Judah from Rezin and Pekah, for they will have abandoned their plan long before the birth of this child — see next verse (*Radak*).

**לְדַעְתּוֹ מָאוֹס בָּרָע וּבָחוֹר בַּטּוֹב** — *As soon as he knows to abhor evil and choose good.* Homiletically, as soon as a person attains proper knowledge [לְדַעְתּוֹ] to recognize that despite God's infinite greatness, He chose Israel as His own nation, such a person will automatically reject evil and choose to do good (*Be'er Avraham*).

**16. כִּי בְּטֶרֶם יֵדַע הַנַּעַר מָאֹס בָּרָע וּבָחֹר בַּטּוֹב** — *For before the child will know to abhor evil and choose good.* Rezin and Pekah will have already given up their designs against Jerusalem before Immanuel was born. The child's birth — and the significance of his name — will be a sign for the future: That these two kings will never again return to threaten the people of Judah and the city of Jerusalem (*Radak*).

Alternatively, although the land had been impoverished by the invasions of Rezin and Pekah, there will soon be great prosperity, so great that from an early age the child will be pampered with the richest delicacies, for the two kings will have been defeated (*Rashi*).

**17. יָבִיא ה׳ עָלֶיךָ וְעַל־עַמְּךָ וְעַל־בֵּית אָבִיךָ** — *[Later] HASHEM will bring upon you and upon your people and upon your father's family.* Ahaz had been utterly terrified of the impending invasion of Rezin and Pekah, and even after the prophet had foretold that he need not fear them, he was not convinced. Isaiah now warns him that there is indeed a threat of invasion in the not-too-distant future; not from the kings of Aram and Samaria as Ahaz feared, but an invasion led by the powerful king of Assyria, who is planning to invade and devastate the land (*Radak*).

Most commentators hold that this powerful Assyrian king is Sennacherib, who rose up against Jerusalem during the days of Ahaz's righteous son, Hezekiah (*Rashi*). *Radak* suggests that the king who will rise *upon you* is Tiglath Pileser, who rose up against Ahaz and caused him great distress. Sennacherib will be the conqueror of all of Judah except for Jerusalem in the time of Hezekiah. Isaiah used the expression *your father's family* to avoid including the righteous Hezekiah among the victims, for, indeed, Hezekiah and Jerusalem were miraculously saved from Sennacherib's hordes.

**אֲשֶׁר לֹא־בָאוּ לְמִיּוֹם סוּר־אֶפְרַיִם מֵעַל יְהוּדָה** — *Days such as have not come since the day Ephraim turned away from Judah,*

בַּיּ֣וֹם הַה֗וּא יִשְׁרֹ֤ק יהוה֙ לַזְּב֔וּב אֲשֶׁ֥ר בִּקְצֵ֖ה יְאֹרֵ֣י מִצְרָ֑יִם וְלַ֨דְּבוֹרָ֔ה
יט אֲשֶׁ֖ר בְּאֶ֥רֶץ אַשּֽׁוּר׃ וּבָ֨אוּ וְנָח֤וּ כֻלָּם֙ בְּנַחֲלֵ֣י הַבַּתּ֔וֹת וּבִנְקִיקֵ֖י הַסְּלָעִ֑ים
כ וּבְכֹל֙ הַנַּ֣עֲצוּצִ֔ים וּבְכֹ֖ל הַנַּהֲלֹלִֽים׃ בַּיּ֣וֹם הַה֗וּא יְגַלַּ֨ח אֲדֹנָ֜י בְּתַ֣עַר הַשְּׂכִירָ֗ה
בְּעֶבְרֵ֤י נָהָר֙ בְּמֶ֣לֶךְ אַשּׁ֔וּר אֶת־הָרֹ֖אשׁ וְשַׂ֣עַר הָרַגְלָ֑יִם וְגַ֥ם אֶת־הַזָּקָ֖ן
כא־כב תִּסְפֶּֽה׃ וְהָיָ֖ה בַּיּ֣וֹם הַה֑וּא יְחַיֶּה־אִ֛ישׁ עֶגְלַ֥ת בָּקָ֖ר וּשְׁתֵּי־צֹֽאן׃ וְהָיָ֗ה
מֵרֹ֛ב עֲשׂ֥וֹת חָלָ֖ב יֹאכַ֣ל חֶמְאָ֑ה כִּֽי־חֶמְאָ֤ה וּדְבַשׁ֙ יֹאכֵ֔ל כָּל־הַנּוֹתָ֖ר בְּקֶ֥רֶב
כג הָאָֽרֶץ׃ וְהָיָה֙ בַּיּ֣וֹם הַה֔וּא יִֽהְיֶ֣ה כָל־מָק֗וֹם אֲשֶׁ֧ר יִֽהְיֶה־שָּׁ֛ם אֶ֥לֶף גֶּ֖פֶן בְּאֶ֣לֶף כָּ֑סֶף

### רש"י

**(יח) ושרק ה'.** ירמוז להם שיתקבצו: **לזבוב.** חיילות רבות כזבובים מארץ מצרים יבואו עם סנחריב: **יאורי מצרים.** לפי שכל ארץ מצרים עשויה יאורים שאין הגשמים יורדים שם אלא נילוס עולה ומשקה: **ולדבורה.** חיל גבורים עוקצים כדבורים: **(יט) בנחלי הבתות.** נחלי עמקים שדות בורים: **ובנקיקי הסלעים.** לארוב. נקיקי נקרות הצור: **ובכל הנעצוצים.** מקום הסירים שקורין ברוצ"ש בלעז. וכן, תַּחַת הַנַּעֲצוּץ יַעֲלֶה בְרוֹשׁ (לקמן נה, יג): **הנהלולים.** בתי תושבחתא: **(כ) יגלח ה' בתער השכירה.** הגדולה; וכן, גַּם שְׂכִרֶיהָ בְקִרְבָּהּ (ירמיה מו, כא), תרגם יונתן, רַבְרְבָהָא בְגַוַּהּ כְּעֶגְלֵי רִבְקָא: **יגלח... בעברי הנהר.** ביושבי עבר הנהר. ובמי מן היושבים? במלך אשור. את הראש יגלח, ואת שער הרגלים, לפי שהוא דבוק, נשתנה לינקד פתח: **תספה.** תכלה. והתגלחת היא ההריגה והתער היא החרב: **את הראש.** הוא סנחריב: **הרגלים.** מַשִּׁרְיָתֵיהּ: **הזקן.** שִׁלְטוֹנֵי. ורבותינו אמרו (סנהדרין צה, ב), גילוח ממש. וספת הזקן, חריכתה באש. הזקן, זקן סנחריב כדאיתא באגדת חלק: **(כא) יחיה איש וגו'.** ולפי שתהא ארצם ריקנית, שיבוזו החיילות את הבהמות. ובמעט הנותר אתן ברכה: **(כב) והיה מרוב חלב.** שיעשו שני הצאן הללו, יבוזו בעיניהם החלב, ויאכלו החמאה הוא שומן החלב: **כל הנותר.** הצדיקים הפלטים מחרב סנחריב, בשורה גדולה הוא מבשר להם, שתזדמן להם פרנסה אחר כל השממון ההוא: **(כג) והיה ביום ההוא.** אשר תהיה הארץ שממה, יהיה מקום שהיו שם לפני בא חיילות: **אלף גפן.** שוות אלף כסף יהיו לשמיר ולשית, כי יניחום בעליהם ובורחין, והם מעלות קימשונים ותולעים ועקרבים:

### רד"ק

**(יח) והיה ביום ההוא ישרוק.** כאלו ישרוק להם שיבאו, כלומר שיעור את רוחם; וכן אמר למעלה, וְשָׁרַק לוֹ מִקְצֵה הָאָרֶץ (לעיל ה, כו). ואמר זבוב ודבורה לפי שמתאספים לרוב כרגע, לפיכך המשיל חיל מצרים וחיל אשור לזבוב ולדבורה שיתאספו מהרה ויבאו מהרה, כמו שאמר למעלה והנה מהרה קל יבא (שם). וכן נאמר במשל, סַבּוּנִי כִדְבוֹרִים (תהלים קיח, יב), כַּאֲשֶׁר תַּעֲשֶׂינָה הַדְּבֹרִים (דברים א, מד). ויונתן תרגם כן, יַכְלֵי ה' לְעַם קִטְרֵי מַשִּׁרְיַת גִּבָּרַיָּא וגו. ואמר בקצה יאורי מצרים, כי הקצינים שבמצרים יבאו עם מלך אשור כשיעלה על ארץ ישראל. וזכר יאורי לפי שעובדי האדמה מתקנים יארים בכל מקום להשקות אדמתם. ואמר כי אפילו עובדי האדמה יניחו עבודתם ויבאו, מרוב תאותם להשחית את ארץ ישראל: **(יט) ובאו ונחו כולם.** אמר ונחו כולם לפי שהדבורים נחות על הפרחים. ואמר בנחלי הבתות ובנקיקי הסלעים, כלומר בערים אשר בעמקים, ובערים הבצורות אשר בסלעים. ופירוש הבתות חרבות; כמו, וַאֲשִׁיתֵהוּ בָתָה (לעיל, ה, ו), ודגש התי"ו תמורת הנח. ופירוש נקיקי הסלעים, שני סלעים: **ובכל הנעצוצים ובכל הנהלולים.** הם עצים פחותים; כמו, תַּחַת הַנַּעֲצוּץ יַעֲלֶה בְרוֹשׁ וְתַחַת הַסִּרְפַּד יַעֲלֶה הֲדַס (לקמן נה, יג), והם משל על ערי הפרזות. ויונתן תרגם ובכל הנהלולים, בָּתֵּי תוּשְׁבְּחָתָא: **(כ) ביום ההוא.** זה היה במגפה אשר היה במחנה אשור, כשבא לירושלם אחר שכבש כל ארץ ישראל, ויצא מלאך ה' ויך במחנה אשור (לקמן לז). והמשיל המגפה לתער, לפי שהתער משחית השער מכל וכל, כך היתה המגפה רבה בהם ובגדוליהם; כמו שכתוב, וַיַּכְחֵד כָּל גִּבּוֹר חַיִל וְנָגִיד וְשָׂר בְּמַחֲנֵה מֶלֶךְ אַשּׁוּר (דברי־הימים־ב לב, כא). ופירוש בעברי נהר, בחיל הבא מעברי הנהר, וזהו במלך אשור שבא עם צבאותיו לירושלם. ומה שאמר יגלח בהם הראש, פירוש את שער הראש; וכן, וְגִלַּח ( את) רֹאשׁוֹ (במדבר ו, ט), והוא משל על ראשי צבאותיו. ושער הרגלים הוא שער הערוה, והוא כנוי להמון העם: **וגם את הזקן תספה.** והזקן כנוי למלך, לפיכך אמר וגם כי אין דרך לגלח את הזקן, ואפילו מי שיגלח את ראשו לא יגלח את זקנו. אבל שער הרגלים דרך העולם לגלח. ואמר על הזקן תספה, ולא היתה בכלל יגלח, לפי שמלך אשור לא מת במחנה, כי בארצו מת בשובו, כי בניו הכוהו בחרב ומלת תספה פעל עומד, ותי"ו תספה לזקן כי הוא לשון נקבה; כמו, וְכָל זָקָן גְּרֻעָה (ירמיה מח, יז), אף על פי שנמצא גם כן בלשון זכר, ויונתן תרגם את הראש, יַת מַלְכָּא. ותרגם וגם את הזקן, וְאַף יַת שִׁלְטוֹנֵי. ושער הרגלים, תרגם כמו שפירשנו. ופירוש השכירה, כי התער שישכור אדם הוא טוב ומחודד. ויש מפרשים שכירה, גדולה; וכן, גַּם שְׂכִרֶיהָ בְקִרְבָּהּ (ירמיה מו, כא) גדוליה. ויונתן תרגם, בְּחַרְבָּא חֲרִיפָא. ושער הוא משקל אחד לסמוך ובמוכרת, והוא בשקל נער שער ואינו ממשקל שער צהוב: **(כא) והיה ביום ההוא יחיה איש.** גם זה בימי חזקיהו. ואמר שיהיה שלום וברכה בארץ, ומרוב הברכה יגדל איש עגלת בקר ושתי צאן ודי לו בהם, כמו אם יהיו לו עדרים מהם בזמן אחר, כי זמן ברכה יהיה בימים ההם: **(כב) מרוב. . . חלב.** מרוב שיעשו חלב יאכלו החמאה, כי החלב יש בו הקום שהוא נסיובי דחלבא, וכשישתה החלב ישתנו מעורב. ובימים ההם, מרוב שיהיה להם חלב יעשו ממנו חמאה, ולא יחושו על הקום וישפכו אותו, ולא יאכלו מן החלב אלא החמאה שיוציאו ממנו. וגם דבש יהיה להם הרבה מאד; כמו, שנאמר על האדמה, זָבַת חָלָב וּדְבָשׁ (שמות ג, ח): **כל הנותר.** כי

### מצודת דוד

**(יח) ביום ההוא.** ביום בוא סנחרב מלך אשור, ישרוק. רצונו לומר, יעיר לבם: **לזבוב.** חיילות רבות כזבובים: **אשר וכו'.** כי כל חיל מצרים מקצהו יבואו בעזרת סנחריב: **יאורי מצרים.** אמר כן לפי שכל ארץ מצרים עשויה יאורים יאורים, והנילוס עולה דרך שם להשקות השדות, ולדבורה. חיילות גבורים עוקצים כדבורים: **(יט) בנחלי הבתות.** על כי יהיו רבים לזה יחנו אף במקומות ההם: **(כ) ביום ההוא.** כאומר אבל, וְאַחֲרִיתוֹ עֲדֵי אֹבֵד (דברים כד, כ). כי ביום ההוא יגלח וכו'. והתער הוא משל על החרב, והתגלחות על ההרג: **השכירה.** כי התער ששוכרין אותה בדמים היא חדה מאד: **בעברי נהר.** באנשי עבר הנהר ובמי במלך אשור: **את הראש.** יגלח את שער הראש ואת שער הרגלים; רצה לומר השרים ויתר העם: **וגם את הזקן תספה.** התער ההיא תכלה גם שער הזקן וזהו סנחריב, כי גם הוא נהרג אז מבניו: **(כא) יחיה איש.** כל אחד יגדל בביתו עגלת בקר ושתי צאן, ומרוב הברכה יהיה די לו בהם: **(כב) מרוב.** מחמת רוב עשיית החלב לא יחוש על החלב ויאכל החמאה: **כי חמאה וכו'.** מרוב: **(כג) באלף כסף.** הנמכר באלף כסף:

### מצודת ציון

**(יח) ישרוק.** ענין השמעת קול בקבוץ השפתים; וכן, שָׁרְקוּ וַיָּנִעוּ רֹאשָׁם (איכה ב, טו), יאורי. בתורה (שמות ז, יז), תרגם אונקלוס, נַהֲרָא: **(יט) בנחלי.** ענין עמק; וכן, וַיַּחְפְּרוּ עַבְדֵי יִצְחָק בַּנָּחַל (בראשית כו, יט): **הבתות.** השוממות; כמו, וַאֲשִׁיתֵהוּ בָתָה (לעיל, ה, ו): **ובנקיקי.** ענינו שן הסלע; וכן, בִּנְקִיק הַסָּלַע (ירמיה יג, ד): **הנעצוצים.** מין קוצים; וכן, תַּחַת הַנַּעֲצוּץ (לקמן נה, יג): **הנהלולים.** שם אילני סרק פחותים ונבזים: **(כ) השכירה.** מלשון שכר. או הוא ענין גדלות וחשיבות; וכן, גַּם שְׂכִרֶיהָ בְקִרְבָּהּ (ירמיה מו, כא): **תספה.** ענין כליון; כמו, סָפוּ תַמּוּ (תהלים עג, יט):

*Assyria's attack and defeat*

[18] *"It shall be on that day that HASHEM will whistle to the fly that is at the*
*far end of Egypt's rivers and to the bee that is in the land of Assyria.* [19] *They*
*will come and all will encamp in the desolate valleys, in the crags of the rocks*
*and upon all the brushes and all the bushes.* [20] *On that day the Lord will shave with*
*a large razor those who crossed the [Euphrates] River with the king of Assyria; the*
*head, the hair of the legs, and the beard, as well, will be destroyed.*
[21] *"It shall be on that day that each man will raise a heifer and two sheep,* [22] *but it*
*shall be that from the abundant production of milk he will eat cream, and whoever*
*is left in the midst of the land will eat cream and honey.* [23] *It will happen on that*
*day: Wherever there had been a thousand vines, worth a thousand silver pieces,*

**רד"ק**

בימי חזקיהו גלו רוב ישראל; ואמר כי הנותרים יהיה להם שבע גדול בימי חזקיהו: **(כג) והיה.** הפסוק כמו הפוך, וככה פירושו, כל מקום אשר הוא עתה לשמיר ולשית, שאין יכולין לעובדו מפני המלחמה, יהיה מעובד בו. כאלו אמר אשר הוא עתה לשמיר ולשית וכמוהו רבים. ואמר כי אותו המקום יהיה עבוד ביום ההוא עד שאלף גפן בו ישוו אלף כסף, שיהיה הפרי מבורך ומוציא הרבה ופרי טוב:

i.e., the day that the Ten Tribes broke away from Judah and formed the Northern Kingdom of Israel. Until now that was considered the day of the greatest disaster in the history of Judah. The day of the Assyrian invasion will be just as disastrous (*Radak*).

**18.** **וְהָיָה בַּיּוֹם הַהוּא יִשְׁרֹק ה׳** — *It shall be on that day that HASHEM will whistle.* On the day of Sennacherib's attack, God will send a signal to the Egyptian armies that will inspire them to join with the Assyrian soldiers in their attack on the land of Judah (*Metzudos*).

**לַזְּבוּב אֲשֶׁר בִּקְצֵה יְאֹרֵי מִצְרָיִם וְלַדְּבוֹרָה אֲשֶׁר בְּאֶרֶץ אַשּׁוּר** — *To the fly that is at the far end of Egypt's rivers and to the bee that is in the land of Assyria. The fly* and *the bee* are metaphors for the swiftness (*Radak*) and the great swarming numbers of soldiers (*Rashi*) with which the Egyptian and Assyrian armies will swoop down upon the land of Israel. The Egyptians are compared to *the fly* and the Assyrians to *the bee,* to imply that just as *the fly* is weaker than *the bee,* so Egypt was weaker than Assyria (*Malbim*).

**19.** **וּבָאוּ וְנָחוּ כֻלָּם בְּנַחֲלֵי הַבַּתּוֹת** — *They will come and all will encamp in the desolate valleys.* The metaphor of the flying insects continues. Since bees search for flowers to rest on, the prophet describes them as settling *in the desolate valleys* and in the crags of rocks, where they often find flowers. Similarly, the Assyrians will swarm through the country and attack the cities in the valleys and the fortified cities that are nestled in the crags by rocks (*Radak*).

**וּבְכֹל הַנַּעֲצוּצִים וּבְכֹל הַנַּהֲלֹלִים** — *And upon all the brushes and all the bushes. Brushes* and *bushes* symbolize open, unwalled cities (*Radak*).

**20.** **בַּיּוֹם הַהוּא** — *On that day.* Isaiah alludes to the day that the powerful Assyrian army was miraculously destroyed. After having conquered all of Judah, Sennacherib besieged the holy city of Jerusalem. Overnight, his huge army was miraculously struck down by a plague (*Radak; Ibn Ezra*).

**יְגַלַּח אֲדֹנָי בְּתַעַר הַשְּׂכִירָה** — *The Lord will shave with a large razor.* Our translation of שְׂכִירָה, *large,* follows *Rashi.* Others translate a *hired* razor, i.e., a razor used by professionals, which is much sharper than a standard one (*Gra*). Isaiah uses the metaphor of a razor to describe the plague, because when a razor is used to shave a beard, it destroys the hair in its entirety as it cuts. Thus, the destruction of the Assyrian army will be complete (*Radak*).

**אֶת־הָרֹאשׁ וְשַׂעַר הָרַגְלָיִם וְגַם אֶת־הַזָּקָן תִּסְפֶּה** — *The head, the hair of the legs, and the beard, as well, will be destroyed.* The hair of the head represents the king; the hair of the legs, his soldiers; and the hair of the beard, his officials. All will be shorn, i.e., perish in the plague (*Targum Yonasan*). Although Sennacherib himself will survive the plague, he will be assassinated shortly after by his own sons (*Metzudos*). According to an Aggadic interpretation, Sennacherib's beard was destroyed by fire (see *Sanhedrin* 95b-96a).

**21.** **וְהָיָה בַּיּוֹם הַהוּא** — *It shall be on that day.* This, too, refers to the days of Hezekiah. After the defeat of the Assyrian invaders, the righteous survivors of Judah will enjoy miraculous prosperity in their desolate land. God will bless their possessions so that only a few animals, a heifer and two sheep, will be sufficient to support a person (*Radak*).

**22.** **וְהָיָה מֵרֹב עֲשׂוֹת חָלָב יֹאכַל חֶמְאָה** — *But it shall be that from the abundant production of milk he will eat cream.* The two sheep will produce so much milk that the people will indulge themselves and drink only the rich, tasty cream, the fat of the milk, and discard the whey (*Rashi*).

**כִּי־חֶמְאָה וּדְבַשׁ יֹאכֵל** — *Will eat cream and honey.* Honey, too, will be very abundant during Hezekiah's reign. The great abundance of milk and honey will make the land seem to flow with milk and honey, as it is described in *Deuteronomy* 31:20 (*Radak*).

**23.** **וְהָיָה בַּיּוֹם הַהוּא יִהְיֶה כָל־מָקוֹם אֲשֶׁר יִהְיֶה־שָּׁם אֶלֶף גֶּפֶן** — *It will happen on that day: Wherever there had been a thousand vines.* The devastation of the land will include the fertile wine-producing areas, as well. The people will abandon and flee these areas, which will then become overgrown with thorns and weeds (*Rashi*). Alternatively, the places that will

כד לַשָּׁמִיר וְלַשַּׁיִת יִהְיֶה׃ בַּחִצִּים וּבַקֶּשֶׁת יָבוֹא שָׁמָּה כִּי־שָׁמִיר וָשַׁיִת תִּהְיֶה
כה כָל־הָאָרֶץ׃ וְכֹל הֶהָרִים אֲשֶׁר בַּמַּעְדֵּר יֵעָדֵרוּן לֹא־תָבוֹא שָׁמָּה יִרְאַת
**ח** א שָׁמִיר וָשָׁיִת וְהָיָה לְמִשְׁלַח שׁוֹר וּלְמִרְמַס שֶׂה׃ וַיֹּאמֶר
יהוה אֵלַי קַח־לְךָ גִּלָּיוֹן גָּדוֹל וּכְתֹב עָלָיו בְּחֶרֶט אֱנוֹשׁ לְמַהֵר שָׁלָל
ב חָשׁ בַּז׃ וְאָעִידָה לִּי עֵדִים נֶאֱמָנִים אֵת אוּרִיָּה הַכֹּהֵן וְאֶת־זְכַרְיָהוּ בֶּן
ג יְבֶרֶכְיָהוּ׃ וָאֶקְרַב אֶל־הַנְּבִיאָה וַתַּהַר וַתֵּלֶד בֵּן וַיֹּאמֶר יהוה אֵלַי קְרָא

### רש״י

(כד) **בחצים ובקשת יבא שמה.** כל הרוצה ליכנס לתוכו יהא צריך קשת וחצים בידו למלט עצמו מחיות רעות ונחשים ועקרבים: (כה) **וכל ההרים.** אשר שם שדות לבן לתבואה: **אשר במעדר יעדרון.** היא כמין מריס, שקורין פשויי״ר בלעז: **לא תבא שמה יראת שמיר ושית.** כי בהם יתעסקו לזרוע תבואה למאכל, שאי אפשר בלא התבואה. אבל הגפנים יהיו לבז, כי אותו הדור של חזקיה ישובו אלי לעסוק בתורה ולא לשתות יין. וכן היתה, כדאיתא בחלק (סנהדרין צד, ב), בדקו מדן ועד באר שבע ולא מצאו איש שלא היה בקי בהלכות איסור והיתר וטומאה וטהרה. ועל אותו הדור הוא אומר והיה כל מקום וגומר. הוא שנאמר (משלי כה, א), אֲשֶׁר הֶעְתִּיקוּ אַנְשֵׁי חִזְקִיָּה מֶלֶךְ יְהוּדָה: **והיה למשלח שור.** שם ירעו בהמותיהם מרעה שמן: (א) **גליון.** מגילה: **בחרט אנוש.** במכתב, כתב אשר ירוץ כל אנוש הקורא בו, אפילו אנוש כל שהוא, ואפילו אינו חכם. וכן תרגם יונתן, כְּתַב מְפָרַשׁ: **למהר שלל.** לבא סנחרב ולשלול את כל הון עשרת השבטים, ולהחיש לבוז נבוכדנצר אחריו את צדקיהו ודורו: (ב) **ואעידה לי.** גם באותן הימים, בימי יהויקים, על אותו פורענות שני עדים נאמנים, האחד לבשרם רעה העתידה לבא עליהם; אוריה הכהן שהרגו יהויקים; שנאמר, וְגַם אִישׁ הָיָה מִתְנַבֵּא בְּשֵׁם ה׳, אוּרִיָּהוּ בֶּן שְׁמַעְיָהוּ מִקִּרְיַת הַיְּעָרִים, וַיִּנָּבֵא עַל הָעִיר הַזֹּאת וְעַל הָאָרֶץ הַזֹּאת, כְּכֹל דִּבְרֵי יִרְמְיָהוּ (ירמיה כו, כ): **ואת זכריה בן יברכיה.** בשנת שתים לדריוש, עֹד יֵשְׁבוּ זְקֵנִים וּזְקֵנוֹת בִּרְחֹבוֹת יְרוּשָׁלָם (זכריה ח, ד). אוריה סימן לזכריה, אם תראו שתתקיים נבואת אוריה, תהיו מצפים שתתקיים נבואת זכריה. כשם שהעדותי בשל סנחרב עמוס וישעיה; עמוס לפורענותן של עשרת השבטים, וְיִשְׂרָאֵל גָּלֹה יִגְלֶה (עמוס ז, יא), וישעיה (לקמן לב) להבטחתו של חזקיהו כשימלוך:

(ג) **ותלד בן.** הוא הבן עצמו שקראה הנביאה עמנו אל, על שם שהיה הקדוש ברוך הוא בעזר של חזקיה כשימלוך. ואי אפשר לומר שבן שני הוא, שהרי שניהו בשנת ארבע לאחז נאמרה נבואה זו ובשנת ארבע לאחז נהרג פקח. ואי אפשר שני בנים להוולד בשנה אחת בזה אחר זה. וישעיה אביו קרא שמו מהר שלל, על שם פורענות העתידה לבא על רצין ובן רמליהו, שהיו באין ליטול מלוכה מבית דוד ותושבת מלכותו של חזקיה:

### רד״ק

(כד) **בחצים יבא שמה.** עתה בא שמה מי שירצה לבא בחצים ובקשת מפני המלחמות, לפיכך תהיה עתה כל הארץ שמיר ושית שאיננה עבודה מפני המלחמה, ותעלה שמיר ושית: (כה) **וכל ההרים.** והם ההרים שהם בישוב שנעבדו, גם ההרים בימי חזקיהו לא תבא שמה יראת שמיר ושית כמו שהוא עתה, כי יעדרון במעדר ולא יהיו יראים שיעלה שמיר ושית בם, אבל יהיו למשלח שור ולמרמס שה, שירעו בהם הבהמות ולא יחושו מרוב התבואה; על דרך, מְשַׁלְּחֵי רֶגֶל הַשּׁוֹר וְהַחֲמוֹר (לקמן לב, כ). ומעדר הוא שם הכלי שחופרין בו: **יעדרון.** יחפרון: (א) **ויאמר ה׳ אלי. . . גליון.** פירוש אגרת. יונתן תרגם לוּחַ. ובאמרו גדול, והוא לא צוה לכתוב בו אלא ארבע תיבות? אולי היו דברים רבים והיה ענינם זה למהר שלל חש בז. או לא היו אלא ארבע תיבות אלה, והגליון היה גדול, למשל על ארץ ישראל, כמו שהיה הגליון גדול והכתב בה מעט, כן היתה ארץ ישראל רחבת ידים והיושבים בה מעט, שגלו עשרת השבטים והיתה חרבה רובה. ופירוש בחרט אנוש, לפי שהיה זה במראה הנבואה, אמר לו שיכתוב זה בחרט אנוש כלומר, שלא יחשוב כי זה שצוה לו לכתוב במראה הנבואה לבד, אלא שיעשה כן ממש בעבור הנבואה מעליו יכתוב זה בחרט אנוש, כי אותו שהוא נכתב בחרט אנוש, במראה הנבואה אינו בחרט אנוש כי אינו מעשה ממש. כמו שהלך ישעיהו ערום ויחף, ולקח הושע אשת זנונים, והעביר יחזקאל תער על ראשו ועל זקנו; כל זה היה במראה הנבואה. לפיכך אמר לו וכתוב עליו בחרט אנוש, למהר שלל חש בז. והמלות האלה כפל ענין במלות שונות, והכפל לחזק הענין ולמהרו. ויונתן תרגם בחרט אנוש, כְּתַב מְפָרַשׁ: (ב) **ואעידה לי.** אלה הם דברי הנביא ואף על פי שלא זכר כתיבת הגליון, ידוע הוא כי כתבו כמה שצוה לו האל. ועוד עשה בו, ואף על פי שלא ראינו שצוה בו האל, העיד עליו עדות, כלומר החתים בו העדים שתהיה נבואה זו כתובה וחתומה, כי כן עתידה להיות בקרוב. ואוריה נתנבא בימי יהויקים, וזכריה בשנת שתים לדריוש, ואף על פי ששניהם היו בימי ישעיהו. ודעת רבותינו זכרונם לברכה שלא היו בזמן אחד שאמרו (מכות כד, ב), וכי מה ענין אוריה אצל זכריה? אלא אוריה נתנבא פורענות, צִיּוֹן שָׂדֶה תֵחָרֵשׁ (ירמיה כו, יח), וזכריה נתנבא נחמות, עֹד יֵשְׁבוּ זְקֵנִים וּזְקֵנוֹת וגו׳ (זכריה ח, ד). נבואת אוריה עדות לנבואת זכריה, כשם שנתקיימה נבואת אוריה כך תתקיים נבואת זכריה. ולדעתם יהיה ואעידה לי דברי האל יתברך, וכן תרגם יונתן, וְאַסְהֵיד קֳדָמַי סָהֲדִין וגו׳: (ג) **ואקרב אל הנביאה.** היא אשתו, וקראה נביאה לפי שהיתה אשת נביא. ושני דברים העיד בענין זה, כתיבת הגליון, והבן הנולד לישעיהו הנביא:

### מצודת דוד

**לשמיר ולשית.** לא יעבדו הגפנים והקוצים יצמחו שם כי לא יחושו על היין כי דורו של חזקיה הרבו לעסוק בתורה וחדלו מן היין: (כד) **בחיצים ובקשת.** הרוצה ליכנס שמה יהיה צריך לכלי זיין למלט נפשו מהחיות הטורפות אשר ישכנו שמה, על כי לא יהיה שם דריסת רגלי אדם: (כה) **וכל ההרים וכו׳.** רצונו לומר, אבל שדות התבואה הנחרשים בכלי מחרישה: **יראת שמיר.** רצונו לומר, לא יפחדו פן יגדל שם קוצים וזהו הואיל ואי אפשר להיות בלא תבואה: **למשלח שור.** בהמתם ירעו שם ויאכלו רצונם וירמסו ברגליהם ולא יחושו כי יגדל הרבה תבואה: (א) **בחרט אנוש.** לפי שהיה זה במראה הנבואה אמר לו שיכתוב זה בחרט אנוש, במעשה ממש, ולא במראה הנבואה לבד: **למהר שלל.** רצה לומר, למלאות הגליון באמרים שיהיו מורים על מהירות בוא זמן השלל מן דמשק, ועל מהירות בוא זמן הבזה של שמרון: (ב) **ואעידה.** אלה דברי ישעיה, שאמר, אחר שכתבתי הדברים האלה העדתי לי עדים נאמנים. רצה לומר, החתים עליו אלה העדים, שתהיה כתובה וחתומה בעדים שכן תהיה בקרוב: **אוריה הכהן.** יתכן שהוא אוריה כהן גדול שהיה בימי אחז: **זכריהו.** יתכן שכן היה שם אחד מחשובי ירושלים בזמן ההוא. וחכמינו זכרונם לברכה אמרו (מכות כד, ב), שאוריה הוא שניבא בימי יהויקים וזכריהו הוא שהיה בתחילת בית השני. ופירשו שאמר המקום, כאשר תתקיים נבואת פורעניות אוריה תהיה לעדות שתתקיים נבואת נחמות זכריה: (ג) **ואקרב.** אחר זה קרב אל אשתו ותהר וכו׳:

### מצודת ציון

(כג) **לשמיר ולשית.** שמות מיני קוצים: (כה) **במעדר יעדרון.** הנחפרים בכלי חפירה; וכן, וְלֹא יֵעָדֵר (לעיל ה, ו): **ולמרמס.** ענין דריכה ברגל: (א) **גליון.** הוא מלשון מגילה ונקרא על שם סופו; כמו, וּבִגְדֵי עֲרוּמִּים תַּפְשִׁיט (איוב כב, ו), והדומים: **בחרט.** ענינו עט וקולמוס; ודומה לו, וַיָּצַר אֹתוֹ בַּחֶרֶט (שמות לב, ד): **חש.** ענין מהירות: (ג) **הנביאה.** כן תקרא אשת הנביא:

*it will become thorns and weeds.* [24] *One will be able to enter there [only] with*
*arrows and a bow, for all the land will be thorns and weeds.* [25] *But all the moun-*
*tains that are hoed with a hoe — the fear of thorns and weeds will not come there,*
*but they will be for the grazing of oxen and the roaming of sheep."*

**8** [1] *HASHEM said to me, "Take a large scroll and write on it in clear script:*
*'Plunder hastens; spoils quicken.'"* [2] *I appointed trustworthy witnesses*
*for myself: Uriah the Kohen and Zechariah son of Jeberechiah.* [3] *I approached*
*the prophetess and she conceived and bore a son; and HASHEM said to me:*

be abandoned will be blessed. They will produce so much choice fruit that their value will skyrocket to as much as a thousand silver pieces (*Radak*).

**24. בַּחִצִּים וּבַקֶּשֶׁת יָבֹא שָׁמָּה** — *One will be able to enter there [only] with arrows and a bow.* The abandoned wine region will become filled with wild animals and will be too treacherous for an unarmed man to traverse (*Rashi*). Alternatively, until the promised productivity comes, only armed men will be able to go there (*Radak*). This makes the future fertility even more miraculous.

**25. וְכֹל הֶהָרִים אֲשֶׁר בַּמַּעְדֵּר יֵעָדֵרוּן** — *But all the mountains that are hoed with a hoe.* Although there will be great destruction over the entire land, some areas will remain fertile. So fertile will they be that although the people will hoe them normally, they will produce crops far beyond their normal capacity. The people will therefore permit animals to graze in these lands without being afraid that the livestock will deplete the land needed to produce crops for the human population (*Radak*).

**8.**

In Chapter 7, Isaiah had warned Ahaz that not only will Aram and Samaria be laid waste by the powerful Assyrian armies, but that Judah, as well, would be brought to the brink of utter destruction by the same overwhelming enemy. To strengthen this message, the prophet is commanded to inscribe it in an easily and universally understandable manner (*Rashi*).

**1. וַיֹּאמֶר ה׳ אֵלַי קַח־לְךָ גִּלָּיוֹן גָּדוֹל** — *HASHEM said to me, "Take a large scroll . . ."* Although the entire message consisted of only four words, it was to be written on a large scroll (*Rashi*), or tablet (*Targum Yonasan*), with letters big enough to be seen by everyone (*Gra*). Alternatively, the few words in this verse may have been only part of a larger Divine message that was to be inscribed on the scroll (*Radak*). *Radak* suggests that the scroll or tablet may have symbolized the entire land of Israel which, after the exile of the Ten Tribes, would be sparsely populated, like a large scroll upon which only four words were written.

**וּכְתֹב עָלָיו בְּחֶרֶט אֱנוֹשׁ** — *And write on it in clear script.* God wanted the message to be written so clearly that everyone, even the most common man, would be able to read it quickly (*Rashi*). *Radak*, however, translates בְּחֶרֶט אֱנוֹשׁ, *with a pen of a man.* He explains that God was ordering Isaiah to physically *write* the words of the inscription. Although he had seen the words in a prophetic vision, God did not want it merely to be *related* to the people as a prophetic message. Only if the people were to see it written on a large, public scroll would it have the desired effect (*Me'am Loez*).

**לְמַהֵר שָׁלָל חָשׁ בַּז** — *Plunder hastens; spoils quicken.* The prophecy does not specify who will plunder or who will be plundered. *Rashi* maintains that the prophecy refers to the Assyrian general, Sennacherib, who would plunder the Ten Tribes of the Northern Kingdom in the near future. It also refers to Nebuchadnezzar, the Babylonian king who would pillage Jerusalem in the distant future. *Ibn Ezra* maintains that the prophecy refers only to the imminent plunderings of Aram and Samaria; see 7:16. *Radak* comments that both phrases mean the same thing. The message is repeated to signify that the conquest and exile are imminent, just as Pharaoh's dream was repeated to signify to Joseph that the seven years of plenty and the seven hunger years were about to begin.

**2. וְאָעִידָה לִי עֵדִים נֶאֱמָנִים** — *I appointed trustworthy witnesses for myself.* Isaiah states that after he inscribed the prophecy, he summoned trustworthy witnesses to sign the scroll and thereby confirm that the prophecy would indeed come to be (*Radak*).

**אֵת אוּרִיָּה הַכֹּהֵן וְאֶת־זְכַרְיָהוּ בֶּן יְבֶרֶכְיָהוּ** — *Uriah the Kohen and Zechariah son of Jeberechiah.* The *Kohen* is Uriah son of Shemaiah who prophesied during the reign of King Jehoiakim, during the last days of the First Temple (see *Jeremiah* 26:20-25). The second witness, Zechariah, prophesied during the early days of the Second Temple during the reign of King Darius of Persia (see *Zechariah* 1:1). *Radak* maintains that they were contemporaries of Isaiah and signed his scroll, but they enjoyed great longevity and prophesied more than 120 years after this prophecy was spoken.

*Abarbanel* differs. He explains that what Isaiah wrote on the large scroll was his prophecy concerning the downfall of King Rezin of Aram and the exile of the Ten Tribes of the Northern Kingdom. The rest of the scroll was to remain blank and preserved for future generations, when the prophecies of Uriah and Zechariah would be added. Uriah's prophecy foretold the destruction of Judah during the last days of the Temple, and Zechariah's foretold the rebuilding of the Temple when the people would return from Babylon. Although these prophecies occurred at different times, they were recorded together to teach that when the terrible prophecy of Uriah would be fulfilled, it should be taken as a positive sign that the encouraging prophecy of Zechariah will also be fulfilled (*Rashi;* see *Makkos* 24b).

ד שְׁמ֗וֹ מַהֵ֥ר שָׁלָ֖ל חָ֥שׁ בַּֽז׃ כִּ֗י בְּטֶ֙רֶם֙ יֵדַ֣ע הַנַּ֔עַר קְרֹ֖א אָבִ֣י וְאִמִּ֑י יִשָּׂ֣א ׀ אֶת־חֵ֣יל דַּמֶּ֗שֶׂק
ה־ו וְאֵת֙ שְׁלַ֣ל שֹׁמְר֔וֹן לִפְנֵ֖י מֶ֥לֶךְ אַשּֽׁוּר׃ וַיֹּ֣סֶף יְהוָ֔ה דַּבֵּ֥ר אֵלַ֖י ע֥וֹד לֵאמֹֽר׃ יַ֗עַן
כִּ֤י מָאַס֙ הָעָ֣ם הַזֶּ֔ה אֵ֚ת מֵ֣י הַשִּׁלֹ֔חַ הַהֹלְכִ֖ים לְאַ֑ט וּמְשׂ֥וֹשׂ אֶת־רְצִ֖ין וּבֶן־רְמַלְיָֽהוּ׃
ז וְלָכֵ֡ן הִנֵּה֩ אֲדֹנָ֨י מַעֲלֶ֜ה עֲלֵיהֶ֗ם אֶת־מֵ֨י הַנָּהָ֜ר הָעֲצוּמִ֤ים וְהָֽרַבִּים֙ אֶת־מֶ֥לֶךְ אַשּׁ֖וּר
ח וְאֶת־כָּל־כְּבוֹד֑וֹ וְעָלָה֙ עַל־כָּל־אֲפִיקָ֔יו וְהָלַ֖ךְ עַל־כָּל־גְּדוֹתָֽיו׃ וְחָלַ֤ף בִּֽיהוּדָה֙ שָׁטַ֣ף
ט וְעָבַ֔ר עַד־צַוָּ֖אר יַגִּ֑יעַ וְהָיָה֙ מֻטּ֣וֹת כְּנָפָ֔יו מְלֹ֥א רֹֽחַב־אַרְצְךָ֖ עִמָּ֥נוּ אֵֽל׃ רֹ֤עוּ

### רש"י

(ד) **ישא את חיל דמשק**. וַיַּעַל... דַּמֶּשֶׂק וַיִּתְפְּשֶׂהָ (מלכים ב טז, ט), ואת שלל שומרון. לאחר שנהרג פקח ומלך הושע עליו, עלה שלמנסר מלך אשור, וַיְהִי לוֹ הוֹשֵׁעַ עֶבֶד (ונתן) וַיָּשֶׁב לוֹ מִנְחָה (ושוחד) (שם יז, ג) הוא שלל שומרון. כל אלה היה בשנת ארבע לאחז: (ו) **את מי השלוח ההולכים לאט**. בְּמַלְכוּתָא דְּבֵית דָּוִד דִּמְדַבַּר לְהוֹן בְּנִיחַ כְּמֵי שִׁלוֹחָא דְּנַגְדִין בְּנִיחַ. שלוח מעין הוא, ושמו גיחון. ושילוח, שרצו להסיר את מלכות בית דוד בימי אחז לפקח בן רמליהו. וכאן ניבא על שבנא וסיעתו שרצו למרוד בחזקיהו, שמאסו בו על שראוהו שלא היה בוחר בשולחן מלכים, אלא אוכל ליטרא ירק ועוסק בתורה (סנהדרין צד, ב); עליו נאמר, צַדִּיק אֹכֵל לְשֹׂבַע נַפְשׁוֹ (משלי יג, כה). וראו את פקח בן רמליה אוכל ארבעים סאה גוזלות בקינוח סעודה, והיו מליזין על חזקיהו ואומרין זה הגון להיות מלך? אין זה מלך אלא רצין בן רמליהו היו ראויין למלוך בחייהן. וזהו ומשוש את רצין וגו'; אמר להם הקדוש ברוך הוא, אוכלין אתם מתאוים? אני מביא עליכם אוכלין הרבה, הנה ה' מעלה עליכם וגומר את מי הנהר העצומים, תחת מי השילוח חלשים והנוחים, (ז) ועלה. הנהר: **על כל אפיקיו**. יתגברו מימיו לעלות על כל אפיקי מולא מימיו: **והלך**. הנהר ממולא על כל גדותיו, על גדודיו. הן שפתותיו הזקופות במקום שהנהר מושך בין גידודין זקופין והוא כבתוך מרזב: (ח) **וחלף ביהודה**. בארץ יהודה: **שטף**. בחזקה: **עד צואר**. עד עיקר חוזק לוארס תרגם יונתן, עַד יְרוּשְׁלֵם יִמְטֵי: **מוטות כנפיו**. פרק קטן שבסוף הכנף קרוי מוטה. וראיתי בתנחומא (תזריע ח) כמה הם מוטות כנפי התרנגול אחד מן ששים באוכלוסי סנחריב: **מלא רוחב**. ארץ יהודה: **עמנואל**. הוא שבט יהודה, שהבטיחו הקדוש ברוך הוא להיות עמם בימי חזקיהו, כדברי הנביאה שקראה שם בנה עמנואל:

### רד"ק

**מהר שלל חש בז**. לא נקרא שם הנער בארבע תיבות האלה כאחד, אלא אמר שיקראו שמו מהר שלל או חש בז; כי שני הזוגות ענין אחד. פעם יקראו אותו מהר שלל, ופעם יקראו אותו חש בז: (ד) **כי בטרם**. זמן אחד הוא זה עם מה שאמור למעלה בבן אחז, בְּטֶרֶם יֵדַע הַנַּעַר מָאֹס בָּרָע וּבָחֹר בַּטּוֹב (לעיל ז, טז), כי אז יחל לדבר הנער, ותחלת דבורו הוא שיקרא אביו ואמו, כי בזה הדבר ירגילוהו תחילה: **ישא את חיל דמשק**. ישא הנושא את נכסי דמשק ואת שלל שמרון לפני מלך אשור. ישא חסר הפעל; כמו, וַיַּגֵּד לְיַעֲקֹב (בראשית מח, ב), רוצה לומר המגיד, וכן אמר וַיֹּאמֶר לְיוֹסֵף (שם פסוק א), רוצה לומר האומר, וכמוהם רבים: (ה) **ויוסף ה'**. אמר ויוסף לפי שזכר בזה הענין עצמו, ולפיכך אמר גם כן עוד: (ו) **יען**. כי היו ביהודה ובירושלם רבים שהיו רוצים במלכות פקח בן רמלידהו, והיו מואסים במלכות בית דוד לפי שהיתה יד מלכות אפרים תקפה ומלכות בית דוד חלושה בימי אחז. וזכר עם בן רמלידהו, רצין, לפי ששניהם יחד היו נלחמים ביהודה. והמשיל מלכות בית דוד למי השלוח ההולכים לאט, שהוא נחל קטן, ומימיו הולכים בנחת. כן מלכות בית דוד לא היה להם כח להרע לאויביהם, רצין ובן רמליהו: **ומשוש את רצין**. יהיו ששים ושמחים עמהם אם יהיו הם מולכים בירושלם. ומשוש שם סמוך למלת את; וכן, מְקוֹם לֹא יָדַע אֵל (איוב יח, כ): (ז) **ולכן**. הוי"ו אינה לתוספת ענין, שהרי הוא התחלת דברים; טעם למה שאמר יען אשר עשו כך וכך, יעשה להם כך וכך. כמו, וַיִּשָּׂא אַבְרָהָם אֶת עֵינָיו (בראשית כב, ד), ורבים כמוהו. אמר הנביא דבר אלי ה', כי בעבור ששמח לבם עם הנלחמים עם מלכות בית דוד יפלו ביד קשים מהם, והם מחנה אשור. והמשיל אותם למי הנהר העצומים והרבים כאשר הם מתגברים בארץ וישטפו כל אשר יעבור עליהם, כן מלך אשור ומחנהו הרב, שכבש כל ארץ יהודה זולתי ירושלם: **ואת כל כבודו**. הוא חילו הגדול שהתכבד בו על כל העמים וכבש אותם תחת ידו: **ועלה על כל אפיקיו**. אף על פי שהאפיקים הם עמקים. ואמר ועלה כנגד ארץ ישראל שהיא גבוהה מכל הארצות (זבחים נד, ב). רצונו לומר שכל הארץ תמלא מהם, כמו שהאפיקים מלאים מים. ועוד מרובם ילכו על כל גדות האפיקים והם שפתי העמקים למעלה שהם גבוהים מן העמק. וגדותיו הם משל על כל ערי יהודה הבצורות: (ח) **וחלף**. תרגום ועבר: **עד צואר יגיע**. המשיל ירושלם לראש הגוף, וכשהמים מגיעים לאדם עד צוארו הנה הוא קרוב לטבוע בהם, ואם יתגברו מעט יעברו ראשו ויטבע בהם. כן מלך אשור בבאו עד ירושלים היה כמו המים המגיעים עד הצואר והיתה ירושלם קרובה להכבש לולי רחמי האל, וכן תרגם יונתן עד צואר יגיע, עַד יְרוּשְׁלֵם יִמְטֵי: **והיה מוטות כנפיו**. הדגש הוא לחסרון נו"ן מונטות מן נטה, רצונו לומר, נטית מחנהו והתפשטותו יהיה מלא רחב של ארץ יהודה כלה. ואמר עמנו אל, שהוא הבן הנולד לאחז, לאות כי לא תכבש, כלומר אתה עמנו אל שאתה בירושלם, בך יכירו כי עמהם האל, שתנצל מיד מלך אשור, כי כל שאר ארצך תהיה מלאה מהם. ובדרש (תנחומא תזריע, ח), כמה הם מוטות התרנגול אחד מן ששים בכנפיו; אחד מן ששים באכלוסי סנחריב, מלא רחב ארץ יהודה: (ט) **רעו**. ענין שבר; כמו, תְּרֹעֵם בְּשֵׁבֶט בַּרְזֶל (תהלים ב, ט). אמר כנגד העמים הנאספים עם מלך אשור, שברו, ואחר כן תהיו נשברים:

### מצודת דוד

**מהר שלל וכו'**. להיות לאות על דברי הגליון: (ד) **בטרם ידע**. עדיין לא היה בו דעת לקרוא אבי ואמי: **ישא**. הנושא ישא והוא מקרא קצר: **לפני מלך אשור**. כי הוא ישללם; כמו שכתוב, וַיַּעַל מֶלֶךְ אַשּׁוּר אֶל דַּמֶּשֶׂק וַיִּתְפְּשֶׂהָ וכו' (מלכים־ב טז, ט). ונאמר עליו, עָלָה שַׁלְמַנְאֶסֶר מֶלֶךְ אַשּׁוּר... וַיָּשֶׁב לוֹ מִנְחָה (שם יז, ג), וזהו השלל. ושניהם היו בימי אחז: (ה) **ויוסף וכו'**. עוד הוסיף לדבר עוד בדבר רצין ובן רמליהו: (ו) **כי מאס**. רבים מאנשי יהודה מאסו במלכות בית דוד, כי היתה חלושה מול מלכות אפרים, והיו רוצים במלכות פקח בן רמליהו: **את מי השלוח**. המשיל מלכות בית דוד למי השלוח ההולכים בנחת, מבלי הרעשת קול. וכן רוב מלכי בית דוד הנהיגו המלכות בנחת ובענוה: **ומשוש**. רצה לומר, בוחרים המשוש וההשתררות אשר עם רצין ובן רמליהו: (ז) **ולכן**. על שמאסו בנחל קטן: **העצומים**. המרעישים בקול גדול: **את מלך אשור**. רצה לומר, הוא הנמשל להמים העצומים ואותו יעלה עליהם: **ואת כל כבודו**. יעלה עמו כל כבוד עשרו, כי יהיה לבו נכון בטוח להתגבר על כל ואין פחד מלחמה לנגד עיניו: **יעלה וכו'**. רצה לומר, במרבית אנשיו יכסה פני תבל: (ח) **וחלף ביהודה**. יעבור בארץ יהודה וישטוף ויעבור להלן רצה לומר, יכבש ערי בצורות ויצר על אחרות: **עד צואר יגיע**. יבוא עד חוזק הצואר והוא ירושלים. ולפי שהמשילו למי הנהר אחז לשון סכנת מים שוטפים אם מגיע אל הצואר: **מטות כנפיו**. התפשטות מחנהו יהיה מלא רוחב ארצך אתה עמנו אל, והוא יהודה שהבטיחם המקום להיות עמם כאשר יורה שם עמנואל בן העלמה אשת אחז: (ט) **רועו**. אתם חיל סנחריב שברו עמים רבים, ואחר זה תשברו גם אתם:

### מצודת ציון

(ד) **חיל**. הון ועושר: (ו) **השלוח**. שם נחל קטן: **לאט**. בנחת; וכן, אֶתְנַהֲלָה לְאִטִּי (בראשית לג): (ז) **אפיקיו**. הוא המקום שנגרים שם המים בחוזק, וכן, כַּאֲפִיקִים בַּנֶּגֶב (תהלים קכו, ד): **גדותיו**. הם שפתי האפיקים; וכן, וְהַיַּרְדֵּן מָלֵא עַל כָּל גְּדוֹתָיו (יהושע ג, טו): (ח) **וחלף**. ועבר: **מוטות**. מלשון הטיה, כנפיו. מלשון כנף: (ט) **רועו**. ענינו שבירה ורציצה; כמו, תְּרֹעֵם בְּשֵׁבֶט בַּרְזֶל (תהלים ב, ט):

*Maher-Shalal-Hash-Baz* "*Name him Maher-Shalal-Hash-Baz [Plunder Hastens; Spoils Quicken].* 4 *For before the child knows how to say 'My father' and 'My mother,' the wealth of Damascus and the spoils of Samaria will be carried off before the king of Assyria."*

5 *HASHEM spoke further to me, saying:*

*The Shiloah and the Euphrates* 6 *Because this people has rejected the gently flowing water of the Shiloah, and has rejoiced with Rezin and the son of Remaliah,* 7 *therefore, behold, the Lord is bringing upon them the mighty and abundant waters of the [Euphrates] River, the king of Assyria and all his glory, and it will rise above all its channels and overflow all its banks.* 8 *It will pass through Judah, flooding as it passes, and reaching to the neck; and its wingspread will be the full breadth of your land, O Immanuel.*

---

**3.** **וָאֶקְרַב אֶל־הַנְּבִיאָה וַתַּהַר וַתֵּלֶד בֵּן** — *I approached the prophetess and she conceived and bore a son.* Isaiah speaks of his wife as a prophetess (*Metzudos*). It is unclear if she actually prophesied; *Ibn Ezra* thinks that she may have. *Radak* disagrees. He holds that Isaiah referred to her as a prophetess only because she was the wife of a prophet. Alternatively, although she had never prophesied previously, Isaiah referred to her as a prophetess now, because she would soon have Divine Inspiration in naming her newborn son Immanuel (see *Rashi* to 7:14).

**וַיֹּאמֶר ה׳ אֵלַי קְרָא שְׁמוֹ מַהֵר שָׁלָל חָשׁ בַּז** — *And HASHEM said to me, "Name him Maher-Shalal-Hash-Baz (Plunder Hastens; Spoils Quicken)."* This is the very same son that Isaiah's wife will eventually name Immanuel, *God will be with us,* foretelling that God will be with the Kingdom of Judah. Isaiah, however, was instructed to name him *Maher-Shalal-Hash-Baz* (*Plunder Hastens; Spoils Quicken*), because of the impending destruction of Aram and Samaria (*Rashi*). *Radak,* however, maintains that there were two sons and two mothers. The young woman in 7:14 is the wife of Ahaz, and it was she who named her son Immanuel. This child, however, is Isaiah's, and he would be named *Maher-Shalal-Hash-Baz.*

**4.** **כִּי בְּטֶרֶם יֵדַע הַנַּעַר קְרֹא אָבִי וְאִמִּי** — *For before the child knows how to say "My father" and "My mother."* This is not the same sign that was given in 7:16 — *before the child knows to abhor evil and choose good* — for that stage comes later in a child's development. This verse refers to him in his infancy, when he begins to speak (*Radak*). In any event, the message of the prophecy is that the Assyrian invasion of Damascus and the plunder of Samaria are imminent.

**5.** **וַיֹּסֶף ה׳ דַּבֵּר אֵלַי עוֹד לֵאמֹר** — *HASHEM spoke further to me, saying.* The prophecy regarding the powerful king of Assyria continues (*Ibn Ezra*). Isaiah had prophesied that the army of Damascus and the spoils of Samaria would fall to the mighty forces of Assyria. He goes on to prophesy that Assyria will then attack the people of Judah. The commentators differ as to whether this prophecy foretells events that will take place during the days of Rezin, Pekah, and Ahaz (*Radak*), or during the reign of Hezekiah (*Rashi*).

**6.** **יַעַן כִּי מָאַס הָעָם הַזֶּה אֵת מֵי הַשִּׁלֹחַ הַהֹלְכִים לְאַט** — *Because this people has rejected the gently flowing water of the Shiloah.* The humble and unassuming House of David is metaphorically compared to the gently flowing waters of the Shiloah, a relatively small stream that supplies water to Jerusalem (*Targum Yonasan*).

**וּמְשׂוֹשׂ אֶת־רְצִין וּבֶן־רְמַלְיָהוּ** — *And has rejoiced with Rezin and the son of Remaliah.* There were citizens of Jerusalem who despised the militarily weak Kingdom of Judah and preferred to merge the Davidic Kingdom with the Northern Kingdom, under the rule of Rezin and Pekah (*Radak*). Alternatively, such people would ridicule the pious and righteous Hezekiah for his simple, unpretentious lifestyle, like the *gently flowing* Shiloah. They would prefer the lavish lifestyle of Rezin and Pekah, which, in their perverted view, would lend "prestige" to the country (*Mahari Kara*).

**7.** **וְלָכֵן הִנֵּה אֲדֹנָי מַעֲלֶה עֲלֵיהֶם אֶת מֵי־הַנָּהָר הָעֲצוּמִים וְהָרַבִּים אֶת־מֶלֶךְ אַשּׁוּר** — *Therefore, behold, the Lord is bringing upon them the mighty and abundant waters of the [Euphrates] River, the king of Assyria.* The prophet warns the people of Judah that those who despise the House of David would be forced to face the armies of Sennacherib, the tyrannical Assyrian ruler, as their punishment. Isaiah likens the Assyrian army to the mighty Euphrates River, whose swift flowing waters overflow its banks and flood the areas they pass. Similarly, Sennacherib will lead his armies through Judah and conquer all the cities and areas in his path (*Radak*).

**8.** **וְחָלַף בִּיהוּדָה שָׁטַף וְעָבַר עַד־צַוָּאר יַגִּיעַ** — *It will pass through Judah, flooding as it passes, and reaching to the neck.* The imagery of the surging river continues; Judah is in danger of drowning, for the floodwaters will reach his neck. Isaiah foresees Sennacherib overrunning all of the land, up to its *neck* — but not the city of Jerusalem, the "head" of the land. When the Assyrian king camped outside Jerusalem intending to conquer the city, it was as though the waters had reached the neck (*Radak*).

**מְלֹא רֹחַב־אַרְצְךָ עִמָּנוּ אֵל** — *The full breadth of your land, O Immanuel.* Isaiah addresses the people of Judah directly and refers to them as Immanuel (*Rashi*). He encourages them not to despair, for although the Assyrians will conquer most of the land, they will not capture the Holy City for עִמָּנוּאֵל, *God is with us,* as is proclaimed by the name of the young woman's child [7:14] (*Radak*).

י עַמִּים וָחֹתּוּ וְהַאֲזִינוּ כֹּל מֶרְחַקֵּי־אָרֶץ הִתְאַזְּרוּ וָחֹתּוּ הִתְאַזְּרוּ וָחֹתּוּ: עֻצוּ
יא עֵצָה וְתֻפָר דַּבְּרוּ דָבָר וְלֹא יָקוּם כִּי עִמָּנוּ אֵל: כִּי כֹה אָמַר יְהוָה אֵלַי
יב בְּחֶזְקַת הַיָּד וְיִסְּרֵנִי מִלֶּכֶת בְּדֶרֶךְ הָעָם־הַזֶּה לֵאמֹר: לֹא־תֹאמְרוּן קֶשֶׁר לְכֹל
יג אֲשֶׁר־יֹאמַר הָעָם הַזֶּה קָשֶׁר וְאֶת־מוֹרָאוֹ לֹא־תִירְאוּ וְלֹא תַעֲרִיצוּ: אֶת־
יד יְהוָה צְבָאוֹת אֹתוֹ תַקְדִּישׁוּ וְהוּא מוֹרַאֲכֶם וְהוּא מַעֲרִיצְכֶם: וְהָיָה לְמִקְדָּשׁ
וּלְאֶבֶן נֶגֶף וּלְצוּר מִכְשׁוֹל לִשְׁנֵי בָתֵּי יִשְׂרָאֵל לְפַח וּלְמוֹקֵשׁ לְיוֹשֵׁב יְרוּשָׁלִָם:

### רש״י

(ט) **רעו עמים.** לשון רעהו רעך כך תרגם יונתן, אִתְחַבָּרוּ, התחברו יחד אוכלוסי סנחריב: **וחתו.** ותשברו: **התאזרו וחתו.** התאזרו בכל מיני גבורה, וסופכם להיות חתים: (י) **עוצו.** לשון לווי: (יא) **בחזקת היד.** בהתגבר הנבואה עלי, כשהוסיף לדבר עלי בדבר זה. כמו שכתוב למעלה, וַיֹּסֶף ה׳ דַּבֵּר אֵלַי (לעיל פסוק ה). ובלשון זה אמר, וְיַד ה׳ עָלַי חָזָקָה (יחזקאל ג יד), לשון נבואה: **ויסרני מלכת וגו׳.** הזהירני שלא להיות בעצת שבנא הסופר וסיעתו שנקשרו למרוד על חזקיהו, כמו שמפורש (בסנהדרין כו, א). ויש רמז בספר הזה, לֶךְ בֹּא אֶל הַסֹּכֵן וגו׳ (לקמן כב, טו), ויסרני. כמו וליסרני: (יב) **לא תאמרון קשר.** אתם סיעתו של חזקיה אף על פי שהם מועטים מסיעת שבנא, לא תאמרו אחרי רבים להטות: **לכל אשר יאמר העם הזה.** טעם שבנא, לפי שהוא קשר רשעים ואינו מן המנין (סנהדרין כו, א). וכן בקשר של עשרת השבטים שיתקשרו עם מלכי מצרים: **ואת מוראו.** העם הזה שהם אומרים לכם לירא מסנחרב ולהשלים עמו, לא תיראו ולא תעריצו. לא תאמרו חזק הוא. כן תרגם יונתן, לָא תֵימְרוּן תְּקוֹף: (יג) **והוא מעריצכם.** מחזיקכם: (יד) **והיה למקדש.** אותה עצה שיעץ שבנא ושיעץ פקח להשבית מלכות בית דוד, יהיה לסימן פורענות לבא עליהם: **למקדש.** כמו, הִתְקַדְּשׁוּ לְמָחָר (יהושע ז, יג): **ולאבן נגף.** שהרגלים נגפים בם. לשון מכשול; כמו, בְּטֶרֶם יִתְנַגְּפוּ רַגְלֵיכֶם (ירמיה יג, טז), פֶּן תִּגֹּף בָּאֶבֶן רַגְלֶךָ (תהלים צא, יב): **ולצור מכשול.** הוא לשון אבן נגף, שהצור הוא אבן: **לשני בתי ישראל.** שבאו להיות לפח ולמוקש ליושבי ירושלים, ומי הם שני הבתים? פקח בן רמליהו וסיעתו ושבנא וסיעתו:

### רד״ק

**וחתו.** פעל עמד, השברו והאזינו כל מרחקי ארץ. כל העמים שבאתם ממרחק ארץ לירושלם האזינו זאת הנבואה, כי בתחילה תשברו ואמר כך תשברו: **מרחקי.** המ״ם בסגו״ל: **התאזרו.** התאזרו תחלה, התחזקו למלחמה ואחר כך תשברו, והכפל לחזק הענין. ויונתן תרגם רעו מענין, רֵעֲךָ וְרֵעַ אָבִיךָ (משלי כז, י); אִתְחַבָּרוּ עַמְמַיָּא וְאִתְבְּרָוּ: (י) **עוצו.** מה תועיל לכם עצתכם על ירושלם כי תופר, וכן דברכם עליה לא יקום, ולמה כי עמנו אל. ומלת עוצו השור״ק במקום חולם, ויבא בחולם בנחי הפ״א כמו גשו הנה (יהושע ג, ט), בחסרי הפ״א: (יא) **כי כה אמר ה׳.** הטעם בכי, למה שאמר כי לא תקום עצתם על ירושלם, כי כן אמר אלי בחזקת היד כי הוא יהיה מעריצכם, שיתן לכם חוזק ותוקף למאמינים בו ולמקדישים שמו. גם יסר אותי שלא אלך בדרך העם הזה המואסים במלכות בית דוד מפני מורא המלכים האלה. ופירוש בחזקת היד, בחוזק הנבואה; וכן, וְיַד ה׳ עָלַי חָזָקָה (יחזקאל ג, יד). והחוזק בנבואה הוא שיראה במראה הנבואה מראה נוראה ונפלאה. או שיאמר דברים, והוא יסרני שלא אלך אלא בדרך ה׳ ולאמר גם כן לאחרים וליסרם ולהזהירם שלא ילכו בדרכי העם המורדים, ואומר להם: (יב) **לא תאמרון.** לא תחשבו ולא תרצו זה שתקשרו ותמרדו במלכות בית דוד; וכמוהו, הַלְהָרְגֵנִי אַתָּה אֹמֵר (שמות ב, יד), וַיֹּאמֶר לְהַכּוֹת אֶת דָּוִד (שמואל ב כו, יח). או פירושו, לא תאמרון איש לאחיו: **ואת מוראו לא תראו.** מה שהם יראים והם רצין ופקח לא תראו אותם ולא תערצון. לא תתנו להם בלבבכם ובפיכם העריצות והכח כמו שהעם הזה עושים, כי אין לכם כח עליכם אם לא ירצה האל. ויש מפרשים נבואה זו בימי חזקיהו שהיו יראים ממלך אשור, ואמר כי שבנא וסיעתו השלימו בסתר עם מלך אשור, וכן פירשו רבותינו זכרונם לברכה (סנהדרין כו, א): (יג) **את ה׳ צבאות.** הוא אדון צבאות מעלה ומטה, ובידו הכל. ואם תיראו אותו ותקדישו הוא יציל אתכם מצבאות מטה הנלחמים עליכם, והוא מוראכם שתיראו אותו לבדו: **והוא מעריצכם.** והוא יתן לכם עריצות וכח ולא יוכלו אויביכם להרע לכם: (יד) **והיה למקדש.** מקדש הוא ארמון ומקום משגב שישגב אדם בו; כמו, כִּי מִקְדַּשׁ מֶלֶךְ הוּא (עמוס ז, יג): **ובא אל מקדשו.** אמר כי הקדוש ברוך הוא יהיה לשני בתי ישראל. לאחד, למקדש, והם הבוטחים בו ורוצים במלכות בית דוד, ולאחד, לאבן נגף ולצור מכשול: **לפח ולמוקש ליושב ירושלם.** לאחד מן הבתים היושבים בירושלם והם המואסים במלכות בית דוד ובוחרים במלכות בן רמליהו, ויש מפרשים בימי חזקיהו שבנא וסיעתו, ויונתן תרגם, דְיָתְבִין בִּירוּשְׁלֵם:

### מצודת דוד

**והאזינו וכו׳.** הבאים ממרחק לעזרת סנחריב, האזינו אמרי וחדלו לכם: **התאזרו.** התחזקו במלחמה ובסוף תשברו, וכפל הדבר לחזק הענין: (י) **עצו וכו׳.** התייעצו מה לעשות ומה בכך, כי הלא תופר: **דבר וכו׳.** דברו דבריכם אבל לא תתקיים, כי עמנו אל ולא יעזבנו בידכם: (יא) **כי כה אמר ה׳ אלי.** חוזר למעלה שאמר עצו עצה ותופר. וכן כי כה אמר ה׳ אלי שיופר עצתכם וכו׳: **בחזקת היד.** רצה לומר, יפר עצתם בחוזק יד ובזרוע נטויה, כגבור ואיש מלחמה, כי יכה כל חילו הרב: **ויסרני.** גם הוכיח והזהיר אותי מלכת בדרך העם הזה והם שבנא וסיעתו, המה הרוב מול חזקיה וסיעתו והתורה אמרה אחרי רבים להטות, מכל מקום, לא עם סנחריב: **לאמר.** וכה אמר אלי: (יב) **לא תאמרון קשר וכו׳.** רצה לומר, עם כי שבנא וסיעתו המה הרוב מול חזקיה וסיעתו, והתורה אמרה אחרי רבים להטות, מכל מקום, לא תאמרון להתקשר ולהתחבר לכל אשר יאמר העם הזה בקשר המרד: **ואת מוראו.** לא תיראו מפחד סנחרב: **ולא תעריצו.** ולא תתנו לו בפה העריצות והחוזק לומר עליו שהוא חזק ביותר, כאשר יאמרו העם הזה: (יג) **אותו תקדישו.** רצה לומר, השענו בה׳ וקדשו שמו: **והוא מוראכם.** ורק הוא לבד יהיה מוראכם, רצה לומר, לא תפחדו ממי כי אם ממנו יתברך: **והוא מעריצכם.** והוא יתן לכם עריצות וכח מול האויב: (יד) **והיה למקדש.** המקום ברוך הוא יהיה לשני בתי ישראל והם חזקיה וסיעתו ושבנא וסיעתו. לאחד יהיה לארמון משגב ומגדל עוז להשגב בה, והוא חזקיה וסיעתו, כי ינצלו מיד סנחריב. ולאחר יהיה לאבן נגף ולצור מכשול, והוא שבנא וסיעתו, כי אחר שהשלימו עם סנחריב ויצאו אליו נאבדו כולם: **לפח ולמוקש.** חוזר למעלה לומר, למה יהיה לאחד לאבן נגף וכו׳, לפי שהוא היה לפח ולמוקש להמלך היושב בירושלים, והוא חזקיה:

### מצודת ציון

**וחותו.** גם הוא ענין שבירה; כמו, יֵחַת אֶפְרַיִם מֵעָם (לעיל ז, ח): **התאזרו.** התחזקו, כי האזור במתניו הוא מחזק ומזרז ביותר: (יב) **קשר.** ענין אגודה אחת: **תעריצו.** ענין חוזק; כמו, כְּגִבּוֹר עָרִיץ (ירמיה כ, יא): (יד) **למקדש.** ענינו ארמון משגב; וכן, מִקְדַּשׁ מֶלֶךְ הוּא (עמוס ז, יג): **נגף.** ענין הכאה:

---

**9.** רֹעוּ עַמִּים וָחֹתּוּ וְהַאֲזִינוּ כֹּל מֶרְחַקֵּי־אָרֶץ — *Destroy, O you peoples, and then be devastated yourselves; hear this, all you faraway parts of the world.* The Assyrians would lead an alliance of many nations to conquer Jerusalem. Isaiah addresses them all, from near and far, and warns that although their mighty forces will destroy many nations, ultimately they too will be destroyed (*Radak*). The number and types of weapons they prepare will be useless, for their armies will be smashed (*Rashi*).

*9 Destroy, O you peoples, and then be devastated yourselves; hear this, all*
*you faraway parts of the world: Gird yourselves, and then be shattered! Gird*
*yourselves, and then be shattered! 10 Plan a conspiracy and it shall be an-*
*nulled; speak your piece and it shall not stand, for God is with us!*
*11 For thus said HASHEM to me with a strong hand; He admonished me not to follow*
*the way of this people, [but] to say:*

*Castigation of the defectors*

*12 Do not speak of a cabal, for everything this people speaks of is a cabal; do*
*not fear what they fear and do not attribute strength to them. 13 HASHEM, Master*
*of Legions — Him shall you sanctify; He is Your reverence and He gives you*
*strength. 14 He shall be a sanctuary, but a striking stone and a stumbling rock*
*for the two houses of Israel; a trap and a snare for the inhabitants of Jerusalem.*

---

*Daas Sofrim* suggests that this warning is not limited to Sennacherib and his allies. It is intended for all nations, even in the faraway parts of the world, for it is a warning to all peoples, for all times, in all places.

**10. עֲצוּ עֵצָה וְתֻפָר** — *Plan a conspiracy and it shall be annulled.* Isaiah challenges the Assyrians to chart their plan to attack and conquer Jerusalem, and warns them that it will never succeed. No amount of planning and plotting will avail them to conquer the Holy City, for God is with His people, the people of Judah.

The word וְתֻפָר, *and it will be annulled,* implies that the enemy's conspiracy will be *annulled* from the start, that it will never have a hope of success. How is this possible? כִּי עִמָּנוּ אֵ־ל, *because God is with us.* When Israel is deserving of God's help, its opponents will have no chance of success (*Likkutei Sichos*).

**11. כִּי כֹה אָמַר ה׳ אֵלַי בְּחֶזְקַת הַיָּד** — *For thus said HASHEM to me with a strong hand.* The term *with a strong hand* implies intense prophecy (*Rashi*), in which God reveals awesome and marvelous visions or tells them to the prophet (see *Ezekiel* 3:14). Here, God instructs Isaiah not to be influenced by those who wish to rebel against the Davidic dynasty (*Radak*). The prophecy had to be expressed with *a strong hand,* because the fainthearted people who wished to negotiate a surrender seemed to have logic on their side, because the military situation was "obviously" hopeless.

**12. לֹא־תֹאמְרוּן קֶשֶׁר לְכֹל אֲשֶׁר־יֹאמַר הָעָם הַזֶּה קָשֶׁר** — *Do not speak of a cabal, for everything this people speaks of is a cabal.* Some say that this refers to events that will take place during the reign of Ahaz, in the near future. The majority of the people will wish to join with Pekah and the king of Aram and do away with the Davidic dynasty by installing the son of Tabeel as king — see 7:6. Now God instructs Isaiah not to follow this rebellious group (*Mahari Kara; Radak*). Others maintain that this refers to the rebellion that would be led by Shebna the scribe against Hezekiah (see below). Even if the rebels are the majority, do not follow them (*Rashi; Radak*).

**וְאֶת־מוֹרָאוֹ לֹא־תִירְאוּ וְלֹא תַעֲרִיצוּ** — *Do not fear what they fear and do not attribute strength to them.* Even if those who wish to overthrow Davidic rule are motivated by fear of the enemy, do not allow their fear to influence you, for their fear is unjustified.

*Nesivos Shalom* explains the contrast between Shebna and Hezekiah based on the Talmudic descriptions of them. Shebna was a great scholar with 15,000 students, but he was also a pleasure-seeker (*Sanhedrin* 26a-b). This implies not only that he pursued physical pleasure, but also that his Torah study was motivated not by dedication to God's word, but because he enjoyed the intellectual challenge and the glory it brought him. Therefore, when he was sure that Sennacherib was about to conquer Jerusalem, thus depriving him of the base of his pleasures, he became a traitor and sought to curry favor with Sennacherib so that he could remain secure in his position. Hezekiah was different. Although he was king, he subsisted on a small daily ration of vegetables and devoted himself to Torah study for the sake of Heaven. Therefore, God dispatched Isaiah to say, *He admonished me not to follow the way of this people* [i.e., Shebna and his followers (v. 11)], who were interested only in their own enjoyment. Instead, *HASHEM . . . Him shall you sanctify,* i.e., Hezekiah should hold fast to his desire to dedicate himself entirely to sanctify the Name of God (v. 13).

**13. אֶת־ה׳ צְבָאוֹת אֹתוֹ תַקְדִּישׁוּ וְהוּא מוֹרַאֲכֶם וְהוּא מַעֲרִצְכֶם** — *HASHEM, Master of Legions — Him shall you sanctify; He is your reverence and He gives you strength.* If you wish to conspire, let it be to organize people to join in sanctifying God's Name (*Gra*). Instead of fearing the foreign powers and armies, fear God and sanctify His Name for only He, the One Who rules the world, can and will save you from the hosts of human soldiers (*Radak*). *Daas Sofrim* adds, do not only serve God, but sanctify His Name.

**14. וְהָיָה לְמִקְדָּשׁ וּלְאֶבֶן נֶגֶף וּלְצוּר מִכְשׁוֹל לִשְׁנֵי בָתֵּי יִשְׂרָאֵל** — *He shall be a sanctuary, but a striking stone and a stumbling rock for the two houses of Israel.* The *two houses of Israel* are the two factions in Jerusalem: one that supports the Davidic king and the other one that opposes him. The *sanctuary* refers to God as a protective fortress (*Radak*).

**לְפַח וּלְמוֹקֵשׁ לְיוֹשֵׁב יְרוּשָׁלָםִ** — *A trap and a snare for the inhabitants of Jerusalem.* God will be a snare and a trap to one of the two parties in Jerusalem: to those who rebel against the House of David. He will be *a trap and a snare* to those who

טו־טז וְכָֽשְׁלוּ בָ֥ם רַבִּ֖ים וְנָפְל֣וּ וְנִשְׁבָּ֑רוּ וְנֽוֹקְשׁ֖וּ וְנִלְכָּֽדוּ׃ צ֖וֹר תְּעוּדָ֑ה
יז חֲת֥וֹם תּוֹרָ֖ה בְּלִמֻּדָֽי׃ וְחִכִּ֙יתִי֙ לַֽיהוָ֔ה הַמַּסְתִּ֥יר פָּנָ֖יו מִבֵּ֣ית יַעֲקֹ֑ב וְקִוֵּֽיתִי־לֽוֹ׃
יח הִנֵּ֣ה אָנֹכִ֗י וְהַיְלָדִים֙ אֲשֶׁ֣ר נָֽתַן־לִ֣י יְהוָ֔ה לְאֹת֥וֹת וּלְמוֹפְתִ֖ים בְּיִשְׂרָאֵ֑ל מֵעִם֙
יט יְהוָ֣ה צְבָא֔וֹת הַשֹּׁכֵ֖ן בְּהַ֥ר צִיּֽוֹן׃ וְכִֽי־יֹאמְר֣וּ אֲלֵיכֶ֗ם דִּרְשׁ֤וּ
אֶל־הָאֹבוֹת֙ וְאֶל־הַיִּדְּעֹנִ֔ים הַֽמְצַפְצְפִ֖ים וְהַמַּהְגִּ֑ים הֲלוֹא־עַם֙ אֶל־אֱלֹהָ֣יו יִדְרֹ֔שׁ

**רש״י**

**(טו) וכשלו בם רבים.** ואותן האבנים יכשלו אלו וסיעתם, שכיהם יפלו ביד שונאיהם. פקח נהרג שהרגו הושע, ועשרת השבטים נפלו ביד סנחרב, ושבנא יצא מירושלים כשעלה סנחרב מעליה לילך על תרהקה. מלך כוש שטף שבנא וסיעתו והלך לו (סדר עולם רבה פרק כג): **(טז) צור תעודה.** כל זה מן הנבואה שנאמרה למעלה כי כה אמר ה׳ אלי. ועוד זאת אמר לי, צור תעודה; לשון, הַעִדֹתִי בָכֶם הַיּוֹם (דברים ח, יט), לשון התראה. קשור התראתי וחתום התורה על לב לימודי תלמידך ויראי שמים הנקראים לימודי ה׳. ואם תאמר אין לשון קשירה נופל בלימוד תורה? נופל הוא בו שנאמר, קָשְׁרֵם עַל לִבְּךָ תָמִיד (משלי ו, כא): **(יז) וחכיתי לה׳.** אמר ישעיה, אני המחכה לה׳ המסתיר פניו מעשרת השבטים, קויתי לו לאמת דברי אלה ולהושיע את בית דוד: **(יח) הנה אנכי והילדים וגו׳ לאותות.** לשני אותות פורענות פקח, כמו שנקרא הילד מהר שלל חש בז, ותשועת בית דוד כמו שנקרא הילד עמנו אל, זהו הישוב בענין לפי פשוטו. ומדרש אגדה בבראשית רבה (מב, ד), על אחז, שאחז בתי כנסיות ובתי מדרשות שלא ילמדו תינוקות של בית רבן תורה; אמר אם אין גדיים אין תיישים אם אין צאן אין רועה אגרום לו לסלק שכינתו. אמר לו הנביא, כל מה שאתה קושר התעודה וחותם התורה לסותמה שלא תמצא בישראל לא יועיל לך, (יז) וחכיתי לה׳ המסתיר פניו וגו׳. אין לך נבואה קשה כאותה שעה שאמר משה, וְאָנֹכִי הַסְתֵּר אַסְתִּיר פָּנַי בַּיּוֹם הַהוּא (דברים לא, יח). ואף בו ביום הבטיחם, וְעָנְתָה הַשִּׁירָה הַזֹּאת לְפָנָיו לְעֵד כִּי לֹא תִשָּׁכַח מִפִּי זַרְעוֹ (שם פסוק כא). **הנה אנכי והילדים וגו׳.** הם, תלמידים שחביבין עלי כבנים, יהיו לאותות ולמופתים שתתקיים תורה בישראל על ידם: **(יט) וכי יאמרו אליכם.** אמר רבי סימון, בארה אביו של הושע בן בארי נבא שני מקראות הללו, ולא היה בהם כדי ספר, ונטפלו בישעיה (ויקרא רבה פרשה טו, פסקא ב). וניבא אותם לגלות עשרת השבטים כשהגלה סנחרב לראובני ולגדי (והגלוהו עמהם); כמה שנאמר, בְּאֵרָה בְנוֹ אֲשֶׁר הֶגְלָה תִּלְּגַת פִּלְנְאֶסֶר (דברי הימים־א ה, ו), וכי יאמרו אליכם. האומות: **דרשו אל האבות וגו׳ המצפצפים והמהגים.** לשון גנאי הוא, שאף הדבור אין בהם אלא כעופות הללו שמפטפטין בקולם. לשון ציפצוף והגה נופל בעופות; כְּסוּס עָגוּר כֵּן אֲצַפְצֵף אֶהְגֶּה כַּיּוֹנָה (לקמן לח, יד). וכן מצינו לשון ציפצוף בקול נמוך; שנאמר, וְהָיָה כְּאוֹב מֵאֶרֶץ קוֹלֵךְ וּמֵעָפָר אִמְרָתֵךְ תְּצַפְצֵף (לקמן כט, ד):

**רד״ק**

**(טו) וכשלו בם.** באבן נגף ובצור מכשול שזכר יכשלו בם רבים והם המורדים. הם חושבים להמלט במרדם, והם יפלו בתוך המוקש וילכדו: **(טז) צור תעודה.** צור בשקל סוב בתשלומו ענינו ענין קשירה; כמו, וַתִּהְיֶינָה צְרֻרוֹת (שמואל־ב כ, ג) וּמְבֻקָּעִים וּמְצֹרָרִים (יהושע ט, ד), וצור מקור, וכן חתום, והוא דברי הנביא. אמר אין לי אלא לצרור ולחתום התורה בלמודי, כלומר עם לומדי, שלא יראוה אחרים אלא התלמידים, כי האחרים אינם רוצים לא לראות ולא לשמוע דברי תורה. ואחר שהוא כן טוב שיצרור אותה אדם ויחתמנה ולא תזכר אלא עם התלמידים, כי האחרים אם אזכור להם או אראה להם דברי תורה ולא יעשוה, הנה ענשם כפול אחר האזהרה. ולמודי שם תואר לתלמידים; וכן, וְכָל בָּנַיִךְ לִמּוּדֵי ה׳ (לקמן נד, יג), למוד מדבר. ויש מפרשים כי הוא דברי האל, ויהיה צור וחתום צווי, וכן תרגם יונתן. ופירש צור כמו נצור, טַר סַהֲדוּתָא וגו׳: **(יז) וחכיתי.** לפירושינו יהיה זה הפסוק נקשר עם אשר לפניו, ולפירוש האחר יהיה זה דברי הנביא ואשר לפניו דברי האל. וכן תרגם יונתן. ואמר וחכיתי לה׳, כל זמן אני מחכה לה׳, אפילו בעת שמסתיר פניו מבית יעקב: **וקויתי לו.** כפל ענין במילים שונות: **וחכיתי.** בחיר״ק עי״ן הפעל, וקויתי בצר״י: **(יח) הנה אנכי.** מעשים שעשיתי לאות כמו כתיבת הגליון וקריאת שמות הילדים שאר ישוב ומהר שלל חש בז מעם ה׳ צבאות. לא עשיתי דבר מעצמי, אלא הכל נאמר לי מעם השם צבאות השוכן בהר ציון, והוא יושיעני מיד מלך ארם ומיד מלך אשור. ואלה הדברים היה אומר הנביא לתלמידים היושבים לפניו, ואמר להם גם כן: **(יט) וכי יאמרו אליכם.** כי יאמרו אליכם העם הזה דרשו אל האובות והידעונים כמו שאנו עושים; הלא תראו כי הם מצפצפים ומהגים, אם כן ראוי לדרוש מהם ולהאמין בהם; אתם תאמרו להם, הלא עם אל אלהיו ידרוש אפילו אותם שדורשים אל אלהים אחרים, כל עם ועם דורשים אל אלהיו. יש שיעשה אלוה החמה, ויש שיעשה הלבנה, ויש שאר הככבים, וכל אלה הם חיים ויש בהם כח. אף על פי שאין ראוי לדרוש מאותם, כי הכח בא להם מהאל יתברך והוא אדון הכל ואליו ראוי לדרוש. אבל זה שאתם אומרים לנו שנדרוש אל האובות ואל הידעונים, זהו דבר שאין הדעת סובלו, כי הם מתים, ואיך נדרוש בעד החיים אל המתים? כי המתים אינם יודעים מאומה, והצפצוף הוא דרך מרמה למתעסקים בהם. ויונתן תרגם, וַאֲרֵי יֵימְרוּן לְכוֹן עַמְמַיָא וגו׳:

**מצודת דוד**

**(טו) וכשלו בם.** בהאבן הנגף ובהצור המכשול יכשלו רבים, והם סיעת שבנא: **ונפלו וכו׳.** כפל הדבר במילים שונות לחוזק הענין: **(טז) צור תעודה.** אולם קשר התעודה, וכפל במילים שונות. ואמר חתום התורה בלב התלמידים למען לא ישכחו אותה, כי לולי זאת לא אהיה להם למקדש וארמון משגב: **(יז) וחכיתי לה׳.** כהתימו לדבר דבר ה׳ אמר, אקוה לה׳ שכן יהיה. עם כי עתה הוא המסתיר פניו מבית יעקב הם עשרת השבטים, לא יסתיר פניו מבית יהודה אם ישמרו התורה: **וקויתי לו.** כפל הדבר במילים שונות לחזוק הענין, (יח) הנה אנכי. רצה לומר, הנה המעשה שעשיתי אנכי והוא כתיבת הגליון, ושמות הילדים אשר נתן לי ה׳, והם שאר ישוב ומהר שלל חש בז שהמה לאותות ולמופתים בישראל; רצה לומר לרמוז על הקורות אותם, דעו שהכל נאמר מעם ה׳ וכו׳, ולא מלבי נעשו הדברים: **(יט) וכי יאמרו אליכם.** ואם המסיתים יאמרו אליכם דרשו הדבר אל האובות ואל הידעונים, והם יגידו לכם את האמת. כן הוא כי יפתו אתכם לומר, הלא תראו שהם מצפצפים ומהגים ואם כן יש ממש בהם, ויוסיפו עוד לומר, הלא כל עם מהאומות דורש אל אלהיו עם כל זה בעד דברי החיים ידרשו אל המתים; רצה לומר, ישאלו באובות לדעת אם האמת הוא כדברי החיים; ולא יחשבו זאת לעון ולמכחיש באלהיו. ומדוע לא תעשו כמוהם:

**מצודת ציון**

**(טו) ונוקשו.** יפלו בהמוקש: **(טז) צור.** ענין קשירה; כמו, מִי צָרַר מַיִם בַּשִּׂמְלָה (משלי ל, ד): **תעודה.** ענין התראה על שם שדרך להתרות בעדים לבל יכחיש. והתורה נקראת כן על שהיא מלאה מהתראות ואזהרות: **חתום.** ענין סגירה; כמו, הַסֵּפֶר הֶחָתוּם (לקמן כט, יא): **בלמדי.** רצה לומר, בתלמידים וכן וְכָל בָּנַיִךְ לִמּוּדֵי ה׳ (לקמן נד, יג): **(יז) וחכיתי.** ענין תקוה; כמו, אַשְׁרֵי כָּל חוֹכֵי לוֹ (לקמן ל, יח): **(יט) האובות.** המעלים את המת לשאול ממנו עתידות: **והידעונים.** המכניסים עצם חיה ששמה ידוע, והעצם מדבר על ידי כשוף: **המצפצפים.** כן נקרא השמעת קול העוף; כמו, וּפֹצֶה פֶה וּמְצַפְצֵף (לקמן י, יד): **והמהגים.** כן נקרא השמעת קול היונה; כמו, אֶהְגֶּה כַּיּוֹנָה (שם):

[15] *And many people will stumble over them; they will fall down and be broken,*
*trapped, and ensnared.* [16] *Fasten this warning and seal the teaching onto [the*
*hearts of] My students.*

*God will conceal Himself*

[17] *I shall await* HASHEM, *Who has concealed His face from the House of Jacob, and I*
*will hope to Him.* [18] *Behold, I and the children whom* HASHEM *has given me are signs*
*and symbols for Israel, from* HASHEM, *Master of Legions, Who dwells in Mount Zion.*
[19] *If people say to you, "Inquire of the necromancers and the diviners who chirp*
*and snort," [respond,] "Should not a people inquire of their own God? [Should we*

follow Pekah during the days of Ahaz or to those who follow Shebna during the reign of Hezekiah (*Radak*).

Alternatively, *Rashi* comments that because they were a snare and a trap for the inhabitants of Jerusalem, the conspiracies that Pekah and Shebna plot against Judah will be a preparation [מִקְדָּשׁ] for the disaster that will befall them. In this rendering, the word מִקְדָּשׁ is related to הִתְקַדְּשׁוּ לְמָחָר, *prepare yourselves for tomorrow* (*Joshua* 7:13).

**15. וְכָשְׁלוּ בָם רַבִּים וְנָפְלוּ וְנִשְׁבָּרוּ וְנוֹקְשׁוּ וְנִלְכָּדוּ** — *And many people will stumble over them; they will fall down and be broken, trapped, and ensnared.* Those who rebel and think that they will escape Sennacherib through their rebellion will only stumble and become entrapped and ensnared (*Radak*). Alternatively, the prophecy is directed against Pekah, Shebna, and their followers, for Pekah and Shebna will stumble and fall into the hands of their enemies. Pekah was assassinated by Hoshea son of Elah (*II Kings* 15:30), the Ten Tribes were conquered by Sennacherib, and Shebna was tortured by the Assyrians (*Rashi* from *Seder Olam* Ch. 23).

**16. צוֹר תְּעוּדָה חֲתוֹם תּוֹרָה בְּלִמֻּדָי** — *Fasten this warning and seal the teaching onto [the hearts of] My students.* The word תְּעוּדָה, *warning,* refers to the Torah, because it includes many warnings against sinful conduct (*Metzudos*).

God instructed Isaiah to seal the teachings of the Torah into the hearts of his students (*Rashi*). *Radak* agrees that the Torah will be conveyed to the students, but he holds that this was Isaiah's own decision, not a command from God. Realizing that most of the people have no interest in heeding the words of the Torah, Isaiah feels that he must *seal* the Torah with his students and conceal its words from the masses, for if they were to hear its teachings and flout them, they would be doubly punished, not only for the sins themselves but also for not observing its laws even after the warning was given.

According to *Mahari Kara,* Isaiah is instructed to record the warnings that he had received regarding conspiring against the House of David. He is to *seal* these teachings and pass them on to his students and to anyone who will heed the warning.

Alternatively, the prophet is chastising the wicked king Ahaz, who thought that if Israel would not study the Torah, God would remove His Presence from the people. Ahaz locked the doors of the synagogues and study halls to prevent the people from studying. Isaiah therefore tells him that no matter how much he will attempt to keep the Torah from the people, he will not prevail (*Sanhedrin* 103b).

The *Vilna Gaon* (*Mishlei* 7:20) comments that the *yetzer hara* attempts to convince people that observance of the commandments is outdated, especially when Israel is in exile. Accordingly, our verse speaks of the teachings of the Torah as being *sealed,* because the giants of Torah knowledge were exiled from the Land.

**17. וְחִכִּיתִי לַה׳ הַמַּסְתִּיר פָּנָיו מִבֵּית יַעֲקֹב** — *I shall await* HASHEM, *Who has concealed His face from the House of Jacob,* i.e., from the Ten Tribes (*Metzudos*). After receiving the prophecy of the Northern Kingdom's downfall and Judah's deliverance, Isaiah affirms his faith in God's word. Although God had concealed His face from the Northern Kingdom, Isaiah hopes for and awaits the salvation of the House of David (*Rashi*).

**18. הִנֵּה אָנֹכִי וְהַיְלָדִים אֲשֶׁר נָתַן־לִי ה׳** — *Behold I and the children whom* HASHEM *has given me.* Isaiah now confirms to his students that his writing of the scroll and names of the children, Maher-Shalal-Hash-Baz (v. 3) and Immanuel (7:14), were not his own choice, but were Divinely ordained allusions to events that will befall the people of Israel (*Rashi*).

**19-20.** These two verses are the prophecy of Beeri, the father of the prophet Hosea and prince of the tribe of Reuben. Because they are only two verses, much too small for a separate book of their own, they were incorporated into the Book of *Isaiah* (*Rashi* from *Leviticus Rabbah* 6:6). Although Beeri had prophesied to the exiled tribes of the Northern Kingdom, there is a similarity between his prophecy and Isaiah's. Beeri feared that the exiles would be influenced by non-Jews and would follow their idolatrous ways, and Isaiah saw fit to repeat this warning to the Jews who remained in Judah (*Daas Sofrim*).

**19. וְכִי־יֹאמְרוּ אֲלֵיכֶם דִּרְשׁוּ אֶל־הָאֹבוֹת וְאֶל־הַיִּדְּעֹנִים** — *If people say to you, "Inquire of the necromancers and the diviners . . ."* Isaiah continues to address his students and advises them to resist any attempt by the non-Jewish nations who try to entice them to disregard the Divinely ordained signs and follow the advice of the necromancers and diviners. These seducers will attempt to convince the young prophets that it is proper to consult such diviners because all the nations do it. Isaiah cautions his students not to fall for such nonsense.

**הַמְצַפְצְפִים וְהַמַּהְגִּים** — *Who chirp and snort.* The non-Jewish nations will try to prove that there is substance to the necromancers and diviners, for they reply audibly to the questions asked of them (*Radak*). However, by comparing

כ בְּעַד הַחַיִּים אֶל־הַמֵּתִים: לְתוֹרָה וְלִתְעוּדָה אִם־לֹא יֹאמְרוּ כַּדָּבָר הַזֶּה
כא אֲשֶׁר אֵין־לוֹ שָׁחַר: וְעָבַר בָּהּ נִקְשֶׁה וְרָעֵב וְהָיָה כִי־יִרְעַב וְהִתְקַצַּף
כב וְקִלֵּל בְּמַלְכּוֹ וּבֵאלֹהָיו וּפָנָה לְמָעְלָה: וְאֶל־אֶרֶץ יַבִּיט וְהִנֵּה צָרָה
כג וַחֲשֵׁכָה מְעוּף צוּקָה וַאֲפֵלָה מְנֻדָּח: כִּי לֹא מוּעָף לַאֲשֶׁר מוּצָק לָהּ
כָּעֵת הָרִאשׁוֹן הֵקַל אַרְצָה זְבֻלוּן וְאַרְצָה נַפְתָּלִי וְהָאַחֲרוֹן הִכְבִּיד

## רש"י

**הלא עם אל אלהיו ידרוש.** זו תהא תשובתכם, הלא עם כמונו, אשר לו אלהים כאלהינו, אל אלהיו ידרוש. שמא תאמרו לנו להיות כמותכם, לדרוש צורכי החיים מן המתים: **(כ) לתורה ולתעודה.** מחובר למעלה הימנו, שמא נדרוש אל המתים לתורה ולתעודה בעד החיים, להורות לנו מה נעשה. כל זה לפי המדרש (ויקרא רבה פרשה ו, פסקא ו). ולפי פשוטו יש לפתור וכי יאמרו אליכם וגו', גמר נבואתו הוא, שאמר ויסרני מלכת בדרך העם הזה והוכיחו הקדוש ברוך הוא לנביא ולסיעתו של חזקיה, כשיאמרו אליכם שבנא וסיעתו שיראו את חזקיה מבעט בעבודת כוכבים, דרשו אל האבות ואל הידעונים ובררו בעבודת כוכבים כאשר עשו אבות הראשונים, והשיבו את המלוכה אל סנחרב, הלא (כל) עם אל אלהיו ידרוש, עובדים עבודת כוכבים ודורשים בעד החיים אל המתים אף אתם יש לכם לעשות כן, לתורה ולתעודה. זו תהא תשובתכם, שתשמרו את התורה כמה שנאמר למעלה, צור תעודה חתום תורה, ולא תאמינו לדבריהם: **אם לא יאמרו כדבר הזה אשר אין לו שחר.** מאחר שתשיבו לו תשובה זו, תראו ותשמעו אם לא יהיו מודים בשרים שבהם לדבריכם, ויאמרו כדבר הזה, אמת אשר אין לו אלוה אוב וידעוני שום שחר, אין ראוי לשחר פניו כן תירגם יונתן. ומדרש אגדה (שם), על עצמו אינו מזריח השחר שהרי עינים לו ואינו רואה, ואיך יזריח על אחרים. ענין אחר, אם לא יאמרו כדבר הזה, עתה תראו אם לא יאמרו אליכם כדבר הזה דרשו אל האובות אף על פי שאין לו שחר ולא ממש בדבר הזה לא יבושו מלומר אליכם: **(כא) ועבר בה נקשה ורעב.** מוסב למעלה; מה אמור בתחלת הענין, ויסרני מלכת בדרך העם הזה, ופירש מה הוא הדרך, לא תאמרו קשר לקשר עשרת השבטים שיתקשרו עם מלכי מצרים. ופירש את עונשן והיה למקדש וכשלו בם וכל העניין: **ועבר בה.** העובר באותה הדרך שעוזבים את הקדוש ברוך הוא וסומכין על מלכי מצרים: **נקשה.** מאורע קשה: **נקשה ורעב.** נלאה בצרות קשות ורעב, כי קושי ומצור ומציק ורעב יבא עליהם בימי מצור שלש שנים שצר סנחרב על שומרון: **והיה כי ירעב וקלל.** בעגלים ובעלים שהיו עובדים להם, ופנה למעלה. לבקש מאת הקדוש ברוך הוא ולא ישמע כי יתחתם גזר דין, וכן תרגם יונתן: **(כב) ואל ארץ יביט.** אולי ימצא עזר הושע בן אלה אל סוא מלך מצרים; אֲשֶׁר שָׁלַח מַלְאָכִים (הושע בן אלה) אֶל סוֹא מֶלֶךְ מִצְרַיִם (מלכים ב יז, ד): **והנה צרה.** כי לא יעזרוהו, וגם שבנא ילך לסנחריב לרעה לו, מעוף צוקה. עיפות צוקה: **ואפלה מנודח.** על ידי אפלה הוא מנודח, שכן לשון נידוח נופל באפלה; כמו, לָכֵן יִהְיֶה דַרְכָּם לָהֶם כַּחֲלַקְלַקּוֹת בָּאֲפֵלָה יִדַּחוּ וְנָפְלוּ בָהּ (ירמיה כג, יב), ולאפלה הם מנודחים: **(כג) כי לא מועף לאשר מוצק לה.** כי מלך אשור אשר ניתן למוצק ולהצר לה לארצכם, אינו עיף ואינו עצל מלבא עליהם

## רד"ק

**(כ) לתורה ולתעודה.** שבועה, כאדם האומר בתורה יהיה כך וכך. וכן אם לא שבועה; כמו, אִם לֹא שִׁוִּיתִי וְדוֹמַמְתִּי (תהלים קלא, ב) והדומים להם. יאמרו אלה שאמר וכי יאמרו אליכם, תדעו באמת כי כן יאמרו אליכם כדבר הזה אשר אמרתי, וזהו דבר אשר אין לו שחר. פירוש אורה כלומר אין להם שום טעם, ודבר חשוך ואפל הוא. ויונתן תרגם, כְּדֵין תֵּימְרוּן לְהוֹן לְאוֹרַיְתָא וגו', כלומר לאוב ולידעני אין לו מי שישחר פניו ויבקשנו, כלומר אין ראוי לכך. ובדרש (ויקרא רבה פרשה ו, פסקא ו), אין לו שחר על עצמו אינו מזריח את השחר, שהרי עינים לו ולא יראה ואיך יזריח על אחרים. ובדרש עוד (ויקרא רבה פרשה טו, פסקא ב), אמר רבי סימון בארה אביו של הושע בן בארי נבא שני מקראות הללו, וכי יאמרו לתורה ולתעודה, ולא היה להם כדי ספר ונטפלו בישעיה ונבא לגלות עשרת השבטים כשגלה מלך אשור לראובני ולגדי הגלוהו עמם; שנאמר, בְּאֵרָה בְנוֹ אֲשֶׁר הֶגְלָה תִּלְּגַת פִּלְנְאֶסֶר מֶלֶךְ אַשֻּׁר הוּא נָשִׂיא לָראוּבֵנִי (דברי הימים־א ה, ו): **(כא) ועבר בה.** פירוש בארץ, שהרי זכר למעלה בהר ציון. כלומר, מי שיעבור בה, נקשה ורעב יהיה, כי לא ימצא בארץ מה יאכל. ופירוש נקשה קשה יומו; כמו, אִם לֹא בָכִיתִי לִקְשֵׁה יוֹם (איוב ל, כה): **והיה כי ירעב.** כאשר לא ידע מה יעשה ולא ידע עצה לנפשו, כי ירעב והתקצף וקלל במלכו, שאין לו כח להושיעו כי הרעב מפני מלחמת האויבים: **ובאלהיו.** באלילים שהיה עובד. וכאשר יראה שאין לו עזר מזה ומזה ופנה למעלה, ישוב לאל יתברך שיעזרהו וגו'. ויונתן תרגם, פְּתַכְרֵיהּ וְטַעֲוָתֵיהּ וְיִתְפְּנֵי לְעֵילָא לְמִבְעֵי פּוּרְקָן בָּתַר דְּתִתְחַתֵּם גְּזֵירְתָא וְלָא יָכוֹל. ופתכריה ענין עבודת כוכבים, וכן תרגם סִכּוּת מַלְכְּכֶם (עמוס ה, כו), הנשבעים במלכם: **(כב) ואל ארץ.** כתרגומו, וְסָעִיד מִיַּתְבֵי אַרְעָא יִבְעֵי. והפסוק כפול בענין במלות שונות: **צרה וחשכה.** כמו צוקה ואפלה. ופירוש מעוף, חשך; כמו, אֶרֶץ עֵיפָתָה כְּמוֹ אֹפֶל (איוב י, כב), כי שניהם שרש אחד להם. ויונתן תרגם לשון עייפות: **ואפלה מנדח.** כמו ולאפלה, כלומר, יראה עצמו מנודח אל החשך ואל האפלה. ויונתן תרגם מנודח שם כאלו אמר ואפלה ודחי: **(כג) כי לא מועף.** לא חשב ישראל עצמו בחשך ובצרה וצוקה הבאה לארץ תחלה, כלומר עדיין לא הרגיש בעצמו כשהגלו זבלון ונפתלי. ופירוש מועף, פעול מן הפעיל מנחי העי"ן, והוא ענין חשכה; כמו, אֶרֶץ עֵיפָתָה (שם). ומוצק גם כן פעול, וכמוהו ענין צוקה: **לה.** פירוש לארץ: **הקל.** המגלה אותם, והוא תגלת פלאסר אשר הגלה לראובני ולחצי שבט המנשה ולזבלון ולנפתלי. וגלות ראובני וגדי כתוב בספר דברי הימים (א פרק ה) וגלות נפתלי בספר מלכים (ב פרק טו), וכן זבלון היה סמוך לנפתלי: **והאחרון הכביד.** המגלה אותם, והוא סנחריב, הכביד עליהם והגלה אותם שאר השבטים. ואמר דרך הים עבר הירדן גליל הגוים, לפי שנשארה ירושלם שלא נכבשה והיא באמצע ארץ ישראל. ספר המקומות שהם בגבול ארץ ישראל והים והירדן מגבולות ארץ ישראל, כי גם ארץ

## מצודת דוד

**(כ) לתורה ולתעודה.** רצה לומר, הריני נשבע בתורה אם לא יאמרו המסיתים דברי הבאי כדבר הזה אשר נראה לעין כל שאין לו זוהר ובהירות. כי אין להדמות אמונת עבודת כוכבים לאמונת האל. ורצה לומר כמו שהראיה הזה הוא הבל ואין בו ממש, כן יהיו כל הראיות שיביאו. וכאומר השמרו בנפשותיכם לבל תהיו נפתים להם, כי כל אמריהם אמרי נואש: **(כא) ועבר בה.** ומי שעבר בדרך הזה לדרוש באובות והם בני עשרת השבטים: **נקשה ורעב.** בא עליו מאורע קשה וסבל הרעבון כי נחסר לחמו: **וקלל במלכו ובאלהיו.** כי לא מצא עזר לא ממושלי ישראל, ולא מעגלי הזהב והבעלים שעבדו: **ופנה למעלה.** לבקש עזר מאלוה האמיתי. וכאומר הוא פנה אבל לא הועיל, כי כבר נחתם הגזר דין: **(כב) ואל ארץ יביט.** אולי ימצא עזר ממושלי ארץ: **והנה צרה וחשכה.** כי לא מצא עזר: **מעוף צוקה.** צרה חשיכה וכפל הדבר במילים שונות: **ואפילה מנודח.** יהיה מנודח אל האפלה: **(כג) כי לא מועף.** כי לא יהיה עייפות ותשות כח להעם אשר הועמד להיות לה למוצק ולהצר, כי שלש פעמים יבא עליהם: **כעת הראשון.** גלות האמצעית תהיה קלה כאותה של עת ראשון, אשר הקל להגלות את ארץ זבולון וארץ נפתלי. וכן בגלות האמצעית לא יגלה רק אותם שבעבר הירדן: **והאחרון הכביד.** אבל גלות האחרון יכבד מהם כי הכל יגלו:

## מצודת ציון

**(כ) לתורה.** באה הלמ"ד במקום בי"ת; וכן, יָשַׁבְתָּ לְכִסֵּא (תהלים ט, ה). ומשפטו בכסא: **ולתעודה.** כן נקראה התורה, עם שאמר לתורה אמר גם לתעודה; וכן, אַדְמַת עָפָר (דניאל יב, ב) והדומים: **שחר.** ענין זוהר ואורה והוא מלשון אור השחר: **(כא) נקשה.** מלשון קשה: **והתקצף.** מלשון קצף וכעס: **(כב) מעוף.** ענין חשך; כמו, תָּעֻפָה כַּבֹּקֶר תִּהְיֶה (איוב יא, יז): **(כג) מועף.** מלשון עיפות: **מנודח.** מלשון דחיה: **מוצק.** מלשון צוקה וצרה:

Tripartite exile

*inquire] of the dead for the living?!"* [20] *[I swear] by the Torah and the teaching*
*that they will make this statement to you, that has no light of dawn.* [21] *Through*
*[the land] will pass the troubled and hungry. When he will be hungry, he will*
*be angry and curse his king and his gods, and direct his face on high.* [22] *He*
*will gaze throughout the land; but behold — misfortune and darkness, the*
*weariness of distress! He will be buffeted to darkness.* [23] *For he was not wea-*
*ried the first time [the land] was distressed, when [Assyria] exiled the land of*
*Zebulun and the land of Naphtali, but the last time [Assyria] will be severe,*

**רש"י**

עד שלש פעמים, אחת בימי פקח אשר לקח את עיון ואת אבל בית מעכה... ואת קדש... ואת הגלילה כל ארץ נפתלי (מלכים־ב טו, כט). והגלות ההיא בשנת ארבע לאחז. ובשנת שתים עשרה, ויער אלהי ישראל את־רוח פול מלך אשור... ויגלם לראובני ולגדי ולחצי שבט מנשה. מקרא זה (בדברי הימים־א ה כו). וגלות זה בשנת שתים עשרה לאחז, תחלת מרדו של הושע בן אלה; כענין שנאמר, וימצא מלך אשור בהושע קשר וגו' (מלכים־ב יז, ד), לאחר שנשתעבד לו שמנה שנה. ואין החשבון מפורש במקרא בגלוי, אבל יש ללמוד מברייתא דסדר עולם (סדר עולם רבה פרק כג). והשלישית, בשנת שש לחזקיה, שנת תשע למרדו של הושע, אשר נלכדה שומרון היא עיר המלוכה וגלו כולם. וזה האמור כאן כי לא עיפות לאויב אשר הוא מוצק לה לארץ ישראל האמורה בענין ואל ארץ יביט: **בעת הראשון הקל ארצה זבולן**. הגלות הזה האמצעי קלה תהיה כאותה של עת ראשון אשר הקל להגלות את ארץ זבולון ונפתלי. שאף בשנייה לא הגלה אלא שני המטות וחצי המטה שבעבר הירדן, אבל האחרון מסע השלישי הוא: **הכביד**. טילטל את הכל כמכבד את הבית. ויש לפרשו אף לשון כובד לפי ענין המקרא, שפתח ראשונה בלשון הקל ארצה זבולן והאחרון הכביד. וכשאמר ישעיה נבואה זו כבר גלו

their reply to the chirping, snorting sounds of birds, the prophet is actually mocking them, for just as birds communicate by chirping, without any language or speech, so too, the sounds that emerge from the necromancers and diviners are meaningless and insignificant (*Rashi*).

**הֲלוֹא־עַם אֶל־אֱלֹהָיו יִדְרֹשׁ בְּעַד הַחַיִּים אֶל־הַמֵּתִים** — *[Respond:] "Should not a people inquire of their own God? [Should we inquire] of the dead for the living?"* Isaiah tells his students what they should tell the seductive pagan nations. It is understandable that you who believe in lifeless idols (*Ibn Ezra*) would seek guidance from the dead through necromancers and diviners. But we who believe in the living God seek guidance only from Him. We would never inquire of the dead to supply information for the living (*Rashi*).

**20. לְתוֹרָה וְלִתְעוּדָה אִם־לֹא יֹאמְרוּ כַּדָּבָר הַזֶּה** — *[I swear] by the Torah and the teaching that they will make this statement to you.* Isaiah continues to warn his students not to be seduced by those who proclaim the virtues of idolatry. To lend emphasis to his injunction, he even swears by the Torah that he is certain the non-Jewish nations will indeed try to entice them with arguments that have no substance (*Radak*).

**אֲשֶׁר אֵין־לוֹ שָׁחַר** — *That has no light of dawn,* i.e., the claims of the idolaters are so lacking in substance that they are like the darkest part of the night, before even a glimmer of dawn. Homiletically, the idols are lifeless. They cannot see the light of dawn, so surely they cannot illuminate anything else (*Radak*).

**21. וְעָבַר בָּהּ נִקְשֶׁה וְרָעֵב** — *Through [the land] will pass the troubled and hungry,* i.e., whoever will pass through the land of Judah during the siege of Sennacherib will suffer hardship and hunger (*Radak*), because Sennacherib will overrun the entire land, until his army encamps against Jerusalem. Then it will be decimated.

**וְהָיָה כִי־יִרְעַב וְהִתְקַצַּף וְקִלֵּל בְּמַלְכּוֹ וּבֵאלֹהָיו** — *When he will be hungry, he will be angry and curse his king and his gods.* In his hungry state, the idolater will turn to his king and to his gods, but he will curse them all for they are powerless and cannot ease the famine (*Radak*).

**וּפָנָה לְמָעְלָה** — *And direct his face on high.* Realizing that his king and gods cannot save him, he will repent. He will look to heaven and pray to the true God, but it will be too late. The Divine decree will have been final (*Rashi; Radak*).

*Rashi,* however, maintains that this verse refers to v. 11 where Isaiah warned against those who wish to overthrow the Davidic dynasty. Now he warns that those who will follow the path of those rebels, the Ten Tribes of the Northern Kingdom, will only suffer hardship and hunger. In their hunger, the frustrated rebels will curse the calf-idols and *baalim* that they had worshiped.

**22. וְאֶל־אֶרֶץ יַבִּיט** — *He will gaze throughout the land.* After seeing that his king and gods are unable to bring him salvation, he searches the land for an ally to come to his aid, but wherever he looks he finds only misfortune and darkness (*Metzudos*).

**23. כִּי לֹא מוּעָף לַאֲשֶׁר מוּצָק לָהּ כָּעֵת הָרִאשׁוֹן** — *For he was not wearied the first time [the land] was distressed.* Our translation follows *Radak,* who sees the people of the Ten Tribes as the subject of the verse. When the Assyrians exiled the people of the Northern Kingdom, they did not exile all the tribes at the same time. The exile took place in three stages. During the first stage the people were not so severely shocked and alarmed, for the Assyrian king did not deal harshly with them, so the people were not wearied by the experience.

Alternatively, Assyria is the subject of the verse, and the verse is rendered: *There is no weariness for the one who oppresses her,* for the Assyrians will return another two times to exile the rest of the tribes (*Rashi*).

**הֵקַל אַרְצָה זְבֻלוּן וְאַרְצָה נַפְתָּלִי וְהָאַחֲרוֹן הִכְבִּיד** — *When [Assyria] exiled the land of Zebulun and the land of Naphtali, but the last time [Assyria] will be severe.* The tribes of Zebulun and Naphtali, that lived in *Eretz Yisrael* proper, were the first to be exiled. After them came the tribes of Reuben, Gad, and

**ט** א דֶּרֶךְ הַיָּם עֵבֶר הַיַּרְדֵּן גְּלִיל הַגּוֹיִם: הָעָם הַהֹלְכִים בַּחֹשֶׁךְ רָאוּ אוֹר גָּדוֹל יֹשְׁבֵי
ב בְּאֶרֶץ צַלְמָוֶת אוֹר נָגַהּ עֲלֵיהֶם: הִרְבִּיתָ הַגּוֹי °לא [°לוֹ ק׳] הִגְדַּלְתָּ הַשִּׂמְחָה
ג שָׂמְחוּ לְפָנֶיךָ כְּשִׂמְחַת בַּקָּצִיר כַּאֲשֶׁר יָגִילוּ בְּחַלְּקָם שָׁלָל: כִּי | אֶת־עֹל סֻבֳּלוֹ
ד וְאֵת מַטֵּה שִׁכְמוֹ שֵׁבֶט הַנֹּגֵשׂ בּוֹ הַחִתֹּתָ כְּיוֹם מִדְיָן: כִּי כָל־סְאוֹן סֹאֵן בְּרַעַשׁ

**רש״י**

הראשונים: **דרך הים.** אותן היושבים על ימה של טבריה היא ארץ נפתלי; שנאמר, יָם וְדָרוֹם יְרָשָׁה (דברים לג, כג): **עבר הירדן.** היא גלות שנייה של ראובן וגד, **גליל הגוים.** היא כל ארץ ישראל, שהיתה גוללת אליה כל הגוים, שהכל מתאוין לה ובאין לה לסחורה. כענין שנאמר, נַחֲלַת צְבִי צִבְאוֹת גּוֹיִם (ירמיה ג, יט). ויונתן תרגם לשון אחר: **(א) העם ההולכים בחושך.** הם יושבי ירושלים שהיו חשיכים מדאגת סנחרב, כענין שאמר חזקיהו (לקמן לז, ג), יוֹם צָרָה וְתוֹכֵחָה וּנְאָצָה הַיּוֹם הַזֶּה: **ראו אור גדול.** במפלתו של סנחרב: **(ב) הרבית הגוי.** נעשו גדולים לכל שומעיהם כששמעו האומות הנסים שנעשו להם: **לו הגדלת השמחה.** ולא לאויביו. וכתיב לא באל״ף, לפי שלא היתה שמחת חזקיה שלימה, לפי שבאותו הפרק נאמר לו, הִנֵּה יָמִים בָּאִים וְנִשָּׂא כָּל אֲשֶׁר בְּבֵיתֶךָ (לקמן לט, ו): **כשמחת בקציר.** תרגם יונתן, כְּחֶדְוַת נִצְחֵי קְרָב, שהוא כענין הקציר. הורגי אדם קוצצי נוצריו. ושינה הכתוב בלשונו לדרוש שהיה אותו הנס בליל קציר העומר: **כאשר יגילו בחלקם שלל.** מצרים בימי משה, שאף כאן חלקו שלל כוש ומצרים וחמדת כל הגוים, כמו שכתוב (לקמן פרק לז), שכשחזר מעל תרהקה מלך כוש בא לו לירושלים עם כל אוצרות כוש ומצרים; כענין שנאמר (לקמן מה, יד), יְגִיעַ מִצְרַיִם וּסְחַר כּוּשׁ וּסְבָאִים וגו׳, והכל בזזו חזקיה ועמו: **(ג) כי את עול סבלו.** עול שהיה סבל לחזקיה, ושהיה מטה את שכמו למשא כבד להעלות מס קשה, ואת שבט יהודה שהיה נוגש בו בחזקיהו: **החיתות.** שברת יחד בלילה אחד: **ביום מדין.** בימי גדעון, שאף הם נפלו יחד בלילה אחת ובליל קציר העומר. כמו שנאמר, וְהִנֵּה צְלִיל לֶחֶם שְׂעֹרִים מִתְהַפֵּךְ בְּמַחֲנֵה מִדְיָן (שופטים ז, יג): **(ד) כל סאון סאן ברעש.** יש פותרין אותו לשון סאה ומדה כמו שדרשוהו רבותינו. אך לפי פשט לשון המקרא לא

**רד״ק**

יהודה לא כבשה עד בימי חזקיהו ולא היה זה אלא לשעה, כי שבו אליהם אחר שהוכה מחנהו כשבא לירושלם. ובדרש (סנהדרין צד, ב), כעת הראשון, לא כראשונים שהקלו מעליהם עול תורה, אלא האחרונים הכבידו עליהם עול תורה וראויין לעשות להם נס כדורכי הים וכעוברי הירדן. מאי גליל הגוים? אמר הקדוש ברוך הוא אם חוזר בו מוטב ואם לא אעשה אותו גלילה בגוים: **(א) העם ההולכים.** אמר עתה, כשיכביד מלך אשור לבא על ירושלם, שבט יהודה ובנימן שהיו הולכים בחשך, ראו אור גדול במפלת מחנה אשור. וחצי הפסוק האחרון כפל ענין במלות שונות: **(ב) הרבית הגוי.** גוי ישראל הרבית אותו משל לאויביהם במפלת מחנה אשור: **לא הגדלת השמחה.** פירוש לו, לגוי שזכר. וכתוב לא באל״ף, ופירוש לו לגוי הרבית השמחה, אבל לאויביהם לא הגדלת, אבל המעטת: **שמחו לפניך.** בבית המקדש, שנתנו שבח והודאה ושמחו שמחה גדולה: **כשמחת בקציר.** כמו שדרך העולם לשמוח בעת הקציר. והתי״ו במקום ה״א, כמו כשמחה; וכן, אִם אֶתֵּן שְׁנָת לְעֵינָי (תהלים קלב, ד), שִׁפְעַת אֲנִי רֹאֶה (מלכים־ב ט, יז), והדומים: **כאשר יגילו בחלקם שלל.** כמו ששמחו בעת שחלקו שלל מחנה אשור, כן שמחו שמחה גדולה אחר כן כשבאו לבית ה׳ להודות ולשבח על הנס הגדול שעשה להם האל. ויש לפרש כאשר יגילו בני האדם בחלקם שלל, כן שמחו הם לפניך, על דרך, שָׂשׂ אָנֹכִי עַל אִמְרָתֶךָ כְּמוֹצֵא שָׁלָל רָב (תהלים קיט, קסב). ואלא שגם הם חלקו מחנה אשור, ואין צריך לומר משל אחר. ופירוש הראשון הוא הנכון: **(ג) כי את.** מלך אשור היה עול סבלו של ישראל ומטה שכמו. כלומר, שהיה למשא עליו והיה שבט הנוגש בישראל, ואתה החתות אתו השבט: **כיום מדין.** כמו שהחתות מדין במלחמת גדעון; וכן אמר במזמור, עֲשֵׂה לָהֶם כְּמִדְיָן (תהלים פג, י). כי אותו היום היה בו נס גדול ותשועה גדולה, כי גדעון בשלש מאות איש הכה את כל מחנה מדין שהיה כדי ארבה לרוב, ולהם ולגמליהם אין מספר: **(ד) כי כל סאון סואן ברעש.** כי לא תהיה זאת המלחמה כשאר המלחמות. כי כל שאר המלחמות ילחם הלוחם ברעש הסוסים; כמו שנאמר עליו, בְּרַעַשׁ וְרֹגֶז יְגַמֶּא־אָרֶץ (איוב לט, כד); וכן רעש הכידונים, כמו שאמר עליו, לְרַעַשׁ כִּידוֹן (איוב מא, כא). וכן בשאר המלחמות שמלה מגוללה בדמים, כי יכו אלה באלה במכת חרב

**מצודת דוד**

**דרך הים.** עכשיו מונה סדר גלותם ואמר, בתחלה גלו היושבים דרך ימה של טבריה, והיא ארץ נפתלי; שנאמר בו, יָם וְדָרוֹם יְרָשָׁה (דברים לג, כג). וזה היה בימי פקח בן רמליהו כמו שנאמר במלכים־ב (פרק טו), והוא בשנת ד׳ לאחז, עבר הירדן. אחר זה גלו אותה שבעבר הירדן; כמו שנאמר, וַיָּעַר... וַיַּגְלֵם לָרְאוּבֵנִי וכו׳ (דברי הימים־א ה, כו) וזה היה בימי הושע בן אלה והיא בשנת י״ב לאחז, כן משמע בסדר עולם (סדר עולם רבה פרק כג), גליל הגוים. אחר זה גלו כולם בסוף ימי הושע והיא בשנת ו׳ לחזקיה כמו שנאמר במלכים־ב (פרק טו). ארץ ישראל בכללה נקראה גליל הגוים, שהיתה גוללת אליה כל הגוים, שהכל היו מתאוים לה ובאין לה לסחורה; כענין שנאמר, נַחֲלַת צְבִי צִבְאוֹת גּוֹיִם (ירמיה ג, יט). וכל זה חוזר למעלה, שאמר לא תהיו נפתים אחר המסיתים לדרוש באובות; כי בני עשרת השבטים דרשו באובות והגיע להם הרבה מהרעות: **(א) העם ההלכים בחשך.** מוסב למעלה, לומר, אבל העם הזה על שלא היו כמוהם, עם כי אף המה הלכו בחשך מפחד סנחרב, הנה בסוף ראו אור גדול בעת מפלתו: **יושבי וכו׳.** כפל הדבר במלות שונות: **(ב) הרבית הגוי.** בזה נעשו גדולים וחשובים בעיני הכל: **לו הגדלת השמחה.** רצונו לומר, אם למלכות ישראל היה חושך אפלה, הנה ליהודה הגדלת השמחה: **שמחו לפניך.** בבית המקדש נתנו שבח ושמחו שמחה גדולה: **כשמחת בקציר.** כמו שדרך העולם לשמוח בעת הקציר: **כאשר יגילו.** כמו ששמחו בעת שחלקו שלל סנחרב כן הרבו לשמוח לפניך בבית המקדש: **(ג) כי את עול סבלו.** העול שהיה סובל חזקיהו, ומי שהיה מטה שכמו להעמיס עליו משא כבד, להעלות מס קשה; ואת השבט שהיה נוגש ורודה בו, והוא אשור. וכפל הדבר במלות שונות לתפארת המליצה: **החתות.** העם הזה שברת בלילה אחת, כמו עת מפלת מדין בימי גדעון, כי גם המה נאבדו בלילה אחת: **(ד) כי כל סאון.** כל שאון המיית מלחמה, הדרך להיות המיים ברעש גדול, ושמלת ההרוגים מגוללת בדמים ומלוכלכת בו:

**מצודת ציון**

**גליל.** ענין סבוב: **(א) צלמות.** צלו של מות רצונו לומר, חשכת הקבר: **נגה.** ענין הארה וזריחה: **(ב) הרבית.** ענין גדולה; כמו, רַבֵּי מֶלֶךְ־בָּבֶל (ירמיה לט, יג): **(ג) סבלו.** מלשון סבל ומשא: **שבט.** כן יקרא המושל; כמו, לֹא־יָסוּר שֵׁבֶט מִיהוּדָה (בראשית מט, י): **הנוגש.** ענין לחץ ודחק: **החתות.** ענין שברון: **(ד) סאון.** כמו שאון בשי״ן והוא המיית מלחמה:

half of Manasseh, the tribes that dwell on the east bank of the Jordan. These two exiles were less severe than the third and final exile of the Ten Tribes, when Samaria, the capital city, was totally destroyed (*Rashi*). [Actually, there are two opinions regarding the order of the three exiles. See comm. to ArtScroll edition of *II Kings* 15:32.]

**דֶּרֶךְ הַיָּם** — *By way of the sea.* The prophet now lists the three stages of exile. The first to be exiled was Naphtali, who dwelled near the sea of Tiberias, the Kinneret (*Rashi*).

**עֵבֶר הַיַּרְדֵּן** — *Beyond the Jordan.* This is the second exile, when the tribes of Reuben, Gad, [and half of the tribe of Manasseh] were exiled (*Rashi*).

**גְּלִיל הַגּוֹיִם** — *The region of the nations.* This is the third exile when the rest of the Ten Tribes were exiled from the entire

*by way of the sea, beyond the Jordan, the region of the nations.*

**9** *Isaiah praises God's salvation*

[1] *The people that walked in darkness have seen a great light; those who*
*dwelled in the land of the shadow of death, light has shone upon them.* [2] *You*
*exalted the nation; You increased its joy. They rejoiced before You like the joy of*
*harvesttime, as they would exult when they divide spoils.* [3] *For the yoke of its*
*burden and the staff on its shoulder, the rod that oppressed them, You smashed*
*like the day of Midian.* [4] *For all tumultuous battles are fought with an uproar,*

---

land. *Eretz Yisrael* is called *region of the nations* because all the nations longed for it (*Rashi*).

**9.**

The clouds of war were gathering and the people felt as if they were walking in the shadow of death, but Isaiah's prophetic eyes see a great light and great joy among the people. Although the events depicted in this chapter had not yet occurred, the prophet records them in the past tense, for it is typical of prophecies that the future is so vivid and sure to occur that it seems like an event that has already taken place.

**1. הָעָם הַהֹלְכִים בַּחֹשֶׁךְ רָאוּ אוֹר גָּדוֹל** — *The people that walked in darkness have seen a great light.* Isaiah foresees the miraculous downfall of Sennacherib and the Assyrian army, and declares that the people of Jerusalem whose lives had been darkened by the siege and the resulting famine have seen the *great light* of God's salvation with the downfall of the Assyrian conqueror (*Rashi*). Alternatively, the prophet sees the spiritual light of Torah that will shine during the reign of Hezekiah (*Abarbanel*).

The Maggid of Mezritch notes that the verse says that the people *walked* in darkness, not הַיּוֹשְׁבִים בַּחֹשֶׁךְ, that they *dwelt* in darkness. The only reason the people were privileged to witness *a great light* was because they refused to remain mired in darkness. They *walked,* meaning that they made an effort to emerge from the spiritual hopelessness.

*Toras Avos* adds that the word עָם refers to simple but sincere people who maintain their faith and service of God even when everything around them is dark. Such people will see *a great light.*

*Likkutei Sichos* injects a cautionary interpretation. When people spend too much time in spiritual darkness, they may become so acclimated to it that they will begin to rationalize that it is actually a *great light.* The human experience is filled with such tragic lapses of judgment.

**2. הִרְבִּיתָ הַגּוֹי** — *You exalted the nation.* Israel became exalted in the eyes of the non-Jewish nations when they heard about God's great miracles (*Rashi*).

**לוֹ הִגְדַּלְתָּ הַשִּׂמְחָה** — *You increased its joy.* Our translation follows the קְרִי, the traditional pronunciation of the word. By making the Israelite nation victorious over its enemies, God has increased the joy of His nation (*Rashi*). The כְּתִיב, the masoretic spelling of the word, לֹא, *not,* however, seems to imply the opposite, for the translation of the phrase, as it is spelled, would be, "You have *not* increased the joy of the nation." *Rashi* explains that this rendering refers to King Hezekiah, whose joy was not complete because his personal wealth was carried off to Babylonia — see 39:6 and *II Chronicles* 32:31. Alternatively, *Radak* renders, *You have not increased the joy of the enemy.*

**שָׂמְחוּ לְפָנֶיךָ כְּשִׂמְחַת בַּקָּצִיר** — *They rejoiced before You like the joy of harvesttime.* The harvest was always a time of great rejoicing, when people expressed their gratitude to God for the new crop. Comparing the future celebration to that of a farmer at the harvest, the prophet foresees the people rejoicing before God in the Holy Temple and praising Him for His miracles (*Radak*).

Alternatively, the prophet refers to the joy felt by the victors of a battle (*Targum Yonasan*), who, like those who harvest grain, "cut down" their enemies. Isaiah uses the imagery of the harvest because the destruction of the Assyrian army took place on the second night of Passover, when the ritual harvest of the *Omer,* the offering from the first barley crop, took place (*Rashi*).

**כַּאֲשֶׁר יָגִילוּ בְּחַלְּקָם שָׁלָל** — *As they would exult when they divide spoils.* After the defeat of Sennacherib, the people rejoiced in the Temple, just as they had when they divided the spoils they found at the Assyrian camp (*Radak*). Alternatively, they rejoiced as they divided the spoils Sennacherib had taken from Egypt and Cush (see 45:14), and had brought with him to Jerusalem. Hezekiah's people rejoiced as their ancestors had in the days of Moses, when they divided the spoils of Egypt at the Sea of Reeds (*Rashi*).

**3. כִּי אֶת־עֹל סֻבֳּלוֹ וְאֵת מַטֵּה שִׁכְמוֹ שֵׁבֶט הַנֹּגֵשׂ בּוֹ** — *For the yoke of its burden and the staff on its shoulder, the rod that oppressed them.* The harsh tribute that Assyria had placed on the Jewish people is compared to a yoke and a burden. The brutal manner in which it was levied is compared to a rod (*Radak*).

**הַחִתֹּתָ כְּיוֹם מִדְיָן** — *You smashed like the day of Midian,* i.e., the miraculous victory granted Gideon, when the Midianite army was vanquished in one night by a handful of loyal Jews (see *Judges* 7:22). It was one of the great miracles experienced by the Jewish people — see *Psalms* 83:10 (*Radak*), and the rout of the Assyrian army will be reminiscent of that miraculous victory. It is noteworthy that the destruction of both the Midianite and Assyrian armies took place on the night of the *Omer* harvest (*Rashi*), as is recalled at the end of the Pesach Haggadah.

**4. כִּי כָל־סְאוֹן סֹאֵן בְּרַעַשׁ** — *For all tumultuous battles are fought with an uproar.* Generally, horses galloping to battle and the clashing of the swords of the opposing armies produce

*Haftaras Yisro* for Ashkenazim continues here: 9:5-6

ה וְשִׂמְלָ֖ה מְגוֹלָלָ֣ה בְדָמִ֑ים וְהָיְתָ֥ה לִשְׂרֵפָ֖ה מַאֲכֹ֥לֶת אֵֽשׁ: ◀כִּי־יֶ֣לֶד יֻלַּד־לָ֗נוּ בֵּ֚ן
נִתַּן־לָ֔נוּ וַתְּהִ֥י הַמִּשְׂרָ֖ה עַל־שִׁכְמ֑וֹ וַיִּקְרָ֨א שְׁמ֜וֹ פֶּ֠לֶא יוֹעֵץ֙ אֵ֣ל גִּבּ֔וֹר אֲבִי־עַ֖ד
ו שַׂר־שָׁלֽוֹם: °לםרבה [°לְמַרְבֵּ֨ה ק׳] הַמִּשְׂרָ֜ה וּלְשָׁל֣וֹם אֵֽין־קֵ֗ץ עַל־כִּסֵּ֤א דָוִד֙
וְעַל־מַמְלַכְתּ֔וֹ לְהָכִ֤ין אֹתָהּ֙ וּֽלְסַעֲדָ֔הּ בְּמִשְׁפָּ֖ט וּבִצְדָקָ֑ה מֵעַתָּה֙ וְעַד־עוֹלָ֔ם

**רש״י**

יתכן לפרש מגזרתו מאחר שאין הוי״ו והנו״ן מעיקר התיבה, אלא כמו שאון מן שואה והמון מן הומה וחרון מן חרה, לא יתפעל עם הנון לומר סואן אלא סואה כמו מן המון הומה ומן שאון שואה ולא יאמר שואן הומן חורן. ואני אומר שפתרונו לפי הענין ואין לו דומה מן המקרא. ופתרונו לשון קהלת כלאון במלחמה, כי כל סאון סאן ברעש קול כלאון שוס נולא במלחמה ברעש שעטת סוסים והגפת תריסין הוא: **ושמלת הרוגי מלחמה מגוללה בדמים.** אבל כלאון זה אין בו רעש ואין בו דם: **והיתה לשריפה.** יקד יקוד מאכולת: (ה) **כי ילד יולד לנו.** אף על פי שאחז רשע הוא בנו הנולד לו זה כמה שנים להיות לנו תחתיו למלך לדיק יהיה ותהיה משרת הקדוש ברוך הוא ועולו על שכמו; שיהיה עוסק בתורה ושומר מלות ויטה שכם למשאו של הקדוש ברוך הוא. ויקרא שמו; הקדוש ברוך הוא שהוא מפליא עלה ואל גבור ואבי עד, קרא שמו של חזקיהו שר שלום, כי שלום ואמת יהיה בימיו: (ו) **למרבה המשרה.** למי יקרא השם? למלך המרבה המשרה של הקדוש ברוך הוא על עלמו, לירא מפניו. משרה לשון שררה; זו לתשובת אחרים. אך יש לומר שאף שר שלום משמותיו של הקדוש ברוך הוא, וקריאת שם זה אינה לשם ממש, אלא לשם גדולה ושררה; כמו, וּקְרָא שֵׁם בְּבֵית לָחֶם (רות ד, יא), וכמו, וְעָשִׂיתִי לְךָ שֵׁם (דברי הימים־א יז, ח). אף כאן ויקרא שמו ויתן לו שם וממשלה. ולשלום הניתן לו אין קץ, שהיה לו שלום מכל עבריו. ואין קץ זה לשון הפסק עולמית, אלא אין קץ לסביביו. על כסא מלכות דוד יהיה שלום זה במשפט ולדקה שעשה חזקיהו. ולשלום וי״ו זה תיקון המלה הוא. הרבה משרה על שכמו, ומה גמול ישלם לו? הנה לשלומו אין לו קץ ואין קלבה: **מעתה ועד עולם.** עולמו של חזקיהו, כל ימיו. וכן מלינו שאמרה חנה על שמואל, וְיָשַׁב שָׁם עַד עוֹלָם (שמואל־א א, כב). ולתשובת אחרים שהוא שם, יש להשיבם, מהו מעתה? והלא לא בא עד לסוף שלש מאות שנה:

**רד״ק**

ושמלה מגוללת בדמים. אבל זה לא תהיה בה לא חרב ולא רעש ולא דמים, אלא נהיתה לשרפה מאכלת אש, שהכה בה המלאך בלילה ונשרפו. ויש מחלוקת זה בדברי רבותינו זכרונם לברכה (מדרש ילמדנו ילקוט תלמוד תורה אות מג) יש אומרים כי היתה נשמה נשרפת וגוף קיים, ויש אומרים כי גם הגוף נשרף אבל לא בגדיהם: **סואן סאן.** הנו״ן שרש, ופירוש לפי ענינו ענין מלחמה, ולא מצאנו לו חבר. ויהיה סאון תאר וסואן פעל, כאלו אמר כי כל עושה מלחמה לוחם ברעש. או יהיה סאון שם למלחמה. אמר כי כל מלחמות לוחם אדם ברעש: (ה) **כי ילד ילד.** זה אמר על חזקיהו, לפי שבימי מלכותו היתה התשועה הזאת לישראל שנגף מחנה אשור. כאלו אמר זה יהיה בזכות הילד שילד לנו: **בן נתן לנו.** כפל ענין במלות שונות: **ותהי המשרה על שכמו.** למה אמר שכמו לענין משרה, והלא לא נזכר שכמו אלא לענין עבודה כמו, וַיֵּט שִׁכְמוֹ לִסְבֹּל (בראשית מט, טו), ואת מטה שכמו יסיר סבלו מעל שכמך? אלא לפי שאחז היה עובד למלך אשור והיה סובלו על שכמו, אמר כי זה הילד לא תהיה עבודה על שכמו אלא משרה: **ויקרא שמו.** פירוש, הקדוש ברוך הוא, שהוא פלא יועץ ואל גבור אבי עד, קרא שם הילד הזה שר שלום בעבור כי המשרה תהיה לו ולא יעבד מלך אחר. כמו שאמר, וַיִּמְרֹד בְּמֶלֶךְ אַשּׁוּר וְלֹא עֲבָדוֹ (מלכים־ב יח, יז): **שלום.** כי שלום יהיה לישראל בימיו. ואמר אלו הכנוים באל יתברך לענינים מורים על דבר חזקיהו: **פלא.** על דבר הפלא, ששב השמש אחורנית: **יועץ.** כי עצת ה׳ קמה לו ועצת סנחריב הופרה: **אל גבור.** יכול, גבור, שאף על פי שבא סנחריב בחיל גדול וגבורים היה יכול עליהם, וגבר, וברגע קטן והכה את מחנהו: **אבי עד.** שהוא קיים לעולם, והוא אבי הזמן, והוא בראו, ובידו הוא להוסיף ולגרוע ולהוסיף זמן חיי חזקיהו חמש עשרה שנה: (ו) **למרבה המשרה.** המ״ם סתומה בכתוב, וקרי במ״ם פתוחה ובהפך זה בעזרא המ״ם פרוצים, מ״מ פתוחה בסוף התיבה, בכתוב, ויש בו דרש, כאשר יסתמו חומות ירושלם שהם פרוצים כל זמן הגלות, ולעת הישועה יסתמו הפרוצים, ואז תפתח המשרה שהיא סתומה עד מלך המשיח: **למרבה.** הוא שם, והוא סמוך לפיכך הוא נקוד בצר״י. אמר לרוב המשרה ולשלום אין קץ, שיהיה על כסא דוד ועל ממלכתו, והוא כפל עניין במלות שונות: **ולסעדה.** שלא תמוט מלכותו ומשרתו מעתה ועד עולם. ואף על פי שיהיה לה הפסק בימי הגלות, עוד תשוב לקדמותה. ואמר במשפט ובצדקה, כי בהם יכון הכסא ותקום המלוכה:

**מצודת דוד**

**והיתה.** אבל נצחון המלחמה ההיא היתה דומה לשרפה הנאכל באש, כי לא נשמע רעש מלחמה ולא נראה דם; כי המלאך הכה בהם: (ה) **כי ילד יולד לנו.** כל זה בזכות הילד אשר יולד לנו, וזהו חזקיה, שבימיו היתה מפלת סנחריב: **ותהי המשרה.** ממשלת ה׳ יהיה על שכמו. רצונו לומר, יטה שכמו לסבול עול התורה והמצוה: **ויקרא שמו פלא יועץ וכו׳.** רצונו לומר, ה׳, שהוא יועץ פלא ואל גבור ואבי עד, יקרא שם הילד היולד שר שלום: (ו) **למרבה המשרה.** רצונו לומר, השם שר שלום יורה על מרבית הממשלה ועל מרבית השלום עד אין סוף: **על כסא דוד.** מרבית הממשלה והשלום יהיה על כסא דוד. רצונו לומר, על המלך היושב על הכסא: **ועל ממלכתו.** גם על אנשי ממלכתו יהיה מרבית הממשלה והשלום: **להכין אותה.** להשאר עומדת על כנה ובסיסה וחוזר על הכסא ועל העדה: **ולסעדה.** לבל תהיה נופלת: **במשפט ובצדקה.** רצונו לומר, אם במשפט לבד לא יהיו כדאים לזה כי אין הזכות רב כל כך, מכל מקום יעשה עוד צדקה: **מעתה ועד עולם.** כל ימי חזקיה:

**מצודת ציון**

**ושמלה.** ענין מלבוש: **מגוללה.** מלשון גלגול וסבוב: (ה) **המשרה.** מלשון שררה וממשל, אבי עד. אב עולם: (ו) **ולסעדה.** ענין השענה:

terrifying sounds, and the garments of those killed in battle wallow in blood. In modern times the thunder of exploding munitions and the carnage on the battlefield is even more terrifying. The victory over Sennacherib will be different. There will be no clashing swords, no tumultuous noise, no blood, for the Assyrian army will be miraculously consumed by fire (*Radak*).

The Talmud relates סְאוֹן to סָאָה, *A dry measure,* and renders, *For every measure is measured,* i.e., the Divine retribution is meted out measure for measure (*Sotah* 9a).

**5. כִּי־יֶלֶד יֻלַּד־לָנוּ בֵּן נִתַּן־לָנוּ** — *For a child has been born to us, a son has been given to us.* The great miracle foretold in the previous verses, namely, the fall of the camp of Sennacherib, will come about in the merit of Hezekiah, the righteous son of the wicked Ahaz (*Radak*). Isaiah cannot be referring to a child or son that will be born at a later time because the prophecy clearly states יֻלַּד, ***has** been born,* and נִתַּן, ***has** been given.* Both are in the past tense, clearly indicating that whomever the prophet was referring to had already been born.

*and the garments wallow in blood, but [Sennacherib] became a blaze and was consumed*
*by fire.* [5] *For a child has been born to us, a son has been given to us, and the dominion will rest on his shoulder; the Wondrous Adviser, Mighty God, Eternal Father, called [Hezekiah's] name Sar-shalom [Prince of Peace];*
[6] *upon the one with the greatness in dominion and the boundless peace that will prevail on the throne of David and on his kingdom, to establish it and sustain it through justice and righteousness, from now to eternity.*

**וַתְּהִי הַמִּשְׂרָה עַל־שִׁכְמוֹ** — *And the dominion will rest on his shoulder.* The authority of God's kingdom will rest on the shoulders of Hezekiah because he will bear the yoke of God's Torah and observe His commandments (*Metzudos*).

**וַיִּקְרָא שְׁמוֹ פֶּלֶא יוֹעֵץ אֵל גִּבּוֹר אֲבִי־עַד שַׂר־שָׁלוֹם** — *The Wondrous Adviser, Mighty God, Eternal Father, called [Hezekiah's] name Sar-shalom* (Prince of Peace). God, to Whom the appellations of this verse are directed, called Hezekiah *Sar-shalom,* Prince of Peace, because there will be peace and truth during his reign (*Rashi*). Although this is the plain explanation of the verse, the Talmud (*Sanhedrin* 94a) expounds that all the appellations in this verse refer to Hezekiah. Our commentary will follow the plain sense of the verse.

**פֶּלֶא** — *Wondrous.* God is described as *wondrous* because of the amazing miracle He performed for Hezekiah. When the king was informed that he would be cured of his seemingly terminal illness, he asked that he be shown a sign as proof. God then caused the shadow cast on the royal sundial to recede (*II Kings* 20:10-11), thereby indicating that the sun had miraculously reversed its course, a true sign from God that the king had indeed been cured (*Radak*).

Hezekiah had asked that the course of the sun be reversed because the sun — as the source of light and energy — was the heavenly body most likely to be worshiped as an idol. By showing that the sun was not master of its normal path, the miracle discredited the belief of idolaters and proved that Hashem controlled the sun (ArtScroll edition of *II Chronicles,* p. 430).

**יוֹעֵץ** — *Adviser.* God is referred to as the *Adviser* because the destruction of the Assyrian armies was accomplished only through *His* miraculous plan, while Sennacherib's plan was foiled (*Radak*).

**אֵל גִּבּוֹר** — *Mighty God.* The huge and powerful armies of Sennacherib were suddenly destroyed in an instant by the Omnipotent God (*Radak*).

**אֲבִי־עַד** — *Eternal Father.* God is called the *Eternal Father* because His existence is eternal. He is the Creator and Ruler of time and therefore has the power to add to or subtract from the life of mortals. He exercised this power by prolonging the life of Hezekiah for fifteen years — see *II Kings* 20:6 (*Radak*).

**שַׂר־שָׁלוֹם** — *Prince of Peace.* This is the name that God conferred upon Hezekiah, because the king was granted the gift of peace, with the destruction of Sennacherib's army (*Rashi*).

According to the Talmudic view cited above, all the appellations in this verse refer to Hezekiah. *Ibn Ezra* explains that the king is referred to as יֶלֶד, *a child,* because he was still very young at the time of Isaiah's prophecy. He is called *wondrous* because he merited Hashem's miracles during his reign. His wisdom earned him the title of *adviser.* He was *mighty* in that he brought about the continued dominion of the Davidic dynasty at a time when it was under threat [the word אֵל, although commonly used as a Divine Name, can also be used for those who possess temporal power]. *Eternal* expresses the permanence of the Davidic dynasty, and Hezekiah was called *Prince of Peace* because his reign was a time of peace.

**6. לְמַרְבֵּה הַמִּשְׂרָה וּלְשָׁלוֹם אֵין־קֵץ עַל־כִּסֵּא דָוִד וְעַל־מַמְלַכְתּוֹ** — *Upon the one with the greatness in dominion and the boundless peace that will prevail on the throne of David and on his kingdom.* The prophet continues to identify the Prince of Peace and declares that the only one upon whom God will confer this title is the king who will increase and intensify his acceptance of God's dominion and authority over himself, i.e., he will fear God (*Rashi*). Hezekiah, this righteous king, therefore enjoyed boundless peace while he reigned on the throne of David (*Metzudos*) and was almost proclaimed by God as the Messiah — see *Sanhedrin* 94a.

Indeed, the Talmud (ibid.) maintains that the peculiar closed or final *mem* [ם] in the middle of the word לְםַרְבֵּה (כְּתִיב) implies that an aspect of his life was "closed," i.e., that it did not lead to the desired result (*Sanhedrin* 94a). *Rashi* offers three explanations: (1) The closed *mem* indicates that Hashem's plan to make Hezekiah the Messiah, who would bring the final redemption, came to an end without being fulfilled. (2) The Divine plan to end the suffering of Israel for all time was aborted when Hezekiah did not become the Messiah. (3) The closed *mem* alludes to Hezekiah's failure to sing God's praises for decimating the Assyrian army, i.e., Hezekiah kept his mouth sealed, instead of opening it in song.

According to the Talmud, Hezekiah's failure to sing God's praise after the miracle is why he lost the chance to be the Messiah. *Sfas Emes* explains Hezekiah's failure to do so. His faith in God was so great that he was not surprised by the miracle; it did not increase his faith at all. However, he was faulted for not inspiring his people to sing in praise; that would have strengthened *their* faith.

**מֵעַתָּה וְעַד־עוֹלָם** — *From now to eternity. To eternity* is merely a figure of speech, meaning as long as Hezekiah lives. See *I Samuel* 1:22 for a similar use of this term. Through the justice and righteousness Hezekiah practices, boundless peace will prevail as long as this righteous king lives (*Rashi*).

ז קִנְאַת יְהוָה צְבָאוֹת תַּעֲשֶׂה־זֹּאת׃ דָּבָר שָׁלַח אֲדֹנָי בְּיַעֲקֹב וְנָפַל
ח בְּיִשְׂרָאֵל׃ וְיָדְעוּ הָעָם כֻּלּוֹ אֶפְרַיִם וְיוֹשֵׁב שֹׁמְרוֹן בְּגַאֲוָה וּבְגֹדֶל לֵבָב לֵאמֹר׃
ט־י לְבֵנִים נָפָלוּ וְגָזִית נִבְנֶה שִׁקְמִים גֻּדָּעוּ וַאֲרָזִים נַחֲלִיף׃ וַיְשַׂגֵּב יְהוָה אֶת־צָרֵי רְצִין
יא עָלָיו וְאֶת־אֹיְבָיו יְסַכְסֵךְ׃ אֲרָם מִקֶּדֶם וּפְלִשְׁתִּים מֵאָחוֹר וַיֹּאכְלוּ אֶת־יִשְׂרָאֵל
יב בְּכָל־פֶּה בְּכָל־זֹאת לֹא־שָׁב אַפּוֹ וְעוֹד יָדוֹ נְטוּיָה׃ וְהָעָם לֹא־שָׁב עַד־הַמַּכֵּהוּ
יג וְאֶת־יְהוָה צְבָאוֹת לֹא דָרָשׁוּ׃ וַיַּכְרֵת יְהוָה מִיִּשְׂרָאֵל רֹאשׁ וְזָנָב כִּפָּה
יד וְאַגְמוֹן יוֹם אֶחָד׃ זָקֵן וּנְשׂוּא־פָנִים הוּא הָרֹאשׁ וְנָבִיא מוֹרֶה־שֶּׁקֶר הוּא הַזָּנָב׃

### רש״י

**קנאת ה׳ צבאות**. שקנא לציון על אשר יען עליה ארם ופקח: **תעשה זאת**. ולא אחז ראוי לכך, ואף זכות אבות תמה. תוספת. ואמרו רבותינו (סנהדרין לד, א), בקש הקדוש ברוך הוא לעשות חזקיהו משיח וסנחרב גוג ומגוג. אמרו מלאכי השרת לפני הקדוש ברוך הוא, מי שקצץ דלתות ההיכל ושגרן למלך אשור יעשה משיח? מיד סתמו הכתוב: **(ז) דבר שלח ה׳ ביעקב**. הנבואה שנתנבא לפורענות פקח בן רמליה: **ונפל בישראל**. מעתה תתקיים בהם: **(ח) בגאוה ובגודל לבב לאמר**. מה שהיו אומרים בגאוה ובגודל לבב: **(ט) לבנים נפלו וגזית נבנה**. המלכים שהיו לנו קודם שמלך פקח, כגון יהואחז בן יהוא, שבימיו נתמעטו. כענין שנאמר, כִּי אִבְּדָם מֶלֶךְ אֲרָם (מלכים ב יג, ז), שפלים היו, והם הלכו להם כבניין לבנים רעוע הנופל. אבל זה שהוא עכשיו חזק הוא כבנין אבני גזית, וכן ארזים טובים משקמים לבנין: **(י) וישגב ה׳ את צרי רצין עליו**. הם בוטחים במה שנסמכו על רצין מלך ארם, הקדוש ברוך הוא ישגב את מלך אשור עליו ויסכסכנו להשיאו לבא עליו, כך שמעתי. ואני אומר את אויביו כלפי השכינה הוא אומר, הקדוש ברוך הוא יסכסך את אויביו זה בזה; גוי בגוי, ארם ופלשתים בישראל, וישראל זה בזה. כמו שנאמר למטה בענין מנשה את אפרים וגו׳: **(יא) ארם מקדם**. ארם הרעו להם מקדם בימי יהואחז, ויואש ופלשתים הרעו להם מאחור, שהפלשתים להם במערב: **בכל זאת וגו׳ ועוד ידו נטויה**. עד שיביא עליהם את סנחרב. דבר אחר, ארם מקדם ופלשתים מאחור היו משחיתים ביהודה. בימי אחז כמו שמפורש (בדברי הימים ב כה). ועל ישראל ועל יהודה היה ישעיה מתאונן על הגרות הללו: **(יב) עד המכהו**. עד הקדוש ברוך הוא שהוא מביא עליו המכות הללו: **(יג) כפה ואגמון**. לשון מלכים ושלטונים: **כפה**. ארקוול״ר בלעז. כלומר אותם החופפים עליהם ככיפה זו: **ואגמון**. ואף היא כיפה קטנה, ועל שם שכפופה כאגמון קורא לה אגמון. ובברייתא דשמואל מצינו שיש מזלות ברקיע ממונים ואלה שמותם. וכאן אמר הנביא שכל חכמיהם המתנבאים להם וחוזים בכוכבים את הבאות עליהם יכרית ה׳ מהם:

### רד״ק

**קנאת ה׳ צבאות תעשה זאת**. זאת המשרה שתהיה עתה לבית דוד והתשועה הגדולה, כי יקנא ה׳ צבאות בדברי נערי מלך אשור אשר חרפו וגדפו ה׳ יתברך: **(ז) דבר שלח**. הרעה הזאת הבאה על יעקב ששלטו אויביהם בהם, מאת האל הוא. שלא יאמרו מקרה הוא אלא בעונש עונותם בא להם. כי טרם ביאת הרעה שלח על ידי נביאיו כך וכך יבא להם אם לא ישובו, וכמו ששלח הדבר בהם כן נפל בהם, וכן יפלו עד שיגלו מארצם כמו שאמרו להם הנביאים מפיו: **(ח) וידעו**. ואז ידע העם הזה כי אמת אמרתי להם. שהם היו אומרים בתחלת הפורענות הבאה עליהם, כן לבנים נפלו וגזית נבנה, ולא היו נותנים אל לבם כי בעונם בא להם עתה הרע; אבל היו אומרים אם בא עתה הרע עוד יבא הטוב כפלים. וכשיפול בהם דבר ה׳ יכלו ויגלו מארצם, אז ידעו כי הדברים שהיו אומרים בגאוה ובגודל לבב כי הבל ינחמון, כי אז תכלה גאותה וגודל לבבם: **(ט) לבנים נפלו**. דרך משל, כתרגומו, רֵישַׁיָא גְלוֹ וגו׳: **(י) וישגב. . . צרי רצין**. מלך אשור ומחנהו, שתפש דמשק והמית רצין. ואמר זה לפי שאפרים היה עמהם בברית, ושניהם היו נלחמים על יהודה. אמר כי לא יועיל אחד לחבירו, כי האל ישגב ויחזק את אויבי רצין עליו: **ואת אויביו יסכסך**. יבלבל עמו בארצו שיבאו ללכדה: **(יא) ארם מקדם**. כי לפני מלוך פקח בן רמליהו היה נלחם ארם בישראל מאד, כמו שנאמר וישימם כעפר לדוש. וארם היה להם ממזרח ארץ ישראל ופלשתים ממערב, ואלה ואלה נלחמים בהם ואכלו אותם בכל פה: **בכל זאת לא שב אפו**. כלומר לא שבו הם כדי שישוב האל מחרון אפו. ועוד יד האל נטויה עליהם לכלותם כיון שלא שבו כמו שאמר: **(יב) והעם לא שב עד המכהו**. לא התבוננו כי האל הוא המכהו בעונותיו ולא שב אליו, ולא דרשו אותו, (יג) ויכרת. . . כפה ואגמון. החזקים והחלשים. כפה הוא ענף העץ; כמו, וְכִפָּתוֹ לֹא רַעֲנָנָה (איוב טו, לב). ואגמון הוא הגומא הגדל במים: **יום אחד**. הוא אותו היום שגלו השבטים: **(יד) זקן. . . הוא הזנב**. כי נביאי השקר מקטני העם היו, ולמצא חן בעיני הגדולים היו מתנבאים להם טובה, ומבטיחים אותם על שקר כדי שיתנו להם פת או יין; כמו שכתוב, אַטִּף לְךָ לַיַּיִן וְלַשֵּׁכָר (מיכה ב, יא), והיה מטיף העם הזה:

### מצודת דוד

**קנאת ה׳**. כל זה הצדקה יעשה על כי יתקנא על מה שחרף סנחריב כלפי מעלה: **(ז) דבר וכו׳**. זה אמר על מלכות אפרים דעו הפורענות הבאה עליהם לא במקרה בא, כי הדבר הזה שלח ה׳ על ידי הנביאים הקודמים להתנבאות עליהם, וכן היה כי נפל ונתקיים, כי כבר גלו מקצתן: **(ח) וידעו**. כל העם הנשארים ידעו שלא כן דבריהם אשר ידברו בגאוה ובגודל לבב. והוא מקרא קצר ומובן מאליו: **(ט) לבנים נפלו**. מה בכך שנפלו בנין הלבנים, הלא נבנה תמורתן באבני גזית. רצונו לומר, אם האויב גלה המקצת, הנה עתה נתחזק ביותר; כי חושבים שבא במקרה והיא לא תתמיד: **שקמים גדעו**. אם נכרתו השקמים, נחליף ארזים המעולים מהם. וכפל הדבור במלות שונות: **(י) וישגב**. כאומר הנה על עצמם לא סמכו, אלא על רצין. ודעו שה׳ ישגב ויחזק את צרי רצין עליו, ואם כן, כשל עוזר ונפל עזור: **ואת אויביו יסכסך**. ובזה יבלבל דעת אויביו, הם רשעי ישראל: **(יא) ארם מקדם**. אף כי מאז בימי יהואחז הרעו להם ארם היושב במזרח ארץ ישראל, וגם פלשתים היושבים במערב הרעו להם: **בכל פה**. רצונו לומר, מלאו כל תאותם מהם: **בכל זאת**. בכל הפורעניות שכבר בא, לא שב אף ה׳ מישראל, ועוד ידו נטויה להכות עוד בהם: **(יב) לא שב**. לא עשה תשובה המגעת עד ה׳, שהכה בם כי חושבים הכל למקרה ואינם דורשים את ה׳: **(יג) ויכרת ה׳**. לכן יכרת הכל ביום אחד החשוב והשפל: **כפה ואגמון**. השרים הדומים לענף יפה וכפל הדבר במלות שונות: **(יד) ונשוא פנים**. מי שהכל נושאים לו פנים לפי רוב החשיבות: **מורה**. המלמד לעשות שקר: **הוא הזנב**. הוא השפל שבעם:

### מצודת ציון

**(ט) וגזית**. אבנים גזוזים ומחוטבים ביושר רב: **שקמים**. מין אילן תאנה, וכן, וּבוֹלֵס שִׁקְמִים (עמוס ז, יד): **גדעו**. נכרתו; כמו, וַאֲשֵׁירֵהֶם תְּגַדֵּעוּן (דברים ז, ה): **(י) יסכסך**. ענין בלבול וכן, וְסִכְסַכְתִּי מִצְרַיִם (לקמן יט, ב): **(יג) ראש**. רצונו לומר החשוב: **וזנב**. רצונו לומר השפל: **כפה**. כן נקרא הענף; כמו, וְכִפָּתוֹ לֹא רַעֲנָנָה (איוב טו, לב), לפי שהיא כפופה: **ואגמון**. הוא הגומא הגדל במים: **(יד) מורה**. מלמד; כמו, אֶת מִי יוֹרֶה דֵעָה (לקמן כח, ט):

*The zealousness of HASHEM, Master of Legions, will accomplish this!*
*7 The word [that] the Lord has sent for Jacob will befall Israel. 8 Then the entire*
*people will realize, Ephraim and the inhabitants of Samaria, who had said with pride*
*and with arrogant heart, 9 "Bricks have fallen, we will rebuild with hewn stone;*
*sycamores have been cut down, we will replace them with cedars." 10 HASHEM set*
*Rezin's enemies against him and roused his adversaries; 11 Aram from the east and*
*the Philistines from the west, they have consumed Israel with every mouth. Yet despite all this, His anger has not subsided and His hand is still outstretched.*
*12 But the people has not returned to the One Who smites it; they do not seek*
*HASHEM, Master of Legions. 13 HASHEM will cut off from Israel the head and the*
*tail, the canopied tree and the reed, in one day. 14 The elder and the distinguished*
*man, he is the head; and the prophet who teaches falsehood, he is the tail.*

*His anger has not subsided from Ephraim . . .*

---

**קִנְאַת ה׳ צְבָאוֹת תַּעֲשֶׂה־זֹּאת** — *The zealousness of HASHEM, Master of Legions, will accomplish this.* God will bring this miraculous victory and boundless peace in His zeal to punish the servants of Sennacherib, who publicly mocked and blasphemed His Name. See *II Kings* 19:6 (*Radak*).

**7.** After praising God for the miraculous future salvation of Jerusalem, Isaiah turns to the people and warns them of the disaster awaiting the arrogant and overconfident Northern Kingdom.

**דָּבָר שָׁלַח אֲדֹנָי בְּיַעֲקֹב וְנָפַל בְּיִשְׂרָאֵל** — *The word [that] the Lord has sent for Jacob will befall Israel.* Isaiah delivers God's message against Pekah son of Remaliah and describes the manner in which he and his kingdom will be punished (*Rashi*). He stresses that it is God Who is sending the enemy against them, so that they would not view Sennacherib's attack as a chance occurrence (*Radak*).

**8. וְיָדְעוּ הָעָם כֻּלּוֹ . . . בְּגַאֲוָה וּבְגֹדֶל לֵבָב לֵאמֹר** — *Then the entire people will realize . . . who had said with pride and with arrogant heart.* [Their arrogant and haughty statement is quoted in the next verse.] They will now know that all that I had foretold about them was true (*Radak*).

**9. לְבֵנִים נָפָלוּ וְגָזִית נִבְנֶה** — *"Bricks have fallen, we will rebuild with hewn stone . . ."* The people of the Northern Kingdom arrogantly believed that under the leadership of Pekah, they were stronger than ever. They compared their former kings and leaders to buildings constructed of soft, man-made bricks and wood of the common sycamore tree. Like such structures, the previous leaders fell because they were weak and inferior. They were confident that King Pekah, however, is like a building constructed of natural hewn stone and of superior cedar wood, and will not fall to the enemy (*Rashi*).

**10. וַיְשַׂגֵּב ה׳ אֶת־צָרֵי רְצִין עָלָיו וְאֶת־אֹיְבָיו יְסַכְסֵךְ** — *HASHEM set Rezin's enemies against him, and roused his adversaries.* Rezin king of Aram and Pekah king of the Northern Kingdom had joined forces and planned to invade the Kingdom of Judah (see 8:6). However, God will not allow this to happen. He will cause Assyria, their common enemy, to attack Aram and kill Rezin, thereby destroying their alliance and foiling their plans (*Rashi; Radak*). Alternatively, the word עָלָיו, *against him,* refers to Israel: God will send Assyria against Israel (*Abarbanel*).

**11. אֲרָם מִקֶּדֶם וּפְלִשְׁתִּים מֵאָחוֹר** — *Aram from the east and the Philistines from the west.* Isaiah speaks of Aramite and Philistine attacks of the past. Aram, which was east of *Eretz Yisrael,* had viciously attacked the Northern Kingdom and plundered the land during the reigns of Jehoahaz and Joash, many years before the reign of Pekah (see *II Kings* 13:7). The Philistines who dwelt in the west had continuously antagonized the people of Israel throughout the years, yet the Jews did not repent and return to God, so that He would turn back His anger. Alternatively, the prophet is foretelling future events. Aram will attack from the east and the Philistines from the west. But the people will still refuse to acknowledge their dependence on God (*Rashi*).

**בְּכָל־זֹאת לֹא־שָׁב אַפּוֹ וְעוֹד יָדוֹ נְטוּיָה** — *Yet despite all this, His anger has not subsided and His hand is still outstretched.* Because they did not repent, His hand remains outstretched to mete out their punishment (*Rashi*). It will remain so until He brings Sennacherib to exile them (*Rashi*).

**12. וְהָעָם לֹא־שָׁב עַד־הַמַּכֵּהוּ** — *But the people has not returned to the One Who smites it.* Isaiah now rebukes the people for their hypocrisy and repulsive speech. With a play on words, he first connects his prophetic reproof with the previous prophecy and explains that the reason God did not turn away His anger [לֹא שָׁב אַפּוֹ] is because the people *did not turn to the One Who smites it* [לֹא שָׁב עַד מַכֵּהוּ].

**וְאֶת־ה׳ צְבָאוֹת לֹא דָרָשׁוּ** — *They do not seek HASHEM, Master of Legions.* The people do not acknowledge that the enemy armies attacking them were sent by God as retribution for their sins. They therefore did not repent for their sins nor did they even seek to come closer to God (*Radak*).

**13. וַיַּכְרֵת ה׳ מִיִּשְׂרָאֵל רֹאשׁ וְזָנָב כִּפָּה וְאַגְמוֹן** — *HASHEM will cut off from Israel the head and the tail, the canopied tree and the reed.* When the time comes, all the leaders of the people will be exiled, as well as the minor members of society. The *head* and the *canopied tree* refer to the leaders, and the *tail* and the *reed* refer to the common people. Isaiah declares that the community as a whole did not repent their evil ways because they had no leaders to guide them (*Ibn Ezra*).

**14. וְנָבִיא מוֹרֶה־שֶּׁקֶר הוּא הַזָּנָב** — *And the prophet who teaches falsehood, he is the tail.* These false "prophets" were the lowest and most degraded members of the nation. They would foretell a rosy future by predicting good fortune and offering

טו־טז וַיִּהְיוּ מְאַשְּׁרֵי הָעָם־הַזֶּה מַתְעִים וּמְאֻשָּׁרָיו מְבֻלָּעִים: עַל־כֵּן עַל־בַּחוּרָיו
לֹא־יִשְׂמַח | אֲדֹנָי וְאֶת־יְתֹמָיו וְאֶת־אַלְמְנוֹתָיו לֹא יְרַחֵם כִּי כֻלּוֹ חָנֵף וּמֵרַע
יז וְכָל־פֶּה דֹּבֵר נְבָלָה בְּכָל־זֹאת לֹא־שָׁב אַפּוֹ וְעוֹד יָדוֹ נְטוּיָה: כִּי־בָעֲרָה
יח כָאֵשׁ רִשְׁעָה שָׁמִיר וָשַׁיִת תֹּאכֵל וַתִּצַּת בְּסִבְכֵי הַיַּעַר וַיִּתְאַבְּכוּ גֵּאוּת
עָשָׁן: בְּעֶבְרַת יהוה צְבָאוֹת נֶעְתַּם אָרֶץ וַיְהִי הָעָם כְּמַאֲכֹלֶת אֵשׁ אִישׁ אֶל־
יט אָחִיו לֹא יַחְמֹלוּ: וַיִּגְזֹר עַל־יָמִין וְרָעֵב וַיֹּאכַל עַל־שְׂמֹאול וְלֹא שָׂבֵעוּ אִישׁ

### רש״י

(טו) **מאשרי.** מדריכי, כמו, בַּאֲשֻׁרוֹ אָחֲזָה רַגְלִי (איוב כג, יא). ומאושריו שלמדו דרכי מדרכי התועה. ספרים אחרים אינו: **ומאושריו מבולעים.** הדורכים בדרך המתעים, המאשרים אותם בדרכים הללו, דרכים מסותרים ונבוכים שאין פתח לצאת מהם. ולשון בילוע נופל על הדרך, כענין שנאמר במקום אחר, עַמִּי מְאַשְּׁרֶיךָ מַתְעִים וְדֶרֶךְ אֹרְחֹתֶיךָ בִּלֵּעוּ (לעיל ג, יב). (טז) **ומרע.** רשע; כמו, זֶרַע מְרֵעִים (לעיל א, ד): (יז) **כי בערה כאש רשעה.** רשעתם תבער בהם ותאכלם כאש: **שמיר ושית.** שלהם, תאכל המורדים והפושעים שבהם: **ותצת בסבבי היער.** בדלת העם, סבכי ענפים: **ויתאבכו גאות עשן.** יהיו נבוכים ומסוגרים בחוזק עשן התבערה. ויתאבכו, כל לשון נבך אין יסוד תיבה אלא בך; כמו, מִבְּכִי נְהָרוֹת (איוב כח, יא), עֵמֶק הַבָּכָא (תהלים פד, ז). והנו״ן באה לו לפרקים, וכאן בא בו אל״ף במקום נו״ן כמו אלף של אִבְחַת חָרֶב (יחזקאל כא, כ), ואל״ף של וְאַחֲוָתִי בְּאָזְנֵיכֶם (איוב יג, יז): (יח) **נעתם ארץ.** יונתן תרגם חֲרוֹכַת אַרְעָא. וקשה בעיני לפרש כן, שהיה לו לומר נעתמה הארץ. ואחרי שאין לו דמיון במקרא, לא לשון התרגום ולא לשון אחר, אני מפרשו לפי ענייני בעברת הקדוש ברוך הוא נעתם העשן הזה לארץ, והוא לשון נגזר על הארץ, או לשון נתך והגיע לארץ: (יט) **ויגזור על ימין.** יבוזו וישללו זה את זה על ימין או על שמאל ולא ימצא להם:

### רד״ק

(טו) **ויהיו.** אותם שהיו ראוים לישר אותם ולהדריכם בדרך טובה, אותם היו מתעים אותם והם בעיניהם מאשרים אותם: **לפיכך ומאושריו מבולעים.** שהיו מאושרים בעיניהם כשהיו מורים אותם הדרך הרעה, היו מבולעים ונשחתים בעצתם הרעה: (טז) **על כן. . . לא ישמח.** בהפך וְגַלְתִּי בִירוּשָׁלַם וְשַׂשְׂתִּי בְעַמִּי (לקמן סה, יט). כי כשאוחז אדם דרך הרעה ותבא לו בעבור זה הרעה, הנה האל על דרך משל יעצב; כמו, וַיִּתְעַצֵּב אֶל לִבּוֹ (בראשית ו, ו). וכשאוחז אדם הדרך הטובה ותבא לו בעבור זה הטובה, הנה האל על דרך משל שמח, כמו שאמר, וְשַׂשְׂתִּי בְעַמִּי (לקמן סה, יט). ואמר, יִשְׂמַח ה׳ בְּמַעֲשָׂיו (תהלים קד, לא). ואמר בחוריו, כי הם ברוב תרים אחר עיניהם ולא תצילם גבורתם וכחם מהרעה הבאה עליהם, על כן לא ישמח ה׳ בהם כי אינם עושים רצונו: **ואת יתומיו ואת אלמנותיו לא ירחם.** אפילו היתומים והאלמנות שראוי לחמול ולרחם עליהם, לא ירחם האל עליהם: **כי כלו חנף ומרע.** בין גדולים בין קטנים, בין חזקים בין חלושים; בכל זאת שתבא להם רעה גדולה שלא מצאו מרחמים לא שבו הם, לפיכך לא שב אפו מהם, ועוד ידו נטויה עליהם להרע להם אפילו בגלות: (יז) **כי בערה כאש רשעה.** הרשעה שעשו הם בערה בהם כאש. ודרך האש שתחל לבער בקוצים ובעצים דקים תחילה כמו שאמר, וּמָצְאָה קֹצִים (שמות כב, ה), ואחר כך תבער בעצים הגדולים. כן רשעתם תאכלם; תחל בקטנים, והם הקוצים, ואחר כן ותצת בסבכי היער; והם הגדולים: **ויתאבכו.** לפי מקומו ויתגאו: **גאות עשן.** חסר כ״ף הדמיון, כגאות עשן. וכן, לֵב שָׂמֵחַ יֵיטִב גֵּהָה (משלי יז, כב), גהה כגהה. לפי שהמשיל רשעתה לאש בוערת, אמר שתגאו, כלומר עשנם גאה כגאות עשן; כלומר שהתפרסמו במעשיהם הרעים עד שכל האומות ידעו בהם. כי יש רואה העשן ולא יראה האש, כן ידעו הרחוקים מהם מעשיהם הרעים: (יח) **בעברת. . . נעתם ארץ.** חשך מלשון ערבי, ויונתן תרגם חֲרוֹכַת אַרְעָא. ובא ארץ בלשון זכר; כמו, שָׁרַץ אַרְצָם צְפַרְדְּעִים (תהלים קה, ל): **כמאכולת אש.** כמו הדבר הנאכל באש, שהעץ שאכלו בו האש דולק העץ האחר, כן העם הזה, איש את אחיו לא יחמלו. לא די להם הרע שעושין להם אויביהם, כי גם הם מריעים זה לזה: (יט) **ויגזור.** העם הזה חוזר על כל צדדיו וחוטף מכאן כל אחד מחברו, ואף על פי כן הוא רעב כי לא יספיקו לו. ופירוש ויגזר — ויחטוף, כי החוטף גוזר הדבר ממקומו, וכן אומר אחר כן:

### מצודת דוד

(טו) **מאשרי.** המדריכים את העם, המה מתעים אותם ללכת בדרך לא ישר: **ומאשריו.** אותם שהיו מיושרים בעיני העם המה נשחתים: (טז) **לא ישמח.** כי כשאדם חוטא ובא עליו העונש, אין שמחה לפני המקום: **כלו חנף.** כולם מחניפים לרשעים: **ועוד ידו נטויה.** להכות בהם עוד יותר: (יז) **כי בערה.** הרשעה שעושים תבער כמו אש, ובתחלה תשרוף הפחותים שבעם ואחר זה בהגדולים שבהם. רצונו לומר, העון עצמו יקטרג עליהם ויפרע מהם: **ויתאבכו.** בעבור מרבית התבערה, יתרוממו גאות העשן כי תנשא למעלה למעלה. רצונו לומר, הפורעניות תגדל מאד: (יח) **בעברת ה׳.** בחמת ה׳ תתחרך ותשרף ארץ: **כמאכלת אש.** כמו הדבר הנאכל באש. שהעץ שנאחז בו האש מדליק את העץ האחר, כן העם הזה איש אל אחיו לא יחמולו, ולא יהיה די להם הרע שעשה האויב: (יט) **ויגזור.** יחטוף במי שעומד בימין וישאר עדיין רעב, ויאכל ממי שעומד בשמאל ולא ישבעו, כי מעט ימצא בהם: **איש.** כל אחד יאכל בשר זרועו מעקת רעבון:

### מצודת ציון

(טו) **מאשרי.** מדריכי; כמו, וְאַל תְּאַשֵּׁר בְּדֶרֶךְ רָעִים (משלי ד, יד): **מתעים.** מלשון תועה: **ומאושריו.** כמו ומישריו ובאה האל״ף במקום היו״ד; וכן, אַשְּׁרוּ חָמוֹץ (לעיל א, יז): **מבולעים.** ענין השחתה; כמו, בִּלַּע אֲדֹנָי (איכה ב, ב): (טז) **ומרע.** מרשיע: **נבלה.** דבר מגונה: **נטויה.** מלשון הטיה: (יז) **שמיר ושית.** מיני קוצים: **ותצת.** מלשון הצתה והבערה: **בסבכי היער.** הענפים המסובכים ונאחזים זה בזה; כמו, עַד סִירִים סְבֻכִים (נחום א, י): **ויתאבכו.** הוא ענין התרוממות ואין לו דומה: **גאות.** מלשון גאוה: (יח) **בעברת.** מלשון עברה וחמה: **נעתם ארץ.** תרגם יונתן, חֲרוֹכַת אַרְעָא : **אל אחיו.** על אחיו: (יט) **ויגזר.** ענינו חטיפה כי החוטף דבר מה גוזרו וכרתו ממקומו: **על ימין.** בימין על במקום בי״ת; כמו, עֲמַדְתֶּם עַל חַרְבְּכֶם (יחזקאל לג, כו):

---

false assurances so that they would be given gifts of bread and wine in return (*Radak*).

**15. וַיִּהְיוּ מְאַשְּׁרֵי הָעָם־הַזֶּה מַתְעִים** — *The guides of this people mislead.* The word מְאַשְּׁרֵי is related to אָשׁוּר, *footstep.* Those who show the people "where to walk" mislead them (*Rashi*). *Radak* and *Ibn Ezra* relate מְאַשְּׁרֵי to יָשָׁר, *straight,* and render: the leaders and guides of the nation — *who can straighten them out — mislead them* instead.

**וּמְאֻשָּׁרָיו מְבֻלָּעִים** — *And the guided ones are corrupted.* The people whom these corrupt leaders considered as having been "led straight" have become corrupted by the influence of their wicked leaders (*Radak*).

**16. עַל־כֵּן** — *Therefore,* God will severely punish the people and show them no mercy because they have followed the

*... from those who mislead ...*

*15 The guides of this people mislead, and the guided ones are corrupted.*
*16 Therefore, my Lord shall not rejoice over His young men, and He shall not*
*pity His orphans and widows, for they are all hypocritical and evil, and every*
*mouth utters degeneracy. Yet despite all this, His anger has not subsided and*
*His hand is still outstretched.*
*17 For [their] wickedness will burn [them] like the fire; it will consume*
*thorns and weeds, and will kindle the branches of the forest; they will be*
*overcome by the intensity of the smoke. 18 By the wrath of HASHEM, Master*
*of Legions, the land is charred. The people has become like fuel for a fire;*
*they have no mercy for one another. 19 He snatched from his right and re-*
*mains hungry; he consumed on his left but they are not sated; everyone*

*... from the cruel ...*

wicked ways of their leaders. That they merely "followed orders" is no excuse because they were capable of discerning the truth and acting on it.

**עַל־בַּחוּרָיו לֹא־יִשְׂמַח אֲדֹנָי** — *My Lord shall not rejoice over His young men.* This phrase must be understood figuratively, for God does not literally grieve or rejoice. It is the Divine will to confer blessing and benefit upon His creations, and therefore when a person is punished for his sins, it is as if God grieves. In contrast, when God rewards a person for his good deeds, it is as if He rejoices. Although the entire Northern Kingdom was to be punished for their wicked ways, Isaiah singles out the young men, for it is they who are usually tempted by that which they see and are more likely to sin. Their youthful strength and vigor will not save them from the retribution that will befall the people (*Radak*).

**וְאֶת־יְתֹמָיו וְאֶת־אַלְמְנֹתָיו לֹא יְרַחֵם** — *And He shall not pity His orphans and widows.* Although the Torah promised that God will have compassion on widows and orphans (see *Deut.* 10:18), at this time He will show them no mercy (*Radak*).

**כִּי כֻלּוֹ חָנֵף וּמֵרַע** — *For they are all hypocritical and evil.* This harsh punishment will befall the Northern Kingdom because all the people, the great, the small, the strong, and the weak are hypocrites and evildoers (*Radak*). Our translation of חָנֵף, *hypocritical,* follows *Ibn Ezra,* who explains that the outward behavior of the people was good and appropriate, but in their hearts they were evil and cruel. Alternatively, a חָנֵף is a *flatterer.* The people suffer this harsh fate because they flatter the wicked.

**וְכָל־פֶּה דֹּבֵר נְבָלָה** — *And every mouth utters degeneracy.* Furthermore, the people are not ashamed to speak publicly of their wicked behavior (*Malbim*) or to use obscene language (see *Shabbos* 33a). One who uses obscene language degrades the essence of his humanity, for it is through intelligent speech that man is distinguished from other creatures. Only man can create language and communicate ideas to others of his own kind. By degrading this capacity, he is therefore degrading the essence of his humanity (*Maharal*).

**בְּכָל־זֹאת לֹא־שָׁב אַפּוֹ וְעוֹד יָדוֹ נְטוּיָה** — *Yet despite all this, His anger has not subsided and His hand is still outstretched.* Despite seeing that widows and orphans are being punished and that disaster is befalling them, the people still do not repent, so God's anger persists (*Radak*).

**17.** The prophet metaphorically describes the punishments that God will mete out against the Northern Kingdom as a raging fire that ultimately consumes not only the small thorns and weeds but even the large branches of the forest.

**כִּי־בָעֲרָה כָאֵשׁ רִשְׁעָה** — *For [their] wickedness will burn [them] like the fire.* The consequence of their wickedness, the severe punishment that God will send against the people, will consume them like a raging fire (*Radak; Metzudos*).

**שָׁמִיר וָשַׁיִת תֹּאכֵל וַתִּצַּת בְּסִבְכֵי הַיַּעַר** — *It will consume thorns and weeds, and will kindle the branches of the forest.* The thorns and weeds represent the rebellious and the wicked, upon whom the punishments will start. Eventually it will spread to the large branches of the forest, the remainder of the nation (*Targum Yonasan*).

**וַיִּתְאַבְּכוּ גֵּאוּת עָשָׁן** — *They will be overcome by the intensity of the smoke.* Just as a column of smoke is visible to all, even to those who are unable to see the actual fire, so too will the intensity of their punishments reveal to the nations the extent of the wickedness of the Northern Kingdom (*Radak*).

**18. בְּעֶבְרַת ה׳ צְבָאוֹת נֶעְתַּם אָרֶץ** — *By the wrath of HASHEM, Master of Legions, the land is charred.* The metaphor of the raging fire continues. Because of their wickedness, God's wrath will bring the punishments upon the inhabitants of the land (*Targum Yonasan,* as understood by *Daas Sofrim*). Others render נֶעְתַּם as *darkened,* and explain that life will become so harrowing that it will seem as though God has caused the very earth to become darkened (*Radak*).

**וַיְהִי הָעָם כְּמַאֲכֹלֶת אֵשׁ אִישׁ אֶל־אָחִיו לֹא יַחְמֹלוּ** — *The people has become like fuel for a fire; they have no mercy for one another.* In addition to the suffering inflicted by the enemy, the people will suffer from the evil that they practiced against one another. Metaphorically, just as one burning log ignites the next, so too will the people act cruelly toward one another due to panic and starvation (*Radak*).

**19. וַיִּגְזֹר עַל־יָמִין וְרָעֵב וַיֹּאכַל עַל־שְׂמֹאול וְלֹא שָׂבֵעוּ** — *He snatched from his right and remains hungry; he consumed on his left, but they are not sated.* Famine will cause the people to steal provisions in an attempt to survive. A person will snatch food from his neighbor on his right and then from the one on his left, but still will not have enough to satisfy his hunger (*Rashi*).

כ בְּשַׂר־זְרֹעוֹ יֹאכֵלוּ: מְנַשֶּׁה אֶת־אֶפְרַיִם וְאֶפְרַיִם אֶת־מְנַשֶּׁה יַחְדָּו הֵמָּה עַל־
י א יְהוּדָה בְּכָל־זֹאת לֹא־שָׁב אַפּוֹ וְעוֹד יָדוֹ נְטוּיָה: הוֹי הַחֹקְקִים
ב חִקְקֵי־אָוֶן וּמְכַתְּבִים עָמָל כִּתֵּבוּ: לְהַטּוֹת מִדִּין דַּלִּים וְלִגְזֹל מִשְׁפַּט עֲנִיֵּי
ג עַמִּי לִהְיוֹת אַלְמָנוֹת שְׁלָלָם וְאֶת־יְתוֹמִים יָבֹזּוּ: וּמַה־תַּעֲשׂוּ לְיוֹם פְּקֻדָּה
וּלְשׁוֹאָה מִמֶּרְחָק תָּבוֹא עַל־מִי תָּנוּסוּ לְעֶזְרָה וְאָנָה תַעַזְבוּ כְּבוֹדְכֶם:
ד בִּלְתִּי כָרַע תַּחַת אַסִּיר וְתַחַת הֲרוּגִים יִפֹּלוּ בְּכָל־זֹאת לֹא־שָׁב אַפּוֹ וְעוֹד
ה יָדוֹ נְטוּיָה: הוֹי אַשּׁוּר שֵׁבֶט אַפִּי וּמַטֶּה־הוּא בְיָדָם זַעְמִי:

### רש״י

**איש בשר זרעו.** תרגום יונתן, גְּבַר נִכְסֵי קָרִיבֵיהּ יִבְזוֹן: **(כ) מנשה את אפרים.** מנשה יתחבר עם אפרים: **ואפרים את מנשה.** עם מנשה, ויחדו המה יתחברו על יהודה: **(א) חקקי און.** שטרי און, שטרות מזוייפין: **ומכתבים.** לשון ערבי הוא, כמו מכתבין (שהמ״ם חירק וכ״ף שוא ות׳ קמוצה) בלשון עברי: **(ב) להטות.** על ידי שטרות שקר את הדלים מדין זכות הראוי להם: **(ג) ליום פקודה.** שיפקד הקדוש ברוך הוא. עליכם עוניכם: **שואה.** לשון חורבן: **על מי תנוסו לעזרה.** הקדוש ברוך הוא. אינו בעזרתכם: **ואנה תעזבו.** את כל הכבוד אשר אתם קובלים מן הגזל כשתלכו בגולה: **(ד) בלתי כרע תחת אסיר.** במקום אשר לא כרע ולא יבין אחד מכם שלא היה שם כריעת המרבץ, שם באותו המקום תהיו אסורים. כלומר, חוץ מארצכם תאסרו, וכן תרגם יונתן, בַּר מִן אַרְעֲכוֹן אֲסִירִין תִּתְאַסְרוּן, תחת. מקום; כמו, שְׁבוּ אִישׁ תַּחְתָּיו (שמות טז, כט): **ותחת הרוגים יפלו.** ובאותו מקום יפלו הרוגים: **(ה) הוי.** כי עשיתי את אשור שבט אפי לרדות בו את עמי: **ומטה הוא זעמי.** בידם של בני אשור:

### רד״ק

**(כ) מנשה את אפרים.** זכר אלה לפי שהמלכות היתה לאפרים ומנשה ואפרים אחים, אף על פי כן אלה יבוזו את אלה, ואחר כך יחדו המה על יהודה: **בכל זאת.** עם כל הרעה הזאת הבאה עליהם לא שבו ממעשיהם הרעים כדי שישוב ה׳ מחרון אפו: **(א) הוי החוקקים.** עתה דבר על הדיינים ועל סופריהם. הדיינים היו מטים את הדין ואומרים לסופריהם לכתוב דין שפסקו שיהא להם קיום. ואומר החקקים על הסופרים, ואמר ומכתבים על הדיינים, כי הם מכתבים. וכתבו יוצא לשלישי, הם מצוים לסופרים לכתוב, והסופרים כותבים, וחוקקים חקקי און והדיינים מכתבים להם אותו העמל והאון: **(ב) להטות.** כשבאים לפניהם לדין העשיר והגדול עם העני או האלמנה והיתום שהם חלושים, אם הדין עם החלושים שהוא ברוב מפני חולשתם ותוקף שכנגדן, והדיינים מטין את הדין ונותנים לעשיר ומהדרין פניו בדין. והנה הדיינים כאלו הם שוללים ובוזזים העניים היתומים והאלמנות: **(ג) ומה תעשו ליום פקודה.** ליום שיפקוד האל עונותיכם: **ממרחק.** זהו מלך אשור שבא מארץ רחוקה לארץ ישראל להשחיתם: **על מי.** כמו אל, כמו, הָרָמָתָה עַל בֵּיתוֹ (שמואל־א, ב, יא), והדומים להם: **ואנה תעזבו כבודכם.** כי אתם תגלו מכבודכם, (ד) בלתי כרע. היו״ד לכנוי; כמו, וּמוֹשִׁיעַ אַיִן בִּלְתִּי (הושע יג, ד). אמר לפי שהעם הזה בלתי אינם עמי, ולא שומעים אלי לפיכך כרע תחת אסיר. כלומר, במקום האסירים כרע להיות עמהם, ובמקום הרוגים גם כן יפלו הם הרוגים. כלומר; מהם שבוים ומהם הרוגים ,לא ישאר אחד מהם בארצו, כי כולם יהיו גולים או הרוגים. והמפרשים פירשו בלתי כי היו״ד אינה לכנוי. יש מפרשים כן, לא ימלט אלא מי שיכרע ויחביא עצמו בין האסורים או במקום ההרוגים שלא יחשבוהו שהוא חי. ואדוני אבי זכרונו לברכה פירש, בעבור שלא כרע לאל אסורים והרוגים יהיו. ורבי אחי הרב משה זכרונו לברכה פירש, זולתי הכריעה שיש להם בארצם שהגוים מכניעים אותם, זולתי זאת תבא להם גדולה מזאת והיא הגלות שהיו מהם אסורים או מהם הרוגים: **(ה) הוי אשור.** לשון קריאה, קורא לו שיבא על ארץ ישראל לשלול שלל. וקוראהו שבט אפו ומטה זעמו שבו מיסר ישראל. ופירוש בידם במקומם, כלומר בארץ ישראל אשלח זה השבט. ויש מפרשים בידם של מחנה אשור, כלומר מטה זעמי שמתי בידם, ואחר כך פירש עוד ואמר:

### מצודת דוד

**(כ) מנשה את אפרים.** מנשה יבוז וישלול את אפרים: **יחדו המה.** שניהם יחד ילכו על יהודה לשלול שלל: **ועוד ידו נטויה.** להכות עוד: **(א) הוי.** יש להתאונן על החוקקים, הם סופרי הדיינים על כי המה חוקקים און. רצונו לומר, כותבים דבר שאינו הגון וכשר: **ומכתבים.** הדיינין עצמם המצווים לסופריהם לכתוב,המה יצוו לכתוב דברי עמל: **(ב) להטות.** מכתבם יהיה סיבה להטות את הדלים מן הדין הראוי להם: **ולגזול.** להעביר משפט האמת מן עניים: **להיות.** על ידי זה תהיינה האלמנות שללם. רצונו לומר, הרי כאלו הם בוזזים ושוללים את האלמנות והיתומים: **(ג) ומה תעשו.** כאומר, אם אין כח ביד האלמנות והיתומים אבל מה תשיבו למקום ברוך הוא בעת יפקוד עליכם העון הזה: **ולשואה.** לעת תבוא עליכם החושך ממרחק וזהו מלך אשור: **לעזרה.** לעזור לכם: **ואנה תעזבו.** כשתלכו בגולה איה תעזבו ההון אשר אספתם בגזל? הלא לא ישאר לא בן ולא בת: **(ד) בלתי כרע.** במקום אשר לא כרע כריעת המרבץ שם באותו המקום יהיה אסיר. רצונו לומר, חוץ מארצכם תאסרו: **ותחת.** ובאותו מקום יפלו הרוגים: **ועוד ידו נטויה.** להכות בהם בהיותם בארץ אויביהם: **(ה) הוי אשור וכו׳.** יש להתאונן על כי אשור יהיה השבט לעשות בהם אפי להכות ולרדות אותם: **ומטה.** הזעם מה שאני זועם על ישראל הוא ביד אשור למטה, כי על ידי זה יכה בהם כרצונו:

### מצודת ציון

**(א) החוקקים.** ענין כתיבה: **(ג) פקודה.** ענין זכרון; כמו, וַתִּפְקֹד עָלַי עֲוֹן הָאִשָּׁה (שמואל־ב ג, ח): **ולשואה.** ענין חושך; כמו, אֶמֶשׁ שׁוֹאָה (איוב ל, ב): **על מי.** כמו אל מי: **ואנה.** איה, כבודכם. כן יקרא העושר; וכן, עָשָׂה אֵת כָּל הַכָּבֹד הַזֶּה (בראשית לא, א): **(ד) בלתי.** ענינו כמו לא: **תחת.** במקום כמו, שְׁבוּ אִישׁ תַּחְתָּיו (שמות טז, כט):

---

Alternatively, this is metaphorically referring to the civil wars that will take place during the last days of the Northern Kingdom. Because brotherly tribes were at war with each other, the prophet describes the nation as if it were two sides of one body, its right and its left (*Ibn Ezra*).

**אִישׁ בְּשַׂר־זְרֹעוֹ יֹאכֵלוּ** — *Everyone will eat the flesh of his own arm.* Food will be so scarce that ultimately, a hunger-crazed person will eat the flesh of his own arm (*Metzudos*). *Targum Yonasan* understands this figuratively; each person will even plunder the possessions of his relative, his own flesh and blood.

**20. מְנַשֶּׁה אֶת־אֶפְרַיִם וְאֶפְרַיִם אֶת־מְנַשֶּׁה** — *Manasseh is against Ephraim, Ephraim is against Manasseh.* Although Manasseh had joined the kingdom of his brother, Ephraim, the two brothers will plunder each other and then unite to plunder the Kingdom of Judah (*Radak*).

*will eat the flesh of his own arm.* 20 *Manasseh is against Ephraim, Ephraim is against*
*Manasseh, [but] they are both together against Judah. Yet despite all this, His anger*
*has not subsided and His hand is still outstretched.*

**10** *... and from the unjust*

1 *Woe to those who inscribe inscriptions of falsehood and who order that*
*fraudulent documents be written,* 2 *to deprive the destitute of justice and to rob*
*the justice of the poor of My people, so that widows be their spoil; and they plunder*
*orphans.* 3 *What will you do about the day of retribution, about catastrophe that*
*comes from afar? To whom will you run for help? Where will you leave your glory?*
4 *[You will not survive] unless you kneel in the prisoner's place or cast yourselves*
*down in the place of the slain. Yet despite all this, His anger has not subsided, and*
*His hand is still outstretched.*
5 *Woe to Assyria, the rod of My anger; My wrath is a staff in their hand.*

**בְּכָל־זֹאת לֹא־שָׁב אַפּוֹ** — *Yet despite all this, His anger has not subsided.* This is the third time that Isaiah makes this point. The people should have repented after the first set of Divine punishments (see 9:11). Sadly, however, they didn't recognize the hand of God even after that suffering (*Daas Sofrim*).

**10.**

In the previous chapter, Isaiah called out to the people and warned them of the imminent danger they faced due to their wicked behavior. He now addresses the dishonest judges and others who pervert the judicial process to enrich themselves.

**1. הוֹי הַחֹקְקִים חִקְקֵי־אָוֶן וּמְכַתְּבִים עָמָל כִּתֵּבוּ** — *Woe to those who inscribe inscriptions of falsehood and who order that fraudulent documents be written. Those who inscribe* are the clerks who write the decisions of the court. Woe to those who record the falsehoods of the judges and woe to the judges who instruct them to do so (*Radak*). Alternatively, woe to those who forge notes and documents (*Rashi*), so that they may take money unlawfully (*Mahari Kara*).

**2. לְהַטּוֹת מִדִּין דַּלִּים וְלִגְזֹל מִשְׁפַּט עֲנִיֵּי עַמִּי** — *To deprive the destitute of justice and to rob the justice of the poor of My people.* By writing false notes and documents they deprive the destitute and poor of their legal rights (*Rashi*). *Daas Sofrim* notes that despite his harsh criticism of their shortcomings, God still refers to the nation as *My people.*

**לִהְיוֹת אַלְמָנוֹת שְׁלָלָם וְאֶת־יְתוֹמִים יָבֹזּוּ** — *So that widows be their spoil; and they plunder orphans.* If the judges intentionally pervert the law and favor the wealthy over the weak or over the widow and orphan, it is as though they actually rob the property of their victims (*Radak*).

**3. וּמַה־תַּעֲשׂוּ לְיוֹם פְּקֻדָּה וּלְשׁוֹאָה מִמֶּרְחָק תָּבוֹא** — *What will you do about the day of retribution, about catastrophe that comes from afar*? Isaiah rhetorically challenges the corrupt judges and asks them how they planned to escape retribution on the day that the Assyrians will come from afar to besiege and conquer the land (*Radak*).

**עַל־מִי תָּנוּסוּ לְעֶזְרָה וְאָנָה תַעַזְבוּ כְּבוֹדְכֶם** — *To whom will you run for help? Where will you leave your glory?* Upon whom will you rely to save you from disaster?

Thanks to your dishonest fawning over wealthy predators, you gained great glory and honors, but all your prestige will disappear when retribution overtakes you (*Abarbanel*). Alternatively, כְּבוֹדְכֶם is rendered as *your wealth.* What will become of your *own* wealth when you are plundered by the conqueror? (*Metzudos*).

**4. בִּלְתִּי כָרַע תַּחַת אַסִּיר וְתַחַת הֲרוּגִים יִפֹּלוּ** — *[You will not survive] unless you kneel in the prisoner's place or cast yourselves down in place of the slain.* Our translation follows *Ibn Ezra* and *Mahari Kara,* who comment that the only ones who will survive the slaughter and exile will be those who pretend to be prisoners or feign death among the corpses.

Alternatively, *Rashi* translates, *In the place where you never knelt, you will be a prisoner,* i.e., you will be imprisoned outside of your land. *Radak* places a comma after בִּלְתִּי and renders, *Since the people are not with me* [בִּלְתִּי], they will kneel as prisoners in the place where the prisoners are subjugated. And in the place where prisoners are slain, they, too, will be killed.

**בְּכָל־זֹאת לֹא־שָׁב אַפּוֹ** — *Yet despite all this, His anger has not subsided.* As noted above, even after this terrible suffering the people still will not repent, so God will not relent.

**5. הוֹי אַשּׁוּר שֵׁבֶט אַפִּי** — *Woe to Assyria, the rod of My anger.* Isaiah prophetically declares, "Woe to Assyria," who was chosen by God to be the rod of His anger with which to chastise the Jewish people (*Rashi*). Nations that arrogantly persecute Israel have confidence in their own prowess, but in truth they are merely God's tools. However, if their violence exceeds normal bounds, they will be punished for their cruelty.

Alternatively, woe to Israel that I made Assyria the rod of My wrath against the Jewish sinners (*Abarbanel*).

*Ramban* (*Genesis* 15:4) writes that if God decrees that a nation will carry out depredations against Israel, it will not be punished, provided it does so to obey God's will. But if it does so out of hatred and cruelty, it will be punished. This is why Pharaoh and Egypt were punished even though God decreed that the Children of Israel would be enslaved there. Our verse designates Assyria as the rod of God's anger, which justified Sennacherib's aggression. However, as verse 7 states, the Assyrians acted out of hatred and malice, and therefore Sennacherib's army was destroyed.

ו בְּגוֹי חָנֵף אֲשַׁלְּחֶנּוּ וְעַל־עַם עֶבְרָתִי אֲצַוֶּנּוּ לִשְׁלֹל שָׁלָל וְלָבֹז בַּז °ולשימו
ז [°וּלְשׂוּמוֹ ק׳] מִרְמָס כְּחֹמֶר חוּצוֹת: וְהוּא לֹא־כֵן יְדַמֶּה וּלְבָבוֹ לֹא־כֵן יַחְשֹׁב כִּי
ח לְהַשְׁמִיד בִּלְבָבוֹ וּלְהַכְרִית גּוֹיִם לֹא מְעָט: כִּי יֹאמַר הֲלֹא שָׂרַי יַחְדָּו מְלָכִים:
ט־י הֲלֹא כְּכַרְכְּמִישׁ כַּלְנוֹ אִם־לֹא כְאַרְפַּד חֲמָת אִם־לֹא כְדַמֶּשֶׂק שֹׁמְרוֹן: כַּאֲשֶׁר
יא מָצְאָה יָדִי לְמַמְלְכֹת הָאֱלִיל וּפְסִילֵיהֶם מִירוּשָׁלִַם וּמִשֹּׁמְרוֹן: הֲלֹא כַּאֲשֶׁר
יב עָשִׂיתִי לְשֹׁמְרוֹן וְלֶאֱלִילֶיהָ כֵּן אֶעֱשֶׂה לִירוּשָׁלִַם וְלַעֲצַבֶּיהָ: וְהָיָה כִּי־
יְבַצַּע אֲדֹנָי אֶת־כָּל־מַעֲשֵׂהוּ בְּהַר צִיּוֹן וּבִירוּשָׁלִָם אֶפְקֹד עַל־פְּרִי־גֹדֶל לְבַב
יג מֶלֶךְ־אַשּׁוּר וְעַל־תִּפְאֶרֶת רוּם עֵינָיו: כִּי אָמַר בְּכֹחַ יָדִי עָשִׂיתִי וּבְחָכְמָתִי כִּי

**רש״י**

(ו) **בגוי חנף.** ישראל: (ז) **והוא.** סנחרב: **לא כן ידמה.** שהגזרה מאתי ואני שולחו, ידמה קווידייר בלע״ז: **ולבבו לא כן יחשוב.** שלחתיו על עסקי ממון לשלול ולבוז בז, כי בלבבו להשמיד את הכל בגאותו: (ח) **כי יאמר וגו׳.** לכך גבה לבו: (ט) **הלא ככרכמיש.** כאשר בני כרכמיש שרים ושלטונים, כן בני כלנו. על כן אם לא כארפד אשר הוא משלטנות חמת שלקחתי מיד ארם, ואם לא כדמשק שלקחתי מיד ארם, כן עשיתי לשומרון. אם לא כארפד חמת דבוק הוא כארפד של חמת לכך נקוד פתח: (י) **ופסיליהם. . .** היו מירושלים ומשומרון. מכאן שרשעי ישראל היו מספיקין דמות עבודת כוכבים שלהם לכל האומות סביבותם. ואחרי שעובדי פסילי שומרון וירושלים נפלו בידי ולא הצילום פסיליהם, כך שומרון וירושלים לא תנצל: (יא) **כאשר עשיתי לשומרון וגו׳.** זאת יאמר לאחר שיכבוש את שומרון: (יב) **והיה כי יבצע וגו׳.** אבל לא היה כמו שדימה, אלא מאחר שיגמור הקדוש ברוך הוא את כל מעשהו ונקמתו בישראל ובקלה ערי יהודה, ומאותה יראה יכנעו בני ציון וירושלים לשוב אלי, אודיע למלך אשור כי לא בכוחו גבר: **אפקוד על פרי גודל לבב מלך אשור.** על אשר הפרה והרבה גודל לבב מלך אשור, להתהלל בכחו על שקר פרי גודל קריישמנ״ס דגרנדיי״א בלע״ז של לב סנחרב: **תפארת רום עיניו.** על שנתפאר בגאותו, תפארת וכטמנ״ט בלע״ז: **רום עיניו.** גסות רוחו כעניין שנאמר, גְּבַהּ עֵינַיִם וּרְחַב לֵבָב (תהלים קא, ה): (יג) **כי אמר בכח ידי עשיתי.** כל גבורתי לא מאת הקדוש ברוך הוא: **נבונותי.** חכמתי:

**רד״ק**

(ו) **בגוי חנף.** הפסוק כפל בענין במלות שונות. ולשומו מרמס, כי הכל יהיו דורכים ורומסים עליהם: (ז) **והוא לא כן ידמה.** כפול הענין במלות שונות. אמר כי מלך אשור לא יחשב כי הוא שלוחי ומטה זעמי, אבל חשב כי בכח ידו עושה מה שעושה מנציחת האמת. והוא אינו יודע כי הוא שלוחי וכאשר ארצה אמנענו מלהשחית. והוא חושב להשחית הכל ואפילו ירושלם: **לא מעט.** אחר שהשחית כל הממלכות וגם רוב מלכות ישראל, אמר שלא ישאר זה המעט, והיא ירושלם שלא יכבוש אותה: (ח) **כי יאמר.** בלבבו או לעמו, איך תעמד עיר או ממלכה לפני? הלא כל אחד משרי הוא חשוב כמלך, ויש לכל אחד מהם עם גדול וחיל רב. או פירוש שרי מלכים הם, והם מלכי האומות שכבש: (ט) **הלא ככרכמיש.** אלה העיירות על נהר פרת ממלכות ארם וכבשם מלך אשור. לפיכך אמר הלא ככרכמיש, כלומר זו כזו כי כולם היו שוות לפני ונמסרו בידי, וכן שמרון כמוהם: **וכלנו.** הוא כלנה הוא הנזכר בספר עמוס (ו, א): (י) **כאשר.** ממלכות האליל ופסיליהם, כלומר, אף על פי שיש בהם אלילים ופסילים, לא היה בהם כח להציל ארצם מידי: **מירושלם ומשמרון.** פירוש שהיו חזקים מירושלם ומשמרון, וכיון שלהם מצאה ידי כל שכן שמרון וירושלם. וזה אמר קודם שלכד שמרון. ואחר שלכד שמרון אמר: (יא) **הלא כאשר.** אליליה ועצביה, ענין אחד במלות שונות: (יב) **והיה כי יבצע.** כי ישלים; כמו, וְיָדָיו תְּבַצַּעְנָה (זכריה ד, ח), בִּצַּע אֶמְרָתוֹ (איכה ב, יז). אמר, כאשר ישלים ה׳ את כל מעשהו בגוים ובישראל על ידי מלך אשור בהר ציון ובירושלם, אפקוד עליו עונות שחשב, כי בכחו עשה מה שעשה בירושלם כי שם מת מחנהו ושם נפקד עונו. ומה שאמר על פרי גודל לבב מלך אשור, לפי שמחשבתו הרעה עשתה פירות, שהיה מתפאר בה לבני אדם ואומר בכח ידי עשיתי ובחכמתי כי נבונתי. והיה מצליח בכל דרכיו לפיכך היה חושב כי בחכמתו תלויה הצלחתו; זהו שאמר על פרי. וכפל הענין ואמר ועל תפארת רום עיניו, כי גבהות הלב נראה בעינים; וכן אמר, רוּם עֵינַיִם וּרְחַב לֵב (משלי כא, ד): (יג) **כי אמר.** גבולות עמים. לפי שכבש כל הארצות כאלו הסיר כל הגבולות. כי לכל עם יש גבול לארצו לפי התפשט המלכות, כאמרך מלכות עם פלוני מכאן ועד כאן. וכיון שהוא כבש הכל שב הכל מלכות אחת, וכאלו אין מלכיות הגוים נחלקות והנה הוא כאלו הסיר הגבולות:

**מצודת דוד**

(ו) **בגוי חנף.** הם ישראל המחניפים ליצרם למלאות שאלתו ופתויו: **עברתי.** מה שאני מלא עליו עברה וזעם: **ולשומו מרמס.** לרמסו ברגל כטיט המושלך בחוצות: (ז) **והוא.** אבל סנחריב מלך אשור לא ידמה כן כמו שהיא שגזרה היא מלפני: **ולבבו וכו׳.** כפל הדבר במילים שונות: **כי להשמיד בלבבו.** כי חושב בלבבו להשמיד הכל, ואף ירושלים כאלו נעשה הנצחון בכח זרועו: **ולהכרית.** חושב להכרית הכל לבל ישאיר אף מעט, (ח) יחדו. זה כזה כל אחד חשוב כמלך לפי מרבית העם שיש לכל אחד: (ט) **הלא ככרכמיש.** הלא כמו שכבשתי את כרכמיש כן כבשתי את כלנו: **אם לא וכו׳.** האם לא כמו שכבשתי את ארפד אשר היא משלטנות חמת, האם לא כמו שכבשתי את דמשק, כן אכבש את שומרון: (י) **כאשר מצאה ידי.** כמו שהשיגה ידי לכבוש הממלכות האלה עובדי האליל, והלא פסיליהם חזקים מפסילי ירושלים ומפסילי שמרון. וכאומר אם כן כל שכן שאכבוש את ירושלים ואת שמרון: (יא) **הלא כאשר וכו׳.** אשר שיכבוש שמרון בבואו על ירושלים יאמר הלא כאשר וכו׳: **ולאליליה.** כי גם האלילים שבר ולקח עמו לאשור: (יב) **כי יבצע.** כאשר ישלים ה׳ את מעשהו להביא חיל סנחריב על ציון וירושלים: **אפקוד.** אז אשגיח על מה שהפרה והרבה גודל לבב: **ועל תפארת.** על התפארות גאותו: (יג) **עשיתי.** כל מה שעשיתי בדבר הנצחון עשיתי בכח ידי ובחכמתי כי אני נבון:

**מצודת ציון**

(ז) **ידמה.** מלשון דמיון ומחשבה: (יב) **יבצע.** ענין השלמה; כמו, וְיָדָיו תְּבַצַּעְנָה (זכריה ד, ח): **אפקוד.** ענין השגחה; כמו, פִּקְדוּ נָא וּרְאוּ (שמואל־א יד, יז):

---

**6.** **בְּגוֹי חָנֵף אֲשַׁלְּחֶנּוּ** — *Against a hypocritical people shall I send them.* God is sending Assyria to punish hypocritical Israel — see 9:16 (*Rashi*).

**לִשְׁלֹל שָׁלָל וְלָבֹז בַּז** — *To take spoils and to plunder booty.* He is sending them to take spoils and to plunder the wealth of the Northern Kingdom and to trample its people like the mire of the streets, so that they may repent and return to God (*Mahari Kara*).

*Malbim* explains that שָׁלָל refers to the wealth that is left after a city is conquered and its defenders are killed or taken

*6 Against a hypocritical people shall I send them, and against a people that angers Me shall I charge them, to take spoils and to plunder booty, and to make them trampled like the mire of the streets. 7 But he does not imagine this, and his heart does not think this way; for his heart is set to destroy, and to cut off nations, without leaving even a bit. 8 For he says, "Are not all my officers [like] kings? 9 Is not Calno like Carchemish; is not Hamath like Arpad; is not Samaria like Damascus?*

*Assyria's conceit*

*10 Just as my hand has overpowered the kingdoms of the false god — and their graven images are from Jerusalem and Samaria — 11 surely, just as I have done to Samaria and its false gods, so shall I do to Jerusalem and its idols!"*

*12 But it will be that after the Lord completes all His work, at Mount Zion and Jerusalem, I will deal with the fruits of the Assyrian king's conceit, and with the glory of his arrogant eyes. 13 For he said, "With the strength of my hand have I accomplished, and with my wisdom, for I have*

---

captive. The plunder that the conquerors have actually taken for themselves during the course of the battle is called בָּז or בִּזָּה.

**7. וְהוּא לֹא־כֵן יְדַמֶּה וּלְבָבוֹ לֹא־כֵן יַחְשֹׁב** — *But he does not imagine this, and his heart does not think this way.* The Assyrian king does not even begin to realize that he is My agent and the rod of My anger. He believes that his conquests and victories are due to his own strength (*Mahari Kara*).

**כִּי לְהַשְׁמִיד בִּלְבָבוֹ וּלְהַכְרִית גּוֹיִם לֹא מְעָט** — *For his heart is set to destroy, and to cut off nations, without leaving even a bit.* I am sending him only to conquer the Northern Kingdom and plunder its spoils, but in his haughtiness, his heart is set to destroy the entire land (*Mahari Kara*) without leaving *even a bit,* i.e., without sparing the city of Jerusalem (*Radak*). Isaiah is decrying the arrogance of Sennacherib. God unleashed him only to exile the Ten Tribes, but he thinks it is in his power to destroy even Jerusalem.

**8. כִּי יֹאמַר הֲלֹא שָׂרַי יַחְדָּו מְלָכִים** — *For he says, "Are not all my officers [like] kings?"* Sennacherib boasts that no city or kingdom can withstand his might, for each of his officers is like a king with a huge army. Alternatively, the kings of the nations he had conquered are actually the officers of his government (*Radak*), and therefore are proven leaders. Shrewdly, Sennacherib appointed them as his officers so that they would not rebel against him (*Daas Sofrim*).

**9. הֲלֹא כְּכַרְכְּמִישׁ כַּלְנוֹ אִם־לֹא כְאַרְפַּד חֲמָת אִם־לֹא כְדַמֶּשֶׂק שֹׁמְרוֹן** — *Is not Calno like Carchemish; is not Hamath like Arpad; is not Samaria like Damascus?* These were important cities along the Euphrates River that had originally belonged to Aram and were captured by Assyria. Sennacherib boasts that just as he conquered city after city all the way to Damascus, so too will he conquer Samaria (*Radak*).

**10. כַּאֲשֶׁר מָצְאָה יָדִי לְמַמְלְכֹת הָאֱלִיל** — *Just as my hand has overpowered the kingdoms of the false god.* Unlike other nations, the Assyrians did not credit their victories to their idols but to their own strength and power (*Daas Sofrim*). Sennacherib continues to boast that just as he conquered their kingdoms (v. 9) despite the power of their deities, so too will he surely conquer the weaker kingdoms of Samaria and Jerusalem (*Radak*).

**וּפְסִילֵיהֶם מִירוּשָׁלִַם וּמִשֹּׁמְרוֹן** — *And their graven images are from Jerusalem and Samaria.* The wicked people of Jerusalem and Samaria supplied graven images to the very nations that Assyria had conquered. Sennacherib declared that just as these idols did not help those who purchased them from the Jews, so they will not help Samaria and Jerusalem (*Rashi*). Since these graven images could not save the worshipers who believed in them, they surely could not save those who created them in the first place (*Me'am Loez*).

**11. הֲלֹא כַּאֲשֶׁר עָשִׂיתִי לְשֹׁמְרוֹן וְלֶאֱלִילֶיהָ כֵּן אֶעֱשֶׂה לִירוּשָׁלִַם וְלַעֲצַבֶּיהָ** — *Surely, just as I have done to Samaria and its false gods, so shall I do to Jerusalem and its idols.* Sennacherib will utter this arrogant statement after conquering Samaria, for his next target would be Jerusalem (*Rashi; Radak; Ibn Ezra*). Although it seems clear from this statement that idolatry was present in both Samaria and Jerusalem (see *Mahari Kara*), Sennacherib may have been referring to the idols belonging to Ahaz, king of Judah (*Daas Sofrim*), for there was surely no idol worship during the reign of the righteous Hezekiah, the son of Ahaz, who was king at the time of Sennacherib's siege of Jerusalem.

**12. וְהָיָה כִּי־יְבַצַּע אֲדֹנָי אֶת־כָּל־מַעֲשֵׂהוּ** — *But it will be that after the Lord completes all His work.* God used the Assyrians as His "rod of anger" to punish the Northern Kingdom and much of the Kingdom of Judah. Then Sennacherib besieged Jerusalem. God intended all of this to cow the people of Jerusalem so that they would repent. When that happened, Sennacherib's work was done and God destroyed him and his army (*Rashi*).

**וְעַל־תִּפְאֶרֶת רוּם עֵינָיו** — *And with the glory of his arrogant eyes.* One can sense a person's arrogance from the look in his eyes. Unlike a humble person who looks downward, an arrogant person's eyes are focused upward. See *Metzudos* to *Proverbs* 21:4.

נִבְנֻוֹתִי וְאָסִיר | גְּבוּלֹת עַמִּים °ועתידתיהם °[וַעֲתוּדֹתֵיהֶם ק׳] שׁוֹשֵׂתִי
יד וְאוֹרִיד כַּאבִּיר יוֹשְׁבִים: וַתִּמְצָא כַקֵּן | יָדִי לְחֵיל הָעַמִּים וְכֶאֱסֹף בֵּיצִים
עֲזֻבוֹת כָּל־הָאָרֶץ אֲנִי אָסָפְתִּי וְלֹא הָיָה נֹדֵד כָּנָף וּפֹצֶה פֶה וּמְצַפְצֵף:
טו הֲיִתְפָּאֵר הַגַּרְזֶן עַל הַחֹצֵב בּוֹ אִם־יִתְגַּדֵּל הַמַּשּׂוֹר עַל־מְנִיפוֹ כְּהָנִיף שֵׁבֶט
טז אֶת־מְרִימָיו כְּהָרִים מַטֶּה לֹא־עֵץ: לָכֵן יְשַׁלַּח
הָאָדוֹן יהוה צְבָאוֹת בְּמִשְׁמַנָּיו רָזוֹן וְתַחַת כְּבֹדוֹ יֵקַד יְקֹד כִּיקוֹד אֵשׁ:

### רש״י

**ועתידותיהם.** מטמדם ומלכם: **ואוריד.** הורדתים מגדולתם: **כביר יושבים.** יושבים רבים, כביר פולשור״ש: **(יד) בקן.** כקיני עופות הפקר: **וכאסוף ביצים עזובות.** וכאשר יאסוף איש ביצים עזובות שעזבתם אמם ואין מוחה בידם לכסות עליהם: **נודד כנף ופוצה פה ומצפצף.** כל הלשון הזה נופל בעופות. לפי שדימה אותם הגולים לקן לפרים ולביצים עזובות, אמר לשון זה לא לפלפו עליהם האב והאם: **(טו) היתפאר הגרזן.** הקדוש ברוך הוא אומר, לא היה לך להתהלל בזאת, כי אינך אלא כגרזן שלי ואני החוצב בך, נפרע על ידך מאויבי. אתה המשור ואני המניפו וכי דרך המשור להתהלל על מניפו? משור מייר״א בלע״ז: **כהניף שבט את מרימיו.** כאלו היה השבט מניף את עצמו ואת יד המרימו. והלא אין שבט מניפו אלא האדם: **כהרים מטה לא עץ.** לא העץ הוא המרים אלא האדם הוא המרים: **(טז) ותחת כבודו.** תחת בגדיהם יהיו נשרפין; הבגדים הם מכבדים את האדם (בבא קמא לא, ב): **יקד יקוד.** ישרף שריפה כשריפת אש. ומדרש אגדה (שמות רבה פרשה יח, פסקא ה), כאן פרע לבני שם הכבוד שעשה שם לאביו כשכסה ערות נח אביו שנאמר, וַיִּקַּח שֵׁם וָיֶפֶת וגו׳ (בראשית ט, כג):

### רד״ק

**ועתידותיהם שושיתי.** כתוב ביו״ד וקרי ועתודותיהם בוי״ו, ואחד הוא בענין: **שושיתי.** בשני שיני״ן, השנים קורין סי״ן והוא כמו סמך, מן, שֹׁסִים אֶת־הַגֳּרָנוֹת (שמואל־א כג, א). ושוסתי מן הדומה למרובע. ופירוש עתודותיהם, אוצרותיהם; לפי שממון האוצרות הוא טמון בהם לעתיד אם יצטרך לו. ויונתן תרגם, וְקִרְוֵי תּוּשְׁבְּחַתְהוֹן בְּזֵיתִי: **ואוריד כאביר יושבים.** אל״ף כאביר נוספת, או המלה נוספת מן כביר ואביר, ושניהם ענין אחד וההרכבה להגדלה. פירוש אותם שיושבים במקום כביר וחזק, אני אוריד אותם לארץ. ובפסוק ואסיר ואוריד לעתיד, כי הוי״ו בשוא. ושושיתי, עבר והנה עבר ועתיד בפסוק? והטעם, כי כבש המדינות ועתיד לכבוש הארצות: **(יד) ותמצא כקן ידי.** כמו שהקן מופקר ונעזב לכל עובר. וכן כתוב גם כן, כְּעוֹף נוֹדֵד קֵן מְשֻׁלָּח (לקמן טז, ב). אמר חיל העמים מצאה אותו ידי. כמו שימצא האדם הקן ויקחנו ואין ממחה בידו, כן אני לא מצאתי בכל העמים מי שיעמד כנגדי. וכמו שיאסוף אדם בצים עזובות שאין האם עליהם; כי כשהעוף עליהם נודד כנפיו ומכה בקן למנוע מלקחתם אם יוכל, אבל כשהם עזובות יקחם בלא מניעה. כן אני לא מצאתי מונע לכל מה שלקחתי ואספתי ולא אפילו בדבור, כל שכן במעשה. ולפי שהמשיל חיל עמים לקן ולבצים עזובות, המשיל העמים לעוף. לפיכך אמר נודד כנף ופוצה פה ומצפצף. ולמ״ד לחיל כלמ״ד הָרְגוּ לְאַבְנֵר (שמואל־ב ג, ל). ונודד הוא פעל יוצא, או יהיה פעל עומד כחבריו. והוא כמו, נֹבֶלֶת עָלֶהָ (לעיל א, ל), לפי שעליה נובלים תקרא האלה נובלת; כלומר מצד עליה שהם נובלים, וכן נודד כנף, מצד כנפיו שהוא נודד: **(טו) היתפאר.** אמר הנביא אלה דברי מלך אשור. וזה תימה, היאך יתפאר הגרזן על החוצב בו? והגרזן הוא מלך אשור, והחוצב בו הוא האל יתברך. וכפל הענין לחזק: **ומשור.** הוא המגרה, ושרשו נשר והנו״ן נבלע בדגש השי״ן. וממנו מסככין בנסרים הנזכר במשנה (סוכה א, ו): **כהניף שבט.** כמו שמניף זה השבט, והוא מלך אשור, כמו שאמר שֵׁבֶט אַפִּי (לעיל פסוק ה). ועם מי הוא, לא עם המטה כמוהו אלא עם מי שמרים אותו להכות העמים והוא האל יתברך. ואמר מרימיו לשון רבים; כמו, אֱלֹהִים קְדֹשִׁים הוּא (יהושע כד, יט). וכפל הדבר במלות שונות: **ואמר כהרים מטה.** לחזק הענין. ופירוש, לא עץ זה המטה לא יבא שיהא עץ כשאר העצים. כלומר, לא יגדל יותר ממה שהוא עתה, ומעתה בהתפארו יסוף ויכלה: **(טז) לכן ישלח האדון.** בעבור זה שלא חשב הוא שיש עליון מנהיג אותו, אלא אמר כי בכחו ובחכמתו היה עושה מה שהיה עושה, לפיכך יראה לו האל כי הוא האדון והוא אדון צבאות מעלה וצבאות מטה, והוא ישלח בצבאותיו מגפה. ואמר רזון והוא המות; כמו, וַיְשַׁלַּח רָזוֹן בְּנַפְשָׁם (תהלים קו, טו). ועוד, לפי שאמר במשמניו אמר גם כן רזון. ופירוש במשמניו, גדולים שבהם גבורים ובריאים; כמו, וַיַּכְחֵד כָּל גִּבּוֹר חַיִל וְנָגִיד וכו׳ (דברי הימים־ב לב, כא). וכן נקראו הבריאים והחזקים בלשון הזה, כאמרו כָּל שָׁמֵן וְכָל אִישׁ חָיִל (שופטים ג, כט). וכן אמר, וַיַּהֲרֹג בְּמִשְׁמַנֵּיהֶם וּבַחוּרֵי יִשְׂרָאֵל הִכְרִיעַ (תהלים עח, לא): **ותחת כבודו.** ובמקום כבודו, כלומר במקום שהיה שם מתכבד מחנהו הגדול והעצום, שם יקד יקוד כיקוד אש תבער בו מגפה שורפת שתשרפנו כשרפת אש:

### מצודת דוד

**ואסיר.** באמרם עד כאן גבול מלכות זו ועד כאן וכו׳. וכיון שכבש הכל הסיר הגבולים כי נחשב הכל כמלכות אחת: **ועתודותיהם שושתי.** שללתי אוצרותיהם: **ואוריד.** הורדתי היושבים במקום חוזק. וחוזר על תחלת המקרא שאומר את כל אלה עשה בכח הזרוע ובחכמה נפלאה: **(יד) ותמצא כקן ידי.** רצונו לומר, השיגה ידי לצבא העמים כמו שיד כל משגת קן צפור המופקר: **וכאסוף וכו׳.** אספתי אני את כל אנשי הארץ, כמו המאסף בצים שעזבם אמם והלכה לה: **ולא היה נודד כנף.** לפי שדמה הגולים לקן צפור ולביצים עזובות אמר לשון הנופל בעופות, שמנדנדים בכנפיהם ופותחים פיהם ומצפצפים בחושבם שבזה ינצלו. ורצונו לומר, שלא עמד מי למולו למחות בידו: **(טו) היתפאר.** אמר הנביא, וכי מהראוי שיתפאר הגרזן על החוצב בו לומר אני החוצב ולא אתה. רצונו לומר, הלא אשור אינו אלא כגרזן ביד האל ולא בכוחו יגבר: **אם יתגדל וכו׳.** כפל הדבר במילים שונות: **כהניף שבט.** כאילו השבט עם מרימיו הניף את השבט. רצונו לומר, אפילו כח שניהם עשתה את ההנפה: **כהרים מטה.** כאלו המטה הרים וכו׳ וכפל הדבר במילים שונות: **לא עץ.** הנה באמת לא העץ הוא המרים כי אם האדם הוא המרים.ורצונו לומר, הנה כן לא אשור הוא בעל הנצחון כי אם המקום שהמשילו: **(טז) לכן.** בעבור גודל לבבו: **במשמניו רזון.** ירזה את השמנים שבעמו. רצונו לומר, יאבדו מן העולם: **ותחת כבודו.** ובמקום שהיה מתכבד בעצמו לתלות הדבר בכח זרועו, במקום זה יהיה ללעג וקלס כי תבער הבערה כתבערת אש. רצונו לומר, כל אנשיו ימותו על ידי המלאך המכה בהם כאלו נשרפו באש, וכן נאמר בו, וְהָיְתָה לִשְׂרֵפָה מַאֲכֹלֶת אֵשׁ (לעיל ט, ד):

### מצודת ציון

**(יג) ועתודותיהם.** אוצרותיהם המזומן לעת הצורך, והוא מלשון הִתְעַתְּדוּ לְגַלִּים (איוב טו, כח) שהוא ענין הזמנה: **שושתי.** כמו שוסתי בסמ״ך, והוא ענין בזה ושלל, כמו, שֹׁסִים אֶת הַגֳּרָנוֹת (שמואל־א כג, א): **כביר.** ענין חוזק כמו כַּבִּיר כֹּחַ לֵב (איוב לו, ה): **(יד) כקן.** הוא מדור העופות, כמו, וּדְרוֹר קֵן לָהּ (תהלים פד, ד): **חיל.** ענין צבא העם: **ופוצה.** ענין פתיחה, כמו, פָּצִיתִי פִי (שופטים יא, לה): **ומצפצף.** כן נקרא השמעת קול העופות: **(טו) הגרזן.** שם הכלי שחוטבים בו העצים; כמו, וְנִדְּחָה יָדוֹ בַגַּרְזֶן (דברים יט, ה): **החוצב.** ענין חטיבה ובקיעה; ודומה לו, וְגַם יֶקֶב חָצֵב בּוֹ (לעיל ה, ב): **המשור.** שם כלי מלא פגימות עשויה לחתוך בה העצים; וכן, וַיָּשַׂר בַּמְּגֵרָה דברי הימים־א כ, ג): **מניפו.** מלשון הנפה והרמה: **כהרים.** מלשון הרמה והגבהה: **מרימיו.** עם מרימיו: **(טז) משמניו.** מלשון שמן: **רזון.** ענין כחשות: **ותחת.** במקום: **יקד.** ענין הבער; כמו, עַל מוֹקְדָה (ויקרא ו, ב):

*understanding; I have removed the boundaries of peoples and have plundered*
*their treasures; I have brought down dwellers in strongholds.* 14 *My hand has*
*found the wealth of the peoples like a nest; as one gathers abandoned eggs, so*
*have I gathered the whole world, and no one shook a wing or opened a mouth*
*and chirped [in protest]."*
15 *Can a hatchet glory over the one who chops with it? Can a saw be greater*
*than the one who wields it? It is as if a rod could shake those who lift it; as if a*
*stick could lift one who is not wood!*

*Parable of the forest fire*

16 *Therefore, the Lord, HASHEM, Master of Legions, will send a leanness among*
*his fattened ones, and instead of his glory, a burning will burn like a blaze of fire.*

---

**13. כִּי אָמַר בְּכֹחַ יָדִי עָשִׂיתִי וּבְחָכְמָתִי כִּי נְבֻנוֹתִי** — *For he said, "With the strength of my hand have I accomplished, and with my wisdom, for I have understanding."* Sennacherib attributed his success to his own might and brilliant strategies. He would not acknowledge that it is God Who has given him this strength and understanding (*Rashi*).

**וְאָסִיר גְּבוּלֹת עַמִּים** — *I have removed the boundaries of peoples.* Boundaries separate countries. By merging the many lands that he conquered into his kingdom, it was as though Sennacherib had removed the boundaries that separated them (*Radak*).

Alternatively, to prevent possible rebellions, Sennacherib would uproot the people of one conquered nation and resettle them in a different land, thereby removing the boundary that prevented people from crossing alien borders (*Mahari Kara*). This has halachic significance, for although Ammonites and Moabites are forbidden to enter the congregation of Hashem (*Deuteronomy* 23:4), since Sennacherib resettled the people of the nations that he conquered, we can assume that one who comes from the land of Ammon is not an actual descendant of that nation and he may therefore marry a Jew (*Berachos* 28a).

**וַעֲתוּדֹתֵיהֶם שׁוֹשֵׂתִי** — *And have plundered their treasures.* Our translation follows *Radak* and *Ibn Ezra,* who relate עֲתוּדֹתֵיהֶם to עָתִיד, *future,* i.e., the prophet refers to the money and wealth that the people had put away for their future. *Rashi* relates this word to the Aramaic עתד, *to stand,* and translates, "the places that they had inhabited will be plundered."

**14. וַתִּמְצָא כַקֵּן יָדִי לְחֵיל הָעַמִּים** — *My hand has found the wealth of the peoples like a nest.* Sennacherib boasted that his many conquests were accomplished with minimum effort, as if he were gathering eggs from a nest that had been abandoned by the mother bird (*Rashi*).

**וְלֹא הָיָה נֹדֵד כָּנָף וּפֹצֶה פֶה וּמְצַפְצֵף** — *And no one shook a wing or opened a mouth and chirped [in protest].* Sennacherib describes the lack of opposition to his attacks in terminology appropriate for his parable of a bird's nest (*Rashi*), and states that there were no verbal nor physical protests against his attacks (*Radak*).

**15. הֲיִתְפָּאֵר הַגַּרְזֶן עַל הַחֹצֵב בּוֹ** — *Can a hatchet glory over the one who chops with it?* The prophet is astounded by Sennacherib's arrogance. He asks, "Does the hatchet brag to the woodchopper who uses it or does the saw boast to the carpenter who wields it?" So too is it with Sennacherib; he has no right to boast of his victorious conquests for actually, they are God's. The Assyrian is no more than an instrument that God is using to exact retribution against the sinful nations (*Radak*).

**כְּהָנִיף שֵׁבֶט אֶת מְרִימָיו** — *It is as if a rod could shake those who lift it.* To think that Sennacherib's victories are due to his strength and military capabilities is like saying that the rod has the power to lift the one who wields it (*Rashi*).

**כְּהָרִים מַטֶּה לֹא־עֵץ** — *As if a stick could lift one who is not wood.* The hatchet, the saw, the rod, and the stick are all useless without the human power behind them (*Rashi*). The prophet repeats this message with different metaphors to encourage the Jewish people not to fear future events, for the Assyrians are nothing more than God's tool (*Daas Sofrim*).

*Radak* explains this last metaphor differently. The stick is not like a tree. A tree can continue to grow after one of its branches has been severed, but the severed branch can no longer grow. Similarly, Sennacherib's boasts will not make him greater; they will only cause his destruction.

**16. לָכֵן יְשַׁלַּח הָאָדוֹן ה׳ צְבָאוֹת בְּמִשְׁמַנָּיו רָזוֹן** — *Therefore, the Lord, HASHEM, Master of Legions, will send a leanness among his fattened ones.* Sennacherib's mighty officers are *his fattened ones.* Isaiah foretells that because of their leader's extreme arrogance, God will punish him and strip him of his power. His officers will become "lean," weak, and tired, so that they will postpone their attack against Jerusalem. Then, when the attack comes, God will show that it is He Who is the Master of the entire universe, as He brings the downfall of the Assyrian army through a plague that very night.

**וְתַחַת כְּבֹדוֹ יֵקַד יְקֹד כִּיקוֹד אֵשׁ** — *And instead of his glory, a burning will burn like a blaze of fire.* Instead of the honor and glory that Sennacherib's troops envisioned, they will be struck down with a burning plague that will consume them as if they were incinerated by a fire (*Radak*). The Talmud discusses the exact manner in which the Assyrian soldiers would be killed. Some say that their bodies would be burned but not their garments. Others say that only their souls would be burned but not their bodies (*Shabbos* 113b). According to *Midrash Tanchuma*, the garments of the Assyrian soldiers merited special protection because their ancestor Shem had saved his father Noah from terrible embarrassment when he covered Noah with a garment so that his nakedness would not be publicly exposed — see *Genesis* 9:23 (*Rashi*).

יז וְהָיָה אוֹר־יִשְׂרָאֵל לְאֵשׁ וּקְדוֹשׁוֹ לְלֶהָבָה וּבָעֲרָה וְאָכְלָה שִׁיתוֹ וּשְׁמִירוֹ
יח בְּיוֹם אֶחָד: וּכְבוֹד יַעְרוֹ וְכַרְמִלּוֹ מִנֶּפֶשׁ וְעַד־בָּשָׂר יְכַלֶּה וְהָיָה כִּמְסֹס נֹסֵס:
יט־כ וּשְׁאָר עֵץ יַעְרוֹ מִסְפָּר יִהְיוּ וְנַעַר יִכְתְּבֵם: וְהָיָה | בַּיּוֹם
הַהוּא לֹא־יוֹסִיף עוֹד שְׁאָר יִשְׂרָאֵל וּפְלֵיטַת בֵּית־יַעֲקֹב לְהִשָּׁעֵן עַל־מַכֵּהוּ
כא וְנִשְׁעַן עַל־יהוה קְדוֹשׁ יִשְׂרָאֵל בֶּאֱמֶת: שְׁאָר יָשׁוּב שְׁאָר יַעֲקֹב אֶל־אֵל
כב גִּבּוֹר: כִּי אִם־יִהְיֶה עַמְּךָ יִשְׂרָאֵל כְּחוֹל הַיָּם שְׁאָר יָשׁוּב בּוֹ כִּלָּיוֹן חָרוּץ

**רש"י**

(יז) **אור ישראל.** התורה שעוסק בה חזקיהו תהיה לאש לסנחרב: **וקדושו.** הקדוש ברוך הוא. דבר אחר, וקדושו לדיקים שבדור: **שיתו ושמירו.** שריו וגבוריו: (יח) **וכבוד יערו וכרמילו.** הם רבוי חיילותיו: **ברמל.** יער גבוה: **במסוס נוסס.** לפי שדימה אותם לעלי יער דימה פורענותם לתולעת הנוסר בפיו וטוחן העץ וקורהו סס. כמו, וְכַצֶּמֶר יֹאכְלֵם סָס (לקמן נא, ח): **במסוס נוסס.** כמגור המגורר: **במסוס נוסס.** כמסום של נוסס שהוא נטחן דק דק, שהתולעת טוחן; כך היה האפר ושריפת גופן דק. מסום הוא הנטחן ונופל על ידי תולעת, נוסס הוא התולעת: (יט) **ושאר עץ יערו.** הנותרים בחיילותיו: **מספר יהיו.** נחים לספור כי מעט הם ונער יוכל לכתבם. ואמרו רבותינו (סנהדרין לב, ב), עשרה נשאר מהם, שאין לך קטן שאינו כותב יו"ד קטנה: (כ) **להשען על מכהו.** לסמוך על מלכי מצרים שהם היו תחלת המציקים להם: (כא) **שאר ישוב.** השארית שבהן ישובו אל הקדוש ברוך הוא.: **אל גבור.** שהראה להם גבורה בסנחרב: (כב) **כי אם יהיה עמך.** לחזקיהו אמר הנביא, אם יהיה עמך כחול הים, השאר שישוב בו למוטב, תשטף את כליון החרוץ לבא עליהם, ויעכבנו מלבא בצדקה שיתנהג בה:

**רד"ק**

(יז) **והיה אור ישראל.** האל שהוא אור ישראל, והאיר להם בחשכה שהיו בה; כמו שאמר למעלה, הָעָם הַהֹלְכִים בַּחֹשֶׁךְ רָאוּ אוֹר גָּדוֹל (לעיל ט, א). והנה האל יתברך כמו האור המאיר והאוכל, ויאיר לישראל, ויאכל במחנה אשור. וכפל הענין במלות שונות לחזק הענין. ופירוש שיתו ושמירו כתרגומו. וקרא השרים הגדולים שבמחנהו קוצים, לפי שבהם היה מכאיב העולם כקוץ מכאיב: (יח) **וכבוד יערו וכרמלו.** היער הוא מקום העצים הגדולים והארזים, והכרמל הוא מקום העבוד שבו שדות וכרמים. והמשיל מחנה אשור ליער ולכרמל, כי היו במחנהו מלכים ושרים גדולים, והיה במחנהו די לכל צרכיהם וממון רב משלל מצרים וכוש, והיה בהם עם רב עובדי אדמה וזולתם, וכבוד כל המחנה מתו כולם. ומה שאמר מנפש ועד בשר יכלה, מראה כי הגוף גם כן נשרף. ויש בזה מחלוקת בדברי רבותינו, וחלקו על פסוק ותחת כבודו ולא כבודו ממש כמו שהוא בפרק חלק (סנהדרין צד, ב). והנה פסוק זה מסייע למי שאומר כי הנפש עם הגוף נשרפו, והפסוק שאמר, וַיַּשְׁכִּימוּ בַבֹּקֶר וְהִנֵּה כֻלָּם פְּגָרִים מֵתִים (מלכים־ב יט, לה), מסייע למי שאמר נשמה נשרפו וגוף קיים, כי הפגרים היו אלה שהיו מתים. ואף על פי שהם לא הביאו אלא שני פסוקים הנה מראה טעם כל אחד ואחד, ונוכל לתרץ שני הפסוקים כי נשרף מקצת גופם. וכן אומר למטה בפרשת הֵן אֶרְאֶלָּם צָעֲקוּ חֻצָה (לקמן לג, ז), וְהָיוּ עַמִּים מִשְׂרְפוֹת שִׂיד (לקמן לג, יב), והיה כמסוס נוסס. והיה מחנהו כמו מחנה שימס נושא הנס, כי יפול כל המחנה. ויונתן תרגם, וִיהֵי תְּבִיר וַעֲרִיק, יהיו נשברים ונסים, כלומר המעטים הנותרים ינוסו: (יט) **ושאר עץ יערו.** לפי שהמשיל המחנה לעצי היער, אמר הנשארים מעץ יערו שלא ימותו מספר יהיו, כלומר מעטים; כמו, וַאֲנִי מְתֵי מִסְפָּר (בראשית לד, ל): **ונער יכתבם.** פירוש בו, כי עשרה היו הנשארים. והנער כשמתחיל לכתוב בלמדו הכתיבה, תחילה יכתוב אות היו"ד כי היא ראשית האל"ף. ויתכן לפרש כי הנער לא ילאה לכתבם כי מעטים יהיו, והנער יכול לספרם ולכתבם: (כ) **והיה ביום ההוא.** להשען על מכהו כמו שהיה אחז נשען על מלך אשור, והיה מכהו במס שהיה מכביד עליו, או מכהו במלחמה, כי אחר כן נלחם בו. ועתה הכירו כי אין להשען באדם כי צריך לו שיעבדנו ויתן לו מס, וכאשר לא יתן או הוא לא ירצה בו, יכהו וילחם בו. אבל ראוי להשען על ה' צבאות כי לא יבקש מהאדם דבר אלא שישען בו באמת ויושיענו מכל צרותיו. ולפי שחזקיהו נשען על ה', הכה מלך אשור שהיה מכהו, ונודע לכל כי ה' קדוש ישראל, (כא) שאר ישוב. לפי שבימי חזקיהו גלו רוב ישראל, לפיכך אמר שאר, כלומר, מה שנשאר מישראל ישוב. ובאר עוד ואמר, שאר יעקב למי ישוב אל אל גבור. ישוב בתשובה שלמה אל ה' שהראה גבורתו בגבורי האדם: (כב) **כי אם יהיה.** כנוי עמך כנגד חזקיהו. אמר, אפילו אם יהיו רבים כחול הים, שאר יקראו מי שישוב בו, כי כשהלך הרוב המעט יקרא שאר. כן ישראל רובה יכלו ויעבור עליהם כליון חרוץ שישטפם בצדקה ויכלם, לפי שהם פושעים והנשאר בו שהוא המעט ישוב לאל. וזה אומר על עשרת השבטים שגלו, והשאר יהודה ובנימן שבו לאל בימי חזקיהו והושיעם האל מיד מלך אשור: **וכליון חרוץ.** פירוש, כליון גמור:

**מצודת דוד**

(יז) **והיה אור ישראל.** האל המאיר לישראל: **וקדושו.** הוא האל קדוש ישראל, וכפל הדבר במילים שונות: **שיתו ושמירו.** וקראם כן לפי שבהם היה מכאיב העמים כבקוץ מכאיב: (יח) **וכבוד יערו.** מרבית אנשיו כעצי היער אשר היה מתכבד בהם: **וכרמלו.** רצונו לומר, בעלי העושר ככרמל הזה שהוא מלא ברכת ה' שדות וכרמים: **מנפש וכו'.** כי ישרוף גופן ונפשם: **והיה.** העם ההוא יהיה כהנטחן מן התולעת אשר יטחן בפיו את העצים דק דק ולפי שהמשילם לעצי היער אמר לשון הנופל בהשחתת העצים: (יט) **ושאר.** שאר העץ הנשאר ביערו רצונו לומר הנשאר במחנהו: **מספר יהיו.** יהיו מעט מתי מספר: **ונער.** אף הנער לא ילאה לכתבם ולפרטם כי מעטים יהיו: (כ) **ביום ההוא.** כשיראה גדול הנס הזה: **על מכהו.** על מצרים שהם היו תחילת המציקים להם: **באמת.** בכל לבב: (כא) **שאר ישוב.** השארית ישובו, ולתוספת ביאור אמר שאר יעקב וכו'. רצונו לומר, השארית מבני יעקב הם ישובו לה' שהראם גבורות באשור: (כב) **כי אם וכו'.** רצונו לומר, אף על פי שיהיו מרובים לא ישאר בהם כי אם שארית אשר ישובו לה', כי כליון חרוץ יבוא כנחל שוטף במשפט צדק ואמת, כי יהיו ראוים לכליון:

**מצודת ציון**

(יז) **שיתו ושמירו.** מיני קוצים: (יח) **וכרמלו.** שם כרמל הונח למקום שדות וכרמים; וכמו שכתוב, וְהָיָה מִדְבָּר לַכַּרְמֶל (לקמן לב, יד): **כמסוס נוסס.** שם התולעת האוכל וטוחן את העץ נקרא נוסס, ודומה לו, וְכַצֶּמֶר יֹאכְלֵם סָס (לקמן נא, ח), והנטחן עצמה נקרא מסוס: (כב) **חרוץ.** גזור וחתוך כמו כן, מִשְׁפָּטֶךָ אַתָּה חָרָצְתָּ (מלכים־א כ, מ):

**17.** וְהָיָה אוֹר־יִשְׂרָאֵל לְאֵשׁ וּקְדוֹשׁוֹ לְלֶהָבָה — *And the Light of Israel will be like fire and his Holy One will be like a flame. The Light of Israel* and *his Holy One* refer to God, for He brings light to Israel (see 9:1). He will be like a burning flame against the Assyrians, who will be consumed by His fire (*Radak*). Alternatively, *the Light of Israel* is the Torah that Hezekiah studied intensively. It will be like a fire aimed at Sennacherib. *His Holy One* is a reference either to God or to the righteous people of the generation (*Rashi*), for it was through the merit of Hezekiah, Isaiah, and other righteous members of the nation that Jerusalem was spared (*Abarbanel*).

According to others Hezekiah is *the Light of Israel,* for it

17 *And the Light of Israel will be like fire and his Holy One will be like a flame; it*
*will burn and consume his thorns and weeds in a single day;* 18 *and its glorious*
*forest and its fertile fields, it will annihilate from soul to flesh, and they will be*
*like a termite's chewings.* 19 *The tree-remnant of his forest will be few; a child*
*will record them.*
20 *It will be on that day that the remnant of Israel and the survivors of the*
*House of Jacob will no longer rely on its attacker, but will rely on* HASHEM, *the*
*Holy One of Israel, in truth.* 21 *The remnant will return, the remnant of Jacob,*
*to the mighty God.* 22 *For even if your people Israel will be like the sand of the*
*sea, only a remnant of it will return; [for] an intense destruction will surge forth,*

*Israel's remnant will return . . .*

was he who enlightened the eyes of his subjects with the Torah. Isaiah and the other righteous men are the *Holy Ones,* for they admonished the people to return to God (*Kli Paz*). According to the *Vilna Gaon, the Light of Israel* refers to the study of Torah and the *Holy One* refers to the prayer service (see *Psalms* 22:4), both of which played a significant role in the miraculous defeat of Sennacherib and his armies.

In direct proportion to Israel's degree of fiery and enthusiastic service of God, its enemies will regard it as a fire that they should respect and fear. By contrast, when Amalek attacked Israel in the Wilderness, it attempted to "cool off" [אֲשֶׁר קָרְךָ] the zeal with which the nation was marching to Sinai to accept the Torah. This is why the people feared Amalek, and why we should always fear anything that can detract from our zealous service of God (*Shem MiShmuel*).

**וּבָעֲרָה וְאָכְלָה שִׁיתוֹ וּשְׁמִירוֹ בְּיוֹם אֶחָד** — *It will burn and consume his thorns and weeds in a single day.* The thorns and weeds are symbolic of the Assyrian nobles and mighty warriors, for they caused much pain for Israel like thorns pricking flesh (*Radak*).

**18. וּכְבוֹד יַעְרוֹ וְכַרְמִלּוֹ** — *And its glorious forest and its fertile fields.* Sennacherib's numerous armies are like the trees of the forest and fertile lands replete with fields and vineyards. Like thorns and weeds, they too will be consumed by the fire and destroyed by the angel who brought the plague upon the camp (*Radak*).

**מִנֶּפֶשׁ וְעַד־בָּשָׂר יְכַלֶּה** — *It will annihilate from soul to flesh.* This seems to support the opinion of those who maintain that both the bodies and souls of the Assyrian soldiers were consumed by the Heavenly fire and only their garments remained intact (see comm. to v. 16). However, *Radak* notes that verse 37:36 seems to support the view that only their souls were burned — see *Radak* and *Abarbanel* for solutions. *Me'am Loez* suggests that some of the soldiers were burned body and soul; only the souls of others were burned.

**וְהָיָה כִּמְסֹס נֹסֵס** — *And they will be like a termite's chewings.* Because the prophet compared the Assyrian armies to trees, he compares their retribution to the gnawing of termites who finely grind the wood of the tree (*Rashi*).

**19. וּשְׁאָר עֵץ יַעְרוֹ מִסְפָּר יִהְיוּ** — *The tree-remnant of his forest will be few.* The metaphor continues. The surviving soldiers of Sennacherib's armies will be few, like the single trees that remain after the entire huge forest has been decimated (*Rashi*).

**וְנַעַר יִכְתְּבֵם** — *A child will record them.* So few will survive the angel's strike that even a child will be able to record their number (*Mahari Kara*). According to Rav (*Sanhedrin* 95b), only ten Assyrian soldiers survived, for even a very young child can write (*record*) the Hebrew letter *yud,* whose numerical value is ten and which is merely a drop of ink without any form (*Rashi*). Alternatively, when a child learns to write the Hebrew alphabet, he starts with its first letter, *aleph,* and when one writes an *aleph,* he begins forming the letter by writing a small *yud,* since the top-right portion of an *aleph* is the letter *yud.*

**20. וְהָיָה בַּיּוֹם הַהוּא . . . לֹא־יוֹסִיף עוֹד לְהִשָּׁעֵן עַל־מַכֵּהוּ** — *It will be on that day . . . will no longer rely on its attacker.* On the day of the miraculous downfall of the great Assyrian armies, the Jewish people will realize they had acted foolishly in relying on foreign powers to defend them. No more will they rely on the kings of Egypt (*Rashi*) or seek aid from the Assyrians, as King Ahaz had. See 7:1 (*Radak*).

**וְנִשְׁעַן עַל־ה' קְדוֹשׁ יִשְׂרָאֵל בֶּאֱמֶת** — *But will rely on* HASHEM, *the Holy One of Israel, in truth.* Israel will now realize that one should trust only in God, for unlike a human who demands either servitude or tribute, God demands nothing but sincere trust that it is He Who saves. Indeed, Hezekiah put his trust in God and merited the destruction of Assyria (*Radak*).

*Daas Sofrim* comments that this verse expresses the spiritual state of sincere seekers in every generation. There are always people who contemplate miraculous events in their own lives and are lifted to spiritual heights.

**21. שְׁאָר יָשׁוּב שְׁאָר יַעֲקֹב אֶל־אֵל גִּבּוֹר** — *The remnant will return, the remnant of Jacob, to the mighty God.* The prophet elaborates. Because the Jews who had not been exiled by Sennacherib will have witnessed God's might, they will return to Him with all their heart (*Radak*). *Ibn Ezra* notes that שְׁאָר יָשׁוּב, *the remnant will return,* is the name that God had assigned to Isaiah's son. It was a sign and a portent of the future salvation of the Jewish people. This prediction is now about to be fulfilled.

**22. כִּי אִם־יִהְיֶה עַמְּךָ יִשְׂרָאֵל כְּחוֹל הַיָּם שְׁאָר יָשׁוּב בּוֹ** — *For even if your people Israel will be like the sand of the sea, only a remnant of it will return.* Before Sennacherib's attack, the

כג שׁוֹטֵף צְדָקָה: כִּי כָלָה וְנֶחֱרָצָה אֲדֹנָי יֱהוִֹה צְבָאוֹת עֹשֶׂה בְּקֶרֶב כָּל־
כד הָאָרֶץ: לָכֵן כֹּה־אָמַר אֲדֹנָי יֱהוִֹה צְבָאוֹת אַל־תִּירָא עַמִּי
כה יֹשֵׁב צִיּוֹן מֵאַשּׁוּר בַּשֵּׁבֶט יַכֶּכָּה וּמַטֵּהוּ יִשָּׂא־עָלֶיךָ בְּדֶרֶךְ מִצְרָיִם: כִּי־עוֹד
כו מְעַט מִזְעָר וְכָלָה זַעַם וְאַפִּי עַל־תַּבְלִיתָם: וְעוֹרֵר עָלָיו יְהוָה צְבָאוֹת שׁוֹט
כז כְּמַכַּת מִדְיָן בְּצוּר עוֹרֵב וּמַטֵּהוּ עַל־הַיָּם וּנְשָׂאוֹ בְּדֶרֶךְ מִצְרָיִם: וְהָיָה | בַּיּוֹם
הַהוּא יָסוּר סֻבֳּלוֹ מֵעַל שִׁכְמֶךָ וְעֻלּוֹ מֵעַל צַוָּארֶךָ וְחֻבַּל עֹל מִפְּנֵי־שָׁמֶן:

### רש״י

**(כג) כי כלה ונחרצה.** תראו שהקדוש ברוך הוא עושה (דין) ברשעים ותכנעו ותשובו אליו: **(כד) לכן.** לפי שידעתי שתשובו אלי, חזקיה וסיעתו, (דבר אחר לכן, לשון שבועה, לכן באמת): **כה אמר ה׳ אל תירא. . . מאשור בשבט יככה.** בשבט פיו יחרף ויגדף אתכם על ידי רבשקה: **ומטהו ישא עליך.** לאיים כדרך שעשה למצרים. ועוד יש לפרש בשבט יככה, אשר עד הנה הכך בשבט והורגל לשאת עליך מטהו ואימתו כדרך המצריים. משום רבי מנחם אמר לי רבי יוסף: **(כה) כי עוד.** ימים מעט מזער וכלה, הזעם שלי שניתן למטה ביד אשור כמו שכתוב למעלה, ומטה הוא בידם זעמי: **ואפי** (שהיה לשבט, ישוב) **על תבליתם.** לשון תֶּבֶל עָשׂוּ (ויקרא כ, יב). על חירופים וגידופין אשר גדפו נערי מלך אשור אותי: **(כו) ועורר עליו.** ולעורר עליו: **שוט.** מכת יסורין: **כמכת מדין.** שנהרגו בלילה אחת, והמלכים שברחו מהם ונמלטו נהרגו עוֹרֵב בְּצוּר עוֹרֵב כדמפורש בספר שופטים (ז, כה), אף זה לאחר שישוב לארצו ימות שם בחרב: **ומטהו על הים.** ועוד יעורר עליו את מטהו אשר היה על הים בפרעה ובחילו: **ונשאו.** וטילטלו מן העולם כדרך שנשא את מצרים: **(כז) וחובל עול.** סנחריב מפני חזקיהו שהיה נוח לדורו כשמן. ורבותינו פירשו (סנהדרין צד, ב), מפני שמנו של חזקיהו שהיה דולק בבתי כנסיות ובבתי מדרשות שהשיאם לעסוק בתורה כענין שנאמר, אֲשֶׁר הֶעְתִּיקוּ אַנְשֵׁי חִזְקִיָּה וגו׳ (משלי כה, א):

### רד״ק

**(כג) כי כלה ונחרצה.** כמו שאמר כליון חרוץ. וכפל ונחרצה לחזק, כלומר כי הכלה תהיה גמורה. אמר כלה אני עושה והכלה תהיה נחרצה: **(כד) לכן.** אמר יושב ציון, לפי שכבש מלך אשור כל ארץ יהודה, כמו שכתוב, (ויחן על) כָּל עָרֵי יְהוּדָה הַבְּצֻרוֹת וַיִּתְפְּשֵׂם (מלכים ב יח, יג), ולא נשארה אלא ירושלם. ואמר ציון שהיא ראש הממלכה. בשבט יככה, לא יכלה אותך מכל וכל אלא כמי שמכה בשבט שמכאיב האדם המוכה ואינו ממיתו, כן יעשה מלך אשור ביהודה: **ומטהו ישא עליך.** זה המס שהטיל על יושבי ירושלם, שְׁלֹשׁ מֵאוֹת כִּכַּר כֶּסֶף וּשְׁלֹשִׁים כִּכַּר זָהָב (שם פסוק יד): **בדרך מצרים.** באותו דרך ובאותו ענין שעשו המצריים בישראל, שנאמר, וַיָּשִׂימוּ עָלָיו שָׂרֵי מִסִּים לְמַעַן עַנֹּתוֹ בְּסִבְלֹתָם (שמות א, יא); ענו אותם במסים ובעבודה קשה, אבל לא כלו אותם. כן עשה מלך אשור בישראל: **(כה) כי עוד מעט מזער.** הכפל להמעיט הזמן. אמר עוד מעט זמן יהיה שיכלה זעמי על מלך אשור, כי הוא היה עד כה שבט אפי ומטה זעמי להכות העמים, ועתה יכלה זעמי ואפי עליו עד שיכלה, וזה הוא ואפי על תבליתם, תבליתם בשקל תכליתם: **(כו) ועורר עליו.** שוט הוא קשה משבט ומטה. אמר הוא הכך בשבט, והקדוש ברוך הוא יכהו בשוט, ותהיה המכה שיכהו כמכת מדין בצור עורב; שהכה מחנה מדין, ושרי מדין שברחו, רדפו אחריהם והרגו את עורב בצור עורב ואת זאב ביקב זאב. וזכר צור עורב לבד כמי שמזכיר ראשי הדברים, כי ידוע הוא הענין וכתוב בספר שופטים (פרק ז); כן הכה מחנה מלך אשור והמלך שברח הכוהו בניו בחרב: **ומטהו על הים.** ומטהו שהיה נושא עליך, יהיה סופו כמו שהיה סוף מטה פרעה על הים, כי שם כלה זעם ה׳ עליו ונשא הקדוש ברוך הוא מטהו עליו: **בדרך מצרים.** כאותו דרך שעשה במצרים שטבעם בים, כן כלה מחנה אשור בירושלם. וכ״ף כמכת במקום שנים. ופירוש מטהו על הים, כלומר כמו שהיה על הים: **(כז) והיה ביום ההוא.** וחובל עול מפני שמן, עול סנחריב ישחת מפני שמן חזקיהו. והנה הוא בהפך, כי שמן צואר השור ישחת מהעול אשר עליו תמיד, כן הוא דרך העולם. וכן היה ראוי שישחת שמנו של ישראל מפני עול סנחריב, כי הם היו מעטים וסנחריב עם רב. והקדוש ברוך הוא ברחמיו הפך את הדבר, והיה השמן קשה מן העול וחובל עול סנחריב מפני שמן ישראל. ויונתן תרגם, וְיִתַּבְּרוּן עַמְמַיָּא מִן קֳדָם מְשִׁיחָא, פירוש חזקיהו שנמשח בשמן המשחה. ואף על פי שלא נמשח, כי אין מושחין מלך בן מלך, ראוי היה להמשח אלא שלא היה צריך. ובדרש (סנהדרין צד, ב), מפני שמנו של חזקיהו שהיה מדליק בבתי כנסיות ובבתי מדרשות:

### מצודת דוד

**(כג) כי כלה ונחרצונו.** רצונו לומר הכלה תהיה נחרצונו מה שיעשה ה׳ בקרב הארץ, ולזה ישארו מעט מהרבה: **(כד) לכן.** לפי שידעתי אשר חזקיה וסיעתו המה ישובו אלי: **בשבט יככה.** רצונו לומר, לא יעשה בך כלה, רק יכה אותך בשבט המכאיב וישא עליך מטהו לאיים ולהפחיד: **בדרך.** כענין שעשה במצרים שהכאיבו לישראל ואיימו עליהם ולא כלו אותם: **(כה) וכלה זעם.** הזעם שלי הנתון ביד אשור להיות לו למטה כמו שכתוב למעלה, ומטה הוא בידם זעמי הנה במעט זמן יכלה הזעם: **ואפי.** חמתי תשוב על התבל, שעשו הם החרופין והגדופין אשר גדפו נערי מלך אשור; ורצונו לומר החמה תחול עליהם לגמול התבל: **(כו) ועורר.** ה׳ יעורר עליו שוט המכה דוגמת מכת מדין בימי גדעון, שנפלו בלילה אחד והמלכים שברחו נהרגו עורב בצור עורב וכן כולם כמו שכתוב בשופטים (ז, כה). ולקצר לא זכר אלא אחד מהם. ורצונו לומר כמוהם יהיה סנחריב אחר שישוב לארצו ימות שם בחרב: **ומטהו.** חוזר על מלת ועורר, לומר שיעורר עליו מטהו אשר היה על הים בפרעו ובחילו: **ונשאו.** יטלטלנו מן העולם כדרך שנשא את מצרים: **(כז) סבלו.** המשא שהעמיס סנחריב על שכם ישראל יוסר אז: **ועולו.** העול שנתן על צוארך יוסר, וכפל הדבר במילים שונות: **וחבל עול.** הוא מאמר הלציי, על כי הדרך אשר שומן הצואר נשחת מפני העול, אמר שיהיה בהפך; שתשחת העול מפני השומן. רצונו לומר, סנחרב המטיל העול יאבד על ידי חזקיה:

### מצודת ציון

**(כג) ונחרצה.** נגזרה ונחתכה: **(כה) מזער.** ענינו כמו מעט; וכן, זְעֵיר שָׁם (לקמן כח, י) וכפל בשמות נרדפים להמעטת הזמן: **תבליתם.** ענינו דבר מגונה שאין ראוי לעשותם; כמו, תֶּבֶל הוּא (ויקרא יח, כג): **(כו) ועורר.** מלשון התעוררות: **שוט.** ענינו כמו שבט; וכן, שׁוֹט לַסּוּס (משלי כו, ג): **ונשאו.** מלשון משא וטלטול: **בדרך.** בענין: **(כז) סבלו.** ענין משא כבד; כמו, נֹשֵׂא סַבָּל (מלכים־א ה ,כט): **שכמך.** כתפך: **ועולו.** הוא ההושם בצואר הבהמה כשהיא חורשת: **וחובל.** ענין השחתה; כמו, וְחִבֵּל אֶת מַעֲשֵׂה יָדֶיךָ (קהלת ה, ה):

---

citizens of Judah and Israel were as numerous as the sand of the sea. Now Isaiah tells Hezekiah that the relatively few who will be with him in Jerusalem and will sincerely repent — the *remnant* that will sincerely repent and return to God — will protect the rest of the nation from the destruction that had been decreed upon them (*Rashi*).

Alternatively, even if there will be numerous survivors, they will be considered only a remnant, because the vast majority of the nation will have been destroyed or exiled by Sennacherib (*Radak*).

*with justification.* 23 *For an intense devastation does the Lord HASHEM/ELOHIM,
Master of Legions, carry out in the midst of all the land.*
24 *Therefore, thus said the Lord HASHEM/ELOHIM, Master of Legions: Do not be
afraid of Assyria, O My people who dwell in Zion, though he will strike you with
a staff and raise his rod over you in the manner of Egypt.* 25 *For in a very short
while My fury and My anger will destroy [them] for their sacrilege.* 26 *HASHEM,
Master of Legions, will arouse a rod upon him like the defeat of Midian at the
rock of Oreb, and His staff [as] at the Sea [of Reeds], and carry him away, in
the manner of Egypt.* 27 *It will be on that day that He will lift [Assyria's] affliction
from your shoulders, and his yoke from upon your neck, and the yoke will be
broken because of the oil.*

---

**23.** **כִּי כָלָה וְנֶחֱרָצָה אֲדֹנָי אֱלֹהִים צְבָאוֹת עֹשֶׂה בְּקֶרֶב כָּל־הָאָרֶץ** — *For an intense devastation does the Lord HASHEM/ELOHIM, Master of Legions, carry out in the midst of all the land.* The prophet continues to explain that the people will humble themselves and return to God when they will witness the *intense devastation* that God will execute upon the wicked (*Rashi*). Alternatively, because the devastation against the exiled Ten Tribes of the Northern Kingdom will be so intense, only the tribes of Judah and Benjamin will survive, and only they will return to God (*Radak*).

**24.** **לָכֵן כֹּה־אָמַר אֲדֹנָי . . . אַל־תִּירָא עַמִּי יֹשֵׁב צִיּוֹן מֵאַשּׁוּר** — *Therefore, thus said the Lord . . . Do not be afraid of Assyria, O My people who dwell in Zion.* Because he knows that Hezekiah and his people will repent with all their hearts, the prophet now offers words of encouragement to those who dwell in Judah and Jerusalem (*Rashi*).

**אַל־תִּירָא . . . מֵאַשּׁוּר** — *Do not be afraid of Assyria.* Despite all that you will witness as the mighty Sennacherib sweeps through the Northern Kingdom and Judah, and destroys city after city, do not fear him, for he will never succeed in destroying My people (*Abarbanel*).

**בַּשֵּׁבֶט יַכֶּכָּה וּמַטֵּהוּ יִשָּׂא־עָלֶיךָ בְּדֶרֶךְ מִצְרָיִם** — *Though he will strike you with a staff and raise his rod over you in the manner of Egypt.* Although he will beat you and force you to pay enormous taxes as the ancient Egyptians had, he will not do you great harm (*Radak*). Alternatively, this is a reference to the verbal abuse with which the arrogant Rabshakeh, Sennacherib's emissary, taunted the Israelites (*Rashi*). See *II Kings* 18:19-35.

**25.** **כִּי־עוֹד מְעַט מִזְעָר וְכָלָה זַעַם וְאַפִּי עַל־תַּבְלִיתָם** — *For in a very short while My fury and My anger will destroy [them] for their sacrilege.* Until now Assyria had been the rod and staff of God's anger to chastise Israel (see v. 5), but this is about to change. Due to their arrogant insults and blasphemies, God's wrath and fury will be turned against them (*Rashi; Radak*).

*Abarbanel* writes that some scrolls of Scripture have the last word of the verse as תַּכְלִיתָם, *their totality,* i.e., Sennacherib's daunting army will be completely destroyed.

**26.** **וְעוֹרֵר עָלָיו ה׳ צְבָאוֹת שׁוֹט כְּמַכַּת מִדְיָן בְּצוּר עוֹרֵב** — *HASHEM, Master of Legions, will arouse a rod upon him like the defeat of Midian at the rock of Oreb.* For the second time, the prophecy compares the fate of Sennacherib and Assyria to the fate of Oreb and Midian during the days of Gideon (see *Judges* Ch. 7). Just as God destroyed the armies of Midian in one fateful night, so too will He miraculously destroy the Assyrian armies in one fateful night. As for Sennacherib himself, he will survive, only to share the fate of Oreb, for he will ultimately be assassinated by his own sons (*Radak*).

**וּמַטֵּהוּ עַל־הַיָּם** — *And His staff [as] at the Sea [of Reeds].* Furthermore, in the same manner that God raised His staff to drown the Egyptians, so too will He destroy the Assyrians (*Rashi*). Indeed, *Yalkut HaMachiri* maintains that as He did to the Egyptians, God struck the Assyrians with ten plagues!

**27.** **וְהָיָה בַּיּוֹם הַהוּא יָסוּר סֻבֳּלוֹ מֵעַל שִׁכְמֶךָ** — *It will be on that day that He will lift [Assyria's] affliction from your shoulders.* The prophet addresses the people of Judah (*Ibn Ezra*) and foretells that the physical and financial burdens that Sennacherib had placed upon them will be removed on that day (*Malbim*).

**וְחֻבַּל עֹל מִפְּנֵי־שָׁמֶן** — *And the yoke will be broken because of the oil.* An ox's neck is usually oiled to prevent the yoke from tearing its skin. In this case not only will the yoke not rub away the oil, but the oil will destroy the yoke (*Mahari Kara*), for the yoke of Sennacherib will be destroyed by Hezekiah who was as pleasing as oil to his generation (*Rashi*). The Sages comment that Hezekiah earned the miracle of the destruction of the Assyrian forces because of the copious amounts of oil that he contributed to keep lamps burning in the study halls, so that the people could study Torah late into the night (*Sanhedrin* 94b).

According to *Targum,* the oil refers to the שֶׁמֶן הַמִּשְׁחָה, *the anointment oil,* with which the Davidic dynasty was inaugurated, and therefore, the *oil* alludes to Hezekiah as the heir of David. However, the Davidic kings who succeeded David did not require literal anointment.

Alternatively, *Radak* renders, *and the yoke will be broken by the fate [of the ox's neck],* and explains that instead of the yoke wearing away the fat of the ox's neck, the opposite will happen: the fat of its neck will break the yoke. The forces of Sennacherib represented by the yoke should have defeated the meager forces of Hezekiah represented by the fat of the ox's neck. God, however, caused the fat of the neck, Hezekiah, to destroy the yoke, Sennacherib.

כח־כט בָּ֥א עַל־עַיַּ֖ת עָבַ֣ר בְּמִגְר֑וֹן לְמִכְמָ֖שׂ יַפְקִ֥יד כֵּלָֽיו׃ עָֽבְרוּ֙ מַֽעְבָּרָ֔ה גֶּ֖בַע מָל֣וֹן
ל לָ֑נוּ חָֽרְדָה֙ הָֽרָמָ֔ה גִּבְעַ֥ת שָׁא֖וּל נָֽסָה׃ צַהֲלִ֥י קוֹלֵ֖ךְ בַּת־גַּלִּ֑ים הַקְשִׁ֥יבִי לַ֖יְשָׁה
לא־לב עֲנִיָּ֥ה עֲנָתֽוֹת׃ נָֽדְדָ֖ה מַדְמֵנָ֑ה יֹשְׁבֵ֥י הַגֵּבִ֖ים הֵעִֽיזוּ׃ ◀ע֥וֹד הַיּ֖וֹם בְּנֹ֣ב לַעֲמֹ֑ד
לג יְנֹפֵ֤ף יָדוֹ֙ הַ֣ר °בית־ [°בַּת־ ק׳] צִיּ֔וֹן גִּבְעַ֖ת יְרוּשָׁלָֽםִ׃ הִנֵּ֤ה הָֽאָדוֹן֙
יְהוָ֣ה צְבָא֔וֹת מְסָעֵ֥ף פֻּארָ֖ה בְּמַעֲרָצָ֑ה וְרָמֵ֤י הַקּוֹמָה֙ גְּדֻעִ֔ים וְהַגְּבֹהִ֖ים
**יא** לד־א יִשְׁפָּֽלוּ׃ וְנִקַּ֛ף סִֽבְכֵ֥י הַיַּ֖עַר בַּבַּרְזֶ֑ל וְהַלְּבָנ֖וֹן בְּאַדִּ֥יר יִפּֽוֹל׃ וְיָצָ֥א

HAFTARAH EIGHTH DAY OF PESACH 10:32-12:6

**רש״י**

**(כח) בא על עית.** מונה והולך מסעות שנסע סנחרב ובא על ערי יהודה לבא ירושלים ביום מפלתו, עית, מגרון, ומכמש, רמה, גבעת שאול, בת גלים, לישה, ענתות, מדמנה, גבים. כולן מקומות הן: **(כט) לנו.** לשון לינה: **נסה.** ברחה. ברחו כולן מפני חיילותיו: **(ל) צהלי קולך.** להזהיר לעם: **הקשיבי לישה.** את קול השופר וברחו לכם וכן עניה ענתות: **(לא) העיזו.** נאספו לברוח. ורבותינו דרשו צהלי קולך וכל המקרא במדרש אחר באגדת חלק (סנהדרין צד, ב), והעמידו המסעות על עשר. אבל יונתן תירגם את כולן שמות מקומות: **(לב) עוד היום בנוב לעמוד.** כל הדרך הזה נתלבט כדי לעמוד בעוד היום בנוב. לפי שאמרו לו איצטגניניו אם תלחם בה היום תכבשנה. וכשעמד בנוב וראה את ירושלים קטנה לא חש לדברי איצטגניניו והתחיל להניף ידו בגאות; וכי על עיר כזו הרגזתי כל החיילות הללו? לינו פה הלילה, ולמחר ישליך בה איש אבנו (סנהדרין צה, א): **הר בת ציון.** להר בת ציון: **(לג) הנה האדון.** בלילה ההוא: **מסעף פארה במערצה.** יפסח פארותיו, עיקר ענפי אילנותיו: **במערצה.** במשור המקצץ הענפים. אין פארה זו לשון גת שהרי לא נכתב בוי״ו, כמו פּוּרָה דָּרַכְתִּי (לקמן סג, ג) וכמו, לַחְשֹׂף חֲמִשִּׁים פּוּרָה (חגי ב, טז), אלא באל״ף כמו, וַתֶּאֱרַכְנָה פֹארֹתָיו (יחזקאל לא, ה). ומסעף הוא לשון מקצץ ענפים, אישברנקיי״ר בלע״ז, כמו, וְכִלָּה סְעִפֶיהָ (לקמן כז, י), וכן בִּסְעִפֶיהָ פֹּרִיָּה (לקמן יז, ו): **במערצה.** בכלי משחית העורץ ושובר אותם: **ורמי הקומה.** המלכים והשרים: **גדועים.** אין לשון גידוע נופל אלא באילנות ודבר קשה: **(לד) ונקף.** אף זה לשון קציצה, כמו, כְּנֹקֶף זַיִת (שם), ונקף לשון נפעל: **סבבי היער.** הענפים החשובים והגבורים: **והלבנון.** עובי יערו וכרמילו הן מרבית חיילותיו: **באדיר יפול.** על ידי מלאך יפלו. דבר אחר, באדיר, בזכות חזקיהו שהוא אדירם ומושלם של ישראל; כמה שנאמר, וְהָיָה אַדִּירוֹ מִמֶּנּוּ (ירמיה ל, כא):

**רד״ק**

**(כח) בא על עית.** עתה מספר, כשבא סנחריב עם מחנהו על ירושלם, וזוכר המסעות שעבר בארץ בנימן וביהודה, והיה בהבטחה להשחית ירושלם. כל אלה שמות הערים לא נזכרו רובם בספר יהושע כי לעיר אחת שני שמות, למכמש יפקיד כליו. הלמ״ד במקום בי״ת, כמו, הָרַגְתִּי לְפִצְעִי (בראשית ד, כג), לִפְנֵיכֶם לֶחָרֶב (ויקרא כו, ז), והדומים להם כמו שכתבנו בספר מכלל בשמוש האותיות. והפקיד במכמש רוב כלי מלחמתו כדי שילך לו במהרה לירושלם, כי היה חושב בלבו כי לא היה צריך לרוב כלי מלחמה כי היה נקל בעיניו לכבשה: **(כט) עברו מעברה.** תרגם יונתן, עֲבָרוּ יַרְדְּנָא: **גבע מלון.** אמר, כשעברו הירדן, באו ללון בגבע שהיא עיר לבנימן, וכיון שראו כן יושבי הרמה, חרדו: **חרדה הרמה.** פירוש, יושבי הרמה חרדו: **וכן גבעת שאול נסה.** פירוש, יושבי גבעת שאול נסו, כי כן דרך המקרא במקומות רבים. וגבע וגבעה שתי עיירות הן בארץ בנימן, כמו שכתוב בספר יהושע (פרקים טו, ו־כא). ואפשר כי גבעת שאול היא גבעת בנימן שזכר בספר שמואל (א יג, טו), וסמכה אל שאול לפי שהיה מלך והיה משבט בנימן, או בנה הוא שם ארמון לשבתו לפיכך נקראת על שמו. וכן בספר שמואל, וְשָׁאוּל עָלָה אֶל־בֵּיתוֹ גִּבְעַת שָׁאוּל (שם טו, לד). ואפשר גם כן, כי גבעת שאול היתה זולתי גבעת בנימן, ושאול בנה אותה הגבעה ונקראת על שמו: **(ל) צהלי קולך.** הרימי קולך כשופר כדי שישמעו אנשי ליש ויברחו. ומחנה אשור היה בדרכו פוגע בעיר שמה בת גלים תחילה ואחר כך בליש: **(לא) נדדה מדמנה.** זאת העיר מצאנוה בערי מואב שמה מדמנה, אבל בערי ישראל לא מצאנו זה השם; והוא כמו שכתבנו שיש לעיר שני שמות. ואפשר שהיא העיר הנזכרת בערי יהודה, וְצִקְלַג וּמַדְמַנָּה וְסַנְסַנָּה (יהושע טו, לא), אף על פי שאין נקודם שוה אותיותיהם שוות, וכן הגבים שם העיר. והעיזו, לשון אסיפה; כמו, שְׁלַח הָעֵז אֶת מִקְנְךָ (שמות ט, יט): **(לב) עוד היום בנוב.** דרך הדרש (סנהדרין צד, ב), כי ביום אחד הלך כל המסעות הנזכרים ודחק עצמו שיהיה באותו היום בנוב כי משם יראה ירושלם, וכיון שראה אותה משם: **ינופף ידו.** על ירושלם כאדם המבזה הדבר. אמר אין זו נחשבת בעיני כי כמה עיירות בצורות ממנה כבשתי. ואדוני אבי זכרונו לברכה פירש הפסוק כן, עוד היום שישובו לנוב לעמוד שם אותם שברחו משם מפני סנחריב: **ינופף ידו הר בת ציון.** אמר על דרך משל, כי עוד ינופף ידו הר בת ציון על מחנה אשור במפלתו, וכן גבעת ירושלם, והוא כפל הענין במלות שונות. ובא הפסוק הזה כענין שאמר בזה, לְךָ לָעֲגָה לְךָ בְּתוּלַת בַּת צִיּוֹן אַחֲרֶיךָ רֹאשׁ הֵנִיעָה בַּת יְרוּשָׁלָםִ (מלכים־ב יט, כא): **(לג) הנה האדון.** סנחריב חשב

**מצודת דוד**

**(כח) בא על עית.** התחיל הנביא להלעיג על סנחריב על שבא במהירות נמרץ לכבוש ירושלים עד שהלך מסעות רבות ביום אחד, ואמר שבא על עית ומשם עבר במגרון ובמכמש, הניח רוב כלי המלחמה להקל המשא ובחושבו שלא יצטרך לכולם: **(כט) עברו.** אנשיו עברו מעבר הירדן: **גבע.** בעיר גבע: **לנו.** במלון בטוחים מבלי פחד, ולא חנו בשדה כדרך אנשי המלחמה: **חרדה.** אז אנשי הרמה חרדה אחזתם, ואנשי גבעת שאול נסו מפחד: **(ל) צהלי קולך.** רצונו לומר, המקומות ההם שלחו לאנשי בת גלים לומר אליהם הרימו קול, להזהיר להעם למהר לברוח. ואתם בני ליש הקשיבו הקול ומהרו לברוח, וכן ישמעו העדה העניה אשר בענתות ויברחו גם המה: **(לא) נדדה.** עדת מדמנה נדדה ממקומה וברחה: **העיזו.** יחד לברוח: **(לב) עוד היום.** כל כך מיהר בהליכתו למען יעמוד בנוב בעוד יום, כי משם יכול הרואה לראות את ירושלים: **ינופף.** כשראה את ירושלים היה מניף ידו עליה בדרך בזיון ולעג, כאומר, הלא בנקל אכבשנה: **הר וכו׳ גבעת וכו׳.** כפל הדבר במילים שונות: **(לג) הנה האדון.** כאומר אבל לא היה כמו שחשב, כי הנה האדון ה׳ כרת ענפיו בכלי המשחית. רצונו לומר, שלח המלאך והכה בהם: **ורמי הקומה.** האילנות גבהי הקומה נעשה כרותים. רצונו לומר, מתו הגבורים: **(לד) ונקף.** הענפים המסובבים זה בזה יוכרתו בברזל. רצונו לומר, חילו הרב יומתו על ידי המלאך: **והלבנון.** עצי הלבנון יפלו על ידי אדיר וחזק והוא המלאך. וכפל הדבר במילים שונות לחזוק הענין ולתפארת המליצה:

**מצודת ציון**

**(כח) למכמש.** במכמש, ובא הלמ״ד במקום בי״ת; וכן, יָשַׁבְתָּ לְכִסֵּא (תהלים ט, ה), ומשפטו בכסא, וכמוהו רבים: **יפקיד.** מלשון פקדון וגניזה: **(כט) נסה.** ענין בריחה: **(ל) צהלי.** ענין השמעת קול גדול; וכן, צָהֲלוּ מִיָּם (לקמן כד, יד): **(לא) העיזו.** ענין אסיפה; כמו, שְׁלַח הָעֵז (שמות ט, יט): **(לב) ונופף.** ענין הרמה: **(לג) מסעף.** ענין ענפים; כמו, וְכִלָּה סְעִפֶיהָ (לקמן כז, י) ורצה לומר יסיר הסעיפים; וכן, וַיְסַקְּלֵהוּ (לעיל ה, ב), ורצה לומר הסיר האבנים: **פארה.** גם הוא ענין ענף; כמו, וַתֶּאֱרַכְנָה פֹארֹתָו (יחזקאל לא, ה). ועם כי אמר מסעף אמר גם פארה לתוספת באור; וכן, רְתְקוּ בַזִּקִּים (נחום ג, י): **במערצה.** כן שם הכלי המשחית ומשבר; והוא מלשון בְּקוּמוֹ לַעֲרֹץ הָאָרֶץ (לעיל ב, יט): **ורמי הקומה.** ענינם רוממות וגבהות: **גדועים.** ענין כריתה; כמו, שִׁקְמִים גֻּדָּעוּ (לעיל ט, ט): **(לד) ונקף.** ענין כריתה; כמו, כְּנֹקֶף זַיִת (לקמן יז, ו): **סבכי.** ענין התאחזות; כמו, עַד סִירִים סְבֻכִים (נחום א, י): **והלבנון.** כן שם יער בארץ ישראל:

*. . . and Assyria's forest will be cut down*

*28 [Sennacherib] has come to Ayyath and passed through Migron; he deposits his belongings in Michmas. 29 They passed by the river crossing, they lodged at Geba; Ramah trembled, Gibeath-shaul fled. 30 Let out your voice, Beth-gallim! Hear, O Laish! Anathoth is wretched. 31 Madmenah has moved away; the inhabitants of Gebim have mustered themselves. 32 Yet today he will stand in Nob; he will wave his hand [contemptuously] at the mountain of the daughter of Zion, at the hill of Jerusalem. 33 Behold, the Lord, HASHEM, Master of Legions, will chop off branches with an ax; those of lofty stature will be severed, and the haughty ones brought low. 34 Forest thickets will be hewn by iron, and the Lebanon will fall by a mighty one.*

**רד״ק**

כי אין עליו אדון; כמו שאמר, בְּכֹחַ יָדִי עָשִׂיתִי וּבְחָכְמָתִי כִּי נְבֻנוֹתִי (לעיל פסוק יג). אמר הנביא, הנה האדון ה׳ צבאות הוא אדון צבאות מעלה ומטה והוא יפיל צבא מלך אשור. והמשיל מחנהו ליער מלא עצים גבוהים, ואמר כי האדון מסעף, פירוש כורת הפארות: **במערצה.** פירוש, ביד חזקה יערצם וישברם: **ורמי הקומה.** כלומר העצים רמי הקומה יהיו גדועים, והוא משל על השרים הגדולים שהיו עמו: **(לד) ונקף.** מבנין הדגוש, והוא ענין כריתה; כמו, חַגִּים יִנְקֹפוּ (לקמן כט, א). ותרגום וערפתו, וְתִנְקְפֵיהּ: **וסבכי.** משל על השרים הגדולים שבאו בעצה אחת עם סנחריב, והסתבכו זה עם זה בעצה אחת ובלב אחד, כמו ענפי העצים המסתבכים זה עם זה: **בברזל.** כמו העץ שהענפים נכרתים בברזל, כן יהיו הם נכרתים בחזק מהם: **והלבנון.** כלל כל עצי היער. ואמר לבנון שהוא שם יער בארץ ישראל, ודבר הכתוב על ההוה: **באדיר.** הוא המלאך המכה אותם:

**28. בָּא עַל־עַיַּת** — *[Sennacherib] has come to Ayyath.* Isaiah now enumerates the names of the cities of Judah that Sennacherib will storm though as he marches toward Jerusalem (*Rashi; Radak*).

**לְמִכְמָשׂ יַפְקִיד כֵּלָיו** — *He deposits his belongings in Michmas.* The arrogant Sennacherib felt that he could conquer Jerusalem with ease. He left most of his weapons in Michmas, so that his army could go to Jerusalem quickly and plunder the city without delay (*Radak*).

**29. עָבְרוּ מַעְבָּרָה** — *They passed by the river crossing,* i.e., the Jordan River (*Targum Yonasan*). *Ibn Ezra* suggests that *Mabarah* may be the name of a place.

**גֶּבַע מָלוֹן לָנוּ** — *They lodged at Geba.* Unlike soldiers in battle who usually camp outdoors, on the ground under the stars, Sennacherib's forces fearlessly lodged in one of the cities of their enemy. Word of the Assyrian advance spread, and the inhabitants of Ramah trembled with fear and the inhabitants of Gibeath-shaul fled from the city (*Metzudos*).

**30. צַהֲלִי קוֹלֵךְ** — *Let out your voice.* The inhabitants of the previously listed cities are instructing the people of Beth-gallim to raise their voices as in an alarm to warn their neighbors to flee without delay from the attacking Assyrian forces. The inhabitants of Laish should do the same (*Metzudos*).

**31. נָדְדָה מַדְמֵנָה** — *Madmenah has moved away.* As Sennacherib bolted through Madmenah, its inhabitants fled, as well (*Radak*). As he passed each of these cities, he arrived closer and closer to his destination, the holy city of Jerusalem. Although *Targum Yonasan* lists all these places as actual locations, the Talmud maintains that Sennacherib passed through no more than ten cities. The remaining names are explained there metaphorically — see *Sanhedrin* 94b.

**32. עוֹד הַיּוֹם בְּנֹב לַעֲמֹד** — *Yet today he will stand in Nob.* The prophet mocks the Assyrian king. Sennacherib will hasten to be in Nob, which is near the Holy City, for his astrologers had advised him that he would be victorious only if he attacked Jerusalem on that day. But when the arrogant conqueror will see Jerusalem from Nob, and instead of a large metropolis on a great mountain he will see a small city on a low hill, he will have a change of heart. He will ignore the advice of his advisers and haughtily declare that it was a waste to mobilize such a huge army against such a puny objective (*Rashi*).

**יְנֹפֵף יָדוֹ הַר בַּת־צִיּוֹן** — *He will wave his hand [contemptuously] at the mountain of the daughter of Zion.* Confident of victory, he will then arrogantly wave his hand against the Holy City and decide to wait until the next morning to attack.

**33. הִנֵּה הָאָדוֹן ה׳ צְבָאוֹת מְסָעֵף פֻּארָה בְּמַעֲרָצָה** — *Behold the Lord, HASHEM, Master of Legions, will chop off branches with an ax.* The prophet metaphorically refers to Sennacherib and his forces as a forest of trees, and to the Assyrian officers as רָמֵי הַקּוֹמָה, *those of lofty stature.* God, Who is the Master of the heavenly and earthly legions, will cut down the Assyrian officers and thereby bring the downfall of the arrogant Sennacherib, who had considered himself independent of any master (*Radak*).

**34. וְנִקַּף סִבְכֵי הַיַּעַר בַּבַּרְזֶל** — *Forest thickets will be hewn by iron.* The metaphor of the forest continues. The forest thickets represent the closely allied multitude of officers who took counsel with Sennacherib. Like the trees crowded in the forest, they joined together in the plan to attack Jerusalem (*Radak*).

**וְהַלְּבָנוֹן בְּאַדִּיר יִפּוֹל** — *And the Lebanon will fall by a mighty one.* Lebanon is the name of a forest near Jerusalem, and represents the massive Assyrian army that will be struck down by the angel. See 37:36 (*Radak*). Alternatively, the mighty one is referring to Hezekiah in whose merit this victory was granted. *R' M. Hirsch* translates אַדִּיר as the

ב חֹטֶר מִגֶּזַע יִשָׁי וְנֵצֶר מִשָּׁרָשָׁיו יִפְרֶה: וְנָחָה עָלָיו רוּחַ יהוה רוּחַ חָכְמָה
ג וּבִינָה רוּחַ עֵצָה וּגְבוּרָה רוּחַ דַּעַת וְיִרְאַת יהוה: וַהֲרִיחוֹ בְּיִרְאַת יהוה
ד וְלֹא־לְמַרְאֵה עֵינָיו יִשְׁפּוֹט וְלֹא־לְמִשְׁמַע אָזְנָיו יוֹכִיחַ: וְשָׁפַט בְּצֶדֶק דַּלִּים

**רש״י**

(א) **ויצא חוטר מגזע ישי.** ואם תאמרו, הרי תנחומין לחזקיהו ועמו שלא יפלו בידו, ומה תהא על הגולה אשר הגלה בחלח וחבור? שמא אבד סברם? לא אבד, סוף שיבא מלך משיחנו ויגאלם: **חוטר.** שבט מלוכה: **ונצר.** לשון יונק ואילן: **ונצר משרשיו יפרה.** ובכל הענין, ובסופו והיה ביום ההוא יוסיף ה׳ שנית ידו, הרי שנאמרה נבואה זו לנחמת הגולים מאשור. אמר המעתיק, (בימי חורפי הקשיתי לשאול לכמה גאונים על מה שכתב אבי מורי זקני הרמ״א בהגה״ה בהלכות ראש השנה (תקפג, ב) שאגוז בגימטריא ח״ט, והלא הוא גם גימטריא טו״ב? ותרצתי על פי הזוהר מה שהקשה רבי אלעזר את את אביו רבי שמעון בר יוחאי על שאמרו חכמינו זכרונם לברכה (מדרש תנחומא דברים תתקסו), ולא קָם נָבִיא עוֹד בְּיִשְׂרָאֵל (דברים לד, י), אבל באומות העולם קם, ומנו, בלעם. והשיב לו מפסוק, גַּם אֶת זֶה לְעֻמַּת זֶה וכו׳ (קהלת ז, יג). שאפילו שיש קדושה בטומאה אסור ללמוד אותה, שנאמר, וּמֵעֵץ הַדַּעַת טוֹב וָרָע לֹא תֹאכַל (בראשית ב, יז). ויובן, אף שאגוז גימטריא טו״ב, הואיל ויש בה קליפה גימטריא ח״ט, אין אוכלין אותה בראש השנה. ונעמו לי ראשיהם הגאונים ההם): (ג) **והריחו ביראת ה׳.** ימלא רוח יראת ה׳ ובלע״ז איראונמירלו״י, ולא למראה עיניו ישפוט. כי בחכמת הקדוש ברוך הוא בקרבו ידע ויבין מי זכאי ומי חייב:

**רד״ק**

(א) **ויצא חטר.** סמך פרשה זו שהיא עתידה לימות המשיח להבטחה שהיתה בימי חזקיהו. אמר; אל תתמהו על פלא גדול כזה שיעשה בימי חזקיהו במפלת מחנה אשור כרגע אחד, כי עוד יעשה לישראל פלא גדול מזה בימות המשיח, שיהיה לישראל בקבוץ גליות, וזה יהיה ממשפחת המלך חזקיהו. וזכר ישי, לפי שממנו יצא המלך הראשון. ופירוש חטר מטה כתרגומו. ואמר מגזע, משרשיו, לפי שהעץ הנכרת יחליף ויוציא יונקות מגזעו ומשרשיו. ופירוש גזע, מה שנשאר מן העץ על הארץ ומצדי הגזע יעלו הנצרים, וכן מן השרשים שהם תחת הארץ יפרחו גם כן. ולפי שישראל גלו מארצם כמה שנים ונפסקה מלכותם כאלו נכרת העץ, אבל הגזע והשרשים נשארו, אמר כי עוד יש מקום שיחליף הגזע. ואמר הנביא כי משרשי ישי ומגזעו יצא עוד חטר נצר ויהיה עוד מלך על ישראל כבתחילה ויותר ממה שהיה ואמר: (ב) **ונחה עליו רוח ה׳.** כי מה׳ יהיה כל זה. אמר בתחילה רוח ה׳, ואחר כך פירש רוח חכמה ובינה רוח עצה וגבורה רוח דעת ויראת ה׳. וחכמה הוא הדבר שילמדנו אדם וידענו ויהיה מזומן בכל עת, ובינה התבוננות האדם במה שלא למד ממה שלמד: **ועצה.** היא הידיעה והרגילות במוסרים ודרכי בני העולם זה עם זה, ודעת ויראת ה׳ שניהם סמוכין על השם, רצונו לומר, שידע ה׳ ויירא ממנו: (ג) **והריחו ביראת ה׳.** לפי שהריח היא הרגשה קלה אומר לדבר קל שבהרגשה ריח. וכן, וּמֵרָחוֹק יָרִיחַ מִלְחָמָה (איוב לט, כה), כַּאֲשֶׁר יִנָּתֵק פְּתִיל הַנְּעֹרֶת בַּהֲרִיחוֹ אֵשׁ (שופטים טז, ט). וכן אמר והריחו ביראת ה׳, כלומר במעט הבנה ירגיש בני אדם הטובים והרעים, ולא יצטרך לראיית עינים ולמשמע אזן בשפטו בני אדם ולהוכיח אותם, כי מדעתו ומתבונתו יבין מעשיהם במעט התבוננות. ואדוני אבי זכרונו לברכה פירש והריחו ודבורו, רצונו לומר רוח פיו; וכן, לְרַוְחָתִי לְשַׁוְעָתִי (איכה ג, נו). רצונו לומר, כי דבורו תמיד יהיה ביראת ה׳: (ד) **ושפט בצדק.** אמר דלים וענוי ארץ, ואף על פי שהוא ישפוט כל האדם בצדק דלים ועשירים, לפי שדרך העולם להדר פני הגדולים והעשירים, אומר כי הוא לא יעשה כן אלא בצדק יקח משפט הדלים מן העשירים, ויוכיח החזקים במישור בעבור ענוי ארץ שלא יגזלום ולא יעשקום בעבור שהם רפים וחלשים. ולמ״ד לענוי ארץ במקום בעבור כלמ״ד, אִמְרִי לִי אָחִי הוּא (בראשית כ, יג) וזולתו:

**מצודת דוד**

(א) **ויצא חוטר.** כאומר, אל תתמהו מהפלא הגדול הזה, כי יבוא זמן שיפליא לעשות עוד יותר מזה כי יצא שבט מלוכה משורש ישי מזרע דוד הוא מלך המשיח: **ונצר וכו׳.** כפל הדבר במילים שונות: (ב) **רוח ה׳.** רוח נבואה: **רוח חכמה וכו׳.** כל אלה ינוחו עליו ובו ימצאו: (ג) **והריחו.** לפי שהריח היא הרגשה קלה מאד לכן קורא להרגשה קלה בשם ריח ורצונו לומר, במעט הבנה והתבוננות ירגיש ויבחין בבני אדם הטובים המה אם רעים: **ביראת ה׳.** ההרגשה הזאת תהיה לו בעבור היראה מה׳: **ולא למראה וכו׳.** בהשפטו בני אדם לא יצטרך לראות הדברים בעיניו ולשמוע באזניו כי בלבבו יבין מדעתו: (ד) **ושפט בצדק דלים.** יקח משפט הדלים בצדק מן העשירים ולא יהדר פני הגדולים, ואת החזקים יוכיח במישור כפי הראוי בעבור ענוי הארץ שלא יגזלום עוד מעתה:

**מצודת ציון**

(א) **חוטר.** ענינו כמו מטה; וכן, חֹטֶר גַּאֲוָה (משלי יד, ג) ורצה לומר שבט מלוכה: **מגזע.** משורש ובדברי רבותינו זכרונם לברכה, גזעו מחליף (תענית כה ,ב), וכן, אַף בַּל שֹׁרֵשׁ בָּאָרֶץ גִּזְעָם (לקמן מ, כד): **ונצר.** ענינו כמו, כְּנֵצֶר נִתְעָב (לקמן יד, יט): **יפרה.** יעשה פרי: (ג) **והריחו.** מלשון ריח: **יוכיח.** ענין ברור דבר:

---

Almighty Himself, for it is He Who will cut down the Assyrian forces by bringing sudden death upon them.

During the Roman siege of Jerusalem, before the destruction of the Second Temple, Rabban Yochanan ben Zakkai risked his life to meet the Roman commander Vespasian. Rabban Yochanan addressed him as the emperor, based on this verse, which states that the *Lebanon,* which can refer to the Temple, can be conquered only by a *mighty one,* which he interpreted to mean an emperor. As they spoke, an emissary arrived from Rome to announce that the senate had chosen Vespasian as the new emperor. Deeply impressed by Rabban Yochanan's wisdom, Vespasian granted the rabbi's requests that insured the survival of the Torah leadership and the descendants of the Davidic line (*Gittin* 56a-b).

**11.**

This chapter foretells the great salvation that will take place at the End of Days — the coming of Messiah — and is one of Scripture's most stirring prophecies of that period. The ravages of the exile will have decimated the Davidic dynasty — but the *stump of Jesse* will remain, and from it will grow a monarch worthy of his glorious ancestor, a monarch who will once more reflect the spirit and wisdom of Jewish holiness. He will usher in the climactic era of history, when peace will rule the world, when mortal enemies will dwell together and predators will no longer molest the weak and defenseless. God will gather in His children from the ends of the earth. The once hostile kingdoms of Judah and Ephraim will unite in brotherhood and reconquer all of *Eretz Yisrael* from the adversaries who denied them their land.

Isaiah had prophesied to Hezekiah that the enormous army of Sennacherib, whom he likened to a dense forest, would be completely annihilated, like a forest laid bare. By contrast, Hezekiah's royal descendants would be reduced to the solitary *stump* of a felled tree, but there would be no remnant of Sennacherib, and Hezekiah's stump will blossom into the Messianic kingdom (*Rashi, Malbim*).

*Malbim* comments that from this time onward, the prophets began to prophesy about the ultimate Messianic redemption,

**11**

*The Davidic Messiah*

[1] *A staff will grow from the stump of Jesse and a shoot will sprout from his roots.*
[2] *The spirit of* HASHEM *will rest upon him — a spirit of wisdom and understand-*
*ing, a spirit of counsel and strength, a spirit of knowledge and fear of* HASHEM. [3] *He will*
*be imbued with a spirit of fear of* HASHEM *and will not need to judge by what his eyes*
*see nor decide by what his ears hear.* [4] *He will judge the destitute with righteousness,*

---

when all twelve tribes would be reunited. The return from the Babylonian exile and the building of the Second *Beis HaMikdash* were not the fulfillment of these prophecies, because only the kingdom of Judah was restored, not the Ten Tribes. Potentially, Hezekiah *could* have ushered in this glorious Messianic Era — which is why, in the plain sense of the verses, the prophecy referred to him — but for whatever reason, he and his people failed to bring it about.

**1.** **וְיָצָא חֹטֶר מִגֵּזַע יִשָׁי** — *A staff will grow from the stump of Jesse.* Isaiah had assured Hezekiah that there would be a remnant of Judah that would not fall into the hands of Sennacherib. He now foretells that the Ten Tribes of the Northern Kingdom, which had been exiled by the Assyrians, will not be lost forever. Eventually, the Messiah, who will descend from David, the son of Jesse, will come and redeem them (*Rashi*). Alternatively, the prophet is telling the people not to be amazed at the great miracle that they will witness during the days of Hezekiah, the instant destruction of the Assyrian army, for in the Messianic Era a much greater miracle will occur with the ingathering of all Jews from their exile (*Radak*).

**מִגֵּזַע יִשָׁי** — *From the stump of Jesse.* The prophet foresees the Jewish people many years into their long exile. He compares the Davidic dynasty to a tree that has been cut down, leaving only a hopeless-looking stump. From that very stump, however, he sees a new shoot springing forth from its roots, symbolizing the emergence of the Messianic king, who will be worthy of his glorious ancestors (*Radak*).

**2.** **וְנָחָה עָלָיו רוּחַ ה׳** — *The spirit of* HASHEM *will rest upon him.* וְנָחָה is related to נוֹחַ and מְנוּחָה, *rest.* Isaiah does not use the more common וַתִּצְלַח, *pass over,* a word that implies a lack of permanence, for the Messiah will never be without the Divine Spirit. It will *rest upon him* and will remain with him permanently (*R' M. Eisemann, Music Made in Heaven,* p. 63).

The *spirit of* HASHEM is characterized by the virtues listed further (*Radak*). Alternatively, it is the spirit of prophecy that the Messiah will possess, in addition to a spirit of wisdom, understanding, etc. (*Targum Yonasan*). Indeed, *Rambam* writes that the Messianic king, the scion of David, will possess more wisdom than Solomon and will be a prophet almost as great as our teacher Moses (*Hilchos Teshuvah* 9:2).

**רוּחַ חָכְמָה וּבִינָה** — *A spirit of wisdom and understanding.* חָכְמָה, *wisdom,* is the ability to amass knowledge and to know clearly and remember all that one has learned. בִּינָה, *understanding,* is the ability to deduce more knowledge from the material already accumulated (*Radak*).

**רוּחַ עֵצָה וּגְבוּרָה** — *A spirit of counsel and strength.* He will have the ability to advise others because he will possess a deep understanding of human nature (*Radak*). He will have the strength of character and courage to face any difficulty that may arise.

Often, people may have all the evidence and verify the facts, but not interpret them correctly. The power for the Messiah's judgment will be such that he will assess all the elements correctly and arrive at the correct verdict (*Malbim*).

**רוּחַ דַּעַת וְיִרְאַת ה׳** — *A spirit of knowledge and fear of* HASHEM. I.e., a spirit to know Hashem and to fear Him (*Radak*). He will utilize his virtues and qualities to gain a greater knowledge of God, which will lead him to desire nothing more than to be a servant of God (*R' M. Hirsch*). Someone who amasses true knowledge and understanding realizes that there is no greater glory than to serve God. In describing Moses after his death, the Torah says merely that he was עֶבֶד ה׳, *a servant of* HASHEM. There is no greater title.

**3.** The Messiah will be able to judge correctly because he will have fear of God and Heavenly inspired knowledge. Without fear of God, knowledge is useless, and without knowledge, fear of God is inadequate (*Malbim*).

**וַהֲרִיחוֹ בְּיִרְאַת ה׳ וְלֹא לְמַרְאֵה עֵינָיו יִשְׁפּוֹט** — *He will be imbued with a spirit of fear of* HASHEM *and will not need to judge by what his eyes see.* Our translation follows *Rashi,* who relates the word וַהֲרִיחוֹ to רוּחַ, *spirit.* Because the Messiah is imbued through and through with this God-fearing spirit, he will be granted the wisdom to know and understand who is innocent and who is guilty.

*Radak* explains the verse metaphorically. He relates וַהֲרִיחוֹ to רֵיחַ, *smell.* The Messiah will be imbued with a sense of "smell" enabling him to have a lightning-like intuitive grasp of what is right and what is not. His perception of things will be as keen as one's sense of smell, and he will not need to rely on the testimony of others.

*Malbim* comments that judges are often swayed by appearances or by what they have heard. The Messianic king, however, will be completely objective and impartial. He will judge exclusively on the basis of facts and the law.

But this ability to judge intuitively, says *R' M. Eisemann,* is "only the tip of a vast iceberg," for the Messiah will possess a wisdom so profound and so far-reaching that it comprehends all that is given to the human mind to grasp (*Music Made in Heaven,* p. 44).

**4.** **וְשָׁפַט בְּצֶדֶק דַּלִּים** — *He will judge the destitute with righteousness.* Although people generally tend to mistreat and exploit the destitute and poor, the Messiah will judge them with righteousness (*Radak*). This does not mean that he will be partial to them, but that he will judge them fairly, according to the laws of the Torah, which command a judge to treat rich and poor equally, neither to fear the former nor discriminate against the latter.

וְהוֹכִ֤יחַ בְּמִישׁוֹר֙ לְעַנְוֵי־אָ֔רֶץ וְהִכָּה־אֶ֙רֶץ֙ בְּשֵׁ֣בֶט פִּ֔יו וּבְר֥וּחַ שְׂפָתָ֖יו יָמִ֥ית רָשָֽׁע:
ה־ו וְהָ֥יָה צֶּ֖דֶק אֵז֣וֹר מָתְנָ֑יו וְהָאֱמוּנָ֖ה אֵז֥וֹר חֲלָצָֽיו: וְגָ֤ר זְאֵב֙ עִם־כֶּ֔בֶשׂ וְנָמֵ֖ר עִם־גְּדִ֣י
ז יִרְבָּ֑ץ וְעֵ֙גֶל וּכְפִ֤יר וּמְרִיא֙ יַחְדָּ֔ו וְנַ֥עַר קָטֹ֖ן נֹהֵ֥ג בָּֽם: וּפָרָ֤ה וָדֹב֙ תִּרְעֶ֔ינָה יַחְדָּ֖ו
ח יִרְבְּצ֣וּ יַלְדֵיהֶ֑ן וְאַרְיֵ֖ה כַּבָּקָ֥ר יֹֽאכַל־תֶּֽבֶן: וְשִֽׁעֲשַׁ֥ע יוֹנֵ֖ק עַל־חֻ֣ר פָּ֑תֶן וְעַל֙ מְאוּרַ֣ת

### רש״י

(ד) **במישור.** לשון נוח ורך: **והכה ארץ בשבט פיו.** כתרגומו, וְיִמְחֵי חַיָּבֵי אַרְעָא: **וברוח שפתיו.** וּבְמַמְלַל סִפְוָתֵיהּ: (ה) **והיה צדק אזור מתניו.** וִיהוֹן צַדִּיקַיָּא סְחוֹר סְחוֹר לֵיהּ. דבקים בו כאזור: (ו) **ומרי.** שור פטם: (ח) **ושעשע.** ושחק: **על חור פתן.** על חור עפר שהנחש מקנן בתוכו קרו״ט בלע״ז. פתן, נחש משהזקין נעשה חרש ונקרא פתן, שוב אין לו לחש; שנאמר (תהלים נח, ו), אֲשֶׁר לֹא יִשְׁמַע לְקוֹל מְלַחֲשִׁים:

### רד״ק

**והכה ארץ בשבט פיו.** רצונו לומר, רשעי ארץ. ולפי שזכר ענוי ארץ שהן הפכם סמך על המבין. גם סוף הפסוק מוכיח שאמר ימית רשע. וגם בלא חסרון יובן הענין, שיכה בני ארץ מי שראוי להכות, שהרי אמר והוכיח במישור לענוי ארץ, ופירוש בשבט פיו וברוח שפתיו, כי יקללם וימותו כמו שכתוב בצדיקים, וְתִגְזַר־אֹמֶר וְיָקָם לָךְ (איוב כב, כח). ואמר בשמואל הנביא, כֹּל אֲשֶׁר־יְדַבֵּר בּוֹא יָבוֹא (שמואל־א, ט, ו). ונאמר באלישע הנביא, וַיְקַלְלֵם בְּשֵׁם ה׳ וַתֵּצֶאנָה שְׁתַּיִם דֻּבִּים מִן הַיַּעַר וַתְּבַקַּעְנָה מֵהֶם אַרְבָּעִים וּשְׁנֵי יְלָדִים (מלכים־ב ב, כד): (ה) **והיה צדק.** הצדק והאמונה שיחזיק בהם יהיו לו חוזק שלא ימעדו מתניו. והפסוק כפול במלות שונות: (ו) **וגר זאב.** יש מפרשים כי בימות המשיח יתחלפו טבעי החיות והבהמות, וישוב למה שהיה בתחילת הבריאה ובתיבת נח; כי בתחלת הבריאה אלו היה אוכל האריה השה הנה נשחתה הבריאה. ומה אכל האריה או זולתו מן הטורפים אוכלי בשר? כי אם אכל בשר משאר החיות והבהמות הנה היה חסר העולם אותה בריה, כי כולם נולדו זכר ונקבה לא יותר, ולא המתינו מלאכול עד שפרו ורבו הנטרפים. אלא בודאי אכלו עשב השדה עד שפרו ורבו הנטרפים, והיה טבעם מאותו היום ואילך לאכול בשר. וכן בתיבת נח אלו אכלו הטורפים הנטרפים, הנה חסרה אותה הנטרפת מן העולם, כי שנים שנים נכנסו ולא יותר; אלא אם כן נאמר כי שבעה שבעה שהכניס מן הטהורה היו לצורך הטורפים. ויש מפרשים כי כל זה משל; כי הזאב והנער והדוב והאריה הם משל לרשעים העושקים והגוזלים, שהם לחלשים כמו החיות הטורפים לנטרפים. והכבש והפרה והעגל והגדי הם משל לענוי ארץ. ואמר כי בימות המשיח יהיה שלום בארץ ולא ירעו איש את חברו. ולא יתכן זה הפירוש, לפי שאמר לא ירעו ולא ישחיתו בכל הר קדשי; ובימות המשיח בכל העולם יהיה שלום; כמו שכתוב, וְכִתְּתוּ חַרְבוֹתָם לְאִתִּים וַחֲנִיתוֹתֵיהֶם לְמַזְמֵרוֹת, לֹא יִשָּׂא גוֹי אֶל גּוֹי חֶרֶב וְלֹא יִלְמְדוּ עוֹד מִלְחָמָה (לעיל ב, ד), ואמר, וְנִכְרְתָה קֶשֶׁת מִלְחָמָה (זכריה, ט, י), ואמר במשיח וְדִבֶּר שָׁלוֹם לַגּוֹיִם (שם). והנכון כי טבע החיות לא תתחלף, ויטרפו ויאכלו בשר כמו שהם עושים עתה. אלא הבטיח את ישראל שהחיות הרעות לא יזיקו בכל ארץ ישראל; זהו שנאמר לא ירעו ולא ישחיתו בכל הר קדשי. והטעם כי מלאה הארץ דעה את ה׳, כיון שהם טובים ושמרו דרך ה׳ לא תשלוט בהם חיה רעה ולא בבהמתם ובכל אשר להם; כמו שהבטיח על ידי משה רבינו עליו השלום, וְהִשְׁבַּתִּי חַיָּה רָעָה מִן־הָאָרֶץ (ויקרא כו ו), ואפילו אם יעברו בארץ לא יזיקו: (ז) **ופרה ודוב תרענה וגו׳.** וכן אמר בהושע הנביא, וְכָרַתִּי לָהֶם בְּרִית בַּיּוֹם הַהוּא עִם־חַיַּת הַשָּׂדֶה וְעִם־עוֹף הַשָּׁמַיִם וגו׳ (הושע ג, כ). ומה שאמר ואריה כבקר יאכל תבן, כאלו יאכל תבן כמו הבקר, שלא יטרוף בשר הבהמה בארץ ישראל אם לא ימצאנה נבלה. ויש לפרש עוד הענין דרך משל, והארי והדוב והנחש הם משל לאמונות הרעות, ופירש ופרה ודוב תרענה, כי כל עסק הבהמה לא יהיה אלא לעסוק בעבודת האל לא להבלי העולם. וזהו שאמר כי מלאה הארץ דעה את ה׳: **ומריא.** יש אומרים שהוא מין ממיני הבקר הגדולים, ויש מפרשים המפוטמים שבבהמות יקראו מְרִיאִים (לעיל א, יא). וכן תרגם יונתן, וּפַטִּים: **ופרה ודוב.** ודוב היא הנקבה; וכן, וַתֵּצֶאנָה שְׁתַּיִם דֻּבִּים (מלכים־ב ב, כד)., וכן עז עזים רחלים, וכן ילדיהן ירבצו יחדו: (ח) **ושעשע. . . מאורת.** כמו חור. נקרא כן לפי שיכנס ממנו למקום שהנחש בו; וכן, הַמִּנְהָרוֹת אֲשֶׁר בֶּהָרִים (שופטים ו, ב), שפירשנו המערות ויש להם חור שתכנס ממנו האורה לפיכך נקראו כן. והפסוק כפול בענין במלות שנות. ופירש גמול, כמו יונק אלא שגמול נקרא בעת השלמת יניקתו. ואמר יונק וגמול, לענין הנחש לפי שהנחשים נמצאים פעמים בחורי הבית והקטנים מטפחים בקרקע הבית ובחורי הקירות. ופירש הדה כמו ידה, רצונו לומר שלח ידו. והנה איבת הנחש הנגזרת בימי בראשית עם האדם, תסתלק בימות המשיח בכל ארץ ישראל, ולעם ישראל בכל מקום שילכו לא יזיקם נחש ולא חיות רעות. ויונתן תרגם מאורת צפעוני, חֵיזוּ גַלְגַלֵּי עֵינֵי חִוֵי חוּרְמָן. פירוש, כי הנחש כשהוא בחורו והוא מקום חשך וגלגל עינו מאיר והיונק רואה את האורה מבחוץ, וסבור אבן מאירה היא או זכוכית, ומושיט ידו לקחת אותו הדבר שסבור נוגע בצפעוני ולא יזיקנו הצפעוני. וזכר פתן וצפעוני, לפי שהם רעים שבמיני הנחש ואף על פי כן לא יזיקו, כל שכן שאר הנחשים:

### מצודת דוד

**והכה ארץ.** רשעי הארץ יכה בקללת פיו והרי הוא כשבט המכה: **וברוח וכו׳.** כפל הדבר במילים שונות: (ה) **והיה צדק וכו׳.** הצדק והאמונה שיחזיק בהן יהיו לו לחוזק כאדם החגור אזור במתניו שהוא מזורז ומחוזק: (ו) **וגר זאב.** אף החיות לא יטרפו טרף והזאב ידור יחד עם הכבש ולא יטרפנו: **יחדו.** ירבצו יחדו ולא ירעדו זה מזה: **נוהג בם.** ולא יזיקו את הנער: (ז) **תרעינה.** כל אחת תרעינה במקום מרמה ואף הדוב לא יטרף טרף: **יחדו.** במקום ילדיהן ולא יחרדו זה מזה: **כבקר.** כמו הבקר אוכל תבן כן יאכל האריה: (ח) **ושעשע.** תינוק היונק יתעסק לשמוח בהושטת ידו על הנקב אשר הפתן יושב שם ולא יזיקנו: **ועל מאורת.** על הבקע אשר הצפעוני יושב שם:

### מצודת ציון

(ד) **והוכיח.** מלשון תוכחה ומוסר: **במישור.** מלשון יושר: **לענוי.** הלמ״ד הוא במקום בעבור; כמו, פְּתַח פִּיךָ לְאִלֵּם (משלי לא, ח): **וברוח.** הוא הדבר הבא בהסחת רוח הפה: (ה) **אזור.** חגורה: **מתניו.** חלציו פתרון אחד להם: (ו) **וגר.** ידור: **ונמר.** שם חיה: **ירבץ.** ענינו השכיבה לנוח: **וכפיר.** שם משמות האריה: **ומריא.** בהמה פטומה; וכן, וְחֵלֶב מְרִיאִים (לעיל א ,יא): **נוהג בם.** יוליך אותם: (ח) **ושעשע.** ענין התעסקות לשמוח; כמו, אֲנִי תּוֹרָתְךָ שִׁעֲשָׁעְתִּי (תהלים קיט, ע): **חור.** נקב; כמו, וְהִנֵּה חֹר אֶחָד בַּקִּיר (יחזקאל ח, ז): **פתן.** מין נחש רע: **מאורת.** ענינו בקוע וחריץ; כמו, בָּאֻרִים כַּבְּדוּ ה׳ (לקמן כד, טו):

---

**וְהוֹכִיחַ בְּמִישׁוֹר לְעַנְוֵי־אָרֶץ** — *And rebuke with fairness the humble of the earth.* With fairness he will rebuke the rich and powerful who exploit the humble of the earth (*Radak*).

**וְהִכָּה־אֶרֶץ בְּשֵׁבֶט פִּיו** — *He will strike [the wicked of] the earth with the rod of his mouth.* The Messiah will have no need for great physical powers, for he will strike down the wicked with words. His mouth will thereby act as a rod to punish the wicked (*Ibn Ezra*). In such awe will he be held that his word will have greater power than an armed force.

**וּבְרוּחַ שְׂפָתָיו יָמִית רָשָׁע** — *And with the breath of his lips he will slay the wicked.* He will cause the death of the wicked either by uttering a curse as did the prophet Elisha [see *II Kings* 2:23] (*Radak*) or by praying for their downfall (*Daas Sofrim*).

*Targum Yonasan* identifies the wicked person as אַרְמִילוֹס רַשִׁיעָא, *Armilus the wicked,* which is a variant of Romulus, the founder of Rome, a name that is often used synonymously

*and rebuke with fairness the humble of the earth. He will strike [the wicked of]*
*the earth with the rod of his mouth, and with the breath of his lips he will slay*
*the wicked.* 5 *Righteousness will be the girdle round his loins, and faith will be the*
*girdle around his waist.*
6 *The wolf will live with the sheep and the leopard will lie down with the kid;*
*and a calf, a lion whelp, and a fatling [will walk] together, and a young child will*
*lead them.* 7 *A cow and bear will graze and their young will lie down together; and*
*a lion, like cattle, will eat hay.* 8 *A suckling will play by a viper's hole; and a newly*

with Gog, indicating that Gog will be a descendant of Esau. Gog is the king who, according to Ezekiel's prophecy, will invade *Eretz Yisrael* before the final redemption (see comm. to ArtScroll *Yechezkel* 38:2).

*R' M. Hirsch* understands this verse differently. He feels that the words יָמִית רָשָׁע, *he kills the wicked,* should be understood figuratively. Through his noble spirit, the Messiah will understand how to awaken the angel that is slumbering in the breasts of even the most wicked villain. With sincere words alone he will inspire the wicked until his conscience will come to life and the goodness in his heart will gather strength, until the "wicked one" in him will be "killed" and a "fresh pure man" will be born.

**5. וְהָיָה צֶדֶק אֵזוֹר מָתְנָיו** — *Righteousness will be the girdle around his loins.* The righteousness and faith that he practices will be his source of strength and will gird his loins as snugly as a girdle (*Radak*); i.e., righteousness will be virtually a part of his being, like a tight-fitting girdle (*Malbim*). Alternatively, the righteous will surround him and cleave to him like a girdle (*Targum Yonasan*).

**וְהָאֱמוּנָה אֵזוֹר חֲלָצָיו** — *And faith will be the girdle around his waist.* As is common in prophecy, the prophet repeats his message in different words (*Radak*), to emphasize his point.

*Shem MiShmuel* finds that the two are different, but complementary: צֶדֶק, *righteousness,* represents the attribute of justice, according to which people are judged strictly according to what they deserve. But how can simple mortal man earn Divine mercy, without which he cannot survive God's judgment? The verse continues that a person should gird himself with אֱמוּנָה, *faith.* Through pure and sincere faith, a person elevates his service to the point where he can surmount the rigors of judgment.

**6. וְגָר זְאֵב עִם כֶּבֶשׂ** — *The wolf will live with the sheep.* The prophet describes the spirit of peace and tranquility that will rule the world in Messianic times. *Radak* cites a view that these verses are meant literally, meaning that the great peace that will reign among human beings will spread to the animal kingdom as well. Wild beasts and domestic animals will coexist in harmony as they did at the beginning of creation. *Radak's* own view, however, is that the nature of animals will *not* change in Messianic times and that carnivorous animals will still consume the flesh of prey throughout the world — but *Eretz Yisrael* will be an exception. In this prophecy, Isaiah is speaking only about *Eretz Yisrael,* as he says in verse 9, *My sacred mountain.* In the Holy Land — and nowhere else — even the animal kingdom will live in peace.

Others interpret these verses allegorically. The wild beasts of our verse represent the nations of the world, which, through the ages, had tried to destroy and devour the people of Israel. In Messianic times, even they will acknowledge the truth of the Torah and the spiritual and moral stature of Israel. Then, the "wild animals" will live in peace with the Jewish people (*Rashi; Rambam, Hil. Melachim* 12:1). *Rambam* adds that many of the prophecies regarding the ultimate redemption are metaphoric, but only when that time comes will we know the exact meaning of the prophecies.

The word וְגָר generally describes the temporary stay of a stranger, in a place where he can claim no right of residence. In Messianic times when peace and tranquility will prevail, the wolf, whose entire existence had been due to his strength and cunning, will feel out of place, as if his presence is only tolerated. For the wolf to gain the right to exist, he must aspire to something greater and more noble than mere brute strength (*R' M. Hirsch*).

**7. וּפָרָה וָדֹב תִּרְעֶינָה** — *A cow and bear will graze.* The prophecy continues to describe how beasts of prey and domestic animals will live together in harmony in Messianic times.

**וְאַרְיֵה כַּבָּקָר יֹאכַל־תֶּבֶן** — *And a lion, like cattle, will eat hay.* This does not mean that the carnivorous lion will no longer eat meat. It will continue to do so as in pre-Messianic days, but only from a carcass. It will not pray on living creatures, so that weaker animals will be as safe as if the carnivorous lion were feeding only on hay. Alternatively, these dangerous animals are symbolic of heretical and offensive beliefs. In Messianic times, people will reject such alien philosophies and dedicate themselves to learning the ways of God (*Radak*).

*Abarbanel* comments that God created wild animals and poisonous snakes as part of His system of reward and punishment. When necessary, they would be dispatched to attack sinners. But in Messianic times, all will be righteous, so that such animals will no longer imperil people.

**8. וְשִׁעֲשַׁע יוֹנֵק עַל־חֻר פָּתֶן** — *A suckling will play by a viper's hole.* A suckling baby will play by the viper's hole and a newly weaned child by the adder's lair, because in the Messianic age the eternal enmity that had existed between snake and man (see *Genesis* 3:15) will cease to exist in the Land of Israel (*Radak*).

ט צִפְעוֹנִי גָּמוּל יָדוֹ הָדָה: לֹא־יָרֵעוּ וְלֹא־יַשְׁחִיתוּ בְּכָל־הַר קָדְשִׁי כִּי־מָלְאָה הָאָרֶץ
י דֵּעָה אֶת־יהוה כַּמַּיִם לַיָּם מְכַסִּים: וְהָיָה בַּיּוֹם הַהוּא שֹׁרֶשׁ יִשַׁי אֲשֶׁר
יא עֹמֵד לְנֵס עַמִּים אֵלָיו גּוֹיִם יִדְרֹשׁוּ וְהָיְתָה מְנֻחָתוֹ כָּבוֹד: וְהָיָה |
בַּיּוֹם הַהוּא יוֹסִיף אֲדֹנָי | שֵׁנִית יָדוֹ לִקְנוֹת אֶת־שְׁאָר עַמּוֹ אֲשֶׁר יִשָּׁאֵר מֵאַשּׁוּר
יב וּמִמִּצְרַיִם וּמִפַּתְרוֹס וּמִכּוּשׁ וּמֵעֵילָם וּמִשִּׁנְעָר וּמֵחֲמָת וּמֵאִיֵּי הַיָּם: וְנָשָׂא
נֵס לַגּוֹיִם וְאָסַף נִדְחֵי יִשְׂרָאֵל וּנְפֻצוֹת יְהוּדָה יְקַבֵּץ מֵאַרְבַּע כַּנְפוֹת הָאָרֶץ:

**רש״י**

**ועל מאורת צפעוני.** יונתן תירגם, חֵיזוּ גַלְגַּלֵי עֵינֵי חִוֵי חוּרְמַן. ומנחם פתר בו לשון נקב וחורי עפר; וכן, אוּר כַּשְׂדִּים (בראשית יא, כח), וכן בָּאֻרִים כַּבְּדוּ ה׳ (לקמן כד, טו): **גמול.** תינוק הגמול משדי אמו: **ידו הדה.** תרגום יונתן, יְדוֹהִי יוֹשִׁיט, כמו הֵד הָרִים (יחזקאל ז, ז), וכמו, הֵידָד (לקמן טז, י) שהוא לשון הרמת קול. אף זה לשון הרמה וה״א אחרונה באה בתוכה יסוד נופל, כמו עשה בנה קנה: **(ט) דעה את ה׳.** לדעת את ה׳: **(י) לנס עמים.** להיות עמים מרימים נס להקבץ אליו: **(יא) שנית.** כמו שקנאם ממצרים שהיתה גאולתם ברורה מאין שיעבוד. אבל גאולת בית שני אינה מן המניין, שהרי משועבדים היו לכורש: **ומאיי הים.** הן איי כתיים עובדי כוכבים: **(יב) נשא נס.** פירקא בלע״ז. והיה לאות לקבוץ אליו ולהביא את גליות ישראל מנחה לו:

**רד״ק**

**(ט) לא ירעו.** כל ארץ ישראל קרא הר קדשי. וטעם הר לפי שהיא גבוה מכל הארצות. והטעם למה לא ירעו, כי מלאה הארץ דעה את ה׳. רצונו לומר, ארץ ישראל, כמו שאמר ירמיהו הנביא, כִּי כוּלָּם יֵדְעוּ אוֹתִי לְמִקְטַנָּם וְעַד גְּדוֹלָם וגו׳ (ירמיה לא, לג): **כמים לים מכסים.** מקום המים יקרא ים. המים ממלאים אותו המקום עד שמכסים אותו שלא יראה קרקע הים: **(י) והיה שרש ישי.** פירוש, היוצא משרש ישי; כמו שאמר ונצר משרשיו יפרה, כי ישי הוא השרש. וכן תרגם יונתן, בַּר בְּרֵיהּ דְּיִשָׁי: **אשר עומד.** פירוש, אשר יהיה עומד ביום ההוא שהוא יום קבוץ גליות. ויהיה הוא לכל העמים כמו הנס בחיל, שילכו אחר נושא הנס כל החיל, כן ידרשו כל הגוים אל המשיח וילכו אחריו לעשות מה שיצוה, כולם יהיו נשמעים אליו. לפיכך יהיה בכבוד, שלא יהיה לו מלחמה ויהיה במנוחה ובכבוד כי כל הגוים יכבדוהו ויעבדוהו: **(יא) והיה שנית.** כי ראשונה קנה אותה מבית עבדים ממצרים, וביום קבוץ גליות יוסיף ה׳ שנית ידו לקנותה מכל הגוים אשר נפוצו שם. ועל גלות בבל לא נאמר זה כי לא יצאו אלא יהודה ובנימין שהיו בגלות בבל ולא נקבצו עשרת השבטים לפיכך לא נוכל לומר על אותו הקבוץ שנית; כי ממצרים יצאו כל ישראל לא נשאר אחד ולא יאמר שנית אלא שתדמה לראשונה. וקבוץ זה הגלות תהיה שנית למצרים שיצאו כולם, וכן יצאו כולם בהקבוץ זה הגלות, לפיכך אמר מאשור וממצרים ומפתרוס ומכוש ומעילם ומשנער ומחמת ומאיי הים. ומה שאמר את שאר עמו אשר ישאר, לפי שרבים מהם כלו בגלות: **ומאיי הים.** גם אשר בארצות אדום וישמעאל אשר מארץ ישראל והנה, שהם איי הים: **(יב) ונשא נס.** כאלו הקדוש ברוך הוא ירים נס לגוים שיחרדו לבוא אל מקום, הנה כן ישלחו ביום ההוא כל הגוים את ישראל אשר בארצם שילכו להם בכבוד:

**מצודת דוד**

**גמול.** תינוק הנגמל משדי אמו יושיט שם ידו ולא יוזק: **(ט) לא ירעו.** הנחשים הרעים לא ירעו עוד ולא ישחיתו את מי: **כי מלאה וכו׳.** ובעבור זה יהיה הטובה הזאת: **כמים לים מכסים.** מקום המים קרוי ים, והמים ממלאים אותו המקום עד שלא יראה הקרקע. ואמר כמו שכל הים מכוסה במים, כן יהיו כולם מכוסים וממולאים בדעה: **(י) שורש ישי.** משיח היוצא משורש ישי אשר יהיה עומד ביום ההוא יום קבוץ גליות: **לנס עמים.** הוא לכל העמים כמו נושא הנס אשר הדרך הוא שכל אנשי החיל הולכים אחריו כן ידרשו כל העובדי כוכבים אל המשיח ואחריו ילכו לעשות מה שיצוום: **והיתה מנוחתו כבוד.** בוחר במנוחה ולא יתגרה במי, אבל מנוחת המשיח תהיה לו לכבוד כי כולם יהיו נשמעין אליו: **(יא) יוסיף ה׳ וכו׳.** כי מאז קנה אותם מבית עבדים מיד מצרים, ועתה יוסיף שנית ידו לקנות את הנשארים בגולה אשר לא מתו: **מאשור וכו׳.** חוזר על מלת לקנות לומר לקנות אותם מאשור וכו׳: **(יב) ונשא נס.** רצונו לומר יעורר לב הפרסיים (ו)לשלוח את ישראל מן הגולה וכאלו נשא להם נס לרמז על הדבר: **ואסף.** ובזה יאסף נדחי ישראל וכו׳:

**מצודת ציון**

**צפעוני.** מין נחש רע: **גמול.** תינוק הנעתק מקרוב משדי אמו נקרא גמול; כמו, בְּיוֹם הִגָּמֵל אֶת יִצְחָק (בראשית כא, ח): **הדה.** ענין הרמת היד להושיט, והוא קרוב מלשון, הֵידָד הִשְׁבַּתִּי (לקמן טז, י) אשר יאמר על ענין הרמת קול: **(י) לנס.** הוא כלונס ארוך ובראשו בגד, ועשוי להוליכו לפני אנשי החיל וכולם הולכים אחריו: **(יא) לקנות.** מצינו לשון קנין בלא מחיר, ואף אם אין מוכר; וכן, קֹנֵה שָׁמַיִם וָאָרֶץ (בראשית יד, יט): **(יב) ונפצות.** ענין פזור: **כנפות.** קצות:

---

**9. לֹא־יָרֵעוּ וְלֹא־יַשְׁחִיתוּ בְּכָל־הַר קָדְשִׁי** — *They will neither injure nor destroy in all of My sacred mountain.* The *sacred mountain* refers to the entire Land of Israel. It is called a mountain because it is higher than all of the [surrounding] lands (*Zevachim* 54b; see also *Kiddushin* 69a, Schottenstein edition, note 13). During the Messianic Era, the usually destructive wild beasts and serpents will cause no harm in the Land of Israel (*Radak*).

Animals of prey will no longer *injure,* because they will no longer kill for food. Poisonous snakes, which do not eat their victims, will no longer *destroy* (*Malbim*).

**כִּי מָלְאָה הָאָרֶץ דֵּעָה אֶת ה׳** — *For the earth will be as filled with the knowledge of HASHEM.* The evil that men do to one another is due only to ignorance. Knowledge of truth removes hatred and quarrels, and prevents physical conflict. In the Messianic Era, men will have a true knowledge of God, and therefore hatred, quarrel and fighting will cease (*Moreh Nevuchim* 3:11). Indeed, *Ibn Ezra* writes, it is well known that those who know God do not injure or destroy; they only build and improve.

Although animals cannot have *knowledge of HASHEM,* the elevated code of conduct that will prevail among humans will so transform wildlife that their instinctive behavior will be peaceful (*Malbim*).

**כַּמַּיִם לַיָּם מְכַסִּים** — *As water covering the seabed.* Just as the water of the sea never ceases to be and even continuously increases, so too will the knowledge of God continue to increase (*Ibn Ezra*). Furthermore, the landscape of the seabed consists of numerous tall mountains and deep valleys. Yet, their existence is hidden by the waters of the sea. So will it be

*weaned child will stretch his hand toward an adder's lair.* 9 *They will neither injure*
*nor destroy in all of My sacred mountain, for the earth will be as filled with the*
*knowledge of HASHEM as water covering the seabed.*

*Ingathering of the exiles*

10 *It shall be on that day that the descendant of Jesse who stands as a banner for*
*the peoples, nations will seek him, and his resting place will be glorious.*
11 *It shall be on that day that the Lord will once again show His hand to acquire*
*the remnant of His people, who will have remained from Assyria and from Egypt*
*and from Pathros and from Cush and from Elam and from Shinar and from Hamath*
*and from the islands of the sea.* 12 *He will raise a banner for the nations and assemble*
*the castaways of Israel; and He will gather in the dispersed ones of Judah from the*
*four corners of the earth.*

---

in Messianic times. When the world will be as filled with the knowledge of Hashem as water covering the seabed, no one will be aware of the numerous false beliefs and opinions of pre-Messianic days (*Chafetz Chaim on Nach*). It is noteworthy that *Rambam* chose this verse as the closing sentence of his description of the Messianic Era — see *Hilchos Melachim* 12:5.

The Messianic Era will be a time of plenty. Jealousy and competition for resources will cease because there will be prosperity for everyone, and therefore people will be able to turn their attention to study of the Torah, knowledge of Hashem, and the performance of His commandments. This is why strife among nations will no longer exist. It is because of this that the prophets and wise people long for the Messiah (*Rambam, Shemoneh Perakim*).

**10. וְהָיָה בַּיּוֹם הַהוּא שֹׁרֶשׁ יִשַׁי אֲשֶׁר עֹמֵד לְנֵס עַמִּים** — *It shall be on that day that the descendant of Jesse who stands as a banner for the peoples.* On the day of the ingathering of the exiles, the Messiah will be like a banner on the battlefield. Just as soldiers gather around and follow the banner, so too will the nations of the world gather around the Messiah and follow his commands (*Radak*), for the Messiah will not only be the redeemer of the Jewish people but the redeemer of all mankind, as well (*Abarbanel*).

**אֵלָיו גּוֹיִם יִדְרֹשׁוּ** — *Nations will seek him.* He will not need to go to them for they will seek God and will eagerly come to him so that he may teach them (*Radak*).

**וְהָיְתָה מְנֻחָתוֹ כָּבוֹד** — *And his resting place will be glorious.* His residence and his dwelling place shall be with honor (*Targum Yonasan*), i.e., he will be universally respected. Some explain that often, kings who wish to live peacefully are viewed as weak and inept. Potential enemies leave them in place because they are too insignificant to present a danger. However, in the case of the Messiah, peace will be an honor, because adversaries will recognize that God protects him (*Metzudos*). [Accordingly, the translation would be, *and his peace will be as [an] honor.*]

*Abarbanel* comments that temporal kings and rulers are honored because of their military might or economic power over others. Not so the Messianic king. He will derive honor by living in peace and inspiring others to do the same.

**11. וְהָיָה בַּיּוֹם הַהוּא יוֹסִיף אֲדֹנָי שֵׁנִית יָדוֹ לִקְנוֹת אֶת־שְׁאָר עַמּוֹ** — *It shall be on that day that the Lord will once again show His hand to acquire the remnant of His people.* When the future redemption will arrive, God will gather together all of His exiled people *once again,* just as He did when He redeemed the Jewish people from Egypt, for no Jew will be left behind in any of the lands of exile (*Radak*).

After centuries of persecution and exile, God will once again *acquire* [לִקְנוֹת] His purified nation to do His service, as He did when He redeemed them from Egypt (*R' M. Hirsch*).

**שְׁאָר עַמּוֹ** — *The remnant of His people.* The prophet refers to the exiles as *the remnant* because many will have perished during the many years of exile (*Radak*).

**אֲשֶׁר יִשָּׁאֵר מֵאַשּׁוּר וּמִמִּצְרַיִם** — *Who will have remained from Assyria and from Egypt.* God will gather the remnant of His people from among these and other nations mentioned. *Daas Sofrim* comments that this refers only to the exiles of the Ten Tribes who were dispersed among these nations in the vicinity of Assyria. The exiles of Judah, however, would be spread over the entire world.

**וּמֵאִיֵּי הַיָּם** — *And from the islands of the sea. Rashi* comments that these are the islands of the "*Kittim,* the Greek isles." However, *Rashi* to 23:1 identifies the Kittim as the Romans. Indeed, *Abarbanel's* text of *Rashi* here reads, "the Kittim isles of the descendants of Esau," i.e., the Romans. He comments that "islands" refers to all the western countries where Jews settled during their exiles.

*Abarbanel* writes that this verse proves that Isaiah's prophecy does not refer to the era of the Second Temple, because those who returned to *Eretz Yisrael* at that time came only from Babylonia, not from any of the countries mentioned in this verse.

**12. וְנָשָׂא נֵס לַגּוֹיִם** — *He will raise a banner for the nations.* At that time God will arouse the nations of the world to send away the Jewish inhabitants of their lands. It will be as though he raised a banner as a signal for them to do so (*Metzudos*).

**וְאָסַף נִדְחֵי יִשְׂרָאֵל וּנְפֻצוֹת יְהוּדָה יְקַבֵּץ** — *And assemble the castaways of Israel; and He will gather in the dispersed ones of Judah.* The castaways of Israel are the Ten Tribes of the

יג וְסָרָה קִנְאַת אֶפְרַיִם וְצֹרְרֵי יְהוּדָה יִכָּרֵתוּ אֶפְרַיִם לֹא־יְקַנֵּא אֶת־יְהוּדָה
יד וִיהוּדָה לֹא־יָצֹר אֶת־אֶפְרָיִם: וְעָפוּ בְכָתֵף פְּלִשְׁתִּים יָמָּה יַחְדָּו יָבֹזּוּ
טו אֶת־בְּנֵי־קֶדֶם אֱדוֹם וּמוֹאָב מִשְׁלוֹחַ יָדָם וּבְנֵי עַמּוֹן מִשְׁמַעְתָּם: וְהֶחֱרִים
יהוה אֵת לְשׁוֹן יָם־מִצְרַיִם וְהֵנִיף יָדוֹ עַל־הַנָּהָר בַּעְיָם רוּחוֹ וְהִכָּהוּ
טז לְשִׁבְעָה נְחָלִים וְהִדְרִיךְ בַּנְּעָלִים: וְהָיְתָה מְסִלָּה לִשְׁאָר עַמּוֹ אֲשֶׁר
יִשָּׁאֵר מֵאַשּׁוּר כַּאֲשֶׁר הָיְתָה לְיִשְׂרָאֵל בְּיוֹם עֲלֹתוֹ מֵאֶרֶץ מִצְרָיִם:

**רש"י**

(יג) **אפרים לא יקנא את יהודה.** משיח בן יוסף ומשיח בן דוד לא יקנאו זה בזה: (יד) **ועפו בכתף פלשתים ימה.** יעופו וירוצו ישראל שכם אחד על הפלשתים אשר הם במערבה של ארץ ישראל, ויכבשו את ארצם; כמו, דֶּרֶךְ יְרַצְּחוּ שֶׁכְמָה (הושע ו, ט) שְׁכֶם אֶחָד (צפניה ג, ט). וכן תרגם יונתן, וְיִתְחַבְּרוּן כְּתַף חָד לְמִמְחֵי פְּלִשְׁתָּאֵי דִּי בְּמַעֲרָבָא: **ובני עמון משמעתם.** כתרגומו, יִשְׁתַּמְעוּן לְהוֹן, מקבלין מצותם עליהם: (טו) **והחרים.** ליבשו כדי שיעברו בו גליות ישראל ממצרים: **על הנהר.** נהר פרת לעבור בו גליות אשור: **בעים רוחו.** אין לו דמיון במקרא, ולפי הענין יפתר בחוזק רוחו: **לשבעה נחלים.** לשבע גזרים לעבור בו שבע גליות האמורות למעלה מאשור וממצרים וגו'. ומאיי הים אינו מאותו לד: **והדריך.** בתוכו את הגליות: **בנעלים.** ביבשה: (טז) **והיתה מסילה.** בתוך המים לשאר עמו:

**רד"ק**

(יג) **וסרה.** כשיקבצו בני ישראל בארצם, תסור הקנאה שהיתה ביניהם בגלותם מארצם, שהיתה בהם חלוק מלכיות מקנאתם במלכות בית דוד: **וצוררי יהודה יכרתו.** כי מקדם היו ביהודה צוררים לאפרים: **ואפרים.** רצונו לומר, כל ישראל לבד מיהודה. ומפני שהיו ישראל מקנאים במלכות בית דוד היו יהודה צוררים ואויבים להם. וכן ראינו שעכבו המלכות שבע שנים שלא מלך דוד אלא על יהודה, וכן בשוב דוד אל המלכות אחר שברח מפני אבשלום אמר, מַדּוּעַ גְּנָבוּךָ אַחֵינוּ וגו' (שמואל־ב, יט, מב). ואומר, וַיִּקֶשׁ דְּבַר אִישׁ יְהוּדָה מִדְּבַר אִישׁ יִשְׂרָאֵל (שם פסוק מד), (ויתקע) שבע בן בכרי (בשופר) וגו' (שם כ, א). וכן עד שנחלקה המלכות במלוך רחבעם; שאמר, אֲנִי אוֹסִיף עַל עֻלְּכֶם (מלכים־א, יב, יא). ומה שאמר יכרתו, רצונו לומר שלא יהיו, וכן, וְנִכְרְתָה קֶשֶׁת מִלְחָמָה (זכריה, ט, י), והפסוק כפול בענין במלות שונות: (יד) **ועפו.** ינועון אל עבר פלשתים למערבה של ארץ ישראל,וכן תרגם יונתן. ואנחנו מפרשים ועפו, ענין עוף עופפות שהיא התנועה המהירה. ואמר בלשון עופפות למהירות תנועתם אל מקום פלשתים להכותם ולבזוז אותם. ויש מפרשים ועפו ענין עיף ויגע, כלומר יהיו עיפים מהכות בכתף פלשתים. ומלת בכתף סמוך ובא על דרך במוכרת, כי על דרך הסמיכות משפטו בשש נקודות. וכתב בן אשר כי בא כן בהיותו מלרע לתקן קריאת הפ"א מפני פא פלשתים: **אדום ומואב.** אף על פי שאין נכרים היום באומות לבד ישראל שהם היו נבדלים מן העובדי כוכבים בתורתם ושלא התערבו עם האומות. אבל שאר האמות התערבו רובם, והנה הם בין דת ישמעאלים ובין דת עובדי כוכבים. כשזוכר אדום ומואב ובני עמון, רצונו לומר ארצותם והיושבים בהם היום. וכן מה שאמר בנבואת דניאל העתידה, וְאֵלֶּה יִמָּלְטוּ מִיָּדוֹ אֱדוֹם וּמוֹאָב וְרֵאשִׁית בְּנֵי עַמּוֹן (דניאל יא, מא), כן פירושו: **משלוח ידם.** שישלחו בהם ישראל ידיהם לכל אשר ירצו: **משמעתם.** שיהיו נשמעים לכל אשר יצוו אותם. וזכר אלה המקומות לפי שהם קרובים לארץ ישראל, אבל גם כך כל האומות יהיו תחת ידי ישראל: (טו) **והחרים.** ענין כריתה כי כל לשון חרם כריתה והשחתה, וכן והחרים ענין כריתה וגזרה. ובא בענין הזה בים שאמר, לְגֹזֵר יַם סוּף לִגְזָרִים (תהלים קלו, יג): **את לשון ים מצרים.** הוא נהר מצרים הנקרא שיחור, ויבא ברצון האל שיעור דרך שיעברו בו גאולים: **והניף ידו על הנהר.** הנהר הזה הוא נהר פרת, וכן תרגם יונתן. ופירוש והניף ידו, שינהג רוח חזק שייבשהו כמו שעשה בים סוף ביציאת מצרים, כמו שאמר והיתה מסלה לשאר עמו וגו': **בעים רוחו.** בחוזק רוחו שיוליך על הנהר ויבשהו. ומלת בעים תתפרש לפי הענין ואין לה חבר במקרא. ורבי אחי רבי משה פירש עים מן לְעִי הַשָּׂדֶה (מיכה א, ו); שפירושו גל, ופירש בעים, כמו גלים כלומר בגלי הים, והנהר יניף ידו ורוחו להשקיטם וליבשם: **והכהו לשבעה נחלים.** יכה הקדוש ברוך הוא נהר פרת וינהגהו ברוח עזה עד שישוב לשבעה נחלים ויהיה דרך בין נחל לנחל: **והדריך.** העוברים באותם הדרכים בנעלים, שתהיה הדרך חרבה כאלו לא היה שם מים ויעברו בהם בנעליהם ברגליהם. והדריך פעל יוצא, והאל הוא המדריך והעובר הוא הדורך. ומה שאמר לשבעה, אפשר שיהו שבעה דרכים ולא יותר, ואפשר גם כן שיהיה שבעה ענין רבוי כלומר לדרכים רבים, כי כן הוא דרך הלשון; כמו, שֶׁבַע כְּחַטֹּאתֵיכֶם (ויקרא כו, כא), שֶׁבַע יִפּוֹל צַדִּיק וָקָם (משלי כד, טז): (טז) **והיתה.** בזה הנהר תהיה מסלה לשאר עמו, כלומר, שתהיה דרך סלולה כאלו זמן רב היתה דרך. ומה שאמר לשאר פירשנוהו. ומה שאמר מאשור, כי אותם שהם באשור הוא דרך ישרה לעבור בנהר פרט של ארץ ישראל: **כאשר היתה.** פירוש כאשר היתה מסלה בים סוף כן תהיה מסלה בנהר פרת:

**מצודת דוד**

(יג) **וסרה קנאת אפרים.** לא יתקנאו ביהודה על כי יהיה המשיח ממשפחתם. לא כמו שהיה לשעבר בעת נחלק המלכות בימי ירבעם: **וצוררי יהודה.** הם בני אפרים שזכר, וכפל הדבר במילים שונות: **יכרתו.** רצונו לומר, לא יהיו עוד צוררים כי השנאה תכרת ואיננה: **אפרים וכו'.** רצונו לומר, משיח בן יוסף הבא מאפרים ומשיח בן דוד לא יתקנאו זה בזה ולא יצורו זה לזה: (יד) **ועפו.** ימהרו כעוף הפורח ללכת בצד פלשתי היושב במערבה של ארץ ישראל: **יחדיו.** יהודה ואפרים: **משלוח ידם.** יהיו משלוח ידם רצונו לומר ישלחו ידם בהם לבוזם: **משמעתם.** יסורו אל משמעתם, רצונו לומר, יהיו נשמעים להם לקבל מצותם: (טו) **והחרים.** יכרית מי נהר מצרים להיות בו דרך לעבור בו גאולים: **על הנהר.** זה נהר פרת: **והכהו.** את כל אחד יכה להיות נחלק לשבעה נחלים, ויהיה שביל ודרך בין נחל לנחל: **והדריך.** דרך השבילים ההם ידריך בני הגולה לדרוך בנעלים אשר ברגליהם, כי תשוב להיות יבשה: (טז) **והיתה מסלה.** תהיה דרך סלולה כאלו היה שם דרך מעולם: **אשר ישאר.** שלא מתו בגולה: **מאשור.** חוזר על מלת מסלה המסלה בדרך ישר יהיה מאשור: **כאשר וכו'.** כמו שהיתה מסלה בים סוף ביום עלותו וכו', כן יהיה מסלה בנהר פרת ונהר מצרים:

**מצודת ציון**

(יג) **יצור.** מלשון צרה: (יד) **ועפו.** מלשון עפיפה: **בכתף.** בצד ועבר: **יבוזו.** מלשון בזה ושלל: (טו) **והחרים.** ענין כריתה ואבוד: **לשון ים מצרים.** הוא הנילוס, ולפי שהוא מתדבק אל הים נראה כאלו הוא לשון הים; ועל שם שהוא נמשך כלשון נקרא לשון: **והניף.** ענין הרמה: **בעים.** ענין חוזק ואין לו דומה: **והדריך.** מלשון דרך והלוך: (טז) **מסלה.** דרך סלולה וכבושה:

Northern Kingdom, for they were exiled to a single area. The Kingdom of Judah, however, was dispersed among the nations of the world. The Messianic ingathering of the exiles will be total and complete, with all Jews returning to the Land of Israel, the Ten Tribes of the Northern Kingdom together with the dispersed of Judah (*Abarbanel*).

13 *The jealousy of Ephraim shall stop and the oppressors of Judah shall be cut*
*off; Ephraim will not be jealous of Judah and Judah will not harass Ephraim.*
14 *They will fly in unison against the Philistines in the west and together they will*
*plunder the people of the East; their hand will extend over Edom and Moab, and*
*their discipline over the Children of Ammon.* 15 *HASHEM will dry up the gulf of*
*the Sea of Egypt and He will wave His hand over the [Euphrates] River with the*
*power of His breath; He will break it into seven streams and lead [the people]*
*across in [dry] shoes.* 16 *There will be a road for the remnant of His people that*
*will remain from Assyria, as there was for Israel on the day it went up from the*
*land of Egypt.*

**13.** וְסָרָה קִנְאַת אֶפְרַיִם וְצֹרְרֵי יְהוּדָה יִכָּרֵתוּ — *The jealousy of Ephraim shall stop and the oppressors of Judah shall be cut off.* The prophet describes the unity and harmony that will exist among the tribes of Israel. From the very beginning of the Davidic dynasty, the tribes of Israel were envious of the new monarch chosen from the tribe of Judah and did not initially accept him as their leader (see *II Samuel* 2:11). This envy continued throughout David's reign (*II Samuel* 19:12; 20:1-22) and ultimately resulted in the splitting of the kingdom after the death of Solomon. Rehoboam son of Solomon was left with the tribes of Judah and Benjamin, while the other ten tribes followed Jeroboam of the tribe of Ephraim, and formed the Kingdom of Israel (see *I Kings* 12:20). Although the Messiah will be a descendant of King David, the envy that led to the split will cease (*Radak*).

*Rashi* understands this verse as referring to the tradition that a Messiah will descend from Joseph, who will precede the Davidic Messiah. The two Messiahs will not envy each other. See *Yechezkel*, ArtScroll edition, p. 578 note 1, for further discussion of this topic.

**14.** During the period of the ingathering of the exiles, sections of the Land of Israel will still be occupied by non-Jewish nations (*Daas Sofrim*). [The Messiah will lead the reunited nation of Israel in battle against them — see *Rambam, Hil. Melachim* 11:3.]

וְעָפוּ בְכָתֵף פְּלִשְׁתִּים יָמָּה יַחְדָּו יָבֹזּוּ אֶת בְּנֵי קֶדֶם — *They will fly in unison against the Philistines in the west and together they will plunder the people of the east.* The reunited nation of Judah and Ephraim will fight side by side as they conquer and plunder the nations who had oppressed them (*Abarbanel*). They will possess the lands of Edom, Moab and Ammon, which were originally destined for them, as God had promised Abraham — see *Genesis* 15:19-21 and *Rashi* to v. 19.

וְעָפוּ — *They will fly.* This expresses the speed with which the reunited nation will swiftly conquer its Philistine enemy, which is in the western part of the land, on the Mediterranean coast (*Radak*).

בְּנֵי־קֶדֶם — *The people of the East.* These are the Arameans (*Ibn Ezra*) whose territory spanned from the Euphrates River to the Mediterranean (*Daas Sofrim*).

פְּלִשְׁתִּים . . . בְּנֵי קֶדֶם . . . אֱדוֹם וּמוֹאָב . . . וּבְנֵי עַמּוֹן — *Philistines . . . people of the East . . . Edom and Moab . . . the Children of Ammon.* The original people of these ancient nations have long since assimilated and have disappeared as individual nations; they are now followers of either Islam or Christianity. Rather, the prophet refers to the people who now live in the countries that were formerly the lands of the *Philistines, the people of the East, Edom, Moab, and Ammon* (*Radak*).

These particular nations are mentioned because of their proximity to the Land of Israel, but in the Messianic Era, all nations will humble themselves before the Jewish people (ibid.).

**15.** וְהֶחֱרִים ה׳ אֵת לְשׁוֹן יָם־מִצְרַיִם — *HASHEM will dry up the gulf of the Sea of Egypt.* At the time of the ingathering of the exiles, God will perform many miracles that will parallel those of the Exodus from Egypt. He will dry up the gulf of the Sea of Egypt so that those who have been cast away in the land of Egypt (see 27:13) can cross over to the Land of Israel on dry land (*Metzudos*). The gulf of the Sea of Egypt is either the river of Egypt called Shihor (*Radak*) or the Nile River (*Metzudos*).

וְהֵנִיף יָדוֹ עַל־הַנָּהָר בַּעְיָם רוּחוֹ — *And He will wave His hand over the [Euphrates] River with the power of His breath.* With the same mighty hand with which God split the Sea of Reeds (R' M. Hirsch), He will cause the wind to blow and divide the Euphrates River into seven streams, so that those who are lost in the land of Assyria (see 27:13) may walk on the dry paths between the streams (*Radak*).

וְהִכָּהוּ לְשִׁבְעָה נְחָלִים — *He will break it into seven streams.* If the number seven is to be taken literally, it is referring to the ingathering of the seven exiles mentioned in v. 11, with the exclusion of those from the islands of the sea (*Rashi*). However, the number seven is often used by Scripture as a synonym for many (*Radak*).

וְהִדְרִיךְ בַּנְּעָלִים — *And lead [the people] across in [dry] shoes.* The people will wear their shoes as they cross the gulf of the Sea of Egypt and the Euphrates River because the land will be dry, as if no water had ever passed over it (*Radak*).

**16.** וְהָיְתָה מְסִלָּה לִשְׁאָר עַמּוֹ אֲשֶׁר יִשָּׁאֵר מֵאַשּׁוּר — *There will be a road for the remnant of His people that will remain from Assyria.* The paths through the water will appear to be as well trodden as a road that has existed for many years and been trodden by numerous travelers (*Radak*).

**יב** א־ב וְאָמַרְתָּ֙ בַּיּ֣וֹם הַה֔וּא אוֹדְךָ֣ יהוה כִּ֥י אָנַ֖פְתָּ בִּ֑י יָשֹׁ֥ב אַפְּךָ֖ וּֽתְנַחֲמֵֽנִי׃ הִנֵּ֨ה
אֵ֧ל יְשׁוּעָתִ֛י אֶבְטַ֖ח וְלֹ֣א אֶפְחָ֑ד כִּֽי־עָזִּ֤י וְזִמְרָת֙ יָ֣הּ יהוה וַֽיְהִי־לִ֖י לִֽישׁוּעָֽה׃
ג־ד וּשְׁאַבְתֶּם־מַ֖יִם בְּשָׂשׂ֑וֹן מִמַּעַיְנֵ֖י הַיְשׁוּעָֽה׃ וַאֲמַרְתֶּ֞ם בַּיּ֣וֹם הַה֗וּא הוֹד֤וּ
ה לַֽיהוה֙ קִרְא֣וּ בִשְׁמ֔וֹ הוֹדִ֥יעוּ בָֽעַמִּ֖ים עֲלִֽילֹתָ֑יו הַזְכִּ֕ירוּ כִּ֥י נִשְׂגָּ֖ב שְׁמֽוֹ׃ זַמְּר֣וּ
ו יהוה כִּ֥י גֵא֖וּת עָשָׂ֑ה °מידעת [°מוּדַ֥עַת ק׳] זֹ֖את בְּכָל־הָאָֽרֶץ׃ צַהֲלִ֥י וָרֹ֖נִּי

### רש״י

(א) **ואמרת.** ברחותך זחת: **אודך כי אנפת בי.** והגליתני וכפר גלותי עלי, ועתה נרלה עוני וישב חפך ותנחמני. ויונתן תרגם, חודך ה׳ כי חטחתי לך, ועל כן חנפת בי. ולולי רחמיך לח הייתי כדחי לשוב חפך ולנחמני, והנה שב חפך ממני: (ב) **עזי וזמרת יה ה׳.** עז ושבח של הקדוש ברוך הוח, הוח היה לי לישועה. וחין לפרש עוזי עוז שלי, שלח מלינו במקרח עזי נקוד חטף קמץ חלח שורק, עזי, חוץ משלש מקומות שהוח סמוך חלל וזמרת; ולח וזמרת כמו וזמרתי, חלח על כרחך וזמרת דבוק הוח לתיבה של חחריו. לכך חני חומר שחין יו״ד של עזי חלח כמו יו״ד של, שֹׁכְנִי סְנֶה (דברים לג, טז): **יה ה׳.** עד הנה היה שמו חלוק, ובמפלתו של עמלק נעשה שלם. וכן הוח חומר, כִּי יָד עַל כֵּס יָהּ (שמות יז, טז) חין הכסח שלם וחין השם שלם עד שתהח מלחמה לה׳ בעמלק: **ויהי לי לישועה.** כמו היה לי לישועה, ודרך מקרחות לדבר כן, כמו, וַחֲשֶׁר לֹח שָׂם לִבּוֹ. ., וַיַּעֲזֹב חֶת עֲבָדָיו וְחֶת מִקְנֵהוּ וגו׳ (שם ט, כח), ועוד בדברי הימים (ב י יז) וּבְנֵי יִשְׂרָחֵל הַיֹּשְׁבִים בְּעָרֵי יְהוּדָה וַיִּמְלֹךְ עֲלֵיהֶם רְחַבְעָם, היה לו לומר מלך עליהם רחבעם: (ג) **ושאבתם.** וּתְקַבְּלוּן חוּלְפַן חֲדַת: **ממעיני הישועה.** כי ירחיב לבם על ידי ישועה הבחה להם ויתגלו להם רזי התורה שנשתכחו בבבל על ידי הלרות: (ד) **עלילותיו.** מעלליו: **הזכירו.** לשבח כי נשגב הוח:

### רד״ק

(א) **ואמרת. . . כי אנפת בי.** פירוש, לפי שאנפת בי והגליתני ועתה שב אפך ונחמתני, לפיכך צריך אני להודות לך ששב אפך ממני ולא הנחתני בגלות כמו שהייתי חייב לפי עונותי: (ב) **הנה אל ישועתי.** כי עזי, העין בקמץ חטף: **וזמרת.** כמו וזמרתי, והראיה כי הרי״ש קמוצה, ואלו היה סמוך היה פתח. וכן, אֲשֶׁר נְתָנְךָ ה׳ הַיּוֹם בְּיָד (שמואל־א, כו, כג), כמו בידי: (ג) **ושאבתם מים בששון.** דרך משל, כמו השואב מים מן המעיין שלא יפסקו מימיו, כי בכל עת ימצא בו לשאוב כי הוא מקור תמידי, כן לא תפסוק מהם הברכה והישועה ויהיו בששון כל ימיהם. ויונתן תרגם הפסוק במשל למוד החכמה, כי החכמה נמשלת למים, והמלמדים הם כמו המעיין, והתלמידים הם השואבים. וכן תרגם יונתן, וּתְקַבְּלוּן אוּלְפַן חֲדַת. ואמר חדת, לפי שאותו הלמוד יהיה חדש. וכן ילמדו אז דעת את ה׳ מה שלא למד אדם עד אותו היום, כמו שאמר, כַּמַּיִם לַיָּם מְכַסִּים (לעיל יא, ט): (ד) **ואמרתם.** תאמרו זה אל זה דרך זרוז: **קראו בשמו.** קראו לעמים בשמו; כמו, וַיִּקְרָא שָׁם אַבְרָם בְּשֵׁם (בראשית יג, ד), וזהו טעם הודיעו הזכירו. או פירוש קראו בשמו כשתתפללו לו, וכן, וַאֲנִי אֶקְרָא בְשֵׁם ה׳ (מלכים־ב יח, יד). וכן תרגם יונתן, צַלּוֹ בִּשְׁמֵיהּ: (ה) **זמרו ה׳ כי גאות עשה.** כמו שאמר על ים סוף, כִּי גָאֹה גָּאָה (שמות טו, א), וזאת הגאות תהיה מודעת בכל הארץ, שיוציא עם דל מבין עמים הרבים והעצומים, ומגפת גוג ומגוג גם כן תהיה מודעת בכל הארץ, ועל כל זה ראוי לכם לזמר לה׳: (ו) **צהלי.** הרימי קולך בשירה ובשבח האל, כי קדוש ישראל היה גדול בקרבך,

### מצודת דוד

(א) **כי אנפת בי.** והגליתני וכפר גלותי עלי ועתה נרצה עווני וישוב מעלי אפך ותנחמני בהבאת הטובה: (ב) **הנה אל ישועתי.** הואיל ועמי אל ישועתי אשכון בטח ולא אפחד עוד: **כי עזי וכו׳.** העוז והשבח של המקום היה לי לישועה. רצונו לומר, התשועה היתה למען הראות חזקו ולמען אזמר בשבחו: (ג) **ושאבתם מים בששון.** רצונו לומר, כמו השואב מים מן המעין הנובע הנה שואב הוא בששון כי לא ידאג פן יכלה המים, כן תשאבו בששון את הישועה ממעיני הישועה כי לא תופסק התשועה, כי יד ה׳ לא תקצר: (ד) **ואמרתם.** תאמרו זה לזה דרך זרוז: **הודיעו.** לפרסם הנס: **הזכירו.** היו מזכירים זה את זה שבחי המקום כי נשגב שמו, ומהראוי אם כן, להזכיר שבחיו: (ה) **זמרו ה׳.** זמרו אל ה׳ כי עשה דבר הראוי להתגאות בו: **מודעת זאת.** הגאוה ההיא נודעת ומפורסמת בכל הארץ: (ו) **צהלי.** הרימי קולך ברנן כי קדוש

### מצודת ציון

(א) **אנפת.** כעסת כמו, פֶּן יֶאֱנַף (תהלים ב, יב): (ב) **עזי.** ענין חוזק, והיו״ד יתירה: **וזמרת.** מלשון זמר ושבח: **ויהי לי.** כמו היה לי; וכן, וַיַּעֲזֹב אֶת עֲבָדָיו (שמות ט, כא) ומשפטו עזב: (ג) **ושאבתם.** לקיחת המים נקראת שאיבה: (ד) **עלילותיו.** מעשיו: **נשגב.** חזק: (ו) **צהלי.** ענין הרמת קול; וכן, צַהֲלִי קוֹלֵךְ בַּת גַּלִּים (לעיל י, ל):

---

**12.**

**1. וְאָמַרְתָּ בַּיּוֹם הַהוּא אוֹדְךָ ה׳** — *You will say on that day, "I thank You, HASHEM . . ."* Emerging from exile, the Jewish people will recognize the underlying meaning of history. They will be grateful not only for deliverance and blessing, but even for the tribulations of exile, because they will understand that the suffering was part of the process leading to the bliss of redemption and spiritual triumph (Introduction to the *Haftarah,* last day of Pesach, Stone edition of the *Chumash*).

**אוֹדְךָ ה׳ כִּי אָנַפְתָּ בִּי יָשֹׁב אַפְּךָ וּתְנַחֲמֵנִי** — *I thank You, HASHEM, for You were angry with me, and now Your wrath has subsided and You have comforted me.* I thank You, Hashem, for punishing me with exile, because the exile has afforded me atonement for my sins, so that complete forgiveness is now possible. May Your wrath, therefore, subside and may You comfort me (*Rashi*).

**2. הִנֵּה אֵל יְשׁוּעָתִי אֶבְטַח וְלֹא אֶפְחָד** — *Behold, God is my salvation; I shall trust and not fear.* Each person will then sing to God and praise Him for his salvation. He will then declare that since it is the God of his salvation Who is with him, he shall trust in Him and have no fear (*Ibn Ezra*). Alternatively, since it is God Who is my salvation, I know that He will never forsake me. I can therefore always trust in Him and never fear (ArtScroll *Siddur*).

**כִּי־עָזִּי וְזִמְרָת יָהּ ה׳ וַיְהִי־לִי לִישׁוּעָה** — *For God is my might and my praise — HASHEM — and He was a salvation for me.* Our translation follows *Targum Yonasan,* and *Targum Onkelos* to *Exodus* 15:2. *Rashi* questions this translation and renders, *The might and vengeance of God was a salvation to me.* This verse is virtually identical to a verse in the song that Moses and the nation sang after crossing the Sea of Reeds (ibid.). There, only the Two-Letter form of God's Name, יָהּ, is used. Here, in addition to the Two-Letter Name, the full Four-Letter Name י־ה־ו־ה is used as well. This is because after the Messiah will arrive and the forces of evil will cease to exist, people will fully perceive God's influence on His world, as alluded to by the use of His full Name.

**12** 1 *You will say on that day, "I thank You, HASHEM, for You were angry with me, and*
*Thanksgiving* *now Your wrath has subsided and You have comforted me.* 2 *Behold, God is my*
*salvation; I shall trust and not fear. For God is my might and my praise — HASHEM —*
*and He was a salvation for me."*

3 *You can draw water with joy from the springs of salvation.* 4 *And you will say on*
*that day, "Give thanks to HASHEM, declare His Name, make His acts known among*
*the peoples; declare that His Name is exalted."* 5 *Make music for HASHEM, for He has*
*acted with grandeur; make this known throughout the world.* 6 *Exult and sing for joy,*

---

**3. וּשְׁאַבְתֶּם־מַיִם בְּשָׂשׂוֹן מִמַּעַיְנֵי הַיְשׁוּעָה** — *You can draw water with joy from the springs of salvation.* The prophet metaphorically describes the unending blessing and salvation that will be prevalent at that time. When one has a מַעְיָן, *spring,* from which to draw, he never doubts his water supply because a spring always flows with fresh, bubbling water. Such a fortunate person is always happy. So, too, will it be in Messianic times. Because their salvation will come from God — a never-ending spring of compassion, miracles and salvation — they will always joyously draw from it (*Radak*).

Alternatively, God's salvation will open the hearts and minds of the people and enable them to understand the secrets of the Torah that had been forgotten during the long, bitter exile (*Rashi*). The salvation will then serve to reveal a fountain from which the people can draw words of Torah, which is likened to water.

When someone draws water from a spring, it is essential that he use clean buckets. If one uses a dirty bucket, the water will become dirty and undrinkable. So, too, with the *springs of salvation.* God makes available His springs of redemption, miracles, and salvation, but it will not avail us unless we purify ourselves so that we do not contaminate the Divine blessings with improper intent and conduct (*Be'er Mayim Chaim*).

Just as a spring does not run dry when someone draws water from it, so does God's spring of salvation never run dry. The more one earns His kindness, the more He is prepared to give (*Yitav Lev*).

**4. וַאֲמַרְתֶּם בַּיּוֹם הַהוּא הוֹדוּ לַה׳** — *And you will say on that day, "Give thanks to HASHEM . . ."* On that day you will call out to one another (*Ibn Ezra*) and urge each other (*Radak*) to give thanks to Hashem for everything that He does, at all times (*Malbim*), and remind each other of the lofty mission with which God entrusted His nation (*R' M. Hirsch*).

**קִרְאוּ בִשְׁמוֹ הוֹדִיעוּ בָעַמִּים עֲלִילֹתָיו** — *Declare His Name, make His acts known among the peoples.* According to *Malbim,* when the word עֲלִילָה is used to refer to God's acts, it refers not to the laws of nature, but to supernatural miracles. Believing Jews know that even nature is but a manifestation of the Divine Will, but the nations of the world recognize His greatness only when He performs miracles. Therefore, Isaiah calls upon Israel to make God's miracles known to the nations, for that will influence them to acknowledge His greatness.

Call out His Name to the nations of the world as did your forefather Abraham, who proclaimed to them the concept of God's unity, and summoned all men to worship only Him (*Radak; Ibn Ezra*). Publicize the great deeds that He performs and teach mankind clearly what God demands from them (*R' M. Hirsch*). Alternatively, the words קִרְאוּ בִשְׁמוֹ mean *Pray to Him* (*Targum Yonasan*).

**הַזְכִּירוּ כִּי נִשְׂגָּב שְׁמוֹ** — *Declare that His Name is exalted.* Teach them to keep in mind how lofty and great is God's Name, which would in turn bring loftiness and meaning to their existence (*R' M. Hirsch*).

*Abarbanel* suggests that the prophet is foretelling that when the future redemption will come the people will praise God with David's Psalm 105, which begins with the words: הוֹדוּ לַה׳ קִרְאוּ בִשְׁמוֹ, *Give thanks to HASHEM, declare His Name* (105:1).

**5. זַמְּרוּ ה׳ כִּי גֵאוּת עָשָׂה** — *Make music for HASHEM, for He has acted with grandeur.* [Make music to Hashem with your mouth and soul] for זֶמֶר is the melody, the tune, the joyous singing of the human soul (*R' Hirsch, Psalms* 47:7). Sing to Hashem (*Targum Yonasan*). The song is often accompanied by musical instruments (*Abarbanel*).

Sing to Hashem because He has redeemed you, a small weak nation, from the many powerful nations that have surrounded you; He has saved you from destruction during the wars of Gog and Magog (*Radak*).

**כִּי גֵאוּת עָשָׂה** — *For He has acted with grandeur.* He has performed mighty deeds that no one other than He could possibly perform (*Rashi* to *Exodus* 15:1). This is reminiscent of the song that Moses and the Israelites sang after crossing the Sea of Reeds: אָשִׁירָה לַה׳ כִּי גָאֹה גָּאָה, *I shall sing to HASHEM for He is exalted above the arrogant* (*Exodus* 15:1).

**מוּדַעַת זֹאת בְּכָל־הָאָרֶץ** — *Make this known throughout the world.* Publicize the mighty deeds of God and make them known throughout the world (*Targum Yonasan*). Sing it out so that everyone who has understanding (as the spelling implies, מִי דַעַת, *who has understanding*) will realize it (*R' M. Hirsch*).

Alternatively, the prophet is not instructing the people, but is foretelling that the world will then become aware of God's mighty deeds (*Radak*).

**6. צַהֲלִי וָרֹנִּי** — *Exult and sing for joy.* Raise your voice in song and praise of God because His Name is now exalted and hallowed through His miracles and because He has placed His Divine Presence in your midst (*Targum Yonasan; Ibn Ezra*).

**יג**

א משָּׂא בָּבֶל יוֹשֶׁבֶת צִיּוֹן כִּי־גָדוֹל בְּקִרְבֵּךְ קְדוֹשׁ יִשְׂרָאֵל:
ב אֲשֶׁר חָזָה יְשַׁעְיָהוּ בֶּן־אָמוֹץ: עַל הַר־נִשְׁפֶּה שְׂאוּ־נֵס הָרִימוּ קוֹל לָהֶם
ג הָנִיפוּ יָד וְיָבֹאוּ פִּתְחֵי נְדִיבִים: אֲנִי צִוֵּיתִי לִמְקֻדָּשָׁי גַּם קָרָאתִי גִבּוֹרַי
ד לְאַפִּי עַלִּיזֵי גַּאֲוָתִי: קוֹל הָמוֹן בֶּהָרִים דְּמוּת עַם־רָב קוֹל שְׁאוֹן מַמְלְכוֹת
ה גּוֹיִם נֶאֱסָפִים יהוה צְבָאוֹת מְפַקֵּד צְבָא מִלְחָמָה: בָּאִים מֵאֶרֶץ מֶרְחָק
ו מִקְצֵה הַשָּׁמָיִם יהוה וּכְלֵי זַעְמוֹ לְחַבֵּל כָּל־הָאָרֶץ: הֵילִילוּ כִּי קָרוֹב יוֹם
ז יהוה כְּשֹׁד מִשַּׁדַּי יָבוֹא: עַל־כֵּן כָּל־יָדַיִם תִּרְפֶּינָה וְכָל־לְבַב אֱנוֹשׁ יִמָּס:

### רש״י

(א) **משא בבל.** משא פורענות שעל בבל: (ב) **על הר נשפה שאו נס.** להקבץ על הר שקט ובוטח בשופי שאו נס לגוים והרימו קול לנקבצים שיבואו עליו: **הניפו להם יד.** לרחוקים שאין יכולים לשמוע, ויראו אות הנפת היד, ויבואו בפתחי נדיבים של שרי בבל: **פתחי.** כמו בפתחי; וַתֵּשֶׁב בֵּית אָבִיהָ (בראשית לח, יא), הנפתר בבית אביה. ומנחם בן סרוק פתר חרבות; כמו, וְהֵמָּה פְּתִחוֹת (תהלים נה, כב): (ג) **אני צויתי למקודשי.** שיבאו ויתחילו להתגרות בם, והם פרס ומדי; אנשי כורש ודריוש שזמנתים לכך: **קראתי גבורי לאפי.** לעשות חרון אפי בהם, שהם עליזי גאותי שאני מתפאר בהם: (ה) **וכלי זעמו.** הם גבורי מדי ופרס: **לחבל כל הארץ.** של בבל: (ו) **כשוד.** כיום ביזה מאת הקדוש ברוך הוא יבא: (ז) **כל ידים.** של בבל:

### רד״ק

כלומר גדול שמו בקרבך בנפלאות שעשה כמו שאמר בנבואת גוג ומגוג ביחזקאל, וְהִתְגַּדִּלְתִּי וְהִתְקַדִּשְׁתִּי וגו׳ (יחזקאל לח, כג): (א) **משא בבל.** אמר, אשר חזה, להודיע כי נתנבא גם על אומות העולם. ובראשון אמר אשר חזה, ולא הוצרך לומר על האחרים: (ב) **על הר נשפה.** נשא וגבוה, כמו, וַיֵּלֶךְ שֶׁפִי (במדבר כג, ג), אֶפְתַּח עַל שְׁפָיִים (קינה) (לקמן מא, יח). ויונתן תרגם, עַל כְּרַכָּא דְּיַתְבָא שְׁלֵיוָא. רצונו לומר, בבל שהיתה שלוה ושקטה. פירוש מלשון רבותינו, והוא שאכלום בעליהם שלש שנים בשופי (כתובות כ, א). אמר שאו נס הניפו יד על דרך משל, כאלו קראו להם ונשאו להם נס על הר גבוה והניפו להם יד שיבאו מהרה אל בבל להשחיתם והבאים אליה הם מדי ופרס. ותנופת היד הוא כאדם הקורא והוא רחוק לו שאינו שומעו, ומניף לו בידו שיבא: **ויבאו פתחי נדיבים.** כמו בפתחי חסר בי״ת השמוש; כמו, לִזְנוֹת בֵּית אָבִיהָ (דברים כב, כא), ואחרים רבים. ושרי בבל קורא נדיבים שהיו גדולים בעושר ובמעלה, והם הנקראים נדיבים כי ברוב אנשים גדולים ואנשי שם רוח נדיבה בהם. ויש מפרשים נדיבים על מדי ופרס, ויפרשו פתחי כמו חרבות; וכן, וְאֶת אֶרֶץ נִמְרֹד בִּפְתָחֶיהָ (מיכה ה, ה): (ג) **אני צויתי למקודשי.** והם מדי ופרס, ואמר צויתי ואמר למקודשי רצונו לומר שהעיר את רוחם לבא אל בבל, והרי הם כאלו צוה וקדש וזמן אותם לבא: **לאפי.** קראתי אותם לעשות בבבל אפי וחמתי ויהיו עליזים ושמחים: **באותי.** שאני מתגאה על בבל על ידם: (ד) **קול המון.** אמר הנביא כי שמע בנבואה קול המון בהרים דמות עם רב כאלו היו עם רב בהרים מדברים; ונשמע קול המון ההרים בו, ושמע קול שאון ממלכות גוים נאספים, ורב הצבא הזה היה ה׳ צבאות והוא היה מפקדם, כלומר מונה אותם; כענין שנאמר, תִּפְקְדוּ אֹתָם לְצִבְאֹתָם (במדבר א, ג); כי כן דרך העולם, בבא צבא למלחמה מונה אותם האדון המושל עליהם לדעת מנינם בבאם למלחמה. ויש לפרשו ענין מנוי, כלומר הוא היה משים פקידים עליהם, וכן תרגם יונתן: (ה) **באים.** מקצה השמים, ממזרח. אמר מקצה השמים על דרך הפלגה לרחוק הקצה כאלו נוגע לשמים מן הצד ההוא: **ה׳ וכלי זעמו.** הוא המנהיג הצבא, ועם הצבא הם כלי זעמו, ובהם יחבל ארץ בבל: (ו) **הלילו.** אמר כנגד אנשי בבל: **כשוד משדי יבא.** כשוד שיבא מחזק שאין דרך להנצל ממנו; וכן, כְּקוֹל שַׁדַּי (יחזקאל א, כד), כקול חזק, וכן תרגם יונתן: (ז) **על כן.** כי אין להם תחבולה להנצל, כיון שבא להם זה להנצל מאת ה׳: **תרפינה.** הידים מלהלחם כנגד אויביהם והלב ימס, שלא ימצא בעצמו שום גבורה ואומץ כי הגבורה היא בלב, כמו שאמר, וְאַמִּיץ לִבּוֹ בַּגִּבּוֹרִים (עמוס ב, טז):

### מצודת דוד

ישראל גדול בקרבך. רצונו לומר, על ידי הנפלאות שעשה בקרבך נתגדל שמו; והוא מקרא מסורס: (א) **משא בבל.** זו הנבואה על בבל: (ב) **על הר נשפה.** הרימו נס על הר גבוה שיהא נראה למרחוק, וקראו בקול רם לאנשי פרס ומדי: **הניפו יד.** לרמז להם שימהרו ללכת ויבואו בפתחי נדיבי בבל: (ג) **צויתי.** הערתי לבם: **למקודשי.** הם פרס ומדי שזמנתים לכך: **לאפי.** לעשות בבבל חרון אפי: **עליזי גאותי.** להיות שמחים בגאותי שהתגאה על בבל על ידם: (ד) **קול המון.** קול הומיה נשמע בהרים דמות קול עם רב, והוא קול שאון ממלכות פרס ומדי הנאספים יחד: **מפקד.** המקום יצוה לספור אנשי צבא המלחמה כדרך שעושה אוסר המלחמה רצונו לומר, יצליחו במלחמה כאלו המקום יהיה אוסר המלחמה: (ה) **מקצה השמים.** אמר דרך הפלגה: **ה׳ וכלי זעמו.** כאלו יבוא ה׳ להיות אוסר המלחמה וכלי זעמו עמו והם חיל פרס ומדי, לחבל. להשחית כל ארץ בבל: (ו) **הילילו.** כאלו לבבל יאמר שיעשו יללה כי קרוב יום הפורעניות הבא מה׳, לא במקרה: **כשוד משדי יבוא.** רצה לומר, תהיה גדולה וקשה כדרך השוד הבא משדי בעל היכולת: (ז) **כל ידים.** כל ידי אנשי בבל יהיו רפוים מרוב אימה וכל לבב אנשיהם ימס:

### מצודת ציון

(א) **משא.** כן נקראת הנבואה על שם שהיא נשאת בפי האדם: **חזה.** ראה במראה הנבואה: (ב) **נשפה.** ענין גבהות; כמו, אֶפְתַּח עַל שְׁפָיִים נְהָרוֹת (לקמן מא, יח): **פתחי.** בפתחי נדיבים, כן יקראו בעלי העושר כי על פי רוב המה נדיבי לב: (ג) **למקדשי.** ענין הזמנה; כמו, הִתְקַדְּשׁוּ לְמָחָר (במדבר יא, יח), **עליזי.** ענין שמחה; כמו, יַעֲלֹז שָׂדַי (תהלים צו, יב): (ד) **דמות.** מלשון דמיון: **שאון.** המייה: **מפקד.** ענין מספר ומנין; כמו, ויפקדם בטלאים (שמואל־א ד, ד): (ה) **לחבל.** להשחית, כמו וְחִבֵּל עֹל (לעיל י, כז): (ו) **הלילו.** מלשון יללה: **כשוד.** מלשון שדידה ועושק הנפש; וכן, מִקֶּטֶב יָשׁוּד צָהֳרָיִם (תהלים צא, ו): (ז) **תרפינה.** מלשון רפיון:

---

**כִּי גָדוֹל בְּקִרְבֵּךְ קְדוֹשׁ יִשְׂרָאֵל** — *For the Holy One of Israel is great in your midst. The inhabitant of Zion,* i.e., the city of Jerusalem, has cause to be more jubilant than the rest of the Holy Land, because God, *the Holy One of Israel,* rests His Presence in the Temple in Jerusalem (*Abarbanel*).

**יוֹשֶׁבֶת צִיּוֹן** — *O inhabitant of Zion. R' M. Hirsch* notes the female form of the word יוֹשֶׁבֶת and explains: The nation is finally established firmly and forever in its Holy Land, but not as a יוֹשֵׁב צִיּוֹן, in self-conscious masculine strength, but as a יוֹשֶׁבֶת צִיּוֹן, faithfully and intimately attached to the קְדוֹשׁ יִשְׂרָאֵל, to its God, Who has educated it to bea holy people.

*O inhabitant of Zion, for the Holy One of Israel is great in your midst!*

**13**

**PROPHECIES REGARDING THE NATIONS**
13:1-23:18

*1 A prophecy concerning Babylonia, which Isaiah son of Amoz envisioned: 2 Upon*
*the high mountain hoist a banner; raise a voice to them; wave a hand, and let*
*them come to the doors of the nobles. 3 I have commanded My appointed ones; I have*
*also summoned My warriors to [execute] My wrath, to be exuberant over My gran-*
*deur. 4 The sound of commotion is in the mountains, like that of an enormous people,*
*the crescendo of the kingdoms of gathering nations; HASHEM, Master of Legions, is*
*assigning officers for the legion of war. 5 They come from a faraway land, from the*
*end of the heavens — HASHEM and His weapons of anger, to devastate the entire*
*land. 6 Wail, for the day of HASHEM is near; it will come as a sudden attack from the*
*Almighty. 7 Therefore, all hands will grow weary and every human heart will melt.*

*Downfall of Babylonia*

**13.**

This chapter introduces a series of prophecies that address the nations of the world who persecuted the Jewish people through the years. After telling of Assyria's ruthless destruction of the Northern Kingdom and the eventual destruction of Assyria by Babylonia, Isaiah proceeds to foretell Babylonia's destruction (*Ibn Ezra*).

**1. מַשָּׂא בָּבֶל אֲשֶׁר חָזָה יְשַׁעְיָהוּ בֶּן־אָמוֹץ** — *A prophecy concerning Babylonia, which Isaiah son of Amoz envisioned.* מַשָּׂא, lit., *burden,* is used synonymously for prophecy because the prophet "carries" the prophetic word in his mouth (*Metzudos*). It is one of the ten expressions of prophecy enumerated in *Bereishis Rabbah* (44:7) and usually introduces a fateful and foreboding message. Indeed, *Targum Yonasan* paraphrases: *The prophecy of the cup of torment that will be given to Babylonia to drink.*

**2. עַל־הַר נִשְׁפֶּה שְׂאוּ־נֵס** — *Upon the high mountain hoist a banner.* Addressing the Persians and Medes, Isaiah instructs them to ascend a high mountain and hoist a banner to summon multitudes of people together for war against Babylonia (*Metzudos*). Alternatively, הַר נִשְׁפֶּה is a tranquil undisturbed mountain (*Targum Yonasan*) and is a metaphor for the haughty Babylonians who dwell tranquilly (*Radak*).

**הָרִימוּ קוֹל לָהֶם הָנִיפוּ יָד** — *Raise a voice to them; wave a hand.* Announce to those who have assembled that they should prepare for attack against Babylonia. Wave your hand so that those who cannot hear your call will see your signal (*Rashi*) and will quickly come (*Metzudos*) to enter the gates of the nobles and princes of Babylonia (*Rashi*).

**3. אֲנִי צִוֵּיתִי לִמְקֻדָּשָׁי** — *I have commanded My appointed ones.* This refers to the Persians and Medes, the nations that God had appointed as His agents to destroy the wicked Babylonians [see v. 17] (*Rashi*). Unlike the Assyrians, whom the prophet referred to simply as the rod of God's anger (see 10:5), the Persians and Medes are given the distinguished title of God's appointed ones. Indeed, after his victory over the Babylonians, King Cyrus publicly declared that it was God who had given him the power to conquer. See *Ezra* 1:2 (*Daas Sofrim*).

**עַלִּיזֵי גַּאֲוָתִי** — *To be exuberant over My grandeur.* The Persians and Medes rejoice in that I am exalted over Babylonia through them (*Radak*).

**4. קוֹל הָמוֹן בֶּהָרִים** — *The sound of commotion is in the mountains.* In his prophetic sense, Isaiah hears what appears to be the sound of multitudes of people gathering in the mountains, for indeed, the Persians and Medes have gathered their forces in preparation for their attack (*Radak*).

**ה׳ צְבָאוֹת מְפַקֵּד צְבָא מִלְחָמָה** — *HASHEM, Master of Legions, is assigning officers for the legion of war.* God Himself is their commanding general and is appointing officers and preparing them for war (*Radak*).

**5. בָּאִים מֵאֶרֶץ מֶרְחָק מִקְצֵה הַשָּׁמָיִם** — *They come from a far-away land, from the end of the heavens.* The nations attacking Babylonia will come from very distant lands in the east, from the edge of the horizon (*Radak*), from the land of Persia, which is distant from Babylonia (*Mahari Kara*).

*Ibn Ezra* identifies this land as Elam. According to *R' Saadiah Gaon,* their territory lay between Shushan, in Persia, and Media, with whom they are often associated (*Bereishis,* ArtScroll ed., p. 327). [It seems that Elam will join with the Persians and Medes in the destruction of Babylonia.]

**ה׳ וּכְלֵי זַעְמוֹ לְחַבֵּל כָּל־הָאָרֶץ** — *HASHEM and His weapons of anger, to devastate the entire land.* God will send the mighty men of Persia and Media to destroy the land of Babylonia (*Rashi*). According to *Mahari Kara,* God's *weapons of anger* are Cyrus and Darius.

**6. הֵילִילוּ כִּי קָרוֹב יוֹם ה׳** — *Wail, for the day of HASHEM is near.* In his prophetic vision, Isaiah calls out to the Babylonians and informs them that the time to lament and wail has arrived, because their day of retribution is imminent (*Metzudos*).

**כְּשֹׁד מִשַּׁדַּי יָבוֹא** — *It will come as a sudden attack from the Almighty.* The attack upon the Babylonians will come from the Almighty. It will come suddenly, without warning, and there will be no way to escape it (*Radak*).

**7. עַל־כֵּן כָּל־יָדַיִם תִּרְפֶּינָה** — *Therefore, all hands will grow weary.* Because they will have no way to escape the sudden attack, their hands will go limp and they will be unable to bear arms against their attackers. They will lose their fighting spirit and courage and will be unable to defend themselves (*Radak*).

ח וְֽנִבְהָ֓לוּ ׀ צִירִ֤ים וַחֲבָלִים֙ יֹֽאחֵז֔וּן כַּיּוֹלֵדָ֖ה יְחִיל֑וּן אִ֤ישׁ אֶל־רֵעֵ֙הוּ֙ יִתְמָ֔הוּ פְּנֵ֥י לְהָבִ֖ים
ט פְּנֵיהֶֽם׃ הִנֵּ֤ה יוֹם־יהוה֙ בָּ֔א אַכְזָרִ֖י וְעֶבְרָ֣ה וַחֲר֣וֹן אָ֑ף לָשׂ֤וּם הָאָ֙רֶץ֙ לְשַׁמָּ֔ה וְחַטָּאֶ֖יהָ
י יַשְׁמִ֥יד מִמֶּֽנָּה׃ כִּֽי־כוֹכְבֵ֤י הַשָּׁמַ֙יִם֙ וּכְסִ֣ילֵיהֶ֔ם לֹ֥א יָהֵ֖לּוּ אוֹרָ֑ם חָשַׁ֤ךְ הַשֶּׁ֙מֶשׁ֙ בְּצֵאת֔וֹ
יא וְיָרֵ֖חַ לֹֽא־יַגִּ֥יהַּ אוֹרֽוֹ׃ וּפָקַדְתִּ֤י עַל־תֵּבֵל֙ רָעָ֔ה וְעַל־רְשָׁעִ֖ים עֲוֺנָ֑ם וְהִשְׁבַּתִּי֙ גְּא֣וֹן
יב־יג זֵדִ֔ים וְגַאֲוַ֥ת עָרִיצִ֖ים אַשְׁפִּֽיל׃ אוֹקִ֥יר אֱנ֖וֹשׁ מִפָּ֑ז וְאָדָ֖ם מִכֶּ֥תֶם אוֹפִֽיר׃ עַל־כֵּן֙ שָׁמַ֣יִם
יד אַרְגִּ֔יז וְתִרְעַ֥שׁ הָאָ֖רֶץ מִמְּקוֹמָ֑הּ בְּעֶבְרַת֙ יהוה צְבָא֔וֹת וּבְי֖וֹם חֲר֥וֹן אַפּֽוֹ׃ וְהָיָה֙ כִּצְבִ֣י
טו מֻדָּ֔ח וּכְצֹ֖אן וְאֵ֣ין מְקַבֵּ֑ץ אִ֤ישׁ אֶל־עַמּוֹ֙ יִפְנ֔וּ וְאִ֥ישׁ אֶל־אַרְצ֖וֹ יָנֽוּסוּ׃ כָּל־הַנִּמְצָ֖א

### רש״י

(ח) **צירים וחבלים.** הם לשון יסורי אשה הכורעת לילד, שצירי דלתי בטנה מתפרקים להפתח: **יחילון.** חיל וחלחלה לשון רתת הם: **איש אל רעהו יתמהו.** בני בבל על הצובאים עליהם כי משונים הם: **ופני להבים פניהם.** אומר אני שפניהם צהובים ומאויימין מאד; או יש לומר שהם עם חושבי מחשבות, ואת בני בבל דימה להם על שם התמהון: (ט) **וחטאיה.** חוטאיה: (י) **וכסיליהם.** מזלותיהם: **יהלו.** יאירו וכן, בְּהִלּוֹ נֵרוֹ (איוב כט, ג), וכן, אוֹר כִּי יָהֵל (שם לא, כו): **חשך השמש.** מתוך צרתם נדמה להם כאילו חשך השמש: (יא) **על תבל.** על ארצם: (יב) **אוקיר אנוש מפז.** בו בלילה אכבד את דניאל מפז; כשהביאוהו לקרות מכתב, מְנֵא מְנֵא תְּקֵל וּפַרְסִין בֵּאדַיִן אֲמַר בֵּלְשַׁאצַּר וְהַלְבִּישׁוּ לְדָנִיֵּאל אַרְגְּוָנָא וְהַמְוּנְכָא וגו׳ (דניאל ה, כה): **כתם אופיר.** קבולת זהב אופיר: (יג) **שמים ארגיז.** כל נבאה ירגז ואומר, אֵיךְ נָפַלְתָּ מִשָּׁמַיִם הֵילֵל בֶּן שָׁחַר (לקמן יד, יב), ואחר כך, נִגְדַּעְתָּ לָאָרֶץ חוֹלֵשׁ עַל גּוֹיִם (שם). אף כאן תחלה שמים ארגיז ואחר כך ותרעש הארץ, ירעשו יושביה לקול מפלתה; שיתמהו בדבר: (יד) **והיה.** יושב בבל: **כצבי מודח.** ממקומו: (טו) **כל הנמצא.** בחוץ ידקר:

### רד״ק

(ח) **ונבהלו.** בקמץ מפני השלשלת, כי יש לה משפט ההפסק. ופירוש יושבי בבל יהיו נבהלים ולא יוכלו להשיב יד: **יאחזון.** בצר״י מפני ההפסק, ופירוש הם יאחזום צירים. וזה הענין משמש בשני פנים, כי הצירים יאחזו האדם הנבהל, כמו, חִיל אָחַז יֹשְׁבֵי פְּלָשֶׁת (שמות טו, יד), הֲלוֹא חֲבָלִים יֹאחֱזוּךְ (ירמיה יג. כא), צִירִים אֲחָזוּנִי (לקמן כא, ג). וכהתחזק הצירים על האדם תמיד, כאלו האדם יאחז הצירים שלא יפרדו ממנו, לפיכך אמר צירים וחבלים יאחזון. לדעת יונתן יהיה נו״ן יאחזון נו״ן הכנוי והוא כמו יאחזום, ויהיה בענין כמו חבריו וטוב הוא פירושו לכן תרגם יְחֳדוּנּוּנוּן: **יתמהו.** לפי שבא להם הרעה פתאם יתמהו איש אל רעהו איך היה זה: **פני להבים פניהם.** כאדם שיש לו בשת שישובו פניו אדומים: (ט) **הנה יום ה׳ בא אכזרי ועברה.** יהיה אכזרי ועברה וחרון אף עמו: **הארץ.** פירוש, ארץ בבל: **וחטאים.** יושבי בבל שהם חטאים ורשעים ישמידם מבבל עד שתשאר שממה בעונותיה מאנשיה: (י) **כי כוכבי.** הנביאים מדברים דרך משל, ואומרים על מי שתבא לו צרה כי הוא יושב בחשך, ולא יזרח לו השמש, ולא יאירו לו הכוכבים ולא שום אורה; כמו שאמר, יִדְעַךְ נֵרוֹ בֶּאֱשׁוּן חֹשֶׁךְ (משלי כ, כ). וכן זה הפסוק ואחרים רבים בזה הענין. ופירוש וכסיליהם; כתב רבי יונה כי כסיל הוא כוכב גדול נקרא בערבי סוא״ל, והכוכבים המתחברים אליו נקראים על שמו כסילים: **יהלו אורם.** ענין נוגה. שרשו הללו הפעיל. ויהלו כמו יגיהו, כמו שאמר וירח לא יגיה אורו. כאלו אמר לא יתנו אורם והפעלה על הכוכבים. אִם אֶרְאֶה אוֹר כִּי יָהֵל (איוב לא, כו); הפעלה על האור בצאתו, שיקוו אורו: (יא) **ופקדתי על תבל.** רצונו לומר, על ארץ בבל אפקוד עליהם רעתם שעשו לישראל: **ועל רשעים.** הכשדים שהם רשעים והרעו לישראל יותר מדאי, כמו שאמר, אני קצפתי מעט והם עזרו לי לרעה: **גאון זדים.** שהיו גאים ואנשי זדון, אשבית זדונם: (יב) **אוקיר.** אשים בני תבל יקרים יותר מפז. כלומר, אם ירצה אדם לפדותם שלא יהרגום, לא יקחו מדי ופרס בהם משקלם זהב שלא יהרגו אותם: **מכתם אופיר.** מזהב אופיר; והפסוק כפול בענין במלות שונות. ויונתן תרגם הפסוק בענין אחר, אמר, אֲחַבֵּב דַּחֲלֵי וגו׳; רצונו לומר, על ישראל שהיו בבבל, שלא יומתו בין המומתים מאנשי בבל, כי יהיו יקרים בעיני מדי ופרס יותר מפז, וישמרו אותם שלא יהרגו: (יג) **על כן שמים.** דרך משל, כאלו ירגזו השמים ותרעש הארץ מרוב הרעה הבאה על בבל, כי לא יוכלו להנצל מן החרב בשום ממון, לפיכך אמר על כן: (יד) **והיה.** העם הנכרי אשר בבבל יהיה בבא הרעה על בבל כצבי מודח, שידיחוהו וירדפו אחריו ללכדו, שהוא רץ בכל כחו. כן כל אשר בבבל מעם אחר יצאו בחפזון מתוכו, איש אל עמו יפנו, ואיש אל ארצו ינוסו: (טו) **כל הנמצא.** כל הנמצא בתוכו מעם אחר ידקר, כמו אנשי העיר; וכפל הענין במלות שונות. ואמר על הנספה יפול בחרב; ופירוש הנספה כמו נוסף שהוא טעם אחר ונוסף אל אנשי העיר. והוא משרש, סְפוּ שָׁנָה עַל־שָׁנָה (לקמן כט, א), לְמַעַן סְפוֹת הָרָוָה (דברים כט, יח). ויסף וספה בענין אחד, ובענין הזה תרגם יונתן. וענין ידקר הוא מכת החרב. ויש מפרשים כל הנספה כמו, וְיֵשׁ נִסְפֶּה בְּלֹא מִשְׁפָּט (משלי יג, כג). ואמר, כל מי שיגיע זמנו למות לא ימות על מטתו אלא יפול בחרב:

### מצודת דוד

(ח) **ונבהלו.** יהיו בהולים ופחודים: **יאחזון.** יאחז אותם צירים וחבלים, וכאשת לידה יחילון: **איש אל רעהו.** בני בבל יתמהו זה מול זה על הצובאים עליהם, כי יהיו פניהם צהובים כלהבת אש: (ט) **אכזרי.** היום ההוא יהיה יום אכזרי, ויהיה עוד עמו עברה וחרון אף: **הארץ.** ארץ בבל: **וחטאיה.** אנשים החוטאים: (י) **לא יהלו אורם.** מרוב הצרה ידמה להם שאין אורם מזהיר: **בצאתו.** עם כי אז נרגש ביותר הבהקת אורו: (יא) **ופקדתי על תבל רעה.** אזכור על ארץ בבל את הרעה שעשו לישראל, ואשלם להם גמולם: **ועל רשעים.** על אנשי בבל אזכיר עונה: (יב) **אוקיר.** אז אשים בן אנוש יותר יקר מפז כי האויב לא יקח פז מחירו לבל יהרגנו: **ואדם וכו׳.** וכפל הדבר במילים שונות: (יג) **על כן.** בעבור הרעה הבאה על בבל ארגיז צבא השמים: **ותרעש הארץ.** מחרדת מפלת בבל ירעשו יושבי הארץ ביום בוא עברת ה׳ וחרון אפו: (יד) **והיה וכו׳.** בבוא הרעה על בבל, אז העם הנכרי אשר בבבל יהיה כצבי המודח ממקומו על ידי רודפים, שהוא רץ מפניהם בכל כוחו, כן אשר בבבל מעם אחר יצאו בחיפזון מתוכה איש אל עמו וכו׳ ולא ישובו עוד; כצאן הנדחה מהעדר ואין מי מקבצם: (טו) **כל הנמצא.** כי כל הנמצא בתוכה ידקר בחרב ואם הוא מעם נכרי:

### מצודת ציון

(ח) **צירים.** הם יסורי אשה הכורעת לילד, שצירי דלתי בטנה מתפרקין להפתח. וכן, כי נֶהֶפְכוּ עָלֶיהָ צִרֶיהָ (שמואל־א ד, יט): **וחבלים.** גם הוא ענין מכאובי לידה; כמו, חֶבְלֵי יוֹלֵדָה (הושע יג, יג): **יחילון.** מלשון חיל וחלחלה: (י) **וכסיליהם.** מזלות השמים; וכן, כְּסִיל וְכִימָה (איוב ט, ט): **יהלו.** יזהירו; כמו, בְּהִלּוֹ נֵרוֹ (שם כט, ג): **יגיה.** ענין הארה, כמו וַה׳ יַגִּיהַּ חָשְׁכִּי (שמואל־ב כב, כט): (יא) **ופקדתי.** ענין זכרון, כמו, וַה׳ פָּקַד אֶת שָׂרָה (בראשית כא, א): **תבל.** כן נקרא הארץ: **והשבתי.** ענין בטול, כמו, שָׁבַת נֹגֵשׂ (לקמן יד, ד): **גאון.** ענינו כמו גאוה: **זדים.** רשעים: **עריצים.** חזקים; כמו, כְּגִבּוֹר עָרִיץ (ירמיה כ, יא): (יב) **אוקיר.** מלשון יקר וחשוב: **מפז.** הוא זהב הטוב: **מכתם אופיר.** מזהב טוב הבא מאופיר: (יג) **ארגיז.** ענין רעדה; כמו, רִגְזוּ וְאַל־תֶּחֱטָאוּ (תהלים ד, ה): **בעברת.** מלשון עברה וזעם:

*8 They will be terrorized; aches and pains will seize them; they will be in travail like a woman in childbirth. Each man will be astonished at his friend; their faces are faces of flame. 9 Behold, the day of HASHEM is coming: [a day] of cruelty, rage, and burning anger, to make the land desolate; and He will annihilate its sinners from it. 10 For the stars of the heavens and their constellations will not radiate their light; the sun will be dark when it rises, and the moon will not shine forth its light. 11 I will visit evil upon the earth and upon the wicked their iniquity; and I will end the pride of the wanton and bring low the haughtiness of the mighty. 12 I will make man more valuable than rare gold, and people more than the precious gold of Ophir. 13 Therefore, I will make the heavens tremble and the earth will rumble from its place at the fury of HASHEM, Master of Legions, on the day of His burning wrath. 14 They will be like an outcast deer and like sheep with no one to gather [them]; each person will turn to his people and each person will flee to his land. 15 Anyone found*

**8.** וְנִבְהָלוּ צִירִים וַחֲבָלִים יֹאחֵזוּן — *They will be terrorized; aches and pains will seize them.* Because of their feelings of helplessness and despair, they will tremble with terror and will be seized with aches and pains, like a woman in childbirth (*Radak*).

אִישׁ אֶל־רֵעֵהוּ יִתְמָהוּ פְּנֵי לְהָבִים פְּנֵיהֶם — *Each man will be astonished at his friend; their faces are faces of flame.* The sudden attack will amaze them all, so much so that their faces will turn fiery red (*Radak*). Alternatively, the Babylonians will be astonished at the fiery red faces of their attackers (*Metzudos*).

**9.** הִנֵּה יוֹם־ה׳ בָּא אַכְזָרִי וְעֶבְרָה וַחֲרוֹן אָף — *Behold, the day of HASHEM is coming: [a day] of cruelty, rage, and burning anger.* The destruction of Babylonia will be swift and cruel, accompanied by God's rage and burning anger (*Abarbanel*). It will continue until its land is made desolate and its sinners are wiped out (*Radak*).

*Malbim* comments that a cruel person is not so dangerous if he is not angry, and an angry person is not so dangerous if he is not cruel, but the combination of cruelty and anger is lethal. The well-deserved punishment that awaits Babylonia will be harsh because it includes both cruelty and anger.

**10.** כִּי־כוֹכְבֵי הַשָּׁמַיִם וּכְסִילֵיהֶם לֹא יָהֵלּוּ אוֹרָם — *For the stars of the heavens and their constellations will not radiate their light.* The prophets often speak of one in distress as if he were sitting in darkness. The darkening of the stars, constellations, sun, and moon are all metaphors for the dismal and gloomy conditions that will prevail when Babylonia is invaded (*Rashi; Radak*).

A person who is bombarded by suffering, attack, and misfortune feels as if the sun is black and sweet is bitter (*Moreh Nevuchim*).

**11.** וּפָקַדְתִּי עַל־תֵּבֵל רָעָה — *I will visit evil upon the earth. Rashi* and *Radak* translate תֵּבֵל as *the land of Babylonia,* and explain that God will visit upon Babylonians the evil that they had committed against Israel. *Ibn Ezra,* however, translates תֵּבֵל literally — *earth,* and explains that the prophecy is referring to the many lands that were conquered by Cyrus (see *Ezra* 1:2).

וְעַל־רְשָׁעִים עֲוֹנָם — *And upon the wicked their iniquity.* This is referring to the Chaldeans, who were exceedingly wicked and caused the Jewish people to suffer more than God had decreed upon them (*Radak*).

וְהִשְׁבַּתִּי גְּאוֹן זֵדִים וְגַאֲוַת עָרִיצִים אַשְׁפִּיל — *And I will end the pride of the wanton and bring low the haughtiness of the mighty.* This is a second reason that the Babylonians deserved to be so severely punished. In addition to overstepping their bounds and causing Israel more suffering than was needed, they also had never intended to act as God's agents, but to destroy, conquer, and expand their own territory — see *Ramban* to *Genesis* 15:14 (*Rinas Yitzchak*).

**12.** אוֹקִיר אֱנוֹשׁ מִפָּז וְאָדָם מִכֶּתֶם אוֹפִיר — *I will make man more valuable than rare gold, and people more than the precious gold of Ophir.* Taking the lives of their Babylonian captives will be more valuable to the victors than mere gold. The Persian and Mede conquerors will therefore not accept ransom to spare the lives of their captives (*Radak*). Alternatively, the Persians and Medes will spare the lives of the Israelites living among the Babylonians, for their lives will be more valuable than rare gold (*Targum Yonasan*). According to *Rashi,* the verse refers to Daniel, who was given a golden necklace by Belshazzer (see *Daniel* 5:29).

**13.** עַל־כֵּן שָׁמַיִם אַרְגִּיז וְתִרְעַשׁ הָאָרֶץ מִמְּקוֹמָהּ — *Therefore, I will make the heavens tremble and the earth will rumble from its place.* This is meant figuratively; because the evil of Babylonia had caused Me to decree its destruction, the wicked Babylonians will feel as if the heavens tremble and the earth rumbles (*Radak*). Alternatively, the prophet is foretelling that God will eliminate Babylonia's guardian angel from the heavens, which will cause the destruction of its earthly constituents (*Rashi*).

**14.** וְהָיָה כִּצְבִי מֻדָּח — *They will be like an outcast deer.* This refers either to the Babylonians (*Rashi*) or to the foreigners who will happen to be in Babylonia at the time of the Persian and Median attack (*Radak*). Like a deer that is fleeing from hunters, they will flee in panic back to their original countries; like sheep who have no shepherd to gather them, they will scatter about.

טז יִדָּקֵ֑רוּ וְכָל־הַנִּסְפֶּ֖ה יִפּ֥וֹל בֶּחָֽרֶב׃ וְעֹלְלֵיהֶ֥ם יְרֻטְּשׁ֖וּ לְעֵינֵיהֶ֑ם יִשַּׁ֙סּוּ֙ בָּֽתֵּיהֶ֔ם
יז וּנְשֵׁיהֶ֖ם °תשגלנה [°תִּשָּׁכַֽבְנָה ק׳]׃ הִנְנִ֛י מֵעִ֥יר עֲלֵיהֶ֖ם אֶת־מָדָ֑י אֲשֶׁר־כֶּ֙סֶף֙
יח לֹ֣א יַחְשֹׁ֔בוּ וְזָהָ֖ב לֹ֥א יַחְפְּצוּ־בֽוֹ׃ וּקְשָׁת֖וֹת נְעָרִ֣ים תְּרַטַּ֑שְׁנָה וּפְרִי־בֶ֙טֶן֙ לֹ֣א
יט יְרַחֵ֔מוּ עַל־בָּנִ֖ים לֹא־תָח֥וּס עֵינָֽם׃ וְהָיְתָ֤ה בָבֶל֙ צְבִ֣י מַמְלָכ֔וֹת תִּפְאֶ֖רֶת גְּא֣וֹן
כ כַּשְׂדִּ֑ים כְּמַהְפֵּכַ֣ת אֱלֹהִ֔ים אֶת־סְדֹ֖ם וְאֶת־עֲמֹרָֽה׃ לֹֽא־תֵשֵׁ֤ב לָנֶ֙צַח֙ וְלֹ֣א
כא תִשְׁכֹּ֔ן עַד־דּ֖וֹר וָד֑וֹר וְלֹֽא־יַהֵ֥ל שָׁם֙ עֲרָבִ֔י וְרֹעִ֖ים לֹֽא־יַרְבִּ֥צוּ שָֽׁם׃ וְרָ֤בְצוּ־שָׁם֙
צִיִּ֔ים וּמָלְא֥וּ בָתֵּיהֶ֖ם אֹחִ֑ים וְשָׁ֤כְנוּ שָׁם֙ בְּנ֣וֹת יַֽעֲנָ֔ה וּשְׂעִירִ֖ים יְרַקְּדוּ־שָֽׁם׃

**רש"י**

**וכל הנספה.** על בני העיר להיות נקלט עמהם במצור, יפול בחרב כשתלכד העיר. נספה לשון, סְפוֹת הָרָוָה (דברים כט, יח), סְפוּ שָׁנָה עַל שָׁנָה (לקמן כט, א), סְפוּ עַל זִבְחֵיכֶם (ירמיה ז, כא); אקויילי"ר בלע"ז: **(טז) ירוטשו.** יתבקעו, וכן נערים תרטשנה, **(יז) הנני מעיר עליהם את מדי.** דריוש המדי הרג את בלשאצר; וכן הוא אומר, בֵּהּ בְּלֵילְיָא קְטִיל בֵּלְאשַׁצַּר (דניאל ה, כה), וְדָרְיָוֶשׁ מָדָאָה קַבֵּל מַלְכוּתָא (שם ו, א): **וזהב לא יחפצו בו.** אין חוששים כי אם להרוג ולהנקם על כל הרעה אשר עשו מלכי בבל לכל העמים: **(יח) וקשתות.** של בני מדי: **נערים.** של בבל: **תרטשנה.** תבקענה באליהם אשר יורו בקשתותיהם: **ופרי בטן.** עוללים דקים: **(יט) והיתה בבל.** שתי פורעניות באו לה בשתי שנים, דריוש הרג בלשאצר ומלך שנה, ולשנה השנייה נהפכה כמהפכת סדום מן השמים. וכן שנינו בסדר עולם (סדר עולם רבה כח). "וּבָא בַשָּׁנָה הַשְּׁמוּעָה" של דריוש "וְאַחֲרָיו בַּשָּׁנָה הַשְּׁמוּעָה" (ירמיה נא, מו), וְהָיְתָה בָבֶל צְבִי מַמְלָכוֹת וגו׳ (לקמן פסוק יט). שהיתה מלב וראש הממלכות ושהיתה תפארת גאון כשדים, עתה והיתה כמהפכת סדום: **(כ) ולא יהל שם ערבי.** כמו לא יאהל, לא יפרוש שם אהל. אפילו ערבי שדרכם לישב באהלים ולהסיע מקניהם ממקום למקום, לא תמצא חן בעיניהם לקבוע שם אהליהם, כי אף למרעה נאן לא תהיה ראויה. ולא תתמה על לא יהל הנבאר כאילו היתה בו אל"ף, כי הרבה מקומות יש שהברת קול האות במקום אות. וכן, מַלְּפֵנוּ מִבַּהֲמוֹת אָרֶץ (איוב לה, יא), כמו מאלפנו, וכן, שֶׁקֶר מֵזִין עַל לְשׁוֹן הַוֹּת (משלי יז, ד), כמו שקר מאזין, (כא) ציים. תרגם יונתן, תַּמָּן. הם נמיות מרטריצ"ש בלע"ז: **אוחים.** לא ידעתי מה מין חיה הם. (אוחים לשון קולים וחוחים ודרדרים): **ושעירים.** שדים:

**רד"ק**

**(טז) ועולליהם ירטשו.** הבנים בעיני האבות ישסו בתיהם, ונשיהם תשכבנה לעיניהם, ואחר כן יהרגו אותם; וכל זה הוא דרך אכזריות. וענין ירוטשו הוא הפלת העוללים בקרקע או אל הקירות דרך אכזריות. וישסו ענין בזה והוא מפעלי הכפל מבנין נפעל: **ותשכבנה.** כתיב, ותשגלנה קרי: **(יז) הנני מעיר.** אעיר את רוחם לבא אל בבל להלחם עליה, וזה מדי, כי דריוש המדי הוא שכבש בבל, ובמותו מלך עליהם כורש הפרסי. וזה העם לא יחשבו כלום כסף וזהב לפדיון אנשי בבל, אלא יהרגו אותם ולא יהיה להם פדיון כמו שאמר, אוֹקִיר אֱנוֹשׁ מִפָּז (לעיל פסוק יב): **(יח) וקשתות.** פירוש עם קשתותיהם ירוטשו הנערים, כי הנה הקשתות תרטשנה הנערים. ופירוש בו, כי היו משימים הנערים בקשתות מקום חצים, ומורים אותם על הקרקע ואל הקירות: **פרי בטן. . . ובנים.** רצונו לומר בעודם קטנים. וכן, וְאָכַלְתָּ פְרִי בִטְנְךָ (דברים כח, נג), אִם בָּנִים וְאִם בָּנוֹת יַצִּילוּ (יחזקאל יד, טז), אוֹ בֵן יִגָּח אוֹ בַת יִגָּח (שמות כא, לא): **לא תחוס עינם.** בשורק והוא לבדו בשור"ק כי כל השאר בחולם: **(יט) והיתה בבל.** פירוש, בבל שהיתה צבי ממלכות תפארת גאון כשדים, תהיה עתה כמהפכת אלהים את סדום ו את עמורה. ופירוש צבי, חפץ; שכל הממלכות היו חפצים בה, והכשדים שהיתה להם היו מתפארים ומתגאים בה, עתה תהיה כמהפכה שהפך אלהים את סדום ואת עמורה; שתהיה חרבה ולא יהיה בה יישוב לעד. והעיר בבל שמלכו עליה דריוש וכורש, ושהיא היום אינה בבל הקדומה; כי אותם החריב דריוש ובנה עיר אחרת באותה הבקעה, היא שמה בבל עד היום. ובסדר עולם (סדר עולם רבה פרק כח) אומר, כי כשכבש אותם דריוש והרג בלשצר ומלך עליה שנה, ובשנה השניה הפכה אלהים כמהפכת סדום ועמורה. וזהו שאמר הכתוב, וּבָא בַשָּׁנָה הַשְּׁמוּעָה (ירמיה נא, מו), שמועה זו של דריוש, ואחריו בשנה השנית השמועה זאת כמהפכה שהפכה אלהים כסדום ועמורה: **(כ) לא תשב.** פירוש, תשב ותשכון על העיר כנגד היושבים והשוכנים בה, כמו, הָעִיר הַיֹּצֵאת אֶלֶף (עמוס ה, ג); רוצה לומר, על אנשים היוצאים ממנה: **לא יהל.** משפטו לא יאהל. רוצה לומר, לא יטה אהלו. ואמר ערבי, לפי שהערביים הם השוכנים באהלים: **ורועים.** ואפילו רועים לא ירביצו צאנם, כי אמר תחלה לא תשב, כלומר, לא תהיה בנוים עד שישבו בה אנשים, ולא אפילו אהל לא יטה אדם שם דרך עראי, ואין צריך לומר, אלא אפילו הצאן לא ירביצו שם, שלא ירבצו אותם שם הרועים, כי משכן החיות רעות תהיה, כמו המדבר: **(כא) ורבצו.** הצאן לא ירביצו שם, אלא מי ירבץ שם? חיות המדבר ירבצו שם. ופירוש ציים, חיות השוכנות במקום ציים לפיכך נקראו ציים. ויש מפרשים ששם נמיות הנזכר בדברי רבותינו (בבא בתרא כב, ב), כדי שלא תקפוץ הנמיה מרטרי"נא בלע"ז: **בתיהם.** החרבים. אוחים חיה שקורין בלע"ז פורו"ן: **בנות יענה.** הם הקטנים מן היענים, והאמות מעופפים בעולם ויניחו קטניהם ויתאבלו לחוסר מזונותה, לפיכך אמר, וְאֵבֶל כִּבְנוֹת יַעֲנָה (מיכה א, ח). ודרך היענים לשכן במדבר ובמקומות החרבים: **ושעירים.** הם השדים, כמו, לַשְּׂעִירִם אֲשֶׁר הֵם זֹנִים אַחֲרֵיהֶם (ויקרא יז, ז). ונקראו כן לפי שהם נראים כדמות שעירים למאמין בהם. וכן תרגם יונתן, וְשֵׁדִין יְחַכּוּן תַּמָּן:

**מצודת דוד**

**וכל הנספה.** כל הנוסף על בני העיר להיות עמהם יפול בחרב, והוא כפל ענין במילים שונות: **(טז) ועולליהם.** קטניהם יתבקעו לעיניהם, ואין לאל ידם למחות: **ישסו בתיהם.** יבוזו וישללו בתיהם ויאנסו נשיהם: **(יז) את מדי.** לפי שהוא אכזר ביותר לזה הזכיר אותו לבדו: **לא יחשבו.** לקחת בפדיון נפש: **וזהב.** ואף זהב לא יחפצו בו: **(יח) וקשתות.** הקשתות של אנשי פרס ומדי תבקענה את נערי בבל בחיציהם אשר יורו עליהם: **ופרי בטן.** עוללים דקים: **על בנים.** רצונו לומר, בנים קטנים: **(יט) צבי ממלכות.** אשר היא תאר כל הממלכות: **תפארת.** אשר היא תפארת לבני כשדים אנשיה, כי היו מתפארים ומתגאים בה: **כמהפכת.** בבוא עתה תהיה כמהפכה אשר הפך ה׳ את סדום וכו׳: **(כ) לא תשב.** לא תהיה מיושבת עד עולם, ולא תשכון לא תהיה שכונה מבני אדם עד סוף ימי הדורות. וכפל הדבר במילים שונות: **ולא יהל.** אף הערבי השוכן באהלים על פני השדה, לא יטה שם אהלו לגודל השממון: **לא ירביצו שם.** את מקניהם: **(כא) ורבצו שם.** לגודל השממון ירבצו שם חיות היער:

**מצודת ציון**

**(טו) ידקר.** ענין נעיצה ותחיבת חרב בגוף; כמו, וְהִבִּיטוּ אֵלַי אֵת אֲשֶׁר דָּקָרוּ (זכריה יב, י): **(טז) ירטשו.** ענין בקיעה; אֵם עַל בָּנִים רֻטָּשָׁה (הושע י, יד): **ישסו.** ענין בזה ושלל: **תשגלנה.** מלשון משגל ומשכב: **(יז) מעיר.** מלשון התעוררות: **(יח) תחוס.** ענין חמלה, כמו, יָחֹס עַל דַּל (תהלים עב, יג): **(יט) צבי.** ענין הדר ופאר, כמו, נַחֲלַת צְבִי צִבְאוֹת גּוֹיִם (ירמיה ג, יט): **גאון.** מלשון גאוה: **(כ) יהל.** כמו יאהל ונפלה האל"ף, וכן, וְלַעֲמָשָׂא תֹּמְרוּ (שמואל ב יט, יד). ומשפטו, תאמרו: **ירבצו.** ענין השכיבה לנוח: **(כא) ציים. . . אוחים.** שמות מיני חיות: **בנות יענה.** שם עוף בת היענה: **ושעירים.** הם השדים הנראים בדמות שעירים למי שמאמין בהם, וכן, וְשָׂעִיר עַל רֵעֵהוּ יִקְרָא (לקמן לד, יד): **ירקדו.** ענין קפיצה ודלוג:

*will be pierced, and anyone who is gathered in will fall by the sword.* 16 *Their babies will be sundered before their eyes, their houses will be pillaged, and their wives ravished.* 17 *Behold, I shall arouse Media against them, who will not value silver and will not desire gold.* 18 *Their bows will sunder young men; they will show no mercy for the fruit of the womb, and their eyes will not have pity on children.* 19 *And Babylonia, the choicest of kingdoms, the splendor of the glory of the Chaldeans, will be like God's overturning of Sodom and Gomorrah.* 20 *It will not be inhabited forever and it will not be settled from generation to generation; no Arab will pitch tent there, and shepherds will not make their flocks lie there.* 21 *Martens will lie there and their houses will be full of ferrets; owls will live there and demons will dance there;*

---

**15.** **כָּל־הַנִּמְצָא יִדָּקֵר וְכָל־הַנִּסְפֶּה יִפּוֹל בֶּחָרֶב** — *Anyone found will be pierced, and anyone who is gathered in will fall by the sword.* All foreigners who remain in the city will be stabbed to death together with the Babylonians. Alternatively, anyone who is destined to die at that time will not die a normal death but will be killed by the sword (*Radak*).

**16.** **וְעֹלְלֵיהֶם יְרֻטְּשׁוּ לְעֵינֵיהֶם יִשַּׁסּוּ בָּתֵּיהֶם וּנְשֵׁיהֶם תִּשָּׁכַבְנָה** — *Their babies will be sundered before their eyes, their houses will be pillaged, and their wives ravished.* Babylonia will suffer in the same measure as she caused Israel to suffer. Her conquerors will torment her cruelly, exactly as she had tormented Israel. They will cruelly smash the Babylonian babies before the very eyes of their parents (see *Psalms* 137:9). Their homes will be plundered before their eyes as they stand by helplessly, their wives will be ravished in front of the eyes of their husbands, and then they themselves will be killed (*Radak*).

**17.** **הִנְנִי מֵעִיר עֲלֵיהֶם אֶת־מָדָי** — *Behold, I shall arouse Media against them.* The name of the invading nation is now mentioned for the first time in the prophecy. God will inspire Darius the Mede to lead his nation in a ruthless attack against Babylonia (*Radak*). Although the Persians also participated in the attack, only the Medes are mentioned, either because they led the campaign against Babylonia (*Abarbanel*) or because they were the more ruthless of the two nations (*Ibn Ezra*).

**אֲשֶׁר־כֶּסֶף לֹא יַחְשֹׁבוּ וְזָהָב לֹא יַחְפְּצוּ־בוֹ** — *Who will not value silver and will not desire gold.* No one will be able to bribe their way to freedom, for they will not desire silver or gold, only to kill and avenge the evil that the Babylonians had committed against the nations. See v. 12 (*Rashi*). This obsession with cruelty was due either to the nature of the Medes or it is a reflection of their desire to punish the Babylonians without concession (*Daas Sofrim*).

*Igra d'Pirka* finds a homiletical teaching in this verse regarding the importance of honest financial dealings even when the amounts involved are trivial and inconsequential. The Sages teach that if someone stole even a *perutah* (the smallest coin), he must travel even as far as Media to return it. Even if he lives in a place where the people *do not value silver and will not desire gold,* one must go as far as Media to make amends.

**18.** **וּקְשָׁתוֹת נְעָרִים תְּרַטַּשְׁנָה** — *Their bows will sunder young men.* The invading Medes will massacre everyone. They will smash the Babylonian youths with the arrows that they will shoot with their bows (*Rashi*), and will mercilessly kill even babies and young children (*Radak*). Alternatively, instead of arrows, they will place the youths in catapults and shoot them as arrows, smashing them against the ground or against the wall (ibid.).

Because of the similarity of this verse to v. 16, *Malbim* suggests that this verse may refer to the suffering of the Babylonians and v. 16 refers to the suffering of the foreigners who had not escaped from Babylonia. *Abarbanel* comments that this verse describes the cruelty of the Medes to their own youths. If they have no mercy on their own offspring, they will surely have no mercy on the Babylonians.

**19.** **וְהָיְתָה בָבֶל צְבִי מַמְלָכוֹת . . . כְּמַהְפֵּכַת אֱלֹהִים אֶת־סְדֹם וְאֶת־עֲמֹרָה** — *And Babylonia, the choicest of kingdoms . . . will be like God's overturning of Sodom and Gomorrah.* Babylonia, the kingdom that had been the envy of every nation and the pride of the Chaldeans, will be totally destroyed and become an eternal wasteland, like Sodom and Gomorrah (*Metzudos*).

*Radak* notes that the ancient city of Babylon was destroyed by Darius. He subsequently built a new city, not on the same site, and named it Babylon.

**20.** **לֹא־תֵשֵׁב לָנֶצַח** — *It will not be inhabited forever.* Babylonia will remain desolate, without inhabitants (*Radak*).

**וְלֹא־יַהֵל שָׁם עֲרָבִי** — *No Arab will pitch tent there.* Even Arab Bedouins who dwell in tents and move about from place to place will not pitch their tents there (*Rashi*).

**וְרֹעִים לֹא־יַרְבִּצוּ שָׁם** — *And shepherds will not make their flocks lie there.* The land will be so utterly desolate that it will not even be fit for pasture for flocks.

**21.** **וְרָבְצוּ־שָׁם צִיִּים** — *Martens will lie there.* The prophet foretells that only wild beasts will inhabit this once-populated land. צִיִּים are either martens (*Rashi*), monkeys (*Mahari Kara*), or desert animals (*Ibn Ezra*).

אֹחִים are either ferrets (*Radak*), a species of bird, or some kind of terrifying-looking beast (*Ibn Ezra*). בְּנוֹת יַעֲנָה are a species of bird (*Ibn Ezra*). The word is generally translated *ostriches* (see ArtScroll *Eichah* 4:3) or *owls* (see ArtScroll *Job* 30:29).

**וּשְׂעִירִים יְרַקְּדוּ־שָׁם** — *And demons will dance there.* Demons reside in areas where there is no human habitation (see

כב וְעָנָה אִיִּים בְּאַלְמְנוֹתָיו וְתַנִּים בְּהֵיכְלֵי עֹנֶג וְקָרוֹב לָבוֹא עִתָּהּ וְיָמֶיהָ לֹא
יד א יִמָּשֵׁכוּ: כִּי יְרַחֵם יהוה אֶת־יַעֲקֹב וּבָחַר עוֹד בְּיִשְׂרָאֵל וְהִנִּיחָם עַל־אַדְמָתָם
ב וְנִלְוָה הַגֵּר עֲלֵיהֶם וְנִסְפְּחוּ עַל־בֵּית יַעֲקֹב: וּלְקָחוּם עַמִּים וֶהֱבִיאוּם אֶל־מְקוֹמָם
וְהִתְנַחֲלוּם בֵּית־יִשְׂרָאֵל עַל אַדְמַת יהוה לַעֲבָדִים וְלִשְׁפָחוֹת וְהָיוּ שֹׁבִים
ג לְשֹׁבֵיהֶם וְרָדוּ בְּנֹגְשֵׂיהֶם: וְהָיָה בְּיוֹם הָנִיחַ יהוה לְךָ מֵעָצְבְּךָ וּמִרָגְזֶךָ
ד וּמִן־הָעֲבֹדָה הַקָּשָׁה אֲשֶׁר עֻבַּד־בָּךְ: וְנָשָׂאתָ הַמָּשָׁל הַזֶּה עַל־מֶלֶךְ בָּבֶל וְאָמָרְתָּ

**רש״י**

(כב) **וענה איים באלמנותיו.** ויגורו חתולים בארמנותיו: **וענה.** כמו, וְעָנְתָה שָּׁמָּה (הושע ב, טז), וּמְעֹנֹתָיו טְרֵפָה (נחום ב, יג). ויש לפרש עוד וענה, לשון עניית קול: **ותנים.** יענו בהכלי עונג שלהם: **וימיה.** ימי טובתה לא ימשכו, כי כבר הובטחו ישראל, לְפִי מְלֹאת לְבָבֶל שִׁבְעִים שָׁנָה אֶפְקֹד אֶתְכֶם (ירמיה כט, י). ואותה פקידה על ידי כורש מלך פרס ביטול המלוכה מבבל אחר דריוש המדי, כי שניהם, מדי ופרס, נתחברו עליהם והתנו ביניהם, אי מינן מלכי מנייכו אפרכי (מגילה יב, א): (א) **כי ירחם ה׳ את יעקב.** לשמור להם הבטחת גאולתם מיד בבל: **ובחר עוד בישראל.** לעתיד יגאלם גאולה שלימה: **ונספחו.** ונוספו, וכן, סְפָחֵנִי נָא (שמואל־א ב, לו), וכן מֵהִסְתַּפֵּחַ בְּנַחֲלַת ה׳ (שם כו, יט): (ב) **והתנחלום.** יהיו ננחלים מהם, וכן, וְהִתְנַחַלְתֶּם אֹתָם (ויקרא כה, מו): **ורדו.** לשון רדוי וגישה, כמו, לֹא תִרְדֶּה בּוֹ (שם כה, מו): (ג) **ביום הניח ה׳ לך.** לישראל הכתוב מדבר: **מעצבך ומרגזך.** שעצבך והרגיזך מלך בבל, ובראותך מפלתו יניח לך, כי תלא חפשי:

**רד״ק**

(כב) **וענה.** פירוש, ויצעק, כמו, עֱנוּ לָהּ (במדבר כא, יז), וַתַּעַן לָהֶם (שמות טו, כא), וְעָנְתָה שָׁמָּה (הושע ב, יז), והדומים להם ענין הגבהת קול. וכן דרך האיים והתנים להגביה קולם, והוא כקול אבל: **איים.** שם חיה מחיות המדבר, ויונתן תרגם, וִינַפְּצוּן חֲתוּלִין בִּבִרְנְיָתְהוֹן. נוסח אחר, וִינַצְפּוּן, צד״י קודם לפ״א: **באלמנותיו.** כמו בארמנותיו, כתרגומו: **ותנין בהיכלי ענג.** וכן תנין יענו בהיכלי ענג שהיו, ועתה יהיו חרבים מדור החיות: **וקרוב לבא עתה.** עת חרבן בבל קרוב לבא: **וימיה.** ימי שלותם לא ימשכו כי קצרים יהיו: (א) **כי ירחם ה׳.** בעבור שירחם ה׳ את יעקב יבא בקרוב עת חרבן בבל, כי בחרבנה תהיה תשועת ישראל: **והניחם.** כתרגומו, וְיַשְׁרִינוּן: **ונלוה הגר עליהם.** יתחברון גרים אליהם לראותם. כי בחרבן בבל תהיה תשועתם, יודו כי בסבתה היה החרבן ההוא, לפי שהרעו לישראל יותר מדאי; כמו שאמר, קָצַפְתִּי עַל־עַמִּי וגו׳ (לקמן כז, ו); לא שמת להם רחמים. ומלך מדי ופרס שלקח בבל הודה כי מה׳ היתה לו, כמו שאמר, כָּל מַמְלְכוֹת הָאָרֶץ נָתַן לִי ה׳ וגו׳ (דברי הימים־ב לו, כג). ואמר מִי בָכֶם מִכָּל עַמּוֹ... וְיָעַל (שם). וגרים שנתגיירו אז בעלותם מבבל לא ראינו זה בכתוב ולא לקחום עמים וגו׳, אבל מצאנו שהיו להם שוטנים רבים בבנין ירושלם. לפיכך הנכון בעיני בזה, כי זה הפסוק יתפרש לשני פנים, כי ירחם ה׳ את יעקב, עתה בגלות בבל ירחם עליהם, ויוציאם מגלותם; ובחר עוד בישראל בימי המשיח, ואז ונלוה הגר עמם; כמו שכתוב, וְנִלְווּ גוֹיִם רַבִּים אֶל ה׳ בַּיּוֹם הַהוּא (זכריה ב, טו). וכמה פסוקים מורים על זה הענין ביאת המשיח בדברי הנביאים, וכן ולקחום עמים, כמו שכתוב וְהֵבִיאוּ אֶת כָּל אֲחֵיכֶם מִכָּל הַגּוֹיִם מִנְחָה לַה׳ (לקמן סו, כ), וכמה פסוקים מורים על זה: **ונספחו.** ויתחברו, כמו, סְפָחֵנִי נָא אֶל אַחַת הַכְּהֻנּוֹת (שמואל־א ב, לו): (ב) **ולקחום והתנחלום.** יתנחלו מהם להנחילם לבניהם אחריהם: **להיות להם לעבדים ולשפחות.** כמו שכתוב, וְעָמְדוּ זָרִים וְרָעוּ צֹאנְכֶם וּבְנֵי נֵכָר אִכָּרֵיכֶם וְכֹרְמֵיכֶם (לקמן סא, ה): (ג) **והיה.** אמר כנגד ישראל היושבים בגלות בבל, ביום שהניח ה׳ מעצבך תשא המשל הזה, והוא יום חרבן בבל: **מעצבך.** מצער הגלות: **ומרגזך.** המ״ם בחירק, וכן, מִרְדֹף אַחֲרֵי דָוִד (שמואל־א כג, כח), מִרְדֹף אַחֲרֵי יִשְׂרָאֵל (שמואל־ב יח, טז): **אשר עבד בך.** אף על פי שמלת העבודה לשון נקבה אמר עבד לשון זכר. רוצה לומר על ענין העבודה; וכן, יֵעָשֶׂה מְלָאכָה (ויקרא יא, לב), והדומים להם: (ד) **ונשאת המשל.** משל הוא הדבר שאינו מובן כמשמעו, וכן בזה:

**מצודת דוד**

(כב) **וענה.** כל אחד מהציים תצעק בהארמונות, והתנים יצעקו גם המה בהיכליהם שהיו מתענגים בהם. (דרך הציים והתנים לצעוק בתמידות): **וקרוב.** הזמן קרוב לבוא עליה עת הפורעניות; ימי שלותה לא יהיו נמשכין לזמן מרובה. וכפל הדבר במילים שונות לחזק הענין: (א) **כי ירחם ה׳.** חוזר למעלה לומר, וזה יקרב עת רץ בבל כי ירחם וכו׳ ובחורבן בבל תהיה תשועה לישראל: **ובחר.** עוד, כאומר, ותקטן עוד זאת בעיני ה׳, כי עוד יבחר בכל ישראל בימי המשיח, ותהיה גאולה שלמה ואת כולם יניח על אדמתם: **ונלוה.** יתחברו גרים עליהם ונספחו וכו׳, כפל הדבר במילים שונות: (ב) **ולקחום.** העמים יקחו את ישראל והביאום אל מקומם: **והתנחלום.** בית ישראל ינחלו מהם בהיותם על אדמתם להיות להם לעבדים ולשפחות: **והיו שובים.** הם ישבו את האומות אשר שבו אותם מאז: **ורדו.** ימשלו באותם שנגשו אותם לעבודה: (ג) **והיה ביום.** חוזר הוא על מפלת בבל: **הניח ה׳.** שיתן לך מנוחה ממה שהיית עד הנה בעצב וברוגז, ומן העבודה, ויהיה לך מנוחה מן העבודה הקשה אשר מלך בבל עבד בך: (ד) **ונשאת.** תרים קול לדבר המשל הזה וכו׳:

**מצודת ציון**

(כב) **וענה.** ענין הרמת קול; כמו, וְעָנוּ הַלְוִיִּם וכו׳ קוֹל רָם (דברים כז, יד): **איים.** שם חיה: **באלמנותיו.** כמו בארמנותיו; או הוא מלשון אולם ותנים, מין נחש: **עתה.** מלשון עת: (א) **והניחם.** תרגומו וישרינון, ונלוה. ענין חבור; כמו, לִוְיַת חֵן (משלי א, ט): **ונספחו.** ענין אסיפה וקבוץ; כמו, תַּחַת חָרוּל יְסֻפָּחוּ (איוב ל, ז): (ב) **והתנחלום.** כמו ונחלום: **שובים.** מלשון שבי: **ורדו.** ענין ממשלה; כמו, וְיֵרְדְּ מִיַּעֲקֹב (במדבר כד, יט): (ג) **ומרגזך.** ענין תנועת החרדה; כמו, וְתַחְתַּי אֶרְגָּז (חבקוק ג, טז):

---

*Berachos* 3a). The Hebrew word שְׂעִירִים actually means *goats.* It is used for demons because they would appear as goats to those who claimed to see them (*Radak*).

**22. וְעָנָה אִיִּים בְּאַלְמְנוֹתָיו** — *Cats will howl in their mansions.* The word עָנָה means either to *raise one's voice* to *to dwell* (from מָעוֹן). Cats will inhabit and howl in the now desolate mansions of Babylonia. אִיִּים are either cats (*Targum Yonasan; Rashi*), beasts of the desert (*Radak*), or a species of bird [see *Leviticus* 11:14] (*Ibn Ezra*). *Malbim* suggests that it is a creature that inhabits the distant islands (from אִיֵּי הַיָּם).

**וְקָרוֹב לָבוֹא עִתָּהּ** — *Her time is soon to come.* The destruction of Babylonia will take place in approximately one hundred and fifty years. With the fall of their great empire, its nation vanished from the stage of world history, unmourned and forgotten.

[22] *cats will howl in their mansions, and jackals in their palaces of delight. Her time*
*is soon to come; her days will not long endure!*

**14**

*Israel will return from Babylonia*

[1] *For HASHEM will show mercy to Jacob. He will choose Israel again and grant*
*them rest upon their land. The proselyte will join them and be attached to the*
*House of Jacob.* [2] *The nations will take them and bring them to their place, and*
*the House of Israel will possess them as slaves and maidservants upon the land*
*of HASHEM; they will be captors over their captors and they will rule over their*
*oppressors.*
[3] *It shall be on the day when HASHEM grants you relief from your distress and*
*your anxiety and from the hard labor with which you were worked:* [4] *you will re-*
*cite this parable about the king of Babylonia:*

---

**14.**

This chapter speaks of the redemption that will take place after the destruction of Babylonia. According to many commentators it also foretells events that will occur at the future redemption with the coming of the Messiah.

**1. כִּי יְרַחֵם ה׳ אֶת־יַעֲקֹב** — *For HASHEM will show mercy to Jacob.* This verse is a continuation of the previous chapter. The prophet explains that Babylonia must be destroyed as soon as possible because as long as they are the ruling power, Jerusalem will not be rebuilt (*Abarbanel*). It is only with the destruction of Babylonia that the redemption of Israel will emerge. As it happened, Babylonia was conquered by the Persians and Medes, with Cyrus the Persian coming to the throne one year after the conquest. Cyrus is the one who permitted the Jews to return to their land and rebuild the Temple.

**וּבָחַר עוֹד בְּיִשְׂרָאֵל** — *He will choose Israel again.* This does not mean that God had rejected the Jewish people and will select them a second time as His chosen nation. Rather, at the time of the redemption, it will be obvious to all that Israel is and always has been his Chosen People, even during the years when its status had appeared to be in eclipse.

**וְהִנִּיחָם עַל־אַדְמָתָם** — *And grant them rest upon their land.* The Jewish exiles will return to their land at the time of the redemption. *Rashi* and *Radak* comment that Isaiah is foretelling events that will take place during two different times of redemption. The words כִּי יְרַחֵם ה׳ אֶת יַעֲקֹב, *For HASHEM will show mercy to Jacob,* allude to the redemption from the Babylonian exile that took place during the days of Cyrus. The words וּבָחַר עוֹד בְּיִשְׂרָאֵל, *He will choose Israel again,* allude to the future redemption that will take place with the coming of the Messiah. *Ibn Ezra* and *Mahari Kara,* however, maintain that this chapter deals only with the Babylonian era and not with the future redemption.

**2. וּלְקָחוּם עַמִּים וֶהֱבִיאוּם אֶל־מְקוֹמָם** — *The nations will take them and bring them to their place.* At the time of the redemption, the nations will assist the Israelites and escort them to their land (*Metzudos*).

**וְהִתְנַחֲלוּם בֵּית־יִשְׂרָאֵל עַל אַדְמַת ה׳ לַעֲבָדִים וְלִשְׁפָחוֹת** — *And the House of Israel will possess them as slaves and maidservants upon the land of HASHEM.* Upon seeing the honor that Cyrus will bestow upon the Jewish people, their non-Jewish escorts will not want to part from them and will volunteer to become their servants (*Ibn Ezra*). *Radak* maintains that this will take place with the coming of the Messiah at the future redemption.

**אַדְמַת ה׳** — *The land of HASHEM. Targum Yonasan* translates אֲרַע שְׁכִנְתָּא דַּה׳, *the land where God reveals His glory,* for he does not reveal His glory in any other land. Everyone will then refer to *Eretz Yisrael* as the land of Hashem, because they will realize that it is indeed the Holy Land — the seat of holiness.

**וְהָיוּ שֹׁבִים לְשֹׁבֵיהֶם** — *They will be captors over their captors.* The Israelites will make servants of the stateless and homeless Babylonian survivors who had previously been their captors and oppressors (*Metzudos*).

**3-4. וְהָיָה בְּיוֹם הָנִיחַ ה׳ לְךָ מֵעָצְבְּךָ וּמֵרָגְזֶךָ . . . וְנָשָׂאתָ הַמָּשָׁל הַזֶּה** — *It shall be on the day when HASHEM grants you relief from your distress and your anxiety . . . you will recite this parable.* Isaiah foretells that on the day when the Babylonians will be defeated and Israel will return to Jerusalem, the Jewish people will sing a song regarding the downfall of Babylonia and its king (*Abarbanel*).

The Holy *Zohar* comments homiletically that the *day . . . of relief from your distress and anxiety* is Shabbos. *R' Tzaddok* (*Pri Tzaddik*) explains that logically it would seem impossible for a Jew who is beset all week with all sorts of problems to forget them all when Shabbos arrives. Our verse tells us that Shabbos — along with its gift of relief from anxiety — is a gift of God.

This verse can be understood in light of the mishnah that states: Jealousy, lust, and glory remove a man from the world (*Avos* 4:21). In our verse, *distress* is what ails a person when he feels he did not receive honor to which he was entitled. He feels *anxiety* when he is jealous of someone else. *And hard labor* refers to the strenuous efforts he exerts to satisfy lusts that have taken possession of him. The holiness of Shabbos enables a person to overcome these negative feelings (*Pri Tzaddik*).

ה אֵ֚יךְ שָׁבַ֣ת נֹגֵ֔שׂ שָׁבְתָ֖ה מַדְהֵבָֽה׃ שָׁבַ֧ר יְהֹוָ֛ה מַטֵּ֥ה רְשָׁעִ֖ים שֵׁ֥בֶט מֹשְׁלִֽים׃
ו מַכֶּ֤ה עַמִּים֙ בְּעֶבְרָ֔ה מַכַּ֖ת בִּלְתִּ֣י סָרָ֑ה רֹדֶ֤ה בָאַף֙ גּוֹיִ֔ם מֻרְדָּ֖ף בְּלִ֥י חָשָֽׂךְ׃
ז־ח נָ֥חָה שָׁקְטָ֖ה כָּל־הָאָ֑רֶץ פָּצְח֖וּ רִנָּֽה׃ גַּם־בְּרוֹשִׁ֛ים שָׂמְח֥וּ לְךָ֖ אַרְזֵ֣י לְבָנ֑וֹן
ט מֵאָ֣ז שָׁכַ֔בְתָּ לֹֽא־יַעֲלֶ֥ה הַכֹּרֵ֖ת עָלֵֽינוּ׃ שְׁא֗וֹל מִתַּ֛חַת רָ֥גְזָה לְךָ֖ לִקְרַ֣את בּוֹאֶ֑ךָ
י עוֹרֵ֨ר לְךָ֤ רְפָאִים֙ כָּל־עַתּ֣וּדֵי אָ֔רֶץ הֵקִים֙ מִכִּסְאוֹתָ֔ם כֹּ֖ל מַלְכֵ֥י גוֹיִֽם׃ כֻּלָּ֣ם
יא יַעֲנ֔וּ וְיֹאמְר֖וּ אֵלֶ֑יךָ גַּם־אַתָּ֧ה חֻלֵּ֛יתָ כָמ֖וֹנוּ אֵלֵ֥ינוּ נִמְשָֽׁלְתָּ׃ הוּרַ֥ד שְׁא֛וֹל גְּאוֹנֶ֖ךָ

**רש״י**

(ד) **מדהבה.** לשון מרבית גאוה ומשא כבד. ורבותינו דרשו (שבת קמט, ב) האומרים מדוד והבא: (ה) **שבר ה׳ מטה רשעים.** שהיה מכה עמים בעברה: (ו) **מורדף בלי חשך.** מורדף כל גוי וגוי על ידו בלי חשך עצמו מרדוף ומדלוק אחר כל אומה ואומה: (ז) **פצחו רנה.** זאת הרנה פצחו, נחה שקטה כל הארץ: (ח) **גם ברושים שמחו.** אַף שִׁלְטוֹנִין חֲדִיאוּ. שמחו על מפלתך: (ט) **לקראת באך.** כשתרד לגיהנם, ומה היא הרגזה לעורר לקראתם: **רפאים.** ענקים השוכבים שם: **כל עתודי ארץ.** כל מלכי העובדי כוכבים, השרים והשרות. הכתוב מושלם לפרים ולפרות ולעתודים, כמו, (כי) סְבָבוּנִי פָּרִים (תהלים כב, יג); וכמו, פָּרוֹת הַבָּשָׁן אֲשֶׁר בְּהַר שֹׁמְרוֹן (עמוס ד, א); וכאן מושלם לעתודים: **הקים.** השליך: **מכסאותם.** שבגיהנם, כל מלכי גוים: (י) **גם אתה חלית כמונו.** תמיהים אנו, איך באת עליך רעה, שגם אתה נחלית להיות כמונו למות:

**רד״ק**

**מדהבה.** מטה, שבט, גם ברושים, ארזי לבנון. ופירוש מדהבה מתרגום זהב דהבא. והוא תאר לבבל שהיתה בעלת הזהב, שהיתה לוקחת מס מכל הארצות, ויונתן תרגם, סַף תְּקוֹף חַיָּיבָא: (ה) **שבר.** מטה, ושבט משל על החוזק והממשלה. רשעים מושלים אמר על נבוכדנצר ועל אויל מרודך ועל בלשצר: (ו) **מכה.** אומר על נבוכדנצר, ולפי שהוא היה תחלת הממשלה והוא כבש כל הארצות אמר זה הענין עליו. כי בניו, אף על פי שאבדו אותם כל הגוים, הם לא לקחו להם דבר אלא מה שהניח להם אביהם בעברם, שלא היה לו חמלה עליהם: **מכת בלתי סרה.** התי״ו במקום ה״א כי אינו סמוך; וכן, חָכְמַת וָדָעַת (לקמן לג, ו), שִׁפְעַת אֲנִי רֹאֶה (מלכים־ב ט, יז), והדומים להם כמו שכתבנו בספר מכלל. אמר כי אני רואה מכל מכתו לא היתה סרה מכל העמים אלא תמיד היה מכה אותם: **רודה באף.** והיה רודה בהם באף ובחימה. ובי״ת באף קמוצה מורה על ה״א הידיעה, רוצה לומר, האף הידוע לו למלך בבל: **מורדף בלי חשך.** כל גוי וגוי מורדף מפניו בלי חשך ולא מנע מלרדפו, אלא תמיד הוא מורדף מפניו, לא יתן לו מנוחה: (ז) **נחה.** ועתה במות בן בנו, וסרה ממשלת הרשע נבוכדנצר, נחה שקטה כל הארץ ופצחו רנה. ואמר דברים כנגד נבוכדנצר כאלו מת הוא ביום ההוא: (ח) **גם ברושים.** לפי שאמר נחה שקטה כל הארץ, והוא אומר על עם הארץ שהיו תחת עבודתו והיו בצרה, לפיכך אמר גם ברושים; והוא משל על המלכים, וכן ארזי הלבנון. אמרו שגם המלכים שמחו באבוד מלכותו וממשלתו. כלומר, אפילו המלכים והשרים שאין נותנין עליהם עבודה כמו על עם הארץ, אפילו הם שמחו לו באבודו, כי במות בן בנו אבדה ממשלתו: **לא יעלה הכורת עלינו.** לפי שהמשיל הגדולים לברושים ולארזים, אמר גם כן הכורת דרך משל. ואמר מאז שכבת, כלומר מעת שמת נבוכדנצר. כי אף על פי שעבדו העובדי כוכבים את בנו ואת בן בנו, לא היו מצירין להם אלא שהיו נותנים להם מס; אבל נבוכדנצר היה הורגם ונותנם בבית האסורים ומעבידן עבודות קשות: (ט) **שאול מתחת.** החיים שמחו והמתים רגזו ופחדו, על דרך משל, לפי שהיה מחריד כל העולם בחייו; אמר כי המתים יפחדו שלא יחרידם במותו. והוא על דרך משל מרוב החרידו כל העולם, אמר בדרך הפלגה, כי המתים חרדו ופחדו בבואו אליהם. ושאול בזה הפסוק זכר ונקבה, כמו שאמר רגזם; ואמר עורר, אמר על דרך משל כי השאול העיר המתים הגדולים לצאת לקראתך במותך, וכאלו המלכים בקברם בכסאותם כמו בחייהם והשאול הקים אותם לקראתך: **רפאים.** מתים, וכן, רְפָאִים בַּל יָקֻמוּ (לקמן כו, יד), אִם רְפָאִים יָקוּמוּ (תהלים פח, יא). ויונתן תרגם, גִּבָּרִין, כלומר הגדולים והגבורים המתים. עורר לך... עתודי ארץ, המלכים נקראים עתודים דרך משל, כמו שהעתודים מנהיגים הצאן והולכים לפניהם, כמו שאמר, כְּעַתּוּדִים לִפְנֵי צֹאן (ירמיה נ, ח), כן המלכים מנהיגים העם: (י) **כלם יענו.** יענו התחלת הדבור, כמו, וְעָנִיתָ וְאָמַרְתָּ (דברים כו, ה), וַיַּעַן אִיּוֹב (איוב ג, ב) הראשון. גם אתה, ואף על פי שבחיים היית מושל על כלנו, עתה נראה שגם אתה חלית כמונו וקרך מקרה המות כמו שקרה לנו. וחלית מבנין שלא נזכר שם פעלו; כמו, אֲשֶׁר־חִלָּה ה׳ בָּהּ (דברים כט, כא): (יא) **הורד שאול גאונך.** שהיית מתגאה ומדמה בעצמך שאתה כמו אל, לפי שהיית מושל על כל העמים, ועתה נראה שהורד שאול אותו הגאון והנך מת כאחד העם:

**מצודת דוד**

**שבת נוגש.** נתבטל הנוגש לעבוד עבודה: **שבתה.** נתבטלה המדה המוזהבת; רצה לומר, העשירות בעלת מרבית הזהב: (ה) **מטה רשעים.** רצה לומר, העם שהיו מכים באומות כמטה הזה: **שבט וכו׳.** כפל הדבר במילים שונות: (ו) **בעברה.** בחרון אף: **מכת בלתי סרה.** הכה מכה מתמדת שלא תסור מן המוכה: **רודה באף גוים וכו׳.** רצונו לומר, על כי הוא, משל על העובדי כוכבים באף ובחימה שפוכה, לכן היה הוא מורדף מבלי מניעה, כי היה מורדף עד לכלה: (ז) **נחה.** הנה עתה במפלתו שקטה הארץ ואנשים פצחו רנה: (ח) **גם ברושים וכו׳.** הוא משל על השרים והשלטונים: **מאז.** יאמרו בשמחתם, הנה מאז שמת נבוכדנצר לא יעלה עוד הכורת עלינו. ולפי שהמשיל אותם לברושים וארזים אמר לשון הנופל בהם: (ט) **שאול מתחת.** בני שאול אשר מתחת לארץ חרדו לקראת בואך שמה. והוא ענין מליצה והפלגה, כאלו יפחדו ממנו גם שמה: **עורר לך.** השאול הקיץ בעבורך את המתים מן העתודים, הם השרים המנהיגים את העם כעתודים ההולכים בראש העדר, הקים השאול: **הקים.** כל המלכים מכסאותם לצאת לקראתך, וענין מליצה הוא: (י) **כולם יענו.** כולם ירימו קול ויאמרו עליך, גם עתה עם רוב ממשלתך, הנה נעשית חולה במכאובי המיתה ויסורי גיהנם כמונו: (יא) **הורד.** מה שהיית מתגאה עודך חי, הנה הורד הגאוה אל השאול כי הנך כאחד העם:

**מצודת ציון**

(ד) **שבת.** ענין בטול, כמו, רַהַב הֵם שָׁבֶת (לקמן ל, ז): **מדהבה.** תרגום של זהב הוא דהבא, וכן נאמר (בים), אַנְתְּ הוּא רֵאשָׁה דִּי דַהֲבָא (דניאל ב, לז): (ו) **רודה.** ענין ממשלה: **חשך.** ענין מניעה; כמו, וְלֹא חָשַׂכְתָּ (בראשית כב, יב): (ז) **נחה שקטה.** פתרון אחד להם, וכפל המלה בשמות נרדפים; כמו, אַדְמַת עָפָר (דניאל יב, ב) והדומים: **פצחו.** ענין פתחון פה והרמת קול שמחה, וכן, פִּצְחִי רִנָּה וְצַהֲלִי (לקמן נד, א): (ט) **שאול.** גיהנם: **רגזה.** ענין תנועת החרדה: **עורר.** מלשון התעוררות והיקיצה: **רפאים.** כן נקראים המתים כי נרפו ונחלשו על ידי המיתה: (י) **יענו.** ענין הרמת קול; כמו, וְעָנוּ הַלְוִיִּם... קוֹל רָם (דברים כז, יד): **חלית.** מלשון חולה: **נמשלת.** ענין דמיון והשוואה: (יא) **הורד.** מלשון ירידה:

---

**אֵיךְ שָׁבַת נֹגֵשׂ שָׁבְתָה מַדְהֵבָה** — *How has the oppressor come to an end, the arrogance been ended.* The word מַדְהֵבָה means *exceedingly haughty.* The people will wonder how the arrogant and haughty Nebuchadnezzar, king of Babylon,

*The parable about the king of Babylonia*

*How has the oppressor come to an end, the arrogance been ended?* 5 *HASHEM*
*has broken the staff of the wicked, the rod of rulers* 6 *who would strike peoples*
*with fury, with unrelenting blows, who would oppress nations with wrath, [the*
*nations] were pursued [by them] without respite.* 7 *'The entire land is quiet and*
*tranquil,' they broke out in glad song.* 8 *Even the cypresses rejoice over you, O*
*cedars of Lebanon, [saying,] 'From the time that you were laid low, the wood-*
*cutter would not come up against us.'* 9 *The netherworld from below trembles*
*for you to greet your arrival; it has awakened the giants for you, all the leaders*
*of the world, it has aroused all the kings of the land out of their thrones.* 10 *They*
*will all proclaim and say to you, 'You also have been stricken as we were;*
*you are compared to us.'* 11 *Brought down to the netherworld were your pride*

could be defeated (*Rashi*). Alternatively, מַדְהֵבָה is Aramaic for *gold.* It describes the Babylonians, who amassed great wealth by taxing the lands of their vast empire (*Radak*). Indeed, the Talmud interprets the word מַדְהֵבָה homiletically and explains that it is a contraction of the words מְדוֹד וְהָבֵא meaning *measure [your tributes] and give it [to us].*

**5-6.** **שָׁבַר ה׳ מַטֵּה רְשָׁעִים שֵׁבֶט מֹשְׁלִים . . . מֻרְדָּף בְּלִי חָשָׂךְ** — *HASHEM has broken the staff of the wicked, the rod of rulers . . . [the nations] were pursued [by them] without respite.* Isaiah answers the question he raised in the previous verse. God destroyed the Babylonian Empire and struck down its king because they relentlessly pursued nations who did them no harm, and ruthlessly struck them without respite (*Rashi*).

**מַטֵּה . . . שֵׁבֶט . . .** — *The staff . . . the rod . . .* The staff and the rod represent the leadership of the kingdom, for like a shepherd who guides his sheep with his staff and rod, the king guides his flock (*Ibn Ezra*). Alternatively, the staff and rod symbolize the power and dominion of the Babylonian kings (*Radak*).

**7.** **נָחָה שָׁקְטָה כָּל־הָאָרֶץ פָּצְחוּ רִנָּה** — *"The entire land is quiet and tranquil," they broke out in glad song.* Our translation follows *Rashi,* who understands the verse as quoting the actual words of Israel's song. Alternatively, it is all part of the narrative. The prophet foretells that after the Babylonian empire will be overthrown, the entire land will be quiet and tranquil, giving the people an opportunity to break out in joyous song (*Radak*).

**8.** **גַּם בְּרוֹשִׁים שָׂמְחוּ לְךָ אַרְזֵי לְבָנוֹן** — *Even the cypresses rejoice over you, O cedars of Lebanon, [saying,] . . .* The kings who ruled over the defeated nations that were incorporated into the Babylonian Empire are metaphorically described as cypresses and cedars. Although they were treated with respect by their conquerors, they too, will rejoice upon the death of Nebuchadnezzar (*Rashi; Radak*), who is metaphorically described as the woodcutter, because he cut down the sovereignty of the *cypresses and cedars.* Although Nebuchadnezzar was succeeded by Evil Merodach and Belshazzar, to whom the nations would be forced to continue paying tribute, these kings were not as ruthless as Nebuchadnezzar, who would either kill his subjects, imprison them, or force them to perform hard labor [if they were not docile enough to suit him] (*Radak*).

Alternatively, upon the death of Nebuchadnezzar, the actual cypress and cedar trees will rejoice, for no one will again cut them down. Nebuchadnezzar would cut down the trees of the land of Israel either for military purposes (*Ibn Ezra*) or to transplant them to Babylonia (*Mahari Kara*).

**9.** **שְׁאוֹל מִתַּחַת רָגְזָה לְךָ לִקְרַאת בּוֹאֶךָ** — *The netherworld from below trembles for you to greet your arrival.* Isaiah continues to metaphorically describe the power of Nebuchadnezzar and the terror he imposed on his vassals. The living will rejoice at his death, but the dead will tremble, for they now fear that he will oppress them in the netherworld, as it were, just as he had oppressed them in life (*Radak*).

**עוֹרֵר לְךָ רְפָאִים כָּל עַתּוּדֵי אָרֶץ** — *It has awakened the giants for you, all the leaders of the world.* This is to be understood figuratively. The netherworld will awaken the great leaders who have died, and will demand that they come forth and greet Nebuchadnezzar (*Radak*). Our translation of רְפָאִים as *giants* follows *Rashi.* Others translate *the dead,* from the word נִרְפּוּ, *weakened,* for they have been weakened by death (*Metzudos*).

**עַתּוּדֵי אָרֶץ** — *The leaders of the world.* The word עַתּוּדִים, literally *he-goats,* is a metaphor for leaders, because the he-goats are the animals that lead the flock (*Radak*).

**הֵקִים מִכִּסְאוֹתָם כֹּל מַלְכֵי גוֹיִם** — *It has aroused all the kings of the land out of their thrones.* Figuratively, it will be as if the dead kings were alive and were rising from their thrones to greet Nebuchadnezzar (*Radak*). *Ibn Ezra* suggests that it is possible that the Babylonians actually placed thrones in the burial tombs of their kings.

**10.** **כֻּלָּם יַעֲנוּ וְיֹאמְרוּ אֵלֶיךָ גַּם אַתָּה חֻלֵּיתָ כָמוֹנוּ** — *They will all proclaim and say to you, "You also have been stricken as we were . . ."* Were the dead kings to speak (*Ibn Ezra*), they would express wonder and amazement upon seeing that even the powerful Nebuchadnezzar, their despotic ruler in life, has been stricken with death (*Rashi; Radak*).

**11.** **הוּרַד שְׁאוֹל גְּאוֹנֶךָ** — *Brought down to the netherworld were your pride.* The song continues as the dead kings mock Nebuchadnezzar. So exceedingly arrogant was he that he even regarded himself as a god, and now he has joined other "mere" mortals in the netherworld (*Radak*).

יב הֻמִּיַת נִבְלֶיךָ תַּחְתֶּיךָ יֻצַּע רִמָּה וּמְכַסֶּיךָ תּוֹלֵעָה: אֵיךְ נָפַלְתָּ מִשָּׁמַיִם הֵילֵל
יג בֶּן־שָׁחַר נִגְדַּעְתָּ לָאָרֶץ חוֹלֵשׁ עַל־גּוֹיִם: וְאַתָּה אָמַרְתָּ בִלְבָבְךָ הַשָּׁמַיִם אֶעֱלֶה
יד מִמַּעַל לְכוֹכְבֵי־אֵל אָרִים כִּסְאִי וְאֵשֵׁב בְּהַר־מוֹעֵד בְּיַרְכְּתֵי צָפוֹן: אֶעֱלֶה
טו־טז עַל־בָּמֳתֵי עָב אֶדַּמֶּה לְעֶלְיוֹן: אַךְ אֶל־שְׁאוֹל תּוּרָד אֶל־יַרְכְּתֵי־בוֹר: רֹאֶיךָ
אֵלֶיךָ יַשְׁגִּיחוּ אֵלֶיךָ יִתְבּוֹנָנוּ הֲזֶה הָאִישׁ מַרְגִּיז הָאָרֶץ מַרְעִישׁ מַמְלָכוֹת:
יז־יח שָׂם תֵּבֵל כַּמִּדְבָּר וְעָרָיו הָרָס אֲסִירָיו לֹא־פָתַח בָּיְתָה: כָּל־מַלְכֵי גוֹיִם כֻּלָּם

## רש"י

**(יא) המית נבליך.** נבלים וכנורות שהיו מזמרים לפניך. ויש לפתור המית נבליך, המית בני נבל עושי נבלה שבחיילותיך. ומדומה אני שבמסורה הגדולה חיבר את זה, וְזִמְרַת נְבָלֶיךָ (עמוס ה, כג) באלף בית של שני לשונות: **(יב) הילל בן שחר.** כוכב הנוגה המאיר אור ככוכב הבוקר. זו הקינה על שרה של בבל נאמרה, שיפול משמים: **נגדעת לארץ.** אתה נבוכדנצר שהיית חולש על גוים, מטיל גורל עליהם על המלכים מי מהם ישרתך ביום פלוני, ומי ביום פלוני. ורבותינו דרשוהו (שבת קמט ב), שהיה מטיל גורל על המלכים וכו': **(יג) ממעל לכוכבי אל.** ישראל: **בהר מועד.** הר שהכל מתועדים שם, הוא הר ציון: **בירכתי צפון.** בעזרה, מקום שנבחר בו ירך הצפוני; כענין שנאמר, עַל יֶרֶךְ הַמִּזְבֵּחַ צָפֹנָה (ויקרא א, יא): **(יד) אעלה על במתי עב.** איני כדאי לדור עם בני אדם, אעשה לי עב קטנה באויר ואשב בה. יונתן תרגם אֶסַּק עִלָּוֵי כָּל עַמָּא: **(טז) ישגיחו.** יביטו דרך חורין וחרכין, אבוט"ר בלע"ז: **יתבוננו.** פורופנסי"ר בלע"ז: **(יז) לא פתח ביתה.** לא פתח להם בית אסוריהם להוציאם כל ימי חייהם, לפוטרם ללכת לביתם. כל תיבה שצריכה למ"ד בתחלתה, הטיל לה ה"א בסופה:

## רד"ק

**המית נבליך.** שהיה נשמע בביתך קול המיית נבלים וכנורות, ועתה הורד שאול עמך, כי פסקו אותם השמחות: **תחתיך.** ועתה הנה תחת המצעים היקרים והמכסים הנכבדים שהיו לך בחייך, עתה במותך הם רמה ותולעה. ואמר יצע ומכסיך שהוא לשון זכר, ואף על פי שרמה ותולעה לשון נקבה? לפי שרמה ותולעה הוא דרך כלל על רבים מן התולעים, וכשידבר דרך כלל, ידבר פעמים לשון זכר ופעמים לשון נקבה; כמו, וּמְכַסֶּיךָ תּוֹלֵעָה לשון זכר, וְרִמָּה תְּכַסֶּה עֲלֵיהֶם (איוב כא, כו) לשון נקבה, וכן, וַתְּהִי הַכִּנָּם (שמות ח, יג), וַתַּעַל הַצְּפַרְדֵּעַ (שם ב): **(יב) איך נפלת.** כי היית בחייך כמו כוכב השמים, ולא כל כוכב אלא כוכב המגיה אורו הרבה, והוא כוכב השחר; והוא הנקרא הילל, מענין, בְּהִלּוֹ נֵרוֹ עֲלֵי רֹאשִׁי (איוב כט, ג). ועתה איך נפלת משמים לארץ ונגדעת, והנה בחייך היית חולש על גוים, ועתה נחלשת ונגדעת: **חולש.** כמו, וַיַּחֲלֹשׁ יְהוֹשֻׁעַ (שמות יז, יג). ועל במקום בי"ת השמוש, כאלו אמר חולש בגוים, וכתרגום יונתן. וכמו זה, וְעַל־חַרְבְּךָ תִחְיֶה (בראשית כז, מ), כמו בחרבך, וְנָתַתָּ אוֹתָם עַל סַל אֶחָד (שמות כט, ג), כמו בסל. ורבותינו זכרונם לברכה פירשו כי חולש מפיל גורל, כמו שאמר (שבת קמח, ב), מטילים חלשים על הקדשים ביום טוב אבל לא על המנות, ואמר מאי משמע דהאי חלשים לישנא דפזריא היא? דכתיב חולש על גוים. והוא שאמר (ילקוט שמעוני יחזקאל פרק כא, רמז שסא), כי עמד מלך בבל על אם הדרך וגו', ואמר קלקל בחצים שאל בתרפים ראה בכבד. ואמר בימינו היה הקסם בירושלם הנה שהיה מפיל גורלות באיזה עם ילחם כי כלם היו לפניו לעשות בהם כרצונו, ובבואו ירושלם הטיל גורל אם ילך לרבת בני עמון או לירושלם: **(יג) ואתה אמרת.** בחייך היית חושב בלבבך מרוב הצלחה שהיה לך, היית חושב, השמים אעלה, דרך משל כלומר, למעלה מכל בני אדם, וכן תרגם יונתן, לְרוּמָא אֶסַּק: **ממעל לכוכבי אל.** ועוד ארים יותר גבוה מכל הכוכבים. על דרך משל, דמה ישראל לכוכבי אל, ויפה פירש: **ואשב בהר מועד בירכתי צפון.** הר מועד הוא הר ציון, לפי שהיו נועדים שם כל ישראל תמיד נקרא הר מועד. ואמר ירכתי צפון כי ציון לצפון ירושלם. וכן אמר, הַר צִיּוֹן יַרְכְּתֵי צָפוֹן (תהלים מח, ג); כלומר, התפאר בעצמו שיכבוש ירושלם וישים כסאו בה. ואדוני אבי זכרונו לברכה פירש, הר מועד בירכתי צפון — בבל. אמר, כשאשב הר מועד בירכתי צפון, אני חושב בעצמי כי ממעל לכוכבי אל ארים כסאי. וקורא בבל הר מועד לפי שכל העולם היו נועדים שם אל מלך בבל. וקראה הר לפי שהיתה עיר חזקה. וכן קראוה ירכתי צפון כי היא צפונית מזרחית לישוב העולם: **(יד) אעלם.** כפל הענין לחזק ובמתי עב רצונו לומר, השמים, שהם ממעל לעבים: **אדמה.** מבנין התפעל ומשפטו אתדמה: **(טו) אך אל שאול.** תחת ממעל לכוכבי אל שהיית חושב, תורד אל שאול, ותחת ירכתי צפון, תורד אל ירכתי בור, ובור הוא הקבר: **(טז) רואיך.** במותך אליך ישגיחו, וההשגחה היא דקות הראות: **(יז) שם תבל.** גם זה מדברי המתבוננים בו. ויאמרו, הזה הוא ששם תבל כמדבר? ותבל הוא שם לארץ המיושבת: **לא פתח ביתה.** לא פתח להם בית הסהר לעולם. כיון שנתנם בבית האסורים לא הוציאם עוד משם:

## מצודת דוד

**המית נבליך.** קול המית נבלים וכלי נגון שהיה נשמע בביתך, הנה גם היא ירדה שאולה, כי פסקו אותן השמחות: **תחתיך.** הרמה היה לך למצע, והתולעה למכסה ממעל: **(יב) משמים.** רצונו לומר, מרום המעלה והממשלה: **הילל בן שחר.** אתה נבוכדנצר; אשר היית דומה לכוכב הבוקר המאיר ביותר: **נגדעת.** נכרתה לנפול בארץ. אתה המטיל גורלות על האומות על מי ילך להלחם, כמו שכתוב, כִּי־עָמַד מֶלֶךְ בָּבֶל וכו', לִקְסָם קָסֶם וכו' (יחזקאל כא, כו): **(יג) השמים אעלה.** רצה לומר, אעלה במעלה רמה למשול על כולם עד ימי עולם: **ממעל וכו'.** כפל הדבר במילים שונות: **בהר מועד.** הוא הר ציון, כי שם היו נועדים כל ישראל והשכינה עמהם: **ירכתי צפון.** היא ציון שעמדה בצד צפון ירושלים, וכפל הדבר במילים שונות: **(יד) על במתי עב.** על גבהי העב: **אדמה לעליון.** להיות כמוהו, לשבת מופרד מבני אדם. והוא ענין מליצה על מרבית הגאוה שהיה לו: **(טו) אך.** כלפי שאמר אעלה על במתי עב אמר לא כן יהיה, אך תורד לשאול ולתחתית הבור: **(טז) רואיך.** הרואים אותך בשאול יביטו אליך ויתבוננו להסתכל אליך בכונת הלב, ויאמרו, היתכן שזהו האיש אשר היה מרגיז הארץ בחייו?: **(יז) שם תבל.** מקום המיושב שם, לשממה כמדבר: **ועריו.** אף ערי עצמו הרס בעברתו: **לא פתח ביתה.** לא התיר אסיריו ללכת לביתם:

## מצודת ציון

**המית.** מלשון המיה ושאון: **נבליך.** שם כלי זמר נבל: **יצע.** מלשון מצע המשכב: **(יב) הילל.** ענין הארה ונוגה; כמו, בְּהִלּוֹ נֵרוֹ (איוב כט, ג). ויקרא כן כוכב השחר על כי הוא המאיר ביותר: **נגדעת.** ענין כריתה; כמו, שִׁקְמִים גֻּדָּעוּ (לעיל ט, ט): **חולש.** ענין גורל ובדברי רבותינו זכרונם לברכה, ומטילין חלשים על הקדשים ביום טוב (שבת קמח, ב): **(יג) מועד.** מלשון ועד ואסיפה; כמו, הִנֵּה הַמְּלָכִים נוֹעֲדוּ (תהלים מח, ה): **בירכתי.** ענינו צד ועבר, וכן, יֶרֶךְ הַמִּזְבֵּחַ (ויקרא א, יא): **(יד) במתי.** גבהי, וכן, עַל בָּמוֹתֵימוֹ תִדְרֹךְ (דברים לג, כט): **עב.** ענן: **אדמה.** מלשון דמיון: **(טו) ירכתי.** ענינו סוף ותחתית; וכן, וְיַרְכָתוֹ עַל צִידֹן (בראשית מט, יג): **(טז) ישגיחו.** ענין הבטה בכונת הלב: **יתבוננו.** ענין הסתכלות בעיון רב; כמו, וָאֶתְבּוֹנֵן אֵלָיו בַּבֹּקֶר (מלכים־א ג, כא): **מרגיז.** ענין תנועת הרעדה: **(יז) תבל.** כן נקרא מקום הישוב: **ביתה.** הה"א בסופה במקום למ"ד בתחלתה:

*and the tumult of your stringed instruments; maggots are spread out under*
*you and worms are your covers.* 12 *How have you fallen from the heavens, O*
*glowing morning star; you have been cut down to the ground, O conqueror of*
*nations.* 13 *You had said in your heart, 'I will ascend to the heavens; higher than*
*the stars of God I shall raise my throne; I will sit at the Mountain of Meeting, on*
*the northern side;* 14 *I will ascend over the tops of the clouds; I will liken myself to*
*the Most High!'* 15 *But to the netherworld have you been lowered, to the bottom*
*of the pit!* 16 *Those who see you will take note, they will contemplate you care-*
*fully; 'Is this the man who made the land tremble, who made kingdoms quake;*
17 *who made the world like a wilderness and tore down its cities; who never*
*released his captives to go home?'* 18 *All the kings of the nations, all of them,*

---

**הֶמְיַת נְבָלֶיךָ** — *And the tumult of your stringed instruments.* The sound of his stringed instruments are silenced further. Unlike other kings, who are remembered and glorified in song even after their death, no one will sing about Nebuchadnezzar, because his cruelty overshadowed his glory (*Malbim*).

**תַּחְתֶּיךָ יֻצַּע רִמָּה וּמְכַסֶּיךָ תּוֹלֵעָה** — *Maggots are spread out under you and worms are your covers.* Instead of the fine linen and luxurious bedding that he was pampered with during his lifetime, maggots and worms will swarm over his body (*Radak*).

**12. אֵיךְ נָפַלְתָּ מִשָּׁמַיִם הֵילֵל בֶּן שָׁחַר** — *How have you fallen from the heavens, O glowing morning star.* The wonder and amazement at Nebuchadnezzar's degradation continues. The great monarch, who was compared to the morning star, the brightest star in the heavens, has been struck down. It is as if the star has fallen from heaven to earth (*Radak*).

**נִגְדַּעְתָּ לָאָרֶץ חוֹלֵשׁ עַל גּוֹיִם** — *You have been cut down to the ground, O conqueror of nations.* Our translation follows *Ibn Ezra, Mahari Kara,* and *Radak*. Others translate, *O you who has cast lots.* Nebuchadnezzar was so powerful that he would not take the strength of his opponents' armies into account. He would merely cast lots to choose the nation that he would attack, and no one would have the power to resist. This powerful king has been cut down and has fallen to the ground (*Metzudos*).

**13. וְאַתָּה אָמַרְתָּ בִלְבָבְךָ הַשָּׁמַיִם אֶעֱלֶה** — *You had said in your heart, "I will ascend to the heavens . . ."* In his arrogance, Nebuchadnezzar thought that he would be as impregnable to opposition as if he were ruling from the heavens (*Radak*).

**מִמַּעַל לְכוֹכְבֵי־אֵל אָרִים כִּסְאִי** — *Higher than the stars of God I shall raise my throne.* The *stars of God* is a metaphor for the Jewish people (*Targum Yonasan*). Nebuchadnezzar thought that he would be greater than God's people.

**וְאֵשֵׁב בְּהַר־מוֹעֵד בְּיַרְכְּתֵי צָפוֹן** — *I will sit at the Mountain of Meeting, on the northern side.* Nebuchadnezzar wished to conquer Jerusalem and place his throne at the *Mountain of Meeting,* i.e., Mount Zion, the Temple Mount, where all of Israel assembles and meets. The Temple area was in the northern side of Jerusalem, for at that time, the inhabited section of the city was south of the Temple (*Me'am Loez*).

Alternatively, the *northern side* refers to Babylonia, because it was the country that was at the northeast extremity of the civilized world. Although Babylonia was a flat plain, the prophet figuratively refers to it as a mountain to convey an impression of strength and power (*Yosef Kimchi*).

**14. אֶעֱלֶה עַל־בָּמֳתֵי עָב אֶדַּמֶּה לְעֶלְיוֹן** — *I will ascend over the tops of clouds; I will liken myself to the Most High.* The arrogant Nebuchadnezzar felt that he could not dwell among mortal men and figuratively wished to dwell alone, above the clouds, as does the *Most High* (*Metzudos*). Alternatively, the king thought he would make a small cloud and dwell there (*Rashi*).

The Sages contrast the arrogance of non-Jewish evildoers with the humility of the great men of Israel. Abraham said, "I am dust and ash" (*Genesis* 18:27), and Moses and Aaron said, "What are we" (*Exodus* 16:7). Nebuchadnezzar said, "I will liken myself to the Most High. Sennacherib said, "Who among all the gods of the lands saved their land from my hand" (*Isaiah* 36:20). Hiram said, "I am a god" (*Ezekiel* 28:2).

**15. אַךְ אֶל שְׁאוֹל תּוּרָד אֶל־יַרְכְּתֵי־בוֹר** — *But to the netherworld have you been lowered, to the bottom of the pit.* Nebuchadnezzar, who had wished to dwell above the clouds, will instead find himself in the depths of the netherworld (*Radak*). He serves as an example for all those who are haughty and arrogant and have grandiose beliefs about themselves, for they, too, will fall to the ground (*Daas Sofrim*).

**רֹאֶיךָ אֵלֶיךָ יַשְׁגִּיחוּ אֵלֶיךָ יִתְבּוֹנָנוּ** — *Those who see you will take note, they will contemplate you carefully.* Those who will see Nebuchadnezzar in death will stare in utter amazement and wonder if this mortal is really the very same one who had caused the earth to tremble and kingdoms to quake (*Metzudos*).

**17. שָׂם תֵּבֵל כַּמִּדְבָּר וְעָרָיו הָרָס** — *Who made the world like a wilderness and tore down its cities.* Is this the same one who had turned the world into a wilderness and even destroyed his very own cities (*Metzudos*), and in his anger, did not release any prisoner from his place of detention?

**18-19.** The prophet contrasts the dignified burial that other kings were given by their subjects with the indignities that will surround Nebuchadnezzar.

יט שָׁכְבוּ בְכָבוֹד אִישׁ בְּבֵיתוֹ: וְאַתָּה הָשְׁלַכְתָּ מִקִּבְרְךָ כְּנֵצֶר נִתְעָב לְבוּשׁ הֲרֻגִים
כ מְטֹעֲנֵי חָרֶב יוֹרְדֵי אֶל־אַבְנֵי־בוֹר כְּפֶגֶר מוּבָס: לֹא־תֵחַד אִתָּם בִּקְבוּרָה כִּי־אַרְצְךָ
כא שִׁחַתָּ עַמְּךָ הָרָגְתָּ לֹא־יִקָּרֵא לְעוֹלָם זֶרַע מְרֵעִים: הָכִינוּ לְבָנָיו מַטְבֵּחַ בַּעֲוֹן אֲבוֹתָם
כב בַּל־יָקֻמוּ וְיָרְשׁוּ אָרֶץ וּמָלְאוּ פְנֵי־תֵבֵל עָרִים: וְקַמְתִּי עֲלֵיהֶם נְאֻם יְהוָה צְבָאוֹת
כג וְהִכְרַתִּי לְבָבֶל שֵׁם וּשְׁאָר וְנִין וָנֶכֶד נְאֻם־יְהוָה: וְשַׂמְתִּיהָ לְמוֹרַשׁ קִפֹּד וְאַגְמֵי־מָיִם

## רש"י

**(יח) איש בביתו.** בקברו, וכן תרגם יונתן, בְּבֵית עַלְמֵיהּ: **(יט) כנצר נתעב.** כיונק אילן הנתעב בעיני בעליו, שחופר ומשרש ומוליאו, כך הושלכת מקברך. אמרו חכמים (ויקרא רבה יח, ב), כשנעשה בהמה וחיה שבע שנים, המליכו עם הארץ את אויל מרודך, וכשחזר למלכותו נטלו וחבשו בבית האסורין עד יום מותו. כשמת, הוליאו אויל מרודך מבית הסוהר להמליכו ולא קבל עליו. אמר, אם ישוב למלכותו יהרגני. אמרו לו, מת ונקבר; ולא האמין עד שהוליאוהו מקברו: **לבוש הרוגים מטועני חרב.** בלבוש מלוכלך כמו לבוש הרוגים: **מטועני חרב.** מדוקרי רמחים. מדוקר בלשון ערבי מוטען: **יורדי אל אבני בור.** אל עמקי בור, מקום שהאבנים גוללים, שם ירדת: **כפגר מובס.** תרגם יונתן, מְדַשְּׁדַשׁ, כמו, נָבוּס קָמֵינוּ (תהלים מד, ו), וְעַל הָרַי אֲבוּסֶנּוּ (לקמן פסוק כה), מִתְבּוֹסֶסֶת בְּדָמָיִךְ (יחזקאל טז, ו), הנדוש כְּטִיט חוּצוֹת (מיכה ז, י): **(כ) לא תחד אתם בקבורה.** לא תשוה לשאר מלכים לנוח בקברך: **כי ארצך שחת.** ברוב עבודה, ועמך הרגת חנם, כמו שמפורש בדניאל, וַאֲמַר לְהוֹבָדָה לְכֹל חַכִּימֵי בָבֶל (דניאל ב, יב). לכך שנאוך ונהגו בך בזיון להשליכך מקברך: **לא יקרא לעולם זרע מרעים.** ואף בניך ילקו בעוניך ולא יתקיימו אחריך ימים רבים, כי יתחברו עליהם שונאיך וישחיתום, ויאמרו זה לזה: **(כא) הכינו לבניו מטבח.** לבל יקומו וירשו ארץ, ותמלא הארץ שונאים ומציקים. וכן תרגם יונתן, בְּעֵיל דְּבָבוּ כמו, וַיְהִי עָרֶךָ (שמואל־א כח, טז). ועוד יש לפתור ומלאו פני תבל ערים; כלפי שאמרנו למעלה (פסוק יז), שָׂם תֵּבֵל כַּמִּדְבָּר וְעָרָיו הָרָס; חזר ואמר וכלה זרעו, ויחזרו יושבי הערים למקומן ומלאו פני תבל עיירות: **(כב) ושאר.** שארית: **נין.** בן מושל במלכות אביו: **ונכד.** בן הבן, נין זה בלשצר. ונכד זו ושתי (פתיחתא דאסתר רבה, יב): **(כג) קפוד.** הריצו"ן בלע"ז:

## רד"ק

**(יח) כל מלכי. . . איש בביתו.** פירוש איש בקברו וכן תרגם יונתן: **(יט) ואתה השלכת מקברך.** אמרו (ויקרא רבה יח, ב), בשעה שנטרד נבוכדנצר והיה עם החיות שבעה שנים, ועם הארץ המליכו אויל מרודך בנו. וכאשר שב נבוכדנצר לדעתו ושב אל היכלו אל בבל, ומצא בנו יושב על כסאו, נתנו בבית האסורים ולא יצא משם עד שמת נבוכדנצר, והוציאוהו העם להמליכו והוא לא רצה למלוך. אמר, איני מאמין שמת, ואם יבא כמו שבא בפעם אחרת וימצאני, יהרגני. הוציאו אותו מקברו והראו לו שמת. על זה נאמר, ואתה השלכת מקברך. נוסח אחר בתרגום, שתרגם שכבו בכבוד איש בביתו, אִתְכַּנְשׁוּ בִּיקָר גְּבַר בְּבֵיתֵיהּ. ותרגם ואתה השלכת מקברך, וְאַתְּ אִתְרְכֵיתְנָא מִקִּבְרָךְ, וזה נוטה לדרך הפשט יותר. ויתפרש איש בביתו כמשמעו, כלומר, כל המלכים נחו בביתם בהיכליהם, ואתה השלכת מקברך, מביתך שהיית חושב שתהיה בו לזמן רב; כמו שאדם בקבר והשלכת מתוכו. כלומר שרוח רעה שעברה עליך מאת האל השליכה אותך מביתך, והלכת לדור בין החיות: **ונצר נתעב.** כשנוטע אדם נטועים ויש ביניהם שאינו מצליח עוקר אותו משרשיו ומשליכו, וכן לבוש הרוגים שהוא מלוכלך בדם משליך אדם אותו; כי כיון שהוא לבוש הרוג אין אדם חושש בו לרחצו וללבשו, כי אין דרך בני אדם ללבשו כיון שהוא מהרוג, ועוד שהוא מנוקב מדקרות החרב: **מטועני חרב.** הוא הרוגים, וכפל הענין במילים שונות לחזק הענין. ופירוש מטועני, מדוקרים. וכן פירש אדוני אבי זכרונו לברכה, טַעֲנוּ אֶת בְּעִירְכֶם (בראשית מה, יז), ודמהו ללשון הערב: **יורדי אל אבני בור.** אמר על המלבושים, ואף על פי שאמר לבוש בלשון יחיד הרבה כמוהו במקרא. אמר כי מלבושי ההרוגים מושלכים ויורדים אל אבני בור כמו ההרוג, והוא פגר מובס ונרמס בין הרוגיו; וכן השלכת אתה כמו אותם הלבושים. ואמר אבני בור בעבור הקבר שבונין בתוכו באבנים סביב הנקבר, והוא הנקרא בלשון משנה, (אהלות ב, ד) דופק: **(כ) לא תחד אתם.** לא תתיחד עם מלכי גוים בקבורה, כלומר לא תהיה שוה להם במותך ויקברוך. כי לשאר מלכים יעשו כבוד גדול בקברם אותם ושורפים עליהם וחונטים אותם, אבל לך לא יעשו עמך כבוד אלא שתקבר כאחד העם. ולמה? כי ארצך שחת, פירוש בכובד המס שהית מטיל עליהם, עמך הרגת מרוב אימה שהיה מטיל עליהם, עד שבחטא קל היה הורג אנשיו. כי הנה חכמי ארצו הרג על שלא ידעו להגיד לו חלומו ופתרונו, וזה אכזריות גדולה. לפיכך שמחו כל עמו במותו ולא עשו לו כבוד בקבורתו כמו שעושים לשאר מלכים: **לא יקרא לעולם זרע מרעים.** בניו שהם זרע מרעים לא יקרא לזמן רב בן פלוני, כי במהרה יכרת זרעו; כי במות בלשצר בן בנו נכרת זרעו מכל וכל: **(כא) הכינו לבניו.** שיהרגו אותם, וזה בעון אבותם; ויש לכם לירא שיהיו הבנים כמו האבות רעים, לפיכך הרגו אותם שלא יקומו וירשו ארץ: **ומלאו פני תבל ערים.** אם הם יקומו, ימלאו פני תבל שונאים וערים, לפיכך השמרו שלא יקומו: **ערים.** שונאים; כמו, וַיְהִי עָרֶךָ (שמואל־א כח, טז). וכן בלשון ארמי, וּפִשְׁרֵהּ לְעָרָךְ (דניאל ד, טז), וכן תרגם יונתן. ויש לפרש ערים כמשמעו, ויתפרש כך, אם הם לא יקימו ויירשו, ימלא פני תבל ערים וירבה הישוב, כי הם היו כובשים הערים ומחריבים הישוב: **(כב) וקמתי עליהם.** כלומר אתעורר עליהם להכריתם, לבבל. פירוש, למלך בבל.

## מצודת דוד

**(יח) איש בביתו.** כל אחד שכב בכבוד בקברו: **(יט) ואתה.** אבל אתה נשלכת מקברך, כמו שעוקרין ענף המחוטב לזרקו להלן. כי אמרו רבותינו זכרונם לברכה (ויקרא רבה יח, ב), בשעה שנטרד נבוכדנצר לשבעה שנים עם החיות, המליכו עם הארץ את אויל מרודך בנו. וכשחזר למלכותו נטלו וחבשו בבית האסורים עד יום מותו. כשמת הוציאו את אויל מרודך להמליכו ולא קבל. אמר, אם ישוב למלכותו יהרגני. ולא האמין שמת עד שהוציאוהו מקברו: **לבוש הרוגים.** בלבוש מלוכלך כמו לבוש הרוגים מדוקרי חרב מרוב הלכלוך: **יורדי אל אבני בור.** רצונו לומר אשר מרוב הלכלוך יורדים במלבושים כאלה בעמקי הבור, כגוף הפגר הנרמס. כי לגודל המאוס לא יפשטו המלבושים מעליהם. ואמר שבמלבוש כזה יגררו פגר נבוכדנצר ללעג ולקלס: **(כ) לא תחד.** לא תהיה כאחד, להיות שוה למלכי העובדי כוכבים בדבר הקבורה לנוח בכבוד: **כי ארצך שחת.** ולזה פחד מאד עד שהוציאוהו מקברו: **עמך הרגת.** כמו שכתוב, וַאֲמַר לְהוֹבָדָה לְכֹל חַכִּימֵי בָבֶל (דניאל ב, יב): **לא יקרא וכו'.** בניו שהם זרע מרעים, לא יקרא לזמן רב לומר, אלו מזרע נבוכדנצר, כי במהרה יכרת זרעו: **(כא) הכינו.** האומות יאמרו זה לזה, הכינו מטבח לבני נבוכדנצר: **בל יקומו.** לרשת הארץ: **ומלאו.** ואז כשיוכרת זרעו, ימלאו פני תבל ערים. ולפי שאמר למעלה ועריו הרס, לכן אמר שמעתה ימלאו ערים: **(כב) וקמתי.** אקים להפרע מהם: **שם ושאר וכו'.** לא ישאר מה משלו להיות שמו נזכר עליו, ולא ישאר מי משאר בשרו ,ולא בן ולא בן הבן: **(כג) ושמתיה.** אשים את בבל להיות למורשה לקפוד ואגמי מים, כי שמה תדור הקפוד ושם יהיו אגמי מים, כדרך המקומות החריבות:

## מצודת ציון

**(יט) כנצר.** כענף, וכן, וְנֵצֶר מִשָּׁרָשָׁיו יִפְרֶה (לעיל יא, א): **מטעני חרב.** מדוקרי חרב, והוא לשון ערבי: **אבני בור.** עומק הבור, מקום שהאבנים צוללים ויורדים: **כפגר.** כן נקרא גוף ההרוג; וכן, רַב הַפֶּגֶר (עמוס ח, ג): **מובס.** נרמס ונדרס; כמו, יָבוּס צָרֵינוּ (תהלים ס, יג): **(כ) תחד.** מלשון חד ואחד: **(כא) מטבח.** מקום טבחה: **(כב) ושאר.** ענינו קרוב; כמו, שְׁאֵר בְּשָׂרוֹ (ויקרא יח, ו): **ונין.** הוא בן: **ונכד.** הוא בן הבן; וכן, אִם תִּשְׁקֹר לִי וּלְנִינִי וּלְנֶכְדִּי (בראשית כא, כג): **(כג) למורש.** מלשון ירושה: **קפוד.** שם עוף מדברי: **ואגמי מים.** כן נקרא מקום קבוצת המים; וכן, לַאֲגַם מַיִם (תהלים קז, לד):

*lie in honor, each in his place,* 19 *but you have been flung from your grave like*
*a detested tree shoot; like the garment of corpses pierced by the sword, which*
*are lowered into the stones of the pit, like a trampled carcass.* 20 *You will not join*
*them in burial, for you have destroyed your land and killed your people; your*
*evil offspring will not be called [by your name] for long.* 21 *Prepare a slaughter for*
*his sons for their father's iniquities; let them not arise and inherit the land, lest*
*the world become full of enemies.*
22 *I will rise up against them — the word of* H*ASHEM*, *Master of Legions — and I*
*will cut off for Babylonia name and remnant, child and grandchild — the word of*
H*ASHEM.* 23 *And I will make it an inheritance for the hedgehog and marshes of water,*

**רד"ק**

ואמר לבבל, כי בהכרת זרעו של מלך נכרתה ונחרבה בבל, או פירוש לבבל ,ליושבי בבל, כי כולם ימותו בחרב, אבות ובנים יחדו: **שם ושאר.** הכרתת השם הוא, שלא ישאר לו דבר שזכר שמו עליו. או יהיה ושאר קרוב; כמו, אִישׁ אִישׁ אֶל כָּל שְׁאֵר בְּשָׂרוֹ (ויקרא יח, ו). ואם זה בקמץ, זה בציר"י: **נין.** הוא הבן: **ונכד.** הוא בן הבן, וכן תרגם יונתן, בַּר וּבַר בַּר: **(כג) ושמתיה למורש קפוד.** כמו שאמר בחרבן אדום, וִירֵשׁוּהָ קָאַת וְקִפּוֹד (לקמן לד, יא).

**כָּל מַלְכֵי גוֹיִם כֻּלָּם שָׁכְבוּ בְכָבוֹד . . . וְאַתָּה הָשְׁלַכְתָּ מִקִּבְרְךָ** — *All the kings of the nations, all of them, lie in honor . . . but you have been flung from your grave.* Whereas all kings lay undisturbed and rest peacefully in their grave, Nebuchadnezzar's body will be exhumed, uprooted like a detested tree shoot and desecrated by his own people. Once before, Nebuchadnezzar had been forced from the throne when God transformed him into an animal for seven years. During those years, the people appointed Evil Merodach to be acting king. When God restored Nebuchadnezzar to his senses and the throne, he imprisoned Evil Merodach for having the gall to replace him. Now that the king was dead and buried, Evil Merodach wanted to make sure there would not be a repeat performance. He refused to assume the throne without proof of his father's death for he feared that Nebuchadnezzar might return and kill him. He therefore had his father's body exhumed to make sure that he was dead (see *Vayikra Rabbah* 18:2 and *Tanchuma Tazria* §8).

**לְבוּשׁ הֲרֻגִים מְטֹעֲנֵי חָרֶב** — *Like the garment of corpses pierced by the sword.* Nebuchadnezzar's corpse will be removed from its grave and discarded like the torn and filthy garments of corpses pierced by the sword (*Radak*).

**יוֹרְדֵי אֶל־אַבְנֵי־בוֹר** — *Which are lowered into the stones of the pit.* The bottom of the pit (*Rashi*). Nebuchadnezzar's corpse will be disgraced, for like bloodstained clothes, it will be thrown to the bottom of the pit and discarded, as one discards a trampled carcass (*Radak*).

**20. לֹא־תֵחַד אִתָּם בִּקְבוּרָה כִּי־אַרְצְךָ שִׁחַתָּ עַמְּךָ הָרָגְתָּ** — *You will not join them in burial, for you have destroyed your land and killed your people.* The reason that Nebuchadnezzar will not be given a royal burial with the dignity and honors becoming a king is because he was excessively cruel. He caused people to suffer terribly by mercilessly taxing them and would brutally murder them for the slightest cause. His people were therefore more than happy to see him dead (*Radak*).

**לֹא־יִקָּרֵא לְעוֹלָם זֶרַע מְרֵעִים** — *Your evil offspring will not be called [by your name] for long.* Because his offspring will follow in his evil ways, they will be completely wiped out so that no one will be able to say, "This is a descendant of Nebuchadnezzar" (*Metzudos*).

**21. הָכִינוּ לְבָנָיו מַטְבֵּחַ בַּעֲוֹן אֲבוֹתָם** — *Prepare a slaughter for his sons for their father's iniquities.* The nations will therefore urge one another to prepare for a violent attack against the sons of Nebuchadnezzar, because they must be prevented from ruling (*Metzudos*).

**וּמָלְאוּ פְנֵי תֵבֵל עָרִים** — *Lest the world become full of enemies.* The word עָרִים can be translated either as *enemies* or *cities.* If the evil sons of Nebuchadnezzar will rule, then the land will be filled with enemies who will further oppress the people. Alternatively, if they are indeed wiped out, then the cities that had been destroyed by their father will be rebuilt and resettled (*Rashi; Radak*).

**22. וְקַמְתִּי עֲלֵיהֶם נְאֻם ה' צְבָאוֹת** — *I will rise up against them — the word of* H*ASHEM, Master of Legions.* The language of the prophecy changes so that it now appears as if God Himself will destroy the Babylonian Empire. He wishes to emphasize that although it is the Persians and Medes who will conquer Babylonia, they are only His agents and it is only through His intervention that they will succeed (*Abarbanel*).

**וְהִכְרַתִּי לְבָבֶל** — *And I will cut off for Babylonia.* I will remove from the *king* of Babylonia *name and remnant* . . . for when the royal family will be cut down and no remnant of it will remain, the country will be destroyed. Alternatively, *Babylonia* refers to the people of Babylonia because they too will be slain together with their descendants, when the Persians and Medes will attack (*Radak*).

**שֵׁם וּשְׁאָר נִין וָנֶכֶד** — *Name and remnant, child and grandchild.* No remnant of Babylonia will remain — nothing that carries its name (*Radak*) — for even their coins will be destroyed (*Mahari Kara*). The *child* refers to Belshazzar, and the *grandchild* is Vashti (*Rashi*) — the queen of Ahasuerus in the Book of *Esther* — for she was the last descendant of the royal dynasty of Babylonia. Upon her death, the dynasty will be totally destroyed.

**23. וְשַׂמְתִּיהָ לְמוֹרַשׁ קִפֹּד וְאַגְמֵי־מָיִם** — *And I will make it an inheritance for the hedgehog and marshes of water.* Babylonia

כד וְטֵאטֵאתִ֖יהָ בְּמַטְאֲטֵ֣א הַשְׁמֵ֑ד נְאֻ֖ם יְהוָ֥ה צְבָאֽוֹת׃ נִשְׁבַּ֛ע יְהוָ֥ה
צְבָא֖וֹת לֵאמֹ֑ר אִם־לֹ֗א כַּאֲשֶׁ֤ר דִּמִּ֙יתִי֙ כֵּ֣ן הָיָ֔תָה וְכַאֲשֶׁ֥ר יָעַ֖צְתִּי הִ֥יא תָקֽוּם׃
כה לִשְׁבֹּ֤ר אַשּׁוּר֙ בְּאַרְצִ֔י וְעַל־הָרַ֖י אֲבוּסֶ֑נּוּ וְסָ֤ר מֵֽעֲלֵיהֶם֙ עֻלּ֔וֹ וְסֻבֳּל֖וֹ מֵעַ֥ל שִׁכְמ֖וֹ
כו יָסֽוּר׃ זֹ֛את הָעֵצָ֥ה הַיְּעוּצָ֖ה עַל־כָּל־הָאָ֑רֶץ וְזֹ֛את הַיָּ֥ד הַנְּטוּיָ֖ה עַל־כָּל־הַגּוֹיִֽם׃
כז־כח כִּֽי־יְהוָ֧ה צְבָא֛וֹת יָעָ֖ץ וּמִ֣י יָפֵ֑ר וְיָד֥וֹ הַנְּטוּיָ֖ה וּמִ֥י יְשִׁיבֶֽנָּה׃ בִּשְׁנַת־מ֖וֹת
כט הַמֶּ֣לֶךְ אָחָ֑ז הָיָ֖ה הַמַּשָּׂ֥א הַזֶּֽה׃ אַל־תִּשְׂמְחִ֤י פְלֶ֙שֶׁת֙ כֻּלֵּ֔ךְ כִּ֥י נִשְׁבַּ֖ר שֵׁ֣בֶט מַכֵּ֑ךְ
ל כִּֽי־מִשֹּׁ֤רֶשׁ נָחָשׁ֙ יֵ֣צֵא צֶ֔פַע וּפִרְי֖וֹ שָׂרָ֥ף מְעוֹפֵֽף׃ וְרָעוּ֙ בְּכוֹרֵ֣י דַלִּ֔ים וְאֶבְיוֹנִ֖ים

**רש"י**

**וטאטאתיה.** לשון כיבוד, אשקובי"ר בלע"ז. כמו שאמרו רבותינו (מגילה יח, א), לא הוי ידעי רבנן מאי וטאטאתיה עד דשמעוה וכו': **(כד) כאשר דמיתי.** באשור כן היתה. אתה נבוכדנצר ראית שנתקיימו דברי נביאים ישראל בסנחרב: **(כה) לשבור אשור בארצי.** ובזאת תדע כי את אשר יעצתי אליך גם היא תקום: **לשבור אשור וגו'.** מוסב על כאשר דמיתי כן היתה: **אבוסנו.** אשר אמרתי לרומסו ולבוססו: **(כו) על כל הגוים.** על אשור בשעתו ועל בבל בשעתה: **(כח) בשנת מות המלך אחז.** ומלך חזקיהו בנו, היה המשא הזה על פלשתים: **(כט) אל תשמחי פלשת כולך.** שהרימות ראש בימי אחז שהיה רשע; שגרם לו רשעו שנמסר בידכם. כענין שנאמר, וּפְלִשְׁתִּים פָּשְׁטוּ בְּעָרֵי הַשְּׁפֵלָה וגו' (דברי הימים־ב כח, יח): **כי נשבר שבט מכך.** כי נחלשה ונשפלה מלכות בית דוד, שהיו למודים להכות בכם; כמו שמצינו בדוד וכן עוזיהו מלך יהודה שהכה אתכם כענין שנאמר, וַיֵּצֵא וַיִּלָּחֶם בַּפְּלִשְׁתִּים וַיִּפְרֹץ אֶת־חוֹמַת גַּת (דברי הימים־ב כו, ו): **כי משרש נחש.** משורש אותו נחש יצא צפע שהוא קשה מנחש. ומי היה זה? חזקיה, שנאמר בו, הוּא־הִכָּה אֶת פְּלִשְׁתִּים עַד עַזָּה וְאֶת גְּבוּלֶיהָ מִמִּגְדַּל נוֹצְרִים עַד עִיר מִבְצָר (מלכים־ב יח, ח): **ופריו שרף מעופף.** תרגם יונתן, וִיהוֹן עוֹבָדוֹהִי בְּכוֹן כְּחֵיוֵי: **(ל) ורעו בבכורי דלים.** ורעו בימי שרי ישראל שהן עכשיו דלים מפניכם. בכורי לשון

**רד"ק**

וקפוד הוא הנקרא בערבי קנאפד, ובלע"ז טארטוג, והיא נמצאת תמיד במקום המים: **וטאטאתיה במטאטא השמד.** ענין מכבדות שמכבדין את הבית בלשון משנה (ברכות נא, ב). והוא הנקרא בלשון מקרא, יָעִים (במדבר ד, יד), וְיָעָה בָרָד (לקמן כח, יז). אמר, כמו שמכבדין הבית וישאר קרקע הבית נקי, כן תהיה בבל נקיה מאנשים ומכבודה ומהרכוש ומכל דבר. ואותו הכבוד יהיה כבוד השמד והשחתה. וכן בדברי רבותינו זכרונם לברכה (מגילה יח, א), לא הוו ידעי רבנן מאי וטאטאתיה עד דשמעוה לאמתיה דרבי דקאמרה להיא אתתא שקלי טאטיתך וטאטי ביתא. והנה נשלמת נבואת בבל, ופרשה זאת אחריה על מלך אשור: **(כד) נשבע.** דברו הוא שבועתו, כי דברו קיים כמו השבועה, לפיכך אמר אם לא שהוא כענין שבועה, כאדם שאומר אם יהיה כך לא יהיה כך. וכן, אִם לֹא בָּתִּים רַבִּים לְשַׁמָּה יִהְיוּ (לעיל ה, ט), אִם לֹא שִׁוִּיתִי וְדוֹמַמְתִּי (תהלים קלא, ב), כַּאֲשֶׁר דִּמִּיתִי במדבר (לג, נו); כמו שחשבתי על מלך אשור, כן היתה, עבר במקום עתיד, וכן תרגם יונתן, כֵּן תְּהֵא: **וכאשר יעצתי.** היא הגזרה תקום כמו שיעצתי עליו, ועצה היא תקון הדבר וברורו: **(כה) לשבור אשור.** ומה היא העצה? לשבור אשור בארצי, והיא ארץ ישראל, כי שם קרוב לירושלם נפל אשור, כי יצא מלאך ה' והכה מחנהו, כמו שכתוב. ואמר ועל הרי כי, יְרוּשָׁלַםִ הָרִים סָבִיב לָהּ (תהלים קכה, ב), ושם היה מחנה אשור: **וסר מעליהם עולו.** שהיה מטיל עליהם מס, גם כבש כל הארץ לבד ירושלם כמו שכתוב: **(כו) זאת העצה.** אמר על כל הארץ. ואמר על כל הגוים, כי מלך אשור כבש כל אלו הארצות והיה פחדו ואימתו על כל הגוים. וכיון שהיתה יד ה' נטויה עליו והכהו, מרדו כל הגוים ויראו מה', ואנשי כוש ומצרים שהיו במחנה וראו מפלת מלך אשור עבדו את ה' ויראו ממנו, כמו שכתוב, יִהְיֶה מִזְבֵּחַ לַה' בְּתוֹךְ אֶרֶץ מִצְרָיִם (לקמן יט, יט): **(כז) כי ה'.** כיון שהוא רוצה אין מי שיפר עצתו, אם כן דברו קיים. כמו שאמר על יד נביאיו כן יהיה וכן יקום: **(כח) בשנת מות המלך אחז.** נבואה זו על פלשתים נאמרה. כשמת אחז ומלך חזקיהו, אמר הנביא כנגד פלשתים עוד: **(כט) אל תשמחי פלשת כלך.** כמו ששמחת עד עתה משמת עזיהו, והוא שבט מכך, כמו שהוא אומר בדברי הימים, וַיֵּצֵא וַיִּלָּחֶם בַּפְּלִשְׁתִּים וַיִּפְרֹץ אֶת חוֹמַת גַּת וְאֵת חוֹמַת יַבְנֶה וְאֵת חוֹמַת אַשְׁדּוֹד וַיִּבְנֶה עָרִים בְּאַשְׁדּוֹד וּבַפְּלִשְׁתִּים (דברי הימים־ב כו, ו). וכשמת עזיהו שמחו פלשתים ולחצו את ישראל בימי אחז כמו שכתוב שם, וּפְלִשְׁתִּים פָּשְׁטוּ בְּעָרֵי הַשְּׁפֵלָה וְהַנֶּגֶב לִיהוּדָה וַיִּלְכְּדוּ אֶת בֵּית שֶׁמֶשׁ וְאֶת אַיָּלוֹן וְאֶת הַגְּדֵרוֹת וְאֶת שׂוֹכוֹ וּבְנוֹתֶיהָ וְאֶת תִּמְנָה וּבְנוֹתֶיהָ וְאֶת גִּמְזוֹ וְאֶת בְּנֹתֶיהָ וַיֵּשְׁבוּ שָׁם (שם כח, יח). וכשמת אחז ומלך חזקיהו אמר הנביא, אל תשמחי פלשת כי הנה קם מי שיכך והוא מזרע מי שהכך בתחילה: **נחש.** משל על עזיהו שהכהו כמו שהנחש מכה וממית. ויונתן תרגם, אֲרֵי מִבְּנֵי בְּנוֹהִי דְיִשַׁי יִפּוֹק מְשִׁיחָא. אמר נחש על ישי כי כן נקרא; כמו שכתוב, אֲשֶׁר בָּא אֶל אֲבִיגַל בַּת נָחָשׁ (שמואל־ב יז, כה): **צפע ושרף מעופף.** נאמר על חזקיהו. כלומר, זה יהיה קשה לך מעזיהו כמו שהצפע והשרף קשים מהנחש. ופירוש מעופף מדלג ממקום למקום. ויונתן תרגם, וִיהוֹן עוֹבָדוֹהִי בְּכוֹן כְּחֵיוֵי מַפְרִיחַ. ואמר כלך לריב השמחה, שהיו שמחים כולם במות עזיהו, וחזקיהו הכה בפלשתים כמו שכתוב בספר מלכים, הוּא הִכָּה אֶת פְּלִשְׁתִּים עַד עַזָּה וְאֶת גְּבוּלֶיהָ מִמִּגְדַּל נוֹצְרִים עַד עִיר מִבְצָר (מלכים־ב יח, ח): **(ל) ורעו בבכורי דלים.** ישראל שהיה להם עד עתה

**מצודת דוד**

**וטאטאתיה.** אכבד ואנקה אותה במכבדות של השמדה, כי תתרוקן מכל טוב ולא ישאר מאומה: **(כד) אם לא.** הוא ענין שבועה וגזם, ולא אמר. והרי הוא כאדם האומר, אם לא כן הוא, יהיה ענשו כך, וכן, אִם לֹא בָּתִּים רַבִּים (לעיל ה, ט): **כאשר דמיתי.** כמו כאשר חשבתי באשור, כן היתה. וכן, כאשר יעצתי בבבל היא תקום: **(כה) לשבור.** חוזר על כאשר דמיתי וכו' לומר, מחשבתי היה לשבור את אשור בארצי, כי סביב ירושלים נפל: **וסר.** ואז יסור מישראל העול מה ששם אשור עליו: **וסבלו.** ממשא שהעמיס אשור על שכמו יסיר אז: **(כו) זאת העצה.** כן תהיה העצה הזאת היעוצה על כל הארץ, על אשור בשעתה ועל בבל בשעתה: **היד הנטויה.** להכות בהם בכל אחד בשעתה. וכפל הדבר במילים שונות: **(כז) ומי יפר.** וכי ימצא מי יפר עצתו: **וידו הנטויה.** רצונו לומר, ידו הלא היא נטויה להכות, וכי ימצא מי ישוב ידו: **(כט) פלשת כולך.** כל ארץ פלשתים: **כי נשבר.** כי המלכים שמלכו קודם אחז היו מכים בך, ובימי אחז נחלשה המלכות: **כי משורש נחש.** רצונו לומר, מגזע המלכים המכים בך מאז יצא מלך מולך הדומה לצפע, והוא חזקיה, שירבה להכות בו: **ופריו.** פרי השורש יהיה שרף הדולג במהירות כעפיפת העוף, וגם זה יאמר על חזקיה. וכפל הדבר במילים שונות: **(ל) ורעו בבכורי דלים.** בימיו ירעו מרעה שמן הראשים שבישראל, אשר המה עתה עם דל ואביון: **ואביונים.** כל העם בכללה:

**מצודת ציון**

**וטאטאתיה במטאטא.** ענין נקוי וכבוד במכבדות העשוי לכבד את הבית. ובדברי רבותינו זכרונם לברכה, שקולי טאטיתא וטאטי ביתא (ראש השנה כו, ב): **(כד) דמיתי.** ענין מחשבה; כמו, אוֹתִי דִּמּוּ לַהֲרֹג (שופטים כ, ה): **תקום.** תתקיים: **(כה) אבוסנו.** ענין רמיסה ודריסה: **עולו.** אמר בלשון שאלה מהעול ההושם על צואר הפרה לחרוש בשדה. רצונו לומר, הכבדת העבודה: **וסבלו.** ענין טעינת משא; וכן, יָסוּר סֻבֳּלוֹ (לעיל י, כז): **שכמו.** כתפו: **(כז) יפר.** ענין בטול ומניעה: **(כט) צפע שרף.** מיני נחשים רעים: **(ל) בכורי.** ענין גדולים וחשובים; וכן, בְּכוֹר אֶתְּנֵהוּ (תהלים פט, כח):

*and I will sweep it clean with the broom of destruction — the word of* HASHEM, *Master*
*of Legions.*
[24] HASHEM, *Master of Legions, has sworn, saying: "Surely as I have conceived, so*
*shall happen; and as I have devised, so shall be established:* [25] *To break Assyria in My*
*land; I will trample him on My mountains; his yoke will be removed from upon [Israel]*
*and his burden will be removed from upon [Israel's] shoulder.* [26] *This is the plan that*
*is devised against all the land, and this is the hand that is outstretched against all*
*the nations."* [27] *For* HASHEM, *Master of Legions, has devised, and who can annul? His*
*hand is outstretched, and who can turn it back?*

*God's plan for Assyria is fulfilled*

[28] *In the year of King Ahaz' death, this prophecy came:*

*Warning to Philistia*

[29] *Do not rejoice, O Philistia, all of you, because the staff that beat you has been*
*broken; for from the root of the snake will emerge a viper, and its progeny will*
*be a flying serpent.* [30] *The foremost of the poor will then graze, and the destitute*

---

will become a deserted land with numerous swamps. It will be home to hedgehogs, turtles (*Radak*), or some desert bird (*Metzudos*).

**וְטֵאטֵאתִיהָ בְּמַטְאֲטֵא הַשְׁמֵד** — *And I will sweep it clean with the broom of destruction.* The desolation of Babylonia will be so great that it will seem as if God had taken a broom and swept it clean of its inhabitants (*Radak*).

**24-27.** This prophecy foretells the destruction of the Assyrian army that took place just outside the walls of Jerusalem. *Rashi* connects it to the previous prophecy about the destruction of Babylonia. God is warning Nebuchadnezzar that when he sees the Divine word come true against Assyria, he will realize that the prophecy concerning Babylonia will come about, as well.

**24. נִשְׁבַּע ה' צְבָאוֹת לֵאמֹר** — HASHEM, *Master of Legions, has sworn, saying . . .* God did not actually swear that He would destroy the Assyrians, but His word is so sure to be fulfilled that it is as if He had taken an oath (*Radak*).

**כֵּן הָיָתָה** — *So shall happen.* Our translation follows *Targum Yonasan.* The words כֵּן הָיָתָה, however, are literally past tense: *so it was. Radak* explains that the prophet is speaking as though Sennacherib's downfall has already occurred.

**25. לִשְׁבֹּר אַשּׁוּר בְּאַרְצִי** — *To break Assyria in My land.* God's plan is to have Assyria destroyed in *His* land, the Land of Israel, on *His* mountain, the mountains that surround Jerusalem (*Radak*), so that all will realize that it is God Who arranged their destruction (*Malbim*). *Daas Sofrim* adds that God wanted it to be obvious that the Assyrians fell because they had desecrated the Land when they demolished the Northern Kingdom of Israel.

**וְסָר מֵעֲלֵיהֶם עֻלּוֹ** — *His yoke will be removed from upon [Israel].* The Assyrians had burdened Judah with taxes and had conquered every city in the land besides Jerusalem. With their destruction, this yoke and burden will be removed (*Radak*).

**26. זֹאת הָעֵצָה . . . וְזֹאת הַיָּד הַנְּטוּיָה עַל־כָּל־הַגּוֹיִם** — *This is the plan . . . and this is the hand that is outstretched against all the nations.* The same Divine hand that is outstretched over Assyria in its time will be outstretched over Babylonia in its time (*Rashi; Ibn Ezra*).

Alternatively, the king of Assyria had conquered many lands, ruled over many nations and cast fear over all of them. When God stretched His hand over Assyria and struck it down, all the nations began to fear God and worship Him (*Radak*).

**27. כִּי ה' צְבָאוֹת יָעָץ וּמִי יָפֵר** — *For* HASHEM, *Master of Legions, has devised, and who can annul?* Since it is the Omnipotent God Who has planned its destruction, no one has the power to stop it (*Radak*).

**28. בִּשְׁנַת־מוֹת הַמֶּלֶךְ אָחָז** — *In the year of King Ahaz' death.* In the year that King Ahaz died and his righteous son Hezekiah ascended the throne, the prophet issued this harsh warning against Philistia (*Rashi*).

**29. אַל־תִּשְׂמְחִי פְלֶשֶׁת כֻּלֵּךְ כִּי נִשְׁבַּר שֵׁבֶט מַכֵּךְ** — *Do not rejoice, O Philistia, all of you, because the staff that beat you has been broken.* King Uzziah had fought the Philistines and defeated them — see *II Chronicles* 26:6. After he died and was ultimately succeeded by the wicked Ahaz, the Philistines rebelled, invaded the lowlands of Judah, and regained control. Now that Ahaz had died, Isaiah warns the Philistines that although the staff that had beaten them had been broken during the reign of the wicked king, they should not, as the verse continues, rejoice, for from the root of the snake will emerge a viper who will deal them a severe blow (*Radak*).

**מִשֹּׁרֶשׁ נָחָשׁ יֵצֵא צֶפַע וּפִרְיוֹ שָׂרָף מְעוֹפֵף** — *From the root of the snake will emerge a viper, and its progeny will be a flying serpent.* The *snake* refers metaphorically either to Jesse the father of David (*Targum Yonasan*), or Uzziah (*Radak*). The *viper* refers to Hezekiah, who will strike the Philistines with such force as if he were a flying serpent (*Rashi*).

*Abarbanel* comments that the word שָׂרָף used to describe Hezekiah refers to the *seraphim,* a category of angels. The righteous Hezekiah is likened to an angel.

לא לָבֶ֖טַח יִרְבָּ֑צוּ וְהֵמַתִּ֤י בָֽרָעָב֙ שָׁרְשֵׁ֔ךְ וּשְׁאֵרִיתֵ֖ךְ יַהֲרֹֽג׃ הֵילִ֤ילִי שַׁ֙עַר֙ זַֽעֲקִי־עִ֔יר
לב נָמ֖וֹג פְּלֶ֣שֶׁת כֻּלֵּ֑ךְ כִּ֤י מִצָּפוֹן֙ עָשָׁ֣ן בָּ֔א וְאֵ֥ין בּוֹדֵ֖ד בְּמוֹעָדָֽיו׃ וּמַה־יַּעֲנֶ֖ה מַלְאֲכֵי־
**טו** א גֹ֑וי כִּ֤י יְהוָה֙ יִסַּ֣ד צִיּ֔וֹן וּבָ֥הּ יֶחֱס֖וּ עֲנִיֵּ֥י עַמּֽוֹ׃ מַשָּׂ֖א מוֹאָ֑ב כִּ֠י בְּלֵ֞יל שֻׁדַּ֨ד
ב עָ֤ר מוֹאָב֙ נִדְמָ֔ה כִּ֗י בְּלֵ֛יל שֻׁדַּ֥ד קִיר־מוֹאָ֖ב נִדְמָֽה׃ עָלָ֨ה הַבַּ֧יִת וְדִיבֹ֛ן הַבָּמ֖וֹת
לַבֶּ֑כִי עַל־נְבוֹ֩ וְעַ֨ל מֵֽידְבָ֜א מוֹאָ֣ב יְיֵלִ֗יל בְּכָל־רֹאשָׁ֛יו קָרְחָ֖ה כָּל־זָקָ֥ן גְּרוּעָֽה׃
ג-ד בְּחוּצֹתָ֖יו חָ֣גְרוּ שָׂ֑ק עַ֣ל גַּגּוֹתֶ֣יהָ וּבִרְחֹבֹתֶ֛יהָ כֻּלֹּ֥ה יְיֵלִ֖יל יֹרֵ֥ד בַּבֶּֽכִי׃ וַתִּזְעַ֤ק חֶשְׁבּוֹן֙

**רש"י**

שריס, כמו, חַף־חָנִי בְּכוֹר חֶתְּנֵהוּ (תהלים פט, כח): **(לא) כי מצפון עשן בא.** פורעניות קשה כעשן תבא עליהם מצפון. עזה וגבוליה שהכה חזקיה היו בדרומה של ארץ ישראל במקצוע דרומית מערבית; נמצאת ארץ ישראל לה מצפון. וכן מצינו בספרי בהאזינו (לב, כז), בקשו לברוח כלפי דרום היו מסגירין אותן שנאמר, עַל שְׁלֹשָׁה פִּשְׁעֵי עַזָּה; למדנו שעזה בדרום (עמוס ב, ו): **ואין בודד במועדיו.** תרגם יונתן, וְלֵית דִּמְאַחַר בִּזְמְנוֹהִי; בגדודים שיעד לבא עליכם, ואין מאחר פעמיו להיות בודד, ובא בדד לבדו, אלא כלם כאחד יבואו בחזקה: **(לב) ומה יענה מלאכי גוי.** ומה יגידו בימי חזקיהו מלאכי ישראל ההולכים לבשר בשורות? כן יגידו, ה' יסד בציון, הקים בה מלך הגון וחזק, ה' עמו: **ובה יחסו עניי עמו.** אף מעשרת השבטים באים שם, כמו שמפורש (דברי הימים־ב ל), ששלח חזקיהו מלאכים בכל גבול ישראל לשוב להקדוש ברוך הוא: **(א) משא מואב.** נתנבא ישעיה שיבוא סנחרב על מואב ויגלם, כמו שנאמר (לקמן טז, יד), בְּשָׁלֹשׁ שָׁנִים כִּשְׁנֵי שָׂכִיר וְנִקְלָה כְּבוֹד מוֹאָב: **כי בליל שדד ער מואב נדמה.** נדמה מואב כאילו ישן, דומה ואין יכול להלחם, ובליל אחר אשר שודד בו קיר מואב. נדמה תרגם יונתן, וְאִינוּן דְּדִימִין. ער וקיר שתי מדינות מואב הם: **(ב) עלה הבית ודיבון.** עלה מואב הבית, ואנשי דיבון על הבמות: **לבכי.** אלו בוכים בבית, ואלו בוכים בראשי במותיהם: **(ג) ירד בבכי.** גונח ונוהם בבכי; כמו וְיָרַדְתִּי עַל הֶהָרִים (שופטים יא, לז), וכן, זְכָר עָנְיִי וּמְרוּדִי (איכה ג, יט):

**רד"ק**

בכורה וחלק גדול בדלות, עתה ירעו. והנה שלא יהיה להם פחד מאויביהם ולבטח ירבצו, דמה אותם לצאן שרועים במדבר בלא פחד. כי בעוד שהיו אויביהם שולטים בהם לא היו יוצאים מעריהם הבצורות, והיו רעבים; ועתה יצאו לכל מקום בלי פחד וישבעו מטוב העמים: **והמתי ברעב שרשך.** הם ירעו ואתם תמותו ברעב. ואמר שרשך על הנאספים בערי המבצר: **ושאריתך.** והנשארים מן הרעב שלא ימותו ברעב: **יהרוג.** חזקיהו. ואמר והמתי שהוא מאמר ישראל. ואמר יהרוג, כי מה שיעשה חזקיהו הוא מעשה האל, כי בעזרתו עשה מה שעשה: **(לא) הלילי שער זעקי עיר.** הלילי על שער, זעקי על עיר; על השבר הגדול הבא עליך. וכן תרגם יונתן, אֱלִילִי עַל תַּרְעָךְ צַוְחִי עַל קִרְוָךְ: **נמוג פלשת כלך.** נמוג ונשבר את פלשת כלך. ואמר נמוג לשון זכר, ואמר הלילי זעקי לשון נקבה; לשון זכר הוא כנגד העם, ולשון נקבה כנגד העדה: **כי מצפון עשן בא.** הפורענות שהוא כעשן. ואמר מצפון ארץ ישראל שהיא צפונית לארץ פלשתים. ואין בודד במועדיו, במועדים שיתן חזקיהו ללכת להלחם על פלשתים, אין בישראל שיהיה בודד בעצמו שלא ילך עם החיל, כי כלם ילכו בשמחה. וכן תרגם יונתן, וְלֵית דִּמְאַחַר בִּזְמְנוֹהִי: **(לב) ומה יענה מלאכי גוי.** כל אחד ממלאכי העובדי כוכבים ההולכים בשליחות מארץ אל ארץ, כשישאלו אותו חדשות מה יאמר? יאמר כי ה' יסד ציון במלוך חזקיהו, כי היה לציון כמו יסוד לבנין. כי חשב מלך אשור להחריבה והתפלל חזקיהו וענהו האל על ידי ישעיה הנביא. ואמר, וְלֹא יוֹרֶה שָׁם חֵץ וְלֹא יְקַדְּמֶנָּה מָגֵן וְלֹא יִשְׁפֹּךְ עָלֶיהָ סֹלְלָה (מלכים־ב יט, לב); ואמר, וְגַנּוֹתִי אֶל־הָעִיר הַזֹּאת לְהוֹשִׁיעָהּ (שם פסוק לד): **ובה יחסו עניי עמי.** כל ערי יהודה הבצורות נתפשו, והיא נשארה, ובה חסו ישראל: **(א) משא מואב.** נבואה זו על פורענות מואב. ואמר הנביא כי בלילה יבא לה השדד בעודם ישנים, שלא יהיו נשמרים ממנו. ואמר בליל בדרך הסמיכות, אולי יחסר הנסמך; רצה לומר בליל פלוני, או בא סמוך במקום מוכרת, כמו, אֶל הַמֶּלֶךְ חִזְקִיָּהוּ בְּחֵיל כָּבֵד (מלכים־ב יח, יז). ופירוש נדמה; נכרת. ושדד ונדמה מלות שונות והענין אחד. ואמר שדד ונדמה ועלה עבר במקום עתיד בדרך הנבואות: **ער מואב.** הוא עיר מואב ששמה ער, ונסמכה אל מואב אולי היתה עיר אחרת ששמה כך, ותרגומה לחית. ואולי ער היא ערוער כי היא למואב, וכן תרגום ירושלמי, מֵעֲרֹעֵר אֲשֶׁר עַל שְׂפַת נַחַל אַרְנֹן (דברים ב, לו), מְלַחִית דִּי עַל גֵּיף נַחֲלָא דְאַרְנוֹנָא. ויש מפרשים ער, כמו עיר. תרגם יונתן ואנון דְּמִיכִין, פירושו בענין דממה, כי כשהאדם ישן הוא דומם: **וקיר.** הוא עיר למואב ששמה קיר, וכן כתוב, וַאֲרָם מִקִּיר (עמוס ט, ז), וְגָלוּ עַם אֲרָם קִירָה (שם א, ה); וזה היה למואב, לפיכך אמר קיר מואב. ויונתן תרגם, כְּרַכָּא דְמוֹאָב: **(ב) עלה הבית ודיבון.** עלה מואב אל הבית, והוא בית עבודת כוכבים. ודיבון הוא שם המשגב שהיה שם בית עבודת כוכבים: **הבמות.** וכן היו שם במות לבד בית עבודת כוכבים. וכאשר יבאו האויבים עליהם פתאום, יעלו עליהם לבכי ולבכות שם לפני עבודת כוכבים שלהם ולספוד ולקרוע בגדיהם כדי שירחם עליהם כמוש אלהיהם, לפי דעתם: **על נבו ועל מידבא יילִיל.** שכבשו אותם האויבים ויקרחו ראשיהם עליהם ויגדעו זקניהם. ואמר לשון גדועה על הזקן, ולשון קרחה על הראש, כי כן המנהג לתלוש שער הראש על צער הגדול, ועל אבל לגדוע הזקן, כלומר לגלח הזקן. כי הזקן המגודל הוא תפארת הפנים, ומפני האבל יסירו התפארת. וכן אמר, מְגֻלְּחֵי זָקָן וּקְרֻעֵי בְגָדִים (ירמיה מא, ה); ולא אמר הנה מגלחת, ואמר גדועה לגנאי: **בכל ראשיו קרחה.** זה לבדו בא בחולם הרי"ש בלשון רבים: **(ג) בחצותיו.** בשוקים וברחובות, ועל הגגות; כלומר בגלוי יחגרו שק ויילילו ויבכו. וכשמדבר בלשון יחיד הוא על הכלל ובלשון רבים הוא על הפרט. ופירוש יורד בבכי, כאלו כל גופו יורד ונתך בבכי,

**מצודת דוד**

**שרשך.** היסוד והעיקר של פלשתים: **ושאריתך.** הנשארים מן הרעב יהרוג חזקיה: **(לא) הלילי שער.** עשי יללה על חורבן השער וזעקי מרה על שוממות העיר: **נמוג.** נמס ונחרב כל פלשת: **כי מצפון.** מארץ ישראל, היושבת לצפון מזרח פלשת בא עליה פורעניות הקשה כעשן: **ואין בודד במועדיו.** אין מי באנשי חזקיה יבוא בדד בזמן המועד שקבע להלחם בו, כי כולם יחד יבואו: **(לב) ומה יענה מלאכי גוי.** כל אחד ממלאכי האומות ההולכים בשליחות מארץ לארץ, כשישאלו אותו חדשות מה יענה לשואלים?: **כי ה' וכו'.** כאומר את זה יענה לומר, דעו אשר ה' יסד את ציון ולא גבר עליה סנחריב: **ובה יחסו.** בציון יחסו להסתתר מפני סנחריב כי לא כבשה: **(א) משא מואב.** נבואה זו על מואב; אשר בליל בעת השינה, בא השודד ושדד את העיר ער העומדת במואב ונכרת עמה: **קיר מואב.** העיר קיר העומדת במואב גם היא נשדדה בליל ונכרת עמה: **(ב) עלה הבית.** מואב עלה לבית העבודת כוכבים ואנשי דיבון עלו על הבמות לבכות שמה בחושבם שהעבודת כוכבים תרחם עליהם ותצילם: **על נבו.** על חורבן נבו ומידבא ייליל מואב: **קרחה.** כי ימרטו שערות ראשם וישאר קרח: **גדועה.** תלש השערות ונחסר מהם: **(ג) בחוצותיו.** בפרסום חגרו שקים לאבל וצער. כלה ייליל, בכל מקום מהמקומות האלה ישמע קול יללה ונהימה בבכי: **(ד) ותזעק חשבון.** עדת חשבון:

**מצודת ציון**

**ירבצו.** ענין השכיבה לנוח: **(לא) הלילי.** מלשון יללה: **נמוג.** ענין המסה והמקה: **בודד.** מלשון בדד ויחידי: **במועדיו.** מלשון מועד וזמן: **(לב) יענה.** ענין תשובה: **מלאכי.** שלוחים: **(א) שדד.** ענין עושק ואבדון: **נדמה.** ענין שתיקה כמו, וַיִּדֹּם אַהֲרֹן (ויקרא י, ג). ויאמר כן על האבדון והכריתה, על כי הוא מושתק מעתה ולא נשמע קולו, וכן, אוֹי לִי כִּי נִדְמֵיתִי (לעיל ו, ה): **(ב) קרחה.** ענין מריטת השער: **גרועה.** מלשון גרעון וחסרון: **(ג) יורד.** ענין נהימה וגניחה כמו, אָרִיד בְּשִׂיחִי (תהלים נה, ג):

*will lie down in security; and I will kill your root with famine, and he will*
*slay your remnant.* 31 *Wail for the gate! Cry out for the city! Melt [in fear], O*
*Philistia, all of you! For smoke comes from the north, and no one is isolated*
*among his appointed troops.* 32 *What will the messengers of the nation say?*
*That HASHEM has established Zion, and in it the poor of His people will take*
*shelter.*

**15** *Downfall of Moab*

1 *A prophecy concerning Moab:*
*On the night Ar of Moab was pillaged, it was silenced; on the night that Kir*
*of Moab was pillaged, it was silenced.* 2 *[Its populace] went up to the temple,*
*and Dibon went up to the high places to weep; Moab wails for Nebo and*
*for Medeba. On all of its heads there is baldness; every beard is diminished.*
3 *In their streets they have donned sackcloth; upon their rooftops and in*
*their plazas everyone wails and laments with weeping.* 4 *Heshbon cried out,*

---

**30.** **וְרָעוּ בְּכוֹרֵי דַלִּים וְאֶבְיוֹנִים לָבֶטַח יִרְבָּצוּ** — *The foremost of the poor will then graze, and the destitute will lie down in security.* The *foremost of the poor* refers either to the Israelites (*Radak*) or nobles (*Rashi*) who were impoverished by the various conquerors of Judah and had become the poorest of the nations. Like sheep who fearlessly graze in the wilderness, the starving Israelites will fearlessly leave their fortified cities during the days of Hezekiah and partake of the spoils of the nation (*Radak*).

**וְהֵמַתִּי בָרָעָב שָׁרְשֵׁךְ וּשְׁאֵרִיתֵךְ יַהֲרֹג** — *And I will kill your root with famine, and he will slay your remnant.* The Israelites will enjoy plenty, but the Philistines will die of starvation. Those who survive the famine will be killed by Hezekiah (*Radak*).

**31.** **הֵילִילִי שַׁעַר זַעֲקִי־עִיר נָמוֹג פְּלֶשֶׁת כֻּלֵּךְ** — *Wail for the gate! Cry out for the city! Melt [in fear] O Philistia, all of you!* Instead of rejoicing at the death of Ahaz, wail for the destruction that will overtake your entire land. Perhaps then, some will be inspired to flee and escape (*Daas Sofrim*).

**כִּי מִצָּפוֹן עָשָׁן בָּא** — *For smoke comes from the north.* Retribution harsh as smoke shall come upon them from the north, for Hezekiah will swoop down upon Gaza, the Philistine capital (*Rashi*).

**וְאֵין בּוֹדֵד בְּמוֹעָדָיו** — *And no one is isolated among his appointed troops.* Every one of Hezekiah's troops will be there in full formation to attack (*Radak*).

**32.** **וּמַה־יַּעֲנֶה מַלְאֲכֵי־גוֹי** — *What will the messengers of the nation say?* What will the Israelite messengers announce as news during the days of Hezekiah (*Rashi*)? Alternatively, what will be the news of the day carried by the messengers of the nations surrounding the land of Israel (*Radak*).

**כִּי ה׳ יִסַּד צִיּוֹן** — *That HASHEM has established Zion.* The messengers will announce that God has reinforced Zion and has established Hezekiah as a fitting and powerful king (*Rashi*).

**וּבָהּ יֶחֱסוּ עֲנִיֵּי עַמּוֹ** — *And in it the poor of His people will take shelter.* They will also report that all of God's people, including the survivors of the Ten Tribes, have found refuge in Jerusalem — see *II Chronicles* 30:6 (*Rashi*).

**15.**

**1.** **מַשָּׂא מוֹאָב** — *A prophecy concerning Moab.* In a harsh prophecy, Isaiah foretells the destruction that will befall Moab when Sennacherib will suddenly and unexpectedly attack its major cities. According to *Radak,* the attack will take place at night, when their inhabitants are asleep and unable to defend themselves. *Rashi,* however, maintains that the attack will actually take place by day, but because Moab was utterly unprepared and caught by surprise, it was as if they were asleep at night.

**עָר מוֹאָב . . . קִיר־מוֹאָב** — *Ar of Moab . . . Kir of Moab.* Ar and Kir were two great Moabite cities (*Abarbanel*). One was a fortified city that served as a refuge and shelter during war and the other was a center of commerce (*Me'am Loez*).

**2.** **עָלָה הַבַּיִת וְדִיבֹן הַבָּמוֹת לְבֶכִי** — *[Its populace] went up to the temple, and Dibon went up to the high places to weep.* Thinking that their idols would save them from destruction, the Moabites went up to their temple and the people of Dibon went to the high places to weep and pray (*Metzudos*).

**עַל־נְבוֹ וְעַל מֵידְבָא מוֹאָב יְיֵלִיל** — *Moab wails for Nebo and Medeba.* The Moabites wail the destruction of Nebo and Medeba. These cities seem to have been especially symbolic to the Moabites, because battles over their control had once raged between the Moabites and the Ammonites — see *Numbers* 21:30 (*Daas Sofrim*).

**בְּכָל־רֹאשָׁיו קָרְחָה כָּל־זָקָן גְּדוּעָה** — *On all of its heads there is baldness, every beard is diminished.* Pulling out the hair of the head and of the beard are signs of intense grief and consternation.

A beard lends dignity to a person and inspires pity in his attacker, but Moab's beards will be removed and its enemies will vent their fury upon the hapless Moabites (*Yaaros Devash*).

**3.** **בְּחוּצֹתָיו חָגְרוּ שָׂק** — *In their streets they have donned sackcloth.* Those who used to walk the streets in expensive linen clothes will now do so in sackcloth, and those who used to celebrate their nation's victories from the rooftops will now wail and lament from those very places (*Me'am Loez*).

וְאֶלְעָלֵה עַד־יַהַץ נִשְׁמַע קוֹלָם עַל־כֵּן חֲלֻצֵי מוֹאָב יָרִיעוּ נַפְשׁוֹ יָרְעָה לּוֹ:
ה לִבִּי לְמוֹאָב יִזְעָק בְּרִיחֶהָ עַד־צֹעַר עֶגְלַת שְׁלִשִׁיָּה כִּי | מַעֲלֵה הַלּוּחִית בִּבְכִי
ו יַעֲלֶה־בּוֹ כִּי דֶּרֶךְ חוֹרֹנַיִם זַעֲקַת־שֶׁבֶר יְעֹעֵרוּ: כִּי־מֵי נִמְרִים מְשַׁמּוֹת יִהְיוּ
ז כִּי־יָבֵשׁ חָצִיר כָּלָה דֶשֶׁא יֶרֶק לֹא הָיָה: עַל־כֵּן יִתְרָה עָשָׂה וּפְקֻדָּתָם עַל
ח נַחַל הָעֲרָבִים יִשָּׂאוּם: כִּי־הִקִּיפָה הַזְּעָקָה אֶת־גְּבוּל מוֹאָב עַד־אֶגְלַיִם יִלְלָתָהּ
ט וּבְאֵר אֵילִים יִלְלָתָהּ: כִּי מֵי דִימוֹן מָלְאוּ דָם כִּי־אָשִׁית עַל־דִּימוֹן נוֹסָפוֹת

### רש״י

(ד) **על כן חלוצי מואב יריעו.** על אשר מזויני מואב יריעו לקראת המלחמה, ונפשו של מואב ירעה לו. מתרועעת, כאבל על עצמו: (ה) **לבי למואב יזעק.** נביאי ישראל אינם כנביאי אומות העולם, בלעם היה מבקש לעקור את ישראל על לא דבר, ונביאי ישראל מתאוננים על פורענות הבאה על האומות: **בריחיה עד צוער.** על כל חזקה של מואב יזעק לבי עד צוער, שהיא עגלה שלישיה, עיקר חוזק שלהם כעגלה שהיא שלישית לבטן. לשון אחר שלישיה, גברתנית. ויונתן תירגם בריחיה כמו בורחיה, הבורחים יברחו מהם להמלט עד צוער, כמו שעשה לוט אביהם שברח לצוער: **מעלה הלוחית.** מקום מעלות הר ששמו מעלה הלוחית. וכן, מוֹרַד חוֹרֹנַיִם (ירמיה מח, ה), יבכו הבורחים דרך שם. וכל המקומות האלה ממואב הם: **יעערו.** יצעקו. ולשון ארמי הוא שתרגם יונתן, לֹא יִדְרֹךְ הֵידָד הֵידָד (ירמיה מח, לג), לָא יְעוֹעֲרוּן בְּקָלְהוֹן: (ו) **מי נמרים.** נהר של אותו מקום: **משמות יהיו.** מדם חלל המתערב ונופל בהם: **כי יבש חציר וגו'.** כלומר גבוריהם ומלכיהם ושליטיהם. ולפי ששבחה של ארץ מואב הוא מרעה הטוב שבה, כמו ששנינו (מנחות פז, א) אלים ממואב, לפיכך משל את פורענות בחורבן מרעה שלה: (ז) **על כן יתרה עשה.** על אשר יתרה עשה, תבא עליו הפורענות הזה, שהיו כפויי טובה. שהרי בכמה מקומות עמד אברהם ללוט, בצאתו מחרן, ובלכתו למצרים, ובזכותו שולח מתוך ההפכה, ונלחם עליו עם אמרפל וחביריו. והיה להם לגמול טובה לזרעו, והם היו מונים אותם כשהגלה סנחרב לראובני ולגדי, והיו ישראל בוכים ומתאוננים והיו אומרים להם, על מה אתם מתאוננים? והלא לבית אביכם אתם הולכים. אברהם אביכם לא מעבר הנהר בא? וזהו שנאמר, שָׁמַעְתִּי חֶרְפַּת מוֹאָב וְגִדּוּפֵי בְּנֵי עַמּוֹן (צפניה ב, ח), ועוד, שסייעו את סנחרב שלש שנים שצר על שומרון, הוא שנאמר בְּשָׁלֹשׁ שָׁנִים כִּשְׁנֵי שָׂכִיר וְנִקְלָה כְּבוֹד מוֹאָב (לקמן טז, יד): **ופקדתם.** תרגם יונתן, ותְחוּמְהוֹן דְעַל יַמָּא מַעַרְבָא יִתְנְסִיב. והוא לשון מינוי, כמו וּפְקֻדַּת אֶלְעָזָר בֶּן אַהֲרֹן הַכֹּהֵן (במדבר ד, טז); כלומר, ארנס שפקדתם עליה תלקח מהם: **על נחל הערבים ישאום.** יקחו האויבים אותם את הגבולין. ועוד יש לפרש, ופקדתם, שאביא עליהם, זו תהיה על נחל הערבים ישאום; האויבים יגלו אותם

### רד״ק

והוא דרך הפלגה מרוב הבכי. ויונתן תרגם יורד, מְצַוְחִין, מענין אָרִיד בְּשִׂיחִי (תהלים נה, ג), ואף על פי שאינו משרשו: (ד) **ותזעק חשבון ואלעלה.** ערי מואב, וכן יהץ והיא יהצה הנזכר בתורה, והיא בגבול מואב, לפיכך אמר עד: **על כן חלוצי מואב.** אותם חלוצי צבא שהיו במואב, כשראו כל העם בוכים, גם הם הריעו תרועת הבכי והיללה עמהם, ולא שמו לבם להלחם כנגד אויביהם: **נפשו ירעה לו.** ירעה מענין תרועה ואף על פי שאינו משרשו. ופירוש נפש מואב ירעה בעבור עצמו, כלומר על הרעה שבאה לו: (ה) **לבי למואב.** מדבר הנביא על לשון העם, שיאמר כל אחד מהם כך. ואמר זעקה ללבב על דרך משל, מרוב המייתו. ויונתן תרגם, בִּלְבְּהוֹן אַבָאֵי יֵימְרוּן לְמַעֲרַק עַד צוֹעַר: **בריחיה.** אמר בכנוי הנקבה, לפי שהמשיל מואב לעגלה שלישיה. ופירוש עגלה גדולה בת שלש שנים, כי היא הטובה; וכן היתה מואב מלאה כל טוב כשבאה אליה הרעה. ואמר כי הנמלטים ממואב יברחו עד צוער. ואמר עגלת בתי״ו כמו בה״א, כמו, וְתוֹעֲבַת לְאָדָם לֵץ (משלי כד, ט), אַף גִּילַת וְרַנֵּן (לקמן לה, ב), אַל תִּתְּנִי פוּגַת לָךְ (איכה ב, יח), והדומים להם שכתבנו בספר מכלל. ויונתן תרגם, עֶגְלַת תִּלְתּוּת רַבְּתָא: **הלוחית.** שם מקום גבוה. אמר כאשר יברחו ילכו הלוך ובכה ויזעקו זעקת שבר הבא עליהם פתאום: **חורונים.** שנים הם, חורון העליון וחורון התחתון. פירוש יעוערו, כמו יעירו, ונכפלה הפ״א (פ׳ הפועל). ויש מפרשים שהוא הפוך, כמו ירועעו מענין תרועה; ולפי דעתי שהוא מענין שבר, ומדברי רבותינו (סוטה כ, א), נמחקה המגלה ואמרה איני שותה מערערין אותה; פירוש, משברין ומכין אותה עד שתשתה. אף על פי שביעוערו לא נכפלה בו כי אם הפ״א (פ׳ הפועל) בלבד שניהם ענין אחד. ופירוש יעוערו, ישברו עצמם בזעקם על שברם ויכו כף אל כף, וכף אל ירך כמנהג הצועקים הבוכים: (ו) **כי מי נמרים.** נמרים שם נהר, או שם מקום בארץ מואב. ואמר משמות יהיו, כיון שאין שם יושבים כאלו אין שם מים, ואין שם רק ירק ועשב, כי יושבי הארץ מהם נהרגו ומהם ברחו: (ז) **על כן יתרה עשה.** חסר מלת אשר, ומשפטו אשר עשה, וכן, לָעָם עָלֶיהָ (לקמן מב, ה); אשר עליה, אֶת הַדֶּרֶךְ יֵלְכוּ בָהּ (שמות יח, כ); אשר ילכו בה, בַּעֲבוּר זֶה עָשָׂה ה׳ לִי (שם יג, ח). ופירוש על כן ייליל מואב ויבכה, כי יתר ההמון שכבש ופקודתם הכל ישאו האויבים על נחל הערבים: **נחל הערבים.** נחל סמוך לעיר מואב שהיו בו ערבים, כמו, עַרְבֵי נָחַל (ויקרא כג, מ). ומה שיוציאו מן העיר ישאו על שפת הנחל ההוא, ושם יקבצו הכל ואחר כך יחלקו ביניהם השלל. ופירוש פקודתם, ממונם; נקרא הממון פקודה לפי שהאדם פקיד ונגיד עליו, וכפל הענין במלות שונות: (ח) **כי הקיפה.** בכל גבול מואב, סביב יזעקו וייללו, וכן עד אגלים ובאר אלים, וכן ערי מואב על הגבול או סמוכות לגבול: (ט) **כי מי דימון.** דימון שם נהר בערי מואב, ואמר כי מדם החללים מלאו מי הנהר דם: **כי אשית.** מאמר האל אמר אשית על דימון: **נוספות.** שיהיה הדם נוסף על מי הנהר. ופירוש נוספות בלשון נקבות תעלות או גלות מדם נוספות על הנהר שילכו מזה ומזה לנהר פלגים יבלי דם:

### מצודת דוד

**קולם.** קול זעקתם: **על כן.** בעבור זעקת העם גם חלוצי הצבא שבמואב יריעו גם המה תרועת הבכי והיללה ולא שתו לבם להלחם עוד: **נפשו ירעה לו.** נפשו של מואב ירעה תרועת שבר על עצמו: (ה) **לבי למואב יזעק.** הנביא מדבר כן על לשון העם, שיאמר כל אחד ואחד לבי למואב יזעק, רצונו לומר אזעק ממרירות לב ולא לפנים: **בריחיה וכו'.** רצונו לומר, מעולם היתה מואב מדינה חשובה כעגל השלישי לבטן, המעולה ביותר, ועתה ברחו מפני המלחמה ובאו הבורחים עד צוער; וסרס המקרא: **כי מעלה הלוחית.** כי בעת יברחו דרך מעלה הר הלוחית הנה יעלה שם בבכי: **דרך חורנים.** בדרך חורנים יעירו זעקת שבר: (ו) **מי נמרים.** מי נהר נמרים יהיה שממה, רצונו לומר יחרב מימיה: **יבש חציר.** לפי שכל שבח ארץ מואב במרעה שמן ודשן, לכן אמר בחורבנה, שיחרבו מימיהם ותכלה המרעה: **ירק לא היה.** כך תחרב כאלו לא היה שם ירק מעולם: (ז) **על כן.** בעבור כובד המלחמה: **יתרה עשה.** יתרון העושה ומרבית ההון שקבץ והממון הפקוד והגנוז אצלם, את הכל ישאום על הנחל הגדלים שם ערבים להטמינם מעיני השודד תוך ענפי הערבים: (ח) **כי הקיפה.** בכל הגבול מסביב ישמע קול זעקם: **עד אגלים יללתה.** יללת מואב יהיה נשמע עד אגלים ועד באר אלים שעמדו בסוף גבול ארצם: (ט) **מי דימון.** שם נהר: **מלאו דם.** מדם הרוגים: **כי אשית על דימון נוספות.** שמו דימון מלשון דם, ואוסיף עליו דם חללים והוא ענין מליצה, לשון נופל על לשון:

### מצודת ציון

(ד) **חשבון ואלעלה יהץ.** שמות מקומות: **חלוצי.** מזוין בכלי קרב: **יריעו ירעה.** מלשון תרועה: (ה) **בריחה.** מלשון הברחה וניסה: **יעוערו.** כמו יעורו ונכפלה פ״א הפעל: (ז) **יתרה.** מלשון יתרון, הוא ענין רבוי: **עשה.** ענינו הקבוץ והאסיפה; וכן, וְיִשְׂרָאֵל עֹשֶׂה חָיִל (במדבר כד, יח): **ופקדתם.** מלשון פקדון וגניזה: (ח) **הקיפה.** ענין סבוב, (ט) **אשית.** אשים:

*and Elealeh, their voice is heard until Jahaz. Therefore, the armed soldiers of Moab shout; its soul shouts for it.* [5] *My heart cries out for Moab! Her refugees flee until Zoar, the third-born calf; for they will ascend the Luhith ascent with weeping, for on the road of Horonaim they howl with the cry of catastrophe.* [6] *For the waters of Nimrim will be laid waste; for the grass is withered, the herbage is finished; the greenery is gone.* [7] *For the wealth they had accrued and their possessions will be carried off to the Willow Brook.* [8] *For the outcry envelops the boundary of Moab; until Eglaim is her wailing, until Beer-elim is her wailing.* [9] *For the waters of Dimon are filled with blood, for I will pour more [of it] into Dimon.*

**רש״י**

אל ארץ בבל שהוא נחל ערבים, שנאמר (תהלים קלז, ב), עַל עֲרָבִים בְּתוֹכָהּ תָּלִינוּ כִּנֹּרוֹתֵינוּ: (ח) **אגלים ובאר אלים.** מקומות הם בגבול מואב: **יללתה.** של מואב: **באר אלים.** כמו ולבאר אלים: (ט) **מי דימון.** שם הנהר: **מלאו דם.** כשם הנהר: **כי אשית על דימון נוספות.** דם שמו, ודם חללים אוסיף עליו למלאותו. ויונתן תרגם נוספות, כְּנִישַׁת מַשִּׁרְיָן, מחנות הנאספות יחד, והוא לשון סְפוּ שָׁנָה עַל שָׁנָה (לקמן כט, א), סְפוֹת הָרָוָה (דברים כט, יח).

**4. וְתִזְעַק חֶשְׁבּוֹן וְאֶלְעָלֵה עַד־יַהַץ נִשְׁמַע קוֹלָם** — *Heshbon cried out, and Elealeh, their voice is heard until Jahaz.* Heshbon and Elealeh were major Moabite cities. The wailing of their inhabitants was heard as far as the border city of Jahaz (*Radak*).

**עַל־כֵּן חֲלֻצֵי מוֹאָב יָרִיעוּ** — *Therefore, the armed soldiers of Moab shout.* Upon seeing the wailing of the people, the Moabite soldiers will lose courage and will join their countrymen in wailing (*Radak*).

**5. לִבִּי לְמוֹאָב יִזְעָק** — *My heart cries out for Moab.* Unlike the non-Jewish prophets, the prophets of Israel feel compassion even for their enemies (*Rashi*). Alternatively, Isaiah is foretelling that every Moabite will express his grief by saying that his heart cries out for his nation (*Radak*).

The prophet had no cause to grieve over the downfall of the wicked nation of Moab, or of other unworthy nations. However, every nation had its own type of impurity that tempted the righteous and was a challenge that they had to overcome. When they did so successfully, they grew in stature. Now, with the demise of Moab, that particular challenge disappeared, and with it the potential for growth (*Sod Yesharim*).

**בְּרִיחֶהָ עַד־צֹעַר** — *Her refugees flee until Zoar.* Our translation of בְּרִיחֶהָ follows *Targum Yonasan.* Those Moabites who are fleeing from Sennacherib's armies will escape to Zoar. Alternatively, the word בְּרִיחֶהָ means *bars,* like the bars that bolt the gates of a city, and were symbolic of the strength of seemingly impregnable Moab. The prophet bemoans the loss of Moab's strength that had been removed from its cities as far as Zoar, its strongest city (*Rashi*).

**עֶגְלַת שְׁלִשִׁיָּה** — *The third-born calf.* "Third-born calf" was a common expression used to denote prime quality and value, since the third calf born to a cow is considered the strongest and healthiest of her offspring (see *Jeremiah* 48:34). It is used here to describe Zoar, Moab's strongest city.

**כִּי מַעֲלֵה הַלּוּחִית בִּבְכִי יַעֲלֶה־בּוֹ** — *For they will ascend the Luhith ascent with weeping.* There were three possible escape routes from Moab — by way of Luhith, Horonaim, and Zoar. Isaiah advises them to go by way of Zoar because the other routes will bring catastrophic results.

**6. כִּי־מֵי נִמְרִים מְשַׁמּוֹת יִהְיוּ** — *For the waters of Nimrim will be laid waste.* Nimrim is either the name of a river (*Radak*) or the name of a place situated on the banks of a river (*Rashi*). The river will become desolate and useless as the blood of the fallen Moabites will flow into it and contaminate its water (*Rashi*). Alternatively, Isaiah is warning the Moabites that they should not think of escaping to Nimrim because its waters will dry up and its vegetation will die (*Me'am Loez*).

**כִּי־יָבֵשׁ חָצִיר** — *For the grass is withered.* The prophet continues to describe the desolation of Moab. There will be no grass, no herbage, and no greenery at all. Alternatively, the verse is metaphorically referring to the Moabite warriors, kings, and rulers, who will be no more. Since Moab was famed for its good pasture land, Isaiah compares its retribution to the destruction of its pastures (*Rashi*).

**7. עַל־כֵּן יִתְרָה עָשָׂה . . . יִשָּׂאוּם** — *For the wealth they had accrued . . . will be carried off.* Moab will wail and mourn because the multitudes of people that they had conquered and the treasures that they had amassed will be carried off by the enemy to the Willow Brook (*Radak*). *Rashi,* however, explains that this retribution will befall Moab because of their persistent lack of gratitude. Instead of displaying appreciation to the Israelites for the kindness and benevolence that their patriarch Abraham showed Lot, the ancestor of the Moabite nation, Moab aided Sennacherib in his siege of Samaria and continuously taunted Israel throughout the years.

**נַחַל הָעֲרָבִים** — *The Willow Brook.* This was a brook that flowed outside Moab where the enemy would gather its spoils and divide them among themselves (*Radak*). Alternatively, the brook of willows is referring to Babylonia — see *Psalms* 137:1-2 (*Rashi*).

**8. כִּי־הִקִּיפָה הַזְּעָקָה אֶת־גְּבוּל מוֹאָב** — *For the outcry envelops the boundary of Moab.* The wailing described in the previous verses will spread throughout the land of Moab, to its furthest borders (*Radak*). Eglaim and Beer-elim were border cities (*Rashi*).

**9. כִּי מֵי דִימוֹן מָלְאוּ דָם** — *For the waters of Dimon are filled with blood.* Dimon is the name of a river that flowed through

**טז**
א לְפְלֵיטַת מוֹאָב אַרְיֵה וְלִשְׁאֵרִית אֲדָמָה: שִׁלְחוּ־כַר מֹשֵׁל־אֶרֶץ מִסֶּלַע מִדְבָּרָה
ב אֶל־הַר בַּת־צִיּוֹן: וְהָיָה כְעוֹף־נוֹדֵד קֵן מְשֻׁלָּח תִּהְיֶינָה בְּנוֹת מוֹאָב מַעְבָּרֹת
ג לְאַרְנוֹן: °הביאו [°הָבִיאִי ק׳] עֵצָה °עשי [°עֲשׂוּ ק׳] פְלִילָה שִׁיתִי כַלַּיִל צִלֵּךְ
ד בְּתוֹךְ צָהֳרָיִם סַתְּרִי נִדָּחִים נֹדֵד אַל־תְּגַלִּי: יָגוּרוּ בָךְ נִדָּחַי מוֹאָב הֱוִי־סֵתֶר
ה לָמוֹ מִפְּנֵי שׁוֹדֵד כִּי־אָפֵס הַמֵּץ כָּלָה שֹׁד תַּמּוּ רֹמֵס מִן־הָאָרֶץ: וְהוּכַן

**רש״י**

**לפליטת מואב אריה.** פליטה שישאיר סנחרב, יבא נבוכדנצר בעתו וישחיתה. והוא נקרא אריה כענין שנאמר עָלָה אַרְיֵה מִסֻּבְּכוֹ (ירמיה ד, ז): **ולשארית.** ישראל: **אדמה.** אדמתכם: **(א) שלחו כר מושל ארץ.** אל תתגאו בגאותכם; הלא ידעתם שמושל ארץ שלכם, מישע מלך מואב, במלכים (ב פרק ג) היה נוקד והשיב למלך ישראל מאה אלף כרים, שלחו אותו כר המושל שלכם מסלע מדברה אל הר בת ציון: **(ב) בעוף נודד.** מקינו: **קן משולח.** כאפרוחים משולחים מקינם שהולכים מטולטלין, כן תהיינה בנות מואב למעברות ארנון: **(ג) עשי פלילה.** הוא לשון ויכוח משפט לבחור לך את הטוב; כמו, (איוב לד, ד) מִשְׁפָּט נִבְחֲרָה לָּנוּ: **שיתי כליל צלך.** שיתי לך צל בצהרים שיחשיך לך כלילה להסתר בו מפני אויביך: **סתרי נדחים.** אם יברחו עוד נדחי עמי דרך עליכם בימי נבוכדנצר, אל תסגירם, אלא תסתירם: **(ד) יגורו בך נדחי.** בני ישראל הבורחים: **הוי סתר למו.** כי גם את תדעי נפש הנודדים, מה היא לרתם: **כי אפס המץ.** המץ שלך, עשרך וכבודך שהיה לך על ידי צאנך ובקרך, שאת מוצאת מהם חלב וחמאה: **כלה שד.** לשון שדים המספיקין חלב; כמו, וְשֹׁד מְלָכִים תִּינָקִי (לקמן ס, טז): **תמו רומס.** הבהמות שלך הרומסות בארץ:

**רד״ק**

**לפלטת מואב אריה.** הפלטים מן האויבים יבא להם אריה שימיתם: **ולשארית אדמה.** כפל ענין במלות שונות: **אדמה.** אדמת מואב. ויש מפרשים אריה, נבוכדנצר שהיה נמשל לאריה, כמו שאמר, עָלָה אַרְיֵה מִסֻּבְּכוֹ (ירמיה ד, ז); רצה לומר כי זה החרבן הראשון הוא שיחריבם סנחריב מלך אשור, ומה שישאר מהם יחריבם נבוכדנצר. וכן תרגם יונתן, מֶלֶךְ בְּמַשִׁרְיָתֵיהּ יִסַּק: **(א) שלחו כר.** כתוב במלכים (ב ג, ד־ה), וּמֵישַׁע מֶלֶךְ מוֹאָב הָיָה נֹקֵד וְהֵשִׁיב לְמֶלֶךְ יִשְׂרָאֵל מֵאָה אֶלֶף כָּרִים וּמֵאָה אֶלֶף אֵילִים צָמֶר. וַיְהִי כְּמוֹת אַחְאָב וַיִּפְשַׁע מֶלֶךְ מוֹאָב בְּמֶלֶךְ יִשְׂרָאֵל. לפיכך אמר הנביא, שלחו כר, כלומר אותן כרים ואלים שהייתם שולחים למלך ישראל למס ומרדתם בו, היה לכם לשלוח אותו מס ולא באה אליכם זאת הרעה אם תעשון כן. ואמר מסלע מדברה, שהיא עיר ראש מלכות מואב. ואמר על הר בת ציון שהיא ראש ממלכת ישראל. ואמר שלא היה מלך בשמרון היה לכם לשלוח לציון אל מלך יהודה. ואפשר שיהיה פירוש שלחו, לעתיד, כלומר עתה שתשפל מלכותכם, שיחריב אתכם מלך אשור וסרה גאותכם, תשלחו המס שהייתם שולחים מתחילה למלך ישראל, תשלחו עתה אל הר בת ציון לחזקיהו מלך יהודה שיהיה מלך צדיק וחזק במלכותו ותכנעו לפניו ותעלו לו מס: **(ב) והיה כעוף נודד.** כן יהיה מואב כמו העוף הנודד מקנו, וכמו קן האפרוחים משולחים מקנם שאין להם מקום לנוח, כן תהיינה בנות מואב. והם הכפרים כמו בחשבון ובכל בנותיה, כולם יעבירו לארנון ויוליכום בגולה; וארנון היא גבול מואב: **(ג) הביאו עצה עשו פלילה.** הביאו כתוב בויו וקרי ביו״ד, עשי כתוב ביו״ד וקרי בוי״ו, והענין אחד; כי כשמדבר בלשון נקבה ידבר כנגד הכנסה וכשידבר לשון רבים כנגד העם. ואמר, היה לך להביא עצה לעשות משפט בעצמך להצלת ישראל, כי אברהם עשה כמה ענינים להצלת לוט; והיה לך לשמור החסד לבניו והיה לך לשית צלך כליל בתוך צהרים. והוא דרך משל, שהיה להם להסתיר אותם מישראל שהיו בורחים מפני האויב דרך ארצם. ודמה צרת האויב לחום הצהרים, שמצר לאדם כשיעמד לחום השמש בצהרים, שהחום בצהרים בתקפו וההצלה ממנו הוא הצל. ואמר כליל לפי שכלו צל, כלומר צל גדול כצל הלילה היה לך לפרוש עליו, כלומר הסתר גדול שתכסי ותסתירי אותם מפני האויב שלא ימצאם: **סתרי נדחים. . . אל תגלי.** כפל הענין לחזק: **(ד) יגורו בך נדחי.** הכנוי כנגד האל. כשהיו ישראל נדחים מארצם ועוברים דרך ארצך, היה מן הדין שיגורו וישכנו בך ושתהיה להם סתר מפני שודד, והוא סנחריב. ומואב הוא לשון קריאה, כמו משה משה: **כי אפס המץ.** היה לך להסתירם, כי הנה עתה אפס השודד שלהם והמוצץ כל טובה והרומס ארצם כולם תמו. וזה אמרו על מפלת סנחריב בירושלם, ושוד פאר, והוא כמו שודד. וכן, הַמַּבְלִיג שֹׁד עַל עָז (עמוס ה, ט), אמר הם ינצלו מן השודד: **והוכן בחסד כסא.** למלך חזקיהו ומואב יכלה ויבא עליו עוד שודד אחר שודד וישפלו מגאותם, וזה שאמר אחריו שמענו גאון מואב וגומר:

**מצודת דוד**

**לפליטת מואב אריה.** על הפליטים ממואב יבוא האריה וחיות הטורפות ולא ישאירו שארית: **ולשארית אדמה.** על הנשארים באדמת מואב יבוא האריה וחיתו יער. וכפל הדבר במילים שונות לחוזק הענין: **(א) שלחו כר.** אמר הנביא, אותם הכרים שהייתם רגילים לשלוח מאז למס למלך ישראל כמו שכתוב, וּמֵישַׁע מֶלֶךְ־מוֹאָב וכו׳ וְהֵשִׁיב לְמֶלֶךְ יִשְׂרָאֵל מֵאָה אֶלֶף כָּרִים (מלכים־ב ג, ד־ה), ובמות אחאב פשע; ואמר הנביא, היה לך לשלוח אותם הכרים למלך יהודה אל הר בת ציון שהיה מלך כשר, ואם כן עשית לא קרה לך כזאת: **מושל ארץ.** אתה המושל בארץ מואב היה לך לשלוח הכרים מסלע מדברה, היא העיר המלוכה שבמואב: **(ב) והיה כעוף נודד.** ובעבור שלא כן עשית, לכן תהיה ארץ מואב כעוף הנודד ממדורו: **קן משולח.** כאפרוחי הקן המשולחים ממנה ונעזבים לרצון עצמם, והולכים מטולטלים נעים ונדים: **תהיינה.** כן תהיינה בנות מואב משולחות מפה לפה, כי השבאים יעבירו אותן לארנון שהוא גבול מואב לחלקם שמה ביניהם, ומשם יעברון בגולה: **(ג) הביאי עצה.** אמר הנביא היה לך להביא עצה ולעשות משפט בעצמך להצלת ישראל, כי אברהם אביהם עשה הרבה להצלת לוט: **שיתי.** היה לך להשים צלך להיות חשך כחשכת הלילה, להסתיר בו את ישראל שהיו בורחים מפני האויב דרך ארצך: **בתוך צהרים.** שהוא עת תוקף החמימות רצונו לומר, בעת שהיו ישראל בצרה היה לך להסתירם: **סתרי נדחים.** היה לך להסתיר הנדחים מארצם, ולא היה לך לגלות איה הטמין הנודד את עצמו: **(ד) יגורו וכו׳.** אתה מואב, הלא הנכון היה אשר נדחי עמי יגורו בארצך ותהיה סתר להם מפני השודד. וכפל הדבר פעמים רבות לתפארת המליצה ולגודל התרעומת: **כי אפס המץ.** רצונו לומר, אם היית מסתירם, היו יכולים עתה לחזור למקומם כי עתה אפס המוצץ דמם, וכלה השודד אותם, והרומס ארצם ספו תמו; כי סנחריב ועמו נפלו סביב ירושלים:

**מצודת ציון**

**לפליטת.** ענין שארית: **(א) כר.** קבוצת כרים והם הכבשים השמנים: **(ב) קן.** הוא מדור האפרוחים: **משולח.** נעזב לרצון עצמו; כמו, וְנַעַר מְשֻׁלָּח (משלי כט, טו): **(ג) פלילה.** ענין משפט; כמו, פָּקוּ פְּלִילִיָּה (לקמן כח, ז): **(ד) יגורו.** ידורו: **הוי.** היה: **אפס.** הוא כענין כליון: **המץ.** מלשון מציצה: **שוד.** כמו שודד; וכן, הַמַּבְלִיג שֹׁד (עמוס ה, ט): **תמו.** מלשון תם והשלמה: **רומס.** ענין דריכת הרגל:

---

Moab. It will be filled with the blood of the slaughtered Moabites (*Radak*). Actually, Dimon is a play on words, for the name דִימוֹן is cognate with דָם, *blood* (*Mahari Kara*).

**לְפְלֵיטַת מוֹאָב אַרְיֵה** — *Upon the survivors of Moab [there will come] a lion.* Those who survive the battle with Sennacherib and remain in Moab will be killed by lions (*Radak*).

*Upon the survivors of Moab [there will come] a lion, upon the remnant of the land.*

16 [1]*Send fatted sheep, O ruler of the land, from the Rock of the Wilderness to*
*the Mountain of the Daughter of Zion.* [2] *Like a wandering bird, chased from*
*the nest, will the daughters of Moab be at the crossings of the Arnon.* [3] *Render*
*counsel, execute justice; during the noontime, make your shade [as dark] as*
*the night, hide the refugees; do not reveal the wanderer.* [4] *Let My refugees live*
*among you, O Moab; be a shelter for them from the pillager, for the oppressor*
*is gone, the persecutor is finished, the tramplers are terminated from the land.*

---

Alternatively, the lion is a reference to Nebuchadnezzar (see *Jeremiah* 4:7), for those who survive Sennacherib's attack will later be slain by Nebuchadnezzar (*Rashi*).

**וְלִשְׁאֵרִית אֲדָמָה** — *Upon the remnant of the land.* Lions will attack those who remain in the land of Moab (*Metzudos*). *Rashi,* however, seems to have translated *and for the remnant is the land* and explains that the *remnant of the Israelites* will eventually inherit the land of Moab.

### 16.

**1. שִׁלְחוּ־כַר מֹשֵׁל אֶרֶץ** — *Send fattened sheep, O ruler of the land.* Isaiah continues his prophetic rebuke of Moab. He reprimands them for arrogantly refusing to pay the tribute of fatted sheep to King Ahab, their Israelite overlord, as had been their previous custom — see *II Kings* 3:4 (*Rashi*). After Ahab died, King Mesha of Moab stopped paying the tribute. Now, as part of his prophecy predicting Moab's defeat by Sennacherib, Isaiah urges Moab to resume the tribute and send it to the kingdom of Judah, for its righteous king Hezekiah would then protect them from the onslaught of Sennacherib (*Mahari Kara*). According to *Targum Yonasan,* Isaiah prophesied that Moab would pay tribute to the Messiah at the end of time.

**מִסֶּלַע מִדְבָּרָה** — *From the rock of the wilderness.* This was the capital city of Moab, from which the tribute was to be sent to Jerusalem, referred to by Isaiah as the mountain of the daughter of Zion (*Radak*).

Isaiah assured Moab that Hezekiah would be compassionate and help them (vs. 3-4), but in its arrogance Moab would refuse to lower itself by paying tribute to Judah. As a result it would be responsible for its own doom (*Malbim*).

**2. וְהָיָה כְעוֹף־נוֹדֵד קֵן מְשֻׁלָּח תִּהְיֶינָה בְּנוֹת מוֹאָב** — *Like a wandering bird, chased from the nest, will the daughters of Moab be . . .* But because the Moabites will not heed the call of the prophet (*Me'am Loez*), they will be driven from their homes and will roam and wander like birds driven from their nest (*Rashi*).

**תִּהְיֶינָה בְּנוֹת מוֹאָב** — *Will the daughters of Moab be. The daughters of Moab* is either a reference to the residents of the Moabite villages — see *Numbers* 21:25 (*Radak*), or to the actual Moabite women who will flee to the crossings of the Arnon, only to be captured there and taken away to Assyria (*Metzudos*).

**מַעְבְּרֹת לְאַרְנוֹן** — *The crossings of the Arnon.* The River Arnon was the Moabite border — see *Numbers* 21:13 (*Radak*).

**3. הָבִיאִי עֵצָה עֲשׂוּ פְלִילָה** — *Render counsel, execute justice.* Isaiah advises the Moabites to take counsel and devise a way to save themselves from future conquests in the time of Nebuchadnezzar, the eventual destroyer of the First Temple, when Jewish refugees will flee to Moab. If the Moabites would offer them refuge, the Moabites themselves will be spared from the sword of Babylon. Instead, Moab would forget how much Abraham did for Lot, the forefather of Moab, and they would torment the helpless Jews. In retribution, Moab itself would suffer as it deserved.

Isaiah suggests that by hiding the Israelites from their enemies, they will merit protection for themselves (*Rashi*). *Radak,* however, understands that Isaiah is castigating the Moabites for cruelty in the past. When the Israelites had fled an enemy and were fugitives in the land of Moab, the Moabites should have taken counsel to perform justice by rescuing the Israelites. Unlike Abraham who had risked his life to rescue Lot, the father of the Moabites, his descendants did not attempt to do the same.

*Daas Sofrim* suggests that this prophecy was said during the three-year Assyrian siege of Samaria, when many Israelites sought refuge in Moab. But, thinking that the end of the Jewish people was near, the Moabites rejoiced and refused to accept the refugees. The prophet calls upon them to reconsider this move.

**שִׁיתִי כַלַּיִל צִלֵּךְ בְּתוֹךְ צָהֳרָיִם** — *During the noontime make your shade [as dark] as the night.* The prophecy metaphorically compares pursuing the enemy to the hot sun at noon, which can cause unbearable distress. The rescue of the people is likened to the shade that protects them from the burning sun, like a cool night. The verse concludes by repeating the exhortation to Moab to provide refuge and not to turn over the fugitives to their pursuers (*Radak*).

**4. יָגוּרוּ בָךְ נִדָּחַי** — *Let My refugees live among you. My refugees* is a reference to the fleeing children of Israel (*Rashi*). God, or perhaps the prophet, refers to them as *My* refugees, as a display of honor (*Ibn Ezra*).

**כִּי־אָפֵס הַמֵּץ** — *For the oppressor is gone.* If Moab had had the decency to shelter the Jews who fled from Sennacherib's forces, those Jews would have been able to return to their homeland, to Jerusalem, because the Assyrian army had been wiped out in the overnight miracle (*Radak*).

**כָּלָה שֹׁד תַּמּוּ רֹמֵס מִן־הָאָרֶץ** — *The persecutor is finished, the tramplers are terminated from the land.* This refers to the king

# בַּחֶ֫סֶד֙ כִּסֵּ֔א וְיָשַׁ֥ב עָלָ֛יו בֶּאֱמֶ֖ת בְּאֹ֣הֶל דָּוִ֑ד שֹׁפֵ֛ט וְדֹרֵ֥שׁ מִשְׁפָּ֖ט וּמְהִ֥ר צֶֽדֶק:
ו־ז שָׁמַ֥עְנוּ גְאוֹן־מוֹאָ֖ב גֵּ֣א מְאֹ֑ד גַּאֲוָת֧וֹ וּגְאוֹנ֛וֹ וְעֶבְרָת֖וֹ לֹא־כֵ֥ן בַּדָּֽיו: לָכֵ֗ן יְיֵלִ֥יל
ח מוֹאָ֛ב לְמוֹאָ֖ב כֻּלֹּ֣ה יְיֵלִ֑יל לַאֲשִׁישֵׁ֧י קִיר־חֲרֶ֛שֶׂת תֶּהְגּ֖וּ אַךְ־נְכָאִֽים: כִּ֣י שַׁדְמ֞וֹת
חֶשְׁבּ֣וֹן אֻמְלָ֗ל גֶּ֚פֶן שִׂבְמָ֔ה בַּעֲלֵ֤י גוֹיִם֙ הָלְמ֣וּ שְׂרוּקֶּ֔יהָ עַד־יַעְזֵ֥ר נָגָ֖עוּ תָּ֣עוּ מִדְבָּ֑ר
ט שְׁלֻ֣חוֹתֶ֔יהָ נִטְּשׁ֖וּ עָ֥בְרוּ יָֽם: עַל־כֵּ֡ן אֶבְכֶּה֩ בִּבְכִ֨י יַעְזֵ֜ר גֶּ֣פֶן שִׂבְמָ֗ה אֲרַיָּ֙וֶךְ֙ דִּמְעָתִ֔י

## רש״י

(ה) **והוכן בחסד כסא.** כשיבא עליך השבר הזה, אז יכון כסא דוד ויגדל; שבאותו הפרק יפול סנחרב על ידי חזקיהו, ויהיה נכון כסאו בחסד שיעשה. כמו שמצינו שהיה גומל חסד, שנאמר בדברי הימים (ב ל, כד) כי חזקיהו מלך יהודה הֵרִים לַקָּהָל אֶלֶף פָּרִים וְשִׁבְעַת אֲלָפִים צֹאן: **וישב עליו וגו׳.** שופט ודורש משפט ומהיר צדק; תרגם יונתן, וְעָבֵד קְשׁוֹט: (ו) **גא מאד.** נתגאה מאד: **גאותו וגאונו.** שלא כדין הוא, כי עיקר גידולי בניו על ידי ממזרות וניאוף הבנות מאביהן: **עברתו.** עיבורו והריון שלו. דבר אחר, עברתו, חמתו ששמר לישראל: **לא כן.** גבוריו עשו שהיו כפויי טובה: (ז) **ייליל מואב למואב.** על מואב: **לאשישי קיר חרשת.** אל חומות קיר חרשת. אשיש; כמו, נָפְלוּ אָשְׁיוֹתֶיהָ (ירמיה נ, טו): **תהגו אך נכאים.** שבורים: **תהגו.** תקוננו: (ח) **שדמות.** שדות תבואה: **גפן שבמה.** יש ללמד שחשבון היתה מקום שדות ושבמה מקום כרמים. ואם תאמר כל אלה ערי עבר הירדן הם וישראל לקחום מיד סיחון ואימתי חזרו ליד מואב? כשהגלה סנחריב לראובני ולגדי באו המואבים הסמוכים להם וישבו בהם: **אמלל.** חרב: **שרוקיה.** נטיעות שורק שלה: **עד יעזר נגעו.** שדמות הגפן ושורק הנזכרים כאן אינם אלא משל, והם מחנות וסיעות בימי העמים האלה, וכתרגום יונתן: **עד יעזר נגעו.** הלכו בגולה: **תעו מדבר.** למדבר: **שלוחותיה.** זמורותיה והם משל גליותיה: **נטשו.** נפלו; כמו, וּנְטַשְׁתִּיךָ הַמִּדְבָּרָה (יחזקאל כט, ה), וְהִנֵּה נְטֻשִׁים (שמואל א ל, טז), וַיִּנָּטְשׁוּ בְּעֵמֶק רְפָאִים (שם ב ה, יח): (ט) **אבכה בבכי יעזר.** תרגם יונתן, כְּמָא דְאַיְתֵיתִי מַשְׁרְיָן עַל יַעְזֵר כֵּן אַיְתֵי קָטוֹלִין עַל שִׂבְמָה. ולשון המקרא, הנביא אומר כענין קינות יעזר יש לי עליך, לקונן את הגפן שבמה: **אריוך דמעתי.** אתרוה עליך דמעה. יש תיבה משמשת כשתי תיבות; כמו, בְּנֵי יְלָאְלַי (ירמיה י, כ), אֶרֶץ הַנֶּגֶב נְתַתָּנִי (יהושע טו, יט) דַּבְּרוֹ לְשָׁלֹם (בראשית לז, ד):

## רד״ק

(ה) **והוכן בחסד כסא.** של חזקיהו יהיה נכון, בחסד שיעשה, וכן וישב עליו באמת שיעשה, כמו שכתוב, וַיַּעַשׂ הַטּוֹב וְהַיָּשָׁר וְהָאֱמֶת לִפְנֵי ה׳ אֱלֹהָיו (דברי הימים־ב לא, כ). או פירוש באותו חסד ואמת שהבטיח האל את דוד, כמו שאמר, וְחַסְדִּי לֹא אָסִיר מֵעִמּוֹ (דברי הימים־א יז, יג). ואמר וְחַסְדִּי לֹא אָפִיר מֵעִמּוֹ וְלֹא אֲשַׁקֵּר בֶּאֱמוּנָתִי (תהלים פט, לד): **באהל דוד.** רוצה לומר, בית המלכות אשר לדוד, ויהיה זה המלך שופט ודורש משפט: **ומהיר צדק.** פירוש שופט, שהיה שופט משפט צדק בביתו לכל הבא לפניו וגם היה דורש וחוקר על אשר לא יבא לפניו, והיה דורש משפט העניים והעשוקים אף על פי שלא יזעקו אליו: **ומהיר צדק.** זריז ומהיר לעשות מעשה היושר והצדק: (ו) **שמענו.** מאמר הנביא בלשון האומות שיאמרו כן על מואב, שמענו שהיה מתגאה מאד מואב בעודו בשלותו, וכפל לשון הגאוה כמה פעמים לרוב הגאוה: **גא מאד.** כמו גאה אלא שנפל ממנו למ״ד הפעל: **ועברתו.** שהיה מתקצף ומתעבר ללא דבר על הגוים שכניו מרוב גאותו: **לא כן בדיו.** לא אמת כזביו. כלומר, דבריו שהיה מדבר בגאותו לא נתקיימו, עתה שבאה אליו הרעה; כמו, כֵּן בְּנוֹת צְלָפְחָד דֹּבְרֹת (במדבר, כז, ז): **בדיו.** כמו, חֶרֶב אֶל הַבַּדִּים וְנֹאָלוּ (ירמיה נ, לו): (ז) **לכן ייליל.** המואבים הנשארים יבכו ויילילו על הנהרגים: **לאשישי קיר חרשת.** אשישי הם היסודות, כמו, נָפְלוּ אָשְׁיוֹתֶיהָ (ירמיה נ, טו). וכן בארמית ואושאי יחיטו, והוא משל על אצילי מואב וגדוליה: **תהגו אך נכאים.** אתם נכאים הנשארים תהגו; כמו, אֶהְגֶּה כַּיּוֹנָה (לקמן לח, יד): **נכאים.** כמו נכאי לבב: **קיר חרשת.** שם מערי מואב: (ח) **כי שדמות.** פירוש גפנים; וכן, וּמִשַּׁדְמֹת עֲמֹרָה (דברים לב, לב). כל הפסוק הוא על הגפן: **בעלי גוים.** מלכי גוים: **שרוקיה.** כמו, נְטַעְתִּיךְ שׂוֹרֵק (ירמיה ב, כא), והוא הטוב מן הגפנים. ומלת שרוקיה נכתבה בוי״ו עם הדגש: **שלוחותיה.** הם הפארות הגפן המתפשטות: **נטשו.** התפשטו עד שעברו ים; וכן, וְהִנֵּה נְטֻשִׁים (שמואל א ל, טז), מתפשטים. והפסוק הזה הוא משל על בני מואב, שיהרגו מקצתם וילכו בגולה מקצתם. ושדמות, משל על המון העם, וכן גפן שרוקיה על השר. וכן תרגם יונתן שדמות, מַשְׁרְיַת גפן וגומר: (ט) **על כן אבכה.** מאמר הנביא בלשון מואב: **גפן שבמה, בבכי גפן שבמה.** ובבכי שזכר עומד במקום שנים: **אריוך דמעתי.** כנגד חשבון ואלעלה הוא מדבר ואומר, ארוה אותך דמעתי. והוא דרך הפלגה, כאלו הדמעה כמטר שמרוה הארץ. ומלת אריוך מן הדגוש היו״ד ע״ן הפעל והוי״ו למ״ד הפעל:

## מצודת דוד

(ה) **והוכן בחסד.** המקום הכין כסא המלוכה בירושלים: **וישב עליו באמת.** המלך היושב על הכסא והוא חזקיה, הנה ישב עליו באמת ומתקיים: **באהל דוד.** בבית המלכות: **שופט.** לכל הבא למשפט. **ודורש.** יחקור מעצמו לעשות משפט העשוקים ואף אם לא יצעקו לפניו: **ומהיר צדק.** יהיה מהיר וזריז לעשות צדק. ומוסב למעלה לומר, הואיל ונפל סנחריב והוכן כסא חזקיה, אם כן יכולים היו לחזור למקומם אם היית מסתירם: (ו) **שמענו.** מאמר הנביא בשם האומות, שיאמרו, הנה מעולם שמענו גאות מואב שהיה מתגאה מאד: **גאותו.** חוזר על מלת שמענו לומר, שמענו גאותו וגאונו. וכפל הדבר פעמים רבות לפי רוב הגאוה: **ועברתו.** גם שמענו עברתו שהיה מתעבר ומתקצף ללא דבר מרוב הגאוה: **לא כן בדיו.** לא היה אמת הדבר שבדה מלבו, כי לפי רוב הגאוה בדה מלבו מה שעלה בדעתו: (ז) **לכן.** הואיל והתגאה על כולם לא ימצא מי שיצטער בצרתו, ורק מואב עצמו ייליל על מואב ולא זולת: **כלה ייליל.** רצונו לומר, כל היללה ייליל הוא ולא אחר עליו: **לאשישי קיר חרשת.** על עקירת היסודות של קיר חרשת תהמו, אך הנשברים הם אנשי מואב ולא יהמה מי זולתם: (ח) **כי שדמות חשבון.** השדות של חשבון נכרתו, והגפנים של שבמה; הנה שרי העובדי כוכבים שברו הזמורות היפות שבהם: **עד יעזר נגעו.** היו מנוגעים ונגפים עד יעזר: **תעו מדבר.** תעו מדרך הישר לברוח מדברה: **שלוחותיה.** התפשטות ענפיה פשטו למרחוק ועברו את הים. רצונו לומר, הגולים גלו למרחוק: (ט) **על כן.** אמר הנביא בלשון מואב, על כן, בענין הבכי שבכיתי על יעזר, בזה הענין עצמו אבכה על אבדן גפן שבמה: **אריוך וכו׳.** אתה חשבון ואלעלה, ארוה את כל אחת מכם בדמעות עיני. ואחז במשל, כאלו הוא מטר המרוה את הארץ:

## מצודת ציון

(ה) **באמת.** ענינו דבר המתקיים: (ו) **גאון.** מלשון גאוה: **גא.** כמו גאה: **ועברתו.** מלשון עברה וזעם: **כן.** ענינו כמו אמת; כמו, כֵּן בְּנוֹת צְלָפְחָד דֹּבְרֹת (במדבר, כז, ז): **בדיו.** ענין דבר כזב הבדוי מן הלב, כמו, בַּדֶּיךָ מְתִים יַחֲרִישׁוּ (איוב יא, ג): (ז) **לאשישי.** הם היסודות; כמו, נָפְלוּ אָשְׁיוֹתֶיהָ (ירמיה נ, טו): **קיר חרשת.** שם מקום: **תהגו.** ענין המים; כמו, הַמְצַפְצְפִים וְהַמַּהְגִּים (לעיל ח, יט): **נכאים.** ענין שבירה; כמו, נֶאֶסְפוּ עָלַי נֵכִים (תהלים לה, טו): (ח) **שדמות.** שדות תבואה; כמו, וּשְׁדֵמוֹת לֹא עָשָׂה אֹכֶל (חבקוק ג, יז): **אמלל.** ענין כריתה; כמו, יְמוֹלֵל וְיָבֵשׁ (תהלים צ, ו): **בעלי.** ענין אדון ושר; כמו, אִם בְּעָלָיו עִמּוֹ (שמות כב, יד): **הלמו.** ענין שבירה; כמו, וְהָלְמָה סִיסְרָא (שופטים ה, כה): **שרוקים.** זמורות נבחרים; כמו, וַיִּטָּעֵהוּ שֹׂרֵק (לעיל ה, ב): **נגעו.** מלי נגע. ורצונו לומר, נגפו; וכן, וַיִּנָּגְעוּ יְהוֹשֻׁעַ וְכָל־יִשְׂרָאֵל (יהושע ח, טו): **שלחותיה.** ענין התפשטות הענפים; וכן, שְׁלָחַיִךְ פַּרְדֵּס רִמּוֹנִים (שיר השירים ד, יג): **נטשו.** ענין פזור והתפשטות; כמו, וַיִּנָּטְשׁוּ בַּלֶּחִי (שופטים טו, ט): (ט) **אריוך.** ענין שביעה; כמו, כְּגַן רָוֶה (לקמן נח, יא):

*Moab's death throes*

*5 The throne [of Hezekiah] will then be established with kindness, and he*
*will sit upon it in truthfulness in the tent of David, judging and striving for*
*justice and being zealous for righteousness. 6 We have heard of Moab's pride*
*— exceedingly proud — his haughtiness and pride and scorn are untrue de-*
*ceptions. 7 Therefore, Moab will wail for Moab; everyone will wail; moan for the*
*foundations of Kir-hareseth, O distressed ones, 8 for the fields of Heshbon are*
*enfeebled; as for the vine of Sibmah — the kings of the nations have beaten*
*down their shoots; they have reached until Jazer and become lost in the wil-*
*derness; her branches have spread out and crossed the sea. 9 Therefore, I cry*
*with the weeping of Jazer, the vine of Sibmah; I will drench you with my tears,*

---

of Assyria and his armies, who will soon meet their downfall.

*Rashi* has a different interpretation. Moab should have provided refuge to the Jews because the Moabites themselves had experienced the bitter taste of dispersion, poverty, and persecution. *Rashi* renders כִּי אָפֵס הַמֵּץ as *[Moab's] wealth had disappeared,* כָּלָה שֹׁד, *its source of nourishment* (from שָׁדַיִם, *breasts*) *had ceased.*

**5.** **וְהוּכַן בַּחֶסֶד כִּסֵּא** — *The throne [of Hezekiah] will then be established with kindness.* With the destruction of Moab, the throne of David will be firmly established as Sennacherib will then meet his downfall through Hezekiah, in the merit of the kindness that he will perform. When Hezekiah became king, he inherited a spiritual wasteland, for his father, the wicked Ahaz, had halted the Temple service and brought idolatry to the entire land. Hezekiah rejuvenated the Temple service, inspired the nation to repent, and aroused them to celebrate Pesach as it had not done since the time of Solomon. So festive was that Pesach that the people extended the celebration for another seven days and the king generously contributed thousands of animals for the event. See *II Chronicles* Ch. 30 (*Rashi*).

Alternatively, Hezekiah's throne will be established through the kindness that God had promised his ancestor David — that He will never remove His kindness from his dynasty — see *I Chronicles* 17:13 (*Radak*).

**בְּאֹהֶל דָּוִד** — *In the tent of David.* This refers either to the city of David (*Targum Yonasan*), the city of Jerusalem (*Ibn Ezra*), or David's royal palace (*Radak*), where the throne of Hezekiah will be established.

**שֹׁפֵט וְדֹרֵשׁ מִשְׁפָּט וּמְהִר צֶדֶק** — *Judging and striving for justice and being zealous for righteousness.* Hezekiah will be eager to perform just and righteous deeds and will act quickly to execute his judgments (*Radak*).

**6.** **שָׁמַעְנוּ גְאוֹן־מוֹאָב גֵּא מְאֹד** — *We have heard of Moab's pride — exceedingly proud.* The prophet speaks on behalf of the nations of the world and charges the Moabites with being exceedingly proud and haughty. He describes how their feelings of superiority had driven them to anger and rage at the slightest provocation (*Radak*).

Moab's unique evil was its haughtiness, and a haughty person feels that he is entitled to satisfy his every lust (*Pri Tzaddik*).

**גַּאֲוָתוֹ וּגְאוֹנוֹ וְעֶבְרָתוֹ לֹא־כֵן בַּדָּיו** — *His haughtiness and pride and scorn are untrue deceptions.* All the boasts of the haughty Moabites will never be realized, for their words are no more than untrue deceptions (*Radak*). Alternatively, the prophet is stating that Moabite feelings of superiority are both improper and out of place because that nation originated through incest. See *Genesis* 19:30-38 (*Rashi*).

**7.** **לָכֵן יְיֵלִיל מוֹאָב לְמוֹאָב** — *Therefore, Moab will wail for Moab.* Survivors will mourn their brethren who had been killed (*Radak*).

Because Moab was exceedingly arrogant and felt superior to the other nations, no one will join in their sorrow and mourn together with them; only Moab will wail over its misfortune (*Metzudos*).

**לַאֲשִׁישֵׁי קִיר־חֲרֶשֶׂת תֶּהְגּוּ אַךְ־נְכָאִים** — *Moan for the foundations of Kir-hareseth, O distressed ones.* Kir-hareseth was a Moabite city (*II Kings* 3:25), whose destruction would be mourned by the Moabites (*Rashi*). Alternatively, *foundations* is a metaphor for the Moabite princes and leaders (*Radak*).

**8.** **כִּי שַׁדְמוֹת חֶשְׁבּוֹן אֻמְלָל** — *For the fields of Heshbon are enfeebled.* [Wail and moan] for the grain fields of Moab and the vineyards of Sibmah that have been destroyed (*Metzudos*).

Although these cities were in the kingdom of Sihon on the east bank of the Jordan, and Moses had conquered them after the Exodus, they had been occupied by Moab after Sennacherib had exiled the tribes of Reuben and Gad (*Radak*).

**עַד־יַעְזֵר נָגָעוּ תָּעוּ מִדְבָּר** — *They have reached until Jazer and become lost in the wilderness.* The choice vineyards had been planted and flourished all the way to Jazer, a Moabite city in the north, to the wilderness in the east, and the Dead Sea in the west. They will all be destroyed by the invading armies (*Me'am Loez*).

This verse may also be understood metaphorically. The *fields* represent the people of Moab and the *vines* represent its leaders (*Rashi*). Some Moabites will be killed and others will be driven into exile (*Radak*).

**9.** **עַל־כֵּן אֶבְכֶּה בִּבְכִי יַעְזֵר גֶּפֶן שִׂבְמָה** — *Therefore, I cry with the weeping of Jazer, the vine of Sibmah.* The prophet speaks like a Moabite and wails over Sibmah, as he wailed over Jazer (*Metzudos*).

י חֶשְׁבּוֹן וְאֶלְעָלֵה כִּי עַל־קֵיצֵךְ וְעַל־קְצִירֵךְ הֵידָד נָפָל: וְנֶאֱסַף שִׂמְחָה וָגִיל
מִן־הַכַּרְמֶל וּבַכְּרָמִים לֹא־יְרֻנָּן לֹא יְרֹעָע יַיִן בַּיְקָבִים לֹא־יִדְרֹךְ הַדֹּרֵךְ הֵידָד
יא־יב הִשְׁבַּתִּי: עַל־כֵּן מֵעַי לְמוֹאָב כַּכִּנּוֹר יֶהֱמוּ וְקִרְבִּי לְקִיר חָרֶשׂ: וְהָיָה כִּי־נִרְאָה
יג כִּי־נִלְאָה מוֹאָב עַל־הַבָּמָה וּבָא אֶל־מִקְדָּשׁוֹ לְהִתְפַּלֵּל וְלֹא יוּכָל: זֶה
יד הַדָּבָר אֲשֶׁר דִּבֶּר יהוה אֶל־מוֹאָב מֵאָז: וְעַתָּה דִּבֶּר יהוה לֵאמֹר בְּשָׁלֹשׁ
שָׁנִים כִּשְׁנֵי שָׂכִיר וְנִקְלָה כְּבוֹד מוֹאָב בְּכֹל הֶהָמוֹן הָרָב וּשְׁאָר מְעַט מִזְעָר
**יז** א לוֹא כַבִּיר: מַשָּׂא דַּמָּשֶׂק הִנֵּה דַמֶּשֶׂק מוּסָר מֵעִיר וְהָיְתָה מְעִי

**רש"י**

**קיצך.** תאנים שמייבשין בקין: **הידד.** קול שודדים ובוזזים: **(י) מן הכרמל.** הוא מקום יער ושדות תבואה: **לא ירועע.** לשון תרועת שמחה: **הידד השבתי.** קול המתאספים להטיל הקורה לעצור הענבים: **(יא) יהמו.** בקינה: **(יב) כי נלאה מואב.** להלחם על במות המגדלים: **ובא אל מקדשו.** אל מקום אשר הם מתקדשים שם ומזדמנים שם להתפלל: **(יג) זה הדבר.** סוף כלייתו של מואב ביד נבוכדנצר: **אשר דבר ה' אל מואב מאז.** מימים רבים לפני בא הרעה עליו ניבא לו ישעיה את זאת; דבר אחר, מאז, מאת אשר שכר בלק את בלעם: **(יד) ועתה דבר ה'.** לקרב את הפורענות להם: **בשלש שנים כשני שכיר.** בשביל שלש שנים שסייעו את סנחריב כשצר על שומרון ועזרוהו בלי בצע כאלו היו לו שכירים, לפיכך ונקלה כבוד מואב בין כל שאר המונו של סנחריב, שניטפס בשבי מתוך אותו החיל וילך לו. וכן מפורש בסדר עולם (רבה פרק כג). שטף עמונים ומואבים שהיו מסייעין אותם כשצר על שומרון שלש שנים לקיים מה שנאמר שלש שנים כשני שכיר וגו'. ועוד יש לפרש שלש שנים כשני שכיר, שלש שנים נגזרו עליכם לאורך זמן אבל מצומצמין יהיו, ולא תאחר עוד הפורענות, כאשר ידקדק השכיר בשני שכירותו לצמצם: **ונקלה כבוד מואב.** בעיני כל המון סנחריב הרב: **ושאר.** פליטה הנשארת למואב: **מעט מזער.** תהיה: **לוא כביר.** לשון רוב: **(א) מוסר מעיר.** לשון הסרה: **מעיר.** מהיות עיר: **מעי.** לשון שפלות ועומק כמו מעות ימים:

**רד"ק**

**כי על קיצך ועל קצירך הידד נפל.** בזמן הקציר באו עליהם האויבים. והידד הוא לשון קריאה, והוא שצועקים השוללים כישבאו על העיר פתאום. וכן הוא לשון הדורכים כמו שכתוב הידד בדורכים יענה: **וקיצך.** הוא פירום הקיץ לחים ויבשים: **(י) ונאסף.** כלומר, יאסף מן המקום ההוא אל מקום אחר השמחה והגיל. ומה שאמרו נאסף שמחה, הסמוך אליו הוא לשון נקבה; פירוש בחסרון מלת דבר. כלומר, כל דבר שמחה יהיה נאסף מן הכרמל. ופירוש כרמל, מקום שדות זריעה ועצי פרי. ויש לפרש ונאסף ענין כליון; מן, אָסֹף אֲסִיפֵם (ירמיה ח, יג) והדומים לו: **לא ירנן ולא ירועע.** כי מנהג הוא לשמוח ולרנן ולהריע בשמחה בבציר ובקציר ובאסיפת הפירות, וכן כתוב, כְּשִׂמְחַת בַּקָּצִיר (לעיל ט, ב), ובכרמי מואב לא יעשו בהם שמחה והלולים, כי יגלו מארצם ותהיה ארצם שממה: **לא ידרך.** אמר על היין, לא ידרך על שם סופו; כמו, וְטַחֲנִי קָמַח (לקמן מז, ב), אָפִיתִי עַל גֶּחָלָיו לֶחֶם (לקמן מד, יט). והידד הוא קריאת הדורכים בשמחה: **(יא) על כן.** מאמר הנביא בלשון מואב: **מעי וקרבי.** הוא כפל ענין במלות שונות, כי הקרב הוא המעים. ויונתן תרגם קרבי וְלִבְּהוֹן, וכן הוא, הלב בכלל הקרב: **וקיר חרש.** הוא קיר חרשת הנזכר למעלה: **(יב) והיה כי נראה כי נלאה.** כאשר יהיה נראה לעם כי נלאה מלבכות בבמה, כמו שאמר למעלה בבמות, לבכי, וכאשר יהיה נראה שהוא נלאה מהבכי יבוש לעמוד שם בבמה: **ובא אל מקדשו.** ירצה לבא אל בית מקדשו, והוא בית אלהיו; ירצה לבא שם ולהתפלל אולי יועילנו ולא יוכל ללכת מתוך לאותו מן הבכי. וכן תרגם יונתן אל מקדשו, לְבֵית טַעֲוָתֵיהּ: **(יג) הדבר.** נבואה זו נאמרה על מואב מאז זה שנים ולא קבע לה זמן, ועתה הוסיף לאומרה וקבע לה זמן: **(יד) בשלש שנים.** כשני שכיר ונקלה כבוד מואב. כלומר, עד שלש שנים מצומצמות כימי שכיר שהוא מדקדק בזמנו, ולא יוסיף עליו, כן תבא הרעה על מואב עד שלש שנים מצומצמות. וכבודו ישוב לקלון, כבודו שהוא עתה וגאותו בכל ההמון הרב שיש לו עם רב וממון רב, הכל יסוף: **ושאר מעט מזער.** ומה שישאר מהם יהיה מעט מזער, והכפל למעט: **לוא כביר.** לא יהיה עוד כביר חזק כמו שהיה. ובדרש אשר דבר ה' אל מואב מאז כששכר בלק את בלעם נגזרה גזרה זו על מואב, ובסדר עולם (רבה פרק כג), בשנת בא תרתן אשדודה בשלוח אותו סרגון מלך אשור שטף עמונים ומואבים שהיו מסייעים אותו כשצר על שמרון שלש שנים לקיים מה שנאמר בשלש שנים כשני שכיר ונקלה כבוד מואב. כלומר, לפי שהם סייעו מלך אשור שלש שנים על שמרון כאלו היו שכירים, לפיכך יפלו בידו ונקלה כבוד מואב ביד מלך אשור: **(א) משא.** נבואה זו על דמשק שתחרב, כי מלך אשור החריבה כמו שכתוב, וכן החריב שמרון אחר כן. וזכר חרבן ישראל בזאת הנבואה, כי שני המלכים רצין מלך ארם ופקח בן רמליהו מלך ישראל נועדו על ירושלם להלחם, לפיכך זכר חרבן ישראל שהיא מלכות אפרים בנבואה זו: **מוסר מעיר.** מוסר מהיות עיר:

**מצודת דוד**

**על קיצך.** על תלישת פירות הקיץ ועל קציר שדך תנה קול הידד, והיא קריאת צעקת השוללים הבאים פתאום: **(י) ונאסף.** מעתה כלה שמחה מן הכרמל, כי לא יגדל שם מאומה: **לא ירונן.** לא ישמע שם קול רנה וקול תרועת שמחה: **יין ביקבים.** להוציא יין להמשיך ביקבים לא ידרוך מי שהיה רגיל לדרוך, כי האויב יכלה הכל: **הידד השבתי.** בטלתי את קול צעקת הידד, כי גם היא לשון קריאת צעקת דורכי היין לזרז זה את זה. וכן נאמר, הֵידָד כְּדֹרְכִים יַעֲנֶה (ירמיה כה, ל): **(יא) על כן.** בעבור גודל החורבן, ואמר בלשון מואב: **מעי למואב.** בני מעי יהמו ככנור על חורבן מואב: **וקרבי וכו'.** הוא כפל ענין במילים שונות: **(יב) כי נראה.** כאשר יראה מואב אשר הוא נלאה ועיף לעמוד על הבמה להלחם שמה מול האויב: **אל מקדשו.** לבית העבודת כוכבים שלו להתפלל לפניו לעזור לו: **ולא יוכל.** עם כל זה לא יוכל להתחזק, כי אין בידו לעזור: **(יג) מאז.** מימים הרבה נגזרה עליו: **(יד) ועתה דבר ה'.** עתה הוסיף לקבוע זמן: **כשני שכיר.** רצונו לומר, מצומצות כשכיר הזה המצמצם בשני שכירתו: **ונקלה.** כבודו יהיה נקלה ונבזה עם כל ההמון הרב שיש לו, כי לא יועילו לו: **ושאר.** השארית שיהיה לו הנה יהיו מעט מזער, לא הרבה ישארו, וכפל הדבר להמעיט: **(א) מוסר מעיר.** יהיה סר מהיות עיר:

**מצודת ציון**

**קיצך.** פירות הקיץ: **נופל.** ענין חניה; כמו, עַל פְּנֵי כָל אֶחָיו נָפָל (בראשית כה, יח): **(י) ונאסף.** ענין כליון; כמו, אָסֹף אֲסִיפֵם (ירמיה ח, יג): **הכרמל.** הוא מקום שדות וכרמים; כמו, וְהָיָה מִדְבָּר לַכַּרְמֶל (לקמן לב, טו): **ירונן.** מלשון רינה: **ירועע.** מלשון תרועה: **ביקבים.** הוא הבור שלפני הגת והיין יורד בו: **ידרוך הדורך.** הדרך לדרוך ברגל על הענבים להוציא היין: **השבתי.** ענין בטול, כמו שָׁבַת נֹגֵשׂ (לעיל יד, ד): **(יא) מעי וקרבי.** פתרון אחד להם: **(יב) נלאה.** ענין עייפות; כמו, הַמְעַט מִכֶּם הַלְאוֹת אֲנָשִׁים (לעיל ז, יג): **הבמה.** ענינו מקום גבוה ורמה; כמו, בָּמֳתֵי עָב (לעיל יד, יד): **מקדשו.** מקום המזומן לו: **(יד) ונקלה.** מלשון קלות: **ההמון.** ענין עם רב, ולתוספת ביאור אמר הרב: **מזער.** ענינו כמו מעט; כמו, כַּתַּר לִי זְעֵיר (איוב לו, א): **כביר.** ענין רבוי; כמו, יִתֶּן אֹכֶל לְמַכְבִּיר (שם פסוק לא): **(א) מעי.** תל ודגור; כמו, לְעִי הַשָּׂדֶה (מיכה א, ו):

*O Heshbon and Elealeh; for the cry of 'Hedad' has descended over your sum-*
*mer fruits and harvest.* [10] *Gladness and joy will cease from fertile field, and in*
*the vineyards there will be no rejoicing nor shouting for joy. The treader will*
*not tread out wine in the winepresses; I have ended 'Hedad.'*
[11] *Therefore, my insides moan like a harp for Moab, and my innards for Kirheres.*
[12] *And it shall be when Moab seems to be weary of the high place, and they will come*
*to their sanctuary to pray, they will not be able.* [13] *This is the prophecy that* HASHEM
*had spoken for Moab, of yore,* [14] *but now* HASHEM *has spoken, saying:*
*In three years, like the term of a hired hand, the honor of Moab will turn to*
*disgrace among all the great multitude, and there will be a very small remain-*
*der, not many.*

**17** [1] *A prophecy concerning Damascus:*
*Behold, Damascus will be negated from being a city, and it will be a heap of*

---

**אֲרַיָּוֶךְ דִּמְעָתִי חֶשְׁבּוֹן וְאֶלְעָלֵה** — *I will drench you with my tears, O Heshbon and Elealeh.* If tears were water and one could water the fields with them, I would water your fields with my abundant tears (*Radak*).

**כִּי עַל־קֵיצֵךְ וְעַל־קְצִירֵךְ הֵידָד נָפָל** — *For the cry of "Hedad" has descended over your summer fruits and harvest. "Hedad"* is both a battle cry and the cry of the winepressers; see *Jeremiah* 25:30 and 51:4. The shouts of the enemy are heard as they attack during the time of the harvest, and destroy the fruit on the field (*Radak*). Alternatively, the prosperous farmers, who joyfully shouted during the times of harvest, will shout no more (*Malbim*).

**10. וְנֶאֱסַף שִׂמְחָה וָגִיל מִן־הַכַּרְמֶל** — *Gladness and joy will cease from fertile field.* It was customary to make a celebration when a successful harvest was completed (*Radak*), but there will be no reason to rejoice or sing as the people had in the past, for the fertile fields and vineyards will cease to yield their fruit (*Metzudos*).

**11. עַל־כֵּן מֵעַי לְמוֹאָב כַּכִּנּוֹר יֶהֱמוּ** — *Therefore my insides moan like a harp for Moab.* Again, the prophet speaks like a Moabite who laments as he internalizes the destruction of his nation (*Radak*).

Alternatively, the prophet himself grieves over the disintegration of Moab, because it is a principle of Kabbalistic thought that there must be at least a scintilla of holiness in even the most pronounced evil, otherwise it could not survive. If Israel had been able to "capture" this bit of holiness, they could have raised it to its highest potential. Now that Moab was gone, Israel was deprived of this opportunity (*Beis Yaakov* of *Izhbitz*).

**12. וְהָיָה כִּי־נִרְאָה כִּי־נִלְאָה מוֹאָב עַל־הַבָּמָה** — *And it shall be when Moab seems to be weary of the high place.* The Moabites had wept and prayed at their *high places,* but when they saw no success, they went to the temples of their gods, but that, too, will be of no avail (*Ibn Ezra; Radak*).

Alternatively, when Moab will appear to be wearied of battling their enemies at their towering bastions, they will go to their sanctuaries and attempt to entreat their gods for assistance. However, these false gods have no ability to save their followers (*Metzudos*).

**13. זֶה הַדָּבָר אֲשֶׁר דִּבֶּר ה׳ אֶל־מוֹאָב מֵאָז** — *This is the prophecy that* HASHEM *had spoken for Moab, of yore.* The prophecy of Moab's destruction had been previously foretold, but God did not reveal when it would actually occur. Now He will reveal the time of its realization (*Radak*).

**14. וְעַתָּה דִּבֶּר ה׳ לֵאמֹר בְּשָׁלֹשׁ שָׁנִים כִּשְׁנֵי שָׂכִיר** — *But now* HASHEM *has spoken, saying: In three years, like the term of a hired hand.* The destruction of Moab will take place in exactly three years. A hired person counts the days that he was hired to work and will not work a single extra day; so too will the prophecy come about in exactly three years without delay (*Radak*).

Alternatively, Moab had acted like a hireling and aided Sennacherib for three years, without compensation, when he besieged Samaria. Now Moab will suffer retribution and be disgraced among the remainder of Sennacherib's armies (*Rashi*).

**וְנִקְלָה כְּבוֹד מוֹאָב בְּכֹל הֶהָמוֹן הָרָב** — *The honor of Moab will turn to disgrace among all the great multitude.* The honor that had been Moab's, its multitudes of people, will now be its disgrace, for only a mere few of its inhabitants will remain.

**17.**

**1. מַשָּׂא דַּמָּשֶׂק** — *A prophecy concerning Damascus.* Previously (7:1), Scripture recorded that Rezin of Aram had formed an alliance with Pekah son of Remaliah, king of the Northern Kingdom, to attack Jerusalem and destroy the kingdom of Judah. At that time, Isaiah prophesied to Ahaz, king of Judah, that he need not be concerned because Aram and the Northern Kingdom would never rule over Jerusalem. Isaiah also informed him that both Aram and Samaria would soon be destroyed (see *Rashi* and *Radak* to 7:8-9). The following prophecy was said when Rezin and Pekah joined forces to attack Judah (*Abarbanel*).

**מַשָּׂא דַּמָּשֶׂק** — *A prophecy concerning Damascus.* This chapter foretells the destruction of both Aram and the Northern Kingdom of Israel, for just as they were united in their effort

ב־ג מַפָּלָה: עֲזֻבוֹת עָרֵי עֲרֹעֵר לַעֲדָרִים תִּהְיֶינָה וְרָבְצוּ וְאֵין מַחֲרִיד: וְנִשְׁבַּת מִבְצָר
מֵאֶפְרַיִם וּמַמְלָכָה מִדַּמֶּשֶׂק וּשְׁאָר אֲרָם כִּכְבוֹד בְּנֵי־יִשְׂרָאֵל יִהְיוּ נְאֻם יהוה
ד צְבָאוֹת: וְהָיָה בַּיּוֹם הַהוּא יִדַּל כְּבוֹד יַעֲקֹב וּמִשְׁמַן בְּשָׂרוֹ יֵרָזֶה:
ה וְהָיָה כֶּאֱסֹף קָצִיר קָמָה וּזְרֹעוֹ שִׁבֳּלִים יִקְצוֹר וְהָיָה כִּמְלַקֵּט שִׁבֳּלִים בְּעֵמֶק
ו רְפָאִים: וְנִשְׁאַר־בּוֹ עוֹלֵלֹת כְּנֹקֶף זַיִת שְׁנַיִם שְׁלֹשָׁה גַּרְגְּרִים בְּרֹאשׁ אָמִיר
ז אַרְבָּעָה חֲמִשָּׁה בִּסְעִפֶיהָ פֹּרִיָּה נְאֻם־יהוה אֱלֹהֵי יִשְׂרָאֵל: בַּיּוֹם

## רש״י

**(ב) עזובות ערי ערוער.** יונתן תרגם לשון חורבן כמו ערער תתערער, ופירושו על ערי ארם. ומדרש אגדה (פתיחה דאיכה רבתי י) מתמיה, לפי שערוער מארץ ישראל היתה, שנאמר, וְאֶת עֲרֹעֵר (במדבר לב, לד), עומד בדמשק ומכריז בערוער? אלא שהיו בדמשק שווקים כמנין ימות החמה וכל אחת יש בה עבודת כוכבים ועובדים לה יום אחד בשנה, וישראל עשו את כולן קבוץ אחד והיו עובדין את כלם בכל יום; לכך הזכיר מפלת ערוער אצל דמשק. ואני מפרשו לפי פשט המקרא, על שנתחברו רצין ופקח בן רמליהו יחד והנביא היה מתנבא על מפלת דמשק. ואמר, הנה דמשק מוסר מעיר; ערי ערוער שהיו של פקח כבר היו עזובות, שגלו הראובני והגדי כבר. והרי תמיד לעדרי צאן הם נתונות, ורובצים שם צאן מואב ואין מחריד. עוד תהי מלכות פקח הולכת וכלה ותלכד, גם שומרון בימי הושע, ואז ונשבת מבצר מאפרים וממלכה מדמשק, שיהרג רצין: **(ג) ככבוד.** עשרת השבטים יהיו. גם אלו גלו לחלח וחבור, ואלו יגלו לקיר; שנאמר, וַיַּגְלֶהָ קִירָה וְאֶת רְצִין הֵמִית (מלכים ב טז, ט): **(ד) ומשמן בשרו ירזה.** וְעוֹתַר יְקָרֵיהּ יִגְלֵי: **(ה) והיה כאסוף קציר קמה.** כמו שבעת קצירת קמה, אוסף הקוצר צבת הקמה ביד אחת, וזרועו השנית שבלים יקצור במגל; כן יעקור סנחרב ויגלה הכל, ואף לקט הנושר בשעת קצירה ילקט וישאנו; כלומר, אף הבורחים לא ימלטו מידו וילקטום (כמו שמלקט שבלים, ספרים אחרים אינו): **בעמק רפאים.** הוא הגיא אשר על פני ירושלים בספר יהושע תמצא (טו, ח) שעמק רפאים סמוכה לירושלים: **(ו) ונשאר בו.** חזקיהו וסייעתו שהם תוך ירושלים, אנשים מעט כעוללות כרם וכנוקף זית המשאיר שנים שלשה גרגרים: **בנוקף זית.** קוצץ זיתים ללוקטן מן האילן; וכן, וְנִקַּף סִבְכֵי הַיַּעַר (לעיל י, לד). ורבותינו דרשו ונשאר בו בהמון סנחריב אנשים מעט כנוקף זית, כדאיתא באגדת חלק (סנהדרין צה, ב). **בראש אמיר.** בראש הענף: **בסעיפיה.** בענפיה; וכן, וְכִלָּה סְעִפֶיהָ (לקמן כז, י), וכן מְסָעֵף פֻּארָה (לעיל י, לג):

## רד״ק

**והיתה מעי מפלה.** שישפילנה ותהיה גל אבנים. וזכר דמשק לפי שהיתה ראש הממלכה; כמו שאמר, כִּי רֹאשׁ אֲרָם דַּמֶּשֶׂק (לעיל ז, ח): **(ב) עזובות ערי ערוער.** אפשר שהיתה בארם עיר ששמה ערוער והיתה עיר גדולה, לפיכך סמך אליה הערים הקטנות ואמר ערי ערוער. ואף על פי שהיתה בערי מואב ערעור שכבשוה בני ישראל, היתה גם כן בערי דמשק עיר ששמה ערוער; כמו שכתוב, עַד עֲרוֹעֵר אֲשֶׁר עַל פְּנֵי רַבָּה (יהושע, יג, כד). ובמדרש (שיר השירים רבה א, לט), עומד בדמשק ומכריז בערעור? אלא שהיו בדמשק שוקים כמנין ימות החמה וכל אחד יש בו עבודת כוכבים, והיו עובדים כל אחת ביומה; וישראל היו עובדים כולם ביום אחד. לכך הזכיר מפלת ערוער שהיה בישראל, אצל מפלת דמשק: **לעדרים תהיינה.** שיהיו חרבות ויהיו למדבר צאן: **(ג) ונשבת מבצר.** היא שמרון, שהיה מבצר אפרים וראש ממלכתם. וממלכה מדמשק, כי מלך אשור המית רצין מלך ארם והחריב דמשק: **ושאר ארם.** לפי שזכר דמשק אמר לא דמשק לבד, כי גם שאר ארם יגלו, כמו כבוד בני ישראל כן יגלה כבודם, כי שניהם גלו בזמן אחד על ידי מלך אשור: **(ד) והיה ביום ההוא.** בזמן ההוא, שגלו עשרת השבטים שהיו כבוד יעקב: **ידל.** ענין דלות ועניות והוא הפך הכבוד, כי עם העושר הוא הכבוד: **ומשמן בשרו ירזה.** דרך משל על עשרם וכבודה שגלה, והרזון הפך המשמן: **(ה) והיה כאסיף קציר.** כמו שהקוצר יאסוף הקמה ויקצרנה יחד, לא ישאר אלא שבלים מעטים אחת הנה ואחת הנה, כן יעשה מלך אשור בישראל, שיגלה אותם. לא נשארו בעשרת שבטים אלא מעטים מפוזרים בארץ, וגם מהם יקחו וילקטו אותם אשר ימצא: **קציר.** שם תאר בפלס שריד ופליט: **וזרועו שבלים יקצור.** כפל הענין במלות שונות: **והיה כמלקט שבלים בעמק רפאים.** זה האויב מלקט ישראל הבורחים, כמו שמלקט שבלים אחת הנה ואחת הנה, כן ילקט האויב מה שנמצא מהם בורחים. ואנה ילקטם? בעמק רפאים ובשאר המקומות. אבל זכר עמק רפאים כי הוא סמוך לירושלם, ומלך אשור תפש הכל מה שלכד שהיה תוך לירושלם. ועמק רפאים נזכר בספר יהושע, אֲשֶׁר בִּקְצֵה עֵמֶק רְפָאִים צָפֹנָה (יהושע טו, ח); נקרא כן העמק ההוא, אולי היה לענקים: **(ו) ונשאר.** אמר זה על יושבי ירושלם שהיו כעוללות כנגד שאר ישראל, שהיו רבים והם מעטים, כעוללות להם: **וכנוקף זית.** כמו אחר נקיפת זית, שנשארים בזית גרגרים מעטים שלא נשרו בעת הנקיפה, והם אשר בראש אמיר שלא תשיג יד המנקף להסירם; ואמיר נקרא הסעיף העליון, כן היא ירושלם שהיא גבוהה ומעולה שבארץ ישראל, ואשר יהיו בתוכה לא תשיגם יד מלך אשור:

## מצודת דוד

**מעי מפלה.** ימלא תלים מן מפולת הבתים: **(ב) עזובות.** הלא הערים הסמוכות לערוער כבר עזובות המה כי גלו מהם הראובני והגדי: **לעדרים.** והרי הם נתונות לעדרי צאן והמה רובצים שם, ואין מי מחרידם כי שממה המה ואין מי בא שמה: **(ג) ונשבת.** וכן ונשבת כל ערי מבצר מאפרים, וכן יושבת הממלכה מדמשק. ולפי שרצין מלך ארם ופקח מלך ישראל התחברו להלחם על ירושלים, לכן אמר שהמה שניהם יפלו ביד סנחריב וירושלים תנצל: **ושאר ארם.** הפליטה הנשארת מארם יהיו ככבוד בני ישראל כי גם כבודם ידל, (ד) ידל כבוד יעקב. יהיה דל ורש כי יוקח עשרו, ומשמן. שמנונית בשרו יהיה רזה וכחוש, רצונו לומר, לא ישאירו בידו מאומה: **(ה) והיה כאסוף קציר.** הדבר יהיה דומה כמו הקוצר, אשר בידו האחת אוסף שבלי הקמה ובזרועו השנית יקצרם. כן האויב יקבצם ויכלם מן העולם: **והיה כמלקט.** רצה לומר, אף הבורחים לא ימלטו מידו כי ילקטם אחד אחד כהמלקט שבלים בעמק רפאים, והוא הגיא הסמוך לירושלים כמו שכתוב ביהושע. והמקום היה רזה וכחוש ומעט תבואה צמח שם אחת הנה ואחת הנה, נלקטים אחת אחת: **(ו) ונשאר בו עוללות.** זה חזקיהו וסיעתו שהיו תוך ירושלים, והמה המעט כעוללות הכרם: **כנוקף זית.** ככורת זתים מן האילן אשר ישארו שנים או שלשה זתים יחידים בראש הנוף העליון לפי שקשה לכרתם שמה: **ארבעה חמשה.** וישארו ארבעה או חמשה גרגרים בענפים של אותה הזית שהיתה בעלת פרי; רצונו לומר, כמו כן מעט ישארו שלא יכבשם סנחריב:

## מצודת ציון

**(ג) ונשבת.** ענין בטול: **ככבוד.** העושר נקרא כבוד; כמו, וּמֵאֲשֶׁר לְאָבִינוּ עָשָׂה אֵת כָּל הַכָּבֹד הַזֶּה (בראשית לא, א): **(ו) עוללות.** הם הענבים הקטנים הנשארים באילן, ואין מי חושש עליהם, והוא מלשון, עוֹלֵל וְיוֹנֵק (איכה ב, יא): **כנוקף.** ענין כריתה; כמו, וְנִקַּף סִבְכֵי הַיַּעַר (לעיל י, לד): **גרגרים.** כן יקראו פירות דקים יחידים: **אמיר.** הוא נוף העליון, וכן כעזובת החורש והאמיר האמור למטה: **בסעיפיה.** בענפיה; כמו, בִּסְעַפֹּתָיו קִנְּנוּ (יחזקאל לא, ו):

*Breakup of Ephramite-Aramean alliance*

*rubble.* [2] *Deserted will be the cities of Aroer; they will be for flocks that will lie down with none to disturb them.* [3] *The stronghold will cease from Ephraim, and monarchy from Damascus and the rest of Aram; they will be like the glory of the Children of Israel — the word of* HASHEM, *Master of Legions.*

[4] *It shall be on that day that the honor of Jacob will diminish and the fatness of his flesh grow lean.* [5] *It will be as when the harvester gathers grain and his arm cuts the ears, and it will be as one who gleans ears in the Valley of Rephaim.* [6] *Only gleanings will remain on him, like a picked olive tree, with but two or three olives on the top of the highest branch, or four or five on its flourishing boughs — the word of* HASHEM, *God of Israel.*

to destroy Judah, so too shall they be united in their own destruction by Assyria (*Abarbanel*). It opens with a harsh prophecy concerning Damascus, the capital of Aram, foretelling its utter destruction. The Assyrian armies will destroy Damascus so completely that it will be no more than a heap of rubble.

**2. עֲזֻבוֹת עָרֵי עֲרֹעֵר** — *Deserted will be the cities of Aroer.* Aroer was a large and important Aramean city (*Radak; Abarbanel*). The prophet declares that the Assyrian attack will leave Aroer and its suburbs desolate and deserted. It will be inhabited only by the grazing flocks that will remain there undisturbed, for there will be no one to chase them away (*Metzudos*). Others maintain that Aroer was actually a Jewish city, east of the Jordan River, belonging to the tribes of Reuben or Gad, which had already been exiled by the time this prophecy was uttered. Accordingly, Isaiah warns Aram that it, too, would be exiled by Sennacherib, just as he had exiled the Jewish city of Aroer and then the rest of the Ten Tribes (*Rashi*).

**3. וְנִשְׁבַּת מִבְצָר מֵאֶפְרַיִם** — *The stronghold will cease from Ephraim.* The *stronghold* is Samaria, the capital of Ephraim, the Northern Kingdom of Israel. The kingdom is referred to as Ephraim because its first king, Jeroboam, was an Ephraimite (*Radak*).

**וּמַמְלָכָה מִדַּמֶּשֶׂק וּשְׁאָר אֲרָם** — *And monarchy from Damascus and the rest of Aram.* Just as Ephraim's stronghold will be destroyed, Rezin will be killed and the Aramean survivors will be exiled (*Radak*). Just as the Ten Tribes — *the glory of the Children of Israel* — were exiled to Halah and Habor (*II Kings* 18:11), the Armenians were exiled to Kir (*Rashi*).

**4. וְהָיָה בַּיּוֹם הַהוּא יִדַּל כְּבוֹד יַעֲקֹב** — *It shall be on that day that the honor of Jacob will diminish.* The Ten Tribes will become impoverished by the enemy. To a wealthy person, his wealth is his honor; remove his resources and he loses respect and honor (*Radak*).

**וּמִשְׁמַן בְּשָׂרוֹ יֵרָזֶה** — *And the fatness of his flesh grow lean.* Their wealth is described metaphorically as *the fatness of his flesh.* The wealth of the Ten Tribes will be removed as they are exiled, like someone who loses a great deal of weight and becomes gaunt (*Radak*).

**5. וְהָיָה כֶּאֱסֹף קָצִיר קָמָה וּזְרֹעוֹ שִׁבֳּלִים יִקְצוֹר** — *It will be as when the harvester gathers grain and his arm cuts the ears.* Just as the harvester gathers bundles of standing grain in one arm, and with his other arm cuts more ears of grain, so will Sennacherib uproot and exile everyone (*Rashi*). The land will be as devoid of inhabitants as a completely harvested field is devoid of crops.

*Abarbanel* explains that Isaiah likens Assyria to a harvester in two ways: (1) With his right hand he cuts down the stalks and gathers them together in his left arm. Then (2) he retraces his steps to gather the gleanings he had left behind. So, too, Sennacherib captured and killed, and then came back to make sure his conquests were complete.

**וְהָיָה כִּמְלַקֵּט שִׁבֳּלִים בְּעֵמֶק רְפָאִים** — *And it will be as one who gleans ears in the valley of Rephaim.* The valley of Rephaim, which was near Jerusalem, was an infertile area and consequently little grain grew there. Isaiah is foretelling that those few who will manage to escape the Assyrian army will be captured by the Assyrians like one who plucks the few standing stalks of grain in the valley of Rephaim, one by one (*Radak*).

**6. וְנִשְׁאַר־בּוֹ עוֹלֵלֹת כְּנֹקֶף זַיִת** — *Only gleanings will remain on him, like a picked olive tree.* The gleanings and single olives symbolize the small number of Jews who will remain in the land after the Assyrians exile the tribes of the Northern Kingdom. The remaining Jews were either Hezekiah and his supporters who were living in Jerusalem (*Rashi*) or the tribes of Judah and Benjamin, who remained in the south after the Ten Tribes were exiled (*Mahari Kara*).

The Talmud (*Sanhedrin* 95b), however, interprets the verse as referring to the few Assyrian soldiers who will survive the campaign against Jerusalem. These survivors will be as few as the olives that remain on a tree after it has been harvested. According to one interpretation, nine survivors remained, corresponding to the numbers four and five mentioned in this verse. Another interpretation adds the numbers *two* and *three* to the total, so that fourteen soldiers remained.

**בְּרֹאשׁ אָמִיר** — *On the top of the highest branch.* Just as the harvester cannot reach the olives on the uppermost branch, so too will Sennacherib be unable to reach Jerusalem, the highest and most exalted area of the entire Land of Israel (*Radak*).

ח הַהוּא יִשְׁעֶה הָאָדָם עַל־עֹשֵׂהוּ וְעֵינָיו אֶל־קְדוֹשׁ יִשְׂרָאֵל תִּרְאֶינָה: וְלֹא
יִשְׁעֶה אֶל־הַמִּזְבְּחוֹת מַעֲשֵׂה יָדָיו וַאֲשֶׁר עָשׂוּ אֶצְבְּעֹתָיו לֹא יִרְאֶה וְהָאֲשֵׁרִים
ט וְהַחַמָּנִים: בַּיּוֹם הַהוּא יִהְיוּ | עָרֵי מָעֻזּוֹ כַּעֲזוּבַת הַחֹרֶשׁ וְהָאָמִיר
י אֲשֶׁר עָזְבוּ מִפְּנֵי בְּנֵי יִשְׂרָאֵל וְהָיְתָה שְׁמָמָה: כִּי שָׁכַחַתְּ אֱלֹהֵי יִשְׁעֵךְ וְצוּר
יא מָעֻזֵּךְ לֹא זָכָרְתְּ עַל־כֵּן תִּטְּעִי נִטְעֵי נַעֲמָנִים וּזְמֹרַת זָר תִּזְרָעֶנּוּ: בְּיוֹם נִטְעֵךְ
יב תְּשַׂגְשֵׂגִי וּבַבֹּקֶר זַרְעֵךְ תַּפְרִיחִי נֵד קָצִיר בְּיוֹם נַחֲלָה וּכְאֵב אָנוּשׁ: הוֹי

## רש״י

(ז) **ישעה.** יפנה אל עושהו; כמו, וַיִּשַׁע ה׳ אֶל הֶבֶל (בראשית ד, ד): **האדם.** לדיקים שנשארו בם: (ח) **לא יראה.** לא יחשבו בעיניו: (ט) **ערי מעוזו.** של ישראל: **בעזובת החרש והאמיר.** עזובות כיער הזה חריבות מאין אדם: **חורש.** הוא יער, כדמתרגם ביער, בְּחוּרְשָׁא: **והאמיר.** אף הוא יער, מקום אילנות. כעזובת ערי האמורי שהניחום חריבות בימי יהושע כחורש והאמיר, וברחו להם מפני בני ישראל והיתה ארץ ישראל שממה: (י) **על כן תטעי וגו׳.** על כן, כאשר נטעתיך מתחילה, נטעתי נטע נעמנים, שנים עשר בני יעקב. ובהעלות נטעיך לזמורות, נתנו זרע שאינו הגון, כזמורות זרות שאינם ממין גפן, אלא דומים לגפן: **תזרענו.** תתנו זרעך באותו נטע ועוד יש לומר, וזמורות זר תזרענו, התחתנת בכותים ונתערבו בכם: (יא) **ביום נטעך תשגשגי.** לשון סכסוך, נשתגשגו זמורותיך במיני דשאים וערבובים המקלקלים ענפי הגפן. כלומר, במקום שנטעתיך לי לכרם, שם קילקלת במעשיך. הוא שאמר להם, בְּיוֹם בָּחֳרִי בְיִשְׂרָאֵל וָאֶשָּׂא יָדִי לְזֶרַע בֵּית יַעֲקֹב וָאִוָּדַע לָהֶם בְּאֶרֶץ מִצְרָיִם (יחזקאל כ, ה). ונאמר וַיַּמְרוּ בִי וְלֹא אָבוּ לִשְׁמֹעַ וגו׳ (שם ח), ואף כאן תשגשגי; נתערבת בתועבות המצריים: **ובבקר זרעך תפריחי.** וליום המחרת, כשהוצאתיך משם הכנסתיך לארץ, גם שם זרעך הרע הפרחת: **נד קציר ביום נחלה.** גדיש של קציר רע אשר הונח ביום ובלילה: **נחלה.** אותו קציר הגיע ליום צרה. נד הוא לשון גובה; וכן, נִצְּבוּ כְמוֹ נֵד נֹזְלִים (שמות טו, ח) וכן כֹּנֵס כַּנֵּד (תהלים לג, ז). ואין נד ונוד שוים: **וכאב אנוש.** שנשלמת שכרך: **אנוש.** נעכר בחולי רע; וכן, וַיֵּאָנַשׁ (שמואל ב יב, טו), וכן כִּי אֲנוּשָׁה מַכּוֹתֶיהָ (מיכה א, ט). דבר אחר, ובבקר זרעך תפריחי, עד שלא בא השרב הפרחתם, ודרך הכרם לפרוח בבא השרב, והמפריח בבקר אינו הגון. זה במדרש רבי תנחומא (שלח יב):

## רד״ק

(ז) **ביום ההוא ישעה.** פירוש יפנה או יבטח. ועל כמו אל, אם פירוש יפנה. והוא כי חזקיהו החזיר למוטב ישראל, ובער עבודת כוכבים מבית המקדש ומן הארץ, והבין והורה אותם כי ה׳ הוא אלהים ולו ראוי לעבוד ולבטוח בו. זהו שאמר על עושהו, שיבינו כי אלהים הוא עושה את האדם ויוצרו, והוא קדוש ישראל, שקידש ישראל והבדילם מן העמים להיות לו ולעובדו לבדו: (ח) **ולא ישעה אל המזבחות מעשה ידיו.** לא אמר על המזבחות מעשה ידיו, כי כל מזבחות מעשה ידי אדם; אלא המזבחות סמך למעשה ידיו, ומעשה ידיו הם האלילים והוא עושה המזבחות להם ועובד עליהם לשמים. ואף על פי שבא הסמיכות בה״א הידיעה כן, בא כמוהו, הַמִּזְבֵּחַ בֵּית אֵל (מלכים־ב כג, יז), ואחרים כמוהו, כמו שכתבנו בספר מכלל: **ואשר עשו.** כפל הענין במלות שונות: (ט) **ביום ההוא.** כעזובת החרש והאמיר, שם דבר; כמו, וְרַבָּה הָעֲזוּבָה (לעיל ו, יב), בשקל מלוכה. אמר כי ערי מעוזו יהיו עזובות מפני האויב כעזובת החרש והאמיר, שעוזב מלקט הפירות העוזב אותם לגבהם ולמעוטם, כמו שאמר למעלה שנים שלשה גרגרים בראש אמיר: **אשר עזבו מפני בני ישראל.** פירוש, כעזובה שעזבו הכנענים מפני בני ישראל, וכעזובת שזכר עומד במקום שנים, כי משבעה אומות רבים מהם ברחו ועזבו עריהם כשבאו ישראל לארץ. ובדרש אומר (מדרש רבה ויקרא פרשה יז, פסקא ו) כי הכנעני פנה לפניהם והלך לאפריקי, ויש אומרים כי הפריזי פנה גם כן; כן ישראל עזבו אפילו ערי המעוז מפני מלך אשור. ואפשר שעליהם נאמר ויעל על כל ערי יהודה הבצורות ויתפשם, ולא הוצרך להלחם עליהם כי מצאן עזובות ולא הניחו בהם אלא הנשים והטף. וזהו שאמר, וַיֹּאמֶר לְבִקְעָם אֵלָיו (דברי הימים ב לב, א), כלומר חשב לבקעה בדיק ומחי קביל ולא הוצרך כי מצאם עזובות: **והיתה שממה.** והיתה הארץ שממה מאין יושב: (י) **כי שכחת.** אמר כנגד כנסת ישראל, למה קרה לך כל זה אפילו ערי מעוזך עזובות? לפי שאת עזבת צור מעוזך ואלהי ישעך שהיה לך מגדל עוז ומושיעך מן האויב, ואת שכחת אותו ולא זכרת אותו בעת צרתך, לפיכך הניחך ביד אויב: **על כן תטעי נטעי נעמנים.** על כן בא לך זה, לפי שהיית מתחילה נוטעת נטעי נעמנים, ועתה זמורת זר תזרענו אותו; הנעימות הפכת לזרות. והוא משל כי עבודת האל הגדול הפכת לעבודת אל זר: (יא) **ביום נטעך.** מתחילה, בעוד שהיית הולכת אחרי האל הגדול היית מצלחת במעשיך, כמו על דרך משל, אם יטע אדם נטע וישגא ביום הנטיעה, ובבקר יוצא פרח ויצץ ציץ, כן היו כל מעשי ידיך באים על הנכונה והיתה בהם ברכה מרובה. ועתה בהשחיתך דרכך נד קציר, ינוד הנטע והקציר, וביום נחלה וכאב אנוש, ביום שבאה לך המכה הגדולה והכאב האנוש: **קציר.** כמו, וְעָשָׂה קָצִיר כְּמוֹ נָטַע (איוב יד, ט). ואמר תטעי, ואמר תזרענו, ואמר נטעך, ואמר זרעך; כי הצומח צומח בשני דרכים, בנטיעה ובזריעה. ואמר תטעי בלשון נקבה, ואמר תזרענו לשון זכר, כי כן דרך הפסוק כשידבר לעם פעם בלשון זכר ופעם בלשון נקבה. כשידבר לשון נקבה הוא כנגד הכנסה וכשידבר לשון זכר הוא כנגד העם:

## מצודת דוד

(ז) **ישעה האדם.** יפנה האדם אל ה׳ שעשה אותו ובו יבטח: **ועיניו וכו׳.** כפל הדבר במילים שונות: (ח) **אל המזבחות מעשה ידיו.** אל המזבחות הנעשים לעבודת כוכבים שהמה מעשה ידיו: **ואשר וכו׳.** לא יסתכל עוד אל העבודת כוכבים אשר עשו אצבעותיו, וגם האשרים והחמנים לא יראה עוד: (ט) **ערי מעוזו.** ערי המבצר שהיו לו למעוז וחוזק: **כעזובת החורש והאמיר.** עזובות תהיינה מיושביהן, כמו היער שהוא עזוב מבני אדם, וכמו הנוף העליון מן האילן, שלרוב גבהה עזובה היא מאנשים כי אין מי עולה שמה: **אשר עזבו.** חוזר על מלת כעזובת, לומר, וכעזובה אשר עזבו הכנענים מפני בני ישראל, כי רבים מהכנענים עזבו עריהם והלכו להם מפני בני ישראל בעלותם ממצרים: **והיתה שממה.** ותהיה ארצם שממה מאין יושב: (י) **כי שכחת.** בעון אשר שכחת וכו׳: **וצור מעוזך וכו׳.** כפל הדבר במילים שונות: **על כן.** על אשר מתחילה נטעת נטעי נעמנים וערבים, ועתה תזרע ארצך זמורת זר שאינו ממין הגפנים. רצונו לומר, הפכת עבודת האל לעבודת האליל: (יא) **ביום נטעך.** לכן היית מצלחת בתחילה, כי ביום שנטעו אותך נתגדלת למעלה, ובבקר שאחריו תוציא פרחי הזרע. רצונו לומר, במהירות רב בא לך הגדולה: **נד קציר.** אבל עתה בהשחיתך דרכך, הנה תנוד הענף ממך ביום בוא עליך נחלה ומכאוב אנוש. ורצונו לומר, ביום בוא האויב יכלה הכל מבלי שארית:

## מצודת ציון

(ז) **ישעה.** יפנה; כמו, וַיִּשַׁע ה׳ אֶל הֶבֶל וְאֶל מִנְחָתוֹ (בראשית ד, ד): **על.** כמו אל: (ח) **והאשרים.** הוא אילן הנעבד: **והחמנים.** צורה מה עשוי לחמה: (ט) **מעוזו.** ענין חוזק: **החורש.** ענינו יער בעל סעיפים, כמו, וְחֹרֶשׁ מֵצַל (יחזקאל לא, ג): **והאמיר.** הוא הנוף העליון: (י) **וצור.** ענין חוזק: **נעמנים.** מלשון נעים ויופי: **וזמורות.** כן נקרא ענף הגפן; וכן, וַיִּכְרְתוּ מִשָּׁם זְמוֹרָה (במדבר יג, כג): (יא) **תשגשגי.** ענין גדול למעלה למעלה; כמו, כְּאֶרֶז בַּלְּבָנוֹן יִשְׂגֶּה (תהלים צב, יג). ונכפלו הפ״א ועין הפעל; ויורה על הפלגה. וכן לַחְפֹּר פֵּרוֹת (לעיל ב, כ), שפירושו חפירות עמוקות ביותר: **נד.** מלשון נדידה: **קציר.** ענינו ענף; כמו, תְּשַׁלַּח קְצִירֶהָ (תהלים פ, יב): **נחלה.** מלשון חולי: **אנוש.** כאוב ביותר; וכן אָנוּשׁ חִצִּי בְלִי פָשַׁע (איוב לד, ו):

*Abandonment of idolatry*

*7 On that day man will turn to his Maker and his eyes will look to the Holy One of Israel. 8 He will not turn to the altars of his own handiwork; and to what his fingers made he will not look, nor [to] the Asherah-trees or the sun-images.*

*9 On that day his fortified cities will be like the abandonment of forests and woodlands, which they abandoned before the Children of Israel; and it will be desolate. 10 For you have forgotten the God of your salvation, and have not remembered the Rock of your stronghold; because you had been planted as pleasant saplings, but you sow strange shoots. 11 On the day you were planted you flourished, and at dawn your seed flowered; but your branch is removed on a day of affliction and acute pain.*

---

**7. בַּיּוֹם הַהוּא יִשְׁעֶה הָאָדָם עַל־עֹשֵׂהוּ** — *On that day man will turn to his Maker.* After witnessing the exile of the Northern Kingdom (*Mahari Kara*) and experiencing some of God's retribution themselves (see v. 9), the people of Judah, under the leadership of Hezekiah, will recognize that God is indeed the Creator of all that exists and will turn wholeheartedly to Him (*Radak*).

**וְעֵינָיו אֶל־קְדוֹשׁ יִשְׂרָאֵל תִּרְאֶינָה** — *And his eyes will look to the Holy One of Israel.* God is called *the Holy One of Israel* because He sanctified Israel and separated them from the nations of the world to be His and to worship only Him (*Radak*).

*Malbim* comments that there are two types of idolaters. One denies the existence of Hashem and insists that his idol is the only god. The other kind of idolater acknowledges that Hashem is the Creator, but believes that He has given independent power to intermediaries. Our verse addresses both forms. On *that day* — the day when all will give up these falsehoods — *man will turn to His Maker,* and repudiate the belief that Hashem is not the Creator. Even he who had always recognized His preeminence will give up his false belief in intermediaries and *his eyes will look [only] to the Holy One of Israel.*

**8. וְלֹא יִשְׁעֶה אֶל־הַמִּזְבְּחוֹת מַעֲשֵׂה יָדָיו** — *He will not turn to the altars of his own handiwork.* People will no longer turn to the altars that had been constructed for the images that they had crafted with their own hands (*Radak*).

**וַאֲשֶׁר עָשׂוּ אֶצְבְּעֹתָיו לֹא יִרְאֶה** — *And to what his fingers made he will not look.* Because they will then turn to God wholeheartedly, they will no longer have any regard at all for the pagan's image and deities that they had formerly worshiped (*Metzudos*).

**וְהַחַמָּנִים** — *Sun-images,* from the word חַמָּה, *sun* (*Metzudos*).

**9. בַּיּוֹם הַהוּא יִהְיוּ עָרֵי מָעֻזּוֹ כַּעֲזוּבַת הַחֹרֶשׁ וְהָאָמִיר** — *On that day his fortified cities will be like the abandonment of forests and woodlands.* The previous two verses described the repentance that would result from the punishments that the people witnessed and experienced. This verse resumes the description of the punishments that began in verses 4-6. The prophet foretells that after Sennacherib's conquest, the cities of the north will be as desolate and uninhabited as many of the Canaanite cities when Moses and Joshua conquered the land (*Rashi*). The survivors in Judah will be concentrated in Jerusalem, for the rest of Judah will be destroyed.

Alternatively, הַחֹרֶשׁ and הָאָמִיר may both be translated *branches,* and are referring to the branches that have few fruit to pick and that are too high to reach. On that day, the fortified cities will be abandoned, just as the harvester abandons those branches (*Radak*).

**10. כִּי שָׁכַחַתְּ אֱלֹהֵי יִשְׁעֵךְ וְצוּר מָעֻזֵּךְ לֹא זָכָרְתְּ** — *For you have forgotten the God of your salvation and have not remembered the Rock of your stronghold.* Isaiah prophetically explains that the reason God delivered these cities into the hands of the enemy is because the people had forgotten Who is their protector and that it is only God Who saves them from their enemies (*Radak*).

**עַל כֵּן תִּטְּעִי נִטְעֵי נַעֲמָנִים וּזְמֹרַת זָר תִּזְרָעֶנּוּ** — *Because you had been planted as pleasant saplings, but you sow strange shoots.* Israel was originally successful because it had illustrious ancestors, metaphorically described as *pleasant saplings,* and it would have been natural that the saplings would produce fruit, i.e., offspring, in their righteous image. The people, however, did not live up to the standard of their forebears, like saplings whose branches gave forth corrupted fruit (*Rashi*).

**11. בְּיוֹם נִטְעֵךְ תְּשַׂגְשֵׂגִי** — *On the day you were planted you flourished.* Isaiah continues his metaphor, comparing the nation to plantings. He describes the people as going from one extreme to the other. Originally, Israel had been blessed with amazing success, like a seed that flowered the morning after it was planted; however, because they forgot God, *their branch is removed,* they were met with *affliction,* and *acute pain,* and exile (*Abarbanel*).

Alternatively, on the day I planted you for My sake, i.e., when I gave you the Torah at Sinai, there was already dross within you like the impurities in silver. How repulsive it is that a bride is unfaithful when she is still under the marriage canopy! (*Mahari Kara*). You still had within yourself the perversions of Egypt (*Rashi*).

**נֵד קָצִיר בְּיוֹם נַחֲלָה וּכְאֵב אָנוּשׁ** — *But your branch is removed on a day of affliction and acute pain.* The Sages offer various interpretations on the same theme: The downfall of Israel is likened to that of a farmer who goes to sleep at night with his

הֲמוֹן֙ עַמִּ֣ים רַבִּ֔ים כַּהֲמ֥וֹת יַמִּ֖ים יֶהֱמָי֑וּן וּשְׁא֣וֹן לְאֻמִּ֔ים כִּשְׁא֛וֹן מַ֥יִם כַּבִּירִ֖ים
יג יִשָּׁאֽוּן׃ לְאֻמִּ֗ים כִּשְׁא֞וֹן מַ֤יִם רַבִּים֙ יִשָּׁא֔וּן וְגָ֥עַר בּ֖וֹ וְנָ֣ס מִמֶּרְחָ֑ק וְרֻדַּ֗ף
יד כְּמֹ֤ץ הָרִים֙ לִפְנֵי־ר֔וּחַ וּכְגַלְגַּ֖ל לִפְנֵ֥י סוּפָֽה׃ לְעֵ֥ת עֶ֙רֶב֙ וְהִנֵּ֣ה בַלָּהָ֔ה בְּטֶ֥רֶם
**יח** א בֹּ֖קֶר אֵינֶ֑נּוּ זֶ֚ה חֵ֣לֶק שׁוֹסֵ֔ינוּ וְגוֹרָ֖ל לְבֹזְזֵֽינוּ׃ ה֕וֹי אֶ֖רֶץ
ב צִלְצַ֣ל כְּנָפָ֑יִם אֲשֶׁ֥ר מֵעֵ֖בֶר לְנַהֲרֵי־כֽוּשׁ׃ הַשֹּׁלֵ֨חַ בַּיָּ֜ם צִירִ֗ים וּבִכְלֵי־גֹ֙מֶא֙ עַל־

**רש"י**

(יב) **הוי המון מים רבים.** מדה מהלכת על פני כל הדורות. שוט שישראל לוקים בו, סופו ללקות. לפיכך הנביאים הנבאים פורענות ישראל על ידי האומות, סומכין אחריו פורענות האומה שלקה ישראל על ידה: **המון עמים.** אוכלוסי סנחרב: **ישאון.** לשון תשואה והומה: (יג) **וגער בו.** הקדוש ברוך הוא באותו שאון: **כמוץ הרים.** משל את הרשעים במקולקל שבמינים, ובמקולקל שבאותו המין. מוץ הרים יבש משל עמקים: **ובגלגל.** הוא מפריח של קוצים שקורין קרדונ"ש בלע"ז הדומים לאותו שגוררין בהן בגדי צמר ואינן קשין. וכשהגיע סמוך לסוף הקיץ הם מתנפלין מאליהן, והרוח מפזרן. ואותו הנפוץ עשוי כמין (העץ) (ספרים אחרים, העין) באמצע וחמש זרועותיו סביב לה: (יד) **והנה בלהה.** שדים באים על האויב ומבהלין אותו: **בטרם בקר איננו.** והאויב אין בעולם: **זה חלק שוסינו.** חלק סנחריב וחלק גוג ומגוג כשיבאו לבזזינו: (א) **הוי ארץ צלצל כנפים.** תרגם יונתן, דְאָתָן לָהּ בִּסְפִינָן מֵאַרְעָא רְחִיקָא וְקִלְעֵיהוֹן פְּרִיסָן כְּנִשְׁרָא דְטָאִים בְּכַנְפוֹהִי. אני אומר לפי שהן שרוין במזרח, והארץ חמה, העופות נאספים שם, והיא מצוללת בכנפי עופות. ונבואה זו על אוכלוסי גוג ומגוג, כענין שנאמר, פָּרַס כּוּשׁ וּפוּט אִתָּם (יחזקאל לח, ה):

**רד"ק**

(יב) **הוי המון עמים.** הוי כמו אוי, או הוא לשון קריאה. אמר על מחנה אשור הבא בירושלם בחיל כבד והמון ושאון ענין אחד, ושנה הענין ושילש לחזק הענין. ודמה החיל הכבד למים רבים ששוטפים הארץ, כן מחנה אשור שטף כל ישראל עד ירושלם, וכשבא לירושלם גער בו האל: **ונס.** זאת היא המליצה, גם כן המים, כמו שתרגם, וַיִּגְעַר בְּיַם סוּף וַיֶּחֱרָב (תהלים קו, ט), וכן אמר מַה לְּךָ הַיָּם כִּי תָנוּס (שם קיד, ה). וכן גער האל במחנה אשור והמית רבים מהם בגערתו, והנשארים נסו והמלך גם כן נס לו. ובאמרו ממרחק והיה לו לומר למרחק, אלא רצונו לומר, כי הוא נס מירושלים ואפילו כשהיה רחוק מירושלים נס עדין מאותו מקום רחוק, כי לא היה בוטח בעצמו; וכן אמר, וְסַלְעוֹ מִמָּגוֹר יַעֲבוֹר (לקמן לא, ט): **ורדף.** ינוס כאלו רודפים אחריו, ומלאך ה' היה רודפו. ובאמרו כמוץ הרים, לפי שהרוח נושבת בהרים בחזקה יותר מאשר נושבת במישור, רצונו לומר, כי רודפו היה חזק: (יג) **לאומים.** מפורש הוא: (יד) **לעת ערב.** כמו שכתוב, וַיֵּצֵא מַלְאַךְ ה' וַיַּכֶּה בְּמַחֲנֵה אַשּׁוּר מֵאָה וּשְׁמֹנִים וַחֲמִשָּׁה אָלֶף (לקמן לז, לו): **בטרם בקר ואיננו.** כמו שכתוב וַיַּשְׁכִּימוּ בַבֹּקֶר וְהִנֵּה כֻלָּם פְּגָרִים מֵתִים (שם): **זה חלק שוסינו.** מאמר הנביא, זה החלק והגורל ראוי לשוסינו ולבוזזינו, והם מחנה אשור ששסו ובזזו את ישראל: (א) **הוי ארץ צלצל כנפים.** אחר שזכר הישועה אשר היתה בימי חזקיהו, סמך אליה הישועה הגדולה העתידה להיות בימות המשיח. ואמר הוי, והוא לשון קריאה, קרא כנגד הארץ ההיא אשר מעבר לנהרי כוש. וקראה צלצל כנפים לרוב הספינות אשר בה, כי בפרש הקלעים בהם ידמו לכנפים וילכו בהם כמו העוף שיעופף בכנפיו והקלעים יעשו צל.וכן תרגם יונתן, וַי אַרְעָא דְאָתַן וגומר: (ב) **השולח בים צירים.** הוא המלך אשר מעבר לנהרי כוש, ישלח מלאכים דרך ים: **ובכלי גמא ישלחם.** פירושו, ספינות עשויות מהגומא והם קלות ללכת על פני המים; ורבינו סעדיה זכרונו לברכה כתב כן בספר האמונות.ומי שיהיה מהם בארץ כוש ישאו אותם בעריבות של גומא עד שיגיעו למצרים, כי במקום הגבוה מהנהר הר יוצא במים, לא יוכלו הדוגיות לעבור שלא ישברו; אך עריבות הגומא העשויות בשעה אם יגעו בהר יפלו ולא ישברו. וענין צלצל כנפים, שארצותם מסובבים ונסתרים מהרבה בני אדם. ואלה המלאכים ישלחם עם מנחה, וגם בני ישראל אשר בארצו ישלחם למנחה, כמו שכתוב בנבואת צפניה (ג, י), מֵעֵבֶר לְנַהֲרֵי כוּשׁ עֲתָרַי בַּת פּוּצַי יוֹבִלוּן מִנְחָתִי. ויאמר למלאכים לכו מלאכים קלים, כלומר, שהם בספינות קלות, כמו שאמר ובכלי גמא, לכו אל ישראל שהיו עד עתה גוי ממושך ומורט, שמשכו אותו העובדי כוכבים אלה מזה ואלה מזה ומרטו אותו; כלומר משיכתם אותו היתה במריטת שערם ובשרם; כלומר שהשחיתו גופם וארצם:

**מצודת דוד**

(יב) **הוי.** הנביא מתאונן על רב הבלבול שיעשה סנחריב: **המון עמים רבים.** הם אוכלוסי סנחריב: **כהמות.** כהמות הימים יהמו: **כשאון וכו'.** כפל הדבר במילים שונות: (יג) **לאומים וכו'.** כפל עוד לחזוק הענין: **וגער בו.** אבל סוף הדבר אשר המקום יגער בו וינוס מפני הקול הבא ממרחק מן השמים. רצונו לומר, הנשארים ינוסו מפני הכאת המלאך שהכה במחנה: **ורדף.** יהיה נרדף כמוץ אשר בהרים הנרדף מפני רוח, כי לפי שהמוץ הוא דבר קל והרוח שולט הרבה בהרים, נרדף הוא ביותר: **וכגלגל וכו'.** כפל הדבר במילים שונות: (יד) **לעת ערב.** כי המלאך הכה בהם בלילה במכה המבהיל: **איננו.** אינו בעולם; כמו שכתוב, וַיַּשְׁכִּימוּ בַבֹּקֶר וְהִנֵּה כֻלָּם פְּגָרִים מֵתִים (לקמן לז, לו): **זה חלק.** אמר הנביא זהו החלק הנחלק לאשור אשר שסה אותנו: **וגורל לבוזזינו.** כפל הדבר במילים שונות: (א) **הוי ארץ.** כאלו קורא אליהם ואומר, אתה ארץ אשר הצל רב בך מקלעי הספינות הפרושים ככנפי העופות: **אשר מעבר.** אשר הארץ ההיא יושבת מעבר נהרי כוש: (ב) **השולח.** אשר ישלח שלוחים דרך הים ללכת בספינות מעצי גומא הקלים לשוט על פי המים:

**מצודת ציון**

(יב) **המון ושאון.** פתרון אחד להם: **כבירים.** חזקים או מרובים: (יג) **כמוץ.** הוא פסולת התבואה; כמו, כַּמֹּץ אֲשֶׁר תִּדְּפֶנּוּ רוּחַ (תהלים א, ד): **וכגלגל.** הוא פרח הקוצים העשוי כגלגל: **סופה.** רוח סערה: (יד) **בלהה.** הוא הפוך מן בהלה; וכן, בַּלָּהוֹת הָיִית (יחזקאל כז, לו): **שוסינו.** ענין בזה ושלל: **וגורל.** הוא כמו חלק, על שם שדרך לחלוק על פי גורל: (א) **הוי.** הוא ענין קריאה: **צלצל.** מלשון צל: (ב) **צירים.** שלוחים; כמו, וְצִיר בַּגּוֹיִם שֻׁלָּח (עובדיה א, יד): **גומא.** מין עץ הקל לשוט על המים, וכן, תֵּבַת גֹּמֶא (שמות ב, ג):

---

fields and orchards rich and fruitful — and wakes up in the morning to a scene of desolation (*Mahari Kara*).

**12.** **הוי המון עמים רבים** — *Woe to the tumult of the many nations.* After describing the retribution that the Northern Kingdom will suffer through the Assyrian armies, the prophet foretells that eventually, the conquerors, too, will receive their due. Indeed, this occurred as the Assyrians were preparing to attack Jerusalem. *Rashi* notes that the pattern throughout history has been that any nation that had been the whip that punished Israel will eventually suffer retribution. The prophets, therefore, foretold vengeance against those nations immediately after foretelling the punishment of Israel.

**המון עמים רבים** — *The tumult of the many nations.* Because many nations joined Sennacherib in his campaign against

*Rebuke for the nations*

*[12] Woe to the tumult of the many nations, who are as tumultuous as the tumult of the seas; and to the uproar of the nations, who roar like the uproar of powerful waters. [13] Nations roar like the roar of many waters, but He will rebuke them and they will flee far away; they will be pursued like the chaff of mountains before the wind, and like pollen before a stormy wind. [14] At evening time, behold there is fright; before the morning dawn, he is no more. This is the lot of our assailants and the due of our spoilers!*

**18** *Trans-Cushite emissaries*

*[1] Woe to the land of clamorous wings, on the other side of the rivers of Cush, [2] which sends agents into the sea, in papyrus vessels upon the surface*

---

Jerusalem, his armies are called *the tumult of many nations* (*Rashi*).

**כַּהֲמוֹת יַמִּים יֶהֱמָיוּן** — *Who are as tumultuous as the tumult of the seas.* Isaiah compares the armies of Sennacherib to the rushing waters of the seas because they will come roaring through Judah and sweep through all its cities until they reach Jerusalem (*Radak*).

*Abarbanel* cites *Midrash Yelamdeinu* that the prophet is now interjecting words of comfort to the beleaguered Jewish nation. The enemy is likened to powerful ocean waves and, in other prophecies, Israel is likened to sand at the seashore (see *Hosea* 2:1). A mighty wave crashes against the shore, thinking, as it were, that it will flood the land, but when it comes ashore, the sand repulses it. So, too, overconfident Sennacherib floods *Eretz Yisrael,* not realizing that God is leading his forces to Jerusalem, where they will be wiped out.

**13. לְאֻמִּים כִּשְׁאוֹן מַיִם רַבִּים יִשָּׁאוּן** — *Nations roar like the roar of many waters.* Sennacherib and the powerful nations that will come roaring through Judah will turn and flee as God rebukes them and sends His anger to strike them down. Many will be killed by the angel and the few who survive will flee (*Metzudos*).

**וְרֻדַּף כְּמֹץ הָרִים לִפְנֵי־רוּחַ** — *They will be pursued like the chaff of mountains before the wind.* The wicked are compared to the chaff of the mountains as it is drier than that of the valley and is most inferior (*Rashi*). Alternatively, just as the wind blows stronger in the mountains, so too will the angel pursuing Sennacherib be most powerful (*Radak*).

**וּכְגַלְגַּל לִפְנֵי סוּפָה** — *And like pollen before a stormy wind.* The prophet continues his description of Sennacherib's flight. He will be carried off like dusty pollen before a stormy wind.

**14. לְעֵת עֶרֶב וְהִנֵּה בַלָּהָה** — *At evening time, behold there is fright.* This refers either to the Assyrian soldiers who will be terrified as the angel strikes them during the night (*Metzudos*) or to the people of Jerusalem who will be frightened by the Assyrian armies who are preparing to attack (*Ibn Ezra*).

**בְּטֶרֶם בֹּקֶר אֵינֶנּוּ** — *Before the morning dawn, he is no more.* By morning the Assyrian camp will be destroyed. Those who will survive and awake early in the morning will behold the corpses of their fellow soldiers. See 37:36 (*Radak*).

**זֶה חֵלֶק שׁוֹסֵינוּ וְגוֹרָל לְבֹזְזֵינוּ** — *This is the lot of our assailants and the due of our spoilers.* This portion is fit for our plunderers and spoilers, i.e., the Assyrian armies that plundered the entire land of Israel and Judah until the outskirts of Jerusalem (*Radak*). Alternatively, this is the portion that both Sennacherib in Isaiah's time and Gog and Magog in the future will receive when they will come to plunder Israel (*Rashi*).

**18.**

After foretelling the downfall of Assyria and the salvation of the Jewish people that took place during the reign of Hezekiah, the prophet addresses the nations involved in the wars of "Gog and Magog" and describes the great salvation that will take place in Messianic times.

**1. הוֹי אֶרֶץ צִלְצַל כְּנָפָיִם** — *Woe to the land of clamorous wings.* The prophet refers to the land of these people as the land of the *clamorous wings* because this land is situated in the east and is hot. Its warm climate attracts migratory birds who make a clamor with their flapping wings (*Rashi*).

Others translate *the land shaded by wings* and explain that these nations will come in ships from distant lands and their sails will be spread out like eagles' wings, putting their surroundings in shadow (*Targum Yonasan*). *Abarbanel* suggests that Gog and Magog are hidden by mountains that are within their borders, through which no one can enter or leave the land, as if they are shaded and protected by outstretched wings.

**אֲשֶׁר מֵעֵבֶר לְנַהֲרֵי כוּשׁ** — *On the other side of the rivers of Cush.* Cush lies to the south of Egypt, between the southern valley and the Red Sea. It probably spread over the area which today is the eastern part of Sudan, Ethiopia, and Eritrea (*R' M. Eisemann* to *Yechezkel* 38:5).

**2.** This complex verse foretells that in the future, kings will send agents to see if Israel has indeed returned to its land and eminence. During its history, Israel's fortunes have varied according to its loyalty to God. When it sinned, it was *dragged and plucked* into unnatural exile and subservience. When it was righteous, nations marveled at its Divine reward and success.

**הַשֹּׁלֵחַ בַּיָּם צִירִים** — *Which sends agents into the sea.* The king who rules the nations on the other side of the rivers of Cush will send agents to the Land of Israel by way of the Mediterranean Sea to see if it is true that Israel has been returned to its ancestral land (*Rashi*).

פְּנֵי־מַ֫יִם לְכ֣וּ | מַלְאָכִ֣ים קַלִּ֗ים אֶל־גּ֙וֹי מְמֻשָּׁ֣ךְ וּמוֹרָ֔ט אֶל־עַ֥ם נוֹרָ֖א מִן־ה֣וּא
ג וָהָ֑לְאָה גּ֣וֹי ׀ קַו־קָ֣ו וּמְבוּסָ֗ה אֲשֶׁר־בָּזְא֥וּ נְהָרִ֖ים אַרְצֽוֹ׃ כָּל־יֹשְׁבֵ֥י תֵבֵ֖ל וְשֹׁ֣כְנֵי
ד אָ֑רֶץ כִּנְשֹׂא־נֵ֤ס הָרִים֙ תִּרְא֔וּ וְכִתְקֹ֥עַ שׁוֹפָ֖ר תִּשְׁמָֽעוּ׃ כִּ֣י כֹ֗ה
אָמַ֤ר יהוה֙ אֵלַ֔י °אשקוטה [°אֶשְׁקֳטָ֥ה ק׳] וְאַבִּ֖יטָה בִמְכוֹנִ֑י כְּחֹ֥ם צַח֙ עֲלֵי־א֔וֹר
ה כְּעָ֥ב טַ֖ל בְּחֹ֥ם קָצִֽיר׃ כִּֽי־לִפְנֵ֤י קָצִיר֙ כְּתָם־פֶּ֔רַח וּבֹ֥סֶר גֹּמֵ֖ל יִהְיֶ֣ה נִצָּ֑ה וְכָרַ֤ת

**רש״י**

(ב) **לכו מלאכים קלים.** לראות אם אמת הוא שחזרו ישראל למקומם, אשר הוא היה גוי ממושך וממורט, אל עם אשר הוא היה נורא בחזקתו: **מן הוא והלאה.** מן היום אשר נבחר לעם והלאה: **גוי קו קו.** שנפרע בו בעונו מדה במדה, וניתן למבוסה. דבר אחר, קו קו, לשון קיא; סְחִי וּמָאוֹס (איכה ג, מה): **נהרים.** מושלי כוש ונוף: (ג) **כל יושבי תבל וגומר.** אינכם צריכים לשלוח צירים על כך, כי כנשוא נס הרים תראו בהקבץ הגליות, וכתקוע שופר תשמעו: (ד) **אשקטה.** מתשלום שכרו של גוג, אפנה מכל עסקי ואביטה במכוני להטיב לו: **כחום צח עלי אור.** יאיר ויצהיק לו כחם השמש אך על ירק; כמו, לְלַקֵּט אֹרֹת (מלכים-ב ד, לט): **כעב טל.** שהקוצרים מתאוים לו להשיב נפש בחם קציר: (ה) **כי לפני.** בישול קצירו של עמלק ושל גוג טרם תמלא תאותו וסברו שהוא זומם לכלות את אחיו: **כתם פרח.** שלו, ויתקרב להתבשל תבואה במלילותיה, ולהיות פגי כלה של גפנה בוסר וגומל נגמל להיות גסים כפול הלבן. הוא בוסר הוא גירוע: **וכרת.** הכורת את זלזלי הגפן, הם הזמורות והשריגים:

**רד״ק**

**אל עם נורא מן הוא והלאה.** מהיום אשר היה לעם היה עם נורא. רוצה לומר, שהיה אדם רואה בהם נפלאות ונוראות שהיה עושה עמהם האל בטובתם וברעתם; כי בטובתם היו מצליחם על כל גוי, וברעתם היה מכה אותם דרך מוסר, לא לכלותם כי בכל אשר משכום הגוים ומרטו אותם לא היה כח בידם להכריתם מגוי: **גוי קו קו ומבוסה.** מעט מעט בססוהו הגוים. וענין קו קו דרך משל, כמו שהבנאי נוטה הקו ועושה נדבך אחד ונוטה אותו למעלה מזה לעשות נדבך אחר, וכן מעט מעט עד כלותו הקיר; כן כל עושה דבר עתה עושה מעט ועוד מעט עד שיעשה הדבר., וכן מה שאמר, צַו לָצָו צַו לָצָו קַו לָקָו קַו לָקָו זְעֵיר שָׁם זְעֵיר שָׁם (לקמן כח, י): **אשר בזאו נהרים ארצו.** בזאו כמו בזזו, האלף תמורת הכפל: **נהרים.** הוא משל על מלכי העובדי כוכבים: (ג) **כל יושבי תבל.** כמו שיעשה זה אשר מעבר לנהרי כוש, כן תעשו כולכם: **כנשא נס הרים.** כמו שאמר, וְנָשָׂא נֵס לַגּוֹיִם וְאָסַף נִדְחֵי יִשְׂרָאֵל (לעיל יא, יב): **וכתקוע שופר.** כמו שאמר וְהָיָה בַּיּוֹם הַהוּא יִתָּקַע בְּשׁוֹפָר גָּדוֹל (לקמן כז, יג). וזה דרך משל, כי כשירצה אדם לקבץ עם, ישא נס בהרים כדי שיראו הנס למרחוק ויבאו, וכן יתקע בשופר וישמעו הקול למרחוק ויבאו. כן יקבצו בני ישראל אל ארצם מפה ומפה בעת הישועה, וכן הגוים יביאו אותם ויקבצו אותם כאלו נשאו להם נס ותקעו בשופר: (ד) **כי כה אמר ה׳ אשקטה.** כתוב בוי״ו וקרי בלא וי״ו בחטף קמץ הקוף ואחת היא. אמר הנביא, אז, בבא הגואל, אנוח ואשקוט מהמייתי עליהם; כמו שאמר, לְמַעַן צִיּוֹן לֹא אֶחֱשֶׁה וּלְמַעַן יְרוּשָׁלַיִם לֹא אֶשְׁקוֹט עַד יֵצֵא כַנֹּגַהּ צִדְקָהּ (לקמן סב, א). ואז כשיצא כנוגה צדקה אשקוט ואביטה במכוני והוא בית המקדש, אביט בו לטובה: **כחום צח עלי אור.** כמו שיהיה לטובה חם צח ובהיר עלי אור, והוא המטר, כמו יפיץ ענן אורו. כי כשיהיה השמש בהיר על הארץ אחר המטר הוא יפה וטוב לצמחים; כמו שאמר, מִנֹּגַהּ מִמָּטָר דֶּשֶׁא מֵאָרֶץ (שמואל-ב כג, ד). וכן עב טל בחום קציר הוא טוב, כי בעת הקציר יהיה החום הגדול, וכשתעבור עב טל יהיה טוב לבני אדם לקרר האויר. ואמר טל ולא אמר מטר, כי המטר יזיק לקציר אבל הטל ייטיב ולא יזיק: (ה) **כי לפני קציר.** המשיל גוג ומגוג והגוים הבאים עמו על ירושלם אחר הישועה לגפן פורחת, וכשהשליך הפרח יהיה הנץ, והנץ יהיה בוסר, והבוסר גומל מעט מעט עד שיהיו ענבים בשולות. וזה משל על גוג ומגוג; שיבא בעם רב סוסים ופרשים לבושי מכלול, כולם קהל רב, צנה ומגן, תופשי חרבות, וירבו בכל יום; כמו שאמר, פָּרַס כּוּשׁ וּפוּט אִתָּם כֻּלָּם מָגֵן וְכוֹבָע (יחזקאל לח, ה). ופירוש לפני קציר, לפני השלמת זמן קציר, כי חצי ניסן ואייר וחצי סיון יקרא עת הקציר מארבע עתי השנה. ובחצי סיון יהיה

**מצודת דוד**

**לכו.** וכה יאמר, אתם מלאכים ההולכים בקלות ובמרוצה לכו אל גוי ממשך וכו׳. וזה יהיה בימי המשיח, כשישמעו שחזרו ישראל לארצם, ישלחו שלוחיהם אליהם לדעת אם האמת כן הוא: **ממשך ומורט.** אשר מאז היו נמשכים בידי האומות, ומרטו שער ראשם וזקנם במשכם: **אל עם נורא.** אשר נראה בהם מעשים נוראים: **מן הוא והלאה.** מן היום אשר היה לעם והלאה: **גוי קו קו ומבוסה.** בכל זמן גלותם היה מקוה לה׳ וחוזר ומקוה, ועם כי היה נדרס ונרמס ברגלי כשדים: **אשר בזאו.** אשר העובדי כוכבים בזזו את ארצם ורמסוהו ברגליהם: (ג) **כל יושבי תבל.** כאלו יאמר להם, מה לכם לשלוח ולדעת אם האמת כן הוא? הלא כל יושבי תבל בעיניכם תראו החזרת ישראל כאשר יראה נשיאת הנס על ההרים, ובאזניכם תשמעו הדבר כאשר ישמע תקיעת השופר: (ד) **אשקטה.** לפי שנאמר, לְמַעַן צִיּוֹן... לֹא אֶשְׁקוֹט עַד־יֵצֵא כַנֹּגַהּ צִדְקָהּ (לקמן סב, א) , לזה אמר כשיצא כנוגה צדקה ויגאלו אז אשקטה ואביטה בבית המקדש המכון לשבתו להטיב לה: **כחם צח.** כמו חום צח וברור שהוא לטובה כשבא על המטר וסמוך לה, כי אז תצמח האדמה; וכמו שכתוב, מִנֹּגַהּ מִמָּטָר דֶּשֶׁא מֵאָרֶץ (שמואל ב כג, ד): **כעב טל.** כעב המביא טל בחום הקציר; כי בעבור החום שבעת הקציר יתאוו הקוצרים להקר נפשם בקרירות הטל שאינו מזיק לקציר כמו המטר: (ה) **כי לפני קציר.** לפני בוא עת הקציר: **כתם פרח.** כשיתם הפרח ויהיה קרוב להתבשל, ובוסר גומל יהיה נצה. רצונו לומר, כשיהיה הנץ בוסר הנגמל מעט מעט עד שיתבשלו הענבים מכל וכל: **וכרת.** אז יכרות הכורת את יונקות הגפנים הרכים במזמרות, ואת הענפים הגדולים יסיר בהכרתה. וזה משל על גוג ומגוג לומר, כשיהיו קרובים לגמר הצלחתם עד שיכבשו ירושלים ויצא חצי העיר בגולה, אז יצא ה׳ ונלחם בגוים ההם ויאבדם בשצף קצף:

**מצודת ציון**

**מלאכים.** שלוחים: **ממשך.** מלשון משיכה: **ומורט.** ענין תלישת השער; כמו, וָאֶמְרְטָה מִשְּׂעַר רֹאשִׁי (עזרא ט, ג): **והלאה.** ולהלן: **קו.** מלשון תקוה: **ומבוסה.** ענין רמיסה ודריסה; כמו, יָבוּס צָרֵינוּ (תהלים ס, יד): **בזאו.** בזזו ובא האל״ף במקום אות הכפל; וכן, יִמָּאֲסוּ כְמוֹ מַיִם (שם נח, ח), ומשפטו ימססו: (ג) **נס.** כלונס ארוך: (ד) **אשקטה.** ענין מנוחה: **ואביטה.** מלשון הבטה והשגחה: **במכוני.** מלשון הכנה: **צח.** ענין זוהר ובהירות; כמו, צַחוּ מֵחָלָב (איכה ד, ז): **אור.** ענינו מטר; כמו, יָפִיץ עֲנַן אוֹרוֹ (איוב לז, יא): (ה) **כתם.** ענין השלמה: **ובוסר.** כן נקרא הפרי שלא נגמר בשולו; כמו, אָבוֹת אָכְלוּ בֹסֶר (ירמיה לא, כח): **גומל.** רצונו לומר, תגדל מעט מעט, והושאל מלשון הילד הנגמל משדי אמו שמרגילין אותו לאכול מעט מעט, נצה. הוא כענין פרח וגדול ממני; וכן נאמר, וְהִוא כְפֹרַחַת עָלְתָה נִצָּהּ (בראשית מ, י):

The Final Redemption will begin in *Eretz Yisrael.* The Messiah will reveal himself there and Jews will converge on Jerusalem and other cities of the Holy Land. From there, awareness of the new epoch will spread to Yemen and to other lands (*Rambam, Iggeres Teiman*).

**וּבִכְלֵי־גֹמֶא עַל פְּנֵי־מַיִם** — *In papyrus vessels upon the surface of*

*of the water. 'Go, fleet messengers, to the nation that is dragged and plucked,*
*to the people that inspired awe from the day it came into being and onward,*
*a nation that is detested and trampled, whose land was ravished by kings.'*
3 *All you inhabitants of the world and dwellers of the earth — you will see*
*when the banner is hoisted up upon the mountains, and when the shofar*
*sounds you will hear!* 4 *For thus said* HASHEM *to me: 'I will be at ease and I will*
*look after My Place of Foundation; like crisp warmth after the rain, like a mist*
*of dew in the heat of the harvest.'* 5 *For before the harvest, when the flower is*
*finished and the bud turns to a grape approaching ripeness, He will cut down*

---

*the water.* They will travel in swift boats that float easily on the water (*Radak*).

**אֶל־גּוֹי מְמֻשָּׁךְ וּמוֹרָט** — *To the nation that is dragged and plucked.* Isaiah instructs the enemies of Israel to view the current status of the nation that throughout history had been dragged from one exile to another, decimating them and their land.

**אֶל־עַם נוֹרָא מִן־הוּא וָהָלְאָה** — *To the people that inspired awe from the day it came into being and onward.* From the very day that the Jewish people became a nation, they inspired awe in all who observed them, for they have survived the innumerable attempts of destruction and annihilation that the non-Jewish nations have launched against them throughout their history.

**גּוֹי קַו־קָו** — *A nation that is detested.* The translation follows *Rashi. Radak* relates the word to the plumb line of builders that is used to assure that row after row of bricks are aligned properly. He renders *a nation that is [persecuted] a bit at a time,* until it is completely *trampled. Metzudos* derives the word from תִּקְוָה, *hope,* and renders *it kept hoping* despite the many stages of oppression.

**אֲשֶׁר־בָּזְאוּ נְהָרִים אַרְצוֹ** — *Whose land was ravished by kings* [lit., *rivers*]. *Rivers* is a metaphor for the foreign kings who have flooded and plundered the land. See 8:7, where the Assyrian king is compared to the Euphrates River (*Ibn Ezra*).

**3. כָּל־יֹשְׁבֵי תֵבֵל . . . כִּנְשֹׂא־נֵס הָרִים תִּרְאוּ** — *All you inhabitants of the world . . . you will see when the banner is hoisted up upon the mountains.* God declares that there is no need to send agents to see if Israel has returned to its land, for at that time, the banner that will muster the scattered Israelites will be manifest for all to see. And when the shofar will sound, indeed all will hear that Israel has been returned to its ancestral land (*Rashi*).

Alternatively, there will not be any actual banner raised nor any actual shofar sounded, but the ingathering of the Jewish people from exile will be as massive as if a banner had been raised and a shofar had been sounded. One way to proclaim that dispersed people should come back home is to raise a flag that is visible from afar and to sound a shofar; thus the simile of our verse. See 11:12 and 27:13 (*Radak*).

*R' Hirtz Shatz,* in his commentary to the *Mussaf* prayers of Rosh Hashanah, translates שֹׁכְנֵי אָרֶץ as *those who reside in the ground,* a reference to the dead who will be revived through the blowing of this shofar at the time of the ultimate redemption. See *Pathway to Prayer,* p. 77.

*Ibn Ezra,* however, understands that this verse refers to the destruction of the Assyrian armies and not to the day of the ultimate redemption. The destruction of the Assyrian camp will become widely known, as if a banner had been hoisted on the mountains for everyone to see from afar.

According to *Abarbanel,* the *inhabitants of the earth are the living.* The *dwellers of the earth* are those who are dead and buried. When the Messianic Era is at hand, the living will *see* the *banner* that signifies the Redemption. The dead who are about to be restored to life will *hear* the *shofar.*

*Shem MiShmuel* comments homiletically that the prophet is telling Israel not to rebuild the *Beis HaMikdash* until the heavenly *shofar sounds,* signifying the Final Redemption. "You built the First Temple and it was destroyed. You built the Second Temple and it was destroyed. Do not build the Third Temple until the proper time comes."

**4. אֵלַי אֶשְׁקֳטָה וְאַבִּיטָה בִמְכוֹנִי** — *I will be at ease and I will look after My Place of Foundation.* My place of foundation is the Holy Temple. God had stated clearly that He will not be silent nor rest while Israel is in exile (62:1), but when the redemption finally arrives, He will then rest and look favorably at His Temple (*Radak*).

God declares that He will "relax" from His punishment of the offspring of Esau and turn His attention to the Temple and to benefit Israel (*Rashi*).

**כְּחֹם צַח עֲלֵי־אוֹר כְּעָב טַל בְּחֹם קָצִיר** — *Like crisp warmth after the rain, like a mist of dew in the heat of the harvest.* Just as the warmth of the shining sun and the mist of dew in the heat of the forest are beneficial to the growing plants, so, too, will God refresh His nation (*Radak*).

**5. כִּי־לִפְנֵי קָצִיר כְּתָם־פֶּרַח** — *For before the harvest, when the flower is finished.* The prophet metaphorically compares the armies of Gog and Magog and its allies to a budding grapevine. Just as grapes slowly develop on the vine and ultimately become mature and ripe, so will Gog and Magog slowly build massive and powerful armies and weaponry, which, when "ripe," will attempt to attack and crush Jerusalem (*Rashi*).

**וּבֹסֶר גֹּמֵל יִהְיֶה נִצָּה** — *And the bud turns to a grape approaching ripeness.* The ripe grape symbolizes Gog and Magog. Like grapes growing on the vine, from bud to finished fruit, their triumphant armies will grow as more and more troops and cavalry come, prepared to attack Jerusalem (*Radak*).

ו הַזַּלְזַלִּים בַּמַּזְמֵרוֹת וְאֶת־הַנְּטִישׁוֹת הֵסִיר הֵתַז: יֵעָזְבוּ יַחְדָּו לְעֵיט הָרִים וּלְבֶהֱמַת
ז הָאָרֶץ וְקָץ עָלָיו הָעַיִט וְכָל־בֶּהֱמַת הָאָרֶץ עָלָיו תֶּחֱרָף: בָּעֵת הַהִיא
יוּבַל־שַׁי לַיהוָה צְבָאוֹת עַם מְמֻשָּׁךְ וּמוֹרָט וּמֵעַם נוֹרָא מִן־הוּא וָהָלְאָה גּוֹי |
קַו־קָו וּמְבוּסָה אֲשֶׁר בָּזְאוּ נְהָרִים אַרְצוֹ אֶל־מְקוֹם שֵׁם־יְהוָה צְבָאוֹת הַר־
**יט** א צִיּוֹן: מַשָּׂא מִצְרָיִם הִנֵּה יְהוָה רֹכֵב עַל־עָב קַל וּבָא מִצְרַיִם וְנָעוּ אֱלִילֵי
ב מִצְרַיִם מִפָּנָיו וּלְבַב מִצְרַיִם יִמַּס בְּקִרְבּוֹ: וְסִכְסַכְתִּי מִצְרַיִם בְּמִצְרַיִם וְנִלְחֲמוּ

**רש״י**

**במזמרות.** שרפ״ש בלע״ז: **ואת הנטישות.** הם עיקרי הגפנים שקורין ליפ״ש בלע״ז: **התז.** כרת וקצץ כלומר, יהרוג השרים והשליטים של גוג וחיילותיו ועוזריו: (ו) **יעזבו יחדו.** פגריהם: **לעיט הרים.** לעוף הרים: **וקץ עליו.** כל ימות הקיץ: **תחרף.** כל ימות החורף. מכאן אמרו משפט גוג לעתיד לבוא שנים עשר חדש: (א) **רוכב על עב קל.** מהרה לשלוח קל מהרה גזרת דברו ליפרע ממצרים: **ונעו אלילי מצרים מפניו.** לא יהיה להם כח להציל את עמם מיד שלוחיו של אשור. וזה שאמר הנביא פורענות מצרים בלשון הזה מה שלא אמר בלשון הזה לשאר אומות? מפני שהם למודים ללקות במדה הזאת, וְעָבַרְתִּי בְאֶרֶץ מִצְרַיִם (שמות יב, יב) וּבְכָל אֱלֹהֵי מִצְרַיִם (שם). ודרך ארץ מייראין את האדם במכה שכבר לקה בה: (ב) **וסכסכתי מצרים במצרים.** סופו מפרש את תחלתו ונלחמו איש באחיו:

**רד״ק**

פרי הגפנים בוסר בארץ ישראל ברוב, וזהו שאמר יהיה נצה ששב הנץ להיות בוסר, והבוסר גומל ומתבשל. והטעם כי כמו שהבוסר גומל יהיה קרוב לבשולו, כן גוג ומגוג כשיהיו קרובים לגמור הצלחתם, עד שיכבשו ירושלם ויצא חצי העיר בגולה, אז יצא ה׳ ונלחם בגוים ההם; זהו וכרת הזלזלים במזמרות. והזלזלים הם יניקות הגפנים הרכים והם קרובים להשחת, והנטיעות הם הענפים המתפשטים; יקראו שליחות ויקראו כמו שאמר, שְׁלֻחוֹתֶיהָ נִטְּשׁוּ עָבְרוּ יָם (לעיל טז, ח).: **התז.** ענינו כרת, והוא מפעלי הכפל שרשו תזז, מדברי רבותינו זכרונם ברכה (מדרש רבה בראשית פרשה יב, פסקה ט), רוח תזזית: **ונצה.** רפה הה״א, עָלְתָה נִצָּה (בראשית מ, י) מפיק ה״א. ואפשר כי נצה הרפה הה״א לנקבה, לא לכנוי, וממנו וישלך כזית נצתו: (ו) **יעזבו.** זהו מחנה גוג ומגוג; וכן אמר בנבואת יחזקאל (לט, יז), לְצִפּוֹר כָּל כָּנָף וּלְכֹל חַיַּת הַשָּׂדֶה הִקָּבְצוּ וָבֹאוּ הֵאָסְפוּ מִסָּבִיב עַל־זִבְחִי אֲשֶׁר אֲנִי זֹבֵחַ לָכֶם וגו׳. ואמר כי הנה קיץ וחורף יהיו הפגרים מושלכים. ובאמרו העוף בקיץ והבהמת בחורף, העוף יעופף ברוב בימי הקיץ, והחיות ילכו בימי החורף ברובו. והנה אמר בנבואת יחזקאל (לט, יב), וּקְבָרוּם בֵּית יִשְׂרָאֵל לְמַעַן טַהֵר אֶת הָאָרֶץ שִׁבְעָה חֳדָשִׁים, ואיך אמר יעזבו יחדו לעיט ההרים ולבהמת הארץ? זה יהיה בעוד שיתעסקו בקבורתם, ואף על פי כן לא יוכלו לקברם כולם, ויאכלו מהם החיות והעופות בקיץ ובחורף: (ז) **בעת ההיא יובל שי.** אומות העולם יובילו שי עם ישראל לה׳ מנחה, כמו שאמר, וְהֵבִיאוּ אֶת־כָּל־אֲחֵיכֶם מִכָּל־הַגּוֹיִם מִנְחָה לַה׳ וגו׳ (לקמן סו, כ): **אל מקום שם ה׳ צבאות.** אל מקום אשר יקרא שם שם ה׳ צבאות, והוא הר ציון: (א) **משא מצרים.** אמר רוכב על עב קל, דרך משל לרוב מהירות הגזירה עליהם: **ונעו אלילי מצרים.** אליליהם שהיו בוטחים בהם ינועו מפניו לא יושיעום בעת צרתם. ואמר ונעו אלילי מצרים, ידמה כי אלילים רבים היו להם; וכן אמר, וּבְכָל אֱלֹהֵי מִצְרַיִם אֶעֱשֶׂה שְׁפָטִים (שמות יב, יב), ותרגם יונתן ונעו וְיִתַּבְרוּ: (ב) **וסכסכתי.** ענין בלבול; וכן, וְאֶת אֹיְבָיו יְסַכְסֵךְ (לעיל ט, י).

**מצודת דוד**

(ו) **יעזבו יחדו.** כולם יחדיו יהיו נעזבים לעופות המצוים בהרים וכו׳: **וקץ.** העופות ישכנו עליהם בימי הקיץ, והבהמות בימי החורף, ויאכלו מבשרם וישתו מדמה: (ז) **יובל שי.** יובא דורון את עם ישראל שהיה עם ממשך ומורט, ומעם נורא יובא דורון מהעם אשר נראה בהם מעשים נוראים מן היום אשר היה לעם והלאה. וכפל הדבר במילים שונות, גוי קו קו. אשר בכל ימי גלותם היה מקוה לה׳ וחוזר ומקוה, ועם כי בזזו את ארצו ורמסוהו ברגליהם: **אל מקום.** ההבאה תהיה אל המקום אשר נקרא שמה שם ה׳ צבאות, והוא הר ציון. וכן נאמר, וְהֵבִיאוּ וכו׳ מִנְחָה לה׳ וכו׳ עַל הַר קָדְשִׁי (לקמן סו, כ): (א) **רוכב וכו׳.** רצה לומר, מהרה ישלח דברו להפרע מהם: **ונעו.** תנועת החרדה והרתת: **בקרבו.** בתוך הגוף: (ב) **וסכסכתי.** אעשה בלבול ותגר ביניהם ונלחמו זה בזה:

**מצודת ציון**

**הזלזלים.** הם יונקות הגפנים הרכים: **במזמרות.** שם הכלי שכורתים בו הזמורות; וכן, וּמַזְמְרֹתֵיכֶם לִרְמָחִים (יואל ד, י): **הנטישות.** כן יקראו הענפים הגדולים המתפשטים אנה ואנה, והוא מלשון, וַיִּנָּטְשׁוּ בַּלֶּחִי (שופטים טו, ט), וכן הָסִירוּ נְטִישׁוֹתֶיהָ (ירמיה ה, י): **הסיר.** מלשון הסרה, התז. ענין כריתה וחתוך ובדברי רבותינו זכרונם לברכה, התיז את הראש (חולין ל, ב): (ו) **לעיט.** שם עוף דורס; וכן, וַיֵּרֶד הָעַיִט (בראשית טו, יא): **וקץ.** מלשון קיץ: **תחרף.** מלשון חורף: (ז) **יובל.** יובא: **שי.** מנחה ודורון; כמו, יֹבִילוּ שַׁי לַמּוֹרָא (תהלים עו, יב): (ב) **וסכסכתי.** ענין בלבול וגרוי; כמו, וְאֶת אֹיְבָיו יְסַכְסֵךְ (לעיל ט, י):

---

**וְכָרַת הַזַּלְזַלִּים בַּמַּזְמֵרוֹת** — *He will cut down the young branches with pruning hooks.* The prophet metaphorically describes the destruction of the armies of Gog and Magog. God will cut them down as one cuts down the young branches and chops off the twigs of the vine (*Rashi; Radak*). God will utterly annihilate them at the very moment that they are poised for victory, for they will succeed in conquering half of Jerusalem and exiling part of its people before God will strike them down (*Radak*). *Rashi* adds that when Gog and Magog will be destroyed, God will destroy the princes and rulers of Esau, as well. For although Gog's land will be part of the legacy of Japheth, Gog himself will be a descendant of Esau. See ArtScroll *Yechezkel* 38:2-3 and *Commentary of R' M. Eisemann* for further discussion.

**6. יֵעָזְבוּ יַחְדָּו לְעֵיט הָרִים וּלְבֶהֱמַת הָאָרֶץ** — *They will be left together for the bird of prey of the mountains and for the beast of the earth.* Isaiah foretells that the birds of prey and beasts of the earth will gorge themselves on the abundant corpses of the defeated armies (see *Ezekiel* 39:17; *Radak*).

Although the Jews will labor strenuously to bury the dead, and spend seven months doing so, they will be unable to bury so many without the "help" of birds and *beasts* (*Radak*).

**וְקָץ עָלָיו הָעַיִט . . . תֶּחֱרָף** — *And the bird of prey will [feast in the] summer on them . . . [feast in the] winter.* Birds will feast upon them the entire summer, and the beasts, the entire winter, for the judgment of Gog will span a period of twelve months (see *Eduyos* 2:9; *Rashi*).

Alternatively, the numerous corpses that will cover the earth will be more than the birds and the beasts could possibly devour. The birds and beasts will therefore look upon them with disgust (*Abarbanel*).

*the young branches with pruning hooks and He will remove and chop off all*
*the twigs.* [6] *They will be left together for the bird of prey of the mountains and*
*for the beast of the earth; and the bird of prey will [feast in the] summer on*
*them, and every beast of the earth will [feast in the] winter on them.*
[7] *At that time an offering will be brought to HASHEM, Master of Legions —*
*[namely,] the people that is dragged and plucked, and some of the people that*
*inspired awe from the day it came into being and onward, the nation that is op-*
*pressed and trampled, whose land is ravished by rivers; to the place [wherein*
*rests] the Name of HASHEM, Master of Legions — Mount Zion.*

**19** [1] *A prophecy concerning Egypt:*
*Behold, HASHEM is riding on a swift cloud and coming to Egypt; the Egyptian*
*false gods will tremble before Him, and the heart of Egypt will melt with-*
*in it.* [2] *I will cause Egyptians to fight Egyptians; each one will battle his*

*Downfall of Egypt*

---

**7. בְּעֵת הַהִיא יוּבַל־שַׁי לַה׳ צְבָאוֹת עַם מְמֻשָּׁךְ וּמוֹרָט** — *At that time an offering will be brought to HASHEM, Master of Legions — [namely,] the people that is dragged and plucked.* Upon hearing of God's miraculous annihilation of the armies of Gog and Magog, the nations of the world who had remained in their lands and had not attacked Jerusalem will bring the Jewish inhabitants of their lands to *Eretz Yisrael* as an offering to God (*Radak* to 66:20).

God responds to the haughty, overconfident armies of Sennacherib, using the language of verse 2. Arrogant Sennacherib had spoken contemptuously and disparagingly about Israel. Now, after the miraculous annihilation of the Assyrian forces, the same terms are applied to him and his people. Not only would the tribes of Judah and Benjamin be saved, even many members of the exiled Ten Tribes would return to *Eretz Yisrael* (*Mahari Kara*).

**עַם מְמֻשָּׁךְ וּמוֹרָט . . . אֲשֶׁר בָּזְאוּ נְהָרִים אַרְצוֹ** — *The people that is dragged and plucked . . . whose land is ravaged by rivers.* The prophet describes the nation at the time of their salvation with the very same terms it used at the time of its degradation (see v. 2). He may have been sarcastically pointing out to the nations, "Now look at the people whom you dragged and plucked and look at yourselves."

**אֶל־מְקוֹם שֵׁם־ה׳ צְבָאוֹת הַר־צִיּוֹן** — *To the place [wherein rests] the name of HASHEM, Master of Legions — Mount Zion.* The nations will bring those Jewish people who had remained in their land to the place where God's Name is proclaimed to the world — to Mount Zion, God's Holy Mountain, Jerusalem (see 66:20).

**19.**

The prophet now foretells the destruction of Egypt as God will deliver its people into the hands of a *harsh master and mighty king,* the king of Assyria (*Rashi; Ibn Ezra; Radak* to v. 4). Scripture does not name this king nor does it give a definite time when this attack will take place.

*Abarbanel* notes that there are many similarities between the punishments specified here and those that struck Egypt in the time of Moses. This comparison is found elsewhere as well, where the prophet Micah prophesied of the time of the Final Redemption that כִּימֵי צֵאתְךָ מִמִּצְרַיִם אַרְאֶנּוּ נִפְלָאוֹת, *as during the days of your exodus from Egypt I will show him wonders* (*Micah* 7:15).

**1. מַשָּׂא מִצְרָיִם** — *A prophecy concerning Egypt.* מַשָּׂא, literally, *a burden,* usually denotes a harsh prophecy (*Zechariah* 9:1), and indeed this is such a prophecy. *Targum Yonasan* paraphrases, מַטַל כַּס דִּלְוָט לְאַשְׁקָאָה יָת מִצְרָאֵי, *The prophecy of the cup of torment that will be given to Egypt to drink.*

**הִנֵּה ה׳ רֹכֵב עַל־עָב קַל וּבָא מִצְרַיִם** — *Behold, HASHEM is riding on a swift cloud and coming to Egypt.* Although Isaiah's prophetic words imply that God Himself will personally exact punishment from the Egyptians, it was actually the Assyrian armies that attacked and conquered the land. The prophecy was presented this way to instill fear into the hearts of the Egyptians who had previously suffered God's personal retribution during the days of Moses (see *Exodus* 12:12; *Rashi, Mahari Kara*).

*Midrash Tanchuma* refers this verse to the time of the Exodus. Though Egypt was a hotbed of spiritual contamination and, as such, was repulsive to God, his love of Israel was such that He descended to Egypt to rescue His people.

The word עָב, *cloud,* refers to a mist that rises from the earth, which symbolizes אִיתְעָרוּתָא דִלְתַתָּא, *a human initiative* from below to come closer to God. When people show such a desire, God is pleased and "rides" on them, as it were (*R' Tzaddok HaKohen*).

**עַל־עָב קַל** — *On a swift cloud.* The imagery of the swift cloud implies that this event will occur suddenly and unexpectedly in the very near future (*Rashi; Radak*).

**וְנָעוּ אֱלִילֵי מִצְרַיִם מִפָּנָיו** — *The Egyptian false gods will tremble before Him.* This is a mockery of the Egyptian beliefs (*Daas Sofrim*). The idols in which they had placed their trust and hopes will have no power to save them from the emissaries of the Assyrian king (*Rashi; Radak*).

**2. וְסִכְסַכְתִּי מִצְרַיִם בְּמִצְרַיִם** — *I will cause Egyptians to fight Egyptians.* In addition to the attacks of their enemies, Egypt

ג אִישׁ־בְּאָחִיו וְאִישׁ בְּרֵעֵהוּ עִיר בְּעִיר מַמְלָכָה בְּמַמְלָכָה: וְנָבְקָה רוּחַ־מִצְרַיִם
בְּקִרְבּוֹ וַעֲצָתוֹ אֲבַלֵּעַ וְדָרְשׁוּ אֶל־הָאֱלִילִים וְאֶל־הָאִטִּים וְאֶל־הָאֹבוֹת וְאֶל־
ד הַיִּדְּעֹנִים: וְסִכַּרְתִּי אֶת־מִצְרַיִם בְּיַד אֲדֹנִים קָשֶׁה וּמֶלֶךְ עַז יִמְשָׁל־בָּם נְאֻם הָאָדוֹן
ה־ו יְהוָה צְבָאוֹת: וְנִשְּׁתוּ־מַיִם מֵהַיָּם וְנָהָר יֶחֱרַב וְיָבֵשׁ: וְהֶאֶזְנִיחוּ נְהָרוֹת דָּלְלוּ וְחָרְבוּ
ז יְאֹרֵי מָצוֹר קָנֶה וָסוּף קָמֵלוּ: עָרוֹת עַל־יְאוֹר עַל־פִּי יְאוֹר וְכֹל מִזְרַע יְאוֹר יִיבַשׁ

**רש"י**

(ג) **ונבקה רוח.** תתרוקן חכמתו; כמו, בּוֹקֵק הָאָרֶץ (לקמן כד, א): **האטים.** אחד מן השמות של עבודת גילולים: (ד) **וסכרתי.** כמו וסגרתי. ויש עוד לפרש לשון, וַיִּסָּכְרוּ מַעְיְנֹת תְּהוֹם (בראשית ח, ב), אסתמנו ואחבשנו: **ביד אדונים קשה.** כל לשון אדנות קרוי בלשון רבים, ואפילו יחיד; כמו, אֲדֹנֵי יוֹסֵף (שם לט, כ), עַד בּוֹא אֲדֹנָיו (שם, טז): **ומלך עז.** מלך אשור: (ה) **ונשתו מים מהים.** ונחרבו מים מן הים: **ונשתו.** לשון הַשֵּׁאת וְהַשָּׁבֶר (איכה ג, מז). לפי שכל שבח ארץ מצרים על ידי נילוס הוא, שאין גשמים יורדים שם, אלא נילוס עולה ומשקה אותה דרך יאורים העשויים בידי אדם, לפיכך הוא מדמה פורענות שלה ליובש יאורים: **ונשתו מים מהים.** ולא יחזיר הים את נילוס לאחוריו, וירד נילוס לתוכו ולא יעלה וישקה את מצרים: **ונהר.** זה נילוס: (ו) **והאזניחו.** כשהמים מתמעטין הטיט ניכר בהם ונעשין רפש וזנחין: **דללו.** במחברת, וְאִם דַּל הוּא (ויקרא יד, כא): **יאורי מצור.** יאורים עמוקים בחריצי מצורי עיירות: **קנה וסוף.** שהיו גדלים שם מרוב מימיהם: **קמלו.** כשיבשו היאורים עמדו הקנים מלגדל עוד, והם מתייבשים ונופלים. תרגם יונתן, קמלו, לָא יִסְקוּן. ובמקום אחר תרגם הֶחְפִּיר לְבָנוֹן קָמַל (לקמן לג, ט), כְּתַר. ואומר אני שהוא לשון קילה, שנקללים מאליהן מחמת יובשן, ונופלין: (ז) **ערות על יאור על פי יאור וכל מזרע יאור וגו'.** ערות לשון דבר המעורה ונשרש יפה יפה; ודומה לו, רָשָׁע עָרִיץ וּמִתְעָרֶה כְּאֶזְרָח רַעֲנָן (תהלים לז, לה), וכן חברו מנחם במחברתו, זרעים הנשרשים על נילוס. ואפילו על פי שפתו, וכל הנזרעים עליו הכל יבש ונדף:

**רד"ק**

אמר יבלבל אותם ביניהם. לבד מהאויבים שיבאו עליהם, תהיה ביניהם בלבולים, ונלחמו איש באחיו, ממלכה בממלכה. אף על פי שמצרים כולו מלכות אחת והיו בהם שרים תחת המלך הגדול, זה מולך במדינה אחת וזה מולך במדינה אחרת, כמו מלכי כנען: (ג) **ונבקה.** מבנין נפעל, מענין גֶּפֶן בּוֹקֵק (הושע י, א), והוא ענין רקות. כלומר לא תשאר ברוחם חכמה ובינה, ולא ידעו לקחת עצה לעצמם: **ועצתו אבלע.** כפל ענין במילים שונות. אבלע ענין השחתה. ואמר זה הענין במצרים, לפי שהיו בהם חרטומים וחכמים, וכשראו שאבדה עצתם ידרשו אל האלילים ואל האטים. ותרגם יונתן, וּמִן חַרָשִׁין. ותרגום מְכַשֵּׁפָה לֹא תְחַיֶּה (שמות כב, יז), חָרָשָׁא לָא תָחֵי: (ד) **וסכרתי.** כמו וסגרתי, מן יְסַגֶּרְךָ ה' בְּיָדִי (שמואל־א יז, מו). וכן תרגם יונתן, וְאֶמְסַר: **אדנים קשה ומלך עז.** כפל הענין במלות שונות. ואדונים לשון תפארת ליחיד; וכן, אִם אֲדֹנָיו יִתֶּן לוֹ אִשָּׁה (שמות כא, ד) וזולתו. ומלך עז הוא מלך אשור: (ה) **ונשתו.** מה שאמר בנבואה זו מיובש הנהר ומהפסק מחיתם ממנו הכל הוא דרך משל, לפי שנהר נילוס הוא משקה הארץ עד שלא יצטרכו לגשמים, ומהנהר יבא להם רוב הדגים; כמו שאמר, זָכַרְנוּ אֶת הַדָּגָה אֲשֶׁר נֹאכַל בְּמִצְרַיִם חִנָּם (במדבר יא, ה). ולולי היאור לא היה ישוב במצרים, והיתה חרבה מאין אדם, כי לא ירדו שם גשמים. לפיכך המשיל חורבנה על יד מלך אשור כאלו פסק מהם הנהר, וכן הים הסמוך לנהר שלא יוכל לבא להם דרך ים שום מחיה: **ונשתו.** מבנין נפעל מענין, נשתה גבורתם ענין הפסק הדבר ואבודו: (ו) **והאזניחו נהרות.** נחלקו במלה הזאת, יש אומרים כי הה"א לבנין הפעיל כה"א הפקידו השמידו והאל"ף נוספת, ויש אומרים כי נהגו באל"ף על לשון ארמי, אִשְׁתִּיו חַמְרָא (דניאל ה, ד), אֶתְכְּרִיַּת רוּחִי (שם ז, טו), וכתבו הה"א על לשון עברית והאל"ף על לשון ארמית. ואחי ר' משה פירש כי האל"ף במקום ה"א הבנין כאל"ף וכל מלבושי אגאלתי, והה"א כה"א, הֶהָשֵׁב אָשִׁיב אֶת בִּנְךָ (בראשית כד, ה), במקום אם, כאלו אמר ואם האזניחו. ופירושו כן, ונהר יחרב ויבש ואם הנהרות יחרבו ויבשו דללו וחרבו יאורי מצור כי היאורים יהיו מהנהרות כו', כשיצא הנהר ימלאו היאורים מים. וכן קנה וסוף שהם על שפת היאורים קמלו, אחר שאין שם מים, ופירוש האזניחו רחקו; כמו, וַתִּזְנַח מִשָּׁלוֹם נַפְשִׁי (איכה ג, יז), וכשיבשו הנהרות הנה רחקו. ופירוש דללו כמו חרבו; כמו, דַּלּוּ מֵאֱנוֹשׁ נָעוּ (איוב כח, ד). ופירוש מצור מצרים, ופירוש קמלו נכרתו; כמו, הֶחְפִּיר לְבָנוֹן קָמַל (לקמן לג, ט). ויונתן תרגם יאורי מצור, נַהֲרֵיהוֹן עַמִיקַיָא: (ז) **ערות על יאור.** ערות תאר לירקות ולדשאים הלחים; וכן, וּמִתְעָרֶה כְּאֶזְרָח רַעֲנָן (תהלים לז, לה), מתלחלח. ואמר הירקות שהיו סמוך ליאור ועל פי יאור, כלומר על שפת היאור, יבש נדף ואיננו:

**מצודת דוד**

**ממלכה בממלכה.** ממלכות רבות היו בארץ מצרים: (ג) **ונבקה.** תתרוקן רוח השכלי אשר בקרבו ואשחית עצתו ולא ייעצו בחכמה, והוא כפל ענין במילים שונות: **ודרשו וכו'.** כראותם שכלתה עליהם הרעה ידרשו אל האלילים וכו'; וכאומר הנה יהיו עסוקים בדברי הבאי: (ד) **וסכרתי.** אמסרם ביד אדון קשה והוא מלך אשור: **ומלך עז.** כפל הענין במילים שונות: (ה) **ונשתו.** מי הים יסור ויעתק ממקומו ולא יוכלו להביא לה בר ומזון דרך אניה בלב ים: **ונהר.** הנילוס יחרב מימיו ולא ישקה שדותם, והאדמה לא תצמח ויכלו ברעב. ולפי שכל שבח מצרים הוא מה שהנילוס עולה ומשקה שדותם, המשיל חרבנה אל יבושת המים: (ו) **והאזניחו נהרות.** נהרות מצרים יעזבו מימיהם: **דללו וכו'.** המים אשר בהיאורים העמוקים הנקווים בחריצי מצורי העיירות הורמו ממקומם ונסתלקו, ונשאר מקומם יבש: **קנה וסוף.** הגדלים על שפתי היאורים יכרתו מחסרון המים: (ז) **ערות.** העשבים הנשרשים ונאחזים על היאור וחוזר ומפרש על פי יאור, רצונו לומר, על שפת היאור: **וכל מזרע יאור.** הזרעים הנזרעים בידי אדם על שפת היאור: **יבש.** כל אחד יתייבש ויכחש ולא יהיה בעולם:

**מצודת ציון**

(ג) **ונבקה.** ענין רקות; כמו, הִבּוֹק תִּבּוֹק הָאָרֶץ (לקמן כד, ג): **אבלע.** אשחית: **האטים.** שם ממיני הכשוף הנעשה בנחת ובחשאי, והוא מלשון וַיְהַלֵּךְ אַט (מלכים־א כא, כז), האובות הידעונים. מיני כשוף: (ד) **וסכרתי.** כמו וסגרתי כי גיכ"ק מתחלף. והוא ענין מסירה; כמו, הֲיַסְגִּרֻנִי בַעֲלֵי קְעִילָה (שמואל־א כג, יא): **אדונים.** זהו ענין לשון תפארת ליחיד לומר עליו בלשון רבים; וכן, אֲדֹנֵי יוֹסֵף (בראשית לט, כ): **עז.** חזק: (ה) **ונשתו.** ענין העתקה והסרה; וכן, גִּיד הַנָּשֶׁה (שם לב, לג), יחריב. ענין יבשות: (ו) **והאזניחו.** האל"ף נוספת כי הוא ענין עזיבה; כמו, כִּי לֹא יִזְנַח (איכה ג, לא): **דללו.** ענין הרמה; כמו, דַּלּוּ מֵאֱנוֹשׁ נָעוּ (איוב כח, ד): **מצור.** מלשון צור וחוזק, כי חריצי המים הסביב לעיר הם לה לחוזק, וכן וַאַחְרִב בְּכַף פְּעָמַי כֹּל יְאֹרֵי מָצוֹר (מלכים־ב יט ,כג): **קנה וסוף.** מיני דשאים הגדלים על שפת הנהר; כמו, כאשר יָנוּד הַקָּנֶה בַּמַּיִם (מלכים־א יד, טו), וכמו וַתָּשֶׂם בַּסּוּף (שמות ב, ג): **קמלו.** ענין כריתה; כמו, הֶחְפִּיר לְבָנוֹן קָמַל (לקמן לג, ט): (ז) **ערות.** ענינו דבר המעורה ונשרש יפה; כמו, וּמִתְעָרֶה כְּאֶזְרָח רַעֲנָן (תהלים לז, לה):

*brother and each his fellow; city against city; kingdom against kingdom.*
3 *The spirit of Egypt will be emptied within it, and I will confound their*
*counsel; they will inquire of the false gods, of the sorcerers, of the necro-*
*mancers, and of the diviners.*

*The Nile will dry up*

4 *I will deliver Egypt into the hands of a harsh master, and a strong king will*
*rule them — the word of the Lord, HASHEM, Master of Legions.* 5 *The waters*
*of the sea will recede, and the river will dry out and be parched.* 6 *The rivers*
*will be abandoned and waters in the deep canals will be diminished and dry*
*up; the reeds and the bulrushes will wither.* 7 *The vegetation near the Nile, on*
*the bank of the Nile, and everything planted alongside the Nile will dry up,*

---

will be plagued by interior strife because God will incite one Egyptian against another (*Radak; Rashi*).

**מַמְלָכָה בְּמַמְלָכָה** — *Kingdom against kingdom.* Although Egypt was under the control of one central government, it may have consisted of many separate states, each with its own ruler (*Radak*).

**3. וְנָבְקָה רוּחַ־מִצְרַיִם בְּקִרְבּוֹ** — *The spirit of Egypt will be emptied within it.* The word רוּחַ in the context of this verse actually means *wisdom* (see *Job* 32:8 and *Numbers* 27:18; *Mahari Kara*). Egypt had been known for its wise men, but it will completely lose its wisdom and be unable to decide how to deal with the menacing situation (*Rashi*).

**וְדָרְשׁוּ אֶל־הָאֱלִילִים וְאֶל־הָאִטִּים** — *They will inquire of the false gods, of the sorcerers.* Unable to arrive at any decision of their own, they will desperately seek the counsel of false gods and sorcerers (*Radak*). Our translation of אִטִּים, *sorcerers,* follows *Targum Yonasan* and *Metzudos.* According to *Rashi,* it is the name of one of the Egyptian idols.

**4. וְסִכַּרְתִּי אֶת־מִצְרַיִם בְּיַד אֲדֹנִים קָשֶׁה** — *I will deliver Egypt into the hands of a harsh master.* Our translation follows *Rashi* and *Radak* who relate וְסִכַּרְתִּי to וְסָגַרְתִּי, *I will deliver* (see *I Samuel* 17:46 and *Targum Yonasan* there and here).

Alternatively, וְסִכַּרְתִּי may be translated *shut* or *closed,* as in (*Genesis* 8:2), וַיִּסָּכְרוּ מַעְיְנֹת תְּהוֹם, *the fountains of the deep were closed* (*Rashi*). Accordingly, the prophet foretells that the enemy will not transport the Egyptian prisoners to another country as they did with other nations they had conquered. Instead they will *shut* the Egyptian borders and firmly suppress the people in their own land (*Daas Sofrim*).

**אֲדֹנִים קָשֶׁה** — *A harsh master.* Although אֲדֹנִים actually means *masters,* in the plural, it is commonly used in plural form even for a single master (see *Genesis* 39:16, 39:20 [*Exodus* 21:4]; *Rashi*).

*Malbim* translates the word in the plural: *harsh masters,* which is worse than a single ruler. When authority is centralized in a single tyrant, he can exercise overall authority, but individual citizens will still have some autonomy, though it will be restricted. But when the king appoints a host of petty tyrants, each over a small part of the country, the despotism is all-pervasive, and each of the local rulers is protected by the authority of the king.

**נְאֻם הָאָדוֹן ה׳ צְבָאוֹת** — *The word of the Lord, HASHEM, Master of Legions.* The addition of the word אָדוֹן, *Lord,* teaches that although the Egyptians will be delivered into the hands of a harsh human master, no human can become a master unless designated so by God, the ultimate Lord.

**5. וְנִשְּׁתוּ־מַיִם מֵהַיָּם וְנָהָר יֶחֱרַב וְיָבֵשׁ** — *The waters of the sea will recede, and the river will dry out and be parched.* The river of Egypt is the Nile (*Rashi*). Since Egypt is a land that has very little rain, it depends on water from the overflowing Nile for its sustenance and productivity. The prophet therefore compares the fate of the defeated Egyptians to the drying up of their water supply (*Rashi*), which will also kill the fish that were an important food supply (*Radak*).

The Nile overflows every year and fills the canals that irrigate the farms, until its current is slowed as it reaches the sea. However, when the sea recedes and the Nile can flow through unimpeded, it empties quickly into the sea and does not overflow (*Rashi*).

**6. וְהֶאֶזְנִיחוּ נְהָרוֹת** — *The rivers will be abandoned.* Since the waters of the Nile will no longer flow through the irrigation canals, the canals will become full of mud and be useless (*Rashi*).

**דָּלְלוּ וְחָרְבוּ יְאֹרֵי מָצוֹר** — *And waters in the deep canals will be diminished and dry up.* The word מָצוֹר literally means *a siege* (*Rashi*). יְאֹרֵי מָצוֹר are deep ditches dug by the inhabitants of a city to store emergency water in the event that the city will come under siege (ibid.), but when Egypt comes under attack, these too will be abandoned. Alternatively, *Radak* sees מָצוֹר as a shortened form of מִצְרַיִם and translates *the streams of Egypt.*

**קָנֶה וָסוּף קָמֵלוּ** — *The reeds and bulrushes will wither.* The plants that grew on the banks of the Nile because of its abundant waters will then wither and die in the absence of water (*Ibn Ezra; Mahari Kara*).

**7. עָרוֹת עַל־יְאוֹר עַל־פִּי יְאוֹר** — *The vegetation near the Nile, on the bank of the Nile.* Our translation of עָרוֹת follows *Radak,* who explains that it means *moist vegetation. Rashi* translates *well rooted,* and explains that even plants with healthy roots, that normally draw nourishment from underground, will dry and wither. Alternatively, *Ibn Ezra* translates נֶחֱשַׂף, *will be laid bare.* Because of the lack of water, the banks of the Nile will be stripped of all their vegetation.

ח נִדַּף וְאֵינֶנּוּ: וְאָנוּ הַדַּיָּגִים וְאָבְלוּ כָּל־מַשְׁלִיכֵי בַיְאוֹר חַכָּה וּפֹרְשֵׂי מִכְמֹרֶת עַל־פְּנֵי־
ט־י מַיִם אֻמְלָלוּ: וּבֹשׁוּ עֹבְדֵי פִשְׁתִּים שְׂרִיקוֹת וְאֹרְגִים חוֹרָי: וְהָיוּ שָׁתֹתֶיהָ מְדֻכָּאִים
יא כָּל־עֹשֵׂי שֶׂכֶר אַגְמֵי־נָפֶשׁ: אַךְ־אֱוִלִים שָׂרֵי צֹעַן חַכְמֵי יֹעֲצֵי פַרְעֹה עֵצָה נִבְעָרָה
יב אֵיךְ תֹּאמְרוּ אֶל־פַּרְעֹה בֶּן־חֲכָמִים אֲנִי בֶּן־מַלְכֵי־קֶדֶם: אַיָּם אֵפוֹא חֲכָמֶיךָ וְיַגִּידוּ
יג נָא לָךְ וְיֵדְעוּ מַה־יָּעַץ יהוה צְבָאוֹת עַל־מִצְרָיִם: נוֹאֲלוּ שָׂרֵי צֹעַן נִשְּׁאוּ שָׂרֵי נֹף

### רש״י

(ח) **ואנו.** לשון אוני ואבל: **הדייגים.** הם מצרים שאלין דגים מנילוס שהוא מתפשט ועולה ביאורים רבים העשויין על שפתו על פני ארץ מצרים כולה, מה שאין כן בכל הנהרות: **חכה.** אמ״ו בלע״ז: (ט) **עובדי פשתים.** זורעי פשתים על הנהר: **שריקות.** פשתים שסורקין אותן ואורגין מהם מצודות דגים שהן עשויות חורין חורין: **חורי.** כמו, כַּבְּהֵמוֹת שָׂדָי (שם ח, ח), וְקָרַע לוֹ חַלּוֹנָי (ירמיה כב, יד): (י) **והיו שתותיה מדוכאים כל עושי שכר.** אישקלוס״א בלע״ז כמו (בראשית ח, ב), וַיִּסָּכְרוּ מַעְיְנֹת תְּהוֹם, שסוכרים המים היוצאין חוץ לשפת הנהר ומתפשטים, ונעשים אגם מים הנקוים ועומדין במקומן, ורבים שם דגים. ואמר הנביא שיהו יסודות אפירותיהן מדוכאים, ויפלו אגמי השכר שעשו: **אגמי נפש.** אגמי שבת לשון שָׁבַת וַיִּנָּפַשׁ (שמות לא, יז), שמי האגמים נוחים ועומדים במקום אחד. ויונתן תרגם, דַּהֲווֹ עָבְדִין סִכְרָא וְכָנְשִׁין מַיָּא גְּבַר לְנַפְשֵׁיהּ: (יא) **איך תאמרו.** מעתה לפרעה כל איש מכם על עצמו, בן חכמים אני? ומאחר שיכשל בעצתכם, איך תתהללו לפניו לאמר בני חכמים אנחנו? אתה בן מלכי קדם: (יג) **נואלו.** לשון אוילים: **נשאו.** כמו, הַנָּחָשׁ הִשִּׁיאַנִי (בראשית ג, יג):

### רד״ק

(ח) **ואנו הדיגים.** הפסוק כפול בענין במלות שונות. הדיגים הם צדי הדגים והם צדים אותן בשני דרכים, כשמשליכים חכה והוא כמין מחט שראשו כפוף ונכנס בפי הדגים ומושכין אותן בה, ופורשין גם כן מכמורת והיא הרשת ונתפשים שם הדגים: **ואנו.** כמו ואבלו; וכן, תַּאֲנִיָּה וַאֲנִיָּה (איכה ב, ה).: (ט) **ובשו עבדי פשתים.** פירוש עושי. מתרגמין מעשה, עוּבְדָא; וכן, יַכִּיר מַעְבָּדֵיהֶם (איוב לד, כה), כמו מעשיהם. ואמר יבושו עובדי פשתן: **שריקות.** כלומר שמסרקין הפשתן במסרק, והטוב והיפה שבו עושים ממנו הרשתות. וזהו שאמר ואורגים חורי, כי הרשתות הן עשויות נקבים נקבים: **חורי.** כמו חורים; וכן, וַחֲשׂוּפַי שֵׁת (לקמן כ, ד) כמו חשופים, וְקָרַע לוֹ חַלּוֹנָי (ירמיה כב, יד), כמו חלונים. ואחר שיבש הנהר יבשו עושי הרשתות לצוד הדגים. ויש מפרשים שריקות, הטוב שבפשתן, וכן נקרא בערבי שרק, וכן מפרשים חורי; לבנים: (י) **והיה שתותיה.** כמו רשתותיה; וכן, כִּי הַשָּׁתוֹת יֵהָרֵסוּן (תהלים יא, ג), וכן בדברי רבותינו (בבא קמא קיז, א), ההוא שותא דהוו מנצו עלה בי תרי; פירוש רשת: **מדוכאים.** נשברים, כאלו הם נכרתים שלא יצודו בהם, כי אין נהר ואין יאור: **כל עושי שכר.** וכן כל עושי שכר היו: **אגמי נפש.** והיא כמו עגמי; מן, עָגְמָה נַפְשִׁי (איוב ל, ה). ושכר; כמו, וַיִּסָּכְרוּ מַעְיְנֹת תְּהוֹם (בראשית ח, ב); רוצה לומר שסוגרים בפני המים כדי שיקוו המים ויצודו בהם דגים; כמו שאמרו בתלמוד (ביצה כה, א), הסוכר אמת המים מערב יום טוב ולמחר השכים ומצא בם דגים. אמר אותם שהיו עושים שכר, עתה יהיו מדוכאים ואגמי נפש. ויש מפרשים אגמי נפש, האגמים שיש בהם דגים, וקרא הדגים נפש. ויונתן תרגם, וִיהֵי אֲתַר בֵּית שָׁתֵי מְחָא כְבִישִׁין אֲתַר דַּהֲווֹ עָבְדִין סִכְרָא וְכָנְשִׁין מַיָּא גְּבַר לְנַפְשֵׁיהּ: (יא) **אך אוילים.** חכמי יועצי פרעה, בא סמוך על סמוך; כמו, נַהֲרֵי נַחֲלֵי דְּבַשׁ וְחֶמְאָה (שם כ, יז), אֶת־מִסְפַּר מִפְקַד הָעָם (שמואל־ב, כד, ט): **אל פרעה.** בעבור פרעה. איך תאמרו בעבור פרעה שהוא אומר בן חכמים אני, בן מלכי קדם, ואין חכמתו ומלכותו, ואיה חכמתכם גם כן? שלא תוכלו לתת לו עצה להנצל מרעתו. ויש מפרשים שכל אחד מחכמיו היה אומר בן חכמים אני, כלומר אני חכם ובן חכם ויודע לתת עצה טובה לכל דבר, ואיך נואלתם בפעם הזאת? ועל דרך הזה תרגם יונתן, אֵיכְדֵין תֵּמְרוּן לְפַרְעֹה בְּנֵי חַכִּימִין אֲנַחְנָא וְאַתְּ בַּר מַלְכִין דְּמִלְקַדְמִין: (יב) **אים איפה חכמיך.** כפל הענין במלות שונות. אמר בכל חכמתכם לא יוכל להגיד מה יעץ ה׳ צבאות על מצרים, הפורענות שעתידה לבא עליהם. ואמר יעץ כאלו יעץ האויב לבא עליהם: (יג) **נואלו.** נשאו, מבנין נפעל; מענין, הַשֵּׁא הִשֵּׁאתָ (ירמיה ד, י); כאלו הטעו אותם ואבדה חכמתם:

### מצודת דוד

(ח) **ואנו הדיגים.** הרגילים לצוד את הדגים יתאוננו, כי כשיחרב המים לא ימצאו דגים: **כל משליכי.** כל הרגילים להשליך ביאור כלי צדיה לצוד הדגים יתאבלו, והפורשים רשתות על פני המים נכרתו. וכפל הענין במילים שונות: (ט) **ובושו וכו׳.** העושים מלאכתם בפשתים לסרקו במסרק ואורגים רשתות העשויים חורים חורים יחפרו ויבשו, כי לא יהיה עוד צורך במלאכתם: (י) **והיו שתותיה מדוכאים.** דרך ציידי דגים לסתום בפני המים המתפשטים ויוצאים משפת הנהר שלא ישובו למקומם, והמים המתפשטים נעשים אגמים נחים ועומדים במקומם, ובהם צדים הדגים. ולזה אמר ושתחרב היאור ידוכאו יסודי הסתימות של כל העושים סתימה להיות אגמי נפש, כי הואיל ואין מים אין עוד צורך בהסתימות ההם: (יא) **אך אוילים.** החכמה הלכה משרי צוען ונשארו אך אוילים: **חכמי יועצי פרעה.** החכמים אשר ביועצי פרעה ייעצו עצה נבערה וכסילות, כי לא הועילו בעצתם להציל עצמם: **איך תאמרו.** כל אחד מהם היה משתבח עצמו לפני פרעה ואמר אני בן חכמים, והחכמה מוחזקת בידי מאבותי: **בן מלכי קדם.** אבותי היו מלכי קדם אשר שם נמצא הכישוף וידיעת שמות הטומאה: (יב) **אים אפוא.** כאלו לפרעה יאמר, איה הם ואיה פה חכמיך, ויגידו לך עתה במה תנצל: **וידעו.** יתחכמו לדעת מה יעץ ה׳ וכו׳, להיות נשמר מהעצה היעוצה: (יג) **נואלו.** שרי צוען נעשו אוילים, ושרי נוף נפתו בהסתת חכמים והיועצים בעצתם הנבערה:

### מצודת ציון

**נדף.** ענין כתישה; כמו, אֵל יִדְּפֶנּוּ (איוב לב, יג): **ואיננו.** ואין לו: (ח) **ואנו.** מלשון אנינות: **הדיגים.** הצדים את הדגים: **ואבלו.** מלשון אבלות: **חכה.** שם כלי הצדיה עשוי כמחט כפוף, וכן, תִּמְשֹׁךְ לִוְיָתָן בְּחַכָּה (שם מ, כה): **מכמורת.** רשת; כמו, וְיַאַסְפֵהוּ בְּמִכְמַרְתּוֹ (חבקוק א, טו): **אמללו.** נכרתו; כמו, יְמוֹלֵל וְיָבֵשׁ (תהלים צ, ו): (ט) **עובדי פשתים.** עושי פשתים, וכן, יַכִּיר מַעְבָּדֵיהֶם (איוב לד, כה): **שריקות.** מלשון מסרק, והוא שם כלי עשוי לסרוק הפשתן, להפרידו ולהשליך הקסמים ממנו: **חורי.** נקבים, וכן; סַלֵּי חֹרִי (בראשית מ, טז): (י) **שתותיה.** ענין יסודות; כמו, כִּי הַשָּׁתוֹת יֵהָרֵסוּן (תהלים יא, ג): **מדוכאים.** ענין כתיתה; כמו, דִּכָּא לָאָרֶץ חַיָּתִי (שם קמג, ג): **שכר.** ענין סתימה; כמו, וַיִּסָּכְרוּ מַעְיְנֹת תְּהוֹם (בראשית ח, ב): **אגמי.** כן יקראו מים מכונסים; כמו, לַאֲגַם מַיִם (תהלים קז, לד): **נפש.** ענין מנוחה והשקט; כמו, שָׁבַת וַיִּנָּפַשׁ (שמות לא, יז): (יא) **נבערה.** ענין כסילות; כמו, אִישׁ בַּעַר לֹא יֵדָע (תהלים צב, ז): **מלכי קדם.** מלכי מזרח: (יג) **נואלו.** ענין אוילות ושטות; כמו, אֲשֶׁר נוֹאַלְנוּ (במדבר יב, יא): **נשאו.** ענין הסתה ופתוי כמו הַנָּחָשׁ הִשִּׁיאַנִי (בראשית ג, יג):

---

**וְכֹל מִזְרַע יְאוֹר יִיבַשׁ נִדַּף וְאֵינֶנּוּ** — *And everything planted alongside the Nile will dry up, wither, and be no more.* Not only the vegetation that grew naturally will dry up and wither, but even that which had been planted will dry up and wither. *Everything,* all vegetation, will dry up and wither (*Me'am Loez*).

*wither, and be no more.* 8 *The fishermen will lament, and all those who cast*
*their hooks into the Nile will mourn; those who spread nets on the water will*
*be bereaved.* 9 *Ashamed will be those who work at combing flax and weaving*
*nets.* 10 *The foundations of its fish pools will be battered, all who dammed calm*
*pools will be depressed in spirit.*

11 *The officers of Zoan are but fools, Pharaoh's wisest advisers offer boor-*
*ish counsel. How could you say to Pharaoh, 'I am the son of wise men, the*
*descendant of the kings of yore'?* 12 *Where are they? Where are your wise*
*men? Let them tell you now, let them try to know what HASHEM, Master of*
*Legions, has planned for Egypt.* 13 *The officers of Zoan have become fool-*
*ish, the officers of Noph have become misguided. The cornerstones of her*

---

**8. וְאָנוּ הַדַּיָּגִים** — *The fishermen will lament.* When the Nile will dry up, the fishermen will lament and mourn because there will not be any fish to catch (*Metzudos*). Then the prophet goes on to describe two kinds of fishermen:

**וְאָבְלוּ כָּל־מַשְׁלִיכֵי בַיְאוֹר חַכָּה** — *And all those who cast their hooks into the Nile will mourn.* The fishermen will mourn because all the fish will die. Hooks are used to catch larger fish and nets are used to catch schools of smaller fish (*Me'am Loez*).

*Abarbanel* comments somewhat differently. There are the fishermen themselves and there are those whose livelihood is based on making items that the fishermen need. When all the fish are dead, those who support themselves by *casting hooks into the Nile* will lament. In addition, those who sell nets to the fishermen will mourn because they will have no customers.

**9. וּבֹשׁוּ עֹבְדֵי פִשְׁתִּים שְׂרִיקוֹת** — *Ashamed will be those who work at combing flax.* Because the fishing industry will come to a standstill, so will net-making. This will cause the craftsmen who work with flax and make fishing nets to become embarrassed because their craft will no longer be needed (*Abarbanel; Metzudos*).

**וְאֹרְגִים חוֹרָי** — *And weaving nets.* The word חוֹרָי literally means *holes.* Since the flax is combed and woven into fishnets which consist of many holes, the fishnets are called חוֹרָי (*Radak*).

**10. וְהָיוּ שָׁתֹתֶיהָ מְדֻכָּאִים** — *The foundations of its fish pools will be battered.* Fishermen would dam the overflowing waters to create ponds of still water where fish would spawn. Since the rivers and ponds will dry up, these ponds will serve no further purpose. Their owners will not maintain them. The foundations of these dams will therefore be battered and crushed (*Rashi; Metzudos*).

**כָּל־עֹשֵׂי שֶׂכֶר אַגְמֵי־נָפֶשׁ** — *All who dammed calm pools will be depressed in spirit.* Our translation follows *Radak* and *Mahari Kara,* who view the word אַגְמֵי as if it were spelled עַגְמֵי and explain that those who constructed the dams will become depressed, since their craft will be obsolete. Others translate אַגְמֵי נֶפֶשׁ as *ponds for fish,* נֶפֶשׁ meaning *living creatures.* They render: *Those who constructed ponds for fish will be battered* (*Ibn Ezra*).

**11. אַךְ־אֱוִלִים שָׂרֵי צֹעַן חַכְמֵי יֹעֲצֵי פַרְעֹה עֵצָה נִבְעָרָה** — *The officers of Zoan are but fools, Pharaoh's wisest advisers offer boorish counsel.* The city of Zoan is identified as Toneis (*Targum Yonasan*), and was the capital of Egypt during the days of Isaiah (*Daas Mikra*). Like many Egyptians, the officers of Zoan prided themselves on their ancient traditions of wisdom (*Metzudos*).

Now Isaiah mocks the Egyptian wise men who will not correctly assess the danger as it hovers over their country (*Daas Sofrim*). At many turning points in history, leaders and counselors were blind to understand the portent of events. "Wise men" tend to see the present through the lens of the past. So it was that Pharaoh and his advisers were confident that Egypt would remain a world power and could never be eclipsed or defeated. Their "wisdom" was proven to be foolish.

**אֵיךְ תֹּאמְרוּ אֶל־פַּרְעֹה בֶּן־חֲכָמִים אֲנִי** — *How could you say to Pharaoh, "I am the son of wise men . . ."?* Isaiah mocks the arrogance of Pharaoh's advisers. How could they justify their foolish counsel by proclaiming that they are wise men, the descendants of wise men? (*Rashi*).

**בֶּן־מַלְכֵי־קֶדֶם** — *The descendant of the kings of yore.* Our translation of מַלְכֵי קֶדֶם, *kings of yore,* follows *Rashi* and *Ibn Ezra. Metzudos* translates *the descendant of the kings of the east.* Each of the advisers boasted that he is a descendant of the kings of the east who were well known for their clear understanding of the workings of the occult.

**12. אַיָּם אֵפוֹא חֲכָמֶיךָ** — *Where are they? Where are your wise men?* If they are indeed as wise as they claim, then they should have foreseen that God had been planning this great attack against Egypt (*Ibn Ezra*).

*Malbim* explains the difference between the seeming synonymous אַיֵּה and אֵיפֹא, both of which mean *where.* אַיֵּה refers to something that should seemingly be close at hand. אֵיפֹא refers to something that may exist, but is far away. Thus Isaiah is saying that where is the "wisdom" of those who stand before the king, and where are the "wise men" anywhere else? All are fools.

**13. נוֹאֲלוּ שָׂרֵי צֹעַן נִשְּׁאוּ שָׂרֵי נֹף** — *The officers of Zoan have become foolish, the officers of Noph have become misguided.* Noph is another important Egyptian city and is identified by

יד הִתְעוּ אֶת־מִצְרַ֫יִם פִּנַּת שְׁבָטֶיהָ: יְהוָה מָסַךְ בְּקִרְבָּהּ רוּחַ עִוְעִים וְהִתְעוּ אֶת־

טו מִצְרַ֫יִם בְּכָל־מַעֲשֵׂהוּ כְּהִתָּעוֹת שִׁכּוֹר בְּקִיאוֹ: וְלֹא־יִהְיֶה לְמִצְרַיִם מַעֲשֶׂה אֲשֶׁר

טז יַעֲשֶׂה רֹאשׁ וְזָנָב כִּפָּה וְאַגְמוֹן: בַּיּוֹם הַהוּא יִהְיֶה מִצְרַיִם כַּנָּשִׁים וְחָרַד |

יז וּפָחַד מִפְּנֵי תְּנוּפַת יַד־יְהוָה צְבָאוֹת אֲשֶׁר־הוּא מֵנִיף עָלָיו: וְהָיְתָה אַדְמַת יְהוּדָה

לְמִצְרַ֫יִם לְחָגָּא כֹּל אֲשֶׁר יַזְכִּיר אֹתָהּ אֵלָיו יִפְחָד מִפְּנֵי עֲצַת יְהוָה צְבָאוֹת אֲשֶׁר־

יח הוּא יוֹעֵץ עָלָיו: בַּיּוֹם הַהוּא יִהְיוּ חָמֵשׁ עָרִים בְּאֶרֶץ מִצְרַ֫יִם מְדַבְּרוֹת

### רש"י

**(יד) מסך בקרבה.** משקה מזג להם בתוכה שעיוה את רוחם; לשון מָסְכָה יֵינָהּ (משלי ט, ב). עירוב משקה בחבית עד שמעמידו בטעמו קרוי מסך: **עועים.** שם חולי של טירוף הדעת: **(טו) אשר יעשה ראש וזנב כפה ואגמון.** הם החרטומים ואיצטגנינים החוזים בכוכבים, שיש ברקיע מזלות וכוכבים המכונים כן ועשויין דוגמת ראש וזנב והם נתונים בתלי (ספרים אחרים - בטלה). ויש לפרש כתרגומו, רֵישׁ וְהֶגְמוֹן שִׁלְטוֹן וְאִטְרוֹן: **(יז) והיתה אדמת יהודה למצרים לחגא.** כשישמעו הנותרים במצרים משבי סנחרב את מפלתו שיפול בארץ יהודה, בלא שום מלחמות זרוע בשר, ידעו כי יש שכינה בישראל, ומושיעם חזק, וייראו ויפחדו מפני אדמת יהודה, חגא. לשון שבר ואימה ופחד; לשון יָחוֹגּוּ וְיָנוּעוּ כַּשִּׁכּוֹר (תהלים קז, כז), וכן חַגְוֵי הַסֶּלַע (שיר השירים ב, יד): **מפני עצת ה' צבאות אשר הוא יועץ עליו.** להפילו ביד סנחרב ויהודה ימלט מידו: **(יח) ביום ההוא יהיו חמש ערים וגו'.** שנינו בסדר עולם (רבה, פרק כג), אחר מפלתו של סנחרב עמד חזקיהו ופטר את האוכלוסין שהביא עמו ממצרים, ומכוש בקולרין לפני ירושלים, וקבלו עליהם מלכות שמים וחזרו למקומן; שנאמר ביום ההוא יהיו חמש ערים וגו' והלכו ובנו מזבח לה' בארץ מצרים, ומקריבין עליו קרבן לשמים, לקיים מה שנאמר ביום ההוא יהיה מזבח לה' בארץ מצרים. ויש מרבותינו שדרשוהו במסכת מנחות (קט, ב) על מזבח בית חוניו בנו של שמעון הצדיק שברח לו למצרים ועשה שם מזבח:

### רד"ק

**התעו את מצרים.** הם השרים והחכמים התעו את מצרים שהיא פנת שבטיה, כלומר ראש הממלכה. והם התעו אותה שהיו מבטיחים אותם בחכמתם שלא יוכל לבא לה רעה שלא ידעו הם בחכמתם, והנה זאת הרעה לא ידעו אותם: **(יד) ה' מסך בקרבה.** כלומר מאת האל יתברך בא להם זה, שבלבל עצתם והשחית חכמתם: **מסך.** ענין ערוב ובלבל; כמו, בְּיַיִן מָסָכְתִּי (משלי ט, ה), שהוא ענין ערוב המים ביין: **ועועים.** שרשו עוה, והוא כפל הפ"א, מענין, וְנַעֲוֵה לֵב (שם יב, ח): **והתעו.** פירוש השרים והגדולים. פירוש השרים שזכר כלומר השרים הגדולים שדרכם ליעץ אותה הם התעו אותה, שהאל בלבל עצתה. וכנה מצרים בלשון נקבה שאמר פנת שבטיה, ובלשון זכר באמרו אל כל מעשהו, כן מנהג הלשון במקומות רבים, כי כשידבר בלשון נקבה ידבר כנגד הכנסה, וכשידבר בלשון זכר ידבר כנגד העם: **כהתעות שכור בקיאו.** תרגם יונתן, כְּמָא דְטָעֵי רַוְיָא וּמִדַּשְׁדֵּשׁ בְּתִיוּבֵיהּ. פירוש כמו שהשכור נתעה ולא ידע מה יעשה, ויקיא ויתגלגל אחר כן בקיאו: **(טו) ולא יהיה.** למעשה אשר יעשה. פירוש לא ישאר למצרים שום מעשה שיעשה ולא יועילנו: **ראש וזנב.** כלומר כל חכמת חכמיו וחרטומיו, הכל ינסה להנצל מרעתו ולא יועילנו: **ראש וזנב כפה ואגמון.** הן משל על חכמי מצרים, החכמים והגדולים הם ראש, והפחותים זנב. וכן כפה ואגמון, כי כפה הם החזקים בחכמה, ואגמון הם החלושים. והוא כפל הענין במלות שונות. רוצה לומר לכם יעשו חכמתם ולא תועילם. ויונתן תרגם מעשה כמו עצה; אמר, מַלְכָּא דִימְלוֹךְ רֵישׁ וְהֶגְמוֹן שִׁלְטוֹן וְאִטְרוֹן. ויש מפרשים ראש וזנב, ראש התלי וזנבו המתעסקים בחכמת הכוכבים, ולא ידעו הרעה הבאה עליהם: **(טז) ביום ההוא.** אמר ביום ההוא, לפי שבזמן אחד היה שהחריב מלך אשור מצרים וכוש, ואחר כן בא לירושלם ונגף שם. לפיכך אמר ביום ההוא כי בזמן אחד היה זה הכל: **כנשים.** חלשים כנשים מפני תנופת יד ה' צבאות. כלומר, מאת ה' צבאות באה להם זאת הרעה, לפיכך לא יהיה להם כח להלחם כנגד אויביהם ויהיו כנשים: **(יז) והיתה.** כשישמעו מצרים הנותרים בארצם מפלת סנחריב בירושלים, תהיה להם אדמת יהודה לפחד, ורגזו וחלו ממנה: **לחגא.** פירוש תנועת הפחד ורעדה; וכן, יָחוֹגּוּ וְיָנוּעוּ כַּשִּׁכּוֹר (תהלים קז, כז): **מפני עצת ה' צבאות.** מפני שראו תחלת מפלתן ביד מלך אשור, ואחר כך מפלת מלך אשור בארץ יהודה, ידעו כי עצת ה' צבאות היתה מפלתה כמו שהיתה מפלת אשור ביד ה'. שהרי היו כלם פגרים מתים בלא חרב ידעו כי הכל מאת ה' הוא: **(יח) ביום ההוא.** כשיראו מפלת אשור שבי מצרים וכוש שהיו שם במחנה אשור בשלשלאות של ברזל; כמו שאומר, יְגִיעַ מִצְרַיִם וּסְחַר־כּוּשׁ וגו', ואומר, בַּזִּקִּים יַעֲבֹרוּ וגו', אַךְ בָּךְ אֵל וגו' (לקמן מה, יד). יכירו וידעו כי אין אלהים כי אם אלהי ישראל וישובו לאמונת ישראל. כי חזקיהו התיר כל השבוים שהיו במחנה ממצרים ומכוש ולקח כל הבזה והתיר השבוים ושבו לארצם והגידו נפלאות הבורא. והיו חמש ערים במצרים ששבו לאמונת האל ובנו מזבח והעלו עולות לה'. ועל זה נאמר יהיו חמש ערים בארץ מצרים מדברות שפת כנען, רוצה לומר שפת ארץ ישראל שהיא לשון עברי, לפי שהיו הולכים ושבים לארץ ישראל ולומדים מעשיהם ולשונם. ואמר כנען לפי שמצרים וכנען היו אחים בני חם, ונפלה ארץ כנען לישראל לנחלה

### מצודת דוד

**והתעו.** השרים התעו את העם היושב במצרים אשר היא ראש הממלכה; כי השרים הבטיחו את העם בדברי היועצים לאמר שהם יהיו המנצחים במלחמה: **(יד) ה' מסך.** המקום ערבב ובלבל בהם רוח עוות ועקום. רצונו לומר, בלבל דעתם בענין תכסיסי המלחמה: **והתעו.** היועצים והשרים התעו את מצרים בכל הדברים, כמו השכור אשר יהיה נתעה בעת יקיא מאכלו בעבור רוב השכרות, אשר לא ידע אז מה לעשות: **(טו) ולא יהיה.** לו שום תועלת בכל מעשה אשר יעשה הן הראש הן הזנב. רצונו לומר, לא יצליחו לא במעשה הראשים ולא במעשה הפחותים: **כפה ואגמון.** רצונו לומר, במעשה החזק ולא במעשה החלש. וכפל הענין במילים שונות: **(טז) כנשים.** תשושי כח ורכי לבב כנשים: **מניף עליו.** להכותו בו: **(יז) אדמת יהודה.** רצונו לומר, השכינה השורה באדמת יהודה תהיה למצרים לשבר רוח ופחד לבב: **כל אשר.** רצונו לומר, כל זמן אשר המזכיר יזכיר אותה אליו, יפחד: **מפני עצת.** כי בעת שכבש סנחריב את מצרים חשב שבמקרה באה, אבל כשיראה שנפל סנחריב סביב ירושלים על ידי המלאך המכה בהם, ישכיל לדעת שהיתה בעצת ה' אשר יעץ עליו להפילו ביד סנחריב:

### מצודת ציון

**והתעו.** מי ששוגה בדעתו קרוי תועה, והושאל מהתועה בדרך: **פנת.** דבר החשוב נקרא בלשון שאלה פנה, על כי הדרך לשום האבן המובחרת בפנת הבנין להיות נראה משתי הצדדים; וכמו שכתוב, אֶבֶן וכו' הָיְתָה לְרֹאשׁ פִּנָּה (תהלים קיח, כב): **שבטים.** מלשון שבט ומשפחה: **(יד) מסך.** ענין ערבוב ובלבול; כמו, מָסְכָה יֵינָהּ (משלי ט, ב), שהוא ערבוב המים ביין: **עועים.** מלשון עוות ועקימות: **בקיאו.** ענינו החזרת המאכל אל החוץ; כמו, וְסָפַק מוֹאָב בְּקִיאוֹ (ירמיה מח. כו): **(טו) וזנב.** תחתיות הדבר קורא זנב, ויורה על השפלות: **כפה.** ענינו ענף; כמו, כַּפֹּת תְּמָרִים (ויקרא כג, מ): **ואגמון.** הוא צמח רך, והוא הפוך מן גומא; וכן, הֲלָכֹף כְּאַגְמֹן רֹאשׁוֹ (לקמן נח, ה): **(טז) וחרד.** ענין רעדה: **תנופת.** ענין הרמה: **(יז) לחגא.** ענין בקוע ושבר; כמו, יוֹנָתִי בְּחַגְוֵי הַסֶּלַע (שיר השירים ב, יד):

*tribes have caused Egypt to stray.* [14] *HASHEM has poured out into her midst a spirit of insanity and they have caused Egypt to stray in all their actions, as a drunkard strays into his vomit.* [15] *There will be nothing that the Egyptians can do — the 'head' or the 'tail,' the 'canopied tree' or the 'reed.'* [16] *On that day Egypt will be like women; it will tremble and fear before the wave of the hand of HASHEM, Master of Legions, which He will wave at it.* [17] *The land of Judah will be a source of fright for Egypt; when anyone mentions it to [Egypt], it will fear, because of the counsel of HASHEM, Master of Legions, that He devises against it.*

[18] *On that day there will be five cities in Egypt that speak the language of*

*Targum Yonasan* as Memphis. The leaders of each Egyptian city relied on the wisdom of the other, which resulted in the entire nation being brought down by the foolishness of their comrades (*Me'am Loez*).

**הִתְעוּ אֶת־מִצְרַיִם פִּנַּת שְׁבָטֶיהָ** — *The cornerstones of her tribes have caused Egypt to stray.* The most significant part of a structure is its cornerstone. Since it can be viewed from two sides, builders would choose a stone of great quality. Scripture therefore refers to Egypt's esteemed leaders as the country's *cornerstones* and relates that they deceived the masses of people by assuring them that no harm would befall their country (*Metzudos*).

**14. ה׳ מָסַךְ בְּקִרְבָּהּ רוּחַ עִוְעִים** — *HASHEM has poured out into her midst a spirit of insanity.* Our translation of רוּחַ עִוְעִים follows *Rashi,* who says that it is a sickness that causes one's mind to become confused. The prophet reveals that this mass delusion will occur because God will confuse Egypt's leaders and render them incapable of giving the people any sound advice (*Radak*). They will be incapable of fighting their enemy for they will be unable to form any sensible battle strategy (*Metzudos*).

**כְּהִתָּעוֹת שִׁכּוֹר בְּקִיאוֹ** — *As a drunkard strays into his vomit.* Isaiah compares the hopelessly confused leaders to a drunkard who throws up his food and drink and in his drunken state wanders to his vomit and falls in the filth (*Radak*).

Alternatively, his mind is so muddled and confused that he thinks that since he has vomited he is capable of consuming more drink, and he just continues to imbibe and disgrace himself further (*Me'am Loez*).

The leaders of Egypt became intoxicated with the delusion that their wisdom would protect them. Instead, God caused them to be like a drunkard who is so inebriated that he actually drinks his own vomit (*Malbim*).

**15. וְלֹא יִהְיֶה לְמִצְרַיִם מַעֲשֶׂה אֲשֶׁר יַעֲשֶׂה** — *There will be nothing that the Egyptians can do.* The Egyptian leaders will be so confused that none of them will have any idea of how to save the country from the impending catastrophe. Whatever they do will result in failure (*Radak; Metzudos*).

**רֹאשׁ וְזָנָב כִּפָּה וְאַגְמוֹן** — *The "head" or the "tail," the "canopied tree" or the "reed."* The prophet metaphorically describes the different levels of wisdom possessed by the Egyptian advisers. The *head* symbolizes the leading, most respected wise men. The *tail* refers to the less prestigious advisers. The prophet repeats the theme with a different metaphor. The *canopied tree* represents the superior wise men of the nation and the *reed* represents the wise men of a lower caliber (*Radak*).

Alternatively, Isaiah refers to the sorcerers and astrologers who gaze at the stars and see constellations, but in the forms of heads, tails, trees, and reeds. Sorcerers will look for portents of the future in the constellations, but will be unable to offer any sound advice to the people (*Rashi*).

Thus, the prophet foretells that neither the dignitaries nor the astrologers will be able to tell Egypt what it should do to survive the conquering Assyrian armies.

**16. בַּיּוֹם הַהוּא** — *On that day,* i.e., the day that the Egyptians learned of God's plan to destroy their nation (*Ibn Ezra*). Alternatively, it refers to the days when Sennacherib attacked Egypt and Cush, and then went on to attack Jerusalem, where his armies were miraculously destroyed. Since these incidents took place in rapid succession, the prophet refers to them as if they occurred on one day (*Radak*).

**יִהְיֶה מִצְרַיִם כַּנָּשִׁים** — *Egypt will be like women.* They will become militarily weak, like women, and will be unable to repel the Assyrians (*Radak*).

**וְחָרַד וּפָחַד מִפְּנֵי תְּנוּפַת יַד־ה׳ צְבָאוֹת** — *It will tremble and fear before the wave of the hand of HASHEM, Master of Legions.* The Egyptians will realize that it is God Who has raised His hand against them and that they will not be able to defend themselves against Him (*Radak*).

**17. וְהָיְתָה אַדְמַת יְהוּדָה לְמִצְרַיִם לְחָגָּא** — *The land of Judah will be a source of fright for Egypt.* Our translation of חָגָּא, *fright,* follows *Rashi. Ibn Ezra* and *Radak* translate *to shudder.* When the Egyptians who had been taken captive by Sennacherib will hear of his miraculous downfall, they will realize that the Divine Presence dwells in Israel, and they will fear and be frightened of the land of Judah (*Rashi; Radak; Ibn Ezra*).

**כֹּל אֲשֶׁר יַזְכִּיר אֹתָהּ אֵלָיו יִפְחָד** — *When anyone mentions it to [Egypt], it will fear.* The very name of Judah will then cause them to be frightened, for if mighty Assyria fell before Judah, how fearsome Judah must be (*Me'am Loez*).

יט שְׂפַת כְּנַעַן וְנִשְׁבָּעוֹת לַיהוָה צְבָאוֹת עִיר הַהֶרֶס יֵאָמֵר לְאֶחָת: בַּיּוֹם
הַהוּא יִהְיֶה מִזְבֵּחַ לַיהוָה בְּתוֹךְ אֶרֶץ מִצְרָיִם וּמַצֵּבָה אֵצֶל־גְּבוּלָהּ לַיהוָה:
כ וְהָיָה לְאוֹת וּלְעֵד לַיהוָה צְבָאוֹת בְּאֶרֶץ מִצְרָיִם כִּי־יִצְעֲקוּ אֶל־יהוה מִפְּנֵי
כא לֹחֲצִים וְיִשְׁלַח לָהֶם מוֹשִׁיעַ וָרָב וְהִצִּילָם: וְנוֹדַע יהוה לְמִצְרַיִם וְיָדְעוּ מִצְרַיִם
כב אֶת־יהוָה בַּיּוֹם הַהוּא וְעָבְדוּ־זֶבַח וּמִנְחָה וְנָדְרוּ־נֵדֶר לַיהוָה וְשִׁלֵּמוּ: וְנָגַף יהוָה
כג אֶת־מִצְרַיִם נָגֹף וְרָפוֹא וְשָׁבוּ עַד־יהוָה וְנֶעְתַּר לָהֶם וּרְפָאָם: בַּיּוֹם

**רש״י**

**מדברות שפת כנען.** כישראל שבארץ כנען: **עיר ההרס יאמר לאחת.** (תרגם יונתן, קַרְתָּא דְבֵית שֶׁמֶשׁ דַעֲתִידָא לְמֶחֱרַב יִתְאֲמַר הִיא חֲדָא מִנְהוֹן). ההרס תרגם יונתן לשני פנים, לשון, האומר לַחֶרֶס וְלֹא יִזְרָח (איוב ט, ז), ולשון הריסה וחורבן. ומהיכן למדה יונתן? מנבואתו של ירמיה, שנבא בתחפנחס, וְשִׁבַּר אֶת מַצְּבוֹת בֵּית שֶׁמֶשׁ אֲשֶׁר בְּאֶרֶץ מִצְרָיִם (ירמיה מג, יג). למדנו שבית שמש שבארץ מצרים ומצבה עתידה ליחרב, ומצבות האמורות שם היא מצבה אצל גבולה לה' האמורה כאן. ויש לומר שהיתה בית שמש יושבת בגבול מצרים על הספר, לכך נאמר אצלה, גבולה: **(כ) והיה.** המזבח לאות ולעד בינם ובין המקום: **מושיע ורב.** מושיע ושר: **(כא) ונודע ה'.** יהיה כח גבורתו ניכר להם: **(כב) ונגף.** לשון מכה הוא: **נגוף ורפוא.** ואחר המכה יביא להם רפואה: **ונעתר להם.** ירצה להם:

**רד״ק**

ושבה ארץ כנען כנכרים למצרים, ועתה ישובו אליה כאלו היא לכנען אחיהם כי יחשבו ישראל אחים: **ונשבעות לה' צבאות.** כי בו יאמינו ובו ישבעו לא באלילים שהיו מאמינים מתחילה: **עיר ההרס יאמר לאחת.** כל כך יהיו דבקים באמונת האל עד שיסכימו ביניהם שאם תשוב מעבודת האל אחת מחמש ערים יאמר לה עיר ההרס, כלומר שיעמידו עליה ויהרסוה. ויונתן תרגם כמו החרס בחי״ת; מן, הָאֹמֵר לַחֶרֶס (איוב ט, ז). ותרגם, קַרְתָּא בֵּית שֶׁמֶשׁ דַעֲתִידָא לְמֶחֱרַב יִתְאֲמַר הִיא חֲדָא מִנְהוֹן: **(יט) ביום ההוא.** פירשנוהו: **(כ) והיה לאות ולעד.** זה יהיה למצרים לאות ולעד, כי כל זמן שיחזיקו באמונת האל, יקראו אל ה' והוא יושיעם מיד כל נוגשיהם. וזה יהיה להם לאות כי האל ישמרם כשיחזיקו באמונתו: **מושיע ורב.** גדול; כמו, עַל כָּל רַב בֵּיתוֹ (אסתר א, ח). כלומר גדול יהיה המושיע שישלח להם, והוא מלאך ה' שיכה בשונאיהם והם נצולים. ויונתן תרגם ורב, דַּיָּן. וזה רוצה לומר, שישפוט בשונאיהם: **(כא) ונודע ה'.** כי בזה ידעוהו עוד ויכירוהו מלבד מה שידעוהו מתחילה במגפת מלך אשור, גם בעצמם ידעוהו ויכירוהו שיצילם בכל אשר יקראוהו: **ועבדו זבח ומנחה.** ועבדו כמו ועשו. מתרגמי' מעשה, עוֹבֵד; וכן, וַעֲבֹדַת הַצְּדָקָה (לקמן לב, יז), והדומים לו. או פירוש ועבדו לה' בזבח ומנחה, וכן תרגם יונתן, וְיִפְלְחוּן בְּנִכְסַת קוּדְשִׁין וּבְקוּרְבָּנִין: **ונדרו נדר לה'.** בעת צרתם ידרו נדרים וישלמו, לא שידרו ולא ישלמו אחר שינצלו, אלא שיש למו מה שידרו כי יכירו כי ה' הוא המושיעם: **(כב) ונגף ה'.** יכם וירפאם כדי שיכירו כי הוא המוחץ והרופא, כי בשובם אל ה' ובצעקם אליו יעתר להם וירפאם מיד:

**מצודת דוד**

**(יח) שפת כנען.** לשון הקדש: **ונשבעות וכו'.** כי מעתה יאמינו בה' ויקבלוהו לאלוה: **עיר ההרס.** רצונו לומר, יסכימו ביניהם שאם אחת מהערים ההם תשוב מאחרי המקום שיאמר עליה עיר ההרס. רצונו לומר, שיעמדו עליה ויהרסוה: **(יט) מזבח וכו'.** כי מצרים יקריבו קרבנות לשמים: **ומצבה.** מזבח מאבן אחת: **(כ) לאות ולעד.** המזבח יהיה לאות ולעד בארץ מצרים שהמה עובדים לה', ואם יצעקו לה' וכו' ישלח להם מושיע. והמושיע יהיה גדול ונכבד והוא יצילם מיד הלוחצים: **(כא) ונודע.** יהיה ניכר למצרים: **וידעו.** והמה יתנו לב לדעת: **זבח ומנחה.** בזבח ובמנחה: **ושלמו.** את נדרם: **(כב) ונגף.** כאשר יחטאו לו ינגוף אותם, אבל לא תתמיד כי מיד אחר הנגיפה ירפאם. רצונו לומר, לא יאריך להם עד שתתמלא סאתם וינגפו מבלי תקומה, כי לטובתם יפרע מהם מעט מעט: **ושבו.** כאשר יעשו תשובה יתרצה להם, ויקבל עתר תפלתם וירפאם:

**מצודת ציון**

**(יח) ההרס.** מלשון הריסה ונתיצה: **(כ) לאות.** לסימן: **לוחצים.** ענין דחק; כמו, וְגֵר לֹא תִלְחָץ (שמות כג, ט): **ורב.** ענינו גדול וחשוב; כמו, וְרַבֵּי הַמֶּלֶךְ (ירמיה מא, א): **(כב) ונגף.** ענין הכאה; כמו, וְנָגְפוּ אִשָּׁה הָרָה (שמות כא, כב): **ונעתר.** הוא ענין רבוי; כמו, וַעֲתַר עֲנַן הַקְּטֹרֶת (יחזקאל ח, יא). ורצונו לומר יקבל מרבית תפלתם ויתרצה להם; וכן, וְנַעְתּוֹר לָהֶם (דברי הימים א ה, כ):

**18.** **בַּיּוֹם הַהוּא יִהְיוּ חָמֵשׁ עָרִים בְּאֶרֶץ מִצְרַיִם מְדַבְּרוֹת שְׂפַת כְּנַעַן** — *On that day there will be five cities in Egypt that speak the language of Canaan.* After the miraculous defeat of Sennacherib and the total destruction of his army, King Hezekiah freed all of Sennacherib's captives. Many of them were Egyptians, and were astonished by the great miracle that they had witnessed. Isaiah foretells that these eyewitnesses will set up communities in Egypt where people will speak the Hebrew language and be faithful to God (*Rashi*).

**שְׂפַת כְּנַעַן** — *The language of Canaan.* Hebrew is called the language of Canaan because the Israelites dwelt in the land of Canaan (*Rashi*). According to *Ibn Ezra* here and *Ramban* to *Genesis* 45:12, the language spoken in Canaan was Hebrew. *Abarbanel,* however, comments that the Canaanites did not speak Hebrew but the native Canaanite language.

**וְנִשְׁבָּעוֹת לַה' צְבָאוֹת** — *And that swear by [the Name of] HASHEM, Master of Legions.* Not only will Hebrew become their spoken language, but their oaths will be made only by Hashem's Name (*Radak*), for they will then believe in the true God (*Metzudos*).

**עִיר הַהֶרֶס יֵאָמֵר לְאֶחָת** — *One of them will be called the "City of the Sun."* Our translation follows *Targum Yonasan* and *Rashi,* who understand הֶרֶס to be synonymous with חֶרֶס, *sun* (see *Job* 9:7). They offer an additional translation of the word as an expression of *destruction and demolition.* They combine the two translations and explain that one of those five communities will be called the "City of the Sun," and will later be destroyed.

Alternatively, *Radak* explains that *city of destruction* represents an agreement among the five cities that if any of them would revert to idolatry, the others would unite to destroy it.

**19.** **בַּיּוֹם הַהוּא יִהְיֶה מִזְבֵּחַ לַה' בְּתוֹךְ אֶרֶץ מִצְרָיִם** — *On that day there will be an altar [dedicated] to HASHEM in the midst of the land of Egypt.* The Egyptian eyewitnesses who were so astonished as they witnessed the miraculous destruction of Sennacherib's army will build an altar dedicated to

*Egypt's worship of the true God, and its deliverance*

*Canaan and that swear by [the Name of] HASHEM, Master of Legions; one of them will be called 'the City of the Sun.'*
*19 On that day there will be an altar [dedicated] to HASHEM in the midst of*
*the land of Egypt, and a pillar [dedicated] to HASHEM near its border; 20 and*
*it will be as a sign and a witness to HASHEM, Master of Legions, in the land of Egypt, that when they cry out to HASHEM because of oppressors, He will*
*send them a savior and a leader and deliver them. 21 And HASHEM will become*
*known to Egypt, for the Egyptians will know HASHEM on that day; and they will worship with sacrifice and meal-offering, and they will make a vow to*
*HASHEM and fulfill it. 22 HASHEM will strike Egypt, striking and healing; they*
*will repent to HASHEM, He will be appeased to them and heal them.*

God, upon which they will bring offerings to Heaven (*Rashi*). Others suggest that this altar could not be used for offerings because it is forbidden to offer sacrifices outside of Jerusalem, but it served as a symbol of loyalty to God (*R' Eliezer of Beaugency; Abarbanel*).

Alternatively, the Talmud sees this verse as foretelling an event that took place during the days of the Second Temple. Onias, a son of Shimon HaTzaddik, the great Kohen Gadol who served in the early years of the Second temple, fled to Alexandria, Egypt. There, Onias established a temple that was a replica of the *Beis HaMikdash*. He succeeded in winning the allegiance of many people who joined him in sincere service of Hashem. See *Menachos* 109b and *Rambam's* commentary to the Mishnah.

When the people of Egypt acknowledge God's greatness, as signified by the altar, they will be in awe of Him, and a spirit of holiness will spread in the country. The land that once symbolized spiritual contamination will become hospitable to God's Presence, and Egypt's *false gods will tremble* (v. 1). Then the spiritual contamination of Egypt will be dispelled (*Shem MiShmuel*).

**וּמַצֵּבָה אֵצֶל גְּבוּלָהּ לַה׳** — *And a pillar [dedicated] to HASHEM near its border.* Apparently this pillar is the one mentioned in the prophecy of Jeremiah (43:13), which was in Beit Shemesh, or City of the Sun. It was near the Egyptian border and, as Jeremiah foretold, it would be destroyed (*Rashi*).

**20. וְהָיָה לְאוֹת וּלְעֵד לַה׳ צְבָאוֹת בְּאֶרֶץ מִצְרָיִם** — *And it will be as a sign and a witness to HASHEM, Master of Legions, in the land of Egypt.* The altar will bear witness that the Egyptians believe in God (*Rashi*) and that as long as they maintain their faith in Him, they will be saved from their oppressors (*Radak*).

**וְיִשְׁלַח לָהֶם מוֹשִׁיעַ וָרָב וְהִצִּילָם** — *He will send them a savior and a leader and deliver them.* Our translation follows *Rashi,* who translates מוֹשִׁיעַ וְשַׂר, *a savior and officer,* or leader. *Radak* translates מוֹשִׁיעַ וְגָדוֹל, *a savior who is great,* and explains that God will send an angel who will strike down their oppressors. Alternatively, *Targum Yonasan* translates פָּרִיק וְדַיָּן, *a savior and judge,* i.e., God will send a judge who will condemn their enemies.

**21. וְנוֹדַע ה׳ לְמִצְרַיִם וְיָדְעוּ מִצְרַיִם אֶת ה׳ בַּיּוֹם הַהוּא** — *And HASHEM will become known to Egypt, for the Egyptians will know HASHEM on that day.* The Egyptians will then recognize God's power (*Rashi*), for in addition to witnessing the miraculous downfall of Sennacherib and the destruction of the Assyrian armies, the Egyptians will witness His power as He delivers them from all their oppressors (*Radak*).

**וְעָבְדוּ־זֶבַח וּמִנְחָה** — *And they will worship with sacrifice and meal-offering.* They will serve God by offering sacrifices and meal offerings (*Radak*). *R' Hirsch* notes "that here as well as in the Books of other prophets, we find the promise that the ultimate moral and spiritual salvation . . . of all mankind would come with a return to offering sacrifices, and that the highest expression of allegiance to God would be found in those sacrifices" (*Collected Writings* Vol. IV, p. 103).

**וְנָדְרוּ־נֵדֶר לַה׳ וְשִׁלֵּמוּ** — *And they will make a vow to HASHEM and fulfill it.* They will make vows to God during the time of their distress and they will fulfill them because they will realize that He is their Savior (*Radak*). The prophet emphasizes that they will not only *make* vows, but *fulfill* them. It is common that when people are in distress, they pray for help and promise to contribute to charity or do good deeds. Unfortunately, when the danger passes, the commitment ebbs.

**22. וְנָגַף ה׳ אֶת־מִצְרַיִם נָגֹף וְרָפוֹא** — *HASHEM will strike Egypt, striking and healing.* Although God will strike the Egyptians, He will not hammer them with total destruction. Instead He will first smite them and then create a cure to heal them (*Rashi*). Then they will realize that God is both the Smiter and the Healer. When people deviate from the right path, He will punish them, but as soon as they repent and cry out to Him, He will hear their prayers and heal their wounds (*Radak*).

**וְשָׁבוּ עַד־ה׳ וְנֶעְתַּר לָהֶם וּרְפָאָם** — *They will repent to HASHEM, He will be appeased to them and heal them.* The Talmud notes that when dealing with other nations, God first strikes them and only afterward creates a remedy to heal them. However, when dealing with the Jewish people, God does not strike them unless He has already created a remedy beforehand (*Megillah* 13b). *Maharsha* explains that since God has promised never to destroy the Jewish people, He creates a remedy before He punishes them, for He will definitely use the remedy. However, when dealing with the other nations to whom He has not made such a promise, He may in fact

הַהוּא תִּהְיֶה מְסִלָּה מִמִּצְרַיִם אַשּׁוּרָה וּבָא־אַשּׁוּר בְּמִצְרַיִם וּמִצְרַיִם בְּאַשּׁוּר וְעָבְדוּ
כד מִצְרַיִם אֶת־אַשּׁוּר: בַּיּוֹם הַהוּא יִהְיֶה יִשְׂרָאֵל שְׁלִישִׁיָּה לְמִצְרַיִם
כה וּלְאַשּׁוּר בְּרָכָה בְּקֶרֶב הָאָרֶץ: אֲשֶׁר בֵּרְכוֹ יהוה צְבָאוֹת לֵאמֹר בָּרוּךְ עַמִּי מִצְרַיִם
**כ** א וּמַעֲשֵׂה יָדַי אַשּׁוּר וְנַחֲלָתִי יִשְׂרָאֵל: בִּשְׁנַת בֹּא תַרְתָּן אַשְׁדּוֹדָה
ב בִּשְׁלֹחַ אֹתוֹ סַרְגוֹן מֶלֶךְ אַשּׁוּר וַיִּלָּחֶם בְּאַשְׁדּוֹד וַיִּלְכְּדָהּ: בָּעֵת הַהִיא דִּבֶּר
יהוה בְּיַד יְשַׁעְיָהוּ בֶן־אָמוֹץ לֵאמֹר לֵךְ וּפִתַּחְתָּ הַשַּׂק מֵעַל מָתְנֶיךָ וְנַעַלְךָ תַחֲלֹץ

**רש"י**

(כג) **תהיה מסלה.** תהיה דרך כבושה שיהלכו בה תמיד ממצרים לאשור: **ובא אשור במצרים.** תרגם יונתן, וִיגִיחוּן (וִיכוּחוּן) אַתּוּרָאֵי לְמִצְרָאֵי: (כד) **יהיה ישראל שלישיה למצרים ולאשור.** לשלום ולברכה, לפי שלא היתה אומה חשובה בעולם באותו הזמן כמצרים וכאשור, וישראל היו שפלים בימי אחז ובימי הושע בן אלה. ואמר הנביא, על ידי הנס שיעשה לחזקיהו יגדל שם של ישראל למעלה, ויהיו חשובים כאחת מאלו הממלכות לברכה ולגדולה: (כה) **אשר ברכו.** לישראל: **ברוך עמי.** ישראל אשר בחרתי לי לעם בהיותם במצרים: **ומעשה ידי.** הראתי להם בגבורות שהפלאתי באשור, ועל ידי אותם נסים ישובו אלי ויהיו כאילו עתה עשיתים מחדש, והם יהיו נחלתי ישראל ודוגמא, זו תרגם יונתן: (ב) **ופתחת השק מעל מתניך.** תרגם יונתן, וְתֵיסַר סַקָּא בְּחַרְצָךְ. והדברים מוכיחים, שהרי עד עכשיו לא ציוהו לחגור שק שהוא אומר לו להתירה; ועוד שהוא אומר ונעלך תחלוץ והוא סימן לאבלות. ופירוש ופתחת, כמו (שמות לט, ו) מְפֻתָּחֹת פִּתּוּחֵי חוֹתָם. לחגור שק בדוחק על בשרו כדי שתראה חקוקה בבשרו:

**רד"ק**

(כג) **ביום ההוא.** לפי שמתחילה היו מתגרים זה בזה מצרים ואשור, ועתה הנותרים ממגפת מחנה אשור וראו יד ה' שהיתה בהם, ידעו כי ה' הוא האלהים ותהיה להם חברה ואחוה ואהבה עם מצרים שידעו גם כן את ה', ותהיה מסלה ממצרים לאשור ומאשור למצרים: **ועבדו מצרים את אשור.** ופירוש עם אשור, שניהם יעבדו את ה' וישראל תהיה להם שלישיה: (כד) **ביום ההוא. . . שלישיה.** שלישית תהיה להם באמונת האל, ויהיו ברכה בקרב הארץ, שתהיה להם ברכה על שאר האומות כל זמן שיחזיקו באמונת האל: (כה) **אשר ברכו ה'.** אחת משלשתם ברכו ה' צבאות ויאמר ברוך עמי מצרים ששבו להיות עמי: **ומעשה ידי אשור.** שהכירו שהם מעשה ידי, ואני האל ואין עוד: **ונחלתי ישראל.** ישראל הם נחלתי מקדם. יונתן תרגם הפסוק כלו על ישראל; בְּרִיךְ עַמִּי וגו': (א) **בשנת בא תרתן.** זה הענין היה בשנת ארבע עשרה שנה לחזקיהו מלך יהודה, שבא על ירושלם ושמע על תרהקה מלך כוש שיצא להלחם עמו. ונסע משם ונלחם עם מצרים ועם כוש, וכששב ובא עם השבי וחזר לירושלם, וקודם לכן באותה שנה שלח תרתן לאשדוד ולכדה. ואז נאמרה נבואה זו לישעיה, כי כמו שלכד מלך אשור אשדוד כן ילכד מצרים וכוש. ויש מפרשים כי שלש שנים קודם שבא לירושלם מלך אשור, היה זה שבא תרתן לאשדוד ולכדה, ואז נאמרה נבואה זו לישעיה; כי לסוף שלש שנים ינהג מלך אשור את שבות מצרים ואת גלות כוש כמו שאמר שלש שנים אות ומופת על מצרים ועל כוש. ולפירושינו שלש שנים ידבק עם הלך עבדי ישעיהו ערום ויחף. אמר כי שלש שנים הלך וזה אות ומופת על מצרים ועל כוש כי כן ילכו הם: **וסרגון.** הוא סנחריב. ורבותינו זכרונם לברכה אמרו (סנהדרין צד, א), שמונה שמות יש לו: (ב) **בעת ההיא.** ביד ישעיהו הנביא פורענות מצרים וכוש, דבר בידו, ואמר לו שיעשה האות בעצמו שיהיה סימן, הם וילך ערום ויחף. ומה שאמר לו ופתחת השק, לפי שהיה לובש שק על גלות השבטים ומתאבל עליהם. ואמר לו שיפתח אותו השק שהיה חגור על בשרו ועל מתניו ויחלוץ נעליו, וילך ערום ויחף: **ויעש כן.** הלוך ערום ויחף. הדבר הזה אין לפרשו כמשמעו שצוה האל את הנביא שילך ערום ויחף חלילה, וכן מה שאמר האל להושע, קַח לְךָ אֵשֶׁת זְנוּנִים (הושע א, ב), וכן מה שאמר ליחזקאל, וְהַעֲבַרְתָּ עַל רֹאשְׁךָ וְעַל זְקָנֶךָ תַּעַר (יחזקאל ה, א); וכן מה שאמר לו שיאכל עוגת שעורים אפויה בְּצְפִיעֵי הַבָּקָר (שם ד, טו), וכל אלו והדומים להם אינם דברים שיצוה האל לנביאיו לעשותם. אלא הכל היה במראה הנבואה, שהיה רואה הנביא במראה הנבואה שהיה מצוה אותו האל שיעשה כך, והיה עושה כך במראה הנבואה ההיא. ואף על פי שיאריך הזמן כמו בזאת הנבואה שלש שנים, ובנבואת הושע וילך, ויקח, ותהר, ותלד בן, ואחר כך ותהר, ותלד בת; כל זה במראה הנבואה. ואף על פי שיראה שהיה זמן רב, הכל היה במראה הנבואה בפעם אחת: **ונעלך.** אמר לשון יחיד דרך כלל. ויונתן תרגם ופתחת השק בהפך העניין, וְתֵיסַר סַקָּא בְּחַרְצָךְ:

**מצודת דוד**

(כג) **תהיה מסילה.** דרך כבושה תהיה מזה לזה, כי מרוב אהבה ואחוה ירבו לבוא אלה באלה: **את אשור.** מצרים יעבדו עבודת המקום עם אשור, כי המה יכירו עוד יותר מפלאות ה' כשהכה בהם מלאך ה': (כד) **שלישיה.** שלישית תהיה לה באמונת האל, או שתהיה מושלת על מצרים ועל אשור: **ברכה.** כל השלשה יהיו ברכה בקרב הארץ, שתהיה להם ברכה יותר מכל האומות: (כה) **אשר ברכו.** אשר כל אחד משלשתן ברכו ה'. ויאמר ברוך עמי מצרים, רצונו לומר, ברוך הוא על ששב להיות עמי להאמין בי: **ומעשה ידי.** חוזר על מלת ברוך לומר ברוך מעשה ידי אשור. רצונו לומר, ברוך הוא על אשר הכיר, שמה שעלתה בהם היה מעשה ידי, ולא במקרה: **ונחלתי ישראל.** גם זה חוזר על מלת ברוך, לומר, ברוך נחלתי ישראל. רצונו לומר, ברוך הוא על אשר מעולם הוא נחלתי ומאמין בי: (א) **בשנת וכו'.** אז התחיל אשור לעשות גבורות ולכבוש ארצות העמים: (ב) **ופתחת השק.** כי ישעיה היה מתאבל על גלות עשרת השבטים, ולבש השק על מתניו לצער ולאבל. ואמר לו המקום שיתיר השק מעל מתניו, וישאר ערום, כי אותו לבד לבש:

**מצודת ציון**

(כד) **שלישיה.** מלשון שלש, או יתכן שהוא מענין ממשלת ונסיכות; כמו, וּמִבְחַר שָׁלִשָׁיו (שמות טו, ד): (א) **סרגון.** הוא סנחריב, כן אמרו רבותינו זכרונם לברכה (סנהדרין צד, א): (ב) **לך.** הוא ענין זרוז: **ופתחת.** ענין התרה; כמו, יִתְרִי פִּתַּח (איוב ל, יא): **מתניך.** חלציך: **תחלוץ.** ענין שליפה; כמו חֲלוּץ הַנָּעַל (דברים כה, י):

destroy them. Therefore, first He smites them and only if they repent does He create a remedy.

**23.** **בַּיּוֹם הַהוּא תִּהְיֶה מְסִלָּה מִמִּצְרַיִם אַשּׁוּרָה** — *On that day there will be a road from Egypt to Assyria.* After witnessing the miraculous defeat of Sennacherib, the Egyptians and Assyrians who had been at war will then live in peace and harmony, with a highway joining the two nations (*Radak; Mahari Kara*). Alternatively, *Targum Yonasan* maintains that the Egyptians and Assyrians will use this highway to wage war with each other.

**24.** **בַּיּוֹם הַהוּא יִהְיֶה יִשְׂרָאֵל שְׁלִישִׁיָּה לְמִצְרַיִם וּלְאַשּׁוּר** — *On that day Israel will be a third party with Egypt and with Assyria.* Egypt and Assyria were the leading world powers at that time, while Israel was degraded, for it had been subdued during the days of Ahaz and Hoshea ben Elah (see *II Kings* Chs. 16, 17). However, after the great miracles that God will

*23 On that day there will be a road from Egypt to Assyria; Assyrian will come into Egypt and Egyptian into Assyria, and Egypt will serve [HASHEM] with Assyria.*

*24 On that day Israel will be a third party with Egypt and with Assyria, a blessing in the midst of the land, 25 for HASHEM, Master of Legions, will bless them, saying, 'Blessed is My people, Egypt; and the work of My hands, Assyria; and My heritage, Israel.'*

**20**

*1 In the year that Tartan came to Ashdod, when Sargon, king of Assyria, sent him, and he fought against Ashdod and captured it, 2 at that time HASHEM spoke through Isaiah son of Amoz, saying, "Go and loosen the sackcloth from your loins and remove your*

perform for King Hezekiah, the lowly Israel will once again become a prominent nation among the peoples of the world, and will become equal to Egypt and Assyria (*Rashi*).

Alternatively, Egypt and many Assyrians will recognize Hashem as the Creator of the world, but Israel's faith in Him will be superior to both of them — the *third* and highest of them all (*Ibn Ezra*).

Other explanations are that Israel will be an intermediary between Egypt and Assyria. The highway (v. 23) from Egypt to Assyria will pass through Israel (*Mahari Kara*). *Metzudos* explains that Israel will govern Egypt and Assyria.

**בְּרָכָה בְּקֶרֶב הָאָרֶץ** — *A blessing in the midst of the land.* Since all three nations will acknowledge Hashem, they will bring a blessing to themselves and to the rest of the world (*Radak*). *Abarbanel* notes, however, that all the prophecies in the chapter regarding Egypt and Assyria were not fulfilled during the days of Hezekiah nor during the era of the Second Temple. He therefore suggests that these prophecies refer to the Messianic Era.

**25. אֲשֶׁר בֵּרְכוֹ ה׳ צְבָאוֹת לֵאמֹר** — *For HASHEM, Master of Legions, will bless them, saying. Ibn Ezra* and *Radak* understand that each of these three nations will receive its own blessing, as the verse continues. Egypt will be blessed because it had become God's people when it built the altar to publicly proclaim God's Name. Assyria, because it humbled itself and realized that it is Hashem's handiwork and that there is no God other than He. Israel will be blessed because it always will remain God's eternal heritage.

Alternatively, the entire verse refers to the blessings that God will bestow upon Israel. *Blessed is My people, Egypt,* i.e., blessed is Israel whom God chose as His people when they were still in Egypt. *The work of My hands, Assyria,* refers to the mighty miracles that God will perform against Assyria, which will inspire Israel to repent and become His heritage anew (*Rashi*).

### 20.

**Historical Background of the Prophecy.** After having conquered the Northern Kingdom, destroyed its cities, and exiled its people, King Sennacherib of Assyria swooped down on the kingdom of Judah, in the fourteenth year of the reign of King Hezekiah. In short order, the Assyrians conquered nearly all of Judah, including its fortified cities, and Sennacherib was ready to attack Jerusalem with a huge army, but Isaiah assured Hezekah that the invader would be forced to postpone his siege by an unexpected crisis in his homeland.

Seeing that Sennacherib had left his capital relatively undefended, King Tirhakah of Cush used the opportunity to attack Assyria (see *II Kings* 19:8-9), causing Sennacherib to temporarily abandon his siege of Jerusalem and cope with his northern enemy. After defeating Tirhakah, Sennacherib went to war against Cush and Egypt and dealt them a crushing blow. Then he returned to Jerusalem with his Egyptian and Cushite captives to complete his conquest of Judah — a mission that ended with the great miracle that the entire Assyrian army died overnight. *Radak* (ibid.) wonders why God did not decimate Sennacherib's legions immediately, instead of sending them back to Assyria to cope with Tirhakah. He suggests that God wanted to enhance the Assyrian reputation for "invincibility" by letting them overpower the Cushites, thereby making the miracle even greater when they were smitten at the gates of Jerusalem.

Earlier that year, Sennacherib had sent Tartan, one of his generals (see *II Kings* 18:17), to conquer the Philistine coastal city of Ashdod. Isaiah received this prophecy during that year (*Radak*). According to *Rashi* (v. 3), Tartan's conquest of Ashdod and Isaiah's prophecy took place three years before Sennacherib's return to Jerusalem.

**1. סַרְגוֹן מֶלֶךְ אַשּׁוּר** — *Sargon, king of Assyria.* Sennacherib had eight names, and Sargon was one of them (*Radak,* from *Sanhedrin* 94a). *Ibn Ezra* suggests that Sargon may have been a different king. Some say that he was Sennacherib's father (*The Living Nach; Daas Mikra*).

**2. בָּעֵת הַהִיא דִּבֶּר ה׳ בְּיַד יְשַׁעְיָהוּ בֶן־אָמוֹץ** — *At that time HASHEM spoke through Isaiah son of Amoz.* God did not instruct Isaiah to deliver a verbal prophecy; rather He commanded the prophet to deliver a visual message. Isaiah was to appear in such a way that he would be a living symbol of the degradation of Egypt and Cush at the hands of Sennacherib (*Radak*). This would demonstrate that their defeat was Divinely ordained.

**לֵךְ וּפִתַּחְתָּ הַשַּׂק מֵעַל מָתְנֶיךָ** — *Go and loosen the sackcloth from your loins.* Our translation follows the majority of commentators (see *Radak, Metzudos, Malbim,* and others). Isaiah

ג מֵעַל רַגְלֶךָ וַיַּעַשׂ כֵּן הָלֹךְ עָרוֹם וְיָחֵף׃ וַיֹּאמֶר יהוה כַּאֲשֶׁר
הָלַךְ עַבְדִּי יְשַׁעְיָהוּ עָרוֹם וְיָחֵף שָׁלֹשׁ שָׁנִים אוֹת וּמוֹפֵת עַל־מִצְרַיִם
ד וְעַל־כּוּשׁ׃ כֵּן יִנְהַג מֶלֶךְ־אַשּׁוּר אֶת־שְׁבִי מִצְרַיִם וְאֶת־גָּלוּת כּוּשׁ נְעָרִים
ה וּזְקֵנִים עָרוֹם וְיָחֵף וַחֲשׂוּפַי שֵׁת עֶרְוַת מִצְרָיִם׃ וְחַתּוּ וָבֹשׁוּ מִכּוּשׁ מַבָּטָם
ו וּמִן־מִצְרַיִם תִּפְאַרְתָּם׃ וְאָמַר יֹשֵׁב הָאִי הַזֶּה בַּיּוֹם הַהוּא הִנֵּה־כֹה מַבָּטֵנוּ

### רש״י

**ערום.** תרגם יונתן פְּחֵית, בבגדים קרועים ובלואים, ולא ערום ממש: **(ג) שלש שנים.** ילך כן לאות ולמופת למצרים ולכוש, שלסוף שלש שנים ינהג מלך אשור את שבי מצרים וגו׳. למדנו שכבש תרתן את אשדוד שלש שנים לפני מפלתו של סנחרב. שהרי מפלתו היתה כשהביא את שבי מצרים ותרהקה מלך כוש לפני ירושלים בקולרין, כשבא לצור על חזקיהו (מלכים ב פרק יט): **(ד) וחשופי שת.** כמו חשף שת והיו״ד יתירה כיו״ד חַלּוֹנָי (ירמיה כב, יד), חוֹרָי (לעיל יט, ט), וּשְׂדֵי (שמואל־ב א, כא): **שת.** בית מושב הרעי; וכן, וַיִּכְרֹת אֶת מַדְוֵיהֶם בַּחֵצִי עַד שְׁתוֹתֵיהֶם (שמואל־ב י, ד). וגמול זה היה להם תחת חס אביהם, אשר ראה ערות אביו ולא כסה אותה, מדה כנגד מדה: **(ה) וחתו ובשו.** כל המביטים ומצפים על עזרת כוש והמתפארים במשען מצרים: **תפארתם.** וונט״ש בלע״ז: **(ו) יושב האי הזה.** ארץ ישראל, שהיו נשענים על פרעה לעזרה: **האי.** לשון איי הים:

### רד״ק

(ג) **ויאמר.** כן שמע במראה הנבואה, אחר שהלך ערום ויחף, שהיה ה׳ קורא אותו ואומר, כאשר הלך עבדי ישעיהו אות ומופת. מה שעשה עבדי ישעיהו, זה כאשר צויתיו לאות ולמופת על מצרים ועל כוש עשה כן, להודיע כי כן ילכו הם לפני שוביהם: **(ד) כן ינהג.** אמר וחשופי שת אחר שאמר ערום ויחף, כי הגנות בלכתם ערומים הוא שילכו חשופי ערוה, כמו שעשה מלך עמון במלאכי דוד לגנות, ויכרות את מדויהם בחצי עד שתותיהם: **וחשופי.** כמו וחשופים; וכן, וְקָרַע לוֹ חַלּוֹנָי (ירמיה כב, יד) כמו חלונים, והדומים להם: **ושת.** הוא כנוי לעגבות לערוה; וכן, עַד שְׁתוֹתֵיהֶם (שמואל־ב י, ד). ואמר ערות מצרים, והוא הדין לכוש כי כבר זכר שניהם. ומה ששנה הענין במצרים לרוב גנותם, כמו שאמר עליהם, גִּדְלֵי בָשָׂר (יחזקאל טז, כו), אֲשֶׁר בְּשַׂר חֲמוֹרִים בְּשָׂרָם (שם כג, כ): **(ה) וחתו ובשו.** על ישראל אמר, שהיה בטחונם בכוש ובמצרים לפי שהיו בעלי מלחמה למלך אשור. כמו שאמר על תרהקה מלך כוש, יָצָא לְהִלָּחֵם אִתָּךְ (מלכים־ב יט, ט). ועל יהודה ובנימן אמר, ועל השרידים שנשארו מעטים בארץ, כי עשרת השבטים בכלל כבר גלו בשנת שש לחזקיהו, וכאשר נהג מלך אשור את שבות מצרים וגלות כוש היה בשנת ארבע עשרה לחזקיהו, והיו מביטים לכוש שילחמו למלך אשור ומתוך כך ימלטו מידו. וכן היו מתפארים להנצל על ידם ממלך אשור, וכאשר יראו מפלת כוש ומצרים ביד מלך אשור יחתו ויבשו: **(ו) ואמר.** האי, ארץ ישראל, כי היא על גבול הים:

### מצודת דוד

**הלוך.** היה מהלך ערום ויחף: **(ג) שלש שנים.** זהו סימן מה שיהיה בסוף שלש שנים על מצרים ועל כוש: **(ד) כן ינהג.** כמו שהלך ישעיה כן ינהג וכו׳: **וחשופי שת.** מגולה עגבות ערות מצרים וכן כוש, כי כבר זכר שניהם. ואמר מצרים לרוב גנותן, שנאמר בהם, גִּדְלֵי בָשָׂר (יחזקאל טז, כו): **(ה) וחתו.** ישראל שהיו מביטים לעזרת כוש, והיו מתפארים בבטחון מצרים, בבוא מפלתם יחתו ויבושו ממבטם ותפארתם: **(ו) יושב האי הזה.** זהו ארץ ישראל שהוא בגבול הים: **כה מבטנו.** כזאת עלתה האומות אשר היינו מביטים אליהם לעזרה, אשר חשבנו לנוס אליהם להנצל ממלך אשור:

### מצודת ציון

**ויחף.** ענין חוסר מנעלים; כמו, מִנְעִי רַגְלֵךְ מִיָּחֵף (ירמיה ב, כה): **(ג) שלש שנים.** כמו לשלש שנים, ותחסר הלמ״ד: **אות ומופת.** פתרון אחד להם, והם ענין סימן. וכפל המלה בשמות נרדפים; כמו, אַדְמַת עָפָר (דניאל יב, ב) והדומים: **(ד) וחשופי.** ענינו מגולה; כמו, מַחְשֹׂף הַלָּבָן (בראשית ל, לז): **שת.** ענין יסוד; כמו, שָׁתֹתֶיהָ מְדֻכָּאִים (לעיל יט, י). והוא שבאדם כמו היסוד בבנין. וכן, עַד שְׁתוֹתֵיהֶם (שמואל־ב י, ד): **(ה) וחתו.** ענין שבר: **(ו) כה.** כמו כן:

---

had been wearing sackcloth as a sign of mourning for the exiled Ten Tribes and for the destruction of the Northern Kingdom of Israel. God now commanded the prophet to remove the sackcloth and to take off his shoes. Accordingly he would be literally unclothed and barefoot to symbolize how Sennacherib would humiliate his Egyptian and Cushite captives (*Radak*).

Alternatively, וּפִתַּחְתָּ is related to מְפֻתָּחֹת פִּתּוּחֵי חוֹתָם, *engraved like the engravings of a signet ring* (see *Exodus* 39:6). Accordingly, Isaiah was to gird himself in sackcloth so tightly that it would appear to be engraved on his flesh (*Rashi,* from *Targum Yonasan*).

According to *Cheshek Shlomo*, from the time the Ten Tribes were exiled, Isaiah fasted and wore sackcloth at home, in fear that Judah would be next. His compatriots mocked him, for they were confident that Cush and Egypt would protect them (see v. 6). But when Ashdod, a fortified city, was defeated not by Sennacherib, but by one of his subordinates, the people recognized that they were indeed in grave danger. It was then that God commanded Isaiah to wear his sackcloth in public, but to loosen it, so that his upper body was exposed and he was clothed only from the waist down (*Me'am Loez*).

**וַיַּעַשׂ כֵּן הָלֹךְ עָרוֹם וְיָחֵף** — *He did so, going unclothed and barefoot.* According to *Targum Yonasan* and *Rashi,* Isaiah was to go partially unclothed by wearing torn and worn clothes.

*Rambam* (*Moreh Nevuchim* 2:46) and *Radak* insist that this command was not meant literally, for God would not subject His prophet to such public humiliation. They interpret that it was in a prophetic vision that Isaiah saw himself going unclothed and barefoot, but not that he was commanded actually to do so.

*Abarbanel* disagrees, maintaining that far from humiliation, for a prophet to sacrifice his personal dignity in obedience to God's command is a matter of pride, not humiliation. He interprets the verse literally, i.e., Isaiah actually walked unclothed and barefoot, so that the complacent Jews would be startled by the sight of their prophet and would no longer rely on their alliance with Egypt and Cush to protect them against Assyria.

**3. וַיֹּאמֶר ה׳ כַּאֲשֶׁר הָלַךְ עַבְדִּי יְשַׁעְיָהוּ** — HASHEM *said: Just as My servant Isaiah has gone.* After removing his sackcloth and

*shoe from your foot." He did so, going unclothed and barefoot.*
3 *HASHEM said:*
*Just as My servant Isaiah has gone unclothed and barefoot for three years,*
*as a sign and a symbol for Egypt and Cush,* 4 *so will the king of Assyria*
*lead away the captivity of Egypt and the exile of Cush — young and old*
*— unclothed and barefoot, with exposed buttocks, the shame of Egypt.*
5 *Devastated and ashamed will be those whose longing was for Cush and*
*whose splendor was from Egypt.* 6 *The inhabitant of this island will say on*
*that day, 'Behold, if such [was the defeat of] the one for whom we longed —*

Exile of Egypt and Cush

shoes, Isaiah heard God's prophecy about the fate of Egypt and Cush (*Radak*). *Daas Sofrim* suggests that since the verse is in third person — in which God is speaking *about* Isaiah, rather than *to* him — it seems to imply that this prophecy may have been conveyed to other prophets, as well.

**עַבְדִּי יְשַׁעְיָהוּ** — *My servant* [lit., *slave*] *Isaiah.* Scripture uses this lofty title for only seven people: Isaiah, Abraham, Isaac, Jacob, Moses, Caleb, and David. It implies that the person has no identity of his own, that he exists purely to serve God. [This august title is given to Isaiah only now, when he willingly went unclothed and barefoot, in obedience to God's command.]

**שָׁלֹשׁ שָׁנִים אוֹת וּמוֹפֵת** — *For three years, as a sign and a symbol.* Isaiah was to wear the torn and worn clothing for three years, to symbolize that at the end of three years the Egyptian and Cushite captives will be led to Jerusalem in chains (*Rashi*). *Daas Sofrim* suggests that Isaiah did not wear these clothes constantly for three years, but only on occasion, announcing each time that it was a sign and symbol for what was about to transpire to Egypt and Cush. According to *Radak,* that this prophecy was granted to Isaiah the year before Sennacherib's planned invasion of Jerusalem, the verse means that the Egyptians and Cushites will suffer in this manner for three years.

*Ramban* (*Deuteronomy* 13:2) explains that a *sign* refers to a prophet's prediction of a future event. A *symbol* refers to something extraordinary, like a miracle or bizarre behavior. In Isaiah's case, his conduct was a *sign* of what would happen to Cush and Egypt. That he would go about in a state of undress was so unusual that it was a *symbol,* like a miracle that is totally unexpected.

**4. כֵּן יִנְהַג מֶלֶךְ־אַשּׁוּר אֶת־שְׁבִי מִצְרַיִם וְאֶת־גָּלוּת כּוּשׁ** — *So will the king of Assyria lead away the captivity of Egypt and the exile of Cush.* The punishments of Egypt and Cush were not the same. Egypt as a whole was not exiled; only some of its people were led away in captivity, while others remained in the homeland. Cush, however, was completely exiled in its entirety; none of its people were permitted to remain in their homeland (*Malbim*).

**וַחֲשׂוּפַי שֵׁת עֶרְוַת מִצְרָיִם** — *With exposed buttocks, the shame of Egypt.* I.e., the exposed buttocks is a description of the degradation that Egypt will suffer. Although Scripture already mentioned that they were unclothed and barefoot, it further emphasizes their degradation and unusual humiliation (*Radak*). This punishment was dealt to them measure for measure, for they were descendants of Ham who had seen the nakedness of his father Noah and did not cover it (see *Genesis* 9:22; *Rashi*).

Alternatively, the word וַחֲשׂוּפַי, *exposed,* is also connected to the words עֶרְוַת מִצְרָיִם, as if the verse reads: וַחֲשׂוּפַי שֵׁת וַחֲשׂוּפַי עֶרְוַת מִצְרָיִם, *with buttocks exposed, with the shame of Egypt exposed* (*Ibn Ezra*). Although the Cushites, too, would suffer this degradation, only Egypt is specified. Its disgrace will be more severe and intense than that of the Cushites, because the lewdness and perversions of ancient Egypt were notorious (see *Ezekiel* 23:20).

**5. וְחַתּוּ וָבֹשׁוּ מִכּוּשׁ מַבָּטָם** — *Devastated and ashamed will be those whose longing was for Cush.* The prophet refers to the people of the Ten Tribes, who had fled to Egypt when Sennacherib overran their land (*Ibn Ezra*), or who had relied on Cush and Egypt to defend them against the invader (*Metzudos*).

Alternatively, the prophet refers to the people of Judah, for they, too, had relied on Cush and Egypt to battle Assyria and save Hezekiah's kingdom from attack. When the people will see the defeat and degradation of Cush and Egypt, they will be devastated and ashamed. The prophecy could not have been directed to the Ten Tribes because they had been exiled during Hezekiah's sixth year, and this prophecy was uttered in his fourteenth year (*Radak*).

**מִכּוּשׁ מַבָּטָם וּמִן־מִצְרַיִם תִּפְאַרְתָּם** — *Whose longing was for Cush and whose splendor was from Egypt.* The people of Judah had placed their hope in Cush but they took special pride in their alliance with the great nation of Egypt (*Malbim*).

**6. יֹשֵׁב הָאִי הַזֶּה** — *The inhabitants of this island,* i.e., the inhabitants of the Land of Israel (*Rashi, Radak*). The Land of Israel is likened to an island either because it is situated on the Mediterranean coast (*Radak*) or because it was surrounded by many hostile nations who wanted to destroy it, like islands surrounded by the raging and stormy sea (*Abarbanel*).

**וְאָמַר . . . בַּיּוֹם הַהוּא** — *Will say on that day.* On the day that Assyria will conquer Egypt and Cush the people of Israel will say, "How can we hope to escape? If these powerful nations were decimated by Assyria, how can we possibly think that we will escape without their help?" (*Metzudos*). It was this overwhelming Assyrian victory that forced the Jewish people to acknowledge that only God could save them (*Daas Sofrim*).

אֲשֶׁר־נַסְנוּ שָׁם לְעֶזְרָה לְהִנָּצֵל מִפְּנֵי מֶלֶךְ אַשּׁוּר וְאֵיךְ נִמָּלֵט
**כא** א אֲנָחְנוּ: מַשָּׂא מִדְבַּר־יָם כִּסוּפוֹת בַּנֶּגֶב לַחֲלוֹף מִמִּדְבָּר בָּא
ב מֵאֶרֶץ נוֹרָאָה: חָזוּת קָשָׁה הֻגַּד־לִי הַבּוֹגֵד | בּוֹגֵד וְהַשּׁוֹדֵד | שׁוֹדֵד עֲלִי
ג עֵילָם צוּרִי מָדַי כָּל־אַנְחָתָה הִשְׁבַּתִּי: עַל־כֵּן מָלְאוּ מָתְנַי חַלְחָלָה צִירִים
ד אֲחָזוּנִי כְּצִירֵי יוֹלֵדָה נַעֲוֵיתִי מִשְּׁמֹעַ נִבְהַלְתִּי מֵרְאוֹת: תָּעָה לְבָבִי פַּלָּצוּת

**רש״י**

(א) **משא מדבר ים.** הנבואה הזאת על בבל, כמו שמפורש בה ואם תאמר, הרי כבר ניבא עליה (לעיל יג, ב) על הר נשפה שאו נס וכל הפרשה כולה? פעמים שהנבואה באה בפיו היום בסיגנון אחד, ולאחר זמן בסיגנון אחר: **משא מדבר ים.** תרגם יונתן, מַטַל מַשְׁרְיָן דְאָתְיָן מִמַדְבְּרָא כְּמֵי יַמָא: **כסופות בנגב לחלוף.** כרוח סופה המתהפך בארץ יבשה שהיא מעלה אבק רב: **לחלוף.** כך יחליפו לבוא מחנות רבות על בבל: **ממדבר.** יבואו לה: **מארץ נוראה.** תרגם יונתן, מֵאַרְעָא דְאִתְעֲבִידָא בָּהּ חַסִינִין. ויש לפרש שהוא מקום נחש ועקרב; כמו שנאמר, הַמִּדְבָּר הַגָּדוֹל וְהַנּוֹרָא (דברים א, יט): (ב) **חזות קשה.** הנביא אומר, נבואה זו קשה על בבל הוגד לי: **הבוגד בוגד.** תרגם יונתן, אַנִיסַיָא מִתְאַנְסִין וּבָזְזַיָא מִתְבַּזְזִין. ולשון העברית לפי התרגום כך פירושו, את הבוגד בא אחר ובוגד אותו (ספרים אחרים אותך), ואת השודד בא אחר ושודד אותו (ספרים אחרים אותך), אלו פרס ומדי שבוזזין ושודדין את בבל ששדדה ובזזה עד עתה את כל המדינות: **עלי עילם.** ובואי עליה: **צורי מדי.** על בבל במצור, אֱלֹהֵי צוּרִי (שמואל־ב כב, ג); הטעם למטה ברי״ש וזה טעמו למעלה בלד״י כמו, שׁוּבִי (שיר השירים ז, א): **כל אנחתה השבתי.** לא מפיק ה״א, לפי שהוא כמו כל אנחות שבעולם. והוא לשון אנחה מרובה של אנשים רבים, שושפיר״ש בלעז. כל אנחות השבתי, שהיה העולם נאנח מפני עולה של מלכות בבל, עתה השבתי אותה: (ג) **מלאו מתני חלחלה.** הנביא הוא רחמני, ומתאנח על פורענות האומות, זו מדרש אגדה (שיר השירים רבה ג, ג). ולפי פשוטו, הנביא אומר הקינה והאניות כאלו זו בבל מתאוננת: **צירים.** לשון חיל וחבלים. רבותינו אמרו יש דלתות וצירים לאשה כמו שיש צירים לדלתות הבית (בכורות מה, א): **נעויתי.** אולי הוא הקרוי עוית בלשון חכמים: (ד) **פלצות.** בהלה:

**רד״ק**

**אשר נסנו שם לעזרה.** כתרגומו, דַהֲוֵינָא סְבִירִין לְמֶעְרוֹק לְתַמָן לְסָעִיד לְאִשְׁתֵּזָבָא מִן קֳדָם מַלְכָּא דְאַתּוּר עַד כְּדוּן נַפְשֵׁהוֹן לָא שֵׁיזִיבוּ וְאֵיכְדֵין נִשְׁתֵּזִיב אֲנַחְנָא: (א) **משא מדבר ים.** נבואה זו נאמרה על בבל, ואף על פי שכבר נתנבא עליה באמרו משא בבל (לעיל יג), שנה ושלש עליה לפי שהרעו לישראל יותר מדאי. וכן נתנבא על מפלת מלך אשור כמה פעמים (לעיל פרק יד). וקרא בבל מדבר ים, לפי שמדי ופרס היו במזרחית צפונית של בבל; כמו שאמר, הַעִירוֹתִי מִצָּפוֹן וַיַּאת מִמִּזְרַח־שֶׁמֶשׁ (לקמן מא, כה). והנה בבל מערב למדי ופרס, והמערב יקרא ים. ואמר מדבר, כי מדבר יש בין בבל למדי ופרס. ויונתן תרגם מַטַל מַשְׁרְיַן דְאָתְיָן מִמַדְבְּרָא כְּמֵי יַמָא: **כסופות בנגב.** כמו רוח סערה בנגב, במדבר, במקום יבש, שהוא שם תמיד הרוח; כן יצאו מדי ופרס להלוך אל בבל. ויונתן תרגם בנגב דרום, דְאָתָן בְּאוֹרַח דָרוֹמָא מַדְבְּרָן וְאַתְיָן מִמַדְבְּרָא. והוא מה שפירש, שארץ מדי ופרס מזרחית צפונית לבבל, אם כן בבל לה מערבית דרומית ים ונגב: **מארץ נוראה.** מארץ רחוקה, והוא מדי ופרס שהם רחוקים מבבל. והרחוק יקרא נורא, לפי שהאדם ירא הרחוק שלא ידע גבורתו ומנהגו, יותר מן הקרוב שידע גבורתו ומנהגו. ויונתן תרגם, מֵאַרְעָא דְאִתְעֲבִידָא בָּהּ חַסִינָן: (ב) **חזות קשה.** אמר הנביא, נבואה קשה לבבל נאמר לי מאת השם; ומה היא הנבואה? הבוגד בוגד, מי שהיה בוגד יבא בוגד שיבגוד בו, ומי שהיה שודד יבא שודד שישדדנו. ומי הוא הבוגד והשודד? זה מלך בבל ,שהיה בוגד באומות שהיו בשלום עמו ושודדן, כי היא הבגידה שהיה שודד אותה ולא היה שומר להם ברית. כן יבא לו בוגד שיבגוד בו ושודד שישדדנו, והוא כורש: **עלי עילם צורי מדי ופרס.** ואמר כל הנבואה כנגד עילם ומדי שיעלו לבבל ויצורו עליה: **צורי.** טעמו מלרע: **כל אנחתה השבתי.** פירוש אנחת בבל; רוצה לומר, מה שהיו נאנחים מפחדה; כי הכנוים בשמות יפלו על הפעל ועל הפעול; כמו, מִנֶּגֶד נִגְעִי יַעֲמֹדוּ (תהלים לח, יב), הָסֵר מֵעָלַי נִגְעֶךָ (שם לט, יא), בְּבֵית תְּפִלָּתִי (לקמן נו. ז), שָׁמַעְתִּי אֶת תְּפִלָּתְךָ (מלכים־א ט, ג), נָסַכְתִּי מַלְכִּי (תהלים ב, ו) , וֵאלֹהִים מַלְכִּי מִקֶּדֶם (שם עד, יב). וה״א אנחתה רפה ומשפטה במפיק, וכמוהו רבים, כמו וּשְׂעָרָה לֹא הָפַךְ לָבָן (ויקרא יג, ד), וְרַחְמָה הֲרַת עוֹלָם (ירמיה כ, יז), כְּאִמָּה בִּתָּהּ (יחזקאל טז, מד), עֲוֹנָה בָהּ (במדבר טו, לא), וַיֹּאמֶר לָהּ בֹעַז (רות ב, יד), והדומים להם: (ג) **על כן.** הנביא מדבר בלשון כל אחד מבני בבל, או בלשון בלשצר המלך: **נעויתי משמוע.** משמוע הפורענות הבא לבבל כל שכן שאבהל כשאראנה: (ד) **תעה.** חשקי, בחיריק החי״ת. הנביא מדבר בלשון בלשצר שעשה משתה רב בלילה, והיה אותו הלילה נשף חפצו וחשקו ותאותו שהוקם מלך והיה שמח. ושם לו הקדוש ברוך הוא אותו הנשף בחרדה, בכתב שכתב המלאך בכותל ההיכל חרד מאד על הכתב ההוא; כמו שכתוב, אֱדַיִן מַלְכָּא זִיוֹהִי שְׁנוֹהִי וְרַעְיֹנֹהִי יְבַהֲלוּנֵּהּ וְקִטְרֵי חַרְצֵהּ מִשְׁתָּרַיִן וְאַרְכֻבָּתֵהּ דָּא לְדָא נָקְשָׁן (דניאל ה, ו): **פלצות.** ענין רעדה, כמו שכתוב דָּא לְדָא נָקְשָׁן (שם):

**מצודת דוד**

**ואיך נמלט אנחנו.** אם כך עלתה בהם ולא יכלו למלט את עצמם, איך נמלט אנחנו בעזרתם: (א) **מדבר ים.** רצונו לומר, על בבל היושבת אחר המדבר, במערבו של פרס ומדי, הבאים עליה למלחמה: **כסופות.** כרוח סופה המתהפך בארץ נגובה ויבשה, שמעלה אבק רב: **לחלוף.** כן יהיה מרבית האבק, לעת יחלוף צבא רב להלחם על בבל: **ממדבר בא.** מדרך המדבר יבוא: **מארץ נוראה.** כן יקרא המדבר שהוא מקום נחשים ועקרבים המייראים את העובר בו; וכמו שכתוב, (דברים א, יט) הַמִּדְבָּר הַגָּדוֹל וְהַנּוֹרָא (דברים א, יט). וכפל הדבר במילים שונות: (ב) **חזות.** נבואה קשה נאמר לי על בבל: **הבוגד בוגד.** כל הרוצה לבגוד בוגד בו, וכל הרוצה לשדד משדד אותו: **עלי עילם.** את עילם עלי למלחמה, ואת מדי שימי עליה מצור: **כל אנחתה.** כל האנחות שהיתה בבל מאנחת את העובדי כוכבים במה שהטילה עליהם עול כבד, הנה עתה בבוא מפלתה בטלתי כל האנחות: (ג) **על כן.** בעבור גודל הצרה: **מלאו מתני חלחלה.** הנביא אמר בלשון בבל: **צירים אחזוני.** כאבים אחזו אותי כמו כאבי יולדת: **נעויתי משמוע.** נתעקם גופי מקול השמועה, ונבהלתי מראיית פלאי האבדון: (ד) **תעה לבבי.** לא ידע לבבי מה לעשות מרוב צער:

**מצודת ציון**

**נסגו.** מלשון ניסה ובריחה: (א) **כסופות.** רוח סופה וסערה: **בנגב.** ענין יובש; כמו, כַּאֲפִיקִים בַּנֶּגֶב (תהלים קכו, ד), לחלוף. לעבור; כמו, וְחָלַף בִּיהוּדָה (לעיל ח, ח): (ב) **חזות.** מראה נבואה: **הבוגד.** ענין מרד: **והשודד.** ענין עושק: **עילם.** הוא ממדינת מדי: **צורי.** מלשון מצור והוא הקיף גייסות סביב העיר לכבשה: (ג) **חלחלה.** ענין רעדה ורתת: **צירים.** ענין כאב; כמו, צִירִים וַחֲבָלִים יֹאחֵזוּן (לעיל יג, ח): **נעויתי.** מלשון עוות ועקום: (ד) **תמה.** מי שאינו יודע מה לעשות נקרא תועה והושאל מהתועה בדרך ואינו יודע להיכן ילך: **פלצות.** ענין חרדה; כמו, וְעַמּוּדֶיהָ יִתְפַּלָּצוּן (איוב ט, ו):

21.

**A prophecy about Babylonia.** Isaiah now prophesies that Babylonia will be conquered by King Cyrus of Persia. Although Isaiah had already foretold these events (Chapter 13), prophetic visions are sometimes repeated at different times in different ways (*Rashi*). Babylonia and Assyria were

*to where we ran for help to be rescued from the king of Assyria — how can we hope to escape?'*

**21**

1 *A prophecy concerning the wilderness of the west:*
*Like windstorms sweeping through the desert, it will come from the*
Downfall of Babylonia . . . *wilderness, from a fearful land.* 2 *A harsh vision has been told to me: The*
*betrayer will be betrayed, and the pillager will be pillaged. 'Go up, O Elam!*
*Besiege, O Media!' I have brought an end to every sigh.*
3 *Therefore, my loins are full of trembling; pains have gripped me*
*like the pains of a woman in childbirth. I shudder from hearing it;*
*terrified from seeing it.* 4 *My heart has become disoriented; panic has*

often the subject of Isaiah's prophecies of destruction because of their notorious cruelty toward the Jewish people (*Radak*).

**1. מִדְבַּר־יָם** — *The wilderness of the west.* Our translation follows *Radak, Ibn Ezra,* and *Metzudos,* who explain that Isaiah describes Babylonia this way because it lies west of the desert that separates it from its eastern neighbors, Persia and Media, which would attack and plunder it. Alternatively, the reference to Babylonia as a *wilderness* is prophetic, because the country would be devastated after it was conquered (*Kli Paz*).

*Targum Yonasan*, cited by *Rashi*, understands מִדְבַּר יָם to refer to the invaders, not the Babylonians. He renders *a harsh prophecy about armies that come from the wilderness, like [flooding] waters of the sea. Daas Sofrim* explains that the army of Persians and Medes will be like raging waters that will flood the plains of the wilderness with nothing to stop them.

**כְּסוּפוֹת בַּנֶּגֶב לַחֲלֹף** — *Like windstorms sweeping through the desert.* Most commentators translate the word בַּנֶּגֶב as an expression of dryness (*Rashi; Radak; Metzudos*) and explain that the invading armies will sweep through the land of Babylon like a windstorm whirling through a desert and raising great clouds of dust (*Rashi*). *Targum Yonasan,* however, translates נֶגֶב as *south* and explains that the Persians will march southward toward Babylonia and overthrow its government like a windstorm.

In a novel interpretation, *Me'am Loez* explains this literally. Isaiah said that desert windstorms will bury Babylonia and its inhabitants under great sand dunes, utterly destroying the country.

**מֵאֶרֶץ נוֹרָאָה** — *From a fearful land.* The fearful land is Persia and Media. *Radak* comments that, in the context of this verse, the word נוֹרָאָה, *fearful,* is actually synonymous with רְחוֹקָה, *distant,* because one fears the unknown. Since the Persians and Medes were far away, the Babylonians did not know how powerful or potentially dangerous their hostile enemies could be, so they feared them.

**2. חָזוּת קָשָׁה הֻגַּד־לִי** — *A harsh vision has been told to me.* Both this verse and the previous one speak of *vision*, but this one uses the Hebrew word חָזוּת and verse 1 uses the word מַשָּׂא. Both words are listed among the ten expressions of prophecy (see *Bereishis Rabbah* 44:6); each of the two expresses the idea that a harsh prophecy is about to be revealed. The word מַשָּׂא usually refers to a prophetic vision without a specific image, and חָזוֹן or חָזוּת — which R' Eliezer says is the harshest type of prophecy — refers to a vision that is conveyed with a specific image (*Daas Sofrim*).

**הַבּוֹגֵד בּוֹגֵד וְהַשּׁוֹדֵד שׁוֹדֵד** — *The betrayer will be betrayed and the pillager will be pillaged.* Our translation follows *Rashi* and *Radak*. The prophet begins to relate the harsh prophecy and states that Babylon will receive its due retribution, measure for measure. Just as Babylon had betrayed her allies and attacked and plundered them, so will she be betrayed and plundered by Persia and Media, her erstwhile allies.

Alternatively, *the betrayer* refers not to the country, but to its future king, Nebuchadnezzar. He had betrayed and pillaged his allies. In turn, his grandson, King Balshazzar, will be betrayed and pillaged by Persia and Media (*Mahari Kara*).

**עֲלִי עֵילָם צוּרִי מָדַי** — *Go up, O Elam! Besiege, O Media.* Elam is the Persian province where Shushan was located (see *Daniel* 8:2). In his prophetic vision, Isaiah "speaks" to Babylon's enemies and urges them to attack (*Radak*).

**כָּל־אַנְחָתָה הִשְׁבַּתִּי** — *I have brought an end to every sigh.* God will bring an end to the sighs and groans of all who were oppressed by Babylonia (*Rashi*).

*Ibn Ezra* and *Radak,* however, read the word אַנְחָתָה with a מפיק, a dot in the ה, which is the possessive form. Thus they render *her sigh*, i.e., the sigh that Babylon caused.

According to *Malbim,* the conqueror — Persia and Media — will exclaim that it has ended the anguish brought on Babylon's victims.

**3. עַל־כֵּן מָלְאוּ מָתְנַי חַלְחָלָה** — *Therefore, my loins are full of trembling.* The translation follows *Metzudos.* Although Babylon was one of Israel's worst enemies, the compassionate prophet is pained and distressed over the retribution that will befall this powerful nation and laments the fallen Babylonians (*Rashi*). Alternatively, Isaiah is speaking from the perspective of the Babylonians (*Rashi*) or Belshazzar, the last Babylonian king (*Radak*).

**נַעֲוֵיתִי מִשְּׁמֹעַ נִבְהַלְתִּי מֵרְאוֹת** — *I shudder from hearing it: terrified from seeing it.* Our translation follows *Rashi. Radak* renders: *I shudder from just hearing* [*about the bitter retribution*]. *I will be terrified at the sight of it.*

ה בְּעֲתָתְנִי אֵת נֶשֶׁף חִשְׁקִי שָׂם לִי לַחֲרָדָה: עָרֹךְ הַשֻּׁלְחָן צָפֹה הַצָּפִית אָכוֹל
ו שָׁתֹה קוּמוּ הַשָּׂרִים מִשְׁחוּ מָגֵן: כִּי כֹה אָמַר אֵלַי אֲדֹנָי לֵךְ
ז הַעֲמֵד הַמְצַפֶּה אֲשֶׁר יִרְאֶה יַגִּיד: וְרָאָה רֶכֶב צֶמֶד פָּרָשִׁים רֶכֶב חֲמוֹר רֶכֶב
ח גָּמָל וְהִקְשִׁיב קֶשֶׁב רַב־קָשֶׁב: וַיִּקְרָא אַרְיֵה עַל־מִצְפֶּה | אֲדֹנָי אָנֹכִי עֹמֵד
ט תָּמִיד יוֹמָם וְעַל־מִשְׁמַרְתִּי אָנֹכִי נִצָּב כָּל־הַלֵּילוֹת: וְהִנֵּה־זֶה בָא רֶכֶב אִישׁ

### רש״י

**את נשף חשקי.** לילה שהייתי חושק בה לשמחה ולמשתה. בספר יוסיפון מצינו שהיה שמח על שנצחו גדודיו את חיל פרס, אותו לילה שם לי לחרדה שנאמר, בֵּלְשַׁאצַּר מַלְכָּא עֲבַד לְחֶם רַב וגו׳ אִשְׁתִּיו חַמְרָא וגו׳ (דניאל ה, א־ד) בֵּהּ בְּלֵילְיָא קְטִיל וגו׳(שם פסוק ל) וְדָרְיָוֶשׁ מָדָאָה קַבֵּל מַלְכוּתָא (שם ו, א), (ה) צפה הצפית. זקוף המנורה בנ״ר צווחין למנרתא צפיתא: **אכל שתה.** ומתוך האכילה והשתיה צעקו קומו השרים: **משחו מגן.** מגיני עור שלוק הן, ומושחין אותן בשמן כדי שיחליק את הזיין. וכך נאמר בשאול, כִּי שָׁם נִגְעַל מָגֵן גִּבּוֹרִים (שמואל־ב א, כא), פלט את משיחתו ולא קיבלה, ונעשה מגן שאול כאילו לא נמשח בשמן: (ו) **לך העמד המצפה.** עתיד אחד מתלמידך לקרא תגר על מדותי על ארך שלוותה של בבל, והוא חבקוק, שעג עוגה ועמד בתוכה ואמר, עַל־מִשְׁמַרְתִּי אֶעֱמֹדָה (חבקוק ב, א); ומצפה לראות מה ידבר בי. אמר הקדוש ברוך הוא לישעיה, העמידהו לאותו מצפה והבטיחהו מאתי, שיעמד על מצפהו ואשר יראה במפלתה של בבל יגיד: (ז) **וראה רכב.** ואני הראנו שם כמין רכב ,צמד פרשים,אחד רוכב חמור ואחד רוכב גמל; וסימן הוא לפרס ומדי: **והקשיב קשב.** ושם ישמע בנבואתו כמין רוב הומיות תשואות חיילות: (ח) **ויקרא אריה.** הוא חבקוק, אריה בגימטריא כמניין חבקוק. ישעיה נתנבא שעתיד חבקוק להתפלל על זאת ולומר כן: **על מצפה ה׳.** ה׳ אלהי, על מצפה אנכי עומד תמיד יומם להודיעני על זאת: (ט) **והנה זה בא.** כשיתפלל על כך יראה כמין רכב אדם וגו׳:

### רד״ק

(ה) **ערוך השולחן.** בעת שהיו עורכים שלחנות היו אומרין, צפה הצפית, שיצפה הצופה; כי היו מפחדים מעם מדי ופרס. ובעת שהיו אוכלים ושותים היו אומרים, קומו השרים משחו מגן; כלומר צחצחו המגינים למלחמה. וכן תרגם יונתן; צפה הצפית, אֲקִימוּ סַכְוָאִין. ותרגם משחו מגן, מְרִיקוּ וְצַחְצַחוּ זְיָנָא. תרגם יונתן מגן, זְיָנָא; רוצה לומר כלי זיין, כגון השריונות והכובעים כי גם הם מגן על האדם במלחמה. ויש מפרשים משחו מגן, משחו המלך, כי המלך מגן העם. לפי שבאותו הלילה מת בלשצר, כמו שכתוב, בֵּהּ בְּלֵילְיָא קְטִיל בֵּלְאשַׁצַּר מַלְכָּא כַשְׂדָּאָה (שם ה, ל); אמר הנה מת מלככם, משחו אחר תחתיו. ובבראשית רבה (פרשה סג, פסקא יט), צפה הצפית, סדר מנרתא, אית אתרא דקרייא למנרתה צפיתא: (ו) **כי כה אמר.** כאלו הנביא בבבל, ואמר על לשון שרי בבל שיאמרו זה לזה, שיעמידו המצפה לראות אם בא חיל מדי ופרס, ויגיד אשר יראה: (ז) **וראה רכב.** וראה המצפה רכב צמד פרשים, רכב שרוכבים עליו זוג פרשים, וראה גם כן רכב חמור רכב גמל: **והקשיב קשב רב קשב.** יקשיב אם הם קרובים אם ישמע קול פרסותם. ויונתן תרגם, וְיֶחֱזֵי רְתַךְ אֱנָשׁ וְעִמֵּהּ זוּג פָּרָשִׁים וגו׳: (ח) **ויקרא.** וקרא המצפה אריה על המצפה. המשיל מדי ופרס לאריה העומד על המצפה ומביט אילך ואילך אנה יטרוף. אמר הנביא בלשון קריאה בראותו זה: **אדני אנכי עומד תמיד.** יומם ולילה על משמרתי אנכי נצב על הלילות כלומר, ביום ובלילה אני עומד ומצפה; מתי יהיה זה שיבא חיל מדי ופרס ויחריבו בבל לפי שהרעו לישראל. ובדרש כי אריה אמר על חבקוק הנביא. אמר ישעיהו כי חבקוק עתיד לומר זה, אנכי עומד תמיד יומם ולילה, שעג עוגה ועמד בתוכה כמו שמפרש בתרגום תפלה לחבקוק (חבקוק ג). וקרא חבקוק אריה כי כן היא בגמטריא חשבון חבקוק כחשבון אריה. ויונתן תרגם הפסוק כן, אמר נְבִיָא (ישעיה) קָל מַשִּׁרְיָן וגו׳: (ט) **והנה זה.** בעוד שהיה המצפה מקשיב, הנה בא החיל, כמו שהיה רואה קרבו אל העיר:

### מצודת דוד

**פלצות בעתתני.** חרדה הבעיתה והפחידה אותי. וכפל הדבר במילים שונות לגודל החרדה והפחד: **את נשף חשקי.** הלילה שהייתי חושק ומתאוה לה לעשותה משתה ושמחה על אשר נצחו את חיל פרס, כמו שכתוב ביוסיפון: **שם לי לחרדה.** מי שבידו להשים, שם לי הלילה ההיא לחרדה, כי בה נהרג בלשאצר ונכבשה בבל, ומלך בה דריוש, כמפורש בדניאל (פרק ה): (ה) **ערוך השלחן.** בעת שהיו עורכים השלחן על המשתה; אמרו אלו לאלו, צפה הצפית. רצונו לומר, יעמוד הצופה על המצפה לראות אם באים חיל פרס ומדי: **אכול שתה.** בעוד שהיו אוכלים ושותים אמרו אלו לאלו, קומו השרים ומשחו המגן לרדת אל המלחמה: (ו) **לך העמד המצפה.** הנביא יאמר על לשון שרי בבל, שיאמרו זה לזה, לך העמד המצפה שיגיד את אשר יראה: (ז) **וראה.** כאלו העומד על המצפה ראה רכב שרוכבים עליו זוג פרשים, וראה גם כן רכב חמור וכו׳. רצונו לומר, אחד רוכב על חמור ואחד רוכב על גמל; רצונו לומר, ראה הרבה מיני בעלי מלחמה: **והקשיב קשב.** הקשיב באזניו אשר רב הקשב, רצונו לומר קול המון העם היה נשמע מאוד, ויורה שיש המון רב: (ח) **ויקרא אריה על מצפה.** רצונו לומר, העומד על המצפה קרא לאמר; הנה בא האריה. והמשיל פרס ומדי לארי הטורף, או שקרא לאמר; הנה האריה על מצפה, והמשיל פרס ומדי לאריה העומד על מצפה, ומביט אילך ואילך אנה יטרוף: **ה׳ אנכי עומד וכו׳.** כשראה הנביא את כל זה במראה הנבואה אמר, אתה ה׳, הנה אנכי עומד תמיד בכל יום ומצפה, מתי תחרב בבל על שהרעו לישראל: **ועל משמרתי.** רצונו לומר, כאדם היושב ומשמר שאינו זז ממקומו, כן לא זזתי מלצפות: (ט) **והנה זה בא.** רצונו לומר זמן רב הייתי מצפה לה, ועתה הנה זה בא; רכב המיוחד לאיש ועליו זוג פרשים. רצונו לומר, באו פרס ומדי המחריבים את בבל:

### מצודת ציון

**בעתתני.** מלשון בעתה ופחד: **נשף.** ערב; כמו, קִדַּמְתִּי בַנֶּשֶׁף (תהלים קיט, קמז): **חשקי.** ענין תאוה; כמו, חֵשֶׁק שְׁלֹמֹה (מלכים־א ט, א): (ה) **ערוך.** ענינו סדור המאכל: **צפה.** ענין ראיה; כמו, יִצֶף ה׳ (בראשית לא, מט): **הצפית.** העומד ורואה אם גייסות באים נקרא צופה: **משחו מגן.** יש מגן עשוי מעור שלוק, ומושחין אותו בשמן להחליק מעליו מכת חרב וחנית; וכן, מָגֵן שָׁאוּל בְּלִי מָשִׁיחַ בַּשָּׁמֶן (שמואל־ב א, כא): (ו) **המצפה.** כמו הצופה: (ז) **צמד.** זוג; כמו, צֶמֶד בָּקָר (איוב א, ג): **פרשים.** כן יקראו רוכבי הסוס המצומדים בכך; וכן, פָּרָשׁ מַעֲלֶה (נחום ג, ג): **והקשיב.** ענין שמיעה: (ח) **מצפה.** כן נקרא המקום שעומד עליו הצופה:

---

**4. תָּעָה לְבָבִי פַּלָּצוּת בִּעֲתָתְנִי** — *My heart has become disoriented; panic has terrorized me.* The prophet expresses the thoughts of Belshazzar. The king had prepared a lavish feast to celebrate the victory of his troops over the armies of the Persians and Medes (*Rashi* from *Yossipon*). But God turned that festive evening to a night of horror. During that feast the king witnessed the frightening appearance of a hand writing an inscrutable inscription on the palace wall. The king was terrified (see *Daniel* 5:5-6). No one could interpret the mysterious handwriting, until the king's advisers told him to

*terrorized me. He has turned my festive evening into a horror.* [5] *Setting the table, lighting the candelabrum, eating and drinking, 'Arise, O officers; grease the shield.'*

[6] *For thus said my Lord to me: Go, station the lookout, and let him tell what he sees.* [7] *He will see a chariot, a pair of horsemen, a donkey chariot, a camel chariot; and he will listen intently, with much to hear,* [8] *and he will call out like a lion.*

*My Lord, I stand on the lookout constantly during the day, and I am stationed at my post all the nights.* [9] *Behold, it is coming: a chariot with a man,*

---

summon the Jew Daniel. He explained that the miraculous writing foretold that Belshazzar's reign and Babylon's ascendancy was about to end. Belshazzar was killed that very night by the Persian and Median invaders (ibid. 5:25-28, 30) (*Radak*).

Alternatively, Isaiah spoke these words. He thought the destruction of Babylonia was a cause to rejoice, but he trembled when he foresaw that the conquerors would become Israel's oppressors (*R' Eliezer of Beaugency*)

**5. עָרֹךְ הַשֻּׁלְחָן צָפֹה הַצָּפִית אָכוֹל שָׁתֹה** — *Setting the table, lighting the candelabrum, eating and drinking.* Isaiah vividly describes the royal banquet as it appeared in his vision. The guests were reveling at the king's orgy, when they were suddenly ordered to rise and prepare for battle (*Rashi; Metzudos*).

**צָפֹה הַצָּפִית** — *Lighting the candelabrum.* Our translation follows *Rashi*. Others render צָפֹה, *to see: set up the lookout to see* if the Persians and Medes are attacking (*Radak; Metzudos*).

**מִשְׁחוּ מָגֵן** — *Grease the shield.* Their shields were made of boiled leather and smeared with oil so that the weapons of the enemy would glide off them (see *II Samuel* 1:2; *Rashi*).

Alternatively, *Ibn Ezra* explains this figuratively. Anoint the new king, Darius. He is referred to as a shield because the king protects his people.

**6. כִּי כֹה אָמַר אֵלַי אֲדֹנָי** — *For thus said my Lord to me.* In the vision, Isaiah is speaking for the Babylonian leaders who are instructing one another to set up a sentry to survey the progress of the enemy (*Radak*).

Alternatively, the sentry is the prophet Habakkuk, a young disciple of Isaiah. Habakkuk witnessed the rise of the Babylonian Empire and would eventually complain to God regarding its success (*Habakkuk* Ch. 1). God instructs Isaiah to tell Habakkuk to be patient for he will indeed witness the downfall of the evil Babylonians (*Rashi*).

**7. וְרָאָה רֶכֶב צֶמֶד פָּרָשִׁים** — *He will see a chariot, a pair of horsemen.* In the prophetic vision, the sentry will see a chariot ridden by two horsemen, then a second chariot led by donkeys, and a third chariot led by camels (*Radak*). These riders were King Cyrus of Persia and King Darius of Media, who made an alliance against Babylon (*Mahari Kara*). Alternatively, the horsemen represented the great empires of Persia, Greece, and Rome, who oppressed Israel after Babylonia was destroyed (*R' Eliezer of Beaugency*).

According to *Rashi*, there was one chariot, with one rider on a donkey and another on a camel. The two riders symbolized Persia and Media.

*Mahari Kara* comments that invaders would customarily send a chariot and a few riders to reconnoiter its defenses. This advance party would be too small to attract attention, and it would be followed by the crescendo of the large attacking forces.

*Ohel David* suggests that this verse alludes to the combinations of circumstances that will herald the coming of the Messiah. The Talmud (*Sanhedrin* 98a) states that if Israel is not worthy of the Messiah's arrival in a glorious manner, he will be like a poor person riding a donkey. Our verse speaks of a rider on a camel, which alludes to the descendants of Ishmael. The riders on a chariot alludes to the Roman Empire, which the Sages describe as the offspring of Esau. When the descendants of Ishmael and Esau unite to persecute Israel, it is a harbinger of the coming of the Messiah.

**וְהִקְשִׁיב קֶשֶׁב רַב־קָשֶׁב** — *And he will listen intently, with much to hear.* The sentry will listen intently for the hoofbeats of the approaching chariots (*Radak*), or he will listen for the rumbling sounds of advancing armies.

**8. וַיִּקְרָא אַרְיֵה** — *And he* [i.e., the sentry] *will call out like a lion.* When the sentry sees the enemy approaching, he will roar like a lion to warn his people (*Ibn Ezra*).

Alternatively, the prophecy compares the invaders to a ferocious lion crouching on a tower, searching for prey (*Radak; Metzudos*).

According to the Midrash, the lion represents the prophet Habakkuk, whose name חֲבַקּוּק has the same numerical value as אַרְיֵה: 216. Isaiah foretold that Habakkuk will pray for the downfall of the Babylonians and will utter the following words (*Rashi*).

**עַל־מִצְפֶּה אֲדֹנָי אָנֹכִי עֹמֵד תָּמִיד יוֹמָם** — *My Lord, I stand on the lookout constantly during the day.* As Isaiah sees that Babylon is about to fall, he exclaims that it is this — the downfall of the evil Babylonians — that he had constantly been waiting to witness (*Radak*). According to the Midrash, the speaker is Habakkuk. He drew a circle around himself and declared that he would not leave it until God told him what will be the end of the wicked Babylonians (*Rashi; Mahari Kara*).

צֶמֶד פָּרָשִׁים וַיַּעַן וַיֹּאמֶר נָפְלָה נָפְלָה בָּבֶל וְכָל־פְּסִילֵי אֱלֹהֶיהָ שִׁבַּר לָאָרֶץ׃
י מְדֻשָׁתִי וּבֶן־גָּרְנִי אֲשֶׁר שָׁמַעְתִּי מֵאֵת יהוה צְבָאוֹת אֱלֹהֵי יִשְׂרָאֵל הִגַּדְתִּי
יא לָכֶם׃ מַשָּׂא דּוּמָה אֵלַי קֹרֵא מִשֵּׂעִיר שֹׁמֵר מַה־מִּלַּיְלָה שֹׁמֵר מַה־מִּלֵּיל׃
יב־יג אָמַר שֹׁמֵר אָתָה בֹקֶר וְגַם־לָיְלָה אִם־תִּבְעָיוּן בְּעָיוּ שֻׁבוּ אֵתָיוּ׃ מַשָּׂא

**רש״י**

**נפלה נפלה בבל.** תרגם יונתן, נְפַלַת וְאַף עֲתִידָא לְמִפַּל. שני נפילות, שנה אחר שנה. תחלה על ידי מדי ופרס, ובשנה השניה על ידי שמים, וְהָיְתָה בָבֶל צְבִי מַמְלָכוֹת כְּמַהְפֵּכַת. . .סְדֹם (לעיל יג, יט). וכן מצינו בסדר עולם (פרק כח). ובא בשנה השמועה זו של דריוש ואחריו בשנה השמועה והיתה בבל צבי ממלכות כמהפכת וגו׳: **(י) מדושתי ובן גרני.** תבואת קדש שלי, ערימת חטי אשר גלטויתי מפי רוח הקדש לתקן אתכם בדרך הישרה, כאדם הדש וזורה תבואתו בגורן: **אשר שמעתי.** אותו הגדתי לכם: **(יא) דומה.** הוא אדום; וכן הוא אומר, מִי כְצוֹר כְּדֻמָה בְּתוֹךְ הַיָּם (יחזקאל כז, לב): **אלי קורא משעיר.** אמר הקדוש ברוך הוא, אלי קורא הנביא, או המלאך מטול מלכות שעיר, שומר מה מלילה. שומר ישראל מה תהא מן הלילה והחשכה הזאת: **(יב) אמר שומר.** הקדוש ברוך הוא: **אתא בקר.** יש לפני להזריח לעשות בקר לכם: **וגם לילה.** מתוקן לעשו לעת קץ: **אם תבעיון בעיו.** אם תבקשו בקשתכם למהר הקץ: **שובו אתיו.** בתשובה:

**רד״ק**

**ויען המצפה ויאמר נפלה נפלה בבל.** הכפל לחזק: **שבר.** פירוש המשבר. ויונתן תרגם נפלה נפלה, נְפַלַת וְאַף עֲתִידָא לְמִיפַּל בָּבֶל. רוצה לומר, שתי נפילות; ראשונה על ידי מדי ופרס, ושניה על ידי שמים; שנאמר, וְהָיְתָה בָבֶל צְבִי מַמְלָכוֹת תִּפְאֶרֶת גְּאוֹן כַּשְׂדִּים כְּמַהְפֵּכַת אֱלֹהִים אֶת סְדֹם וְאֶת עֲמֹרָה (לעיל יג, יט). וזה היתה לעולם, כי אותה בבל לא נתישבה עוד לעולם כמו שפירשנו למעלה במשא בבל (לעיל פרק יג): **(י) מדשתי ובן גרני.** יאמר הנביא בלשון האל, בבל היא מדשתי, שאדוש אותם בחיל מדי ופרס כמו שדשין התבואה, ובן גרני, כפל ענין במלות שונות; כי הבר והתבן יקרא בן גרן לפי שיודש בגורן: **אשר שמעתי.** אמר הנביא, זאת הנבואה אשר שמעתי על בבל הגדתי לכם כמו ששמעתיה. ואמר אלהי ישראל לפי שבעבור ישראל יביא האל הפורענות לבבל: **(יא) משא דומה.** דומה היא מבני ישמעאל; כמו שכתוב, וּמִשְׁמָע וְדוּמָה וּמַשָּׂא (בראשית כה, יד). אמר הנביא, אלי קורא קול הנבואה, כי משעיר יבא להם המחריב ארצם, ובקרוב תבא אליהם הרעה וישימו שומרים בחומות העיר. אומר שיקומו בני אדם מרוב פחדם, ויסובבו בעיר, וישאלו לשומרים מה מלילה, וכפל הדבר כדרך השואלים: **אלי קורא משעיר.** אמר רבי יוחנן אלי קורא, מפני שעיר (ירושלמי תענית א, א): **שומר מה מלילה.** אמרו לישעיה, רבינו ישעיה, וכי מה יוצא לנו מתוך הלילה הזה? אמר להם המתינו לי עד שאשאל. כיון ששאל חזר אצלם, אמרו לו שומר מה מליל, שומר העולמים. אמר להם, לא כשאתם סבורין, אלא בקר לצדיקים ולילה לרשעים; בקר לישראל ולילה לכותיים. אמרו לו, אימתי? אימת דאתון בען, הוא בעי אם תבעיון בעיו. ואומרים להם ומי מעכב? אמר להם תשובה; שובו אתיו: **מה מליל.** בא על דרך הסמיכות; וכמוהו, אֶל־הַמֶּלֶךְ חִזְקִיָּהוּ בְּחֵיל כָּבֵד (לקמן לו, ב), (יב) אמר. ענה להם השומר, אתא בקר, כלומר הבקר יבא; אבל מה תועילו? כי גם הלילה יבא אחרי שתצטרכו לשמור עוד מפחד האויב: **אם תבעיון בעיו.** אם תשאלו שאלו: **שובו אתיו.** לשאול, כלומר עוד הלילות תשאלו בזה, כי אין לכם בטח מן האויב. ואדוני אבי זכרונו לברכה פירש; כי עתידים בני שעיר להחריב דומה, וקורא הנביא שומר וצופה. והנביא מדבר כאילו בני שעיר קוראים אליו, ושואלים לו מה מלילה, כלומר מה מלילותם וימותם של דומה? כלומר אם הגיע זמן קצה עדין ונלך עליהם? והנביא משיב להם, כבר נשלמו הימים והלילות, ובא בקר מפלתם; שובו עתה עליה ותצליחו. ותרגם יונתן כן, מְטַל כָּס דִּלְוָט וגו׳. ובדברי רבותינו זכרונם לברכה (ירושלמי תענית א, א), בספרו של רבי מאיר מצאו כתוב משא דומה משא רומי:

**מצודת דוד**

**ויען ויאמר.** המלאך הדובר בי אמר, עתה נפלה בבל, וכפל המלה לחזק הענין: **שבר.** המשבר שבר אותם והפילם לארץ: **(י) מדושתי.** גם אלה דברי המלאך שאמר שבבל תהיה מדושתי. רצונו לומר, אני אדוש אותה, כמו שדשים התבואה: **ובן גרני.** התבואה נקרא בן גורן לפי שיונח ונדש בגורן, וכפל הדבר במילים שונות: **אשר שמעתי.** אמר נביא, הדבר אשר שמעתי מאת ה׳ וגו׳, אותה הגדתי לכם: **(יא) דומה.** הוא מבני ישמעאל; כמו שכתוב, וּמִשְׁמָע וְדוּמָה וּמַשָּׂא (בראשית כה, יד).: **אלי קורא משעיר.** אמר הנביא, אלי קורא קול הנבואה, כי משעיר יצא המחריב ארצם: **שומר מה מלילה.** רצונו לומר, בעת יבוא האויב וישימו שומרים בעיר, ובני העיר יקומו ויסובבו בעיר וישאלו לשומר ויאמרו, אתה שומר? מה היה בלילה? אם בא האויב?: **שומר מה מליל.** דרך השואלים ומתפחדים לכפול אמריהם: **(יב) אמר שומר.** השומר ישיב לאמר אף אם בא הבוקר ואין פחד מהאויב, אבל גם הלילה תבוא, ומהצורך לשמור עוד מפחד האויב: **אם תבעיון בעיו.** אם תשאלון לדרוש שאלה כזאת, שובו ובואו למחר ולמחרתו, כי בכל הלילות מהצורך לשמור, ותוכלו לשאול בכולם:

**מצודת ציון**

**(ט) פסילי.** כן יקראו הגלולים כי המה נפסלים ונחצבים, והוא מלשון וַיִּפְסְלוּ בֹּנֵי שְׁלֹמֹה (מלכים־א ה לב): **(י) מדושתי.** מלשון דישה: **(יב) אתא.** ענין ביאה; כמו, וְאָתָה מֵרִבְבֹת קֹדֶשׁ (דברים לג, ב): **תבעיון בעיו.** ענין שאלה ודרישה ובדברי רבותינו זכרונם לברכה, (ברכות יד, א) בעי מיניה וכו׳. ודומה לו, נִבְעוּ מַצְפֻּנָיו (עובדיה א, ו), שהוא ענין דרישת החפוש. וכמו שמלת בקשה הונח לדרישת שאלה ולדרישת החפוש, כן מלת בעיו הונח לשניהם: **אתיו.** בואו:

---

**9.** **וְהִנֵּה־זֶה בָא רֶכֶב אִישׁ צֶמֶד פָּרָשִׁים** — *Behold, it is coming: a chariot with a man, a pair of horsemen.* As the sentry strains to hear if enemy armies are approaching, he suddenly sees them (*Radak*) and realizes that the invasion has begun (*Metzudos*).

**וַיַּעַן וַיֹּאמֶר נָפְלָה נָפְלָה בָּבֶל** — *And he exclaims* [lit., *says loudly*], *"It has fallen! Babylonia has fallen! . . ."* Upon seeing the huge attacking army, the sentry calls out hopelessly that Babylonia has already fallen; the repetition is for emphasis (*Radak*). *Ibn Ezra* explains that the prophecy is emphasizing that Babylonia has been utterly defeated to the extent that no survivors will remain.

Noting the repetition, *Targum Yonasan* renders that the prophet is foretelling that Babylonia will suffer a twofold downfall, one in battle, and a second through an act of Heaven, which will prevent the nation from recovering from its defeat (see *Seder Olam* Ch. 28; *Rashi; Radak*).

**וְכָל־פְּסִילֵי אֱלֹהֶיהָ שִׁבַּר לָאָרֶץ** — *All the statues of its gods have been shattered on the ground!* The success of Babylon was attributed to the ascendance of its god; the nation's downfall was seen as a sign of the idol's weakness (*Daas Sofrim*).

**10.** **מְדֻשָׁתִי וּבֶן־גָּרְנִי** — *It is [like] grain of the threshing floor, for me to thresh.* Although most commentators identify the

*a pair of horsemen. And he exclaims, 'It has fallen! Babylonia has fallen! All*
*the statues of its gods have been shattered on the ground!* 10 *It is [like] grain*
*of the threshing floor for me to thresh!'*

*... Dumah [Edom] ...*

*What I have heard from HASHEM, Master of Legions, God of Israel, I have told*
*you.*
11 *A prophecy concerning Dumah:*
*He calls out to Me because of Seir: 'Watchman, what of the night? Watchman,*
*what of the night?'* 12 *The Watchman said, 'Morning is coming, but also night.*
*If you seek [then] seek, repent and come.'*

---

speaker as Isaiah (*Radak; Rashi*), *Ibn Ezra* suggests that it may be either God, the prophet, or the rider of the chariot. Babylon is likened to grain that will be threshed by Persia and Media (*Radak*).

Alternatively, the prophet is addressing Israel and refers to them as his hallowed grain whom He "threshed" with His harsh words of rebuke (*Rashi*).

**אֲשֶׁר שָׁמַעְתִּי מֵאֵת ה׳ צְבָאוֹת** — *What I have heard from HASHEM, Master of Legions.*

**11-12. Isaiah turns to the Roman Exile.** Isaiah's prophecy turns to those persecuted and exiled by Edom, the future Roman Empire. According to *Rashi*, it refers to Rome's persecution of Israel, and Israel's cries to God because of the terrible oppression inflicted by Edom throughout the current exile. The people pleads with God and asks when will the suffering finally end. The Babylonian exile was given a limit of seventy years (*Jeremiah* 29:10), but the prophets did not foretell when this exile would end. According to *Radak*, this prophecy refers to Rome's depredations against the Ishmaelites.

**11. מַשָּׂא דּוּמָה** — *A prophecy concerning Dumah.* Dumah is a reference to Edom (see *Rashi* to *Ezekiel* 27:32 who explains that Dumah was the name used for the leaders of Edom). Indeed, R' Meir's text of the verse reads, מַשָּׂא דוּמָה מַשָּׂא רוֹמִי, *a prophecy of Dumah, a prophecy of Rome* (*Yerushalmi Taanis* 1:1).

*Abarbanel* explains why Edom is called *Dumah* in this prophecy. The root of דּוּמָה is דום, *to be silent* or *mute* (as in *Leviticus* 10:3). Since the Jewish people were not told when the redemption will come, they are silent when they are asked when the long exile will end.

*Radak* and *Metzudos* say that Dumah is an Ishmaelite tribe (see *Genesis* 25:14). The voice of prophecy calls to Isaiah and informs him that the destroyer of Dumah will come from Seir, the land that was given to Esau, the ancestor of Rome.

**אֵלַי קֹרֵא מִשֵּׂעִיר** — *He calls out to Me because of Seir.* The prophet quotes God, Who says that Israel cries out to Him because of the oppression inflicted upon it by Seir (*Rashi*).

According to *Radak* the suffering nation is Ishmael, and Isaiah is saying that the voice of prophecy is telling him that Seir will be the source of the suffering.

**שֹׁמֵר מַה־מִּלַּיְלָה שֹׁמֵר מַה־מִּלֵּיל** — *"Watchman, what of the night? Watchman, what of the night?"* The Watchman is God, the Guardian of Israel. The nation calls to God in prayer and asks when will this long *night* of exile finally end (*Rashi; Mahari Kara*).

According to *Radak*, the tormented Ishmaelites will wander around the city in the dark and ask the watchmen when the night will end and when the sun will rise.

**12. אָמַר שֹׁמֵר אָתָה בֹקֶר וְגַם־לָיְלָה** — *The Watchman said, "Morning is coming, but also night ..."* Morning symbolizes deliverance and success, and night symbolizes uncertainty and oppression. God answers that morning will come for Israel and night for her adversaries (*Rashi*). *Rashi* to *Sanhedrin* (94a) suggests two other possible explanations of this verse. (a) Redemption (*morning*) will surely come, but a long exile (*night*) will precede it. (b) The Babylonian exile will end and a Second Temple will be built (*morning*), but this Temple will be destroyed and another exile will follow (*night*).

According to *Radak*, the watchman tells his questioners that morning will come, but they will still not feel secure, for darkness will descend again.

Homiletically, the nations taunt Israel saying, "Our deeds are obviously pleasing to God, because we prosper and you are degraded." Isaiah responds, "The dawn will come and then we will see whom God desires" (*Bamidbar Rabbah* 16:14).

Wallowing in the depths of the night of exile, Israel implores God to show it when the day will come. God responds that even in the night, there is daylight, i.e., His mercy is always present, even when everything seems to be dark. It is for us to perceive it. If we fail to see that God is present even when He seems to be hidden, the shortcoming is ours, not His (*Be'er Mayim Chaim, Va'eschanan*).

**אִם־תִּבְעָיוּן בְּעָיוּ שֻׁבוּ אֵתָיוּ** — *If you seek [then] seek, repent and come.* However, if you seek to hasten the advent of the Messiah, then seek God's mercy and repent, for this will bring the redemption (*Rashi*, from *Sanhedrin* 94b).

According to *Radak*, you will ask the same question for many nights, because you will not be safe from your enemy.

The Talmud (*Bava Kamma* 5b) renders the word בְּעָיוּ as *pray*, and interprets the word *mav'eh*, from this root, as a synonym for a human being. In other words, the Sages define man as the creature that prays. Man's "soul" is his innermost longing. As the Sages expressed it, a thief prays for God's help as he prepares to violate the will of God by entering the home of his victim (*Berachos* 63b). Because his sincere desire is not to be detected, his *soul* cries out for success. Wherever one puts his faith is a form of prayer (*Michtav MeEliyahu*).

יד בַּעְרָב בַּיַּעַר בַּעְרַב תָּלִינוּ אֹרְחוֹת דְּדָנִים: לִקְרַאת צָמֵא הֵתָיוּ מָיִם יֹשְׁבֵי
טו אֶרֶץ תֵּימָא בְּלַחְמוֹ קִדְּמוּ נֹדֵד: כִּי־מִפְּנֵי חֲרָבוֹת נָדָדוּ מִפְּנֵי | חֶרֶב נְטוּשָׁה
טז וּמִפְּנֵי קֶשֶׁת דְּרוּכָה וּמִפְּנֵי כֹּבֶד מִלְחָמָה: כִּי־כֹה אָמַר אֲדֹנָי
יז אֵלַי בְּעוֹד שָׁנָה כִּשְׁנֵי שָׂכִיר וְכָלָה כָּל־כְּבוֹד קֵדָר: וּשְׁאָר מִסְפַּר־קֶשֶׁת
**כב** א גִּבּוֹרֵי בְנֵי־קֵדָר יִמְעָטוּ כִּי יהוה אֱלֹהֵי־יִשְׂרָאֵל דִּבֵּר: מַשָּׂא

**רש"י**

(יג) **משא בערב.** על ערביים: **ביער בערב תלינו.** ראיתי מה עשיתם בהגלות אשור את עמי, והיו מבקשים לשבאים שלהם להוליכם דרך עליכם לפי שאתם בני דודיהם, אולי תרחמו עליהם. ואתם הייתם יוצאים ולנים ביער דרך העברת שיירות: **אורחות דדנים.** בני דודכן: (יד) **לקראת צמא.** דרך להביא מים, ואתם יושבי ארץ תימא לא עשיתם כן, אלא בלחמו קדמו נודד. הביאו להם מיני מאכלים מלוחים, ונודות נפוחים מלאי רוח, והיה אוכל ומבקש לשתות, ונותן פי הנוד לתוך פיו והרוח נכנס במעיו והוא מת (ירושלמי תענית ד, ה). דבר אחר, לקראת צמא התיו מים, לא כן עשיתי לאביכם, כשהיה צמא גליתי לו באר מים: (טו) **כי מפני חרבות נדדו.** עמי: **וחרב נטושה.** פשוטה על פני הארץ; כמו, וְהִנֵּה נְטֻשִׁים עַל פְּנֵי כָל הָאָרֶץ (שמואל-א ל, טז), וַיִּנָּטְשׁוּ בְּעֵמֶק רְפָאִים (שם ה, יח). דבר אחר, נטושה כמו לטושה, כל אותיות אשר מוצאיהם קרובים להיות ממקום אחד מתחלפות זו בזו, נו"ן בלמ"ד, כענין שנאמר לַעֲשׂוֹת לוֹ נִשְׁכָּה (נחמיה יג, ז), כמו לשכה: (טז) **בשני שכיר.** מדקדק בה למנין המועד כשכיר הנשכר לשנים, שמדקדק במועד תשלום שנתו: (יז) **ושאר.** שארית: **קשת גבורי בני קדר.** בעלי רובי קשת שהם כאביהם, שנאמר בו וַיְהִי רֹבֶה קַשָּׁת (בראשית כא, כ):

**רד"ק**

(יג) **משא בערב.** נבואה זו נאמרה על ערב והם בני קדר. וביונתן תרגם בערב במקום על; כמו, כֵּן יִנָּתֶן בּוֹ (ויקרא כד, כ), כִּי אִם הַבְּהֵמָה אֲשֶׁר אֲנִי רֹכֵב בָּהּ (נחמיה ב, יב); כמו עליה: **ביער בערב תלינו ארחות דדנים.** אומר כנגד שיירות בני דדן שהיו עוברים ושבים בערב. אמר עתה בחרבן, ערב תלינו ביער, כי לא תמצאו אהלים ללון שם, כי חרבו אהלי קדר, ויונתן תרגם, בְּחוּרְשָׁא בְּרַמְשָׁא יְבִיתִין. תרגם בַּעְרַב כמו בָּעֶרֶב: (יד) **לקראת צמא התיו מים.** התיו כמו אתיו. אומר דרך משל למים שיבאו לקראת הצמא, כי בני קדר יהיו גולים ונודדים במדבר ולא ימצאו מים לשתות, ויושבי ארץ תימא כשימצאום גולים ונודדים, צריך שיקדמום בלחמם: (טו) **כי מפני חרבות.** ואם תשאלום מפני מה הם נודדים? מפני חרבות שפשטו בארצם, מפני חרב נטושה שפשטה בארצם. וכן, וַיִּנָּטְשׁוּ בַּלֶּחִי (שופטים טו, ט), כמו ויפשטו. ויש מפרשים כמו לטושה. ויונתן תרגם שְׁלִיפָא: (טז) **כי כה אמר ה' בעוד שנה.** שנאמרה אלי נבואה זו: **וכלה כל כבוד קדר.** כשני שכיר, שהם מצומצמים, ומדקדק בזמנו לצאת; כמו שאומר, כְּעֶבֶד יִשְׁאַף צֵל וּכְשָׂכִיר יְקַוֶּה פָעֳלוֹ (איוב ז, ב), וכן זאת השנה תהיה מצומצמת: (יז) **ושאר מספר קשת.** מה שישארו מהם רובי קשת, שיברחו ויהיו מתי מספר: **ימעטו.** יהיו הולכים ומתמעטים: **כי ה' אלהי ישראל דבר.** לפי שהרעו לישראל כשהגלם מלך אשור, אולי באו בני קדר עם מלך אשור והרעו לישראל בעת שהיו מוליכים אותם בשביה, או שעברו ישראל דרך ארצם בגלותם והרעו להם:

**מצודת דוד**

(יג) **בערב.** על ערב והם בני קדר: **ביער בערב וכו'.** אתם שיירות בני דדן, שהייתם רגילים ללון באהלי אנשי ערב, הנה עתה שחרבו אהליהם, תלינו ביער אשר בערב: (יד) **לקראת צמא.** לקראת ערב הצמא בלכתו בגולה, הביאו לו מים לשתות: **יושבי וכו'.** אתם היושבים בארץ תימא, קדמו כל אחד בלחמו לקראת ערב הנודד ממקומו: (טו) **כי מפני וכו'.** כאומר, ואם תשאלו למה נדדו ממקומם? אשיב לאמר, שנדדו מפני חרבות האויב: **חרב נטושה.** אשר פשטה בארצם: **קשת דרוכה.** הדרך לדרוך ברגל על הקשת למותחו היטב לירות למרחוק: **כובד מלחמה.** חוזק מלחמה: (טז) **בעוד שנה.** בעת תשלום שנה מהיום: **כשני שכיר.** רצונו לומר, מצומצם, כשכיר המדקדק בשני שכירתו: **כל כבוד קדר.** מרבית המון עם ערבי בני קדר: (יז) **ושאר.** השארית של מספר רבי קשת מגבורי בני קדר, יהיו הולכים ומתמעטים: **כי ה' וכו'.** דבר, ובידו לקיים:

**מצודת ציון**

(יג) **בערב.** הבי"ת היא במקום על; כמו, כֵּן יִנָּתֶן בּוֹ (ויקרא כד, כ), ומשפטו עליו, תלינו. מלשון לינה: **ארחות.** שיירות הולכי אורח: (יד) **התיו.** הביאו: **קדמו.** הביאו לפניהם; וכן, אֲשֶׁר לֹא קִדְּמוּ (דברים כג, ה): (טו) **חרבות.** מלשון חרב: **נטושה.** ענין התפשטות; כמו, וַיִּנָּטְשׁוּ בַּלֶּחִי (שופטים טו, ט): (טז) **כבוד.** ענין רבוי:

**13.** **מַשָּׂא בַּעְרָב** — *A prophecy concerning Arabia.* This is a harsh prophecy concerning the people of Arabia; namely, the descendants of Ishmael's son Kedar (see *Genesis* 25:13; *Radak; Ibn Ezra; Metzudos*). Famous for its archers (see v. 17), Kedar appears as a wealthy merchant tribe in *Jeremiah* 49:28-29. King David describes them as a barbarous people when he exclaims, *Woe is me that I sojourn in Meshech, that I dwell in the tents of Kedar* (*Psalms* 120:5; see comm. to ArtScroll *Shir HaShirim* 1:5). The prophet foretells that Arabia will be destroyed because they had mistreated Israel when Assyria sent them into exile and led them away in captivity (*Radak*). See further for additional explanations.

**בַּיַּעַר בַּעְרַב תָּלִינוּ אֹרְחוֹת דְּדָנִים** — *In the forest in Arabia shall you lodge, [you] caravans of Dedanites.* Our translation of דְּדָנִים, *Dedanites,* follows *Targum Yonasan* and most commentaries, who translate דְּדָנִים as בְּנֵי דְדָן, *children of Dedan.* As per *Genesis* 25:3, Dedan is mentioned among the sons of Keturah whose descendants were known to be caravan drivers, tent dwellers, and island dwellers (*Targum Onkelos,* ibid.). The prophet is informing the Dedanites who were accustomed to travel through the desert that they will no longer find settlements in which to lodge because Arabia will have been destroyed. The Dedanites will therefore be forced to spend their nights in the forests (*Radak*).

*Ibn Ezra* suggests that the prophet is reprimanding the Arabians for their lack of hospitality to the Dedanites. The climate of Arabia is hot and dry and drinking water is therefore difficult to find, and the Arabians failed to provide water for the wandering Dedanites.

Although most commentators follow *Targum Yonasan* and translate דְּדָנִים as *Dedanites, Rashi* prefers to follow the Midrash that explains דְּדָנִים as בְּנֵי דוֹדְכֶם, *children of your uncle,* a reference to Israel's cousins, the descendants of Ishmael. At the destruction of the First Temple, when Nebuchadnezzar led Israel into exile, they were brought near the Arabs, the descendants of Ishmael. The thirsty Israelites begged their

[13] *A prophecy concerning Arabia:*
... and Arabia *In the forest in Arabia shall you lodge, [you] caravans of Dedanites.* [14] *Bring*
*forth water for the thirsty! Those who dwell in the land of Tema greeted the*
*wanderer with food.* [15] *For they will wander because of swords; because*
*of the outstretched sword, because of the drawn bow and because of the*
*severity of war.* [16] *For thus said my Lord to me: In one more year, like the*
*years of a wage earner, all the glory of Kedar will be ended;* [17] *and the remain-*
*der of the numbers of archers, the mighty heroes of the sons of Kedar, will be*
*diminished, for* HASHEM*, the God of Israel, has spoken.*

captors to lead them to their cousins, who they thought would have pity on them. They begged for water but instead the Ishmaelites brought them salty meat and fish and waterskin flasks inflated with air. Thirsty and believing that these flasks were filled with water, they put them to their mouths. The air pressure distended their stomachs and many were killed.

**14. לִקְרַאת צָמֵא הֵתָיוּ מָיִם** — *Bring forth water for the thirsty.* The sons of Kedar, i.e., the Arabs who dwell in Arabia, who will be captured and led into exile, will be hungry and thirsty. Scripture writes as if the prophet is addressing the water and instructing it to quench the thirst of those prisoners who are passing by (*Radak*).

**יֹשְׁבֵי אֶרֶץ תֵּימָא בְּלַחְמוֹ קִדְּמוּ נֹדֵד** — *Those who dwell in the land of Tema greeted the wanderer with food.* The Temites were a trading tribe who descended from Tema, one of Ishmael's sons (see *Genesis* 25:15). The prophet instructs the inhabitants of the land of Tema to greet the Arabian prisoners by distributing much-needed bread to them (*Radak*). *Ibn Ezra* suggests that the prophet is calling upon the Arabians to bring water to the Temites, for in previous times they had benevolently distributed bread to those traveling through their country. Now that they have become wanderers themselves, others must be kind to them. Accordingly, the purpose of this prophecy is to admonish the Jewish people and to teach them that they should be as kind and benevolent to others as their Arab cousins had once been (*Abarbanel*).

**15. כִּי־מִפְּנֵי חֲרָבוֹת נָדָדוּ** — *For they will wander because of swords.* The Arab people will be forced to flee from their land and wander in exile because of the battles and wars that will sweep through their land (*Radak*). The prophet then specifies that this will take place with the outstretched sword and the drawn bow because some armies attack with swords and spears while others attack with arrows (*Abarbanel*).

**וּמִפְּנֵי כֹּבֶד מִלְחָמָה** — *And because of the severity of war.* The enemy will besiege the land and cause its people to suffer with hunger and famine and ultimately cause the people to flee the land (*Abarbanel*).

According to *Pirkei D'Rabbi Eliezer* (end of Ch. 30), this verse is alluding to events that will take place during "the End of Days," before the coming of the Messiah. At that time, the descendants of Ishmael will start three tumultuous wars against Edom. [This is the text cited by *Abarbanel.* In the קושטא manuscript of שנת ער, the text reads בארץ, they will start three tumultuous wars in the *world.*] As it says (*Isaiah* 21:15), *They will wander because of swords,* and *swords* clearly means war. One of the wars will be fought on the sea, as it says, *because of the outstretched sword* (ibid.). One will be fought in the fields, as it says, *because of the drawn bow* (ibid.). [This is the text cited by *Abarbanel.* In the קושטא manuscript the text reads: One of the wars will be fought in the forest of Arabia, as it says, *because of the outstretched sword.* One will be fought at the sea, as it says, *because of the drawn bow.*] The third war will be fought in the big city in Rome. [The קושטא manuscript adds that the third war will be more fierce than the first two.] As it says, *and because of the severity of war.* From there, the [Messiah] son of David will emerge and will witness the destruction of these two nations. From there he will come to the Land of Israel, as it says: *Who is this coming from Edom, with sullied garments from Basra* (*Isaiah* 63:1).

**16. בְּעוֹד שָׁנָה כִּשְׁנֵי שָׂכִיר** — *In one more year, like the years of a wage earner.* The destruction of Arabia and exile of its people will take place in a year. The timing will be exact. Just as a wage earner does not work a moment longer than he is required, so too will the destruction of Arabia not be delayed for even one moment (*Rashi; Radak*).

**וְכָלָה כָּל־כְּבוֹד קֵדָר** — *All the glory of Kedar will be ended.* Kedar, Arabia, will be destroyed because its people had mistreated Israel as she went into exile (*Radak*). *Ibn Ezra* feels that the Arabians were punished because its people did not show kindness toward the Dedanites and Temites.

**17. וּשְׁאָר מִסְפַּר־קֶשֶׁת גִּבּוֹרֵי בְנֵי־קֵדָר יִמְעָטוּ** — *And the remainder of the number of archers, the mighty heroes of the sons of Kedar, will be diminished.* The small remnant of Arabian archers will soon dwindle [until none will remain] (*Radak*).

## 22.

Isaiah is now granted a prophecy concerning Jerusalem and its inhabitants. It is, however, a harsh prophecy, a מַשָּׂא, for it is a vision in which Isaiah sees the Babylonian armies attacking the Holy City. He sees a harsh contrast between the high status and lifestyle of the Holy City in the recent past and its impending destruction by Babylon. The siege of Jerusalem began on the Tenth of Teves. At first, its effect was barely noticeable in the prosperous city, with its ample supplies of food and water. Gradually the situation worsened until, two-and-half years later, on the Seventeenth of Tammuz, the walls were breached, and after three weeks of fighting and pillage, the Temple was destroyed on the Ninth of Av.

ב גֵּ֣יא חִזָּי֔וֹן מַה־לָּ֣ךְ אֵפ֔וֹא כִּֽי־עָלִ֥ית כֻּלָּ֖ךְ לַגַּגּֽוֹת׃ תְּשֻׁא֣וֹת ׀ מְלֵאָ֗ה עִ֚יר הֽוֹמִיָּ֔ה
ג קִרְיָ֖ה עַלִּיזָ֑ה חֲלָלַ֙יִךְ֙ לֹ֣א חַלְלֵי־חֶ֔רֶב וְלֹ֖א מֵתֵ֥י מִלְחָמָֽה׃ כָּל־קְצִינַ֥יִךְ נָֽדְדוּ־
ד יַ֖חַד מִקֶּ֣שֶׁת אֻסָּ֑רוּ כָּל־נִמְצָאַ֙יִךְ֙ אֻסְּר֣וּ יַחְדָּ֔ו מֵרָח֖וֹק בָּרָֽחוּ׃ עַל־כֵּ֤ן אָמַ֙רְתִּי֙
ה שְׁע֣וּ מִנִּ֔י אֲמָרֵ֖ר בַּבֶּ֑כִי אַל־תָּאִ֙יצוּ֙ לְנַ֣חֲמֵ֔נִי עַל־שֹׁ֖ד בַּת־עַמִּֽי׃ כִּ֣י י֩וֹם מְהוּמָ֨ה
וּמְבוּסָ֜ה וּמְבוּכָ֗ה לַֽאדֹנָ֧י יֱהֹוִ֛ה צְבָא֖וֹת בְּגֵ֣י חִזָּי֑וֹן מְקַרְקַ֥ר קִ֖ר וְשׁ֥וֹעַ אֶל־הָהָֽר׃

### רש״י

**(א) גיא חזיון.** היא ירושלים, גיא שנתנבאו עליה רוב נבואות: **כי עלית כולך לגגות.** כשבא עליהם חיל, עולים על גגותיהם לראות החיל ולהלחם. ורבותינו פירשו על כהנים שעלו על גגו של היכל ומפתחות העזרה בידם כדאיתא במסכת תענית (כט, א). ומדרש אגדה אומר שהיו גסי הרוח, באיכה רבתי (פתיחתא, כד): **(ב) תשואות מלאה.** עיר שהיתה תשואות קול רוב אדם הומיה ועליזה, עכשיו מה לך מתאבלת: **חלליך לא חללי חרב.** טובים היו אילו חללי חרב היו, מעכשיו שהם חללי רעב: **(ג) כל קצינין נדדו יחד.** צדקיהו ושריו שיצאו לברוח בלילה: **מקשת אוסרו.** אשר מאימת המורים חצים בקשת היו נאסרים להסגר בתוך העיר, וכל הנמצאים בו אוסרו יחד בזיקים, ורובן מרחוק ברחו קודם לכן: **(ד) שעו מני.** חדלו ממני, כך הקדוש ברוך הוא אומר למלאכי השרת: **(ה) ומבוסה.** מרמס; כמו, בֹּסְסוּ אֶת חֶלְקָתִי (ירמיה יב, י) וכמו כְּגִבֹּרִים בּוֹסִים בְּטִיט חוּצוֹת (זכריה י, ה): **מקרקר קיר.** יום קירקור קיר החומה: **ושוע אל ההר.** וקול שועה לנוס אל ההרים למהלט:

### רד״ק

**(א) משא גיא חזיון.** נבואה זו נאמרה על ירושלם, וקראם גיא חזיון לפי שהיא מקום הנבואה. ומה שקראם גיא והיא הר לכנותה לרעה, לפי שהפילוה יושביה לרעתם והשיבום מהר אל בקעה ואינה ראויה שתקרא עתה הר אלא גיא: **מה לך אפוא כי עלית כלך לגגות.** דרך בני העיר לעלות לגגות ולמגדלים בעת שיבאו להם האויבים ויכנסו בעיר בחזקה יעלו לגגתם להשגב בהם, או להלחם בהם אל נפשיהם אם יוכלו. אמר הנביא כנגד ירושלם, מה לך? והלא היית אתמול תשואות, מלאה עיר, הומיה. מה לך עתה שנאספת אל הבתים ועלית אל הגגות מפני מה היה זה? מפני עונך: **(ב) תשאות מלאה.** הארץ, תשאות פירוש קול המון העיר מרוב העם אשר בתוכה; וכן, תְּשֻׁאוֹת חֵן חֵן לָהּ (זכריה ד, ז): **חלליך לא חללי חרב.** כי לא יצאו חוץ לעיר להלחם עם אויביהם, אלא נאספו אל העיר ומתו בתוכה ברעב. והנה אינם חללי חרב אלא חללי רעב: **(ג) כל קציניך נדדו.** קציניך וראשיך שנדדו וברחו: **מקשת אסרו.** כלומר, רובי קשת שרדפו אחריהם השיגום ואסרו אותם. והם צדקיהו ושריו שברחו ויצאו מירושלם לילה, ורדפו אחריהם הכשדים ותפשום: **כל נמצאיך.** פירוש כל הנמצאים בתוך העיר אסרו, וכן אשר מרחוק ברחו שחשבו להמלט, אסרו גם כן: **(ד) על כן אמרתי.** דברי הנביא אמר כנגד המנחמים: **שעו מני.** כלומר הרפו ממני, אל תנחמוני כי אמרר נפשי בבכי שאבכה: **אל תאיצו לנחמני.** כפל ענין במלות שונות. אמר אל תדחקו לנחמני על שד בת עמי, כי רב הוא מלהנחם עליו: **(ה) כי יום מהומה.** ענין שבר, כמו והמם מהומה גדולה: **מבוסה.** ענין הרמיסה והגאול; כמו, כְּפֶגֶר מוּבָס (לעיל יד, יט), בּוֹסִים בְּטִיט חוּצוֹת (זכריה י, ה): **מבוכה.** ענין בלבול; כמו, נְבֻכִים הֵם בָּאָרֶץ (שמות יד, ג): **מקרקר קיר.** הורס הקיר, כמו משרש עוקר השורש. ומה שאמר קיר תוספת ביאור, כי די לו במקרקר; וכן, לִצְבֹא צָבָא (במדבר ד, כג), וַתְּשָׁרֵשׁ שָׁרָשֶׁיהָ (תהלים פ, י), וַיְקַסְמוּ קְסָמִים (מלכים־ב יז, יז). וענין מקרקר קיר, שהרסו הכשדים חומת ירושלם; כמו שכתוב, וַתִּבָּקַע הָעִיר (מלכים־ב כה, ד), ואומר, וַיְנַתְּצוּ אֵת חוֹמַת יְרוּשָׁלָם (דברי הימים־ב לו, יט): **ושוע אל ההר.** היוצאים מן העיר הולכים וצועקים, מהר אל הר, ומגבעה אל גבעה. ויונתן תרגם, מַבְלְשִׁין בָּתַּיָא מַקְפִין מִגְדְּלַיָּא בְּרֵישֵׁי טוּרַיָּא:

### מצודת דוד

**(א) גיא חזיון.** זה ירושלים, שהיתה מקום הנבואה. ועם כי עמדה בהר קראה גיא ,לכנותה לרעה, ולומר שהשפילום האויבים בחטאתיה ומהר נעשה גיא: **מה לך איפוא.** מה נעשה לך עתה אשר עלית על הגגות? כי כן הדרך כשבא העיר במצור, עולים על הגגות לראות כמה יש המון עם הצרים: **(ב) תשואות.** עד הנה היית מלאה המיית אנשים: **עיר הומיה.** כפל הדבר במילים שונות: **קריה עליזה.** כרך מלאה שמחה במרבית הממשלה והעושר: **חלליך.** עתה איך עלתה בך אשר חלליך לא חללי חרב המה, כי ברעב מתו, הקשה ממיתת חרב: **(ג) כל קציניך.** צדקיהו ושריו אשר נדדו יחד וברחו, הנה נאסרו מרובי הקשת. כי כאשר ברחו דרך המערה הזמין הקדוש ברוך הוא צבי אחד רץ על המערה ממעל, ורדפו אחריו רובי קשת; וכשבאו לפתח המערה מצאו את צדקיהו ושריו יוצאים, ותפשום ואסרום (פסיקתא רבתי כו, סז): **כל נמצאיך.** את כל הנמצאים כולם יחדו אסור: **מרחוק ברחו.** אשר ברחו למרחוק, מצאם האויב ואסרם: **(ד) שעו מני.** חדלו ממני ואל תנחמוני: **אמרר בבכי.** אמרר לב השומעים במרבית הבכי: **אל תאיצו.** אל תדחקו לנחמני על העושק של בת עמי כי רב הוא להנחם עליו. וכפל הדבר במילים שונות כדרך המקונן: **(ה) כי יום וכו׳ לה׳ וכו׳.** מוכן לה׳ להביא על ירושלים יום מהומה וכו׳: **מקרקר קיר.** האויב יהרוס קירות החומות: **ושוע אל ההר.** האויב יצעק עליו (לה׳) להר ציון וכבשוה:

### מצודת ציון

**(א) גיא.** עמק: **חזיון.** ענין נבואה: **אפוא.** כמו עתה; וכן, עֲשֵׂה זֹאת אֵפוֹא בְּנִי (משלי ו, ג): **כלך.** מלשון כל: **(ב) תשואות.** ענין הומיה; כמו, תְּשֻׁאוֹת נוֹגֵשׂ (איוב לט, ז): **קריה.** כרך; כמו, תַּעֲלֹץ קִרְיָה (משלי יא, י): **עליזה.** ענין שמחה: **(ג) קציניך.** שריך; כמו, קָצִין תִּהְיֶה לָּנוּ (לעיל ג, ו): **(ד) שעו.** ענין מניעה והסרה; כמו, שְׁעֵה מֵעָלָיו (איוב יד, ו): **מני.** ממני: **אמרר.** מלשון מרירות: **תאיצו.** ענין דחק; כמו, וַאֲנִי לֹא אַצְתִּי (ירמיה יז, טז): **שוד.** עושק: **בת.** כנסיה: **(ה) מהומה.** ענין שברון; כמו, וְהָמַם גִּלְגַּל עֶגְלָתוֹ (לקמן כח, כח): **מבוסה.** ענין רמיסה ודריסה; כמו, יָבוּס צָרֵינוּ (תהלים ס, יד): **ומבוכה.** ענין בלבול; כמו, נְבֻכִים הֵם בָּאָרֶץ (שמות יד, ג), מקרקר. מלשון קיר וכותל. רצונו לומר, הורס את הקיר, ולתוספת ביאור אמר קיר. וכן, מְסָעֵף פֻּארָה (לעיל י, לג): **ושוע.** ענין צעקה; כמו, שִׁוַּעְתִּי שָׁמַעְתָּ קוֹלִי, (יונה ב, ג):

---

**1. גֵּיא חִזָּיוֹן** — *The Valley of Vision*, i.e., the holy city of Jerusalem (*Rashi; Radak; Ibn Ezra*). It is called the Valley of Vision because the Divine Presence, the source of all prophecy, rested in the Holy Temple, so that Jerusalem was the seat and center of all prophetic visions (*Abarbanel*). *Rashi* (to *Taanis* 29a) comments that Jerusalem was called the Valley of Vision because the eyes of the people were focused on it.

Although Jerusalem was on a mountain, Scripture here refers to it as a valley because the sins of its people had brought it down from its peak to a spiritual valley (*Radak*).

**מַה־לָּךְ אֵפוֹא כִּי־עָלִית כֻּלָּךְ לַגַּגּוֹת** — *What happened to you now, that you have all gone up to the roofs.* Although the people's sinful behavior had debased their holy city, they

**22**

Downfall of Jerusalem

[1] *A prophecy concerning the Valley of Vision:*
*What happened to you now, that you have all gone up to the roofs, [2] you*
*who had been full of commotion, a tumultuous city, an exuberant town? Your*
*slain are not slain by the sword, nor did they die in war. [3] All of your officers*
*wandered off together, but were confined by the bow; all those found within*
*you were confined together, [as well as] those who had fled from afar.*
*[4] I said, therefore, 'Leave me alone; I will weep bitterly; do not insist on com-*
*forting me for the calamity of my people.' [5] For it is a day of breaking and tram-*
*pling and confusion unto my Lord, HASHEM/ELOHIM, Master of Legions, in the*
*Valley of Vision, of breaching [the] wall and of crying out upon the mountain.*

---

were nevertheless so self-righteous that they believed that they would surely be victorious over the invading Nebuchadnezzar (*Me'am Loez*).

The people ascended to their roofs either for safety from the invaders or to defend the city by hurling rocks at the Babylonians. In despair, Isaiah calls out that Jerusalem had once been a bustling, happy metropolis. Now, because of its sins, it has been reduced to a city desperate for its very survival (*Radak*). Knowing that they cannot stop the Babylonian onslaught, Isaiah calls to them and asks: מַה לָּךְ אֵפוֹא, *What happened to you now . . .,* you have nothing to gain by going up to your roofs (*Mahari Kara*).

The Talmud relates that when the young Kohanim saw the Second Temple in flames, they climbed to the roof of the Sanctuary and cast its keys heavenward, saying: "Since we have not merited to be trusted treasurers, we are returning the keys to You" . . . and they then jumped into the flames that were consuming the Temple. When Isaiah saw this, he called out and lamented, מַה לָּךְ אֵפוֹא, *What happened to you now . . .* (*Taanis* 29a).

**2. תְּשֻׁאוֹת מְלֵאָה עִיר הוֹמִיָּה קִרְיָה עַלִּיזָה** — *You who had been full of commotion, a tumultuous city, an exuberant town.* As the prophet sees the people scrambling to their rooftops for safety or to defend the city, he reminisces and describes the Jerusalem of the past, the Jerusalem of peaceful times: a city teeming with people (*Radak*), a city full of happy people (*Metzudos*).

**חֲלָלַיִךְ לֹא חַלְלֵי־חֶרֶב וְלֹא מֵתֵי מִלְחָמָה** — *Your slain are not slain by the sword, nor did they die in war.* It would have been better if the people had gone out to confront the enemy. It would have been better to die like soldiers on the battlefield. Instead, the people stayed behind and starved to death during the siege (*Rashi*).

**3.** Isaiah bemoans the future fate of the city. Its leaders did not lead. They all fled, but they were pursued and caught by the Babylonian archers. The common people who remained in the city were captured and chained.

**כָּל־קְצִינַיִךְ נָדְדוּ יַחַד** — *All of your officers wandered off together.* King Zedekiah and his generals fled from Jerusalem at night by way of a cave and tunnel that went from his palace to Jericho. God sent a deer toward the Babylonian archers. They chased it to the entrance of the cave in Jericho, just as Zedekiah was emerging. They captured him and his officers and brought them to Nebuchadnezzar (*Pesikta Rabbasi* 27:7).

**מֵרָחוֹק בָּרָחוּ** — *Those who had fled from afar.* Those who lived far from Jerusalem fled instead of coming to help their brethren, but they, too, were captured (*Radak*).

The Midrash understands this homiletically: Because the people distanced themselves from the Torah, their punishment was that they were forced to flee (*Eichah Rabbah*).

**4. עַל־כֵּן אָמַרְתִּי שְׁעוּ מִנִּי אֲמָרֵר בַּבֶּכִי** — *I said, therefore, "Leave me alone; I will weep bitterly."* Isaiah cries out in pain and refuses to accept consolation. He tells his comforters to leave him alone and let him weep bitterly because the catastrophe is unbearable (*Radak*). Alternatively, God addresses the ministering angels and instructs them to refrain from singing their songs of praise, for He is mourning for His children (*Rashi* from *Midrash Eichah*).

**עַל־שֹׁד בַּת־עַמִּי** — *For the calamity of my people. Kli Paz* comments that God, speaking through Isaiah, is lamenting. Here He adds a dimension to the calamity. The nation is *My* — i.e., God's — people, so that the conquest of Jerusalem is a desecration of His Name, as amplified in the next verse.

**5. כִּי יוֹם מְהוּמָה וּמְבוּסָה וּמְבוּכָה לַאדֹנָי אֱלֹהִים צְבָאוֹת** — *For it is a day of breaking and trampling and confusion unto my Lord, HASHEM/ELOHIM, Master of Legions.* The translation of מְהוּמָה וּמְבוּסָה וּמְבוּכָה follows *Radak*. Alternatively, *Targum Yonasan* translates *noise, trampling,* and *slaughter.* The prophet is lamenting that God has designated this day for these events to occur in Jerusalem (*Metzudos*).

**מְקַרְקַר קִר** — *Of breaching [the] wall.* Isaiah foretells that Nebuchadnezzar's armies will break through the walls of Jerusalem (see *II Kings* 25:4 and *II Chronicles* 36:19; *Radak*).

**וְשׁוֹעַ אֶל־הָהָר** — *And of crying out upon the mountain.* Those who are fleeing the city will cry out as they go from mountain to mountain and from hill to hill (*Radak*). Alternatively, the people cry out, "Run to the mountain to escape the enemy attack" (*Rashi*). Others explain that Shoa is the name of a nation that allied with Babylonia (see *Ezekiel* 23:23).

**6.** Babylonia will be joined by other enemies of Israel.

ו־ז וְעֵילָם֙ נָשָׂ֣א אַשְׁפָּ֔ה בְּרֶ֥כֶב אָדָ֖ם פָּֽרָשִׁ֑ים וְקִ֖יר עֵרָ֥ה מָגֵֽן׃ וַיְהִ֥י מִבְחַר־עֲמָקַ֖יִךְ
ח מָ֣לְאוּ רָ֑כֶב וְהַ֨פָּרָשִׁ֔ים שֹׁ֖ת שָׁ֥תוּ הַשָּֽׁעְרָה׃ וַיְגַ֕ל אֵ֖ת מָסַ֣ךְ יְהוּדָ֑ה וַתַּבֵּט֙ בַּיּ֣וֹם
ט הַה֔וּא אֶל־נֶ֖שֶׁק בֵּ֥ית הַיָּֽעַר׃ וְאֵ֨ת בְּקִיעֵ֧י עִיר־דָּוִ֛ד רְאִיתֶ֖ם כִּי־רָ֑בּוּ וַתְּקַבְּצ֕וּ אֶת־מֵ֥י
י הַבְּרֵכָ֖ה הַתַּחְתּוֹנָֽה׃ וְאֶת־בָּתֵּ֥י יְרוּשָׁלִַ֖ם סְפַרְתֶּ֑ם וַֽתִּתְצוּ֙ הַבָּ֣תִּ֔ים לְבַצֵּ֖ר הַחוֹמָֽה׃
יא וּמִקְוָ֣ה ׀ עֲשִׂיתֶ֗ם בֵּ֚ין הַחֹ֣מֹתַ֔יִם לְמֵ֖י הַבְּרֵכָ֣ה הַיְשָׁנָ֑ה וְלֹ֤א הִבַּטְתֶּם֙ אֶל־עֹשֶׂ֔יהָ

### רש״י

**(ו) נשא אשפה.** אשפות חצים, קויבר״ן בלע״ז: **וקיר ערה מגן.** תרגם יונתן, וְעַל שׁוּר דְּבַקוּ תְּרֵיסִין. והוא כמו, עָרוֹת עַל־יְאוֹר (לעיל יט, ז), וּמִתְעָרֶה כְּאֶזְרָח רַעֲנָן (תהלים לז, לה). ויש לפרש וקיר ערה מגן, קיר שם העיר כמו וַיַּגְלֶהָ קִירָה (מלכים־ב טז, ט). בני אותה מדינה גלו מגיניהם על ירושלים: **(ז) שת שתו השערה.** שמו מצור על השערים. ודוגמתו יש במלכים במלחמת בן הדד, וַיָּשִׂימוּ עַל־הָעִיר (מלכים־א כ, יב): **(ח) ויגל.** לשון גילוי: **מסך יהודה.** הוא בית המקדש שהיה מגין ומיסך ומסכך עליהם: **ותבט ביום ההוא.** תסתכלות להלחם בם: **אל נשק בית היער.** הם המגינים, שלש מאות ומאתים (צנה) שעשה שלמה ויתנם המלך בית יער הלבנון (שם פרק ז): **(ט) בקיעי עיר דוד.** בקיעי החומה ראיתם כי רבו: **ותקבצו את מי הברכה.** יונתן תרגם, וְכַנֵּשְׁתּוּן יַת עַמָּא לְמֵי בְרֵיכְתָא אַרְעִיתָא, שהוא אצל בקיעי עיר דוד להלחם שם. לפי שראיתם שיש שם תורפה לירושלים ונוחה לכבש משם: **(י) ואת בתי ירושלים ספרתם.** כמה בתים יש לכל אחד שיתנו מהם לפי חשבון, כדי לקחת האבנים והעצים לבצר את החומה: **לבצר.** לחזק; לשון, עָרִים בְּצֻרוֹת (במדבר יג, כח): **(יא) ומקוה עשיתם.** אגם מים להיות חוזק לעיר בין החומותים, החומות כפולות, חיל וחומה, ובין מי הברכה הישנה: **ולא הבטתם אל עושיה.** ואם תאמרו אף חזקיה עשה כן; שנאמר, וַיִּתְחַזַּק וַיִּבֶן אֶת כָּל־הַחוֹמָה הַפְּרוּצָה וַיַּעַל עַל הַמִּגְדָּלוֹת וְלַחוּצָה הַחוֹמָה אַחֶרֶת וַיְחַזֵּק אֶת הַמִּלּוֹא עִיר דָּוִיד (דברי הימים־ב לב, ה); חזקיהו בה׳ אֱלֹהֵי־יִשְׂרָאֵל בָּטָח וגו׳ (מלכים־ב יח, ה); אבל אתם, בימי יהויקים וצדקיה לא הבטתם אל עושיה:

### רד״ק

**(ו) ועילם.** פירוש, בני עילם: **נשאו אשפה.** בחצים וקשת להלחם על ירושלם. וכן קיר והיא עיר למלך אשור; כמו שאמר, וַיַּגְלֶהָ קִירָה (מלכים־ב טז, ט), וכן בני קיר גלו המגינים לבא למלחמה על ירושלם: **ערה.** ענין גלוי; כמו, אֶת מְקֹרָהּ הֶעֱרָה (ויקרא כ, יח). ויש לפרש קיר כמשמעו כותל, וערה ענין דבוק. וכן בדברי רבותינו זכרונם לברכה, מעורה בטרפשיה (חולין מו, א), פירוש דבוקה. ופירוש הפסוק, עילם נשא אשפה לירות החצים אל ירושלם, וכן דבק אל החומה המגינים לחתור החומה תחתיה להפילה. וכן תרגם יונתן וְעַל שׁוּר דְּבַקוּ תְּרֵיסִין: **ברכב אדם פרשים.** תרגם יונתן, בִּרְתָךְ אֱנָשׁ וְעִמֵּיהּ זוּג פָּרָשִׁין: **(ז) ויהי מבחר עמקיך.** אומר כנגד ירושלם; מבחר ארצך ימלא ברכבי האויבים. ואמר עמקיך, כי הרכב לא ילך בהרים אלא בעמקים: **שות שתו.** שמו פניהם לשערי ירושלם להלחם. ויש מפרשים נלחמו; וכן, וּפֹה יָשִׁית בִּגְאוֹן גַּלֶּיךָ, (איוב לח, יא), ילחם. ויונתן תרגם עמקיך מִשְׁרָךְ, ושות שתו, מְמַנָּן עַל תַּרְעִין. וכן וישימו על העיר; רצונו לומר, הפרשים שמו עסקם וכלי מפצם לכבוש העיר: **שות שתו.** שמו כלי המצור אל השער: **(ח) ויגל את מסך יהודה.** גלה האויב את מסך יהודה, שהיו סבורים שהיו מסוככין, שלא תבא עליהם רעת האויב מפני בית המקדש שהיה בנחלתם; והנה בא האויב בעונותם וגלה המסך שלהם: **ותבט.** אומר כנגד עם ירושלם או כנגד המלך. אמר, כשראית האויב שבא עליך הבטת אל נשק בית יער הלבנון, שנתן שם שלמה מגינים, ונתת עיניך בהם להביאם אל ירושלם. כלומר, הכינות עצמך למלחמה, ולא לתשובה ומעשים טובים; כלומר הבטחתך היתה אל הנשק ולא אל האל; כמו שאמר ולא הבטתם אל עושיהו. ויונתן תרגם אל נשק בית יער, עַל זַיַּן בֵּית גִּנְזֵי מַקְדְּשָׁא: **(ט) ואת בקיעי עיר דוד ראיתם.** פרצות שהיו בחומות עיר דוד היא ציון, ועשיתם הכנה לבנות אותם פרצות: **ותקבצו את מי הברכה התחתונה.** מי הברכה שהיו מתפזרים ממנה לחוץ, קבצתם אותם לתוכה להיות המים מזומנים לעשות בהם חמר לבנין הפרצות. ובריכה היא חריץ בנוי באבנים מתקבצים בה מי גשמים: **(י) ואת בתי.** הנה הכינותם המים, וכן הכינותם האבנים; שספרתם הבתים, ומי שהיה לו בית יותר נתצתם אותו לבנות פרצות החומה מאותם האבנים: **ותתצו.** תי״ו השרש רפה ומשפטה להדגש כי שרשו נתץ: **לבצר.** ענינו לחזק מן ערים בצורות: **(יא) ומקוה.** בקמץ בשקל משרת. עוד עשיתם הכנה למים בין שתי החומות, סמוך למי הברכה הישנה, עשיתם שם חריץ שיקוו בו מי גשמים. כל אלה ההכנות עשיתם מפני האויב, כדי להציל ירושלם מידו: **ולא הבטתם אל עושיה.** ולא הבטתם אל הבורא אשר עשה אותה, ותקנה עד הנה, ושמר מיד האויב. לא הבטתם לשוב אליו וללכת בדרכיו, כי הוא היה מציל אתכם אם שבתם אליו, יותר מכל ההכנות שעשיתם:

### מצודת דוד

**(ו) ועילם.** בני עילם שהוא ממדינת מדי באו גם המה לעזרת בבל, ונשאו אשפתות מלאים חצים, ובאו עם רכב המיוחד לאדם ועליו פרשים: **וקיר.** אנשי קיר גלו המגינים לקראת המלחמה: **(ז) מבחר עמקיך.** העמקים המובחרים מלאו רכב מאנשי המלחמה: **שות שתו.** שמו פניהם לשערי ירושלים להלחם: **(ח) ויגל.** האויב גלה את מסך יהודה, כי היו סבורים שיהיו מסוככין מרעת האויב, לפי שבית המקדש היה בנחלתם, ובא האויב וגלה המסך; רצונו לומר, לא הועיל להם סכך המקדש: **ותבט.** אל מול יהודה יאמר, כשראית אשר בא האויב הבטת אל הנשק אשר בבית יער הלבנון, שנתן שם שלמה מגינים וצנות; כמו שכתוב, וַיַּעַשׂ הַמֶּלֶךְ שְׁלֹמֹה מָאתַיִם צִנָּה וכו׳, וּשְׁלֹשׁ־מֵאוֹת מָגִנִּים וכו׳ וַיִּתְּנֵם הַמֶּלֶךְ בֵּית יַעַר הַלְּבָנוֹן (מלכים־א י, טז־יז), ונתת עיניך בהם להלחם עמהם. וכאומר הכינות עצמך למלחמה, לא לתשובה: **(ט) בקיעי עיר דוד.** ראיתם שנתרבו בקיעות וסדקים בחומות ציון והיתה נוחה לכבוש משם: **ותקבצו.** ולזה קבצתם את המים המפוזרים להיות מוכן לגבל הטיט לבנות פרצות החומה: **התחתונה.** כי היא היתה סמוכה אל החומה: **(י) ספרתם.** לקחתם לפי הערך להרסם לחזק באבניהם את החומה: **(יא) ומקוה.** עשיתם חריץ להקוות מים בין החומות הכפולות, להיות נמשך לימי הברכה הישנה להיות לחוזק להעיר מול האויב: **ולא הבטתם.** רצונו לומר, הנה עשיתם הכנות אנושות, אבל לא הבטתם אל ה׳ העושיה ותקנה עד הנה, כי לא שאלתם עזר ממנו:

### מצודת ציון

**(ו) אשפה.** הוא נרתק החצים; כמו, עָלָיו תִּרְנֶה אַשְׁפָּה (איוב לט, כג): **וקיר.** שם מקום; כמו, וַיַּגְלֶהָ קִירָה (מלכים־ב טז, ט): **ערה.** ענין הגלות הדבר; כמו, מְקֹרָהּ הֶעֱרָה (ויקרא כ, יח): **מגן.** כענין מלבוש ברזל עשוי ללבוש במלחמה להגן ממכת חרב וחנית: **(ז) שות שתו.** ענין שימה; כמו, שָׁתוּ עָלָי (תהלים ג, ז): **(ח) מסך.** מלי סכך ומכסה: **נשק.** כלי מלחמה; כמו, וְעִיר מִבְצָר וְהַנָּשֶׁק (מלכים־ב י, ב): **(ט) הברכה.** הוא מקום בנוי באבנים ובסיד, ושם מתכנסים המים; כמו, תְּעָלַת הַבְּרֵכָה (לעיל ז, ג): **(י) ותתצו.** מלשון נתיצה והריסה: **לבצר.** מלשון מבצר ורצונו לומר לחזק, (יא) ומקוה. מקום כנוס המים; כמו, וּלְמִקְוֵה הַמַּיִם (בראשית א, י): **הישנה.** הנעשה מזמן רחוק:

וְעֵילָם נָשָׂא אַשְׁפָּה — *Elam has taken up its quiver.* Other nations will join the Babylonians as they attack Jerusalem. Although Elam, a province of Persia (see 21:2), had been conquered by Nebuchadnezzar, she too will join in the attack and its expert archers will bring quivers filled with arrows (*Ibn Ezra*) and chariots filled with soldiers.

וְקִיר עֵרָה מָגֵן — *And to the wall they attached their shields.* The Elamite soldiers would attach their shields to the wall

*6 Elam has taken up its quiver, with chariots of men and horsemen, and to the wall they attached their shields.*

*7 The choicest of your valleys became filled with chariots, and horsemen positioned themselves at the gate. 8 He uncovered the shelter of Judah, but on that day you looked to the armaments in the House of the Forest. 9 You saw that the breaches of the City of David were numerous, so you collected the waters of the lower pool. 10 You counted the houses of Jerusalem, and you demolished the houses to reinforce the wall. 11 You made a moat between the two walls with the water of the old pool. But you did not look toward the One Who made this happen, and you did*

---

of the city and be protected from the Jewish defenders who were shooting at them from atop the wall. Alternatively, Kir is the name of an Assyrian city whose inhabitants will bare their shields and join the Babylonian attack against Jerusalem (*Metzudos*).

**7-11.** Isaiah grieves at the vision of Jewish leaders who, as Jerusalem's downfall is imminent, are concerned only with material means to defend themselves and their city. They bring weapons from the armories, fortify the walls, and preserve their water supply. But it never dawns on them to turn to the only One Who can save them: God, Who had sent His prophets to warn them that disaster awaited them unless they repented (*R' Hirsch — Collected Writings,* Vol. IV, p. 186).

**7. וַיְהִי מִבְחַר־עֲמָקַיִךְ מָלְאוּ רָכֶב** — *The choicest of your valleys became filled with chariots.* Isaiah tells Jerusalem that the enemy chariots will overrun the choicest parts of the land (*Radak*).

**וְהַפָּרָשִׁים שֹׁת שָׁתוּ הַשָּׁעְרָה** — *And horsemen positioned themselves at the gate.* Fearlessly, the attacking horsemen positioned themselves near the wall (*Abarbanel*) facing the gates of Jerusalem, ready to attack (*Radak*).

**8. וַיְגַל אֵת מָסַךְ יְהוּדָה** — *He uncovered the shelter of Judah.* The Holy Temple is the *shelter* that the Jews thought would protect them (*Rashi; Radak*). Isaiah decries this misplaced confidence as he foresees the destruction of the Temple. Alternatively, *Mahari Kara* says that the מָסַךְ is the Sabbath awning that was constructed by the kings of Judah. It extended from the king's palace to the Temple and the king would pass under it every Sabbath as he went to the Temple Courtyard.

**וַתַּבֵּט בַּיּוֹם הַהוּא אֶל־נֶשֶׁק בֵּית־הַיָּעַר** — *But on that day you looked to the armaments in the house of the forest.* When it became apparent that the enemy would prevail, the people of Jerusalem sought shields and armaments in a building called the *House of the Forest* of Lebanon (*Radak*), which was Solomon's summer home (see comm. to *I Kings* 7:2, ArtScroll ed.), where he had placed two hundred gold shields and three hundred gold bucklers, as recorded in *I Kings* 10:16,17 (*Rashi*). The people prepared for war and placed their hope in weapons, instead of God. They failed to seek their salvation in repentance and good deeds (*Radak*).

**9. וְאֵת בְּקִיעֵי עִיר־דָּוִד רְאִיתֶם כִּי־רָבּוּ** — *You saw that the breaches of the City of David were numerous.* The stone missiles that the enemy continuously hurled against the wall caused it to crack in many places, creating numerous breaches (*Abarbanel*).

**וַתְּקַבְּצוּ אֶת־מֵי הַבְּרֵכָה הַתַּחְתּוֹנָה** — *So you collected the waters of the lower pool.*

There was an upper pool and a lower pool (see comm. to 7:3).

Upon seeing the cracks and breaches, the people gathered water to make mortar and clay to repair the wall (*Radak*). *Ibn Ezra* comments that they gathered the water to make a moat to defend the perimeter of the city (see v. 11). Alternatively, they brought the water into the city to deny the enemy access to the water supply (*Mahari Kara*).

According to *Rashi,* the people saw that the breaches near the lower pool made Jerusalem vulnerable to attack there because the walls were weakened. They gathered there to defend the city.

**10. וְאֶת־בָּתֵּי יְרוּשָׁלַםִ סְפַרְתֶּם וַתִּתְצוּ הַבָּתִּים לְבַצֵּר הַחוֹמָה** — *You counted the houses of Jerusalem, and you demolished the houses to reinforce the wall.* The people decided to tear down houses and use the stones and wood to reinforce the walls. They counted the houses to determine how many each person owned, so that houses could be expropriated fairly (*Rashi*).

Alternatively, they counted the houses to determine how many were available to quarter soldiers. The houses outside of the wall were demolished.

**11. וּמִקְוָה עֲשִׂיתֶם בֵּין הַחֹמֹתַיִם לְמֵי הַבְּרֵכָה הַיְשָׁנָה** — *You made a moat between the two walls with the water of the old pool.* Our translation of מִקְוָה, *moat,* follows *Rashi, Radak,* and *Abarbanel,* who explain that the purpose of this was to strengthen and protect the city from the enemy. Alternatively, the people made a reservoir to store rainwater to cut off the enemy's water supply (*Malbim*).

**וְלֹא הִבַּטְתֶּם אֶל־עֹשֶׂיהָ** — *But you did not look toward the One Who made this happen.* Here, Isaiah makes his point. The people trusted only in external protection, but failed to turn toward the One Who created, established, and protected the city until now from its enemies (*Radak*). They failed to understand that it was God Who decreed this punishment on Jerusalem (*Ibn Ezra*).

The righteous King Hezekiah also made extensive defensive preparations to defend against Sennacherib, but

יב וְיֹצְרָהּ מֵרָחוֹק לֹא רְאִיתֶם: וַיִּקְרָא אֲדֹנָי יֱהֹוִה צְבָאוֹת בַּיּוֹם הַהוּא לִבְכִי
יג וּלְמִסְפֵּד וּלְקָרְחָה וְלַחֲגֹר שָׂק: וְהִנֵּה | שָׂשׂוֹן וְשִׂמְחָה הָרֹג | בָּקָר וְשָׁחֹט צֹאן
יד אָכֹל בָּשָׂר וְשָׁתוֹת יָיִן אָכוֹל וְשָׁתוֹ כִּי מָחָר נָמוּת: וְנִגְלָה בְאָזְנָי יהוה צְבָאוֹת
טו אִם־יְכֻפַּר הֶעָוֹן הַזֶּה לָכֶם עַד־תְּמֻתוּן אָמַר אֲדֹנָי יֱהֹוִה צְבָאוֹת: כֹּה
אָמַר אֲדֹנָי יֱהֹוִה צְבָאוֹת לֶךְ־בֹּא אֶל־הַסֹּכֵן הַזֶּה עַל־שֶׁבְנָא אֲשֶׁר עַל־הַבָּיִת:

**רש"י**

**ויוצרה מרחוק.** מאז שברא את העולם עלתה ירושלים ובית המקדש במחשבה: **לא ראיתם.** לא חשבתם: **(יג) והנה ששון ושמחה.** הקדוש ברוך הוא כביכול אבל לפניו, ואתם אוכלים ושמחים: **כי מחר נמות.** בעולם הבא. הנביאים אומרים לנו מאת הקדוש ברוך הוא שלא יהיה לנו חלק לעולם הבא, נעשה לנו הנאה בחיינו: **(יד) עד תמותון.** תרגם יונתן, מוֹתָא תִנְיָנָא לעולם הבא: **(טו) הסוכן.** בעל הגאות היה; וכן, וּתְהִי לוֹ סֹכֶנֶת (מלכים־א א, ב). ומדרש אגדה אומר, מן סכני היה ובא לו לירושלים; בויקרא רבה (פרשה ה, פסקא ה): **אשר על הבית.** ממונה היה על בית המקדש, יש אומרים כהן גדול, ויש אומרים אמרכל (שם):

**רד"ק**

**ויוצרה מרחוק לא ראיתם.** מי שיצר לירושלם זמן רב ורחוק להשרות שכינתו בה, ובחר אותה מכל הארצות, לא ראיתם אותו לשוב אליו. ובדרש ויוצרם מרחוק לא ראיתם מי שברא אותה קודם שנברא העולם, כמו שאמרו רבותינו זכרונם לברכה (פסחים נד, א), שבעה דברים נבראו קודם שנברא העולם, ואלו הן, גן עדן, ותורה, וצדיקים, וישראל, וכסא הכבוד, וירושלם, ומשיח בן דוד. ואין משמעות הדרש הזה כמו שמבינים אותו המון התלמידים, אלא פירוש שעמדו בכח להבראות קודם שנברא העולם, לפי שהדברים האלה הם תכלית בריאת העולם:

**(יב) ויקרא.** קרא ה׳ על ידי הנביאים נבואה זו טרם היות הפורענות, כדי שיבכו ויספדו ויקרחו ויחגרו שק וישובו בתשובה שלמה לפני האל יתברך, וינחם על הרעה; והם לא עשו כן, אלא והנה ששון ושמחה: **(יג) והנה ששון ושמחה.** לא דאגו ולא פחדו לדברי האל, אלא לעגו ושמחו, ואמרו הואיל וסופנו למות, מעתה נעשה ששון ושמחה, ונהרג בקר ונשחוט צאן, ונאכל בשר ונשתה יין, כי מחר נמות, ונשמח בעודנו בחיים. וכל זה ללעג ולשחוק לדברי האל וזהו חלול ה׳: **(יד) ונגלה.** מה שהם אומרים נגלה באזני, וידוע לפני אני ה׳ צבאות, לפיכך אני נשבע: **אם יכופר העון הזה לכם עד תמותון.** כי קשה עון זה הדבר מהעונות שקדמו לכם, ולא יכופר העון הזה בגלות אלא עד תמותון. אבל המיתה שתמותו בחרב אותה תכפר עליכם. ויונתן תרגם, עַד דִי תְמוּתוּן מוֹתָא תִנְיָנָא; רצונו לומר מיתת הנפש בעולם הבא. ותרגם ונגלה באזני, אֲמַר נְבִיָא, בְאוּדְנֵי הֲוֵיתִי שְׁמַע כַּד אִתְגְזַר דָא מִן קֳדָם ה׳. ואמרו רבותינו זכרונם לברכה (יומא פו, א), כל מי שיש בידו חלול השם אין כח בתשובה לתלות, וביום הכפורים לכפר, ולא ביסורין למרק; אלא כולן תולין, ומיתה ממרקת שנאמר, אם יכופר העון הזה לכם עד תמותון: **(טו) כה אמר ה׳.** הסוכן, פירוש אוצר; מן, עָרֵי מִסְכְּנוֹת לְפַרְעֹה (שמות א, יא); וכן תרגם יונתן, פַּרְנָסָא. ושבנא היה פקיד ואוצר בבית המלך חזקיהו, ונטה דעתו אל מלך אשור להסגיר לו העיר, וקשר קשר עם קצת אנשי העיר, ועליו נאמר, לֹא תֹאמְרוּן קֶשֶׁר לְכֹל אֲשֶׁר יֹאמַר הָעָם הַזֶּה קָשֶׁר (לעיל ח, יב), כמו שפירשנו במקומו: **על שבנא.** כמו אל שבנא, וכן, וַתִּתְפַּלֵּל עַל ה׳ (שמואל א א, י), כמו אל ה׳: **ואשר על הבית.** רצונו לומר, שממונה על בית המלך:

**מצודת דוד**

**ויוצרה.** היוצר את ירושלים מזמן רחוק להיות למשכן לו, אותו לא ראיתם לשוב אליו בתשובה: **(יב) ויקרא ה׳.** על ידי הנביא, קודם בוא הפורענות, קרא ה׳ להזהיר להעם; למען יספדו ויבכו ויקרחו קרחה לשוב מעונותיהם: **(יג) והנה ששון ושמחה.** והם לא עשו כן, כי הנה לפניהם היה ששון ושמחה: **הרוג בקר.** ששחטו בהמות ואכלו בשר ושתו יין, ואמרו זה לזה דרך לעג, נאכול ונשתה בעודנו חיים, כי מחר נמות ביד האויב, ואם לא עכשיו אימתי: **(יד) ונגלה באזני ה׳ צבאות.** מאמר הנביא בשם ה׳, שאמר הנה דבריכם נגלה באזני אני ה׳ צבאות, ותחסר מלת אני: **אם יכופר.** רצונו לומר, לכן הריני נשבע אם העון הזה יכופר לכם בגלות, כי אם עד תמותון בחרב: **(טו) אל הסוכן.** אל הממונה על האוצר, וחזר ופירש אל שבנא, אשר הוא פקיד על בית המלך:

**מצודת ציון**

**ויוצרה.** ענין בריאה: **(יב) ולקרחה.** ענין תלישת השער, על מקומה נשאר קרח; וכן, וְאִישׁ כִּי יִמָּרֵט רֹאשׁוֹ קֵרֵחַ הוּא (ויקרא יג, מ): **(יג) הרוג.** ענין שחיטה, ואמר בלשון בזיון: **(טו) הסוכן.** ממונה על האוצרות; כמו, עָרֵי מִסְכְּנוֹת (שמות א, יא): **על שבנא.** אל שבנא:

before that he prayed earnestly to God. See 37:15 (*Rashi*). Similarly, before Jacob confronted Esau, ready to fight if necessary, he prayed.

**וְיֹצְרָהּ מֵרָחוֹק לֹא רְאִיתֶם** — *And you did not consider the One Who formed it long ago.* The people ignored God Who had established Jerusalem as the resting place of His *Shechinah* long before their time (*Radak*). Alternatively, they did not look to God, Whose intent in creating the world was for Jerusalem and the Temple (*Rashi*).

According to the Talmud, the verse refers to a time before the physical world was created. Jerusalem, the Rabbis taught, was one of seven things that were created before the creation of the world (*Pesachim* 54a, according to the version cited by *Kuzari* 3:76). *Radak* explains that these seven things did not actually exist before Creation, but it was preordained that they be created since they are essential for the world's existence.

**12. וַיִּקְרָא אֲדֹנָי אֱלֹהִים צְבָאוֹת בַּיּוֹם הַהוּא לִבְכִי וּלְמִסְפֵּד** — *My Lord, HASHEM/ELOHIM, Master of Legions, declared that day to be for crying and eulogy.* God called upon the people through the agency of His prophets long before the day of retribution and warned them to sincerely repent their sins, but they failed to do so (*Radak*).

*Netziv* (*Genesis* 23:2) explains the difference between בְּכִי, *crying*, and מִסְפֵּד, *eulogy*. The most intense degree of grief comes when one's entire lifestyle is changed by the death of a dear one. In such a case, crying precedes the rational evaluation that is the subject of a eulogy. The destruction of the Temple caused a change in the nature of the service of God and in the spiritual level of the universe, and therefore the crying preceded the eulogy.

**וּלְקָרְחָה** — *For baldness.* Although it is forbidden to tear out one's hair over the loss of life, it is permissible to do so as an expression of anguish over any other matter (*Beis Yosef,* cited

*not consider the One Who formed it long ago.* [12] *My Lord* HASHEM/ELOHIM,
*Master of Legions, declared that day to be for crying and eulogy, for baldness*
*and for the donning of sackcloth;* [13] *yet behold! there is joy and gladness,*
*slaying of cattle and slaughtering of sheep, eating meat and drinking wine,*
*[saying,] 'Eat and drink, for tomorrow we die.'*
[14] *This became revealed in My ears, [I,]* HASHEM, *Master of Legions, that this*
*sin will never be atoned for you until you die — said my Lord,* HASHEM/ELOHIM,
*Master of Legions.* [15] *Thus said my Lord,* HASHEM/ELOHIM, *Master of Legions:*
*Go and approach that treasurer, Shebna, who is in charge of the house.*

*Shebna's degradation*

by *Rema, Yoreh Deah* 180:6). However, *Sefer HaChinuch* (*Mitzvah* 468) and *Bach* (*Yoreh Deah* ibid.) rule that it is forbidden. Noting that R' Akiva struck himself in anguish, even drawing blood, when his teacher R' Eliezer died (*Sanhedrin* 68a), *Tosafos* maintain that the prohibition applies only when one does so in mourning for a dead person. R' Akiva's demonstration of grief was because the world had been deprived of the enormous Torah riches of R' Eliezer. Here, too, the mourning was over the loss of Jerusalem and the Temple.

Alternatively, the loss of the Temple is so awesome that it is an exception to the rule. So, too, the Sages teach (*Rosh Hashanah* 18b) that the death of a great tzaddik is equivalent to the burning of the Temple, and is therefore an exception to the rule (*Pardes Yosef*).

**13.** **וְהִנֵּה שָׂשׂוֹן וְשִׂמְחָה הָרֹג בָּקָר וְשָׁחֹט צֹאן** — *Yet behold! There is joy and gladness, slaying of cattle and slaughtering of sheep.* Although God had sent His prophet to rebuke the people and urge them to repent, they did not heed the warning and some blatantly defied God's words. Instead of trembling at the rebuke, they mocked the prophet and banded together in a public display of merriment and frivolity (*Radak*). God, so to speak, was mourning, and His people were eating and rejoicing! (*Rashi*).

**אָכוֹל וְשָׁתוֹ כִּי מָחָר נָמוּת** — *[Saying,] "Eat and drink, for tomorrow we die."* The prophets had warned the people that they will have no share in the World to Come, and they reacted by saying, "If so, let us enjoy ourselves while we are still alive" (*Rashi*). By mocking the prophets the people ridiculed the word of God and profaned His Holy Name (*Radak*).

*R' Hirsch* (*Collected Writings*, Vol. IV, p.86) comments that even the putative spiritual leaders lost their proper perception of Jewish duties and the proper perception of what was happening around them. They were filled with such conceit of their "advanced culture" that they imagined themselves too wise to need to learn anything more.

**14.** **וְנִגְלָה בְאָזְנָי ה׳ צְבָאוֹת** — *This became revealed in My ears, [I,]* HASHEM, *Master of Legions.* Our translation follows *Radak* and *Ibn Ezra,* who add the implied word "I," and explain that God is saying that He has heard the thoughts and mockery of the people, for nothing is hidden from Him. Alternatively, Isaiah is saying, "In my ears I heard when this was decreed by Hashem, Master of Legions" (*Targum Yonasan*).

**אִם־יְכֻפַּר הֶעָוֹן הַזֶּה לָכֶם עַד־תְּמֻתוּן** — *That this sin will never be atoned for you until you die.* Because the people of Israel desecrated God's Name, they will not receive atonement until they die at the hand of the enemy. One who is guilty of this grievous sin must repent, of course, but even with Yom Kippur and suffering, atonement is completed only with the sinner's death (*Radak,* from *Yoma* 86a).

*Michtav MeEliyahu* explains that the sin of desecration of the Name involves causing others to sin (*Rashi, Yoma* 86a). Therefore, even after the sinner repents and even suffers, the desecration is still present as long as his victims see that he is still alive. Only with his death is the source of the desecration removed and he gains atonement.

Alternatively, when they said, "Tomorrow we will die," they meant the coming of Nebuchadnezzar's forces. *Targum* renders that they will die a "second death," meaning that they will not achieve atonement until their souls will experience the punishment of *Gehinnom* (*Targum Yonasan*).

**15. Shebna's treachery and punishment.** Isaiah diverges from his prophecy about Jerusalem to speak about Shebna, a traitorous official in the court of King Hezekiah. When Sennacherib besieged Jerusalem, Shebna was one of those who was sure the city would fall, and he sought to ingratiate himself with the "conquering" Assyrians. Shebna wrote a note declaring that he and his party were willing to submit to the Assyrians but Hezekiah and his party were not. He then shot it by arrow over the city walls to Sennacherib (*Rashi,* from *Sanhedrin* 26a). Shebna hoped to be appointed governor of the Holy City after it was conquered.

**כֹּה אָמַר אֲדֹנָי אֱלֹהִים צְבָאוֹת לֶךְ־בֹּא אֶל־הַסֹּכֵן הַזֶּה** — *Thus said my Lord,* HASHEM/ELOHIM, *Master of Legions: Go and approach that treasurer.* The translation of סֹכֵן, *treasurer,* follows *Radak* and *Ibn Ezra.* Shebna was in charge of the royal treasuries under Hezekiah.

*Rashi's* understanding, however, is that the prophecy is referring to Shebna in a derogatory manner. *Rashi* follows the Talmud's interpretation (see *Sanhedrin* 26b) that relates סֹכֵן to סוֹכֶנֶת, *a warmer* (see *I Kings* 1:2), and explains that Shebna was a pleasure-seeker. *Rashi* to *Sanhedrin* (ibid.) writes that pleasure-seeking is a euphemism for sodomy. According to the Midrash (*Leviticus Rabbah* 5:5), Shebna came to Jerusalem from the town of Sichni, and therefore was called a *Sochen.*

**אֲשֶׁר עַל־הַבָּיִת** — *Who is in charge of the house,* i.e., the royal palace (*Radak*; *Ibn Ezra*) in addition to the royal treasuries.

טז מַה־לְּךָ פֹה וּמִי לְךָ פֹה כִּי־חָצַבְתָּ לְּךָ פֹּה קָבֶר חֹצְבִי מָרוֹם קִבְרוֹ
יז חֹקְקִי בַסֶּלַע מִשְׁכָּן לוֹ: הִנֵּה יהוה מְטַלְטֶלְךָ טַלְטֵלָה גָּבֶר וְעֹטְךָ עָטֹה:
יח צָנוֹף יִצְנָפְךָ צְנֵפָה כַּדּוּר אֶל־אֶרֶץ רַחֲבַת יָדָיִם שָׁמָּה תָמוּת וְשָׁמָּה
יט מַרְכְּבוֹת כְּבוֹדֶךָ קְלוֹן בֵּית אֲדֹנֶיךָ: וַהֲדַפְתִּיךָ מִמַּצָּבֶךָ וּמִמַּעֲמָדְךָ יֶהֶרְסֶךָ:

## רש״י

**(טז) מה לך פה.** הכתוב מגנהו לפי שרצה להסגיר את חזקיהו למלך אשור, כדאמרינן בסנהדרין (כו, א), כתב פיתקא ושדא בגירא, שבנא וסיעתו השלימו, חזקיה וסיעתו לא השלימו: **ומי לך פה.** מי ממשפחתך קבור כאן: **חצבי מרום קברו.** שחצב לו קבר בקברי בית דוד ליקבר בין המלכים, לכך הוא אומר לו מה ירושה לך בקברות הללו: **חצבי חקקי.** יו״ד יתירה; כמו, שֹׁכְנִי סְנֶה (דברים לג, טז), מְקִימִי מֵעָפָר דָּל (תהלים קיג, ז), **(יז) טלטלה גבר.** כהדין תרנגולא דמטלטל מאתר לאתר, (ויקרא רבה פרשה ה, פסקא ה). ורבותינו אמרו (כתובות כח, א), טלטולא דגברא קשה מדאיתתא: **ועוטך עטה.** כמו, וַיַּעַט בָּהֶם (שמואל־א כה, יד) לשון עיט. יפריחך כעוף בגלות. ורבותינו אמרו (ויקרא רבה פרשה יז, פסקא ג) לצרעת פרחה בו כמו דאמר וְעַל־שָׂפָם יַעְטֶה (ויקרא יג, מה): **(יח) צנוף יצנפך.** כמצנפת המקפת את הראש, יקיפוך אויבים ומציקים: **כדור.** כשור מקף. רבותינו פירשו לשון כדור שקורין פלוט״א בלעז, שזורקין אותו ומקבלין מיד ליד: **אל ארץ רחבת ידים.** בכסיפיא, שם המקום: **שמה תמות.** ולא תקבר בקברי בית דוד, ושמה יהיו מרכבות כבודך נהפכים לקלון, בית אדוניך שבקשת: **(יט) וממעמדך.** וּמִשַּׁמּוּשָׁךְ במקדש יהרסך:

## רד״ק

**(טז) מה לך פה.** כאלו אמר, ואמרת אליו מה לך פה; שהרי אמר לו לך בא אל הסוכן הזה. וכן תרגם יונתן, וְתֵימַר לֵיהּ מַה לָךְ כָּא. נראה כי שבנא לא היה מבני ירושלם, אלא שבא לגור שם ונעשה פקיד בבית המלך. ובדרש (ויקרא רבה פרשה ה, פסקא ה), כי מעיר ששמה סכני היה, לפיכך קראו סוכן ובא לו לירושלם. ולפי שלא היה מתושבי העיר, ונשאו לבו לקשור קשר להסגיר העיר למלך אשור, אמר לו מה לך פה, מה עסק יש לך בעיר הזאת ואינה ארץ מולדתך. ומי לך פה, אי זה אח או קרוב יש לך בעיר שאתם עושה דברים כאלה בעיר: **כי חצבת לך פה קבר.** אתה מדמה בעצמך כאלו חצבת לך פה קבר שאתה בוטח שתמות כאן, לא יהיה זה, אלא הנה ה׳ מטלטלך: **חצבי מרום קברו.** ואתה כמי שחוצב במקום גבוה קברו, שלא יפחד שיורידוהו משם, וכמי שחקק משכנו בסלע. שאתה בטוח שתהיה לעולם בעיר הזאת, בשררה שאתה בה היום, שלא יהיה אדם שיורידך ממנה; לפיכך קשרת עם מלך אשור. לא יהיה זה, כי אחר יבא תחתך שיורידך מן שררתך; כמו שאמר (לקמן פסוק כ), וקראתי לעבדי לאליקים בן חלקיהו. ויונתן תרגם קבר, קברו, אֲתַר, אַתְרֵהּ. ורבותינו זכרונם לברכה פירשו (סנהדרין כו, א), חצבי מרום, שחצב לו קבר בקברי בית דוד. לפיכך אמר, מה לך פה, ומי לך פה, מי קבור כאן ממשפחות אבותיך. ויו״ד חצבי חקקי נוספת על הפעל כיו״ד, הַיֹּשְׁבִי בַּשָּׁמָיִם (תהלים קכג, א), והיא דרך צחות: **(יז) הנה ה׳ מטלטלך טלטלה גבר.** פירש אדוני אבי זכרונו לברכה, טלטול גדול וכבד, וגבר שם תאר לטלטול. וה״א טלטלה נוספת ואינה לנקבה. ורבותינו זכרונם לברכה פירשו, טלטלת איש, ואמרו (כתובות כח, א), טלטולא דגברא קשה מדאתתא. וזה לפי שהאשה תמצא יותר מרחמים בגלותה מן האיש, כלומר תגלה למקום שלא תמצא מרחמים, וכן תרגם יונתן, טִלְטוּל דְגַבְרָא. ולפי דעתי, כי מלת גבר הוא לשון קריאה, כלומר אתה הגבר הנה ה׳ מטלטלך טלטלה. וקראו גבר לפי שהיה מתגאה ומתגבר. ובדרש (ויקרא רבה פרשה ה, פסקא ה) טלטלה גבר כהדין תרנגולא דמטלטל מאתר לאתר: **ועטך עטה.** כמו שאומר צנף יצנפך צנפה כדור; כמו שאחד עוטה הבגד וצונפו וכורכו כמו כדור ומשליכו למקום רחוק. ויש שמפרשו ענין עיט, כלומר מפריחך; אבל אינו משרשו, ובדברי רבותינו זכרונם לברכה (ויקרא רבה פרשה יז, פסקה ג), עטך מלמד שפרחה בו צרעת; כמו, וְעַל שָׂפָם יַעְטֶה (ויקרא יג, מה). ויונתן תרגם, וְתַחֲפִינָךְ בַּהֲתָא, פירוש, תכסך בושה, כמו האדם המתבייש, שמכסה פניו: **ועטך עטה.** כמו שכורך אדם המצנפת ומשליכם למקום רחוק. ואמר עוד כדור אל ארץ רחבת ידים, כמו שמשליך אדם הכדור בארץ רחבת ידים, שאין שם גדר או דבר מעכבו, שהוא מתגלגל והולך עד שימצא דבר שיעכבנו. וכדור הוא הנקרא פלוט״א, והכ״ף שרש. וכן במשנה (כלים כג, א), הכדור והאמום. ותחסר ממנו במקום הזה כ״ף הדמיון, צנופך ככדור; וכן, לֵב שָׂמֵחַ יֵיטִב גֵּהָה (משלי יז, כב), גהה כגהה: **(יח) צנוף.** צנוף מקור צנפה שם, ופירושו כמה שפירשנו: **שמה תמות.** לא כמו שחצבת לך פה קבר: **ושמה מרכבות כבודך קלון בית אדונך.** פירש אדוני אבי זכרונו לברכה, שמה, באותו מקום שתהיה שם מטולטל, תרכב מרכבה; שתחשב אותה לנפשך לכבוד גדול, ובכאן היה לך בה קלון אם תרכב אותה, אך שם תהיה מכובד בה. כלומר הכבוד שיש לך בעיר הזאתי, הפך שם לקלון לך. ורבותינו פירשו (סנהדרין כו, א), בקש קלון בית אדוניו, נהפך כבודו לקלון. כי כשיצא למלך אשור, שאלו אותו, איה העם שקשרת עמהם? אמר להם, חזרו בהם. נקבוהו בעקביו וקשרוהו בזנבות סוסיהם, והיו מגררין אותו על הקוצים ועל הברקנים. וזהו מרכבות כבודך, המרכבות שהיית חושב שיתנו לך מרכבות לכבוד, נתנו אותם לך לקלון, שקשרו אותך בזנבי סוסיהן. ויונתן תרגם, תַּמָּן תְּמוּת וגו׳: **(יט) והדפתיך.** אמר

## מצודת דוד

**(טז) מה לך פה.** כאלו אמר, ואמרת אליו מה לך פה וכו׳. ולפי שחשב למסור את ירושלים ביד סנחריב, אמר לו, מה לך חלק בהעיר הזאת למסרם ביד סנחרב: **ומי לך פה.** רצונו לומר, וכי יש לך פה משפחה מחשובי העיר לעשות בה דבר כזה: **כי חצבת לך פה קבר.** רצונו לומר, אשר תדמה בנפשך לחצוב לך פה קבר, כאלו פה תמות ופה תקבר כאחד מחשובי העיר, אשר בעבור כן נשאך לבך לדבר כזה: **חצבי מרום קברו.** אתה כמי שחוצב קברו במקום גבוה שלא יפחד שיורידוהו משם, וכמי שחוקק בסלע מקום שכנו שהוא לו למשגב. רצונו לומר, סבור אתה שתהיה לעולם בעיר הזאת בהשררה שאתה בה היום, ולא יורידך מי ממנה, ולזה מלאה לבך להסגיר העיר ביד סנחרב: **(יז) הנה ה׳ מטלטלך.** רצונו לומר, לא כן יהיה כמו שחשבת, כי ה׳ יטלטל ויגלה אותך מכאן: **טלטלה גבר.** טלטול גדול וחזק: **ועוטך עטה.** יפריחך כעוף בגלות: **(יח) צנוף יצנפך צנפה.** רצונו לומר, תהיה מסובב באויבים ומציקים, כמצנפת המסבבת את הראש מסביב: **כדור אל ארץ רחבת ידים.** תהיה מושלך בגולה למרחוק ככדור המושלך אל ארץ רחבת ידים. רצונו לומר, במקום שלא ימצא דבר המעכבו, שאז מתגלגל והולך למרחוק: **שמה תמות.** במקום שתגלה תמות, ולא פה כמה שחשבת: **ושמה מרכבות כבודך קלון בית אדניך.** במקום שתהיה מטולטל תרכב במרכבת, שתחשוב אותה לנפשך כבוד גדול, ואם היית רוכב בה בבית אדניך, רצונו לומר, בעוד היותך אדון היה לך בה קלון. רצה לומר, מה שיהיה נחשב לך בגולה לכבוד, היה נחשב לך במקומך לקלון: **(יט) והדפתיך.** אמר במקום האל, אהדוף אותך מן המצב שלך. רצונו לומר, לא תהיה עוד בממשלה אשר אתה עתה בה: **וממעמדך יהרסך.** זה מאמר הנביא לומר; שהאל יהרוס אותו ממעמדו, והוא כפל ענין במילים שונות:

## מצודת ציון

**(טז) פה.** הוא כמו כאן: **חצבת.** חפירה באבנים נקרא בלשון חציבה: **מרום.** מלשון רם וגובה: **(יז) גבר.** רצונו לומר גדול וחזק: **ועוטך עטה.** ענין עפיפה והפרחה; כמו, וַתַּעַט אֶל הַשָּׁלָל (שמואל־א טו, יט): **(יח) צנוף יצנפך צנפה.** מלשון מצנפת: **כדור.** כמו ככדור ותחסר כ״ף השמוש; כמו, לֵב שָׂמֵחַ יֵיטִב גֵּהָה (משלי יז, כב); ומשפטו כגהה. וכדור הוא דבר עגול מה שזורקין מיד ליד ומקבלים אותם; וכן, עָתִיד לַכִּידוֹר (איוב טו, כד): **ידים.** ענין מקום; כמו, וְהָאָרֶץ רַחֲבַת יָדַיִם (שופטים יח, י): **קלון.** ענין חרפה: **(יט) והדפתיך.** ענין דחיפה; כמו, אֲשֶׁר תִּדְּפֶנּוּ רוּחַ (תהלים א, ד): **ממצבך.** מלשון מצב ומעמד:

[16] *[Tell him:] What have you here and whom have you here, that you have hewn yourself a grave here, [you] who digs his grave on high and carves out in the rock an abode for himself?* [17] *Behold, HASHEM will throw you around with great force, and cause you to fly away.* [18] *He will wind you around like a turban, [and hurl you like] a ball to a land without obstacles; there you will die and there your chariots of honor [will suffer] the disgrace [you wished upon] your master's house.* [19] *I will oust you from your position, and He will bring you down from your post.*

**רד"ק**

והדפתיך, כאלו האל מדבר. ואמר יהרסך, דבר הנביא על האל. וכן מנהג לשון הקדש במקומות רבים; כמו, שִׁמְעוּ עַמִּים כֻּלָּם (מלכים-א כב, כח), כֻּלָּם תָּשֻׁבוּ וּבֹאוּ נָא (איוב יז, י), לְכֻלָּם וּלְסַרְנֵיכֶם (שופטים ו, ד), והדומים להם. והמצב והמעמד הוא הפקידות שהיה בה:

*Rashi* cites *Leviticus Rabbah* that the *house* is the *Beis HaMikdash.* Some say that Shebna was the Kohen Gadol and others say that he was the chief Temple administrator.

**16. מַה־לְּךָ פֹה וּמִי לְךָ פֹה** — *[Tell him:] What have you here and whom have you here . . .* In a sharply worded rebuke, Isaiah states that Shebna, who was not a native of Jerusalem, should not have even dared attempt to surrender the city. Did he have any family or even distant relatives living there that would give him the right to be its spokesman? (*Radak*).

**כִּי־חָצַבְתָּ לְּךָ פֹּה קָבֶר** — *That you have hewn yourself a grave here . . .* Shebna thought Jerusalem was his city and he planned to remain there until his death (*Metzudos*). The truth is that God will make him a homeless wanderer (*Radak*).

**חֹצְבִי מָרוֹם קִבְרוֹ** — *[You] who digs his grave on high.* Shebna did not just hew any burial crypt for himself. He dug his grave *on high,* in the royal section of the burial ground where the kings of the House of David were buried (*Radak*). Perhaps the ambitious Shebna aspired to become king after Sennacherib would depose Hezekiah (*Me'am Loez*).

**חֹקְקִי בַסֶּלַע מִשְׁכָּן לוֹ** — *And carves out in the rock an abode for himself.* The arrogant Shebna believed that he would permanently remain in the city, like one who carves out his abode in stone. Little did he know that his position would be given to Eliakim son of Hilkiah (*Radak*).

**17. הִנֵּה ה׳ מְטַלְטֶלְךָ טַלְטֵלָה גָּבֶר** — *Behold, HASHEM will throw you around with great force.* Shebna will be cast out of his position in a vigorous, forceful way (*Metzudos*), literally, "a manly throw" (*R' Schwab*), a powerful throw. *Radak* notes the Talmud (*Kesubos* 28a), which renders, Hashem will throw you about like a גֶּבֶר, *a man,* for wandering is more difficult for a man than for a woman. A wandering woman arouses more compassion in onlookers who are likely to help her. A wandering man is less pitied and is forced to fend for himself.

*Rashi* renders גבר as *rooster:* Shebna will be like a rooster who has no permanent habitation.

**וְעֹטְךָ עָטֹה** — *And cause you to fly away.* The word is related to עַיִט, *a swift-flying bird.* Shebna will be forced to fly into exile like a bird (*Rashi*). *Radak* translates *to wind around* and explains that Shebna will be cast to a distant place like one who folds and ties up his garment and throws it away (see next verse). According to the Talmud, Shebna became afflicted with *tzaraas* for slandering Hezekiah (see *Leviticus* 13:45, which states that the one afflicted with *tzaraas* must pull his collar over his lips, וְעַל שָׂפָם יַעְטֶה; *Sanhedrin* 26a).

**18. צָנוֹף יִצְנָפְךָ צְנֵפָה כַּדּוּר אֶל־אֶרֶץ רַחֲבַת יָדָיִם** — *He will wind you around like a turban [and hurl you like] a ball to a land without obstacles.* As explained in the previous verse, Shebna will be hurled into exile like a ball that has been thrown into an unfenced area, where the ball will keep rolling with nothing to stop it (*Rashi; Ibn Ezra*). Alternatively, כַּדּוּר means *like a surrounding wall.* The enemies and oppressors will surround you like a turban that is wound around the head and will encircle you as a surrounding wall (*Rashi*).

According to *Ibn Ezra* and *Ramban*, the word כַּדּוּר, *ball,* comes from the word דוֹר, *generation.* Just as one generation passes on and is succeeded by a new one, a ball rolls from place to place.

**אֶרֶץ רַחֲבַת יָדָיִם** — *A land without obstacles,* i.e., a wide-open land. *Rashi* identifies this place as Casiphia, a place in Babylonia (*Rashi* to *Ezra* 8:17).

**שָׁמָּה תָמוּת** — *There you will die.* Shebna expected to die in the Land of Israel and be buried in the royal burial grounds. Isaiah's prophetic eyes see that Shebna will die in disgrace in Babylonia and will be buried there (*Rashi*).

**וְשָׁמָּה מַרְכְּבוֹת כְּבוֹדֶךָ קְלוֹן בֵּית אֲדֹנֶיךָ** — *And there your chariots of honor [will suffer] the disgrace [you wished upon] your master's house.* Miraculously, Shebna was left without his followers and was forced to face the Assyrians alone. Since he did not come at the head of a delegation, the Assyrians decided that his plan of surrender was a fabrication and a mockery, so they sentenced him to a torturous death. They tied him to the tails of horses and dragged him over thorns and thistles. The chariot that Shebna thought would bring him honor brought him the shame that he had wished upon Hezekiah (*Rashi*; *Radak* from *Sanhedrin* 26a).

*R' Schwab* renders *the shame of the house of your master.* Shebna was a disgrace to the *house of his master* Hezekiah, who appointed him over his "house," in good faith, yet he turned out to be a traitor to him.

**19. וַהֲדַפְתִּיךָ מִמַּצָּבֶךָ וּמִמַּעֲמָדְךָ יֶהֶרְסֶךָ** — *I will oust you from your position, and He will bring you down from your post.* Shebna will lose all his prestigious positions.

Until now, the prophet has been speaking in his own voice,

כ־כא וְהָיָה בַּיּוֹם הַהוּא וְקָרָאתִי לְעַבְדִּי לְאֶלְיָקִים בֶּן־חִלְקִיָּהוּ: וְהִלְבַּשְׁתִּיו כֻּתָּנְתֶּךָ
וְאַבְנֵטְךָ אֲחַזְּקֶנּוּ וּמֶמְשַׁלְתְּךָ אֶתֵּן בְּיָדוֹ וְהָיָה לְאָב לְיוֹשֵׁב יְרוּשָׁלַ͏ִם וּלְבֵית
כב יְהוּדָה: וְנָתַתִּי מַפְתֵּחַ בֵּית־דָּוִד עַל־שִׁכְמוֹ וּפָתַח וְאֵין סֹגֵר וְסָגַר וְאֵין פֹּתֵחַ:
כג־כד וּתְקַעְתִּיו יָתֵד בְּמָקוֹם נֶאֱמָן וְהָיָה לְכִסֵּא כָבוֹד לְבֵית אָבִיו: וְתָלוּ עָלָיו כֹּל |
כְּבוֹד בֵּית־אָבִיו הַצֶּאֱצָאִים וְהַצְּפִעוֹת כֹּל כְּלֵי הַקָּטָן מִכְּלֵי הָאַגָּנוֹת וְעַד כָּל־כְּלֵי
כה הַנְּבָלִים: בַּיּוֹם הַהוּא נְאֻם יהוה צְבָאוֹת תָּמוּשׁ הַיָּתֵד הַתְּקוּעָה בְּמָקוֹם נֶאֱמָן

### רש״י

(כ) **לאליקים.** הוא היה על הבית כשנפל סנחרב, כמו שמצינו כשילחו אל רבשקה וגלה לו שבנא וסיעתו וגררוהו בזנבות סוסיהם כדאיתא בסנהדרין (כו, א). כשהלך סנחרב אל תרהקא מלך כוש, שטף שבנא וסייעתו והלך לו. כך שנינו בסדר עולם (פרק כג): (כב) **מפתח בית דוד.** תרגם יונתן, מַפְתֵּחַ בֵּית מִקְדְּשָׁא וְשׁוּלְטַן בֵּית דָּוִד: (כג) **ותקעתיו יתד במקום נאמן.** וְאֶמַנֵּיהּ אֲמַרְכָּל מְהֵימָן מְשַׁמֵּשׁ בַּאֲתַר קַיָּם. תרגם יונתן נאמן לשון קיום מקום, שהוא נאמן לנשענים עליו כי לא ימעט. סרס את המקרא ותקעתיו יתד נאמן במקום: (כד) **הצאצאים והצפיעות.** תרגם יונתן, בְּנַיָּא וּבְנֵי בְנַיָּא. ומנחם חברו עם צְפִיעֵי הַבָּקָר (יחזקאל ד, טו). לומר שהוא לשון עוללים דקים היוצאים ממעי אמן; ויהיה צפיעי לשון יציאה, דבר היוצא: **כל כלי הקטן.** הקטנים שבמשפחותם יהיו מתפארין בו ונסמכין עליו: **מכלי האגנות ועד כל כלי הנבלים.** תרגם יונתן, מִכַּהֲנַיָּא לָבְשֵׁי אֵפוֹדָא וְעַד בְּנֵי לֵוִי אָחֲדֵי נִבְלַיָּא, ויהיה אגנות לשון כלי שרת שמשרתין בהם הכהנים בבית המקדש; הנבלים שאומרים בני לוי בהן השיר: (כה) **תמוש היתד.** גדולתו של שבנא:

### רד״ק

(כ) **והיה ביום ההוא.** ביום שתגלה ממקומך זה, אתן במקומך אליקים בן חלקיהו. ופירוש ביום, בזמן ההוא; כמו, וְהָיָה בַּיּוֹם הַהוּא שֹׁרֶשׁ יִשַׁי אֲשֶׁר עֹמֵד לְנֵס עַמִּים (לעיל יא, י), והדומים לו, פירושה בזמן ההוא. ופירוש וקראתי, שיתן בלב חזקיהו למנות פקיד אליקים במקום שבנא, וכאלו האל יקראהו שיבא ויקח הפקידות. ויונתן תרגם וקראתי, וְאַרְבֵּי, כלומר אגדילהו ואמנהו על בית דוד. וכן תרגם אנקלוס רְאֵה קָרָאתִי בְשֵׁם (שמות לא, ב), חֲזֵי דְּרַבֵּיתִי בְשׁוּם, וטוב הוא פירושו. וכן שלישים וקרואים, רצונו לומר גדולים. וכן קְרִיאֵי הָעֵדָה (במדבר כו, ח), גדולי העדה, שהם נקראים לכל עצה. והנה מצאנו בספר מלכים (ב יח, יח), ובספר זה כי אליקים היה על הבית ושבנא היה סופר, כמו שאמר, וַיֵּצֵא אֲלֵהֶם אֶלְיָקִים בֶּן חִלְקִיָּהוּ אֲשֶׁר עַל הַבָּיִת וְשֶׁבְנָה הַסֹּפֵר (מלכים־ב יח, יח), וזה היה כשבא סנחריב לירושלם. ואפשר כי קודם לכן מרד, והיו דבריו עם מלך אשור, והיה מכסה עצמו, והאל גלהו על ידי הנביא; ואמר לו לך בוא אל הסוכן הזה. והנביא אמר לחזקיהו והורידהו מגדולתו, ושם תחתיו אליקים. וכשבא סנחריב לירושלם היה אליקים על הבית ושבנא נשאר סופר. ואף על פי כן היה שבנא מכסה עצמו, וקרע בגדיו על דברי רבשקה כמו האחרים, כאילו היה הדבר קשה בעיניו: (כא) **והלבשתיו כתנתך ואבנטך.** דרך משל, כי הכתנת מלבוש הוד ותפארת לגדולה, והאבנט הוא חגורה על המתנים. והוא משל לחוזק, שלא ימעד מגדולתו: **והיה לאב.** ליועץ נאמן ולמנהיג טוב; כמו, וַיְשִׂימֵנִי לְאָב לְפַרְעֹה (בראשית מה, ח), יועץ ומנהיג מדינתו: (כב) **ונתתי מפתח.** דרך משל, כי הוא יהיה יועץ של מלך יהודה, ועל פיו יעשה לסגור ולפתוח. ואמר על שכמו, והמפתח לא ישא אדם אותו על שכמו. אמר הענין בשני משלים, אמר מפתח, כי בידו יהיה ענין בית המלכות לפתוח ולנעול, ואמר על שכמו, שהוא כמו משא שישא אדם על שכמו. רצונו לומר, כי הוא ישא ויסבול ויכלכל דברי המלכות. ואפשר שהיה אליקים בן חלקיהו כהן, ומצאנו חלקיהו ביחס דברי הימים, וְשַׁלּוּם הוֹלִיד אֶת־חִלְקִיָּה וְחִלְקִיָּה הוֹלִיד אֶת־עֲזַרְיָה (דברי הימים־א ה, לט). ועזריה זה אפשר שהוא אליקים, ושני שמות היו לו. ומצאנו עזריה שהיה נגיד בית האלהים בימי חזקיהו (שם ט, יא): (כג) **ותקעתיו יתד במקום נאמן.** הוסיף עוד למשול משל על הגדולה ועל השררה שתהיה לו, עד שיהיה לכבוד לכל בני משפחתו, וכלם יהיו נתלים בו כמו הקטן שהוא נתלה בגדול ונסמך עליו. והמשילו ליתד שהיא תקועה במקום נאמן חזק וקיים, שהיא ראויה לתלות בה כל דבר, ולא יראו שתשבר ותזוז ממקומה: (כד) **ותלו עליו.** לפי שהיתד תולין עליה, אמר דרך משל כי כל בני משפחתו יהיו מתכבדים בו ונתלים עליו. ופירש הצאצאים והצפיעות; הבנים והבנות. ותרגם יונתן, בְּנַיָּא וּבְנֵי בְנַיָּא: **כל כלי הקטן.** אמר, אפילו הקטנים יהיו מתכבדים ומתפארים בו, כי כל כך תהיה גדולתו מפורסמת. ואמר כלי דרך משל, לפי שהמשילו ליתד יהיו תולין עליה גדולים וקטנים לפי חוזקה של יתד. ופירוש כלי קטן, כלי התשמיש הקטן, כי מכל התשמישים תולין על היתד; לפיכך אמר מכלי האגנות עד כל כלי הנבלים. וסמיכות כלי האגנות וכלי הנבלים, לפי שהאגנות יש בהם גדולות וקטנות ומוכנות לתשמישים משונים זה מזה, וכן הנבלים יש בהם זה משונה מזה ביתדותיו או במיתריו וכלם יקראו נבלים. ותרגם יונתן כלי הקטן, מֵרַבְרְבַיָּא וְעַד דְעַדְקַיָּא. ותרגם מכלי האגנות עד כל כלי הנבלים, מִכַּהֲנַיָּא לָבְשֵׁי אֵפוֹדָא וְעַד בְּנֵי לֵוִי אָחֲדֵי נִבְלַיָּא: (כה) **ביום ההוא. . . היתד התקועה במקום נאמן.** וזה משל על שבנא, שהיה סבור שיהיה בכבודו קיים עד יום מותו, כמו שאמר חוצבי מרום קברו, ונכרת המשא אשר עליה, כמו היתד כשתשבר ותפול, ישתברו ויפלו ויכרתו הכלים התלוים והנשואים עליה, שיפלו עמה. כן כשישבר שבנא, תשבר משפחתו וכל סיעתו:

### מצודת דוד

(כ) **וקראתי וכו׳.** להיות פקיד וממונה במקומך: (כא) **והלבשתיו כתנתך.** הוא דרך משל, לפי שהכתונת הוא מלבוש הוד ותפארת לגדולה. רצונו לומר, אלבישו בהוד הגדולה שיש לך עתה: (כא) **ואבנטך אחזקנו.** אחזק אותו בחגורת אבנטך, להיות חזק ומזורז כמוך עתה: **וממשלתך וכו׳.** מפרש המשל לתוספת ביאור: **והיה לאב.** ולא כמו אתה, שרצית למסור העיר ביד האויב: (כב) **מפתח בית דוד.** רצונו לומר, הוא יסבול טורח צורך בית המלכות: **ופתח.** כשיפתח שערי הבית אין מי יסגור וכו׳. רצונו לומר, הכל יהא נעשה על ידו: (כג) **ותקעתיו יתד במקום נאמן.** רצונו לומר, לא יהיה נעתק ממשלתו, כיתד התקועה במקום חזק ומתקיים: **והיה לכסא כבוד וכו׳.** רצונו לומר, כל משפחת בית אביו יתכבדו בו: (כד) **תלו עליו.** לפי שהמשילו ליתד, אמר ותלו עליו, לשון הנופל ביתד. ורצונו לומר, כולם יהיו סמוכים עליו: **כל כבוד וכו׳.** כבוד בית אביו יהיה סמוך עליו ונשען בו: **הצאצאים והצפיעות.** הבנים והבנות: **כלי הקטן.** כלי התשמיש הקטן במין. ולפי שהמשילו ליתד אמר לשון הנופל ביתד, שתולין בו כלים הגדולים עם הקטנים. ורצונו לומר, אף הקטנים יהיו מתכבדים ומתפארים בו, כי תהיה גדולתו מפורסמת מאד: **מכלי האגנות.** בין כלי אגנות, בין כל מין כלי נבלים. ורצונו לומר, כולם יתכבדו בו, איש לא נעדר: (כה) **תמוש היתד.** רצונו לומר, שבנא שחשב להיות קבוע בממשלתו כיתד התקועה במקום המתקיים, הנה ביום ההוא תסור ממשלתו:

### מצודת ציון

(כא) **כתנתך.** מין מלבוש מפואר: **ואבנטך.** כמו ובאבנטך, והוא חגורה; כמו, וְעָשִׂיתָ לָהֶם אַבְנֵטִים (שמות כח, מ): **לאב.** למנהיג טוב ויועץ נאמן; כמו, וַיְשִׂימֵנִי לְאָב לְפַרְעֹה (בראשית מה, ח): (כב) **מפתח.** שם הכלי שפותחין בו המנעול: **שכמו.** כתפו: (כג) **ותקעתיו.** ענין תחיבה; כמו, וַתִּתְקַע אֶת הַיָּתֵד (שופטים ד, כא): **יתד.** מסמר: **נאמן.** ענינו מתקיים; כמו, וְנֶאְמַן בֵּיתְךָ (שמואל־ב ז, טז): (כד) **ותלו.** מלשון תליה: **הצאצאים.** הבנים היוצאים מרחם אמן: **הצפיעות.** ענינו היוצאים מן הגוף ,וכן צְפִיעֵי הַבָּקָר (יחזקאל ד, טו) שהוא דבר היוצא מן הגוף. ועל הבנות יאמר כאלו אמר הצאצאים והצאצאות: **האגנות.** הספלים; כמו, אַגַּן הַסַּהַר (שיר השירים ז, ג): **הנבלים.** שם כלי נגון: (כה) **תמוש.** תסור; כמו, לֹא־יָמִישׁ עַמּוּד הֶעָנָן (שמות יג, כב):

20 *It shall be on that day that I will call upon My servant, upon Eliakim son*
*of Hilkiah;* 21 *I will dress him with your tunic and gird him with your belt,*
*and I will deliver your dominion into his hand; and he will be a father to the*
*inhabitants of Jerusalem and to the House of Judah.* 22 *I will place the key*
*to the House of David on his shoulder; he will open and no one will close,*
*he will close and no one will open.* 23 *I will affix him as a peg in a secure*
*place, and he will be like a throne of honor for his father's house.* 24 *They*
*will hang upon him the entire honor of his father's house, the sons and*
*the daughters, every small article, from various bowls to all kinds of string*
*instruments.*
25 *On that day — the word of HASHEM, Master of Legions — the peg [of*
*Shebna] that is affixed in a secure place will move away, and the load*

---

referring to God in the third person. Now he speaks in God's voice in the first person, *I will oust you*. Then he reverts back to the third person, *He will bring you,* and for the rest of the prophecy he reverts back to the first person. *Radak* notes that the shifting of person and voice is not uncommon in prophecy.

**20. וְהָיָה בַּיּוֹם הַהוּא** — *It shall be on that day*. When Shebna is ousted, God will influence Hezekiah to replace him with Eliakim. Since God will cause Hezekiah to appoint Eliakim, it is considered as if God Himself summoned Eliakim (*Radak*).

**עַבְדִּי** — *My servant.* The hitherto-unknown Eliakim has the rare distinction of being called God's *servant*, sharing this noble title with Moses, Caleb, King David, and other great people (*Daas Sofrim, R' Schwab*).

**21. וְהִלְבַּשְׁתִּיו כֻּתָּנְתֶּךָ** — *I will dress him with your tunic.* The tunic was a special garment that was reserved for people of distinction. Scripture metaphorically uses the tunic as a metaphor for the distinguished position that had been held by Shebna, which will now be given to Eliakim (*Radak; Metzudos*).

**וְאַבְנֵטְךָ אֲחַזְּקֶנּוּ** — *And gird him with your belt.* The belt or sash symbolizes strength and authority. This, too, will be removed from Shebna and transferred to Eliakim (*Radak*).

**וְהָיָה לְאָב לְיוֹשֵׁב יְרוּשָׁלַ͏ִם וּלְבֵית יְהוּדָה** — *And he will be a father to the inhabitants of Jerusalem and to the House of Judah.* Eliakim will become the wise adviser and trusted leader (see *Genesis* 45:8; *Radak*). Unlike Shebna, who had only his selfish interests in mind, Eliakim will be kind to his people, like a *father* to his children (*Abarbanel*).

**22. וְנָתַתִּי מַפְתֵּחַ בֵּית־דָּוִד עַל־שִׁכְמוֹ** — *I will place the key to the House of David on his shoulder.* Eliakim will be given the keys to the Temple and to the palace complex (*Targum Yonasan* cited by *Rashi; Mahara Kara*). The key symbolizes the full authority that will be given to Eliakim (*Radak*).

**עַל־שִׁכְמוֹ** — *On his shoulder.* This is figurative, for keys are not placed on the shoulder. Isaiah refers to the burdens of the kingdom that will lie on Eliakim's shoulders.

**וּפָתַח וְאֵין סֹגֵר וְסָגַר וְאֵין פֹּתֵחַ** — *He will open and no one will close, he will close and no one will open.* As the king's chief adviser, he will be the final authority (*Radak*).

**23. וּתְקַעְתִּיו יָתֵד בְּמָקוֹם נֶאֱמָן** — *I will affix him as a peg in a secure place.* People will be able to rely on Eliakim because he will be like a peg that is fixed securely in a wall (*Rashi*). Alternatively, unlike Shebna who lost his position, Eliakim will be firmly established (*Metzudos*).

After the evil King Menasheh nullifies the sacred achievements of his father Hezekiah, Eliakim will remain the reliable, unshakeable Torah authority in Jerusalam (*R' Schwab*).

**וְהָיָה לְכִסֵּא כָבוֹד לְבֵית אָבִיו** — *And he will be like a throne of honor for his father's house.* Unlike the disgrace that Shebna earned, Eliakim will become the pride and glory of his family (*Mahari Kara*).

**24. וְתָלוּ עָלָיו כֹּל כְּבוֹד בֵּית־אָבִיו** — *They will hang upon him the entire honor of his father's house.* Continuing the metaphor of the sturdy peg, Isaiah says that Eliakim will be trusted by all members of his family, the nation of Israel. Men, women, and children will rely on him for all their needs (*Radak*).

**הַצֶּאֱצָאִים וְהַצְּפִעוֹת** — *The sons and the daughters.* Our translation follows most commentators. Others cite *Targum Yonasan,* who translates בְּנַיָא וּבְנֵי בְנַיָא, *the children and children's children*, i.e., even his later descendants will take pride in him.

**כֹּל כְּלֵי הַקָּטָן מִכְּלֵי הָאַגָּנוֹת וְעַד כָּל־כְּלֵי הַנְּבָלִים** — *Every small article, from various bowls to all kinds of string instruments.* Returning to the metaphor of a sturdy peg, the prophet says that all manner of vessels and instruments will be hung on one peg — i.e., all will rely on Eliakim — without fear that the peg will buckle or be torn loose (*Radak*).

According to *Targum*, the metaphor continues to describe the descendants who will take pride in Eliakim. They will include not only the adult descendants, but also כֹּל כְּלֵי הַקָּטָן, *every small article,* i.e., young children; Kohanim, who perform the Temple service using כְּלֵי הָאַגָּנוֹת, *various bowls*; and Levites, who accompanied the Temple service with psalms and כְּלֵי הַנְּבָלִים, *string instruments* (*Targum Yonasan*).

**25. תָּמוּשׁ הַיָּתֵד הַתְּקוּעָה בְּמָקוֹם נֶאֱמָן** — *The peg [of Shebna] that is affixed in a secure place.* When Eliakim will rise to power, Shebna, who had considered himself firmly established in his position, will be broken and will bring down his family and supporters with him (*Radak*).

**כג**

א וְנִגְדְּעָה וְנָפְלָה וְנִכְרַת הַמַּשָּׂא אֲשֶׁר־עָלֶיהָ כִּי יְהֹוָה דִּבֵּר: מַשָּׂא צֹר
ב הֵילִילוּ | אֳנִיּוֹת תַּרְשִׁישׁ כִּי־שֻׁדַּד מִבַּיִת מִבּוֹא מֵאֶרֶץ כִּתִּים נִגְלָה־לָמוֹ: דֹּמּוּ
ג יֹשְׁבֵי אִי סֹחֵר צִידוֹן עֹבֵר יָם מִלְאוּךְ: וּבְמַיִם רַבִּים זֶרַע שִׁחֹר קְצִיר יְאוֹר
ד תְּבוּאָתָהּ וַתְּהִי סְחַר גּוֹיִם: בּוֹשִׁי צִידוֹן כִּי־אָמַר יָם מָעוֹז הַיָּם לֵאמֹר לֹא־חַלְתִּי
ה וְלֹא־יָלַדְתִּי וְלֹא גִדַּלְתִּי בַחוּרִים רוֹמַמְתִּי בְתוּלוֹת: כַּאֲשֶׁר־שֵׁמַע לְמִצְרָיִם יָחִילוּ

### רש״י

**ונכרת המשא אשר עליה.** כי משפחתו וסיעתו הנסמכין עליו והתולים בו כלי תפארתם. ולפי שדימהו ליתד, דימה המתפארים בו ונשענים עליו למשא שמטעינים על היתד. ויש פותרים אותו ותתקיים הנבואה שנתנבאה עליו: **(א) הילילו אניות תרשיש.** שהיו מתעשרים על ידי סוחרי צור, שהיו מביאים אניות תרשיש סחורה לצור. תרשיש שם הים: **כי שודד מבית מבוא.** כי שודד מבפנים, מקום שהייתם רגילין לפונדק, מלבוא עוד לתוכו. ולא יהיו עוד לכם מקום בצור ללון שם: **מארץ כתים.** הם הרומיים: **נגלה למו.** השודד לאנשי צור, דבר אחר, מארץ כתים נגלה לאנשי תרשיש שוד של צור. שברחו בני צור אל כתים, ומשם נשמעה השמיעה: **(ב) דומו יושבי אי.** התאבלו ושבו דומים יושבי אי הים. למה? סוחרי צידון עוברי ימים היו רגלים למלאותך כל סחורה, עכשיו כשתפול צור, תפול צידון עמה, שסמוכות היו זו לזו בתוך מהלך יום: **(ג) ובמים רבים.** היה בא זרע ממצרים היושבת על נהר שיחור, אל צור: **קציר יאור.** מצרים היה תבואה של צור. שיחור הוא נילוס, שנאמר, מִן הַשִּׁיחוֹר אֲשֶׁר עַל־פְּנֵי מִצְרַיִם (יהושע יג, ג); והיו מביאים התבואה לצור באניות מצרים: **ותהי צור סחר גוים.** מעם רב שהיה בה כל הגוים מביאין לה סחורה: **(ד) בושי צידון.** שטפלה לצור: **כי אמר ים.** כי אמרה צור היושבת במעוז הים, שהוא עיקר ראש המלכות, הריני כמו שלא חלתי ולא ילדתי בחורים, כי כולם נהרגו; והרי כמו שלא רוממתי בתולות. וכן תרגם יונתן. ורבותינו אמרו באגדה (ספרי נשא ו, כו), בושי צידון, כי אמר ים, מה אני, שאין לי בנים ובנות לדאג עליהם שלא יתפשו בעוני, איני משנה מצות קוני לעבור גבול חול אשר שם לי, על אחת כמה וכמה בושי צידון שיש לך לדאג בכל אלה: **(ה) כאשר שמע למצרים.** אשר שמעו על מצרים שהבאתי עליהם עשר מכות וסוף טבעו בים: **יחילו.** יבהלו:

### רד״ק

**(א) משא צור.** נתנבא על צור שתחרב והיתה עיר סחורה, כמו שאומר. לפיכך קרא כנגד תרשיש, שהיא על הים והיא היתה עיר סחורה גם כן, והיו באות הספינות תמיד מתרשיש לצור. לפיכך אמר הלילו אניות תרשיש, כלומר ספדו כי אין לכם מקום שתלכו שם, שצור תחרב, וזהו שאמר שדד מבית מבא, שדד בתיכם ומקומכם שהיה באכה שם, עתה שדד מבא שם כל סוחר. ופירוש מבית, מהיות בית ומקום; וכן, וְהִשְׁבַּתִּיךְ מִזּוֹנָה (יחזקאל טז, מא), מהיות זונה, וַיִּמְאָסְךָ מִמֶּלֶךְ (שמואל־א טו. כג), מהיות מלך, וַיְסִרֶהָ מִגְּבִירָה (מלכים־א טו, יג) מהיות גבירה. מארץ כתים נגלה למו, תרגם יונתן, מֵאַרְעָא כִּתְּאֵי אָתֵי עֲלֵיהוֹן. ואנו רואים כי נבוכדנצר החריבה, כמו שמפורש ביחזקאל (כז, כח). וכתים הם מבני יון, אם כן איך אמר מארץ כתים נגלה? ופירש אדוני אבי זכרונו לברכה כי כתים היו סוחרים הולכים לבבל, ואמרו להם שיבאו לצר ויוכלו לתפוש אותה, והם יעזרום ויבאו להם דרך הים: **(ב) דמו יושבי אי.** היושבים באיים אשר על הים שהם סוחרים והולכים באניות, עתה דמו, כלומר, שתקו והעצבו כי עיר סחורתכם נחרבה. ויונתן תרגם דמו, אִתְּבַרוּ. וצידון היה על הים גם כן. סוחר צידון עובר ים מלאוך, לשון יחיד דרך כלל; כמו, וַיְהִי לִי שׁוֹר וַחֲמוֹר (בראשית לב, ו), כִּי אִם הַסּוּס אָסוּר וְהַחֲמוֹר אָסוּר (מלכים־ב ז, י), כֹּה תֹאמְרוּן לְאִישׁ יָבֵישׁ גִּלְעָד (שמואל־א יא, ט), והדומים להם: **מלאוך כנגד צור.** ופירושו מלאו אותך בסחורה. ומלאוך קל הלמ״ד וראוי להדגש, כי הוא מהדגוש: **(ג) ובמים רבים.** הפסוק כמו הפוך, אמר וזרע שיחור שהוא במים, וקציר יאור הוא תבואת צר. כלומר, כי ממצרים היה בא לה צרכה מתבואה, לפי שמצרים רבת תבואות כי לא תצטרך לגשמים, כי הנהר שנקרא שיחור משקה את הארץ ההיא, וזהו שאמר במים רבים: **ותהי סחר גוים.** צר היתה סחורת גוים כי כלם היו סוחרים בה: **(ד) בושי צידון.** כיון שנחרב מקום סחורתך, בושי והכלמי, כי היה אמר ים והיא צר, לפי שהיתה סחורתם דרך ים והיא היתה מעוז הים; כלומר מעוז כל הערים שהם לחוף הים. אמר כשראתה בחורבנה, הנני היום כאלו לא חליתי ולא ילדתי, ולא גדלתי בחורים ולא רממתי בתולות, כי אני היום חרבה ושכולה. והוא דרך משל להמשיל העיר באשה חלה ויולדת בניה, ומגדלת אותם ומרוממת אותם. וכן אמר כִּי־חָלָה גַּם יָלְדָה צִיּוֹן אֶת־בָּנֶיהָ (לקמן סו, ח). ויונתן תרגם כי אמר ים, אֲרֵי אֲמַר מְעַרְבָאָה דִי יָתֵיב בִּתְקוֹף יַמָּא. ותרגם לא חליתי ולא ילדתי, לְוַי לָא מַרְעֵי וְלָא אַעְדֵיתִי וְלָא רַבֵּיתִי עוּלֵמִין פַּנְקִית בְּתוּלָן. כלומר, הלואי שלא היה לי כל הכבוד, כי מה יועיל אחר שסופו להיות חרבה: **(ה) כאשר שמע למצרים.** וכאשר ישמעו מצרים חרבן צר, יפחדו ויחילו בעבור עצמם, כמו שחלו יושבי צר כששמעו כי נבוכדנצר בא עליהם להלחם. כי קודם החריב נבוכדנצר צר, ואחר כך החריב מצרים, כמו שמפורש בספר יחזקאל:

### מצודת דוד

**ונגדעה.** תהיה נכרתה ממקומה ותפול לארץ. רצונו לומר, תבוטל הממשלה ותושפל מעלתה: **ונכרת המשא.** בנפול היתד ישבר ויוכרת משא הכלים התלוים בה. ורצונו לומר, במפלת שבנא תושפל משפחתו ואנשיו המתכבדים בו ונשענים עליו: **כי ה׳ דבר.** ובידו לקיים: **(א) הילילו אניות תרשיש.** אנשי הספינות ההולכים על ים תרשיש להביא סחורה לצור, הילילו מעתה על חורבן צור: **כי שדד.** כי צור שודד מהיות בה בית ומהיות בא בה: **מארץ כתים.** שוד צור נתגלה לאנשי האניות מארץ כתים, כי שמה ברחו בני צור: **(ב) דומו יושבי אי.** יושבי כל אי מהאיים סביבות צור, שבו דומו והתעצבו כי עיר סחורתכם נחרבה: **סוחר צידון.** רצונו לומר, וכן כל סוחר מסוחרי צידון: **עובר ים מלאוך.** כי כל מי שהיה עוברים בספינות הים ממלא אותך צור בהרבה סחורות, ומזה היה לסוחר צידון ריוח גדול ועתה שבת המסחר: **(ג) ובמים רבים.** בדרך מים רבים היה בא לצור זרעים ממצרים היושבת על שיחור: **קציר יאור תבואתה.** התבואה הבאה אל צור הים מקציר יאור. רצונו לומר, הנקצרות משדות מצרים הגדל על ידי השקאת היאור, והיתה רבת התבואה וטוב למאכל והוא כפל ענין במילים שונות: **ותהי סחר גוים.** צור היתה סחר גוים, כולם היו סוחרים עמה: **(ד) בושי צידון.** כיון שחרבה מקום סחורתך בושי והכלמי: **כי אמר ים.** כי הים המקיף את צור אמר ומקונן בעד צור. וכה יאמר, אתה צור, מעוז כל הערים היושבים לחוף הים, יש לך לומר ולקונן, הריני כאלו לא חלתי וכאלו לא ילדתי וכו׳. כי נשארתי שממה מבלי בנים ובנות, והואיל וכן בושי צדון, כי להיכן תוליך סחורתך: **רוממתי.** חוזר על מלת ולא, כאלו אמר ולא רוממתי בתולות: **(ה) כאשר שמע למצרים.** כאשר יהיה נשמע למצרים אבדן צור, יחילו מפחד האויב שלא יבוא גם עליהם, וימלאו רעדה כמו שחרדו אנשי צור בשמעם אשר האויב בא עליהם:

### מצודת ציון

**ונגדעה.** ענין כריתה; כמו, שִׁקְמִים גֻּדָּעוּ (לעיל ט, ט): **(א) הילילו.** מלשון יללה: **שודד.** נעשק: **מבית.** מהיות בית, וכן מבוא; ודוגמתו, וַיִּמְאָסְךָ מִמֶּלֶךְ (שמואל־א טו, כג) ופירוש, מהיות מלך: **למו.** להם: **(ב) דומו.** ענין שתיקה; כמו, וַיִּדֹּם אַהֲרֹן (ויקרא י, ג). ורצונו לומר, התעצבו, כי דרך המתעצב לשבת דומם: **(ג) שיחור.** הוא הנילוס: **יאור.** הנילוס נקרא יאור: **(ד) מעוז.** ענין חוזק: **חלתי.** כן יקראו חבלי הלידה; וכן, חַלְנוּ כְּמוֹ יָלַדְנוּ (לקמן כו, יח): **רוממתי.** ענינו כמו גדלתי: **(ה) יחילו.** מלשון חיל ורעד:

*that is upon it will be plucked off and fall and be destroyed, for HASHEM has spoken.*

**23** [1] *A prophecy concerning Tyre:*

*Downfall of Tyre ...*

*Wail, O ships of Tarshish, for [Tyre] has been sacked from within, preventing*
*entry. From the land of Kittim has [the invader] been revealed to them.* [2] *Fall*
*silent, you island dwellers, [for] the seafaring merchants of Sidon used to fill*
*you.* [3] *Through many waters [came] the seed of the Nile, the harvest of the river*
*as her produce; she was the marketplace for all the nations.* [4] *Be ashamed,*
*O Sidon, for the sea has spoken, the fortress on the sea, saying, 'I have not*
*gone into labor and I have not given birth, nor have I raised youths or reared*
*maidens.'* [5] *When the news reaches Egypt, they will tremble, as when Tyre*

---

### 23.

Isaiah's prophetic eye now looks to the distant future as he foretells the destruction of the wealthy Phoenician port city of Tyre. Most commentators see Isaiah's prophecy as identical with the more detailed description of Tyre's destruction foretold by Ezekiel (see *Ezekiel* Chs. 26-28). Accordingly, after his campaign against Jerusalem, King Nebuchadnezzar moved northward and besieged Tyre until she was captured and destroyed, events that occurred more than 110 years after the death of Isaiah. *Abarbanel,* however, notes differences between the two prophecies and concludes that Isaiah foretold that Sennacherib would humble Tyre and destroy its status as a world power, while Ezekiel's prophecy referred to the much-later conquest of Nebuchadnezzar.

**1. מַשָּׂא צֹר** — *A prophecy concerning Tyre.* The word מַשָּׂא, lit., *burden,* usually introduces a fateful and foreboding prophecy (see comm. to 13:1). Indeed, *Targum Yonasan* paraphrases "the prophecy of the cup of torment that will be given to Tyre to drink."

**הֵילִילוּ אֳנִיּוֹת תַּרְשִׁישׁ** — *Wail, O ships of Tarshish.* The city's vessels enriched their owner by bringing cargo to Tyre, the prime commercial center. The sea, presumably the Mediterranean, was known as the Sea of Tarshish (*Rashi*). *Radak* explains that Tarshish was the name of a port city whose ships would come to Tyre to trade. Its location is not clear. According to *Targum Yonasan* (*I Kings* 10:22), Tarshish was in Africa; *Abarbanel* identifies it as Carthage, Tunisia; and *Malbim* identifies it as Tartessus, the oldest Phoenician colony in Spain. In any event, Isaiah instructs the ships of Tarshish to wail because the impending destruction of Tyre and Sidon would deprive the ships of their principal destination (*Radak*).

**כִּי־שֻׁדַּד מִבַּיִת מִבּוֹא** — *For [Tyre] has been sacked from within, preventing entry.* The merchants can no longer go to Tyre, for its lodgings have been plundered (*Rashi; Mahari Kara*). *Malbim* renders: Not only are there no houses for lodging, but even the port cannot be entered.

Alternatively, the tall houses of Tyre had been landmarks that were visible from far out at sea. Now that the houses have been destroyed, sailors will be unable to find their way (*Kli Paz*).

**מֵאֶרֶץ כִּתִּים נִגְלָה־לָמוֹ** — *From the land of Kittim has [the invader] been revealed to them.* The land of Kittim is Rome (*Rashi*) or Cyprus (*Abarbanel* to *Genesis* 10:4). Seafarers learned about the destruction of Tyre when they arrived at Kittim, because the Tyrians had fled there from Nebuchadnezzar's army (*Rashi*). Alternatively, *Targum Yonasan* translates: *[The invader] has come upon them from Kittim,* i.e., Tyre was attacked by the inhabitants of Kittim. However, *Radak* objects to this because Babylon, not Kittim, conquered Tyre (see *Ezekiel* 26:7). *Radak*'s father maintains that the Babylonians persuaded the merchants of Kittim to join them in attacking Tyre.

**2. דֹּמּוּ יֹשְׁבֵי אִי סֹחֵר צִידוֹן עֹבֵר יָם מִלְאוּךְ** — *Fall silent, you island dwellers, [for] the seafaring merchants of Sidon used to fill you.* Sidon was a wealthy Phoenician port city near Tyre. Her merchants ships would export merchandise to the Mediterranean islands. Now that Tyre and Sidon have fallen, the island dwellers will mourn silently, for their supplies will not be replenished (*Rashi; Radak*).

**3. וּבְמַיִם רַבִּים זֶרַע שִׁחֹר** — *Through many waters [came] the seed of the Nile. Rashi* identifies Shichor as the Nile River. The verse also refers to it as the יְאוֹר, literally, *canal,* because the Nile fed numerous man-made tributaries that crisscrossed Egypt to distribute the fertilizing waters of the Nile when it overflowed each spring (*R' Schwab*). Because its land was very fertile, Egypt was the leading supplier of grain at the time (*Radak*).

**וַתְּהִי סְחַר גּוֹיִם** — *She was the marketplace for all the nations.* Tyre, the commercial leader of the region, would import fine Egyptian grain and export it to its neighbors, especially Sidon.

**4. בּוֹשִׁי צִידוֹן כִּי־אָמַר יָם מָעוֹז הַיָּם לֵאמֹר** — *Be ashamed, O Sidon, for the sea has spoken, the fortress on the sea, saying.* Since the life of the Tyrians was so intertwined with the sea, Scripture refers to Tyre as the *sea* and the *fortress on the sea* (*Radak*). Sidon, which depended on Tyre, will be ashamed when it hears the lament of the vanquished city (*Rashi*).

**לֹא־חַלְתִּי וְלֹא־יָלַדְתִּי וְלֹא גִדַּלְתִּי בַחוּרִים רוֹמַמְתִּי בְתוּלוֹת** — *I have not gone into labor and I have not given birth, nor have I raised youths or reared maidens.* Isaiah metaphorically compares Tyre to a woman whose children have all died, and

ו־ז כְּשֵׁמַע צֹר: עִבְרוּ תַּרְשִׁישָׁה הֵילִילוּ יֹשְׁבֵי אִי: הֲזֹאת לָכֶם עַלִּיזָה
ח מִימֵי־קֶדֶם קַדְמָתָהּ יֹבִלוּהָ רַגְלֶיהָ מֵרָחוֹק לָגוּר: מִי יָעַץ זֹאת עַל־צֹר
ט הַמַּעֲטִירָה אֲשֶׁר סֹחֲרֶיהָ שָׂרִים כִּנְעָנֶיהָ נִכְבַּדֵּי־אָרֶץ: יהוה צְבָאוֹת יְעָצָהּ
י לְחַלֵּל גְּאוֹן כָּל־צְבִי לְהָקֵל כָּל־נִכְבַּדֵּי־אָרֶץ: עִבְרִי אַרְצֵךְ כַּיְאֹר בַּת־
יא תַּרְשִׁישׁ אֵין מֵזַח עוֹד: יָדוֹ נָטָה עַל־הַיָּם הִרְגִּיז מַמְלָכוֹת יהוה צִוָּה אֶל־

### רש״י

**כשמע.** השומעים, כשילא שמע לור כי גם מכותיה של לור יהיו דוגמת אותן מכות; דָּם וָאֵשׁ (יואל ג, ג) דוגמת מכת דם, קוֹל שָׁאוֹן מֵעִיר (לקמן סו, ו) זו קרקור הלפרדעים, וְנֶהֶפְכוּ נְחָלֶיהָ לְזֶפֶת וכו׳ (לקמן לד, ט): **(ו) עברו.** אנשי לור לברוח לתרשישה: **(ז) הזאת לכם עליזה.** הרי נפלה לפניכם, ויאמר לכם הזאת העיר שהיתה עליזה בעיניכם, אשר מימי קדם קדמתה היתה עליזה? עכשיו יובילוה רגליה מרחוק לבקש לה מנוח: **(ח) כנעניה.** תגריה; כמו, כְּנַעַן בְּיָדוֹ מֹאזְנֵי מִרְמָה (הושע יב, ח), וְלֹא־יִהְיֶה כְנַעֲנִי עוֹד (זכריה יד, כא): **(ט) כל צבי.** מלב חזק: **(י) עברי ארצך.** לגולה: **כיאור.** כיאור הזה שעולה ומתפשט: **בת תרשיש.** לור היושבת בים תרשיש: **אין מזח.** אין לך עוד חוזק ואזור לשנס מתניה. מזח לשון אזור; כמו, וּלְמֵזַח תָּמִיד יַחְגְּרֶהָ (תהלים קט, יט), וכל אזור לשון חוזק: **(יא) ידו נטה.** הנוטה:

### רד״ק

**(ו) עברו תרשישה.** אמר כנגד הסוחרים אשר בצור, עברו לכם תרשישה, כי צור תחרב, ותרשיש גם כן על הים, והיו סוחרים באים אליה, אבל לא כמו אל צור. ועתה אין לכם עוד מסחר אל צור, ועברו לכם תרשישה: **הלילו יושבי אי.** יושבי איי הים הלילו כי חרבה עיר סחורתכם. ולדעת יונתן אומר כנגד אנשי העיר, שתרגם עברו, גְּלוֹ לִמְדִינַת יַמָּא: **(ז) הזאת לכם.** אמר כנגד אנשי העיר הזאת, חשבתם שתהיה לכם צור, שהיתה עליזה מרוב כבודה, והיתה מימי קדם, ועתה יובילוה רגליה לגור מרחוק, כלומר לגלות מארצה ולגור בארץ שהיא מרחוק. ואמר רגליה, כלומר, כי על כרחה יוליכוה רגליה ללכת בגלות. זוהי על דרך שאמר (שבת נג, א), רגלוהי דבר אינש אינון ערבין ביה, לאתר דמתבעי תמן מובילים יתיה. וקדמתה, שם כמו, שֶׁקַּדְמַת שָׁלַף יָבֵשׁ (תהלים קכט ,ו). וההה״א לנקבה והיא במפיק, כלומר קדמת העיר היא מימי קדם. ויונתן תרגם מיומי קדם, מִלְקַדְמִין וגו׳: **(ח) מי יעץ.** מי היה יועץ להחריב צור שתקום עצתו? לולי כי האל יתברך יעץ ועצתו תקום. כי צור היתה עיר גדולה ומעטירה; כלומר נותנת עטרה למלכה ולעמה מרוב עשרם וכבודה, ולמי היה עולה בלב להחריבה? כי סוחריה היו שרים, היו נחשבים כמו שרים, וכנעניה כמו נכבדי ארץ. והענין כפול במלות שונות, כנעניה. פירוש סוחריה; וכן, כְּנַעַן בְּיָדוֹ מֹאזְנֵי מִרְמָה (הושע יב, ח), אלא שהוא משקל אחר. ויונתן תרגם, שִׁלְטוֹנָהָא: **(ט) ה׳ צבאות יעצה לחלל גאון כל צבי להקל כל נכבדי ארץ.** כפל ענין במלות שונות. ופירוש הפסוק, השם צבאות יעץ זאת לפי שהיתה מתגאה ברוב עשרה, והיתה נותנת העטרה לעצמה ולא לאל, לפיכך צוה להחריבה: **לחלל גאון כל צבי.** כלומר, כל ארץ צבי וחפץ ישפיל גאונם ויחולל. כשיראו חרבן צור יעשו קל וחומר בעצמם, ויהיו בעיניהם נקלים ומחוללים: **(י) עברי ארצך.** מהרה וגלי משם: **כיאור.** יש מפרשים כיאור מצרים, שיוצא ממקומו ומתפשט כן תצאי ממקומך אנה ואנה. או יהיה פירושו כמו היאור שעובר במהרה, ועל הדרך הזה המשיל במקום אחר, כִּי יָבוֹא כַנָּהָר צָר (לקמן נט, יט). ואנה תעברי לבת תרשיש, כלומר לעדת תרשיש, כמו בַּת־צִיּוֹן (לקמן סב, יא). ותרשיש גם כן על הים סמוך לצור. ואומר; שתעבור אל תרשיש כי אין מזח עוד, כלומר, אין לך עוד חוזק בארצך. ובת תרשיש חסר למ״ד השמוש; כמו, וַיָּבֹא יְרוּשָׁלָם (שמואל־ב י, יד), וכמוהו רבים: **(יא) ידו נטה.** הקדוש ברוך הוא נטה ידו על הים; רצונו לומר, על צור שהיא על הים, וכל עושרה מהים, וכאלו הקדוש ברוך הוא נטה ידו על הים, שלא יבא לצור עוד דרך ים כל עובר ים, כי הרגיז הממלכות אל צור שהיא כנען; כלומר, שהיא עיר סחורה כמו שפירש כנעניה: **צוה.** לנבוכדנצר שיבא עליה לשמיד מעוניה. או יהיה פירוש הפסוק כן, והוא שב למה שאמר למעלה, השם צבאות יעצה. אמר, לא יהיה זה פלא בעיניכם אם ה׳ צוה להחריב צור, כי כן צוה ונטה ידו על הים בטביעת פרעה ומצרים, וכן הרגיז ממלכות רבות כסיחון ועוג וזולתם, והוא שצוה על ארץ כנען לשמיד מעוניה, אף על פי שהיתה ארצם ערים גדולות ובצורות בשמיםהוא צוה להשמיד כל המעוזים ההם. וישראל במצותו וברצונו כבשו הכל, לֹא הָיְתָה קִרְיָה אֲשֶׁר שָׂגְבָה (דברים ב, לה) מהם:

### מצודת דוד

**(ו) עברו תרשישה.** אתם הסוחרים המסתחרים אל צור, מעתה עברו לארץ תרשיש להסתחר שמה, והיא גם היא יושבת בחוף הים ויש מקום להסתחר שמה בשעת הדחק: **יושבי אי.** יושבי כל אי מהאיים סביבות צור עשו יללה, כי מעתה לא תלכו שמה להסתחר: **(ז) הזאת לכם.** אמר כנגד אנשי צור, וכי זאת חשבתם שתהיה לכם צור שהיתה קריה עליזה מרוב העושר והכבוד מימי קדם, קדמתה קדמת העיר וראשית בנינה היא מימי קדם, רצונו לומר, משנים מרובות: **יובילוה.** חוזר לתחילת המקרא לומר, וכי חשבתם שאנשי עיר כזאת יוליך אותם רגליהם לארץ מרחק לגור שמה? רצונו לומר, לברוח מפני האויב, וללכת רגלי למרחוק: **(ח) מי יעץ זאת.** כאלו הנביא מתמה ואומר, מי יעץ עצה כזאת על צור המעוטרת בעושר וכבוד, אשר סוחריה המה שרים ומכובדים? רצונו לומר, על דעת מי עלה להחריב עיר כזאת: **(ט) ה׳ צבאות יעצה.** כאלו משיב לעצמו לומר, ה׳ יעץ העצה ההיא ולא בא במקרה, כי אם בהשגחה צוה להחריבה על מרבית גאותה בעשרה: **לחלל גאון כל צבי.** למען השפיל גאון כל ארץ חמדה, להבזות דעת הנכבדים, כי הכל יקחו מהם מוסר ולא יוסיפו להתגאות: **(י) עברי ארצך כיאור בת תרשיש.** את עדת תרשיש הנמצאת בצור להסתחר, עברי מהר לארצך, כמו היאור השוטף מהר כי פן תדבקך הרעה: **אין מזח עוד.** אין עוד לצור חוזק ואזור להיות מזורז מול האויב, לעזור לעצמו, וכל שכן לזולת: **(יא) ידו נטה.** כאלו המקום נטה ידו על הים לעכב על עוברי הים לבלי הביא עוד סחורה לצור: **הרגיז ממלכות.** העיר לב הממלכות לבוא עליה בחרדה ומהירות רב: **ה׳ צוה.** לא במקרה באו, אבל ה׳ צוה לבוא על צור עיר המסחר להשמיד כל חזקה:

### מצודת ציון

**(ז) הזאת.** בה״א התימה: **עליזה.** ענין שמחה: **יבולה.** ענין הבאה; כמו, יוּבַל שַׁי (לעיל יח, ז): **מרחוק.** כמו למרחוק: **לגור.** לדור: **(ח) המעטירה.** מלשון עטרה, ורצונו לומר, המפוארה: **כנעניה.** ענין תגר וסוחר; כמו, וַחֲגוֹר נָתְנָה לַכְּנַעֲנִי (משלי לא, כד) וכפל הדבר במילים שונות, במילים שונות מלשון חלול והשפלה: **גאון.** מלשון גאוה: **צבי.** ענין חמדה; כמו, נַחֲלַת צְבִי צִבְאוֹת גּוֹיִם (ירמיה ג, יט): **להקל.** מלשון קלות ובזיון: **(י) בת תרשיש.** עדת תרשיש: **מזח.** ענין אזור וחגורה; כמו, וּמְזִיחַ אֲפִיקִים רִפָּה (איוב יב, כא). ורצונו לומר, חוזק וזרוז, כי החגור במתניו הוא מזורז ביותר: **(יא) הרגיז.** ענין תנועת החרדה והמהירות; וכן, וְאֵת הִתְרַגֶּזְךָ אֵלָי (לקמן לז, כח): **אל.** כמו על:

According to the Midrash, the sea is reprimanding Sidon: Be ashamed, O Sidon, the sea need not fear that it would be punished with the loss of its children. Nevertheless, it obeys God's command that it not cross the boundary of sand at the

she laments that she is like one who has never given birth or raised children (*Rashi; Radak*). Alternatively, *Targum Yonasan* renders: *If only I had not gone into labor and given birth* . . . [because all of them died (*Malbim*)].

*heard the news.* [6] *Move on to Tarshish! Wail, O dwellers of the island!* [7] *Is this your joyous city, O exultant one, whose origins were in ancient days, but whose legs lead her to dwell far away?* [8] *Who devised this against Tyre, the magnificent, whose merchants were princes and whose traders were the elite of the land?* [9] *HASHEM, Master of Legions, devised it, to defile pride in every delight, to suppress all the elite of the land.* [10] *Pass away from your land, like a [flowing] river, O daughter of Tarshish; you have no more power.* [11] *[God] stretched out His hand over the sea, He incited kingdoms; HASHEM has issued*

---

seashore. Sidon, which should have realized that its children might suffer for its sins, should surely have been obedient to God.

**5. כַּאֲשֶׁר־שֵׁמַע לְמִצְרָיִם יָחִילוּ כְּשֵׁמַע צֹר** — *When the news reaches Egypt, they will tremble, as when Tyre heard the news.* Just as Tyre trembled when she heard that the forces of Nebuchadnezzar were on their way to destroy her, so will Egypt tremble when it hears that Tyre has been destroyed, for fear that Nebuchadnezzar will soon invade them, as indeed he did (see *Ezekiel* Ch. 26; *Radak*).

Alternatively, just as the world trembled when they heard how the Ten Plagues devastated Egypt and how its army was destroyed at the Sea of Reeds, so too will the world tremble when it hears about the destruction of Tyre, which, like the Egyptians, will be inundated by the sea (*Rashi*).

According to the Midrash, צֹר of this chapter is not the Phoenician Tyre but Edom, ancient Rome. R' Elazar said that wherever the word צוֹר is spelled with a *vav*, it refers to Tyre, but where it is spelled without a *vav*, Scripture refers to Israel's adversary (צַר), the Edomite kingdom. Accordingly, Scripture teaches that just as Egypt was punished with Ten Plagues, so too will the kingdom of Edom eventually be punished (see *Midrash Tanchuma, Bo,* Ch. 4).

**6. עִבְרוּ תַּרְשִׁישָׁה** — *Move on to Tarshish!* Isaiah prophetically instructs the inhabitants of Tyre to flee for their lives to Tarshish (*Rashi*), to a distant land overseas (*Mahari Kara*). Alternatively, the prophet is addressing the merchants who had previously traded with Tyre. Now that Tyre has been destroyed, they must move their business to Tarshish (*Radak*).

**הֵילִילוּ יֹשְׁבֵי אִי** — *Wail, O dwellers of the island.* All you inhabitants of the Mediterranean islands, lament and wail over the destruction of your source of commerce (*Radak*).

**7. הֲזֹאת לָכֶם עַלִּיזָה** — *Is this your joyous [city].* The prophet laments over Tyre and asks, "Is this the same city that had always been full of joy?" (*Rashi; Radak*), whose inhabitants enjoyed prosperity and glory (*Metzudos*).

**יֹבִלוּהָ רַגְלֶיהָ מֵרָחוֹק לָגוּר** — *Whose legs lead her to dwell far away.* Look at her now! Tyre's inhabitants have been exiled, marched off to faraway places (*Radak*). *Daas Sofrim* notes that usually, a person's thoughts give him direction and his legs then take him to that place. However, during times of danger, the legs act instinctively in self-preservation, without thought.

**8. מִי יָעַץ זֹאת** — *Who devised this . . .* Who could have devised a plan to destroy such a thriving, distinguished city whose merchants were princes and whose traders were the elite of the land! It could have happened only because God willed it (*Radak*).

**צֹר הַמַּעֲטִירָה** — *Tyre, the magnificent.* Tyre was the coronation site of kings. Only insignificant rulers were crowned in other towns (*Mahari Kara*).

**סֹחֲרֶיהָ שָׂרִים** — *Whose merchants were princes.* Most seafaring merchants were gross people, ignorant of anything other than their merchandise; not so the Tyrian merchants. They were educated and civilized (*Daas Sofrim*).

**9. ה' צְבָאוֹת יְעָצָהּ** — *HASHEM, Master of Legions, devised it.* Only God could have planned the destruction of this great and wealthy city and decreed that its inhabitants should flee into exile. It is He Who caused their destruction, for they were a haughty, arrogant, and greedy people who had come to believe that the world was theirs. Let them be humbled and let others like them learn a lesson as well (*Radak*).

Untold wealth and luxuries poured into Tyre's coffers from every corner of the region. Her merchants had established a new aristocracy of wealth, and with wealth came power. The name of Tyre evoked the same kind of terror as the name of a military power like Egypt. But Tyre had an unquenchable thirst and lust for gain and would throw overboard all moral and ethical considerations for the sake of even a penny's profit (*R' Hirsch — Collected Writings* IV, pp. 40-42).

**10. עִבְרִי אַרְצֵךְ כַּיְאֹר בַּת־תַּרְשִׁישׁ** — *Pass away from your land, like a [flowing] river, O daughter of Tarshish.* Because Tyre was situated on the Sea of Tarshish, the Mediterranean (see v. 1), she is referred to as בַּת תַּרְשִׁישׁ, *daughter of Tarshish.* Isaiah instructs the Tyrians to leave their home and go into exile. Like the waters of the Nile that overflow its banks, the people should spread out in every direction (*Rashi*). Alternatively, the verse should be understood as if there were a *lamed* before בַּת תַּרְשִׁישׁ, i.e., flee into exile *to* the daughters of Tarshish, to the land of Tarshish (*Radak*).

**אֵין מֵזַח עוֹד** — *You have no more power.* The Tyrians must flee their land because they are powerless to protect themselves against Babylon. Alternatively, Isaiah addresses the Tarshish merchants who are in Tyre and is instructing them to leave the city so that they will not be trapped. Tyre cannot protect itself and it surely cannot protect others (*Metzudos*).

**11. יָדוֹ נָטָה עַל־הַיָּם הִרְגִּיז מַמְלָכוֹת** — *[God] stretched out His hand over the sea, He incited kingdoms.* God stretched out His hand and decreed that the merchant ships carrying lucrative cargo should not reach Tyre. The powerful city will be destroyed by foreign kingdoms that God aroused to attack her. Scripture refers to Tyre as הַיָּם, *the sea,* because it was

יב כְּנַעַן לַשְׁמִד מָעֻזְנֶיהָ: וַיֹּאמֶר לֹא־תוֹסִיפִי עוֹד לַעֲלוֹז הַמְעֻשָּׁקָה בְּתוּלַת בַּת־
יג צִידוֹן °כתיים [°כִּתִּים ק׳] קוּמִי עֲבֹרִי גַּם־שָׁם לֹא־יָנוּחַ לָךְ: הֵן | אֶרֶץ כַּשְׂדִּים זֶה
הָעָם לֹא הָיָה אַשּׁוּר יְסָדָהּ לְצִיִּים הֵקִימוּ °בחיניו [°בַחוּנָיו ק׳] עֹרְרוּ אַרְמְנוֹתֶיהָ
יד־טו שָׂמָהּ לְמַפֵּלָה: הֵילִילוּ אֳנִיּוֹת תַּרְשִׁישׁ כִּי שֻׁדַּד מָעֻזְּכֶן: וְהָיָה בַּיּוֹם
הַהוּא וְנִשְׁכַּחַת צֹר שִׁבְעִים שָׁנָה כִּימֵי מֶלֶךְ אֶחָד מִקֵּץ שִׁבְעִים שָׁנָה יִהְיֶה לְצֹר

## רש״י

**ה׳ צוה אל כנען.** צוה את קוראיו על כנען: **לשמיד.** כמו להשמיד; וכן, לָלֶכֶת לַגִּיד בְּיִזְרְעֶאל (מלכים כט, טו), כמו להגיד, וכן, לַשְׁמִעַ בְּקוֹל תּוֹדָה (תהלים כו, ז), כמו להשמיע: **מעזניה.** צור וצידון משל כנען היו, כמו שנאמר, אֶת צִידֹן בְּכֹרוֹ (בראשית י, טו): **(יב) כתים.** אל ארץ כתים קומי עבורי, גם שם לא ינוח לך, למה אני אומר קומי עבורי: **(יג) הן ארץ כשדים זה העם לא היה.** אשר לא כדאי הוא להיות עם, שהרי נקראו, הַגּוֹי הַמַּר וְהַנִּמְהָר (חבקוק א, ו). עם שוטה הוא, מן הבריות שהקדוש ברוך הוא מתחרט עליהן על שבראם, כמו ששנינו, שלשה הקדוש ברוך הוא מתחרט עליהם במסכת סוכה (נב, ב), (ירושלמי תענית טו, א): **אשור יסדה.** להשכין בה ציים שלו, ספינותיו בירניות גדולות, כמו צִי אַדִּיר (לקמן לג, כא): **הקימו בחוניו.** הם יקימו מצודותיהם על צור. בחוניו לשון, עֹפֶל וָבַחַן (לקמן לב, יד). בורפריי״ן בלע״ז שעושין למצור על הכרכים: **עוררו ארמנותיה.** יחריבו; לשון, עָרוּ עָרוּ (תהלים קלז, ז), לשון נתיצה עד היסוד: **(טו) ונשכחת צור.** לפי שמזכירה בלשון גנאי, לשון זונה, אמר ונשכחת; כזונה ששכחוה אוהביה, אף היא תשכח מאין סוחרים ותגרים פונים אליה, לפי שתהיה חריבה: **בימי מלך אחד.** ימי דוד שבעים שנה היו, ואיני יודע מהו הסימן הזה הניתן כאן: **יהיה לצור.** זכרון מעט, שתתנער משפלותה ותחזור לאותן שהיו רגילין אצלה, לחזור אליה לשוב לקדמותה:

## רד״ק

**לשמיד.** כמו להשמיד וכן בחסרון הה״א, וְלַנְפִּל יָרֵךְ (במדבר ה, כב), וְלַשְׁבִּית עֲנִיֵּי אָרֶץ (עמוס ח, ד), והדומים להם: **מעזנים.** הנו״ן במקום אות הכפל שהיה משפטו מעוזזיה׳ ולהקל הקריאה החליפו אות הכפל בנו״ן; וכן, כי לֹא תָמְנוּ (איכה ג, כב), כמו תממו: **(יב) ויאמר.** האל אמר כנגד צור. ומה שאמר לא תוסיפי עוד לעלוז, לא אמר עוד לעולם, שהרי לשבעים שנה חזרה לאיתנה; אלא פירוש עוד לזמן רב; וכן, וְלֹא יָסְפוּ עוֹד גְּדוּדֵי אֲרָם (מלכים־ב ו, כג), וַעֲמָלוֹ לֹא יִזְכָּר עוֹד (משלי לא, ז): **המעושקה.** אמר, ואת בת צידון גם כן, קומי עברי לך לארץ כתיים, כי חרבה צור שהיא באה אליך בסחורה, שהיתה שכנה לך ואין לך עוד מעמד, ואת מעושקה מצד צור. גם אפשר כי צידון גם כן החריב נבוכדנצר כשהחריב צור, כי סמוכות היו. ואמר המעושקה; שעשקוה עם צור. וכן נבא על שתיהן יואל; ואמר, וְגַם מָה אַתֶּם לִי צֹר וְצִידוֹן וגו׳, קַל מְהֵרָה אָשִׁיב גְּמֻלְכֶם בְּרֹאשְׁכֶם (יואל ד, ד); אבל צור היא העיקר. ולפירושו נאמרה הנבואה על צור. ואמר בתולת לפי שלא נכבשה עד היום; וכן, בְּתוּלַת בַּת צִיּוֹן (איכה ב, יג), לִבְתוּלַת בַּת יְהוּדָה (שם א, טו). קורא העיר בתולת קודם שיכבשוה ותהיה ברשות אחר, כי היא כבתולה קודם בואה לרשות בעל: **כתיים.** בשני יודי״ן כתוב ולא קרי, כי החיר״ק בתי״ו ולא ביו״ד ואחד הוא, כמו עבריים ועברים: **(יג) הן ארץ.** הנה בבל ונינוה וכל שאר הארץ שהיא ארץ כשדים היום, זה העם לא היה שם מקדם, כי אשור יסדה לציים; כמו שאמר בתורה, מִן־הָאָרֶץ הַהִוא יָצָא אַשּׁוּר וַיִּבֶן אֶת נִינְוֵה וְאֶת רְחֹבֹת עִיר וְאֶת־כָּלַח (בראשית י, יא). וכשדים היו בני כשד בן נחור, וכבשו הארץ הזאת והיא נקראת היום ארץ כשדים. ואשור יסדה מקדם על כן נקרא הארץ ההיא בכלל אשור. והמולכים עליה נקראים מלכי אשור, אבל היא היום לבבל ולכשדים כי הם כבשוה והם הקימו בחוניו שהם היום. ועוררו ארמנותיה שהיו בה מתחלה, ושמוה למפלה. ובאמרו שמה לשון יחיד הוא אומר על מלכה, ובכלל כל הגוים. ופירוש לציים; כמו, לְפָנָיו יִכְרְעוּ צִיִּים (תהלים עב, ט), לְעָם לְצִיִּים (שם עד, יד), והם השוכנים במדבר בארץ ציה. ואמר כי אשור יסד זאת הארץ שיהיו שוכנים בה אותם יושבי אהלים בציה קודם זה. ואמר ענין הפסוק על צור, כלומר, אל יהי הדבר הזה פלא בעיניכם אם תחרב צור, כי הנה חיל כשדים שבאים להחריב ארצם גם כן היתה לאחר מתחילה, ואחר כן לקחוה הם מהראשונים. והם עוד יקחוה אחרים מהם, כי כן מנהג העולם, זה עולה וזה יורד להודיע כי האל הוא אדון כל הארץ. ופירוש בחניו; מגדליו, כמו, עֹפֶל וָבַחַן (לקמן לב, יד), ופירוש עוררו, שברו, כמו, עַרְעֵר תִּתְעַרְעַר (ירמיה נא, נח). ויש מפרשים הן ארץ כשדים על צור, כלומר, זאת העיר ארץ כשדים היא, כי זה העם לא בנה אותה, אלא אשור יסדה לספינותיו: **ציים.** ספינות; כמו, וְצִי אַדִּיר (לקמן לג, כא), והם, ערי אשור הקימו מגדליו, ועתה באו כשדים עם נבוכדנצר ועוררו ארמנותיה ושמה למפלה. ויש מפרשים הן ארץ כשדים גדולים הם ממך, והבורא עתיד להחריבם על ידי פרס ומדי, והוא עתיד להחריבה ולשמה עד שיאמרו רואיה זה העם לא היה. וכן אשור יחריב האל ארצו, ותהיה מיוסדת לציים ולחיות, והם הקימו מגדלים, והוא שמה למפלה: **(יד) הילילו.** שהייתם באים בספינות לסחורה לצור או לצידון, עתה הלילו כי שדד מעוזכם שהוא צור. כי רוב האניות הם בתרשיש, והסוחרים היו באים שם באניות ללכת לצור או לצידון, וכיון שנחרבו, הלילו, כי אבד שכרכם; כי צור היה מעוז לכם, שהייתם באים שם עם הסוחרים: **(טו) והיה ביום ההוא.** ביום שתחרב צור, יהיה נגזר עליה שתהיה נשכחת שבעים שנה שלא תבנה: **כימי מלך אחד.** ופירשו המפרשים כימי מלך דוד, ולא פירשו למה נתן הסימן

## מצודת דוד

**(יב) ויאמר וכו׳ המעשקה וכו׳.** ה׳ אמר, את עדת צידון הנעשקה משודדי צור בהיות סחורתו שמה, מעתה לא תוסיפו עוד לשמוח, על כי מקום סחרך היה קרוב לך: **כתים קומי עבורי.** לפי שאנשי צור ברחו לארץ כתים, אמר עבורי לארץ כתים ועשו שם עמהם סחורה: **גם שם.** אבל גם שם, עם כי תמצא אנשי סחורתך מכל מקום לא תמצא שם הנחת רוח, כי לא תמצא ידך להתעסק בסחורה כמאז: **(יג) הן ארץ כשדים.** הנה זאת העיר צור מארץ כשדים היא, כי זה העם היושב בה עתה לא היה בה מאז, ולא בנה אותה: **אשור יסדה.** אשור שהיתה ראש הממלכה לכשדים, הוא יסדה להשכין בו אנשי ספינות, עושי מלאכה במים רבים, והמה אנשים פחותים ונבזים: **הקימו בחוניו.** רצונו לומר, הנה אנשי אשור הם בנוה והקימו מגדלות העיר, והם החריבו ארמונותיה ושמו את העיר למפלה, כאדם העושה בשלו: **(יד) הילילו אניות תרשיש.** אנשי הספינות ההולכות על ים תרשיש להביא סחורה לצור, הילילו מעתה, כי שודד צור שהיתה מעוז וחוזק כל הערים היושבים לחוף הים: **(טו) ונשכחת צור.** רצונו לומר, לא ילכו עוד אליה לסחורה: **כימי מלך אחד.** כימי דוד שהיה מלך מיוחד. (ולפי שהיה לדוד ברית ושבועה עם חירם מלך צור, והם לא שמרו את הברית והרעו לישראל, ולזה נגזר עליהם שבעים שנה שממון מול שנות דוד, להכיר שמהאל נעשה, ולא במקרה):

## מצודת ציון

**כנען.** ענין תגר ומסחר וכן, כְּנַעַן בְּיָדוֹ מֹאזְנֵי מִרְמָה (הושע יב, ח): **לשמיד.** כמו להשמיד; וכן, וְלַנְפִּל יָרֵךְ (במדבר ה, כב), ומשפטו להנפיל: **מעזניה.** מלשון עוז וחוזק, ומשפטו מעוזזיה ולהקל הקריאה החליפו אות הכפל בנו״ן. וכן, כִּי לֹא תָמְנוּ (איכה ג, כב), ומשפטו תממו: **(יב) לעלוז.** לשמוח: **המעשקה.** השדודה: **בתולת.** לפי שלא נכבשה עדיין קראה בתולה, כי לא באה ברשות אחר, כבתולה שלא באה ברשות בעל. וכן, בְּתוּלַת בַּת צִיּוֹן (מלכים־ב יט, כא): **בת ציון.** עדת צידון: **כתים.** אל כתים: **ינוח.** מלשון הנחת רוח: **(יג) לציים.** לאנשי ציים. רצונו לומר, לבעלי ספינות; כמו, וְצִי אַדִּיר (לקמן לג, כא): **בחוניו.** ענין מגדל ומבצר; כמו, עֹפֶל וָבַחַן (לקמן לב, יד): **עוררו.** ענין חרבן והשחתה; כמו, עָרוּ עָרוּ (תהלים קלז, ז): **ארמנותיה.** מלשון ארמון ופלטרין: **(יד) שודד.** נעשק: **מעזכן.** מלשון עוז וחוזק: **(טו) מקץ.** מסוף:

*a command against Canaan, to destroy its source of strength.* [12] *He said, 'Exult*
*no longer, O oppressed virgin daughter of Sidon, get up and cross over to*
*Kittim; but even there, there will be no rest for you.'* [13] *Behold, this is the land*
*of the Chaldeans, for this nation never used to be [here]. Assyria founded it*
*for its fleets, they erected its towers; [now] they destroyed its palaces, it has*
*been made a ruin.* [14] *Wail, O ships of Tarshish, for your source of strength has*
*been sacked!*

... and its restoration

[15] *It shall be on that day that Tyre will be forgotten for seventy years, like*
*the lifetime of a unique king; at the end of seventy years there will be for Tyre*

**רד"ק**

הזה. והנראה בעיני כי אמר כימי מלך אחד, לפי שימי האדם הם שבעים שנה ברוב; כמו שאמר, יְמֵי שְׁנוֹתֵינוּ בָהֶם שִׁבְעִים שָׁנָה (תהלים צ, י), ואמר כי זמן זה תשבת ממלוכה. ולפי שהיתה לה מלוכה גדולה וכבוד גדול, כלומר כמו שיוכל לחיות מלכה ומלכותה, כן תהיה מאין מלוכה. ולדברי המפרשים שפירשו כימי מלך דוד, נראה לי הטעם לפי שמלך דוד היה לו ברית עם חירום מלך צור, ואחרי מות דוד ושלמה לא שמרו הברית והרעו לישראל

situated on the coast and its enormous wealth came from the sea (*Radak*). Others translate הִרְגִּיז as *He caused to tremble.* When the other Mediterranean kingdoms saw the destruction of Tyre, they trembled and lost their self-confidence (*Daas Sofrim; R' Schwab*).

**ה' צִוָּה אֶל־כְּנַעַן לַשְׁמִד מָעֻזְנֶיהָ** — *HASHEM has issued a command against Canaan, to destroy its source of strength.* God decreed that Tyre, the source of strength of the Canaanites, be destroyed; Tyre and Sidon were descendants of Canaan (see *Genesis* 10:15; *Rashi*). Others translate Canaan as the *merchant city*, as in *Genesis* 38:2, referring to Tyre (*Radak*).

**12. וַיֹּאמֶר לֹא־תוֹסִיפִי עוֹד לַעֲלוֹז הַמְעֻשָּׁקָה בְּתוּלַת בַּת־צִידוֹן** — *And He said, "Exult no longer, O oppressed virgin daughter of Sidon . . ."* Sidon is called *oppressed* because the defeat and destruction of Tyre left Sidon without its commercial partner and thus deprived of its livelihood. She is a *virgin* because she herself had never been conquered (*Abarbanel*). *Radak* conjectures that Sidon may have been called *oppressed* because she too may have been conquered by Babylon, because Sidon was not far from Tyre.

*Radak,* however, maintains that the first phrase, וַיֹּאמֶר לֹא תוֹסִיפִי עוֹד לַעֲלוֹז, *He said, "Exult no longer,"* is directed to Tyre. The inhabitants of Tyre will not rejoice for seventy years, a very long time, but not forever (see v. 17). Ultimately, however, they will again become powerful and will then rejoice. The remainder of the verse is directed to Sidon.

**כִּתִּים קוּמִי עֲבֹרִי גַּם־שָׁם לֹא־יָנוּחַ לָךְ** — *Get up and cross over to Kittim, but even there, there will be no rest for you. Radak* is unsure whether Nebuchadnezzar attacked Sidon. In any event, the prophet advises the Sidonites to flee to Kittim so that they may continue to engage commercially with other nations. However, the prophet foretells that even there, they will not find peace. *Abarbanel* identifies Kittim as the Roman Empire. If so, it is easy to understand why the Sidonites would find no peace there because the Romans were domineering and rapacious.

**13. הֵן אֶרֶץ כַּשְׂדִּים זֶה הָעָם לֹא הָיָה** — *Behold, this is the land of the Chaldeans, for this nation never used to be [here].* Tyre was known originally as the land of the Chaldeans, but it had actually been founded by the Assyrians as a place to station their battleships (*Rashi*). The Phoenicians (Canaanites) who now populated the area arrived only afterward. They should not be surprised when they will be driven from the land, for that is the way of the world: one nation rises and the other falls, so that all may realize that God is the Master of the world (*Radak*).

Alternatively, *Rashi* cites *Habakkuk* 1:6, where the Chaldeans are described as הַגּוֹי הַמַּר וְהַנִּמְהָר, *the bitter impetuous nation,* the lowest and most unworthy of the nations, one of the creations that God, as it were, regretted creating (see *Succah* 52b). Thus they are הָעָם לֹא הָיָה, *the nation not fit to be a people,* yet they erected huge siege towers and conquered Tyre and destroyed its fortresses.

*Maharsha* (ibid.) comments that countries are named for the nations that live there, such as the land of Mitzrayim or the land of Canaan. But because God regretted creating the Chaldeans, i.e., they were not worthy of being a nation, their land was called Babylonia, not the land of the Chaldeans.

**14. הֵילִילוּ אֳנִיּוֹת תַּרְשִׁישׁ כִּי שֻׁדַּד מָעֻזְּכֶן** — *Wail, O ships of Tarshish, for your source of strength has been sacked.* Isaiah concludes this section of his prophecy with a call similar to the one he used to introduce this prophecy, *O ships of Tarshish* (v. 1), who would come to Tyre to trade their merchandise, wail and lament because your source of income has been destroyed (*Radak*).

**מָעֻזְּכֶן** — *Your source of strength.* Although there were other trade centers on the Mediterranean coast, Tyre was the most important, the *source of strength* of them all (*Me'am Loez*).

**15. וְהָיָה בַּיּוֹם הַהוּא וְנִשְׁכַּחַת צֹר שִׁבְעִים שָׁנָה** — *It shall be on that day that Tyre will be forgotten for seventy years.* Isaiah foresees that on the day that Tyre will be destroyed, a Heavenly decree will be issued stating that the city will be forgotten and will lie in ruins for seventy years (*Radak*).

**כִּימֵי מֶלֶךְ אֶחָד** — *Like the lifetime of a unique king.* The unique king is King David, whose life span was seventy years, but it is not clear why David's life span was chosen as the symbol of Tyre's decline (*Rashi*). *Radak*, however, comments that David is mentioned as a reminder to the Tyrians that they deserve to be punished for violating the covenant of friendship that their king, Hiram, had established with King David.

טז כְּשִׁירַת הַזּוֹנָה: קְחִי כִנּוֹר סֹבִּי עִיר זוֹנָה נִשְׁכָּחָה הֵיטִיבִי נַגֵּן הַרְבִּי־שִׁיר לְמַעַן
יז תִּזָּכֵרִי: וְהָיָה מִקֵּץ | שִׁבְעִים שָׁנָה יִפְקֹד יהוה אֶת־צֹר וְשָׁבָה לְאֶתְנַנָּה וְזָנְתָה
יח אֶת־כָּל־מַמְלְכוֹת הָאָרֶץ עַל־פְּנֵי הָאֲדָמָה: וְהָיָה סַחְרָהּ וְאֶתְנַנָּהּ קֹדֶשׁ לַיהוה לֹא
יֵאָצֵר וְלֹא יֵחָסֵן כִּי לַיֹּשְׁבִים לִפְנֵי יהוה יִהְיֶה סַחְרָהּ לֶאֱכֹל לְשָׂבְעָה וְלִמְכַסֶּה
**כד** א־ב עָתִיק: הִנֵּה יהוה בּוֹקֵק הָאָרֶץ וּבוֹלְקָהּ וְעִוָּה פָנֶיהָ וְהֵפִיץ יֹשְׁבֶיהָ: וְהָיָה כָעָם

### רש"י

**כשירת הזונה.** שרואה שאין פונה אליה, ונושאת קול ערב ונעים בשיר, אולי תערב על מאהביה: **(טז) הרבי שיר.** כלומר אף הרבי תחנונים, והשפילי גאותך: **(יז) לאתננה.** לקדמותה ולעשרה על ידי סחורתה ומכנה אותה בלשון גנאי: **וזנתה.** ותספק סחורה, אף בלשון גנאי כינה אותה: **(יח) קדש לה׳.** עתידים צדיקים לבוז אותה כשיבא מלך המשיח: **לא יאצר.** להיות אוצר: **ולא יחסן.** לא ינחילנה לבניהם: **למכסה עתיק.** למלבושי נוי, עתיק משובח; כמו, יְדַבְּרוּ עָתָק (תהלים לא, ד): **(א) הנה ה׳ בוקק הארץ ובולקה.** הרי נבואה זו פורענות לישראל, לפי שניבא להם נחמה זו, והם עתידים לראות לפניה צרה רבה; לכך אמר להם לא לכם אני אומר שתירשוה, כי הנה הקדוש ברוך הוא בוקק ובולק אתכם. והנותרים מכם ליום הגאולה המה ישאו קולם. ירונו זהו סוף הענין, ולהם נבאתי הנבואה הטובה: **בוקק.** מרוקן: **ובולקה.** מחריבה: **ועוה פניה.** והבהיל חשוביה. עוה לשון, נַעֲוֵיתִי מִשְּׁמֹעַ (לעיל כא, ג):

### רד"ק

כפי יכולתם. ואמר כי זמן זה תשבת מלכותם כדי שיזכרו ברית דוד שהיה לו עם מלכם, והם לא שמרו הברית וידעו כי באותו עון בא להם הגזרה הזאת. מקץ שבעים שנה יהיה לצור כשירת הזונה, לפי שהיתה צור רבת הסחורה, ומכל הגוים והממלכות יוצאים לה ובאים לה בסחורה, דמה אותה לזונה שיבאו אליה בני אדם רבים, ופעמים תשכח ולא יבא אליה אחד. כן תהיה צור, שתשכח מן הזונים אחריה והם הסוחרים, ובסוף שבעים שנה יהיה לה פקידה כמו שירת הזונה. כי הזונה אחרי שתהיה נשכחת זמן רב, ורואה הזונים עוברים ולא יפנו אליה, היא מרימה קולה בשיר כדי שיבאו אליה. כן צור, לסוף שבעים שנה תבנה וישובו הסוחרים אליה כאלו היא הרימה קולה בשיר כדי שיפנו אליה וישובו אליה: **(טז) קחי כנור.** אמר לה דרך משל, שתעשה כמו שעושה הזונה הנשכחת, שתקח הכנור בידה ותסובב העיר. אחרי שנגנזה בביתה וראתה שאין פונה אליה, תקח הכנור ותסובב העיר, יראה אותה וישמע אותה אדם, ויערב לו קולה, ויבא אליה, לפיכך אמר סבי עיר זונה נשכחת וגו׳: **(יז) והיה מקץ, יפקד ה׳.** הוא החריבה והוא יפקדנה, למען תדע כי מה׳ היתה לה. כי הנביא נבא עליה בשם ה׳ טרם שתחרב, נבא על חרבנה ועל פקודתה: **וזנתה.** תסחר, כמו שפירשנו, וכן תרגם יונתן, וּתְהֵי מְסַפְּקָא סְחוֹרָא לְכָל מַלְכְוָת עַמְמַיָא דִי עַל אַפֵּי אַרְעָא: **(יח) והיה סחרה.** זה הפסוק היא נבואה העתידה בימי המשיח, או אולי היתה בבית שני; אך הקרוב כי היא עתידה, וכן הפרשה הבאה אחריה: **(א) הנה ה׳ בוקק.** המפרשים פירשו פרשה זו על גלות עשרת השבטים, וכן נראה מדברי רבותינו זכרונם לברכה, וכן דעת יונתן. והנכון בעיני כי היא עתידה, וכן מבואר בסוף הפרשה: **בוקק.** כלומר, אני אריק אותה שתהיה רקה מאנשים. אבל גֶּפֶן בּוֹקֵק (הושע י, א) הוא פעל עומד וזה יוצא: **ובולקה.** גוזר אותה מן הישוב; וכן, וּמְבוּקָה וּמְבֻלָּקָה (נחום ב, יא). וכזה הענין בדברי רבותינו זכרונם לברכה (חולין יט, א) לא חילק ידענא ולא בילק ידענא; פירוש שתבלק הטבעת וכרותה. ואדוני אבי זכרונו לברכה פירש ענין פתיחה מן הערבי בלקח אלבאב, רצונו לומר, פתיחת השער. ופירוש בולקה פותח אותה שיצאו אנשיה ממנה. ולזה נטה דעת המתרגם שתרגם ובלקה, וּמְסַר לְהּ לְסָנְאָהּ: **ועוה פניה.** על דרך משל, יעוה פני הארץ שלא ימצא בה כל חי. ויונתן תרגם, וְתַחְפֵּי בַהֲתָא אַפֵּי רַבְרְבָהָא עַל דְעָבְרוּ עַל אוֹרַיְתָא. וכל אלו המלות אשר זכר בזה הפסוק הם כפל ענין בהשחתת הארץ; וכפל ענין במלות שונות כמו שהוא דרך המקרא כדי לחזק הענין: **(ב) והיה כעם.** אלה הם כפי הדמיון, וכל אחד נושא ונשוי, לפיכך תבא הכ״ף עם שניהם. רצונו לומר, זה כזה וזה כזה; וכן, כָּמוֹךָ כְּמוֹהֶם (שופטים ח, יח), כָּמוֹךָ כְּפַרְעֹה (בראשית מד, יח). ובאמרו כעם ככהן כעבד כאדוניו, וכן כולם; רצונו לומר, כי בהשחתת הארץ לא יכירו בה המשחיתים הנכבד, ולא יראו פני גדול, אלא כולם יהיו שוים בגזרה, ויהיו הגדול כקטן והקטן כגדול. וכל אלה שזכר, הם זה למעלה מזה; כי הכהן אדון לעם, כמו, יִתְרוֹ כֹּהֵן מִדְיָן (שמות יח, א); והקונה למעלה מן המוכר, כי המוכר נחלתו מפני עניו מוכר, והקונה עשיר, והעשיר כאדון לעני. וכן אמר הכתוב, עָשִׁיר בְּרָשִׁים יִמְשׁוֹל (משלי כב, ז),

### מצודת דוד

**יהיה לצור כשירת הזונה.** כי דרך הזונה שבאים רבים אליה, ולפעמים תשכח מאהובים, ולא יוסיפו לבוא. ודרכה להרים קול בשיר ערב לעורר לב הזונים, וכן יקרה לצור שהיו רבים באים לה לסחורה, ונשכחה במפלתה, ותצטרך לעורר לב הסוחרים לבוא אליה: **(טז) קחי כנור.** לפי שהמשילה לזונה אמר לשון הנופל בזונה נשכחה, שלוקחת כנור בידה ומסבבת העיר. ומנגנת בטוב ובנעימות בשיר ערב, למען תהיה זכורה למאהבים. ורצונו לומר, ראוי לעורר לב הסוחרים לבוא אליך כמאז: **(יז) יפקוד ה׳.** יעלה זכרונה לפני המקום: **ושבה וכו׳.** תקח אתנן כבראשונה, ולפי שהמשילה לזונה אמר לשון אתנן. ורצונו לומר, תקנה סחורה מן המביאים: **וזנתה וכו׳.** רצונו לומר, היא תספיק סחורה לכל העמים: **(יח) סחרה ואתננה.** הוא כפל ענין במילים שונות: **קדש לה׳.** מאשר תרויח, תקדיש ממנו לשם ה׳: **לא יאצר.** לא יונח הריוח בבית האוצר: **ולא יחסן.** כפל הדבר במילים שונות: **כי ליושבים וכו׳ סחרה.** ריוח סחרה הקדיש לכהנים היושבים לפני ה׳ בבית המקדש, לאכול לשבעה. להיות להם למאכל עד כדי שביעה ולכסות חזק וחשוב: **(א) הנה ה׳ בוקק וכו׳.** יריק את ארץ ישראל מיושביה, כי יגלו ממנה: **ובולקה.** גוזר אותה מן הישוב: **ועוה פניה.** יעות ויעקר חשובי הארץ: **והפיץ.** יפיצם על פי הארץ:

### מצודת ציון

**(יז) יפקוד.** ענין זכרון והשגחה: **לאתננה.** כן יקרא מתן הזונה; כמו, לא תָבִיא אֶתְנַן זוֹנָה (דברים כג, יט): **(יח) יחסן.** ענינו כמו אוצר; וכן, חֹסֶן וִיקָר יִקָּחוּ (יחזקאל כב, כה): **ולמכסה.** ולכסות: **עתיק.** ענינו חוזק וחשוב; וכן, הון עתק (משלי ח, יח): **(א) בוקק.** ענין רקות; כמו, גֶּפֶן בּוֹקֵק יִשְׂרָאֵל (הושע י, א): **ובולקה.** ענין כריתה; וכן, בּוּקָה וּמְבוּקָה וּמְבֻלָּקָה (נחום ב, יא). ובדברי רבותינו זכרונם לברכה (חולין יט, א), לא חילק ידענא ולא בילק ידענא: **ועוה.** מלשון עוות ועקום: **פניה.** רצונו לומר, החשובים: **והפיץ.** ענין פזור:

---

When Solomon built the Temple, Hiram worked closely with him, providing laborers and materials. But after Solomon died, the Tyrians broke the covenant and harmed Jews whenever they could.

Alternatively, מֶלֶךְ אֶחָד is rendered as *one dynasty*, for the Babylonian monarchy of Nebuchadnezzar, Evil Merodach, and Belshazzar totaled seventy years, as in *Jeremiah* 29:10 (*Ibn Ezra*). Similarly, *Radak* translates מֶלֶךְ אֶחָד, *one king,* and explains that Scripture alludes to the average person's life span (*Psalms* 90:10), which was the life span of King David. Thus, Tyre will lie desolate for the period of time that it could have had a king, for seventy years.

*something like the song of the harlot.* [16] *Take a harp and circle the city, O for-*
*gotten harlot; play well, sing a lot, so that you may be remembered.* [17] *And*
*it shall be at the end of seventy years that HASHEM will remember Tyre, and*
*she will resume her harlot's hire, and she will engage in harlotry with all the*
*kingdoms of the land on the face of the earth.* [18] *And her merchandise and*
*harlot's wages will [one day] become holy to HASHEM; it shall not be stored nor*
*accumulated, for her merchandise will belong to those who sit before HASHEM,*
*to eat and be sated and for elegant clothing.*

**24** *The desolation of the land*

[1] *Behold, HASHEM is emptying the land and destroying it; He will dis-*
*tort its appearance and scatter its inhabitants:* [2] *as with the people,*

---

**מִקֵּץ שִׁבְעִים שָׁנָה יִהְיֶה לְצֹר כְּשִׁירַת הַזּוֹנָה** — *At the end of seventy years there will be for Tyre something like the song of the harlot.* After being forgotten for seventy years, Tyre will emerge again as the chief commercial city of the region and will appeal to her former customers to return to her (*Radak*). Scripture metaphorically describes Tyre as a harlot past her prime, who sings a seductive song to call attention to herself (*Rashi*). The merchants of all the nations who had traded with her previously are compared to her former patrons (*Radak*).

**16. קְחִי כִנּוֹר סֹבִּי עִיר זוֹנָה נִשְׁכָּחָה** — *Take a harp and circle the city, O forgotten harlot.* The prophet continues the metaphor of Tyre as a forgotten harlot. Tyre will entice her former customers to return, the way an ignored harlot takes up her harp and sings as she attempts to retrieve her former patrons (*Radak*).

**17. וְהָיָה מִקֵּץ שִׁבְעִים שָׁנָה . . . וְשָׁבָה לְאֶתְנַנָּה** — *And it shall be at the end of seventy years . . . and she will resume her harlot's hire.* At the end of the seventy years foretold by the prophet (v. 15; *Ibn Ezra*), God will revive Tyre and she will again become a great commercial center and prosperous trader (*Rashi*). However, the prophet describes her commercial activity pejoratively as harlot's hire because Tyre will no longer be considered an honorable place of business, for it will now attract thieves, swindlers, pirates, and all kinds of shady characters (*R' Schwab*).

**וְזָנְתָה אֶת־כָּל־מַמְלְכוֹת הָאָרֶץ** — *And she will engage in harlotry with all the kingdoms of the land.* Like a harlot's services, Tyre's disreputable business practices will be available to all who wish to deal with her.

**18. וְהָיָה סַחְרָהּ וְאֶתְנַנָּהּ קֹדֶשׁ לַה׳** — *And her merchandise and harlot's wages will [one day] become holy to HASHEM.* This will happen in Messianic times when the righteous will plunder the wealthy Tyre (*Rashi*) or when Tyre will voluntarily help in the construction of the Temple. It may allude to the Second Temple era when Tyre delivered fine wood for the Temple's construction (*Radak*).

**לֹא יֵאָצֵר וְלֹא יֵחָסֵן** — *It shall not be stored nor accumulated.* Tyre's regained wealth will not be hers to keep. It will not be stored as a a treasure for her kings nor will the Tyrians pass it to their children as an inheritance (*Rashi*).

**כִּי לַיֹּשְׁבִים לִפְנֵי ה׳ יִהְיֶה סַחְרָהּ** — *For her merchandise will belong to those who sit before HASHEM.* The Tyrians will use their profits to help reestablish Jewish life when the exiles will return to Jerusalem after the Babylonian exile (*Ibn Ezra*). Alternatively, it will be given to the Torah scholars in Messianic times.

### 24.

After foretelling the severe fate that will meet the wealthy city of Tyre and its commercial partners, Isaiah foresees events that will affect the future of many other nations. He begins with a dire prophecy about the future of the Jewish people, regarding which there are various interpretations. According to *Rashi,* this prophecy describes events pertaining to the war of Gog and Magog, the final war before the coming of the Messiah (see *Ezekiel* Chs. 38-39). Although the prophecy ends with glad tidings for the Jewish people, Isaiah tells contemporaries that they will not see it; it will happen with the final Redemption.

Others maintain that it is a description of the Assyrian conquest of the Northern Kingdom of Israel and the Exile of the Ten Tribes (*Targum Yonasan, Radak*). Still others relate it to Nebuchadnezzar's conquest of all the countries of the Middle East: Judah, Ammon, Moab, Sidon, Egypt, and other nations (*Abarbanel*).

**1. הִנֵּה ה׳ בּוֹקֵק הָאָרֶץ וּבוֹלְקָהּ** — *Behold, HASHEM is emptying the land and destroying it.* Our translation follows *Rashi* and *Ibn Ezra.* Others translate בּוֹלְקָהּ as *cut off* (*Radak; Metzudos*). The prophecy is that the people will be driven out of the land — cut off from it — and it will lie desolate.

In a novel interpretation, *R' Schwab* suggests that the prophet may be referring to worldwide catastrophes over millennia. Population centers will be *emptied;* neighbors and families will separated and *cut off* from one another; life will become *distorted* instead of simple and wholesome; and God will *scatter* people to regions that had been sparsely inhabited.

**בּוֹקֵק . . . וּבוֹלְקָהּ** — *Emptying . . . destroying.* The forceful sounds of many of the prophet's words cannot be reproduced in a translation. One can only imagine the effect their explosive sounds had on his listeners.

**וְעִוָּה פָנֶיהָ** — *He will distort its appearance,* i.e., the land will look different because no living creature will remain in the land (*Radak*). Alternatively, *Rashi* translates *He will*

כַּכֹּהֵן כַּעֶבֶד כַּאדֹנָיו כַּשִּׁפְחָה כַּגְּבִרְתָּהּ כַּקּוֹנֶה כַּמּוֹכֵר כַּמַּלְוֶה כַּלֹּוֶה
ג כַּנֹּשֶׁה כַּאֲשֶׁר נֹשֵׁא בוֹ: הִבּוֹק | תִּבּוֹק הָאָרֶץ וְהִבּוֹז | תִּבּוֹז כִּי יהוה דִּבֶּר
ד אֶת־הַדָּבָר הַזֶּה: אָבְלָה נָבְלָה הָאָרֶץ אֻמְלְלָה נָבְלָה תֵּבֵל אֻמְלָלוּ מְרוֹם
ה עַם־הָאָרֶץ: וְהָאָרֶץ חָנְפָה תַּחַת יֹשְׁבֶיהָ כִּי־עָבְרוּ תוֹרֹת חָלְפוּ חֹק הֵפֵרוּ
ו בְּרִית עוֹלָם: עַל־כֵּן אָלָה אָכְלָה אֶרֶץ וַיֶּאְשְׁמוּ יֹשְׁבֵי בָהּ עַל־כֵּן חָרוּ

### רש״י

(ב) **והיה כעם ככהן.** לא כשאר הולכי דרכים שהאדון מוליכו עבדו והגבירה מוליכה שפחתה, האדון נכבד והעבד נקלה, הגבירה נכבדת והשפחה נקלית, אבל כשהשבאי מוליך השבויים הכל שוין לפניו: **בקונה במוכר.** בזמן שהעם יושב על נחלתו לבטח, הקונה שמח והמוכר עצב שלא ישוב ממכרו, אבל כשהשבאי מוליכם הקונה אל ישמח והמוכר אל יתאבל. וכן כמלוה כלוה, שניהם שוים, שהלוה אין לו לפרוע, והמלוה אם לא הלוה לזה היה השבאי נוטלו. כמו כן כנושה כאשר נושה בו, לוה נופל בכסף, ונושה נופל בכל שאר דברים כגון יין ושמן ותבואה ודבש; כדכתיב, כִּי תַשֶּׁה בְרֵעֲךָ מַשַּׁאת מְאוּמָה (דברים כד, י). (ג) **הבוק תבוק.** תתרוקן: **הבוז תבוז.** לשון בזה ושלל: (ד) **נבלה.** כמו, וְהֶעָלֶה נָבֵל (ירמיה ח, יג), לשון כמש ותשות כח. **אומללה.** לשון שפלות, כמו, הַיְּהוּדִים הָאֲמֵלָלִים (נחמיה ג, לד): **תבל.** היא ארץ ישראל, שהיא מתובלת במלות הרבה: **מרום עם הארץ.** גאון עם הארץ: (ה) **והארץ חנפה.** כמין חניפות, עושה עשב ואינו עושה קמה, מראה קמה, ואין חטין בקשיה: **תחת יושביה.** בשביל יושביה: **ברית עולם.** היא התורה שקיבלו בברית: (ו) **על כן אלה.** בעון שבועת שוא: **חרו.** לשון יבש ונמא בחום, חורב; כמו, נָחַר מַפֻּחַ (ירמיה ו, כט):

### רד״ק

וכן המלוה כאדון ללוה, וכן אמר הכתוב וְעֶבֶד לֹוֶה לְאִישׁ מַלְוֶה (שם). ומה שאמר כנושה, כאשר נושה בו אחר, שאמר כמלוה כלוה, לפי שהאחד משאת כסף והאחד משאת אוכל. ופירוש כנושה הוא הלוה, ונושה בו הוא המלוה, וקשר הב׳ מפריד בינידהם: (ג) **הבוק, כי ה׳ צבאות דבר.** וכיון שהוא דבר לא יוכל אדם לגזור עליו, כי באמת יהיה שתבוק הארץ ותבוז: (ד) **אבלה.** ענין השחתה; וכן, אָבַל תִּירוֹשׁ (לקמן פסוק ז): **נבלה.** כמו נפלה; וכן, כִּנְבֹל עָלֶה מִגֶּפֶן (לקמן לד, ד), וכפל הענין לחזק: **מרום עם הארץ.** גדולי כל עם ועם יסופו: (ה) **והארץ חנפה.** כאלו הראתה השעה שהיתה שממה ולא נתנה פירותיה. ולמה היה זה לה? בעון יושביה. וזהו פירוש תחת, בעונש; כמו, תַּחַת אֲשֶׁר לֹא עָבַדְתָּ (דברים כח, מז): **כי עברו תורות.** אם על השבטים אמר כמו שפירשו המפרשים, הוא כפשוטו, כי לרוב רשעתם גלו. ולפי שהיא עתידה על העובדי כוכבים יהיה פירוש כי עברו תורות על השעבוד ששעבדו בישראל יותר מדאי; כמו שאמר הקדוש ברוך הוא, אני קצפתי מעט והמה עזרו לי לרעה (מדרש רבה שמות פרשה ל, פסקא טו). הנה כי עברו תורות וחלפו חק בשעבוד ישראל: **הפרו ברית עולם.** כמו שאמר באדום וְלֹא זָכְרוּ בְּרִית אַחִים (עמוס א, ט). וכן עמון ומואב וישמעאל אחים היו לישראל וכולם הרמו להם. והרעות שבאו להם, בעונש ישראל באו להם. וכן לעתיד לגוג ומגוג ולשאר האומות, בעונש ישראל יבא להם מה שיבא מהרעה: (ו) **על כן.** אף על פי שיש שאר עבירות שבעבורם נענשו ישראל ושאר האומות האלה, הוא על כולם שנשבעים בשם האל לשקר, ועליה היא חרבן הארץ ברוב. וכן אמרו רבותינו זכרונם לברכה (תנחומא וישב ב), כל עבירות שבתורה נפרעין ממנו וכאן ממנו ומכל העולם כולו; שנאמר, אָלֹה וְכַחֵשׁ וגו׳ (הושע ד, ב). ואמר מפני אלה אבלה ארץ: **אכלה ארץ.** בכ״ף: **ויאשמו.** בשו״א האל״ף והשי״ן והוא לשון שממה: **חרו.** ענין יובש ושרפה, רצונו לומר, ענין כליון:

### מצודת דוד

(ב) **כעם ככהן וכו׳.** המשחיתים את הארץ לא ישאו פני גדול, אלא כולם יהיו שוין בגזרה, כקטן כגדול: **כקונה כמוכר.** בזמן שהעם יושב בטח על נחלתו, הקונה שמח והמוכר עצב בעת ימכר מה מאחוזתו. אבל בעת ילכו בגולה לא ישמח הקונה, והמוכר לא יתאבל על המכירה: **כמלוה כלוה.** דרך המלוה למשול בלוה; כמו שכתוב, וְעֶבֶד לֹוֶה לְאִישׁ מַלְוֶה (משלי כב, ז). אבל כיון שהשבאי יקח הכל, כאלו אין לזה על זה כלום; כי הלוה אין לו מה לשלם ולא הפסיד למלוה, כי אם היה נשאר בידו, היה השבאי נוטל ממנו: **כנשה.** הוא הלוה בדבר זולת הכסף: **כאשר נשא בו.** הוא המלוה את הלוה: (ג) **הבוק תבוק וכו׳.** רצונו לומר, בוודאי כן יהיה, כי ה׳ דבר וכו׳, ומי יפר דברו: (ד) **אבלה נבלה.** נשחתה ונכמשה הארץ: **אומללה נבלה.** נכרתה ונכמשה ארץ ישראל שהוא העיקר להמקומות המיושבות: **אמללו.** נכרתו גדולי עם הארץ: (ה) **והארץ חנפה.** רצונו לומר, כמו המחניף בשפתיו ולבו בל עמו, כן הארץ עושה עשב ואינה עושה קמה, מראה קמה ואין חטים בקשיה: **תחת יושביה.** בעבור עון יושביה: **כי עברו תורות.** עברו תורה שנכתב ותורה שבעל פה: **חלפו חוק.** עברו להלן מחוק התורה ולא קיימוה: **ברית עולם.** היא התורה שקבלו בברית לקיימה עד עולם; וכפל הדבר פעמים ושלש כדרך המליצה: (ו) **על כן אלה.** בעבור האלה אשר היתה לשוא ,לכן כלתה הארץ ושממו יושביה: **על כן.** בעבור עון האלה נשרפו יושבי הארץ, ונשאר מהם מעט אנשים:

### מצודת ציון

(ב) **כעם ככהן.** כפל הכפי״ן להורות על דמיון גמור: **כגבירתה.** כאדונית: **כנשה.** ענין הלואת דברים זולת הכסף, כיין ושמן ותבואה; כמו שכתוב, מַשַּׁאת מְאוּמָה (דברים כד, י): (ג) **הבוק תבוק.** ריקנות תתרוקן: **והבוז תבוז.** מלשון בזה ושלל: (ד) **אבלה.** ענין השחתה; כמו, תֶּאֱבַל הָאָרֶץ (הושע ד, כח): **נבלה.** ענין כמישה; כמו, וְעָלֵהוּ לֹא יִבּוֹל (תהלים א, ג): **אמללה.** ענין כריתה; כמו, יְמוֹלֵל וְיָבֵשׁ (שם צ, ו): **תבל.** כן נקראה הארץ המיושבת: **מרום.** ענין גבהות וגדלות: (ה) **תחת.** רצונו לומר, בעונש; וכן, תַּחַת אֲשֶׁר לֹא עָבַדְתָּ (דברים כח, מז): **חלפו.** ענין העברה; כמו, וְחָלַף בִּיהוּדָה (לעיל ח, ח): **חוק.** ענין גזרה: **הפרו.** בטלו: (ו) **אלה.** ענין שבועה; וכן, וְשָׁמְעָה קוֹל אָלָה (ויקרא ה, א): **אכלה.** ענין השחתה וכליון: **ויאשמו.** מלשון שממה; וכן, גַּם עֶדְרֵי הַצֹּאן נֶאְשָׁמוּ (יואל א, יח): **חרו.** ענין יובש ושרפה; וכן, נָחַר מַפֻּחַ (ירמיה ו, כט):

---

*confound* — the leaders will become confused as they see these catastrophic events unfolding.

**2. . . . וְהָיָה כָעָם כַּכֹּהֵן כַּעֶבֶד כַּאדֹנָיו** — *As with the people, so with the priest; as with the slave, so with his master . . .* The destroyers will not discriminate between distinguished and ordinary people, rich and poor. All will suffer equally (*Radak*). The prophet warns the wealthy and powerful that they should not deal haughtily with their poor and weak brethren, for their money will not save them from the common disaster (*Daas Sofrim*).

**כַּמַּלְוֶה כַּלֹּוֶה כַּנֹּשֶׁה כַּאֲשֶׁר נֹשֵׁא בוֹ** — *As with the lender, so with the borrower; as with the creditor, so with the one who owes him.* A מַלְוֶה is one who lends money. A נֹשֶׁה is one who lends objects such as wine, oil, or grain (*Metzudos*).

*so with the priest; as with the slave, so with his master; as with the maid-
servant, so with her mistress; as with the buyer, so with the seller; as with
the lender, so with the borrower; as with the creditor, so with the one who
owes him. 3 The land will be utterly emptied and utterly despoiled, for HASHEM
has spoken this word. 4 The land will become desolate and withered; the
world will be wretched and withered; the exalted of the people of the land
will be wretched. 5 The land will be unfaithful because of its inhabitants, for
they have transgressed teachings and have violated laws; they have abro-
gated the everlasting covenant. 6 Because of [false] oath, the land is consumed
and those who inhabit it have become decimated; therefore, the inhabitants*

---

According to the Talmud (*Shabbos* 119b), this verse alludes to one of the causes of the destruction of Jerusalem: לֹא חָרְבָה יְרוּשָׁלַיִם אֶלָּא בִּשְׁבִיל שֶׁהוּשְׁווּ קָטָן כְּגָדוֹל, *Jerusalem was destroyed because its inhabitants did not differentiate between the great and the lowly.* Deference was not shown by unlearned persons to Torah scholars, by children to their parents, by the young to the old.

**3. הִבּוֹק תִּבּוֹק הָאָרֶץ וְהִבּוֹז תִּבּוֹז** . . . — *The land will be utterly emptied and utterly despoiled* . . . Since God Himself issued this decree, no one can stand in its way; it will surely happen (*Radak*).

**4. אָבְלָה נָבְלָה הָאָרֶץ** — *The land will become desolate and withered.* The translation follows *Radak,* who maintains that אָבְלָה is an expression of destruction. *Ibn Ezra* says that Isaiah alludes to the destruction caused by the Assyrians as they invaded and laid waste many countries.

**אֻמְלְלָה נָבְלָה תֵּבֵל** — *The world will be wretched and withered.* תֵּבֵל, *world,* refers to inhabited areas. Scripture is actually referring to *Eretz Yisrael* since it is the spiritual center of the world (*Metzudos*). The word תֵּבֵל is related to תַּבְלִין, *spices.* The land of Israel is called תֵּבֵל because it is spiced, מְתוּבֶּלֶת, with many commandments that can be practiced only there (*Rashi*), or because it is spiced with natural resources (*Sifrei, Deut.* 7:12).

Alternatively, *R' Schwab* suggests that אֶרֶץ refers to the physical world; תֵּבֵל refers to the human world, human society [see commentary of *R' Hirsch* to *Psalms* 24:1]. The prophet is repeating that both the land and its inhabitants will be destroyed.

**אֻמְלְלוּ מְרוֹם עַם־הָאָרֶץ** — *The exalted of the people of the land will be wretched.* Even the most powerful of every nation will perish (*Radak*). Powerful people frequently manage to escape mass disaster because they have more means at their disposal. But now, even they will be caught (*Daas Sofrim*).

**5. וְהָאָרֶץ חָנְפָה תַּחַת יֹשְׁבֶיהָ** — *The land will be unfaithful because of its inhabitants.* Because the people had been unfaithful to God, the land will react in kind. The people will cultivate the land, but it will not produce crops (*Radak*). Alternatively, the Midrash (*Midrash Tanchuma Yashan, Re'eh* 11) renders חָנְפָה from חֲנִיפָה, *insincere flattery;* the earth will "flatter" the people, i.e., it will "tease" its inhabitants by producing sprouts that will not mature into fully grown stalks. The land will display grown stalks, but there will be no kernels in their husks (*Rashi*).

**כִּי־עָבְרוּ תוֹרֹת** . . . — *For they have transgressed teachings* . . .

According to those who comment that this passage foretells the exiles of Judah or Israel, the verse says that the tribes were exiled because they transgressed תוֹרֹת, lit., *Torahs,* i.e., they transgressed the commandments of the Written Torah and the Oral Torah (*Mahari Kara; Radak*). *Ibn Ezra* maintains that the passage refers to the nations that were plundered by the Assyrians. They received their retribution because they transgressed the moral teachings that were accepted by all humanity, laws dictated by common sense and common decency. Others say that they transgressed the Divinely ordained Seven Noahide Laws (*Abarbanel*).

*Radak* comments that the prophet is foretelling that in future times the nations will be severely punished because they cruelly oppressed the Jewish people during the exile, many times beyond what God had ordained for Israel. See *Zechariah* 1:15 (*Radak*).

**הֵפֵרוּ בְּרִית עוֹלָם** — *They have abrogated the everlasting covenant.* The prophet continues to explain the reason for the Exile of Judah and Israel. They did not keep the *everlasting covenant* to observe the Torah. (See *Ramban, Exodus* 34:27-35.)

Alternatively, the prophet refers to Edom, Ammon, and Moab, which were among the nations exiled by Sennacherib. Those three were related to Israel — Edom descended from Esau; Ammon and Moab from Lot — and were exiled because they broke their covenant of brotherhood with Israel (*Radak*).

*Malbim* writes that verse 3 alludes to three categories of law that Israel violated: (1) the Divinely given Torah; (2) natural law, such as the prohibitions of murder, banditry, and assault, which are recognized in all societies; and (3) laws and ordinances that governments enact in response to specific needs and situations.

**6. עַל־כֵּן אָלָה אָכְלָה אֶרֶץ** . . . — *Because of [false] oath, the land is consumed* . . . The translation follows *Rashi* and *Radak.* Although Israel and the nations were punished for other sins as well, taking false oaths in God's Name is a much graver transgression. That was the sin that caused the destruction

ז יִשְׁבֵי אֶרֶץ וְנִשְׁאַר אֱנוֹשׁ מִזְעָר: אָבַל תִּירוֹשׁ אֻמְלְלָה־גָפֶן נֶאֶנְחוּ כָּל־שִׂמְחֵי־לֵב:
ח־ט שָׁבַת מְשׂוֹשׂ תֻּפִּים חָדַל שְׁאוֹן עַלִּיזִים שָׁבַת מְשׂוֹשׂ כִּנּוֹר: בַּשִּׁיר לֹא יִשְׁתּוּ־יָיִן
י־יא יֵמַר שֵׁכָר לְשֹׁתָיו: נִשְׁבְּרָה קִרְיַת־תֹּהוּ סֻגַּר כָּל־בַּיִת מִבּוֹא: צְוָחָה עַל־הַיַּיִן בַּחוּצוֹת
יב עָרְבָה כָּל־שִׂמְחָה גָּלָה מְשׂוֹשׂ הָאָרֶץ: נִשְׁאַר בָּעִיר שַׁמָּה וּשְׁאִיָּה יֻכַּת־שָׁעַר:
יג כִּי כֹה יִהְיֶה בְּקֶרֶב הָאָרֶץ בְּתוֹךְ הָעַמִּים כְּנֹקֶף זַיִת כְּעוֹלֵלֹת אִם־כָּלָה בָצִיר:

### רש"י

(ח) **משוש תפים.** שהייתם אומרים, וְהִנֵּה שָׂשׂוֹן וְשִׂמְחָה (לעיל כב, יג): (י) **קרית תוהו.** כשתשבר נקראת קרית תהו: **מבוא.** מלבוא לתוכה איש: (יא) **ערבה.** החשיכה: **משוש הארץ.** היא ירושלים: (יב) **ושאיה יוכת שער.** על ידי שאיית גלמוד שיהו הבתים שואין מאין יושב, יוכתו השערים על ידי מזיקין: (יג) **כי כה.** ישארו ישראל בקרב העמים, אחד בעיר ושנים במשפחה: **כנוקף זית.** המשאיר גרגרים בראש אמיר:

### רד"ק

**אבל.** חרבן הארץ היא בכלות פירותיה, שלא תתן הדגן והתירוש והיצהר, ואם אין עובדי האדמה אין פירות: (ז) **אבל.** ענין שממה; וכן, עַל כֵּן תֶּאֱבַל הָאָרֶץ (שם פסוק ג): **נאנחו כל שמחי לב.** טעם הדגן והתירוש, כי ברבותם ישמח האדם ובכלותם יאנח: (ח) **שבת משוש תפים.** כי בתפים ובכנורות היו שמחים בבית המשתה, שהיו עליזים, ושמחים ועתה שבת וחדל: (ט) **בשיר.** כמו שהוא דרך השמחים ששותים על השיר והזמירות, והם יהיו נאנחים ואין בפיהם שיר. וגם אותו המעט שכר שישתו, ימר להם, יהיה כמו מר בפיהם מרוב הצרות: (י) **נשברה קרית תהו.** אחר שנשברה היא קרית תהו; וכן, אָפִיתִי עַל גֶּחָלָיו לֶחֶם (לקמן מד, יט), והדומים להם: **סגר כל בית מבוא.** באמרו כל רצונו לומר, רוב; כמו, וְכָל־הָאָרֶץ בָּאוּ מִצְרַיְמָה (בראשית מא, נז). כי חרבים יהיו רוב הבתים, ואין בהם ענין להכנס בהם: (יא) **צוחה על היין.** בשוקים צועקים על היין, מי שיש לו יין למכור יבא וימכור, והצועקים הם עוברי דרך או המעט שישארו בעיר. או פירוש צווחה ויללה תהיה על היין בחצות, כי חסר מהם: **ערבה כל שמחה.** חשכה כל שמחה, כי השמחה ביין; כמו שאמרו, יַיִן יְשַׂמַּח לְבַב אֱנוֹשׁ (תהלים קד, טו). וערבה מן ערב שהוא חשך, והשמחה אורה, והפכה חשך: **גלה משוש הארץ.** גלה והלך המשוש מארצם: (יב) **נשאר.** המשוש גלה מן העיר ולא נשאר בה אלא שמה ושאיה. ופירוש בעיר, בכל עיר ועיר מעיר עובדי כוכבים. ופירוש שאיה ובשאיה יוכת שער העיר, כי אין יוצא ואין בא. ושאיה אחות שמה; כמו, אִם שָׁאוּ עָרִים מֵאֵין יוֹשֵׁב (לעיל ו, יא). וכל הפורענות הגדול הזה שזכר יהיה בימי המשיח, בגוג ומגוג ובשאר העכו"ם, ואלה השלשה פסוקים אשר זכר בסוף פרשה זו מעידים על פירושינו כי עתידה היא זו הנבואה בימי גוג ומגוג ובשאר העובדי כוכבים, שיסופו רוב העובדי כוכבים וישאר המעט; כמו שאמר, וְנִשְׁאַר אֱנוֹשׁ מִזְעָר (לעיל פסוק ו), ובפסוק אחר זה גם כן אמר כנוקף זית: (יג) **כי כה יהיה.** כל הנזכר יהיה בקרב הארץ: **בתוך עמים.** עד שיהיו הנשארים כנוקף זית או כעוללות אם כלה בציר. ופירוש כנוקף זית, כחביטת עץ זיתים כשאדם חובט ונוקף אותו, ישארו מעט זיתים שלא יפלו בחביטתו אחת הנה ואחת הנה. וכן אחר שיבצר אדם כרמו ישארו בו עוללות מעט. כן יהיו העמים, כי רובם יסופו והמעט ישארו, והנשארים יודו באל וביכולתו, כי הוא אדון הכל ובידו הכל כשיראו מפלת גוג ומגוג. ועליהם נאמר לִקְרֹא, כֻלָּם בְּשֵׁם ה' לְעָבְדוֹ שְׁכֶם אֶחָד (צפניה ג, ט). וכן הנשארים ממחנה אשור כשראו מפלתו, שבו לעבוד את ה'; כמו שכתוב וכמו שפירשנו למעלה בפרשת נבואת מצרים (לעיל פרק י): **אם כלה.** כאשר כלה; וכן, וְאִם יִהְיֶה הַיֹּבֵל לִבְנֵי יִשְׂרָאֵל (במדבר לו, ד), וְאִם־מִזְבַּח אֲבָנִים תַּעֲשֶׂה לִּי (שמות כ, כב), והדומים להם:

### מצודת דוד

(ז) **אבל תירוש.** נשחתו ענבי היין, כי אין זומר ועודר: **אמללה גפן.** כפל הדבר במילים שונות: **נאנחו כל שמחי לב.** אף הרגילים בשמחה יאנחו, כי נאבד היין המשמח את הלב, כמו שכתוב, וְיַיִן יְשַׂמַּח לְבַב אֱנוֹשׁ (תהלים קד, טו): (ח) **שבת משוש תופים.** בטלה השמחה ששמחו בקול תופים: **שאון עליזים.** המיית השמחים: (ט) **בשיר וכו'.** לא ישתו לשמחת משתה ששותים בשיר, אלא השכר יהיה מר להשותים, כי ישתוהו להפג האבל והצער: (י) **נשברה קרית תוהו.** כל עיר תהיה שבורה. וקראה קרית תוהו על שם, סופה כשתהיה נשברת תהיה תוהו. וכן, אָפִיתִי עַל־גֶּחָלָיו לֶחֶם (לקמן מד, יט) שקוראהו לחם על שם סופו: **סוגר כל בית מבוא.** הבתים יהיו נתוצים ואין מי יבוא בהם כאלו סוגר הבית מבלי תת בא בו: (יא) **צוחה על היין.** יצעקו וילינו בחוצות על היין שחסר מהם. ולזה חשכה כל שמחה, כי היין ישמח לבב ואין להם במה ישמח. (ולפי שהשמחה קרויה אור, לזה אמר בהעדרה ענין חושך): **גלה משוש הארץ.** השמחה הלכה מהם: (יב) **נשאר בעיר שמה.** רצונו לומר, המשוש הלך ונשארה השמה: **ושאיה.** ובעבור השאיה יוכת שער כל עיר, כי כן דרך עיר שוממה ששעריה כתותים ונתוצים, כי אין מי משגיח בתקנתם: (יג) **כי כה יהיה.** כי כן יהיה מספר הנשארים בין הנשארים בארץ ישראל, בין הנשארים בגולה בתוך העמים: **כנוקף זית.** חוזר לתחילת המקרא לומר, מספר הנשארים יהיו ככורת פרי אילן זית, אשר מעט ישאיר אחריו, וכמספר העוללות הנשארים בגפנים כאשר כלה הבציר; והמה המעט, וכן מעטים יהיו הנשארים מבני ישראל:

### מצודת ציון

**אנוש.** הוא שם משמות האדם: **מזער.** מעט; כמו, וּשְׁאָר מְעַט מִזְעָר (לעיל טז, יד): (ז) **אבל.** ענין השחתה: **תירוש.** ענבי היין: **אמללה.** נכרתה: **נאנחו.** מלשון אנחה: (ח) **שבת.** בטל; כמו, שָׁבַת נֹגֵשׂ (לעיל יד, ד): **משוש.** ענין שמחה: **תפים.** מין כלי נגון: **חדל.** ענין מניעה: **שאון.** ענין המייה: **עליזים.** ענין שמחה: (ט) **ימר.** מלשון מרירות: **שכר.** יין ישן: (י) **קרית.** עיר: **תוהו.** ענין שממון; וכן, וְהָאָרֶץ הָיְתָה תֹהוּ וָבֹהוּ (בראשית א, ב): (יא) **ערבה.** מלשון ערב, ורצונו לומר, חשכה כערב: **גלה.** מלשון גלות: (יב) **שמה.** שממה: **ושאיה.** כמו ובשאיה, והוא מענין שממה; כמו, שָׁאוּ עָרִים (לעיל ו, יא): **יוכת.** מלשון כתיתה: (יג) **כה.** כן: **כנוקף.** ענין כריתה; וכן, וְנִקַּף סִבְכֵי הַיַּעַר (לעיל י, לד): **כעוללות.** הם הענבים הקטנים הנשארים באילן, ואין מי חושש עליהם. והוא מלשון עוֹלֵל וְיוֹנֵק (איכה ב, יא): **כלה.** נשלם: **בציר.** כן יקרא תלישת הענבים; כמו, כִּי תִבְצֹר כַּרְמְךָ (דברים כד, כא):

---

of the land (*Radak*). *Malbim* and others translate אָלָה as a *curse,* and explain that because Israel did not keep the commandments of the Torah, the curses of *Deuteronomy* 29:22 will consume the land.

**עַל־כֵּן חָרוּ יֹשְׁבֵי אֶרֶץ . . .** — *Therefore, the inhabitants of the land have become parched . . .,* i.e., the people of the land have been burned and only a few remain (*Radak*). Because the sins of the people caused the earth to be scorched, justice demanded that they, too, not be spared (*Malbim*). Alternatively, אֶרֶץ may be rendered as *world* and may allude to the destruction of the world.

**7. אָבַל תִּירוֹשׁ אֻמְלְלָה־גָפֶן** — *The grapes are desolate, the vine*

*of the land have become parched, and few people remain.* 7 *The grapes are*
*desolate, the vine is forlorn; all glad-hearted people groan.* 8 *Rejoicing with*
*timbrels has ceased; the noise of revelers has stopped; the joy of the harp*
*has ceased.* 9 *They will not drink wine with song; liquor has become bitter*
*to those who drink it.* 10 *The desolate city has been broken; every house*
*has been closed against entry.* 11 *There was crying for wine in the streets;*
*all gladness is darkened; the joy of the land has been exiled.* 12 *Desolation*
*has remained in the city, and the gate is stricken with desertion.* 13 *For*
*thus shall it be in the midst of the land, among the nations: as [after] the*
*beating of an olive tree, like solitary grapes when the harvest is over.*

*is forlorn.* Our translation of אָבֵל, *desolate,* follows *Radak* and *Metzudos.* The grapes will be ruined because there is no one to prune and care for the vines (*Radak*). *Targum Yonasan* translates אָבַל, *mourn,* and paraphrases all wine drinkers will mourn because the vines have been broken.

**נֶאֶנְחוּ כָּל־שִׂמְחֵי־לֵב** — *All glad-hearted people groan.* When there is an abundance of grain and wine people tend to be happy and optimistic, but now that prosperity is lacking, the people are downhearted (*Radak*). Furthermore, wine causes the heart to rejoice (see *Psalms* 104:15); when there is no wine the people groan (*Ibn Ezra*).

**8. שָׁבַת מְשׂוֹשׂ תֻּפִּים** . . . — *Rejoicing with timbrels has ceased* . . . In better times, the people would celebrate their joyous occasions with song and musical instruments. Without wine (*Mahari Kara*) these joyous sounds will no longer be heard (*Radak*).

**9. בַּשִּׁיר לֹא יִשְׁתּוּ־יָיִן** . . . — *They will not drink wine with song* . . . Instead of drinking wine to enhance their celebrations, they will drink wine to drown their sorrow. The wine will therefore be known as the wine of bitterness, not wine of joy (*Metzudos*).

*R' Hirsch* maintains that their lack of happiness was due to their disregard of the laws of everyday morality, for when morality disappears, there is no true joy, only outward gaiety (*Collected Writings* IV, p. 49).

**10.** The prophet describes the scene in conquered Jerusalem, as the people leave their homes to be driven into exile (*Malbim*).

**נִשְׁבְּרָה קִרְיַת־תֹּהוּ** — *The desolate city has been broken.* Jerusalem, which was previously known as the exuberant city (22:2), will now be called the *desolate city* (*Mahari Kara*).

**סֻגַּר כָּל־בַּיִת מִבּוֹא** — *Every house has been closed against entry.* Although the usual translation of כָּל is *every, Radak* renders it here as *most* of the houses. Even the houses that have not been destroyed will be sealed and there is no reason to enter them (*Radak*).

**11. צְוָחָה עַל־הַיַּיִן בַּחוּצוֹת** — *There was crying for wine in the streets.* The few survivors who remained in the city, or perhaps travelers passing through it, will cry out as they search for wine to gladden their hearts, "Whoever has wine, come and sell it" (*Radak*). Alternatively, people will search for wine all around the city to drown their sorrow. They will cry in the streets because there is none to be found (*Metzudos*).

**עָרְבָה כָּל־שִׂמְחָה** — *All gladness is darkened.* Times of happiness and joy are often described by Scripture as אוֹר, *light* [see *Esther* 8:16] (*Metzudos*). The word עָרְבָה is related to the darkness of ערב, *evening,* and is used here by the prophet to describe a time of sadness (*Radak*).

**גָּלָה מְשׂוֹשׂ הָאָרֶץ** — *The joy of the land has been exiled.* Joy has left the land and only ruin and desolation remain (*Radak*). *Rashi* and *Mahari Kara* understand that the prophet refers to Jerusalem — see *Lamentations* 2:15 [and *Psalms* 48:3], where Scripture refers to Jerusalem as מְשׂוֹשׂ כָּל הָאָרֶץ, *the joy of the entire land.* Some suggest that it was given this name because it was the place where all Jews came to celebrate the joyous pilgrimage festivals and participate in the Temple service.

**12. נִשְׁאַר בָּעִיר שַׁמָּה** — *Desolation has remained in the city.* Since desolation has overtaken the city, its houses are deserted and will be battered by demons and other destructive creatures (*Rashi*). As the Sages put it, when buildings are deserted and unattended, they deteriorate. See *Bava Kamma* 21a and *Sotah* 48a, which state that demons occupy desolate buildings.

Alternatively, the verse foretells Messianic times, when God will exact retribution from Gog and Magog and other nations. The prophet goes on to say that few people will survive those times (*Radak*).

**13. כִּי כֹה יִהְיֶה בְּקֶרֶב הָאָרֶץ בְּתוֹךְ הָעַמִּים** — *For thus shall it be in the midst of the land, among the nations.* Only one in a city and two in a family will survive the destruction (*Rashi*). According to *Radak,* Isaiah addresses the nations of the world and describes the number of people among them who will survive the war of Gog and Magog.

**כְּנֹקֶף זַיִת כְּעוֹלֵלֹת אִם כָּלָה בָצִיר** — *As [after] the beating of an olive tree, like solitary grapes when the harvest is over.* The survivors will be as few as the olives that remain at the top branches of a tree after the harvest. Olives were harvested by beating the branches with a stick so that the fruit would fall off. Alternatively, the survivors will be as few as the underdeveloped grapes that are left on the grape. Those survivors will praise God and serve Him upon witnessing His mighty deeds.

יד־טו הֵמָּה יִשְׂאוּ קוֹלָם יָרֹנּוּ בִּגְאוֹן יהוה צָהֲלוּ מִיָּם: עַל־כֵּן בָּאֻרִים כַּבְּדוּ יהוה
טז בְּאִיֵּי הַיָּם שֵׁם יהוה אֱלֹהֵי יִשְׂרָאֵל: מִכְּנַף הָאָרֶץ זְמִרֹת שָׁמַעְנוּ
צְבִי לַצַּדִּיק וָאֹמַר רָזִי־לִי רָזִי־לִי אוֹי לִי בֹּגְדִים בָּגָדוּ וּבֶגֶד בּוֹגְדִים בָּגָדוּ:
יז־יח פַּחַד וָפַחַת וָפָח עָלֶיךָ יוֹשֵׁב הָאָרֶץ: וְהָיָה הַנָּס מִקּוֹל הַפַּחַד יִפֹּל אֶל־הַפַּחַת

**רש"י**

**(יד) המה ישאו קולם.** לאותו המעט הנשאר תבא הטובה שנבאתי למעלה: **צהלו מים.** יותר ממה שצהלו על הים בגאולת מצרים: **(טו) על כן באורים.** תרגם יונתן, בְּמֵיתֵי נְהוֹרָא לְצַדִּיקַיָּא. על שתי (בשורות) [ספרים אחרים - אורות] של גאולת בבל ושל ישמעאל. ומנחם אמר, אורים לשון נקיעים וסעיפים שהיו בורחים שם; וכן, אוּר כַּשְׂדִּים (בראשית יא, כח) בקעת כשדים, וכן, מְאוּרַת צִפְעוֹנִי (לעיל יא, ח), נקע חור מעונתו: **(טז) מכנף הארץ.** תרגם יונתן, מִבֵּית מַקְדְּשָׁא, שהוא בסוף ארץ ישראל במזרחה; כמו ששנינו (ברכה ה, א), לוד מן המערב וירדן מן המזרח, כמלא מירושלים לירדן מהלך יום. ואני אומר לפי פשוטו, שמענו מאחורי הפרגוד שעתידין להעלות זמירות מכנף הארץ, ומה הן הזמירות? צבי לצדיק, עתיד להיות מצבות קומה לצדיקים: **ואמר רזי לי וגו'.** אוי לי שנגלו לי שני רזים, רז פורענות ורז ישועה. והרי תרחק הישועה עד שיבאו אויבים בוזזים אחר בוזזים אחרים ושודדים אחרי שודדים. חמש בגידות אמורות כאן: **(יז) פחד ופחת ופח עליך.** על יושבי הארץ: **פחת.** גומא ליפול בה, כמו שמפרש ואומר: **(יח) הנס מפני הפחד יפול אל הפחת וגומר.** הנמלט מחרב משיח בן יוסף, יפול אל חרב משיח בן דוד, והנמלט משם ילכד בפח במלחמת גוג:

**רד"ק**

**(יד) המה ישאו קולם.** בשבח האל, וירונו בגאון ה' שראו שגאה על כל העמים בהפילו אותם בבואה על ירושלים: **צהלי מים.** כמו יצהלו, עבר במקום עתיד. וכמהו רבים ובנבואות ברוב. ופירוש מים ממערב, כלומר, אותם שהם רחוקים מירושלים בארץ מערב, ירונו ויצהלו בגאון ה': **(טו) על כן באורים.** בעמקים; כמו, מֵאוּר כַּשְׂדִּים (בראשית יא, כח). ומה שאמר באורים, כי רוב הערים הם בעמקים לא בהרים. ואמר על כן, רצונו לומר, כשתראו ותשמעו ביכולת האל וגאונו על העמים, כבדוהו בדברי שבח; וכן באיי הים הרחוקים כבדו לה' אלהי ישראל, כי בעבורם עשה מה שעשה בעמים: **(טז) מכנף הארץ.** גם זו הפרשה עתידה כמו אשר לפניה. אמר הנביא, מכנף הארץ זמירות שמענו צבי לצדיק. מכנף הארץ פירוש קצה הארץ; וכן, לֶאֱחֹז בְּכַנְפוֹת הָאָרֶץ (איוב לח, יג), בקצות הארץ. כלומר מרחוק באה לנו השמועה והבשורה הזאת. ואמר שמענו כי גם הנביאים שהיו בימיו נבאו על עתידה זו כמו שכתוב בנבואתם: **צבי לצדיק.** פירוש צבי, חפץ ופאר; וכן, צְבִי הִיא לְכָל הָאֲרָצוֹת (יחזקאל כ, ו), והדומים להם. כלומר, אלו הזמירות ששמענו למי הם? לצדיק, כי הצדיק ראוי לשמוח בהם, והם לו לזמירות; כמו שאמר הוא בתחלת הספר, בַּיּוֹם הַהוּא יִהְיֶה צֶמַח ה' לִצְבִי וּלְכָבוֹד (לעיל ד, ב). ולמי יהיה? לפלטת ישראל, הם הצדיקים כמו שאמר הנה לצדיק. ואמר, הַנִּשְׁאָר בְּצִיּוֹן וְהַנּוֹתָר בִּירוּשָׁלַםִ (שם פסוק ג): **ואמר רזי לי רזי לי.** כאלו אמר הנביא, כשראיתי זה הפורענות העתידה לבא בישראל בימי הגאולה, שיצרפו ולא ישארו אלא הצדיקים: **רזי לי.** כלומר, רזון לי. כאלו אמר משמן בשרי ירזה על זה, ואוי לי על זה, כי כמה בוגדים יש בהם וכולה יכלו. או פירוש, כמה בוגדים יבגדו בהם. או פירוש, שהוא רמז על ארבע מלכיות, בבל בוגדים, מדי ופרס בגדו, ובגד בוגדים, על מדי ופרס בגדו יון וכותא. וכולם נשתעבדו בישראל ובגדו בהם בגלותם ביניהם. ורבותינו זכרונם לברכה דרשו ואמרו (סנהדרין צד, א), יצאתה בת קול ואמרה רזי לי רזי לי, אמר הנביא עד מתי יצתה בת קול ואמרה בוגדים בגדו וגו' עד דאתו בוזזי ובזיזי דבוזזי. ויו"ד רזי למד הפעל כיו"ד נקי ורזי מלעיל מפני מלת לי שהיא בצדה שהיא מלה זעירא. ויונתן תרגם רזי ענין סוד, כמו וכל רז לא אניס לך (דניאל ד, ו). וכן תרגם הפסוק, מְבֵּית מַקְדְּשָׁא דְמִתַּמָּן וגו': **(יז) פחד.** זה אמר כנגד אדום וישמעאל וזולתם שהיו יושבי הארץ ואדוניה עליה, וישראל בגלות ביניהם. אמר, אל תחשבו כי לישראל לבד תהיה הצרה, כי גם לכולכם. שתחשבו שתהיו אדונים, ויושבי הארץ תנועו מתוכה, וכל אומה ואומה תנוע ממקומה,וישראל ינצלו מהצרה, והצדיקים ההם יכתבו לחיים, אבל אתם לא תמלטו: **(יח) והיה.** זה הפסוק פירוש לאשר לפניו: **והפחת.** היא החפירה הגדולה:

**מצודת דוד**

**(יד) המה ישאו קולם.** המה יזכו לגאולה וישאו קולם ברנה: **בגאון ה'.** בעבור גאון ה' יצהלו בקול, יותר ממה שצהלו בקול שמחה על הים, כאשר שקעו מצרים בעומק הים: **(טו) על כן.** הואיל ומובטחים הם על הגאולה, לכן אותם הנסתרים בבקיעי הארץ מפחד האויב, כבדו את ה': **באיי הים.** מלת כבדו משמשת בשתים, לומר, אותם שגלו לאיי הים כבדו את ה' וכו': **(טז) מכנף הארץ זמירות שמענו.** רצונו לומר, אני וחברי הנביאים שמענו בנבואה, אשר בעת הגאולה תהיה כריתה והשחתה מקצה הארץ עד קצהו, ואחריה יהיה ההדר לכל צדיק וצדיק: **ואומר.** כשמעי הדבר הזה, אמרתי הסוד האמור לי מביא רזון לי. ואוי לי על השמועה, כי הבוגדים יבגדו בישראל וירעו להם: **ובגד בוגדים בגדו.** רצונו לומר, קבוצת בוגדים אשר יבגדו בהבוגדים ההם, יבגדו גם המה בישראל. רצונו לומר, יהיה תגר ומלחמה בין העובדי כוכבים, וכולם יבגדו בישראל: **(יז) פחד וכו'.** רצונו לומר, צרות משונות ותכופות: **עליך.** יבואו עליך ישראל, יושב הארץ ההיא: **(יח) והיה הנס.** מי שיברח ממקומו מקול הפחד יפול וכו', רצונו לומר, מי שינצל מצרה אחד יפול באחרת:

**מצודת ציון**

**(יד) ישאו.** ענין הרמה: **גאון.** ענין ממשל רב: **צהלו.** ענין השמעת קול גדול; וכן, צַהֲלִי קוֹלֵךְ בַּת־גַּלִּים (לעיל י, ל): **(טו) באורים.** ענין בקיע וחריץ; וכן, מְאוּרַת צִפְעוֹנִי (לעיל יא, ח): **(טז) מכנף.** מקצה; כמו, לֶאֱחֹז בְּכַנְפוֹת הָאָרֶץ (איוב לח, יג): **זמירות.** ענין כריתה; כמו, זְמִיר עָרִיצִים יַעֲנֶה (לקמן כה, ה): **צבי.** ענין הדר; כמו, לַעֲטֶרֶת צְבִי (לקמן כח, ה): **רזי.** קדמאה, ענין סוד; כמו, וְכָל־רָז לָא־אָנֵס לָךְ (דניאל ד, ו), ותניינא, ענין רזון וכחישות: **(יז) ופחת.** חפירה עמוקה; כמו, בְּאַחַת הַפְּחָתִים (שמואל־ב יז, ט): **ופח.** רשת: **(יח) הנס.** ענין בריחה:

---

**14.** **הֵמָּה יִשְׂאוּ קוֹלָם** — *They will yet raise their voice.* Those few survivors will sing praises to God when they witness the miraculous downfall of Gog and Magog (*Radak*).

**צָהֲלוּ מִיָּם** — *They will shout [with] greater [joy] than at the Sea [of Reeds].* They will praise God more than He was praised at the splitting of the Sea of Reeds when Israel was redeemed from Egypt (*Rashi*). Alternatively, מִיָּם means *from the west,* i.e., the people who live in the western lands, far from Jerusalem, will raise their voices in praise over the greatness of God (*Radak*).

This may allude to the Jews who seemed to be irretrievably assimilated into Western culture. When the final Redemption comes, they will see the truth of the Torah and flock back to its study and observance.

**15.** **עַל־כֵּן בָּאֻרִים כַּבְּדוּ ה'** — *Therefore, honor HASHEM for the lights.* The translation follows *Rashi,* who relates the word אֻרִים to אוֹר, *light,* and explains that redemption is often symbolized by light. The plural *lights* alludes to two redemptions:

Expectant exuberance

[14] *They will yet raise their voice, they will shout; over the greatness of HASHEM,*
*they will shout [with] greater [joy] than at the Sea [of Reeds].* [15] *Therefore,*
*honor HASHEM for the lights, in the islands of the sea, [honor] the Name of*
*HASHEM, the God of Israel.*
[16] *From the edge of the earth we have heard songs, "Glory for the righteous." But I say, "My lot is to waste away! My lot is to waste away! Woe is me! The treacherous have dealt with treachery; with the treachery of the treacherous have they dealt treacherously!"*

God's judgment

[17] *Fear and pitfall and snare [will be] upon you, O inhabitant of the land;*
[18] *it shall be that whoever flees the sound of the fear will fall into the pit,*

the redemption from the Babylonian exile after the destruction of the First Temple, and the future redemption from the current exile after the destruction of the Second Temple by Rome. (Some versions read *Ishmael.* Accordingly, the prophecy refers to contemporary times.) After each redemption, the righteous will honor God for the salvation of His people.

Some render אֻרִים as *torches.* The redemption will be celebrated all night with torch-lit processions (*Abarbanel*). Alternatively, *Radak* translates בָּאֻרִים, *in the valleys* [see *Genesis* 11:31, אוּר כַּשְׂדִּים, *the valley of Chaldees*], and notes that cities are usually constructed in valleys rather than on mountains. He explains that Isaiah is calling to the inhabitants of the cities to honor and praise God when they hear of His awesome power over the nations.

*Rashi* and *Metzudos* also suggest that אֻרִים may mean *cracks* or *crevices;* the surviving righteous people who are living in the caves and crevices of the devastated earth will honor God for His salvation.

**בְּאִיֵּי הַיָּם שֵׁם ה׳ אֱלֹהֵי יִשְׂרָאֵל** — *In the islands of the sea, [honor] the Name of HASHEM, God of Israel.* Word of God's great power will spread even to the distant islands of the sea. Their inhabitants, too, will honor the Name of the God of Israel for He has done all this for their sake (*Radak*).

**16. מִכְּנַף הָאָרֶץ זְמִרֹת שָׁמַעְנוּ צְבִי לַצַּדִּיק** — *From the edge of the earth we have heard songs, "Glory for the righteous."* Isaiah reports that he and others of his time who had been granted the same vision have heard prophetic songs emanating from the edge of the earth, i.e., from some very distant place (*Radak*). When the final Redemption is at hand, songs of rejoicing and praise for the righteous will come from all four corners of the world.

*R' Schwab* suggests that the people in this far-flung place or places will be exceptions to the common attitude prior to that time. Most people felt only hatred or contempt for the righteous, but the relatively few who respected and admired them will be vindicated at the end of days and will joyously praise them.

**צְבִי לַצַּדִּיק** — *Glory for the righteous.* The word צְבִי means *beauty* or *glory* (*Radak; Metzudos*). The theme of the songs will be praise and glorification of the righteous survivors of the pre-Messianic destruction (*Radak*). Alternatively, *Rashi* suggests that צְבִי is related to מַצָּב, *position* or *standing.* At that time the righteous will gain a new position among the people, who will recognize the virtues of the righteous.

*Malbim* comments that the *righteous one* is Hezekiah, in whose merit Sennacherib's army was decimated, but Isaiah's joy was short lived because he was shown that Israel will suffer many tribulations before its final salvation.

**וָאֹמַר רָזִי־לִי רָזִי־לִי אוֹי לִי** — *But I say, "My lot is to waste away! My lot is to waste away! Woe is me!"* The translation follows *Radak* and *Ibn Ezra,* who relate רָזִי to רָזוֹן, *to become emaciated* or *waste away* — see *Psalms* 106:15. Upon seeing the vision that the wicked would be vanquished, Isaiah expresses consternation, for he knows that many Jews will perish for their lack of faith in God and only the righteous will remain (*Radak*). Isaiah repeats his lament three times to underscore his deep sorrow (*R' Schwab*).

Alternatively, *Rashi* and *Metzudos* relate רָזִי to רָז, *a secret* — see *Daniel* 4:6. Isaiah declares, "My secret is with me! My secret is with me!" God revealed two secrets to the prophet: the secret of Israel's downfall and the secret of Israel's salvation. The secret of the downfall, the nation's sinfulness, has already been expressed. He exclaims, "*Woe is me,*" because he was shown, as he says in the next phrase, that the final salvation will come neither quickly nor easily.

**בֹּגְדִים בָּגָדוּ וּבֶגֶד בּוֹגְדִים בָּגָדוּ** — *The treacherous have dealt with treachery; with the treachery of the treacherous have they dealt treacherously.* Isaiah is terribly troubled for it has been revealed to him — alluded to by the fivefold mention of treachery — that five periods of subjugation will precede the final salvation. Israel will suffer under Babylon, Media, Persia, Greece, and Edom. It has been revealed to him that salvation is far off, in the very distant future. It will not come until enemies arrive, plunderers after plunderers and marauders after marauders (*Sanhedrin* 94a).

**17. פַּחַד וָפַחַת וָפָח עָלֶיךָ יוֹשֵׁב הָאָרֶץ** — *Fear and pitfall and snare [will be] upon you, O inhabitant of the land.* Isaiah addresses Edom and Ishmael, the nations who dwelt in the land of Israel and became its masters. Do not think that only Israel will suffer at that time; all who have subjugated Israel will suffer retribution, as well. Moreover, only Israel will ultimately be saved, but not her oppressors; for them there will be no escape as detailed in the next verse (*Radak*).

**18. וְהָיָה הַנָּס מִקּוֹל הַפַּחַד יִפֹּל אֶל־הַפַּחַת . . .** — *It shall be that whoever flees the sound of the fear will fall into the pit . . .*

וְהָעוֹלֶה֙ מִתּ֣וֹךְ הַפַּ֔חַת יִלָּכֵ֖ד בַּפָּ֑ח כִּֽי־אֲרֻבּ֞וֹת מִמָּר֙וֹם נִפְתָּ֔חוּ וַֽיִּרְעֲשׁ֖וּ מ֥וֹסְדֵי
יט אָֽרֶץ׃ רֹ֥עָה הִֽתְרֹעֲעָ֖ה הָאָ֑רֶץ פּ֚וֹר הִתְפּ֣וֹרְרָה֙ אֶ֔רֶץ מ֥וֹט הִֽתְמוֹטְטָ֖ה אָֽרֶץ׃
כ נ֧וֹעַ תָּנ֣וּעַ אֶ֗רֶץ כַּשִּׁכּ֔וֹר וְהִֽתְנוֹדְדָ֖ה כַּמְּלוּנָ֑ה וְכָבַ֤ד עָלֶ֙יהָ֙ פִּשְׁעָ֔הּ וְנָפְלָ֖ה
כא וְלֹא־תֹסִ֥יף קֽוּם׃ וְהָיָה֙ בַּיּ֣וֹם הַה֔וּא יִפְקֹ֧ד יְהוָ֛ה עַל־צְבָ֥א
כב הַמָּר֖וֹם בַּמָּר֑וֹם וְעַל־מַלְכֵ֥י הָאֲדָמָ֖ה עַל־הָאֲדָמָֽה׃ וְאֻסְּפ֨וּ אֲסֵפָ֤ה אַסִּיר֙ עַל־
כג בּ֔וֹר וְסֻגְּר֖וּ עַל־מַסְגֵּ֑ר וּמֵרֹ֥ב יָמִ֖ים יִפָּקֵֽדוּ׃ וְחָֽפְרָה֙ הַלְּבָנָ֔ה וּבוֹשָׁ֖ה הַֽחַמָּ֑ה
**כה** א כִּֽי־מָלַ֞ךְ יְהוָ֣ה צְבָא֗וֹת בְּהַ֤ר צִיּוֹן֙ וּבִיר֣וּשָׁלִַ֔ם וְנֶ֥גֶד זְקֵנָ֖יו כָּבֽוֹד׃ יְהוָ֤ה

**רש״י**

**(יט) רועה התרועעה.** לשון שבר, כמו, תְּרֹעֵם בְּשֵׁבֶט בַּרְזֶל (תהלים ב, ט): **פור התפוררה.** לשון פירורין: **(כ) כמלונה.** סוכת נוצרים שבראש האילן: **(כב) ואוספו.** העובדי כוכבים: **אספה.** שהוא לרעתם להכניס אסיר אל בור המוכן לו, מחוייבי גיהנם לגיהנם: **וסוגרו על מסגר.** הם שבעה מדורי גיהנם: **ומרוב ימים יפקדו.** עונות ימים רבים יפקדו עליהם, וזהו שיסד הקליר (בסילוק של יוצר דפרשת זכור) לְרוֹב יָמִים לְהִמָּנוֹת, לַחֲשׁוֹב לָהֶם חֶשְׁבּוֹנוֹת: **(כג) וחפרה הלבנה וגו׳.** תרגם יונתן, וְיִבְהֲתוּן דְּפָלְחִין לְסִיהֲרָא וְיִתְכַּנְעוּן דְּסָגְדִין לְשִׁמְשָׁא:

**רד״ק**

**כי ארבות ממרום נפתחו.** לפי שהגזרות יורדות מן השמים אמר כאילו הוא מטר גובר, כמו שאמר במבול, וַאֲרֻבֹּת הַשָּׁמַיִם נִפְתָּחוּ (בראשית ז, יא). וכן תהיינה הגזרות יורדות מן השמים לרוב מאוד כמו המבול, ומפני זה וירעשו מוסדי ארץ שלא תהא עמידה ליושביה: **(יט) רעה התרועעה.** ענין שבר, וכן פור התפוררה; כמו, אַתָּה פוֹרַרְתָּ בְעָזְּךָ יָם (תהלים עד, יג). וכל הכפל לחזק הצרות הגדולות שתהיינה בעת ההיא על כל הארץ: **(כ) נוע תנוע ארץ, כמלונה.** סכת שומר הכרמים, שעושה סכתו בהר ושומר משם כל הכרמים. ואותה הסוכה היא עשויה מעצים קלים כי אין לה קבע, כי אין יושב בה השומר אלא כל זמן שהענבים בכרמים לשומרם. ואותה הסכה נקראת מלונה לפי שגם בלילה לן שם השומר. וכשהרוח מכה באותה מלונה היא מתנודדת אילך ואילך, ומפני קלותה היא עומדת בהתנודדה שלא תפול לארץ, ואם יש בראשה דבר שיכבד עליה תפול. כן תהיה הארץ, ינודו יושביה אילך ואילך ולא תהיה להם עמידה, כי פשעיהם יכבדו עליהם ויפלו לארץ, ולא יוסיפו לקום עליה עוד: **(כא) והיה ביום ההוא יפקד ה׳ על צבא המרום במרום.** יש מפרשים זה על קדרות המאורות, כי הוא סימן ואות לרעת האומות; לפיכך אמר ועל מלכי האדמה. והחכם רבי אברהם בן עזרא זכרונו לברכה פירש, כי צבא המרום הם המלאכים שהם עומדים לעזור לגוי אחד ולהסטין לגוי אחר כאשר הוא מפורש בספר דניאל. ועל כן אמר ועל מלכי האדמה כי מלכות הגוים דבק עם מלכות המלאכים: **(כב) ואספו אספה אסיר.** חסר כ״ף הדמיון. ופירוש כאסיר, כמו שמאספים האסורים בלילה אל הבור, וסוגרים אותה במסגר עד הבקר שיוציאום לעבודתם, כן יאספו הרשעים. רצונו לומר, שיהיו כאסירים מפני ישראל, שלא יהיה להם רשות להרים יד ורגל עד שישפלו לפניהם בתכלית השפלות: **ומרוב ימים.** רצונו לומר, לימים רבים יפקדו ויהיו כל גוי וגוי בממלכתו. כי אחר שהורגלו ימים רבים בשפלות, לא ירעו עוד וישובו גוי וגוי בממלכתו. ואדוני אבי זכרונו לברכה פירש הפסוק על ישראל שיהיו בגלות ימים רבים, וסגרו על מסגר בין עובדי כוכבים ובין ישמעאל, ומרוב ימים יפקדו כל גוי וגוי. ואחר שיהיו ימים רבים בגלות, ירחם עליהם האל, ויפקדו: **(כג) וחפרה הלבנה.** פירוש, וחפרה להם לעובדי כוכבים הלבנה ובושה להם החמה. כלומר, יחשיך העולם עליהם מרוב הצרות, וזה יהיה במלחמת גוג ומגוג. ואז תראה מלכות ה׳ צבאות בהר ציון ובירושלם,כי שם יחנו על ירושלם גם יכבשו חצי העיר, ויצא השם ונלחם בגוים ההם. ואז יכירו כל הנשארים מכל הגוים כי לה׳ המלוכה. ויהיה נגד זקני עמו לכבוד ולתפארת;

**מצודת דוד**

**כי ארבות.** אמר במשל כאלו נפתחו חלוני שמים, ויורדים דרך בם צרות מרובות: **וירעשו וכו׳.** רצונו לומר, אף החזקים ירעדו מפחד הצרות המרובות: **(יט) רעה וכו׳.** כאומר אבל סוף הדבר תהפך הצרה על העובדי כוכבים, והארץ תשבר ותפרך לפרורים, ותהיה נוטה ליפול. והוא משל על מרבית הצרות, וכפל הדבר לחזק: **(כ) נוע וכו׳.** הארץ תתנועע כשכור המתנעע, ולא יוכל לעמוד ביושר מבלי הנעה: **והתנודדה.** תהיה נדה ונעה כסוכת שומר קשואין הנדה ברוח: **וכבד עליה פשעה.** הפשע אשר פשעו בישראל להיצר להם, יכבד על הארץ ותפול למטה ולא תוכל לקום עוד. רצה לומר, העון הזה יקטרג: **(כב) ואספו וכו׳.** יהיו מאוספים לקבל תשלומים, כדרך שמאספין בלילה את כל האסירים אל בור בית הסוהר, וסוגרין אותם במסגר עד הבוקר, שיוצאין איש איש לעבודתו. רצונו לומר, האסיפה שיתאספו יחד על ה׳ ועל משיחו, האסיפה ההיא תהיה לרעתם כאסיפת האסירים: **ומרוב ימים יפקדו.** אז יפקד עליהם פורעניות על העונות שעשו מימים רבים: **(כג) וחפרה הלבנה.** אל מול העובדי כוכבים תחפור הלבנה והחמה. רצה לומר, יחשך מאורם בעיני העובדי כוכבים לפי רוב הצרות הבאות עליהם. וכן נאמר במפלת בבל, כִּי כוֹכְבֵי הַשָּׁמַיִם וּכְסִילֵיהֶם לֹא יָהֵלּוּ אוֹרָם (לעיל יג, י): **כי מלך וכו׳.** רצונו לומר, כאשר תגלה מלכותו בעשות נקם באנשי גוג: **ונגד זקניו כבוד.** ולנגד זקני עמו יהיה לכבוד ולתפארת מה שהשכילו לדעת מאז, שה׳ הוא האלהים:

**מצודת ציון**

**ארבות.** חלונות; כמו, וַאֲרֻבֹּת הַשָּׁמַיִם (בראשית ז, יא): **ממרום.** מן השמים הרמים: **מוסדי.** מלשון יסוד: **(יט) רעה התרועעה.** ענין שבירה; כמו, וְרָעוּ דָּלִיּוֹתָיו (ירמיה יא, טז): **פור התפוררה.** ענין הרצוץ לחתיכות רבות; כמו, אַתָּה פוֹרַרְתָּ (תהלים עד, יג): **מוט התמוטטה.** מלשון נטיה ונפילה: **(כ) נוע תנוע.** מלשון הנעה והנדה: **והתנודדה.** מלשון נדידה: **כמלונה.** כן יקרא סוכת שומר הקשואין, על כי אינה עשויה אלא ללינת לילה. כמו שכתוב, כִּמְלוּנָה בְמִקְשָׁה (לעיל א, ח): **(כא) יפקוד.** כמו, וְהוּא־פָקַד עָלַי (עזרא א, ב): **(כב) אסיר.** כאסיר, ותחסר כ״ף הדמיון: **על בור.** אל בור: **על מסגר.** כמו במסגר על במקום בי״ת; וכן, עַל חַרְבְּכֶם (יחזקאל לג, כו) ורצונו לומר, במנעול המסגר: **(כג) וחפרה.** ענין בושה, ורצונו לומר, שכהה מאורה כי המתבייש יכהה מאור פניו: **כי.** כאשר:

---

One who survives one calamity will fall prey into another (*Metzudos*).

*Rashi* understands the verse metaphorically. The *fear* is the sword of Messiah, son of Joseph; the *pit* is the sword of Messiah, son of David; and the *snare* is the war of Gog and Magog. Whoever escapes the sword of Messiah, son of Joseph, will fall to the sword of Messiah, son of David, and whoever escapes from his sword will be snared in the wars of Gog. See ArtScroll *Yechezkel* pp. 568-569 for further discussion regarding Messiah the son of Joseph and pp. 577-579 for information regarding the wars of Gog and Magog.

*and whoever rises from within the pit will be trapped in the snare; for
windows will be opened from above, and the foundations of the earth will
quake. 19 Broken, broken will be the land; crumbled, crumbled will be the
land; trembling, trembling will be the land; 20 tottering, the land will totter like
a drunkard, and sway like a booth; and its sins will weigh heavily upon it, and
it will fall, never to rise again.*
*21 It shall be on that day that HASHEM will deal with the hosts of heaven in
heaven, and with the kings of the earth on the earth. 22 They will be gathered
together in a gathering, a captive in a dungeon, and they will be imprisoned in
a prison; and after many days they will be remembered. 23 The moon will be hu-
miliated and the sun will be ashamed, for HASHEM, Master of Legions, will have
reigned in Mount Zion and in Jerusalem, and there will be honor for His elders.*

---

**כִּי־אֲרֻבּוֹת מִמָּרוֹם נִפְתָּחוּ** — *For windows will be opened from above.* This obvious metaphor means that misfortunes will follow one another as swiftly as if tragedy is raining down from the windows of heaven (*Radak*).

**וַיִּרְעֲשׁוּ מוֹסְדֵי אָרֶץ** — *And the foundations of the earth will quake.* Because of the abundant tragedies, the foundations of the earth will seem to quake (*Radak*) and no nation will dwell in peace (*Mahari Kara*).

**19. רֹעָה הִתְרֹעֲעָה הָאָרֶץ . . .** — *Broken, broken will be the land . . .* The repetition of the words of destruction — רֹעָה, פּוֹר, and מוֹט — emphasizes the terrible troubles that will befall the nation at the onset of the Messianic Era (*Radak*).

**20. נוֹעַ תָּנוּעַ אֶרֶץ כַּשִּׁכּוֹר** — *Tottering, the land will totter like a drunkard.* The prophet compares the inhabitants of the land to a drunkard for, like a drunkard, they will stagger and fall under their heavy burden of sin.

**וְהִתְנוֹדְדָה כַּמְּלוּנָה** — *And sway like a booth.* The prophet compares the inhabitants of the land to a watchman's booth in a field. Since it is meant only to provide a temporary shelter during relatively pleasant weather, it is built on flimsy material and sways to and fro in the wind (*Rashi; Radak*). So too will the people sway and shake until they ultimately collapse and are unable to raise themselves due to the weight of their sins (*Radak*).

**21. יִפְקֹד ה' עַל־צְבָא הַמָּרוֹם בַּמָּרוֹם** — *HASHEM will deal with the hosts of heaven in heaven.* Most commentators explain that the *hosts of heaven* are the guardian angels of the nations of the world — see *Daniel* 10:13. The "spiritual counterpart" of every nation is its angel, which is its source of strength and the support of its government against foreign enemies. On this day God will remove the power of those angels, and thereby make their nations helpless to protect themselves (*Ibn Ezra; Radak; Mahari Kara*).

As long as Israel is in exile and cast under the sway of the nations, their heavenly angels prevent Israel from rising from servitude. But once God takes power away from those angels, our earthly oppressors will lose their power over Israel (*Panim Yafos*).

**22. וְאֻסְּפוּ אֲסֵפָה אַסִּיר עַל־בּוֹר . . . וּמֵרֹב יָמִים יִפָּקֵדוּ** — *They will be gathered together in a gathering, a captive in a dungeon . . . and after many days they will be remembered.* The purpose of this gathering will not be to reward any of these nations but to demand retribution. Alternatively, the בּוֹר of this verse is referring to Gehinnom where the wicked will be punished for the sins they had committed over a long period of time (*Rashi*).

The prophet compares the nations of the world to prisoners who are assembled to be placed in a dungeon by night and to hard labor by day. After this loss of power and a long period of suffering and degradation, they will be stripped of their arrogance and will no longer be dangerous to others. Then they will be restored to power (*Radak*).

According to *R' Joseph Kimchi,* the subject of the verse is Israel. They will be exiled among the descendants of Esau and Ishmael like prisoners in a dungeon, but will be remembered by God after many days and then released from prison.

*R' Hirsch* (Vol. 4, p. 241) comments that verses 21-22 speak of the time — *on that day* — when the nations are forced to recognize that security cannot be found in themselves, nature, or society. Only then will the Torah's laws of morality be paramount, and God will command the heavenly hosts and the earthly kings. The heavenly hosts, that were once worshiped as idols, will then be recognized for their true purpose: to be tools for the service of God.

**23. וְחָפְרָה הַלְּבָנָה וּבוֹשָׁה הַחַמָּה** — *The moon will be humiliated and the sun will be ashamed.* Those who worship the moon and sun will be humiliated and ashamed (*Targum Yonasan*), for they will now realize that these heavenly bodies are actually powerless on their own (*Daas Sofrim*). Alternatively, the verse is to be understood figuratively. Due to the terrible suffering that the nations will endure during the war of Gog and Magog, the moon and the sun will appear to have darkened for them (*Radak*).

**כִּי־מָלַךְ ה' צְבָאוֹת בְּהַר צִיּוֹן וּבִירוּשָׁלַיִם** — *For HASHEM, Master of Legions, will have reigned in Mount Zion and in Jerusalem.* The nations who had encamped on Mount Zion and had even conquered half of Jerusalem will recognize that the kingdom belongs to no one other than God Himself (*Radak*).

**וְנֶגֶד זְקֵנָיו כָּבוֹד** — *And there will be honor for His elders.* The people will then honor God's elders, the learned scholars and the righteous.

אֱלֹהַי אַתָּה אֲרוֹמִמְךָ אוֹדֶה שִׁמְךָ כִּי עָשִׂיתָ פֶּלֶא עֵצוֹת מֵרָחוֹק אֱמוּנָה אֹמֶן:
ב כִּי שַׂמְתָּ מֵעִיר לַגָּל קִרְיָה בְצוּרָה לְמַפֵּלָה אַרְמוֹן זָרִים מֵעִיר לְעוֹלָם לֹא
ג־ד יִבָּנֶה: עַל־כֵּן יְכַבְּדוּךָ עַם־עָז קִרְיַת גּוֹיִם עָרִיצִים יִירָאוּךָ: כִּי־הָיִיתָ מָעוֹז
לַדָּל מָעוֹז לָאֶבְיוֹן בַּצַּר־לוֹ מַחְסֶה מִזֶּרֶם צֵל מֵחֹרֶב כִּי רוּחַ עָרִיצִים
ה כְּזֶרֶם קִיר: כְּחֹרֶב בְּצָיוֹן שְׁאוֹן זָרִים תַּכְנִיעַ חֹרֶב בְּצֵל עָב זְמִיר עָרִיצִים

**רש"י**

(א) **עצות מרחוק אמונה אומן.** עצות שיעצת מרחוק לאברהם בברית בין הבתרים: **אמונה אומן.** אמונה נאמנת. אומן כמו אוהל, אוכל. ואינו לשון פועל אלא לשון מפעל, אבויי"רמינט בלע"ז: (ב) **כי שמת.** הא שעיר מעיר לגל: **ארמון זרים מעיר.** מעון שעשו בעירך שהחריבוה, תתן ארמנותיה חורבן אשר לעולם לא יבנה: (ד) **מחסה מזרם.** כיסוי אהל להציל מזרם, וצל להגין מחורב. ומהו אותו זרם? הוא רוח עריצים, כי רוחם דומה לזרם השוטף בקיר ומפילו: (ה) **כחורב בציון.** בעת יובש שמייבש הזרעים להתמולל, כן תכניע שאון זרים: **חורב בצל עב.** כשהמים מתקשרים בענן עב בימי השרב, שהכל שמחים בו, כן יענה שיר הצדיקים על זמיר עריצים ומפלתן: **זמיר.** לשון לֹא תִזְמֹר (ויקרא כה, ד):

**רד"ק**

כמו שאמר בראש הספר, יִהְיֶה צֶמַח יהוה לִצְבִי וּלְכָבוֹד וגו׳ (לעיל ד, ב). ואמר וְהָיָה הַנִּשְׁאָר בְּצִיּוֹן וגו׳ (שם פסוק ג), והם זקניו הנזכרים הנה: (א) **ה׳ אלהי.** ואז יאמר בימים ההם, כל אחד מהזקנים שזכר, ונגד זקניו כבוד לאמר, ה׳ אלהי אתה. כלומר, אתה שופטי, כי לקחת משפטי מהעובדי כוכבים. עתה אני מכיר שאתם אלהי באמת, על כן ארוממך אודה שמך. כלומר, אתן לך בתהלתי רוממות, לפי שהתרוממת ונשאת על כל הגוים. ואמר ארוממך ואמר שמך, כי הוא שמו ושמו הוא: **כי עשית.** עמנו פלא, דבר נפלא בעינינו. כי לקחתנו מבין הגוים שהיינו נפזרים ביניהם, ועובדים להם. ועוד אחרי קבוץ גליות, שיתקבצו עלינו גוג ומגוג ועמים רבים אשר אתו, יפילם על הרי ישראל כולם. כמו שכתוב בנבואת יחזקאל ובנבואת זכריה, פלא גדול יהיה זה: **עצות מרחוק אמונה אומן.** העצות שאמרת מזמן רחוק על ידי נביאיך התקיימו קיום חזק; זהו אמונת אומן. כמו רעים ונאמנים שפירושו חזקים וקיימים, וכן במקום נאמן חזק וקיים: (ב) **כי שמת מעיר.** מאותו מקום שהיה עיר עשית גל. כלומר, שמת גל אבנים, כי רבים מערי הגוים יהרסו באותן הימים. וכפל הדבר במלות שונות לחזק הענין. ואמר קריה בצורה למפלה בצי"רי הפ"א: **ארמון זרים מעיר.** יהיה נשבת מעיר, כי לעולם לא יבנה. וארמון זרים אמר על בבל, שהיא כמו ארמון לכל ערי העובדי כוכבים, והם יקראו זרים ונכרים: (ג) **על כן.** אפילו העזים והעריצים שבעובדי כוכבים ייראוך ויכבדוך, כשיראו מה שעשית בגוג ומגוג ומחנהו: (ד) **כי היית מעוז לדל.** מחסה דל ואביון הם ישראל. ודמה הצרות והגלות לזרם מים ולחורב השמש, והאל היה מחסה וצל להם שלא כלו בגלות. ופירש המשל ואמר, כי רוח עריצים כזרם קיר. רוצה לומר, כעס עריצי הגוים על ישראל היה להם כזרם מים המפיל הקיר; ולולי רחמי האל לא היה לנו תקומה: **ורוח.** כעס; כמו, אל תְּבַהֵל בְּרוּחֲךָ לִכְעוֹס (משלי ז, ט), כָּל רוּחוֹ יוֹצִיא כְסִיל (שם כט, יא), הֵנִיחוּ אֶת רוּחִי (חגי ו, ח): (ה) **כחורב בציון.** כי החורב והשרב במקום ציה, ואין לאדם בעבורו מחסה במפלט. כן הכנעת אתה אותם שאון זרים והמונם, שלא יהיה להם מפלט ומקלט: **כחורב בצל עב.** ואותו החורב יהיה לגוים כחורב בציון, ויהיה לישראל כחורב בצל עב. כלומר, כי צרות גדולות יהיו באלו הימים לעובדי כוכבים ולישראל, כמו שכתבנו למעלה בפסוק וחפרה הלבנה. וישראל ימלטו מאותה הצרה; כמו שכתוב, כָּל הַנִּמְצָא כָּתוּב בַּסֵּפֶר (דניאל יב, א). ויהיה להם אותו החורב כמו החורב, שיבא עליו צל ויקרר אותו, אבל לעובדי כוכבים יהיה כריתה, שיכניע אותם: **זמיר.** ענין כריתה; כמו, וְכַרְמְךָ לֹא תִזְמֹר (ויקרא כה, ד):

**מצודת דוד**

(א) **ה׳ אלהי אתה.** בראות הנביא הנבואה ההיא, התחיל לקלס למקום, ואמר ה׳ אלהי אתה וכו׳: **עצות מרחוק.** העצות שיעצת מזמן רחוק, אשר הבטחת על ידי הנביאים היא אמונה אמתית וקיימת, כי כן נעשה: (ב) **מעיר לגל.** אותו מקום שהיה עיר, שמתו להיות גל אבנים כדרך החורבה: **קריה בצורה.** עיר מבצר שמת להיות מפלה: **ארמון זרים.** מקום הארמונות של הבבליים יהיה נשבר מעיר, ולעולם לא יבנה עוד לשוב לקדמותו: (ג) **על כן.** בראות ממשלתך, יכבדוך כל עם חזק, ואנשי ערי העובדי כוכבים החזקים יפחדו ממך: (ד) **כי היית.** כי בכח זרועך היית למעוז בעת צר לישראל, עם דל ואביון: **מחסה.** היית להם למחסה מזרם מים ולצל מחום השמש. רצונו לומר, הצלתם מיד העובדי כוכבים המכאיבים לישראל: **כי רוח.** המקרא מפרש מהו הזרם אמר, שכעס העריצים דומה הוא לזרם מים השוטפים בחוזק להפיל הקיר: (ה) **כחורב בציון.** כעין החורב והחום אשר היא במקום ציה מבלי מצוא מחסה, שהיא מצירה עד מאוד; כן מאד תכניע גאון הזרים המשמעיים קול שאון: **חורב בצל עב.** כמו החורב תהיה נכנעת ומתקרר בבוא צל העבים, כן תכרית, תכניע את העריצים:

**מצודת ציון**

(א) **אומן.** ענינו דבר המתקיים; כמו, יָתֵד בְּמָקוֹם נֶאֱמָן (לעיל כב, כג): (ב) **לגל.** תל ודגור: **ארמון.** היכל ופלטרין: **זרים.** נכרים; וכן, יקראו האומות; כמו שכתוב, וְגַם אֶל הַנָּכְרִי (מלכים־א ח, מא), מעיר. מהיות עיר; וכן, כִּי שֻׁדַּד מִבַּיִת (לעיל כג, א): (ג) **עריצים.** חזקים; כמו, כְּגִבּוֹר עָרִיץ (ירמיה כ, יא): (ד) **מעוז.** חוזק: **מזרם.** ענין שטיפת המים; כמו, כְּזֶרֶם מַיִם (לקמן כח, ב): **מחורב.** ענין יובש החמימות; כמו, בְּחַרְבֹנֵי קַיִץ (תהלים לב, ד): **רוח.** ענין כעס; כמו, אַל־תְּבַהֵל בְּרוּחֲךָ (קהלת ז, ט): **קיר.** כותל: (ה) **בציון.** מלשון ציה ושממה: **שאון.** ענין המייה, זרים. נכרים, והם האומות בארץ ישראל: **עב.** ענן: **זמיר.** ענין כריתה; כמו, וְכַרְמְךָ לֹא תִזְמֹר (ויקרא כה, ד):

---

**25.**

The first five verses of this chapter are a hymn of praise and thanksgiving to God. Isaiah relates the words of the elders who will witness God's might as He exacts retribution from the wicked when He brings about the salvation of His people, as described in the previous chapter (*Radak*). Some say that Isaiah burst forth with his own praise after prophetically seeing the downfall of the wicked and the salvation of Israel that will take place during the Messianic Era (*Metzudos*).

**1. ה׳ אֱלֹהַי אַתָּה אֲרוֹמִמְךָ אוֹדֶה שִׁמְךָ** — *HASHEM, You are my God; I will exalt You, I will give thanks to Your Name. Radak* notes that Isaiah uses the words אַתָּה, *You,* and שִׁמְךָ, *Your Name,* interchangeably, and explains that the terms are synonymous: כִּי הוּא שְׁמוֹ וּשְׁמוֹ הוּא, *for He is His Name and His Name is He.* First one praises God Himself, Whose essence is incomprehensible to us, and then one praises His Name, which represents the manifestation of His mastery, as revealed by the Torah and as perceptible to man. For example, when we

**25**

*Praise for God's salvation*

[1] *HASHEM, You are my God; I will exalt You, I will give thanks to Your Name, for*
*You have done wondrously; [Your] plans from the distant [past were kept] with*
*firm faithfulness.* [2] *For You have made [the oppressor's] city into a heap, [his] fortified*
*town into a ruin; the palace of foreigners [removed] from each city, not to be rebuilt.*
[3] *Therefore, [even] a strong people will honor You; the city of mighty nations will fear*
*You.* [4] *For You were a stronghold for the meek, a stronghold for the destitute when*
*he was in distress; a shelter from downpour, a shade from the scorching heat, when*
*the fury of the mighty was like a downpour against a wall.* [5] *Like a scorching heat*
*in the wasteland, You will diminish the tumult of the foreigners; [like] a scorching*
*heat [that is] shaded by a cloud, [so] the breaking of the mighty will humble them.*

---

see God's judgment, He is *ELOHIM;* when we see His absolute power, He is *Gibbor;* when we see his unlimited mercy, He is *Keil* (*R' Schwab*).

**כִּי עָשִׂיתָ פֶּלֶא** — *For You have done wondrously.* Isaiah explains that he is praising God because of the awesome wonders that He has performed for His people by gathering them from among the many countries where they had been scattered during the years of their exile. Furthermore, Isaiah foresaw that when Gog and Magog will attack the Jewish people, after the ingathering of the exiles, God will cause them and their allies to fall on the mountains of the Land of Israel (*Radak*). Alternatively, *Ibn Ezra* cites R' Moshe HaKohen, who interprets these verses as referring to Israel's victory over Sennacherib.

**עֵצוֹת מֵרָחוֹק אֱמוּנָה אֹמֶן** — *[Your] plans from the distant [past were kept] with firm faithfulness.* This refers specifically to the prophecy revealed to Abraham at the Covenant Between the Parts (see *Genesis* 15:7-21; *Rashi*). At that time God informed Abraham that his descendants would be subjugated by four kingdoms who would send them into exile. He was also shown that ultimately, God would redeem them and they would experience the Final Redemption under the leadership of the Messiah. This is the *plan from the distant past* that will be *kept with firm faithfulness* (*Abarbanel*).

Alternatively, the verse refers to all the prophecies that God had revealed to the prophets long ago. All will have been faithfully realized and fulfilled in every detail (*Radak*). Every word in the Torah and Prophets regarding the Messiah will be fully realized, including universal recognition of God and the Jewish people's spiritual leadership of the world (*R' Schwab*).

Homiletically, God acted *wondrously* by infusing holiness into the simple, material garb of our everyday world, so that ordinary human beings can serve Him and attain spiritual heights. This is something that is beyond rational comprehension, but a person can fulfill the potential implied by this "miracle" by maintaining *firm faithfulness* that he can aspire and succeed (*Beis Aharon*).

**2. כִּי שַׂמְתָּ מֵעִיר לַגָּל** — *For You have made [the oppressor's] city into a heap.* Among God's wonders in the Messianic Era will be that Mount Seir, the leading city of Edom, the nation that sent Israel into the current long, bitter exile, will become a heap of stones (*Rashi*). According to *Radak,* many of the non-Jewish cities will be destroyed and made into heaps of stone. *Malbim* notes that the destruction will be sudden; in an instant a city will become a heap of stones, and a fortified city will become a total ruin.

**אַרְמוֹן זָרִים מֵעִיר לְעוֹלָם לֹא יִבָּנֶה** — *The palace of foreigners [removed] from each city, not to be rebuilt.* Because these nations destroyed Your city, You will destroy their palaces so decisively that they can never be rebuilt (*Rashi*). *Radak* maintains that this part of the prophecy refers to Rome, which, as the conqueror of Israel and the destroyer of the Temple, is regarded as the capital city of the nations. [Note: Our editions of *Radak* have Babylon, not Rome, probably due to censorship.]

**3. עַל־כֵּן יְכַבְּדוּךָ עַם־עָז** — *Therefore, [even] a strong people will honor You.* After witnessing the miraculous decimation of the powerful nation of Gog and Magog, even the strong and tyrannical nations (*Radak*), who had escaped the war or who had been far from the scene of the battle will now honor and fear God (*Ibn Ezra; Radak*). Alternatively, after witnessing the destruction of the enemy cities, Israel will be a strong people and will honor and fear God (*Malbim*).

**4. כִּי־הָיִיתָ מָעוֹז לַדָּל מָעוֹז לָאֶבְיוֹן בַּצַּר־לוֹ** — *For You were a stronghold for the meek, a stronghold for the destitute when he was in distress.* The meek and destitute are references to Israel, which suffered tribulations from the mighty during their exile (*Radak*). God will be honored because during this time, He acted as a stronghold for His people, protecting them from all their enemies.

**מַחְסֶה מִזֶּרֶם** — *A shelter from downpour.* The *downpour* is an allegorical description of the tyrannical enemies of the Jews, as Scripture explains at the end of the verse. Like the torrential rain that bursts forth with a power and force that can destroy sturdy structures, so too do the enemies of the Jews attempt to destroy them (*Rashi; Radak*).

**צֵל מֵחֹרֶב** — *A shade from the scorching heat.* This, too, is a reference to the merciless oppression that Israel was forced to endure during the many years of its exile. *R' Schwab* suggests that the *downpour* refers to the physical dangers of the exile and the *scorching heat* refers to spiritual dangers.

**5. כְּחֹרֶב בְּצָיוֹן שְׁאוֹן זָרִים תַּכְנִיעַ** — *Like a scorching heat in the wasteland, You will diminish the tumult of the foreigners.* Just as one cannot escape the relentless heat of the desert,

ו יַעֲנֶה: וְעָשָׂה֩ יהוה צְבָאוֹת לְכָל־הָֽעַמִּים֙ בָּהָ֣ר הַזֶּ֔ה מִשְׁתֵּ֥ה שְׁמָנִ֖ים
ז מִשְׁתֵּ֣ה שְׁמָרִ֑ים שְׁמָנִים֙ מְמֻ֣חָיִ֔ם שְׁמָרִ֖ים מְזֻקָּקִֽים: וּבִלַּע֙ בָּהָ֣ר הַזֶּ֔ה פְּנֵֽי־הַלּ֣וֹט ׀
ח הַלּ֖וֹט עַל־כָּל־הָֽעַמִּ֑ים וְהַמַּסֵּכָ֥ה הַנְּסוּכָ֖ה עַל־כָּל־הַגּוֹיִֽם: בִּלַּ֤ע הַמָּ֙וֶת֙ לָנֶ֔צַח
וּמָחָ֨ה אֲדֹנָ֧י יֱהֹוִ֛ה דִּמְעָ֖ה מֵעַ֣ל כָּל־פָּנִ֑ים וְחֶרְפַּ֣ת עַמּ֗וֹ יָסִיר֙ מֵעַ֣ל כָּל־הָאָ֔רֶץ
ט כִּ֥י יהוה דִּבֵּֽר: וְאָמַר֙ בַּיּ֣וֹם הַה֔וּא הִנֵּ֨ה אֱלֹהֵ֜ינוּ זֶ֗ה קִוִּ֛ינוּ ל֖וֹ
י וְיוֹשִׁיעֵ֑נוּ זֶ֤ה יהוה֙ קִוִּ֣ינוּ ל֔וֹ נָגִ֥ילָה וְנִשְׂמְחָ֖ה בִּישׁוּעָתֽוֹ: כִּֽי־תָנ֥וּחַ יַד־יְהוָ֖ה

**רש"י**

**(ו) ועשה ה' צבאות לכל העמים.** כשיבאו לצבא על ירושלים: **משתה שמנים.** שהם סבורים שיהא נוח להם כשמן, יהפוך למשתה שמרים: **שמנים ממחים.** נוחים ושמנים כמוח עצמות, יהיה שמרים מזוקקים מכל משקה שמן ויין, שלא יהא שם אלא שמרים לבדם. וכל זה במלחמות גוג ומגוג: **(ז) הלוט.** הכסוי: **הלוט על העמים.** המכסה את כל העמים. הלוט; כמו, וַיָּלֶט פָּנָיו (מלכים־א יט, יג), הִנֵּה הִיא לוּטָה בַשִּׂמְלָה (שמואל־א כא, י): **המסכה.** לשון נסיכות ושררה: **(ח) בלע המות.** יכסנו ויעלימנו עולמית מישראל: **(ט) ואמר.** עמו ביום ההוא הנה וגו': **קוינו לו ויושיענו.** היינו מקוים לו שיושיענו: **(י) כי תנוח יד ה'.** גבורתו של מקום:

**רד"ק**

**יענה.** ענין כניעה; כמו, לֵעָנֹת מִפָּנָי (שמות י, ג). והעריצים הם העובדי כוכבים: **(ו) ועשה ה'.** בהר הזה, בהר ציון; כי שם יהיו נקבצים כל הגוים על ירושלם: **משתה שמנים.** מענין שומן, והוא דרך משל על הכוס שישתו שם; כמו שאמר, כִּי כַּאֲשֶׁר שְׁתִיתֶם עַל הַר קָדְשִׁי יִשְׁתּוּ כָל הַגּוֹיִם (עובדיה א, טז). וכל זה דרך משל, כמו שאמר גם כן, אתן אֶת יְרוּשָׁלַם סַף־רַעַל לְכָל־הָעַמִּים (זכריה יב, ב). ואמר שהמשתה ההוא שיעשה יהיה משתה שמנים ממחים, כלומר, שמנים הרבה מענין מוח ואם אינו משרשו. והמשתה השמן ביותר, כשישתה אדם ממנו הרבה, מכביד הלב וטורדו; וכל שכן משתה שמרים שיהיו מזוקקים מן היין. וכל זה משל למהומות ה' שתהיינה בהם, והם עצמם יהרגו אחד את חברו; כמו שאמר ועלתה ידו על יד רעהו. ויונתן תרגם בְּטוּרָא הָדֵין שֵׁרוּ וגו'. ופירוש שרו, סעודה. ופירוש זמן, שיזמינם לבוא לסעודה זאת, וזהו ענין שאמר, וְהַעֲלִיתִיךָ מִיַּרְכְּתֵי צָפוֹן וַהֲבִאוֹתִךָ עַל הָרֵי יִשְׂרָאֵל (יחזקאל לט, ב): **(ז) בלע.** ענין השחתה; כמו, בְּבַלַּע רָשָׁע צַדִּיק מִמֶּנּוּ (חבקוק א, יג), והדומים להם: **הלוט הלוט.** הראשון שם והשני פעול, כמו והמסכה הנסוכה, ואף על פי שהוא בחולם. או הוא תואר, והפסוק כפול במלות שונות, כי ענין הלוט הלוט כענין המסכה הנסוכה. ופירוש הפסוק, ההסתר והכסוי שנסתרו בו הגוים עד היום ההוא שהיו כולם בשלום ובשררה; ישחית האל אותו הכסוי ויהיו מגולים ומוכנים לרעה הבאה עליהם; ולא יהיה להם מכסה ומחסה ממנה. ופירוש פני, כי עד היום ההוא היו מכוסים כאלו לא היו פניהם נראים; כענין, שַׂכְתָּ בַעֲדוֹ (איוב א, י), אֲשֶׁר־דַּרְכּוֹ נִסְתָּרָה (שם ג, כג). ואדוני אבי זכרונו לברכה פירש, הלוט הלוט רמז לאומה שמכסים את פניהם: **(ח) בלע המות.** ישחית ויבטל המות. רצונו לומר, מיתה מקרית לא מיתה טבעית; רצונו לומר, ההריגה שהיו הורגים אותם הגוים בגלות אז תבטל אותה המיתה. והדמעה שהיתה על כל פנים, רצונו לומר, על כל פני עם ישראל שהיו בוכים בגלות תמיד מהרעות שהיו עושים להם הגוים, אז ימחה האל אותה הדמעה מעל פניהם כי לא תהיה להם צרה עוד. וחרפת עמו יסיר מעל כל הארץ, שהיו מפוזרים בכל הארץ והיה להם חרפה בכל מקום, האל יסיר אותה חרפה: **כי ה' דבר.** באמת יהיה זה, כי ה' דבר, ומה שהוא מדבר יקיים על כל פנים: **(ט) ואמר.** עמו שזכר יאמר ביום ההוא כשיראו התשועה הגדולה, הנה אלהינו זה, קוינו לו בגלות שיושיענו, הנה הוא שיושיענו, וכפל הענין. ואמר זה ה' קוינו לו, עתה שיושיענו נגילה ונשמחה בישועתו: **(י) כי תנוח יד ה'.** להיות בגוים:

**מצודת דוד**

**(ו) לכל העמים.** הבאים למלחמה עם גוג: **בהר הזה.** הר בת ציון: **משתה שמנים.** רצונו לומר, הם יחשבו שיהיה נוח להם לכבוש את ירושלים כשמן שהוא נוח, ויהפך להם למשתה שמרים הקשה לגוף. רצונו לומר, שם יפלו מבלי תקומה: **שמנים ממחים.** שמנים הנוחים ושמנים כמוח עצמות, יהפך לשמרים מזוקקים מן המשקה, שהוא בלתי שמרים לבדם. והוא כפל ענין במילים שונות, ולומר שיהפך מחשבתם מן הקצה אל הקצה: **(ז) ובלע.** המקום ישחית בהר הזה את חשובי המכסה. וחוזר ומפרש המכסה ומגין על כל העמים; ועל גוג יאמר: **והמסכה.** המסך המכסה על כל העובדי כוכבים. וכפל הדבר במילים שונות: **(ח) בלע.** אז ישחית ויבטל המיתה לעולם: **ומחה וכו'.** רצונו לומר, ישבית דמעת הבכי: **וחרפת עמו יסיר.** לא ימצא עוד מי יחרף את ישראל, כי לא יהיו עוד גולים בין העובדי כוכבים: **מעל כל הארץ.** כי כולם ישובו איש לא נעדר ולא ימצא גולה מהם בכל הארץ ולא יחרפו למי: **כי ה' דבר.** ובידו לאמת דברו: **(ט) ואמר.** אז יאמר ישראל, הנה זהו אלהינו אשר קוינו לו והוא יושיענו: **זה ה' וכו'.** כפל הדבר במילים שונות: **נגילה.** ונשמחה בהישועה הבאה ממנו: **(י) כי תנוח יד ה'.** להכות בעמים אשר צבאו על ירושלים:

**מצודת ציון**

**יענה.** ענין הכנעה כמו מֵאַנְתָּ לֵעָנֹת (שמות י, ג): **(ו) משתה.** כן נקרא סעודת שמחה; וכן, עָשָׂה מִשְׁתֶּה (אסתר א, ג): **שמנים.** מלשון שמן: **שמרים.** פסולת המשקה השוקעת בתחתית הכלי; וכן, אַךְ שְׁמָרֶיהָ יִמְצוּ (תהלים עה, ט): **ממחים.** מלשון מוח העצמות: **מזקקים.** ענין צרוף להסיר הסיג, ואמר בלשון שאלה על הסרת המשקה: **(ז) ובלע.** ענין השחתה; כמו, בִּלַּע אֲדֹנָי (איכה ב, ב), פני. רצונו לומר החשובים; וכן, וְעִוָּה פָנֶיהָ (לעיל כד, א): **הלוט.** ענין מכסה; כמו, לוּטָה בַשִּׂמְלָה (שמואל א' כא, י): **והמסכה.** גם הוא ענין מכסה; כמו, קְשׂוֹת הַנָּסֶךְ (אשר יסך בהן) (במדבר ד, ז): **(ח) בלע.** ענין השחתה: **ומחה.** ענין מחיקה וקנוח; כמו, אָכְלָה וּמָחֲתָה פִיהָ (משלי ל, כ): **(י) תנוח.** מלשון הנחה:

---

which is devoid of shelter, so too, God will so utterly subdue the foreign nations so that they will have no refuge (*Radak*).

*Rashi* renders *like heat in the dry season,* and explains that just as vegetation dries out during the dry season and is then ready to be harvested, so will God cut down the multitude of foreign nations.

**חֹרֶב בְּצֵל עָב זְמִיר עָרִיצִים יַעֲנֶה** — *[Like] a scorching heat [that is] shaded by a cloud, [so] the breaking of the mighty will humble them.* The heathen nations will be stricken with unbearable heat as in a dry land where there is no shelter, but Israel will not suffer, for they will be protected as if in the shade of a refreshing cool cloud (*Radak*).

Alternatively, just as people rejoice when the sky fills with clouds on a hot, sunny day, providing shade from the scorching summer sun, so too will the righteous sing when their enemies are vanquished (*Rashi*).

**6.** The prophet foretells events that will occur at the End of Days and metaphorically describes the cup of retribution

*A triumphal feast*

[6] *HASHEM, Master of Legions, will make for all the nations on this mountain a*
*feast of fats, a feast of lees — rich fats and concentrated lees.* [7] *On this mountain*
*He will eliminate the covering that covers all the peoples, and the mask that had*
*masked all the nations.* [8] *He will eliminate death forever, and my Lord, HASHEM/*
*ELOHIM, will erase tears from all faces; He will remove the shame of His nation*
*from upon the entire earth, for HASHEM has spoken.*
[9] *And it will say on that day, "Behold, this is our God; we hoped to Him*
*that He would save us; this is HASHEM to Whom we hoped, let us exult and*
*be glad in His salvation."* [10] *For the hand of HASHEM will descend upon this*

---

that God will mete out to the nations that will join Gog and Magog at Mount Zion to wage war against Israel (*Radak*).

**מִשְׁתֵּה שְׁמָנִים מִשְׁתֵּה שְׁמָרִים** — *A feast of fats, a feast of lees.* The nations will think that they will easily conquer Jerusalem, like fat that is smooth and soft, but they will soon realize that they have been given a feast of sediment and will suffer their downfall (*Rashi*).

**שְׁמָנִים מְמֻחָיִם** — *Rich fats.* When one eats too much fat, it seems pleasant at first, but ultimately it will cause the heart to become heavy and ill (*Radak*).

**שְׁמָרִים מְזֻקָּקִים** — *Concentrated lees.* Dried-out sediment, completely drained of liquid and without any wine, will surely impair the health of one who eats it. The metaphor symbolizes the confusion that God will bring upon the nations that will invade Mount Zion. In their bewilderment they will fight and kill one another. See *Zechariah* 14:13 (*Radak*).

Some see this feast as alluding to the goodness that the Jewish people will enjoy at that time (*R' R. Berdugo*). Others understand the verses to refer to the time of the Revivification of the Dead, when the righteous will receive a great reward and the wicked will suffer terrible retribution (*Abarbanel*).

**7. וּבִלַּע בָּהָר הַזֶּה פְּנֵי־הַלּוֹט הַלּוֹט עַל־כָּל־הָעַמִּים** — *On this mountain He will eliminate the covering that covers all the peoples.* When God destroys Gog, the shelter and protector of the nations, their peace and security will be shattered. Alternatively, God will remove the veil that had prevented the nations from perceiving His providence in the world (*Malbim*).

**וְהַמַּסֵּכָה הַנְּסוּכָה עַל־כָּל־הַגּוֹיִם** — *And the mask that had masked all the nations.* When Israel will be exalted, the *mask* that had blinded those nations from seeing the truth will be removed (*Me'am Loez*).

**8. בִּלַּע הַמָּוֶת לָנֶצַח** — *He will eliminate death forever.* The prophet does not say that מָוֶת, *death* in general, will be removed, but that הַמָּוֶת, **the** *death,* i.e., only specific kind of death, will be eliminated. When Gog and Magog are defeated, death caused by wars, persecution, and murder — the kinds of death that the Jewish people suffered during their exile — will be eliminated, but people will still die of natural causes (*Radak*).

*Rashi,* however, understands that all death will be eliminated from the Jewish people. The verse refers to the world after the Revivification of the Dead, when God will take away dominion from the Angel of Death (*Rashi* to *Pesachim* 68a and *Sanhedrin* 91b).

**וּמָחָה ה׳ אֱלֹהִים דִּמְעָה מֵעַל כָּל־פָּנִים** — *And my Lord, HASHEM/ ELOHIM, will erase tears from all faces.* God will then wipe away the tears that the Jewish people had shed during their exile (*Radak*). With the removal of the Jewish tears, those of all mankind will also be removed, for there will be no more suffering, no more war, and no more grief (*R' Schwab*).

**וְחֶרְפַּת עַמּוֹ יָסִיר מֵעַל כָּל־הָאָרֶץ** — *He will remove the shame of His nation from upon the entire earth.* The Jewish people had been scattered over the entire earth and had been humiliated and shamed. The derision and impugning of their faith will be ended when God ends their humiliation and shame (*Radak*).

**כִּי ה׳ דִּבֵּר** — *For HASHEM has spoken.* Although the fulfillment of this prophecy may seem farfetched, it is sure to occur, for God has spoken and whatever He decrees will be fulfilled (*Radak*).

**9. וְאָמַר בַּיּוֹם הַהוּא** — *And it will say on that day.* וְאָמַר, ***it** will say,* refers to עַמּוֹ, *His nation,* of the previous verse (*Rashi; Ibn Ezra*). God's nation, the Jewish people, will offer this praise on the day they witness their great salvation (*Radak*) and see how God will remove the disgrace of His people (*Mahari Kara*).

**הִנֵּה אֱלֹהֵינוּ זֶה** — *Behold, this is our God.* The Jewish people will then say, "This is our God in Whom we placed our hope during the many years of our exile" (*Mahari Kara*). When the long-awaited redemption finally arrives after many centuries of exile, and the Scriptural prophecies are fulfilled in every detail, the Jewish people will be able to point to God and declare, "It is God Who has brought about our salvation, the One in Whom we placed our hopes and prayers for thousands of years" (*R' Schwab*).

**הִנֵּה אֱלֹהֵינוּ זֶה . . . זֶה ה׳ קִוִּינוּ לוֹ** — *Behold, this is our God . . . This is HASHEM to Whom we hoped.* The word *this* indicates that they actually will point to His Presence (*Rashi* to *Taanis* 31a). Man's perception of God will have a clarity that is not possible for the rational human intellect to experience. Indeed, from the Talmud (*Taanis* 31a) it appears that this prophecy will be realized in Gan Eden, where the righteous "will dance in a circle around God" and point their finger

בָּהָ֣ר הַזֶּ֑ה וְנָד֤וֹשׁ מוֹאָב֙ תַּחְתָּ֔יו כְּהִדּ֣וֹשׁ מַתְבֵּ֔ן °במי [°בְּמ֖וֹ ק׳] מַדְמֵנָֽה:
יא וּפֵרַ֤שׂ יָדָיו֙ בְּקִרְבּ֔וֹ כַּאֲשֶׁ֛ר יְפָרֵ֥שׂ הַשֹּׂחֶ֖ה לִשְׂח֑וֹת וְהִשְׁפִּיל֙ גַּאֲוָת֔וֹ עִ֖ם
יב אָרְב֥וֹת יָדָֽיו: וּמִבְצַ֞ר מִשְׂגַּ֤ב חוֹמֹתֶ֙יךָ֙ הֵשַׁ֣ח הִשְׁפִּ֔יל הִגִּ֥יעַ לָאָ֖רֶץ עַד־
כו א עָפָֽר: בַּיּ֣וֹם הַה֔וּא יוּשַׁ֥ר הַשִּׁיר־הַזֶּ֖ה בְּאֶ֣רֶץ יְהוּדָ֑ה עִ֣יר עָז־
ב לָ֔נוּ יְשׁוּעָ֣ה יָשִׁ֔ית חוֹמ֖וֹת וָחֵֽל: פִּתְח֖וּ שְׁעָרִ֑ים וְיָבֹ֥א גוֹי־צַדִּ֛יק שֹׁמֵ֥ר אֱמֻנִֽים:

### רש״י

**ונדוש.** יהא נדוש: **תחתיו.** במקומו ונדוש; כמו, וְנָרֹץ הַגַּלְגַּל (קהלת יב, ו): **מתבן.** תבן: **מדמנה.** טיט; וכן, לְדֹמֶן עַל־פְּנֵי הָאֲדָמָה (ירמיה טז, ד): **(יא) ופרש ידיו.** ושבר ידון וזרועותיו בספוק כפים בבכי: **השוחה.** השט במים: **לשחות.** לשוט; וכן, מֵי שָׂחוּ (יחזקאל מז, ה): **והשפיל.** המשפיל את גאוותו: **עם ארבות ידיו.** לשון, וְאָרַב לוֹ (דברים יט, יא). תרגם יונתן, אַשְׁוַת יְדוֹהִי. מקום שהוא שם לו ידים לארוב, והם מגדלים גבוהים. אשוות, חומות ומגדלים; כמו, (ירמיה נ, טו) נָפְלוּ אָשְׁוִיֹּתֶיהָ: **(יב) משגב חומותיך.** למואב הוא אומר: **(א) עיר עז לנו ישועה ישית.** העיר ירושלים שהיה מאז תמיד לנו לעז, ישועה ישית המושיע את חומותיה ואת חילה: **וחל.** חומה נמוכה שלפני החומה הגבוה: **(ב) פתחו שערים.** שלה, ויבא לתוכה גוי צדיק: **שומר.** שסמר וצפה בגלותו ימים רבים לאמונתו של הקדוש ברוך הוא שיקיים הבטחתו שהבטיח על פי נביאיו לגאלם: **שומר.** ממתין; וכן, וְאָבִיו שָׁמַר אֶת הַדָּבָר (בראשית לז, יא), וכן, וְשָׁמַר ה׳ אֱלֹהֶיךָ לְךָ (דברים ז, יב):

### רד״ק

**ונדוש מואב.** אף על פי שהאומות נתבלבלו ולא נכר היום איזהו עמון ואיזהו מואב ואיזה אדום, וכן שאר האומות, וכן באותן הימים גם כן לא יהיו נכרים העמים. וכן כתוב בנבואת דניאל, וְאֵלֶּה יִמָּלְטוּ מִיָּדוֹ אֱדוֹם וּמוֹאָב וְרֵאשִׁית בְּנֵי עַמּוֹן (דניאל יא, מא). פירוש, מיד מלך הצפון, אבל אם ימלטו מיד מלך הצפון לא ימלטו מיד האל במלחמת גוג ומגוג. והענין כי אף על פי שאינם נכרים, והם מעורבים זה עם זה, אפשר שיהיו בהם משפחות ידועות, או אפשר שקורא אדום האומה השוכנת בארץ אדום, וקורא מואב לשוכנת בארץ מואב וכן לכולם. וזכר הנה מואב, כי יהיה לעזור לגוים הבאים מארץ צפון לירושלם עם גוג ומגוג. ולפי שמואב הם שכנים לארץ ישראל, וקרובים להם יכינו להם לבאים דרכים ויהיו עמהם; לפיכך זכר מואב בפרט. ואמר נדוש מואב תחתיו, ופירושו במקומו, וכן תרגם יונתן, בְּאַתְרֵיהוֹן. ויהיה נדוש כמו שהוא נדוש התבן באשפה: **מתבן.** כמו תבן: **ומדמנה.** הוא האשפה, כי הזבל שבאשפה יקרא דמן, הָיוּ דֹּמֶן לָאֲדָמָה (תהלים פג, יא), כְּדֹמֶן עַל פְּנֵי הַשָּׂדֶה (מלכים־ב ט, לז). ואדוני אבי זכרונו לברכה פירש, מדמנה, שם עיר מערי מואב, כמו שכתוב בנבואת מואב, גַּם מַדְמֵן תִּדֹּמִּי (ירמיה מח, ב). ופירוש הפסוק כן, ונדוש מואב במקומו שהיא מדמנה, כהדוש מתבן, כמו שדשין התבן: **(יא) ופרש.** האל יפרש ידיו בקרב מואב, כאשר יפרוש השוחה לשחות. כי האדם השט במים יפרש ידיו בכל כחו, והאל ישפיל גאות מואב: **עם ארבות ידיו.** והם אצילי הידים. כי השוחה ישפיל כל דבר שיזדמן לו במים בשחותו, תחת אצילי ידיו בפשטו אותם; כן האל ישפיל כל גאות מואב. ובמקום אחר זכר גם כן מואב בגאות; כמו שאמר, שָׁמַעְנוּ גְאוֹן מוֹאָב גֵּאֶה מְאֹד וגו׳ (שם מח, כט): **(יב) ומבצר משגב.** סמוך על סמוך; וכן, מִסְפַּר מִפְקַד הָעָם (שמואל־ב כד, ט), והדומים להם: **עד עפר.** שלא תהיה לו עוד תקומה:**(א) ביום ההוא.** כל זה בזמן הישועה, והשירה שיושר הם אלו הפסוקים שאומר והולך. ואמר בארץ יהודה, כי שם תהיה המלחמה והתשועה. ואמרו על ירושלם שהיא עיר עז לנו, והשית הקדוש ברוך הוא חומותיה וחילה ישועה. וכן אומר, וְקָרָאת יְשׁוּעָה חוֹמֹתַיִךְ (לקמן ס, יח). וחיל היא החומה הקטנה שלפני החומה הגדולה. ובדברי רבותינו זכרונם לברכה (פסחים פו, א), מאי חיל וחומה שורא ובר שורא. ופירוש חיל, החפירה שסביב החומה, מתרגמינן גיא, חילתא (תרגום יונתן, דברי הימים־ב כו, ט): **(ב) פתחו.** דרך משל,שארץ ישראל תפתח להם; שהיא היום כאלו סגורה בפניהם: **שומר אמונים.** ששמרו בגלות אמונת האל ולא עבדו עבודת גלולים; כמו שאמר, אִם שָׁכַחְנוּ שֵׁם אֱלֹהֵינוּ וַנִּפְרֹשׂ כַּפֵּינוּ לְאֵל זָר (תהלים מד, כא):

### מצודת דוד

**מואב תחתיו.** מואב יהיה נדוש וכתוש במקומו על שעזרו את הבאים למלחמה על ירושלים: **כהדוש מתבן.** כמו שנדוש התבן בתוך האשפה. כי הדרך להשליך תבן במקום האשפה להיות נדוש ברגלי אדם ובהמה, להיות זבל לזבל בהם את השדות: **(יא) ופרש ידיו בקרבו.** האל יפרש ידיו בקרב מואב להכותו: **אשר וכו׳.** כי השט במים יפרש ידיו בכל כחו: **והשפיל.** הוא ישפיל גאות מואב עם המקומות שהיה לו לארוב בהם, והם המגדלים הגבוהים. רצונו לומר, לא יועילו המגדלים: **(יב) חומותיך.** אל מול מואב יאמר: **עד עפר.** כפל הדבר פעמים רבות להורות על גודל ההשפלה והאבדון: **(א) ביום ההוא.** ביום מפלת גוג: **עיר עז לנו.** ירושלים שהיתה לנו למעוז מעולם הנה, גם עתה ישים האל ישועה בחומתה וחילה, ולא תשלוט בהם יד האויב: **(ב) פתחו שערים.** פתחו שערי ירושלים ולא תפחדו מן האויב: **ויבוא.** בפתחי השערים יבוא ישראל שהיה שומר ומצפה להאמנת הבטחת האל:

### מצודת ציון

**ונדוש.** מלשון דישה וכתישה: **תחתיו.** במקומו: **מתבן.** מלשון תבן: **במו.** בתוך; כמו, כִּי־תֵלֵךְ בְּמוֹ אֵשׁ (לקמן מג, ב): **מדמנה.** ענינו אשפה; כמו, כְּדֹמֶן עַל פְּנֵי הַשָּׂדֶה (ירמיה, ט, כא): **(יא) ופרש.** ענין שטיחה: **השוחה לשחות.** ענין השטיה במים; כמו, מֵי שָׂחוּ (יחזקאל מז, ה): **ארבות.** מלשון מארב: **ידיו.** ענין מקום; כמו, יַד אַבְשָׁלֹם (שמואל־ב יח, יח): **(יב) ומבצר משגב.** פתרון אחד להם, מענין חוזק וכל המלה בשמות נרדפים. וכן אַדְמַת עָפָר (דניאל יב, ב) והדומים: **השח.** ענין השפלה; כמו, וְשַׁח רוּם אֲנָשִׁים (לעיל ב, יא). וכפל המלה בשמות נרדפים, ואמר השפיל וכדרך המקרא: **(א) ישית.** ענין שימה; כמו, שַׁתּוּ בַשָּׁמַיִם פִּיהֶם (תהלים עג, ט): **חומות.** כמו בחומות: **וחל.** הוא החומה נמוכה שלפני הגבוה; כמו, וַיַּאֲבֶל חֵל וְחוֹמָה (איכה ב, ח): **(ב) שומר.** ענין המתנה ותקוה; כמו, וְאָבִיו שָׁמַר אֶת הַדָּבָר (בראשית לז, יא):

---

at Him and declare, "Behold, this is our God . . ." They will point to Him and declare this verse.

*Maharal* explains that all points of a circle are equidistant from its center. The dance-circle's diameter radiates from its center; the center holds all parts of the circle together. In this world, the physical nature of man's body and his material concerns prevent his complete awareness of God's majesty. But in the World to Come, when all immaterial impediments are removed, nothing will stand between man's spiritual essence and the total acknowledgment of God. Thus, when the righteous form a circle around God and point to Him, as it were, saying *This is my God . . .*, it means that wherever a righteous person is, his goal in life is to acknowledge and serve God.

**10-12.** The next three verses foretell the final destruction of Moab. This prophecy, too, will be fulfilled with the coming of the Messiah.

*mountain, and Moab will be crushed in its place, as straw is crushed in a dung heap.* [11] *And He will stretch out His hand in its midst as a swimmer stretches out to swim, and He will put down its pride with its places of ambush.* [12] *And the stronghold of your powerful walls He will topple, He will lower; it will reach the ground, until the dust.*

**26** *A song of thanksgiving*

[1] *On that day this song will be sung in the land of Judah:*
*The City that is a stronghold for us;*
*He will grant salvation to its high walls and outer wall.*
[2] *Open the gates, so the righteous nation, keeper of the faith, may enter!*

---

**10. כִּי־תָנוּחַ יַד־ה׳ בָּהָר הַזֶּה** — *For the hand of* HASHEM *will descend upon this mountain.* God's might will be revealed upon this mountain (*Targum Yonasan*) when He strikes down the nations that have gathered against Jerusalem (*Metzudos*).

**וְנָדוֹשׁ מוֹאָב תַּחְתָּיו** — *And Moab will be crushed in its place.* Moab will be crushed for joining forces with the nations coming from the land of the north to join Gog and Magog in attacking Israel. As neighbors of *Eretz Yisrael,* they assisted the enemy by preparing the roads and making them ready for attack (*Radak*).

**כְּהִדּוּשׁ מַתְבֵּן בְּמוֹ מַדְמֵנָה** — *As straw is crushed in a dung heap.* The prophet foretells the humiliating end of Moab by comparing it to dung. Just as straw is spread over manure and is trampled into heaps for fertilizer, so will Moab be crushed (*Radak*). Alternatively, מַדְמֵנָה, *Madmeinah,* is a Moabite city (see *Jeremiah* 48:2). Moab will be trampled in its place, in Madmeinah, as straw is trampled (*Radak,* citing his father).

**11. וּפֵרַשׂ יָדָיו בְּקִרְבּוֹ כַּאֲשֶׁר יְפָרֵשׂ הַשֹּׂחֶה לִשְׂחוֹת** — *And He will stretch out His hand in its midst as a swimmer stretches out to swim.* God will stretch out His hand with all His might to smite the Moabites and humble them (*Radak*).

**וְהִשְׁפִּיל גַּאֲוָתוֹ עִם אָרְבּוֹת יָדָיו** — *And He will put down its pride with its places of ambush.* The Moabites were exceedingly proud and haughty (see 16:6). At this time, God will break their pride and put an end to their haughtiness (*Radak*). The *places of ambush* are the tall towers (*Rashi*) where the Moabites would lie in wait for their enemies. These places of pride and arrogance will now become useless (*Metzudos*).

**12. וּמִבְצַר מִשְׂגַּב חוֹמֹתֶיךָ הֵשַׁח** — *And the stronghold of your powerful walls He will topple.* Isaiah addresses Moab directly (*Rashi*) and makes them realize that the most arrogant of nations will be completely destroyed and crushed into the dust of the earth.

**26.**

Isaiah's prophetic eye sees the ultimate Redemption and offers a song that will be sung at that time. The war of Gog and Magog, which will precede the salvation, will be fought over Jerusalem in the portion of Judah, and it is the Holy City that Isaiah envisions as he offers this song of praise and thanksgiving to God for the salvation of His people and His city (*Radak*). According to *Mahari Kara,* the song continues the theme of the previous chapter, when Moab will be humbled.

**1. יוּשַׁר הַשִּׁיר־הַזֶּה** — *This song will be sung.* Differentiating between the two words for song: שִׁירָה, in the feminine form, and שִׁיר, in the masculine form, *Mechilta* explains that the feminine form implies that the song will be followed by dangers and persecutions; just as females give birth to future generations, so, too, the feminine form is used for songs that are not the climax of history, but are followed by more phenomena. All Scriptural songs referring to past events are in this form. But the song of the future Redemption will celebrate the end of all persecutions and suffering. It will have no aftermath and is in the masculine form (*Yalkut Shimoni, Beshalach* 242).

**בְּאֶרֶץ יְהוּדָה** — *In the land of Judah.* The prophet singles out the land of Judah because that is where the war will be fought and the salvation will take place (*Radak*). Alternatively, the prophecy refers to all of *Eretz Yisrael.* It is called Judah because in the future the kingdoms of Judah and Israel will be unified, with Jerusalem as its capital (*R' Schwab*).

**עִיר עָז־לָנוּ יְשׁוּעָה יָשִׁית חוֹמוֹת וָחֵל** — *The city that is a stronghold for us; He will grant salvation to its high walls and outer wall.* God will protect the walls of Jerusalem, which has always been a stronghold for the people of Israel (*Rashi*), so that the enemy will not threaten the city (*Metzudos*). Although the city is surrounded with thick walls and ramparts, only God is its true Protector (*Malbim*).

**2. פִּתְחוּ שְׁעָרִים וְיָבֹא גוֹי־צַדִּיק שֹׁמֵר אֱמֻנִים** — *Open the gates, so the righteous nation, keeper of the faith, may enter.* The translation follows *Radak*: "Land of Israel, open your gates so that the righteous nation, the Jewish people who had kept the faith during the long exile, may now enter." Alternatively, *Rashi* renders שֹׁמֵר אֱמֻנִים as *those who waited.* "Open your gates for the Jewish people who waited steadfastly for the Redemption, and let them now enter."

Because the words שֹׁמֵר אֱמֻנִים, *keeper of the faith,* and שֶׁאוֹמֵר אָמֵן, *who responds "amen,"* sound somewhat similar, R' Meir interprets the verse to mean, "Open the gates so that the righteous nation that responds *amen* may enter," i.e., open the gates of the World to Come to those who expressed their faith by saying *amen* (*Sanhedrin* 110b). Indeed *Rama* (*Orach Chaim* 124:7) advises fathers to teach their own children to answer *amen* to the blessings recited in the synagogue so that they may thereby merit a portion in the World to Come.

ג־ד יֵצֶר סָמוּךְ תִּצֹּר שָׁלוֹם | שָׁלוֹם כִּי בְךָ בָּטוּחַ: בִּטְחוּ בַיהוָה עֲדֵי־עַד כִּי בְּיָהּ
ה יְהוָה צוּר עוֹלָמִים: כִּי הֵשַׁח יֹשְׁבֵי מָרוֹם קִרְיָה נִשְׂגָּבָה יַשְׁפִּילֶנָּה יַשְׁפִּילָהּ
ו־ז עַד־אֶרֶץ יַגִּיעֶנָּה עַד־עָפָר: תִּרְמְסֶנָּה רָגֶל רַגְלֵי עָנִי פַּעֲמֵי דַלִּים: אֹרַח לַצַּדִּיק
ח מֵישָׁרִים יָשָׁר מַעְגַּל צַדִּיק תְּפַלֵּס: אַף אֹרַח מִשְׁפָּטֶיךָ יְהוָה קִוִּינוּךָ לְשִׁמְךָ

**רש"י**

(ג) **יצר.** שהיה סמוך על הקדוש ברוך הוא ונשען עליו בחזקה, שלא זז מאמונתו בשביל שום אימה ויסורין: **תצור.** שיהא שלום, כי בך היה בטוח, לפיכך הגון לך לנצרו: (ד) **כי ביה ה'.** כי יש לסמוך עליו שהוא דחילת ה', סלע וצור מחסה עולמים: (ה) **יושבי מרום.** צור ושאר ארצות: (ו) **רגלי עני.** מלך המשיח, שנאמר בו עָנִי וְרֹכֵב עַל־חֲמוֹר (זכריה ט, ט): **פעמי דלים.** ישראל שהיו דלים עד הנה: (ז) **אורח לצדיק מישרים.** אורח שתהא מישור לקיבול שכרו של צדיק. אתה ה', שאתה אל ישר, תפלס מעגל צדיק, להוליכו באותו אורח שיקבל שכרו. והצדיק הוא יעקב וזרעו; וכה פתרונו, אורח לצדיק ליטול שכר מישרים שנוהג בהן: **ישר.** אתה הקדוש ברוך הוא, מעגל רגלי הצדיק, תפלס לו לאותו אורח. פילוס זה לשון קונטרפיי"ש בלע"ז, כמלך היושב ומחשב ומשקל בלבו איזה יכשר, הזה או זה. כך הישר בלבו להוליכו בדרך קיבול שכר על כל אשר הנהיג מעשיו לפניך בכשרון: (ח) **אף אורח משפטיך ה' קוינוך.** כאשר צפינו לקבול הטובה מאתך, אף כך קוינו להראותנו אורח משפטי נקמתיך ברשעים:

**רד"ק**

(ג) **יצר סמוך.** אומר כנגד האל, היצר שהוא סמוך ונשען עליך תצור אותו, כי בך בטוח. לפי שבטח בך נצרת אותו ונתת לו שלום שלום. והכפל לחזק השלום: **בטוח.** שם תאר בשקל פעול: (ד) **בטחו בה' עדי עד.** עד עולם. או יהיה עדי גם כן עולם, ויהיה כפול. כלומר, בכל העולמים בטחו בו. וכן תרגם יונתן, לְעָלַם וּלְעָלְמֵי עָלְמַיָּא: **כי ביה ה' צור עולמים.** כי בו ראוי לבטוח, כי הוא צור העולמים; פירוש חוזק הזמנים כולם. וצור תאר; וכן, הַצּוּר תָּמִים פָּעֳלוֹ (דברים לב, ד). ויש לפרש צור, שם. ופירושו כי הוא חוזק העולמים, ועל דרך זה חי העולמים. ופירוש ביה ה' הראשון, שם תאר מורה על היות העולם מאתו, והשני, יו"ד ה"א וי"ו ה"א שם העצם: (ה) **כי השח.** בזה תראו כי טוב לחסות ולבטוח בו, לפי שאתם בית ישראל בטחתם בו, כי השח והשפיל שונאיכם שהיו יושבים מרום קריה נשגבה, וכל קריה נשגבה מהם השפיל. או אמר על קריה מיוחדת מהם והוא ישפילנה וגו'; הכפל לחזק הענין: (ו) **תרמסנה.** אחר שתפול לארץ תרמסנה רגל; ואיזה רגל? רגלי עני, והם ישראל: **פעמי דלים.** כפל הענין במלות שונות כמנהג. רצונו לומר, שירמסו ישראל גאותם וגאונם, ויהיו אדונים עליהם תחת אשר היו עבדים תחתיהם: (ז) **ארח לצדיק.** כמו ארח מישרים לצדיק. ופירושו, אתה תתן לצדיק ותכונן לפניו ארח מישרים, ותפלס מעגלו: **וישר.** הוא לשון קריאה כנגד האל יתברך. אמר, אתה האל ישר ותישר מעגל צדיק; והוא על דרך שאמרו (שבת קד, א), בא לטמא, פותחין לו, בא ליטהר מסייעין אותו: **ותפלס.** ענין יושר; וכן, פַּלֵּס מַעְגַּל רַגְלֶךָ (משלי ד, כו). ולזה נקרא מטה המאזנים פלס, לפי שהוא מישר המשקל; וכן וְשָׁקַל בַּפֶּלֶס הָרִים (לקמן מ, יב): (ח) **אף ארח.** אף בדרך משפטיך ה' קוינוך. כלומר, אפילו בעת שהגיעו משפטיך עלינו, שהיית מיסר אותנו בגלות בחטאתינו, אף על פי כן, קוינו לך ולא היינו מתיאשים מן הגאולה,

**מצודת דוד**

(ג) **יצר סמוך.** המחשבה שהיה נשען על האל השלום, תצור אותו לבל יחרד. וכפל מלת שלום לחזק הדבר: **כי בך בטוח.** רצונו לומר, כן ראוי הדבר הואיל, ובטח בך: (ד) **בטחו בה'.** כאלו מזרזים אלה לאלה, ואומרים בטחו בה' עד עולם, כי בו תלוי חוזק עולם הזה ועולם הבא, והכל בא ממנו יתברך: (ה) **כי השח.** הוא השפיל הכשדים אשר ישבו ברום המעלה: **קריה.** וכן השפיל כל קריה חזקה: **ישפילנה.** וכן ישפיל אותה עוד עד הארץ ועד העפר, וכפל הדבר במילים שונות לפי מרבית ההשפלה: (ו) **תרמסנה רגל.** הרגל תרמוס אותה. וחזר ופירש לומר רגלי עני תרמוס, והם ישראל שהמה מוכנעים כעני ואביון: **פעמי דלים.** כפל הדבר במילים שונות: (ז) **אורח לצדיק מישרים.** רצונו לומר, כל זה הגדולה והממשלה תהיה להצדיקים, בעבור כי אין אורח לכל צדיק וצדיק, כי אם ללכת בדרך ישר ולא ינטה ממנה: **ישר.** אתה האל הישר, הלא תפלס ותשקל מעגל כל צדיק וצדיק ותדע שכן הוא: (ח) **אף אורח משפטיך.** אף בבוא לנו אורח משפטיך לייסר אותנו ביסורי הגולה עם כל זה קוינו לך, ולא היינו מתייאשים מן הגאולה:

**מצודת ציון**

(ג) **יצר.** ענין פעולת המחשבה; כמו, וְכָל יֵצֶר מַחְשְׁבֹת לִבּוֹ (שם ו, ה): **סמך.** ענין השענה: **תצור.** ענין שמירה; כמו, יִצְּרֶנְהוּ כְּאִישׁוֹן עֵינוֹ (דברים לב, י): (ד) **עדי עד.** עד עולם, וכן שֹׁכֵן עַד (לקמן נז, טו): **צור.** ענין חוזק: (ה) **השח.** ענין השפלה: **מרום.** מלשון רום וגבוה: **קריה.** עיר: **נשגבה.** חזקה: (ו) **תרמסנה.** ענין דריכה: **פעמי.** רגלים שפוסעים בהן; כמו, הָרִימָה פְעָמֶיךָ (תהלים עד, ג): (ז) **אורח.** דרך: **מעגל.** שביל ומסילה וכן הִדְרַכְתִּיךָ בְּמַעְגְּלֵי יֹשֶׁר (משלי ד, יא): **תפלס.** תשקול בפלס, והוא שם הכלי ששוקלין בו; כמו, וְשָׁקַל בַּפֶּלֶס הָרִים (לקמן מ, יב):

---

**3.** **יֵצֶר סָמוּךְ תִּצֹּר** — *The being that relied [on You], protect him.* The prophet now focuses on the individual keeper of the faith and prays that God should protect this special person and bless him with peace for he had relied totally on God and would not deviate, even under torture (*Rashi*).

**שָׁלוֹם שָׁלוֹם** — *Peace, peace.* The word *peace* is repeated for emphasis (*Radak*). Those who have absolute trust in God despite numerous disappointments have earned God's blessing that they find absolute peace, peace with the world and with themselves, and they will have no fear כִּי בְךָ בָּטוּחַ, because of their unshakable trust in God (*R' Schwab*).

**4.** **בִּטְחוּ בַה' עֲדֵי עַד** — *Trust in HASHEM forever.* The *keepers of the faith* (v. 2) urge and encourage one another to continue to place their trust in God forever (*Metzudos*). After witnessing the blessings of peace and reward that had been bestowed upon those who placed their absolute trust in God, parents will now encourage their children to trust only in Him (*Radak*). They will warn them not to place their trust in physical walls or rely on the treaties with their foreign neighbors. Accordingly, Isaiah's prophecy is directed to Jews at all times and in all places (*Abarbanel*).

**עֲדֵי־עַד** — *Forever.* Citing *Targum Yonasan, Radak* explains that Scripture uses the double expression of עֲדֵי עַד for emphasis, as if to say, trust in God forever and to all eternity, לְעָלַם וּלְעָלְמֵי עָלְמַיָּא, *forever and ever.* [See *Nefesh HaChaim* 1:2, who interprets the phrase לְעָלַם וּלְעָלְמֵי עָלְמַיָּא differently, according to the teachings of the Kabbalah.]

The literal translation of the phrase is "Trust in God until the time to which we refer to as עַד, *until,* shall have come to pass," i.e., until the goal set by God is reached. Accordingly, the prophet is instructing us to wait patiently, even though that longed-for time seems delayed (*R' Hirsch on Siddur*). Even in our confused times when the Divine countenance is concealed behind many veils, causing many to feel that

[3] *The being that relied [on You], protect him with peace, peace;*
*for in You did he trust.*
[4] *Trust in HASHEM forever, for in God, HASHEM, is the strength of the worlds.*
[5] *For He has brought down those who dwell on high, [in] an exalted city;*
*He has lowered it, He has lowered it into the ground;*
*He has brought it down to the dust.*
[6] *It is trampled underfoot: the feet of the poor, the soles of the meek.*
*Righteousness* [7] *The way of uprightness is for the righteous;*
*O Upright One, straighten the circuit of the righteous!*
[8] *Even on the path of Your judgments, HASHEM, we put our hopes in You;*

---

God has disappeared ח״ו, the prophet declares that God's faithful should continue to trust in Him forever and ever, for they will merit salvation (*Shemiras HaLashon, Shaar HaTevunah,* Ch. 10).

**כִּי בְּיָהּ ה׳** — *For, in God, HASHEM.* This Name of God, יָהּ, is a shortened version of the Four-letter Name י־ה־ו־ה. It is generally used when the powers of evil are so strong that they obscure God's rule over the universe — see *Exodus* 17:16 and commentaries there. It represents God only as the Creator of the world. The full Name of י־ה־ו־ה, however, is used when God is perceived not only as the Creator, but as the One Who keeps everything in existence; for without His Will to preserve Creation constantly, it would immediately cease to exist (*Nefesh HaChaim*).

In Kabbalistic literature, this Two-letter Name refers to the continuous Divine light that preserves this world. A sinner may think, logically, that he has lost his right to exist, but when he repents, God will renew his existence, as it were. Thus, our verse tells this sinner never to lose faith because just as the Two-letter Name works at every instant to preserve the world, so it will preserve the existence of the repentant sinner (*Bais Yaakov*)

**צוּר עוֹלָמִים** — *The strength of the worlds.* God is the *strength of the world* for His Will keeps both This World and the World to Come in existence. Alternatively, עוֹלָם may rendered as a reference to time: God is the *rock of eternity, the strength of all times* (see *Radak* here and to *Psalms* 41:14).

*R' Hirsch* (ibid. and *Genesis* 21:33) relates עוֹלָם, *eternity,* to הֶעְלֵם, *hiddeness.* The significance of events is hidden from us. Our knowledge of the past is indefinite, and our most confident predictions of the future are frequently disappointed. Furthermore, even our perception of the present is far from perfect, for we cannot be certain what gave birth to it and where it will lead. Of one thing we can be sure: time is a chain leading up to the ultimate goal ordained by God. Only upon its conclusion will people be able to look back and comprehend how each event was a necessary part of the sequence. When the redemption comes, we will understand how each element in time was a necessary preamble to the ultimate fulfillment of God's Will (ArtScroll *Kaddish,* p. 36).

**5. כִּי הֵשַׁח יֹשְׁבֵי מָרוֹם** — *For He has brought down those who dwell on high.* Isaiah proves that it is beneficial to trust in God alone. He shows that because the people had placed their trust in God, He humbled their enemies who were dwelling in high places (*Radak*), in Tyre, and other cities (*Rashi*). *Mahari Kara* feels that this prophecy is regarding Rome. *Abarbanel* submits that מָרוֹם alludes to Rome because the words sound similar.

**יֹשְׁבֵי מָרוֹם** — *Those who dwell on high,* i.e., those who dwell in strong fortified cities (*Metzudos*). Alternatively, the high and mighty powers who opposed God and oppressed the Jewish people (*R' Schwab*).

**יַשְׁפִּילֶנָּה יַשְׁפִּילָהּ עַד־אֶרֶץ יַגִּיעֶנָּה עַד־עָפָר** — *He has lowered it, He has lowered it into the ground; He has brought it down to the dust.* This verse describes the process of the destruction of the forces of evil. God will bring them down, and lower their great and powerful cities into the earth. Finally, they are completely destroyed and collapse into the dust of history (*R' Schwab*).

**6. תִּרְמְסֶנָּה רָגֶל** — *It is trampled underfoot.* After the mighty enemies who inhabited fortified cities are humbled, they will be trampled by the people of Israel (*Radak*).

**רַגְלֵי עָנִי פַּעֲמֵי דַלִּים** — *The feet of the poor, the soles of the meek.* The *poor* and the *meek* are references to the people of Israel who were humble and meek during the exile. At this time, they will become the masters over their former oppressors (*Radak*). Alternatively, the *poor* alludes to King Messiah, whom the prophet Zechariah described as עָנִי וְרֹכֵב עַל חֲמוֹר, *a poor person riding on a donkey* (see *Zechariah* 9:9). Those who follow in his footsteps are called פַּעֲמֵי דַלִּים, *the soles of the meek* (*Rashi*).

**7. אֹרַח לַצַּדִּיק מֵישָׁרִים** — *The way of uprightness is for the righteous . . .* The translation follows *Radak* who explains the verse as if it were written אֹרַח מֵישָׁרִים לַצַּדִּיק. Isaiah entreats God to assist those who pursue the path of uprightness and ask that He *straighten* any crooked road that may cause them to deviate. The prophet asks that God, Who is upright, should lead the righteous person in that way so that he may ultimately receive his just reward (*Radak*). Alternatively, *Mahari Kara* sees this verse as a continuation of the prophecy foretelling the humbling of Rome — see comm. to v. 5. The prophet prays that Rome should be made into a paved road for the righteous of Israel.

**8. אַף אֹרַח מִשְׁפָּטֶיךָ ה׳ קִוִּינוּךָ** — *Even on the path of Your judgments, HASHEM, we put our hopes in You.* Our translation follows *Radak,* who explains that even when God punished

ט וּלְזִכְרְךָ֖ תַּאֲוַת־נָֽפֶשׁ׃ נַפְשִׁ֤י אִוִּיתִ֙ךָ֙ בַּלַּ֔יְלָה אַף־רוּחִ֥י בְקִרְבִּ֖י אֲשַׁחֲרֶ֑ךָּ כִּ֞י כַּאֲשֶׁ֤ר
י מִשְׁפָּטֶ֙יךָ֙ לָאָ֔רֶץ צֶ֥דֶק לָמְד֖וּ יֹשְׁבֵ֥י תֵבֵֽל׃ יֻחַ֤ן רָשָׁע֙ בַּל־לָמַ֣ד צֶ֔דֶק בְּאֶ֥רֶץ נְכֹח֖וֹת
יא יְעַוֵּ֑ל וּבַל־יִרְאֶ֖ה גֵּא֥וּת יְהוָֽה׃ יְהוָ֛ה רָ֥מָה יָדְךָ֖ בַּל־יֶחֱזָי֑וּן יֶחֱז֤וּ וְיֵבֹ֙שׁוּ֙ קִנְאַת־
יב עָ֔ם אַף־אֵ֥שׁ צָרֶ֖יךָ תֹאכְלֵֽם׃ יְהוָ֕ה תִּשְׁפֹּ֥ת שָׁל֖וֹם לָ֑נוּ כִּ֛י גַּ֥ם כָּל־מַעֲשֵׂ֖ינוּ פָּעַ֥לְתָּ לָּֽנוּ׃

### רש״י

**לשמך ולזכרך תאות נפש.** אותה נפשנו לראות שם שילא לך מאז לעשות נקמה בצריך: **(ט) נפשי אויתיך.** בגלותי שדומה ללילה, לעשות את אלה: **אף רוחי בקרבי אשחרך.** אתחנן לך לכל זה. למה? כי כאשר משפטיך באים לארץ שאתה עושה משפט ברשעים: **צדק למדו יושבי תבל.** למדים להצדיק את דיניך ולהודות על מדותיך, שרואים החוטא לוקה והצדיק מקבל שכר טוב: **(י) יוחן רשע.** בארץ נכוחות ירושלים ובית המקדש יעול לשלול ולבוז ולהשחית: **בל יראה גאות ה׳.** לא חשב בעיניו גדלך וגאותך. ובל יראה לשון רגילות ותמידות, לא ראה, לא חשב; כמו, כָּכָה יַעֲשֶׂה אִיּוֹב (איוב א, ה): **(יא) ה׳ רמה ידך וגו׳.** ראיתי מדרש אגדה רבים למקראות של פרשה זו עליונה ותחתונה, ואינם מיושבים או על דקדוק הלשון או על סדר המקראות, והוצרכתי לבאר אותה על אפני סדרה. ומדרש אגדה (תנא דבי אליהו זוטא פרק כא) יש שמבקש הנביא וכו׳ אמר לו מוטב שיחזו ויבושו. ואין זה אחר הלשון, שאין כתוב כאן הרימה ידך. ועוד שאף התיבה חלוקה מתיבה; כיוצא בה כל יד רמה שבמקרא טעמו למטה וזה טעמו למעלה; כמו, וְהִנֵּה קָמָה אֲלֻמָּתִי (בראשית לז, ז) וכמו, הִנֵּה שָׁבָה יְבִמְתֵּךְ (רות א, טו), שכולו לשון עבר. אף זה, ה׳ נסתלקה יד גבורתך מעל צריך בל יראו קנאת עם בטובה שתיטיב לעמך, אף בעצמן יראו משפט נקמתך שתאכלם האש: **(יב) תשפות.** תכין; וכן, שְׁפֹת הַסִּיר (מלכים־ב ד, לח) וכן, וְלַעֲפַר מָוֶת תִּשְׁפְּתֵנִי (תהלים כב, טז). ויש לפתור את כולן לשון שימה, תשית שלום לנו: **כי גם כל מעשינו.** הרעים: **פעלת לנו.** כנגדם לקחנו מידך בכל חטאתינו:

### רד״ק

ולשמך ולזכרך היתה תאות נפשנו. ופירוש ולשמך ולזכרך, שהיינו מתאוים לנביא שיזכור לנו שמך, ויאמר לנו בגלות דבר מאתך: **(ט) נפשי אויתיך.** כשמדבר על לשון ישראל, פעמים מדבר בלשון רבים על דרך פרט ופעמים בלשון יחיד. אמר בנפשי אויתיך, כלומר, בכל כחי ורצוני אויתיך: **אף רוחי בקרבי.** כל עוד שיהיה רוחי בקרבי, אשחרך ואקדמך בתפלתי: **כי כאשר משפטך לארץ.** אף על פי שמשפטיך תבא עלינו, לא אמנע בעבור זה מרדף אחריך ומהתאוות עליך; כי אני רואה כי משפטיך טובים. כי כאשר משפטיך יבאו לארץ, הם נוסרו ולמדו לעשות צדק יושבי תבל, והם אשר נגע אלהים בלבם שבעבורם מתקיימת תבל. אבל הרשעים לא יוחנו, וזהו שאמר: **(י) יוחן רשע.** ופירושו בתמיה, אמר יוחן רשע והוא לא למד צדק בעבור משפטיך, כי אמר אינם למוסר אלא מקרה הוא בעולם, לית דין ולית דיין (מדרש רבה בראשית פרשה כו, פסקא ו): **בארץ נכוחות יעול.** בארץ ששבו לעשות נכחות, ונוסרו בעבור משפטיך שנגעו בהם, הוא לא כן יעשה אלא יעול; יעשה עול במשפטו: **ובל יראה גאות ה׳.** יש מפרשים אותו דרך תפלה לאל, שלא יראה הרשע גאות ה׳; כלומר שלא יראה בטובה. והנכון שהוא על דרך הוה, כמו שאמר יעול, ולמה? שאינו רואה בגאות ה׳, ולא יחשוב שהאל משגיח בעניני בני אדם ויגאה עליהם לגמלם כרשעם: **(יא) ה׳ רמה ידך בל יחזיון.** הם הרשעים אינם רואים כשרמה ידך. כלומר, אינם חושבים בבא הפורענות על הרשעים, כי מידך הוא: **יחזו ויבושו קנאת עם.** יראו בעת הישועה כשתקנא לעמך ותושיעם יראו הם ויבושו. כמו שאמר, קִנֵּאתִי לִירוּשָׁלַםִ... קִנְאָה גְדוֹלָה (זכריה א, יד). כי אז לא יוכלו לומר מקרה הוא, כי יראו מעט עם נושעים מעמים רבים, ואז יבשו ויכלמו: **אף אש צריך תאכלם.** אותה האש תאכל צריך, כי כשיבוש האדם יהפכו פניו לאש; כמו שאומר, פְּנֵי לְהָבִים פְּנֵיהֶם (לעיל יג, ח): **(יב) יהוה תשפת.** תערוך מן שפות הסיר. אמר תערוך שלום לנו, כי בידך לעשות כמו שפעלת, ועשית לנו כל מעשינו מה שקרה לנו ממעשה העולם, הן טוב הן רע. אתה פעלת הכל ולא היה בדרך מקרה, והואיל ובידך הכל, ערוך לנו השלום כי כמה ימים היינו בצער בגלות, ומכאן ואילך תן לנו שלום. ואדוני אבי זכרונו לברכה פירש, תערוך לנו השלום, כי כשתתן לנו השלום, כל מעשינו פעלת לנו. הכל תלוי בשלום:

### מצודת דוד

**לשמך ולזכרך.** היא היא, כי בשם יזכר, וכפל בשמות נרדפים: **תאות נפש.** תאות כל נפש היתה להזכיר לנו דבר מאתך: **(ט) נפשי אויתיך.** נפשי תאוה לך בלילה, היא עת שמחשבת האדם פנויה ממחשבות הטורדות: **אף רוחי בקרבי.** רצונו לומר, כל עוד שרוחי בקרבי אשחר ואדרוש לך: **כי כאשר וכו׳.** רצונו לומר, כי אמרתי גם המשפט לטובה היא, כי כאשר יבוא משפט בארץ, אז יושבי תבל למדו צדק ועזבו הרשע מפחד המשפט הבא: **(י) יוחן רשע.** רצונו לומר, וכי מהדין שיוחן הרשע? הלא בל למד צדק אף מיראת המשפט: **בארץ נכחות יעול.** עם כי הוא בארץ ששבו לעשות נכחות ונוסרו בעבור המשפט הבא, הנה הרשע הזה לא כן יעשה כי יאחז דרכו לעול עוד: **ובל יראה.** ואינו מסתכל בגאות ה׳. רצונו לומר, חושב שבא במקרה ולא מעשה ה׳ המה, שמתגאה לשלם גמול: **(יא) רמה ידך.** כשרמה ידך להכות בהרשעים הללו, אינם מסתכלין שרמה ידך, כי יחשבו למקרה: **יחזו.** לכן יראו תשועת ישראל, ויבושו אז בראותם הקנאה שיקנא ה׳ לעמו. כי אז לא יוכלו לחשוב שבא במקרה, כי יראו מעט עם נושעים מעמים רבים: **אף אש.** רצונו לומר, אף יראו משפט נקמתך, שהאש תאכל צריך, והם הצרים לישראל ,וכאלו צרו למקום: **(יב) ה׳ תשפות וכו׳.** רצונו לומר, אתה ה׳ תערוך לנו שלום. כי גם כל המעשים הבאים עלינו בין טוב בין רע, הלא הכל אתה פעלת לנו, ולא באו במקרה. ואם כן הואיל והכל בידך, ערוך לנו שלום:

### מצודת ציון

**(ט) אויתיך.** מלשון תאוה: **אשחרך.** ענין דרישה; כמו, שֹׁחֵר טוֹב (משלי יא, כז): **תבל.** כן נקרא מקום המיושב: **(י) יוחן.** מלשון חנינה וחסד: **נכחות.** ענין ישרות; כמו, נְכֹחִים לַמֵּבִין (שם ח, ט): **יעול.** מלשון עול: **(יא) יחזיון.** ענין הסתכלות; כמו, וְאַתָּה תֶחֱזֶה (שמות יח, כא), קנאת. ענין נקמה: **(יב) תשפות.** ענין עריכה וסדור; כמו, שְׁפֹת הַסִּיר (יחזקאל כד, ג):

the people for their sins during the exile, they still placed their hope in Him and did not despair of being redeemed. Alternatively, just as the people longed for God's goodness, they also hoped that He would reveal His judgment by avenging them against the wicked (*Rashi*).

**לְשִׁמְךָ וּלְזִכְרְךָ תַּאֲוַת־נָפֶשׁ** — *Your Name and Your mention, the yearning of [our] soul.* Their souls yearned for a prophet who would come with a message in God's Name (*Radak*). Alternatively, just as the people hoped to receive God's goodness, so they hoped that He would gain repute by wreaking vengeance against His enemies (*Rashi*).

**9. נַפְשִׁי אִוִּיתִךָ בַּלַּיְלָה** — *My soul desired You during the night.* Even during the darkest period of their history, the Edomite exile (*Mahari Kara*), the people yearned with all their might and all their will to be close to God (*Radak*).

Alternatively, Isaiah is expressing his own deep yearning for God and tells how he would seclude himself each night and early every morning and meditate, and bring himself

*Your Name and Your mention, the yearning of [our] soul.*
9 *My soul desired You during the night;*
*as long as my spirit is within me, I seek You,*
*for when Your judgments are against the earth,*
*the inhabitants of the world learn righteousness.*
10 *Should grace be granted the wicked,*
*to one who did not learn righteousness?*
*He acts with corruption in the land of the upright,*
*and does not see the exaltedness of HASHEM.*
11 *HASHEM, when Your hand is raised, [the wicked] do not see it.*
*May they see vengeance for [Your] people and be ashamed;*
*and also the fire that will consume Your enemies.*
12 *HASHEM, arrange peace for us,*
*even as You brought about whatever happened to us.*

---

closer to God (*Metzudos*). He chose these specific times for they are the ideal times for meditation because the ways of the world are then stilled (*Me'am Loez*).

When Israel *desires* to be close to God, even during the *night* of exile, He longs to be close to Israel, as the Midrash (*Tanchuma, Bechukosai*) teaches, God yearns to have a dwelling on earth, as it were. Israel's good deeds below arouse a parallel response above (*Imrei Emes*).

**אַף־רוּחִי בְקִרְבִּי אֲשַׁחֲרֶךָּ** — *As long as my spirit is within me, I seek You.* Most commentators translate אֲשַׁחֲרֶךָּ as: *to pray to you* or *to seek you* and explain that a person will beseech God and yearn to be close to Him as long as his spirit remains within him (*Radak*). Alternatively, *Malbim* and *R' Hirsch* relate אֲשַׁחֲרֶךָּ to שַׁחַר, *dawn,* and explain that God will be seen as the One Who brought about the dawning of the Redemption after the long night of the exile.

**כִּי כַּאֲשֶׁר מִשְׁפָּטֶיךָ לָאָרֶץ צֶדֶק לָמְדוּ יֹשְׁבֵי תֵבֵל** — *For when Your judgments are against the earth, the inhabitants of the world learn righteousness.* Isaiah further explains that when the wicked experience God's judgments, good people yearn to be close to Him because they acknowledge His justice when they see the retribution of the sinner and the reward of the righteous (*Rashi*).

*Daas Sofrim* points out that Isaiah is not praying that God should exact judgment, for no human being can withstand Divine judgment (see *Psalms* 143:2). Rather he says that when God *does* carry out judgment, it influences man to go in the right direction. People are influenced by what they see. When Divine justice is hidden, they assume that it does not exist, but when it is evident, they learn to be righteous.

**10. יֻחַן רָשָׁע בַּל־לָמַד צֶדֶק** — *Should grace be granted the wicked, to one who did not learn righteousness?* Although the wicked will be humbled at that time, there will still be those who stubbornly continue to promote injustice. Such people do not believe that calamities are due to Divine retribution, but attribute everything to chance. Isaiah wonders, should such people be granted grace and pardon? (*Radak*).

**בְּאֶרֶץ נְכֹחוֹת יְעַוֵּל וּבַל־יִרְאֶה גֵּאוּת ה׳** — *He acts with corruption in the land of the upright, and does not see the exaltedness of HASHEM.* A wicked person promotes injustice even in places and times when justice prevails. Even when others have learned from God's retribution and repented, he persists in his wickedness and is blind to the exaltedness of God (*Radak*). According to *Rashi,* the land of the upright is Jerusalem. The verse is stating that Esau's descendant, Rome, will *act with corruption.* He will destroy the Temple and pillage Jerusalem, for he repudiated the exaltedness of God.

Homiletically, a sinner who never learned can be granted Divine forbearance, but a wicked person who learned Torah and rejected it has no claim to God's mercy (*Devarim Rabbah* 7:4).

**11. ה׳ רָמָה יָדְךָ בַּל־יֶחֱזָיוּן** — *HASHEM, when Your hand is raised, [the wicked] do not see it.* When God raises His hand against the wicked, they do not see it, for they believe that everything occurred by chance (*Radak*).

**יֶחֱזוּ וְיֵבֹשׁוּ קִנְאַת־עָם** — *May they see vengeance for [Your] people and be ashamed.* When evildoers see how God redeems His people and zealously avenges them, they will be ashamed, for they will see a small nation delivered from the hands of many great powers, something that could not have happened by chance (*Radak*).

**אַף־אֵשׁ צָרֶיךָ תֹאכְלֵם** — *And also the fire that will consume Your enemies.* Isaiah speaks now of the fire of shame that will consume the enemy when his face will turn fiery red (*Radak*).

**12. ה׳ תִּשְׁפֹּת שָׁלוֹם לָנוּ** — *HASHEM, arrange peace for us.* Knowing that everything that has occurred, whether good or bad, has been only through the hand of God, they plead that He grant them peace (*Radak*).

**כִּי גַּם־כָּל־מַעֲשֵׂינוּ פָּעַלְתָּ לָנוּ** — *Even as You brought about whatever happened to us.* The prophet declares his faith that just as retribution came to the Jewish people for their sins, so too will they enjoy everything that was foretold regarding their good fortune in the future (*Rashi*). According to *R' Yosef Kimchi,* cited by *Radak,* the people plead that God

יג־יד יְהוָה אֱלֹהֵינוּ בְּעָלוּנוּ אֲדֹנִים זוּלָתֶךָ לְבַד־בְּךָ נַזְכִּיר שְׁמֶךָ: מֵתִים בַּל־יִחְיוּ
טו רְפָאִים בַּל־יָקֻמוּ לָכֵן פָּקַדְתָּ וַתַּשְׁמִידֵם וַתְּאַבֵּד כָּל־זֵכֶר לָמוֹ: יָסַפְתָּ לַגּוֹי
טז יְהוָה יָסַפְתָּ לַגּוֹי נִכְבָּדְתָּ רִחַקְתָּ כָּל־קַצְוֵי־אָרֶץ: יְהוָה
יז בַּצַּר פְּקָדוּךָ צָקוּן לַחַשׁ מוּסָרְךָ לָמוֹ: כְּמוֹ הָרָה תַּקְרִיב לָלֶדֶת תָּחִיל
יח תִּזְעַק בַּחֲבָלֶיהָ כֵּן הָיִינוּ מִפָּנֶיךָ יְהוָה: הָרִינוּ חַלְנוּ כְּמוֹ יָלַדְנוּ רוּחַ

**רש"י**

(יג) **בעלונו.** נעשו לנו אדונים ונגשונו: **שמך.** שם אלהותך נזכיר לאמר, כי אלהינו לבד הוא אלהים: (יד) **מתים בל יחיו.** הלא פקדת עליהם כבר ותשמידם באמרי פיך. כענין שנאמר, כִּי מָחֹה אֶמְחֶה אֶת זֵכֶר עֲמָלֵק (שמות יז, יד): (טו) **יספת לגוי.** לישראל יספת להם תורה וגדולה וכבוד, וכל כמה שיספת להם נכבדת, שהם מודין ומשבחין לפניך על כל הטובה. הרי בטובתם כך עושים ישראל לפניך קילוס וכבוד; ובצר להם: (טז) **ה׳ בצר פקדוך.** אינם מהרהרים אחר מדותיך: **צקון לחש.** שפך שיח ותפלה: **מוסרך למו.** בהיות מוסר יסוריך בא עליהם, וכך היא תפלתם: (יז) **כמו הרה תקריב ללדת וגו׳.** כן היינו מפניך, רואים אנו שהם מיני סימני ישועה וגאולה: **מפניך.** מפני גזירותיך: (יח) **הרינו חלנו.** חיל כיולדה, כאלו ילדנו, כאלו קרובים אנו להגאל, והוא רוח ואין ישועה:

**רד"ק**

(יג) **ה׳ אלהינו.** זכור לנו מה שתחזקני עמך בגלות. כי אף על פי שהיו האומות בעלים ואדונים לנו, והיו עובדים בנו בפרך, אף על פי כן לבד בך נזכיר שמך. ואלו היינו זוכרים שם אלהים אחרים כאויבינו אשר היינו תחתיהם, היינו נצולים מידם, והיינו במעלה ובגדולה כמוהם. ולא רצינו, וסבלנו הענוי וזכרנו את שמך לאויבינו, ואמרנו כי בך בטחוננו ולא נמיר אותך באחר: (יד) **מתים בל יחיו.** ואלהי העמים ההם שלא פנינו אליהם בגלות, כי הם מתים ואין בהם ממש. ופירוש לא יחיו, אין בהם חיות, והם כמו המתים שלא יקומו; כמו שאמר, מִמְּקוֹמוֹ לֹא יָמִישׁ (לקמן מו, ז): **לכן פקדת.** אתה עליהם ועל עובדיהם, והשמדת אותם מן העולם עד שלא נשאר זכר להם: **כל זכר.** פירוש שום זכר; כמו, כָּל מְלָאכָה לֹא תַעֲשׂוּ (ויקרא כג, ג): (טו) **יספת לגוי ה׳.** אותה השמות השמדת ואבדת, אבל הגוי שהוא לך יספת והגדלת להם; כל טובה יספת להם לפי שנכבדת עמהם, ולא עם הגוים האחרים. לפיכך רחקת אותם עד קצוי ארץ, כלומר טלטלתם הנה והנה, והגליתם מארצם עד קצוי ארץ: (טז) **ה׳ בצר פקדוך.** כשהיו ישראל בגלות בצרה פקדוך, כלומר, אותך לבדך פקדו בעת צרתם, לא אחר: **צקון לחש מוסרך למו.** בעת שהיה מוסרך להם, היו שופכים לפניך תפלה, כי יודעים היו כי הצרה הבאה להם בגלות מוסרך היה, ולא בדרך מקרה. אלא שהיית מיסר אותם על עונם, והם היו מתודים ומתפללים לפניך. כן היה דרכם וחקם כל זמן שהיו בגלות: **צקון.** הנו"ן נוספת, כנו"ן אֲשֶׁר לֹא יָדְעוּן אֲבֹתֶיךָ (דברים ח, טז), והוא חסר פ"א הפעל ושרשו יצק. ולחש פירוש תפלה, נקראת כן לפי שהיא נאמרת בלחש. ויונתן תרגם, ה׳ בְּעָקָא וגו׳, רצונו לומר, בעתות השמד בגלות, בשעה שהיו גוזרים עליהם שלא ללמוד תורה ושלא לעשות מצות, והם היו לומדים ועושים בחשאי: (יז) **כמו הרה.** פירש אדוני אבי זכרונו לברכה, דבק עם הפסוק שלמעלה; צקון לחש מוסרך למו, אמר כל כמה שתכם ותיסרם, הם בכל עת שבים אליך ויאהבוך. כמו הרה תקריב ללדת, כי בעת שהיא קרובה ללדת חבליה יותר חזקים. ואף על פי שהיא יודעת כי בעלה גרם לה זה, אינה שונאה אותו, ובאותה שעה שחבליה חזקים היא תאהבנו. וכן היינו מפניך, כי בעת שתכנו ותיסרנו אנו אוהבים אותך יותר ושבים אליך בכל לב: (יח) **הרינו חלנו כמו ילדנו רוח.** פירש אדוני אבי זכרונו לברכה, היולדת כאשר ילדה, ידעה כי כבר נמלטה. אך ענינו כמו האשה שתקריב ללדת בלא עתה, ולא ילדה, זהו כמו רוח, ואינה שמחה בהפסק החבלים, כי יודעת היא כי בקרוב תעמד עוד במשבר בנים. כן היינו אנחנו בגלות, כי בעת שהיינו נמלטים מצרה לא היינו שמחים, כי ידענו כי אחרת תכופה ועתידה לבא אחריה. כן בענין זה היינו בכל ימי הגלות, כי דבר הישועות אשר הבטחתנו לא היה נעשה בארץ:

**מצודת דוד**

(יג) **ה׳ אלהינו וכו׳.** הוא דרך רצוי, לומר, ראוים אנו לשלום: **לבד בך.** אבל לא שמענו אליהם, כי בך לבד נזכיר שמך. לומר, שאתה לבדך נקרא אלהים, ואין מי לשתף עמך: (יד) **מתים.** כי אמרנו ואין בהם חיות: **בל יקומו.** לא יוכלו לקום על רגליהם, לכן פקדת: (טו) **יספת לגוי ה׳.** כל מה שיספת לייסר עמך פעם אחר פעם, עם כל זאת הודו כבודך, ולא מרו בך. ואף כי הרחקתם ממקומם ללכת גולה בכל קצות הארץ, לא זזו ממך: (טז) **בצר.** בעת בוא צרה עליהם זכרו בך, ודורשים אליך בתפלה: **צקון לחש.** שפיכת תפלה מצויה ביניהם, כאשר בא להם מוסרך: (יז) **כמו הרה.** רצונו לומר, וכה יאמרו בתפלתם. הנה כמו אשה הרה אשר תקריב ללדת, שאז תאחוזה חלחלה ותזעק בעבור ייסורי חבלי הלידה, כן היינו גם אנחנו חלים ורועדים מפני זעמך: (יח) **הרינו חלנו.** לפי שאנו מובטחים להגאל. אחז במשל מאשת לידה שיש לה צער הריון וחיל הלידה, ויולדת רוח בעלמא; שאין לה במה להתנחם על הצער שסבלה. ורצונו לומר, יאמרו בתפלתם, הלא דמינו לאשת לידה כזאת, כי סבלנו קושי השעבוד ואין במה להתנחם, כי עדיין לא נעשה ישועה בארץ, ועדיין לא נפלו הכשדים שכבשו ומלאו פני תבל:

**מצודת ציון**

(יג) **בעלונו.** ענין אדון ומושל; כמו, אִם־בְּעָלָיו עִמּוֹ (שמות כב, יד): **זולתך.** כמו בלעדיך: (יד) **רפאים.** הם המתים שנרפו ונחלשו על ידי המיתה, וכפל הדבר במילים שונות: **פקדת.** ענין צוואת הפורענות; כמו, יִפְקֹד ה׳ עַל־צְבָא הַמָּרוֹם (לעיל כד, כא): **ותשמידם.** ענין כליון: **כל זכר.** שום זכר; וכן, לֹא תַעֲשֶׂה כָל מְלָאכָה (שמות כ, יד), ורצונו לומר, שום מלאכה: **למו.** להם: (טו) **יספת.** מלשון הוספה: **כל.** כמו בכל, ותחסר הבי"ת: (טז) **פקדוך.** ענין זכרון; כמו, וַה׳ פָּקַד אֶת שָׂרָה (בראשית כא, א): **צקון.** מלשון יציקה ושפיכה. ויאמר כן על הרבות הפלל; וכן, יִשְׁפֹּךְ שִׂיחוֹ (תהלים קב, א): **לחש.** רצונו לומר, תפלה הנאמרה בלחש ובקול נמוך: **מוסרך.** משפט יסורין: **למו.** להם: (יז) **תחיל.** מלשון חיל וחלחלה: **בחבליה.** הם מכאובי הלידה; כמו, שָׁמָּה חִבְּלַתְךָ אִמֶּךָ (שיר השירים ח, ה): **מפניך.** ענין כעס וזעם; כמו, פְּנֵי ה׳ חִלְּקָם (איכה ד, טז): (יח) **הרינו.** מלשון הריון: **חלנו.** מלשון חיל וחלחלה:

---

grant them peace, for without peace all other blessings are worthless.

**13.** **ה׳ אֱלֹהֵינוּ בְּעָלוּנוּ אֲדֹנִים זוּלָתֶךָ** — *HASHEM, our God, lords other than You have ruled over us.* Isaiah explains why Israel deserves the blessing of peace (*Metzudos*). Throughout the bitter exile, many have tried to become their masters. They oppressed and persecuted the people and tried to force them to adopt other religions, but Israel remained steadfast in its dedication to God alone (*Radak*), and declared that their God is the only God (*Rashi*).

**לְבַד־בְּךָ נַזְכִּיר שְׁמֶךָ** — *But it is only You Whose Name we mention.* Had Israel accepted the gods of the other nations, the

*Evildoers are dead*

*13 HASHEM, our God, lords other than You have ruled over us.*
*But it is only You Whose Name we mention.*
*14 [They are] dead, never to live; lifeless, never to arise.*
*Therefore You punished and destroyed them,*
*and eradicated any memory of them.*
*15 You have added to the nation, HASHEM,*
*You have added to the nation and You have been honored;*
*You rejected all the ends of the earth.*
*16 HASHEM, in their trouble they turned to You;*
*they poured out their silent prayer when You reproached them.*
*17 Like a pregnant woman about to give birth — she is in travail,*
*she screams in her pangs. So were we before You, HASHEM.*
*18 We have conceived and gone into travail, as if we had borne wind.*

---

persecutions would have stopped and Israel would have gained full acceptance among the nations. However, the Jewish people withstood all the pressures and placed their trust in God alone (*Radak*).

**14.** מֵתִים בַּל־יִחְיוּ רְפָאִים בַּל־יָקֻמוּ — *[They are] dead, never to live; lifeless, never to arise.* Isaiah prays that the wicked masters (*Ibn Ezra*) should have no share in the World to Come. Those who caused Israel to be lax (*Abarbanel*) in their observance of God's commandments shall not rise (*Rashi*). Alternatively, the *dead* refers to the heathen deities, for they are lifeless and have no power (*Radak*).

לָכֵן פָּקַדְתָּ וַתַּשְׁמִידֵם וַתְּאַבֵּד כָּל־זֵכֶר לָמוֹ — *Therefore You punished and destroyed them, and eradicated any memory of them.* God punished and destroyed the idols and their worshipers (*Radak*), leaving their followers as dead as their gods (*Me'am Loez*). The Talmud sees this as a reference to the descendants of the heathen masters. They will have no offspring to attend to them for they will be destroyed (see *Sanhedrin* 110b).

**15.** יָסַפְתָּ לַגּוֹי ה' יָסַפְתָּ לַגּוֹי נִכְבָּדְתָּ — *You have added to the nation, HASHEM, You have added to the nation and You have been honored* ... God gave His nation, Israel, the Torah and granted them glory and honor and thereby, he became greatly honored for, unlike Esau, they continuously thank Him and praise Him for His abundant goodness (*Radak*).

Alternatively, although the Jewish people were persecuted time after time in exile, they continuously brought honor to God and praised His Name (*Ibn Ezra*).

According to the Midrash, the verse illustrates the difference between Israel and other nations. When God gives something new to His people, i.e., He *adds* something, they honor Him. If a son is born, his father circumcises him. If the son is a firstborn, his father redeems him. If a Jew builds a house, he affixes a *mezuzah* on the doorpost and builds a fence around the roof. Thus, when God grants something to the Jewish people, they use it to honor Him (*Yalkut Shimoni*).

In another illustration of Israel's greatness, *Shem MiShmuel* comments that when God showers blessings on the world, the other nations rejoice in their prosperity, but Israel rejoices that it is an indication that God is close to them.

רִחַקְתָּ כָּל־קַצְוֵי־אָרֶץ — *You rejected all the ends of the earth.* I.e., God rejected all the nations who dwell in the distant areas of the earth (*Rashi*). Alternatively, Israel honors God even when the sins of the people "forced" Him to exile them to the ends of the earth (*Radak*).

**16.** בַּצַּר פְּקָדוּךָ — *In their trouble they turned to You.* The travails imposed upon Israel have brought them to turn to God in prayer, especially during times of exile when the host countries were hostile and it was clear that only God could help us. Therefore, Israel's external enemies and difficulties enable us to realize that survival depended on *turning to You* (*Netziv*).

צָקוּן לַחַשׁ — *They poured out their silent prayer.* "*Silent prayer*" represents intense prayer from the deepest recesses of the heart (*R' Schwab*).

מוּסָרְךָ לָמוֹ — *When You reproached them.* The people realized that God, not coincidence, was the source of their suffering and He was punishing them for their sins (*Radak*).

**17.** כְּמוֹ הָרָה תַּקְרִיב לָלֶדֶת — *Like a pregnant woman about to give birth.* This verse follows the preceding one, as it describes the prayer that the people offered when they suffered during the exile (*Rashi; R' Yosef Kimchi*). Isaiah compares Israel in exile to a woman in labor. Despite Israel's suffering, its love for God is never diminished, like the woman experiencing labor pains. She does not blame her husband for her pain. After giving birth she continues to live with him and love him (*Radak*).

A woman willingly endures her labor pains because she knows that in the end she will give birth to a child. So, too, Israel willingly endures its exile because it knows that it will end in the ultimate Redemption (*Techeiles Mordechai*).

**18.** הָרִינוּ חַלְנוּ כְּמוֹ יָלַדְנוּ רוּחַ — *We have conceived and gone into travail, as if we had borne wind.* The metaphor continues as Israel is compared to a woman who experiences labor pains and thinks that her suffering will soon end with the birth of her child, only to have her pain subside and then resume again and again, until her baby is finally born. So, too, Israel in exile has suffered many persecutions, hoping that each would be the last one, only to realize that the ordeal

יט יְשׁוּעֹת֙ בַּל־נַ֣עֲשֶׂה־אֶ֔רֶץ וּבַל־יִפְּל֖וּ יֹשְׁבֵ֥י תֵבֵֽל׃ יִחְי֣וּ מֵתֶ֔יךָ נְבֵלָתִ֖י יְקוּמ֑וּן הָקִ֨יצוּ
כ וְרַנְּנ֜וּ שֹׁכְנֵ֣י עָפָ֗ר כִּ֣י טַ֤ל אוֹרֹת֙ טַלֶּ֔ךָ וָאָ֖רֶץ רְפָאִ֥ים תַּפִּֽיל׃ לֵ֤ךְ
עַמִּי֙ בֹּ֣א בַחֲדָרֶ֔יךָ וּסְגֹ֥ר °דלתיך [°דְּלָתְךָ֖ ק׳] בַּעֲדֶ֑ךָ חֲבִ֥י כִמְעַט־רֶ֖גַע עַד־
כא °יעבור [°יַעֲבָר־ ק׳] זָֽעַם׃ כִּֽי־הִנֵּ֤ה יהוה֙ יֹצֵ֣א מִמְּקוֹמ֔וֹ לִפְקֹ֛ד עֲוֹ֥ן יֹשֵֽׁב־הָאָ֖רֶץ
**כז** א עָלָ֑יו וְגִלְּתָ֤ה הָאָ֙רֶץ֙ אֶת־דָּמֶ֔יהָ וְלֹא־תְכַסֶּ֥ה ע֖וֹד עַל־הֲרוּגֶֽיהָ׃ בַּיּ֣וֹם

### רש״י

**ישועות בל נעשה ארץ.** בכל סבלינו וצרתינו אין אנו מכינים לנו ישועה: **ובל יפלו.** אין נופלין הכשדים שהם יושבי תבל שכבשו ומלאו את הארץ. ויונתן תרגם בל יפלו, לשון וְנִפְלֵינוּ אֲנִי וְעַמְּךָ (שמות לג, טז); אין יושבי תבל יכולין לעשות פלא: **(יט) יחיו מתיך.** כאן התפלל שיחיו הצדיקים. בבקשה ממך, יחיו אותן שמומתין עליך, יצא דבר מלכות מלפניך לומר נבלתי יקומון; נבלות עמי שנבלו עצמן עלי להם תהי תקומה. זו חילוף למה שכתוב למעלה (פסוק יד) רפאים בל יקומו, אבל אלו יקומון: **הקיצו ורננו.** כל זה יאמר להם הקדוש ברוך הוא, הקיצו ורננו, לשון צווי הוא זה: **כי טל אורות טליך.** כי נאה לך לעשות כן, שיהא טל תורתך ומצותיך להם טל של אור: **וארץ רפאים תפיל.** ולארץ ולעפר תפיל את ארץ רפאים, שריפו ידיהם מתורתך: **רפאים תפיל.** לפי שאמר ובל יפלו יושבי תבל, חוזר ואומר אתה הפילם, כי אין בצדקותינו כדי להפילם: **(כ) לך עמי בא בחדריך.** תשובה זו השיבהו לנביא, לך עמי, בא בחדריך, בבתי כנסיות ובבתי מדרשות. דבר אחר, התבונן על מעשיך בחדרי לבך, כך דרש רבי תנחומא (בובר) וילא ה): **וסגור דלתיך בעדך.** תרגום יונתן, עֲבֵיד לָךְ עוֹבָדִין טָבִין דְיַגְנוּן עֲלָךְ. ורבי תנחומא דרש (שם) סגור דלתי פיך שלא תהרהר אחר מדת הדין: **חבי.** התחבאי מעט עד יעבר זעם, כי אמת אפקוד על שונאיך: **(כא) כי הנה ה׳ יוצא וגומר.** ממדת הרחמים למדת הדין: **יושב הארץ.** הוא הר שעיר: **על הרוגיה.** שהרגו בישראל:

### רד״ק

**ובל יפלו יושבי תבל.** לא היו נופלים ממלכות העובדי כוכבים, כי אותו דבר הוא סימן לישועתינו, כשיפלו הם נקום אנחנו. ובכל עת שהיינו נצולים מצרה לא היינו שמחים בזה, כי היינו יודעים כי לא הגיע עת הישועה, ולא היינו רואים שהיו נופלים יושבי תבל: **נעשה.** נפעל עומד: **(יט) יחיו מתיך.** אמר, אז בעת הישועה, יחיו מתיך, כי עתיד הקדוש ברוך הוא להחיות מתים בעת הישועה. וכן אמר בנבואת דניאל, וְרַבִּים מִיְּשֵׁנֵי אַדְמַת־עָפָר יָקִיצוּ (יב, ב). וכבר כתבנו בתחילת פרשה זו, שהיא ביום ההוא יושר השיר הזה. והשיר הוא ענין הפרשה הזאת עד זה הפסוק. ואמר הנביא אז יחיו מתיך, והכנוי הוא כנגד האל, רצונו לומר, הצדיקים שהם לאל, כמו שאמרו רבותינו זכרם לברכה (תענית ז, א), כי תחית המתים לצדיקים ולא לרשעים. וכן נראה בזה הפסוק שאמר מתיך, וכן בנבואת דניאל שאמר ורבים. ואמר נבלתי יקומון, וחסר עם או כ״ף כנבלתי או עם נבלתי. אומר, כשתקום נבלתי מן העפר, יקומו גם כן שאר הצדיקים. והוא היה בוטח באמת שיקום שהיה יודע בעצמו שהוא צדיק: **הקיצו ורננו.** ויאמר כל אחד לחברו, הקיצו ורננו שוכני עפר, או יצא קול מן השמים ויאמר להם זה: **כי טל אורות טלך.** אורות הם ירקות; כמו, לְלַקֵּט אֹרֹת (מלכים־ב ד, לט). אמר על דרך משל, טל הראוי לירקות הוא טלך. כמו שהטל מחיה הירקות ומצמיחם, כן טלך אמר כנגד השם, שיחיה המתים: **וארץ רפאים תפיל.** הארץ תשליך המתים ממנה ולחוץ, לשון האשה המפלת. וארץ, כמו והארץ נעדרה ממנו, ה״א הידיעה. או יהיה תי״ו תפיל כנגד האל. אמר, תחיה מתיך, אבל הרשעים והם הרפאים, תפיל אותם לארץ עד שלא תחיה אותה: **(כ) לך עמי.** זה הפסוק אמר במלחמת גוג ומגוג, שתהיה צרה לישראל מעט זמן. אמר דרך משל, לך עמי בא בחדריך וסגור דלתך בעדך, וזה משל להסתר במעשים טובים ובתשובה שלמה; כי כמעט רגע יהיה הזעם ויעבור, והטובים ימלטו, כמו שאמר כל הנמצא כתוב בספר: **חבי.** אמר לשון נקבה כנגד עמי שזכר. כי עם מצאנו בלשון נקבה; כמו, מַדּוּעַ שׁוֹבְבָה הָעָם הַזֶּה (ירמיהו ח, ה), וְחָטָאת עַמֶּךָ (שמות ה, טז). אבל ברוב הוא לשון זכר. ויש מפרשים אותו שם בפלס שבי צבי. ודלתיך כתיב ביו״ד לשון רבים, וקרי דלתך לשון יחיד על דרך כלל. ואינו ממשקל דלת בסגול, כי היחיד אומר דלתיך; כמו, וַיִּקֹּב חֹר בְּדַלְתּוֹ (מלכים־ב, יב, י): **יעבור.** כתוב בוי״ו וקרי בלא וי״ו בקמץ חטף מפני המקף: **(כא) כי הנה ה׳ יוצא ממקומו.** על דרך משל; כמו שאמר גם כן, וְיָצָא ה׳ וְנִלְחַם בַּגּוֹיִם הָהֵם (זכריה יד, ג). וכל עונם שקדם יפקד עליהם בעת ההיא, וכל דם נקי ששפכו יפקד עליהם. וכאשר לא ינקם הדם יראה כאלו הוא מכוסה תחת הארץ, וכשינקם כאלו הוא מגולה. וכן אמר איוב (טז, יח), אֶרֶץ אַל תְּכַסִּי דָמִי, לפיכך אמר ולא תכסה עוד על הרוגיה. וזכר הדם ולא זכר החמסים האחרים שעשו, כי הדם הוא החמס הגדול, וכן אמר בנבואת יואל (ד, כא), וְנִקֵּיתִי דָּמָם לֹא נִקֵּיתִי:

### מצודת דוד

**(יט) יחיו מתיך.** אמר דרך תפלה ובקשה, קרב יום יעמדו בתחיה, אלו המומתים על קדוש שמך: **נבלתי יקומון.** יצא דבר מלכות מלפניך לומר, נבלתי יקומון. רצונו לומר, נבלת עמי שנבלו עצמן עלי, יקומון בתחיה, ואתם שוכני עפר, הקיצו משינת המיתה ושבחו לה׳: **כי טל.** כי טל התחיה שאוריד עליך, יהיה כטל היורד על הצמחים, שמגדל אותם. כן יחיו המתים על ידי טל תחיה: **וארץ וכו׳.** הארץ תפיל ותשליך לחוץ את המתים הקבורים בה: **(כ) לך עמי.** מאמר הנביא בדרך משל, בוא בחדרך וסגור הדלת בעדך, שלא יוכל לבוא מי אצלך לעשות עמך רעה. וסתרי כשיעור רגע מועטת, עד אשר יעבור הזעם ותלך לו. ורוצה לומר, סתרי עצמך במסתר תשובה ומעשים טובים, להגן עליך מזעם הצרות שיבואו קודם בוא הגאולה: **(כא) יוצא ממקומו.** הוא ענין משל וכמו שכתוב, וְיָצָא ה׳ וְנִלְחַם בַּגּוֹיִם (זכריה יד, ג): **לפקוד.** לזכור עון יושב הארץ על היושב בה לשלם גמול המפעל: **וגלתה.** הארץ תגלה את הדם על ההרוגים הנקברים בה:

### מצודת ציון

**(יט) נבלתי.** אף גוף הצדיק ההומת יקרא נבלה; כמו, אֶת נִבְלַת אִישׁ הָאֱלֹהִים (מלכים א יג, כט): **הקיצו.** ענין הערה; כמו, לֹא הֵקִיץ הַנָּעַר (מלכים־ב ד, לא): **אורת.** הוא שם צמח מה; כמו, לְלַקֵּט אֹרֹת (שם ד, לט): **רפאים.** כן יקראו המתים על כי נרפו ונחלשו על ידי המיתה: **(כ) בעדך.** כנגדך: **חבי.** מלשון מחבואה ומסתור: **זעם.** כעס: **(כא) לפקוד.** ענין זכרון: **וגלתה.** לשון גלוי:

---

was not over (*Rashi*). The prophet describes the seemingly fruitless labor as having *borne wind,* as if she were giving birth to air. The suffering in exile is the same because it did not yet bring salvation.

**וּבַל־יִפְּלוּ יֹשְׁבֵי תֵבֵל** — *And [the wicked] who dwell on the world did not fall.* The wicked descendants of Esau who abundantly inhabit the world have not fallen, indicating that the time of salvation has not yet arrived (*Rashi*).

**19. יִחְיוּ מֵתֶיךָ נְבֵלָתִי יְקוּמוּן** — *May Your dead come to life, may my corpse arise.* Earlier, Isaiah had spoken about the rejoicing that will occur when salvation arrives. Now he adds that not only will the living rejoice, but also the dead who will be brought back to life (*Daas Sofrim*). This verse is one of the Scriptural sources for the belief in the revivification of the dead (see *Sanhedrin* 90b).

Isaiah addresses God, as it were, saying *"Your" dead;* i.e.,

*Salvations were not performed in the land*
*and [the wicked] who dwell on the world did not fall.*

*Revivification of the dead*

19 *May Your dead come to life, may my corpse arise.*
*Awake and shout for joy, you who dwell in the dust!*
*For Your dew is [like] the dew that [revives] vegetation.*
*May You topple the lifeless [wicked] to the ground!*
20 *Go, my people, enter your chambers and close your door behind you; hide*
*for a brief moment until the wrath has passed.* 21 *For behold, HASHEM is going*
*forth from His place, to bring punishment for the sin of the inhabitant of the*
*land upon him; and the land will reveal its blood, and no longer cover over its*
*slain.*

---

the righteous people who were dedicated to God. Previously (v. 14) he had prayed that the wicked should not live. Now he prays that the righteous should be revivified (*Rashi*). The prophet prays that the righteous should be brought back to life along with himself — נְבֵלָתִי, *my corpse,* in the singular — Isaiah's own corpse. He knew that he would be revivified, and he prayed that the others should live again along with himself (*Radak*).

Alternatively, מֵתֶיךָ, *Your dead,* are those who died in the lands of the exile and נְבֵלָתִי, *my corpses,* are those who were killed עַל קִדּוּשׁ הַשֵּׁם, martyred in sanctification of God's Name (*Abarbanel*).

**הָקִיצוּ וְרַנְּנוּ שֹׁכְנֵי עָפָר** — *Awake and shout for joy, you who dwell in the dust.* God will order the dead to awaken and shout for joy (*Rashi*). *Radak* comments that one dead person will instruct the other, or that a Heavenly voice will instruct them to awake.

The Sages teach that arrogant people will not be brought back to life (*Sotah* 8a). Our verse alludes to this, saying that those *who dwell in the dust,* i.e., who feel like *dust* in their lifetime, will merit to *awake and shout for joy* (*Rambam, Avos* 4:4).

**כִּי טַל אוֹרֹת טַלֶּךָ** — *For your dew is [like] the dew that [revives] vegetation.* The translation of אוֹרֹת, *vegetation,* follows *Radak* and *Ibn Ezra,* who explain that just as dew gives life to vegetation, so God will give life to the dead. *Rashi* understands this metaphorically and renders טַל אוֹרֹת, *as dew of light,* referring to the light of the Torah. The light emanating from the Torah that they studied and from the commandments that they fulfilled will revivify them. Indeed the Talmud writes that it is only through the light of the Torah that one may merit revivification. One can acquire the light of Torah either by studying it or by doing business with Torah scholars, thus enabling them to earn a livelihood so that they can continue their studies (*Kesubos* 111b).

**וָאָרֶץ רְפָאִים תַּפִּיל** — *May You topple the lifeless [wicked] to the ground.* May God cast the wicked permanently down to the earth, for they do not deserve to be revivified (*Rashi*). Alternatively, רְפָאִים refers not to the wicked but to the lifeless: *May the earth give forth the dead,* so that they may be revivified (*Radak*). [For additional information regarding the belief of the revivification of the dead as a cornerstone of Jewish belief, see commentary to *Daniel* 12:2, ArtScroll ed.]

**20. לֵךְ עַמִּי בֹּא בַחֲדָרֶיךָ וּסְגֹר דְּלָתְךָ בַּעֲדֶךָ** — *Go, my people, enter your chambers and close your door behind you.* According to the literal translation, Isaiah is instructing the people to isolate themselves in their homes for a short time, and observe God's commandments, in order to merit salvation. The commentators, however, explain the verse metaphorically. *Radak* sees it as a metaphor for seeking refuge during the wars of Gog and Magog. The people should enter the "chambers" of good deeds and repentance and thereby merit redemption.

Citing the Midrash, *Rashi* comments that during this time of extreme danger, the Jewish people are urged to enter their synagogues and houses of study to pray and study Torah, for this will protect them from God's wrath.

**וּסְגֹר דְּלָתְךָ בַּעֲדֶךָ** — *And close your door behind you.* Because the redemption and revivification will take place at the End of Days, many centuries later, Isaiah instructs Israel to *close the door* of its mouth and not question the Divine standard of justice (*Rashi*).

**חֲבִי כִמְעַט־רֶגַע עַד־יַעֲבָר־זָעַם** — *Hide for a brief moment until the wrath has passed.* The violence of the Gog and Magog war will be relatively brief. Israel should find shelter in the Torah and its commandments until the wrath passes (*Radak*).

Isaiah's earlier assurances about the redemption and revivification of the dead will take place at the End of Days, and, accordingly, he tells the people to be patient throughout the exile and "seclude" themselves in their spiritual chambers, which are their only guarantee of ultimate survival. He assures them that when the climactic war begins, it will not last long, and then the promised bliss will come about (*Abarbanel*).

**21. כִּי־הִנֵּה ה׳ יֹצֵא מִמְּקוֹמוֹ לִפְקֹד עֲוֹן יֹשֵׁב־הָאָרֶץ** — *For behold, HASHEM is going forth from His place, to bring punishment for the sin of the inhabitant of the world.* Metaphorically, Isaiah describes God as "emerging from His hidden abode" to mete out justice against the wicked [specifically the descendants of Esau (*Rashi; Mahari Kara*)] who have murdered His people throughout history (*Radak*).

**וְגִלְּתָה הָאָרֶץ אֶת־דָּמֶיהָ** — *And the land will reveal its blood.* In the Biblical idiom, murder that goes unavenged is described

הַהוּא יִפְקֹד יהוה בְּחַרְבּוֹ הַקָּשָׁה וְהַגְּדוֹלָה וְהַחֲזָקָה עַל לִוְיָתָן נָחָשׁ
ב בָּרִחַ וְעַל לִוְיָתָן נָחָשׁ עֲקַלָּתוֹן וְהָרַג אֶת־הַתַּנִּין אֲשֶׁר בַּיָּם: בַּיּוֹם
ג הַהוּא כֶּרֶם חֶמֶר עַנּוּ־לָהּ: אֲנִי יהוה נֹצְרָהּ לִרְגָעִים אַשְׁקֶנָּה פֶּן יִפְקֹד
ד עָלֶיהָ לַיְלָה וָיוֹם אֶצֳּרֶנָּה: חֵמָה אֵין לִי מִי־יִתְּנֵנִי שָׁמִיר שַׁיִת בַּמִּלְחָמָה

### רש"י

**(א) על לויתן נחש בריח.** תרגם יונתן, עַל מַלְכָּא דְאִתְרַבְרַב כְּפַרְעֹה מַלְכָּא קַדְמָאָה וְעַל מַלְכָּא דְאִתְגָּאֵי כְּסַנְחֵרִיב מַלְכָּא תִנְיָנָא. בריח לשון פשוט, כבריח הזה לפי שהוא ראשון: **עקלתון.** לשון כפול. לפי שהוא שני. ואומר אני, לפי שאלו שלש אומות חשובות, מצרים, ואשור ואדום, לכך אמר על אלו, כמו שאמר בסוף הענין, וּבָאוּ הָאֹבְדִים בְּאֶרֶץ אַשּׁוּר וְהַנִּדָּחִים בְּאֶרֶץ מִצְרָיִם (לקמן פסוק יג): **לויתן נחש בריח.** הוא מצרים. **לויתן נחש עקלתון.** הוא אשור: **והרג את התנין אשר בים.** היא יושבת בלב ימים, וכן כתיים קרויים איי הים: **(ב) ביום ההוא.** בעת הגאולה ישירו לישראל, זו היא כרם חמר, הוליאה יינה הטוב. חמר ויגוש בלע"ז: **(ג) אני ה' נוצרה.** בעת הגלות: **לרגעים אשקנה.** מעט מעט אני משקה אותה כוס פורענות הבאה עליה, פן אפקד עליה בבת אחת ואכלנה, לכך לילה ויום אני מתבונן בה. ויונתן תירגם, אם לא שאני פוקד עליהם עונות שהם מרגילים לפני לילה ויום, הייתי מגין עליהם: **(ד) חמה אין לי.** אין לי פה להגביר חמתי על העובדי כוכבים, לפי שאף ישראל חוטאין, ומדת הדין מקטרגת: **מי יתנני שמיר שית במלחמה.** בבני מלחמתי, והוא ישמעאל, מי יתנני ואוכל לפקוד עליהם, ולא תוכל מדת הדין למחות שישובו ישראל בתשובה; והיא נותנת אותי שמיר ושית בבני מלחמה. אפסע פסיעה על מדת הדין, ואפקוד עליהם אף יתרון ונוספות על עונם, ואציתם יחד, כן תרגם יונתן על האומות. ורבותינו זכרונם לברכה פירשו על ישראל, והוא מוסב על הכרם. חמה אין לי בכל הכעסים שהכעסני הכרם הזאת. לא אוכל לשפוך חמתי לבערה, מפני השבועה שנשבעתי לאבותיהם. מי יתנני כימים שעברו, לולי השבועה הייתי שמיר ושית ופושע בכרם ואציתנה יחד:

### רד"ק

**(א) ביום ההוא.** הקשה הגדולה והחזקה, הכפל, לחזק כריתת החרב בגוים שלא היתה כמוה, וכל זה במלחמת גוג ומגוג כמו שפירשנו. ולויתן שזכר הוא משל על מלכי העובדי כוכבים החזקים. ולויתן הוא הדג הגדול אשר בים, ויקרא גם כן תנין; כי כן כתוב, וַיִּבְרָא אֱלֹהִים אֶת הַתַּנִּינִם הַגְּדֹלִים (בראשית א, כא). לפיכך המשיל העובדי כוכבים הגדולים בלויתן ותנין, והתנין הוא הנחש. ומה שאמר בריח ואמר עקלתון כאלו היה מבריח הים מן הקצה אל הקצה מרוב גדלו, ובמקומות מעקל עצמו מרוב ארכו, לפיכך נקרא עקלתון. ומה שאמר לויתן לויתן תנין, שלשה, רמז למלכות אדום וישמעאל ומלכות ההודיים שלישי. ויש מפרשים נחש, בריח התלי שהוא מבריח מן הקצה אל הקצה גם הוא עקלתון. ועליו נאמר, חֹלְלָה יָדוֹ נָחָשׁ בָּרִחַ (איוב כו, יג). ולפירוש הזה גם כן הוא משל על גדולי העובדי כוכבים, וכן הוא בפרקי דרבי אליעזר (פרק ח). התלי מניד המאורות, ונטוי מן הקצה אל הקצה כבריח נחש עקלתון: **(ב) ביום ההוא כרם חמר ענו לה.** פירוש לכנסת ישראל שירו להוענו לה, כרם חמר; כרם שעושה יין טוב. ולפי שהנביא בתחילת נבואתו קרא לה כרם שעושה באושים ולא ענבים, לפיכך אמר כי בעת ההיא, שהיא עת הישועה, אז יקראו לה כרם חמר, שעושה ענבים טובים שיצא מהם יין חשוב, אדום טוב, כי חמר ענין אדמימות. וכן אמר יין חמר, רוצה לומר, שאודם היין בו, כי כן חשיבות היין אדמימותו; כמו שאמר, אַל תֵּרֶא יַיִן כִּי יִתְאַדָּם (משלי כג, לד). ותרגום יין, חַמְרָא. והאדום יקרא בערבי אל חמר: **(ג) אני ה' נוצרה.** הפך מה שאמר, הָסֵר מְשׂוּכָּתוֹ וְהָיָה לְבָעֵר (לעיל ה, ה): **לרגעים אשקנה.** הפך מה שאמר, וְעַל הֶעָבִים אֲצַוֶּה מֵהַמְטִיר עָלָיו מָטָר (שם פסוק ו): **פן יפקד עליה.** פירש אדוני אבי זכרונו לברכה, עליה, מן עלה זית. אמר לרגעים אשקנה פן יחסר אפילו העלים שלה, כל שכן הפרי. או פירוש, פן יפקד האויב עליה, לילה ויום אצרנה, ופירוש המשל, אני ה' נוצרה, שתהיה השגחתי תמידה עליה; כמו שאמר, וְשַׂמְתִּי עֵינִי עֲלֵיהֶם לְטוֹבָה (ירמיה כד, ו): **לרגעים אשקנה.** שאשפיע עליהם רוח דעת ורוח נבואה כמים לרוב. כמו שאומר, כִּי מָלְאָה הָאָרֶץ דֵּעָה אֶת ה' כַּמַּיִם לַיָּם מְכַסִּים (לעיל יא, ט). ונאמר, אֶשְׁפּוֹךְ אֶת רוּחִי עַל כָּל בָּשָׂר (יואל ג, א). ואיני אומר כל בשר אלא על ישראל, כמו שאומר אחר כן, וְנִבְּאוּ בְּנֵיכֶם וּבְנֹתֵיכֶם וגו' (שם): **אצרנה.** בקמץ חטף הצד"י במקצת ספרים: **(ד) חמה אין לי.** כי אינה ממדותי אלא ארך אפים. ואף על פי שכתוב, נֹקֵם ה' וּבַעַל חֵמָה (נחום א, ב), הרי פירש אחריו נֹקֵם ה' לְצָרָיו (שם), להם הוא נוקם ונוטר לעת יבא אידם. ואף על פי שמאריך להם זמן רב, עושה זה כדי להאבידם ולהשמידם מכל; כמו שאומר, וּמְשַׁלֵּם לְשֹׂנְאָיו אֶל פָּנָיו לְהַאֲבִידוֹ (דברים ז, י), ואומר, לְהִשָּׁמְדָם עֲדֵי עַד (תהלים צב, ח). אבל לישראל אינו עושה כן, אלא כשחטאו, מעט מעט הוא פוקד עונם, ואינו שומר להם עד שיכלם; כמו שאמר, רַק אֶתְכֶם יָדַעְתִּי מִכֹּל מִשְׁפְּחוֹת הָאֲדָמָה עַל כֵּן אֶפְקֹד עֲלֵיכֶם אֵת כָּל עֲוֹנֹתֵיכֶם (עמוס ג, ב). לפיכך אמר חמה אין לי, כלומר על ישראל, שאם היה לי חמה, מי הוא שיתן לי שמיר ושית. כלומר, הכרם שנותן לי שמיר ושית במקום ענבים, אם היה לי חמה, הייתי פוסע בה פסיעה אחת והייתי שורפה כלה כאחד, במלחמה כשאני נלחם עמה על כל עונותיה. כן פירש לי אדוני אבי זכרונו לברכה הפסוק, והוא הטוב שבפירושים: **שמיר שית.** חסר וי"ו השמוש, כאלו אמר שמיר ושית. כמו, שֶׁמֶשׁ יָרֵחַ (חבקוק ג, יא), ראובן שמעון, והדומים להם. שמיר שית הם מיני קוצים:

### מצודת דוד

**(א) יפקוד ה'.** ישגיח להכות בחרבו: **על לויתן נחש בריח.** הוא משל על ישמעאל, שהוא מבריח ברוב הישוב מהקצה אל הקצה, כמו הלויתן שמבריח את הים מהקצה אל הקצה: **ועל לויתן נחש עקלתון.** הוא משל, על שהוא מעוקל במעשיו כמו הלויתן, שבעבור רוב ארכו מעקל עצמו במקומות מהים: **התנין אשר בים.** הוא משל על יתר האומות השוכנים באיי הים, שאינם לא מאמונתם ולא מהמונם: **(ב) כרם חמר ענו לה.** כולם ירימו קול על ישראל לומר שהוא כרם המוציא יין משובח, לא כמו לשעבר; שנאמר בה, וַיְקַו לַעֲשׂוֹת עֲנָבִים וַיַּעַשׂ בְּאֻשִׁים (לעיל ה, ב): **(ג) אני ה' נוצרה.** מעתה אשמרה, לא כמו לשעבר שנאמר בה, הָסֵר מְשׂוּכָּתוֹ וְהָיָה לְבָעֵר וגו' (לעיל ה, ה) : **לרגעים אשקנה.** בכל רגע אשקה אותה במי מטר, ולא כמו לשעבר שנאמר בה, וְעַל הֶעָבִים אֲצַוֶּה מֵהַמְטִיר עָלָיו מָטָר (שם פסוק ו): **פן יפקוד עליה.** כי פן יהיה נחסר העלים שלה על ידי כמישה, לכן אצרנה לילה ויום להשקותה בזמנה. ורצה לומר, אחוס אף על העלין וכל שכן על הענבים. והוא דרך משל לומר, אשפיע להם הרבה טובה מגדוליהם ועד קטניהם: **(ד) חמה אין לי.** גם מאז לא הערתי עליהם כל חמתי, כי אם הייתי מעיר כל חמתי, אז מי הוא שיתן לי שמיר ושית. כלומר, זה הכרם שנתן לי מאז שמיר ושית במקום ענבים, אם היה לי חמה מרובה, הייתי פוסע בה פסיעה אחת והייתי שורפה כולה כאחד במלחמה, כשאני נלחם עמה להפרע ממנה על עונותיה:

### מצודת ציון

**(א) יפקוד.** ענין השגחה: **לויתן.** הוא הדג הגדול שבים; וכן, תִּמְשֹׁךְ לִוְיָתָן בְּחַכָּה (איוב מ, כה): **נחש.** הלויתן הוא דומה לנחש: **ברח.** כענין מטה ההושם לסגור השער, ומבריח מקצה השער עד קצהו. ולכן יקרא הלויתן בריח, כי מבריח מקצה הים עד קצהו: **עקלתון.** ענין עקום ועוות; כמו, אֳרָחוֹת עֲקַלְקַלּוֹת (שופטים ה, ו): **התנין.** כן נקרא הדג הדומה למראית הנחש; וכן, הַתַּנִּינִם הַגְּדֹלִים (בראשית א, כא): **(ב) חמר.** ענינו יין משבח; כמו, תִּשְׁתֶּה חָמֶר (דברים לב, יד): **ענו.** ענין הרמת קול, כמו, וְעָנוּ הַלְוִיִּם וגו' קוֹל רָם (שם כז, יד): **לה.** עליה: **(ג) נוצרה.** ענין שמירה, כמו, נֹצֵר חֶסֶד (שמות לד, ז): **לרגעים.** מלשון רגע: **יפקד.** ענין חסרון; כמו, כִּי יִפָּקֵד מוֹשָׁבֶךָ (שמואל־א כ, יח): **עליה.** עלי הגפנים: **אצרנה.** אשמרנה: **(ד) חמס.** ענין כעס: **שמיר שית.** כמו שמיר ושית, ותחסר הוי"ו והם מיני קוצים. וכן, וְעָלָה שָׁמִיר וָשָׁיִת (לעיל ה, ו):

**27**

*[1] On that day HASHEM will bring punishment with His harsh, great, mighty sword, upon Leviathan, the barlike serpent, and upon Leviathan, the twisting serpent, and He will kill the great fish that is in the sea.*

*God's vineyard*

*[2] On that day [people] will sing about [Israel], "A vineyard of fine wine." [3] I am*
*HASHEM, Who guards it; I water it frequently; lest it be held to account against it,*
*night and day I will guard it. [4] I have no wrath; if only I were at war with the weeds*

as "blood covered up by the earth." When God punishes the murderers of His people, all the innocent blood will be "uncovered" by the earth (*Radak*).

### 27.

Isaiah relates God's reply to his question about why the nations merited destruction. They deserved it because of their cruelty, and the prophet relates how badly they treated Israel.

**1. בַּיּוֹם הַהוּא** — *On that day,* i.e., on the day of punishment mentioned above (*Ibn Ezra*), the day of the war of Gog and Magog (*Radak*). Alternatively, it refers to the punishment in the days of Sennacherib (*Mahari Kara*).

**בְּחַרְבּוֹ הַקָּשָׁה וְהַגְּדוֹלָה וְהַחֲזָקָה** — *With His harsh, great, mighty sword.* The triple adjective stresses the total, unprecedented nature of the destruction of the nations (*Radak*).

**The Leviathan:** Verse 2 speaks about a giant sea monster, the Leviathan, that fills the oceans, girdles the earth, and twists in every direction. The commentators agree that the Leviathan is a metaphor. Briefly, as it pertains to this chapter, *Maharal* (*Chiddushei Aggados*) explains that the Leviathan and its mate are not physical creatures, but represent spiritual forces that are found throughout the world. In a sense, they provide "food" for humanity, but not food in the physical sense. "Food" means nourishment. Carbohydrates and proteins are food, but so is wisdom and spirituality. For example, we speak of "food for thought"; such food is not measured in calories, but people need it just as they need physical nourishment. Every nation has its own unique, positive characteristics, not all of which Israel possesses. The Leviathan represents the worthy spiritual gifts of all the individual nations. When the ultimate Redemption arrives, Israel will acquire every possible spiritual gift, including those of the nations. When Moses said, וְאָכַלְתָּ אֶת־כָּל הָעַמִּים, *You will devour all the nations* (*Deuteronomy* 7:16), he did not mean that the Jews of the future would be cannibals. He was saying that in Messianic times, Israel will absorb all the virtues of the nations. In this verse, when Isaiah speaks of aquatic monsters girdling the earth, he refers to the nations that dominate society, especially the primary enemies and persecutors of Israel.

*R' Hirsch* comments that the Leviathan represents alliances of nations with similar interests that seek to dominate the world. The *barlike Leviathan* symbolizes alliances that use straightforward force to overpower others; and the *twisting serpent* symbolizes alliances that use manipulative cunning to outsmart and subjugate rivals. At the End of Days, God will punish both kinds of nations (*Collected Writings* Vol. II, pp. 112-120).

**וְהָרַג אֶת־הַתַּנִּין אֲשֶׁר בַּיָּם** — *And He will kill the great fish that is in the sea.* God will punish Egypt, Assyria, and Edom (*Rashi*), but it is unclear from *Rashi* to which period the prophet is referring. *Rashi*'s reference to Egypt and Assyria implies that this would take place during the time of Sennacherib, but the reference to Edom implies the period of the Roman Empire. Alternatively, the three are Edom, Ishmael, and the Indian empire (*Radak*). In any case, the intention is that God will bring punishment on the great nations and destroy them (*Abarbanel;* see *Radak*). Alternatively, the first two refer to the great kingdom of Pharaoh and to Sennacherib, king of Assyria. The third (*great fish that is in the sea*) refers to those of Israel who allied with them (*Mahari Kara*).

**2. בַּיּוֹם הַהוּא** — *On that day,* i.e., the day of Redemption (*Rashi; Radak*).

**כֶּרֶם חֶמֶר עַנּוּ־לָהּ** — *[People] will sing about [Israel], "A vineyard of fine wine."* The grapes will be so plentiful (*Ibn Ezra*) that the vineyard will produce the finest wine (*Radak, Abarbanel;* see *Rashi*). This is a metaphor for Israel's growth in every way.

After comparing Israel before the exile to a vineyard that produces inferior grapes (above 5:2), Isaiah states that after the redemption they will produce excellent fruits (*Radak, Abarbanel*).

Isaiah continues the metaphor of a vineyard:

**3. אֲנִי ה׳ נֹצְרָהּ** — *I am HASHEM, Who guards it.* I guard the vineyard, i.e., Israel at the time of the exile (*Rashi, Targum;* see alternative explanation below).

**לִרְגָעִים אַשְׁקֶנָּה פֶּן יִפְקֹד עָלֶיהָ** — *I water it frequently; lest it be held to account against it.* From the cup of punishment I shall pour upon them only a little at a time, because if I were to deliver the full measure of retribution all at once, they could not survive it (*Rashi*). In each generation of exile, there are enemies trying to destroy them; if I were to attack them for their sins they would long since have been destroyed. Instead, I am patient, and wait for them to realize that indeed there is none other than Hashem (*Mahari Kara*).

Alternatively, the verse continues discussing the period after the Redemption. Unlike the years of exile, regarding which the prophet says (5:6), *I will command the clouds not to pour rain upon it,* after the Redemption *I* will *water it frequently* at the proper time (*Radak, Abarbanel*).

*Ibn Ezra,* according to whom the verse refers to the time of Sennacherib, explains that the Divine Presence will protect Zion and that He will keep "watering" it with the "rain" of prophecy (see *Malbim*).

**4. חֵמָה אֵין לִי וגו׳** — *I have no wrath . . .* I cannot increase My wrath against the idol-worshiping nations, for the people of

**HAFTARAS SHEMOS**
*Ashkenazim:*
27:6-28:13;
29:22-23

ה אֶפְשְׂעָה בָהּ אֲצִיתֶנָּה יָּחַד: אוֹ יַחֲזֵק בְּמָעֻזִּי יַעֲשֶׂה שָׁלוֹם לִי שָׁלוֹם
ו יַעֲשֶׂה־לִּי: ◂הַבָּאִים יַשְׁרֵשׁ יַעֲקֹב יָצִיץ וּפָרַח יִשְׂרָאֵל וּמָלְאוּ פְנֵי־תֵבֵל
ז־ח תְּנוּבָה: הַכְּמַכַּת מַכֵּהוּ הִכָּהוּ אִם־כְּהֶרֶג הֲרֻגָיו הֹרָג: בְּסַאסְּאָה
ט בְּשַׁלְחָהּ תְּרִיבֶנָּה הָגָה בְּרוּחוֹ הַקָּשָׁה בְּיוֹם קָדִים: לָכֵן בְּזֹאת יְכֻפַּר עֲוֹן־יַעֲקֹב

### רש״י

(ה) **או יחזק במעוזי.** או לשון אם, כמו, אוֹ נוֹדַע כִּי שׁוֹר נַגָּח הוּא (שמות כא, לו). או יחזיק עמי במעוזי, שלא יבקש מעוז אלא מעוזי, אז יעשה שלום לי, להניח דעתי ואפי שמתקשקשת בי על שאיני נוקם בצרי ואנקם בהם: **שלום יעשה לי.** ממדת הדין, שלא יוכל לקטרג ולומר, מה נשתנו אלו מאלו: (ו) **הבאים ישרש יעקב.** הלא ידעתם מה עשיתי בראשונה הבאים למצרים, אשר השריש יעקב, צצו ופרחו שם עד (אשר) מלאו פני תבל תנובה: (ז) **הכמכת מכהו הכהו.** הראיתם בגבורתי, שכמכת המכה יעקב הכתיו; הם טבעום במים ואני טבעתים במים. יש תמיהות שהם מתקיימות, כגון זו וכגון, הֲנִגְלֹה נִגְלֵיתִי אֶל בֵּית אָבִיךָ (שמואל-א ב, כז), הֲרֹאֶה אַתָּה מָה הֵם עֹשִׂים (יחזקאל ח, ו): **אם כהרג.** ישראל שהיו הרוגין של פרעה, הורג פרעה ועמו: (ח) **בסאסאה.** באותה מדה: **בשלחה תריבנה.** כששילחה מצרים את ישראל, תריבנה המדה בסאה שלה, הגה ברוחו הקשה. הגה, דבר בדבורו הקשה: **ביום קדים.** כיום, וַיּוֹלֶךְ ה׳ אֶת הַיָּם בְּרוּחַ קָדִים עַזָּה (שמות יד, כא). (ט) **לכן.** גם עתה, בזאת היה מתכפר עון יעקב לזכות, להגאל כמאז:

### רד״ק

(ה) **או יחזק במעזי.** או יחזק בתורתי. כלומר, הייתי מכלה אותם או היה מחזיק במעזי, כלומר תורתי שהיא מעוז להם: **יעשה שלום לי.** כלומר, יבא זמן עוד שיעשה שלום לי: **שלום יעשה לי.** הכפל לחזק השלום, שלא תהיה עוד מלחמה בין האל ובין ישראל והוא זמן הישועה. וזהו שאמר אחריו: (ו) **הבאים.** כלומר הימים הבאים והוא זמן הישועה; כמו, הִנֵּה יָמִים בָּאִים נְאֻם ה׳ וַהֲקִמֹתִי לְדָוִד צֶמַח צַדִּיק וגו׳ (ירמיה כג, ה). ואז, בימים ההם, ישרש יעקב. ופירוש ישרש, יתן שרש כמו שאמר, וְיַךְ שָׁרָשָׁיו כַּלְּבָנוֹן (הושע יד, ו), כי עתה בגלות הוא כמי שאין לו שרש, אבל בימים ההם ישרש מלמטה ויציץ פרח מלמעלה: **ומלאו פני תבל תנובה.** כלומר, כתנובה; כמו שאמר, וְיָצִיצוּ מֵעִיר כְּעֵשֶׂב הָאָרֶץ (תהלים עב, טז). ותנובה חסר כ״ף הדמיון כמו לֵב שָׂמֵחַ יֵיטִב גֵּהָה (משלי יז, כב), שפירושו כגהה: (ז) **הכמכת מכהו הכהו.** כי עתה בזמן הזה תוכלו להכיר ולדעת כי אין חמה לאל על ישראל, כמו שאמר חמה אין לי, כי אם כמכת מכהו הכהו, ומכהו הוא מכה ישראל כמו פרעה וסנחריב וזולתם. ועתה אם בכל אשר חטאו ישראל הכהו האל כמו שהכה מכה ישראל שהכה בעשר מכות: **אם כהרג הרוגיו הורג.** כפל הדבר. אמר אם הורג ישראל כמו שנהרגו הרוגיו והם אויבי ישראל. והכנוי כנגד ישראל, כי הם הרוגי האל שהרגם בשביל ישראל; או יהיה הכנוי לישראל, ואמר הרוגיו, כי בעבור ישראל הם הרוגים, והרי הם כאלו הרגם: (ח) **בסאסאה.** ענינו סאה, והוא כפול הפ״א והעי״ן. אמר, לא עשה האל עם ישראל כמו שעשה עם אויביו, ששפך חמתו לשם ואבדם מן העולם, לא עשה כן לישראל. אלא כשהיו חוטאים לפניו, במדה נפרע מהם. לא יותר מן המדה שהיא שפיכת חמה, אלא במדה, קו לקו הוא נפרע מהם. והמדה שהוא שולח להם תריבנה, כלומר, תריב כנסת ישראל בשלחה, והוא כלל לשדות התבואה ולעצי הפרי. כלומר, ששולח להם השדפון והירקון, ארבה וחסיל, וכיוצא בהם: **הגה ברוחו הקשה.** הסיר הפרי ברוחו הקשה שמשיב בהם: **ביום קדים.** יום שנושבת רוח קדים עזה, רוחו היא ששולח בהם להנקם מהם לאכול תבואתם ופירותיהם. לא שישפך חמתו עליהם בלא מדה עד שיכלם, זה לא יעשה האל עם ישראל. וזהו שקדם חמה אין לי, אלא הכמכת מכהו. ושלחה הוא שם על הגנות ושדות התבואה; כמו, בְּרֵכַת הַשֶּׁלַח לְגַן הַמֶּלֶךְ (נחמיה ג, טו), שְׁלָחַיִךְ פַּרְדֵּס רִמּוֹנִים (שיר השירים ד, יג). ואדוני אבי זכרונו לברכה פירש הפסוק כן, במדה שמדדה רצית לריב אתה ולשפטה, בשלחה וחרבה רצית להורגה, לדון אותם באש כמדת סדום, כי מעשיהם היו כמעשיהם; לולי שחמל האל. והנה האש הסירה ברוח קדים עזה, לאחר שנזרקה על העיר כמו שמפורש ביחזקאל. הגה ענין הסרה, כמו, הָגוֹ סִיגִים מִכָּסֶף (משלי כה, ד), הָגוֹ רָשָׁע לִפְנֵי מֶלֶךְ (שם פסוק ה): (ט) **לכן בזאת יכופר עון יעקב.** אף על פי שיש בם עונות אחרים, זהו עיקר עונם, האשרים והחמנים שהם עובדים אותם. ואם יתץ המזבחות אשר עשו לבעלים, יתשם וינפצם היטב כמו אבני גיר מנופצות, ובתנאי שלא יקימו עוד אשרים וחמנים. כי אם ינתצום עתה ויחזרו ויבנו אותם אחר זמן

### מצודת דוד

(ה) **או יחזיק במעוזי.** רצונו לומר, או הייתי שורפה כאחת, או היה כל אחד שב מדרכו לאחוז במעוז שלי, היא התורה, שהיא לחוזק ועוז: **יעשה שלום לי.** אז היה עושה שלום עמדי, ולא הייתי נלחם בו: **שלום וכו׳.** כפל הדבר לחוזק הענין: (ו) **הבאים.** תחסר מלת בימים, ורצונו לומר בימים הבאים, ומעצמו יובן החסרון. וכאומר, אם מאז לא הערתי כל חמתי, כל שכן בימי הגאולה ארחם עליהם. ויתן יעקב את שרשו להיות מתפשט למרחוק, וישראל יציץ ויפרח; רצונו לומר, ימשלו עד למרחוק, ויגדלו עד מאד: **תנובה.** כצמחי האדמה: (ז) **הכמכת.** רצונו לומר, אף מאז שהכה בו, וכי הכה בו באכזריות כמו שהכה המצרים שהכו את ישראל?: **אם כהרג הרוגיו.** וכי הורג הוא כמו שהרג את המצרים שהרגו בו? והוא כפל ענין במילים שונות: (ח) **בסאסאה.** רצונו לומר, במדה שחטאו, במדה ההיא נפרע מהם, ולא העיר כל חמתו: **בשלחה תריבנה.** כשהיה מריב עמה להפרע ממנה, היה שופך חמתו על השדות והגנות, לשלוח בהם שידפון וארבה, ולא פגע בנפשות תחלה: **הגה.** הסיר הפרי ברוחו הקשה, ביום שמנשבת בו רוח קדים העזה שברוחות: (ט) **לכן.** הואיל ורחמי עליו, אעשה לו גם זאת, להתכפר בדבר קל:

### מצודת ציון

**אפשעה.** כמו אפסעה בסמ״ך, וענינו פסיעת הרגל: **אציתנה.** ענין הדלקה והבערה; כמו, וַתִּצַּת בְּסִבְכֵי הַיַּעַר (לעיל ט, יז): (ה) **יחזק.** ענין אחיזה, כמו, וַיַּחֲזִיקוּ הָאֲנָשִׁים בְּיָדוֹ (בראשית יט, טז): **במעזו.** מלשון עוז וחוזק; וכן, נקראה התורה; כמו שכתוב, ה׳ עֹז לְעַמּוֹ יִתֵּן (תהלים כט, יא): (ו) **יציץ.** כעין הפרח וגדול ממנה וכן נאמר, וַיֹּצֵא פֶרַח וַיָּצֵץ צִיץ (במדבר יז, כג): **תנובה.** כמו כתנובה, ותחסר הכ״ף; כמו, יֵיטִב גֵּהָה (משלי יז, כב), ומשפטו כגהה. ותנובה ענינו צמחי השדה; כמו, מִתְּנוּבֹת שָׂדָי (איכה ד, ט): (ח) **בסאסאה.** מלשון סאה, והיא מלה כפולה; כמו, יְרַקְרַק... אֲדַמְדָּם (ויקרא יג, מט): **בשלחה.** הוא שם כולל לשדות ולגנות; וכן, שְׁלָחַיִךְ פַּרְדֵּס רִמּוֹנִים (שיר השירים ד, יג): **תריבנה.** מלשון מריבה: **הגה.** ענין הסרה; כמו, הָגוֹ רָשָׁע לִפְנֵי מֶלֶךְ (משלי כה, ה):

Israel sin as well, and the attribute of justice prosecutes them (*Targum; Rashi,* first explanation).

Alternatively, I cannot increase My wrath against the vineyard — the sinners of Israel — [because of My promise to their ancestors, *Rashi,* second explanation; see *Mahari Kara*] for *I would then trample it and set it altogether afire,* i.e., were I to pour all My wrath upon them, their great suffering would destroy them [*Abarbanel*] (*Radak*).

A third possibility is that the "vineyard" is Israel itself, which sings: *I have no wrath* against any nation, other than those that are *at war with* me to destroy me and turn me into *weeds and thorns* (*Malbim,* see *Ibn Ezra*).

*and thorns, I would then trample it and set it altogether afire.* 5 *If [Israel]*
*would grasp My stronghold, then he would make peace with Me; peace*
*would he make with Me.* 6 *[Days] are coming when Jacob will take root;*
*Israel will bud and blossom and fill the face of the earth with fruit.*
7 *Did He strike him as He struck those who struck him? Was he slain like*
*the slaying of his [enemies]?* 8 *According to its measure [of sin] He contended*
*against her farmland, stripping it with His harsh wind on the day of the*
*east wind.* 9 *Therefore, through this shall Jacob's iniquity be atoned for,*

---

**5. אוֹ יַחֲזֵק בְּמָעוּזִּי** — *If [Israel] would grasp My stronghold.* If only Israel would acknowledge that only I, God, am its stronghold and only source of its protection! (*Rashi*). The *stronghold* of Hashem is His Torah (*Radak, Abarbanel, Mahari Kara*).

**יַעֲשֶׂה שָׁלוֹם לִי שָׁלוֹם יַעֲשֶׂה־לִּי** — *Then he would make peace with Me; peace would he make with Me.* If Israel were to do so, My anger would be at peace. I have been angry that Israel's sinfulness prevents Me from taking vengeance against My enemies. If Israel repents I would indeed wreak vengeance; My attribute of justice could no longer claim that the people of Israel are not more worthy than the idolaters (*Rashi*).

On a simpler level, the double reference to peace reinforces the idea that I would no longer fight the people of Israel (*Mahari Kara*), and the final Redemption — referred to in the next verse — can begin (*Radak*).

**6. הַבָּאִים יַשְׁרֵשׁ יַעֲקֹב** — *[Days] are coming when Jacob will take root.* Most commentators explain the verse as referring to the future (see below). According to *Rashi,* however, the word הַבָּאִים in our verse refers to the children of Jacob who came to Egypt with Jacob. Thus, the verse refers to the past: Do you not know what I did for your ancestors who came to Egypt? Because they were firmly rooted by *Jacob* in service to God, they *budded and blossomed and filled the face of the earth with* their *fruit.*

*Malbim* comments that Isaiah is defining the "vineyard" of the earlier verses. During the long periods of exile, the vineyard of Israel will seemingly be destroyed, but the roots planted by Jacob will always survive, and when the Redemption comes the vineyard will blossom and grow again.

**יָצִיץ וּפָרַח יִשְׂרָאֵל וּמָלְאוּ פְנֵי־תֵבֵל תְּנוּבָה** — *Israel will bud and blossom and fill the face of the earth with fruit.* In the days of Redemption, Jacob's legacy will take root and *will bud and blossom and fill the face of the earth with fruit* (*Radak, Abarbanel*).

*Jacob* is the Jewish people's designation in exile, while *Israel* represents the ultimate realization of its purpose in this world. Accordingly, Jacob's purification by suffering and trouble in exile will elevate the people to the level of Israel. Once this goal is reached, Jacob will blossom into Israel and fill the face of the earth with its blessed fruit, as Hashem promised Abraham (*Genesis* 12:2): *you shall be a blessing!* (*R' Hirsch*).

**7. הַכְּמַכַּת מַכֵּהוּ הִכָּהוּ** — *Did He strike him as He struck those who struck him?* Although God punished Israel for its sins, He did not punish His people as severely as He punished its oppressors, such as Sennacherib and Egypt (*Radak*). Since you have seen that I have destroyed your enemies, why did you not repent? (*Mahari Kara*).

According to *Rashi,* the reference is to Egypt. Did you see My might when I struck Egypt the same way they struck My people? The Egyptians drowned Jewish babies, and I, in retribution, drowned the Egyptians in the Sea of Reeds (*Rashi*).

Alternatively, Isaiah is speaking to people who will be alive thousands of years later (*R' Hirsch*): You can indeed see that Hashem had no wrath against you, for whereas ancient Egypt, Assyria, and Babylonia etc. are now extinct, you, the Jewish people, thrive.

**8. בְּסַאסְּאָה** — *According to its measure.* Alternatively, the double form of the word סאה, *a measure,* indicates a doubled measure of punishment (*R' Hirsch*).

**בְּסַאסְּאָה בְּשַׁלְחָהּ תְּרִיבֶנָּה וגו'** — *According to its measure [of sin] He contended against her farmland . . .* Unlike the other nations, for whom the punishment was meted on the people, Israel's punishment was first inflicted on its land and its crops (*Radak*).

Alternatively, בְּשַׁלְחָהּ is derivative of שלח, *to be sent.* The verse refers to Egypt during the Exodus. When the Egyptians were forced to let Israel leave, *according to its* [Egypt's] *measure [of sin] He contended against her,* drying the Sea of Reeds *with His harsh wind on the day of the east wind* [see *Exodus* 14:21] (*Rashi, Mahari Kara*).

Others explain: "When Israel's measure of sin is filled, God contends with them by sending them into exile, but not destroying them." According to this explanation, the rest of the verse is rendered, "God expressed His anger by means of His harsh wind on the day of the east wind" (*Abarbanel, Malbim*).

The Talmud derives from this verse that a person is measured [and treated] with the same measure that he uses for others (*Yerushalmi Sotah* 6b). As the *Baal Shem Tov* commented on the verse ה' צִלְּךָ, *HASHEM is your protective shade* (*Psalms* 121:5), the word צִלְּךָ can be rendered *your shadow.* Just as a shadow mimics a person's every movement, so, too, God treats a person the way he acts toward others. If he is kind to others, God will be kind to him, and vice versa.

**9. לָכֵן** — *Therefore.* Israel could be redeemed today, as it was in the days of the Exodus (*Rashi*).

**בְּזֹאת יְכֻפַּר עֲוֹן־יַעֲקֹב** — *Through this shall Jacob's iniquity be atoned for.* Because God loves Israel, as stated above, He will let its sins be atoned for if the people merely destroy their idols, as described below (*Radak*). Alternatively, the

וְזֶה כָּל־פְּרִי הָסִר חַטָּאתוֹ בְּשׂוּמוֹ | כָּל־אַבְנֵי מִזְבֵּחַ כְּאַבְנֵי־גִר מְנֻפָּצוֹת לֹא־
י יָקֻמוּ אֲשֵׁרִים וְחַמָּנִים: כִּי עִיר בְּצוּרָה בָּדָד נָוֶה מְשֻׁלָּח וְנֶעֱזָב כַּמִּדְבָּר שָׁם
יא יִרְעֶה עֵגֶל וְשָׁם יִרְבָּץ וְכִלָּה סְעִפֶיהָ: בִּיבֹשׁ קְצִירָהּ תִּשָּׁבַרְנָה נָשִׁים בָּאוֹת
מְאִירוֹת אוֹתָהּ כִּי לֹא עַם־בִּינוֹת הוּא עַל־כֵּן לֹא־יְרַחֲמֶנּוּ עֹשֵׂהוּ וְיֹצְרוֹ לֹא
יב יְחֻנֶּנּוּ: וְהָיָה בַּיּוֹם הַהוּא יַחְבֹּט יהוה מִשִּׁבֹּלֶת הַנָּהָר עַד־
יג נַחַל מִצְרָיִם וְאַתֶּם תְּלֻקְּטוּ לְאַחַד אֶחָד בְּנֵי יִשְׂרָאֵל: וְהָיָה |

**רש״י**

**וזה כל פרי.** הטוב לו להסיר חטאתו, אם ישים כל אבני מזבחות, במותיו כאבני גיר מנופצות, מדוקרות; וכן, וְנִפֵּץ אֶת עֹלָלַיִךְ (תהלים קלז, ט), וכן, וְנִפַּצְתִּים אִישׁ אֶל־אָחִיו (ירמיה יג, יד). גיר מין צבע הוא: **לא יקומו אשרים וחמנים.** למען לא יקימו להם עבודת כוכבים: (י) **כי עיר בצורה בדד.** כי בעשותם זאת, עיר בצורה של ישמעאל תהיה בדד, והנוה יהיה משולח ונעזב כמדבר: **שם ירעה עגל.** אפרים ירשנו, שקרוי עגל; שנאמר, כְּעֵגֶל לֹא לֻמָּד (ירמיה לא, יז): **וכלה סעיפיה.** ענפיה: (יא) **ביבש קצירה.** קצירי שרשיה; כמו, תְּשַׁלַּח קְצִירֶהָ (תהלים פ, יב), וְעָשָׂה קָצִיר (איוב יד, ט). כלומר, כשתכלה זכות מעט שכיבד את אביו, אז תשברנה סעיפיה: **נשים באות מאירות אותה.** עם חלש כנשים ידליקום, כך תרגם יונתן. מאירות; כמו, וְלֹא תָאִירוּ מִזְבְּחִי חִנָּם (מלאכי א, י). וכן פתר דונש, מחמת שהעלים יהיו יבשים יהיו נוחים להדליק. אבל מנחם פתר מלקטות; כמו, אָרִיתִי מוֹרִי (שיר השירים ה, א), וְאָרוּהָ כָּל עֹבְרֵי דָרֶךְ (תהלים פ, יג). השיב לו דונש, והלא כתיב ביבש קצירה, ובענפים יבשים אין מלקטין פרי. וכן רבותינו שאסרו לקבל מהן צדקה מפני הטעם הזה, שאמרו בבא בתרא פרק קמא (י, ב) לית ליה ביבש קצירה תשברנה: (יב) **יחבט ה׳.** תרגם יונתן, יִתְרְמוּן קְטִילִין. ואני אומר שני לשונות הללו, חיבוט ולקיטה נופלין זה על זה, כחובט זיתיו וחוזר ומלקטן, ואחרים מלקטין אותו מן הארץ. כך הקדוש ברוך הוא יתחיל האסיפה, כמו שנאמר יתקע בשופר גדול: **משבולת הנהר.** הם האובדים בארץ אשור: **עד נחל מצרים.** הם הנדחים בארץ מצרים: **הנהר.** פרת, הם בני אשור היושבים על פרת: **עד נחל מצרים.** הם יושבי מצרים, יחבט אותם כחובט זיתים: **ואתם תלוקטו.** מן הגליות: **לאחד אחד.** המוצא אחד מכם יביאהו מנחה:

**רד״ק**

אין תשובתם שלמה, אלא שיעקרו אמונתם מלבם וינתצום וינפצום שלא ישובו לבנותם עוד, בזה יכופר עונם: **וזה יהיה כל פרי הסיר חטאתו.** כי אם יסיר. מה יהיה פרי ההסרה? הסרת כל חטאתו, כי מאחר שיעקרו עבודת כוכבים, כל כל שכן שישובו משאר עונות. כי מעת שימחו עבודת כוכבים ממעשה וממחשבה, ישובו לאל בתשובה שלמה ויעשו מצותיו, כי העבודת כוכבים היא עיקר כל עונות. וגיר הוא סיד, ובארמית, עַל גִּירָא דִּי כְּתַל הֵיכְלָא (דניאל ה, ה): (י) **כי עיר בצורה.** כי עתה שיעבדו עבודת כוכבים, העיר שהיתה בצורה, היתה בעונותם בדד מאין יושב בה, ואותו שהיה נוה ומשכן האדם הוא עתה חרב: **משלח ונעזב כמדבר.** והוא מקום מרעה הבהמות. או פירושו עיר בצורה בדד עתידה. כלומר, בעונותיכם עיר שהיא בצורה, עתה תהיה בדד. ויאמר זה על ירושלם או על שמרון, כי כשנאמרה הנבואה זו לא גלו עדין השבטים, כמו שאמר, הוֹי עֲטֶרֶת גֵּאוּת שִׁכֹּרֵי אֶפְרַיִם (לקמן כח, א). ונוה אמר על בית המלכות או על בית המקדש. אמר שיחרב בעונותם, ויהיה משלח ונעזב כמדבר, ושם ירעה עגל ושאר בהמות, והוא כמשמעו או על דרך משל: **וכלה סעפיה.** אמר סעפיה לפי שהמשיל כנסת ישראל לכרם. אמר כי העגל ירעה אותה וכלה סעפיה; כמו שאמר בנבואה הראשונה, הָסֵר מְשׂוּכָּתוֹ וְהָיָה לְבָעֵר (לעיל ה, ה). ואדוני אבי זכרונו לברכה פירש, עגל, משל על מלך מצרים; כמו שקרא, עֶגְלָה יְפֵה פִיָּה (ירמיה מו, כ), וזה כשלקח יהואחז. ופירש החכם רבי אברהם בן עזרא סעפיה, משל על ערי הפרזות. ואם עגל משל על פרעה, יהיה סעפיה משל על הכסף והזהב שענש פרעה את הארץ: (יא) **ביבש קצירה.** קציר הוא ענף העץ; כמו, וְטַל יָלִין בִּקְצִירִי (איוב כט, יט), תְּשַׁלַּח קְצִירֶהָ עַד יָם (תהלים פ, יב). וקצירה הוא לשון יחיד דרך כלל, ואמר על הפרט דרך רבוי. תשברנה, רוצה לומר, הסעפים והפארות. ואמר דרך משל, כמו העץ כשיבש בו ענף ישבר מאליו, כן ישראל בהגיע עת פורענותם ישברו מאליהם, ואפילו נשים באות מאירות אותה, פירוש מבעירות ומדליקות אותה; כי כיון שיבש הענף אינו ראוי כי אם לשרפה. פירוש אותה, כנסת ישראל, ורוצה לומר כי כל אומה, אפילו יהיו חלשים כנשים, ירעו לה וישחיתו אותם: **כי לא עם בינות הוא.** ישראל עתה אינו עם בינות, שאלו היה עם בינות, היה מתבונן בעצמו ורואה כי כל זה הרע בא לו על שעזב ה׳: **על כן לא ירחמנו.** לפי שאינו מתבונן על מעשיו, ואינו שב לאל בבא עליו הרעה; לא ירחמנו מי שעשה אותו וגדלו לו על כל עם: **ויוצרו.** להיות לעבד לו, והוא לא כן עשה, על כן לא ירחם עליו ולא יחננו, והסתיר פניו מהם; וְהָיָה לֶאֱכֹל וּמְצָאֻהוּ רָעוֹת רַבּוֹת וְצָרוֹת (דברים לא, יז), אולי אז ישוב.

**מצודת דוד**

**וזה כל פרי.** זה יהיה לו פרי טוב, להסר ממנו חטאתו, להיות נמחל לו: **בשומו.** במה שיתוץ המזבחות העשויות לעבודת כוכבים, וישים אבניהם מנופצות, כדרך שמנפצים אבני גיר הדק היטב: **לא יקומו.** רצונו לומר, בתנאי שלא יחזרו לסורם, ולא יקימו מעתה אשרים וחמנים: (י) **כי עיר בצורה.** כי בעשות זאת, אז העיר הבצורה היא כרך גדול וכו׳ תהיה בדד מיושביה, והנוה שלו תהיה משולח מישוביה, ונעזב מהם כמדבר הנעזב מאנשים. וכפל הדבר במילים שונות: **שם.** במקום העיר הבצורה ירעה עגל וירבץ שמה, ויכלה ענפי האילנות אשר יגדלו שמה: (יא) **ביבוש קצירה.** כשתתייבש ענפיה תשבר מעצמה, רצה לומר, כשתתמלא סאתם ישברו מאיליהם: **נשים באות.** נשים תבאנה ויבעירו בהם האש. ורצונו לומר, עם חלש כנשים ישחיתו אותה: **כי לא עם בינות הוא.** להבין שכל ממשלתו באה לו מה׳ ,ולא בכח זרועו: **עושהו.** המקום שגדלו והמשילו: **ויוצרו וכו׳.** כפל הדבר במילים שונות: (יב) **יחבוט ה׳.** רצונו לומר, כמו שחובטין את השבלים במקל להסיר התבואה מן הקשין, כן יסיר את ישראל מבין האומות: **משבולת הנהר.** מארץ אשור היושבים על נהר פרת עד נחל מצרים. רצונו לומר, מכל המקומות שבין זה לזה, יפריש את ישראל מבין האומות: **ואתם וכו׳ בני ישראל.** סרס המקרא, ואתם בני ישראל תלקטו וכו׳. רצה לומר, אחר הפרשה תהיו אתם הנלקטים אחד אחד, והמוצא אחד מכם יביאהו לירושלים:

**מצודת ציון**

(ט) **גיר.** הוא הסיד; וכן, עַל גִּירָא דִּי כְתַל הֵיכְלָא (דניאל ה, ה): **מנופצות.** ענין רציצה וכתיתה; כמו, וְנָפוֹץ הַכַּדִּים (שופטים ז, יט): **אשרים.** אילן הנעבד: **וחמנים.** דמות מה, עשוי לעבודת החמה: (י) **בצורה.** מלשון מבצר וחוזק: **בדד.** יחידה מבלי יושביה; כמו, אֵיכָה יָשְׁבָה בָדָד (איכה א, א): **נוה.** ענין מדור; כמו, נְוֵה אֵיתָן (ירמיה מט, מד): **משולח.** מגורש; וכן, הֵן יְשַׁלַּח אִישׁ אֶת אִשְׁתּוֹ (שם ג, א): **ירבץ.** ענין השכיבה לנוח: **וכלה.** מלשון כליון: **סעיפיה.** ענפיה; כמו, בִּסְעַפֹּתָיו קִנְּנוּ (יחזקאל לא, ו): (יא) **קצירה.** כן נקרא הענף; כמו, וְעָשָׂה קָצִיר כְּמוֹ נָטַע (איוב יד, ט): **מאירות.** מבערות; כמו, וְלֹא תָאִירוּ מִזְבְּחִי חִנָּם (מלאכי א, י): **בינות.** מלשון בינה: **עושהו.** המגדל ומרומם אותו; וכן, יִשְׂמַח יִשְׂרָאֵל בְּעֹשָׂיו (תהלים קמט, ב): (יב) **יחבט.** ענין הכאה במקל להפריש התבואה מהקשין; כמו, כִּי בַמַּטֶּה יֵחָבֶט קֶצַח (לקמן כח, כז): **משבלת.** הוא חוזק מרוצת המים; כמו, אַל תִּשְׁטְפֵנִי שִׁבֹּלֶת מַיִם (תהלים סט, טז): **לאחד אחד.** כמו אחד לאחד, ורצונו לומר, לצרף אחד לאחד:

*and this shall be the fruit of his sin's removal: When he makes all the altar*
*stones like ground chalk stones, and Asherah-trees and sun-idols arise no*
*more.* 10 *For the fortified city will be lonely, habitations depopulated and for-*
*lorn like the wilderness; there a calf will graze, there it will lie and consume*
*its branches.* 11 *When its boughs wither they will break; women will come*
*and set it aflame, for it is not a nation of understanding; therefore, its Maker*
*will not show it mercy, and its Creator will not be gracious unto it.*

*The great ingathering*

12 *It shall be on that day that* H*ASHEM* *will thresh, from the surging*
*[Euphrates] River to the Brook of Egypt, and you will be gathered up one by*
*one, O Children of Israel.*

**רד"ק**

ויונתן תרגם אלה שני הפסוקים על העובדי כוכבים, כלומר, אם יעשה שיסיר האשרים והחמנים, תהיה עיר בצורה של העובדי כוכבים בדד. וכן תרגם יונתן, אֲרֵי קַרְתָּא דַהֲוָת כְּרִיכָא בִּלְחוֹדָא וגו׳: **(יב) והיה ביום ההוא.** בזמן הישועה: **יחבט.** כמו שהוא חובט חטים מן הקש, וכמו שהוא חובט זיתים מהאילן; כן יחבט האל יתברך את ישראל מהאומות. כי הם בתוך העמים כחטים בתוך הקש, וכזתים בין אילן הזית, שילקט אדם ממנו הטוב שהם הפרי, ויניח הקש והעצים: **משבולת הנהר.** שבולת הוא חוזק מרוצת הנהר; כמו, וְשִׁבֹּלֶת שְׁטָפָתְנִי (תהלים סט, ג). ופירוש הנהר, הוא נהר סבטיון, כמו שכתוב על השבטים, וְזֵרָם מֵעֵבֶר לַנָּהָר (מלכים־א יד, טו). ואמר עד נחל מצרים, כי עד מצרים יבאו, ושם יתקבצו עם אחיהם בני הגלות הזה ויעלו לירושלם. ואמר ואתם, כנגד בני הגלות שהם יהודה ובנימן שהם מפוזרים בכל פאה. לפיכך אמר ואתם תלוקטו, כאלו אמר אתם בני ישראל אשר מעבר הלז, תלוקטו לאחד אחד. כמו שאמר בנבואת ירמיהו, וְלָקַחְתִּי אֶתְכֶם אֶחָד מֵעִיר וּשְׁנַיִם מִמִּשְׁפָּחָה וְהֵבֵאתִי אֶתְכֶם צִיּוֹן

magnitude of Israel's suffering [either directly from God (*Malbim*), or from its enemies ( *R' Hirsch*)] atoned for their iniquities. For the purpose of the suffering was not to destroy them, but to provide atonement for their sins (*R' Hirsch, Malbim*).

**לֹא־יָקֻמוּ אֲשֵׁרִים וְחַמָּנִים** — *And Asherah-trees and sun-idols arise no more. Ibn Ezra* understands from here that the period referred to is that of Sennacherib, when the worship of Asherah-trees and sun-idols was rampant.

**10. כִּי עִיר בְּצוּרָה בָּדָד** — *For the fortified city will be lonely.* The *fortified city* of the Ishmaelites will be *lonely* if the idols are destroyed (*Rashi*). Alternatively, the verse refers to the once-proud and fortified cities of Israel's enemies, which will be lonely and desolate with the coming of the Redemption (*Radak*). Or, the *city* is Jerusalem, which had become a hotbed of idolatry (*Mahari Kara*).

**נָוֶה מְשֻׁלָּח וְנֶעֱזָב כַּמִּדְבָּר** — *Habitations depopulated and forlorn like the wilderness.* The singular form, נָוֶה, alludes to the Temple, the holy *habitation* in Jerusalem (*Mahari Kara*), or Rome, the center of population and idolatry (*Abarbanel*).

**שָׁם יִרְעֶה עֵגֶל** — *There a calf will graze.* According to those who explain the verse as referring to the destruction of the populated cities of Israel's enemies, the "calf" refers to the tribe of Ephraim [who represents the lost Ten Tribes] (see *Jeremiah* 31:17), who will return to graze in what had been the land of its enemies (*Rashi, Abarbanel*). Alternatively, the "calf" refers to Egypt (see *Jeremiah* 46:20), which conquered Judah and deposed Jehoahaz, one of the last kings of Judah [see *II Kings* 23:33-34] (*Radak, Mahari Kara*).

**וְכִלָּה סְעִפֶיהָ** — *And consume its branches.* According to those who explain the verse as referring to the destruction of the populated cities of Israel's enemies, this is a metaphor for destruction of their population, or of their ideology (*Abarbanel*). According to those who explain the verse as referring to the destruction of Israel, this is a further reference to the above-mentioned vineyard that represents Israel; its branches will be consumed by the calf (*Radak*).

**11. בִּיבֹשׁ קְצִירָהּ תִּשָּׁבַרְנָה** — *When its boughs wither they will break.* When the small merit earned by Ishmael for honoring his father is used up, all his "boughs" will break (*Rashi*). *Boughs* refers to the philosophies of the nation, which will wither and break, i.e., will be shown to be worthless, and will be attractive only to the foolish and ignorant (*Abarbanel*). Alternatively, the verse continues the metaphor of the vineyard, and indicates the lowly level of Israel at the time of the destruction (*Radak, Mahari Kara*).

The Talmud (*Bava Basra* 10b) derives from here that one should not accept charity from idolaters, so as not to give them merits. As a result their "boughs will break" (*Rashi*).

**נָשִׁים בָּאוֹת מְאִירוֹת אוֹתָהּ** — *Women will come and set it aflame.* Unlike the vineyard of Israel, which will ultimately take root, bud, and blossom, the destruction of its oppressors will be so total that all will be consumed by fire (*Malbim*). According to *Abarbanel,* it is their ideas and philosophies that will go up in smoke, as if consumed by fire.

Alternatively, Israel will be in such a dismal state that even the weakest of women (and certainly weak nations) will be able to do as they please with it (*Targum, Radak;* see *Abarbanel*).

The verse concludes that the nation lacks understanding. The suffering of exile should have made the people realize that God did not wish to destroy them, but to make them repent (*R' Schwab*).

**✎ Isaiah returns to that day of the Redemption:**

**12. יַחְבֹּט ה׳ . . . וְאַתֶּם תְּלֻקְּטוּ** — H*ASHEM* *will thresh . . . and you will be gathered up.* The literal definition of יַחְבֹּט is beating an olive tree to release its fruit [or beating the sheaves of wheat to release its grain, *Ibn Ezra, Radak, Abarbanel, Metzudos*].

בַּיּ֣וֹם הַה֗וּא יִתָּקַע֮ בְּשׁוֹפָ֣ר גָּדוֹל֒ וּבָ֗אוּ הָאֹֽבְדִים֙ בְּאֶ֣רֶץ אַשּׁ֔וּר וְהַנִּדָּחִ֖ים בְּאֶ֣רֶץ
**כח** א מִצְרָ֑יִם וְהִשְׁתַּחֲו֧וּ לַיהוָ֛ה בְּהַ֥ר הַקֹּ֖דֶשׁ בִּירֽוּשָׁלִָֽם׃ ה֗וֹי
עֲטֶ֤רֶת גֵּאוּת֙ שִׁכֹּרֵ֣י אֶפְרַ֔יִם וְצִ֥יץ נֹבֵ֖ל צְבִ֣י תִפְאַרְתּ֑וֹ אֲשֶׁ֛ר עַל־רֹ֥אשׁ גֵּֽיא־שְׁמָנִ֖ים
ב הֲל֥וּמֵי יָֽיִן׃ הִנֵּ֨ה חָזָ֤ק וְאַמִּץ֙ לַאדֹנָ֔י כְּזֶ֥רֶם בָּרָ֖ד שַׂ֣עַר קָ֑טֶב כְּ֠זֶרֶם מַ֣יִם כַּבִּירִ֥ים
ג שֹׁטְפִ֛ים הִנִּ֥יחַ לָאָ֖רֶץ בְּיָֽד׃ בְּרַגְלַ֖יִם תֵּֽרָמַ֑סְנָה עֲטֶ֣רֶת גֵּא֔וּת שִׁכּוֹרֵ֖י אֶפְרָֽיִם׃

**רש"י**

(יג) **האובדים בארץ אשור.** לפי שנפוצו בארץ רחוקה לפנים מן הנהר סמבטיון, קראם אובדים: (א) **שכורי אפרים.** שהיו משתכרין ביין טוב של מדינת פרוגיתא, כדאמר (שבת קמז, ב), מיא דדורמסקית וחמרא דפרוגיתא קפחו עשרת השבטים: **וציץ נובל צבי תפארתו.** ומצב מטע תפארתו יהיה ציץ הפרח שלו: **נובל.** הם תאנים המקולקלות כמו ששנינו בברכות (מ, ב), על הנובלות, ופירשו רבותינו (שם), בשולי כמרא. וציץ, כן כדמתרגמינן וַיָּצֵץ צִיץ (במדבר יז, כג), וְאָנֵץ נֵץ. אשר נטועים על ראש גיא שמנים, היא כנרת, שפירותיה מתוקים ושם הם הולמים עצמן ביין: **הלומי יין.** כתושי חמר. ויש עוד לפתור צבי תפארתו אשר על וגו', צבי התפארת שעל ראש עשרת השבטים המשוחין בגאות ראשי שמנים; כמו שנאמר, וְרֵאשִׁית שְׁמָנִים יִמְשָׁחוּ (עמוס ו, ו). גיא לשון גאוה; כמו, מוֹאָב גֵּא מְאֹד (לעיל טז, ו). (ואותו הציץ ציצת נובל תהיה): **הלומי יין.** כך קוראן על שם שכרותן; שנאמר בהם, הַשֹּׁתִים בְּמִזְרְקֵי יַיִן (עמוס שם): (ב) **הנה.** יש רוח חזק ואמיץ לה', שהוא כזרם ברד ושער קטב מרירי: **הניח לארץ ביד.** יניחהו על ארצם בידו החזקה, ויפיל הנובלות מן התאנים:

**רד"ק**

(ירמיה, ג, יד). ופירוש לאחד אחד, אחד לחבירו, כלומר, אחד מזה ואחד מזה יתקבצו יחד. ומה שאמר עד נחל מצרים, כי במצרים סוף מלכות העמים, בהלחם מלך הצפון עם מלך הנגב. ויבא מלך הצפון עד מצרים וּמָשַׁל בְּמִכְמַנֵּי הַזָּהָב וְהַכֶּסֶף וּבְכֹל חֲמֻדוֹת מִצְרָיִם וכו', כמו שכתוב בחזיון דניאל (יא, מג), ואמר וּבָעֵת הַהִיא יַעֲמֹד מִיכָאֵל הַשַּׂר הַגָּדוֹל הָעֹמֵד עַל בְּנֵי עַמֶּךָ וגו' (שם יב, א): (יג) **והיה ביום ההוא.** כפל עוד הענין לחזק: **יתקע בשופר גדול.** כך יתקבצו, כאלו היה נתקע בשופר גדול להשמיע הקול בכל העולם, כמו שאמר גם כן, וַאדֹנָי ה' בַּשּׁוֹפָר יִתְקָע. כך יבאו מכל פאה, כאלו תקעו להם בשופר. שיבאו האובדים הם השבטים שהגלו מעבר הנהר, שהגלם שם מלך אשור, והוא בארץ אשור; שהיו שם כאלו אבודים שלא יצאו עוד משם, כי גלות בבל שהיו יהודה ובנימן שבו אחר כן לסוף שבעים שנה, ואחר כן גלו פעם שניה והם נדחים בכל פאה ומפוזרים. ומה שאמר בארץ מצרים, כי שם יבאו כמו שפירשנו, ומשם יעלו והשתחוו לה' בהר הקדש ובירושלם; פירוש בהר הקדש, שהוא בירושלם: **בהר הקדש.** הוא הר המוריה והוא מקום בית המקדש: (א) **הוי עטרת גאות.** עתה דבר על אנשי דורו במלכות אפרים, על השבטים שלא גלו עדין והיו מתענגים בטובה שהיתה להם. והיה כל עסקם במאכל ובמשתה ובתענוג בשמן המבושם, עד שבאים לידי שכרות ומקיאים ויוצאים כדרך השכורים. והיו נמשכים אחר הנאות העולם ושכחו האל ומצותיו; כמו שאמר, שָׁמַנְתָּ עָבִיתָ כָּשִׂיתָ וַיִּטֹּשׁ אֱלוֹהַּ עָשָׂהוּ וגו' (דברים לב, טו). ואמרו רבותינו זכרונם לברכה (שבת קמז, ב), חמרא דפרוגיתא ומיא דדורמסקית הם קפחו עשרת השבטים מישראל. ואמר הנביא עליהם, הוי עטרת גאות, על דרך משל, כי מן הגאוה היו עושין עטרות להם, והיו מתפארים בעשרם ובתענוגם. ודמה חמדתם והתפארותם כציץ העשב או האילן, שהוא יפה בצאתו, וכשהרוח נושבת בו הוא נובל ונופל לארץ, והנה נשחת יפיו ושב עפר; כן יהיה צבי תפארת אפרים ועטרת גאותם. ואמר אפרים, כי היא ראש מלכות ישראל. וצבי פירושו, חפץ וחמדה ופאר; כמו, צְבִי הִיא לְכָל הָאֲרָצוֹת (יחזקאל כ, ו). ואמר אשר על ראש גיא שמנים, פירוש, עטרת הגאות וציץ התפארת שהוא על ראש גיא השכורים, מאלה שהם הלומי יין, כלומר; מוכי היין, שהיין מכה אותם לארץ, שנופלים שכורים מתגוללים בקיאם ובצואתם: **וקרא ראש גיא שמנים.** על דרך הפלגה, מרוב השמן המבושם שיוצקים על ראשם, כאלו היא גיא מליאה מים. ועתה אומר להם מה סוף תענוגם; יאמר: (ב) **הנה חזק ואמיץ לה'.** הנה יום חזק לה' שיבא עליהם כזרם ברד שמפיל האילנות ומשברם: **שער קטב.** וכשער, וכ"ף כזרם עומדת במקום שנים, ושער הוא אומר על רוח סערה, שקוטב וכורת הכל. ועוד המשילו לזרם מים כבירים, שיבאו וישטפו כל אשר יעבור עליהם, ויפילו האילנות הגבוהים לארץ, כן זה היום החזק והאמיץ: **הניח לארץ.** כמו יניח, עבר במקום עתיד, וכמוהו רבים. אמר שזה היום החזק יניח עטרת גאותם לארץ ביד, כלומר בחזקה: (ג) **ברגלים תרמסנה.** ולא די שיניח עטרת גאונם לארץ, אלא שירמסנה ברגלים לאחר שתפול לארץ; וזה כלו משל לרוב שפלותם. ואמר תרמסנה לשון רבות, ואמר עטרת יחידה. ואמר עטרת דרך כלל, ואמר תרמסנה דרך פרט, על כל עטרותיהם. רוצה לומר כל הדברים שהם מתגאים בהם; וכן, כִּי תִקְרֶאנָה מִלְחָמָה (שמות א, י):

**מצודת דוד**

(יג) **יתקע בשופר גדול.** הוא ענין משל, לומר, כולם יתקבצו ויבואו כאלו תקעו בשופר גדול להשמיע הקול בכל העולם להתקבץ ולבוא: **האובדים.** לפי שלא חזרו לארצם מעת שגלו שמה, לכן קראם אובדים: **בהר הקדש בירושלים.** בהר המוריה העומד בירושלים, והוא מקום מקדש: (א) **הוי.** הנביא מתאונן על עטרת הגאוה של שכורי אפרים, רצונו לומר, על מה שהיו מתכבדים בגאותם: **וציץ נובל צבי תפארתו.** הדר תפארתו, היא מטרת הגאוה שזכר, הכלה מהר כציץ השדה אשר במעט זמן יבול ויכמוש והוא כפל ענין במילים שונות: **אשר על ראש.** חוזר על עטרת גאות, לומר, העטרה אשר על ראש בני אפרים שהיו מפנקים עצמם למשוח ראשם הרבה בשמן מבושם, וכאלו היה הראש גיא מלא שמן: **הלומי יין.** אשר היו מוכים מהיין, כי לפי רוב השכרות יפלו בארץ ויוכו על האבנים המושלכים על פני האדמה, וכאלו היין הוא המכה: (ב) **הנה חזק ואמיץ.** הנה יש רוח חזק ואמיץ לה', שהוא כזרם ברד המשבר אילנות: **שער קטב.** כרוח סערה הכורת ומשחית: **שוטפים.** אשר המה שוטפים בחזקה: **הניח לארץ ביד.** זה הרוח יניח עטרת גאונם לארץ בחזקת היד ובכח רב: (ג) **ברגלים תרמסנה.** ברגלי האויב תרמסנה עטרת הגאוה של שכורי אפרים, רצונו לומר, האויב ישפיל גאותם:

**מצודת ציון**

(יג) **יתקע.** מלשון תקיעה: (א) **הוי.** ענין קריאה לצער: **וציץ.** כענין פרח: **נובל.** ענין כמישה; כמו, וְעָלֵהוּ לֹא יִבּוֹל (תהלים א, ג): **צבי.** ענין הדר; כמו, וּצְבִי עֶדְיוֹ (יחזקאל ז, כ): **גיא.** עמק: **הלומי.** ענין הכאה וכתות; כמו, הֲלָמוּנִי בַּל יָדָעְתִּי (משלי כג, לה): (ב) **כזרם.** ענין שטף הבא בחוזק רב; וכן, כְּזֶרֶם קִיר (לעיל כה, ד): **שער.** רוח סערה, והכ"ף של כזרם משמשת בשתים, כאלו אמר כשער: **קטב.** ענין כריתה; כמו, אֱהִי קָטָבְךָ שְׁאוֹל (הושע יג, יד): **כבירים.** חזקים או מרובים: **שוטפים.** נמשכים והולכים במרוצה: **הניח.** כמו יניח עבר במקום עתיד: **ביד.** רצונו לומר, בכח, על שם שהכח הוא ביד: (ג) **תרמסנה.** ענין דריכה:

---

I.e., Hashem will begin to gather together the Jews of the diaspora, as described in the next verse (*Rashi*).

Alternatively this refers to the remnants of the tribe of Ephraim, which will be beaten in the days of Sennacherib,

[13] *It shall be on that day that a great shofar will be blown, and those who are lost in the land of Assyria and those cast away in the land of Egypt will come [together], and they will prostrate themselves to HASHEM on the holy mountain in Jerusalem.*

**28**

A lesson for the debauched

[1] *Woe to the crown of pride of Ephraim's drunkards; the delight of his glory is a fading blossom; it is [like] a valley of oil upon the head of those battered by wine.* [2] *Behold, my Lord has a strong and powerful [wind], like a downpour of hail, a destructive tempest; like a downpour of mighty, surging waters He will lay [that crown] to the ground with [His] hand.* [3] *Trodden underfoot will be the crown of pride of Ephraim's drunkards;*

until few will be left; they too will be gathered and brought to Jerusalem. Their independent kingdom will no longer exist, but although they are beaten, they will be gathered together with the people of Judah (*Ibn Ezra*).

The purpose of threshing is to separate the kernels from the husk. Similarly, God will "thresh" the Jewish people to separate them from the physical and ideological assimilation caused by their long dispersion among their host cultures (*R' Schwab*).

**13. וְהָיָה בַּיּוֹם הַהוּא יִתָּקַע בְּשׁוֹפָר גָּדוֹל וגו׳** — *It shall be on that day that a great shofar will be blown . . .* On that great day of ingathering, all the exiles will be gathered together [as if (*Radak*)] by the blast of a great shofar (*Abarbanel, R' Hirsch*).

**וּבָאוּ הָאֹבְדִים בְּאֶרֶץ אַשּׁוּר וְהַנִּדָּחִים בְּאֶרֶץ מִצְרָיִם** — *And those who are lost in the land of Assyria and those cast away in the land of Egypt will come [together].* The phrase, *"Those who are lost in the land of Assyria,"* refers to those mentioned in the previous verse who were gathered *from the surging [Euphrates] River.* Whereas *those cast away in the land of Egypt* refers *to the Brook of Egypt* mentioned in the previous verse (*Rashi, Abarbanel, Metzudos*).

Assyria and Egypt are mentioned metaphorically to represent those near and far (*Metzudos; see Mahari Kara, Malbim*). Alternatively, after prophesying the destruction of Edom and the salvation of those exiled there (vv.1-6), Isaiah prophesies about the salvation of those in Assyria and Egypt as well (*Abarbanel*).

Chassidic masters see rich meaning in this verse. Here are a few of their comments:

❑ *Ashur,* related to the word *ashrei,* implies success and good fortune. In our context, it refers to people who are convinced that their service of God is perfect and that therefore they have no room to grow. *Mitzrayim,* on the other hand, implies people who feel *cast away* into spiritual and material straits, and who have not even begun to advance toward their spiritual goals. The prophet assures them both — and everyone in between — that when the great day of Redemption arrives, they will come with alacrity to serve God in the most holy place (*Baal Shem Tov*).

❑ Great wealth is a greater test of faith than poverty and even enslavement. A slave — like our ancestors in Egypt — suffers physically, but when he has respite from his labor, he can focus on his spiritual goals. A person with every material advantage — epitomized by Assyria — is constantly tempted by the pleasures offered him and that his wealth can provide. All too often, such wealth leaves no room for spiritual pursuits. But when the great shofar sounds, both types of people will surge to serve God (*Likkutei Sichos*).

**28.**

After his prophecy about the future fate of Israel's enemies and the Jews before the Redemption, Isaiah now addresses the people of his own generation, beginning with a harsh criticism of those of the Ten Tribes who had not yet been exiled.

**1. הוֹי עֲטֶרֶת גֵּאוּת שִׁכֹּרֵי אֶפְרַיִם וגו׳** — *Woe to the crown of pride of Ephraim's drunkards . . .* Woe to the Ten Tribes, whose leader was Ephraim, who exult in their bounty as if they are adorning themselves with crowns. They immerse themselves totally in eating, drinking, and perfumed oils. They indulge themselves until they are drunk and vomit, and then go back to their hedonism. In their pride, they forget God and His commandments (*Radak*), and forget that the world is His handiwork (*Mahari Kara*). The Talmud (*Shabbos* 147b) states that the wine of Prugisa and excessive involvement in material pleasures led to the exile of the Ten Tribes (*Rashi, Radak*).

Alternatively, Isaiah is mourning their *crown of pride* that will soon fall, and their drunken pleasures that will soon be unattainable (*Abarbanel*).

**וְצִיץ נֹבֵל צְבִי תִפְאַרְתּוֹ** — *The delight of his glory is a fading blossom.* Like a beautiful flower that is doomed to wither and lose its petals, Ephraim's lush lifestyle will not last (*Radak*).

**גֵּיא־שְׁמָנִים** — *A valley of oil,* i.e., the valley of Ginnossar (near Lake Kinneret), whose fruit is fat and sweet, and is inhabited by Ephraim (*Mahari Kara*).

Metaphorically, Isaiah is blaming their pride on the bountiful produce of their land and their addiction to hedonistic pleasures (*Abarbanel*).

**2-3. הִנֵּה חָזָק וְאַמִּץ לַאדֹנָי** — *Behold, my Lord has a strong and powerful [wind].* The bracketed addition of *wind* is based upon *Rashi* and *Mahari Kara.* Alternatively, the prophet refers to a strong day [*Radak*] or army (*Ibn Ezra*), whose menace is imminent. People who are so involved in material pleasures are generally too weak and too effete to repel an enemy as ruthless and powerful as Assyria (*Abarbanel*).

ד וְהָיְתָה צִיצַת נֹבֵל צְבִי תִפְאַרְתּוֹ אֲשֶׁר עַל־רֹאשׁ גֵּיא שְׁמָנִים כְּבִכּוּרָהּ בְּטֶרֶם
ה קַיִץ אֲשֶׁר יִרְאֶה הָרֹאֶה אוֹתָהּ בְּעוֹדָהּ בְּכַפּוֹ יִבְלָעֶנָּה׃ בַּיּוֹם
הַהוּא יִהְיֶה יְהוָה צְבָאוֹת לַעֲטֶרֶת צְבִי וְלִצְפִירַת תִּפְאָרָה לִשְׁאָר עַמּוֹ׃
ו־ז וּלְרוּחַ מִשְׁפָּט לַיּוֹשֵׁב עַל־הַמִּשְׁפָּט וְלִגְבוּרָה מְשִׁיבֵי מִלְחָמָה שָׁעְרָה׃ וְגַם־
אֵלֶּה בַּיַּיִן שָׁגוּ וּבַשֵּׁכָר תָּעוּ כֹּהֵן וְנָבִיא שָׁגוּ בַשֵּׁכָר נִבְלְעוּ מִן־הַיַּיִן תָּעוּ
ח מִן־הַשֵּׁכָר שָׁגוּ בָּרֹאֶה פָּקוּ פְּלִילִיָּה׃ כִּי כָּל־שֻׁלְחָנוֹת מָלְאוּ קִיא צֹאָה

## רש״י

(ד) **כביכורה בטרם קיץ.** כבישול של תאנה אין נובל: **בטרם קיץ.** עת בישול שאר התאנים, אשר מתוך שהיא בכורה קופץ עליה ובולעה בעודה בכפו; כך, וַיִּשְׁקֹד ה׳ עַל הָרָעָה וַיְבִיאֶהָ עָלֵינוּ (דניאל ט, יד): (ה) **ביום ההוא.** כהתם הפושעים: **יהיה ה׳ צבאות לעטרת צבי.** לצדיקים הנשארים בה: (ו) **ולרוח משפט.** יהיה הקדוש ברוך הוא להורות משפט: **ליושב על המשפט ולגבורה.** יהיה לאותן שהם משיבי מלחמה, מלחמתה של תורה: (ז) **וגם אלה.** יושבי משפט ומשיבי מלחמה שבדור הזה, כלומר טובים וחשובים שבהן, ביין שגו; כי עתה אין טוב בהם: **שגו ברואה.** הלעיגו בדברי הנביאים. ויונתן תרגם במאכל מעדנים, שראוהו עונג להם: **פקו פליליה.** הכשילו המשפט: **פקו.** לשון, וּפִק בִּרְכַּיִם (נחום ב, יא), לְפוּקָה (שמואל־א כה, לא): (ח) **כי כל שולחנות.** שלהם של זבחי מתים הם, שהם כקיא צואה:

## רד״ק

(ד) **והיתה ציצת.** נזכר בלשון זכר, ציץ ובלשון נקבה ציצית, וכן נץ ונצה. וציצת אינו סמוך, אלא התי״ו תבא במקומות רבים במקום ה״א; כמו, עֶגְלַת שְׁלִשִׁיָּה (לעיל טו, ה), אַל תִּתְּנִי פוּגַת לָךְ (איכה ב, יח), והדומים להם, כמו שכתבנו בספר מכלל. ולפי שזכר הציץ בלשון זכר ובלשון נקבה, אמר והיתה, ואמר נובל. עוד דמה ציץ תפארתם לבכורה בטרם קיץ. ואמר כבכורה בטרם קיץ, כלומר, התאנה הבכורה, בטרם שיצאו פירות הקיץ, כלומר, הבכורה שתבא בתחילה, בני אדם קופצין עליה לקחתה, והרואה אותה בתחילה לוקח אותה: **בעודה בכפו יבלענה.** כלומר, בזמן שתהיה בכפו, תכף יבלענה מרוב חמדתו אותה. כן יהיה עושר אפרים וטובה יבלעם האויב במהרה: **כבכורה.** מפיק ה״א, ואינה לכנוי רק היא לתפארת הקריאה, וכמוהו, וְתַעֲלֻמָהּ יֹצִא אוֹר (איוב כח, יא), וְגֻלָּהּ עַל רֹאשָׁהּ (זכריה ד, ב). ואדוני אבי זכרונו לברכה פירש בכפו, ענף, כמו, וְכִפָּתוֹ לֹא רַעֲנָנָה (איוב טו, לב); כלומר כשיראה אותה בענף, יבלענה מרוב תאותו לה: (ה) **ביום ההוא.** שיגלו עשרת השבטים כמו שאמר; באותו עת יהיה ה׳ צבאות לעטרת צבי ולצפירת תפארה לשאר עמו. והם יהודה ובנימן שנשארו ומלך עליהם חזקיהו שעשה הישר בעיני ה׳, ובשנת שש לחזקיה גלו השבטים. ואמר לעטרת צבי, הפך לעטרת גאות שאמר על השבטים. וכפל הענין ואמר לצפירת תפארה לחזק הענין, כי עטרה וצפירה אחד, וצבי ותפארה אחד. ומנהג המקרא הוא לכפול הענין במלות שונות לחזק הענין. וצפירה הוא ענין סבוב, לפיכך נקראה העטרה או מצנפת הראש צפירה, לפי שהיא סביב הראש. ובמשנה (כלים טז, ג), הקופה משיעשה בה שתי צפירות; והם מה שעושין מן הגומא סביב הקופה. ואמר שהאל יהיה להם לכבוד ולתפארת בימי חזקיהו: (ו) **ולרוח משפט.** ויהיה האל לרוח משפט למי שיהיה יושב על המשפט, והוא חזקיהו שיהיה מלך ויושב על כסא מלכות לעשות משפט. ואמר כי האל יהיה לו לרוח משפט, כלומר, שהאל יתן לו דעת ובינה לעשות משפט אמת. ואמר רוח, כמו שאמר, וְנָחָה עָלָיו רוּחַ ה׳ רוּחַ חָכְמָה וּבִינָה (לעיל יא, ב), כי החכמה והבינה מחלקי הרוח שהיא הנשמה: **ולגבורה.** שיהיה להם האל לגבורה, וכן יהיה להם לשלום במחנה אשור בעבורם, ולא הוצרכו לגבורת אדם כי האל יהיה להם לגבורה. וכן כשנלחמו באויביהם והשיבו מלחמה להם עד שער עריהם הבצורות, האל היה להם לגבורה ובגבורתו נצחו אויביהם; כמו שכתוב, הוּא הִכָּה אֶת פְּלִשְׁתִּים עַד עַזָּה וְאֶת גְּבוּלֶיהָ מִמִּגְדַּל נוֹצְרִים עַד עִיר מִבְצָר (מלכים־ב יח, ח). ויונתן תרגם שני הפסוקים כן, בְּעִדָּנָא הַהִיא יְהֵא וגו׳. וכן רבותינו זכרונם לברכה (מגילה טו, ב), פירשו הענין הזה בימי המשיח לעתיד, ואמרו לעושים צביונו של הקדוש ברוך הוא, ולצפירת תפארה, למצפון תפארתו: (ז) **וגם אלה.** אלה אומר על יהודה ובנימן. אמר, כמו שאמר על השבטים שכורי אפרים הלומי יין, כן אמר על יהודה ובנימן, כי אפילו הם ביין שגו ובשכר תעו, וזה היה בימי אחז. וכן היו אלה ראויים לגלות כמו אלה, אלא שעתיד למלוך מלך עליהם שישיבם אל הדרך הטובה והוא חזקיהו: **כהן ונביא.** הכהן והנביא שהיה להם להורות התורה, הם שגו כמוהם במשתה ובתענוג העולם. ונביא אינו אומר על נביאי האמת כי אם על נביאי השקר שהיו ביניהם, והם היו מתעים אותם ומתירים להם התענוג, ואומרים להם שלום יהיה לכם אל תיראו עשו מה שתרצו. ויונתן תרגם, כַּהֲנָא וְסָפַר, רוצה לומר, תלמיד: **נבלעו מן היין.** נשחתו מרוב שתית היין, ותעו מן הדרך הנכונה מרוב שתיית השכר: **שגו ברואה פקו.** רואה שם בפלס יורה ומלקוש.

## מצודת דוד

(ד) **והיתה וכו׳.** הדר תפארתו הדומה לציצת הנובל אשר היא לעטרה על ראש גיא שמנים: **כבכורה.** חוזר על והיתה האמור בתחלת המקרא, לומר, עטרת הגאוה תהיה כתאנה שנתבכרה בטרם יהיה הקיץ, והוא עת בשול התאנים כולם: **אשר יראה וכו׳.** אשר מיד כשיראה אותה הרואה יבלענה מיד כשהיא עדיין תלויה על הענף, ואינו ממתין עד שיתלוש. ואמר שכן ימהר האויב להשפיל גאותם: (ה) **ביום ההוא.** ביום מפלת מלכות אפרים: **לעטרת צבי.** רצונו לומר, יתלו הכבוד בגאון ה׳: **ולצפירת תפארה.** כפל הדבר במילים שונות: **לשאר עמו.** הם יהודה ובנימין: (ו) **ולרוח משפט.** האל יהיה לרוח משפט למי שיושב על המשפט. רצונו לומר, יחונן דעה לחזקים לעשות משפט אמת: **ולגבורה.** הוא יהיה לגבורה לבני יהודה, אשר שבו ממקום המלחמה להכנס אל שער העיר להשגב שמה. רצונו לומר, לא יצטרכו לגבורת מלחמה, כי האל ילחם להם ויכה את האויב: (ז) **וגם אלה.** גם יהודה ובנימין, בעבור שכרות היין שגו בדעתם, ובעבור השכר תעו מדרך הישר: **כהן.** הוא המורה; וכן נאמר, כִּי שִׂפְתֵי כֹהֵן וכו׳ וְתוֹרָה יְבַקְשׁוּ מִפִּיהוּ (מלאכי ב, ז): **ונביא.** הנביא השקר אשר העמידוהו להוכיחם וליישר דרכם: **שגו בשכר.** בעבור שתיית השכר שגו בדעתם: **נבלעו.** נשחתו מן השכרות: **שגו ברואה.** שגגו בדעתם בענין הראיה, כדרך השכור, שאין דעתו מסכמת לאמיתת הדבר הנראה: **פקו פליליה.** הכשילו את המשפט, ולא דנוהו דין אמת: (ח) **כי כל שלחנות.** אשר הם מסובים עליהם: **קיא צואה.** הקאה ושלשול היציאה, כדרך היין המביא הקאה ושלשול מלמטה:

## מצודת ציון

(ד) **ציצת.** מלשון ציץ: **כבכורה.** מלשון בכור, ורצונו לומר, הנגמר והנתבשל ראשון; וכן, בִּכּוּרֵי עֲנָבִים (במדבר יג, כ): **קיץ.** הוא זמן בישול התאנים; וכן, וְהַלֶּחֶם וְהַקַּיִץ (שמואל־ב טז, ב): **בכפו.** ענינו ענף; כמו, וְכִפָּתוֹ לֹא רַעֲנָנָה (איוב טו, לב): (ה) **ולצפירת.** כן יקרא העטרה או המצנפת המסבב את הראש, כי צפירה היא ענין סבוב ובמשנה, הקופה משיעשה בה שתי צפירות לרוחב שלה (כלים טז, ג). ורצונו לומר הסבוב שעושים לקופה: (ו) **ולרוח.** ענין התעוררות; וכן, וַתְּהִי עַל יִפְתָּח רוּחַ ה׳ (שופטים יא, כט): (ז) **שגו.** מלשון שגגה ומשגה: **ובשכר.** יין ישן: **תעו.** מי שהוא מבולבל בדעתו ואינו יודע מה לעשות נקרא תועה, והושאל מהתועה בדרך, שאינו יודע להיכן ילך: **נבלעו.** ענין השחתה; כמו, וּבִלַּע בָּהָר הַזֶּה (לעיל כה, ז): **פקו.** ענין הכשלה כמו, וּפִק בִּרְכַּיִם (נחום ב, יא): **פליליה.** ענין משפט; כמו, וּפִלְלוֹ אֱלֹהִים (שמואל־א ב, כה): (ח) **קיא.** הוא המאכל החוזר מן הגוף דרך הפה: **צואה.** כמו וצואה, והיא צואת הגוף:

4 *and the withering blossom, the delight of his glory that is like a valley of oil*
*upon [his] head, will be like a fig that ripens before summer: as soon as an*
*observer sees it, while it is yet in his hand, he swallows it.*
5 *On that day,* Hashem, *Master of Legions, will be the crown of delight*
*and a diadem of glory for the remnant of His people,* 6 *and a spirit of judg-*
*ment for he who sits in judgment, and a source of strength for those who*
*return from war to the gate.* 7 *For they, too, have erred because of wine and*
*strayed because of liquor; the Kohen and the [false] prophet have erred be-*
*cause of liquor and were corrupted by wine; they have strayed because of*
*liquor, erred in vision, perverted justice.* 8 *For all tables are full of vomit, filth,*

**רד"ק**

ופירש שגו בנבואה, בנבואת נביאי אמת שגו, ולא הלכו בה. ואדוני אבי זכרונו לברכה פירש, אפילו בדבר הנראה לעין הם שגו בו: **פקו פליליה.** כשלו; מן, וּפִק בִּרְכַּיִם (נחום ב, יא), שפירושו מכשול. אמר כשלו במשפט ולא שפטו דין אמת, הכהן והנביא, שהיה להם להורותם התורה ולשפטם המשפט משפט אמת: **פליליה.** מן וְנָתַן בִּפְלִלִים (שמות כא, כב): **(ח) כי כל שלחנות.** אפילו שלחן הכהנים מלאו קיא צואה. פירוש קיא וצואה חסר וי"ו השמוש; כמו, שֶׁמֶשׁ יָרֵחַ (חבקוק ג, יא), רְאוּבֵן שִׁמְעוֹן (שמות א, ב). אמר שהם שותים עד שמשתכרים ומקיאים, כי כן דרך השכור; כמו שאומר, כְּהִתָּעוֹת שִׁכּוֹר בְּקִיאוֹ (לעיל יט, יד). והנה הם מקיאים דרך פיהם ויוצאים דרך נקביהם ממעל ומתחת:

**4.** Isaiah warns that Ephraim's doom is imminent, that it will come speedily. He likens it to someone who goes out to his orchard and, upon seeing the first ripe date, seizes it and swallows it without delay. So, too, God is prepared to exact retribution from the Ten Tribes. His patience has given out. The evil will come quickly (*Rashi*), or the enemy will suddenly swallow the tribes and their land (*Abarbanel, Mahari Kara*).

**5-13.** Having prophesied that the Ten Tribes will not long survive, Isaiah turns to his own tribe of Judah and its ally, the tribe of Benjamin. Although they will survive the threat of Sennacherib, they are not immune to criticism. Hezekiah heeded the prophet. He instituted a spiritual revolution, destroying the idols that his father had instituted, and inspiring such a proliferation of Torah study that every man, woman, and child was well versed in the complex laws of *tumah* and *taharah,* ritual impurity and purity (*Sanhedrin* 94b).

**בַּיּוֹם הַהוּא** — *On that day,* when Ephraim's crown of pride of pride is toppled (*Mahari Kara*), all the sinners perish (*Rashi*), and the Ten Tribes are exiled (*Radak.*

**יִהְיֶה ה' צְבָאוֹת לַעֲטֶרֶת צְבִי** — *Hashem, Master of Legions, will be the crown of delight.* The righteous members of Judah and Benjamin, who survive the disaster of the North (*Rashi*), will recognize that the only crown worthy of pride is the crown of Hashem.

**6. וּלְרוּחַ מִשְׁפָּט לַיּוֹשֵׁב עַל־הַמִּשְׁפָּט** — *And a spirit of judgment for he who sits in judgment.* God will reinforce the Sanhedrin, which administers justice for the nation (*Ibn Ezra*). Alternatively, He will grant a spirit of judgment to King Hezekiah, for the king is responsible to foster justice and uphold the law (*Radak, Abarbanel*).

**וְלִגְבוּרָה מְשִׁיבֵי מִלְחָמָה שָׁעְרָה** — *And a source of strength for those who return from war to the gate.* God will protect His righteous ones in battle, as He did when He wiped out the army of Sennacherib, when not a single Jewish soldier was in harm's way (*Radak*). God's faithful warriors will return to the gates of their cities safe and triumphant (*Metzudos*). Alternatively, Hashem will be a source of strength to those who fight the battles to attain Torah knowledge (*Rashi*).

According to Targum, verses 5-6 refer to the Messianic period. This accords with the Talmud's homiletic interpretation (*Sanhedrin* 111b): In the future, The Holy One, Blessed is He, will be a crown on the head of every righteous person. As it says, *On that day,* Hashem, *Master of Legions, will be the crown of delight and a diadem of glory for the remnant of His people.* What is meant by *the crown of delight and a diadem of glory*? This reward is destined for those who do His will [צביונו] and for those who await His glory [וּמְצַפִּים לְתִפְאַרְתּוֹ] (*Radak*).

**7. וְגַם־אֵלֶּה** — *For they, too,* i.e., even those of this generation who sit in judgment and who wage the battle for Torah, the best and most worthy people, fell prey to intoxication, like those of Ephraim, mentioned above (*Rashi*). Isaiah addresses the members of Judah and Benjamin, who were saved from Sennacherib's onslaught (*Radak, Abarbanel*).

**בַּיַּיִן שָׁגוּ וּבַשֵּׁכָר תָּעוּ** — *Have erred because of wine and strayed because of liquor.* They (and their leaders, as will be seen) indulged their hedonistic desires (*Abarbanel*) and did not learn a lesson from the effects of wine on Ephraim (*Malbim*)

**כֹּהֵן וְנָבִיא שָׁגוּ בַשֵּׁכָר נִבְלְעוּ מִן־הַיַּיִן תָּעוּ מִן־הַשֵּׁכָר שָׁגוּ בָּרֹאֶה** — *The Kohen and the [false] prophet have erred because of liquor and were corrupted by wine; they have strayed because of liquor, erred in vision.* The verse explains who it was that *erred because of wine and strayed because of liquor* (*Mahari Kara;* this idea is further developed in the alternative explanation, below, after v. 11). The *Kohen* is the teacher of the people; the *prophet* is the one who admonishes (*Ibn Ezra*).

ט בְּלִ֥י מָקֽוֹם׃ אֶת־מִי֙ יוֹרֶ֣ה דֵעָ֔ה וְאֶת־מִ֖י יָבִ֣ין שְׁמוּעָ֑ה גְּמוּלֵי֙ מֵֽחָלָ֔ב עַתִּיקֵ֖י
י־יא מִשָּׁדָֽיִם׃ כִּ֣י צַ֤ו לָצָו֙ צַ֣ו לָצָ֔ו קַ֥ו לָקָ֖ו קַ֣ו לָקָ֑ו זְעֵ֥יר שָׁ֖ם זְעֵ֥יר שָֽׁם׃ כִּ֚י בְּלַעֲגֵ֣י שָׂפָ֔ה
יב וּבְלָשׁ֖וֹן אַחֶ֑רֶת יְדַבֵּ֖ר אֶל־הָעָ֥ם הַזֶּֽה׃ אֲשֶׁ֣ר ׀ אָמַ֣ר אֲלֵיהֶ֗ם זֹ֤את הַמְּנוּחָה֙ הָנִ֣יחוּ
יג לֶֽעָיֵ֔ף וְזֹ֖את הַמַּרְגֵּעָ֑ה וְלֹ֥א אָב֖וּא שְׁמֽוֹעַ׃ וְהָיָ֨ה לָהֶ֜ם דְּבַר־יהוה צַ֣ו לָצָ֞ו צַ֧ו לָצָ֛ו
קַ֥ו לָקָ֛ו קַ֥ו לָקָ֖ו זְעֵ֣יר שָׁ֑ם זְעֵ֣יר שָׁ֑ם לְמַ֨עַן יֵלְכ֜וּ וְכָשְׁל֤וּ אָחוֹר֙ וְנִשְׁבָּ֔רוּ וְנוֹקְשׁ֖וּ

### רש״י

**בלי מקום.** אין הדעת סובלתן: **(ט) את מי יורה דעה.** שמא לתינוקות שאין יודעין להבין? כי הגדולים פנו לדרך רעה: **גמולי מחלב.** גדולי מחלב: **עתיקי משדים.** לשון, וַיַּעְתֵּק מִשָּׁם (בראשית יב, ח). דבר אחר, גדולים מן התורה שנקראת חלב, ועתיקי משדים, מוסרים מלפני תלמידי חכמים: **(י) כי צו לצו צו לצו.** נביא מצוה להם מאת הקדוש ברוך הוא, והם יש להם צו של עבודת כוכבים כנגד צו זה. וחוזר הנביא ומוכיחם, והם תמיד אומרים יש לנו צו לצו, שלנו חשוב משלך: **קו לקו.** יש להם קו משקולת, משפטי רשע כנגד קו הצדק: **זעיר שם.** הנביא אומר להם עוד מעט תבוא עליכם רעה, והם אומרים זעיר שם, ימהר יחישה מעשהו לימים מועטין: **(יא) בלעגי שפה.** וכן כל לשון לעגים. וכן, עִלְּגִים (לקמן לב, ד). שניהם לשון הפוך, שאינו מיושר להשמע: **ידבר אל העם הזה.** כל המדבר אליהם דבר נבואה ותוכחה, דומה להם ללשון נלעג שאין יכולין להבין בו: **(יב) אשר אמר.** הנביא להם, זאת המנוחה להיותכם בשלוה, הניחו לעיף; שלא תגזלוהו, זאת תהיה לכם המרגעה: **(יג) והיה להם דבר ה׳ וגו׳.** כמדתה ימדוד להם. יגזור שדברו עליהם צו של אומות המשתעבדים בם. על צו פקודה, על פקודה עבודה, על עבודה קו של פורענות, כנגד קו של עבירות שבידם. קו לקו, תקוה חילוף תקוה; יקוו לאור והנה חשך: **זעיר שם זעיר שם.** לימים מועטים תבא עליהם, והם יתמעטו שם בארץ אויביהם:

### רד״ק

**בלי מקום.** עד שאין מקום נקי במקום משתיהם, אלא הכל מלא קיא וצואה: **(ט) את מי.** אחר שהם משתכרים, וכל עסקם במאכל ובמשתה ומשתכרים, המורה שיבא להורותם, למי יורה דעה ולמי יבין שמועה; מה ששמע הנביא מאת האל לצותם ולהורותם ולהבינם, ולמי יורה דעה ולמי יבין שמועה. והנה הם אינם בני דעה והשכל, והרי הם כנערים שמתלכלכים בעצמן, ואין להם דעת ללכת למקום מוקצה להפנות: **גמולי מחלב עתיקי משדים.** הם הנערים הקטנים אחר שנשלמה יניקתם; כמו, וַיִּגְדַּל הַיֶּלֶד וַיִּגָּמַל (בראשית כא, ח), עַד יִגָּמֵל הַנַּעַר (שמואל א א, כב). והנערים כשתשלם יניקתם מתחילין לדבר, ואין להם עדין מתבונת האדם והבדל מן הבהמה, אלא הדבור כי אין להם עדין דעת, כן הם אלה הגדולים כקטנים. ופירוש עתיקים משדים, מוסרים מן השדים; כמו שאמר, וַיַּעְתֵּק מִשָּׁם (בראשית יב, ח). ואמר גמולי עתיקי בדרך הסמיכות על אות השמוש; כמו, לִנְבִיאֵי מִלִּבָּם (יחזקאל יג, ב), הַאֱלֹהֵי מִקָּרֹב (ירמיה כג, כג), הַשְּׁכוּנֵי בָאֳהָלִים (שופטים ח, יא): **(י) כי צו לצו.** צו הוא שם, כמו מצוה ולא נאמרה המצוה בזה הלשון במקום אחר. ורוצה בו באמרו צו מצוה קטנה. אמר כי הם כמו הנערים, ולנערים יצוה אדם אותם מעט מעט וילמדם כדי שיקבלו, כי אין להם לב לקבל אלא דברים מעטים. וכן פירש קו לקו, והקו הוא קו הבנין והבנאי מטה אותו עד שיעשה אותו טור אחד ואחר כך יסלקהו ויטהו לעשות טור אחר, וכן יעשה מעט מעט עד שישלים הקיר. וכן הוא הלמוד וההרגל לנערים, וכן צריך שילמד הנביא לעם הזה כי הם מעטי הבינה, ועוד כי הם נלאים לשמוע דבר ה׳ בעבור שאינם חפצים בו. ואחר שאמר צו לצו קו לקו וכפלם לחזק הענין, ואמר זעיר שם זעיר שם; כלומר יאמר להם מעט בדבר זה ומעט בדבר זה ואף על פי, כן אינם מקבלים: **(יא) כי בלעגי שפה.** אמר הנביא, שידבר אל העם הזה ידמה שידבר להם בלעגי שפה, כמו הלועג בשפתותיו שלא יוכלו בני אדם להבין את דבריו היטב, או כמי שידבר בלשון אחרת. הן עושין עצמן שלא יבינו דברי הנביא: **(יב) אשר אמר אליהם.** והנביא לא יאמר להם אלא דברים טובים, שינוחו בהם אם ישמעו לו. ויאמר להם זאת המנוחה; אם תשמעו אל דברי ה׳ ותעשו מצותיו תהיה לכם מנוחה בארצכם ולא תגלו ממנה. והיה אומר לכהניהם ונביאי ה׳, הניחו לעיף ישראל שהוא עיף רגע בצרות רבות שיבאוהו; הניחו לו והורוהו דבר ה׳ בו ינוח, ולא תתעוהו בשקרותיכם ובפחזותכם, ולא אבוא שמוע. נכתב באל״ף, וכן, הֶהָלְכוּא אִתּוֹ (יהושע י, כד), וכן מלת הוא: **(יג) והיה להם דבר ה׳.** שלא רצו לשמוע מעט מעט, היה להם למכשול עון מעט מעט, מדה כנגד מדה: **למען ילכו וכשלו אחור.** כלומר כשיחשבו ללכת לפנים יכשלו לאחור, ותהיה בהם יד אויביהם, ונשברו ונוקשו ונלכדו:

### מצודת דוד

**בלי מקום.** אין מקום פנוי ונקי מאלה: **(ט) את מי.** הואיל והגדולים פונים אל השכרות, אם כן למי ילמוד הנביא דעה, ולמי יבין השמועה אשר שמע מאת ה׳: **גמולי מחלב.** וכי ילמד לאלה שנגמלו מהנקת החלב: **עתיקי.** הנעתקים משדי אמן, וכפל הדבר במילים שונות: **(י) כי צו לצו.** מהתענג ומרוב כל, המה רחוקים ממצות ה׳ עד שההכרח לעשות להם צוואה למצות ה׳; רצונו לומר, לעשות עוד סייג וגדר למצות ה׳, ואל הצוואה והסייג הזה, ההכרח לעשות עוד לה סייג וצוואה אחרת: **קו לקו.** על שם שקו המשקולת עשויה להשמר לבל יעקמו הבנין, לזה קורא למשמרת בלשון קו. ורצה לומר, ההכרח לעשות להם משמרת למשמרת התורה, ולעשות עוד משמרת למשמרת, והענין כפול במילים שונות: **זעיר שם.** רצונו לומר, אף במקום המוכן ללמוד תורת ה׳ אין ללמד להם כי אם מעט מעט, כי למשא יחשב להם, זעיר שם. הכפל יורה על הצמצום, (יא) כי בלעגי שפה. כי דברי הנביא בעיניהם, כאלו ידבר אליהם בלעגי שפה ובלשון אחרת שאינם מכירים בו: **(יב) אשר אמר אליהם.** רצה לומר, הלא לטובתם ידבר, כי זהו הדבר אשר אמר אליהם, הניחו לעיף ותש כח ואל תגזלו אותו, ובזאת תמצאו מנוחה ומרגוע ועם כל זה אינם רוצים לשמוע, עם שהדבר הוא לטובתם: **(יג) והיה להם דבר ה׳ וכו׳.** רצונו לומר, מאד נקל להם לעבור על דבר ה׳,כאלו לא היתה רק צוואה וסייג לצוואה אחרת, ואף האחרת היתה רק צוואה וסייג למצות ה׳, שאין אדם נזהר כל כך בשמירתה לפי שהיא צוואה רחוקה ממצות ה׳: **קו לקו.** כאלו היתה רק משמרת למשמרת אחרת, ואף האחרת רק משמרת למשמרת התורה, שאין אדם סופנה כל כך, והענין כפול במילים שונות: **זעיר שם.** רצונו לומר, אף במקום שלמדוה נחשבת מעט, ואף כי אותם שלא דרכו בנתיבותיה: **זעיר שם.** הכפל יורה ההמעטה: **למען ילכו.** בעבור זאת כשילכו וכפלו לפול אחור, וישברו ויפלו בהמוקש וילכדו בה, רצונו לומר, יפלו בצרה ולא יוכלו להמלט:

### מצודת ציון

**(ט) יורה.** ענין למוד; כמו, וּלְהוֹרֹת נָתַן בְּלִבּוֹ (שמות לה, לד): **גמולי מחלב.** כן נקרא התינוק הנפרש מקרוב מן ההנקה; כמו, וַיִּגְדַּל הַיֶּלֶד וַיִּגָּמַל (בראשית כא, ח): **עתיקי.** מלשון העתק והסרה; וכן, וַיַּעְתֵּק מִשָּׁם הָהָרָה (בראשית יב, ח). **(י) צו לצו.** מלשון צואה: **קו לקו.** ענינו חוט המשקולת של הבנאי; וכן, וְקָו יִנָּטֶה (זכריה א, טז): **זעיר.** מעט; כמו, כַּתַּר לִי זְעֵיר (איוב לו, ב): **שם.** רצונו לומר, במקום הידוע המוכן ללמוד שמה; וכן, וְעַל כָּל הַמַּעֲשֶׂה שָׁם (קהלת ג, יז). ופירושו, במקום המוכן אל הדבר: **(יא) בלעגי.** המדבר בהפך תכונות הדבר, שאין נוח להבין קרוי נלעג בלשון המקרא; כמו, נִלְעַג לָשׁוֹן אֵין בִּינָה (לקמן לג, יט): **(יב) המרגעה.** ענין מנוחה; כמו, הָלוֹךְ לְהַרְגִּיעוֹ יִשְׂרָאֵל (ירמיה לא, א): **אבוא.** ענין רצון וחפץ; כמו, לֹא אָבָה יַבְּמִי (דברים כה, ז). והאל״ף נוספת; וכן, הֶהָלְכוּא אִתּוֹ (יהושע י, כד):

*with no [clean] place.* [9] *To whom shall one teach knowledge? To whom shall*
*one explain a message? [To] those weaned from [mother's] milk, removed from*
*the breasts?* [10] *For it is commandment by commandment, commandment by*
*commandment; line by line, line by line; a bit here and a bit there.* [11] *For as if*
*with unintelligible speech and in another tongue does one speak to this nation.*
[12] *Though he tells them, "This is the [true] rest, 'Give rest to the weary'; and this*
*is the [true] satisfaction!" but they refused to listen.* [13] *The word of HASHEM shall*
*befall them commandment by commandment, commandment by command-*
*ment; line by line, line by line; a bit here and a bit there; so that they will go and*
*stumble backward and be broken, and be tripped up and caught.*

---

**8. כִּי כָּל־שֻׁלְחָנוֹת מָלְאוּ קִיא צֹאָה בְּלִי מָקוֹם** — *For all tables are full of vomit, filth, with no [clean] place.* All their tables are full of offerings of idols, which have the status of vomit and filth, and are not tolerated in any *place* (*Rashi*). Alternatively, the tables are literally full of vomit and filth, as is the case with chronic drunkards, so that no *place* on the tables is clean (*Ibn Ezra, Radak, Mahari Kara*).

Alternatively, in their hedonistic feasts, these people gorge themselves until there is no *place* left in the stomachs for any food or drink, with the result that they *vomit* (*Abarbanel*).

The Sages (*Avos* 3:3) interpret this verse homiletically: When three people eat together and do not relate words of Torah it is as if they ate offerings of the dead, i.e., idolatrous offerings. They understand בְּלִי מָקוֹם as referring to God, one of Whose Names is מָקוֹם, the *Omnipresent*. Accordingly, their tables had the status of *vomit* and *filth* because they ate, as it were, without God; i.e., they ate without blessing God before and after eating (*Abarbanel*).

Isaiah asks rhetorically:

**9. אֶת־מִי יוֹרֶה דֵעָה וְאֶת־מִי יָבִין שְׁמוּעָה** — *To whom shall one teach knowledge? To whom shall one explain a message?* Since all are so involved in their hedonistic pursuits, and the tribes of Judah and Benjamin are following in the footsteps of their northern cousins, who will listen to the wise and to the prophets? (*Abarbanel*). Are your toddlers the only ones capable of listening — *those weaned from [mother's] milk, removed from the breasts* — who have not yet turned to wickedness? (*Rashi*). Alternatively, since the people's involvement in food and drink makes them like foolish little children, there is no one for the wise men to teach (*Radak; Ibn Ezra*).

**10. כִּי צַו לָצָו צַו לָצָו קַו לָקָו קַו לָקָו זְעֵיר שָׁם זְעֵיר שָׁם** — *For it is commandment by commandment, commandment by commandment; line by line, line by line; a bit here and a bit there.* They are so much like little children [and so far from keeping the Torah (*Metzudos*)] that they must be taught only a little at a time (*Ibn Ezra, Radak*).

Alternatively, for every commandment taught by a prophet, they respond with a counter-commandment of idolatry, which they maintain is of greater importance; for every just line of measurement they have a counter-line of iniquity; when the prophet castigates them and tells them that in a bit longer they will be punished, they respond in kind (*Rashi, Mahari Kara*).

**11. כִּי בְּלַעֲגֵי שָׂפָה וּבְלָשׁוֹן אַחֶרֶת יְדַבֵּר אֶל־הָעָם הַזֶּה** — *For as if with unintelligible speech and in another tongue does one speak to this nation.* For they do not wish to comprehend words of wisdom or prophecy (*Rashi, Radak, Mahari Kara*).

Alternatively, just as a good teacher must use very elementary vocabulary when teaching young children, similarly, these people must be admonished delicately in simple language (*Ibn Ezra*).

**An alternative explanation for vv. 7-11:** Rather than refer to the drunkenness and hedonism of the people, Isaiah condemns the drunkenness and hedonism of the leadership, the Kohen and the prophet (*The Kohen and [false] prophet have erred because of liquor and were corrupted by wine; they have strayed because of liquor, erred in vision*) . . . *To whom shall* this drunken Kohen *teach knowledge? To whom shall* this false prophet *explain a message?* Why, they are capable of teaching only *those weaned from [mother's] milk, removed from the breasts;* they certainly do not have the wisdom to teach adults. *For* if children must learn *commandment by commandment,* they, too, must learn *commandment by commandment;* if children must learn *line by line,* they too must learn *line by line; a bit here and a bit there;* for they are no wiser than little children. Furthermore, because of their *unintelligible speech and other tongue,* the people will realize that they are drunk and powerless (*Abarbanel*).

**12. אֲשֶׁר אָמַר אֲלֵיהֶם** — *Though he tells them.* Though the prophet tells them (*Rashi, Ibn Ezra, Abarbanel*) good things (*Radak*) .

**זֹאת הַמְּנוּחָה הָנִיחוּ לֶעָיֵף וְזֹאת הַמַּרְגֵּעָה** — *"This is the [true] rest, 'Give rest to the weary'; and this is the [true] satisfaction!"* These are the good things the prophet tells them; all they have to do is follow the Will of Hashem and they can continue resting peacefully in their land (*Radak*).

Alternatively, הַמְּנוּחָה, *rest,* refers to Jerusalem [the portion of Judah, and *satisfaction* to the portion of Benjamin (*Abarbanel*)]. Thus the verse is rendered: Jerusalem *is the [true] resting place, "Give rest to the weary"* by not [sinning against God until He exiles you from this resting place (*Abarbanel*), and not] running away to Egypt or Assyria (*Ibn Ezra*)

**13. וְהָיָה לָהֶם דְּבַר־ה׳ צַו לָצָו צַו לָצָו וגו׳** — *The word of HASHEM shall befall them commandment by commandment, commandment by commandment* . . . They will be punished

Haftarah continues on p. 228

יד וְנִלְכָּדוּ: ◀ לָכֵן שִׁמְעוּ דְבַר־יהוה אַנְשֵׁי לָצוֹן מֹשְׁלֵי הָעָם הַזֶּה
טו אֲשֶׁר בִּירוּשָׁלִָם: כִּי אֲמַרְתֶּם כָּרַתְנוּ בְרִית אֶת־מָוֶת וְעִם־שְׁאוֹל עָשִׂינוּ
חֹזֶה °שיט [°שׁוֹט ק׳] שׁוֹטֵף כִּי־°עבר [°יַעֲבֹר ק׳] לֹא יְבוֹאֵנוּ כִּי שַׂמְנוּ כָזָב
טז מַחְסֵנוּ וּבַשֶּׁקֶר נִסְתָּרְנוּ: לָכֵן כֹּה אָמַר אֲדֹנָי יֱהֹוִה הִנְנִי יִסַּד
יז בְּצִיּוֹן אָבֶן אֶבֶן בֹּחַן פִּנַּת יִקְרַת מוּסָד מוּסָּד הַמַּאֲמִין לֹא יָחִישׁ: וְשַׂמְתִּי
מִשְׁפָּט לְקָו וּצְדָקָה לְמִשְׁקָלֶת וְיָעָה בָרָד מַחְסֵה כָזָב וְסֵתֶר מַיִם יִשְׁטֹפוּ:

**רש״י**

**(יד) משלי העם הזה.** האומרים לצון בלשון משל, כגון: **(טו) כרתנו ברית את מות.** שלא יבא עלינו: **עשינו חוזה.** גבול שלא יעברנהו; וכן, מְחוֹז חֶפְצָם (תהלים קז, ל), וכן, וּמֶחֱזָה אֶל מֶחֱזָה (מלכים-א ז, ד). כולם לשון גבול הם ותיחומו של דבר, אשומיי״ר בלע״ז: **שיט שוטף.** מכה המתהלכת בארץ: **לא יבואנו.** לא יבא עלינו: **שמנו כזב.** שמנו עבודת כוכבים: **מחסנו.** מחסה שלנו: **ובשקר נסתרנו.** בעבודת כוכבים בטחנו להסתירנו: **(טז) הנני יסד.** לשון עבר הוא; כמו, יִסַּד הַמֶּלֶךְ (מגלה א, ח). וכן צריך לפותרו, הנני הוא אשר יסד כבר (בציון אבן. כבר) נגזרה הגזרה לפני, והעמדתי מלך משיח שיהא בציון לאבן בוחן, לשון מבצר וחוזק כמו, עֹפֶל וָבַחַן (לקמן לב, יד), וכמו, הֵקִימוּ בַחוּנָיו (לעיל כג, יג): **מוסד מוסד.** הראשון פתח לפי שהוא דבוק, מוסד של מוסד (מוסד) שהוא מוסד גמור: **המאמין לא יחיש.** המאמין דבר זה לא ימהרנה, לא יאמר אם אמת הוא ימהר לבא: **(יז) ושמתי משפט לקו.** לפני בא אותו מלך, אביא עליכם גזרות להתם הפושעים שבכם. ושמתי משפט יסוריו להיות לקו, כלומר אשים קו מדת יסורין להביא עליכם. ואת צדקה אשים, שתהא משקולת המיישרת בנין הבונין בחומות, כלומר שתהא צדקה מהלכת לפניהם ומיישרת דרכיהם; שיכלו הפושעים ונותרו הצדיקים: **ויעה ברד מחסה כזב.** אותו כיסוי שאמרתם כי שמנו כזב מחסנו, יבא ברד ויטאטאנו. ויעה לשון טיאוט כמו, וְאֶת הַיָּעִים (מלכים א ז, מ); שגורפין בהם אפר הכירות. וסתר שאמרתם עליו ובשקר נסתרנו, המים ישטפוהו; כלומר אביא המון (אומות) שישברו מצבותיהם ופסיליהם ולשון משפט האמור כאן יושטיצ״א בלע״ז:

**רד״ק**

**(יד) לכן שמעו אנשי לצון.** שאתם מתלוצצים על דבר ה׳ ולא תחשבוהו לכלום: **מושלי העם הזה.** אמר כנגד שרי יהודה שהם מושלים על העם הזה, כי אחז המלך לא היה עושה התועבות ההם אם השרים היו מוחים בידו. אבל כשהנביא היה מוכיחם ומודיעם הפורענות העתידה לבוא עליהם, היו מתלוצצים ואומרים כרתנו ברית את מות: **(טו) כי אמרתם.** שאתם מתיאשים מן הפורענות, ואומרים דרך ליצנות כרתנו ברית את מות שלא יבוא לנו, וכן שוט האויב כשיעבור בעולם לא יבא אלינו: **חוזה.** שם כמו רואה שפירשנו. כלומר מחזה עשינו עמו, כאדם המתראה פנים עם בעל דינו לעשות שלום עמו: **כי שמנו כזב.** והם נביאי השקר: **כזב מחסנו.** הם לא היו אומרים כזב ושקר, אלא הנביא קורא אותו מחסה כזב. והם דברי נביאי השקר שהיו מבטיחים אותם על שקר: **שיט.** כתוב ביו״ד וקרי שוט בוי״ו, ואותיות אהו״י מתחלפות: **עבור.** כתוב בלא יו״ד, והוא מקור. וקרי יעבור ביו״ד האיתן, והענין אחד: **(טז) לכן כה אמר ה׳.** יסד שם תאר, ואף על פי שהוא פתח. אמר הנני מיסד בציון אבן, והוא המלך. המשילו באבן גדולה שנותנין אותה ליסוד הבנין, וכן פינות הבית עושים מאבנים גדולות לקיים הבנין. ואמר שימלוך מלך טוב בציון שתנצל ציון על ידו מן האויב, והוא חזקיהו שיחזיר העם בתשובה ויבער הרשעים. ופירוש בחן, מבצר; מן, הֵקִימוּ בַחוּנָיו (לעיל כג, יג), עֹפֶל וָבַחַן (לקמן לב, יד): **יקרת.** שם כמו יקר, והתיו, במקום ה״א ואיננו סמוך, כמו שפירשנו במלת ציצת: **מוסד מוסד.** הראשון שם והשני פעול, והוא דגוש עם הוי״ו. ופירושו יסוד חזק שביסודות יהיה זה היסוד, והוא חזקיהו והוא המאמין לא יחיש לפי שרובם לא היו מאמינין בדברי הנביא בימי אחז. לפיכך אמר המאמין שיש בכם לא יחיש וימהר לראות זאת הנבואה, אבל על כל פנים יראה אותה, ואם לא תהיה כל כך בקרוב לא תרחק: **(יז) ושמתי.** על יד זה המלך שיקום אשים משפט לקו. לא כמו שהוא עתה, שאין משפט ואין חסד ואין דעת אלהים בארץ. אבל בימי המלך הזה יהיה המשפט במישור, כמו הקו שנוטין אותו לישר הבנין. וכמו המשקלת והוא אבן הבדיל או העופרת שמעבירים אותו על הבנין גם כן לראות אם הוא ישר, ועל פי המשקלת ההיא מישרים הבנין, כן תהיה הצדקה במישור: **למשקלת.** שם בפלס משמרת, ומפני האתנח נקמצה הקו״ף: **ויעה ברד.** המשיל האויב לברד ולמים שוטפים; כמו שאמר למעלה, כְּזֶרֶם מַיִם כַּבִּירִים שֹׁטְפִים (לעיל פסוק ב). ויעה מגזרת יעים, שהם המנקות שמנקה אדם בהם הבית. ואותו הכזב שהיו אומרים כי שמנו כזב מחסנו, הברד יסיר אותו המחסה, ואותו סתר שקר שאמרתם ובסתר נסתרנו, אותו הסתר ישטפו אותו מים. והוא רמז למחנה אשור שיבא כמים כבירים שוטפים; כמו שאמר למעלה, אֶת מֵי הַנָּהָר הָעֲצוּמִים וְהָרַבִּים (לעיל ח, ז).

**מצודת דוד**

**(יד) אנשי לצון.** המלעיגים בדברי הנביא: **מושלי.** המושלים על העם אשר בירושלים: **(טו) כי אמרתם.** אשר אמרתם בלעג, הנה כרתנו ברית עם המות שלא יבא עלינו קודם הזמן, ולא נירא אם כן מהפחדת הנביא: **עשינו חוזה.** עשינו גבול שלא נבוא אל השאול קודם הזמן: **שוט שוטף וכו׳.** כאשר יעבור מכה המתהלכת בארץ, לא יבוא עלינו: **כי שמנו כזב מחסנו.** נחסה בצל הכזב, כי נחכם לומר לפני המכה שלא צוה המקום לבוא עלינו, והוא ענין לצנות: **ובשקר נסתרנו.** כפל הדבר במילים שונות: **(טז) לכן.** הואיל ויש בכם אנשים מלעיגים בדברי הנבואה, יבוא עת שיקבלו גמולם, וכאשר מסיים והולך: **הנני יסד.** הנה אני הוא אשר מאז גזר ויסד להיות בציון מלך חזק כאבן, ועל חזקיה יאמר: **אבן בוחן.** האבן הזה יהיה להם למבצר: **פנת יקרת.** יהיה כאבן יקר ההושם בפנת הבנין ,למען יהיה נראה מהעבר מזה ומהעבר מזה, מוסד מוסד. יהיה כהיסוד המיוחד שביסודות: **המאמין לא יחיש.** לפי שרובם לא היו מאמינים בדברי הנביא בימי אחז, לכן אמר המאמין לדברי לא ימהר לראות הדבר. רצונו לומר, לא יחשוב בלבבו שעתה תהיה הדבר, כי לא תהיה עד לאחר זמן: **(יז) ושמתי משפט לקו.** אז אשוב גמול המפעל, ואשים משפט יסורים להרשעים הללו כפי קו חטא. רצונו לומר, כדבר הנמדד בקו, לא פחות ולא יותר: **וצדקה למשקלת.** ואל הצדיקים אעשה צדקה כפי משקל צדקתם, כי בימי חזקיה יכבוש סנחריב ערי הבצורות ביהודה ויהרוג הרשעים, והצדיקים יותרו ויקבלו הטובה: **ויעה ברד.** כלפי שאמרו כי שמנו כזב מחסנו, אמר שהברד יכבד ויטאטא את המחסה הכזב. רצונו לומר, סנחרב המכה לא יפנה אל דברי הכזב: **וסתר.** כלפי שאמרו ובשקר נסתרנו, אמר שהמים ישטפו את מסתור השקר. רצונו לומר, סנחריב לא יפנה אל השקר, וכפל הדבר במילים שונות:

**מצודת ציון**

**(יד) לצון.** מלשון לץ: **מושלי.** מלשון ממשלה: **שאול.** הוא בור הקבר: **חוזה.** ענין גבול; כמו, מְחוֹז חֶפְצָם (תהלים קז, ל): **(טו) שוט.** שבט המכה; כמו, שׁוֹט לַסּוּס (משלי כו, ג): **שוטף.** ענינו מהירות ההליכה, והושאל מלשון נחל השוטף: **(טז) בוחן.** ענין מבצר חזק; כמו, הֵקִימוּ בַחוּנָיו (לעיל כג, יג): **פנה.** מלשון פנה וזויות: **יקרת.** מלשון יקר וחשוב, מוסד. מלשון יסוד: **יחיש.** ענין מהירות; כמו, יְמַהֵר יָחִישָׁה מַעֲשֵׂהוּ (לעיל ה, יט): **(יז) לקו.** ענינו חבל המדה: **ויעה.** ענין כבוד וטאטא, והוא מלשון, וְאֶת הַיָּעִים (שמות לח, ג), שהם הכלים העשוים לכבד ולהסיר את הדשן:

*Covenant with Death*

*[14] Therefore, hear the word of HASHEM, O scoffing men, O rulers of this people
who are in Jerusalem. [15] For you say, "We have sealed a covenant with Death
and made a compact with the Grave; when the surging staff [of punishment]
passes through it will not come to us, for we have made Deceit our shelter and
taken refuge in Falsehood."*
*[16] Therefore, thus said my Lord HASHEM/ELOHIM: Behold, I am laying a
foundation stone in Zion: a sturdy stone, a precious cornerstone, a secure
foundation. Let the believer not expect it soon. [17] I shall use judgment as a
[measuring] line, and righteousness as a plumb bob. Hail will sweep away
the shelter of Deceit, and water will wash away the refuge [of Falsehood].*

measure for measure. Because they did not listen to God's commandments, they will be subjected to the command of non-Jewish nations. Because of their *line* of sins, they will receive a line of punishment (*Rashi*). Because *they refused to listen* to the commandments a little at a time, they will be punished a little at a time (*Radak*) and, as a result, *they will go and stumble backward* (*Mahari Kara*).

Alternatively, because they were taught the word of God a little at a time, but they retreated from obedience to Him, so too, their own affairs will decline *and be broken* (*Abarbanel*).

**14.** **לָכֵן** — *Therefore.* Since you do not wish to hear what I have to say about going in the ways of Hashem, listen to what Hashem has to say about the evil destined for you (*Abarbanel, Malbim*).

**אַנְשֵׁי לָצוֹן** — *O scoffing men,* i.e., Isaiah's listeners scoff at the possibility of death, as explained in the following verse (*Rashi*). Alternatively, the prophet lashes out at those who deride and scoff at the word of God. If they do not acknowledge Him as their master, the invaders will be their master (*Abarbanel*).

**מֹשְׁלֵי הָעָם הַזֶּה** — *O rulers of this people.* The influential rulers of Jerusalem are responsible for the atrocious sins of King Ahaz, because if they had protested, he would not have acted with impunity. But instead of taking Isaiah seriously, they scoffed and, as the next verse goes on to say, they thought they were immune from death (*Radak*).

**15.** The Chafetz Chaim would say that there are people who acknowledge that death is a possibility, but that it is a danger for others, not for them. Just as there are those who refuse to take normal safety precautions, there are those who refuse to take spiritual precautions. If they refuse to realize that there is a price for sin, they will ignore the protestations of their prophets and religious leaders. This verse refers to such people.

**כִּי שַׂמְנוּ כָזָב מַחְסֵנוּ וּבַשֶּׁקֶר נִסְתָּרְנוּ** — *For we have made Deceit our shelter and taken refuge in Falsehood. "Deceit"* and *"Falsehood"* refer to idolatry (*Rashi*) or false prophets (*Radak*). The people did not actually say *"Deceit"* and *"Falsehood"*; rather, it was Isaiah who told them what their delusions actually were (*Radak, Abarbanel*). Alternatively, the people say that they have sealed a covenant with death and made a compact with the grave, *despite* [כִּי] the *"Deceit"* and *"Falsehood"* of their refuge (*Ibn Ezra*).

**16.** **הִנְנִי יִסַּד בְּצִיּוֹן אָבֶן** — *Behold, I am laying a foundation stone in Zion.* We have rendered יִסַּד as the present-progressive *I am laying,* following *Targum, Ibn Ezra,* and *Radak*. Alternatively, it is the past tense, *I have already laid a stone* (*Rashi, Mahari Kara*).

**אֶבֶן בֹּחַן פִּנַּת יִקְרַת מוּסָד מוּסָּד** — *A sturdy stone, a precious cornerstone, a secure foundation.* According to *Rashi,* following *Targum,* these are all references to the future King Messiah in Zion, who will be strong and secure, but his advent will be preceded by the events mentioned in the following verses (*Rashi*).

Alternatively, it refers to Hezekiah, who will be strong (*Metzudos*), will remove Sennacherib from the land of Judah (*Abarbanel*), and will eradicate evil from Zion (*Radak*). Or it refers to the mighty king Nebuchadnezzar, who will banish the wicked from the land of Zion (*Mahari Kara;* cf. *Abarbanel*).

**הַמַּאֲמִין לֹא יָחִישׁ** — *Let the believer not expect it soon.* The Messianic prophecy will surely be fulfilled, but one should not try to hasten it by insisting that if it is indeed true, it should happen quickly (*Rashi*). Alternatively, let a believer *not be silent.* People should proclaim their faith in the coming of Messiah (*Abarbanel*).

**17.** **וְשַׂמְתִּי מִשְׁפָּט לְקָו** — *I shall use judgment as a [measuring] line.* Before the Messiah comes I will issue decrees to eradicate the sinners among you. These decrees will not be indiscriminate; they will be carefully measured and weighed the way a builder calibrates and implements his plans (*Rashi*). Alternatively, the prophet contrasts the Messianic Era with the lack of justice and kindness that prevailed in his own times. In the days of that king, *I shall use justice as a line* to keep society fair and just (*Radak, Abarbanel*).

**וְיָעָה בָרָד מַחְסֵה כָזָב וְסֵתֶר מַיִם יִשְׁטֹפוּ** — *Hail will sweep away the shelter of Deceit, and water will wash away the refuge [of Falsehood].* Verse 15 described how the wicked regarded deceit and falsehood as their *refuge* and *shelter.* Now the prophet disabuses them of this notion. Like raging *hail* and *water,* multitudes of righteous people will sweep away the wicked (*Rashi*).

יח וְכֻפַּ֨ר בְּרִֽיתְכֶ֜ם אֶת־מָ֗וֶת וְחָזוּתְכֶ֛ם אֶת־שְׁא֖וֹל לֹ֣א תָק֑וּם שׁ֤וֹט שׁוֹטֵף֙ כִּ֣י יַעֲבֹ֔ר
יט וִהְיִ֥יתֶם ל֖וֹ לְמִרְמָֽס׃ מִדֵּ֣י עָבְרוֹ֮ יִקַּ֣ח אֶתְכֶם֒ כִּֽי־בַבֹּ֣קֶר בַּבֹּ֗קֶר יַעֲבֹ֛ר בַּיּ֥וֹם וּבַלָּ֖יְלָה
כ וְהָיָ֥ה רַק־זְוָעָ֖ה הָבִ֥ין שְׁמוּעָֽה׃ כִּֽי־קָצַ֥ר הַמַּצָּ֖ע מֵֽהִשְׂתָּרֵ֑עַ וְהַמַּסֵּכָ֥ה צָ֖רָה כְּהִתְכַּנֵּֽס׃
כא כִּ֣י כְהַר־פְּרָצִים֮ יָק֣וּם יְהוָה֒ כְּעֵ֥מֶק בְּגִבְע֖וֹן יִרְגָּ֑ז לַעֲשׂ֤וֹת מַעֲשֵׂ֙הוּ֙ זָ֣ר מַעֲשֵׂ֔הוּ
כב וְלַעֲבֹד֙ עֲבֹ֣דָת֔וֹ נָכְרִיָּ֖ה עֲבֹדָתֽוֹ׃ וְעַתָּה֙ אַל־תִּתְלוֹצָ֔צוּ פֶּן־יֶחְזְק֖וּ מֽוֹסְרֵיכֶ֑ם כִּֽי־כָלָ֨ה
כג וְנֶחֱרָצָ֜ה שָׁמַ֗עְתִּי מֵאֵ֨ת אֲדֹנָ֧י יֱהֹוִ֛ה צְבָא֖וֹת עַל־כָּל־הָאָֽרֶץ׃ הַאֲזִ֥ינוּ

**רש"י**

**(יח) וכופר בריתכם את מות.** ויתבטל הברית אשר אמרתם כרתנו ברית את מות. כל כפרה לשון קנוח, סילוק דבר, וכן, אֲכַפְּרָה פָנָיו (בראשית לב, כא): **וחזותכם.** אשר אמרתם עם שאול עשינו חוזה: **שוט שוטף.** אשר אמרתם לא יבואנו, והייתם לו למרמס: **(יט) בבקר בבקר.** כלומר, תדיר תדיר אביא עליכם גזירות: **והיה רק זועה הבין שמועה.** זועה לכל השומעים להבין שמועות פורענות הקשות שאביא עליכם; כל השומעים יזועו: **(כ) כי קצר המצע מהשתרע.** כי אביא עליכם שונא דוחק אתכם, אשר לא תוכלו להספיק עבודתו. כשיגיע מלעו עליכם, יקצר לו מהשתרע השוכב עליו. מהשתרע מהשתטח להאריך איבריו, אישטנדליי"ר בלע"ז: **והמסכה צרה.** הנסיך שימשול עליכם יהיה מקומכם דחוק לו בהתכנסו לתוכו. ורבותינו דרשוהו על עבודת כוכבים שהכניס מנשה להיכל קצר המלע הזה מהשתרע מהשתרר עליו שני רעים (יומא ט, ב). ואני פרשתיו לפי פשוטו ובדרך זה תרגם יונתן, ואף מדרש רבותינו יש לישבו על אופן הדבור. כלומר, למה אני מביא עליכם פורענות זו? לפי שקצר המלע מהשתרע אני לבדי עליו, שנאמר, הִנֵּה הַשָּׁמַיִם (וּשְׁמֵי הַשָּׁמַיִם) לֹא יְכַלְכְּלוּךָ (מלכים־א ח, כז), וכל שכן בהכניסכם מסכה עמי, כביכול, צר לנו המקום: **(כא) כי כהר פרצים.** תרגם יונתן, אֲרֵי כְּמָא דְזָעוּ טוּרַיָּא כַּד אִתְגְּלֵי יְקָרָא דַה׳ בְּיוֹמֵי עוּזִיָּה מַלְכָּא וּכְנִיסִין דַּעֲבַד לִיהוֹשֻׁעַ בְּמֵישַׁר גִּבְעוֹן וכו׳ כֵּן יִתְגְּלֵי לְאִתְפְּרָעָא מִדְעָבְדִין וכו׳: **זר מעשהו.** ידמה לכם לזר, כי יבוא עליכם פורענות קשה: **לעבוד עבודתו.** לעשות מלאכתו, כמו עבודת האדמה לבורי"ר בלע"ז: **(כב) ועתה אל תתלוצצו.** לאחר כרתנו ברית את מות: **מוסריכם.** יסורין:

**רד"ק**

ואמר וחלף ביהודה שטף ועבר וגו׳; כמו שאמר, עַל כָּל עָרֵי יְהוּדָה הַבְּצֻרוֹת וַיִּתְפְּשֵׂם (לקמן לו, א). ואז נשטפו הרשעים אשר ביהודה שהיו משימים סתרם ומחסם השקר והכזב: **(יח) וכפר.** יתבטל ויוסר; כמו, וְאִישׁ חָכָם יְכַפְּרֶנָּה (משלי טז, יד): **וחזותכם.** שאמרתם עשינו חוזה, לא תקום כמו שחשבתם. וכן שוט שוטף שאמרתם לא יבאנו, לא כמו שאמרתם אלא שתהיו לו למרמס: **(יט) מדי עברו.** מעת שיעבור אותו השוט יקח אתכם: **כי בבקר בבקר יעבור.** כלומר, בכל יום ויום. כי מעת נסעו לבא לארץ ישראל לא ינוח ביום ובלילה; כמו שאמר למעלה, לֹא יָנוּם וְלֹא יִישָׁן (לעיל ה, כז). ומה שאמר בבקר בבקר, והמחנה היה הולך ביום ובלילה? כי בלילה לא היו נראים, אלא בכל בקר ובקר היו נראים בארץ שהיו באים אל ירושלם: **והיה רק זועה הבין שמועה.** כשיבינו שמועתו יזועו וירעדו ויפחדו ממנה, כי עתה אינם מאמינים: **זועה.** תנועה; כמו, וְלֹא קָם וְלֹא זָע מִמֶּנּוּ (אסתר ה, ט), כי המפחד ירעד ויזוע וינוע גופו: **(כ) כי קצר המצע.** פעל עבר, כי חציו קמץ וחציו פתח. וכן צרה פעל עבר כי הוא מלעיל. אמר דרך משל, כאדם ששוכב על מצע והוא קצר ואינו יכול לפשוט רגליו ולהשתרע בו, וכן כאדם שיתכסה בשכבו במכסה שהיא צרה ולא יכול להתכנס ולהתאסף תחתיה. כן יהיה ישראל, כי מחנה אשור יתפשט בארצם והנה רחב ארצם תשוב צר וקצר; כמו שאמר, מְלֹא רֹחַב אַרְצְךָ עִמָּנוּאֵל (לעיל ח, ח). ולא נשאר להם מכל ארצם אלא ירושלם, והיתה צרה וקצרה מהתכנס כולם בתוכה: **מהשתרע.** מענין שָׂרוּעַ וְקָלוּט (ויקרא כב, כג), שהוא ענין יתרון: **כהתכנס.** כשירצה להתכנס תחתיה לא יוכל. התכנס ענין אסיפה; כמו, נִדְחֵי יִשְׂרָאֵל יְכַנֵּס (תהלים קמז, ב): **(כא) כי כהר פרצים.** כמלחמה שנלחם דוד בפלשתים בבעל פרצים והיה שם הר; כמו שכתוב, וַיַּעֲלוּ בְּבַעַל פְּרָצִים (דברי הימים־א יד, יא). ואותו הדבר היה פלא גדול, שהכה אותם דוד בעם אשר היו אתו אז, ועליהם נאספו כל פלשתים. ואמר דוד, פָּרַץ ה׳ אֶת אֹיְבַי לְפָנַי כְּפֶרֶץ מָיִם (שם), כלומר, מאת ה׳ היתה זאת. וכמו אותו המעשה שהיה גדול, שקם ה׳ ונלחם בהם, כן יקום עתה וילחם בישראל. וכמו מלחמת יהושע בגבעון שהיה פלא גדול; ואמר וַיְהֻמֵּם ה׳, (שופטים י, י), כן יהום עתה ה׳ את ישראל ולא יהיה בהם כח לעמוד כנגד אויביהם. ומה שאמר כעמק בגבעון, רצונו לומר, כמו

**מצודת דוד**

**(יח) וכפר וגו׳.** כלפי שאמרו כרתנו ברית את מות, אמר אז יוסר הברית ויבוטל כי בוא יבוא עליכם: **וחזותכם וגו׳.** כלפי שאמרו ועם שאול עשינו חוזה, אמר אז לא תקום הגבול שעשיתם עם השאול, כי כן תבואו אל השאול: **שוט שוטף וגו׳.** כלפי שאמרו שוט וגומר לא יבואנו, אמר כאשר יעבור המכה המתהלכת תהיו לו למרמס, כי עליכם יבוא וירמוס אתכם: **(יט) מדי עברו.** מתי שיעבור שוט השוטף יקח אתכם אליו, כי בבקר. בכל בוקר יעבור עליכם ואחר זה יתמיד לבוא ביום ובלילה: **והיה וגו׳.** מי שיתן לב להבין שמועת הפורעניות, לא ישקוט לבבו רק יהיה מלא מרתת וחרדה: **(כ) כי קצר וגו׳.** המצע אשר ישכב עליו יהיה קצר להשתטח עליו, ולהאריך עצמו בפשוט הרגלים. רצונו לומר, ארצם תהיה צרה מהכיל התפשטות מרבית חיל האויב הבא: **והמסכה צרה כהתכנס.** המסכה תהיה צרה לו, כאשר יתכנס להתאסף תחתיה עם כל איבריו. והוא כפל ענין במילים שונות. ויורה על הפלגת הדבר שיהיה רב מחנהו; וכמו שכתוב, וְהָיָה מֻטּוֹת כְּנָפָיו מְלֹא רֹחַב אַרְצְךָ (לעיל ח, ח): **(כא) כי כהר פרצים.** כמו בעת מלחמת דוד בפלשתים בבעל פרצים העומדת בהר; כמו שכתוב, וַיַּעֲלוּ בְּבַעַל פְּרָצִים (דברי הימים־א יד, יא), ושם נשמדו הפלשתים פתאום. ואמר כן יקום ה׳ להשמידם פתאום מעל פני האדמה: **כעמק בגבעון.** כמו בעת מלחמות יהושע בהאמורי, בהעמק אשר בגבעון אשר מן השמים נלחמו עמהם; כמו שכתוב, וה׳ הִשְׁלִיךְ עֲלֵיהֶם אֲבָנִים גְּדֹלוֹת מִן הַשָּׁמַיִם וגו׳ (יהושע י, יא). כמו כן ירגז ה׳ עליהם וילחם בם: **לעשות מעשהו.** להפרע מהם: **זר מעשהו.** המעשה תהיה זרה, רצונו לומר, דבר שלא עשה עמהם מתמול שלשום: **ולעבוד וגו׳.** הוא כפל ענין במילים שונות. כי עבודה היא כמו מעשה, ונכריה הוא כמו זר, ופתרון אחד להם: **(כב) אל תתלוצצו.** לומר דרך לעג, כרתנו ברית את מות וגומר: **פן יחזקו מוסריכם.** פן יתחזקו היסורים המוכנים לכם: **כי כלה וגו׳.** מאת ה׳ שמעתי שיבוא כליון וכריתה על כל הארץ, לכן אל תתלוצצו:

**מצודת ציון**

**(יח) וכופר.** ענין העברה ובטול; וכן, וְאִישׁ חָכָם יְכַפְּרֶנָּה (משלי טז, יד): **וחזותכם.** מלשון מחוז וגבול: **לא תקום.** לא תתקיים: **למרמש.** ענין דריכה ברגל: **(יט) מדי.** כמו מתי; וכן, מִדֵּי דַבְּרִי בּוֹ (ירמיה לא, יט): **זועם.** ענין רתת וחרדה; כמו, בַּיּוֹם שֶׁיָּזֻעוּ שֹׁמְרֵי הַבַּיִת (קהלת יב, ג): **(כ) המצע.** ענינו הכרים והכסתות ההושם תחת האדם בשכבו; כמו, עֶרֶשׂ יְצוּעָי (תהלים קלב, ג): **מהשתרע.** ענין עודף ויתרון האורך; כמו, שָׂרוּעַ וְקָלוּט (ויקרא כב, כג): **והמסכה.** מלשון מסך ומסכה; כמו, וְהַמַּסֵּכָה הַנְּסוּכָה (לעיל כה, ז): **צרה.** דחוקה: **כהתכנס.** ענין אסיפה; כמו, נִדְחֵי יִשְׂרָאֵל יְכַנֵּס (תהלים קמז, ב): **(כא) ירגז.** מלשון רוגז וכעס: **ולעבוד עבודתו.** תרגום של מעשה הוא עובדא: **(כב) תתלוצצו.** מלשון לץ: **מוסריכם.** מלשון יסורין: **כלה.** מלשון כליון: **ונחרצה.** ענין כריתה; כמו, נֶחֱרֶצֶת שֹׁמֵמוֹת, (דניאל ט, כו):

[18] *And your covenant with Death will be annulled, and your compact with
the Grave will not be binding; when the surging staff passes through, you
will be crushed by it.* [19] *Whenever it passes through it will take you, for it
will pass through every morning, by day and by night; understanding of this
report will bring sheer horror.* [20] *For the mat will be too short to be stretched,
and the cover too small for getting into.*

[21] *For HASHEM will rise up as at the mountain of Perazim; He will be-
come enraged as at the valley in Gibeon; to perform His deed, unusual is
His deed — and doing His work, strange is His work.* [22] *So now, do not scoff,
lest your affliction become more severe, for of total annihilation have I heard
from my Lord, HASHEM/ELOHIM, Master of Legions, concerning the entire
land.*

**רד"ק**

שעשה בעמק אילון ובגבעון: **לעשות מעשהו זר מעשהו.** כשיקום לעשות מעשהו זר בישראל, יאמרו זר מעשהו כי לא עשה כזה מתמול שלשום. וכפל הענין במלות שונות, כי זר ונכרים אחד, ומעשהו ועבודתו אחד, כתרגום מעשה עובדא. ואדוני אבי זכרונו לברכה פירש זר מעשהו, כי בהר פרצים ובגבעון קם בעזרת ישראל להנקם מאויביהם, אך עתה זה יהיה בהפך, כי מישראל ינקם עתה. ויונתן תרגם הפסוק כן, אֲרֵי וגו׳: **(כב) ועתה אל תתלוצצו.** כמו שאמר עליהם אנשי לצון. ולרוב הפעלה בפעל יבא בלשון התפעל; כמו, מִתְנַקֵּשׁ בְּנַפְשִׁי (שמואל־א, כח, ט), מִתְדַּפְּקִים עַל הַדָּלֶת (שופטים יט, כב), והדומים להם. יחזקו בשו״א החי״ת והזי״ן: **מוסריכם.** יסוריכם, אמר השמרו לכם שלא תתלוצצו עוד על דברי ה׳ פן יהיו יסוריכם חזקים, הכל כפי מעשיכם כי הפורענות עתידה לבא. כי שמעתי מאת ה׳ כי כלה ונחרצה, הכלה שתהיה נחרצה תהיה, כלומר גמורה; וכן, כִּלָּיוֹן חָרוּץ (לעיל י, כב), כליון גמור: **(כג) האזינו.** אמר להם דרך משל, ואמר להם שיאזנוהו וישמעוהו. וכפל הענין במלות שונות לחזק הענין:

Alternatively, hail and water are metaphors for the marauding armies of Sennacherib sweeping through the cities and killing the wicked (*Radak*). A third possibility is that the righteous Hezekiah will flush out the armies of Sennacherib like hail and water (*Abarbanel*).

**18. שׁוֹט שׁוֹטֵף כִּי יַעֲבֹר וִהְיִיתֶם לוֹ לְמִרְמָס** — *When the surging staff passes through, you will be crushed by it.* You deluded yourselves into thinking that you made a *covenant* and a *compact* that would protect you against death (v. 15). You were wrong. When the surging staff of plague passes through, it will crush you (*Rashi*).

**19. כִּי־בַבֹּקֶר בַּבֹּקֶר יַעֲבֹר וגו׳** — *For it will pass through every morning.* God will constantly issue new decrees against you (*Rashi*).

**20. כִּי־קָצַר הַמַּצָּע מֵהִשְׂתָּרֵעַ** — *For the mat will be too short to be stretched.* An invader will oppress you and demand that you supply labor and tribute, but you will not be able to meet his demands. It is as if you and your land are a *mat* that is too short to satisfy him and it cannot be *stretched* out to meet his quotas. Or, Assyria will overrun the entire land, except for Jerusalem. Then, the Holy City will seem like a *mat* that is *too short* to accommodate those who are still free (*Radak*).

Homiletically, our Sages interpret מֵהִשְׂתָּרֵעַ as *competition* (*Yoma* 9b). When Menashe, the idolatrous son of Hezekiah, placed an idol in the Temple, there was not enough "room," so to speak, for God and an idol to dwell together in the same place (*Rashi; see Mahari Kara*).

**21. כִּי כְהַר־פְּרָצִים יָקוּם ה׳** — *For HASHEM will rise up as at the mountain of Perazim.* Much as the honor of Hashem was revealed when King David defeated the Philistines at the plain of Perazim (*II Samuel* 5:20) and when He performed a miracle enabling Joshua to defeat five kings in the plain of Gibeon (*Joshua* 10:8-11), so shall He be revealed when He punishes the wicked who transgress His word (*Radak*). *Mahari Kara* elaborates that if the Jewish people repent, God will punish their enemies.

**זָר מַעֲשֵׂהוּ** — *Strange is His work.* According to *Rashi,* it is more correctly rendered, *His work is that of a stranger,* i.e., the punishment upon Israel will be so severe that it will appear to be that of a stranger, rather than that of their loving God.

Alternatively, the *strangeness* of His work in this case lies in that, although He usually becomes enraged against Israel's enemies, here He bursts forth against Israel (*Radak*).

**22. וְעַתָּה אַל־תִּתְלוֹצָצוּ** — *So now, do not scoff,* by saying that they had sealed a covenant with Death (*Rashi*).

**כִּי־כָלָה וְנֶחֱרָצָה שָׁמַעְתִּי מֵאֵת אֲדֹנָי** — *For of total annihilation have I heard from my Lord.* And if you don't scoff, the annihilation will not be total (*Abarbanel; see Radak*).

Homiletically, this verse teaches how severe are the consequences of scoffing: "Rabbi Eliezer said: Whoever scoffs, afflictions beset him, for [the verse] says: *So now, do not scoff, lest your afflictions grow severe!* ... R' Tanchum bar Chanilai said: Whoever scoffs causes ruination of the world, for [our verse] says: *So now, do not scoff lest your affliction become more severe, for of total annihilation have I heard from my Lord, HASHEM/ELOHIM, Master of Legions, concerning the entire land.* R' Elazar said: [Mockery] is harsh, for its early consequence is affliction, and its final consequence is ruin" (*Avodah Zarah* 14b).

כד וְשִׁמְעוּ קוֹלִי הַקְשִׁיבוּ וְשִׁמְעוּ אִמְרָתִי: הֲכֹל הַיּוֹם יַחֲרֹשׁ הַחֹרֵשׁ לִזְרֹעַ יְפַתַּח
כה וִישַׂדֵּד אַדְמָתוֹ: הֲלוֹא אִם־שִׁוָּה פָנֶיהָ וְהֵפִיץ קֶצַח וְכַמֹּן יִזְרֹק וְשָׂם חִטָּה שׂוֹרָה
כו־כז וּשְׂעֹרָה נִסְמָן וְכֻסֶּמֶת גְּבֻלָתוֹ: וְיִסְּרוֹ לַמִּשְׁפָּט אֱלֹהָיו יוֹרֶנּוּ: כִּי לֹא בֶחָרוּץ
יוּדַשׁ קֶצַח וְאוֹפַן עֲגָלָה עַל־כַּמֹּן יוּסָּב כִּי בַמַּטֶּה יֵחָבֶט קֶצַח וְכַמֹּן בַּשָּׁבֶט:
כח לֶחֶם יוּדָק כִּי לֹא לָנֶצַח אָדוֹשׁ יְדוּשֶׁנּוּ וְהָמַם גִּלְגַּל עֶגְלָתוֹ וּפָרָשָׁיו לֹא יְדֻקֶּנּוּ:

## רש"י

(כד) **הכל היום.** לשון תמיהה הוא, לכך נקוד חטף פתח: **יחרוש.** מי שחורש לזרוע, וכי החורש כדי לזרע לעולמים חורש? אם כן מה יועיל אף הנביאים מוכיחים אתכם להחזירכם למוטב? הלעולמים יוכיחו ולא יועילו?: **יפתח וישדד אדמתו.** וכי לעולם לא יזרע אלא תמיד יפתח את האדמה באתים ובכלי מחרישה? וישדד לשון עבודת שדה; יפתח וישדד. בתחלה הוא עושה תלמים רחבים, וסוף הוא עושה תלמים קטנים. במדרש ר' תנחומא: (כה) **הלוא.** כן דרך החורש, כיון שחורש, משוה פני האדמה ואחר כך זורע: **והפיץ קצח.** אם קצח בא לזרוע, זורעה בתפוצה, ואם כמון בא לזרוע, זורעו בזריקה. קצח מין אוכל הוא: **ושם חטה שורה ושעורה נסמן וכוסמת גבולתו.** ואם תבואה בא לזרוע, כך הוא מנהגו, זורע החטין באמצע החרישה, והשעורה זורע סביב להם, והכוסמין זורעה על גבולי השדה. ומצריו שורה; לשון שורה זורע באמצע ונמצאת שורה על השעורין והכוסמין: (כו) **ויסרו למשפט וגו'.** אף מי שאלהיו יורנו, לא לנצח ישלח נביאים להוכיחו. אחרי שאינו שומע לתוכחה הוא ייסרנו במשפטי יסורין כדי שתועיל עמל תוכחתו, שהוכיח כזה שמשוה פני הארץ לזרוע כדי שתצא עמל חרישתו שחרש: (כז) **בחרוץ.** הוא עץ עשוי חריצים, ושמו מורג ומחתך בו הקשין להיות תבן: **כי לא בחרוץ דשון את הקצח.** לפי שזרעו נוח לצאת מתוך קשין שלו, וכן על כמון לא יסבו אופן עגלה לדושו, לפי כי קל הקצח לחובטה במטה והכמון בשבט: (כח) **לחם יודק.** ואת מי דקים בדברים קשין את הלחם של תבואה, לפי שאינה נוחה ליחבט: **כי לא לנצח אדוש ידושנו.** הרי כי זה משמש בלשון אלא, לא לנצח כותשין עליו, לפי שלעולם לא יכתשו גרעיני הזרע להיות נדשין ליכתת על ידי החרוץ ואופן העגלה: **והמם גלגל עגלתו ופרשיו.** וכשמסבבין עליו אופני עגלה לדוקו ולדושו, אפילו הגלגל הומס ומשתבר. וכן שאר כלי העגלה עמו, המפרישים את התבואה מקשיה, לא ידוקנו והחטים אינם נידוקין להיות נטחנין: **אדוש ידושנו.** כמו, עָשׂוֹ יַעֲשֶׂה (יחזקאל לא, יא), לָנוֹף יְנֻפֶּף (לעיל כב, יח). והאל"ף זו באה במקום ה"א, כמו, וְאַחֲרֵי כֵן אֶתְחַבַּר יְהוֹשָׁפָט (דברי הימים־ב כ, לה) כמו התחבר, אף כאן הדוש ידושנו וכן חברו מנחם:

## רד"ק

(כד) **הכל היום יחרש החרש.** דמה משפטי האל ומצותו על ידי הנביאים, למשפטי החרישה והזריעה. ונפרש תחילה המליצה ואחר כך נפרש המשל. אמר החורש שהוא חורש אדמתו כדי לזרעה, יחרוש כל היום לא יעשה. אלא מה יעשה? אחר שחרש קצת היום יפתח ויתיר שוריו וישדד אדמתו. כלומר, יכתוש הרגבים, וזהו וישדד שהולך בשדה וכותת הרגבים במקום שימצאם: (כה) **הלא אם שוה פניה.** אם כמו כאשר; וכן, וְאִם יִהְיֶה הַיֹּבֵל (במדבר לו, ד). אמר כאשר ישוה פני האדמה, שכתת הרגבים, ישוה פני הניר כדי שיפול הזרע בשוה: **והפיץ קצח וכמון.** כי לכל אחד מן הזרעים יש משפט היאך יזרע, והקצח והכמון צריך לזרען במקום שהעפר כתות הרבה ודק מאד: **שורה.** מדה; כמו, בַּמִּשְׁקָל וּבַמְּשׂוּרָה (ויקרא יט, לה), שפירושו מדה. ושורה תאר לדבר הנתן במדה, והיא בלשון נקבה לפי שהיא תאר לחטה שהיא לשון נקבה. ואמר, וכן ישים החטה בזריעתו במקום שהוא יודע מן האדמה שהוא מקום טוב לזריעת החטה, יזרענה שם במדה לא יוסיף על המקום ההוא ולא יגרע מן האדמה שהיא טובה. וכן שעורה גם כן נסמן, שיש לו סימן במקום זריעת השעורים. וכוסמת גם כן ישימנה בגבולה הידוע לו, וכן לכל זרע וזרע כמשפטו ובמקום הראוי לו. אבל זכר אלו שהן עיקר מאכל האדם והבהמה, וכן הקצח והכמון הם מיני תבלין צריכים למאכל האדם, כן הוא משפט הזריעה. ושורה ונסמן וגבולתו ענין אחד, ואמר הענין במלות שונות כמנהג. וקצח הוא זרע שחור והוא ממיני התבלין, וכמון ידוע והוא הנקרא

## מצודת דוד

(כג) **האזינו.** הטו אוזן ושמעו קול דברי: **הקשיבו וגו'.** כפל הדבר במילים שונות: (כד) **הכל היום.** פתח במשל ואמר, וכי כל היום יחרוש החורש לתקן השדה לזריעה?: **יפתח.** מוסב על הכל היום, לומר, וכי כל היום יפתח האדמה בבלי המחרישה ויכתש רגבי העפר?: (כה) **הלא אם שוה פניה.** הלא כאשר משוה פני האדמה, מניח עבודתם ועוסק בזריעה: **והפיץ קצח.** כשבא לזרוע קצח, זורעה בהפצה, ואם בא לזרוע כמון, זורעה בזריקה, כל מין כדרכו: **ושם חטה שורה.** החטים משים בשורה, רצונו לומר, באמצעית השדה, במדה הראוי לו לא יוסיף ולא יגרע: **ושעורה נסמן.** השעורה יזרע סביבות החטים כמו המסמן דבר מה: **וכסמת גבולתו.** הכוסמין זורע על גבולי השדה ומצריו, כל מין במקום הראוי לו. והנמשל הוא לומר, כמו שאין דרך החורש לחרוש כל היום, כי אחר שמשוה פני האדמה יזרע בה כל מין כדרכו, ובמקום הראוי, כן אין תועלת בתוכחת הנביא לבד. כי מהראוי שאחר שישמעו דברי הנביא, יתקנו מעשיהם ולשוב בתשובה כפי הראוי לכל אחד לפי חטאו אשר יחטא ואשם: (כו) **ויסרו למשפט.** עוד מדבר במשל ואומר, הנה כאשר תגדל התבואה והזרעונים, שרוצה להפריש מהם הפסולת והקשין, הנה דרכו להכות ולחבוט כל מין ומין במשפט הראוי, כאשר למדו אלהיו ונתן חכמה בלבו לדעת משפט כל מין ומין: (כז) **כי לא בחרוץ.** רצונו לומר, כי לא דישת כל המינין שוה, אולם יש הפרש בין מין למין. כי הקצח לא יודש בחרוץ לפי שהוא נוח וקל להפרש מהקשין, ואין מהצורך לדושו בחרוץ: **ואופן עגלה על כמון יוסב.** מלת לא האמור בתחילת הפסוק משמשת בשתים, כאלו אמר על כמון לא יוסב. רצונו לומר, אין מהצורך לסבב אופן עגלה על כמון להפרישו מהקשין, כי גם נוח להיפרש בדבר קל: **כי במטה.** אלא במטה יחבט קצח, וכמון יחבט בשבט, כי גם באלה נפרשים מן הקשין:

## מצודת ציון

(כד) **יפתח.** מלשון פתיחה: **וישדד.** ענין כתישת רגבי העפר; וכן, אִם יְשַׂדֵּד עֲמָקִים אַחֲרֶיךָ (איוב לט, י). ויתכן שהוא מלשון שדה, רצונו לומר, יתקן השדה: (כה) **אם.** כאשר; כמו, וְאִם יִהְיֶה הַיֹּבֵל (במדבר לו, ד): **שוה.** רצונו לומר, דומה בכל המקומות, שלא יהיה תל מזה וחריץ מזה: **והפיץ.** ענין פזור: **קצח וכמון.** הם מיני זרעונים: **ושם.** מלשון שִׂימָהּ (דברים לא, יט): **שורה.** ענין מדה כמו, בַּמִּשְׁקָל וּבַמְּשׂוּרָה (ויקרא יט, לה): **נסמן.** מלשון סימן: **וכסמת.** מין תבואה: (כו) **ויסרו.** עניינו הכאה וחבטה; כמו, אָבִי יִסַּר אֶתְכֶם בַּשּׁוֹטִים (מלכים־א יב, יא): **למשפט.** כמו במשפט ובאה הלמ"ד במקום הבי"ת. וכן, יָשַׁבְתָּ לְכִסֵּא (תהלים ט, ה). ורצונו לומר, בכסא ומשפט ענינו דבר הנהוג והראוי; כמו, הַמֶּלֶךְ עֹמֵד עַל הָעַמּוּד כַּמִּשְׁפָּט (מלכים־ב יא, יד): **יורנו.** ענין למוד; כמו, יוֹרֶנּוּ בְּדֶרֶךְ יִבְחָר (תהלים כה, יב): (כז) **בחרוץ.** שם כלי מלא חריצים עשוי לדוש בו; וכן, וּבַחֲרִצֵי הַבַּרְזֶל (שמואל־ב יב, לא): **יודש.** מלשון דישה: **ואופן.** גלגל, ולתוספת ביאור אמר עגלה מלשון עגול: **יוסב.** מלשון סבוב: **כי במטה.** אלא במטה: **יחבט.** ענין הכאה ודישה; כמו, חֹבֵט חִטִּים בַּגַּת (שופטים ו, יא): (כח) **יודק.** מלשון דק: **כי לא.** אלא לא: **לנצח.** רצונו לומר, לזמן מרובה, אדוש. מלשון דישה, והאל"ף נוספת: **והמם.** ענין כתיתה ושבירה; כמו, יוֹם מְהוּמָה וּמְבוּסָה (לעיל כב, ה): **גלגל.** אופן, ולתוספת ביאור אמר עגלתו מלשון עגול: **ופרשיו.** הם שיני החריצים הפרושים ופרודים זה מזה: **ידקנו.** מלשון דק:

*Parable of the farmer*

[23] *Give ear and listen to my voice; be attentive and hear my speech:* [24] *If one plows to*
*sow, does he plow all day, [endlessly] opening and furrowing his land?* [25] *Surely, when*
*he smooths its surface he will scatter black caraway and throw around cumin; he will*
*place wheat by measure and barley where designated and spelt at its border!* [26] *[So*
*too] one will be rebuked with judgment by his God Who teaches him.* [27] *For not with a*
*threshing board is black caraway threshed, nor does a wagon wheel roll over cumin;*
*rather it is with a staff that black caraway is beaten, and cumin with a stick.* [28] *[Wheat*
*for] bread is pounded; but not forever does one thresh it, for even if he rolls his wagon*
*wheel with its implements until they fall apart, he will not have milled the wheat.*

**רד״ק**

קומי״ן בלע״ז: **(כו) ויסרו למשפט.** האל יסר הזורע משפט הזריעה והורהו. כאלו אמר ואלהיו יסרו למשפט ויורנו, כלומר שנתן חכמה זו לבדו בלבו. ואדוני אבי זכרונו לברכה פירש הפסוק כן. ואמר ויסרו למשפט, על דרך משל כמו שמוסר המכה אמר שיכה הזורע הרגבים הקשים כדי לשוות פני הקרקע כמשפטו; כמו שאמר אחר כך אלהיו יורנו; פירוש ימטירנו; מענין יוֹרֶה וּמַלְקוֹשׁ (דברים יא, יד). כלומר הזורע יזרע כמשפט ואחר כך יקוה לאל שיתן מטר ויצמחו הזרעים: **(כז) כי לא בחריץ.** פירוש, הוא לוח עץ ואבנים דקות תחובות תחתיו לדוש. אמר, כמו שיש חלוק בין הזרעים בעת הזריעה, ומשפט זה אינו כמשפט זה, כן בעת האסיפה: **כי לא בחרוץ יודש קצח.** ואופן עגלה על כמון יוסב. יוסב בוי״ו עם הדגוש, ופירוש ולא אופן עגלה, ולא שזכר עומד במקום שנים. פירוש כי הקצח והכמון הם מיני זרעים דקים ולא ידושו אותם לא בחרוץ ולא בעגלה, אלא במטה יחבטו, ומטה ושבט אחד: **(כח) לחם יודק.** אבל הלחם, רוצה לומר, מה שעושין ממנו הלחם והם החטים והשעורים והכוסמין, יודק עליהם על ידי החרוץ והעגלה. ומה שאמר יודק, כמו יודש, אלא אמר יודק על התבן, שעל הזרע שיודק בדישה עד שיתגלה הזרע שבתוכו: **כי לא לנצח.** אף על פי כן לא יודשו לעולם, אלא זמן קצוב יש להם שיבין האדם הדש בחרוץ או בעגלה מה שהוא מודש. ואדוש האל״ף בו נוספת וראשונה בחיר״ק ושניה בפת״ח והוא מקור: **והמם גלגל עגלתו.** כמו אופן עגלה שזכר, כי אופן ועגלה אחד הוא, כי אם יעשה זה זמן רב אופן עגלה יהיה ויכתת הזרע. וכן בחרוץ גם כן ישמר שלא יעבירנו על התבואה זמן רב, כדי שלא ידיקו פרשי החרוץ הזרע. ופרשיו הם השנים מהחרוץ שבהם נכתת התבן מעל הזרע. ואם יעשה זה זמן רב אפילו הזרע יהיה שבור ומכותת. וכנוי ידושנו וידוקנו על הלחם שזכר, ופעל ידושנו שהוא לשון יחיד על האופן, וכן פעל ידוקנו על החרוץ:

**מצודת דוד**

**(כח) לחם יודק.** התבואה שעושים ממנו הלחם, שאינו נוח להיפרש מהקשין בדבר קל, לכן הוא נידש בחרוץ ובאופן עגלה, לכתת את התבן דק דק עד שיתגלה הגרעין: **כי לא לנצח.** אלא לא לזמן מרובה ידוש בהם את התבואה, רק לפי צורך הפרשת הגרעין מהקשין: **והמם גלגל עגלתו.** רצונו לומר, כי אם יעשה זה זמן רב, אז אופן העגלה יכתת וישבר אף את הזרע: **ופרשיו לא ידקנו.** רצונו לומר, וכן החרוץ לא יעבור זמן רב על התבואה, בכדי שלא יהיו שיני החרוץ מכתתים את הזרע דק דק. והנמשל הוא לומר, שכמו שאין דרך הדש לדוש קצח וכמון בחרוץ באופן, לפי שנוחים המה להיפרש מהקשין ודי להם בדבר קל, כן אלו הייתם נוחים לקבל מוסר במעט רמז משפט יסורים, לא היה המקום מכביד היסורים עליכם. אבל הואיל ולא כן, הוא מהצורך להכביד היסורים למען תוסרו כתבואה הזה שאינו נוח להיפרש מהקשין, אשר מהצורך לדושו בחרוץ ואופן. ואולם לא לנצח יריב ולא יעשה כליה, כתבואה זה שאינו נידש זמן מרובה שלא להפסיד הזרע:

**A Parable.** We will first explain the parable, and then explore its moral.

**23. הַאֲזִינוּ וְשִׁמְעוּ קוֹלִי הַקְשִׁיבוּ וְשִׁמְעוּ אִמְרָתִי** — *Give ear and listen to my voice; be attentive and hear my speech.* Comprehending the moral of a parable is more difficult than understanding the story. Accordingly, it is necessary to demand that one *give ear, listen, be attentive,* and *hear* (*Mahari Kara*).

**24. הֲכֹל הַיּוֹם יַחֲרֹשׁ הַחֹרֵשׁ לִזְרֹעַ** — *If one plows to sow, does he plow all day?* Obviously not! Of what use would that be? (*Rashi*). Rather, he plows part of the day and then smooths out the clumps of earth, opens a furrow and sows (*Ibn Ezra, Radak*).

**25. קֶצַח וְכַמֹּן . . . חִטָּה . . . וּשְׂעֹרָה . . . וְכֻסֶּמֶת** — *Black caraway and . . . cumin . . . wheat . . . barley . . . and spelt.* Each is sown in a different manner, according to its needs (*Rashi, Radak*).

**וְשָׂם חִטָּה שׂוֹרָה** — *He will place wheat by measure.* The translation follows *Radak*. Alternatively, he will place the wheat in the center of the plowed field and surround it with barley and spelt at the margins, so that it appears as if the wheat "rules" (שׂוֹרָה) over the barley and spelt (*Rashi, Mahari Kara*).

**26. וְיִסְּרוֹ לַמִּשְׁפָּט אֱלֹהָיו יוֹרֶנּוּ** — *[So too] one will be rebuked with judgment by his God Who teaches him.* The translation follows *Rashi* and *Malbim.* The difficulty with it is that it seems to break up the parable.

Alternatively, the verse can be rendered, *The seeds [and the sower] learn the lesson taught him by his God* (*Ibn Ezra, Radak*). A third version is, *When he conveys* (מוֹסֵר) *each species [according to its law]* HASHEM *will bring rain* (יוֹרֶה) *upon it* (*Mahari Kara, Radak* quoting his father).

**27. כִּי בַמַּטֶּה יֵחָבֶט קֶצַח וְכַמֹּן בַּשָּׁבֶט** — *Rather it is with a staff that black caraway is beaten, and cumin with a stick.* Since, unlike grain, caraway seeds come out easily, they do not require the more drastic means that are necessary to thresh grain (*Rashi, Mahari Kara*). Indeed, not only are these means not necessary, they can actually be harmful to these fine seeds; forceful milling will turn them to dust (*Abarbanel*).

**28. לֶחֶם יוּדָק כִּי לֹא לָנֶצַח אָדוֹשׁ יְדוּשֶׁנּוּ** — *[Wheat for] bread is pounded; but not forever does one thresh it.* Although it needs far more pounding than black caraway and cumin, it, too, is not pounded continuously, but only as long as needed (*Ibn Ezra*).

**כט**

כט־א גַּם־זֹאת מֵעִם יְהוָה צְבָאוֹת יָצָאָה הִפְלִא עֵצָה הִגְדִּיל תּוּשִׁיָּה׃ הוֹי
ב אֲרִיאֵל אֲרִיאֵל קִרְיַת חָנָה דָוִד סְפוּ שָׁנָה עַל־שָׁנָה חַגִּים יִנְקֹפוּ׃ וַהֲצִיקוֹתִי

### רש״י

(כט) **גם זאת מעם וגו׳.** גם זאת כדרך דשי תבואה וחובטי קצח וכמון, מעם הקדוש ברוך הוא יצא: **הפליא עצה.** להראותכם רמזים, בדרך חידוש משל נפלא ומכוסה. כי כאשר הכמון והקצח אינם מכבידין עליהם במדושה רבה, לפי שהם נחבטין בקל, כך אילו הייתם ממהרין לקבל מוסר לא היה מכביד עליכם גזירות. ואתם קשים לקבל תוכחות כתבואה הקשה לדוש, לכך יכביד עליכם הרבה ולא לנצח לכלייה יריב וידקה, כאשר לא לנצח אדוש ידושנו ויכלו חצי מכותיו. ואתם לא תכלו דוגמת המימת הגלגל והעגלה והחטין לא ידוקו, ואילו הייתם נוחים לכלות לא היה בודק אתכם ביסורין קשין, כפשתני הזה כשהוא יודע שפשתנו יפה הוא מנקש עליה: (א) **הוי אריאל.** תרגם יונתן, מַדְבְּחָא דַה׳. ואף יחזקאל קראו כן; שנאמר, וְהָאֲרִאֵיל שְׁתֵּים עֶשְׂרֵה (יחזקאל מג, טז) על שם אש של מעלה שהיתה רובצת כארי על גבי המזבח כמו ששנינו בסדר יומא (כא, ב). ורבותינו פירשו (מדות ד, ז) על ההיכל שהיה צר מאחוריו ורחב מלפניו: **קרית חנה דוד.** דְאִיתְבָּנֵי בְּקַרְתָּא דִי שְׁרָא בָּה דָוִד: **ספו שנה על שנה.** ותמיד עונותיכם הולכים וחזקים, עד שחגים שלכם ינקופו ויכרתו; לשון, כְּנֹקֶף זַיִת (לעיל יז, ו):

### רד״ק

(כט) **גם זאת.** לפי שאמר בתחילת הפרשה קולי ואמרתי, אמר אל תחשבו כי זה אמרתי לכם מלבי. כי גם זאת החידה כמו הדברים האחרים שאני אומר לכם, מעם ה׳ צבאות יצאה, שהפליא בזה עצה והגדיל בו תושיה, כי המשל הזה הוא נפלא וגדול. ותושיה היא החכמה והתורה, כי החכמה יש במשל הזה. ועתה נפרש המשל, החורש הוא האל יתברך, והאדמה הוא ישראל. וכמו שהחורש יתקן האדמה כדי שתהיה נכונה לקבל הזרע, כן האל יתברך תקן ענין ישראל כדי שיהיו נכונים לקבל דבריו. תחילה הוציאם ממצרים שהיו בה כשדה שאינו עבוד ומעלה קוצים, כן היו הם במצרים במעשים רעים שדומים לקוצים. והוא שלח להם משה נביאו אחר ששלח להם אהרן ונביאים אחרים, כמו שאמר בנבואת יחזקאל, וָאֹמַר אֲלֵהֶם אִישׁ שִׁקּוּצֵי עֵינָיו הַשְׁלִיכוּ וּבְגִלּוּלֵי מִצְרַיִם אַל תִּטַּמָּאוּ וגומר (יחזקאל כ, ז). ואחר ששלח להם משה ועשה להם אותות ומופתים עד שהאמינו; כמו שאמר, וַיַּאֲמֵן הָעָם (שמות ד, לא), והוציאם בכסף וזהב, והכה אויביהם במכות הידועות, והראה להם עמוד הענן ביום ועמוד האש לילה, והעבירם בים ביבשה, ונער פרעה וחילו; וכל זה הוא תקון האדמה לקבל הזרע שיקבלו מצותיו וחקותיו. וכן אמרו, כֹּל אֲשֶׁר דִּבֶּר ה׳ נַעֲשֶׂה וְנִשְׁמָע (שמות כד, ז). ותקון האדמה ושווי פנים לא יעשה אותו החורש כל היום, כן האל לא יראה הנפלאות ההם בכל עת. ואחר תקון האדמה התחיל לזרוע בה, והוריד שכינתו לעיניהם בהר סיני בקולות וברקים ולפידים, והשמיע להם דבריו עד שכולם היו במדרגת נביאים. אבל לא היו כולם שוים, כמו שאמרו רבותינו זכרונם לברכה (מכילתא דרבי ישמעאל פרק יט), משה מחיצה בפני עצמו ואהרן מחיצה בפני עצמו, וכן כולם איש איש לפי שכלו. והטובים בשכלם והם דקי העיון, הם הנמשלים למקום שהוא מיטב האדמה דקת העפר שראוי לזרוע בה הקצח והכמון שהם זרעים דקים ואינם מאכל בפני עצמם אלא לטעם, כל זה הוא דקות הענין ומעוט ההגשמה. וכן קבלו דקי העיון שבהם והשכילו הדברים הדקים הרוחניים. והחטה והשעורה והכסמת, גם בדברים גסים יש בהם זה דק מזה, וכן במקבלין יש בהם שעיונו טוב זה מזה, כמו שהחטה טובה דקת המאכל מהשעורה והכוסמת, וצריך לה מקום טוב מן האדמה לזורעה בו. וכן השעורה והכוסמת כל אחד לפי מה שהוא, כן כל אחד מהדברים הדקים העיוניים יש לו משפט בפני עצמו; וכן במקבליהם ומשכיליהם כל אחד יש לו משפט. וכמו שהזורע מקוה בזרעו שתוציא לו האדמה מגרגיר אחד כמה גרגירים, כן קוה האל מישראל שיוסיפו על מה שהורם וישכילו ויבינו דבר מתוך דבר. כי כמו שטבע האדמה להוציא יותר על מה שנזרע בה, כן טבע האדם להוציא יותר בכח הנפש המשכלת שנתנה בו להוסיף על מה שילמדוהו. וכן אמר שלמה, תֵּן לְחָכָם וְיֶחְכַּם עוֹד וגו׳ (משלי ט, ט). ויסרו למשפט, הוכיחם תמיד, והמטר לאדם הוא המעורר לאדם והם הנביאים. והנה האל שלח להם נביאים תמיד לעוררם ולהשכילם, והם כמו המטר באדמה, כמו שאמר אלהיו יורנו. ועוד כי הזרע יעמוד באדמה זמן קצוב עד זמן צמיחתו וגמר בשולו, ואחר כך יקצור אדם אותו וידושנו להוציא המאכל וליבנות בו, כן ישראל אחר שנתן הזרע בכם, והם החכמה והתורה והמצות ונתקיימו בהם והורגלו בהם, וזה כנגד זמן עמידת הזרע באדמה, היה ראוי שימצא הזורע תוספת ויראה הטוב שבו לעיני כל; כמו שאמר, כִּי הִוא חָכְמַתְכֶם וּבִינַתְכֶם לְעֵינֵי הָעַמִּים (דברים ד, ו). והיה להם להשכיל ולהטיב מעשיהם עד שיאמרו העמים עליהם, רַק עַם־חָכָם וְנָבוֹן הַגּוֹי הַגָּדוֹל הַזֶּה (שם). והדישה הוא מאמר הנביא ואזהרתו להוציא הפרי הטוב, והם המעשים הטובים והמשכילים ראוים שיספיק להם מעט האזהרה, כמו הקצח והכמון שיחבטו אותו בשבט. והעם ראוים לאזהרה גדולה וחזקה כמו בזורעים הגסים החטה והשעורה והכוסמת, שצריך לדושם בחרוץ ואופן עגלה; ואף עלפי כן לא יהיה זה לנצח, כן הנביאים לא יעשו אזהרתם לנצח. כי כמו שהזרע יהיה נשבר ונפסד ברוב הדישה, כן דברי הנביא הם נפסדים ברוב האזהרה אחר שאינם מקובלים. והנה נשארו באדמה ללא תועלת, כי ישראל כל מה שיזהירם הנביא יוסיפו לחטוא. והנה הדברים נשחתים אחר שלא יהנו מהם, ולא ישובו בעבורם מדרך הרעה, והנה הם הפך המבוקש מהם והתקוה בהם. ויאמרו העמים עליהם, עם סכל ואין לב, הפך מה שנאמר עליהם כשהיו שומרים דרך ה׳, רק עם חכם ונבון. ויונתן תרגם כן כל היום, בְּכָל עִדָּן מִתְנַבָּן וגומר: (א) **הוי אריאל אריאל.** המזבח נקרא אריאל, וכן בספר יחזקאל, וּמֵהָאֲרִאֵיל וּלְמַעְלָה הַקְּרָנוֹת אַרְבַּע (יחזקאל מג, טו). וכן תרגם יונתן, וַי מַדְבְּחָא מַדְבְּחָא דְאִיתְבָּנֵי בְּקַרְתָּא דִי שְׁרָא בָּה דָוִד. ורבותינו זכרונם לברכה אמרו (מדות ד, ז) , שההיכל צר מאחריו ורחב מלפניו ודומה לארי, שנאמר הוי אריאל. מה הארי הזה צר מאחריו ורחב מלפניו וכו׳. וכפל אריאל כדרך הנוהים שכופלים דבריהם, כי הנביא היה נוהם עליו, ואמר עליו הוי: **ופירוש קרית חנה דוד.** כתרגומו. או יהיה אריאל השני סמוך לקרית, וקרית אינו סמוך, אלא התי״ו במקום ה״א במוכרת; כמו, חַלַּת מַצָּה אַחַת (ויקרא ח, כו), חֲמַת לָמוֹ (תהלים נח, ה), צִיצַת נֹבֵל (לעיל כח, ד), והדומים להם. וטעם שזכר דוד בספור הזה, לפי שלדוד נראה מקום המזבח תחילה בהר המוריה, והיה קרבנו שם, ונעתר שם באש ונעצרה המגפה. אבל מה שמקריבים עתה שם אינו לרצון; כמו שאמר, עֹלוֹתֵיכֶם לֹא לְרָצוֹן (ירמיה ו, כ), כיון שמעשיהם רעים. גם זובחים גם כן לאלהים אחרים, והשוחט שם נחשב לו כאלו נוקף ועורף. וכן אמר, זוֹבֵחַ הַשֶּׂה עֹרֵף כֶּלֶב (לקמן סו, ג). לפיכך אמר חגים ינקופו, הכבשים שישחטו נחשב להם כאלו עורפים אותם; תרגום וַעֲרַפְתּוֹ (שמות יג, יג), וְתִנְקְפֵיהּ: **חגים.** כמו כבשים; וכן, אִסְרוּ חַג בַּעֲבֹתִים (תהלים קיח, כז). ומה שאמר ספו שנה על שנה, פירוש, מה שהוסיפו לבוא שנה בשנה, לזבוח זבחים אינם זבחים:

### מצודת דוד

(כט) **גם זאת וכו׳.** כאומר, עם שאמרתי שמעו קולי, דעו שמהשם נאמר לי המשל הזה, ולא מלבי אמרתי: **הפליא עצה.** בזה המשל הראה עצה נפלאה: **הגדיל תושיה.** הראה חכמה גדולה ומוסר נפלא: (א) **הוי אריאל.** אמר הנביא, יש להתאונן על המזבח העומד בהעיר אשר שכן שם דוד: **ספו וכו׳.** כי מעולם לא לן אדם בירושלים ועון בידו, כי תמיד השחר כפר על עוונות הלילה, ותמיד של בין הערבים כפר על עוונות היום (במדבר רבא, פרשה כא, פסקא כא). אבל מעתה יתוספו עוונות שנה זו על עונות שנה שעברה כי הקרבנות יכרתו ואינם להתכפר: (ב) **והציקותי וכו׳.** אביא מצוק וצרה על ירושלים, ותהיה מלאה מצער ויללה, ותהיה מוקפת הרוגים כמו המזבח המוקף זבחי בהמות:

### מצודת ציון

(כט) **הפליא.** מלשון פלא: **הגדיל.** מלשון גדול: **תושיה.** מלשון יש, וחכמת התורה נקראת כן על כי ישנה לעולם, ולא תשוב לאין כשאר הדברים שבעולם: (א) **הוי.** ענין צעקת יללה: **אריאל.** המזבח נקרא אריאל וכן קראו יחזקאל; כמו שכתוב וְהָאֲרִיאֵל שְׁתֵּים עֶשְׂרֵה אֹרֶךְ (יחזקאל מג, טז). ונקרא כן על שם שירד עליו האש מהאל מן השמים, ורבצה עליו כארי. וכפל המלים כדרך הנוהם וצועק; כמו, מֵעַי מֵעַי אוֹחִילָה (ירמיה ד, יט): **קרית.** עיר: **חנה.** שכן: **ספו.** מלשון תוספת: **חגים.** כן יקראו הקרבנות על כי רובם באים בחג; וכן, אִסְרוּ חַג (תהלים קיח, כז): **ינקופו.** ענין כריתה וחתוך; כמו, וְנִקַּף סִבְכֵי הַיַּעַר (לעיל י, לד): (ב) **והציקותי.** מלשון צוקה וצרה:

[29] *This, too, has issued from HASHEM, Master of Legions; His counsel is wondrous and His wisdom abundant.*

## 29

[1] *Oh, Ariel, Ariel, city where David encamped! You accumulate [sins] year after year, until your holidays will be terminated.* [2] *I will bring distress to*

**29.** גַּם־זֹאת מֵעִם ה׳ צְבָאוֹת יָצָאָה — *This, too, has issued from HASHEM, Master of Legions.* The methods of threshing the various species are from Hashem (*Rashi, Mahari Kara, Abarbanel*). Alternatively, do not think that this is my own parable; rather, *This, too, has issued from HASHEM* (*Radak*).

הִפְלִיא עֵצָה הִגְדִּיל תּוּשִׁיָּה — *His counsel is wondrous and His wisdom abundant.* This parable is wondrous and filled with abundant wisdom (*Rashi, Radak*).

**The moral of the parable is:** God's admonitions are likened to plowing, and His punishments to sowing. Just as a farmer will not plow continuously without planting, so God will not warn unless He is ready to carry out His threats. However, the purpose of His punishment is to prompt sinners to repent, and its degree varies according to their receptivity. Some sinners are like cumin and caraway seeds; they require a minimum of "threshing," i.e., punishment, to achieve the desired result. Others are like wheat, and require more "threshing" to make them repent. But even wheat is not threshed endlessly, for constant threshing can damage the grain without producing flour, so the threshing must have reasonable limits. So, too, even though God may punish Israel harshly, His purpose is to improve, not destroy (*Rashi;* see *Radak* for more elaboration).

*Abarbanel* relates the entire chapter to the parable. The chapter opens with the exile of the Ten Tribes by Assyria, and states that Judah and Benjamin will remain in peace with the *crown of pride* (v. 3) of their land and be saved from Assyria. The chapter continues, *For they too have erred because of wine* (v. 7). Like the sons of Ephraim, the kingdom of Judah despised the word of Hashem, but in the merit of the righteous people among them, Hashem will give them the righteous King Hezekiah, *a precious cornerstone,* who will promulgate justice in the land and free the people from foreign domination. However, since the nation resumed its sinning after Hezekiah's reign, it was necessary to bring Nebuchadnezzar to conquer them.

Isaiah then responds to the people's complaint that God's conduct toward them was arbitrary and unfair. The people protested that sometimes God was good to both kingdoms of Israel, sometimes He was merciful only to Judah while punishing the Ten Tribes, sometimes acting like their enemy who punishes even the kingdom of Judah — leading to the conclusion that all is merely coincidence. To this misapprehension the prophet responds that there was no change whatsoever on the part of God. Everything corresponded to the worthiness of the recipients, or their sinfulness. It can be compared to a farmer who tailors his efforts according to the times and the various crops. Much as *he will scatter black caraway and throw around cumin, he will place wheat by measure [or in the center] and barley where designated and spelt at its border* (v. 25), so, too, He scattered the Ten Tribes and cast them away to Assyria, whereas the tribes of Judah and Benjamin, who were then beloved, he left at the center of their land and at their borders. However, this was not a display of favoritism, but pure justice, as Isaiah says, *One will be rebuked with judgment by his God who teaches him* (v. 26). Similarly, the later destruction of Jerusalem, which was a far greater punishment than that of the Ten Tribes (for it included the destruction of the Holy Temple), this too was not merely coincidence or a "change" in the Divine will. Rather it was in response to the wickedness and stubbornness of the sons of Judah. The Ten Tribes are compared to black caraway and cumin, which are threshed with only a stick or staff, but the sons of Judah were like wheat — they were the most important part of the nation — so they had to be punished with the staff of God, Assyria, which was likened to a *threshing board* or *with a wagon wheel* (v. 27), i.e., with great suffering. Nevertheless, *but not forever does one thresh it,* i.e., the destruction will not last forever. *This too has issued from HASHEM, Master of Legions,* whose *counsel is wondrous and His wisdom abundant* (v. 29).

### 29.

In this chapter, Isaiah foretells the destruction of the Temple. The kingdom of Judah would go through a spiritual roller coaster. As noted above, Ahaz, a notoriously evil king of Judah, desecrated the Temple and filled the land with idolatry. He was succeeded by Hezekiah, one of the greatest of all the kings, who rid the land of idols and restored the Torah to its role of primacy. After his death, however, he was succeeded by his son Manasseh, a king whose evil far surpassed even that of Ahaz. He went so far as to order the assassination of Isaiah — his own grandfather — who dared to admonish him for his sins. As a result of the spiritual depths into which he cast the nation, God ordained that the Temple would be destroyed and the nation exiled (see *Sanhedrin* 102b-103a, and ArtScroll *Melachim/Kings* Ch. 21). Here Isaiah prophesies about the impending tragedy.

**1.** אֲרִיאֵל — *Ariel* [lit., *lion of God*]. This title is used for heroes (*II Samuel* 23:20), for Jerusalem and the tribe of Judah (*Genesis* 49:9), for the Altar (*Ezekiel* 43:15), and for the people of Israel in general (*Numbers* 23:24; 24:9) (*Malbim*).

In our verse, the word refers to the Altar (*Rashi*) or, according to the Sages, the Temple Sanctuary, in the *city where David encamped.* The Altar is given this name because the fire "crouches" upon it like a lion (*ari*). The Sanctuary is called *Ariel* because it is broad in front and narrow in back, like a lion (*Rashi, Radak, Mahari Kara*). *Ibn Ezra* understands it here to refer to Jerusalem (also see *Radak*).

סְפוּ שָׁנָה עַל־שָׁנָה חַגִּים יִנְקֹפוּ — *You accumulate [sins] year after year, until your holidays will be terminated.* Because of the

ג לַאֲרִיאֵ֑ל וְהָֽיְתָה֙ תַאֲנִיָּ֣ה וַאֲנִיָּ֔ה וְהָ֥יְתָה לִּ֖י כַּאֲרִיאֵֽל׃ וְחָנִ֥יתִי כַדּ֖וּר עָלָ֑יִךְ וְצַרְתִּ֤י
ד עָלַ֙יִךְ֙ מֻצָּ֔ב וַהֲקִֽימֹתִ֥י עָלַ֖יִךְ מְצֻרֹֽת׃ וְשָׁפַ֙לְתְּ֙ מֵאֶ֣רֶץ תְּדַבֵּ֔רִי וּמֵעָפָ֖ר תִּשַּׁ֣ח אִמְרָתֵ֑ךְ
ה וְֽהָיָ֞ה כְּא֤וֹב מֵאֶ֙רֶץ֙ קוֹלֵ֔ךְ וּמֵעָפָ֖ר אִמְרָתֵ֥ךְ תְּצַפְצֵֽף׃ וְהָיָ֛ה כְּאָבָ֥ק דַּ֖ק הֲמ֣וֹן זָרָ֑יִךְ
ו וּכְמֹ֤ץ עֹבֵר֙ הֲמ֣וֹן עָרִיצִ֔ים וְהָיָ֖ה לְפֶ֥תַע פִּתְאֹֽם׃ מֵעִ֨ם יְהוָ֤ה צְבָאוֹת֙ תִּפָּקֵ֔ד בְּרַ֥עַם
ז וּבְרַ֖עַשׁ וְק֣וֹל גָּד֑וֹל סוּפָה֙ וּסְעָרָ֔ה וְלַ֖הַב אֵ֥שׁ אוֹכֵלָֽה׃ וְהָיָ֗ה כַּחֲלוֹם֙ חֲז֣וֹן לַ֔יְלָה הֲמוֹן֙
ח כָּל־הַגּוֹיִ֔ם הַצֹּבְאִ֖ים עַל־אֲרִיאֵ֑ל וְכָל־צֹבֶ֙יהָ֙ וּמְצֹ֣דָתָ֔הּ וְהַמְּצִיקִ֖ים לָֽהּ׃ וְהָיָ֞ה כַּאֲשֶׁ֨ר

### רש״י

(ב) **והיתה לי כאריאל.** תהא מוקפת חללי חרב כמזבח המוקף זבחי בהמה: (ג) **כדור.** כשורה של גייסות מקיפות: **מוצב.** לשון כרקום המולב על העיירות: **מצורות.** לשון מצור: (ד) **מארץ תדברי.** יהא נראה כאילו דבור היוצא מפיך יוצא מתחת הקרקע: **אמרתך תצפצף.** להתחנן אלי, ומתוך תחינתך יכמרו רחמי: **צפצוף.** הוא לשון קול לחש, כקול עופות דקים: (ה) **והיה כאבק דק המון זריך.** אוכלוסי סנחרב, שיהיו למאכולת אש ויעשו אבק: **והיה.** הדבר הזה: **פתע פתאום.** מקרה פתאום: (ו) **מעם ה׳ צבאות תפקד.** ואחרי שתשפלי ותצפצף אמרתך, תפקד אריאל מאתי להושיעה ברעם וברעש וגו׳: (ז) **והיה כחלום.** שדומה שרואה ולא ראה, כך יהיה המון כל הגוים ידמו לכבוש ולא תעלה בידם: **וכל צוביה.** המציבים עליה מצב ומשחית שקורין לגבי״ל בלע״ז; כמו שנאמר בשאול, הַמַּצָּב וְהַמַּשְׁחִית חָרְדוּ (שמואל־א יד, טו):

### רד״ק

(ב) **והציקותי לאריאל.** קרא שם העיר ירושלם אריאל על שם המזבח אשר בה. ואמר שיציק לה, וכן היה, כי כל סביבותיה תפש מלך אשור: **והיתה תאניה ואניה.** שיבכו בעיר ירושלם על אחיהם הנהרגים בערים סביבותיהם, וגם יפחדו על עצמם: **והיתה לי כאריאל.** ירושלם תהיה לי כמו המזבח שמוקף זבחים, כן תהיה היא מוקפת הרוגים בערים אשר סביבותיה. ומה שאמר לי, כי כמו שזבחי המזבח הם לי, שמקריבים אותן, כן דם ההרוגים הוא לי; כי ברצוני נעשה, כמו שקרא מלך אשור, שֵׁבֶט אַפִּי וּמַטֶּה... זַעְמִי (לעיל י, ה): (ג) **וחניתי.** כשיחנה מלך אשור על ירושלם, אני הוא שאחנה עליה, כי במצותי וברצוני יעשה מה שיעשה. וכן וצרתי והקימותי: **ופירושו כדור.** סבוב, וכן במשנה (כלים כג, א), הכדור והאמום. ונקרא כן לפי שהוא עגול, וחסר כ״ף או ביונתן תרגם השמוש. וחניתי עליך סבוביך, כמו הכדור, וכן, כַּדּוּר אֶל אֶרֶץ רַחֲבַת יָדָיִם (לעיל כב, יח). ובמשקל אחר במלך עתיד לכדור: **וצרתי.** מענין כִּי תָצוּר אֶל עִיר (דברים כ, יט): **מוצב.** מגדל עץ שמעמידים על העיר ללכדה: **מצורות.** מן וּבָנִיתָ מָצוֹר (שם פסוק כ). ואף על פי שלא נכתב בפרשה ההיא שבנה מלך אשור על ירושלם מצור, אבל אמר הנביא, לֹא יָבֹא אֶל הָעִיר הַזֹּאת, וְלֹא יוֹרֶה שָּׁם חֵץ וְלֹא יְקַדְּמֶנָּה מָגֵן וְלֹא יִשְׁפֹּךְ עָלֶיהָ סֹלְלָה (מלכים־ב יט, לב). ומה שאמר לא יבא, רוצה לומר, לא יכנס לתוך העיר שיכבשנה. ומה שאמר לא יורה ולא יקדמנה ולא ישפוך לא עשה, אבל הכינו אותה היום לירושלם, ולשפוך מחר. גם הקימו מגדל עץ ומצור להלחם מחר, ובלילה הכם מלאך ה׳ והופרה עצתם. ויונתן תרגם וצרתי עליך מוצב, וְאַבְנֵי עָלַיִךְ כַּרְקוֹם, כמו שתרגם אונקלוס, וּבָנִיתָ מָצוֹר (דברים כ, כ), וְתִבְנֵי כַּרְקוֹמִין. ותרגום והקימותי עליך מצורות, וְאֶצְבּוֹר עֲלָךְ מְלֵיתָא, כמו שתרגם ולא ישפוך עליה סוללה, לא יַצְבֵּר עֲלָהּ מָלְיֵתָא: (ד) **ושפלת.** אז תשפילי, אמר כנגד ירושלם. רוצה לומר, היושבים בה: **מארץ תדברי.** אמר תדברי בשפל קול, כאלו יצא הקול מתחת הארץ. וכן אמר גם תשח, כאלו תצא מעפר; וכפל הענין במלות שונות כמנהג. ועוד כפל ואמר והיה כאוב מארץ קולך וגומר. ופירוש כאוב, כי בעלי האוב ישמיעו קול נמוך מתחת הארץ, כמו שפירשנו בספר שמואל בפרשת בעלת אוב (שמואל־א, פרק כח): **תצפצף.** על האמירה, כמו תי״ו תשח. אמר כל כך יהיה הקול נמוך, עד שלא ידמה דבור אדם אלא צפצוף העופות. והענין הזה אמר על אליקים ושבנא ויואח שאמר אל רבשקה, דַּבֶּר נָא אֶל עֲבָדֶיךָ אֲרָמִית... וְאַל־תְּדַבֵּר עִמָּנוּ יְהוּדִית בְּאָזְנֵי הָעָם (הזה) (מלכים־ב יח, כו). ואלה הדברים קול נמוך אמרו לו, כדי שלא ישמעו העם. ואומר, וַיַּעֲמֹד רַבְשָׁקֵה וַיִּקְרָא

### מצודת דוד

(ג) **וחניתי כדור עליך.** אשכון עליך גייסות מסביב ככדור הזה שהיא עגולה, ועל מחנה סנחריב יאמר: **וצרתי עליך מוצב.** אעיר לב סנחריב לצור עליך בהעמדת מוצב, הוא מגדל עץ שמעמידים סמוך לעיר לזרוק ממנו חצים ואבני בליסטראות: **מצורות.** שאר מיני מצור: (ד) **ושפלת.** תהיה מושפלת, ותדברי בהכנעה, בקול נמוך כאלו הקול יוצא מתחת לארץ: **ומעפר תשח אמרתך.** תכופף אמרתך כאלו תדבר מן העפר. וכפל הדבר במילים שונות להורות על גודל ההכנעה: **והיה כאוב.** ותדבר בלחש בהכנעה, וישמע קול כקול האוב הנשמע מארץ. שהיה קול נמוך עד שלא ידמה דבור אדם אלא צפצוף כעופות: **ומעפר.** תצפצף בקול כאלו יוצא מן העפר. וכפל הדבר פעמים רבות על גודל ההכנעה ומרבית התחנונים: (ה) **והיה כאבק.** ובעבור מרבית ההכנעה יכמרו רחמי עליך, ויהיו המון הזרים הצרים עליך כאבק דק ההולך בנפיחת הפה, כי יכלו מהרה על ידי המלאך המכה בהם: **וכמוץ עובר.** כמו המוץ שעובר ברוח קימעא, כן יכלו המון העריצים. וכפל הדבר במילים שונות: **והיה לפתע פתאום.** הדבר הזה יהיה בפתע פתאום: (ו) **מעם ה׳.** מאת המקום תבוא עליהם הפקודה הזאת ברעם וברעש וכו׳. והמשיל הכאת המלאך בהם לרעם ורעש וכו׳: **ולהב אש אוכלה.** כאלו שרפה בהם להבת אש: (ז) **והיה כחלום וכו׳.** המון העמים הבאים בצבא על ירושלים יהיו כחלום הנראה בלילה שאין בו ממש: **וכל צוביה.** וכן יהיו כל המעמידים מוצב ומצודות וכל המצירים לה:

### מצודת ציון

**לאריאל.** קרא שם העיר ירושלם על שם המזבח העומד בה: **תאניה ואניה.** ענין אבל וצער; כמו, וַיֶּרֶב בְּבַת יְהוּדָה תַּאֲנִיָּה וַאֲנִיָּה (איכה ב, ה): (ג) **וחניתי.** מלשון חניה ושכנות: **כדור.** כמו ככדור, ותחסר כ״ף השמוש. וכן, כַּדּוּר אֶל אֶרֶץ רַחֲבַת יָדָיִם (לעיל כב, יח). והוא דבר עגול מה שזורקין מיד ליד ומקבלין אותה: **וצרתי.** מלשון מצור, וכן יקראו הבנינים שעושין ומקיפין את העיר לכבשה. ונקראו כן על שם שהם מצירים ודוחקים אותם בזה: **מוצב.** מגדל עץ גבוה נצב הקומה: **מצורות.** מלשון מצור: (ד) **תשח.** ענין כפיפה; כמו, וַיִּשַּׁח אָדָם (לעיל ב, ט): **כאוב.** כן יקרא גוף המת, המגיד עתידות על ידי כשוף; כמו, דִּרְשׁוּ אֶל הָאֹבוֹת (לעיל ח, יט): **תצפצף.** כן נקרא קול העופות; וכן, וּפֹצֶה פֶה וּמְצַפְצֵף (לעיל י, יד): (ה) **כאבק.** כן יקרא העפר הדק; וכן, וְהָיָה לְאָבָק עַל כָּל אֶרֶץ מִצְרָיִם (שמות ט, ט). ולתוספת ביאור אמר דק: **המון.** ענין רבוי עם; כמו, כָּל הֶהָמוֹן הַגָּדוֹל הַזֶּה (מלכים א כ, יג): **זריך.** מלשון זר ונכרי: **וכמוץ.** הוא פסולת התבואה; כמו, כְּמֹץ יְסֹעֵר מִגֹּרֶן (הושע יג, ג): **עריצים.** חזקים; כמו, כְּגִבּוֹר עָרִיץ (ירמיה כ, יא): **לפתע.** כמו בפתע; וכן, יָשַׁבְתָּ לְכִסֵּא (תהלים ט, ה) ומשפטו בכסא. ופתע, ענינו כמו פתאום וכפל המלה בשמות נרדפים; וכן, אַדְמַת עָפָר (דניאל יב, ב): (ו) **תפקד.** ענין השגחת הבאת הפורעניות; וכן, בָּאוּ יְמֵי הַפְּקֻדָּה (הושע ט, ז): **סופה וסערה.** רוחות חזקות: **ולהב.** שלהבת: **אוכלה.** שורפת: (ז) **חזון.** ענין ראיה; כמו, וְאַתָּה תֶחֱזֶה (שמות יח, כא). והחלום נקרא חזון לילה: **הצובאים.** מלשון צבא עם: **אריאל.** זה ירושלים: **צוביה.** מלשון מוצב האמור למעלה, והוא מגדל עץ: **ומצודתה.** הוא ענין מבצר וחוזק; וכן, מְצֻדַת צִיּוֹן (שמואל־ב ה, ז): **והמציקים.** מלשון מצוק ומצור:

*Chastisement and deliverance of Jerusalem*

*Ariel; there will be agony and grief, and it will be for Me like Ariel.* [3]*I will*
*encamp against you like a ring, and I will lay siege against you with a scaf-*
*fold and set up a mound against you.* [4]*You will sink down; from the ground*
*will you speak; downtrodden from the dust will your speech be; like a ghost*
*from the ground will your voice be; and from the dust your speech will*
*chirp.*
[5]*Then your multitude of foreigners will become like fine dust, and the mul-*
*titude of powerful ones will be like passing chaff; it will happen with quick*
*suddenness.* [6]*By* H*ASHEM*, *Master of Legions, will you be remembered, with*
*thunder and with earthquake and loud sound, storm and tempest and con-*
*suming flame of fire.* [7]*Like a dream, a vision of the night will be, the multitude*
*of all the nations who muster themselves against Ariel along with all those who*
*besiege her and beleaguer her and cause her distress.* [8]*It will be as when the*

**רד"ק**

בְקוֹל גָּדוֹל יְהוּדִית (שם פסוק כח), כדי שישמעו העם: **(ה) והיה כאבק.** כמו האבק הדק שילך בנפיחת הפה, כן יהיה המון זריך שיכלו במהרה. ופירוש זריך, הזרים החונים עליך והוא מחנה אשור. וכפל הענין עוד ואמר וכמוץ עובר וגומר: **לפתע פתאום.** הלמ"ד לשמוש. ביונתן תרגם, כמו בְּפֶתַע פִּתְאֹם (במדבר ו, ט), וכן, הָרַגְתִּי לְפִצְעִי (בראשית ד, כג), לִפְנֵיכֶם לֶחָרֶב (ויקרא כו, ז), והדומים להם. כלומר, יבא פתאום שברם, כי בבקר מצאום כולם פגרים מתים. ופתע כמו פתאום, וכפל הענין במלות שונות לחזק: **(ו) מעם.** אומר איך תהיה זאת הגזרה הגדולה פתאום, לפי שתבא מעם ה' צבאות. והמשיל המגפה לרעה ולרעש וכו': **(ז) יהיה כחלום חזון לילה.** מה שרואה אדם בחלומו יקרא חזון, ואף על פי שאיננו נבואה. ותרגם יונתן, כְּמֶחְלַם הֶרְהוּר לֵילֵי; וזה מפרש בפסוק הבא לפניו: **על אריאל.** על העיר שהמזבח בתוכה כמו שפירשנו: **צוביה.** כמו צובאים: **ומצדתה.** בחולם, ופירושו, אנשי מצודתם, כלומר, בונין מצודות עליה ללכדה:

accumulation of your sins, *your holidays will be terminated* (*Rashi*). Alternatively, *you* [erroneously] *add [a month] to a year;* the holidays are celebrated in the wrong month, and since your calendars are incorrect, all the future holidays are observed at the wrong time so that their proper observance is effectively terminated (*Mahari Kara*).

Alternatively, חַגִּים refers to animal offerings. Accordingly, *You will continue to come year after year* [with your offerings], but since you are sinful and your service of God is insincere, He has no desire for your sham service, so that your offerings have no validity. In effect, therefore, the Temple service has been terminated (*Radak*). According to *Metzudos, You add [sins] year after year until your offerings no longer atone.*

**2. וְהָיְתָה לִּי כַּאֲרִיאֵל** — *And it will be for Me like Ariel.* Jerusalem will be surrounded with those who died by the sword, much as the Altar is surrounded with animal offerings (*Rashi*).

**3. וְחָנִיתִי כַדּוּר עָלָיִךְ** — *I will encamp against you like a ring.* Because of the nation's sins, God will turn against it like an army besieging a city, surrounding and sealing it, and building up mounds of earth against its walls so that they can be scaled and penetrated (*Rashi, Mahari Kara*). Sennacherib's siege will be motivated by God (*Radak*), in order to cause the people to realize that only God can help them and they must repent.

Alternatively, כַּדּוּר is rendered, *suddenly*, and it refers to the sudden death of Sennacherib's army, when Jerusalem will be surrounded by the dead (*Abarbanel's* explanation of *Ibn Ezra*).

**4. וְשָׁפַלְתְּ וגו'** — *You will sink down . . .* A reference to the humble, downtrodden, pleadings of Hezekiah's emissaries to Rabshakeh, Sennacherib's representative. They were convinced it was hopeless to resist the huge invading army and sued for peace [see *II Kings* Ch.18] (*Ibn Ezra, Radak*).

**וּמֵעָפָר אִמְרָתֵךְ תְּצַפְצֵף** — *And from the dust your speech will chirp* to beseech Me. Hearing your contrition, My mercy will be aroused (*Rashi*).

**5. וְהָיָה כְּאָבָק דַּק הֲמוֹן זָרָיִךְ** — *Then your multitude of foreigners will become like fine dust.* Sennacherib's hordes will be like fuel for fire and will turn to fine dust (*Rashi*). Alternatively, זָרָיִךְ is from the root זרה, *to disperse,* i.e., those who dispersed you (*Mahari Kara*). In either case, the reference is to Sennacherib's armies.

**6. מֵעִם ה' צְבָאוֹת תִּפָּקֵד בְּרַעַם וּבְרַעַשׁ וגו'** — *By* H*ASHEM*, *Master of Legions, will you be remembered, with thunder and with earthquake . . .* After sinking down and chirping prayer, *Ariel* [Jerusalem] will be remembered and saved *with thunder and with earthquake* (*Rashi*), i.e., by means of the sudden plague that killed the Assyrian camp (*Abarbanel, Metzudos*).

**7-8. וְהָיָה כַּחֲלוֹם חֲזוֹן לַיְלָה** — *Like a dream, a vision of the night.* Much as a person imagines that his dream is actually happening, *all the nations who muster themselves against Ariel along with all those who besiege her and beleaguer her and cause her distress* will imagine that they will capture Jerusalem, but they will not succeed (*Rashi*). Alternatively, just as the vision of a dream vaporizes upon awakening, so too will *the multitude etc.* disappear as if they never were there (*Ibn Ezra, Abarbanel*).

יַחֲלֹ֨ם הָרָעֵ֜ב וְהִנֵּ֣ה אֹכֵ֗ל וְהֵקִיץ֙ וְרֵיקָ֣ה נַפְשׁ֔וֹ וְכַאֲשֶׁ֨ר יַחֲלֹ֤ם הַצָּמֵא֙ וְהִנֵּ֣ה
שֹׁתֶ֔ה וְהֵקִיץ֙ וְהִנֵּ֣ה עָיֵ֔ף וְנַפְשׁ֖וֹ שׁוֹקֵקָ֑ה כֵּ֣ן יִֽהְיֶ֗ה הֲמוֹן֙ כָּל־הַגּוֹיִ֔ם הַצֹּבְאִ֖ים
ט עַל־הַ֥ר צִיּֽוֹן׃ הִתְמַהְמְה֣וּ וּתְמָ֔הוּ הִשְׁתַּעַשְׁע֖וּ וָשֹׁ֑עוּ שָֽׁכְרוּ֙ וְלֹא־
י יַ֔יִן נָ֖עוּ וְלֹ֥א שֵׁכָֽר׃ כִּֽי־נָסַ֨ךְ עֲלֵיכֶ֤ם יהוה֙ ר֣וּחַ תַּרְדֵּמָ֔ה וַיְעַצֵּ֖ם אֶת־עֵינֵיכֶ֑ם
יא אֶת־הַנְּבִיאִ֛ים וְאֶת־רָאשֵׁיכֶ֥ם הַחֹזִ֖ים כִּסָּֽה׃ וַתְּהִ֨י לָכֶ֜ם חָז֣וּת הַכֹּ֗ל כְּדִבְרֵי֮
הַסֵּ֣פֶר הֶחָתוּם֒ אֲשֶֽׁר־יִתְּנ֣וּ אֹת֗וֹ אֶל־יוֹדֵ֛עַ °הספר [°סֵ֛פֶר ק׳] לֵאמֹ֖ר קְרָ֣א נָא־זֶ֑ה

### רש״י

(ח) **שוקקה.** תאבה; וכן, וְאֶל אִישֵׁךְ תְּשׁוּקָתֵךְ (בראשית ג, טז). **כן יהיה וגו׳.** לא ישיגו תאותם אשר יזמו לעשות: (ט) **התמהמהו.** הוו מתונים להתבונן, לחשוב על מעלליכם: **ותמהו.** ותהיו תמהים על קילקולכם: **השתעשעו.** לשון וְעֵינָיו הָשַׁע (לעיל ו, י). היו עורים מראות: **שכרו.** עצמכם, ולא מיין, למה? כי נסך ה׳ וגומר; לשון מזג; כמו, מָסְכָה יֵינָהּ (משלי ט, ב), או לשון נסיכות השליט בכם; רוח תרדמה על פושעי ישראל היה, ניבא שהיו חוזים בכוכבים: (יא) **חזות הכל.** כל מה שהייתם חוזים במזלות יהיה מכוסה מכם, כדברי אגרת החתומה בשעוה, אשר יתנוה לקרותה ליודע לקרות אגרת ואמר לא אוכל, שהרי אין אני רואה בתוכה, לפי שהיא חתומה:

### רד״ק

(ח) **והיה כאשר יחלום.** כמו שהאדם רעב, שישן ובשנתו רואה שהוא אוכל, והוא מה שהיה מהרהר בעוד שהיה ער. והנה בהקיצו רקה נפשו כמו שהיתה קודם השינה, כי כל חולם לא ימצא דבר בהקיצו מכל מה שהיה חולם. וכן הצמא והנה עיף, כמו הצמא, לפי שהעיף מן הדרך צמא, נקרא העיף צמא, וכן, הארץ הצמאה, כְּצֵל סֶלַע כָּבֵד בְּאֶרֶץ עֲיֵפָה (לקמן לב, ב): **שוקקה.** מתאוה, מן, וְאֶל אִישֵׁךְ תְּשׁוּקָתֵךְ (בראשית ג, טז); והוא תאר מן המרובע על משקל כפרה סוררה: (ט) **התמהמהו ותמהו.** זאת הנבואה בימי אחז אמר, התמהמהו ותמהו כנגד אנשי יהודה. ופירושו התעכבו, כמו, וַיִּתְמַהְמָהּ (בראשית יט, טז), והעכוב הזה במחשבה. אמר האריכו במחשבותיכם, והחשבו בלבבכם בעכוב, כדי שתתבוננו בדבר. ואחר שתתבוננו בדבר תמהו בעצמכם, איך נהיתה בכם הרעה הזאת, שתניחו דברי אלהים חיים שאומרים לכם נביאי האמת, ואתם מתפתים בדברי נביאי השקר אשר השתעשעו ושועו? ופירש אדוני אבי זכרונו לברכה, התעורו ועורו אחרים, מענין, וְעֵינָיו הָשַׁע (לעיל ו, י), והם נביאי השקר. התעורו ועורו אתכם מלראות הנכונה: **שכרו ולא יין.** הם נביאי השקר. ואמר ולא יין. למעלה אמר תעו בשכר, אינו אומר בזה הפסוק שאינם משתכרים, אלא אומר כי גם בעת שאינם שותים הם שכורים, כי לא ישכילו ולא יבינו כמו השכור, וכפל הפסוק בענין במלות שונות. כי נעו כמו שברו, כי השכור יניע ויניד גופו הנה והנה עד שנופל: (י) **כי נסך.** כסה, כמו, וְהַמַּסֵּכָה הַנְּסוּכָה (לעיל כה, ז), וְאֵת קְשׂוֹת הַנָּסֶךְ (במדבר ד, ז), שהוא ענין כסוי. כלומר כסה אתכם בכח תרדמה שהפיל עליכם, עד שאתם חשובים כנרדמים, שאין אתם שומעים למי שיקרא לכם: **ויעצם.** ויסגור, וכן מן הקל וְעֹצֵם עֵינָיו (לקמן לג, טו). כסה עליכם וסגר עיניכם שלא תראו, ולא אתכם לבדכם אלא הנביאים שהם נביאי שקר: **ואת ראשיכם החוזים כסה.** והם הם המעצמים את עיניכם עד שלא תראו. ומה שאמר כי נסך ה׳ עליכם, כלומר, כל כך הוא הכסוי חזק, עד שידמה כי מה׳ הוא. או פירושו על דרך הַשְׁמֵן לֵב הָעָם הַזֶּה (לעיל ו, י), כמו שפירשנו: (יא) **ותהי לכם חזות הכל.** נבואת הכל, כלומר, נבואת כל נביאי ה׳ המתנבאים לכם, הוא לכם כמו הספר החתום. שאם יתנו האגרת ליודע לקרותה יאמר לא אוכל כי חתום הוא. ימצא זאת העילה לפי שאין רצונו לקרותה, כי אם היה רצונו לקרותה, היה אומר פתח אותו ואקראנו. כן החכמים שבכם אומרים כי יש בדברי השם דברים סתומים, לפיכך לא יתנו לב להם. ואם היה רצונם לשמוע ולהבינם, יאמרו לנביא, פרש לנו זה הדבר הסתום:

### מצודת דוד

(ח) **והיה כאשר יחלום.** הדבר הזה יהיה דומה למי שהוא רעב, וראה בחלומו שהוא אוכל למלא בטנו. וכאשר הקיץ מצא בטנו ריק ממאכל כשהיה: **והנה שותה.** לרוות הצמאון: **והנה עיף.** שהוא צמא כשהיה ונפשו תתאוה אל השתיה: **כי כן יהיה וכו׳.** כי יחשבו שילכדו העיר ולא כן יהיה: (ט) **התמהמהו ותמהו.** חזר להוכיחם, ואמר התעכבו להתבונן הרבה ותמהו על עצמכם; איך נהיתה הרעה הזאת, לעזוב דברי הנביא האמת, ולהתפתות מנביאי השקר: **השתעשעו ושועו.** התעסקו בצעקה וזעקו מרה על קלקולכם: **שכרו.** המה שכורים ולא משתיית יין רצונו לומר, המה מבולבלים בדעתם כשכור: **נעו.** המה נעים ונדים כדרך השכור שאינו יכול לעמוד ביושר כי אם מתנענע: **ולא שכר.** לא משתיית השכר. וכפל הדבר במילים שונות: (י) **כי נסך עליכם ה׳.** המקום כסה עליכם: **רוח תרדמה.** להיות מבולבל כמי שהתרדמה אחזתו, כי הבא לטמא פותחין לו: **ויעצם.** הוא סגר את עיניכם עד שלא תבחינו אף בדבר הנראה לעינים: **את הנביאים.** עם נביאי השקר. רצונו לומר, גם עליכם נסך וכו׳ גם על הנביאים: **ואת ראשיכם החוזים.** הם הנביאים החוזים להם. וכפל הדבר במילים שונות: (יא) **ותהי לכם חזות הכל.** לכם היו נביאות של כל נביאי ה׳ כמו דברי הספר החתום, אשר אם יתנהו אל היודע לקרות ויאמרו לו קרא נא זה; וישיב הוא לאמר, לא אוכל לקרות כי חתום הוא. והנה מוצא עילה ותואנה, לפי שאין רצונו לקרות, כי אם היה רצונו לקרות, היה משיב, פתח החותם ואקראנה. וכן החכמים שבכם אומרים, הלא יש בדבר ה׳ דברים חתומים, ולזה לא יתנו לב עליהם. ואם היו חפצים בהם, היו אומרים להנביא, פרש לנו זה הדבר הסתום:

### מצודת ציון

(ח) **והקיץ.** ענין הערה מהשינה: **וריקה.** מלשון ריק: **נפשו.** כמו גופו; וכן, בַּרְזֶל בָּאָה נַפְשׁוֹ (תהלים קה, יח): **עיף.** ענין צמאון, כי העיף צמא לשתות. וכן, בְּאֶרֶץ עֲיֵפָה (לקמן לב, ב): **שוקקה.** ענין תאוה, כמו וְאֶל אִישֵׁךְ תְּשׁוּקָתֵךְ (בראשית ג, טז): **הצובאים.** החונים על צבאם: (ט) **התמהמהו.** ענין עכבה; כמו, אִם יִתְמַהְמָהּ חַכֵּה לוֹ (חבקוק ב, ג): **השתעשעו ושעו.** ענין צעקה; כמו, וְשׁוֹעַ אֶל הָהָר (לעיל כב, ה): **ולא יין.** פירוש ולא מיין: **נעו.** מלשון תנועה: **שכר.** יין ישן: (י) **נסך.** מלשון סכך ומכסה; כמו, וְהַמַּסֵּכָה הַנְּסוּכָה (לעיל כה, ז): **תרדמה.** היא שינה עמוקה; כמו, וְהוּא נִרְדַּם וַיָּעַף (שופטים ד, כא): **ויעצם.** ענין סתימה וסגירה; כמו, וְעֹצֵם עֵינָיו (לקמן לג, טו), את הנביאים. עם הנביאים: **החוזים.** מלשון חוזה, ורצונו לומר, נביאי השקר העושים עצמם כחוזים: (יא) **חזות.** ענין נבואה: **החתום.** ענין סתימה וסגירה; כמו, חֲתוֹם תּוֹרָה (לעיל ח, טז), אוכל. מלשון יכולת:

---

**9-24.** After the previous prophecy assured Judah that its enemies would not succeed in conquering Hezekiah's Jerusalem, Isaiah now admonishes the Jewish sinners. According to *Radak*, the following prophecy is directed at the previous generation, the people in the time of King Ahaz, the father of Hezekiah. Accordingly, the two prophecies are not

*hungry man dreams and, behold, he is eating, but he wakes up and his soul
is empty; and as when the thirsty man dreams and, behold, he is drinking, but
he wakes up and, behold, he is weary and his soul craves drink. So will be the
multitude of all the nations that muster themselves against Mount Zion.*

*9 Ponder it and be astonished; they have been utterly blinded and blinded [others]; they
were drunk, but not from wine; they staggered, but not from liquor. 10 For HASHEM has
poured upon you a spirit of deep sleep and He has closed your eyes; and [the eyes of] the
prophets and your chiefs, the seers, He has covered. 11 To you all the prophecy is like the
words of a sealed document that one gives to a literate person, saying, "Please read this,"*

---

in chronological order. Isaiah is astounded at the blindness of the people. How could they spurn the teachings of God's true emissaries and let themselves be seduced by the soothing pronouncements of the false prophets who preached the message of idols? How could the people act as if they were intoxicated and lost all sense of good judgment?

*Abarbanel* and *Malbim* interpret the prophecy as an admonition to many of the people of Hezekiah's time. They saw what happened to Sennacherib's army, yet they failed to absorb its message that only God controls history. In a classic case of "projection," they claimed that Isaiah and his fellow prophets did not truly understand what God had told them, that the prophets themselves were blind to the truth. According to this view, this prophetic plaint applies to the all-too-common human attitude that the great people who try to prod them back to their senses are themselves deluded.

Whichever generation Isaiah was actually addressing, he laments that the people are prone to perform the commandments and pray out of habit, but without feeling and conviction, and thereby they render their rote observance unacceptable.

**9. הִתְמַהְמְהוּ וּתְמָהוּ הִשְׁתַּעַשְׁעוּ וָשֹׁעוּ** — *Ponder it and be astonished; they have been utterly blinded.* [Note the alliteration of the two phrases. The root of the first word of each pair is used to form a second word whose meaning may or may not be the same as the first.]

**הִתְמַהְמְהוּ וּתְמָהוּ** — *Ponder it and be astonished.* Take time to ponder your deeds and be astonished at how low you have sunk (*Rashi*). How can you have abandoned the words of the Living God, as reported by the true prophets, to be seduced by false prophets? (*Radak, Metzudos*). Alternatively, take time to ponder this prophecy (*Ibn Ezra*).

**הִשְׁתַּעַשְׁעוּ וָשֹׁעוּ** — *They have been utterly blinded and blinded [others].* The translation relates the phrase to the same root as וְעֵינָיו הָשַׁע (6:10), which refers to blinding (*Rashi, Mahari Kara, Radak*). Alternatively, הִשְׁתַּעַשְׁעוּ comes from the same root as שַׁעֲשֻׁעָי (*Psalms* 119:92), which refers to preoccupation with, and וָשֹׁעוּ comes from the same root as יִשְׁעוּ (*Exodus* 5:9), which refers to speech. Thus, be preoccupied with this matter and speak of it (*Abarbanel*).

**שָׁכְרוּ וְלֹא־יַיִן נָעוּ וְלֹא שֵׁכָר** — *They were drunk, but not from wine; they staggered, but not from liquor.* You, the people of Judah, were drunk (*Rashi*), and thus could not think straight (*Abarbanel*). Alternatively, the false prophets, who *were blinded and blinded others,* are the ones who *were drunk* (*Radak*).

Isaiah contrasts the sinners of Judah with those of Ephraim. The latter sinned because they abandoned themselves hedonistically to food and drink (29:1), but those of Judah let their judgment become clouded *as if* they were drunk (*R' Schwab*).

**10. וַיְעַצֵּם אֶת־עֵינֵיכֶם אֶת־הַנְּבִיאִים וְאֶת־רָאשֵׁיכֶם הַחֹזִים כִּסָּה** — *He has closed your eyes; and [the eyes of] the prophets and your chiefs, the seers, He has covered.* God has hidden His word from your prophets and from the leaders and chiefs who teach you Torah (*Targum*).

*Mahari Kara* finds a seminal message in this verse. When people prefer to sin and ignore the teachings of the Torah, and they delude themselves into thinking that they conceal their sins from the true prophets and spiritual leaders, God takes away His inspiration and turns the Torah into a sealed book. When such people finally ask when the End of Days will come and their suffering will cease, their leaders cannot find the answers. So it was that when the Babylonian exiles asked when the exile would end, their teachers could not tell them. This is a message for all generations. Efforts to deceive God will rebound against those who do not seek Him sincerely.

Alternatively, the opening word of the verse, כִּי, should be rendered *perhaps.* Accordingly, the verse is saying, *Perhaps [you will say] HASHEM has poured upon you a spirit of deep sleep and He has closed your eyes; He has covered the eyes of prophets and your chiefs, the seers,* taking away from you all true prophecy and leadership. No! It is not from Him, but rather, from you. For, as stated in the next verse, *To you all the [true] prophecy is like the words of a sealed document,* to which you pay no heed (*Abarbanel*).

**11-12. וַתְּהִי לָכֶם חָזוּת הַכֹּל כְּדִבְרֵי הַסֵּפֶר הֶחָתוּם אֲשֶׁר־יִתְּנוּ אֹתוֹ אֶל־יוֹדֵעַ סֵפֶר** — *To you all the prophecy* [lit., *vision*] *is like the words of a sealed document that one gives to a literate person.* All the prophecies that you see in the stars will be closed to you like the words of a sealed document that one gives to a literate person saying, "Please read this," and he says, "I cannot, for it is sealed and I cannot see what is written" (*Rashi*).

Alternatively, it refers to true prophecy: To you, all God's prophecies are like a sealed document that one gives to a literate person, who says, "I cannot read it, for it is sealed."

יב וְאָמַר לֹא אוּכַל כִּי חָתוּם הוּא: וְנִתַּן הַסֵּפֶר עַל אֲשֶׁר לֹא־יָדַע סֵפֶר לֵאמֹר
יג קְרָא נָא־זֶה וְאָמַר לֹא יָדַעְתִּי סֵפֶר: וַיֹּאמֶר אֲדֹנָי יַעַן כִּי נִגַּשׁ הָעָם
הַזֶּה בְּפִיו וּבִשְׂפָתָיו כִּבְּדוּנִי וְלִבּוֹ רִחַק מִמֶּנִּי וַתְּהִי יִרְאָתָם אֹתִי מִצְוַת אֲנָשִׁים
יד מְלֻמָּדָה: לָכֵן הִנְנִי יוֹסִף לְהַפְלִיא אֶת־הָעָם־הַזֶּה הַפְלֵא וָפֶלֶא וְאָבְדָה חָכְמַת
טו חֲכָמָיו וּבִינַת נְבֹנָיו תִּסְתַּתָּר: הוֹי הַמַּעֲמִיקִים מֵיהוָה לַסְתִּר עֵצָה וְהָיָה
טז בְמַחְשָׁךְ מַעֲשֵׂיהֶם וַיֹּאמְרוּ מִי רֹאֵנוּ וּמִי יֹדְעֵנוּ: הַפְכְּכֶם אִם־כְּחֹמֶר הַיֹּצֵר יֵחָשֵׁב

### רש"י

(יב) **ונתן הספר על אשר לא ידע ספר.** וכשנוטלין ממנו ופותחין חותמה, ונותנין אותה למי שאינו מכיר לשון אגרת, ואומרין לו קרא נא זה, ואמר לא ידעתי ספר. כך כשתשביע שר האש יאמר, לא אוכל כי חתום הדבר ממני. וכשתשביע את חבירו, יאמר איני מכיר את השם הזה שאתה משביעני בו, שאין זה שמי. וזהו שאמר ירמיה, הִנְנִי מֵסֵב אֶת כְּלֵי הַמִּלְחָמָה אֲשֶׁר בְּיֶדְכֶם (ירמיה כא, ד), זה השם המפורש במדרש תהלים (מדרש שוחר טוב קיט): (יג) **יען כי נגש העם הזה.** יונתן תירגם, חֲלַף דְאִתְרַבְרַב עַמָא הָדֵין. כלומר נגשו להגביה עצמן עד לשמים. הם מראין עצמן כמכבדין אותי בפה ושפה, ואת לבם הרחיקו ממני: **ותהי יראתם אותי.** לא בלב שלם, כי אם במצות האנשים המלמדים אותם התראו כנכנעים מלפניו, כדי לפתותו בפיהם: (יד) **לכן הנני.** הוא אשר יוסיף להפליא פלא, ונוסף על פלא כיסוי על כסוי, אוטם על אוטם. ומהו הפלא ופלא, ואבדה חכמת חכמיו; קשה סילוקם של חכמי ישראל כפלים כחורבן בית המקדש (ילקוט שמעוני ישעיה רמז תלו). וכל קללות שבמשנה תורה, שכולן אינן אלא הפלאה אחת, וְהִפְלָא ה׳ אֶת מַכֹּתְךָ (דברים כח, נט), וכאן שתי הפלאות: (טו) **לסתיר עצה.** כמו להסתיר עצה: (טז) **הפככם אם בחומר היוצר יחשב.** תהפוכות שלכם הזאת אתם יודעים שהוא כחומר היוצר, שאין החומר יכול לומר לעושהו לא עשאני. כך אינכם יכולין לומר שאיני מבין מעשיכם: **בחומר וגו׳.** לשון תמיה הוא, ויש תמיהות המתקיימות:

### רד"ק

(יב) **ונתן לאשר לא ידע ספר.** ואמר לא ידעתי לקרות ספר, ואפילו יהיה פתוח. כי הכסילים שבכם ימצאו עילה, אין אנחנו מבינים דברי אלהים, אמרו לחכמינו. והנה חכמיהם ונביאיהם יטעום הנה, כי בין זה ובין זה הספר לא יקרא. כן דברי ה׳ לא ישמעו ביניכם, לא לחכמים ולא לכסילים. ויתכן לפרש חזות הכל שלא יהיה חזות סמוך, ויהיה הכל כמו לכל; ופירוש, הנבואה היא לכולכם, בין לחכמיכם בין לכסיליכם, כדברי הספר החתום: **על אשר לא ידע.** כלומר אל אשר לא ידע; כמו, וַיֵּלֶךְ אֶלְקָנָה הָרָמָתָה עַל בֵּיתוֹ (שמואל־א ב, יא), וכמו, וַתִּתְפַּלֵּל עַל ה׳ (שם א, י), כמו אל. ויש מפרשים הספר החתום, שדבריו סתומים וחתומים: (יג) **ויאמר ה׳.** כי נגש. יש מחלוקת בקריאת המלה הזאת, יש קוראים אותה בשי"ן הנקודה לצד ימין כמו נִגַּשׁ יוֹסֵף וְרָחֵל (בראשית לג, ז), ענין קריבה. וכן הוא לפי המסרה אשר עליו, שאמר, לית כוותיה בספרא. ואם בשי"ן הנקודה בצד שמאל הנה אחר כמוהו, נִגַּשׂ וְהוּא נַעֲנֶה (לקמן נג, ז). אבל יונתן תרגם בסי"ן כמו וְהַנֹּגְשִׂים אָצִים (שמות ה, יג), שתרגם חֲלַף דְאִיתְרַבְרַב, וכן נמצא במקצת ספרים נגש בסי"ן. ופירוש הפסוק לקריאת נגש בשי"ן כן, ויהיה טעם יען נמשך אל לכן שאמר בפסוק אחר, אמר, בעבור שעשו זה, לכן הנני יוסיף. אמר הנה הם קרובים אלי בנראה, ומכבדים אותי בפיהם, ומרחקים לבם ממני. ולקריאת נגש בסי"ן יתפרש לפי דעת המתרגם בעבור שהם גדולים בעיניהם, ומראים עצמם כנוגשים אל שאר העם, לכבד את ה׳ בפיהם ולהתפלל לפניו. ואנחנו נפרש נגש, נדחק, כמו נגש והוא נענה. יאמר, כי בעת שיש להם צרה יכבדוני בפיהם, ומקרבים אלי פיהם ושפתותיהם ומרחקים ממני לבם, ותהי יראתם אותי מצות אנשים מלומדה. כי מי שאינו עושה אלא מה שמצווה לבד, ואינו מוסיף מעצמו אינו עושה הדבר מחפצו מרצונו: (יד) **לכן יוסיף.** פעל והוא בחירק כמו בצרי; וכן, הִנְנִי יוֹסִף עַל יָמֶיךָ (לקמן לח, ה), תּוֹמִיךְ גּוֹרָלִי (תהלים טז, ה), בחירק. ואמר יוסיף, רוצה לומר, עוד, על מה שהבאתי עליכם, עוד אביא רעה גדולה עליכם: **להפליא.** להביא רעה עליהם, עד שיפלא בעיני הרואה; על דרך, וַתֵּרֶד פְּלָאִים (איכה א, ט). לפיכך כפל ואמר הפלא ופלא: **ואבדה חכמת חכמיו ובינת נבוניו.** בגלות ובטלטול תאבד חכמתם, שהם חכמים, אבל חכמתם לרע להם ולא להטיב. כמו שכתוב, חֲכָמִים הֵמָּה לְהָרַע וּלְהֵיטִיב לֹא יָדָעוּ (ירמיה ד, כב). או פירושו ואבדה, כי כשתבא להם הרעה, תאבד חכמתם, שלא יהיה להם עצה ותחבולה להנצל ממנה ולא תועיל להם אז חכמתם: (טו) **הוי המעמיקים.** במחשבתם להסתיר עצתם מהאל. כלומר, כי הם חושבים כי ה׳ אינו משגיח בעניני הארץ, לפיכך עושים כל רצונם, כי אומרים כי אין רואה ואין יודע. ופירוש במחשך, כאלו מעשיהם במקום חשך, כנגד בני אדם שאין רואים אותם. כן חושבים כל מעשיהם בסתר, ובגלוי לא יראם האל. וכן תרגם יונתן במחשך, כִּדְבְקִבְלָא: **לסתיר.** כמו להסתיר: (טז) **הפככם אם.** הענין אמת, כמו, וְאִם בְּרִיאָה יִבְרָא ה׳ (במדבר טז, ל), אִם לַלֵּצִים הוּא יָלִיץ (משלי ג, לד), והדומים להם, שפירשתי אותם כך בספר מכלל בחלק הדקדוק ממנו. אמר באמת, הפככם נקל בעיני כחומר היוצר יחשב לפני. כמו היוצר שהחומר בידו שיעשה ממנו כלי אחד, ואחר כך שב לעשות כלי אחר כאשר ישר בעיני היוצר, כן נקל הפככם בידי, כי אתה בידי כמו החומר ביד היוצר. והיאך אתם אומרים כי אינני רואה מעשיכם, כי יאמר מעשה לעושהו? בתמיה, וכי יאמר מעשה לעושהו לא עשאני? ומה לו להפוך אותי מכלי אל כלי. וכפל הדבר במלות שונות, ואמר ויצר אמר ליוצרו לא הבין:

### מצודת דוד

(יב) **ונתן הספר.** וכאשר נתן הספר אל אשר לא ידע לקרות ספר, ישיב לומר, לא ידעתי לקרות, אף אם היה פתוח. וכן הכסילים שבכם אומרים, אין אנו מבינים אף הדברים המפורשים לנו. ואמרו לחכמים: (יג) **יען כי נגש.** בעבור כי העם הזה נגש אלי להתקרב בדבור הפה, וכבדוני בשפתים ולא בלב ידברו, כי לבו רחק ממני: **ותהי יראתם אותי.** מה שהם יראים מפני, אינה באה מן הלב אלא כמצות אנשים המלמדים ואומרים, התראו כאלו אתם יראים ונכנעים: (יד) **לכן וכו׳.** בעבור זה הנני הוא אשר יוסיף להביא רעה עד אשר יפלא בעיני הרואים: **הפלא ופלא.** רצונו לומר, פליאה רבה ועצומה: **ואבדה.** אז תהיה אבודה חכמת החכמים, ותהיה צפון ונסתר בינת הנבונים. רצונו לומר, לא יוכלו להתחכם להמלט מהרעה הבאה: (טו) **הוי המעמיקים מה׳.** אמר הנביא, יש להתאונן על העם החושבים להסתיר עצתם מה׳ במעמקי הלב, כי יאמרו אין האל יודע מחשבות האדם: **והיה במחשך מעשיהם.** כל מעשיהם הרעים יעשו בחושך להסתתר מבני אדם, ויאמרו מי רואה אותנו ומי יודע ממעשינו, הואיל ונעשה בחושך; אבל לא יראו מה׳: (טז) **הפככם.** תהפוכות שלכם באמת כמו החומר של היוצר; כן יחשב הפככם אלי. רצונו לומר, כמו שהיוצר יודע מה בחומר, כן נגלה אלי כל מחשבותיכם:

### מצודת ציון

(יב) **על אשר.** כמו אל אשר: (יג) **נגש.** מלשון הגשה וקרוב: (טו) **המעמיקים.** מלשון עומק: **לסתיר.** כמו להסתיר: (טז) **הפככם.** מלשון הפוך, ורצונו לומר, הפך היושר: **אם.** באמת וכן, וְאִם בְּרִיאָה יִבְרָא ה׳ (במדבר טז, ל): **כחומר.** כטיט: **היוצר.** כן נקרא אומן חרס:

*and he says, "I cannot, for it is sealed."* 12 *Then the document is given to an illiterate*
*person, saying, "Please read this," and he says, "I am not literate."*

Lip service

13 *The Lord said: Inasmuch as this people has drawn close [to Me], with its*
*mouth and with its lips it has honored Me, yet it has distanced its heart from*
*Me — their fear of Me is like rote learning of human commands —* 14 *therefore,*
*behold, I will continue to perform more wonders against this people — wonder*
*upon wonder; the wisdom of its wise men will be lost and the understanding*
*of its sages will become concealed.*
15 *Woe to those who try to hide in depths to conceal counsel from HASHEM,*
*and their deeds are [done] in darkness; they say, 'Who sees us and who*
*knows of us?'* 16 *Shall your contrariness be considered like the potter's clay?*

---

Had he wanted to read it, he could have opened the seal. Similarly, your "wise men" say that there are difficult and hidden messages in the words of God, and they are beyond our understanding, so pay them no attention. If you indeed wanted to understand, you would have asked the prophet to explain it to you (*Radak*).

**13.** **יַעַן כִּי נִגַּשׁ הָעָם הַזֶּה בְּפִיו וּבִשְׂפָתָיו כִּבְּדוּנִי וְלִבּוֹ רִחַק מִמֶּנִּי** — *Inasmuch as this people has drawn close [to Me], with its mouth and with its lips it has honored Me, yet it has distanced its heart from Me.* This is a correct rendering of the text according to the standard Masoretic text, which is נִגַּשׁ, with a *shin* (see *Minchas Shai*). Accordingly, God says that the people's *external* conduct is exemplary. They act and speak as if they long for closeness to God, but they are insincere; their hearts are not in it. *Targum's* text, however — and *Rashi's,* as well — has the word as נִגַּשׂ, with a *sin,* which means that one holds himself dominant over others as in וְהַנֹּגְשִׂים (*Exodus* 5:13). Accordingly, the phrase would be rendered, *Inasmuch as this people [pretends] to be lofty; with its mouth and with its lips it has honored Me, yet it has distanced its heart from Me. Ibn Ezra* renders the phrase: *Inasmuch as this people has afflicted itself [with fasting]; with its mouth and with its lips it has honored Me, yet it has distanced its heart from Me.*

The Holy One, Blessed is He, said: "Isaiah, see the deeds of My children, they are only superficial. They hold onto Me as one holds onto the customs of his family. They come to My house and mouth the standard prayers, like a family custom, without a full heart. They wash their hands and recite the *Hamotzi* blessing, and they drink and recite blessings out of habit, but when reciting the blessings they do not intend to bless Me. That is what has aroused My wrath and therefore I swear (next verse), *The wisdom of its wise men will be lost and the understanding of its sages will become concealed"* (*Sefer Chassidim* 46).

*Panim Yafos* comments that the essence of prayer must come from the heart. If one is merely reciting words — even if he has their meaning in mind — but his prayer lacks feeling and emotion, his prayer is like a body without a soul. They are honoring God only with their *mouth* and *lips,* but *it has distanced its heart* from Him.

**14.** **הִנְנִי יוֹסִף לְהַפְלִיא אֶת־הָעָם־הַזֶּה הַפְלֵא וָפֶלֶא** — *Behold, I will continue to perform more wonders against this people — wonder upon wonder.* In a stinging rebuke against the deception of the people — in thinking that their outward piety could fool Him — God responds that He will respond to them measure for measure, *wonder upon wonder,* i.e., punishments beyond those mentioned above. And what is this *wonder upon wonder*? They tried to conceal their inner rot from Heavenly eyes, so *the wisdom of its wise men will be lost and the understanding of its sages will become concealed.* Wisdom, i.e., facts, is the basis of knowledge; *understanding* people interpret facts to deduce further knowledge, but when the *wise men* lose their wisdom, the *sages* lack the foundation for sound *understanding,* and their derivations will be erroneous and even dangerous (*Mahari Kara*).

The loss of wise men is twice as serious as the destruction of the Temple and all the curses written in *Deuteronomy.* For in those curses the Torah says (ibid. 28:59), וְהִפְלָא, [Hashem will make the blows against Israel] *extraordinary.* Thus, where the Torah describes the defeats and ravages of exile, including the destruction of the Temple, the root פלא is used only once, but here, in speaking of the loss of wise men, the Torah uses the word twice (*Rashi;* see *Yalkut Shimoni* II:436).

**15.** **וְהָיָה בְמַחְשָׁךְ מַעֲשֵׂיהֶם וַיֹּאמְרוּ מִי רֹאֵנוּ וּמִי יוֹדְעֵנוּ** — *Their deeds are [done] in darkness; they say, "Who sees us and who knows of us?"* They think that even God does not see them (*Radak*). The Sages refer to the impudence of this attitude to illustrate why the Torah treats a burglar more severely than a robber. A burglar is fined by paying twice the value of what he stole, while a robber merely returns the item or its value. A burglar sins in stealth, lest his victim see him, but has no fear of God Who sees all. A brazen robber, however, does not have more fear of people than of God (see *Bava Kamma* 79b).

Homiletically, there are people who prefer to indulge their whims and pleasures. They refuse to see the light because they are afraid that if they recognize the truth, they will be compelled to change the lifestyle they have come to enjoy. *Their deeds are [done] in darkness,* because they *wish* to shut out the light (*Bais Yaakov*).

**16.** **הַפְכְּכֶם אִם־כְּחֹמֶר הַיֹּצֵר יֵחָשֵׁב . . .** — *Shall your contrariness be considered like the potter's clay . . .* You should realize that your contrariness is like the potter's clay. Just as clay cannot *say of its maker, "He did not make me,"* so, too, you cannot

יז כִּֽי־יֹאמַ֤ר מַעֲשֶׂה֙ לְעֹשֵׂ֔הוּ לֹ֣א עָשָׂ֔נִי וְיֵ֛צֶר אָמַ֥ר לְיֹצְר֖וֹ לֹ֥א הֵבִֽין׃ הֲלוֹא־עוֹד֙
יח מְעַ֣ט מִזְעָ֔ר וְשָׁ֥ב לְבָנ֖וֹן לַכַּרְמֶ֑ל וְהַכַּרְמֶ֖ל לַיַּ֥עַר יֵחָשֵֽׁב׃ וְשָׁמְע֧וּ בַיּוֹם־הַה֛וּא
יט הַחֵרְשִׁ֖ים דִּבְרֵי־סֵ֑פֶר וּמֵאֹ֣פֶל וּמֵחֹ֔שֶׁךְ עֵינֵ֥י עִוְרִ֖ים תִּרְאֶֽינָה׃ וְיָסְפ֧וּ עֲנָוִ֛ים
כ בַּיהוָ֖ה שִׂמְחָ֑ה וְאֶבְי֣וֹנֵי אָדָ֔ם בִּקְד֥וֹשׁ יִשְׂרָאֵ֖ל יָגִֽילוּ׃ כִּֽי־אָפֵ֥ס עָרִ֖יץ וְכָ֣לָה לֵ֑ץ
כא וְנִכְרְת֖וּ כָּל־שֹׁ֥קְדֵי אָֽוֶן׃ מַחֲטִיאֵ֤י אָדָם֙ בְּדָבָ֔ר וְלַמּוֹכִ֥יחַ בַּשַּׁ֖עַר יְקֹשׁ֑וּן וַיַּטּ֥וּ בַתֹּ֖הוּ
כב צַדִּֽיק׃ לָכֵ֗ן כֹּֽה־אָמַ֤ר יהוה֙ אֶל־בֵּ֣ית יַעֲקֹ֔ב אֲשֶׁ֥ר פָּדָ֖ה אֶת־אַבְרָהָ֑ם

Haftaras Shemos continues here: 29:22-23

רש"י

**לעושהו.** כמו על עושהו; ודוגמתו, וְאָמַר פַּרְעֹה לִבְנֵי יִשְׂרָאֵל (שמות יד, ג), פֶּן יֹאמְרוּ לִי אִשָּׁה הֲרָגָתְהוּ (שופטים ט, נד): **ויצר אמר ליוצרו לא הבין.** אמר על יוצרו לא הבין מה בלבי והלא הוא בנה את המטמוניות והחדרים והמחשבות: **(יז) הלא עוד מעט.** בימים מועטין נקל בעיני אם תשובו אלי: **ושב לבנון.** שהוא יער עלים להיות כרמל, וישוב שדות וכרמים: **והכרמל ליער יחשב.** תרגם יונתן, קִרְוִין סַגִּיאִין יְתִיב. ואגדה בבראשית רבה (כד, א), דורשין דבר אחר. ישוב עריס ובני אדם רצוף ומלא, כיער הזה שהוא מלא עלים: **(יח) ושמעו ביום ההוא וגו'.** ותיבטל הקללה האמורה למעלה כי נסך ה' עליכם וגו', ותהי לכם חזות הכל ואבדה חכמת חכמיו: **(יט) ענוים.** סבלנים שסבלו עולו של הקדוש ברוך הוא וגזרותיו: **(כ) כל שוקדי און.** השוקדים ומתבוננים היאך יפעלו און: **(כא) מחטיאי אדם בדבר.** הם נביאי השקר: **ולמוכיח בשער יקושון.** וּלְדְמוֹכַח לְהוֹן... בָּעַן לֵיהּ תַּקְלָא, לשון מוקש: **ויטו בתהו צדיק.** וְאַסְטִיאוּ בְּשִׁקַר דִּין זַכָּאִין: **(כב) אשר פדה את אברהם.** מאור כשדים:

רד"ק

**ויצר.** הוא שם לכלי הנוצר ביד היוצר. ולמ"ד לעושהו ליוצרו במקום בעבור כלמ"ד אִמְרִי לִי (בראשית כ, יג): **(יז) הלא עוד.** הלא עוד במעט זמן תראו ההפך שאני עושה בכם. ואמר מעט מזער, כפול ענין במלות שונות להמעיט הזמן. והנבואה נאמרה בימי אחז, ואמר שזה יהיה בקרוב בימי חזקיהו: **ושב לבנון לכרמל.** לבנון הוא יער הלבנון שיש בו ארזים גבוהים ונשאים: **והכרמל.** הוא מקום שדות התבואה וכרמים ועצים שפלים. וזה המשל אמר על הגאים הרמים שהיו בימי אחז, שישובו שפלים בימי חזקיהו עד שלא יהיה להם רשות לדבר; ישובו על כרחם לדרך הטובה. והכרמל והם השפלים והענוים שהיו בימי אחז, ולא היה כח בידם להוכיחם, בימי חזקיהו יהיו נשאים כארזי יער הלבנון, ויוסיפו בכבוד ובגדולה עד שידמו לארזי הלבנון, כמו שאמר, ויספו ענוים בה' שמחה: **(יח) ושמעו.** אותם שהיו חרשים יבואו עתה לשמוע דברי הספר, והם היו עורים לראותם, כמו שאמר למעלה ותהי לכם חזות הכל כדברי הספר החתום. ומאפל ומחשך שיהיה להם, רוצה לומר, הצרה תראנה הנבואה שתתקיים, שהיו עורים בם כשהיה מוכיחם הנביא: **(יט) ויספו.** הם יהיו בצרה, והענוים יוסיפו לשמוח בהשם שהיו מאמינים בו קודם בא הצרה, עתה יוסיפו לשמוח כשיראו שתתקיים להם הנבואה, ולרשעים הצרה ולהם הרוחה והכבוד; וכפל הענין במלות שונות. ואמר ואביוני אדם, כלומר, האביונים שבאדם שהיו בירושלם, והם הענוים: **(כ) כי אפס.** ישמח ויגילו כשיראו אפיסת העריצים והלצים ושקדי און. שהם לא היה להם רשות לדבר לפניהם ולא להוכיחם, כשיראו בפורענותם יגילו; כמו שאמר, וּבַאֲבֹד רְשָׁעִים רִנָּה (משלי יא, י). פירוש שוקדי און, מתעסקים ומהירים אל האון, ומתכוונים תמיד איך יעלו אותם: **(כא) מחטיאי.** כשאדם מוכיחם בדברים, חושבים הדבר עליו לחטא כאלו הכה אותם. וכן למוכיח בשער יקושון, מי שמוכיחם בשער, כלומר ברבים, כדי שיוסרו, ישימו לו מום ויכשילוהו בדרכיו. כלומר, יזמינו לו כל רע, וילשינו עליו למלך, ומטים הצדיק בתהו והבל. ותרגם יונתן, וְאַסְטִיאוּ בְּשִׁקַר דִּין זַכָּאִין: **יקושון.** מנחי העי"ן, והוא מענין מוקש. ויהיה יקש וקוש בענין אחד; וכתרגום יונתן, בָּעַן לֵיהּ תַּקְלָא. ויש לפרש יקושון מענין קש, ומשרשו שהוא שרש קשש; וכן, הִתְקוֹשְׁשׁוּ וָקוֹשׁוּ (צפניה ב, א), מן לְקֹשֵׁשׁ קַשׁ (שמות ה, יב). כי כמו שמקושש עצים או קשים לוקט מכאן ומכאן ואוספן יחד, כן מחרף האדם מלקט מומיו מזה ומזה ואומרן לו. כן הם עושים, מי שמוכיחם אומרים לו חרפה וגדופין, מלקטים ואומרים לו, הלא אתה עשית כך וכך במקום פלוני או בזמן פלוני, ועוד עשית כך, ואיך תעשה עצמך מוכיח: **(כב) לכן.** אל בית יעקב אשר פדה את אברהם. פירוש הפסוק כן, אמר, ה' אשר פדה את אברהם אמר אל בית יעקב שלא יבוש יעקב. והענין, כי כולם בני יעקב, וכאשר יש בהם אנשים רשעים, הרי יעקב אביהם כאלו בוש ממעשיהם אלו היה חי, כאדם שהוא צדיק שיצא בנו לתרבות רעה שהוא בוש

מצודת דוד

**כי יאמר.** שמא יאמר דבר הנעשה על מי שעשה אותו, הנה הוא לא עשני: **ויצר.** וכי הכלי הנעשה מהיוצר יאמר על היוצר, הוא לא הבין יצירת מלאכתי. ורצונו לומר, כמו שאין זאת כן, אין נעלם ממני מחשבותיכם: **(יז) הלא עוד מעט.** כאומר, ואם תשאלו לומר, אם המקום יודע כל המחשבות, מדוע לא ישלם לצדיק כצדקו ולרשע רע כרשעתו? לזה אמר הלא במעט מן הזמן אשיב גמול, אשר יער הלבנון תהפך להיות כרמל, והכרמל תתהפך להיות נחשב כיער. רצונו לומר, אגביה השפלים ואשפיל הגבוהים: **(יח) ושמעו ביום וכו'.** כאשר יראו שאני משיב גמול, אז אף אלו שאטמו אזנם מלשמוע דברי ספר כאלו היו חרשים; הנה אז ישמעו דברי ספר: **ומאופל ומחושך וכו'.** אף מתוך החושך, ואף עיני העורים תראינה דברי הספר. רצונו לומר, אף אלה שלא אבו לראות דברי הספר כאלו היו בתוך החושך, ואף היו סומים בעיניהם; הנה אז יראו: **(יט) ויספו.** אז יוסיפו הענוים לשמוח במה שבטחו בה' מאז, כי יראו שלא נאבדה תקותם: **ואביוני אדם.** האביונים שבבני אדם יגילו במה שבטחו בקדוש ישראל. וכפל הדבר במילים שונות: **(כ) כי אפס עריץ.** כי אז יכלה כל עריץ וכלה לץ, ויכרתו כל הממהרים לעשות און: **(כא) מחטיאי וכו'.** חוזר על מלת ונכרתו האמור במקרא שלפניו, לומר, שגם יכרתו אותם שהיו מחטיאים בני אדם בדבר שפתים, והם נביאי השקר: **ולמוכיח.** גם יכרתו אותם שהיו מכינים מוקש למי שהיה מוכיח בשער, מקום מושב השופטים; כמו שכתוב, וְעָלְתָה יְבִמְתּוֹ הַשַּׁעְרָה (דברים כה, ז): **ויטו וכו'.** גם יכרתו אותם שהיו מטים את הצדיק מצדקתו בדברי תוהו: **(כב) לכן.** הואיל ואעשה הדבר הזה: **אשר פדה.** רצונו לומר, ה' אשר פדה את אברהם מאור כשדים כשנשלך לכבשן האש:

מצודת ציון

**כי יאמר.** שמא יאמר: **לעושהו.** על עושהו; וכן, אִמְרִי לִי אָחִי (בראשית כ, יג), והדומים: **ויצר.** הכלי הנעשה מיוצר חרס: **הבין.** מלשון בינה: **(יז) מזער.** כמו מעט; כמו, וְנִשְׁאַר אֱנוֹשׁ מִזְעָר (לעיל כד, ו). ואם שאמר מעט, אמר מזער להורות על הצמצום: **לבנון.** שם יער בארץ ישראל: **לכרמל.** הוא מקום שדות וכרמים; וכן, וְהָיָה מִדְבָּר לַכַּרְמֶל (לקמן לב, טו): **(יח) דברי ספר.** רצונו לומר, ספורי דברי המקום: **ומאופל.** מלשון אפלה וחושך: **(יט) ואביוני.** מלשון אביון ודל, על שם שתאב לכל דבר, כי הכל נחסר לו: **(כ) אפס.** ענין כליון; כמו, אָפֵס כָּסֶף (בראשית מז, טו): **עריץ.** חזק, רצונו לומר, חזק ברשע: **שוקדי.** ענין המהירות וההשתדלות; כמו, שִׁקְדוּ וְשִׁמְרוּ (עזרא ח, כט): **און.** ענין דבר שאינו הגון: **(כא) יקושון.** מלשון מוקש: **בתוהו.** ענין דבר שאין בו ממש; כמו, וְהָאָרֶץ הָיְתָה תֹהוּ (בראשית א, ב): **(כב) פדה.** מלשון פדיון וגאולה:

Judgment

*Can a product say of its maker, 'He did not make me'? Or a molded thing say of*
*its molder, 'He does not understand'?* [17] *Behold, in just a little while the Lebanon*
*will become farmland and the farmland will be considered like forest.* [18] *On that*
*day the deaf will hear the words of a book and from darkness and blackness the*
*eyes of blind people will see.* [19] *The meek will increase their joy in* HASHEM, *and*
*the poor among the people will rejoice in the Holy One of Israel;* [20] *for the fierce*
*man is no more and the scoffer has ceased to be; and all who strive for iniquity*
*will be cut off:* [21] *those who with a word cause man to sin and ensnare the one*
*who gives rebuke at the city gate, and mislead the righteous with falsehood.*
[22] *Therefore, thus said* HASHEM, *Who redeemed Abraham, to the House of Jacob:*

**רד״ק**

ונכלם ממעשיו. וטעם אשר פדה את אברהם, כי כמו שהיה אברהם אבינו דר בין רשעים, ופדה ה׳ אותו מידם והוציאו מארצם, כן היו הענוים שזוכר למעלה בין הרשעים, ולא היה בידם יכולת להחזיק בדרכי ה׳ בפרהסיא; אמר עתה יבא זמן, וזהו בימי חזקיהו, שיחזיקו בגלוי בדרכי ה׳:

say that I do not understand [or see (*Radak*)] your actions, for I made your innermost recesses, and know everything that lies within (*Rashi*).

*Bereishis Rabbah* illustrates this with a parable. An architect designed an entire city, including all its drainage tunnels and storage vaults, and he was appointed its tax collector. The people tried to hide in the tunnels and vaults, until he told them that it was he who designed all the tunnels and vaults and it was futile to try and hide there. Similarly, woe to those who think they can deceive God or hide from Him (vv. 15-16).

**17. עוֹד מְעַט מִזְעָר** — *In just a little while,* provided that you repent (*Rashi*). God is all-powerful. Sinful though the people may be, and hopeless though their plight may seem, if they repent, God can reverse their fortunes in an instant.

**וְשָׁב לְבָנוֹן לַכַּרְמֶל וְהַכַּרְמֶל לַיַּעַר יֵחָשֵׁב** — *The Lebanon will become farmland and the farmland will be considered like forest.* Those who are now dominant will then be downtrodden, and those who are now downtrodden will then be dominant (*Rashi, Radak*). Alternatively, everything will be better then. The Lebanon, which is an uninhabited forest, will become farmland inhabited by people, and the Carmel, which is farmland, will become as filled with people as a forest is full of trees (*Mahari Kara*).

Metaphorically, the forest is full of barren, but strong, trees, representing the wicked, who have no good produce. Farmland, on the other hand, produces grain and fruit, but its vegetation is weak, like good people whose good deeds are plentiful, but who are weak compared to the towering trees of the forest. Days will come when the wicked of the Lebanon will produce good fruit from their good deeds, as if they were the farmland of the Carmel, and the righteous of the Carmel will be as strong and upright as the trees of the Lebanon (*Malbim*).

According to *Radak,* the prophet foretells that the wicked people from the time of King Ahaz will fall from their pedestals of power when Hezekiah reigns and transforms the land into a stronghold of Torah and righteousness.

*Abarbanel,* on the other hand, comments that this verse continues the prophecy of destruction. Jerusalem and the Temple, which are likened to *Lebanon* (*Zechariah* 11:1), will be destroyed and leveled and become like uncultivated land. Israel's enemies, which are now like barren land, will inherit grandeur.

**18. וְשָׁמְעוּ בַיּוֹם־הַהוּא הַחֵרְשִׁים דִּבְרֵי־סֵפֶר . . .** — *On that day the deaf will hear the words of a book . . .* This reverses the above-mentioned curses of verses 10-14, that prophecy will be sealed and wisdom will be lost (*Rashi, Radak,* et al.).

**19-20. וְיָסְפוּ עֲנָוִים בַּה׳ שִׂמְחָה** — *The meek will increase their joy in* HASHEM. The meek, who had carried upon themselves the yoke of God and His decrees (*Rashi*), will increase their joy when they see the fruition of the prophecy that the wicked will suffer, and they will be able to rejoice in their newfound honor (*Radak*).

True joy can be found only in humble people. Since they have no ego, they do not complain that they lack this, that, or the other thing. They are joyous with what they have (*R' Moshe Leib of Sassov*).

**20. כִּי־אָפֵס עָרִיץ וְכָלָה לֵץ וְנִכְרְתוּ כָּל־שֹׁקְדֵי אָוֶן . . .** — *For the fierce man is no more and the scoffer has ceased to be; and all who strive for iniquity will be cut off . . .* The *meek* had been intimidated by the *fierce,* the *scoffers,* and the iniquitous. When they are removed from power, the meek *will rejoice* (*Radak*).

**21.** The prophet identifies those *who strive for iniquity.* They are:

**מַחֲטִיאֵי אָדָם בְּדָבָר** — *Those who with a word cause man to sin.* This refers to the false prophets (*Rashi, Metzudos*). Alternatively, it can be rendered, *Those who consider a person a sinner because of his word [of reproof]* (*Radak*).

**וְלַמּוֹכִיחַ בַּשַּׁעַר יְקֹשׁוּן** — *And ensnare the one who gives rebuke at the city gate.* According to this rendition, יְקֹשׁוּן is derived from מוֹקֵשׁ, a *snare* (*Rashi, Ibn Ezra*). Alternatively, it is derived from לְקוֹשֵׁשׁ קַשׁ, *to gather straw.* Much as one who needs straw gathers it from all sides, so, too, one who wishes to shame another gathers negative material from all sides. These wicked people gather negative information to discredit anyone who rebukes them (*Radak*).

כג לֹא־עַתָּה יֵבוֹשׁ יַעֲקֹב וְלֹא עַתָּה פָּנָיו יֶחֱוָרוּ: כִּי בִרְאֹתוֹ יְלָדָיו מַעֲשֵׂה יָדַי
בְּקִרְבּוֹ יַקְדִּישׁוּ שְׁמִי וְהִקְדִּישׁוּ אֶת־קְדוֹשׁ יַעֲקֹב וְאֶת־אֱלֹהֵי יִשְׂרָאֵל יַעֲרִיצוּ:
**ל** כד־א וְיָדְעוּ תֹעֵי־רוּחַ בִּינָה וְרוֹגְנִים יִלְמְדוּ־לֶקַח: הוֹי בָּנִים סוֹרְרִים נְאֻם־יְהוָה
לַעֲשׂוֹת עֵצָה וְלֹא מִנִּי וְלִנְסֹךְ מַסֵּכָה וְלֹא רוּחִי לְמַעַן סְפוֹת חַטָּאת עַל־חַטָּאת:

### רש"י

**לא עתה יבוש יעקב.** מאביו: **ולא עתה פניו יחורו.** מאבי אביו, שאין נמצא פסול במטתו שלימה: **(כג) כי בראותו ילדיו.** אשר יהיו מעשי ידי, כלומר צדיקים בקרבו. כי בראותו בקרבו אשר ידיו מעשה ידיו יקדישו שמי; כגון חנניה מישאל ועזריה, לכך לא יחורו פניו: **(כד) ורוגנים ילמדו לקח.** לשון וַתֵּרָגְנוּ בְאָהֳלֵיכֶם (דברים א, כז). אותם שהיו (מתלוננים) ונרגנים על דברי הנביאים ילמדו לקח: **(א) סוררים.** סרים מן הדרך: **לנסוך מסכה.** להמשיל עליהם מושל, ולא רוחי ודעתי בדבר. ומהו הנסוך הוא פרעה:

### רד"ק

**והקדישו קדוש יעקב.** והם יקראו בית יעקב באמת, ולא יבוש יעקב ממעשיהם, אלא ישמח ממעשה ילדיו בימי חזקיהו. שישובו לדרך טובה, ויכלו הרשעים במלחמות שקדמו, ואותם שישארו מהם שלמדו ממעשיהם ולא היו רשעים כהם, אותם שהיו תועי רוח ורעים, ישובו לדרך טובה, ולא יבוש יעקב ממעשיהם אלו היה חי: **פניו יחורו.** יתלבנו; מתרגום לבן חִיוַר, והבוש יתלבנו פניו. וכן בדברי רבותינו זכרונם לברכה (בבא מציעא נח, ב), המלבין פני חברו ברבים: **(כג) כי בראותו.** פירושו, בראות יעקב ילדיו שהם ילדיו, ובניו באמת בלכתם בדרך הטובה, ובראותו מעשה ידיו בקרבו, והוא מה שאעשה במחנה אשור הבא בארצו, ובראותו כי יקדישו ילדיו שמי על הנס הגדול: **והקדישו את קדוש יעקב.** שיאמרו בהקדישם שמו, קדוש יעקב ואלהי ישראל שהוא אביהם; אז לא יבוש יעקב, אבל ישמח; וכל זה דרך משל כמו שפירשנו. ופירוש יעריצו, יתנו לו בתהלתם הכח וההערצה, שהכה במחנה אשור בלילה מאה השמונים וחמשה אלף, ולא הועילה להם גבורתם וכחם ורוב חילם. ומה שסמך קדושת האל ליעקב בכל מקום, לא עשה כן לשאר האבות כמו שאמר קדוש יעקב. ואמר, כי כה אמר ה׳ צְבָאוֹת שְׁמוֹ קְדוֹשׁ יִשְׂרָאֵל (לקמן מז, ד), אֲבִיר יַעֲקֹב (לקמן מט, כו), ואמר, קְדוֹשׁ יִשְׂרָאֵל מוֹשִׁיעֵךְ (לקמן מג, ג), ואמר, גֹּאַלְכֶם קְדוֹשׁ יִשְׂרָאֵל (לקמן מג, יד), ואמר קְדוֹשׁ יִשְׂרָאֵל וְיוֹצְרוֹ (לקמן מה, יא), ואמר, גֹּאֵל יִשְׂרָאֵל קְדוֹשׁוֹ (לקמן מט, ז). ואף על פי שמקצתם יש לפרש על כלל ישראל, מכל מקום יש בהם שאין להם דרך לפרשם אלא על יעקב עצמו. ואמר זה, לפי שיעקב ראה קדושת האל במראה הנבואה במחזה סולם מוצב ארצה וראשו מגיע השמימה: **(כד) וידעו.** אותם שהיו תועי רוח מתחלה, בראותם הנס הגדול הזה, ידעו בינה. כלומר יתבוננו במעשה האל וידעו כי הוא משגיח במעשה האדם, וידעו כי כל אשר היו אומרים להם הנביאים נביאי השם היה אמת; וכפל הענין במלות שונות. ואמר ורוגנים הם תועי רוח, ולקח הוא התורה; כמו, כִּי לֶקַח טוֹב נָתַתִּי לָכֶם תּוֹרָתִי אַל תַּעֲזֹבוּ (משלי ד, ב): **(א) הוי בנים סוררים.** הנה אמר בתחלת הספר שישעיהו נבא בימי עוזיהו, יותם, אחז. ולא ראינו במלכים אלה שבקשו עזר ממצרים, כמו שאמר באלה הפרשיות והוכיחם בזה. ואם נאמר כי נתנבא על דור צדקיהו שהיה אחריו, ואמר עליהם הוי שישלחו למצרים לעזרה וכן עשו. ולא יראה כן לענין הפרשיות שהוא אומר אחרי כן, בתשועה שנעשית בימי חזקיהו. לפיכך נאמר כי בימי אחז היה זה; ואף על פי שלא נכתב זה בספר מלכים ולא בדברי הימים. או בימי חזקיהו עצמו שלא היו שרי יהודה טובים, כי בהכרח גדול השיבם חזקיהו למוטב. והנה מלך אשור עלה על כל ערי יהודה הבצורות ויתפשם, ואילו היו טובים לא בא להם כן, וזהו הנכון לפי ענין אלו הפרשיות הסמוכות. ומה שאמר בכל פרשה מהם קדוש ישראל; לפי שנקדש בישראל בדבר מחנה אשור. ואמר הוי בנים סוררים, אוי להם לאותם שנקראו בנים, כמו שכתוב, בָּנִים אַתֶּם לַה׳ אֱלֹהֵיכֶם (דברים יד, א), אבל הם סוררים, כְּפָרָה סֹרֵרָה (הושע ד, טז), ונוטים מדרך הטובה, ועוזבים אביהם שבשמים. וכשתבא אליהם צרה לא ישובו אליו, ולא יבקשו ממנו עזר, אלא מבקשים עזר מאויביהם. ובכל אשר הם עושים, לא ישאלו פי נביא לשאול את פי ה׳ על מעשיהם, אלא עושים בעצת עצמם: **ולא מני.** והעצה אינה ממני. וכפל הענין במלות שונות, ואמר ולנסוך מסכה: **ולא רוחי.** לא מרוחי ולא מדברי: **ולנסוך מסכה.** כמו לעצות עצה כי העצה בסוד ובסתר, וכן לנסוך מסכה ענין כסוי וסתר העצה. וכתרגום יונתן, וּלְאִתְמַלָּכָא מְלַךְ וְלָא שָׁאֲלִין בִּנְבִיֵי. או פירוש ולנסוך מסכה, שחושבים להתכסות בצל מצרים: **למען ספות חטאת על חטאת.** לא די להם בעונם ובחטאתם, אלא שמוסיפין עליהם חטאת זו; שישאלו על פני עזר מאחר שלא ברשותי. וזהו מרד גדול העבד באדוניו, שנתלה באדון אחר על פניו:

### מצודת דוד

**לא עתה יבוש יעקב.** כי כשאין ישראל עושים רצון המקום הוא כאלו יעקב אבינו בוש בדבר, ולכן אמר מעתה לא יבוש יעקב: **פניו יחורו.** כפל הדבר במילים שונות: **(כג) כי בראותו וכו׳.** סרס המקרא כמו כי בראותו בקרבו וכו׳. רצונו לומר, לזה לא יבוש, כי בראותו בקרבו ילדיו מעשה ידי. רצונו לומר, צדיקים וכשרים אשר המה יקדישו שמי: **והקדישו וכו׳.** כפל הדבר לחזוק: **יעריצו.** ישבחו לומר שהחוזק בידו: **(כד) תועי רוח.** אפילו התועים ברוחם לבלי דעת אותי ידעו אז בינה: **ורוגנים.** הלמודים בתלונה ותרעומות יעזבו דרכם, וילמדו לקח היא התורה הקרויה לקח טוב; כמו שכתוב, כִּי לֶקַח טוֹב (משלי ד, ב). וכאומר, ואם כל אלה בהם, מדוע אם כן יבוש יעקב מעתה: **(א) הוי.** אמר הנביא, יש להתאונן על ישראל שהמה בנים הסוררים מדרך הטוב, במה שעושים עצה ואין העצה ההיא ממני; רצה לומר אין אני חפץ בה: **ולנסוך מסכה.** להתכסות במכסה ולחסות בצלם, ואין רצוני בזה: **למען ספות.** כאלו מעט להם בחטאות שמאז, וחפצם להוסיף עליו, כי לחטאת תחשב לבקש עזר ממצרים ואת פי ה׳ לא שאלו:

### מצודת ציון

**יחורו.** תרגום של לבן הוא חיור, והוא ענין בושה, כי המתבייש יתלבנו פניו: **(כג) בקרבו.** רצונו לומר, בקרב זרעו: **יעריצו.** ענין חוזק: **(כד) תועי.** ענין בלבול הדעת, והושאל מההולך מדרך הישר אל דרך המעוקם: **ורוגנים.** ענין תלונה ותרעומות; כמו, וַתֵּרָגְנוּ בְאָהֳלֵיכֶם (דברים א, כז): **(א) סוררים.** ענין נטייה מדרך הישר; וכן, סוֹרֵר וּמוֹרֶה (דברים כא, יח): **מני.** ממני: **ולנסך מסכה.** מלשון סכך ומכסה; כמו, וְהַמַּסֵּכָה הַנְּסוּכָה (לעיל כה, ז): **רוחי.** ענין רצון; כמו, הִנְנִי נוֹתֵן בּוֹ רוּחַ (לקמן לז, ז): **ספות.** מלשון הוספה:

---

**22.** **לֹא־עַתָּה יֵבוֹשׁ יַעֲקֹב** — *Jacob will not be ashamed now.* Jacob will be able to face Abraham and Isaac proudly when he sees his descendants following the way of God (*Rashi*). For when there are wicked people among the descendants of Jacob he is ashamed. Just as Abraham lived among the wicked in Ur Kasdim and God saved him from them and brought him to *Eretz Yisrael,* so too, the above-mentioned *meek* lived among the wicked and, although they did not have the power to publicly serve Hashem, the day will come when they can do so (*Radak*).

The Midrash (*Bereishis Rabbah* 63:2) expounds on this verse that when Abraham was thrown into a burning furnace, he was saved only in the merit of Jacob. Abraham's own merit was insufficient, because he would beget Ishmael. Isaac's merit, too, was insufficient, because he would beget Esau. But Jacob was a father of twelve sons all of whom

Redemption

*Jacob will not be ashamed now, and his face will not pale now,* [23] *when he sees his children, My handiwork in their midst, who will sanctify My Name, they will sanctify the Holy One of Jacob and revere the God of Israel!* [24] *Those of misguided spirit will attain understanding, and complainers will learn [God's] instruction.*

**30**

[1] *Woe, O wayward sons — the word of HASHEM — who take counsel, but not from Me, and who accept a ruler, but not of My spirit, in order to add sin upon sin;*

were righteous. In that merit, the Patriarch was saved, because all of them were his descendants and he was worthy of begetting them *(Rif to Ein Yaakov, Sanhedrin* 19b).

**23. כִּי בִרְאֹתוֹ יְלָדָיו מַעֲשֵׂה יָדַי בְּקִרְבּוֹ יַקְדִּישׁוּ שְׁמִי** — *When he sees his children, My handiwork in their midst, who will sanctify My Name.* "My handiwork" refers to the righteous *in their midst* [see below 60:21], *who will sanctify My Name,* like Hananiah, Mishael, and Azariah, whose Babylonian names were Shadrach, Meshach, and Abed-nego. When they refused to bow to the idol of Nebuchadnezzar, he gave them an ultimatum. Either they bow or they will be thrown into a burning furnace. They refused and God performed a miracle and saved their lives (*Daniel* 3:13-30). As the ancestor of such brave sanctifiers of God's Name, Jacob will have no reason to be ashamed (*Rashi*).

According to *Radak,* noted above, this refers to the righteous people who were intimidated during the reign of Ahaz. Had Jacob been alive, he would have been humiliated that his wicked descendants were oppressing the righteous. But when Hezekiah becomes king and reverses the situation, Jacob will be proud of his righteous descendants who persevered and were able to serve God publicly without fear.

**קְדוֹשׁ יַעֲקֹב** — *The Holy One of Jacob.* The concept of holiness connotes separation due to a difference in kind from something else. It is obvious that God is holy, for nothing can compare to him. A human being can make himself holy if his only concern is to sanctify his life and separate himself from the lures and temptations of the material world. Our verse associates this concept with Jacob because his goal was to elevate material life for a spiritual purpose and everything he did was for the sake of Heaven (*Shem MiShmuel*).

**24. וְיָדְעוּ תֹעֵי־רוּחַ בִּינָה** — *Those of misguided spirit will attain understanding,* i.e., those mentioned above in verse 14 [*The wisdom of its wise men will be lost*] (*Mahari Kara*), who are ignorant (*Targum; see Ibn Ezra*).

### 30.

Isaiah chastises Israel for seeking Egypt's help against the Assyrian invasion. Had they been loyal to God and the Torah, they would not have been subjected to invasion and peril, but they were wayward, and then instead of repenting they compounded their sinfulness by turning to Egypt. *Rashi* comments that this happened in the time of King Hoshea son of Elah, one of the wicked kings of the Ten Tribes, who became a vassal of Assyria, and sought the help of So, king of Egypt (*II Kings* 17:1). *Radak,* however, notes that Isaiah did not prophesy to Hoshea (1:1). [It may be noted, however, that Hoshea reigned concurrently with Ahaz, king of Judah, in whose time Isaiah prophesied (ibid).] Although it is not mentioned in Scripture, *Radak* conjectures that this overture to Egypt may have taken place during the reign of the wicked Judean king Ahaz, or his son, the righteous Hezekiah, who inherited a kingdom that had been turned to idolatry. In those days, Judah was menaced by Assyria and may well have turned to Egypt for help.

**1. בָּנִים סוֹרְרִים** — *Woe, O wayward sons. Wayward* they may be, but they are still God's children; the bond between parent and child is enduring. But, although the verse, *You are children to HASHEM your God* (*Deuteronomy* 14:1), still applies to you, you are wayward, and thus, woe unto you (*Abarbanel*).

Homiletically, our Sages teach that three things were given to the Jewish people unconditionally, even in times of Divine wrath. One of them is the title "sons of God" (*Midrash Tannaim, Devarim* 11:17; see *Kiddushin* 36a).

**לַעֲשׂוֹת עֵצָה וְלֹא מִנִּי** — *Who take counsel, but not from Me.* When they are afflicted with misfortune for veering away from their Father in Heaven, they do not repent, nor do they ask for His aid, nor even ask His prophets for counsel regarding the proper course of action. Rather they rely on their own wisdom and seek the aid of their enemies (*Radak*). It is good for people to consult on the proper course, but in this case they did so to flout God's will (*Abarbanel*).

**וְלִנְסֹךְ מַסֵּכָה** — *And who accept a ruler.* A מַסֵּכָה is a mask, which hides or covers the true identity of the wearer. In this case, the people acted in secret, without taking counsel from prophets (*Radak*), to invite a *ruler* (*Targum*) from Egypt. Alternatively, the word refers to being "covered" under the wings of Egypt (*Radak*).

**לְמַעַן סְפוֹת חַטָּאת עַל־חַטָּאת** — *In order to add sin upon sin.* As if their other sins were not enough, they add the sin of turning to another master. It is a terrible act of rebellion for a servant of one master to turn to another master (*Radak*). Alternatively, not only do they transgress the prohibition not to return to Egypt (*Deuteronomy* 17:16), they abandon Me to rely on the broken cane of Egypt (*Mahari Kara*).

The first *sin* alludes to the evil inclination, which is naturally embedded in everyone. The second *sin* refers to the sins that a person performs after succumbing to the blandishments of the evil inclination, thus becoming habitually addicted to sin. Once a person experiments with a sin and enjoys it, he no longer needs to be enticed. The desire becomes a part of him (*Be'er Mayim Chaim*).

Isaiah now elaborates on the matter:

ב הַהֹלְכִים לָרֶדֶת מִצְרַיִם וּפִי לֹא שָׁאָלוּ לָעוֹז בְּמָעוֹז פַּרְעֹה וְלַחְסוֹת בְּצֵל
ג־ד מִצְרָיִם: וְהָיָה לָכֶם מָעוֹז פַּרְעֹה לְבֹשֶׁת וְהֶחָסוּת בְּצֵל־מִצְרַיִם לִכְלִמָּה: כִּי־הָיוּ
ה בְצֹעַן שָׂרָיו וּמַלְאָכָיו חָנֵס יַגִּיעוּ: כֹּל הִבְאִישׁ עַל־עַם לֹא־יוֹעִילוּ לָמוֹ לֹא לְעֵזֶר
ו וְלֹא לְהוֹעִיל כִּי לְבֹשֶׁת וְגַם־לְחֶרְפָּה: מַשָּׂא בַּהֲמוֹת נֶגֶב בְּאֶרֶץ צָרָה
וְצוּקָה לָבִיא וָלַיִשׁ מֵהֶם אֶפְעֶה וְשָׂרָף מְעוֹפֵף יִשְׂאוּ עַל־כֶּתֶף °עורים [°עֲיָרִים ק׳]
ז חֵילֵיהֶם וְעַל־דַּבֶּשֶׁת גְּמַלִּים אוֹצְרוֹתָם עַל־עַם לֹא יוֹעִילוּ: וּמִצְרַיִם הֶבֶל וָרִיק
ח יַעְזֹרוּ לָכֵן קָרָאתִי לָזֹאת רַהַב הֵם שָׁבֶת: עַתָּה בּוֹא כָתְבָהּ עַל־לוּחַ אִתָּם

## רש״י

**(ב) ההולכים לרדת מצרים.** על הושע בן אלה אשר שלח מלאכים אל סוא מלך מצרים (מלכים ב, יז): **לרדת מצרים.** ארץ ישראל גבוהה מכל הארצות (קדושין סט, א). דבר אחר ירידה היא להם: **ולחסות.** להתכסות אבריא״ר בלע״ז: **(ד) כי היו בצוען שריו.** של מלך ישראל בשליחות למלך מצרים: **חנס.** היא תחפנחס: **(ה) כל הובאיש.** כולם ביישו את עצמן לקנות להם אדונים חנם, ועם הארץ לא יועילו למו: **על עם.** בשביל עם לא יועילו למו: **לחרפה.** גידוף דישטרב״ר בלע״ז: **(ו) משא בהמות נגב.** מַטְלִין עַל בְּעִירְהוֹן בְּאוֹרַח דָרוֹמָא. לפי שארץ מצרים בדרומה של ארץ ישראל. וזהו הגידוף והחרפה שמחרפין אותן, (ורואין) את אלו שטוענין משאות ממונם על בהמתם, להוליך שוחד למצרים חנם, ומסכנין עצמן במדברות ארץ צרה וצוקה וכו׳: **אפעה.** מין נחש רע הוא, ואין בעולם כי אם שנים זכר ונקבה והם יולדים לשבעים שנה. ואף שרף מעופף מין נחש הוא, ולא שיהיו לו כנפים לעוף, אלא קופץ ומדלג רחוק מאד וזורק להב מפיו: **חיליהם.** ממונם: **דבשת.** חטוטרת, חלדרוב״א בלע״ז, יש לו לגמל במקום טעינת המשא. ועל שם שמתרקבת תמיד וסכין שם דבש לרפואה קרויה דבשת, כדאמרינן בבא מציעא (לח, ב), דבש והדביש חזי לכתישא דגמלי: **(ז) לזאת.** למצרים: **רהב הם.** גסי הרוח: **שבת.** עם בטל ומתגאים חנם. דבר אחר, שבת, רהבם וגסותם שלהם ראוי הוא לשבות:

## רד״ק

**(ב) ההולכים.** הולכים מארצם לרדת מצרים לבקש להם עזר. ואמר לרדת, כי ההולך מירושלם הוא יורד: **(ג) והיה מעוז פרעה.** שחשבתם שיהיה לכם מעוז, יהיה לכם לבשת, שלא תעזרו בו ותכלמו מעצתכם: **והחסות בצל מצרים.** חסות שם בפלס גלות: **(ד) כי היו שריו.** שרי יהודה או הכנוי למלך יהודה: **(ה) כל הבאיש.** בשני נחין האל״ף והיו״ד, וכבר כתבנוהו עם חביריו בספר מכלול בחלק הדקדוק ממנו; והוא מענין בשת. ופירושו, הכל בושו ממנו ונכלמו כשהלכו על עם לא יועילו למו: **על.** במקום אל, כמו, וַתִּתְפַּלֵּל עַל ה׳ (שמואל א א, י), וַיֵּלֶךְ אֶלְקָנָה הָרָמָתָה עַל בֵּיתוֹ (שם ב, יא), והדומים להם: **(ו) משא בהמות נגב.** נבואה זו שנתנבא שיצאו בהמות הנגב, רצונו לומר, חיות המדבר שיאכלו ההולכים לבקש עזר ממצרים. ונגב, פירוש ארץ יבשה וחרבה, כמו, אֶרֶץ הַנֶּגֶב נְתַתָּנִי (יהושע טו, יט), והיא מדור חיות הרעות. יקרא נגב מצרים לפי שהיא דרומית לארץ ישראל: **בארץ צרה וצוקה.** אותה הדרך שהם הולכים בה היא צרה וצוקה, שישכנו בה חיות רעות. ואמר שיצא מהם לביא וליש, אפעה ושרף מעופף, אל אשר ישאו על כתף עירים חיליהם; שנושאים ממון על העירים ועל הגמלים, לתת למלך מצרים שיעזרם ממלך אשור: **דבשת.** היא חטטרת הגמל, והיא סובלת המשא כמו הכתף בחמור: **על.** פירושו שהוא כמו אל עם. ויונתן תרגם משא כמו צמד פרדים אדמה. אמר, מַטְלִין עַל בְּעִירְהוֹן בְּאוֹרַח דָרוֹמָא: **(ז) ומצרים, לכן קראתי לזאת.** פירושו, קראתי לזאת ירושלם: **רהב בהם שבת.** החוזק שלהם הוא שבתם בעיר ירושלם, ולא יכלו לבקש עזר ממצרים כי לא יועילו להם. ורהב פירושו חוזק; כמו, וְרָהְבָּם עָמָל וָאָוֶן (תהלים צ, י). ויונתן תרגם, בְּכֵן עֲרָעַיַת מִנְהוֹן קְטִילִין: **(ח) עתה.** אמר האל לנביא, בוא כתוב אותה הנבואה על לוח אתם. רצונו לומר, אתם, שתראה מה שתכתוב על לוח ואחר כך חקה אותה הנבואה על ספר, כדי שתהיה עדות ליום אחרון. ופירוש לעד, עד עולם; כדי שיראו הם והבאים אחריהם כי לא לחנם הבאתי עליהם פורענות, אלא בעבור עונה, כי עם מרי הוא. וכבר העידותי בהם יום יום על ידי נביאי ולא אבו שמוע, לפיכך כתוב התוכחה והרעה העתידה לבא עליהם, כדי שתהיה לעדות, חקה. הה״א במפיק, וענינו חקוק אותה. ולדעת יונתן אין ה״א חקה במפיק, ולא ה״א כתבה, שתרגם, עוֹל כְּתַב עַל לוּחַ בֵּינֵיהוֹן וְעַל שִׁיטִין דִסְפַר רְשׁוֹם:

## מצודת דוד

**(ב) ההולכים.** עתה יפרש מה עשו. ואמר, אשר הלכו לרדת למצרים לבקש מהם עזר ולא שאלו פי ה׳: **לעוז.** להתחזק בחוזק פרעה: **(ג) לבושת.** כי לא יועילו: **(ד) שריו.** שרי ישראל הכניעו עצמם לבוא אל פרעה לצוען. (ואלה היו מערי הבצורות שביהודה שלא חסו בה׳ ושאלו עזר מפרעה וכבשוה סנחריב): **חנס.** היא עיר המלוכה: **(ה) כל הבאיש.** הכל בושו ונכלמו בלכתם אל עם אשר לא יועילו להם: **לעזר.** ההליכה שמה לא יהיה לעזר, כי אם לכלימה: **(ו) משא בהמות נגב.** רצונו לומר, הכלימה תהיה על אשר נשאו משאות מכסף וזהב בהמתם להוליך שוחד למצרים היושבת בנגב ארץ ישראל: **בארץ צרה וצוקה.** ועברו דרך המדבר שהוא ארץ צרה וצוקה, מקום אריות: **מהם.** רצונו לומר, מהמזיקים המצויים שמה, יש מהם אפעה ושרף המעופף: **ישאו.** היו נושאים עושר רב על עירים וגמלים, אל עם אשר לא יועילו: **(ז) ומצרים הבל וריק יעזורו.** רצונו לומר, מלבד שאין הכח בידם לעזור, הנה עוד מזדון לבם לא ירצו לעזור, כי מצרים המה לאויבים לישראל: **לזאת.** למצרים: **רהב הם.** מתגאים בדבר, שאין בידם להבטיח עזר ואין לאל ידם: **שבת.** והם עם בטל ואינם רוצים לעזור: **(ח) עתה בוא כתבה.** אמר להנביא, עתה כתוב זאת לזכרון על הלוח אשר חתום, וחקוק הדבר על הספר, למען תהיה לזכרון לימים אחרונים עד עולם לדעת שלא על חנם הבאתי הפורעניות עליהם כי אם בעבור עונם:

## מצודת ציון

**(ב) לעוז במעוז.** ענין חוזק: **(ד) ומלאכיו.** שלוחיו: **(ה) על עם.** אל עם: **(ו) לביא וליש.** שמות משמות האריה: **אפעה.** מין נחש רע: **ושרף מעופף.** מין נחש הדולג ממקום למקום ונראה כאלו הוא עף ופורח: **כתף.** כן יקרא המקום הסמוך לראש מהעבר מזה ומהעבר מזה: **עירים.** חמור הקטן יקרא עיר; וכן, וְעַל עַיִר בֶּן אֲתֹנוֹת (זכריה ט, ט): **חיליהם.** עושרם: **דבשת גמלים.** הוא חטוטרות הגמל שמניחים המשא עליו, ועל שם שמרקיב תדיר, ורפואתו למשחו בדבש, קרוי דבשת: **על עם.** אל עם: **(ז) הבל וריק.** רצונו לומר דבר שאין בו ממש: **רהב.** ענין גאוה והתחזקות; כמו, יִרְהֲבוּ הַנַּעַר בַּזָּקֵן (לעיל ג, ה): **שבת.** ענין בטול; כמו, שָׁבַת נֹגֵשׂ (לעיל יד, ד): **(ח) לוח.** כעין טבלא עשוי לכתיבה, והוא מלשון לֻחֹת הָעֵדֻת (שמות לב, יח):

---

**2. הַהֹלְכִים לָרֶדֶת מִצְרַיִם** — *Who are going to descend to Egypt.* Israel is the highest of all the neighboring lands, thus one descends from it to Egypt. Alternatively, it is a spiritual descent for them to go to Egypt (*Rashi*).

*Castigating Israel for its reliance on Egypt*

[2] *who are going to descend to Egypt but did not inquire of My mouth, to*
*seek strength in Pharaoh's stronghold and to take shelter in Egypt's shade.*
[3] *Pharaoh's stronghold will be a shame for you and the shelter in Egypt's*
*shade will be a humiliation!* [4] *For its officers were in Zoan; its messengers*
*have reached Hanes.* [5] *Everyone has been shamed by this people who can-*
*not benefit them; not of assistance and not of benefit, but for shame and even*
*for disgrace.* [6] *They load animals [to travel] to the south, through a land of*
*affliction and adversity, mature lion and young lion, among them, viper and*
*flying serpent; they carry their wealth upon the shoulder of young donkeys*
*and their riches upon the camels' hump, to a people who cannot provide*
*benefit.* [7] *As for Egypt, they will help with vanity and emptiness; therefore I*
*say of this, 'They are arrogant, sitting idle.'*
[8] *Now, go and write this [prophecy] on a tablet in their presence, and inscribe it*

---

**3. וְהָיָה לָכֶם מָעוֹז פַּרְעֹה לְבֹשֶׁת** — *Pharaoh's stronghold will be a shame for you.* The might of Pharaoh will be of no avail to you (*Radak*), as indeed was the case when the king of Assyria conquered and exiled the Ten Tribes to Assyria (see *II Kings* 17:5-6). Meanwhile, the Egyptians did nothing to help them (*Abarbanel*).

**4. כִּי־הָיוּ בְצֹעַן שָׂרָיו וּמַלְאָכָיו חָנֵס יַגִּיעוּ** — *For its officers were in Zoan; its messengers have reached Hanes.* This is a continuation of the previous verse: The Egyptian officers remained in Zoan, and the messengers Pharaoh sent to help Israel never went further than Hanes in Egypt. They were of no avail (*Abarbanel*). Alternatively, these *officers* were sent to the king of Egypt as emissaries of Israel (*Rashi*), or of Judah (*Radak*), to see if Jerusalem could be spared (*Ibn Ezra*). As the next verse states, these officers were of no avail.

**5. כֹּל הִבְאִישׁ וגו׳** — *Everyone has been shamed . . .* According to most commentators, all the officers were shamed by their failure. *Abarbanel* renders: *Every one [of the nations] shamed [this people, Israel, who put their trust in] people who did not benefit them . . .*

**6. מַשָּׂא בַּהֲמוֹת נֶגֶב בְּאֶרֶץ צָרָה וְצוּקָה** — *They load animals [to travel] to the south, through a land of affliction and adversity.* This is part of the disgrace with which the Egyptians shamed them: The Jews load animals with treasure for Egypt (which is to the south of Israel) as bribes for unavailing protection. They embark on the long and dangerous journey across deserts and treacherous terrain to a country that will not help them (*Rashi*).

Elsewhere in this Book (e.g. 13:1, 15:1, 17:1, 19:1, 21:1, 21:11, et al.), מַשָּׂא is rendered *prophecy,* rather than *load.* Others do render it here as *prophecy* and נֶגֶב as *desert.* Accordingly, the verse is rendered: *A prophecy regarding wild animals in the desert,* which will attack those bringing treasure to Egypt (*Radak; see Ibn Ezra*).

**אֶפְעֶה וְשָׂרָף מְעוֹפֵף** — *Viper and flying serpent.* אֶפְעֶה refers to a particularly virulent species of viper of which there are only one male and one female. They reproduce only once every seventy years (see *Bechoros* 8a). The *flying serpent* does not actually have wings; rather, it jumps great distances and shoots "flame" from its mouth (*Rashi; Mahari Kara*).

**7. לָכֵן קָרָאתִי לָזֹאת רַהַב הֵם שָׁבֶת** — *Therefore I say of this, "They are arrogant, sitting idle." This,* refers to Egypt. They are *arrogant* without justification, for they are an indolent, idle nation. Alternatively, שָׁבֶת should be rendered *stopped* or *cut off.* Accordingly, their arrogance and haughtiness should be stopped (*Rashi*).

Others understand *this* as referring to Jerusalem [or Samaria (*Abarbanel*)] and render רַהַב as *power* rather than *arrogant,* i.e., their true *power* lies in *sitting* in their place, and not in turning to Egypt for aid that will be to no avail (*Ibn Ezra, Radak*); only God can help them — if they repent.

**8-11.** God commands Isaiah to inscribe this prophecy in order to bear witness that although Israel had been warned of the consequences of its misdeeds, the people thought they could buy security from Egypt. He describes at length the futility of that venture and the people's sense of false security.

**8. עַתָּה בוֹא** — *Now, go.* Isaiah was hesitant about dwelling among sinful people, but God commanded him *go* there and confront them with this prophecy (*Ibn Ezra*).

**כָּתְבָהּ עַל־לוּחַ אִתָּם וְעַל־סֵפֶר חֻקָּהּ** — *Write this [prophecy] on a tablet in their presence, and inscribe it in a book.* Show them the text of the prophecy and then inscribe it in a book, so that they and their descendants will know that the coming suffering was not happenstance, but was Divine punishment for their sins (*Radak*).

*Ibn Ezra* cites two grammatical variants regarding the words "כתבה" and "חקה" (cf. *Minchas Shai*). According to one version, there is a *mapik* (dot) in the letter *hei:* כָּתְבָהּ and חֻקָּהּ. A *mapik* ה renders a word into a compound verb, e.g. *write* **it/this** and *inscribe* **it.** A second version does not have the *mapik,* according to which the words are in the simple form. If so, the words are rendered *write* [not "it"] *on a tablet . . . and inscribe in a book . . .* (*Targum*). The commonly accepted view, explicit in *Radak,* and implicit in most commentators, is to render the words with a *mapik.*

ט וְעַל־סֵפֶר חֻקָּהּ וּתְהִי לְיוֹם אַחֲרוֹן לָעַד עַד־עוֹלָם: כִּי עַם מְרִי הוּא בָּנִים כֶּחָשִׁים
י בָּנִים לֹא־אָבוּ שְׁמוֹעַ תּוֹרַת יהוה: אֲשֶׁר אָמְרוּ לָרֹאִים לֹא תִרְאוּ וְלַחֹזִים לֹא־
יא תֶחֱזוּ־לָנוּ נְכֹחוֹת דַּבְּרוּ־לָנוּ חֲלָקוֹת חֲזוּ מַהֲתַלּוֹת: סוּרוּ מִנֵּי־דֶרֶךְ הַטּוּ מִנֵּי־אֹרַח
יב הַשְׁבִּיתוּ מִפָּנֵינוּ אֶת־קְדוֹשׁ יִשְׂרָאֵל: לָכֵן כֹּה אָמַר קְדוֹשׁ יִשְׂרָאֵל
יג יַעַן מָאָסְכֶם בַּדָּבָר הַזֶּה וַתִּבְטְחוּ בְּעֹשֶׁק וְנָלוֹז וַתִּשָּׁעֲנוּ עָלָיו: לָכֵן יִהְיֶה לָכֶם
הֶעָוֹן הַזֶּה כְּפֶרֶץ נֹפֵל נִבְעֶה בְּחוֹמָה נִשְׂגָּבָה אֲשֶׁר־פִּתְאֹם לְפֶתַע יָבוֹא שִׁבְרָהּ:

### רש״י

(ח) **חוקה.** חקוק אותה, הנבואה הזאת: (ט) **עם מרי הוא.** ישראל: (י) **חלקות.** חנפיות: **חזו.** הנבאו: (יא) **הטו.** אותנו: **מני אורח.** חפלים אנו בנבואת שקר: (יב) **בדבר הזה.** בנבואת אמת: **ונלוז.** מגונה ולילן: (יג) **כפרץ.** של חומה שנפל: **נבעה בחומה נשגבה.** מגולה ליכנס בה בחומות משגבכם. נבעה לשון גלוי, כמו בעובדיה (א, ו), נִבְעוּ מַצְפֻּנָיו, אתגלין מַטְמֹרוֹהִי. ודוגש פתר נבעה, בליטה, שהחומה נעשית כמין אבעבועות מפני הגשמים וקילקול טיט רעוע:

### רד״ק

(ט) **כי עם מרי.** כחשים. תאר האחד כחש, והוא מן הדגושים. ולולי החי״ת היה דגוש בשקל אכר אכרידהם. ופירושו עם מרי כתרגומו, עַם סַרְבָן; שמורים באל ובמצותיו: **בנים כחשים.** שהם היו בני האל, וכחשו בו שאיננו אביהם, כי אינם שומעים אליו. כי הבן שאיננו שומע לאביו הרי הוא כאלו מכחש בו שאינו אביו: (י) **אשר אמרו לרואים.** ולחוזים, הם נביאי ה׳: **נכוחות.** דברים ישרים: **חלקות.** כמו שאומרים נביאי השקר, שמחליקים להם ואומרים שלום יהיה לכם, עשו כתאותיכם: **מהתלות.** הם אינם אומרים שהם מהתלות, אבל הנביא קורא לדברי נביאי השקר מהתלות; שהם מהתלים בהם ואומרים להם אל תיראו. והם אומרים לנביאי ה׳, חזו לנו כדברי אלו הנביאים שרואים לנו שלום וטוב, והם אינם יודעים כי הם מהתלות ולא דברים ישרים: (יא) **סורו מני דרך.** מני ארח, שניהם הנו״ן בצר״י. אומרים לנביאי ה׳, סורו מן הדרך הזה ומן הארח הזה שאתם רוצים שנלך בו, ולא נעשה כתאות לבנו. השביתו מפנינו מה שאתם אומרים לנו בכל יום ויום בשם קדוש ישראל: (יב) **לכן.** בדבר הזה, בדבר נביאי ה׳ שמוכיחים אתכם ללכת אל הדרך הטובה: **בעשק ונלוז.** ותבטחו בממונכם שהוא מעושק וגזל: **ונלוז.** פירוש מוטה, כלומר דין מוטה. כלומר, שפטו משפט דין העשוקים בממון שפקחו מהעושק. והנה ממונכם חמס ועשק, ואתם בוטחים ונשענים עליו שתושעו בו, שתשלחו שחד למלך מצרים לעזור לכם מיד מלך אשור; כמו שאמר למעלה ישאו על כתף עירים חיליהם. ואמר קדוש ישראל על הבוטחים בו, כי הבוטחים בו ומקדישים שמו הוא יהיה בעזרם, ואתם שבוטחים בהם תפלו כפרץ נופל: (יג) **לכן.** כפרץ נופל; אחר שנפל הבנין הוא פרץ, כי הפרץ לא יפול, אלא נאמר על שם סופו. וכן, וְטַחֲנִי קָמַח (לקמן מז, ב). והנה פירש אחריו מה הפרץ, ואמר נבעה בחומה נשגבה: **ונבעה.** הוא מקום נפוח בקיר, והוא מענין שחין אבעבועות, וכאשר בקיר מקום נפוח הוא קרוב ליפול. ואמר בחומה נשגבה, לפי שתכבד החומה שהיא גבוהה על מקום הנפוח שהיא באמצעיתה או למטה ממנה, ותפול פתאום ותשבר לכובד גבהותה. וכמו שאותו מקום הנפוח הוא גורם לנפילת החומה הנשגבה, כן יהיה לכם העון הזה, שאתם מבקשים עזר ממצרים, יגרום לכם מפלתכם נפילה גדולה בשבר גדול, מאין מרפא, כנפילת החומה הנשגבה שישברו אבנים בנפילתם מפני שנחבטת חביטה רבה מפני גבהותה. וכן המשיל לענין אחר בחומה נשגבה, מפני שהם חשבו להם פרעה מלך מצרים שיהיה להם כמו חומה נשגבה מפני האויב:

### מצודת דוד

(ט) **כי עם מרי הוא.** מה ששאלו עזר מפרעה ולא שאלו פי ה׳ נחשב למרד: **בנים כחשים.** מכחישים בהשגחת המקום: **לא אבו שמוע.** אינם רוצים לשמוע תורתו ולזה לא שאלו פיו גם בדבר המלחמה: (י) **לרואים.** לנביאי האמת יאמרו לא תראו נבואה למען הגיד לנו: **לא תחזו לנו.** לא תנבאו לנו נכוחות: **דברו לנו חלקות.** דברו כמו נביאי הבעל, שמחליקין דבריהם ומחניפין לומר שלום יהיה לכם: **חזו מהתלות.** הם אינם אומרים שהם מהתלות, אבל הנביא קורא לדברי נביאי השקר מהתלות. וכאלו הנביא אומר להם, הנה תאמרו הנבאו לנו כדברי הנביאים האומרים שלום, הלא דבריהם המה מהתלות ולא דברים ישרים: (יא) **סורו מני דרך.** אומרים לנביאי ה׳, סורו מן הדרך הזה, מן האורח הזה שאתם אומרים לנו בכל יום שלא נעשה כתאות לבבינו: **השביתו וכו׳.** השביתו ממה שאתם אומרים לנו כל יום בשם קדוש ישראל: (יב) **בדבר הזה.** בדברי הנביאים האומרים בשם ה׳, בעושק ונלוז. במה שתעשקו עשירי העם לתת שוחד ומתן לנלוז, הוא מלך מצרים הנלוז במעגלותיו: (יג) **העון הזה.** הסרת הבטחון מה׳ וההשענה במצרים: **כפרץ נופל.** כפרץ של חומה שנפל קצת ממנה, וכמקום נפוח כעין אבעבועות הנמצא בחומה מקלקול הגשמים, שהנה עם כי הפרצה או הנפוח היא בקצה החומה, ובנין החומה היא חזקה עם כל זה, תשבר ותפול כל החומה פתאום בעבור זה:

### מצודת ציון

**חוקה.** מלשון חקיקה וכתיבה: (ט) **מרי.** ענין מרד: **כחשים.** שקרים: **לא אבו.** לא רצו; כמו, לֹא אָבָה יַבְּמִי (דברים כה, ז), (י) ולחוזים. ולנביאים: **נכוחות.** ענין דברים ישרים; כמו, כֻּלָּם נְכֹחִים לַמֵּבִין (משלי ח, ט): **חלקות.** דברים רכים וחנופה: **מהתלות.** ענין לעג; כמו, וְאִישׁ בְּרֵעֵהוּ יְהָתֵלּוּ (ירמיה ט, ד): (יא) **מני.** כמו מן, והיו״ד נוספת: **השביתו.** ענין בטול: (יב) **ונלוז.** ענין נטיה מדרך הישר; כמו, וּנְלוֹזִים בְּמַעְגְּלוֹתָם (משלי ב, טו): **ותשענו.** ענין סמיכה: (יג) **כפרץ.** ענין שבירה: **נבעה.** מלשון אבעבועות; וכן, מַיִם תִּבְעֶה אֵשׁ (לקמן סד, א): **נשגבה.** חזקה: **לפתע.** כמו בפתע; וכן, יָשַׁבְתָּ לְכִסֵּא (תהלים ט, ה), ומשפטו בכסא. וכפל המלה בשמות נרדפים וכן, אַדְמַת עָפָר (דניאל יב, ב):

---

**וּתְהִי לְיוֹם אַחֲרוֹן** — *And let it remain until the final day* of judgment (*Targum*). Alternatively, the final day of the Temple, the day of its destruction (*Abarbanel*).

*Malbim* comments that the two different terms — *in their presence* and *for eternity* — indicate that there were two distinct messages. The first, *in their presence,* was a personal message to the people that everyone should recognize as long as he lives that his personal sins will punished and his personal merits will be rewarded. The second term, *for eternity,* refers to the sweep of history. As long as the world exists, all generations should know that there is a God Who sees all and treats nations and individuals according to their deeds.

**9. כִּי עַם מְרִי הוּא בָּנִים כֶּחָשִׁים בָּנִים לֹא־אָבוּ שְׁמוֹעַ תּוֹרַת ה׳** — *For it is a rebellious people, children who deny; children who are unwilling to hear the teaching of* HASHEM. Although they are *children* of Hashem, by not obeying Him, they deny Him as their Father. For a child to ignore his father is tantamount to denying that he is his father (*Radak*).

*in a book; and let it remain until the final day, forever, for eternity.* [9] *For it is a*
*rebellious people, children who deny; children who are unwilling to hear the*
*teaching of* H*ASHEM*; [10] *who say to the seers, "Do not see," and to the prophets, "Do*
*not see true visions for us! Speak smooth words to us; see fantasies for us.* [11] *Veer*
*from the way, stray from the path. Remove from our presence the Holy One of*
*Israel!"*

[12] *Therefore, thus said the Holy One of Israel: Since you have despised this*
*word and you trusted in robbery and waywardness, and have depended*
*on it —* [13] *therefore, this sin will be for you like the breach of a fallen [wall],*
*like a bulge in a lofty wall, whose collapse comes with quick suddenness.*

*Like a fallen wall*

---

There is a three-step progression here, from bad to worst. The first refers to those among Israel who believe in God and His Torah, but are *rebellious;* worse are those *who deny* that this is what God really said; the worst are those *who are unwilling* even *to hear the teaching of* H*ASHEM* (*Malbim*).

**10. אֲשֶׁר אָמְרוּ לָרֹאִים לֹא תִרְאוּ וְלַחֹזִים לֹא תֶחֱזוּ־לָנוּ נְכֹחוֹת** — *Who say to the seers, "Do not see," and to the prophets, "Do not see true visions for us!"* The *seers* and *prophets* are prophets who *see visions* (*Radak*).

According to *Malbim, seers* are prophets who chastise the people regarding mistreatment of their fellows; they *see* wrongs and protest against them. *Prophets* [חֹזִים], as used in this verse, refers to those who admonish people about their sins against God. The word חזה refers to what one *sees* not with his eyes but with his internal vision, his inner perception. Thus, it involves the prophets' insight into the significance of people's action.

**דַּבְּרוּ־לָנוּ חֲלָקוֹת** — *Speak smooth words to us,* like the false prophets who say soothingly that we can indulge our desires and all will be well (*Radak*). These *smooth words* are insincere flattery (*Rashi*).

**חֲזוּ מַהֲתַלּוֹת** — *See fantasies for us.* The literal definition of מַהֲתַלּוֹת is mockeries or jokes. People do not actually ask the true prophets to see false, mocking visions. Rather, Isaiah condemns the prophecies of the charlatans, calling them jokes or fantasies.

The people continue telling the prophets of Hashem to say what is popular, rather than what is true.

**11. סוּרוּ מִנֵּי־דֶרֶךְ הַטּוּ מִנֵּי־אֹרַח** — *Veer from the way, stray from the path.* Turn away from your preaching about our misconduct. Let us do as we please (*Radak, Metzudos*).

According to *Rashi,* the object of הַטּוּ is the people; i.e., the people are telling the prophets: *Cause us to stray from the path of the Torah.*

*Malbim* comments that the people are speaking to the prophets, urging them to stop insisting that the only path is the path of the Torah. The people are saying, "Stop your self-righteousness and join us in oppressing and stealing. You should rule in a way that will influence others to stray."

**הַשְׁבִּיתוּ מִפָּנֵינוּ אֶת־קְדוֹשׁ יִשְׂרָאֵל** — *Remove from our presence the Holy One of Israel,* i.e., the word of God (*Mahari Kara*), or remove the admonitions with which you reprove us every day in the Name of the *Holy One of Israel (Radak*), or stop *mentioning His Name* (*Ibn Ezra*). *Metzudos* differs from *Radak* only in his rendering of the word הַשְׁבִּיתוּ, which he relates to the root שבת, and renders it *refrain.*

Homiletically, the Torah commands, *You shall become holy, for I* [God] *am holy* (*Leviticus* 11:4). In this vein, the people demand of the prophets, "*Remove from our presence* [this association with] *the Holy One of Israel!* We do not want to be connected to His Name. We gain nothing from His holiness, nor from being connected to it" (*Malbim*).

**12-18.** God replies to the people with a prophecy that details the dire results of their reliance on the weak reed of Egypt to save them from Assyria.

**12. יַעַן מָאָסְכֶם בַּדָּבָר הַזֶּה** — *Since you have despised this word,* i.e., the word of true prophecy (*Rashi*).

**וַתִּבְטְחוּ בְּעֹשֶׁק וְנָלוֹז** — *And you trusted in robbery and waywardness.* You felt secure because of the riches you gained from oppression and robbery (*Radak*). Alternatively, the leaders were guilty of *robbery* from the rich to amass money with which to bribe the *wayward* one, the king of Egypt, to send help (*Abarbanel, Metzudos*), or to bribe the king of Assyria to withdraw (*Ibn Ezra).*

**13. הֶעָוֹן הַזֶּה** — *This sin;* i.e., of depending on Egypt (*Abarbanel*) and not trusting in Hashem (*Metzudos*).

**נִבְעֶה בְּחוֹמָה נִשְׂגָּבָה** — *Like a bulge in a lofty wall.* The rendition of נִבְעֶה as *a bulge* follows *Ibn Ezra, Radak,* and *Donash* cited by *Rashi.* They relate the word to אֲבַעְבּוּעוֹת, *bubbles,* which are caused by rain and weaken the mortar of a wall (*Ibn Ezra*) and cause it to become unbalanced and collapse. So, too, Israel's reliance on Egypt is like a bubble that has no substance and will end in disaster.

Alternatively, it is related to אִם תִּבְעָיוּן בְּעָיוּ — *If you really want it* (above 21:12). Accordingly, our verse would be rendered: You will be found *wanting because of this sin* and the effects of your lack of trust will come tumbling down on you *like a lofty* — but weakened — *wall, that collapses with quick suddenness* (*Mahari Kara, Abarbanel*). Thus, as a consequence of their misdeeds, their sense of bogus security will come crashing down on them.

יד וּשְׁבָרָהּ כְּשֵׁבֶר נֵבֶל יוֹצְרִים כָּתוּת לֹא יַחְמֹל וְלֹא־יִמָּצֵא בִמְכִתָּתוֹ חֶרֶשׂ לַחְתּוֹת
טו אֵשׁ מִיָּקוּד וְלַחְשֹׂף מַיִם מִגֶּבֶא׃ כִּי כֹה־אָמַר אֲדֹנָי יֱהֹוִה קְדוֹשׁ יִשְׂרָאֵל
טז בְּשׁוּבָה וָנַחַת תִּוָּשֵׁעוּן בְּהַשְׁקֵט וּבְבִטְחָה תִּהְיֶה גְּבוּרַתְכֶם וְלֹא אֲבִיתֶם׃ וַתֹּאמְרוּ
יז לֹא־כִי עַל־סוּס נָנוּס עַל־כֵּן תְּנוּסוּן וְעַל־קַל נִרְכָּב עַל־כֵּן יִקַּלּוּ רֹדְפֵיכֶם׃ אֶלֶף
אֶחָד מִפְּנֵי גַּעֲרַת אֶחָד מִפְּנֵי גַּעֲרַת חֲמִשָּׁה תָּנֻסוּ עַד אִם־נוֹתַרְתֶּם כַּתֹּרֶן עַל־
יח רֹאשׁ הָהָר וְכַנֵּס עַל־הַגִּבְעָה׃ וְלָכֵן יְחַכֶּה יהוה לַחֲנַנְכֶם וְלָכֵן יָרוּם לְרַחֶמְכֶם

## רש״י

**(יד) נבל יוצרים.** כוד של חרס: **ולא ימצא.** במכתת שבריו חרס גדול שיהא ראוי לחתות בו אש, מיקוד ולשאוב בו אש מן ההסק. כל שאיבת אש נופל בה לשון חתייה: **ולחשוף מים.** לדלות, וכן (חגי ב, טז), לַחְשֹׂף חֲמִשִּׁים פּוּרָה, וכן, חֶשְׂפִּי שֹׁבֶל (לקמן מז, ב) דלי מים מן שבילך אשפוייש״ט בלע״ז: **מגבא.** גוב מלא מים: **(טו) כי כה אמר.** הקדוש ברוך הוא, לכם. זה ימים אין אתם צריכים לבקש לכם מעוז מצרים ולאבד ממונכם, כי בשובה ונחת תהיה לכם תשועה, בלא שום טורח, אם תשמעו לי: **בשובה.** לשון ישוב ומרגוע; וכן, שׁוּבָה ה׳ רִבְבוֹת אַלְפֵי יִשְׂרָאֵל, (במדבר י, לו): **בהשקט.** הבא לכם מאתי ובבטחה תהיה גבורתכם: **(טז) על סוס ננוס.** נתקשר במלכי מצרים, ונביא משם סוסים קלים לנוס: **(יז) אלף אחד מכם מפני גערת אחד.** מן האויבים, או כולכם מפני גערת חמשה תנוסו: **אם נותרתם.** כמו אשר נותרתם: **בתורן.** עץ גבוה תקוע בארץ, כמין תורן הספינה שקורין מש״ט בלע״ז: **וכנס.** אף הוא כלונס גבוה שנותנים בראש הגבעה, וכשרואה הצופה גייסות באין, נותן עליו סודר והרוח מוליכו, והוא סימן שינוסו או יתקבלו: **(יח) ולכן.** על שלא אביתם לשמוע: **יחכה ה׳ לחננכם.** אינו מדלג לכם על הגזרה הרעה שנגזרה עליכם, כדי למהר ולהביא הטובה, אלא יחכה וימתין עד בא קילה: **ולכן ירום לרחמכם.** יתרחק לרחמכם:

## רד״ק

**(יד) ושברה.** האל ישבור. אותה החומה שאתם חושבים להשגב בה, ישבור אותה: **כשבר נבל יוצרים.** כמו שישבר נבל יוצרים שהוא כלי חרש. כי העושה כלי חרש יקרא בסתם יוצר. ויהיה זה השבר כמו שישבור כלי היוצר בלי חמלה, שאין בדעתו להשאיר ממנה מכתת אחת לחפות בה אש מיקוד, או לחשוף בה מים מגבא, אלא ישברהו עד שיהיה כתות כתיתות דקות. והמקום שיוקדת בו האש נקרא יקוד, וכן בדרך העולם לקחת אש מיקוד במכתת חרש. ולחתות כמו לקחת; וכן, הֲיַחְתֶּה אִישׁ אֵשׁ בְּחֵיקוֹ (משלי ו, כז). וגבא יקרא מקום שיקוו בו מעט מים; וכן, בִּצֹּאתָיו וּגְבָאָיו (יחזקאל מז, יא). ואין אדם יכול לקחת ממנו בכלי כי אם בשבר כלי שיכול לסמוך שפתי השבירה בקרקע הגבא ויקח מעט מים שבו. וכאשר יקח המים מן הגבא הנה נשאר הגבא חשוף ומגולה, לפיכך אמר ולחשוף; וכן, לַחְשֹׂף חֲמִשִּׁים פּוּרָה (חגי טז, ב), לקחת כל התירוש עד שלא ישאר ביקב כלום. ויונתן תרגם ולחשוף, וּלְמִדְלַח, ענין דלוח מים: **(טו) כי כה אמר ה׳ בשובה ונחת.** כפל ענין במלות שונות, וכן כפל עוד ואמר בהשקט ובבטחה. אמר אני אמרתי אם תשמעו לי, כי בנחת תושעון ולא תצטרכו ללכת לטרוח לבקש עזר, כי אם שתשבו בעירכם וזאת תהיה גבורתכם; רצונו לומר, כי ה׳ נלחם לכם, ולא אביתם: **(טז) ותאמרו לא כי על סוס ננוס.** אם יבא האויב, יש אתנו סוסים וננוס עליהם מפני האויב עד יעבור, ואחר כן נשוב לארצינו: **ועל קל נרכב.** סוס או גמל קל, וכדבריהם כן יהיה, שתנוסון, אבל לא המנוסה שחשבתם שתנצלו מיד האויב, כי אם תרכבו אתה על קל, רודפיכם יקלו מכם וישיגו אתכם: **(יז) אלף אחד.** אמר אחד, ואף על פי שאין צריך, אלא אמר כן לפי שהאל״ף הוא אחד במעלה הרביעית, ואחד הוא אחד במעלה הראשונה. ואמר שהרב ינוס מפני המעט: **מפני גערת חמשה תנוסו.** כולכם: **עד אם נותרתם.** אם במקום אשר, כי ימצא במקום אשר; כמו, עַד אִם דִּבַּרְתִּי דְּבָרָי (בראשית כד, לג), ובמקום כאשר; כמו, וְאִם יִהְיֶה הַיֹּבֵל לִבְנֵי יִשְׂרָאֵל (במדבר לו, ד), וְאִם מִזְבַּח אֲבָנִים תַּעֲשֶׂה־לִּי (שמות כ, כב), והדומים להם. אמר, כל כך תנוסו הנה והנה עד שהנשארים בכם יהיו מעטים בין רבים, כמו התורן על ראש ההר שיראה יחידי מרחוק, וכן כמו הנס על הגבעה. והענין כפול כי הנה יפרשו על התרן: **(יח) ולכן יחכה ה׳ לחננכם.** יחכה פעל יוצא, כלומר, יבטיחכם שתחכו לו לחננכם, שעוד יחון אתכם ויסעד אתכם, ובענין הזה, עַל אֲשֶׁר יִחַלְתָּנִי (תהלים קיט, מט). יש מפרשים הפסוק הזה עם הפרשה הבאה אחריו עתידה, והנכון שהוא מענין הפרשה שמדבר על דורו של חזקיהו ועל הרעים שבהם, שמבקשים עזר ממצרים אמר עד הפסוק הזה. והפסוק הזה כנגד הטובים חזקיהו וסיעתו: **לחננכם.** לחנן אתכם, לחנן בשקל אֵין גַּחֶלֶת לַחְמָם (לקמן מז, יד): **ירום לרחמכם.** ירום וינשא על מחנה אשור לרחם אתכם:

## מצודת דוד

**(יד) ושברה.** ושבר החומה ההיא, תהיה מכותת כשבר נבל מיוצר חרס, אשר הוא כתות דק דק, כי המכתת לא יחמול עליו מלכתתו, כי טוב לו להחזירם לעפר, לערבו בסיד, לטוח הבתים והבורות: **ולא ימצא במכתתו.** בהשברים הכתותים לא ימצא חרס גדול שיהיה ראוי לשאוב בו אש מן היקוד או לקחת בו מים מן הגבא, וכאומר, אם העון הזה הוא קטן בעיניכם, מכל מקום יהיה סיבה על כליון נפלא: **(טו) בשובה ונחת תושעון.** אם הייתם בוטחים בי ולא במצרים, הייתם אז נושעים בהשקט ונחת מבלי טורח מלחמה: **תהיה גבורתכם.** הייתם מתגברים על האויב בישיבת השקט ובבטחון ה׳ מבלי עמל: **ולא אביתם.** לא רציתם בזה, כי אם במלחמה בעזרת מצרים: **(טז) ותאמרו לא.** אמרתם לא נבטח בה׳, אלא נתרומם כנס הזה בעזרת סוסים הבאים ממצרים: **על כן תנוסון.** בעבור זה תנוסון מפני האויב ויהיה לכם השפלה ולפי שהוא לשון נופל על לשון אמר כן: **ועל קל נרכב.** נתחזק ברכיבת סוסים קלים הבאים ממצרים: **על כן יקלו רודפיכם.** בעבור זה יקלו הרודפים ויתחזקו עליכם: **(יז) אלף אחד.** אלף אנשים מכם אשר כל אחד יהיה מיוחד: **מפני.** חוזר על מלת תנוסו, לומר אלף מכם תנוסו מפני גערת אחד מן האויבים, ומפני גערת חמשה תנוסו כולכם: **עד אם.** תהיו מפוזרים כאשר תשארו יחידים כתורן הספינה כאשר יעמידהו על ראש ההר שנראה למרחוק יחידית כי אין דבר נראה עמה: **(יח) ולכן.** הואיל ולא אביתם לשמוע: **יחכה וכו׳.** לא ידלג על הגזירה הרעה למהר להביא הטובה, אלא יחכה וימתין עד בוא קיצה: **ירום.** יתרומם ויתרחק לרחמכם:

## מצודת ציון

**(יד) נבל.** כן יקרא כד היוצר; וכן, וְנִבְלֵיהֶם יְנַפֵּצוּ (ירמיה מח, יב): **יוצרים.** אומן חרס נקרא יוצר: **כתות.** ענין רציצה ושבירה לחתיכות רבות: **יחמול.** ענין רחמנות: **במכתתו.** בשבריו: **חרש.** כמו חרס בסמ״ך: **לחתות.** ענין לקיחת האש; כמו, גֶחָלִים אַתָּה חֹתֶה עַל רֹאשׁוֹ (משלי כה, כב). ועל שם זה יקרא הכלי שחותין בו האש בשם מחתה: **מיקוד.** כן נקרא מקום הבערת אש; כמו, עַל מוֹקְדָה (ויקרא ו, ב): **ולחשוף.** ענין שאיבה; כמו, לַחְשֹׂף חֲמִשִּׁים פּוּרָה (חגי ב, טז): **מגבא.** מקום כניסת מעט מים; וכן, בִּצֹּאתָיו וּגְבָאָיו (יחזקאל מז, יא): **(טו) בשובה.** ענין השקט ומרגוע; וכן, נַפְשִׁי יְשׁוֹבֵב (תהלים כג, ג): **ולא אביתם.** לא רציתם: **(טז) ננוס.** מלשון נס, והוא כלונס ארוך וענינו הרמה כנס; וכן, נֵס לְהִתְנוֹסֵס (שם ס, ו): **תנוסון.** מלשון ניסה ובריחה: **(יז) גערת.** ענין גערת נזיפה: **כתורן.** הוא העץ הגבוה הזקוף על הספינה; וכן, בַּל יְחַזְּקוּ כֵן תָּרְנָם (לקמן לג, כג): **וכנס.** הוא כלונס ארוך עשוי לתלות בו מפה לסימן לאנשי הצבא להתאסף ולבוא: **(יח) יחכה.** ענין איחור, כי לדבר המתאחר מחכים ומקוים לה: **לחננכם.** מלשון חנינה: **ירום.** מלשון הרמה למעלה:

14 *[God] will break it as one breaks a potters' flask into fragments, He will have*
*no pity; there will not be found among the fragments a shard to scrape a burn-*
*ing coal from a fire or to scoop water from a cistern.*
15 *For thus said my Lord* HASHEM/ELOHIM, *the Holy One of Israel: 'In stillness*
*and peacefulness will you be saved, in quiet and in confidence will be your*
*might,' but you did not consent.* 16 *And you said, 'Not so! We will flee on a*
*horse,' therefore you will flee; and, 'We will ride upon swift animals,' therefore*
*your pursuers will be swifter.* 17 *One thousand [will flee] from the shout of one,*
*and from the shout of five you will [all] flee; until you will be left like a mast on*
*the top of a mountain and like a pole atop a hill.* 18 *Therefore,* HASHEM *will delay*
*in showing you grace, and therefore He will be aloof from showing you mercy.*

---

**14. וּשְׁבָרָהּ** — *[God] will break it.* He will break the wall of your false security (*Radak*).

**כְּשֵׁבֶר נֵבֶל יוֹצְרִים כָּתוּת לֹא יַחְמֹל וגו'** — *As one breaks a potters' flask into fragments, He will have no pity . . .* Just as the potter has no pity when he smashes a flask [for he can use the fine particles to mix into mortar (*Metzudos*)], God will have no pity when He destroys the wall — i.e., Egypt — upon which you depend (*Radak*).

**15-33.** Having castigated Israel's enemies and the Jews who choose to harbor false hopes instead of repenting, Isaiah now comforts his people and describes the bliss that awaits them if they heed his urgings.

**15. בְּשׁוּבָה וָנַחַת תִּוָּשֵׁעוּן בְּהַשְׁקֵט וּבְבִטְחָה תִּהְיֶה גְּבוּרַתְכֶם** — *In stillness and peacefulness will you be saved, in quiet and in confidence will be your might.* If you turn to God, you will be saved in *stillness and peacefulness,* without being compelled to wage war. You will dwell in your cities tranquilly and confidently, without need to rely on other nations, for God will fight your battles (*Radak;* see *Abarbanel*), *but you did not consent.*

Homiletically, the *Midrash* teaches that the ultimate salvation of Israel will be in the merit of the Sabbath, as it says, *In stillness* (בְּשׁוּבָה) and *peacefulness* (וָנַחַת) *will you be saved,* which alludes to the peacefulness of the Sabbath (*Vayikra Rabbah* 3:1). The nation would find security not in the assurances of Egypt, but in the faith that underlies the commandment of the Sabbath.

**וְלֹא אֲבִיתֶם** — *But you did not consent.* Often people of faith falter because they gradually assimilate into the prevailing mores of the time, and they do not have leaders concerned enough or great enough to inspire them and keep them strong. Israel has no such excuse. Isaiah was exceedingly great and he never tired of urging them to strengthen their faith and not be deluded by the military might of their sworn enemies and imagined friends. Israel heard the prophet, but *did not consent* to be persuaded.

**16. וַתֹּאמְרוּ לֹא־כִי עַל־סוּס נָנוּס** — *And you said, "Not so! We will flee on a horse."* We will connect with the kings of Egypt and import swift horses with which to flee from the enemy (*Rashi*) and be saved (*Malbim*). Then, when the enemy leaves, we will return to our land (*Radak*).

Alternatively, נָנוּס is from the word נֵס, *banner,* rather than the root נסה, *flee.* Accordingly, the phrase is rendered, *We will raise ourselves up like a banner with the [Egyptian] horses* (*R' Yonah,* cited by *Ibn Ezra; Abarbanel*).

**עַל־כֵּן תְּנוּסוּן** — *Therefore you will flee.* You will indeed flee on your treasured Egyptian horses, but your flight will not save you from your enemies, for *your pursuers will be swifter* (*Radak*).

According to the alternative rendition above (נָנוּס, *we will raise ourselves like a banner*), *you will flee* is a play on words [תְּנוּסוּן and נָנוּס] (*Metzudos*).

Isaiah concludes the description of the ordained punishment with a description of the totality of defeat:

**17. אֶלֶף אֶחָד מִפְּנֵי גַּעֲרַת אֶחָד** — *One thousand [will flee] from the shout of one.* Many will flee in the face of a few (*Radak*). Isaiah echoes Moses, who said that Israel will be so demoralized that a lone enemy soldier will pursue a thousand Jews (*Deuteronomy* 32:30). Alternatively, the Jewish officer in charge of a thousand men will flee from the shout of one of the enemy (*Ibn Ezra*).

**עַד אִם־נוֹתַרְתֶּם כַּתֹּרֶן עַל־רֹאשׁ הָהָר וְכַנֵּס עַל־הַגִּבְעָה** — *Until you will be left like a mast on the top of a mountain and like a pole atop a hill.* This is a metaphor for the very few who will remain in their place after everyone else flees in panic. They will stand out like a lone mast or a lone pole on a high elevation (*Radak*). They will be the few in Jerusalem [and the kingdom of Judah (*Abarbanel*)] who did not descend to Egypt.

**18. וְלָכֵן . . .** — *Therefore . . .* Because you were not willing to obey the teaching of God, He will not hasten to show you grace or *mercy.* Instead He will bring the retribution decreed upon you (*Rashi*). Grace and mercy will come eventually, but not for a long time (*Malbim*).

Alternatively, the prophecy concludes by stating that God punishes only to compel people to repent, and He awaits, as it were, the opportunity to show them *grace* and *mercy.* According to this interpretation, יְחַכֶּה is rendered *will wait,* rather than *will delay,* and יָרוּם is rendered *shall be raised up,* rather than *will be aloof.* Accordingly, the verse reads: *Therefore,* HASHEM *will* **wait** *to show you grace, and therefore He will be* **raised up by** *showing you mercy* (*Abarbanel;* see *Targum*).

יט כִּֽי־אֱלֹהֵ֤י מִשְׁפָּט֙ יְהֹוָ֔ה אַשְׁרֵ֖י כָּל־ח֥וֹכֵי לֽוֹ׃ כִּי־עַם֙ בְּצִיּ֣וֹן יֵשֵׁ֔ב בִּירֽוּשָׁלָ֖͏ִם בָּכ֣וֹ
כ לֹֽא־תִבְכֶּ֗ה חָנ֤וֹן יָחְנְךָ֙ לְק֣וֹל זַעֲקֶ֔ךָ כְּשָׁמְעָת֖וֹ עָנָֽךְ׃ וְנָתַ֨ן לָכֶ֧ם אֲדֹנָ֛י לֶ֥חֶם צָ֖ר וּמַ֣יִם
כא לָ֑חַץ וְלֹֽא־יִכָּנֵ֥ף עוֹד֙ מוֹרֶ֔יךָ וְהָי֥וּ עֵינֶ֖יךָ רֹא֥וֹת אֶת־מוֹרֶֽיךָ׃ וְאָזְנֶ֙יךָ֙ תִּשְׁמַ֣עְנָה דָבָ֔ר
כב מֵאַחֲרֶ֖יךָ לֵאמֹ֑ר זֶ֤ה הַדֶּ֙רֶךְ֙ לְכ֣וּ ב֔וֹ כִּ֥י תַאֲמִ֖ינוּ וְכִ֥י תַשְׂמְאִֽילוּ׃ וְטִמֵּאתֶ֗ם אֶת־צִפּוּי֙

### רש"י

**כי אלהי משפט ה'.** ויפרע תחילה מן המורדים בו: **אשרי כל חוכי לו.** לנחמות אשר הבטיח, כי לא יפול דבר: **(יט) כי.** עוד ימים באים אשר ישאר להיות יושב בציון ובירושלים צדיק יהיה: **בכו לא תבכה.** לא תצטרך לבקש בקשה מאת הקדוש ברוך הוא בבכי, כי לקול זעקך יענך: **(כ) לחם צר ומים לחץ.** לא תהיו כרוכים אחר תענוגים כאשר אתם עתה; כמה שנאמר, הַשֹּׁתִים בְּמִזְרְקֵי יַיִן (עמוס ו, ו), הנה וְהִנֵּה שָׂשׂוֹן וְשִׂמְחָה (לעיל כב, יג): **ולא יכנף.** לא יתכסה ממך בכנף בגדיו, כלומר, לא יסתיר ממך פניו: **מוריך.** הקדוש ברוך הוא, המלמדך להועיל: **(כא) ואזניך תשמענה וגו'.** לא כמו שאתם עושים עתה, שאתם מואסים בדברו ואומרים, לֹא תֶחֱזוּ לָנוּ נְכֹחוֹת (לעיל פסוק י), כי אם אזניך יהיו נטויות אף אחריך לשמוע דבר מאתי, אולי יבא נביא ויורך דרך ללכת בין ימין ובין שמאל:

### רד"ק

**כי אלהי משפט ה'.** ולא יספה הצדיקים עם הרשעים: **אשרי כל חוכי לו.** כי הם יוצלו: **(יט) כי עם בציון ישב.** לא כשאר ערי יהודה שנתפשו ביד מלך אשור בעבור שלא היו חוסים באל: **בירושלם בכה לא תבכה.** אתה, העם אשר בירושלם שלא יצאתם ממנה לבקש עזר ממצרים, בכה לא תבכה כמו שבוכים האחרים שנתפסו, כי האל יחנך לקול זעקך: **כשמעתו ענך.** כאשר שמע זעקך ענה אותך. וזהו שקרא חזקיהו בגדיו והתכסה בשק, ובא בית ה' והתפלל שם וענה אותו האל על ידי ישעיהו הנביא, ואמר אל תירא מפני הדברים אשר שמעת וגו': **(כ) ונתן לכם ה'.** המפרשים פירשו כמו ואם נתן; כמו, כִּי אֵינְךָ יוֹצֵא (שמואל־ב יט, ח), שפירושו כי אם אינך יוצא; וְצָמַת וְהָלַכְתְּ (רות ב, ט), ואם צמית והלכת והדומים להם. ויהיה לזה הפירוש וי"ו ולא יכנף כפ"א רפ"א בלשון ישמעאל. אמר אם עד עתה נתן לכם לחם צר ומים לחץ, לא יהיה עוד זה כי לא יכנף עוד מוריך. ויהיה מוריך כמו מטרך מן יוֹרֶה וּמַלְקוֹשׁ (דברים יא, יד). ופירוש לא יכנף לא יאסף ולא יעצר, והדומה לו בדברי רבותינו זכרונם לברכה (יומא נא, א), כנופיא לאסיפת העם ולעצירתם. ואז בימי חזקיהו היה להם בצורת ובשר להם אותה בשבע; כמו שאמר, אָכוֹל הַשָּׁנָה סָפִיחַ וּבַשָּׁנָה הַשֵּׁנִית סָחִישׁ וּבַשָּׁנָה הַשְּׁלִישִׁית זִרְעוּ וְקִצְרוּ (מלכים־ב יט, כט). או פירוש ולא יכנף; לא ירחף בכנף הארץ. כלומר, לא יהיה רחוק מכם המטר, אלא קרוב שיהיו עיניכם רואות תמיד. ויש לפרש מוריך מן וְלֹא שָׁמַעְתִּי בְּקוֹל מוֹרָי (משלי ה, יג). ואמר זה על חזקיהו, ואם יו"ד מוריך לרבים יהיה חזקיהו ושריו. רצונו לומר, שלא ישלח שלוחים בכנף הארץ כמו שעשה אחז, ששלח למלך אשור לעזור לו במלחמת רצין ופקח, אבל חזקיהו יהיה בטוח במקומו ולא יצטרך אל עזר אדם, ועיניך יראו אותו תמיד בירושלם שיורה אותך הדרך הטובה והישרה. ויונתן פירש הפסוק על מחנה אשור, שתרגם הפסוק כן, וִיהַב לְכוֹן ה' נִכְסֵי סַנְאָה וגומר, ונכון הוא פירושו: **ומים לחץ.** בא בסמיכות עם המ"ם, כמו מ"ם ברכים: **(כא) ואזניך.** אפילו יקרא אותך המורה מאחריך, ויאמר לך זה הדרך לכו בה, תשמענה אזניך ותקשבנה, כל שכן כשיורה אותך פנים בפנים. רצונו לומר, שיהיו דורו של חזקיהו בימים ההם חפצים לשמור התורה והמצות ושומעים לקול מוריהם אפילו יקראו אותה מאחריהם: **כי תאמינו וכי תשמאילו.** כשתרצו להטות אל הימין או אל השמאל לא תעשו, אלא הדרך הישר נגד עיניכם לכו בה, לא תטו ימין ושמאל ממצות התורה. ותאמינו, כמו כי מימינו, האל"ף תמורת היו"ד: **(כב) וטמאתם.** כשידבר כנגד העם ידבר פעם לשון יחיד דרך כלל ופעם לשון רבים דרך פרט. ופירוש וטמאתם תתנו אותו כמו טמא. כי כן אמר חזקיה על הפסילים שעשה אחז אביו; אמר ללוים, וְהוֹצִיאוּ אֶת הַנִּדָּה מִן הַקֹּדֶשׁ (דברי הימים־ב כט, ה); ואמר, וַיּוֹצִיאוּ אֵת כָּל הַטֻּמְאָה אֲשֶׁר מָצְאוּ בְּהֵיכַל ה' (שם פסוק טז); ואמר, וַיְקַבְּלוּ הַלְוִיִּם לְהוֹצִיא לְנַחַל קִדְרוֹן חוּצָה (שם). והנדה והטומאה הם הפסילים והמסכות:

### מצודת דוד

**כי אלהי משפט ה'.** ולכן יפרע תחלה מן המורדים בו: **אשרי וכו'.** אבל אשרי לכל המקוים לו לנחמות אשר הבטיח, כי לא יפול דבר: **(יט) כי עם בציון.** עוד ימים באים אשר העם הנשאר בציון והעם אשר ישב בירושלים לא יצטרכו לשאול בקשה מה בבכיה, כי יחון אותם לשמוע קול זעקתם ואם תהיה בזולת הבכי: **כשמעתו.** מיד כשישמע את קול יענה לך: **(כ) ונתן וכו'.** רצה לומר המקום יתן בלבבכם להסתפק בלחם צר ומים לחץ כאלו דחוק לכם הלחם והמים, ולא תהיו שטופים אחר התענוגים כמו עתה: **ולא יכנף עוד מוריך.** הקדוש ברוך הוא המלמדך להועיל, לא יסתיר פנים ממך. ואחז במשל, כאדם המכסה פניו בכנף בגדו שלא יראוהו: **והיו עיניך.** כשלא יסתיר פניו, אם כן יהיו עיניך רואות אותו. רצונו לומר, תוכל לשאול כל צרכיך, כי ימלא משאלותיך: **(כא) ואזניך וכו'.** לא כמו שאתם מואסים עתה בדברי, ותאמרו לא תחזו לנו נכוחות, כי אז תהיינה אזניך נטויות לאחורך, ולשמוע דבר מאתי אשר יאמר זה הדרך לכו בו: **כי תאמינו.** בין כשתרצו ללכת אל הימין, בין אל השמאל, תהיו תאבים לשמוע דבר ה', אם נכון הדבר: **(כב) וטמאתם וכו'.** רצה לומר, בעיניכם יהיה טמא צפוי, פסילי הכסף וחגורת מסכת הזהב:

### מצודת ציון

**חוכי.** ענין תקוה: **(כ) צר לחץ.** פתרון אחד להם מענין דחק: **יכנף.** מלשון כנף בגד והוא קצות הבגד: **מוריך.** מלמדך; וכן, יוֹרֶה דֵעָה (לעיל כח, ט): **(כא) תאמינו.** מלשון ימין, ובאה האל"ף במקום היו"ד: **(כב) צפוי.** ענין חפוי וכסוי:

---

**כִּי־אֱלֹהֵי מִשְׁפָּט ה'** — *For HASHEM is a God of justice,* therefore He will first punish those who rebel against Him (*Rashi*). Alternatively, He will not destroy the righteous together with the wicked (*Radak*).

According to *Abarbanel,* cited above on this verse, the very same justice that demands punishment for the rebels requires mercy for the repentant.

**אַשְׁרֵי כָּל־חוֹכֵי לוֹ** — *Praiseworthy are those who yearn for Him.* Praiseworthy are those who yearn for the promised consolations, for they will all come true (*Rashi*), or, those who yearn will be saved (*Radak*). According to *Abarbanel,* praiseworthy are those who repent and do not lose hope.

**19-32.** The chapter ends with a comforting prophecy of a glorious future at the End of Days. According to other commentators, including *Abarbanel,* the prophecy refers to the miracle that saved Hezekiah's kingdom from Sennacherib. Accordingly, it is a rebuke to the Ten Tribes. They refused to repent, so they were exiled. Hezekiah and his people had faith in Hashem, so they were saved.

**19. כִּי־עַם בְּצִיּוֹן יֵשֵׁב בִּירוּשָׁלָםִ** — *For a people will dwell in Zion, in Jerusalem.* The time will come, at the End of Days (*Radak*), when those who remain in Zion and Jerusalem will all be righteous (*Rashi*).

Others hold that the prophecy refers to King Hezekiah

*Another prophecy about the End of Days*

*For HASHEM is a God of justice; praiseworthy are those who yearn for Him.*
*[19] For a people will dwell in Zion, in Jerusalem. You will not have to*
*weep; He will surely show you grace at the sound of your outcry; when*
*He hears, He will answer you. [20] The Lord will give you meager bread and*
*scant water; your Teacher will no longer be hidden behind His garment, and*
*your eyes will behold your Teacher. [21] And your ears will listen to a word*
*spoken from behind you, saying, 'This is the path; walk in it, whether you*
*go to your right or to your left.' [22] You will contaminate the coating of your*

---

and his followers who dwelled in Jerusalem and maintained their faith in God, while others turned to Egypt. Isaiah contrasts their lot with that of the dwellers of Shomron, capital of the Northern Kingdom, who turned to Egypt and were conquered by Assyria. Hezekiah and his people were saved miraculously from the massive army of Sennacherib, king of Assyria (*Ibn Ezra; Abarbanel; Malbim*).

**בָּכוֹ לֹא־תִבְכֶּה חָנוֹן יָחְנְךָ לְקוֹל זַעֲקֶךָ כְּשָׁמְעָתוֹ עָנָךְ** — *You will not have to weep; He will surely show you grace at the sound of your outcry; when He hears, He will answer you.* The translation follows *Rashi,* who understands these verses as relating to the End of Days (see above). Others understand it as a contemporary prophecy, about the time of Hezekiah. Accordingly: *You* who did not desert Jerusalem *will not have to weep,* as the others did when they were captured, for *He will surely show you grace at the sound of your outcry.* And, indeed, when King Hezekiah rent his garments and went to the Temple to pray, Hashem sent the prophet Isaiah, who told Hezekiah not to be frightened [see *II Kings* 18:1-7] (*Radak*).

**20. וְנָתַן לָכֶם אֲדֹנָי לֶחֶם צָר וּמַיִם לָחַץ** — *The Lord will give you meager bread and scant water.* At the End of Days, You will stop craving a hedonistic lifestyle, as you do now, and be content with simple necessities (*Rashi*). Alternatively, צָר is rendered as *enemy,* rather than meager, and לָחַץ is rendered *oppressor.* Accordingly, *The Lord will give you the bread of your enemy and the water of your oppressor* (*Mahari Kara*).

*Radak* explains the verse, in light of his above-cited interpretation that Isaiah's prophecy was directed to his contemporaries. Isaiah says that there will no longer be a drought that will force people to subsist on meager bread and scant water, as was the case in the early days of Hezekiah's reign.

**וְלֹא־יִכָּנֵף עוֹד מוֹרֶיךָ** — *Your Teacher will no longer be hidden behind His garment.* The Holy One, Blessed is He, Who instructs you for your benefit (see below 48:17), will not hide His countenance from you [at the End of Days] (*Rashi;* see *Shaarei HaLeshem I* 7:3).

According to *Radak* and the others who explain this phrase as applying to Isaiah's contemporaries, one or both of the key words of this phrase would be rendered differently. They understand יִכָּנֵף to be a cognate of כַּנְפוֹת הָאָרֶץ (11:12), *the corners of the earth,* meaning *thrown far* (*Ibn Ezra*), or *be distant* (*Radak*), and מוֹרֶיךָ to be a cognate of יוֹרֶה , a form of rain (*Radak, Malbim*). Accordingly, Radak's second rendering is, *The rain will no longer be distant from you,* as it was during the earlier years of famine in Hezekiah's time. Rather, *your eyes will* constantly *behold* it.

*Ibn Ezra* and *Radak* (third explanation) explain that *your teacher,* Hezekiah, who taught you the correct path, will not be distanced from you; rather, *your eyes will behold your teacher* in Jerusalem

Homiletically, the Talmud (*Sotah* 49a) states: "Whoever studies Torah in poverty has his prayers answered, as verse 19 states: *He will surely show you grace at the sound of your outcry. When He hears, He will answer you.* And our verse states: *The Lord will give you meager bread and scant water.* R' Abahu says that this refers to a person who continues to study Torah even in privation. Such a person is given his fill from the very Glory of the *Shechinah* [i.e., he studies Torah directly from God (*Shelah, Devarim, Eikev* 5], as our verse says *and your eyes will behold your Teacher.*

*R' Hirsch* interprets that Isaiah was giving his people hope for the spiritual survival of future exiles. In times of spiritual famine, the Sages would be the *bread* and *water* of the nation, and they would make their teaching and succor available to all, so that *your eyes will behold your teacher* (*Collected Writings,* Vol. 4, p. 214).

**21. וְאָזְנֶיךָ תִּשְׁמַעְנָה דָבָר מֵאַחֲרֶיךָ** — *And your ears will listen to a word spoken from behind you.* Unlike your present scornful attitude toward the word of God (vv. 10-11), at the End of Time you will be so anxious to obey Him that you will avidly heed even a prophecy that was addressed to someone else, and you overhear it *spoken behind you* (*Rashi*). *Radak* explains similarly, but refers it to the generation of Hezekiah. They will be so anxious to keep the Torah and the commandments that they will listen to their teachers even when spoken to from behind.

Alternatively, unlike those mentioned above (vv. 10-11), who tell the prophets what to say, the new generation of penitents are different. Even if they are on the way to sin, if they hear from behind, "*This is the path, walk in it, whether you go to your right or to your left,*" they will obey (*Mahari Kara*).

In an inspiring expression of hope for those who seem to be very far from any hope of repentance, *Shem MiShmuel* notes the teaching that every day a Heavenly voice calls out from Mount Sinai in anguish that people are insulting the Torah by ignoring it (*Avos* 6:2). But why does no one hear the voice? He explains that confirmed sinners may be deaf to the voice, but deep in their subconscious there is still a desire to unite with God. If something happens to arouse them, they *will* hear the voice and hasten to repent. As our verse assures, their *ears will listen to the sound.*

כג פְּסִילֵי כַסְפֶּךָ וְאֶת־אֲפֻדַּת מַסֵּכַת זְהָבֶךָ תִּזְרֵם כְּמוֹ דָוָה צֵא תֹּאמַר לוֹ: וְנָתַן
מְטַר זַרְעֲךָ אֲשֶׁר־תִּזְרַע אֶת־הָאֲדָמָה וְלֶחֶם תְּבוּאַת הָאֲדָמָה וְהָיָה דָשֵׁן
כד וְשָׁמֵן יִרְעֶה מִקְנֶיךָ בַּיּוֹם הַהוּא כַּר נִרְחָב: וְהָאֲלָפִים וְהָעֲיָרִים עֹבְדֵי הָאֲדָמָה
כה בְּלִיל חָמִיץ יֹאכֵלוּ אֲשֶׁר־זֹרֶה בָרַחַת וּבַמִּזְרֶה: וְהָיָה | עַל־כָּל־הַר גָּבֹהַּ וְעַל
כו כָּל־גִּבְעָה נִשָּׂאָה פְּלָגִים יִבְלֵי־מָיִם בְּיוֹם הֶרֶג רָב בִּנְפֹל מִגְדָּלִים: וְהָיָה אוֹר־
הַלְּבָנָה כְּאוֹר הַחַמָּה וְאוֹר הַחַמָּה יִהְיֶה שִׁבְעָתַיִם כְּאוֹר שִׁבְעַת הַיָּמִים

### רש"י

**(כב) אפדת.** נוי: **כמו דוה.** יהיו מאוסים בעיניך כנדה: **(כג) ונתן.** הקדוש ברוך הוא את מטר זרעך: **ושמן.** לשון דבר שמן, ואינו לשון שמן; לפיכך טעמו למטה ונקוד קמץ: **כר נרחב.** עד שיהיו הכרים שמנים ורחבים: **כר.** כבש. לשון אחר, מישור נרחב, כמו (בראשית יג, י), כִּכַּר הַיַּרְדֵּן, וכמו (ויקרא כג, יד), כַּרְמֶל, כר שהוא מלא תבואה: **(כד) והאלפים.** שוורים: **בליל חמיץ.** כמו (איוב ו, ה), עַל בְּלִילוֹ. קשין ותבן מחומצין ומחוזקין בתבואה שבתוכם יאכלו: **אשר זורה.** התבואה פעמיים, אחת ברחת ואחת במזרה, כדי לנקות התבואה. לפיכך יהיה התבן בלול בתבואה שזורה במזרה אצל הקשין. רחת פיל"א בלע"ז, מזרה יו"ן בלע"ז. ומדרש אגדה (תנחומא משפטים יז), בליל לשון בלול, שיהא האוכל בלול בתבן: **(כה) יבלי מים.** נהרי מים, כמו (ירמיה יז, ח), וְעַל יוּבַל יְשַׁלַּח שָׁרָשָׁיו: **ביום הרג רב.** שיהא טבח גדול (בארץ אשור). יונתן תרגם, בְּיוֹם קְטוֹל רַב בְּמִיפַל רַבְרְבִין: **(כו) שבעתים כאור שבעת הימים.** שבעתים, שבע שבעיות כאור של שבעת הימים, הרי ארבעים ותשע שביעיות העולים לשלש מאות וארבעים ושלשה:

### רד"ק

**אפדת.** כמו, וְחֵשֶׁב אֲפֻדָּתוֹ (שמות כח, ח). כתרגומו ענין תקון: **תזרם.** תזרם למקום רחוק: **כמו דוה.** כמו הנדה שתשב במקום רחוק מבעלה בימי נדת דותה: **צא תאמר לו.** תאמר לפסל צא חוצה. ויש מפרשים צא, כמו צואה, ותשלכנו לחוץ, וכן הוא במסרה לית לשון טנוף, (כג) ונתן. יתן לך האל מטר לצורך זרעך אשר תזרע, וכן יתן לך לחם תבואת האדמה כי לא יבא בו שדפון וירקון ולא יאכלנו הארבה, ועוד יהיה לחם ארצך דשן ושמן וגם מקנך ירעה כמו כן: **כר נרחב.** כי הכל יהיה מלא תבואה וירעה המקנה ברחב, כר הוא מקום מרעה: **ומקניך.** כתוב ביו"ד, אפשר שהוא לרבים, או הוא תמורה למ"ד הפעל: **(כד) והאלפים.** השורים; כמו, שְׁגַר אֲלָפֶיךָ (דברים ז, יג): **והעירים.** הם עולי החמורים: **עובדי האדמה.** שעובדים בהם האדמה: **בליל חמיץ יאכלו.** מרוב התבואה שיהיה להם יאכילו השורים והחמורים המספא הנקי שינקו אותה להם, ויזרו ויבררו כמו החטים למאכל האדם: **בליל.** הוא המספוא; כמו, אִם יִגְעֶה שּׁוֹר עַל בְּלִילוֹ (איוב ו, ה): **חמיץ.** נקי לפי ענינו, וגם יש לו דומה בלשון ערבי. ויונתן תרגם בליל, מְפַטֵּם: **זורה.** בינוני, משלא נזכר פעלו מן הדגוש לפירוש הוא בסגול: **ברחת.** רחת מן רוח, לפירוש שמזרין בה ומנקים הקש מן התבואה: **(כה) והיה.** לענין שאמר שיתן מטר על פני האדמה, אמר כל כך יהיה שפע המים עד שההרים והגבעות יבאו בהם מים, ויהיה זה ביום הרג רב, בנפול מגדלים: **ביום.** כמו בעת; כמו, בְּיוֹם הַכֹּתִי כָל בְּכוֹר (שמות ג, יג), יוֹם צָעַקְתִּי בַלַּיְלָה נֶגְדֶּךָ (תהלים פח, ב), וכן כל ביום ההוא שאומר על עתידה: **הרג רב.** הוא מה שהכה האל במחנה אשור, כי אחר כן ברכם האל ליושבי ירושלים ויהודה בכל טוב. ופירוש בנפול מגדלים, שרים גדולים, וכן תרגם יונתן רַבְרְבִין; כמו שאומר, וַיַּכְחֵד כָּל גִּבּוֹר חַיִל וְנָגִיד... בְּמַחֲנֵה... אַשּׁוּר (דברי הימים־ב לב, כא): **(כו) והיה אור הלבנה.** רוב המפרשים פירשו פסוק זה לעתיד, ויש שפירשו כמשמעו ואיננו נכון. ויש שפירשו משל לרוב הטובה שתהיה לעתיד בימי המשיח, וכן הוא. אבל יתכן לפרשו גם כן משל בימי חזקיהו, שיהיה להם טובה רבה אחרי מות מחנה אשור והתשועה ממנו היתה גדולה. וכמו שקורא הצרה חשך ואפלה, כמו שאומר, שֶׁמֶשׁ וְיָרֵחַ קָדָרוּ וְכוֹכָבִים אָסְפוּ נָגְהָם (יואל ב, י), והפסוקים הדומים להם לזה, כך יקרא התשועה אורה; כמו שאומר, לַיְּהוּדִים הָיְתָה אוֹרָה וְשִׂמְחָה (אסתר ח, טז). לא שהוסיף לכם אור השמש ואור הלבנה, אלא הישועה היא האורה. וכן, לֹא יָבוֹא עוֹד שִׁמְשֵׁךְ וִירֵחֵךְ לֹא יֵאָסֵף (לקמן ס, כ), והדומים לזה. ושבעתים, רצונו לומר אורות גדולות רבות; כמו, שִׁבְעָתַיִם יֻקַּם קָיִן (בראשית ד, כד), רצונו לומר נקמות רבות, לא שני פעמים שבעה לבד, כי חשבון שבע ושבעה יבא להגדיל החשבון; כמו, שֶׁבַע יִפּוֹל צַדִּיק וָקָם (משלי כד, טז), שֶׁבַע כְּחַטֹּאתֵיכֶם (ויקרא כו, כא), והדומים להם: **כאור שבעת הימים.** דרך משל כאלו אור שבעת ימי השבוע יהיו כאחד, בתוספת האחד על חברו:

### מצודת דוד

**תזרם כמו דוה.** תפזרם ותזרקם למרחוק, כמו הנדה היושבת רחוק מבעלה בימי נדת דותה: **צא תאמר לו.** תאמר עליו צא חוצה; וכן אמר חזקיה, וְהוֹצִיאוּ אֶת הַנִּדָּה מִן הַקֹּדֶשׁ (דברי הימים־ב כט, ה), ועל הפסל אמר: **(כג) ונתן מטר זרעך.** האל יתן מטר לצורך זרעך וכו׳, וכן יתן לך לחם תבואת האדמה, כי לא יבוא שדפון וירקון ולא יאכלנו הארבה: **והיה דשן ושמן.** ארצך תהיה דשן ושמן לגדל פירות משובחים: **ירעה.** כל אחד ממקניך ירעה במרעה טובה, עד שכל אחד מהכרים יהיה רחב ובעל בשר: **(כד) עובדי האדמה.** כי בהם חורשים השדה לזריעה: **בליל חמיץ יאכלו.** מאכלם יהיה תבואה בלולה במוץ המחוזק ברב תבואה: **אשר זורה.** רצונו לומר, יחזקו המוץ בתערובות תבואה נקיה אשר זורה ברוח על ידי הרחת ובמזרה להסיר הפסולת. כי מרוב הברכה יאכילו גם לבהמות תבואה נקיה: **(כה) והיה על כל הר גבוה ועל כל גבעה וכו׳, פלגים.** מרוב המטר: **ביום הרג רב.** כל זה הטובה יהיה בעת שיהיה הרג רב במחנה אשור על ידי המלאך המכה בם: **בנפול מגדלים.** באבדן השרים הגדולים שבהם: **(כו) כאור החמה.** תבהיק אורה כמו אור החמה: **יהיה שבעתים כאור וכו׳.** יהיה שבעה פעמים ככה, וחזר ופירש שיהיה כאור שבעת הימים ביחד. והוא ענין משל על רוב הטובה, כלפי שנאמר ביום רעה, שֶׁמֶשׁ וְיָרֵחַ קָדָרוּ (יואל ב, י):

### מצודת ציון

**אפדת.** חגורה; כמו, וְאָפַדְתָּ לוֹ בְּחֵשֶׁב הָאֵפֹד (שמות כט, ה): **מסכת.** פסל הניצוק ממתכת; וכן, אֱלֹהֵי מַסֵּכָה (שם לד, יז): **תזרם.** ענין פזור למרחוק; וכן, וְזֵרֶה הָלְאָה (במדבר יז, ב): **דוה.** כן תקרא הנדה, כמו שכתוב, כִּימֵי נִדַּת דְּוֹתָהּ (ויקרא יב, ב): **(כג) דשן.** ענינו כמו שמן: **כר.** כבש שמן; וכן, שִׁלְחוּ כַר (לעיל טז, א): **(כד) והאלפים.** השוורים; כמו, שְׁגַר אֲלָפֶיךָ (דברים ז, יג): **והעירים.** כן יקראו החמורים עודם קטנים: **בליל.** מלשון בלבול וערבוב: **חמיץ.** מלשון חמץ, ורצונו לומר מחוזק כדבר המחמץ: **זורה.** ענין פזור התבואה מול הרוח להפריח הפסולת; וכן, זֹרֶה אֶת־גֹּרֶן (רות ג, ב): **ברחת.** שם כלי שזורין בו התבואה, ונקרא כן לפי שמניפין אותו אל הרוח: **ובמזרה.** גם הוא שם כלי עשוי לזרות בו התבואה: **(כה) פלגים.** אמות המים המתפלגים ומתפרדים אילך ואילך: **יבלי מים.** גם הוא מענין פלגים; כמו, וְעַל יוּבַל יְשַׁלַּח שָׁרָשָׁיו (ירמיה יז, ח) וכפל המלה בשמות נרדפים; וכן, אַדְמַת עָפָר (דניאל יב, ב):

*silver graven idols and the embellishment of your golden molten im-
ages; you will cast them away like someone unclean; you will tell it,
'Be gone!'*
23 *[God] will give rain for your seed that you will sow in the ground, and
bread from the produce of the ground; it will be rich and fat; your livestock
will graze in a broad pasture on that day.* 24 *The oxen and the young don-
keys that work the land will eat enriched fodder, which has been winnowed
with a shovel and a fan.* 25 *On every high mountain and on every exalted hill
there will be pools, rivulets of water, on the day of the great killing, when
great ones fall.* 26 *The light of the moon will be like the light of the sun, and
the light of the sun will be seven times as strong, like the light of seven days,*

---

**22. וְטִמֵּאתֶם אֶת־צִפּוּי פְּסִילֵי כַסְפֶּךָ וְאֶת־אֲפֻדַּת מַסֵּכַת זְהָבֶךָ תִּזְרֵם כְּמוֹ דָוָה** — *You will contaminate the coating of your silver graven idols and the embellishment of your golden molten images; you will cast them away like someone unclean.* Idols and their embellishments have the same status of ritual impurity as a person who experienced an impure bodily flow (*Mahari Kara;* see *Shabbos* 82a). Indeed, when King Hezekiah ordered the Levites to remove the idols made by his father, Ahaz, Scripture (*II Chronicles* 29:2) refers to the idols as הַטֻּמְאָה, *the impure* (*Radak*).

**23. וְנָתַן מְטַר זַרְעֲךָ אֲשֶׁר־תִּזְרַע אֶת־הָאֲדָמָה** — *[God] will give rain for your seed that you will sow in the ground,* as the Torah promises (*Deuteronomy* 11:13-14): *If you hearken to My commandments . . . then I shall provide rain for your land in its proper time.* This will be in contrast to the earlier, sinful state of the people (described above), about which the Torah warned (ibid. 16-17): *Lest your heart be seduced and you turn astray and serve gods of others . . . He will restrain the heaven so that there will be no rain and the ground will not yield its produce . . .* (*Malbim*).

**יִרְעֶה מִקְנֶיךָ בַּיּוֹם הַהוּא כַּר נִרְחָב** — *Your livestock will graze in a broad pasture on that day.* The translation *broad pasture* follows *Rashi, Ibn Ezra, Radak, Mahari Kara.* Alternatively, the livestock itself will be broad and fat from the abundance of produce (*Rashi,* first explanation; *Abarbanel*).

**24. בְּלִיל חָמִיץ יֹאכֵלוּ אֲשֶׁר־זֹרֶה בָרַחַת וּבַמִּזְרֶה** — *Will eat enriched fodder, which has been winnowed with a shovel and a fan.* [There will be so much grain (*Abarbanel*) that] the fodder will be very clean and rich [with all the straw winnowed out; *Radak*] (*Rashi*), and it will fatten your livestock (*Targum*).

**25. וְהָיָה עַל־כָּל־הַר גָּבֹהַּ וְעַל כָּל־גִּבְעָה נִשָּׂאָה פְּלָגִים יִבְלֵי־מָיִם** — *On every high mountain and on every exalted hill there will be pools, rivulets of water.* There will be so much water that even on high mountains and exalted hills [including Jerusalem; *Abarbanel*], from which water generally flows down to pools in lower areas, there will be pools and rivulets (*Ibn Ezra, Radak, Malbim*).

**בְּיוֹם הֶרֶג רָב** — *On the day of the great killing,* i.e., a great killing among the nations who oppose Israel at the End of Days (*Mahari Kara*), or to the mass death of the Assyrian army of Sennacherib in the days of Hezekiah (*Radak, Abarbanel*).

**בִּנְפֹל מִגְדָּלִים** — *When great ones fall.* מִגְדָּלִים is from the root גדל, *great.* It refers to high officers (*Targum, Radak, Abarbanel*). Alternatively, it is the plural of מִגְדָּל, *fortified tower* (*Mahari Kara, Malbim*).

Even many of the above commentaries, which explain the above prophecy as referring to the downfall of Sennacherib, agree that the following verse refers to the future:

**26. וְהָיָה אוֹר־הַלְּבָנָה כְּאוֹר הַחַמָּה** — *The light of the moon will be like the light of the sun.* Metaphorically, just as at the End of Days, the moon will achieve its full brightness without being the reflection of the sun, people will not need any intermediary to achieve full understanding (*Akeidas Yitzchak* 28).

**וְאוֹר הַחַמָּה יִהְיֶה שִׁבְעָתַיִם** — *And the light of the sun will be seven times as strong.* The number seven in general, and שִׁבְעָתַיִם specifically, can be used to represent multiplicity, as in *Genesis* 4:15. This great increase in light can be understood metaphorically as referring to the bountiful beneficence in Messianic times. Alternatively, it refers to the great light of salvation that shone on Israel when Assyria was defeated (*Radak*).

Just as misfortune and exile are compared to darkness (see below 60:2), redemption is compared to great light (*Rambam, Abarbanel*). *Malbim* explains that the moon symbolizes the weaker "light" that God provides to Israel even in exile. As the Redemption begins to take shape, this light will become progressively brighter until the process of Redemption is complete. Then, *the light of the sun will be seven times as strong,* i.e., Israel will be suffused by brilliance and glory that far surpasses any concept we now have of Divine beneficence,

**כְּאוֹר שִׁבְעַת הַיָּמִים** — *Like the light of seven days,* i.e., like the light of the seven days of Creation, which was the purest supernal light (*Abarbanel* from *Zohar*). Just as that light shone brilliantly on the newly created world, so, too, the light of success will shine on a beautiful Messianic world so filled with bounty that it seems to be completely new (*Malbim*).

Alternatively, it refers to the light of the seven days of the inauguration of Solomon's Temple. This accords with the view (*Rambam, Radak, Abarbanel*) that the verse refers to the period after the defeat of Sennacherib.

כז בְּי֗וֹם חֲבֹ֤שׁ יהוה֙ אֶת־שֶׁ֣בֶר עַמּ֔וֹ וּמַ֥חַץ מַכָּת֖וֹ יִרְפָּֽא׃ הִנֵּ֤ה שֵׁם־יהוה֙
בָּ֣א מִמֶּרְחָ֔ק בֹּעֵ֣ר אַפּ֔וֹ וְכֹ֖בֶד מַשָּׂאָ֑ה שְׂפָתָיו֙ מָ֣לְאוּ זַ֔עַם וּלְשׁוֹנ֖וֹ כְּאֵ֥שׁ אֹכָֽלֶת׃
כח וְרוּח֗וֹ כְּנַ֤חַל שׁוֹטֵף֙ עַד־צַוָּ֣אר יֶֽחֱצֶ֔ה לַהֲנָפָ֥ה גוֹיִ֖ם בְּנָ֣פַת שָׁ֑וְא וְרֶ֣סֶן מַתְעֶ֔ה עַ֖ל
כט לְחָיֵ֥י עַמִּֽים׃ הַשִּׁיר֙ יִֽהְיֶ֣ה לָכֶ֔ם כְּלֵ֖יל הִתְקַדֶּשׁ־חָ֑ג וְשִׂמְחַ֣ת לֵבָ֗ב כַּֽהוֹלֵךְ֙ בֶּֽחָלִ֔יל
ל לָב֥וֹא בְהַר־יְהוָ֖ה אֶל־צ֥וּר יִשְׂרָאֵֽל׃ וְהִשְׁמִ֨יעַ יהוה אֶת־ה֜וֹד קוֹל֗וֹ וְנַ֤חַת זְרוֹעוֹ֙ יַרְאֶ֔ה
לא בְּזַ֣עַף אַ֔ף וְלַ֖הַב אֵ֣שׁ אוֹכֵלָ֑ה נֶ֥פֶץ וָזֶ֖רֶם וְאֶ֥בֶן בָּרָֽד׃ כִּֽי־מִקּ֥וֹל יְהוָ֖ה יֵחַ֣ת אַשּׁ֑וּר

**רש"י**

**(כז) שם ה'.** גבורתו, שתהא לו לשם מה שיעשה בסנחרב: **בא ממרחק.** להאמין מה שהבטיח זה ימים רבים: **משאה.** ה"א יתירה. ואינו אלא כמו משא, לפיכך נקודה רפי: **(כח) בנחל שוטף.** אשר העובר בו יחלה בו עד צוארו, שאין בו שום כח לעמוד בפני שטף המים: **להנפה.** להניף, אוונ"ר בלע"ז: **בנפת שוא.** לא להועיל להם, והם סבורים להועיל: **רסן.** פרומביא (קידושין כב, ב), פרינ"ק בלע"ז: **(כט) השיר יהיה לכם.** בליל הפסח תבא לכם שמחה זו: **כליל התקדש חג.** כמו שאמרתם שיר של הפסחים במצרים. ונראה מקרא זה כאילו בא ללמד על סנחרב, ולימד על פרעה שאמרו הלל בליל אכילת פסחים מדרש תהלים ( פרק א): **כהולך בחליל.** ותשמחו במפלת סנחריב כשמחת מביאי ביכורים, שהיה החליל מכה לפניהם לבוא בהר ה', כמו ששנינו במסכת בכורים (ג, ג): **(ל) ונחת זרועו.** אין זה לשון נוח, אלא לשון נוחת פושלמנ"ט בלע"ז, כמו, וַיָּנַח בְּכֹל גְּבוּל מִצְרָיִם (שמות י, יד). הנחת גבורתו יראה בלהב אש, שנשרפו אוכלוסי סנחריב: **נפץ.** לשון שיבור יותר: **וזרם.** קילוח מטר סוחף: **(לא) מקול ה' יחת אשור.** אזנים פתח להם ושמעו שירה מפי חיות ומתו באגדת חלק (סנהדרין צה, ב):

**רד"ק**

**ביום חבוש ה' את שבר עמו.** אם לעתיד ביום קבוץ גליות, או אחר מלחמת גוג ומגוג, ועליו יתפרש לזה הפירוש. הפסוק שלפני זה ביום הרג רב, שלא תהיה אחר המלחמה ההיא צרה בעולם, וכאלו יהיה כל העולם אורה. ואם בימי חזקיהו אחרי מות מחנה אשור. ולענין הפרשיות האלו לפני הפסוקים הבאים האלה ולאחריהם יראה הענין הזה בימי חזקיהו כמו שפירוש. וכן דעת הגדול רבינו משה מימון זכרונו לברכה. ופירוש כאור שבעת הימים, שבעת ימי חנכת שלמה: **(כז) הנה שם ה'.** שם ה' שחרפו מלאכי מלך אשור, הנה הוא בא להנקם ממנו. ומה שאמר ממרחק, לפי שהיה חושב מלך אשור כי האל הוא כאלו הוא במרחק ממנו ולא יוכל להרע לו, לפיכך אמר כי הנה הוא בא ממרחק: **בוער אפו.** שאפו בוער על מלך אשור ועל מחנהו: **וכובד משאה.** הה"א אינה כנוי לנקבה כי היא רפה. ואמר כובד משאה, כלומר כבד יהיה עליהם לסבול המשא הכבדה ההיא שישא האל עליהם: **שפתיו מלאו זעם.** ולשונו וגומר, כפל הענין במלות שונות ושפתיו ולשונו הם דברי הנבואה שהתנבא הנביא עליהם: **(כח) ורוחו.** ודבורו, וכן תרגום יונתן, וּמֵימְרֵיה, כמו שאמר שפתיו ולשונו, כן אמר ורוחו. או יהיה פירוש ורוחו, מלאכו, והוא המלאך שהכה במחנה אשור, יהיה להם כנחל שוטף שישטפה: **עד צואר יחצה.** כמו מי הנהר שהגיעו לאדם עד צוארו, שאין לו דרך לצאת מהם אלא יטבע בתוכה, או הוא קרוב להיות טובע. וכן מחנה אשור כמעט כלו כולם, כי לא נשארו אלא מעט כשעור הראש אצל הגוף: **להנפה גוים בנפת שוא.** מקור, כמו להניף. פירוש רוחו יבא להניף הגוים אשר במחנה אשור בהנפת שוא. ונפה היא הכברה שמניפין בה התבואה, ואותה אינה לשוא אלא לברר הבר מן התבן; אבל זאת הנפה שיניף האל בה הגוים תהיה נפת שוא, שלא ישמר בה דבר צורך אלא הכל ילך לשוא ולאבוד. ויהיה גם כן רוחו לעמים האלה כמו רסן מתעה, כי הרסן שמשימין בפי הבהמה הוא מישר הבהמה שתלך דרך ישרה למקום שרוצה הרוכב, אבל זה הרסן ישים האל על לחיי העמים להתעותם, לא לישרם, ויוליכם לאבדון: **(כט) השיר.** באותו היום שתהיה המגפה במחנה אשור, יהיה לכם יושבי ירושלים שיר ושמחה, כמו הלילה שמתקדש בו החג. והוא הלילה של חג ששמחים בו ואומרים בו שיר, כן יהיה לכם זה ביום מפלת מחנה אשור, שתשמחו ותשירו ותהללו לאל שעשה לכם נס גדול. והשיר הזה הוא בפה והשמחה היא בלב, לפיכך אמר ושמחת לבב. ואמר כהולך בחליל, כי ההולך בחליל באמת יש לו שמחת לבב. ואמר הולך, כי המחול הוא שהולכים רבים איש ביד חברו סביב סביב, והחליל מכה בתוכם: **לבא בהר ה'.** שיבאו בהר ה' שהוא בית המקדש לשיר ולהלל שם אל צור ישראל, שהיה צורם חזקם עם מלך אשור. ורבותינו זכרונם לברכה פירשו, כי בליל פסח היתה מגפת מחנה

**מצודת דוד**

**ביום חבוש.** זה הטובה יהיה בעת ירפא שברם ומכתם, רצונו לומר, אחר מפלת אשור שיהיה מכה בהם: **(כז) הנה שם ה'.** מפלת אשור שהוא שם גבורתו של המקום, הנה המפלה ההיא בא ממרחק. רצה לומר, מן השמים על ידי המלאך המכה בהם: **בוער אפו.** הבערת האף וכובד המשא העמוסה על אשור, בא ממרחק מן השמים: **שפתיו.** שפתי ה' והוא דברי הנבואה על מפלת אשור: **ולשונו וכו'.** כפל הדבר במילים שונות: **(כח) ורוחו.** רוח פיו הוא כנחל השוטף בחזקה המגיע עד הצואר, ושמה יחלקו את הגוף להיות מה ממעל למים ומה במים. ורצונו לומר, כמו שיש סכנה במים הבאים ושוטפים בשעור זה, כן יסתכנו מחנה אשור ויפלו: **להנפה גוים.** רוח ה' דבר להניף העמים אשר במחנה אשור בנפת שוא, כי הנפה היתה עשויה לברר הבר מן התבן, אבל הנפה הרעה שנקביה גסות אין בה תועלת כי הכל נופל דרך הנקבים. וכן מחנה אשור ינפו בנפת שוא, כי כולם יכלו ולא ישאר שארית: **ורסן מתעה.** כי הרסן ההושם על לחיי הבהמה, מיישרה להוליכה בדרך הישר לבל תתע, אבל הרסן שישים האל על לחיי העמים ההם להוליכם לירושלים, הרסן הזה יתעה אותם, כי ילכו לאבדון. רצונו לומר, המקום יתן בלבבם ללכת לירושלים לרע להם: **(כט) השיר יהיה לכם.** בעת יפלו מחנה סנחריב יהיה לכם שיר כמו השיר שהיה במצרים בלילה אשר התקדש להיות בו חג, והוא ליל פסח: **ושמחת לבב.** יהיה לכם שמחת לבב כשמחת מביאי בכורים, שהיה החליל מכה לפניהם לבוא בהר ה' הוא הר הבית: **(ל) והשמיע ה' וכו'.** אחז במשל מדרך בני אדם הנלחמים, שמרימים קול צווחה לאיים על שכנגדם: **ונחת זרועו.** הנחת זרועו להכות בהם יראה בקצף גדול ובלהב אש השורפת ובנפץ וזרם ואבן ברד. רצונו לומר, לא ישאר מהם שארית, כאלו הביא עליהם כל המכות הללו: **(לא) כי מקול ה'.** מגערת ה' ישבר אשור, כאלו הכה אותו בשבט המשבר:

**מצודת ציון**

**(כו) חבוש.** ענין כריכת מטלית על מקום השבר; כמו, וְלֹא חֻבָּשׁוּ (לעיל א, ו): **ומחץ.** ענין מכה ופצע; כמו, מָחַץ רֹאשׁ (תהלים קי, ו): **(כז) זעם.** כעס וקצף: **אוכלת.** שורפת: **(כח) ורוחו.** ענין דבור הבאה בהפחת הרוח: **שוטף.** ענין מהירות ההלוך: **יחצה.** ענין חלוקה; כמו, וְתֵחָץ לְאַרְבַּע רוּחוֹת הַשָּׁמָיִם (דניאל יא, ד): **להנפה.** להוליך ולהביא ולפזרה בתוך הנפה והוא כעין כברה. ובדברי רבותינו זכרונם לברכה, ונפה שמוציאה את הקמח (אבות ה, טו): **שוא.** רצונו לומר רעה: **ורסן.** היא מה שמוליכין הבהמה על ידו; כמו, בְּמֶתֶג וָרֶסֶן (תהלים לב, ט): **מתעה.** מלשון תועה: **לחיי.** הוא המקום שאצל העין: **(כט) התקדש.** מלשון קודש: **בחליל.** שם כלי נגון: **צור.** חוזק ומעוז: **(ל) הוד.** הדר ויופי: **ונחת.** מלשון הנחה: **בזעם אף.** כפל המלה בשמות נרדפים: **נפץ.** ענין רציצה עם הפזור; כמו, וְנָפוֹץ הַכַּדִּים (שופטים ז, יט): **וזרם.** ענין מרוצת המים: **ואבן ברד.** רצונו לומר, ברד קשה וכבד: **(לא) יחת.** ענין שבירה; כמו, חִתְּתָה קַשְּׁתוֹתָם (ירמיה נא, נו):

*on the day that HASHEM bandages the injury of His people and heals the*
*wound of His blow.*
*God's mighty vengeance*
[27] *Behold, the Name of HASHEM is coming from afar; His anger is flaring, and*
*the burden is heavy; His lips are full of rage and His tongue is like a consum-*
*ing fire.* [28] *His breath is like a raging stream that reaches up to the neck, to sift*
*the nations in a faulty sieve, and to be a diverting bridle upon the cheeks of*
*the nations.* [29] *The song will be yours like the night of the festival's consecra-*
*tion, and heartfelt gladness like one who walks with a flute, to come onto*
*the mountain of HASHEM, to the Rock of Israel.* [30] *HASHEM will make heard*
*the majesty of His voice, and He will show the potency of His arm, with rag-*
*ing anger and with the flame of a consuming fire, with smashing, torrent,*
*and hailstone.* [31] *For Assyria will become devastated by the voice of HASHEM,*

**רד"ק**

אשור, שנאמר השיר יהיה לכם כליל התקדש חג, שאומרים בו שירה והלל, זהו ליל הפסח: **(ל) והשמיע ה'.** כשבא מלאך ה', בא בקול רעם שהבהילם ויצאה נשמתם: **ונחת.** מתרגמינן וירד, וְנָחַת. ונחת הוא שם הירידה, רצונו לומר, שיוריד האל זרועו עליהם, רצונו לומר, מכתו: **ולהב אש אוכלה.** פירשו רבותינו זכרונם לברכה (מדרש ילמדנו, ילקוט תלמוד תורה אות מג), שרפת נשמה וגוף קיים כמו שפירשנו בפסוק ותחת כבודו יקד יקוד: **נפץ וזרם.** כאלו ירדו ברקים מנפצים ומשברים וזרם מטר ואבן ברד, כן יכלו במהרה: **(לא) כי מקול ה'.** בשבט יכה, האל יכה אותו בשבטו. או פירושו, אשור שהיה מכה בשבט, עתה יחת וישבר, שהרי קראו שבט; כמו שאמר, הוֹי אַשּׁוּר שֵׁבֶט אַפִּי (לעיל י, ה), וכן תרגם יונתן:

**בְּיוֹם חֲבֹשׁ ה' אֶת־שֶׁבֶר עַמּוֹ וּמַחַץ מַכָּתוֹ יִרְפָּא** — *On the day that HASHEM bandages the injury of His people and heals the wound of His blow.* Either the injuries and wounds suffered at the hands of the Assyrians, or those to be healed by God after the war of Gog and Magog (*Ibn Ezra, Radak, Abarbanel*).

Isaiah turns to the downfall of Assyria:

**27. שֵׁם־ה'** — *The Name of HASHEM,* i.e., the fame that He will achieve from his might against Sennacherib (*Rashi*).

**שֵׁם־ה' בָּא מִמֶּרְחָק** — *The Name of HASHEM is coming from afar.* The *Name* blasphemed by the agents of the king of Assyria is *coming from afar* to avenge Himself. God is referred to as *coming from afar,* because Sennacherib thought Hashem's Presence was too far away to harm Assyria (*Radak*). According to *Abarbanel,* God's *Name,* i.e., His reputation, was established *from afar,* i.e., in ancient times, when He performed awesome miracles against Egypt at the time of the Exodus.

**בֹּעֵר אַפּוֹ וְכֹבֶד מַשָּׂאָה שְׂפָתָיו מָלְאוּ זַעַם וּלְשׁוֹנוֹ כְּאֵשׁ אֹכָלֶת** — *His anger is flaring, and the burden is heavy; His lips are full of rage and His tongue is like a consuming fire.* These are metaphors for God's great rage and the magnitude of His vengeance (*Abarbanel*).

**28. וְרוּחוֹ כְּנַחַל שׁוֹטֵף עַד־צַוָּאר יֶחֱצֶה** — *His breath is like a raging stream that reaches up to the neck.* When one is submerged up to his neck in a raging stream, he is powerless to withstand the sweeping current (*Rashi*). Similarly, the Assyrian camp was almost entirely annihilated, with only a small percentage remaining alive, a proportion similar to the ratio of the head to the rest of the body (*Radak*).

**לַהֲנָפָה גוֹיִם בְּנָפַת שָׁוְא** — *To sift the nations in a faulty sieve.* When they enter the sieve, they expect some to be held back and saved, but all will be let through and none will be saved (*Rashi, Radak*). Alternatively, נָפַת is also a *bridle* (rather than *sieve*), as in the continuation of the verse. A bridle keeps a horse going in the right direction, but *His breath* was a *faulty bridle* that directed them in the wrong direction (*Ibn Ezra*).

**29. הַשִּׁיר יִהְיֶה לָכֶם כְּלֵיל הִתְקַדֶּשׁ־חָג** — *The song will be yours like the night of the festival's consecration.* The night of the plague in the Assyrian camp will be to you, residents of Jerusalem, as happy and song filled as the first night of Passover, when *Hallel* was recited. Indeed, the death of the Assyrian camp occurred on the first night of Passover (*Rashi, Ibn Ezra*).

*Igra D'Pirka* offers an illuminating exposition on why the *song will be* **yours**, which implies that Israel will have an exclusive right to sing. Every part of Creation "sings" God's praises, by functioning as He ordained it to, as set forth in many of the Psalms/*Tehillim.* But when God supersedes nature and performs a miracle, for example, when the Sea of Reeds split or when Joshua commanded the sun not to set, they could not sing because they were not functioning normally. At such times, only Israel, the beneficiary of the miracles, could adequately praise God. In the Messianic Era all of Creation will be subservient to Israel and God's people will be superior to nature. During that longed-for era, the ability to sing God's praises will fall to Israel.

**. . . וְשִׂמְחַת לֵבָב כַּהוֹלֵךְ בֶּחָלִיל** — *And heartfelt gladness like one who walks with a flute. . .* People will stream to the Temple to sing songs of praise *to the Rock of Israel,* Who protected them against Assyria (*Radak*). Others relate the gladness at the downfall of Sennacherib to the flute playing in honor of those who brought *Bikkurim,* first fruits, to the Temple, and the gladness of all involved in that ceremony (*Rashi, Mahari Kara*).

**30. וְנַחַת זְרוֹעוֹ יַרְאֶה בְּזַעַף אַף וְלַהַב אֵשׁ אוֹכֵלָה נֶפֶץ וָזֶרֶם וְאֶבֶן בָּרָד** — *And He will show the potency of His arm, with raging anger and with the flame of a consuming fire, with smashing, torrent, and hailstone.* The translation of נַחַת זְרוֹעוֹ as *the potency of His arm* follows *Targum.* Alternatively, נַחַת means *putting*

לב בְּשֵׁבֶט יַכֶּה: וְהָיָה כֹּל מַעֲבַר מַטֵּה מוּסָדָה אֲשֶׁר יָנִיחַ יהוה עָלָיו בְּתֻפִּים וּבְכִנֹּרוֹת
לג וּבְמִלְחֲמוֹת תְּנוּפָה נִלְחַם־°בה [°בָּם ק׳]: כִּי־עָרוּךְ מֵאֶתְמוּל תָּפְתֶּה גַּם־°הוא
[°הִיא ק׳] לַמֶּלֶךְ הוּכָן הֶעְמִיק הִרְחִב מְדֻרָתָהּ אֵשׁ וְעֵצִים הַרְבֵּה נִשְׁמַת יהוה
לא °נ״א וְעַל־ א כְּנַחַל גָּפְרִית בֹּעֲרָה בָּהּ: הוֹי הַיֹּרְדִים מִצְרַיִם לְעֶזְרָה °עַל־סוּסִים
יִשָּׁעֵנוּ וַיִּבְטְחוּ עַל־רֶכֶב כִּי רָב וְעַל פָּרָשִׁים כִּי־עָצְמוּ מְאֹד וְלֹא שָׁעוּ עַל־קְדוֹשׁ
ב יִשְׂרָאֵל וְאֶת־יהוה לֹא דָרָשׁוּ: וְגַם־הוּא חָכָם וַיָּבֵא רָע וְאֶת־דְּבָרָיו לֹא הֵסִיר

### רש״י

**בשבט יכה.** אשור, אשר היה רגיל להכות בשבטו: **(לב) והיה כל מעבר מטה מוסדה.** כל מעברות תוקף יסודות אוכלוסיו. כל המקומות אשר עברו שם והשחיתום, וביום מפלתם יניח ה׳ עליהם על שמועת מפלתם, והם יהיו בתפים ובכינורות. וכה פתרון המקרא בסירוס, והיה בתפים ובכינורות כל מעבר מטה מוסדה, אשר יניחם ה׳ עליו. ובמלחמות תנופת שוא, מעלה ומוריד, נלחם בם הקדוש ברוך הוא. ומדרש אגדה (ויקרא רבה כח, ו), תנופת קציר העומר עמדה לישראל באותה מלחמה, כי ליל ששה עשר בניסן היה: **(לג) כי ערוך מאתמול.** יום שני לבריאת עולם, יום שיש לו תמול ואין לו שלשום (בראשית רבה ד, ח): **תפתה.** גיהנם, שכל המתפתה ביצרו נופל שם (עירובין יט, א): **למלך הוכן.** לצורך סנחריב וחילו: **מדורתה.** לשון אש נסקת. מערכת עצים על האש קרויה מדורה: **נשמת ה׳.** נפיחת רוחו: **בוערה.** בוערת: **(א) הוי.** על הושע ועשרת השבטים היורדים מצרימה לעזרה, אשר שלחו מלאכים אל סוא מלך מצרים (מלכים־ב יז): **על סוסים.** הבאים משם שהם קלים לרוץ: **ישענו.** (כמו ולא שעו על קדוש ישראל) כמו שעשה חזקיה, שנאמר (מלכים־ב יח) בַּה׳ אֱלֹהֵי יִשְׂרָאֵל בָּטָח (מלכים־ב יח, ה), וַיִּמְרֹד בְּמֶלֶךְ אַשּׁוּר (שם פסוק ז): **(ב) ואת דבריו לא הסיר.** אשר אמר וֶהֱשִׁיבְךָ ה׳ מִצְרַיִם בָּאֳנִיּוֹת (דברים כח, סח), מדה כנגד מדה. שאמרתי לך (שם) לֹא תֹסִיף עוֹד לִרְאֹתָהּ, ואתה הלכת מדעתך; סופך לילך בגלות על כרחך:

### רד״ק

**(לב) והיה כל מעבר מטה מוסדה.** בכל מקום שיעבור במחנה המטה שיסד האל לו, שיניחנו עתה על מלך אשור, בתפים ובכנורות לא בכלי מלחמה. ומה שאמר בתופים ובכנורות כי וּבַאֲבֹד רְשָׁעִים רִנָּה (משלי יא, י), וכאלו המלאך מנגן בשעה שמכה אותם: **ובמלחמות תנופה.** כפל ענין, כי המנגן מניף בידו: **מוסדה.** שם, וההא רפה: **נלחם בה.** בה כתוב, רצונו לומר, במחנה, כי הוא בלשון נקבה; כמו, הַמַּחֲנֶה הָאַחַת (בראשית לב, ט), אִם תַּחֲנֶה עָלַי מַחֲנֶה (תהלים כז, ג). וקרי בם, רצונו לומר, באנשי המחנה: **(לג) כי ערוך מאתמול.** בשור״ק כמו בחול״ם: **תפתה.** הוא גיהנם. אומר כי ערוך הוא להם מאתמול קודם מותם, שהנביא התנבא בטרם בא הגזרה על נפילתם. ובמות גופם תמות גם כן נפשם ותהיה בגיהנם. ותפתה, זכרו בפסוק בלשון זכר ובלשון נקבה: **גם הוא למלך הוכן.** גם למלך אשור הוכן התפתה, אף על פי שהיה מתגאה ומתנשא בעצמו ואומר, בכח ידי עשיתי ובחכמתי כי נבונותי. לפיכך אמר גם כן העמיק הרחיב האל, העמיק והרחיב תפתה למחנה הגדול הזה שיכנסו כולם שם: **מדורתה.** מדורת התפתה תהיה גדולה לשרוף נפשות הרשעים האלה, כי יש שם אש ועצים רבים, ונשמת ה׳ שהיא כנחל גפרית להם, הם שם כמדורה שבוערת בה, שלא תכבה: **בוערה.** דולקה. ופירוש נשמת ה׳, ההבל היוצא מהפה שיקרא נשימה, וכן אמר **נפשו גחלים תלהט.** וכל הענין הזה דרך משל על הגזרה שהביא האל עליהם קשה ורעה, וכן אמר על אבדון נפשות הרשעים, מדורתם אש ועצים הרבה, והעמיק והרחיב הכל דרך משל: **(א) הוי.** על סוסים ישענו, על סוסי מצרים: **ולא שעו על קדוש ישראל.** ולא בטחו; וכן, יִשְׁעֶה הָאָדָם עַל עֹשֵׂהוּ (לעיל יז, ז): **(ב) וגם הוא חכם.** וגם האל חכם ויודע מחשבותם, כי לא דרשו אל ה׳ וירדו אל מצרים לעזרה בעבור כי דעתם ומחשבותם כי לא ייטיב ה׳ ולא ירע. ולכן לפי מחשבתם הביא עליהם רע להראותם כי ייטיב וירע, ולא תועיל להם מה שחשבו להעזר במצרים:

### מצודת דוד

**(לב) והיה כל מעבר וכו׳.** פתרון המקרא בסרוס, כאלו אמר והיה בתופים ובכנורות כל מעבר ממה, מוסדה אשר יניח ה׳ עליו. ובמלחמות תנופה נלחם בם, רצונו לומר, יהיה שמח לנגן בתופים ובכנורות כל מקום אשר מחנה אשור שהוא כמטה מוסדה עבר שם בדרך מהלכו והשחיתה. והשמחה תהיה בשמעם אשר המקום הניח עליו זרועו להכותו, ונלחם בם במלחמות תנופת שוא, כי כולם כלו ולא נשאר שארית כמו שכתוב למעלה, להנפת גוים בנפת שוא: **(לג) כי ערוך מאתמול תפתה.** הגיהנם בוערה בחוזק רב כאלו נערך מאתמול. רצונו לומר, מזמן קרוב, שלא נקלקל הסדור עדיין: **גם היא למלך הוכן.** לצורך סנחרב וחילו: **העמיק הרחיב.** האל העמיק והרחיב את הגיהנם להחזיק את כל המחנה הגדול של אשור: **מדורתה אש ועצים הרבה.** מדורת הגיהנם היא גחלי אש ושלהבת מעצים הרבה: **נשמת ה׳.** ההבל היוצא מפי ה׳ שהיא כנחל של גפרית דולק בוערה שם בגיהנם, והכל הוא דרך משל על מרבית היסורים: **(א) הוי.** אמר הנביא, יש להתאונן על הושע ועשרת השבטים, היורדים למצרים לבקש עזרה. מול סנחריב: **ועל סוסים ישענו.** בטחונם היה על הסוסים הקלים הבאים ממצרים: **על רכב כי רב.** על המרכבות אשר רבו ועל מרבית הפרשים רוכבי הסוסים: **ולא שעו.** לא פנו לבטוח על ה׳: **(ב) וגם הוא חכם.** אם הם נתחכמו לבטל הרעה המיועדת על ידי עזרת מצרים, הנה גם הוא חכם להפר עצתם ויביא את הרעה, ולא יסיר דבריו אשר גזר עליהם על ידי הנביאים:

### מצודת ציון

**(לב) מעבר.** מלשון מעברה: **מוסדה.** מלשון יסוד וחוזק: **בתופים ובכנורות.** שמות כלי נגון: **תנופה.** מלשון נפה והוא כעין כברה: **(לג) ערוך.** ענין סדור: **מאתמול.** רצונו לומר מזמן קרוב וכן, וְאֶתְמוּל עַמִּי לְאוֹיֵב יְקוֹמֵם (מיכה ב, ח): **תפתה.** כן יקרא הגיהנם על שם שכל הנפתה ביצרו נופל בו; וכן, וְתֹפֶת לְפָנִים אֶהְיֶה (איוב יז, ו): **הוכן.** מלשון הכנה: **מדורתה.** ענין תבערה, כמו, אַגְדִּיל הַמְּדוּרָה (יחזקאל כד, ט): **נשמת.** ענין נשיבת רוח הפה; כמו, מִנִּשְׁמַת אֵל יִתֶּן קָרַח (איוב לז, י): **בוערה.** דולקת: **(א) ישענו.** ענין בטחון וסמיכה: **פרשים.** הם רוכבי הסוסים הרגילים בזה: **עצמו.** ענין רבוי; כמו, עָצְמוּ לִי אַלְמְנוֹתָו (ירמיה טו, ח): **ולא שעו.** ולא פנו; וכן, יִשְׁעֶה הָאָדָם עַל עֹשֵׂהוּ (לעיל יז, ז):

---

*down* his might as with *the flame of a consuming fire etc.* (*Rashi, Ibn Ezra*), which refers to the plague on the Assyrians (*Radak, Abarbanel*). It may also be rendered *pleasantness*, i.e., the same arm that is so pleasant to Israel will appear to Assyria as *smashing, torrent, and hailstone* (*Mahari Kara*).

**31. כִּי־מִקּוֹל ה׳ יֵחַת אַשּׁוּר בַּשֵּׁבֶט יַכֶּה** — *For Assyria will become devastated by the voice of* HASHEM, *as if He struck with the staff.* Assyria that had been accustomed to smiting others with its staff will be struck with the staff of Hashem (*Rashi, Radak, Mahari Kara*).

*as if He struck with the staff.* [32] *And it shall be that with every passage of the*
*firm staff that HASHEM will place upon him there will be timbrels and harps,*
*The inferno of Hell* — *and He will fight wars against them like a waving of the hand.* [33] *For Hell has*
*been prepared from yesterday; it has been readied even for the king; [God] has*
*deepened and widened it; its inferno has much fire and wood, and the breath*
*of HASHEM is like a stream of sulfur burning within it.*

**31**

*Egypt versus God*

[1] *Woe to those who go down to Egypt for help and who rely on horses;*
*they trust in chariots because they are many and in horsemen because*
*they are very strong, and they did not depend on the Holy One of Israel and*
*did not seek out HASHEM.* [2] *But He is also wise, and He has brought calamity,*

---

**32.** וְהָיָה כֹּל מַעֲבַר מַטֵּה מוּסָדָה אֲשֶׁר יָנִיחַ ה׳ עָלָיו בְּתֻפִּים וּבְכִנֹּרוֹת — *And it shall be that with every passage of the firm staff that HASHEM will place upon him there will be timbrels and harps.* There will be song and gladness everywhere, as it says (*Proverbs* 11:10): *When the wicked perish there is glad song* (*Radak*).

Alternatively, all the places that Assyria had plundered and pillaged shall burst forth with timbrels and harps when they hear the news of the oppressor's downfall (*Rashi*).

וּבְמִלְחֲמוֹת תְּנוּפָה נִלְחַם־בָּם — *And He will fight wars against them like a waving of the hand.* He fights wars the way a conductor waves with his hand to maintain the correct musical beat (*Radak*).

Homiletically, the downfall of Sennacherib was not through the *waving* of swords and armaments; the army died in its sleep. Rather, it was the night of the *waving* of the *Omer* offering, because the victory over Assyria was on the night of the sixteenth of Nissan, when barley was cut for the offering (*Rashi;* see *Vayikra Rabbah* 28:6 with *Eitz Yosef*).

**33.** כִּי־עָרוּךְ מֵאֶתְמוּל תָּפְתֶּה — *For Hell has been prepared from yesterday.* Hell was prepared for them before their death. Isaiah prophesies their death, and when they actually die, their soul will die as well and will remain in Hell (*Radak*).

תָּפְתֶּה — *Hell.* It is called תָּפְתֶּה because anyone who allows himself to be seduced (מִתְפַּתֶּה) by his evil inclination will fall there (*Rashi*).

גַּם־הוּא לַמֶּלֶךְ הוּכָן — *It has been readied even for the king.* It was made ready for Sennacherib and his army (*Rashi*), despite his haughtiness and his belief in his own divinity (*Radak*). Alternatively, any ruler or minister can find himself in Gehinnom (*Ibn Ezra*).

הֶעְמִיק הִרְחִב מְדֻרָתָהּ אֵשׁ וְעֵצִים הַרְבֵּה — *[God] has deepened and widened it; its inferno has much fire and wood.* Hell was deepened and widened to make room for the great army of Assyria who died that night. Furthermore there is enough fire and wood there to burn them all. This is all an allegorical way of expressing God's unprecedented decree upon the Assyrians (*Radak*).

Homiletically, Gehinnom is prepared for all the wicked of the world in every generation. If you ask, how can there still be room after all those generations, did it not fill up? The answer is, *[God] has deepened and widened it.* Each day, it gets wider and wider. And if you think the inferno has been extinguished, the answer is, *its inferno has much fire and wood.* If you think that the fire can burn only bodies, but has no effect on man's spirit, the answer is, *the breath of HASHEM is like a stream of sulfur burning within it* to consume their spirit, while His breath never extinguishes (*Mahari Kara*).

**31.**

Isaiah laments the fate of the people of Samaria who thought that their only hope was an alliance with Egypt (*Rashi*). Someone with total trust in God has no need to seek allies or material advantage. He is confident that God will provide whatever he needs. Such people are rare. One of them was Joseph, who was punished with two more years in prison because a man of his caliber should not have asked the cupbearer to try to secure his freedom, even though such a request would have been logical and proper for a lesser person (see *Rashi, Genesis* 40:23). Verse 1 refers to two kinds of people who are not on such an exalted level. The first believes in God, but feels that they should not rely on miracles. They sought natural means of defense, in addition to God's help, by appealing to Egypt. The second group of people did not believe in God at all. To them, the only savior was Egypt.

**1.** הוֹי הַיֹּרְדִים מִצְרַיִם לְעֶזְרָה — *Woe to those who go down to Egypt for help.* Woe to King Hoshea of the Ten Tribes, who sent a delegation to Egypt appealing for aid from King So (*Rashi;* see *II Kings* 17:4). They would not see the great salvation that came to Jerusalem. They fled and died (*Ibn Ezra*).

וְלֹא שָׁעוּ עַל־קְדוֹשׁ יִשְׂרָאֵל — *And they did not depend on the Holy One of Israel.* The translation follows *Targum* and *Radak.* Alternatively, they did not turn to Him in prayer (*Abarbanel*).

According to *Malbim,* noted above, the first part of the verse says only that they sought help in Egypt and relied on its horses, but they did not deny that they needed God's help as well. This part of the verse refers to people who had no faith in God.

**2.** וְגַם־הוּא חָכָם וַיָּבֵא רָע — *But He is also wise and He has brought calamity.* Because God is wise and all-knowing, He knows that they went to Egypt because they did not believe that God is involved in this world, for good or for bad. Because of that, He brought calamity upon them to show

ג וְקָם֙ עַל־בֵּ֣ית מְרֵעִ֔ים וְעַל־עֶזְרַ֖ת פֹּ֥עֲלֵי אָֽוֶן׃ וּמִצְרַ֤יִם אָדָם֙ וְלֹא־אֵ֔ל וְסוּסֵיהֶ֥ם בָּשָׂ֖ר
ד וְלֹא־ר֑וּחַ וַֽיהוָ֞ה יַטֶּ֣ה יָד֗וֹ וְכָשַׁ֤ל עוֹזֵר֙ וְנָפַ֣ל עָזֻ֔ר וְיַחְדָּ֖ו כֻּלָּ֥ם יִכְלָיֽוּן׃ כִּ֣י
כֹ֣ה אָֽמַר־יְהוָ֣ה ׀ אֵלַ֡י כַּאֲשֶׁ֣ר יֶהְגֶּה֩ הָאַרְיֵ֨ה וְהַכְּפִ֜יר עַל־טַרְפּ֗וֹ אֲשֶׁ֨ר יִקָּרֵ֥א
עָלָיו֮ מְלֹ֣א רֹעִים֒ מִקּוֹלָם֙ לֹ֣א יֵחָ֔ת וּמֵהֲמוֹנָ֖ם לֹ֣א יַעֲנֶ֑ה כֵּ֗ן יֵרֵד֙ יְהוָ֣ה צְבָא֔וֹת
ה לִצְבֹּ֥א עַל־הַר־צִיּ֖וֹן וְעַל־גִּבְעָתָֽהּ׃ כְּצִפֳּרִ֣ים עָפ֔וֹת כֵּ֗ן יָגֵ֛ן יְהוָ֥ה צְבָא֖וֹת עַל־
ו יְרוּשָׁלִָ֑ם גָּנ֥וֹן וְהִצִּ֖יל פָּסֹ֥חַ וְהִמְלִֽיט׃ שׁ֕וּבוּ לַאֲשֶׁ֛ר הֶעְמִ֥יקוּ סָרָ֖ה בְּנֵ֥י יִשְׂרָאֵֽל׃

**רש״י**

**וקם.** על עשרת השבטים שהם בית מרעים, ועל מצרים אשר הם להם לעזרה: (ג) **יטה ידו.** שהקדוש ברוך הוא סומך הכל בידו, וכשיטה אותה יפלו; כזה שאוחז דבר בכפו וכשהוא מרכין כפו הוא נופל כך. ומדרש אגדה (מכילתא בשלח טו, יב). ויונתן תרגם, יָרִים מְחַת גְּבוּרְתֵּיהּ: (ד) **כאשר יהגה.** המיית קול, כמו, וְכַיּוֹנִים הָגֹה נֶהְגֶּה (לקמן נט, יא): **אשר יקרא עליו מלא רועים.** יאספון עליו בקריאת קול המון. מלא רועים, אסיפת רועים. וכן, קָרְאוּ אַחֲרֶיךָ מָלֵא (ירמיה יב, ו), וכן, יַחַד עָלַי יִתְמַלָּאוּן (איוב טז, י), כולם לשון קיבוץ: **לא יענה.** לא יכנע, לא יעשה עצמו עני. וכן, לֵעָנֹת מִפָּנָי (שמות י, ג), וכן, וְעָנָה גְאוֹן יִשְׂרָאֵל (הושע ה, ה): **כן ירד.** ולא יפחד מהמון האומות: (ה) **פסוח.** דילוג, ויש עוד לפותרו לשון חיים: **והמליט.** יוציא את ישראל מן הצרה, לשון המלטה אישקמוליי״ר בלע״ז: (ו) **שובו.** למי שהעמקתם מחשבות היאך לסור ממנו וסרתם מעליו, עתה שובו אליו:

**רד״ק**

**ואת דבריו לא הסיר.** מה שנבאו הנביאים בשמו לא הסיר אותם הדברים אלא הקים אותם, למען ידעו כי האל משגיח בעניני בני אדם ומדבר עם הנביאים, ושולח אותם להוכיח בני אדם. ובראותם שיבא עליהם הרע שדברו להם הנביאים בשם ה׳, ידעו כי רואה אותם: **וקם על בית מרעים.** אלו ישראל: **ועל עזרת פועלי און.** אלו מצרים: (ג) **ומצרים אדם ולא אל.** אין בידם לעזור אם לא ירצה האל, כי בידו הטוב או הרע שיבא לו. כי האדם אומר ולא יעשה ודבר ולא יקימנה: **וסוסיהם.** גם כן שהיו בוטחים בהם ישראל בשר ולא רוח, ופירושו, ולא מלאך, ושקר הסוס לתשועה, ואיך יעזרום מצרים והם לא יעזרו לעצמם כי ה׳ יטילהו עליהם: **וכשל עוזר.** מצרים: **ונפול עזור.** ישראל: **ויחדו.** הוא מלך אשור, ושבט אפו ומטה זעמו, כי גם בזו נשבה מלך אשור, ובאותו השבי והבזה בא ירושלם כשחנה עליהם. ועל זה נאמר, יְגִיעַ מִצְרַיִם וּסְחַר־כּוּשׁ וגו׳ (לקמן מה, יד). ויונתן תרגם ולא אל, וְלָא רָב: (ד) **כי כה אמר ה׳.** הנה אשור ומצרים יכליון באשר לא ידעוני. והנה תדעו כי יריע השם לאשר ירצה, וכן יטיב לאשר ירצה, והם יושבי ירושלם. כי מלך אשור שהשחית את ישראל ויהודה ומצרים יבא להשחית ירושלם, ולא יהיה כח בידו, לפי שלא ירצה האל: **כי כה אמר ה׳ אלי.** אמר הנביא כי כן אמר לו האל, כי יבא האל על המחנה ההוא כמו הארי על טרפו. ויהגה כמו ישאג. אשר יקרא כתרגומו, דְּמִזְדַּמְנִין: **מלא רעים.** אסיפת רועים; כמו, קָרְאוּ אַחֲרֶיךָ מָלֵא (ירמיה יב, ו), וכדומים לו, ענין אסיפה וקבוץ. ולשאגת האריה יבאו הרועים מפה ומפה להציל הטרף מידו אם יוכלו, והוא האריה, מקול הרועים לא יחת, ולא יעזוב בעבורם טרפו: **ומהמונה לא יענה.** פירושו, לא יכנע; כמו, לֵעָנֹת מִפָּנָי (שמות י, ג), והדומים לו. כן ירד ה׳ צבאות על המחנה שבא לצבא על הר ציון וגבעתה. וציון הוא לשון נקבה; כמו, צִיּוֹן הִיא דֹּרֵשׁ אֵין לָהּ (שם ל, יז). או פירוש לצבא, כי האל ירד עליה לצבא צבא כנגד צבא מחנה אשור: (ה) **כצפרים עפות.** לשון נקבה; כמו, כָּל צִפּוֹר טְהֹרָה (דברים יד, יא). וכתב אדוני אבי זכרונו לברכה, המשיל מלאך ה׳ אשר הכה מחנה אשור לאריה בגבורתו ולצפרים עפות

**מצודת דוד**

**וקם על בית מרעים.** האל יקום על ישראל שהם בית מרעים ויביא עליהם הרעה, וגם יקים על אנשי עזרתם הם מצרים פועלי האון: (ג) **ומצרים.** רצונו לומר, מהו הבטחון הזה? הלא מצרים אדם ולא אל: **וה׳ יטה ידו.** להכות בהם: **וכשל עוזר.** אלו מצרים, שרצו לעזור לישראל, כי גם הם יפלו ביד אשור: **ונפל עזור.** אלו ישראל, שחשבו להיות נעזרים במצרים: **ויחדו.** העזר והעזור יכלו מן העולם: (ד) **כי כה אמר ה׳ וכו׳.** רצונו לומר, אז ידעו שהכל בהשגחה, כי ירושלים שבטחה בי לא תפול ביד אשור; וכאשר מסיים והולך והם יפלו בידו: **כאשר יהגה.** כמו האריה ההומה כשעומד על טרפו, אשר אם יתאספו עליו אסיפת רועים הנה לא יפחד מקולם ולא יכנע מהמונם הרב לעזוב טרפו, כן ירד ה׳ להגן על הר ציון ולהחנות צבאו שמה, ולא יחוש להמון העמים ואמר בלשון הנהוג בבני אדם: (ה) **כצפרים עפות.** כצפרים הממהרות לעוף, כן ימהר ה׳ להגן על ירושלים: **גנון והציל.** יגן עליהם ויצילם: **פסוח והמליט.** בבוא המלאך להכות במחנה אשור ידלג ממעל ירושלים, ויהיו הם נמלטים מן המכה: (ו) **שובו וכו׳.** אתם בני ישראל שובו למי שהעמקתם מחשבות היאך לסור ממנו. רצונו לומר, שובו לה׳ אשר סרתם ממנו:

**מצודת ציון**

(ב) **מרעים.** רשעים: (ג) **רוח.** כן נקרא המלאך; וכן, ה׳ אֲדֹנָי אֱלֹהִים שְׁלָחַנִי וְרוּחוֹ, (לקמן מח, טז): (ד) **יהגה.** ענין המיה; כמו, וְכַיּוֹנִים הָגֹה נֶהְגֶּה (לקמן נט, יא) והושאל על שאגת האריה: **והכפיר.** שם משמות האריה, והוא אריה בחור: **יקרא.** ענין אסיפה, כי על ידי קריאה יתאספו המתאספים; כמו, וַיַּזְעֵק בָּרָק אֶת זְבוּלֻן (שופטים ד, י): **עליו.** בעבורו: **מלא.** ענין אסיפה; כמו, יַחַד עָלַי יִתְמַלָּאוּן (איוב טז, י): **לא יחת.** לא יפחד; כמו, וְאַל תֵּחָת (יהושע א, ט): **ומהמונם.** ענין רבוי אנשים; כמו, עַל הֶהָמוֹן הַזֶּה (דברי הימים־ב לד, י): **יענה.** ענין הכנעה כמו, מֵאַנְתָּ לֵעָנֹת מִפָּנָי (שמות י, ג): **לצבוא.** ענין חיל אנשי מלחמה: **גבעתה.** מלשון גבעה והר: (ה) **כצפרים.** כן יקרא העופות כולן: **עפות.** מלשון עפיפה ופריחה: **פסוח.** ענין דלוג וקפיצה; כמו, וּפָסַח ה׳ עַל הַפֶּתַח (שם יב, כג): **והמליט.** ענין הצלה והשמטה מן הצרה:

---

can avoid the calamity by allying with Egypt, *but He is also wise and He has brought calamity,* despite your endeavors (*Metzudos, Malbim*).

**וְאֶת־דְּבָרָיו לֹא הֵסִיר** — *He did not retract His words.* He warned (*Deuteronomy* 28:68): *HASHEM will return you to Egypt in ships, on the road of which I said to you, "You shall never again see it!"* You were told not to return to Egypt, but since you traveled that road willingly, it is measure for measure that you be forced into exile, and transported to Egypt that only He brings good or bad to the world, and that turning to Egypt is useless (*Radak*).

*Abarbanel* adds that the Ten Tribes deluded themselves into thinking that God would not bring harm into the world. They should have realized that *He is wise,* and would not issue warnings through His prophets if He would not carry them out. He is the God of justice, and rewards or punishes people according to their deeds.

Alternatively, you think that you are so clever that you

*and He did not retract His words; He will rise up against the house of evil-*
*doers and against those who abet sinners.* 3 *Egypt is man and not god, and*
*their horses are of flesh and not of spirit!* HASHEM *will stretch out His hand*
*and the helper will stumble and the helped will fall; they will all perish*
*together.* 4 *For thus said* HASHEM *to me: Just as when a lion or a lion cub*
*roars over his prey and a gathering of shepherds assembles against him, it*
*is not frightened by their voice and is not humbled by their noise, so shall*
HASHEM, *Master of Legions, descend to do battle upon Mount Zion and*
*upon its hill.* 5 *Like flying birds, so will* HASHEM, *Master of Legions, protect*
*Jerusalem, protecting and rescuing, passing over and delivering.* 6 *Return to*
*the One from Whom you have profoundly turned away, O Children of Israel.*

*God, Defender of Jerusalem*

**רד"ק**

למהירותו: **והציל.** מקור החירק הה"א, וכן והמליט. וכמו כן, לְמַעַן הִרְגִּיעַ אֶת הָאָרֶץ (ירמיה נ, לד). והדומים לו כתבו בספר מכלל: **(ו) שובו.** אומר, כאשר העמיקו לעשות סרה שובו; והם בני ישראל שהרשיעו לעשות, שובו מדרכבם הרעים שובו, טרם בא היום שתשובו על כל פנים, כאשר תראו המעשה הגדול שיעשה האל במחנה אשור. ויותר יהיה לכם גמול טוב אם תשובו קודם לכן ותאמינו לדברי הנביא:

against your will (*Rashi*). Alternatively, *He did not retract His words* that were conveyed to you by the prophets. Those prophecies of retribution were being fulfilled and should have been sufficient to prove that God sees and controls all (*Radak, Abarbanel*).

**וְקָם עַל־בֵּית מְרֵעִים וְעַל־עֶזְרַת פֹּעֲלֵי אָוֶן** — *He will rise up against the house of evildoers and against those who abet sinners.* He will rise up against the Ten Tribes, who are a *house of evildoers,* and against Egypt, which assists sinners (*Rashi, Radak*).

**3. וּמִצְרַיִם אָדָם וְלֹא־אֵל** — *Egypt is man and not god.* They are powerless to help unless it is the Will of God (*Radak*), so why do you trust in Egypt? (*Metzudos*).

God's power is Divine and all-powerful and His angels are Heavenly. How could you expect to counter him with human forces? (*Malbim*).

**וְכָשַׁל עוֹזֵר וְנָפַל עָזֻר** — *And the helper will stumble and the helped will fall.* When a person leans on the arm of another for support, he can walk, but if his supporter stumbles, he will fall. So, too, when the Ten Tribes saw that even their Egyptian "protector" fell to Assyria, they were exposed to the enemy and had nowhere to flee (*Mahari Kara*).

**וְיַחְדָּו כֻּלָּם יִכְלָיוּן** — *They will all perish together.* Egypt and the Jews who fled their land [and even the conquering Assyrian king, when he besieged Jerusalem (*Radak*)] will all perish (*Ibn Ezra, Mahari Kara*).

**4.** The death of the wicked proves that God can harm whomever He chooses. Similarly, He showers good upon those who are worthy, as He demonstrated when He protected Jerusalem from Sennacherib's invasion.

**מִקּוֹלָם לֹא יֵחָת וּמֵהֲמוֹנָם לֹא יַעֲנֶה** — *It is not frightened by their voice and is not humbled by their noise.* When shepherds hear a lion's roar, they know that their flocks are being menaced and they all hurry to defend against the predator, but a lion is not frightened by the shouts of shepherds calling one another to gather against it (*Ibn Ezra*).

**וּמֵהֲמוֹנָם** — *By their noise.* Alternatively, from their הָמוֹן, *multitude* (*Metzudos*).

**כֵּן יֵרֵד ה' צְבָאוֹת לִצְבֹּא עַל־הַר־צִיּוֹן** — *So shall* HASHEM, *Master of Legions, descend to do battle upon Mount Zion.* Like a lion intent on its prey and impervious to those who try to distract it, when God battles against the encampment of Assyria laying siege on Jerusalem, no human power can deter Him (*Radak*).

**וְעַל־גִּבְעָתָהּ** — *And upon its hill. Mount Zion* is the Temple Mount, the *hill* is the city of Jerusalem (*Abarbanel*).

**5. כְּצִפֳּרִים עָפוֹת** — *Like flying birds.* Not only with the fierceness of a lion will God's angel protect Jerusalem, but like swift birds swooping down on their prey (*Radak,* citing his father).

**6.** In light of the devastation destined for Assyria, Isaiah now turns to the people of Judah and Israel, and urges them to repent.

**שׁוּבוּ לַאֲשֶׁר הֶעְמִיקוּ סָרָה בְּנֵי יִשְׂרָאֵל** — *Return to the One from Whom you have profoundly turned away, O Children of Israel.* With the same alacrity with which you turned away from God, you should now turn back to Him and repent (*Rashi*). When you see the destruction of the Assyrian army, you will certainly repent. Do not wait for that. Your reward will be greater if you return before then. Do it because you have faith in God's prophecy (*Radak*). Isaiah adjures them to *return to the One from Whom the Children of Israel* — the Ten Tribes, their brothers — *profoundly turned away* (*Abarbanel*). The third person used in the verse (הֶעְמִיקוּ, literally, *they* ... ) fits this interpretation better.

*Rabbeinu Yonah* (*Sha'arei Teshuvah* 1:1) cites this verse to prove that the gates of repentance are never shut, no matter how serious the sins, as it says, *Return to the One from Whom you have profoundly turned away.* Even though the sinfulness was "profound," God always accepts repentance.

ז כִּי בַּיּוֹם הַהוּא יִמְאָסוּן אִישׁ אֱלִילֵי כַסְפּוֹ וֶאֱלִילֵי זְהָבוֹ אֲשֶׁר עָשׂוּ לָכֶם
ח יְדֵיכֶם חֵטְא: וְנָפַל אַשּׁוּר בְּחֶרֶב לֹא־אִישׁ וְחֶרֶב לֹא־אָדָם תְּאכְלֶנּוּ וְנָס
ט לוֹ מִפְּנֵי־חֶרֶב וּבַחוּרָיו לָמַס יִהְיוּ: וְסַלְעוֹ מִמָּגוֹר יַעֲבוֹר וְחַתּוּ מִנֵּס שָׂרָיו
**לב** א נְאֻם־יְהוָֹה אֲשֶׁר־אוּר לוֹ בְּצִיּוֹן וְתַנּוּר לוֹ בִּירוּשָׁלָםִ: הֵן לְצֶדֶק
ב יִמְלָךְ־מֶלֶךְ וּלְשָׂרִים לְמִשְׁפָּט יָשֹׂרוּ: וְהָיָה־אִישׁ כְּמַחֲבֵא־רוּחַ וְסֵתֶר זָרֶם
ג כְּפַלְגֵי־מַיִם בְּצָיוֹן כְּצֵל סֶלַע־כָּבֵד בְּאֶרֶץ עֲיֵפָה: וְלֹא תִשְׁעֶינָה עֵינֵי רֹאִים

### רש״י

(ט) **וסלעו ממגור יעבור.** וחזקו מרוב פחד יחלוש: **וחתו מנס.** מפני הניסים שיראו שהקדוש ברוך הוא עושה לישראל: **אשר אור לו בציון.** שם יהיה האש מוכן לשורפם: (א) **הן לצדק ימלך מלך.** הן אין משפט מלך למלוך כי אם לעשות משפט צדק: **ולשרים למשפט ישורו.** ועל מי יש לו למלוך, על שרים אשר למשפט ישורו. ואמר הנביא זאת על אחז שהיה רשע, אבל חזקיהו בנו ימלוך וכדי הוא: (ב) **והיה איש.** הגבור ביראת הקדוש ברוך הוא, הוא חזקיה יהיה לישראל: **כמחבא רוח.** כמחסה סלע שנחבאים בו מפני רוח ונסתרים שם מפני חורב, כן יבטחו בו הנותרים מעשרת השבטים: **בציון.** לשון יובש ציה: **כצל סלע כבד בארץ עיפה.** במקום שמש הארץ עיפה שם וחריבה, ותאבה לצל: (ג) **לא תשעינה עיני רואים.** לא כמות שהם עכשיו, וְאָזְנָיו הַכְבֵּד וְעֵינָיו הָשַׁע (לעיל ו, י), לשון טוח:

### רד״ק

(ז) **כי ביום ההוא.** שיכה האל מחנה אשור, ויראו כי לא בחרב איש יפול, ידעו כי יד ה׳ עשתה זאת וימאסו כל איש אלילי כספו, וידעו כי הבל המה, וה׳ הוא האלהים ואין עוד. והאלילים שעשו לכם ידיכם, תכירו שהוא חטא ושגיאה גדולה שעלתה בדעתיכם. כי הם לא יועילו ולא יצילו כי תהו המה, ולא הצילו המחזיקים בהם, שהרי נתפשו כל ערי יהודה, ונצלה ירושלם לפי שהחזיקו בה׳ והתפללו לפניו שיושיעם מיד מלך אשור: (ח) **נפל.** כי המלאך לא איש ולא אדם: **ונס לו מפני חרב.** פירושו, ונס לו מלך אשור כמפני חרב, כאלו שולפי חרב ירדפו אחריו, כשיראה המגפה הגדולה במחנהו ינוס לו: **ובחוריו.** המעט הנותרים, למס יהיו, שימס לבבם מפני פחדם: (ט) **וסלעו.** ואל סלעו ומגדלו החזק יעבור, כי לא יבטח בעצמו עד היותו שם מרוב פחד. ויש מפרשים, אפילו סלעו יעבור מרוב פחד, ויברח לו יותר רחוק, והראשון נכון. ויונתן תרגם, וְשִׁלְטוֹנוֹהִי מִן קֳדָם דַּחֲלָא יֶעְדּוּן: **וחתו מנס שריו.** כמו מנס שיפחד אדם ויחת כשיראה נס החיילות,כן יחתו שריו השרידים מהמגפה אשר יראו: **אשר אור לו.** זה האור וזה התנור יש לו בירושלם שישרפם. ויש מפרשים אשר אור לו בציון, ותנור על המזבח שהוא בבית המקדש, כלומר לכבוד מזבחו ומקדשו יהיה זה: (א) **הן לצדק.** זה המלך הוא חזקיהו ימלוך לעשות צדק ומשפט, לפיכך תהיה תשועה זו בימיו; וכן השרים ישורו למשפט וצדק. ולמ״ד לשרים להורות על העצם ויספיק זולתם; כמו, הָרְגוּ לְאַבְנֵר (שמואל־ב ג, ל), הַשְּׁלִשִׁי לְאַבְשָׁלוֹם (דברי הימים־א ג, ב), לְאַמּוֹת חָמֵשׁ (דברי הימים־ב ג, יא), והדומים להם שכתבנו בספר מכלל: (ב) **והיה איש.** איש זה, חזקיהו, יהיה לבני דורו מחסה: **כמחבא רוח.** כמקום שנחבא אדם שם מפני הרוח, או שנסתר אדם שם מפני זרם מטר, כן יסתרו בני דורו בו בצדקתו להנצל מרעת מלך אשור: **כפלגי מים בציון.** יהיה להם כפלגי ימים שימצא אדם במקום ציה, או כצל סלע כבד בארץ עיפה, פירושו בארץ צמאה; וכן, בְּאֶרֶץ צִיָּה וְעָיֵף בְּלִי מָיִם (תהלים סג, ב). והוא המדבר שהוא מישור, אין שם מים ואין שם צל. ויצמאו ההולכים בו, שמכה אותם כל היום שרב ושמש. ואם ימצאו מים, וכן אם ימצאו סלע גדול שינוחו לצלו מפני השמש, ישיבו נפשם אליהם בו. כן היה חזקיהו, שהיו ישראל בצער בשבי ובבזה בימי אביו. וכבד, גדול, כמו עמך הכבד הזה: (ג) **ולא תשענה.** מענין וְעֵינָיו

### מצודת דוד

(ז) **כי ביום ההוא.** חוזר למעלה לומר שובו עד לא נעשה הנס, כי אחר הנס ימאס כל איש אלילי כספו אשר עשו לכם ידיכם לעבדם ולחטוא בהם, ובהיות כן לא תהיה התשובה חשובה כל כך. לכן מהרו בתשובה עד לא יבא הנס: (ח) **ונפל אשור.** רצונו לומר, אחר התשובה יבוא הנס אשר יפול אשור בחרב, לא של איש, כי אם בחרב המלאך: **וחרב וכו׳.** כפל הדבר במילים שונות: **ונס לו.** כשיראה מלך אשור את המגפה, ינוס לו כמפני חרב: **ובחוריו למס יהיו.** הנשארים מחילו ימס לבבם מפחד: (ט) **וסלעו.** חזקו יעבור ממנו, וילך לו מרוב הפחד: **וחתו מנס שריו.** שריו יפחדו כאשר יתפחדו אנשים מנושא הנס הנראה למרחוק וראשון לכל אנשי הצבא: **אשר אור לו בציון.** אשר הכין שם שלהבת ותנור אש לשרוף בהם מחנה אשור והוא דרך משל, מצודת דוד ישעיהו פרק לב (א) **הן לצדק.** הנה המלך חזקיהו ימלוך לעשות צדק ולמען ינהגו השרים את שררותם, לעשות משפט ולא לעשוק עושק: (ב) **והיה איש כמחבא רוח.** האיש חזקיהו יהיה לבני דורו כמקום מחבואה מפני הרוח, וכמקום סתר להסתר שמה מפני זרם מים. רצונו לומר, בצדקתו ינצלו ממחנה אשור: **כפלגי מים בציון.** והוא יהיה להם כנחלי מים במקום ציה, שמשיב נפש האדם: **כצל סלע כבד.** כמו הצל הבא מסלע כבד בעבור גדלו ועביו, שאז הצל הוא עב וגדול ומשיב נפש ההולך בארץ עיפה המגולה לאור השמש. רצונו לומר, הוא ידריכם בדרך הישר לטוב להם: (ג) **ולא תשעינה.** לא תהיינה עיני הרואים לפנות מה׳; לא כמו עכשיו שנאמר בהם, וְעֵינָיו הָשַׁע (לעיל ו, י):

### מצודת ציון

(ח) **תאכלנו.** ענין השחתה: **ונס.** ענין בריחה: **למס.** מלשון המסה והמגה, (ט) וסלעו. רצונו לומר, החוזק כסלע: **ממגור.** ענין פחד; כמו, וַיָּגָר מוֹאָב (במדבר כב, ג): **וחתו.** ענין פחד: **מנס.** כלונס ארוך אשר ינשא בצבא: **אור.** שלהבת; כמו, אוּר לָשֶׁבֶת נֶגְדּוֹ (לקמן מז, יד): (א) **ישורו.** מלשון שררה: (ב) **כמחבא.** מלשון מחבואה ומסתור: **זרם.** ענין מים שוטפים: **כפלגי מים.** כנחלי מים: **בציון.** מלשון ציה ומדבר: **כארץ עיפה.** רצונו לומר, במקום המגולה לאור השמש שהמקום יבש וצמא למים. והושאל מהאדם העיף הצמא למים: (ג) **תשעינה.** ענין הסרה והפנה; כמו, וְעֵינָיו הָשַׁע (לעיל ו, י):

---

**7. כִּי בַּיּוֹם הַהוּא** — *For on that day,* i.e., the day that God smites the Assyrian encampment. Then the Divine nature of the battle will be clear to everyone and there will be no doubt that Hashem alone is God (*Radak*).

**אֲשֶׁר עָשׂוּ לָכֶם יְדֵיכֶם חֵטְא** — *Which your hands have made for you in sin.* You will then understand the magnitude of your mistaken belief that your false gods of silver and gold could protect you (*Radak*). Alternatively, the sin is that instead of using your hands as they were intended, for constructive purposes, you used them to fashion idols (*Abarbanel*).

**8. וְנָפַל אַשּׁוּר בְּחֶרֶב לֹא־אִישׁ וְחֶרֶב לֹא־אָדָם תְּאכְלֶנּוּ** — *Assyria will fall by the sword of one who is not a man, and the sword of one who is not human will devour him.* Rather, Assyria will fall and be devoured by a Divine sword (*Ibn Ezra, Radak*). *Sword* is allegorical, since the Assyrian army died by a plague, not by physical means (*Ibn Ezra*).

[7] *For on that day everyone will despise his false gods of silver and his false*
*gods of gold, which your hands have made for you in sin,* [8] *when Assyria*
*will fall by the sword of one who is not a man, and the sword of one who is*
*not human will devour him. He will flee from the sword and his young men*
*will become bondsmen.*[9] *His rock will pass away in terror and his officers*
*will be devastated by a miracle — the word of* HASHEM *— Who has a fire in*
*Zion and a furnace in Jerusalem!*

**32**

*Righteousness versus corruption*

[1] *Behold, the king will rule for the sake of righteousness and the officers*
*will govern for justice.* [2] *And this man will be like a hideout from the*
*wind and a cover from a downpour, like pools of water in an arid area,*
*like the shade of a large rock in a thirsty land.* [3] *The eyes of seeing people*

---

In other cases when God intervened on behalf of Israel, the enemy was defeated, but the casualties were inflicted by the Jewish warriors. In the case of Assyria, no human hands were involved in the victory (*Malbim*).

**וְנָס לוֹ מִפְּנֵי־חֶרֶב** — *He will flee from the sword.* Sennacherib will flee as if a swordsman were chasing him (*Radak*).

Even though his entire army was killed, God spared Sennacherib as part of his punishment. God wanted him to face the humiliation of going back to Nineveh and facing his angry nation. In the end, he was assassinated by his own sons (*II Kings* 19:37, *Abarbanel*).

**וּבַחוּרָיו לָמַס יִהְיוּ** — *And his young men will become bondsmen.* The translation *will become bondsmen* follows the apparent rendering of *Ibn Ezra* and that of *Malbim* and is the general meaning of מַס. Alternatively, מַס is related to *melt,* i.e., the hearts of *his young men will melt* in fear and terror (*Radak, Metzudos*).

**9. וְסַלְעוֹ מִמָּגוֹר יַעֲבוֹר** — *His rock will pass away in terror.* Sennacherib's power (*Rashi*) or his rule (*Targum*) *will pass away in terror.* Alternatively, "*His*" refers to Assyria. Accordingly, Sennacherib, the *rock* of Assyria, will run from the camp and flee *in terror* (*Abarbanel*), because of the lack of security in the army camp near Jerusalem (*Radak*).

**וְחַתּוּ מִנֵּס שָׂרָיו** — *And his officers will be devastated by a miracle.* They will be devastated by the miracles they see being done for Israel (*Rashi, Abarbanel*). Alternatively, נֵס refers to the banner, or standard, held high by the troops. Just as the sight of that banner would strike terror in the hearts of outnumbered enemies, so too, the sight of the plague struck terror in the hearts of the surviving soldiers (*Radak*).

**נְאֻם־ה׳ אֲשֶׁר־אוּר לוֹ בְּצִיּוֹן וְתַנּוּר לוֹ בִּירוּשָׁלָםִ** — *The word of* HASHEM, *Who has a fire in Zion and a furnace in Jerusalem!,* i.e., a fire to provide illumination for those who keep the Torah, and a furnace to burn transgressors (*Targum*). God has a *fire* in Jerusalem to consume His enemies (*Rashi; Radak*). Alternatively, it refers to the pyre on the Temple Altar (*Ibn Ezra; Radak*).

Alternatively, a homeowner keeps his fire and furnace in his home, Similarly, the fire and furnace of Hashem is in His home: Zion and Jerusalem. Thus, when Sennacherib laid siege on Jerusalem, God immediately made sure to drive him away (*Abarbanel*).

**32.**

Isaiah describes the noble goals of King Hezekiah and the behavior that elevated the people of his realm and made him one of the greatest of all the kings. Unlike most other rulers, he based his reign not on conquest and glory, but on Torah study, justice, and righteousness, so that people had no need to ingratiate themselves with degenerate overlords. Because of this God protected his kingdom.

**1. הֵן לְצֶדֶק יִמְלָךְ־מֶלֶךְ** — *Behold, the king will rule for the sake of righteousness.* The verse refers to the responsibilities of all kings. What right has a king to rule if not to uphold justice and righteousness? (*Rashi*). Alternatively, the verse refers specifically to Hezekiah. Because of his righteousness and that of his officers, his reign will endure (*Ibn Ezra*), and in his merit Sennacherib will be defeated (*Radak, Abarbanel*).

*Abarbanel* cites, but does not prefer, an alternate interpretation that the description refers to the Messianic king.

**וּלְשָׂרִים לְמִשְׁפָּט יָשֹׂרוּ** — *And the officers will govern for justice.* Although the literal translation of וּלְשָׂרִים is *and **to** the officers,* it is to be understood simply as if it said וְשָׂרִים, *and the officers* (*Ibn Ezra, Radak*).

According to *Rashi,* this continues the rhetorical question of the first phrase: What right has a king to the throne if not to control the excesses of his officials? This is an implied criticism of Ahaz, the notoriously wicked king of Judah.

Alternatively, this phrase gives a further aspect of Hezekiah's virtuous conduct. He was not content to be personally righteous and to exercise his authority only to elevate the *spiritual* level of the masses. He also made sure that his *officers govern for justice* and not arbitrarily (*Abarbanel*).

**2. וְהָיָה־אִישׁ** — *And this man will be.* According to most commentators this refers to Hezekiah, a hero in his fear of God. According to *Ibn Ezra* the reference can be either to Hezekiah or to any of his officers.

Alternatively, the reference is to any righteous person who hides from the wicked in order to continue serving God, and who ultimately succeeds (*Targum*).

**כְּמַחֲבֵא־רוּחַ וְסֵתֶר זָרֶם** — *Like a hideout from the wind and a cover from a downpour.* The remnants of the Ten Tribes [or the tribe of Judah (*Abarbanel*)] will be able to depend upon Hezekiah for protection (*Rashi*). His generation will rely on his righteousness to protect them from Assyria (*Radak*).

**כְּפַלְגֵי־מַיִם בְּצָיוֹן** — *Like pools of water in an arid area.* After so

ד וְאָזְנֵי שֹׁמְעִים תִּקְשַׁבְנָה: וּלְבַב נִמְהָרִים יָבִין לָדָעַת וּלְשׁוֹן עִלְּגִים תְּמַהֵר
ה־ו לְדַבֵּר צָחוֹת: לֹא־יִקָּרֵא עוֹד לְנָבָל נָדִיב וּלְכִילַי לֹא יֵאָמֵר שׁוֹעַ: כִּי נָבָל נְבָלָה
יְדַבֵּר וְלִבּוֹ יַעֲשֶׂה־אָוֶן לַעֲשׂוֹת חֹנֶף וּלְדַבֵּר אֶל־יהוה תּוֹעָה לְהָרִיק נֶפֶשׁ רָעֵב
ז וּמַשְׁקֶה צָמֵא יַחְסִיר: וְכֵלַי כֵּלָיו רָעִים הוּא זִמּוֹת יָעָץ לְחַבֵּל °ענוים [°עֲנִיִּים ק׳]
ח בְּאִמְרֵי־שֶׁקֶר וּבְדַבֵּר אֶבְיוֹן מִשְׁפָּט: וְנָדִיב נְדִיבוֹת יָעָץ וְהוּא עַל־נְדִיבוֹת

**רש״י**

(ד) **ולבב נמהרים יבין לדעת.** לא כמו שעכשיו, הַשְׁמֵן לֵב הָעָם (שם): **ולשון עלגים וגו׳.** ולא כמו שעכשיו, כִּי בְּלַעֲגֵי שָׂפָה (לעיל כח, יא): **עלגים.** כל מי שאינו יודע לכוין דיבורו להיות נח, קרוי עלג ונלעג: (ה) **ולכילי.** רמאי נוכל חורש רעים: **שוע.** לשון אדון, שהכל שועין ופונין אליו: (ו) **נבלה ידבר.** מדבר, לשון הוה הוא: **יעשה און.** יקבץ מחשבות און; כמו, (דברים ח, יז), עָשָׂה לִי אֶת הַחַיִל הַזֶּה: **לעשות חונף.** חושב מחשבות איך יוכל לעשות חנופה. חונף שם דבר, לכך טעמו למעלה ונקוד פתח: **ומשקה צמא יחסיר.** לפי פשוטו, שגוזלין העניים. ותרגומו, וּפִתְגָמֵי אוֹרַיְתָא דְאִינוּן כְּמַיָּא לְצַחֲיָא מְדַמָּן לְבַטָּלָא: (ז) **ובדבר אביון משפט.** לחבל אביון במשפטו. משפט זה לשון תחלת דברים במשפט. כשמדבר האביון טענותיו, זה יועץ מזימות להכשילו בכבליו. משפט משמש שלשה לשונות, תחלת טענה, דשריינמנ״ט בלע״ז, וגמר הדין, יודיימנ״ט בלע״ז, ומשטר ששוטרין אותו ביסורין, יושטיל״א בלע״ז:

**רד״ק**

הָשַׁע (לעיל ו, י), שני שרשים והענין אחד. אמר, כי באותו זמן לא יהיו עורים וחרשים לדברי ה׳ אלא יראו וישמעו ויקבלו דברי ה׳. וכן אמר למעלה, וְשָׁמְעוּ בַיּוֹם הַהוּא הַחֵרְשִׁים דִּבְרֵי סֵפֶר וגו׳ (לעיל כט, יח). כי עד הזמן הזה היו עורים וחרשים; כמו שאומר, וַיְעַצֵּם אֶת עֵינֵיכֶם (שם פסוק י): (ד) **ולבב נמהרים.** שהיו עד עתה נמהרים, עתה יבינו לדעת דבר ה׳. ונמהרים הם הכסילים; כמו, וַעֲצַת נִפְתָּלִים נִמְהָרָה (איוב ה, יג), אמרו לנמהרי לב. אמר אותם שהיו עושים עצמם פתאים ועלגים להבין דבר ה׳; כמו שאמר, כִּי בְּלַעֲגֵי שָׂפָה וּבְלָשׁוֹן אַחֶרֶת יְדַבֵּר אֶל הָעָם הַזֶּה (לעיל כח, יא), ואחרי התשועה הגדולה הזאת ישובו להיות רואים ושומעים ומבינים ומדברים צחות: (ה) **לא יקרא עוד.** אינו אומר עוד כל ימי עולם, אלא עוד כל ימי חזקיהו; וכן הוא אומר, וַעֲמָלוֹ לֹא יִזְכָּר עוֹד (משלי לא, ז). רצונו לומר כל זמן שהיין בו. ואמר זה בעבור כי היו מתחלה מחניפים הרשעים, ומיפים להם מעשיהם בפניהם, וקוראים לנבל נדיב ולכילי שוע. ואמר כי עוד כל ימיו לא יראו מפני הרשעים ולא יחניפום עוד, אלא לכל אחד יאמרו מה שיש בו. והנדיב הוא האיש שהוא בעל נפש טובה, ונותן מה שנותן בעין טובה. ונבל הפכו, שהוא אדם פחות ולא יתן אלא בהכרח ובעין רעה, ולכילי. שנותן במדה, לא יותר דבר בשום פנים, ועינו צרה, אבל אינו פחות כמו הנבל. ושוע הוא ותרן בממונו מאד, שמח במתנותיו, והוא יותר במעלה מהנדיב: (ו) **כי.** צריך להפריש בין הנבל והנדיב, כי מעשיהם וענינם בהפך. כי נבל ידבר בפיו נבלה, ויחשב בלבו לעשות און, כי הלב אינו עושה אלא חושב. ואמר יעשה כי הוא חושב תמיד עד שיבא לידי מעשה, וכן אמר לעשות חונף ולדבר אל ה׳ תועה. יחשב לדבר בעבור דבר התועה שאומר שאינו משגיח בבני אדם לפיכך יגזול כשיוכל, כי חושב כי אין משפט ואין ה׳ רואה את הארץ, ואינו מפחד כי אם מבני אדם: **להריק נפש רעב.** כי העניים שהם רעבים וצמאים אין להם עוזרים ברוב, והנבל יריק נפשם, כלומר יגזול מהם מאכלם והרי הוא כאלו יריק נפשם ויוציאם, וכן יחסיר משקם: (ז) **וכילי.** בצר״י הכ״ף, והוא כמו ולכילי שזכר בחיר״ק הכ״ף. ודבר על הנבל שהוא עושה מעשה נבלה, ועתה מדבר על הכילי שמחשבתו רעה, אבל אינו כמו הנבל. כי הנבל יעשה מעשה הרעה, אבל הכילי אינו רע כל כך שיעשה מעשה, אבל חושב ומדבר רע על החלושים העניים, ובאמרי שקר שמדבר יועץ לחבל העניים, וכן במשפט האביון ידבר לחייב אותו בדין ולהענישו, זהו שאמר ובדבר אביון משפט; כאלו אמר בדבריו על אביון במשפט לחבלו ולהשחיתו. ופירוש כליו רעים, מדותיו. ואומר, כמו שהוא צר עין ודעת חסרה ורעה, כן כליו רעים וחסרים, וכשימכור, ימכור במדה חסרה, זמות. דבריו נבלות; כמו, כִּי זִמָּה עָשׂוּ (הושע ו, ט): (ח) **ונדיב.** נכלל בכללו השוע, והנה הוא הפך הכילי, כי הוא זמות יעץ, והנדיב נדיבות יעץ:

**מצודת דוד**

**תקשבנה.** לא כמו עכשיו, שנאמר בהם, וְאָזְנָיו הַכְבֵּד (שם): (ד) **ולבב נמהרים.** מי שלבבו נמהר מבלי דעת מיושבת, יבין אז לדעת. לא כמו עכשיו שנאמר בהם, הַשְׁמֵן לֵב הָעָם הַזֶּה (שם): **ולשון עלגים.** מה שנדמה להם מאז דברי הנביאים כאלו ידברו בלשון עלגים; כמו שכתוב, כִּי בְּלַעֲגֵי שָׂפָה וכו׳ (לעיל כח, יא), הנה מעכשיו יחשב להם כאלו תמהר לדבר צחות, אמרים ברורים המקובלים על הלב: (ה) **לא יקרא.** לא ימצא בהם חונף, לקרוא לנבל בשם נדיב, ועל כילי לא יאמר שהוא שוע: (ו) **נבלה ידבר.** בכל עת מדבר דברים מגונים וכעורים, ומחשבות לבו לקבץ און, לחשוב מחשבות לעשות חנופה ולדבר על ה׳ דבר תועה הפך האמת, כי יאמר שאינו משגיח: **להריק.** רצונו לומר, יחשב כזאת למען לעשוק מאכל הרעב, וכאלו יריק נפשו ממנו. ולא ירא מה׳, בחושבו שאינו משגיח: **ומשקה צמא יחסיר.** רצונו לומר, ולמען יחסיר המשקה מן הצמא, כי חפצו לקחת ממונו בעושק. וזה חוזר למעלה לומר, אם כל אלה המדות הרעות נמצאו בנבל, איך אם כן ראוי לקראו נדיב, שהוא ההפך: (ז) **וכלי כליו רעים.** והרמאי, הלא ערמותיו רעים המה לבריות, כי הוא מתייעץ בנפשו להשחית עניים באמרי שקר: **ובדבר אביון משפט.** כשהאביון מדבר דברים ראויים, רצונו לומר גם מתייעץ בנפשו לחבל הדברים ההם בדברי שקר. וחוזר למעלה לומר, אם כל אלה בו איך יקראהו שוע: (ח) **ונדיב.** אבל הנדיב מתייעץ בנפשו לעשות נדיבות, והוא עומד על נדיבות. רצה לומר, לא בלבד יחשוב, אלא עומד הוא על נדיבות ולא יעבור ממנו. ואם כן אינו דומה לנבל וכלי, לא במחשבה ולא במעשה, ואיך אם כן יהיו נקראים בשם נדיב ושוע?:

**מצודת ציון**

**תקשבנה.** ענין שמיעה והאזנה: (ד) **נמהרים.** מלשון מסירות: **עלגים.** כן יקרא המדבר הפך תכונת הדבר; וכן, נִלְעַג לָשׁוֹן (לקמן לג, יט). והוא מתהפך; כמו, כבש כשב והדומים: **צחות.** דברים זכים ובהירים: (ה) **ננבל.** כן נקרא אדם פחות ונבזה: **נדיב.** אדם ישר ובעל מתן: **ולכילי.** רמאי ובעל מרמה; כמו, וְאָרוּר נוֹכֵל (מלאכי א, יד): **שוע.** ענינו כמו נדיב; וכן, הֲיַעֲרֹךְ שׁוּעֲךָ לֹא בְצָר (איוב לו, יט): (ו) **נבלה.** דברי כעור וגנות; וכן, לְבִלְתִּי עֲשׂוֹת עִמָּכֶם נְבָלָה (שם מב, ח): **יעשה.** ענין קבוץ; וכן, וְיִשְׂרָאֵל עֹשֶׂה חָיִל (במדבר כד, יח): **אין.** דברי רשע: **אל ה׳.** על ה׳: **תועה.** ענינו הפך האמת, והוא שאול מהתועה בדרך, שהולך בהפך: **להריק.** מלשון רקות: (ז) **זמות.** מחשבות רשע; כמו, זִמָּה הִוא (ויקרא כ, יז): **לחבל.** ענין השחתה: **משפט.** ענינו דברים ישרים ונכוחים: (ח) **נדיבות.** נתינת המתן:

much suffering in the days of King Ahaz, his son Hezekiah will be as satisfying and restorative as pools of water to a thirsty man in an arid area (*Radak*).

Alternatively, water refers to Torah (see *Bava Kamma* 82a). Ahaz had closed the study halls and the people thirsted for its spiritual joy. Hezekiah taught the nation and restored the Torah to its former pinnacle. It gave the people as much pleasure as *pools of water in an arid area* (*Abarbanel*).

*will no longer be closed and the ears of the hearing people will pay heed.* 4 *The heart of the impetuous will understand knowledge and the tongue of stammerers will hasten to speak fluently.* 5 *A vile person will no longer be called generous, and it will not be said that a miser is magnanimous.* 6 *For a vile person speaks villainy and his heart plans iniquity, to act with hypocrisy and to speak falsehood about* H*ASHEM*, *to empty the soul of the hungry and to diminish the drink of the thirsty.* 7 *As for the miser, his vessels are evil; he plans schemes to destroy the poor with words of falsehood and when the destitute speaks justly.* 8 *But a generous man plans generous acts, and stands for generous acts.*

---

**3. וְלֹא תִשְׁעֶינָה עֵינֵי רֹאִים וְאָזְנֵי שֹׁמְעִים תִּקְשַׁבְנָה** — *The eyes of seeing people will no longer be closed and the ears of the hearing people will pay heed.* The people will no longer be blind and deaf to the words of God, as they were in the generation before Hezekiah [*Rashi,* see 6:10; also see 29:10].

**4. וּלְבַב נִמְהָרִים יָבִין לָדָעַת** — *The heart of the impetuous will understand knowledge.* Those who did not understand knowledge [because of the *fattening of their heart* (*Rashi,* 6:10)], or those whose foolishness or impetuosity prevented them from plumbing the wisdom of Hashem, will now understand (*Radak, Abarbanel*).

Impetuosity is the enemy of true understanding. People are reluctant to admit error, and therefore will tend to answer quickly in line with their preconceived notions. As the popular saying puts it, "Don't confuse me with the facts. My mind is made up."

**וּלְשׁוֹן עִלְּגִים תְּמַהֵר לְדַבֵּר צָחוֹת** — *And the tongue of stammerers will hasten to speak fluently.* Those who speak hesitantly, as if they do not understand what is being said [alternatively, those who mocked (לעג) the words of the prophets (*Mahari Kara*), *will hasten to speak fluently* after this miraculous salvation (*Radak*). They will finally see the light, and once they are convinced that they were wrong, they will speak up for the truth.

**5.** Under Hezekiah or Messiah, there will be clarity and honesty. The confusion between right and wrong, holy and profane, truth and falsehood will disappear. No longer will vile people be honored or miserly people be called benevolent (*R' Schwab*).

**לֹא־יִקָּרֵא עוֹד לְנָבָל נָדִיב וגו'** — *A vile person will no longer be called generous. . .* In the days of Hezekiah — but not under his successor — hypocritical flattery will not be acceptable. Under his rule, there will be no fear of telling the truth (*Radak*).

The Talmud (*Sotah* 42a) harshly criticizes hypocritical flatterers and says, among other things, that they will not merit to see the *Shechinah*. Here, Isaiah declares that in Hezekiah's generation, dishonest flattery will disappear, so that everyone will deserve to have the presence of the *Shechinah* (*Abarbanel*).

However, in an apparent contradiction, the Talmud (ibid. 41b) interprets our verse to refer to the post-Messianic Era; at that time it will be prohibited to call a vile person generous. This implies that there are times when it is permissible to praise a vile person. As proof, the Talmud cites *Genesis* 33:10, where Jacob told Esau that he was equivalent to an angel. *Tosafos* explains that one may do so when his life is in danger, as Jacob's was since Esau had brought an army to kill him. *Shaarei Teshuvah* and *Meiri* rule that is permitted when the wicked are in power and it can be dangerous to challenge them, even if it is not a matter of life and death. However, even though one may praise *them* personally, one should not praise their sinful deeds.

Our verse speaks of two kinds of flatterers. The first is a *vile person,* who openly and inwardly has a corrupt scale of values. He justifies evil and cynically derides people of integrity. A *miser* subscribes to propriety, but his greed or inability to inconvenience himself or to act generously prevents him from doing the right thing. In public he will preach proper conduct, but privately will ignore it to promote his own interests (*Malbim*).

**נָדִיב . . . שׁוֹעַ** — *Generous . . . magnanimous.* A *generous* person gladly contributes what he should. A *magnanimous* person is not only extremely generous, but is very happy to make gifts (*Radak*).

**6. נָבָל** — *A vile person.* Such a person is thoroughly evil. He *speaks villainy.* In his heart he *plans* [lit., *does*] *iniquity.* Although the heart does not *do* anything, the verse uses the active verb — the heart *does* — because a vile person plots and plans until he finds an opportune moment to carry out his intentions. He *acts with hypocrisy* to deceive his intended victims. To compound his evil, he *speaks falsehood about* H*ASHEM,* i.e., he feels no guilt because he insists that God neither cares about nor sees what people do on earth. Therefore he feels free to *empty the soul of the hungry,* i.e., to deprive them of life-giving food and even essential water (*Radak*).

**7.** This *miser* is not as bad as the *vile person,* who commits crimes against the defenseless. The miser will not help them and he counsels others on how to defraud them, but does not actively participate. *When the destitute speaks justly,* the miser feigns insincere sympathy and approval (*Radak*).

**כֵּלָיו רָעִים** — *His vessels are evil.* Although he will not actively rob the poor, when he deals with them and knows that his dishonesty will not be detected, he uses false weights and measures (*Radak*)

**8. נְדִיבוֹת יָעָץ** — *Plans generous acts.* In sharp contrast to the conniving miser, a truly generous person not only *does* good things, he *plans* them voluntarily, without social pressure.

**וְהוּא עַל־נְדִיבוֹת יָקוּם** — *And stands for generous acts.* His generosity will enable him to stand erect (*Rashi*) and raises him

ט יָקוּם: נָשִׁים֙ שַׁאֲנַנּ֔וֹת קֹ֖מְנָה שְׁמַ֣עְנָה קוֹלִ֑י בָּנוֹת֙ בֹּֽטְח֔וֹת הַאְזֵ֖נָּה

י־יא אִמְרָתִֽי: יָמִים֙ עַל־שָׁנָ֔ה תִּרְגַּ֖זְנָה בֹּֽטְח֑וֹת כִּ֚י כָּלָ֣ה בָצִ֔יר אֹ֖סֶף בְּלִ֥י יָבֽוֹא: חִרְדוּ֙

יב שַׁאֲנַנּ֔וֹת רְגָ֖זָה בֹּֽטְח֑וֹת פְּשֹׁ֣טָה וְעֹ֔רָה וַחֲג֖וֹרָה עַל־חֲלָצָֽיִם: עַל־שָׁדַ֖יִם סֹֽפְדִ֑ים

יג עַל־שְׂדֵי־חֶ֔מֶד עַל־גֶּ֖פֶן פֹּרִיָּֽה: עַ֚ל אַדְמַ֣ת עַמִּ֔י ק֥וֹץ שָׁמִ֖יר תַּֽעֲלֶ֑ה כִּ֚י עַל־כָּל־בָּתֵּ֣י

יד מָשׂ֔וֹשׂ קִרְיָ֖ה עַלִּיזָֽה: כִּֽי־אַרְמ֣וֹן נֻטָּ֔שׁ הֲמ֥וֹן עִ֖יר עֻזָּ֑ב עֹ֣פֶל וָבַ֗חַן הָיָ֨ה בְעַ֤ד מְעָרוֹת֙

## רש״י

**(ח) על נדיבות יקום.** בשביל נדיבותיו תהי לו תקומה: **(ט) נשים שאננות.** מְדִינָן דְיַתְבִין שְׁלֵיוָן: **בנות בוטחות.** כְּרַכִּין דִי שְׁרָן לְרוֹחֲצָן: **(י) ימים על שנה.** כמו, סְפוּ שָׁנָה עַל שָׁנָה (לעיל כט, א), ותמיד עונותיכם מתגברין. וסוף תרגזנה אלו שהן עכשיו לבטח, כי יכלה מהם בציר הענבים, ואוסף התבואה לא יבוא אל הבית: **אוסף.** שם דבר, לכך טעמו למטלה ונקוד פתח: **(יא) רגזה.** כמו לרגז: **פשוטה.** כמו לפשוט: **ועורה.** כמו לערות, לשון עֶרְיָה (מיכה א, יא): **וחגורה.** כמו לחגור, לכך טעמו למטלה. וכן תרגם יונתן, שְׁלָחוּ וְאִיתְעַרְטִילוּ וְאֱסָרוּ עַל חַרְצִין. מתוך שיפשיטו ויתערמו מבגדיהם, לא יחגרו על בגדיהם כי על מתניהם: **(יב) על שדים סופדים.** יטפחו על לבם, (על שדי חמד. על שדות) חמדתן, ומדרש אגדה (איכה רבתי (בובר) פתיחתא כד), על חכמי סנהדראות שהם כשדים המניקים יספדו, ועל עיר חמדתן שתחרש כשדה, ועל גפן פוריה הם ישראל שנקראו גפן ממצרים תסיע: **(יג) קוץ שמיר.** הובאי ובור, כי כל חורבן זה יהיה על כל בתי משוש ועל קריה עליזה ירושלים, שהיא מְשׂוֹשׂ לְכָל הָאָרֶץ (איכה ב, טו): **(יד) כי ארמון.** מלך יהודה נוטש: **והמון העיר.** גלה: **עופל ובחן.** בית מקדשי שהיה להם למבצר: **היה בעד מערות.** יהיה בתוך חורבות. מערת לשון עָרוּ עָרוּ (תהלים קלז, ז). ובעד; כמו, הַבְעַד עֲרָפֶל יִשְׁפּוֹט (איוב כב, יג):

## רד״ק

**והוא על נדיבות יקום.** בעבור הנדיבות, יקים ויעלה במעלה גדולה: **(ט) נשים.** כתרגומו, מְדִינָן, וכן בנות, כְּרַכִּין. אמר כנגד ערי יהודה שהיו חושבות להיות שאננות ובטוחות, אמר להן אף על פי שאתם בטוחות עתה, עוד תרגזנה: **(י) ימים על שנה.** כמו עם שנה; וכן, וַיָּבֹאוּ הָאֲנָשִׁים עַל הַנָּשִׁים (שמות לה, כב). רצונו לומר, שנה עם שנה. כלומר, לא שנה אחת לבד, אלא שנה אחר שנה תרגזנה, כי האויב ישחית הקציר והבציר, ואחר כן יגלה אותם, ותהינה הערים חרבות: **אסף.** אסיפת התבואה. ונבואה זו אפשר לפרשה עתידה על חרבן ארץ ישראל כלה, וחרבן בית המקדש בימי צדקיהו, או חרבן בית שני. וכן תרגם יונתן כִּי אַרְמוֹן נֻטָּשׁ (לקמן פסוק יד), בֵּית מַקְדְּשָׁא חֲרוּב, ותהיה נחמת עד יערה עלינו רוח ממרום וגו׳, וכל הפרשה עתידה בימי המשיח. או תהיה נבואה זו על חרבן ערי ישראל וגלותם בימי הושע בן אלה, ויהיה פירוש ארמון נוטש על שמרון שהיה ארמון מלך ישראל וגם על ערי יהודה שתפשם מלך אשור, ותהיה נחמת עד יערה עלינו וכו׳ בימי חזקיהו אחר מגפת מחנה אשור: **(יא) חרדו שאננות.** אמר חרדו שהוא צווי דברים לפי שענינו על העם אשר בתוך הערים: **רגזה.** צווי הנקבות בא בנו״ן הא ופעמים בנו״ן לבדה; כמו, קְרֶאֶן לוֹ (שמות ב, כ), ופעמים בה״א לבדה כמו רגזה, וכן פשוטה ועורה וחגורה. ויש אומרים כי ארבעתם מקור, ועורם מן עֵרֹם וְעֶרְיָה (יחזקאל טז, ז): **וחגורה.** פירוש וחגור שק: **(יב) על שדים סופדים.** על שדים שהיו צומקים מהרעב, וכן יהיו סופדים על שדי חמד על גפן פוריה, כלומר על לחם ויין שאין להם. שדי חמד, שדי חמדה שהיו מתחילה ועתה הם בורים, וכן גפן פוריה, שהיתה מתחילה ועתה בוקקה: **(יג) על אדמת עמי.** וכן יהיו סופדים על אדמת עמי שתעלה ותצמיח קוצים ושמירים. ואף על פי שאמר על שדי חמד, לא פירש מה הם, ועתה פירש קוץ ושמיר תעלה: **קוץ שמיר.** חסר וי״ו השמוש, כמו קיץ ושמיר; וכן, שֶׁמֶשׁ יָרֵחַ (חבקוק ג, יא), רְאוּבֵן שִׁמְעוֹן (שמות א, ב), מֶלֶךְ שָׂרִים (הושע ח, י) והדומים להם: **כי על כל בתי משוש.** כי גם עליהם יהיה ההספד שהיו בתי משוש מתחילה. וכן קריה שהיתה עליזה מתחילה: **(יד) כי ארמון.** פירשנוהו: **עופל ובחן.** מגדלים גבוהים וחזקים יהיו: **בעד מערות.** יהיו עוד למערות, שידורו בה חיות השדה: **בעד.** במקום למ״ד השמוש,

## מצודת דוד

**(ט) נשים שאננות.** אמר דרך קינה, אתן נשי בני יהודה היושבות שאנן, כי לא השיגו אותן יד סנחריב: **בנות בוטחות וכו׳.** כפל הדבר במילים שונות: **(י) ימים על שנה.** שנה עם שנה, רצונו לומר, לא שנה אחת, כי אם שנה אחר שנה תחרדנה אתן נשים בוטחות, כי גם עליכם יבוא האויב והוא נבוכדנצר מלך בבל: **כי כלה בציר.** כי אף שיכלה הבציר לא יבוא האוסף אל הבית, כי האויב יקחהו: **(יא) חרדו.** מעתה חרדו על הצרה שבאה: **רגזה.** כפל הדבר במילים שונות: **פשוטה ועורה.** כי כל אחד תהיה מופשטה מבגדיה, ותשאר מגולה בשרה בעת תלך בגולה: **וחגורה.** תחגור עצמה על החלצים לכסות הערוה לבד: **(יב) על שדים.** יטפחו על שדיהן דרך הספד: **על שדי חמד.** ההספד תהיה על אבדן השדות החמודות, ועל הגפנים המגדלים פירות הרבה: **(יג) על אדמת עמי.** על האדמה אשר תהיה שממה, ויגדלו שם קוצים: **כי על כל בתי משוש.** כי הקוצים יגדלו אף על כל הבתים שהיו שמחים בהם תדיר העומדים בירושלים, קריה עליזה: **(יד) כי ארמון נטש.** היכל המלך יהיה נעזב, כי מלך יהודה יגלה ממנו: **המון עיר.** המון העם שבעיר יהיה נעזב ומופקר: **עופל ובחן.** מגדלי המבצר יחרבו וישובו למערות, מדור לחיות השדה: **עד עולם.** רצונו לומר, עד זמן רב; וכן, וַעֲבָדוֹ לְעֹלָם (שמות כא, ו): **משוש פראים.** הם ישמחו שמה, כי ימצאו שמה מרעה: **מרעה עדרים.** יהיה מקום מרעה לעדרים:

## מצודת ציון

**יקום.** ענין עמידה, והוא הפוך ההעברה: **(ט) שאננות.** ענין השקט ושלוה; וכן, שַׁאֲנַן מוֹאָב (ירמיה מח, יא): **קומנה.** הוא ענין לשון זרוז; וכן, קוּם עֲבֹר אֶת הַיַּרְדֵּן (יהושע א, ב): **האזנה.** ענין נטיות האוזן לשמוע: **(י) ימים.** ענינו שנה; כמו, יָמִים תִּהְיֶה גְאֻלָּתוֹ (ויקרא כה, כט): **על שנה.** עם שנה וכן וַיָּבֹאוּ הָאֲנָשִׁים עַל הַנָּשִׁים (שמות לה, כב): **תרגזנה.** ענין חרדה; כמו, רִגְזוּ וְאַל תֶּחֱטָאוּ (תהלים ד, ה): **כלה.** ענין השלמה: **בציר.** כן נקרא תלישת הענבים; כמו, כִּי תִבְצֹר כַּרְמְךָ (דברים כד, כא): **אוסף.** הענבים המכניסים אל הבית עד לא יבואו ימי החורף; וכן וְלֹא נֶאֱסֹף אֶת תְּבוּאָתֵנוּ, (ויקרא כה, כ): **(יא) פשוטה.** מלשון הפשט המלבוש: **ועורה.** ענין גלוי הבשר; כמו, וְאַתְּ עֵרֹם וְעֶרְיָה (יחזקאל טז, ז): **חלציה.** מתניה: **(יג) קוץ שמיר.** שמות מיני קוצים: **תעלה.** תגדיל: **קריה.** עיר: **עליזה.** ענין שמחה: **(יד) נוטש.** נעזב; כמו, וְהִנֵּה נָטַשׁ אָבִיךָ (שמואל־א י, ב): **המון.** רבוי עם: **עופל.** מגדל ומבצר; כמו, וְסָבַב לָעֹפֶל (דברי הימים־ב לג, יד): **ובחן.** גם הוא כעין מגדל; וכן, הֵקִימוּ בַחוּנָיו (לעיל כג, יג): **בעד.** הוא במקום למ״ד השמוש; וכן, באה במקום מ״ם השמוש; כמו, בְּעַד הַחַלּוֹן (בראשית כו, ח) ומשפטו מהחלון: **מערות.** מלשון מערה, פראים. חמור הבר:

up (*Radak*). In Hezekiah's time, people will respect generous people, unlike the earlier glorification of flatterers and misers.

*Ibn Ezra* understands the contrast as being between the officers of Ahaz, Hezekiah's wicked father, who praised villainy and whose hearts planned iniquity, as opposed to the officers of Hezekiah, who planned generous acts exclusively, and *will govern for justice* (see verse 1).

*Parable of the complacent women*

*9 O complacent women, rise up and hear my voice! O confident daughters,*
*give ear to my speech! 10 Year after year the confident [women] will shudder,*
*when the vintage is finished, the harvest does not come in. 11 Tremble, O*
*complacent women; shudder, O confident women; disrobe and bare your-*
*selves, and gird [sackcloth] on your loins. 12 Beating upon [their] breasts*
*in mourning over the lovely fields, over the fruitful vine. 13 Over the land*
*of my people, thistles and weeds will sprout; over all the houses of merry-*
*making, over the exultant city. 14 For the palace has been abandoned, the*
*city's multitude forsaken; the fortification and stronghold have become ruins*

---

**9-20.** Hezekiah was so great that he had the potential to be the final Messiah, who would usher in the ultimate holiness and tranquility of the End of Days. However this did not happen, because he did not sing the praises of God after the miracle of Sennacherib's destruction (*Sanhedrin* 94a).

Indeed, why didn't he? *Sfas Emes* explains that Hezekiah's faith in God was so extraordinary that the miracle did not increase it to the extent that he became ecstatic enough to compose praises. However, although he *personally* was not lacking, as leader of the nation he should have inspired his people to praise God, as Moses did when God split the sea.

The new era of spiritual greatness that Hezekiah ushered in would last until the end of his twenty-nine-year reign, but then there would be a precipitous decline. Now, Isaiah prophesies days of destruction ahead, but, as is common in the Books of the Prophets, he ends his dirge with encouragement.

**9. נָשִׁים שַׁאֲנַנּוֹת . . . בָּנוֹת בֹּטְחוֹת** — *O complacent women . . . O confident daughters.* Metaphorically, Isaiah refers to different kinds of cities that are complacent and confident (*Targum*). Alternatively, this is a dirge about what will happen to these women themselves (*Abarbanel*).

There are three views among the commentaries about the period described by this prophecy. Most hold that it refers to the time when Nebuchadnezzar will destroy the Temple. Isaiah warns the cities of Judah not to be overconfident (*Targum, Rashi, Mahari Kara, Abarbanel*). Some see it as a reference to the coming of Sennacherib, in which case it is a warning to the cities of Samaria (*Ibn Ezra, Malbim*). Others see it as a reference to the destruction of the Second Temple by Rome, and the ultimate redemption, in which case it refers to all the cities of Israel (*Abarbanel, Radak* cites all three views).

**10. יָמִים עַל־שָׁנָה תִּרְגַּזְנָה בֹּטְחוֹת** — *Year after year the confident [women] will shudder.* The word יָמִים, literally, *days*, is frequently used as a synonym for *year* (see *Leviticus* 25:29). Year after year [they will continue to sin (*Rashi*), and] they will shudder as a result of the destruction of their crops (*Rashi, Radak*). Alternatively, the long and difficult exile will make them shudder *year after year* (*Abarbanel*).

Alternatively, several days after this year ends, and the harvest season is about to begin, the cities of the Ten Tribes will shudder as Sennacherib attacks (*Malbim*).

**11. חִרְדוּ . . . רְגָזָה** — *Tremble . . . shudder . . .* According to *Radak's* first explanation, all five verbs of the verse are in the imperative form, as rendered here. Alternatively, whereas the first, *Tremble*, is imperative, the next four are infinitive (*Rashi; Radak*, second explanation). Accordingly, the verse would be rendered: *Tremble . . . **to** shudder . . . **to** disrobe and **to** bare yourselves and **to** don.* According to *Abarbanel*, this means that they should tremble, for they will be disrobed and bared by the enemy as they are exiled.

**וַחֲגוֹרָה** — *And gird [sackcloth] on your loins* in mourning (*Radak*). Alternatively, *gird your loins* to cover your nakedness (*Rashi, Abarbanel*).

**12. עַל־שָׁדַיִם סֹפְדִים** — *Beating upon [their] breasts in mourning.* The translation follows *Rashi*. Alternatively, *Mourn over breasts* shriveled from hunger (*Radak*). Metaphorically, the breasts represent the Sanhedrin, which nourishes Israel with knowledge. Mourn over the loss of the Sanhedrin (*Rashi*). *Abarbanel* cites this as a further indication that this section refers to the destruction of the Temple, when the Sanhedrin ceased to function.

**עַל־שְׂדֵי־חֶמֶד עַל־גֶּפֶן פֹּרִיָּה** — *[Mourn] over the lovely fields, over the fruitful vine.* Isaiah tells the people to mourn over the lack of produce from the fertile fields that will lie fallow (*Radak*), because of the enemies' destruction (*Abarbanel*). According to the Midrashic metaphor, mourn over the lovely city and the Temple which was plowed like a field, and over the people, who are compared to a grapevine (*Rashi, Abarbanel*).

**13. עַל אַדְמַת עַמִּי** — *[Mourn] over the land of my people.* The land of Samaria (*Ibn Ezra;* see above v. 9); or the land of Judah (*Abarbanel*).

**קוֹץ שָׁמִיר תַּעֲלֶה** — *Thistles and weeds will sprout.* Since the fields lie fallow and unattended, thistles and weeds will sprout (*Metzudos*).

**כִּי עַל־כָּל־בָּתֵּי מָשׂוֹשׂ קִרְיָה עַלִּיזָה** — *Over all the houses of merrymaking, over the exultant city,* i.e., the houses of Shomron or Jerusalem that are now filled with celebration and the city that is now exultant.

**14. כִּי־אַרְמוֹן נֻטָּשׁ** — *For the palace has been abandoned,* i.e., the palace of the king (*Ibn Ezra*) of Judah (*Rashi*), or of Israel in Samaria (*Radak*). Alternatively, *the palace* refers to the Temple (*Targum, Mahari Kara, Abarbanel*).

**עֹפֶל וָבַחַן הָיָה בְעַד מְעָרוֹת** — *The fortification and stronghold have become ruins.* The fortified towers are in ruin (*Ibn Ezra, Radak, Abarbanel*), or, the Temple, which is Israel's spiritual *fortification* (*Rashi*).

טו עַד־עוֹלָ֑ם מְשׂ֥וֹשׂ פְּרָאִ֖ים מִרְעֵ֥ה עֲדָרִֽים׃ עַד־יֵעָ֥רֶה עָלֵ֛ינוּ ר֖וּחַ מִמָּר֑וֹם וְהָיָ֤ה
טז מִדְבָּר֙ לַכַּרְמֶ֔ל °וכרמל [°וְהַכַּרְמֶ֖ל ק׳] לַיַּ֥עַר יֵחָשֵֽׁב׃ וְשָׁכַ֥ן בַּמִּדְבָּ֖ר מִשְׁפָּ֑ט
יז וּצְדָקָ֖ה בַּכַּרְמֶ֥ל תֵּשֵֽׁב׃ וְהָיָ֛ה מַעֲשֵׂ֥ה הַצְּדָקָ֖ה שָׁל֑וֹם וַעֲבֹדַת֙ הַצְּדָקָ֔ה הַשְׁקֵ֥ט
יח וָבֶ֖טַח עַד־עוֹלָֽם׃ וְיָשַׁ֥ב עַמִּ֖י בִּנְוֵ֣ה שָׁל֑וֹם וּבְמִשְׁכְּנוֹת֙ מִבְטַחִ֔ים וּבִמְנוּחֹ֖ת
יט־כ שַׁאֲנַנֽוֹת׃ וּבָרַ֖ד בְּרֶ֣דֶת הַיָּ֑עַר וּבַשִּׁפְלָ֖ה תִּשְׁפַּ֥ל הָעִֽיר׃ אַשְׁרֵיכֶ֕ם זֹרְעֵ֖י עַל־כָּל־מָ֑יִם

**לג** א מְשַׁלְּחֵ֥י רֶֽגֶל־הַשּׁ֖וֹר וְהַחֲמֽוֹר׃ ה֣וֹי שׁוֹדֵ֗ד וְאַתָּה֙ לֹ֣א שָׁד֔וּד וּבוֹגֵ֖ד

**רש״י**

**עד עולם.** עד עת קץ: **עופל ובחן.** שניהם לשון מבצר: **משוש פראים.** לתאות ישמעאל (ולמרעה אדום ולחיילותיו: **(טו) עד יערה עלינו.** ישפוך עלינו; כמו, וַתְּעַר כַּדָּהּ (בראשית כד, כ). לשון שפיכה נופל על הרוח, כמו, וְשָׁפַכְתִּי עַל בֵּית דָּוִיד... רוּחַ חֵן (זכריה יב, י); וכן, אֶשְׁפּוֹךְ אֶת רוּחִי עַל כָּל בָּשָׂר (יואל ג, א): **ליער יחשב.** קִרְוִין סַגִּיאִין, כיער הזה שהוא מלא עצים: **(טז) ושכן במדבר משפט.** בירושלים, שהיא כמדבר: **וצדקה בכרמל.** היא ארץ ישראל שתהא באותן הימים ככרמל: **(יט) וברד ברדת היער.** על כרחך אין ברד זה שם דבר, שהרי נקוד חציו קמץ וחציו פתח בלשון פעל. וכן פתרונו, לשון פעולה, כמו ורחץ, וישב, ועמד. וברד, ויברוד את ברידת היער, ויהיה הבי״ת של ברדת מן יסוד, כמו עטרת, עקרת, כלומר, וימטיר הקדוש ברוך הוא את מטר פחי הרשעים, שהם עכשיו בנויים ומלאים ערים כיער: **ובשפלה.** שנשפלו ישראל עד עכשיו: **תשפל עיר.** מטרפולין של פרס, ודוגמא כן תרגם יונתן, וְיֵחוֹת בַּרְדָא וְיִקְטֵל מַשִּׁרְיַת עַמְמַיָּא: **(כ) אשריכם ישראל.** שהגליה זריעת צדקתכם כזורעים על מים, מעתה תקצרו ותאספו תבואת שכרכם הטוב. תשלחו רגל השור לדוש התבואה, והחמור להביא אל הבית. כך תרגם יונתן. כלומר, תקבלו שכר פעולתכם הטובה: **(א) הוי.** האויב שאתה שודד תמיד ואתה לא שדוד, ובוגד אתה תמיד ואין אדם בוגדך ובוזזך:

**רד״ק**

כי תבא זאת המלה בענין אותיות השמוש, וכן בא במקום מ״ם, בְּעַד הַחַלּוֹן (יהושע ב, טו): **משוש פראים.** שישמחו בם פראים במדבר; פֶּרֶה לִמֻּד מִדְבָּר (ירמיה ב, כד), מרעה עדרים מחיות השדה: **(טו) עד יערה.** עד ישפך עלינו רוח רצון ממרום. כלומר, יהיה זה החרבן עד ירצה האל וישפוך רצונו עלינו ואז יהיה המדבר לכרמל: **רוח.** רצון ה׳; כמו, אֶל אֲשֶׁר יִהְיֶה שָׁמָּה הָרוּחַ (יחזקאל א, יב): **והיה מדבר לכרמל.** מה שהוא מדבר יהיה כרמל שהוא מקום זרע ושדות תבואה ועצי מאכל: **והכרמל ליער יחשב.** ברוב עצים כלומר, יעלו ישראל ממדרגה למדרגה. וכרמל כתוב והכרמל קרי, והענין אחד: **(טז) ושכן.** כתרגומו: **(יז) והיה מעשה.** בעבור מעשה הצדקה שיעשו יהיה להם שלום, ובעבור עבודת הצדקה יהיה להם השקט ובטח עד עולם. והפסוק כפול בענין במלות שונות, כי עבודת פירוש מעשה, כתרגום מעשה עובדא. וכן עֹבְדֵי פִּשְׁתִּים שְׂרִיקוֹת (לעיל יט, ט). אבל יונתן תרגמו עבודה ממש, וּמְפַלְחֵי צִדְקְתָא: **(יח) וישב.** הפסוק כפול בענין במלות שונות, ופשוט הוא: **(יט) וברד.** חציו קמץ וחציו פתח והוא פעל עבר. ואם היה שם יהיה כולו קמוץ, אמר כשיברד, יפול הברד ביער, שלא יזיק לצמחים ועצי מאכל ברדת שם כמו ברד: **ובשפלה תשפל העיר.** לא יזכר שום שפלות בעיר ירושלם אלא אם כן יזכרו השפלה שהיא העיר, אבל לא שפלות מעלה כי לא תשפל מעלת ישראל. ויש מפרשים שתשב פרזות, שיבנו בתים בבקעה כי לא יצטרכו לבנות בהר מגדלים חזקים: **(כ) אשריכם זורעי על כל מים.** על כל מקום מים, כי בכל מקום שתזרעו תמצאו מים: **משלחי רגל השור והחמור.** כל כך יהיה השבע גדול, עד שישלחו השורים והחמורים לרעות בשדות: **(א) הוי שודד.** אם נחמה זו כמו שכתבנו היא בימי חזקיהו אמר הוי שודד על סנחריב, ואם עתידה בימות המשיח, יאמר הוי שודד על מלך העובדי כוכבים שיהיה בימים ההם, והיא מלכות רביעית במראה דניאל. ואמר אוי לך שודד שלא היית עד עתה שדוד, והיית בוגד ולא בגדו בך עדין:

**מצודת דוד**

**(טו) עד יערה.** רצונו לומר, כן תהיה חרבה עד אשר ישפוך עלינו ממרום, רוח הרצון והרחמים: **והיה מדבר לכרמל.** מקום שממה כמדבר, חשוב להיות כרמל והוא מקום שדות וכרמים: **והכרמל.** מקומות שהם עתה ככרמל תחשב להיות כיער, מבלי מצוא שדות וכרמים: **(טז) ושכן במדבר.** ירושלים שהיתה כמדבר, ישכון בה משפט, רצונו לומר, אנשים עושים המשפט: **בכרמל.** בארץ ישראל, שתהיה באותן הימים ככרמל, שמה תשב צדקה. רצונו לומר, אנשים יעשו צדקה: **(יז) והיה מעשה הצדקה.** בגמול הצדקה תביא שלום: **ועבודת הצדקה.** כפל הדבר במילים שונות: **(יח) וישב עמי וכו׳.** מאז והלאה ישב עמי בנוה שלום וכו׳, וכפל הדבר פעמים ושלש, ויורה על מרבית השלום: **(יט) וברד ברדת היער.** רצונו לומר, ואף ברדת ברד לא תרד על הצמחים, כי ביער תרד: **ובשפלה.** בנין העיר תשפל, להבנות במקום שפל ועמוק ועם כל זה יהיו בטוחים מן האויב, ולא יצטרכו לבנותה בגובה הר להשגב שמה: **(כ) אשריכם.** הצלחה תהיה לכם כי תזרעו על כל מים. רצונו לומר, בכל מקום שתזרעו, ימצא מים לגדל התבואה: **משלחי רגל.** ותהיו משלחים שמה רגל השור והחמור לאכול לשבעה, ולרמוס ברגל, ולא יחושו כי תגדל הרבה תבואה: **(א) הוי שודד.** אוי לך סנחריב השודד כל האומות, שלא היית עד עתה שדוד ממי ואתה הוא הבוגד בכולם ועדיין לא בגדו בך:

**מצודת ציון**

**(טו) יערה.** ענין שפיכה; כמו, תַּחַת אֲשֶׁר הֶעֱרָה (לקמן נג, יב): **לכרמל.** כן יקרא מקום שדות וכרמים: **(יז) ועבודת.** תרגום של מעשה הוא עובדא: **(יח) בנוה.** ענין מדור: **שאננות.** ענין השקט ושלוה: **(יט) ברדת.** מלשון ירידה: **(כ) אשריכם.** ענין הצלחה; כמו, אַשְׁרֶיךָ יִשְׂרָאֵל (דברים לג, כט): **משלחי.** ענינו דבר הנעזב לרצונו; וכן, וְנַעַר מְשֻׁלָּח מֵבִישׁ אִמּוֹ (משלי כט, טו): **(א) הוי.** ענין קריאה לנער: **שודד.** עושק: **ובוגד.** ענין מרי ומרד:

**15. עַד־יֵעָרֶה עָלֵינוּ רוּחַ מִמָּרוֹם** — *Until a spirit from on high will be poured out upon us.* This devastation will remain until God wishes to end it (*Radak*), i.e., until Sennacherib is defeated (*Ibn Ezra*), or until the arrival of Messiah (*Abarbanel*).

**וְהָיָה מִדְבָּר לַכַּרְמֶל וְהַכַּרְמֶל לַיַּעַר יֵחָשֵׁב** — *And the desert will become a fertile field and the fertile field will be reckoned like a forest.* The blessing will proceed step-by-step, from desolation to fertility to forest (*Radak*). Metaphorically, at the time

**עַד־עוֹלָם** — *Forever.* Until the time decreed for the destruction (*Rashi*), or when the Messiah will come (*Abarbanel*, see next verse). Alternatively, for a very long time (*Metzudos*).

**מְשׂוֹשׂ פְּרָאִים** — *A joy for wild asses,* i.e., a joy for the sons of Ishmael (*Rashi*), who is referred to (*Genesis* 16:12) as פֶּרֶא אָדָם, *a wild-ass of a man* (*Mahari Kara*).

Isaiah prophesies the redemption from these days of destruction.

*forever, a joy for wild asses, pasture for flocks;* 15 *until a spirit from on high*
*will be poured out upon us, and the desert will become a fertile field and*
*the fertile field will be reckoned like a forest.* 16 *Justice will dwell in the wil-*
*derness and righteousness will live in the fertile field.* 17 *The product of righ-*
*teousness will be peace; and the effect of righteousness, quiet and security*
*forever.* 18 *My people will live in a peaceful domain and in secure dwellings*
*and in tranquil resting places.* 19 *Hail will come down on the forest and the*
*city will extend down to the valley.* 20 *You will be fortunate to sow upon all*
*waters, sending the ox and the donkey to roam freely.*

**33** 1 *Woe to you, pillager, who has not been pillaged! Traitor, who has*

of redemption, Israel, which had been like a desolate desert, will become a fertile field, whereas its enemy nations, that had been like fresh, fertile fields, will become like forests (*Abarbanel*).

**16.** וְשָׁכַן בַּמִּדְבָּר מִשְׁפָּט — *Justice will dwell in the wilderness,* for Hashem will execute justice upon those who abandoned Him [in the days of Sennacherib] (*Ibn Ezra*), or there will be justice in the lawless "wilderness," where formerly there was oppression and wickedness (*Abarbanel*). Alternatively, [people will execute justice (*Metzudos*)] in Jerusalem, which had formerly been like a wilderness (*Rashi*).

וּצְדָקָה בַּכַּרְמֶל תֵּשֵׁב — *And righteousness will live in the fertile field,* i.e., in the Land of Israel, which will be like a fertile field (*Rashi*).

**17.** וְהָיָה מַעֲשֵׂה הַצְּדָקָה שָׁלוֹם וַעֲבֹדַת הַצְּדָקָה הַשְׁקֵט וָבֶטַח עַד־עוֹלָם — *The product of righteousness will be peace; and the effect of righteousness, quiet and security forever.* Righteous and charitable deeds bring about peace in the social order. The effort to achieve righteousness and charity will bring forth *quiet* and *security forever* (*Abarbanel*).

A homiletic explanation for why charity to the poor is called צְדָקָה, which also means *righteousness,* is based on this verse: When a *tzaddik* gives charity to the poor, that act is called *tzedakah;* it inspires the righteous person to become synonymous with righteousness, and brings peace among people (*Shelah, Parashas Re'eh* [1]).

*Rambam* (*Matanos Aniyim* 10:1) states: "A person will never become impoverished from giving charity, nor can any harm result from it, as it says, *the product of charity is peace.*"

**18.** וּבִמְנוּחֹת שַׁאֲנַנּוֹת — *And in tranquil resting places.* The same *complacent women* (v. 11) who were told to tremble will be tranquil after the redemption (*Mahari Kara*).

**19.** וּבָרַד בְּרֶדֶת הַיָּעַר וגו׳ — *Hail will come down on the forest . . .* God will protect the peace of populated areas by letting hail fall only on the forests and not on the crops, and by making the people so secure that houses will be built even in the vulnerable lowlands (*Ibn Ezra*).

Metaphorically, God showers a hail of destruction upon the wicked, whose cities are now as numerous and built up as a forest is full of trees. Their metropolises with be brought down, and the formerly lowly Jewish nation will be upraised (*Rashi*).

**20.** אַשְׁרֵיכֶם זֹרְעֵי עַל־כָּל־מָיִם מְשַׁלְּחֵי רֶגֶל־הַשּׁוֹר וְהַחֲמוֹר — *You will be fortunate to sow upon all waters, sending the ox and the donkey to roam freely.* Wherever you sow there will be water, and there will be so much grain that you will send your oxen and donkeys to graze freely in the fields (*Radak*).

Metaphorically, the verse can be understood as follows: Fortunate are you, O Israel, you will be rewarded for your righteousness as if you sowed upon water-soaked land. In reward for your good deeds, you will send oxen to thresh the plentiful wheat, and the donkeys to bring it home (*Rashi,* from *Targum*).

The Sages homiletically comment on this verse that a Jew should make himself like an ox controlled by a yoke and like a donkey carrying a burden (*Avodah Zarah* 5b). *R' Schwab* explains that a Jew bears two burdens. He is privileged to bear the yoke of God's commandments, and he also carries the burden of trials and suffering. When life imposes this burden on him, he should accept it willingly, like a donkey who does not try to throw it off. Rather, a Jew knows that whatever lot is imposed on him comes from God and is ultimately for the good.

## 33.

Turning to the enemy who gloats over his victims and boasts of his triumphs, Isaiah prophesies that his ascendancy will not last. When God is ready, the victimizer will become a victim, and suffer the same fate he has imposed on others. The prophecy is a reassuring message to all people in all situations who despair at their own tribulations and the success of their adversaries. God keeps His accounts and a reckoning will come.

**1.** הוֹי שׁוֹדֵד וְאַתָּה לֹא שָׁדוּד — *Woe to you, pillager, who has not been pillaged!* This refers to Assyria in the days of Sennacherib (*Ibn Ezra*). When he finishes his destruction of the region, he will became utterly desolate (*Mahari Kara*). *Radak* submits that it may refer to the Messianic Era, in which case the *pillager* is the dominant power of that time, the fourth kingdom of Daniel's vision (*Daniel* 7:19-22).

ב וְלֹא־בָגְדוּ בָךְ כַּהֲתִמְךָ שׁוֹדֵד תּוּשַּׁד כַּנְּלֹתְךָ לִבְגֹּד יִבְגְּדוּ־בָךְ׃ יְהוָה חָנֵּנוּ
ג לְךָ קִוִּינוּ הֱיֵה זְרֹעָם לַבְּקָרִים אַף־יְשׁוּעָתֵנוּ בְּעֵת צָרָה׃ מִקּוֹל הָמוֹן נָדְדוּ עַמִּים
ד־ה מֵרוֹמְמֻתֶךָ נָפְצוּ גּוֹיִם׃ וְאֻסַּף שְׁלַלְכֶם אֹסֶף הֶחָסִיל כְּמַשַּׁק גֵּבִים שֹׁקֵק בּוֹ׃ נִשְׂגָּב יְהוָה
ו כִּי שֹׁכֵן מָרוֹם מִלֵּא צִיּוֹן מִשְׁפָּט וּצְדָקָה׃ וְהָיָה אֱמוּנַת עִתֶּיךָ חֹסֶן יְשׁוּעֹת חָכְמַת

## רש״י

**כהתימך.** להיות שודד, ככלותך שדידתך באותם שנגזרה גזרה עליהם להיות שדודים על ידך, תושד: **כנלותך לבגוד.** מנחם חיבר כנלותך עם לא יטה לארץ מנלם בחלק אחד ומנלם המ״ם הראשונה בו יסוד נופל כמו מ״ם של מאמר ושל מדע, ויתכן להיות לשון כליון לפי הענין: **כנלותך.** לשון ככלותך, וְלֹא יִטֶּה לָאָרֶץ מִנְלָם (איוב טו, כט). כליון הנגזר עליהם לא יטה לארץ להיות בטל והולך, אלא הולך וחזק: (ב) **היה זרועם.** של שדודים ביד השודד: **לבקרים.** מדי יום יום כשהוא מיצר להם, אף ישועתינו תהיה בעת צרה: (ג) **מקול המון.** הבא מלפניך נדדו עמים עד הנה כשהפלאת לנו נסיך: (ד) **ואוסף שללכם.** זה מוסב על ככלותך לבגוד יבגדו בך. ואוסף שללכם, אתם הבוגדים את עמי, בבא פקודתכם יבוז אתכם שארית עמי, ויאספו שללכם כאסיפת חסיל שאוסף לו תבואה בקיץ כל אחד לעצמו, אף כולן יבוזו איש לו: **כמשק גבים שוקק.** כקול נהם מים הנאספים ונופלין בגבים בנהם, כן יהמו הבאים לשלול ולבוז. משק לשון נהם; כמו, אֲרִי נֹהֵם וְדֹב שׁוֹקֵק (משלי כח, טו); וכן, מִמְשַׁק חָרוּל (צפניה ב, ט). כשהרות מנשבת בחרולים והם מכים זה על זה נותנים קול; וכן, בָּעִיר יָשֹׁקּוּ (יואל ב, ט): **גבים.** כמו, וְלַחְשֹׂף מַיִם מִגֶּבֶא (לעיל ל, יד). ורבותינו דרשוהו באגדת חלק (סנהדרין לד, ב) בביזת אוכלוסי סנחרב: (ה) **כי שוכן מרום.** הראה גבורתו שהוא רם על כל וידו על העליונה: (ו) **והיה אמונת עתיך וגומר.** והיה לחוסן ישועות ולחכמה ודעת, את אשר תאמין לבוראך. עתים שקבע לך לתרומות ולמעשרות בעת הפרשתן, ללקט שכחה ופיאה בעתם, לקיים שמיטין ויובלות בעתם, דבר אחר, אמונת עתך, את שהאמנת בהקדוש ברוך הוא בעתים שעברו עליך, ולפית לישועה, היה לך לחוסן, יראת ה׳. שתירא מלפניו, היא אוצר טוב להפתח לך מאתו על ידה:

## רד״ק

**כהתימך שודד תושד.** כשתשלים להיות שודד כן תושד אתה שישדדו אותך, רצונו לומר, שיבא זמן שתשבר שתשלם מלכותך: **כנלותך.** משפטו כהנלותך, כי הוא מקור מבנין הפעיל, וענינו כמו כהשלימך. וכן, וְלֹא יִטֶּה לָאָרֶץ מִנְלָם (איוב טו, כט), שפירוש השלמתם ותכליתם: **כהתימך.** משפטו בדגש המ״ם, כי שרשו תמם והוא קל, כמו שהוקלו רבים הכפל: **תושד.** בוי״ו עם הדגוש: (ב) **ה׳ חננו.** אם בימי חזקיהו פחדו יושבי ירושלם ממלך אשור עד שהוצרכו להתפלל ולבקש רחמים, כמו שכתוב ואמרו ה׳ חננו לך קוינו, ואם בימי המשיח יפחדו מפני גוג ומגוג ויצטרכו להתפלל ולבקש רחמים: **היה זרועם לבקרים.** בכל בקר ובקר היה זרוענו מפני האויב: **אף ישועתינו.** כל שכן בעת צרה שצריך שתהיה ישועתינו ונהיה נושעים בך. ומה שאמר זרועה בכנוי הנסתרים, ואמר חננו קוינו ישועתינו בכנוי המדברים בעדם כן דרך הלשון; כמו, שִׁמְעוּ עַמִּים כֻּלָּם (מלכים־א כב. כח). ואולם כולם תשובו ובאו נא, והדומים להם, כמו שכתבנו בספר מכלל: (ג) **מקול העון נדדו.** אם במחנה אשור פירושו מקול המון המלאך המכה במחנה אשור; ואם בגוג ומגוג גם כן כמו שכתוב, וְיָצָא ה׳ וְנִלְחַם בַּגּוֹיִם הָהֵם (זכריה יד, ג): **נדדו עמים.** נפצו גוים, הנשארים מן המגפה: **מרוממתך.** מהרוממות שלך, שידעו כי רמת ונשגבת עליהם ולא הועילה להם גבורתם ורב חילם: (ד) **ואוסף שללכם.** שלל הגוים, שיהיה שללכם שתאספו ותשללו אותו: **אוסף החסיל.** כאסיפת החסיל והארבה שאוספים אותם כשנחו על האדמה, שיוצאים בני העיר ואוספים אותם בכליהם שלא ישחיתו התבואה, כן יצאו בני ירושלם ויאספו שלל מחנה אשור. ודמה גם כן הליכת המלאך במחנה אשור להלוך הארבה בתבואה שמשחיתה, ואמר **כמשק גבים שוקק בו.** ומשק ושוקק ענין הליכה, כמו, וּבֶן מֶשֶׁק בֵּיתִי (בראשית טו, ב): **גבים.** ארבה, כתרגום ארבה; גּוֹבָא. ויונתן תרגם הפסוק כן, וְיִכְנְשׁוּן בֵּית יִשְׂרָאֵל וגו׳. ואם הענין בימות המשיח, הנה כתוב גם כן, וְיָצְאוּ יֹשְׁבֵי עָרֵי יִשְׂרָאֵל וּבִעֲרוּ וְהִשִּׂיקוּ בְּנֶשֶׁק וגו׳ (יחזקאל לט, ט), וְשָׁלְלוּ אֶת שֹׁלְלֵיהֶם וּבָזְזוּ אֶת בֹּזְזֵיהֶם (שם פסוק י). אבל רבותינו זכרונם לברכה פירשוהו בימי חזקיהו וכך אמרו (סנהדרין צד, ב), אמר להם נביא לישראל, אספו שללכם. אמרו לו לבוז או לחלק? אמר להם, אוסף החסיל; מה אסיפת החסיל זה כל אחד ואחד לעצמו אף שללכם כל אחד ואחד לעצמו. אמרו לו, והלא ממון עשרת השבטים מעורב בו? אמר להם, כמשק גבים שוקק בו, מה גבים הללו מעלין את האדם מטומאה לטהרה, אף ממונם של ישראל כיון שנפל ביד עובדי כוכבים מיד טהור: (ה) **נשגב ה׳.** בזאת התשועה נשגב הוא, שישגבוהו העמים על הנס הזה ויודו לו כי הוא שוכן מרום, ובידו להשפיל הגבוהים ולהרים השפלים. שהשפיל מחנה אשור שבאו על ירושלם ביד רמה, והרים יושבי ציון שהיו שפלים, ומלא ציון משפט וצדקה. נשגב, בינוני מבנין נפעל כי הוא קמוץ, ופירוש **מלא ציון.** כי מהיום ההוא והלאה יהיו בציון עושין משפט צדקה, וכן תרגם יונתן דְּאָמַר לְמִמְלֵי צִיוֹן עָבְדֵי דִין דִקְשׁוֹט וּזְכוּ. ויש לפרש מלא ציון, משלל העמים במשפט ובצדקה: (ו) **והיה אמונת עתך.** אמר כנגד ישראל, קיום זמנך וחוזק ישועתך יהיה חכמה ודעת ויראת ה׳, שהיא אוצרו של אדם. כלומר, הנה באה לכם ישועה זאת, ואתם בשלום. אם תרצו שיהיה קיים לכם השלום והישועה כל זמניכם, התעסקו בחכמה ודעת ויראת ה׳ שהיא אוצרו של אדם. כי כמו שאוצר האדם הוא מבטחו של אדם ועומד לו בעת צרה, כן יראת ה׳. לפיכך תהיו יראי ה׳, והתעסקו בחכמה ודעת אלהים, ותנצלו מכל צרה

## מצודת דוד

**כהתימך.** כאומר לא כן תהיה לעולם, כי כאשר תשלם לשדוד אחרים אז תושד גם אתה: **כנלותך.** כשתכלה לבגוד באחרים אז הם יבגדו בך: (ב) **ה׳ חננו.** לבל תשלוט בנו יד סנחריב, כי לך נקוה ולא נבטח במצרים כאשר בטחו עשרת השבטים: **היה זרועם לבקרים.** בכל יום היה לחוזק להמקוים לך, אף ישועתנו בעת צרה. אף היה לנו לישועה אם כבר באה הצרה: (ג) **מקול המון.** רצונו לומר, וכן היה לנו לישועה, כי מקול המיית המלאך המכה בהם נדדו העמים מן העולם: **מרוממתך.** מהרוממות שלך אשר נשגבת עליהם נפצו הנשארים מן המגפה: (ד) **ואוסף שללכם.** השלל שתקחו מאת מחנה אשור יהיה מאוסף באין מוחה ומבלי פחד, כדרך האסיפה שמאספים את החסיל כשנחים על האדמה, שיוצאים בני העיר ומאספים אותם בכליהם לבל ישחיתו תבואת האדמה: **כמשק גבים.** כקול נהמת מים הנאספים ונופלים בבורות, כן ישמעו קול נהמת שוללים במחנה אשור: (ה) **נשגב ה׳.** המקום נתחזק עליהם כי הוא שוכן מרום, בשמים ממעל, ואף אם החלש למעלה לגבור יחשב ומכל שכן חזק ממעל: **מלא ציון.** בהנס הזה מילא את ציון משפט וצדקה, כי מאז, בעבור פלאי הנס, יעשו משפט וצדקה: (ו) **והיה אמונת עתיך.** קיום זמנך וחוזק ישועתך יהיה על ידי חכמה ודעת ויראת ה׳, שהיא אוצרו של אדם. רצונו לומר, היא לו למבטח כאוצר בעת הצורך. וכאומר הנה באה לכם הישועה ואתם בשלום, ואם תרצו שתהא קיום לזמן מרובה וישועה חזקה, התעסקו בחכמה בדעת וייראו את ה׳:

## מצודת ציון

**כהתמך.** מלשון תם והשלמה; וכן, כִּי אִם תַּם הַכֶּסֶף (בראשית מז, יח): **כנלותך.** ענין תכלית והשלמה; וכן, וְלֹא יִטֶּה לָאָרֶץ מִנְלָם (איוב טו, כט). ורצונו לומר תכליתם והשלמתם: (ב) **לבקרים.** מלשון בוקר ורצונו לומר, בכל יום: (ג) **המון.** מלשון המיה: **נפצו.** ענין פזור: (ד) **החסיל.** מין ארבה: **כמשק.** ענין קול נהם, והם; כמו, וְדֹב שׁוֹקֵק (משלי כח, טו) וכן, מִמְשַׁק חָרוּל (צפניה ב, ט): **גבים.** בורות כמו, בָּאוּ עַל גֵּבִים (ירמיה יד, ג): **שוקק.** ניהום קול: (ה) **נשגב.** ענין חוזק: **מרום.** מלשון רום וגובה: (ו) **אמונת.** ענין קיום; כמו, יָתֵד בְּמָקוֹם נֶאֱמָן (לעיל כב, כג): **עתיך.** מלשון עת וזמן: **חוסן.** ענין חוזק; כמו, חֲסִין יָהּ (תהלים פט, ט):

*not been betrayed! When you finish pillaging, you will be pillaged;*
*when you end your treachery, they will be treacherous with you.*
*Israel's prayer* 2 *"HASHEM, grant us favor; we have hoped for You! Be their [strong] arm every*
*morning, also our salvation in time of distress.* 3 *At the noise of [Your] tumult,*
*peoples have wandered; from Your exaltedness, nations have scattered."*
*The enemy will fall* 4 *Your spoils will be gathered like the gathering of locusts, like the*
*march of grasshoppers shall he march in it.* 5 *HASHEM is exalted, for He*
*dwells on high; He has filled Zion with justice and righteousness.* 6 *The*
*faith of your times will be the strength of your salvations, wisdom,*

**רד״ק**

ותהיו בשלום כל עתכם. אמונת; קיום, כמו, בְּמָקוֹם נֶאֱמָן (לעיל כב, כג), שפירושו קיים: **חוסן**. חוזק; כמו, וְהָיָה הֶחָסֹן לִנְעֹרֶת (לעיל א, לא): **חכמת**. בתי״ו במקום ה״א; כמו, צִיצַת נֹבֵל (לעיל כח, ד), חַלַּת מַצָּה (ויקרא ח, כו), מַכַּת בִּלְתִּי סָרָה (לעיל יד, ו), והדומים להם. ואדוני אבי זכרונו לברכה פירש, מי גרם לכם ישועה זאת? חכמת אלהים ודעת שבחזקיהו ויראת ה׳ שהיא אוצרו. ויונתן תרגם הפסוק כן, וִיהֵא מָה דַאֲמַרְתָּ וגומר:

**כַּהֲתִמְךָ שׁוֹדֵד תּוּשַּׁד** — *When you finish pillaging, you will be pillaged.* Your triumphs were because God decreed that those nations would be pillaged, not because you were more worthy than they. When you have finished that mission, it will be your turn to be pillaged (*Rashi*). Sennacherib was later defeated and assassinated by his own sons. At the time of the final Redemption, the Jewish people's prime oppressor will be vanquished.

Isaiah now turns to beseech God:

**2. ה׳ חָנֵּנוּ לְךָ קִוִּינוּ הֱיֵה . . . יְשׁוּעָתֵנוּ בְּעֵת צָרָה** — *HASHEM, grant us favor; we have hoped for You! Be . . . our salvation in time of distress.* Whether in the time of Hezekiah, when the residents of Jerusalem will recite this prayer for salvation from Assyria (*Ibn Ezra*), or in the Messianic Era, when the people will pray for God's help in the war of Gog and Magog (*Radak*), or whenever Jews pray in distress (*Abarbanel, Mahari Kara*), may God hear their prayers.

**3. מִקּוֹל הָמוֹן נָדְדוּ עַמִּים** — *At the sound of [Your] tumult, peoples have wandered.* The noisy tumult resulting from Your miraculous assistance to Israel has — or will — cause the enemy nations to wander away, either when the Assyrian army is decimated or in the time of the Messianic redemption.

**4. וְאֻסַּף שְׁלַלְכֶם אֹסֶף הֶחָסִיל** — *Your spoils will be gathered like the gathering of locusts.* After warning the enemy in verse 1 that their time will come, Isaiah adds that after their downfall, the remnants of My people will gather *your spoils like the gathering of locusts.* Just as each locust gathers grain for its own needs, so too, each of them will gather your spoils for himself (*Rashi, Mahari Kara*).

Alternatively, Isaiah is addressing Israel. *Your spoils* refers to the spoils they have acquired from their enemy, either the plunder of the Assyrian camp, or the plunder of the enemy's spoils in Messianic times, referred to in *Ezekiel* 39:10 (*Radak*). Both *Radak* and *Rashi* cite the Talmud (*Sanhedrin* 94b) that the verse refers to the Assyrian camp.

**כְּמַשַּׁק גֵּבִים שֹׁקֵק בּוֹ** — *Like the march of grasshoppers shall he march in it.* Like insects marching to collect crumbs, your spoils will be gathered by your erstwhile prey.

Alternatively, שֹׁקֵק (and, by extension, כְּמַשַּׁק) means to *roar* (as in *Proverbs* 28:15), and גֵּבִים is a cognate of גֶּבֶא, a *water cistern.* Accordingly, the phrase is rendered, *like the roar of water in a cistern will you roar through [the plunder]* (*Rashi, Mahari Kara*).

**5. נִשְׂגָּב ה׳ כִּי שֹׁכֵן מָרוֹם** — *HASHEM is exalted, for He dwells on high.* By saving you from your enemies, He becomes exalted, and all will see that *He dwells on high* (*Rashi*), and *Zion* will be *filled with justice and righteousness* (*Radak, Abarbanel*).

**6. וְהָיָה אֱמוּנַת עִתֶּיךָ חֹסֶן יְשׁוּעֹת וגו׳** — *The faith of your times will be the strength of your salvations . . .* During your exile, your faith that God would redeem you will be your strength (*Rashi*).

Alternatively, *Your eternal security, the power of your salvations, [are] wisdom, knowledge, and fear of HASHEM — that is [man's] treasure.* In other words, you have been saved [from Assyria] and now have peace, but if you want this salvation and peace to last until the end of time, involve yourselves in wisdom, knowledge, and fear of Hashem — for this alone is man's treasure. For just as wealth serves as a person's bastion of strength in times of need, so too does fear of Hashem. Therefore, fear Hashem and involve yourselves in the pursuit of wisdom and knowledge of God. This will save you from difficulties, thus assuring you of peace for all time (*Radak*).

Alternatively, this verse contrasts life in exile to life after redemption. In exile, the values and spiritual strivings of people became dulled, and Jews pursued their passions and attempted to amass wealth. After redemption, however, their goal will be to gather wisdom and knowledge. Furthermore, at that time, fear of Hashem will be their strength and salvation, and the wisdom, knowledge, and fear of Hashem will pour down from heaven — for it is God's treasure (*Abarbanel*).

The Sages (*Shabbos* 31a) comment that the first six nouns of the verse allude to the Six Orders of the Mishnah. The verse concludes *fear of HASHEM — that is man's treasure* meaning that Torah study must be accompanied by fear of Heaven — only then is it man's treasure.

Homiletically, *fear of HASHEM is man's treasure,* because

ז וְדַעַת יִרְאַת יהוה הִיא אוֹצָרוֹ: הֵן אֶרְאֶלָּם צָעֲקוּ חֻצָה מַלְאֲכֵי
ח שָׁלוֹם מַר יִבְכָּיוּן: נָשַׁמּוּ מְסִלּוֹת שָׁבַת עֹבֵר אֹרַח הֵפֵר בְּרִית מָאַס עָרִים לֹא
ט חָשַׁב אֱנוֹשׁ: אָבַל אֻמְלְלָה אָרֶץ הֶחְפִּיר לְבָנוֹן קָמַל הָיָה הַשָּׁרוֹן כָּעֲרָבָה
י־יא וְנֹעֵר בָּשָׁן וְכַרְמֶל: עַתָּה אָקוּם יֹאמַר יהוה עַתָּה אֵרוֹמָם עַתָּה אֶנָּשֵׂא: תַּהֲרוּ
יב חֲשַׁשׁ תֵּלְדוּ קַשׁ רוּחֲכֶם אֵשׁ תֹּאכַלְכֶם: וְהָיוּ עַמִּים מִשְׂרְפוֹת שִׂיד קוֹצִים
יג כְּסוּחִים בָּאֵשׁ יִצַּתּוּ: שִׁמְעוּ רְחוֹקִים אֲשֶׁר עָשִׂיתִי וּדְעוּ קְרוֹבִים גְּבֻרָתִי:

### רש״י

(ז) **הן אראלם צעקו חוצה.** היה הנביא מתנבא נחמות ואומר שהפורענות כבר אכלוהו, ומעתה אקום ואנשא לגאלם. הן על אראלים שלהם, הוא המזבח, כבר צעקו וספדו בחוצותם וברחובותיהם בבכי ונהי: **מלאכי שלום.** מלאכי שליחותם שהיו רגילין לבשר שלום, מר יבכיון ואומרים נשמו מסילות, שבת עובר אורח: (ח) **הפר.** האויב ברית שכרת לישראל: **מאס ערים.** בזה בעיניו כל שונא אינו חושב אנוש: (ט) **אבל.** לשון אבילות: **קמל.** יבש ונכרת: **היה.** לשון עבר הוא: **השרון.** שם מחוז מרעה בהמות, כמו ששנינו (מנחות פז, א), אילים ממואב עגלים משרון: **בערבה.** חורבה: **ונוער.** לשון תשוק כמו וַיְנַעֵר ה׳ (שמות יד, כז): (י) **עתה אקום.** מרוב רעות שעשה האויב לעמי לא אתאפק עוד, עתה אקום וארומם ואנשא: (יא) **חשש.** מין מוץ, דבר שנוח לידלק: **רוחכם אש.** מגופכם תצא רוח אש ותאכל החשש והקש: (יב) **כסוחים.** קצוצים. כסוחים; כמו, לֹא תִזְמֹר (ויקרא כה, ד); תרגום אונקלוס, לָא תִכְסָח: (יג) **רחוקים.** המאמינים בי ועושים רצוני מנעוריהם: **קרובים.** בעלי תשובה שנתקרבו אלי מחדש:

### רד״ק

(ז) **הן אראלם.** פרשה זו על הפורענות הבאה לישראל קודם מפלת מחנה אשור: **ואראלם.** מלאכים, כי אראל שם למלאך. וכן רבותינו זכרונם לברכה זכרו המלאך בזה השם, ואמרו (כתובות קד, א) נצחו אראלים את המצוקים ונשבה ארון הקדש. כי כמו שמלת מלאך יאמר על שליח גופני ועל שליח רוחני כן מלת אריאל. והפסוק כפול בענין במלות שונות. אמר, המלאך שלהם שהיו שולחים מתחילה מעיר אל עיר, והיו מתחילה מלאכי שלום, עתה יצעקו חוצה, כי האויב בא בארץ ויבכיון מר. ויונתן תרגם מלת אראלם בשתי מלות, כלומר אראה להם. וכן תרגומו, הָא כַּד אִתְגְלֵי לְהוֹן וגו׳: (ח) **נשמו מסלות.** מפני האויב נשמו המסלות, כי שבת עובר אורח: **הפר ברית מאס ערים.** פירש אדוני אבי זכרונו לברכה, היו ישראל אומרים, כבר הפר בריתו האל עמנו, ומאס ערינו, הפך מה שאמר עֵינֵי ה׳ אֱלֹהֶיךָ בָּהּ (דברים יא, יב): **לא חשב אנוש.** לא חשב אותנו לכלום. ויונתן תרגם עַל דְאַשְׁגִיאוּ וגו׳: (ט) **אבל.** ענין השחתה, וכן, עַל זֹאת תֶּאֱבַל הָאָרֶץ (ירמיה ד, כח). וזכר ארץ בלשון זכר ובלשון נקבה, וכן, נֶעְתַּם אָרֶץ (לעיל ט, יח), שָׁרַץ אַרְצָם (תהלים קה, ל), בלשון זכר ובלשון נקבה ברוב: **היה השרון כערבה.** השרון יקרא מקום דשן ושמן, וכן, וְעַל הַבָּקָר הָרֹעִים בַּשָּׁרוֹן (דברי הימים־א כז , כט). ואומר שאותו המקום יהיה כמדבר: **ונער בשן וכרמל.** נוער פירותיו הבשן והכרמל, כלומר ישלו אילנותיהם פירותיהם: (י) **עתה אקום.** אקום על מלך אשור המחריב ארצכם וארומם ואנשא עליו: (יא) **תהרו חשש.** אומר כנגד העמים אשר במחנה מלך אשור, וקורא המחשבה הריון והמעשה לידה. והם חשבו ללכוד ירושלם ולא עלה בידם, הנה מחשבתם הבל ומעשיהם תהו. וזהו חשש וקש, וחשש הוא הקש הדק: **רוחכם אש תאכלכם.** מחשבתכם תהיה אש שתאכל אתכם; כלומר, כי בעבור שבאתם לירושלם וחשבתם ללכדה, תצא אש ה׳ שתאכלכם והוא מלאך ה׳ שהכה במחנה אשור. וכנה אותה המגפה בשרפת אש, וכן למעלה בפרשת לכן ישלח האדון, ושם הארכנו בפירושו: (יב) **והיו עמים משרפות סיד.** אותם עמים אשר במחנה מלך אשור יהיו כמו האבנים ששורפים לסיד, או כמו קוצים כסוחים שיצתו וידלקו באש: **כסוחים.** פירות כרותים,, ותרגם לֹא תִזְמֹר (ויקרא כה, ד), לָא תִכְסָח. ואמר כסוחים, לפי שהקוצים שאינם כרותים אלא מחוברים הם למים ולא ידלקו במהרה, אבל כשהן כרותים והם יבשים ידלקו במהרה; כן תהיה המגפה בפתע: (יג) **שמעו רחוקים אשר עשיתי.** במחנה מלך אשור הרחוקים ישמעו, והקרובים שהיו במחנה אשור ידעו גבורת האל שגבר עליהם והכם, וידעו כי מלך אשור מה שעשה לא בכחו עשה כמו שהתפאר ואמר, בְּכֹחַ יָדִי עָשִׂיתִי (לעיל י, יג):

### מצודת דוד

(ז) **הן אראלם.** אמר הנביא, ראוים המה לרחמים כי כבר קבלו גמול העון, כי כל מלאך השלוח מאתם הנה כולם בחוצות במקום מהלכה צעקו בקול מר: **מלאכי שלום.** השלוחים ההולכים לבשר שלום העיר, הנה בכו במר נפש על חורבנה: (ח) **נשמו מסלות.** הדרכים נעשו שממה, כי נשבת עוברי דרך מפחד האויב: **הפר ברית.** האויב, ספר הברית שכרת עם ישראל, ומאס עריהם מלהניחם על תלם, כי הרסה עד היסוד: **לא חשב אנוש.** לא חשב אותנו לבני אדם: (ט) **אבל.** השחית הארץ ונכרתה: **החפיר.** הוביש ומאס את הלבנון וכרת האילנות: **היה השרון.** מקום המרעה נעשה שממה כמדבר: **ונוער וכו׳.** מקומות השמנים השירו והפילו פירותיהן. רצונו לומר, אין מגדל שם פירות: (י) **עתה אקום.** רצונו לומר, הואיל וקבלו עונש כזה, לכן יאמר ה׳ עתה אקום להפרע ממלך אשור: **עתה ארומם.** כי כשהמקום עושה דין בעובדי כוכבים, הוא מרומם ומנושא: **עתה אנשא.** כפל הדבר במילים שונות: (יא) **תהרו חשש.** קרא אל המחשבה הריון, ואל המעשה לידה. רצה לומר, מה שחשבתם לכבוש את ירושלים לא תצליחו בה, והנה המחשבה הבל והמעשה כמוה: **רוחכם.** מחשבותיכם תהיה אש אשר תאכל אתכם. רצונו לומר, המחשבה ההיא היתה סיבה להביא עליכם האבדון: (יב) **והיו עמים.** מחנה סנחריב ידמו אל האבנים הנשרפים להיות סיד: **קוצים כסוחים.** ידמו אל הקוצים הנכרתים שהמה יבשים, וכשמציתין בהם האש נשרפים מהרה, וכן מחנה סנחריב מהר יכלו: (יג) **שמעו רחוקים.** היושבים ממרחק שמעו את אשר עשיתי במחנה אשור: **ודעו קרובים.** אותן שהיו במחנה אשור תנו לב לדעת את גבורתי:

### מצודת ציון

(ז) **אראלם.** המלאך נקרא אריאל, ובדברי רבותינו זכרונם לברכה, נצחו אראלים את המצוקים (כתובות קד, א). וכמו ששם מלאך משותף למלאך רוחני ומלאך גשמי, כן שם אריאל משותף לשניהם: **מלאכי.** ענין שליח: (ח) **נשמו.** מלשון שממה: **מסלות.** ענינו דרך כבושה: **שבת.** בטל: **אורח.** דרך: **הפר.** ענין בטול: **חשב.** מלשון מחשבה: (ט) **אבל.** ענין השחתה; כמו, תֶּאֱבַל הָאָרֶץ (ירמיה ד, כח): **אמללה.** ענין כריתה; כמו, בְּשֵׁם ה׳ כִּי אֲמִילַם (תהלים קיח, י): **החפיר.** ענין בושה ומיאוס, לבנון. שם יער בארץ ישראל: **קמל.** ענין כריתה; כמו, קָנֶה וָסוּף קָמֵלוּ (לעיל יט, ו): **השרון.** הוא מקום שמן ודשן; וכן, חֲבַצֶּלֶת הַשָּׁרוֹן (שיר השירים ב, א): **כערבה.** ענינו כמו מדבר; וכן, אֶרֶץ צִיָּה וַעֲרָבָה (ירמיה נא, מג): **ונוער.** ענין הפלה הבאה מתנועה חזקה; וכן, גַּם חָצְנִי נָעַרְתִּי (נחמיה ה, יג): **בשן.** הוא מקום מרעה שמן, כמו שכתוב, שִׁמְעוּ וגו׳ פָּרוֹת הַבָּשָׁן (עמוס ד, א): **וכרמל.** הוא מקום שדות וכרמים: (יא) **תהרו.** מלשון הריון: **חשש.** הוא תבן הדק; וכן, וַחֲשַׁשׁ לֶהָבָה יִרְפֶּה (לעיל ה, כד), קש. תבן: **רוחכם.** ענין רצון ומחשבה; וכן, הִנְנִי נוֹתֵן בּוֹ רוּחַ (לקמן לז, ז): (יב) **שיד.** כמו סיד בסמ״ך: **כסוחים.** ענין כריתה; וכן, שְׂרֻפָה בָאֵשׁ כְּסוּחָה (תהלים פ, יז): **יצתו.** מלשון הצתה והבערה:

*and knowledge; fear of* H*ASHEM — that is [man's] treasure.*
*7 Behold, they have mourned outside over their altar; messengers of peace*
*wept bitterly: 8 'Roads are desolate, the wayfarer has ceased! He has annulled*
*the treaty, despised cities, respected no man. 9 The land is mournful and forlorn;*
*Lebanon is shamed and cut down; Sharon has become a desert; Bashan and*
*Carmel have become denuded.'*
*10 Now I shall arise — HASHEM will say — now I shall ascend; now I shall*
*be exalted! 11 Conceive stubble and give birth to straw; your spirit is a fire that*
*will consume you. 12 Nations will be like burnings for lime; like cut thorns set*
*aflame. 13 Hear, O faraway people, what I have done; and you who are close*
*by, recognize My might.*

---

when a person is infused with fear of God, he enjoys the constant pleasure of knowing that he is in God's hands and is not fazed by the challenges of life (*Kedushas Levi*).

**יִרְאַת ה' הִיא אוֹצָרוֹ** — *Fear of HASHEM — that is [man's] treasure.* Fearing Hashem is a good treasure, because it prepares the way for God to provide abundance (*Rashi*).

Homiletically, all that the Holy One, Blessed is He, has in His treasury is fear of Hashem, as it says, *Fear of HASHEM — that is His treasure* (*Shabbos* 31b).

Nothing in the world is equivalent to fear of God; not silver, not gold, not pearls, not any buried treasure. Everything is insignificant compared to the fear of the Holy One, Blessed is He, as it says, *Fear of HASHEM — that is his treasure* (*Orchos Tzaddikim, Shaar Yiras Shamayim*).

The word אוֹצָר refers to a safe, a treasury, a place where one's fortune is safe. In the context of our verse, the prophet is saying that all the virtues listed in the verse can be safeguarded only if one has fear of God. It is the "preservative" of faith, wisdom, and all the other spiritual attainments, because it prevents a person from giving in to the temptations that will lead him astray (*Maharal*).

**7. הֵן אֶרְאֶלָּם צָעֲקוּ חֻצָה** — *Behold, they have mourned* [lit., *cried out*] *outside over their altar.* The translation follows *Rashi* and *Mahari Kara,* that אֶרְאֶלָּם refers to the Altar, as in 29:1. Accordingly, Isaiah is prophesying consolation, saying that the period of punishment has passed and it is time for redemption, for they mourned bitterly over the loss of the Altar.

Alternatively, it means *agent,* referring to the agents sent by Israel to seek peace, who cried out along the way (*Radak*). According to *Ibn Ezra* the reference is to the angels of the kingdoms conquered by Assyria. They sought peace for the respective kingdoms that were under their sway, and cried when they were rebuffed.

**8. נָשַׁמּוּ מְסִלּוֹת שָׁבַת עֹבֵר אֹרַח** — *Roads are desolate, the wayfarer has ceased . . .* Israel's *messengers of peace* (v. 7) *wept bitterly* because their hope for peace was dashed. The desolation of the roads proved that the enemy *has annulled the treaty* he made with Israel (*Rashi*).

Alternatively, it was the people of Israel, speaking of God, who, seeing the desolate roads, said, "*He [God] has annulled the treaty* He made with us" (*Radak, Abarbanel*).

**מָאַס עָרִים** — *Despised cities.* The enemy treated us with complete contempt, they *respected no man* (*Rashi*).

**9. אָבַל אֻמְלְלָה אָרֶץ** — *The land is mournful and forlorn.* Alternatively, *The land is destroyed and forlorn* (*Radak*).

**הֶחְפִּיר לְבָנוֹן קָמַל** — *Lebanon is shamed and cut down.* Lebanon [where mighty trees grow; see commentary above 29:17] was shamed by the king of Assyria. Alternatively, Jerusalem [also called *Lebanon;* see commentary ibid.] is shamed by being cut down and destroyed [by Babylon or Rome] (*Abarbanel*).

**10. עַתָּה אָקוּם יֹאמַר ה'** — *Now I shall arise — HASHEM will say.* After all the evil the enemy did to My people, I will no longer refrain from action. *Now I shall arise . . .* (*Rashi*).

According to *Rashi's* commentary on v.7 above, this is a direct continuation: The period of punishment has passed and it is time for redemption . . . *Now I shall arise . . .* (*Mahari Kara*).

**11.** Isaiah turns to the enemy, either Assyria (*Ibn Ezra*), or the nations of the world in the Messianic Era (*Abarbanel*).

**תַּהֲרוּ חֲשַׁשׁ תֵּלְדוּ קַשׁ** — *Conceive stubble and give birth to straw.* "Conceive" is a metaphor for thought, and "give birth" is a metaphor for action. The enemy expected to capture Jerusalem but did not succeed, so both their thoughts and their actions were in vain (*Radak, Metzudos*).

Alternatively, the nations of the world conceive faulty philosophical ideas, and as a result produce faulty deeds Ultimately, their *spirit is consumed by fire* (*Abarbanel*).

**רוּחֲכֶם אֵשׁ תֹּאכַלְכֶם** — *Your spirit is a fire that will consume you.* Your very thoughts to destroy Jerusalem become the fire that will consume you; i.e., because you came to Jerusalem with the idea of conquest, Heavenly fire — the angel that killed the Assyrian camp — will consume you (*Radak*).

**12. וְהָיוּ עַמִּים מִשְׂרְפוֹת שִׂיד קוֹצִים כְּסוּחִים בָּאֵשׁ יִצַּתּוּ** — *Nations will be like burnings for lime; like cut thorns set aflame.* These are metaphors for how quickly they will be consumed (*Abarbanel*). *Mahari Kara,* based on *Targum,* refers verses 11 and 12 to Israel. Because the Jews nullified their covenant with God, He will cause their cities to be destroyed.

**13. שִׁמְעוּ רְחוֹקִים אֲשֶׁר עָשִׂיתִי וּדְעוּ קְרוֹבִים גְּבֻרָתִי** — *Hear, O faraway people, what I have done; and you who are close by, recognize My might.* This verse is aimed at the righteous of

יד פָּחֲדוּ בְצִיּוֹן חַטָּאִים אָחֲזָה רְעָדָה חֲנֵפִים מִי | יָגוּר לָנוּ אֵשׁ אוֹכֵלָה מִי־
טו יָגוּר לָנוּ מוֹקְדֵי עוֹלָם: הֹלֵךְ צְדָקוֹת וְדֹבֵר מֵישָׁרִים מֹאֵס בְּבֶצַע מַעֲשַׁקּוֹת
נֹעֵר כַּפָּיו מִתְּמֹךְ בַּשֹּׁחַד אֹטֵם אָזְנוֹ מִשְּׁמֹעַ דָּמִים וְעֹצֵם עֵינָיו מֵרְאוֹת
טז בְּרָע: הוּא מְרוֹמִים יִשְׁכֹּן מְצָדוֹת סְלָעִים מִשְׂגַּבּוֹ לַחְמוֹ נִתָּן מֵימָיו נֶאֱמָנִים:
יז-יח מֶלֶךְ בְּיָפְיוֹ תֶּחֱזֶינָה עֵינֶיךָ תִּרְאֶינָה אֶרֶץ מַרְחַקִּים: לִבְּךָ יֶהְגֶּה אֵימָה אַיֵּה

### רש"י

**(יד) פחדו בציון חטאים.** היאך ימלאו פתח לתשובה: **מי יגור לנו אש אוכלה.** כלומר, מי יעמוד בעדנו לשכך חימה בוערת. לשון אחר, מי יגור לנו, פירושו, מי הוא לנו שיגור בציון עם הגור שהוא אש אוכלה? והוא משיב, אוהב צדקות וגומר: **(טו) הולך צדקות.** מי הוא ימלא הולך צדקות: **נוער כפיו.** אשקו"ט בלע"ז: **אוטם.** סותם; וכן, שְׁקֻפִים אֲטֻמִים (מלכים א ו, ד): **עוצם.** סוגר; וכן, (לעיל כט, י) וַיְעַצֵּם אֶת עֵינֵיכֶם: **(טז) לחמו נתן.** לא יהא מבקש לחם, כי מן השמים יספיקו לו מזון: **מימיו נאמנים.** מקור מימיו לא יכזב, כלומר, זרעו יגדל וכל צרכיו יסופקו, (יז) מלך ביפיו תחזינה עיניך. פירוש, תזכה לראות מארץ מרחקים מלכך בהדר גאונו. או פירוש הקדוש ברוך הוא שהוא מלך, אותו תחזה מארץ מרחקים שאתה עומד. תראה הניסים והגדולה שאעשה לך, ועם נועז עמקי שפה לא יראה שכינת המלך ביפיו. עד כאן, כל זה בספרים אחרים אינו): **מלך ביפיו תחזינה עיניך.** לך הצדיק אני אומר שתזכה לראות זיו שכינתו של מקום: **תראינה ארץ מרחקים.** תרגם יונתן, תִּסְתַּכֵּל וְתֶחֱזֵי בְּנָחְתֵי אֲרַע גֵּהִנָּם: **(יח) לבך יהגה אימה.** כשתראה השרים והחכמים של עובדי כוכבים שהיו שליטים בחייהן, והרי הם נידונים בגיהנם, יהגה לבך אימה ותאמר, איה חכמתן וגדולתן של אלו, איה שהיה סופר בחייו ושוקל כל דבר חכמה, שהיו שואלין ממנו כל עצת מלכות:

### רד"ק

**(יד) פחדו בציון.** החטאים שהיו בציון פחדו כאשר ראו מחנה אשור הגדול, והחנפים שהיו בה אחזם רעדה: **ואמר מי יגור לנו.** כלומר מי יעמוד בעבורנו כנגד מחנה הזה שהוא אש אוכלה ומוקדי עולה. והחטאים והחנפים אשר בציון הם שפחדו כי לא בטחו בה' שיצילם; והם שבנא וסיעתו, אבל הצדיקים אשר בה הם פחדו ובטחו בה' ולא אמרו מי יגור, כי ידעו כי האל יצילם בשובם אליו וזעקם והתפללם לפניו, והם חזקיהו וסיעתו: **אוכלה.** בצר"י עי"ן הפעל, וכן, וְלַהַב אֵשׁ אוֹכֵלָה (לעיל כט,ו), נֹטֵרָה אֶת־הַכְּרָמִים (שיר השירים א, ו), והדומים להם. ויונתן תרגם אש אוכלה על האל; ותרגם, אָמְרִין מַאן יָדוּר לָנָא בְּצִיּוֹן וגומר: **(טו) הולך צדקות.** אמר הנביא, אתם אומרים מי יגור לנו? הולך צדקות יגור לכם, והוא חזקיהו, ובצדקתו תנצל העיר. ואף על פי שתלה הזכות בדוד ואמר למעני ולמען דוד עבדי, זכות דוד עמדה להם עם זכות חזקיהו. אלא זכר דוד כי הוא עיקר ראש ממלכת ציון ונקראת עיר דוד. ויונתן תרגם כל הפסוק על כל הצדיקים אשר בירושלם; אמר, יַתְבוּן בָהּ צַדִּיקַיָּא וגו': **הולך צדקות.** חסר בי"ת השמוש כמו הולך בצדקות. ואלה המדות אשר אמר בפסוק, הם ראויות למלך ובהם תעמוד מלכותו: **הולך צדקות.** כל דרכיו ומעשיו הם בצדקה ובמעשים טובים, מואס בבצע מעשקות. הנה אומר בתורה בשופטים, שֹׂנְאֵי בָצַע (שמות יח, כא). אמר בצע סתמא, כי כל ממון שונאים שאינם רודפים אחר הממון, כי מתוך שאינם חומדים לא יטו אל השחד. אבל הנה אמר בבצע מעשקות, שרוצה לומר בממון של גזל ושל עשק, לפי שזה מדבר במלך והמלך יצטרך לממון לתת לבני חילו ואנשי מלחמתו ועבדיו ומשרתיו. וצריך לו שישתדל אחר הממון שיהיה מן הדין, אבל ממון שאינם דין מואס אותו. לפיכך אמר בבצע מעשקות אף על פי שיש בידו כח לקחת ממון אחרים, מואס אותו אם לא יהיה מן הדין, כגון שיענש אדם למלכות בממונו: **נוער כפיו.** מתמוך בשוחד, לפיכך אמר נוער כפיו לומר, כי שום שוחד בעולם לא יקבל אפילו לזכות את הזכאי ולחייב את החייב. ואפילו מנחה לא יקבל מיד בעל הדין בעוד הדין לפניו, מנער ידיו משום שוחד בעולם: **אוטם אזנו משמוע דמים.** לפי שביד המלך להרוג העונשים העוברים על מצותו, אמר כי לא יהרוג כי אם בדין. ואם יבאו בני ביתו ויאמרו לו פלוני חייב לך מיתה שעשה לך כך וכך אוטם אזנו; כלומר אינו רוצה לשמוע אם לא יתברר לו באמת שהוא חייב מיתה. ודמים רצונו לומר דם זכאי או אפילו חייב בדבר שהוא לעצמו מוחל ומעביר פשעו, כי קשה בעיניו הריגת אדם אם לא לבער רעה מן הארץ: **ועוצם עיניו מראות ברע.** אינו רוצה לראות בשום רע שבעולם. או פירוש ברע, באדם רע, כלומר אדם שהוא רע לא יוכל לראותו; כמו שאמר דוד, דֹּבֵר שְׁקָרִים לֹא יִכּוֹן לְנֶגֶד עֵינָי (תהלים קא, ז). וכל אלה המדות היו בחזקיהו: **(טז) הוא מרומים ישכון.** זה המלך ישכון בטח כשוכן במגדלים גבוהים. וכפל עוד הענין במלות שונות לחזק. ופירוש מצדות, מגדלים חזקים ולא נשתנה בסמיכות להקל הקריאה: **לחמו נתן.** קמץ כי הוא בינוני: **מימיו נאמנים.** קיימים שלא יפסקו. ואמר הענין הזה לומר כי שבע יהיה בימי חזקיהו, כמו שאמר בפרשה של מעלה, אַשְׁרֵיכֶם זֹרְעֵי עַל כָּל מָיִם וגו' (לעיל לב, כ): **(יז) מלך ביפיו.** הוא חזקיהו. ואמר תחזינה עיניך כנגד שבט יהודה. ואמר תראינה ארץ מרחקים, פירושו, עיניך שהיו רואות עד עתה מלך ארץ מרחקים, והוא מלך אשור שהיו עובדים אותו מתחילה ורואים את פניו במחנה שהיו מביאים לו;

### מצודת דוד

**(יד) פחדו בציון.** אז בבוא אשור על ציון הצדיקים בטחו בה', אבל החטאים פחדו: **אחזה וכו'.** כפל הדבר במילים שונות: **מי יגור לנו.** רצונו לומר, וכה אמרו, מי הוא מעמנו שיכול לגור ולהתקיים פה מול מחנה אשור, שהוא כאש אוכלה: **מי יגור וכו'.** כפל הדבר במילים שונות: **מוקדי עולם.** רצונו לומר, אשר שרפו והחלישו כל בני עולם: **(טו) הולך צדקות.** כאילו רוח הקודש משיב, זהו המתקיים, מי שהולך בדרך צדקות ומדבר מישרים ממאס בחמדת עושק: **נוער כפיו.** מנער כפיו מתמוך בשוחד, ולא יאבה לקחתו: **אוטם.** סותם אזנו משמוע דברים המסיתים לשפוך דם: **ועוצם סוגר עיניו מראות.** דבר האסור לראות: **(טז) הוא.** העושה כל אלה ישכון בטח כאלו היה במקום מרום אשר לא תשיג אותו יד האויב: **מצדות.** כאלו היו מבצרי סלעים לו למשגב: **לחמו נתן.** מן השמים יספיקו לו צרכיו: **מימיו נאמנים.** לא יפסק מי בארו: **(יז) מלך ביפיו.** בעיניך תראה את המלך חזקיה ביפיו ובגדולתו, ולא תהיה גולה מארצך: **תראינה ארץ מרחקים.** מלת מלך האמור בתחלת המקרא עומדת במקום שתים, כאלו אמר תראינה מלך ארץ מרחקים. ורצונו לומר, העינים שראו עד הנה מלך ארץ אשור, הנה עתה תראינה את המלך חזקיהו ביפיו ובגדולתו: **(יח) לבך יהגה אימה.** לבך שהיה חושב אימה ואומר איה סופר המלך, עתה יבוא עלינו ויכתוב המס, ואיה שוקל כסף המס מידינו, ואיה הסופר את מגדלי העיר והבתים הגבוהים, כי לפי מספר המגדלים היה המס:

### מצודת ציון

**(יד) רעדה.** ענין חרדה: **חנפים.** רשעים המחניפים ליצרם למלאות פתויו: **יגור.** ענין מדור; כמו, עִם לָבָן גַּרְתִּי (בראשית לב, ה): **לנו.** כמו מעמנו: **מוקדי.** ענין תבערת אש; כמו, עַל מוֹקְדָה (ויקרא ו, ב): **(טו) מישרים.** מלשון ישר: **בבצע.** ענין חמדה; כמו, מַה בֶּצַע בְּדָמִי (תהלים ל, י): **מעשקות.** מלשון עושק: **נוער.** ענין הפלה בתנועה חזקה: **מתמוך.** ענין השענה: **אוטם.** ענין סתימה; כמו, שְׁקֻפִים אֲטֻמִים (מלכים־א ו, ד), ועוצם ענין סגירה; כמו, וַיְעַצֵּם אֶת עֵינֵיכֶם (לעיל כט, י): **(טז) מרומים.** מלשון רוממות וגובה: **מצדות.** ענין מגדל ומבצר חזק; כמו, מְצֻדַת צִיּוֹן (שמואל־ב ה, ז): **משגבו.** ענין חוזק: **נאמנים.** ענינו דבר המתקיים; כמו, יָתֵד בְּמָקוֹם נֶאֱמָן (לעיל כב, כג): **(יז) תחזינה.** ענין ראיה: **(יח) יהגה.** יחשוב; כמו, וְהֶגְיוֹן לִבִּי (תהלים יט, טו): **אימה.** פחד:

*14 Sinners were afraid in Zion; trembling seized hypocrites. 'Which of us can*
*live with the consuming fire? Which of us can live with the eternal conflagra-*
*tion?' 15 One who walks with righteousness and speaks with truthfulness,*
*who spurns extortionate profit and shakes off his hands from holding a bribe,*
*who seals his ears from hearing of bloodshed and shuts his eyes from see-*
*ing evil. 16 He shall dwell in heights; in rocky fortresses is his stronghold; his*
*bread will be granted, his water assured.*

*Consolation for Israel*

*17 Your eyes will behold the King in His splendor; they will see Him from*
*a faraway land. 18 Your heart will muse in dread, 'Where is the one who*

**רד"ק**

אמר עוד לא תראו אותו, אלא מלך זה תראו ביופיו ובהדרו, שלא יפחד וישב על כסאו בכבוד; ועליו נאמר וינשא לעיני הגוים. ומלך שזכר עומד במקום שנים כמנהג המקרא כאלו אמר מלך ביפיו תחזינה עיניך תראינה מלך ארץ מרחקים. ומרחקים המ"ם פתוחה, (יח) לבך יהגה אימה. לבך שהיה הוגה אימה טרם זה, כלומר, כל היום היית בפחד המס, והיית מחשב בלבך איה סופר עתה יבא עלינו, כותב המס ושוקל הכסף מידינו:

Israel. *Faraway people* are those who have believed in God and followed His Will from youth, whereas those *who are close by* refers to returnees who became close to God more recently (*Targum, Rashi*).

Alternatively, *faraway* refers to the Assyrian camps [or distant people (*Metzudos*)], who must *hear* what God has done, while *close* refers to those who are close by and *recognize* His might firsthand (*Radak*). A variant of this alternative refers this to the nations of the world: *Hear* and pay attention to *what I have done in the distant past, and* from that *you will recognize My might for the near future* (*Abarbanel;* the end of the next verse continues this approach).

**14. פָּחֲדוּ בְצִיּוֹן חַטָּאִים** — *Sinners were afraid in Zion.* Jewish sinners were afraid when they saw God's might unleashed against Assyria (*Ibn Ezra*). How could they ever repent sufficiently? (*Rashi*).

Alternatively, when they saw the awesome power of the Assyrian army, Jewish sinners, who lacked faith in God, were overawed. How could they defend themselves against an "invincible" enemy? (*Radak*).

**מִי יָגוּר לָנוּ אֵשׁ אוֹכֵלָה** — *Which of us can live with the consuming fire?* Which sinners can survive in Zion while defying God, Who is a *consuming fire?* To which God answers: *One who walks with righteousness . . .* (*Rashi*).

According to *Radak,* above, this question was asked by those who feared the consuming fire of the Assyrians. The answer was that Hezekiah, the *one who walks with righteousness . . .,* need not fear.

According to *Ibn Ezra, anyone who walks with righteousness* need not be afraid. According to *Abarbanel* (previous verse) the nations of the world take note of all the past manifestations of God's might, and fear His vengeance. Noting how the sinners of Zion were afraid, they ask, *Which of us can live with the consuming fire?*

**15. הֹלֵךְ צְדָקוֹת וְדֹבֵר מֵישָׁרִים מֹאֵס בְּבֶצַע מַעֲשַׁקּוֹת וגו׳** — *One who walks with righteousness and speaks with truthfulness, who spurns extortionate profit . . .* The sinners in Zion who were afraid (see above) can repent. Let them *walk with righteousness* etc. and no longer be afraid (*Abarbanel*).

The qualities listed in this verse are worthy of a king. Because Hezekiah possessed them, he can keep his throne (*Radar*).

Homiletically, one who wishes to contribute to charity [צְדָקוֹת] must be sure that his money was earned honestly and not through extortion. For unless he is entitled to the money, his charity angers God (*Yetev Lev*).

**אֹטֵם אָזְנוֹ מִשְּׁמֹעַ דָּמִים** — *Who seals his ears from hearing of bloodshed.* A king has the right to execute those who disobey his edicts. *One who walks with righteousness* does not let unsubstantiated talk incite him to bloodshed (*Radak*).

**וְעֹצֵם עֵינָיו מֵרְאוֹת בְּרָע** — *And shuts his eyes from seeing evil.* R' Menassya bar-brei deR' Yehoshua ben Levi says: We find that whoever sees something immoral, but shuts his eyes in order not to feast on it, merits to receive the *Shechinah,* for our verse states *and shuts his eyes from seeing evil* — and then it states *your eyes will behold the King in His splendor* (*Vayikra Rabbah* 23:13).

**16. הוּא מְרוֹמִים יִשְׁכֹּן מְצָדוֹת סְלָעִים מִשְׂגַּבּוֹ** — *He shall dwell in heights; in rocky fortresses is his stronghold.* One possessing the above qualities will dwell in Zion as if he dwells in fortresses (*Ibn Ezra*)

**מֵימָיו נֶאֱמָנִים** — *His water assured.* Alternatively, *His issue assured,* i.e., his children will grow up with all their needs granted (*Rashi*).

**17. מֶלֶךְ בְּיָפְיוֹ תֶּחֱזֶינָה עֵינֶיךָ** — *Your eyes will behold the King in His splendor.* You, who are righteous and fit the above description, deserve to see the King of kings in all His splendor (*Targum, Rashi;* see *Mahari Kara*). Alternatively, you, tribe of Judah, are worthy of beholding King Hezekiah in all his splendor (*Radak*).

**תִּרְאֶינָה אֶרֶץ מַרְחַקִּים** — *They will see Him from a faraway land.* They will look and see those who go down to the land of Gehinnom (*Targum,* cited in *Rashi*). Alternatively, it refers back to seeing King Hezekiah, i.e., the eyes that until now had seen and served the king of faraway Assyria will now behold King Hezekiah in his splendor, subservient to no one (*Radak, Metzudos*).

יט סֹפֵר֙ אַיֵּ֣ה שֹׁקֵ֔ל אַיֵּ֖ה סֹפֵ֥ר אֶת־הַמִּגְדָּלִֽים׃ אֶת־עַ֥ם נוֹעָ֖ז לֹ֣א תִרְאֶ֑ה עַ֣ם
כ עִמְקֵ֤י שָׂפָה֙ מִשְּׁמ֔וֹעַ נִלְעַ֥ג לָשׁ֖וֹן אֵ֥ין בִּינָֽה׃ חֲזֵ֣ה צִיּ֔וֹן קִרְיַ֖ת מוֹעֲדֵ֑נוּ
עֵינֶ֣יךָ תִרְאֶ֣ינָה יְרוּשָׁלַ֡͏ִם נָוֶ֣ה שַׁאֲנָ֩ן אֹ֨הֶל בַּל־יִצְעָ֜ן בַּל־יִסַּ֤ע יְתֵדֹתָיו֙
כא לָנֶ֔צַח וְכָל־חֲבָלָ֖יו בַּל־יִנָּתֵֽקוּ׃ כִּ֣י אִם־שָׁ֞ם אַדִּ֤יר יְהוָה֙ לָ֔נוּ מְקוֹם־נְהָרִ֥ים
כב יְאֹרִ֖ים רַחֲבֵ֣י יָדָ֑יִם בַּל־תֵּ֤לֶךְ בּוֹ֙ אֳנִי־שַׁ֔יִט וְצִ֥י אַדִּ֖יר לֹ֥א יַעַבְרֶֽנּוּ׃ כִּ֤י
כג יְהוָה֙ שֹׁפְטֵ֔נוּ יְהוָ֖ה מְחֹקְקֵ֑נוּ יְהוָ֥ה מַלְכֵּ֖נוּ ה֥וּא יוֹשִׁיעֵֽנוּ׃ נִטְּשׁ֖וּ חֲבָלָ֑יִךְ

### רש״י

**איה סופר את המגדלים.** פירוש שהיה סופר המגדלים אשר בעיר ועיר, כי אותם הבתים הגבוהים היו חשובים ונותנים יותר במס. וכל אותה המחשבה והפחד לא יהיה לך עוד: **(יט) את עם נועז.** כמו לועז. אלו אשור ובבל שאין לשונם לשון הקודש: **לא תראה.** לא תחשוב בלבך, כי כולם יהיו חשכים ושפלים: **עמקו שפה.** כמו, וַיְהִי כָל הָאָרֶץ שָׂפָה אֶחָת (בראשית יא, א): **נלעג לשון.** לשון עלגים; ועִמְקֵי שָׂפָה (לעיל כג, יט). כל זה לשון נכרית שאינן מכירין בלשון הקודש: **(כ) חזה ציון.** ואת מי תראה בלבך להחשב מלוכה ושררה? את ציון, אשר היא קרית בית וועד לנו: **בל יצען.** בל יסע, ודומה לו, אֵלוֹן בְּצַעֲנַנִּים (שופטים ד, יא), ומתרגמים מֵישַׁר מֵישַׁר אַגְנַיָּא. והם נקעים שבשדות שקורין פוסי״ן בלע״ז, כמו אגני דארעא מקרי (בבא בתרא קג, א). שהמים נאספים שם מן ההרים והגבשושים. וי״ת של בצעננים אומר אני שאינה נשרשת בתבה אלא משמשת היא: **בל יסע יתדותיו היתדות.** שקושרין בו מיתרי האהל בל יסע אותם מן הארץ ממקום תקיעתם; כמו, וַיַּסִּעוּ אֲבָנִים גְּדֹלוֹת (מלכים-א ה, לא) וכן, וַיִּסַּע עִם הַבְּרִיחַ (שופטים טז, ג), לשון תלישה: **(כא) כי אם שם.** כי אם מוסב על בל יסע יתדותיו ועל בל ינתקו. הרעה לא תהיה כי אם הטובה, ה׳ יהיה שם אדיר לנו, והעיר תהיה מקום נהרים יאורים, כענין שנאמר (ביחזקאל מז, ה), וַיָּמָד אֶלֶף נַחַל אֲשֶׁר לֹא אוּכַל לַעֲבֹר, וכן ניבא יואל, וּמַעְיָן מִבֵּית ה׳ יֵצֵא (יואל ד, יח). והוא הנחל שיהא מתגבר והולך: **אני שיט.** אניה השטה במים: **וצי אדיר.** וּבוּרְנִי רַבְּתָא: **(כב) כי ה׳ שופטינו.** שר ושופט שלנו: **(כג) נטשו חבליך.** המושכים את הספינה, את רומי החייבת:

### רד״ק

**סופר את המגדלים.** פירוש שהיה סופר המגדלים אשר בעיר ועיר, כי אותם הבתים הגבוהים היו חשובים ונותנים יותר במס. וכל אותם המחשבה והפחד לא יהיה לך עוד: **(יט) את עם נועז לא תראה.** עוד לא תראה הסופרים והשוקלים: **את עם נועז.** כמו עז, והוא נפעל ושרשיו עז ויעז ועזוז בענין אחד. ועם עז הם הכשדים, עם עמקי שפה, משמע שהיו מדברים ארמית שלא היו שומעים ומבינים אותו ישראל אלא יחידים. כמו שאמרו אליקים ושבנא ויואח אל רבשקה, דַּבֶּר נָא אֶל־עֲבָדֶיךָ אֲרָמִית כִּי שֹׁמְעִים אֲנָחְנוּ וְאַל תְּדַבֵּר אֵלֵינוּ יְהוּדִית בְּאָזְנֵי הָעָם (לקמן לו, יא); נראה כי העם לא היו מבינים ארמית. ולשון אחרת לאשר לא יבינו הוא לו עמוק ונלעג, כמו שאמר, כִּי בְּלַעֲגֵי שָׂפָה וּבְלָשׁוֹן אַחֶרֶת (לעיל כח, יא): **משמוע.** פירושו, מהבין, כמו, גּוֹי אֲשֶׁר לֹא תִשְׁמַע לְשֹׁנוֹ (דברים כח, מט). וכן אמר אין בינה, שלא היו מבינים אותו, והענין כפול במלות שונות: **(כ) חזה ציון.** אותו עם נועז לא תראה, אלא מה תראה? ציון קרית מועדינו, שהיו באים שם במועדים שלש פעמים בשנה. כי עד עתה לא היתה קרית מועדינו בימי מלכי ישראל, שלא היו באים שם כל ישראל גם בימי אחז שהיו בטלים מועדי השם וקרבנותיו. כי גם בתחילת מלכות חזקיהו כתב על אפרים ומנשה אגרות שיבאו בירושלם לעשות פסח והיו מצחקים ברצים ומלעיגים בם. ועתה עיניך תראינה ירושלם נוה שאנן, כי עד עתה לא היה נוה שאנן כי היתה יד מלכי העובדי כוכבים עליה: **אהל בל יצען.** פירושו, לפי ענינו כתרגומו, בְּמַשְׁכְּנָא דְלָא מִתְפְּרַק, כי לא מצאנו לו חבר במקרא. ואדוני אבי זכרונו לברכה פירש משרש יצע ומענינו, והנו״ן נוספת בשקל בנין קנין אלמן רחמן. ופירושו אהל שלא יורד, ולא יהיה מצע לעולם אלא לעולם יהיה פרוש ונטוי: **בל יסע יתדותיו.** אפילו אחת מיתדותיו לא יסע, ולפי שדמה אותו לאהל אמר יתדותיו וחבליו שינטה עם יתדות וחבלים. ומה שאמר לנצח, רצונו לומר זמן רב: **כי אם שם.** זה אם פירושו כמו אמת, וכן, כִּי אִם יֵשׁ אַחֲרִית (משלי כג, יח), אִם כְּחֹמֶר הַיֹּצֵר יֵחָשֵׁב (לעיל כט, טז), והדומים להם. אמר איך תהיה ירושלם נוה שאנן ואהל בל יצען: **(כא) כי באמת שם.** בירושלם, אדיר ה׳ שהוא לנו ובעזרתינו והוא אדיר ויכול על מחנה אשור, ואף על פי שהוא רב ועצום: **מקום נהרים יאורים.** והוא יהיה לנו מקום נהרים, כאלו סביב לירושלם יהיו נהרים ויאורים רחבי ידים, שלא יוכלו לעבור עליה האויבים ואפילו אני שיט וצי אדיר לא יוכל ללכת בנהר הגדול הזה ולא לעבור אותו. ולפי שהמשיל מחנה אשור לנהר גדול, כמו שאמר, אֶת־מֵי הַנָּהָר הָעֲצוּמִים

### מצודת דוד

**(יט) את עם נועז וכו׳.** רצונו לומר, הנה מעתה לא יהיה כן, כי לא תראה בעיניך את העם החזק והוא אשור: **עם עמקי שפה.** העם אשר שפת לשונם עמוק וקשה להבין: **נלעג לשון.** מי שאינו מכיר הלשון ידמה לו שמדבר בהפך תכונת הדבר, ואין הבנה לדבריו. ומוסב לתחלת המקרא לומר, לא תראה עוד את העם הזה, והענין כפול במילים שונות: **(כ) חזה ציון.** אבל תראה את ציון ולא תגלה ממנה: **קרית מועדנו.** העיר אשר אנחנו מתוועדים ומתכנסים שמה ברגל: **נוה שאנן.** שיהיה מדור שקט, ואוהל אשר לא יהיה נע ממקומו, כי יעמוד תחתיו ועד זמן רב לא יהיו נעקרים יתדות האהל, וכל חבלי האהל הקשורים ביתדות לא יהיו נעתקים מן היתדות: **(כא) כי אם שם וכו׳.** כי באמת שם בירושלים ה׳ האדיר יהיה לנו ובעזרתנו: **מקום נהרים.** יהיה ירושלים, כאילו סביב לה מקום הנהרים ויאורים רחבים עד שלא תוכל לילך שם ספינה השטה על פני המים, ואף ספינה חזקה וגדולה לא תוכל לעבור את הנהר. ורצונו לומר, תהיה שמורה מאשור כאלו היה מהאי אפשר לבוא שמה: **(כב) כי ה׳ שופטנו.** הוא יקח משפטנו מיד אשור אשר הרע לנו מאז: **ה׳ מחוקקנו.** ה׳ הוא מושל בנו והוא מלך עלינו, והוא יושיענו מיד אשור, וכאשר יאות למלך להושיע לעמו: **(כג) נטשו חבליך.** לפי שהמשיל את ירושלים כאלו היו נהרות סביב לה, אחז במשל ההוא לומר, לא תוכל לבוא לכבשה, כי יהיה כאלו מוליכי הספינה עזבו החבלים שמושכים בהם הוילון להפנותה אל מול הרוח:

### מצודת ציון

**שוקל.** מלשון משקל: **(יט) נועז.** מלשון עוז וחזק: **עמקי.** כן נקרא דבר הקשה שאין להשיגו, כאלו היה במקום עמוק: **שפה.** כן יקרא לשון עם; כמו, וְשָׂפָה אַחַת לְכֻלָּם (בראשית יא, ו): **משמוע.** מלשון הבין; כמו, שֹׁמֵעַ יוֹסֵף (שם מב, כג): **נלעג.** כן נקרא המדבר בהפך תכונת הדבר; כמו, בְּלַעֲגֵי שָׂפָה (לעיל כח, יא): **(כ) חזה.** ענין ראיה: **מועדנו.** מלשון וועד ואסיפה: **נוה.** ענין מדור: **שאנן.** ענין השקט ושלוה; כמו, שַׁאֲנַן מוֹאָב (ירמיה מח, יא): **יצען.** ענין עקירה והנעה ממקום למקום; כמו, וְשִׁלַּחְתִּי לוֹ צֹעִים וְצֵעֻהוּ (שם מח, יב): **יסע.** ענין עקירה, כי העוקר דבר מה מסיעו ממקומו: **יתדותיו.** מלשון יתד ומסמר: **לנצח.** רצונו לומר לזמן רב: **חבליו.** מלשון חבל וקו: **ינתקו.** ענין העתק והסרה ממקומו: **(כא) אם.** באמת; כמו, כִּי אִם תַּם הַכֶּסֶף (בראשית מז, יח): **אדיר.** ענין חוזק: **יאורים.** הם העשוים בידי אדם: **ידים.** ענין מקום; וכן, יָד חָזִית (לקמן נז, ח): **אני שיט.** ספינה השטה במים, והוא מלשון, הַשָּׁטִים אוֹתָךְ (יחזקאל כז, כו): **וצי אדיר.** ספינה חזקה וגדולה; כמו, אַשּׁוּר יְסָדָהּ לְצִיִּים (לעיל כג, יג): **(כב) מחוקקנו.** המושל יקרא מחוקק; וכן, יְהוּדָה מְחֹקְקִי (תהלים ס, ט): **(כג) נטשו.** נעזבו; כמו, כִּי לֹא יִטֹּשׁ (שמואל-א יב, כב): **חבליך.** מלשון חבל:

*counts? Where is the one who weighs? Where is the one who counts the towers?'*
19 *You will not see brazen people, the people whose speech is too difficult to un-*
*derstand, of garbled tongue, without comprehension.* 20 *Behold Zion, the city of*
*our festivals; your eyes will see Jerusalem, the tranquil abode, the tent that will*
*not be displaced, whose stakes will not be uprooted forever, and none of whose*
*ropes will be severed.* 21 *For only there will HASHEM be our Mighty One; [it will be*
*like] a place of wide rivers and channels; a boat cannot traverse it, and a mighty*
*vessel cannot cross it.* 22 *For HASHEM is our Judge; HASHEM is our Lawgiver;*
*HASHEM is our King; He will save us.* 23 *Your ropes have been abandoned;*

**רד"ק**

וְהָרַבִּים אֶת־מֶלֶךְ אַשּׁוּר וגו׳ (לעיל ח, ז). אמר כי ה׳ יהיה להם מקום נהר גדול ממנו שלא יוכל מלך אשור לעבור בו ולכבוש ירושלים: **אני שיט.** שמוליכים אותו במשוטים: **וצי אדיר.** ספינה גדולה: **(כב) כי ה׳ שפטנו.** והוא ישפטנו מיד מלך אשור, כלומר, שיקח משפטנו ממנו שעשה לנו כמה רעות: **ה׳ מחוקקנו.** הוא מושל בנו, כי המושל יקרא מחוקק, כמו, וּמְחֹקֵק מִבֵּין רַגְלָיו (בראשית מט, י), לפי שהוא משים חקים בעם. כלומר, האל שופטינו ומחוקקנו ומלכנו, והוא יושיענו מידו: **(כג) נטשו חבליך.** אמר כנגד מחנה אשור שדמה אותו לאני שיט ולצי אדיר. והספינה ינהיגום בחבלים

Homiletically, the Messianic king will dwell in the heights of Jerusalem, and you, people of Israel, will behold him in all his glory, although now you see only the faraway lands of the diaspora (*Abarbanel*).

**18. לִבְּךָ יֶהְגֶּה אֵימָה אַיֵּה סֹפֵר** — *Your heart will muse in dread, "Where is the one who counts . . ."* When you see in *Gehinnom* the ministers and wise men of the nations, to whom you were subservient while they were alive, *Your heart will muse in dread,* where is the wisdom and greatness of these people? Where is the one who, in his lifetime, would be presented with weighty questions and *would count* options and *weigh* possible solutions? (*Rashi, Mahari Kara*).

Alternatively, *your heart,* which, in exile, had *mused in dread, "Where is the scribe* who would calculate how much one owes in taxes and who might come at any moment and take everything I have!" (*Radak, Abarbanel*).

**אַיֵּה סֹפֵר אֶת־הַמִּגְדָּלִים** — *Where is the one who counts the towers,* i.e., the one who calculates how many royal towers are needed by each city (*Rashi*). Alternatively, *the towers* are tall buildings which, because of their value, are assessed at a higher tax rate. Days will come when you will no longer be concerned with extortionate taxes (*Radak, Abarbanel*).

Alternatively, *towers* is a metaphor for kings and ministers. Who will be able to calculate how many idolatrous leaders God destroyed? (*Targum,* cited in *Mahari Kara*).

Metaphorically, the verse was said by the Jewish people in exile as a dirge for their lost sages. They would muse in dread: *Where is the one who counts* the words of the Torah with such wisdom? *Where is the one who weighs* the relative severity of the prohibitions with such sensitivity and depth? *Where is the one who counts the migdalim,* the great (*gadol*) insights of the Torah? (*Abarbanel;* see *Chagigah* 15b),

**19. אֶת־עַם נוֹעָז לֹא תִרְאֶה** — *You will not see brazen people.* You will no longer see the brazen tax collectors (*Radak*). Alternatively, you will no longer see the brazen and powerful Assyrians (*Metzudos, Malbim*).

Others (*Rashi, Ibn Ezra, Mahari Kara*) relate נוֹעָז to לועז, *a foreign language.* Thus, you will no longer be subservient to foreigners, whose languages are not holy and which are hard for you to understand. When God redeems you, the Holy Tongue will be restored as your primary language.

**20. חֲזֵה צִיּוֹן וגו׳** — *Behold Zion . . .* Whom shall you behold in your heart as the image of royalty and rulership? Zion, not the powers of your exile (*Rashi*). Instead of seeing that brazen people, you will *behold Zion, the city of our* triannual pilgrimage *festivals* (*Radak, Mahari Kara*). The Holy City will be tranquil, safe, and secure.

**עֵינֶיךָ תִרְאֶינָה יְרוּשָׁלַםִ נָוֶה שַׁאֲנָן** — *Your eyes will see Jerusalem, the tranquil abode.* The tranquility of Jerusalem is visible to the eye, as opposed to Zion, the site of the Temple, and the *Shechinah;* that higher degree of sanctity can be felt only by the soul (*Malbim*).

**21. כִּי אִם־שָׁם אַדִּיר ה׳ לָנוּ** — *For only there will HASHEM be our Mighty One,* and, as a result, the tent of Jerusalem will be permanent and unhindered. There, only good will occur (*Rashi*), and there will be no fear of anything (*Mahari Kara*), from land or sea (*Ibn Ezra*).

**מְקוֹם־נְהָרִים יְאֹרִים רַחֲבֵי יָדַיִם** — *A place of wide rivers and channels.* This accords with the prophecies of Ezekiel (*Ezekiel* 47:5) and Joel (*Joel* 4:18) concerning a channel that gets bigger and stronger (*Rashi*). Thus, Jerusalem will be like a mighty river that is invulnerable to Assyrian attack (*Radak*).

Alternatively, Jerusalem will be unconquerable because *HASHEM, our Mighty One* will be like an impassible river (*Metzudos*).

**22. כִּי ה׳ שֹׁפְטֵנוּ ה׳ מְחֹקְקֵנוּ ה׳ מַלְכֵּנוּ הוּא יוֹשִׁיעֵנוּ** — *For HASHEM is our Judge; HASHEM is our Lawgiver; HASHEM is our King; He will save us.* No prejudiced judge or dishonest tax collector will have authority over us because only God is our *Judge, Lawgiver,* and *King* (*Ibn Ezra*).

When people recognize that God is their Judge, Lawgiver, and King, and they conduct their lives accordingly, He will be their Savior (*Bais Yaakov*).

**23. נִטְּשׁוּ חֲבָלָיִךְ** — *Your ropes have been abandoned.* Isaiah likens Assyria to a disabled ship. Its mast cannot be secured,

בַּל־יְחַזְּקוּ כֵן־תָּרְנָם בַּל־פָּרְשׂוּ נֵס אָז חֻלַּק עַד־שָׁלָל מַרְבֶּה פִּסְחִים בָּזְזוּ בַז:

**לד** כד־א וּבַל־יֹאמַר שָׁכֵן חָלִיתִי הָעָם הַיֹּשֵׁב בָּהּ נְשֻׂא עָוֹן: קִרְבוּ

גוֹיִם לִשְׁמֹעַ וּלְאֻמִּים הַקְשִׁיבוּ תִּשְׁמַע הָאָרֶץ וּמְלֹאָהּ תֵּבֵל וְכָל־צֶאֱצָאֶיהָ:

ב כִּי קֶצֶף לַיהוה עַל־כָּל־הַגּוֹיִם וְחֵמָה עַל־כָּל־צְבָאָם הֶחֱרִימָם נְתָנָם לַטָּבַח:

ג־ד וְחַלְלֵיהֶם יֻשְׁלָכוּ וּפִגְרֵיהֶם יַעֲלֶה בָאְשָׁם וְנָמַסּוּ הָרִים מִדָּמָם: וְנָמַקּוּ כָּל־צְבָא

הַשָּׁמַיִם וְנָגֹלּוּ כַסֵּפֶר הַשָּׁמָיִם וְכָל־צְבָאָם יִבּוֹל כִּנְבֹל עָלֶה מִגֶּפֶן וּכְנֹבֶלֶת

ה מִתְּאֵנָה: כִּי־רִוְּתָה בַשָּׁמַיִם חַרְבִּי הִנֵּה עַל־אֱדוֹם תֵּרֵד וְעַל־עַם חֶרְמִי לְמִשְׁפָּט:

### רש״י

**כן.** הכן היטב: **תרנם.** תורן הספינה: **בל פרשו נס.** לא יוכלו לפרוס וילון המנהיג את הספינה: **אז חולק עד שלל.** עדאה: **מרבה.** הרבה יחלקו שלל סנחריב: **פסחים.** (ישראל) שהיו עד עכשיו חלשים: **(כד) ובל יאמר שכן.** של ישראל: **חליתי.** בשביל האומה הזאת באתני הרעה: **כי העם.** ישראל שנקראו עם היושב בירושלים יהיה סלוח עון: **(ד) ונמקו כל צבא השמים.** יפחדו כשאשליך את שרי אשור ובבל, ונגולו. לשון גולל, ונגלו כספר השמים. תרגם יונתן, וְיִתְמְחוּן מִתְּחוֹת שְׁמַיָּא כְּמָא דַּאֲמַר עֲלֵיהוֹן בְּסִפְרָא. ואני מפרשו לפי הענין, מפני שעכשיו הטובה והאורה לרשעים, לכשיתמחו ויחרבו יהיה רומס העולם, חשך עליהם כאילו נגלל השמש והאור כגלילת ספר: **יבול.** יכמוש: **וכנובלת מתאנה.** כמושה באילן קרויה נובלת, וזהו שפירשו רבותינו (ברכות מ, ב), מאי נובלות, בושלי כומרא; שנתבשלו בכומר. לאחר לקיטתן נובכן ומתחממות ומתבשלות: **(ה) כי רותה בשמים חרבי.** להרוג שרים של מעלה ואחר כך תרד על עמלק למטה, שאין כל אומה לוקה עד שילקה שר שלה במרום: **עם חרמי.** עם מלחמתי. לשון משנה (כתובות יז, ב), בשעת חירום שנו, וכן (מלכים א־כ, מב), את איש חֶרְמִי דאחאב:

### רד״ק

הקשורים בוילון הפרוש על התרן, שימשכו החבלים כפי חכמת רב החובל, ויפרשו הנס שהוא הוילון ותלך הספינה ברוח שקולט הוילון. ואמר נטשו חבליך בל יחזקו, כן תרגם בל פרשו נס, כאלו נטשו החבלים ואין חבל למשוך, והחובלים לא יוכלו לחזק היטב התורן שלהם ולפרוש הנס, כיון שהחבלים נטשו ונפסקו. או פירש נטשו נתפשטו ואינם נטוים, כמו, וְהִנֵּה נְטֻשִׁים עַל פְּנֵי כָל הָאָרֶץ (שמואל־א ל, טז): **אז חלק עד שלל מרבה.** אז, כיון שלא תוכל הספינה ללכת, יחלקו שללה השוללים. כן מחנה אשור, כיון שמתו יצאו ישראל ושללו ובזזו המחנה, ואפילו הפסחים אשר בירושלם הלכו לשלול ולבזוז, כי קרוב להעיר היה המחנה: **עד.** כמו שלל, מתרגמינן שלל עֲדָאָה; וכן, בַּבֹּקֶר יֹאכַל עַד (בראשית מט, כז), וחסר וי״ו השמוש כאלו אמר עד ושלל; וכן, שֶׁמֶשׁ יָרֵחַ (חבקוק ג, יא), רְאוּבֵן שִׁמְעוֹן (שמות א, ב), והדומים להם. ואמר עד ושלל, כפל ענין במלות שונות לחזק הענין כמו שהוא דרך המקרא: **מרבה.** שם בפלס מראה משקה. רצונו לומר, ששלל רב שללו: **(כד) ובל יאמר שכן.** לא יאמר השוכן בירושלם חליתי כמו שהיו אומרים מתחילה מרוב הצרות, חלינו וכאבנו. לא יאמרו עוד זה, כי ה׳ נשא עונם בסבת חזקיהו שהוכיחם והחזירם למוטב והושיעם האל תשועה גדולה. ויש מפרשים הפרשה הזאת כולה עתידה לימות המשיח, והנכון כמו שפירשנו: **(א) קרבו גוים.** פרשה זו עתידה, ואחר כך זכר תשועת ישראל עד ויהי בארבע עשרה שנה. וקרא אותה בשם בצרה כמו שהיתה בצרה עיר גדולה, וכן אמר ירמיה הנביא במגלת איכה (ד, כב), תַּם עֲוֹנֵךְ בַּת צִיּוֹן לֹא יוֹסִיף לְהַגְלוֹתֵךְ פָּקַד עֲוֹנֵךְ בַּת אֱדוֹם גִּלָּה עַל חַטֹּאתָיִךְ. הנה כשתחרב ארץ כותים יצאו ישראל מגלות זה שלא יוסיפו עוד לגלות. ואמר בנבואה זו גוים ולאמים תבל וכל צאצאיה: **(ב) כי קצף.** על כל צבאם, שיצבאו גוי על גוי, ובזה יהיה ההרג והטבח בהם: **(ג) וחלליהם יושלכו.** שלא יהיה להם קובר, לפיכך יעלה באשם וסרחונם: **ונמסו ההרים מדמם.** זה על דרך הפלגה: **(ד) ונמקו.** זה על דרך משל, כי למי שתבא לו צרה גדולה כאלו נהפכו השמים והארץ עליו, והרי העולם לו נהפך, וכאלו אין צבא השמים כי אין לו אורה והעולם חשך עליו. וזה המשל תראנו תמיד בדברי הנביאים: **ונגלו כספר.** כי השמים נטוים כאהל, ועתה ידמו להם שיהיו נגללים כמו הספר הנגלל: **וכנובלת.** פירוש וכעלה נובלת מתאנה. והנכון שיהיה הנסתר לא עלה, כי עלה מן הדומה הוא לשון זכר, אלא רוצה לומר כתאנה; הפרי שנובלת מעץ התאנה, כי הפרי יקרא תאנה והעץ תאנה. לפיכך היה נכון שיאמר בסתם וכנובלת משיאמר וכתאנה מתאנה. ותאנה לשון נקבה לפיכך אמר עליה נובלת: **(ה) כי רותה חרבי.** שהיא בשמים, תרוה מדם החללים האלה. ועל מי תרד החרב הזאת מן השמים? על עם חרמי, כי הוא עם שאני רוצה להחרים לעשות משפט בהם על מה שהרעו לישראל. וטעם בשמים וטעם חרב, דרך משל כי הגזרות יורדות מן השמים. ורותה פעל עומד מן הדגוש, וכן רותה ארצי מדם:

### מצודת דוד

**בל יחזקו.** לא יוכלו להחזיק כראוי את תורן הספינה, ולא יוכלו לפרוש הוילון אל מול הרוח: **אז.** ביום מפלת אשור, יחולק שללו הרב: **פסחים.** אף הפסחים ההולכים על משענתם יבוזו שלל, כי מפלתו יהיה סמוך אל העיר, ואף הפסחים ילכו שמה לשלול שלל: **(כד) ובל יאמר שכן חליתי.** השוכן בירושלים לא יאמר מעתה הן נחליתי מרוב הצרות כי העם היושב בה יהיה נשוא ומכופר עון ולא יבוא עוד צרות ולא יהיו חולים: **(א) לשמוע.** את דברו: **ומלואה.** הבריות הממלאים אותה: **צאצאיה.** היוצאים ומתהלכים בה: **(ב) כי קצף.** וזהו דברי, דעו אשר יש קצף ה׳ על כל העמים, וזה יהיה לעתיד: **החרימם.** כבר נגזר הדבר, וכאלו כבר החרימם מסרם לטבח: **(ג) יושלכו.** בקרב חוצות: **יעלה באשם.** כי אין מקבר להם: **ונמסו.** מרוב הדם ימסו ההרים בהם, והוא ענין גוזמא והפלגה: **(ד) כל צבא השמים.** הם שרי מעלה של הבבלים: **ונגולו וכו׳.** כי השמש והירח קבועים ברקיע השמים, וכשיהיו נגללין יכוסו גם המה ולא יאירו בעולם. והוא ענין משל, לומר, שיהא חשך להם מרוב צרות: **וכל צבאם.** הם הבבליים הנתונים תחת שרי מעלה, יבול. כל אחד יכמוש כאשר תכמוש עלה מן הגפן: **והנובלת.** וכאשר תכמוש עלה מן התאנה: **(ה) כי רותה.** בתחלה תהיה חרבי רוה בשמים מדם שרה של בבל, והוא ענין משל בלשון הנהוג בבן אדם: **הנה.** אחר זה, הנה חרד על בבל ועל העם אשר גזרתי להחרימו, או על העם אשר ילכד בחרמי עליו תרד לעשות משפט:

### מצודת ציון

**כן.** ענינו כראוי וכנכון; כמו, לֹא יָכִין לְדַבֵּר כֵּן (שופטים יב, ו): **תרנם.** הוא העץ הגבוה שעל הספינה; וכן, כַּתֹּרֶן עַל רֹאשׁ הָהָר (לעיל ל, יז): **נס.** כן יקרא וילון הספינה; וכן, לִהְיוֹת לְךָ לְנֵס (יחזקאל כז, ז): **עד שלל.** פתרון אחד להם; כמו, בַּבֹּקֶר יֹאכַל עַד (בראשית מט, כז), וכפל המלה בשמות נרדפים; וכן, אַדְמַת עָפָר (דניאל יב, ב): **פסחים.** חגרים: **בזזו.** מלשון ביזה: **(כד) חליתי.** מלשון חולי: **(א) הקשיבו.** ענין שמיעה: **תבל.** כן נקראו המקומות המיושבות: **(ב) החרימם.** ענין אבדון וכריתה: **(ג) ופגריהם.** גוף המת נקרא פגר: **באשם.** ענין סרחון: **(ד) ונמקו.** ענין המסה: **ונגלו.** מלשון גלילה וכריכה: **יבול.** ענין כמישה כמו, וְעָלֵהוּ לֹא יִבּוֹל (תהלים א, ג): **(ה) רותה.** ענין שביעה, כמו, כְּגַן רָוֶה (לקמן נח, יא): **חרמי.** מלשון חרם ושממה. או הוא ענין רשת, וכן, אִישׁ חֶרְמִי (מלכים־א כ, מב), והוא מלשון יָצוּדוּ חֵרֶם (מיכה ז, ב):

*they will not firmly secure their mast; they will not spread sail. Then abundant*
*spoils and plunder will be distributed; [even] the lame will take booty.* 24 *A*
*dweller [of Jerusalem] will not say, 'I am sick'; the people dwelling there shall*
*be forgiven of sin.*

**34**

1 *Come close, O nations, to hear, and regimes be attentive; let the earth and its*
*fullness hear, the world and all its offspring.* 2 *For* HASHEM *has a fury against*
*all the nations and a wrath against all their legions; He has destroyed them, He*
*has delivered them to the slaughter.* 3 *Their slain will be thrown aside and their*
*corpses will bring up stench; the mountains will melt from their blood.* 4 *All the*
*host of the heavens will dissolve and the heavens will be rolled up like a scroll;*
*all their host will shrivel as a leaf of a grapevine shrivels and like a shriveled*
*leaf of a fig tree.* 5 *For My sword has been sated in the heavens; behold, it shall*
*descend upon Edom and for judgment upon the people of My destruction.*

*An end to the ungodly nations*

its sails cannot be spread, it will flounder and sink, and its precious cargo will spill out to be plundered by its erstwhile victims (*Ibn Ezra*).

Wherever the prophet promises consolation to Israel, there is retribution to its enemies. Thus, in contrast to Zion, of whom Isaiah said (v. 20), *none of its ropes will be severed,* the ropes of its adversaries will *have been abandoned* (*Mahari Kara*).

According to *Targum,* this verse refers to the Messianic Era (also see *Abarbanel*). *Rashi,* who says that the verse is addressed to *sinful Rome,* apparently agrees.

**פִּסְחִים בָּזְזוּ בַז** — *The lame will take booty.* Israel, who in exile were lame and weak, will then take booty from the abundant plunder (*Mahari Kara*).

**24. וּבַל־יֹאמַר שָׁכֵן חָלִיתִי הָעָם הַיֹּשֵׁב בָּהּ נְשֻׂא עָוֺן** — *A dweller [of Jerusalem] will not say, "I am sick"; the people dwelling there shall be forgiven of sin.* People used to be sickened by the multitude of troubles. Now they will no longer say this, because they repented in response to the rebuke and leadership of Hezekiah and, as a result, they merited salvation (*Radak*), for all suffering comes from sin (*Mahari Kara*).

Alternatively, שָׁכֵן is rendered *neighbor,* rather than *dweller.* Accordingly, *a neighbor* of Israel *will not say, "I am sick* because of Israel's sins." Thanks to Israel's repentance, *the people dwelling [in Jerusalem] shall be forgiven of sin,* and therefore they will not be the cause of anyone's suffering (*Rashi*).

**34.**

Isaiah addresses the nations of the world concerning their future destruction in the pre-Messianic Era (*Ibn Ezra*). His principal subject is Edom (*Radak*), which represents the Roman Empire and its successors as the principal protagonists of the final exile.

**1. הָאָרֶץ וּמְלֹאָהּ** — *The earth and its fullness,* i.e., all the nations that fill the earth (*Ibn Ezra*).

**תֵּבֵל וְכָל־צֶאֱצָאֶיהָ** — *The world and all its offspring,* including those descended from Ishmael.

**2. כִּי קֶצֶף לַה׳ עַל־כָּל־הַגּוֹיִם** — *For* HASHEM *has a fury against all the nations,* either because of their twisted philosophies or because of their depredations against Israel (*Abarbanel*).

**וְחֵמָה עַל־כָּל־צְבָאָם וגו׳** — *And a wrath against all their legions . . .* The nations will wage war, slaughtering one another (*Radak*). *He has delivered them* is in the past tense, because once God has decreed, it is as if it has already happened (*Metzudos*).

**3. וְנָמַסּוּ הָרִים מִדָּמָם** — *The mountains will melt from their blood.* This is an exaggerated metaphor to describe the many dead (*Radak, Abarbanel*).

**4. וְנָמַקּוּ כָּל־צְבָא הַשָּׁמַיִם** — *All the host of the heavens will dissolve . . .* out of fear, when they see Me cast down the [heavenly] ministers of Assyria and Babylon (*Rashi*). Every nation has an angel that guides its destiny. When God renders its angel impotent, the nation becomes powerless. When the heavenly host sees that God is moving against His angelic ministers, all will tremble, as if *dissolved.*

Alternatively, any aid the nations could have had from the heavenly hosts will *dissolve* and be *rolled up* (*Ibn Ezra, Abarbanel*).

This is a metaphor for the great troubles that will befall the nations (*Radak*). Similarly, when a person undergoes terrible misfortunes, the world seems dark to him, as if *the heavens* were *rolled up like a scroll* (*Rashi, Mahari Kara*).

**5. כִּי־רִוְּתָה בַשָּׁמַיִם חַרְבִּי** — *For My sword has been sated in the heavens.* God's sword has been sated, as it were, by slaying the heavenly ministers of the nations, as noted above, in preparation for slaying their counterparts below (*Rashi*). Alternatively, the phrase is rendered, *For My heavenly sword has been sated* from the blood of those upon whom it descends (*Radak*).

**הִנֵּה עַל־אֱדוֹם תֵּרֵד וְעַל־עַם חֶרְמִי לְמִשְׁפָּט** — *Behold, it shall descend upon Edom and for judgment upon the people of My destruction.* The people of Edom are the ones I want to destroy in battle (*Rashi*), because of the evil they have done to Israel. In this metaphor, God is saying that He has issued the heavenly edicts against Edom (*Radak, Ibn Ezra* [v. 6]).

ו חֶרֶב לַיהוָה מָלְאָה דָם הֻדַּשְּׁנָה מֵחֵלֶב מִדַּם כָּרִים וְעַתּוּדִים מֵחֵלֶב כִּלְיוֹת
ז אֵילִים כִּי זֶבַח לַיהוָה בְּבָצְרָה וְטֶבַח גָּדוֹל בְּאֶרֶץ אֱדוֹם: וְיָרְדוּ רְאֵמִים עִמָּם
ח וּפָרִים עִם־אַבִּירִים וְרִוְּתָה אַרְצָם מִדָּם וַעֲפָרָם מֵחֵלֶב יְדֻשָּׁן: כִּי יוֹם נָקָם
ט לַיהוָה שְׁנַת שִׁלּוּמִים לְרִיב צִיּוֹן: וְנֶהֶפְכוּ נְחָלֶיהָ לְזֶפֶת וַעֲפָרָהּ לְגָפְרִית
י וְהָיְתָה אַרְצָהּ לְזֶפֶת בֹּעֵרָה: לַיְלָה וְיוֹמָם לֹא תִכְבֶּה לְעוֹלָם יַעֲלֶה עֲשָׁנָהּ
יא מִדּוֹר לָדוֹר תֶּחֱרָב לְנֵצַח נְצָחִים אֵין עֹבֵר בָּהּ: וִירֵשׁוּהָ קָאַת וְקִפּוֹד וְיַנְשׁוֹף
יב וְעֹרֵב יִשְׁכְּנוּ־בָהּ וְנָטָה עָלֶיהָ קַו־תֹהוּ וְאַבְנֵי־בֹהוּ: חֹרֶיהָ וְאֵין־שָׁם מְלוּכָה
יג יִקְרָאוּ וְכָל־שָׂרֶיהָ יִהְיוּ אָפֶס: וְעָלְתָה אַרְמְנֹתֶיהָ סִירִים קִמּוֹשׂ וָחוֹחַ בְּמִבְצָרֶיהָ

**רש״י**

(ו) **כרים עתודים.** שרים ושלטונים: **בבצרה.** מארץ מואב היא, אבל לפי שהעמידה מלך לאדום שנאמר, וַיָּמָת (חֻשָׁם) בָּלַע וַיִּמְלֹךְ תַּחְתָּיו יוֹבָב בֶּן זֶרַח מִבָּצְרָה (בראשית לו, לג) לפיכך תלקה עמהם, בפסיקתא: (ז) **ראמים עמם.** עם העתודים הכתובים למעלה: **אבירים.** פרים בריאים וגדולים כמה דאת אמר עם אַבִּירֵי בָשָׁן כִּתְּרוּנִי (תהלים כב, יג): (ח) **שלומים לריב ציון.** שישלם גמול על עיסקי ריב ציון, הצועקת לפניו לשופטה מן המריעים לה: (ט) **ונהפכו נחליה.** של בבלים: (י) **מדור לדור.** מאותו דור עד דור אחרון. דבר אחר, היא קללת משה, מִלְחָמָה לַה׳ בַּעֲמָלֵק מִדֹּר דֹּר (שמות יז, טז), מדורו של משה לדורו של שאול, ומשם לדורו של מרדכי, ומשם לדורו של מלך משיחנו: (יא) **וקפוד.** עוף הפורח בלילה, צואיט״א בלע״ז: **קו תהו.** משפט של שממה: **ואבני בהו.** משקלות של דין חורבן; כמו, אֶבֶן שְׁלֵמָה (דברים כה, טו): (יב) **חוריה ואין שם מלוכה יקראו.** שרים שלה עומדים ואין אחד מהם קורא על עצמו שם שררה ומלוכה: **אפס.** כלייה: (יג) **ועלתה ארמנותיה סירים.** כך דרך חורבות לגדול בהם

**רד״ק**

(ו) **חרב לה׳.** החרב שתהיה בגוים שיהרגו אלה את אלה, לה׳ היא, כי צוה ורצה זה: **מלאה דם.** מרוב הריגה. ואמר מלאה דרך משל, על דרך אַשְׁכִּיר חִצַּי מִדָּם (דברים לב, מב). **הודשנה.** מלשון דשן ושמן, כלומר השמנה מחלב כרים: **ועתודים.** ואלים וראמים ופרים ואבירים הוא משל על מלכי עובדי כוכבים וסגנים. ודקדוק מלת הדשנה היא מורכבת מן הפעל והתפעל, כי הראוי התדשנה והשי״ן ראויה להדגש, (ז) וירדו. עמה, ימותו מלכים רבים אחרים ממלכי עובדי כוכבים: (ח) **כי יום נקם.** כל זה הוא נקם ושלומים לה׳, שנוקם מהם ומשלם להם גמולם, וריב ציון הוא רב עמהם: (ט) **ונהפכו נחלים לזפת.** תרגום יונתן, וְיִתְהַפְּכוּן נַחְלָהָא וגו׳. ומה שאמר לזפת ולגפרית משל על חרבנה, או תהיה כארץ סדום ועמורה: (י) **לילה.** על שאמר תהיה גפרית וזפת בערה, אמר כי לעולם יעלה עשנה כמו שהיא עוד היום ארץ סדום ועמורה, שעולה עשן ממנה תמיד: **מדור לדור.** בקמץ הלמ״ד, ולית כותיה: (יא) **וירשוה.** שיהיו תמיד בה כאדם שעמד על ירושתו. ואלה שזכר דרכה לעמוד בחרבות: **קאת.** הוא הנקרא במשנה (שבת ב, א), קיק, והוא עוף מדברי נמצא בכרכי הים: **וקפוד.** הוא הנקרא קנאפ״ד בערבי, בלע״ז טרטוג״א: **וינשוף.** בחול״ם והוא עוף שהוא עף בלילה, או אותו שהוא צועק בלילה. ולפיכך נקרא ינשוף מן נשף: **ונטה עליה.** האל יטה עליה קו תהו ואבני בהו, כי מי שבונה נוטה קו ואבן העופרת שהיא המשקולת, והקו והמשקלת יהיו של תהו ושל בהו; כלומר הפך הבנין יעשה בה שהוא החרבן: (יב) **חוריה.** שהיו קוראים מתחילה, אין שם מלוכה, כי אנחנו מלכים, והם יהיו עתה אפס וכל עריה: **ואין שם.** בוי״ו, כמו, וַיִּשָּׂא אַבְרָהָם אֶת עֵינָיו (בראשית כב, ד), והדומים לו, שאינם לתוספת: **חוריה.** סגנים, וכן, וְאֵת כָּל חֹרֵי יְהוּדָה (ירמיה כז, כ), וָאָרִיבָה אֶת הַחֹרִים (נחמיה ה, ז): (יג) **ועלתה.** תעלה הארץ, מקום ארמונותיה סירים, כי במקום החרב יעלו ויצמחו הקוצים, סירים קמוש וחוח. מיני קוצים הם:

**מצודת דוד**

(ו) **חרב לה׳.** החרב של ה׳ היא מלאה דם הרוגים: **הדשנה.** נעשית דשן ושמן מן חלב ההרוגים ומדם כרים ועתודים ומחלב של כליות אילים. והוא ענין משל על גודל האבדון: **בבצרה.** היא מארץ מואב, אבל לפי שהעמידה מלך לאדום כמו שכתוב, וַיִּמְלֹךְ וכו׳ מִבָּצְרָה (בראשית לו, לד) לפיכך תלקה עמהם. או היא מלשון מבצר, ויאמר על כרך גדול וכו׳: (ז) **וירדו ראמים עמם.** הראמים ירדו על המטבח עם הכרים והעתודים: **מדם.** ארצם יהיה שבע מן הדם, והעפר יהיה שמן מן החלב: (ח) **כי יום נקם לה׳.** היום ההוא יהיה נקם לנקום נקמת עמו: **שנת שלומים.** בשנה ההיא ישלם גמול להבבליים בעבור ריב ציון הצועקת לפניו לעשות לה דין: (ט) **נחליה.** של ארץ הבבליים: **לזפת.** להיות זפת: (י) **עשנה.** עשן השרפה: **מדור לדור.** מדור ההוא עד סוף כל הדורות תהיה חרבה: **אין עובר בה.** כי שממה תהיה: (יא) **וירשוה.** ידורו שמה כאדם בירושתו: **ונטה.** המקום ינטה עליה קו תוהו ואבני בוהו. כמו שהבונה נוטה על בנין הקו עם אבן העופרת ליישר הבנין, כן ינטה עליה המקום הקו והאבן להחריבו, והוא ענין מליצה: (יב) **חוריה.** שרים שלה עומדים, ואין אחד בהם קורא על עצמו שם מלוכה ומושל: **יהיו אפס.** יהיו כאין: (יג) **ועלתה ארמנותיה.** הפלטרין שלה תגדל קוצים מרוב השממון: **במבצריה.** תעלה בערי המבצר שלה:

**מצודת ציון**

(ו) **הודשנה.** מלשון דשן ושמן: **כרים.** כבשים שמנים: **ועתודים.** הם הזכרים מן העזים הגדולים: **כליות.** שם מקום השומן, וכמו שכתוב, וְאֵת (שְׁתֵּי) הַכְּלָיֹת וְאֶת הַחֵלֶב אֲשֶׁר עֲלֵהֶן (ויקרא ג, ד): (ז) **ראמים.** שם חיה גדולה: **אבירים.** בהמות חזקים: **ידושן.** מלשון דשן ושמן: (ח) **שלומים.** מלשון תשלומין: (ט) **לזפת.** הוא שרף האילן הבוער ביותר: (יא) **קאת וקפוד.** שמות העופות השוכנים בחרבות: **וינשף ועורב.** שמות מיני עופות: **קו.** חבל הבנאי: **תהו.** ענין שממה: **ואבני.** אבן העופרת של הבנאי: **בהו.** ענין ריקות: (יב) **חריה.** ענין שררה כמו, וָאָרִיבָה אֶת־הַחֹרִים (נחמיה ה, ז): **אפס.** ענין העדר וכליון: (יג) **סירים קמוש וחוח.** שמות מיני קוצים:

---

Alternatively, חר is a net, so עַם חֶרְמִי is rendered *the people [I want to catch] in My net* (*Mahari Kara*).

*Abarbanel* foresees that as history approaches the End of Days, both Edom and Ishmael will consider Jerusalem and the Temple site to be holy and they will battle for possession of it. In the process both will suffer for the harm they do to Israel. Both Isaiah and Ezekiel prophesied about the destruction of Israel's enemies; Isaiah saw more about the fate of Edom and Ezekiel about the fate of Assyria.

**6. חֶרֶב לַה׳ מָלְאָה דָם** — *The sword of* HASHEM *is full of blood.* The sword with which nations slaughter one another (see *Radak* cited in v. 2) is from Hashem, following His edict [see *Ibn Ezra*] and in accord with His will. *Full of blood* represents the massive nature of the slaughter (*Radak*).

*6 The sword of* HASHEM *is full of blood, greased with fat, with the blood of
fatted sheep and he-goats, with the fat of the kidneys of rams; for* HASHEM
*is making a sacrifice at Bozrah and a great slaughter in the land of Edom.*
*7 Re'eimim will go down [to the slaughter] with them, and bulls and fat-
ted bulls; their land will be sated with blood and their soil enriched with
fat. 8 For it is a day of vengeance for* HASHEM*; a year of retribution for the
grievance of Zion. 9 Its rivers will turn to tar and its soil to sulfur; its land
will become burning tar. 10 Night and day it will not be extinguished; its
smoke will ascend forever. From generation to generation [the land] will be
desolate, for all eternity no one traverses it. 11 Owls and bitterns will occu-
py it, great owls and ravens will dwell in it; and He will draw against it
a line of emptiness and plumb bobs of void. 12 Their noblemen would call
out, 'There is no dominion [except us]'; but all its leaders will become noth-
ingness.13 Its palaces will sprout weeds, thorns, and thistles in its fortresses.*

---

**מִדַּם כָּרִים וְעַתּוּדִים מֵחֵלֶב כִּלְיוֹת אֵילִים** — *With the blood of fatted sheep and he-goats, with the fat of the kidneys of rams.* The animals are metaphors for the kings and officers of God's enemy nations (*Targum, Rashi, Radak,* et al.).

**כִּי זֶבַח לַה' בְּבָצְרָה וְטֶבַח גָּדוֹל בְּאֶרֶץ אֱדוֹם** — *For* HASHEM *is making a sacrifice at Bozrah and a great slaughter in the land of Edom.* There is no record of the original *Edom,* which was on the eastern border of *Eretz Yisrael,* as having sinned so grievously against Israel that it deserves such *great slaughter.* Accordingly, the Sages (e.g., *Makkos* 12a; see *Yalkut Shimoni* 424) associate *Edom* with the Roman Empire and *Bozrah* as a Roman city (*Abarbanel,* end of Chapter 35; see *Malbim*).

According to *Rashi,* however, the decree is against the original *Edom.* Although Bozrah was a Moabite city, one of the Edomite kings was from Bozrah (*Genesis* 36:33) and therefore it is included in the decree.

*Malbim* comments that in Scripture, a זֶבַח usually refers to a *festive banquet.* Here, too, it refers to the celebration that will take place at the End of Days when heretical and blasphemous beliefs are discredited once and for all. The טֶבַח, *slaughter,* of our verse refers to the wars when the enemies of Israel will be wiped out.

**7. וְיָרְדוּ רְאֵמִים עִמָּם וגו'** — *Re'eimim will go down [to the slaughter] with them . . .* The exact identity of the *re'eim* is unknown. It is a large, powerful animal with long horns. It has been translated as unicorn, rhinoceros, buffalo, antelope, and others. The animals mentioned here, like those of the previous verse, are metaphors for kings and officers of the nations (*Targum* etc.). Alternatively, the *re'eim* represents the Roman Empire (*Mahari Kara*).

**8. כִּי יוֹם נָקָם לַה' שְׁנַת שִׁלּוּמִים לְרִיב צִיּוֹן** — *For it is a day of vengeance for* HASHEM*; a year of retribution for the grievance of Zion.* This verse implies that the chapter refers to the future [the Messianic Era], although some say it refers to the Babylonians who destroyed the First Temple (*Ibn Ezra*).

☙ **Isaiah continues with a description of the enemy's destruction.**

**9. וְנֶהֶפְכוּ נְחָלֶיהָ לְזֶפֶת וַעֲפָרָהּ לְגָפְרִית** — *Its rivers will turn to tar and its soil to sulfur.* The *river* is the Tigris, which flows through Edom (*Abarbanel*). Either this refers to a miraculous destruction, such as that of Sodom and Gemorrah, or it is a metaphor for total destruction (*Ibn Ezra, Radak*).

**10. לְעוֹלָם יַעֲלֶה עֲשָׁנָהּ** — *Its smoke will ascend forever.* The verse continues the metaphor of Sodom, where the strong smell of sulphur is like continuous smoke (*Radak*).

**לְעוֹלָם . . . מִדּוֹר לָדוֹר . . . לְנֵצַח נְצָחִים** — *Forever . . . from generation to generation . . . for all eternity.* In fulfillment of the Torah's curse (*Exodus* 17:15): HASHEM *maintains a war against Amalek, from generation to generation* (*Rashi*). *Rashi*'s comment implies that the verse refers to Rome, which the Sages describe as descended from Amalek.

**11. וִירֵשׁוּהָ קָאַת וְקִפּוֹד וְיַנְשׁוֹף וְעֹרֵב** — *Owls and bitterns will occupy it, great owls and ravens will dwell in it.* Since *for all eternity no one traverses it,* it will become the habitat of these creatures, which inhabit places of desolation. [Commentaries differ widely regarding the identifications of the birds and animals mentioned here. In any case,] they are symbols of curse and devastation (*Abarbanel*).

**וְנָטָה עָלֶיהָ קַו־תֹהוּ וְאַבְנֵי־בֹהוּ** — *And He will draw against it a line of emptiness and plumb bobs of void.* The *line* and the *plumb bob* are builder's tools used to ensure that horizontal and vertical layers of stones or bricks are straight (see 28:10). The metaphor means that Edom's total destruction will be thoroughly planned and executed (*Radak*).

**12. חֹרֶיהָ וְאֵין־שָׁם מְלוּכָה יִקְרָאוּ** — *Their noblemen would call out, "There is no dominion [except us]!"* The translation follows *Radak.* Alternatively, not one of their noblemen would proclaim any leadership or royalty for himself (*Rashi*), or even further, no noblemen will be found to proclaim a king in Edom, because *all its leaders will become nothingness* (*Mahari Kara*).

**13. וְעָלְתָה אַרְמְנֹתֶיהָ סִירִים קִמּוֹשׂ וָחוֹחַ בְּמִבְצָרֶיהָ** — *Its palaces will sprout weeds, thorns, and thistles in its fortresses,* as is common in desolate uninhabited areas (*Rashi*).

יד וְהָיְתָה נְוֵה תַנִּים חָצִיר לִבְנוֹת יַעֲנָה: וּפָגְשׁוּ צִיִּים אֶת־אִיִּים וְשָׂעִיר עַל־רֵעֵהוּ
טו יִקְרָא אַךְ־שָׁם הִרְגִּיעָה לִּילִית וּמָצְאָה לָהּ מָנוֹחַ: שָׁמָּה קִנְּנָה קִפּוֹז וַתְּמַלֵּט
טז וּבָקְעָה וְדָגְרָה בְצִלָּהּ אַךְ־שָׁם נִקְבְּצוּ דַיּוֹת אִשָּׁה רְעוּתָהּ: דִּרְשׁוּ מֵעַל־סֵפֶר
יהוה וּקְרָאוּ אַחַת מֵהֵנָּה לֹא נֶעְדָּרָה אִשָּׁה רְעוּתָהּ לֹא פָקָדוּ כִּי־פִי הוּא צִוָּה
יז וְרוּחוֹ הוּא קִבְּצָן: וְהוּא־הִפִּיל לָהֶן גּוֹרָל וְיָדוֹ חִלְּקַתָּה לָהֶם בַּקָּו עַד־עוֹלָם
**לה** א יִירָשׁוּהָ לְדוֹר וָדוֹר יִשְׁכְּנוּ־בָהּ: יְשֻׂשׂוּם מִדְבָּר וְצִיָּה וְתָגֵל עֲרָבָה

### רש"י

קוצים וסנאים. והוא קימוש והוא חוח, כולם מיני קוצים הם כגון אורטיא"ש וכיוצא בהם: **נוה תנים.** הוא מדבר, שהוא דרך להיות בו תנים שהוא מין חיה רעה: **(יד) ופגשו ציים את איים.** וְיֶעֶרְעָן תַּמְוָן בַּחְתוּלִין, כך תרגם יונתן. תמון, נמיות מרטריכ"ש בלע"ז: **ושעיר.** שד: **הרגיעה.** לשון מרגוע: **לילית.** שם שידה: **(טו) קננה.** לשון קַן צִפּוֹר (דברים כב, ו): **קפוז.** הוא קפוד: **ותמלט.** ותלד בילה: **ובקעה.** היא יציאת האפרוחים מן הבילה, וכן הוא אומר, בֵּיצֵי צִפְעוֹנִי בִּקֵּעוּ (לקמן נט, ה): **ודגרה.** היא קריאת העוף, שהעוף קורא בגרונו להמשיך אפרוחים אחריו, גלוצי"ר בלע"ז. וכן קֹרֵא דָגַר (ירמיה יז, יא): **דיות.** ולטוייר"ש בלע"ז: **אשה רעותה.** כמו אל רעותה: **(טז) דרשו מעל ספר ה'.** קראו מעל ספר בראשית, כשהביא המבול, גזר שיתקבלו כל הבריות להסגר בתיבה זכר ונקבה, אחת מהנה לא נעדרה מלבא. על אחת כמה וכמה כשיגזור עליהם זאת, ולהקבץ לשתות דם לאכול בשר וחלב: **לא פקדו.** לא חסרו; כמו, וְלֹא נִפְקַד מִמֶּנּוּ אִישׁ (במדבר לא, מט): **כי פי הוא צוה.** שיבואו: **ורוחו.** של פי: **הוא קבצן.** רוחו מוסב על פי; כמו, וּבְרוּחַ פִּיו כָּל צְבָאָם (תהלים לג, ו); אף כאן רוחו של פי הוא קבצן: **(יז) והוא הפיל להן.** עכשיו הנביא אומר על הקדוש ברוך הוא, והוא הפיל להם, לאותן החיות והעופות גורל שיעלו אלו לחלקם: **(א) ישושום.** ישישו עליהם, כמו ישושו מהן, כמו, בְּנַי יְצָאֻנִי (ירמיה י, כ) שפתרונו יצאו ממני, וכן, בִּשְּׁלָם הַבָּשָׂר (מלכים א יט, כא), בשל להם הבשר: **מדבר וציה.** ירושלים הקרויה ציה, וציון הקרויה מדבר, הן ישושו על מפלתם של גבורי שעיר (ובצרה): **ותגל ערבה.** של ירושלים:

### רד"ק

**חציר.** כמו חצר בצר"י וכן ישיש וישש. ותרגם יונתן כמו מקום, אַתְרָא לְבַת נַעֲמָא: **(יד) ופגשו.** חיות עם חיות יפגשו שם, כי מדור החיות מדבריות תהיה העיר: **ציים.** חיות השוכנות בציה, במדבר. ותרגום יונתן, קמוש תַּמְוָן, ואיים תרגם חַתּוּלִין, ושעיר כתרגומו שד. וכן, לַשְּׂעִירִם אֲשֶׁר הֵם זֹנִים אַחֲרֵיהֶם (ויקרא יז, ז) מתרגמינן לַשֵּׁדִין. ואפשר שהיא חיה מחיות המדבר, וכן לילית חיה שצועקת בלילה או עוף שעף בלילה. ודברי רבותינו זכרונם לברכה (נדה כד, ב), המפלת דמות לילית טמאה לידה; ולד הוא אלא שיש לה כנפים: **(טו) שמה קננה קפוז.** כמו קפוד: **ותמלט.** כמו, וְהִמְלִיטָה זָכָר (לקמן סו, ז), רוצה לומר ותלד: **ובקעה ודגרה.** כמו, קֹרֵא דָגַר (ירמיה יז, יא), ענין אסיפה, כלומר אסיפת הביצים. וי"ו ודגרה כמו אחר, כלומר, אחר שאספה הביצים וחממה אותם ואחר כך תבקע הביצים ויצאו הבנים. כמו, וי"ו וַיִּבָּקְעוּ הַמָּיִם (שמות יד, כא), הֵן אַתָּה קָצַפְתָּ וַנֶּחֱטָא (לקמן סד, ד): **דיות.** כמו וְאֶת (הָאַיָּה) וְהַדַּיָּה (דברים יד, יג), אוזלטו"ר בלע"ז: **אשה רעותה.** פירושו, עם רעותה: **(טז) דרשו מעל ספר ה' וקראו.** אומר כנגד מי שיראה דרשו מעל ספר ה', והוא הספר הזה. וקראו החיות והעופות הנזכרות בזאת הפרשה, כי כן תראו אותם כולם בחרבנה, שתהיינה שוכנות בעיר הזאת, לא תחסר אחת מהן: **לא פקדו.** לא חסרו אחת מהן את רעותה. אלא כולם תהיינה שם. ואדוני אבי זכרונו לברכה פירש, ספר ה', זה ספר תורת משה רבינו; דרשו כל חיות ועופות הכתובות בפרשת ויהי ביום השמיני, אחת מהן לא נעדרה. והחכם רבי אברהם פירש כי הוא דרך משל, רמז לגזרות שמים שכתובות באצבע אלהים, והטעם שכל הגזרות תבאנה: **כי פי הוא צוה.** מאמר אלה יתברך, פירוש, צוה שיהיה כך, לפיכך יהיה על כל פנים, לא יעדר: **ורוחו.** פירוש רוח פי האל, על דרך, וּבְרוּחַ פִּיו כָּל צְבָאָם (תהלים לג, ו). רוצה לומר, רצונו וחפצו, והוא קבצן שיבאו כולם בארץ כותי: **(יז) והוא הפיל.** כאלו הפיל גורל בארץ שתהיה להם ירושה: **וידו חלקתה.** ידו חלקה אותה הארץ להן לחיות ולעופות: **בקו.** על דרך משל, כמו שמחלק אדם הארץ בחבל ובקו: **(א) ישושום מדבר וציה.** על דרך משל. ומ"ם ישושום במקום נו"ן הנוספת בעתידים רבים ישמעון יזכרון. או מ"ם במקום בם או עמם כמו, בִּשְּׁלָם הַבָּשָׂר (מלכים-א יט, כא), שהוא כמו בשל להם. רוצה לומר המדבר והציה שהיו שוכנות בהם החיות האלה, ישישו בהם כשילכו לשכון בארץ כותי. ויש לפרש מדבר וציה, ארץ ישראל, שהיתה כמדבר מיום שגלו ישראל ממנה עתה בחרבן ארץ כותי, תשיש ותגיל, כי כשתחרב זאת תתישב זאת כמו שפירשנו. ויונתן תרגם יֶחְדוּן דְיַתְבִין בְּמַדְבְּרָא בְּאַרְעָא צִיחַיָא:

### מצודת דוד

**נוה.** מדור לתנים וחציר לבנות יענה, כי הם ידורו שמה: **(יד) ופגשו.** רצונו לומר, שיהיו הרבה מהם עד שיפגשו אלה באלה בדרך מהלכם: **ושעיר.** השד יקרא שמה אל רעהו, כי שמה יספר זה עם זה כי דרכם להיות במקום שממה: **אך שם.** רק שמה תמצא הלילית מקום מרגוע וישיבת מנוח, כי לא ימצא שם מי מבני אדם לטורדם ולגרשם: **(טו) קננה קפוז.** שמה תעשה לעצמה קן ומקום מדור, ושמה תטיל ביציה ותבקעם להוציא האפרוחים, ושמה תקרא בקול להמשיך האפרוחים אליה להסתירם בצלה כדרך העופות, אך שם. רצונו לומר, לא מצאו מקום הגון לקבוץ כמו שמה, אשה רעותה. רצונו לומר, אחת עם חברתה: **(טז) דרשו מעל ספר ה'.** דרשו בספר ויקרא, בפרשת שמיני, וקראו החיות והעופות הנזכרים שמה. ודעו אשר אחת מהנה לא יהיה נחסר מלהיות שמה: **אשה.** אחת מהנה לא תחסר את חברתה כי כולן תהיינה שמה: **כי פי.** אמר במקום ה', הנה פי הוא צוה שיבוא ורוחו של פי הוא קבצן. והוא הדבור היוצא בהפחת רוח והוא כפל ענין במילים שונות: **(יז) והוא הפיל.** רצונו לומר, נתנה לחלקם כאלו נפל להן בגורל: **חלקתה.** בידו חלק להם בקו המדה והוא ענין מליצה: **(א) ישושום מדבר וציה.** ארץ ישראל שהיא עתה כמדבר וציה ישישו אז: **ותגל ערבה.** ארץ ישראל שהיא עתה כערבה, תגל אז. וכפל הדבר במילים שונות:

### מצודת ציון

**נוה.** מדור: **תנים.** מין נחשים: **חציר.** כמו חצר, וכן ישיש וְיָשֵׁשׁ (דברי הימים ב לו, יז): **לבנות יענה.** שם עוף מדברי, בת היענה: **(יד) ופגשו.** ענין פגיעה: **ציים איים.** שמות חיות קטנות: **ושעיר.** כן נקרא השד, כי נראה כשעיר למי שמאמין בו, וכן, וּשְׂעִירִים יְרַקְּדוּ־שָׁם (לעיל יג, כא): **על רעהו.** אל רעהו: **הרגיעה.** מלשון מרגוע והשקט: **לילית.** היא אם השדים: **מנוח.** מקום מנוחה: **(טו) קננה.** ענין מדור כמו, קַן צִפּוֹר (דברים כב, ו): **קפוז.** הוא קפוד האמור למעלה: **ותמלט.** כן נקרא לידת הביצה, וְהִמְלִיטָה זָכָר (לקמן סו, ז): **ודגרה.** כן יקרא קריאת העוף להמשיך אחריו אפרוחיו וכן, קֹרֵא דָגַר (ירמיה יז, יא): **דיות.** שם מין עוף דיה: **אשה רעותה.** כן דרך המקרא לומר על דברים השוים ואף אם אינו בעל חי, וכמו שכתוב בכרובים, אִישׁ אֶל אָחִיו (שמות כה, כ): **(טז) נעדרה.** ענין חסרון, כמו, אִישׁ לֹא נֶעְדָּר (לקמן מ, כו): **פקדו.** גם הוא ענין חסרון, כמו, כִּי יִפָּקֵד מוֹשָׁבֶךָ (שמואל א כ, יח: **קבצן.** ענין אסיפה: **(יז) בקו.** הוא חבל המדה: **(א) ישושום.** המ"ם במקום נו"ן הנוספת בפעלים כגון ישמעון יזכרון: **וציה.** מקום שממון: **ערבה.** ענינו כמו מדבר:

*It will be an abode for jackals, a place for ostriches.* 14 *Martens will encounter cats,*
*and one satyr will call out to another; there Lilith also will relax and find rest for*
*herself.* 15 *There the bittern will nest and lay her eggs, gathering them together*
*under her shade and hatching them; there kites also will congregate with one*
*another.* 16 *Search in the Book of HASHEM and read it — not one of them is lacking;*
*not one is missing its fellow. For My mouth has commanded it and its spirit has*
*gathered them together.* 17 *He has cast lots for them, and His hand has distributed*
*[the land] for them with a [measuring] line; they will inherit it forever, they will*
*dwell in it from generation to generation.*

**35** *The return to Jerusalem*

1 *The wilderness and the wasteland will rejoice over them; the desert will be glad*

---

**וְהָיְתָה נְוֵה תַנִּים חָצִיר לִבְנוֹת יַעֲנָה** — *It will be an abode for jackals, a place for ostriches.* [Once again there is wide variations in translation of these names of animals and those of the following two verses; what is clear is that] since there will be no livestock grazing there, it will be easy for wild animals (and demons) to take over the territory (*Abarbanel*).

**14. וְשָׂעִיר עַל־רֵעֵהוּ יִקְרָא** — *And one satyr will call out to another.* A *satyr* is either a type of demon (*Rashi, Radak, Mahari Kara*), or a wild goat.

**אַךְ־שָׁם הִרְגִּיעָה לִּילִית וּמָצְאָה לָהּ מָנוֹחַ** — *There Lilith also will relax and find rest for herself. Lilith* is either a female demon (*Rashi*), or a nocturnal bird (*Ibn Ezra*) that cries out at night (*Malbim*). It cannot find rest for itself in inhabited areas (*Mahari Kara*).

Isaiah concludes:

**16. דִּרְשׁוּ מֵעַל־סֵפֶר ה׳ וּקְרָאוּ אַחַת מֵהֵנָּה לֹא נֶעְדָּרָה** — *Search in the Book of HASHEM and read it — not one of them is lacking.* This refers to the Book of *Genesis,* when God brought the Flood and decreed that the animals should congregate to the Ark, and none of them was missing. How much more so when God decrees that these animals should congregate to drink the blood and eat the flesh and fats of this nation! (*Rashi*). Alternatively, the reference is to the Book of *Exodus,* when God decreed that the wild animals come to Egypt as the fourth plague (*Mahari Kara*). A third possibility is that the reference is to this Book. All that is written here will inevitably come true (*Ibn Ezra, Radak*).

More generally, Isaiah is telling the people of Israel: I know that this prophecy is a long way off, and that in your mind, based on the present reality, you see it as an impossibility. Nevertheless, *search in the Book of HASHEM and read it* — read all the prophecies — *not one of them is lacking.* Since this prophecy as well is from the same God (*My mouth has commanded it*), you can be certain that it will come true (*Abarbanel;* see *Ibn Ezra*).

This is an important article of belief in all generations. It is the basis for *Rambam's* twelfth principle of faith, that we believe without question that Messiah will come and that his coming can be at any time.

**17. וְהוּא־הִפִּיל לָהֶן גּוֹרָל וְיָדוֹ חִלְּקַתָּה לָהֶם בַּקָּו וגו׳** — *He has cast lots for them, and His hand has distributed [the land] for them with a [measuring] line* . . . He has cast lots [figuratively; *Radak, Metzudos*] for the above wild animals that the land [of Edom; *Ibn Ezra, Mahari Kara, Abarbanel*] will be theirs forever (*Rashi, Radak, Metzudos*).

**35.**

After foretelling the utter destruction and desolation of Edom and Bozrah, Isaiah's prophecy turns to the redemption and rejuvenation of Israel. The devastation of the Roman exile will be reversed and *Eretz Yisrael* will blossom.

**1. יְשֻׂשׂוּם מִדְבָּר וְצִיָּה** — *The wilderness and the wasteland will rejoice over them.* The translation, *will rejoice over* ***them,*** is based on the suffix ם in the word יְשֻׂשׂוּם, which is a contraction of עֲלֵהֶם, *them* (*Rashi*). Others render the word simply as *will rejoice,* explaining that יְשֻׂשׂוּם with the added letter *mem* is merely a poetic form of the future tense (*Radak*).

**מִדְבָּר וְצִיָּה** — *The wilderness and the wasteland.* In their states of exile and destruction, Zion and Jerusalem were called *wilderness* and *wasteland,* but when the Redemption comes they will rejoice over the downfall of the mighty of Edom and Bozrah (*Rashi; Mahari Kara*).

Alternatively, when the wild creatures that inhabit desolate areas will abandon the wilderness and wasteland to take up residence in Edom, as described in the previous chapter, their erstwhile habitats (the wilderness and wasteland) will rejoice. This is in accordance with the prophecies given to Isaac and Rebecca, that when Esau, the forerunner of Rome, will be ascendant, Israel will be subservient and vice versa. When the Roman Empire conquered the world and destroyed the Temple, Zion was like a wilderness, but when the Redemption comes, Zion will be rebuilt and Edom will become a lair of wild animals (*Radak*).

**וְתָגֵל עֲרָבָה** — *The desert will be glad.* This refers to the suburbs of Jerusalem (*Rashi*). *Malbim* renders: *The desert and the wasteland will be glad over them.* He differentiates between *desert* and *wasteland* on one hand, and עֲרָבָה, *wilderness,* on the other. Deserts and wastelands are intrinsically deficient, whereas a wilderness is potentially fertile, but it lacks cultivation. He further differentiates between the gladness represented by יְשֻׂשׂוּם, and the deeper level of rejoicing represented by וְתָגֵל. The desert and the wasteland symbolize the nations of the world, whereas Israel, which lacks only the cultivation of good deeds, is symbolized by *wilderness.* Accordingly, the nations of the world will experience merely

ב וְתִפְרַח כַּחֲבַצָּלֶת: פָּרֹחַ תִּפְרַח וְתָגֵל אַף גִּילַת וְרַנֵּן כְּבוֹד הַלְּבָנוֹן נִתַּן־
ג לָהּ הֲדַר הַכַּרְמֶל וְהַשָּׁרוֹן הֵמָּה יִרְאוּ כְבוֹד־יְהוָה הֲדַר אֱלֹהֵינוּ: חַזְּקוּ יָדַיִם
ד רָפוֹת וּבִרְכַּיִם כֹּשְׁלוֹת אַמֵּצוּ: אִמְרוּ לְנִמְהֲרֵי־לֵב חִזְקוּ אַל־תִּירָאוּ הִנֵּה
ה אֱלֹהֵיכֶם נָקָם יָבוֹא גְּמוּל אֱלֹהִים הוּא יָבוֹא וְיֹשַׁעֲכֶם: אָז תִּפָּקַחְנָה עֵינֵי
ו עִוְרִים וְאָזְנֵי חֵרְשִׁים תִּפָּתַחְנָה: אָז יְדַלֵּג כָּאַיָּל פִּסֵּחַ וְתָרֹן לְשׁוֹן אִלֵּם כִּי־
ז נִבְקְעוּ בַמִּדְבָּר מַיִם וּנְחָלִים בָּעֲרָבָה: וְהָיָה הַשָּׁרָב לַאֲגַם וְצִמָּאוֹן לְמַבּוּעֵי

**רש״י**

**(ב) ורנן.** כמו ולרנן: **הלבנון.** בית המקדש: **הדר.** כבודו לציון: **(ג) חזקו ידים רפות.** כל הנביאים מבשרי ישועה נחמו את ישראל וחזקו את ידיהם הרפות. חזקו לשון משקל כבד, ופתרונו חזקו את אחרים. ואם היה בא לומר חזקו אתם שידכם רפות, היה לינקד חִזְקוּ וְאִמְצוּ (דברי הימים ב לב, ז). עכשיו שאומר להם לחזק ולאמץ אחרים, נקוד חזקו אמצו: **חזקו אל תיראו.** זה נקוד חִזְקוּ לשון קל, חזקו אתם מאליכם כמו שיאמר ליחיד; חֲזַק וֶאֱמָץ (יהושע א, ו) ולא יאמר חזק: **(ד) לנמהרי לב.** שממהרין את הגאולה ומצירין על איחורה: **נקם יבא.** כמו בנקם יבא: **גמול אלהים.** על הרשעים הוא יבא ואתכם יושיע: **(ה) עיני עורים.** אותם שהיו עד הנה עורים מהכיר את מורא זו עליהם: **ואזני חרשים.** שלא היו שומעים לקול נביאים עד הנה, תפקחנה ותפתחנה, כי אתן להם רוח נכון ליראה אותי. ועל ישראל הוא אומר שקראם עורים וחרשים כענין שנאמר, הַחֵרְשִׁים שְׁמָעוּ (לקמן מב, יח) וגו׳: **(ו) אז ידלג כאיל פסח וגו׳.** ישראל, שהם עכשיו פסחים וחלשים. מצינו שקוראם פסחים חלשים כמו שנאמר, פִּסְחִים בָּזְזוּ בַז (לעיל לג, כג): **ותרון.** בישועתי: **לשון אלם.** לשונם של ישראל. שהיו בין הכשדים אלמים שומעים חרפות ואינם משיבים: **כי נבקעו במדבר מים.** כי תשמחם ישועתו ויפרחו כמדבר ציה הצמאה למים, ומעיינות נבקעים בתוכה. כלומר, כי יצמח ישע לנדכאים: **(ז) והיה השרב להם לאגם.** התאב לתשועה יהא נושע, והנביא דבר בלשון משל:

**רד״ק**

**ותפרח כחבצלת.** כמו הוורד, שתפרח ותתן ריחה: **(ב) פרוח.** אף גילת ורנן, תגל גילה אחר גילה, והתי״ו במקום ה״א, וכמוהו רבים; ורנן שם מקור: **נותן לה.** לארץ ישראל: **המה.** בני ישראל בשובם לארצם יראו כבוד ה׳, בשוב כבודו בירושלם: **(ג) חזקו.** פעמים יבא הצווי לא לאדם מיוחד, אלא למי שיהיה, כמו, רֵיחַ בְּנִי (בראשית כז, כז), אֱמֹר לַמֶּלֶךְ וְלַגְּבִירָה (ירמיה יג, יח), וכן זה חזקו ידים רפות. או אומר זה כנגד הנביאים, או כנגד מי שיש להם לב חזק בגלות, ובוטחים באל, ובוטחים יום יום להביא הישועה; אומר לה׳ שיחזקו ידי הרפים בגלות. וכן תרגם יונתן, אֲמַר נְבִיָּא תַּקִּיפוּ יְדִין דִּמְרַשְׁלָן: **(ד) אמרו לנמהרי לב.** אותם שהיו נבהלים בלבם בצרות גדולות מן הגלות: **נקם יבא.** בנקם יבא, או לעשות נקם: **גמול אלהים.** ועתה תראו גמול אלהים, כי הוא יבא ויושיעכם מהגלות: **(ה) אז תפקחנה.** ישראל שהם בגלות כעורים וכחרשים, וכפסחים וכאלמים: **(ו) כי נבקעו במדבר מים.** הנה אמר מיכה המורשתי, כִּימֵי צֵאתְךָ מֵאֶרֶץ מִצְרָיִם אַרְאֶנּוּ נִפְלָאוֹת (מיכה ז, טו), והנה יהיה זה מהנפלאות, שיבקעו במדבר מים: **ונחלים בערבה.** שימצאו מים רבים בדרך בשובם לארצם: **(ז) והיה השרב.** מקום השרב ומקום הצמאון יהיה לאגם ולמבועי מים. שיהיו נובעים

**מצודת דוד**

**ותפרח.** תעלה פרחים כחבצלת: **(ב) אף גילת ורנן.** רצונו לומר, תגל גילה אחר גילה: **כבוד הלבנון.** הפאר והכבוד שיש בלבנון, יהיה נתון לה מה׳, וגם יותן לה הדר הכרמל והשרון. רצונו לומר, תהיה ממולא מכל טוב: **המה.** יושבי הארץ ההיא, יראו כבוד ה׳: **(ג) חזקו.** הוא מאמר ה׳ אל הנביאים, חזקו ידים הרפות. רצונו לומר, בשרו הגאולה למי שידיו רפות ומתייאש מן הגאולה: **וברכים.** את מי שברכיו כורעות ומטות לפול, אמצו וחזקו. והוא כפל ענין במילים שונות: **(ד) לנמהרי לב.** לאלה שלבם מתאוות מהירות הגאולה, ומצטערים על איחורה, אמרו להם חזקו לבבכם ואל תיראו לחשוב פן לא תבוא עוד: **הנה.** באמת אלהיכם יבוא לנקום נקמת עמו, ולשלם גמול הראוי לאלהים לפי מדת המשפט, ואז יבוא הוא ויושיעכם: **(ה) אז וכו׳.** רצה לומר, ישראל, שהיו כעורים וחרשים, רואים עלבונם ושומעים חרפתם, ועושים עצמם כאלו לא יראו ולא ישמעו, הנה אז יראו וישמעו: **(ו) אז ידלג.** ישראל שהיו תשושי כח כחגרים, ידלגו אז כמו איל: **ותרון.** ישראל שהיו כאלם לא יפתח פיו, ימלא לשונם רינה: **כי נבקעו.** במקום שלא היה מים יבקעו מעינות מים, וכן ונחלים בערבה. ורצונו לומר, יצמח ישע רב להנדכאים: **(ז) והיה השרב.** מקום היובש מרוב החום, יהפך להיות אגם מים ומקום צמאון יהפך להיות שמה מבועי מים. רצונו לומר, השפלות תהפך לממשל רב:

**מצודת ציון**

**כחבצלת.** הוא הוֶרֶד, וכן, חֲבַצֶּלֶת הַשָּׁרוֹן (שיר השירים ב, א): **(ב) כבוד.** רצונו לומר פאר: **הלבנון.** שם יער בארץ ישראל: **הדר.** ענין יופי: **הכרמל.** כן נקרא מקום שדות וכרמים: **והשרון.** הוא מקום מרעה שמן: **(ג) רפות.** מלשון רפיון: **כושלות.** ענין חלשות ומטות לנפול: **אמצו.** ענין חוזק: **(ד) לנמהרי.** מלשון מהירות: **(ה) תפקחנה.** תפתחנה, כמו, אֶפְקַח אֶת עֵינַי (זכריה יב, ד): **(ו) ידלג.** ענין קפיצה, כמו, מְדַלֵּג עַל הֶהָרִים (שיר השירים ב, ח): **פסח.** חגר: **ותרון.** מלשון רנה: **(ז) השרב.** ענין יבשות החום, כמו, וְלֹא־יַכֵּם שָׁרָב וָשָׁמֶשׁ (לקמן מט, י):

external gladness over the downfall of Edom, whereas Israel will fully rejoice, externally and spiritually; it will be able to uproot the thorns of its iniquities and *blossom like a lily*.

**2.** **פָּרֹחַ תִּפְרַח וְתָגֵל** — *It will blossom abundantly and will rejoice.* Although rejoicing is most pronounced when one first hears joyful news, this rejoicing will constantly *blossom abundantly* and always remain fresh and vibrant (*Malbim*), because of the material and spiritual perfection that Israel will achieve (*Abarbanel*).

**כְּבוֹד הַלְּבָנוֹן נִתַּן־לָהּ הֲדַר הַכַּרְמֶל וְהַשָּׁרוֹן** — *The glory of Lebanon has been given to her, the majesty of the Carmel and the Sharon.* These are all beautiful places in *Eretz Yisrael*. The prophet uses them as metaphors for the glory the Jewish people will enjoy when they are redeemed.

*Rashi* interprets *Lebanon* as referring to the Temple. The Talmud (*Yoma* 39b) explains that the Temple is called by this name because its service *whitens* [מְלַבֵּן] Israel's sins. Alternatively, the word refers to the entire Land of Israel, whose structures will be built with the famous cedars of Lebanon (see *I Kings* 5:2). The land will then be majestic (*Abarbanel*).

**הֵמָּה יִרְאוּ כְבוֹד־ה׳ הֲדַר אֱלֹהֵינוּ** — *They will see the glory of*

*and blossom like a lily. 2 It will blossom abundantly and will rejoice, with
joyousness and glad song; the glory of Lebanon has been given to her, the
majesty of the Carmel and the Sharon; they will see the glory of* HASHEM, *the
majesty of our God.*
*3 Strengthen weak hands and give support to failing knees. 4 Say to those
of impatient heart, 'Be strong; do not fear. Behold, your God will come with
revenge, with Divine retribution; He will come and save you.' 5 Then the eyes
of the blind will be opened and the ears of the deaf will be opened. 6 Then the
lame will skip like a gazelle and the tongue of the mute shall sing glad song;
for water will have broken out in the wilderness, and streams in the des-
ert. 7 The scorched place will become a pond and the parched place springs*

---

*HASHEM, the majesty of our God.* Corresponding to the physical glory and majesty mentioned in the first half of the verse, the people will merit seeing the spiritual *glory of HASHEM, the majesty of our God* (ibid.).

Homiletically, the Sages taught that when God reveals His Divine Presence to Israel, He does it gradually, for if He were to reveal all His holiness suddenly, flesh-and-blood creatures could not survive, as God told Moses, כִּי לֹא־יִרְאַנִי הָאָדָם וָחָי, *for no human can see [My face] and live* (*Exodus* 33:20). It would be like someone emerging from total darkness and being forced to stare at the noonday sun. Accordingly, God will act step-by-step. First He will bring rejoicing to the wilderness, then *the desert will be glad and blossom like a lily,* then *it will blossom abundantly,* and *the glory of Lebanon will be given her.* Finally, *they will see the glory of HASHEM, the majesty of our God* (*Yalkut Shimoni II* 441).

Isaiah exhorts the prophets (*Rashi*), or anyone else who has influence (*Radak*), such as the leaders of each generation (*Abarbanel*):

**3. חִזְקוּ יָדַיִם רָפוֹת וּבִרְכַּיִם כֹּשְׁלוֹת אַמֵּצוּ** — *Strengthen weak hands and give support to falling knees.* חַזְּקוּ, the intensive form of the verb, means to strengthen others (*Rashi*). Accordingly, strengthen those people who have given up on Redemption (*Malbim*) and proclaim the upcoming time of rejoicing (*Metzudos*).

**4. אִמְרוּ לְנִמְהֲרֵי־לֵב** — *Say to those of impatient* [lit., *hasty*] *heart,* i.e., those who are impatient for the Redemption to come (*Metzudos*). According to *Rashi,* it refers to those who try to hasten the Redemption and regret its delay; whereas according to *Radak,* it refers to those whose hearts have become confused by the frequency and intensity of the suffering in exile.

**חִזְקוּ אַל־תִּירָאוּ** — *Be strong; do not fear.* The previous verse used the word חַזְּקוּ, which means *strengthen others.* Here the word is vowelized חִזְקוּ and refers to the words of strength to be told to others (*Rashi*).

**חִזְקוּ אַל־תִּירָאוּ הִנֵּה אֱלֹהֵיכֶם . . . יָבוֹא וְיֹשַׁעֲכֶם** — *Be strong; do not fear. Behold, your God . . . will come and save you.* As the exile becomes longer and longer, and as the suffering increases, the leaders of each generation should strengthen those whose faith has become weakened, and tell them to be strong, for God will avenge their suffering and redeem them (*Abarbanel*).

**☙ Isaiah returns to the prophecy of redemption:**

**5. אָז תִּפָּקַחְנָה עֵינֵי עִוְרִים וְאָזְנֵי חֵרְשִׁים תִּפָּתַחְנָה** — *Then the eyes of the blind will be opened and the ears of the deaf will be opened.* The eyes of those who were too blind to see God [and His Torah (*Targum*)] will be opened and the ears of those who refused to listen to His prophets will be opened. This refers to the people of Israel whom Isaiah calls (42:18) *blind* and *deaf* (*Rashi*).

They were blinded and deafened by the difficult tribulations of the exile (*Abarbanel*). When people are downtrodden, they can become blind to the truth and deaf to those who try to encourage them. Alternatively, they have seen and heard so much degradation that they pretend to be blind and deaf (*Metzudos*).

When Moses complained that the Jews weren't listening to him, the Torah defends them, saying that they could not be blamed because they suffered from "shortness of breath and hard work" (*Exodus* 6:9). Here, too, according to *Abarbanel* and *Metzudos,* the prophet teaches us to give people the benefit of the doubt.

**6. אָז יְדַלֵּג כָּאַיָּל פִּסֵּחַ** — *Then the lame will skip like a gazelle.* The people of Israel who are now as weak as the lame (*Rashi*) will skip like a gazelle on their way to Jerusalem (*Ibn Ezra; Targum*), or to wherever they go to serve God and observe His commandments (*Malbim*).

**וְתָרֹן לְשׁוֹן אִלֵּם** — *And the tongue of the mute shall sing glad song.* The tongue of the people of Israel, who were *mute* in exile, not responding to the scorn heaped upon them, *shall sing glad songs* of God's salvation (*Rashi*).

**כִּי־נִבְקְעוּ בַמִּדְבָּר מַיִם וּנְחָלִים בָּעֲרָבָה** — *For water will have broken out in the wilderness, and streams in the desert.* This is a metaphor for the people of Israel who, as a result of God's salvation, will blossom and flourish like a desert that suddenly fills with water and streams (*Rashi*).

Alternatively, the people of Israel shall sing glad song on their way back to their land (see above) as they find copious quantities of water along the way (*Ibn Ezra; Radak*), even in the wilderness and desert (*Malbim*).

*Mahari Kara* comments that these waters will bring about

ח מַ֫יִם בִּנְוֵ֤ה תַנִּים֙ רִבְצָ֔הּ חָצִ֖יר לְקָנֶ֥ה וָגֹֽמֶא׃ וְהָיָה־שָׁ֞ם מַסְל֣וּל וָדֶ֗רֶךְ וְדֶ֤רֶךְ הַקֹּ֨דֶשׁ֙
ט יִקָּ֣רֵא לָ֔הּ לֹֽא־יַעַבְרֶ֥נּוּ טָמֵ֖א וְהוּא־לָ֑מוֹ הֹלֵ֥ךְ דֶּ֛רֶךְ וֶאֱוִילִ֖ים לֹ֥א יִתְעֽוּ׃ לֹא־יִהְיֶ֨ה
י שָׁ֜ם אַרְיֵ֗ה וּפְרִ֤יץ חַיּוֹת֙ בַּל־יַעֲלֶ֔נָּה לֹ֥א תִמָּצֵ֖א שָׁ֑ם וְהָלְכ֖וּ גְּאוּלִֽים׃ וּפְדוּיֵ֨י יהוה
יְשֻׁב֗וּן וּבָ֤אוּ צִיּוֹן֙ בְּרִנָּ֔ה וְשִׂמְחַ֥ת עוֹלָ֖ם עַל־רֹאשָׁ֑ם שָׂשׂ֤וֹן וְשִׂמְחָה֙ יַשִּׂ֔יגוּ וְנָ֖סוּ
יָג֥וֹן וַאֲנָחָֽה׃

### רש״י

**בנוה תנים רבצה וגו׳.** בנוה, מקום שהיה מדבר ציה שהוא נוה מרבץ תנין, יהיה לא מקום חציר הנעשה לקנה וגומא. ואין דרך קנה וגומא גדלים אלא במקום מים, כענין שנאמר, הֲיִגְאֶה גֹּמֶא בְּלֹא בִצָּה (איוב ח, יא): **רבצה.** שם דבר הוא, כמו מרבץ, שהרי אינו מפיק ה״א: **(ח) והיה שם מסלול.** לעוברים ושבים: **והוא למו.** והוא הדרך של אותן עורים וחרשים ופסחים ואלמים הנזכרים למעלה, והיה הלוך אותו דרך, ואפילו הם אוילים לא יתעו, כי איישירנו לפניהם: **(ט) ופריץ חיות.** חֲזִיר מִיָּעַר (תהלים פ, יד). אין לך פריץ בחיות כחזיר הבר, וגם אַרְיֵה מִסֻּבְּכוֹ (ירמיה ד, ז), הוא נבוכדנצר, לא ימצא שם: **בל יעלנה.** לאותה הדרך. דרך משמש לשון זכר ולשון נקבה, כדכתיב אֶת הַדֶּרֶךְ (אשר) יֵלְכוּ בָהּ (שמות יח, כ) הרי נקבה; בְּדֶרֶךְ אֶחָד יֵצְאוּ אֵלֶיךָ (דברים כח, ז) הרי זכר: **לא תמצא.** חיה רעה שם: **(י) ושמחת עולם.** שמחה אשר מעולם, שהיתה להם כבר בדרך יציאתן ממצרים, וַה׳ הֹלֵךְ לִפְנֵיהֶם יוֹמָם (שמות יג, כא): **ונסו.** היגון והאנחה מהם:

### רד״ק

להם בדרכם, בלכתם במקום ציה שהוא מקום השרב, שאין שם מים מרוב החום. ותרגום אֲכָלַנִי חֹרֶב (בראשית לא, מ), אַכְלְנִי שַׁרְבָא: **בנוה תנים רבצה.** מקום שהיה נוה תנים, והיו רובצות התנות, שם יהיה חציר לקנה וגומא. שיצמחו שם קנה וגומא שאינם צומחים אלא במקום מים: **חציר.** כמו חצר, כמו שפירשנו למעלה. ואמר רבצה וכל אחת ואחת מהתנים ותנים אומר על הנקבות, כמו שאומר, גַּם תַּנִּין [תַּנִּים] חָלְצוּ שַׁד (איכה ד, ג): **(ח) והיה שם.** שם במדבר, שלא היה שם דרך מעולם, יהיה עתה מסלול ודרך. ובדרש (במדבר רבה, פרשה כג, פסקא ד), עכשיו אין דרך במדבר שכולו חול והשיירה אינה הולכת בלילה אלא לאור המזלות, ואז יהיה מסלול ודרך. ומסלול כמו מסלה: **ודרך הקדש יקרא לה.** לאותה הדרך, כי עם קדש ילכו בה, לא יעברנו טמא. רצונו לומר, אחד מן הרשעים, והוא למו. לישראל לבד יהיה אותו הדרך: **הולך דרך.** בין הולך דרך שהוא רגיל ללכת דרכים, בין אוילים, לא יתעו באותה הדרך: **ואוילים.** רצונו לומר, אותם שהם אוילים לענין דרכים, שלא הורגלו בהם בזה הדרך, לא יתעו, אבל ילכו דרך ישר עד ירושלם: **(ט) לא יהיה.** לפי שמתחילה היה מדור חיות רעות שהיה מדבר, עתה שילכו בה בני ישראל לא יהיה שם אריה, ופריץ חיות לא יעלה באותה הדרך, ואל תמצא שם חיה רעה. ופירוש ופריץ חיות, אפילו הפריץ שבחיות, שפורץ מנהג החיות, שהולך למקום שבני אדם מצויין; אפילו אותם לא תבא שם, והלכו שם גאולים בלי פחד: **(י) ופדויי ה׳ ישובון.** ושמחת עולם על ראשם. דרך משל, כי ילכו קוממיות ראש נשוא בשמחה: **ששון ושמחה ישיגו ונסו יגון ואנחה.** זהו ישיגו ונסו, ושלמטה מזה בפרשת עורי עירי לבשי עוזך ישיגון בנו״ן, נסו, אין וי״ו בראש המלה. והסימן שלא הטעה בהם וי״ו נון, ופירוש הסימן כי הוי״ו קודם לנו״ן. וזה שהוא ישיגו ונסו בוי״ו בסוף ישיגו וי״ו בראש ונסו הוא הראשון, והאחרון נו״ן בסוף ישיגון ונון בתחילה נסו אין שם וי״ו:

### מצודת דוד

**בנוה.** במדור שהיה מרבץ לתנין, תשוב להיות רטוב ויצמח שמה דשא להיות קנה וגומא, שאינם גדלים אלא במקום רטוב מאוד: **(ח) והיה שם מסלול.** בהמקומות השוממות יהיה מסילה ודרך כבושה, ויקרא בשם דרך הקדש: **והוא למו.** הדרך הזה יהיה מיוחד להם לישראל: **הולך דרך.** בין הרגיל ללכת בדרך, בין האוילים בענין הכרת הדרך, על כי לא הורגלו ללכת בדרך: **לא יתעו.** לא יהיו תועים בזה הדרך, כי יהיה דרך כבושה: **(ט) לא יהיה שם.** בזה הדרך לא יבוא אריה, ואפילו הפריץ שבחיות, הפורץ גדר החיות ,ללכת במקום אנשים, הנה לא יעלה בדרך הזה ולא תמצא שמה: **והלכו גאולים.** ולכן ילכו שם ישראל הנגאלים מן הכשדים מבלי אימה ופחד: **(י) ופדויי ה׳.** ישראל אשר יפדה ה׳ מן הגלות, ישובון לארצם ויבואו לציון ברנה: **ושמחת עולם.** השמחה שהיה להם מימות עולם תשכון על ראשם: **ישיגו.** כאלו ירדפו אחריהם וישיגום: **ונסו.** היגון ואנחה ינוס ויברח מפניהם ולא עליהם יהיו:

### מצודת ציון

**לאגם.** מקום קבוץ המים: **וצמאון.** רצונו לומר, מקום יובש: **למבועי.** ענין מעין ומקור, וכן, וְתִשָּׁבֶר כַּד עַל הַמַּבּוּעַ (קהלת יב, ו): **בנוה.** במדור: **תנים.** מין נחש: **רבצה.** ענין השכיבה לנוח: **חציר.** דשא: **לקנה וגומא.** שם מיני צמחים: **(ח) מסלול.** מלשון מסילה ודרך כבושה: **למו.** להם: **יתעו.** מלשון תועה: **(ט) ופריץ.** ענין עזות והתחזקות: **(י) ישיגו.** ענין הקרוב והדבוק: **ונסו.** ענין בריחה: **יגון.** מלשון תוגה וצער:

---

miraculous cures for the blind, deaf, lame, and mute. He connects these waters to the miraculous waters that will originate from under the threshold of one of the gates of the Third Temple, as described by Ezekiel (Ch. 47).

**7. וְהָיָה הַשָּׁרָב לַאֲגַם וְצִמָּאוֹן לְמַבּוּעֵי מָיִם** — *The scorched place will become a pond and the parched place springs of water.* As the people go through normally scorched and parched places [on the way to their land] they will find gushing water (*Radak*).

Others explain this metaphorically. According to *Rashi,* those who are thirsty for salvation will have that thirst slaked. According to *Metzudos,* the lowly will be transformed to royalty.

**בִּנְוֵה תַנִּים רִבְצָהּ חָצִיר לְקָנֶה וָגֹמֶא** — *The abode where jackals rested will become grassland with reeds and bulrushes.* Jackals thrive in an arid wilderness. Their home will be transformed to a place wet enough even for reeds and bulrushes, which require much water (*Rashi*).

The abundant water is a metaphor for God's bounty, which will be as appreciated by the previously downtrodden people as water is appreciated by the thirsty (*Abarbanel*).

**8. וְהָיָה־שָׁם מַסְלוּל וָדֶרֶךְ** — *A path and a road will be there.* Despite the many streams along the way, there will be a path and a road (*Ibn Ezra*) for passersby. Alternatively, although there was never a road or a path in the desert, there will be one at the time of the Redemption (*Radak, Abarbanel*).

**וְדֶרֶךְ הַקֹּדֶשׁ יִקָּרֵא לָהּ** — *It will be called "The Road of Holiness,"* because it will be the road to Jerusalem (*Ibn Ezra*). Alternatively, the road will be given that name because it will be so good, or because it will used by the people who are holy before God (*Abarbanel*).

*of water; the abode where jackals rested will become grassland with reeds and bulrushes.* [8] *A path and a road will be there; it will be called 'The Road of Holiness,' and no impure person will traverse it. It will be for them; the wayfarer, even ignorant ones, will not go astray [there].* [9] *There will be no lion there; the boldest of animals will not ascend it, will not be found there; the redeemed will walk [there].* [10] *Then the redeemed of HASHEM will return and come to Zion with glad song, with eternal gladness on their heads. They will attain joy and gladness, and sadness and sighing will flee.*

**לֹא־יַעַבְרֶנּוּ טָמֵא** — *No impure person will traverse it.* Impure non-Jews [or the wicked (*Radak*)] will be afraid to traverse it (*Ibn Ezra; Abarbanel*). Alternatively, those who use the road will scrupulously protect themselves from impurity (*Malbim*).

**וְהוּא־לָמוֹ** — *It will be for them.* The road will be for the handicapped people mentioned above (*Rashi*), or for the exclusive use of the people of Israel (*Radak*), who are holy (*Mahari Kara*).

**הֹלֵךְ דֶּרֶךְ וֶאֱוִילִים לֹא יִתְעוּ** — *The wayfarer, even ignorant ones, will not go astray [there].* Because it is a straight road (*Metzudos*) all the way to Jerusalem (*Radak*). Even the above-mentioned handicapped will not go astray (*Rashi*).

**9. לֹא־יִהְיֶה שָׁם אַרְיֵה וּפְרִיץ חַיּוֹת בַּל־יַעֲלֶנָּה לֹא תִמָּצֵא שָׁם** — *There will be no lion there; the boldest of animals will not ascend it, it will not be found there. The boldest of animals* refers to the wild boar that boldly goes anywhere (*Radak; Rashi*). Despite having been the abode of wild animals for so long, even the boldest of animals will not ascend to Jerusalem then.

Others interpret these animals as metaphors for the strongest and boldest kings. They will not try to prevent the people of Israel from returning to their land (*Targum, Abarbanel, Mahari Kara; see Rashi*).

**וְהָלְכוּ גְּאוּלִים** — *The redeemed will walk.* The returnees will be free from fear of enemies or wild animals (*Ibn Ezra*).

**10. וּפְדוּיֵי ה׳ יְשֻׁבוּן** — *Then the redeemed of HASHEM will return.* Those redeemed by Hashem from the travails of exile will return to their land (*Abarbanel's* first explanation, *Metzudos, Malbim*) via this road (*Mahari Kara*). Alternatively, they *will return* to the status of *the redeemed of HASHEM,* much as they were when they were liberated from Egypt (*Abarbanel's* second explanation).

**וּבָאוּ צִיּוֹן בְּרִנָּה וְשִׂמְחַת עוֹלָם עַל־רֹאשָׁם** — *And come to Zion with glad song, with eternal gladness on their heads.* They will be as glad as their ancestors were when they left Egypt, with Hashem leading the way in a pillar of cloud [see *Exodus* 13:21] (*Rashi;* according to *Targum* this pillar of cloud will return and remain above them as an eternal badge of honor); as opposed to the returnees from Babylon who returned to the Land only by permission of King Cyrus of Persia, and who remained subservient to him (*Abarbanel*).

Homiletically, the epitome of our spiritual development is *with eternal gladness on their heads.* Thus, one should strive to pray for others and feel true gladness at their success, so that one should have the happiness of others on his head. This increases שִׂמְחַת עוֹלָם, lit., *the happiness of the world* (*Tiferes Shlomo. Moadim, Shaar HaTefillah*).

**שָׂשׂוֹן וְשִׂמְחָה יַשִּׂיגוּ** — *They will attain joy and gladness.* Lit., *Joy and gladness will catch them.* Alternatively, they will successfully pursue and succeed in attaining joy and gladness (*Ibn Ezra*).

**וְנָסוּ יָגוֹן וַאֲנָחָה** — *And sadness and sighing will flee* from them (*Rashi*).

At the End of Days, when all achieve *joy and gladness,* and when *sadness and sighing will flee* from everyone, rich and poor will be equal (*Yismach Moshe, Parashas Beshalach* 149a).

## 36.

**⁂ Chapters 36-39. Hezekiah and Sennacherib.** This very long, three-chapter passage tells about a time of great danger and an awesome miracle, the invasion of Sennacherib and the overnight decimation of his army. Further information about this event is found in the Books of *II Kings* (18:13-20:19) and *II Chronicles* (Ch. 32); the commentary here will draw upon those sources where necessary.

This event is recounted in the Book of *Kings* as part of the story of King Hezekiah, and repeated here from the perspective of Isaiah. The reason for its insertion at this point is that after foretelling (Chapter 32) the destruction of Jerusalem and then continuing with the downfall of its enemies and the ultimate redemption of Israel, the Book testifies to the veracity of Isaiah's prophecy (*Abarbanel*).

Since, as noted above (32:1-8), Hezekiah's faith and righteousness were impeccable, why did God permit the Assyrians to invade his kingdom and humble him? *Radak* and *Abarbanel* comment that the reason for Sennacherib's success was the shortcomings of the people of Judah, not of Hezekiah. Although he succeeded in ending the spiritual atrocities of his father, King Ahaz, the nation as a whole did not rise to his level, and his personal merit was not sufficient to shield them from Assyrian attack. *Abarbanel* suggests that Hezekiah lived simply and humbly, devoting himself to Torah study and service of God. Mistakenly, many people thought that his refusal to maintain a "royal lifestyle" was an indication of weakness and indolence.

The Sages (*Sanhedrin* 94a-b) explain that the Assyrian invasion was part of God's design to bring about the final redemption. The prophet Ezekiel foretold that there would be a great war called the War of Gog and Magog, which would result in the defeat of the evil invader and then the coming of

**לו**

א וַיְהִי בְּאַרְבַּע עֶשְׂרֵה שָׁנָה לַמֶּלֶךְ חִזְקִיָּהוּ עָלָה סַנְחֵרִיב מֶלֶךְ־אַשּׁוּר עַל כָּל־
ב עָרֵי יְהוּדָה הַבְּצֻרוֹת וַיִּתְפְּשֵׂם: וַיִּשְׁלַח מֶלֶךְ־אַשּׁוּר | אֶת־רַבְשָׁקֵה מִלָּכִישׁ
יְרוּשָׁלַ͏ְמָה אֶל־הַמֶּלֶךְ חִזְקִיָּהוּ בְּחֵיל כָּבֵד וַיַּעֲמֹד בִּתְעָלַת הַבְּרֵכָה הָעֶלְיוֹנָה
ג בִּמְסִלַּת שְׂדֵה כוֹבֵס: וַיֵּצֵא אֵלָיו אֶלְיָקִים בֶּן־חִלְקִיָּהוּ אֲשֶׁר עַל־הַבָּיִת וְשֶׁבְנָא
ד הַסֹּפֵר וְיוֹאָח בֶּן־אָסָף הַמַּזְכִּיר: וַיֹּאמֶר אֲלֵיהֶם רַבְשָׁקֵה אִמְרוּ־נָא אֶל־חִזְקִיָּהוּ
ה כֹּה־אָמַר הַמֶּלֶךְ הַגָּדוֹל מֶלֶךְ אַשּׁוּר מָה הַבִּטָּחוֹן הַזֶּה אֲשֶׁר בָּטָחְתָּ: אָמַרְתִּי
אַךְ־דְּבַר־שְׂפָתַיִם עֵצָה וּגְבוּרָה לַמִּלְחָמָה עַתָּה עַל־מִי בָטַחְתָּ כִּי מָרַדְתָּ
ו בִּי: הִנֵּה בָטַחְתָּ עַל־מִשְׁעֶנֶת הַקָּנֶה הָרָצוּץ הַזֶּה עַל־מִצְרַיִם אֲשֶׁר יִסָּמֵךְ
אִישׁ עָלָיו וּבָא בְכַפּוֹ וּנְקָבָהּ כֵּן פַּרְעֹה מֶלֶךְ־מִצְרַיִם לְכָל־הַבֹּטְחִים עָלָיו:

**רש"י**

(ב) **בתעלת.** פוס"ר בלע"ז: **בריכה.** מקום כינוס מים, חפור בקרקע בידי אדם לתת בו דגים, ארוך ורחב: **במסילת.** דרך כבושה קמין בלע"ז: **שדה כובס.** תרגם יונתן, חֲקַל מִשְׁטַח קַצְרַיָּא. ששוטחין שם הכובסים את הבגדים: (ג) **המזכיר.** כותב הזכרונות בספרי דברי הימים. (דבר אחר, המזכיר איזה דין בא לפניו ראשון שיפסקנו ראשון): (ה) **אמרתי.** עד הנה אך דברי שפתים הוא בפיו, לאמר לא אעבוד למלך אשור. ומשיראה שאעלה עליו לצבא, יחזור בו. עכשיו הרי עליתי; מעתה, או יעבדני, או צריך הוא לבקש עצה וגבורה למלחמה: **עתה.** שבא העת, אמור נא על מי בטחת למרוד בי: (ו) **אשר יסמך איש.** על הקנה הרצוץ הנשבר, והקרומיות באים בכפו ונוקבין אותה. כן פרעה לבוטחים בו, סופן להיות עזרתו לרעתן:

**רד"ק**

(א) **ויהי בארבע עשרה שנה.** פרשה זו פירשנוה בספר מלכים באר היטב, ויש ביניהם שנוי מעט. אלא שהענין אחד; (במלכים) אָמַרְתִּי אַךְ דְּבַר שְׂפָתַיִם (לעיל לו, ה). אמר רבשקה כנגד חזקיה, חשבת בלבך שדבר שפתים יצילך, וזו הוא התפלה; ואין זה כי עצם וגבורה צריך למלחמה. ובזה הספר אמרתי, אמר רבשקה, אמרתי כי אתה חושב להשען על דבר שפתים, רוצה לומר על תפלתך. והחכם רבי אברהם בן עזרא פירש אך דבר שפתים, העצה והגבורה שלך בדבר שפתים היא לבד:

**מצודת דוד**

(ב) **מלכיש.** כי שם היה: **ירושלמה.** אל ירושלים: **בתעלת.** בתעלה הנמשכת מהברכה העליונה אשר היא במסילה ההולך אל השדה שמכבסים שם הבגדים ושוטחים שמה מול השמש לנגבה: (ג) **על הבית.** ממונה על בית המלך: **המזכיר.** הממונה על ספר הזכרונות: (ד) **מה הבטחון.** מה בטחונך אשר בטחת בו למרוד בי: (ה) **אמרתי.** אומר אני שרק בדבר שפתים בעצת יועצים תרצה לעשות מלחמה, אבל לא כן הוא, כי צריכים אליה עצה עם גבורה, עתה. הואיל והצורך הוא גם אל הגבורה ואיננה בך אם כן על מי בטחת שיתן בך גבורה: (ו) **הנה בטחת.** הנה בטחונך על מצרים, מה הוא? כי הלא הוא כמו משענת קנה רצוץ בראשו, אשר אם יסמוך איש עליו, באים עוד הקסמין והקרומיות בכפו ונוקבין אותה, כן עזרת פרעה נהפך עוד לרעה:

**מצודת ציון**

(א) **הבצורות.** החזקות: **ויתפשם.** כבשה ולכדה: (ב) **בחיל.** ענין צבאות עם: **כבד.** ענין רבוי; וכן, עַמְּךָ הַכָּבֵד הַזֶּה, (מלכים א ג, ט): **בתעלת הברכה.** הבריכה היא מקום בנוי באבנים ובסיד ושם מתכנסים המים, והתעלה הוא החפירה הסמוך לו. ובעת הצורך ממשיכים לה אמת המים מן הברכה. וכן, אֶל קְצֵה תְּעָלַת הַבְּרֵכָה (לעיל ז, ג): **במסילת.** בדרך הכבושה: (ו) **משענת.** ענין סמיכה: **הרצוץ.** משובר ומרוסס; כמו, הָרֹצְצוֹת אֶבְיוֹנִים (עמוס ד, א):

**1. וַיְהִי בְּאַרְבַּע עֶשְׂרֵה שָׁנָה** — *It happened in the fourteenth year.* Fourteen years after Hezekiah became king, six years after the exile of the Northern Kingdom, Assyria invaded Judah and in short order occupied even the fortified cities. Only Jerusalem was left, and Sennacherib's forces were about to attack it. Preparing for the battle, Hezekiah sealed the wells outside the city to deny water to the Assyrian army and he built walls and fortifications around the Holy City (*II Chronicles* 32:2-5).

The account in *Kings* continues with three verses (*II Kings* 18:14-16) that recount Hezekiah's preparations for the impending confrontation. These preparations included prayer, sending a lavish tribute as demanded by the invader, and planning for battle (see commentary ad loc.).

**2.** Although Hezekiah had sent the demanded tribute, Sennacherib had never honestly intended to leave Judah in peace. He waited until the entire gift was delivered and then sent his army to attack the city. First he dispatched a delegation to blaspheme and make outrageous new demands and threats, and then he would invade and conquer (*Abarbanel*).

Messiah. [For a discussion of Gog and Magog, see ArtScroll *Ezekiel* Chs. 38-39.] The Assyrian ruler Sennacherib was intended to represent King Gog of Magog and Hezekiah was intended to be the Messiah. Sennacherib's invasion of *Eretz Yisrael* and ultimate defeat would herald the coming of the Messianic Era and the End of Days. After the miraculous destruction of Sennacherib's army, however, the Attribute of Strict Justice came to God and argued that Hezekiah was not worthy of the honor because, righteous though he was, he did not sing God's praises after the great miracle, unlike his ancestor David, who composed countless sublime praises of God.

Why, indeed, did Hezekiah remain mute, as it were? *Sfas Emes* explains that the king's faith was so perfect that to him there was no difference between ordinary breathing and the greatest of all miracles. To him, song was not necessary, because miracles did not increase his faith and danger did not decrease it. Where he fell short was his failure to realize that, as the king, it was his responsibility to elevate the level of his nation by making them conscious of God's newly revealed greatness.

**36**

Assyria wants conquest

*1 It happened in the fourteenth year of King Hezekiah that Sennacherib king of*
*Assyria attacked all the fortified cities of Judah, and captured them. 2 The king*
*of Assyria sent Rabshakeh from Lachish to Jerusalem, to King Hezekiah, with a*
*great army. He stood at the channel of the upper pool, in the road of the launder-*
*er's field. 3 Eliakim son of Hilkiah, who was in charge of the palace, went out, with*
*Shebna the scribe, and Joah son of Asaph the recorder.*

Assyria's ultimatum . . .

*4 Rabshakeh said to them, "Say now to Hezekiah: Thus said the great king,*
*the king of Assyria: What is this assurance in which you trust? 5 I say [that*
*you have spoken] but [idle] word of the lips, [claiming that you had] strat-*
*egy and power for battle! Now — upon whom have you placed your trust,*
*that you have rebelled against me? 6 Behold! You have relied upon the support*
*of this splintered cane, upon Egypt, which, if a man leans on it, it will enter*
*his palm and puncture it; so is Pharaoh king of Egypt to all who rely on him.*

---

More charitably, *Malbim* (ad loc.) suggests that Sennacherib made his new threats because he knew that Hezekiah was preparing for battle (*II Chronicles* 32:2-9), and therefore concluded that the Jewish king had sent the tribute only to buy time before going to war.

**וַיִּשְׁלַח מֶלֶךְ־אַשּׁוּר אֶת־רַב־שָׁקֵה** — *The king of Assyria sent Rabshakeh.* The verse mentions Rabshakeh as the sole emissary, but the parallel account in *Kings* lists two more, Tartan and Rabsaris. Either Rabshakeh was the only one on this mission and the other two came on a second mission (*Rashi* ad loc., *Seder Olam*), or *Isaiah* singles out Rabshakeh because he was the leader of the delegation, the one who delivered Sennacherib's message (*Radak* ad loc.).

**בִּתְעָלַת הַבְּרֵכָה הָעֶלְיוֹנָה** — *The channel of the upper pool,* i.e., a reservoir that trapped rainwater for the people of Jerusalem. When the people needed water for drinking or laundering, the gate of the pool would be opened and water would flow into the *channel.* The שְׂדֵה כוֹבֵס, *launderer's field,* was where people spread out their wet clothing to dry in the sun (*Abarbanel, Metzudos*).

*II Kings* (18:18) relates that the delegation arrogantly demanded to speak to the king, which was an insulting breach of protocol. Instead, Hezekiah sent three of his senior officials to meet with them.

One of Hezekiah's treasurers, Shebna, became a traitor and God sent Isaiah to reproach him and tell him that he would be demoted and suffer a tragic end (22:15-25). Probably his betrayal took place later, in fear of the "inevitable" Assyrian conquest, or he may have been disloyal even now, but kept it secret (*Radak* ad loc.). Shebna went so far as to send a note to Sennacherib saying, "Shebna and his allies wish to make peace and surrender, but Hezekiah and his allies do not" (*Sanhedrin* 26a-b); thus he sought to ingratiate himself to the attacker, no doubt in the expectation that he, the "loyal" Shebna, would be appointed governor of Jerusalem after it was subdued.

**4.** Rabshakeh headed Sennacherib's delegation to Hezekiah. According to one opinion (*Sanhedrin* 60a), he was an apostate Jew, which would explain his impudence in this passage. Historically, such people have been vociferous enemies of the tradition they forsook, as if to prove themselves to their new masters.

**אֶל־חִזְקִיָּהוּ . . . הַמֶּלֶךְ הַגָּדוֹל מֶלֶךְ אַשּׁוּר** — *To Hezekiah . . . the great king, the king of Assyria.* Contemptuously, Rabshakeh did not even refer to Hezekiah as a king, but he exalted his master Sennacherib as *the great king* (*Abarbanel*).

**מָה הַבִּטָּחוֹן הַזֶּה אֲשֶׁר בָּטָחְתָּ** — *What is this assurance in which you trust?* Derisively Rabshakeh demands to know how Hezekiah could have dreamt he could defy the will of the mighty Assyrian Empire. What promise did he have that gave him this sense of security?

The Assyrian accused Hezekiah of being defiant because he was delinquent in paying his tribute (*Radak* ad loc.). According to *Malbim,* Rabshakeh accused Hezekiah of being insincere in claiming he would submit to Sennacherib. He was feigning friendship only to buy time to mobilize for battle.

**5. אָמַרְתִּי אַךְ־דְּבַר־שְׂפָתַיִם** — *I say [that you have spoken] but [idle] word of the lips.* Until now, I declared that when you assured your people that there is no need to pay tribute and no need to fear my king, you were speaking idle and insincere boastful rhetoric. I was sure that when you see that my army is arrayed against you, you will swallow your words. Now that my army is indeed ready to attack, you must either pay your tribute to me or show that you can fight me, if you dare (*Rashi*).

Alternatively, *I said [to myself that you rely on] word of the lips [i.e., prayer, as] strategy and power for battle* (*Abarbanel*).

**6. מִשְׁעֶנֶת הַקָּנֶה הָרָצוּץ הַזֶּה עַל־מִצְרַיִם** — *The support of this splintered cane, upon Egypt.* Rabshakeh assumed that Hezekiah was relying on an alliance with Egypt, just as the Ten Tribes had done (see *II Kings* 17:4). Now the Assyrian spokesman derided that reliance (*Mahari Kara*). Far from respecting Egypt's power, Rabshakeh derided it as a weak, splintered cane. Not only would it fail to support the weight of the one who leans on it, its splinters will puncture and injure his hand (*Rashi*).

ז וְכִי־תֹאמַר אֵלַי אֶל־יְהוָה אֱלֹהֵינוּ בָּטָחְנוּ הֲלוֹא־הוּא אֲשֶׁר הֵסִיר חִזְקִיָּהוּ
אֶת־בָּמֹתָיו וְאֶת־מִזְבְּחֹתָיו וַיֹּאמֶר לִיהוּדָה וְלִירוּשָׁלַםִ לִפְנֵי הַמִּזְבֵּחַ הַזֶּה
ח תִּשְׁתַּחֲווּ: וְעַתָּה הִתְעָרֶב נָא אֶת־אֲדֹנִי הַמֶּלֶךְ אַשּׁוּר וְאֶתְּנָה לְךָ אַלְפַּיִם סוּסִים
ט אִם־תּוּכַל לָתֶת לְךָ רֹכְבִים עֲלֵיהֶם: וְאֵיךְ תָּשִׁיב אֵת פְּנֵי פַחַת אַחַד עַבְדֵי
י אֲדֹנִי הַקְּטַנִּים וַתִּבְטַח לְךָ עַל־מִצְרַיִם לְרֶכֶב וּלְפָרָשִׁים: וְעַתָּה הֲמִבַּלְעֲדֵי
יְהוָה עָלִיתִי עַל־הָאָרֶץ הַזֹּאת לְהַשְׁחִיתָהּ יְהוָה אָמַר אֵלַי עֲלֵה אֶל־הָאָרֶץ
יא הַזֹּאת וְהַשְׁחִיתָהּ: וַיֹּאמֶר אֶלְיָקִים וְשֶׁבְנָא וְיוֹאָח אֶל־רַבְשָׁקֵה דַּבֶּר־נָא
אֶל־עֲבָדֶיךָ אֲרָמִית כִּי שֹׁמְעִים אֲנָחְנוּ וְאַל־תְּדַבֵּר אֵלֵינוּ יְהוּדִית בְּאָזְנֵי
יב הָעָם אֲשֶׁר עַל־הַחוֹמָה: וַיֹּאמֶר רַבְשָׁקֵה הַאֶל אֲדֹנֶיךָ וְאֵלֶיךָ שְׁלָחַנִי אֲדֹנִי
לְדַבֵּר אֶת־הַדְּבָרִים הָאֵלֶּה הֲלֹא עַל־הָאֲנָשִׁים הַיֹּשְׁבִים עַל־הַחוֹמָה לֶאֱכֹל
אֶת־°חראיהם [°צוֹאָתָם ק׳] וְלִשְׁתּוֹת אֶת־°שיניהם [°מֵימֵי רַגְלֵיהֶם ק׳] עִמָּכֶם:

**רש״י**

**(ז) אשר הסיר חזקיה את במותיו.** ביער את כל בתי עבודת כוכבים ומזבחות ובמות, והזקיק את כל יהודה להשתחות לפני מזבח אחד: **(ח) התערב נא.** בדבר זה אם תוכל לקיימן. לשון ערבון שקורין גי״ר בלע״ז: **(ט) ואיך תשיב.** אפילו פני פחת אחד שהוא מעבדי אדוני הקטנים, שהקטן בראשי גייסות שלו ממונה על אלפים איש: **אחד עבדי.** אחד מעבדי, כמו, אַחַד הַשִּׁיחִם (בראשית כא, טו) אַחַד הָרֵקִים (שמואל־ב ו, כ): **(י) המבלעדי ה׳.** שלא מרשותו: **ה׳ אמר אלי.** כבר נבאו הנביאים, יִשָּׂא אֶת חֵיל דַּמֶּשֶׂק וְאֵת שְׁלַל שֹׁמְרוֹן לִפְנֵי מֶלֶךְ אַשּׁוּר (לעיל ח, ד). והוא טעה לומר, כאשר עשיתי לשומרון כן אעשה לירושלים: **(יא) כי שומעים אנחנו.** מכירים אנחנו אותו, ולשון שומעים אינטנד״ט בלע״ז: **ואל תדבר אלינו יהודית.** שכל העם מכירים בלשון יהודית והם מתפחדים מדבריך. (לפי שאמר להם אמרו נא אל חזקיה, (סברו) שלא בא להפחיד העם, ורבשקה ישראל מומר היה. כסבורים הם אף שמלות רבו על רבשקה, אבל לבו נמשך למשפחתו ויכמרו ניחומיו): **(יב) האל אדוניך.** תמיהה הוא, לכך נקוד חטף פתח. וכי אל שניכם לבדכם שלחני אדני? הלוא אל כולם שלחני, ולכך באתי, שכל העם ישמעו ויראו ואל יסיתם חזקיהו למרוד: **לאכול את צואתם.** אף הם ברעב המצור יאכלו: **את חריהם.** רעי היוצא דרך הנקב שלהם. ולשון נאה תקנו סופרים לקרותו נאתם. כך שנו רבותינו (מגילה כה, ב), מקראות הכתובים לגנאי קורין אותו לשבח, כמו, וּבַעְפֹלִים וּבַטְּחֹרִים (דברים כח, כז) יִשְׁגָּלֶנָּה יִשְׁכָּבֶנָּה (שם, ל). חוריהם נאתם: **שיניהם.** מימי רגליהם. שיניהם, נואה לחה, שיני דכרכשתא (שבת פב, א) היא החלחולת שקורין טבחיא בלע״ז עומדת על ידי שלש שינים:

**מצודת דוד**

**(ז) הלא הוא.** הלא הוא אשר הסיר חזקיה את במותיו אשר היו בכל הארץ, ואמר לישראל שרק למזבח העומד בבית המקדש ומיעט אם כן בעבודתו ונבאש בעיניו: **(ח) התערב נא.** עתה התחייב עצמך עם אדוני אם תוכל למלאות הדבר אשר ישאל: **לתת לך.** לתת מאנשיך: **(ט) ואיך תשיב.** את פניך להלחם עם פני פחת וכו׳, הלא אף הקטן שבהם ממונה הוא על אלפים: **ותבטח.** אם כן בוודאי כל בטחונך ברכב ובפרשים על מצרים אשר הוא כקנה רצוץ: **(י) המבלעדי ה׳ וכו׳.** מבלי גזרת המקום: **ה׳ אמר.** כבר ניבא ישעיה, יִשָּׂא וכו׳ וְאֵת שְׁלַל שֹׁמְרוֹן, (לעיל ח, ד) וטעה לומר שכן יעשה לירושלים: **(יא) ארמית.** בלשון ארמית: **כי שומעים.** כי מבינים אנחנו ארמית: **יהודית.** בלשון יהודית: **באזני העם.** בפניהם, כשהם שומעים, כי הכל מכירים בו ואין מהדרך לפרסם דברי המלחמה בפני המון העם: **(יב) האל אדוניך.** וכי רק אל אדוניך ואליך שלחני אדוני לדבר דברי: **על האנשים.** אל האנשים: **לאכול.** להזהירם כי יבואו במצור ומעקת רעבון וצמאון, יוכרחו לאכול צואה ולשתות מי רגלים: **עמכם.** רצונו לומר, גם הם גם אתם:

**מצודת ציון**

**(ח) התערב.** מלשון ערבון ומשכון, כי כששנים חלוקים בדבר מה, וכל אחד מחייב עצמו בממון באם לא יהיה כדבריו, הדרך הוא שכל אחד נותן ערבון להיות בטוח ומקיים: **(ט) פחת.** ענין שררה: **(י) המבלעדי.** ענינו כמו זולת: **(יב) חראיהם.** מלשון חור ונקב ורצונו לומר, צואה היוצאת מנקב פי הטבעת: **שיניהם.** הוא מי רגלים, והוא קרוב מלשון שתן:

**7. הֲלוֹא־הוּא אֲשֶׁר הֵסִיר חִזְקִיָּהוּ אֶת־בָּמֹתָיו וְאֶת־מִזְבְּחֹתָיו** — *Is He not the One Whose high places and altars Hezekiah has removed?* All over the land of Israel there were private altars (בָּמוֹת) that the people had habitually used to worship Hashem. Since private altars are forbidden by the Torah once the Temple is erected, Hezekiah removed them all, leaving only the central Altar in Jerusalem. The only way to become close to God is by obeying the Torah, not by innovating private paths to "spirituality," but Rabshakeh did not understand that. He taunts Hezekiah for removing the private altars, thereby — according to his mistaken understanding — angering Hashem (*Mahari Kara*).

*Abarbanel* comments that Rabshakeh accused the king of having a selfish motive in insisting that the people bring their offerings to Jerusalem. The Assyrian maintained that Hezekiah wanted to bring the people to Jerusalem only to consolidate his personal power and glory, and that he preached the importance of the Temple, but really meant his own personal aggrandizement. And if so, why would Hashem save him? Indeed, when Jeroboam first set up idols and forbade the people of the Northern Kingdom from going to the Temple, his motive was political: If the people continued making pilgrimages to the Temple, this would prove that Jerusalem and the throne of David were the centers of Jewish life, not Samaria and Jeroboam's crown.

**8. וְעַתָּה הִתְעָרֶב נָא אֶת־אֲדֹנִי** — *So now, provide a security guarantee to my master.* Rabshakeh made an offer. He would call off the siege if Hezekiah would deposit a bond with

7 *And if you will tell me, 'We trust in* HASHEM *our God' — is He not the One Whose*
*high places and altars Hezekiah has removed; and he said to Judah and Jerusalem,*
*'[Only] before this Altar may you prostrate yourselves'?* 8 *So now, provide a security*
*guarantee to my master the king of Assyria, and I will give you two thousand horses*
*— if you can put riders on them!* 9 *How dare you turn away even a single minor*
*captain from among the servants of my master, and depend on Egypt for chariots and*
*horsemen!* 10 *And now, is it without [the consent of]* HASHEM *that I have come up to*
*this land to destroy it?* HASHEM *told me, 'Go up against this land and destroy it!' "*
11 *Eliakim as well as Shebna and Joah, then said to Rabshakeh, "Please speak to*
*your servants in Aramaic, for we understand it, and do not speak Hebrew with us*
*within earshot of the people on the wall."*
12 *But Rabshakeh said, "Is it to your master and to you that my master has sent me*
*to speak these words? Is it not to the people sitting on the wall, who will eat their own*
*excrement and drink their own urine with you?"*

---

Sennacherib, a bond that would be forfeited if the Jewish king were once again to be disloyal to Assyria. Not only would Hezekiah lose the bond, Assyria would invade and the Jewish kingdom would be crushed (*Ralbag* ad loc.).

Sarcastically, Rabshakeh added that he would even provide two thousand horses for Hezekiah's army, but Judah was so weak that it did not have that many horsemen (ibid.). He said, "You need not turn to Egypt to give you horses. I will give you horses and I challenge you to fight my army!" (*Mahari Kara*).

According to *Abarbanel*, Rabshakeh challenged Hezekiah to a wager (הִתְעָרֶב נָא): *I will give you two thousand horses. [let us see] if you can put riders on them!*

**9. וְאֵיךְ תָּשִׁיב אֵת פְּנֵי פַּחַת אַחַד עַבְדֵי אֲדֹנִי הַקְּטַנִּים** — *How dare you turn away even a single minor captain from among the servants of my master.* Continuing his caustic characterization of Hezekiah as a weakling, Rabshakeh said that even a lowly captain in the Assyrian army commanded two thousand horsemen — more than Hezekiah's entire army (*Rashi, Abarbanel*).

**10.** Rabshakeh's arrogance knows no bounds. Now he claims to be the agent of God in coming to destroy Judah! Either he said this only to terrify the Jews, or he really believed that the very fact that Assyria had conquered every country in its path proved that God was with it (*Radak* ad loc.).

Alternatively, Rabshakeh, as an apostate Jew (see commentary to v. 4 above), knew the prophecies of Isaiah (7:17, 8:7) that Assyria would invade Judah, and claimed that his army was carrying out the word of God's prophet (*Abarbanel;* see *Rashi* on *Kings* ad loc.). *Rashi* here cites only the prophecy (8:4) that refers to Samaria, and explicitly states that Rabshakeh's mistake was thinking that he could succeed against Jerusalem as well. However, Rabshakeh added the claim that God had commanded him וְהַשְׁחִיתָהּ, *and destroy it,* i.e., even Jerusalem — which was not said by Isaiah.

*Be'er Moshe* comments that such duplicity is found throughout Scripture, as sinners and inciters rationalize that they are doing God's Will. This began with Adam and Eve, who ate from the forbidden Tree of Knowledge. Commentators explain how they justified their sin. They knew that if they ate from the tree, they would be making the Evil Inclination an internal part of themselves, thus increasing the temptation to sin in the future. They theorized that it would be a greater service to God if they were to overcome such sinful desires and demonstrate their obedience to God in the face of temptation. *Be'er Moshe* shows from many Scriptural cases how such rationalizations were commonly offered in order to cast sin in a favorable light. As *Rambam* notes in the beginning of his laws of idol worship, the early idolaters contended that since God created the heavenly bodies and forces of nature to guide His Creation, if people pay homage to His heavenly and natural "servants," it is a sign of their respect for God.

Similarly, *Be'er Moshe* concludes, in the time before the coming of Messiah, every manner of aberration and sin will be justified philosophically, as everyone can attest from personal knowledge. The best way to avoid being ensnared by such deception is to attach oneself to great Torah scholars, who are perceptive enough to understand each generation and its unique challenges to faith in God. This is alluded to in the verse וּמִבְּנֵי יִשָּׂשכָר יוֹדְעֵי בִינָה לַעִתִּים לָדַעַת מַה־יַּעֲשֶׂה יִשְׂרָאֵל, *And of the children of Issachar, men of understanding for the times, to know what Israel should do* (*I Chronicles* 12:33). They were people who "understood the times," because each generation has its own challenges to religious faith, and the effective responses in one generation may not be successful in different places and times.

**11-12.** Hezekiah's emissaries were justly afraid that Rabshakeh's ultimatum and insults would terrify the common people and drain their will to defend the city. However, thinking that as an apostate Jew he had some feelings for his brethren, they pleaded with him to speak in Aramaic, the language of Assyria, which aristocrats understood, but the rest of the people did not.

Rabshakeh laughed at them. He actually hated his people and *wanted* the common people to understand that their

יג וַיַּעֲמֹד֙ רַבְשָׁקֵ֔ה וַיִּקְרָ֥א בְקוֹל־גָּד֖וֹל יְהוּדִ֑ית וַיֹּ֕אמֶר שִׁמְע֗וּ אֶת־דִּבְרֵ֛י הַמֶּ֥לֶךְ
יד הַגָּד֖וֹל מֶ֥לֶךְ אַשּֽׁוּר׃ כֹּ֚ה אָמַ֣ר הַמֶּ֔לֶךְ אַל־יַשִּׁ֥א לָכֶ֖ם חִזְקִיָּ֑הוּ כִּ֥י לֹא־יוּכַ֖ל לְהַצִּ֥יל
טו אֶתְכֶֽם׃ וְאַל־יַבְטַ֨ח אֶתְכֶ֤ם חִזְקִיָּ֙הוּ֙ אֶל־יְהוָ֣ה לֵאמֹ֔ר הַצֵּ֥ל יַצִּילֵ֖נוּ יְהוָ֑ה לֹ֤א תִנָּתֵן֙
טז הָעִ֣יר הַזֹּ֔את בְּיַ֖ד מֶ֥לֶךְ אַשּֽׁוּר׃ אַֽל־תִּשְׁמְע֖וּ אֶל־חִזְקִיָּ֑הוּ כִּ֣י כֹה֩ אָמַ֨ר הַמֶּ֜לֶךְ
אַשּׁ֗וּר עֲשׂוּ־אִתִּ֤י בְרָכָה֙ וּצְא֣וּ אֵלַ֔י וְאִכְל֤וּ אִישׁ־גַּפְנוֹ֙ וְאִ֣ישׁ תְּאֵנָת֔וֹ וּשְׁת֖וּ אִ֥ישׁ
יז מֵי־בוֹרֽוֹ׃ עַד־בֹּאִ֔י וְלָקַחְתִּ֥י אֶתְכֶ֖ם אֶל־אֶ֣רֶץ כְּאַרְצְכֶ֑ם אֶ֤רֶץ דָּגָן֙ וְתִיר֔וֹשׁ אֶ֖רֶץ
יח לֶ֥חֶם וּכְרָמִֽים׃ פֶּן־יַסִּ֨ית אֶתְכֶ֤ם חִזְקִיָּ֙הוּ֙ לֵאמֹ֔ר יְהוָ֖ה יַצִּילֵ֑נוּ הַהִצִּ֜ילוּ אֱלֹהֵ֤י הַגּוֹיִם֙
יט אִ֣ישׁ אֶת־אַרְצ֔וֹ מִיַּ֖ד מֶ֥לֶךְ אַשּֽׁוּר׃ אַיֵּ֞ה אֱלֹהֵ֤י חֲמָת֙ וְאַרְפָּ֔ד אַיֵּ֖ה אֱלֹהֵ֣י סְפַרְוָ֑יִם
כ וְכִֽי־הִצִּ֥ילוּ אֶת־שֹׁמְר֖וֹן מִיָּדִֽי׃ מִ֗י בְּכָל־אֱלֹהֵ֤י הָאֲרָצוֹת֙ הָאֵ֔לֶּה אֲשֶׁר־הִצִּ֥ילוּ אֶת־
כא אַרְצָ֖ם מִיָּדִ֑י כִּֽי־יַצִּ֧יל יְהוָ֛ה אֶת־יְרוּשָׁלִַ֖ם מִיָּדִֽי׃ וַֽיַּחֲרִ֔ישׁוּ וְלֹֽא־עָנ֥וּ אֹת֖וֹ דָּבָ֑ר כִּֽי־
כב מִצְוַ֨ת הַמֶּ֥לֶךְ הִ֛יא לֵאמֹ֖ר לֹ֥א תַעֲנֻֽהוּ׃ וַיָּבֹ֣א אֶלְיָקִ֣ים בֶּן־חִלְקִיָּ֣הוּ אֲשֶׁר־עַל־֠הַבַּיִת
וְשֶׁבְנָ֨א הַסֹּפֵ֜ר וְיוֹאָ֨ח בֶּן־אָסָ֤ף הַמַּזְכִּיר֙ אֶל־חִזְקִיָּ֔הוּ קְרוּעֵ֣י בְגָדִ֑ים וַיַּגִּ֣ידוּ ל֔וֹ אֵ֖ת
**לז** א דִּבְרֵ֥י רַבְשָׁקֵֽה׃ וַיְהִ֗י כִּשְׁמֹ֙עַ֙ הַמֶּ֣לֶךְ חִזְקִיָּ֔הוּ וַיִּקְרַ֖ע אֶת־בְּגָדָ֑יו וַיִּתְכַּ֖ס

**רש"י**

**(יד) ישיא.** יטעה: **(טז) עשו אתי ברכה.** באו אלי לשלום וברכוני והביאו אלי תשורת שלום: **ברכה.** שלו"ד בלע"ז, כמו, וַיְבָרֶךְ יַעֲקֹב אֶת פַּרְעֹה (בראשית מז ז): **ואכלו איש גפנו.** ואלך מעליכם, ושבו בשלום עד שאמצא ארץ טובה כארצכם ואגלה אתכם שם. כי כן דרכו להעביר האומות מארץ אל ארץ כמה שנאמר, וְאָסִיר גְּבוּלֹת עַמִּים (לעיל י, יג): **(יז) אל ארץ כארצכם.** אמר רבי שמעון בן יוחאי, שוטה היה זה משל למלך וכו' בספרי פ' והיה עקב היה לו לומר אל ארץ יפה מארצכם אלא שלא היה יכול לספר בגנותה, (יט) וכי הצילו את שומרון מידי. ובני שומרון היו עובדים לאלהי ארם שכיניהם וחמת היא מארם, (כב) קרועי בגדים. על ששמעו גידופי השם והיא כמו ברכת השם:

**מצודת דוד**

**(טז) עשו אתי ברכה.** רצונו לומר, עשו עמי שלום לתת תשורות שלום: **ואכלו וכו'.** רצונו לומר, לא תהיו עוד כלואים בתוך העיר מבלי לצאת ללקוט פירות האילנות ולשאוב מהבורות: **(יז) ולקחתי.** אקח אתכם מפה להוליך אל ארץ טובה כארצכם, כי כן היה דרכו להעביר את האומות שכבש מארצם לארץ אחרת: **ארץ דגן.** ארץ המגדל דגן: **(יח) פן יסית.** שמא יפתה אתכם, ההצילו. רצונו לומר, דעו שאין ממש בדבריו כי האם הצילו וכו': **איש.** רצונו לומר, כל אלוה: **(יט) איה וכו'.** רצונו לומר, וכי היה בידם הכח להציל: **וכי הצילו.** וכי אלהי שמרון הצילו את שמרון מידי: **(כ) מי בכל וכו'.** רצונו לומר, וכי מי מאלהי העמים הציל את ארצו מידי לשתחשבו שה' יציל את ירושלים מידי: **(כב) קרועי בגדים.** על ששמעו דברי רבשקה המחרף ומגדף כלפי מעלה, להדמותו לאלהי עמי הארצות: **(א) ויתכס.** כסה עצמו בשק דרך צער ואבל:

**מצודת ציון**

**(יד) ישיא.** ענין הסתה ופתוי, כמו, הַנָּחָשׁ הִשִּׁיאַנִי (בראשית ג, יג): **(טז) ברכה.** ענין מנחה ותשורת שלום כמו, קַח נָא אֶת בִּרְכָתִי (שם לג, יא): **(יז) ותירוש.** ענבי היין: **(יח) יסית.** מלשון הסתה ופתוי: **(כא) ויחרישו.** שתקו:

plight was hopeless. To his previous threats, he now added that the siege would be so total that the people would face starvation and would even be reduced to eating their own waste. Let them therefore be wise and surrender without a fight (*Mahari Kara*).

**13-15.** To reinforce his claim that he was addressing himself to the masses and not to the aristocrats [and to prove that he had nothing to hide about his apostasy (*Abarbanel*)], Rabshakeh shouted in Hebrew, again emphasizing that he was speaking in the name of an omnipotent king, and implying that Hezekiah was insignificant. He urged the people not to be deluded by Hezekiah's claims that he could defend them and that God would save them.

**16.** Rabshakeh promised that if they would surrender, they would actually bring *blessing* (בְּרָכָה) upon themselves because Sennacherib would let them live in peace and prosperity. But, as he added in the next verse, they would be resettled to a different country(see *Abarbanel*).

**עֲשׂוּ־אִתִּי בְרָכָה** — *Make peace with me* [lit., *make a blessing with me*]. The translation follows *Targum*. According to *Rashi*, the word בְּרָכָה, *blessing*, in this context refers to a gift presented as a greeting to a monarch. *Ramban* (*Genesis* 47:7) adds that such a gift is called "a blessing" because it usually reflects the prosperity with which the giver has been blessed.

**17.** So confident was Rabshakeh that the defenders of Jerusalem would surrender unconditionally that he even told them that they would be exiled from the Land, in line with the Assyrian practice of transferring entire populations to other countries, so that they would lose their loyalty to their native land (see 17:6, 24). To the wicked Sennacherib's credit, his message did not imply that the Holy Land was inferior, by saying that the people would be exiled to a *better* land than *Eretz Yisrael* (*Rashi, from Sifri, Ekev* 1). For that relatively minor show of respect, Sennacherib was rewarded with the title *Esnapar, the great and venerated* (*Ezra* 4:10; *Sanhedrin* 94b).

*. . . is intended to terrorize the people*

13 *Rabshakeh then stood up and called out in a loud voice in Hebrew; he said,*
*"Hear the words of the great king, the king of Assyria!* 14 *Thus said the king: Let not*
*Hezekiah delude you, for he cannot save you!* 15 *And let not Hezekiah reassure you*
*with* HASHEM, *saying, '*HASHEM *will surely save us, and this city shall not be delivered*
*into the hand of the king of Assyria!'* 16 *Do not listen to Hezekiah, for thus said the king*
*of Assyria: Make peace with me and come out to me, and each man will be able to*
*eat [the fruits of] his grapevine and each man [the fruits of] his fig tree, and each man*
*will drink the water of his well,* 17 *until I come and I bring you to a land like your land*
*— a land of grain and wine, a land of bread and vineyards —* 18 *lest Hezekiah tries to*
*entice you, saying, '*HASHEM *will save us!' Did the gods of the nations save any person*
*in his land from the hand of the king of Assyria?* 19 *Where are the gods of Hamath and*
*Arpad? Where are the gods of Sepharvaim? Did they save Samaria from my hand?*
20 *Which among all the gods of the lands saved their land from my hand, that* HASHEM
*should save Jerusalem from my hand?"*

*Grief-stricken report to Hezekiah*

21 *The people remained silent and did not answer him a word, for there was a*
*command from the king, saying, "Do not answer him."* 22 *Eliakim son of Hilkiah,*
*who was in charge of the palace, came, as well as Shebna the scribe and Joah son*
*of Asaph the recorder, to Hezekiah with rent garments, and told him the words of*
*Rabshakeh.*

**37**

1 *It happened when King Hezekiah heard this: He rent his garment and he donned*

---

That an essentially wicked person like Sennacherib could be described as *great and venerated* merely for not being disrespectful to the Land shows two things: God rewards people not only for good deeds, but even for not saying or doing something bad. Secondly, we can only imagine how much greater the reward would be for actually *doing* something good (*Be'er Moshe*).

Here, the narrative omits three important words from the narrative in *Kings*: וְחָיוּ וְלֹא תָמֻתוּ — *And you will live and not die,* a strong implication that resistance to his demands would mean death for the defenders of the city.

**18-20.** Rabshakeh repeated his earlier theme that it would be futile to oppose him. The gods of the other nations did not save them from Assyrian conquest, and the Ten Tribes worshiped the gods of their neighbors, all to no avail. So, too, it would be useless for the people of Judah to expect Hashem to help them. Thus, by comparing Hashem to idols ר״ל, Rabshakeh was guilty of great blasphemy (see *Abarbanel*).

Homiletically, pride brings destruction upon a person and makes him low, as it says (*Proverbs* 16:18): *Pride precedes destruction,* and (ibid. 29:23): *A man's pride will bring him low.* The everlasting shame that was the result of Sennacherib saying, *Which among all the gods of the lands saved their land from my hand,* is well known (*Orchos Tzaddikim, Shaar HaGaavah*).

**21.** Wisely, Hezekiah had instructed his delegation not to respond to the Assyrians. It is useless to argue with arrogant braggarts, as it says (*Proverbs* 26:4), *Do not answer a fool according to his foolishness* (*Abarbanel*).

Had the king not so commanded them, they would have struck Rabshakeh for his blasphemies (*Malbim*), and if they had done so, the Assyrian army would have had a pretext for an immediate attack. Hezekiah wanted to avoid that until he was ready for battle.

Homiletically, the best way to overcome the Evil Inclination is to affirm that the command of the King — God — may not be questioned and may not be disobeyed. Our allegiance to God must be unquestioning. Although the commentators seek to explain the commandments, these rationales are not the reasons we observe them. We observe the commandments because they are God's Will. Otherwise, we are obeying our own logic, not God (*Shem MiShmuel*).

**22. קְרוּעֵי בְגָדִים** — *With rent garments.* One who hears the Name of God cursed and blasphemed ר״ל must tear his garments and never mend them (*Moed Katan* 26a). Rabshakeh's blasphemy consisted in his comparison of God to the idols and his outrageous claim that God was incapable of standing up to Sennacherib. This requirement to tear garments applies only if the blasphemy was uttered by a Jew, and, as noted above, Rabshakeh was a renegade Jew (*Radak* ad loc., from *Sanhedrin* 60a)

**37.**

**1-8. Hezekiah consults Isaiah.** When Hezekiah's delegation returned to the palace and reported on Rabshakeh's arrogant threats, the king was deeply distressed, not mainly because of the danger to his people, but because of the Assyrian's blasphemies against God (*Malbim*). Hezekiah prayed and turned to Isaiah, his cousin, to learn what was God's Will in this perilous time.

ב בַּשָּׂק וַיָּבֹא בֵּית יהוה: וַיִּשְׁלַח אֶת־אֶלְיָקִים אֲשֶׁר־עַל־הַבַּיִת וְאֵת | שֶׁבְנָא
הַסּוֹפֵר וְאֵת זִקְנֵי הַכֹּהֲנִים מִתְכַּסִּים בַּשַּׂקִּים אֶל־יְשַׁעְיָהוּ בֶן־אָמוֹץ הַנָּבִיא:
ג וַיֹּאמְרוּ אֵלָיו כֹּה אָמַר חִזְקִיָּהוּ יוֹם־צָרָה וְתוֹכֵחָה וּנְאָצָה הַיּוֹם הַזֶּה כִּי
ד בָאוּ בָנִים עַד־מַשְׁבֵּר וְכֹחַ אַיִן לְלֵדָה: אוּלַי יִשְׁמַע יהוה אֱלֹהֶיךָ אֵת | דִּבְרֵי
רַבְשָׁקֵה אֲשֶׁר שְׁלָחוֹ מֶלֶךְ־אַשּׁוּר | אֲדֹנָיו לְחָרֵף אֱלֹהִים חַי וְהוֹכִיחַ בַּדְּבָרִים
ה אֲשֶׁר שָׁמַע יהוה אֱלֹהֶיךָ וְנָשָׂאתָ תְפִלָּה בְּעַד הַשְּׁאֵרִית הַנִּמְצָאָה: וַיָּבֹאוּ
ו עַבְדֵי הַמֶּלֶךְ חִזְקִיָּהוּ אֶל־יְשַׁעְיָהוּ: וַיֹּאמֶר אֲלֵיהֶם יְשַׁעְיָהוּ כֹּה תֹאמְרוּן אֶל־
אֲדֹנֵיכֶם כֹּה | אָמַר יהוה אַל־תִּירָא מִפְּנֵי הַדְּבָרִים אֲשֶׁר שָׁמַעְתָּ אֲשֶׁר גִּדְּפוּ
ז נַעֲרֵי מֶלֶךְ־אַשּׁוּר אוֹתִי: הִנְנִי נוֹתֵן בּוֹ רוּחַ וְשָׁמַע שְׁמוּעָה וְשָׁב אֶל־אַרְצוֹ
ח וְהִפַּלְתִּיו בַּחֶרֶב בְּאַרְצוֹ: וַיָּשָׁב רַבְשָׁקֵה וַיִּמְצָא אֶת־מֶלֶךְ אַשּׁוּר נִלְחָם עַל־לִבְנָה

**רש"י**

(ג) **ותוכחה.** אשפרוכמנ"ט בלע"ז. האויבים מוכיחים בהצלחתם לאמר ידינו רמה ואין אלהים כאלהינו, כי באו בנים. בני ישראל, בניו של הקדוש ברוך הוא, עד משבר וכח אין ללידה. עת צרה הדומה לאשה היושבת על המשבר ואין כח לולד לצאת: (ד) **והוכיח בדברים.** הגיד כחו והראה הצלחתו, והוכיח איספרובי"ר בלע"ז: (ז) **ושמע שמועה.** מיד זו שמועת תרהקה מלך כוש ומתוך כך ילך מעליכם הפעם הזאת להלחם עם תרהקה ואין זו שיבה לארצו, ואחר כך ישוב הלום. ואני עתיד להשיבו לארצו ולהפילו שם בחרב:

**מצודת דוד**

(ג) **ותוכחה.** האויב מתווכח להשתבח בהצלחתו ואומר ידי רמה: **ונאצה.** מבזה את המקום בדברי חרוף: **כי באו בנים.** דימה בני הדור לאשה הכורעת ללדת בנים ויושבת על המשבר ואין בה כח להוליד הבנים: (ד) **אולי ישמע ה׳.** הלואי יתן לב לשמוע: **והוכיח.** התווכח בדברים כאשר שמע ה׳: **ונשאת.** כאומר לזה שאלתי מעמך שתשא תפלה לה׳: **השארית הנמצאה.** שארית ישראל הנמצא בירושלים כי כבר כבש כל ערי הבצורות שביהודה: (ז) **נותן בו רוח.** אעיר רצונו ללכת מפה כאשר ישמע שמועה היא שמועת תרהקה מלך כוש: **ושב אל ארצו.** סוף הדבר יהיה שישוב אל ארצו בפחי נפש ובארצו אפיל אותו בחרב:

**מצודת ציון**

(ג) **ותוכחה.** ענין תוכחות וברור דברים: **ונאצה.** ענין בזיון; וכן, נִאֲצוּ הָאֲנָשִׁים (שמואל־א ב, יז): **משבר.** מקום מושב היולדת; וכן, בְּמִשְׁבַּר בָּנִים (הושע יג, יג): (ד) **אולי.** הלואי; וכן, אוּלַי יִרְאֶה ה׳ בְּעֵינִי (שמואל־ב טז, יב): **והוכיח.** נתוכח: (ו) **גדפו.** חרפו: (ז) **רוח.** רצון; כמו, אֶל אֲשֶׁר יִהְיֶה שָׁמָּה הָרוּחַ לָלֶכֶת (יחזקאל א, יב):

**1.** **וַיִּקְרַע אֶת־בְּגָדָיו וַיִּתְכַּס בַּשָּׂק** — *He rent his garments and he donned sackcloth.* Hezekiah tore his clothes in distress over Rabshakeh's denigration of God. By donning sackcloth and thereby afflicting himself, he hoped to evoke God's mercy (*Radak* ad loc.). From this verse, the Talmud (*Sanhedrin* 60a) derives an obligation to rend one's garments when hearing even secondhand blasphemies against God. Accordingly, Hezekiah was obligated to tear his clothes (*Abarbanel*).

**וַיָּבֹא בֵּית ה׳** — *And went to the Temple of HASHEM,* to pray. Although he could have prayed in the palace, prayer is more efficacious in the Temple (*Radak, I Kings* 8:27). Similarly, it is preferable to pray in a synagogue or study hall, which are like miniature temples.

**2.** Of the three emissaries Hezekiah sent to hear Rabshakeh's message (36:3), Hezekiah sent only the two senior ones to Isaiah, but did not send Joah. *Rinas Yitzchak* suggests that apparently Joah, who was a מַזְכִּיר, *recorder* (ibid.), had been sent only to record Rabshakeh's message. But now when Hezekiah wanted to impress Isaiah with the gravity of the situation, he sent his senior advisers and the leading Kohanim.

**3.** Hezekiah instructed his delegation to describe four aspects of the situation to Isaiah: (1) It was יוֹם־צָרָה, *a day of distress,* because the very survival of the nation was imperiled; (2) תוֹכֵחָה, *rebuke,* because the insolence of Rabshakeh was an indication that God was displeased with Israel because of its sins (*Radak* ad loc.); alternatively, *a day of . . . proof,* because the wicked Assyrians claimed that their success was "proof" that their god is more powerful than all the others (*Rashi*). (3) נְאָצָה, *sacrilege,* because Rabshakeh's blasphemies were themselves very painful to the people; and (4) כִּי בָאוּ בָנִים עַד־מַשְׁבֵּר, *we are like babies who have entered the birth canal . . .*

Hezekiah used the simile that expressed the most intense labor pain, the time when the mother is in agony as the baby is about to be born. The people of Jerusalem were like a woman without the strength to deliver her child, so that she has no hope of ending the pain. Hezekiah meant to tell Isaiah that Rabshakeh's public bluster had drained the people of their will to fight, because he had convinced them that resistance was futile (*Abarbanel*).

Alternatively, Hezekiah wanted Isaiah to know that this was the best time for him to pray, because he had prophesied that Assyria's downfall would come when two conditions were met: Assyria would curse Hashem (10:8-20) and Israel's darkest moment had arrived (10:24-34). Now, both conditions had come to pass. Only one thing was still lacking: Although a woman in the final throes of labor knows that soon she will be blessed with the joy of a new child, Israel did not have the strength — i.e., the spiritual power that comes with observing the Torah properly — to bring about the miracle of salvation. The only hope, therefore, was that

*sackcloth and went to the Temple of* HASHEM. *2 He sent Eliakim, who was in*
*charge of the palace, and Shebna the scribe and the elders of the Kohanim, all*

*A distressed Hezekiah asks Isaiah to pray*

*dressed in sackcloth, to Isaiah son of Amoz, the prophet. 3 They said to him, "Thus*
*said Hezekiah: Today is a day of distress, rebuke, and sacrilege. [We are like] ba-*
*bies who have entered the birth canal, but [the mother] has no strength to give*
*birth. 4 If only* HASHEM, *your God, will hear all the words of Rabshakeh, whom the*
*king of Assyria, his master, sent to insult the living God, and He will punish him*
*for those words that* HASHEM *your God heard. And may you offer a prayer for the*
*remnant [of the people] that is still here!"*

*Isaiah promises victory*

*5 King Hezekiah's servants came to Isaiah, 6 and Isaiah said to them, "Thus shall*
*you say to your master: Thus said* HASHEM: *Do not be frightened by the words*
*that you have heard, by which the attendants of the king of Assyria have blas-*
*phemed Me. 7 Behold, I am instilling a desire within him. He will hear a report*
*and return to his land, and I will strike him down by the sword in his own land."*
*8 Rabshakeh went back and found the king of Assyria fighting against Libnah,*

---

God would avenge Himself against the Assyrians for their intolerable abuse, or that He would respond to the prophet's prayer (*Malbim*).

**4.** ה' אֱלֹהֶיךָ — *HASHEM, your God.* In his humility, Hezekiah did not say *my* God or *our* God. He implied that he and his people were unworthy of a miracle, and Isaiah's prayer was their only hope (*Daas Sofrim*). Another example of his humility is the way he refers to himself in opening his message to Isaiah: *Thus said Hezekiah,* with no royal title (*Abarbanel*).

הַשְּׁאֵרִית הַנִּמְצָאָה — *The remnant [of the people] that is still here.* The Ten Tribes were gone and Sennacherib had conquered nearly all of Judah. Only Jerusalem was still free; it was the *remnant* of the entire Jewish people (*Metzudos*). Since so few of us are left, God can be prevailed upon to show us mercy (*Malbim*).

**5.** This verse seems to be out of order because it says that the servants came to Isaiah, but they had already spoken to him (vs. 3-4). *Kli Yakar* (*Kings* ad loc.) suggests that Hezekiah sent several separate delegations to Isaiah, but he had no response for them. It was only now that the prophet was able to give them this reassuring message from God.

**6.** אַל־תִּירָא — *Do not be frightened.* Hezekiah had stressed the Assyrians' blasphemies, but God gave priority to calming the people's fear of the powerful aggressor, as if to say that His mercy on Israel took priority over the defense of His Name.

Alternatively, *Do not be frightened* of the terrible blasphemies uttered by Sennacherib and his *attendants.* That even ordinary attendants had the gall to utter such blasphemies had been even more frightening to the Jews, because it showed how confident all the Assyrians were of their prowess (*Abarbanel*).

**7.** This verse very briefly states only the beginning and end of Jerusalem's salvation, leaving the greater part of the narrative for the following verses. As explained by the commentators, the chronology is as follows: Learning that Sennacherib's advance against Judah had left Assyria relatively undefended, King Tirhakah of Cush would attack Assyria. Sennacherib would be told that his homeland was in danger, whereupon he would abandon his siege of Jerusalem and return home to crush Cush and its allies. After that battle, either in Assyria (*Radak* ad loc.) or Cush (*Rashi*), Sennacherib would return to Jerusalem to complete his conquest of Judah. Then there would be an electrifying miracle: the Assyrian horde would die suddenly overnight, without Hezekiah so much as shooting an arrow. Only Sennacherib would survive the plague. He would flee to Assyria, where, as hinted by Isaiah, he would be assassinated by his own sons.

וְשָׁב — *He will . . . return.* The verb is in the singular, to allude to the future miracle when the Assyrian troops will all die in the plague — and only Sennacherib will return (*Abarbanel*).

Why was it necessary for Sennacherib to leave and then return? *Radak* (ad loc.) wonders why God did not annihilate the Assyrian army then and there, without diverting it to fight Cush and subsequently return to Jerusalem. He suggests that God wanted the Assyrian army to win a stunning victory over Cush and take great wealth from the defeated enemy. They would bring their booty with them to the Holy City, and when the entire army died, the Jews would be able to take all that wealth. Furthermore, after demonstrating their great strength by overpowering the Cushites, the Assyrian reputation of invincibility would be greater than ever, and when they all fell dead at the gates of Jerusalem, the surrounding nations would gain enormous respect for God and Israel.

*Ralbag* (ad loc.) and *Abarbanel* suggest that God caused Sennacherib to lift the siege so that Hezekiah could prepare arms and stockpile food. *Malbim* notes it would have been logical for Sennacherib to leave part of his army to maintain the siege, while he went back to fight Cush. That he decided not to do so was a miracle to permit Jerusalem a respite.

**8.** After his unsuccessful attempt to intimidate Hezekiah, Rabshakeh went to Lachish to report to Sennacherib, but the

ט כִּי שָׁמַע כִּי נָסַע מִלָּכִישׁ: וַיִּשְׁמַע עַל־תִּרְהָקָה מֶלֶךְ־כּוּשׁ לֵאמֹר יָצָא לְהִלָּחֵם
י אִתָּךְ וַיִּשְׁמַע וַיִּשְׁלַח מַלְאָכִים אֶל־חִזְקִיָּהוּ לֵאמֹר: כֹּה תֹאמְרוּן אֶל־חִזְקִיָּהוּ
מֶלֶךְ־יְהוּדָה לֵאמֹר אַל־יַשִּׁאֲךָ אֱלֹהֶיךָ אֲשֶׁר אַתָּה בּוֹטֵחַ בּוֹ לֵאמֹר לֹא תִנָּתֵן
יא יְרוּשָׁלַם בְּיַד מֶלֶךְ אַשּׁוּר: הִנֵּה | אַתָּה שָׁמַעְתָּ אֲשֶׁר עָשׂוּ מַלְכֵי אַשּׁוּר לְכָל־
יב הָאֲרָצוֹת לְהַחֲרִימָם וְאַתָּה תִּנָּצֵל: הַהִצִּילוּ אוֹתָם אֱלֹהֵי הַגּוֹיִם אֲשֶׁר הִשְׁחִיתוּ
יג אֲבוֹתַי אֶת־גּוֹזָן וְאֶת־חָרָן וְרֶצֶף וּבְנֵי־עֶדֶן אֲשֶׁר בִּתְלַשָּׂר: אַיֵּה מֶלֶךְ־חֲמָת וּמֶלֶךְ
יד אַרְפָּד וּמֶלֶךְ לָעִיר סְפַרְוָיִם הֵנַע וְעִוָּה: וַיִּקַּח חִזְקִיָּהוּ אֶת־הַסְּפָרִים מִיַּד הַמַּלְאָכִים
טו וַיִּקְרָאֵהוּ וַיַּעַל בֵּית יְהוָה וַיִּפְרְשֵׂהוּ חִזְקִיָּהוּ לִפְנֵי יְהוָה: וַיִּתְפַּלֵּל חִזְקִיָּהוּ אֶל־יְהוָה
טז לֵאמֹר: יְהוָה צְבָאוֹת אֱלֹהֵי יִשְׂרָאֵל יֹשֵׁב הַכְּרֻבִים אַתָּה־הוּא הָאֱלֹהִים לְבַדְּךָ לְכֹל
יז מַמְלְכוֹת הָאָרֶץ אַתָּה עָשִׂיתָ אֶת־הַשָּׁמַיִם וְאֶת־הָאָרֶץ: הַטֵּה יְהוָה | אָזְנְךָ וּשְׁמָע
פְּקַח יְהוָה עֵינֶךָ וּרְאֵה וּשְׁמַע אֵת כָּל־דִּבְרֵי סַנְחֵרִיב אֲשֶׁר שָׁלַח לְחָרֵף אֱלֹהִים
יח־יט חָי: אָמְנָם יְהוָה הֶחֱרִיבוּ מַלְכֵי אַשּׁוּר אֶת־כָּל־הָאֲרָצוֹת וְאֶת־אַרְצָם: וְנָתֹן אֶת־
אֱלֹהֵיהֶם בָּאֵשׁ כִּי לֹא אֱלֹהִים הֵמָּה כִּי אִם־מַעֲשֵׂה יְדֵי־אָדָם עֵץ וָאֶבֶן וַיְאַבְּדוּם:

**רש״י**

(ט) **וישמע מלך אשור, על תרהקה.** לאמר יצא תרהקה להלחם אתך: **וישמע וישלח מלאכים.** אין וישמע השני כמו וישמע הראשון. הראשון לשון "שמוע" והשני לשון "קבל". קבל דברי השלוחים וייטבו בעיניו לתת לב להסתלק מעל ירושלים להלחם תחלה עם כוש: **וישלח מלאכים אל חזקיהו.** להודיעו שאינו מסתלק לגמרי אלא על מנת לשוב: (יב) **עדן.** שם מלכות כמה דאת אמר, חָרָן וְכַנֵּה וָעֶדֶן (יחזקאל כז, כג): (יג) **הנע ועוה.** הניעהו ועוהו מלך אשור, החריבם וטילטלם ממקומם: (יח) **אמנם ה׳.** אמת הוא כי החריבו מלכי אשור: **את כל הארצות ואת ארצם.** הארצות (ראשי) המדינות ואת ארץ (ארצם) הסמוכה להם, ערי הממלכה אשר הנם ראש למדינות קורא ארצות ושאר המחוזות אשר סביבותיהם קורא ארצם ובספר כתוב, אֶת הַגּוֹיִם וְאֶת אַרְצָם (מלכים־ב יט, יז) ולשון אחד הוא: (יט) **ונתון.** כמו וְנָתוֹן אֹתוֹ עַל כָּל אֶרֶץ מִצְרָיִם (בראשית מא, מג). לשון פעול שמור זכור דונג"ש בלע"ז: **עץ ואבן.** הם, לפיכך לא היה בהם כח ויאבדום מלך אשור:

**רד״ק**

(יד) **ויקראהו.** כל אחד ואחד מן הספרים. וכן הוא במלכים (ב כב, ח), וַיִּקְרָאֵהוּ, וכן אמר (מלכים־ב יט, יד) וַיִּפְרְשֵׂהוּ. ויונתן תרגם ויקראהו, וּקְרָא חֲדָא מִנְּהוֹן. ואדוני אבי זכרונו לברכה פירש, ויקראהו — ויפרשהו על הספר שהיה בו גדוף האל: (יח) **את כל הארצות ואת ארצה.** כתרגומו, יַת כָּל מְדִינָתָא וְיַת אַרְעֲהוֹן. רצה לומר, המדינות והכפרים:

**מצודת דוד**

(ח) **כי שמע וגו׳.** ולזה הלך לבקשו באשר ימצא ומצאו נלחם על לבנה: (ט) **על תרהקה.** על אודות תרהקה: **וישמע.** קבל דבריו והוטב בעיניו להלחם עמו תחילה: **וישלח מלאכים.** שלח שוב לומר שאינו מסתלק לגמרי כי אם על מנת לשוב: (יא) **ואתה תנצל.** וכי אתה תנצל בתמיה: (יב) **ההצילו אותם.** וכי אלהי הגוים הצילו את הגוים: (יג) **לעיר ספרוים.** לפי שהיתה גדולה וחשובה אמר בה לעיר: **הנע ועוה.** הניעם ממקומם והעקימם: (יד) **את הספרים.** כי שלח הדברים ההם בספר: **ויפרשהו.** פרש כל אחת ואחת: (טז) **הכרובים.** שעל הכפורת אשר על הארון וכאומר ואיך אם כן תמסור בידו את ירושלים ויבואו הכרובים ביד צר: (יז) **וראה.** דברי הספרים: **אשר שלח.** ביד מלאכיו: (יח) **אמנם ה׳.** אתה ה׳ הנה אמת הוא שהחריבו את הגוים: **את כל הארצות.** הם ערי הממלכה: **ואת ארצם.** הם שאר המחוזות: (יט) **כי לא אלהים המה.** אבל כל זה היה בעבור שאין בהם אלהות ולזה האבידם:

**מצודת ציון**

(י) **ישיאך.** יסית ויפתה אותך: (יג) **הנע.** מלשון הנעה: **ועוה.** מלשון עוות ועקום: (יז) **פקח.** פתח; כמו, אֶפְקַח אֶת עֵינַי (זכריה יב, ד):

king had already heard about Tirhakah's invasion, and had gone to Libnah to defend his kingdom.

**9-13. Sennacherib repeats his blasphemy.** Although Sennacherib had abandoned his siege to fight against Cush, he hastened to send another insolent message to Hezekiah warning him that he and his kingdom were doomed.

**9. וַיִּשְׁמַע וַיִּשְׁלַח מַלְאָכִים** — *He believed* [lit., *and he heard*], *and sent messengers.* The word וַיִּשְׁמַע appears twice in the verse. The first means that Sennacherib *heard* reports of the sneak attack; the second means that he *believed* what he heard and acted accordingly (*Rashi, Malbim*). Before rushing back to defend his homeland, however, Sennacherib sent word to Hezekiah that he would be back. His message was different from Rabshakeh's. Rabshakeh had spoken publicly to the people, attempting both to intimidate and cajole them into surrendering by promising them favorable treatment if they did so (36:14-20), while warning that resistance was futile. Sennacherib's message went directly to Hezekiah, telling him that he had no hope of survival and that his God was powerless to help him. The arrogant Sennacherib felt no need to persuade the people to surrender; he would smash any possible resistance.

**10.** Verse 14 indicates that this message was in writing. Apparently, Sennacherib ordered his messengers to deliver a brief summary of the letter. Verse 17 and *II Kings* 19:14 imply that the letters contained blasphemies that were not in the verbal message.

Perhaps Sennacherib sent the letter directly to Hezekiah

*because [Rabshakeh] had heard that he had journeyed from Lachish. 9 Then*
*[Sennacherib] heard a report about Tirhakah, the king of Cush saying, "He has*
*gone out to do battle against you."*

*Sennacherib withdraws to fight a war ... but sends an abusive threat*

*But he believed and sent messengers to Hezekiah, saying, 10 "Thus shall you*
*speak unto Hezekiah king of Judah, saying: Do not let your God, in Whom you*
*trust, persuade you, saying, 'Jerusalem will not be delivered into the hand of the*
*king of Assyria.' 11 Behold, you have heard what the kings of Assyria have done to*
*all the lands, laying them waste; will you be spared? 12 Did the gods of the nations*
*rescue those whom my fathers destroyed — Gozan, Haran, Rezeph, and people of*
*Eden who are in Telassar? 13 Where is the king of Hamath or the king of Arpad or*
*the king of the city of Sepharvaim, or [of] Hena, or [of] Ivvah?"*

*Hezekiah prays to God*

*14 Hezekiah took the letters from the hand of the messengers and read each [of them],*
*and he went up to the Temple of* H*ASHEM, and Hezekiah spread out each [of them]*
*before* H*ASHEM. 15 Hezekiah then prayed before* H*ASHEM, and said, 16 "*H*ASHEM, Master*
*of Legions, God of Israel, enthroned upon the Cherubim: You alone are God of all the*
*kingdoms of the world; You made heaven and earth. 17 Incline Your ear,* H*ASHEM, and*
*hear; open Your eyes,* H*ASHEM, and see! Hear all the words of Sennacherib that he has*
*sent to insult the living God! 18 Indeed,* H*ASHEM, the kings of Assyria have destroyed*
*all the countries and their land, 19 and placed their gods into the fire — for they are*
*not gods, but the work of man's hands, wood and stone — so they destroyed them.*

---

because he did not want its contents to become public. He may have thought that the king was a weakling who would be more amenable to capitulate if he would not be branded publicly as a coward, or Sennacherib may have heard about Rabshakeh's speech to the public and did not want that to be repeated.

**אַל־יַשִּׁאֲךָ אֱלֹהֶיךָ** — *Do not let your God ... persuade you.* The Assyrian wanted to destroy Hezekiah's trust in God (*Abarbanel*). He repeated his blasphemy by saying that Hashem was no stronger than the idols of his other victims; Assyria was so powerful that Hashem could no more oppose him than had the idols of his other conquests.

**13. הֵנַע וְעִוָּה** — *Or [of] Hena, or [of] Ivvah.* In the parallel verse in *II Kings* (18:34), *Rashi, Radak, and Ralbag* render these words as the names of other places conquered by Sennacherib. However, here *Rashi, Radak,* and *Mahari Kara* render *[the king of Assyria] moved and twisted [them],* i.e., he destroyed their lands and exiled them. *Targum* renders it this way in both places.

**14-20. Hezekiah's prayer.** The righteous Hezekiah does not doubt Assyria's claims of military superiority. He goes to seek help from the only One to Whom Sennacherib's boasts meant nothing. Although Isaiah had promised him success, Hezekiah knew that God is the Source of salvation and he directed his prayer directly to Him.

**14. וַיִּקְרָאֵהוּ** — *And read each [of them].* The literal translation of וַיִּקְרָאֵהוּ is *and read it* (singular). In the parallel verse in *II Kings* (19:14), however, the verse says וַיִּקְרָאֵם, *and read them* (plural). The two can be reconciled by rendering וַיִּקְרָאֵהוּ, *and read each [of them]* (*Radak*).

Alternatively, וַיִּקְרָאֵהוּ would be rendered *and read* ***one of them*** (*Targum*). *Radak's* father explains that he read (and spread out) the one that contained the blasphemies.

**וַיִּפְרְשֵׂהוּ חִזְקִיָּהוּ לִפְנֵי ה׳** — *And Hezekiah spread out each [of them] before* H*ASHEM.* Hezekiah brought the blasphemy to the Temple as if to show it to Hashem, so to speak. In this way, he showed that his prayer was not only for military success, but primarily to end the חִלּוּל ה׳, *desecration of the Divine Name.*

**16. יֹשֵׁב הַכְּרֻבִים** — *Enthroned upon the Cherubim.* The Cherubim atop the Ark, from which God spoke to Moses, symbolized the Divine Presence in the Temple and God's providential guidance of the Jewish people (*Ralbag* ad loc.). If Sennacherib were to be permitted to carry out his threats, the Cherubim and all that they represent would fall to him, as well, and it would be as if God's ties to His people were severed (*Metzudos*).

In sharp contrast to Rabshakeh and Sennacherib, who spoke of the Assyrian as the great and powerful king, Hezekiah said that God alone is the Master of the entire universe.

**אַתָּה עָשִׂיתָ אֶת־הַשָּׁמַיִם וְאֶת־הָאָרֶץ** — *You made heaven and earth,* and therefore it is a small matter for You to dispose of the Assyrian braggart (*Abarbanel*).

**17.** Again, Hezekiah emphasized Sennacherib's desecration of the Name, praying that God should *hear* the words of his agents and *see* the words in his letters (*Malbim*).

Hezekiah prayed that even if Israel did not deserve to be saved on its own merits, God should help His people for the sake of His Name.

כ וְעַתָּה֙ יהוה אֱלֹהֵ֔ינוּ הוֹשִׁיעֵ֖נוּ מִיָּד֑וֹ וְיֵֽדְעוּ֙ כָּל־מַמְלְכ֣וֹת הָאָ֔רֶץ כִּֽי־אַתָּ֥ה יהוה
כא לְבַדֶּֽךָ: וַיִּשְׁלַח֙ יְשַׁעְיָ֣הוּ בֶן־אָמ֔וֹץ אֶל־חִזְקִיָּ֖הוּ לֵאמֹ֑ר כֹּֽה־אָמַ֤ר יהוה אֱלֹהֵי֙
כב יִשְׂרָאֵ֔ל אֲשֶׁ֤ר הִתְפַּלַּ֙לְתָּ֙ אֵלַ֔י אֶל־סַנְחֵרִ֖ב מֶ֥לֶךְ אַשּֽׁוּר: זֶ֣ה הַדָּבָ֔ר אֲשֶׁר־
דִּבֶּ֥ר יהוה עָלָ֑יו בָּזָ֨ה לְךָ֜ לָעֲגָ֣ה לְךָ֗ בְּתוּלַת֙ בַּת־צִיּ֔וֹן אַחֲרֶ֙יךָ֙ רֹ֣אשׁ הֵנִ֔יעָה
כג בַּ֖ת יְרוּשָׁלָֽםִ: אֶת־מִ֤י חֵרַ֙פְתָּ֙ וְגִדַּ֔פְתָּ וְעַל־מִ֖י הֲרִימ֣וֹתָה קּ֑וֹל וַתִּשָּׂ֥א מָר֛וֹם
כד עֵינֶ֖יךָ אֶל־קְד֥וֹשׁ יִשְׂרָאֵֽל: בְּיַ֣ד עֲבָדֶ֘יךָ֮ חֵרַ֣פְתָּ ׀ אֲדֹנָי֒ וַתֹּ֗אמֶר בְּרֹ֤ב רִכְבִּי֙
אֲנִ֣י עָלִ֔יתִי מְר֥וֹם הָרִ֖ים יַרְכְּתֵ֣י לְבָנ֑וֹן וְאֶכְרֹ֞ת קוֹמַ֣ת אֲרָזָ֗יו מִבְחַ֤ר בְּרֹשָׁיו֙
כה וְאָבוֹא֙ מְר֣וֹם קִצּ֔וֹ יַ֖עַר כַּרְמִלּֽוֹ: אֲנִ֥י קַ֖רְתִּי וְשָׁתִ֣יתִי מָ֑יִם וְאַחְרִב֙ בְּכַף־פְּעָמַ֔י
כו כֹּ֖ל יְאֹרֵ֥י מָצֽוֹר: הֲלוֹא־שָׁמַ֤עְתָּ לְמֵֽרָחוֹק֙ אוֹתָ֣הּ עָשִׂ֔יתִי מִ֥ימֵי קֶ֖דֶם וִיצַרְתִּ֑יהָ
כז עַתָּ֣ה הֲבֵאתִ֔יהָ וּתְהִ֗י לְהַשְׁא֛וֹת גַּלִּ֥ים נִצִּ֖ים עָרִ֥ים בְּצֻרֽוֹת: וְיֹֽשְׁבֵיהֶן֙ קִצְרֵי־
יָ֔ד חַ֖תּוּ וָבֹ֑שׁוּ הָ֞יוּ עֵ֤שֶׂב שָׂדֶה֙ וִ֣ירַק דֶּ֔שֶׁא חֲצִ֣יר גַּגּ֔וֹת וּשְׁדֵמָ֖ה לִפְנֵ֥י קָמָֽה:

**רש"י**

(כד) **מרום הרים.** הר הבית: **ירכתי לבנון.** בית המקדש: **ואכרות קומת ארזיו.** לא אלך לארצו עד אשר אחריבנו: **קצו.** סופו: **יער כרמלו.** טוב שבחו וכובד חזקו: (כה) **אני קרתי ושתיתי.** כלומר; התחלתי בכל מעשי וגמרתי והצלחתי כזה הכורה בור ומוצא מים ומצליח; לשון מקור: **ואחריב בכף פעמי.** (אם) באתי לצור על עיר הבטוחה בחוזק נהרותיה, הבאתי עליה גייסות רבים וכלו מימי נהרותם בשתיית בהמתם ומדרך כף רגליהם: **ואחריב.** לשון הוה, כלומר כן דרכי תמיד: **יאורי מצור.** יאורי עיר הבאה במצור על ידי יאורות: (כו) **הלא שמעת.** ולמה תתפאר? אין זה שלך, כי גזרה היא מלפני זה שנים רבות שתהיה אתה פורע פורענות מן העכו"ם, כענין שנאמר הוֹי אַשּׁוּר שֵׁבֶט אַפִּי (לעיל י ה): **הלא שמעת למרחוק.** יותר משבעים שנה שנתנבא עמוס (עמוס ז) שנתים לפני הרעש וישראל גלה יגלה מעל אדמתו מאז יש לך לשמוע שעשיתי והכנתי פורעניות זו: **מימי קדם.** מששת ימי בראשית עלתה על לבי אותה גזרה שנגזרה עליך שנאמר, כִּי עָרוּךְ מֵאֶתְמוּל תָּפְתֶּה גַּם הוּא הִיא לַמֶּלֶךְ הוּכָן (לעיל ל, לג). עתה כשהגברתיך על העכו"ם, הביאותיה לאותה גזרה כדי שתהא להשאות לגלים נצים ערים בצורות, שתהרוג את יושביהן ותהיין שאיה מאדם ויתעתדו לגלים צומחים ירק: (כז) **ויושביהן קצרי יד.** אני התשתי את כחן לפניך, ושדמה לפני קמה. שדמה. הוא שקורין אשטובל"א בלע"ז הנשארת בקרקע; שרשי הקציר: **לפני קמה.** כשלא הגיע להתבשל ולהקשות לבא לידי קמה והוא חלש ורך: **לפני קמה.** בטרם יהיה קמה:

**מצודת דוד**

(כא) **אשר התפללת.** בעבור הדבר אשר התפללת אלי: **אל סנחריב.** על סנחריב: (כב) **עליו.** על סנחריב: **בזה לך.** בת ציון תבזה אותך ותלעג עליך (וקראה בתולה על כי לא נכבשה מעולם ולא באה ברשות אחר כבתולה שלא באה ברשות הבעל) וכן, בְּתוּלַת בַּת צִידוֹן (לעיל כג, יב): **אחריך.** אחרי מפלתך תניע בראשה בדרך לעג: (כג) **את מי.** למה לא שמת על לבך להבין את מי חרפת: **מרום.** לרום רקיע: (כד) **מרום הרים.** זה הר הבית: **ירכתי לבנון.** בסוף יער הלבנון מקום הארזים הגבוהים: **קומת ארזיו.** רצונו לומר, הגבורים: **מרום קצו.** הוא בית המקדש שהוא מקום הרם והקץ מכל הדברים הנחמדים שיש בעולם: **יער כרמלו.** רצונו לומר, מיטב שבחו וכובד חזקו: (כה) **אני קרתי ושתיתי.** רצונו לומר, מעולם הצלחתי במעשי כמו הכורה באר ומצליח למצוא המקור ושותה מימיו: **ואחריב.** כאשר באתי להלחם בעיר הבטוחה בחוזק נהרותיה אשר סביב לה אז הבאתי עליה חיילות רבות והחריבו הנהרות במדרך כף רגליהם: (כו) **למרחוק.** מזמן רחוק: **אותה.** את הגזרה הזאת עשיתי מימים קדמונים: **ויצרתיה.** ואני יצרתי את הדבר הזה וכפל הדבר במילים שונות: **עתה הבאתיה.** אני הבאתי עתה את הדבר על ידיך: **ותהי.** אתה תהיה למכת מרדות להחריב ערים בצורות לעשותם שממה וגלים מצמיחים נצים ופרחים: (כז) **ויושביהן.** יושבי הערים ההן עשיתים להיות קצרה ידם מלהלחם למולך ונשברו ונתביישו: **עשב שדה.** כעשב שדה: **וירק דשא.** מקום הירוק שבדשא החלש מאד: **חציר גגות.** כחציר הגדל על הגגות שהוא חלש: **ושדמה.** כשבלים הנשדפים טרם נגמר בשולם לבוא לכלל קמה כי אז המה חלושים עד למאד ורצונו לומר, הנה אני הוא המתיש לפניך את העכו"ם ולא בעוצם ידך נצחתם:

**מצודת ציון**

(כד) **כרמלו.** מקום שדות וכרמים משובחים קרוי כרמל: (כה) **קרתי.** חפרתי אחר מקור; והוא מלשון יִקְּרוּהָ עֹרְבֵי נַחַל (משלי ל, יז), שהוא ענין נקב ובקוע: **פעמי.** רגלי; כמו, פַּעֲמֵי דַלִּים (לעיל כו, ו): **מצור.** ענין חוזק והוא מלשון צור: (כו) **להשאות.** ענין שממון; וכן, אֶמֶשׁ שׁוֹאָה וּמְשֹׁאָה (איוב ל, ג): **גלים.** הוא כענין תל: **נצים.** פרחים; וכן, הֵנֵצוּ הָרִמֹּנִים (שיר השירים ז, יג):

**20.** וְיֵדְעוּ כָּל־מַמְלְכוֹת הָאָרֶץ — *And all the kingdoms of the world shall know* . . . Hezekiah ended his prayer with a plea that God's Name be sanctified so that there would be no doubt in anyone's mind that only He is the God of the universe.

**21-35. Isaiah answers Hezekiah's prayer.** God sent the prophet Isaiah a stirring prophecy that the threat from Assyria will be shown to be but an empty boast.

**22.** זֶה הַדָּבָר אֲשֶׁר־דִּבֶּר ה׳ עָלָיו — *This is the word that HASHEM has spoken about him.* Isaiah comforted the people and assured them that they had nothing to fear from the Assyrian tyrant. Rabshakeh's public pronouncements had terrified the people of Jerusalem, but Isaiah now told them that they should forget their fears because soon they would scorn the would-be conqueror (*Ralbag* ad loc.).

בָּזָה לְךָ . . . בְּתוּלַת בַּת־צִיּוֹן — *The maiden daughter of Zion — she scorns you.* Isaiah speaks as if he is addressing Sennacherib directly, and as is common in Scripture, the prophet speaks of Israel as a maiden. In this case, Isaiah means to say that just as a maiden has never submitted to a husband, so Jerusalem had never been conquered by a foreign invader (*Abarbanel*).

**23.** אֶת־מִי חֵרַפְתָּ — *Whom have you insulted* . . . Foolish king,

20 *So now, HASHEM, our God, save us from his hand, and all the kingdoms of the world shall know that You alone are HASHEM."*
21 *Isaiah son of Amoz sent [word] to Hezekiah saying: Thus said HASHEM, God of Israel: [Regarding] what you prayed to Me concerning Sennacherib king of Assyria,*

*Isaiah's encouraging prophecy . . .*

22 *this is the word that HASHEM has spoken about him:*
*The maiden daughter of Zion — she scorns you, she mocks you;*
*the daughter of Jerusalem — she shakes her head at you.*
23 *Whom have you insulted and blasphemed;*
*against Whom have you raised a voice, and lifted your eyes on high?*
*Against the Holy One of Israel!*
24 *By the hand of your servants you have insulted my Lord, and said,*
*'With my multitude of chariots I climbed the highest mountains,*
*[to] the ends of the Lebanon [forest];*
*I shall cut down its tallest cedars, its choicest cypresses,*
*and I shall enter His ultimate height, the forest of His fruitful field.*
25 *I dug and drank waters,*
*for the soles of my feet dried up all the rivers of the besieged area.'*
26 *Have you not heard [that] from the distant [past] I have made it?*
*From earliest days [that] I have formed it?*
*Now, I have brought it about. [Do you think I did so]*
*to raze it into desolate heaps [as you razed other] fortified cities.*
27 *[Do you think that I would allow] their inhabitants to be short of power,*
*crushed and ashamed?*
*They were [like] herbage of the field and grassy vegetation,*
*like grass on rooftops, like stalks wind-blasted, before standing [full].*

---

did you not realize that the butt of your insults is the Master of the Universe, *the Holy One of Israel*? Were you foolish enough to think you were stronger than the One Most High?

**24.** בְּיַד עֲבָדֶיךָ — *By the hand of your servants* . . . Not only did *you* insult God yourself, you even delegated your underlings to do so.

בְּרֹב רִכְבִּי אֲנִי עָלִיתִי — *With my multitude of chariots I climbed* . . . Isaiah mocks Sennacherib for thinking that because he had huge numbers of battle chariots he could overcome the Land and the people whose strength is based on holiness and the service of God.

מְרוֹם הָרִים — *The highest mountain,* i.e., the Temple Mount (*Rashi*). Although it is not the highest physical elevation, it is the spiritual height of the world. Sennacherib thought that because he had conquered so much of *Eretz Yisrael,* even the Temple was in his grasp.

יַרְכְּתֵי לְבָנוֹן — *The ends of the Lebanon [forest].* Prophetically, Isaiah likens the Temple to a majestic forest. It is called Lebanon from the word לָבָן, *white,* because it "whitens" sins by bringing atonement to the sinners (*Rashi*).

Sennacherib boasted that he had assembled the power of all the nations under him, and he did not stop conquering until he conquered from one end of the world to the next (*Mahari Kara*). In effect, Isaiah is quoting Sennacherib, "I am confident that because I defeated every opponent that even the holiest places in the world would be mine for the taking!"

**25.** אֲנִי קַרְתִּי וְשָׁתִיתִי מָיִם — *I dug and drank waters.* Sennacherib boasts that his troops are so numerous that their pack animals drank all the surface waters, and they were forced to dig new wells (*Radak* ad loc.).

Alternatively, this is a parable. Just as someone digging wells continues digging until he finds water, so Sennacherib succeeded in everything he started. He never gave up the fray until he won (*Rashi*).

**26.** Now God addresses Sennacherib. You imagine yourself to be an invincible conqueror. How could you not realize that I Who created the world used you as My puppet to punish those who sinned against Me (see above 10:5)? Your victories were caused by Me; your arrogance is unjustified (*Rashi*).

My prophets foretold your triumphs; only the omnipotent God could know the future with certainty, because He makes His Will a reality (*Abarbanel*).

**27.** Your victims were defeated before you shot your first arrow. They were condemned and weakened like dried-out grass and like grain burnt by the sun before it could ripen (*Rashi*).

Alternatively, verses 26-27 refer to Jerusalem. God says: *Have you not heard [that] from the distant [past] I have made it* [Jerusalem], *and from earliest days [that] I have formed it*

כח־כט וְשִׁבְתְּךָ וְצֵאתְךָ וּבוֹאֲךָ יָדָעְתִּי וְאֵת הִתְרַגֶּזְךָ אֵלָי׃ יַעַן הִתְרַגֶּזְךָ אֵלַי וְשַׁאֲנַנְךָ
עָלָה בְאָזְנָי וְשַׂמְתִּי חַחִי בְּאַפֶּךָ וּמִתְגִּי בִּשְׂפָתֶיךָ וַהֲשִׁיבֹתִיךָ בַּדֶּרֶךְ אֲשֶׁר־בָּאתָ
ל בָּהּ׃ וְזֶה־לְּךָ הָאוֹת אָכוֹל הַשָּׁנָה סָפִיחַ וּבַשָּׁנָה הַשֵּׁנִית שָׁחִיס וּבַשָּׁנָה הַשְּׁלִישִׁית
לא זִרְעוּ וְקִצְרוּ וְנִטְעוּ כְרָמִים °ואכול [°וְאִכְלוּ ק׳] פִּרְיָם׃ וְיָסְפָה פְּלֵיטַת בֵּית־יְהוּדָה
לב הַנִּשְׁאָרָה שֹׁרֶשׁ לְמָטָּה וְעָשָׂה פְרִי לְמָעְלָה׃ כִּי מִירוּשָׁלַםִ תֵּצֵא שְׁאֵרִית וּפְלֵיטָה
לג מֵהַר צִיּוֹן קִנְאַת יהוה צְבָאוֹת תַּעֲשֶׂה־זֹּאת׃ לָכֵן כֹּה־אָמַר יהוה
אֶל־מֶלֶךְ אַשּׁוּר לֹא יָבוֹא אֶל־הָעִיר הַזֹּאת וְלֹא־יוֹרֶה שָׁם חֵץ וְלֹא־יְקַדְּמֶנָּה
לד מָגֵן וְלֹא־יִשְׁפֹּךְ עָלֶיהָ סֹלְלָה׃ בַּדֶּרֶךְ אֲשֶׁר־בָּא בָּהּ יָשׁוּב וְאֶל־הָעִיר הַזֹּאת
לה לֹא יָבוֹא נְאֻם־יְהוִה׃ וְגַנּוֹתִי עַל־הָעִיר הַזֹּאת לְהוֹשִׁיעָהּ לְמַעֲנִי וּלְמַעַן דָּוִד

**רש״י**

(כח) **ושבתך וצאתך ובואך ידעתי.** תרגום יונתן, וּמַתְבָךְ בְּטִילָה וּמַקְפָךְ לְבָרָא לְאַגָחָא קְרָבָא וּמֵיתָךְ לְאַרְעָא דְיִשְׂרָאֵל גְלֵי קֳדָמַי. כשעלתה מחשבה בלבך ונועלת להחריב את ביתי, אני ידעתי: (כט) **התרגזך.** התרעשך והתגברך עלי: **שאננך.** כמו ושאונך: **חחי.** כמין טבעת הוא, ותוחבין אותו בשפת בהמה שעסקיה רעים למושכה בו: **ומתגי.** תרגום יונתן, וּזְמָם, והוא של ברזל ותוחבין אותו בנחירי הנאקה. והוא ששנינו ונאקה בחטם במסכת שבת (צריך עיון, כי מהפסוק נראה להדיא להיפך כי חח בחטם ומתג בשפה): (ל) **וזה לך האות.** הדבור הזה אינה לסנחריב, אלא הנביא אמר לחזקיה, והתשובה הזאת תהיה לך לאות להבטחה אחרת. הנה החריבו הלגיונות את כל הזרעים וגדעו את כל האילנות והקדוש ברוך הוא מבטיחך שתסתפקו השנה הזאת בספיחי הזרעים שילמחו מאליהם: **אכול השנה.** לאכול השנה ספיח: **ובשנה השנית שחיס.** הן ספיחי גידועי אילנות; כך הוא בסדר עולם. אבל יונתן תרגם, כַּתְכַּתִּין – ספיחי ספיחים. וזה לך האות כשתראה שיתקיים דברי שישוב סנחרב לארצו ויפול תאמין שתתקיים עוד הבטחה השנייה: (לב) **קנאת ה׳ צבאות.** שיקנא לשמו ולא מחמת זכות שבידכם למדנו שתמה זכות אבות: (לג) **ולא יקדמנה מגן.** לא יערוך לפניך מגן; כדמתרגם לפני קדם: **ולא ישפך עליה סוללה.** וְלָא יִצְבּוֹר עֲלַהּ מְלֵיתָא. אומר אני הוא ששופכין עפר וצוברין לפני החומה והמגדלות לבנות עליה כרכום: **סוללה.** על שם שסוללים וכובשין אותה במקבות כדי שיתקשה. ותרגומו מְלֵיתָא על שם שעושין לו מתחילה שני מחילות גדר קנים, ושופכים העפר ביניהם, וכובשין אותו שם לאחר שמלאו את המחילות, ושמעתי שסותרין אותו. זריקת האבנים גדולות שקורין פורייר״א בלע״ז אבל אין באבנים לשון שפיכה ולא לשון סלילה ואין לשון התרגום נופל על פתרון זה:

**רד״ק**

(ל) **שחיס.** ובמלכים (ב יט, כט), סָחִישׁ; והענין אחד, כמו כשב וכבש, שלמה ושמלה:

**מצודת דוד**

(כח) **ושבתך.** תרגם יונתן, וּמַתְבָךְ בְּעֵיצָה: **ואת התרגזך.** ואף את התרגזך אלי ידעתי: (כט) **אלי.** באה אלי: **ושמתי חחי.** רצונו לומר, בעל כרחך אשיב אותך: (ל) **וזה לך האות.** אל מול חזקיהו ידבר הנה התשועה הזאת תהיה לך לאות על הבטחה אחרת כי הנה הלגיונות החריבו וקלקלו הזרעים וגדעו האילנות והקדוש ברוך הוא מבטיחך לכלכל אתכם בשנה ההיא בספיחי הזרעים: **ובשנה השנית שחיס.** אולי היתה שנת השמטה והיו אסורים בחרישה וזריעה ולזה נתברכו ספיחי הספיחים: **ובשנה השלישית זרעו.** ולא תפחדו עוד לצאת השדה מפחד האויב: (לא) **שורש למטה.** רצונו לומר, יהיו ממולאים בכל טוב כהאילן הנטוע במקום רטוב שמוסיף שורש למטה ומרבה לעשות פרי למעלה: (לב) **כי מירושלים וגו׳.** רצונו לומר, ירושלים תהיה השארית להנצל מיד סנחרב וכן ופליטה מהר ציון וכפל הדבר במילים שונות: **קנאת ה׳.** כי יקנא לשמו אשר חרף רבשקה וסנחריב: (לה) **למעני.** למען כבוד שמי:

**מצודת ציון**

(כז) **חתו.** פחדו ונשברו: **ושדמה.** הוא כמו ושדפון הנאמר במלכים־א (ו, כח) כי בומ״ף מתחלף וענינו לקוח הזרע: (כח) **התרגזך.** ענין תנועה; חרדת המהירות, וכן, הִרְגִּיז מַמְלָכוֹת (לעיל כג, יא): (כט) **ושאננך.** הוא מלשון שאון והמייה: **חחי.** הוא הטבעת ההושם בלחי בהמה שעסקים רעים למשכה על ידה; וכן, וְנָתַתִּי חַחִים בִּלְחָיֶיךָ (יחזקאל לח, ד): **ומתגי.** הוא כעין רסן; כמו, מֶתֶג לַחֲמוֹר (משלי כו, ג): (ל) **ספיח.** הוא הצומח מהגרעין הנופל מאליו; כמו סְפִיחַ קְצִירְךָ (ויקרא כה, ה): **שחיס.** ענינו ספיחי ספיחים, או ספיחי האילנות ואין לו דומה: (לג) **יורה.** ישליך; כמו יָרָה בַיָּם (שמות טו, ד): **ולא יקדמנה.** לא יערוך לפניה, כי התרגום של לפני הוא קדם; וכן, בַּמָּה אֲקַדֵּם ה׳ (מיכה ו, ו): **סללה.** הוא צבור העפר ששופכים מול העיר ועולים בה להלחם; וכן, וְשִׁפְכוּ עַל יְרוּשָׁלַםִ סֹלְלָה (ירמיה ו, ו): (לה) **וגנותי.** מלשון הגנה:

---

[to be a receptacle for my *Shechinah*]. *Now, I have brought it about. [Do you think I did so] to raze it into desolate heaps [as you razed other] fortified cities? [Do you think I would allow] their inhabitants [to be] short of power, crushed and ashamed etc.?* (*Abarbanel*).

**28.** וְשִׁבְתְּךָ וְצֵאתְךָ וּבֹאֲךָ יָדָעְתִּי — *Your sitting [in counsel], your going forth, and your coming in — I know [them].* God's rebuke continues. I knew all your plans, your tactics, and your every move on the battlefield. All of them were part of My plan, not yours. And I even knew how you tried to provoke Me with your blasphemies (*Abarbanel*).

**29.** יַעַן הִתְרַגֶּזְךָ אֵלַי — *Because you provoked Me.* God declares that Sennacherib will be punished for his arrogance and blasphemy, not for devastating the lands he conquered (*Abarbanel*).

וְשַׂמְתִּי חַחִי בְּאַפֶּךָ וּמִתְגִּי בִּשְׂפָתֶיךָ — *I shall place My hook into your nose and My bridle into your lips.* The *hook* is used to catch fish and the *bridle* is used to lead an animal. Isaiah says that God will control Sennacherib by preventing him from blaspheming, and will lead him where He wishes (*Abarbanel*).

Alternatively, חח is a ring, which, with a bridle, is used to control wild animals. Isaiah prophesied that God would lead the Assyrian back to Jerusalem, where his army would be destroyed (*Rashi*).

**30.** Isaiah addresses Hezekiah and assures him of another miracle, that his people will experience great prosperity in

*28 Your sitting [in counsel], your going forth, and your coming in —*
*I know [them]; and [also] your provocation against Me.*
*29 Because you provoked Me, and your arrogance has risen unto My ears,*
*I shall place My hook into your nose and My bridle into your lips,*
*and I shall make you return by the route on which you came.*
*30 And this shall be the sign for you: You will eat this year of the aftercrop; the*
*second year fruits from tree stumps; and in the third year — sow and harvest,*

*... about Hezekiah's success ...*

*and plant vineyards and eat their fruits. 31 And the survivors that remained of*
*the House of Judah shall take root below and produce fruit above. 32 For from*
*Jerusalem shall emerge a remnant, and survivors from Mount Zion. The zeal of*
*HASHEM, Master of Legions, shall do this!*

*... and Sennacherib's downfall*

*33 Therefore, thus says HASHEM about the king of Assyria: He will not enter*
*this city, and will not shoot there an arrow; he will not approach it with a*
*shield, and will not pour a ramp against it. 34 On the route by which he came he*
*will retreat, but he will not enter this city — the word of HASHEM. 35 And I shall*
*protect this city, to save it, for My sake and for the sake of My servant David.*

---

the wake of Sennacherib's defeat. The Assyrian siege had prevented the people from going outside the city gates to plow and plant, and his marauders had imposed a scorched-earth policy, chopping down fruit trees, which meant that wholesale famine would be imminent. Now God promised that there would be sufficient סָפִיחַ, *aftergrowth,* i.e., in the current year there would be abundant wild crops to feed the people. In the following year there will be שָׁחִיס, *fruit growing from the remaining tree stumps* [or more *aftergrowth* (*Abarbanel*)]. In the third year the people would be able to resume normal farming (*Rashi; Radak* ad loc.).

**31. וְיָסְפָה פְּלֵיטַת בֵּית־יְהוּדָה הַנִּשְׁאָרָה** — *And the survivors that remained of the House of Judah,* i.e., those who survived the current attacks of Assyria, and the earlier ones of King Pekah of the Ten Tribes and King Rezin of Aram (*II Kings* 16:5). They will flourish like a fruit tree planted in fertile soil. Its roots will spread out below and produce abundant fruit above (*Metzudos*).

**32. שְׁאֵרִית** — *A remnant.* The *remnant* of Jerusalem is its righteous inhabitants, and the *survivors* are those who keep the Torah faithfully (*Targum Yonasan*).

**קִנְאַת ה׳ צְבָאוֹת תַּעֲשֶׂה־זֹּאת** — *The zeal of HASHEM, Master of Legions, shall do this!* The merit of the *remnant* and the *survivors* will be insufficient; the salvation will come about only because God wills it. The evil of Ahaz, father of Hezekiah, had depleted the merits of the nation so much that only God's zeal could save it from Assyria (*Rashi* here and ad loc.).

The word צְבָאוֹת, *Master of Legions,* is written here and read, but in the parallel passage in *II Kings* (19:31) it is written but *not* read. Although the word *legions* usually refers to the infinite number of heavenly bodies, it often refers to the Jewish people (e.g., *Exodus* 7:4, *Isaiah* 5:7). The Sages teach that the nation's uniqueness lies in the Oral Law, which is exclusively Israel's law (*Shemos Rabbah* 47, *Tanchuma, Ki Sisa* 34). The verse in *Kings* alludes to this by using *Master of Legions* as a reference to Israel, but not reading it aloud, as if to say that Israel's greatness, i.e., the Oral Law, is not to be proclaimed publicly (*Be'er Moshe*).

Alternatively, we may suggest that although Israel is indeed God's legion, at this time in its history it fell short of this lofty description, because, as noted above, Hezekiah's generation failed to live up to its potential to become the generation of the final Redemption.

**33-35.** Isaiah ends his prophecy by telling Hezekiah that he has nothing to fear from Sennacherib. Although the Assyrian had warned that after disposing of the Cushite attacker, he would return to complete his conquest of Jerusalem (vv. 10-13), Isaiah now declares that his threats were empty. He would indeed bring his massive army back to the Holy City, but would not shoot a single arrow or pour a ramp to scale its walls.

**35. וְגַנּוֹתִי . . . לְמַעֲנִי וּלְמַעַן דָּוִד עַבְדִּי** — *And I shall protect . . . for My sake and for the sake of My servant David.* God Himself will protect Jerusalem for the honor of His Name that Sennacherib and his agents had profaned, and for the sake of David. God had promised David that his dynasty would be preserved as long as his offspring kept God's law. Hezekiah was worthy of that promise (*Abarbanel*).

By saying that He would protect the city in the merit of David, God was informing Israel that the good deeds of righteous people continue to protect their descendants long after they are gone (*Tiferes Shlomo*). This places a great responsibility on everyone, for it makes us realize that our deeds are significant and their influence may well outlive us.

This is the end of Isaiah's prophecy. The next three verses tersely tell of its fulfillment.

**36-38. Sennacherib's army is destroyed.** Although Scripture does not say so explicitly, it is clear that Sennacherib and his army had returned to Jerusalem. According to *Rashi* (ad

לו עַבְדִּי: וַיֵּצֵא | מַלְאַךְ יהוה וַיַּכֶּה בְּמַחֲנֵה אַשּׁוּר מֵאָה וּשְׁמֹנִים וַחֲמִשָּׁה
לז אָלֶף וַיַּשְׁכִּימוּ בַבֹּקֶר וְהִנֵּה כֻלָּם פְּגָרִים מֵתִים: וַיִּסַּע וַיֵּלֶךְ וַיָּשָׁב סַנְחֵרִיב
לח מֶלֶךְ־אַשּׁוּר וַיֵּשֶׁב בְּנִינְוֵה: וַיְהִי הוּא מִשְׁתַּחֲוֶה בֵּית | נִסְרֹךְ אֱלֹהָיו וְאַדְרַמֶּלֶךְ
וְשַׂרְאֶצֶר בָּנָיו הִכֻּהוּ בַחֶרֶב וְהֵמָּה נִמְלְטוּ אֶרֶץ אֲרָרָט וַיִּמְלֹךְ אֵסַר־חַדֹּן בְּנוֹ
**לח** א תַּחְתָּיו: בַּיָּמִים הָהֵם חָלָה חִזְקִיָּהוּ לָמוּת וַיָּבוֹא אֵלָיו יְשַׁעְיָהוּ בֶן־
אָמוֹץ הַנָּבִיא וַיֹּאמֶר אֵלָיו כֹּה־אָמַר יהוה צַו לְבֵיתֶךָ כִּי מֵת אַתָּה וְלֹא תִחְיֶה:

**רש"י**

(**לו) ויצא מלאך ה' וגו'.** לאחר שהלך ונלחם עם כוש חזר ובא לירושלים ובאותו שעה ויצא מלאך ה'. וכך שנוייה בסדר עולם הנני נותן בו רוח ושמע שמועה כמה שנאמר וַיִּשְׁמַע עַל תִּרְהָקָה וגו' (לעיל לז, ט). שטף שבנא הסופר וסיעתו והוליכם בזיקים, והלך לו לכוש ולקח חמדת כל האוצרות ובא לו לירושלים, לקיים מה שנאמר (לקמן מה, יד), יְגִיעַ מִצְרַיִם וּסְחַר כּוּשׁ וּסְבָאִים. . . אַנְשֵׁי מִדָּה עָלַיִךְ יַעֲבֹרוּ; זו ירושלים: **אחריך ילכו.** זה חזקיהו, באותה שעה וישלח את תרתן ואת רב סרים הם הנזכרים בספר (מלכים ב יח, יז). והם המלאכים שנאמר עליהם ששלח אחר השמועה, שנאמר, וַיִּשְׁלַח מַלְאָכִים אֶל חִזְקִיָּהוּ (לעיל לז; ט). ולא הם באו עם רבשקה בשליחות הראשון ועל אותן הספרים השיבו ישעיהו (שם כב) בָּזָה לְךָ לָעֲגָה לְךָ. אותה שעה וַיֵּצֵא מַלְאַךְ יְהוָה וַיַּכֶּה וגו'; כלם מלכים קשורי כתרים בראשיהם וקטן שבכולם היה שר על שני אלפים שנאמר, וְאֶתְּנָה לְךָ אַלְפַּיִם סוּסִים, וְאֵיךְ תָּשִׁיב אֵת פְּנֵי פַחַת אַחַד וגו' (לעיל לו, ח). למדנו על קטן שבפחותים שהוא שר על אלפים איש, ונפלו הם וגייסותם: **(לז) וישב בנינוה.** היא ראש המלכות, כענין שנאמר (בראשית י, יא), מִן־הָאָרֶץ הַהִוא יָצָא אַשּׁוּר וַיִּבֶן אֶת נִינְוֵה: **(לח) בית נסרוך.** נסר מתיבתו של נח, כדמפורש באגדת חלק: **הכהו בחרב.** שאמר, אם תליא אותי שלא יהרגוני בני מלכותי שהבאתי בניהם כאן ומתו, אקריב שני בני לפניך. עמדו והרגוהו **(א) בימים ההם.** שלשה ימים לפני מפלתו של סנחריב חלה חזקיהו, ויום ג' כשעלה בית ה' הוא יום מפלתו של סנחריב, והוא יום טוב ראשון של פסח: **כי מת אתה ולא תחיה.** מת אתה בעולם הזה ולא תחיה לעולם הבא, משום דלא נסבת איתתא כו', כדאיתא בברכות (י.):

**מצודת דוד**

**(לו) ויצא מלאך ה'.** לאחר שנלחם בכוש חזר ובא לירושלים ואז יצא מלאך ה' וגומר: **וישכימו בבוקר.** סנחריב והמעט אשר נשארו חיים: **(לז) בנינוה.** היא ראש למלכות אשור: **(לח) בית נסרוך.** נסר מתיבתו של נח היה לו לאלוה ובעת אשר השתחוה לה הכוהו בניו: **והמה.** בני סנחריב אשר הכוהו: **(א) בימים ההם.** אמרו רבותינו זכרונם לברכה שהיו שלשה ימים לפני מפלת סנחריב: **למות.** רצונו לומר, חולי אנושה ומסוכנת שיש בה כדי למות: **צו.** היה מצוה על עניני ביתך:

loc.), he was encamped at Nob, which is near the Holy City; according to *Ralbag* (ad loc.), the army was already outside the city when Sennacherib sent the above threat (vv. 10-13).

**36.** **וַיֵּצֵא מַלְאַךְ ה'** — *An angel of HASHEM went out,* i.e., the angel Gabriel (*Sanhedrin* 95b). This chapter does not say when the angel's attack took place. The parallel account in *II Kings* (19:35) states that the event happened בַּלַּיְלָה הַהוּא, *that night;* i.e., the night after Sennacherib arrived, which was at midnight on the first night of Pesach (*Abarbanel,* from *Shemos Rabbah* 18:5). *Rashi* (ad loc.) notes that it was the night when grain for the *Omer* offering is cut, and the miracle happened in the merit of that *mitzvah.* This miracle is mentioned at the end of the Haggadah, in the song וַיְהִי בַּחֲצִי הַלַּיְלָה, *It happened at midnight.*

**מֵאָה וּשְׁמֹנִים וַחֲמִשָּׁה אָלֶף** — *One hundred eighty-five thousand [men].* *Rashi* cites the Sages (*Sanhedrin* 95b) that each of those 185,000 men were not common soldiers, but that each was a commander of 2,000 men. Accordingly, the army consisted of 3.7 million men. *Maharal* and *Ben Yehoyada* explain that this is not meant literally. Rather, the army was so powerful — indeed, so "invincible!" — that it was equivalent to such an inconceivably huge force. The numbers and descriptions used by the Sages are meant symbolically, to point up the extent of the miracle.

**וַיַּשְׁכִּימוּ בַבֹּקֶר** — *The [rest] arose in the morning.* This phrase indicates that a few of the massive army survived the plague. Presumably, one reason for their survival was so that they could testify to the greatness of God, just as the Sages teach that Pharaoh survived the Splitting of the Sea, so that he could tell others of God's mighty miracle.

As to how many survived, there are four opinions among the Sages (see *Sanhedrin* 95b). The final opinion is that of R' Yochanan, who says that there were five survivors: Sennacherib, his two sons, Nebuchadnezzar, and Nebuzaradan. The latter two were the king and general who later destroyed the Temple, which shows how the wicked can see miracles yet not learn from them, while the righteous have faith even when they do not see the salvation taking place.

As in the case of Aaron's sons, Nadab and Abihu, the souls of the soldiers were burnt, but their bodies remained intact (*Sanhedrin* 94a). *Be'er Sheva* explains that the comparison is not completely exact. The souls of Aaron's sons remained intact — they departed from their bodies — and they did not lose their share in the World to Come. These soldiers, however, had their souls consumed by fire.

**37.** **וַיִּסַּע וַיֵּלֶךְ ... וַיֵּשֶׁב בְּנִינְוֵה** — *[Sennacherib] . . . journeyed forth . . . and he settled in Nineveh. II Chronicles* (32:21) adds that Sennacherib returned בְּבֹשֶׁת פָּנִים, *in shame.* The king never recovered from the fiasco of losing his entire army. He remained in Nineveh, never going out to battle again (*Radak* ad loc.).

That Sennacherib was spared was itself part of his punishment. God wanted him to face the humiliation of going back to Assyria and facing his angry nation (*Abarbanel*), as punishment for his boasting and blasphemy (*Avos D'R' Nosson* 27).

**38.** It is incredible that after such an awesome display of Hashem's power, Sennacherib could still believe in his idol. This is yet another example of the magnetic power of idolatry in ancient times.

**נִסְרֹךְ אֱלֹהָיו** — *His god Nisroch.* The Sages (*Sanhedrin* 96a) relate the name of the idol to נֶסֶר, *plank.* Sennacherib

*The fateful night*

*36 An angel of HASHEM went out and struck down one hundred eighty-five*
*thousand [men] of the Assyrian camp. The [rest] arose in the morning and behold —*
*they were all dead corpses!*
*37 Sennacherib king of Assyria journeyed forth, went and returned; and he settled*
*in Nineveh. 38 It happened that he was worshiping in the Temple of his god Nisroch:*
*His sons Adrammelech and Sarezer struck him down by the sword; they then fled to*
*the land of Ararat, and Esar-haddon his son reigned in his place.*

**38** *Hezekiah's illness*

*1 In those days Hezekiah became deathly ill. Isaiah son of Amoz, the prophet, came to*
*him, and he said to him, "Thus said HASHEM: Instruct your household, for you shall*
*die and you shall not live."*

discovered a plank from Noah's Ark and reasoned that the plank that had the power to save Noah and his family from the Flood was a god.

He was assassinated as he prostrated himself. The reason his sons killed him was because he had asked in what merit Hezekiah's God had saved Israel. His counselors told him it was because Abraham was ready to sacrifice his own son. If so, Sennacherib responded, he would slaughter two sons for his idol. The young men killed their father to save themselves from his planned display of piety (*Abarbanel*).

**בָּנָיו** — *His sons.* This word is not written in the parallel account in *II Kings* (19:36), but according to tradition it is read. According to *Minchas Shai* (ad loc.), it was not part of the text there, but was inserted because otherwise we would not know that Sennacherib died at the hand of his own children. *Daas Sofrim* ad loc. suggests that the word is not written there to imply that they were illegitimate and it was not known that they were his sons.

**38.**

**1-3. Hezekiah's illness and prayer.** Hezekiah became very ill and Isaiah prophesied that he would die. However, in the case of a prophecy of disaster, if it is not made in public or if it is not accompanied by a physical sign, repentance and prayer can change the foretold outcome. This was how Hezekiah responded to Isaiah's dire message, and in doing so he set an eternal example of faith in God and the power of prayer.

The Talmud (*Berachos* 10a) explains why Hezekiah was punished. Seeing with the prophetic spirit that if he were to have children they would be wicked, Hezekiah decided that rather than bringing evil offspring into the world, he would not marry. Isaiah told him that he would die because he had no right to reject the commandment to marry and propagate. Hezekiah protested that his intention was for the sake of Heaven, but Isaiah contended בַּהֲדֵי כַּבְשֵׁי דְרַחֲמָנָא לָמָּה לָךְ, *Why are you concerned with the hidden things of the Merciful One?* Even someone as great as Hezekiah has no right to refrain from performing a commandment because he feels it is better not to.

*Be'er Moshe* (ad loc.) notes that although Abraham and David prayed that their children be righteous, and said that they did not want children who would displease God (see *Bereishis Rabbah* 44), they did not refrain from carrying out the commandment to have children. Even if someone feels that he understands a commandment — for example, everyone understands the logic of the prohibition not to kill or steal — a Jew should observe the commandment not because it appeals to him, but because it is the Will of God. This explains Isaiah's response to Hezekiah. God's commandments are binding whether you understand them or not.

**1. בַּיָּמִים הָהֵם** — *In those days.* This happened three days before Sennacherib's invasion (*Rashi* from *Seder Olam*). Support for this chronology is found in verse 6, where God promised to protect the king from Assyria.

*Ralbag* (*II Kings* 20:1), however, comments that the king became ill *after* the Assyrian debacle. The promise of verse 6 was an assurance that Hezekiah need not fear future attacks.

**וַיָּבוֹא אֵלָיו יְשַׁעְיָהוּ** — *Isaiah . . . came to him.* Strangely, this was the first time the king and the prophet met, even though they were cousins. Up to now, they had communicated through messengers (see 37:2,6,21). The reason they avoided each other was that they disagreed on a matter of principle (*Berachos* 10a). Hezekiah held that since a king's honor is the honor of the nation, and a personal matter, he had no right to degrade it by visiting Isaiah. Instead, Isaiah should come to him, as Elijah had gone to Ahab. Isaiah felt that the honor of the prophet was the honor of God, and Hezekiah should come to him, as Jehoram had come to Elisha. *Rashi* (ibid.) comments that if the two had met, Isaiah would have chastised the king, who would have repented and not become ill. To remedy the impasse, God made Hezekiah sick, so that there was no longer a question of protocol; Isaiah's visit was a fulfillment of the comandment to visit the sick.

**צַו לְבֵיתֶךָ** — *Instruct your household.* This was an implied rebuke to Hezekiah. Since he had not married and had no children, he had no successor to the throne. Therefore, the king would have to instruct his courtiers on how to dispose of his personal assets. As for the crown, that would have to go to another branch of the Davidic family. None of the kings before Hezekiah had been told that they were about to die. God — Who does not want the sinner to die, but to repent — sent this message because He wanted to prod the dying king to repent and to marry (*Abarbanel*).

**כִּי מֵת אַתָּה וְלֹא תִחְיֶה** — *For you shall die and you shall not live.* The second phrase seems to be redundant, for it is obvious

ב־ג וַיַּסֵּב חִזְקִיָּהוּ פָּנָיו אֶל־הַקִּיר וַיִּתְפַּלֵּל אֶל־יְהוָה׃ וַיֹּאמַר אָנָּה יהוה זְכָר־נָא
אֵת אֲשֶׁר הִתְהַלַּכְתִּי לְפָנֶיךָ בֶּאֱמֶת וּבְלֵב שָׁלֵם וְהַטּוֹב בְּעֵינֶיךָ עָשִׂיתִי וַיֵּבְךְּ
ד־ה חִזְקִיָּהוּ בְּכִי גָדוֹל׃ וַיְהִי דְּבַר־יהוה אֶל־יְשַׁעְיָהוּ לֵאמֹר׃ הָלוֹךְ וְאָמַרְתָּ
אֶל־חִזְקִיָּהוּ כֹּה־אָמַר יהוה אֱלֹהֵי דָּוִד אָבִיךָ שָׁמַעְתִּי אֶת־תְּפִלָּתֶךָ רָאִיתִי
ו אֶת־דִּמְעָתֶךָ הִנְנִי יוֹסִף עַל־יָמֶיךָ חֲמֵשׁ עֶשְׂרֵה שָׁנָה׃ וּמִכַּף מֶלֶךְ־אַשּׁוּר אַצִּילְךָ
ז וְאֵת הָעִיר הַזֹּאת וְגַנּוֹתִי עַל־הָעִיר הַזֹּאת׃ וְזֶה־לְּךָ הָאוֹת מֵאֵת יהוה אֲשֶׁר
ח יַעֲשֶׂה יהוה אֶת־הַדָּבָר הַזֶּה אֲשֶׁר דִּבֵּר׃ הִנְנִי מֵשִׁיב אֶת־צֵל הַמַּעֲלוֹת אֲשֶׁר

**רש"י**

(ג) **אנה ה'.** אנא בבקשה: (ה) **הנני יוסף.** הנני הוא אשר יוסיף על ימיך: (ו) **ומכף מלך אשור אצילך.** למדנו שלפני מפלת סנחריב חלה: (ז) **וזה לך האות.** שתתרפא ויתוספו ימיך כמפורש למטה, ובמלכים (ב כ, ח) שאל לו, מה אות כי ירפא ה' לי: (ח) **הנני משיב.** אחורנית עשר מעלות את הצל אשר ירדה: **צל המעלות.** כמין מדרגות עשויות כנגד החמה לבחון בהם שעות היום, כעין אורלוגין שעושין האומנין:

**מצודת דוד**

(ה) **הנני יוסף.** הנני הוא אשר יוסיף: (ח) **הנני משיב.** מעלות היו עשויות מול החמה לבחון בהם שעות היום, כי כל שעה ירד הצל מעלה אחת. ואמר הנני משיב את הצל עשר מעלות לאחוריו להאריך היום עשר שעות:

**מצודת ציון**

(ב) **הקיר.** הכותל: (ג) **אנה.** הוא ענין לשון בקשה: (ה) **המעלות.** המדרגות:

---

that a dead man will not live. Rather, the prophet was saying that not only would Hezekiah die in this world, but for refusing to marry he would *not live* in the World to Come (*Berachos* 10a).

**2. וַיַּסֵּב חִזְקִיָּהוּ פָּנָיו אֶל־הַקִּיר** — *Hezekiah then turned his face to the wall.* Hezekiah could not understand why he deserved to die when he was only thirty-nine years old. He turned to the wall to pray so that nothing would interfere with his concentration (*Radak*, to *II Kings*). From this, the Sages infer that it is preferable to pray when facing a wall with nothing intervening (*Berachos* 5b; see *Menoras HaMaor* 103). Others say that the *wall* is the wall of his heart, i.e., he prayed with all his heart (ibid. 10b).

According to *Targum,* he faced the wall of the Temple [i.e., the Western Wall (*Abarbanel*)]. Homiletically, Hezekiah thought most of all about the Temple. Though the bitter prophecy affected him personally, he would accept God's judgment regarding himself, but he prayed that the Temple, the center of Jewish holiness, should be spared (*Chessed L'Avraham*).

**וַיִּתְפַּלֵּל אֶל־ה'** — *And prayed to* HASHEM. The Sages (*Berachos* 10a) describe the conversation between Isaiah and Hezekiah. The king said, "Let me marry your daughter so that, thanks to our combined merits, righteous children will be born to me." Isaiah said that it was too late: God had rendered His judgment; Hezekiah was doomed. Hezekiah responded, "Son of Amoz, finish your prophecy and leave. I have a tradition from my forefather [David] that even if a sword is on the neck of a prospective victim, he should not despair. He should pray." At that point, Hezekiah turned to the wall and prayed.

**3. זְכָר־נָא אֵת אֲשֶׁר הִתְהַלַּכְתִּי לְפָנֶיךָ** — *Please . . . remember now that I have walked before You.* Hezekiah meant to explain why he had refused to marry. He was ready to sin rather than let God's Name be desecrated by the ascension of a wicked idolater to the throne. Since his intention was good, he prayed that he not be punished so severely. It was clear to Hezekiah that God had made him ill to make him realize he must repent. This he was now vowing to do (*Abarbanel*).

Homiletically, Hezekiah's primary goal in life was to serve God. He wept because if he and his kingdom were to fall into the bloody hands of Sennacherib, it would be impossible for him to dedicate himself to the Torah and its commandments. Therefore, he prayed that God should not tear him away from service of the Creator (*R' Bunam of P'shis'cha*).

**בֶּאֱמֶת וּבְלֵב שָׁלֵם וְהַטּוֹב** — *Faithfully and wholeheartedly, and . . . what is good.* In his defense, Hezekiah pointed out three aspects of his service of God: (1) He served Him בֶּאֱמֶת, *faithfully* [lit., *in truth*], with no ulterior motives. He served God with unadulterated *faith* that there is no other power; (2) his service was בְּלֵבָב שָׁלֵם, *wholehearted,* in that his only intention was to do God's Will and not because he was hoping for a reward; and (3) he was not content with theoretical faith and philosophy. Not only had he refrained from doing anything that would displease God, he actually performed טוֹב, *good deeds* (*Malbim*).

**וְהַטּוֹב בְּעֵינֶיךָ עָשִׂיתִי** — *And I have done what is good in Your eyes.* The Talmud (*Berachos* 10b) identifies this good deed. Until his time, when people were ill, they referred to the סֵפֶר רְפוּאוֹת, *Book of Remedies,* a book that describes the healing properties of various combinations of herbs and grasses. *R' Bachya* (*Exodus* 15:25) comments that God made these cures known to test whether man would rely on it fully or recognize that only God is the Healer. When Hezekiah saw that people had come to rely excessively on the Book, and not on God, he hid it, so that people would direct their prayers to the true Healer. Now, in his time of danger, Hezekiah begged God to cure him [measure for measure (*Abarbanel*)] in the merit of his hiding the Book (*Maharal*).

In modern times, with the development of so many unprecedented medical treatments, the challenge is greater than it was in Hezekiah's time. Although the Torah directs

*2 Hezekiah then turned his face to the wall and prayed to HASHEM. 3 He said,*
*"Please, HASHEM, remember now that I have walked before You faithfully and*
*wholeheartedly, and I have done what is good in Your eyes." And Hezekiah wept*
*an intense weeping.*
*4 The word of HASHEM then came to Isaiah, saying, 5 "Go and tell Hezekiah: Thus*
*said HASHEM, the God of David, your forefather: I have heard your prayer; I have*
*seen your tears. Behold, I am going to add fifteen years to your days. 6 And I will*
*rescue you and this city from the grip of the king of Assyria, and I will protect this*
*city. 7 And this is the sign for you from HASHEM that HASHEM will do the deed of*
*which He spoke: 8 Behold, I shall turn back the shade over the degrees which it had*

*Isaiah prophesies recovery, and gives a sign*

people to seek appropriate medical treatment, they must remember that the keys to life and health are in God's hand. If the doctor succeeds, it is because he is God's agent.

Homiletically, Hezekiah always sought the greatest benefit for his people. It is *good in [God's] eyes* that Israel be blessed (see *Numbers* 24:1), and Hezekiah beseeched God to cure him in this merit (*Be'er Moshe* ad loc.).

**4-8. God accepts Hezekiah's prayer.** God accepted Hezekiah's sincere repentance and prayer immediately.

**4. וַיְהִי דְּבַר־ה׳ וגו׳** — *The word of HASHEM then came. . .* In the parallel account (*II Kings* 20:4) the verse elaborates that God said this to the prophet *when Isaiah had not yet left the middle courtyard.* Before Isaiah's prophecy about Hezekiah's imminent death became known to the public, God informed him that the king's prayer was accepted and his life would be spared (*Rashi ad loc*).

**5. הָלוֹךְ וְאָמַרְתָּ אֶל־חִזְקִיָּהוּ** — *Go and tell Hezekiah.* The parallel account (*II Kings* 20:5) describes Hezekiah as נְגִיד עַמִּי, *ruler of My people.* By this appellation, God implied that Hezekiah was not a private citizen; he bore a responsibility to the nation and it was for that reason that he had originally been found wanting, because, as noted above, his refusal to marry would have deprived the House of David of an heir (*Abarbanel*). It may also be that — according to the view that this happened after the defeat of Sennacherib — this alluded to his failure to inspire the nation to sing in gratitude for the miracle.

This title can be understood in a positive sense. Hezekiah was spared because he had done so much good as *ruler of My people.* He had brought about a spiritual rejuvenation by removing the idols and sparking an upsurge of Torah study.

**הִנְנִי יוֹסִף . . . חֲמֵשׁ עֶשְׂרֵה שָׁנָה** — *Behold, I am going to add fifteen years.* According to Rabbi Akiva, at birth a person is allotted a certain number of years; he cannot exceed them, but can lose some years due to sin. Accordingly, these were the fifteen years that Hezekiah would have had if he had not sinned. Other Sages hold that a person can earn more years through his merits, and these fifteen years would be added to his pre-ordained life span (*Yevamos* 50a).

Homiletically, God granted him fifteen years, but not more, so that he would not have to endure the heartbreak of seeing his son Manasseh become wicked (*Pardes Yosef*). Similarly, Abraham's life span was reduced by five years so that he would be spared the sight of his grandson Esau becoming wicked (see *Rashi* to *Genesis* 25:30).

**6. וּמִכַּף מֶלֶךְ־אַשּׁוּר אַצִּילְךָ**— *And I will rescue you ... from the grip of the king of Assyria.* See comm. to verse 1.

**וְגַנּוֹתִי עַל־הָעִיר הַזֹּאת** — *And I will protect this city.* In the parallel account (*II Kings* 20:6) the verse continues: לְמַעֲנִי וּלְמַעַן דָּוִד עַבְדִּי, *for My sake and for the sake of My servant David.* This was an implied rebuke to Hezekiah. In his prayer, he had spoken of his worthiness, but God did not mention that at all. The Sages (*Berachos* 10b) comment that a person who asks that his prayers be answered based on his own merits — as did Hezekiah — is answered based on the merits of others. Whereas one who asks based on the merits of others is answered based on his own merits (see *Abarbanel* to v. 3).

In such a vein, the *Rizhiner Rebbe* would say pithily that if a person forgets about his personal merits, God will remember them. But if he always remembers his own merits, God will forget them. See comm. to v. 17.

**7.** According to *Radak* (below v. 20), the narrative here should continue with verses 20-21, as it does in *II Kings* (20:7-8), followed by this verse and the next. Now, since Isaiah had previously told him in the Name of God that he would die, Hezekiah suspected that perhaps Isaiah was saying this only to console him, but that God had not accepted his prayer and withdrawn the decree [perhaps because Isaiah did not say explicitly that God had told him this]. Therefore the king asked for a sign that it was a prophecy. Even though the boils on his skin had disappeared (as stated below, v. 21), Hezekiah thought the relief was only temporary, and the underlying illness was still there (*Radak, II Kings* 20:8).

*Ralbag* (ad loc.) suggests that the humble king thought he was unworthy of a cure.

**וְזֶה־לְּךָ הָאוֹת** — *And this is the sign for you,* that you will be healed and that I will add to your days (*Rashi*). Alternatively, that you will be healed and your kingdom saved. Hezekiah did not need a sign regarding Isaiah's blessing that he would live for fifteen years, because if his illness were cured and he became healthy, he could theoretically live for another fifty or seventy years (*Abarbanel*).

יָרְדָה בְּמַעֲלוֹת אָחָז בַּשֶּׁמֶשׁ אֲחֹרַנִּית עֶשֶׂר מַעֲלוֹת וַתָּשָׁב הַשֶּׁמֶשׁ עֶשֶׂר
ט מַעֲלוֹת בַּמַּעֲלוֹת אֲשֶׁר יָרָדָה: מִכְתָּב לְחִזְקִיָּהוּ מֶלֶךְ־
י יְהוּדָה בַּחֲלֹתוֹ וַיְחִי מֵחָלְיוֹ: אֲנִי אָמַרְתִּי בִּדְמִי יָמַי אֵלֵכָה בְּשַׁעֲרֵי שְׁאוֹל
יא פֻּקַּדְתִּי יֶתֶר שְׁנוֹתָי: אָמַרְתִּי לֹא־אֶרְאֶה יָהּ יָהּ בְּאֶרֶץ הַחַיִּים לֹא־אַבִּיט
יב אָדָם עוֹד עִם־יוֹשְׁבֵי חָדֶל: דּוֹרִי נִסַּע וְנִגְלָה מִנִּי כְּאֹהֶל רֹעִי קִפַּדְתִּי כָאֹרֵג
יג חַיַּי מִדַּלָּה יְבַצְּעֵנִי מִיּוֹם עַד־לַיְלָה תַּשְׁלִימֵנִי: שִׁוִּיתִי עַד־בֹּקֶר כָּאֲרִי

### רש"י

**אשר ירדה.** מיהרה לירד, ונתקלר היום עשר שעות ביום שמת אחז כדי שלא יהו מספידין אותו, ועלו עכשיו לאחוריהם ביום שנתרפא חזקיהו וניתוספו על היום עשר שעות: **(ט) מכתב.** תרגום יונתן, כְּתַב אוֹדָאָה עַל נִיסָא דְּאִתְעֲבֵיד לְחִזְקִיָּה: **(י) אני אמרתי בדמי ימי.** כשראיתי ימי בדמי, בשממון ותרישה; כמו, נִדְמָה כָּל עַם כְּנַעַן (צפניה א, יא). כלומר; כשחליתי אמרתי אלכה בשערי שאול עתה אמות, לפי שעד אותו היום לא נתרפא חולה: **פקדתי יתר שנותי.** כמו, וְלֹא נִפְקַד מִמֶּנּוּ אִישׁ (במדבר לא, מט); נחסרתי שאר שנותי. ויונתן תרגם, עַל דָּכְרָנִי לְטַב אִיתּוֹסַף עַל שְׁנַי, נפקדתי לטובה ונתייתרו שנותי: **(יא) (תוספות אמרתי לא אראה יה.** לא אשתמש עוד בשם של יה: **בארץ החיים.** חיים משתמשין בו, אבל המתים אינם רשאין; שנאמר, לֹא הַמֵּתִים יְהַלְלוּ יָהּ (תהלים קטו, יז). חק למתים שאין מזכירין שם בן שתי אותיות לעולם ע"כ): **בארץ החיים.** בבית הקברות: **לא אביט אדם.** חי עוד: **עם יושבי חדל.** שאהיה עם המתים היושבים בארץ חדלה ומנועים מן החיים: **(יב) דורי נסע ונגלה מני.** בני דורי נסעו ממנו, נסעו כמו נסחו; כמו, בַּל יִסַּע יְתֵדֹתָיו (לעיל לג, כ): **כאוהל רעי.** כאהל רועי בהמה שמסיעו מכאן ותוקעו במקום אחר כשכלה מרעה זה: **קפדתי.** הכרתי מהר חיי כאורג הממהר לארוג כל זה הייתי סבור. ויונתן תירגם כנחל גדודין, כנחל המושך בין גדות גבוהין שאינו מתפשט, ומתוך כך מימיו קלים לרוץ. ואומר אני שהוא נחל חריף ששמו אורג. והוא שאמר, יָמַי קַלּוּ מִנִּי אָרֶג (איוב ז, ו), חָלְפוּ עִם אֳנִיּוֹת אֵבֶה (שם ט, כו): **מדלה יבצעני.** תרגם יונתן, מִיקָר מַלְכוּתִי אֲנָא גְּלֵי; סבור הייתי שעתה יבלעני מכל כבודי. דלה לשון גוה, וכן, וְדַלַּת רֹאשֵׁךְ (שיר השירים ז, ו): **מיום ועד לילה תשלימני.** כמו, מִזָּכָר עַד נְקֵבָה (במדבר ה, ג). כלומר; מימים ומלילות תכלני. וכן תרגם יונתן, יְמָמָא וְלֵילְוָתִי שַׁלִּימוּ: **(יג) שויתי.** עלמי כל הלילה לסבול יסורי חולי ונתגברתי כארי לסבול:

### רד"ק

**(ט) מכתב.** כתב הודאה זו כשנתרפא מחליו ועלה בית ה'. אמר הודאה להיות למזכרת על החסד שעשה עמו האל, שהוסיף על ימיו. ובמלכים ובשמואל פירש ענין תוספת הימים: **ויחי.** ענין רפואה; וכן, עַד חֲיוֹתָם (יהושע ה, ח): **(י) אני אמרתי בדמי ימי.** בכריתת ימי; כי לא היה אלא בן שלשים ותשע שנה; וכן, וְדָמִיתִי (הושע ד, ה), וָאֹמַר אוֹי לִי כִי נִדְמֵיתִי (לעיל ו, ה) , והדומים להם; ענין כריתה. אמר, אני חשבתי כשאמר לי הנביא, כִּי מֵת אַתָּה וְלֹא תִחְיֶה (לעיל לח, א); איך אלך בכריתת ימי לקבר טרם זמני, ואיך פקדתי יתר שנותי שחיים רוב בני אדם יותר מחמשים שנה? ואמרו רבותינו זכרונם לברכה (מועד קטן כח, א), כי מת עד חמשים שנה זו היא מיתת כרת: **פקדתי.** חסרתי, וכן, אִשָּׁה רְעוּתָהּ לֹא פָקָדוּ (לעיל לד, טז), וְלֹא נִפְקַד מִמֶּנּוּ אִישׁ (במדבר לא, מט) איש, והדומים להם, ענין חסרון: **(יא) אמרתי לא אראה יה.** פירש רבינו סעדיה ענין הודאה; ונכון הוא, כי ראות האל הוא ההודאה והשבח לפניו והתבונן בדרכיו.ואדוני אבי זכרונו לברכה פירש, לא אראה מעון יה, כלומר בית המקדש. והנה הוא פירש מהו לא אראה יה בארץ חיים, רצונו לומר, בזה העולם שיש בו ראית הלב וראית העין; וראית הלב הוא בלב. והוסיף עוד ואמר, לא אביט אדם עוד, וזהו ראית העין: **עם יושבי חדל.** עם יושבי העולם הזה שנקרא חדל וחלד, כמו כבש וכשב: **(יב) דורי.** פירוש מגורי; וכן מִדּוּר בְּאָהֳלֵי רֶשַׁע (תהלים פד, יא). אמרתי כי מגורי בעולם הזה נסע ממני: **ונגלה מני.** כמו ממני: **כאהל רעי.** כמו רועה; היו"ד תמורת ה"א למ"ד הפעל. ופירוש, כמו הרועה שמסיע אהלו ממקום למקום. **ונגלה.** ענין גלות, שהוא הטלטול, קפדתי כארג חיי. אמרתי שקפדתי חיי, כמו האורג שמקפד היריעה כשנשלמה אריגתה. וקפדתי ענין כריתה; כמו, קְפָדָה בָא (יחזקאל ז, כה), שהוא ענין כריתה. ומה שאמר קפדתי, רוצה לומר אני גרמתי בעונותי: **מדלה יבצעני.** אמרתי כי מחולי זה ימיתני האל. מדלה, ממחלה; כמו, מַדּוּעַ אַתָּה כָּכָה דַּל בֶּן הַמֶּלֶךְ (שמואל־ב יג, ד), בן המלך חולה: **יבצעני.** ענין פתיחה וחתיכה. וכן, יַתֵּר יָדוֹ וִיבַצְּעֵנִי (איוב ו, ט). ותרגום פָּתוֹת אֹתָהּ פִּתִּים (ויקרא ב, ו), בַּצַּע יָתֵהּ בְּצוּעִין: **מיום עד לילה תשלימני.** ביום החולי אמרתי כי עד לילה תשלימני, כלומר תשלים ימי. ובאמרו יבצעני ואחר כך אמר ישלימני; כן דרך הכתוב לדבר בפסוק אחד לנכח ושלא לנכח; כמו, שִׁמְעוּ עַמִּים כֻּלָּם (מלכים־א ב, יח), וזולתו: **(יג) שויתי עד בקר.** שויתי כמו שמתי. והנה בהיותי בערב וראיתי כי לא מתי עדין, שמתי זמני עד בקר. והנה הלילה חזק חליי עד ששבר החולי כל עצמותי, כמו האריה ששובר עצמות החיה הנטרפת בפיו. וחשבתי כי מיום עד סוף הלילה, והוא עד הבקר שאמר, תשלימני; תשלים זמני ואמות. ויש מפרשים כארי כן ישבר, רצוץ עצמות, לא שבירתה מפני הקדחת. זהו שאמר כי האריה תקחנו קדחת בכל יום, ויש לו רצוץ עצמות:

### מצודת דוד

**אשר ירדה.** רצונו לומר, את הצל אשר כבר ירדה: **במעלות אחז.** כי אחז בנה המעלות האלה: **בשמש אחורנית.** מוסב למעלה לומר בנטיית ניצוץ השמש אשיב הצל אחורנית עשר מעלות: **ותשב השמש.** רצונו לומר, שכן היה כי שבה ניצוץ השמש עשר מעלות אשר ירדה ואם כן שב גם הצל: **(ט) מכתב לחזקיהו.** מכתב זה היה לחזקיהו רצונו לומר, הוא כתב הודאה זו: **בחלותו.** בעבור שהיה חולה ונתרפא מחליו: **(י) בדמי ימי.** בכריתת ימי אלך אל הקבר: **פקדתי.** חסרתי שנותי הנשארים עד מלאת השנים הקצובים לרוב בני אדם: **(יא) לא אראה יה.** עוד לא אסתכל להתבונן במעשה יה ויפרש אמריו לומר לא אסתכל מעשה יה: **בארץ החיים.** רצונו לומר, בזה העולם כי אמות ואלך ממנו: **לא אביט אדם.** מעתה לא אביט אותן בני אדם אשר הם **עם יושבי חלד.** רצונו לומר, המתהלכים עם הבריות היושבים בזה העולם: **(יב) דורי נסע.** מגורי בעולם הזה נסע ונגלה ממני כמו הרועה המסיע אהלו ממקום למקום: **קפדתי.** בעבור העון, כאלו בעצמי כרתי חיי חיש מהר, כמו האורג הממהר לכרות היריעה אחר שנשלמה: **מדלה יבצעני.** מהחולי הזה ישלים ימי חיי, מיום עד לילה תשלימני. חשבתי אשר מהתחלת היום עד הלילה תשלים ימי חיי כי בוודאי אמות במשך זמן היום: **(יג) שויתי עד בוקר.** רצונו לומר, כשבא הלילה שמתי זמן השלמת חיי עד בוקר: **כארי.** רצונו לומר, נתחזק חליי עד ששבר החולי את כל עצמותי, כמו הארי המשבר עצמות החיה הנטרפת בפיו:

### מצודת ציון

**(ט) ויחי.** ענין רפואה; כמו, עַד חֲיוֹתָם, (יהושע ה, ח): **(י) בדמי.** ענין כריתה; וכן, קִיר מוֹאָב נִדְמָה, (לעיל טו, א): **פקדתי.** ענין חסרון; כמו, יִפָּקֵד מוֹשָׁבֶךָ, (שמואל־א כ, יח): **(יא) חדל.** כן נקרא העולם; וכן, כָּל יֹשְׁבֵי חָלֶד, (תהלים מט, ב), כי הוא מתהפך כמו כבש כשב והדומים: **(יב) דורי.** מלשון מדורה: **נסע.** מלשון הסעה ועקירה: **ונגלה.** מלשון גלות: **מני.** ממני: **רועי.** כמו רועה בה"א: **קפדתי.** ענין כריתה; כמו, קְפָדָה בָא (יחזקאל ז, כה): **מדלה.** ענין חולי וכתישות; כמו, מַדּוּעַ אַתָּה כָּכָה דַּל (שמואל־ב יג, ד): **יבצעני.** ענין השלמה; כמו, כִּי יְבַצַּע אֲדֹנָי (לעיל י, יב): **(יג) שויתי.** שמתי:

*already descended on the degrees of the sun-clock of Ahaz, ten degrees backward."*
*And the sun went back ten degrees, over the degrees that it had already descended.*
9 *A composition written by Hezekiah, the king of Judah, when he was sick and*
*recuperated from his illness:*

*Hezekiah's song of thanksgiving*

10 *I had said [to myself]: 'With my days cut short,*
*I will go to the gates of the grave deprived of the rest of my years.'*
11 *I had said, 'I will not see God — God is in the land of the living;*
*I will not again behold a man with the inhabitants of the earth.*
12 *My dwelling was removed and exiled from me like a shepherd's tent;*
*like a weaver I have shortened my life.*
*He will end [my life] with sickness;*
*from morning to night You will put an end to me.'*
13 *I waited until morning like a lion,*

---

**8. הִנְנִי מֵשִׁיב אֶת־צֵל הַמַּעֲלוֹת אֲשֶׁר יָרְדָה בְמַעֲלוֹת אָחָז בַּשֶּׁמֶשׁ אֲחֹרַנִּית עֶשֶׂר מַעֲלוֹת** — *Behold, I shall turn back the shade over the degrees which it had already descended on the degrees of the sun-clock of Ahaz, ten degrees backward.* Hezekiah's father, Ahaz, had built a sundial clock, a tall pillar with indentations etched at regular intervals. As the sun rose or went down, it would cast a shadow, and the location of the shadow on the pillar indicated what time it was. Now Isaiah offered to prove the truth of his blessing by turning back the shadow on the clock ten notches. This did not mean that the sun would actually set "ten degrees" later; it was only *the shade* that moved (*Abarbanel*).

The Sages (*Sanhedrin* 96a) teach that the sun would indeed set ten degrees later. Scripture mentions that the sundial had been made by Ahaz to associate this miracle with the evil king. When he died, God shortened the day by ten hours so that there would not be time to eulogize him. Now, God restored those ten hours and lengthened the day (*Sanhedrin* 96a).

*Ben Yehoyada* suggests that the ten hours symbolize the ten utterances with which God created the world (*Avos* 5:1). The wickedness of Ahaz was so despicable that the world deserved to be destroyed. This was counteracted by the righteousness of Hezekiah, who restored the Divine intent of the ten utterances and thereby saved the world.

*Abarbanel,* continuing his interpretation above, comments that this sign indicated that Hezekiah would live much longer, not merely that he would be cured of his immediate suffering. The setting sun symbolizes the ebbing away of life, which was exactly what Hezekiah feared. This reversal of the course of time indicated that he would have many years to live.

Following the opinion that Hezekiah's illness took place three days before the defeat of Sennacherib, *R' Moshe Eisemann* (ArtScroll comm. to *Divrei HaYamin/Chronicles*) relates this incident to the eternal battle between faith in Hashem and idolatry. The sun symbolizes all idol worship because it is the force that most obviously controls life and nature. By reversing its course, God demonstrated that it had no power of its own and its apparent ascendancy could be reversed by those who believed in the only true God.

**9-20. Hezekiah's composition of thanksgiving.** The Sages say (*Bereishis Rabbah* 65:4) that before Hezekiah, no one had ever recovered from illness, and he therefore wanted to publicize his gratitude. *Abarbanel* points out that even people who recover from illnesses several times have an obligation to give thanks each time. Accordingly, Hezekiah expressed his thoughts in writing as an extra sign of gratitude.

**10. פֻּקַּדְתִּי יֶתֶר שְׁנוֹתָי** — *Deprived of the rest of my years.* The translation follows *Rashi* and *Radak*. Alternatively, *[at the gates of the grave] I was remembered for the good, and years were added to me* (*Targum, Abarbanel*).

**11. אָמַרְתִּי לֹא אֶרְאֶה יָהּ יָהּ בְּאֶרֶץ הַחַיִּים** — *I had said, "I will not see God — God is in the land of the living."* I will not see God's dwelling place, the [Temple] in the land of the living [in which there is physical sight] (*Radak*, citing his father).

Alternatively, I thought that dying young would prove that I lack merit, so I thought I was forfeiting two worlds: this world and the Land of the Living, and would thus *not see God* (*Abarbanel*).

**12. דּוֹרִי נִסַּע וְנִגְלָה מִנִּי כְּאֹהֶל רֹעִי** — *My dwelling was removed and exiled from me like a shepherd's tent.* I thought that my dwelling in this world would be removed and exiled from me, as a shepherd moves his tent from place to place (*Ibn Ezra, Radak*). In this case, דּוֹרִי is a cognate of מְדוֹרִי, *my dwelling.*

Alternatively, דּוֹרִי is rendered *my generation*, i.e., *my generation removed itself and exiled itself from me like a shepherd's tent* that moves from place to place (*Rashi*).

**מִיּוֹם עַד־לַיְלָה תַּשְׁלִימֵנִי. . .** — *. . .From morning to night You will put an end to me.* I was so ill that I expected my end to come by nightfall (*Radak, Abarbanel*). Alternatively, You will put an end to my days and my nights (*Rashi*).

According to *Malbim*, this continues the metaphor of weaving (*like a weaver. . .*). Life is composed of many minutes that are "woven" together into the tapestry of one's lifetime. Hezekiah felt that there was much to accomplish before his personal tapestry would be complete, but his life was being so drastically cut short that years of "weaving" had to be compressed into the short time between morning and night.

יד כֵּ֣ן יְשַׁבֵּ֗ר כָּל־עַצְמוֹתָ֔י מִיּ֥וֹם עַד־לַ֖יְלָה תַּשְׁלִימֵֽנִי׃ כְּס֤וּס עָגוּר֙ כֵּ֣ן אֲצַפְצֵ֔ף אֶהְגֶּ֖ה
טו כַּיּוֹנָ֑ה דַּלּ֤וּ עֵינַי֙ לַמָּר֔וֹם אֲדֹנָ֖י עָֽשְׁקָה־לִּ֥י עָרְבֵֽנִי׃ מָֽה־אֲדַבֵּ֥ר וְאָֽמַר־לִ֖י וְה֣וּא עָשָׂ֑ה
טז אֶדַּדֶּ֥ה כָל־שְׁנוֹתַ֖י עַל־מַ֥ר נַפְשִֽׁי׃ אֲדֹנָ֖י עֲלֵיהֶ֣ם יִֽחְי֑וּ וּלְכָל־בָּהֶן֙ חַיֵּ֣י רוּחִ֔י וְתַחֲלִימֵ֖נִי
יז וְהַחֲיֵֽנִי׃ הִנֵּ֥ה לְשָׁל֖וֹם מַר־לִ֣י מָ֑ר וְאַתָּ֞ה חָשַׁ֤קְתָּ נַפְשִׁי֙ מִשַּׁ֣חַת בְּלִ֔י כִּ֧י הִשְׁלַ֛כְתָּ אַחֲרֵ֥י
יח גֵוְךָ֖ כָּל־חֲטָאָֽי׃ כִּ֣י לֹ֥א שְׁא֖וֹל תּוֹדֶ֑ךָּ מָ֣וֶת יְהַֽלְלֶ֑ךָּ לֹֽא־יְשַׂבְּר֥וּ יוֹרְדֵי־ב֖וֹר אֶל־אֲמִתֶּֽךָ׃

### רש״י

**בן ישבר כל עצמותי.** כמו, כֵּן יִרְבֶּה וְכֵן יִפְרֹץ (שמות א, יב). כל מה שאני מתגבר כן יגבר החולי עלי לשבור כל עצמותי: **(יד) בסוס.** כמו כסוס, והוא שם עוף: **בסוס עגור.** כמו כסוס ועגור. (דבר אחר) כעוף זה שתפשוהו בגרונו והוא מצפצף; וכן תרגם יונתן, כְּסוּסְיָא דַּאֲחִיד וּמְנַצֵּיף: **עשקה לי.** כמו עשוק אותי. לקחני מיד מלאך המות וערבני להנצל. לשון ערבות, גרנטיא״ה בלע״ז. כמו, עֲרֹב עַבְדְּךָ לְטוֹב (תהלים קיט, קכב): **עשקה לי.** עשוק אותי מידו, כאשר תאמר רְפָא נָא לָהּ, (במדבר יב, יג) **רפא אותה:** **(טו) מה אדבר.** שבח וקילוסין לפניו, והרי אמר לי נחמות והוא עשאן: **אדדה כל שנותי.** כמו, וַתִּדַּד שְׁנָתִי (בראשית לא, מ). אתנודד מכל שנתי לקלס לפניו. יונתן תירגם שנות לשון שנים: **על מר נפשי.** שהיתה מרה ונחמתני, **(טז) ה׳ עליהם יחיו.** יונתן תרגם ה׳ עַל כָּל מֵיתַיָא אֲמַרְתָּא לְאַחֲיָאָה: **ולכל בהן חיי רוחי.** וּקְדָם כּוּלְהוֹן אַחְיֵיתָא רוּחִי. ואני אומר לפי פשוטו, ה׳ עליהם, על שנותי הנזכרים לעיל; אֲדַדֶּה כָל שְׁנוֹתַי. (ה׳) שיכן שכנו וחסדו עליהם, ואמר לי על פי נביאו יחיו, ולכל בהן חיי רוחי. ולכל דבר אשר תלויין בהן חיי, רוחי אמר ה׳ עליהם ויחיו: **ותחלימני.** מעתה ידעתי שתחלימני ותחייני. תחלימני, תבריאני ותחזקני; כמו, יַחְלְמוּ בְנֵיהֶם (איוב לט, ד): **(יז) הנה לשלום מר לי מר.** כשנתבשרתי שלום, אף הוא לי מר; שהרי תלו לי הרפואה בזכות אחרים; כֹּה אָמַר ה׳ אֱלֹהֵי דָּוִד אָבִיךָ (לעיל כ, ה). למעני ולמען דוד עבדי כאן הודעתני שאני חוטא, כך פירשו חכמים. אבל לפי ישוב המקרא משמע; הנה לשלום מר לי, מר כשנתבשרתי מאתך להושיעני מיד סנחרב, מר לי מר על חליי שהייתי נטוי למות ולא שמחתי בבשורה, ואתה בטובך חשקת נפשי מבלי רדת שחת: **(יח) כי לא שאול תודך.** אם הייתי מת לא הייתי מודה לך על הנס של מפלת סנחרב, ולא הייתי סובר אל אמתת הבטחתך שהבטחתני עליו:

### רד״ק

**(יד) כסוס עגור.** חסר וי״ו השמוש. ופירוש כסוס ועגור; וכן, שֶׁמֶשׁ יָרֵחַ (חבקוק ג, יא), רְאוּבֵן שִׁמְעוֹן (דברי הימים א ב, א) והדומים להם. וסוס הוא עוף, והוא נכתב בירמיה (ח, ז), וְתֹר וְסִיס וְעָגוּר. ותרגם יונתן וְכוּרְכְיָא. ובדברי רבותינו זכרונם לברכה (קידושין מד, א), קם ריש לקיש וצוח כברוכיא. ופירש רש״י שהוא גרוא״ה בלע״ז. ועגור, תרגם יונתן וְסְנוּנִיתָא, והוא סנונית הנזכר בדברי רבותינו זכרונם לברכה. ופירוש רבינו האיי, כטאף בערבי, והוא שקורין ארונד״א. אבל בכאן תרגם יונתן כסוס עגור בענין אחר כמשמעו, כמו סוס ורוכבו; כְּסוּסְיָא דַאֲחִיד וּמְנַצִּיף כֵּן נְצֵפִית. תרגם עגור כענין צפצוף. וענין מנציף כמו הפוך בדברי רבותינו זכרונם לברכה, סוס שצנף. אמר, אני בחליי אצפצף כמו העופות המצפצפים, ואהגה כמו היונה; והוא נהימות החולה בחליו: **דלו עיני למרום.** ומתוך חליי הכבד נשאו עיני למרום, לאל שהוא במרום, ואמרתי לו ה׳ עשקה לי מחלתי, ערבני. אתה, כמו עֲרֹב עַבְדְּךָ לְטוֹב (תהלים קיט, קכב); ענין הנחה והשקט. ויש לפרש עשקה, צווי, ואף על פי שהעי״ן אינה חטופה אלא נקראת במאריך. וכמוהו, שָׁמְרָה נַפְשִׁי כִּי חָסִיד אָנִי (תהלים פו, ב). וענינו ענין תוספת ויתור, וכן בדברי רבותינו זכרונם לברכה (בבא מציעא נב, א), עשיק לגביך ושווי לכרסיך. אמר, הוסיף לי על ימי, וערבני: **דלו עיני.** ענין הרמה. ויש לו חברים בשרש דלה, (תהלים ל, ב) אֲרוֹמִמְךָ ה׳ כִּי דִלִּיתָנִי, והדומה לו. וענין, הרמת העינים, כמו שאמר, אֵלֶיךָ נָשָׂאתִי אֶת עֵינַי הַיֹּשְׁבִי בַּשָּׁמָיִם (תהלים קכג, א). לפי שהאל נקרא יושב שמים ואף על פי שאין לו מקום, כבודו הגדול הוא בשמים: **(טו) מה אדבר.** מה אוכל לדבר ולשבח לפניו. ואמר לי על ידי הנביא שאחיה מחלי זה, ואעלה בית ה׳ ביום השלישי, וכן עשה. וכן יעשה גם כן בתוספת השנים, אין לי לעשות אלא שאזכיר זה כל שנותי. ובדברי זה אודה לאל שהצילני. ופירוש אדדה, כמו האשה שמדדה את בנה בדברי רבותינו זכרונם לברכה (שבת קכח, ב). והוא הנענוע מעט מעט. וכן הוא דרך האדם, כשזוכר הצרה שעברה עליו ונצול ממנה, מנענע בראשו. ופירוש על מר נפשי, על מרירות נפשי שהיה לי, ונצלתי ממנה: **(טז) ה׳ עליהם יחיו.** אמר עתה ידעתי כי עליהם יחיו. פירוש עליהם, על הימים הקצובים לאדם יוכלו לחיות אם רצונך כמו שאני עושה; כי כבר נשלמו ימי הקצובים, והוספת עליהם חמשה עשר שנה, ולכל בהן חיי רוחי. לכל אספר ואומר כי בהן, בשני התוספת, חיי רוחי: **ותחלימני והחייני.** אני מתחנן לפניך שבאלה השנים שהוספת לי תחלימני ותחייני. והוא כפל ענין במלות שונות. והוא ענין הבריאות, שאהיה בריא באלה השנים: **(יז) הנה לשלום.** הנה בחליי היה לי מר בעבור שלום שלא היה לי. והחכם רבי אברהם אבן עזרא פירש הנה לשלום, כאשר הייתי בחצי ימי; כי בן תשעה ושלשים שנה היה כשחלה. כי אם תתגבר המרה האדומה על האדם לעולם יהיה חולה בנערותו ויהיה בשלום

### מצודת דוד

**מיום וכו׳.** רצונו לומר, חשבתי שוב אשר מהתחלת היום עד הלילה תשלים ימי חיי כי אמות במשוך זמן היום: **(יד) כן אצפצף.** מגודל הכאב הייתי מצפצף כעופות והומה כיונה: **דלו עיני למרום.** הורמו עיני להביט השמים לעזרתך ואמרתי ה׳ עשוק ממני החולי הזה והמתק והכשר לי: **(טו) מה אדבר.** רצונו לומר, הרבה שבח וקילוסין יש לי לדבר כי הוא אמר לי נחמות והוא עשאן: **אדדה.** לכן אנדד כל השינה לקלס לפניו על נפשי שהיתה מרה ונחם אותה: **(טז) ה׳ עליהם יחיו.** על כל המתים גזר ה׳ שיעמדו בתחיה, ולכל בהן. וראשון שבכולם החיה רוחי כי הייתי קרוב למות: **ותחלימני.** שלחתי לי בריאות ונתת לי החיים: **(יז) הנה לשלום.** הנה בחליי מה שהייתי מצפה לשלום ולבריאות היה נתוסף לי מר על מר, רצונו לומר, כאב על כאב: **ואתה.** אבל אתה בטובך חשקת נפשי להעלותה משחת המבלה והוא הקבר: **כי השלכת.** אחז במשל מדרך האדם המשליך דבר מה אחורי גופו לבל יראוה. רצונו לומר, הסתרת עין מחטאי ומחלת עליהם: **(יח) כי לא שאול תודך.** מי שהוא בשאול אינו מודה לך. רצונו לומר, אם הייתי מת לא הייתי מודה לך על מפלת סנחריב: **מות יהללך.** אנשי מות לא יהללך ומלת לא משמשת בשתים וכפל הדבר במילים שונות: **לא ישברו.** האנשים אשר כבר ירדו אל הבור לא יקוו שתאמת להם הבטחתך כי אין להם תועלת בעניני זה העולם. ורצונו לומר, אם כבר הייתי מת לא הייתי מקוה עוד על מפלת סנחריב כאשר הבטחת:

### מצודת ציון

**(יד) כסוס עגור.** כמו כסוס ועגור, והם מיני עופות; וכן, וְתֹר וְסִיס וְעָגוּר (ירמיה ח, ז): **אצפצף.** ענין השמעת קול עופות: **אהגה.** כן נקרא המיית היונה; כמו, וְכַיּוֹנִים הָגֹה נֶהְגֶּה (לקמן נט, יא): **דלו.** ענין הרמה; כמו, אֲרוֹמִמְךָ ה׳ כִּי דִלִּיתָנִי (תהלים ל, ב): **עשקה.** ענין לקיחה וחטיפה, ואמר בלשון שאלה: **ערבני.** היטב והכשר לי; וכן, עֲרֹב עַבְדְּךָ לְטוֹב (שם קיט, קכב). והוא מענין מתיקות; כמו, וּשְׁנָתִי עָרְבָה לִּי (ירמיה לא, כה): **(טו) מה אדבר.** מלת מה יורה על הרבוי; וכן, מָה רַב טוּבְךָ (תהלים לא, כ): **אדדה.** מלשון נדידה: **שנותי.** מלשון שינה: **(טז) ותחלימני.** ענין בריאות וחזוק; כמו, יַחְלְמוּ בְנֵיהֶם (איוב לט, ד): **(יז) חשקת.** מלשון חשק ותאוה: **משחת.** הוא בור הקבר: **בלי.** מלשון בליה ורקבון: **גוך.** גופך; כמו גֵּוִי נָתַתִּי לְמַכִּים (לקמן נ, ו): **(יח) ישברו.** ענין תקוה; כמו, עֵינֵי כֹל אֵלֶיךָ יְשַׂבֵּרוּ (תהלים קמה, טו):

*lest [my sickness] shatter all my bones;*
*from morning to night You will put an end to me.*
14 *Like a swallow and a crane, so do I chirp; I moan like a pigeon.*
*My eyes were raised on high:*
*'My Lord, snatch away my [illness], be my guarantor.'*
15 *What can I say? He said to me [that He would heal me] and He did!*
*I will give up all my sleep [to praise Him for removing]*
*the bitterness of my soul!*
16 *My Lord, about them [You said], 'They shall live';*
*and therein is the life of my spirit, may You heal me and cure me.*
17 *Behold, [despite] peace, my bitterness intensified.*
*But You desired that my soul not waste away in the netherworld,*
*for You have cast all my sins behind Yourself.*
18 *For the grave cannot thank You nor can death laud You;*
*those who descend to the pit cannot hope for Your truth.*

**רד"ק**

בזקנותו, והפך זה, אם תתגבר הליחה. והנה אמצעיים שנות שלום: **ואתה חשקת נפשי משחת בלי.** חשקת נפשי להצילה משחת הבלים, והוא הקבר שגופו של אדם בלה בו, כי השלכת. ואף על פי שהייתי חייב לפי עונותי וחטאי, אתה השלכתה אחרי גוך. דרך משל; כאדם המשליך הדבר אחרי גוו שלא יראה אותו: **(יח) כי לא שאול תודך.** ושנה ושלש הענין במלות שונות לחזק הענין. אמר טוב הוא שתחיה בני אדם בזעקם לפניך בשובם מחטאם כי יודוך בחייהם ולא יודוך במיתתם. ועל הגוף אמר שהוא מת, לא על הנשמה שתחיה אחר מיתת הגוף: **מות. ולא מות.** ולא שזכר עומד במקום שנים, וכמוהו רבים: **לא ישברו.** הגופות שהם יורדי בור לא ישברו אל אמתך לספרה ולהגידה, כמו שהחיים עושים. ואין זה כנגד תחיית המתים, כי הוא אינו מדבר אלא על הגופות בעודם בקבר, ולא כל הגופות יחיו ויעמדו מן הקבר:

**13.** **שִׁוִּיתִי עַד־בֹּקֶר כָּאֲרִי כֵּן יְשַׁבֵּר כָּל־עַצְמוֹתָי** — *I waited until morning like a lion, lest [my sickness] shatter all my bones. . .* I strengthened myself all night like a lion to withstand the pain of my illness, but the more I tried to be strong, the more my sickness strengthened, until it would shatter all my bones (*Rashi;* see *Targum*).

Alternatively, I waited until morning [expecting to die before then; my sickness would strengthen at night until it] would shatter all my bones like a lion [breaking the bones of his prey, and I was certain that] from morning to night you would put an end to me (*Radak*).

**14.** **עָרְבֵנִי** — *Be my guarantor.* Be my guarantor so that I may be saved (*Rashi, Ibn Ezra*). Alternatively, the word is from עָרֵב, *sweet* or *pleasant*, as in *Song of Songs* (2:14), i.e., *Make it sweet for me.*

**15.** Ezekiel exults that God promised to heal him — and so He did! How can he praise God enough?

**אֶדַּדֶּה כָל־שְׁנוֹתַי עַל־מַר נַפְשִׁי** — *I will give up all my sleep [to praise Him for removing] the bitterness of my soul.* The translation follows Rashi. Alternatively, *I will devote all my years [in praise for removing] the bitterness of my soul* (*Radak*).

**16.** **אֲדֹנָי עֲלֵיהֶם יִחְיוּ וגו'** — *My Lord, about them [You said], "They shall live. . ."* God has declared that the dead *[them]* will live again (*Targum, Rashi*). Alternatively, *The days, about which [you said], "They shall live. . ."* i.e., Hezekiah spoke about the years of life allotted to a person and declared that if God wished it, people would live out their years, but he prayed that it should be in good health (*Radak*).

Hezekiah prayed that the extra years added to his lifetime should be years of good health (*May you heal me and cure me*) (*Abarbanel*).

**17.** **הִנֵּה לְשָׁלוֹם מַר־לִי מָר** — *Behold, [despite] peace, my bitterness intensified.* Hezekiah returns to the anguish he felt when he was confronted by Sennacherib. Even though Isaiah assured him that he and his kingdom would not be harmed, he felt embittered, because the prophet told him that the salvation would come in the merit of David and in order to glorify God's Name (37:35). This was bitter news to Hezekiah because it implied that he was not worthy (*Rashi*). This shows the importance of not expecting any return in the merit of one's own actions (*Mesilas Yesharim* 22).

Alternatively, *Behold, [my longing] for peace, intensified my bitterness.* During my illness, my bitterness intensified because of *my longing for peace* and for a respite from pain (*Radak*).

**מַר־לִי מָר** — *My bitterness intensified.* The double form is generally an amplification of the single form, and this is how most commentaries understand it here, as an expression of intense bitterness. Alternatively, whereas the second מָר indeed is rendered *bitterness*, the first is from the root המר, *to change* (*Ibn Ezra*). Accordingly, the phrase is rendered, *Behold, for the sake of peace He transformed my bitterness*, by promising peace from my illness and from Sennacherib (*Malbim*).

**18-20. Only the living can thank Hashem.** Now that Hezekiah knows that he will remain alive, he thanks God for everything.

יט־כ חַי חַי הָוּא יוֹדֶךָ כָּמ֖וֹנִי הַיּ֑וֹם אָ֣ב לְבָנִ֔ים יוֹדִ֖יעַ אֶל־אֲמִתֶּֽךָ׃ יְהוָ֖ה לְהוֹשִׁיעֵ֑נִי וּנְגִינוֹתַ֧י
כא נְנַגֵּ֛ן כָּל־יְמֵ֥י חַיֵּ֖ינוּ עַל־בֵּ֥ית יְהוָֽה׃ וַיֹּ֣אמֶר יְשַֽׁעְיָ֔הוּ יִשְׂא֖וּ דְּבֶ֣לֶת תְּאֵנִ֑ים וְיִמְרְח֥וּ
**לט** כב־א עַל־הַשְּׁחִ֖ין וְיֶֽחִי׃ וַיֹּ֥אמֶר חִזְקִיָּ֖הוּ מָ֣ה א֑וֹת כִּ֥י אֶעֱלֶ֖ה בֵּ֥ית יְהוָֽה׃ בָּעֵ֣ת
הַהִ֡יא שָׁלַח֩ מְרֹאדַ֨ךְ בַּלְאֲדָ֧ן בֶּֽן־בַּלְאֲדָ֛ן מֶֽלֶךְ־בָּבֶ֛ל סְפָרִ֥ים וּמִנְחָ֖ה אֶל־חִזְקִיָּ֑הוּ
ב וַיִּשְׁמַ֕ע כִּ֥י חָלָ֖ה וַיֶּחֱזָֽק׃ וַיִּשְׂמַ֣ח עֲלֵיהֶם֮ חִזְקִיָּהוּ֒ וַיַּרְאֵ֣ם אֶת־בֵּ֣ית נְכֹתֹ֗ה אֶת־הַכֶּ֤סֶף
וְאֶת־הַזָּהָב֙ וְאֶת־הַבְּשָׂמִ֜ים וְאֵ֣ת ׀ הַשֶּׁ֣מֶן הַטּ֗וֹב וְאֵת֙ כָּל־בֵּ֣ית כֵּלָ֔יו וְאֵ֛ת כָּל־אֲשֶׁ֥ר
נִמְצָ֖א בְּאֹצְרֹתָ֑יו לֹֽא־הָיָ֣ה דָבָ֗ר אֲשֶׁ֨ר לֹֽא־הֶרְאָ֧ם חִזְקִיָּ֛הוּ בְּבֵית֖וֹ וּבְכָל־מֶמְשַׁלְתּֽוֹ׃

**רש"י**

(יט) **חי חי.** לשון בני אדם חיים. כלומר כשיש בני אדם חיים בעולם, זה חי וזה חי, יוצאת ההודאה מביניהם: **יודיע.** אשיספ"ר בלע"ז (ס"א חי חי; אתה חי ונאה להודות לחי): **אל אמתך.** האב מודיע ומכוין דעת בנו אל אמיתך להאמין בך, (כא) **דבלת תאנים.** דבלת העשויה מתאנים כשהן לחין קרויין תאנים, וכשנדרסין בעיגול קרויין דבלה: **וימרחו.** ויחליקוה לדבקה על השחין. ונס בתוך נס היה, שאף בשר חי שנותנין עליו דבלה מסריח, אלא הקדוש ברוך הוא נותן דבר המחבל לתוך דבר המתחבל ומרפא: **(כב) מה אות.** מה טוב ומה נאה אות זה הניתן לי, אשר אעלה בית ה': **(א) וישמע כי חלה ויחזק.** היה למוד לאכול בשלש שעות וישן עד תשע. כיון שחזר גלגל חמה לחזקיהו כשעמד משנתו בתשע שעות, מלא שהוא שחרית. בקש להרוג את כל עבדיו; אמר, הנחתם אותי ישן יומם ולילה עד הבקר? אמרו לו, גלגל חמה הוא שחזר. אמר להם, ומי החזירו? אמרו לו אלוהו של חזקיהו כו', כדאיתא בתנחומא ובפסיקתא: **(ב) בית נכתה.** בית גנזיו של בשמים כמו (בראשית לז, כה) נְכֹאת וּצְרִי וָלֹט: **ואת שמן הטוב.** יש פותרים שמן המשחה, ויש אומרים הוא שמן אפרסמון שהיה מצוי בארץ ישראל והוא פנג האמור ביחזקאל (כז, יז), יְהוּדָה וְאֶרֶץ יִשְׂרָאֵל הֵמָּה רֹכְלָיִךְ בְּחִטֵּי מִנִּית וּפַנַּג. וראיתי בספר יוסיפון שהוא אפרסמון וגדל ביריחו, לכך נקרא יריחו על שם הריח: **לא היה דבר.** אף ספר תורה:

**רד"ק**

(יט) **חי חי.** כל חי וחי יודוך כמוני היום. ואם הייתי מת לא הייתי מודה לך הודאת הפה, כמו שאני עושה עתה. ועוד אב לבנים יודיע אל אמתך; אם לא היו לו בנים ותחיה ויהיו לו בנים, ויודיע אמתך כמו שאעשה אני. ואף אם יהיו לו בנים, כל זמן שיחיה עמהם ילמדם ויודיעם. אם כן, הוא טוב שתאריך לאדם; ואם חלה שתרפאהו מחליו ויודה לך הטובה שעשית לו, ויודיע לבניו אחריו. וכן אמרו רבותינו זכרונם לברכה; כי לא היו בנים לחזקיהו אלא עד אחר חליו. ואף על פי שההודאה וההודעה לא תועיל לו ולא תסכן; כמו שאמר, אִם צָדַקְתָּ מַה תִּתֶּן (יסכן) לוֹ (איוב לה, ז). אף על פי כן, אחר שהוא רוצה וברא בני אדם, אם כן הוא רוצה בקיומם ובלכתם בדרך טובה, ושיהיה בהם דעת להבין בחסדי הבורא ולהודות לפניו עליהם כי זה מהדרך הטובה. וכאשר לבם נכון, הוא מסייע אותם ועוזרם בזה: **אל אמתך.** כמו את אמתך. וכן יבא את במקום אל; כמו, וְהָרְאָה אֶת הַכֹּהֵן (ויקרא יג, מט), והדומים לו. וכן יבא אל במקום את; כמו, אֲסַפְּרָה אֶל חֹק (תהלים ב, ז), וַיִּרְדְּפוּ אֶל מִדְיָן (שופטים ז, כה). או פירוש יודיעם הדרך שיביאם אל אמתך, והחסד שעושה האל עם בני אדם אמת הוא מצד עצמו, כי הוא רב חסד; וזהו מדרכיו, אם כן הוא אמת. ונראה כי יונתן תרגם אל זה, כמו בצר"י; כמו, הָאֱרָצֹת הָאֵל (בראשית כו, ד); שתרגם, אֲבָהָן לִבְנֵהוֹן יְחַוּוּן גְּבוּרְתֵּךְ וְיוֹדוּן לְמֵימְרָךְ דְּכָל אִילֵין קְשׁוֹט, וכן פירש החכם רבי אברהם אבן עזרא. וזהו לשון פירושו, אב לבנים יודיע אלה האמונות. ואני תמה בזה, כי לא ראיתי בשום ספר אלא אל נקוד סגולה, וסמוך במקום עם אמתך כמו האחר. והמסרה אל אמתך שנים, והם אלה השנים אשר הם בפסוק, כי לא שאול תודך ובפסוק חי חי: **(כ) ה' להושיעני.** ה' אמר להושיעני מן החלי, וכן עשה שהושיעני. וכמו למ"ד; לְהָרְגוֹ בְעָרְמָה (שמות כא, יד), לִשְׁכַּב אֶת בַּת יַעֲקֹב (בראשית לד, ז), והדומים להם, ונגינותי ננגן. ועל התשועה שהושיעני אודה לפניו תמיד, וננגן אני וחברי בנגינותי שחברתי על התשועה; כל ימי חיינו ננגן אותם: **ועל בית ה'.** כמו בבית ה', כי יבא על בענין בי"ת השמוש. כמו, וְעַל חַרְבְּךָ תִחְיֶה (בראשית כז, מ), שהוא כמו בחרבך, וְנָתַתָּ אוֹתָם עַל סַל אֶחָד (שמות כט, ג), כמו בסל, הִמָּלֵט עַל נַפְשֶׁךָ (בראשית יט, יז) כמו בנפשך: **(כא) ויאמר ישעיהו.** זה הפסוק שאחריו אינה מהמכתב, ולא מצאתי להם טעם למה נכתבו הנה אחר המכתב; כי משפטם למעלה אחר וְגַנּוֹתִי עַל הָעִיר הַזֹּאת (לעיל לז, לה), וכן הם בספר מלכים (ב יט, לד): **דבלת תאנים.** וזה היה נס בתוך נס, כי התאנים מזיקים לשחין: **וימרחו.** ענין חבישה וחתול: **ויחי.** וירפא; כמו, עַד חֲיוֹתָם (יהושע ה, ח): **(כב) ויאמר חזקיהו.** מה שאמר למעלה שאמר ישעיהו וזה לך האות, חזקיהו שאלו מישעיהו ואמר לו מה אות כי אעלה בית ה'? רוצה לומר, שארפא ואעלה בית ה' כמו שאתה אומר: **(א) בעת ההיא.** גם זו הפרשה פירשתיה בספר מלכים באר היטב:

**מצודת דוד**

(יט) **חי חי.** כל חי חי הוא יודך: **כמוני היום.** כאשר אני היום בחיים ומודה לך: **אב לבנים.** כל אב מלמד לבניו ומודיעם אמתתך וכאומר הנה כמו כן אעשה גם אני כשאחיה ואוליד בנים אלמדם ואודיעם אמתתך: **(כ) ה' להושיעני.** רצונו לומר, ה' אמר להושיעני מהחלי וכן עשה. ודוגמתו, לְהָרְגוֹ בְעָרְמָה (שמות כא, יד), ורצונו לומר, שחשב להרגו וכן עשה: **ונגינותי ננגן.** נגינת השבח הזה אנגנה אני והמשוררים בבית ה' כל ימי חיינו: **(כא) ישאו.** יקחו חתיכה מתאנים דרוסות להניח תחבושת על השחין וירפא: **(כב) מה אות.** מה טוב ומה נאה האות הנפלא הזה אשר נרפאתי ואוכל לעלות לבית ה': **(א) וישמע.** רצונו לומר, על כי שמע שחלה ונתרפא לכן שלח לו ספרים ומנחה דרך אהבה. ובדברי הימים נאמר ששלח לדרוש המופת הנעשה בחליו: **(ב) עליהם.** על בואם:

**מצודת ציון**

(יט) **אל אמתך.** את אמתך; וכן, וַיִּרְדְּפוּ אֶל מִדְיָן (שופטים ז, כה): **(כ) ונגינותי.** מלשון נגון וזמר: **על בית.** כמו בבית, על במקום בי"ת; וכן, עֲמַדְתֶּם עַל חַרְבְּכֶם (יחזקאל לג, כו): **(כא) ישאו.** יקחו: **דבלת תאנים.** חתיכת תאנים יבשות הנדרסות יחד עד שנעשה גוף אחד; וכן, וַיִּתְּנוּ לוֹ פֶלַח דְּבֵלָה (שמואל־א ל, יב): **וימרחו.** ענין טיחה, וכדרך התחבושת ובדברי רבותינו זכרונם לברכה, מפני שהוא ממרח (שבת קמו, א): **השחין.** מין נגע שנחלה על ידה; וכן, שְׁחִין אֲבַעְבֻּעֹת (שמות ט, י): **ויחי.** ענין רפואה: **(כב) מה אות.** מלת מה יורה על גודל הדבר וחשיבותו: **(ב) נכתה.** ענין אוצר נחמד; וכן, נְכֹאת וּצְרִי (בראשית לז, כה); שרצונו לומר דברים נחמדים:

---

**19. אָב לְבָנִים יוֹדִיעַ אֶל אֲמִתֶּךָ** — *A father can make Your truth known to children.* And now that You have given me life, I will marry and have children to whom I will *make Your truth known* (*Abarbanel*). This declaration was in response to Isaiah's chastisement that Hezekiah had no right to refrain from marriage in order not to bring a sinful son into the world.

19 *A living person, a living person, he shall thank you, as I do today!*
*A father can make Your truth known to children.*
20 *HASHEM [said] he would save me;*
*let us play my songs all the days of our lives, in the Temple of HASHEM.*
21 *Isaiah said, "Let them lift a cake of figs and smear it on the abscess, and it will*
*heal."* 22 *Hezekiah said, "What is the sign that I will [ever be able to] go up to the*
*Temple of HASHEM?"*

## 39

*Hezekiah flatters the king of Babylonia*

1 *At that time Merodach-baladan son of Baladan, the king of Babylonia, sent letters*
*and a gift to Hezekiah, for he had heard that he was ill and had recuperated.*
2 *Hezekiah rejoiced with them and showed them his treasure house — the silver, the*
*gold, the spices, the fine oil, his entire warehouse, and everything that was found in*
*his treasuries; there was nothing that Hezekiah did not show them in his palace and*
*in all his realm.*

---

**21-22. Hezekiah's cure.** As mentioned above (comm. v. 7), *Radak* maintains that the following two verses belong chronologically before vv. 7-8 above, as they are recorded in *II Kings* 20:7-8 (see *Ibn Ezra, Abarbanel*). See commentary to v. 7.

**יִשְׂאוּ דְּבֶלֶת תְּאֵנִים** — *"Let them lift a cake of figs . . . "* i.e., figs are often pressed together in the form of a cake. This was part of the prophecy. It was a נֵס בְּתוֹךְ נֵס, *a miracle within a miracle.* Moist figs pressed against human flesh cause irritation, but here, not only did the figs not harm Hezekiah, they cured him. Similarly, Moses threw a bitter branch into water to sweeten it (*Exodus* 15:25) and Elisha threw salt into water to make it drinkable [*II Kings* 2:21] (*Rashi, Radak*).

Alternatively, the cake of figs was indeed a cure for the king's malady. The use of the figs was not mentioned in the prophecy, nor did God tell Isaiah when the king would be cured, but knowing that God wanted to end Hezekiah's suffering as soon as possible, Isaiah used his own judgment to apply this remedy (*Abarbanel*).

**39.**

**1-8. Hezekiah errs and is severely chastised.** King Merodach-baladan of Babylonia heard of Hezekiah's miraculous recovery and sent an ambassador to learn the secret of the miracle. The Talmud (*Sanhedrin* 96a) relates that Baladan was bewildered at the extra ten hours of daylight (38:8) and, upon inquiry, learned of Hezekiah's illness and miraculous recovery. This so impressed him that he sent a letter and a gift to congratulate Hezekiah. Instead of using the opportunity to praise God and proclaim His greatness to the visitors, Hezekiah grew haughty (*II Chronicles* 32:25) and said that the visitors had come solely in his honor (below v. 3). For this, he was chastised and punished.

**1. מֶלֶךְ־בָּבֶל** — *King of Babylonia.* This king was the successor of Sennacherib, who, in addition to being king of Assyria, was also the ruler of Babylonia (*Radak, II Kings* 20:12).

Alternatively, Babylonia had been a vassal state of Sennacherib and — following the principle that "the enemy of my enemy is my friend" — its king came to express his gratitude to Hezekiah for being instrumental in destroying the Assyrian army (*Ralbag* ad loc., *Abarbanel*).

**וַיִּשְׁמַע** — *For he had heard.* The Sages (*Sanhedrin* 96a) explain that King Merodach was in the habit of taking a long nap at midday. On the day of Hezekiah's illness, when the miracle of the ten hours occurred, Merodach woke up and thought it was the next morning. Thinking that his servants had allowed him to sleep through the night and into the next day, he was furious with them. They protested their innocence and upon investigation they learned that the day had been lengthened by ten hours because of Hezekiah. Thereupon Merodach decided that he must learn about the person for whom such a miracle had been performed, and sent an envoy with gifts. *Toras Chaim* (ibid.) comments that God was testing Hezekiah to see how he would react to this flattering visit.

**2. וַיִּשְׂמַח עֲלֵיהֶם חִזְקִיָּהוּ** — *Hezekiah rejoiced with them.* Instead of emphasizing that God had wrought miracles for him and Israel, Hezekiah reacted with alacrity to their flattering request, and proudly displayed his riches. For this Isaiah would later criticize him (*Abarbanel*).

**וַיַּרְאֵם אֶת בֵּית נְכֹתוֹ** — *And showed them his whole treasure house.* As enumerated further in the verse, he showed them all his prized possessions. Alternatively, Hezekiah showed off his queen, asking her to serve the guests (*Radak*, ad loc.), which was demeaning to her (*Ben Yehoyada*). Furthermore, he showed the Babylonian envoys exaggerated respect by inviting them to dine with him (*Sanhedrin* 104a). Presumably this would have been acceptable protocol if King Merodach himself had come to Hezekiah.

*Rashi* renders נְכֹתוֹ as *storehouse of fragrances;* Hezekiah had perfumes that were not found anywhere else (e.g., balsam oil from Jericho).

**לֹא־הָיָה דָבָר . . .** — *There was nothing . . .* Hezekiah withheld nothing from the guests, even showing them the Torah scroll that a Jewish king must carry with him at all times (*Rashi*). *Rashi* to *II Kings* adds that Hezekiah took them into the Holy of Holies and displayed the Tablets of the Law and the Holy

ג וַיָּבֹא יְשַׁעְיָהוּ הַנָּבִיא אֶל־הַמֶּלֶךְ חִזְקִיָּהוּ וַיֹּאמֶר אֵלָיו מָה אָמְרוּ | הָאֲנָשִׁים
הָאֵלֶּה וּמֵאַיִן יָבֹאוּ אֵלֶיךָ וַיֹּאמֶר חִזְקִיָּהוּ מֵאֶרֶץ רְחוֹקָה בָּאוּ אֵלַי מִבָּבֶל:
ד וַיֹּאמֶר מָה רָאוּ בְּבֵיתֶךָ וַיֹּאמֶר חִזְקִיָּהוּ אֵת כָּל־אֲשֶׁר בְּבֵיתִי רָאוּ לֹא־הָיָה
ה דָבָר אֲשֶׁר לֹא־הִרְאִיתִים בְּאוֹצְרֹתָי: וַיֹּאמֶר יְשַׁעְיָהוּ אֶל־חִזְקִיָּהוּ שְׁמַע
ו דְּבַר־יהוה צְבָאוֹת: הִנֵּה יָמִים בָּאִים וְנִשָּׂא | כָּל־אֲשֶׁר בְּבֵיתֶךָ וַאֲשֶׁר אָצְרוּ
ז אֲבֹתֶיךָ עַד־הַיּוֹם הַזֶּה בָּבֶל לֹא־יִוָּתֵר דָּבָר אָמַר יהוה: וּמִבָּנֶיךָ אֲשֶׁר יֵצְאוּ
ח מִמְּךָ אֲשֶׁר תּוֹלִיד יִקָּחוּ וְהָיוּ סָרִיסִים בְּהֵיכַל מֶלֶךְ בָּבֶל: וַיֹּאמֶר חִזְקִיָּהוּ
אֶל־יְשַׁעְיָהוּ טוֹב דְּבַר־יהוה אֲשֶׁר דִּבַּרְתָּ וַיֹּאמֶר כִּי יִהְיֶה שָׁלוֹם וֶאֱמֶת

**רש״י**

(ג) **מארץ רחוקה באו אלי.** זה אחד משלשה בני אדם שבדקן המקום; קין וחזקיהו ובלעם. חזקיהו היה לו להשיב, אתה נביאו של מקום ולי אתה שואל? התחיל מתגאה ואומר, מארץ רחוקה באו אלי, לפיכך נענש, ועל ששמח עליהן והאכילן על שלחנו. וכן בלעם שאמר לו, מי האנשים האלה עמך? והשיב ואמר, בָּלָק בֶּן צִפֹּר מֶלֶךְ מוֹאָב שָׁלַח אֵלָי (במדבר כב, י). וכן קין שאמר לו, אֵי הֶבֶל אָחִיךָ? (בראשית ד, ט). היה לו לומר, רבונו של עולם, הלא כל הנסתרות גלויות לך כו׳, כדאיתא בתנחומא: (ו) **לא יותר דבר.** מדה כנגד מדה, כנגד לא היה דבר: (ז) **ומבניך.** הם חנניה מישאל ועזריה: (ח) **טוב דבר ה׳.** מאחר שבימי יהיה שלום:

**מצודת דוד**

(ו) **ונשא.** יהיה נשא ונלקח: **ואשר אצרו.** אשר טמנו באוצר: **לא יותר דבר.** מכל אשר בביתך: (ז) **ומבניך.** הם דניאל חנניה מישאל ועזריה: **אשר יצאו וכו׳.** כפל הדבר פעמים ושלש כדרך המקרא: (ח) **טוב דבר ה׳.** טוב הדבר בעיני. ופירש דבריו ואמר

**מצודת ציון**

(ג) **ומאין.** ומאיזה מקום: (ז) **סריסים.** שרים וממונים:

**Hezekiah's lost opportunity.** In an original interpretation, *Malbim* suggests the reason for the miracle of the sun and what it was meant to accomplish. God would not have reversed the course of the sun and lengthened the day merely to prove to an individual — even one as righteous as Hezekiah — that he would be healed. Furthermore, the miracle was unnecessary, for Hezekiah would have known in three days that his health had been restored. Rather, the purpose of the miracle was to show the nations that Assyria's conquests had not reduced God's power and that, therefore, they should have respect for His nation. Indeed, Merodach understood this and that is why he sent emissaries. In addition, some of the northern exiles were so heartened by the miracle that they returned to *Eretz Yisrael*, to Jerusalem. Hezekiah should have proclaimed to his people as well as to the Babylonians that God was reaffirming His bond with His nation, and had the king done so, he would have been the Messiah and the final Redemption would have been set in motion. Instead of energizing the Jews, however, Hezekiah told the Babylonians that the miracle was a private matter, unrelated to Israel's ultimate mission, and, as a result, the non-Jewish peoples saw no reason to fear the nation of Israel.

**6. Isaiah pronounces God's judgment.** The first part of the punishment would be measure for measure. All the treasures Hezekiah had pridefully shown the Babylonians would in the future be looted by King Nebuchadnezzar of Babylonia (*Rashi,* here and ad loc.; *Abarbanel*), when he would conquer Jerusalem. He would subjugate the country and progressively impoverish it of its wealth and talented young people, and, finally, destroy the Temple and drive its people into exile.

**7. וּמִבָּנֶיךָ אֲשֶׁר יֵצְאוּ מִמְּךָ**— *Some of your children who will issue from you.* In the generation of the exile, Daniel, Hananiah,

Ark. This is difficult, however, since only the Kohen Gadol may enter the Holy of Holies, and even he may do so only during the Yom Kippur service.

See *Rinas Yitzchak* who discusses this difficulty. He cites an opinion (*Yerushalmi Shekalim* Ch. 6) that Hezekiah showed them the Tablets broken by Moses. These Tablets, according to this view, were kept in a separate ark that was not kept in the Holy of Holies, so it may be that this was what Hezekiah showed them.

**3. מֵאֶרֶץ רְחוֹקָה בָּאוּ אֵלַי מִבָּבֶל** — *"They came to me from a faraway land, from Babylonia."* Isaiah's questions were a test of the king, to see if, indeed, he had been arrogant. Hezekiah should have answered, "You are God's prophet. Surely you do not need to ask me who is visiting me." Instead, Hezekiah seized the opportunity to announce proudly that even a faraway king had sent ambassadors to honor the king of Jerusalem (*Rashi*).

Hezekiah should have used the opportunity to extol God's greatness, not to display his own treasures (*II Chronicles* 32:31). Thus, in effect, Hezekiah established his own guilt (*Ralbag* ad loc.).

Hezekiah's answer was itself proof of his error. It is understandable and proper that one would invite his dear ones to see his personal treasures, but Hezekiah himself described the visitors as people from a *faraway land.* They were not close to him, he owed them nothing. Apparently the only reason he fawned over them was that they had come from a king he wanted to impress (*Kol Simchah*).

In the words of *R' Hirsch*, "A Jewish king should have treasures other than material possessions to display to the world."

**4-5.** Isaiah continued to question Hezekiah, allowing the king to unwittingly testify to his error. That done, Isaiah told the king what price he would pay for his indiscretion.

*[3] Isaiah the prophet came to King Hezekiah and said to him, "What did these men*
*say, and from where did they come to you?"*
*Hezekiah said, "They came to me from a faraway land, from Babylonia."*
*[4] He said, "And what did they see in your house?"*
*Hezekiah said, "They saw everything in my house; there was nothing that I did not*
*show them in my treasuries."*

*... and God rebukes him*

*[5] Isaiah then said to Hezekiah, "Hear the word of* HASHEM, *Master of Legions: [6] Behold,*
*the days are coming when everything in your house, and whatever your forefathers*
*have accumulated until this day, will be carried off to Babylonia. Not a thing will be*
*left, said* HASHEM. *[7] And they will also take some of your children who will issue from*
*you, whom you will beget, and they shall become officers in the palace of the king of*
*Babylonia."*
*[8] Hezekiah said to Isaiah, "The word of* HASHEM *that you have spoken is good"; and*
*he said [to himself], "For there shall be peace and truth in my own days."*

---

Mishael, and Azariah — and many others — would be conscripted to serve in Nebuchadnezzar's royal court (*Rashi, Radak* ad loc.).

This, too, was measure for measure. Hezekiah had refused to have children; the offspring who would eventually issue from him would be carted off to Babylon (*Abarbanel*).

**וְהָיוּ סָרִיסִים** — *And they shall become officers.* The translation follows *Targum*. The Sages (*Sanhedrin* 93b) offer two other translations. *They shall become eunuchs,* since it was common practice for kings to castrate their courtiers so that they would not marry and therefore be able to devote themselves exclusively to the king's service (*Rashi* ibid.). Figuratively, the allure of idolatry would be "emasculated" by Hezekiah's offspring. Nebuchadnezzar would cast Hananiah, Mishael, and Azariah into a fiery furnace, and they would emerge intact, thus demonstrating God's power (*Daniel* 3:20-29).

**⌘ Was his sin so great?** Surely it could not be that merely the unfortunate self-aggrandizement of the king would cause the entire nation to be exiled. Rather, the decree of exile was already in force due to the accumulation of sins during the course of earlier reigns. But because of Hezekiah's great righteousness and the presence of the Temple, God did not wish to impose the exile at the same time the Ten Tribes were banished. This delay gave Hezekiah and his people an opportunity to repent. Had they done so they could have reversed the decree entirely, since the gates of repentance are never sealed, but they failed to do so, as evidenced at least in part by Hezekiah's obsequious conduct with Merodach's envoys. Consequently, God sent Isaiah with his distressing prophecy. Even though the decree remained in force, Hezekiah's righteousness was great enough to hold the decree in abeyance (*Abarbanel*).

**8. טוֹב דְּבַר־ה' אֲשֶׁר דִּבַּרְתָּ** — *"The word of* HASHEM *that you have spoken is good."* So great was Hezekiah's faith in the justice and goodness of God, that he not only accepted the dire prophecy, but said that it *is good.* He was, however, relieved to hear that his merit was great enough to postpone the tragedy so that it would not happen in his lifetime (*Me'am Loez;* see *Rashi*). Furthermore, as long as the people were still on their Land, there was hope that they would repent and annul the decree entirely (*Malbim*).

*Kli Paz* comments that Hezekiah was grateful that Isaiah had prophesied that the king would merit to have children. Alternatively, Hezekiah noted that Isaiah had reiterated that his prophecy was the word of *HASHEM*, the Name that indicates God's attribute of mercy. Therefore, Hezekiah declared his realization that the prophecy was surely meant for the *good.*

If the destruction were to come immediately, Hezekiah would have gladly given up the fifteen years of life that had been promised him (v. 6) rather than witness the suffering of his people (*Abarbanel*).

**40.**

**⌘ Isaiah's new theme.** Up to now the Book has consisted mostly of chastisements to Israel and prophecies about the punishments that will befall its enemies. The final twenty-seven chapters of the Book, beginning with this chapter, concentrates on words of consolation and the future Messianic redemption. This theme is why the Sages (*Bava Basra* 15a) characterize the Book of *Isaiah* as כּוּלֵּיה נֶחָמְתָא, *entirely of comfort.* Indicative of this is that all seven *Haftarahs* of comfort, consolation, and hope for the future that are read after Tishah B'Av come from this section of the Book.

Isaiah now looks ahead to the future of Israel. Knowing that the nation is destined to endure and long and painful exile before the Messianic Age, he devotes his prophecies to encouraging the nation to be strong during its travails and to have faith that the longed-for Redemption will come. The future will be so bright that the exile will be forgotten. He also speaks of the other, shorter Babylonian Exile, which would end about 180 years after Isaiah's death when King Cyrus invited the Jews of his kingdom to return to Jerusalem and rebuild the Temple (*R' Schwab*).

This second section of the Book refutes two challenges to the continued role of Israel as God's Chosen People. The

# מ

HAFTARAS VA'ES-CHANAN 40:1-26

א־ב בְּיָמָי: נַחֲמוּ נַחֲמוּ עַמִּי יֹאמַר אֱלֹהֵיכֶם: דַּבְּרוּ עַל־לֵב יְרוּשָׁלַ͏ִם
וְקִרְאוּ אֵלֶיהָ כִּי מָלְאָה צְבָאָהּ כִּי נִרְצָה עֲוֺנָהּ כִּי לָקְחָה מִיַּד יהוה כִּפְלַיִם בְּכָל־
ג חַטֹּאתֶיהָ: קוֹל קוֹרֵא בַּמִּדְבָּר פַּנּוּ דֶּרֶךְ יהוה יַשְּׁרוּ בָּעֲרָבָה מְסִלָּה
ד לֵאלֹהֵינוּ: כָּל־גֶּיא יִנָּשֵׂא וְכָל־הַר וְגִבְעָה יִשְׁפָּלוּ וְהָיָה הֶעָקֹב לְמִישׁוֹר וְהָרְכָסִים
ה־ו לְבִקְעָה: וְנִגְלָה כְּבוֹד יהוה וְרָאוּ כָל־בָּשָׂר יַחְדָּו כִּי פִּי יהוה דִּבֵּר: קוֹל

**רש״י**

**(א) נחמו נחמו.** חוזר על נבואותיו העתידות, לפי שמכאן ועד סוף הספר דברי נחמות, הפסיק פרשה זו בינם לבין הפורענות. נחמו, אתם נביאי, נחמו את עמי: **(ב) כי מלאה צבאה.** תרגום יונתן, עֲתִידָא דְתִתְמְלֵי מֵעַם גַּלְוָתְהָא, כמו כי מלאה מלבאה. ויש פותרין צבאה כמו, הֲלֹא צָבָא לֶאֱנוֹשׁ עֲלֵי אָרֶץ (איוב ז, א): **נרצה.** נתפייס: **כי לקחה וגו׳.** אֲרֵי קַבִּילַת כָּס תַּנְחוּמִין מִן קֳדָם ה׳ כְּאִלּוּ לָקַת עַל חַד תְּרֵין בְּכָל חַטָּאתְהָא. ולפי פשוטו יתכן לפרש, כי לקחה פורענות כפלים. ואם תאמר, היאך מדתו של הקדוש ברוך הוא לשלם לאדם כפלים בחטאו? מצינו מקרא מלא, וְשִׁלַּמְתִּי רִאשׁוֹנָה מִשְׁנֵה עֲוֺנָם וְחַטָּאתָם (ירמיה טז, יח): **(ג) קול.** רוח הקדש קורא במדבר, פנו דרך ה׳, דרך ירושלים לשוב גליותיה לתוכה: **(ד) כל גיא ינשא.** וההר ישפל, הרי דרך חלקה ושוה ונוחה, והרכסים. הרים הסמוכים זה לזה, ומתוך סמיכתן מורד שביניהם זקוף ואינו מעוקם שיהא נוח לירד ולעלות. (הרכסים מתורגם גְּדוּדִין, לשון גובה כמו גדודי הנהר): **הרכסים.** כמו, וְיִרְכְּסוּ אֶת הַחֹשֶׁן (שמות כח, כח): **לבקעה.** קנפיינ״א בלע״ז. ארץ חלקה ושוה:

**רד״ק**

**(א) נחמו נחמו.** כל אלה הנחמות עתידה לימות המשיח והכפל לחזק. תרגם יונתן, נְבִיַּיָא אִתְנַבִּיאוּ תַּנְחוּמִין עַל עַמִּי אֲמַר אֱלָהֲכוֹן. נחמו, וכן דברו כמו שפירשנו בפסוק חזקו ידים רפות, דברו, צבאה, זמנה, וכן הלא צבא לאנוש עלי הארץ, ופירוש כי מלאה כי השלימה שם זמנה רוצה לומר זמן שהיה לה להיות בגלות. ויונתן תרגם, אֲרֵי עֲתִידָא דְתִתְמְלֵי מֵעַם גַּלְוָתְהָא. תרגם צבאה כמשמעה, מן לִצְבֹא צָבָא (במדבר ד, כג): **(ב) כי נרצה עונה.** נשלם ענשה, כמו, אָז תִּרְצֶה הָאָרֶץ אֶת שַׁבְּתֹתֶיהָ (ויקרא כו, לד). וכן עונה, ענשה; כמו, כִּי לֹא שָׁלֵם עֲוֺן הָאֱמֹרִי. ויונתן תרגם, אִשְׁתְּבִיקוּ לַהּ חוֹבָאָה: **כי לקחה מיד ה׳ כפלים בכל חטאתיה.** הכפל יוכל להיות פעמים שתים או יותר; כמו, וְתִכָּפֵל חֶרֶב שְׁלִישִׁתָה (יחזקאל כא, יט), רצונו לומר, שלש פעמים תכפל, ובאמרו כפלים רצונו לומר, שתים, והוא אומר על שתי גליות שגלו ישראל, גלות בבל וזה הגלות. ולמה היה זה? בעבור כל חטאתיה, והחכם ר׳ אברהם רצונו לומר, פירוש כפלים מצרות שלקח כל גוי. ואדוני אבי זכרונו לברכה פירש כפלים, עונותיהם ועונות אבותיהם; כמו, שאמר ירמיהו הנביא, אֲבֹתֵינוּ חָטְאוּ וְאֵינָם וַאֲנַחְנוּ עֲוֺנֹתֵיהֶם סָבָלְנוּ (איכה ה, ז). ויונתן תרגם, אֲרֵי קַבִּילַת כָּס תַּנְחוּמִין מִן קֳדָם ה׳ כְּאִלּוּ לָקַת עַל חַד תְּרֵין בְּכָל חַטָּאתְהָא: **(ג) קול קורא.** כאלו קול קורא. וטעם פנו ישרו, כי ימצאו במדבר ובערבה דרך סלולה כאלו פנו וישרו אותה להם בני אדם. וטעם לאלהינו, כי הוא מנהיג זה העם היוצא מהגלות: **(ד) כל גיא.** כל זה דרך משל; כי העליה בהרים והירידה תיגע הולכי דרכים, והם לא ייגעו ולא ייעפו. והעקוב הוא הדרך המעוות, והרכסים. גבשושית הדרכים, כי הוא ענין גבהות, וכן מרוכסי איש: **(ה) ונגלה.** אז כשיצאו מהגלות ביד רמה וימצאו אפילו במדבר מים וכל צרכם; כמו שאמר, לֹא יִרְעָבוּ וְלֹא יִצְמָא (לקמן מט,י). אז יגלה כבוד ה׳ לעיני כל העמים: **וראו כל בשר.** ידעו כל בני אדם כי פי ה׳ דבר. כלומר, ידעו אז כי הנחמות האלה שדברו הנביאים, על פי ה׳ דברו מה שדברו, כשיראו שיתקיימו הנבואות. וראו, ענין ידיעה והבנה, רצונו לומר, ראית הלב; כמו, וְלִבִּי רָאָה הַרְבֵּה (קהלת א,טז) והדומים לו:

**מצודת דוד**

הואיל ויהיה בימי שלום וה׳ יאמת לי הבטחתי אינני חושש במה שיהיה אחרי מותי: **(א) נחמו נחמו.** אלהיכם יאמר אל הנביאים נחמו את עמי וכפל המלה יורה על החזוק: **(ב) על לב.** דברים המקובלין על הלב: **וקראו אליה.** אמרו לה אשר מלאה ונשלמה זמן גלותה: **כי נרצה.** נתפייס עונה, רצונו לומר, נתכפר עונה: **כי לקחה.** כי כבר לקחה תשלומין מיד ה׳: **כפלים.** רצונו לומר, שתי גליות, גלות בבל וגלות ראמולוס, בבכל חטאתיה. בעבור כל חטאתיה: **(ג) קול קורא.** כאלו קול מכריז ואומר פנו במדבר דרך ה׳ להשיב בו בני הגולה: **ישרו בערבה.** עשו בערבה דרך ישר לאלהינו כי הוא ילך לפניהם: **(ד) כל גיא.** כל עמק ירומם וכל ההרים ישפלו להיות הדרך ישר ושוה: **העקוב.** דרך המעוות יהיה מישור: **והרכסים.** מקומות הגבוהות יהיו בקעה: **(ה) ונגלה.** אז יגלה כבוד ה׳ וכולם יראו כי פי ה׳ דבר הנחמות האלו, הואיל ונתקיימו:

**מצודת ציון**

**(ב) צבאה.** ענינו זמן קצוב; וכן, הֲלֹא צָבָא לֶאֱנוֹשׁ (איוב ז, א): **נרצה.** מלשון רצוי ופיוס: **(ג) פנו.** ענין הסרת המכשול; וכן, וְאָנֹכִי פִּנִּיתִי הַבַּיִת (בראשית כד, לא): **ישרו.** מלשון ישר ושוה: **בערבה.** ענינו כמו מדבר: **מסלה.** דרך כבושה: **(ד) גיא.** עמק: **העקוב.** ענין עקום ועוות; כמו, עָקֹב הַלֵּב (ירמיה יז, ט): **למישור.** מלשון ישר ושוה: **והרכסים.** ענין גבהות; וכן, מֵרֻכְסֵי אִישׁ (תהלים לא, כא) ופירושו, מגאות האיש ומגבהותו:

answers are foreshadowed in the first two verses of this chapter. To the charge that the destructions of the Temples and the exiles prove that God has rejected the Jewish people forever, verse 1 commands the prophets to comfort His people. To the charge that Israel had become so evil that they had lost the right to repent, verse 2 responds that the nation has been doubly punished, thus providing atonement for its sins.

These two themes are woven throughout the next twenty-seven chapters.

**1. נַחֲמוּ נַחֲמוּ עַמִּי** — *"Comfort, comfort, My people."* God speaks to the prophets of Israel, commanding them to comfort the suffering people (*Targum*). This passage separates the earlier visions of retribution from the promises of redemption that now begin (*Rashi*). After describing the downfall of Sennacherib and the salvation of the people of Jerusalem, followed by Hezekiah's unfortunate flattery of the Babylonian emissaries, which led to the prophecy of exile, Isaiah now foretells a salvation even greater than one that took place in Hezekiah's time, a salvation that will end the final exile (*Abarbanel*).

The repetition — *comfort, comfort* — is used to emphasize the degree of the future redemption (*Metzudos*), or to allude to the destruction of the two Temples, for both of which Israel requires comfort (*Abarbanel*).

Alternatively, the prophet alludes to the two possible times of the long-awaited final Redemption. In speaking about when it will happen, Isaiah says: בְּעִתָּהּ אֲחִישֶׁנָּה, *in its time I will hasten it* (60:22). Noting the apparent contradiction — if it

**40** *Prophecy of the end of the exile*

*1 ‘Comfort, comfort My people,’ says your God. 2 ‘Speak consolingly of*
*Jerusalem and proclaim to her that her period [of exile] has been com-*
*pleted, that her iniquity has been forgiven; for she has received double for all*
*her sins from the hand of HASHEM.’*
*3 A voice calls out in the wilderness, clear the way of HASHEM; make a*
*straight path in the desert, a road for our God. 4 Every valley will be raised,*
*and every mountain and hill will be lowered; the crooked will become straight*
*and heights will become valley. 5 The glory of HASHEM will be revealed, and all*
*flesh together will see that the mouth of HASHEM has spoken.*

---

is in its preordained time, it is not hastened, and vice versa — the Sages (*Sanhedrin* 98a) explain that if Israel makes itself worthy through repentance, the Redemption will be hastened, but even if Israel does not repent there is a deadline beyond which God will not let the exile continue. Thus, Isaiah says that one way or another, Israel will be comforted (*Malbim*).

*Rabbi Zalman Sorotzkin* commented homiletically that there are two aspects to the exile: (1) Israel lost its political freedom, and (2) its spiritual stature was considerably diminished by the dispersion and persecution. When Messiah arrives, Israel will be comforted in two ways: the nation will be free in *Eretz Yisrael*, and it will return to its spiritual preeminence.

**2. דַּבְּרוּ עַל-לֵב יְרוּשָׁלַםִ** — *Speak consolingly to* [lit., *to the hearts* of] *Jerusalem*, i.e., comfort them in a way that their hearts will accept (*Metzudos*). Referring to the entire nation as *Jerusalem,* God commands Isaiah to *comfort* the people, to remove their feelings of worry and despondency (*Ibn Ezra*).

**כִּי לָקְחָה מִיַּד ה׳ כִּפְלַיִם בְּכָל-חַטֹּאתֶיהָ** — *For she has received double for all her sins from the hand of HASHEM.* Double punishment cannot mean that Israel was punished more than it deserved, because God is not unjust. Various interpretations are offered: Her punishment was two pronged: she suffered two exiles after the destructions of the two Temples (*Radak*); she embraced her ancestors' sins as her own, thus doubling her guilt (*Rashi* to *Jeremiah* 16:18); God's consolation will be as great as if she had suffered twice as much as she actually had (*Targum*); the suffering in this long exile, just though it was, was twice as much as they could withstand (*Akeidas Yitzchak* 37). In any case, they had already paid the price for their sins — and they may have felt that they paid more than the price — and it was time for God to start doing good things for them (*Abarbanel*).

Sometimes God intensifies the suffering into a relatively short timespan so that the sinfulness can be atoned for more quickly (*Malbim*). This may explain why some periods of the exile are more painful than others.

There are two kinds of suffering in exile. One is for those who sinned. The other is for those who have not sinned themselves, but who suffer because they are part of the nation. In the future they will be compensated for their suffering (*R' Saadiah Gaon*).

Because *she has received double for all her sins,* Isaiah uses double forms in his prophecies of consolation, such as *Comfort, comfort* (*Midrash Tanchuma, Devarim* 1). Since Israel's very existence is supernatural, its punishments were "double," i.e., supernatural. Accordingly, its consolation was double — supernatural — as well (*Maharal, Netzach Yisrael* 49).

**3. קוֹל קוֹרֵא בַּמִּדְבָּר וגו׳** — *A voice calls out in the wilderness. . .* A Heavenly voice calls out in the wilderness (*Rashi*), i.e., in Zion, which is like a wilderness after its destruction (*Mahari Kara*). The *voice calls out, "In the wilderness, clear the way of HASHEM. . ."* The path in the wilderness should be cleared and straightened for the people of Israel to pass through when God leads them back from exile (*Rashi, Radak*).

Alternatively, the *voice* that *calls out* to Jerusalem is not a new voice bearing a new covenant, rather it is the same voice that called out from *the wilderness* of Sinai, with instructions to keep all the commandments. Only by doing so will the nation be able to *clear the way of HASHEM* (*Abarbanel*).

**יַשְּׁרוּ בָּעֲרָבָה מְסִלָּה לֵאלֹהֵינוּ** — *Make a straight path in the desert, a road for our God.* Homiletically, בָּעֲרָבָה may be derived from the root עָרֵב, *sweet* or *pleasant.* Accordingly, even when one enjoys the pleasures of this world, one should use them not solely for personal enjoyment, but as a means to serve God. One's purpose in life should always be to *make a straight path for our God* and not merely for physical pleasure (*Tiferes Shlomo, Devarim*).

**4. כָּל-גֶּיא יִנָּשֵׂא וְכָל-הַר וְגִבְעָה יִשְׁפָּלוּ** — *Every valley will be raised, and every mountain and hill will be lowered.* If the verse is meant literally, a clear and straight path will be formed so that the returnees will not be forced to trudge uphill and downhill when they are redeemed (*Rashi, Metzudos*). If it is figurative, it means that the many ascents and descents on the roads back to *Eretz Yisrael* will not exhaust the returnees; it will be as if all the hindrances will be leveled and straightened (*Radak*).

The Talmud (*Nedarim* 55a) derives from here that [people who consider themselves to be high and mighty will be lowered, and] those who act lowly will be raised up. Metaphorically, the exiled people who were as lowly as valleys will be raised up to their proper level, whereas the persecutors who were as high as mountains will be lowered by their downfall (*Abarbanel*).

**5. וְנִגְלָה כְּבוֹד ה׳** — *The glory of HASHEM will be revealed.* God's glory will be revealed to all when His people miraculously

ז אֹמֵר קְרָא וְאָמַר מָה אֶקְרָא כָּל־הַבָּשָׂר חָצִיר וְכָל־חַסְדּוֹ כְּצִיץ הַשָּׂדֶה:
ח יָבֵשׁ חָצִיר נָבֵל צִיץ כִּי רוּחַ יהוה נָשְׁבָה בּוֹ אָכֵן חָצִיר הָעָם: יָבֵשׁ חָצִיר
ט נָבֵל צִיץ וּדְבַר־אֱלֹהֵינוּ יָקוּם לְעוֹלָם: עַל הַר־גָּבֹהַ עֲלִי־לָךְ מְבַשֶּׂרֶת
צִיּוֹן הָרִימִי בַכֹּחַ קוֹלֵךְ מְבַשֶּׂרֶת יְרוּשָׁלָ͏ִם הָרִימִי אַל־תִּירָאִי אִמְרִי לְעָרֵי
י יְהוּדָה הִנֵּה אֱלֹהֵיכֶם: הִנֵּה אֲדֹנָי יֱהוִה בְּחָזָק יָבוֹא וּזְרֹעוֹ מֹשְׁלָה לוֹ הִנֵּה
יא שְׂכָרוֹ אִתּוֹ וּפְעֻלָּתוֹ לְפָנָיו: כְּרֹעֶה עֶדְרוֹ יִרְעֶה בִּזְרֹעוֹ יְקַבֵּץ טְלָאִים
יב וּבְחֵיקוֹ יִשָּׂא עָלוֹת יְנַהֵל: מִי־מָדַד בְּשָׁעֳלוֹ מַיִם וְשָׁמַיִם בַּזֶּרֶת תִּכֵּן

### רש"י

**(ו) קול.** מאת הקדוש ברוך הוא אומר אלי קרא, ואמר. רוחי אליו, מה אקרא? והקול משיבו, זאת קרא. כל הבשר חציר, כל המגביהים תהפך גדולתם ותהיה כחציר. (דבר אחר, כל הבשר חציר) סוף אדם למות, לפיכך אם אמר לעשות חסד, הרי הוא כציץ השדה אשר ימולל ויבש ואין לסמוך עליו, שאין בידו לקיים שמא ימות, שכשיבש חציר נבל ציץ. כן כשמת האדם בטלה הבטחתו. אבל דבר אלהינו יקום, כי הוא חי וקיים ובידו לקיים. לפיכך על הר גבוה עלי בשרי מבשרת ציון, כי מפי החי לעולם היא הבטחת הבשורה: **וכל חסדו כציץ השדה.** כי וְחֶסֶד לְאֻמִּים חַטָּאת (משלי יד, לד): **(ז) נבל.** כמש: **(ט) מבשרת ציון.** נְבִיַּיא דִּי מְבַשְּׂרִין לְצִיּוֹן. ובמקום אחר הוא אומר, רַגְלֵי מְבַשֵּׂר (לקמן נב, ז). זכו, קל כזכר, לא זכו, תש כנקבה ומאחר פעמיו עד הקץ: **(י) בחזק יבוא.** על האומות ליפרע: **הנה שכרו אתו.** מזומן אתו לצדיקים: **ופעולתו.** שכר פעולה שעליו ליתן להם: **(יא) כרועה.** אשר עדרו ירעה בזרועו, מקבץ טלאים ובחיקו **נושאם: עלות ינהל.** מֵינִיקָתָא בְּנִיחַ מְדַבַּר, הצאן המניקות: **ינהל.** כמו מנהל: **(יב) מי מדד וגו׳.** כל זה היה בו כח לעשות, וכל שכן שיש בו כח לשמור הבטחות הללו: **בשעלו.** בהליכתו, שנאמר, דָּרַכְתָּ בַיָּם סוּסֶיךָ (חבקוק ג, טו). בשעלו, כמו, בְּמִשְׁעוֹל הַכְּרָמִים (במדבר כב, כד); שביל. דבר אחר, שעל שם כלי הוא; וכן, בְּשַׁעֲלֵי שְׂעֹרִים (יחזקאל יג, יט). תכן. אמולאי"ר בלע"ז. לשון מדה ומנין; כמו, וְתֹכֶן לְבֵנִים תִּתֵּנוּ (שמות ה, יח):

### רד"ק

**(ו) קול אומר קרא.** כאלו קול קורא. או פירושו קול נבואה קורא לנביא קרא. ואמר הנביא, מה אקרא? ויאמר לו הקול, קרא ואמור כי כל הבשר חציר, רצונו לומר, על הגוים שיבאו עם גוג ומגוג שימותו רובם. ומה שאמר, כל הבשר, הוא דרך הפלגה; כמו, וְכָל הָאָרֶץ בָּאוּ מִצְרַיְמָה (בראשית מא,נז) והדומים לו. ומה שאמר וכל חסדו, אפילו עשו חסדים הרבה לא יזכרו להם כי עונותיהם רבים, ועוד שהרעו לישראל ויקבלו ענשם. והמשילם לחציר ולציץ השדה שהם יבשים במהרה, והציץ נופל גם כן ברוח הנושבת: **(ז) יבש.** עבר במקום עתיד כמנהג, ובדברי הנבואה ברוב: **(ח) יבש.** כפל עוד הענין לחזק הענין: **ודבר אלהינו.** שדבר על יד נביאיו: **(ט) על הר גבוה.** דרך משל כי מי שרוצה להשמיע קולו עולה במקום גבוה, ולפי שירושלם היא עיקר ארץ ישראל וכן ציון כי שתיהן עיר אחת, לפיכך שם אותן בדברי הנבואה כאלו הן מבשרות שאר הערים. ופירוש מבשרת ציון, את ציון המבשרת, וכן מבשרת ירושלם: **אל תראי.** אל תפחדי מלבשר ולאמר לערי יהודה הנה אלהיכם כי על כל פנים יבא. רצונו לומר, כבודו, שישוב לירושלם. ומה שזכר יהודה בעבור ירושלם, ועוד כי המלכות ליהודה: **(י) הנה ה׳ בחזק יבא.** ביד חזק, כי לא יצטרך ליד אחרת אלא ידו החזקה: **וזרועו משלה לו.** רצונו לומר, לעצמו היא תעמוד לו למשול בעמים. ותואר היד בחזק שהוא לשון זכר, כי ימצא לשון זכר; כמו, וְהִנֵּה בוֹ מְגִלַּת סֵפֶר (יחזקאל ב, ט): **שכרו.** שיתן לבוטחים בו בגלות, ופעלתו. שכר פעלה לפעלי אמת והנה היא פעלתו ופעלתם, וכן, נָסַכְתִּי מַלְכִּי (תהלים ב, ו), מַלְכִּי מִקֶּדֶם (שם עד, יב), בְּבֵית תְּפִלָּתִי (לקמן נו, ז), שָׁמַעְתִּי אֶת תְּפִלָּתְךָ (מלכים־א ט, ג), והדומים להם. וחסרון שכר מפעלתו; כמו, לֹא תָלִין פְּעֻלַּת שָׂכִיר (ויקרא יט, יג) רצונו לומר, שכר פעלת שכיר: **(יא) כרעה עדרו.** כמו רועה טוב שירעה עדרו, שיקבץ הטלאים הקטנים שלא יוכלו עדין ללכת כשאר הבהמות, ויקבצם מזה אחד ומזה אחד וישאם בחיקו והעלות שהן אמותיהן ינהל לאטם ולא ידפקם; כך הקדוש ברוך הוא ינהל את ישראל מהגלות לאטם ויסמוך כל חולה וכל נשבר. ונקראו האמות עלות על שם בניהם שהם קטנים; כמו, עוּל יָמִים (לקמן סה, כ), שהם נסמכים לאמותיהם לינק. ואדוני אבי זכרונו לברכה דקדק במלת עדרו; שהעדר שהוא שלו חומל עליו יותר מן העדר שישמור בשכירות: **(יב) מי מדד.** אמר, לא יתמהו הגוים אם אוציא ישראל מעבדותם שעמדו ברשותם כמה שנים, כי מי שברא העולם מאין יכול לעשות זה. לפיכך אמר מי מדד בשעלו מים, ופירוש שעלו, אגרופו,

### מצודת דוד

**(ו) קול אומר קרא.** קול נבואה אומר להנביא קרא והכרז ברבים: **ואמר.** כאלו הנביא שואל מה אקרא וקול הנבואה משיבו קרא לאמר כל **הבשר חציר.** רצונו לומר, כל העמים שיבואו עם גוג על ירושלים למלחמה יבולו ויכמשו כחציר: **וכל חסדו.** רצונו לומר, ואף אם מי מהם עשה חסד מה לא יחשב למאומה, ויהיה כציץ השדה הכמוש מהר, כי מאד הרעו לישראל והכריע הכף: **(ז) יבש חציר.** לזה יתייבשו כחציר ויבולו כציץ: **כי רוח וכו׳.** רצונו לומר, בהפחת רוח יאבדו: **אכן.** באמת, העם שעם גוג יהיה כחציר וכפל הדבר להחזיק: **(ח) יבש חציר.** העם הזה יתייבש כחציר ויכמוש כציץ וכולם יאבדו, ודבר ה׳ שהבטיח על ידי הנביאים יתקיים לעולם ולא יוכלו לבטל דבריו: **(ט) על הר גבוה.** להשמיע הקול למרחוק: **מבשרת ציון.** עדת הנביאים המבשרים הגאולה לציון: **אל תיראו.** להרים קול בחושבך פן תמצא מכחש ומשקר: **הנה אלהיכם.** בא המקום לגאול אתכם: **(י) בחזק.** בכח ובגבורה: **וזרועו משלה לו.** רצונו לומר, לא יהיה צריך לעזרת זולתו: **שכרו אתו.** שכר המעשה מזומנת עמו לשלם לכל אחד כגמולו: **ופעולתו.** שכר הפעולה מזומנת לפניו והוא כפל ענין במילים שונות: **(יא) כרועה.** כמו הרועה המרעה עדרו בנחת, ומקבץ הטלאים בזרועו, לא במקל, ונושאם בחיקו, הקטנות שבהם מנהל בנחת. כן יוליכם המקום בנחת בשובם מהגולה: **(יב) מי מדד.** רצונו לומר, מי כמוהו היודע עומק המים כאלו מדד באגרופו, ויודע רוחב השמים כאלו תכן מדתו בזרת, ויודע מדת עפר הארץ כאלו מדדם בשליש, ויודע משקל ההרים כאלו שקלם בפלס ומאזנים. וכאומר היודע כל אלה יוכל הוא לעשות את זאת:

### מצודת ציון

**(ו) חציר.** כחציר: **כציץ.** כפרח: **(ז) נבל.** ענין כמישה; כמו, וְעָלֵהוּ לֹא יִבּוֹל (שם א, ג): **נשבה.** ענין הפחה; כמו, יַשֵּׁב רוּחוֹ (שם קמז, ח): **(יא) יקבץ.** יאסף: **עלות.** קטנות; והוא מלשון, עוֹלֵל וְיוֹנֵק (איכה ב, יא): **ינהל.** ענין הנהגה בנחת; וכן אֶתְנַהֲלָה לְאִטִּי (בראשית לג, יד): **(יב) בשעלו.** באגרופו; וכן, בְּשַׁעֲלֵי שְׂעֹרִים (יחזקאל יג, יט): **בזרת.** שם מדה חצי אמה; וכן, זֶרֶת אָרְכּוֹ (שמות כח, טז): **תכן.** מלשון הכנה:

---

ascend from their exile, and when, on their way back to *Eretz Yisrael,* they find food and water even when they are traveling through the wilderness (*Radak*; see *Ibn Ezra*).

This verse is a continuation of the previous one. His glory will be revealed only after *every valley will be raised and every mountain and hill will be lowered*, i.e., when there is

*6 A voice says, 'Proclaim!' and [the prophet] asks, 'What shall I proclaim?' —*
*'All flesh is [like] grass, and all its kindness like a blossom in the field. 7 Grass*
*withers and blossom fades when the breath of* HASHEM *blows upon it; indeed*
*the people is grass. 8 Grass withers and blossom fades, but the word of our God*
*shall stand forever.'*

*9 Ascend upon a high mountain, O herald of Zion; raise your voice with*
*strength, O herald of Jerusalem! Raise it, fear not; say to the cities of Judah,*
*The herald of Zion* *'Behold, your God!' 10 Behold, my Lord,* HASHEM/ELOHIM, *will come with [a]*
*strong [arm], and His arm will dominate for Him; behold, His reward is with*
*Him, and His wage is before Him. 11 [He is] like a shepherd who grazes his*
*flock, who gathers the lambs in his arm, who carries them in his bosom, who*
*guides the nursing ewes.*

*God, the Creator* *12 Who measured the waters in His palm, gauged the Heavens with a span,*

a complete reorientation of values. What had been looked down upon and disdained must be elevated, and everything that had hitherto been honored as worshipful and delightful must be lowered (*R' Hirsch*).

**6-8. The prophet is told what to proclaim.** God's voice tells Isaiah to contrast the ephemeral nature of man with the eternity of God. No matter how kind a person is, his word cannot be treated as a firm commitment, for as soon as he dies his kindest promise cannot be fulfilled. [Additionally, man's promises are often negated by circumstances out of his control.] God, on the other hand, *shall stand forever* (*Rashi*).

*Mahari Kara* gives Scriptural examples of the eternity of God's promises. His angel promised Sarah that she would have a child in a year, and Isaac was born a year later, to the day. God told Abraham how long his offspring would suffer exile and subjugation, and the redemption from Egypt took place as promised, to the day. So, too, the promise of redemption from the final exile will take place exactly as it is ordained.

Alternatively, it refers to the nations that will accompany Gog and Magog. Most of them will die just as *grass withers and blossom fades.* Even if some of them have done kind deeds, this merit will not save them because their wickedness far outweighs *all [their] kindness* — but *the word of our God [to His prophets] shall stand forever* (*Radak*).

*Abarbanel* understands this as part of a sweeping historical vision. Since the era of prophecy ended soon after the destruction of the First Temple, many centuries will pass with no prophecy. Since the destruction was caused by the sins of Israel, people will assume that prophecy is gone forever, because Israel *withered and faded from the breath of* HASHEM*'s [harsh decrees] blowing on it,* so much so that no amount of kindness and observance of the commandments can bring about its resumption. In response, God tells Isaiah that the day will come when Israel will again merit prophecy. True, *grass withers and blossom fades, but the word of our God shall stand forever* and thus, Israel will not wither and fade and it will indeed be redeemed and hear the *word of God* again.

**9-11. The prophecy of redemption.** This prophecy should be proclaimed *with strength* from *upon a high mountain,* so that it can be heard from afar (*Metzudos*). *Fear not* — do not be afraid to proclaim such an optomistic message, for it will surely come true (*Ibn Ezra, Radak, Mahari Kara*).

**9.** מְבַשֶּׂרֶת צִיּוֹן . . . מְבַשֶּׂרֶת יְרוּשָׁלָםִ — *O herald of Zion . . . O herald of Jerusalem,* i.e., prophets who will herald the redemption of Zion [and Jerusalem] (*Targum, Rashi*).

*Radak* renders that Zion and Jerusalem, which are the holiest parts of *Eretz Yisrael,* are themselves the heralds. Thus: *Ascend upon a high mountain, O Zion, the herald; raise your voice with strength, O Jerusalem, the herald! Abarbanel* elaborates on this interpretation. When the Redemption restores Zion and Jerusalem as the center of Jewish life and holiness, their very restoration will serve as a proclamation to the rest of the nation that the exile and its rigors are ended for good. The verse specifies *Judah* because it is the tribe of the Messianic dynasty.

**10.** בְּחָזָק יָבוֹא. . .הִנֵּה שְׂכָרוֹ אִתּוֹ — *Will come with [a] strong [arm]. . . behold, His reward is with Him.* God will come with a strong arm of retribution against the nations [that oppressed and weakened Israel in exile (*Abarbanel*)], and He will bring reward for the righteous (*Rashi*).

Alternatively, שְׂכָרוֹ is rendered more literally: *his wages* that are *with him,* which refers to the shepherd in the next verse (*Abarbanel*).

**11.** כְּרֹעֶה עֶדְרוֹ יִרְעֶה — *[He is] like a shepherd who grazes his flock.* God is like a shepherd who grazes *his own* sheep; his *wages* depend on how well he manages *his flock,* therefore he takes special care of them (*Abarbanel*).

A good shepherd must tend to the individual needs of each animal. For this reason, God tested two of our greatest leaders — Moses and David — by making them shepherds and observing how they cared for their flocks (*Akeidas Yitzchak* 35).

**12-17. The almighty power of Hashem.** Isaiah turns to the nations of the world and tells them not to be surprised that God can [keep His promise (*Rashi*) and] free the people of Israel from so many years of servitude to them. That He

יג וְכָל בַּשָּׁלִשׁ עֲפַר הָאָרֶץ וְשָׁקַל בַּפֶּלֶס הָרִים וּגְבָעוֹת בְּמֹאזְנָיִם: מִי־תִכֵּן אֶת־רוּחַ
יד יְהוָה וְאִישׁ עֲצָתוֹ יוֹדִיעֶנּוּ: אֶת־מִי נוֹעָץ וַיְבִינֵהוּ וַיְלַמְּדֵהוּ בְּאֹרַח מִשְׁפָּט וַיְלַמְּדֵהוּ
טו דַעַת וְדֶרֶךְ תְּבוּנוֹת יוֹדִיעֶנּוּ: הֵן גּוֹיִם כְּמַר מִדְּלִי וּכְשַׁחַק מֹאזְנַיִם נֶחְשָׁבוּ הֵן
טז־יז אִיִּים כַּדַּק יִטּוֹל: וּלְבָנוֹן אֵין דֵּי בָּעֵר וְחַיָּתוֹ אֵין דֵּי עוֹלָה: כָּל־הַגּוֹיִם
יח כְּאַיִן נֶגְדּוֹ מֵאֶפֶס וָתֹהוּ נֶחְשְׁבוּ־לוֹ: וְאֶל־מִי תְּדַמְּיוּן אֵל וּמַה־דְּמוּת תַּעַרְכוּ־לוֹ:

## רש"י

**וכל בשליש.** ומדד בשלישיות, שליש מדבר, שליש ישוב, שליש ימים ונהרות. לשון אחר, בשליש מגודל עד אמה שלישי לאצבעות. ומנחם פירש שהוא שם כלי; וכן, וַתַּשְׁקֵמוֹ בִּדְמָעוֹת שָׁלִישׁ (תהלים פ, ו): **ושקל בפלס הרים.** הכל לפי הארץ; הר כבד תקע בארץ קשה, והקלים בארץ רכה: (יג) **מי תכן.** את רוח הקודש בפי הנביאים? ה' תכנו, וכדאי הוא להאמן: **ואיש עצתו יודיענו.** רוחו, כן תירגם יונתן. ולפי משמעו ואיש עצתו מוסב לראש המקרא; מי תכן את רוחו ומי איש עצתו, אשר יודיענו להקדוש ברוך הוא עצה: (יד) **את מי נועץ ויבינהו.** את מי מן העכו"ם נועץ כמו שנועץ עם הנביאים? כמו שנאמר באברהם, וַה' אָמָר הַמְכַסֶּה אֲנִי מֵאַבְרָהָם (בראשית יח, יז) וגו': **ויבינהו וילמדהו באורח משפט.** את מי מן העכו"ם עשה כן, שלמדו חכמה כמו שעשה לאברהם? שנתן לב להכירו מאליו ולהבין בתורה; שנאמר, וַיִּשְׁמֹר מִשְׁמַרְתִּי (בראשית כו, ה). ואומר, לְמַעַן אֲשֶׁר יְצַוֶּה וגו' (בראשית יח, יט). וכליותיו היו נובעות חכמה; שנאמר, אַף לֵילוֹת יִסְּרוּנִי כִלְיוֹתָי (תהלים טז, ז), (את מי נועץ ויבינהו. האיש להקדוש ברוך הוא? הן כל גוים לפניו כמר מדלי ואיך ילמדו לו): (טו) **הן גוים כמר מדלי.** העכו"ם המאמינים להכיר את בוראם, ואין חשובין לו להעמיד מהם לנביאים לגלות סודו: **כמר מדלי.** כטיפה מרה המטפטפת משולי הדלי ומשקע טנופת המים ורוקבין העץ. לימוניד"א בלע"ז: **וכשחק מאזנים.** שהנחושת מעלה טיפוס ומשתחק: **כדק.** אבק דק: **יטול.** כאבק הנישא ועולה על ידי רוח כדק אשר ינטל: (טז) **אין די בער.** על מזבחו: **וחיתו.** של לבנון, אין די עולה. דבר אחר, ולבנון אין די בער וגו' לכפר על עון האומות: (יז) **כאין נגדו.** כאין הם בעיניו ואין חשובין לפניו:

## רד"ק

והוא על דרך משל, כי אין לו יד ואגרוף יתברך ויתברך. ופירוש מדד, לפי שהמים במקום מקוה, כאדם שמודד מים ונותן בתוך כלי שידע מידתן, כן שם האל המים במקומם וידע מידתן. והשמים לפי שהם שטוחים אמר בם מדת הזרת, כי דבר השטוח ימדד אותו בזרת ובקנה. ואמר תכן, מפני השטח שצריך תקון; כמו שכתוב, וַיִּמְתָּחֵם כָּאֹהֶל לָשָׁבֶת (לקמן פסוק כב): **וכל.** פירוש ומדד, תרגום וַיָּמֹדּוּ בָעֹמֶר (שמות טז, יח) וְכָלוּ בְעָמְרָא, בשליש. מדה גדולה, וכן בִּדְמָעוֹת שָׁלִישׁ (תהלים פ, ו): **בפלס.** הוא מטה הברזל שהוא מסומן בנקודות לדעת בהם המשקל: **מאזנים.** ידוע. ואמר וכל בשליש עפר הארץ הוא כאלו הוא מדוד אצלו, וכן ההרים והגבעות כאלו הן שקולים אצלו; וכולם בראם בשיעור טוב ומדה נכונה; כמו, שאמר וַיַּרְא אֱלֹהִים אֶת כָּל אֲשֶׁר עָשָׂה וְהִנֵּה טוֹב מְאֹד (בראשית א, לז). ומי שעשה כל זה בלי עוזר יוכל להוציא ישראל מיד חזקים מהם. וזכר מארבע יסודות השלש, כי שמים זכר במקום יסוד האש כי הם לדעת רבים מיסוד האש. ואפילו יהיה יסוד חמישי כדברי ארסטו, זכרן במקום יסוד האש לפי שהוא סמוך לגלגל הלבנה, ולא זכר יסוד הרוח לפי שאיננו נראה, ואף על פי שהוא מורגש. וענין הפסוק לא נאמר אלא כנגד הסכלים שהם לא יאמינו אלא מה שיראו; לפיכך זכר שלש היסודות הנראים. אבל החכמים לא יתמהו בזה אם יוציא האל ישראל מהגלות כי ידעו בחכמתם כי לא קצרה יד השם מהושיע. ויש מפרשים כי זכר גם כן הרוח, והוא מי תכן את רוח ה'; כי מפרשים מלת ה' תשובה לשאלה ואינו נסמך רוח אל ה'. והחכם רבי אברהם אבן עזרא פירש על זה בענין סמוך; כמו, וְרוּחַ אֱלֹהִים מְרַחֶפֶת (שם פסוק ב). ולפי דעתי כי שמים שזכר הוא במקום שני היסודות העליונים, כי שמים במקום יסוד האש כמו שפירשנו, וכן במקום יסוד האויר כי נקרא שמים; כמו שכתוב, וַיִּקְרָא אֱלֹהִים לָרָקִיעַ שָׁמָיִם (שם פסוק ח). וסמך השלש לעצמו, שאמר בשעלו ובזרת לפי שהם עליונים. ואף על פי שהמים תחתונים פעמים יעלו כמו העבים, אבל יסוד העפר שהוא התחתון שבהם והכבד סמוך אותו לדבר חוץ מעצמו בשליש ובפלס ובמאזנים; ואף על פי שזה וזה דרך משל כמו שפירשנו: (יג) **מי תכן את רוח ה'.** כשעשה כל זה, מי תכן את רוחו; כמו, וְנַפְשׁוֹ אִוְּתָה וַיָּעַשׂ (איוב כג, יג)., אין מלאך וכל שכן אדם שיתקן את רוחו ושיודיעהו עצתו כשעשה העולם ואמר לו כן תעשה. וכן אמר נוטה שמים לבדו, ומי שזכר, עומד במקום שנים; כאלו אמר, ומי איש עצתו יודיענו, וכפל הענין עוד ואמר: (יד) **את מי נועץ ויבינהו.** בארח משפט. פירוש בדרך תכונת העולה מי למדהו, וכן וארמון על משפטו ישב פירוש על תכונתו, וכן כמשפט הראשון והדומים להם: (טו) **הן גוים.** ואחר שכל זה עשה מאין עוזר ומאין מלמד, איך יוכלו הגוים למונעו מהוציא ישראל מתוכם? והלא כולם הן לפניו כמו הטפה מדלי שהוא דבר מועט כנגד מי הדלי. וזכר הדלי לפי שהטיפה נופלת מהדלי כששואבין: **או כשחק מאזנים.** שהוא דבר מועט מן המעט, כי בנפיחה מעוטה יצא העפר הדק ההוא אשר במאזנים: **הן איים כדק יטול.** כשירצה, כל האיים ישאם ויטלם ויהפכם כמו הדבר הדק. ויונתן תרגם, הָא נַגְוָתָא כְּדוּקָא דְפָרַח. פירוש יטול פעל עומד, אם כן הוא מבנין נפעל משרש טול, וכן כתבו רבי יהודה חיו"ג: (טז) **ולבנון.** לגוים שחושבים עלי ואומרים שאין לי יכולת להוציא ישראל מידם, לא יכופר להם בשום עולה שיקריבו לפני, אחר שיראו שאוציאם ויתחרטו במה שאמרו. כל עצי הלבנון להדליק אש וכל חית הלבנון לשרפה לעולה לפני לא יספיקו להם. ומה

## מצודת דוד

(יג) **מי תכן.** מי הכין רצונו של מקום? רצונו לומר, מי הטה רצון המקום אחר דעתו? **ואיש.** מוסב על מלת מי, לומר, מי הוא האיש אשר המקום יודיענו עצתו? (יד) **את מי.** עם מי נתייעץ ומי השכילו בינה ומי למדו ללכת בדרך משפט ומי למדו דעת ומי הודיעו דרך תבונות? וכפל הדבר פעמים הרבה לתפארת המליצה: (טו) **הן גוים.** גבורת העכו"ם נחשב למולו כטפה המרה הנוטף משולי הדלי, שהוא דבר מועט מול מימי הדלי: **וכשחק מאזנים נחשבו.** בעיני המקום חשובים הם כאבק הנשחק מעפוש מאזני נחושת אשר יוצאים ממנה בנפיחה קלה: **הן איים.** איי הים ישליך כאבק דק, וכאומר, ואם כן הוא, איך יעמדו למולו למחות בידו מלהוציא את ישראל מתוכם? (טז) **ולבנון.** לפי רוב גדלו אין די בעצי יער הלבנון להבעיר בהם האש על מזבחו, ואין די בחיות הלבנון להקריבם עולות לפניו: (יז) **כאין.** כלא דבר: **נחשבו לו.** למולו נחשבים כאלו המה מאפס ותוהו: (יח) **ואל מי.** אל מי מהדברים תדמו את המקום ומהו הדמיון אשר תשוו לו, וכפל הדבר במילים שונות:

## מצודת ציון

**וכל.** ענין מדידה; וכן, וַיָּמֹדּוּ בָעֹמֶר (שם טז, יח); תרגם אונקלוס וְכָלוּ, בשליש. שם מדה גדולה; וכן, וַתַּשְׁקֵמוֹ בִּדְמָעוֹת שָׁלִישׁ (תהלים פ, ו): **בפלס.** כן נקרא מטה המשקל המסומן לדעת משקל הדבר הנשקל; וכן, פֶּלֶס וּמֹאזְנֵי מִשְׁפָּט (משלי טז, יא): **במאזנים.** הוא כף המשקל: (טו) **כמר מדלי.** הכלי ששואבים בו מים נקרא דלי; וכן, וַתָּבֹאנָה וַתִּדְלֶנָה (שמות ב, טז); ורצונו לומר, שאיבה עם הדלי. והטפה הנופלת מאחורי הדלי היא מרה בעבור עפוש הדלי מאחוריו, וכשחק. מלשון שחיקה וטחינה; כמו, וְשָׁחַקְתָּ מִמֶּנָּה הָדֵק (שם ל, לו), כדק. כאבק דק: **יטול.** ישליך; וכן, וַיָּטִלוּ אֶת הַכֵּלִים (יונה א, ה): (טז) **ולבנון.** שם יער בארץ ישראל: **בער.** מלשון הבערה ומוקד, (יז) **מאפס.** דבר שאין בו ממש: **ותוהו.** ענין ריקות: (יח) **דמות.** מלשון דמיון: **תערכו.** מלשון ערך ושווי:

*measured in a huge vessel the dust of the earth, and weighed mountains with a scale and hills with a balance?*
13 *Who can prepare the spirit of* HASHEM*, His man of counsel who informs Him?*
14 *From whom did He seek counsel? [Who] gave Him insight? [Who] taught Him about the path of justice? [Who] taught Him wisdom? [Who] explained the way of knowledge to Him?*
15 *Behold, all the nations are like a drop from a bucket and are reckoned like the dust rubbing off a scale; behold, He will cast away the islands like dust.*
16 *The Lebanon is insufficient kindling, and its beasts are insufficient elevation-offerings.*
17 *All the nations are like nothing before Him; as nothingness and emptiness are they reckoned by Him.*
18 *To whom can you liken God, and what likeness can you attribute to Him?*

**רד״ק**

שאמר לבנון, דבר על ההוה, לפי שהוא יער בארץ ישראל: **(יז) כל הגוים מאפס.** פחות מאפס, על דרך המה מהבל יחד: **(יח) ואל מי.** אתה חושבים כי כמו שהאלוהות שלכם אין בהם כח להציל כך הוא האל חלילה, שתדמו או תערכו אותם לו; כי הפסל שאתם עושים אלוה מעשה ידי אדם הוא:

has the power to do so is shown by the rest of the chapter (*Radak*).

Alternatively, after so many centuries of enfeeblement from serving the nations, it would seem impossible for the Jewish people to free themselves from their exile and return to their own land. Nevertheless, since it is God Who wages war for them, it is no wonder that He can do as He wishes (*Abarbanel*).

**13. מִי־תִכֵּן אֶת־רוּחַ ה׳** — *Who can prepare the spirit of* HASHEM. Alternatively, *Who prepared* (הֵכִין) *the spirit* of prophecy in the mouths of the prophets? Hashem! Therefore we must trust His wisdom (*Targum, Rashi*). Or, *Who prepared the Will of* HASHEM*?* i.e., which person or angel can claim to dictate to God what He should do? The next phrase of the verse repeats this thought in other words (*Radak, Metzudos*).

Others render רוּחַ not as *spirit,* but as *wind*: *Who prepared the wind. Who moderates the wind* that it not blow too strongly and dangerously? Only HASHEM has the wisdom and the power to do it (*Mahari Kara*). This illustrates God's control of even the seemingly random phenomena of nature.

**וְאִישׁ עֲצָתוֹ יוֹדִיעֶנּוּ** — *His man of counsel who informs Him.* Who is wise enough to advise God on what He should do? (*Rashi*). This refers to Moses, whom God informed through His Torah the reasons for what He did (*Abarbanel*).

According to *Abarbanel*, the word רוּחַ refers to the higher spiritual beings, such as the angels. The verse asks rhetorically, Who regulated and balanced the upper and lower beings? Only Hashem. And who taught us that Hashem is the One Who created and controls them? Moses, *His man of counsel*, whom Hashem chose to receive the Torah and transmit it to us.

How can mortal, insignificant man hope to understand why God permits the wicked to prosper or why He uses them to carry out His designs for the World? (*R' Schwab*).

**14. אֶת־מִי נוֹעָץ** — *From whom did He seek counsel?* From whom among the idolaters did He seek counsel, as He did from Abraham regarding Sodom? [see *Genesis* 18:17] (*Rashi*). Alternatively, *From whom did He seek counsel* when He created the world? (*Ibn Ezra*).

**וַיְבִינֵהוּ וגו׳** — *[Who] gave Him insight. . .* The translation follows *Radak* and *Metzudos*. Alternatively, *[To whom among the idolaters] did He give insight,* as He did to Abraham (*Rashi*).

**⊰ Isaiah turns to the value of the nations.**

**15. הֵן גּוֹיִם כְּמַר מִדְּלִי** — *Behold, all the nations are like a drop from a bucket.* Like a bitter *drop* [מַר] from the bottom of a bucket (*Rashi, Ibn Ezra, Mahari Kara*), which is insignificant in relation to the rest of the water in the bucket (*Radak, Metzudos*). The rest of the verse is full of other similes about their insignificance.

**16. וּלְבָנוֹן אֵין דֵּי בָּעֵר וְחַיָּתוֹ אֵין דֵּי עוֹלָה** — *The Lebanon is insufficient kindling, and its beasts are insufficient elevation-offerings.* All the trees of the Lebanon, i.e., all the trees of the world (*Ibn Ezra, Mahari Kara*), and all its animals are insufficient for the sacrificial offerings that are needed to atone for the sins of the nations (*Rashi*). Specifically, to atone for the sin of saying that God does not have the power to liberate Israel from exile (*Radak*).

Alternatively, *Lebanon* refers to Jerusalem (see above, comm. to 35:2), and the *beasts* are its inhabitants. Was it not sufficient for the nations to see them burn to realize that I could visit destruction on them as well? They are like nothing before Him, since they were so much worse in their idolatry (*Abarbanel*).

**17. כָּל־הַגּוֹיִם כְּאַיִן נֶגְדּוֹ מֵאֶפֶס וָתֹהוּ נֶחְשְׁבוּ־לוֹ** — *All the nations are like nothing before Him; as nothingness and emptiness are they reckoned by Him.* This verse summarizes the insignificance of the nations before God.

Hirsch has a novel interpretation of this verse based on the words נֶגְדּוֹ, lit., *against Him*, and נֶחְשְׁבוּ לוֹ, lit., *reckoned to Him.* As long as they are *against Him* they *are like nothing;* only when they are *to Him*, or His, *are they reckoned* as wothwhile.

**18-26. The contrast between Hashem and idols.** Isaiah asks incredulously how the idolaters could mistake their

יט־כ הַפֶּ֫סֶל נָסַךְ חָרָשׁ וְצֹרֵף בַּזָּהָב יְרַקְּעֶנּוּ וּרְתֻקוֹת כֶּסֶף צוֹרֵף: הַמְסֻכָּן תְּרוּמָה

כא עֵץ לֹא־יִרְקַב יִבְחָר חָרָשׁ חָכָם יְבַקֶּשׁ־לוֹ לְהָכִין פֶּסֶל לֹא יִמּוֹט: הֲלוֹא

תֵדְעוּ הֲלוֹא תִשְׁמָעוּ הֲלוֹא הֻגַּד מֵרֹאשׁ לָכֶם הֲלוֹא הֲבִינוֹתֶם מוֹסְדוֹת

כב הָאָרֶץ: הַיֹּשֵׁב עַל־חוּג הָאָרֶץ וְיֹשְׁבֶיהָ כַּחֲגָבִים הַנּוֹטֶה כַדֹּק שָׁמַיִם

## רש״י

**(יט) נסך.** לו מסכה: **נסך חרש.** חרש של ברזל נוסכו מברזל או מנחושת ואחר כך הצורף מרקעו בטסי זהב ומצפהו מלמעלה: **ורתקות.** שלשלאות: **(כ) המסכן תרומה.** או אם בא לעשותו של עץ המלומד להבחין בין עץ המתקיים לשאר עצים שלא ירקב מהר יבחר. המסכן, המלומד, כמו, הַהַסְכֵּן הִסְכַּנְתִּי (במדבר כב, ל). תרומה, הפרשה, ברירת העצים: **(כא) הלא תדעו.** מוסדות הארץ מי יסדה, ואותו היה לכם לעבוד: **(כב) חוג.** לשון, וּבַמְּחוּגָה (לעיל מד, יג). טוגל קומפ״ש בלע״ז: **ויושביה.** לפניו כחגבים: **כדוק.** כיריעה, טייל״א בלע״ז:

## רד״ק

**(יט) הפסל נסך.** ענין כסוי, כלומר שעושה הפסל מאבן או מעץ ואחר כך מכסהו בזהב או בכסף. או פירוש נסך, ענין התכה, וענינו על הכסף ועל הזהב: **ירקענו.** כמו, וַיְרַקְּעוּ אֶת פַּחֵי הַזָּהָב (שמות לט, ג): **ורתוקות כסף.** שלשלאות כסף; כמו, עֲשֵׂה הָרַתּוֹק (יחזקאל ז, כג); ואם אינו, ממשקלו: **צורף.** הצורף נותן בו שלשלאות של כסף, ויונתן תרגם, וְשַׁלְשְׁלַן דִּכְסַף קֵינָאָה מְאָחֵיד לֵיהּ: **(כ) המסכן תרומה.** מסכן; כמו, יֶלֶד מִסְכֵּן (קהלת ד, יג); כי זכר למעלה זהב וכסף והם העשירים שעושים הפסילים בזהב ובכסף. אבל הענין שלא יוכל לעשות בזהב ובכסף יבחר לו עץ טוב שלא ירקב, וממנו יעשה פסלו כל כך הוא בטחונם בפסל: **(כא) הלא תדעו.** אמר כנגד עובדי הפסל, איך תוכלו לטעות בזה ולעבוד הפסל? וכי הוא אדון העולם? הלא תדעו מדעתכם מי הוא אדון העולם. ואם לא תדעו זה מדעתכם, הלא תשמעו ממה שקוראים בספרים. ואם לא זה וזה הלא הגד מראש לכם והיא הקבלה. לא שמעתם דרך קבלה שהיא מראש מימים קדמונים? כי באלה השלש ידע האדם, או יבין מעצמו, או ילמד ממי שילמדהו, או ישמע מן המגידים דרך קבלה. וחזר ואמר, הלא הבינותם מוסדות הארץ, כלומר, אם יש לכם דעת להבין, תוכלו להבין ממוסדות הארץ. ונאריך מעט בזה הענין ונאמר, כי העובדי הפסילים אינם חושבים שהאבן ההיא או העץ ההוא או הזהב או הכסף ברא את העולם ושהוא אדון העולם. לא יעלה על הדעת שיש סכל בעולם שיאמין זה. אלא הפסילים נעשו מתחילה לשם כוכב מן הכוכבים או צורה מן הצורות העליונות. דמו העושים מתחילה שהם מורידים כח הכוכב ההוא על הצורה ההיא, ושעובד הצורה כאלו עובד את הכוכב; והכוכבים מנהיגים העולם התחתון אם כן ראוי לעבדם. עד שנשתקע דבר זה בלבות בני אדם לעבוד את הצורות, ולא נתנו לב למה שעשו בתחילה, אלא חושבים שהצורה הזאת הנעשית מאבן או מעץ, או משום דבר, כיון שנעשית בצורה הזאת מטיבה ומריעה ואחרים בצורה אחרת. והנה הראשונים טעו בדעתם, והאחרונים טעו מבלי דעת. ועל זה היו מוכיחים אותם הנביאים; כמו שאמר, וְלֹא יָשִׁיב אֶל לִבּוֹ וגו׳, חֶצְיוֹ שָׂרַפְתִּי בְמוֹ אֵשׁ וגו׳ (לקמן מד, יט). וכן אומר מִמְּקוֹמוֹ לֹא יָמִישׁ (לקמן מו, ז). וכן אמר, יִשְׁמָעוּ אַף לָהֶם וְלֹא יְרִיחוּן וגו׳ (תהלים קטו, ו). נראה שהם היו חושבים כי הצורות ההם ייטיבו ויריעו, והיו מקריבים להם ומנסכים ומקטירים להם, ולא נתנו אל לבם שיש לעולם בורא והוא מנהיג העולם ומטיב לטובים ומריע לרעים, אלא העולם הוא כמו שהוא היה ויהיה מאין בורא ומאין מנהיג כמו הדבר שיפול במקרה. והדברים האלה שאנחנו עובדים ומכבדים, כן עשו אבותינו ובעבודה זו היו מצליחים, וכן אנחנו אחריהם. וכן חשבו בדברים רבים ובמעשים שיעשו אותם. ואומר שהדבר ההוא יועיל או יזיק יחלה או יבריא ואין הדברים ההם לא מדרך חכמה ולא מדרך רפואה ולא מדרך כת מן הכתות הידועים, אלא כמו שהורגלו דור אחר דור. וחושבים כי הדברים ההם הם עקר, ואין לדרוש בורא או מנהיג או מכוין. ואלו הם דרכי האמרי שזכרו רבותינו זכרונם לברכה. ומי שהוא משתדל בדעות להבין העולם בכלל ובפרט, יבין כי לעולם מנהיג ואליו ראוי לדרוש. לפיכך אמר הנביא כנגד עובדי הפסל, הלא הבינותם מוסדי הארץ, כלומר אם יש בכם דעת להבין תוכלו להבין ממוסדי הארץ ומהשמים כמו שאמר הנוטה כדוק שמים וכמו שאמר גם כן אחר זה מן הככבים. אמר הנביא, מכל זה תוכלו להבין כי בורא יש לעולם שמנהיגו ובראו בסדר מסודר, לא נפל כך במקרה. ומוסדות הארץ הם ארבע יסודות האש והרוח והמים והעפר וכל הנבראים אשר בארץ הם מארבע יסודות אלה נמזגים ובין היסודות האלה מחלוקת וטבעם משונה זה מזה. והנה האש חם ויבש, והמים בהפך, קרים ולחים. ושניהם כדורים זה על זה, והאויר שביניהם לא ימנע האש ולא המים מלעבור בתוכו. אם כן שם גבול לאש שלא ירד ממקומו ולמים שלא יעלו ממקומם עד שיפגשו זה בזה, ונמצא מחלוקת ביניהם וינצח הגובר. כמו שאנו רואים באש ובמים אשר בינינו כשיפגשו זה בזה. אם כן מי יוכל לומר שזה היה במקרה בלא הנהגת מנהיג ששם טבע באש שלא ירד אלא יעלה, ובעלותו גם כן שם לו גבול ולא יוכל לעלות אלא עד גלגל הלבנה, כי שם גלגל הלבנה חזק בטבעו מגלגל האש שלא יוכל אש לעוברו אף על פי שטבעו הוא לעלות. וכן שם טבע במים לרדת ולא לעלות ובירידתן גם כן שם גבול ולא ירדו אלא עד הארץ, כי שם לארץ טבע חזק וקשה לעמוד כנגד המים שהם לחים ורכים והארץ יבשה ולא יעברוה המים. וכן שם האויר בין האש ובין המים להפריד ביניהם, לפיכך האויר חם ולח דומה בחומו לאש ובלחותו למים. ומי יאמר שהיה כל זה אלא במסדר חכם שם כל אחד מהם בסדר שיוכל לעמוד וכל אחד יעמוד בסדרו ולא ישתנה לעולם. ודבר שהוא במקרה לא יהיה על סדר אחד קיים אלא פעם יהיה כך ופעם יהיה כך. ועוד, שהארבע יסודות הם נמזגים בגוף אחד חי וזה כנגד זה וטבעו בהפך חברו, ואיך יעמוד הגוף שהם בו בשלום? אלא שיש מסדר ומנהיג סדרם בדרך שלא יגבר האחד על חברו ויעמידו ארבעתם כאחד הגוף עד עת

## מצודת דוד

**(יט) הפסל.** וכי תדמו לו את הפסל אשר האומן התיכו ממתכת והצורף ירדד עליו את הזהב ממעל והצורף יעשה בו שלשלאות כסף למושכו בהם כי ממקומו לא ימיש: **(כ) המסכן.** העני מלהפריש מכספו על הפסל כמו העשירים. הנה יבחר מבין העצים עץ חזק אשר לא ירקב, ויבקש לו חרש חכם להכין לו ממנו פסל חזק שלא ימוט, רצונו לומר, שלא יתפרדו חלקיו זה מזה. וכאומר אם מהצורך לחזקו לבל יתפרדו חלקיו, איך ידמה לעליון: **(כא) הלא תדעו.** משיקול הדעת תוכלו לדעת מי הוא אדון העולם: **הלא תשמעו.** מן המורה והמלמד אשר חקר מדעתו: **הלא הוגד.** מן הקבלה איש מפי איש המקובל אצלו מראש, רצונו לומר, מימים קדמונים: **הלא הבינותם וכו׳.** הלא תוכלו להבין יסודות הארץ מה המה. וכאומר, הלא אין לה יסוד, כי השמים מקיף אותה מסביב, ועל מה עומדת אם לא בגזירת המקום: **(כב) היושב וכו׳.** הלא הוא יושב על השמים המסבבים את הארץ, ויושבי הארץ המה בעיניו כחגבים. ואחז במשל מדרך האדם היושב ממעל שכל מה שמתחת לו נדמה בעיניו לקטן: **הנוטה.** הלא הוא הנוטה את השמים כאדם הנוטה קרום כל שהוא:

## מצודת ציון

**(יט) הפסל.** כן נקרא הצורה הנעבדת: **נסך.** ענין התכה; וכן, אֱלֹהֵי מַסֵּכָה (שמות לד, יז): **חרש.** אומן: **ירקענו.** ענין שטיחה ורדוד; כמו, כֶּסֶף מְרֻקָּע (ירמיה י, ד): **ורתקות.** שלשלאות; כמו, עֲשֵׂה הָרַתּוֹק (יחזקאל ז, כג): **(כ) המסכן.** העני והדל; כמו, טוֹב יֶלֶד מִסְכֵּן (קהלת ד יג): **תרומה.** הפרשה: **ימוט.** מלשון נטיה וקלקול: **(כב) חוג הארץ.** כן יקראו השמים, והוא מושאל מעגול הנעשה במחוגה, שמעמידים אחד מרגלי המחוגה במקום אחד ובהשני מקיף מסביב, ומקום מעמד הרגל נקרא נקודה האמצעית, והסבוב נקרא חוג; וכן השמים מקיפים הארץ, והם לה לחוג: **כדוק.** ענין קרום; כמו, אוֹ גִבֵּן אוֹ דַק (ויקרא כא, כ):

*Foolishness of idolatry*

*19 [To] the idol cast by a blacksmith, [that] a goldsmith overlays with gold and a*
*silversmith with silver chains? 20 The poor man [makes a] selection; he chooses*
*wood that will not rot, he seeks for himself a wise woodworker to prepare an*
*idol that will not fall apart. 21 Do you not realize? Have you not heard? Has it*
*not been told to you from the beginning? Have you not contemplated the foun-*
*dations of the earth? 22 It is He Who sits on the circumference of the earth, with*
*its inhabitants like grasshoppers; Who spreads the heavens like a thin curtain,*

**רד״ק**

יבא קצו. וגם בגופות המתים כגון האבנים והמתכות הם נמזגים ארבעתם בכל אחד ואחד כפי משפטו. והנה העולם בכללו כמו בית בנוי והשמים כמו התקרה על הבית והככבים כנרות בבית, וצמחי הארץ כשלחן ערוך בבית. ובעל הבית שבנה הבית הוא האל יתברך בעולם, והאדם בעולמו כמו הפקיד בבית, אשר נתן בידו כל עניני הבית, והוא לא ראה בעל הבית בעיניו, אלא שגדל באותו הבית ואמרו לו שאביו היה פקיד בזה הבית והוא גם כן יהיה כן אחריו. ואם הפקיד בעל שכל, ידרוש לבעל הבית מי הוא, כדי שיבא לפניו תמיד וכדי שלא יחטא בפקודתו. כי יודע הוא כי לזמן קרוב או רחוק יבא לחשבון עמו על פקידתו, וחושב בלבו כאלו בעל הבית על ראשו תמיד ונותן עיניו בו ובמעשיו. ואם עשה מעשיו בשכל ימצא חן בעיני בעל הבית, ואם ימצא בו רעה יעבירנו מפקידתו. והפקיד הסכל לא יעשה זה, אלא כיון שרואה עצמו פקיד יעשה בו כרצונו וכתאות לבו. לא ישגיח אל בעל הבית מי הוא, ואומר בלבו כיון שאינני רואה בעיני כי יש לבית זה בעלים, מי יביאני לחשוב זה שיש לו בעלים; אלא אוכל ואשתה מה שאני מוצא בבית הזה ואעשה בו כלבבי בעוד שאני מוצא; אינני חושש אם יש בעל בית אם איננו. וכשיוודע זה לבעל הבית, בא ומוציאו מן הבית בדחיפה ובקצף גדול. כן האל יתברך הוא אדון העולם, ושם האדם פקיד בעולם התחתון. ואם נותן אל לבו שיש אדון בעולם והוא הוא שנתנו פקיד בעולם, ייירא ממנו כעבד שירא מאדוניו, כי יראה בשכלו כי אי אפשר לזה העולם מבלי אדון המנהיג ומסדר ימצא חן בעיני האדון. ואם הוא סכל ולא ישיב אל לבו לא דעת ולא תבונה, ואמר בלבו אינני חושש אם יש אדון אם אין אדון כי בשרירות לבי אלך ובכח לבי אעשה כתאות לבי, האל טורדו ועוקרו מן העולם ומונע הכח והיכולת ממנו. לפיכך אמר אחר זה הנותן רוזנים לאין וגו׳, יראה להם שהוא אדון בעולם מוריש ומעשיר משפיל אף מרומם: **(כב) היושב.** כאלו אמר על השמים כי הם חוג הארץ, כמו שיעשה אדם במחוגה העגולה. כי למחוגה יש שתי אצבעות, האחת יעמוד ובשנית יקיף העגולה. והנה הנקודה בתוך העגולה, והארץ כמו הנקודה, כי היא התחתון שבעגולה והשמים סביב הארץ כמו העגולה. ואמר היושב דרך משל, כי אין לו מקום יתעלה מכל דמיון; אלא כאדם היושב על מקום גבוה מאד ומביט במקום השפל ידמה לו הדבר הגדול קטן. לפיכך אמר ויושביה כחגבים; כמו שאמר, וַנְּהִי בְעֵינֵינוּ כַּחֲגָבִים וְכֵן הָיִינוּ בְּעֵינֵיהֶם (במדבר יג, לג). ויונתן תרגם, דְאַשְׁרֵי בִתְקוֹף רוּמָא שְׁכִינַת יְקָרֵה, תרגם היושב כמו המושיב. ואלה השמים שהם חוג הארץ, הוא נוטה אותם. וכפל הענין במלות שונות, כי וימתחם כמו הנוטה, וכאהל כמו הדוק; כי פירוש דוק יריעה

man-made toys for the omnipotent God. How can anyone fail to realize that the world in all its grandeur must have a Creator?

**18-19.** וְאֶל־מִי תְּדַמְּיוּן אֵל. . .הַפֶּסֶל נָסַךְ חָרָשׁ וְצֹרֵף בַּזָּהָב יְרַקְּעֶנּוּ — *To whom can you liken God . . . [To] the idol cast by a blacksmith, [that] a goldsmith overlays with gold?* Isaiah ridicules the idolaters. You, who doubt God's ability to fulfill His promises, speak of Him as if He were a physical being whose power is limited. You wonder what He can do and what He cannot do, what does He desire and what does He not desire, and can He change His preferences, and so on. All of this foolishness is because you *liken* Him to a physical being, except that He is more exalted than ordinary people. Therefore you try to fashion an idol to represent Him. But Hashem is not comparable to any idol. He has no image or likeness whatsoever; He is pure and exalted spirituality. No physical being can be compared to Him or can symbolize Him (*Malbim*).

**20.** הַמְסֻכָּן תְּרוּמָה עֵץ לֹא־יִרְקַב יִבְחָר — *The poor man [makes a] selection; he chooses wood that will not rot.* The poor man, who cannot afford an ornate idol of v. 19, chooses wood (*Radak*). Others interpret: *The expert* (*Rashi*) or *the curator* (*Ibn Ezra*) *makes a selection.*

**21.** הֲלוֹא הֲבִינֹתֶם מוֹסְדוֹת הָאָרֶץ — *Have you not contemplated the foundations of the earth?* And if you have, do you not realize that it is He Whom you should serve? (*Rashi*).

*Radak* provides a lengthy discourse on idol worship and its origins. No idolater ever believed that a piece of stone, wood, silver, or gold created the world and is the Master of the Universe. No one could be so foolish. Rather, idols were originally made as representations of a heavenly power, with the intention that serving the idol would, in effect, be serving that Divine power (see *Abarbanel*). In the course of time, it became habitual to serve the graven images without paying attention to the original intention. Worshipers began to believe that the form into which the stone, wood, or metal was made had some intrinsic power to aid or harm. They would offer sacrifices, pour wine libations, and burn incense to them, without paying heed to their Creator; they merely thought that just as their ancestors performed these actions and were successful, the same would apply to them. There was no logic to the service, and certainly no scientific basis. Rather, it was service out of habit, generation after generation. In essence, the earlier generations erred in their understanding, while the later generations erred from lack of understanding. The prophets reprimanded them for this behavior, and this section is an example of such reproof.

**22.** הַיֹּשֵׁב עַל־חוּג הָאָרֶץ וְיֹשְׁבֶיהָ כַּחֲגָבִים וגו׳ — *It is He Who sits on the circumference of the earth, with its inhabitants like grasshoppers. . .* Over 900 years ago, *Ibn Ezra* used this verse as proof that the earth is round.

If you imagine God as sitting in heaven — *on the circumference of the earth* — then, by extension, to Him, *its inhabitants*

כג־כד וַיִּמְתָּחֵם כָּאֹהֶל לָשָׁבֶת: הַנּוֹתֵן רוֹזְנִים לְאָיִן שֹׁפְטֵי אֶרֶץ כַּתֹּהוּ עָשָׂה: אַף בַּל־
נִטָּעוּ אַף בַּל־זֹרָעוּ אַף בַּל־שֹׁרֵשׁ בָּאֶרֶץ גִּזְעָם וְגַם־נָשַׁף בָּהֶם וַיִּבָשׁוּ וּסְעָרָה כַּקַּשׁ
כה־כו תִּשָּׂאֵם: וְאֶל־מִי תְדַמְּיוּנִי וְאֶשְׁוֶה יֹאמַר קָדוֹשׁ: שְׂאוּ־מָרוֹם עֵינֵיכֶם וּרְאוּ מִי־
בָרָא אֵלֶּה הַמּוֹצִיא בְמִסְפָּר צְבָאָם לְכֻלָּם בְּשֵׁם יִקְרָא מֵרֹב אוֹנִים וְאַמִּיץ כֹּחַ אִישׁ
כז לֹא נֶעְדָּר: ◀ לָמָּה תֹאמַר יַעֲקֹב וּתְדַבֵּר יִשְׂרָאֵל נִסְתְּרָה דַרְכִּי מֵיהוֹה
כח וּמֵאֱלֹהַי מִשְׁפָּטִי יַעֲבוֹר: הֲלוֹא יָדַעְתָּ אִם־לֹא שָׁמַעְתָּ אֱלֹהֵי עוֹלָם | יהוה בּוֹרֵא קְצוֹת

HAFTARAS LECH LECHA 40:27-41:16

### רש"י

**(כד) אף בל נטעו.** אף הרי הם כמי שלא נטעו, אף בל זרעו. ועוד יתר מכאן, שישורשו ויעקרו כאלו לא זורעו. זריעה פחותה מנטיעה: **בל שורש בארץ גזעם.** לכשיעקרו לא ישריש הגזע בארץ שיהא מחליף. כל שורש שבמקרא טעמו באות ראשונה ונקודה הרי"ש פתח, וזה טעמו למטה ונקוד קמץ, לפי שהוא לשון פועל, אינרצינ"י בלע"ז: **(כו) מי ברא אלה.** כל הצבא אשר תראו במרום? מרוב אונים שיש לו ושהוא אמיץ כח. איש מהצבא לא נעדר שלא יקרא בשם: **(כז) למה תאמר.** עמי יעקב, ותדבר בגלות: **נסתרה דרכי מה'.** העלים מנגד עיניו כל מה שעבדנוהו, והמשיל עלינו אותם שלא ידעוהו: **ומאלהי משפטי יעבור.** העביר מלפניו משפט הגמול הטוב שהיה לו לשלם לאבותינו ולנו:

### רד"ק

שיעשה אדם ממנה אהל. ופירוש לשבת, תחתיהם, כי לא ישב אדם בבית אם אין עליו תקרה. ויונתן תרגם הנוטה כדוק, דְּמָתַח כִּזְעֵיר. וענין וימתחם הנטיה והפרישה, וכן בדברי רבותינו זכרונם לברכה; (מקום) כל שנמתח עמו. וממנו נקרא השק אמתחת, כמו שפירשנו בספר מכלל בחלק הדקדוק ממנו: **(כג) הנותן רוזנים ושופטי ארץ.** שמתגאים בגדולתם ובוטחים בכחם ובחילם. ומה שאמר עשה, כמו שאמר ונטה עליה קו תהו; כי ההריסה אינה מעשה על דרך האמת: **ורוזנים.** ידוע; כמו, וְרוֹזְנִים נוֹסְדוּ יָחַד (תהלים ב, ב), כענין שרים וגדולים: **(כד) אף בל נטעו.** כל כך יתנם לאין, עד שיאמרו עליהם לא נטעו ולא זורעו ולא נשרש בארץ גזעם; על דרך שאמר, עליהם וְלֹא נוֹדַע מְקוֹמוֹ אַיָּם (נחום ג, יז). ונאמר עוד עליהם על הדרך הזה, אִם יְבַלְּעֶנּוּ מִמְּקוֹמוֹ וְכִחֶשׁ בּוֹ לֹא רְאִיתִיךָ (איוב ח, יח). ואמר אף שלש פעם, כל אחד לרבות את חברו; כמו, גַּם אֲנַחְנוּ גַּם אַתָּה גַּם טַפֵּנוּ (בראשית מג, ח): **שרש.** ענינו כמו נשרש, והוא מהבנין אשר לא נזכר פעלו על דרך המרובע: **גזעם.** שרש האילן מה שנראה ממנו על הארץ יקרא גזע, והטמון תחת הארץ יקרא שרש. כמו שאמרו רבותינו זכרונם לברכה, העולה מן הגזע שלא מן השרשים של בעל הבית (בבא בתרא פ, א), וגם נשף. וגם עקירתם היא במהרה כנשיבת הרוח. נשף; כמו, נָשַׁפְתָּ בְרוּחֲךָ (שמות טו, י): **וסערה.** כמו, רוּחַ סְעָרָה (יחזקאל א, ד): **(כה) ואל מי תדמיוני ואשוה.** אל מי תוכלו לדמות אותי שאהיה אני נדמה לאותו הדבר ואשוה לו? כי לא תוכלו לדמותי בדבריכם אם לא בשכל, ובעבור דמיונכם לא אשוה אני, אם כן אני יחיד ובורא העולם כולו. ואמר קדוש כי הוא קדוש ובעל המחשבות: **(כו) שאו מרום עיניכם.** אמר, הסתכלו בכוכבים לפי שהם גופים עצומים וגדולים בגוף ובמראה מנבראי מטה. וכבר אמר להם שיבינו בארבע יסודות ובארץ ובשמים הנטוים עליהם כאהל. עתה אמר להם שיסתכלו בכוכבים שהם נבראים עצומים וראו בדעתכם מי ברא אלה, כי ברואים הם ואינם בוראים. כי יש לאדם להבין בדרכי החכמה כי העולם, מחודש וכיון שיתברר לו שהעולם מחודש ידוע שיש לו מחדש; כי אין הדבר מחדש עצמו. והמחדש לא יתכן להיות אלא אחד, כמו שיתברר במופת בדרכי החכמה. אם כן הכוכבים שהם רבים ברואים הם ולא בוראים. וראו גם כן בדעתכם המוציא במספר צבאם, מה שאין כן יכולת באדם לספור אותם. ומה שאמרו חכמי התכונה והסכימו כי יש מספר לככבים והם אלף וצ"ח, זהו לככבים הגדולים המאירים על הארץ, אבל ידוע מדרך החכמה כי יש ככבים רבים אין מספר להם אצל בני אדם, אבל מי שבראם יודע מספרם. ופירוש לכולם בשם יקרא, כמו שאמר דוד עליו השלום, מוֹנֶה מִסְפָּר לַכּוֹכָבִים לְכֻלָּם שֵׁמוֹת יִקְרָא (תהלים קמז, ד). רצונו לומר, כי לכל אחד מהם יקרא שם הנאות לו לפי הדבר הנברא בעבורו לסבת אותו הדבר אחר סבת עצמו. כי כל כוכב וכוכב יש לו כח וממשלה על נבראי מטה, כל אחד על מין ידוע שנותן בו כח לעשות מלאכתו ותולדתו. וכן אמרו רבותינו זכרונם לברכה, אין לך כל עשב ועשב מלמטה שאין לו מזל מלמעלה מכה אותו ואמר לו גדל (זהר בראשית רנא); שנאמר, הֲיָדַעְתָּ חֻקּוֹת שָׁמָיִם אִם תָּשִׂים מִשְׁטָרוֹ בָאָרֶץ (איוב לח, לג). וזהו שאמר הנה גם כן מרוב אונים, השמות שקורא להם מרוב כחות שיש לכל אחד מהם על יצורי מטה. ולפי הכח שיש לכוכב נקרא שמו לפי אותו ענין, ושכל אחד מהם הוא אמיץ כח, כי לא יפסיד כחו ולא ישתנה, כמו שהוא בנבראי מטה שהם נפסדים באישיהם אף על פי שעומד מיניהם. אבל נבראי מעלה איש מהם לא נעדר לעולם בשום העדר, לא בכולו ולא במקצתו; וכמו שהיה ביום הבראו כן יהיה כל ימי עולם, לא יוסיף ולא יגרע. כי אין התוספת אלא לבעלי החסרון והם שלמים בבריאתם. וכל זה חייב אדם ללמוד מספרי החכמות ולהבין בדעתו בנבראים בין בנבראי מעלה בין בנבראי מטה, ומהם יכיר הבורא. והנה הנביא הזהיר בני אדם בזה ואמר, הלא תדעו הלא תשמעו הלא הבינותם. ואמר שאו מרום עיניכם וראו; ופירוש וראו כמו שפירשנו ראית הלב. ואמרו רבותינו זכרונם לברכה (שבת עה, א), כל מי שאינו מחשב בתקופות ומזלות עליו הכתוב אומר, וְאֵת פֹּעַל ה' לֹא יַבִּיטוּ וּמַעֲשֵׂה יָדָיו לֹא

### מצודת דוד

**וימתחם.** פרשם כאוהל להיות מוכן לשבת תחתיו: **(כג) הנותן.** הוא הנותן רוזנים להיות כאלו אינם: **כתוהו עשה.** עושה אותם להיות כדבר תוהו: **(כד) אף בל נטעו.** והרי הם אפילו כאלו לא נטעו מעולם, ואפילו כאלו לא נזרעו מעולם, שהוא פחות מנטיעה: **אף בל שורש וכו'.** לכשיעקרו לא ישריש אפילו הגזע בארץ שיהא מחליף. רצונו לומר, לא יחזרו לקדמותם: **וגם נשף.** ואפילו בנפיחה בעלמא יבושו יאבדו ורוח סערה תשאם ממקומם כקש הנישא ברוח: **(כה) ואל מי תדמיוני.** רצונו לומר, הואיל וכל אלה בי א"כ אל מי תדמיוני להיות שוה לי באמת: **יאמר קדוש.** רצונו לומר, האל הקדוש יאמר אל מי וכו': **(כו) מי ברא אלה.** הכוכבים והמזלות הנראים במרום, ומי הוא המוציא בכל יום צבא מרום במספר אחד: **לכלם.** לכל כוכב קרא בשם הנאה והראוי לו, וכאומר הלא ה' עושה כל אלה: **מרוב אונים.** בעבור רוב האון ואמצות הכח שיש לו, לכן לא נעדר אחד מהם כל ימי עולם, כי מתחלה עשאן שיהיו קיימין לעולם: **(כז) נסתרה דרכי.** העלים עיניו מכל מה שעבדנוהו, והעביר מלפניו משפט הגמול, כי לא שלם לנו הטוב כפי הגמול: **(כח) הלא ידעת.** הלא תוכל להשכיל מדעתך אם לא שמעת ממלמד ומורה: **אלהי עולם ה'.** רצונו לומר, ואת זה תשכיל אשר ה' הוא אלהים עד עולם, והוא ברא כל הארץ מהקצה אל הקצה, ובכל ידו משלה ולא ייעף ולא ייגע:

### מצודת ציון

**וימתחם.** ענין משיכה ופרישה. ובדברי רבותינו זכרונם לברכה, המותח זמורה מאילן לאילן (כלאים ו, ט); ומענין זה, בְּאַמְתַּחַת בִּנְיָמִן (בראשית מד, יב), לפי שהוא נמתח בעת שממלאין אותו: **(כג) רוזנים.** שרים; כמו, וְרוֹזְנִים נוֹסְדוּ יָחַד (תהלים ב, יא): **(כד) גזעם.** שרשם; וכן, מִגֶּזַע יִשָׁי (לעיל יא, א): **נשף.** ענין הפחה; כמו, נָשַׁפְתָּ בְרוּחֲךָ (שמות טו, י): **כקש.** תבן: **(כה) תדמיוני.** מלשון דמיון: **(כו) אונים.** ענין כח; כמו, וְאֹנוֹ בִּשְׁרִירֵי בִטְנוֹ (איוב מ, טז): **ואמיץ.** ענין חוזק: **איש.** רצונו לומר, אחד מהם: **נעדר.** ענין חסרון; כמו, אַחַת מֵהֵנָּה לֹא נֶעְדָּרָה (לעיל לד, טז):

*God, the Master of nature and history*

*and stretches them like a tent to dwell in;* 23 *Who turns governors into nothingness; Who makes judges of the land into naught —* 24 *as if they were not even planted, as if they were not even sown, as if their stock was not even rooted in the ground; even if He were to blow on them they would wither, and a storm wind would carry them away like stubble.*
25 *'To whom can you liken Me that I should be [his] equal?' says the Holy One.* 26 *Raise your eyes on high and see Who created these [things]! He brings forth their legions by number; He calls to each of them by name; by the abundance of His power and by vigor of His strength, not one is missing!*
27 *Why do you say, O Jacob, and declare, O Israel, — 'My way is hidden from HASHEM, and my cause has passed by my God'?* 28 *Did you not know? Did you not hear? HASHEM is the eternal God, the Creator of the ends*

*God, the Eternal*

**רד"ק**

רָאוּ (לעיל ה, יב). ואמרו (שם) מנין שמצוה לאדם לחשב בתקופות ומזלות? שנאמר, וּשְׁמַרְתֶּם וַעֲשִׂיתֶם כִּי הִוא חָכְמַתְכֶם וּבִינַתְכֶם לְעֵינֵי הָעַמִּים (דברים ד, ו), איזו היא חכמה ובינה שהיא לעיני העמים זהו חשב תקופות ומזלות, ואמרו רבותינו זכרונם לברכה כל היודע לחשב בתקופות ומזלות ואינו מחשב אסור לספר הימנו (שם): **(כז) למה תאמר יעקב.** אומר כנגד ישראל שהם בגלות, למה תאמר זה? כי בעבור אורך הגלות תאמר כי נסתרה דרכך מה׳ ולא ישגיח עליך ועל צרות הגלות שאתה סובל: **דרכי.** רצונו לומר, עניני שאני בו; וכן, מַדּוּעַ דֶּרֶךְ רְשָׁעִים צָלֵחָה (ירמיה יב, א), והדומים לו רבים: **משפטי יעבור.** משפטי ודיני שהיה לו לריב עם הרשעים העובדים בי יעבור ממנו ולא יהיה לפניו לזכרון, כי איננו חושש בו ולמה תאמר זה: **(כח) הלא ידעת.** מדרך השכל מדעתך: **אם לא שמעת.** ממלמד ומורה, כי אלהי עולם ה׳. אלהי שופט; כמו, עַד הָאֱלֹהִים יָבֹא דְּבַר שְׁנֵיהֶם (שמות כב, ח). וכן

are as insignificant as *grasshoppers*. And if you picture Him as residing on earth among His subjects, *spreading the heavens like a thin curtain, and stretching them like a tent to dwell in*, then he is obviously a Mighty Ruler, *Who turns governors into nothingness etc.* (*Malbim*).

**23.** **הַנּוֹתֵן רוֹזְנִים . . . שֹׁפְטֵי אֶרֶץ כַּתֹּהוּ** — *Who turns governors . . . judges of the land into naught*, despite their perceived power and greatness (*Radak*).

This verse and the next show that God, the Almighty Creator and Lord of nature (as indicated in vv. 21-22), is also the same Almighty Who rules in human history (*R' Hirsch*).

**24.** **אַף בַּל־נִטָּעוּ אַף בַּל־זֹרָעוּ אַף בַּל־שֹׁרֵשׁ בָּאָרֶץ גִּזְעָם וגו׳** — *As if they were not even planted, as if they were not even sown, as if their stock was not even rooted in the ground* . . . We of a later period who can look back at thousands of years of history are filled with reverence when we look back in the light of these words of the prophet. Where is the glory of the Pharaohs, where are the world-empires of Nineveh and Babylon and the majesty of the mighty Persian kings? Where is the Macedonian Empire, and where are the dynasties of the Ptolemies and Seleucians who raised themselves over its ruins? Where is the greatest of all empires, the great Roman Empire? And is it just chance that the founders of empires, from Nebuchadnezzar and Alexander to Caesar, Napoleon [and Hitler], the most powerful world-conquerors, have never yet been granted the privilege of founding a dynasty? Can we not visualize the words of the prophet inscribed on the tombstones of all these conquerors: *They were not even planted, as if they were not even sown, as if their stock was not even rooted in the ground; even if He were to blow on them they would wither, and a storm wind would carry them away like stubble* (*R' Hirsch*).

**25.** **וְאֶל־מִי תְדַמְּיוּנִי וְאֶשְׁוֶה** — *To whom can you liken Me that I should be [his] equal?* And if you do mistakenly liken Me to another god, does that make Me his equal? Of course not! (*Abarbanel*). I am thus unique and the Creator of the Universe (*Radak*).

**⁂ Isaiah concludes his argument.**

**26.** **שְׂאוּ־מָרוֹם עֵינֵיכֶם וּרְאוּ מִי־בָרָא אֵלֶּה** — *Raise your eyes on high and see Who created these.* There is an obligation to look up high and see the signs of God as Creator (*Chovos HaLevavos, Shaar HaYichud* 10).

**הַמּוֹצִיא בְמִסְפָּר צְבָאָם לְכֻלָּם בְּשֵׁם יִקְרָא** — *He brings forth their legions by number; He calls to each of them by name.*

*By number* and *by name* mean that God assigns a specific purpose to each of the heavenly bodies (*Radak*).

What is so special about bringing forth each by number and calling each by name? The Talmud (*Sanhedrin* 39a) cites an apostate who asked this question of Rabban Gamliel. The answer, as amplified by *Maharal*, in his *Chidushei Aggados* (ad loc.) is as follows: Man looks at the world around him with physical eyes that are limited by time and space. Accordingly, when he counts a series of objects that are in motion, he must look at them one at a time and find some way to note which had been counted and which had not. The greater the number of objects in motion the more difficult it is to count them accurately. God, however, is not limited by time and space, and thus, can instantly count any number of objects in any sort of movement. This proves *the abundance of His power and vigor of His strength.*

**27-31. Isaiah addresses the feeling of Israel in exile that God abandoned them.**

כט הָאָ֫רֶץ לֹ֥א יִיעַ֖ף וְלֹ֣א יִיגָ֑ע אֵ֥ין חֵ֖קֶר לִתְבוּנָתֽוֹ׃ נֹתֵ֥ן לַיָּעֵ֖ף כֹּ֑חַ וּלְאֵ֥ין אוֹנִ֖ים
ל-לא עָצְמָ֥ה יַרְבֶּֽה׃ וְיִעֲפ֥וּ נְעָרִ֖ים וְיִגָ֑עוּ וּבַחוּרִ֖ים כָּשׁ֥וֹל יִכָּשֵֽׁלוּ׃ וְקוֹיֵ֤ יהוה֙ יַחֲלִ֣יפוּ
**מא** א כֹ֔חַ יַעֲל֥וּ אֵ֖בֶר כַּנְּשָׁרִ֑ים יָר֙וּצוּ֙ וְלֹ֣א יִיגָ֔עוּ יֵלְכ֖וּ וְלֹ֥א יִיעָֽפוּ׃ הַחֲרִ֤ישׁוּ
ב אֵלַי֙ אִיִּ֔ים וּלְאֻמִּ֖ים יַחֲלִ֣יפוּ כֹ֑חַ יִגְּשׁוּ֙ אָ֣ז יְדַבֵּ֔רוּ יַחְדָּ֖ו לַמִּשְׁפָּ֥ט נִקְרָֽבָה׃ מִ֤י
הֵעִיר֙ מִמִּזְרָ֔ח צֶ֖דֶק יִקְרָאֵ֣הוּ לְרַגְל֑וֹ יִתֵּ֨ן לְפָנָ֤יו גּוֹיִם֙ וּמְלָכִ֣ים יַ֔רְדְּ יִתֵּ֤ן כֶּֽעָפָר֙

## רש"י

(כח) **בורא קצות הארץ וגומר, אין חקר לתבונתו.** ומי שיש לו כח כזה וחכמה כזו הוא יודע את המחשבות למה הוא מאחר טובתכם, אלא כדי לכלות את הפשע ולהתם את החטאת על ידי היסורין: (כט) **נותן ליעף כח.** וסופו להחליף כח לעייפותכם, (ל) ויעפו נערים. גבורת הכשדים המנוערים מן המלות תיעף, ובחורים כשול יכשלו. אותם שהם עכשיו גבורים וחזקים יכשלו ואתם קוי ה' תחליפו כח חדש וחזק: (לא) **אבר.** כנף: (א) **החרישו אלי.** כדי לשמוע דבר: **איים.** אומות של עכו"ם: **יחליפו כח.** יתקשטו ויתחזקו בכל גבורתם אולי יעמדו בדין בכח: **יגשו.** הלום ואז משיגשו ידברו: **למשפט נקרבה.** להוכיחם על פניהם: (ב) **מי העיר ממזרח.** אותו שצדק יקראהו לרגלו מי העיר את אברהם להביאו מארם שהוא במזרח וצדק שהיה עושה היא היתה לקראת רגליו בכל אשר הלך: **יתן לפניו גוים.** מי שהעירו ממקומו להסיע הוא נתן לפניו ארבעה מלכים וחיילותיהם: **ירד.** ירדה:

## רד"ק

כל אלהים שהוא על האל יתברך רצונו לומר, שופט העולם ומשגיח בו ושופט כל אחד לפי מה שהוא. אלא שאין אנחנו משיגים דעת משפטו בכל מקום, לפיכך אמר איך תחשוב כי לא ישגיח עליך, והוא משגיח על כל העולם כלו כי הוא בראו. וכיון שמעשה ידיו הוא באמת משגיח עליו, ואחר שהוא שופט העולם באמת יקח משפטך מן העובדים בך. ומה שאמר בורא קצות הארץ, להודיע שברא הארץ עגולה באמצע הגלגלים המקיפים סביבותיה, והיא כנקודה בתוך העגולה. והקדוש ברוך הוא מעמידה בכחו באמצע בלי שום סמיכה; כמו שנאמר, תֹּלֶה אֶרֶץ עַל בְּלִימָה (איוב כו, ז). ואין אחת מקצותיה נוטה לאחת משש הפאות אלא כולה באמצע מכל צד ומכל קצה, זהו שאמר בורא קצות הארץ. ואם תאמרו, הנה כי הוא אלהי עולם וברא אותו ומשגיח עליו, אבל לא יוכל בכל עת לשפוט כי ייגע לפעמים וילאה. לפיכך אמר, לא ייעף ולא ייגע, שהרי אתה רואה כי הוא מסבב הגלגלים והם סובבים סבוב שאין לו הפסק, וזה בכח מסבב שאין הפסק לכחו ולפיכך אין הפסקה לסבוב הגלגלים שהם סובבים בכח שאין לו הפסק. אם כן אתה רואה כי לא ייעף ולא ייגע. אם כן אינו מצד לאות ויגיעה כאשר אינו עושה משפט ברשעים המעבידים ישראל. ואם תאמר, מאחר שברא העולם ומעמידו בכחו הגדול, ומשגיח בו ושופטו, והכח בידו לשפוט בכל עת ואין לכחו הפסק, למה ראה זה הזמן הארוך בצרת ישראל בגלות ולא יושיעם מצרתם ולא יעשה משפט ברשעים? התשובה, אין חקר לתבונתו — אין אנחנו יודעים ויכולים להשיג חכמתו ותבונתו ולא נוכל לחקור עליה ולדעת אותה. אבל הוא יודע מה יעשה אלא שאין אנחנו מכירים ויודעים וזהו: (כט) **נותן ליעף כח.** והוא יתן כשירצה כח ועצמה לישראל שהם בגלות ויעפים ויגעים מאין אונים: (ל) **ויעפו נערים ויגעו.** רשעי העולם שמוסיפים כח בכל יום כמו הנערים יעפו כשיהיו רצון האל ייגעו ויפסיק כחם ולא יהיה להם אפילו כח נערים ובחורים ורשעי העולם שהם גם כן כבחורים שהם שלמים בכחם כימי הבחרות, לא יועילם כחם כשירצה האל אלא כשול יכשלו: (לא) **וקוי ה'.** וקוי כתיב ביו"ד אחת לבד והיא עי"ן הפעל ויו"ד הרבים נעלמת מהמכתב ונשארה במבטא. אמר הרשעים כשול יכשלו אבל ישראל שהם קוי ה' בגלות ואפס כחם, עוד יחליפו כח כמו העץ אם יכרת ועוד יחליף. והוא ענין התחדשות הדבר בתמורת הדבר שחלף ועבר: **יעלו אבר כנשרים.** כתב רבינו סעדיה כי הנשר יעלה לעשר שנים גבוה מאד על פני רקיע השמים ויקרב לחום האש, ויפיל עצמו לים מרוב חומו ומרט, ויתחדש אחר כן ויעלה אבר וישוב לימי עלומיו. וכן כל עשר שנים עד מאה ובשנת המאה יעלה כמנהגו ויפול בים וימות: **ירוצו.** בשובם לארצם ולא ייגעו ילכו בדרך ולא ייעפו: (א) **החרישו אלי איים.** החרישו שתקו והאזינו אלי כי המדבר לא יאזין. ופירוש איים, שוכני איים: **יחליפו כח.** יתאמצו בטענות אם יוכלו להשיבני: **יגשו אלי.** לשמוע דברי: **אז ידברו.** אז אחר שישמעו דברי ידברו אם יש להם טענה: **יחדו.** אני והם נקריב למשפט על טענותי וטענותיהם, כי הם מחסרים כחי ויכולתי ואומרים שאין בי כח להציל ישראל מידם, ועובדים פסילים שאין בהם ממש. יאמרו לי: (ב) **מי העיר ממזרח.** והוא אברהם אבינו, שהעיר אותו האל לצאת מארץ מזרח שהיתה ארץ מולדתו, כמו שאמר ארצה בני קדם, והעיר אותו האל מבית עובדי פסילים: **צדק יקראהו לרגלו.** בכל מקום שהיה הולך זהו לרגלו, בכל מקום שהיה רגלו שם היה קורא צדק ואמת; כמו שאמר, וַיִּקְרָא שָׁם אַבְרָם בְּשֵׁם ה' (בראשית יג, ד). וכנוי יקראהו לצדק, זהו הצדק והאמת. שהיה אומר להם, עזבו העכו"ם כי אין בהם ממש ועבדו מי שברא העולם, והיה מלמד אותם דרכי האמונה. היש פלא כזה? איש אחד בין כל בני הארץ שהיו כולם עכו"ם, ומוכיחם על אמונתם ולא פחד מהם וממלכיהם. מי העיר לבבו לעשות? זה הלא אנכי ה': **יתן לפניו גוים.** ומי הוא שאתן לפניו גוים והרדה אותו במלכים, והם ארבעה מלכים, כדרלעומר והמלכים אשר אתו; רדפם אברהם בשלש מאות ושמנה עשר איש והכם והציל מהם כל השבי וכל הרכוש אשר לקחו? וזה היה ברוב בטחונו בי: **ירד.** ענין ממשלה, והוא מבנין הפעיל. ומענינו; כמו, לֹא תִרְדֶּה בוֹ בְּפָרֶךְ (ויקרא כה, מו), וְרָדוּ בָכֶם שֹׂנְאֵיכֶם (ויקרא כה, מו). ופירוש ומלכים ירד, ובמלכים, רצונו לומר, שהשליטו במלכים והוא במעט עם. יקראהו, יתן, ירד, ירדפם, יעבר; כולם עתיד במקום עבר, וכמוהו רבים. והטעם

## מצודת דוד

**וכחו שוה בכל זמן.** אם כן יכול הוא לשלם גמול בכל זמן ובכל מקום: **אין חקר לתבונתו.** רצונו לומר, ומה שמאחר לשלם הגמול הוא על כי אין **חקר לתבונתו.** כי באמת בתבונה יעשה את זאת ואנחנו לא נדע: **(כט) נותן ליעף כח.** יבוא הזמן שיתן כח לישראל היעף: **ולאין אונים וכו'.** כשל הדבר במילים שונות: **(ל) ויעפו.** ואז הבבליים שמוסיפים כח כנערים יעפו ויגעו: **ובחורים וכו'.** כפל הדבר במילים שונות: **(לא) וקוי ה'.** אבל המקווים לה' יחליפו כח חדש בכל עת: **יעלו אבר.** יגדלו כנף כנשרים למהר לעוף אל ארצם והוא ענין מליצה: **ירוצו.** בשובם לארצם ירוצו ולא ייגעו וילכו בדרך ולא ייעפו: **(א) החרישו אלי איים.** יושבי האיים החרישו לשמוע אלי, כי המדבר לא ישמע ולא יאזין: **יחליפו כח.** יחדשו כח להתאמץ בטענות אם יוכלו להשיבני: **יגשו אז ידברו.** יגשו אלי לשמוע אמרי, ואז אחרי שמעם ידברו דבריהם אם ימצאו מענה: **יחדו.** אני והם נקרב למשפט על מה שהם אומרים שאין היכולת בידי להציל את עמי מידם: **(ב) מי העיר ממזרח.** אברהם שהיה במזרח, מי העירו ללכת משם ולמאס באלילי ארץ מולדתו: **צדק יקראהו לרגלו.** בכל מקום מדרך כף רגלו היה קורא את הצדק לעזוב האלילים ולהאמין בה'. וכאומר, ומי העירו? הלא אנכי ה': **יתן לפניו גוים.** רצונו לומר, מי הוא הנותן לפניו גוים הם כדרלעמר והמלכים אשר אתו: **ומלכים ירד.** השליטו במלכים:

## מצודת ציון

**(כח) ייעף ייגע.** פתרון אחד להם: **(כט) עצמה.** ענין חוזק, כמו, וְעָצַם כֹּחוֹ (דניאל ח, כד): **(לא) יחליפו.** ענין התחדשות ותמורה: **אבר.** כנף, כמו, אֵבֶר כַּיּוֹנָה (תהלים נה, ז): **ירוצו.** ענין מהירות ההליכה: **(א) החרישו.** ענין שתיקה, כמו, יַחֲרִישׁ בְּאַהֲבָתוֹ (צפניה ג, יז): **(ב) העיר.** מלשון התעוררות: **ירד.** ענין שלטנות, כמו, רְדֵה בְּקֶרֶב אֹיְבֶיךָ (תהלים קי, ב):

*of the earth; He does not weary, He does not tire; there is no calculating*
*His understanding.* 29 *He gives strength to the weary and grants abundant*
*might to the powerless.* 30 *Youths may weary and tire and young men may*
*constantly falter,* 31 *but those whose hope is in HASHEM will have renewed*
*strength; they will grow a wing, like eagles; they will run and not grow*
*tired, they will walk and not grow weary.*

**41** 1 *Be silent to [hear] Me, O islands, and let regimes renew strength. Let*
*them approach, then let them speak; together let us approach for*
*judgment.* 2 *Who inspired [the one] from the east, at whose [every] foot-*
*step righteousness attended? [Who] delivered nations to him, and sub-*
*dued kings [before him]? [Who] made [his enemies] like dust [before]*

*Trial of the nations*

**28.** בּוֹרֵא קְצוֹת הָאָרֶץ . . . אֵין חֵקֶר לִתְבוּנָתוֹ — *Creator of the ends of the earth . . . there is no calculating His understanding. Creator* [בּוֹרֵא], in the present tense, indicates that He creates the ends of the earth at every single moment. If He is so constantly involved in creation, He obviously has not abandoned you, and *there is no calculating His understanding* (*Malbim*).

This verse teaches that God's providence reaches all ends of the earth and pays attention to the actions of each being (*Chovos HaLevavos, Shaar HaBitachon* 3).

**29.** נֹתֵן לַיָּעֵף כֹּחַ — *He gives strength to the weary.* And ultimately will restore your strength (*Rashi*). Since He is the Giver of strength, how could He possibly grow weary? (*Ibn Ezra*).

Alternatively, the verse refers to Torah scholars who become weary from Torah study and will have their strength restored by God (*Targum*).

**30.** וְיִעֲפוּ נְעָרִים וְיִגָעוּ — *Youths may weary and tire. Youths* [נְעָרִים] refers to the Chaldeans, who have shaken themselves free [נערו] of any connection to the commandments. Their strength will grow weary and falter (*Rashi*). According to *Targum,* it refers more generally to the young and vigorous among the wicked. Even they will weary and falter (see *Radak*).

**31.** וְקוֵֹי ה׳ יַחֲלִיפוּ כֹחַ — *But those whose hope is in HASHEM will have renewed strength.* [According to *Radak*, the proper pronunciation of the word here is וְקוֵֹי (*vekoyei*). But see *Minchas Shai* here and to *Tehillim* 37:9 and *Ibn Ezra* ad loc.] But those who hope for the salvation of Hashem will be gathered from among the nations of exile, increase in strength, and renew their youth like the growth on the wings of eagles; they will run and not tire. . . (*Targum*).

This is proof positive of God's providence, as it goes against nature. The youths among the wicked will grow weary and tire, whereas those *whose hope is in HASHEM will have renewed strength,* and even be able to *run and not grow tired* (*Abarbanel*).

This becomes an everlasting cycle. Because they hope to Hashem they will have renewed strength, and because of this renewed strength they will have even more hope in Hashem (*Ikkarim*).

**41.**

After comforting and assuring Israel that its future will be bright, Isaiah prophesies to the nations of the world, challenging them for their misdeeds. He addresses nations large [לְאֻמִּים] and small [אִיִּים], all the oppressors of Israel, near and far, and he speaks as if the Redemption has arrived and he calls upon them to defend themselves, if they can (*Malbim*).

**1.** הַחֲרִישׁוּ אֵלַי— *Be silent to [hear] Me.* One who is speaking does not hear. Bombast blocks logic. Isaiah tells the nations to be silent and listen to God's word.

וּלְאֻמִּים יַחֲלִיפוּ כֹחַ — *And let regimes renew strength.* Let them muster strength, if they can (*Ibn Ezra*), so that they will be strong enough to stand before Me in judgment (*Rashi*), and defend themselves (*Radak*).

יַחְדָּו לַמִּשְׁפָּט נִקְרָבָה — *Together let us approach for judgment.* The nations and I — i.e., God — will come *together,* as it were, and we shall see which of us is truly strong (*Ibn Ezra*), for they say that I do not have the strength to redeem My people (*Radak*; see *Abarbanel*). They say that either God is too weak or Israel is too sinful. This verse declares that neither is the case.

**2.** מִי הֵעִיר מִמִּזְרָח . . . צֶדֶק יִקְרָאֵהוּ לְרַגְלוֹ — *Who inspired [the one] from the east, at whose [every] footstep righteousness attended?* This is a reference to Abraham who came from Aram, which is *east* of *Eretz Yisrael.* Although he was a lone figure in a sea of idolaters, God *inspired* him to proclaim his faith to everyone without fear. *At his [every] footstep,* he preached that people should forsake their idols and serve only God. Although the Hebrew verbs in this passage are in the future tense, prophecy is often spoken in a mixture of tenses. Such usage implies that just as God helped Abraham in the past, so will He help Abraham's offspring in the future (*Radak*).

Alternatively, the reference is to Cyrus, the future king of Persia, who was *inspired* to attack Babylon, and whose *righteousness* was expressed when he gave permission and support to rebuild the Temple at the end of the Babylonian exile (*Ibn Ezra, Mahari Kara*).

וּמְלָכִים יַרְדְּ — *And subdued kings.* Although overwhelmingly outnumbered, Abraham went to war against four kings to rescue Lot, his captive nephew, and he defeated them. His

ג־ד חַרְבּוֹ כְּקַשׁ נִדָּף קַשְׁתּוֹ: יִרְדְּפֵם יַעֲבוֹר שָׁלוֹם אֹרַח בְּרַגְלָיו לֹא יָבוֹא: מִי־פָעַל וְעָשָׂה
ה קֹרֵא הַדֹּרוֹת מֵרֹאשׁ אֲנִי יהוה רִאשׁוֹן וְאֶת־אַחֲרֹנִים אֲנִי־הוּא: רָאוּ אִיִּים וְיִירָאוּ
ו קְצוֹת הָאָרֶץ יֶחֱרָדוּ קָרְבוּ וַיֶּאֱתָיוּן: אִישׁ אֶת־רֵעֵהוּ יַעְזֹרוּ וּלְאָחִיו יֹאמַר חֲזָק:
ז וַיְחַזֵּק חָרָשׁ אֶת־צֹרֵף מַחֲלִיק פַּטִּישׁ אֶת־הוֹלֶם פָּעַם אֹמֵר לַדֶּבֶק טוֹב הוּא וַיְחַזְּקֵהוּ
ח בְמַסְמְרִים לֹא יִמּוֹט: וְאַתָּה יִשְׂרָאֵל עַבְדִּי יַעֲקֹב אֲשֶׁר בְּחַרְתִּיךָ זֶרַע

## רש"י

**יתן כעפר חרבו.** רְמָא כְּעַפְרָא קְטוֹלִין קֳדָם חַרְבֵּה. נתן את חרבו ועושה חללים רבים כעפר, ואת קשתו נתן מרבה הרוגים ונופלים כקש נדף: (ג) **ירדפם יעבור שלום.** הלך על מעברותיו בשלום; לא נכשל ברדפו אותם: **אורח ברגליו לא יבא.** דרך אשר לא בא קודם לכן ברגליו. לא יבא לא היה רגיל לבא: (ד) **מי פעל ועשה.** לו את זאת? מי שהוא קורא הדורות מראש, לאדם הראשון, הוא עשה לאברהם גם את זאת: **אני ה' ראשון.** להפליא פלא ולעזור: **ואת אחרונים אני הוא.** אף עמכם בנים אחרונים אהיה ולעזור אתכם: (ה) **ראו איים.** עובדי עכו"ם הגבורות שאעשה ויראו: **קרבו ויאתיון.** זה אל זה נאספים להלחם כשיראו הגאולה: (ו) **איש את רעהו וגו'.** יאמר חזק למלחמה אולי יעמדו להם אלהיהם: (ו) **איש את רעהו יעזורו.** זה עוזר את זה בברכות; בָּרוּךְ אַבְרָם (בראשית יד, יט), וזה עוזר את זה במתנות; וַיִּתֶּן לוֹ מַעֲשֵׂר מִכֹּל (שם, כ): (ז) **ויחזק חרש.** נוסך הפסל: **את צורף.** המרקעו בזהב: **מחליק פטיש.** באחרונה, כשהוא מכה בנחת להחליק את המלאכה: **את הולם פעם.** הוא המתחיל בה כשהיא עשת ומכה בכל כחו: **אומר לדבק טוב הוא.** על אותן שהיו מחזירים אחר קרקע טובה לדבק בה עששיות ברזל: **דבק.** שולדור"א בלע"ז: **ויחזקהו.** להגורה: **במסמרים לא ימוט.** כולם יחזקו זה את זה: (ז) **ויחזק חרש.** זה שם שהיה נפח לעשות מסמרות ובריחים לתבה: **את צורף.** זה אברהם שהוא צורף את הבריות לקרבן אל השכינה, את הולם פעם. זה אברהם שהלם כל המלכים האלה פעם אחת, אומר לדבק טוב הוא. טוב לידבק באלוה של זה: **ויחזקהו.** שם לאברהם להיות דבק בהקדוש ברוך הוא, ולא ימוט: (ח) **ואתה ישראל עבדי.** ועלי יש לעזור לך סוף המקרא; אל תירא כי אתך אני כך נראה לי חבור הענין לפי פשוטו. ומדרש אגדה בבראשית רבה דורש כל הענין במלכי צדק ואברהם. ראו איים אותה מלחמה ויראו. שם נתיירא מאברהם פן יאמר לו העמדת רשעים אלו בעולם, ואברהם נתיירא משם לפי שהרג את בני עילם שהם משם. איים; כשם שאיי הים מסויימין בעולם כך אברהם ושם היו מסויימין בעולם: **ואתה ישראל עבדי.** אברהם שלא היה מזרע צדיקים עשיתי לו כל זאת: **ואת ישראל עבדי.** הקנוי לי משני אבות:

## רד"ק

שאמר אלה כולם בלשון עתיד, כי כמו שעשה האל עם אברהם אז, כן יעשה בכל דור ודור עם כל צדיק שיהיה בו אהבת האל כמו אברהם: **יתן כעפר חרבו.** נתנה האל כעפר לדוש לפני חרב אברהם, ונתנם כקש נדף לפני קשתו. וכן תרגם יונתן, רְמָא כְּעַפְרָא קְטוֹלִין קֳדָם חַרְבֵּה כְּקַשָּׁא רְדוֹפִין קֳדָם קַשְׁתֵּה. ויש מפרשים נתן חרב של כל אחד מהמלכים, וקשתו כעפר וכקש נדף: (ג) **ירדפם יעבר שלום.** רדף אותם ועבר בשלום, כי לא מת במלחמה אחד מאנשיו. שלום בחסרון בי"ת השמוש; וכן, הַנִּמְצָא בֵית ה' (מלכים ב יב, יא), כמו בבית ה', וכמוהו רבים. ויש לפרש שלום שם תאר; כמו, וַיָּבֹא יַעֲקֹב שָׁלֵם (בראשית לג, יח). ויהיה בשקל קרוב, רחוק, וכמוהו, שָׁלַח יָדָיו בִּשְׁלֹמָיו (תהלים נה, כא): **אורח ברגליו לא יבא.** וזהו תימה, אורח שלא כאבו רגליו ולא עפה בו בלילה שבא עליהם והכם. ויש מפרשים, אורח רע ברגליו לא יבא, שלא קרה לו שום רע בדרך ההיא. ויונתן תרגם, חֵילַת אוֹרַח בְּרִגְלוֹהִי לָא עֲלָת. ויש מפרשים הענין הזה ענין נבואה על כורש, שיעירהו האל ממזרח לבא על בבל ויתפשה ולא יעמדו לפניו גוים ומלכים. והנכון כמו שפירשנו, וכן פירשו אדוני אבי זכרונו לברכה. וכן פירש יונתן, שתרגם מי העיר ממזרח, מַן אַיְתֵי בְּגָלַאי מִמַּדִינְחָא אַבְרָהָם בְּחִיר צַדִּיקַיָּא: (ד) **מי פעל ועשה.** כפל הענין במלות שונות, אמר, מי פעל ועשה גבורות אלו: **קורא הדורות מראש.** מי שקורא הדורות העתידות מקדם והחזיק אברהם וגדלו, שידע שיצא ממנו זרע שיהיה נכון לפניו, נבחר מכל העמים: **אני ה'.** אני הוא שאני ראשון ואני עם אחרונים שעתידים להיות, כלומר שאני יודע כל הדורות מראש ועד סוף. ופירוש קורא, כאלו קורא כך וכך יהיה בעתיד, וכן קורא על ידי נביאיו עתידות רבות: (ה) **ראו איים.** יושבי האיים ההם, כשראו ושמעו זה הדבר הגדול שעשה יראו ויפחדו; גם כן קצות הארץ ששמעו זה הדבר מפי המגידים, חרדו לזה הדבר: **קרבו ויאתיון.** קרבו ובאו לפני אברהם כמו מלך סדום שיצא לקראתו. ואף על פי כן, איש את רעהו יעזורו לעשות הפסילים; ולא נתנו אל לבם לא דעת ולא תבונה איך היה זה הדבר באברהם שלא היה אלא בשלש מאות וי"ח איש ונצח ד' מלכים גדולים. וזה דבר פלא, שאם תאמרו המלכים היו חלשים, הרי הם שהיו ארבעה ונצחו מתחילה חמשה מלכים והכו כל הארץ, אם כן היה להם לתת לב למה היה זה הפלא על ידי אברהם? אלא שאמונתו נבדלת מאמונת כל גוים, והאל אשר דבק בו ועבד אותו הוא עזרהו על המלכים האלה. ולא די שלא אמרו זה, אלא שהחזיקו יותר בפסילים, ואמרו בפחדם וביראתם מהמעשה הגדול אשר ראו, נתחזק ונתאמץ בעבודת אלהינו, כל אחד בפסלו, והם יעזרונו: (ו) **איש את רעהו.** ולאחיו, כמו ואיש אל אחיו. והפסוק כפול בענין במלות שונות: (ז) **ויחזק חרש.** חרש עצים עושה תחילה הפסל מעץ, ומחזק בדברו צורף הכסף והזהב לעשות צפוי הכסף מהרה ויצפנו: **מחליק פטיש.** והצורף

## מצודת דוד

**יתן כעפר חרבו.** חרבו נתן הרוגים מרובים כעפר הארץ וקשתו הרבה חללים כקש נדף: (ג) **ירדפם.** רדף אחריהם ועבר בשלום, אם כי רדפם באורח שלא בא ברגליו מעולם, ולא היה רגיל באורח ההוא: (ד) **מי פעל.** מי הוא שפעל ועשה את זאת? הלא ה' עשהו, הקורא הדורות מראש קודם שיהיו רצונו לומר, שיודע כל הדורות הבאים ויקרא לכל דור לעמוד בעתו: **אני ה' ראשון.** ראשון לכל הדורות שעברו, ואני הוא עם הדורות האחרונים אשר יהיו: (ה) **ראו איים.** יושבי האיים ראו הנס שעשיתי לאברהם ופחדו גם השוכנים בקצות הארץ חרדו בשמעם הנס: **קרבו ויאתיון.** קרבו ובאו לפני אברהם לשאול ממנו מתנת חנם, ולא באו במלחמה; כמו, שכתוב, וַיֹּאמֶר מֶלֶךְ סְדֹם אֶל אַבְרָם וכו', תֶּן לִי הַנֶּפֶשׁ וכו' (בראשית יד, כא): (ו) **איש את רעהו יעזורו.** ועם כל זה, אף שראו פלאי האל מכל מקום עזרו זה לזה לעשות הפסילים: **לאחיו.** כל אחד אמר לאחיו חזק בעשיית הפסל, וכפל הדבר במילים שונות: (ז) **ויחזק חרש.** חרש העצים העושה הפסל חיזק בדבריו את הצורף להיות זריז במלאכת צפוי טסי הזהב אשר יצפנו: **מחליק פטיש.** המכה בפטיש קטן להחליק את הטסין היה מזרז את המכה על הטסין בחוזק רב בהתחלת הרדוד למען יתחיל הוא מעשהו: **אומר לדבק.** כאשר ידבק הטסין על הפסל ישמח ויאמר הנה טוב הוא וכן יפה לו: **ויחזקהו.** מחזק הצפוי על ידי מסמרים למען לא יתפרד מעל הפסל: (ח) **ואתה.** אבל אתה ישראל אינך כמוהם, כי עבדי אתה אשר בחרתי בך לי לעם לפי שאתה זרע אברהם אשר אהבני ופירש מעכו"ם:

## מצודת ציון

**נדף.** ענין כתישה; כמו, אֵל יִדְּפֶנּוּ (איוב לב, יג): (ג) **אורח.** מסילה ודרך: (ה) **ויאתיון.** ענין ביאה; כמו, אָתָא בֹקֶר (לעיל כא, יב): (ז) **מחליק.** מלשון חלק: **פטיש.** הוא המקבת; וכן, וּכְפַטִּישׁ יְפֹצֵץ סָלַע (ירמיה כג, כט): **הולם פעם.** שניהם ענין הכאה; כמו, וְהָלְמָה סִיסְרָא (שופטים ה, כו), וכמו, נִפְעַמְתִּי וְלֹא אֲדַבֵּר (תהלים עז, ה); וכפל המלה בשמות נרדפים ויורה על חוזק ההכאה: **במסמרים.** יתדות; וכן, וּבַרְזֶל לָרֹב לַמִּסְמְרִים (דברי הימים־א כב, ג): **ימוט.** מלשון נטיה וקלקול:

*The lesson of Abraham*

*his sword; like straw blown about [before] his bow? 3 He pursued them and*
*emerged unhurt, on a path where his feet had never gone. 4 Who brought*
*about and accomplished [this]? He Who proclaimed the generations from the*
*beginning: I, HASHEM, am the first, and I am He Who will be with the last*
*[generations]. 5 The islands saw and feared, the ends of the earth shuddered;*
*they approached and came. 6 Each man would help his fellow and to his*
*brother he would say, 'Be strong!' 7 The woodworker would encourage*
*the goldsmith, the finishing hammerer [would encourage] the one who*
*pounds from the start; he would say of the glue, 'This is good,' and he would*
*strengthen it with nails so that it should not loosen.*

*Israel is My servant*

*8 But you, O Israel, My servant, Jacob, you whom I have chosen, offspring*

**רד״ק**

מה יעשה? ממהר מלאכתו ומחליק פטיש להכות בו טסי הכסף או הזהב. מחליק; מענין, וְאָנֹכִי אִישׁ חָלָק (בראשית כז, יא), (וַ)חֲלַקְלַקּוֹת (תהלים לה, ו): **את הולם פעם.** הולם שם דבר כי הוא מלעיל. ופירוש הולם, מכה; מן, וְהָלְמָה סִיסְרָא (שופטים ה, כו). ופירוש פעם, הסדן שמכין עליו. ופירוש מחליק פטיש, להכות בו הטסין על הסדן, ואת במקום למ״ד השמוש, כאלו אמר למכת הסדן. יונתן תרגם מָחֵי בְּפָטִישָׁא עִם דִמְטַפַּח בְּקוּרְנְסָא. ויהיה לדבריו פטיש המקבת הגדולה, ופעם המקבת הקטנה תקרא בדברי רבותינו זכרונם לברכה קורנס. וכן דרך הצורף, מתחילה מכה במקבת גדולה ואחר כך בקטנה: **אומר לדבק טוב הוא.** כשמדבק הטסין על פסל העץ. וכשמדבק יפה, שמח ואומר טוב הוא, ואחר כך יחזקהו במסמרים כדי שלא ימוט היום או מחר טס הכסף מעל פסל העץ: (ח) **ואתה ישראל עבדי.** אינך כגויי הארצות, כי עבדי אתם ואני בחרתיך להיות לי עבד. ולמה? שאתה זרע אברהם אוהבי, שאהבני ודבק בי ויצא מתוך עובדי פסילים ואלילים:

war against the kings is discussed in *Genesis* Ch. 14 (*Rashi*, based on *Taanis* 21a).

**יִתֵּן כֶּעָפָר חַרְבּוֹ** — *[Who] made [his enemies] like dust [before] his sword.* The translation follows *Rashi*, from *Targum*, and refers to Abraham's victory over the kings. Alternatively, God *made the swords [of his enemies] like dust* (*Ibn Ezra*).

According to the Talmud (*Taanis* ibid.), Abraham would throw dust, which was converted to swords and arrows that slayed his enemies.

**3. אֹרַח בְּרַגְלָיו לֹא יָבוֹא** — *On a path where his feet had never gone*, or touched. Abraham pursued them tirelessly, as if his feet had never come in contact with the ground (*Ibn Ezra*, *Radak*).

**4. מִי־פָעַל וְעָשָׂה וגו׳** — *Who brought about and accomplished [this]?* Who accomplished these miracles for Abraham? *He Who proclaimed the generations from the beginning.* From the time of Adam, God ordained what would happen in all future generations! (*Rashi, Radak*).

Alternatively, this is not a question and answer, but a statement: *[The One] Who brought about and accomplished* all this for Abraham, who was *the beginning of [our nation's] generations,* i.e., God, *will continue* to help his offspring *for all generations,* even the generations in deepest exile. *I, HASHEM, am with the first and I am He Who will be with the last [generations]* (*Abarbanel*).

**5. אִיִּים . . . קָרְבוּ וַיֶּאֱתָיוּן** — *The islands . . . approached and came.* The nations of the world will come together to wage war when they see that the Redemption is imminent (*Rashi*). Alternatively, the verse refers to the nations that advanced to attack Cyrus when they feared his might (*Ibn Ezra*), which he displayed in destroying Babylon (*Mahari Kara*).

Alternatively, when Abraham was victorious, the king of Sodom approached him respectfully and submissively (*Genesis* 14:21), asking him to free the Sodomite soldiers he had captured (*Radak*).

**6. אִישׁ אֶת־רֵעֵהוּ יַעְזֹרוּ וּלְאָחִיו יֹאמַר חֲזָק** — *Each man would help his fellow and to his brother he would say, "Be strong!"*

According to *Rashi*, the verse refers to the reaction of righteous people to Abraham's triumph; some would bless him and others would give tithes to the righteous (ibid., vv. 18-20).

Most commentators explain that despite Abraham's victory, the Canaanites did not draw the obvious lesson that their idols were powerless against God. Instead, they closed ranks and urged one another to strengthen their faith in their idols and help one another to fashion new ones. On the one hand, they drew close to Abraham, but they learned nothing from the miracles they had witnessed (*Radak*).

If the subject of verse 6 is Cyrus, then this means, *Each man would help his fellow [worship idols]* in order to prevail over Cyrus; and if the subject is the age of Redemption, *Each man would help his fellow [worship idols]* as a method of stopping Israel's ascendancy (*Abarbanel*).

**7. וַיְחַזֵּק חָרָשׁ אֶת־צֹרֵף וגו׳** — *The woodworker would encourage the goldsmith. . .* Each craftsman will help the other in fashioning idols.

**⁂ The prophecy now addresses Israel, assuring the people that God's love is eternal in the merit of the Patriarchs.**

**8. וְאַתָּה יִשְׂרָאֵל עַבְדִּי** — *But you, O Israel, My servant . . .* You are not like those idolaters, for it is *Jacob whom I have chosen, offspring of Abraham who loved Me* (*Ibn Ezra, Radak*). Thus, as God says in v. 10, *Fear not for I am with you* (*Rashi*).

ט אַבְרָהָם אֹהֲבִי: אֲשֶׁר הֶחֱזַקְתִּיךָ מִקְצוֹת הָאָרֶץ וּמֵאֲצִילֶיהָ קְרָאתִיךָ וָאֹמַר
י לְךָ עַבְדִּי־אַתָּה בְּחַרְתִּיךָ וְלֹא מְאַסְתִּיךָ: אַל־תִּירָא כִּי־עִמְּךָ אָנִי אַל־תִּשְׁתָּע
יא כִּי־אֲנִי אֱלֹהֶיךָ אִמַּצְתִּיךָ אַף־עֲזַרְתִּיךָ אַף־תְּמַכְתִּיךָ בִּימִין צִדְקִי: הֵן יֵבֹשׁוּ
יב וְיִכָּלְמוּ כֹּל הַנֶּחֱרִים בָּךְ יִהְיוּ כְאַיִן וְיֹאבְדוּ אַנְשֵׁי רִיבֶךָ: תְּבַקְשֵׁם וְלֹא תִמְצָאֵם
יג אַנְשֵׁי מַצֻּתֶךָ יִהְיוּ כְאַיִן וּכְאֶפֶס אַנְשֵׁי מִלְחַמְתֶּךָ: כִּי אֲנִי יְהוָה אֱלֹהֶיךָ מַחֲזִיק
יד יְמִינֶךָ הָאֹמֵר לְךָ אַל־תִּירָא אֲנִי עֲזַרְתִּיךָ: אַל־תִּירְאִי תּוֹלַעַת יַעֲקֹב
טו מְתֵי יִשְׂרָאֵל אֲנִי עֲזַרְתִּיךְ נְאֻם־יְהוָה וְגֹאֲלֵךְ קְדוֹשׁ יִשְׂרָאֵל: הִנֵּה שַׂמְתִּיךְ
לְמוֹרַג חָרוּץ חָדָשׁ בַּעַל פִּיפִיּוֹת תָּדוּשׁ הָרִים וְתָדֹק וּגְבָעוֹת כַּמֹּץ תָּשִׂים:

### רש"י

**זרע אברהם אוהבי.** שלא הכירני מתוך תוכחה ולימוד אבותיו אלא מתוך אהבה: **(ט) אשר החזקתיך.** לקחתיך לחלקי כמו, וַיִּשְׁלַח יָדוֹ וַיַּחֲזֶק בּוֹ (שמות ד, ד): **מקצות הארץ.** משאר העכו"ם: **ומאציליה.** מן הגדולים שבהן: **קראתיך.** בשם, לחלקי בני בכורי ישראל: **ולא מאסתיך.** כזה שנאמר בו שָׂנֵאתִי (מלאכי א, ג): **(י) אל תשתע.** אל ימס לבך להיות כשעוה זו. וזה הכלל; כל תיבה שתחלת יסודה שי"ן, כשבא לדבר בלשון מתפעל, התפעל או יתפעל, התי"ו חולקת ונכנסת בין שתי אותיות שרשי התיבה. כמו (ישעיה כט, טז), וַיִּשְׁתּוֹמֵם, (מיכה ו, טז) וְיִשְׁתַּמֵּר חֻקּוֹת עָמְרִי, (שמואל־א א, יד) תִּשְׁתַּכָּרִין, תִּשְׁתַּפֵּךְ נַפְשִׁי (איוב ל, טז): **(יד) תולעת יעקב.** משפחת יעקב החלשה כתולעת, שאין לה גבורה אלא בפיה. תולעת וירמוכ"א בלע"ז: **מתי ישראל.** מספר ישראל: **(טו) למורג חרוץ.** כלי הוא של עץ וכבד ועשוי חריצים חריצים, כעין כלי נפחים של ברזל שקורין לימ"א בלע"ז, וגוררין על הקשין של שבלין ומחתכן עד שנעשו תבן דק: **חדש.** כשהוא חדש עד שלא הוחלקו פיות חריציו, הוא חותך הרבה, אבל משנתישן, הוחלקו פיות חריציו: **בעל פיפיות.** הם חידודי החריצין:

### רד"ק

**(ט) אשר החזקתיך.** עבר במקום עתיד, כדרך הנבואות. רצונו לומר, אחזיק בך להוציאך מהגלות: **מקצות הארץ ומאציליה.** מגדולי הארץ וממלכיה קראתיך שתצא מרשותם ולא יהיה בהם כח לעצור אותך: **ולא מאסתיך.** אף על פי שארך הגלות: **(י) אל תירא.** זהו כי עמך אני ואשר אחריו בפרשת החרשים שמעו אל תירא כי אתך אני, וחד פסוק סימן, וְיָרַדְתִּי וְדִבַּרְתִּי עִמְּךָ שָׁם וגו' (במדבר יא,יז): **אל תשתע כי אני אלהיך.** לפי ענינו אל תפחד. ויונתן תרגם, לָא תִתַּבַר. ובדברי רבותינו זכרונם לברכה אל תשתע כי אני אלהיך, אל תהיה כשעוה, כלומר כדונג שנמס מפני האש, כן אל תמס אתה. ואדוני אבי זכרונו לברכה פירש מענין, שְׁעוּ מִנִּי (ישעיה כב, ד), שפירושו, הרפו. ופירוש אל תשתע, אל תתרפה; כענין, אַל יִרְפּוּ יָדָיִךְ (צפניה ג,טז): **(יא) הן יבשו, הנחרים בך.** כמו, בְּנֵי אִמִּי נִחֲרוּ בִי (שיר השירים א, ו), מן חרה: **יבשו ויכלמו.** כיון שלא תעלה מחשבתם שהיו חושבים שלא יצאו מרשותם לעולם: **(יב) תבקשם.** אפילו אם תבקשם לא תמצאם כל כך יאבדו ויהיו כאין וכאפס: **מצותיך.** כמו, הֵן לְרִיב וּמַצָּה (לקמן נח,ד): **(יג) כי אני.** ואחר שאני אומר לך אל תירא, בטוח תהיה, כי לֹא אִישׁ אֵל וִיכַזֵּב (במדבר כג,יט) : **(יד) אל תיראי תולעת יעקב.** לפי שהם חלשים בגלות התולעת. ובילמדנו, למה נמשלו ישראל לתולעת? לומר לך, מה תולעת זו אינה מכה את הארזים אלא בפה והיא רכה ומכה את הקשה, כך ישראל, כל כחם בתפלה ומכים רשעי העולם שהם חזקים כארזים ונמשלים בהם; שנאמר, (כְּ)אֶרֶז בַּלְּבָנוֹן (תהלים צב, יג): **מתי.** כמו אנשי: **עזרתיך.** לשון נקבה כנגד התולעת אף על פי שאמר מתי: **(טו) הנה שמתיך למורג חרוץ.** כמו למורג וחרוץ; וכן, שֶׁמֶשׁ יָרֵחַ (חבקוק ג, יא), רְאוּבֵן שִׁמְעוֹן (שמות א, ב) והדומים להם. ואף על פי שהמורג הוא החרוץ, הכלי ההוא עשוי בשתי תכונות; לאחד קוראים מורג ולאחד חרוץ. או יהיה חרוץ תאר למורג, רצונו לומר, מורג מחתך היטב, כי חרוץ ענין חותך; כמו, אִם חֲרוּצִים יָמָיו (איוב יד, ה). אמר כנגד תולעת יעקב הנה שמתי אותך לרשעים בצאתך מהגלות למורג וחרוץ חדש: **בעל פיפיות.** בעל פיות רבות. לפיכך נכפל בו הפ"א והיו"ד, כי כל מורג הוא בעל פיפיות, והם המסירים הקליפה מעל הבר: **הרים וגבעות.** משל למלכי שבעה האומות ושריהם:

### מצודת דוד

**(ט) אשר החזקתיך.** עבר במקום עתיד כדרך הנבואות. ורצונו לומר, אחזיק בך להוציאך מקצות הארץ: **ומאציליה.** מגדולי הארץ קראתיך שתצא מרשותם, ולא יהיה בהם כח לעצור אותך: **בחרתיך.** מאז בחרתי בך ולא מאסתיך: **(י) אל תשתע.** אל תסור מעלי בחושבך אשר כבר עזבתיך, כי אני ה' אלהיך כמאז: **אמצתיך.** בדברים טובים ונחומים: **אף עזרתיך.** בימים הקדמונים: **אף תמכתיך.** בהיותך ביד האויב תמכתיך בימיני לבל יעשה בך האויב כלה: **בימין צדקי.** רצונו לומר, לא בגמול כי אם בצדקה: **(יא) הן יבושו.** באמת סוף הדבר יבושו כל הכועסים בך: **אנשי ריבך.** המריבים עמך: **(יב) תבקשם.** אפילו אם תבקשם לא תמצא את אנשי מצותיך: **יהיו כאין וכו'.** כפל הדבר פעמים רבות לגודל האבדון: **(יג) מחזיק ימינך.** אוחז ימינך לבל תפול: **האומר לך וכו'.** רצונו לומר, הואיל ואני האומר לך לזה אל תירא כי אעזור לך: **(יד) תולעת יעקב.** עדת יעקב החלושה כתולעת ואין כחה אלא בפה היא התפלה, כתולעת הזו שבפיה מנסרת בארזים: **אני אזרתיך.** מאז: **וגאלך.** ואהיה גאלך לעתיד אני קדוש ישראל: **(טו) הנה שמתיך.** שמתי אותך להיות מורג העשוי חריצים והוא חדש החדוד ביותר והוא בעל פיפיות רבות:

### מצודת ציון

**(ט) החזקתיך.** ענין אחיזה; כמו וַיַּחֲזִיקוּ הָאֲנָשִׁים בְּיָדוֹ (בראשית יט, טז): **מאציליה.** כן יקראו הגדולים; וכן, וְאֶל אֲצִילֵי בְּנֵי יִשְׂרָאֵל (שמות כד, יא): **(י) תשתע.** ענין הפנה והסרה; כמו, וְעֵינָיו הָשַׁע (לעיל ו, י): **אמצתיך.** ענין חוזק: **תמכתיך.** ענין סעד ומשען: **(יא) הנחרים.** מלשון חרון וכעס; וכן, בְּנֵי אִמִּי נִחֲרוּ בִי (שיר השירים א, ו): **כאין.** כלא דבר: **(יב) מצתיך.** ענין מריבה; כמו, הֵן לְרִיב וּמַצָּה תָּצוּמוּ (לקמן נח, ד): **וכאפס.** דבר שאין בו ממש: **(יג) מחזיק.** אותו: **(יד) מתי.** אנשי: **(טו) למורג.** הוא כעין לוח עץ ובתחתיתו תחובים אבנים דקים ובו דשים התבואה; וכן, וְהַמֹּרִגִּים וּכְלֵי הַבָּקָר (שמואל ב כד, כב): **חרוץ.** עשוי חריצים ובקיעות בין אבן לאבן: **בעל פיפיות.** רצונו לומר שיש בו פיות וחדודים רבים והם החריצים: **תדוש.** מלשון דישה: **ותדוק.** מלשון דק: **כמוץ.** היא פסולת התבואה:

---

**זֶרַע אַבְרָהָם אֹהֲבִי** — *Offspring of Abraham who loved Me.* Abraham loved God based on his own awareness, without being taught by his parents or his environment. The Jewish nation, however, is his *offspring*, for their parents and brethren have raised them to love God (*Rashi*).

**יִשְׂרָאֵל . . . יַעֲקֹב** — *Israel . . . Jacob.* The name Israel always refers to the higher level of the nation, while Jacob refers to the ordinary people (*Malbim* 9:7). In our verse, *Israel* is called

*of Abraham who loved Me — 9 you whom I shall grasp from the ends of the*
*earth and shall summon from among all its noblemen, and to whom I shall*
*say, 'You are My servant' — I have chosen you and not rejected you. 10 Fear*
*not, for I am with you; be not dismayed, for I am your God; I have strengthened*
*you, even helped you, and even sustained you with My righteous right hand.*
*11 Behold, all who become angry with you will be shamed and humiliated;*
*those who fight with you shall be like nothingness and shall perish. 12 The men*
*who struggle with you, you shall seek them but not find them; the men who*
*fight you, they shall be like nothingness and naught. 13 For I am HASHEM, your*
*God, Who grasps your right hand, Who says to you: 'Fear not, [for] I help you!'*

*Fear not, O Jacob*

*14 Fear not, O worm of Jacob, O men of Israel, [for] I help you — the word*
*of HASHEM and your Redeemer, the Holy One of Israel. 15 Behold, I have*
*made you like a new, sharp threshing iron with many blades; you will*
*thresh and pulverize mountains, and you will make the hills like chaff.*

---

*My servant*, meaning that these are the people who are totally devoted to God's service, with no thought of personal gain. *Jacob* refers to those who are God's chosen people, even though they may not have elevated themselves to such a degree that they would be chosen on their own merits.

Homiletically, the Holy One, Blessed is He, loves every Jew whether he personally deserves it or not, because he is the *offspring of Abraham who loved Me*. When a Jew sins, he angers God and this anger interferes with His love, but as soon as the sinner repents — for any reason — the relationship returns to its natural state of love. This love is a pure gift from God (*Beis HaLevi Vol. 3, Derashah* 11).

**9.** **אֲשֶׁר הֶחֱזַקְתִּיךָ מִקְצוֹת הָאָרֶץ** — *You whom I shall grasp* [lit., *hold fast*] *from the ends of the earth*. Come and see the difference between your God and the gods of the idolaters. They hold their gods to prevent them from falling, whereas you, Israel, are supported by your God, Who *grasps* you. The verse continues that God will summon Israel *from among all its noblemen*, meaning that God will bring Israel back from the Babylonian exile to build the Second Temple and establish the Second Commonwealth. Cyrus and Darius were the Persian conquerors who destroyed Babylon, and the year of their conquest was the year when the return to Zion began (*Mahari Kara*).

That summons to return to Zion will be the proof that *You are My servant and . . . I have not rejected you,* accordingly:

**10.** In this verse God assures Israel that God does not forget her, even in exile, even when she is persecuted. This continues the theme of comfort that began in 40:1, and is continually repeated in the following chapters.

**אַל־תִּירָא כִּי־עִמְּךָ אָנִי** — *Fear not, for I am with you.* Even in the midst of your exile (*Mahari Kara*).

**אַל תִּשְׁתָּע** — *Be not dismayed.* The translation follows *Radak*, based on the context. Alternatively, it is a cognate of שְׁעוּ מִנִּי, *leave me alone* (22:4). Thus it would be rendered *do not abandon Me* (*Ibn Ezra, Radak* citing his father, *Abarbanel*). Thus, God is urging Israel not to abandon Him; the people should realize that He has always and continues to help and sustain them, even when it was not obvious, and therefore they should not abandon their allegiance to Him.

The Midrash connects תִּשְׁתָּע to שַׁעֲוָה, *wax*, and sees the verse as a metaphor: *Do not let your heart melt like wax* (*Rashi*).

*Mahari Kara* understands this verse as encompassing the entire history of Israel in exile: *Fear not for I am with you* in your exile. *I have strengthened you* in the Babylonian exile; *even helped you* in the Persian-Median exile, *and even sustained you* in the exile of Edom.

**11-13.The turnover.** Your enemies were sure you would never be able to free yourself from their control; when proven wrong, they *will be shamed and humiliated* (*Radak*) and ultimately *they shall be like nothingness and naught.*

**13.** **כִּי אֲנִי ה׳ אֱלֹהֶיךָ . . . הָאֹמֵר לְךָ אַל־תִּירָא** — *For I am HASHEM, your God . . . Who says to you: "Fear not."* And since it is I Who tells you not to fear, you can rest assured (*Radak*) — despite your decimated population, poverty, and weakness (*Abarbanel*) — that you will emerge from your lowly status to be free and powerful again.

**14-16. Isaiah addresses Israel's weakness and reduced numbers.**

**14.** **אַל־תִּירְאִי תּוֹלַעַת יַעֲקֹב** — *Fear not, O worm of Jacob.* Fear not that you will be trodden underfoot by the Babylonians as they are destroyed (*Ibn Ezra*).

**תּוֹלַעַת יַעֲקֹב** — *O worm of Jacob.* A worm is a weak, insignificant creature (*Abarbanel*). Its only power is in its mouth (*Rashi*), for despite its softness it can gnaw into the hardest wood and fell trees. Similarly, Israel's true power is through its prayers, through which it can fell the most powerful enemies (*Radak, from Midrash Yelamdenu*).

**מְתֵי יִשְׂרָאֵל** — *O men of Israel.* מְתֵי is written with the same letters as מֵתֵי, *the dead of [Israel],* to indicate the insignificance and weakness of the people (*Abarbanel*).

**15.** **הִנֵּה שַׂמְתִּיךְ לְמוֹרַג חָרוּץ חָדָשׁ. . .תָּדוּשׁ הָרִים וְתָדֹק וגו׳** — *Behold, I have made you like a new, sharp threshing iron . . . you will thresh and pulverize mountains.* Despite the small size of

טז תִּזְרֵם וְרוּחַ תִּשָּׂאֵם וּסְעָרָה תָּפִיץ אוֹתָם וְאַתָּה תָּגִיל בַּיהוָה בִּקְדוֹשׁ יִשְׂרָאֵל
יז תִּתְהַלָּל: ◂ הָעֲנִיִּים וְהָאֶבְיוֹנִים מְבַקְשִׁים מַיִם וָאַיִן לְשׁוֹנָם בַּצָּמָא נָשָׁתָּה
יח אֲנִי יהוה אֶעֱנֵם אֱלֹהֵי יִשְׂרָאֵל לֹא אֶעֶזְבֵם: אֶפְתַּח עַל־שְׁפָיִים נְהָרוֹת וּבְתוֹךְ
יט בְּקָעוֹת מַעְיָנוֹת אָשִׂים מִדְבָּר לַאֲגַם־מַיִם וְאֶרֶץ צִיָּה לְמוֹצָאֵי מָיִם: אֶתֵּן בַּמִּדְבָּר
כ אֶרֶז שִׁטָּה וַהֲדַס וְעֵץ שָׁמֶן אָשִׂים בָּעֲרָבָה בְּרוֹשׁ תִּדְהָר וּתְאַשּׁוּר יַחְדָּו: לְמַעַן
יִרְאוּ וְיֵדְעוּ וְיָשִׂימוּ וְיַשְׂכִּילוּ יַחְדָּו כִּי יַד־יהוה עָשְׂתָה זֹּאת וּקְדוֹשׁ יִשְׂרָאֵל
כא בְּרָאָהּ: קָרְבוּ רִיבְכֶם יֹאמַר יהוה הַגִּישׁוּ עֲצֻמוֹתֵיכֶם יֹאמַר מֶלֶךְ יַעֲקֹב:
כב יַגִּישׁוּ וְיַגִּידוּ לָנוּ אֵת אֲשֶׁר תִּקְרֶינָה הָרִאשֹׁנוֹת | מָה הֵנָּה הַגִּידוּ וְנָשִׂימָה

### רש"י

**(טז) תזרם.** תזרה אותם כבמזרה לרוח: **ורוח תשאם.** מאליהם, לגיהנם: **(יז) מבקשים מים.** נתנבא הנביא על אחרית הימים, לֹא רָעָב לַלֶּחֶם וְלֹא צָמָא לַמַּיִם כִּי אִם לִשְׁמֹעַ אֵת דִּבְרֵי ה׳ יְשׁוֹטְטוּ לְבַקֵּשׁ אֶת דְּבַר ה׳ וְלֹא יִמְצָאוּ (עמוס ח, יא). וכשישוב אפו יכין להם לחם ומים וישכון שכינתו ורוח בפי נביאיהם: **נשתה.** לשון, וְנִשְּׁתוּ מַיִם מֵהַיָּם (לעיל יט, ה), לשון, הַשֵּׁאת וְהַשָּׁבֶר (איכה ג, מו), וכולן לשון חורבה ויובש. ולכך התי"ו מודגשת, שהרי באה במקום שתים, שאין שאת בלא תי"ו. והיה לו לומר לנקבה נשתתה שהרי לזכר יחיד יאמר נשתה ולרבים ונשתו: **(יח) נהרות.** לב מבין לתורה ולנבואה, מדבר. מקום שלא היתה חכמת התורה: **(יט) אתן במדבר ארז שטה.** כל מיני ישוב, אף גם אתן כל מיני חכמה וטובה ושלום: **תדהר ותאשור.** שמות אילני סרק העשויין לבנין: **(כא) קרבו ריבכם.** כל העכו"ם בואו וריבו והתוכחו עם בני: **עצומותיכם.** טענות בריאות וחזקות שלכם, ולשון ריב הוא זה בלשון משנה, שנים שנתעלמו בדין במסכת סנהדרין (לא.): **(כב) יגישו.** העכו"ם את נביאיהם וקוסמיהם: **ויגידו לנו.** את אשר תקרינה לעתיד: **הראשונות.** שהיו קודם בריאת עולם ועל מה נברא מה הנה (ס"א מאורעות שהתחילו כבר מה יהא בסופן):

### רד"ק

**(טז) תזרם.** אתה תזרה אותם, כאדם שזורה התבואה אחר הדישה והרוח תשא ותפיץ המוץ, והם יהיו כמו המוץ: **(יז) העניים והאביונים.** בני הגלות בצאתם מהגלות לשוב לארצם וילכו דרך מדברות מקום שאין מים. יבקשו מים במדבר ולא ימצאו ולשונם יבשה בצמא, ויצעקו אלי ואני אענה, כי אני אלהי ישראל ואני הוצאתים מהגלות לא אעזבם למות בצמא במדבר. אלא מה אעשה להם? **(יח) אפתח על שפיים נהרות.** נשתה, כמו, נָשְׁתָה גְּבוּרָתָם (ירמיה נא, ל). ודגש התי"ו מפני הפסק: **אפתח על שפים.** המקומות הגבוהים; כמו, וַיֵּלֶךְ שֶׁפִי (במדבר כג, ג) נהרות. מים שילכו נהרות מהם: **ובתוך בקעות.** וכל שכן בתוך בקעות, שיצאו מעינות רבות. והכל יהיה דרך פלא, כי לא ימצאו מים במדבר לא בהר ולא בבקעה: **(יט) אתן.** לא שימצאו מים במדבר לבד, אלא אפילו עצים יגדלו בהם. ואם תאמר, מה צורך להם בעצים? אלא בעלות מהגלות נוכל לומר שיבראו אלה העצים במדבר בקומתן כמו שנבראו בימי בראשית, ויהיה להם צל שלא יכם שרב ושמש. או להעמיד הפלא ההוא מהיום ההוא והלאה, ויהיו באותן מדברות לעולם מים ועצים גדלים בהם, ויאמרו בני העולם בעברם בהם, זה עשה האל לכבוד ישראל, ויודו לשם ה׳ לעולם על הפלא ההוא. וכן אמר למטה בפרשה דרשו ה׳, וְהָיָה לַה׳ לְשֵׁם לְאוֹת עוֹלָם לֹא יִכָּרֵת (לקמן נה, יג) **עץ שמן.** הוא העץ שקורין בלע"ז פי"ן, והוא עצי שמן; והשמן שיוצא ממנו היא הזפת. וכן תרגם יונתן אעין דמשחא. ולא נוכל לומר כי הוא עץ זית, כי בעזרא זוכר אותם בשנים, וְהָבִיאוּ עֲלֵי זַיִת וַעֲלֵי עֵץ שֶׁמֶן (נחמיה ח, טו): **תדהר.** תרגם יונתן, מוֹרְנִין. ובדברי רבותינו זכרונם לברכה תדהר, שאגא, ופירושו שא"ף בלע"ז: **ותאשור.** תרגם יונתן, וְאֶשְׁכְּרוֹעִין. ובדברי רבותינו זכרונם לברכה, תאשור, שורבינא. וכתב רבי יונה כי כן נקרא בערבי שורבין. ובעל הערוך פירש אשכרוע בערבי, בקם, והוא שקורין לו בלע"ז בוה"ו, אם כן לדבריו ברוש אינו בויי"ש: **(כ) למען.** אעשה הנפלאות האלה למען יראו אותם אומות העולם. לפיכך אמר יחרדו כל הגוים וידעו וישימו על לבם וישכילו כי יד ה׳ עשתה זאת, שהוציא ישראל מהגלות ועשה להם הנפלאות האלה: **בראה.** זאת הפלאה, כי הפלא הוא חדוש, לפיכך אמר בלשון בריאה: **(כא) קרבו.** צווי מפני הדגוש אלא שהרי"ש אינה מקבלת דגש. עתה שב לדבר כנגד עובדי הפסילים: **ריבכם.** הריב שיש לכם עם ה׳ ועם עמו. וכפל הענין במלות שונות: **עצומותיכם.** טענות עצומות שיש לכם. פירוש אחר, עצמותיכם הוא לשון ריב, וזה בלשון משנה שנים שהיו מתעצמין לדין. ויש אומרים, עצמותיכם, הדברים העצומים שעשיתם בעולם: **(כב) יגישו.** הפסילים שאתם אומרים שהם אלהים יגישו אלינו דבריהם, אומר הנביא בעדו ובעד ישראל שאינם עובדי הפסילים כמו הגוים אלא האל יתברך לבדו: **ויגידו לנו את אשר תקרנה.** המקרים העתידים לבא. ואמר בלשון נקבות כאלו אמר הקורות המוצאות בני העולם: **הראשונות מה הנה.** יאמרו לנו הראשונות שעברו מה הנה: **הגידו.** אמר כנגד הפסילים כאלו מדבר עמהם:

### מצודת דוד

**(טז) תזרם.** אתה תפזרם והרוח תשאם למרחוק: **וסערה וכו׳.** כפל הדבר במילים שונות: **בה׳.** בתשועות ה׳: **תתהלל.** תתפאר בעצמך במה שתלית בטחונך בקדוש ישראל: **(יז) העניים וכו׳.** בני הגליות כשישובו לארצם דרך המדבר יבקשו מים ולא ימצאהו: **בצמא.** בעבור הצמאון כאלו נעתק לשונם ממקומו: **אענם.** בדבר שאלתם על המים: **(יח) על שפיים.** במקומות הגבוהים אוליך נהרות עם כי אין דרך הנהרות למשוך שמה: **מעיינות.** אפתח מעיינות: **למוצאי מים.** להיות מקום מוצא מים: **(יט) אתן במדבר ארז וכו׳.** שיתענגו בני הגליות בצלם: **יחדו.** כולם יחדו יהיו שמה: **(כ) למען יראו וכו׳.** זה הפלא אעשה להם למען יראו העכו"ם וישימו על לב וישכילו לדעת אשר יד ה׳ עשתה זאת הגאולה והוא ברא הפלא ההיא: **(כא) קרבו ריבכם.** שב לדבר לעובדי הפסל ואמר להם, קרבו הריב שיש לכם עם ה׳ ועם עמו: **הגישו עצמותיכם.** תוכן הטענות ועצמות הדבר: **(כב) יגישו.** הפסילים שאתם אומרים אלהים המה יגישו נא ויגידו לנו את אשר יקרא באחרית הימים: **הראשונות מה הנה.** יאמרו מה היה קודם בריאת העולם: **הגידו.** אמרו נא ונשימה לבנו לזכור אם כן היה ובזה נדע שתדעו גם אחריתן של העולם, או הבאות השמיענו. השמיעו אותנו את העתידות לבוא אם ידעתם:

### מצודת ציון

**(טז) תזרם.** ענין פזור; כמו, וְזֵרִיתִי פֶרֶשׁ (מלאכי ב, ג), תפיץ. תפזור: **תתהלל.** מלשון הלול ושבח, (יז) נשתה. ענין העתקה; וכן, וְנִשְּׁתוּ מַיִם מֵהַיָּם (לעיל יט, ה), אענם. מלשון עניה ותשובה: **(יח) שפיים.** כן נקראו המקומות הגבוהים; וכן, רוּחַ צַח שְׁפָיִם (ירמיה ד, יא): **לאגם.** כן נקרא מקום כניסת המים; וכן, וְעַל אַגְמֵיהֶם (שמות ז, יט), ציה. שממון: **(יט) ארז וגו׳.** שמות אילני סרק: **בערבה.** במדבר: **ברוש.** וגו׳, שמות אילני סרק: **(כא) עצמותיכם.** ענין תוכן הדבר ועצמותו; וכן, לֹא נִכְחַד עָצְמִי מִמֶּךָּ (תהלים קלט, טו): **(כב) תקרינה.** מלשון מקרה:

16 *You will winnow them and the wind will carry them off, a storm will scat-
ter them — but you will rejoice in* H*ASHEM*; *in the Holy One of Israel you will
glory!*
17 *The poor and the destitute beg for water but there is none, their tongue
withers from thirst; I,* H*ASHEM*, *will answer them; the God of Israel, I will not
forsake them.* 18 *I will open rivers upon the hilltops and springs in the midst
of valleys; I will turn the desert into a pond of water and a parched land into
sources of water.* 19 *In the wilderness I will set cedar, acacia, myrtle, and pine
tree; I will place cypress, fir, and boxwood together in a desert,* 20 *so that they
should see and know and consider and understand together that the hand
of* H*ASHEM* *has done this, and the Holy One of Israel has brought it about.*
21 *'Bring your quarrel forward,' says* H*ASHEM*. *'Present your accusa-
tions,' says the King of Jacob.* 22 *Let them come forth and tell us what
will happen, what primeval events signified. Tell it, that we may take*

*Parable of the thirsty*

*Appeal to history*

a threshing iron, it is capable of threshing and pulverizing mountains. Similarly, despite the greatly diminished number of the Jewish people, they will be able to defeat nations as high and mighty as mountains (*Abarbanel*).

**16.** תִּזְרֵם וְרוּחַ תִּשָּׂאֵם — *You will winnow them and the wind will carry them off.* Their destruction of the wicked will be so total that it will seem as if the wind can blow them away, like chaff separated from the kernels of grain (*Abarbanel*). The wind will carry their remnants to *Gehinnom* (*Rashi*).

Homiletically, the verse alludes to the following parable: The straw, stubble, and grain had an argument. Each said that the field was planted solely for its sake. Finally, the grain said, "Time will tell who is right." At harvest time, the farmer took the straw and burned it, took the stubble and discarded it, and stored the grain in his silo, clearly showing why the field was planted. Similarly, Israel and the nations had a dispute. Each said that the world was created for its sake. Israel said, "Time will tell who is right," as it says, *You will winnow them and the wind will carry them off, a storm will scatter them — but you will rejoice in* H*ASHEM*; *in the Holy One of Israel you will glory!* (*Mechilta*).

**17-20. Isaiah now addresses the deficiencies of his brethren:**

**17.** הָעֲנִיִּים וְהָאֶבְיוֹנִים מְבַקְשִׁים מַיִם וָאַיִן — *The poor and the destitute beg for water but there is none.* The poor and destitute returnees to their land will pass through deserts, and will lack water, until Hashem responds to their entreaties (*Radak*, see *Ibn Ezra*).

Metaphorically, this refers to the Jewish exiles at the End of Days, a time when people will hunger and thirst — *not a hunger for bread nor a thirst for water, but to hear the words of* H*ASHEM*. . .*they will wander about to seek the word of* H*ASHEM*, *but they will not find it* (*Amos* 8:11-12). After God's anger passes He will provide them with water, i.e., spiritual nourishment, as stated in the next few verses. He will bring down His *Shechinah* and renew the spirit of prophecy (*Rashi*, *Mahari Kara*).

**18.** אֶפְתַּח עַל־שְׁפָיִים נְהָרוֹת — *I will open rivers upon the hilltops.* This is miraculous, for rivers do not generally form on hilltops (*Ibn Ezra*). This miracle and the ensuing ones are metaphors depicting the transformation of Israel from a wretched band of exiles into a thriving, vibrant community (*Abarbanel*).

נְהָרוֹת . . . מִדְבָּר — *Rivers . . . desert.* Continuing the homiletic approach of *Rashi*, in the previous verse, *rivers* refers to understanding hearts that can accept Torah and prophecy, and the *desert* refers to a place barren of Torah.

**19.** אֶתֵּן בַּמִּדְבָּר אֶרֶז שִׁטָּה וַהֲדַס וְעֵץ שָׁמֶן וגו׳ — *In the wilderness I will set cedar, acacia, myrtle, and pine tree. . .* All these trees will grow miraculously in the desert and produce pleasant shade for the returning Jews (*Radak*). Each of them grows only in the well-watered places, not in arid areas, and certainly not in deserts (*Ibn Ezra*).

Continuing the approach of *Rashi*, the various trees are metaphors for different types of wisdom, goodness, and peace, which God will provide in those days (*Rashi*). *Abarbanel* explains that God wishes to encourage Israel. The people might despair of redemption because they lack Torah scholars of quality and have been deprived of prophetic vision for many years. Isaiah assures them that the day will come when the glory of God and His spirit will rest upon them as in days of old (*Abarbanel*).

**20.** לְמַעַן יִרְאוּ וְיֵדְעוּ וגו׳ — *So that they should see and know*, i.e., so that the *poor and destitute* (see v. 17) will see the manifestations of redemption and take it to heart (*Ibn Ezra*). Alternatively the nations will see Israel's salvation and take it to heart (*Radak*). According to *Abarbanel*, the prophecy is intended for both Israel and the nations.

**21-29.** Isaiah turns to the idolatrous nations and challenges them to present their grievances against God and His people.

**21.** הַגִּישׁוּ עֲצֻמוֹתֵיכֶם — *Present your accusations* [lit., *your strengths*]. Let the nations present their strongest claims against God (*Radak*) and His people (*Rashi*). Alternatively, it refers to their gods, on whose *strength* they rely (*Mahari Kara*), or their powerful accomplishments (*Radak*).

**22.** יַגִּישׁוּ וְיַגִּידוּ לָנוּ אֵת אֲשֶׁר תִּקְרֶינָה — *Let them come forth and*

כג לְבֵּנוּ וְנֵדְעָה אַחֲרִיתָן אוֹ הַבָּאוֹת הַשְׁמִיעֻנוּ: הַגִּידוּ הָאֹתִיּוֹת לְאָחוֹר
וְנֵדְעָה כִּי אֱלֹהִים אַתֶּם אַף־תֵּיטִיבוּ וְתָרֵעוּ וְנִשְׁתָּעָה °ונרא [°וְנִרְאֶה ק׳]
כד־כה יַחְדָּו: הֵן־אַתֶּם מֵאַיִן וּפָעָלְכֶם מֵאָפַע תּוֹעֵבָה יִבְחַר בָּכֶם: הַעִירוֹתִי
מִצָּפוֹן וַיַּאת מִמִּזְרַח־שֶׁמֶשׁ יִקְרָא בִשְׁמִי וְיָבֹא סְגָנִים כְּמוֹ־חֹמֶר וּכְמוֹ
כו יוֹצֵר יִרְמָס־טִיט: מִי־הִגִּיד מֵרֹאשׁ וְנֵדָעָה וּמִלְּפָנִים וְנֹאמַר צַדִּיק אַף אֵין־
כז מַגִּיד אַף אֵין מַשְׁמִיעַ אַף אֵין־שֹׁמֵעַ אִמְרֵיכֶם: רִאשׁוֹן לְצִיּוֹן הִנֵּה הִנָּם

### רש״י

**או הבאות.** לעתיד ישמיענו ונראה אם יש בהם ממש שיתקיימו דבריהם: **(כג) הגידו האותיות לאחור.** המופתים הבאים באחרונה, ונשתעה. ונספר דבריהם. ויספר מתרגמינן וְאִישְׁתָּעֵי: **(כד) הן אתם מאין.** ודבריכם איך יתקיימו: **ופעלכם מאפע.** איככם אלא פועים ומרימים קול להטעות בדברי כזב: **תועבה.** הנתעבים הם יבחרו בכם ולא הקדוש ברוך הוא, ולא עבדיו ולא משרתיו: **(כה) העירותי מצפון ויאת.** אני מגיד העתידות. הנני מעיר לבנות חרבות ירושלם את כורש מצפון ויאת את בבל להחריבה: **ממזרח שמש, יקרא בשמי.** כֹּל מַמְלְכוֹת הָאָרֶץ נָתַן לִי ה׳ אֱלֹהֵי הַשָּׁמָיִם (עזרא א, ב). ונראה שארץ פרס במזרחית לפונית היא לארץ ישראל. דבר אחר, העירותי מצפון את נבוכדנצר להחריב את עירי ויאת, וכורש העירותי ממזרח שיקרא בשמי לבנות את עירי. שמלכות פרס ממזרח ארץ ישראל היא, שנאמר, רָאִיתִי אֶת הָאַיִל (דניאל ח, ד) וגו׳. ויונתן תירגם, אַיְתֵיתִי בִּגְלַאי מֶלֶךְ דְּתַקִּיף מְרוּחַ לְפוּנָא וְיֵיתֵי כְּמִפַּק שִׁמְשָׁא בִּגְבוּרְתֵּיהּ מְמַדִּינְחָא אֲגַבְּרִינֵהּ בִּשְׁמִי, ויבא סגנים. ויבא על מלך בבל ועל שריו כאשר בא לרמוס על חומר, וכמו יוצר חרשים ירמוס טיט לכלי חרס כן ירמוס הוא סגנים: **(כו) מי.** מנביאי הבעל הגיד כמוני דבר העתיד לבוא, ומי מלפנים הגידה. ולכשתבא נאמר שהיא צדיק שנבואתו צדק: **אף אין מגיד.** אבל אין בכם שיגיד עתידות ותתקיים: **אף אין שומע אמריכם.** שיעיד בבא עתידה פלוני נביא הבעל נבא אותה מלפנים: **(כז) ראשון לציון הנה הנם.** מלך ראשון שיתן לב לציון הנה זה הוא שאמרתי. ואף על פי שלא תגמר הגאולה על ידו, הוא יהיה המתחיל. מי בכם מכל עמו (עזרא א, ג): **הנם.** זקני ישראל יהיו נכונים על פי דברו לעלות מן הגולה ולהתחיל:

### רד״ק

**ונשימה לבנו.** לזכור אם היו ראשונות כמו שתאמרו: **ונדעה אחריתן.** ונדעה שתדעו אחריתן אם ידעתם ראשיתם או הבאות השמיענו העתידות לבא: **(כג) הגידו האותיות.** פירוש הבאות, וכן, אָתָא בֹקֶר (לעיל כא, יב), כתרגום בא, אתא: **לאחור.** לסוף, וכן תרגומו לְסוֹפָא. כי בתחילה אמר הבאות לעתיד שלא בזמן רחוק מאד, ואחר כך אמר הגידו האותיות לאחור; רצונו לומר, באחרית הימים אם תעשו זה: **נדעה כי אלהים אתם.** אף תטיבו ותריעו כמו שחושבים עובדיכם, ונשתעה ונרא. כן כתוב בלא ה״א וקרי ונראה, בה״א והענין אחד. ונשתעה פירוש ונספר, כמו שהוא תרגום ואשתעינא. כלומר, נספר עליכם ונראה אתכם יחדיו, אנחנו כמו עובדיכם, אחר שתאמרו כל זה: **(כד) הן אתם ופעלכם.** על מחשבת העובדים, כי אין לאלילים פעל: **מאפע.** כמו מאפס, כי הסמ״ך עי״ן באחת מאלפא ביתא אשר במאתים ועשרים ואחד שערים. ורבי אחי רבי משה זכרונו לברכה פירש כמו אפעה, כלומר, פעליכם כמעשה הנחשים הממיתים לדבקיהם, תועבה יבחר בכם. איש תועבה כלומר הנתעבים יבחרו בכם לא הקדוש ברוך הוא, כי האל ימאס בכם: **(כה) העירותי מצפון ויאת.** המפרשים פירשו זה על כרש מלך פרס, כי ארצו מזרחית צפונית לבבל, לפיכך אמר מצפון. ואמר ממזרח שמש, כי הוא החריב בבל וצוה את ישראל לעלות לארצם, לפיכך אמר ראשון לציון הנה הנם. ואדוני אבי זכרונו לברכה פירש הפרשה על המשיח, ואמר העירותי ולא אמר מי עד שאמר הן עבדי אתמך בו, וזהו הנכון. ומה שאמר מצפון ואמר ממזרח, כי שם עשרת שבטים בחלח וחבור נהר גוזן וערי מדי ואותה הארץ היא צפונית מזרחית: **ויאת.** בא בחסרון למ״ד הפעל, והוא כמו ויאתה: **ויבא סגנים.** כמו על סגנים, והם מלכי העכו״ם: **כמו חומר.** כמו היוצר על החומר שמגבל אותו ברגליו. ושנה הענין ואמר, וכמו יוצר ירמס טיט, ויוצר הוא האומן העושה כלי החרס: **(כו) מי הגיד מראש.** מתחילה טרם בא העתידה מתחילה מי הגידה מהאלילים ועובדיהם ואם הגידה אחד מהם נדעה כי הם אמת, ומלפנים. ומי הגידה מלפנים ונאמר עליו כי הוא צדיק ונאמן בדברו, אף אין מגיד. אבל ידענו כי אין מגיד: **ואין משמיע.** בכל האלילים, ואין מעובדיהם שיאמר ששמע את אמריכם, אמר לנכח האלילים כי פה להם ולא ידברו. והענין כפול במלות שונות: **(כז) ראשון לציון.** ראשון שיבוא לציון מהגלות יבשר ציון, ויאמר לציון הנה הנם בניך. וכפל המלה למהירות הענין:

### מצודת דוד

**(כג) האותיות לאחור.** הבאות באחרית הימים: **ונדעה.** ואז נדעה אשר אלהים אתם ואף תוכלו לעשות למי טובה או רעה: **ונשתעה.** ואז נספר אני והם ונראה יחדו מה לעשות בעולם, ואמר בדרך לעג והתול: **(כד) הן אתם מאין.** באמת אתם הם מדבר שאין בו ממש: **מאפע.** ממעשה האפעה הממית להדבקים בו: **תועבה.** איש מתועב בוחר בכם: **(כה) העירותי.** כאומר הנה אני אגיד עתידות אשר כבר זורה מלפני להעיר את נבוכדנצר מצפון לבוא על ירושלים להשחיתה. ואחרי זה יבוא כורש ממזרח ויקרא בשמי להאמין בי, והוא יבוא על שרי בבל לרמסם כמו חומר וכמו היוצר הרומס בטיט וכפל הדבר במילים שונות: **(כו) מי הגיד מראש.** מי מהפסילים הגיד דבר מראש טרם בוא ובבוא הדבר נדעה שאמת דבר: **ומלפנים.** מי הגיד דבר לפני בואה ובבא הדבר נאמר צדקו דבריו והוא כפל ענין במילים שונות: **אף אין מגיד.** אבל באמת אין בהם מגיד שום דבר אף ההוה כי פה להם ולא ידברו: **אף אין משמיע.** דבור בעלמא והוא כפל במילים שונות: **אף אין שומע אמריכם.** אף אין בהם מי שישמע אמריכם כי אזנים להם ולא יאזינו: **(כז) ראשון לציון.** כאומר, אבל אני אגיד עתידות אשר הראשון שיבוא לציון מהגלות יבשר ויאמר הנה באה הגאולה, ומיד הנה הם יבואו ולא יהיה תוחלת ממושכה:

### מצודת ציון

**(כג) האותיות.** הבאות; כמו, אָתָא בֹקֶר (לעיל כא, יב), לאחור. מלשון אחרון: **ונשתעה.** ענין ספור דברים; כי תרגום של ויספר הוא וְאִשְׁתָּעִי; וכן, וְאֶשְׁעָה בְחֻקֶּיךָ תָמִיד (תהלים קיט, קיז): **(כד) מאפע.** הוא אפעה, והוא מין נחש רע: **תועבה.** איש תועבה; וכן, וַאֲנִי תְפִלָּה (שם קט, ד), ומשפטו איש תפלה: **(כה) העירותי.** מלשון התעוררות: **ויאת.** ענין ביאה: **סגנים.** מין שררה: **חומר.** הוא כעין טיט: **יוצר.** אומן חרס: **ירמוס.** ענין דריכה ברגל: **(כז) הנה.** הנה הם:

*tell us what will happen.* Let the idols — whom you claim to be gods — come forth and tell us what will happen in the future (*Metzudos*). Alternatively, let the idols *come forth* with their words and tell us. . . *Rashi* goes a step further: Let the idolaters themselves bring forth their prophets and tell us. . .

According to *Ibn Ezra*, Isaiah is addressing the Jews. Let them bring the idols they had worshiped before the destruction of the First Temple and that many of them continued to worship in exile. Let them show if the idols had helped them.

*to heart and know their end; or inform us about the future.* [23] *Tell us the*
*signs that will come in later times, and then we will know that you are*
*gods and that you can do good or evil; together we will discuss and de-*
*cide.* [24] *But behold, you are made from nothing and your deeds are naught;*
*[only] an abominable one would choose you.*

[25] *I have inspired someone from the north, and he has come; he*
*calls out in My Name from where the sun rises. He will come upon*
*Judgment* *rulers as [one treads on] mortar, as a potter trampling clay.* [26] *Who [of*
*the pagans] has told anything in advance that we may know; from*
*beforehand, that we may say he was right? There is no one who tells,*
*nor anyone who informs, nor is there anyone who hears your words!*
[27] *The first to come to Zion [will announce], 'Behold! They are here!'*

---

**23.** הַגִּידוּ הָאֹתִיּוֹת לְאָחוֹר — *Tell us the signs that will come in later times.* This is *Rashi*'s translation, although literally לְאָחוֹר means *to the rear* or *to the past.* Accordingly, this verse repeats the theme of the previous verse.

*Abarbanel* follows the literal translation and explains both verses differently. He writes that one who has a complete understanding of the past can predict the future, as Solomon writes: *Whatever has been is what will be* (*Ecclesiastes* 1:9). Similarly, the past can be understood in the light of the future. Accordingly, *Abarbanel* renders vv. 22-23: . . . *Let them tell us what will happen, what primeval events signified. Tell it that we may take to heart and know their end*, i.e., by telling us what events in the past signified we will know what will happen in the future. Isaiah then continues at the end of verse 22 (proceeding into v. 23): *or inform us about the future. Tell us what will come to pass* [הָאֹתִיּוֹת, from the root אתא, *to come*] *to [understand] the past. . .* If we are told the future, and see how it resulted from the past, we will fully understand the past. If the idols can tell either one of those, that would prove their divinity.

**24.** הֶן־אַתֶּם מֵאַיִן — *But behold, you are made from nothing.* Since the idols have no substance, how can there be any value in the words of their believers? (*Rashi*). Alternatively, *your [words] are from nothing,* you cannot tell the past or the future — so you are nothing (*Mahari Kara*).

מֵאָפַע — *Naught.* This is the only appearance of this word in all of Scripture. Based on the context, it is rendered *naught* (*Ibn Ezra*). Furthermore, the letters *ayin* and *pei* are related by their proximity in the Hebrew alphabet resulting in the word מֵאָפֶס, *from naught* (*Radak*).

Others connect אפע to אֶפְעֶה, *viper,* and render the phrase, *and your deeds are like a viper* to those who cleave to you (*Radak,* citing his brother; *Metzudos*). *Rashi* relates it to the root פעה, *crying out,* and renders the phrase, *and you cry out [to mislead with false] deeds* (see *Mahari Kara* and *Malbim*).

**25.** הַעִירוֹתִי מִצָּפוֹן וַיַּאת מִמִּזְרַח־שֶׁמֶשׁ יִקְרָא בִשְׁמִי — *I have inspired someone from the north, and he has come; he calls out in My Name from where the sun rises.* I indeed foretell the future. I have *inspired* Cyrus, whose kingdom is in the *north,* to rebuild the ruins of Jerusalem, and he will *come* to Babylon to destroy it. Persia, the land of Cyrus, is northeast of *Eretz Yisrael.*

Actually, Persia, present-day Iran, is more east than northeast, as opposed to Babylon, present-day Iraq, which is more northerly. Accordingly, *Rashi* presents an alternative explanation. I have *inspired* Nebuchadnezzar *from the north,* Babylon, to destroy My city Jerusalem, *and he has come*; and I inspired Cyrus from the east — *from where the sun rises* — to *call out in My Name* to rebuild my city (*Rashi*).

Alternatively, this is a prophecy about the Messianic Era (*Radak*'s preferred explanation). Accordingly, the verse means, I have inspired Gog from the north, and he shall come, as foretold by My prophets; and I have inspired the Messianic King from the east, where the sun rises, to call out in My Name to all the nations of the world, and he shall come (*Malbim*).

וְיָבֹא סְגָנִים כְּמוֹ־חֹמֶר וּכְמוֹ יוֹצֵר יִרְמָס־טִיט — *He will come upon rulers as [one treads on] mortar, as a potter trampling clay.* Cyrus will come upon the rulers of Babylon (*Rashi,* et al.), or the Messianic King will come upon the rulers of the world and form them into better people, as a potter tramples clay to form utensils (*Malbim*).

Isaiah contrasts this prediction to that of the nations, who have never foretold the future accurately.

**26.** אַף אֵין מַשְׁמִיעַ אַף אֵין־שֹׁמֵעַ אִמְרֵיכֶם — *Nor anyone who informs, nor is there anyone who hears your words.* As the Psalmist says about their idols (*Psalms* 115:5-6): *They have a mouth, but cannot speak . . . they have ears, but cannot hear* (*Ibn Ezra, Radak*).

Alternatively, indeed there is no one among you who foretells the future and whose prediction comes true, nor is their anyone who will be able to say in the future, "I heard this event predicted" (*Rashi*).

**27.** רִאשׁוֹן לְצִיּוֹן הִנֵּה הִנָּם — *The first to come to Zion [will announce], "Behold! They are here!"* The first king to pay attention to Zion, King Cyrus, will behold that the elders of Israel are ready to ascend to Zion, once he gives permission (*Rashi;* see *Mahari Kara*).

Alternatively, the first ones to come to Zion [in the Messianic Era; *Targum*] will be the heralds. When the exilees return, the heralds will proclaim, "Behold! They are here!" (*Radak;* see *Ibn Ezra*).

כח וְלִירוּשָׁלַ͏ִם מְבַשֵּׂר אֶתֵּן: וְאֵרֶא֙ וְאֵ֣ין אִ֔ישׁ וּמֵאֵ֖לֶּה וְאֵ֣ין יוֹעֵ֑ץ וְאֶשְׁאָלֵ֖ם וְיָשִׁ֥יבוּ
מב כט־א דָבָֽר: הֵ֣ן כֻּלָּ֔ם אָ֥וֶן אֶ֖פֶס מַעֲשֵׂיהֶ֑ם ר֥וּחַ וָתֹ֖הוּ נִסְכֵּיהֶֽם: הֵ֤ן עַבְדִּי֙ אֶתְמָךְ־
ב בּ֔וֹ בְּחִירִ֖י רָצְתָ֣ה נַפְשִׁ֑י נָתַ֤תִּי רוּחִי֙ עָלָ֔יו מִשְׁפָּ֖ט לַגּוֹיִ֥ם יוֹצִֽיא: לֹ֥א יִצְעַ֖ק וְלֹ֣א
ג יִשָּׂ֑א וְלֹֽא־יַשְׁמִ֥יעַ בַּח֖וּץ קוֹלֽוֹ: קָנֶ֤ה רָצוּץ֙ לֹ֣א יִשְׁבּ֔וֹר וּפִשְׁתָּ֥ה כֵהָ֖ה לֹ֣א יְכַבֶּ֑נָּה
ד לֶאֱמֶ֖ת יוֹצִ֥יא מִשְׁפָּֽט: לֹ֤א יִכְהֶה֙ וְלֹ֣א יָר֔וּץ עַד־יָשִׂ֥ים בָּאָ֖רֶץ מִשְׁפָּ֑ט וּלְתוֹרָת֖וֹ אִיִּ֥ים

### רש"י

**ולירושלים מבשר אתן.** באותן הימים חגי זכריה, אשר יזרזום לבנות בימי דריוש השלישי לפרס: **(כח) וארא ואין איש.** תמיד אני מביט בנביאי הבעל, ואין איש מגיד דבר עתיד: **ומאלה.** מכל אלה העתידות לבא ואין מהם יועץ שעמד בסוד ה' וידע אותם: **ואשאלם וישיבו דבר.** אשר ישיבו דבר אם אשאלם: **(כט) הן כולם און.** יש לכם לדעת שכל נביאי מכחישי תורה, און ואפס כל מעשיהם: **נסכיהם.** דמות מסכותם כמו הפסל נסך חרש ויונתן תירגם בענין אחר: **ראשון לציון וגו'.** פִּתְגָמֵי נֶחָמְתָא דְאִתְנַבִּיאוּ נְבִיַּיא מִלְקַדְמִין עַל צִיוֹן הָא אֲתוֹ. ולפי התרגום כל הענין מדבר ממלך המשיח ובגאולה אחרונה. אבל אני רואה נבואה שנתנבא ישעיה על כורש כולם בלשון הסיגנון של פרשה זו. אני ה' העירותיהו בצדק קורא ממזרח עיט האותיות שאלוני מגיד מראשית אחרית כולה נוטה אחר ענין פרשה זו: **(א) הן עבדי אתמך בו.** הן עבדי יעקב אינו כמותכם כי אתמוך בו, בחירי. ישראל קרוי בחירי, כִּי יַעֲקֹב בָּחַר לוֹ יָהּ (תהלים קלה, ד). ואומר (לקמן מה, ד) לְמַעַן עַבְדִּי יַעֲקֹב וְיִשְׂרָאֵל בְּחִירִי: **רצתה נפשי.** עליו נתתי רוחי להודיע נביאיו את סודו, וסופו משפט לגוים יוציא; שנאמר, וְהָלְכוּ עַמִּים רַבִּים וגו' וְיֹרֵנוּ מִדְּרָכָיו וגו' (לעיל ב, ג): **(ב) ולא ישא.** לא יגביה קול; לא יצטרך להוכיח ולהתנבאות אל הגוים, שהם מעצמם יבואו ללמוד מהם; כענין שנאמר, נֵלְכָה עִמָּכֶם כִּי שָׁמַעְנוּ אֱלֹהִים עִמָּכֶם (זכריה ח, כג): **(ג) קנה רצוץ לא ישבור.** תרגם יונתן, עִנְוְתָנַיָּא דְאִינוּן דָּמָן לְקַנְיָא רְעִיעַ לָא יִתַּבְרוּן וַחֲשִׁיכַיָּא דִּכְבוּצִין עָמֵי (פי' כנר כבה) לָא יִטְפוּן, ופשתה כהה. פתילת פשתה לחה שקרובה ליכבות. מלך שלהם לא יגזול את הדלים ולא ירצץ את העניים ואת החלשים: **(ד) ולא ירוץ.** כמו לא ירצץ. כִּי מָלְאָה הָאָרֶץ דֵּעָה (לעיל יא, ט), וישמעו להן; כענין שנאמר, (צפניה ג, ט) כִּי אָז אֶהְפֹּךְ אֶל עַמִּים וגו'. וזהו לתורתו איים ייחלו כולם ישמעו לתורתו:

### רד"ק

**(כח) וארא ואין איש.** מעובדי האלילים שידע דבר, ואין יועץ. מאלה, אמר על האלילים ואין בהם יועץ לעבדיו מה לעשות, ואשאלם וישיבו דבר. אני אשאלם והם לא יענו ולא ישיבו דבר. ואין שזכר שהוא כמו לא, עומד ענינו במקום שנים כאלו אמר ולא ישיבו: **(כט) הן כולם.** כל האלילים ונסכיהם כמו הפסל נסך חרש כלו לרוח ותהו עשו אותם, ונסכו וחפו אותם כסף וזהב כי לא יועילום ולא יגידו להם מן העתידות דבר: **(א) הן עבדי.** זהו מלך המשיח, כמו שפירשנו: **אתמך בו.** דרך משל, כמו המלך הנשען בעבדו הנאמן לו: **נתתי רוחי עליו.** כמו שאמר גם כן עליו, ונחה עליו רוח ה': **משפט לגוים יוציא.** יוציא משפטם לאור וישלים בין גוי לגוי שלא יהיה עוד מלחמה ביניהם; כמו שאמר גם כן עליו, וְשָׁפַט בֵּין הַגּוֹיִם וְהוֹכִיחַ לְעַמִּים רַבִּים וגו' (לעיל ב, ד). ואמר, וְדִבֶּר שָׁלוֹם לַגּוֹיִם וּמָשְׁלוֹ מִיָּם עַד יָם (זכריה ט, י); וזה יהיה אחר מלחמת גוג ומגוג: **(ב) לא יצעק.** כמו שהוא דרך השופט לזעוק על הנשפטים לפניו ולהכריחם לדברי משפטו. הוא לא יהיה צריך לזה כי בנחת ידבר להם והם יקבלו דבריו: **ולא ישא.** פירוש, ולא ישא קולו, וכפל הענין לחזק: **(ג) קנה רצוץ.** רצוץ ענינו קנה שהוא קרוב להשבר; וכן, עַל מִשְׁעֶנֶת הַקָּנֶה הָרָצוּץ (לעיל לו, ו); שאם היה שבור מכל וכל לא היה אדם נשען עליו. אמר, כל כך יהיו דבריו והנהגת מלכותו בנחת, עד שאפילו החלושים לא ירגישו בו. ודמה החלושים לקנה רצוץ ולפשתה כהה, שענינם שהיא קרובה לכבות. ולא יעלה על דעתך לפי שיהיה נח ורפה לא יעשה משפט, אלא אף על פי כן לאמת יוציא משפט, כי לא יבצר ממנו מזימה: **(ד) לא יכהה ולא ירוץ.** לא יתרשל ולא יחלש ולא יתרפה עד שישים לארץ משפט. ופירוש לארץ ליושבי הארץ, וכן איים שוכני איים, ולתורתו. שיורה להם ייחלו; כמו שאמר, וְהָלְכוּ עַמִּים רַבִּים וְאָמְרוּ לְכוּ וְנַעֲלֶה אֶל הַר ה' אֶל בֵּית אֱלֹהֵי יַעֲקֹב וְיֹרֵנוּ מִדְּרָכָיו וְנֵלְכָה בְּאֹרְחֹתָיו (לעיל ב, ג):

### מצודת דוד

**ולירושלים מבשר אתן.** רצונו לומר, בהשגחה אביא מבשר כזה לבשר סמוך לה: **(כח) וארא.** אבל בעובדי הפסל אראה שאין בהם איש יודע העתיד: **ומאלה.** מהפסילים עצמן אין בהם מי מייעץ לעובדיו מה לעשות: **ואשאלם.** מלת ואין עומדת במקום שתים לומר אין בהם מי אשר אשאלם שישיבו דבר כי הדבור אין בהם: **(כט) הן כולם.** באמת הפסילים עם עובדיהם המה הבל ולא ממש וכפל הדבר במילים שונות: **(א) הן עבדי.** הנה עבדי אשר אתמך בו והוא מלך המשיח. ואמר במשל הנשען על עבדו הנאמן: **בחירי רצתה נפשי.** הנבחר לי אשר רצתה נפשי בו: **נתתי רוחי עליו.** כמו שכתוב, וְנָחָה עָלָיו רוּחַ ה' וכו' (לעיל יא, ב): **משפט וכו'.** יוציא משפטם לאור; וכמו שכתוב, וְשָׁפַט בֵּין הַגּוֹיִם וכו' (לעיל ב, ד): **(ב) לא יצעק.** לא כדרך השופט הצועק על הנשפטים לפניו להכריחם על המשפט, כי בנחת יקבלו דבריו: **ולא ישא.** לא ישא קולו, וכפל הדבר לחוזק, ולא ישמיע בחוץ קולו. אף כשיעשה משפט בחוצות במקום מרבית אנשים, לא יצטרך להשמיע קול חזק להשתיקם לשמוע אמריו, כי מעצמם ישימו כף לפיהם: **(ג) קנה רצוץ.** קנה המרוסס שהוא קרוב להשבר: **לא ישבור.** רצונו לומר, לא יטה דין תשושי הכח, לא כדרך שמחניפים לגדולים ומטים דין החלשים: **ופשתה כהה.** פשתה הדולקת שהוכהה מאורה וקרובה להכבות לא יגמור כבויה והוא גם כן משל על תשושי הכח, וכפל הדבר במילים שונות: **לאמת יוציא משפט.** כי יוציא המשפט לאמתו ולא יטהו בעבור חלשות תשושי הכח: **(ד) לא יכהה.** לא יכהה מאורו ולא ירוצץ. רצונו לומר, לא יחלש ולא יתרפה עד ישים משפט באנשי הארץ: **ולתורתו.** אל מה שיורה וילמד יצפו ויקוו יושבי האיים הרחוקים:

### מצודת ציון

**(כט) און אפס רוח ותוהו.** פתרון אחד להם דבר שאין בו תועלת וממש: **נסכיהם.** הפסל הנעשה בהתכת המתכת; וכן, הַפֶּסֶל נָסַךְ חָרָשׁ (לעיל מ, יט): **(א) אתמך.** ענין השענה: **רצתה.** מלשון רצון: **(ג) קנה.** מטה: **רצוץ.** מרוסס; ; וכן, מִשְׁעֶנֶת הַקָּנֶה הָרָצוּץ (לעיל לו, כא): **ופשתה.** פשתן: **כהה.** ענין עכירות וחושך; וכן, בֶּהָרֹת כֵּהוֹת (ויקרא יג, לט): **יכבנה.** מלשון כבוי: **(ד) ירוץ.** מלשון רציצה: **ולתורתו.** מלשון הוראה ולמוד:

---

Homiletically, in the merit of fulfilling the commandment (*Leviticus* 23:40), *You shall take for yourselves on the* **first** *day* the Four Species of Succos, I will reveal Myself to you as the *First*, take your vengeance on the *first,* build the *first,* and bring you the *first.* This means "I, God, will reveal Myself to you as the *First,*" as the verse says (above v. 4), *I, HASHEM, am the First*; "take your vengeance on the *first,*" refers to the wicked Esau, of whom the Torah says (*Genesis* 25:25): *The first one emerged red*; "build the *first,*" refers to the Temple, as it is described (*Jeremiah* 17:12): *Like the Throne of Glory, exalted from the first, is the place of our Sanctuary*; "and bring you the *first,*" refers to the Messiah, who is described in our

*and I will send a herald for Jerusalem.* [28] *I see that there is no man, and that*
*among them there is no counselor whom I may ask and who can respond*
*with a word.* [29] *Behold, all of them: Their deeds are worthless and naught;*
*their molten images are but wind and nothingness.*

**42** *The Messiah, God's servant*

[1] *Behold My servant, whom I shall uphold; My chosen one, whom My soul*
*desired; I have placed My spirit upon him so he can bring forth justice to*
*the nations.* [2] *He will not shout nor raise his voice, nor make his voice heard*
*in the street.* [3] *He will not break [even] a bruised reed nor extinguish even*
*flickering flax; but he will administer justice in truth.* [4] *He will not slacken*
*nor tire until he sets justice in the land and islands will long for his teaching.*

---

verse *the first for Zion, behold! They are here! (Pesikta d'Rav Kahana* 27:10; see *Pesachim* 5a).

**וְלִירוּשָׁלַםִ מְבַשֵּׂר אֶתֵּן** — *And I will send a herald for Jerusalem.* The heralds will be the prophets Haggai, Zechariah, and Malachi, who will encourage the Jews of Babylon to return to Jerusalem and rebuild it, in the time of the Persian King Darius III (*Rashi, Mahari Kara*).

Alternatively, the first returnees to Zion will announce to Zion that more Jews are returning (*Radak*).

**28-29. וָאֵרֶא וְאֵין אִישׁ** — *I see that there is no man. . .* who can respond to the challenge of vv. 21-23 (see *Rashi* et al.). *Their deeds are worthless and naught; their molten images are but wind and nothingness.*

### 42.

**Faith in the future Redemption.** In the previous chapter, Isaiah prophesied about the coming of Cyrus and the end of the Babylonian exile. Now he speaks of the Messiah and the ultimate Redemption. These two prophecies are juxtaposed in order to strengthen Israel's faith in the coming of the Messiah, even though it may be long delayed. When Jews of the future see that everything Isaiah foretold about Cyrus came true, their faith will be strengthened regarding the promised redemption (*R' Schwab*).

**1-4. God's servant will be recognized as the primary teacher and dispenser of justice.**

**1. עַבְדִּי . . . בְּחִירִי** — *My servant . . . My chosen one.* The identity of this servant is unclear. According to *Rashi,* the *servant* is Jacob and *My chosen one* is Israel, i.e., the entire Jewish nation. *Targum, Radak,* and *Abarbanel* identify the servant as the Messiah (cf. *Mahari Kara* to v. 3, and see the response of *Abarbanel* in v. 4). We will comment on these verses as relating to the Messianic Era, unless otherwise noted.

*R' Saadia Gaon* (cited by *Ibn Ezra* and *Mahari Kara*) identifies the *servant* as Cyrus, whom God chose to become king of Persia and carry out His plan to exact vengeance against Babylon. *Ibn Ezra* holds that it refers to Isaiah himself.

**אֶתְמָךְ־בּוֹ** — *Whom I shall uphold.* The translation follows *Rashi* and *Mahari Kara.* Alternatively, *upon whom I lean [or rely],* like a king who leans, or relies, on his trusted servant (*Radak, Abarbanel*).

This implies that God depends on Israel, as it were. *Nefesh HaChaim* and others explain that God's plan for the universe is that events would be regulated in accordance with the deeds of Israel. When His people are loyal to the Torah, they bring blessing to the entire world, but when they act wrongly, the universe suffers. Thus for example, in the time of Noah, mankind was so sinful that God erased nearly all life from the face of the earth, except for Noah's family and the creatures in the Ark. The Sages explain that the perversity of people extended even to animal life, so much so that it, too, could not survive. After Abraham earned the right for him and his posterity to be chosen as God's people, the responsibility for good or ill was placed upon Israel.

**נָתַתִּי רוּחִי עָלָיו מִשְׁפָּט לַגּוֹיִם יוֹצִיא** — *I have placed My spirit upon him so he can bring forth justice to the nations.* As stated above (2:2-3): *It will happen in the end of days . . . Many peoples will go . . . and He will teach us His ways* (*Rashi*). *Radak* cites verse 2:4, *He will judge among the nations, and will settle the arguments of many peoples.* He explains that the "*he*" of that verse refers to the Messiah, and that he *will judge* in the period after Gog and Magog.

**2. לֹא יִצְעַק וְלֹא יִשָּׂא** — *He will not shout nor raise his voice.* An ordinary human judge may have to raise his voice to intimidate defendants to respect his rulings, but the Messiah will have no need to do so; people will accept his teachings even when he speaks softly (*Radak*). Indeed, all the peoples will come to learn from him (*Rashi*).

**3. קָנֶה רָצוּץ לֹא יִשְׁבּוֹר וּפִשְׁתָּה כֵהָה לֹא יְכַבֶּנָּה** — *He will not break [even] a bruised reed nor extinguish even flickering flax.* Metaphorically, he will not rob paupers, nor oppress the poor and the weak (*Rashi*).

So softly and calmly will the Messiah speak and act that even the poorest and weakest people will feel respect, not fear. Nevertheless, although he will not outwardly project authority, he will not hesitate to judge correctly and compel obedience (*Radak*).

**4. וּלְתוֹרָתוֹ אִיִּים יְיַחֵילוּ** — *And islands will long for his teaching.* All the nations will return to the Torah and ask the Messiah to teach them (*Abarbanel*).

*Abarbanel* understands these first four verses as being directly connected to the phrase in verse 1: *he can bring forth justice to the nations.* The Messiah will be so knowledgeable in the Torah that he will not have to *raise his voice* in studying the law, nor in forcefully presenting his position. Thus, he

**HAFTARAS BEREISHIS**
*Ashkenazim:* 42:5-43:10
*Sephardim:* 42:5-21

ה יְיַחֵלוּ: ◀ כֹּה־אָמַ֞ר הָאֵ֣ל ׀ יְהוָ֗ה בּוֹרֵ֤א הַשָּׁמַ֙יִם֙ וְנ֣וֹטֵיהֶ֔ם רֹקַ֥ע הָאָ֖רֶץ
ו וְצֶאֱצָאֶ֑יהָ נֹתֵ֤ן נְשָׁמָה֙ לָעָ֣ם עָלֶ֔יהָ וְר֖וּחַ לַהֹלְכִ֥ים בָּֽהּ׃ אֲנִ֧י יְהוָ֛ה קְרָאתִ֥יךָֽ
ז בְצֶ֖דֶק וְאַחְזֵ֣ק בְּיָדֶ֑ךָ וְאֶצׇּרְךָ֗ וְאֶתֶּנְךָ֛ לִבְרִ֥ית עָ֖ם לְא֥וֹר גּוֹיִֽם׃ לִפְקֹ֖חַ עֵינַ֣יִם
ח עִוְר֑וֹת לְהוֹצִ֤יא מִמַּסְגֵּר֙ אַסִּ֔יר מִבֵּ֥ית כֶּ֖לֶא יֹ֥שְׁבֵי חֹֽשֶׁךְ׃ אֲנִ֥י יְהוָ֖ה ה֣וּא
ט שְׁמִ֑י וּכְבוֹדִי֙ לְאַחֵ֣ר לֹֽא־אֶתֵּ֔ן וּתְהִלָּתִ֖י לַפְּסִילִֽים׃ הָרִאשֹׁנ֖וֹת הִנֵּה־בָ֑אוּ
י וַחֲדָשׁוֹת֙ אֲנִ֣י מַגִּ֔יד בְּטֶ֥רֶם תִּצְמַ֖חְנָה אַשְׁמִ֥יעַ אֶתְכֶֽם׃ שִׁ֤ירוּ

**רש"י**

**(ה) האל ה׳.** בעל הדין ובעל הרחמים, בורא השמים. תחילה כמין פקיע של שתי, ואחר כך נטה אותם כדאיתא במס׳ חגיגה (יב.): **וצאצאיה.** בורא את היוצא ממנה: **נותן נשמה.** נשמת חיים: **לעם עליה.** לכולם בשוה: **ורוח.** קדושה: **להולכים בה.** למתהלכים לפניו: **(ו) קראתיך.** לישעיה הוא אומר: **ואצרך.** כשיצרתיך זאת היתה מחשבתי, שתשים את עמי לבריתי ולהאיר להם: **לאור גוים.** כל שבט קרוי גוי לעצמו; כענין שנאמר, גּוֹי וּקְהַל גּוֹיִם (בראשית לה, יא): **(ז) לפקוח עינים עורות.** שאינם רואין את גבורתו לתת לב לשוב אלי, להוציא ממסגר אסיר. ועל ידי שיתפקחו עיניהם יצאו אסירים ממסגר. דבר אחר; לבשרם על גלות בבל העתידה לבא עליהן שסופן לצאת ממנה: **(ח) הוא שמי.** הוא מפורש בלשון אדנות וכח, ועלי להראות שאדון אני; לפיכך כבודי לאחר לא אתן: **(ט) הראשונות.** שהבטחתי לאברהם על גלות מצרים, וְגַם אֶת הַגּוֹי וגו׳ (בראשית טו, יד): **הנה באו.** שמרתי הבטחתי, ועתה חדשות אני מגיד לעמי להבטיח על גלות שנייה:

**רד"ק**

**(ה) כה אמר האל ה׳.** האל שהוא בורא שמים. הענין הזה אמרו הנביא כמה פעמים; לפי שהיו בדורו בעלי אמונה רעה שהיו מאמינים כי העולם לא נברא, אלא כך היה קדמון, אבל הוא עלול ויש לו עלה. ויש שהיו מאמינים כי העולם מקרה; אין לו בורא ולא עלה כמו שכתבנו. ומפני האמונות הרעות ההם היה שונה תמיד הענין הזה, כי השם יתעלה הוא בורא העולם ומחדשו והוא מוציאו מאין ליש. ואמר בורא השמים, אמר אל יחשוב אדם כי השמים בעבור שהם קיימים ולא יקרה אותם שום הפסד ושום שנוי שהם קדמונים, אלא האל בראם וחדשם, ונוטיהם. שנטה אותם כאהל על הארץ. ומלת ונוטיהם נכתבה ביו"ד הרבוי בלשון רבים; כמו, אַיֵּה אֱלוֹהַּ עֹשָׂי (איוב לה, י), יִשְׂמַח יִשְׂרָאֵל בְּעֹשָׂיו (תהלים קמט, ב): **רוקע הארץ.** הרקוע היא הפרישה והרדוד; כמו, וַיְרַקְּעוּ אֶת פַּחֵי הַזָּהָב (שמות לט, ג), וּרְקַע בְּרַגְלְךָ (יחזקאל ו, יא). והנה הארץ עגולה ככדור, והנה האל כשהקוה המים אשר על פני הארץ אל מקום אחד להיות עליה צמחים, וכולל אותם במלת וצאצאים, עשה הארץ שהיא היבשה כאלו היא שטוחה לשבת עליה, כאדם הרוקע דבר ושוטח אותו כמו הצורף ששוטח הטסים: **וצאצאיה.** פירוש, ברא צאצאיה עליה. כי אחר שאמר ותראה היבשה, אמר תדשא הארץ, ואחר כן נתן נשמה לעם עליה ורוח להולכים בה. וזה היה ביום הששי שברא האדם ונפח בו נשמה; כמו שאמר, וַיִּפַּח בְּאַפָּיו נִשְׁמַת חַיִּים (בראשית ב, ז). והוא נותן נשמה לעם עליה, ויצר שאר בעלי חיים; כמו שכתוב, תּוֹצֵא הָאָרֶץ נֶפֶשׁ חַיָּה לְמִינָהּ (שם א, כד). וזהו ורוח להולכים בה, כי לא יאמר נשמה אלא על האדם. ופירוש כֹּל אֲשֶׁר נִשְׁמַת רוּחַ חַיִּים בְּאַפָּיו (שם ז, כב), אמר נשמת בעבור האדם, ואמר רוח בעבור שאר בעלי החיים. והקדים אדם אף על פי שהיה אחרון, לפי שהוא עיקר היצירה. וכן אמר, עָשִׂיתִי אֶרֶץ וְאָדָם עָלֶיהָ בָרָאתִי (לעיל מה, יב), זכר אדם לבדו, לפי שהוא עיקר היצירה: **(ו) אני ה׳.** אומר לישראל, אני ה׳ שעשיתי כל זה, יכול להוציאך מהגלות, ואני הוא שקראתיך בצדק, כשהגיע זמנך לצאת שתצא, ולא תירא בצאתך, כי אני אחזיק בידך: **ואצרך.** אשמרך מן הגוים שלא ירעו לך: **ואחזק.** בצר"י, והחי"ת בשוא לבדו: **לברית עם.** לקיום כל עם ועם, כי בעבורך מתקיים כל העולם. וכל ברית הוא ענין קיום, וכן תהיה גם כן לאור גוים; כמו שאמר, וְהָלְכוּ גוֹיִם לְאוֹרֵךְ (לקמן ס, ג). והאור הוא התורה שתצא להם מציון. וישראל יהיו קיום האומות על שני פנים, האחד שיהיה שלום בעבורם בכל הגוים; כמו שאמר על המשיח, וְדִבֶּר שָׁלוֹם לַגּוֹיִם (זכריה ט,י). ואמר, וְהוֹכִיחַ לְעַמִּים רַבִּים, וְכִתְּתוּ חַרְבוֹתָם לְאִתִּים וגומר (לעיל ב, ד). השנית, כי בסבת ישראל יהיו הגוים שומרים שבע מצות וילכו בדרך טובה, כמו, וְיֹרֵנוּ מִדְּרָכָיו וְנֵלְכָה בְּאֹרְחֹתָיו וגומר (שם פסוק ג): **(ז) לפקח.** אני ה׳ קראתיך לפקוח עינים עורות, כלומר, עיניכם שהם עורות בגלות מרוב הצרות: **וכן להוציא ממסגר אסיר.** אתה שאתה אסיר בגלות ובבית כלא ויושב בחשך. אסיר, בדגש: **(ח) אני ה׳ הוא שמי.** הוא שמי המיוחד לי. לא כשם הפסילים אף על פי שעובדיהם ישתתפו אותם עמי בשם אלהים, ולא יוכלו לשתפם עמי בזה השם, כי אני הוא אדון על הכל, ועוד לא אתן כבודי לאחר כמו שעשיתי עד הנה, שלא עשיתי משפט ברשעים; על כן לא הכירוני ונטו אחרי האלילים. ואחרי הוציאי ישראל מהגלות ואעשה עמהם נפלאות גדולות, יכירוני כל העמים כי אין בלעדי אחרי עשותי משפט ברשעים; כמו שאומר, וְהָיוּ כָל זֵדִים וְכָל עֹשֵׂה רִשְׁעָה קַשׁ וְלִהַט אֹתָם הַיּוֹם הַבָּא וגו׳ (מלאכי ג, יט): **ותהלתי לפסילים.** ולא תהלתי. ולא שזכר עומד במקום שנים; וכן, תִּקְוַת עֲנִיִּים תֹּאבַד (תהלים ט, יט) ורבים כמוהם: **(ט) הראשונות הנה באו.** אמר הנביא, הנבואות הראשונות שנבאתי על סנחריב הנה באו, כי בימי ישעיהו הנביא באו: **וחדשות אני מגיד.** ועתה אני מגיד לכם נבואות חדשות שלא שמעתם, ואשמיע אותן אתכם בטרם תצמחנה. ותדעו כי כמו שנתקיימו הראשונות כן יתקיימו האחרונות, והלא הם העתידות שאומר להוציא ישראל מגלות זה. ואמר תצמחנה על דרך משל; וכן, אַצְמִיחַ קֶרֶן לְדָוִד (תהלים קלב, יז), אַצְמִיחַ קֶרֶן לְבֵית יִשְׂרָאֵל (יחזקאל כט, כא). כי הדבר החדש הוא כמו הצמח שיתחדש ויתגלה על פני הארץ אחרי

**מצודת דוד**

**(ה) ונוטיהם.** הוא נטה אותם להיות כאוהל: **רוקע.** פרש את הארץ והוציא צאצאיה הם הצמחים כולם: **לעם עליה.** אל העם אשר הם עליה נתן נשמה ואל שאר הבריות המתהלכים בה נתן רוח החיוני: **(ו) קראתיך בצדק.** על המשיח, יאמר מה שקראתי בשמך על ידי הנביאים הוא בצדק ודבר המתקיים: **ואחזק בידך.** אאחוז בידיך להגביר אותך על כל: **ואצרך.** אני אשמור אותך: **ואתנך לברית עם.** אתן הכח בידך להסב עמי לבריתי לקיים התורה והמצוה: **לאור גוים.** להאיר עיני הגוים כולם לדעת שה׳ הוא האלהים: **(ז) לפקוח.** מי שנתעוורו עיניו מלראות פועל ה׳ אתה תפתחם ותשכילם, להוציא. את ישראל האסורים בבבל תוציא מבית מסגירם, ומבית כלא תוציא את היושבים שמה בחושך: **(ח) הוא שמי.** המיוחד לי. לא כשם הפסילים שאין שמם מיוחד להם, כי יקראוה בשם אלוה ואין אל אתם: **וכבודי וכו׳.** לא אתן עוד כבודי לאחר, כי עד הנה על מה שלא עשיתי משפט בעכו"ם נטו אחר הפסילים וכבדו אותם במקום שהיה ראוי לכבד אותי, אבל מעתה אעשה משפט ולא יכבדו עוד לפסילים: **ותהלתי.** מלת לא עומדת במקום שתים לומר לא תהלתי לפסילים. רצה לומר מה שראוי להלל אותי לא יהללו לפסילים כמאז, וכפל הדבר במלות שונות: **(ט) הראשונות.** הנבואות הראשונות שנבאתי על סנחריב הנה כבר באו, וחדשות. עתה אני מגיד חדשות שלא שמעתם עדיין והיא הגאולה העתידה, בטרם תצמחנה. רצונו לומר, עד לא התחילה להתגלות אשמיע אתכם:

**מצודת ציון**

**ייחלו.** יקוו; כמו, יַחֵל יִשְׂרָאֵל (תהלים קלא, ז): **(ה) רוקע.** ענין פרישה; וכן, לְרֹקַע הָאָרֶץ עַל־הַמָּיִם (שם קלו, ו): **(ו) ואחזק.** ענין אחיזה: **ואצרך.** ענין שמירה: **(ז) לפקוח.** ענין פתיחה, כמו פֹּקֵחַ עִוְרִים (שם קמו, ח): **מבית כלא.** מקום מאסר:

*A light to the nations*

*5 Thus said the God, HASHEM, Who creates the heavens and stretches them*
*forth; Who firms the earth and its produce, Who gives a soul to the people*
*upon it, and a spirit to those who walk on it: 6 I am HASHEM; I have called you*
*with righteousness; I will strengthen your hand; I will protect you; I will set*
*you for a covenant to the people, for a light to the nations; 7 to open blind eyes;*
*to remove a prisoner from confinement, dwellers in darkness from a dungeon.*
*8 I am HASHEM; that is My Name; I shall not give My glory to another, [nor] My*
*praise to graven idols. 9 Behold, the early [prophecies] have come about; now*
*I relate new ones; before they sprout I shall let you hear [them].*

---

will have no need to *break [even] a bruised reed* to instill awe, nor will he need to check the law all night long by the light of *flickering flax* wicks, for *he will administer justice in truth.* Since the *islands* will *long for his teaching* and will come on their own to learn from him, he will be able to dispense justice without exhausting himself by traveling, for he will be able to stay in Jerusalem.

**5-9. Isaiah declares the superiority of the God of Israel.**

**5. כֹּה־אָמַר הָאֵל ה׳ בּוֹרֵא הַשָּׁמַיִם** — *Thus said the God, HASHEM, Who creates the heavens . . .* The two Divine Names, אֵל and ה׳, refer to God's attributes of justice and mercy (*Rashi*).

Isaiah refutes two heresies that were prevalent even in his time. The first was that the world was not created, but was eternal; the second was that the world came into being somehow without a Creator. Therefore Isaiah stressed that God is indeed the Creator of the universe and that He created it *ex nihilo.* He *created the heavens . . . firmed the earth and its produce etc.* (*Radak*).

**נֹתֵן נְשָׁמָה לָעָם עָלֶיהָ** — *Who gives a soul to the people upon it.* He gives the breath of life equally to all the people on earth (*Rashi*).

**וְרוּחַ לַהֹלְכִים בָּהּ** — *And a spirit to those who walk on it.* A spirit of sanctity [or prophecy (*Abarbanel*)] to those who walk in His ways (*Rashi*).

The verbs are in the present tense, *creates* and *gives,* because creation is constant. If God were not to sustain life and existence in every instant, everything would cease to exist.

Alternatively, only human beings are endowed with a *soul.* The other creatures who *walk on it* are given only *a spirit* (*Ibn Ezra, Radak*).

**6. קְרָאתִיךָ** — *I have called you.* "*You*" refers to Isaiah (*Rashi, Ibn Ezra*), to the Messiah (*Radak, Abarbanel*), or to Cyrus (*Mahari Kara*). [Since this section is not a direct continuation of the previous section, the various interpretations of the person's identity are not necessarily the same as those of verse 1.]

**וְאֶצָּרְךָ** — *I will protect you.* I will protect (from the root נצר) you from the nations that seek to harm you (*Radak*). Alternatively, the word's root is יצר, *form.* Accordingly: *I formed you [with the intention that you make] a covenant to the people, and be a light to the nations* (*Rashi*).

**לְאוֹר גּוֹיִם** — *For a light to the nations,* i.e., the light of Torah that comes from Zion and is the light of Israel's existence will inspire the nations (*Radak*).

In the Messianic Era, everyone, Jew and non-Jew alike, will be righteous. *Psalms* 118:2-4, which calls upon people to acknowledge God's kindness, begins with *Israel,* continues with *the House of Aaron,* and concludes with *those who fear HASHEM.* The latter are all the people who have accepted God and His moral law for mankind (*R' Schwab*).

**7. לִפְקֹחַ עֵינַיִם עִוְרוֹת** — *To open blind eyes.* The blandishments and difficulties of life prevent people from seeing the truth of their mission to serve God and live according to His Will. The verse refers to eyes that are too blind to see My might and realize that they should repent (*Rashi*), and cannot see the truth of God's existence (*Abarbanel*). Alternatively, Israel's eyes that have become blind from the suffering of exile (*Radak*).

**לְהוֹצִיא מִמַּסְגֵּר אַסִּיר** — *To remove a prisoner from confinement.* When their eyes open and they repent, they are released from their [spiritual] confinement (*Rashi*). Alternatively, it refers to physical confinement in the darkness of exile (*Radak, Abarbanel*).

**8. אֲנִי ה׳ הוּא שְׁמִי וגו׳** — *I am HASHEM; that is My Name . . .* The Four-letter Name refers to the essence of God, which is completely inconceivable and unknowable to mortal man. His "Name" is the way He reveals Himself in creation: as the Creator Who provides existence and watches over all (*Malbim*). Obviously it is impossible to see or know God. We can only "perceive" Him through His manifestations, as Merciful, Judgmental, Man of War, Healer, and so on.

The revealed Four-letter Name is pronounced as a variation of אדנות, *Mastery,* implying power (see *Pesachim* 50a). Accordingly, *I shall not give My glory to another* (*Rashi*).

Alternatively, the Four-letter Name is a proper noun; it is the Name that applies only to HASHEM. Thus Hashem says, Only I am the Master of the Universe. Although idolaters use the name אֱלֹהִים, *god,* for their deities, *I shall not give My glory [i.e., My Name] to another* (*Radak*).

**וּכְבוֹדִי . . . וּתְהִלָּתִי** — *My glory . . . [nor] My praise.* It is normal for shortsighted people to honor those who provide them with benefits. So they honor their leaders and rulers and praise their deities without realizing that everything comes from God and that glory and praise are due to Him alone. At the end of time, all will realize this truth, and God will no longer allow glory and praise to be given to others (*Radak*).

**9. הָרִאשֹׁנוֹת הִנֵּה־בָאוּ** — *Behold, the early [prophecies] have come about,* such as the prophecy to Abraham (*Genesis* 15:14) that after the Egyptian exile, God will judge the oppressors. Those prophecies *have come about,* and *the new*

יא לַיהוה֙ שִׁ֣יר חָדָ֔שׁ תְּהִלָּת֖וֹ מִקְצֵ֣ה הָאָ֑רֶץ יוֹרְדֵ֤י הַיָּם֙ וּמְלֹא֔וֹ אִיִּ֖ים וְיֹשְׁבֵיהֶֽם׃ יִשְׂא֤וּ
יב מִדְבָּר֙ וְעָרָ֔יו חֲצֵרִ֖ים תֵּשֵׁ֣ב קֵדָ֑ר יָרֹ֙נּוּ֙ יֹ֣שְׁבֵי סֶ֔לַע מֵרֹ֥אשׁ הָרִ֖ים יִצְוָֽחוּ׃ יָשִׂ֥ימוּ לַיהוָ֖ה
יג כָּב֑וֹד וּתְהִלָּת֖וֹ בָּאִיִּ֥ים יַגִּֽידוּ׃ יהוה֙ כַּגִּבּ֣וֹר יֵצֵ֔א כְּאִ֥ישׁ מִלְחָמ֖וֹת יָעִ֣יר קִנְאָ֑ה יָרִ֙יעַ֙
יד אַף־יַצְרִ֔יחַ עַל־אֹיְבָ֖יו יִתְגַּבָּֽר׃ הֶחֱשֵׁ֙יתִי֙ מֵֽעוֹלָ֔ם אַחֲרִ֖ישׁ אֶתְאַפָּ֑ק כַּיּוֹלֵדָ֣ה
טו אֶפְעֶ֔ה אֶשֹּׁ֥ם וְאֶשְׁאַ֖ף יָֽחַד׃ אַחֲרִ֤יב הָרִים֙ וּגְבָע֔וֹת וְכָל־עֶשְׂבָּ֖ם אוֹבִ֑ישׁ וְשַׂמְתִּ֤י
טז נְהָרוֹת֙ לָֽאִיִּ֔ים וַאֲגַמִּ֖ים אוֹבִֽישׁ׃ וְהוֹלַכְתִּ֣י עִוְרִ֗ים בְּדֶ֙רֶךְ֙ לֹ֣א יָדָ֔עוּ בִּנְתִיב֥וֹת לֹֽא־יָדְע֖וּ

**רש״י**

**(י) תהלתו מקצה הארץ.** על כרחם, כשיראו את גבורתי לישראל יודו כל העכו״ם כי אלהים אני: **יורדי הים.** פורשי בספינות: **ומלואו.** הקבועים בים, ולא באיים אלא בתוך המים. שופכים עפר כל אחד ואחד כדי בית, והולכים מבית לבית בספינה, כגון עיר ווניזיי״א: **(יא) ישאו מדבר.** קול בשיר: **חצרים תשב קדר.** (מוסב על ישאו) מדבר קדר שהם דרים עתה באוהלים, ישאו קול וירונו (כמו והחצרים אשר תשב קדר). במדבר קדר שהם דרים עתה באהליהם, יהיו ערים וחצרים קבועים: **יושבי סלע.** המתים שיחיו, כן תירגם יונתן: **מראש הרים יצווחו.** מְרֵישֵׁי טוּרַיָּא יְרִימוּן קָלְהוֹן: **(יד) החשיתי מעולם.** זה ימים רבים החשיתי על חרבן ביתי, ותמיד אחריש: **אתאפק.** לשון הווה, עד עתה הליקתי רוחי, ומעתה כיולדה אפעה: **אשום.** אתבהל: **ואשאף.** ואתאוה להשמיד הכל יחד כל אויבי: **(טו) אוביש.** לשון יובש הוא לענין דבר אח, כגון עשב ונהרות: **(טז) והולכתי.** ישראל שהיו עורים עד הנה מהביט אלי בדרך הטוב אשר לא ידעו להלוך בה:

**רד״ק**

הסתרו, כן תהיה תשועת ישראל: **(י) שירו לה׳.** בעת גאולת ישראל: **מקצה הארץ.** תהלתו יגידו הגוים מקצה הארץ, כי ממזרח שמש ועד מבואו ידעו בגאולת ישראל, כי הם מפוזרים בכל פאות. והגוים בראותם הנפלאות ההם ישירו תהלתו. וכן יורדי הים באניות, כלומר בים וביבשה ישירו לה׳. ואמר ומלואו, על דגי הים שהם מלא הים, והוא על דרך משל; כמו, וְכָל עֲצֵי הַשָּׂדֶה יִמְחֲאוּ כָף (לקמן נה, יב). וכן איים ויושביהם באלו המקומות ישירו: **(יא) ישאו.** קול: **מדבר ועריו.** על דרך משל, כאלו ישאו קול בשירה המדבר והערים, כי יש מקומות במדבר שיש שם ערים: **חצרים תשב קדר.** וכן ישאו קול החצרים שתשב קדר בהם, כי בני קדר שוכנים במדבר באהלים, שהם כמו המצרים שהם הכפרים; כמו, וּבָתֵּי הַחֲצֵרִים (ויקרא כה, לא). כי בני קדר אינם יושבים כאחד אלא מפוזרים במדבר שהם בו הנה והנה כמו הפרזים. ופירוש תשב קדר, עדת קדר; כמו, וַתְּהִי יִשְׂרָאֵל (שמואל־ב כד, ט), וַתְּהִי אֲרָם (שמואל־ב ח, ו). וזכר מדבר ובני קדר כי דרך מדבר יצאו ישראל מהגלות, ירונו יושבי סלע. וכן יושבי סלע, רצונו לומר, המגדלים הבנוים על הסלעים ועל ההרים ירונו ויצוחו. ושניהם ענין צעקה, וזכר יושבי סלעים והרים שהם רואים הולכי מדבר והערבה מרחוק: **(יב) ישימו.** יתנו לו בפיהם הכבוד והתהלה: **(יג) ה׳ כגבור יצא.** לתשועת ישראל, כמו הגבור שיצא למלחמה בלא פחד: **יעיר קנאה.** קנאת ישראל, שהעבידום בגלות כמה שנים: **יריע אף יצריח.** הכל דרך משל למנצחים במלחמה, שהם מריעים ומצריחים להתגבר על אשר כנגדם: **ויצריח.** כמו יריע. ובאמרו אף יצריח כי הצריחה יותר בהגבהת קול מהתרועה, ויתגבר על אויביו: **(יד) החשיתי.** אמר האל יתברך, מזמן רב החשיתי ושתקתי בצער ישראל בגלות, והתאפקתי בסבל לחצה כאדם המתאפק ולא יראה לאחרים מה שבלבו, ומתחזק להסתיר רצונו; כמו, וַיִּתְאַפַּק וַיֹּאמֶר שִׂימוּ לָחֶם (בראשית מג, לא), וַיִּתְאַפַּק הָמָן (אסתר ה, י): **כיולדה אפעה.** עתה אצעק כמו היולדת שצועקת בחבלים כן אזעק על הרשעים שהם אויבי כמו שאמר בפסוק שלמעלה מזה, כי יותר מדאי התאפקתי ולא אוכל עוד לסבול בצערם: **אשום ואשאף יחד.** אשומה ואבלעה יחד כל אויבי; וכן, כִּי שְׁאָפַנִי אֱנוֹשׁ (תהלים נו, ב), שָׁאֲפָה רוּחַ (ירמיה ב, כד). שמות ושאוף ענין בליעה והשחתה: **(טו) אחריב הרים וגבעות.** משל על מלכי ז׳ האומות וכן עשבם משל על ז׳ האומות. וכן נהרים ואגמים משל על שבעה האומות שהם מלאים כל טוב כמו הנהרות והאגמים. עתה יחסרו כל הטוב ההוא, ויהיו כמו הנהרות והאגמים שיבשו ושבו איים, שהם מקומות לשבת: **אחריב.** ענין חרבן: **(טז) והולכתי.** אבל ישראל שהם כעורים בגלות, הוליך אותם בדרך לא ידעו; שאוליכם לארצם דרך מדבר העמים:

**מצודת דוד**

**(י) שירו לה׳.** אז ישירו לה׳ שיר חדש ותהלתו יהיה נשמע מקצה הארץ: **יורדי הים.** הפורשים בים והבריות הממלאים את הים גם המה יהללו לה׳: **איים ויושביהם.** האיים עצמם והיושבים בהם יהללו לה׳. והוא ענין מליצה, כי אין האיים והבריות בעלי דעה ודבור להלל; וכן נאמר, נְהָרוֹת יִמְחֲאוּ כָף (תהלים צח, ח): **(יא) ישאו מדבר וכו׳.** כל מדבר ועריו, וכל חצרים אשר תשב בהם עדת קדר, כולם ישאו קול שיר: **ירונו וכו׳.** היושבים על הסלע ירונו תהלות ה׳: **יצוחו.** רצונו לומר, יהיה נשמע קול צוחה של שמחה והלל: **(יב) ישימו.** רצונו לומר, בפיהם יתנו לו כבוד: **יגידו.** האנשים השוכנים שמה: **(יג) יצא.** לתשועת ישראל: **יעיר קנאה.** יעורר לקנאת קנאת עמו: **יריע.** כגבור המנצח במלחמה: **יתגבר.** יתחזק את עצמו על אויביו: **(יד) החשיתי מעולם.** זה זמן רב אני שותק על מה שעשו האומות לעמי: **אתאפק.** אתחזק לכבוש כעסי: **כיולדה אפעה.** אבל מעתה אשאג בקול כיולדה להומם ולאבדם: **אשום ואשאף יחד.** אעשה שממה אבלע כולם יחד: **(טו) אחריב.** את ההרים והגבעות אעשה חורבה ואוביש את עשבם וכל המון העם: **לאיים.** להיות חורב ויובש כאיים: **ואגמים וכו׳.** כפל הדבר במילים שונות: **(טז) והולכתי עורים.** אז אוליך את ישראל לארצם דרך המדבר בדרך אשר לא ידעוהו והמה כעורים לה: **בנתיבות וכו׳.** כפל הדבר במילים שונות:

**מצודת ציון**

**(יא) יצוחו.** ענין הרמת קול: **(יג) יעיר.** מלשון התעוררות: **יריע.** מלשון תרועה: **יצריח.** ענין צעקה בקול גדול; כמו, מַר צֹרֵחַ (צפניה א, יד): **(יד) החשיתי.** ענין שתיקה; כמו, לֹא אֶחֱשֶׁה (לקמן סב, א): **אחריש.** אשתוק: **אתאפק.** ענין התחזקות; כמו, הֲמוֹן מֵעֶיךָ וְרַחֲמֶיךָ אֵלַי... הִתְאַפָּקוּ, (לקמן סג, טו): **אפעה.** ענין צעקה, ובדברי רבותינו זכרונם לברכה, פִּעִיתָא הִיא דָּא (סוכה לא, א): **אשום.** מלשון שממון: **אשאף.** ענין בליעה, וכן, וְשָׁאַף צַמִּים חֵילָם (איוב ה, ה): **(טו) אחריב.** מלשון חורבן: **אוביש.** מלשון יבש: **ואגמים.** מקום כניסת המים: **(טז) בנתיבות.** מלשון נתיב ושביל:

*ones* regarding the promises about future redemption will be fulfilled as well (*Rashi*).

Alternatively, the *early prophecies* are those regarding Sennacherib (*Radak*).

**10-13. The new song for the redemption.** When Israel is redeemed from exile, the nations will acknowledge God's greatness and sing His praises. According to *Mahari Kara* and *Ibn Ezra,* this refers to the redemption from the

Hymn of redemption

10 *Sing to HASHEM a new song, His praise from the end of the earth,*
*those who go down to the sea and those that fill it,*
*the islands and their inhabitants.*
11 *The wilderness and its cities will lift [their voices],*
*the open cities where Kedar dwells;*
*those who dwell on bedrock will sing out,*
*they will shout from mountain peaks.*
12 *They will render glory to HASHEM, and relate His praise in the islands.*
13 *HASHEM will go forth like a mighty warrior,*
*He will arouse vengeance like a man of war;*
*He will shout triumphantly, even roar; He will overpower his enemies.*
14 *I have long kept silent, I have been still, I have restrained myself; [but*
*now] I will cry out like a woman in childbirth; I will both lay waste and*
*swallow up.* 15 *I will dry out mountains and hills; I will wither all their herb-*
*age; I will turn rivers into islands and I will dry up marshes.* 16 *I will lead the*
*blind on a way they never knew; on paths they did not know I will have*

God's intervention

Babylonian exile. According to *Radak* and *Abarbanel,* it refers to Messianic times. Since the passage mentions that the praises will come from all ends of the earth, it would seem to refer to the future Redemption when Israel will be ingathered from all over the world and when the miracles will eclipse those of the Exodus.

**10.** תְּהִלָּתוֹ מִקְצֵה הָאָרֶץ — *His praise from the end of the earth.* Jew and non-Jew alike will praise God. When they see My might displayed for the sake of Israel, even the most devout idolaters will be forced to admit that I am God (*Rashi*). As noted above, this seems to refer to Messianic times.

הַיָּם וּמְלֹאוֹ — *The sea and those that fill it.* Literally, *the fish,* but this is a metaphor that means everyone will sing (*Radak*). *Rashi* explains more literally: *And those that fill the sea* with landfill to make it habitable, and travel by boat from house to house, "as in the city of Venice."

**11.** יָרֹנּוּ יֹשְׁבֵי סֶלַע — *Those who dwell on bedrock will sing out,* i.e., those who dwell on fortresses built on bedrock (*Radak*). Alternatively, *Those who dwell* ***in*** *bedrock,* i.e., the dead who will come back to life (*Targum, Rashi*).

**12.** יָשִׂימוּ לַה׳ כָּבוֹד — *They will render glory to HASHEM.* According to *Abarbanel,* this verse and the previous two relate to all the various inhabitants of the world who have greater and lesser intellect. All will recognize God and *render glory to HASHEM.* They will acknowledge that God created and controls the world (*Malbim*).

**13.** ה׳ כַּגִּבּוֹר יֵצֵא — *HASHEM will go forth like a mighty warrior.* He will fearlessly go forth to save Israel (*Radak*). This is the praise that the nations will relate (*Abarbanel*).

**14. God says what He will do in the future.** The "new song" has been concluded with the words *He will shout triumphantly, even roar.* Now Isaiah speaks in the Name of God, contrasting His silence during Israel's exile with the power He will reveal when the time for redemption arrives.

הֶחֱשֵׁיתִי מֵעוֹלָם אַחֲרִישׁ אֶתְאַפָּק — *I have long kept silent, I have been still, I have restrained Myself.* For a very long time I kept silent about the destruction of the Temple [or about the suffering of Israel in exile (*Radak*)], and restrained Myself, but no longer (*Rashi*).

The last two verbs are in the future tense, but they refer to the past; it is common in prophecy that tenses are mixed, [because God is not bound by time and everything is ever-present to Him]. The verbs may be rendered literally: however: *I have long kept silent — shall I continue to be still and restrain Myself?* (*Abarbanel*).

**15.** אַחֲרִיב הָרִים וּגְבָעוֹת וגו׳ — *I will dry out mountains and hills. . .* The *mountains, hills,* etc. are all metaphors for kings, rulers, and their minions that opposed God and persecuted Israel; they will be destroyed (*Rashi, Radak*). Water and moisture symbolize life, as in *Shemoneh Esrei,* in which the second blessing, which speaks of God's life-giving power, lauds Him for giving dew and rain. Thus, in this verse, the withdrawal of moisture symbolizes destruction.

**16.** In contrast to the downfall of evil, Isaiah now speaks of the rejuvenation of those who are loyal to God.

וְהוֹלַכְתִּי עִוְרִים בְּדֶרֶךְ לֹא יָדָעוּ — *I will lead the blind on a way they never knew.* I will lead the Jewish people, who heretofore had been too blind to see Me, on the way of goodness, *a way they never knew* (*Rashi, Radak, Abarbanel*).

Alternatively, the reference is to those among the idolatrous nations who did not willfully rebel against Hashem, but rather were too blind to know better. If they sincerely wish to change, Hashem will lead them on the right path (*R' Schwab*).

Homiletically, when a person is being aided by another, he should realize that both he and the one helping him are essentially "blind," and the ultimate gratitude is to the One Who *leads the blind* (*Orchos Tzaddikim, Shaar HaSimchah*).

אַדְרִיכֵם אָשִׂים מַחְשָׁךְ לִפְנֵיהֶם לָאוֹר וּמַעֲקַשִּׁים לְמִישׁוֹר אֵלֶּה הַדְּבָרִים
יז עֲשִׂיתִם וְלֹא עֲזַבְתִּים: נָסֹגוּ אָחוֹר יֵבֹשׁוּ בֹשֶׁת הַבֹּטְחִים בַּפָּסֶל הָאֹמְרִים
יח לְמַסֵּכָה אַתֶּם אֱלֹהֵינוּ: הַחֵרְשִׁים שְׁמָעוּ וְהַעִוְרִים הַבִּיטוּ לִרְאוֹת:
יט מִי עִוֵּר כִּי אִם־עַבְדִּי וְחֵרֵשׁ כְּמַלְאָכִי אֶשְׁלָח מִי עִוֵּר כִּמְשֻׁלָּם וְעִוֵּר כְּעֶבֶד
כ־כא יְהוָה: °ראית [°רָאוֹת ק׳] רַבּוֹת וְלֹא תִשְׁמֹר פָּקוֹחַ אָזְנַיִם וְלֹא יִשְׁמָע: יְהוָה
כב חָפֵץ לְמַעַן צִדְקוֹ יַגְדִּיל תּוֹרָה וְיַאְדִּיר: וְהוּא עַם־בָּזוּז וְשָׁסוּי הָפֵחַ בַּחוּרִים

**רש״י**

**עשיתים.** אעשה כן, לשון נבואה. לדבר על העתיד כאילו עשוי: **(יח) החרשים והעורים.** על ישראל הוא אומר: **(יט) מי עור.** בכם אין אחד, כי אם עבדי הוא העור שבכלכם. וחרש שבכם הרי הוא כמלאכי אשר אני שולח להגבא נבואות: **מי עור כמשולם.** מי היה עור בכם כבר קבל יסוריו והרי הוא כמשולם כל תגמוליו ויוצא נקי: **(כ) ראות רבות.** ראיות הרבה לפניכם ואינכם שומרים להביט במעשי ולשוב אלי: **פקוח אזנים.** אני עסוק לפקוח אזניכם על ידי נביאי ולא ישמע איש מכם את דברי, ולשון הוה הוא: **(כא) ה׳ חפץ.** להראותכם ולפקוח אזניכם למען צדק, ולכך הוא מגדיל ומאדיר לכם תורה: **(כב) והוא.** העם הזה בזוי ושסוי. וסוף הענין, ולא ישים על לב. כל זה לומר למה קראתנו זאת מי נתן למשסה יעקב:

**רד״ק**

**לאור.** כי ההולך בחשך או בדרך מעקשים יכשל, וההולך בדרך לא ידע כאלו הולך בחשך או במעקשות. וישראל ילכו כהולך באור ובדרך מישור: **עשיתים.** עבר במקום עתיד, וכמוהו רבים. ובדברי הנבואות ברוב, העתידות כאלו נעשו: **(יז) נסוגו.** ואז יבושו עובדי הפסילים, וכן הבוטחים בהם ויסוגו אחור ממחשבתם: **(יח) החרשים.** אמר האל כנגד ישראל, אשר בדור הנביא אתם ישראל שאתם חרשים לשמוע דבר ה׳ ועורים לראותו, שמעו אלו הטובות שאני עתיד להטיב לישראל. ומן הראשונות שבאו, תדעו שהאחרונות העתידות יבאו. ואיך תקשו לבבכם ולא תשמעו לי להטיב דרכיכם? ולא עוד אלא שאתם אומרים לנביאי כשאקרא אתכם שאתם חרשים ועורים: **(יט) מי עור.** אתם תאמרו על נביא ה׳ שהוא עבדי, שהוא עור: **כמלאכי.** נביאי שאשלח לכם, תאמרו מי עור וחרש כמוהו? וכפל הענין במלות שונות: **כמשלם.** עבדי הנביא שהוא שלם בראות הלב, תאמרו עליו מי עור כמוהו: **(כ) ראות.** ואתם תראו צרות רבות: **ולא תשמור.** בעין לבכם, למה באו אלינו הצרות האלו? והנה עיניכם רואות ועורות, כי מה תועיל הראיה לרואה אם לא ישמור את דרכו? וכן אזניכם פקוחות ולא ישמע אחד מכם התוכחה, והנה אתם כחרשים. ראות מקור, וכן פקוח. ואמר תשמור, ישמע לשון יחיד, כי אפילו אחד מהם לא ישמור ולא ישמע לשוב אל הדרך הטובה. ובאמרו תשמור בתי״ו הנוכח ואחר כך אמר ישמע אין תימה בזה, כי כמוהו רבים במקרא, ידבר לנכח ושלא לנכח בפסוק אחד; כמו, שִׁמְעוּ עַמִּים כֻּלָּם (מלכים א, כב כח) וזולתו: **(כא) ה׳ חפץ למען צדקו.** יעשה לא למענכם, שיגדיל תורתו עדין בימי הגאולה ויאדיר אותם. כמו שכתוב, כִּי מָלְאָה הָאָרֶץ דֵּעָה אֶת ה׳ (לעיל יא, ט). ואז תפקחנה עיני עורים ואזני חרשים תשמענה, אבל עתה הם חרשים ועורים ובזויים, כי הוא עם בזוז ושסוי ולא יבינו ולא ישכילו כי בעונותיהם יהיה להם זה: **(כב) והוא עם.** ישראל הוא עם בזוז שבוזזים אותם אויביהם ושוסים אותם תמיד:

**מצודת דוד**

**אשים מחשך.** ההולך בדרך שאין ידוע לו הוא כאלו הולך בחשך: **ומעקשים למישור.** דרך המעוקם אעשה ישר ושוה: **עשיתים.** מאז כשיצאו ממצרים עשיתי כאלה: **ולא עזבתים.** לעתיד לבוא: **(יז) נסוגו וכו׳.** אז הבוטחים בפסל יבושו בבושת ויחזרו לאחור כדרך אדם הנכלם שחוזר לאחוריו לבל יראהו בבשתו: **האומרים וכו׳.** כפל הדבר במילים שונות: **(יח) החרשים שמעו.** אתם ישראל החרשים משמוע דבר ה׳ והעורים מלראות מצותיו, שמעו מעתה והביטו לראות, הואיל וטובה גדולה מוכנת לכם: **(יט) מי עור וכו׳.** כאלו יפרש דבריו לומר, מה שכללתי גם הכשרים שבכם להקראם חרשים ועורים כי מי הוא היותר ראוי להקרא עור כי אם עבדי, על כי הוא יודע ומכיר בקלקול הדור ואינו מסתכל במעשיהם להישירם ולתקנם: **וחרש וכו׳.** חוזר על מלת מי הוא היותר ראוי להקרא חרש כמלאכי אשר אשלח, רצה לומר, מי שנתתי חכמה בלבו וכאלו שלחתיו ללמד דעת את העם, והוא כחרש, לא ישמע מעשי בני העם להזהירם על הדבר: **כמשולם.** השלם במדות: **כעבד ה׳.** כפל הדבר פעמים ושלש כדרך המליצה: **(כ) ראות רבות.** הלא המה רואים הרבה חכמה ואין בהם מי אשר ישמור את הזולת להשיבו מדרכו הרעה ולכן מהראוי להקרא עור: **פקוח אזנים.** הלא יש להם אזנים פתוחות להבין מצות ה׳ ואין בהם מי אשר ישמע, כי עושה עצמו כאלו לא יבין ואינו מזהיר לזולת ולכן מהראוי להקרא חרש: **(כא) ה׳ חפץ.** רצונו לומר, הלא עיקר חפץ ה׳ באנשים כאלה הוא בעבור שכל אחד מהם יצדיק את הזולת ללמדו דרך הישר ולהגדיל התורה ולהאדירה, רצונו לומר, להרבות למוד דעת את העם: **(כב) והוא עם בזוז ושסוי.** רצונו לומר, והם לא כן עשו, כי לא למדו דעת את העם ולא שבו מדרכם, והמה בעונם בזוזים ורמוסים לכל:

**מצודת ציון**

**אדריכם.** מלשון דריכה והלוך: **אשים.** מלשון שימה: **ומעקשים.** מלשון עקש ועקום: **למישור.** מלשון ישר ושוה: **(יז) נסוגו אחור.** ענין החזרה לאחור; וכן, וְנָסוֹג מֵאַחַר אֱלֹהֵינוּ (לקמן נט, יג): **למסכה.** לצורת גלולים הנעשה ממתכת ביציקה והתכה: **(יח) הביטו.** ענין הסתכלות וראיה: **(יט) כמלאכי.** ענין שליח: **(כ) פקוח.** ענין פתיחה: **(כא) חפץ.** ענין רצון: **ויאדיר.** ענין חוזק: **(כב) בזוז.** מלשון בזה ושלל: **ושסוי.** ענין רמיסה; כמו, שַׁסֻּהוּ כָּל עֹבְרֵי דָרֶךְ (תהלים פט, מב): **הפח.** ענין דאבון ודאג; כמו, וְנֶפֶשׁ בְּעָלֶיהָ הִפָּחְתִּי (איוב לא, לט):

---

**אָשִׂים מַחְשָׁךְ לִפְנֵיהֶם לָאוֹר וּמַעֲקַשִּׁים לְמִישׁוֹר** — *I will turn darkness into light before them, and make the crooked places straight.* When I deliver the Jewish people from exile to the Land of Israel, I will make their way easier. I will do all these things and not forsake them.

**17.** When the nations see God's kindness to Israel, they will be chagrined.

**18. הַחֵרְשִׁים שְׁמָעוּ וְהַעִוְרִים הַבִּיטוּ לִרְאוֹת** — *O deaf ones, listen; and blind ones, gaze to see!* Isaiah turns to the Jews of his generation who were deaf and blind to his message. Listen to God's promises of the brilliant future awaiting you, he says. The miracles He performed for Israel in the past should make you realize that His promises will be fulfilled. How can you tell My prophets when I call out to you that you are blind and deaf? (*Radak*).

*Malbim* comments that it would be incongruous to say that trees and rocks are blind and deaf; they do not have the capacity to see and hear. Similarly, the nations cannot

*them walk; I will turn darkness into light before them, and make the crooked*
*places straight. These are the things I shall have done and not have neglect-*
*ed them.* [17] *They will withdraw to the rear and be deeply shamed, those*
*who trust in graven idols; those who say to molten idols, 'You are our gods.'*

*The deaf and the blind*

[18] *O deaf ones, listen; and blind ones, gaze to see!* [19] *Who is blind but My*
*servant and deaf as My messenger whom I send? Who is blind like the per-*
*fected man? Blind like the servant of* HASHEM? [20] *Seeing much, but heeding*

*Israel's degradation in exile*

*not; opening ears, but hearing not?* [21] HASHEM *desired for the sake of [Israel's]*
*righteousness that the Torah be made great and glorious.*
[22] *But it is a looted, downtrodden people, all of them trapped in holes, and*

be called blind and deaf because they never had the Divine revelations that God showered upon Israel at Sinai and through His prophets. Israel, however, had this privilege, and thereby was given the inner spiritual capacity to recognize God everywhere. When it fails to do so, it can be chastised for its blindness and deafness. On the mishnah that every Jew has a share in the World to Come (*Sanhedrin* 90a), *Maharal* comments that this is inborn; even one who dies as an infant has a share, because God's Chosen people have an innate spiritual potential and awareness (*Tiferes Yisrael* Ch. 5), and therefore they can be admonished for failing to see and hear it.

**19. מִי עִוֵּר כִּי אִם־עַבְדִּי וְחֵרֵשׁ כְּמַלְאָכִי אֶשְׁלָח** — *Who is blind but My servant and deaf as My messenger whom I send?* The translation follows *Rashi.* Who is more deserving of being called *blind* than *My servant,* an elite person who clearly recognizes the debasement of the generation but does not try to rectify his fellows? And who is more *deaf* than *My messenger* in whose heart I instilled wisdom to teach his people, but who is oblivious to the need to correct them? (*Metzudos*).

Alternatively, whom do I call *deaf* and *blind*? *My servant* Israel, the righteous people who hear themselves shamed and do not respond. To Me such people are equivalent to *My messenger* Elijah, whom I will send in the future to herald the Redemption (*Mahari Kara*).

Alternatively, God reprimands Israel, saying: "How dare you say to a prophet of God that he is blind or deaf?" (*Radak*). "You act as if you are blind and deaf so that you can ignore my admonishment" (*Abarbanel*).

**מִי עִוֵּר כִּמְשֻׁלָּם וגו׳** — *Who is blind like the perfected man . . .?* Those who were blind have suffered, and their suffering has perfected them (*Rashi*). According to *Mahari Kara,* noted above, no one is more perfect than one who is blind and deaf to insults.

Alternatively, the prophet continues the thrust of the verse: How can you say of My servant, who is a perfected man, that he is blind? (*Radak*).

**20. רָאוֹת רַבּוֹת וְלֹא תִשְׁמֹר פָּקוֹחַ אָזְנַיִם וְלֹא יִשְׁמָע** — *Seeing much, but heeding not; opening ears, but hearing not?* There is so much that you can see, but you do not take heed to discern My deeds [and understand why you undergo so much suffering (*Radak*)] and repent. I send you My prophets to open your ears, but you do not listen (*Rashi*).

**21. ה' חָפֵץ לְמַעַן צִדְקוֹ יַגְדִּיל תּוֹרָה וְיַאְדִּיר**— HASHEM *desired for the sake of [Israel's] righteousness that the Torah be made great and glorious.* Because God wanted Israel to earn great merit, He gave them the Torah that includes a great number of commandments, by means of which they can elevate themselves (*Targum, Makkos* 23a). According to this interpretation, since Israel earns merit by performing the Torah's commandments, God gave many commandments *for the sake of [Israel's] righteousness,* to provide the nation with multiple opportunities for growth. *Rashi*'s rendition is somewhat similar. He apparently understood that it was because of *God's righteousness* that He desired to teach Israel by magnifying and glorifying the Torah for them.

Alternatively, this verse explains why, if Israel is so precious before God, they were exiled among the nations. The answer is so that the suffering of exile would atone for the sins of the righteous before judgment day. In addition, He magnified the Torah, so that their involvement in Torah study and observance would glorify them for Judgment Day (*Mahari Kara*).

Closer to the simple meaning of the verses is that for His sake, He will magnify the Torah at the time of the Redemption to glorify the people of Israel. At that time, God's righteousness will be acknowledged when the eyes of the blind will see and the ears of the deaf will hear. Until then, however, they will remain blind and deaf and, in the words of the next verse, *a looted, downtrodden people* (*Radak;* see *Abarbanel*).

Homiletically, the source for the Oral Torah is the *Shechinah,* which is referred to as צֶדֶק, *righteousness,* and all novellae concerning the Torah are included in the Oral Law. Accordingly, HASHEM desired, for the sake of His *Shechinah,* to increase the Oral Torah emanating from the novellae of Torah scholars. Therefore, he gave them the power to broaden their horizons in Torah (*Chida, Chomas Anach*).

**22-25. Isaiah describes the depredations of the exile, and criticizes the people for not returning to God to alleviate their frightful situation.**

**22. וְהוּא עַם־בָּזוּז וְשָׁסוּי** — *But it is a looted, downtrodden people.* Historically, Jews were extraordinarily creative at times when they were a *looted, downtrodden people;* Torah study flourished during the period of the Second Temple when *Eretz Yisrael* was mostly under foreign domination, and

כג כֻּלָּם וּבְבָתֵּי כְלָאִים הָחְבָּאוּ הָיוּ לָבַז וְאֵין מַצִּיל מְשִׁסָּה וְאֵין־אֹמֵר הָשַׁב: מִי בָכֶם
כד יַאֲזִין זֹאת יַקְשִׁב וְיִשְׁמַע לְאָחוֹר: מִי־נָתַן °למשוסה [°לִמְשִׁסָּה ק׳] יַעֲקֹב וְיִשְׂרָאֵל
לְבֹזְזִים הֲלוֹא יהוה זוּ חָטָאנוּ לוֹ וְלֹא־אָבוּ בִדְרָכָיו הָלוֹךְ וְלֹא שָׁמְעוּ בְּתוֹרָתוֹ:
כה וַיִּשְׁפֹּךְ עָלָיו חֵמָה אַפּוֹ וֶעֱזוּז מִלְחָמָה וַתְּלַהֲטֵהוּ מִסָּבִיב וְלֹא יָדָע וַתִּבְעַר־בּוֹ
**מג** א וְלֹא־יָשִׂים עַל־לֵב: וְעַתָּה כֹּה־אָמַר יהוה בֹּרַאֲךָ יַעֲקֹב וְיֹצֶרְךָ יִשְׂרָאֵל
ב אַל־תִּירָא כִּי גְאַלְתִּיךָ קָרָאתִי בְשִׁמְךָ לִי־אָתָּה: כִּי־תַעֲבֹר בַּמַּיִם אִתְּךָ־אָנִי

### רש״י

**הפח בחורים כולם.** בחוריהם פחי נפש כולם, וגו׳. דבר אחר, הפח בחורים כולם ישימו את עצמם בפחי האדמה ובחורים ובבתי כלאים החבאו יוכיח שכן הוא: **ואין אומר השב.** כמו השב, לפיכך הוא רפי, אבל השב באמתחתיכו הוא דגש: **(כג) יאזין.** לתת לב לזאת מי נתן למשיסה יעקב: **לאחור.** יקשיב וישמע דבר שיעמוד לו באחרונה וכן תירגם יונתן. לאחור, לסופה, וכן כל לאחור שבמקרא, עתיד להיות הוא: **(כד) זו חטאנו לו.** זו היא שגרמה את המשיסה והבז את אשר חטאנו לו: **ולא אבו.** אבותינו בדרכיו הלוך: **(כה) ותלהטהו מסביב.** כדי שיראו ויקחו מוסר; כענין שנאמר, הִכְרַתִּי גוֹיִם נָשַׁמּוּ פִּנּוֹתָם. . . אָמַרְתִּי אַךְ־תִּירְאִי וגו׳ (צפניה ג, ו־ז): **ולא ידע.** יודע הוא אלא שדש בעקב; לא חש להבין זאת ולשוב מרשעו, ותבער בו. אחר פורענות העכו״ם שמסביב בערה בעצמו: **(א) ועתה.** אף כל זאת, כה אמר ה׳ אל תירא: **(ב) כי תעבר במים.** כשעברת בים סוף אתך הייתי:

### רד״ק

**הפח בחורים כולם.** כמו על חור פתן. אומר כי בחורים אשר התחבאו שם יפיחו אותם אויביהם. כלומר, ילכדו אותם בפח שלהם. ובאמרם חורים רצונו לומר, מערות ואמר חורים על דרך גנאי כמו שאמרו פלשתים הנה עברים יוצאים מן החורים אשר התחבאו שם: **ובבתי כלאים החבאו.** אמר כשילכדום אויביהם יחביאום בבתי כלאים ובכל הרע הזה ובכל הבזיון הזה לא ישובו אל לבם בעונינו הוא זה, השב. בפתח השי״ן מקום צרי בעבור ההפסק ורצונו לומר, אין אומר לאויב השב הבזה: **(כג) מי בכם יאזין זאת.** זאת התוכחה, מי בכם שיאזינה ויבקשנה וישמע מה שעתיד להיות בסוף הימים. זהו לאחור ויתודה ויאמר מי נתן למשסה: **(כד) מי נתן.** שלא יאמר מקרה הוא היה לנו, אלא שהקדוש ברוך הוא עשה זה בחטאתינו: **למשוסה.** כתיב בוי״ו וקרי בלא וי״ו והענין אחד, אלא שבכתיב הוי״ו במקום אות הכפל: **זו חטאנו.** זו אשר חטאנו לו. ויש מפרשים זו במקום אשר; וכן, בְּרֶשֶׁת זוּ טָמָנוּ (תהלים ט, טז): **ולא אבו.** כן דרך המקרא כמו שכתוב כמה פעמים, שיאמר בפסוק אחד בכנוים משונים זה מזה, והענין אחד. ודומה לזה, הֱיֵה זְרֹעָם לַבְּקָרִים אַף יְשׁוּעָתֵנוּ בְּעֵת צָרָה (לעיל לג, ב): **(כה) וישפוך.** לפי שחטא ישראל לפניו שפך עליו חמה. אפו, כמו חמה **באפו.** או הוא מוכרת במקום סמוך כאלו אמר חמת אפו. וכן כאיפה שעורים אסיפה אסור: **ועזוז.** שם שלם, והוא כמו עז אלא שברוב יבא חסר הכפל וזה בא שלום; וכן, וֶעֱזוּזוֹ וְנִפְלְאֹתָיו (תהלים עח, ד): **ותלהטהו.** המלחמה: **ולא ידע.** ולא ישים על לב כי בעונותיו בא לו כל זה, וישוב בתשובה ותסור מעליו הרעה. ואמר ותלהטהו מסביב, על ביאת סנחריב על ערי יהודה ויתפשם: **ותבער בו.** כאשר בא חילו לירושלם. כן פירש אדוני אבי זכרונו לברכה: **(א) עתה כה אמר ה׳.** יש מפרשים פרשה זו בענין כרש מלך פרס ששלח ישראל מגלות בבל. ואדוני אבי זכרונו לברכה פירש אותה בענין סנחריב והוא הנכון. והנה הענין הזה דבק במה שלמעלה מזה, וַתְּלַהֲטֵהוּ מִסָּבִיב (לעיל מב, כה), כמו שפירשנו. ועתה הבטיח יושבי ירושלם מסנחריב. ויש לפרש גם כן זאת הפרשה עתידה: **בוראך יעקב.** שתכיר כי אני בוראך ובורא העולם: **אל תירא כי גאלתיך.** מחרב סנחריב, כי לא ילכוד ירושלם. ואם היא עתידה, פירושו, גאלתיך מן הגלות: **לי אתה.** ועלי לגאלך: **(ב) כי תעבור במים.** לפי שהמשיל חיל סנחריב למי הנהר, כמו שאמר, אֶת מֵי הַנָּהָר הָעֲצוּמִים וְהָרַבִּים, אֶת מֶלֶךְ אַשּׁוּר וגו׳. ואמר, שָׁטַף וְעָבַר עַד צַוָּאר יַגִּיעַ (לעיל ח, ח), אמר ליושבי ירושלם כי לא ישטפום נהרות מלך אשור ולא תבער בהם אשו, כי המשילם גם כן לאש, כמו ותלהטהו מסביב. ואם היא עתידה, יאמר כי בצאתך מהגלות ותעבור בין העמים שהם כנהרות או כמו אש, לא יזיקוך:

### מצודת דוד

**הפח בחורים כולם.** כל בחוריהם היו להם מפח נפש, והמה היו חבואים וכלואים בבתי כלאים: **ואין מי מציל.** אין מציל מן הבזה: **משיסה.** היו למשיסה ואין מי אומר השיבהו למקומו ואל תוסיף לרמסהו. ומוסב למעלה לומר, הלא על כי לא נתנו לב לשמוע ולראות קלקול הדור ולתקנם באה עליהם הצרה הזאת, ומהראוי הוא לקראם עורים וחרשים: **(כג) מי בכם.** רצונו לומר, וכי נמצא מי בכם אשר יאזין לתת לב לזאת האמור למטה: **יקשיב.** וכי נמצא מי בכם אשר יקשיב לשמוע דבר שיעמוד לו באחרונה: **(כד) מי נתן.** רצה לומר וזהו הדבר להבין מי הוא אשר מסר את ישראל למשיסה ולבוזזים? הלא ה׳ מסרם ולא במקרה בא: **זו חטאנו לו.** רצה לומר, זו היא הסיבה, אשר חטאנו לו וגמול הוא משלם: **ולא אבו.** ולא רצו ישראל ללכת בדרכיו: **(כה) וישפוך.** ולכך שפך עליו חמה קשה וחוזק מלחמה: **ותלהטהו מסביב.** רצה לומר, אבל אין נותנים לב לדעת שבא בהשגחה, וכאשר בערה מסביב לא ידע שמה׳ באה וכאשר בערה בו בעצמו ובגופו עם כל זה אינו משים על לבו להבין שבא בהשגחה. רצונו לומר, אינו משים על הלב לא בעת כשהצרה ממשמשת לבא ולא בעת שכבר באה: **(א) ועתה.** רצונו לומר, אף על כל זאת, כה אמר ה׳ וכו׳, אל תירא פן תכלה בגולה: **כי גאלתיך.** כי הלא ממצרים גאלתיך וקראתי אז בשמך, שאתה שלי עמי ובני בכורי: **(ב) כי תעבור במים.** ותהיה קרוב להיות נטבע בהם:

### מצודת ציון

**ובבתי כלאים.** הוא משמר בית האסורים: **החבאו.** מלשון מחבואה ומסתור: **משיסה.** כמו למשיסה, והוא ענין רמיסה: **(כג) יאזין.** ישמע באזניו: **יקשיב.** ענין שמיעה: **(כד) ולא אבו.** ולא רצו; כמו, לֹא אָבָה יַבְּמִי (דברים כה, ז): **(כה) חמה אפו.** כפל המלה בשמות נרדפים; וכן, אַדְמַת עָפָר (דניאל יב, ב) והדומים: **ועזוז.** מלשון עוז וחוזק: **ותלהטהו.** ענין הבערה ושרפה; כמו, אֵשׁ לֹהֵט (תהלים קד, ד): **ותבער.** מלשון הבערה:

---

after the destruction and exile. Rambam wrote his commentary on the Mishnah while he was aboard a boat fleeing from persecution. Rashi and the Tosafists lived and flourished during the extremely difficult period of the Crusades. Maharsha wrote his commentary on the Talmud in chalk on the walls of his house because he was too poor to buy paper and ink. Practically everything we have today in the area of Torah learning is a *galus* product. It seems that the worse times were, the more Torah flourished (*R' Schwab*).

**23. מִי בָכֶם יַאֲזִין זֹאת** — *Who among you will give ear to this.* This verse is connected to the preceding verse as well as the next one. Who among you will pay attention to the fact that

*hidden away in prisons; they are looted and there is no rescuer; plundered*
*with none to say, 'Give it back!'* [23] *Who among you will give ear to this, will*
*hearken and hear the outcome?* [24] *Who delivered Jacob to plunder and Israel*
*to looters? Was it not HASHEM, He against Whom we have sinned? They did not*
*wish to go in His ways and did not listen to His Torah.* [25] *So He poured out His*
*fiery wrath upon him, and the power of war; it burned him from all around,*
*but he would not know; it burned within him, but he did not take it to heart.*

**43**

*Redeemed by God*

[1] *And now, thus says HASHEM, your Creator, O Jacob; the One Who fash-*
*ioned you, O Israel: Fear not, for I have redeemed you; I have called*
*[you] by name; you are Mine.* [2] *When you pass through water, I am with you;*

you are *a looted, downtrodden people,* and *Who delivered Jacob to plunder and Israel to looters?* (*Radak*).

**24-25. The reason for the lowly status of Israel in exile.**

**24. זו חָטָאנוּ לוֹ** — *He against Whom we have sinned.* As a result of our sins and the sins of our fathers, *He poured out His fiery wrath upon Israel* and we were left helpless to plunder and looters (*Rashi, Ibn Ezra*).

**25. וַתְּלַהֲטֵהוּ מִסָּבִיב . . . וְלֹא־יָשִׂים עַל־לֵב** — *It burned him from all around . . . but he did not take it to heart.* The sole purpose of the burning was to teach them a lesson, but they did not take it to heart (*Rashi*). At most, they were willing to admit that their fathers were blind (*Ibn Ezra*).

Alternatively, *It burned him from all around* refers to the capture of the Judean cities by Sennacherib, followed by *it burned within him,* i.e., within the troops of Sennacherib, when they were annihilated as they prepared to invade Jerusalem (*Radak,* citing his father).

**43.**

**1-8. Redemption of Israel.** Once again it is not clear which nations are involved in this redemption, and when it will take place. Most refer it to the Messianic Era. According to *Ibn Ezra* it refers to the defeat of Babylon by the Persians and Medians, which culminated when King Cyrus gave the exiles permission to return to the Land and build the Second Temple. *Radak,* however, agrees with his father that it refers to the defeat of Sennacherib. According to *Abarbanel,* it refers to events in all these eras. The prophets assured Israel that God would save them from every danger and exile, past and future.

**1. אַל־תִּירָא** — *Fear not.* Despite the fearsome prophecy at the end of the previous chapter, Israel should feel secure that God does not forsake His people (*Rashi*).

**כִּי גְאַלְתִּיךָ** — *For I have redeemed you.* I have saved you from the sword of Sennacherib (*Radak*), or from enslavement in Egypt (*Metzudos*). So fear not that your sins in exile will prevent your redemption. I will redeem you from this exile as well (*Abarbanel*).

**בֹּרַאֲךָ . . . וְיֹצֶרְךָ** — *Your Creator . . . the One Who fashioned you.* "Creation" refers to raw material coming into existence from nothing; our verse applies the term to *Jacob,* meaning Jews who have not brought their potential to fruition; they remain, however, God's creation, and have not turned away from the Torah. "Fashioning" refers to the activity of turning the raw material into something useful; our verse applies it to *Israel,* meaning Jews who have realized their potential (*Malbim*).

**קָרָאתִי בְשִׁמְךָ** — *I have called* [*you*] *by name.* This is a term of affection (see *Leviticus* 1:1). God expresses His love for Israel by saying לִי־אָתָּה, *You are Mine* (*Ibn Ezra*).

**2. כִּי־תַעֲבֹר בַּמַּיִם אִתְּךָ אָנִי וגו׳** — *When you pass through water, I am with you.* When you passed through the waters of the Sea of Reeds, I was with you. When you lived among the Egyptians and nations as filled with people as rushing rivers, they could *not wash you away.* At the time of the final Redemption, although a great fire will consume the wicked — when *the day comes, burning like an oven, when all the wicked people and all the evildoers . . . will burn* (*Malachi* 3:19; cf. *Mahari Kara*) — but you will not be singed, and no flame will burn you (*Rashi;* see also *Abarbanel*).

Alternatively, it is a prophecy to the people of Jerusalem that they will not be harmed by the armies of Sennacherib, which are compared to fire and water (*Radak*); nor will they be swept away when the raging waters and fires of Persia and Media conquer Babylon (*Ibn Ezra*).

Homiletically, *Pri Tzaddik* identifies *water* and *fire* as symbols of the main sources of evil: תַּאֲוָה, *lust* for physical pleasures, represented by Ishmael; and אֵשׁ, *fiery passion,* including anger, jealousy, and bloodshed, represented by Esau. God promises Israel that at the End of Days, the evil of Esau will come to an end. As for lust, human beings are always subject to passion. Nevertheless, God promises *I am with you,* so that you will overcome it and be able to direct it toward the pleasure of Torah study and performance of the commandments.

See *Abarbanel* to verse 6 for a discussion of the *anussim,* the victims of the Spanish Inquisition, who accepted baptism to avoid being burnt at the stake. According to him, Isaiah is addressing them, as well, saying, *When you pass through water [of forcible baptism], I am with you.* They need not fear being singed or burned by the fires of the auto-da-fé. He interprets the verse as alluding to other forms of forced conversion to other religions. Isaiah assures these victims that God does not forget them. They and their offspring will yet be reunited with their people.

ג וּבַנְּהָרוֹת לֹא יִשְׁטְפוּךָ כִּי־תֵלֵךְ בְּמוֹ־אֵשׁ לֹא תִכָּוֶה וְלֶהָבָה לֹא תִבְעַר־בָּךְ: כִּי אֲנִי
יהוה אֱלֹהֶיךָ קְדוֹשׁ יִשְׂרָאֵל מוֹשִׁיעֶךָ נָתַתִּי כָפְרְךָ מִצְרַיִם כּוּשׁ וּסְבָא תַּחְתֶּיךָ:
ד מֵאֲשֶׁר יָקַרְתָּ בְעֵינַי נִכְבַּדְתָּ וַאֲנִי אֲהַבְתִּיךָ וְאֶתֵּן אָדָם תַּחְתֶּיךָ וּלְאֻמִּים תַּחַת
ה־ו נַפְשֶׁךָ: אַל־תִּירָא כִּי אִתְּךָ־אָנִי מִמִּזְרָח אָבִיא זַרְעֶךָ וּמִמַּעֲרָב אֲקַבְּצֶךָּ: אֹמַר
ז לַצָּפוֹן תֵּנִי וּלְתֵימָן אַל־תִּכְלָאִי הָבִיאִי בָנַי מֵרָחוֹק וּבְנוֹתַי מִקְצֵה הָאָרֶץ: כֹּל
ח הַנִּקְרָא בִשְׁמִי וְלִכְבוֹדִי בְּרָאתִיו יְצַרְתִּיו אַף־עֲשִׂיתִיו: הוֹצִיא עַם־עִוֵּר וְעֵינַיִם יֵשׁ

### רש״י

**ובנהרות לא ישטפוך.** צרות בין המצרים והבבליים המרובין כמי נהר ולא יכלו לך לכלות: **כי תלך במו אש.** לעתיד לבא; כִּי הִנֵּה הַיּוֹם בָּא בֹּעֵר כַּתַּנּוּר (מלאכי ג, יט) שאקדיר חמה על הרשעים. וְלִהַט אֹתָם הַיּוֹם הַבָּא (שם), גם שם לא תכוה: (ג) **נתתי כפרך מצרים.** והם היו לך לפדיון, שבכוריהם מתו ואתה בני בכורי נגאלת, והייתם חייבים כליה; כמו שנאמר, וָאֹמַר לִשְׁפֹּךְ חֲמָתִי עֲלֵיהֶם לְכַלּוֹת אַפִּי בָּהֶם בְּתוֹךְ אֶרֶץ מִצְרָיִם (יחזקאל כ, ח): (ד) **ואתן אדם תחתיך.** תמיד אני רגיל בכך: (ו) **אומר.** לרוח צפון, תני הגליות שבצפון: **ולתימן.** שהיא רוח חזקה, אל תכלאי מלנשב בחזקה להביא גליותי; וכן, עוּרִי צָפוֹן וּבוֹאִי תֵימָן (שיר השירים ד, טז). מתוך שהרוח צפונית חלשה צריכה חיזוק, לכך כתוב עורי: **תני.** אבל דרומית שאינה צריכה חיזוק כתוב בואי, כמות שהיא וכן ואל תכלאי: (ז) **כל הנקרא בשמי ולכבודי בראתיו.** כל הצדיקים הנקראים בשמי וכל העשוי לכבודי יצרתיו אף עשיתיו. תכנתיו בכל הצריך לו, והכנתי הכל. כלומר אף על פי שעברו בגולה ובצרה כבר הכנתי להם כל צרכי גאולתם: (ח) **הוציא עם עור.** הוציא, כמו להוציא מן הגולה. אותם שגלו על שנעשו כעורים, ועינים להם ולא ראו:

### רד״ק

(ג) **כי אני ה׳. קדוש ישראל.** אני קדוש ישראל אביך, ואני מושיע אותך: **נתתי כפרך מצרים כוש וסבא תחתיך.** כאשר בא חיל סנחריב ושם פניו לירושלם, שמע אל תרהקה מלך כוש לאמר, יצא להלחם אתם, ושב לו ונלחם עם כוש וסבא ומצרים, ושב לו עם השבי ההוא להלחם בירושלם, ושם נגף האל מחנהו. ועתה אומר כי כוש וסבא ומצרים נתנם האל כופר לישראל, ונתנו ביד מלך אשור תחת ישראל, ואף על פי שסבא בן כוש כלל בכוש הבנין האחרון. ואם היא עתידה, יהיה הענין מה שנאמר בנבואת דניאל, כי בא מלך הצפון ברכב ובפרשים ובאניות רבות וישלח ידו בארצות, וארץ מצרים לא תהיה לפלטה. ואמר ומשל במכמני הזהב והכסף וכל חמודות מצרים ולובים וכושים במצעדיו. ואמר בעת ההיא יעמד מיכאל השר הגדול העומד על בני עמך וגומר: (ד) **מאשר יקרת.** כפל הענין עוד ואמר, מאשר יקר ונכבד ישראל בעיני אתן אלה העמים תחתיך. הם יכלו וישראל ינצלו ויצאו מהגלות: (ה) **אל תירא.** זה לא יתכן פירושה אלא עתידה. ולמה שפירשנו מה שלפני זה על סנחריב, יאמר, אל תירא כי כמו שעשיתי עמך כאשר עבר, כן אעשה עמך בעתיד, ואקבץ גלותך מארבע כנפות העולם. ומה שאמר זרעך רצונו לומר, אפילו הקטנים אנהלם לאטם. או אמר זרעך בעבור שהנבואה עתידה לזה הגלות, והנבואה נאמרה לאותם שהיו בזמן ההוא, והם לא יהיו בזה אלא זרעם הוא שיהיה; לפיכך אמר אביא זרעך. ומה שאמר אקבצם יורה על תחית המתים, שיחיה אותם שהיו בדור ההוא וגלו: (ו) **אומר.** והנה זכר ארבעה רוחות, כי תימן הוא דרום. ואמר תני, תכלאי, הביאי בלשון נקבה לפי שהרוח בלשון נקבה. ומה שאמר לרוחות הוא על דרך משל, כאלו הרוחות ישאום במקומה ויביאום אל ארץ ישראל. או אמר על יושבי הרוחות; כמו שאמר, וְהֵבִיאוּ בָנַיִךְ בְּחֹצֶן וגו׳ (לקמן מט, כב). וטעם בני ובנותי, האנשים והנשים; כי ינהל לאט הנשים עם ילדיהם כמו שאמר, עָלוֹת יְנַהֵל (לעיל מ, יא): (ז) **כל הנקרא בשמי.** כל ישראל נקרא עם ה׳. ובאמרו כל אומר, כי לא ישאר אחד מהם אף על פי שהם מפוזרים בכל פאות. או אמר, כל הנקרא בשמי מישראל, והם הצדיקים. כי יצרפם האל בצאתם, והטובים ימלטו; כמו שאמר, כָּל הַכָּתוּב לַחַיִּים בִּירוּשָׁלָם (לעיל ד, ג), והם הנקראים בשם ה׳, ולכבודי בראתיו. כמו שאמר, בֹּרַאֲךָ יַעֲקֹב וְיֹצֶרְךָ יִשְׂרָאֵל (לעיל פסוק א), שהם מכירים ויודעים כי האל בראם וברא העולם, והם עדים בזה. והנה הם נבראים לכבוד האל, כי הם מודים בו ומודיעים שהשם ברא יצירת האדם מאין ליש; לא מאין ממש, שהרי נברא מן העפר, אלא כיון שלא נברא מכמותו שהוא בשר כאלו נברא מאין. היצירה תקון אבריו, העשיה תקון מזונותיו וצרכי גופו לפיכך אמר עשיתיו. לפיכך צריך האדם להתבונן ביצירת האדם ומתקון איבריו, היאך נעשו בחכמה ובתקון פרנסתו מיום הולדו. וזאת החכמה מביאה האדם להכיר בוראו ולשבחו ולהודות לשמו, וזהו כבוד האל. לפיכך אמר ישראל שבראתיו לכבודי, והוא מתבונן במעשי, ומודה על יחודי; דין הוא שהוציאנו מהגלות. ויש לפרש הפסוק על העולם כולו, לפי שאמר אומר לצפון תני וגומר, אמר אני ראוי לצוות לארבע רוחות העולם, כי כל העולם הוא הנקרא בשמי; כמו שאמר, בְּרֵאשִׁית בָּרָא אֱלֹהִים אֵת הַשָּׁמַיִם וגו׳ (בראשית א, א). ולכבודי בראתיו, שהוצאתיו מאין ליש, כי לא היה שם דבר שנברא ממנו: **יצרתיו.** צורותיו וגבורתו: **עשיתיו.** רצונו לומר, תקון פרטיו. ויונתן תרגם, כָּל דָא בְּדִיל וגו׳: (ח) **הוציא.** מקור, כלומר, אמרתי להוציא עם עור, שהם בגלות כעורים וכחרשים:

### מצודת דוד

**ובנהרות.** אף אם תעבור בנהרות השוטפים לא ישטפוך: **לא תכוה.** לא תהיה נכוה מן האש ואף הלהב לא יבער בך, רצונו לומר, אף אם תהיה בעומק הצרות לא תכלה שמה: (ג) **כי אני ה׳ וגו׳.** והכל בידי, נתתי כפרך מצרים. הלא במצרים הייתם חייבים כליה; כמו שנאמר, וָאֹמַר לִשְׁפֹּךְ חֲמָתִי עֲלֵיהֶם... בְּתוֹךְ אֶרֶץ מִצְרָיִם ואומר לשפוך חמתי עליהם בתוך ארץ מצרים (יחזקאל כ, ח), ונתתי אז כפרך מצרים, כי המה נאבדו תחתיך: **כוש וסבא תחתיך.** כאשר סנחריב שם פניו להלחם בירושלים, יצא להלחם בתחלה עם כוש וסבא ואבדו במקומך, והם היו לך לפדיון: **ולאומים וכו׳.** כפל הדבר במילים שונות, וכאומר, כאשר עשיתי לשעבר כן אוסיף לעשות עוד: (ד) **מאשר יקרת.** בעבור אשר יקרת בעיני ונבגדת ואני אהבתיך, ולזה היה דרכי לתת בני אדם כמו הכנענים והמצרים תחתיך: (ה) **ממזרח.** הנפוצים שמה: (ו) **תני.** תן את ישראל הפזורים שמה: **אל תכלאי.** אל תמנעי מליתן את ישראל: **הביאי.** כאלו יצוה לכל אחד מרוחות השמים להביא את ישראל: (ז) **כל הנקרא בשמי.** כל ישראל הנקראים בשם עם ה׳: **ולכבודי.** הנעשה להתכבד ולהתפאר בהם; כמו שכתוב, יִשְׂרָאֵל אֲשֶׁר בְּךָ אֶתְפָּאָר (לקמן מט, ג): **בראתיו וכו׳.** רצונו לומר, כבר הכנתי לו כל צרכי הגאולה אין מחסור: (ח) **הוציא.** להוציא מהגולה אותם שגלו, על שנעשו כעוורים ועינים להם ולא ראו מעשה ה׳; רצונו לומר, יש להם לב ואינם רוצים להשכיל:

### מצודת ציון

(ב) **במו.** בתוך; וכן, בְּמוֹ מַדְמֵנָה (לעיל כה, י): **תכוה.** ענין חרוך ושריפה; כמו, מִכְוַת אֵשׁ (ויקרא יג, כד): (ג) **כפרך.** ענין פדיון: (ד) **יקרת.** מלשון יקר וחשוב: (ו) **תכלאי.** ענין מניעה; כמו, וַיִּכָּלֵא הָעָם מֵהָבִיא (שמות לו, ו):

---

**3. נָתַתִּי כָפְרְךָ מִצְרַיִם** — *I gave Egypt as your ransom.* The first-born of Egypt died as ransom for you [see *Ezekiel* 20:8] (*Rashi*). *Ibn Ezra* comments that this refers to the battles Persia and Media fought against these nations.

*through rivers, they will not wash you away; when you walk through fire,*
*you will not be singed, and no flame will burn you.* 3 *For I am* H*ASHEM your*
*God, the Holy One of Israel, your Savior; I gave Egypt as your ransom, and*
*Cush and Seba in your place.* 4 *Because you were precious in My eyes you*
*were honored and I loved you; I put people in your place and regimes in*
*place of your soul.*

*The ingathering of the righteous*

5 *Fear not, for I am with you; from the East I will bring your offspring*
*and from the West I will gather you.* 6 *I will say to the North, 'Give [them]*
*over!' and to the South, 'Do not withhold! Bring My sons from afar and*
*My daughters from the ends of the earth,* 7 *everyone who is called by My*
*Name and whom I have created for My glory, whom I have fashioned, even*
*perfected';* 8 *to liberate the people who are blind though they have eyes,*

---

Alternatively, it refers to the period in which Sennacherib was about to attack Jerusalem, and was called away to do battle with Cush, Seba, and Egypt. These defeated nations were the *ransom* for Jerusalem, because God used them to divert Sennacherib from the Holy City, and when he defeated them and returned to besiege Jerusalem, his army was struck down overnight (*Radak*).

*Abarbanel* agrees that the battle of Sennacherib with these nations fits best with the plain meaning of the verse, but he relates it also to the Messianic Era, by stating that the prophet often uses a redemption in the past as an example of what will happen in the future.

In a second comment, *Radak* suggests that this prophecy refers to the time of the future redemption, specifically to the events foretold in the Book of *Daniel* (11:40-12:1). There will be a clash of mighty kings, invading many lands, but great angel Michael will protect the Jewish people.

**4. וְאֶתֵּן אָדָם תַּחְתֶּיךָ** — *I put people in your place.* Just as I took Egypt as your *ransom,* so I always have done (*Rashi*), and I will do when the time comes for the final Redemption (*Abarbanel*). From what I have always done in the past, you can infer what I will do in the future (*Mahari Kara*) when I end your exile (*Radak*).

Alternatively, תַּחְתֶּיךָ should be rendered *under you.* Accordingly, God is saying that at the time of the Redemption *people will be under you, and nations under your spirit,* i.e., Israel will be acknowledged as the spiritual leader of the world (*R' Schwab*).

**5. אַל־תִּירָא כִּי־אִתְּךָ אָנִי מִמִּזְרָח אָבִיא זַרְעֶךָ וּמִמַּעֲרָב אֲקַבְּצֶךָּ** — *Fear not, for I am with you; from the East I will bring your offspring and from the West I will gather you.* Even if the previous verses refer to the period of Sennacherib, Isaiah now turns to the future, and says, "I will be with you in the future as I was in the past. I will gather your exiles from the four corners of the earth." Since he refers to the future, the prophet says *I will bring your* ***offspring,*** and since the dead will be revivified as well, he addresses his contemporaries and says, *I will gather* ***you*** (*Radak*).

*Ibn Ezra* explains that *the East* refers to Babylon, and *the West* refers to Egypt and Assyria. On the next verse he writes that God will gather the Jewish people from the four corners of the earth — apparently referring to the future redemption.

**6. אָמַר לַצָּפוֹן וּלְתֵימָן** — *I will say to the North . . . and to the South,* i.e., to the north wind and the south wind (*Rashi*). This is a figurative way of saying that their will be an ingathering of the exiles from all points of the compass (*Radak*). Alternatively, He will say to the *nations* of the North and South to give back His children (*Mahari Kara*).

**7. כֹּל הַנִּקְרָא בִשְׁמִי וְלִכְבוֹדִי בְּרָאתִיו וגו׳** — *Everyone who is called by My Name and whom I have created for My glory . . .* All the righteous, who are *called by My Name,* will not be left behind, for I have prepared all that will be needed to assure their redemption (*Rashi*).

*Radak* offers two interpretations. Every Jew is holy because all Israel *is called by My Name,* and therefore they will all be redeemed, no matter how widely they are dispersed in the exile. Alternatively, the verse refers to the righteous who refine themselves spiritually. They make themselves worthy of being called *by My Name.*

Referring to the terms *created, fashioned, and perfected, Radak* explains that people are *created* from nothingness, then their limbs are *fashioned,* and throughout life, when their physical needs, such as food and clothing, are provided, they are *perfected.* Accordingly, when a person thinks about the complexity of the human body and how much wisdom goes into its creation, development, and the provision of its needs — not only the simple needs of the individual, but also the entire ecosystem and environment that support life — one cannot fail to recognize his Creator and praise Him, thereby becoming worthy of redemption.

*Shaarei Teshuvah* (3:13) asks rhetorically, "What hope is there for one who was created if he does not direct the work of his soul and the bulk of his involvement in this world to that for which he was created: for the glory of God?"

Everything on earth has an element of Divine glory. Man's mission is to recognize it and use it in the service of God, thereby increasing His glory on earth (*Bais Yaakov Izhbitz*).

ט וְחֵרְשִׁים וְאָזְנַיִם לָמוֹ: כָּל־הַגּוֹיִם נִקְבְּצוּ יַחְדָּו וְיֵאָסְפוּ לְאֻמִּים מִי בָהֶם יַגִּיד
י זֹאת וְרִאשֹׁנוֹת יַשְׁמִיעֻנוּ יִתְּנוּ עֵדֵיהֶם וְיִצְדָּקוּ וְיִשְׁמְעוּ וְיֹאמְרוּ אֱמֶת: אַתֶּם
עֵדַי נְאֻם־יהוה וְעַבְדִּי אֲשֶׁר בָּחָרְתִּי לְמַעַן תֵּדְעוּ וְתַאֲמִינוּ לִי וְתָבִינוּ כִּי־
יא אֲנִי הוּא לְפָנַי לֹא־נוֹצַר אֵל וְאַחֲרַי לֹא יִהְיֶה: ◀ אָנֹכִי אָנֹכִי יהוה
יב וְאֵין מִבַּלְעָדַי מוֹשִׁיעַ: אָנֹכִי הִגַּדְתִּי וְהוֹשַׁעְתִּי וְהִשְׁמַעְתִּי וְאֵין בָּכֶם זָר
יג וְאַתֶּם עֵדַי נְאֻם־יהוה וַאֲנִי־אֵל: גַּם־מִיּוֹם אֲנִי הוּא וְאֵין מִיָּדִי מַצִּיל אֶפְעַל
יד וּמִי יְשִׁיבֶנָּה: כֹּה־אָמַר יהוה גֹּאַלְכֶם קְדוֹשׁ יִשְׂרָאֵל לְמַעַנְכֶם

### רש״י

(ט) **כל הגוים נקבצו.** אם כל הגוים מעכו״ם נתקבצו יחדיו, מי בהם ובנביאיהם יגיד עתידות וכיוצא בה מפי טעותם, או הראשונות שכבר עברו ישמיעונו לאמר, אנחנו הגדנו אותם קודם שבאו: **יתנו עדיהם.** ששמעו שנבאו עליהם קודם לכן ויצדקו. אבל אני יש לי עדים, שאתם עדי שהגדתי לאברהם אביכם הגליות ובאו: (י) **ועבדי יעקב אשר בחרתי.** הוא יעיד שהבטחתיו בלכתו לארם נהרים, ושמרתי הבטחתי: **למען תדעו וגו׳.** כל זה עשיתי למען תתנו לב לדעת אותי: (יב) **אנכי הגדתי.** הגליות לאברהם: **והושעתי.** לקיים דברי בעת צר: **והשמעתי.** לכם הראשונות: **ואין בכם זר.** באותן הימים שעשיתי כל אלה, לא נראה בכולכם ביני העכו״ם אל זר להראות גדולתו ואלהותו בפני: **ואתם עדי.** שפתחתי לכם שבעה רקיעים ולא ראיתם כל תמונה: (יג) **גם מיום אני הוא.** לא אותו היום לבדו הייתי לבדי כי גם מאז היות יום אני הוא לבדי, אפעל. אם באתי לפעול אין משיב:

### רד״ק

(ט) **כל הגוים נקבצו.** עבר במקום עתיד. יאספו הם וחכמיהם כולם: **מי בהם.** שיגיד זאת העתידה: **וראשונות ישמיעונו.** הראשונות הם ענין סנחריב. ישמיעונו אותם טרם היותם, כמו שהשמעתיך אני על ידי נביאי: **יתנו עדיהם.** שאמרום טרם היותם: **ויצדקו.** נאמר עליהם כי צדיקים הם במאמרם ונאמנים בדבריהם: **וישמעו ויאמרו אמת.** ואם לא ידעו, ישמעו מה שיאמר הנביא ויאמרו כי אמת הוא, ויודו על האמת: (י) **אתם עדי.** אמר לישראל, ועבדי אשר בחרתי הוא הנביא. אמר, אתם עדי כי מה שאמרתי לכם בדבר סנחריב על הרעה שעשה לכם ועל מפלתו, הכל אמרתי לכם על ידי הנביא קודם שיהיה. וכן הנביא עד, שאמר לכם בשמי, וכאשר אמר כן היה: **למען תדעון.** מן הראשונות תדעו האחרונות, כי יתקיימו, ותאמינו לי כן אקיים העתידות כמו שאמרתי להוציא בניכם מהגלות האחרון. ותבינו כי אפילו לא היה לכם עדות בזה מדעתכם תוכלו להבין כי מה שאני אומר אמת הוא, כי אני הוא אמת ודברי אמת. והחכם רבי אברהם בן עזרא פירש, אני הוא, זה היחוד שאין למעלה ממנו, כי כל יש איננו הוא בעצמו: **לפני לא נוצר אל.** הדבר הזה קשה למפרשים, בעבור שאמר לפני ואחרי והוא יתברך אין לו ראשית ואחרית, ועוד שאמר נוצר. לפיכך פירשו מקצתם נוצר כמו יצרו, רצונו לומר, לפני שיצרתי היצירות לא יצר אל זולתי שום יצירה; ואחרי שיצרתי גם כן לא יצר אל זולתי שום יצירה. ואדוני אבי זכרונו לברכה פירש נוצר כמשמעו, נפעל, ופירשו סמוך, כי הוא פתוח. רצונו לומר, לא היה דבר נוצר על ידי אל זולתי לפי שהיו נוצרים היצירות על ידי, וכן לא יהיה דבר נוצר על יד שום אל אחר גם כן, כלומר, אחר שנוצרו על ידי לא יהיה דבר נוצר על יד שום אל. ויונתן תרגם אַתּוּן סָהֲדִין וגומר: (יא) **אנכי אנכי.** הכפל לחזק; וכן, אֲנִי אֲנִי הוּא (דברים לב, לט). אמר, אנכי השם, המורה על עצם אמתתו, ואחר שאני עיקר המצואים וכל המצואים בסבתי, אין מושיע זולתי. רצונו לומר, מאין רצוני ועושה דבר זולתי, והושעתי כמה פעמים אתכם ואושיע עוד ואין מונע. והחכם רבי אברהם בן עזרא פירש, אנכי אנכי שתי פעמים, שלא השתנה ההשתנות צבאות מעלה כנגד המוצק והתחתיים בעצם ובתבנית, על כן אושיע בכל עת: (יב) **אנכי.** הגדתי והושעתי רצונו לומר, הפעמים שהושעתי אתכם קודם הגדתי לכם על ידי נביאי, והשמעתי אתכם על ידים אושיעכם, וכן עשיתי: **ואין בכם זר.** ואין בכם אל זר, לפיכך שמתי פני אליכם לטובה להושיעכם. ולא עשיתי כן לשאר העמים, כי יש בהם אל זר ובוטחים בו. ואתם עדי בזה כי כן עשיתי עם אבותיכם ועמכם, ואני אל היכול בראשונה ובאחרונה. ויונתן תרגם, אֲנָא חֲוֵיתִי לְאַבְרָהָם אֲבוּכוֹן וגו׳: (יג) **גם מיום.** טרם שהיה יום, כלומר קודם שהיה העולם. וטעם גם, לפי שאמר הגדתי והשמעתי רצונו לומר, בימים הקדמונים, בימי אבותיכם. אמר כי גם קודם זה אני הוא, ועוד קודם שהיה העולם גם כן אני הוא. וכן מעולם ועד עולם אתה אל, מטרם שהיה העולם, ואחר שאני כן אין מידי מציל, כשארצה להושיע עם מעם או ארצה להרע להם: **אפעל ומי ישיבנה.** וכאשר אפעל ואעשה דבר, מי ישיב אותה הפעולה לאחור. ויש לפרש גם כן מיום, אני הוא מזמן רב, אני הוא עמכם; כמו שאמר, כִּי מֵעוֹלָם שָׁבַרְתִּי עֻלֵּךְ וגומר (ירמיה ב, כ), רצונו לומר, מזמן רב ובכל אשר הייתי עמכם והושעתי אתכם מיד צריכים ואין מידי מציל: (יד) **כה אמר ה׳.** נבואה זו על גלות בבל: **גואלכם.** מגלות בבל: **קדוש ישראל.** אביכם. וכבר פירשנו בפסוק כי בראותו טעם אמרו קדוש ישראל. ואמר אותו כמה פעמים בזה הספר, רצונו לומר, כי בזכותו הוא מטיב להם בגלותם; כמו שאמר, וְזָכַרְתִּי אֶת בְּרִיתִי יַעֲקוֹב (ויקרא כו, מב):

### מצודת דוד

**וחרשים.** נעשו כחרשים ואזנים להם, ולא ישמעו מצות ה׳: (ט) **כל הגוים נקבצו.** אם כל העכו״ם יתקבצו יחד, מי בהם יגיד עתידות כזאת? וכי האליל אמר להם? **וראשונות.** או הראשונות שכבר עברו ישמיעונו לאמר אנחנו הגדנו אותם עד לא באו: **יתנו עדיהם.** רצונו לומר, יביאו עדים שהשמיע דבר עד לא בא ואז יהיו צדיקים בדבריהם: **וישמעו.** או ישמעו מה שיאמר הנביא ויאמרו אמת הדבר וכאומר או יביאו עדים או יודו על האמת: (י) **אתם עדי.** אבל לי יש עדים, כי אתם ישראל עדי, ועבדי הנביא אשר בחרתי בו גם הוא לעד שהגדתי מפלת סנחריב, מאז עד לא בא: **למען תדעו.** מן הראשונות תדעו כל האחרונות שכן יהיה: **ותאמינו לי.** שאקיים מאמרי, ותבינו כי אני הוא. ממנה, שאין מי יודע עתידות כמוני, תבינו אשר אני הוא לבד ואין עוד אלהים: **לפני לא נוצר אל.** רצונו לומר, לפני שיצרתי אני את היצירות לא היה דבר נוצר מאל זולתי, ואחר שיצרתי את היצירות לא יהיה דבר נוצר מאל זולתי, כי אין אלוה זולתי: (יא) **אנכי אנכי ה׳.** הכפל לחזק: **ואין מבלעדי מושיע.** אין זולתי מושיע: (יב) **אנכי הגדתי.** קודם כל תשועה הגדתי אותה, וכן הושעתי: **והשמעתי.** רצונו לומר, לא להנביא לבד הגדתי, כי אם לכולכם השמעתי על ידו: **ואין בכם זר.** רצונו לומר, לא היה מי בכם זר מלדעת הדבר, כי כולכם שמעתם מהנביא: **ואתם עדי.** שכן הוא האמת: **ואני אל.** רצונו לומר, אני הוא אשר הושעתי אתכם: (יג) **גם מיום.** גם מאז היות יום אני הוא לבדי לעזור ולהושיע: **ואין מידי מציל.** את מי שארצה לאבדו: **אפעל.** מה שארצה אפעל הן להושיע הן לאבד: **ומי ישיבנה.** מי יוכל להשיב הפעולה ההיא ולמנעה: (יד) **למענכם.** למען תצאו מן הגולה שלחתי את כורש לבבל להחריבה:

### מצודת ציון

(ט) **וישמעו.** הוי״ו היא וי״ו המחלקת: (יא) **מבלעדי.** ענינו כמו זולת; וכן, בִּלְעָדַי אֱלֹהִים יַעֲנֶה (בראשית מא, טז):

*and deaf though they have ears.*
9 *Were all the nations gathered together and all the regimes assembled, who*
*among them could have declared this and let us hear the early [prophecies]?*
*Let them bring their witnesses and they will be vindicated; or else let them hear*
*[me] and then say, 'It is true.'* 10 *You are My witnesses — the word of* HASHEM
*— and My servant whom I have chosen, so that you will know and believe in*
*Me, and understand that I am He; before Me nothing was created by a god nor*
*will there be after Me!*
11 *I, only I, am* HASHEM, *and there is no deliverer aside from Me.* 12 *I have fore-*
*told and brought salvation and informed you; there was no strange [god] in*
*your midst. You are my witnesses — the word of* HASHEM *— and I am God.*
13 *Even before there was a day, I was He, and there is none who can save from*
*My hand; when I act, who can reverse it?*
14 *Thus said* HASHEM, *your Redeemer, the Holy One of Israel: Because of you I*

*You are My witnesses . . .*

---

**Isaiah again addresses the difference between Israel and the nations.**

**9.** **מִי בָהֶם יַגִּיד זֹאת** — *Who among them could have declared this . . .* If any of them — their prophets or their gods — could have predicted the future, let them bring witnesses that can testify that those predictions came true. If they can do so, they will be vindicated (*Rashi*).

**וְיִשְׁמְעוּ וְיֹאמְרוּ אֱמֶת** — *Or else let them hear [me], and then say, "It is true."* If they cannot bring such witnesses, let them hear what God's prophet says, and let them admit the truth (*Radak*).

**10.** **אַתֶּם עֵדַי** — *You are My witnesses.* You, Israel, can testify that I told you of Sennacherib's downfall before it happened (*Radak, Abarbanel*).

Your very being — your refinement and the way you conduct yourselves — will bear witness to your Creator (*Bais Yaakov*). As the Talmud (*Yoma* 86a) teaches, one sanctifies the Name of God by living in such a way that people praise the parents who raised their children to live the life of Torah.

**וְעַבְדִּי אֲשֶׁר בָּחָרְתִּי** — *And My servant whom I have chosen.* My servant Isaiah, whom I have chosen as My voice of prophecy, can serve as My witness (ibid.). Alternatively, Jacob, who is called *My servant* (41:8; 44:1,2, etc.), can testify that what I promised him when he was on the way from his parents to Aram Naharaim came true (*Rashi;* see *Genesis* 27:13-15).

**וְתָבִינוּ כִּי־אֲנִי הוּא** — *And understand that I am He.* I am the One and only One, above whom there are none, and Who is exalted above anything in existence (*Ibn Ezra*).

**לְפָנַי לֹא־נוֹצַר אֵל וְאַחֲרַי לֹא יִהְיֶה** — *Before Me nothing was created by a god nor will there be after Me.* This is addressed to idolaters, who believed that there was another divine being. Isaiah repudiates the notion that there ever was or ever will be a deity other than Hashem. The verse is not to be taken literally, that God exists in a time zone — as could be inferred from the terms *before Me* and *after Me* — because God is infinite and eternal; He created the very concept of time, so it is impossible to envision anything actually "*before*" or "*after*" Him (*Mahari Kara, Radak*).

**11.** **אָנֹכִי אָנֹכִי ה׳ וגו׳** — *I, only I, am* HASHEM (lit., *I, I am* HASHEM) . . . I constantly remain *I*, immutable and unchangeable, and can thus be your Deliverer at any time (*Ibn Ezra*). The double *I* is meant to reinforce the concept that God is the essence of all existence, so that *there is no deliverer aside from Me* (*Radak*).

Alternatively, I am Hashem not only when I do things that people perceive as good, but also when I bring about events that they perceive as bad. As difficult as this is to understand, it is nevertheless a core element of our faith (*R' Schwab*).

**12.** **אָנֹכִי הִגַּדְתִּי** — *I have foretold.* I told Abraham that his offspring would be exiled (*Rashi*); and in Egypt I foretold the redemption (*Ibn Ezra*). Alternatively, whenever I brought salvation to you, I sent a prophet who foretold it (*Radak*).

**וְאֵין בָּכֶם זָר** — *There was no strange [god] in your midst.* At the times when I fulfilled my prophesies of redemption, *there was no strange [god] in your midst,* i.e., none of the idols of your oppressors could resist My Will (*Rashi*). According to *Radak,* the reason for your salvation throughout history is because *there was no strange [god] in your midst,* and *you are My witnesses* that this is so.

Alternatively, when I redeemed you from Egypt (as I foretold) and *informed you* of the Ten Commandments on Mount Sinai, *there was no strange nation in your midst* (*Ibn Ezra*).

**וְאַתֶּם עֵדַי** — *You are my witnesses.* You can testify that when I opened all seven heavens at Mount Sinai you saw no image (*Rashi*). This applies even to later generations that did not actually stand at Sinai; you can testify that this was so, because it passed down to you from your parents (*Ibn Ezra*).

**13.** **גַּם־מִיּוֹם אֲנִי הוּא וגו׳** — *Even before there was a day, I was He . . .,* i.e., even before the world existed (*Radak*). I was alone not just on that day [on Mount Sinai], but even from the very first day of the world's existence (*Rashi*). Since I alone am God, *there is none who can save from My hand* (*Ibn Ezra*), when I want to redeem one nation from amid another, or when I want to harm them (*Radak*).

טו שְׁלַּחְתִּי בָבֶ֫לָה וְהוֹרַדְתִּ֤י בָֽרִיחִים֙ כֻּלָּ֔ם וְכַשְׂדִּ֖ים בָּאֳנִיּ֥וֹת רִנָּתָֽם׃ אֲנִ֥י יְהוָ֖ה
טז קְדֽוֹשְׁכֶ֑ם בּוֹרֵ֥א יִשְׂרָאֵ֖ל מַלְכְּכֶֽם׃ כֹּ֚ה אָמַ֣ר יְהוָ֔ה הַנּוֹתֵ֥ן
יז בַּיָּ֖ם דָּ֑רֶךְ וּבְמַ֥יִם עַזִּ֖ים נְתִיבָֽה׃ הַמּוֹצִ֥יא רֶֽכֶב־וָס֖וּס חַ֣יִל וְעִזּ֑וּז יַחְדָּ֤ו יִשְׁכְּבוּ֙
יח בַּל־יָק֔וּמוּ דָּעֲכ֖וּ כַּפִּשְׁתָּ֥ה כָבֽוּ׃ אַֽל־תִּזְכְּר֖וּ רִאשֹׁנ֑וֹת וְקַדְמֹנִיּ֖וֹת אַל־תִּתְבֹּנָֽנוּ׃
יט הִנְנִ֨י עֹשֶׂ֤ה חֲדָשָׁה֙ עַתָּ֣ה תִצְמָ֔ח הֲל֖וֹא תֵֽדָע֑וּהָ אַ֣ף אָשִׂ֤ים בַּמִּדְבָּר֙ דֶּ֔רֶךְ

### רש"י

(יד) **למענכם שלחתי בבלה.** יונתן תירגם, בְּדִיל חוֹבֵיכוֹן אַגְלֵיתִי יַתְכוֹן לְבָבֶל: **והורדתי בריחים כולם.** וְחֲתֵית בִּמְשׁוֹטִין כּוּלְהוֹן. משוטין הוא עץ שמנהיג את הספינה ומיישרה: **וכשדים.** הוליכו אתכם באניות רנתם וגם יש לפרשו על בשורת הגאולה: **למענכם שלחתי.** אשלח מלכי מדי לבבל, ואוריד הכשדים בספינות ומשוטין לגולה לארץ מדי, וכשדים אוריד באניות שהיתה רינתם בם: (טז) **הנותן בים דרך.** בים סוף. ושם הוצאתי מצרים לרדוף אחריכם רכב וסוס וחיל ועיזוז, וכולם יחדיו ישכבו מתים על שפת הים בל יקומו: (יז) **כפשתה כבו.** כְּבוּצָא עַמִּי טְפוּ: (יח) **אל תזכרו ראשונות.** הניסים הללו שאני מזכיר לכם שעשיתי במצרים, אל תזכרו אותם מעתה, כי בגאולה זו תעסקו להודות ולהלל: **אל תתבוננו.** אל תסתכלו בהן, אל תתנו להם לב:

### רד"ק

**למענכם שלחתי בבלה.** בעבורכם, כדי שתבאו מהגלות שלחתי כורש לבבל להחריבם ולהוציא אתכם מתוכה ולהשיבכם לארצכם: **והורדתי בריחים כולם.** אוריד יושבי בבל ממעלותם ויברחו להם בבא כורש: **בריחים.** תאר; כמו, בְּרִיחֶהָ עַד צֹעַר (לעיל טו, ה), אלא שזה מן הדגוש ובריחיה מן הרפים, וכשדים באניות רנתם. וכשדים יברחו באניות, וצעקתם, כלומר, צעקת הבכי. וכמוהו, קוּמִי רֹנִּי בַלַּיְלָה (איכה ב, יט). ויש מפרשים בריחים, כמו באניות, והבי"ת לשמוש. וריחים שם האניות, לפי שהולכות ברוח. ויונתן תרגם, בִּמְשׁוֹטִין. ואני תמה מהחכם רבי אברהם אבן עזרא שכתב פירש שלחתי, כאלו הוא קורא אותו שולחתי, בקבוץ שפתים, השי"ן מבנין פעל, שלא נזכר שם פעלו. וכך הוא לשון פירושו, והנה הטעם כל כך באתי במהרה לגאול אתכם כאלו שלחתי, וחכם גדול בספרד אמר כי הכבוד ידבר עם הנביא ושר ישראל הוא המשולח אל בבל לגאול ישראל, וזה לשונו. ואני מקובל כי קריאתו שלחתי בחיר"ק השי"ן מבנין פעל הדגוש, וכן מצאתי בכל הספרים המדוייקים אשר ראיתי. והמתרגם ידמה גם כן שכן היה קורא אותו, שתרגם, בְּדִיל חוֹבֵיכוֹן (אתגלתון) אַגְלֵיתִי יַתְכוֹן לְבָבֶל. אלא שאין פירושו כפירושינו, כי הוא רצונו לומר שלחתי אתכם בגלות לבבל, אבל לפי מה שנמצא בדברי רבותינו זכרונם לברכה, ידמה שהם היו קוראין שלחתי בקבוץ שפתים השי"ן; שאמרו (מגילה כט,א), כל מקום שגלו ישראל שכינה עמהם, גלו לבבל שכינה עמהם, שנאמר למענכם שלחתי בבלה, גלו לעילם שכינה עמהם, שנאמר וְשַׂמְתִּי כִסְאִי בְּעֵילָם (לקמן מט, לח): (טו) **אני ה' קדושכם.** שאני מקדיש שמי בכם; כמו שאמר כורש, כָּל מַמְלְכוֹת הָאָרֶץ נָתַן לִי ה'. . .מִי בָכֶם מִכָּל עַמּוֹ ה' אֱלֹהָיו עִמּוֹ וְיָעַל (דברי הימים־ב לו, כג): **בורא ישראל.** כמו שפירשנו בֹּרַאֲךָ יַעֲקֹב (לעיל פסוק א): **מלככם.** הוא מלככם באמת, ולא יעזבכם ביד מלכי העמים: (טז) **כה אמר ה' הנותן בים דרך.** מי שנותן לעמו ישראל דרך בים סוף, הוא יושיעכם מהגלות הזה; כי הענין דבק למעלה. וכפל הענין במלות שונות. ואמר במים עזים נתיבה, או אמר מים עזים על הירדן: (יז) **המוציא.** ואחר שזכר הנס שעשה להם בים סוף, זכר גם כן הנס שעשה להם בדבר סנחריב. כלומר, מי שעשה לכם הניסים האלה, יעשה לכם עוד בבבל. ואמר המוציא, שהוא הוציא חיל מלך אשור ברכב וסוס והביאו לארץ ישראל; כמו שכתוב, יִשְׁרֹק ה' לַזְּבוּב אֲשֶׁר בִּקְצֵה יְאֹרֵי מִצְרָיִם וְלַדְּבוֹרָה אֲשֶׁר בְּאֶרֶץ אַשּׁוּר (לעיל ז, יח) וגו'. ואמר, אַשּׁוּר שֵׁבֶט אַפִּי (לעיל י, ה), והנה הוא הוציאם והוא הפילם בירושלם: **יחדו ישכבו בל יקומו.** כשישכבו בלילה לא קמו, כמו שאמר, וַיַּשְׁכִּימוּ בַבֹּקֶר וְהִנֵּה כֻלָּם פְּגָרִים מֵתִים (לעיל לז, לו). זהו שאמר דעכו כפשתה כבו, כלומר, כי ברגע מתו כמו הפשתה שדולקת שכבה במהרה; ודעכו כמו כבו: (יח) **אל תזכרו ראשונות.** אמר, הנה אלה הנפלאות הראשונות אל תזכרו אותם בקבוץ גליות, כל כך תהיה הפליאה ההיא גדולה. וכפל הענין במלות שונות. ואמר וקדמוניות אל תתבוננו; וכן אמר ירמיהו הנביא, וְלֹא יֹאמְרוּ עוֹד חַי ה' אֲשֶׁר הֶעֱלָה וגו' (ירמיה כג, ז). ורבותינו זכרונם לברכה פירשו (ברכות יג, א), אל תזכרו ראשונות, זהו שיעבוד מלכיות, וקדמוניות אל תתבוננו, זהו יציאת מצרים: (יט) **הנני עושה חדשה.** הנני עושה פליאה חדשה, והוא אומר על קבוץ גליות: **עתה תצמח.** ובאמרו עתה, וענין המלה הזאת על זמן קרוב לפי שהגאולה קרובה לבא אם ישובו ישראל בתשובה. וזה כמה הגיע זמנה אם זכו ישראל, כמו שאמרו רבותינו זכרונם לברכה (סנהדרין צז, ב), ובעונותינו שרבו יצאו מהם מה שיצאו. או אמר עתה כאלו עתה תצמח; כלומר, תהיו בטוחים בה כאלו תראו אותה בעיניכם: **הלא תדעו.** זאת הישועה הלא תדעוה מקדם כי כתובה בתורת משה; שנאמר, וְשָׁב ה' אֱלֹהֶיךָ אֶת שְׁבוּתְךָ וְרִחֲמֶךָ וְשָׁב וְקִבֶּצְךָ מִכָּל הָעַמִּים וגומר (דברים ל, ג). וזה לא נאמר על גלות בבל כי לא היו נפוצים בכל העמים, ולא יצאו מן הגולה כי אם גולי בבל, כי עשרת השבטים לא יצאו מגלותם. ועוד; כי אמר, כִּי תָשׁוּב אֶל ה' אֱלֹהֶיךָ בְּכָל לְבָבְךָ וּבְכָל נַפְשֶׁךָ (שם פסוק י), והשבים לבבל לא שבו אל ה' בכל לבבם ובכל נפשם, שהרי היו בהם מחללי שבת ונושאי נשים נכריות. ומה שאמר בספר ירמיה, לְפִי מְלֹאת לְבָבֶל שִׁבְעִים שָׁנָה ( ירמיה כט, ט), ואמר, וּבִקַּשְׁתֶּם. . . אותי. . . וּמְצָאתֶם (דברים ד, כט), על שתי הגליות זכר באותה הפרשה: **אף אשים.** אמר אף, כלומר עוד אעשה עמכם טובה גדולה ופליאה רבה שלא תדעוה מן התורה, שאשים במדבר דרך בישימון נהרות; כמו שאמר למעלה בפסוק, קוֹל קוֹרֵא (לעיל מ, ג), וכן אמר למעלה בפרשת חַזְּקוּ יָדַיִם רָפוֹת (לעיל לה, ג) כל הענין:

### מצודת דוד

**הורדתי בריחים כולם.** כל בני בבל הורדתים כולם בספינות, וכשדים השמיעו קול צעקתם בהאניות שהלכו בהם בגולה: (טו) **אני ה'.** רצונו לומר, את זה עשיתי, אני ה' המקודש לכם: **בורא.** רצונו לומר, אני בורא ישראל ומלככם עשיתי את זה, וכפל הדבר במילים שונות: (טז) **הנותן.** אשר נתן דרך בים סוף בצאת ישראל ממצרים: **ובמים עזים.** זה הירדן שבקע בימי יהושע: (יז) **המוציא רכב וכו'.** הנותן בלב מצרים להוציא אנשי הרכב וסוסיהם ואנשי החיל עם כל החוזק, לרדוף אחר בני ישראל: **יחדו.** כולם יחדו שכבו ולא הוסיפו לקום, כי נטבעו במי הים: **דעכו.** נפשותם קפצה מהם וכבה מהר, כפשתה הדולקת הכָּבָה מהרה, כי לא תתעכב הרבה בשריפתה: (יח) **אל תזכרו ראשונות.** אל תזכרו להפליא על הנסים שעשיתי לכם בימים הראשונות, וקדמוניות וכו', כפל הדבר במילים שונות: (יט) **חדשה.** נס חדש אשר לא עשיתי מעולם: **עתה הצמח.** בזמן קרוב תהיה אם בקולי תשמעו: **הלא תדעוה.** את הישועה ההיא, כי כתובה היא בתורה; שנאמר, וְשָׁב ה' וכו' וְשָׁב וְקִבֶּצְךָ וכו' (דברים ל, ג): **דרך.** לשבי הגולה:

### מצודת ציון

(יד) **בריחים.** ענינו כמו ספינות על שם שכל מהלכם הוא על ידי הרוח: **באניות.** בספינות: **רנתם.** ענין קול צעקה ויללה; כמו, קוּמִי רֹנִּי בַלַּיְלָה (איכה ב, יט): (טז) **עזים.** מלשון עוז וחזק: **נתיבה.** שביל ודרך: (יז) **ועזוז.** מלשון עוז וחוזק: **דעכו.** ענין קפיצה; וכן, דֹּעֲכוּ כְּאֵשׁ קוֹצִים (תהלים קיח, יב), על שם שבעת הכבוי קופצת השלהבת: (יח) **התבוננו.** ענין הסתכלות בכונת הלב:

... *I am* HASHEM

*sent to Babylonia and I took down all of their bolted gates, and the Chaldeans*
*[fled] in boats amid their shouting.* 15 *I am* HASHEM, *your Holy One; the Creator*
*of Israel, your King.*

*The redemption from Egypt and the future redemption*

16 *Thus said* HASHEM, *He Who made a way through the Sea and a path*
*amid the mighty waters,* 17 *Who brought out chariot and horse, army and*
*force, which all lie together, never to rise, extinguished and snuffed out like*
*a piece of [burning] flax:* 18 *Do not recall former occurrences and do not con-*
*template earlier events.* 19 *[For] behold, I am bringing forth a new [miracle]!*
*Now it will sprout, you will surely know it: I will make a road in the desert*

**14.** לְמַעַנְכֶם שִׁלַּחְתִּי בָבֶלָה — *Because of you I sent to Babylonia.* The verse does say who was *sent.* According to *Rashi,* citing *Targum,* Israel's sins caused God to send His people into exile in Babylon, many of them on ships. *Rashi* comments that the verse refers to the redemption *from* Babylon: *Because of you,* i.e., for your sake, *I sent [the kings of Media] to* [conquer] *Babylon, and . . . I brought down the Chaldeans in boats* to Media (*Rashi*). In a similar vein, *Radak* comments *I sent* Cyrus *to Babylon* to destroy it and restore you to your land (*Radak*).

The Sages (*Megillah* 29a) interpret the verse to show God's great love for Israel even when the nation's sins cause them to be punished. The word שלחתי vowelized here שִׁלַּחְתִּי, *I sent,* can also be vowelized שֻׁלַּחְתִּי, *I was sent.* I.e., because of your sins *I,* God Himself, was exiled to Babylon along with you, for whenever the Jewish people go into exile, the *Shechinah,* God's Presence, goes with them.

**15.** אֲנִי ה׳ קְדוֹשְׁכֶם — *I am* HASHEM, *your Holy One.* My holiness always remained embedded in you. When King Cyrus gave permission to the Jews to return to *Eretz Yisrael* and rebuild the Temple, he proclaimed his own greatness as ruler of the world, but he said that whatever he had was given him by Hashem, the God of Israel, and that God had commanded him to build the Temple (*Ezra* 1:2-4). Thus, even Cyrus acknowledged that God was always with His people (*Radak*).

**בּוֹרֵא יִשְׂרָאֵל** — *The Creator of Israel.* This title reveals an important function of exile for the people of Israel. From the Babylonian exile through our own exile, the trials and tribulations, the peaks and valleys, are all part of the creation of the future nation of Israel. Throughout the entire process of this often painful creation, God remains *your King* (*R' Schwab*).

**16-20. The past will pale before the future.** Although their interpretations of individual phrases differ, most commentators agree that this passage lists major miracles of the past and promises Israel that the ultimate Redemption will be accompanied by miracles that will eclipse the earlier ones, so much so that, in the words of the prophet Jeremiah (16:14-15): *days are coming . . . when it will no longer be said, "As* HASHEM *lives, Who took out the Children of Israel from the land of Egypt," but rather, "As* HASHEM *lives, Who took out the Children of Israel from the land of the North and from all the lands where He had scattered them; and I shall return them to the land that I gave to their forefathers."*

**16.** הַנּוֹתֵן בַּיָּם דָּרֶךְ — *He Who made a way through the Sea. Rashi* and *Radak* understand this to refer to the splitting of the Sea of Reeds.

The second half of the verse, *a path amid the mighty waters,* is either a poetic repetition of the same theme, or it refers to the splitting of the Jordan River, to enable the nation to enter the Land. The following verses refer to subsequent redemptions, the message being that "He Who made a way in the Sea of Reeds for His nation, Israel, will redeem you from this exile as well."

**17.** הַמּוֹצִיא רֶכֶב־וָסוּס וגו׳ — *Who brought out chariot and horse . . .* God lured the chariots and horses of Egypt to plunge into the Sea in pursuit of Israel. When the water crashed down, drowning them, their bodies washed up onto the seabank, where they would *lie together, never to rise* (*Rashi, Mahari Kara*).

Alternatively, this verse refers to Sennacherib and his Assyrian army. God brought them to the Land of Israel, and at the gates of Jerusalem made the entire army *lie together, never to rise, extinguished and snuffed out like a piece of [burning] flax* (*Radak, Abarbanel*). *Ibn Ezra* understands the entire passage, including this verse, as referring to the destruction of Babylon at the hands of the Persians and Medians.

**18-19.** אַל תִּזְכְּרוּ־רִאשֹׁנוֹת . . . הִנְנִי עֹשֶׂה חֲדָשָׁה — *Do not recall former occurrences. . . [For] behold, I am bringing forth a new [miracle].* Do not recall the above-mentioned miracles that I performed [in Egypt (*Rashi*)], for there will be a wondrous new miracle when I bring the exiles back to the Land of Israel from all over the world (*Radak, Abarbanel*).

According to *Ibn Ezra,* this refers to the return from the Babylonian exile.

Alternatively, the verse speaks of an entirely new miracle: the revivification of the dead — the greatest of all miracles — which will occur simultaneously with the ingathering of the exiles (*Abarbanel*).

The Talmud (*Berachos* 13a) explains the passage as a reference to salvation from successive persecutions and exiles, ending with the war of Gog and Magog, which will culminate in the final Redemption. Each salvation is greater than the one before it. The Talmud offers a parable. A traveler was menaced by a wolf and escaped, whereupon he would speak about his miraculous escape. Then he was nearly attacked by a lion, and escaped, whereupon he forgot about the wolf

HAFTARAS VAYIKRA 43:21-44:23

כ בִּישִׁמֹן נְהָרוֹת: תְּכַבְּדֵנִי חַיַּת הַשָּׂדֶה תַּנִּים וּבְנוֹת יַעֲנָה כִּי־נָתַתִּי בַמִּדְבָּר מַיִם
כא־כב נְהָרוֹת בִּישִׁימֹן לְהַשְׁקוֹת עַמִּי בְחִירִי: ◀ עַם־זוּ יָצַרְתִּי לִי תְּהִלָּתִי יְסַפֵּרוּ: וְלֹא־
כג אֹתִי קָרָאתָ יַעֲקֹב כִּי־יָגַעְתָּ בִּי יִשְׂרָאֵל: לֹא־הֵבֵיאתָ לִּי שֵׂה עֹלֹתֶיךָ וּזְבָחֶיךָ לֹא
כד כִבַּדְתָּנִי לֹא הֶעֱבַדְתִּיךָ בְּמִנְחָה וְלֹא הוֹגַעְתִּיךָ בִּלְבוֹנָה: לֹא־קָנִיתָ לִּי בַכֶּסֶף
קָנֶה וְחֵלֶב זְבָחֶיךָ לֹא הִרְוִיתָנִי אַךְ הֶעֱבַדְתַּנִי בְּחַטֹּאותֶיךָ הוֹגַעְתַּנִי בַּעֲוֺנֹתֶיךָ:

### רש"י

(כ) **תכבדני חית השדה.** מקום שהוא חרב ומרבץ לחיות השדה לתנים ולבנות יענה: **כי נתתי במדבר מים.** כלומר בארץ חריבה אתן ישוב: (כא) **עם זו יצרתי לי.** למען תהלתי יספרו: (כב) **ולא אותי קראת.** ואתה לא אותי קראת בפנותך אחרי עכו"ם: **כי יגעת בי.** נלאיתם מהר בעבודתי: (כג) **לא הבאת לי שה עולותיך.** כי אם לעכו"ם: **לא העבדתיך.** עבודה רבה. במנחה קומץ מעט עולה לגבוה, וגם הוא לא אמרתי לך להקריב לך חובה, אלא נדבה: (כד) **לא קנית לי בכסף קנה.** לקטרת לא הוצרכת לקנותה בכסף לפי שהיתה מצויה בארצכם הרבה. אמר רבי אבא קינמנין היתה גדילה בארץ ישראל, והיו אוכלין אותה עזים וצביים; במדרש איכה (הקדמה, פסקה י): **העבדתני בחטאותיך.** אתם גרמתם לי להיות שמש לעובדי פסילים, כמו שראה יחזקאל (א, ד), וְהִנֵּה רוּחַ סְעָרָה בָּאָה מִן הַצָּפוֹן, שהיתה חוזרת מרכבת השכינה מבבל שהלכה לכבוש את כל העולם תחת ידו של נבוכדנצר, שלא יאמרו ביד אומה שפלה מסר את בניו, כדאיתא בחגיגה (יג,):

### רד"ק

**בישימון.** מקום שמם שהוא המדבר, ושרשו ישם; מן, וְהַבָּמוֹת תִּישָׁמְנָה (יחזקאל ו, ו). (כ) **תכבדני.** על דרך משל; כמו, אוֹ שִׂיחַ לָאָרֶץ וְתֹרֶךָּ (איוב יב, ח). כמו שאמר למעלה יְשֻׂשׂוּם מִדְבָּר וְצִיָּה (לעיל לה, א). כי בהיות במקום ציה מים כאלו המדבר והצים ישישו וכל שכן חית השדה, שתבא להם הנאה מן המים שישישו וישמחו, וכאלו תכבדני בתהילותיך: **עמי בחירי.** שבחרתי בו משאר העמים: (כא) **עם זו יצרתי לי.** יצרתי להיות לי לעם, והם יספרו תהלתי על הניסים שאעשה להם בהוציאי אותם מהגלות. ועתה החל בפרשה אחרת להוכיח את ישראל שבאותו הדור. אמר כי כל הטוב שאני עתיד להטיב לבניכם אחריכם שיהיו בגלות לא במעשיכם הטובים, ולא למענכם אעשה. ואמר: (כב) **ולא אותי קראת יעקב.** אפילו לא קראת לי בעת צרתך, כל שכן שלא יגעת בי ישראל. ופירוש כי יגעת, כי תאמר שיגעת בי, לא עשית, כי אפילו לא קראת לי: **בי.** רצונו לומר, בעבודתי; כלומר לא קראתני ולא יגעת לעבוד אותי. ויש לפרש, לא די שלא קראתני, אלא שהוגעתני לעבוד עכו"ם שהוא עלי לטורח: (כג) **לא הבאת לי.** וזה היה בימי אחז שבטל עבודת האל מבית המקדש; כמו שכתוב עליו, וַיִּסְגֹּר אֶת דַּלְתוֹת בֵּית ה׳ וַיַּעַשׂ לוֹ מִזְבְּחוֹת בְּכָל פִּנָּה בִּירוּשָׁלָם, וּבְכָל עִיר וָעִיר לִיהוּדָה עָשָׂה בָמוֹת לְקַטֵּר לֵאלֹהִים אֲחֵרִים וַיַּכְעֵס אֶת ה׳ אֱלֹהֵי אֲבֹתָיו (דברי הימים־ב כח, כד־כה). וכן התודה עליו חזקיהו בנו ואמר, כִּי מָעֲלוּ אֲבֹתֵינוּ וְעָשׂוּ הָרַע בְּעֵינֵי ה׳ אֱלֹהֵינוּ וַיַּעַזְבֻהוּ וַיַּסֵּבּוּ פְנֵיהֶם מִמִּשְׁכַּן ה׳ וַיִּתְּנוּ עֹרֶף, גַּם סָגְרוּ דַּלְתוֹת הָאוּלָם וַיְכַבּוּ אֶת הַנֵּרוֹת וּקְטֹרֶת לֹא הִקְטִירוּ וְעֹלָה לֹא הֶעֱלוּ בַקֹּדֶשׁ לֵאלֹהֵי יִשְׂרָאֵל, (שם כט, ו־ז). **וזבחיך.** כמו ובזבחיך חסר בי"ת השמוש, וכמוהו רבים: **לא העבדתיך.** כי אם עבדתני ויגעת בעבורי, אני הייתי המעביד והמיגע, וכיון שלא יגעת ולא עבדת, אינני מעביד ומיגע: **בלבונה.** כי לבונה זכה היתה בקטרת, והם לא הקטירו: (כד) **לא קנית קנה.** קנה הוא קנה בשם שהיה בקטרת. ואמר, בקנה לא קנית, לפי שלא היה הקנה בארץ ישראל כי אם על ידי קנין, כי מארץ רחוקה היה בא להם כמו שכתוב וְקָנֶה הַטּוֹב מֵאֶרֶץ מֶרְחָק (ירמיה ו, כ): **הרויתני.** על דרך משל: **אך העבדתני.** והנה הדבר הזה להפך, כי אני לא העבדתיך ואתם העבדתני. והטעם שהייתי סובל, כעבד סובל טרחו. וכן אמר, הָיוּ עָלַי לָטֹרַח נִלְאֵיתִי נְשֹׂא (לעיל א, יד), כי החטאים והעונות היו עלי למשא כבד. וזה על דרך משל, ואני סבלתי משאכם כעבד שאין לו יכולת להקל טרחו והיה מדרך המשפט שאכלה אתכם כרגע על רוב חטאתיכם. אך סבלתי שלא כליתי אתכם וזה למעני כי לא למענכם, ועל חטאתיכם אני נפרע מעט מעט מכם:

### מצודת דוד

**נהרות.** לרוות הצמאון: (כ) **תכבדני חית השדה.** אמר דרך משל, כאלו חית השדה תכבדני בתהלותיה על אשר ימצאו מים במדבר במקום מדורם: **להשקות עמי.** בעת שובם מהגולה דרך המדבר: (כא) **יצרתי לי.** יצרתים לי לעם למען יספרו תהלתי: (כב) **ולא אותי.** אבל אתה יעקב לא קראת אותי, כי פנית אחרי העכו"ם: **כי יגעת.** כי נעשית יגע ועיף בעבודתי ובטלת את העבודה: (כג) **לא הבאת לי.** זה היה בימי אחז שבטל עבודת בית המקדש כמו שכתוב, וַיִּסְגֹּר אֶת דַּלְתוֹת בֵּית ה׳ וכו׳ (דברי הימים־ב כח, כד); וכן התודה חזקיהו בנו ואמר, כִּי מָעֲלוּ אֲבֹתֵינוּ וכו׳, גַּם סָגְרוּ וכו׳, וְעֹלָה לֹא הֶעֱלוּ בַקֹּדֶשׁ וכו׳ (שם פסוק ו־ז): **וזבחיך.** לא כבדתני עם זבחיך כי לא הבאתים לי: **לא העבדתיך במנחה.** לא הטלתי עליך עבודה קשה והוצאה מרובה בהבאת המנחה, כי לא צויתי להקטיר רק הקומץ, וכן לא הוגעתיך בלבונה, כי לא צויתי להרבות בלבונה: (כד) **לא קנית.** לא הצרכת לקנות קנה להקטיר על המזבח, כי היתה גדלה בירושלים: **וחלב וכו׳.** לא השבעת אותי עם חלב זבחיך, כי לא הקרבתים לפני: **אך העבדתני.** אני לא העבדתיך, אך אתה העבדתני בחטאותיך; וזהו מה שהיה שמש לנבוכדנצר לכבוש את כל העולם תחתיו, שלא יאמרו תחת יד אומה עכו"ם שפלה מסר ה׳ את ישראל: **הוגעתני.** כפל הדבר במילים שונות:

### מצודת ציון

(יט) **בישימון.** במקום שממה: (כ) **תנים.** מין נחש: **ובנות יענה.** מין עוף המצוי במדבר: (כג) **וזבחיך.** הוי"ו הוא במקום עם; וכן, וְיוֹסֵף הָיָה בְמִצְרָיִם (שמות א, ה), רצונו לומר, עם יוסף שהיה במצרים: **הוגעתיך.** מלשון יגיעה: **בלבונה.** מין בושם הנתון על המנחה: (כד) **קנה.** מין בושם: **וחלב.** הוי"ו היא במקום עם: **הרויתני.** ענין שביעה; כמו, וְרָוְתָה מִדָּמָם (ירמיה מו, י): **הוגעתני.** מלשון יגיעה:

---

**20. תְּכַבְּדֵנִי חַיַּת הַשָּׂדֶה. . . כִּי־נָתַתִּי בַמִּדְבָּר מַיִם וגו׳** — *The beasts of the field will honor Me . . . for I have put water in the desert . . .* A figurative way of saying, I have made the desert habitable for *My chosen people* (*Rashi, Radak*).

Alternatively, *beasts of the field* is a metaphor for the nations of the world; *the jackals and the ostriches* is a metaphor for the wicked. They will all honor Me for what I will have done for Israel (*Radak*).

**21. עַם־זוּ יָצַרְתִּי לִי תְּהִלָּתִי יְסַפֵּרוּ** — *This people that I fashioned*

and recounted his escape from the lion. Then he was nearly bitten by a poisonous snake. He forgot about the wolf and the lion and exulted in his escape from the snake. So, too, Israel will be saved from one danger after another. Finally, when the great Redemption comes, we will forget about the earlier miracles and praise God for the greatest one of all.

**אַף אָשִׂים בַּמִּדְבָּר דֶּרֶךְ בִּישִׁמֹן נְהָרוֹת** — *I will make a road in the desert and rivers in the wilderness,* for those returning from exile, as explained above in Chapter 35.

*and rivers in the wilderness.* 20 *The beasts of the field will honor Me — the*
*jackals and the ostriches — for I have put water in the desert and rivers in*
*the wilderness, to provide drink for My chosen people,* 21 *this people that I*
*fashioned for Myself that they might declare My praise.*

*Israel is accused . . .*

22 *But you did not call out to Me, O Jacob, for you grew weary of Me, O*
*Israel.* 23 *You did not bring Me sheep for your elevation-offerings, nor did you*
*honor Me with your peace-offerings; I did not burden you with meal-offering,*
*nor did I weary you with frankincense.* 24 *You spent no money buying Me*
*fragrant cane, nor did you satiate Me with the fat of your offerings — rather,*
*you burdened Me with your sins, you wearied Me with your iniquities.*

---

*for Myself that they might declare My praise.* The translation, which interprets this verse as a continuation of verse 20, follows *Rashi.* Alternatively, *This people that I fashioned to be Mine shall declare My praise* for all the miracles performed for them when I redeemed them from exile (*Radak*).

Homiletically, *gematria,* numerological value, reveals a deeper meaning of the verse. The numerical value of זו, *this* [people] is 13, which is also the numerical value of אֶחָד, *one,* which indicates an association of *this people* with אֶחָד, the *One* God.

The Sages (*Berachos* 6a) teach that God and Israel praise each other. God praises the Jewish people for being (*II Samuel* 7:23): גּוֹי אֶחָד בָּאָרֶץ, *a unique* [lit., *one*] *nation on earth,* and Israel reciprocates by praising Him as ה׳ אֶחָד, *HASHEM, the One and Only.* Our verse can thus be understood as saying that עַם זוּ, *this people that I fashioned for Myself,* who have the praiseworthy quality of oneness, *will declare My praise* (*Chida, Chomas Anach;* see *Ner Mitzvah,* p. 8).

God is proud, as it were, when the nation He created for His service honors Him not only by performing His commandments, but even praises Him for giving them the privilege of being His servants (*Malbim*).

**22-28. Isaiah reprimands Israel.** Despite God's assurances that He will redeem His people, they are persistent in falling short, and because of that they will incur punishment. Nevertheless, they will be redeemed.

**22. וְלֹא־אֹתִי קָרָאתָ יַעֲקֹב וגו׳** — *But you did not call out to Me, O Jacob.* Rather, you turned to idols (*Rashi*). Even when you suffered at the hands of your enemies you did not call out to Me (*Radak*).

**כִּי־יָגַעְתָּ בִּי יִשְׂרָאֵל** — *For you grew weary of Me, O Israel.* You quickly grew weary from serving Me (*Rashi*). Had you served Me sincerely and enthusiastically, you would not have become weary.

Alternatively, *For you weary Me, O Israel.* I.e., not only do you not *call out to Me,* but you make Me weary, so to speak, by your service of idols (*Radak*).

Homiletically, all day long you work hard and do not grow weary. In the evening, however, when it is time to pray, you say that you are too tired (*Mahari Kara*).

The *Maggid of Dubno* commented homiletically that God protests to Israel, if you claim that you are weary of your religious obligations, then you could not have been calling out to *Me,* i.e., obedience to the Torah and the word of God does not make one weary. To the contrary, Torah is exhilarating. The Maggid offers a parable. A stevedore was hired to pick up cargo and deliver it to its owner. He arrived complaining about the heavy load he had been forced to carry. His employer responded, "If the delivery made you tired, then the package you brought is not mine. My merchandise is diamonds. Diamonds are a pleasure to carry."

**23. לֹא־הֵבֵיאתָ לִּי שֵׂה עֹלֹתֶיךָ** — *You did not bring Me sheep for your elevation-offerings.* Rather, you brought them to your idols (*Rashi*). This was the case in the days of Ahaz, father of Hezekiah, who sealed the gates to the Temple and led the nation to idolatry by erecting altars throughout the land (*Radak*); or this refers to events during the Babylonian exile (*Ibn Ezra*).

*Abarbanel* rejects the suggestion that this refers to the Babylonian exile, since it was forbidden to bring offerings to God outside the Temple.

**לֹא הֶעֱבַדְתִּיךָ בְּמִנְחָה** — *I did not burden you with meal-offering.* Bringing a meal-offering requires minimum deprivation. Only a fistful of the offering is placed on the Altar, and the rest is eaten by the owner. And meal-offerings are brought voluntarily; they are not obligatory (*Rashi*). Alternatively, this verse is being said sarcastically: Since you do not bring any offerings to Me, you cannot say I burdened you (*Radak*).

**24. לֹא־קָנִיתָ לִּי בַכֶּסֶף קָנֶה** — *You spent no money buying Me fragrant cane.* Fragrant cane for the incense-offering was so plentiful in your land that there was no need to spend money on it (*Rashi*).

Alternatively, *Radak* continues to interpret the statement sarcastically. Incense for the Temple service was unavailable in your land and had to be imported. Since you didn't bother offering incense, you spent no money to buy fragrant cane (*Radak, Abarbanel*).

**אַךְ הֶעֱבַדְתַּנִי בְּחַטֹּאותֶיךָ הוֹגַעְתַּנִי בַּעֲוֹנֹתֶיךָ** — *Rather, you burdened Me with your sins, you wearied Me with your iniquities.* You "wearied" Me by treating Me like a porter carrying the burden of your sins, and unable to free himself from the unbearable yoke (*Radak*).

Alternatively, your sins made me appear to the non-Jews like a powerless slave (*Ibn Ezra*).

*Rashi* cites the Sages (*Chagigah* 13b) that the sins of Israel caused God to decree that King Nebuchadnezzar of

כה־כו אָנֹכִ֨י אָנֹכִ֥י ה֛וּא מֹחֶ֥ה פְשָׁעֶ֖יךָ לְמַעֲנִ֑י וְחַטֹּאתֶ֖יךָ לֹ֥א אֶזְכֹּֽר׃ הַזְכִּירֵ֕נִי נִשָּׁפְטָ֖ה
כז יָ֑חַד סַפֵּ֥ר אַתָּ֖ה לְמַ֥עַן תִּצְדָּֽק׃ אָבִ֥יךָ הָרִאשׁ֖וֹן חָטָ֑א וּמְלִיצֶ֖יךָ פָּ֥שְׁעוּ בִֽי׃
**מד** כח־א וַאֲחַלֵּ֖ל שָׂ֣רֵי קֹ֑דֶשׁ וְאֶתְּנָ֤ה לַחֵ֙רֶם֙ יַעֲקֹ֔ב וְיִשְׂרָאֵ֖ל לְגִדּוּפִֽים׃ וְעַתָּ֥ה
ב שְׁמַ֖ע יַעֲקֹ֣ב עַבְדִּ֑י וְיִשְׂרָאֵ֖ל בָּחַ֥רְתִּי בֽוֹ׃ כֹּֽה־אָמַ֨ר יְהוָ֥ה עֹשֶׂ֛ךָ וְיֹצֶרְךָ֥ מִבֶּ֖טֶן
ג יַעְזְרֶ֑ךָּ אַל־תִּירָא֙ עַבְדִּ֣י יַעֲקֹ֔ב וִישֻׁר֖וּן בָּחַ֥רְתִּי בֽוֹ׃ כִּ֤י אֶצָּק־מַ֙יִם֙ עַל־צָמֵ֔א

**רש"י**

**(כה) אנכי אנכי.** אני הוא שמחיתים מאז, ואני מוחה אותם גם עתה: **למעני.** לא בזכותך ולא בצדקת אבותיך: **(כו) הזכירני.** כל תגמול שיש לך ולאבותיך עלי: **נשפטה יחד.** נבא למשפט: **(כז) אביך הראשון חטא.** כאומרו בַּמָּה אֵדַע (בראשית טו, ח): **ומליציך פשעו בי.** אין לך בכל מליצה שאתה סומך על זכותם, שלא מצאתי בו פשע; יצחק אהב את שונאי: **(כח) ואחלל שרי קדש.** בשביל עונותיכם: **(א) ועתה שמע.** לשוב לתורתי יעקב עבדי: **(ג) כי אצק מים על צמא.** כמו שאני יוצק מים על צמא, כן אצק רוחי על זרעך:

**רד"ק**

**(כה) אנכי אנכי הוא.** הכפל לחזק רצונו לומר, אנכי הוא שסלחתי פשעם לדור המדבר, ואנכי הוא הסולח ומוחה פשעיכם בכל דור ודור: **למעני.** שלא יחולל שמי בכם אם אכלה אתכם: **(כו) הזכירני.** ואם תאמר שאני שכחתי צדקותיך ואינם רבות חטאתיך כאשר אני אומר, הזכירני כאדם המזכיר לחברו דבר ששכח: **נשפטה יחד.** אני ואתם, אם הכיתיך כפי פשעיך או אם מחיתי אותם לך: **ספר אתה למען תצדק.** ספר אתה תחילה טענותיך למען תצדק בדין, כמו שאמר צדיק הראשון בריבו. רצונו לומר, שאפילו תספר אתה אם תספר האמת, לא תצדק ואפילו לא תספר כל חטאתיך ולא תספר כל צדקותי שעשיתי עמך: **(כז) אביך הראשון חטא.** ואיך תאמר לא חטאת אתה? והנה אביך הראשון חטא והוא אדם הראשון, כי האדם מוטבע בחטא, כִּי יֵצֶר לֵב הָאָדָם רַע מִנְּעֻרָיו (בראשית ח, כא). ומליציך פשעו בי. פירוש, שריך וגדוליך, וְכֵן בִּמְלִיצֵי שָׂרֵי בָבֶל (דברי הימים־ב לב, לא), כי הענין אחד במילים שונות; כמו, אֶת מִסְפַּר מִפְקַד הָעָם (שמואל ב כד, ט). וזכר השרים, שהם היו ראוים להוכיח העם ולהשיב אותם לדרך הטובה, והם פשעו בי. ויש מפרשים אביך, מלכך; כמו, וְהָיְתָה יַד ה׳ בָּכֶם וּבַאֲבֹתֵיכֶם (שמואל א יב, טו), ומפרשים אותו על ירבעם. ויותר נכון להיות פירושו על שאול, כי הוא מלך ראשונה על כל ישראל: **(כח) ואחלל.** הוי״ו פתוחה, כי אין הענין עבר, אלא פירושו בכל דור ודור אני מחלל שרי קדש ואני נותן לחרם יעקב וישראל לגדופים בעונותיהם, אבל איני מכלה אותם מכל וכל. וזכר שרי קדש לפי שאמר ומליציך פשעו בי, אמר כי שרי קדש שיש בישראל הם מחוללים ביד האויב ונספים בעון השרים הפושעים והעם, כי הטובים הם נספים בעון הרעים כשהם רבים. וכן אמר, פֶּן תִּסָּפֶה בַּעֲוֹן הָעִיר (בראשית יט, טו). כי לא ימלט האחד בין הרבים אלא על ידי נס; וכן אמר, נָתְנוּ אֶת נִבְלַת עֲבָדֶיךָ מַאֲכָל לְעוֹף הַשָּׁמָיִם בְּשַׂר חֲסִידֶיךָ לְחַיְתוֹ אָרֶץ (תהלים עט, ב), הנה היו עבדי האל וחסידיו ונספו בעון הרבים. ועל זה אמר, כִּי עַד צֶדֶק יָשׁוּב מִשְׁפָּט (תהלים צד, טו). ופירוש לחרם, להרג; כמו, וְאֵת כָּל הַנְּשָׁמָה הֶחֱרִים (יהושע י, מ): **לגדופים.** שהם לחרפה וגדופם בין העכו״ם. ובדרש ואחלל שרי קדש אלו הלוים, רד״ק ישעיהו פרק מד **(א) ועתה שמע.** אף על פי שאני מחלל אתכם ומכה אתכם בעונותיכם, עוד איטב לכם טובה גדולה. ועתה שמע הנחמה הטובה, כי אתה עבדי בין שאר העכו״ם ובך בחרתי מכולם; והעבד הטוב אף על פי שיחטא לפעמים, לא יגרשהו אדוניו אלא מיסרו. ובאחרונה, אחר שיהיה נוסר כמה פעמים, וינחם העבד וישוב לעבוד את אדוניו בישרת לבב, וייטיב לו אדוניו טובה רבה: **(ב) כה אמר ה׳.** עושך; כמו, אֲשֶׁר עָשָׂה אֶת מֹשֶׁה וְאֶת אַהֲרֹן (שמואל־א יב, ו), שפירושו אשר הגדילום ולמדם. או יהיה פירוש עושך; כמו, בֹּרַאֲךָ (לעיל מג, א) וְיֹצֶרְךָ מִבֶּטֶן (לעיל פסוק כד). פירש החכם רבי אברהם אבן עזרא כי רמז ליעקב; כמו שאמר, בַּבֶּטֶן עָקַב אֶת אָחִיו (הושע יב, ד). כלומר מי שיצר יעקב בבטן בכח, שאחזה ידו בעקב עשו אחיו שלא כדרך שאר העוברים, כי אין העובר מוציא ידו מן השליא, כל שכן שיתפוש בידו, וזה היה מעשה נס. ומי שהיה עם אביכם בבטן יהיה עמכם בגלות שהוא מקום צר לכם כמו הבטן לעובר. ויתכן לפרש ויוצרך מבטן כמו שפירש בוראם. וטעם מבטן, כי בעת צאת הבן מן הבטן יכניסהו בברית האל וימול אותו לשמונת ימים: **יעזרך.** שיעזרך, והוא אומר לך אל תירא: **וישורון.** ידוע שהוא ישראל, ונקרא כן לפי שהוא ישר בין העמים: **(ג) כי אצק.** כי כמו שאני יוצק מים על מקום צמא, כן אצק רוחי על זרעך. וכן אמר יואל, אֶשְׁפּוֹךְ אֶת רוּחִי עַל כָּל בָּשָׂר (יואל ג, א). וכל בשר אינו רוצה לומר אלא ישראל לבד; כמו שאמר, וְנִבְּאוּ בְּנֵיכֶם וּבְנֹתֵיכֶם (שם),

**מצודת דוד**

**(כה) אנכי אנכי.** רצונו לומר, אני הוא שמחיתי מאז, ואני מוחה אותם גם עתה. ולא בצדקתך, כי אם למעני, שלא יחולל שמי כשאעשה עמכם כלה כחטאותיכם: **וחטאתיך לא אזכור.** רצונו לומר, מחקתים היטב לבל ישאר רושם כלל, ולא יזכרו: **(כו) הזכירני.** אחז דרך משל מהאדם לחבירו, לומר, הזכיר אותי מה גמול יש לך עלי, נשפטה יחד. נדבר דברינו לראות הדין עם מי: **ספר אתה.** רצונו לומר, ספר אתה תחילה למען תצדק, כי צדיק הראשון בריבו, וכאומר אף אם אתה תספר בתחילה לא תהיה צדיק נגדי: **(כז) אביך הראשון חטא.** אדם הראשון חטא בי באכלו מעץ הדעת, ועם כי היה יציר כפי, וכל שכן אתם, שנולדתם מאיש ואשה המלאים עון: **ומליציך.** אף המליצים שאתה סומך עליהם להמליץ טוב בעדך, והם הכשרים שבדור, הנה גם המה פשעו בי: **(כח) ואחלל.** בעבור עונותיכם אחלל אף השרים הקדושים שבכם: **ואתנה.** אתנה אתכם לחרם ושממון ולגדוף מפי האויב, מצודת דוד ישעיהו פרק מד **(א) ועתה.** רצונו לומר, ועתה שמע את הטובה המיועדת לבוא: **(ב) עושך ויצרך.** אשר עשה אותך ויצר אותך, ומעת צאתך מבטן יעזור לך: **וישרון.** כן קרוים ישראל שהם העם הישר: **(ג) כי אצק.** כמו שאני יוצק מים על ארץ צמאה וכו׳, כן יצוק רצוני הטוב על זרעיך:

**מצודת ציון**

**(כה) מוחה.** ענין מחיקה; כמו, אָכְלָה וּמָחֲתָה פִיהָ (משלי ל, כ): **(כז) ומליציך.** מלשון מליץ, והוא המטעים הדבר במיטב הענין: **(כח) ואחלל.** הוא הפוך הקדש; וכן, וְלֹא יְחַלֵּל זַרְעוֹ (ויקרא כא, טו): **ואתנה.** ענין מסירה: **לחרם.** ענין שממון ואבדון: **לגדופים.** ענינו כמו חרפה; וכן, אֲשֶׁר גִּדְּפוּ (לעיל לז, ו): **(ג) אצק.** מלשון יציקה ושפיכה:

Babylon would conquer the Land and exile the people, but God would not permit a lowly nation to conquer Israel, so he made Babylon a great power that dominated the known world. In effect, Israel burdened God, as it were, with the unpleasant task of making the idolatrous king a world power.

**25.** Nevertheless, despite the multitude of their sins, they ultimately will be forgiven.

**אָנֹכִי אָנֹכִי הוּא מֹחֶה פְשָׁעֶיךָ לְמַעֲנִי** — *I, only I* [lit., *I, I*], *am He Who wipes away your willful sins for My sake.* I wiped your sins away in the past and I shall do so again [I do so in every generation (*Radak*)] *for My sake,* not in your merit nor in the merit of your ancestors (*Rashi*). I shall wipe away your sins only so My Name will not be desecrated (*Ibn Ezra*).

Alternatively. the same *I* Who punished the Jewish people

*[25] I, only I, am He Who wipes away your willful sins for My sake, and I*
*shall not recall your sins. [26] Remind Me; let us go together for judgment; tell*
*your [side first] that you may be vindicated. [27] Your first ancestor sinned,*
*and your advocates betrayed Me. [28] Therefore I have profaned the holy*
*princes; I handed Jacob over to devastation and Israel to blasphemies.*

**44**

*. . . but remains the Chosen People*

*[1] But hear now, O Jacob, My servant, and Israel, whom I have*
*chosen! [2] Thus said HASHEM, Who made you and fashioned you from*
*the womb, Who will help you: Fear not, My servant Jacob and Jeshurun,*
*whom I have chosen. [3] Just as I pour out water upon the thirsty [land]*

in exile will be the One Who, at the time of redemption, will finally forgive their sins, and Who will put all of their shortcomings behind them (*R' Schwab*).

**26.** **הַזְכִּירֵנִי נִשָּׁפְטָה יָחַד** — *Remind Me; let us go together for judgment.* If you think that I have forgotten some of your merits [and your sins are less numerous than I say (*Radak*)], please remind me of all your merits and those of your ancestors and let us go to judgment to see who is right (*Rashi*).

**27.** **אָבִיךָ הָרִאשׁוֹן חָטָא** — *Your first ancestor sinned.* The first ancestor of the Hebrew nation, Abraham, sinned when he asked (*Genesis* 15:9), *Whereby shall I know that I am to inherit it?,* as if God's promise could be doubted. Your other *advocates,* Isaac and Jacob, were also not perfect (*Rashi*).

Alternatively, Adam, the first ancestor, sinned, by eating from the Tree of Knowledge. If even he, God's own handiwork, and even your advocates through the ages sinned, how can you say that you did not sin? It is obviously ingrained in the human condition (*Radak*).

*Ibn Ezra* offers two interpretations. The *father* is Jeraboam, whom the Ten Tribes chose to be the king of their breakaway kingdom. Your *advocates* are the leaders of the Kohanim. Or, the *fathers* are teachers and the *advocates* are their students.

**28.** **וַאֲחַלֵּל שָׂרֵי קֹדֶשׁ** — *Therefore I have profaned the holy princes,* i.e., the Kohanim. Because of the sins of the wicked (*Ibn Ezra*), the holy princes of each generation die along with the wicked (*Radak*).

**וְאֶתְּנָה לַחֵרֶם יַעֲקֹב וְיִשְׂרָאֵל לְגִדּוּפִים** — *I handed Jacob over to devastation and Israel to blasphemies.* As noted frequently, "Jacob" refers to Israel in its mundane, undistinguished state; "Israel" refers to the nation at its highest, most exalted level. Ordinary people will suffer physically, but the finest people will be distressed when the sacred values of Israel are derided and blasphemed (*Malbim*).

*Radak* notes that the punctuation of וַאֲחַלֵּל indicates that it refers to all times; it is a constant that good people may be forced to suffer because of the sins of the wicked. Although people are judged individually, a society is also treated as a whole. When the general condition of a community or a nation is such that God must judge it severely, even the righteous may be swept up in the devastation. For them to be treated better would require a miracle, and few, even among the righteous, are worthy of miracles. Nevertheless, despite His warnings of retribution, God has promised that Israel will survive, as if to say "I do this in every generation and yet I don't utterly destroy them" (*Radak*).

## 44.

After the previous chapter with its mixture of dire prediction and encouraging consolation, Isaiah now assures Israel that it is and will always remain His dear and chosen nation.

**1.** **וְעַתָּה שְׁמַע יַעֲקֹב עַבְדִּי** — *But hear now, O Jacob, My servant.* After hearing about your devastation and blasphemies, return to My Torah, O Jacob, My servant (*Rashi*).

Alternatively, despite the devastation and rebukes for your sins, hear now My words of comfort. For you alone among all the nations are My servant *whom I have chosen.* It is not uncommon for a master to punish a servant who sins, but if he loves and treasures the servant, he does not discard him. He punishes only so that the servant will repent, and he hopes the servant will do so and once again earn great reward (*Radak*).

**2.** **עֹשֶׂךָ וְיֹצֶרְךָ מִבֶּטֶן** — *Who made you and fashioned you from the womb.* This alludes to Jacob, who was fashioned with so much strength even in the womb that he *emerged with his hand grasping on to the heel of Esau* (*Genesis* 25:26). The narrowness of the womb is a metaphor for the confinement and pressure of exile. Much as God was with Jacob in the womb, He will be with you in exile (*Ibn Ezra, Radak*). That Jacob grasped Esau's heel may be seen as a harbinger of the future, when Israel will emerge from the exile imposed by the descendants of Esau.

Alternatively, Jacob was destined from the womb to be God's chosen people (*Ibn Ezra*).

**יַעְזְרֶךָּ** — *Who will help you.* God assures Israel that the exiles will not be endless; He will help His people.

**אַל־תִּירָא עַבְדִּי יַעֲקֹב וִישֻׁרוּן בָּחַרְתִּי בוֹ** — *Fear not, My servant Jacob and Jeshurun, whom I have chosen.* Verse 1 mentioned Jacob, the individual, and Israel the nation. This verse applies to both. I will be with you in the merit of *Jacob,* even if you, as an individual, are less than worthy. And I will be with you if you have raised yourself to the level of *Jeshurun,* and are personally worthy of My salvation (*Abarbanel*).

**וִישֻׁרוּן** — *And Jeshurun.* Israel is called *Jeshurun,* from the root יָשָׁר, *straight* (*Ibn Ezra*), because of its national characteristic of straightness (*Radak*).

*R' Hirsch* (*Deuteronomy* 32:15) notes that the Torah uses the term Jeshurun for the first time after listing the

ד וְנוֹזְלִים עַל־יַבָּשָׁה אֶצֹּק רוּחִי עַל־זַרְעֶךָ וּבִרְכָתִי עַל־צֶאֱצָאֶיךָ: וְצָמְחוּ בְּבֵין
ה חָצִיר כַּעֲרָבִים עַל־יִבְלֵי־מָיִם: זֶה יֹאמַר לַיהוָה אָנִי וְזֶה יִקְרָא בְשֵׁם־יַעֲקֹב וְזֶה
ו יִכְתֹּב יָדוֹ לַיהוָה וּבְשֵׁם יִשְׂרָאֵל יְכַנֶּה: כֹּה־אָמַר יְהוָה מֶלֶךְ־יִשְׂרָאֵל
ז וְגֹאֲלוֹ יְהוָה צְבָאוֹת אֲנִי רִאשׁוֹן וַאֲנִי אַחֲרוֹן וּמִבַּלְעָדַי אֵין אֱלֹהִים: וּמִי־כָמוֹנִי
יִקְרָא וְיַגִּידֶהָ וְיַעְרְכֶהָ לִי מִשּׂוּמִי עַם־עוֹלָם וְאֹתִיּוֹת וַאֲשֶׁר תָּבֹאנָה יַגִּידוּ לָמוֹ:
ח אַל־תִּפְחֲדוּ וְאַל־תִּרְהוּ הֲלֹא מֵאָז הִשְׁמַעְתִּיךָ וְהִגַּדְתִּי וְאַתֶּם עֵדָי הֲיֵשׁ אֱלוֹהַּ

### רש״י

(ד) **וצמחו בבין חציר.** בתוך עמלק על ידי גרים שיתוספו עליהם. בין חציר הוא עמלק; שנאמר עליו, וְהָיְתָה נְוֵה תַנִּים חָצִיר לִבְנוֹת יַעֲנָה (לעיל לד, יג): (ה) **זה יאמר לה׳ אני.** אלו צדיקים גמורים: **וזה יקרא בשם יעקב.** אלו קטנים בני רשעים: **זה יכתוב ידו לה׳.** אלו בעלי תשובה: **ובשם ישראל יכנה.** אלו הגרים מעכו״ם. כך שנויה באבות דרבי נתן: (ז) **ומי כמוני יקרא.** ומי יקרא שהוא כמוני, ויגיד ויערוך לי את כל מה שהיה משומי עם עולם ועד עתה: **עם עולם.** כל בריות: **ואותיות.** דברי מופת: **ואשר תבאנה.** ואת העתידות לבא יגידו כמו שאני עושה עתה; שעדיין לא חרב הבית, ולא גליתם, ולא נולד כורש, ואני מבשר אתכם עליו: (ח) **ואל תרהו.** אין לו דמיון. ופתרונו לפי הענין כמו אל תחתו מלהודיע את שמי לבין העכו״ם: **הלא מאז השמעתיך.** מהר סיני והגדתי לכם שם שאין אלוהי מבלעדי: **ואתם עדי.** שפתחתי לכם שבעה רקיעים והראיתי אתכם שאין אחר, ואתם עדי בדבר הזה שאין אלוה מבלעדי:

### רד״ק

וכן אצק עליהם ברכתי. ובאמרו על זרעך ועל צאצאיך, כי הנביא היה מתנבא כנגד דורו, והיה מבטיח הישועה על בניהם שתבא הגאולה בימיהם. והמשיל דבר המים לשני ענינים, לרוחי, וברכתי. האחד לענין הנפש, שישראל צמאים בגלות לדבר הנבואה שפסקה זה כמה שנים; וכן אמר, לֹא רָעָב לַלֶּחֶם וְלֹא צָמָא לַמַּיִם כִּי אִם לִשְׁמֹעַ אֵת דִּבְרֵי ה׳ (עמוס ח, יא). והבטיח לרוות הצמא כמו שהמים מרווים המקום הצמא והיבש. ואמר אצק רוחי על זרעך, ולענין הגוף שישראל צמאים בגלות לישועה ולכל הטוב שהבטיחם האל בשובם לארצם. ועל זה אמר וברכתי על צאצאיך. ובאמרו על יבשה רצונו לומר, יבשה וצמאה, כי כל הארץ נקראת יבשה על דרך כלל; כמו שאמר, וַיִּקְרָא אֱלֹהִים לַיַּבָּשָׁה אֶרֶץ (בראשית א, י), אבל זהו פרט למקום הצמא והיבש מן הארץ: (ד) **וצמחו בבין חציר.** בי״ת בבין המשמשת הוא לתוספת באור, כי מספיק היה אם אמר בין חציר, וכמוהו בי״ת בתוך. אמר יצמחו ישראל בטובה כאלו היו נזרעים בין חציר; וזה על דרך משל. והחציר הוא צומח במהרה, ולזה המשילם לחציר לרוב מהירות צמיחתם, לא לעמידה. כי החציר לא יעמוד; כמו שאמר, כִּי כֶחָצִיר מְהֵרָה יִמָּלוּ (תהלים לז, ב). לפיכך אמר אחר כך כערבים על יבלי מים, שעומדים בלחותם כל הימים: (ה) **זה יאמר.** כי הנשארים בישראל כולם יהיו קדושים, וכולם יקראו שהם לה׳ ושהם מזרע יעקב; כמו שאמר, וְהָיָה הַנִּשְׁאָר בְּצִיּוֹן וְהַנּוֹתָר בִּירוּשָׁלַם קָדוֹשׁ יֵאָמֶר לוֹ וגו׳ (לעיל ד, ג). וכן אמר, וְהָיָה כֹּל אֲשֶׁר יִקְרָא בְּשֵׁם ה׳ יִמָּלֵט (יואל ג, ה): **יכתוב ידו לה׳.** יאמר בפיו ויכתוב בידו לה׳. רצונו לומר, כי הוא לה׳. ויונתן תרגם, יְקָרֵיב קוּרְבָּנֵהּ. ובאמרו זה וזה, לפי שיבא מזה אחד ומזה אחד; כמו שכתוב, וְאַתֶּם תְּלֻקְּטוּ לְאַחַד אֶחָד בְּנֵי יִשְׂרָאֵל (לעיל כז, יב), יכנה. יכנה עצמו בשם ישראל, כי לא יזכר שם עצמו אלא יאמר ישראל אני: (ו) **כה אמר ה׳ מלך ישראל וגואלו.** כי כשיגאלנו יהיה הוא מלך ישראל לבדו, שלא יהיו ברשות מלכי העכו״ם, והוא אדון צבאות מטה ומעלה, ובידו הכל והיכולת בידו להוציאם מהגלות. אני ראשון אף לצבאות מעלה העומדים שלא ישתנו, אף להם אני ראשון ואני בראתים. ואני אחרון, הם יכלו ואני קיים, ומבלעדי אין אלהים לבטל אמונת העובדים לשמש ולירח ולככבים. אין באחד מהם שהוא אלהים, אלא במצותי וברשותי הם מנהיגים מה שמנהיגים: (ז) **ומי כמוני.** ומי שהוא אלהים כמוני יקרא העוברות והעתידות, ויגידה ויערכה לי מה שהיה משומי עם עולם, כלומר מבריאת העולם. והנה יאמר משומי, כלומר, כי אני שמתי הנבראים בעת שבראתים כל אחד ואחד בגבולו, העליונים למעלה והתחתונים למטה. וכן יאמר לי האותיות אשר תבאנה, ואינו כפל לשון אלא פירוש האותיות העתידות לבא בזמן קרוב ואשר עתידות לבא בזמן רחוק. ולמו תרגם יונתן כמו לנו, ויש לפרשו כמשמעו, ופירושו, בעבורם. כלומר, יגידו כדי לצדק עצמם. ויש מפרשים ואותיות, דברי מופת, וה״א יגידה ויערכה על ההוה שעבר מבריאת העולם עד הנה: (ח) **אל תפחדו.** אמר לישראל, אל תפחדו מאלהים אחרים ואל תיראו מהם. וכן אמר ירמיהו, אַל תִּירְאוּ מֵהֶם כִּי לֹא יָרֵעוּ וְגַם הֵיטֵיב אֵין אוֹתָם (ירמיה י, ה), ואל תרהו. פירוש לפי מקומו, כמו אל תפחדו. ויונתן תרגם, לָא תִדַּחֲלוּן וְלָא תִּתַּבְּרוּן, כמו לא תירא ולא תחת. הלא מאז שהשמעתיך והגדתי העתידות לבא ובאו, ואתם עדי כי לכם שלחתי נביאי ועמכם עשיתי ניסים ונפלאות, ואתם יודעים אם יש אלוה מבלעדי, כמו שאמר משה רבינו, אוֹ הֲנִסָּה אֱלֹהִים לָבוֹא לָקַחַת לוֹ גוֹי מִקֶּרֶב גּוֹי בְּמַסֹּת בְּאֹתֹת.. לְעֵינֶיךָ וגו׳ (דברים ד, לד), כמו שאמר הנה ואתם עדי:

### מצודת דוד

**וברכתי.** כפל הדבר במילים שונות, כי הרצון הוא הברכה: (ד) **וצמחו.** יצמחו וירבו כאלו היו נתונים בין החציר ודומה לה: **כערבים.** כערבי נחל השתולים על פלגי מים הצומחים וגדילים מהר: (ה) **זה יאמר.** הצדיקים שבהם יאמרו אנו מעולם לה׳ להאמין בו: **וזה יקרא בשם יעקב.** אלו הקטנים בני רשעים לא יהיו נוטים אחר דעת אביהם הרשעים, אלא יקראו את עצמם בשם יעקב להיות צדיקים כמוהו: **וזה יכתוב ידו לה׳.** אלו בעלי תשובה שיחייבו את עצמם לשוב לה׳, כמו המתחייב את עצמו בכתב ידו: **ובשם ישראל יכנה.** ובהם יהיה מי אשר יכנה עצמו בשם ישראל, אלו הגרים מבבליים אשר יתוספו עליהם: (ו) **אני ראשון.** רצונו לומר, קודם בריאת העולם: **ואני אחרון.** לאחר שתכלה העולם: (ז) **ומי כמוני יקרא.** ומי הוא אשר יקרא לומר שהוא כמוני, ויגיד ויערוך לפני הדברים הנעשים מעת שומי עם עולם, והם כל הבריות: **ואותיות.** הדברים הבאים בזמן קרוב והדברים אשר תבואנה לזמן רחוק יגידו להם; רצונו לומר, בעבור עצמם להצדיק דבריהם, וחוזר לתחילת המקרא לומר מי הוא אשר יגיד כאלה: (ח) **אל תפחדו.** מאלהים אחרים: **הלא מאז.** במעמד הר סיני השמעתיך והגדתי שאין אלוה מבלעדי, ואתה עדי בדבר זה כי פתח אז שבעה רקיעים והראה להם שאין עוד אחר כן, אמרו רבותינו זכרונם לברכה: **היש.** וכי יש אלוה מבלעדי:

### מצודת ציון

**ונוזלים.** ענין נטיפה; כמו, יִזַּל מַיִם מִדָּלְיָו (במדבר כד, ז): **על יבשה.** רצונו לומר, על מקום יבש: **רוחי.** ענין רצון; וכן, עַד יֵעָרֶה עָלֵינוּ רוּחַ מִמָּרוֹם (לעיל לב, טו): **צאצאיך.** הבנים היוצאים ממך: (ד) **חציר.** דשא ועשב: **כערבים.** שם אילן סרק ערבי נחל: **יבלי מים.** פלגי מים; וכן, וְעַל יוּבַל יְשַׁלַּח שָׁרָשָׁיו (ירמיה יז, ח): (ה) **יכנה.** שם שאינו שם העצמי; וכן, אֲכַנְּךָ וְלֹא יְדַעְתָּנִי (לקמן מה, ד): (ז) **ויערכה.** מלשון עריכה וסדור: **ואותיות.** הבאות; כמו, אָתָא בֹקֶר (לעיל כא, יב): **למו.** להם: (ח) **תרהו.** אין לו דמיון, ופתרונו לפי ענינו הוא ענין פחד (כתב יד):

*and flowing water upon the dry ground, so shall I pour out My spirit upon your*
*offspring and My blessing upon your progeny,* 4 *and they will flourish among*
*the grass like willows by streams of water.* 5 *This one will say: 'I am HASHEM's,'*
*and the other one will call [himself] by the name of Jacob; this one will sign his*
*allegiance to HASHEM, and adopt the name of Israel.*
6 *Thus said HASHEM, King of Israel and its Redeemer, HASHEM, Master of*
*Legions: I am the first and I am the last, and aside from Me there is no God.*
7 *Whoever will declare that he is like Me, let him proclaim it and set forth [all the*
*events] since I emplaced the people of antiquity! And let them tell us coming*
*events and what is yet to happen.* 8 *Be not afraid and be not terrified! Did I not*
*make you hear of yore and tell you; and you are My witnesses: Is there a god*

---

overwhelming material blessing that God would shower on Israel in its Land. God's will is that Israel should enjoy the blessings of this world, but should remain "straight," in the sense that they would do in consonance with the Torah. A Jew should not veer toward the extreme of too much indulgence in the pleasures of the world or in too much pursuit of wealth. Nor should a Jew veer toward excessive asceticism. The goal must be to live as a Torah Jew and for the laws and values of the Torah to control everyday live. Thus the sense of "straightness" is that one must live as Hashem wishes without extremes, and when the nation does so it is honored with the title Jeshurun.

The verse refers to Jacob as a *servant.* The function of a servant is to prepare the way for his master. This can involve simple hygiene or the elaborate arrangements for a state visit. Of course God does not need servants, for He is all-powerful and it is He, and only He, Who gives the servant life and strength. If so, why did God create the universe? Because it is His desire that human beings, with all their challenges and desires, become His servants and thereby make the material world a suitable host for the *Shechinah,* the Divine Presence. When *Jacob* becomes this sort of *servant,* the nation deserves the title of *Jeshurun whom I have chosen* (*Likkutei Torah*).

**3.** **אֶצֹּק רוּחִי עַל־זַרְעֶךָ וּבִרְכָתִי עַל־צֶאֱצָאֶיךָ** — *So shall I pour out My spirit upon your offspring and My blessing upon your progeny,* i.e., My spirit of prophecy (*Targum*), or of salvation (*Ibn Ezra*). While in exile, both prophecy and physical blessing are absent. Accordingly, Hashem promises that at the time of the Redemption He will provide an abundance of material and spiritual blessing (*Abarbanel;* see *Radak,* and see *Amos* 8:11).

**4.** **וְצָמְחוּ בְּבֵין חָצִיר כַּעֲרָבִים עַל־יִבְלֵי־מָיִם** — *And they will flourish among the grass like willows by streams of water.* The plain meaning of the verse is that *your offspring* will flourish. According to *Targum,* the righteous will flourish, and according to *Radak* and *Abarbanel,* they will flourish in the sense that they will become holy and righteous. Alternatively, *My spirit* and *My blessing* will flourish among your offspring (*Ibn Ezra*).

**5.** **זֶה . . . וְזֶה . . . וְזֶה** — *This one . . . and the other one . . . this one.* The truly righteous will say, *"I am HASHEM's";* the young children of the wicked *will call [themselves] by the name of Jacob;* the penitent *will sign his allegiance to HASHEM, and adopt the name of Israel* (*Rashi*).

Alternatively, these are not separate categories of loyalty to God; all Jews will be holy, and all will express their dedication in these ways (*Radak*).

**6-8.** The prophet encourages the people to keep faith that all the wonderful predictions will indeed come true, and he repudiates everyone who questions the incomparability of Hashem.

**6.** **מֶלֶךְ־יִשְׂרָאֵל וְגֹאֲלוֹ ה׳ צְבָאוֹת וגו׳** — *King of Israel and its Redeemer, HASHEM, Master of Legions . . .* When He redeems His people, He is *King of Israel.* He alone, and no other nation, is the Ruler of Israel. He is *HASHEM, Master of Legions,* the Master over all powers — the first and the last; there is no other God (*Radak;* see *Abarbanel*).

**אֲנִי רִאשׁוֹן וַאֲנִי אַחֲרוֹן** — *I am the first and I am the last.* Homiletically, God personifies *emes,* truth, as it says (*Jeremiah* 10:10): *But HASHEM, God, is true* (*Midrash Rabbah, Exodus* 38:1). *Emes* begins with the *first* letter in the alphabet, *aleph;* its second letter, *mem,* is in the middle of the alphabet, and it ends with *tav,* the last letter of the alphabet. Thus, *I am the first and I am the last* (*Midrash Rabbah, Genesis* 81:2).

**7.** **וּמִי־כָמוֹנִי יִקְרָא וְיַגִּידֶהָ וגו׳** — *Whoever will declare that he is like Me, let him proclaim . . .* Whoever claims that he is a God like Me, let him proclaim everything that has transpired from the time I created everything (*Rashi, Ibn Ezra*). Alternatively, who is a god like Me Who can proclaim beforehand everything that ever happened and will happen, from the beginning of time through the future? (*Radak, Mahari Kara*).

**8.** **אַל־תִּפְחֲדוּ** — *Be not afraid* of spreading My Name among the idolaters (*Rashi*). Or do not be afraid of other gods, for they are powerless (*Radak, Abarbanel*).

Alternatively, when you are exiled to Babylon and you face the previously foretold tribulations, do not be afraid that you are doomed. God's promises of the Redemption to come should give you courage to withstand the exile (*Ibn Ezra, Mahari Kara*).

ט מִבַּלְעָדַ֔י וְאֵ֥ין צ֖וּר בַּל־יָדָֽעְתִּי׃ יֹֽצְרֵי־פֶ֤סֶל כֻּלָּם֙ תֹּ֔הוּ וַחֲמוּדֵיהֶ֖ם בַּל־
י יוֹעִ֑ילוּ וְעֵדֵיהֶ֣ם הֵ֗מָּה בַּל־יִרְא֛וּ וּבַל־יֵֽדְע֖וּ לְמַ֥עַן יֵבֹֽשׁוּ׃ מִֽי־יָצַ֥ר אֵ֖ל וּפֶ֣סֶל
יא נָסָ֑ךְ לְבִלְתִּ֖י הוֹעִֽיל׃ הֵ֤ן כָּל־חֲבֵרָיו֙ יֵבֹ֔שׁוּ וְחָרָשִׁ֥ים הֵ֖מָּה מֵאָדָ֑ם יִתְקַבְּצ֤וּ
יב כֻלָּם֙ יַעֲמֹ֔דוּ יִפְחֲד֖וּ יֵבֹ֥שׁוּ יָֽחַד׃ חָרַ֤שׁ בַּרְזֶל֙ מַעֲצָ֔ד וּפָעַל֙ בַּפֶּחָ֔ם וּבַמַּקָּב֖וֹת
יג יִצְּרֵ֑הוּ וַֽיִּפְעָלֵ֙הוּ֙ בִּזְר֣וֹעַ כֹּח֔וֹ גַּם־רָעֵב֙ וְאֵ֣ין כֹּ֔חַ לֹא־שָׁ֥תָה מַ֖יִם וַיִּיעָֽף׃ חָרַ֨שׁ
עֵצִ֜ים נָ֣טָה קָ֗ו יְתָאֲרֵ֣הוּ בַשֶּׂ֔רֶד יַעֲשֵׂ֙הוּ֙ בַּמַּקְצֻע֔וֹת וּבַמְּחוּגָ֖ה יְתָאֳרֵ֑הוּ
יד וַֽיַּעֲשֵׂ֙הוּ֙ כְּתַבְנִ֣ית אִ֔ישׁ כְּתִפְאֶ֥רֶת אָדָ֖ם לָשֶׁ֥בֶת בָּֽיִת׃ לִכְרָת־ל֣וֹ אֲרָזִ֔ים

### רש"י

**ואין צור בל ידעתי.** תרגם יונתן, וְלֵית דְתַקִיף אֱלָהֵן דְמִן קֳדָמַי מִתְיְהַב לֵיהּ תְּקוֹף: **בל ידעתי.** לשון וָאֵדָעֲךָ בְּשֵׁם (שמות לג, יז), יָדַע לֶכְתְּךָ (דברים ב, ז), אֲנִי יְדַעְתִּיךָ בַּמִּדְבָּר (הושע יג, ה): **(ט) ועדיהם המה.** הפסילים הם עדים על בושת עובדיהם, שהרי אנו רואין שאינן לא רואין ולא יודעין והיו עובדין להם: **למען יבושו.** העובדים להם: **(י) נסך.** לשון יציקה ומסכה. והנו"ן בתיבה יסוד הנופל ממנו כגון נו"ן של נשך ושל נגף: **(יא) הן כל חביריו.** של אותו יוצר ונוסך פסילים המתחברים אליו לעבוד את יצירתו ונסכו יבושו: **וחרשים המה.** אותם יוצרים ונוסכים מבני אדם הם, קל וחומר ליצירתם שהיא הבל: **(יב) חרש ברזל.** חרש של ברזל: **מעצד.** הוא אחד מכלי הנפחים: **ופעל.** הפסל: **בפחם.** קרבו"ן בלע"ז: **ובמקבות.** מרטי"ל בלע"ז: **יצרהו.** לשון ציור: **ויפעלהו בזרוע כחו גם רעב וגו'.** גם הוא היוצר חסר כח וחלש הוא; שאם ירעב אין בו כח או אם לא שתה מים ויעף לאלתר, קל וחומר שפעולתו אין בה תועלת לעזור: **(יג) חרש עצים.** ואם בא לעשותו של עץ וחרש עצים הוא כך דרכו: **נטה קו.** כדרך הנגרים, ועל פי הקו יתארהו בשרד, מיישר אותו במסור שקורין דאלאור"א בלע"ז: **יתארהו.** ייפהו: **יעשהו במקצועות.** ומחליקו ברהיטני ואיזמל. מקצועות תירגם יונתן, בְּאִזְמְלַיָּא: **ובמחוגה יתארהו.** לשון וְתָאַר הַגְּבוּל (יהושע טו, ט). אם בא לעשות בו ציורים עגולים מסבב אותו במחוגה קונפ"ש בלע"ז: **כתפארת אדם.** כמין איש:

### רד"ק

**ואין צור בל ידעתי.** כי אין למעלה ממנו ידוע, כי כל הידועים כולם אצלי. או פירוש אין צור, שלא ידעתי והם אינם יודעים אותם על האמת כי אינם אלוה. ואמר זה על המלאכים ועל הגלגלים. ויונתן תרגם, וְלֵית דְתַקִיף אֱלָהֵן דְמִן קֳדָמַי מִתְיְהַב לֵיהּ: **(ט) יוצרי פסל.** האומנים שעושים ויוצרים הפסל כולם תהו, כי מעשיהם תהו והפסילים שהם חמודיהם, שהם חומדים ואוהבים אותם, והם לא יועילו להם, למה חומדים אותם? **ועדיהם המה.** ואם תאמרו לו, אין אנו יודעים שלא יועילו עדיהם, המה הפסילים הם עדים בעצמם שלא יועילו, כי לא יראו ולא ידעו. וכיון שאינם רואים ואינם שומעים ויודעים, היאך יועילו לאחרים? **למען יבושו.** יזכרו זה למען יבושו מעבדתם אותם. ויש מפרשים ועדיהם המה, רצונו לומר, הם מעידים על עצמם כי אין להם כח, כי אם תשרפם לא יוכלו למלט עצמם, כל שכן אחרים: **(י) מי יצר אל.** מי יעשה מעשה תהו כזה, שיטרח לתהו וישים כספו להבל? היש שגעון כזה? נסך. כסהו, או לשון יציקה: **(יא) הן כל חבריו.** המתחברים אליו לעשותו או לעבדו. או פירוש חבריו כמשמעו, שהפסל תהו והמתעסקים בו הם תהו כמוהו; כמו שכתוב, יֹצְרֵי פֶסֶל כֻּלָּם תֹּהוּ (לעיל פסוק ט). הנה הם חברים לפסל בדבר תהו: **וחרשים המה מאדם.** אינם מלאכים ושרפים העושים זה האל, אלא אומנים מבני אדם שעושים שאר מלאכות ועושים אותו אל, זה דבר תימה: **יתקבצו כולם.** פירוש כל עובדי הפסל יתקבצו וישאו ויתנו במעשיהם מהו, ויסתכלו בו. אם יעשו זה יש להם שיפחדו מהאל על מה שעשו ויבשו מעצמם ממעשיהם שהוא תהו שיתבוננו בו: **(יב) חרש.** סמוך לברזל כי הרי"ש פתוחה. ספר עתה במעשה הפסל איך טורחים להבל. מי שהוא אומן ברזל יעשה מעצד ויעשה המקבת, כי כל אומן צריך לכלי ברזל. יעשו הפסל מעץ או מאבן או מברזל או בדיל או כסף או שאר מתכות, בכלי ברזל יעשו אותם: **מעצד.** כלי ברזל שחותך בו חרש עצים והוא שקורין דולודיר"א בלע"ז או אייש"א: **ופעל בפחם ובמקבות.** אותו החרש פעל בפחם שנופח בו לחמם הברזל שיעשה ממנו הכלי, ופעל במקבות שיעשה אותם שיצור בהם הפסל. זהו שאמר יצרהו ופעל במקבות שיצרהו בהם. יצרהו שרשו יצר, ופ"א הפעל נבלעת בדגש: **ויפעלהו בזרוע כחו.** בכל כחו הוא פועל בו, כי יקוה בפעולתו שכר טוב. וענינו בזרוע בכחו, ובי"ת בזרוע משמשת במקום שנים. או פירוש כמו הפוך בכח זרועו, וכן, מְקוֹם שָׁם קֶבֶר (יחזקאל לט, יא): **גם רעב ואין כח.** עד שמרוב חשקו במלאכה, כשיגיע עת האכילה, לא ירצה לקום מהמלאכה והוא רעב ופועל עד שלא ישאר

### מצודת דוד

**ואין צור.** אין חזק בעולם אשר לא ידעתיו אני; וכאומר הלא אני הוא הנותן כח לכל החזקים, ומכולם ידעתי: **(ט) יוצרי פסל.** האומנים העושים הפסל, כולם תוהו כי מעשיהם תוהו: **וחמודיהם.** הפסילים שהמה חמודים להם הנה אין בהם תועלת: **ועדיהם המה.** הפסילים הם עדים בעצמם שלא יועילו, כי לא יראו ולא ידעו מאומה, ואיך אם כן יועילו לאחרים: **למען יבושו.** העדות ההיא תועיל למען יבושו החומדים אותם: **(י) מי יצר אל.** מי עשה שטות כזאת לעשות אל ולצקת פסל לבלי תועלת: **(יא) הן כל חבריו.** המתחברים אליו לעבדו: **וחרשים.** האומנים העושים אותו, הלא הם מבני אדם ואיך אפשר שיעשו אל: **יתקבצו כולם.** האומנים עם עובדי הפסל יתקבצו יחד ויעמדו להשכיל ולבחון בדבר, וכולם יחד יפחדו מה' ויבושו במעשיהם: **(יב) חרש ברזל.** עתה יספר מעשה הפסל, ואומר, האומן של ברזלי יעשה מעצד ופעל אותו על ידי גחלים, בזרוע ובמקבות יעשהו ומחדשו: **בזרוע כחו.** בזרוע, בכחו, ובי"ת בזרוע משמשת במקום שתים, ורצונו לומר, בכל אומץ כחו: **גם רעב.** אף כשירעב לא יעזוב מלאכתו עד שלא נשאר בו כח, וכשיצמא לא שתה מים עד שנעשה עיף ויגע, וכל זאת מרוב חשקו בהמלאכה ההיא: **(יג) חרש עצים.** וכשנשלם מלאכת המעצד אז אומן העצים, ינטה קו המדה על הקורה לחתכו במעצד לפי הראוי: **יתארהו בשרד.** אחר זה יסמן תואר הפסל בצבע השרד ועל פי המסומן יעשהו במקצעות והוא כלי מכלי הנגרים: **ובמחוגה יתארהו.** ובמחוגה מסבב בו ציורים עגולים לייפותו: **כתפארת אדם.** רצונו לומר, שצורתו מפוארה משאר בעלי חיים: **לשבת בית.** רצונו לומר, כל עצמו לא נעשה האל לשבת בבית, כי ממקומו לא ימיש: **(יד) לכרת לו ארזים.** למעלה סיפר מעשה הפסל מעץ חצוב, ועתה אמר, עוד יש מי אשר יטריח לבוא ביער ולכרות לו ארזים לעשות ממנו הפסל:

### מצודת ציון

**צור.** ענין חוזק: **(ט) יוצרי.** ענין עשיה וחדוש; וכן, יֹצֵר עָמָל עֲלֵי חֹק (תהלים צד, כ): **(י) נסך.** ענין יציקה והתכה: **(יא) וחרשים.** אומנים: **(יב) מעצד.** שם כלי גדול עשוי לחתוך בו; וכן, מַעֲשֵׂה יְדֵי חָרָשׁ בַּמַּעֲצָד (ירמיה י, ג): **בפחם.** גחלת; כמו, נֹפֵחַ בְּאֵשׁ פֶּחָם (לקמן נד, טז): **ובמקבות.** הוא הפטיש; וכן, וַתָּשֶׂם אֶת הַמַּקֶּבֶת בְּיָדָהּ (שופטים ד, כא): **יצרהו.** יעשהו ויחדשהו: **(יג) קו.** חבל המדה: **יתארהו.** מלשון תואר ותמונה: **בשרד.** הוא שם צבע מה: **במקצעות.** הוא מכלי הנַּגָּרִים, מקלף בהם העץ ומחליקו; והוא מלשון, וְאֶת הַבַּיִת יַקְצִעַ (ויקרא יד, מא), שהוא ענין קלוף: **ובמחוגה.** כן שם הכלי שעושים בו העגולים: **יתארהו.** ענין סבוב; וכן, וְתָאַר הַגְּבוּל (יהושע טו, ט): **כתבנית.** דמות לצורה:

*The futility of idols*

*aside from Me? There is no rock I do not know!*
*9 All who fashion statues are empty, and the objects of their adoration will*
*not avail; they bear witness on themselves, for they see not and they know not,*
*so that they should be ashamed. 10 Who fashioned a god or a molten idol? It is*
*to no avail! 11 Behold, all who join it will be shamed; and the artisans, they are*
*but human! Let them all gather together and stand; let them be frightened and*
*ashamed together! 12 The ironsmith [makes] an adze; he works with charcoal*
*and fashions it with hammers. He works on it with his strong arm, though*
*he is hungry and without strength, though he drinks no water and grows*
*faint. 13 The woodworker stretches a line and marks [the wood] with chalk;*
*he works on it with planes and marks it with a compass; he makes it like a*
*man's form, like human splendor, to stay inside a house. 14 Cutting cedars for it;*

**רד"ק**

בו כח, וכן צמא ולא יקום אפילו לשתות והנה הוא עיף וצמא ורעב. ועם כל זה פועל מרוב חשקו במלאכה: **(יג) חרש עצים.** גם כן סמוך והרי"ש פתוחה: **נטה קו.** המדה: **יתארהו.** יגבלהו. כלומר, ישים גבול בעץ בשרד, והוא חוט הצבע שמסמן בו הנגר מה שרוצה לכרות מן העץ. וכן וְתָאַר הַגְּבוּל (יהושע טו, ט). והצבע ההוא יקרא שרד, והקו שאמר, הוא החוט שצובע אותו בשרד, יעשהו במקצעות. ואחר שסמן אותו יתקנהו במקצעות. ומקצועות הם שני כלים דומין במלאכתם, לאחד קורין לו פלאנ"א ולאחר סימנ"ט, שמקלף בהם הנגר פני העץ ומחליקו. ותרגום אֶת הַבַּיִת יַקְצִעַ (ויקרא יד, מא), יְקַלְפוּן. ותרגום יונתן במקצעות, בְּאִזְמֵילַיָא, ואלו הכלים עשויין כמו אזמלים: **ובמחוגה יתארהו.** מחוגה, קונפא"ש בלע"ז. ובו יעשו הצורות ותאר הדברים המצויירים. יתארהו הראשון אל"ף בחטף פתח והשני האל"ף בחטף קמץ, כתפארת אדם. כי צורתו נאה ומפוארת משאר בעלי חיים. ותרגם יונתן כתפארת אדם, כְּתוּשְׁבְּחַת אִתְּתָא לְמִיתַּב בְּבֵיתָא, כלומר, כמו שהוא תפארת האשה שתשב בבית שלא תצא לחוץ, כן הוא הפסל יושב בבית. וכמוהו ונפש אדם מן הנשים. ואדוני אבי זכרונו לברכה פירש כמשמעו, והענין כפול. ואמר ויעשהו כתבנית איש כתפארת אדם, ולמה? לשבת בית. לא לצורך אחר, כי הוא ממקומו לא ימיש: **(יד) לכרות לו ארזים.** עד הנה ספר מעשה הפסל מעץ הטוב. עתה אומר כי עוד יטרח עושה הפסל שהולך אל היער לכרות לו ארזים לעשות מהם פסל. ועוד טורח יותר מזה, שנוטע נטיעה ויגדל אותה עד שתהיה ראויה

**וְאֵין צוּר בַּל־יָדָעְתִּי** — *There is no rock I do not know!* "Rock" refers to *power;* i.e., there is no power that is not under my knowledge or control, for I am the source of that power (*Targum;* see *Rashi, Radak*). Alternatively, *there is no power that I do not know [to be nothingness!]* (*Ibn Ezra*).

Alternatively, צוּר comes from the verb לָצוּר, *to fashion.* Accordingly, the verse is rendered, *There is no [artisan] who can fashion forms as I do [when I form the fetus in the womb]* (*Mahari Kara*).

**9-20.** Isaiah derides the foolishness of those who worship gods with a physical form. He ridicules the process of manufacturing such idols and statues of men, and condemns those who worship them.

**9. וְעֵדֵיהֶם הֵמָּה בַּל־יִרְאוּ וּבַל־יֵדְעוּ** — *They bear witness on themselves, for they see not and they know not* . . . Since the idols neither see nor hear, it is clear that they cannot avail even themselves, let alone their worshipers, who *should be ashamed* (*Radak, Mahari Kara*).

Alternatively, *They,* the idols, *bear witness on them,* their worshipers, *for they,* the idols, *see not and they know not, so that they,* the worshipers, *should be ashamed* of their foolish belief in lifeless clods (*Rashi*).

**10. מִי־יָצַר אֵל וּפֶסֶל נָסָךְ לְבִלְתִּי הוֹעִיל** — *Who fashioned a god or a molten idol? It is to no avail!* Who could possibly be so foolish?! (*Ibn Ezra, Radak*). Alternatively, *he who fashions a god or a molten idol [should know] that it is to no avail!* (*Mahari Kara*).

**11. הֵן כָּל־חֲבֵרָיו יֵבֹשׁוּ** — *Behold, all who join it will be shamed.* All who join the artisan (*Rashi*), or who join in fashioning or serving idols (*Ibn Ezra, Radak*).

**יִתְקַבְּצוּ כֻלָּם יַעֲמֹדוּ יִפְחֲדוּ יֵבֹשׁוּ יָחַד** — *Let them all gather together and stand; let them be frightened and ashamed together!* If all those who worship idols were to gather together to investigate their deeds and decide whether they should continue, they would be frightened of God's wrath and be ashamed of their useless actions (*Radak*).

Alternatively, all those who worship idols and all who fashion them will be gathered to stand for judgment. They will be frightened and ashamed together (*Mahari Kara*).

**12-13.** Isaiah further derides the foolish zeal of idolaters. So enthusiastic were people to create idols that they would even make carpenter's tools and work to the point of exhaustion (*Radak*). He goes on to describe their strenuous efforts to plant trees to be fashioned into useless idols.

**12. גַּם־רָעֵב וְאֵין כֹּחַ לֹא־שָׁתָה מַיִם וַיִּעָף** — *Though he is hungry and without strength, though he drinks no water and grows faint,* the deluded artisan lets nothing stop him from fashioning his god (*Radak*).

Alternatively, the artisan's idol has no power. If it did, why would it not keep its faithful artisan from feeling weak and faint when he works without food or water? So it is obvious that his handiwork is powerless (*Rashi, Abarbanel*).

**13. כְּתִפְאֶרֶת אָדָם** — *Like human splendor.* Sometimes he makes it in the form of a woman, which is the splendor of her husband (*Mahari Kara;* see *Targum*).

**14-20.** Isaiah derides the process of making an idol, and shows how foolish is its worship.

טו וַיִּקַּח תִּרְזָה וְאַלּוֹן וַיְאַמֶּץ־לוֹ בַּעֲצֵי־יָעַר נָטַע אֹרֶן* וְגֶשֶׁם יְגַדֵּל: וְהָיָה לְאָדָם
לְבָעֵר וַיִּקַּח מֵהֶם וַיָּחָם אַף־יַשִּׂיק וְאָפָה לָחֶם אַף־יִפְעַל־אֵל וַיִּשְׁתָּחוּ עָשָׂהוּ
טז פֶסֶל וַיִּסְגָּד־לָמוֹ: חֶצְיוֹ שָׂרַף בְּמוֹ־אֵשׁ עַל־חֶצְיוֹ בָּשָׂר יֹאכֵל יִצְלֶה צָלִי
יז וְיִשְׂבָּע אַף־יָחֹם וְיֹאמַר הֶאָח חַמּוֹתִי רָאִיתִי אוּר: וּשְׁאֵרִיתוֹ לְאֵל עָשָׂה
לְפִסְלוֹ °יסגוד־ [°יִסְגָּד־ ק׳] לוֹ וְיִשְׁתַּחוּ וְיִתְפַּלֵּל אֵלָיו וְיֹאמַר הַצִּילֵנִי כִּי
יח אֵלִי אָתָּה: לֹא יָדְעוּ וְלֹא יָבִינוּ כִּי טַח מֵרְאוֹת עֵינֵיהֶם מֵהַשְׂכִּיל לִבֹּתָם:
יט וְלֹא־יָשִׁיב אֶל־לִבּוֹ וְלֹא דַעַת וְלֹא־תְבוּנָה לֵאמֹר חֶצְיוֹ שָׂרַפְתִּי בְמוֹ־אֵשׁ
וְאַף אָפִיתִי עַל־גֶּחָלָיו לֶחֶם אֶצְלֶה בָשָׂר וְאֹכֵל וְיִתְרוֹ לְתוֹעֵבָה אֶעֱשֶׂה לְבוּל
כ עֵץ אֶסְגּוֹד: רֹעֶה אֵפֶר לֵב הוּתַל הִטָּהוּ וְלֹא־יַצִּיל אֶת־נַפְשׁוֹ וְלֹא יֹאמַר
כא הֲלוֹא־שֶׁקֶר בִּימִינִי: זְכָר־אֵלֶּה יַעֲקֹב וְיִשְׂרָאֵל כִּי עַבְדִּי־אָתָּה

*ן׳ זעירא

### רש״י

(יד) **תרזה ואלון.** מיני אילני סרק: **ויאמץ לו בעצי יער.** עושה לו חיזוקים בין לחיזוק בין לנוי במיני עצים המשונים זה מזה במראיהן: **נטע אורן.** כשמוצא ייחור ונטע הראוי לכך נוטעו לכך והגשם מגדלו: **אורן.** לשון נטע יונק, פרנגו״ן בלע״ז: (טו) **והיה לאדם לבער.** והיה אותו עץ מקצתו לצרכי אדם לבער: **ויקח.** מן העצים ויחם גופו לנגדם: **אף ישיק.** מהם תנור ואופה לחם: **אף יפעל אל.** מן הנותר: (יט) **ולא ישיב אל לבו.** חציו שרפתי במו אש: **ולא דעת ולא תבונה.** בו לאמר זאת: **לבול עץ.** לרקבון עץ: (כ) **רועה אפר לב הותל הטהו.** לבו אשר הותל הטהו לעשות לו רועה של אפר, הדמות שנשרף אליו ונעשה אפר. השוטה הזה היה אומר שהוא לו לרועה ולמפרנס. דבר אחר, רועה אפר; לשון ריעות. עובד עבודת אחרים ומחבר אליו עבודת אחרים שהיא אפר: **ולא יציל.** הנתעה את נפשו לאמר, הלא שקר בימיני ויפרד מעליו:

### רד״ק

לכרות ממנה עצים לעשות פסל. ראו עד היכן הגיע כח עבודתם, והכל נקל בעיניהם בחשבם לקבל שכר טוב על זה. והם טורחים לתהו ובהו והבל, לא יתבוננו במעשיהם. ובאמרו ארזים, מבקש המשובח שבהם לכרותו: **תרזה.** אילן מאילני סרק. ופירשו בו שהוא שקורין לו בערבי סנאב״ר: **אלון.** הוא ערמון: **ויאמץ לו בעצי יער.** לבקש מהם הטוב: **נטע ארן.** שם אילן גם כן טוב למלאכה. ובדברי רבותינו זכרונם לברכה, עצי ארזים ארנים וברושים: **וגשם יגדל.** יש מפרשים גשם גוף, רצונו לומר, גוף עץ. וכן בארמי גשמי יצטבע. והנכון לפרשו כמשמעו, וכן תרגם יונתן, וּמִטְרָא יְרַבֵּי. והוצרך לומר וגשם יגדל, כי ידוע הוא כי כל צומח יגדל אותו הגשם, אלא אמר, שאף על פי שהוא נוטע העץ לשם עכו״ם, הגשם יגדל אותו. והרי הגשם בשליחות האל יתברך בא, ואף על פי כן עולם כמנהגו נוהג. כמו שאמרו רבותינו זכרונם לברכה בזה הענין (עבודה זרה נד, ב), הרי שגזל סאה של חטין וזרעה דין הוא שלא תצמח, אלא עולם כמנהגו נוהג, ושוטים שקלקלו עתידים ליתן את הדין: (טו) **והיה.** כי כשכורת העץ וחושב אותו לפסל, החתיכות הנפסלות יהיו לו לבער ולהחם ולאפות באותם פסילי העצים: **ויחם.** החי״ת נקרא בקמץ חטף והזקף ביו״ד: **ישיק.** כמו יבעיר, כלומר ישיק בהם את התנור: **ואפה לחם.** כמו, וְטַחֲנִי קָמַח (לקמן מז, ב): **למו.** כמו לו, או כמשמעו. ופירושו, לפסילים. אף על פי שלא זכר אלא אחד, רבים הם: (טז) **חציו.** רצונו לומר, מקצתו. אמר כי בחציו שמבער יהנה בשני פנים, שיצלה בו צלי ויאכל עד שישבע, ועוד שיחם בשרו באש: **על חציו בשר יאכל.** פירוש יצלה צלי, האיך יאכל בשר על חציו שיצלה בו הצלי: **ויאמר האח.** שמחה; וכן, הֶאָח הֶאָח רָאֲתָה עֵינֵנוּ (תהלים לה, כא). יאמר הסכל הזה מתפתה בדבר הפסל, וישמח בו לסכלותו בשני פנים; בהנאת הגוף לשמה, ובחשבו כי יהיה לו שכר טוב בעבודתו. יאמר מה טוב לי זה הפסל כי אני נהנה ממקצתו בהנאת גופי, ומקצתו אעבדנו ויצילני בעת צרתי: **חמותי.** מלרע: (יז) **ושאריתו לאל.** פירוש לפיסלו, זהו האל

### מצודת דוד

**ויקח תרזה ואלון.** יש מי שיקח תרזה ואלון כי העצים ההמה יפים ביותר, ועל שאינם חזקים כארז, מחזק אותם במסמרי עצי היער: **נטע אורן.** רצונו לומר, ויש מי אשר יטרח עוד יותר, שנוטע מתחילה נטיעה של אורן הטוב למלאכה וממתין עד שיגדל ויהיה ראוי לפסל: **וגשם יגדל.** כאומר עם שכונת הנוטע הוא לעשות ממנו פסל, על כל זה מגדלו הגשם בשליחות המקום, כי עולם כמנהגו נוהג ועתידין הן ליתן את הדין; וכמו שאמרו חכמינו זכרונם לברכה בגזל סאה חטים וזרעה וכו׳ (עבודה זרה נד, ב): (טו) **והיה לאדם לבער.** מאותו העץ עצמו יהיה מקצתו לצרכי אדם לבער בו את האש: **ויקח מהם.** מהעצים ההם יקח מה מהם להבעיר אש להתחמם בו, ואף מהם יסיק התנור ויאפה לחם, ואף מהם יקח ויפעל בו אל וישתחו אליו: **עשהו וכו׳.** כפל הדבר במילים שונות: **למו.** לפסילים, ועם כי לא זכר אלא אחד הנה רבים הם: (טז) **חציו.** רצונו לומר, מקצתו שרף בתוך האש, על ידי מקצתו אכל בשר, כי יצלה בו צלי ויאכל וישבע, ואף יחמם בשרו וישמח ויאמר, האח, הנה חממתי את עצמי, אף נהנתי להיות יושב באור האש: (יז) **ושאריתו.** הנשאר מהעץ יעשהו אל וחוזר, ומפרש יעשהו לפסלו: **יסגד לו.** ישתחוה לו ויתפלל וכו׳: (יח) **לא ידעו.** אין בהם לא דעת ולא בינה: **כי טח.** היצר הרע המסית טח עיניהם מלראות ולבותם מלהשכיל: (יט) **ולא ישיב.** אינו נותן אל לבו לבחון בדבר ואין בו לא דעת ולא תבונה לחשוב, הלא מקצתו שרפתי בתוך האש ואף וכו׳: **אפיתי על גחליו לחם.** אמר לחם על שם סופו, כי אחר שנאפה נעשה לחם, וכן, וְטַחֲנִי קָמַח (לקמן מו, ב): **אצלה.** כמו ואצלה: **ויתרו.** ואיך אעשה הנותר לפסל המתועב בעיני ה׳, ואיך אשתחוה לענף עץ: (כ) **רועה אפר וכו׳.** רצונו לומר, לבו המהתל ומלעיג בו הסיתו שיקבל לרועה ומנהיג את הדבר אשר חשוב אל האפר כשישרפוהו: **ולא יציל.** אף האומן העושה הפסל לא יציל נפש עצמו, ולא יאמר, הלא מה שעשיתי בימיני הוא שקר ואין בו תועלת כי מעשה ידי הוא: (כא) **זכר אלה יעקב.** אם העכו״ם לא

### מצודת ציון

(יד) **תרזה ואלון.** שמות אילני סרק: **ויאמץ.** ענין התחזקות: **אורן.** שם אילן סרק; ובדברי רבותינו זכרונם לברכה, ארונים ערי (ראש השנה כג, א): (טו) **לבער.** ענין הדלקה: **ויחם.** מלשון חמימות: **ישיק.** כמו יסיק בסמ״ך, והוא מלשון היסק והבערה: **ויסגד.** ענין השתחואה; כמו, וּלְדָנִיֵּאל סְגִד (דניאל ב, מו): (טז) **במו.** בתוך: **האח.** הוא ענין לשון שמחה; כמו, הֶאָח הֶאָח רָאֲתָה עֵינֵינוּ (תהלים לה, כא): **חמותי.** מלשון חתימה: **אור.** שלהבת המאיר; וכן, אוּר לָשֶׁבֶת נֶגְדּוֹ (לקמן מז, יד): (יז) **ושאריתו.** ענין שיור: (יח) **טח.** ענין מריחה ומשיחה; וכן, וְטָח אֶת הַבָּיִת (ויקרא יד, מב): **לבותם.** מלשון לב: (יט) **ויתרו.** מלשון נותר: **לבול.** כמו ליבול; וכן, כִּי בוּל הָרִים יִשְׂאוּ לוֹ (איוב מ, כ), וענינו צמח וענף: **אסגוד.** אשתחוה: (כ) **רועה.** רצונו לומר, מנהיג: **היתל.** ענין לעג; וכן, וַיְהַתֵּל בָּהֶם אֵלִיָּהוּ (מלכים־א יח, כז):

*Wood: god or fuel?*

*he takes laurel and oak and reinforces it with trees of the forest; he plants a*
*fir tree and the rain makes it grow.* 15 *It will be fuel for man; he will take from*
*it and warm himself, or even kindle a fire and bake bread. Yet he also makes*
*a god and prostrates himself; he makes it a graven idol and bows to it!* 16 *He*
*burns half of it in fire, or with half [he prepares] meat to eat, roasting it and*
*sating himself, or he warms himself and says, 'Ah, I have warmed myself, I*
*see the flame.'* 17 *Then the rest of it he makes into a god as his graven image;*
*he will bow to it and prostrate himself and pray to it, and say, 'Rescue me,*
*for you are my god!'* 18 *They do not know and they do not understand;*
*for their eyes are smeared, [prevented] from seeing and their hearts from*
*comprehending.* 19 *He does not take it to his heart; [he has] neither wisdom*
*nor insight to say, 'I have burned half of it in the fire and I have baked bread*
*on its coals; I have roasted meat and eaten it. Shall I make the remainder into*
*an abomination? Shall I bow to stock of a tree?'* 20 *The shepherd is but ash!*
*A foolish heart deceived him, and he does not save his soul, and he does not*
*say: 'Is there not falsehood in my right hand?!'*
21 *Remember these things, Jacob and Israel, for you are My servant:*

**רד״ק**

שלו: **יסגוד לו.** ישתחוה כפל ענין במלות שונות, כי יסגוד כמו ישתחוה כתרגומו. או פירוש יסגוד לו, כריעה: **וישתחו.** פשוט ידים ורגלים כמו שפירשו רבותינו זכרונם לברכה. יונתן תרגם, סְגִיד לֵיהּ וְאֶשְׁתַּעְבֵּד לֵיהּ: **(יח) לא ידעו ולא יבינו.** טח, מנחי העי״ן. ואם הוא פתח והוא פעל, יוצא בחבירו. והטח הוא האל; על דרך, הַשְׁמֵן לֵב הָעָם הַזֶּה (לעיל ו, י), כמו שפירשנו. או יהיה הטח יצרם הרע, הגובר על שכלם: **(יט) ולא ישיב.** וי״ו ולא דעת, כוי״ו וַיִּשָּׂא אַבְרָהָם אֶת עֵינָיו (בראשית כב, ד), או הוא כפל ענין. אמר ולא ישיב אל לבו אלה הדברים שזכר, כי הם דברי תימה ואין בלבו לא דעת ולא תבונה לאמר זה, כלומר, לחשוב בלבו חציו שרפתי במו אש ואף וגומר: **אפיתי על גחליו.** למעלה אמר אף ישיק, כי שניהם יעשה אדם בעצים; או ישיק בהם את התנור ויאפה הלחם על ידי הדבקה, או יאפה הלחם על הגחלים: **ויתרו.** הנותר ממנו, והוא שם מן יֶתֶר הַגָּזָם (יואל א, ד). **לתועבה.** לדבר שתעב האל ומנע מעבוד אותם: **לבול עץ.** לענף עץ; וכן, כִּי בוּל הָרִים יִשְׂאוּ לוֹ (איוב מ, כ), ועקרו יבול: **(כ) רועה אפר.** אמר זה העושה הפסל לעבדו, רועה אפר הוא, כלומר, מתעסק בדבר שלא יועיל לו. והוא על דרך, אֶפְרַיִם רֹעֶה רוּחַ (הושע יב, ב). ויונתן תרגם, הָא דְחַלְתָּא פַּלְגֵהּ קִטְמָא: **לב הותל הטהו.** הותל תאר. ואם הוא פתוח ומשפטו להדגש, אלא בא קל כמו התל בי. אמר יצר הרע שמהתל בו; הטהו לדרך רעה. והוא לא יבין ולא יציל את נפשו טרם אבדה: **ולא יאמר הלא שקר בימיני.** מה שפעלתי ועשיתי בימיני שקר הוא. וכתרגום יונתן, הֲלָא שִׁקְרָא עֲבְדֵית בִּימִינִי: **(כא) זכור אלה יעקב.** אם העמים עובדי פסילים לא יבינו, אתה זכור הדברים האלה, ולא תפותה לעובדי הפסילים: **כי עבדי אתה.** מאז עבדי אתה ולא עבד הפסילים, ועל כן יצרתיך להיות לי עבד. וטעם יצרתיך כמו שפירש בוראך ויוצרך, או עת שלקח ישראל לעם והוציאם מבית עבדים הוא עת היצירה. ויונתן תרגם, אַתְקֵנְתָּךְ לְמֶהֱוֵי עֲבֵיד פְּלַח קֳדָמַי:

**14. וְגֶשֶׁם יְגַדֵּל** — *And the rain makes it grow.* Although they planted trees to blaspheme God, He allows His rain to make them grow, but their day of reckoning will come (*Radak*).

**15. עָשָׂהוּ פֶסֶל וַיִּסְגָּד־לָמוֹ** — *He makes it a graven idol and bows to it* [lit., *to them*]. Although the word לָמוֹ is plural and means *to them,* it is rendered in the singular, following the context. Alternatively, it may be rendered *to them,* referring to the general worship of many idols (*Radak*).

**16. הֶאָח חַמּוֹתִי** — *Ah, I have warmed myself.* The foolish idolater is pleased that he was able to get double benefit: physical pleasure from the part of the wood that he burned for personal use, and spiritual reward for worshiping the rest as his newly fashioned idol (*Radak*). He would have been much better off using it all for firewood! (*Abarbanel*).

**18. כִּי טַח מֵרְאוֹת עֵינֵיהֶם מֵהַשְׂכִּיל** — *For their eyes are smeared, [prevented] from seeing.* Either God or the evil inclination coats the eyes of idolaters and prevents them from seeing the truth. Accordingly, *they do not understand* (*Radak*). Alternatively, although the idols have eyes, they do not see or understand (*Abarbanel*).

**19. וְיִתְרוֹ לְתוֹעֵבָה אֶעֱשֶׂה** — *Shall I make the remainder into an abomination.* After using some of the wood for himself (v. 16) why does the artisan not realize that it has no power or divinity. Why does he not say to himself, "How can I make the remainder into something that is an abomination in the eyes of God (*Radak*) and people of wisdom?" (*Abarbanel*).

**20. רֹעֶה אֵפֶר** — *The shepherd is but ash!* The translation follows *Targum.* Whoever appoints a *shepherd,* i.e., an idol, that is destined to become dust, does so only because his *foolish heart deceived him* (*Mahari Kara*). This is a metaphor for something that will be to no avail (*Radak*).

Alternatively, רֹעֶה is from the root רֵעַ, *friend;* he befriends and serves an idol that is no more than ash (*Rashi*).

**21-23.** After showing the illegitimacy of idolatry, Isaiah turns to Israel to exhort his people not to be so foolish.

**21. זְכָר־אֵלֶּה יַעֲקֹב וְיִשְׂרָאֵל כִּי עַבְדִּי־אָתָּה** — *Remember these things, Jacob and Israel, for you are My servant.* Although

כב יְצַרְתִּ֤יךָ עֶֽבֶד־לִי֙ אַ֔תָּה יִשְׂרָאֵ֖ל לֹ֥א תִנָּשֵֽׁנִי׃ מָחִ֤יתִי כָעָב֙ פְּשָׁעֶ֔יךָ וְכֶעָנָ֖ן חַטֹּאותֶ֑יךָ
כג שׁוּבָ֥ה אֵלַ֖י כִּ֥י גְאַלְתִּֽיךָ׃ רָנּ֨וּ שָׁמַ֜יִם כִּֽי־עָשָׂ֣ה יהוה הָרִ֙יעוּ֙ תַּחְתִּיּ֣וֹת אָ֔רֶץ פִּצְח֤וּ
כד הָרִים֙ רִנָּ֔ה יַ֖עַר וְכָל־עֵ֣ץ בּ֑וֹ כִּֽי־גָאַ֤ל יהוה֙ יַעֲקֹ֔ב וּבְיִשְׂרָאֵ֖ל יִתְפָּאָֽר׃ כֹּֽה־
אָמַ֤ר יהוה֙ גֹּאֲלֶ֔ךָ וְיֹצֶרְךָ֖ מִבָּ֑טֶן אָנֹכִ֤י יהוה֙ עֹ֣שֶׂה כֹּ֔ל נֹטֶ֤ה שָׁמַ֙יִם֙ לְבַדִּ֔י רֹקַ֥ע
כה הָאָ֖רֶץ °מי אתי [°מֵאִתִּֽי ק׳]׃ מֵפֵר֙ אֹת֣וֹת בַּדִּ֔ים וְקֹסְמִ֖ים יְהוֹלֵ֑ל מֵשִׁ֧יב חֲכָמִ֛ים
כו אָח֖וֹר וְדַעְתָּ֥ם יְסַכֵּֽל׃ מֵקִים֙ דְּבַ֣ר עַבְדּ֔וֹ וַעֲצַ֥ת מַלְאָכָ֖יו יַשְׁלִ֑ים הָאֹמֵ֨ר לִירוּשָׁלַ֜͏ִם
כז תּוּשָׁ֗ב וּלְעָרֵ֤י יְהוּדָה֙ תִּבָּנֶ֔ינָה וְחָרְבוֹתֶ֖יהָ אֲקוֹמֵֽם׃ הָאֹמֵ֥ר לַצּוּלָ֖ה חֳרָ֑בִי

## רש״י

**(כא) לא תנשני.** לא תהיה שכוח מיראתי: **(כב) מחיתי כעב פשעיך.** במצרים ובמדבר, גם עתה שובה אלי: **(כג) פצחו.** לשון פתחון פה: **(כד) ויוצרך מבטן.** מאז, וַיִּתְרֹצְצוּ הַבָּנִים בְּקִרְבָּהּ (בראשית כה, כב) הייתי לך לעזרה ובחרתיך: **נוטה.** שמים לבדי: **(כה) מפר אותות בדים.** לפי שאני נטיתי שמים לפיכך אני יכול להפר אותם: **בדים.** הם החוזים בכוכבים על ידי אותות השמים, ועל שם שפעמים הרבה שהם מכזבים קורין אותם בדים. ולפי שאילטגניני בבל היו חוזים בכוכבים; כמו שהוא אומר, (לקמן מז, יג) יַעַמְדוּ נָא וְיוֹשִׁיעֻךָ הֹבְרֵי שָׁמַיִם, לכך הוא אומר שיפר אותות בדיהם, כי אני הוא שהפרתי אותות בדי מצרים: **(כו) מקים דבר עבדו.** משה: **ועצת מלאכיו.** מלאך אחד אמר ליעקב יִשְׂרָאֵל יִהְיֶה שְׁמֶךָ (בראשית לב, כט) וקיימתי דבריו, אף כאן אקיים עצת נביאי האומר על ירושלים תושב: **(כז) האומר לצולה חרבי.** האומר לבבל התיבשי:

## רד״ק

**וישראל לא תנשני.** לא תנשה ממני, זכרני אתה ואזכרך: **(כב) מחיתי כעב פשעיך.** כמו העב שנמחה במים, כן מחיתי פשעיך: **שובה אלי.** ומה שחטאת עד הנה מחיתי. והחכם ר׳ אברהם בן עזרא כתב כעת העוברת בצאת השמש, וכפל הענין במלות שונות: **שובה.** מלרע: **גאלתיך.** עתה אגאלך מגלות בבל: **(כג) רנו שמים.** על דרך משל, כאלו כל העולם ישמח בצאת ישראל מהגלות: **כי עשה ה׳.** טובה עם עמו וגאלם: **תחתיות ארץ.** היא הנקודה האמצעית אשר בארץ. והנה זכר העגולה והנקודה, וזכר הדומם והצומח. והחיים לא זכר כי לא ישמחו כולם, כי בבל תאבל: **פצחו.** ענינו הרמת קול. וזכר הרים לפי שעיקר בריאת הארץ ההרים שבה: **יתפאר.** כי תפארת האל יהיה בהוציא עמו מהגלות, והעמים יפארוהו בזה; וכן אמר כרש, כָּל מַמְלְכוֹת הָאָרֶץ נָתַן לִי ה׳ (דברי הימים־ב לו, כג): **(כד) כה אמר ה׳.** ויוצרך מבטן, פירשתיו: **עושה כל.** עשיתי כל העולם בעת הבריאה, ולא היה אלא אני לבדי. ובכל יום אני עושה, שאני מעמידו בכחי, נוטה שמים. רוקע הארץ, פירשתים. ובאמרו לבדי ומאתי רצונו לומר, כי אני ראשון לכל הנבראים ובעת הבריאה לא היה אלא אני לבדי ומאתי ומכחי היה הכל. ובבראשית רבה (פרשה א פסקא ג), הכל מודים שלא נבראו מלאכים ביום הראשון, שלא יהיו אומרים מיכאל היה מותח בדרומו של רקיע וגבריאל בצפונו והקדוש ברוך הוא ממדד באמצעיתו; אלא אני ה׳ עושה כל נוטה שמים לבדי רוקע הארץ מאתי: **מי אתי.** כתיב לומר, מי היה שותף עמי בבריאתו של עולם? **(כה) מפר אותות בדים.** וכיון שהוא אדון הכל, הוא מפר ומבטל כשירצה המעשים מהחכמים שהיו בבבל שהיו כוזבים באותותם, שהם אותות השמים; כמו שאמר, וּמֵאֹתוֹת הַשָּׁמַיִם אַל תֵּחָתּוּ (ירמיה י, ב). או פירושו אותות, שעות היום; כמו שאמר, וְהָיוּ לְאֹתֹת (בראשית א, יד), שלא הכירו הרעה שתבוא להם; כמו שאמר יַעַמְדוּ נָא וְיוֹשִׁיעֻךָ הֹבְרֵי שָׁמַיִם וגו׳ (לקמן מז, יג). וקראם בדים לפי שהם כוזבים במשפט המזלות לפעמים. ובדים מן, בַּדֶּיךָ מְתִים יַחֲרִישׁוּ (איוב יא, ג) שפירושו כזביך. וכן פירוש קוסמים הם החוזים, כמו בלעם בן בעור הקוסם, כי חוזה בכוכבים היה. ובדים וקוסמים וחכמים הם כפל ענין במלות שונות. והחכם רבי אברהם בן עזרא פירש בדים מגזרת בדד, כי יש נשמות שיש להם כח להתבודד ויגידו העתידות ולא בדרך חכמה. וקוסמים הם חכמי המזלות וחכמים הם הרואים בכבד ובכתף: **(כו) מקים דבר עבדו.** הוא ישעיהו ומלאכיו, שאר הנביאים שנתנבאו על בנין בית שני: **לירושלם.** בעבור ירושלם, וכן ולערי: **תושב.** שישובו יושביה עלים. תושב, שרשו ישב משלא נזכר פועלו מהנוסף: **וחרבותיה.** טעמו על ירושלם שזכר: **(כז) האומר לצולה.** היא בבל. המשיל אותה למצולת ים לשני דברים, האחד שהיא מלאה מים, והשני לפי שהיתה בקעה: **חרבי.** כלומר יבשי. כלומר

## מצודת דוד

יבינו את זאת, אתה יעקב זכר אלה הדברים ולא תתפתה אחריהם, כי עבדי אתה ולא עבד האליל: **יצרתיך עבד לי.** בראתיך להיות לי לעבד ולכן אתה ישראל לא תשכחנו: **(כב) מחיתי כעב.** מעולם מחיתי פשעיך בעב הזה הנמחה במים: **וכענן וכו׳.** כפל הדבר במילים שונות: **שובה אלי.** לכן שוב אלי כי אני הוא הגואל אותך: **(כג) רנו שמים.** הוא דרך משל, ורצונו לומר, שמחה גדולה תהיה בעולם: **כי עשה ה׳.** רצונו לומר, עשה מה שעליו לעשות ולקיים, והוא גאולת ישראל: **תחתיות ארץ.** היא הנקודה האמצעית מכדור הארצי: **יער.** מקום עמידת האילנות: **ובישראל יתפאר.** על ידי גאולת ישראל יתפאר בפי כל: **(כד) ויוצרך מבטן.** מעת צאתך מבטן אמך יצרתיך לי לעם: **עושה כל.** כל דבר הנעשה: **לבדי.** ואין מי יעזור לי: **רוקע הארץ מאיתי.** פרישת הארץ הוא מאתי, רצונו לומר, ממני: **(כה) מפר.** מבטל האותות של חוזי הכוכבים, ולא יהיה כן, וקסמים יהולל. משטה דעת הקוסמים ולא יועילו בפעולותיהם: **משיב חכמים אחור.** לפי שדרך החכמים להתחכם בכל פעם יותר, אמר שהמקום משיב החכמים לאחור, רצונו לומר, שמתטפשים ומתאבדים מן החכמה ונעשים סכלים: **(כו) מקים דבר עבדו.** זה ישעיהו: **ועצת מלאכיו.** המה יתר הנביאים: **האומר.** אשר כל אחד מהם ניבא ואמר בעבור ירושלים שתהיה מיושבת מאנשים, ובעבור ערי יהודה אמר שתהיינה בנויות אחר מפלת בבל: **(כז) האומר לצולה.** אשר כל אחד מהנביאים אמר על בבל העומדת במצולה שתהיה מקום חורב; רצה לומר, שכל אוכלוסיה יאבדו, ולפי שיושבת במצולה המשיל אבדן אנשיה ליבושת המים:

## מצודת ציון

**(כא) תנשני.** ענין שכחה; וכן, נַשַּׁנִי אֱלֹהִים (בראשית מא, נא): **(כב) מחיתי.** ענין מחיקה; וכן, אָנֹכִי אָנֹכִי הוּא מֹחֶה פְשָׁעֶיךָ (לעיל מג, כה): **כעב וכענן.** הם ענין אחד וכפל במילים שונות: **(כג) הריעו.** מלשון תרועה: **תחתיות.** מלשון תחת ומלמטה: **פצחו.** פתחו פה בהרמת קול לרנן; וכן, פִּצְחִי רִנָּה וְצַהֲלִי (לקמן נד, א): **יתפאר.** ענין שבח והלל: **(כד) רוקע.** ענין פרישה ושטיחה; כמו, לְרֹקַע הָאָרֶץ עַל־הַמָּיִם (תהלים קלו, ו): **(כה) מפר.** ענין מניעה ובטול; כמו, אִישָׁהּ הֲפֵרָם (במדבר ל, יג): **אותות.** מלשון אות וסימן: **בדים.** ענין כזב הבדוי מן הלב; וכן, בַּדֶּיךָ מְתִים יַחֲרִישׁוּ (איוב יא, ג). וחוזי הכוכבים יקראו כן, כי על פי הרוב ידברו כזב הבדוי מן הלב: **וקוסמים.** הוא ענין כשוף: **יהולל.** ענין שטות; כמו, וְשֹׁפְטִים יְהוֹלֵל (שם יב, יז): **יסכל.** מלשון סכלות ושטות: **(כו) מקים.** מלשון קיום: **מלאכיו.** שלוחיו: **ישלים.** מלשון השלמה וגמר: **לירושלים.** בעבור ירושלם; וכן, פְּתַח פִּיךָ לְאִלֵּם (משלי לא, ח): **תושב.** מלשון ישיבה: **תבנינה.** מלשון בנין: **וחרבותיה.** מלשון חורבה: **(כז) לצולם.** למצולה, וענינו מקום רבוי המיה; וכן, וַתַּשְׁלִיכֵנִי מְצוּלָה (יונה ב, ד): **חרבי.** ענין יובש; כמו, חָרְבוּ הַמַּיִם (בראשית ח, יג):

*God grants forgiveness*

*I fashioned you to be My servant; Israel, do not forget Me!* 22 *I have wiped*
*away your willful sins like a thick mist and your transgressions like a*
*cloud; return to Me, for I have redeemed you!* 23 *Sing glad song, O heav-*
*ens, for HASHEM has done [wonders]; shout for joy, O foundations of the*
*earth; break out with glad song, O mountains, O forest and all its trees;*
*for HASHEM has redeemed Jacob, and He will glorify Himself through*
*Israel.*
24 *Thus said HASHEM, your Redeemer and the One Who formed you from*
*the womb: I am HASHEM, Who has made everything; Who spread out the*
*heavens by Myself, and firmed the earth of My own accord;* 25 *Who abrogates*
*the omens of the stargazers and makes fools of the astrologers; Who makes*
*wise men retreat and makes their knowledge foolish;* 26 *Who confirms the*
*words of His servant, and fulfills the counsel of His messengers; Who says of*
*Jerusalem, 'It shall be settled,' and of the cities of Judah, 'They shall be built*
*up, and I will rebuild its ruins';* 27 *Who says to the depths, 'Dry up' and 'I shall*

---

both Jacob and Israel are being addressed, עַבְדִּי, *My servant,* is in the singular. All the different parts of the people, as represented by the names Jacob and Israel, should be united in God's service (*Chomas Anach*), for *I fashioned you to be My servant* (*Radak*).

**22.** מָחִיתִי כָעָב פְּשָׁעֶיךָ — *I have wiped away your willful sins like a thick mist.* Israel's sins are not intrinsic and do not become indelible parts of their personalities (*Maharal*). They are like an early morning fog that is burned away by the sun. Therefore. when the people repent, God wipes away their sins, as it were, and forgives them, just as He did in Egypt and in the Wilderness, after the sins of the Golden Calf and the spies (*Rashi*).

שׁוּבָה אֵלַי כִּי גְאַלְתִּיךָ — *Return to Me, for I have redeemed you!* Since I have wiped away your sins, return to Me and I will redeem you as I did in the past. Note that the past tense can be used poetically in place of future tense (*Abarbanel*).

Alternatively, at that very moment when you return to Me, "I *have* redeemed you," as if it has already happened (*Metzudos*).

*Sfas Emes* writes: just as our ancestors did in Egypt, we should maintain hope in this bitter exile, not to become despondent when we see how downtrodden we are, inwardly and outwardly. We should not feel that we can never approach, even to a small degree, the greatness of our forefathers, much less to become worthy of service in the Temple! ... For when God redeems us, our inner greatness will be aroused and transformed in an instant to the highest levels, as in ancient times — may God hasten our redemption.

**23.** רָנּוּ שָׁמַיִם . . . הָרִיעוּ תַּחְתִּיּוֹת אָרֶץ וגו' — *Sing glad song, O heavens ... O foundations of the earth ...* When Israel is redeemed, all the world will recognize the greatness of God, and this will bring great rejoicing to Israel, as if heaven and earth are singing God's praises (*Ibn Ezra*). Alternatively, let the whole world rejoice when Israel leaves the exile (*Radak*).

The "singing" of the heavens and the earth figuratively represents the ultimate state of existence, which will be reached at the time of our future redemption (*Netzach Yisrael* 63). At that time, people will recognize the hand of God in every aspect of creation, from the heavens to vegetation (*Malbim*).

וּבְיִשְׂרָאֵל יִתְפָּאָר — *And He will glorify Himself through Israel.* As the Torah says, when Israel is what God intended it to be, all the nations will recognize that His Name is proclaimed in the behavior of His people (*Deuteronomy* 28:10).

**24.** וְיֹצֶרְךָ מִבָּטֶן — *The One Who formed you from the womb.* I, God, chose Jacob rather than Esau from the time they were in the womb (*Rashi*). From the time you left the womb I formed you into a people (*Metzudos*).

Alternatively, it is a metaphor for the inception of the world, as the verse proceeds to explain (*Abarbanel*).

**25.** מֵשִׁיב חֲכָמִים אָחוֹר — *Who makes wise men retreat.* Those who are wise enough to understand the signs that portend the future (*Ibn Ezra, Radak*), or those who rely exclusively on their wisdom (*Abarbanel*), will retreat from their confidence and recognize that only God rules the universe. Alternatively, the verse alludes to Pharaoh, who thought he could outsmart God (see *Exodus* 1:10).

It can also be understood homiletically as God's ability to counteract the plans of even the wisest people (see *Gittin* 56b).

**26.** עַבְדּוֹ . . . מַלְאָכָיו — *His servant ... His messengers,* God's servant is Moses (*Rashi*), or Isaiah (*Ibn Ezra, Radak*). His messengers are the other prophets (*Radak*).

Only a single angel told Jacob that God would give him the additional name Israel, and He did so. Surely, therefore, when so many prophets foretold that Jerusalem will once again be settled, and the cities of Judah will be rebuilt, their prophecies will surely be fulfilled! (*Yalkut Shimoni* 44:461, cited by *Mahari Kara*).

כח וְנַהֲרֹתַיִךְ אוֹבִישׁ׃ הָאֹמֵר לְכוֹרֶשׁ רֹעִי וְכָל־חֶפְצִי יַשְׁלִם וְלֵאמֹר לִירוּשָׁלַםִ
**מה** א תִּבָּנֶה וְהֵיכָל תִּוָּסֵד׃ כֹּה־אָמַר יהוה לִמְשִׁיחוֹ לְכוֹרֶשׁ אֲשֶׁר־
הֶחֱזַקְתִּי בִימִינוֹ לְרַד־לְפָנָיו גּוֹיִם וּמָתְנֵי מְלָכִים אֲפַתֵּחַ לִפְתֹּחַ לְפָנָיו דְּלָתַיִם
ב וּשְׁעָרִים לֹא יִסָּגֵרוּ׃ אֲנִי לְפָנֶיךָ אֵלֵךְ וַהֲדוּרִים °אושר [°אֲיַשֵּׁר ק׳] דַּלְתוֹת
ג נְחוּשָׁה אֲשַׁבֵּר וּבְרִיחֵי בַרְזֶל אֲגַדֵּעַ׃ וְנָתַתִּי לְךָ אוֹצְרוֹת חֹשֶׁךְ וּמַטְמֻנֵי מִסְתָּרִים
ד לְמַעַן תֵּדַע כִּי אֲנִי יהוה הַקּוֹרֵא בְשִׁמְךָ אֱלֹהֵי יִשְׂרָאֵל׃ לְמַעַן עַבְדִּי יַעֲקֹב
ה וְיִשְׂרָאֵל בְּחִירִי וָאֶקְרָא לְךָ בִּשְׁמֶךָ אֲכַנְּךָ וְלֹא יְדַעְתָּנִי׃ אֲנִי יהוה וְאֵין עוֹד

## רש״י

**ונהרותיך אוביש.** לפי שהיא יושבת על נהרות מדמה הריגת אוכלוסיה ליובש נהרות: **(כח) רועי.** מלך שלי: **(א) למשיחו.** כל שם גדולה קרויה משיחה; כמו, לְךָ נְתַתִּים לְמָשְׁחָה (במדבר יח, ח). ורבותינו אמרו למלך המשיח אומר הקדוש ברוך הוא, קובל אני לך על כורש, כדאיתא במסכת מגילה (יב,א), לרד לפניו גוים. להרקיע ולרדד לפניו גוים. לרד – לשטוח: **ומתני מלכים אפתח.** לשון חלשות הוא זה, ושבר כח; כי חגורת מתנים הוא זירוז כח; כמו, אֱזָר נָא כְגֶבֶר חֲלָצֶיךָ (איוב מ, ז), וְאַתָּה תֶּאְזֹר מָתְנֶיךָ (ירמיה א, יז), וּמְזִיחַ אֲפִיקִים רִפָּה (איוב יב, כא). לשון שברון כח: **לפתוח לפניו.** דלתי שערי בבל. שערים הוא חלל פתח השער, דלתים הם הפותחים ונועלין בהן את השער: **(ב) והדורים אישר.** תרגם יונתן, וְשׁוּרַיָּא אֲכַבֵּשׁ, כמו הדר הדרגה; על שם שסובבת החומה את העיר. ויש לפרש הדורים, אורחות מקלקלות איישר לפניו: **(ג) הקורא בשמך.** עדיין לא נולדת, ואני קורא לך שם כורש: **(ד) למען עבדי יעקב.** שתוציאהו מגלות בבל:

## רד״ק

שלא ישאר כל טוב בה אלא תחרב על ידי כרש. וכן ונהרותיך אוביש, דרך משל. והנה ביד האל הכל, כי הוא אמר לירושלם שהיתה חרבה שתבנה, ואומר לבבל שהיתה בנויה שתחרב: **(כח) האומר לכרש.** בעבור כרש. אומר שהוא רועה שלי, כלומר שינהג את צאני, והוא ישראל: **וכל חפצי ישלים.** בבבל ובירושלם: **והיכל תוסד.** הנה נמצא היכל זכר ונקבה, כי נמצא, וְהֵיכַל ה׳ לֹא יֻסָּד (עזרא ג, ו). ואפשר כי התי״ו תי״ו הנכח. ואמר תוסד כי בימי כרש לא עשו אלא היסוד, כי בטלו העמונים את מלאכתם והיתה בטלה עד שנת שתים לדריוש: **(א) כה אמר ה׳ למשיחו לכורש.** כמו שקראו רועי כן קראו. שהמלוכה היתה על ידי משיח הנקרא. המנוי שממנה האדם על איזה דבר בלשון משיחה. וכן, וּמָשַׁחְתָּ אֶת חֲזָאֵל (מלכים א יט, טו), תִּמְשַׁח לְנָבִיא תַּחְתֶּיךָ (שם פסוק טז), יַעַן מָשַׁח ה׳ (לקמן סא, א), וכן למשיחו לכרש, הממונה שלו, כי האל מנה אותו למלך: **לרד.** מקור מן הקל בשקל כְּשַׁךְ יְקוּשִׁים (ירמיה ה, כו). והוא מגזרת הָרוֹדֵד עַמִּי תַחְתָּי (תהלים קמד, ב). והוא ענין פרישה ורקיעה, כתרגום וַיְרַקְּעוּ (שמות לט, ג), וְרַדִּידוּ: **אפתח.** שלא יהיה בהם כח לפני כורש, כי האזור חוזק המתנים: **לפתוח.** כאלו הם פתוחות. וכן לא יסגרו כאלו לא יסגרו, שהרי אמר דלתות נחושה אשבור: **(ב) אני לפניך.** כלומר, עזרי ילך לפניך: **והדורים.** דרכים עקלקלות אישרם לפניך. והוא על דרך משל, שלא יכשלו בבאו לבבל בשום ענין. ודומה להדורים בדברי רבותינו זכרונם לברכה (חולין מח, ב), הדורא דכנתא: **אושר.** כתוב בוי״ו וקרי אישר ביו״ד. והענין אחד, כי אותיות אהו״י מתחלפות: **אשבור.** אגדע, כי בעזרתי תלכד בבל אף על פי שדלתותיה נחושה ובריחיה ברזל: **(ג) ונתתי לך אוצרות חשך.** כי מה שאדם אוצר מכסף וזהב ואבנים טובות תחת הקרקע יאצור אדם אותם, במקום שהוא חושך ומסתרים. ובבבל היו אוצרות רבות כמו שקורא אותה מַדְהֵבָה (לעיל יד, ד), כלומר בעלת הזהב: **ומטמוני.** בשור״ק המ״ם השניה: **למען תדע כי אני ה׳.** כי זה הנצוח שאתה עושה בארצות להכניע מלכי הארצות תחתיך, לא בחיל ולא בכח **כי אם ברוחי וברצוני.** וכרש הכיר זה בדעתו כי מה׳ היתה לו; וכן אמר, כֹּל מַמְלְכוֹת הָאָרֶץ נָתַן לִי ה׳ אֱלֹהֵי הַשָּׁמָיִם (עזרא א, ב). ולפי שהמלכים אשר לפניו התגאו ולא הכירו האל עד ששלח ידו בהם; כמו מלך אשור שאמר בְּכֹחַ יָדִי עָשִׂיתִי וּבְחָכְמָתִי כִּי נְבֻנוֹתִי (לעיל י, יג); ונבוכדנצר אמר, אֶעֱלֶה עַל בָּמֳתֵי עָב אֶדַּמֶּה לְעֶלְיוֹן (לעיל יד, יד). לפיכך התבונן כורש בעצמו וראה שהראשונים שנתגאו נפלו ביד האל, הכיר כי הכח לאל וידע כי בידו הכל, והוא המגביה והוא המשפיל: **(ד) למען עבדי יעקב.** זה שאני עושה לא למענך אלא למען עבדי יעקב, וכל זה להחריב בבל שהעבידום יותר מדאי והכבידו עולם, ולהוציאם מהגלות, בעבור זה אני נותן לך הכח הזה: **אכנך ולא ידעתני.** כי כמה שנים לפני כורש ולפני גלות ישראל התנבא הנביא על חרבן בבל, ואמר ואקרא לך בשמך, ואמר אכנך, כי פעם היתה בשם כורש כמו בזאת הפרשה, ופעם בלא זכר שם כרש, וזהו הכנוי: **ולא ידעתני.** ועדין לא

## מצודת דוד

**ונהרותיך אוביש.** כפל הדבר במילים שונות: **(כח) האומר לכורש.** אשר כל אחד אמר בעבור כורש שהוא יהיה רועי לרעות צאני, והם ישראל והוא ישלים חפצי לאבד את בבל ולשלוח את ישראל מן הגולה: **ולאמר.** לצוות בעבור ירושלים לבנות אותה ואת ההיכל יצוה ליסדה (כי בימיו לא נבנה כי אם היסוד ונשלם בימי דריוש, כמו שכתוב בחגי): **(א) למשיחו לכורש.** על משיחו על כורש רצונו לומר, על כורש שהגדיל והמשיל אותו: **אשר החזקתי בימינו.** הוא ענין מליצה ורצונו לומר, נתתי הכח בידו: **לרד.** לשטוח העכו״ם לפניו להיות לו למדרך הרגל: **ומתני מלכים אפתח.** רצונו לומר, אתיש כח המלכים הנלחמים עמו ולפי שמי שהוא חגור במתניו הוא מזורז וחזק לכן אמר כאלו אפתח האזור ויותש כחם: **דלתים.** דלתי שערי בבל: **לא יסגרו.** יבוא בם כחפצו כאלו אינה סגורים: **(ב) אני לפניך אלך.** תצלח במלחמה כאלו אלך לפניך להלחם בעבורך: **והדורים אישר.** דרכים המעוקמים אעשה ישרים ושוים רצונו לומר, לא תכשל בדרך מהלכך: **דלתות וכו׳.** הוא ענין מליצה לומר לא יתחזקו במבצר העיר: **(ג) ונתתי לך.** אמסור בידך אוצרות בבל: **אוצרות חושך.** דרך האוצר להטמן במקום חושך: **ומטמני מסתרים.** דברים הטמונים במקום סתר וכפל הדבר במילים שונות: **למען תדע.** אעשה לך כל זה למען תדע כי אני ה׳ עושה זאת ולא בכח ידך כי יהיה חוץ מן הטבע: **הקורא וכו׳.** אשר קורא בשם כורש עד לא נולדת הוא אלהי ישראל וממנו בא הדבר: **(ד) למען עבדי יעקב.** כל זה אעשה בעבור ישראל להוציאם מבבל: **ואקרא וכו׳.** פעם קראתי עליך בשמך כורש ופעם חתם שמו עם כי ידבר עליו והרי הוא כאלו מזכירו בשם הכנוי: **ולא ידעתני.** רצונו לומר, ולא בזכותך כי עדיין לא נוצרת ולא מצאת זכות אם כן אין זה כי אם למען עבדי יעקב:

## מצודת ציון

**אוביש.** מלשון יבש: **(כח) חפצי.** רצוני: **תוסד.** מלשון יסוד: **(א) למשיחו.** הוא ענין גדולה ורוממות; וכן, נְתַתִּים לְמָשְׁחָה (במדבר יח, ח): **החזקתי.** ענין אחיזה: **לרד.** ענין שטיחה; כמו, הָרוֹדֵד עַמִּי תַחְתָּי (תהלים קמד, ב): **אפתח.** ענין התרת הקשר; וכן, יִתְרִי פִתַּח (איוב ל, יא): **(ב) והדורים.** רצונו לומר, דרך מעוקם ומסובב. רבותינו זכרונם לברכה, הדרא דכנתא (חולין קיג, א), והם המעים המעוקמים ומסובבים זה על זה: **אישר.** מלשון ישר ושוה: **ובריחי.** כעין מטה עשוי לשומו אחורי השער לסגרו: **אגדע.** ענין כריתה; כמו, שִׁקְמִים גֻּדָּעוּ (לעיל ט, ט): **(ג) ומטמני.** מלשון הטמנה: **(ד) אכנך.** ענינו שם שאינו שם העצמי; וכן, וּבְשֵׁם יִשְׂרָאֵל יְכַנֶּה (לעיל מד, ה):

*The Temple shall be established*

*dry out your rivers'; 28 Who says of Cyrus, 'He is My shepherd, He will fulfill all*
*My desires,' to say of Jerusalem, 'It shall be built,' and of the Temple, 'It shall*
*be established.'*

**45**

*1 Thus said HASHEM to His anointed one, to Cyrus, whose right hand I have grasped,*
*to subdue nations before him, that I might loosen the loins of kings, to open doors*
*before him, and that gateways not be shut. 2 "I will go before you and I will straighten*
*the twisting paths; I will smash copper doors and sever iron bolts; 3 and I will grant you*
*the treasures of darkness and hidden riches of secret places, in order that you should*
*know that I am HASHEM Who has proclaimed your name — [I,] the God of Israel —*
*4 for the sake of My servant Jacob and Israel, My chosen one; I have proclaimed you*
*by name; I dubbed you, though you did not know Me. 5 I am HASHEM and there is no*

*Cyrus is made God's agent*

---

**27.** **הָאֹמֵר לַצּוּלָה חֳרָבִי וְנַהֲרֹתַיִךְ אוֹבִישׁ** — *Who says to the depths,"Dry up" and "I shall dry out your rivers."* "The depths" is a metaphor for Babylon (*Rashi*) because it had a plentiful water supply and because of its deep valleys that had plentiful water (*Radak*), or because it was as filled with people and money as the depths are filled with water (*Ibn Ezra*). *Dry out your rivers* is a metaphor for its destruction (*Radak*).

God is Omnipotent. He told Jerusalem, which was destroyed, that it will be built up, and now he told Babylon, which *was* built up, that it would be destroyed (ibid.).

**28.** **הָאֹמֵר לְכוֹרֶשׁ רֹעִי וגו׳** — *Who says of Cyrus, "He is My shepherd . . ."* Cyrus was the Persian conqueror of Babylonia, who allowed his Jewish subjects to rebuild the Temple. Isaiah foretold events that would occur two centuries in the future. See *Ezra* 1-2.

Cyrus is called *My shepherd* because he will lead My flock, Israel (*Radak*), as My king (*Rashi*), and *will fulfill all My desires.*

**45.**

The first half of the chapter is a prophecy "to" King Cyrus of Persia. This prophecy was uttered by Isaiah about 160 years before Cyrus became king. Cyrus was not a prophet, of course, but when this message was conveyed to him, he acted on it (although he failed to do so perfectly). The prophecy recorded in this chapter extols the supremacy of God and His total mastery of the universe.

**1.** **כֹּה־אָמַר ה׳ לִמְשִׁיחוֹ לְכוֹרֶשׁ** — *Thus said HASHEM to His anointed one, to Cyrus.* Although anointment literally refers to inaugurating a new king or Kohen Gadol by placing oil on his head, the word is also used to denote appointing someone to a position of authority or responsibility, as in *Numbers* 18:8 (*Rashi*). Thus Cyrus is called God's *anointed one,* because God designated him to conquer Babylon and to permit the Jewish people to return to the Land and rebuild the Temple. It may also be, however, that he was actually anointed when he became king of Persia (*Radak*).

**לָרַד** — *Subdue,* literally, *to spread downward* or *flatten* (*Rashi*). Cyrus will subjugate Babylon and force its people to perform hard labor (*Malbim*).

**וּמָתְנֵי מְלָכִים אֲפַתֵּחַ** — *That I might loosen the loins of kings,* i.e., I will weaken his adversaries. Just as "girding the loins" implies mustering strength or courage, "loosening the loins" denotes loss of courage (*Rashi*).

This prophecy was realized in the literal sense when Belshazzar's belt loosened from fright (*Daniel* 5:6): "the belt around his waist opened" (*Yefales Nesiv*).

**2.** **וַהֲדוּרִים אֲיַשֵּׁר** — *And I will straighten the twisting paths.* According to *Targum Yonasan,* this refers to the wall that encircles and twists around the city. God will enable Cyrus to destroy the walls of Babylon as a punishment for Babylon's destruction of the walls of Jerusalem (*Radak, Jeremiah* 50:15).

One method of defense in ancient times was to build a maze of *twisting paths* and roads as the only access to a city. Thus God promises to figuratively *straighten* these obstacles, meaning that He will ease the way for Cyrus (*Malbim*).

**3.** **אוֹצְרוֹת חֹשֶׁךְ** — *Treasures of darkness.* Treasures are usually hidden in dark places (*Metzudos*), underground. Babylon had many such hoards (*Radak*). Nebuchadnezzar hid his national treasure under the riverbed of the Euphrates River and God revealed them to Cyrus on the day the king authorized the rebuilding of the Temple (*Esther Rabbah* 2:1).

**לְמַעַן תֵּדַע כִּי־אֲנִי ה׳** — *In order that you should know that I am HASHEM.* Unlike Sennacherib and Nebuchadnezzar, Cyrus credited his victories to God's help. Recognizing that God has *proclaimed* [*his*] *name,* he let Israel return to its Land and rebuild the Temple (*Radak*).

**4.** **לְמַעַן עַבְדִּי יַעֲקֹב** — *For the sake of My servant Jacob.* God will shower Cyrus with success in order to bring about Israel's redemption (*Rashi*). However, the nation was not worthy of a return to its prior glory, as in the days of Joshua and David. The return authorized by Cyrus was of a lower spiritual and material order. The Second Temple did not have the same degree of holiness and miracles as the First (*Berachos* 4a).

**אֲכַנְּךָ** — *I dubbed you.* Many years before Israel's exile, centuries before Cyrus was born, God referred to him [sometimes by name and sometimes by allusion] as the eventual vehicle of Israel's return. Some prophecies relating to Cyrus do not

ו זוּלָתִי אֵין אֱלֹהִים אֲאַזֶּרְךָ וְלֹא יְדַעְתָּנִי: לְמַעַן יֵדְעוּ מִמִּזְרַח־שֶׁמֶשׁ וּמִמַּעֲרָבָה
ז כִּי־אֶפֶס בִּלְעָדָי אֲנִי יהוה וְאֵין עוֹד: יוֹצֵר אוֹר וּבוֹרֵא חֹשֶׁךְ עֹשֶׂה שָׁלוֹם וּבוֹרֵא
ח רָע אֲנִי יהוה עֹשֶׂה כָל־אֵלֶּה: הַרְעִיפוּ שָׁמַיִם מִמַּעַל וּשְׁחָקִים יִזְּלוּ־צֶדֶק
ט תִּפְתַּח־אֶרֶץ וְיִפְרוּ־יֶשַׁע וּצְדָקָה תַצְמִיחַ יַחַד אֲנִי יהוה בְּרָאתִיו: הוֹי
רָב אֶת־יֹצְרוֹ חֶרֶשׂ אֶת־חַרְשֵׂי אֲדָמָה הֲיֹאמַר חֹמֶר לְיֹצְרוֹ מַה־תַּעֲשֶׂה וּפָעָלְךָ

**רש"י**

**ולא ידעתני.** לא עשית רצוני, כי אני אמרתי הוא יבנה עירי, והוא כשעמד אמר מי בכם מכל עמו. רשות נתן להם לילך וכל הטורח פורק מעל צוארו: **(ז) יוצר אור.** לצדיקים: **ובורא חושך.** לבבל וכן עושה שלום ובורא רע: **(ח) הרעיפו שמים וגו'.** צדק האמור במקרא מוסב על הנזל ועל הרעיפה הרעיפו שמים צדק ושחקים יזלו צדק כלומר מאתי יבא הצדק להיטיב להם מן השמים: **בראתיו.** בראתי את הדבר הזה: **(ט) הוי רב את יצרו.** נתנבא ישעיה על חבקוק שעתיד לעמוד ולקרוא תגר על אורך הצלחתו של נבוכדנצר, עַד אָנָה ה' שִׁוַּעְתִּי וגו' (חבקוק א, ב); וַתַּעֲשֶׂה אָדָם כִּדְגֵי הַיָּם וגו' (שם פסוק ג). והקדוש ברוך הוא אמר לישעיה, למה זה בא לריב אתי? סבור הוא שאיני שם על לב להושיע את עמי. לעת מלאת; אשר תִּרְצֶה הָאָרֶץ אֶת שַׁבְּתֹתֶיהָ (ויקרא כו, לד):

**רד"ק**

היית יודע אותי כשהייתי קורא על ידי נביאי שאתה תחריב בבל: **(ה) אני ה' אאזרך.** אתן אזור במתניך עד שלא ידעתני. כי כבר דברתי על ידי עבדי הנביאים אליך שאתן לך כח על ממלכות הארץ ועל בבל: **(ו) למען.** וממערבה, הה"א רפה ואינה לכנוי, אלא הוא שם בלשון נקבה, כמו מערב שם בלשון זכר. ויתכן להיות הה"א כנוי לשמש, כי ימצא בלשון נקבה ואם היא רפה ימצא כמוה. וזכר ממזרח ומערב כי ממזרח למערב הוא הישוב השלם ולא כן מצפון לדרום: **(ז) יוצר אור ובורא חשך.** מלרע: **ובורא רע.** מלעיל. וזכר אור וחשך, ושלום ורע, דבר והפכו. זכרם למשל, כי כן יעשה האל, יתן אור ושלום וחשך ורע לבבל. ורע הפך שלום, כי השלום טוב והמלחמה רע. ואמר על אור ושלום יוצר ועשה, כי הם מעשה, ועל חשך ורע אמר בורא, כי אינה דבר; כי הסרת האור היא החשך, והסרת הטוב והשלום הוא רע, ובורא. ענין גזרה; כמו וְאִם בְּרִיאָה יִבְרָא ה' (במדבר טז, ל), גזר שיהיה. ואדוני אבי זכרונו לברכה פירש, ובורא חשך הארץ, כי היא הגורמת החשך בעולם, כשתשקע השמש הארץ מסך בין השמש ובינינו, לפיכך הוא החשך. ופירוש עושה שלום בין התולדות שהם הפוכות בטבעם. ובהסכמת ארבעה תולדות אלה יהיה בריאות הגוף, והוא שלום. ואם תכבד אחת מהם על חברתם, הקרה על החמה או החמה על הקרה, או הלחה על היבשה או היבשה על הלחה, זהו חלי הגוף שהוא רע. וזה יבא ממאכלים רעים לגוף, כי אם יהיו חמים ויאכל מהם יותר מדאי, תגבר יד תולדות החמה, או ההפך, כי כל אחת עומדת כנגד חברתה. או יבא החלי מדברים אחרים, והבורא ברא הדברים והמאכלים. ואף על פי שאדם גורם לעצמו החלאים שהם על המאכלים, הבורא יתברך בראם, זהו ובורא רע, ואף על פי שהוא לא בראם לרע. וכתב רבינו סעדיה, יחס הטוב והרע לבריאת האל כנגד מחשבה מי שהוא מאמין בשני אלוהות אחד טוב ואחד רע. לפיכך אמר אני ה' עושה כל אלה: **(ח) הרעיפו שמים ממעל.** ענין הזלה. וכן מן הקל, וּשְׁחָקִים יִרְעֲפוּ טָל (משלי ג, כ), והוא כמו הפוך: **ירעפו.** אמר זה על דרך משל על התשועה שתבא לישראל, כאלו מלאכי שמים באים לעזרתם, וכן יושבי הארץ: **ויפרו ישע וצדקה תצמיח יחד.** פירוש ויפרו ישע וצדקה שתצמיח הארץ יחד. ואף על פי שהזקף בישע דבק עם וצדקה, לפיכך אמר ויפרו לשון רבים: **בראתיו.** כל אחד מהם הישע והצדקה. ויונתן תרגם הפסוק על תחית המתים: **(ט) הוי רב את יוצרו.** אמר זה על מלך בבל שהיה מתגאה ומתנשא כנגד האל, והוציא כלי בית המקדש לשתות בהם. והמשיל משל ואמר, אם החומר יריב עם היוצר אותו, ויאמר לו מה תעשה? אני יודע יותר ממך: **חרש את חרשי אדמה.** כי זה המלך חרש יתחשב עם חרשי אדמה. כי ככלי יוצר נפץ במהרה; כמו שכתוב, בֵּהּ בְּלֵילְיָא קְטִיל בֵּלְאשַׁצַּר מַלְכָּא (דניאל ה, ל):

**מצודת דוד**

**(ה) זולתי וכו'.** כפל הדבר במילים שונות: **אאזרך.** נתתי לך חוזק ועדיין לא ידעת אותי כי עדיין לא נולדת: **(ו) למען ידעו.** את זה הודעתי מראש למען ידעו כולם אשר אין אלוה מבלעדי למחות בידי, לא כבשר ודם שמסתיר עצמו מפחד המוחה: **(ז) יוצר אור.** רצונו לומר, אני הוא העושה דבר והפכו, אני יוצר אור לישראל ואני בורא חושך לבבל, אני עושה שלום לישראל ואני בורא רע לבבל שהוא הפוך השלום והוא כפל ענין במילים שונות: **(ח) הרעיפו וכו'.** רצונו לומר, יבוא לישראל הרבה צדקה וישועה כאלו יזלו מן השמים ממעל וכאלו פתחה הארץ פיה והגדילה פרי הישע: **תצמיח יחד.** עם הישע תצמיח גם הצדקה: **בראתיו.** ומאז הכנתי להם הישע והצדקה: **(ט) הוי רב וכו'.** אמר זה על בלשאצר מלך בבל, הוי עליו הרב עם היוצר, וזהו במה שהיה מתנשא נגד האל והשתמש בכלי בית המקדש: **חרש את חרשי האדמה.** הלא הוא יחשב כחרס עם שאר חרסי האדמה ודומה להם, כי ככלי יוצר ינופץ במהרה; כמו שכתוב, בֵּהּ בְּלֵילְיָא קְטִיל בֵּלְאשַׁצַּר מַלְכָּא כַשְׂדָּאָה, (דניאל ה, ל): **היאמר.** וכי מהראוי שיאמר החומר להיוצר מה תעשה? הלא אין ממש במעשיך! רצונו לומר, הלא הוא בידי כחומר ביד היוצר, ואיך יתנשא למולי:

**מצודת ציון**

**(ה) אאזרך.** מלשון אזור וחגורה, והוא ענין חוזק, כי האזור במתניו הוא חזק ומזורז: **(ו) וממערבה.** הוא כמו ממערב, והזכיר בלשון נקבה: **(ח) הרעיפו.** ענין הזלה ונטיפה; כמו, יִרְעֲפוּן דָּשֶׁן (תהלים סה, יב): **ושחקים.** כן יקראו השמים: **יזלו.** מלשון הזלה ונטיפה: **ויפרו.** מלשון פרי: **(ט) רב.** מלשון מריבה: **יוצרו.** בוראו: **חרש.** כמו חרס בסמ"ך: **חומר.** טיט: **ליוצרו.** אומן החרס:

---

contain his name; rather they relate to his actions (*Radak; Mahari Kara*).

These references to the future Cyrus were made *though you did not know Me;* Isaiah prophesied about him long before his birth and his knowledge of God. This point shows that Cyrus's future success would not be due to his piety, but would be a gift from God in order to save His nation (*Abarbanel*).

Alternatively, God is expressing his displeasure with Cyrus for not rebuilding the Temple himself (*Rashi*) and for not repatriating all the Jews from exile (*Mahari Kara*). These failures indicated that Cyrus *did not know God.*

**5. אֲנִי ה' וְאֵין עוֹד זוּלָתִי אֵין אֱלֹהִים** — *I am* HASHEM *and there is no other; other than Me there is no God.* Isaiah was countering the common Persian misconception that good and evil cannot derive from the same source, for they are contradictory. The next three verses refute this by pronouncing that everything — whether man regards it as good or as evil — stems from the One God (*Radak* to v. 7, citing *Rabbeinu Saadia*).

*other; other than Me there is no God; I will gird you, though you did not know*
God is sovereign *Me,* [6] *in order that those from east and west would know that there is nothing*
*besides Me; I am HASHEM, and there is no other.* [7] *[I am the One] Who forms light*
*and creates darkness, Who makes peace and creates evil; I am HASHEM, Maker of all these.*

[8] *"Pour out, O heavens, from above, and let the upper heights drip generosity; the earth will open and salvation and goodness will flourish; let it make them sprout together; I am HASHEM, Who created this.*

[9] *"Woe to him who argues with his Creator, a shard among the shards of the earth! Does clay say to the one who forms it, 'What are you doing? Your creation is*

---

The answer to the "good and evil" conundrum is that good is a direct emanation from God whereas evil is simply its cessation; when God withdraws, evil can prevail because He permits it to, but it is not He Who imposes it. The terms *HASHEM* and *ELOHIM* allude to these two emanations. Hashem, the attribute of mercy, depicts God's direct creation, whereas Elohim, the attribute of justice, refers to the cessation of His mercy (*Malbim*).

**אֲאַזֶּרְךָ וְלֹא יְדַעְתָּנִי** — *I will gird you, though you did not know Me.* This is repeated from verse 4 in order to convey the two features of prophecy. First, God reveals exact details of future events, which is alluded to in the previous verse, where God declares that He named Cyrus far into the future. Second, when God foretells cataclysmic occurrences, nothing can prevent them, which is expressed in this verse, where God girds Cyrus with the power to conquer Babylon (*Abarbanel*).

**6. מִמִּזְרַח־שֶׁמֶשׁ וּמִמַּעֲרָבָה** — *From east and west.* These two directions characterize the full range of human habitation; north and south do not (*Radak*), because the earth's poles are not habitable (*Maharsha, Berachos* 4a; *Yifales Nesiv*). Alternatively, wherever the sun shines (*Malbim*).

**7. יוֹצֵר אוֹר וּבוֹרֵא חֹשֶׁךְ** — *Who forms light and creates darkness.* Light for the righteous and darkness for the Babylonians (*Rashi*).

Historically, the term "light" has symbolized new life, wisdom, happiness — all the things associated with goodness. "Darkness," however, is associated with suffering, failure, and death. This phrase, which has been inserted into the morning prayers, affirms that there is only one God, not a god of good and a god of evil. Everything is part of His plan, even the unpleasant aspects that are incomprehensible to human intelligence.

The light of this verse refers not merely to the new dawn, but to the physical forces of creation. Light is the energy-giving, life-giving force of the universe. In the words of the Psalmist (19:2), *The heavens declare the glory of God,* by functioning in accordance with His will (*Rav Munk*).

**8. הַרְעִיפוּ שָׁמַיִם מִמַּעַל וּשְׁחָקִים יִזְּלוּ־צֶדֶק** — *Pour out, O heavens, from above and let the upper heights drip generosity.* The term *generosity* refers back to the pouring of the heavens. Both the heavens and the upper heights will emanate generosity. From the heavens, a euphemism for God, generosity will come forth to better the plight of the Jewish nation (*Rashi*), as if angels bearing salvation are descending from heaven (*Radak*). Alternatively, tremendous salvation will *pour* down on them, as if it were raining from the heavens (*Metzudos*).

**תִּפְתַּח־אֶרֶץ וְיִפְרוּ־יֶשַׁע** — *The earth will open and salvation ... will flourish.* Much blessing will come forth, as if the earth is opening itself up (*Metzudos*). According to *Targum Yonasan,* this verse refers to the revivification.

**בְּרָאתִיו** — *Who created this.* The verse mentions two nouns, *generosity* and *salvation,* and should therefore end with the plural *them,* rather than the singular *this. Radak* explains that *this* refers to each one of the concepts mentioned in the verse.

Alternatively, the translation should read *Who created him,* a reference to Cyrus (*Abarbanel*).

The Sages understand *this* as an allusion to rain, which is both generosity and salvation, and pours from the heavens. The Sages expound that a day of rain is as great, or greater, than the day when the heavens and earth were created. "It does not say 'Who created them,' rather it says 'Who created this' [the rain that pours from the heavens]." God chooses the rain, over the creation of the heavens and earth, as an indication of His greatness (*Taanis* 7b), because man recognizes that without rain the earth would shrivel and die.

**9. הוֹי רָב אֶת־יֹצְרוֹ** — *Woe to him who argues with his Creator.* Isaiah prophesies about Habakkuk [1:1] (*Rashi*) and Jeremiah [12:1] (*Mahari Kara*), who complained to God about the success of Nebuchadnezzar and his subjugation of Israel. Now that God has shown Isaiah the crushing defeat of Babylon at the hands of Cyrus, God wonders how a human being made of earth can challenge his Creator (*Mahari Kara*).

Alternatively, the verse refers to Belshazzar, who had the gall to use the holy vessels of the Temple for his revelry *Radak*).

**חֶרֶשׂ אֶת־חַרְשֵׂי אֲדָמָה** — *A shard among the shards of the earth.* The *shard,* which shatters suddenly, is a metaphor for Belshazzar, who died suddenly on the night he desecrated the sacred vessels, as recorded in *Daniel* 5:30 (*Radak*).

י־יא אֵין־יָדַ֫יִם לוֹ: הוֹי אֹמֵ֥ר לְאָ֖ב מַה־תּוֹלִ֑יד וּלְאִשָּׁ֖ה מַה־תְּחִילִֽין: כֹּֽה־
אָמַ֧ר יְהֹוָ֛ה קְד֥וֹשׁ יִשְׂרָאֵ֖ל וְיֹצְר֑וֹ הָאֹתִיּ֣וֹת שְׁאָל֔וּנִי עַל־בָּנַ֕י וְעַל־פֹּ֥עַל יָדַ֖י תְּצַוֻּֽנִי:
יב־יג אָנֹכִי֙ עָשִׂ֣יתִי אֶ֔רֶץ וְאָדָ֖ם עָלֶ֣יהָ בָרָ֑אתִי אֲנִ֗י יָדַי֙ נָט֣וּ שָׁמַ֔יִם וְכָל־צְבָאָ֖ם צִוֵּֽיתִי: אָנֹכִי֙
הַעִירֹתִ֣הוּ בְצֶ֔דֶק וְכָל־דְּרָכָ֖יו אֲיַשֵּׁ֑ר הֽוּא־יִבְנֶ֤ה עִירִי֙ וְגָלוּתִ֣י יְשַׁלֵּ֔חַ לֹ֤א בִמְחִיר֙ וְלֹ֣א
יד בְשֹׁ֔חַד אָמַ֖ר יְהֹוָ֥ה צְבָאֽוֹת: כֹּ֣ה ׀ אָמַ֣ר יְהֹוָ֗ה יְגִ֨יעַ מִצְרַ֥יִם וּֽסְחַר־כּוּשׁ֮ וּסְבָאִים֒
אַנְשֵׁ֣י מִדָּ֗ה עָלַ֤יִךְ יַעֲבֹ֙רוּ֙ וְלָ֣ךְ יִהְי֔וּ אַחֲרַ֣יִךְ יֵלֵ֔כוּ בַּזִּקִּ֖ים יַעֲבֹ֑רוּ וְאֵלַ֤יִךְ יִשְׁתַּחֲוּ֙

### רש״י

**אין ידים לו.** אין מקום לו: **(י) הוי אומר לאב מה תוליד.** כסבור הוא להיות מרחם על הבן יותר מאביו. דבר אחר; הוי בן האומר לאב למה הולדת, דומה הוא לזה שהוא רב את יולדו: **(יא) האותיות שאלוני וגומר.** ה״א נקודה קמץ, למדת שאילה תמיהה. וכן פירשו, אם באתם לשאול לי אתם הנביאים שאלוני על אותות שמים ומופתים אשר אתם רואים נולדים בארץ, עליהם היו שואלים אותי מה הם. אבל על בני ועל פועל ידי ישרים שבשבילם יצרתי את הכל אתם באים לצוותי ולקרוא לפני תגר, תלוני. תמוה הוא; וכי עליכם לצוות על בני? אני כבר ברא[ת]י להם הישועה במחשבה שעלתה לפני כילד אנכי העירותיהו בצדק על כורש הוא אומר: **(יב) אנכי עשיתי ארץ.** ונתתיה לאשר ישר בעיני: **(יד) יגיע מצרים וגומר.** הרי הודעתי אתכם במה אושיע את בני מיד בבל; כי כורש, לכך העירותיהו בצדקי. ועוד אני מודיעכם תשועת סנחריב בימי חזקיהו כאשר ישוב (לעיל לז) מעל תרהקה. מלך כוש יבא לירושלים וחמדת כל אוצרות כוש ומצרים שילכו לעזור את כוש בידו, ויבא עם אותו השלל ויפול בירושלים, וחזקיהו ועמו יבזו את הכל. כן מפורש בסדר עולם שעל סנחריב נאמר: **אנשי מדה.** גובהי קומה: **עליך.** ירושלים: **בזקים יעבורו.** שהביאם שם סנחריב שלולים בקולרים, ולאחר מפלתו עמד חזקיהו ופטר את כל השבוים ונתגיירו והכירו מלכות שמים:

### רד״ק

**אין ידים לו.** ידמה שלא עשוהו ידים: **(י)** וכן המשילו לבן שאמר לאב מה תוליד או לאם מה תחילין, כי זה דבר שאינו. ואיך יתנשא מלך בבל על האל שהוא בידו כחומר ביד היוצר? וכן אמר על מלך אשור, הֲיִתְפָּאֵר הַגַּרְזֶן עַל הַחֹצֵב בּוֹ (לעיל י טו): **(יא) כה אמר ה׳.** האותיות שאלוני. יאמר כנגד העכו״ם, שאלו לי העתידות הבאות לישראל. אני אגיד לכם, לא כאלהיכם שאינם יודעים מאומה: **על בני.** על ישראל שהם בני ופועל ידי, תצוו לנביאים בעבורי שיאמרו לכם דברי, והם יגידו לכם מה אני עתיד לעשות בעבור בני. והכח בידי לעשות, כי אני בראתי הכל: **(יב) אנכי.** ואדם עליה בראתי. זכר האדם כי הוא ממונה עליה והוא ראש בריאות הארץ, וכל הנבראים בה בעבורו. אמר ידי נטו שמים, ואמר וכל צבאם צויתי; כמו שאמר דוד, כִּי הוּא צִוָּה וְנִבְרָאוּ (תהלים קמח, ה). להודיעך כי המעשה והנטיה לא היה אלא מצוה, והמצוה אינה בדבור אלא רצון: **(יג) אנכי הערותיהו בצדק.** הכנוי על כורש שזכר למעלה. אמר אני הוא שעשיתי כל זה, העיר העירותי לכרש שיעשה צדק ויוציא ישראל מהגלות ויחריב שונאיהם ומעבידיהם, וזהו צדק: **הוא יבנה עירי.** כי הוא נתן להם כסף וזהב לבנות הבית והעיר: **לא במחיר ולא בשחד.** כי אם לעשות רצונו. כי ידע בלבו כי אני המלכתיו; כמו שאמר, נָתַן לִי ה׳ אֱלֹהֵי הַשָּׁמַיִם (עזרא א, ב). ואמר, והוא פקד עלי לבנות לו בית: **וגלותי ישלח.** כמו שאמר, מִי בָכֶם מִכָּל עַמּוֹ יְהִי אֱלֹהָיו עִמּוֹ וְיַעַל (עזרא א, ג). והנה זאת אעשה לישראל, ועוד ישועה אחרת טרם זאת וטרם גלותם. והוא דבר סנחריב, ועל זה אמר: **(יד) כה אמר ה׳ יגיע מצרים.** וזה הענין כמו שאמר למעלה, נָתַתִּי כָפְרְךָ מִצְרַיִם כּוּשׁ וּסְבָא תַּחְתֶּיךָ, (לעיל מג, ג), ושם פירשנו הענין. וכן פירשנו בפרשת יִהְיוּ חָמֵשׁ עָרִים בְּאֶרֶץ מִצְרַיִם (לעיל יט, יח): **וסבאים אנשי מדה.** פירוש מדה גדולה; וכן, אַנְשֵׁי מִדּוֹת (במדבר יג, לב): **עליך יעברו.** כי מלך אשור העבירום על ירושלם: **ולך יהיו.** כי לקחו ישראל כל הבזה והם היו בזיקים ובשלשלאות, ועליך ואליך אמר לירושלים: **ואליך ישתחוו.** ואליך יתפללו להתירם ממאסרם, ויודו לך שאין אל אלא אתה, ואין עוזר זולתך, ואפס אלהים אלא אלהי ישראל:

### מצודת דוד

**אין ידים לו.** נדמה הוא כאלו לא עשאוהו ידים: **(י) הוי אומר לאב.** חזר והמשילו לבן האומר לאב, למה הולדת תולדות? ולאם יאמר, למה היה לך חבלי לידה? וכאומר, הלא ידעתם כי יבוא יומם וימותו, ולמה ילדתם לבהלה? וכן יחשוב בלשאצר לומר, אם כלי בית המקדש ישובו לירושלים, למה הוגלה בבלה וה׳ לא עוזרם: **(יא) האותיות שאלוני.** אמר נגד העכו״ם, שאלו לי העתידות לבוא על ישראל ואגידה לכם: **על בני.** בעבור ישראל שהם בני ופועל ידי תצוו, בעבורו להנביאים שיאמרו לכם בשמי מה יהיה בסופם: **(יב) אנכי עשיתי ארץ.** רצונו לומר, הלא הכל שלי ובידי לעשות כחפצי באין מוחה, ולזה שאלו ואגידה לכם, צויתי. אני צויתי שיהיו נבראים ומידי בא להם הממשלה בארץ: **(יג) אנכי העירותיהו.** על כורש האמור בתחילת הענין יאמר שהוא העיר לבבי לבוא על בבל ולהחריבה, וההערה היה בצדק, כי ראויה היא לאבדון: **וכל דרכיו אישר.** רצונו לומר, לא יכשל בהליכתו כאלו ילך בדרך ישר ושוה: **הוא יבנה עירי.** רצונו לומר, הוא יתן כסף וזהב לבנותה: **וגלותי.** ישראל שהגליתים לבבל ישלחם הוא לארצם: **לא במחיר.** לא יתן לו מי מחירם ולא יקבל ממי שוחד בעבורם: **(יד) כה אמר ה׳.** כאומר הנה השמעתיך הטובה שיבוא ממפלת בבל ועתה אודיעך הטובה שיבא ממפלת סנחריב בימי חזקיה: **יגיע מצרים וכו׳.** כי כשב סנחריב מעל תרהקה מלך כוש לבוא לירושלים למלחמה, הביא עמו חמדת כל האוצרות ששלל מכוש וממצרים ומסבא שהלכו לעזור לכוש, ומאנשיהם הביא עמו אסורים בשלשלאות. וכשנפל סנחריב סביב ירושלים, בזזו חזקיהו ועמו חמדת כל האוצרות ופטרו את האסירים ממאסרם. ולזה אמר העושר של מצרים והסחורות של כוש וסבא גבהי הקומה יעבורו דרך עליך וישארו לך: **אחריך וכו׳.** רצונו לומר, אותם שעברו עליך אסירים בזקים ילכו אחריך, כי יהיו סרים אל משמעתך: **ואליך ישתחוו.** להתירם ממאסרם:

### מצודת ציון

**(י) תחילין.** ענין חבלי הלידה; וכן, לֹא חַלְתִּי וְלֹא יָלַדְתִּי (לעיל כג, ד): **(יא) האותיות.** הבאות: **(יג) העירותיהו.** מלשון התעוררות: **במחיר.** ענין חליפות הדבר ושוויו; כמו, יִקְחוּ מִקְוֵה בִּמְחִיר (מלכים־א י, כח): **(יד) יגיע.** הוא העושר הבאה ביגיעה: **וסבאים.** אנשי סבא: **אנשי מדה.** רצונו לומר, מדה גדולה; וכן, אִישׁ מִדָּה (דברי הימים־א יא, כג): **בזקים.** בשלשלאות; כמו, רִתְקוּ בַזִּקִּים (נחום ג, י):

---

**אֵין־יָדַיִם לוֹ** — *Without [skilled] hands.* Could a vessel claim to its maker that it came into being without hands? (*Radak*). Alternatively, there is no *hand* to hold it, i.e., there is no place for your creation (*Rashi*).

**10. הוֹי אֹמֵר לְאָב מַה־תּוֹלִיד** — *Woe to he who says to a father, "What have you begotten?"* This continues the theme of verse 9: How could the prophets complain about God's conduct — did they think that they have more pity on Israel

*without [skilled] hands'?* [10] *Woe to he who says to a father, 'What have you begot-*
*ten?' or to a woman, 'For what have you gone into labor?'* [11] *Thus said* HASHEM, *the*
*Holy One of Israel and the One Who formed it: Ask Me about the future events, about*
*My sons and about the actions of My hands shall you command Me.* [12] *I made the*
*earth and I created man upon it; it is I, My hands spread out the heavens and I com-*
*manded all its hosts [to come into existence].* [13] *I aroused [Cyrus] with righteousness*
*and smoothed out all his paths; he will build My city and set My exiles free, not with*
*a price and not with a bribe, said* HASHEM, *Master of Legions."*
[14] *Thus said* HASHEM: *The toil of Egypt and the merchandise of Cush and the*
*Sabeans, men of stature, will pass to you and will become yours; they will*
*follow after you and pass in chains. They will prostrate themselves before you;*

---

than God, their Father (*Rashi, Mahari Kara*).

Belshazzar believed that if the holy vessels were destined to be returned to Jerusalem, then God would not have let them be removed from there in the first place. The prophet compares Belshazzar's belief to a fool who asks parents why they bothered having children since they will eventually die. Just as we understand that there is a reason to have children, so did God have a reason to permit the holy vessels to be removed from the Temple (*Metzudos*).

**11.** הָאֹתִיּוֹת שְׁאָלוּנִי — *Ask me about the future events.* To the prophets who questioned Him, God responds that it is impudent of them to imply that He is indifferent to Israel's plight; He created the world for their sake. *Shall you command Me* about them? I have already designated Cyrus to give them their freedom. Rather, they should ask Him about the meaning of the signs and omens that are in the heavens and the earth (*Rashi*).

Alternatively, Isaiah speaks to the nations. Ask My prophets about My conduct toward My people Israel, and they will tell you what I intend in the future for My people. I am not like your idols. They are powerless, but I can respond (*Radak*).

**12.** וְאָדָם עָלֶיהָ בָרָאתִי — *And I created man upon it.* I created the universe and I gave dominion to those I considered worthy (*Rashi*). The prophet specifies man because he is the purpose of Creation (*Radak*).

Alternatively, the *man* is Nebuchadnezzar, who was given sovereignty in order to exact punishment from Israel (*Mahari Kara*).

**13.** אָנֹכִי הַעִירֹתִהוּ בְצֶדֶק — *I aroused [Cyrus] with righteousness.* It is I who will arouse Cyrus with the righteous instinct to let Israel return to the Land and rebuild the Temple (*Radak, Abarbanel*), or to avenge Israel by destroying Babylon (*Mahari Kara*).

לֹא בִמְחִיר וְלֹא בְשֹׁחַד — *Not with a price and not with a bribe.* Cyrus will simply do God's will, with no ulterior motives. The king will know in his heart that God has granted him dominion, and therefore he will act out of respect for God's Will (*Radak*). This is in sharp contrast to the later exiles in which the Jews were forced to use bribery as the only way to avert evil decrees. The leaders of those nations would not acknowledge that their powers came from God.

**14-23.** According to *Seder Olam* and most commentators, the following prophecy refers to the salvation of Jerusalem from Sennacherib. In response to the prophets who questioned Him about the Babylonian exile, God related how He rescued His people from Sennacherib, as well (*Rashi*).

Alternatively, Isaiah was anticipating a question as to how the Jewish people could benefit from Cyrus, a heathen king, and his battles. Isaiah answered that just as Israel gained from the battle between Sennacherib and Tirhakah the king of Cush, as is described in this verse (see also *II Kings* 19:9), so, too, will Israel benefit from the downfall of the Babylonians at the hands of Cyrus. Additionally, Cyrus will recognize the existence of the true God, just as the Sabean captives brought back by Sennacherib recognized Him. It may also be that this prophecy refers to the triumph of Israel, under the leadership of the Hasmoneans, over the Syrian-Greeks, at the time of the Chanukah miracle (*Abarbanel*).

**God is Incorporeal and He is One.** In the course of this passage, Isaiah mentions two principles of Jewish belief: God has no body or any other physical aspect. Thus, when the Torah speaks of God in human terms — His hand or eyes — this is done purely to enable human beings to deal with concepts that are beyond human comprehension. When people think of strength they think of a strong arm. When they think of knowing what is happening far away, they think of eyes. But God has no hands or eyes, nor can a physical being be thought of as Hashem; it is a contradiction in terms. Also, there is no separate God Who controls good and a separate Satan who controls evil. God is One and inseparable, as we declare day and night, *Hear O Israel,* HASHEM *is our God,* HASHEM *the One and Only.*

**14.** יְגִיעַ מִצְרַיִם וּסְחַר־כּוּשׁ וּסְבָאִים — *The toil of Egypt and the merchandise of Cush and the Sabeans, men of stature.* When Sennacherib was about to attack Jerusalem, he was told that Tirhakah of Cush was coming to invade Assyria. Sennacherib hurried to Cush and routed the Cushites, along with the Egyptians and Sabeans, their allies. He then returned to Jerusalem with the plunder from that campaign, along with many prisoners in shackles. When his army was wiped out, the booty was left for the Jews and the prisoners became proselytes who recognized the true God (*Radak* 43:3; see *Rashi*).

Alternatively, during the Hasmonean period, much tribute and commerce came from far and wide to the Kingdom of Judah (*Abarbanel*).

טו אֵלַיִךְ יִתְפַּלָּלוּ אַךְ בָּךְ אֵל וְאֵין עוֹד אֶפֶס אֱלֹהִים: אָכֵן אַתָּה אֵל מִסְתַּתֵּר אֱלֹהֵי
טז יִשְׂרָאֵל מוֹשִׁיעַ: בּוֹשׁוּ וְגַם־נִכְלְמוּ כֻּלָּם יַחְדָּו הָלְכוּ בַכְּלִמָּה חָרָשֵׁי צִירִים:
יז יִשְׂרָאֵל נוֹשַׁע בַּיהוָה תְּשׁוּעַת עוֹלָמִים לֹא־תֵבֹשׁוּ וְלֹא־תִכָּלְמוּ עַד־עוֹלְמֵי
יח עַד: כִּי כֹה אָמַר־יְהוָה בּוֹרֵא הַשָּׁמַיִם הוּא הָאֱלֹהִים יֹצֵר הָאָרֶץ
יט וְעֹשָׂהּ הוּא כוֹנְנָהּ לֹא־תֹהוּ בְרָאָהּ לָשֶׁבֶת יְצָרָהּ אֲנִי יְהוָה וְאֵין עוֹד: לֹא בַסֵּתֶר
דִּבַּרְתִּי בִּמְקוֹם אֶרֶץ חֹשֶׁךְ לֹא אָמַרְתִּי לְזֶרַע יַעֲקֹב תֹּהוּ בַקְּשׁוּנִי אֲנִי יְהוָה

### רש״י

**אך בך אל.** יהו מודים שאין אלוה אלא ה׳ לבדו: (טו) **אכן אתה אל מסתתר.** וכן יאמרו להקדוש ברוך הוא, אכן הבנתנו כי לגבות חובותיהן של עמך אתה מסתתר מלהראות נלחוך כביכול. אין בך יכולת, ובהתעורר רחמיך אתה אלהי ישראל מושיע. כך מפורש במכילתא: (טז) **חרשי צירים.** אומני ציורים של פסילים שמעובדי כוכבים ומזלות: (יח) **לא תוהו בראה.** כי לשבת יצרה: (יט) **לא בסתר דברתי.** כשנתתי את התורה ולא אמרתי על תהו על חנם, לזרע יעקב בקשוני כי אם לקבל שכר גדול:

### רד״ק

(טו) **אכן.** כן יאמרו הם. או הם דברי הנביא, כי כן יודו העכו״ם. וכן הוא באמת שאתה אל מסתתר שאינך נראה, ואתה אלהי ישראל. כי בהם נראה כחך וגבורתך בתשועה שתושיעם בעת צרתם: **מסתתר.** פירשו יונתן כמו נסתר. שתרגם, בְּקוּשְׁטָא אַתְּ אֱלָהָא אַשְׁרֵיתָא בִּתְקוֹף רוּמָא שְׁכִינְתָּךְ. והחכם רבי אברהם בן עזרא פירש כמשפטו, שהוא מבנין התפעל; אמת כי אתה אל מסתתר, מסתתר מהגוי שאין לך חפץ בו, ואתה אלהי ישראל מושיע: (טז) **בושו וגם נכלמו.** אמר כי הכלימה יותר מן הבשת: **חרשי צירים.** אומני הפסילים. ונקראו צירים, שהוא ענין צִירִים וַחֲבָלִים יֹאחֵזוּן (לעיל יג, ח), כמו שנקראו עצבים. והנה הלכו בכלימה אומני הפסילים ועובדיהם, כי לא הושיעום בעת צרתם הפסילים שהביאו עמהם, אבל: (יז) **ישראל לא יבושו ולא יכלמו** כי הוא נושע בה׳ תשועת עולמים. ופירוש עולמים, זמנים ארוכים: **ולא תבשו.** דברי הנביא לישראל: **עד עולמי עד.** כל ימי עולם: (יח) **כי כה אמר ה׳.** אמר כי, לפי שזאת הפרשה טעם לאשר עליה שדבר בענין האלילים שלא יושיעו ולא יצילו ואין מושיע אלא האל שהוא ברא הכל: **ובורא שמים.** כבר פירשנו כי זה הענין זכר אותו הנביא כמה פעמים מפני האמונות הרעות שהיו בדורו: **הוא האלהים.** וכיון שהוא ברא הכל הוא האלהים רצונו לומר, השופט והמנהיג ולא הגלגלים והככבים. כי אף על פי שהם מנהיגים התחתונים, במצותי הם עושים ואני אלהים עליהם; כמו שכתוב, הוּא אֱלֹהֵי הָאֱלֹהִים (דברים י, יז). ואמר זה הענין כנגד עובדי האלילים, כי אין ראוי לעבוד אלא למי שהוא אדון על הכל. וכן הוא אומר, יוצר הארץ לקבל כח והנהגת העליונים: **ועושה.** מתקנה. כלומר הוא תקנה להיות יושבים עליה כשהקוה המים אל מקום אחד: **הוא כוננה.** כונן אותה להיות הנבראים עליה פרים ורבים, כמו שאמר להם פרו ורבו. ואם הם מתמעטים הוא בפשע בני אדם, שיש להם דעת להבין הטוב והרע, ובעשותם הרע הם מתמעטים. או זה על ידי זה במלחמה או על ידי מגפה מאת האל, כמו שנגף מחנה אשור שזכר, ובעונם נגפו ונתמעטו. כי האל ברא הארץ לפרות ולרבות, לא ברא אותה לתהו, להיות תהו מאין אדם ובהמה, אלא להיות יושבים עליה ואינם מתמעטים כי אם בעונם: **אני ה׳ ואין עוד.** מוחץ ורופא, ממית ומחיה, אלא אני לבדי: (יט) **בסתר דברתי.** כשדברתי במעמד הר סיני לא היה בסתר ובמקום ארץ חשך, שלא ראה ולא שמע אדם, כי נגלה נגלתי על הר סיני לזרע יעקב בקולות וברקים וענן כבד וקול שופר חזק מאד, ושמעו וראו הקולות המקומות הסמוכים להר סיני, ומהם שמעו אחרים ואחרים מאחרים. כי אי אפשר לענין גדול כזה שלא היה נודע בכל העולם. וכל זה לא עשיתי לתהו, אלא לצורך, כדי שידעו כי אני הוא האלהים. ואמרתי לזרע יעקב שיבקשוני; כמו שאמר, אָנֹכִי ה׳ אֱלֹהֶיךָ (שמות כ, ב); ולא יבקשו אחר זולתי, כמו שאמר, לֹא יִהְיֶה לְךָ אֱלֹהִים אֲחֵרִים עַל פָּנָי (שם פסוק ג). ואמרתי לזרע יעקב, והוא הדין לכל בני אדם. אלא הם ואבותם היו דבקים בי יותר משאר הגוים, ולקחתים סגולה מכל העמים. והיה להם לשאר העמים ללמוד מהם ולא לבקש אלהים אחרים כי לא יועילום. כמו שזכר, כי לא הועילו ולא הושיעו הפסילים שהיו במחנה אשור:

### מצודת דוד

**יתפללו.** רצונו לומר, ישאלו ויבקשו על ההתרה: **אך בך אל.** ויאמרו עתה ראינו שאך בישראל יש אל האמתי ואין עוד זולת האלהים אשר בישראל: (טו) **אכן.** באמת שאתם האל המסתתר ואינו נראה הוא אלהי ישראל המושיע: (טז) **בושו וכו׳.** אז יבושו כולם בראותם שאין ממש באלהיהם, כי לא היו להם למושיע כאשר הושיע המקום לישראל: **חרשי צירים.** האומנים העושים ציורי הפסילים ילכו להם בכלימה, כי יראו שאין ממש במעשיהם: (יז) **ישראל נושע בה׳.** אבל ישראל יהיה נושע בעזר ה׳ תשועה המתקיימת לעולם, ולכן לא תבושו כמו שיבושו עובדי הפסילים: **עד עולמי עד.** כל ימי עולם: (יח) **הוא האלהים.** וכאומר, אבל אין כח מה בצבא השמים הנבראים: **יוצר הארץ.** מי שיצר את הארץ ותקנה להיות מגולה מן המים הוא הכין כל אשר בה, ואין דבר ביד צבא השמים: **לא תוהו בראה.** כשבראה את הארץ לא בראה להיות תוהו כי אם לשבת בה בני אדם, אם כן בודאי הכין בה כל הצורך: **אני ה׳.** הבורא את אלה: **ואין עוד.** מי עמדי כמוני: (יט) **לא בסתר דברתי.** כשדברתי דברי על הר סיני הלא לא בסתר דברתי ולא במקום ארץ חושך, כי הדבר היה מפורסם בכל העולם, ואם כן היה להם להאומות בימים האלה לדעת שאני ה׳ ואין עוד, לא אמרתי וכו׳. כשאמרתי להם המצות לא אמרתי להם לעשותם על תוהו ובחנם, כי אם לקבל עליהם שכר הרבה, ואם כן היה להם להאומות בימים האלה לקבלם גם המה ולקבל שכר, ולא לעבוד לאלילים ללא יועיל:

### מצודת ציון

(טו) **אכן.** באמת: **מסתתר.** מלשון סתר: (טז) **ציריה.** ציורי הצורות: (יח) **ועושה.** ענין תקון; וכן, וַיְמַהֵר לַעֲשׂוֹת אֹתוֹ (בראשית יח, ז): **כוננה.** מלשון הכנה: **תוהו.** שממון: **לשבת.** מלשון ישיבה:

---

**וְאֵלַיִךְ יִשְׁתַּחֲווּ אֵלַיִךְ יִתְפַּלָּלוּ** — *They will prostrate themselves before you; they will pray before you.* The captives will bow to and beseech the Jews to unchain them and set them free (*Radak*).

*Abarbanel,* however, understands these two phrases independently, referring to two different events. The first occurred when the vanquished Syrian-Greeks prostrated themselves before the Hasmoneans. The second phrase refers to the Roman and other aristocracies that sent offerings to the Temple in recognition of the true God, as described by Josephus.

**15. אָכֵן אַתָּה אֵל מִסְתַּתֵּר אֱלֹהֵי יִשְׂרָאֵל מוֹשִׁיעַ** — *Indeed you are a God Who conceals Himself, the God of Israel is the Savior.* The captives will say to God, "You hide Your power in order to exact punishment from Your nation, but when Your mercy is aroused You show Your power of salvation" (*Rashi*).

Alternatively, the captives will say that although God is invisible, He becomes apparent through His salvation of Israel (*Radak*).

*they will pray before you, 'Only with you [Jerusalem] is God, and there is*
*The nations will confess*
*none other, except for God';* 15 *[and before God,] 'Indeed, You are a God Who*
*conceals Himself, the God of Israel is the Savior!'* 16 *They will all be ashamed*
*and humiliated; together the artisans of idolatrous forms will walk in shame.*
17 *But Israel is saved through HASHEM, an eternal salvation; you will not be*
*ashamed nor humiliated for all eternity.*

*God, the Creator*
18 *For thus said HASHEM, Creator of the heavens, He is the God, the One*
*Who fashioned the earth, and its Maker; He established it; He did not create*
*it for emptiness; He fashioned it to be inhabited: I am HASHEM and there is*
*no other.* 19 *I did not speak in secrecy, some place in a land of darkness; I*
*did not tell the descendants of Jacob to seek Me for nothing; I am HASHEM*

---

**16.** בּוֹשׁוּ וְגַם־נִכְלְמוּ כֻּלָּם — *They will all be ashamed and humiliated.* Humiliation is worse than shame (*Radak*), because shame is an internal feeling, whereas humiliation is public, caused by others (*Malbim*). When the heathens see God's redemption of the Jewish people and the destruction of His enemies, they will be mortified that they served a deity that has no power (*Metzudos*).

חָרָשֵׁי צִירִים — *The artisans of idolatrous forms.* The translation follows *Rashi. Radak* renders צִירִים as *sharp pains.* The prophet refers sarcastically to other deities as causing sharp pains to their worshipers, when they recognize the futility of the idols.

**17.** תְּשׁוּעַת עוֹלָמִים — *An eternal salvation.* God's salvation is not short lived. *Abarbanel* comments that this is an allusion to ultimate, truly eternal redemption.

**18-23.** The commentators differ regarding the concepts presented in this passage and its relationship to the previous one. According to *Radak,* Isaiah continues to speak about the futility of idols, by stating that the cosmos influence events on this world only at the behest of God.

According to *Abarbanel,* the passage relates to the final redemption, and the previous prophecies regarding Cyrus and Sennacherib were a preamble to this most important prophecy.

*Malbim* interprets verses 22-23 as delineating three proofs of God's omniscience. This principle is proven here in order to explain why one should place his trust in God even though He conceals Himself, as stated in verse 15.

**18.** בּוֹרֵא הַשָּׁמַיִם הוּא הָאֱלֹהִים — *Creator of the heavens, He is the God.* Since God created the heavens, He, not the cosmos, is the Judge and Supervisor of mankind (*Radak*)

יֹצֵר הָאָרֶץ וְעֹשָׂהּ — *The One Who fashioned the earth, and its Maker; He established it.* The spiritual heavens were brought into being on the first day of Creation, but the earth went through a series of refinements during the six days of Creation: the heavenly bodies were created, the waters were gathered into the sea, vegetation and life were created, and so on. The obvious difference between heaven and earth is that earth was being prepared for human habitation whereas the heavens were not. This verse describes the three stages of the earth's development: *Yetzirah* refers to the land mass, *Assiyah* to vegetation, and *Chaninah* to living beings. This is the first proof of God's omniscience with respect to the earth and its inhabitants (*Malbim*).

Alternatively, *Chaninah* refers to the power of propagation with which God invested man and animals. Wars and pestilence — resulting from sin — cause populations to diminish; they are a human interference in the laws of nature (*Radak*).

לֹא־תֹהוּ בְרָאָהּ לָשֶׁבֶת יְצָרָהּ — *He did not create it for emptiness.* God's plan was for humans to populate the earth and make use of life to achieve perfection. The sad reality, however, was that man usually fails, and this will cause God to wreak destruction on many nations at the End of Days (*Abarbanel*).

**19.** לֹא בַסֵּתֶר דִּבַּרְתִּי בִּמְקוֹם אֶרֶץ חֹשֶׁךְ — *I did not speak in secrecy, some place in a land of darkness.* The second proof of God's omniscience is His public revelation on Mount Sinai. Through the giving of the Torah, a "handbook" for living, we see His attention to the human race in general and the Jewish nation in particular (*Malbim*).

According to *Radak,* this verse condemns the heathens. The revelation at Mount Sinai was a public event with thunder, lightning, thick clouds, and a very powerful sounding of the shofar that was noticed by the world at large. The nations of the world should have taken this event to heart and not chased after powerless gods.

What distinguishes the revelation at Sinai from all others was the public nature of this revelation to huge multitudes. Other religions are based on the claims of individuals.

Alternatively, God asserts that His prophets revealed His Divinity to the people of the world (*Ibn Ezra*).

לֹא אָמַרְתִּי לְזֶרַע יַעֲקֹב תֹּהוּ בַקְּשׁוּנִי — *I did not tell the descendants of Jacob to seek Me for nothing,* rather to receive tremendous reward for every commandment (*Rashi; Mahari Kara*).

Alternatively, the commandments themselves are not empty; rather they are filled with righteousness and morality (*Abarbanel*).

According to *Malbim,* this is the third proof of God's omniscience. The laws of the Torah prove His concern about the human race and its success. These three proofs show that God concerns Himself with both the physical and spiritual success of human beings.

כ דִּבֵר צֶדֶק מַגִּיד מֵישָׁרִים: הִקָּבְצוּ וָבֹאוּ הִתְנַגְּשׁוּ יַחְדָּו פְּלִיטֵי הַגּוֹיִם
כא לֹא יָדְעוּ הַנֹּשְׂאִים אֶת־עֵץ פִּסְלָם וּמִתְפַּלְלִים אֶל־אֵל לֹא יוֹשִׁיעַ: הַגִּידוּ
וְהַגִּישׁוּ אַף יִוָּעֲצוּ יַחְדָּו מִי הִשְׁמִיעַ זֹאת מִקֶּדֶם מֵאָז הִגִּידָהּ הֲלוֹא אֲנִי יהוה
כב וְאֵין־עוֹד אֱלֹהִים מִבַּלְעָדַי אֵל־צַדִּיק וּמוֹשִׁיעַ אַיִן זוּלָתִי: פְּנוּ־אֵלַי וְהִוָּשְׁעוּ
כג כָּל־אַפְסֵי־אָרֶץ כִּי אֲנִי־אֵל וְאֵין עוֹד: בִּי נִשְׁבַּעְתִּי יָצָא מִפִּי צְדָקָה דָּבָר וְלֹא
כד יָשׁוּב כִּי־לִי תִּכְרַע כָּל־בֶּרֶךְ תִּשָּׁבַע כָּל־לָשׁוֹן: אַךְ בַּיהוָה לִי אָמַר צְדָקוֹת וָעֹז
כה עָדָיו יָבוֹא וְיֵבֹשׁוּ כֹּל הַנֶּחֱרִים בּוֹ: בַּיהוָה יִצְדְּקוּ וְיִתְהַלְלוּ כָּל־זֶרַע יִשְׂרָאֵל:

### רש"י

**אני ה' דובר צדק.** אחר שפתחתי להם בדבר צדקי להודיעם מתן שכרן, אחר כן הגדתי להם מישרים חוקי ותורתי שקודם מתן תורה נאמר להם (שמות יט, ה־ו) וְעַתָּה אִם שָׁמוֹעַ, וגו', וִהְיִיתֶם לִי סְגֻלָּה, וגו',. . . מַמְלֶכֶת כֹּהֲנִים, וגו': **(כ) התנגשו.** לשון הגשה, והנו"ן טפילה בו כאשר יאמר התנגפו: **פליטי הגוים.** אשר נשארו מחרבו של נבוכדנצר: **לא ידעו הנושאים את עץ פסלם.** להבין דעת: **(כא) השמיע זאת מקדם.** מי בפסיליכם אשר השמיע מקדם להביא אלהיכם תשועה איש איש לעובדיו: **הלא אני ה' ואין עוד.** שאני מודיע מה אני עתיד לעשות לעמי ואקיים דברי: **(כב) פנו אלי.** והניחו פסילכם כל אפסי ארץ ובכך תושעו: **(כג) בי נשבעתי.** ויצא מפי צדקה לקבל כל השבים אלי, דבר דברתי ולא ישוב. מהו הצדקה אשר יצאת מפי? כי לי תכרע כל ברך ואני אקבלם; כענין שנאמר, כִּי אָז אֶהְפֹּךְ אֶל עַמִּים וגו' (צפניה ג): **(כד) אך בה' לי אמר.** המקרא זה מסורס וכן פתרונו, אך לי בה' אמר צדקות ועוז. אף על פי שכל הגוים ישתחוו לפניו, אך לי לבדי כנסת ישראל, בה' הובטח לי צדקות ועוז, ולא יבאו מכחישי תורה לחלל כבודי, עדיו יבוא ויבשו וגומר. כל הנחרים בהקדוש ברוך הוא יבואו עדיו להתחרט על מה שעשו בחייהם ויבושו: **הנחרים.** המתגרים: **(כה) בה' יצדקו ויתהללו.** בהבטחת משען אהבתו ימצאו צדקה ויתפארו במעוז: **ויתהללו.** פרוונטי"ר בלע"ז:

### רד"ק

**אני ה' דובר.** מה שדברתי והגדתי להם לזרע יעקב צדק ומישרים הוא הכל: **(כ) הקבצו.** התנגשו, תהיו נגשים כלכם אלי: **פליטי הגוים.** הפחותים שבגוים, והם עובדי הפסילים, שאי אפשר שאין בגוים חכמים ומבינים כי הבל הוא עבודת הפסילים. ואם הם רבים קורא אותם פליטי, רוצה לומר פחותים. וכן, פְּלִיטֵי אֶפְרַיִם אַתֶּם (שופטים יב, ד), פירושו הפחותים שבאפרים לא ידעו. אלה הנושאים את עץ פסלם לא ידעו ולא יבינו איך הוא אלוה, והוא נושא אותו ומתפלל אליו. ובאמת הוא אל שלא יושיען: **(כא) הגידו.** איש לחברו, והגישו זה את זה לפני גדוליכם ומנהיגיכם: **אף יועצו יחדו.** הם אם ידעו זה, ויאמרו מי מכל אליליהם השמיע זאת מקדם טרם בואה, ומי מכל פסיליהם הגידה מאז לפני שתבא זאת הגזרה שהבאתי על מחנה אשור, וכן הגזרה שהבאתי על בבל. ואמר זאת כי על שתיהן דבר בפרשה שלמעלה מזו: **הלא אני ה'.** אני הוא שהגדתי על ידי עבדי הנביאים הגזרה הזאת טרם בואה, ואין עוד אלהים מבלעדי. שהגידה ואני הוא אל צדיק, כלומר נאמן בדברי ומושיע שהושעתי ירושלם ממלך אשור והושעתי ישראל מגלות בבל: **(כב) פנו אלי.** כמו שראיתם ישראל נושעים בי לפי שהם פונים אלי, כן אתם כל אפסי ארץ, כלומר כל הגוים מקצות הארץ ועד קצות הארץ, פנו אלי גם כן ותהיו נושעים בי גם כן, ותדעו כי אני אל ואין עוד: **(כג) בי נשבעתי.** השבועה היא הגזירה שלא תשוב. אמר בי נשבעתי שזה יהיה באחרית הימים, שיפנו אלי ויושעו כל אפסי ארץ. וזהו שאמר יצא מפי צדקה דבר ולא ישוב, רצונו לומר, יצא מפי בצדקה ולא ישוב אחור אותו הדבר. ומה הוא? כי לי תכרע כל ברך תשבע כל לשון; כמו שאמר צפניה הנביא, כִּי אָז אֶהְפֹּךְ אֶל עַמִּים שָׂפָה בְרוּרָה לִקְרֹא כֻלָּם בְּשֵׁם ה' לְעָבְדוֹ שְׁכֶם אֶחָד (צפניה ג, ט): **תשבע כל לשון.** כמו שאמר, וּבִשְׁמוֹ תִּשָּׁבֵעַ,(דברים ו, יג). רצונו לומר, שלא יזכירו שם אלהים אחרים ולא יכרעו לפניו, אלא לפני האל יכרעו ויתפללו, ובשמו ישבעו באמת: **(כד) אך בה' לי אמר צדקות.** המפרשים פירשו כי אלה דברי הנביא. ויש מפרשים, אמר הנביא, אלה העתידות לא ידעתי בדרך החכמה, אך בשם שאמר לו אלהי הצדקות והעוז. והחכם רבי אברהם בן עזרא פירש אך בה' לבדו צדקות ועוז ונכנסה מלת לי. והטעם בשם הדבר עמי, ואדוני אבי זכרונו לברכה פירש, אמר הנביא, אני נשבע בה' כי לי אמר צדקות ועוז: **עדיו יבא.** כלומר בעל צדקות, ועת יקרב אליו ויבשו ויכלמו כל הנחרים בו. רצונו לומר, כל הכועסים והקופצים בו. ויונתן תרגם, בְּרַם בְּמֵימְרָא וגו'. והנכון אצלי בפירוש הפסוק הזה, כי הוא דבק באשר למעלה ממנו. אמר תשבע כל לשון, אך בה' לבדו ולא באל אחר. והראיה לפירוש זה, כי תשבע אין לו קשר באותו הפסוק, כי לי שוזכר איננו לו קשורה, כי לא יקשר ענין שבועה בזה הדרך אלא עם בי"ת לא עם למ"ד, כמו, כִּי בָהּ' נִשְׁבַּעְתִּי (שמואל ב יט, ח), בִּי נִשְׁבַּעְתִּי (ירמיה כב, ה),

### מצודת דוד

**דובר צדק.** בתחילה אמרתי הצדק שתעשה בשכר המצות, ואחר כך הגדתי מישרים, הם חוקותי ותורתי שקודם מתן תורה. נאמר להם, וְעַתָּה אִם שָׁמוֹעַ וכו'. . . וִהְיִיתֶם לִי סְגֻלָּה וכו' (שמות יט, ה): **(כ) הקבצו וכו'.** הפחותים שבעכו"ם, עובדי האליל, הקבצו בואו אלי, התנגשו כולכם יחד להתווכח עמדי; אבל הנושאים את עץ פסלם אשר לא ימיש ממקומו, המתפללים אל אשר לא יוכל להושיע, לא ישימו לב לדעת ולהבין מעשיהם: **(כא) הגידו וכו'.** רצונו לומר, אם יש עמכם טענה הגידו אתם, או הגישו את חכמידהם שיאמרו הם; ואף יועצו יחדיו להשכיל למצוא מענה: **מי השמיע זאת.** מי מהפסילים השמיע השמועה הזאת קודם בואה, והוא מפלת בבל ואשור: **מאז הגידה.** מוסב על מלת מי לומר, מי הגידה מאז עד לא בא. וכפל הדבר במילים שונות: **הלא אני ה'.** הוא המגיד דבר מאז: **ואין עוד זולתי.** אין עוד אלהים לדעת הנולדות: **אל צדיק וכו'.** לא יש זולתי אל צדיק ומושיע: **(כב) פנו אלי.** אתם העכו"ם היושבים בקצות הארץ פנו אלי להאמין בי, ואז תהיו נושאים כי אני אל והכל בידי ואין עוד זולתי: **(כג) בי נשבעתי.** הריני נשבע בי אשר יצא מפי דבר צדקה ואמת: **דבר.** מוסב על יצא מפי לומר, יצא מפי דבר ולא ישוב הדבר ההוא; רצה לומר, לא אחזור בי, והוא כפל ענין במילים שונות: **כי לי תכרע.** וזהו הדבר היוצא אשר בימים העתידים יכרעו כל הברכים לי ולא לעכו"ם, כי כולם יקבלו עול מלכותי עליהם: **תשבע.** מוסב על מלת לי, לומר, לי תשבע כל לשון לקבל אותי לאלוה ולהאמין בי: **(כד) אך בה'.** זהו מאמר הנביא, שאמר, אף שכל העכו"ם יאמינו בה', אך הריני נשבע בה' אשר לי לישראל לבד הבטיח. ואמר צדקות ועוז; רצונו לומר, הצדקות והעוז שיהיו לישראל יהיו מיוחדת, ולא יהיו בערך אחד עם של העכו"ם: **עדיו יבוא.** כל אחד מהעכו"ם יבוא לישראל להיות סר למשמעתו, וכל הכועסים בו לשעבר יבושו אז: **(כה) בה' יצדקו.** בהבטחת משען ה' ימצאו ישראל צדקה, ויתהללו מפי כולם על שהשכילו לדעת מעולם שה' הוא האלהים ודבקו בו:

### מצודת ציון

**(כ) התנגשו.** מלשון הגשה: **פליטי.** ענין פחות ושפל; כמו, פְּלִיטֵי אֶפְרַיִם (שופטים יב, ד); ופירושו הפחותים והנבזים שבאפרים: **פסלה.** מלשון פסל וצורה: **(כא) אין.** ענינו כמו לא: **(כב) פנו.** מלשון הפנה וסבוב: **אפסי ארץ.** קצות הארץ כי בקצה הארץ כאלו אפס וכלה: **(כג) תכרע.** מלשון כריעה: **ברך.** מלשון ברכים, והם פרקי הרגלים: **(כד) ועוז.** ענין חוזק: **עדיו.** אליו; כמו, תִּגַּע עָדֶיךָ (איוב ד, ו): **הנחרים.** מלשון חרון כעס; וכן, בְּנֵי אִמִּי נִחֲרוּ בִי (שיר השירים א, ו): **(כה) ויתהללו.** מלשון הלול ושבח:

*Who speaks righteousness, Who declares uprightness.* [20] *Gather yourselves,*
*come and approach together, O survivors of the nations, who do not know,*
*who carry about the wood of their graven image, and pray to a god who*
*cannot save.* [21] *Proclaim and approach; even let [your leaders] take counsel*
*together: Who let this be heard from aforetimes, or related it from of old? Is*
*it not I, HASHEM? There is no other god besides Me; there is no righteous god*
*besides Me and no savior other than Me.* [22] *Turn to Me and be saved, all ends*
*of the earth, for I am God and there is no other.* [23] *I swear by Myself, righteous-*
*ness has gone forth from My mouth, a word that will not be rescinded: that to*
*Me shall every knee kneel and every tongue swear.*
[24] *Only in HASHEM, Who spoke to me, is there righteousness and strength; all*
*who anger Him will come to Him and be ashamed.* [25] *All the seed of Israel will be*
*vindicated and will glory in HASHEM.*

**רד"ק**

וּבִשְׁמוֹ תִּשָּׁבֵעַ (דברים ו, יג), וָאֶשָּׁבַע לוֹ בַה׳ (מלכים־א ב, ח), וכן כולם: **לי אמר.** ה׳ צדקות ועוז. וכן האל אמר לי צדקות ועוז לתתה לאשר עבדוני. עדיו יבא ויבשו כל הנחרים בו. כל העמים שהיו נחרים בו ומואסים בו ובעבודתו עד היום ההוא, אז יבאו עדיו ויתודו לפניו ויבשו על מה שעשו. ואמר יבא בלשון יחיד רצונו לומר, כל עם ועם. ואמר במסרה כי יבא זה אחד מן דסברין לשון רבים: **(כה) בה׳ יצדקו.** העמים יבשו אבל זרע ישראל יצדקו בעבודתם אותו ויתהללו בו לעיני העמים, כי הם דבקו בו אפילו בגלותם, כמו שאמר, אִם שָׁכַחְנוּ שֵׁם אֱלֹהֵינוּ וַנִּפְרֹשׂ כַּפֵּינוּ לְאֵל זָר (תהלים מד, כא):

**דֹּבֵר צֶדֶק מַגִּיד מֵישָׁרִים** — *Who speaks righteousness, Who declares uprightness.* First God revealed the reward for keeping His commandments and then He revealed them (*Rashi*). *Righteousness* refers to His recompense for those who keep the commandments of the Torah.

**20. פְּלִיטֵי הַגּוֹיִם** — *Survivors of the nations,* i.e., the survivors of the cataclysmic destruction that God will wreak at the End of Days (*Abarbanel*). Alternatively, the phrase refers to the unlearned non-Jews who believe in idols, not the wise people among them who knew that the idols were worthless (*Radak*).

**הַנֹּשְׂאִים אֶת־עֵץ פִּסְלָם** — *Who carry about the wood of their graven image.* Those who carry [or wear around their necks] religious talismans haven't the faintest idea what they are serving and why they are practicing their rituals (*Malbim*).

**21. הַגִּידוּ וְהַגִּישׁוּ אַף יִוָּעֲצוּ יַחְדָּו** — *Proclaim and approach; even let [your leaders] take counsel together.* Isaiah challenges the nations. If they think they can refute him, let them come and debate him (*Metzudos*). The heathens have never been able to disprove anything from the Torah; rather they try to replace it with their own fabrications.

**מִי הִשְׁמִיעַ זֹאת מִקֶּדֶם מֵאָז הִגִּידָהּ** — *Who let this be heard from aforetimes, or related it from of old?* Did any of the deities foretell that the Babylonians and Assyrians would have their downfall? (*Radak*).

Alternatively, which deity revealed himself or presented a superlative code of law and conduct, as God did on Mount Sinai? (*Malbim*).

**צַדִּיק וּמוֹשִׁיעַ** — *Righteous ... savior.* God is *righteous* in His destruction of the Assyrians and Babylonians and is Israel's *savior* from them (*Abarbanel*).

**22. פְּנוּ־אֵלַי וְהִוָּשְׁעוּ** — *Turn to Me and be saved.* No other deity is a savior, either physically or spiritually (*Malbim*).

**23. יָצָא מִפִּי צְדָקָה** — *Righteousness has gone forth from My mouth.* God, in His righteousness, will accept penitents from other nations (*Rashi*). Alternatively, the word *tzedakah* is rendered *words of truth* (*Ibn Ezra*).

**דָּבָר וְלֹא יָשׁוּב** — *A word that will not be rescinded.* God never retracts a prophecy for good, even if the intended beneficiary later sins (*Mahari Kara*).

**24. אַךְ בַּה׳ לִי אָמַר צְדָקוֹת וָעֹז** — *Only in HASHEM, Who spoke to me, is there righteousness and strength.* In his own words, Isaiah reiterates the above prophecy that all other deities are powerless (see *Ibn Ezra; Radak*). Alternatively, Isaiah swears that his words were not his own, but rather a prophetic vision (*Radak*).

*Rashi* renders: Only to me, the Jewish people, has God promised generosity and power. Although the heathens will recognize the truth at the End of Days, they will not attain the glory reserved for Israel, who cling to Him tenaciously throughout the generations.

**עָדָיו יָבוֹא וְיֵבֹשׁוּ כֹּל הַנֶּחֱרִים בּוֹ** — *All who anger Him will come to Him and be ashamed.* Those who fought and loathed God during their lifetimes will approach Him in repentance and humiliation at the End of Days (*Rashi; Radak*).

The nations will approach God individually, hence the singular יָבוֹא, *will come* (*Radak;* see *Avodah Zarah* 2a). Alternatively, the term *ashamed* denotes rejection; those who persecuted the Jews will not be accepted. According to this interpretation the phrase "all who anger *Him*" refers to those who fought against His people, because the enemies of Israel are the enemies of God Himself (*Alshich*).

**25. וְיִתְהַלְלוּ כָּל־זֶרַע יִשְׂרָאֵל** — *All the seed of Israel ... will glory in HASHEM.* In contrast to other nations, the Jewish nation will exult because they never abandoned God and the Torah (*Radak*).

**מו** א כָּרַע בֵּל קֹרֵס נְבוֹ הָיוּ עֲצַבֵּיהֶם לַחַיָּה וְלַבְּהֵמָה נְשֻׂאֹתֵיכֶם עֲמוּסוֹת מַשָּׂא לַעֲיֵפָה:
ב־ג קָרְסוּ כָרְעוּ יַחְדָּו לֹא יָכְלוּ מַלֵּט מַשָּׂא וְנַפְשָׁם בַּשְּׁבִי הָלָכָה: שִׁמְעוּ
אֵלַי בֵּית יַעֲקֹב וְכָל־שְׁאֵרִית בֵּית יִשְׂרָאֵל הַעֲמֻסִים מִנִּי־בֶטֶן הַנְּשֻׂאִים מִנִּי־
ד רָחַם: וְעַד־זִקְנָה אֲנִי הוּא וְעַד־שֵׂיבָה אֲנִי אֶסְבֹּל אֲנִי עָשִׂיתִי וַאֲנִי אֶשָּׂא וַאֲנִי
ה־ו אֶסְבֹּל וַאֲמַלֵּט: לְמִי תְדַמְּיוּנִי וְתַשְׁווּ וְתַמְשִׁלוּנִי וְנִדְמֶה: הַזָּלִים
זָהָב מִכִּיס וְכֶסֶף בַּקָּנֶה יִשְׁקֹלוּ יִשְׂכְּרוּ צוֹרֵף וְיַעֲשֵׂהוּ אֵל יִסְגְּדוּ אַף־יִשְׁתַּחֲווּ:

### רש"י

(א) **כרע בל קורס נבו.** אלהותיהם של בבל כרעו. קרסו לשון שחוק של עבודת כוכבים הוא, כמי שיש לו חולי מעיים ואינו מספיק לישב על מושב בית הכסא עד שהוא נתרז. כרע בל קורס נבו, אישקרופי"ר בל, קונקיא"ה נבו. כך שמעתי משמו של רבינו גרשום מאור הגולה, היו עצביהם. צלמי צורתם של בל ונבו היו לחיה ולבהמה, נדמו להיות כחיה וכבהמה שמזהימין ומלכלכין עצמן ברעי שלהם: **נשואותיכם עמוסות משא.** רעי שבמעיהם כבדות הם לעמום כמשא לאדם עיף, לפיכך קרסו כרעו יחדיו הקריסה עם הכריעה: (ב) **לא יכלו מלט משא.** להפליט הצואה שבמעיהם כשאר המוציאין כהוגן: **מלט.** לשון הוצאה ממקום בלוע; וכן, שָׁמָּה קִנְּנָה קִפּוֹז וַתְּמַלֵּט (לעיל לד, טו); הוציאה ביצתה. וכן, וְהִמְלִיטָה זָכָר (לקמן סו, ז). ויונתן לא תרגם כן המקראות הללו: (ג) **העמוסים מני בטן.** מאז נולדתם בבית לבן הארמי עמסתי אתכם על זרועותי; כי מאז עמדו עליכם עובדי כוכבים בכל דור ודור. ולא כעובדי כוכבים שהיו עומסים ונושאים את אלהיהם כמו שאמור למעלה, אבל אתם עמוסים ונשואים בזרועותי: (ד) **ועד זקנה.** אשר זקנתם וכלה כחכם, שאין לכם זכות, אני הוא ברחמי ובמדת טובי להושיעכם ולעמום ולשאת למלט. לפי שאמר על יראתם שהיא נסבלת וגם משאה אינה יכולה למלט, אמר אני הסובל אחרים ואת משאם אמלט: (ה) **ותמשילוני.** כמו, וָאֶתְמַשֵּׁל כֶּעָפָר וָאֵפֶר (איוב ל, יט); לשון דמיון, ונדמה. ונהיה אני והוא דומין זה לזה: (ו) **הזלים זהב מכיס.** לשון, יִזְּלוּ מָיִם (תהלים קמז, יח): **בקנה ישקולו.** הוא קנה המאזנים שקורין פליי"ל בלע"ז:

### רד"ק

(א) **כרע בל.** עתה שב לצחוק על הפסילים שזכר הנושאים את עץ פסלם. אמר כי כשנלכדה בבל, לא די שלא הצילם אלהיהם אלא הוא עצמו כרע, רצונו לומר, ששברו אותו וכרע ונפל לארץ. וכן נבו קורס, והוא כמו כרע. ובל הוא שם פסל שעובדים אותו בבבל, וכן נבו: **לחיה ולבהמה.** שנשאו אותם אחר ששברו אותם. טענו אותם על הבהמות להוליכם למדי ופרס כי היו מכוסים כסף וזהב. ויש חיה שטוענים עליה משא כמו הפיל: **נשאותיכם עמוסות.** אמר דרך שחוק ולעג מנשאותיכם הם עמוסות הבהמות. כלומר טעונות יותר מדאי כי יכבדו המשאות מרוב הזהב שבהם עד שיאמרו החמרים והגמלים: **משא לעיפה.** עיפה, תאר לבהמה שהיא עיפה מכובד משאה: **נשואותיכם.** כמו משואותיכם, והוא תאר. ויש לפרש נשואותיכם תאר לבהמות הנושאות. ואמר עמוסות, שהם טעונות יותר מדאי. וכנוי נשואותיכם כנגד העצבים ללעג, הבהמות הנושאות אותם עמוסות הם ועיפות. ויונתן תרגם, חֲמִיט בֵּל אִתְקְטֵף נְבוֹ וגו'. ועוד שנה הענין ואמר: (ב) **קרסו כרעו.** מלט משא, למלט עצמם מן המשא שלא ישאו אותם הבהמות. ונפשם, הם עצמם הלכו בשבי, כל שכן שלא הצילו עובדיהם: **ונפשם.** עצמם; כמו, בַּרְזֶל בָּאָה נַפְשׁוֹ (תהלים קה, יח), או אמר נפשם לפי מחשבת עובדיהם. ויונתן תרגם, וְלָא יָכִילוּ לְשֵׁיזָבָא נַטְלֵיהוֹן וּפִלְחֵיהוֹן בְּשִׁבְיָא אֲזָלוּ: (ג) **שמעו.** אמר וכל שארית על גלות בבל שהיו שארית עשרת השבטים שגלו ראשונה, והם לא שבו בשוב גלות בבל: **העמוסים מני בטן.** אתם עמוסים ונשואים מבטן ומרחם אמכם. וכן אשא ואסבול עלי אתכם עד שיבה, כלומר כל ימיכם לא אטוש אתכם. או אמר ועד שיבה, שצריך יותר סבל וסעד. רוצה לומר, כי בכל עת שתהיו בצרה אני אסבול אתכם. וכן אמר דוד, עָלֶיךָ הָשְׁלַכְתִּי מֵרָחֶם (תהלים כב, יא): (ד) ואמר **ועד זקנה ושיבה אלהים אל תעזבני.** שיבה יותר מזקנה, וכן אמרו, בֶּן שִׁשִּׁים לְזִקְנָה, בֶּן שִׁבְעִים לְשֵׂיבָה (אבות ה, כה). **אני הוא.** אני הוא עמכם: **אני עשיתי.** וכיון שעשיתי וגדלתי אתכם, עלי לשאת ולסבול אתכם. והמשא והסבל עליו יתברך היא דרך משל: **ואמלט.** אמלט אתכם מגלות בבל: (ה) **למי תדמיוני.** ונדמה, ואהיה נדמה. אמר זה כנגד בני בבל שהיו בוטחים בפסיליהם ומעבידים ישראל ואומרים לא יוכל אלהיהם להציל אותם מידינו כי אלהינו מסרם בידינו. לפיכך אמר, איך תדמו אותם אלהים לי? כי אותם הם מזהב וכסף ומעשה ידי אדם הם: (ו) **הזלים.** ענין זול. בדברי רבותינו זכרונם לברכה, מוציאין הזהב בזול אף על פי שהזהב ביוקר הם עושים אותו לפסילים כזול ומוציאים הרבה ממנו מכיסם: **בקנה.** הוא קנה המאזנים: **אף ישתחוו.** ההשתחואה יותר מהסגידה, לפיכך אמר אף כמו שפירש בפסוק יסגוד לו וישתחו:

### מצודת דוד

(א) **כרע בל.** עתה שב לצחוק על הפסילים ואמר, כשנלכדה בבל כרע בל על ברכיו ונפל לארץ ולא הציל את עצמו: **קורס נבו.** כפף קומתו להיות מוטה לארץ: **היו עצביהם.** הטעינו את העצבים על החיות ועל הבהמות להוליכם בגולה: **נשואותיכם עמוסות.** הבהמות הנושאות אתכם המה עמוסות יותר מדי, והנכם משא כבד על הבהמה העייפה: (ב) **קרסו כרעו יחדיו.** כל העצבים יחד כפפו קומתם וכרעו על ברכיהם ולא יכלו למלט את עצמם מן המשא לבל לשאתם בגולה: **ונפשם.** הם עצמם הלכו בשבי, וכאומר, ואיך אם כן, יוכלו להציל את העובדים להם? (ג) **שארית בית ישראל.** כי עשרת השבטים כבר גלו והיו רובם: **העמוסים.** הטעונים עלי מאת צאתם מבטן. ולפי שאמר למעלה שהעצבים יהיו עמוסים על הבהמות, לזה אחז במשל מהאומן הנושא את היונק שהוא נושא ואינו נושא; ורצונו לומר, שהוא מעולם בעזרתם: **הנשואים וכו'.** כפל הדבר במילים שונות: (ד) **ועד זקנה.** כמו שנשאתי אותם מעת צאתם מבטן כן אשא אותם עד הזקנה ועד ימי השיבה אסבול **אותם על שכמי.** רצונו לומר, כמו שהייתי בעזרתם מאז, כן אהיה עד עולם: **אני עשיתי וכו'.** לא כהפסילים אשר האומנים עשאום ואף המה נושאים אותם וסובלים משאם ובבוא האויב לא יכלו למלט את עצמם; כי אני עשיתי את ישראל ואני אשא אותם ואסבול משאם, רצונו לומר, אהיה בעזרתם ואמלטם מן האויב בבואו: (ה) **למי תדמיוני.** אל מי תדמו אותי ותאמרו שאני שוה לו: **ותמשלוני ונדמה.** אל מי תמשילו אותי ונהיה דומים אני והוא: (ו) **הזלים.** אתם העכו"ם השופכים זהב מן הכיס ושוקלים כסף בקנה המאזנים, ושוכרים צורף ועושים אל וישתחוו אליו:

### מצודת ציון

(א) **בל נבו.** שמות גלולים של בבל: **קורס.** ענין כפיפה, והוא מלשון קַרְסֵי זָהָב (שמות כו, ו) שהיו כפופים בראשיהם לתחבם בלולאות: **עצביהם.** כן יקראו הגלולים על שם שמעציבים לב עובדיהם, צועקים אליהם ואינם נענים: **עמוסות.** ענין הטענת משא כבד; וכן, אָבִי הֶעְמִיס עֲלֵיכֶם (מלכים־א יב, יא): **לעיפה.** מלשון עייפות ויגיעה: (ב) **מלט.** ענין הצלה: **ונפשם.** כמו וגופם; וכן, וְרֵיקָה נַפְשׁוֹ (לעיל כט, ח): (ג) **שארית.** שיור: **מני.** מן והיו"ד נוספת: **הנשואים.** מלשון משא: **רחם.** רחם האשה: (ד) **שיבם.** הוא יותר מהזקנה: **אסבול.** ענין טעינת משא; וכן, יָסוּר סֻבֳּלוֹ (לעיל י, כז): (ה) **תדמיוני.** מלשון דמיון: **ותשוו.** מלשון השואה: **ותמשלוני.** ענין דמיון: (ו) **הזלים.** מלשון הזלה ושפיכה; וכן, יִזְּלוּ מָיִם (תהלים קמז, יח): **מכיס.** ענין אמתחת ושק: **בקנה.** הוא כעין מטה ובו תולים מאזני המשקל: **ישקולו.** מלשון משקל: **ישכרו.** מלשון שכר: **יסגדו.** ענין השתחואה אלא שקטנה הימנה; וכן, וַיִּסְגָּד לָמוֹ (לעיל מד, טו):

**46** Collapse of the idols

[1] *Bel is kneeling; Nebo is doubled over. Their idols [were loaded] on the beast
and the animal; your bearers are overloaded, it is a burden on the weary.
[2] They have doubled over and fallen on their knees together; they could not
escape being carried off, and have themselves gone into captivity. [3] Listen to
Me, O House of Jacob, and all the remnant of the House of Israel, who are borne
[by Me] from birth, who are carried from the womb. [4] Until [your] old age I
remain He, and until [your] hoary years I will carry [you]; I made [you] and I
will bear [you], I will carry [you] and I will rescue [you]. [5] To whom can you
liken Me, or consider equal, or compare Me that we should seem alike? [6] — to
those who pour gold from the purse and weigh silver in a balance-scale; who
hire a goldsmith to make it into a god; who bow and even prostrate themselves;*

**46.**

**1-2.** Bitingly and sarcastically, the chapter contrasts the omnipotence of God with the helplessness of idols and the foolishness of idolaters in general. It begins by speaking figuratively of Bel and Nebo, the Babylonian deities.

**Ongoing idolatry.** It is important to understand that although the idols of Isaiah's era, and indeed the very powerful temptation of idolatry have long since been eliminated from Jewish life, the exhortations of the prophet are still relevant. *R' Schwab* notes that there are always new temptations that have a powerful influence on people. Some are political, some are sexual, some are economic, some theological. All have harmed the spiritual life of Israel. When Isaiah calls upon his people to take to heart that only the Torah is valid and whatever opposes it is vain, he speaks to everyone in every age, each according to its own challenges.

**כָּרַע בֵּל קֹרֵס נְבוֹ** — *Bel is kneeling; Nebo is doubled over.* When Persia conquered Babylon, not only was it not saved by its deities, but they, too, figuratively knelt and doubled over (*Radak*), like someone seized by intense intestinal pain (*Rashi*).

**הָיוּ עֲצַבֵּיהֶם לַחַיָּה וְלַבְּהֵמָה** — *Their idols [were loaded] on the beast and the animal.* After they were broken, their gold and silver idols were looted and loaded onto beasts and animals to be carried to Media and Persia (*Ibn Ezra, Radak*).

Alternatively, the word עֲצַבֵּיהֶם is rendered *their faces,* i.e., the faces of the worshipers foolish enough to believe in worthless idols came to resemble ignorant beasts and animals (*Malbim*).

**נְשֻׂאֹתֵיכֶם עֲמוּסוֹת מַשָּׂא לַעֲיֵפָה** — *Your bearers are overloaded, it is a burden on the weary.* With biting sarcasm, Isaiah says that the beasts of burden (such as elephants) would be so laden with gold that they would be wearied by the heavy burden of the broken idols (*Radak, Mahari Kara*).

Alternatively, the *bearers* are the pack animals that are carrying the idols. The idols themselves are *burdened* with the jewelry and adornments that their worshipers draped on them. Thus, the loot includes not only the gold and silver idols, but the wealth that their believers have lavished upon them (*Malbim*).

**2. לֹא יָכְלוּ מַלֵּט מַשָּׂא וְנַפְשָׁם בַּשְּׁבִי הָלָכָה** — *They could not escape being carried off, and have themselves gone into captivity.* So the idols certainly could not protect their worshipers from going into captivity (*Radak, Mahari Kara*).

**3-4.** After pointing out the helplessness of the idols, Isaiah turns to his people with the praises of Hashem. He addresses both *Jacob,* the ordinary Jews, and *Israel,* the more accomplished.

**הָעֲמֻסִים מִנִּי בֶטֶן** — *Who are borne [by Me] from birth.* From your very inception as *House of Jacob,* when you were born as a large family during Jacob's years with Laban, I have *borne* you, as it were, in My arms to protect you from enemies who rise up against you in every generation (*Rashi*). In contrast to the helpless idols whose believers must carry them, I bear you in My arms (ibid., *Ibn Ezra*).

**4. וְעַד־זִקְנָה אֲנִי הוּא** — *Until [your] old age I remain He.* Even when you are spiritually old and feeble, in the sense that your merits are depleted, *I am He* Who will *carry and rescue* you (*Rashi*).

Alternatively, from the time you became the People of God and forever after (*Ibn Ezra*), *I am He* Who is with you for all your needs (*Radak*).

**אֲנִי עָשִׂיתִי וַאֲנִי אֶשָּׂא וַאֲנִי אֶסְבֹּל וַאֲמַלֵּט** — *I made [you] and I will bear [you], I will carry [you] and I will rescue [you].* This refers to rescue from the Babylonian exile (*Radak*).

Alternatively, *I made [you],* in the past tense, refers to the redemption from Egypt; *I will bear [you]* refers to the future rescue from Babylon; *I will carry [you]* through the long and bitter exile in which we presently find ourselves, *and I will rescue [you]* from it (*Abarbanel*).

**5-8. Idolatry and beyond.** Once again, Isaiah points out the absurdity of comparing Hashem to the false heathen gods. According to *Radak,* the prophet addresses Babylon, the future subjugator of Israel, and chastises it for believing that its idols were comparable to God. *Abarbanel* adds that Isaiah addresses Israel. After hearing that God will cause mighty Babylon to be overthrown by Cyrus, how could Israel still believe in idols?

**6. הַזָּלִים** — *Who pour.* The translation follows most commentaries, who relate this word to נזל, *to pour.* Alternatively, it is from the root זול, *cheap,* and in this context means *those who cheapen gold* by using it to make idols (*Radak*).

ז יִשָּׂאֻהוּ עַל־כָּתֵף יִסְבְּלֻהוּ וְיַנִּיחֻהוּ תַחְתָּיו וְיַעֲמֹד מִמְּקוֹמוֹ לֹא יָמִישׁ אַף־יִצְעַק
ח אֵלָיו וְלֹא יַעֲנֶה מִצָּרָתוֹ לֹא יוֹשִׁיעֶנּוּ: זִכְרוּ־זֹאת וְהִתְאשָׁשׁוּ הָשִׁיבוּ
ט פוֹשְׁעִים עַל־לֵב: זִכְרוּ רִאשֹׁנוֹת מֵעוֹלָם כִּי אָנֹכִי אֵל וְאֵין עוֹד אֱלֹהִים וְאֶפֶס
י כָּמוֹנִי: מַגִּיד מֵרֵאשִׁית אַחֲרִית וּמִקֶּדֶם אֲשֶׁר לֹא־נַעֲשׂוּ אֹמֵר עֲצָתִי תָקוּם
יא וְכָל־חֶפְצִי אֶעֱשֶׂה: קֹרֵא מִמִּזְרָח עַיִט מֵאֶרֶץ מֶרְחָק אִישׁ °עצתו [°עֲצָתִי ק׳]
יב אַף־דִּבַּרְתִּי אַף־אֲבִיאֶנָּה יָצַרְתִּי אַף אֶעֱשֶׂנָּה: שִׁמְעוּ אֵלַי אַבִּירֵי לֵב
יג הָרְחוֹקִים מִצְּדָקָה: קֵרַבְתִּי צִדְקָתִי לֹא תִרְחָק וּתְשׁוּעָתִי לֹא תְאַחֵר וְנָתַתִּי בְצִיּוֹן
מז א תְּשׁוּעָה לְיִשְׂרָאֵל תִּפְאַרְתִּי: רְדִי | וּשְׁבִי עַל־עָפָר בְּתוּלַת בַּת־בָּבֶל שְׁבִי־

**רש״י**

**(ח) זכרו זאת.** אשר אני חפץ לומר: **והתאוששו.** והתחזקו, כמו, לַאֲשִׁישֵׁי קִיר חֲרֶשֶׂת (לעיל טז, ז): **השיבו פושעים על לב.** ומה אני אומר לכם לזכור ולהשיב על לב? **(ט) זכרו ראשונות מעולם.** אשר ראיתם כי אנכי אל ואין עוד, אנכי אלהים ואפס כמוני: **(י) מגיד מראשית אחרית.** גלות מצרים וגאולתה הודעתי בבין הבתרים לפני היותה: **(יא) קורא ממזרח עיט.** מארץ ארם שהיא במזרח קראתי לי את אברהם להיות נמלך בעצתי. עיט; כמו, הֲתִיב עֵטָא וּטְעֵם (דניאל ב, יד), אִתְיָעֲטוּ כֹּל סָרְכֵי מַלְכוּתָא אתיעטו כל סרכי מלכותא (שם ו, ח). וגם יש לפותרו בלשון עוף, קראתי למהר אחרי כעוף הפורח ונודד ממקומו: **מרחק.** קראתי לאיש עצתי ועמו יעצתי בין הבתרים ארבעה גליות, כמו שמפורש בבראשית רבה (פרשה יד, פסקא יז), והנה אימה חשיכה גדולה וגו׳: **אף דברתי.** עמו הגליות וגאולתן אף אביאנה: **(יב) אבירי לב.** אשר אמצתם לבבכם ונדבקתם בי: **הרחוקים מצדקה.** אשר ארכו לכם הימים ולא הראיתי אתכם צדקתי לגאול: **(יג) קרבתי צדקתי.** מעתה ולא תרחק:

**רד״ק**

**(ז) ישאוהו.** אחר שיעשהו הצורף ישאוהו לביתם כי לא ילך ברגליו: **תחתיו.** במקומו: **ויעמוד.** יעמוד שם במקום שיניחוהו: **לא ימיש.** פעל עומד מבנין הפעיל; וכן, לֹא יָמִישׁ מִתּוֹךְ הָאֹהֶל (שמות לג, יא): **(ח) זכרו זאת והתאוששו.** מבנין איש, כלומר, היו אנשים ולא בבמות שלא יבינו ולא ישכילו. ויש מפרשים התחזקו; כענין, לַאֲשִׁישֵׁי קִיר חֲרֶשֶׂת (לעיל טז, ז), שענינו יסודות שהם חוזק הקיר; וכן תרגם יונתן, וְאִתַּקָּפוּ. ואדוני אבי זכרונו לברכה פירש מענין אש, הכוו והשרפו; כלומר הכלמו ממעשיכם הרעים: **(ט) זכרו ראשונות מעולם.** שהוצאתי ישראל ממצרים בעל כרחם, ובאלהיהם עשיתי שפטים. בזה תוכלו להכיר כי אנכי אל, ואין עוד אלהים: **ואפס.** כמו אין: **(י) מגיד.** כי כל העתידות האלה הגדתי טרם בואם, שיבא כורש ויחריב בבל ואלהיה, ויוצא ישראל מתוכה, אומר עצתי תקום. אני אומר ועושה, ועצתי שאמרתי תקום, ואין מפר וכל חפצי אעשה, ואין מוחה בידי: **(יא) קורא.** אמר זה על כורש, שיבא מארצו שהיא מזרחית לבבל ויבא קל מהרה כמו העוף. לפיכך קראו עיט: **איש עצתי.** שקיים מה שיעצתי על בבל, דברתי זאת הגזרה ואביאנה. ובאמרו אף, לרבות המעשה על המאמר, והראשון לרבות הקריאה שזכר. והקריאה היא שהעיר את לבבו כאלו קרא אליו, והדבור הוא על ידי הנביא. ואדוני אבי זכרונו לברכה פירש זה הפסוק על מלך המשיח, וקראו עיט שיעוף במהרה בזמנו. וכן שני הפסוקים שאחר זה על גאולת הגלות הזה. וכן תרגם יונתן על הדרך הזה, דַּאֲמַר לְכַנָּשָׁא גַלְוָתָא וגו׳: **(יב) שמעו.** אמר לאנשי בבל שהם אבירי לב ואכזרים לישראל, הרחוקים מצדקה. מעשות צדקה להם: **(יג) קרבתי.** תפארתי. התשועה שאתן להם תהיה תפארת לי: **(א) רדי ושבי.** רדי מכסא ממלכה שהיית מולכת על כל הארצות, ושבי על עפר. לא שתהיה לך מלוכה אפילו בארצך, כי על עפר תשבי, כלומר שתהיי חרבה. וקראה בתולה, שהיתה עד עתה כבתולה שלא נבעלה, כלומר, שלא שלטה יד אדם עליה. וכפל הענין במלות שונות, ואמר שבי לארץ וגו׳:

**מצודת דוד**

**(ז) ישאוהו.** כל אחד נושא האל וסובל משאו על כתפו: **יניחוהו.** ואם מניחו במקומו יעמוד שם ולא יסיר ממקומו: **אף יצעק.** אף אם הוא צועק אליו בקול גדול לא יענה ולא יושיענו מצרתו, וכאומר, היש סכלות גדול מזה להאמין בדבר שאין בו ממש: **(ח) זכרו אותו.** דבר התוהו שיש בפסילים: **והתאוששו.** התחזקו לקנות לב: **השיבו.** אתם הפושעים בי תנו לב על הדבר: **(ט) זכרו.** תנו לב לזכור הנפלאות הראשונות שעשיתי מימות עולם: **(י) מגיד.** אני מגיד אחרית הדבר מראשיתו: **ומקדם.** ומלפנים אגיד דברים אשר לא נעשו עדיין אף ראשית הדברים: **אומר וכו׳.** אומר אני עצתי תתקיים כי אין ביד מי לבטלה: **וכל חפצי אעשה.** כפל הדבר במילים שונות: **(יא) קורא.** אני הוא קורא את העיט לבא ממזרח רצונו לומר, אעיר לב כורש היושב במזרחה של בבל ומהרה קל יבוא כעוף הפורח: **איש עצתי.** הוא כורש שיעשה מה שיעצתי על בבל וכפל במילים שונות: **אף דברתי.** הדבר הזה דברתי טרם בואה: **יצרתי.** את הפורעניות הזאת על בבל: **(יב) אבירי לב.** הם אנשי בבל שהם אבירי לבב ואכזרים על ישראל ורחוקים המה מעשות להם צדקה וחסד: **(יג) קרבתי.** הנה אני קרבתי צדקתי לישראל ולא תרחק מהם: **ותשועתי.** קרבתי תשועתי ולא תאחר לבוא: **לישראל תפארתי.** רצונו לומר, התשועה אתן לישראל שהם עם תפארתי; כמו שכתוב, וּבְיִשְׂרָאֵל יִתְפָּאָר (לעיל מד, כג): **(א) רדי.** אבל אתה בבל, רדי מן הכסא ושבי על העפר, בתולת בת בבל. קראה בתולה לפי שלא נכבשה עדיין משום אומה לבוא לרשות אחר, כמו הבתולה שלא נבעלה ולא באה לרשות הבעל; וכן, בְּתוּלַת בַּת צִידוֹן (לעיל כג, יב):

**מצודת ציון**

**(ז) יסבלוהו.** מלשון סבל ומשא: **תחתיו.** במקומו; וכן, וַיֵּשְׁבוּ תַחְתָּם (יהושע ה, יב): **ימיש.** ענין הסרה; כמו, לֹא יָמִישׁ עַמּוּד הֶעָנָן (שמות יג, כב): **יענה.** מלשון עניה ותשובה: **(ח) והתאוששו.** התחזקו כבנין היסוד; כמו, לַאֲשִׁישֵׁי קִיר חֲרֶשֶׂת (לעיל טז, ז): **(ט) ואפס.** ענינו כמו לא: **(יא) עיט.** כן יקרא העוף הדורס; כמו, וַיֵּרֶד הָעַיִט עַל הַפְּגָרִים (בראשית טו, יא): **(א) בת בבל.** עדת בבל:

**8-11. Isaiah turns to those who wavered in their faithfulness to Hashem.**

**8.** **זִכְרוּ־זֹאת וְהִתְאשָׁשׁוּ** — *Remember this and strengthen yourselves.* The translation follows most commentaries. Alternatively, it can be understood as coming from the root אִישׁ, *man,* i.e., *remember what I say about idols and be a man,* not a dumb animal (*Radak; Malbim*), or אֵשׁ, *fire,* i.e., *remember your wicked behavior and burn with shame* (*Radak,* citing his father).

Homiletically, this is an exhortation always to remember

*[7] who carry it on their shoulders and bear it; and when they set it down, it*
*remains in its place, it does not budge from its place? He even cries out to it,*
*but it does not answer; it does not save him from his distress.*
*[8] Remember this and strengthen yourselves; take it to heart, O evildoers:*
*[9] Recall the early events of ancient times, [see] that I am God and there is no*
*other; [I am] God and there is none like Me. [10] From the beginning I foretell*
*the outcome; and from earlier times, what has not yet been; [but] I say and*
*God of history* *My plan will stand, and I will carry out My every desire. [11] I have summoned*
*the vulture from the east, from a distant land, [he is] the man of My counsel.*
*I also spoke; I also will carry out. I formed [it]; I also will accomplish it.*
*[12] Listen to Me, O fierce-hearted ones, who are far from righteousness: [13] I*
*have brought My righteousness close, it will not be far; and My salvation, it*
*will not delay; I will establish My salvation in Zion, My splendor for Israel.*

**47** *[1] Get down and sit on the dirt, O virgin daughter of Babylonia; sit on the*

---

the Torah and keep it central to our lives. It is all too common for people to strengthen their faith at special times, such as Rosh Hashanah and Yom Kippur, or at times of travail, and then to waver once the crisis passes. This, the prophet insists, is wrong. One must maintain his desire for growth at all times (*Yaavetz* to *Avos* 3:5).

**הָשִׁיבוּ פוֹשְׁעִים עַל-לֵב** — *Take it to heart, O evildoers.* Take this to heart in every generation, whatever fad is fashionable. In ancient times it was idolatry. At other times it was pleasure, immorality, or wealth. The challenge to the Jew is always to maintain the values of the Torah, whatever the attitudes of his neighbors (*R' Schwab*).

Homiletically, remember that if you want the human (אִישׁ) race to thrive, you must help the evildoers have a change of heart so that they can return to God (*Binah L'Ittim* 1:4)

**9. זִכְרוּ רִאשֹׁנוֹת מֵעוֹלָם כִּי אָנֹכִי אֵל** — *Recall the early events of ancient times, [see] that I am God.* You have seen that I am God and that *there is none like Me* (*Rashi*), when I forcefully took Israel out of Egypt and punished their gods (*Radak*).

**10. מַגִּיד מֵרֵאשִׁית אַחֲרִית** — *From the beginning I foretell the outcome,* as when I foretold to Abraham the exile of his descendants in Egypt and their redemption (*Rashi*) or the prediction that Cyrus would destroy Babylon (*Mahari Kara*).

**11. קֹרֵא מִמִּזְרָח עַיִט וגו׳** — *I have summoned the vulture from the east. . .* The vulture is Cyrus, who is likened to a bird of prey swooping down from Persia, *east* of Babylon, to conquer the persecutor of Israel (*Radak, Ibn Ezra*).

According to *Targum* and the father of *Radak*, the *vulture* is the Messiah, who will come swiftly at the proper time to end the fourth exile. *Abarbanel* notes that this alludes to the vulture that appeared to Abraham when God revealed to him that his offspring would be exiled.

Alternatively, *I summonwed the aristocrat,* referring to Abraham whom I summoned from east of *Eretz Yisrael* to take counsel regarding the vision of the four exiles of the future. And just as I would redeem his children from the first three, I will redeem Israel from the fourth exile as well (*Rashi*).

**12. שִׁמְעוּ אֵלַי אַבִּירֵי לֵב** — *Listen to Me, O fierce-hearted ones,* i.e., those who fiercely directed their hearts to My service (*Rashi;* see *Abarbanel*). Alternatively, it refers to the Babylonians, who were fierce in their enmity against the Jewish people (*Radak*).

**הָרְחוֹקִים מִצְּדָקָה** — *Who are far from righteousness.* According to those who understand the *fierce-hearted* as being righteous Jews, they are *far from righteousness* in the sense that so much time has passed without their being shown God's *righteousness* to redeem them from their oppressors. Nevertheless, their faith remains strong (*Rashi;* see *Mahari Kara*). According to the alternative view, it is the Babylonians themselves who are far from righteousness (*Radak*).

Homiletically, the verse can be rendered, *Listen to Me, O fierce-hearted ones who are far from [giving] charity* [צְדָקָה]. Those who do not give charity to others are distanced from the charity and righteousness of God (*Chomas Anach*).

**13. וְנָתַתִּי בְצִיּוֹן תְּשׁוּעָה לְיִשְׂרָאֵל תִּפְאַרְתִּי** — *I will establish My salvation in Zion, My splendor for Israel.* The salvation of Israel will be My splendor (*Radak*). Alternatively, My salvation of Israel, the nation that is My splendor (*Ibn Ezra*).

**47.**

In this chapter Isaiah prophesies the downfall of Babylon. Although he had already done so in Chapters 13 and 21, he repeats it to underscore the great harm the Babylonians inflicted upon Israel. The evils of Sennacherib were repeated for the same reason (*R' Schwab*). Israel will be conquered, but it will rise again; not so Babylon (*Malbim*).

**1. רְדִי וּשְׁבִי עַל-עָפָר** — *Get down and sit on the dirt.* Descend from your throne and sit on the dirt. Once you ruled over the world; now you are powerless even in your own country (*Radak*).

**בְּתוּלַת בַּת-בָּבֶל** — *O virgin daughter of Babylonia.* When Babylon was at the height of its powers it is referred to

ב לָאָרֶץ אֵין־כִּסֵּא בַּת־כַּשְׂדִּים כִּי לֹא תוֹסִיפִי יִקְרְאוּ־לָךְ רַכָּה וַעֲנֻגָּה: קְחִי
ג רֵחַיִם וְטַחֲנִי קָמַח גַּלִּי צַמָּתֵךְ חֶשְׂפִּי־שֹׁבֶל גַּלִּי־שׁוֹק עִבְרִי נְהָרוֹת: תִּגָּל
ד עֶרְוָתֵךְ גַּם תֵּרָאֶה חֶרְפָּתֵךְ נָקָם אֶקָּח וְלֹא אֶפְגַּע אָדָם: גֹּאֲלֵנוּ
ה יְהוָה צְבָאוֹת שְׁמוֹ קְדוֹשׁ יִשְׂרָאֵל: שְׁבִי דוּמָם וּבֹאִי בַחֹשֶׁךְ בַּת־כַּשְׂדִּים כִּי לֹא
ו תוֹסִיפִי יִקְרְאוּ־לָךְ גְּבֶרֶת מַמְלָכוֹת: קָצַפְתִּי עַל־עַמִּי חִלַּלְתִּי נַחֲלָתִי וָאֶתְּנֵם
ז בְּיָדֵךְ לֹא־שַׂמְתְּ לָהֶם רַחֲמִים עַל־זָקֵן הִכְבַּדְתְּ עֻלֵּךְ מְאֹד: וַתֹּאמְרִי לְעוֹלָם
ח אֶהְיֶה גְבָרֶת עַד לֹא־שַׂמְתְּ אֵלֶּה עַל־לִבֵּךְ לֹא זָכַרְתְּ אַחֲרִיתָהּ: וְעַתָּה

### רש״י

(א) **אין כסא.** אין מלכות: **כי לא תוסיפי.** שיקראו לך עוד רכה וענוגה: (ב) **קח רחיים.** היא עבודה קשה. כלומר; השתעבדי מעתה למלכי מדי ופרס. דבר אחר; וטחני קמח לגדה לדרך גלותך: **גלי צמתך.** זרועיך ושוקיך דברים המלומת וקשור ומכוסה: **חשפי שובל.** גלי השבילים מן המים שעליהם, כי דרך שם תלאי בגולה; או גלי שוקך ועברי נהרות: (ג) **ולא אפגע אדם.** לא אבקש פני אדם לקחת נקמתי: (ד) **גואלנו ה׳ צבאות שמו.** הנביא אומר כל זה, הקדוש ברוך הוא עושה לגאלנו משם: (ו) **על זקן הכבדת עולך.** על הזקנים שלא היו יכולים לסבול טורח, הכבדת עולך: (ז) **ותאמרי.** בלבבך, לעולם אהיה גברת ואין פורענות בא עלי. והדבר הזה השיאך עד לא שמת אלה המכות שיבואו עליך אל לבך, ולא זכרת אחריתה של רעתך שעשית:

### רד״ק

**כי לא תוסיפי.** מלרע בפשטא אחד לבד. אמר, לא תוסיפי שיקראו לך רכה וענוגה כמו שהיו קרואים עד עתה שהיית בעלת תענוגים; ובעל התענוגים יקרא רך. וכן אמר, הָאִישׁ הָרַךְ בְּךָ וְהֶעָנֹג (דברים כח, נד), הָרַכָּה בְךָ וְהָעֲנֻגָּה (שם פסוק נו). כי לפי התענוג יהיה הרך והחלושה באבריהם, כי אנשי העמל והיגיעה שאין להם תענוג ומאכליהם גסים יהיו קשים וחזקים ויסבלו העמל והטורח: (ב) **קחי רחים.** כדרך השבוים שישימו אותם בבית הסהר ויטחנו שם; כמו שאמר, עַד בְּכוֹר (שמות יא, ה) כהשלמתם. כלומר, רעות שלמות השבי אשר אחר הרחים. וכן אמר בשמשון, וַיְהִי טוֹחֵן בְּבֵית הָאֲסוּרִים (שופטים טז, כא). אמר לה שתלך בשביה: **גלי צמתך.** הצמה הוא השער שמתקנת אותו האשה על צדעיה מעל פניה ומכסאה אותו בצעיף, וזהו כבודה. אבל האשה שתלך בגלות תרד כבודה ולא תשים צעיף, והנה, צמתה מגולה נופלת על פניה כאשה בזויה: **חשפי שובל.** חשפי כמו גלי; מענין מַחְשֹׂף הַלָּבָן (בראשית ל, לז), וַחֲשׂוּפֵי שֵׁת (לעיל כ, ד). והרגל יקרא שובל מענין שביל שהוא הדרך, שְׁבִילֵי עוֹלָם (ירמיה יח, טו), וּשְׁבִילְךָ בְּמַיִם רַבִּים (תהלים עז, כ). והאשה, אף על פי שמכסה רגליה, בלכתה בדרך תגלה אותם. ואם תעבור נהר תגלה אפילו השוק. ולפי שדמה בבל לאשה רכה וענוגה, אמר לה שתהיה עוד שפחה טוחנת, ותלך בשבי גליות צמה, ותעבור נהרות גלוית שוק: **חשפי.** החי״ת בסגול. ובמדרש (שיר השירים רבה ג, ג) מפרש שובל, מענין שבלת הנהר; שאמר במדרש חזית חשפי שובל, קלפי שובלתא דנהרא: (ג) **תגל ערותך.** וכפל ואמר, גם תראה חרפתך. רוצה לומר, שתראה לכל העולם חרפתה: **נקם אקח.** מהרעה שעשו לישראל: **ולא אפגע אדם.** מענין פֶּן יִפְגָּעֵנוּ בַּדֶּבֶר אוֹ בֶחָרֶב (שמות ה, ג). ואדם חסר כ״ף השמוש, כמו, לֵב שָׂמֵחַ יֵיטִב גֵּהָה (משלי יז, כב), פירוש, כגהה. וכן אדם פירוש כאדם. כלומר, לא אפגעם כשאר אדם, אלא אקח נקמה שלמם מהם. ועל הדרך הזה תרגם יונתן, וַאֲשַׁנֵּי דִּינִיךְ מִבְּנֵי אֱנָשָׁא. ויש מפרשים אפגע מענין בקשה;כמו, אַל תִּפְגְּעִי בִי (רות א טז). וכאשר הוא בלא בי״ת הוא נופל על הנעתר, וכן לא אפגע אדם, לא אקבל בקשת אדם עליהם. וכן, פָּגַעְתָּ אֶת שָׂשׂ (לקמן סד, ד), כמו שאני עתיד לפרשו: (ד) **גואלנו.** מי עשה כל זה בבבל? גואלנו ה׳ צבאות, והוא יקרא קדוש ישראל, כי בעבור ישראל יראה קדושת שמו בבבל: (ה) **שבי דומם.** שבי בשתיקה שלא ישמע קולך; כמו שאמר, וְהָיָה כְּאוֹב מֵאֶרֶץ קוֹלֵךְ (לעיל כט, ד). ודומם שם או תאר כלל זכר, כמו לנקבה ריק. וכן עוּרִי לְאֶבֶן דּוּמָם (חבקוק ב, יט). ובאי בחשך, שלא תראי כי הדין עליך, שתהיי נכלמת ולא ישמעו אותך ולא יראו אותך בני אדם. כי היית גברת ממלכות ועתה שבויה וגולה, ואם תאמרי שתשובי עוד לממלכתך: **לא תוסיפי יקראו לך גברת ממלכות.** לא תוסיפי שיקראו לך, והוא מלרע, כמו אשר בפסוקים שלמעלה, והם במסרה שנים מלרע: (ו) **קצפתי.** כל זה העונש בא לך בשביל ישראל שקצפתי עליהם, והם נחלתי וחלקי מכל שאר האומות. וכאשר קצפתי עליהם בעונם לא שמתי לכם רחמים: **על זקן.** שדרך העולם לכבדו ולא להטריחו; וכן אמר ירמיהו, פְּנֵי זְקֵנִים לֹא נֶהְדָּרוּ (איכה ה, יב): (ז) **ותאמרי.** אלה. פירוש, אלה העתידות לבא עליך לא חשבת שיוכלו לבא. ופירש עוד אמר כל כך חשבת שתהיי לעולם גברת עד שלא שמת שום דבר על לבך מרעה שתבא עליך, כי חשבת שתהיי לעולם, לא זכרת אחרית גאותך הגדולה שתשפל. ויש מפרשים, לא זכרת אחרית ירושלם, שהיתה גברת ונפלה בידך:

### מצודת דוד

**אין כסא.** לא יהיה עוד לך כסא מלוכה: **יקראו לך.** שיקראו לך רכה וענוגה רצונו לומר, לא תהיה בעלת התענוגים כמאז: (ב) **קחי רחים.** כדרך השבוים שעושים מלאכה כבדה: **וטחני קמח.** אמר קמח על שם סופו; וכן, אָפִיתִי עַל גֶּחָלָיו לֶחֶם (לעיל מד, יט): **גלי צמתך.** דרך הנשים המכובדות לכסות פניהם במסוה, והוא מכסה דק; ולזה אמר, כשתלכי גולה תגלי המכסה ההוא מעל פניך כדרך השפחות הבזויות: **חשפי שובל.** גלי הרגל בלכתך בדרך, כי דרך האשה לכסות הרגל ולא כן כשתלך בדרך: **גלי שוק.** כאשר תעבור הנהרות תגלי גם השוק. ולפי שהזכיר את בבל בלשון נקבה אמר ענין בזיון הנקבות: (ג) **גם תראה.** כולם יסתכלו בגלוי ערותך: **חרפתך.** רצונו לומר, ערותך, כי גלוי הערוה לחרפה תחשב: **נקם אקח.** לנקום נקמת ישראל: **ולא אפגע אדם.** לא אקבל פגיעת אדם לבל עשות בהם נקם: (ד) **גואלנו.** מוסב על המקראות שלפניו לומר, כל אלה יעשה גואלנו אשר שמו ה׳ צבאות וכו׳: (ה) **שבי דומם.** שבי מושתק כאבל ובואי בחושך להטמן: **יקראו לך.** שיקראו לך מושלת על הממלכות: (ו) **קצפתי.** כאשר קצפתי על עמי ומסרתים בידך לא רחמת עליהם, ואף על זקן מאד הכבדת העול: (ז) **ותאמרי.** חשבת לומר עד עולם אהיה מושלת על כולם: **עד לא שמת וכו׳.** עד שבעבור המחשבה ההיא לא שמת אלה הדברים על לבך לחשוב שגם לך יקרה כמקרם: **לא זכרת אחריתה.** אחרית וסוף מעשה הרשע ותשלום גמולה:

### מצודת ציון

**רכה וענוגה.** רצונו לומר בעלת תענוג; וכן, הָרַכָּה בְךָ וְהָעֲנֻגָּה (דברים כח, נו): (ב) **צמתך.** הוא המסוה המכסה את הפנים; כמו, מִבַּעַד לְצַמָּתֵךְ (שיר השירים ד, א): **חשפי.** ענין גלוי; כמו, וַחֲשׂוּפַי שֵׁת (לעיל כ, ד): **שובל.** מלשון שביל, ויאמר על הרגל ההולך בשביל, וכמו שמלת פעם יאמר על הפסיעות; כמו שכתוב, פַּעֲמֵי מַרְכְּבוֹתָיו (שופטים ה, כח); וכן, יאמר על הרגלים כמו שכתוב, פַּעֲמֵי דַלִּים (לעיל כו, ו): **שוק.** כן יקרא גובה הרגל ממעל: (ג) **תגל.** תגלה: **ערותך.** כן יקרא דבר הראוי להתכסות: **אפגע.** ענין בקשה ושאלה; כמו, וְאַל תִּפְגַּע בִּי (ירמיה ז, טז): (ה) **דומם.** ענין שתיקה; כמו, וַיִּדֹּם אַהֲרֹן (ויקרא י, ג): **גברת.** ענין שררה ושלטנות: (ו) **חללתי.** מלשון חולין וגנאי:

*The exile of the Babylonians*

*ground without a chair, O daughter of Chaldeans; for they will no longer*
*call you 'delicate and dainty.'* 2 *Get a millstone and grind flour; expose your*
*hair and bare a leg; expose a thigh to cross through rivers.* 3 *Your nakedness*
*will be exposed and your embarrassment will be seen; I will take revenge*
*and I will not be entreated by man.*

4 *Our Redeemer, Whose Name is HASHEM, Master of Legions, the Holy One of*
*Israel!*

5 *Sit silently, then go into the darkness, O daughter of Chaldeans, for they*
*will no longer call you 'the mistress of kingdoms.'* 6 *I became angry at My*
*people; I degraded My heritage and delivered them into your hand. You*
*showed them no compassion; you made your yoke very heavy upon the*
*aged.* 7 *You said [to yourself], 'Forever will I be a mistress!' so you did not*
*take these upon your heart; you did not remember its end.*

---

figuratively as a *virgin,* for it had never been conquered (*Radak*), or because it was like a young girl so delicate and pampered that she never had to fend for herself (*Mahari Kara*).

The prophet likens Babylon to a princess who sits on the ground in mourning for her parents who have been killed. The mourning period over, she gets up to return to her throne, only to be told that her kingdom has been conquered and its people taken into captivity. No longer is she a princess and no longer will she be *delicate and dainty* (*Malbim*).

**2. קְחִי רֵחַיִם וְטַחֲנִי קָמַח** — *Get a millstone and grind flour.* This is difficult work generally performed by slaves [or prisoners (*Ibn Ezra, Radak*)], indicating that the *daughter of Babylon* will now be enslaved to the kings of Media and Persia.

Alternatively, *grind flour* to make bread to take with you on your long trip to exile (*Rashi*).

**חֶשְׂפִּי־שֹׁבֶל** — *Bare a leg.* People use their legs to walk on a שְׁבִיל, *path.* Thus: "bare your leg to walk on the path." Even though women customarily cover their legs, they lift their skirts somewhat when walking on an unpaved road; and when crossing streams, they lift them even more (*Radak*). Alternatively, the path itself leads through the rivers (*Rashi*).

**3. תִּגָּל עֶרְוָתֵךְ גַּם תֵּרָאֶה חֶרְפָּתֵךְ** — *Your nakedness will be exposed and your embarrassment will be seen.* The formerly *delicate and dainty* daughter of Babylonia will have to cross rivers on foot to grind flour, thereby exposing her shame to all (*Radak*). Alternatively, since she will have to expose various parts of her body, the nakedness itself is degrading (*Metzudos*).

The Sages (*Berachos* 24a) derive from this passage that a woman's thigh [and by extension, the other parts of her body mentioned in v. 2,] has the halachic status of *nakedness.* See *Shulchan Aruch, Orach Chaim* 75:1.

**וְלֹא אֶפְגַּע אָדָם** — *I will not be entreated by man.* The sense of this phrase is that God declares that He will exact vengeance against Babylon and will not accept its entreaties that He relent. The commentators render the phrase in varying ways: we have followed *Ibn Ezra,* who understands אֶפְגַּע as a form of entreaty. *Rashi* adheres more closely to the literal meaning, rendering *I will not entreat a man [to take revenge for Me].*

Alternatively, אֶפְגַּע is a form of meeting, and is rendered *when I take revenge I will meet no man* who can try to stop Me (*Ibn Ezra,* second explanation).

According to *Radak,* it is from the root פגע, *plague.* Thus, *I will not plague them as I would other men, [rather I will take full revenge on them]* (*Targum*).

**☙ Isaiah interjects for the sake of Israel:**

**4. גֹּאֲלֵנוּ ה׳ צְבָאוֹת שְׁמוֹ** — *Our Redeemer, Whose Name is HASHEM, Master of Legions.* Everything mentioned above was done by God in order to begin the redemption (*Rashi*), when the Persian Empire permitted the Jews to return to their land.

**☙ Isaiah returns to his prophecy about Babylon.**

**5. שְׁבִי דוּמָם וּבֹאִי בַחֹשֶׁךְ בַּת־כַּשְׂדִּים** — *Sit silently, then go into the darkness, O daughter of Chaldeans.* You should sit in a state of shame over your catastrophic downfall, and neither be heard nor seen (*Radak*).

**6. קָצַפְתִּי עַל־עַמִּי . . . וָאֶתְּנֵם בְּיָדֵךְ לֹא־שַׂמְתְּ לָהֶם רַחֲמִים** — *I became angry at My people; I . . . delivered them into your hand. You showed them no compassion.* When I became angry at My people I delivered them into your hand and you showed them no compassion; therefore you deserve your punishment (*Ibn Ezra*).

**עַל־זָקֵן הִכְבַּדְתְּ עֻלֵּךְ מְאֹד** — *You made your yoke very heavy upon the aged.* Even on the aged, who cannot bear a very heavy yoke (*Rashi*) and for whom people customarily show respect, you made your yoke very heavy (*Radak*).

**7. לֹא זָכַרְתְּ אַחֲרִיתָהּ** — *You did not remember its end.* You did not remember that there would be an end result of your wickedness (*Rashi*), that your prideful arrogance would be followed by a disastrous fall (*Radak*).

Alternatively, You did not remember the end of *My heritage,* Jerusalem, which also had been a *mistress* and fell into your hands. That should have made you realize that domination does not last forever (*Ibn Ezra, Radak*).

שִׁמְעִי־זֹאת עֲדִינָה הַיּוֹשֶׁבֶת לָבֶטַח הָאֹמְרָה בִּלְבָבָהּ אֲנִי וְאַפְסִי עוֹד לֹא אֵשֵׁב
ט אַלְמָנָה וְלֹא אֵדַע שְׁכוֹל: וְתָבֹאנָה לָּךְ שְׁתֵּי־אֵלֶּה רֶגַע בְּיוֹם אֶחָד שְׁכוֹל וְאַלְמֹן
י כְּתֻמָּם בָּאוּ עָלַיִךְ בְּרֹב כְּשָׁפַיִךְ בְּעָצְמַת חֲבָרַיִךְ מְאֹד: וַתִּבְטְחִי בְרָעָתֵךְ אָמַרְתְּ
אֵין רֹאָנִי חָכְמָתֵךְ וְדַעְתֵּךְ הִיא שׁוֹבְבָתֶךְ וַתֹּאמְרִי בְלִבֵּךְ אֲנִי וְאַפְסִי עוֹד:
יא וּבָא עָלַיִךְ רָעָה לֹא תֵדְעִי שַׁחְרָהּ וְתִפֹּל עָלַיִךְ הֹוָה לֹא תוּכְלִי כַּפְּרָהּ וְתָבֹא
יב עָלַיִךְ פִּתְאֹם שֹׁאָה לֹא תֵדָעִי: עִמְדִי־נָא בַחֲבָרַיִךְ וּבְרֹב כְּשָׁפַיִךְ בַּאֲשֶׁר יָגַעַתְּ
יג מִנְּעוּרָיִךְ אוּלַי תּוּכְלִי הוֹעִיל אוּלַי תַּעֲרוֹצִי: נִלְאֵית בְּרֹב עֲצָתָיִךְ יַעַמְדוּ־נָא

## רש״י

**(ח) עדינה.** תירגם יונתן, מְפַנֶּקְתָּא: **ואפסי עוד.** ואפס מאותי, כמו אין זולתי: **(ט) שתי אלה.** שאמרת שלא תשבי אלמנה ולא תדעי שכול, תבאנה לך פתאום: **שכול.** מיושביך: **ואלמון.** ממלכך. כל קבורת בנים וגלות בני הארץ קרוי שכול: **כתומם.** כולם שלמים בגזרתם, השכול והאלמנות: **חבריך.** לשון כשפים; כמו, וְחֹבֵר חָבֶר (דברים יח, יא): **(י) חכמתך ודעתך.** חכמתך ורוע לבבך היא שובבתך, הפכו לבך להיות שובבה, אינוויי״א בלע״ז. שבבך מדרך שאר הבריות: **(יא) לא תדעי שחרה.** לָא תֵדְעִין לְמִבְעֵי עֲלָךְ. את פני מי תשחרי למלטך ממנה: **כפרה.** לקנחה ולהעבירה. וזהו כל לשון כפרה, הוא לשון קינוח וסילוק: **(יב) עמדי נא.** התחזקי נא: **אולי תערוצי.** מָאִים תִּכְלִין לְמִתְקַף:

## רד״ק

**(ח) ועתה.** עדינה, כמו שקראה גם כן ענוגה: **ואפסי.** ואפס זולתי בגדולה כמוני: **אלמנה.** העיר אלמנה במות מלכה שהוא לה כמו בעל לאשה, והיא שכולה במות עמה שהם כמו בנים לה: **(ט) ותבאנה.** הוי״ו בשוא: **רגע ביום אחד.** כי בלילה נהרג בלשאצר המלך ונכנסו פרס ומדי ולכדו העיר; כמו שכתוב, בֵּהּ בְּלֵילְיָא קְטִיל בֵּלְאשַׁצַּר מַלְכָּא כַשְׂדָּאָה (דניאל ה, ל), וְדָרְיָוֶשׁ מָדָאָה קַבֵּל מַלְכוּתָא (שם ו, א). ופירוש ביום, בעת, וכמו, יוֹם צָעַקְתִּי בַלַּיְלָה נֶגְדֶּךָ (תהלים פח, ב): **שכול ואלמון.** שם. רוצה לומר שימותו נערים וגדולים ותהיינה הנשים אלמנות מבעליהן ושכולות מבניהן: **כתמם.** כהשלמתם, כלומר רעות שלמות יבאו אליך: **ברוב כשפיך.** כלומר עם רב כשפיך ועצמת חבריך שלא יועילוך. והענין כפול במלות שונות: **חבריך.** מן וְחֹבֵר חָבֶר (דברים יח, יא), והוא ענין כשפים: **(י) ותבטחי ברעתך.** אמר רעתך על הכשפים שהם רעה והסרת הבטחון מהאל, ואת בטחת בהם ולא יועילוך: **אין רואני.** כי מעשה הכשפים יעשה בלט ובסתר; וכן אומר, וַיַּעֲשׂוּ כֵן הַחַרְטֻמִּים בְּלָטֵיהֶם (שמות ח, ג). ואף על פי שהיית עושה בסתר אני ראיתי. ואל״ף רואני פתח במקום ציר״י. ובמקצת ספרים הוא קמוץ, וכן, לְהוֹצִיאָנוּ מִמִּצְרָיִם (שמות יד, יא), הקמץ במקום ציר״י. חכמתך ודעתך, חכמות חיצוניות שהיו בך החכמה ההיא היא שובבה אותך מלפנות לאל, שהיית חושבת שהיא תועילך, היא המרידה אותך באל, שובבתך. ענין מרד; כמו, שׁוּבוּ בָּנִים שׁוֹבָבִים (ירמיה ג, כב), והדומים להם: **(יא) ובא עליך רעה.** ובא לשון זכר ורעה לשון נקבה. על כן נאמר כי הוא חסר יום או דבר, כלומר יום רעה: **לא תדעי שחרה.** ולא תדעי עת בואה, כמו השחר שבא בבקר ברגע. ויש מפרשים לצאת ממנה אור, כי הרעה חשך. ויונתן תרגם, לָא תֵדְעִין לְמִבְעֵי עֲלָהּ: **הוה.** כמו שבר: **כפרה.** להסיר אותם; כמו, אֲכַפְּרָה פָנָיו בַּמִּנְחָה בראשית לב, כא), שפירושו אסיר כעסו: **שואה.** פירוש שממה: **(יב) עמדי.** מנעוריך, כל ימי היותך. או פירש שמלמדין הנערים אותם כשפים וחברים: **אולי.** דרך לעג: **תערוצי.** תתחזקי, והוא פעל עומד מענין עריץ; כלומר תהיי ערוצה: **(יג) נלאת.** כי לא יועילוך עצתיך וכשפיך ונלאת בהם: **נלאת.** כמו יגעת: **עצתיך.** ברבוי הזכרים לבד:

## מצודת דוד

**(ח) שמעי זאת.** הדבר אשר דברתי: **עדינה.** את בבל המפונקת: **אני ואפסי עוד.** רצונו לומר, אני הגברת ואין עוד זולתי: **לא אשב אלמנה.** רצונו לומר, לא יהרג המלך ולא יגלה העם כי במות המלך תחשב המדינה לאלמנה ובהגלות עמה תחשב שכולה מבנים: **(ט) שתי אלה.** האלמנות והשכול תבאנה ברגע אחת; כי מיד כשנהרג בלשאצר נלכדה העיר וגלו אנשיה: **ביום אחד וכו׳.** יפרש בזה מה הם השתים: **כתומם.** כדרך השלמתם באו עליך מבלי מחסור: **ברוב.** עם רוב כשפיך רצונו לומר, אף שאת מרובה בכשופים לא נצלת מידם: **בעצמות.** עם חזקת חבריך אשר חזקו מאד, וכפל הדבר במילים שונות: **(י) ותבטחי ברעתך.** כל בטחוניך היה בכשפים שהוא רע בעיני ה׳: **אין רואני.** כי מעשה הכשפים נעשה בלט וסתר וכאומר וכי אין נראה גם לפני: **חכמתך ודעתך.** מה שהיית חכם ובעל דעה זהו עשה אותך שובב ומורד: **אני ואפסי עוד.** אני מצאתי חכמה ואין עוד זולתי: **(יא) ובא עליך.** לכן תבא עליך רעה; לא תדעי אל מי לדרוש עליה, להעבירה ממך ותפול עליך שבר אשר לא תוכלי לקנחה ולהעבירה ממך: **לא תדעי.** טרם בואה להיות נשמר ממנה: **(יב) עמדי נא.** עתה התחזק בחבריך וכו׳: **באשר יגעת.** רצונו לומר הואיל ויגעת באלה מעת נעוריך התחזק עתה בהם: **אולי תוכלי הועיל.** להנצל בהם מכף אויביך אולי תוכלי להתחזק בהם ואמר בדרך לעג והיתול: **(יג) נלאית ברוב עצתיך.** מאד נתייגעת בהרבות בעלי עצות. וכאומר, הנה כל הטורח היה בחנם: **יעמדו נא.** עתה יעמדו ויושיעך הצופים אל השמים הרואים בכוכבים, המודיעים לעת חידוש הלבנה בתולדתה מה מהדברים אשר יבואו עליך; כי כן דרך חוזי כוכבים יודעים מה מהעתידות בעת חידוש הלבנה:

## מצודת ציון

**(ח) עדינה.** ענין עונג ותפנוק; וכן, מִלָּא כְרֵשׂוֹ מֵעֲדָנָי (ירמיה נא, לד): **ואפסי.** כמו ואין: **שכול.** מי שבניו אבודים קרוי שכול; כמו, כְּדֹב שַׁכּוּל (הושע יג, ח), (ט) כתומם. מלשון תם והשלמה: **בעצמת.** ענין חוזק; כמו, וְעָצַם כֹּחוֹ (דניאל ח, כד): **חבריך.** הוא ממין הכשוף; כמו, וְחֹבֵר חָבֶר (דברים יח, יא): **(י) שובבתך.** ענין מרד והליכה בדרכי הלב מבלי הבחנה; וכן, מְשׁוּבַת פְּתָיִם (משלי א, לב): **(יא) שחרה.** ענין דרישה; כמו, שֹׁחֵר טוֹב (משלי יא, כז): **הוה.** ענין שבר ומאורע קשה; כמו, הֹוָה עַל הֹוָה (יחזקאל ז, כו): **כפרה.** ענין קנוח והעברה; וכן, וְכֻפַּר בְּרִיתְכֶם (לעיל, כח, יח): **שואה.** ענין שממון; כמו, תִּשָּׁאֶה שְׁמָמָה (לעיל ו, יא): **(יב) נא.** עתה: **בחבריך.** מין כשוף: **הועיל.** מלשון תועלת: **תערוצי.** ענין חוזק; כמו, כְּגִבּוֹר עָרִיץ (ירמיה כ, יא): **(יג) נלאית.** ענין יגיעה; כמו, וּמָה הֶלְאֵתִיךָ (מיכה ו, ג):

---

**8. לֹא אֵשֵׁב אַלְמָנָה וְלֹא אֵדַע שְׁכוֹל** — *I shall not sit as a widow, and I shall not know bereavement.* A city is called a "widow" when its king dies, and "bereaved" when its children — its population — die (*Radak*), or are exiled (*Rashi*).

Alternatively, when a nation is defeated in battle, its women are widowed. Babylon thought she was different,

*8 Now, hear this, O pampered one, who dwells securely, who says in her*
*heart, 'Only I and none but me! I shall not sit as a widow, and I shall not know*
*bereavement': 9 Both of these will come upon you in a moment, on the same*
*day — bereavement and widowhood; in their fullness will they come upon*
*you, because of the abundance of your witchcraft and the great intensity of*
*your enchantments. 10 You trusted in your evil; you said, 'No one sees me.'*
*Your wisdom and your knowledge — that is what emboldened you; you said*
*in your heart, 'Only I and none but me!' 11 Misfortune will befall you, you*
*will not know how to pray; tragedy will befall you, you will be unable to re-*
*move it; there will come upon you a sudden disaster such as you have never*
*known. 12 Stand fast now with your enchantments and with the abundance*
*of your witchcraft, with which you have toiled from your youth; perhaps*
*you will be able to avail, perhaps you will gain strength! 13 You have wea-*
*ried yourself with your many counselors; let them stand up for you now and*

*From security to tragedy*

that she would never experience widowhood or bereavement (*Mahari Kara*).

In his Discourse on *Shabbos HaGadol, Maharal* comments that the offspring of Esau have complete confidence in themselves and deny that they lack fulfillment. Israel, by contrast, knows that it will not be completely fulfilled until the coming of Messiah. When that longed-for event takes place, Israel will flock to him and rise to new levels of greatness, but Esau in his arrogance will refuse to do so, and therefore will decline and wither.

**9. וְתָבֹאנָה לָּךְ שְׁתֵּי־אֵלֶּה רֶגַע בְּיוֹם אֶחָד שְׁכוֹל וְאַלְמֹן** — *Both of these will come upon you in a moment, on the same day — bereavement and widowhood.* On the very night that Belshazzar, king of Babylon, was killed, Persia and Media conquered the city. Thus the city was widowed of its ruler (or its women were widowed) and bereaved of its children (*Radak*).

**כְּתֻמָּם בָּאוּ עָלַיִךְ** — *In their fullness will they come upon you.* This is how most commentators render כְּתֻמָּם, i.e., the misfortunes of widowhood and bereavement will come upon you in full measure. Alternatively, the word is a cognate of תְּאוֹמִים, *twins* (see *Genesis* 25:24); i.e., *they will come upon you as twin [disasters]* (*Mahari Kara*).

**בְּרֹב כְּשָׁפַיִךְ** — *Because of the abundance of your witchcraft.* These punishments will befall you because of the evil of your witchcraft (*Ibn Ezra, Abarbanel*).

Alternatively, *despite the abundance of your witchcraft.* Your sorcery will not save you from bereavement and widowhood (*Radak*).

**10. חָכְמָתֵךְ וְדַעְתֵּךְ הִיא שׁוֹבְבָתֶךְ** — *Your wisdom and your knowledge — that is what emboldened you* [lit., *caused you to rebel,* or *to be wayward*]. Your corrupt wisdom and knowledge were what convinced you that you could do what you wished, and act with impunity, never fearing retribution (*Rashi*). Your wisdom in the ways of the world is what pulled you away from turning to God; you rebelled because you depended on that worldly knowledge (*Radak*).

People can refrain from sinning, or repent if they do wrong, for two reasons: they are ashamed of being seen; or once their lust has been satisfied their consciences make them regret that they did wrong. In the case of Babylon, neither reason applied. They said, *"No one sees me."* And they never felt remorse because they rationalized, with perverse *wisdom and knowledge,* that they had done nothing wrong (*Malbim*).

Evil empires and individual sinners throughout history have rationalized that they could do as they wish because no one cares, and because they found philosophical justifications for what they had wanted to do in any case.

**11. לֹא תֵדְעִי שַׁחְרָהּ** — *You will not know how to pray.* The rendition of שַׁחְרָהּ as *to pray* is based on *Proverbs* 11:27 (*Rashi, Mahari Kara*). The travails that will come upon you will leave you confused and at a loss for how to deal with them. You will realize that you need Divine help, but in your delusionary belief in the power of human beings or of your idols, you will not know where to turn. You never learned how to serve God, so when you needed His help, you did not know how to entreat Him.

Alternatively, it is related to שחר, *dawn*: The misfortune will be as black as a night without a dawn (*Ibn Ezra*), or it will come as suddenly as the dawn (*Radak*).

**לֹא תוּכְלִי כַּפְּרָהּ** — *You will be unable to remove it.* The root כפר means to wipe away [and remove] (*Rashi, Mahari Kara;* cf. *Radak*).

Alternatively, it is a cognate of כּוֹפֶר, *ransom;* you will be unable to remove it by paying ransom (*Ibn Ezra*).

**12-15.** Isaiah taunts them and tells them to go to their "powers" who "perhaps" can avail them.

**13. נִלְאֵית בְּרֹב עֵצָתָיִךְ** — *You have wearied yourself with your many counselors.* You were desperate for guidance and went from advisers to fortune-tellers hoping for understanding of your plight and a way to escape it, but none of them availed you (*Radak*).

וְיוֹשִׁיעֻךְ °הברו [°הֹבְרֵי ק׳] שָׁמַיִם הַחֹזִים בַּכּוֹכָבִים מוֹדִיעִים לֶחֳדָשִׁים מֵאֲשֶׁר
יד יָבֹאוּ עָלָיִךְ: הִנֵּה הָיוּ כְקַשׁ אֵשׁ שְׂרָפָתַם לֹא־יַצִּילוּ אֶת־נַפְשָׁם מִיַּד לֶהָבָה
טו אֵין־גַּחֶלֶת לַחְמָם אוּר לָשֶׁבֶת נֶגְדּוֹ: כֵּן הָיוּ־לָךְ אֲשֶׁר יָגָעַתְּ סֹחֲרַיִךְ מִנְּעוּרַיִךְ
**מח** א אִישׁ לְעֶבְרוֹ תָּעוּ אֵין מוֹשִׁיעֵךְ: שִׁמְעוּ־זֹאת בֵּית־יַעֲקֹב הַנִּקְרָאִים
בְּשֵׁם יִשְׂרָאֵל וּמִמֵּי יְהוּדָה יָצָאוּ הַנִּשְׁבָּעִים | בְּשֵׁם יְהוָה וּבֵאלֹהֵי יִשְׂרָאֵל
ב יַזְכִּירוּ לֹא בֶאֱמֶת וְלֹא בִצְדָקָה: כִּי־מֵעִיר הַקֹּדֶשׁ נִקְרָאוּ וְעַל־אֱלֹהֵי יִשְׂרָאֵל

**רש״י**

(יג) **הוברי שמים.** יונתן תרגם כמו צופי שמים, דְּמַסְכִּין לְמַזָּלַת שְׁמַיָּא. דימהו לְבָרָה כַּחַמָּה (שיר השירים ו, י), בָּרוּר מִלֵּלוּ (איוב לג, ג). וכן חברו מנחם עמהם, מבררי הליכת המזלות. וכה פתרונו, יען אשר לא יוכלון הקוסמים לעמוד על דעת רגעי היום ולילה עד ברור להם השמים לטוהר. וגם מיכה אמר בנבואה, וְחָשְׁכָה לָכֶם מִקְּסֹם (מיכה ג, ו); לימד כי ביום מחשך יחתמו הכוכבים ולא יוכלו לקסום: **מודיעים לחדשים מאשר יבאו עליך.** כי בהתחדש הלבנה רואים בשעת מולדתה מקצת ממה שעתיד לבא ואין יודעין כל הבירור, לכך נאמר מאשר וכן הוא אומר במקום אחר הַמְצַפְצְפִים וְהַמַּהְגִּים (לעיל ח, יט); כעופות הללו שמצפצפין ומהגים ואין יודעים על מה: (יד) **הנה היו.** חוזיך כקש: **אין גחלת לחמם.** אין שארית להם, כקש הזו שאין בדליקתו גחלים להתחמם לאורם: (טו) **איש לעברו תעו.** איש לדרכו אל עבר פניו: (א) **שמעו זאת.** שני שבטים העתידין ללכת בגולה לבבל: **בית יעקב הנקראים בשם ישראל.** הוא שבט בנימין שאינם נקראים על שבט יהודה אלא על שם סתם שבטי ישראל: **וממי יהודה יצאו.** ושבט יהודה שיצאו ונזלו ממימי דליו של יהודה כמה דאת אמר יזל מים מדליו (במדבר כד): **לא באמת.** כמו שאמר, וְאִם חַי ה׳ יֹאמֵרוּ לָכֵן לַשֶּׁקֶר יִשָּׁבֵעוּ (ירמיה ה, ב); כלומר; לא הייתם כדי ליגאל אלא על כי מעיר הקדש נקראו והיא גרמה להם שלא גלו עשרת השבטים בימי סנחרב בחלח וחבור שאין להם גאולה:

**רד״ק**

**הוברי שמים.** פירושו עמו החוזים בכוכבים. ופירושו גוזרי משפט העתידות על פי הכוכבים. וכתוב הוברו כלומר אשר חזו לך עד עתה. וקרי הוברי שחוזים עתה, ושניהם ענין אחד: **מודיעים לחדשים.** הלמ״ד בסגול שלא כמנהג. וכתב החכם רבי אברהם אבן עזרא מודיעים העתידות בחכמתם: **לחדשים.** כי לא יסתכלו לדעת כל הקורות באויר ובמדינות, רק מעת התחברות המאורות כי הם עיקר אמונתם, וזהו טעם לחדשים עליך. ופירושו, כי מאשר יבאו דבק עם ויושיעוך. ורבותינו זכרונם לברכה הדביקוהו לחדשים, שאמרו (בראשית רבה ה, ג), מאשר ולא כל אשר. כלומר, מודיעים מקצת העתידות ולא כולם. וטעם הפסוק, החוזים שמודיעים הקורות הבאות, איך לא הודיעו לך זאת הרעה הבאה עליך טרם בואה עם ידעוה? ועתה אם יש להם תחבולה להושיעך ממנה, יושיעך: (יד) **הנה היו.** החוזים היו כקש שנשרף מהר מפני האש. והנה הם לא יוכלו להציל עצמם מיד הלהבה ששרפתם, והיא הצרה, ואיך יושיעוך: **אין גחלת לחמם.** הנה החוזים אינם כמו העץ הנשרף שיש תועלת בגחלתו, אלא כמו הקש הנשרף שאין בו תועלת; כי אין בו גחלת וגם להבתו לא תעמוד. כן אלה החוזים, בבא הצרה נבהלו ולא הועילו בחכמתם, לא לעצמם ולא לאחרים: **לחמם.** מקור בפלס, לִשְׁכַּב אֶת בַּת יַעֲקֹב (בראשית לד, ז). רוצה לומר, להתחמם בה, והלמ״ד פתוחה מפני החי״ת: **אור לשבת נגדו.** ואין אור. ואין שזכר עומד במקום שנים. ואור הוא הלהבת, כלומר הלהבה שרפתם לא שקבלו תועלת בה לשבת נגדם להתחמם. כן בבא הצרה לא מצאו לנפשם שום מקום תועלת: (טו) **כן היו לך.** חכמיך, כן עמדו לך בעת צרה כמו שתראי, אשר יגעת. בהם להיות חכמים בתוכך, מכשפים והוברים וחוזרים. וכולם לא הועילוך ולא היו לך בעת צרתך. וכן סוחריך מנעוריך שסחרו בארץ זה כמה שנים, בעת צרתך ברחו מן העיר והלכו להם: **איש לעברו.** זה למזרח וזה למערב: **אין מושיעך.** ואומר תעו, כי ברחו כתועים בדרך, הנה והנה מפני הפחד, מבולבלים ומבוכים: (א) **שמעו זאת.** אמר הנביא כנגד אנשים שהיו רעים, שמעו זאת העתידה שאמרתי שאחריב בבל בעבורכם אחר שתגלו אליה בעונותיכם. ועם כל זה לא נטשתי אתכם, ואתם בית יעקב שהיה עבדי והיה לכם ללמד מעשה אביכם הנקראים בשם ישראל. וכיון שאתם נקראים בשם ישראל אביכם היה לכם להיות כמוהו: **וממי יהודה יצאו.** כלומר מזרע יהודה שהיה טוב. ועל הדרך הזה, עֵין יַעֲקֹב (דברים לג, כח), מִמְּקוֹר יִשְׂרָאֵל (תהלים סח, כז). וזכר יהודה, כי על שבט יהודה נבא כמו שאמר בראש הספר, אֲשֶׁר חָזָה עַל יְהוּדָה וִירוּשָׁלָם (לעיל א, א): **הנשבעים בשם ה׳ ובאלהי ישראל יזכירו.** כפל הענין במלות שונות: **והנה הם נשבעים בו.** ומזכירים שמו לא באמת ולא בצדקה, כי אינם עושים מצותיו ואינם יראים אותו, ואינם חוששים בהזכרת שמו אם לאמת אם לשוא; כי אם ישבע אדם בחי המלך והוא מורד בו ראוי שיענשהו: (ב) **כי מעיר הקדש.** היא ירושלם שהיא עיר הקדש, כי האל בחרה לשכנתו שהוא קדוש ישראל. והיה לכם להיות קדושים ולא לטמא העיר אשר אתם נקראים על שמם; כמו שכתוב, וּבְנֵי צִיּוֹן גִּילוּ וְשִׂמְחוּ בַּה׳ אֱלֹהֵיכֶם (יואל ב, כג). ואינו אומר על ירושלם לבדה כי אם על כל יושבי ארץ יהודה:

**מצודת דוד**

(יד) **הנה היו כקש.** כל החוזים היו כקש והאש שרף אותם, ולא יוכלו להציל את עצמם מיד הלהב. רצונו לומר, החוזים לא יכלו להציל אף את עצמם מיד האויב: **אין גחלת לחמם.** רצונו לומר, אין שארית להם כקש הזה שאחר הדליקה לא נשאר מהם גחלת להתחמם בה: **אור.** מלת אין משמשת בשתים לומר אין אור וכו׳; רצונו לומר, לא נשאר להב לשבת נגדו להנות מאורו: (טו) **כן היו לך.** רצונו לומר כקש הזה כן היו לך החכמים אשר יגעת לאספם אליך וללמדם: **סוחריך מנעוריך.** החכמים האלה אשר מעת נעוריך היו סוחריך כי נתת להם כסף במחיר חכמתם הנה עתה בבוא הצרה כולם תעו בשכלם כל אחד מהם לעבר אחר, ואין מי מהם מושיעך כי נסרחה חכמתם ולא מצאו הצלה ועזר, מצודת דוד ישעיהו פרק מח (א) **שמעו זאת.** אל יהודה ובנימין ידבר: **הנקראים וכו׳.** זהו בנימין הנקרא בשם סתם שבטי ישראל: **וממי וכו׳.** זהו שבט יהודה אשר יצאו מזרע יהודה הדומה אל המים. ודוגמתו, בְּמַקְהֵלוֹת וכו׳ מִמְּקוֹר יִשְׂרָאֵל (תהלים סח, כז): **הנשבעים וכו׳.** הרגילים לשבע בה׳ ולא יאמתו דבריהם ולא יצדיקו מאמריהם. וכן נאמר, וְאִם חַי ה׳ יֹאמֵרוּ לָכֵן לַשֶּׁקֶר יִשָּׁבֵעוּ (ירמיה ה, ב): **יזכירו.** לשבע בו וכפל הדבר במלות שונות; וכאומר על פי מעשיהם אלה לא היו כדאים להיות נגאלים מבבל: (ב) **כי מעיר וכו׳.** אבל מחמת שהם נקראים אנשי ירושלים עיר הקדש, ובעבור שסמכו על אלהי ישראל ששמו ה׳ צבאות; בעבור שתי אלה

**מצודת ציון**

**הוברי שמים.** הצופים על השמים לדעת רגעי היום והלילה, ועל כי לא יכלו לעמוד על דעת הרגעים עד ברור להם השמים לטוהר, לכן קרויים הוברי שמים מלשון ברור ומטוהר: **החוזים.** הרואים; וכן, וְתַחַז בְּצִיּוֹן עֵינֵינוּ (שם ד, יא): (יד) **כקש.** תבן דק: **נפשם.** רצונו לומר, גופם; וכן, וְרֵיקָה נַפְשׁוֹ (לעיל כט, ח): **לחמם.** מלשון חמימות: **אור.** שלהבת; כמו, אֲשֶׁר אוּר לוֹ בְּצִיּוֹן (לעיל לא, ט): **לשבת.** מלשון ישיבה: (טו) **לעברו.** מלשון עבר וצד: **תעו.** מי שאין יודע מה לעשות קרוי תועה, והשואל ממי שאינו יודע באיזה דרך ילך הקרוי תועה; כמו שכתוב, וְהִנֵּה תֹעֶה בַּשָּׂדֶה (בראשית לז, טו):

*save you — the astrologers, the stargazers, who foretell by new moons part of*
*what will befall you!* [14] *Behold, they have become like straw: fire burned them,*
*they could not save themselves from the power of the flame; no coal remains*
*by which to warm up; no fire by which to sit —* [15] *so were [those advisers] with*
*whom you toiled. The merchants with whom you dealt since your youth have*
*scattered, each one in his own direction; there is no one to save you.*

**48**

*Retrospective of prophecy*

[1] *Hear this, O House of Jacob, who are called by the name of Israel, and who*
*emerged from the fount of Judah, who swear by the Name of* HASHEM
*and make mention of the God of Israel — but not in truth and not in righteous-*
*ness —* [2] *rather because they are called after the Holy City and they rely on*

**מוֹדִיעִם לֶחֳדָשִׁים מֵאֲשֶׁר יָבֹאוּ עָלָיִךְ** — *Who foretell by new moons part of what will befall you.* When the new moon emerges, your astrologers will foretell only some vague part of the future, but they cannot foretell it all with clarity (*Rashi*).

Alternatively, the verse is understood as if it were written in the following order: *Let them — the astrologers, the stargazers, who foretell by new moons — stand up for you now and save you from what will befall you* (*Ibn Ezra*).

In his *Iggeres Teiman,* Rambam encouraged the Jews of Yemen, who wrote him that they were suffering from persecution and that their travail was intensified by a false messiah. Among other things Rambam cited this verse, interpreting it to say that Isaiah ridicules the nations who boast that they are confident that their future is bright and that will always be supreme. In the end, they will fall and Israel will survive.

**14. אֵין־גַּחֶלֶת לַחְמָם** — *No coal remains by which to warm up.* When straw is burned it erupts in flames, but when it is consumed it leaves no burning coals by which one can be warmed. So, too, your stargazers. They make a blazing display of their spurious wizardry, but when the pomp is over, no benefit remains. They impress only momentarily, but provide no lasting warmth (*Radak*).

**15. אִישׁ לְעֶבְרוֹ תָּעוּ** — *Scattered* [lit., *wandered*], *each one in his own direction.* In your time of need, your guides and advisers will be frightened and flee, like confused wanderers on an unfamiliar path (*Radak*). Not only did they not know defeat was coming, they did not know how to react when it happened (*Abarbanel*).

Sometimes, although a conquered capital is no longer the seat of government, at least it remains a center of commerce; but when Babylon is vanquished, all will flee, leaving the country like burnt straw (*Malbim*).

**48.**

After foretelling the destruction of Babylonia, Isaiah chastises the Jewish people. The prophet foresees the period after the destruction of the First Temple, when the nation was exiled to Babylonia, a sad time when the people engaged in the same sins as their new overlords.

**1. שִׁמְעוּ־זֹאת בֵּית־יַעֲקֹב הַנִּקְרָאִים בְּשֵׁם יִשְׂרָאֵל וּמִמֵּי יְהוּדָה יָצָאוּ** — *Hear this, O House of Jacob, who are called by the name of Israel, and who emerged from the fount of Judah.* Isaiah addresses the two tribes that remained after the ten tribes of the Northern Kingdom had been exiled: Judah, the tribe *who emerged from the fount of Judah,* and the tribe of Benjamin, that remained loyal to the Temple and the Davidic dynasty. The above description of Judah derives from the blessing of Balaam (*Numbers* 24:7): *Water shall flow from his wells* (*Rashi*), which *Onkelos* renders, "the king who will be anointed from his sons will be great." Since Jewish royalty was the province of Judah, the prophecy uses this simile to refer to that tribe.

Alternatively, the verse refers to the wicked people of Judah [which may also have included those from Benjamin], who emerged from the *fount* of the good and righteous Judah. We already know from the first verse of this Book that Isaiah prophesied *concerning Judah and Jerusalem* (*Radak*).

As noted elsewhere, the names *Jacob* and *Israel* refer to the nation's dual nature. The name Jacob refers to its less-perfect state, while the name *Israel* refers to its higher status, just as the Patriarch Jacob was given the new name Israel when he achieved a more exalted state. Thus the prophet is telling the nation that because of its sinfulness, it deserves to be called only *Jacob,* but they should have aspired to raise themselves to the level of *Israel,* the more noble state that it is their mission to attain (*Abarbanel, Chomas Anach*).

**וּמִמֵּי יְהוּדָה יָצָאוּ הַנִּשְׁבָּעִים . . . לֹא בֶאֱמֶת** — *And who emerged from the fount of Judah, who swear. . . but not in truth.* יְהוּדָה is a cognate of הוֹדָאָה, which means both admitting the truth and being thankful [to God]. Judah and his descendants are said to be exemplars of these two characteristics. They would therefore acknowledge that everything they have is a gift of Hashem, and praise and be thankful to Him; however, the prophet laments, they say this, *but not in truth,* for it was mere lip service (*Abarbanel*).

They do not bother to do His commandments, nor do they fear Him. Accordingly, they had no qualms about mentioning His Name, whether for truth or falsehood. One who swears by the life of a king while not being faithful to him puts his own life in jeopardy (*Radak*).

**2. כִּי־מֵעִיר הַקֹּדֶשׁ נִקְרָאוּ** — *Rather because they are called after the Holy City.* In the time of Hezekiah, the people were identified with the holiness of Jerusalem, and that is why they were not exiled with the Ten Tribes (*Rashi*).

Alternatively, this is part of the rebuke. Because they are

ג נִסְמָכוּ יהוה צְבָאוֹת שְׁמוֹ: הָרִאשֹׁנוֹת מֵאָז הִגַּדְתִּי וּמִפִּי יָצְאוּ
ד וְאַשְׁמִיעֵם פִּתְאֹם עָשִׂיתִי וַתָּבֹאנָה: מִדַּעְתִּי כִּי קָשֶׁה אָתָּה וְגִיד בַּרְזֶל עָרְפֶּךָ
ה וּמִצְחֲךָ נְחוּשָׁה: וָאַגִּיד לְךָ מֵאָז בְּטֶרֶם תָּבוֹא הִשְׁמַעְתִּיךָ פֶּן־תֹּאמַר עָצְבִּי
ו עָשָׂם וּפִסְלִי וְנִסְכִּי צִוָּם: שָׁמַעְתָּ חֲזֵה כֻּלָּהּ וְאַתֶּם הֲלוֹא תַגִּידוּ הִשְׁמַעְתִּיךָ
ז חֲדָשׁוֹת מֵעַתָּה וּנְצֻרוֹת וְלֹא יְדַעְתָּם: עַתָּה נִבְרְאוּ וְלֹא מֵאָז וְלִפְנֵי־יוֹם
ח וְלֹא שְׁמַעְתָּם פֶּן־תֹּאמַר הִנֵּה יְדַעְתִּין: גַּם לֹא־שָׁמַעְתָּ גַּם לֹא יָדַעְתָּ גַּם
ט מֵאָז לֹא־פִתְּחָה אָזְנֶךָ כִּי יָדַעְתִּי בָּגוֹד תִּבְגּוֹד וּפֹשֵׁעַ מִבֶּטֶן קֹרָא לָךְ: לְמַעַן

### רש"י

(ב) **על אלהי ישראל נסמכו.** בימי חזקיהו שנאמר בו, בה׳ אֱלֹהֵי יִשְׂרָאֵל בָּטָח (מלכים־ב יח, ה), היא גרמה להם שלא גלו אלא בימי נבוכדנצר שהגלם לבבל, ותהי להם גאולה על ידי כורש: (ג) **הראשונות.** שעברו גאולת מצרים ותשועת חזקיהו מיד סנחרב מאז הגדתי מטרם היותם ופתאום עשיתים: **ותבאנה.** כמו שהגדתי תחלה על פי נביאי: (ד) **מדעתי כי קשה תה.** מאשר ידעתי אותך כי קשה אתה, ואם יבא הנס ולא הגדתיו תחלה תאמר עצבי עשאם ולא מאת הקדוש ברוך הוא הם. לפיכך אגיד לך מאז בטרם תבא וגו׳. מדעתי; מ״ם זו משמשת נתינת טעם; כמו לפי שידעתי ודוגמתו, כִּי מֵאַהֲבַת ה׳ אֶתְכֶם וּמִשָּׁמְרוֹ אֶת הַשְּׁבֻעָה (דברים ז, ח): (ו) **שמעת חזה כלה.** שמעת הראשונות שהגדתי ראה שבאו כולם: **ואתם הלוא תגידו.** ותעידוני אשר לא נפל דבר: **השמעתיך חדשות מעתה.** עתה אני חוזר ומשמיעכם חדשות שהם חדשות לכם, ולפני הם גלויות מעולם ונצורות ושמורות באוצרותי, ואתה לא ידעתם: (ז) **עתה.** נבראו ולא מאז הם: **ולפני יום.** היותם אני משמיעכם: **ולא שמעתם.** עד היום ולפני יום מוסב על השמעתיך האמור למעלה: (ח) **גם לא שמעת וגו׳.** תירגם יונתן, אַף לָא שְׁמַעְתְּ לְמִלֵּי נְבִיַּיא אַף לָא קַבֵּילְתָּא אוּלְפַן אוֹרַיְתָא אַף לְפִתְגָמֵי בִּרְכָּן וּלְוָטִין קְיָמֵי דַּאֲקָמִית עִמְּכוֹן בְּחוֹרֵב לָא אַרְכֵינְתָּא אוּדְנָךְ: **כי ידעתי בגוד תבגוד.** כשירדתי להצילך מיד מצרים גלוי היה לפני שסופך לבגוד ואף על פי כן שמרתי שבועות אבות. וזהו שנאמר, רָאֹה רָאִיתִי אֶת עֳנִי עַמִּי (שמות ג, ז). שתי ראיות רואה אני שסופן לבגוד, ומכל מקום ראיתי את עני עמי, כך דרש רבי תנחומא: **ופושע מבטן.** משהייתם במצרים, כמו שמפורש וָאִוָּדַע לָהֶם בְּאֶרֶץ מִצְרָיִם וגו׳ (ביחזקאל כ, ה), וָאֹמַר אֲלֵהֶם וגו׳ (שם פסוק ז):

### רד"ק

**נסמכו.** בפיהם ולא בלבבם, והוא ה׳ צבאות שמו, שהוא אדון צבאות מעלה ומטה, ובידו הכל לעשות בהם כרצונו; ואיך לא יראתם מפניו: (ג) **הראשונות.** דבר סנחריב, כי זאת התוכחה אחריו נאמרה. וכיון שהגדתי על ידי נביאי ובא מה שאמרתי, היה לכם להאמין בי ולשמור מצותי, כי ראיתם כי פתאום עשיתי בסנחריב מה שגזרתי עליו; כמו שאמר, וַיֵּצֵא מַלְאַךְ ה׳ וַיַּכֶּה בְּמַחֲנֵה אַשּׁוּר (מלכים־ב יט, לה). ואמר הראשונות בלשון רבים, וכן יצאו ואשמיעם ותבאנה, כי פעמים רבות התנבא על דבר סנחריב כמו שכתוב בזה הספר כמו שפירשנו: (ד) **מדעתי.** כבר ידעתי כי קשה אתה, ואף על פי כן אוכיחך, כי התשועה הגדולה שראית בימי סנחריב הרי אתה כאלו לא ראית, היה קושי לב בעולם כזה. וכן אמר משה רבינו עליו השלום, כִּי אָנֹכִי יָדַעְתִּי אֶת מֶרְיְךָ וְאֶת עָרְפְּךָ הַקָּשֶׁה (דברים לא, כז). ואמר יָדַעְתִּי... כִּי הַשְׁחֵת תַּשְׁחִתוּן וְסַרְתֶּם (שם פסוק כט), וגיד ברזל. קשה כגיד ברזל. כי אחר שהפכת ערפך אלי לא פנית עוד אלי כאלו ערפך גיד ברזל שלא יוכל לחזור כאלו איננו פרקים. וכן מצחך הוא כנחושה שלא תבוש מפני, כי העזות יראה במצח ובפנים; כי מי שיש בו העזות ירים מצחו ופניו כנגד מוכיחו כאלו מצחו ופניו קשים שלא יוכל להכניעם ולהכלם אלא ירים בעזות מצחו ופניו. וכן כתוב, חִזְּקוּ פְנֵיהֶם מִסֶּלַע (ירמיה ה, ג): (ה) **ואגידה.** הגזרה העתידה לבא הגדתי לך אותה מאז בטרם תבא, פן תאמרו שאלו לא עשיתי זה שמא היית אומר עצבי עשם, עשה אלו הגזרות הבאות ונסכי צוה אותה שיבאו, (ו) שמעת חזה כלה. שמעת אותה הגזרה. כמו שהשמעתיך, ראה אותה כלה באה: **ואתם הלא תגידו.** כי כן הוא. וכי תכחישו מה שראיתם בעיניכם? והנה השמעתיך עוד חדשות מעתה העתידות לבא, והוא חרבן בבל כמו שיספר: **ונצורות.** שמורות אצלי ולא ידעתם אותם: (ז) **עתה נבראו.** העת שיצאו מפי השם הוא עת בריאתם: **ולפני יום.** ולא לפני היום הזה שאני מגידה. שמא תאמר, הנה ידעתון, זה לא היה, כי עתה נבראו ולא ידעתם ולא שמעתם עד עתה: (ח) **גם לא שמעת.** יש לפרשו דבק בפסוק שלפניו. והנכון לפרשו בפני עצמו, אמר לו דרך תוכחה, גם לא שמעת מה שצויתיך. כלומר, לא קבלת, גם לא ידעת, כי סרו המצות מלבבך ושכחתם והנה לא ידעת אותם: **גם מאז.** לא היה עתה תחילת בוגדך, כי גם מאז הדורות שעברו לא פתחה אזנך לקבל דברי. וחירק הפ״א מקום שורק; וכן, וּפִתְּחוּ שְׁעָרַיִךְ תָּמִיד (לקמן ס,יא), פִּתַּח הַסְּמָדַר (שיר השירים ז, יג). והנכון שיהיו כמשמעם מבנין פעל והם פעלים עומדים: **בגוד תבגוד.** בכל דור ודור יש בך בוגדים:

### מצודת דוד

יגאלו, שלא יחולל שמו באמרם, הלא המה מעירו ובטחו בו ומדוע לא גאלם? אין זה כי אם מקוצר יד: (ג) **הראשונות.** זהו מפלת סנחריב: **מאז הגדתי.** מכבר טרם בואה הגדתים: **ומפי יצאו.** הדברים ההם יצאו מפי והשמעתי לכולכם. וכפל הדבר במלות שונות: **פתאום עשיתי.** בסנחריב עשיתי פתאום מה שגזרתי עליו, כי בלילה אחת נפלו פגרים מתים: **ותבאנה.** כפל הדבר במלות שונות: (ד) **מדעתי.** מחמת שידעתי שאתם קשה לב וערפך הוא כגיד ברזל מבלי פרקים ולא גיד בשר רצונו לומר, לא פנית פניך אלי כאלו ערפך מגיד ברזל שאי אפשר להחזיר הפנים: **ומצחך נחושה.** כן יאמר על מי שהוא מעיז ביותר, שהוא מרים מצחו ומחזקו כנחושה. וכן נאמר, חִזְּקוּ פְנֵיהֶם מִסֶּלַע (ירמיה ה, ג): (ה) **ואגיד לך.** בעבור כל אלה הגדתי לך מפלת סנחריב מאז, והשמעתיך טרם בואה; כי פן תאמר בבואה, העכו״ם עשה הדברים האלה ולא ה׳ פעל זאת; לכן הקדמתי להשמיעך: **צוה.** צוה את הדברים ההמה וכפל הדבר במלות שונות: (ו) **שמעת.** מפי הנביאים שמעת מה שגזרתי על סנחריב, ועתה ראה הכל כי כן באה: **ואתם הלא תגידו.** אשר לא נפל דבר: **השמעתיך.** מעתה אשמיע אותך חדשות והוא מפלת בבל: **ונצורות.** שמורות עמדי ואתם לא ידעתם אותם: (ז) **עתה נבראו.** כי בעת שיצאו הדברים מפי ה׳ היא עת בריאתם: **ולא מאז ולפני יום.** ולא מכבר ולא אפילו לפני יום הזה ולא שמעתם הדברים האלה עד הנה: **פן תאמר.** שמא תאמר הנה ידעתיו, וכאומר זה לא היה כי עתה נבראו ואיך אם כן תדעו: (ח) **גם לא שמעת.** רצונו לומר, כי הנך רואה שאני לבד מגיד דבר טרם היותה, עם כל זה גם לא שמעת אמרי לקבל אותם, גם לא ידעת אותם כי הסרתם מלבך: **גם מאז.** רצונו לומר, לא עתה תחילת הבגידה, כי גם מאז מזמן רב לא פתחת אזניך לשמוע אמרי: **כי ידעתי.** יודע אני שבכל דור ודור אתה בוגד בי ולך יקרא פושע מבטן, כי מעת יצאת מבטן, רוצה לומר, מעת שבחרתך לי לעם, אתה פושע בי:

### מצודת ציון

(ד) **וגיד ברזל.** רצה לומר, שבט ברזל, ולפי שיש בעורה גיד בשר לזה אמר לשון גיד: **ערפך.** רצה לומר, אחורי הצואר: **ומצחך.** מלשון מצח: **נחושה.** נחושת: (ה) **עצבי.** כן יקרא העכו״ם על שם שמעציב לב עובדיו, קורא אליו ואינו נענה: **פיסלי.** גלולים הנפסל מאבן: **ונסכי.** הנתך ממתכת: (ו) **חזה.** ענין ראיה: **ונצורות.** שמורות; כמו, נֹצֵר תְּאֵנָה (משלי כז, יח):

*the God of Israel, HASHEM, Master of Legions, is His Name.* [3] *I foretold the earli-*
*est events beforehand; they emerged from My mouth and I announced them;*
*I acted with suddenness and they came about.* [4] *Because I know that you are*
*difficult, and that your neck is an iron sinew and your forehead is brazen,* [5] *I*
*told you beforehand, and when it had not yet happened I informed you, lest*
*you say, 'My deity accomplished them; my graven image and my molten*
*idol have ordained them.'* [6] *You have heard it; now see it all [happen]! Now*
*you — will you not tell it? Now I will inform you of new events, hidden things*
*that you did not know about.* [7] *They were created just now, not long ago and*
*not before today, and you have never heard of them — lest you say, 'Behold,*
*I already know them.'* [8] *You have neither heard nor have you known, nor*
*was your ear opened to them from before. For I knew that you would deal*
*very treacherously, and you have been called a rebel from birth.* [9] *For My*

**רד״ק**

**כי מבטן.** רצונו לומר, מעת היותך לי לעם פשעת בי. וכן קרא לך פושע כי במדבר פשעת בי כמה פעמים, כי מי שהוא פושע פעם אחת לא יקרא פושע אלא מי ששונה תמיד בפשעו יקרא פושע. או פירוש מבטן, כי הרשע יש קצת ממדותיו בטבע יצירתו. וכן הצדיק. כמו שאמר ברשעים, זֹרוּ רְשָׁעִים מֵרָחֶם תָּעוּ מִבֶּטֶן דֹּבְרֵי כָזָב (תהלים נח, ד). וכן אומר על הצדיק, בְּטֶרֶם אֶצָּרְךָ בַבֶּטֶן יְדַעְתִּיךָ (ירמיה א, ה):

identified with the Holy City of Jerusalem, they should have been holy themselves, and not have defiled the Holy City (*Radak*).

**וְעַל־אֱלֹהֵי יִשְׂרָאֵל נִסְמָכוּ** — *And they rely on the God of Israel.* This further develops the ideas laid down by the two views above. According to *Rashi,* the verse refers to the days of Hezekiah, when the residents of Jerusalem relied on the God of Israel (see *II Kings* 18:5). As a result, their exile was delayed until the days of Nebuchadnezzar. According to *Radak,* this continues the rebuke: How could they give lip service to reliance on Hashem the God of Israel, knowing that it was all *not in truth*? Were they not afraid of His omnipotence?

**3. הָרִאשֹׁנוֹת מֵאָז הִגַּדְתִּי** — *I foretold the earliest events beforehand,* i.e., such events as the redemption from Egypt and the salvation of Hezekiah from Sennacherib (*Rashi*). Others explain that *events* refers only to Hezekiah and Sennacherib; the plural form is used because of the many times this event is foretold in the course of this Book (*Radak*).

**4-5. מִדַּעְתִּי כִּי קָשֶׁה אָתָּה . . .** — *Because I know* [lit., *of My knowledge*] *that you are difficult . . .* Because I know that were I not to tell you beforehand of God's miracles, you would say that your idols brought about your salvation (*Rashi, Ibn Ezra, Radak, Mahari Kara*).

**6. וְאַתֶּם הֲלוֹא תַגִּידוּ** — *You — will you not tell it?* After having seen that the Assyrian army was destroyed exactly as I had promised, will you deny it and refuse to declare that it was I Who saved you? (*Radak*).

**הִשְׁמַעְתִּיךָ חֲדָשׁוֹת** — *Now I will inform you of new events.* They are new to you, but I have always known them (*Rashi*), such as the destruction of Babylonia (*Radak*). Since all my past predictions came true, you can be certain that the new ones will come true as well (*Mahari Kara*).

**7. עַתָּה נִבְרְאוּ** — *They were created just now,* i.e., they were now decreed (*Ibn Ezra*). A decree is *created* when God proclaims it (*Radak*).

**8. גַּם לֹא־שָׁמַעְתָּ גַּם לֹא יָדַעְתָּ גַּם מֵאָז לֹא־פִתְּחָה אָזְנֶךָ** — *You have neither heard nor have you known, nor was your ear opened to them from before.* Some explain this as a continuation of the earlier verse: you have never heard or known of the events that I now decree (see *Mahari Kara, Metzudos*).

However, *Radak* interprets it as a new rebuke: it would seem to be a new idea regarding the commandments. In the same vein, *Rashi* cites *Targum*: *You have neither listened* to the words of the prophets, *nor accepted knowledge* of the Torah, *nor did you open your ears* to the covenant of blessings and curses that I made with you in Horeb. Thus, Isaiah is chastising his people for removing the commandments of the Torah from their consciousness.

Alternatively, it alludes to three exiles in Jewish history, beginning with the last one and going back to the first. *You have neither heard* of the fearsome and long exile from which we will be redeemed in the End of Days, *nor have you* [yet] *known* the future Babylonian exile, *nor was your ear opened to them from before,* when you were redeemed from the Egyptian exile (*Abarbanel*). The verse continues that the common denominator of all three exiles is that they happened because Israel chose to ignore its covenant with God.

**כִּי יָדַעְתִּי בָּגוֹד תִּבְגּוֹד** — *For I knew that you would deal very treacherously.* I knew that whenever I redeemed you, as I did from Egypt, you ultimately would rebel. Nevertheless, I kept My promise to your forefathers (*Rashi, Abarbanel*).

**וּפֹשֵׁעַ מִבֶּטֶן קֹרָא לָךְ** — *And you have been called a rebel from birth.* From your very inception as a nation you have been rebellious (*Mahari Kara*), i.e., from the time you became a nation in Egypt I said (*Ezekiel* 20:7-8) that you "rebelled against Me" (*Rashi*).

י שְׁמִי֙ אַאֲרִ֣יךְ אַפִּ֔י וּתְהִלָּתִ֖י אֶחֱטָם־לָ֑ךְ לְבִלְתִּ֖י הַכְרִיתֶֽךָ׃ הִנֵּ֥ה צְרַפְתִּ֖יךְ וְלֹ֣א
יא בְכָ֑סֶף בְּחַרְתִּ֖יךָ בְּכ֥וּר עֹֽנִי׃ לְמַעֲנִ֧י לְמַעֲנִ֛י אֶעֱשֶׂ֖ה כִּ֣י אֵ֣יךְ יֵחָ֑ל וּכְבוֹדִ֖י לְאַחֵ֥ר לֹֽא־
יב אֶתֵּֽן׃ שְׁמַ֤ע אֵלַי֙ יַעֲקֹ֔ב וְיִשְׂרָאֵ֖ל מְקֹרָאִ֑י אֲנִי־הוּא֙ אֲנִ֣י רִאשׁ֔וֹן אַ֖ף אֲנִ֥י
יג אַחֲרֽוֹן׃ אַף־יָדִי֙ יָ֣סְדָה אֶ֔רֶץ וִימִינִ֖י טִפְּחָ֣ה שָׁמָ֑יִם קֹרֵ֥א אֲנִ֛י אֲלֵיהֶ֖ם יַעַמְד֥וּ יַחְדָּֽו׃
יד הִקָּבְצ֤וּ כֻלְּכֶם֙ וּֽשֲׁמָ֔עוּ מִ֥י בָהֶ֖ם הִגִּ֣יד אֶת־אֵ֑לֶּה יהוה אֲהֵב֗וֹ יַעֲשֶׂ֤ה חֶפְצוֹ֙ בְּבָבֶ֔ל

## רש"י

(ט) **אאריך אפי.** לשון הוה הוא: **ותהלתי אחטם לך.** וזאת היא תהלתי אשר אחטם לך, לשון חוטם. אסתום חוטמי מלאת עשן נחירי ומקלוף עליך; שהכועס יוצא עשן מנחיריו; כמה דאת אמר, עָלָה עָשָׁן בְּאַפּוֹ (תהלים יח, ט). וכן כל חרון אף הוא לשון חימום החוטם: **חרה אפי.** וכן, וְעַצְמִי חָרָה מִנִּי חֹרֶב (איוב ל, ל). נחר חוטמי מרוב חימום: (י) **ולא בכסף.** ולא על ידי אור של גיהנם, כצורף הכסף באור: **בחרתיך.** בחרתי לך כור עוני כנגד אור. כור הוא כלי שמתיכין בו כסף וזהב: (יא) **למעני.** ולמען שמי הקדוש: **כי איך יחל.** איך יחולל שמי בהכריתו אתכם: **וכבודי לאחר לא אתן.** שאויבי יאמרו, יד גלוליהם רמה: (יב) **שמע אלי יעקב.** שם שקרא לך אביך: **וישראל מקראי.** מאתי נקראת ישראל. ויונתן תרגם, וְיִשְׂרָאֵל מְזַמְּנָא: (יד) **ה' אהבו.** לזה שיעשה חפצו של הקדוש ברוך הוא בבבל:

## רד"ק

(ט) **למען שמי.** שנקרא שמי עליכם, שנקראתם עם ה'. וכן אמר משה רבינו בתפלתו, וְהֵם עַמְּךָ וְנַחֲלָתֶךָ (דברים ט, כט): **אאריך אפי.** בכל דור ודור, כי אתם חייבים כליה במעשיכם הרעים אלא שאני מאריך אפי למען שמי ולמען תהלתי. כי תהלה היא לי בהיות לי עם מיוחד מבין העמים דבקים בי, כי אם יפשעו בי ישובו אלי: **אחטם.** כמו אאריך אפי, כי האף יקרא חוטם: (י) **הנה צרפתיך.** לא רציתי להכריתך בעונותיך, אבל צרפתיך על ידי ענויים בחרב ובשבי ובדבר: **ולא בכסף.** ולא כצורף כסף, כי צורף הכסף יסיר כל הסיגים מן הכסף ויכלה אותם ממנו עד שלא ישאר בו אלא כסף צרוף. ואני לא עשיתי כן, כי מעטים היו הנשארים אם עשיתי כן. אבל הרשעים שבכם שהם הסיגים עניתים בחלאים או בשבי או בשכול בנים או בפרי בהמה או בפרי האדמה כמו שכתוב בקללות, לא להכריתם מכל וכל; וזהו שאמר בחרתיך בכור עוני. ובדרש ולא בכסף, ולא על ידי אור של גיהנם (תנא דבי אליהו פרק כו). כי כצרוף הכסף באור, שבחרתי לך כור עוני כנגד כור האור. כור הוא כלי שמתיכין בו הכסף, ועוני כולל כל מיני ענויים. יש מפרשים בחרתיך כמו בחנתיך, ואין צורך רק הוא כמשמעו, כי הצרוף הוא בחירת הכסף מהסיגים: (יא) **למעני למעני.** הכפל רוצה לומר למען שמי ולמען תהלתי, כמו שאמר כי איך יחל, איך יהיה מחולל שמי אם אכריתך, וכבודי לאחר לא אתן. לא אתן לאחר כבודי שיתפארו עובדי אל אחר עלי, שיאמרו אלהיהם מסר ישראל ולא היה כח בידו להושיעם מידם: **יחל.** מבנין נפעל מבעלי הכפל: (יב) **שמע אלי יעקב וישראל מקוראי.** שאני קראתיו ישראל, ואתם נקראים על שמו ישראל: **אני הוא.** בזמן עומד: **אני ראשון.** בזמן שעבר: **אני אחרון.** בזמן עתיד: (יג) **אף ידי.** לא תאמר כי מראשית הזמן אני לבד, כי אף טרם הזמן אני, כי ידי יסדה ארץ וימיני טפחה שמים והזמן נברא בבריאתם. ואמר יסדה לפי שהארץ כיסוד לבנין, לפי שהיא תחתונה והשמים נטוים עליה. וזכר היד שהיא שמאל לארץ לפי שהיא נקלה כנגד השמים. וזכר הימין לשמים, שהשמים נכבדים מהארץ כמו שהימין נכבדת מהשמאל, ועוד כי פעולת הימין יותר קיימת מפעולת השמאל, כן השמים קיימים באישיהם ואין כן אישי הארץ. ופירוש טפחה, תכן אותם בטפחו; כמו שאמר, וְשָׁמַיִם בַּזֶּרֶת תִּכֵּן (לעיל מ, יב): **קורא אני אליהם יעמדו יחדו.** הנה נחלקו רבותינו זכרונם לברכה בבריאת שמים וארץ, בית שמאי אומרים שמים נבראו תחילה ואחר כך הארץ; שנאמר, בְּרֵאשִׁית בָּרָא אֱלֹהִים אֵת הַשָּׁמַיִם וְאֵת הָאָרֶץ (בראשית א, א), ובית הלל אומרים הארץ נבראת תחילה ואחר כך השמים; שנאמר, לְפָנִים הָאָרֶץ יָסַדְתָּ וּמַעֲשֵׂה יָדֶיךָ שָׁמָיִם (תהלים קב, כו). אמר רבי תנחומא אנא אמרית טעמא לבריאה, שמים קדמו; שנאמר בְּרֵאשִׁית בָּרָא אֱלֹהִים אֵת הַשָּׁמַיִם וְאֵת הָאָרֶץ, ולשכלול הארץ קדמה; שנאמר, בְּיוֹם עֲשׂוֹת ה' אֱלֹהִים אֶרֶץ וְשָׁמָיִם (בראשית ב, ד). אמר רבי שמעון בן יוחי תמה אני איך נחלקו אבות העולם בית שמאי ובית הלל על בריאת שמים וארץ? אלא שניהם לא נבראו אלא כאלפס וכסויה, שנאמר קורא אני אליהם יעמדו יחדו. ואדוני אבי זכרונו לברכה פירש יעמדו יחדו (תנא דבי אליהו פרק לא). כי כאשר ברא הבורא יתברך שמים וארץ, הנה הוציאם מאין ליש, ומכח הטבע למעשה. ומחוברים בראם בראשיתם, ועלו השמים בטבעם כדרך העליונים לעלות, וירדה הארץ בטבעה כדרך התחתונים לרדת. ואלו לא העמידם האל היו עוד היום השמים עולים והארץ יורדת, אך כאשר ראה האל יתברך טוב עמידתם, העמידה, וזהו שאמר קורא אני אליהם יעמדו יחדו. והחכם רבי אברהם פירש אני עשיתים, ובעת שאקרא אליהם למלא חפצי יעמדו שניהם לפני כעבדים. והנכון בעיני שפירושו כן, אני עשיתים בתחילת בריאתם, וכל ימי עולם הם עומדים יחדו בכחי. ופירוש קורא אני אליהם, שאני משפיע עליהם כחי בכל עת, ובו יעמדו על תכונתם, וכאלו אני קורא להם שיעמדו ועומדים: (יד) **הקבצו.** וכיון שאני עשיתי הכל, בידי כל הנבראים, ואני אשפיל מלכות זו וארים אחרת, כמו שאעשה לבבל להשפילה ולהרים כורש. וכשתקבצו כולכם, היש בכם בנקבצים מי שידע אלה העתידות שאני עושה: **מי בהם.** שהגידם: **ה' אהבו.** פירוש כורש. וכבר זכרו כמה פעמים שהוא יחריב בבל, לפיכך סמך על המבין, וזכרו בכנוי ולא זכר שמו. ה' אהב אותו כי יעשה חפץ האל בבבל, ויראה זרוע

## מצודת דוד

(ט) **למען שמי.** שלא יחולל בעמים לזה אני מאריך לך אפי: **ותהלתי.** מלת למען משמשת בשתים; לומר למען תהלתי, רצונו לומר, למען יהיה לי לתהלה לזה אאריך חוטמי לך; והוא דוגמת אאריך אפי, כי האף והחוטם הוא אחד והוא ענין מליצה. כי הכעס כאלו יוצא מן האף; כמו שכתוב, עָלָה עָשָׁן בְּאַפּוֹ (תהלים יח, ט). ובהאריך האף יתמהמה הכעס לצאת ולעשות רושם. ואמר בלשון הנופל באדם להסביר את האוזן: **לבלתי הכריתך.** את זה אעשה למען לא אכריתך כפי הגמול כאשר יצא הקצף: (י) **צרפתיך.** להסר ולמרק סיג העון: **ולא בכסף.** לא כמצרף כסף שמתיכים בו הכסף באור לשרוף הסיג: **בחרתיך בכור עוני.** בחרתי לך לשום אותך בכור עוני תמורת כור כסף הנתון על האש, רצונו לומר, אמרק סיג עוניך בקושי עינוי השעבוד ולא באש הגיהנם. ולפי שאחז במשל מצרף כסף אמר כור עוני: (יא) **למעני וכו'.** התשועה שאעשה לכם לא בצדקתכם כי אם למען שמי, כי איך יחולל בין העכו"ם שיאמרו מבלי יכולת ה' וכו'. וכפל מלת למעני לומר שבעבור זה לבד ולא בהצטרפות עמו עוד דבר: **וכבודי.** מה שראוי לכבד אותי לא אעזוב לאל אחר, לבל יאמרו יד אלהיהם רמה: (יב) **מקוראי.** כי אביו קרא לו יעקב, וה' קראו ישראל: **אני הוא.** אני האל לבדי ואפס זולתי: **אני ראשון.** קודם בריאת העולם, אף אני אחרון אחר שתכלה העולם: (יג) **אף ידי וכו'.** רצונו לומר, בעוד תכן ימיני בטפחה את השמים, אז אף ידי השניה יסדה הארץ, כי בבת אחת נבראו: **קורא וכו'.** בזה יפרש אמריו לומר לא נעשו במעשה כי אם קראתי אני אליהם במאמר פי אשר יעמדו יחדיו כאחד: (יד) **הקבצו.** האספו ושמעו אמרי מי בכל עובדי הפסל יוכל להגיד את האמור למטה: **ה' אהבו.** שה' אוהב לזה שיעשו חפצו בבבל וזהו כורש:

## מצודת ציון

(ט) **אחטם.** מלשון חוטם ואף: (י) **בכור.** הכלי שצורפים ומזקקים בו הזהב והכסף נקראה כור: (יא) **יחל.** מלשון חלול: (יג) **טפחה.** מלשון טפח, והוא כף היד שמודדים עמו הטפחים:

*Name's sake I shall restrain My wrath; for My praise I shall withhold My anger from you, not to cut you down.* 10 *Behold, I refine you, but not like silver; I have chosen for you the crucible of hardship.* 11 *For My sake, for My sake I will do [it], for how can I let [My Name] be profaned? I will not cede My glory to another!*

12 *Listen to Me, O Jacob, and Israel, as he was called by Me: I am He; I am the first, also I am the last.* 13 *Also, My hand has laid the foundation of the earth, and My right hand has measured out the heavens; I call to them and they stand together.* 14 *Gather together, all of you, and listen, who among them has related these things:* HASHEM *loves him who does His Will in Babylonia,*

---

**9.** **לְמַעַן שְׁמִי אַאֲרִיךְ אַפִּי** — *For My Name's sake I shall restrain My wrath.* Because you are called "the people of God," I will restrain My wrath and not destroy you, although you deserve destruction (*Ibn Ezra, Radak*).

**וּתְהִלָּתִי אֶחֱטָם לָךְ** — *For My praise I shall withhold My anger from you.* I am praised for withholding My anger from you (*Rashi*).

Alternatively, the word לְמַעַן, *for,* applies to both phrases: *for My Name's sake and for My praise's sake . . .* (*Metzudos*).

**10.** **הִנֵּה צְרַפְתִּיךָ וְלֹא בְכָסֶף** — *Behold, I refine you, but not like silver.* One who refines silver removes all its impurities. Had I refined you as one refines silver, only the very few completely righteous people would survive, and there would be virtually nothing left of the nation (*Radak, Abarbanel*). According to *Rashi,* this is a metaphor for the fires of *Gehinnom.*

Instead of such a harsh, unforgiving means of judgment, *I have chosen for you the crucible of hardship.* The people had to be refined, but God chose to do so through hardship and poverty, not through the unforgiving refinement of fire.

Homiletically, the spiritual challenge of *silver,* i.e., wealth, is more difficult that the challenge of poverty. Wealth can lead to arrogance and self-indulgence, which are the breeding ground of sin. Poverty not only stifles temptation — simply because many of the most tempting sins are unaffordable — but it causes a person to become humble and therefore more susceptible to repentance (*Meir Panim*).

**11.** **לְמַעֲנִי לְמַעֲנִי אֶעֱשֶׂה** — *For My sake, for My sake I will do [it].* The repetition alludes to verse 9: for the sake of My Name and for sake of My praise (*Radak*).

A powerful ruler might feel that someone is worthy of help. Or he might feel that the person is useful to him and therefore it is in the ruler's own interest to aid him. Neither of these considerations applies to God's mercy on Israel. Neither were the sinful people worthy, nor does God require anyone's help. Therefore God declares that He will be kind to Israel only *For My sake, for My sake,* as an act of pure undeserved mercy (*Malbim*).

**וּכְבוֹדִי לְאַחֵר לֹא־אֶתֵּן** — *I will not cede My glory to another.* If I allow Israel to be destroyed because of its sins, its enemies will say that their idols did it and I was helpless to stop it (*Rashi, Radak*).

**12.** **יַעֲקֹב וְיִשְׂרָאֵל מְקֹרָאִי** — *O Jacob, and Israel, as he was called by Me.* Isaac named his son Jacob, and I, God, gave him the august name Israel (*Rashi,* et al.). Having heard the previous passage of this prophecy, all elements of the Jewish people, Jacob and Israel, should realize that they should never have spurned God. How could they have chosen to follow newly fashioned idols or philosophies as if they were suddenly invested with power? Didn't they realize, as the verse continues, that only God has dominion? (*Abarbanel*).

**אֲנִי־הוּא אֲנִי רִאשׁוֹן אַף אֲנִי אַחֲרוֹן** — *I am He; I am the first, also I am the last.* I have created time, so I am not bound by the restrictions of past, present, or future (*Ibn Ezra*); the present (*I am He*), the past (*I am the first*), and the future (*also I am the last*) (*Radak*).

**13.** **אַף־יָדִי יָסְדָה אֶרֶץ** — *Also, My hand has laid the foundation of the earth.* Having said that God is timeless, the prophet says further that His existence did not begin with Creation. To the contrary, it was He Who created heaven and earth. He preceded them. He created them. He established their parameters (see *Radak*).

According to the Academy of Shammai, God created the heavens before the earth, as it says (*Genesis* 1:1): *In the beginning of God's creating the heavens and the earth.* According to the Academy of Hillel, He created the earth first, as it says (*Psalms* 102:26), *My hand has laid the foundation of the earth and My right hand has measured out the heavens. . .* Said R' Shimon bar Yochai [citing our verse]: "I wonder how the fathers of the world, the Academies of Shammai and Hillel, could argue over the creation of the heavens and the earth? Rather, both were created [together] like a pot and its cover, as it says, *I call to them and they stand together*" (*Bereishis Rabbah* 1:15).

These last two verses teach that God is limited neither by time nor by space (*R' Schwab*).

Homiletically, God's left hand, as it were, created the earth, and His right hand created heaven. These are two separate entities, and it is man's role to infuse spirituality into his earthly existence. When he succeeds in doing so, Creation has reached its purpose and God proclaims, *I call to them [heaven and earth] and they stand together* (*Pri HaEitz*).

**14-15.** Having proclaimed God's omnipotence, the prophet calls upon the idolaters to gather and declare that He has influenced Cyrus, the one "whom Hashem loves," to carry out His Will against Babylonia.

**14.** **ה׳ אֲהֵבוֹ יַעֲשֶׂה חֶפְצוֹ בְּבָבֶל** — HASHEM *loves him who does His Will in Babylonia.* This refers to Cyrus (*Rashi, Ibn Ezra, Radak, Mahari Kara*). Alternatively, it refers to Israel, and

טו־טז וּזְרֹעוֹ כַּשְׂדִּים: אֲנִי אֲנִי דִּבַּרְתִּי אַף־קְרָאתִיו הֲבִאֹתִיו וְהִצְלִיחַ דַּרְכּוֹ: קִרְבוּ
אֵלַי שִׁמְעוּ־זֹאת לֹא מֵרֹאשׁ בַּסֵּתֶר דִּבַּרְתִּי מֵעֵת הֱיוֹתָהּ שָׁם אָנִי וְעַתָּה אֲדֹנָי
יז יֱהֹוִה שְׁלָחַנִי וְרוּחוֹ: כֹּה־אָמַר יהוה גֹּאַלְךָ קְדוֹשׁ יִשְׂרָאֵל אֲנִי
יח יהוה אֱלֹהֶיךָ מְלַמֶּדְךָ לְהוֹעִיל מַדְרִיכְךָ בְּדֶרֶךְ תֵּלֵךְ: לוּא הִקְשַׁבְתָּ לְמִצְוֹתָי
יט וַיְהִי כַנָּהָר שְׁלוֹמֶךָ וְצִדְקָתְךָ כְּגַלֵּי הַיָּם: וַיְהִי כַחוֹל זַרְעֶךָ וְצֶאֱצָאֵי מֵעֶיךָ
כ כִּמְעֹתָיו לֹא־יִכָּרֵת וְלֹא־יִשָּׁמֵד שְׁמוֹ מִלְּפָנָי: צְאוּ מִבָּבֶל בִּרְחוּ
מִכַּשְׂדִּים בְּקוֹל רִנָּה הַגִּידוּ הַשְׁמִיעוּ זֹאת הוֹצִיאוּהָ עַד־קְצֵה הָאָרֶץ אִמְרוּ

## רש״י

**וזרועו.** יראה בארץ כשדים, ועל כורש אמר כן: **(טו) אני.** גאלתי ישראל ממצרים, ואני אגאל כל ישראל מגלות אחרון ומארבע כנפות הארץ: **אף קראתיו.** לכורש, ויונתן תרגם, ה׳ אהבו לישראל אף קראתיו לאברהם וקריאה זו לשון גידול, להיות מקוראי; כמו, אֵלֶּה קְרוּאֵי הָעֵדָה (במדבר א, טז): **(טז) מעת היותה שם אני.** מֵעִדָּן דְּאִתְפְּרַשׁוּ עַמְמַיָּא מִדַּחַלְתִּי תַּמָּן אַבְרָהָם אֲבוּכוֹן קָרֵיבְתֵּיהּ לְפוּלְחָנִי, ועתה ה׳ אלהים שלחני ורוחו. אֲמַר נְבִיָּא וּכְעַן ה׳ אֱלֹהִים שַׁלְחַנִי וּמֵימְרֵהּ. עירובי דברים; מי שאמר זה לא אמר זה. ומדרש אגדה, רבי תנחומא פירש, שמעו זאת; תורת משה, שנאמר בה זאת התורה, לא מראש בסתר דברתי בסיני. והנביא אומר, מעת היותם לאותו דבר שהוא אומר שם אני. ולמדנו מכאן שכל הנביאים עמדו בסיני. ועתה שלחני להנבא אליהם. ואף לשון זה ישנו עירוב דברים, לא מראש בסתר דברתי, אמרה שכינה. מעת היותה שם אני, אומר הנביא. ויש לפתור שלא יהו עירובי דברים, קרבו אלי, שמעו זאת שאני מתנבא לכם על מפלת בבל וגאולתכם. לא מראש בסתר דברתי אותה מעת היותם, שגזר הקדוש ברוך הוא להביאם שם הייתי לומד. (ס״א למדת) שמשעת הגזירה הקדוש ברוך הוא מעמיד הנביא שעתיד להנבא על הדבר בסוף פמליא של מעלה ואף על פי שעדיין אינו נוצר: **(יט) במעותיו.** של ים, כדגי הים לרוב:

## רד״ק

האל בכשדים, כי הוא לא התפאר בכחו כמו סנחריב ונבוכד נצר, אלא אמר, כָּל מַמְלְכוֹת הָאָרֶץ נָתַן לִי ה׳ אֱלֹהֵי הַשָּׁמַיִם (דברי הימים ב לו, כג). ומה שאמר הקבצו לנכח ואמר בהם שלא לנכח, כן דרך הלשון; וכן, שִׁמְעוּ עַמִּים כֻּלָּם (מלכים א כב, כט) וזולתו: **כשדים.** חסר בי״ת השמוש, והוא כמו בכשדים. וכן, לִזְנוֹת בֵּית אָבִיהָ (דברים כב, כא) שהוא כמו בבית אביה, ורבים כמוהו. ויונתן פירש אהבו על ישראל, שתרגם, ה׳ דְּרַחֵם לֵיהּ לְיִשְׂרָאֵל יַעְבֵּיד רְעוּתֵהּ בְּבָבֶל וגומר: **(טו) אני אני.** הכפל לחזק. או פירוש אני שהייתי ואני שאהיה. וכמו שדברתי על כורש על ידי נביאי כן הביאותיו אל בבל ותצליח דרכו. ומה שאמר אף קראתיו, קראתיו בשם, כמו שאומר למשיחו לכרש: **(טז) קרבו.** אלה דברי הנביא: **לא מראש בסתר דברתי.** נבואת סנחריב שהיתה ראשונה, לא דברתי בסתר, אלא בגלוי אמרתי, כי כן יהיה: **מעת היותה.** מעת היות הגזרה כמו שאמרתי ואתם עדי. וכן עתה, אדני אלהים שלחני על הגזרה העתידה לבא, והיא חרבן בבל: **ורוחו.** פירוש מלאכו. כלומר, ומלאכו בא אלי בשליחות האל יתברך בנבואה, והודיעני זאת הגזרה העתידה לבא, שלחני אליכם שאודיענה לכם. ומה שהוצרך לומר ורוחו, כי פעמים ישמע הנביא קול בלא ראית מלאך, ופעמים יראה מלאך במראה הנבואה. ואדוני אבי זכרונו לברכה פירש, לא מראש כאשר נבאתי נבואת סנחריב בגלוי דברתי, ומעת היותה אותה הנבואה שאמר, אֶת מִי אֶשְׁלַח וּמִי יֵלֶךְ לָנוּ (לעיל ו, ח), אני מזומן. ועתה ה׳ אלהים שלחני ורוחו שם בקרבי להתנבא העתידות. והגאון רב סעדיה פירש כמו ברוחו, על דרך ותעד בם ברוחך ביד נביאיך, וכמוהו, דִּרְשׁוּ ה׳ וְעֻזּוֹ (תהלים קה, ד) כמו בעזו. והחכם רבי אברהם בן עזרא פירש ורוחו, ומלאכו הממונה על מלכות פרס, כי יש מלאכים ממונים על המלכיות כמו שכתוב בספר דניאל. ויונתן תרגם, מֵעִדָּן דְּאִתְפְּרִישׁוּ עַמְמַיָּא וגו׳: **(יז) כה אמר ה׳ גאלך.** מגלות בבל על ידי כורש: **מלמדך.** אני מלמד בכל יום להועיל לך, שתהיה בשלום אם תשמע לי, ולא תגלה לבבל ולא תצטרך לתשועה זאת אם תלך בדרך שאני מדריכך: **(יח) לוא הקשבת.** אלו עשית זה שהקשבת למצותי: **ויהי כנהר שלומך.** ולא תשלוט בך יד אויב ובא כנהר, רוצה לומר כמימי הנהר שהם רבים. ויונתן תרגם, כִּשְׁפַע נְהַר פְּרָת, וצדקתך. וצדקה שהייתי עושה עמך כגלי הים, שהם תמידים בלי הפסק זה אחר זה: **(יט) ויהי כחול.** והיה כמו כן כחול זרעך, שהייתי מברך אותך בפרי בטנך. וכפל הענין במלות שונות, ואמר **וצאצאי מעיך כמעותיו.** ומעותיו הם אבני החול שהם צרורות קטנות, והם כדמות מעות הנזכר בדברי רבותינו זכרונם לברכה. ויש מפרשים, כמעותיו, כמעי הים והם הדגים. ויונתן תרגם, כְּפֵרוּדוֹהִי, והם אבני החול שהם פרודות קטנות, לא יכרת ולא ישמד שמו. פירוש שם זרעך. כלומר אף על פי שלא הקשבת למצותי, לא אכריתך מכל וכל, אלא אגלה אותך לארץ אויביך ואחר כך אגאלך, ואומר לך צאו מבבל, מלפני. שלא אושיבך לפני בבית שכינתי. ואמר כנוי שמו על זרעך, בעבור כי רוב השבי הגולה היו הבנים כי האבות מתו: **(כ) צאו מבבל ברחו מכשדים.** אין זה בריחה מפחד כי ביד רמה יצאו ובקול רנה, אלא פירושו מהירות ההליכה; וכן, לִבְרוֹחַ תַּרְשִׁישׁ כִּי מִלִּפְנֵי ה׳ הוּא בֹרֵחַ, כמו שפירש אדוני אבי זכרונו לברכה: **הוציאוה.** זאת הבשורה:

## מצודת דוד

**וזרועו.** וחוזק זרועו יעשה בכשדים, (טו) אני אני. רצונו לומר, אני לבד דברתי שכן יעשה: **אף קראתיו.** רצונו לומר, אני הערתי לבו לזאת: **הביאותיו.** לבבל: **(טז) שמעו זאת.** האמור למטה: **לא מראש וכו׳.** רצונו לומר, מפלת סנחריב שהיתה ראשונה לא דברתיה בסתר אלא בגלוי, כי מעת היות הגזרה ההיא הייתי שם לקבל הנבואה ונתפרסמה על ידי: **ועתה.** הנה עתה שלחני ה׳ ומלאכו רצונו לומר, על ידי מלאכו באה עלי הנבואה להשמיע עוד חדשות, והיא מפלת בבל: **(יז) מלמדך להועיל.** אני הוא המלמד אותך להיות לך לתועלת: **מדריכך.** המנהיג אותך בדרך אשר תלך: **(יח) לו הקשבת.** אם הקשבת למצותי היה אז נמשך שלומך כמי הנהר הייתי עושה עמך צדקות מרובות וגדולות כגלי הים: **(יט) וצאצאי מעיך.** כפל הדבר במלות שונות: **כמעותיו.** כצאצאי מעי הים ועל הדגים יאמר בדרך השאלה כאלו הים ילדם: **לא יכרת.** רצונו לומר, אף על פי שלא הקשבת למצותי עם כל זה לא יכרת שם זרעך מכל וכל: **(כ) צאו מבבל.** כי אמר לך צאו מבבל: **ברחו.** מהרו ללכת מכשדים, הגידו וכו׳. אמרו זאת הבשורה: **הוציאוה.** הוציאו קול הבשורה להיות נשמע עד קצה הארץ:

## מצודת ציון

**(יד) כשדים.** בכשרים ותחסר בי״ת השמוש; וכן, לִזְנוֹת בֵּית אָבִיהָ (דברים כב, כא) ומשפטו בבית אביה: **(טז) ורוחו.** ומלאכו; וכן, וְרוּחַ עַל פָּנַי יַחֲלֹף (איוב ד, טו): **(יז) להועיל.** מלשון תועלת: **מדרכיך.** מלשון דרך: **(יח) לוא.** הוא כמו אם; וכן, לוּ הַחֲיִתֶם אוֹתָם (שופטים ח, יט): **הקשבת.** ענין שמיעה: **(יט) מעיך.** כמו בטנך: **כמעותיו.** מלשון מעיים, רצה לומר בטן: **ישמד.** ענין כליון: **(כ) ברחו.** ענין מהירות ההליכה ועם היה מבלי פחד:

*and [shows] His arm against the Chaldeans.* 15 *I, only I, have spoken and*
*even summoned him; I have brought him, and his path is successful.*
16 *Approach me, hear this: From the first I did not speak in secrecy; from the time*
*[the decree] was issued I was there. And now, My Lord, HASHEM/ELOHIM, has sent me*
*with His spirit.*
17 *Thus said HASHEM, your Redeemer, the Holy One of Israel: I am HASHEM,*
*your God, Who instructs you for [your] benefit, Who guides you in the way*
*you should follow.* 18 *If you had hearkened to My commandments, your peace*
*would [flow] like a river and your righteousness like the waves of the sea.*
*Reward for obedience* 19 *Your offspring would be like the sand and those that emerge from your in-*
*nards like [the sea's] innards. Its name will not be cut off and will not be de-*
*stroyed before Me.*
20 *Go forth from Babylonia; hurry from Chaldea. With glad song re-*
*late, announce this; bring forth [the message] to the ends of the earth; say,*

---

should be rendered, *HASHEM, Who loves [Israel, which], will do His Will in Babylonia* (*Targum*).

**15. אֲנִי אֲנִי** — *I, only I* (lit., *I, I*). *I,* Who redeemed you from Egypt, will once again redeem you from the last exile, from the four corners of the earth (*Rashi*). Alternatively, *I* will not change (*Ibn Ezra*). As *I* was, so *I* shall be (*Radak*).

**אַף־קְרָאתִיו** — *And even summoned him,* i.e., Cyrus (*Rashi, Ibn Ezra, Radak*). Alternatively, *I summoned* Abraham to exalt him, *I have brought him, and his path is successful* (*Rashi,* citing *Targum*).

**16. Isaiah now speaks for himself.**

**לֹא מֵרֹאשׁ בַּסֵּתֶר דִּבַּרְתִּי** — *From the first I did not speak in secrecy.* When a human ruler decrees something revolutionary, he would be wise to do it secretly, for he may not be able to carry it out, but God has no such qualms (*Mahari Kara*).

Isaiah declares that he relates whatever God revealed to him; nothing is hidden. [God's plan for the future Redemption is openly revealed, as the prophet Amos (3:7) declared, "*For the Lord HASHEM/ELOHIM will not do anything unless He has revealed His secret to His servants, the prophets.*"] (*Malbim*).

The prophet declares that he had prophesied regarding Sennacherib's downfall for all to hear, as soon as it was revealed to him. So, too, when God commanded him to warn Israel about the future destruction and exile, he announced it without delay (*Radak*).

**וְרוּחוֹ** — *With His spirit,* i.e., an angel. Sometimes a prophet hears only a voice and sometimes God sends His *spirit* in the form of an angel (*Radak*). Alternatively, *with His message* (*Targum*).

**17-22. Isaiah now issues a prophecy to Israel regarding the reward for those who obey Him.**

**מְלַמֶּדְךָ לְהוֹעִיל** — *Who instructs you for [your] benefit.* God instructs you each day for your benefit, that you may live in peace, if you obey Him and go *in the way you should follow* (*Radak*).

Alternatively, Who instructs you for your benefit so that when you return from Babylonia you will never again have to be in exile (*Abarbanel*).

**מַדְרִיכְךָ בְּדֶרֶךְ תֵּלֵךְ** — *Who guides you in the way you should follow.* The Torah and its teachers are God's agents to guide Israel on its proper course. In addition, the Sages expound that people are guided along the path they wish to travel (*Makkos* 10b). One who wishes to be righteous will find his way being eased; those who seek avenues to sin will not be impeded. Therefore, no one should assume that because he finds it easy to do wrong, God approves of his deeds. To the contrary, it means only that he is sinning because that is his desire and God is not standing in his way (*R' Tzadok HaKohen*).

In *Pri Tzaddik,* R' Tzadok comments that God allows people to serve Him according to their own ability. R' Shimon bar Yochai held that Jews should ignore the need for a livelihood and study Torah and perform the commandments exclusively, but R' Yishmael countered that the vast majority of people must plow, plant, and engage in commerce. The Talmud concludes that both paths are correct depending on the person (*Berachos* 35b). *God guides you in the way you should follow.*

**18. וַיְהִי כַנָּהָר שְׁלוֹמֶךָ** — *Your peace would [flow] like a river* whose flow never stops (*Radak*).

Your life will be as peaceful and tranquil as the normal flow of a river, but the reward for your good deeds, *your righteousness,* will be as powerful as the surging waves that always try to flood the beaches (*Malbim*).

**19. כִּמְעֹתָיו** — *Like [the sea's] innards.* Your descendants will be as numerous as the fish in the ocean (*Rashi*). Alternatively, they will be as numerous as the pebbles [or sand (*Abarbanel*)] at the seashore (*Targum*).

**20. צְאוּ מִבָּבֶל בִּרְחוּ מִכַּשְׂדִּים** — *Go forth from Babylonia; hurry from Chaldea.* Normally, the word בִּרְחוּ is rendered *flee.* Here the context indicates that it means *hurry* (*Radak*), as indicated by the continuation, *with glad song,* since one does not sing when fleeing (*Abarbanel*).

כא גָּאַל יְהוָה עַבְדּוֹ יַעֲקֹב׃ וְלֹא צָמְאוּ בָּחֳרָבוֹת הוֹלִיכָם מַיִם מִצּוּר הִזִּיל לָמוֹ
מט כב־א וַיִּבְקַע־צוּר וַיָּזֻבוּ מָיִם׃ אֵין שָׁלוֹם אָמַר יְהוָה לָרְשָׁעִים׃ שִׁמְעוּ אִיִּים אֵלַי
ב וְהַקְשִׁיבוּ לְאֻמִּים מֵרָחוֹק יְהוָה מִבֶּטֶן קְרָאָנִי מִמְּעֵי אִמִּי הִזְכִּיר שְׁמִי׃ וַיָּשֶׂם פִּי
ג כְּחֶרֶב חַדָּה בְּצֵל יָדוֹ הֶחְבִּיאָנִי וַיְשִׂימֵנִי לְחֵץ בָּרוּר בְּאַשְׁפָּתוֹ הִסְתִּירָנִי׃ וַיֹּאמֶר לִי
ד עַבְדִּי־אָתָּה יִשְׂרָאֵל אֲשֶׁר־בְּךָ אֶתְפָּאָר׃ וַאֲנִי אָמַרְתִּי לְרִיק יָגַעְתִּי לְתֹהוּ וְהֶבֶל כֹּחִי
ה כִלֵּיתִי אָכֵן מִשְׁפָּטִי אֶת־יְהוָה וּפְעֻלָּתִי אֶת־אֱלֹהָי׃ וְעַתָּה | אָמַר יְהוָה יֹצְרִי

### רש"י

(כב) **לרשעים.** לנבוכדנצר וזרעו: (א) **מבטן קראני.** משאני בבטן עלתה לפניו במחשבה להיות שמי ישעיה, להגבא ישועות ונחמות, (ב) וישם פי כחרב חדה. להוכיח את הרשעים ולהתנבאות עליהם פורענות: **בצל ידו החביאני.** שלא יוכלו להרע לי: **לחץ ברור.** ממורט. קלי"ר בלע"ז: **באשפתו.** כלי נרתק החצים שקורין קוייכר"א בלע"ז: (ד) **ואני אמרתי לריק יגעתי.** כשראיתי שאני מוכיחם ואינם שומעים: **אכן משפטי את ה'.** הוא יודע שאינה מאתי אלא מאתם:

### רד"ק

(כא) **ולא צמאו.** אם נבואה זו על השבי מגלות בבל כמו שהוא בנראה הוא תימה, איך לא נכתב בספר עזרא כשספר בצאתם מהגלות, שנעשו עמהם נסים אלו שבקע צור בעבורם במדבר: (כב) **אין שלום אמר ה' לרשעים.** לאנשי בבל, וזהו שאמר אמר ה'. ושלמטה בפרשת, כִּי כֹה אָמַר רָם וְנִשָּׂא שֹׁכֵן עַד (לקמן נז, טו) אמר אלהי. והסימן ה' אלהי: (א) **שמעו איים.** פירוש יושבי איים, ואלה דברי הנביא על עצמו. ואמר, שמעו והקשיבו על העמים שהם מרחוק כאלו הם אצלו, לפי שהתנבא אליהם פורענות העתידה לבא עליהם; שהרי התנבא על סנחריב מלך אשור כמה פעמים והתנבא על בבל ועל מואב ועל דמשק ועל מצרים ועל דומה ועל צור וצידון: **ה' מבטן קראני.** אל תתמהו עלי אם אני מתנבא רעות עליכם, כי אני מזומן לנבואה מן הבטן. והוא על הדרך שפירשנו בפסוק וּפֹשֵׁעַ מִבֶּטֶן (לעיל מח,ח): (ב) **וישם פי.** לא אוכל למנוע עצמי מלהתנבאות, כי הוא שם פי כחרב חדה לדבר העתידות בחתוך לשון בלא מורא: **בצל ידו החביאני.** שלא יוכלו להרע לי ישראל אף על פי שדברתי עליהם רעות, וישימני לחץ ברור. לירות בלשוני למרחוק לאומות: **באשפתו הסתירני.** לפי שדמה עצמו לחץ דמה סתרי האל לאשפה שהחצים נסתרים שם. ואמר חרב חדה כנגד ישראל שהם קרובים אליו, ובחרב יכה אדם לקרוב ולא לרחוק. ואמר חץ כנגד האומות שהם רחוקים ובחץ יורה אדם למרחוק. ופירוש ברור, מרוק ומרוט עד שהוא זך וברור: (ג) **ויאמר לי עבדי אתה.** שאתה מזומן לשליחותי כעבד לאדון, שאמרתי הנני שלחני, ישראל. יאמר בכלל ופרט, אתה ישראל שאתפאר בך כאדון המתפאר בעבדו הנאמן: (ד) **ואני אמרתי.** בראותי כי לא שבו ישראל בתשובה בתוכחתי, אמרתי לריק יגעתי. וכפל הענין במלות שונות. משפטי ופעלתי הם את השם שהוא שלחני אליהם ולא הועלתי, ועמו אריב על זה: (ה) **ועתה אמר.** לשובב יעקב אליו, לפיכך יצרני להיות לו לעבד ולהשיב יעקב אליו בתוכחתי ושיאסוף ישראל לו, כלומר לעבודתו. ואם לא יועיל בדור הזה, די לי שאכבד בעיני ה' ויודיעני סודותיו ועתידותיו

### מצודת דוד

**עבדו יעקב.** את עבדו יעקב: (כא) **ולא צמאו.** לא יצמאו בדרך עם כי יוליך אותם במקומות חרבות ושוממות כי יטיף להם מים מן הצור וימצאו לרוות צמאונם: **ויבקע צור.** כפל הדבר במלות שונות: (כב) **אין שלום וכו'.** זאת הטובה תהיה לישראל, אבל להבבליים הרשעים אין שלום אמר ה' עליהם, וכאומר ולזה ישלח כורש את ישראל מהגולה וישמיד את הבבליים כי כן גזירת המקום: (א) **שמעו איים.** יושבי איי הים: **מרחוק.** היושבים מרחוק: **מבטן קראני.** מעת היותי בבטן אמי קרא שמי ישעיה לרמז שאנבא ישועות: **ממעי וכו'.** כפל הדבר במלות שונות: (ב) **כחרב חדה.** להוכיח את הרשעים ולנבאות עליהן פורעניות: **החביאני.** לבל יוכלו להרע לי: **לחץ ברור.** להוכיח ולנבאות וכו', וכפל הדבר במלות שונות: **באשפתו הסתירני.** רצונו לומר, היה לי למחסה מן הרשעים ולפי שהמשיל עצמו לחץ אמר לשון הנופל בחצים: (ג) **עבדי אתה.** מזומן אתה לשליחותי כעבד לאדון: **ישראל.** הרי אתה לפני ככל המון ישראל אשר אתפאר בך כמו בכולם: (ד) **ואני אמרתי.** כשהייתי מוכיחם ולא הטו אוזן חשבתי מתחלה אשר יגעתי לריק כי הואיל ולא הועלתי אם כן לא אקבל שכר: **לתוהו וכו'.** כפל הדבר במלות שונות: **אכן.** אבל באמת משפט גמולי הוא עם ה' ושלם ישלם הואיל ועשיתי את שלי: **ופעולתי.** שכר פעולתי הוא עם אלהי וכפל הדבר במלות שונות: (ה) **ועתה אמר ה' וכו'.** רצונו לומר, ה' אשר מבטן יצר אותי להיות לו לעבד ללכת בשליחותו אמר לי עתה להשיב אליו את יעקב בתשובה ובעבור זה אהיה נכבד בעיני ה' ואף היה חזקי לבל יוכלו הרשעים להרע לי וכאומר כאשר חשב באחרונה כן אמר לי ה' שאף אם לא אועיל אהיה נכבד בעיניו וכן היה לי למעוז ולחוזק:

### מצודת ציון

(כא) **בחרבות.** מלשון חורבה ושממון: **הזיל.** מלשון הזלה ונטיפה: **ויזובו.** מלשון זובה ונטיפה; כמו, זָב עִמְקֵךְ (ירמיה מט, ד): (ב) **חדה.** חדודה ושנונה: **החבאני.** מלשון מחבואה ומסתור: **ברור.** נקי מן החלודה: **באשפתו.** כן נקרא נרתק החצים; כמו, עָלָיו תִּרְנֶה אַשְׁפָּה (איוב לט, כג):

---

**אִמְרוּ גָּאַל ה' עַבְדּוֹ יַעֲקֹב** — *Say, "HASHEM has redeemed His servant Jacob."* You may announce this and proclaim it to the ends of the earth, for the redemption from Babylonia is certain to come (*Malbim*).

**21. . . . וְלֹא צָמְאוּ בָּחֳרָבוֹת הוֹלִיכָם** — *They did not thirst, though He led them through parched deserts. . .* This refers to the miracles performed for the people of Israel when they left Egypt. He Who performed these miracles then will once again redeem you from Babylonia (*Mahari Kara*). Alternatively, it states metaphorically that all necessary food and drink will be provided for those ascending to Zion (*Abarbanel*).

*Radak* notes that the plain meaning of the verse seems to refer to those returning from Babylonia, but the Books of *Ezra* and *Nehemiah* do not recount any of these miracles.

**22. אֵין שָׁלוֹם אָמַר ה' לָרְשָׁעִים** — *"[But] there is no peace for the wicked," said HASHEM.* The peace promised to Israel (v. 18), *Your peace would [flow] like a river,* will not extend to the wicked (*Mahari Kara*).

*The wicked* are Nebuchadnezzar and his offspring (*Rashi*) or the people of Babylonia (*Radak*).

The verse refers to the World to Come — that is where only the righteous will enjoy peace. In this world, however,

*'HASHEM has redeemed His servant Jacob.'* [21] *They did not thirst, though He led them through parched deserts; He made water flow for them from a rock; He split a rock and water gushed.* [22] *'[But] there is no peace for the wicked,' said HASHEM.*

**49**

*Designated a prophet from the womb*

[1] *Listen to me, O islands, and hearken, O distant regimes: HASHEM summoned me*
*from the belly; He mentioned my name from my mother's womb.* [2] *He made my*
*mouth like a sharp sword; in the shadow of His hand He hid me; He made me like a*
*smooth arrow, in His quiver He concealed me.* [3] *He said to me: "You are My servant,*
*Israel, in whom I take glory."* [4] *But I said, "I have toiled in vain and used up my*
*strength for nothingness and naught; however, my judgment is with HASHEM and [the*
*reward for] my accomplishment is with My God."* [5] *And now HASHEM, Who formed*

the wicked may prosper and live tranquil lives (*Ikkarim; Maharal*).

**49.**

*Abarbanel* provides an overview of the chapter. Isaiah has concluded his prophecy regarding the liberation from the Babylonian exile. Now he turns to the ultimate, final redemption. He begins by saying that God designated him for this prophecy from the womb; although he unceasingly admonished his people and urged them to repent — and even risked his life to do so — this was not his primary mission, for it ended in failure. The people did not heed him, and he was even executed by King Manasseh. His true mission was to foretell the future when his people would be gathered in from their far-flung places of exile; the nations that subjugated them would acknowledge the sovereignty of God. He also emphasizes that the length of the exile will not be because God was remiss in keeping His promise to redeem them, but because they continued to sin. Nor could they blame Isaiah for not admonishing them; he did it over and over, but they were deaf to his pleas.

Isaiah will prophecy regarding Sennacherib, Babylonia, Moab, Damascus, Egypt, Tyre, and Sidon, but he begins by saying *listen to me,* as if he were facing them directly (*Radak*).

**1. מִמְּעֵי אִמִּי הִזְכִּיר שְׁמִי** — *He mentioned my name from my mother's womb.* From the time I was in my mother's womb He ordained that I be named יְשַׁעְיָהוּ, *Isaiah,* after the יְשׁוּעוֹת, *salvations,* that I was destined to predict (*Rashi*).

**2. וַיָּשֶׂם פִּי כְּחֶרֶב חַדָּה** — *He made my mouth like a sharp sword,* to give reproof to the wicked and to predict their downfall (*Rashi*). Since He gave me the ability to predict the future fearlessly, with the sharpness of a sword, I have no right to refrain from prophecy (*Radak*).

**כְּחֶרֶב . . . לְחֵץ** — *Like a sword . . . like an arrow.* When Isaiah admonished people face-to-face, his words were like a *sword,* striking an opponent directly. When he spoke of people who were far away or who were in the future, his words were like an *arrow,* going off into the distance (*Radak*).

Since Isaiah would be delivering unpopular messages that would anger many people, he said that God would shelter him. Indeed, Isaiah lived a long life despite the danger, until he was assassinated. Throughout our history, great people have accepted unpopularity and deprivation in order to bring the message of the Torah to the Jewish people.

**3. עַבְדִּי־אָתָּה יִשְׂרָאֵל** — *You are My servant, Israel.* Hashem considered me His servant, and regarded me as equivalent to the entire nation (*Ibn Ezra*). God does not need numbers; He wants obedience to His word and willingness to sacrifice for it.

Alternatively, Isaiah has two favorable qualities, being His servant and being of Israel. Accordingly, God is glorified by him (*Abarbanel*).

**יִשְׂרָאֵל אֲשֶׁר־בְּךָ אֶתְפָּאָר** — *Israel, in whom I take glory.* You have been exiled among the nations to be the beneficiary of My miracles and strength, and thereby My Name will be glorified (*Mahari Kara*). *R' Yaakov Emden* wrote that the survival of Israel among so many hostile nations is a greater miracle than the Exodus from Egypt.

Homiletically, when a person studies Torah and Mishnah, studies with Torah scholars, talks pleasantly with people, and does business pleasantly and honestly, what do people say about him? Praiseworthy is he who studied Torah, praiseworthy is his father who taught him Torah, praiseworthy is the teacher who taught him Torah, and woe to those who do not study Torah. Have you seen So-and-so who studied Torah? How perfect are his ways and deeds! Regarding him Scripture says, *You are My servant, Israel, in whom I take glory* (*Yoma* 86a).

A handsome garment is its wearer's glory. When Israel considers its greatest honor to be God's *servant,* it is as if it is dressing Him in *glory* (*Kedushas Levi*).

**4. לְרִיק יָגַעְתִּי** — *I have toiled in vain,* for I say words of reproof to Israel but they do not repent (*Rashi; Ibn Ezra; Radak*).

**אָכֵן מִשְׁפָּטִי אֶת־ה׳** — *However, my judgment is with HASHEM.* He knows that the fault is not mine, but theirs (*Rashi*). Thus, I deserve reward for my toil (*Ibn Ezra*), for God rewards for sincere effort, not necessarily for the successful outcome. As many great leaders said, ours is to do; accomplishment is up to God.

מִבֶּטֶן לְעֶבֶד לוֹ לְשׁוֹבֵב יַעֲקֹב אֵלָיו וְיִשְׂרָאֵל °לא [°לוֹ ק׳] יֵאָסֵף וְאֶכָּבֵד
ו בְּעֵינֵי יהוה וֵאלֹהַי הָיָה עֻזִּי: וַיֹּאמֶר נָקֵל מִהְיוֹתְךָ לִי עֶבֶד לְהָקִים אֶת־
שִׁבְטֵי יַעֲקֹב °ונצירי [°וּנְצוּרֵי ק׳] יִשְׂרָאֵל לְהָשִׁיב וּנְתַתִּיךָ לְאוֹר גּוֹיִם לִהְיוֹת
ז יְשׁוּעָתִי עַד־קְצֵה הָאָרֶץ: כֹּה אָמַר־יהוה גֹּאֵל יִשְׂרָאֵל קְדוֹשׁוֹ
לִבְזֹה־נֶפֶשׁ לִמְתָעֵב גּוֹי לְעֶבֶד מֹשְׁלִים מְלָכִים יִרְאוּ וָקָמוּ שָׂרִים וְיִשְׁתַּחֲווּ
ח לְמַעַן יהוה אֲשֶׁר נֶאֱמָן קְדֹשׁ יִשְׂרָאֵל וַיִּבְחָרֶךָּ: כֹּה | אָמַר יהוה
בְּעֵת רָצוֹן עֲנִיתִיךָ וּבְיוֹם יְשׁוּעָה עֲזַרְתִּיךָ וְאֶצָּרְךָ וְאֶתֶּנְךָ לִבְרִית עָם לְהָקִים
ט אֶרֶץ לְהַנְחִיל נְחָלוֹת שֹׁמֵמוֹת: לֵאמֹר לַאֲסוּרִים צֵאוּ לַאֲשֶׁר בַּחֹשֶׁךְ הִגָּלוּ

**רש״י**

(ה) **לו יאסף.** אליו ישוב בתשובה: (ו) **נקל מהיותך וגו׳.** מתנה קטנה היא בעיני שתהא לך זאת לבדה; שתהא לי עבד להקים את יעקב ולהשיב אלי נצורי ישראל. והנני מוסיף לך עוד, ונתתיך לאור גוים, ולהנבא על מפלתה של בבל, שהיא שמחה לכל העולם: **ונצורי ישראל.** כמו, וּנְצֻרַת לֵב (משלי ז, י). שלבם מוקף יצר הרהורי עבירה כעיר נצורה מצור הצרים עליה: (ז) **לבזה נפש.** נפש בזויה: **למתעב גוי.** למי שהגוי מתעבו: **מלכים יראו.** אותו וקמו, **אשר נאמן.** לשמור הבטחתו שהבטיח לאברהם; כענין שנאמר, וְהִנֵּה תַנּוּר עָשָׁן וגו׳ (בראשית טו, יז): **קדוש ישראל.** הוא, ויבחרך: (ח) **בעת רצון.** בעת תפלה, שאתה מתרצה ומתפייס לפני: **וביום ישועה.** שתהא צריך לישועה: **ואצרך.** ואשמרך: **לברית עם.** להיות עם ברית לי: **להקים ארץ.** ארץ ישראל הבחירה לי בכל הארצות: (ט) **לאסורים צאו.** לעת אשר אומר לאסורי גולה צאו:

**רד״ק**

**והוא היה עזי שלא ירעו לי.** וכתוב ולא יאסף באל״ף, ופירוש הכתוב בתמיה: (ו) **ויאמר נקל.** נפעל עומד והקו״ף בצרי. ופירושו בתמיה. והוא חסר ה״א התמה, כאלו אמר הנקל. למה אמרת כי לריק יגעת? וכי נקל הוא מהיותך לי עבד, לא די לך בזה? אף על פי שלא ישמעו אליך אנשי דוריך די לך שעשית שליחותי, ועוד להקים את שבטי יעקב מנפילתם בגלות בין העמים. ולא די לך שהתנבאתם על הטובה שאני עתיד להביא עליהם? **ונצורי ישראל להשיב.** פירוש להשיב אותם לקדמותם. ונצורי פירוש, חרבות, כמו בנצורים ילינו: **ונתתיך לאור גוים.** פירוש כי נבואותיך יהיו לעתיד לאור גוים; שיראו שיתקיימו נבואותיך ישובו לדרך טוב ויאירו בך להיות ישועתי עד קצה הארץ, כי בתשועת ישראל יהיו נושעים גם כן הגוים אחר מלחמות גוג ומגוג, כמו שאמר יבאו כל בשר להשתחוות לפני, ואמר והלכו גוים לאורך ומלכים לנוגה זרחך: (ז) **כה אמר ה׳.** גואל ישראל מגלות העמים, כי עתידות הם אלה הפרשיות הבאות אחר זה, קדושו. שיתקדש בהם בנפלאות שיראה בהוציאו אותם מהגלות: **לבזה נפש.** אמר האל בעבור ישראל שהוא בזוי נפש ומתעב אותו כל גוי והוא עבד מכמה מושלים, עוד יראה שיראוהו מלכים ויקומו מפניו ושרים וישתחוו לו: **למען ה׳ אשר נאמן.** למען ה׳ שהוא בעזרת ישראל יעשו זה. כמו שאמר זכריה (ח, כג), יַחֲזִיקוּ עֲשָׂרָה אֲנָשִׁים וגו׳ נֵלְכָה עִמָּכֶם כִּי שָׁמַעְנוּ אֱלֹהִים עִמָּכֶם: **אשר נאמן.** בדברו ובהבטחתו שהבטיח את ישראל ולמען קדוש ישראל אשר בחר בך: (ח) **כה אמר ה׳ בעת רצון.** יאמר האל לישראל, בעת שתעשה רצוני אני עניתיך בזעקך אלי מצרה אם באה עליך: **וביום ישועה.** פירוש, וביום שתהיה צריך לישועתי עזרתיך ואצרך, וכן אעשה בכל דור ודור שאשמרך מן הכלים. אף על פי שאתם חייבים לפעמים, מכל מקום אצרך עד שאתנך לברית עם. וזה לעתיד לימות המשיח שתהיה צריך להיות לברית עם רצונו לומר, לקיום עם, כמו שאמר יְקִימְךָ ה׳ לוֹ לְעַם קָדוֹשׁ (דברים כח, ט): **להקים ארץ.** פירוש להקים חרבות ארץ ישראל ולהנחילך נחלות שהיו שממות כל זמן הגלות. וכן תרגם יונתן, בעת רצון, כמו שפירש בְּעִידַן דְּאַתּוּן וגומר. ותרגם להקים ארץ, לְאַקָמָא צַדִּיקַיָּא דְשָׁכְבִין בְּעַפְרָא: (ט) **לאמר לאסורים צאו.** שהם בגלות, כמו אסורים שאין להם כח לצאת מתחת ממשלת הגוים; וכן דמה הגלות לחשך: **ירעו.** שימצאו בכל מקום ספקם בצאתם מהגלות:

**מצודת דוד**

(ו) **ויאמר.** ה׳ אמר לי מתנה קלה היא בעיני ממה שתהיה לי עבד בדבר זה לבד להקים את שבטי יעקב להיות עומדים באמונתם ולהשיב אלי בתשובה את ישראל המוקפים בהסתת פתויי היצה״ר כעיר נצורה המוקפת בגייסות: **ונתתיך.** אלא עוד מתנה גדולה אוסיף לך כי אתן אותך מתנבא ומבשר על הגאולה העתידה להיות אז תשועתי מקצה הארץ עד קצהו כי כולם יהיו נושעים בתשועת ה׳: (ז) **לבזה נפש.** על ישראל: **למתעב גוי.** על מי: **לעבד מושלים.** על מי שהוא עבד ישר ותמים למושלים: **מלכים יראו וקמו.** בעת הגאולה כשיראו מלכי כשדים יקומו וכאשר יראוהו השרים, למען ה׳. רצונו לומר, לא למענכם יעשו הכבוד הזה כי אם למען ה׳ אשר נאמן בהבטחתו שהבטיח להיות עמכם; וכמו שכתוב, יַחֲזִיקוּ עֲשָׂרָה אֲנָשִׁים וכו׳ לֵאמֹר נֵלְכָה עִמָּכֶם כִּי שָׁמַעְנוּ אֱלֹהִים עִמָּכֶם, (זכריה ח, כג): **קדש.** למען קדש ישראל אשר בחר בך וכפל הדבר במלות שונות: (ח) **בעת רצון.** בעת שתעשה רצוני אענה לך בזעקתך בעבור הצרה הבאה: **וביום ישועה.** וביום שאתה צריך ישועה שאתה בצרה אעזור לך וכפל הדבר במלות שונות: **ואצרך.** בכל דור אשמרך מן הכליה ואתנך להיות עם בריתי להיות בריתי עמך עד עולם להקים על תלה את הארץ המיוחדת היא ארץ ישראל ולהנחיל לך את הנחלות שהיו שוממות בזמן הגולה: (ט) **לאמר וכו׳.** מוסב על ואצרך שבמקרא שלפניו לומר, אצרך מן הכליה עד יבוא העת לאמר להאסורים בגולה צאו משם: **לאשר בחושך.** למי שהסתיר עצמו בחושך מפחד האויב: **הגלו.** היו מגולים ונראים לאור היום:

**מצודת ציון**

(ה) **לשובב.** מלשון השבה: **יאסף.** ענין הכנסה: **עזי.** חזקי: (ו) **נקל.** מלשון קל: **ונצורי.** מלשון מצור והיקף; כמו, כְּעִיר נְצוּרָה (לעיל א, ח): (ח) **עניתיך.** מלשון עניה ותשובה: (ט) **הגלו.** מלשון גלוי:

5. **וְיִשְׂרָאֵל לוֹ יֵאָסֵף** — *So that Israel would be gathered to Him.* In the text, the word is spelled לֹא, *not,* but the Masoretic reading is לוֹ, *to Him* (cf. *Minchas Shai*). According to *Radak,* the written form is to be understood as a question: *Will Israel not be gathered to Him?*

6. God responds to Isaiah. The translation follows *Rashi,* that not only have you been ordained to bring My prophecy to Israel, you have also been chosen to be a *light for the nations,* and bring His message to all mankind.

According to *Radak,* God is responding to Isaiah's admission of failure to inspire Israel to repent. Do you take it lightly that you are My messenger? To carry out My will — that should be your goal, whether or not you succeed. Not only are you My messenger to Israel; you are also My messenger to the nations.

*me from the belly to be a servant to Him, said [I should] return Jacob to Him, so that*
*Israel would be gathered to Him; so I was honored in God's eyes and my God was*
A light for the nations *my strength.* 6 *He said: It was insufficient that you be a servant for Me [only] to raise*
*up the tribes of Jacob and to restore the ruins of Israel; I will make you a light for the*
*nations, so that My salvation may extend to the ends of the earth.*
7 *Thus said* HASHEM, *the Redeemer of Israel and their Holy One, to the de-*
*spised soul, to the one loathed by nations, to the servant of rulers: Kings will*
*see [you] and arise; officers will prostrate themselves, because of* HASHEM,
*Who is faithful, and the Holy One of Israel, Who has chosen you.*
8 *Thus said* HASHEM: *In a time of favor I answer you, and on a day of salva-*
*tion I assist you; I will protect you, and I will make you the people of the cov-*
*enant, to restore the land and to cause you to inherit desolate heritages,* 9 *to*
*say to prisoners 'Go out' and to those in the darkness, 'Be revealed'; they will*

---

The concepts in the following verses, relating to Israel's role as the servant of God and the national mission to bring His word to the nations, are stressed later in the Book, as well, including 52:15 and various verses in Chapter 53.

**וּנְצוּרֵי יִשְׂרָאֵל** — *The ruins of Israel.* The translation follows *Ibn Ezra* and *Radak*. *Rashi* renders *the besieged of Israel,* as in *Proverbs* 7:10; i.e., Israel, which is *besieged* by its evil inclination (*Rashi*).

**וּנְתַתִּיךָ לְאוֹר גּוֹיִם לִהְיוֹת יְשׁוּעָתִי עַד קְצֵה הָאָרֶץ** — *I will make you a light for the nations, so that My salvation may extend to the ends of the earth.* This refers to the period after Gog and Magog, before the coming of Messiah. Then. the nations will see the salvation of Israel and recognize Hashem, so that My salvation will shed light on them to the ends of the earth (*Radak, Abarbanel*).

According to *Rashi,* the world will rejoice from one end to the other at the prophecy of the downfall of Babylonia (*Rashi*).

A third possibility is that Israel will actually become *a light for the nations,* God's model nation for the world. *It was insufficient that you be a servant for Me,* i.e., for Israel to be the only nation that recognizes and serves Hashem . . . rather Israel's goal is to enlighten the entire world regarding Hashem as the One and Only God, and about His moral law for mankind (*R' Schwab*).

**7.** According to most commentators, this verse begins a new and encouraging prophecy that will come to pass when God redeems Israel, which has been *despised, loathed,* and *the servant of rulers.*

**לִבְזֹה־נֶפֶשׁ** — *To the despised soul.* Israel is *the despised soul. . . loathed by nations* (*Radak;* see *Rashi*). Alternatively, Isaiah was despised by the wicked whom he reprimanded (*Ibn Ezra*).

**מְלָכִים יִרְאוּ וָקָמוּ שָׂרִים וְיִשְׁתַּחֲווּ לְמַעַן ה' אֲשֶׁר נֶאֱמָן** — *Kings will see [you] and arise; officers will prostrate themselves, because of* HASHEM, *Who is faithful.* Kings such as Cyrus would arise and prostrate themselves when they hear the words of the prophet, because they would know that the words of God would come true (*Ibn Ezra*).

According to the view that the subject is Israel, although Israel is now despised, the time will come when kings will stand up in respect before Israel and officers will prostrate themselves before them because of *HASHEM,* Who faithfully comes to their aid (*Radak*).

Alternatively, God faithfully keeps His promises to Abraham regarding the kingdoms (see *Genesis,* Chapter 15).

**8-13.** Isaiah describes the miraculous return to Zion.

**8.** **בְּעֵת רָצוֹן עֲנִיתִיךָ** — *In a time of favor I answer you.* When you act according to My Will (רָצוֹן), *I answer you* when you pray to Me (*Targum, Radak*). According to *Rashi,* it is the prayer itself that makes it a time of favor so that it will be answered. Alternatively, this too refers to Cyrus, rather than Israel (*Ibn Ezra*).

**וּבְיוֹם יְשׁוּעָה** — *And on a day of salvation,* i.e., a day when you need God's help (*Rashi, Radak*).

Alternatively, the *time of favor* refers to the preordained *day of salvation.* Then, Hashem will fully answer you (*Abarbanel*). According to *Radak,* in every generation, whenever there is a need for salvation, God saves His people from utter destruction.

**לְהָקִים אֶרֶץ לְהַנְחִיל נְחָלוֹת שֹׁמֵמוֹת** — *To restore the land and to cause you to inherit desolate heritages.* To restore the Land of Israel (*Rashi*) which is now destroyed, so that you will inherit the land that had been desolate throughout the period of exile (*Radak*).

**9.** **לֵאמֹר לַאֲסוּרִים צֵאוּ** — *To say to prisoners, "Go out,"* to those "imprisoned" by being in exile (*Rashi*), because they are powerless to free themselves from their rulers (*Radak*).

**לַאֲשֶׁר בַּחֹשֶׁךְ הִגָּלוּ** — *And to those in the darkness, "Be revealed."* This, too, refers to those in exile (*Radak*). The exile is dark in the sense that its problems and challenges prevent Israel from revealing its inherent grandeur as God's chosen people.

Alternatively, it refers to those in the darkness of the grave who will be revivified at that time (*Abarbanel*).

י עַל־דְּרָכִים יִרְעוּ וּבְכָל־שְׁפָיִים מַרְעִיתָם: לֹא יִרְעָבוּ וְלֹא יִצְמָאוּ וְלֹא־יַכֵּם שָׁרָב
יא וָשָׁמֶשׁ כִּי־מְרַחֲמָם יְנַהֲגֵם וְעַל־מַבּוּעֵי מַיִם יְנַהֲלֵם: וְשַׂמְתִּי כָל־הָרַי לַדָּרֶךְ
יב וּמְסִלֹּתַי יְרֻמוּן: הִנֵּה־אֵלֶּה מֵרָחוֹק יָבֹאוּ וְהִנֵּה־אֵלֶּה מִצָּפוֹן וּמִיָּם וְאֵלֶּה מֵאֶרֶץ
יג סִינִים: רָנּוּ שָׁמַיִם וְגִילִי אָרֶץ °יפצחו [°וּפִצְחוּ ק׳] הָרִים רִנָּה כִּי־נִחַם יהוה עַמּוֹ
יד־טו וַעֲנִיָּו יְרַחֵם: ◄וַתֹּאמֶר צִיּוֹן עֲזָבַנִי יהוה וַאדֹנָי שְׁכֵחָנִי: הֲתִשְׁכַּח
טז אִשָּׁה עוּלָהּ מֵרַחֵם בֶּן־בִּטְנָהּ גַּם־אֵלֶּה תִשְׁכַּחְנָה וְאָנֹכִי לֹא אֶשְׁכָּחֵךְ: הֵן עַל־
יז כַּפַּיִם חַקֹּתִיךְ חוֹמֹתַיִךְ נֶגְדִּי תָּמִיד: מִהֲרוּ בָּנָיִךְ מְהָרְסַיִךְ וּמַחֲרִיבַיִךְ מִמֵּךְ יֵצֵאוּ:

HAFTARAS EIKEV 49:14-51:3

**רש״י**

**שפיים.** תרגם יונתן, נֻגְדִין. נחלי מים: **(י) שרב.** חום: **(יא) ושמתי כל הרי לדרך.** כלפי שאמר על ידי חורבנה, שָׁבַת עֹבֵר אֹרַח (לעיל לג, ח), עכשיו ישובו וילכו בו עוברים ושבים: **ומסלותי ירומון.** כלפי שאמר, נָשַׁמּוּ מְסִלּוֹת (שם), נתקלקלו מאין מתקן אותם; עכשיו ומסילותי ירומון; יתקנו קילקול הדרכים ויגביה אותם כמשפט, בחלוקי אבנים ועפר: **(יב) מארץ סינים.** מֵאֲרַע דָּרוֹמָא: **(יג) כי נחם ה׳.** את עמו: **(יד) ותאמר ציון.** היא היתה סבורה שׁשכחתיה: **(טו) התשכח אשה עולה.** עולל שלה: **מרחם בן בטנה.** מלרחם על בן בטנה: **גם אלה תשכחנה.** אפילו אם אלה תשכחנה, אנכי לא אשכחך: **(טז) על כפים.** על כפי; רואה אני כאילו את חקוקה על כפי לראותך ולזכרך תמיד. דבר אחר, על כפים; מעל ענני כבוד, כמו, (איוב לו, לב) עַל כַּפַּיִם כִּסָּה אוֹר: **(יז) מהרו בניך.** לשוב:

**רד״ק**

**ובכל שפיים.** מקומות הגבוהים; וכן, וַיֵּלֶךְ שֶׁפִי (במדבר כג, ג). וזכר שפיים כי אין דרך למצוא מרעה לבהמות בהרים כי אינם מקום מים, כן המקומות שלא ימצא בהם הולך דרך ספקו אבל הם ימצאו בהם ספקם: **(י) לא ירעבו.** בכל הדרך לא יהיה להם רעב וצמא כי האל יזמין להם, כי יפתח להם במדבר מעינות ויצמיח להם גם כן עצי מאכל עם פירותיהם. וזה דרך נס ופלא; כמו שאמר כִּימֵי צֵאתְךָ מֵאֶרֶץ מִצְרָיִם אַרְאֶנּוּ נִפְלָאוֹת (מיכה ז, טו): **שרב.** כמו, אֲכָלַנִי חֹרֶב (בראשית לא, מ), תרגום שַׁרְבָא: **מבועי.** שרשו נבע. בכל מקום שילכו במדבר יהיו נובעים להם מים: **(יא) ושמתי.** כמו שאמר, כָּל גֶּיא יִנָּשֵׂא וְכָל הַר וְגִבְעָה יִשְׁפָּלוּ (לעיל מ, ד). וזה יהיה כמשמעו דרך נס כדי שלא יעלו וירדו בדרכים. או הוא דרך משל, רוצה לומר, שלא יגעו ולא יעפו בדרכים כי העליה והירידה תיגע ההולך, והאל יחזק כחם שלא ייעפו: **ואמר הרי ומסלותי.** בכנוי המדבר והוא האל. רוצה לומר, שהוא יחדש הדרכים ההם במדברות מקום שאין שם דרך, כמו שאמר, וְהָיָה שָּׁם מַסְלוּל וָדֶרֶךְ וגו׳ (לעיל לה, ח): **(יב) הנה אלה.** זכר ארבע הפאות שישראל מפוזרים בכולם. ואמר על פאת מזרח מרחוק, לפי שארץ ישראל באמצע הישוב בקרוב, והיא רחוקה מפאת מזרח יותר, כי היא נטה לפאת מערב בארץ. לפיכך אמר על מזרח מרחוק: **ומים.** הוא המערב: **מארץ סינים.** הוא הדרום, כמו שתרגם יונתן, מֵאֲרַע דְּרוֹמָא. כי הסינים שוכנים שם, והסינים הוא מבני כנען, כמו שכתוב. ופירש רב סעדיה זכרונו לברכה, אטרא בלפון: **(יג) רנו שמים.** דרך משל כאלו כל העולם שמח בצאת ישראל מהגלות: **ופצחו.** כתיב, יפצחו קרי והענין אחד, ופירוש הרמת קול בשמחה. וזכר הרי בפני עצמם ואף על פי שהם בכלל ארץ לפי שהם עיקר בריאת הארץ והחלק הקיים שבה ועוד כי המתכות בהרים: **(יד) ותאמר ציון.** זכר ציון לפי שהיא ראש ממלכת ישראל וכאלו העיר מתאוננת על בניה שגלו ממנה, וכל ישראל בנים ולא יושבים לבד כי אליה היו באים כל ישראל לעבוד את ה׳: **עזבני.** שכחני. אמרה זה לאורך הגלות הזה שידמה שעזבה האל ושכחה: **(טו) התשכח אשה עולה.** בנה הקטן, כי היא מרחמת עליו יותר בעבור שאין לו כח לבקש פרנסתו כמו הגדול. וכפל הענין ואמר מרחם בן בטנה, וכן אמר גם כן על הקטן כמו עול. וכן, אוֹ בֵן יִגָּח אוֹ בַת יִגָּח (שמות כא, לא), אִם בָּנִים וְאִם בָּנוֹת (יחזקאל יד, טז). אמר התשכח אשה עולה שלא תרחם בן בטנה, זה לא יהיה: **גם אלה תשכחנה.** פעמים שגם אלה הנשים תשכחנה בניהן כשיש בהן מדת אכזריות כי ימצא בהן, אבל הן מעטות. אבל אני רחום ולא אשכחך לעולם: **(טז) הן על כפים.** פירש רב סעדיה זכרונו לברכה, כמו עננים; וכן, נִשָּׂא לְבָבֵנוּ אֶל כַּפָּיִם (איכה ג, יא). והנכון כמשמעו, וכן תרגם יונתן, כאלו את חקוקה לפני שאזכרך תמיד: **חומותיך.** פירוש, חומותיך ההרוסות: **(יז) מהרו.** עבר במקום עתיד, כמו ימהרו, וכן הוא המנהג בנבואות ברוב: **מהרסיך ומחריביך.** והם הפושעים יצאו ממך, שיכלו שלא יהיה בך עוד רשע ופושע, כי הם היו סבת ההריסה והחרבן:

**מצודת דוד**

**על דרכים ירעו.** עם כי אין המרעה מצוים בדרכים ובגובה ההרים ורצה לומר עם כי ישובו דרך המדבר לא יחסרו דבר: **(י) לא ירעבו.** בזה יפרש המקרא שלפניו: **ולא יכם.** לא יכאיבם חמימות האויר וחום השמש: **כי מרחמם.** ה׳ המרחם עליהם מעולם הוא ינהגם וינהלם במקום מבועי מים וירוו צמאונם: **(יא) לדרך.** רצונו לומר, לדרך כבושה: **ומסילותי.** המסילות שאוליך אותה בהם ירימו מקומות העמוקים שבהם למען יהיה שוה וישר ונוח ללכת בהם: **(יב) הנה אלה.** מקצת הבאים לארץ ישראל יבואו ממקום רחוק והיא פאת המזרח ולפי שארץ ישראל משוכה מקו השוה ולמערב לזה קרא פאת המזרח רחוק: **ומים.** מפאת המערב: **מארץ סינים.** הוא פאת הדרום, כן תרגם יונתן: **(יג) רנו שמים וכו׳.** הוא ענין מליצה ורצונו לומר, הרבה שמחה יהיה בעולם: **(יד) ותאמר ציון.** הנה ציון תחשוב לומר ה׳ עזב אותי ושכח בי: **(טו) התשכח.** כאומר הנה לא כן הוא כי האם תשכח אשה עולה וכי תקשה לבה מלרחם בן בטנה: **גם אלה תשכחנה.** אף אם יתכן בשום פעם שתשכחנה גם אלה אולם אנכי לא אשכחך: **(טז) חקתיך.** זכור אתם לפני כאלו חקקתיך על כפי: **נגדי תמיד.** לזכור בהם לכוננם: **(יז) מהרו בניך.** יותר מהרה שכחו בני ציון את ארצם משאשכח אני: **מהרסיך.** המהרסים והמחריבים אותך יצאו ממך רצונו לומר, הרשעים שבקרבך הם סבבו ההריסה והחורבן ולא מאתי יצאה הרעה:

**מצודת ציון**

**שפיים.** כן נקראו המקומות הגבוהים; וכן, רוּחַ צַח שְׁפָיִם (ירמיה ד, יא): **(י) שרב.** ענין חמימות ויובש; כמו, וְהָיָה הַשָּׁרָב לַאֲגַם (לעיל לה, ז): **מבועי.** ענין מקוה ומעין; כמו, לְמַבּוּעֵי מָיִם (שם): **ינהלם.** ענין הנהגה; כמו, נֵהַלְתָּ בְעָזְּךָ (שמות טו, יג): **(יא) ומסלתי.** מלשון מסילה ודרך: **ירומון.** מלשון הרמה והתנשאות: **(יב) סינים.** נקרא כן על שם היושבים שמה; כמו, שכתוב, וְאֶת הָעַרְקִי וְאֶת הַסִּינִי, (בראשית י, טו): **(יג) וגילי.** ענין שמחה: **ופצחו.** ענין פתחון פה בהרמת קול; וכן, פִּצְחִי רִנָּה וְצַהֲלִי (לקמן נד, א): **(טו) עולה.** ענינו ולד רך; כמו, מִפִּי עוֹלְלִים וְיֹנְקִים (תהלים ח, ג): **(טז) כפים.** כף היד: **חקותיך.** מלשון חקיקה:

**10.** **מְרַחֲמָם** — *Their Merciful One,* i.e., God Who will have mercy on them (*Targum;* note that the standard form for *Merciful One* is רַחֲמָן).

**11.** **וְשַׂמְתִּי כָל־הָרַי לַדָּרֶךְ** — *I will make all My mountains into roads.* Regarding the destruction of Jerusalem it says (above 33:8): *Roads are desolate, wayfarer has ceased.* Now, upon

*Return from exile*

*graze along the roads, and upon all the hilltops will be their pasture.* 10 *They*
*will not hunger and they will not thirst; heat and sun will not afflict them, for*
*their Merciful One will lead them, and along streams of water will He guide*
*them.* 11 *I will make all My mountains into roads, and all My paths will be*
*uplifted.* 12 *Behold, these will come from afar; and behold, these [will come]*
*from the north and from the west, and these from the land of the Sinites.*
13 *Sing glad song, O heavens, and rejoice, O earth; O mountains, break out*
*in glad song; for HASHEM will have comforted His people and been merciful to*
*His meek ones.*

14 *Zion said, 'HASHEM has forsaken me; my Lord has forgotten me.'* 15 *Can a*
*woman forget her baby, or not feel compassion for the child of her womb? Even*
*these may forget, but I would not forget you.* 16 *Behold, I have engraved you*
*upon My palms; your walls are before Me always.* 17 *Your children will hasten*
*[to return]; those who ruined you and those who destroyed you will leave you.*

*God did not forget*

---

redemption, wayfarers will once again traverse the roads (*Rashi*).

**וּמְסִלֹּתַי יְרֻמוּן** — *And My paths will be uplifted.* Paths that are hard on the traveler because they go steeply downhill *will be uplifted* and made level, so that there will be an easy, straight path leading to Zion (*Metzudos*).

**12. הִנֵּה־אֵלֶּה מֵרָחוֹק יָבֹאוּ . . .** — *Behold, these will come from afar . . .* The verse refers to the four corners of the earth, from which the exiled of Israel will return. [Since the land of Israel is in the western hemisphere,] *from afar* refers to the east (*Radak*). The land of the Sinnites [who were of Canaanite descent (*Radak*)] refers to the south (*Targum, Rashi, Radak*). *Ibn Ezra* identifies it as the "edge" of Egypt.

**13. רָנּוּ שָׁמַיִם וְגִילִי אָרֶץ** — *Sing glad song, O heavens, and rejoice, O earth.* Isaiah concludes this section with a lyrical statement of the great joy that will permeate the world when Israel leaves its exile (*Radak*). The Talmud teaches that when Israel and nations sinned, not only the people became diminished, but the world itself was negatively affected. Therefore, when the Redemption occurs, even the earth and heaven will be more productive and they will celebrate.

**14-17.** Isaiah discusses the long years of exile. In the introduction to Chapter 40, we noted that one of Isaiah's main themes was to show that the Jewish people had not been rejected by Hashem and that He would comfort them. These verses are graphic examples of this, especially verse 15, with its image of a mother and child

**14. וַתֹּאמֶר צִיּוֹן עֲזָבַנִי ה׳** — *Zion said, "HASHEM has forsaken me."* Isaiah metaphorically describes the hopelessness that will be felt by the people in exile. Zion, Jerusalem, is like the mother of all the Jewish people, even those who dwell far away, because the Holy City and the Temple are the magnet to which Jews would come seeking holiness and closeness to God (*Radak*). Alternatively, Israel is likened to a woman who was abandoned by her husband (*Abarbanel*).

After the destruction of the First Temple, some of the nation's most distinguished young men came to the prophet Ezekiel and asked if they, as a nation driven out by God, still owed Him their allegiance. Were they not like a divorced woman or a freed slave, whose connection to her husband or his master had been severed? (*Sanhedrin* 105a). It must be understood that the Babylonian exile was a new experience, and people may well have feared that their sins had caused God to annul His covenant with Israel.

**15. הֲתִשְׁכַּח אִשָּׁה עוּלָהּ מֵרַחֵם בֶּן־בִּטְנָהּ** — *Can a woman forget her baby, or not feel compassion for the child of her womb?* The most intense love and compassion is that of a mother for her baby. It is to such love that Hashem's love for Zion is likened (*Abarbanel*).

**גַּם־אֵלֶּה תִשְׁכַּחְנָה** — *Even these may forget.* Even if there are some heartless women who can abandon their children, *I would not forget you* (*Ibn Ezra, Radak*).

**16. הֵן עַל־כַּפַּיִם חַקֹּתִיךְ** — *Behold, I have engraved you upon My palms.* I see you before Me constantly, as a human would constantly see a message that he engraved on his palms (*Rashi, Ibn Ezra, Radak*).

**חוֹמֹתַיִךְ נֶגְדִּי תָּמִיד** — *Your walls are before Me always.* God never forgets the destroyed *walls* of Jerusalem (*Radak*).

**17. מִהֲרוּ בָּנָיִךְ** — *Your children will hasten [to return].* The translation follows *Rashi, Ibn Ezra, Mahari Kara.* Alternatively, *your [wicked] children hastened to forget their land, but not I* (*Abarbanel*).

**מְהָרְסַיִךְ וּמַחֲרִבַיִךְ מִמֵּךְ יֵצֵאוּ** — *Those who ruined you and those who destroyed you will leave you.* At that time, the wicked among you, who were the cause of your destruction, will disappear (*Ibn Ezra, Radak, Abarbanel*).

Reacting to Jews who left the fold of observance and worked against the interests of Torah, some have homiletically interpreted this phrase to say ruefully, *those who ruined you and those who destroyed you have come forth* מִמֵּךְ, *from you.*

Alternatively, [although] your children are impatient [in not wanting to wait any longer for redemption], your ruiners and your destroyers must leave you first (*R' Hirsch*).

יח שְׂאִֽי־סָבִ֤יב עֵינַ֙יִךְ֙ וּרְאִ֔י כֻּלָּ֖ם נִקְבְּצ֣וּ בָֽאוּ־לָ֑ךְ חַי־אָ֣נִי נְאֻם־יְהֹוָ֗ה כִּ֤י כֻלָּם֙ כָּעֲדִ֣י
יט תִלְבָּ֔שִׁי וּֽתְקַשְּׁרִ֖ים כַּכַּלָּֽה׃ כִּ֤י חָרְבֹתַ֙יִךְ֙ וְשֹׁ֣מְמֹתַ֔יִךְ וְאֶ֖רֶץ הֲרִֽסֻתֵ֑ךְ כִּ֤י עַתָּה֙ תֵּ֣צְרִי
כ מִיּוֹשֵׁ֔ב וְרָחֲק֖וּ מְבַלְּעָֽיִךְ׃ ע֚וֹד יֹאמְר֣וּ בְאָזְנַ֔יִךְ בְּנֵ֖י שִׁכֻּלָ֑יִךְ צַר־לִ֥י הַמָּק֖וֹם גְּשָׁה־
כא לִּ֥י וְאֵשֵֽׁבָה׃ וְאָמַ֣רְתְּ בִּלְבָבֵ֗ךְ מִ֤י יָֽלַד־לִי֙ אֶת־אֵ֔לֶּה וַאֲנִ֥י שְׁכוּלָ֖ה וְגַלְמוּדָ֑ה גֹּלָ֣ה ׀
כב וְסוּרָ֗ה וְאֵ֙לֶּה֙ מִ֣י גִדֵּ֔ל הֵ֤ן אֲנִי֙ נִשְׁאַ֣רְתִּי לְבַדִּ֔י אֵ֖לֶּה אֵיפֹ֥ה הֵֽם׃ כֹּֽה־אָמַ֞ר
אֲדֹנָ֣י יֱהֹוִ֗ה הִנֵּ֨ה אֶשָּׂ֤א אֶל־גּוֹיִם֙ יָדִ֔י וְאֶל־עַמִּ֖ים אָרִ֣ים נִסִּ֑י וְהֵבִ֤יאוּ בָנַ֙יִךְ֙ בְּחֹ֔צֶן
כג וּבְנֹתַ֖יִךְ עַל־כָּתֵ֥ף תִּנָּשֶֽׂאנָה׃ וְהָי֨וּ מְלָכִ֜ים אֹֽמְנַ֗יִךְ וְשָׂרֽוֹתֵיהֶם֙ מֵינִ֣יקֹתַ֔יִךְ אַפַּ֗יִם
אֶ֚רֶץ יִשְׁתַּ֣חֲווּ לָ֔ךְ וַעֲפַ֥ר רַגְלַ֖יִךְ יְלַחֵ֑כוּ וְיָדַ֙עַתְּ֙ כִּֽי־אֲנִ֣י יְהֹוָ֔ה אֲשֶׁ֥ר לֹֽא־יֵבֹ֖שׁוּ
כד־כה קֹוָֽי׃ הֲיֻקַּ֥ח מִגִּבּ֖וֹר מַלְק֑וֹחַ וְאִם־שְׁבִ֥י צַדִּ֖יק יִמָּלֵֽט׃ כִּֽי־כֹ֣ה ׀ אָמַ֣ר יְהֹוָ֗ה

**רש״י**

**(יט) תצרי מיושב.** תהי צרה מרוב יושבים שיבאו לתוכך; יהי להם המקום צר מלבנות להם בתים: **(כ) בני שכוליך.** בנים שהיית שכולה מהם: **גשה לי.** התקרב לצד אחר בשבילי, ואשבה: **(כא) גלמודה.** שולדא בלע״ז: **וסורה.** מוסרת מכל אדם. הכל אומרים עלי סורו ממנה: **(כב) ידי.** נסי, סימן להביא גליות: **נסי.** פירקא בלע״ז; כמו, כַּנֵּס עַל הַגִּבְעָה (לעיל ל, יז). והוא סימן קיבוץ, ונותנין בראשה בגד: **בחוצן.** איישיל״א בלע״ז, ודומה לו בעזרא, גַּם חָצְנִי נָעַרְתִּי (נחמיה ה, יג): **(כד) היוקח מגבור מלקוח.** כסבורים אתם שאי אפשר לקחת מעשו מלקוח שביו של יעקב הצדיק:

**רד״ק**

**(יח) שאי סביב עיניך.** כי מכל פאה יבאו כולם כל בניך מכל הפאות: **חי אני.** זו ההבטחה שלא תשוב אחור; כמו בִּי נִשְׁבַּעְתִּי (בראשית כב, טז). בהקבץ כל ישראל אליך יהיו לך כמו העדי והקשורים לכלה: **(יט) כי חרבותיך ושוממותיך.** שאת דואגת עליהם לא תדאגי עוד: **כי עתה תצרי מיושב.** כל החרבות והשוממות יהיו מיושבות עד שתצרי מרוב יושבים: **תצרי.** תדחקי: **ורחקו מבלעיך.** משחיתיך ירחקו בקצה הארץ שלא יבא עוד בגבוליך משחית: **(כ) עוד, שכליך.** שאת שכולה מהם, יהיו רבים בתוכך עד שיאמר כל אחד לחברו צר לי המקום, גשה לי ואשבה. כלומר, גש הלאה בעבורי שאוכל לשבת; כל כך יהיו רבים היושבים. ויונתן תרגם, רְוַח לִי וְאֵתִיב: **(כא) ואמרת, וגלמודה.** יחידה: **גולה וסורה.** מצד בנים שגלו וסרו ממנה; וכן, כְּאֵלָה נֹבֶלֶת עָלֶהָ (לעיל א, ל). וסורה שם תאר; כמו, וְסוּרַי בָּאָרֶץ יִכָּתֵבוּ (ירמיה יז, יג): **איפה הם.** מאיפה, כלומר מאיזה מקום באו, או פירוש איפה היו: **(כב) כה אמר, בחצן.** זרוע או כנף הבגד; וכן, חָצְנִי נָעַרְתִּי (נחמיה ה, יג): **(כג) והיו, אמניך.** מגדליך; כמו, כַּאֲשֶׁר יִשָּׂא הָאֹמֵן אֶת הַיֹּנֵק (במדבר יא, יב): **וידעת.** אז תדעי כי אני ה׳ ובידי הכל, להשפיל ולהרים. ואם היית שפלה ימים רבים, תהיי רמה על כל העמים. ואני הוא אשר לא יבושו קוי כי אם קויתם אותי ימים רבים בגלות לא אבדה תקותכם, ולא יהיה לכם עוד בשת מן האומות שהיו אומרים כי אין לכם תקוה: **(כד) היקח מגבור.** אלה הם דברי האומות, איך יוקח מגבור מלקוח שלקח. ועוד כי הוא שבי צדיק, כי בצדק ובמשפט לקחו, איך ימלט מידו משני פנים, האחד שהוא גבור, והאחד שהוא צדיק בשביו; כן ישראל איך יצאו מתחת רשותינו: **(כה) כי כה.** ענה הקדוש ברוך הוא:

**מצודת דוד**

**(יח) שאי סביב עיניך.** כאלו לציון יאמר ראי איך כל בניך נקבצו באו אליך: **כעדי תלבשי.** תתפאר בהם כמלבוש של קשוט: **ותקשרים.** תקשור אותם בצוארך לנוי כקשורי כלה והם חוטי המשי שקושרת בהם שערה: **(יט) כי חרבותיך וכו׳.** רצונו לומר, כי דאגת חרבותיך ושוממותיך וכו׳ לא תדאגי עוד כי עתה יהיו כולם מיושבות עד שתהיה צרה ודחוקה מרוב יושביה: **ורחקו מבלעיך.** המשחיתים אותך יהיו מרחוקים בקצה הארץ ולא יבואו בגבולך: **(כ) יאמרו באזניך.** רצונו לומר, באזניך תשמע אשר יאמרו הבנים אשר היית שכולה מהם: **צר לי המקום.** מרוב מרבית העם: **גשה לי.** האחד יאמר לחבירו גשה הלאה בעבורי שאוכל לשבת גם אני: **(כא) מי ילד וכו׳.** רצונו לומר, מהיכן באו עם רב כזה: **ואני שכולה.** הלא זה ימים רבים הייתי שכולה מהם ויחידית: **גולה וסורה.** הלא בני גלו וסרו ממני: **אלה איפה הם.** אלה הבאים מאיזה מקום באו: **(כב) אשא אל גוים ידי.** לרמז להם להביא את ישראל רצונו לומר, אעיר לבם על זאת: **ארים נסי.** ארומם נס וגם הוא ענין רמז וכפל הדבר במלות שונות: **בחוצן.** רצונו לומר, יביאום בכבוד רב: **(כג) וידעת.** אז תדע שאני ה׳ והיכולת בידי: **אשר לא יבושו קוי.** כי המקוה לדבר ואינו בא תחשב לו לבושה: **(כד) היוקח.** רצה לומר כסבורים אתם לומר וכי אפשר לקחת מיד עשו הגבור את המלקוח ששלל: **ואם שבי.** וכי אפשר להמלט מידו את השבי ששבה את יעקב הצדיק: **(כה) כי כה וכו׳.** רצונו לומר, אבל לא כן הוא כי כה אמר ה׳ שגם זה אפשר לקחת השבי מיד עשו הגבור ולהמליט המלקוח מיד העריץ:

**מצודת ציון**

**(יח) כעדי.** ענין תכשיט יפה: **(יט) הרסותך.** מלשון הריסה ונתיצה: **תצרי.** מלשון צר ודוחק: **מבלעיך.** ענין השחתה; כמו, בִּלַּע כָּל אַרְמְנוֹתֶיהָ (איכה ב, ה): **(כ) שכוליך.** מי שבניו אבודים ממנו קרוי שכול; כמו, כְּדֹב שַׁכּוּל (הושע יג, ח): **גשה לי.** התרחק בעבורי: **(כא) וגלמודה.** יחידית מבלי אנשים; וכן, הַלַּיְלָה הַהוּא יְהִי גַלְמוּד (איוב ג, ז): **איפה.** כמו מאיפה והמלה ההיא יורה על שאלת המקום; כמו, אֵיפֹה הֵם רֹעִים (בראשית לז, טז): **(כב) נסי.** הוא כלונס זקוף ומשימים עליו מפה לרמז: **בחוצן.** כן יקרא כנף הבגד; כמו, גַּם חָצְנִי נָעַרְתִּי (נחמיה ה, יג), על כתף. על השכם: **(כג) אומניך.** כן נקרא מגדל תינוקת; כמו, כַּאֲשֶׁר יִשָּׂא הָאֹמֵן אֶת הַיֹּנֵק (במדבר יא, יב): **ילחכו.** ענין לחיכה בלשון; וכן, כִּלְחֹךְ הַשּׁוֹר (שם כב, ד): **קוי.** מלשון תקוה: **(כד) מלקוח.** כן נקרא שבי הבהמה, כמו, אֶת הַשְּׁבִי וְאֶת הַמַּלְקוֹחַ (שם לא, יב):

**18-21.** Isaiah returns to the subject of the ingathering of the exiles, and paints a beautiful word-picture of those returning from the four corners of the earth.

**18.** Isaiah tells the Land that its children will return from all directions, from wherever they have been dispersed, and he anticipates the Land's wonderment as it sees multitudes streaming from everywhere: "How can my small boundaries accommodate so many people?" God answers that the Land, which had been denuded of its glory, will be like a bride donning her groom's many gifts of garments and jewelry. Far from being too crowded, the Land will be adorned with its returning children (*Malbim*).

[18] *Raise your eyes all around and see: They have all gathered, they have come to you. As I live — the word of HASHEM — [I swear] that you will clothe yourself with them all like jewelry and adorn yourself like a bride.*

*Jerusalem rebuilt and resettled*

[19] *As for your ruins and desolations and your devastated land — you will now become crowded with inhabitants, and those who would devour you will be distanced.* [20] *The children from whom you had been bereaved will yet say in your hearing, 'The place is too crowded for me; move aside for me that I may dwell.'* [21] *And you will say in your heart, 'Who has begotten me these? For I have been bereaved and alone, an exile and a wanderer — so who has reared these? Behold, I had been left by myself; where are these from?'*

[22] *For thus said my Lord, HASHEM/ELOHIM: Behold I will raise My hand toward nations, and I will hoist My banner toward peoples, and they will bring your children in [their] arms, and your daughters will be carried on [their] shoulder.*

*The captives returned*

[23] *Kings will be your nurturers and their princesses your wet nurses. With faces to the ground they will prostrate themselves to you; they will lick the dust of your feet. Then you will know that I am HASHEM, and those who put their hopes in Me will not be ashamed.*

[24] *[The nations ask,] 'Should loot be retrieved from a warrior? Should a justly captured person be allowed to escape?'* [25] *Yet thus said HASHEM:*

---

**19.** כִּי חָרְבֹתַיִךְ וְשֹׁמְמֹתַיִךְ וְאֶרֶץ הֲרִסֻתֵךְ — *As for your ruins and desolations and your devastated land,* about which you are so concerned, you need not worry (*Radak*). God, too, grieved over your desolation. He will restore your exiles and you will be filled with inhabitants (*Mahari Kara*).

כִּי עַתָּה תֵּצְרִי מִיּוֹשֵׁב וְרָחֲקוּ מְבַלְּעָיִךְ — *You will now become crowded with inhabitants, and those who would devour you will be distanced.* You will become so crowded that there will be no room to build houses for everybody (*Rashi*). Alternatively, it will become so crowded that your enemies, who would devour you, will be distanced from you (*Ibn Ezra*).

**20.** . . . עוֹד יֹאמְרוּ בְאָזְנַיִךְ בְּנֵי שִׁכֻּלָיִךְ — *The children from whom you had been bereaved will yet say in your hearing. . .* You, the Land of Israel, thought you would be like a bereaved mother without her children. Now you will have the pleasure of being surrounded by them and hearing them say to one another, *move aside,* make room for me (*Targum, Radak, Abarbanel*).

Alternatively, they will say to you that you should expand your boundaries outward to make room for them all (*Malbim*), or they will lovingly tell you to make room for them because they want to come home (*R' Schwab*).

**21.** וְאָמַרְתְּ בִּלְבָבֵךְ — *And you will say in your heart.* When you see Jerusalem filled with the legions of Israel, you will be overcome with joy, and marvel at how your bereavement was transformed, that you have become a city bustling with your offspring (*Mahari Kara, Abarbanel*).

גֹּלָה — *An exile.* When her children were gone, Jerusalem regarded herself as an exile (*Radak*). How was it possible for an exile to have given birth to so many children? (*Rashi*).

**22-23.** Isaiah answers the question: Where are these from?

**22.** וְאֶל־עַמִּים אָרִים נִסִּי — *And I will hoist My banner toward peoples.* This is a sign for the exiles to come together, much as a hoisted banner is a signal for an army to gather together (*Rashi*). Alternatively, נִסִּי is *My miracle,* i.e., when the nations see My miracles, they themselves will bring the exiles in their arms and on their shoulders (*Abarbanel*).

**23.** Not only will there be an ingathering of the exiles, masters and rulers will consider it their privilege to serve you even in menial ways.

אֲשֶׁר לֹא־יֵבֹשׁוּ קֹוָי — *Those who put their hopes in Me will not be ashamed.* If you put your hopes in Me and did not give up hope over the long course of exile, you will no longer feel humiliated by the non-Jews who would tell you that there is no hope for you (*Radak*).

**24-26.** Isaiah concludes the chapter with a question, and God's answer to Israel.

**24.** הֲיֻקַּח מִגִּבּוֹר מַלְקוֹחַ — *Should loot be retrieved from a warrior?* God asks, Do you really think it is impossible to retrieve loot that Esau, *a warrior,* captured from the righteous Jacob? (*Rashi*).

More literally, it is the nations who protest, asking if loot should be retrieved from a warrior etc. (*Radak, Abarbanel, Mahari Kara;* cf. *Ibn Ezra*).

Alternatively, this verse and the next are Isaiah's rhetorical question, which he then answers in the Name of God. Were it not the work of God, could it be that loot could be retrieved from a warrior? That people taken prisoner be allowed to escape? (*R' Hirsch*).

The idea of this verse is also found in 53:12.

גַּם־שְׁבִי גִבּוֹר יֻקָּח וּמַלְקוֹחַ עָרִיץ יִמָּלֵט וְאֶת־יְרִיבֵךְ אָנֹכִי אָרִיב וְאֶת־בָּנַיִךְ
כו אָנֹכִי אוֹשִׁיעַ: וְהַאֲכַלְתִּי אֶת־מוֹנַיִךְ אֶת־בְּשָׂרָם וְכֶעָסִיס דָּמָם יִשְׁכָּרוּן וְיָדְעוּ
**נ** א כָל־בָּשָׂר כִּי אֲנִי יהוה מוֹשִׁיעֵךְ וְגֹאֲלֵךְ אֲבִיר יַעֲקֹב: כֹּה | אָמַר
יהוה אֵי זֶה סֵפֶר כְּרִיתוּת אִמְּכֶם אֲשֶׁר שִׁלַּחְתִּיהָ אוֹ מִי מִנּוֹשַׁי אֲשֶׁר־מָכַרְתִּי
ב אֶתְכֶם לוֹ הֵן בַּעֲוֺנֹתֵיכֶם נִמְכַּרְתֶּם וּבְפִשְׁעֵיכֶם שֻׁלְּחָה אִמְּכֶם: מַדּוּעַ בָּאתִי וְאֵין
אִישׁ קָרָאתִי וְאֵין עוֹנֶה הֲקָצוֹר קָצְרָה יָדִי מִפְּדוּת וְאִם־אֵין־בִּי כֹחַ לְהַצִּיל

**רש"י**

(כה) **ואת יריבך.** ועם מריביך אני אריב: (כו) **והאכלתי את מוניך.** הבבליים, לחית השדה את בשרם. מוניך לשון אל תונו (ויקרא כה, יד); אונאת דברים המקנטרים אותך בגידופיהם: **וכעסיס.** מתק יין: **דמם ישכרון.** כן ישכרו מדמם אותם הרגילים לשתות דם, ומי הם? אלו עוף השמים, כן תרגם יונתן: (ב) **מדוע באתי.** להתקרב אליכם ואין איש; מי מכם פונה אלי:

**רד"ק**

**גם שבי גבור יוקח.** כי אני גבור מכם, שאקחנו מידכם. ומה שתאמרו צדיק, אינו כי אם עריץ, כי בכח ובעריצות לקחתם אותו לא בצדק ובמשפט. כך פירשו אדוני אבי זכרונו לברכה: **יריבך.** שם תאר, והיו"ד נוספת כיו"ד יקום. כלומר, המריב אותך בגלות ואושיע בניך מתוכם: (כו) **והאכלתי את מוניך.** אונסיך; כמו, וְלֹא יוֹנוּ עוֹד נְשִׂיאַי אֶת עַמִּי (יחזקאל מה, ח), ותרגומו, וְלָא יֶנִסוּן: **את בשרם.** על דרך, אִישׁ בְּשַׂר זְרֹעוֹ יֹאכֵלוּ (לעיל ט, יט): **וכעסיס.** יין ענבים או יין רמונים נקרא כן לפי שיוצא על ידי סחיטה וכתישה; מן, וְעַסּוֹתֶם רְשָׁעִים (מלאכי ג, כא), וכן מֵעֲסִיס רִמֹּנִי (שיר השירים ח, ב), יִטְּפוּ הֶהָרִים עָסִיס (יואל ד, יח): **דמם.** מדמם. ותרגם יונתן, יַת בְּשַׂר דַהֲווֹ מוֹנָן לִיךְ וגומר: (א) **כה אמר ה' אי זה ספר כריתות אמכם.** הנה אמר ירמיהו שלחתיה ואתן את ספר כריתותיה אליה. פירשו המפרשים כי ירמיה דבר כנגד עשרת השבטים, שנתן להם ספר כריתות שלא יהיה מהם עוד מלך. כי בקבוץ גליות נאמר, וְעַבְדִּי דָוִד נָשִׂיא בְתוֹכָם (יחזקאל לד, כד), ואמר ולא יחצו עוד לשתי ממלכות. אבל ליהודה לא נתן ספר כריתות, אלא כבעל שמוציא אשתו מביתו שקצף עליה, אבל לא נתן לה ספר כריתות לפי שעתיד להחזירה אליו, כן יהודה עתיד להחזיר המלכות לו. ונוכל לפרש גם כן לפי שעשרת השבטים לא שבו בשוב הגלות מבבל, ועוד שמשגלו לא יצאו ממקום גלותם וארך להם הגלות מאד, הרי הם כאלו נתן להם ספר כריתות. ובני יהודה שבו לארצם אחר שבעים שנה, וישבו בארצם ארבע מאות ועשרים שנה. ואף על פי שיהודה לא גלה עדין, הנביא דבר על העתיד. ונחמה שמנחם את ישראל שהם בזה הגלות, שישובו, כי לא נמכרו כי אם בעונותיהם ובשובם האל ישיב שבותם. ואמר כנגד יהודה, אי זה ספר כריתות, כלומר, כי קרובים אתם לשוב אלי כאשר שבתם פעם אחרת, כי אין ביני וביניכם ספר כריתות, ובשובכם ישובו גם כן שאר השבטים, כי דוד ימלוך על ישראל כלו. וכן אמר יחזקאל, הִנֵּה אֲנִי לֹקֵחַ אֶת עֵץ יוֹסֵף אֲשֶׁר בְּיַד אֶפְרַיִם וְשִׁבְטֵי יִשְׂרָאֵל חֲבֵרָיו וְנָתַתִּי אוֹתָם עָלָיו אֶת עֵץ יְהוּדָה וַעֲשִׂיתִם לְעֵץ אֶחָד (יחזקאל לז, יט). ואף על פי שנתן להם ספר כריתות, כבר היה הכריתות גדול וארך גלות מאד, והנה ישיב אותם עם שבט יהודה. והאם היא הכנסה והכלל, והבנים הם הפרט. והנה לא נמכרתם ואינכם צריכים לכסף בפדותכם, אלא עונותיכם היו דמי המכירה והתשובה תהיה כסף הפדות: (ב) **מדוע.** אתם מעכבים הגאולה, כי אני מזומן לקבל אתכם בתשובה אם תשובו. ולמה היה זה? כי באתי ואין איש עונה אלי: **קראתי.** שובו אלי ואשובה אליכם: **ואין עונה.** מכם: **הקצור קצרה ידי מפדות.** וכי חשבתם לאורך גלותיכם כי לקוצר ידי הוא זה שלא פדיתי אתכם עד עתה? אין זה אלא בשבילכם שלא שבתם אלי. והביאה והקריאה הם דברי הנביאים כמו שכתבנו בכמה מקומות, כי האל מקבל השבים בכל עת קראם אליו בלב שלם, הוא קרוב אליהם ונכון לקבלם:

**מצודת דוד**

**ואת יריבך.** עם המריבים בך אריב אני: (כו) **והאכלתי.** להחיות הראויות לאכול בשר אאכיל את המקנתרים אותך באונאת דברים: **את בשרם.** לתוספת ביאור אמר שיאכיל את בשרם: **וכעסיס דמם ישכרון.** העופות הראויות לשתות דם ישכרו מדמם כדרך השותה עסיס והוא ענין מליצה: **וידעו וכו'.** אז יבינו הכל אשר ה' עושה כל אלה ולא בא במקרה: **וגואלך וכו'.** כפל הדבר במלות שונות: (א) **אי זה ספר וכו'.** כאומר אם אמנם נתתי לה גט כריתות כמו שכתוב, וָאֶתֵּן אֶת סֵפֶר כְּרִיתֻתֶיהָ וכו' (ירמיה ג, ח). אבל איזה זה הספר אשר שלחתיה בה, רצונו לומר, נראה בה מפני מה שלחתיה, הלא היתה בעבור הפשע כמו שכתוב שם; ואם כן כשתשובו נעקר הכריתות: **או מי מנושי.** מי הלוה לי דבר מה עד שמכרתי אתכם לו בפרעון החוב, הן בעונותיכם נמכרתם. ואם כן כשתעשו תשובה תהיו נפדין: **ובפשעיכם.** בעבור הפשעים נשלחה הכנסים שלכם ואם כן בתשובה יהיה נעקר השילוחין: (ב) **מדוע באתי.** אני באתי להתקרב אליכם ואין איש פונה אלי: **קראתי.** שתבואו אלי ואין מי משיב לי: **הקצור.** רצונו לומר, וכי אין בי תועלת וכי קצרה ידי מלפדות אתכם:

**מצודת ציון**

(כה) **עריץ.** חזק; כמו, כְּגִבּוֹר עָרִיץ (ירמיה כ, יא): (כו) **מוניך.** ענין קנתור ואונאת דברים; וכן, וְגֵר לֹא תוֹנֶה (שמות כב, כ): **וכעסיס.** הוא ענין כתישה; כמו, וְעַסּוֹתֶם רְשָׁעִים (מלאכי ג, כא); ונקרא כן יין ענבים או רמונים על שם שהמשקה יוצא על ידי סחיטה וכתישה; וכן, מֵעֲסִיס רִמֹּנִי (שיר השירים ח, ב): **ישכרון.** ענין השתיה יותר מכדי המדה הראויה: **אביר.** ענין חוזק: (א) **ספר כריתות.** גט הכורת ומפריד: **אמכם.** כנסיה שלכם: **מנושי.** ענין מלוה; כמו, כַּנֹּשֶׁה כַּאֲשֶׁר נֹשֶׁא בוֹ (לעיל כד, ב):

---

**25.** **גַּם־שְׁבִי גִבּוֹר יֻקָּח וּמַלְקוֹחַ עָרִיץ יִמָּלֵט** — *Even the captives of a warrior can be retrieved, and the booty of fierce men can escape.* No matter how fierce and strong the warriors are, I am stronger, says Hashem, and I can retrieve whatever I want (*Abarbanel*).

As for the claim that the loot was the justly taken spoils of war, it was not *justly captured,* but merely *the booty of fierce men.* They are not entitled to it, so of course it *can escape* and be returned to its legal owners (*Radak*).

**26.** **וְהַאֲכַלְתִּי אֶת־מוֹנַיִךְ אֶת־בְּשָׂרָם וְכֶעָסִיס דָּמָם יִשְׁכָּרוּן** — *And I will feed your tormentors their own flesh, and they will become drunk on their own blood as on sweet wine.* The translation follows *Radak.* Alternatively, *I will feed [the wild beasts] the flesh of your tormentors, and [birds] will become drunk on their blood as on sweet wine* (*Rashi* [see *Targum*], *Mahari Kara*). In any case, it is a metaphor for the great battles that will take place at the time of the Redemption (*Abarbanel*).

*Rashi* applies this prophecy to the Babylonians, apparently after the seventy years of exile following the destruction of the First Temple.

*Even the captives of a warrior can be retrieved, and the booty of fierce men*
*can escape; I Myself will take up your cause, and I Myself will save your chil-*
*dren.* 26 *And I will feed your tormentors their own flesh, and they will become*
*drunk on their own blood as on sweet wine; then all flesh will know that I am*
*HASHEM, your Savior and your Redeemer, the Mighty One of Jacob.*

**50**

*Encouraged to repent*

1 *Thus said HASHEM: What is your mother's bill of divorce by which I sent*
*her away? Or to which of My creditors have I sold you? Behold, it is for*
*your iniquities that you have been sold, and for your rebellious sins that*
*your mother has been sent away.* 2 *Why is it that I have come and there is no*
*man? [Why is it that] I have called and there is no one who answers? Is My*
*hand too limited to grant redemption? Is there no strength in Me to rescue?*

*Abarbanel* has great difficulty with this, because only a relatively small number of Jews returned to *Eretz Yisrael* at that time. He comments that it refers to the future Redemption and the revivification of the dead. The influx of people from scores of previous generations will stretch the Land to its limits. See *Tanchuma, Tzav* 12.

**50.**

Isaiah continues to address Israel's feeling that she has been forsaken and forgotten (above 49:14). He refutes her justifications for thinking so, and he reassures her that God has not abandoned her and that the exile of the Jewish people is only temporary. The prophet likens Israel to a disloyal wife whose husband sends her away in anger, but does not divorce her. Instead he longs for her to repent so that they can be reconciliated (*Mahari Kara, Radak*). This chapter declares that — contrary to the fears of Israel and the confidence of the nations that the sins of Israel have made it impossible for God to redeem them — He *has* the power and will exercise it when He deems the time has come for Him to do so.

**1. סֵפֶר כְּרִיתוּת** — *Bill of divorce.* Isaiah refers to future exiles: either the Babylonian exile after the destruction of the First Temple or the current exile after the destruction of the Second Temple. A metaphorical *bill of divorce* would have severed God's bond with Israel, and would have meant that it is no longer God's Chosen People. Therefore Isaiah stresses that there will never be such a divorce; the tribes of Judah and Benjamin will be sent away like a rebellious wife, but only as punishment for their sins. God wants them to renounce their perfidy and repent, then He will welcome them back.

*Abarbanel* notes that such a return came about after seventy years of the Babylonian exile. Return from the current exile still awaits Israel's repentance, but even after nearly 2,000 years, there has not been a *bill of divorce.* The prophet goes on to declare that the length of the exile is not because God has renounced Israel, but because of its continuing sins.

*Radak* adds that although Jeremiah prophesied that because of Israel's disloyalty, God says, *and I gave her a bill of divorce* (*Jeremiah* 3:8), that referred only to the Ten Tribes. They were indeed banished and did not return to *Eretz Yisrael* when the Second Temple was built. Even they, however, will be restored to the nation when Messiah comes, for Ezekiel (37:19) prophesied that all twelve tribes will be united under the leadership of Judah.

According to *Abarbanel,* the bill of divorce to the Ten Tribes meant that they would never again have a separate kingdom. When the Messiah comes, all twelve tribes will be united under the banner of the Davidic dynasty, of the tribe of Judah.

**אוֹ מִי מִנּוֹשַׁי אֲשֶׁר־מָכַרְתִּי אֶתְכֶם לוֹ** — *Or to which of My creditors have I sold you?* Did God sell His people into exile because He lacked funds to pay a debt and He is still without the means to redeem them? (*Metzudos*).

The sins of the Jewish people caused "sparks of holiness" to be scattered among the nations. Israel had to be sold, i.e., placed under foreign dominion and exiled to the four corners of the earth in order to regain those sparks (*Panim Yafos* to *Parashas Balak*).

**אִמְּכֶם** — *Your mother.* This term alludes to the Divine Presence, which goes into exile along with the Jewish people and shares in their suffering (*Zohar* to *Parashas Bechukosai*), as God says, עִמּוֹ אָנֹכִי בְצָרָה, *I am with him in distress* (*Psalms* 91:15).

**2-3.** God rebukes the people for their failure to repent. Do they think He is powerless to help them? To this He gives rhetorical illustrations of His unlimited power. Moreover, He makes Himself available, as if to show His longing for their repentance, but they do not respond.

**2. בָּאתִי . . . קָרָאתִי** — *I have come . . . I have called.* Far from having forsaken Israel, God makes himself available. He has *come* and He has *called,* as it were: "Return to Me and I will return to you!" (*Radak,* citing *Malachi* 3:7), but the people have ignored Him. *Ibn Ezra* comments that God "came and called" through the prophets.

God laments that He comes to the synagogue to hear the prayers of His people — and no one is there! (*Berachos* 6a).

**הֲקָצוֹר קָצְרָה יָדִי מִפְּדוּת** — *Is My hand too limited to grant redemption?* Perhaps the people despair not because they think God has abandoned them, but because they fear that He lacks the power to help them. God rebuts this premise:

הֵ֣ן בְּגַעֲרָתִ֞י אַחֲרִ֣יב יָ֗ם אָשִׂ֤ים נְהָרוֹת֙ מִדְבָּ֔ר תִּבְאַ֤שׁ דְּגָתָם֙ מֵאֵ֣ין מַ֔יִם וְתָמֹ֖ת
ג־ד בַּצָּמָֽא׃ אַלְבִּ֥ישׁ שָׁמַ֖יִם קַדְר֑וּת וְשַׂ֖ק אָשִׂ֥ים כְּסוּתָֽם׃ אֲדֹנָ֣י יֱהֹוִ֗ה נָ֤תַן לִי֙
לְשׁ֣וֹן לִמּוּדִ֔ים לָדַ֛עַת לָע֥וּת אֶת־יָעֵ֖ף דָּבָ֑ר יָעִ֣יר ׀ בַּבֹּ֣קֶר בַּבֹּ֗קֶר יָעִ֥יר לִי֙ אֹ֔זֶן לִשְׁמֹ֖עַ
ה־ו כַּלִּמּוּדִֽים׃ אֲדֹנָ֤י יֱהֹוִה֙ פָּֽתַח־לִ֣י אֹ֔זֶן וְאָנֹכִ֖י לֹ֣א מָרִ֑יתִי אָח֖וֹר לֹ֥א נְסוּגֹֽתִי׃ גֵּוִי֙ נָתַ֣תִּי
ז לְמַכִּ֔ים וּלְחָיַ֖י לְמֹֽרְטִ֑ים פָּנַי֙ לֹ֣א הִסְתַּ֔רְתִּי מִכְּלִמּ֖וֹת וָרֹֽק׃ וַאדֹנָ֤י יֱהֹוִה֙ יַֽעֲזָר־לִ֔י עַל־
ח כֵּ֖ן לֹ֣א נִכְלָ֑מְתִּי עַל־כֵּ֞ן שַׂ֤מְתִּי פָנַי֙ כַּֽחַלָּמִ֔ישׁ וָאֵדַ֖ע כִּי־לֹ֥א אֵבֽוֹשׁ׃ קָרוֹב֙ מַצְדִּיקִ֔י

### רש״י

(ד) **נתן לי לשון למודים.** ישעיה היה אומר, ה׳ שלחני ונתן לי לשון הראוי ללמד כדי לדעת, לעות את העיפים ולמאיס לשמוע את דברי הקדוש ברוך הוא: **דבר לעות.** מנחס חברו במחלוקת עֵת לַעֲשׂוֹת לַה׳, (תהלים קיט, קכו); לקבוע להם עתים: **יעיר לי אזן.** מעורר את אזני ברוח קדשו: **לשמוע כלמודים.** במשפט הלימודים, האמת והנכוחה: (ה) **פתח לי אוזן.** והשמיעני, אֶת מִי אֶשְׁלַח (לעיל ו, ח). שלחתי את עמוס והיו קורין אותו פסילוס, שלחתי את מיכה וכו׳, כדאיתא בפסיקתא דנחמו נחמו (פסיקתא רבתי פרשה לג): **ואנכי לא מריתי.** מלילך בשליחותו ולא נסוגותי אחור, אלא וָאֹמַר הִנְנִי שְׁלָחֵנִי, (שם): (ו) **גוי נתתי למכים.** הוא אומר לי, ישעיה, בני סרבנים הם, בני טרחנים הם, על מנת שלא **תבעס עליהם.** אמרתי לו, על מנת כן: (ז) **וה׳ אלהים יעזור לי.** אם יקומו עלי: (ח) **קרוב מצדיקי.** הקדוש ברוך הוא קרוב לי לזכותי בדין:

### רד״ק

**הן בגערתי.** איך תחשבו כי מקוצר ידי הוא זה שלא נגאלתם עד עתה? והנה אחריב הים בגערתי כמו שעשיתי בים סוף בגערה לבד. וכן כתיב, וַיִּגְעַר בְּיַם סוּף וַיֶּחֱרָב (תהלים קו, ט). והגערה שהוליך רוח קדים ששם את הים לחרבה: **אשים נהרות מדבר.** כשארצה אוביש הנהרות, כמו שעשיתי בירדן שהובשתי אותו עד שעברו ישראל. וממקום המעבר עד הים יבש הנהר; כמו שאמר, וְהַיֹּרְדִים עַל יָם הָעֲרָבָה יָם הַמֶּלַח תַּמּוּ נִכְרָתוּ (יהושע ג, טז). והנה מתה הדגה שהיתה בנהר כשתמו המים ובאשה. ומה שאמר על הירדן נהרות והוא אחד משני נהרות אחרים הנשפכים לתוכו; וכן אמר על זה, אַתָּה הוֹבַשְׁתָּ נַהֲרוֹת אֵיתָן (תהלים עד, טו), כמו שפירשתי בספר תהלים: (ג) **אלביש.** וכן עשיתי במצרים בהפסד האויר להם, שהלבשתי להם השמים קדרות, שהיה להם חשך שלשת ימים: **ושק אשים כסותם.** כאלו שק היה כסותם שלא ראו אור, והשק הוא שחור. ואם כל זה עשיתי, כן אוכל לעשות להוציאכם מהגלות, ואף על פי שאתם בתוך עמים רבים. וזכר המים והאויר לפי שהם יסודות, ואם ביסודות יעשה חפצו כל שכן בנבראים מהם. ויש לפרש עוד אלביש שמים קדרות; על קדרות השמש והירח, או על העננים; כמו שנאמר עליהם, וְהַשָּׁמַיִם הִתְקַדְּרוּ עָבִים וְרוּחַ (מלכים־א יח, מה); אלא שנכון הוא לפרש הכל במה שעשה בעבור ישראל. ויתכן לפרש הפסוקים האלה דרך משל, דמה טובות העמים שהיה להם בשפע כמו הים והנהרות, ואמר שיחריב אותם ויוביש אותם, כלומר, שיפסיק טובתם בעבור הרעה שעשו לישראל. והענין כמו שפירשנו בפסוק ושמתי נהרות לאיים ואגמים אוביש: (ד) **אדני אלהים.** אלה דברי הנביא אמרם על עצמו. אמר, נתן לי לשון למודים, לשון אנשים מורגלים בלשון; כמו, לִמֻּד מִדְבָּר (ירמיה ב, כד). וכן אמר למעלה, וַיָּשֶׂם פִּי כְּחֶרֶב חַדָּה (לעיל מט, ב); שתקן לשוני לדבר צחות מהרה, כאדם הרגיל בדבר לדעת דברי השם ולעות בו את מי שהוא עיף, רצונו לומר, צמא לשמוע את דבר ה׳ כמו לשתות העיף במדבר רצונו לומר, הצמא; וכן, בְּאֶרֶץ צִיָּה וְעָיֵף בְּלִי מָיִם (תהלים סג, ב). ופירוש לעות, לאמר דבר בעתו, יעיר בבקר בבקר. אולי היו נבואותיו במראות הלילה, והיה כאלו האל העירו בבקר והנבואה. או פירושו, בבקר בבקר יום אחר יום כי, לא היתה הפסקה בנבואתו שיהיה בלא נבואה חדש או ימים: **יעיר לי אזן.** הנה תקן פי לדבר ואזני לשמוע כלמודים, כמו שאמר ה׳ אלהים נתן לי לשון למודים: (ה) **אדני, אלהים.** אמר שני פעמים ה׳ אלהים ועוד אמר וה׳ אלהים, הן ה׳ אלהים, לפי שהיה מדבר על הנבואה והנבואה תבא לנביא באמצעות המלאכים הנקראים אלהים: **לא מריתי.** ללכת בשליחותו ולא נסוגותי אחור שלא אלך, אלא אמרתי הנני שלחני: (ו) **גוי.** ואף על פי שאתבזה בעבור השליחות, לא נמנעתי בעבור זה, אלא ברצון הלכתי. ואין זה כדברי ירמיה שאמר, וְאָמַרְתִּי לֹא אֶזְכְּרֶנּוּ וגו׳ (ירמיה כ, ט). ומה שאמר גוי נתתי למכים; אפשר שהיה זה אבל לא מצאנו זה בכתוב. ואפשר שיהיה פירוש הפסוק כן, אפילו היו מכים ומורטים אותי, אני אקבל ברצון לאהבת האל: **למרטים.** מורטים שער לחייו וזקנו: (ז) **ואדני אלהים יעזור לי.** אם הכו אותי. ואמר יעזור לי שלא יתנני בידם להמיתני. ואם לא הכוהו פירושו, יעזור לי בהקים דברי נבואתי; על כן לא נכלמתי באמרי בפרהסיא דברי נבואתי, כי ידעתי כי לא אבוש כי יתקיימו דברי: **כחלמיש.** פירושו, האבן החזק: (ח) **קרוב מצדיקי.** שיצדיק דברי וישים אותם אמת וקרוב הוא אלי תמיד. הוא מחדש נבואות אלי, גם שונה הוא אלי קצת נבואות, כמו דבר סנחריב. וכיון שהוא שונה אלי תמיד, על כל פנים יקיים אותם אם לא יעשו הם תשובה, שתשוב אחור דברו וינחם על הרעה. או פירושו, קרוב, כי בקרוב יצדיק דברי:

### מצודת דוד

**בגערתי.** כשאני גוער בים נעשה חורב ויבש והנהרות נעשות יבשות כמקום מדבר רצונו לומר אחריב העכו״ם הנמשלים למים רבים: **תבאש דגתם.** קבוצת הדגים תבאש מחסרון המים כי תמות בצמא ותבאש ורצה לומר אנשי העכו״ם יאבדו ולפי שהמשילם לנהרות אמר לשון הנופל ביובש הנהרות: (ג) **אלביש שמים, ושק וכו׳.** כפל הדבר במילים שונות: (ד) **ה׳.** ישעיה הוא אומר, ה׳ שלחני לנבאות ונתן לי לשון צח הראוי ללמד: **לדעת לעות.** להשיג ללמד לפי העת והזמן את התאב לשמוע דבר ה׳ כאדם העיף התאב למים: **יעיר בבוקר.** בכל בוקר היה מעורר אותי ללכת לנבאות: **יעיר לי אוזן.** היה מעורר אזני לשמוע הנבואה כדרך הרב המעורר אזני התלמידים לשמוע אמריו: (ה) **פתח לי אוזן.** לשמוע דבריו שאמר, אֶת מִי אֶשְׁלַח (לעיל ו, ח): **לא מריתי.** לא סרבתי מללכת: **אחור וכו׳.** לא חזרתי לאחור למען בדבר והוא כפול במילים שונות: (ו) **גוי נתתי למכים.** מסרתי גופי למכים רצה לומר לא מנעתי ללכת מחשש פן יכוני: **ולחיי למורטים.** מסרתי לחיי למורטים שערותם: **פני לא הסתרתי.** רצונו לומר, לא מנעתי ללכת מחשש פן יכלימוני וירוקו בפני: (ז) **יעזור לי.** רצה לומר, קרוב היה הדבר שיכלימו אותי, אבל ה׳ עזר לי לכן לא נכלמתי, על כן שמתי פני. רצונו לומר, על כי ראיתי שה׳ עוזר לי, לזה שמתי פני כחלמיש לדבר קשות ואדע שלא אבוא לידי בושה: (ח) **קרוב מצדיקי.** ה׳ המצדיק אותי בדין הוא קרוב אלי לכן מי הרוצה לריב עמדי נעמדה יחד אני והוא כאומר הנה בודאי לא יוכל לי:

### מצודת ציון

(ב) **הן.** באמת: **בגערתי.** ענין צעקת נזיפה: **אחריב.** מלשון חורב ויובש: **תבאש.** ענין סרחון: (ג) **קדרות.** ענין שחרות; כמו, שֶׁמֶשׁ וְיָרֵחַ קָדָרוּ (יואל ב, י): (ד) **לעות.** מלשון עת וזמן: **יעף.** מלשון עיפות וצמאון: **יעיר.** מלשון התעוררות: **כלמודים.** רוצה לומר כתלמידים; וכן, חֲתוֹם תּוֹרָה בְּלִמֻּדָי (לעיל ח, טז): (ה) **מריתי.** מלשון מרי וסרוב: **נסוגותי.** ענין ההחזרה לאחור; כמו, וְנָסוֹג מֵאַחַר אֱלֹהֵינוּ (לקמן נט, יג): (ו) **גוי.** גופי; כמו, גְּוִיַּת שָׁאוּל (שמואל א לא, יב): **ולחיי.** כן נקרא המקום שאצל העין: **למורטים.** ענין תלישת השער; כמו, וָאֶמְרְטָה מִשְּׂעַר רֹאשִׁי (עזרא ט, ג): **מכלמות.** מלשון כלימה וחרפה: **ורוק.** רוק הפה: (ז) **כחלמיש.** סלע חזק; כמו, חַלָּמִישׁ לְמַעְיְנוֹ מָיִם (תהלים קיד, ח):

*Behold, by My rebuke I dry the sea; I make rivers into a desert; their fish be-*
*come putrid for lack of water and die of thirst.* 3 *I clothe the heavens in black-*
*ness and make sackcloth their garment!*
4 *My Lord, HASHEM/ELOHIM, has granted me a tongue for teaching, to understand the need of the times in conveying matters to those who thirst [for knowledge]; He arouses [me] morning after morning; He arouses [my] ear for me to understand as disciples are*
*taught.* 5 *My Lord, HASHEM/ELOHIM, has opened [my] ear for me, and I did not resist; I*
*did not retreat to the rear.* 6 *I submitted my body to those who smite and my cheeks*
*to those who pluck; I did not hide my face from humiliation and spit.* 7 *For my Lord,*
*HASHEM/ELOHIM, helps me; therefore, I was not humiliated; therefore, I made my face*
*[as hard] as flint and knew that I would not be ashamed.* 8 *My Champion is near;*

*The prophet's sacrifice*

הֵן בְּגַעֲרָתִי אַחֲרִיב יָם — *Behold, by My rebuke I dry the sea* . . . Israel's national history is based on proof of God's total mastery. He dried the Sea of Reeds to allow the Jews to leave Egypt, and He dried the Jordan River to allow them to enter *Eretz Yisrael.*

**3.** אַלְבִּישׁ שָׁמַיִם קַדְרוּת — *I clothe the heavens in blackness,* by bringing the plague of darkness upon the Egyptians. Or this may refer to eclipses of the sun (*Ibn Ezra, Radak*), which symbolize that God will eclipse even the most powerful oppressors of Israel, when the time comes for our redemption.

Alternatively, in verses 2-3, the prophet likens the blessing and prosperity of nations to ample supplies of water and good climate. God can remove those blessings at will in punishment for their crimes against Israel (*Radak*).

**4.** נָתַן לִי לְשׁוֹן לִמּוּדִים — *Has granted me a tongue for teaching.* The translation follows *Rashi.* Alternatively, "you have given me a tongue like that of a seasoned speaker" (*Radak*).

This declaration bolsters the question of verse 2. The people cannot claim they had somehow missed God's calls for repentance in Isaiah's prophecies, because God had granted Isaiah the ability to communicate effectively (*Malbim*).

For Moses, the greatest of prophets, the receipt of prophecy from God and its delivery to the people were simultaneous: the Divine Presence spoke "from the throat of Moses." By contrast, other prophets relayed their prophecy from memory after their prophetic state had subsided. Though the prophet conveys the message verbatim (hence the prefatory "thus said Hashem"), God speaks to him in the manner of the normal speech to which the prophet was accustomed. Because Isaiah was a gifted speaker, he received especially lyrical prophetic messages. The prophecies of less eloquent prophets were rendered in simpler terms (*Emek HaNetziv* to *Sifri, Parashas Mattos;* see also *Maggid Meisharim* to *Parashas Nitzavim*).

לָדַעַת לָעוּת — *To understand the need of the times.* God granted Isaiah the ability to understand the needs of the time [לָעוּת from the word עֵת, *time*] (*Ibn Ezra*). A leader must understand the needs of his people in light of their current circumstances and deliver his teachings accordingly.

אֶת יָעֵף דָּבָר — *In conveying matters to those who thirst [for knowledge*]. Only one who thirsts for Torah can have its words penetrate his heart (*Tanna d'Vei Eliyahu Zuta*).

יָעִיר בַּבֹּקֶר בַּבֹּקֶר — *He arouses [me] morning after morning.* Isaiah may have received his prophecy in a nocturnal vision, but it was in order to arouse him to deliver the Divine message to the people in the morning. Alternatively, Isaiah received prophecy regularly (*Radak*).

**5.** פָּתַח־לִי אֹזֶן — *Has opened [my] ear for me.* Isaiah refers back to the time when God first enlisted him as a prophet, when he heard God's question, *Whom shall I send, and who shall go for us*? (6:8). According to the Midrash (*Vayikra Rabbah* 10:2), God was responding to the Jewish people's rejection of both Micah, whom they struck on the cheek, and Amos, whom they derided as a stutterer. When God sought a new emissary to carry His words more effectively to the people, Isaiah said, *Here I am. Send me!* (ibid.). Now, Isaiah acknowledges that God privileged him to hear that call, and he says, *I did not resist; I did not retreat to the rear.*

**6.** גֵּוִי נָתַתִּי לְמַכִּים . . . — *I submitted my body to those who smite* . . . The Midrash (ibid.) recounts that God warned Isaiah that His children are bothersome and stubborn, and that the prophet must be prepared to be shamed and even beaten by them. Isaiah agreed.

Since Scripture does not record that Isaiah ever absorbed such abuse, *Abarbanel* assumes he did not. *Ri MiTrani,* however, understands this verse to mean that Isaiah actually experienced such treatment. [Since Isaiah was killed by King Manasseh, the verse may allude to that.]

**7.** Having accepted the Divine mission even though warned that it could subject him to violence and abuse, Isaiah declares his confidence in God.

יַעֲזָר־לִי עַל־כֵּן לֹא נִכְלָמְתִּי — *[My Lord] ... helps me; therefore I was not humiliated.* He will protect me from enemies who try to harm me (*Rashi*), and even if I am not in danger of physical harm, I will be humiliated by having uttered prophecies that will not be fulfilled (*Ibn Ezra, Radak*), since Isaiah prophesied about redemptions that would not take place until long after his death.

**8.** קָרוֹב מַצְדִּיקִי — *My Champion is near.* God is the prophet's Champion. Isaiah is confident that God will protect him and that his prophecies of punishment will come true unless the people repent. Therefore he challenges his adversaries to stand with him for he knows that he will prevail (*Radak*).

ט מִֽי־יָרִ֣יב אִתִּ֔י נַ֖עַמְדָה יָּ֑חַד מִֽי־בַ֥עַל מִשְׁפָּטִ֖י יִגַּ֥שׁ אֵלָֽי׃ הֵ֣ן אֲדֹנָ֤י יֱהֹוִה֙ יַֽעֲזָר־לִ֔י
י מִי־ה֖וּא יַרְשִׁיעֵ֑נִי הֵ֤ן כֻּלָּם֙ כַּבֶּ֣גֶד יִבְל֔וּ עָ֖שׁ יֹאכְלֵֽם׃ מִ֤י בָכֶם֙ יְרֵ֣א
יהוה שֹׁמֵ֖עַ בְּק֣וֹל עַבְדּ֑וֹ אֲשֶׁ֣ר ׀ הָלַ֣ךְ חֲשֵׁכִ֗ים וְאֵ֥ין נֹ֙גַהּ֙ ל֔וֹ יִבְטַח֙ בְּשֵׁ֣ם יהוה
יא וְיִשָּׁעֵ֖ן בֵּאלֹהָֽיו׃ הֵ֤ן כֻּלְּכֶם֙ קֹ֣דְחֵי אֵ֔שׁ מְאַזְּרֵ֖י זִיק֑וֹת לְכ֞וּ ׀ בְּא֣וּר אֶשְׁכֶ֗ם וּבְזִיקוֹת֙

**נא**
א בְּעַרְתֶּ֔ם מִיָּדִי֙ הָֽיְתָה־זֹּ֣את לָכֶ֔ם לְמַעֲצֵבָ֖ה תִּשְׁכָּבֽוּן׃ שִׁמְע֥וּ אֵלַ֛י רֹ֥דְפֵי
ב צֶ֖דֶק מְבַקְשֵׁ֣י יהוה הַבִּ֙יטוּ֙ אֶל־צ֣וּר חֻצַּבְתֶּ֔ם וְאֶל־מַקֶּ֥בֶת בּ֖וֹר נֻקַּרְתֶּֽם׃ הַבִּ֙יטוּ֙
אֶל־אַבְרָהָ֣ם אֲבִיכֶ֔ם וְאֶל־שָׂרָ֖ה תְּחוֹלֶלְכֶ֑ם כִּי־אֶחָ֣ד קְרָאתִ֔יו וַאֲבָרְכֵ֖הוּ וְאַרְבֵּֽהוּ׃

### רש״י

(ט) **עש.** תולעת הבגדים: (י) **בקול עבדו.** בקול הנביאים: **אשר הלך חשכים.** אפילו צרה באה עליו, יבטח בשם ה׳ כי הוא יצילהו: (יא) **הן כולכם.** שאינכם שומעים בקול נביאיו: **קודחי אש.** עברתו עליכם: **מאזרי זיקות.** מחזיקי זיקות; הן גצין וגחלי אש הנזרקין בקלע. ויש לו דוגמא בלשון ארמי, זיקוקין דנור כך וכך זיקתא פסיק לן: **לכן באור אשכם.** לפי דרככם תלקו: **מידי.** תהא גמולכם זאת לכם: (א) **אל צור חוצבתם.** ממנו: **ואל מקבת בור.** שנוקבין וחולבין בה את הבורות אשר נוקרתם בה. נוקרתם לשון, (בְּ)נִקְרַת הַצּוּר (שמות לג, כב), יִקְּרוּהָ עֹרְבֵי נַחַל (משלי ל, יז). ומי הוא הצור? הוא אברהם אביכם. ומי היא המקבת? היא שרה אשר חוללתכם — אשר ילדתכם; לשון כִּי חָלָה גַּם יָלְדָה (לקמן סו, ח): (ב) **תחוללכם.** אשר תלד אתכם: **כי אחד קראתיו.** כי אחד היה יחידי בארץ כנען אשר הגליתיו שם מארצו וממולדתו. **קראתיו.** רביתיו וגדלתיו; לשון קְרִיאֵי הָעֵדָה (במדבר א, טז). וכשם שהוא היה יחיד וגדלתיו, כן אגדל אתכם, שאתם יחידים לי:

### רד״ק

**מי יריב אתי.** שלא יהיה כמו שנבאתי: (ט) **הן ה׳ אלהים.** מי הוא ירשיעני בדבריו. ולא אמר מי שלא ימצא מי שירשיעהו, כי רבים היו מרשיעים אותו, אלא אמר מי הוא שירשיעני כבגד יבלה. פירושו, ירשיעני, כמו וְהִרְשִׁיעוּ אֶת הָרָשָׁע (דברים כה, ג), אֲשֶׁר יַרְשִׁיעֻן אֱלֹהִים (שמות כב, ח): **כלה.** כל העומדים כנגדי לסתור את דברי: (י) **מי בכם.** אחר שיש מרשיעים אותי, מי שהוא בכם ירא את ה׳ ישמע אלי. וגם מאשר הלכו בחשך עד עתה, ישוב מדרכו הרעה ויבטח בשם ה׳ וטוב לו: (יא) **הן כלכם.** רוצה לומר רובכם. כי באמת יראי האל היו בהם, אלא מאותם שהיה קורא להם אשר הלך חשכים שישובו לו, אמר ידעתי שלא תשובו כי כלכם אתם שהייתם בדרך רעה עד עתה קדחי אש אתם; רצונו לומר, קדחי אש באף האל; כמו, כִּי אֵשׁ קָדְחָה בְאַפִּי (דברים לב, כב). אבל אותו פעל עומד, וזה פעל יוצא. וכן יוצא, כִּי אֵשׁ קְדַחְתֶּם בְּאַפִּי עַד עוֹלָם תּוּקָד (ירמיה יז, ד): **מאזרי זיקות.** כפל הענין במלות שונות. ומוציאי אש מן העצים ומן האבנים יקראו מאזרי זיקות: **זיקות.** הם ניצוצי האש, ויונתן תרגם, מְגָרֵן בְּאֶשָּׁתָא, כתרגום וְהִשְׁלַחְתִּי בָכֶם (ויקרא כו, כב), וְאֶגָּרֵי בְּכוֹן: **לכו באור אשכם.** אש בערתם ואותו האש תאכלכם, כי העון יכלה אתכם: **מידי היתה זאת.** הרעה לכם שתשכבון למעצבה. והשכיבה הזאת שאמר כמו שכיבת החולי או המות; כלומר שלא יהיה בכם כח לקום לפני אויביכם: **אשכם.** האל״ף בסגול והשי״ן רפה: (א) **שמעו דבר ה׳.** כנגד הטובים יראי ה׳: **הביטו אל צור חצבתם.** פירושו, חצבתם ממנו, זה אברהם: **ואל מקבת בור נקרתם.** נקרתם בו זהו שרה; דמה רחם האשה לבור. ופירש מקבת, נקיבת הבור, כאילו אמר אל בור נקובה שנקרתם בה ממנה. והחכם רבי משה בן עזרא פירש צור, שרה, כי היא הנפעלה; והמקבת אברהם, כי הוא הכלי הפועל בצור: **נקרתם.** מן הַעֵינֵי הָאֲנָשִׁים הָהֵם תְּנַקֵּר (במדבר טז, יד). (ב) **הביטו.** עתה פירש המשל: **תחוללכם.** תחולל אתכם. ותחולל עתיד במקום עבר, כאלו אמר חוללה אתכם; וענינו מן חִיל כַּיּוֹלֵדָה (ירמיה ו, כד). אמר הביטו אליהם ולכו בדרכיהם, וראו מה עשיתי להם: **כי אחד קראתיו.** ואמרתי לו, לֶךְ לְךָ מֵאַרְצְךָ וּמִמּוֹלַדְתְּךָ (בראשית יב, א); אחד היה ואחר כן ברכתיו והרביתיו. ומה שסמך לענין זה נחמת ציון; פירש אדוני אבי זכרונו לברכה, בעבור כי בזמן שנואשו שניהם מהיות להם בן לעת זקנתם אז פקדתיה ונתתי להם בן. כן ישראל, אחר שיארך גלותם מאד עד שיהיו נואשים מן הגאולה, אז יפקדם האל ויוציאם מן הגלות, ואברכהו וארבהו. עתיד במקום עבר, כי וארבהו בשוא, וכן ואברכהו פתח הוי״ו שהוא במקום שוא:

### מצודת דוד

**מי בעל משפטי.** מי הרוצה לבוא עמי במשפט יגש אלי, והוא כפול במילים שונות: (ט) **הן ה׳ וכו׳.** באמת ה׳ יעזור לי ומי הוא אם כן אשר יוכל להרשיע ולחייב אותי: **הן כולם.** באמת כל העומדים עלי ירקבו כבגד הנרקב: **עש יאכלם.** לפי שהמשילם לבגד אמר לשון הנופל בבגד: (י) **ירא ה׳.** אשר הוא ירא מה׳ ושומע בקול עבדו הנביא: **אשר הלך חשכים.** אפילו הלך בחשכת הצרות ועדיין לא מצא הארה ותשועה: **יבטח בשם ה׳.** שתבא לו התשועה: **וישען.** כפל הדבר במילים שונות: (יא) **הן כלכם.** אבל באמת, כמעט כלכם מעבירים את חמת ה׳: **מאזרי זיקות.** מאזרים את המקום בניצוצי אש, והיא היא, וכפל הענין במילים שונות: **לכו באור אשכם.** רצונו לומר, לפי המעשה כן יהיה הגמול: **ובזיקות בערתם.** כפל הדבר במילים שונות: **מידי וגו׳.** לא במקרה היתה, כי אם מידי באה בגזרה למען תמותו בעצבון כי לא תסור העצבון עד כי תמותו: (א) **רודפי צדק.** המחזרים לעשות צדק: **אל צור.** אל הסלע אשר נחצבתם ממנו: **ואל מקבת.** אל נקב הבור אשר יצאתם מנקרה: (ב) **הביטו אל אברהם.** בזה יפרש המקרא שלפניו ורצונו לומר אברהם הוא הצור אשר נחצבתם ממנו והביטו בו לראות מה נעשה עמו: **ואל שרה.** רצונו לומר, שרה היא נקב הבור וגו׳ כי היא ילדה אתכם: **כי אחד קראתיו.** עם כי היה יחידי בארץ כנען ולא היה מי שם ממשפחתו להחזיק בידו עם כל זה אני קראתיו וגדלתיו וברכתי אותו וארבה את זרעו, וכאומר כמו שעשיתי עם אברהם אעשה עמכם עם שאתם יחידים בין העכו״ם ואין מי יחזיק בידכם:

### מצודת ציון

(ט) **יבלו.** מלשון בליה ורקבון: **עש.** כן יקרא התולעת האוכל הבגד; וכן, כַּבֶּגֶד יֹאכְלֵם עָשׁ (לקמן נא, ח): (י) **נוגה.** ענין הארה וזוהר; כמו, מִנֹּגַהּ נֶגְדּוֹ (תהלים יח, יג): **וישען.** ענין תמיכה: (יא) **קדחי.** ענין שרפה; כמו, אֵשׁ קָדְחָה בְאַפִּי (דברים לב, כב): **מאזרי.** מלשון אזור ומחגורת; וכן, אָזְרוּ חָיִל (שמואל־א ב, ד): **זיקות.** ניצוצות האש ובדברי רבותינו זכרונם לברכה זכרונם לברכה, ונפקי זיקוקין דנור מפומיה דרב (חולין קלז, ב): **באור.** שלהבת; כמו, חַמּוֹתִי רָאִיתִי אוּר (לעיל מד, טז): **אשכם.** מלשון אש: **בערתם.** מלשון הבערה ושריפה: **למעצבה.** מלשון עצבון ודאגה: **תשכבון.** כן נקרא המיתה; כמו, וַיִּשְׁכַּב דָּוִד עִם אֲבֹתָיו (מלכים־א ב, י): (א) **חוצבתם.** כן נקרא חתוך וכריתות הסלע בלשון המקרא; וכן, וְגַם יֶקֶב חָצֵב בּוֹ (לעיל ה, ב): **מקבת.** מלשון נקב, ועל שם זה נקרא הפטיש מקבת, כי ראשו האחד חד ובו נוקבין הסלע: **נקרתם.** ענין בקוע ונקב; כמו, בְּנִקְרַת הַצּוּר (שמות לג, כב): (ב) **תחוללכם.** ענין הולדה ויצירה; כמו, וַתְּחוֹלֵל אֶרֶץ (תהלים צ, ב): **קראתיו.** ענין גדולה ורוממות; כמו, שָׁלִשִׁים וּקְרוּאִים (יחזקאל כג, כג), לפי שדרך הגדולים להיות נקראים לכל דבר חשיבות:

*whoever would contend with me, let us stand together; whoever is my adversary, let*
*him approach me.* [9] *Behold, my Lord,* HASHEM/ELOHIM, *will help me; who is he that will*
*condemn me? Behold, they will all wear out like a garment; a moth will devour them.*
[10] *Who among you fears* HASHEM, *listening to the voice of His servant?*
*Though he may have walked in darkness with no light for himself, let him*
*trust in the Name of* HASHEM, *and rely upon his God.* [11] *Behold, all of you are*
*igniters of fire, kindlers of sparks. Go in the flame of your fire, and in the sparks*
*you have lit; from My hand has this [decree] come upon you, that you should*
*die in sorrow.*

**51** [1] *Listen to me, O pursuers of righteousness, O seekers of* HASHEM: *Look to the*
*rock from which you were hewn, and at the hollow of the pit from which you*
*were dug;* [2] *look to Abraham your forefather and to Sarah who bore you, for when*
*he was yet one alone did I summon him and bless him and make him many.*

---

**9.** Isaiah continues the thought of the previous verse. Since God has given him his mission, what mortal can have the power or the audacity to condemn him? Those who dare to do so will be like a worn-out garment being devoured by moths.

**10.** מִי בָכֶם יְרֵא ה׳ — *Who among you fears* HASHEM. There will be people who will mock or even try to harm the prophet. Isaiah calls upon those who truly fear God not to be influenced by them. People who are basically pious should repent and not be misled by those who choose not to believe (*Radak*).

Righteous people who are forced to suffer because of the sins of their compatriots should not feel that their loyalty to God was in vain. Even though they *walk in darkness with no light,* they should *trust in the Name of* HASHEM that they will receive the reward they have earned. God is just and no one who deserves reward will be deprived of it (*Abarbanel*).

יִבְטַח . . . וְיִשָּׁעֵן — *Trust . . . and rely upon.* One *trusts* in something that may not seem logical. One *relies* upon something tangible and understandable. Righteous people should seek natural means to rely upon, without expecting miracles, but they must always trust that ultimately their salvation will come from God, even if the rules of nature, economics, and war do not give them hope (*Tzidkas HaTzaddik*).

**11.** הֵן כֻּלְּכֶם קֹדְחֵי אֵשׁ — *Behold, all of you are igniters of fire.* Isaiah rebukes those who have ignited the fire of God's rage. They will suffer the consequences of their misdeeds and their refusal to respond to the admonitions of the prophet. There were undoubtedly many righteous people in the nation. When Isaiah says *all of you,* he addresses only the sinners (*Radak*).

מְאַזְּרֵי זִיקוֹת — *Kindlers of sparks.* Often mere sparks can cause a great conflagration. Isaiah may be alluding to people who think they have indulged only in "minor" sins, or surely could not have caused harm when they merely scoffed at the warnings of the prophet. To the contrary, such *sparks* can lead many astray, and scoffing causes one to not take serious matters with the required gravity, so that the floodgates of greater evil are opened.

Isaiah completes his admonition by saying you cannot delude yourselves into claiming that God has treated you unjustly, that you do not deserve the suffering of destruction and exile, or that the prophets are to blame for letting you sin without warning you of what will befall you. No! You were warned and God is not to blame. You ignited your own fire (*Abarbanel*).

**51.**

**1-3.** Isaiah speaks to the righteous, God-fearing people, who seek to come closer to God. He assures them that, despite their misgivings and fear that God has forsaken them, they will yet be redeemed.

**1.** אֶל־צוּר חֻצַּבְתֶּם וְאֶל־מַקֶּבֶת בּוֹר נֻקַּרְתֶּם — *To the rock from which you were hewn, and at the hollow of the pit from which you were dug. The rock* refers to Abraham; *the hollow* refers to Sarah, as the next verse explains (*Rashi, Radak*).

If one wishes to determine whether a stone originated from a particular rock, he will analyze the make-up of the rock. If the stone and the rock match, and if the stone fits into a cleft of the rock, then the stone's origin is obvious. Thus Isaiah tells Israel, "Look closely at your origins. You have been hewn from a 'rock and a hollow,' you descend from the greatest human beings in history. Take pride in who you are" (*R' Schwab,* based on *Malbim*).

Homiletically, the prophet urges Israel to learn from Abraham that they should always focus their prayers on enhancing the glory of God. As the Torah says, God will shower blessings upon him *because Abraham obeyed My voice and observed My safeguards . . .* (*Genesis* 26:5). Our verse promises that if Israel does this, God will comfort Zion (*Tiferes Shlomo*).

**2.** כִּי־אֶחָד קְרָאתִיו — *For when he was yet one alone did I summon him.* When Abraham was all alone in the land of Canaan after emigrating from the land of his birth, I summoned him and raised him up. Similarly, I will raise you up to be Mine alone (*Rashi*). Abraham was called the *Ivri,* from עֵבֶר, *side,* because he was on one side of a spiritual divide, and the rest of humanity was on the other side. Though

ג כִּֽי־נִחַ֨ם יְהֹוָ֜ה צִיּ֗וֹן נִחַם֙ כָּל־חָרְבֹתֶ֔יהָ וַיָּ֤שֶׂם מִדְבָּרָהּ֙ כְּעֵ֔דֶן וְעַרְבָתָ֖הּ כְּגַן־יְהֹוָ֑ה
ד שָׂשׂ֤וֹן וְשִׂמְחָה֙ יִמָּ֣צֵא בָ֔הּ תּוֹדָ֖ה וְק֥וֹל זִמְרָֽה׃ הַקְשִׁ֤יבוּ אֵלַי֙ עַמִּ֔י
ה וּלְאוּמִּ֖י אֵלַ֣י הַאֲזִ֑ינוּ כִּ֤י תוֹרָה֙ מֵאִתִּ֣י תֵצֵ֔א וּמִ֨שְׁפָּטִ֔י לְא֥וֹר עַמִּ֖ים אַרְגִּֽיעַ׃ קָר֤וֹב
ו צִדְקִי֙ יָצָ֣א יִשְׁעִ֔י וּזְרֹעַ֖י עַמִּ֣ים יִשְׁפֹּ֑טוּ אֵלַי֙ אִיִּ֣ים יְקַוּ֔וּ וְאֶל־זְרֹעִ֖י יְיַחֵלֽוּן׃ שְׂא֨וּ
לַשָּׁמַ֜יִם עֵינֵיכֶ֗ם וְהַבִּ֣יטוּ אֶל־הָאָ֘רֶץ֮ מִתַּ֒חַת֒ כִּֽי־שָׁמַ֜יִם כֶּעָשָׁ֣ן נִמְלָ֗חוּ וְהָאָ֙רֶץ֙
כַּבֶּ֣גֶד תִּבְלֶ֔ה וְיֹשְׁבֶ֖יהָ כְּמוֹ־כֵ֣ן יְמוּת֑וּן וִישׁוּעָתִי֙ לְעוֹלָ֣ם תִּהְיֶ֔ה וְצִדְקָתִ֖י לֹ֥א
ז תֵחָֽת׃ שִׁמְע֤וּ אֵלַי֙ יֹ֣דְעֵי צֶ֔דֶק עַ֖ם תּוֹרָתִ֣י בְלִבָּ֑ם אַל־תִּֽירְאוּ֙ חֶרְפַּ֣ת אֱנ֔וֹשׁ

**רש״י**

(ג) **וערבתה.** אף הוא לשון מדבר, כמו בְּאֶרֶץ עֲרָבָה וְשׁוּחָה (ירמיה ב, ה), אלא שהערבה כבר היה בה ישוב והוחרבה: **תודה.** קול הודייה: (ד) **כי תורה מאתי תצא.** דברי נביאים תורה הוא, והמשפטים סופן להיות מרגוע ומנוחה לעמים, אשר אהפוך להם שפה ברורה לעבדני: **ארגיע.** אניח: (ה) **ישפוטו.** ייסרו. יוסטיל״א בלע״ז: (ו) **שמים כעשן נמלחו.** שרי צבאות העכו״ם שבשמים: **נמלחו.** נתבלו; כמו, (ירמיה לח, יא) בְּלוֹיֵ סְחָבוֹת וּבְלוֹיֵ מְלָחִים, בגד הנשחת. לשון אחר, נמלחו, נתבלבלו. לשון מלחי הים, שמבלבלין המים במשוטות מנהיגי הספינה; וכן, מְמֻלָּח טָהוֹר קֹדֶשׁ (שמות ל, לה): **והארץ.** שלטוני הארץ: **ויושביה.** שאר העם: **וישועתי.** לעמי לעולם תהיה. דבר אחר, שמים וארץ ממש. וכן פתרונו, שאו עיניכם והביטו אל השמים ואל הארץ, וראו כמה הם חזקים ובריאים. ואף על פי כן יבלו, וצדקתי וישועתי יהיו לעולם. הרי שצדקתי בריאה וחזקה יותר מהם:

**רד״ק**

(ג) **נחם ה׳ ציון.** זכר ציון כי היא עיקר המלכות: **וערבתה.** כמו מדברה; וכן, בַּמִּדְבָּר בָּעֲרָבָה (דברים א, א), והדומים להם. ואמר נחם וישם, עבר במקום עתיד כמנהגו בנבואות ברוב: (ד) **הקשיבו.** ולאומי, בוי״ו עם הדגש, והדומים לו כתבנו בספר מכלל, כי תורה מאתי תצא. כמו שאמר בתחילת הספר, כִּי מִצִּיּוֹן תֵּצֵא תוֹרָה (לעיל ב, ג). כי המלך המשיח יורה העמים ללכת בדרכי ה׳, וזה יהיה אחר מלחמת גוג ומגוג: **ומשפטי.** כמו שאמר שם, וְשָׁפַט בֵּין הַגּוֹיִם (שם, שם ד): **לאור עמים.** שיאיר עיניהם בדרכי ה׳ וישפוט ביניהם ויוכיחם שיהיו בשלום זה עם זה; כמו שאמר, וְכִתְּתוּ חַרְבוֹתָם לְאִתִּים וגו׳ (שם, שם). זהו שאמר ארגיע, כלומר אניחם ואשקטם מעל חמתי או ממלחמה. או פירוש לאור העמים, לעיני העמים ארגיע להם ומשפטי להם, כלומר שאעשה משפט בהם: (ה) **קרוב צדקי.** אם ישמעו אלי בני הגלות, קרוב הוא צדקי לבא: **וישעי.** הרי הוא כאלו יצא; וכן אמר, כִּי קְרוֹבָה יְשׁוּעָתִי לָבוֹא (לקמן נו, א), וזרועי עמים ישפטו. זהו מלחמת גוג ומגוג. ואמר וזרועי בלשון רבים לרוב הנקמה שיעשה בהם כאדם המכה בשתי ידיו: **אלי איים יקוו.** יושבי איים יקוו אלי מהיום ההוא ואילך: **ואל זרועי.** שאסמוך אותם ביד ימיני: (ו) **שאו.** אם הפסוק הזה כמשמעו, איך יאמר ותשועתי לעולם תהיה? ואם העולם יאבד איך תהיה ישועה וצדקה אם אין העולם נברא? ואדוני אבי זכרונו לברכה פירש זה יהיה ולא יהיה זה; והוא על דרך הפלגה. כלומר קודם אחריב העולם משאני אבטל ישועתי וצדקתי, וכמו שאלו קיימים כן תהיה ישועתי קיימת. וכן אמר ירמיהו הנביא, אִם יָמֻשׁוּ הַחֻקִּים הָאֵלֶּה מִלְּפָנַי נְאֻם ה׳ גַּם זֶרַע יִשְׂרָאֵל יִשְׁבְּתוּ מִהְיוֹת גּוֹי לְפָנַי (ירמיה לא, לה). והחכם ר׳ אברהם בן עזרא כתב כן, מזה הפסוק למדו אנשי תושיה כי נשמת האדם עומדת ודברם אמת והשמים הוא הרקיע והארץ היא המיושבת וישועת האדם וצדקתו לעולם עומדת. רצונו לומר, כי האויר יקרה לו הפסד ושנוי, וכן הארץ, כמו רעש הארץ ונפול ההרים ויבא מזה הפסד הישוב: **ויושביה.** כמו כן ימותון, ואף על פי שהם מדי יסודות זכר השנים כי באויר הם חיי הגוף ויסוד הגוף הוא העפר; וכן אמר, כִּי עָפָר אַתָּה וְאֶל עָפָר תָּשׁוּב (בראשית ג, יט), אבל הנשמה החכמה לעולם תהיה, לא תמות. והרב הגדול רבי משה בר מימון זכרונו לברכה פירש דרך משל על אבוד האומות והמרעים לישראל. אמר ראו איך נחתכו השמים ההם ושממה הארץ ההיא, וימות מי שעליה ואתם נעדרים. כאלו אמר שהם אשר מלאו את הארץ והיה נחשב בהם העמידה והקיום בשמים; על דרך משל וגוזמא אבדו מהר וכלו ככלות העשן. ועניניהם הקיימים בקיימות הארץ יאבדו הענינים ההם כאבוד הבגד הבלה: **נמלחו.** ענין השחתה; וכן, אֶרֶץ מְלֵחָה וְלֹא תֵשֵׁב, (ירמיה יז, ו), והוא עבר במקום עתיד: **תחת.** תשבר, כמו אל תירא ואל תחת: (ז) **שמעו.** אמר עוד כנגד בני הגלות; וכפל הענין במילים שונות, **אלא** שחדש בו קצת הענין: **תורתי בלבם.** אותם שתורתי בלבם לא בפיהם לבד, כי הם יראו הישועה: **חרפת אנוש.** שמחרפים אותם האומות על אחור הגלות; וכן אמר, כָּל הַיּוֹם כְּלִמָּתִי נֶגְדִּי (תהלים מד, טז) וגו׳:

**מצודת דוד**

(ג) **כי נחם.** המקום ינחם את ציון כי תשוב ותכונן כמאז; ואמר בלשון עבר כדרך הנבואה בהרבה מן המקומות כי הדבר ברור כאלו כבר נעשתה: **כל חרבותיה.** כל המקומות החרבות: **תודה.** קול הודאה על הניסים ועל הנפלאות: (ד) **ולאומי וגו׳.** כפל הדבר במילים שונות: **כי תורה.** אשר מאתי תצא תורה וכמו שכתוב, כִּי מִצִּיּוֹן תֵּצֵא תוֹרָה (לעיל ב, ג), כי מלך המשיח יורה את בני אדם ללכת בדרכי ה׳: **ומשפטי לאור עמים.** ומשפט משיחי יצא להאיר עיני העמים בדברי רבותם, כמו שכתוב, וְשָׁפַט בֵּין הַגּוֹיִם וגו׳ (לעיל ב, ד): **ארגיע.** בזה אמציא מרגוע והשקט לכל אומה ואומה כי לא תוסיף להלחם זו בזו; כמו שכתוב, לֹא יִשָּׂא גוֹי אֶל גּוֹי וגו׳: (ה) **קרוב צדקי.** הצדק שיבא להם קרוב הוא לבא וכאילו כבר יצא ישעי: **ישפוטו.** במשפט הראוי להם: **איים יקוו.** יושבי האיים יקוו אלי לשום בטחונם בי: **ואל זרועי.** כפל הדבר במילים שונות: (ו) **שאו לשמים עיניכם.** הסתכלו כלפי השמים וראו שרי של צבאות הכשדים כמה הם חזקים ורב ממשלתם והביטו אל שלטוני הכשדים אשר מתחת כמה הם מושפעים בטובה הרבה על ידי שריהם של מעלה: **כי שמים.** רצה לומר עם כל זה יושחתו שרי מעלה כעשן הכלה והולך לו: **ויושביה.** שאר העם: **וישועתי.** לישראל לעולם תהיה ולא תושחת: **וצדקתי.** הצדקה שאעשה לישראל לא תשבר ותתקיים לעולם: (ז) **יודעי צדק.** הנותנים לב לדעת צדקה: **חרפת אנוש.** מחרפת האומות שמחרפים על איחור הגאולה:

**מצודת ציון**

(ג) **כעדן.** הוא אשר הגן נטוע בו; כמו שכתוב, וַיִּטַּע. . .גַּן בְּעֵדֶן (בראשית ב, ח): **וערבתה.** ענינו כמו מדבר וכפל הדבר במילים שונות: (ד) **ולאומי.** ענינו כמו עמי; וכן, וּלְאֹם מִלְאֹם יֶאֱמָץ (בראשית כה, כג): **האזינו.** הטו אזן לשמוע: **תורה.** מלשון הוראה ולמוד: **ארגיעה.** מלשון מרגוע והשקט; וכן, וְזֹאת הַמַּרְגֵּעָה (לעיל כח, יב): (ה) **יקוו.** מלשון תקוה: **ייחלון.** מלשון תוחלת ותקוה: (ו) **והביטו.** ענין ראיה: **נמלחו.** ענין השחתה וכליון; כמו, וּבְלוֹיֵ מְלָחִים (ירמיה לח, יא): **תבלה.** מלשון בליה ורקבון: **תחת.** ענין שבירה; כמו, חִתְּתָה קַשְּׁתוֹתָם (שם נא, נו): (ז) **ומגדפתם.** ענין חרפה; כמו, אֲשֶׁר גִּדְּפוּ (לעיל לו, ו): **אל תחתו.** אל תשברו:

*Zion comforted*

*[3] For HASHEM will comfort Zion, He will comfort all her ruins; He will make
her wilderness like Eden and her wasteland like a garden of HASHEM; joy
and gladness will be found there, thanksgiving and the sound of music.*
*[4] Pay attention to Me, my people; give ear to Me, My nation; for instruc-
tion will come forth from Me and My judgment will be a light for peoples,
to whom I will give rest. [5] My righteousness is near; My salvation has
gone forth; My arms will chastise nations; the islands will put their hope
in Me and will trust in My arm. [6] Lift up your eyes to the heavens, look
at the earth below — for the heavens will dissipate like smoke, and
the earth will wear out like a garment, and its inhabitants will die, as
well; but My salvation will be forever and My righteousness will not be
broken.*
*[7] Listen to Me, you who know righteousness, the nation with My Torah in
its heart: Do not fear from the disparagement of man, and do not be broken*

he and Sarah were surrounded by people, they were all alone.

Alternatively, much as Abraham and Sarah, after many decades of marriage, had given up on the hope of having a child, and then I gave them a son, so, too, although Israel's exile may extend so long that they give up hope of redemption, I will redeem them (*Radak*).

**3. וַיָּשֶׂם מִדְבָּרָהּ כְּעֵדֶן וְעַרְבָתָהּ כְּגַן־ה׳** — *He will make her wilderness like Eden and her wasteland like a garden of HASHEM.* In addition to the simple meaning of the phrase, it also alludes to something more. With the final redemption, the world will have achieved its purpose: that mankind return to the pure status of its creation in the Garden of Eden. Adam and Eve were expelled from Eden because of their sin, but the redemption will usher in an era in which mankind, led by Israel, will come full circle, and return to its original state (*R' Schwab*).

The future redemption will come about for the same reason that brought about the Exodus. Then, Israel was lacking in merit, but God redeemed them because they would accept the Torah in the future. So, too, Israel will be redeemed in the future even if they are in a spiritual *wilderness* and *wasteland,* because once their exile is ended, they will elevate themselves and transform their lives into a spiritual *Eden* and *garden* (*Yitav Lev*).

**4-7. A prophecy set in the Messianic Era.**

**4. כִּי תוֹרָה מֵאִתִּי תֵצֵא** — *For instruction will come forth from Me.* The Messianic king will instruct all nations to go in the way of God (*Radak*).

**וּמִשְׁפָּטִי לְאוֹר עַמִּים אַרְגִּיעַ** — *And My judgment will be a light for peoples, to whom I will give rest.* It will give *rest* to the nations who choose to behave by the *light* of My judgments (*Rashi*). I will enlighten their eyes in the ways of God so that they may *rest* from war and live in peace with one another (*Radak*).

Alternatively, despite the use of the plural term *peoples,* the intention is Israel itself (*Mahari Kara*).

**5. קָרוֹב צִדְקִי** — *My righteousness is near.* If the exiles heed My word, they will soon experience My righteousness (*Radak*). Alternatively, during the exile, people question the righteousness of God: Why do the wicked prosper and the righteous suffer? But when the redemption comes, everyone will understand (*Malbim*).

**וּזְרֹעַי עַמִּים יִשְׁפֹּטוּ** — *My arms will chastise nations.* God's arm represents the power of His vengeance. *Arms,* in the plural, represents the *great* power of the future vengeance, referring to the war of Gog and Magog (*Radak*).

**אֵלַי אִיִּים יְקַוּוּ וְאֶל־זְרֹעִי יְיַחֵלוּן** — *The islands will put their hope in Me and will trust in My arm.* Once the island-dwellers put their hope in Me they will trust in My power to protect them (*Radak*). Alternatively, they will be confident in My power to punish the wicked (*Malbim*).

**6. כִּי־שָׁמַיִם כֶּעָשָׁן נִמְלָחוּ וְהָאָרֶץ כַּבֶּגֶד תִּבְלֶה וְיֹשְׁבֶיהָ כְּמוֹ־כֵן יְמוּתוּן וִישׁוּעָתִי לְעוֹלָם תִּהְיֶה** — *For the heavens will dissipate like smoke, and the earth will wear out like a garment, and its inhabitants will die, as well; but My salvation will be forever.* The ministering angels of the nations will dissipate [and once their angels are subdued, the nations on earth will fall], and the rulers of the nations of the earth and their nations will cease to exist, but My salvation for My people will be forever (*Rashi*).

Alternatively, the verse metaphorically refers to the immortality of the soul, saying that even if the physical heavens and earth cease to exist, the soul is indestructible, because it is spiritual and Godly. The souls of the righteous will experience God's salvation even after everything physical is gone (*Ibn Ezra*).

Alternatively, the verse is hyperbolically saying: My promise of salvation to the Jewish people is so strong that the heavens and the earth with all its inhabitants will wear out before I would retract My assurance (*Radak, Abarbanel*).

**7-8. Isaiah reassures the righteous.**

**7. עַם תּוֹרָתִי בְלִבָּם** — *The nation with My Torah in its heart.* Such people will see redemption, as opposed to those who merely say they are loyal to Me [see above 29:13] (*Radak*).

ח וּמִגִּדֻּפֹתָם אַל־תֵּחָתּוּ: כִּי כַבֶּגֶד יֹאכְלֵם עָשׁ וְכַצֶּמֶר יֹאכְלֵם סָס וְצִדְקָתִי לְעוֹלָם
ט תִּהְיֶה וִישׁוּעָתִי לְדוֹר דּוֹרִים: עוּרִי עוּרִי לִבְשִׁי־עֹז זְרוֹעַ יהוה עוּרִי כִּימֵי
י קֶדֶם דֹּרוֹת עוֹלָמִים הֲלוֹא אַתְּ־הִיא הַמַּחְצֶבֶת רַהַב מְחוֹלֶלֶת תַּנִּין: הֲלוֹא אַתְּ־
יא הִיא הַמַּחֲרֶבֶת יָם מֵי תְּהוֹם רַבָּה הַשָּׂמָה מַעֲמַקֵּי־יָם דֶּרֶךְ לַעֲבֹר גְּאוּלִים: וּפְדוּיֵי
יהוה יְשׁוּבוּן וּבָאוּ צִיּוֹן בְּרִנָּה וְשִׂמְחַת עוֹלָם עַל־רֹאשָׁם שָׂשׂוֹן וְשִׂמְחָה יַשִּׂיגוּן
יב נָסוּ יָגוֹן וַאֲנָחָה: ◄אָנֹכִי אָנֹכִי הוּא מְנַחֶמְכֶם מִי־אַתְּ וַתִּירְאִי מֵאֱנוֹשׁ
יג יָמוּת וּמִבֶּן־אָדָם חָצִיר יִנָּתֵן: וַתִּשְׁכַּח יהוה עֹשֶׂךָ נוֹטֶה שָׁמַיִם וְיֹסֵד אָרֶץ וַתְּפַחֵד
תָּמִיד כָּל־הַיּוֹם מִפְּנֵי חֲמַת הַמֵּצִיק כַּאֲשֶׁר כּוֹנֵן לְהַשְׁחִית וְאַיֵּה חֲמַת הַמֵּצִיק:

HAFTARAS SHOFTIM 51:12-52:12

### רש״י

**(ח) עש וסס.** מיני תולעים הם: **(ט) עורי עורי.** תפילת הנביא היא: **(י) רהב.** מצרים שכתוב בה, רַהַב הֵם שָׁבֶת (לעיל ל, ז): **מחוללת.** לשון הרג חלל: **תנין.** פרעה: **(יא) ופדויי ה׳ ישובון.** לשון תפלה, ומוסב על עורי עורי: **(יב) מי את.** בת צדיקים כמותך מלאה זכיות, למה תיראי מאנוש אשר סופו למות: **(יג) ותשכח ה׳ עושך.** ולא נשענת עליו: **המציק.** מושלי אומות העולם המשעבדים בכם: **כאשר כונן.** נזדמן: **ואיה חמת המציק.** מחר בא ואיננו:

### רד״ק

**ומגדופותם.** גדופם, כמו חרפם: **(ח) כי כבגד.** זה הפסוק מסייע לפירוש הרמב״ם זכרונו לברכה: **יאכלם.** הכנוי לרשעים; כלומר, יאכל אותם הרע הבא עליהם כמו הבגד שיאכל אותו העש, וסס הוא אחי עש, ובערבי יקרא סוס. כי הם יאבדו מן הארץ, ואתם תהיו בה לעולם בצדקתי וישועתי שאתן לכם: **(ט) עורי עורי.** שניהם מלרע: **לבשי עוז.** דרך משל; כמו, גֵּאוּת לָבֵשׁ (תהלים צג, א): **עורי.** זה מלעיל: **כימי קדם.** במצרים: **עולמים.** זה ימים רבים וזמנים ארוכים שעברו: **עורי.** רהב זה מצרים; וכן, אַזְכִּיר רַהַב וּבָבֶל (תהלים פז, ד). ואמר המחצבת, שהכה אותם בעשר מכות: **מחוללת.** מגזרת חִיל כַּיּוֹלֵדָה (ירמיה ו, כד): **תנין.** זה פרעה; וכן אמר, הַתַּנִּים הַגָּדוֹל הָרֹבֵץ בְּתוֹךְ יְאֹרָיו (יחזקאל כט, ג): **(י) הלא את היא המחרבת ים.** זה ים סוף; כמו שאמר, וַיָּשֶׂם אֶת הַיָּם לֶחָרָבָה (שמות יד, כא), ושנה הענין ושלש במלות שונות: **השמה.** מלעיל בשני פשטין, כי הוא פעל עבר והוא במקום אשר שמה; וכן, הַבָּאָה מִצְרַיְמָה שִׁבְעִים (בראשית מו, כז), אשר באה; כי לא תבא ה״א הידיעה על העוברים: **(יא) ופדויי.** כמו שעשית מקדם כן תעשה עוד עם גלות ישראל. ועוד כמו שעברו גאולים בים סוף ובאו לארצם כן פדויי ה׳ ישובו מהגלות: **ובאו ציון ברנה.** וי״ו ופדויי במקום כן, כי יש וי״ו להשוות דברים כמו שכתוב בספר מכלל. וכן וי״ו וְשִׂפְתֵי רְנָנוֹת יְהַלֶּל פִּי (תהלים סג, ו), כמו שפירשנו בספר תהלים. וכן (ו)שְׁמוּעָה טוֹבָה תְּדַשֶּׁן עָצֶם (משלי טו, ל), ובספר משלי כמו אלה הווי״ן רבים, (הערת העורך, במשלי כתוב שמועה טובה תדשן עצם בלא ו׳). **ושמחת עולם על ראשם.** דרך משל, כי ילכו קוממיות ראש נשוי בשמחה: **ישיגון נסו.** ושל מעלה מזה בפרשה חזקו ידים ישיגון ונסו ושם כתבנו הסימן שהוא וי״ו נו״ן: **(יב) אנכי אנכי הוא מנחמכם.** אמר מנחמכם לשון רבים. ואמר מי את ותיראי לשון נקבה, ואחר כך אמר ותשכח ותפחד לשון זכר, כי כן מנהג המקרא כשמדבר כנגד כנסת ישראל, כשמדבר בלשון רבים מדבר כנגד הפרטים, וכשמדבר בלשון יחיד מדבר כנגד הכלל, וכשמדבר בלשון נקבה מדבר כנגד הכנסה: **ימות.** כי בן תמותה הוא, ואם יצר לך היום לא יצר לך מחר: **חציר.** פירוש כחציר; וכן, גּוּר אַרְיֵה יְהוּדָה (בראשית מט, ט), והדומים לו רבים: **(יג) ותשכח.** אחר שהוא בורא העולם היה לך לחשוב כי יש כח בידו להצילך מיד בן אדם, ואיך פחדת מבן אדם ולא זכרת האל, שאם תשוב אליו ותבקש מלפניו הוא יצילך מידו: **נוטה ויסד.** פירשתי כמה פעמים: **כאשר כונן להשחית.** ולמה אתה מפחד ממנו? שוב לאל ולא תפחד ממנו, כי בן אדם אם עלתה חמתו וכונן להשחית לא יעשה ולא יספיק לו,

### מצודת דוד

**ומגדפותם.** כפל הדבר במילים שונות: **(ח) כי כבגד.** העש יאכל את העכו״ם כאשר יאכל את הבגד רצה לומר העכו״ם יכלו כבגד הנאכל מהעש ולפי שהמשילם לבגד אמר יאכלם עש כמו לשון הנופל בבגד: **וכצמר וכו׳.** כפל הדבר במילים שונות: **וצדקתי.** הצדקה שאעשה לישראל תתקיים לעולם: **וישועתי.** כפל הדבר במילים שונות: **(ט) עורי עורי.** הנביא התפלל ואמר עורי וכו׳ וחוזר ומפרש זרוע ה׳ עורי כבימי קדם וכו׳, רצונו לומר, הראה כח זרועך כמו בימי קדם ומימות עולם: **המחצבת רהב.** אשר חצבת את מצרים כחוצב באבנים רצונו לומר שהכה בם מכה רבה: **מחוללת תנין.** אשר הרעידה את פרעה: **(י) המחרבת ים.** אשר עשה את הים לחרבה: **מי תהום רבה.** המחרבת מי תהום רבה וגדולה וכפל הדבר במילים שונות: **השמה.** אשר שמה עומק הים להיות בה דרך שיעברו בו ישראל אשר גאלת ממצרים: **(יא) ופדויי וכו׳.** זהו גמר תפלתו שאמר הן ידעתי אשר ישראל שיפדה ה׳ מן הבבליים ישובון לארצם ויבואו לציון ברנה ועל ראשם תהיה השמחה עד עולם כי לא יגלו עוד: **ישיגון.** כאלו הששון והשמחה רודפת אחריהם וישיגון אותם: **נסו.** ינוסו ויברחו מהם: **(יב) אנכי אנכי.** כאלו המקום משיב לומר אנכי הוא המנחם אתכם והם אם כן תנחומין שיש בהם ממש: **מי את.** רצונו לומר בת צדיקים כמותך ומלאה זכיות למה תיראי מאנוש אשר סופו למות: **חציר ינתן.** אשר הוא נתון בעולם כחציר הזה אשר ימול ויבש והוא כפל ענין במילים שונות: **(יג) ותשכח ה׳ עושך.** שכחת השענת ה׳ המגדל והמרומם אותך, והכל שלו כי הוא נוטה שמים וגו׳: **ותפחד.** בכל עת תפחד מפני חמת האויב המציק כאשר הכין מחשבות להשחית: **ואיה המציק.** רצה לומר, הלא מחר בא ואיננו כי ימות לשחת, ואם כן למה שכחת השענת המקום ותפחד ממנו:

### מצודת ציון

**(ח) עש.** שם תולעת האוכלת הבגד: **סס.** שם תולעת האוכלת הצמר ודומה לו, כִּמְסֹס נֹסֵס (לעיל י, יח): **(ט) עורי.** מלשון התעוררות והכפל לחזק: **המחצבת.** זה הלשון יאמר על הכורת אבנים; וכן, וְגַם יֶקֶב חָצֵב בּוֹ (לעיל ה, ב): **רהב.** כן יקרא מצרים; כמו שכתוב, לָכֵן קָרָאתִי לָזֹאת רַהַב (לעיל ל, ז): **מחוללת.** מלשון חיל וחלחלה: **תנין.** כן יקרא פרעה מלך מצרים; כמו שכתוב, הַתַּנִּים הַגָּדוֹל (יחזקאל כט, ג): **(י) המחרבת.** מלשון חורב ויובש: **תהום.** כן נקרא מקום מים רבים: **רבה.** גדולה: **השמה.** מלשון שימה: **מעמקי.** מלשון עומק: **(יב) חציר.** דשא ועשב: **(יג) עושך.** ענין הגדלה והרמה; כמו, הוּא עָשְׂךָ וַיְכֹנְנֶךָ (דברים לב, ו): **חמת.** מלשון חמה וכעס: **המציק.** מלשון צוקה וצרה: **כונן.** מלשון הכנה:

---

**8. כִּי כַבֶּגֶד יֹאכְלֵם עָשׁ** — *For like a garment, a moth will eat them.* The good fortune of the wicked is ephemeral. Imposing and permanent though it seems, when God brings evil upon them, they will collapse and disintegrate like a garment gobbled by moths (*Radak*).

**9-11.** Israel appeals to God. Why must we suffer? Why do

*by their insults; 8 for like a garment, a moth will eat them, and like wool, a*
*worm will eat them; but My righteousness will be forever, and My salvation*
*for all generations.*

*A call for God to intervene*

*9 Awaken! Awaken! Don strength, O arm of HASHEM! Awaken as in the days of*
*old, as in previous generations. Are You not the One Who decimated the haughty,*
*Who terrified the sea serpent? 10 Are You not the One Who dried up the sea, the wa-*
*ters of the great deep; Who made the depths of the sea a path for the redeemed ones*
*to cross? 11 Then the redeemed of HASHEM will return and come to Zion with glad*
*song, with eternal gladness upon their head. They will attain joy and gladness;*
*sadness and sighing will flee.*

*The Creator, God of Israel*

*12 I, only I, am He Who comforts you; who are you that you should be afraid*
*of mortal man and of men who will be made as grass? 13 You have forgot-*
*ten HASHEM, your Maker, Who spread out the heavens and set the foundations*
*of the earth, and you are terrified continually, all day long, because of the op-*
*pressor's fury when he prepares to destroy — but where is the oppressor's fury?*

---

You not perform miracles for us as You did for our ancestors when You redeemed them from Egypt? Surely, we are not less worthy than they were after so many years of slavery (*Malbim*).

**9.** עוּרִי עוּרִי . . . עוּרִי . . . — *Awaken! Awaken! . . . Awaken . . .* Awaken, O God, and do for us as You have done in the days of old (*Abarbanel*).

הֲלוֹא אַתְּ־הִיא הַמַּחְצֶבֶת רַהַב — *Are You not the One Who decimated the haughty? The haughty* refers to Egypt, as above in 30:7 (*Rashi, Radak*).

מְחוֹלֶלֶת תַּנִּין — *Who terrified the sea serpent,* i.e., Pharaoh, who is likened to a sea serpent (see *Ezekiel* 29:3), with wondrous signs in Egypt (*Ibn Ezra, Radak, Abarbanel*).

**10.** הֲלוֹא אַתְּ־הִיא הַמַּחֲרֶבֶת יָם — *Are You not the One Who dried up the sea?* You dried up the Sea of Reeds so that the ones redeemed from Egypt could cross on dry land (*Ibn Ezra, Radak*).

**11.** וּפְדוּיֵי ה׳ יְשׁוּבוּן וּבָאוּ צִיּוֹן בְּרִנָּה — *Then the redeemed of HASHEM will return and come to Zion with glad song.* Just as You did in the past, when Your redeemed nation passed through the Sea of Reeds, so may You do today with the exiled of Israel, and bring them back to Zion (*Radak*).

Granted, we lack merit, but God redeemed Israel from Egypt without merit. We pray that He redeem us now, as well (*Malbim*).

This identical phrase appeared earlier (35:10). There it was a prophecy; here it is a prayer that the prophecy be fulfilled (*Abarbanel*).

וּבָאוּ צִיּוֹן בְּרִנָּה וְשִׂמְחַת עוֹלָם עַל־רֹאשָׁם — *And come to Zion with glad song, with eternal gladness upon their head.* Even if God redeems us only out of compassion and not because we deserve it, we will still rejoice at our return to Zion (*Malbim*).

Homiletically, true gladness is not personal joy, but only the gladness of the entire world (*Tiferes Shlomo, Likkutim, Shir HaShirim* 3).

**12-16. God's answer to Isaiah's prayer.**

**12.** אָנֹכִי אָנֹכִי הוּא מְנַחֶמְכֶם — *I,* [*only*] *I, am He Who comforts you.* I am the One Who took you out of Egypt, and it is I Who will comfort you in the final redemption (*R' Schwab*).

The Midrash (*Pesikta Rabbasi* 21:1) offers the following parable: A king once got angry at his queen and expelled her from his palace. Subsequently, he invited her to return. She said, "Let the king double my dowry, and I will come back." Similarly, the Holy One, Blessed is He, said, "My children, at Sinai I began the Ten Commandments (*Exodus* 20:2) by saying אָנֹכִי, *I,* just once. In the future, when I bring you back to Jerusalem, I will say it twice, *I, I, am He Who comforts you.*" The message is that when God ends the exile, His love for Israel will be greater than ever.

Homiletically, *Kedushas Levi* interprets: God says, I am Myself if I can be *He Who comforts you,* i.e., God is most content if Israel serves Him properly, so that He can bless them. But if Israel's conduct disqualifies them from deserving His blessing, God is "not Himself," as it were, because He was prevented from blessing them.

מִי אַתְּ וַתִּירְאִי מֵאֱנוֹשׁ — *Who are you that you should be afraid of mortal man?* Since *I am He Who comforts you,* why are you afraid? (*Mahari Kara*). Since you are a daughter of righteous people and are filled with merit, why should you fear mortal man? (*Rashi*).

This teaches that when faced with danger from humans, one should put his trust in God (*Shaarei Teshuvah* 3:31-32).

**13.** וַתִּשְׁכַּח ה׳ עֹשֶׂךָ — *You have forgotten HASHEM, your Maker.* You did not rely on Him (*Rashi*). You should have realized that, as *your Maker,* He can deliver you from mortal enemies. So why did you fear oppressors? (*Radak*).

וְאַיֵּה חֲמַת הַמֵּצִיק — *But where is the oppressor's fury?* You see an enemy and you are terrified. Instead, you should recognize that the oppressor is only human, and when God destroys him — as He will destroy the army of Sennacherib — the *oppressor's fury* will vanish (*Radak*).

יד־טו מַהֵ֥ר צֹעֶ֖ה לְהִפָּתֵ֑חַ וְלֹא־יָמ֣וּת לַשַּׁ֔חַת וְלֹ֥א יֶחְסַ֖ר לַחְמֽוֹ׃ וְאָֽנֹכִי֙ יְהֹוָ֣ה אֱלֹהֶ֔יךָ
טז רֹגַ֣ע הַיָּ֔ם וַיֶּהֱמ֖וּ גַּלָּ֑יו יְהֹוָ֥ה צְבָא֖וֹת שְׁמֽוֹ׃ וָאָשִׂ֤ם דְּבָרַי֙ בְּפִ֔יךָ וּבְצֵ֥ל יָדִ֖י כִּסִּיתִ֑יךָ
יז לִנְטֹ֤עַ שָׁמַ֙יִם֙ וְלִיסֹ֣ד אָ֔רֶץ וְלֵאמֹ֥ר לְצִיּ֖וֹן עַמִּי־אָֽתָּה׃ הִתְעוֹרְרִ֣י
הִֽתְעוֹרְרִ֗י ק֚וּמִי יְר֣וּשָׁלִַ֔ם אֲשֶׁ֥ר שָׁתִ֛ית מִיַּ֥ד יְהֹוָ֖ה אֶת־כּ֣וֹס חֲמָת֑וֹ אֶת־קֻבַּ֜עַת
יח כּ֤וֹס הַתַּרְעֵלָה֙ שָׁתִ֣ית מָצִֽית׃ אֵין־מְנַהֵ֣ל לָ֔הּ מִכָּל־בָּנִ֖ים יָלָ֑דָה וְאֵ֤ין מַחֲזִיק֙ בְּיָדָ֔הּ

**רש״י**

**(יד) מהר צועה להפתח.** אפילו נקבין קשין עליו, וצריך הוא להפתח בהילוך המעים כדי שלא ימות לשחת. וכיון שמיהר להפתח צריך הוא למזונות רבים, שאם יחסר לחמו אף הוא ימות: **צועה.** לשון דבר העומד להיות נירוק. כמו שאומר במואב שדימהו הנביא ליין, וְשֹׁקֵט הוּא אֶל שְׁמָרָיו וְלֹא הוּרַק מִכְּלִי אֶל כֶּלִי (ירמיה מח, יא). ונאמר שם, וְשִׁלַּחְתִּי לוֹ צֹעִים וְצֵעֻהוּ וְכֵלָיו יָרִיקוּ. דבר אחר, מהר צועה, אותו האויב המציק שהוא עכשיו חגור מתנים, חלוץ כח, ימהר להפתח ולהיות חלש: **צועה.** חוגר; כמו, צֹעֶה בְּרֹב כֹּחוֹ (לקמן סג, א): **ולא ימות.** המסור בידו לשחת; אבל הלשון ראשון מדרש אגדה הוא בפסיקתא רבתי (פרשה לג): **(טו) רוגע הים.** לשון עוֹרִי רָגַע (איוב ז, ה). פרונצ״א בלע״ז: **(טז) לנטוע שמים.** לְקַיָּמָא עַמָּא דַּאֲמִיר עֲלֵיהוֹן דְּיִסְגּוֹן כְּכוֹכְבֵי שְׁמַיָּא: **וליסוד ארץ.** וּלְשַׁכְלָלָא כְּנִשְׁתָּא דַּאֲמִיר עֲלֵיהוֹן דְּיִסְגּוֹן כְּעַפְרָא דְּאַרְעָא: **(יז) קבעת.** תרגם יונתן, פַּיְלֵי, והוא שם כוס. ולי נראה, קבעת אלו השמרים הקבועים בתחתית הכלי ומלית יורה עליו; כמה שנאמר, שְׁמָרֶיהָ יִמְצוּ (תהלים עה, ט): **התרעלה.** הוא משקה המטמטם ומתיש כח האדם כאסור וקשור ומעוטף; כמו, וְהַבְּרֹשִׁים הָרְעָלוּ (נחום ב, ד), וְהַשֵּׁירוֹת וְהָרְעָלוֹת (לעיל ג, יט), שהוא לשון עיטוף. ובמסכת שבת (סה, א) מדיות רעולות; מין סרבל נאה להתעטף בו: **תרעלה.** איטומישמנ״ט בלע״ז: **מצית.** אגוסטי״ר בלע״ז:

**רד״ק**

כדבר סנחריב; ואיה חמתו? הלכה כענן: **(יד) מהר צועה.** לא תזיקך חמת המציק, כי עתה ימהר הגולה להפתח מבית גלות והוא ישראל שהוא גולה בין העמים. ולשון צועה הוא ענין טלטול ונוע ממקום למקום, יש בטלטול השבי ויש בטלטול אחר. וכן לשון גלות, כי גולה אתה למקומך אינו טלטול השבי. ולשון צועה יש בו פעל עומד כמו זה מהר צופה; וכן, אַתְּ צֹעָה זֹנָה (ירמיה ב, כ). ויש שהוא פעל יוצא, כמו, וְשִׁלַּחְתִּי לוֹ צֹעִים וְצֵעֻהוּ (שם מח, יב), צֹעֶה בְּרֹב כֹּחוֹ (לקמן סג, א): **ולא ימות לשחת.** לא ימות בגלות שהוא לו כמו קבר. ועל הכלל מדבר כי אם ימותון בגלות יחידים יעלו בתחיית המתים, אבל באמרו ולא ימות על הכלל יאמר; כלומר שלא ישאר שם, כי על כל פנים יצא ויפתח ממאסר הגלות: **ולא יחסר לחמו.** בעודו בגלות, אף על פי שהוא שבוי האל מזמין להם בין הגוים אויביהם ושוביהם טרפם וצרכם בכבוד. או פירוש ולא יחסר לחמו בצאתו מהגלות בדרך; כמו שאמר, לֹא יִרְעָבוּ וְלֹא יִצְמָאוּ (לעיל מט, י). ובדרש מפרש הפסוק כן, איך תפחד מבן אדם שימות והנה בעודו בחיים הוא דבר חלוש מאד אפילו נקביו קשים עליו צריך למהר הוא ולהפתח בהלוך המעים כדי שלא ימות לשחת, כיון שמהר להפתח צריך למזונות שאם יחסר לחמו ימות, ויונתן תרגם כן מותי וגו׳: **(טו) ואנכי ה׳.** שיש בידי כח להוציאך מהגלות ואנכי רגע הים כל שכן שאגער בעמים המחזיקים בכם: **רוגע.** תרגם יונתן כמו גוער דנזיף בימא, ויש לפרשו כמו בוקע, וכן עורי רגע וימאס, בכחו רגע הים, והנה גערתי בים סוף לעברכם: **ויהמו גליו.** במקום הבקיעה, ולא יכלו לעבור עד שעברו ישראל, וכן והמו גליו ולא יכלו, ה׳ צבאות שמו. והוא אדון צבאות מעלה ומטה ובידו הכל: **(טז) ואשים.** הנה שמתי דברי בפיך להיות לי לעם, וכן ודברי אשר שמתי בפיך, ובצל ידי כסיתיך. שלא יוכלו העמים לכלותך בגלות כל זמן שיהיו דברי בפיך ובלבבך כי לא שמתי אותם בפיך אלא להיותם בלבבך לעשותה כמו שאמר בפיך ובלבבך לעשותו: **לנטוע שמים.** וכל זה אכסה עליך בגלות עד שיבא עת לנטוע שמים וליסוד ארץ וזהו קבוץ גליות שיהיו ישראל עולם חדש, וכן אמר הנני בורא השמים החדשים והארץ החדשה ולא תזכרנה הראשונות וגו׳: **ולאמר לציון עמי אתה.** פירוש לבני ציון וזכר ציון כי היא עיקר המלכות, ויונתן תרגם לקיימא עמא וגו׳ כבעמוד: **(יז) התעוררי, קבעת.** שמרי הכוס: **התרעלה.** הרעדה, או פירושו סם המות אמר די לך בגלות כבר שתית כוס התרעלה עד השמרים גם מצית אותה עד שלא נשאר בכוס אפילו טפה כלומר כל הרעות הכתובות הגיעו עליך ודי לך קומי מהגלות התעוררי והתעוררי: **(יח) אין מנהל לה.** בעודה בגלות לא היה כח ביד בני הגולה לנהל האחד חברו ולהחזיק בידו ולסמכו מהרעה כי כולם היו שוים בה:

**מצודת דוד**

**(יד) מהר צועה להפתח.** הנוע וטלטול הגולה ימהר להפתח וילך לו ואמר בלשון שאלה מן החבוש במאסר ורצה לומר לא יהיה עוד מטולטל בגולה: **ולא ימות לשחת.** אף עודו בגולה לא ימות להיות נשחת מכל וכל ואף לא יחסר לו די לחמו וספוקו: **(טו) ואנכי וגו׳.** רצונו לומר, ולמה לא תשען עלי; הלא אנכי ה׳ אלהיך והכל בידי; פעם בוקע מי הים לבל ילך במהלכו, ופעם יצוה שירומו הגלים ויהמו בקול גדול: **ה׳ צבאות שמו.** לפי שהוא מושל בצבאות מעלה ומטה: **(טז) ואשים דברי בפיך.** דברי התורה שמתי בפיך לדבר בם: **ובצל ידי כסיתיך.** מעולם הגנתי עליך מן האויב בזכות התורה: **לנטוע שמים.** שיהיו נטועים על אדמתם עם ישראל אשר עליהם. נאמר ככוכבי השמים, כמו שכתוב, הַבֶּט נָא הַשָּׁמַיְמָה וּסְפֹר הַכּוֹכָבִים וכו׳, כֹּה יִהְיֶה זַרְעֶךָ (בראשית טו, ה): **וליסוד ארץ.** שיהיו מיוסדים אלו הנמשלים גם לעפר הארץ, כמו שכתוב, וְשַׂמְתִּי אֶת זַרְעֲךָ כַּעֲפַר הָאָרֶץ (שם יג, טז): **ולאמר לציון.** כל העכו״ם יאמרו על בני ציון שהמה עמי, כי יהיה נראה בהם שפע טובה מרובה: **(יז) התעוררי.** זהו מאמר הנביא בבשורה הקיצי מתרדמת הצער וקומי: **אשר שתית.** אשר עד הנה שתית כוס החמה הבא מה׳ ונתמרק אם כן העון: **את קובעת.** השמרים הקבועים בתחתית כוס התרעלה כבר שתית ומצית את הכל ולא נשאר מאומה; רצונו לומר, כל הרעות הכתובות כבר באו עליך ולא תוסיף לבוא עוד: **(יח) אין מנהל לה.** רודה בבבל לא היה בה מנהיג מי מאנשיה: **ואין מחזיק.** לא היה מי להחזיק בידה שלא תפול לארץ כי מכולם אפס הכח והממשלה:

**מצודת ציון**

**(יד) צעה.** הוא ענין טלטול הנוע ממקום למקום; וכן, וְשִׁלַּחְתִּי לוֹ צֹעִים וְצֵעֻהוּ (ירמיה מח, יב): **להפתח.** ענין התרת המאסר; וכן, אֲסִירָיו לֹא פָתַח (לעיל יד, יז): **(טו) רוגע.** ענין בקוע; כמו, עוֹרִי רָגַע (איוב ז, ה): **(יז) התעוררי.** מלשון הערה והקיצה מהשינה: **קבעת.** מלשון קבע, והם השמרים הקבועים בתחתיות הכוס: **התרעלה.** יתכן שהוא מלשון ערל בהפוך; ורצונו לומר, כוס משקה המטמטם את הלב לרוע תכונתו, והוא משל על הפורעניות; וכן, סַף רַעַל (זכריה יב, ב): **מצית.** מלשון מציצה; כמו, לְמַעַן תָּמֹצּוּ וְהִתְעַנַּגְתֶּם (לקמן סו, יא): **(יח) מנהל.** ענין הנהגה; כמו, נֵהַלְתָּ בְעָזְּךָ (שמות טו, יג): **מחזיק.** אוחז:

---

**14.** **מַהֵר צֹעֶה לְהִפָּתֵחַ** — *The wanderer will soon be released.* The translation follows *Radak*.

*Rashi* cites an alternative rendition, according to which the meaning of צֹעֶה is *girded*. The military power of the enemy is likened to a garment and to a sword with which he girds himself, as in 63:1. Thus, the strength of the oppressor, with

[14] *The wanderer will soon be released, and will not die in the pit, nor will his bread be lacking.* [15] *I am* HASHEM, *your God, Who roars at the sea and its waves rage, Whose Name is* HASHEM, *Master of Legions.* [16] *And I have placed My words in your mouth — and with the shade of My hand have I covered you — to implant the heavens and to set a foundation for the earth and to say unto Zion, "You are My people!"*

*The cup of bewilderment*

[17] *Awaken yourself! Awaken yourself! Arise, O Jerusalem, you who have drunk from the hand of* HASHEM *the cup of His fury. You have drunk from and drained the sediments of the cup of bewilderment.* [18] *Among all the children she has borne there is no one to guide her; among all*

which he is now girded, will quickly be released, and he will become weak.

Alternatively, צֹעֶה is related to צֹעֵק, *cry out.* In other words, if only you had cried out in prayer, I would have released you from exile. You would not die in *the pit* of your exile, nor would your *bread be lacking* (*Abarbanel*).

**15.** רֹגַע הַיָּם וַיֶּהֱמוּ גַּלָּיו — *Who roars at the sea and its waves rage.* Since I control the powerful forces of nature, I certainly have the power to stir up the nations that keep you in exile so that they will be forced to release you. Just as God intimidates the sea and makes its waves rage, He has the power to rebuke the nations so that they will set you free (*Targum, Radak*). The raging waves represent the tribulations of exile caused by the sins of Israel (*Abarbanel*).

Alternatively, רֹגַע is rendered *calms.* Just as God *calms the sea when its waves rage,* so He will subdue the enemies who rage against Israel (*Targum, Radak*).

**16.** וָאָשִׂם דְּבָרַי בְּפִיךָ — *And I have placed My words in your mouth.* According to *Targum* and *Ibn Ezra,* God addresses Isaiah, saying that He placed His words of prophecy into the prophet's mouth and protected him. According to most others (*Radak, Abarbanel,* et al.), *your mouth* refers to the mouth of Israel. In other words, God placed His words [of Torah (*Abarbanel*)] into the mouth of His people.

The Sages (*Yerushalmi Taanis* 4:2) comment that this verse alludes to *Avos* 1:2, that the world stands on three things: on Torah study, on the service [of God], and on kind deeds. *And I have placed My words in your mouth* alludes to the study of Torah; *with the shade of My hand have I covered you* alludes to kind deeds [done with the hand], which teaches that one who involves himself in Torah study and kind deeds merits sitting in the shade of the Holy One, Blessed is He; *to implant the heavens and to set a foundation for the earth* refers to the sacrificial service [which upholds the laws of heaven and earth].

When someone exerts himself to understand the Divine wisdom of the Torah, God helps him, by "placing the words of the Torah in his mouth" (*Pri Tzaddik*).

God's plan for the universe is that the Torah and mitzvah observance of Israel are the guiding influences on the entire cosmos. Thus, the Sages say that when Israel observes the Torah, it gives strength to Him, as it were, because their good deeds enable Him to bring blessing upon them and the world. But when Israel does not do His will, it is as if they decrease His power, as it were, because such sinfulness blocks the flow of blessing (*Nefesh HaChaim*).

לִנְטֹעַ שָׁמַיִם וְלִיסֹד אָרֶץ — *To implant the heavens and to set a foundation for the earth.* Virtually all commentators understand this phrase as referring to God. His words of Torah in the mouth of Israel are what make it possible for the world to exist. *Radak* and *Ibn Ezra* explain that when the final Redemption comes, the world will return to its intended state of purity. It will be as if the heavens and earth were newly created.

*R' Hirsch,* on the other hand, sees this as referring to Israel: God made Israel the bearer of His Word so that they could *implant the heavens and set a foundation for the earth.* In these four Hebrew words the whole of Judaism is condensed. One should bring the holiness of heaven into earthly existence; suffuse the temporal with the eternal — for that is the wellspring of human happiness (also see *R' Schwab*).

In this vein, *R' Tzaddok* comments homiletically on the verse *the heavens are* HASHEM*'s, but the earth He has given to mankind* (*Psalms* 115:16): The heavens are already heavenly; God has given the earth to man so that he, through his service of God, will bring holiness into the material world.

**17-23. Isaiah turns to Israel** and begins by echoing the words of his prayer to God in v. 9: *Awaken yourself! Awaken yourself!* God responds to Isaiah's prayer, saying that the key to redemption lies with Israel, not with Him. Israel must awaken itself and repent. Then the exile will end (*Malbim*).

**17.** שָׁתִית מָצִית — *You have drunk from and drained the sediments.* Metaphorically, all of the prescribed sufferings of exile have come upon you. You have drunk the cup of His fury, and have drained it to its very bottom. That is enough! It is time to repent and arise from the exile, *Awaken yourself! Awaken yourself!* (*Radak*).

**18.** אֵין־מְנַהֵל לָהּ מִכָּל־בָּנִים יָלָדָה — *Among all the children she has borne there is no one to guide her.* When a mother becomes intoxicated — as Israel did by drinking the entire *cup of His fury* (v. 17) — her children will hold her and guide her to safety. But in Israel's exile, she has no one to help her (*Mahari Kara*), because all her children are equally "drunk." Her children had no strength to guide one another, to hold each other's hand for support, or to protect one another (*Radak*).

יט מִכָּל־בָּנִים גִּדֵּלָה: שְׁתַּיִם הֵנָּה קֹרְאֹתַיִךְ מִי יָנוּד לָךְ הַשֹּׁד וְהַשֶּׁבֶר וְהָרָעָב וְהַחֶרֶב
כ מִי אֲנַחֲמֵךְ: בָּנַיִךְ עֻלְּפוּ שָׁכְבוּ בְּרֹאשׁ כָּל־חוּצוֹת כְּתוֹא מִכְמָר הַמְלֵאִים חֲמַת־יהוה
כא־כב גַּעֲרַת אֱלֹהָיִךְ: לָכֵן שִׁמְעִי־נָא זֹאת עֲנִיָּה וּשְׁכֻרַת וְלֹא מִיָּיִן: כֹּה־אָמַר
אֲדֹנַיִךְ יהוה וֵאלֹהַיִךְ יָרִיב עַמּוֹ הִנֵּה לָקַחְתִּי מִיָּדֵךְ אֶת־כּוֹס הַתַּרְעֵלָה אֶת־קֻבַּעַת
כג כּוֹס חֲמָתִי לֹא־תוֹסִיפִי לִשְׁתּוֹתָהּ עוֹד: וְשַׂמְתִּיהָ בְּיַד־מוֹגַיִךְ אֲשֶׁר־אָמְרוּ לְנַפְשֵׁךְ
נב א שְׁחִי וְנַעֲבֹרָה וַתָּשִׂימִי כָאָרֶץ גֵּוֵךְ וְכַחוּץ לַעֹבְרִים: עוּרִי עוּרִי לִבְשִׁי
עֻזֵּךְ צִיּוֹן לִבְשִׁי | בִּגְדֵי תִפְאַרְתֵּךְ יְרוּשָׁלַםִ עִיר הַקֹּדֶשׁ כִּי לֹא יוֹסִיף יָבֹא־בָךְ

### רש״י

**(יט) שתים הנה קראתיך.** צרות כפולות שתים שתים: **מי אנחמך.** מי אביא לך לנחמך ולומר, אף אומה פלונית היא לקתה דוגמתך: **(כ) עולפו.** לשון עייפות; כמו, (עמוס ח, יג), תִּתְעַלַּפְנָה הַבְּתוּלֹת הַיָּפוֹת. . . בַּצָּמָא. פשמי״ר בלע״ז: **כתוא מכמר.** הפקר, כתוא זה שנפל למכמר. תוא; כמו, וּתְאוֹ וָזָמֶר (דברים יד, ה): **(כא) ושכורת ולא מיין.** שכורת מדבר אחר שלא מיין: **(כב) יריב עמו.** אשר ידין דין עמו: **(כג) מוגיך.** מניעיך ומטלטליך; כמו, והנה הֶהָמוֹן נָמוֹג (שמואל א יד,טז). קרושלי״ר בלע״ז: **שחי ונעבורה.** על גביך:

### רד״ק

**(יט) שתים הנה.** הרעות הקורות אותך בהיותך בארצך קרוב לגלות שתים רעות היו השוד והשבר והם הרעב והחרב כי השוד הוא החרב והשבר הוא הרעב אלה הרעות היו לך מלבד רעות הגלות שסבלת זה כמה שנים: **קראתיך.** בנוע האל״ף: **מי אנחמך.** איזה עם שלקה כמותך שאוכל לנחמך בו: **(כ) בניך עלפו שכבו.** מענין על ראש יונה ויתעלף ענין עיפות ורסוק האברים עד שלא יוכל לעמוד על עצמו כמו שאמר בקינות ירמיה שכבו לארץ חוצות נער וזקן: **כתוא מכמר.** כתוא שהוא שוכב במכמר שלכדו אותו בו, ותוא היא החיה הנזכרת בתורה ותאו וזמר בהפוך האותיות כמו כבש וכשב והוא שור הבר ומכמר הוא רשת, וכן יפלו במכמוריו רשעים, וכן ופורשי מכמורת: **(כא) לכן, ושכורת ולא מיין.** פירוש ושכורת הצרות ולא מיין: **(כב) כה אמר אדניך.** הוא יהיה אדוניך ולא העכו״ם והוא אלהיך שיקח משפטך מן העכו״ם: **יריב עמו.** יקח ריב עמו ומשפטם מן הגוים, וכן ריבו אלמנה: **(כג) ושמתיה ביד מוגיך.** שרשו יגה מן כי ה׳ הוגה: **לנפשך.** אמר נפשך ואמר גוך כי הנפש מעונה בענוי הגוף: **וכחוץ.** פירוש כמו השוק שהכל עוברים עליו וכל זה סבלת לאהבתי לפיכך אמר ותשימי: **(א) עורי עורי, עזך.** שהיית מופשטת ממנו עד עתה, לבשי אותו:

### מצודת דוד

**(יט) שתים.** צרה כפולה קרה לך ומי הוא אשר ינודד בראש עליך לנחמך כי כולם קמו עליך: **והשוד והשבר.** עכשיו יפרש מה הם השתים ואמר שהם השוד והשבר: **והרעב והחרב.** הוא פירוש על השוד והשבר כי השבר הוא הרעב; וכן נאמר, בְּשִׁבְרִי לָכֶם מַטֵּה לֶחֶם (ויקרא כו, כו) והשוד הוא שדידת גייסות הבאים בחרב במלחמה: **מי אנחמך.** תחסר הבי״ת והוא כמו במי אנחמך רצונו לומר את מי אביא לראיה ולדוגמא לומר שגם לו קרה כמקרך שיהיה לך לתנחומין כי כן דרך בני אדם להתנחם בזה וכאומר הנה באמת לא קרה למי כמקרך: **(כ) בניך עלפו.** מחסרון לחם ומים: **שכבו וגו׳.** מתי רעב וחרב שכבו בחוצות ואין קובר להם: **כתוא מכמר.** רצונו לומר, נשאר שוכב במקום שהומת כשור הבר הנלכד ברשת שהוא שם במקום שנלכד ואי אפשר לו לזוז ממקומו: **(כא) לכן.** הואיל וקבלת גמול עונך שמעי עתה זאת וכו׳: **ושכורת.** מבולבלת כשכור לא משתיית יין כי אם מצרה ויגון: **(כב) ואלהיך יריב עמו.** אשר יריב ריב עמו לקחת נקמתם מיד המריעים להם: **הנה לקחתי מידך וגו׳.** רצה לומר עוד לא יהיו הצרות פקודות אצלך: **את קובעת.** השמרים הקבועים בתחתית הכוס והוא כפל ענין במילים שונות: **(כג) ושמתיה ביד מוגיך.** את הכוס התרעלה ההיא אשים ביד הכשדים הממסים אותך במכאוב וצרות הם ישתו הכוס ההוא רצה לומר הם יקבלו הפורעניות: **שחי ונעבורה.** כפוף עצמך להשתטח בארץ ונעבור עליך: **ותשימי.** עשית גופך כארץ להיות מדרס להם כי סבלת עולם: **וכחוץ לעוברים.** ושמת גופך כחוצות העיר להיות מדרך הרגל לעוברים ושבים והוא כפל ענין במילים שונות,מצודת דוד ישעיהו פרק נב **(א) עורי וגו׳.** את ציון הקיצי מעתה מתרדמת הצער, ולבשי העוז שהיה לך מאז: **לבשי וכו׳.** את ירושלים עיר הקדש לבשי בגדי תפארתך והיה שמחה:

### מצודת ציון

**(יט) קוראותיך.** מלשון מקרה: **(כ) עלפו.** ענין חלשות הלב והעדר ההרגשה; כמו, תִּתְעַלַּפְנָה הַבְּתוּלֹת (עמוס ח, יג): **כתוא.** הוא שור הבר, והוא בהפוך מן וּתְאוֹ וָזָמֶר (דברים יד, ה), וכמו כבש כשב: **מכמר.** רשת הלוכד; כמו, וּפֹרְשֵׂי מִכְמֹרֶת (לעיל יט, ח): **חמת.** מלשון תמה וכעס: **גערת.** ענין צעקת נזיפה: **(כג) מוגיך.** מלשון המגה והמסה: **שחי.** ענין כפיפה והשפלה; כמו, וַיִּשַּׁח אָדָם (לעיל ב, ט): **גוך.** גופך; כמו, גֵּוִי נָתַתִּי לְמַכִּים (לעיל נ, ו): **וכחוץ.** הוא השוק, מקום הלוך בני אדם; וכן, מִחוּץ הָאֹפִים (ירמיה לז, כא): **(א) עורי.** מלשון הערה והקיצה:

---

**19. שְׁתַּיִם הֵנָּה קֹרְאֹתַיִךְ** — *There are two [calamities] that have befallen you.* The two calamities are *the plunder and the calamity.* The continuation of the verse, *the hunger and the sword,* are clarifications of these two (*Radak*). According to *Abarbanel,* the *two* refer to the two exiles after the destructions of the First and Second Temples.

Alternatively, the verse should be rendered: *Double [calamities] have befallen you.* The calamities came two at a time: 1. *the plunder and the destruction,* and 2. the hu*nger and the sword* (*Mahari Kara*).

**מִי אֲנַחֲמֵךְ** — *With whom can I comfort you?* With which nation can I comfort you as an example of those who suffered as you have? (*Rashi, Radak*). A suffering person finds some comfort in the knowledge that his troubles are not unique, that they are shared by others. Israel can find no such comfort, because through its history, its suffering and persecution are unmatched.

**20. כְּתוֹא מִכְמָר** — *Like a wild bull trapped in a net.* The translation *wild bull* follows *Radak* and *Metzudos.* Alternatively, תוא is a type of bird (*Ibn Ezra*). [Note that the word תוא, here, is spelled slightly differently than the Torah word תאו, *wild bull* (*Deuteronomy* 14:5).]

**21. וּשְׁכֻרַת וְלֹא מִיָּיִן** — *Drunk, but not from wine,* rather, from drinking the *cup of bewilderment* mentioned in verse 17

*the children she has reared there is no one to hold her hand.* 19 *There are*
*two [calamities] that have befallen you — who will bewail you? — the plun-*
*der and the calamity, the hunger and the sword. With whom can I comfort*
*you?* 20 *Your children have fainted, they lie at the head of all streets like a*
*wild bull trapped in a net; they are full of HASHEM's fury, with your God's*
*rebuke.*
21 *Therefore, hear this now, O afflicted one, drunk, but not from wine.* 22 *Thus*
*said your Lord, HASHEM, and your God, Who will fight for His people: Behold, I*
*have removed the cup of bewilderment from your hand; from the sediments of*
*the cup of My fury you shall no longer drink any more.* 23 *But I will put it into*
*the hand of your tormentors, who have said to your soul, 'Prostrate yourself*
*so that we may pass over you,' for whom you have made your body like the*
*ground and like a street for passersby.*

**52** *The final redemption*

1 *Awaken, awaken! Don your strength, O Zion; don your garments of*
*splendor, O Jerusalem, the holy city, for uncircumcised and defiled*

(*Mahari Kara*). Metaphorically, you are as bewildered as a drunkard, but not from wine; rather, from your sorrows and tribulations (*Metzudos,* from *Midrash Shocher Tov* 35).

**22.** **יָרִיב עַמּוֹ** — *Who will fight for His people.* God will fight the battle of His people (*Rashi, Ibn Ezra*) against their oppressors (*Radak*). No longer will Israel be forced to drink the cup of bewilderment and fury. Instead, as the next verse states, God will give the cup to Israel's oppressors, who will be forced to drink from it in retribution for their evils.

God introduces this promise by naming Himself in three ways: *Your Lord,* Who controls your fate; *HASHEM,* the Name that represents the Attribute of Mercy; and *your God,* Who controls nature and will fight your battles (*R' Schwab*).

**23.** **וְשַׂמְתִּיהָ בְּיַד מוֹגַיִךְ** — *But I will put it into the hand of your tormentors.* Homiletically, this verse is related to God's promise to Abraham (*Genesis* 13:16): God said to Abraham, *I will make your offspring as the dust of the earth.* Just as people tread upon the dust of the earth, so oppressors will tread upon your offspring. Furthermore, they will torment your offspring, but this will be for your benefit, for it will atone for your sins (*Bereishis Rabbah* 41:12, cited by *Mahari Kara*).

**וַתָּשִׂימִי כָאָרֶץ גֵּוֵךְ וְכַחוּץ לַעֹבְרִים** — *For whom you have made your body like the ground and like a street for passersby.* You bore all this out of your love for Me (*Radak*). Despite all its suffering, Israel maintained its faith in God and accepted its travails with love, knowing that, incomprehensible though it might seem, God is merciful and does everything for the ultimate good.

**52.**

Virtually all agree that this prophecy refers to the final Redemption of Messianic times, as is evident from the end of verse 1, where Isaiah addresses Jerusalem and says, *for uncircumcised and defiled people will no longer enter you.* This could not refer to Isaiah's own time, when the Babylonian conquest was looming, or to the period of the Second Temple, when Babylonian, Syrian-Greek, and Roman conquerors did, indeed, enter the Holy City, bringing misery and destruction (*Ibn Ezra*).

Chapters 52 and 53 are related. They describe how the nations will react when they see the miracles of the Redemption. Throughout the exile, the nations had scorned Israel as having been rejected by God, no longer being His Chosen People, and having no possibility of redemption from exile. When the Messianic Era begins, the nations will be shocked to realize that although Israel had been punished for its sins, its bond with God had never been broken. In both chapters, as in many other places in the Torah and Prophets, Isaiah speaks to the nation as if it was an individual, a suffering woman or servant.

**1-2.** Isaiah addresses Zion and Jerusalem and tells them to awaken from their centuries-long slumber, because the Redemption will be at hand

**1.** **עוּרִי עוּרִי וגו'** — *Awaken, awaken ...* Isaiah uses the metaphor of Jerusalem as a woman who has been disparaged and no longer takes pride in her appearance. When her liberation is at hand, she will joyously don her finery and appear again as the princess she was before her exile.

Earlier (51:9) Isaiah had prayed to God, *Awake, awake,* begging Him to come to their aid. Now, God responds that He will bring the Redemption and then it will be Israel's turn to awake. The double expression refers to two kinds of awakening. During the years of the First Temple, there was intense holiness in Jerusalem. The Second Temple was of lesser holiness, but there was a period during its era when the nation had great power. With the coming of the Messiah, both the holiness and the temporal power will be restored (*Abarbanel*).

**עֻזֵּךְ** — *Your strength.* When it was cast into exile, Israel's power was removed. In the Messiah's time, it will *don* its power again (*Radak*).

ב עוֹד עָרֵל וְטָמֵא: הִתְנַעֲרִי מֵעָפָר קוּמִי שְׁבִי יְרוּשָׁלָ͏ִם °התפתחו [°הִתְפַּתְּחִי ק׳]
ג מוֹסְרֵי צַוָּארֵךְ שְׁבִיָּה בַּת־צִיּוֹן: כִּי־כֹה אָמַר יהוה חִנָּם נִמְכַּרְתֶּם וְלֹא בְכֶסֶף
ד תִּגָּאֵלוּ: כִּי כֹה אָמַר אֲדֹנָי יֱהוִֹה מִצְרַיִם יָרַד־עַמִּי בָרִאשֹׁנָה לָגוּר שָׁם וְאַשּׁוּר
ה בְּאֶפֶס עֲשָׁקוֹ: וְעַתָּה מַה־לִּי־פֹה נְאֻם־יהוה כִּי־לֻקַּח עַמִּי חִנָּם °משלו [°מֹשְׁלָיו ק׳]
ו יְהֵילִילוּ נְאֻם־יהוה וְתָמִיד כָּל־הַיּוֹם שְׁמִי מִנֹּאָץ: לָכֵן יֵדַע עַמִּי שְׁמִי לָכֵן בַּיּוֹם הַהוּא

**רש״י**

**(ב) התנערי.** אישקור״א בלעז כמנער את הטלית: **קומי.** מן הארץ מגזרת לָאָרֶץ תֵּשֵׁב (לעיל ג, כו): **שבי.** על הכסא: **התפתחי.** הוי נתרת: **מוסרי.** קריגל״ש בלע״ז: **שביה.** כמו שבויה: **(ג) חנם נמכרתם.** על עסקי חנם הוא יצר הרע שאינו נכס לשכר: **ולא בכסף תגאלו.** אלא בתשובה: **(ד) מצרים ירד עמו וגומר.** הם המצריים היו להם קצת חוב עליהם שנעשו להם אכסניא וכלכלום, אבל אשור באפס ובאונס עשקו: **(ה) מה לי פה.** למה אני שוהא ומשהא בני כאן: **יהילילו.** מתפארים לאמר ידינו רמה: **מנואץ.** מתנאץ, והרי זה דוגמת, וַיִּשְׁמַע אֶת הַקּוֹל מִדַּבֵּר אֵלָיו (במדבר ז, פט): **(ו) ידע עמי.** כשאגאלם יכירו כי שמי אדון שליט ומושל כמשמעו: **לכן ביום.** גאולתם יבינו כי אני הוא המדבר, והנני קיימתי:

**רד״ק**

**(ב) התנערי מעפר.** דמה ישיבתם בגלות כמי שהתפלש בעפר; ואומר התנערי מעפר וקום: **שבי.** כמו, אֶת הַשְּׁבִי וְאֶת הַמַּלְקוֹחַ (במדבר לא, יב). ויונתן תרגם ענין ישב, קוּמִי תְּבִי עַל כּוּרְסֵי יְקָרָא יְרוּשְׁלֵם: **התפתחי מוסרי צוארך.** חסר מ״ם השמוש, ממוסרי צוארך, שהרי היא בגלות כאלו עול מוסרים בצואר: **שביה.** תאר בפלס עניה: **(ג) כי כה אמר ה׳ חנם.** בלא כסף אלא בעונות: **ולא בכסף.** אלא בתשובה, ועוד נאריך בענין זה בפסוק וַיַּרְא כִּי אֵין אִישׁ (לקמן נט, טז) : **(ד) כי כה אמר ה׳ מצרים ירד עמי בראשונה.** זכר שתי גליות, גלות מצרים וגלות בבל. כי מלך אשור הוא מלך בבל, ואמר מצרים שירד שם בראשונה לגור שם, ואשור כמו כן באפס עשקו כל אחד מהם. כי מצרים לא היה לו דין להעבידו בפרך, כי לגור בא שם תחילה. וכן אשור לא היה לו דין בהם, ולא היו בני מלחמתו; למה בא סנחריב והגלה עשרת השבטים ונבוכדנצר הגלה יהודה ובנימן. והוא באפס בלא משפט ואף על פי שהיתה גזרה מהאל, הם המצריים העבידום וענו אותם יותר מדאי. וכן אשור, כמו שאמר אני קצפתי מעט והם עזרו לי לרעה: **(ה) ועתה.** בזה הגלות שהוא גלות שלישי: **מה לי פה.** מה לי כל כך בזה הגלות שהארכתי אותם זמן רב בגלות, כן יאמר האל בהגיע זמן הגאולה: **כי לקח עמי חנם.** אינם מתעכבים בגלות בשביל כסף שהם חייבים לשוביהם, אלא בעונותם גלו וכבר לקחו עונשם: **משלו יהילילו.** הגוים המושלים בהם יהילילו אותם בעבודתן הקשה, ובאה צעקתם אלי. ועוד כי כל היום שמי מנואץ בגלות, שהעכו״ם ינאצוהו, שהיו הורגים ושוללים אותם על יחוד שמי: **לוקח.** פתוח, כי הוא פעל עבר שלא נזכר פעלו מן הדגוש: **יהילילו.** שרשו ילל, מענין יללה. והוא מבנין הפעיל, והוא פעל יוצא: **מנואץ.** מורכב מפועל והתפעל. וכבר בארנו דקדוקו היטב בספר מכלל, בחלק הדקדוק ממנו בבנין פועל: **(ו) לכן ידע עמי שמי.** שאינו נודע בגלות, אבל הוא מנואץ בעת הגאולה. ידעו עמי שמי, זהו שאמר ביום ההוא אז ידע עמי שמי, וכן שאר העמים ידעוהו. אז לא זכר עמי כי הם ידעוהו באמת, ויעד כי הנבואה לא דברה לשוא, וההבטחה שהבטחתים על ידי הנביאים אז ידעו שהיא אמת. וידעו כי אני הוא המדבר, לא שדברו הנביאים מעצמן אלא הם נבאו בשמי. ובראותם שיתקיימו ההבטחות ההם, ידעו כי אני הוא שדברתי אותם, והנני כמו שהייתי לא שניתי ולא אשנה;

**מצודת דוד**

**יבוא בך עוד.** לבוא עוד בקרבך למשול בך: **(ב) התנערי מעפר.** התרוקני מעפר הארץ אשר ישבת בם בעבור האבל והצער: **קומי שבי ירושלים.** את ירושלים קומי מהארץ ושבי על הכסא: **התפתחי וכו׳.** את בת ציון השבויה בבבל התרי מעל צוארך קשורי רצועות העול: **(ג) חנם נמכרתם.** מה שנמסרתם ביד הכשדים, הנה לא לקחתי מהם מחיר לשאפדה אתכם בכסף, ולכן תגאלו ולא בכסף: **(ד) מצרים וכו׳.** רצה לומר, מה ששעבדו למצרים, עם כי היה זמן רב, הנה לא על חנם היתה; כי מתחלה ירדו לגור בארצם בימי הרעב וכלכלו אותה: **ואשור.** יאמר על סנחריב ונבוכדנצר, כי גם הוא מלך באשור: **באפס עשקו.** רצה לומר, עם כי היה בלא דבר, הנה לא נשתעבדו בידו זמן רב, אלא כעושק את מי ומניחו והולך לו: **(ה) ועתה מה לי פה.** מה לי להשהות את בני פה זה זמן רב? הלא מתחילה נלקח עמי להם על חנם כי מעולם לא גמלו להם טובה: **מושליו יהילילו.** המושלים בו יתפארו בהצלחתם, ויאמרו ידיהם רמה: **ותמיד כל היום.** הוא כפול לתוספת ביאור: **שמי מנואץ.** שמי מחולל ומבוזה בעיניהם: **(ו) לכן ידע עמי שמי.** כשיגאלו יכירו שמי לדעת כי נאה לי שמי המורה שאני אדון ושליט: **לכן ביום ההוא.** רצונו לומר, לכן ידע ביום ההוא כי אני הוא המדבר והמבטיח להביא הגאולה, והנני קיימתי הבטחתי:

**מצודת ציון**

**(ב) התנערי.** ענין תנועה חזקה להשליך ולהריק העפר הנדבק; כמו, גַּם חָצְנִי נָעַרְתִּי (נחמיה ה, יג): **התפתחי.** ענין התרת הקשר: **מוסרי.** קשורי רצועת העול: **בת ציון.** עדת ציון: **(ד) לגור.** לדור: **באפס.** על חנם בלא דבר; וכן, אֶפֶס מַעֲשֵׂיהֶם (לעיל מא, כט): **עשקו.** מלשון עושק וגזל: **(ה) פה.** במקום הזה; וכן, הֲיֵשׁ פֹּה אִישׁ (שופטים ד, כ): **יהילילו.** מלשון הלול והתפארות: **מנאץ.** ענין בזיון; כמו, נִאֲצוּ הָאֲנָשִׁים (שמואל־א ב, יז):

---

**עָרֵל וְטָמֵא** — *Uncircumcised and defiled.* The *uncircumcised* refers to the Roman Empire, which the Sages regard as the descendants of Esau and the forerunners of the European persecutors of Israel. The *defiled* are the descendants of Ishmael, who are circumcised, but whose deeds are defiled. Since the Destruction of the Second Temple, these two peoples have battled over control of the Holy Land. Their sway will end when Messiah redeems Israel (*Radak*). The domination of these powers does not refer exclusively to conquest. Even during times when Jews had rights and freedom, they were still subject to foreign laws and cultures, and often threats.

2. **הִתְנַעֲרִי מֵעָפָר קוּמִי** — *Shake the dust from yourself; arise.* Metaphorically comparing Israel's condition in exile to rolling in the dust of the earth, Isaiah exhorts the nation to arise from the ground and shake off the dust (*Radak*).

The previous chapter (v. 20) said, *Your children have fainted, they lie at the head of all streets,* referring to the nadir of exile. This verse tells them to *arise* (*Mahari Kara*).

**שְׁבִי** — *And sit,* i.e., sit on a throne (*Targum;* see *Rashi*). According to this understanding, שְׁבִיָּה, *captive,* later in this verse is a play on words, since the word שְׁבִי can mean either *sit* or *captivity,* depending on the context.

Alternatively, both uses of the word in this verse relate to captivity, and this phrase is rendered *Arise, O captive Jerusalem* (*Radak*).

*people will no longer enter you.*
2 *Shake the dust from yourself; arise and sit, O Jerusalem; undo the straps on your neck, O captive daughter of Zion.*
3 *For thus said HASHEM: For naught were you sold, and not for money will you be redeemed.*
4 *For thus said my Lord, HASHEM/ELOHIM: As for Egypt, My people went down originally to sojourn there. But Assyria oppressed them without justification;*
5 *so now, why should I [remain] here? — the word of HASHEM — where My people was taken for naught? Their rulers glorify themselves — the word of HASHEM — and constantly, all day, My Name is blasphemed.*
6 *Therefore, My people shall know My Name — therefore, on that day,*

---

**הִתְפַּתְּחִי מוֹסְרֵי צַוָּארֵךְ** — *Undo the straps on your neck.* Remove the fetters that prevent you from becoming independent of foreign rule (*Ibn Ezra*).

**3-12. Isaiah discusses the transition from exile to redemption.**

**3. חִנָּם נִמְכַּרְתֶּם** — *For naught were you sold.* You were sold because of actions that were *for naught,* i.e., because of sins that were worthless and brought you no benefit. Because you succumbed to your Evil Inclination and sinned, you were *sold* into exile and captivity (*Rashi, Radak*).

**וְלֹא בְכֶסֶף תִּגָּאֵלוּ** — *And not for money will you be redeemed.* Financial ransom will not avail you; only repentance will bring an end to your exile (*Rashi, Radak*).

Alternatively, Isaiah compares Israel to a servant who was so disobedient and obnoxious that his master gave him away free of charge. Israel was condemned to exile because God could no longer tolerate their sinfulness. Ideally, the Redemption will come about when Israel repents — but God has promised that He will end the exile even if Israel is still undeserving. Thus the prophet states that Israel will be redeemed *without money;* even if the people were still sinful and without sufficient merit, they will still be redeemed (*Abarbanel*).

Homiletically, חִנָּם alludes to the שִׂנְאַת חִנָּם, *baseless hatred,* that caused the destruction of the Second Temple (*Yoma* 9b) and the "sale" to the nations. Israel will deserve to be redeemed from exile when it repents from this sin (*Chomas Anach*). As it has been said, the exile was caused by baseless hatred; the Redemption will be brought about by baseless love.

**4. מִצְרַיִם יָרַד־עַמִּי בָרִאשֹׁנָה לָגוּר שָׁם** — *As for Egypt, My people went down originally to sojourn there.* Jacob and his family went to Egypt innocently and in peace. What right did Egypt have to enslave My people? (*Radak*).

**וְאַשּׁוּר בְּאֶפֶס עֲשָׁקוֹ** — *But Assyria oppressed them without justification.* Like Egypt, Assyria, another name for Babylonia, had no right to subjugate Israel, which was neither an enemy nor a threat, so that both oppressors had no justification for their cruelty. Nor can it be said that Egypt and Assyria merely carried out God's decree against His sinful children, for both nations went far beyond the Divine decree in persecuting Israel. This refutes the claim of the nations that Israel's suffering in exile was entirely deserved. It is true that the nation was exiled because of its sins, but the cruelty of its oppressors was inexcusable.

Alternatively, Isaiah is contrasting Egypt and Assyria. The Egyptians could have argued that they had a right to exact payment for the time the Jewish "guests" sojourned in their land. But the sin of the Assyrians was far worse, since it was entirely unjustified (*Rashi*).

**5. וְעַתָּה** — *So now,* in this third exile (*Radak, Abarbanel*).

**מַה־לִּי־פֹה** — *Why should I [remain] here?* God says that when Israel is exiled, He goes into exile with them (*Megillah* 29a). Therefore He now says, *Why should I remain here* in exile and keep My children here (*Rashi*) all this time, now that the time has come for redemption? (*Radak*).

**יְהֵילִילוּ** — *Glorify themselves.* The unusual form of this word makes it difficult to determine its root and, therefore, its meaning. One possibility, which the translation follows, is that the root is הלל, to *praise* or *glorify,* and that it is written in the reflexive form: the foreign *rulers* will *glorify themselves* for being able to dominate God's people (*Targum, Rashi, Abarbanel*).

Alternatively, the rulers will justify themselves and *praise [God],* saying, "This is what God wants; we are only fulfilling His Will." The nations will say that if God enabled them to conquer the Jewish people, they are justified in oppressing them as they wish; they are only doing God's Will (*R' Schwab,* citing *Collected Writings of R' Hirsch,* Vol. 4, p. 213). The same idea is found in 53:4-5.

Another possibility is that the root is ילל, to *bewail* or *lament.* The cruelty of the rulers causes their Jewish victims to bewail their fate (*Radak*).

*R' Hirsch* understands the word as a combination of both roots: הלל and ילל, *praise* and *bewail,* indicating the dual nature of the rulers' attitude. In their hearts they glorify themselves, but feign lament. They delight in torturing the Jewish people and hypocritically sigh that they are doing what God wants.

**6. לָכֵן יֵדַע עַמִּי שְׁמִי** — *Therefore, My people shall know My Name.* When I redeem them, My people will realize that I am the only אָדוֹן, *Master* (*Rashi*), a fact that they may have questioned during the subjugation of exile (*Radak*).

Alternatively, the *Name* refers to God's awesome, ineffable Name, which is known only to a select few. At that time, all of Israel will know that Name (*Yalkut Shimoni* I:176), and

ז כִּֽי־אֲנִי־ה֥וּא הַֽמְדַבֵּ֖ר הִנֵּֽנִי: מַה־נָּאו֨וּ עַל־הֶהָרִ֜ים רַגְלֵ֣י מְבַשֵּׂ֗ר מַשְׁמִ֧יעַ
ח שָׁל֛וֹם מְבַשֵּׂ֥ר ט֖וֹב מַשְׁמִ֣יעַ יְשׁוּעָ֑ה אֹמֵ֥ר לְצִיּ֖וֹן מָלַ֥ךְ אֱלֹהָֽיִךְ: ק֥וֹל צֹפַ֛יִךְ נָ֥שְׂאוּ ק֖וֹל
ט יַחְדָּ֣ו יְרַנֵּ֑נוּ כִּ֣י עַ֤יִן בְּעַ֙יִן֙ יִרְא֔וּ בְּשׁ֥וּב יְהוָ֖ה צִיּֽוֹן: פִּצְח֤וּ רַנְּנוּ֙ יַחְדָּ֔ו חָרְב֖וֹת יְרוּשָׁלִָ֑ם
י כִּֽי־נִחַ֤ם יְהוָה֙ עַמּ֔וֹ גָּאַ֖ל יְרוּשָׁלִָֽם: חָשַׂ֤ף יְהוָה֙ אֶת־זְר֣וֹעַ קָדְשׁ֔וֹ לְעֵינֵ֖י כָּל־הַגּוֹיִ֑ם
יא וְרָאוּ֙ כָּל־אַפְסֵי־אָ֔רֶץ אֵ֖ת יְשׁוּעַ֥ת אֱלֹהֵֽינוּ: ס֤וּרוּ ס֙וּרוּ֙ צְא֣וּ מִשָּׁ֔ם טָמֵ֖א
יב אַל־תִּגָּ֑עוּ צְא֣וּ מִתּוֹכָ֔הּ הִבָּ֕רוּ נֹשְׂאֵ֖י כְּלֵ֥י יְהוָֽה: כִּ֣י לֹ֤א בְחִפָּזוֹן֙ תֵּצֵ֔אוּ וּבִמְנוּסָ֖ה

**רש"י**

**(ח) צופיך.** נופים שמעמידין על החומות והמגדלים לבשר ולראות מי בא לעיר: **(י) חשף.** גלה: **(יא) צאו מתוכה.** מתוך הגלות. כל נחמות האלו האחרונות אינן אלא על גלות האחרון: **טמא. אל תגעו.** שקץ יהיו לכם מליגע בהם: **הברו.** הטהרו: **נושאי כלי ה'.** הכהנים הלוים שהייתם נושאים כליו (של הקדוש ברוך הוא) במדבר. (מכאן לתחיית המתים): **(יב) כי הולך לפניכם.** שני דברים שבסוף המקרא הזה מיישבין שני דברים שבראשו: **כי לא בחפזון תצאו.** מה טעם? כי הולך לפניכם ה' לנחותכם הדרך, ומי ששלוחו מקדים לפניו לנחותו הדרך, אין יוצאתו בחפזון:

**רד"ק**

אלא שהם לא ידעוני כמו שידעוני אז בעת הגאולה: **(ז) מה נאוו.** שרשו אוה, והאל"ף נחה והנו"ן לנפעל; וכן, נָאווּ לְחָיַיִךְ (שיר השירים א, י), והוא ענין יופי. ואמר ענין יופי על הרגלים, על דרך משל; כמו, מַה יָּפוּ פְעָמַיִךְ (שם ז, ב). כלומר, מה יהיו נאים ויפים רגלי המבשר, שיעלה על ההרים להשמיע קול לבשר שלום וטוב וישועה. ונאמר לציון מלך אלהיך; כי עד הזמן ההוא לא יראה שהוא מלך, אבל אז יאמרו הכל שהוא מלך, כמו שאמר וְהָיְתָה לַה' הַמְּלוּכָה (עובדיה א, כא). והענין דרך משל, כי ידוע הדבר בעולם כלו כאלו אנשים על ההרים משמיעים קול הישועה. וכן דרך העולם לבשר על הטובה, הזריז משובח לבשר עליה: **(ח) קול צופיך.** נביאיך, כי הנביא יקרא צופה, כמו צופה נתתיך על הגוים, לפי שהוא צופה העתידות. ואחר כן פירש מה יהיה קול צופיך: **ואמר נשאו קול.** כלומר שיוציאו קול בשמחה: **וירננו יחדו.** כי יראו עין בעין בשוב השם ציון, כלומר יראו במראה הנבואה כי שב הכבוד לציון, והוא רוח הנבואה שפסקה משמתו חגי זכריה ומלאכי, ובעת הישועה תשוב רוח הנבואה לקדמותה ועוד יותר משהיתה. וכן אשר עין בעין נראה אתה השם, כי כולם היתה בהם רוח הנבואה במעמד הר סיני מלבד הכבוד שראו בחוש העין. וי"ת צופיך, פַּרְנָסַיִךְ, (ט) פצחו. ענינו הרמת קול; וכן, פָּצְחוּ רִנָּה (לעיל יד, ז): **(י) חשף.** דרך משל; כלומר כי ישועת ישראל תהיה בגלוי; וכן, וּזְרֹעֲךָ חֲשׂוּפָה (יחזקאל ד, ז), גלויה: **(יא) סורו סורו.** הכפל לחזק: **משם.** ממקום הגלות: **מתוכה.** מתוך כל עיר ועיר שאתם בה: **הברו.** הנקו מכל טומאה ומכל עון: **נשאי כלי ה'.** כלי זיין שלכם יהיו כלי ה' ולא חרב ולא חנית, אלא חסדי האל ורחמיו הם יהיו כליכם בצאתכם מהגלות וטעמו לפניו: **(יב) כי לא בחפזון.** כלומר ביד רמה תצאו, אל תפחדו מאדם ולא תהיו צריכים לכלי זיין. ויונתן תרגם, נַטְלֵי מָנֵי בֵית מַקְדְּשָׁא. ולא ידעתי דעתו, כי אין בזה הגלות כלי בית המקדש כמו שהיו בגלות בבל שנשאו אותם בצאתם מהגלות:

**מצודת דוד**

**(ז) מה נאוו.** מה מאד נאים רגלי המבשר העולה על ההרים להשמיע הקול למרחוק ומשמיע וכו'. וכפל הדבר פעמים ושלש במילים שונות לפי מרבית השלום והישועה: **אומר לציון.** המבשר יאמר לציון הנה מלך אלהיך; רצונו לומר הראה מלכותו וממשלתו לכל העולם: **(ח) קול צופיך.** קול של הצופים העומדים על המגדלים לראות ולבשר מי בא לעיר. וחוזר ומפרש מה יהיה הקול, ואמר כולם יחדיו ישאו קול וירננו בשמחה, כי עין בעין. רצונו לומר, ראיה וודאית ונאמנה; וכן, אֲשֶׁר עַיִן בְּעַיִן נִרְאָה אַתָּה ה' (במדבר יד, יד): **בשוב.** כאשר שב ה' אל ציון להשרות שם שכינתו כמאז: **(ט) פצחו וכו'.** הבתים החרבות אשר בירושלים פתחו פה להרים קול שמחה ורננו יחדיו והוא ענין מליצה: **כי נחם ה' את עמו.** במה שהביא להם הטובה: **גאל ירושלים.** מיד העכו"ם המושלים בה: **(י) חשף ה'.** גלה זרועו להכות בהם ואחז במשל מגבור המגלה זרועו להלחם מול האויב: **כל אפסי ארץ.** כל היושבים בקצות הארץ: **(יא) סורו סורו.** הכפל לומר במהירות רב סורו מארץ כשדים וצאו משם: **צאו מתוכה.** מתוך כל עיר שאתם בה: **הברו נושאי כלי ה'.** הנקו מכל טומאה אתם הנושאים כלי ה'; רצה לומר, כלי זיין שלכם יהיו כלי ה' שהם התורה והמצות; לא חרב ולא חנית: **(יב) כי לא בחפזון.** אלא לא תצאו בחפזון ובהלה; רצונו לומר, עם כי אמרתי שתסורו משם במהירות,

**מצודת ציון**

**(ז) נאוו.** מלשון נאה ויופי: **מבשר.** כן נקרא המשמיע חדשות: **(ח) צופיך.** ענין הבטה וראיה: **(ט) פצחו.** פתחו פה בהרמת קול שמחה; וכן, פִּצְחִי רִנָּה וְצַהֲלִי (לקמן נד, א): **(י) חשף.** גלה, כמו, חֶשְׂפִּי שֹׁבֶל (לעיל מו, ב): **אפסי.** קצות כי בקצות הארץ כאלו אפס וכלה: **(יא) הברו.** מלשון ברור ונקי: **(יב) כי.** אלא: **בחפזון.** ענין מהירת הבהלה: **ובמנוסה.** מלשון ניסה ורדיפה:

then all their prayers will be answered (*Midrash Shocher Tov* 91).

**לָכֵן בַּיּוֹם הַהוּא כִּי־אֲנִי־הוּא הַמְדַבֵּר הִנֵּנִי** — *Therefore, on that day, [they will know] that it is I Who speaks. Here I am!* When they are redeemed, they will acknowledge that everything they heard from the prophets came from Me, that it was I Who spoke through them, promising redemption. It was I when they were in their Land and it was I when they were in exile. *Here I am* — I never changed! (*Radak*).

**7-10. Four aspects of the Redemption.** Isaiah proclaims that the Redemption will take place in four stages: 1. *Announcing peace,* i.e., Israel will no longer suffer from its enemies; 2. *heralding good tidings,* i.e., the Third Temple and the ascension of the Davidic dynasty; 3. *announcing salvation,* i.e., the ingathering of the exiles; and 4. *saying to Zion, "Your God has reigned!"* i.e., the revelation of God's reign over all the world (*Malbim*).

Until the final Redemption, God's sovereignty will be obscured; but then, all will recognize that only He is King (*Radak*).

**7. מַה־נָּאווּ עַל־הֶהָרִים רַגְלֵי מְבַשֵּׂר** — *How pleasant are the footsteps of the herald upon the mountains.* The universal awareness of God's sovereignty is likened to an announcement proclaimed by heralds standing atop mountains, so that the public can see and hear them.

The Sages identify the *herald* as the prophet Elijah, who will come to announce the impending Redemption and revivification of the dead (*Pesikta Rabbasi* 35:4).

**מַשְׁמִיעַ שָׁלוֹם** — *Announcing peace.* Peace on earth and good tidings have universal importance. The announcements of

*"Your God has reigned!"*

*[they will know] that it is I Who speaks. Here I am!*
*[7] How pleasant are the footsteps of the herald upon the mountains an-*
*nouncing peace, heralding good tidings, announcing salvation, saying*
*to Zion, 'Your God has reigned!' [8] The voice of your lookouts, they raise*
*their voice, they sing glad song in unison; with their own eyes they will*
*see that HASHEM returns to Zion. [9] Burst out, sing glad song in unison,*
*O ruins of Jerusalem, for HASHEM will have comforted His people; He*
*will have redeemed Jerusalem. [10] HASHEM has bared His holy arm before*
*the eyes of all the nations; all ends of the earth will see the salvation of*
*our God!*
*[11] Turn away! Turn away! Depart from there! It is defiled; do not touch*
*it! Depart from inside it! Cleanse yourselves, O bearers of HASHEM's armor.*
*[12] You will not leave in haste, nor will you go in flight; for HASHEM will go*

---

salvation and of Hashem's reign over all the world are directed particularly to Israel (*Abarbanel*).

*R' Schwab* notes that just before the weekday *Maariv Shemoneh Esrei,* we pray for this final stage when we recite יִרְאוּ עֵינֵינוּ, *May our eyes see, our heart rejoice, and our soul exult in Your salvation in truth, when Zion is told, "Your God has reigned."*

**8. קוֹל צֹפַיִךְ** — *The voice of your lookouts,* i.e., the lookouts who are stationed on the city walls and watchtowers to announce who is approaching the city (*Rashi*). This can be understood as a continuation of the poetic rendition of the joy at the news: The herald ascends to the mountaintops and proclaims the joyous news. Then the lookout joyously cries out to the herald that he too sees it. Then, in unison they sing a glad song.

Metaphorically, *lookouts* are the *seers,* or prophets (*Radak*), who had foretold the return to Zion, as seen by their inner eye of prophecy. When it actually happens they will see *with their own eyes that HASHEM returns to Zion* (*Malbim*).

The Talmud (*Sanhedrin* 91b) sees this as an allusion to the revivification of the dead. *Abarbanel* explains that this is implied by the change of tenses in the verse: *The voice of your seers, they who raised their voice* (in the past tense) foretelling a future redemption that they had not yet seen, they will rise from the grave and they themselves *will sing* (in the future tense) *glad song in unison* [יְרַנֵּנוּ], *for with their own eyes they will see* [יִרְאוּ] *HASHEM's return to Zion.*

**9. פִּצְחוּ רַנְּנוּ יַחְדָּו חָרְבוֹת יְרוּשָׁלָםִ וגו'** — *Burst out, sing glad song in unison, O ruins of Jerusalem. . .* Upon hearing the above glad song of the lookouts, the ruins of Jerusalem will join in, as it were, and *sing glad song in unison, for HASHEM will have comforted His people* and *He will have redeemed Jerusalem* by returning her children from their exile (*Malbim*).

**10. חָשַׂף ה' אֶת־זְרוֹעַ קָדְשׁוֹ לְעֵינֵי כָּל־הַגּוֹיִם** — *HASHEM has bared His holy arm before the eyes of all the nations.* Metaphorically, Hashem will reveal His awesome power for all to see (*Ibn Ezra, Radak*), by performing open and obvious miracles (*R' Schwab*).

**11. סוּרוּ סוּרוּ צְאוּ מִשָּׁם** — *Turn away! Turn away! Depart from there!* Leave the lands of your dispersion as fast as you can (*Ibn Ezra*).

**טָמֵא אַל־תִּגָּעוּ** — *It is defiled; do not touch it!* The redeemed Jews should divest themselves of the false values they have absorbed in exile, and recognize that their true *armor* is their dedication to God and the Torah (*Ibn Ezra; Radak*).

**הִבָּרוּ נֹשְׂאֵי כְּלֵי ה'** — *Cleanse yourselves, O bearers of HASHEM's armor* [lit., *HASHEM's utensils*]. This refers to the Kohanim and Levites who carried the vessels of Hashem's Tabernacle in the Wilderness (*Rashi*). Alternatively, it refers to all Jews who bear the Torah of Hashem (*Ibn Ezra*), or His commandments (*Mahari Kara*), or who will not need weapons because they rely on *HASHEM's armor* to protect them as they leave the lands of their dispersion (*Radak*).

Homiletically, the *bearers of HASHEM's armor* are the Torah scholars and teachers. All Jews are told, *It is defiled; do not touch it* — do not continue to let yourselves be defiled with the heretical ideas that inundated you in the lands of your dispersion. The *bearers of HASHEM's armor* — whose duty it is to impart Torah and its values to the people — are urged to strive for an even greater level of purity: *Cleanse yourselves [spiritually]* as you prepare to come to the Land of Israel (*R' Schwab*).

According to the above commentaries, this verse is directed to the people of Israel. Alternatively, it addresses the non-Jewish inhabitants of Jerusalem at the time of the great redemption. They are told to leave the Holy City and stop defiling it with ideas that oppose the Torah. They are called *bearers of HASHEM's utensils* because their ancestors looted and defiled the Temples and the City (*Abarbanel*).

*Malbim* comments that the latter part of the verse explains why the phrase *turn away* was repeated. Israel is commanded to turn away from both aspects of their exile: the impurity of its physical conduct and the impurity of its heretical ideas.

**12. כִּי לֹא בְחִפָּזוֹן תֵּצֵאוּ** — *You will not leave in haste,* the way you left from Egypt [see *Deuteronomy* 16:3] (*Ibn Ezra,*

יג לֹ֣א תֵלֵ֔כ֑וּן כִּֽי־הֹלֵ֤ךְ לִפְנֵיכֶם֙ יהוה וּמְאַסִּפְכֶ֖ם אֱלֹהֵ֥י יִשְׂרָאֵֽל׃ ◄ הִנֵּ֥ה

יד יַשְׂכִּ֖יל עַבְדִּ֑י יָר֧וּם וְנִשָּׂ֛א וְגָבַ֖הּ מְאֹֽד׃ כַּאֲשֶׁ֨ר שָׁמְמ֤וּ עָלֶ֙יךָ֙ רַבִּ֔ים כֵּן־

טו מִשְׁחַ֥ת מֵאִ֖ישׁ מַרְאֵ֑הוּ וְתֹאֲר֖וֹ מִבְּנֵ֥י אָדָֽם׃ כֵּ֤ן יַזֶּה֙ גּוֹיִ֣ם רַבִּ֔ים עָלָ֛יו יִקְפְּצ֥וּ

**נג** א מְלָכִ֖ים פִּיהֶ֑ם כִּ֠י אֲשֶׁ֨ר לֹֽא־סֻפַּ֤ר לָהֶם֙ רָא֔וּ וַאֲשֶׁ֥ר לֹֽא־שָׁמְע֖וּ הִתְבּוֹנָֽנוּ׃ מִ֥י

ב הֶאֱמִ֖ין לִשְׁמֻעָתֵ֑נוּ וּזְר֥וֹעַ יהוה עַל־מִ֥י נִגְלָֽתָה׃ וַיַּ֨עַל כַּיּוֹנֵ֜ק לְפָנָ֗יו וְכַשֹּׁ֙רֶשׁ֙

### רש״י

**ובמנוסה לא תלכון.** לפי שמאסיפכם אלהי ישראל הולך מאחריכם לשמור אתכם מכל רודף; כמו וְנָסַע דֶּגֶל מַחֲנֵה בְנֵי דָן מְאַסֵּף לְכָל הַמַּחֲנֹת (במדבר י, כה). ההולך אחרי המחנה קרוי מאסף, לפי שהוא ממתין את הנחלשים ואת הנכשלים. וכן הוא אומר ביהושע, (ו, יג), וְהַמְאַסֵּף הֹלֵךְ אַחֲרֵי אֲרוֹן ה׳: **(יג) הנה ישכיל עבדי.** הנה באחרית הימים יצליח עבדי יעקב, לדיקים שבו: **(יד) כאשר שממו.** כאשר תמהו עליהם עמים רבים בראותם שפלותם; ואמרו זה אל זה, כמה משחת מאיש מראהו (של ישראל)! ראו מה תארם חשוך משאר בני אדם, כן כאשר אנחנו רואים בעינינו: **(טו) כן יזה גוים רבים.** כן עתה, גם הוא תגבר ידו וידה את קרנות העכו״ם אשר זירוהו: **יקפצו.** יסגרו פיהם מרוב תימהון, כי כבוד אשר לא סופר להם על שום אדם ראו בו: **התבוננו.** הסתכלו: **(א) מי האמין לשמועתינו.** כן יאמרו העכו״ם איש לרעהו. אילו היינו שומעים מפי אחרים מה שאנו רואים, אין להאמין: **וזרוע ה׳.** כזאת, בגדולה והוד. על מי נגלתה עד הנה? **(ב) ויעל כיונק לפניו.** העם הזה, לפני בא לו הגדולה הזאת עם שפל היה מאד, ועלה מאליו, כיונק מיונקת האילנות: **וכשורש.** עלה מארץ ציה:

### רד״ק

**כי הולך לפניכם.** לפיכך תצאו בנחת, כי לא תיראו מאדם. אבל ממצרים יצאו בחפזון, לפי שהמצריים היו ממהרים אותה לצאת מפני מכותם, אבל משיצאו מן העיר הלכו בנחת ביד רמה: **(יג) הנה ישכיל עבדי.** הפרשה הזאת נאמרה על גלות ישראל. וקרא אותו עבדי; כמו שאמר, וְאַתָּה יִשְׂרָאֵל עַבְדִּי יַעֲקֹב אֲשֶׁר בְּחַרְתִּיךָ (לעיל מא, ח). אמר, הנה יבא עת שיצליח עבדי וירום ונשא וגבה מאד: **ישכיל.** יצליח; כמו, וַיְהִי דָוִד לְכָל דְּרָכָיו מַשְׂכִּיל (שמואל־א יח, יד). וכן תרגם יונתן, (ו)יַצְלַח. ואמר ירום ונשא וגבה; אמר לשון המעלה בכל לשון לפי שמעלתו תהיה מעלה יתרה. ועתה אפרש הפרשה כמו שפירשה אדוני אבי זכרונו לברכה בספר הגלוי: **כאשר שממו.** ענין תמיה כמו משמים בתוכם: **(יד) אמר כאשר תמהו מרוב שפלותך.** והדין היה עליהם שיתמהו, כי היו רואים שהיה משחת יותר מכל איש מראהו ותארו יותר משאר בני אדם, ואשר מדבר פעם לנכח כמו שאמר עליך ופעם שלא לנכח כמו שאמר מראהו ותארו, כן דרך המקראות בכמה מקומות כמו שכתבנו. והחכם רבי אברהם פירש, כי כן משחת מאיש מראהו, דברי הגוים. שיתמהו על ישראל ויאמרו כי משחת מאיש מראהו, כי כמה עכו״ם יש בעולם שיחשבו כי צורת היהודי משונה מכל הצורות. גם יש בהם שישאלו היש להיהודי פה או עין, כן הוא בארץ ישמעאל ובארץ אדום: **משחת.** בחיר״ק המ״ם והוא תאר; וכן, (וְ)הֶעָרִים הַמִּבְדָּלוֹת (יהושע טז, ט) בחיר״ק המ״ם. תאר ותארו בחולם מפני האל״ף: **(טו) כן יזה.** ענין דבור; כמו יטיף שהוא כענין הזיה, וכענין דבור. נָטְפוּ מָיִם (שופטים ה, ד) לשון הזיה, אַל תַּטִּפוּ יַטִּיפוּן (מיכה ב, ו), לשון דבור. כן יזה ענין דבור והוא יוצא לשלישי, פרלא״ר בלע״ז. אמר כמו שיתמהו על שפלותו, כן יתמהו על גדולתו וידברו עליה תמיד, עליו יקפצו מלכים פיהם. אפילו למלכים יראה כבודם כבוד גדול; וכן אמר, וְרָאוּ גוֹיִם צִדְקֵךְ וְכָל מְלָכִים כְּבוֹדֵךְ (לקמן סב, ב): **יקפצו.** לשון פתיחה, כמו מְקַפֵּץ עַל הַגְּבָעוֹת (שיר השירים ב, ח), שהוא פתיחת המצעד בדלוג. ובלשון סגירה כמו (וְ)לֹא תִקְפֹּץ (אֶת) יָדְךָ (דברים טו, ז). ושניהם יכולים להתפרש על מלת יקפצו, יפתחו פיהם לספר בגדולתי, או ישימו יד על פה מרוב תמהון: **כי אשר לא סופר להם ראו.** יותר יראו מגדולתו משסופר להם, ויותר מאשר שמעו יתבוננו באותו הזמן מגדולתו: **(א) מי האמין.** העכו״ם יאמרו אז, מי היה מאמין לשמועה שהיינו שומעים עליו מפי הנביאים או מפי האומרים בשמם? לא היינו מאמינים מה שאנו רואים עתה בעינינו: **וזרוע ה׳ על מי נגלתה.** כמו שנגלתה על זה. או יהיה פירוש על מי, דרך בזיון; על מי נגלתה כמו שנגלתה על זה; כלומר מי היה שנגלתה עליו זרוע ה׳: **(ב) ויעל כיונק.** מן ילכו יונקותיו. כמו השרש שהוא בארץ ציה: **ויעל כיונק.** ממנו, שאין לו תאר ולא הדר, כן היה זה. ולפי דעתי כי פירוש עתה עלה זה מן הגלות לפני האל. ועלה מהגלות על דרך פלא, כמו אם יעלה יונק מארץ ציה, או אם ימצא שרש עץ או עשב שצומח בארץ ציה שיהיה פלא, כן היה פלא עלותו מהגלות. והענין כפול במלות שונות:

### מצודת דוד

מכל מקום לא תצאו בבהלה כאדם המפחד ולא תלכון במנוסה ורדיפה כאדם הבורח: **כי הולך וכו׳.** כי ה׳ הוא ההולך לפניכם והוא המאסף ללכת אחריכם ואם כן תהיו בטוחים ביותר: **(יג) הנה ישכיל עבדי.** אז יצלח עבדי ישראל וקראם כולם בל׳ יחיד כדרך המקרא במקומות רבות: **ירום וכו׳.** יהיה רם ונשא וכו׳, וכפל הדבר במילים שונות לפי מרבית הגדולה והממשלה: **(יד) כאשר שממו.** כפי שיעור מרבית התמהון אשר תמהו רבים על שפלותם באמרם הן אמת נשחת מראהו ממראה איש, ותארו משונה מתואר בן אדם. רצונו לומר, אין בו לא ממשלה ולא גבורה ולא אמצות הלב: **(טו) כן יזה גוים רבים.** כמרבית השיעור הזה בעצמו ימשול ויגבר ידו ויאמץ לבבו להזות ולטפטף דמי עמים רבים עכו״ם: **עליו יקפצו מלכים פיהם.** על הדבר הזה יסגרו מלכי העכו״ם את פיהם לבלי דבר מאומה מרוב התמהון: **כי אשר לא סופר להם ראו.** רצונו לומר, בעיניהם ראו הגדולה והממשלה עוד יותר ממה שסופר להם כי הוסיף על השמועה: **ואשר לא שמעו.** כפל הדבר במילים שונות: **התבוננו.** הסתכלו בהבנת אמתת הדבר כפי מה שהיא: **(א) מי האמין לשמועתנו.** אז יאמרו בגוים, עד הנה לא ראינו הדבר בעינינו, מי מכולנו האמין אל השמועה אשר שמענו ממרבית הגדולה והממשלה הבאה לישראל: **וזרוע ה׳.** חוזק כח זרוע ה׳, בעבור מי נגלתה מימות עולם לשנאמין שגלה זרוע עוזו בעבור ישראל: **(ב) ויעל כיונק לפניו.** לפני בא לו הגדולה ההוא עלה כענף היוצא מן האילן שאין לו יניקה מן הקרקע אלא מן האילן; רצה לומר, לא היה לו השפעה אחרת:

### מצודת ציון

**ומאסיפכם.** ההולך אחר המחנה נקרא מאסף; וכן, מְאַסֵּף לְכָל הַמַּחֲנֹת (במדבר י, כה), וזהו לפי שהוא מאסף כל הנכשלים הנשארים באחרונה: **(יג) ישכיל.** הוא ענין הצלחה, כי המצליח בדבר נראה כאלו עשה מעשהו בהשכל; וכן, וַיְהִי דָוִד לְכָל דְּרָכָיו מַשְׂכִּיל (שמואל א יח, יד): **(יד) שממו.** ענין תמיהה; כמו, פְּנוּ אֵלַי וְהָשַׁמּוּ (איוב כא, ה): **כן.** ענינו כמו אמת; כמו, כֵּן בְּנוֹת צְלָפְחָד דֹּבְרֹת (במדבר כז, ז): **מראהו.** הוא זיו קלסתר פנים בלובן ובהירות: **ותארו.** הוא צורת הפרצוף: **(טו) יזה.** מלשון הזאה והטפה; כמו, וְיֵז נִצְחָם עַל בְּגָדַי (לקמן סג, ג): **יקפצו.** ענין סגירה; כמו, וְעֹלָתָה קָפְצָה פִּיהָ (איוב ה, טז): **התבוננו.** ענין הסתכלות יתירה; כמו, וָאֶתְבּוֹנֵן אֵלָיו בַּבֹּקֶר (מלכים־א ג, כא): **(א) על מי.** בעבור מי: **נגלתה.** מלשון גלוי: **(ב) כיונק.** ענף רך היוצא מהאילן; כמו, מֵרֹאשׁ יֹנְקוֹתָיו (יחזקאל יז, כב):

---

*Radak, Abarbanel*). And why will you not leave in haste? *For* HASHEM *will go before you* (*Rashi*). Because He is with you, you will be able to leave in a calm and orderly fashion, without fear of man and without need of weapons (*Radak*).

*before you, and the God of Israel will be your rear guard.*

*Success of the righteous*

[13] *Behold, My servant will succeed; he will be exalted and become high*
*and exceedingly lofty.* [14] *Just as multitudes were astonished over you, [say-*
*ing,] 'Indeed his appearance is too marred to be a man's, and his visage to*
*be human,'* [15] *so will the many nations exclaim, and kings will shut their*
*mouths [in amazement] because of him, for they will see that which had*
*never been told to them, and will perceive things they had never heard.*

*The nations' wonderment at Israel's redemption*

**53**

[1] *Who would believe what we have heard! For whom has the arm of*
*HASHEM been revealed!* [2] *Formerly he grew like a sapling or like a root*

---

**13-15.** These three verses and the next chapter describe Israel's exaltedness and the resultant chagrin of its erstwhile oppressors when the Messiah ends the exile and God's people returns to its Land (*Rashi*). *Targum* applies the passage to various subjects. For example, verse 13 refers to the Messiah, verse 14 is the suffering of Israel, and 53:1, which continues this chapter, refers to the future exaltation of the righteous.

**13.** הִנֵּה יַשְׂכִּיל עַבְדִּי — *Behold, My servant will succeed.* God refers to all the righteous members of Israel in the singular, as *My servant* (*Rashi*), a usage that continues in Chapter 53. The prophet often refers to the entire nation as God's servant (41:8-9, 43:10, 44:1 and 21, 49:3). After saying above (41:8-9): *But You, O Israel, My servant, Jacob, you whom I have chosen . . . you whom I shall grasp from the ends of the earth . . . and to whom I shall say, "You are My servant"* [see also 49:3, et al.], Isaiah now discusses the time when His servant, Israel, will *succeed.* [It should be noted that although "you" in English is used both in the singular and plural, in Hebrew the singular and plural are different words. The above-cited verses refer to all the righteous in the singular] (*Radak; Rashi, Ibn Ezra, Mahari Kara, Abarbanel,* et al.).

*Targum* renders the *servant* in this verse as the Messiah, but many of the later references in this chapter and the next clearly refer to the entire nation.

**14.** כַּאֲשֶׁר שָׁמְמוּ עָלֶיךָ רַבִּים כֵּן־מִשְׁחַת מֵאִישׁ מַרְאֵהוּ — *Just as multitudes were astonished over you [saying,] "Indeed his appearance is too marred to be a man's."* The nations of the world were astonished that Israel in the lands of its dispersion was so debased and its countenance so darkened that it appeared to be subhuman (*Rashi*).

Alternatively, the switch from third person (***he*** *will be exalted*) to second person (*astonished over* ***you***) indicates that *you* refers to someone else: the non-Jewish nations. In Messianic times, Israel will be exalted and multitudes will be astonished over the cataclysmic downfall and debasement of the oppressor nations — much as Israel's appearance had been considered *too marred to be a man's* (*Abarbanel*).

**15.** כֵּן יַזֶּה גּוֹיִם רַבִּים — *So will the many nations exclaim.* The translation follows *Radak,* who understands that the nations will be astonished at the newly revealed greatness of Israel, much as they had once been astonished at its earlier degradation.

Alternatively, *so he will overpower the many nations* who dispersed him (*Rashi*). As lowly and debased as Israel appeared at the time of its dispersion, so the time will come when it will be avenged, and its persecutors will be punished (*Ibn Ezra*). *Mahari Kara* agrees with this rendition of יַזֶּה, but renders שָׁמְמוּ in the previous verse differently. According to him, just as the nations made Israel desolate (שְׁמָמָה), so the time will come when it will overpower its enemies and they will become desolate.

Alternatively, *So shall [Israel] disperse the many nations* (*Targum, Abarbanel*).

עָלָיו יִקְפְּצוּ מְלָכִים פִּיהֶם — *Kings will shut their mouths [in amazement] because of him.* The non-Jewish rulers will be astonished at the unprecedented honor accorded Israel (*Rashi, Radak*), for they never imagined such salvation (*Ibn Ezra*).

**53.**

Isaiah continues his prophecy of Chapter 52, describing the surprise of the nations when they see how Israel will be exalted at the End of Days. The final third of that chapter began to describe the reaction to Israel's emergence from exile. Now, Isaiah will contrast the nations' former scornful attitude toward Jews and how they understood Israel's fall from eminence to exile (vv. 1-3) with their new realization of Israel's intrinsic grandeur (vv. 4-7).

**1.** מִי הֶאֱמִין לִשְׁמֻעָתֵנוּ — *Who would believe what we have heard!* The nations will say to one another that had they heard from others [such as the prophets (*Radak*)] what they now see with their own eyes, they never could have believed that it was possible (*Rashi*). Thus this verse is a reiteration of 52:15. Similarly, the next few verses continue the theme of 52:13-15.

וּזְרוֹעַ ה׳ עַל־מִי נִגְלָתָה — *For whom has the arm of HASHEM been revealed.* Upon whom has the power of God's might ever been revealed (*Targum*) with such grandeur? (*Rashi*).

Alternatively, *look upon whom the arm of HASHEM has been revealed!* Can you believe that God's power should be revealed for such lowly people? (*Radak, Abarbanel*).

**2.** וַיַּעַל כַּיּוֹנֵק לְפָנָיו — *Formerly he grew like a sapling.* Before the Redemption raises Israel to its new eminence, the nations will regard it with contempt. Then, the nations will be shocked to see that their lowly victim has become like a lowly sapling growing into a mighty tree (*Rashi*). This is a

ג מֵאֶרֶץ צִיָּה לֹא־תֹאַר לוֹ וְלֹא הָדָר וְנִרְאֵהוּ וְלֹא־מַרְאֶה וְנֶחְמְדֵהוּ: נִבְזֶה וַחֲדַל
ד אִישִׁים אִישׁ מַכְאֹבוֹת וִידוּעַ חֹלִי וּכְמַסְתֵּר פָּנִים מִמֶּנּוּ נִבְזֶה וְלֹא חֲשַׁבְנֻהוּ: אָכֵן
חֳלָיֵנוּ הוּא נָשָׂא וּמַכְאֹבֵינוּ סְבָלָם וַאֲנַחְנוּ חֲשַׁבְנֻהוּ נָגוּעַ מֻכֵּה אֱלֹהִים וּמְעֻנֶּה:
ה וְהוּא מְחֹלָל מִפְּשָׁעֵנוּ מְדֻכָּא מֵעֲוֺנֹתֵינוּ מוּסַר שְׁלוֹמֵנוּ עָלָיו וּבַחֲבֻרָתוֹ נִרְפָּא־לָנוּ:

### רש"י

**לא תאר.** היה לו מתחלה, ולא הדר: **ונראהו ולא מראה ונחמדהו.** וכשראינוהו מתחלה באין מראה היאך נחמדהו. ונחמדהו תמוה הוא: **(ג) נבזה וחדל אישים.** היה. כן דרך הנביא הזה מזכיר כל ישראל כאיש אחד, אַל תִּירָא עַבְדִּי יַעֲקֹב (לעיל מד,ב). ואף כאן הנה ישכיל עבדי בבית יעקב. אמר ישכיל לשון הצלחה הוא, כמו, וַיְהִי דָוִד לְכָל דְּרָכָיו מַשְׂכִּיל (שמואל־א יח, יד): **וכמסתיר פנים ממנו.** מרוב בשתם ושפלותם היו כמסתיר פנים ממנו. חבושי פנים בטמון כדי שלא נראה אותם, כאדם מנוגע שמסתיר פניו וירא מהביט: **(ד) אכן חליינו הוא נשא.** אכן לשון אבל בכל מקום. אבל עתה אנו רואים שלא מחמת שפלותו בא לו אלא מיוסר היה ביסורין: **ואנחנו חשבנוהו.** אנו היינו סבורים שהוא שנאוי למקום, והוא לא היה כן, אלא מחולל היה מפשעינו ומדוכא מעונותינו: **(ה) מוסר שלומינו עליו.** באו עליו יסורי השלום שהיה לנו, שהוא היה מיוסר להיות שלום לכל העולם:

### רד"ק

**לא תאר לו.** בעוד שהיה בגלות לא היה לו תאר ולא הדר; רצונו לומר, פאר יפה, ונראהו ולא מראה. והיינו רואים אותו, ולא היה מראהו יפה, אלא כעור ומשונה משאר בני אדם: **ונחמדהו.** ולא היינו חומדים אותו אלא מתעבים אותו, ולא שזכר עומד במקום שנים: **(ג) נבזה.** אין צריך לומר שלא היינו חומדים אותו, אלא אף נבזה היה בעינינו, וחדל אישים. פחות שמבני אדם היה. או פירוש חדל הוא מאישים — שלא היו מתחברים עמו: **איש מכאובות וידוע חולי.** המכאובות והחולי הוא צער הגלות. ופירוש ידוע, כי ידוע ורגיל היה לעבור עליו עול הגלות: **וכמסתר פנים ממנו היינו.** כמסתרים פנים ממנו, שלא היינו רוצים להביט בו מרוב מאוס שהיינו מואסים אותו, ולא חשבנוהו לכלום: **(ד) אכן חלינו.** הנה כתב יחזקאל הנביא, בֵּן לֹא יִשָּׂא בַּעֲוֹן הָאָב וְאָב לֹא יִשָּׂא בַּעֲוֹן הַבֵּן (יחזקאל יח, כ); כל שכן איש אחד באיש אחר, וכל שכן אומה באומה אחרת. אם כן מה הוא חלינו הוא נשא, מחולל מפשעינו ובחברתו נרפא לנו? ואינו דומה לזה מה שאמר ירמיהו בספר קינות, אֲבֹתֵינוּ חָטְאוּ וְאֵינָם וַאֲנַחְנוּ עֲוֺנֹתֵיהֶם סָבָלְנוּ (איכה ה, ז); כי הוא על דרך פֹּקֵד עֲוֺן אָבוֹת עַל בָּנִים (שמות לד, ז), והוא כשאוחזים הבנים מעשה אבותם בידיהם, כמו שאמר לְשֹׂנְאָי (דברים ה, ט); שזהו משפט מאת האל שנושא הבן עונו ועון האב. ומה שאמר ירמיהו אמר על לשון הנוהים, כי מתוך צערם לא יהיו דבריהם במשפט ובמשקל, וזה שיאמרו האומות אכן חלינו הוא נשא והדומים לזה, הוא דברי עצמם, לא שישראל סבלו עון האומות, אלא הם יחשבו זה בדעתם כאשר יראו בעת הישועה כי האמונה שהחזיקו בה ישראל היא האמת, והאמונה שהחזיקו הם בה היא שקר, וְיֹאמְרוּ אַךְ שֶׁקֶר נָחֲלוּ אֲבוֹתֵינוּ הֶבֶל וְאֵין וגו׳ (ירמיה טז, יט). יאמרו לפי סברתם, אם כן מה היה הצער שהיו סובלים ישראל בגלות? הנה לא היה בעונם, כי הם היו מחזיקים אמונת ישראל, ואנחנו שהיה לנו שלום ושלוה והשקט ובטח היינו מחזיקים אמונת שקר. אם כן החולי והמכאוב שהיה ראוי לבא עלינו היה בא עליהם, והם היו כופר וכפרה לנו. ואנחנו חשבנוהו בהיותו בגלות שהוא נגוע ומוכה אלהים, ומעונה מיד האלהים בעונו. והנה אנו רואים כי לא זה בעונו אלא בעונינו; זה שאמר: **(ה) והוא מחולל פעל מן המרובע.** מענין חיל כיולדה ומשרשו: **ומדכא.** מן, דִּכָּא לָאָרֶץ חַיָּתִי (תהלים קמג, ג): **מוסר שלומינו עליו.** שלומינו כמו כלנו; כמו, הָגְלַת שְׁלוֹמִים (ירמיה יג, יט); כלומר גלות שלמה, היסורים שהיו ראוים לבא עלינו כולם באו עליו. ויש מפרשים שלומינו, מן שלום. כלומר, כשהיינו בשלום והיה ראוי המוסר לבא עלינו בעונינו, והיה בא עליו: **ובחבורתו.** מן, חַבּוּרָה תַּחַת חַבּוּרָה (שמות כא, כה), אלא שזה דגוש וזה קל. והחבורה והנגע הוא משל על צער הגלות: **וטעם נרפא לנו.** כמו, כִּי אֲנִי ה׳ רֹפְאֶךָ (שמות טו, כו):

### מצודת דוד

**כשורש מארץ ציה.** רצונו לומר, מעט ההשפעה שהיה לו מעצמו כלה ואבד במעט זמן, כשורש היוצא מארץ ציה ושממה מבלי לחלוחית מים, שחיש מהר ימולל ויבש: **לא תואר לו ולא הדר.** רצונו לומר, ההשפעה לא היתה שלימה ומהודרת, כשורש היוצא מארץ ציה שאין לו לא תואר ולא הדר: **ונראהו ולא מראה.** וכאשר הסתכלנו בו, לא מצאנו בו מראה מפואר שנחמדהו על ידו. רצונו לומר, לא מצאנו בו לא גבורה ולא אמצות הלב לחמדו בעבורה, ולזה היינו מתעבים אותו: **(ג) נבזה וחדל אישים.** על כי היה נבזה בעיני כל והיה חדל מאנשים, כי לא היה מי מהעכו"ם מתחבר עמו לגודל שפלותו, והיה בעל מכאובות וידוע ומוחזק לכל כבעל חליים; ולא היינו יכולים לראות בפניו כאלו הסתיר פניו ממנו לבל ראותו; רצונו לומר, שהיה בכל עת ממונה בגלות וביסורין ובשפלות, עד שהיינו ממאסים להסתכל בפניו: **נבזה ולא חשבנוהו.** רצונו לומר, לכן היה נבזה בעינינו ולא היינו מחשיבים אותו, כי אמרנו יד ה׳ עשתה זאת כי מאס בו: **(ד) אכן חליינו הוא נשא.** אבל באמת לא מאס בו ה׳, כי כל חלי וכל מכאוב אשר סבל הכל בא מפאת עצמינו, מה שהיינו מחליאים ומכאיבים אותו ברוע בחירתנו: **ואנחנו חשבנוהו.** אבל אנחנו טעינו וחשבנו אותו לנגוע ומוכה מאלהים, כי מאס בו ועל ידו הוא מעונה ביסורים: **(ה) והוא מחולל מפשעינו.** האמת שהוא מה׳, אבל לא באה בעבור מאסו בו ברוע מעלליו, אך בעבור פשעינו נתמלא חלחלה, להיות פשעי כל העכו"ם מתכפרים בהיסורין הבאים עליו: **מדוכה מעונותינו.** כפל הדבר במילים שונות: **מוסר שלומנו עליו.** היסורין הראויים לבוא עלינו למרק העון להתמיד שלומנו, הנה באו עליו: **ובחבורתו.** עם החבורה שבא עליו נרפא לנו נגעי העון, כי בזה נתכפרו והלכו להם; והוא כפל ענין במילים שונות:

### מצודת ציון

**ציה.** שממה ויבשה: **הדר.** ענין יופי: **ונחמדהו.** הוי"ו היא במקום שי"ן; וכן, וְיִקְחוּ לִי תְּרוּמָה (שמות כה, ב) ורצונו לומר, שיקחו לי תרומה: **(ג) וחדל.** ענין מניעה: **אישים.** אנשים: **(ד) נשא.** מלשון משא וסבל: **נגוע.** ענין חלשות וכשלון; וכן, וַיִּנָּגְעוּ יְהוֹשֻׁעַ וְכָל יִשְׂרָאֵל (יהושע ח, טו): **ומעונה.** מלשון עינוי: **(ה) והוא.** הוי"ו הוא במקום או: **מחולל.** מלשון חיל וחלחלה: **מדוכא.** ענין שבר וכתיתה: **מוסר.** מלשון יסורין: **שלומינו.** מלשון שלום: **בחבורתו.** מלשון חבורה ומכה:

---

**וְנִרְאֵהוּ וְלֹא־מַרְאֶה וְנֶחְמְדֵהוּ** — *We saw him, but without such visage that we could desire him.* Formerly, when we saw him [he was so ugly and strange looking that (*Radak*)] we couldn't possibly desire him (*Rashi*), but now, he has flourished (*Mahari Kara*).

**3. נִבְזֶה וַחֲדַל אִישִׁים אִישׁ מַכְאֹבוֹת וִידוּעַ חֹלִי** — *He was despised and isolated from men, a man of pains and accustomed to*

metaphor for Israel's miraculous ascension from the lands of dispersion (*Radak*).

Alternatively, it refers to the holy generation that will flourish in the land (*Targum*). Thus, according to *Targum*, the righteous will flourish like beautiful trees and produce holy offspring in the land. Their appearance will be holy, not profane, and all who see them will marvel.

*from arid ground; he had neither form nor grandeur; we saw him, but without*
*such visage that we could desire him.* 3 *He was despised and isolated from*
*men, a man of pains and accustomed to illness. As one from whom we would*
*hide our faces; he was despised, and we had no regard for him.* 4 *But in truth, it*
*was our ills that he bore, and our pains that he carried — but we had regarded*
*him as diseased, stricken by God, and afflicted!* 5 *He was pained because of our*
*rebellious sins and oppressed through our iniquities; the chastisement upon*
*him was for our benefit, and through his wounds, we were healed.*

---

*illness.* The *pains* and *illnesses* are the trials and tribulations of living in exile (*Ibn Ezra*). Because no other nation had such pains and illnesses, Israel was despised and ostracized (*Mahari Kara*).

Both *Rashi* and *Abarbanel* reiterate that it is common for Isaiah to refer to the collective Jewish people in the third person singular form, as he does throughout this chapter. Indeed, Isaiah's contemporary, Hosea (*Hosea* 14:6-8), employs similes like Isaiah's, referring to the collective nation of Israel.

**וּכְמַסְתֵּר פָּנִים מִמֶּנּוּ** — *As one from whom we would hide our faces.* The Hebrew מִמֶּנּוּ can mean either *from him* or *from us.* Our translation follows *Radak* and *Ibn Ezra,* who adds that even in his day non-Jews would cover their faces or look away when they saw a Jew in distress, so that they would not have to help him.

*Rashi* follows the second rendition: the Jew is the *one who hides his face from us* because he, the Jew, is ashamed.

Alternatively, the subject is God: because of Israel's sins, [*God*] *hid His face from him* [i.e., from Israel], as it were, and therefore *he* [Israel] *was despised, and [therefore] we [the nations] had no regard for him* (*Mahari Kara*).

According to *Targum,* the kingdoms will be cut off from glory and will become weakened like *a man of pains and* one *accustomed to illness,* and will be *despised.*

**4-9.** The nations realize that they were wrong. They had thought that Israel was condemned to suffer because it had no faith in God. Now they acknowledge that it is they who were responsible for Israel's ordeals.

**4. אָכֵן חֳלָיֵנוּ הוּא נָשָׂא וּמַכְאֹבֵינוּ סְבָלָם וַאֲנַחְנוּ חֲשַׁבְנֻהוּ נָגוּעַ מֻכֵּה אֱלֹהִים וּמְעֻנֶּה** — *But in truth, it was our ills that he bore, and our pains that he carried — but we had regarded him as diseased, stricken by God, and afflicted!* We — the nations and kings — had thought that God detested Israel [because of its sins (*Radak*)], but we now see that in truth Israel was made to suffer because of *our* sins [as stated in the next verse] (*Rashi*).

**⊲§ A new error of the nations.** In an important and basic comment, *Radak* writes that it cannot be that Israel was punished for sins it did not commit, as the nations now claim. As the prophet Ezekiel (*Ezekiel* 18:20) declares: *A son shall not bear the iniquity of [his] father and a father shall not bear the iniquity of [his] son.* The Torah itself states that a person is punished only for his own sin, not for the sins of others (*Deuteronomy* 24:16). If this is so for individuals, it is even more so that an entire nation should not suffer for the sins of another nation! Rather, in this verse, the nations proceed from one misconception to another. In the previous three verses, they proclaimed that Israel was degraded and detestable, and that God had rejected the nation totally. Now, after witnessing the Redemption and the grandeur of God's people, they seek another explanation for the suffering of the exile. They will recognize that the faith of Israel, not theirs, is the true faith. If so, why did Israel suffer all those long years in exile despite keeping the faith, while the nations lived in comfort and peace? They will conclude — again erroneously — that Israel suffered as a "ransom and atonement" for the sins of the nations (*Radak;* see *Ibn Ezra*).

This comment is also consistent with the view of *Mahari Kara,* who continues his novel explanation — cited in the previous verse — and says that after the redemption the nations will recognize that Hashem is the true God.

**5. וְהוּא מְחֹלָל מִפְּשָׁעֵנוּ מְדֻכָּא מֵעֲוֹנֹתֵינוּ** — *He was pained because of our rebellious sins and oppressed through our iniquities.* Now the nations will acknowledge that Israel suffered not because it was rejected and not because it was being forced to atone as a "ransom" for the sins of the nations. Rather, they themselves were at fault for unjustly persecuting the Jewish people. Israel was *pained* ***because** of* — not *for* — our rebellious sins; ***through*** our iniquities, not as an atonement *for* them.

*Abarbanel* understands the verse literally: Israel was *oppressed through our iniquities* — the nations acknowledge that "In our sinfulness we beat them, killed them, jailed them, and oppressed them."

According to *Targum,* the verse is not speaking about sin and punishment. Rather, it refers to the Temple, which had been profaned by our sins and destroyed because of our iniquities. The Messiah will rebuild it.

**מוּסַר שְׁלוֹמֵנוּ עָלָיו** — *The chastisement upon him was for our benefit.* The world was able to live in peace only because Israel lived with constant chastisement (*Rashi*). There is an antithetical relationship between the nations of the world and Israel. As long as Israel suffers the pains of the dispersion, there will be peace for the nations, whereas when Israel is redeemed it will be a time of trouble for the nations (*Ibn Ezra*). This relationship was foreshadowed when Rebecca was pregnant with Jacob and Esau, and the rivalry between them began in the womb. She was told, *the might shall pass from one regime to the other* (*Genesis* 25:23). The Sages explain that the two will never be mighty simultaneously

ו־ז כֻּלָּ֙נוּ֙ כַּצֹּ֣אן תָּעִ֔ינוּ אִ֥ישׁ לְדַרְכּ֖וֹ פָּנִ֑ינוּ וַֽיהוָה֙ הִפְגִּ֣יעַ בּ֔וֹ אֵ֖ת עֲוֺ֥ן כֻּלָּֽנוּ׃ נִגַּ֨שׂ
וְה֣וּא נַעֲנֶה֮ וְלֹ֣א יִפְתַּח־פִּיו֒ כַּשֶּׂה֙ לַטֶּ֣בַח יוּבָ֔ל וּכְרָחֵ֕ל לִפְנֵ֥י גֹזְזֶ֖יהָ נֶאֱלָ֑מָה
ח וְלֹ֥א יִפְתַּ֖ח פִּֽיו׃ מֵעֹ֤צֶר וּמִמִּשְׁפָּט֙ לֻקָּ֔ח וְאֶת־דּוֹר֖וֹ מִ֣י יְשׂוֹחֵ֑חַ כִּ֤י נִגְזַר֙ מֵאֶ֣רֶץ
ט חַיִּ֔ים מִפֶּ֥שַׁע עַמִּ֖י נֶ֥גַע לָֽמוֹ׃ וַיִּתֵּ֤ן אֶת־רְשָׁעִים֙ קִבְר֔וֹ וְאֶת־עָשִׁ֖יר בְּמֹתָ֑יו

**רש״י**

(ו) **כולנו כצאן תעינו.** עתה נגלה: **הפגיע בו.** נעתר על ידו ונתרצה על עון כולנו שלא החריב עולמו. הפגיעה, אשפריאי"ר בלע"ז, לשון תחינה: (ז) **נגש והוא נענה.** נגש הנה בנוגשים ודוחקים: **והוא נענה.** באונאת דברים, שורפרלרי"ן בלע"ז: **לא יפתח פיו.** סובל היה ושותק, כמו השה אשר לטבח יובל וכרחל אשר לפני גוזזיה נאלמה: **לא יפתח פיו.** מוסב על שה לטבח יובל: (ח) **מעוצר וממשפט לוקח.** הנביא מבשר ואומר כי זאת יאמרו העכו"ם באחרית הימים, כשיראו כשנלקח מן העוצר שהיה עצור בידם וממשפט היסורין שסבל עד עתה: **ואת דורו.** שנים שעברו עליו: **מי ישוחח.** את התלאות אשר מצאוהו; כי נגזר היה מתחילה וגולה מארץ חיים היא ארץ ישראל אשר מפשע עמי בא הנגע הזה לצדיקים שבהם: (ט) **ויתן את רשעים קברו.** מסר את עצמו להקבר ככל אשר יגזרו עליו הריגה וקבורת חמורים במעי הכלבים: **את רשעים.** לדעת הרשעים נתרצה ליקבר, ולא יכפור באלהים חיים: **ואת עשיר במותיו.** ולדעת המושל מסר עצמו בכל מיני מות שגזר:

**רד״ק**

(ו) **כלנו כצאן תעינו.** רצונו לומר, כצאן מבלי רועה. לפיכך אמר כצאן בפתח הכ"ף, לידיעה כי אותו הצאן הוא תועה שאין לו רועה: **הפגיע.** העון הוא הפוגע בהם, והאל הוא המפגיע, ששולח להם הרע. פירוש עון, עונש העון; כמו, כִּי לֹא שָׁלֵם עֲוֺן הָאֱמֹרִי עַד הֵנָּה (בראשית טו, טז): (ז) **נגש והוא נענה.** נגש בממון; כמו, נָגַשׂ אֶת הַכֶּסֶף (מלכים־ב כג, לה), לֹא יִגֹּשׂ אֶת רֵעֵהוּ (דברים טו, ב): **נענה.** בגוף, שמענים גופו במכות, ועם כל זה לא יפתח פיו. לא היה לו רשות לזעק ולהתלונן על מה שהיינו עושים לו, אלא היה כמו השה שיובילו אותו לשחוט שלא יפתח פיו ולא יצעק; או כמו הרחל שנאלמה לפני גוזזים. ודמיון השה הוא לענוי הגוף ולתמותתו, ודמיון הרחל הוא לנגישת הממון שהוא בדמיון הגז. ודמה אותו לרחל ולא לכבש, לחולשתה יותר; כי בכל המינין הנקבה חלושה מהזכר, כן ישראל בגלות הם חלושים מאד: **נאלמה.** מלעיל, והוא נפעל עבר: **ולא יפתח פיו.** לא לגוף ולא לממון: (ח) **מעצר.** מעצור הגלות שהיה נעצר שם, וממשפט השבי שהיו עושים בו שפטים; לוקח ונפדה מכל זה: **ואת דורו מי ישוחח.** מי היה מדבר שיהיה דורו כל כך בגדולה; וכמוהו, מִי מִלֵּל לְאַבְרָהָם (בראשית כא, ז): **ישוחח.** ענין דבור; וכן, בְּמַעֲשֵׂה יָדֶיךָ אֲשׂוֹחֵחַ (תהלים קמג, ה), והם מבנין מרובע מנחי העי"ן: **כי נגזר מארץ חיים.** כאשר גלה מארצו שנקראת ארץ חיים; כמו, אֶתְהַלֵּךְ לִפְנֵי ה׳ בְּאַרְצוֹת הַחַיִּים (תהלים קטז, ט). ויש לפרש כי בגלות נחשב באמת כאלו נגזר מארץ חיים, ואיך היינו חושבים שתהיה לו גדולה כזו: **מפשע עמי.** כל עם ועם יאמר כן, כי מפשעו היה בא להם הנגע, לא מפשע עצמם: (ט) **ויתן.** היו הורגים אותו בגלות כמו שהורגים הרשעים על רשעם, והוא לא עשה חמס ולא דבר מרמה בפיו. והיו הורגים אותו כאלו עשה רע, והם היו מונים אותו עם רשעים. טעם ויתן, שהוא היה מוסר עצמו למיתה;

**מצודת דוד**

(ו) **כולנו כצאן תעינו.** רצונו לומר, כי כן היה בידינו עון רב, כי כולנו תעינו מדרך האמת והישר; כדרך הצאן, כשאחת מהן תועה מהדרך כולן נמשכות אחריה ותועות עמה. ורצונו לומר, ולפי שאבותינו תעו מדרך האמת, לזה נמשכנו גם אנחנו אחריהם: **איש לדרכו פנינו.** רצונו לומר, והלואי היינו כהצאן הזה שרחילא בתר רחילא אזלא בדרך המוטעה; אבל אנחנו לא כן היינו, אלא כל אחד פנה לדרכו, לא ראי זה כראי זה, וכולם מקולקלים, ואם כן יש בידינו עון רב: **וה׳ הפגיע בו.** המקום הפגיע בו עם העון של כולנו; רצונו לומר, העון שלנו הוא המכה בו ומייסרו בגזירת המקום: (ז) **נגש והוא נענה.** בעבור זה היה נלחץ לקחת עשרו, או היה הוא נענה בעינויי הגוף, אם דל הוא ואין ידו משגת: **ולא יפתח פיו.** להתלונן ולהתרעם על הדבר, כי פחד פן יוסיפו סרה: **כשה לטבח יובל.** והיה כשה המובא אל הטבח וכרחל העומדת לפני הגוזז צמרה, שהרחל היא נאלמה ולא תצעק בקולה והשה לא יפתח פיו. וכן לא התלונן המעונה הנמשל לשה המובל לטבח, ולא התרעם המנוגש הנמשל לרחל הגזוזה: (ח) **מעוצר וממשפט לוקח.** ממקום המאסר שהיה שם עצור וכלוא, וממקום המשפט שהיה נדון שם, הנה נלקח לנגשו או לענותו, ולא פטרוהו בלא כלום: **ואת דורו מי ישוחח.** מי יוכל לספר כל התלאות אשר עברו עליו בכל ימי דורו: **כי נגזר מארץ החיים.** כי סוף הדבר היה אשר נכרת מארץ חיים כי התלאות היו סיבה לקרב מיתתו: **מפשע עמי נגע למו.** כן יאמר כל אחד; הנה לא באה עליהם הנגע בעוונם, כי באה מפשע עמי, או עמי פשעו בהם לענותם ברוע בחירתם, או הם היו מנוגעים לכפר פשעי עמי: (ט) **ויתן את רשעים קברו.** מסר עצמו להקבר עם הרשעים, ודומה להם בענין רע ובבזיון; רצונו לומר, לא רצה לעבור על דת להנצל מזה: **ואת עשיר במותיו.** מוסב על מלת ויתן, לומר, שמסר עצמו להסכים עם דעת העשיר המושל בכל מיני מיתות שגזר עליו למען יעמוד באמונתו:

**מצודת ציון**

(ו) **תעינו.** מלשון תועה: **פנינו.** מלשון פניה: **הפגיע.** רצונו לומר, הפגיש בו לרעה להכותו; וכן, גַּשׁ פְּגַע בּוֹ (שמואל־ב א, טו): (ז) **נגש.** נלחץ ונדחק לקחת עשרו; כמו, נָגַשׂ אֶת הַכֶּסֶף (מלכים־ב כג, לה): **והוא.** הוי"ו היא במקום או: **נענה.** מלשון עינוי: **לטבח.** לשחיטה: **יובל.** כמו יוּבַל שַׁי (לעיל יח, ז): **גוזזים.** ענין כריתת הצמר: (ח) **מעוצר.** מקום המאסר שהיה כלוא ומעוכב שמה; וכן, וְהוּא עוֹדֶנּוּ עָצוּר (ירמיה לג, א): **ישוחח.** ענין ספור ואמירה; כמו, בְּמַעֲשֵׂה יָדֶיךָ אֲשׂוֹחֵחַ (תהלים קמג, ה): **נגזר.** ענין כריתה; כמו, אָמַרְתִּי נִגְזָרְתִּי (איכה ג, נד): **נגע.** רצונו לומר, כשלון וחלשות: **למו.** להם, ולפי שכל הענין מדבר בלשון יחידי על כלל האומה, לכן אמר למו לגלות שעל הכלל ידבר: (ט) **עשיר.** רצונו לומר, מושל כי על פי הרוב ימשול העשיר, במותיו. מלשון מיתה:

(*Megillah* 6a). Two regimes, one standing for morality and justice and the other standing for license and barbarity, cannot long coexist.

Alternatively, שְׁלוֹמֵנוּ is from the root שלם, *complete*. Thus, the nations declare that the *complete* exile and suffering that should have come upon them has, instead, been borne by Israel (*Radak*).

**6. כֻּלָּנוּ כַּצֹּאן תָּעִינוּ** — *We have all strayed like sheep.* The nations now realize that they were wrong; they acknowledge (*Rashi*) that they strayed from the truth like leaderless sheep (*Radak*).

**וַה׳ הִפְגִּיעַ בּוֹ אֵת עֲוֹן כֻּלָּנוּ** — *And* HASHEM *inflicted upon him the iniquity of us all.* The iniquity of the nations was that they inflicted punishment upon Israel. Such oppression is often described as "Hashem's punishment" (see 10:5, *Habakkuk* 1:12), for He decreed that it should happen *(Abarbanel)*. However, the perpetrators are held responsible, because God does not compel or even command them to do it. They sinned of their own free will. For example, a murderer cannot claim that he is blameless because God gave him the ability to kill and that He must have ordained that the victim should die.

*6 We have all strayed like sheep, each of us turning his own way, and HASHEM
inflicted upon him the iniquity of us all. 7 He was persecuted and afflicted,
but he did not open his mouth; like a sheep being led to the slaughter or a
ewe that is silent before her shearers, he did not open his mouth. 8 Now that
he has been released from captivity and judgment, who could have imag-
ined such a generation? For he had been cut away from the land of the living,
my people's sin brought the affliction upon them. 9 He submitted himself to
his grave like wicked men; and the wealthy [submitted] to his executions,*

*Rashi* apparently understands הִפְגִּיעַ as a cognate of וְאַל תִּפְגַּע בִּי, *do not entreat Me* (*Jeremiah* 7:16), which refers to prayer. Accordingly, God heeded the prayer of Israel not to destroy the world on account of our sin.

**7. נִגַּשׂ וְהוּא נַעֲנֶה** — *He was persecuted and afflicted.* Israel was abused both physically and verbally (*Rashi*). Alternatively, the former term [נִגַּשׂ] refers to economic hardship (see *Deuteronomy* 15:3); the latter [נַעֲנֶה] refers to physical affliction (*Radak, Abarbanel*). According to *Rashi,* the second term refers to taunting.

Accordingly, the verse refers to Israel's helplessness in the face of its suffering in exile. The simile continues that it is forced to suffer in silence, like a sheep led to the slaughter — referring to physical affliction. It remains mute like a weak ewe whose wool is being sheared — referring to economic hardship (*Radak*).

*Targum* renders both key words differently. He understands נִגַּשׂ as if it is spelled with a *shin*: נִגַּשׁ, to *draw close* [as in prayer[, and he understands נַעֲנֶה according to its standard meaning of *answered.* Accordingly he renders this phrase, *He will pray and be answered. Targum* continues, *[his prayer] will be accepted even before he opens his mouth.*

**כַּשֶּׂה לַטֶּבַח יוּבָל וּכְרָחֵל לִפְנֵי גֹזְזֶיהָ נֶאֱלָמָה וְלֹא יִפְתַּח פִּיו** — *Like a sheep being led to the slaughter or a ewe that is silent before her shearers, he did not open his mouth. Ibn Ezra* sees this as the familiar portrait of the Jew in exile. When he is persecuted he does not protest even though he is the most righteous one in the land and is devoted to God. Nor does he know anyone influential enough to intercede on his behalf. Thus he is rendered mute.

According to *Targum,* the subject of the entire verse is the Messiah, and Isaiah prophesies that the nations will flock to him and he will guide the entire unprotesting world toward the proper service of Hashem. He renders *The powerful among the nations of the world will be brought to him like sheep led to the slaughter or like a ewe that is silent before her shearers. None before him will open their mouth to resist.*

**8. מֵעֹצֶר וּמִמִּשְׁפָּט לֻקָּח וְאֶת־דּוֹרוֹ מִי יְשׂוֹחֵחַ** — *Now that he has been released from captivity and judgment, who could have imagined such a generation?* Isaiah prophesies about the End of Days, when Israel is released from captivity and freed from the suffering that strict judgment had decreed upon it. The nations will then marvel at the travails the righteous of Israel had undergone throughout the ages (*Rashi*). They will marvel at the grandeur of the generation of the Redemption (*Radak*).

**כִּי נִגְזַר מֵאֶרֶץ חַיִּים** — *For he had been cut away from the land of the living.* Most commentators (including *Rashi*) agree that this verse refers to the removal of Israel from *Eretz Yisrael,* which is known as *the land of the living. Rashi,* however, renders נִגְזַר not as *cut away* (i.e., *removed*), but as *decreed: For it was decreed that* Israel be exiled.

In a slight variation, *Radak* understands this as a continuation of the previous thought. Seeing the grandeur of the redemption, the nations will exclaim in surprise that they were sure that Israel had forever *been removed from the land of the living.*

**מִפֶּשַׁע עַמִּי נֶגַע לָמוֹ** — *My people's sin brought the affliction upon them.* Each nation will say that its own sinful people were responsible for the afflictions suffered by *them,* i.e., Israel (*Ibn Ezra, Radak*). After belittling and condemning Israel, the nations will finally come to realize that they bear responsibility for their cruel treatment of Israel. It is true that Israel was deserving of exile, but not of the suffering imposed on it by its enemies.

The word לָמוֹ, *upon them,* is the only plural reference to Israel in this chapter. By using this word, Isaiah sought to indicate that the singular form employed throughout the chapter refers to the totality of the Jewish people, not to a single individual (*Abarbanel*).

*Targum* explains that the Messiah does not suffer, but that he will redeem Israel from its suffering: *Out of suffering and punishment [Messiah] will draw near our exiles; the wondrous things done to us in his days — who shall be able to tell? He will remove their domination [of the nations] from the Land of Israel and transfer to them the sins that my people have committed.*

**9. וַיִּתֵּן אֶת־רְשָׁעִים קִבְרוֹ** — *He submitted himself to his grave like wicked men.* Although the Jew was innocent of any crime, he would submit himself to death as if he were a criminal, rather than renounce his religion and be freed (*Radak*).

Alternatively, *He submitted himself to wicked men [to be killed and buried] in his grave* rather than deny the living God (*Rashi*).

Alternatively, אֶת־רְשָׁעִים means *with wicked men.* The Jew was so disgusted with his life in the lands of his dispersion that he wanted to die together with his wicked persecutors (*Ibn Ezra*).

**וְאֶת־עָשִׁיר בְּמֹתָיו** — *And the wealthy [submitted] to his executions.* The plural *executions* indicates that many people were killed in many different ways. Ordinary Jews chose to die

י עַ֣ל לֹא־חָמָ֣ס עָשָׂ֔ה וְלֹ֥א מִרְמָ֖ה בְּפִֽיו׃ וַיהוָ֞ה חָפֵ֤ץ דַּכְּאוֹ֙ הֶחֱלִ֔י אִם־תָּשִׂ֤ים
יא אָשָׁם֙ נַפְשׁ֔וֹ יִרְאֶ֥ה זֶ֖רַע יַאֲרִ֣יךְ יָמִ֑ים וְחֵ֥פֶץ יְהוָ֖ה בְּיָד֥וֹ יִצְלָֽח׃ מֵעֲמַ֤ל נַפְשׁוֹ֙
יִרְאֶ֣ה יִשְׂבָּ֔ע בְּדַעְתּ֗וֹ יַצְדִּ֥יק צַדִּ֛יק עַבְדִּ֖י לָֽרַבִּ֑ים וַעֲוֺנֹתָ֖ם ה֥וּא יִסְבֹּֽל׃
יב לָכֵ֞ן אֲחַלֶּק־ל֣וֹ בָרַבִּ֗ים וְאֶת־עֲצוּמִים֙ יְחַלֵּ֣ק שָׁלָ֔ל תַּ֗חַת אֲשֶׁ֨ר הֶעֱרָ֤ה

**רש"י**

**(י) וה' חפץ דכאו החלי.** הקדוש ברוך הוא חפץ לדכאו ולהחזירו למוטב לפיכך החלה אותו: **אם תשים אשם נפשו וגו'.** אמר הקדוש ברוך הוא, אראה אם תהא נפשו נותנת ונמסרת בקדושתי להשיבה לי אשם על כל אשר מעל אגמל לו גמולו ויראה זרע וגו'. אשם זה לשון כופר שנותן אדם למי שחטא לו, אמינד"א בלע"ז כענין שנאמר בפלשתים, אַל תְּשַׁלְּחוּ אֹתוֹ רֵיקָם כִּי הָשֵׁב תָּשִׁיבוּ לוֹ אָשָׁם (שמואל־א ו, ג): **(יא) מעמל נפשו.** היה אוכל ושבע, לא היה גוזל וחומס: **בדעתו יצדיק צדיק.** היה שופט עבדי משפט אמת לכל הבאים לדין לפניו: **ועונותם.** היה סובל כדרך כל הצדיקים שנאמר אַתָּה וּבָנֶיךָ וּבֵית־אָבִיךָ אִתָּךְ תִּשְׂאוּ אֶת עֲוֹן הַמִּקְדָּשׁ (במדבר יח, א): **(יב) לכן.** על עשותו זאת אחלק לו נחלה וגורל ברבים עם האבות הראשונים, הערה למות נפשו. לשון וַתְּעַר כַּדָּהּ (בראשית כד, כ):

**רד"ק**

כי הם היו פוטרים אותו אם היה כופר בתורתו וחוזר לתורתם; והיה מוסר עצמו למיתה ולא יכפור בתורתו. וכן אמר, עָלֶיךָ הֹרַגְנוּ כָל הַיּוֹם (תהלים מד, כג). וטעם ואת עשיר במותיו, כי גם העשיר הורגים אותו בעבור עשרו, והוא נהרג לא בעבור רשע שהיה בו, אלא בעבור עושר שהיה לו. וטעם במותיו, לשון רבים, כי מיתות רבות יעשו לו, יש מהם נשרפים, ויש מהם נהרגים, ויש מהם נסקלים; ולכל מוסרים עצמם על יחוד השם: **(י) ויהוה חפץ דכאו החלי.** אין אנו רואים במכאוביו ובצרותיו בגלות, אלא חפץ האל כי הוא היה מחזיק בתורתו שהיא תורת אמת, והיה מוסר עצמו עליה. אם כן אין אנו רואים במכאוביו טעם, אלא או היה נתפס בעונותיו או היה חפץ האל כך לדכאו ולהחליאו; וחפץ האל לא ידענו: **החלי.** חסר אל"ף שהיא למ"ד הפעל והוא נקרא כבעלי האל"ף, ואף על פי שרוב השרש הוא בה"א: **אם תשים אשם נפשו.** אך זה אנו רואים, כי גמול טוב יש לו על הרע שסבל. ואם שמה נפשו עצמה במקום אשם כמו שאמר את רשעים, עתה יראה זרע רב. כמו שאמר זכריה הנביא עליהם, וְרָבוּ כְּמוֹ רָבוּ (זכריה י, ח). ואמר, וְאֶל אֶרֶץ גִּלְעָד וּלְבָנוֹן אֲבִיאֵם וְלֹא יִמָּצֵא לָהֶם (שם שם י), ואמר יחזקאל, אַרְבֶּה אֹתָם כַּצֹּאן אָדָם (יחזקאל לו, לז): **יאריך ימים.** כמו שאמר בספר הזה כִּימֵי הָעֵץ יְמֵי עַמִּי (לקמן סה, כב). ואמר זכריהו הנביא, וְאִישׁ מִשְׁעַנְתּוֹ בְּיָדוֹ מֵרֹב יָמִים (זכריה ח, ד): **וחפץ ה' בידו יצלח.** הנה היה בגלות חפץ ה' לדכאו, וגמול זה יצלח בידו. חפץ ה' שירבה אותו וייטיב לו עד מאד. עד כאן דברי האומות, מכאן ואילך דברי האל: **(יא) מעמל נפשו.** מעמל נפשו שסבל בגלות יהיה לו גמול שיראה ישבע; כלומר יראה טוב שישבע בו: **בדעתו יצדיק צדיק עבדי לרבים.** עבדי הוא ישראל כמו שאמרנו בתחילת הפרשה. ופירוש בדעתו; כמו שכתוב, כִּי מָלְאָה הָאָרֶץ דֵּעָה אֶת ה' (לעיל יא, יט). וכתוב, כִּי כוּלָּם יֵדְעוּ אוֹתִי (ירמיה לא, לג). והנה עבדי ישראל שהיה צדיק ויודע את ה', יצדיק בדעתו גוים רבים; כמו שכתוב, וְהָלְכוּ עַמִּים רַבִּים וְאָמְרוּ לְכוּ וְנַעֲלֶה אֶל הַר ה' אֶל בֵּית אֱלֹהֵי יַעֲקֹב וְיֹרֵנוּ מִדְּרָכָיו וגו' (לעיל ב, ג): **ועונתם הוא יסבול.** הוא בצדקתו יסבול עונות הגוים, כי בצדקתו יהיה שלום וטוב בעולם אפילו לעכו"ם: **(יב) לכן אחלק לו ברבים.** רבים ועצומים הם גוג ומגוג, והעמים אשר יבאו עמו אל ירושלם; כמו שאמר זכריה הנביא, וְאֻסַּף חֵיל כָּל הַגּוֹיִם סָבִיב זָהָב וָכֶסֶף וּבְגָדִים לָרֹב (זכריה יד, יד). וזה יהיה לו תחת אשר הערה למות נפשו, גמול שמסר עצמו למיתה ביד העכו"ם בגלות יהיה לו כל הכבוד הזה, ויהיה ממונם תחת ממונו שלקחו, ונפשם תחת נפשו; שימותו שם כל חיל גוג ומגוג, כמו שכתוב: **הערה.** שפך נפשו למות; וכן, וַתְּעַר כַּדָּהּ (בראשית כד, כ); ענין שפיכה אבל הוא בענין אחר:

**מצודת דוד**

**על לא חמס עשה.** רצונו לומר, ובחנם גזר עליו המיתה, לא על החמס שעשה ולא על המרמה שבפיו; כי לא עשה החמס ולא דבר מרמה ובעלילה בא: **(י) וה' חפץ דכאו החלי.** זהו מאמר הנביא, כמשיב על דברי העכו"ם שיהיו כמסתפקים אם הצרות הבאות על ישראל היו מרוע בחירתם ולא בגזרת המקום; או באו מיד ה' לכפר על עון העכו"ם. ואמר להם, לא כן הוא, אבל ה' חפץ לדכאו, וגזרת המקום נעשתה והוא החלי אותו: **אם תשים אשם נפשו.** רצונו לומר, אולם לא באו לכפר עון העכו"ם, כי אם לנסותו להטיבו באחריתו; וכאלו אמר, אראה אם נפשו תשים את עצמה אשם לומר שבדין בא מה שבא כי חטא ואשם לא יהרהר אחרי אז יהיה גמולו שכל ימי חייו יראה זרעו בעיניו ויאריך ימים. ועם כל זה לא ימות מי בחייו: **וחפץ ה' בידו יצלח.** והנה הצליח חפץ ה', כי עמד בנסיון ולא הרהר אחר מדת הדין: **(יא) מעמל נפשו יראה ישבע.** כי מעמל נפשו אשר ראה היה שבע ונהנה ממנה: **בדעתו יצדיק צדיק.** כי בדעתו יחשוב להצדיק את ה' הצדיק, לומר שבא למרק אשם העון למען לא יקופח שכר מעשה הטוב: **עבדי לרבים.** רצה לומר, לא היה עבד של העכו"ם הרבים לשמוע בקולם בדבר האמונה, כי היה עבדי אל מול העכו"ם הרבים, ולא שמע אליהם; ויט שכמו לסבול מה שעוו בו לייסרו ולהכאיבו בעבור זה: **(יב) לכן.** הואיל ועמד בנסיון, אתן לו חלק בנחלת העמים הרבים: **ואת עצומים.** את העכו"ם החזקים יחלק לעצמו להיות לו לשלל: **תחת וכו'.** בגמול אשר שפך נפשו והפקירה למיתה:

**מצודת ציון**

**(י) דכאו.** ענין שבר וכתיתה: **החלי.** מלשון חולי: **אשם.** ענין חטא ופשע: **(יא) מעמל.** ענין יגיעה וצער: **(יב) עצומים.** חזקים: **שלל.** ענין בזה: **תחת.** במקום ובגמול: **הערה.** ענין שפיכה; וכן, אַל תְּעַר נַפְשִׁי (תהלים קמא, ח):

---

like common criminals, rather than renounce their faith; and wealthy Jews were killed for no reason other than to enable their murderers to confiscate their wealth (*Radak*).

**עַל לֹא־חָמָס עָשָׂה וְלֹא מִרְמָה בְּפִיו** — *For committing no crime and with no deceit in his mouth.* The Jew would submit himself to any of the deaths decreed upon him by his rulers, rather than commit the crime of robbery, as practiced by those around him, or deceitfully feign allegiance to false gods in order to curry favor or avoid persecution (*Rashi*).

The prophet Zephaniah (*Zephaniah* 3:13) echoes this verse, saying that there was neither corruption nor deceit among *the remnant of Israel.*

*Targum* interprets the verse not about Israel but about sinners: *He will deliver the wicked into Gehinnom, and those that are rich in possessions, that were forced from us, into the death [of utter destruction], in order that those who commit sin may not exist, nor utter deceits with their mouth.*

**10-12.** According to most commentaries, Isaiah now moves from the words of the nations to the words of God.

**10. וַה' חָפֵץ דַּכְּאוֹ הֶחֱלִי** — *HASHEM desired to oppress him and He afflicted him.* Hashem made Israel suffer so that he would recognize the truth and repent (*Rashi*). Since Israel upheld God's Torah, which is the Torah of truth, and was willing

*God's Will was done*

*for committing no crime and with no deceit in his mouth.*
*10 HASHEM desired to oppress him and He afflicted him; if his soul would*
*acknowledge guilt, he would see offspring and live long days and the*
*desire of HASHEM would succeed in his hand. 11 From his very own toil*
*he will see and be satisfied. With his knowledge, My servant, the righ-*
*teous one, will make multitudes righteous; it is their iniquities that he will*
*carry. 12 Therefore, I will assign him a portion from the multitudes and*
*he will divide the mighty as spoils — in return for having poured out his*

to give up his life for it, how are we to understand the oppressions and the afflictions of exile? It is the fulfillment of Hashem's Will, either to atone for sin or for reasons beyond our comprehension (*Radak*).

**אִם־תָּשִׂים אָשָׁם נַפְשׁוֹ** — *If his soul would acknowledge guilt.* If the returnees at the final redemption would confess and acknowledge guilt, they *would see offspring and live long days* to enjoy their children (*Ibn Ezra*). Alternatively, God wants to test them to see if they will feel remorse and offer atonement for their sin; if so they will be compensated with offspring etc. (*Rashi*).

*Radak* builds on the approach cited at the beginning of this verse, that Israel may not understand why it suffers. The prophet continues that whether or not he actually sinned, he is rewarded for his suffering, provided he accepts it as God's Will. Then he will see offspring and success.

Alternatively, this answers the points raised by the nations in the previous verses. Israel may indeed have sinned, but God did not want to destroy them. He afflicted them only so that they would improve themselves and merit offspring and long days (*Abarbanel*).

*Targum* agrees that the subject of this verse is *the remnant of His people,* who are disciplined in order to cleanse them from their sins (see *Berachos* 5a).

**11. מֵעֲמַל נַפְשׁוֹ יִרְאֶה יִשְׂבָּע** — *From his very own toil he will see and be satisfied.* The righteous person will derive satisfaction from the results of his *own* toil, and not resort to dishonesty, like his oppressors (*Rashi*).

Alternatively, *From the distress of his soul he will see [good] and be satisfied.* Because of his suffering in the lands of dispersion, he will be rewarded and be satisfied from the goodness of the reward (*Radak;* see *Ibn Ezra*).

**בְּדַעְתּוֹ יַצְדִּיק צַדִּיק עַבְדִּי לָרַבִּים** — *With his knowledge, My servant, the righteous one, will make multitudes righteous.* At the time of the Redemption, the world will be filled with knowledge of God. With that knowledge, Israel, God's righteous servant, will influence the nations to serve Hashem (*Radak*).

Alternatively, with its knowledge of the ways of God, Israel *will justify the Righteous One,* for the people will understand that their suffering in exile was designed to punish their sins in this world so that their reward in the World to Come would not be diminished (*Metzudos*).

**וַעֲוֹנֹתָם הוּא יִסְבֹּל** — *It is their iniquities that he will carry.* The righteous of Israel will bear "their" iniquities, as is always the case for the righteous (*Rashi*), but *Rashi* does not clarify *whose* iniquities Israel will bear. *Radak* explains that Israel will bear the sins of the nations, for its righteousness will bring peace and goodness to the world, even to idolaters.

Alternatively, Israel will teach Torah to the multitudes and bring them justice, *despite* the iniquities Israel suffered from them in the years of exile (*Ibn Ezra, Abarbanel*).

*Targum* renders this verse as follows: *From the subjugation of the nations he will deliver their souls, they shall look upon the punishment of those that hate them, and be satiated with the spoils of their kings; by his wisdom he will vindicate the meritorious, in order to bring many into the service of the Torah; and for their sins he will pray.* This clearly refers to a Messiah who delivers his people from subjugation, returns them to the Torah, and prays for forgiveness of their sins.

**12. לָכֵן אֲחַלֶּק־לוֹ בָרַבִּים וְאֶת־עֲצוּמִים יְחַלֵּק שָׁלָל** — *Therefore, I will assign him a portion from the multitudes and he will divide the mighty as spoils.* The translation follows *Targum* and *Metzudos. The multitudes* and *the mighty* refer to Gog, Magog, and the nations that will join to attack Jerusalem, about whom the prophet says (*Zechariah* 14:14): *And the wealth of all the nations all around will be gathered — gold, silver, and garments in great abundance* (*Radak,* see also *Abarbanel*).

The Talmud (*Sotah* 14a) relates this verse homiletically to Moses when he beseeched God to be permitted to enter *Eretz Yisrael,* so that he could perform the commandments of the land. God told him not to be concerned that he would lose the reward for performing those commandments, for *I will assign him a portion among the multitudes [entering the land].* And, lest you think that he would share only in the portion of those entering the land, the verse says *and he will divide spoils with the mighty,* referring to Abraham, Isaac, and Jacob, who were mighty in Torah and good deeds. Why did he earn this? *In return for having poured out his soul for death,* i.e., Moses was willing to die for the sake of Israel, as he said (*Exodus* 32:32): *And now if you would but forgive their sin! — but if not, erase me now from Your book that You have written.* Our verse continues: *and being counted among the wicked* — for Moses died in the Wilderness, like the sinners of his time. *For he bore the sin of the multitudes,* i.e., he atoned for those who made the Golden Calf, *and prayed for the wicked* that they repent. The Hebrew term יַפְגִּיעַ can refer to prayer, as explained above, in comm. to v. 6.

Elsewhere, the Sages relate this verse to R' Akiva

## נד

**HAFTARAS NOACH**
*Ashkenazim:* 54:1-55:5
*Sephardim:* 54:1-10

**HAFTARAS KI SEITZEI**
54:1-10

א לַמָּ֙וֶת֙ נַפְשׁ֔וֹ וְאֶת־פֹּשְׁעִ֖ים נִמְנָ֑ה וְהוּא֙ חֵטְא־רַבִּ֣ים נָשָׂ֔א וְלַפֹּשְׁעִ֖ים יַפְגִּֽיעַ׃ ◄רָנִּ֥י
עֲקָרָ֖ה לֹ֣א יָלָ֑דָה פִּצְחִ֨י רִנָּ֤ה וְצַהֲלִי֙ לֹא־חָ֔לָה כִּֽי־רַבִּ֧ים בְּנֵֽי־שׁוֹמֵמָ֛ה מִבְּנֵ֥י בְעוּלָ֖ה אָמַ֥ר
ב יהוָֽה׃ הַרְחִ֣יבִי ׀ מְק֣וֹם אָהֳלֵ֗ךְ וִירִיע֧וֹת מִשְׁכְּנוֹתַ֛יִךְ יַטּ֖וּ אַל־תַּחְשֹׂ֑כִי הַאֲרִ֙יכִי֙ מֵיתָרַ֔יִךְ
ג וִיתֵדֹתַ֖יִךְ חַזֵּֽקִי׃ כִּֽי־יָמִ֥ין וּשְׂמֹ֖אול תִּפְרֹ֑צִי וְזַרְעֵךְ֙ גּוֹיִ֣ם יִירָ֔שׁ וְעָרִ֥ים נְשַׁמּ֖וֹת יוֹשִֽׁיבוּ׃
ד אַל־תִּֽירְאִי֙ כִּי־לֹ֣א תֵב֔וֹשִׁי וְאַל־תִּכָּלְמִ֖י כִּ֣י לֹ֣א תַחְפִּ֑ירִי כִּ֣י בֹ֤שֶׁת עֲלוּמַ֙יִךְ֙ תִּשְׁכָּ֔חִי

### רש"י

**ואת פושעים נמנה.** סבל יסורין כאלו חטא ופשע והוא בשביל אחרים, נשא חטא הרבים: **ולפושעים יפגיע.** על ידי יסורין שבאת על ידו טובה לעולם: **(א) רני עקרה.** ירושלים, אשר היתה כלא ילדה: **לא חלה.** לשון לידה הוא, שהיולדת על ידי חיל וחבלים יולדת: **מבני בעולה.** בת אדום: **(ב) יטו.** למרחוק: **מיתריך.** הם חבלים דקים התלוים בשולי אהלים, וקושרים ביתדות שקורין קביל"ש בלע"ז, ותוקעין בארץ: **(ג) תפרוצי.** תגברו: **(ד) עלומיך.** נעוריך:

### רד"ק

**ואת פשעים נמנה.** כמו שפירשנו ויתן את רשעים קברו והוא חטא רבים. ויתכן לפרשו בגלות, ורצונו לומר, חטא רבים שחטאו בו העכו"ם והוא נשא וסבל צערם; והוא על דרך, וְחָטָאת עַמֶּךָ (שמות ה, טז): **ולפשעים יפגיע.** ואף על פי כן היה מתפלל בעבור הרשעים שהיו פושעים בו, והיה מבקש מהם לברך את ארצם; כמו שאמר, וְדִרְשׁוּ אֶת שְׁלוֹם הָעִיר אֲשֶׁר הִגְלֵיתִי אֶתְכֶם שָׁמָּה וגו׳ (ירמיה כט, ז). וכמוהו מן הכבד בלשון תחנה ובקשה, הִפְגִּעוּ בַמֶּלֶךְ (ירמיה לו, כה), וַיִּשְׁתּוֹמֵם כִּי אֵין מַפְגִּיעַ (לקמן נט, יז). גם יש לפרש בעת הגאולה, ויהיה פירוש כמו שפירשנו ועונותם הוא יסבל. ורבותינו פירשוה על משה רבינו עליו השלום, ואמרו, תחת אשר הערה למות נפשו, שמסר עצמו למיתה; שנאמר, וְאִם אַיִן מְחֵנִי נָא מִסִּפְרְךָ אֲשֶׁר כָּתָבְתָּ (שמות לב, לב); ואת רשעים נמנה, שנמנה עם מתי מדבר; והוא חטא רבים נשא, שכפר על מעשה העגל; ולפשעים יפגיע, שבקש רחמים על פשעי ישראל. ויונתן תרגם הִנֵּה יַשְׂכִּיל (לעיל נב, יג), עַבְדִּי יַצְלַח מְשִׁיחָא, ותרגם כַּאֲשֶׁר שָׁמְמוּ (שם שם יד), כְּמָא דְסַבָרוּ לֵיהּ בֵּית יִשְׂרָאֵל וגו׳: **(א) רני עקרה.** כתרגומו. כי ההרה תחיל קרוב ללדתה; וכן, חִיל כַּיּוֹלֵדָה (ירמיה ו, כד): **בני שוממה.** אף על פי שהיתה ירושלם ימים רבים שוממה, רבים יהיו בניה, מבני בעולה. והם העכו"ם שהם כבעולות; כלומר כאשה שיושבת עם בעלה ובניה; והפכה האלמנה והשכולה שהיא שוממה, והיא ירושלם שהיא כאלמנה. ואמר כאלמנה ולא אלמנה ממש, כי בעלה חי וקיים. ויונתן תרגם, אֲרֵי סַגִּיאִין וגומר. זכר זאת שלפי דעתי שהיא מלכות הרביעית, כי ישמעאל אף על פי שהיא תקיפה, מלכות זאת גוברת עליה: **(ב) הרחיבי.** מרוב בנים שיבוא לך: **מקום אהלך.** הוא ירושלם: **ויריעות משכנותיך.** שאר ערי ישראל: **יטו.** המטים היריעות וימשכו אותה למרחוק להרחיב האהל והמשכנות. כמו שאמר זכריהו הנביא, מַשָּׂא דְבַר ה׳ בְּאֶרֶץ חַדְרָךְ וְדַמֶּשֶׂק מְנֻחָתוֹ (זכריה ט, א). ואמר וְגַם חֲמָת תִּגְבָּל בָּהּ צֹר וְצִידוֹן (שם שם ב), ואמר וְרָאֲמָה וְיָשְׁבָה תַחְתֶּיהָ וגו׳ (זכריה יד, י). ואמר ירמיהו הנביא, הִנֵּה יָמִים בָּאִים נְאֻם ה׳ וְנִבְנְתָה הָעִיר לַה׳ מִמִּגְדַּל חֲנַנְאֵל שַׁעַר הַפִּנָּה, וְיָצָא עוֹד קָו הַמִּדָּה וגו׳: **(ג) כי ימין ושמאל תפרצי.** על דרך וּפָרַצְתָּ יָמָּה וָקֵדְמָה (בראשית כח, יד). וזכר דרום וצפון, וזרעך גוים ירש. כולל מזרח ומערב: **וערים נשמות.** בין מארץ ישראל בין משאר ארצות ישראל יושיבו אותם: **(ד) אל תראי.** אל תפחדי שיהיה צאתך מגלות כצאתך משאר גליות, שמצאוך בארצך צרות רבות ורעות בבית ראשון ובבית שני: **כי לא תבושי.** לעולם. אחר שתצאי מזה הגלות לא תהיה לך צרה לעולם, כי בעלות האדם לגדולה ותמצאהו שפלות, אחר כך יבוש ויכלם: **כי בשת עלומיך.** הצרות שהיו לך בארצך ובהיות הימים ההם קדמונים, קראם עלומים:

### מצודת דוד

**ואת פושעים נמנה.** בפי העכו"ם היה מנוי בכלל הפושעים והכופרים, וכדי בזיון וקצף: **והוא חטא רבים נשא.** והוא נטה שכמו לסבול מה שחטאו בו עמים רבים לייסרו ולהכאיבו: **ולפושעים יפגיע.** אל הכשדים הפושעים בו היה מפגיע ומתחנן ועיניו תלויות אליהם כעיני עבדים אל יד אדוניהם; ולכן שורת הדין שבמקום מרבית ההכנעה ימשול בהם בעת הגאולה: **(א) רני עקרה.** את ירושלים אשר היית בעקרה שלא ילדה, על כי אנשים כלו ממנה ואינם, הנה עתה בזמן הגאולה רני ושמחי: **פצחי.** פתחי פה להרים קול רנה והשמיעי קול גדול, את ירושלים אשר היית כאשה אשר לא חלה ללדת; וכפל הדבר במילים שונות: **כי רבים.** כי עתה יתרבו בני ירושלים שהיתה שוממה מבני אדם שהיתה מיושבת ברבת עם: **(ב) הרחיבי.** להחזיק את כל בניך המרובים: **יטו.** יהיו נוטים לאורך ולרוחב ואל תחשוכי מלהטותם: **האריכי מיתריך.** החבלים התלוים בשפולי האוהל לקשרם ביתידות, האריכי אותם שיהא נוח לקשרם היטב: **ויתדותיך.** היתדות התקועות בארץ חזקי למען לא יזוזו ממקומם. והוא ענין מליצה לומר, שתתרחב ירושלים מכמות שהיתה, ועד עולם תעמוד ולא תחרב עוד: **(ג) כי ימין ושמאול תפרוצי.** תתחזק על הכשדים היושבים מימינך ומשמאלך: **וערים נשמות.** הערים השוממות יתיישבו בבני אדם, כי יפרו וירבו: **(ד) אל תיראי.** אל תפחדי שיהיה צאתך מגלות זה כצאתך משאר הגליות שמצאוך בארצך צרות רבות ורעות, כי לא תבושי עוד לעולם להיות משועבדת ונכנעת אל הבבלים: **ואל תכלמי.** להרים ראש ולהראות גדולה בחושבך פן תגלה שוב: **כי לא תחפירי.** כי היה מובטחת שלא תחפירי עוד ללכת גולה: **כי בושת עלומיך תשכחי.** כי הבושת שהיה לך בימי נעוריך כאשר היית גולה ומטולטלת; הבושה הזאת תשכחי כי לא יקרה לך עוד כזאת להזכר על ידה הראשונות:

### מצודת ציון

**נמנה.** מלשון מנין ומספר: **נשא.** סבל: **יפגיע.** ענין תחנה ובקשה; כמו, וְאַל תִּפְגַּע בִּי (ירמיה ז, טז): **(א) פצחי.** ענין פתיחת הפה בהרמת קול; כמו, פִּצְחִי רִנָּה וְצַהֲלִי (לקמן נד, א): **וצהלי.** ענין השמעת קול גדול; כמו, צָהֲלוּ מִיָּם (לעיל כד, יד): **חלה.** ענין חבלי לידה; כמו, כִּי חָלָה גַּם יָלְדָה (לקמן סו, ח): **בעולה.** רצונו לומר, מיושבת; וכן, וּלְאַרְצֵךְ בְּעוּלָה (לקמן סב, ד): **(ב) ויריעות.** הוא הוילון; כמו, נוֹטֶה שָׁמַיִם כַּיְרִיעָה (תהלים קד, ב): **משכנותיך.** מלשון משכן: **תחשכי.** ענין מניעה; כמו, וְלֹא חָשַׂכְתָּ (בראשית כב, יב): **מיתריך.** חבלים; כמו, וְאֶת מֵיתְרֵיהֶם (שמות לה, יח): **ויתדותיך.** מלשון יתד ומסמר: **(ג) תפרוצי.** ענין התחזקות; כמו, מַה פָּרַצְתָּ (בראשית לח, כט): **יירש.** מלשון ירושה: **לשמות.** מלשון שממון: **(ד) תחפירי.** ענין בושה וכלימה; כמו, וְחָפְרָה הַלְּבָנָה (לעיל כד, כג): **עלומיך.** נעוריך; וכן, הִקְצַרְתָּ יְמֵי עֲלוּמָיו (תהלים פט, מו):

---

(*Yerushalmi Shekalim* 5:1), or to those in any generation who give up their lives to sanctify God's Name (*Bamidbar Rabbah* 13:3, *Korban HaEidah to Shekalim* op. cit.).

*Rashi* explains the first half of this verse in accordance with the above-cited explanation from *Sotah,* without applying it to Moses. Since, according to *Rashi,* this section refers to the righteous of Israel (see above 52:13), apparently, this verse does as well. This is further borne out by *Ibn Ezra,*

*soul for death and being counted among the wicked, for he bore the sin of*
*the multitudes, and prayed for the wicked.*

**54**

1 *Sing out, O barren one who has not given birth; break into glad song*
*and be jubilant, you who have not been in birth travail. For the*
*children of the desolate [Jerusalem] will outnumber the children of the*
*inhabited one, said* HASHEM. 2 *Broaden the place of your tent and let the*
*curtains of your dwellings stretch out, stint not; lengthen your cords*
*and strengthen your pegs.* 3 *For you will burst out to the right and to*
*the left; your offspring will inherit nations, and they will settle desolate*
*cities.* 4 *Fear not, for you will not be shamed; do not feel humiliated, for*
*you will not be disgraced; for you will forget the shame of your youth*

*The many children of the barren one*

---

who says that "all the commentaries" explain this verse as a parable referring to those who die in sanctification of the Name, whose portion will be with the Patriarchs. He continues, however, that although that is unquestionably true, the simple meaning of the verse is as we have explained above.

**תַּחַת אֲשֶׁר הֶעֱרָה לַמָּוֶת נַפְשׁוֹ** — *In return for having poured out his soul for death.* Because Israel forfeits its life in the lands of its dispersion, it deserves this great reward (*Radak, Abarbanel*).

**וְאֶת־פֹּשְׁעִים נִמְנָה וְהוּא חֵטְא־רַבִּים נָשָׂא** — *And being counted among the wicked, for he bore the sin of the multitudes.* The righteous suffered as if they themselves were wicked, for they bore the sin of the multitudes (*Rashi*).

Alternatively, Israel suffered for the physical sins committed against them by their neighbors who *counted them among the wicked* who deserved punishment (*Radak, Metzudos*).

**וְלַפֹּשְׁעִים יַפְגִּיעַ** — *And prayed for the wicked.* Israel in exile prayed for the welfare of the host nations despite the physical suffering they underwent at their hands (*Radak*). Jeremiah (*Jeremiah* 29:7) counseled the Jewish exiles: *You shall seek the welfare of the city to which I have exiled you and entreat God on its behalf.*

Alternatively, the suffering of the righteous itself serves as an intercession before God on behalf of the world; in effect, bearing the sins of the multitudes (*Rashi;* see comm. to v. 5).

**54.**

In Chapter 52, Isaiah poetically described the glad song that will be sung when Hashem brings the Jewish people back to Zion in the final Redemption from the exile. Isaiah now continues that joyful account. He addresses Jerusalem as if it were a barren woman who suddenly becomes the mother of countless children. So, too, the Holy City and the Holy Land had been bereft of their children for so long that it seemed as if they had never given birth. The joy of the Redemption will be indescribable. In this chapter we see Hashem's everlasting love for His people in their exile, whether they are righteous or sinful.

**1. כִּי־רַבִּים בְּנֵי־שׁוֹמֵמָה מִבְּנֵי בְעוּלָה** — *For the children of the desolate [Jerusalem] will outnumber the children of the inhabited one.* Although Jerusalem had been desolate for so long — like a widow bereft of her husband — the day will come when its residents will outnumber those of the world's other cities (*Radak*), i.e., those of Edom (*Rashi*).

Alternatively, at the time of Israel's redemption, more Jews will flock to their homeland than resided there before it "lost its husband," i.e., before the exile (*R' Schwab*).

**בְּעוּלָה** — *The inhabited one* [lit., *the one with a husband*]. A land with a ruler is described metaphorically as one with a husband (*Ibn Ezra*).

**2. הַרְחִיבִי מְקוֹם אָהֳלֵךְ וִירִיעוֹת מִשְׁכְּנוֹתַיִךְ יַטּוּ** — *Broaden the place of your tent and let the curtains of your dwellings stretch out,* to make room for the multitudes that will flock to their homeland at the time of the Redemption (*Radak, Abarbanel*). The *place of your tent* refers to Jerusalem, and *your dwellings* refers to the rest of the country (*Radak;* see *Jeremiah* 31:37 and *Zechariah* 9:2 for descriptions of this broadening). The *cords* and *pegs* are used to hold a tent in place.

**3. תִּפְרֹצִי** — *You will burst out.* You will be victorious against your neighbors to the right and to the left (*Rashi*).

Alternatively, your population will increase and thus, *You will burst out to the right and to the left* (*Ibn Ezra*).

**וְעָרִים נְשַׁמּוֹת יוֹשִׁיבוּ** — *And they will settle desolate cities.* Because there was such a great increase in their numbers they will settle in once desolate cities, whether in the Land or beyond (*Radak*). Because Jewish cities will not suffice to hold the growing population, the people will spread out beyond the country's borders (*Malbim*).

**4. אַל־תִּירְאִי כִּי־לֹא תֵבוֹשִׁי** — *Fear not, for you will not be shamed.* At the time of your final redemption, there will be none of the humiliations your ancestors encountered during the eras of both Temples, when there were frequent invasions and periods of foreign domination (*Radak*).

**כִּי בֹשֶׁת עֲלוּמַיִךְ תִּשְׁכָּחִי** — *For you will forget the shame of your youth.* You will no longer need to feel the shame inflicted on you in the lands of your exile (*Radak*), or shame for the sins you committed before you were exiled (*Abarbanel*).

ה וְחֶרְפַּת אַלְמְנוּתַיִךְ לֹא תִזְכְּרִי־עוֹד: כִּי בֹעֲלַיִךְ עֹשַׂיִךְ יהוה צְבָאוֹת שְׁמוֹ וְגֹאֲלֵךְ
ו קְדוֹשׁ יִשְׂרָאֵל אֱלֹהֵי כָל־הָאָרֶץ יִקָּרֵא: כִּי־כְאִשָּׁה עֲזוּבָה וַעֲצוּבַת רוּחַ קְרָאָךְ
ז יהוה וְאֵשֶׁת נְעוּרִים כִּי תִמָּאֵס אָמַר אֱלֹהָיִךְ: בְּרֶגַע קָטֹן עֲזַבְתִּיךְ וּבְרַחֲמִים
ח גְּדֹלִים אֲקַבְּצֵךְ: בְּשֶׁצֶף קֶצֶף הִסְתַּרְתִּי פָנַי רֶגַע מִמֵּךְ וּבְחֶסֶד עוֹלָם רִחַמְתִּיךְ
ט אָמַר גֹּאֲלֵךְ יהוה: כִּי־מֵי נֹחַ זֹאת לִי אֲשֶׁר נִשְׁבַּעְתִּי מֵעֲבֹר מֵי־
י נֹחַ עוֹד עַל־הָאָרֶץ כֵּן נִשְׁבַּעְתִּי מִקְּצֹף עָלַיִךְ וּמִגְּעָר־בָּךְ: כִּי הֶהָרִים יָמוּשׁוּ

**רש״י**

(ו) **כי תמאס.** כשתמאס. פעמים שכועס עליה מעט: (ח) **בשצף קצף.** מנחם פתר חרי אף, ודונש אמר במעט קצף כמו ברגע קטן עזבתיך וכן תרגם יונתן: **ובחסד עולם.** שיתקיים עד עולם: (ט) **כי מי נח זאת לי.** שבועה בידי והולך ומפרש דברו כאשר נשבעתי מעבור מי נח וגו': (י) **כי ההרים ימושו.** אף אם תכלה זכות אבות ואמהות, חסדי מאתך לא ימוש:

**רד״ק**

**וחרפת אלמנותיך.** הצרות שהיו לך בגליות שהיית כאלמנה, ומרוב טובה תשכחו כל הצרות הראשונות, כמו שאמר בסוף הספר כי נשכחו הצרות הראשונות: **ולא תכלמי.** במקום אל תראי שזכר. כלומר, אל תכלמי מפחד, אחר היותך בארצך לא יהיה זה, כי לא תחפירי. והוא כמו לא תבושי, והוא פעל עומד מן הכבד; וכן, הֶחְפִּיר לְבָנוֹן (לעיל לג, ט): (ה) **כי בועליך.** מי שהיה אדוניך הוא עושיך, ומי שעשאך וכוננך הוא יהיה בעליך. כי בגלות בעלוך אדונים אחרים; כמו שאמר, בְּעָלוּנוּ אֲדֹנִים זוּלָתֶךָ (לעיל כו, יג): **ה׳ צבאות שמו.** והיכולת בידו, כי הוא אדון צבאות מעלה ומטה: **אלהי כל הארץ יקרא.** אז יקרא; כמו שאמר, לְעָבְדוֹ שְׁכֶם אֶחָד (צפניה ג, ט), כי כל העמים יודו בו אז. ובעליך ועושיך לשון רבים דרך כבוד, כמו מלת אלהים; וכן, יִשְׂמַח יִשְׂרָאֵל בְּעֹשָׂיו (תהלים קמט, ב): (ו) **כי כאשה.** אין את כמו האשה שמת בעלה, כי בעלך חי וקים לעולם; אלא הרי את כאשה שקצף עמה בעלה ועזבה ימים רבים: **ועצובת רוח.** כן קרא שמך ה׳, אשה עזובה ולא אשה אלמנה. ואם תאמר שיעזבך לעולם כי מאס בך; והלא את אשת נעורים, ולא ימאס אותה בעלה לעולם: (ז) **ברגע.** אף על פי שארכו ימי הגלות, כולם יהיו נחשבים כרגע קטן כנגד הרחמים בחרי קצף. ואדוני אבי זכרונו לברכה פירש שיהיו גדולים כשאקבצך. ובי״ת ברגע רצונו לומר, בימים שעזבתיך אותם, הימים הם רגע כנגד ימי הטובה: (ח) **בשצף קצף.** זה הפסוק כענין הפסוק הראשון, אלא שכפל הענין במלות שונות לחזק הענין. ומלת בשצף פירש מנחם לפי הענין, כמו בחרי קצף. ואדוני אבי זכרונו לברכה פירש במעט קצף. וכן תרגם יונתן, (בשעה זעירא) בִּרְגַז זְעֵיר סַלְקִית אַפֵּי שְׁכִנְתִּי זְמַן זְעֵירָא מִנִיךְ: (ט) **כי מי נח.** יש מחלוקת בספרים במלה הזאת. ברוב הספרים הם שתי מלות, ופירש מנחם, מי המבול, וסמכה לנח שבאו בימיו ונצל מהם. ויש ספרים שהיא מלה אחת, כמו כימי נדת דותה. וכן תרגם יונתן, כְּיוֹמֵי נֹחַ, מכל מקום הענין אחד. אמר, כמו דבר מי המבול שהיו בימי נח, שנשבעתי שלא יעברו עוד על הארץ, והיא גזרה שלא תבטל; כן נשבעתי אחרי צאתך מהגלות מקצף עליך ומגער בך. ופירש זאת הגלות והשביה היא לך כמו מי נח; כמו שהם לא יהיו עוד, כן לא יהיה לך גלות עוד. ושבועת נח היא שאמר שני פעמים, וְלֹא יִכָּרֵת כָּל בָּשָׂר עוֹד מִמֵּי הַמַּבּוּל וְלֹא יִהְיֶה עוֹד מַבּוּל לְשַׁחֵת הָאָרֶץ (בראשית ט, יא). כך פירשו רבותינו, ולמדו מזה כי לאו לאו שבועה, ומדלאו לאו שבועה, הן הן נמי שבועה. ויש לפרש כי הברית היא השבועה, כמו שאמר, וַהֲקִמֹתִי אֶת־בְּרִיתִי אִתְּכֶם (שם). והברית הוא קיום הדבר, וכן שבועה היא קיום הדבר, מגער בך. העי״ן נקרא בחטף קמץ, (י) **כי ההרים ימושו.** ההרים והגבעות הם הדברים הקיימים אשר בארץ, ואף על פי כן, פעמים ימושו ותמוטנה ברעש הארץ. אבל חסדי ובריתי אתך

**מצודת דוד**

**וחרפת אלמנותיך.** החרפה שהיה לך מאז שהיית מבלי מלך כאלמנה מבלי בעל, החרפה ההיא לא תזכרי עוד כי לא תהיה עוד מבלי מלך להזכיר על ידו את הראשונות: (ה) **כי בועליך.** כי אדונך המגדל והמרומם אותך הנה שמו ה׳ צבאות על כי הוא מושל בצבאות מעלה ומטה, ואם כן מי יעמוד כנגדו לבטל מעשיו: **וגאלך.** הלא גאלך קדוש ישראל אשר יקרא אלהי כל הארץ וידו בכל משלה; וכפל הדבר במלות שונות: (ו) **כי כאשה עזובה וכו׳.** רצה לומר, ה׳ קראך לשוב אליו כדרך האשה העזובה מבעלה והיא עצובת רוח, שבעלה קורא אותה לשוב אליו: **אשת נעורים.** כמו אשת נעורים אם תמאס בעיני בעלה הנה לא תתמיד המיאוס כי ישוב ירחם; כן אמר אלהיך לרחם עליך: (ז) **ברגע קטן עזבתיך.** העזבון שעזבתיך לא היה רק רגע קטן מול הקבוץ שאקבצך, כי ברחמים גדולים תהיה ותתמיד לאורך ימים: (ח) **בשצף קצף.** במעט קצף הסתרתי פני ממך רק רגע; רצה לומר, אל מול החסד תחשב רק לרגע כי בחסד עולם ארחמך: (ט) **כי מי נח וכו׳.** הקצף כך הוא לי כמו מי המבול שהיה בימי נח, אשר נשבעתי שלא יהיה עוד מי המבול, כן נשבעתי וכו׳: (י) **כי ההרים ימושו.** לפעמים יקרה אשר ההרים עם רוב חזקם יסורו ויעתקו ממקומם על ידי רעש, וכן הגבעות יונטו לנפול בארץ:

**מצודת ציון**

(ה) **בועליך.** ענין אדון; כמו, אִם בְּעָלָיו עִמּוֹ (שמות כב, יד): **עושיך.** ענין הגדלה והרמה; וכן, יִשְׂמַח יִשְׂרָאֵל בְּעֹשָׂיו (תהלים קמט, ב): (ו) **ועצובת.** מלשון עצבון, כי תמאס. אם תמאס: (ח) **בשצף.** במעט; כן תרגם יונתן, ואין לו דומה: (ט) **מעבור.** לבל עבור; וכן, מקצוף; כמו, מֵהַמְטִיר עָלָיו מָטָר (לעיל ה, ו): **ומגער.** ענין צעקת נזיפה: (י) **ימושו.** ענין הסרה; כמו, לֹא יָמִישׁ עַמּוּד הֶעָנָן (שמות יג, כב):

---

**וְחֶרְפַּת אַלְמְנוּתַיִךְ לֹא תִזְכְּרִי־עוֹד** — *And you will no longer recall the disgrace of your widowhood.* All the suffering you underwent in exile when you had no ruler (ibid.), and were shamed for not having one (*Ibn Ezra* here, and see comm. above, end of v. 1).

During the First Temple era, elements of the nation worshiped idols, and were disloyal to God, the nation's "husband," as it were. Even when Israel was no longer guilty of idolatry, it was humiliated by its enemies who taunted it for being exiled and downtrodden. When the Redemption comes, these disgraces will be forgotten (*Malbim*).

**5.** This verse explains why the humiliation will end. During the exile, our masters were our antagonists, but when the Messiah redeems us, our Master will be God, the One Who created us, and we will no longer lack attachment to Him (*Abarbanel*).

**ה׳ צְבָאוֹת שְׁמוֹ** — HASHEM, *Master of Legions, is His Name,* and as the Master of all the earthly and the heavenly legions, He can do whatever He wants (*Radak*).

**אֱלֹהֵי כָל־הָאָרֶץ יִקָּרֵא** — *God of all the world will He be called.* All the nations of the world will accept the Torah of Hashem so that He will be acknowledged as *God of all the world* (*Ibn Ezra*), and not only *God of Israel* (*Abarbanel*).

*and you will no longer recall the disgrace of your widowhood. 5 For your Master*
*is your Maker, HASHEM, Master of Legions, is His Name; your Redeemer is the*
*Holy One of Israel; God of all the world will He be called. 6 For like a wife who*
*had been forsaken and melancholy has HASHEM called you, and like a wife of*
*one's youth who had become despised, said your God. 7 For but a brief moment*
*have I forsaken you, and with abundant mercy will I gather you in. 8 With a*

*Eternal mercy and kindness*

*slight wrath I have concealed My countenance from you for a moment, but*
*with eternal kindness shall I show you mercy, said your Redeemer, HASHEM.*
*9 For [like] the waters of Noah shall this be to Me: Just as I swore that the*
*waters of Noah would never again pass over the earth, so have I sworn not to*
*be wrathful with you nor to rebuke you. 10 For the mountains may be moved*

**6. כִּי־כְאִשָּׁה עֲזוּבָה וַעֲצוּבַת רוּחַ קְרָאָךְ ה׳** — *For like a wife who had been forsaken and melancholy has HASHEM called you.* Israel had been told, *And you will no longer recall the disgrace of your widowhood* (v. 4). As explained there, this *disgrace* was because she had no ruler of her own, but was subject to others. Now Isaiah declares that Israel was never actually a widow, but only temporarily forsaken [in anger (*Radak*)] by her "husband." In truth, however, her "husband" is her *Maker, Hashem, Master of Legions* (*Ibn Ezra*).

**7. בְּרֶגַע קָטֹן עֲזַבְתִּיךְ** — *For but a brief moment have I forsaken you.* Even though the millennia of exile are much more than "*but a brief moment,*" they are insignificant compared to the *abundant mercy* with which He will *gather you in,* with all its attendant good (*Radak*), or compared to the time after the Redemption when Hashem will be our unquestioned Ruler (*Ibn Ezra* to v. 8).

Alternatively, בְּרֶגַע is related to the Hebrew רֶגַע, *rest.* Accordingly, בְּרֶגַע קָטֹן עֲזַבְתִּיךְ means, *I have forsaken you with little rest* from all the travails of exile. Yet, *with abundant mercy will I gather you in* (*Abarbanel;* see *Ibn Ezra,* and *Rashi* to v. 8).

**8. בְּשֶׁצֶף קֶצֶף** — *With a slight wrath.* The translation follows *Targum* and *Ibn Ezra.* Alternatively, it is rendered *great fury* (see *Rashi* and *Radak*)

**הִסְתַּרְתִּי פָנַי** — *I have concealed My countenance.* When God conceals His countenance, darkness intensifies, and evil and foolishness increase; wisdom is disparaged and truth is cast aside; and all the affairs of the world become ruinous and destructive (*Daas Tevunos* 142). When God is concealed, evil comes to the fore; evil people dominate and righteous people suffer. Thus, concealment of the Divine Countenance brings about wrath.

**בְּשֶׁצֶף קֶצֶף . . . וּבְחֶסֶד עוֹלָם** — *With a slight wrath . . . but with eternal kindness.* Here, too, *slight wrath . . . for a moment* is contrasted with *eternal kindness* (*Ibn Ezra*). [Although in this verse, as well, *Abarbanel* renders רֶגַע as *rest, Ibn Ezra* explicitly renders it as *a moment,* as opposed to his rendering in the previous verse. [It is common for a prophet to use a word in one way and then to use a similar word with a different meaning. An example of this is found (according to *Targum,* see below) in the next verse.]

The brief forsaking and the hiding of the Divine countenance is minor compared to the abundant mercy and eternal kindness that God will show in the future (*Binah LeIttim*).

**9. כִּי־מֵי נֹחַ זֹאת לִי** — *For [like] the waters of Noah shall this be to Me. "This"* refers to God's oath to Noah (*Genesis* 9:11) that He will not bring another deluge upon the entire world (*Rashi*).

Alternatively, the first two words should be read as a single word — כִּימֵי — so that the phrase is rendered *As in the days of Noah . . .* (*Targum, Ibn Ezra*). In either case, it leads up to the promise given in the continuation of the verse (*Radak*).

**מֵי נֹחַ** — *The waters of Noah.* The Flood is known as *the waters of Noah* because only the merit of Noah prevented the raging waters from wreaking total destruction (*Abarbanel*).

Homiletically, the Flood is known as *the waters of Noah,* which implies that on some level he was responsible for the deaths of those who died. Noah should have prayed for the people of his generation, as Abraham did for the sinners of Sodom, and as Moses did when Israel sinned in the Wilderness. The implication is that if Noah had prayed for them or if he had acted more strenuously to chastise them for their sins, he might have been able to save them or lessen the destruction (*Zohar, Noach* 67b; *Mabit, Shaar HaYesodos* 43).

When Moses, whose soul included the souls of all Jews, said that he wished to be erased from the Torah if the Jewish people were wiped out, he used the word מְחֵנִי, *erase me* (*Exodus* 32:32), which contains the same letters as מֵי נֹחַ, *waters of Noah.* By offering his soul to save the Jewish people, he rectified the soul of Noah, who did not pray for the people of his generation (*Kedushas Levi, Noach;* see also *Michtav MeEliyahu* II, p. 182).

**אֲשֶׁר נִשְׁבַּעְתִּי מֵעֲבֹר מֵי־נֹחַ עוֹד עַל־הָאָרֶץ** — *Just as I swore that the waters of Noah would never again pass over the earth.* After the Flood, God said (*Genesis* 9:11): *Never again shall all flesh be cut off by the waters of the flood, and never again will there be a flood to destroy the earth,* and then He said (ibid. v. 15): *And the water shall never again become a flood to destroy all flesh.* The Sages understood these statements to be comparable to an oath (*Shevuos* 36a, cited by *Radak*).

HAFTARAS RE'EH 54:11-55:5

וְהַגְּבָעוֹת תְּמוּטֶינָה וְחַסְדִּי מֵאִתֵּךְ לֹא־יָמוּשׁ וּבְרִית שְׁלוֹמִי לֹא תָמוּט אָמַר
יא מְרַחֲמֵךְ יהוה: ◂ עֲנִיָּה סֹעֲרָה לֹא נֻחָמָה הִנֵּה אָנֹכִי מַרְבִּיץ בַּפּוּךְ אֲבָנַיִךְ
יב וִיסַדְתִּיךְ בַּסַּפִּירִים: וְשַׂמְתִּי כַּדְכֹד שִׁמְשֹׁתַיִךְ וּשְׁעָרַיִךְ לְאַבְנֵי אֶקְדָּח וְכָל־גְּבוּלֵךְ
יג-יד לְאַבְנֵי־חֵפֶץ: וְכָל־בָּנַיִךְ לִמּוּדֵי יהוה וְרַב שְׁלוֹם בָּנָיִךְ: בִּצְדָקָה תִּכּוֹנָנִי רַחֲקִי
טו מֵעֹשֶׁק כִּי־לֹא תִירָאִי וּמִמְּחִתָּה כִּי לֹא־תִקְרַב אֵלָיִךְ: הֵן גּוֹר יָגוּר אֶפֶס מֵאוֹתִי

### רש״י

**(יא) סוערה.** שלבה סוער ברוחי צרות, מרבין בפוך. רוצף רצפתך מאבני נופך: **(יב) כדכד.** מין אבן טובה: **שמשותיך.** יונתן תירגם אָטָךְ, ומנחם חברו עם ישמשוניה. ויש פותרין לשון שמש. חלונות שחמה זורחת בהן ועושין כנגדו מחילה במיני זכוכית לצבעים לנוי. ומדרש תהלים פותר שמשותיך. שֶׁמֶשׁ וּמָגֵן (תהלים פד, יב) שיני החומה, לאבני אקדח. יונתן תירגם, לְאַבְנֵי גְמַר. גומרין תרגום גחלים. פתר אקדח לשון קֹדְחֵי אֵשׁ (לעיל נ, יא), והם מין אבנים טובות בוערות כלפידים והוא קרבונקל״א, לשון גחלת. ויש פותרין לשון מקדח אבנים גדולות, שכל חלל הפתח קדוח בתוכו, והמזוזות והמפתן והסף כולן מתוך האבן הם, לאבני חפץ. לאבני רצון: **(יד) רחקי מעושק.** כמו, הִתְנַעֲרִי מֵעָפָר (לעיל נב, ב). תרחקי מן העושקים אותך (רחקי מעושק, תרחק מלעשוק בני אדם כדרך שעושים רשעים; שאוספים ממון מגזל. אבל אתם לא תצרכו לגזול כי לא תיראו מדלות ועניות וממחתה כי לא תבא ולא תקרב אליך. אברבנאל) (בצדקה שתעשה תהיה נכונה בגאולת עולם ותהיה רחוקה מעושק בני אדם כי לא תראי. אפילו פחד ויראה לא יהיה לך מהם, ותהיה רחוקה ממחתה שלא תקרב אליך, אילנ״ה שלוחה): **(טו) הן גור יגור אפס מאותי.** הן ירא יירא ויגור מגזרת רעות אותו שאין אני עמו, הוא שעיר:

### רד״ק

הוא יותר קיים, שלא ימוש לעולם. ויש לפרש ההרים והגבעות, משל על שרי עכו״ם: **(יא) עניה סערה.** סוערה בסערת הגלות: **לא נחמה.** פירוש, עד עתה לא נחמה. ויונתן תרגם, חֲשִׁיבְתָא מְקַבְּלָא עוּלְבַּן קַרְתָּא וגומר: **מרביץ.** מושיב או משכיב כלומר שיהיו אבני היסוד אבני פוך שהם כעין חול והם מרגליות ועליהם ארביץ אבני הקיר. וכן ויסדתיך בספירים, וזה אומר לירושלם. ויונתן תרגם, הָא אֱנָשׁ כָּבֵשׁ וגומר: **ספיר.** פירש הגאון רב סעדיה שהוא אבן לבנה. והחכם רבי אברהם כתב שהיא אדומה. ויונתן תרגם, בְּאַבְנִין טָבִין, כמו שתרגם אנקלוס לִבְנַת הַסַּפִּיר (שמות כד, י) כְּעוֹבַד אֶבֶן טָבָא: **(יב) ושמתי כדכד.** תרגם ירושלמי, נפך ספיר כדכדינא וספרינא היא מרגלית שחורה: **שמשותיך.** החלונות שתכנס בהם השמש. אפשר כי פנות החלונות יהיו אבן כדכד, או אפשר אויר החלונות יבנה בכדכד, כמו שעושין אותו בזכוכית צבועה במיני צבעונים, וכשיכה ניצוץ השמש עליהם יהיה המראה יפה מבפנים: **לאבני אקדח.** הלמ״ד מורה על העצם, כלמ״ד לְכָל כֵּלָיו תַּעֲשֶׂה נְחֹשֶׁת (שמות כז, ג), הָרְגוּ לְאַבְנֵר (שמואל ב ג, ל), וְהַשְׁלִשִׁי (לְ)אַבְשָׁלוֹם: **אקדח.** אבן מזהירה כאש. וכן, בְּתוֹךְ אַבְנֵי אֵשׁ הִתְהַלָּכְתָּ (יחזקאל כח, יד). לפיכך נקראת אקדח מן קדחי אש, וכן תרגם יונתן, לְאַבְנֵי גְמַר, כתרגום גחלת, גוּמְרָא, לאבני חפץ. אבנים שיש חפץ בהם. ומה שאמר כל גבולך, כלומר לא ירושלים לבדה אלא אף ערי גבולה. ויתכן לפרש למ״ד, לאבני אקדח, לאבני חפץ משמשות. כלומר; האבנים שהיו בהם מתחילה, אשים אותם לאבנים טובות ומרגליות. וכן למ״ד וְשַׂמְתִּים לְיַעַר (הושע ב, יד) והדומים להם. והדברים האלה אפשר שיהיו כן כמשמעם, או אפשר שהם משל לרוב הגדולה שתהיה לישראל ושפע הטובה, עד שאם ירצו יעשו בנינם באבנים טובות ומרגליות: **(יג) וכל בניך למודי ה׳.** למודי תאר, כמו שפירשנו, לִשְׁמֹעַ כַּלִּמּוּדִים (לעיל נ, ד). וזה כענין שאמר ירמיהו הנביא, וְלֹא יְלַמְּדוּ עוֹד אִישׁ אֶת רֵעֵהוּ וְאִישׁ אֶת אָחִיו לֵאמֹר דְּעוּ אֶת ה׳ כִּי כוּלָּם יֵדְעוּ אוֹתִי לְמִקְּטַנָּם וְעַד גְּדוֹלָם (ירמיה לא, לג): **ורב שלום בניך.** רצונו לומר, וירבה, כי רב פעל עבר מבעלי הכפל; מוסב ומורה לעתיד מפני הוי״ו: **(יד) בצדקה.** בצדקה שתעשי תהיי נכונה בגדולה לעולם, ותהיי רחוקה מעשק בני אדם: **כי לא תיראי.** אפילו פחד ויראה לא יהיה לך מהם, ותהיה רחוקה ממחיתה שלא **תקרב אליך.** והענין כפול במלות שונות: **רחקי.** כמו תרחקי; וכן וּמֻת בָּהָר, (דברים לב, נ) כמו ותמות; וְשִׂים בַּסֶּלַע קִנֶּךָ (במדבר כד, כא), כמו ותשים: **(טו) הן גור יגור.** פירושו כתרגומו ענין אסיפה; כמו, יָגוּרוּ עָלַי עַזִּים (תהלים נט, ד). ודרך פשוטו יתפרש כן הנה יאספו עליך עמים: **אפס מאותי.** לא במצותי, כמו שנאספו עליך פעמים אחרים במצותי, כסנחריב ונבוכדנצר; אבל אלה הגוים שיאספו אליך, והם גוג ומגוג לא במצותי, ואין האסיפה ההיא מאתי. ואף על פי שאמר בנבואת יחזקאל, וְהַעֲלִיתִיךָ מִיַּרְכְּתֵי צָפוֹן וַהֲבֵאוֹתִךָ עַל הָרֵי יִשְׂרָאֵל (יחזקאל לט, ב). ומה שאמר, יַעֲלוּ דְבָרִים עַל לְבָבֶךָ (שם לח, י), זהו הענין בעצמו, כי האל שם בלבו לבא שם לא לרעת ישראל אלא לטובתם ולקחת נקמת ישראל ממנו ומן העכו״ם האחרים שהרעו לישראל, ובארץ ישראל יקח נקמתו מהם לכבוד שמו ולכבוד ישראל ולהנאתם, שיהיה בזתם ושללם לישראל. זהו פירוש אפס מאותי, לא יעלו מאתי להרע לך, כמו שתהיה מחשבתם כן:

### מצודת דוד

**וחסדי.** אבל חסדי הוא דבר המתקיים ולא יסור מאתך, והבטחת ברית שלומי וכו׳; וכפל הדבר במילים שונות: **(יא) עניה סוערה.** על ירושלים יאמר שהיא כעניה מרעדת כמרוח סערה, ואין מי לנחמה: **מרביץ בפוך אבניך.** אבני הרצפה ארביץ ואשכוב בפוך, כי ישפך מתחת רצפת האבנים במקום החול, כי כן הדרך לשפוך חול תחת אבני הרצפה להשכיב בהם האבנים: **ויסדתיך.** אשים היסודות באבני ספיר: **(יב) ושמתי כדכד שמשתיך.** מחיצות החלונות שהשמש זורחת דרך בם אשימם מאבן כדכד הבהיר ביותר: **ושעריך.** מזוזת השערים יהפכו להיות אבני אקדח המאירים ביותר: **וכל גבולך.** אבני רצפה כל גבוליך יהפכו להיות אבני חפץ. רצונו לומר, אבני יקר שהאדם חפץ ורוצה בהם, ולא כשאר אבנים המושלכים בחוצות: **(יג) למודי ה׳.** רצונו לומר, ישכילו בחכמה כאלו יהיו תלמידי המקום ב״ה: **ורב שלום בניך.** השלום של בניך יהיה הרבה מאד: **(יד) בצדקה.** בעבור הצדקה שתעשי תהיה נכונה בכל טובה: **רחקי מעושק.** תהיה מרוחקת מן העושקים אשר לא תיראי מהם כלל וכלל: **וממחתה.** ותהיה מרוחקת ממחתה כי לא תוכל להתקרב אליך, ותהיה אם כן מרוחקת ממנה: **(טו) הן גור יגור.** באמת יחת ויפחד מי שהוא נעדר ונפרד ומרוחק ממני:

### מצודת ציון

**תמוטינה.** מלשון נטיה: **(יא) מרביץ.** מלשון רביצה והשכבת האבן: **בפוך.** הוא הכחול, והוא דק כעין החול ובו הנשים צובעות עיניהם; כמו, וַתָּשֶׂם בַּפּוּךְ עֵינֶיהָ (מלכים־ב ט, ל): **בספירים.** שם אבן יקר: **(יב) כדכד.** שם אבן יקר המזהיר; וכן, וְרָאמֹת וְכַדְכֹּד (יחזקאל כז, טז), והוא מלשון כִּידוֹדֵי אֵשׁ (איוב מא, יא): **שמשותיך.** מלשון שמש: **אקדח.** שם אבן יקר המאיר, והוא מלשון קֹדְחֵי אֵשׁ (לעיל נ, יא): **חפץ.** ענין רצון: **(יג) למודי ה׳.** תלמידי ה׳; וכן, חֲתוֹם תּוֹרָה בְּלִמֻּדָי (לעיל ח, טז): **(יד) תכונני.** מלשון הכנה: **כי לא תיראי.** אשר לא תיראי: **וממחתה.** ענין שבר ופחד; כמו, וְאַל תֵּחָת (יהושע א, ט): **(טו) גור יגור.** ענין פחד; כמו, לֹא תָגוּרוּ (דברים א, יז): **אפס.** ענין ההעדר; כמו, בְּאֶפֶס עֵצִים (משלי כו, כ): **מאותי.** ממני: **גר.** ענין מריבה; כמו, אַל תִּתְגָּרוּ בָם (דברים ב, ה):

*and the hills may falter, but My kindness shall not be removed from you and My covenant of peace shall not falter, said the One Who shows you mercy, HASHEM.*

*The new glory of Jerusalem*

*11 O afflicted, storm-tossed one, who has not been consoled: Behold, I will lay gems as your [flooring] stones and lay your foundation with sapphires. 12 I will set your window [frames] with ruby and [make] your gates of carbuncle stones, and your entire boundary [will be] of precious stones. 13 All your children will be students of HASHEM, and your children's peace will be abundant. 14 Establish yourself through righteousness, distance yourself from oppression, for you need not fear it, and from devastation, for it will not come near you. 15 Behold, they may indeed gather together, but it is without My consent.*

**10. כִּי הֶהָרִים יָמוּשׁוּ וְהַגְּבָעוֹת תְּמוּטֶנָה** — *For the mountains may be moved and the hills may falter.* Although mountains and hills are generally viewed as immovable, even they can be moved by earthquakes. *My kindness* and *My covenant,* however, are everlasting and immutable (*Radak*).

Alternatively, *mountains* symbolize the Patriarchs and *hills* the Matriarchs. Accordingly, even if the merit of the ancestors terminates, My kindness shall not be removed from you (*Rashi*).

The Midrash expounds homiletically: The Holy One, Blessed is He, said to Israel, "My children, if you see that the merit of the fathers has collapsed and the merit of the mothers has crumbled, go cleave to acts of kindness." For it says, *For the mountains may be moved,* referring to the merit of the fathers, *and the hills may falter,* referring to the merit of the mothers, and the verse concludes, *My kindness shall not be removed from you.* How does one guarantee that God's kindness not be removed? By cleaving to acts of kindness (*Yalkut Shimoni* 2:477).

**11-17. A new prophecy of consolation for the Jews in exile.** God assures Israel that even though the barren woman will rejoice with her children, the consolation will not yet be total. Nevertheless, the nation should be confident that the process of redemption is underway (*Malbim*).

**11. עֲנִיָּה סֹעֲרָה לֹא נֻחָמָה** — *O afflicted, storm-tossed one, who has not been consoled.* This refers to Israel, whose heart is afflicted with stormy tribulations (*Rashi*), or to storm-tossed Jerusalem (*Ibn Ezra*). According to *Targum,* Jerusalem, darkened [by storms], is taunted by the nations who say that she will never be consoled.

**הִנֵּה אָנֹכִי מַרְבִּיץ בַּפּוּךְ אֲבָנַיִךְ** — *Behold, I will lay gems as your [flooring] stones.* The precious stones and gems of this verse and the next are metaphors for greatness, wealth, and honor (*Abarbanel*). The redemption will be so far-reaching that even the floors will be made of precious stones. How much more so will every essential part of life be luxurious!

**12. וְשַׂמְתִּי כַּדְכֹד שִׁמְשֹׁתַיִךְ** — *I will set your window [frames] with ruby,* as is the practice in royal palaces (*Ibn Ezra*).

**וְכָל־גְּבוּלֵךְ לְאַבְנֵי־חֵפֶץ** — *And your entire boundary [will be] of precious stones.* In the future, the boundaries of Israel will be filled with precious stones and pearls, and all Israel will be free to take whatever they desire [the Midrash renders חפץ as *desire*]. In this world, boundaries are marked with stones and plants, whereas in the future, boundaries will be marked by precious stones and pearls, as it says, *and your entire boundary of precious stones* (*Pesikta DeRav Kahana* 137a-b, cited by *Mahari Kara*).

**13. וְכָל־בָּנַיִךְ לִמּוּדֵי ה׳** — *All your children will be students of HASHEM.* They will study the Torah of Hashem (*Targum*).

R' Chanina expounds (*Berachos* 64a) that the words בָּנַיִךְ, *your children,* has the additional connotation of בּוֹנַיִךְ, *your builders,* which teaches that Torah scholars "build" the world with their Torah, and generate peace in the world. *Nefesh HaChaim* (1:3-5) explains that the study of Torah and the performance of its commandments strengthen the spiritual basis of the world and, therefore, its physical existence, as well. Thus, the students of Torah are actually building the world.

**14. בִּצְדָקָה תִּכּוֹנָנִי** — *Establish yourself through righteousness.* Through your acts of righteousness you will become established (*Ibn Ezra, Radak, Abarbanel*).

Alternatively, Zion will be firmly established by means of the righteous deeds performed between man and God (*Malbim*).

**רַחֲקִי מֵעֹשֶׁק** — *Distance yourself from oppression.* Keep yourself far away from those who oppress you (*Rashi*). This continues the concept of becoming established through righteousness. Your performance of righteous deeds will keep you far away from those who oppress you, and *you will not fear it.* Such deeds will free you *from devastation, for it will not come near you* (*Radak*).

Alternatively, if you distance yourself from oppressing others, as powerful people tend to do, you need not fear that God will bring devastation upon you to remove you from power (*Ibn Ezra*). You should not fear that you will become poor unless you take advantage of others and extort funds from them (*Abarbanel*).

Homiletically, Jerusalem will be re-established by means of giving צְדָקָה, *charity* — but only charity earned honestly and ethically, without oppression and extortion (*Chida, Chomas Anach*).

**15. הֵן גּוֹר יָגוּר אֶפֶס מֵאוֹתִי** — *Behold, they may indeed gather together, but it is without My consent.* The translation follows

טז מִי־גָר אִתָּךְ עָלַיִךְ יִפּוֹל: °הן [°הִנֵּה ק׳] אָנֹכִי בָּרָאתִי חָרָשׁ נֹפֵחַ בְּאֵשׁ פֶּחָם
יז וּמוֹצִיא כְלִי לְמַעֲשֵׂהוּ וְאָנֹכִי בָּרָאתִי מַשְׁחִית לְחַבֵּל: כָּל־כְּלִי יוּצַר עָלַיִךְ
לֹא יִצְלָח וְכָל־לָשׁוֹן תָּקוּם־אִתָּךְ לַמִּשְׁפָּט תַּרְשִׁיעִי זֹאת נַחֲלַת עַבְדֵי יהוה
**נה** א וְצִדְקָתָם מֵאִתִּי נְאֻם־יהוה: הוֹי כָּל־צָמֵא לְכוּ לַמַּיִם וַאֲשֶׁר אֵין־
לוֹ כָּסֶף לְכוּ שִׁבְרוּ וֶאֱכֹלוּ וּלְכוּ שִׁבְרוּ בְּלוֹא־כֶסֶף וּבְלוֹא מְחִיר יַיִן וְחָלָב:
ב לָמָּה תִשְׁקְלוּ־כֶסֶף בְּלוֹא־לֶחֶם וִיגִיעֲכֶם בְּלוֹא לְשָׂבְעָה שִׁמְעוּ שָׁמוֹעַ אֵלַי

**רש״י**

**מי גר אתך.** מי אשר נאסף עליך למלחמה, או מי גר מי שנתגרה בך. ורבותינו פירשוהו בגרים, לומר שאין מקבלים גרים לימות משיחנו. ואף בפשוטו של מקרא יתכן; מי שנעשו גרים אתך בעניותך, עליך יפול בעשירותך; כמו, עַל פְּנֵי כָל אֶחָיו נָפָל (בראשית כה, יח): **(טז) הנה אנכי.** אשר בראתי חרש המתקן כלי, ואני אשר בראתי משחית המחבלו. כלומר, אני הוא שגריתי בך את האויב, אני הוא שהתקנתי לו פורעניות: **ומוציא כלי למעשהו.** לצורך, גומרו כל צורכו: **(יז) כל כלי יוצר.** כל כלי זיין אשר ילטשוהו ויחדדהו בשבילך להלחם בך: **יוצר.** לשון חַרְבוֹת צֻרִים (יהושע ה, ב), אַף תָּשִׁיב צוּר חַרְבּוֹ (תהלים פט, מד): **(א) הוי כל צמא.** הוי זה לשון קריאה וזימון וקיבוץ הוא; ויש הרבה במקרא, הוֹי הוֹי וְנֻסוּ מֵאֶרֶץ צָפוֹן (זכריה ב, י). **לכו למים.** לתורה: **שברו.** לשון לִשְׁבֹּר בָּר (בראשית מב, ג); קנו: **יין וחלב.** לקח טוב מיין וחלב: **(ב) למה תשקלו כסף.** למה תגרמו לכם לשקול כסף לאויביכם בלא לחם:

**רד״ק**

**מי גר אתך עליך יפול.** מי שיאסוף אתך להלחם עליך יפול, כמו שאמר, עַל הָרֵי יִשְׂרָאֵל תִּפּוֹל (שם לט, ד): **(טז) הן.** כן כתיב וקרי הִנֵּה, והענין אחד. אמר אף על פי שכלי המלחמה הם מעשה האדם, ויבא גוג ומגוג והעכו״ם אשר עמו בכלי מלחמה לרוב, מי שיעשה כלי המלחמה, אני עשיתי אותו, וכיון שאני עשיתי העושה ובידי לחבל העושה, כל שכן המעשה. ואם הם באים בכלי מלחמתם, אני בראתי משחית לחבל הם וכליהם; כמו שאמר, וְהִכֵּיתִי קַשְׁתְּךָ מִיַּד שְׂמֹאולֶךָ וְחִצֶּיךָ מִיַּד יְמִינְךָ אַפִּיל (שם שם ג): **באש פחם.** כי בפחם יפעלו חרשי ברזל. ויונתן תרגם הפך בית השמוש, שתרגם נפח, נוּר בִּשְׁחוֹרִין: **ומוציא כלי למעשהו.** למה שהוא רוצה לעשות, חץ או חרב או חנית או רומח: **(יז) כל כלי יוצר.** ענינו יפעל, כמו שפירשנו וּבַמַּקָּבוֹת יִצְּרֵהוּ (לעיל מד, יב), ושרשו יצר. ויוצר מבנין שלא נזכר שם פעלו מהנוסף, ואם לא נמצא: **לא יצלח.** לא יצלח לבעליו ולא יזיק לך: **וכל לשון.** אם יהיה לך משפט עם גוי אחד תרשיע אותו במשפט ויצא הוא חייב ותהיה טענתו בטלה, ואת תצאי מהמשפט זכאה; כלומר לא יזיקו לך לא במעשה ולא בדברים וזאת הברכה היא נחלת עבדי ה׳; כלומר בנחלה היא להם לעולם וישראל יהיו עבדי ה׳ מיום הגאולה עד עולם: **(א) הוי כל צמא.** הוי לשון קריאה; וכן, הוֹי צִיּוֹן הִמָּלְטִי (זכריה ב, יא). ואחר מלחמת גוג ומגוג יכירו העכו״ם כי האל הוא מולך על כל, ואין זולתי, ואז יבאו אל ירושלם ללמוד משפטי האל ותורותיו, כמו שאמר בתחילת הספר לְכוּ וְנַעֲלֶה אֶל הַר ה׳... וְיֹרֵנוּ מִדְּרָכָיו (לעיל ב,ג). ויהיה הענין כאלו קראם לבא וללמוד. והמים משל לתורה ולחכמה; כמו שאי אפשר לעולם בלא מים כך אי אפשר לעולם בלא חכמה; וכמו שהצמא מתאוה למים כך הנפש החכמה מתאוה לתורה ולחכמה; כמו שנאמר בנבואת עמוס (ח, יא), לֹא רָעָב לַלֶּחֶם וְלֹא צָמָא לַמַּיִם כִּי אִם לִשְׁמֹעַ אֵת דִּבְרֵי ה׳: **ואשר אין לו כסף.** לא יחוש, כי אינו צריך; כי בחנם יתנו לו יין וחלב. נמשלה תורה ליין, מה יין משמח הלב; כמו שנאמר, וְיַיִן יְשַׂמַּח לְבַב אֱנוֹשׁ (תהלים קד, ו), אף דברי תורה כן, שנאמר, פִּקּוּדֵי ה׳ יְשָׁרִים מְשַׂמְּחֵי לֵב (שם יט, ט). וחלב, כמו שהחלב קיום היונק וגדולו, כן דברי תורה קיום הנשמה וגדולה; שהיא הולכת וגדלה בלמודה במדרגתה כמו שהיא. ואמר אכילה על היין והחלב, כי הם מאכל ומשקה לגוף: **(ב) למה תשקלו כסף.** פירוש החכם רבי אברהם, שייגעו עצמם בחכמות נכריות שלא יועילו; ויפה פירש. וזהו בלא לשבעה, וגם הם לא יקראו לחם כי לא יועילו לגוף ולנפש:

**מצודת דוד**

**מי גר אתך.** מי שהיה לו תגר ומריבה עמך הוא יפול אליך לשכון עמך להיות סר למשמעתך: **(טז) נופח באש פחם.** מנשב באש הנאחז בגחלים כבויים להבעירם יפה: **ומוציא כלי למעשהו.** על ידי הפחמים מוציא כלי הראוי לעשות עמו הדבר אשר עשאוהו בעבורו: **ואנכי בראתי משחית לחבל.** בראתי איש משחית לקלקל את הכלי ההוא. ורצונו לומר, אני המגרה בך את האויב ואני המשלימו עמך ומתיש כחו: **(יז) כל כלי יוצר עליך.** כל כלי זיין אשר יחדדוהו בשבילך להלחם בך: **לא יצלח.** את בעליו לא יצלח כי לא יזיק לך: **וכל לשון.** כל איש לשון מדבר גדולות אשר תקום עמך למשפט להתווכח עמך: **תרשיעי.** את תרשיעי אותו במשפט ויצא מחוייב ותשארי זכאית רצונו לומר לא יזיקו לך לא במעשה ולא בדיבור: **זאת.** הברכה הזאת היא לנחלה לעבדי ה׳ וזאת היא הצדקה אשר תבוא להם מאתי: **נאם ה׳.** כה אמר ה׳: **(א) הוי כל צמא.** כל מי שהוא צמא מחסרון המים ילכו אל המים לרוות הצמאון: **ואשר וכו׳.** רצונו לומר, ואף אם אין לו כסף לקנות המים, כי בחנם ימצא; כלומר התאב לדבר ה׳ ילך אל הנביא לשמוע דבר ה׳ מבלי מתן כסף: **לכו שברו.** לכו קנו דבר מאכל ואכלו; ועל דברי התורה יאמר. וחוזר ומפרש לכו שברו בלא כסף ובלא מחיר; בזולת מתן מחיר קנו יין וחלב; רצונו לומר, כל ענייני חכמת התורה תוכלו ללמוד בזולת מחיר: **(ב) למה תשקלו כסף.** מה לכם בזה שתשקלו כסף בחנם בלא מאכל לחם; רצונו לומר, למה תרבו לתת מחיר בעבור לימוד חכמות נכריות שאין בהם תועלת: **ויגיעכם.** למה תתנו הון הבאה ביגיעה בעבור דבר שאין משביע; ועל החכמות הנכריות יאמר; וכפל הדבר במילים שונות: **שמעו וכו׳.** ללמוד חכמת התורה:

**מצודת ציון**

**אתך.** עמך: **עליך.** כמו אליך: **יפול.** ענין נטיה והשכנה; וכן, אֶל הַכַּשְׂדִּים אַתָּה נֹפֵל (ירמיה לז, יג): **(טז) חרש.** אומן ברזל: **נופח.** מלשון הפחה ונשיבה: **פחם.** גחלים כבוים; כמו, פֶּחָם לְגֶחָלִים (משלי כו, כא): **לחבל.** ענין השחתה וקלקול; כמו, וְחֻבַּל עֹל (לעיל י, כז): **(יז) יוצר.** מחודד ושנון; כמו, חַרְבוֹת צֻרִים (יהושע ה, ב): **תרשיעי.** מלשון רשע וחייב: **(א) הוי.** הוא ענין לשון קריאה: **שברו.** ענין קנין; כמו, לִשְׁבֹּר אֶל יוֹסֵף (בראשית מא, נז): **מחיר.** ענין דמי הדבר וערכו; כמו, וְלֹא רִבִּיתָ בִּמְחִירֵיהֶם:

*Radak*, who also renders גָר at the end of the verse as a form of gathering (see *Targum*).

More commonly, the root גר is rendered as a form of *dwell* (see e.g., *Genesis* 12:10), or as a form of *fear* (see e.g, *Deuteronomy* 1:17). *Rashi* follows both renderings of the word. He renders the first part of the verse, *They may indeed fear, those from whom I am absent.* He renders the second half of the verse as a form of *gathering,* like *Radak,* above.

*Ibn Ezra* understands the verse as relating to *dwelling.* He further understands the second part of this phrase as a

*Whoever will gather against you will fall because of you.* 16 *Behold, I created*
*the smith, who fans his charcoal flame and withdraws a tool for his labor,*
*but I have [also] created the destroyer to demolish.* 17 *Any weapon sharpened*
*against you will not succeed, and any tongue that will rise against you in*
*judgment, you will condemn. This is the heritage of the servants of* HASHEM,
*and their righteousness from Me — the word of* HASHEM.

**55** 1 *Ho, everyone who is thirsty, go to the water, even one with no money,*
*go, buy and eat; go and buy wine and milk without money and*
*without price.* 2 *Why do you weigh out money without getting bread*
*and [exert] your efforts for that which does not satisfy? Listen well to Me*

*Come, study Torah!*

---

question. Thus, *Can anyone indeed dwell among you without My permission?* He then explains the conclusion of the verse, *Whoever will dwell among you will fall before you* (cf. *Mahari Kara;* also see *Targum,* first explanation of *Ibn Ezra,* and the second explanation of *Rashi*).

**16. הִנֵּה אָנֹכִי בָּרָאתִי חָרָשׁ נֹפֵחַ בְּאֵשׁ פֶּחָם וּמוֹצִיא כְלִי לְמַעֲשֵׂהוּ וְאָנֹכִי בָּרָאתִי מַשְׁחִית לְחַבֵּל** — *Behold, I created the smith, who fans his charcoal flame and withdraws a tool for his labor, but I have [also] created the destroyer to demolish.* The second half of the verse is the remedy for the first: You need not fear weapons — not even the massive weapons of destruction that will be brought against you in the war of Gog and Magog — just as I am the One Who created the producers of those weapons, I have also created the power to annihilate them (*Radak*).

Alternatively, *I created the smith, who fans his charcoal flame and withdraws a tool for his labor, and I have created the destroyer to demolish,* all of which can be used as weapons against you. Nevertheless, you need not fear, as stated in the next verse (*Targum, Abarbanel*).

**17. כָּל־כְּלִי יוּצַר עָלַיִךְ לֹא יִצְלָח וְכָל־לָשׁוֹן תָּקוּם־אִתָּךְ לַמִּשְׁפָּט תַּרְשִׁיעִי זֹאת נַחֲלַת עַבְדֵי ה׳** — *Any weapon sharpened against you will not succeed, and any tongue that will rise against you in judgment, you will condemn. This is the heritage of the servants of* HASHEM. Your enemies will not be able to harm you either through deed or word. This blessing is *the heritage of the servants of* HASHEM (*Radak*).

**וְכָל־לָשׁוֹן תָּקוּם־אִתָּךְ לַמִּשְׁפָּט תַּרְשִׁיעִי** — *And any tongue that will rise against you in judgment, you will condemn.* Since all your former enemies will come to believe in the Torah, Israel will be able to show them the wickedness (רֶשַׁע) of their former ways (*Ibn Ezra*).

**55.**

After the war of Gog and Magog, all will recognize Hashem as the Sole and Almighty Ruler, and in that Messianic Era the nations will come to Jerusalem to learn His laws and ways (*Radak*). Others interpret that Isaiah is speaking to Israel. The Messiah will definitely come, and God has a deadline beyond which his coming will not be delayed, but if Israel repents and sincerely strives to elevate itself spiritually, his coming will be hastened. Isaiah now urges Israel to bring this about (*Abarbanel*).

**1. הוֹי כָּל־צָמֵא לְכוּ לַמַּיִם** — *Ho, everyone who is thirsty, go to the water. Water* is a metaphor for Torah and wisdom, for just as the world cannot exist without water, it cannot exist without the Torah. Furthermore, just as one who is thirsty yearns for water, the wise soul yearns for Torah and wisdom (*Radak*).

Torah is compared to water to teach that just as water leaves heights and flows to lower places, Torah wisdom can only remain in one who is humble (*Taanis* 7a). A humble person realizes that he has much to learn. He will not let pride prevent him from learning from others or from asking questions that will expose his lack of knowledge.

Alternatively, Isaiah decries the shame of the Torah (water) that lies unclaimed, and tells the people to go and learn (*Mahari Kara*). According to this interpretation, the prophet is addressing Israel, as stated explicitly by *Abarbanel* (see *Mahari Kara* on the next verse).

*Sfas Emes* notes the Midrash that compares Israel to fish. Fish love water so much that when it rains, they open their mouths to catch falling raindrops, as if they had never tasted water. Israel's love of Torah is the same. When they hear a new Torah thought, they "lap it up," as if they had never enjoyed the beauty of Torah.

**וּלְכוּ שִׁבְרוּ בְּלוֹא־כֶסֶף וּבְלוֹא מְחִיר יַיִן וְחָלָב** — *Go and buy wine and milk without money and without price.* Go acquire something superior to wine and milk, without having to pay for it (*Rashi*). The "purchase price" of spiritual treasure is not money, but the desire to learn and improve.

Alternatively, wine is a metaphor for Torah because, like wine, it gladdens the heart (see *Psalms* 19:9 and 104:15). Torah is also compared to milk, for just as milk sustains an infant and makes him grow, so Torah sustains the soul and makes it grow (*Radak*).

**2. לָמָּה תִשְׁקְלוּ־כֶסֶף בְּלוֹא־לֶחֶם** — *Why do you weigh out money without getting bread. . .* Why should you give your money to your enemies and get nothing in return? (*Rashi*).

Why weary yourself with alien wisdom that benefits neither your body nor your soul? (*Ibn Ezra, Radak*).

*Mahari Kara* understands this prophecy as directed to pre-Redemption Israel. Accordingly, he interprets: Why pay the non-Jewish nations and get nothing in return? Why work yourselves to weariness when they will take away the fruits of your effort? Would it not be better to return to Me, keep

ג וְאִכְלוּ־טוֹב וְתִתְעַנַּג בַּדֶּשֶׁן נַפְשְׁכֶם: הַטּוּ אָזְנְכֶם וּלְכוּ אֵלַי שִׁמְעוּ וּתְחִי נַפְשְׁכֶם
ד וְאֶכְרְתָה לָכֶם בְּרִית עוֹלָם חַסְדֵי דָוִד הַנֶּאֱמָנִים: הֵן עֵד לְאוּמִּים נְתַתִּיו נָגִיד
ה וּמְצַוֵּה לְאֻמִּים: הֵן גּוֹי לֹא־תֵדַע תִּקְרָא וְגוֹי לֹא־יְדָעוּךָ אֵלֶיךָ יָרוּצוּ לְמַעַן
ו יהוה אֱלֹהֶיךָ וְלִקְדוֹשׁ יִשְׂרָאֵל כִּי פֵאֲרָךְ: ◂ דִּרְשׁוּ יהוה בְּהִמָּצְאוֹ
ז קְרָאֻהוּ בִּהְיוֹתוֹ קָרוֹב: יַעֲזֹב רָשָׁע דַּרְכּוֹ וְאִישׁ אָוֶן מַחְשְׁבֹתָיו וְיָשֹׁב אֶל־יהוה
ח וִירַחֲמֵהוּ וְאֶל־אֱלֹהֵינוּ כִּי־יַרְבֶּה לִסְלוֹחַ: כִּי לֹא מַחְשְׁבוֹתַי מַחְשְׁבוֹתֵיכֶם

HAFTARAH MINCHAH OF PUBLIC FAST DAY 55:6-56:8

**רש״י**

(ג) **חסדי דוד.** שאגמול לדוד חסדיו: (ד) **לאומים.** שר וגדול עליהם, ומוכיח ומעיד דרכיהם על פניהם: (ה) **הן גוי לא תדע תקרא.** לשמוך, אם אלי תשמעו, לשם ה׳ הנקרא עליך: (ו) **בהמצאו.** קודם גזר דין, בעוד שהוא אומר לכם דרשוני: (ח) **כי לא מחשבותי מחשבותיכם.** אין שלי ושלכם שוות, לכך אני אומר לכם, יעזוב רשע דרכו ויתפוש את דרכי:

**רד״ק**

**ואכלו טוב.** זה התורה שנאמר, כִּי לֶקַח טוֹב נָתַתִּי לָכֶם תּוֹרָתִי אַל תַּעֲזֹבוּ (משלי ד, ב): **ותתענג בדשן נפשכם.** לעולם הבא, וכן ותחי נפשכם. כי כמו שהדבר שהוא שמן ודשן הוא תענוג הגוף, כן התורה והחכמה הוא תענוג הנשמה וחייה, (ג) הטו אזניכם. חסדי דוד הנאמנים, הוא המשיח כי יקרא שמו דוד; וכן נאמר עליו, וְדָוִד עַבְדִּי נָשִׂיא לָהֶם לְעוֹלָם (יחזקאל לז, כה): **הנאמנים.** קיימים; כמו, בְּמָקוֹם נֶאֱמָן (לעיל כב, כג). כלומר, כמו שחסדי עם דוד קיימים, כן תהיה בריתי עמכם קיימת. ועוד זכר דוד, בעבור שהוא יהיה המורה לעמים; כמו שאמר בתחילת הספר (לעיל ב, ד), וְשָׁפַט בֵּין הַגּוֹיִם וְהוֹכִיחַ לְעַמִּים רַבִּים: (ד) **הן עד.** מזהיר ומעיד בכם, כמו הַעִדֹתִי בָכֶם הַיּוֹם (דברים ח, יט), הָעֵד הֵעִד בָּנוּ הָאִישׁ לֵאמֹר (בראשית מג, ג), וְהוּעַד בִּבְעָלָיו (שמות כא, כט). ואף על פי שאלה והדומים להם ענין התראה, לשון עדות הם גם כן; כי המתרה מתרה בפני עדים כדי שלא יכחיש בו המותרה. וכן אמר הַעִדֹתִי בָכֶם הַיּוֹם אֶת הַשָּׁמַיִם וְאֶת הָאָרֶץ (דברים ח, יט), כאלו אמר, בפניהם אני מתרה בכם שיהיו עדים ביני וביניכם. ועל המשיח אמר שיהיה מזהיר העם ומוכיחם. ויונתן תרגם, הָא רַב, לאומים. בוי״ו עם הדגש: **נגיד ומצוה.** בצר״י שלא כמנהג. אמר כי יהיה נגיד עליהם ומצוה אותם, כמו שהאדון מצוה על עבדיו: (ה) **הן גוי.** אמר כנגד ישראל, גוי שלא תדע שהוא רחוק מארץ ישראל תקרא אותו ויבא לפניך, אף על פי שלא תדעם ולא ידעוך עד היום, בשמעם הנפלאות שעשה האל עמך ייראו ממך, וירוצו לעבודתך למה שתצום. ומי נתן לך זה התפארת? ה׳ אלהיך: (ו) **דרשו ה׳.** אמר לבני הגלות, דרשו ה׳ בהמצאו. הנכון בפירושו מה שפירש אדוני אבי זכרונו לברכה, דרשוהו בענין שימצא לכם: **בהיותו קרוב.** בענין שיהיה קרוב; וזו היא דרישה בכל לב, כמו שכתוב (תהלים קמה, יח), קָרוֹב ה׳ לְכָל קֹרְאָיו לְכֹל אֲשֶׁר יִקְרָאֻהוּ בֶאֱמֶת. ורבותינו זכרונם לברכה פירשו בהמצאו, קודם גמר דין. ויונתן תרגם תְּבָעוּ דַחַלְתָּא דַה׳ עַד דְּאַתּוּן חַיִּין בָּעוּ מִן קֳדָמוֹהִי עַד דְּאַתּוּן קַיָּימִין. רצונם לומר, שיעשו תשובה קודם מיתה, כי אז הוא נמצא וקרוב, ולא אחר מיתה, כי אחר מיתה אין תשובה לנפש; כמו שאמר, כִּי אֵין מַעֲשֶׂה וְחֶשְׁבּוֹן וְדַעַת וְחָכְמָה בִּשְׁאוֹל אֲשֶׁר אַתָּה הֹלֵךְ שָׁמָּה (קהלת ט, י): (ז) **יעזוב רשע דרכו.** במעשה ובפה, וכן יעזוב מחשבותיו הרעות; כי אין תשובה מועילה בנראה אם לא תהיה גם כן בנסתר. כי טובות האדם ורעותיו הם תלויות ביד ובפה ובלב, ומשלשתן צריכה התשובה: **כי ירבה לסלוח.** אף על פי שהאדם הרבה להרע: (ח) **כי לא.** כי אם חטא אדם לחברו ינקם ממנו ולא ימחול לו, ואף על פי שימחול לו

**מצודת דוד**

**ואכלו טוב.** כן יקרא חכמת התורה; כמו שכתוב, כִּי לֶקַח טוֹב וכו׳ תּוֹרָתִי אַל תַּעֲזֹבוּ (משלי ד, ב): **ותתענג וכו׳.** זהו תענוג הנשמה בעולם הבא: (ג) **הטו אזנכם.** לשמוע אמרי: **ולכו אלי.** לכו ממקומכם לבא אלי ללמוד תורתי: **שמעו וכו׳.** שמעו אלי ותזכו לעמוד בתחיה בימי המשיח: **ואכרתה.** אז אכרית לכם ברית אהבה להיות מתקיימת עד עולם: **חסדי.** כחסדי רצונו לומר, יהיה כמו החסדים הקיימים אשר הבטחתי לדוד שלא תופסק המלוכה מזרעו: (ד) **הן עד לאומים נתתיו.** באמת נתתי את דוד להיות לעד ולראיה מול העכו״ם; רצונו לומר, ממשלת המלוכה אשר תתמיד בזרעו יקחו ראיה שדבר ה׳ תקום לעולם: **נגיד ומצוה לאומים.** המשיח הבא מזרעו יהיה נגיד ויהיה מצוה אל העכו״ם את המעשה אשר יעשון: (ה) **הן גוי וכו׳.** רצונו לומר, כמו שמתקיים החסד שהבטחתי לדוד, כן תתקיים החסד שהבטחתי לך; כי באמת גוי אשר לא תדע מעולם תקרא אליך לשמש אותך: **לא ידעוך.** אשר הם לא ידעוך מעולם: **אליך ירוצו.** להיות סרים למשמעתך: **למען ה׳.** רצונו לומר, לא למען כח זרועך, כי אם למען ה׳ השוכן בקרבך: **ולקדוש וגו׳.** למען קדוש ישראל אשר נתן לך פאר להשרות שכינתו בקרבך; וכפל הדבר במילים שונות: (ו) **בהמצאו.** בעוד הוא מצוי בכם עד לא תגלו מארצכם ועדיין השכינה שורה עמכם: **בהיותו קרוב.** כפל הדבר במילים שונות: (ז) **דרכו.** דרך הרשע: **מחשבותיו.** יעזוב מחשבותיו: **וישוב.** יעשה תשובה אל ה׳ וירחם עליו: **ואל אלהינו.** ישוב אל אלהינו ויש תקוה כי ירבה לסלוח: (ח) **כי לא וגו׳.** כי אין מחשבותי כמחשבותיכם, כי אתם חושבים שלא יועיל לכם התשובה ולבבי לא כן יחשוב:

**מצודת ציון**

(ב) **ותתענג.** מלשון עונג ותפנוק: **בדשן.** בשומן; כמו, וְאָכַל וְשָׂבַע וְדָשֵׁן (דברים לא, כ): (ג) **הנאמנים.** ענין דבר מתקיים; וכן, בְּמָקוֹם נֶאֱמָן (לעיל כב, כג): (ד) **לאומים.** אומות; כמו, וּשְׁנֵי לְאֻמִּים (בראשית כה, כג): **נגיד.** ענין שררה: (ה) **ירוצו.** מלשון ריצה ורדיפה: **פארך.** מלשון פאר ויופי:

---

My commandments, and be rewarded with sustenance for no money?

**שִׁמְעוּ שָׁמוֹעַ אֵלַי וְאִכְלוּ טוֹב** — *Listen well to Me and you will eat well.* The word טוֹב, *well,* refers to Torah [see *Proverbs* 4:2] (*Radak*).

**וְתִתְעַנַּג בַּדֶּשֶׁן נַפְשְׁכֶם** — *And your soul will delight in rich food,* i.e., the delight of the soul after death (*Ibn Ezra*). The wisdom of the Torah is the delight of the soul and its life, much as rich food is the delight of the body (*Radak*).

Homiletically, the rich, who can afford to indulge themselves with material pleasures, are enjoined to *eat well,* to enjoy the pleasures of life, *to delight in rich food* — but only if *you listen well to Me,* and learn from the Torah how to use your possessions, so that you should not *weigh out money without getting bread and [exert] your efforts for that which does not satisfy* (*R' Hirsch*).

**3. הַטּוּ אָזְנְכֶם וּלְכוּ אֵלַי** — *Incline your ear and come* [lit., *go*] *to Me.* If you seek to grow spiritually, you will be rewarded in the World to Come, and Messiah will hasten to redeem you in this world (*Abarbanel*).

Homiletically, when you incline your ear to hear a sermon, do not stop there. Bring the message home with you; listen to what was said and your soul will be rejuvenated (*Yismach Moshe*).

*and you will eat well, and your soul will delight in rich food. 3 Incline your
ear and come to Me; listen, and your soul will be rejuvenated; I will make
an eternal covenant with you, the enduring kindnesses of David. 4 Behold,
I have appointed him as a witness over the regimes, a prince and a com-
mander to the regimes. 5 Behold, you will summon a nation you had not
known, and a nation that had not known you will run to you, for the sake
of HASHEM, your God, for the Holy One of Israel, Who has glorified you.*

*Davidic covenant*

*6 Seek HASHEM when He can be found; call upon Him when He is near.
7 Let the wicked one forsake his way and the iniquitous man his thoughts;
let him return to HASHEM and He will show him mercy; to our God, for
He is abundantly forgiving. 8 For My thoughts are not your thoughts*

*Seek God and return to Him*

**שִׁמְעוּ וּתְחִי נַפְשְׁכֶם** — *Listen, and your soul will be rejuvenated.* Not only will you benefit in this world, you will also benefit by living forever in the World to Come (*Ibn Ezra, Abarbanel*).

Alternatively, if you listen to Me and return to My teachings, I will bring Messiah into existence (*Ibn Ezra;* this is consistent with *Mahari Kara* cited in v. 2).

**וְאֶכְרְתָה לָכֶם בְּרִית עוֹלָם חַסְדֵי דָוִד הַנֶּאֱמָנִים** — *I will make an eternal covenant with you, the enduring kindnesses of David.* My eternal covenant with you will compensate David for his enduring kindnesses (*Rashi*).

Alternatively, *enduring kindnesses* are those that God promised David for eternity. The promise (*II Samuel* 7:11-16) is that the Messiah will be David's descendant (*Ibn Ezra*).

David himself said (*Psalms* 89:2): *Of HASHEM's kindness I will sing forever* (*Abarbanel*). Thus, in effect the verse says: Just as the *kindnesses of David* are enduring, so My covenant with you is eternal (*Radak*).

**4. הֵן עֵד לְאוּמִּים נְתַתִּיו** — *Behold, I have appointed him as a witness over the regimes.* The Messiah will bear witness to the nations of the earth that no other king rules over the world (*Ibn Ezra*). I have appointed David and his descendants as witnesses to the nations that the word of Hashem endures forever (*Metzudos*).

Alternatively, in this context, עֵד does not mean *witness.* Rather, it comes from the same root as הָעֵד (see *Genesis* 43:3), and means *warning,* i.e., *I have appointed him to warn the regimes* that they must improve their ways (*Rashi*). This refers to the Messiah who will be a *prince and a commander to the regimes* (*Ibn Ezra, Radak*), or to David himself, whose writings serve as a reproof to the nations for not following the ways of God (*Abarbanel*).

**5. הֵן גּוֹי לֹא־תֵדַע תִּקְרָא** — *Behold, you will summon a nation you had not known.* You will summon them to serve you, provided that you indeed *listen well to Me* (see above, v. 2) and heed My commandments (*Rashi, Mahari Kara*). They *will run to you* when they hear of the wonders God did for you, and because of which they will fear you (*Radak*), and they will come to you to learn Torah — *for the sake of HASHEM, your God* (*Abarbanel*).

**6-13.** Isaiah speaks to Jews in every era of persecution and exile and urges them to come closer to God so that they will be redeemed. The rest of this chapter and the first eight verses of Chapter 56 are the *Haftarah* of the communal fast days. As such it is an eloquent call for repentance and awareness of God's readiness to be merciful to those who seek Him.

**6. דִּרְשׁוּ ה׳ בְּהִמָּצְאוֹ** — *Seek HASHEM when He can be found.* Although it is well known that God is everywhere and *can be found* at all times, the intent here is that He makes Himself available to those who seek Him through repentance and a desire to become close to Him (*Ibn Ezra*).

He wants us to mend our ways and seek to come closer to Him before He seals the evil decree against us (*Rashi*).

Homiletically, the time *when He can be found* is the period of the Ten Days of Repentance from Rosh Hashanah to Yom Kippur (*Rosh Hashanah* 18a; see *Abarbanel*). This is the time when God judges us and longs for us to repent so that He can issue a favorable judgment. He "can be found" in the sense that His mercy is most available at such times. The places where He can be found are the synagogues and study halls (*Yalkut Shimoni* 2:481). The Sages (*Pesikta*) teach that although the most propitious time for an individual's repentance is during the Ten Days of Repentance, God is always ready to accept the prayers of a community, for the community has more merit than an individual. This is why it is so important to pray with a congregation.

**7. יַעֲזֹב רָשָׁע דַּרְכּוֹ וְאִישׁ אָוֶן מַחְשְׁבֹתָיו וגו׳** — *Let the wicked one forsake his way and the iniquitous man his thoughts ...* When they do so they can then seek Hashem (*Ibn Ezra*). *Let the wicked one forsake his* actions and speech as well as abandon his iniquitous thoughts. Otherwise, he will not be able to return to Hashem (*Radak*). As long as one's thoughts are still preoccupied with sin and lust, one will not be able to control his deeds and speech. Sooner or later his resolve will lapse or be overpowered.

Homiletically, the word יַעֲזֹב can be rendered *will help* (see *Exodus* 23:5), so that the phrase would be rendered *his,* i.e., the sinner's, *way can help* the righteous person on *his way* of serving God. When a pious person sees how wicked people behave and how they pursue forbidden pleasures, he will be repulsed and seek to strengthen his resolve to avoid sin and serve Hashem sincerely (*Sidduro shel Shabbos*).

**8. כִּי לֹא מַחְשְׁבוֹתַי מַחְשְׁבוֹתֵיכֶם** — *For My thoughts are not your thoughts.* You thought that I would punish you for your

ט וְלֹא דַרְכֵיכֶם דְּרָכָי נְאֻם יהוה: כִּי־גָבְהוּ שָׁמַיִם מֵאָרֶץ כֵּן גָּבְהוּ דְרָכַי מִדַּרְכֵיכֶם
י וּמַחְשְׁבֹתַי מִמַּחְשְׁבֹתֵיכֶם: כִּי כַּאֲשֶׁר יֵרֵד הַגֶּשֶׁם וְהַשֶּׁלֶג מִן־הַשָּׁמַיִם וְשָׁמָּה לֹא
יָשׁוּב כִּי אִם־הִרְוָה אֶת־הָאָרֶץ וְהוֹלִידָהּ וְהִצְמִיחָהּ וְנָתַן זֶרַע לַזֹּרֵעַ וְלֶחֶם לָאֹכֵל:
יא כֵּן יִהְיֶה דְבָרִי אֲשֶׁר יֵצֵא מִפִּי לֹא־יָשׁוּב אֵלַי רֵיקָם כִּי אִם־עָשָׂה אֶת־אֲשֶׁר חָפַצְתִּי
יב וְהִצְלִיחַ אֲשֶׁר שְׁלַחְתִּיו: כִּי־בְשִׂמְחָה תֵצֵאוּ וּבְשָׁלוֹם תּוּבָלוּן הֶהָרִים וְהַגְּבָעוֹת
יג יִפְצְחוּ לִפְנֵיכֶם רִנָּה וְכָל־עֲצֵי הַשָּׂדֶה יִמְחֲאוּ־כָף: תַּחַת הַנַּעֲצוּץ יַעֲלֶה בְרוֹשׁ °תחת
**נו** א [°וְתַחַת ק׳] הַסִּרְפַּד יַעֲלֶה הֲדַס וְהָיָה לַיהוה לְשֵׁם לְאוֹת עוֹלָם לֹא יִכָּרֵת: כֹּה

### רש״י

**ואיש און מחשבותיו.** ויתפוש את מחשבותי לעשות הטוב בעיני. ומדרש אגדה, כי לא מחשבותי וגו׳; אין דיני כדיני בשר ודם, אתם, מי שמודה בדין מתחייב, אבל אני, וּמוֹדֶה וְעֹזֵב יְרֻחָם (משלי כח, יג): **(ט) כי גבהו שמים וגו׳.** כלומר כי יש הבדל וחילוק מעלות ושבח בדרכי יותר מדרכיכם, ובמחשבותי יותר ממחשבותיכם, כגבוה שמים על הארץ. אתם נותנים לב למרוד בי, ואני נותן לב להטיב אתכם: **(י) כי כאשר ירד הגשם והשלג.** ולא ישוב ריקם, אך ייטיב לעולם: **(יא) כן יהיה דברי אשר יצא מפי.** להודיעכם על ידי הנביאים, לא ישוב ריקם, אך ייטיב לכם אם תשמעו להם: **(יב) כי בשמחה תצאו.** מן הגלות: **ההרים והגבעות יפצחו לפניכם רנה.** שיתנו לכם פרייס ולמחם ויהנו (ירוננו) יושביהם: **(יג) תחת הנעצוץ וגומר.** רבותינו דרשו, תחת הרשעים יעלו צדיקים: **נעצוץ וסרפד.** מיני קוצים הם. כלומר, הרשעים יאבדו, והצדיקים יטלו ממשלתם:

### רד״ק

בנראה ישמור לו בלבבו. והנראה יקרא דרך כמו שפירשנו, והנסתר מחשבה. הנה אני מרבה לסלוח, לא ככם; וכאשר אני מוחל אני מוחל באמת, ולא ישאר אצלי מהעון דבר: **(ט) כי גבהו.** כמו שאמר דוד, כִּי כִגְבֹהַּ שָׁמַיִם עַל הָאָרֶץ גָּבַר חַסְדּוֹ עַל יְרֵאָיו (תהלים קג, יא). זהו חסד גדול; כשישובו לירא מהאל ימחול להם וייטב להם. גם אתם בגלות; אם הרעותם וארבה לכם גלותכם, שובו אלי ודרשוני ותמצאוני קרוב לכם; כי לא ימוש דברי הטוב שהבטחתי אתכם. והמשיל זה הענין לגשם היורד מן השמים, ואמר: **(י) כי כאשר ירד הגשם, ושמה לא ישוב.** כי לא יצאה גשם לבטלה שלא יעשה מעשה וישוב לו, זה לא יהיה אלא מה יעשה? הרוה את הארץ: **ונתן זרע לזורע.** והגשם הוא הנותן; וכמו, וְנָתְנָה הָאָרֶץ (את) יְבוּלָהּ (ויקרא כו, ד). ומתבואת הארץ יצניע האדם תחילה מה שיצטרך לזרוע לו בשנה הבאה, והשאר הוא למאכלו. ופשוטו של פסוק נראה, כי אחר שהרוה, ישוב הגשם אל השמים. פירש אדוני אבי זכרונו לברכה, כי שוב הגשם הוא חום השמש ששואף אותו, ולולי זה לא היתה הארץ צריכה גשם. גם נכון הוא מה שפירשנו בו, ושמה לא ישוב לעולם, אלא יעשה שליחותו והרוה את הארץ: **(יא) כן יהיה דברי.** שם בטחתי אתכם להוציאכם מהגלות ומפי אמרוה הנביאים. לא ישוב אלי ריקם אלא באמת יעשה מה שחפצתי: **והצליח.** הענין שלא ימצאהו פגע שיתבטל קצת ממנו אלא הכל יעשה כמו שאמרתי: **(יב) כי בשמחה תצאו.** מהגלות: **ובשלום.** תובלון, לארצכם: **ההרים והגבעות, וכל עצי השדה.** דרך משל רצונו לומר, שישמחו כל העולם: **ימחאו כף.** יכו כף לשמחה; כמו, וַיַּכּוּ כָף (אל כף) וַיֹּאמְרוּ יְחִי הַמֶּלֶךְ (מלכים־ב יא, יב); תרגום וַיַּךְ (שמות ב, יב), וּמְחָא. או יהיה ההרים והגבעות משל על הגדולים, וכל עצי השדה משל על הפחותים: **(יג) תחת הנעצוץ.** מין ממיני הקוצים וכן סרפד, ואלה יגדלו במדבר. ואמר שהאל יתן תמורתם במדבר ברוש והדס, כמו שאמר למעלה בפרשה, הָעֲנִיִּים וְהָאֶבְיוֹנִים (לעיל מא, יז), אֶתֵּן בַּמִּדְבָּר אֶרֶז שִׁטָּה וַהֲדַס וגו׳ (שם, יט): **והיה לה׳ לשם.** שזה הפלא יהיה עומד כמו שפירשנו למעלה. ויונתן תרגם דרך משל, חֲלַף רַשִׁיעַיָא (וְחֲלַף חַיָּבַיָּא) יִתְקַיְּימוּן (דַּחְלֵי חֶטְאָהּ) צַדִּיקַיָּא וגו׳:

### מצודת דוד

**ולא דרכיכם דרכי.** דרך בשר ודם לענוש את המורד בו ואין מועיל תשובה ופיוס, אבל דרכי לא כן הוא: **(ט) כי גבהו.** כערך גבהות השמים מן הארץ, כן דרכי גבהו בהבדל רב מדרכיכם; כי דרך בשר ודם שלא ימחול כלל וכלל, ודרכי למחול מכל וכל: **ומחשבותי ממחשבותיכם.** אתם חושבים שאין תשובה מועיל כל עיקר, אבל מחשבתי שמועיל הרבה מאד: **(י) כי כאשר וכו׳.** רצונו לומר, כמו הגשם והשלג היורד מן השמים אשר לא ישוב אל השמים על ידי חום השמש השואב הרטיבות, כי אם בתחילה מרוה האדמה וכו׳ ואחר זה תשוב למעלה בחום השמש: **והולידה.** הוא הוצאת הצמח מהגרעין בעומק הארץ: **והצמיחה.** הוא הוצאת הצמח ממעל לארץ: **ונתן.** הגשם הוא סיבה לגדל תבואה לזרוע מהם עוד במקום אחר ולהיות למאכל להצריך לאכול: **(יא) לא ישוב אלי ריקם.** מבלי יעשה הדבר ההוא. ואחז בלשון בן אדם השולח מי לעשות דבר וחוזר לפעמים ריקם ולא גמר השליחות. ולפי שאמר במשל ושמה לא ישוב לזה אמר לשון לא ישוב: **כי אם עשה.** הדבר יעשה וכו׳; ומוסב למעלה לומר שבודאי תתקיים הבטחתי: **והצליח וכו׳.** כפל הדבר במלות שונות: **(יב) כי בשמחה תצאו.** וזהו ההבטחה אשר תצאו מן הגולה בשמחה ותובלון לארצכם בשלום: **יפצחו וכו׳.** היא ענין מליצה; כי כשהאדם בשמחה דומה לו שכל העולם שמח עמו: **ימחאו כף.** יכו בכפיהם לשמוח, וגם זה ענין מליצה: **(יג) תחת הנעצוץ.** רצונו לומר, במקום ממשלת העכו״ם ימשלו ישראל: **ותחת הסרפד.** כפל הדבר במילים שונות: **והיה.** הדבר הזה יהיה לה׳ לשם גבורה: **לאות עולם.** ויהיה לאות ולסימן שכן יהיה עד עולם, ולא יכרת הדבר הזה:

### מצודת ציון

**(י) הרוה.** ענין שביעה; כמו, כְּגַן רָוֶה (לקמן נח, יא): **(יב) תובלון.** ענין הבאה; כמו, יוּבַל שַׁי (לעיל יח, ז): **יפצחו.** ענין פתיחת הפה בהרמת קול; כמו, פִּצְחוּ הָרִים רִנָּה (לעיל מד, כג): **ימחאו.** ענין הכאה כף אל כף דרך שמחה; כמו, מַחְאֲךָ יָד (יחזקאל כה, ו): **(יג) הנעצוץ.** מין אילן קוץ; כמו, וּבְכֹל הַנַּעֲצוּצִים (לעיל ז, יט): **ברוש.** שם אילן סרק חשוב: **הסרפד.** שם צמח גרוע: **הדס.** שם אילן המריח:

---

iniquities despite returning to Me, but you were wrong, for My thoughts are that I wish to be beneficent to you (*Ibn Ezra*).

Many are confused and feel that man is so mired in sin that repentance is impossible. This is not so. *Rambam* (*Laws of Repentance* 1:2) writes, "What is repentance? It is that he forsake the sins he has committed, turn his thoughts away from them, and decide in his heart that he will not commit them again, as it is written 'Let the wicked one forsake his way.'"

Logic would dictate that repentance cannot undo the evil that one has done. To refute this, God proclaims that He cannot be judged by human logic. He instituted into creation

*and your ways are not My ways — the word of* HASHEM. 9 *As high as the heavens over the earth, so are My ways higher than your ways, and My thoughts than your thoughts.* 10 *For just as the rain and snow descend from heaven and will not return there, rather it waters the earth and causes it to produce and sprout, and gives seed to the sower and food to the eater,* 11 *so shall be My word that emanates from My mouth, it will not return to Me unfulfilled unless it will have accomplished what I desired and brought success where I sent it.* 12 *For in gladness shall you go out and in peace shall you arrive, the mountains and hills will break out in glad song before you, and all the trees of the field will clap hands.* 13 *In place of the thornbush, a cypress will rise; and in place of the nettle, a myrtle will rise. This will be a monument to* HASHEM, *an eternal sign never to be cut down.*

---

the principle that repentance always helps. See Overview to ArtScroll's Book of *Jonah.*

**וְלֹא דַרְכֵיכֶם דְּרָכָי** — *And your ways are not My ways.* My thoughts are not like the thoughts of a human court, and your laws are not like Mine. In your legal system one who confesses is found guilty, but in My legal system, one who confesses his sins and forsakes them is granted mercy (*Rashi;* see *Mishlei* 28:13). The same applies on a personal level. When a person sins against his friend, even if the latter forgives him he may well bear a grudge against the perpetrator. I, on the other hand, forgive completely and no grudge remains (*Radak*).

Sometimes a person prays and repents, but is chagrined that his prayers were not answered. God says this is shortsighted. God's thoughts and ways are not the same as man's. A human being may think he knows what is best and how God should react to him. God knows better. Sometimes what man longs for is not what is best. Sincere prayer is not ignored. Man may not know when and how it is answered, because he is ignorant of God's thoughts and ways (*Pri Tzaddik*).

**9. כִּי־גָבְהוּ שָׁמַיִם מֵאָרֶץ כֵּן גָּבְהוּ דְרָכַי מִדַּרְכֵיכֶם** — *As high as the heavens over the earth, so are My ways higher than your ways.* This alludes to the words of David (*Psalms* 103:11): *As high as heaven is above the earth, has His kindness overwhelmed those who fear Him.* For it is a great kindness of God that when people repent, He forgives them and is beneficent. Thus, God is telling the people in exile that regardless of how badly they had sinned, if they return to Him they will find Him close to them (*Radak*).

One might think that God's thoughts and actions are comparable to those of man, except that God is infinitely greater. This is wrong. God is qualitatively — not quantitatively — different from man. His nature is completely unrelated to man's, just as the heavens and the earth are totally different from each other. God is not like man only more so, and man is not like God, only less so. There is no comparison whatsoever (*Sefer HaIkkarim, Malbim*).

Homiletically, this refers to the reciprocal relationship between man and God. מִדַּרְכֵיכֶם is rendered *from,* i.e., as a result of *your ways.* When the heaven is raised above the earth by means of man's praises of God, God's ways are correspondingly raised because of man's good deeds.

**10. כִּי כַּאֲשֶׁר יֵרֵד הַגֶּשֶׁם וְהַשֶּׁלֶג מִן־הַשָּׁמַיִם וְשָׁמָּה לֹא יָשׁוּב** — *For just as the rain and snow descend from heaven and will not return there.* They will not return to their source without watering the earth (*Rashi*).

**11. כֵּן יִהְיֶה דְבָרִי אֲשֶׁר יֵצֵא מִפִּי לֹא־יָשׁוּב אֵלַי רֵיקָם** — *So shall be My word that emanates from My mouth, it will not return to Me unfulfilled.* The words that you heard through My prophets will not return unfulfilled; they will bring you benefit, as long as you heed them (ibid.).

**12. כִּי־בְשִׂמְחָה תֵצֵאוּ וּבְשָׁלוֹם תּוּבָלוּן** — *For in gladness shall you go out and in peace shall you arrive.* This applies the metaphors of the previous verses. The prophecies of redemption will come true (*Abarbanel*); you will leave your lands of dispersion in gladness (*Rashi*), and will arrive in peace in your land (*Radak*).

When there is *gladness,* it will help you *go out* from the problems that vex you, and then — when you learn to be glad with your lot — there will be *peace* (*Likkutei Sichos*).

**הֶהָרִים וְהַגְּבָעוֹת יִפְצְחוּ לִפְנֵיכֶם רִנָּה וְכָל־עֲצֵי הַשָּׂדֶה יִמְחֲאוּ־כָף** — *The mountains and hills will break out in glad song before you, and all the trees of the field will clap hands.* You will leave your exile joyously, and the mountains and the trees will welcome you back to your land with abundant produce (*Rashi*).

Alternatively, this poetically describes the gladness and joy of the entire world at this momentous event (*Radak, Abarbanel*).

**13. תַּחַת הַנַּעֲצוּץ יַעֲלֶה בְרוֹשׁ וְתַחַת הַסִּרְפַּד יַעֲלֶה הֲדַס** — *In place of the thornbush, a cypress will rise; and in place of the nettle, a myrtle will rise.* This depicts the blooming of the barren wilderness upon the return of Israel to its land (*Radak*); or, it is a metaphor for the replacement of the wicked [who will be eradicated (*Rashi*)], with the righteous (*Targum*).

According to *Abarbanel,* the wicked will become transformed into righteous people, or it is a metaphor for the replacement of Jewish suffering with good fortune.

אָמַ֣ר יהוָ֔ה שִׁמְר֥וּ מִשְׁפָּ֖ט וַעֲשׂ֣וּ צְדָקָ֑ה כִּֽי־קְרוֹבָ֤ה יְשׁוּעָתִי֙ לָב֔וֹא וְצִדְקָתִ֖י
ב לְהִגָּלֽוֹת׃ אַשְׁרֵ֤י אֱנוֹשׁ֙ יַעֲשֶׂה־זֹּ֔את וּבֶן־אָדָ֖ם יַחֲזִ֣יק בָּ֑הּ שֹׁמֵ֤ר שַׁבָּת֙ מֵֽחַלְּל֔וֹ
ג וְשֹׁמֵ֥ר יָד֖וֹ מֵעֲשׂ֥וֹת כָּל־רָֽע׃ וְאַל־יֹאמַ֣ר בֶּן־הַנֵּכָ֗ר הַנִּלְוָ֤ה אֶל־יהוָה֙ לֵאמֹ֔ר הַבְדֵּ֧ל
ד יַבְדִּילַ֛נִי יהוָ֖ה מֵעַ֣ל עַמּ֑וֹ וְאַל־יֹאמַר֙ הַסָּרִ֔יס הֵ֥ן אֲנִ֖י עֵ֥ץ יָבֵֽשׁ׃ כִּי־
כֹ֣ה ׀ אָמַ֣ר יהוָ֗ה לַסָּֽרִיסִים֙ אֲשֶׁ֤ר יִשְׁמְרוּ֙ אֶת־שַׁבְּתוֹתַ֔י וּבָֽחֲר֖וּ בַּאֲשֶׁ֣ר חָפָ֑צְתִּי
ה וּמַחֲזִיקִ֖ים בִּבְרִיתִֽי׃ וְנָתַתִּ֨י לָהֶ֜ם בְּבֵיתִ֤י וּבְחוֹמֹתַי֙ יָ֣ד וָשֵׁ֔ם ט֖וֹב מִבָּנִ֣ים וּמִבָּנ֑וֹת

### רש״י

(ב) **יעשה זאת.** שומר שבת וגו׳: (ג) **הבדל יבדילני ה׳ מעל עמו.** למה אתגייר? הלא הקדוש ברוך הוא יבדילני מעל עמו כשישלם שכרם: **ואל יאמר הסריס.** למה איטיב דרכי ומעללי? הן אני כעץ יבש מאין זכרון:

### רד״ק

(א) **כה אמר ה׳.** אמר לבני הגלות, שמרו משפט ועשו צדקה כי קרובה ישועתי לבא; אם תטיבו דרכיכם מראה כי התשובה מעכבת ביאת המשיח: (ב) **אשרי אנוש יעשה זאת.** שמירת שבת, יחזיק בה. שנזהר בה כל ימיו: **מחללו.** שלא יעשה בו שום מלאכה; וכן הוא בכלל שמירת שבת לקדשו; כמו שאמר, זָכוֹר אֶת יוֹם הַשַּׁבָּת לְקַדְּשׁוֹ (שמות כ, ח). וקדוש שבת להבדילו משאר הימים, כי כן כל לשון קדושה הוא ענין הבדלו מאחר במעלה; כמו שאמר, וַיִּבָּדֵל אַהֲרֹן לְהַקְדִּישׁוֹ קֹדֶשׁ קָדָשִׁים (דברי הימים־א (כג, יג). ומבדילו משאר הימים במאכל ובמשתה וכסות נקיה, זהו בענין הגוף, ובענין הנפש, שתהיה נפשו פנויה מעסקי העולם ובדלה מהם, ומתעסקת בדברי תורה וחכמה ומתבוננת במעשי האל. וזכר ענין השבת בפרט במקום הזה לפי שהוא מדבר לבני הגלות שיטיבו דרכיהם ויצאו מהגלות; והטובה שבהם הוא שמירת השבת, ובעון שבת גלו מארצם. ואמרו רבותינו זכרונם לברכה (שבת קיט, ב), לא חרבה ירושלם אלא בשביל שחללו בה את השבת שנאמר, וּמִשַּׁבְּתוֹתַי הֶעְלִימוּ עֵינֵיהֶם וָאֵחַל בְּתוֹכָם (יחזקאל כב, כו). ואמרו (ראה שבת קיח, ב), אם משמרים ישראל שתי שבתות מיד נגאלים, שנאמר, אֲשֶׁר יִשְׁמְרוּ אֶת שַׁבְּתוֹתַי וגו׳, וכתיב בתריה וַהֲבִיאוֹתִים אֶל הַר קָדְשִׁי וגו׳. ובזכרו מצות שבת הוא הדין לשאר מצות עשה, אבל זכר החמורה ואף על פי שיש בה מצות לא תעשה, העשה הוא הכל, שאם ישבות לא יעשה מלאכה. ואמר אחר כך מעשות כל רע, שהוא מצות לא תעשה בכלל. ואמר מחללו, לשון זכר אף על פי ששבת לשון נקבה, רצונו לומר יום השבת: (ג) **ואל יאמר.** מה שזכר בן הנכר והסריס מישראל; בן הנכר שאין לו ירושה בארץ, והסריס שאין לו בן שירשנו; אל יאמרו בעבור זה שהם מובדלים מארץ ישראל, אני מבטיח אותם טובות אחרות, כן פירש אדוני אבי זכרונו לברכה. והנה מצאנו ביחזקאל כי הגרים תהיה להם נחלה בארץ ישראל; נאמר כי בן הנכר שאמר הנה, שלא הוליד בנים אחרי שהתגייר והרי הוא כסריס שאין לו בן. ויחזקאל אמר על אשר הוליד בישראל אחרי שנתגיירו; וכן אמר אֲשֶׁר הוֹלִדוּ (בָנִים) בְּתוֹכְכֶם וְהָיוּ לָכֶם כְּאֶזְרָח בִּבְנֵי יִשְׂרָאֵל (יחזקאל מז, כב): **יבדילני.** פתח הלמ״ד מקום צרי; וכן, יֶאֱהָבַנִי אִישִׁי (בראשית כט, לב), והדומים לו שכתבנו בספר מכלל. וההבדלה הזאת שיהו חושבים, שיאמר בן הנכר, אף על פי שנלויתי אל ה׳ ונתגיירתי, ואין לי בן בישראל, לא אהיה נחשב מעם השם בין בעולם הזה בין בעולם הבא. וכן יאמר הסריס, מה אני בעולם, כיון שלא אניח בן כמותי הרי אני כאלו לא באתי לעולם ולא חפץ בי האל, והרי אני כעץ יבש שלא יוציא פרי וענף. והנה האל ברא העולם לפריה ורביה; כמו שכתוב, פְּרוּ וּרְבוּ (בראשית א, כב); וכתיב, לָשֶׁבֶת יְצָרָהּ (לעיל מה, יח). ואחר שלא זכיתי להניח בן, ובמותי יכרת שמי וזכרי מן העולם, אין האל רוצה בי. ועל ענין זה אמרו רבותינו זכרונם לברכה, מי שאינו מניח בן ליורשו הרי הוא כמנודה לשמים (עיין בבא בתרא קטז,א). לא אמר ומנודה אלא כמנודה, שיראה כמנודה ואינו אם מעשיו טובים. אמר אל יאמר, אל יחשוב זה, לא בן הנכר ולא הסריס: (ד) **כי כה אמר ה׳ לסריסים.** והקדים הסריסים לפי שהשלים בסריס. וכן דרך הכתוב לתפוס האחרון כמו, אֶת יַעֲקֹב וְאֶת עֵשָׂו וָאֶתֵּן לְעֵשָׂו אֶת הַר שֵׂעִיר (יהושע כד, ד): **אשר ישמרו את שבתותי.** פירש אדוני אבי זכרונו לברכה, שבת בראשית ושבת הארץ. כי גם בעון שמטת הארץ גלו, כמו שכתוב בבריתי, ואף על פי שהיה הכל נכלל בכלל: **ובחרו באשר חפצתי.** זכר הברית בפירוש, כי המצות יותר חזקות לפי שנתנו בברית; כמו שאמר משה, הִנֵּה דַם הַבְּרִית אֲשֶׁר כָּרַת ה׳ עִמָּכֶם עַל כָּל הַדְּבָרִים הָאֵלֶּה (שמות כד, ח). או אמר בבריתי על המילה, כי הנה גם היא נתנה בשלש עשרה בריתות: (ה) **ונתתי בביתי ובחומותי.** כתרגומו, בְּבֵית מַקְדְּשִׁי, וּבְאֲרַע בֵּית שְׁכִינְתִּי; רצונו לומר, בבתי ההיכל ובחומותי תוך חומות העזרה, כי שם ימצאו החכמים תמיד ויזכרו מעשי החסידים שהם בזמנם ושעברו: **יד.** מקום; כמו, וְיָד תִּהְיֶה לְךָ (דברים כג, יג). אבל זה אינו מקום גופני, אלא במקום מעלה ושבח. וכן בָּרוּךְ (כְּבוֹד) ה׳ מִמְּקוֹמוֹ (יחזקאל ג, יב). וכענין הנמצא בדברי רבותינו זכרונם לברכה, ממלא מקום אבותיו (שבת נא, א) והדומים לו: **ושם.** שאמשיך שמו לדורות הבאים, כמו שאמר שם עולם אתן לו אשר לא יכרת. ומה שאמר ונתתי ואתן, כמו שאמר לדוד, וְעָשִׂיתִי לְךָ שֵׁם כְּשֵׁם הַגְּדוֹלִים אֲשֶׁר בָּאָרֶץ (דברי הימים־א, יז, ח). כי אף על פי שמעשי האדם הישרים והטובים ממשיכים שמו,

### מצודת דוד

(א) **שמרו משפט.** שמרו משפטי התורה ועשו צדקה זה עם זה: **כי קרובה.** על ידי זה תהיה תשועתי קרובה לבוא וצדקתי לכם תהיה קרובה להיות נגלה לעון כל: (ב) **יעשה זאת.** את האמור למטה, שישמור את השבת מלחללו, כי הוא יסוד מוסד על אמונת חידוש העולם; ואם כן בזה בודאי ישמור ידו מעשות כל רע הואיל ומאמין שיש בורא: (ג) **הנלוה.** המתחבר עצמו אל ה׳ להאמין בו: **הבדל יבדילני.** אהיה נבדל מישראל בעת יקבלו הטובה ולא אקבל עמהם, ואם כן למה אצדק: **הן אני עץ יבש.** כמו עץ יבש שאין מגדל פרי, כן אני מבלי זרע ולא ישאר שמי לזכרון ועל מה איישר דרכי: (ד) **באשר חפצתי.** בהדבר אשר חפצתי אני: **ומחזיקים.** אוחזים בתורתי אשר כרתי עליה ברית עם ישראל: (ה) **בביתי ובחומותי.** בבית המקדש מבפנים לחומת הר הבית, אשר שמה ישבו כסאות למשפט, מושב הסנהדרין והזקנים, שם אתן לו

### מצודת ציון

(ב) **אנוש.** שם משמות אדם: **יחזיק.** יאחז: **מחללו.** כמו מלחללו: (ג) **הנלוה.** ענין החברה והריעות; כמו, וְנִלְוָה הַגֵּר (לעיל יד, א): **הבדל.** ענין הפרשה ופירוד: **הסריס.** כן יקרא מי שאינו מוליד: (ה) **יד.** מקום; כמו, וְיָד תִּהְיֶה לְךָ (דברים כג, יג):

---

## 56.

Isaiah continues his prophecy that the exile will be followed by the Redemption.

**1. שִׁמְרוּ מִשְׁפָּט וַעֲשׂוּ צְדָקָה כִּי קְרוֹבָה יְשׁוּעָתִי לָבוֹא** — *Observe justice and perform righteousness, for My salvation is soon to come.* Now that you know that Hashem will redeem you and will shower you with good, observe His statutes, for that is what will bring the salvation; sin will prolong the exile (*Ibn Ezra*).

Isaiah condenses the 613 commandments of the Torah into these two commandments: *Observe justice and perform*

## 56

*Keep the law*

[1] *Thus said HASHEM: Observe justice and perform righteousness, for
My salvation is soon to come and My righteousness to be revealed.
[2] Praiseworthy is the man who does this and the person who grasps it
tightly: who guards the Sabbath against desecration and guards his hand
against doing any evil.*

*The foreigner, the barren one ...*

*[3] Let not the foreigner, who has joined himself to HASHEM, speak, saying,
'HASHEM will utterly separate me from His people'; and let not the barren
one say, 'Behold I am a shriveled tree.' [4] For thus said HASHEM to the bar-
ren ones who observe My Sabbaths and choose what I desire, and grasp
My covenant tightly: [5] In My house and within My walls I will give them
a place of honor and renown, which is better than sons and daughters;*

---

*righteousness* (*Makkos* 24a; see *Malbim* cited in the next verse).

God says *My salvation,* rather than *your salvation,* to imply that when Israel requires salvation, God Himself requires salvation, for He shares Israel's travail. Indeed, when the deadline for the Redemption is at hand, even if Israel does not yet deserve to be redeemed, God will bring the Messiah for His own sake (*Shemos Rabbah* 30:20).

**2. אַשְׁרֵי אֱנוֹשׁ יַעֲשֶׂה־זֹּאת** — *Praiseworthy is the man who does this.* "This" refers to observing the Sabbath and preventing its desecration, as stated later in the verse (*Rashi, Ibn Ezra, Radak*).

The verse praises one who both observes justice in his dealings between man and God (such as guarding the Sabbath), and performs righteousness in his dealings with men (by refraining from doing evil), thereby bringing salvation, as stated in the previous verse (*Malbim*).

The term אֱנוֹשׁ, *man,* applies to both Jews and non-Jews. It praises everyone who pursues *justice* and *righteousness,* because an essential component of the ultimate Redemption is that all the world will accept the sovereignty of Hashem. The verse goes on to speak of the Sabbath — even though non-Jews are exempt from that commandment — because the Sabbath symbolizes that God is the Creator and that He created the universe *ex nihilo.* Thus, it is the cornerstone of our faith (*Abarbanel*).

**שֹׁמֵר שַׁבָּת מֵחַלְּלוֹ וְשֹׁמֵר יָדוֹ מֵעֲשׂוֹת כָּל־רָע** — *Who guards the Sabbath against desecration and guards his hand against doing any evil.* Although all the commandments are equally binding and are included in this prophecy, the Sabbath is singled out because the Jew is specifically commanded to *sanctify* it. By definition, sanctity means to be held apart. God is sacred because He is totally divorced from and beyond anything we can imagine. The Sabbath, too, calls upon us to sever ourselves from the mundanity of the physical world and to engage in Torah study and service of God. Therefore the Sabbath is the fitting symbol of the Jew's calling (*Radak*).

**3. וְאַל־יֹאמַר בֶּן־הַנֵּכָר הַנִּלְוָה אֶל־ה' לֵאמֹר הַבְדֵּל יַבְדִּילַנִי ה' מֵעַל עַמּוֹ** — *Let not the foreigner, who has joined himself to HASHEM, speak, saying, "HASHEM will utterly separate me from His people."* A potential convert should not say, "Why should I become a Jew, if God will separate me from His people when they receive their reward?" (*Rashi*).

Alternatively, it refers to actual converts (*Ibn Ezra*) who, although they know that their children are Jewish in every way, are concerned that they themselves will not be considered part of the people of Hashem, neither in this world nor in the World to Come (*Radak*). If so, they will have no interest in helping bring about the Redemption, in which — according to their fears — they will be different from the rest of the Jewish people (*Abarbanel*). Therefore Isaiah assures the convert that he is a full-fledged member of the nation.

**וְאַל־יֹאמַר הַסָּרִיס הֵן אֲנִי עֵץ יָבֵשׁ** — *And let not the barren one say, "Behold I am a shriveled tree."* An infertile person should not think, "Since I am barren and doomed to be forgotten, why should I try to improve my ways?" (*Rashi*).

Alternatively, since the world was created for procreation and I cannot have children, this means that God has no interest in me (*Radak*). One should never express such hopelessness.

**4. שַׁבְּתוֹתַי** — *My Sabbaths* i.e., the Sabbatical Years as well as the weekly Sabbaths (*Radak*).

**וּבָחֲרוּ בַּאֲשֶׁר חָפָצְתִּי וּמַחֲזִיקִים בִּבְרִיתִי** — *And choose what I desire, and grasp My covenant tightly. What I desire* refers to the other commandments; *My covenant* refers to the Torah (*Abarbanel*), or to the covenant of circumcision (*Radak*).

According to *Chafetz Chaim,* the reward for keeping these commandments is given in the next verse: *Eternal renown . . . which will never be terminated.* The importance of the Sabbath is self-evident, it is the foundation of our faith (as indicated above in the commentary to v. 2). *What I desire* refers to kindness to others, as often indicated in Scripture (see e.g., *Micah* 7:18, *Hosea* 6:6, and *Jeremiah* 9:23). *And grasp My covenant tightly* refers to holding fast to the Torah, which is the covenant between God and Israel (*Shem Olam* I:1-9)

**5. וְנָתַתִּי לָהֶם בְּבֵיתִי וּבְחוֹמֹתַי** — *In My house and within My walls,* i.e., in My Temple and in the place of My *Shechinah* (*Targum*). Within the walls of the Temple Courtyard, there are always sages recounting the stories of the pious of their time and of the past (*Radak*). Alternatively, *My house* refers to the world of souls, and *within My walls* refers to a homestead in *Eretz Yisrael* (*Abarbanel*).

ו שֵׁ֣ם עוֹלָם֙ אֶתֶּן־ל֔וֹ אֲשֶׁ֖ר לֹ֥א יִכָּרֵֽת׃ וּבְנֵ֣י הַנֵּכָ֗ר הַנִּלְוִ֤ים עַל־יְהוָה֙ לְשָׁ֣רְת֔וֹ
וּֽלְאַהֲבָה֙ אֶת־שֵׁ֣ם יְהוָ֔ה לִהְי֥וֹת ל֖וֹ לַעֲבָדִ֑ים כָּל־שֹׁמֵ֤ר שַׁבָּת֙ מֵֽחַלְּל֔וֹ וּמַחֲזִיקִ֖ים
ז בִּבְרִיתִֽי׃ וַהֲבִיאוֹתִ֞ים אֶל־הַ֣ר קָדְשִׁ֗י וְשִׂמַּחְתִּים֙ בְּבֵ֣ית תְּפִלָּתִ֔י עוֹלֹתֵיהֶ֧ם וְזִבְחֵיהֶ֛ם
ח לְרָצ֖וֹן עַל־מִזְבְּחִ֑י כִּ֣י בֵיתִ֔י בֵּית־תְּפִלָּ֥ה יִקָּרֵ֖א לְכָל־הָעַמִּֽים׃ נְאֻם֙ אֲדֹנָ֣י יֱהוִ֔ה מְקַבֵּ֖ץ
ט נִדְחֵ֣י יִשְׂרָאֵ֑ל ע֛וֹד אֲקַבֵּ֥ץ עָלָ֖יו לְנִקְבָּצָֽיו׃ כֹּ֖ל חַיְת֣וֹ שָׂדָ֑י אֵת֣יוּ לֶֽאֱכֹ֔ל כָּל־חַיְת֖וֹ
*צ׳ רבתי בַּיָּֽעַר׃ *°צֹפו [°צֹפָ֞יו ק׳] עִוְרִ֣ים כֻּלָּם֮ לֹ֣א יָדָ֒עוּ֒ כֻּלָּם֙ כְּלָבִ֣ים אִלְּמִ֔ים לֹ֥א יוּכְל֖וּ
יא לִנְבֹּ֑חַ הֹזִים֙ שֹׁכְבִ֔ים אֹהֲבֵ֖י לָנֽוּם׃ וְהַכְּלָבִ֣ים עַזֵּי־נֶ֗פֶשׁ לֹ֤א יָֽדְעוּ֙ שָׂבְעָ֔ה וְהֵ֣מָּה רֹעִ֔ים

## רש״י

(ד) **ומחזיקים.** אוחזים: (ז) **לכל העמים.** ולא לישראל לבדם: (ח) **לנקבציו.** נוספים על קבוצי ישראל: (ט) **כל חיתו שדי.** אתיו והתקרבו אלי, ותאכלו את כל חיתו ביער, את גבורי הכשדים שאמצו את לבם: **חיתו שדה.** חית השדה אין כחה רב כחית היער. חית השדה חלשה ותשות כח מחית היער. ועל שאמר עוד אקבץ עליו אמר המקרא הזה: (י) **צופיו עורים כולם.** לפי שאמר דרשו ה׳ וכל הענין, והם אינם שומעים, חוזר ואומר, הנה הנביאים צועקים להם ומכריזים על התשובה, ותיטיב להם; והרי פרנסיהם כעורים כולם ואינם רואין את הנולדות. כצופה המופקד לראות את החרב, בא להזהיר את העם, והוא עור מלראות את החרב באה, ואלם מלהזהיר את העם. ככלב שמינוהו לשמור הבית, והוא אלם (מלבנות) מלנבוח; כך פרנסי ישראל אינם מזהירין אותם לחזור למוטב: **הוזים שוכבים.** פירש דונש, נרדמים שוכבין. ויונתן תרגם, נַיְמִין שָׁכְבִין; ואין לו דמיון: (יא) **והכלבים עזי נפש.** רולים למלאות כריסם. איגר״ש בלע״ז: **והמה רועים.** כמו שהכלבים לא ידעו שבעה, כן הרועים לא ידעו הבין מה יהיה באחרית הימים:

## רד״ק

כן הוא, אבל בהיות האדם טוב לפני האלהים ומעשיו בכונה טובה, האל נותן בלבות בני אדם להזכירו לטוב כל הימים, כמו שישמעו מעשיו בן מפי אב. וזה קצת גמולו הטוב אחרי מותו, מלבד הגמול הגדול השמור לנשמתו. ואמר לו אחר שאמר להם, רצונו לומר, לכל אחד מן הסריסים; וכן דרך המקרא בהרבה מקומות: (ו) **ובני הנכר, על ה׳.** כמו אל ה׳; וכן, וַתִּתְפַּלֵּל עַל ה׳ (שמואל־א א, י): **כל שומר שבת.** זכר את השבת בפירוש לטעם שפירשנו. ועוד כי שמירת שבת יסוד גדול באמונת האל, כי לא ישמור שבת אלא מי שיודה שהעולם מחודש, ויש לו מחדש בראו מאין ואין זולתו, ואם כן אין לשרת ולעבוד זולתו; ויאמין כי בששת ימים ברא אלהים את העולם וישבות ביום השביעי, כמו שכתב משה רבינו וצוה לעמו אשר בחר בו לשמור את השבת, להיות להם לעדות ולזכרון כי הוא ברא את העולם. ובעבור זה נתנה להם קודם מתן תורה, כי אחר שהודיעם שהוא אדון ובורא, אחר כך היה ראוי לצותם על תורתו ומצותיו כאדון המצוה אל עבדיו. ומי שילוה אל ה׳ ראוי שיאמין כי משה ותורתו אמת ובזה ילוה עם ה׳ להיות לעם אחד: (ז) **והביאותים.** כמו שיכניס אורח בביתו ומקבלו בשמחה, כן אמר אצוה לכהנים שיקבלו בשמחה כשיבאו להתגייר: **ושמחתים בבית תפלתי.** שיהיו שמחים בראותם עצמם בעזרה שהוא בית התפלה שנה בשנה, עם ישראל בתפלתם ובעולותיהם ובזבחיהם, לכל העמים. כמו שאמר שלמה בתפלתו, וְגַם אֶל הַנָּכְרִי (מלכים־א ח, מא), כל שכן לשבים לדת ישראל: (ח) **נאם ה׳, עוד אקבץ עליו לנקבציו.** פירש אדוני אבי זכרונו לברכה, לאחר שאקבץ נדחי ישראל עוד אקבץ עליהם נקבצים אחרים על נקבציו, והם גוג ומגוג. והפסק שאחריו מורה זה הפירוש: (ט) **כל חיתו.** אמר כל חית השדה וכל חית הארץ אתיו לאכול הפגרים אשר במחנה גוג ומגוג. וכן אמר בנבואת יחזקאל, אֱמֹר לְצִפּוֹר כָּל כָּנָף וּלְכֹל חַיַּת הַשָּׂדֶה הִקָּבְצוּ וָבֹאוּ הֵאָסְפוּ מִסָּבִיב עַל זִבְחִי אֲשֶׁר אֲנִי זֹבֵחַ לָכֶם (יחזקאל לט, יז), חיתו. הוי״ו נוספת כוי״ו בְּנוֹ בְעֹר (במדבר כד, ג) והדומים לו; וכן, חַיְתוֹ יָעַר (תהלים נ, י). ובא הסמיכות על בי״ת השמוש, כמו הַשְּׁכוּנֵי בָּאֳהָלִים (שופטים ח, יא) והדומים לו שכתבנו בספר מכלל: **אתיו.** צווי שלה מנחי הלמ״ד, כמו בעיו, ובא אלף בצר״י שלא לחטף עליו: (י) **צופו.** חסר יו״ד הרבים מהמכתב. עתה בהשלימו הנחמה שב הנביא להוכיח ישראל בני דורו שהיו רעים. ואמר צופיו עורים הם נביאי השקר, שהם מטים אותם לדרך רעה. ואמר לא ידעו, ולא אמר לא ראו, כי פירש עורים עורי הלב, כלבים אלמים. דמה אותם לכלבים, לפי שהכלבים שומרים הצאן, וכשירגישו בחיה רעה שבאה אל הצאן ינבחו והחיה הולכת לה. ונביאי השקר עושים עצמם כצופים ושומרים ישראל, והנה הם כמו כלבים אלמים שלא יוכלו לנבוח, שלא יועילו לצאן כי תבא החיה ותטרוף בצאן כרצונה. או הם כמו הכלבים שאוהבים לנום ולא יעורו לקול שאגת החיה ותבא ותטרף. והנה הכלבים כמו שאינם ולא יועילום אבל יזיקום, כי שומר הצאן ישען עליהם שינבחו ולא תבא החיה לטרוף; כן נביאי השקר שעושים עצמם שומרי ישראל, והנה יבאו הרשעים שהם כמו חיות רעות וישחיתו בישראל; והנה השומרים

## מצודת דוד

מקום וזכרון. שם, רצונו לומר, שם יהיה מקומו ושם יזכר לטובה, והוא דבר הטוב יותר מזכרון הבא מבנים ובנות: **שם עולם אתן לו.** רצונו לומר, עד עולם יזכר לטובה אשר לא יכרת זכרון שמו: (ו) **על ה׳.** כמו אל ה׳: **כל שומר שבת.** כל מי בהם אשר ישמור את השבת מלחללו וכל האוחזים בתורתו הנתונה בברית: (ז) **והביאותים.** את העושים כל אלה אביא אל הר קדשי הוא בית המקדש שוה בשוה עם האזרח בישראל: **ושמחתים.** אשמחם בבית המוכן להתפלל שם לפני: **לרצון.** יהיו מקובלים ברצון על מזבחי: **יקרא לכל העמים.** רצונו לומר, יהיה מוכן לבית תפלה לכולם: (ח) **מקבץ.** המקבץ את ישראל: **עוד אקבץ עליו.** על ישראל, אקבץ עוד להיות נוספים על הנקבצים מישראל: (ט) **כל חיתו שדה.** חיות השדה אין כחם רב כחיות היער ואמר האומות הנמשלות לחית השדה והם אותם שלא אמצו לבם: **אתיו.** בואו לאכול: (י) **צופיו עורים.** עתה חזר להוכיח את ישראל ואמר, הצופים שלהם אשר הועמדו לראות אם השונא בא לעיר הנה המה עורים ואינם רואים; ורצונו לומר, שרי העם המדריכים את העם אינם משגיחים לתקן דרך העם ועושים עצמם כאלו לא ידעו בקלקול הדור: **כולם כלבים אלמים.** כל השרים מישראל אינם מזהירים את העם על התשובה, ולא יועילו להם; והמה ככלבים אלמים אשר לא יוכלו לנבוח להבריח החיות הטורפות מן העדר, שאין בהם תועלת: **הוזים שוכבים.** השרים המה נרדמים בשינה עמוקה או שוכבים על המטה להתענג להביאם לידי תנומה הוא שינה קלה כי יאהבו את התנומה כדרך המתענגים ולא שמו לב בתקון העם: (יא) **והכלבים עזי נפש.** כמו שהכלבים המה בטבעם חזקי התאוה ואינם יודעים משביעה כי בכל עת יתאוו תאוה: **והמה רועים.** וכן השרים ההמה הרועים את עצמם להתענג בתענוגים אינם יודעים בינה להשכיל אשר מי שמשוקע בתענוגים הוא חסר מהם כי בכל עת יתאוה להוסיף ואם כן הוא עוד מעונה:

## מצודת ציון

(ו) **לשרתו.** ענין עבודות ושמוש: (ט) **חיתו.** הוי״ו יתירה: **אתיו.** בואו; כמו, שְׁבוּ אֵתָיוּ (לעיל כא, יב): (י) **צופיו.** מלשון צופה הרואה על המגדלים: **לנבוח.** כן נקרא צעקת הכלב: **הוזים.** ענין תרדמה, כן תרגם יונתן, ואין דמיון: **לנום.** מלשון תנומה והיא שינה קלה: (יא) **עזי.** ענין חוזק: **נפש.** ענין תאוה; כמו, בְּנֶפֶשׁ צָרָי (תהלים כז, יב): **רועים.** מלשון מרעה, והוא לשון מושאל על אכילת התענוג:

*eternal renown will I give each one, which will never be terminated.* 6 *And*
*the foreigners who join themselves to* HASHEM *to serve Him and to love the*
*Name of* HASHEM*, to become servants unto Him, all who guard the Sabbath*
*against desecration, and grasp My covenant tightly —* 7 *I will bring them*
*to My holy mountain, and I will gladden them in My house of prayer; their*
*elevation-offerings and their feast-offerings will find favor on My Altar, for*
*My House will be called a house of prayer for all the peoples.* 8 *The word*
*of my Lord,* HASHEM/*Elohim, Who gathers in the dispersed of Israel: I shall*
*gather to him even more than those already gathered to him.*

*... and the dispersed*

9 *All beasts of the field, come to eat all the beasts in the forest.*

*The blind, greedy leaders*

10 *Their watchmen are all blind; they do not comprehend. They are all mute*
*dogs who cannot bark, who doze off and lie down and love to sleep.* 11 *And*
*the dogs are greedy; they do not know satiation. These are the shepherds who*

**רד"ק**

לא יועילום אבל יזיקום, שבעון דרכיהם הרעים שיורו אותם יבא האויב על ישראל. גם כן מנהג הכלבים לנום תמיד, לפיכך המשילם לכלבים גם הם הצופים אוהבים לנום. ובמדרש, וכי יש כלב אלם? אלא מה הוא אלמים, מה טיבו של כלב זה אדם משליך לו פרוסה סוכר את פיו, כך היו דייני ישראל: **הוזים**. כתרגומו, נַיְמִין שָׁכְבִין, ואין לו חבר: **אוהבי לנום**. סמוך על אות השמוש; וכן, מַשְׁכִּימֵי בַבֹּקֶר (לעיל ה,יא), לִנְבִיאֵי מִלִּבָּם (יחזקאל יג, ב), והדומים להם: **(יא) והכלבים**. ואם תאמר הכלבים האלה לא יאכילום בעליהם, לפיכך לא ישמרו הצאן; הנה הם אוכלים אבל אינם שבעים כי עזי נפש הם; נפשם המתאוה היא עזה וחזקה ולא תשבע. כן אלה הצופים, כל עסקם במאכל ובמשתה ואינם שבעים, כי הם רודפים אחר התאוה; ומי שעושה כן לא ישבע לעולם, שבעה. שם או מקור: **והמה רועים**. רועים את עצמם ולא יחושו על הצאן שהם ישראל:

**שֵׁם עוֹלָם אֶתֶּן־לוֹ** — *Eternal renown will I give each one.* It is natural for good people to be honored and praised, but when someone is sincere and righteous in his allegiance to the Torah, God will inspire people to remember and praise his goodness, generation after generation. This is but a small portion of this person's total reward (*Radak*).

According to the above-mentioned interpretation of *Abarbanel,* his homestead will bear his name as it passes from generation to generation. In that way, he will have eternal renown.

**6-7. וּבְנֵי הַנֵּכָר הַנִּלְוִים עַל־ה׳ . . . וַהֲבִיאוֹתִים אֶל־הַר קָדְשִׁי** — *And the foreigners who join themselves to* HASHEM *. . . I will bring them to My holy mountain.* I will command the priests of the Temple to accept them joyously when they come to convert (*Radak*).

Alternatively, the *holy mountain* refers to all of *Eretz Yisrael,* which is higher than other lands [see *Kiddushin* 69a]. Hashem will "bring" the converts into the land, i.e., He will grant them a heritage in it (*Abarbanel*).

**7. בְּבֵית תְּפִלָּתִי** — *In My house of prayer.* The Talmud understands תְּפִלָּתִי, literally, *My prayer,* to mean that God Himself prays that His Mercy overpower His Anger, as it were (*Berachos* 7a, see there).

**כִּי בֵיתִי בֵּית־תְּפִלָּה יִקָּרֵא לְכָל־הָעַמִּים** — *For My House will be called a house of prayer for all the peoples,* not just for Israel, but for converts as well (*Rashi*). Alternatively, even for the non-Jew who brings elevation- and feast-offerings (*Mahari Kara*), as Solomon said in his prayer at the inauguration of the Temple [see *I Kings* 8:41-43] (*Ibn Ezra, Radak*).

After the coming of the Messiah there will be a universal recognition of the Holy One, Blessed is He. At that time, all people will pray at the Temple as righteous members of the world community who pledge to abide by the seven Noahide laws (*R' Schwab*). When we recite this verse on Yom Kippur, we are praying for the arrival of this period.

**8. עוֹד אֲקַבֵּץ עָלָיו לְנִקְבָּצָיו** — *I shall gather to him even more than those already gathered to him.* In addition to the exiled Jews returning to their land, many converts [or non-Jews; *Mahari Kara*] will join them (*Rashi, Ibn Ezra*).

Alternatively, after gathering in all the exiles of Israel I will gather together the nations under Gog and Magog to invade the Land (*Radak*), and Israel will be saved by momentous miracles. This will show all the world that only God is the Ultimate Power. See *Ezekiel* Chs. 38-39.

**9. כֹּל חַיְתוֹ שָׂדָי אֵתָיוּ לֶאֱכֹל כָּל־חַיְתוֹ בַּיָּעַר** — *All beasts of the field, come to eat all the beasts in the forest. Beasts of the field* [that are generally peaceful (*Mahari Kara*)] is a metaphor for the converts, while *beasts in the forest* is a metaphor for their more powerful enemies, the opponents of Israel. At the time of the Redemption, the erstwhile weaklings will devour those who try to deter them from joining Israel (*Rashi*).

According to *Radak* mentioned in verse 8, these are literally beasts that will consume the corpses of Gog and Magog after their miraculous defeat.

**10-12.** After urging the people to "Seek Hashem where He can be found" (beginning 55:6), Isaiah rebukes his generation for not heeding his appeal.

**10. צֹפָיו עִוְרִים כֻּלָּם לֹא יָדָעוּ כֻּלָּם כְּלָבִים אִלְּמִים לֹא יוּכְלוּ לִנְבֹּחַ** — *Their watchmen are all blind; they do not comprehend. They are all mute dogs who cannot bark.* The prophets call upon the people to repent, but their *watchmen* — their leaders — are too blind to see the approaching disaster, and too mute

יב לֹא יָדְעוּ הָבִין כֻּלָּם לְדַרְכָּם פָּנוּ אִישׁ לְבִצְעוֹ מִקָּצֵהוּ: אֵתָיוּ אֶקְחָה־יַיִן וְנִסְבְּאָה
נז א שֵׁכָר וְהָיָה כָזֶה יוֹם מָחָר גָּדוֹל יֶתֶר מְאֹד: הַצַּדִּיק אָבָד וְאֵין אִישׁ שָׂם עַל־לֵב
ב וְאַנְשֵׁי־חֶסֶד נֶאֱסָפִים בְּאֵין מֵבִין כִּי־מִפְּנֵי הָרָעָה נֶאֱסַף הַצַּדִּיק: יָבוֹא שָׁלוֹם יָנוּחוּ
ג עַל־מִשְׁכְּבוֹתָם הֹלֵךְ נְכֹחוֹ: וְאַתֶּם קִרְבוּ־הֵנָּה בְּנֵי עֹנְנָה זֶרַע מְנָאֵף

**רש״י**

**כולם.** לדרך הנייתם פנו, איש לבצעו, לגזול את שאר העם שהם ממונים עליהם: **מקצהו.** כמו, כָּל הָעָם מִקָּצֶה (בראשית יט, ד). מקצה מנייהם ועד קצהו, כולם נוהגים כן: **(יב) אתיו אקחה יין.** כך היו אומרים זה לזה: **והיה כזה יום מחר.** במאכל ובמשתה: **(א) הצדיק אבד.** כגון יאשיהו: **ואין איש שם על לב.** למה נסתלק: **באין מבין.** אין בנותרים מבין מה ראה הקדוש ברוך הוא לסלקו: **כי מפני הרעה.** העתידה לבא אל הדור נאסף הצדיק: **(ב) יבא שלום.** כי כן אמר הקדוש ברוך הוא, יבא הצדיק הזה אל אבותיו בשלום, ואל יראה ברעה: **ינוחו על משכבותם.** בהיות הרעה. זה שהיה הולך נכוחו, ביושרו. כמו, עֲשׂוֹת נְכֹחָה (עמוס ג, י): **(ג) ואתם קרבו הנה.** הנותרים משנסתלקו הצדיקים, ותקבלו פורענותיכם, בני עוננה. בני כשפים:

**רד״ק**

**לא ידעו הבין.** לא ידעו להבין במעשיהם כי מעשיהם תהו הם, ותועים ומתעים את ישראל; וכל אחד מהם פונה לדרכו שיוכל להועיל לעצמו במאכל ובמשתה ולבצוע בצע ולא יחושו על העם: **מקצהו.** כל אחד מקצה שלו ובשכונתו עושים מעשים האלה. ומן התימה שתרגם יונתן רעים — מַבְאֲשִׁין, ידמה שהוא קורא המלה בקמץ הרי״ש: **(יב) אתיו.** אומר כל אחד מנביאי השקר לבני העם, בואו אצלי ואקח היין לכם שנשתה ביחד: **ונסבאה.** מן זולל וסובא: **יום מחר.** נעשה כמו היום; או יותר יהיה גדול יום מחר במשתה מן היום הזה: **יתר.** שם או תאר. אלה הם הדרכים שמורים נביאי השקר לישראל ומפתים אותם במאכל ובמשתה עד שישמעו להם לכל אשר יצוו אותם, ומסירים אותם מדרך ה׳: **(א) הצדיק.** הפסוק כפול במלות שונות; ואינו אומר על צדיק מיוחד אלא על הצדיקים שעברו מן הדור ההוא. וכן אמר ואנשי חסד נאספים, פירוש נאספים אל עמם. ובאמרו אבד, לא רצה לומר שהצדיק אבד במותו, כי לעצמו לא אבד, אבל נשמתו בחיים ערבים טובים מחיי הגוף; אלא אבד מדורו, כי להם היא האבידה: **ואין איש שם על לב.** שיוכיח ישראל על המעשים הרעים האלה. או פירוש ואין איש שם על לב כפירוש ואין מבין שטעמו דבק עם כי מפני הרעה נאסף הצדיק; כלומר הצדיק ואנשי חסד נאספו מן הדור טרם זמנם מפני הרעה העתידה לבא על הדור ההוא ושלא יראו הם ברעה ההיא; כמו שאמרה חולדה הנביאה על פי הדיבור ליאשיהו, הִנְנִי אֹסִפְךָ אֶל אֲבֹתֶיךָ וְנֶאֱסַפְתָּ אֶל קִבְרֹתֶיךָ בְּשָׁלוֹם וְלֹא תִרְאֶינָה עֵינֶיךָ בְּכֹל הָרָעָה אֲשֶׁר אֲנִי מֵבִיא עַל הַמָּקוֹם הַזֶּה (מלכים א לד, כח): **ואין איש שם על לב.** ואין מבין כי מפני הרעה נאסף הצדיק שלא יראה ברעה: **(ב) יבא שלום.** כשנאסף הצדיק טרם זמנו לטובתו הוא כמו שאמר מפני הרעה; ועוד כי במותו יבא למנוחה טובה ויבא בשלום, כי טרם הרעה ימות בשלום; כמו, וְאַתָּה תָּבוֹא אֶל אֲבֹתֶיךָ בְּשָׁלוֹם (בראשית טו, טו): **ינוחו על משכבותם.** החסידים שזכר במותם ינוחו במרגוע גדול והמיתה תכונה בשכיבה; כמו, וְשָׁכַבְתִּי עִם אֲבֹתַי (בראשית מז, ל), כי אף על פי שיובן ממנו שכיבה כמשמעה והיא שכיבת הגוף בקבר, אף על פי כן באותה שכיבה תהיה מנוחה לנפש, כי לשון שכיבה גם כן כענין מנוחה; כמו, לֹא שָׁכַב לִבּוֹ (קהלת ב, כג), וְעֹרְקַי לֹא יִשְׁכָּבוּן (איוב ל, יז): **הולך נכוחו.** השלום שזכר יבא הצדיק בהאספו, כנגד בני דורו הרעים, קרבו הנה למשפט על מעשיכם הרעים: **(ג) בני עוננה.** שאמותיכם מעוננות ומכשפות, כי הכשוף נמצא ברוב בנשים, ואבותיכם מנאפים ואמותיכם זונות, ואיך תהיו אתם כנגד בני דורו הרעים קרבו הנה למשפט על מעשיכם הרעים: **בני עוננה.** שאמותיכם מעוננות ומכשפות, כי הכשוף נמצא ברוב בנשים, ואבותיכם מנאפים ואמותיכם זונות ואיך תהיו אתם טובים: **ועוננה.** תאר, וכן, וְעֹנְנִים כַּפְּלִשְׁתִּים (לעיל ב, ו). אם שרשם שלם ענן, ואם שרשם עונן והוא בינוני: **ותזנה.** רצונו לומר, ותזנה אמכם, כן היו בני הדור ההוא רעים בני רעים. ועל הדרך הזה אמר הושע, לֹא אֶפְקוֹד עַל בְּנוֹתֵיכֶם כִּי תִזְנֶינָה וְעַל כַּלּוֹתֵיכֶם כִּי תְנָאַפְנָה כִּי הֵם עִם הַזֹּנוֹת יְפָרֵדוּ (הושע ד, יד):

**מצודת דוד**

**לדרכם פנו.** כל אחד פונה לדרכו במקום שיוכל לענג נפשו: **איש לבצעו.** כל אחד פונה לבצוע בצע: **מקצהו.** רצה לומר כולם עושין כן מן הקצה אל הקצה והוא מקרא קצר: **(יב) אתיו.** כי אם יאמר לחביריו, בואו עמי ואקח יין: **ונסבאה שכר.** כפל הדבר במילים שונות: **והיה כזה.** כמשפט היום הזה יהיה יום מחר ועוד יהיה גדול ויתר מאד מהיום; רצונו לומר, נעסוק במשתה כמו היום אבל ברוב הכמות: **(א) הצדיק אבד.** כאשר הצדיק נאבד מן העולם אין איש שם על לב להתבונן בדבר, למה הומת מה עשה: **ואנשי חסד.** על ידי זה נאספו הרבה אנשי חסד, בעבור שאין מי מבין אשר מפני הרעה נאסף הצדיק הראשון למען לא יראה בהרעה המעותדת לבוא. כי על כי לא היה מי מרגיש בדבר ולא שב לה׳, לזה הרבו למות עוד למען ירגישו או למען לא יראו גם המה בהרעה: **(ב) יבוא שלום.** מוסב למעלה לומר כי כן אמר המקום, יאסף הצדיק ויבוא בשלום אל הקבר ולא יראה בהרעה: **ינוחו.** אנשי החסד ישכבו במנוחה על משכבותם בקבר: **הולך נכוחו.** כי כל אחד היה הולך בדרך הנכוחה, ואין מהדין שיראה בהרעה: **(ג) ואתם.** הואיל ונסתלקו הצדיקים, קרבו אתם הנה למשפט ולקבל הרעה: **בני עוננה.** אתם בני מעוננה, כי ברוב נמצא הכישוף בנשים:

**מצודת ציון**

**לבצעו.** ענין גזל; כמו, מַה תִּקְוַת חָנֵף כִּי יִבְצָע (איוב כז, ח): **(יב) ונסבאה.** ענין שכרות; כמו, זוֹלֵל וְסֹבֵא (דברים כא, כ): **שכר.** יין ישן: **יותר.** מלשון יתרון: **(א) נאספים.** ענין מיתה; כמו, יֵאָסֵף אַהֲרֹן (במדבר כ, כד): **(ב) נכוחו.** ענין יושר; כמו, בְּאֶרֶץ נְכֹחוֹת יְעַוֵּל (לעיל כו, י): **(ג) הנה.** לפה: **עוננה.** ענין כשוף; כמו, מְעוֹנֵן וּמְנַחֵשׁ (דברים יח, י):

---

to arouse the people from their spiritual slumber (*Rashi*).

Alternatively, the reference is to the false prophets. Instead of seeing the future and rebuking the people, they are blind to what is coming and too mute to guide the people (*Ibn Ezra, Radak*).

**11. וְהַכְּלָבִים . . . וְהֵמָּה רֹעִים לֹא יָדְעוּ הָבִין** — *And the dogs . . . These are the shepherds who cannot understand.* Much as the dogs are greedy and are never sated, the shepherds do not know what will happen in the End of Days (*Rashi*). *Ibn Ezra* adds that greedy leaders who always lust for more are harmful to their followers.

Alternatively, shepherds feed their dogs, because otherwise the dogs will not guard the sheep. But the dogs are so ravenous that they are never satisfied and all they do is scavenge for more food. This represents the leaders whose only interest is their personal gain (*Radak*).

**12. אֵתָיוּ אֶקְחָה־יַיִן** — *Come, I will get wine.* Each of the gluttonous leaders or false prophets would say to the other (*Rashi*) that he would take his ill-gotten gain and buy wine with which to party (*Ibn Ezra*). Instead of being concerned with the needs of their people, they selfishly use their position to enrich themselves and purchase pleasures.

*cannot understand; they have all gone off on their own ways, each from his own*
*corner, for his own dishonest gain, [saying:]* 12 *"Come, I will get wine and we*
*will guzzle liquor together; and tomorrow will also be like this, and even much*
*greater!"*

**57** *The righteous one will rest*

1 *The righteous one perishes, and no man takes it to heart; men of kindness are*
*gathered in with no one understanding that because of the impending evil*
*the righteous one was gathered in.* 2 *He will come in peace; they will rest on their*
*resting places — he who walks in his integrity.*
3 *And now come close, you children of witchcraft, seed of the adulterer*

---

**וְהָיָה כָזֶה יוֹם מָחָר** — *And tomorrow will also be like this.* As a result of this ever-increasing gluttony, the leaders will never have Hashem's words in their mouths (*Mahari Kara*), and they will actually entice the people away from His service (*Radak*).

**57.**

Isaiah continues to chastise the gluttonous, hedonistic people who are oblivious to everything except physical pleasure.

**1.** The commentators explain that there are times when the sins of the generation will bring serious punishment, which will cause the great *tzaddikim* to be anguished at the suffering of their compatriots. In order to spare them this pain, God may take them from the world prematurely. This serves two purposes: (1) It benefits the *tzaddik,* so that he should not see the suffering of his generation; and (2) it benefits the survivors as a catalyst for repentance. When they see that a righteous person has died, they should take it to heart and reconsider their sinful conduct.

Similarly, the Sages teach that Abraham died five years before his destined time so that he would not see Esau become wicked (*Bereishis Rabbah* 63:12).

*Radak* elaborates that the *tzaddik* himself is not deprived, because his soul will ascend to the higher, spiritual world where it will enjoy the presence of the *Shechinah.* Rather, the survivors are the losers because they did not deserve to have him remain among them.

**הַצַּדִּיק אָבָד וְאֵין אִישׁ שָׂם עַל־לֵב** — *The righteous one perishes, and no man takes it to heart.* As noted above, people do not realize that the righteous one perished [such as King Josiah (*Rashi,* see *II Kings* 23:29)] so that he would not have to see the suffering of his fellow Jews. No one questions why Hashem saw fit to take him away (*Rashi*) while allowing the wicked to live (*Ibn Ezra*). If they were to think about it seriously, they would realize that they are being prodded to repent and avert the impending catastrophe. Instead, they may delude themselves into thinking that the *tzaddik's* death atones for the generation's misdeeds (*Toldos Yaakov Yosef*).

At the funeral of the Kotzker Rebbe, the *Chiddushei HaRim* interpreted this verse homiletically. The righteous one has perished and people fail to take to heart that they should remember his teachings and act on them in their own lives.

When a righteous person dies, God Himself feels the loss, because the *tzaddik's* righteous life fulfills the purpose of Creation; when he is gone, God feels the vacuum, as it were (*Be'er Mayim Chaim*).

**בְּאֵין מֵבִין כִּי־מִפְּנֵי הָרָעָה נֶאֱסַף הַצַּדִּיק** — *With no one understanding that because of the impending evil the righteous one was gathered in.* For example, Josiah was told by the prophetess Hulda (*II Kings* 22:20): *You will be gathered to your grave in peace — and your eyes will not see all the evil that I am bringing upon this place* (*Radak*).

When Rabban Shimon ben Gamliel and Rabbi Ishmael were executed by the Romans during the reign of Hadrian, Rabbi Akiva said to his disciples, "Prepare yourselves for calamity. For had good been destined for our generation, it would have come to Rabbi Shimon and Rabbi Ishmael [i.e., they would not have died prematurely]. Rather, the Creator knows that a great calamity is destined for our generation, so He removed them from our midst; because of the impending evil the righteous one was gathered in" (*Yalkut Shimoni* II:486).

**2. יָבוֹא שָׁלוֹם** — *He will come in peace,* so that he not see the impending evil (*Rashi*). Thus, his death was actually beneficial to him (*Radak*).

Alternatively, when a righteous man dies, he is gone forever only *from us* (see *Megillah* 15a), but he will come in peace to the Afterworld of the souls (*Abarbanel*).

The gluttonous leaders mentioned above soothingly say to the people: *Peace will come. The people will rest on their beds* each under his own vine and fig tree. This is wrong, for peace goes away from them (*Abarbanel*).

**3. קִרְבוּ־הֵנָּה בְּנֵי עֹנְנָה** — *Come close, you children of witchcraft.* After the death of the righteous, Isaiah summons the survivors to judgment (*Rashi*), calling them people whose mothers engage in black magic and whose parents are adulterers. Obviously, this opprobrium cannot apply to most of the people. The prophets continually address the entire nation as if everyone is guilty of the sins of the minority, because, by failing to rise up against the sinners, the righteous people condone evil. See Chapter 1, where Isaiah speaks to Israel as if they are all sinners. Here, Isaiah is addressing the wicked leaders.

ד וַתִּזְנֶה: עַל־מִי תִּתְעַנָּגוּ עַל־מִי תַּרְחִיבוּ פֶה תַּאֲרִיכוּ לָשׁוֹן הֲלוֹא־אַתֶּם יִלְדֵי־
ה פֶשַׁע זֶרַע שָׁקֶר: הַנֵּחָמִים בָּאֵלִים תַּחַת כָּל־עֵץ רַעֲנָן שֹׁחֲטֵי הַיְלָדִים בַּנְּחָלִים
ו תַּחַת סְעִפֵי הַסְּלָעִים: בְּחַלְּקֵי־נַחַל חֶלְקֵךְ הֵם הֵם גּוֹרָלֵךְ גַּם־לָהֶם שָׁפַכְתְּ
ז נֶסֶךְ הֶעֱלִית מִנְחָה הַעַל אֵלֶּה אֶנָּחֵם: עַל הַר־גָּבֹהַּ וְנִשָּׂא שַׂמְתְּ מִשְׁכָּבֵךְ
ח גַּם־שָׁם עָלִית לִזְבֹּחַ זָבַח: וְאַחַר הַדֶּלֶת וְהַמְּזוּזָה שַׂמְתְּ זִכְרוֹנֵךְ כִּי מֵאִתִּי
גִּלִּית וַתַּעֲלִי הִרְחַבְתְּ מִשְׁכָּבֵךְ וַתִּכְרָת־לָךְ מֵהֶם אָהַבְתְּ מִשְׁכָּבָם יָד חָזִית:

## רש״י

**זרע מנאף.** שהזכר מנאף, ותזנה הנקבה: **(ד) על מי תתענגו.** מאחר ששבתם מאחרי, על מי תשענו להתענג בטובה? אילו זכיתם אז תתענגו על ה׳, אבל עכשיו על מי תתענגו?: **על מי תרחיבו פה.** כשאתם מתעתעים ומלעיבים בנביאיו: **(ה) הנחמים באלים.** המתחממין בשכבת זרע תחת אלה ואלון: **שוחטי הילדים.** לקרבן עכו״ם: **סעיפי.** נקרת הצורים; וכן, אֶל סְעִיף סֶלַע (שופטים טו, יא): **(ו) בחלקי נחל.** אבנים אשר בנחל: **חלקך.** בהם ירגמו אותך: **הם הם גורלך.** להתעלב בהם. למה? כי גם להם שפכת נסך: **העל אלה אנחם.** מלהרע לך: **(ז) שמת משכבך.** משכב ניאופך לעכו״ם על ההרים הרמים: **(ח) ואחר הדלת והמזוזה שמת זכרונך.** למי שהוא מדמה אותה לאשה מנאפת, אשר נואפים צופים וממתינים לפני פתח ביתה, והיא, לבה וזכרונה אל הדלת והמזוזה, איך תפתח ותצא אליהם: **כי מאתי גלית ותעלי.** אצלי היית שוכבת, וגלית הכיסוי שהיו מכוסים יחד, ותעלי מאצלי: **הרחבת משכבך.** לקבל בו נואפים הרבה: **ותכרת לך.** ברית מהם: **אהבת משכבם.** כשחזית לך יד ומקום להראות להם אהבתך: **יד.** איי״ש בלע״ז; וכן, רְאוּ חֶלְקַת יוֹאָב אֶל יָדִי (שמואל־ב יד, ל):

## רד״ק

**(ד) על מי תתענגו.** כמו שאמר, אֵתָיוּ אֶקְחָה יַיִן וגו׳ (לעיל נו, יב). שהיו מתענגים במאכל ובמשתה, והיו מרחיבים פה ומאריכים לשון על נביאי ה׳ ומתלוצצים עליהם; כמו שאמר למעלה בפרשת הוֹי עֲטֶרֶת גֵּאוּת (לעיל כח, א). ואמר, שִׁמְעוּ דְבַר ה׳ אַנְשֵׁי לָצוֹן (שם פסוק יד); על עצמכם היה לכם להרחיב פה שאתם ילדי פשע זרע שקר: **ילדי.** היו״ד בחירק שלא כמנהג, אלא בפתח: **(ה) הנחמים.** הנה ראינו בספרי הנביאים שהמשילו ישראל ועובדי עכו״ם לאשה שהיא מזנה פתח בעלה, ודברי יחזקאל ברוב על זה הדרך; וכן תחילת דברי הושע על הדרך הזה ועל הדרך הזה ענין פרשה זו, וזהו ענין הנחמים באלים: **שמת משכבך.** אהבת משכבם, וכל לשון הפרשה: **הנחמים.** מבנין נפעל שרשו יחם, מן בְּכָל יַחֵם הַצֹּאן (בראשית ל, מא). משכב הזכר והנקבה אמר בלשון חמימות, כמו, יֶחֱמַתְנִי אִמִּי (תהלים נא, ז), וְהָיָה בְּכָל יַחֵם הַצֹּאן, וַיֶּחֱמוּ הַצֹּאן (שם פסוק לט), לְיַחֲמֶנָּה בַּמַּקְלוֹת (שם): **באלים.** ופירש אחר כך, תחת כל עץ רענן; כי אלים כלל לעצים כי כן היה דרכם לעבוד עכו״ם תחת העצים הרעננים שענפיהם ועליהם לחים: **שוחטי הילדים.** היא עכו״ם שהיו זובחים לה הבנים. וכן אמר יחזקאל הנביא, וּבְשַׁחֲטָם אֶת בְּנֵיהֶם לְגִלּוּלֵיהֶם (יחזקאל כג, לט). והיו עושים זה בנחלים מקום שהיו שם סלעים תחת הסעפים. ופירוש סעפים, שנים, וכן בִּסְעִיף סֶלַע עֵיטָם (שופטים טו, ח), כמו שן סלע. נקרא כן לפי שהוא לסלע כמו הסעיף לאילן: **(ו) בחלקי נחל.** כשהיו מוצאין אבן חלקה ויפה באבני הנחל היו עובדים לה, על דרך שאמרו רבותינו זכרונם לברכה, זקף לבנה והשתחוה לה (עיין סוטה מז, א): **חלקי.** שם תואר לאבן חלקה, כמו חַלֻּקֵי אֲבָנִים (שמואל־א יז, מ), אלא שהם שני משקלים ובשניהם הלמ״ד דגושה. הם האבנים חלקך וגורלך; הפך, ה׳ מְנָת חֶלְקִי וְכוֹסִי אַתָּה תּוֹמִיךְ גּוֹרָלִי (תהלים טז, ה). ואמר חלקי ואמר חלקך לשון נופל על הלשון: **אנחם.** מבנין נפעל; כמו, וַיִּנָּחֶם ה׳ עַל הָרָעָה (שמות לב, יד). אמר העל אלה, כלומר, אם על אלה המעשים הרעים אוכל להנחם על הרעה מלהביאה להם? **(ז) על הר גבוה.** כמו שאמר, עַל הֶהָרִים הָרָמִים וְעַל הַגְּבָעוֹת וְתַחַת כָּל עֵץ רַעֲנָן (דברים יב, ב): **משכבך.** כבר פירשתי שהוא כנוי לעכו״ם שהיו עובדים שם. גם שם לא חששת לטורח העליה, היה הכל נקל לך לאהבתך העבודה ההיא: **(ח) ואחר הדלת והמזוזה שמת זכרונך.** שמת דבר ממין העבודה שתזכרי תמיד העבודה, הפך וּכְתַבְתָּם עַל מְזֻזוֹת בֵּיתֶךָ וּבִשְׁעָרֶיךָ (דברים ו, ט). אני נתתי לך מצות מזוזה שתזכרי תמיד עבודתי, ואת הנחת עבודתי בעבור עבודת אלהים אחרים ושמת להם זכרון אחר הדלת והמזוזה והנחת הזכרון שנתתי לך לזכרני תמיד. ויש מפרשים זכרונך, מן, זִכְרוֹ כְּיֵין לְבָנוֹן (הושע יד, ח),

## מצודת דוד

**זרע מנאף ותזנה.** זרע של מנאף ותזנה, כי האב היה נואף והאם היתה זונה: **(ד) על מי.** מאחר ששבתם מעלי על מי תבטחו להתענג בטובה? כי אם זכיתם הייתם בוטחים עלי, אבל עכשיו על מי תבטחו: **על מי תרחיבו פה.** על מי תשענו להרחיב פה לשאול כל המחסור: **תאריכו לשון.** לשאול כל הצורך, וכפל הדבר פעמים ושלש במילים שונות, וכדרך הנבואה: **ילדי פשע.** מולידים פשע וזורעי שקר. רצונו לומר, כל מעשיכם פשע ושקר ומהו הזנות הנמצא בכם: **(ה) הנחמים.** המתחממים עצמן תחת אילן אלה העשוי לעכו״ם: **תחת כל עץ רענן.** ורצה לומר שחברו את עצמן לעכו״ם. ולפי שהמשיל המקרא עובדי העבודת כוכבים לזונה אמר לשון הנופל במשכב האשה, כמו שכתוב, וּבְחֵטְא יֶחֱמַתְנִי אִמִּי (תהלים נא, ז): **שוחטי הילדים.** לפני העבודת כוכבים: **בנחלים.** כן היה דרכם לשחטם בעמקים אשר תחת סעיפי הסלעים, כי העבודת כוכבים העמידו על סעיף הסלע במקום גבוה: **(ו) בחלקי נחל חלקך.** בחרת לך חלק באבני הנחל לעבדם עבודת אלהות: **הם וכו׳.** כפל הדבר במילים שונות: **שפכת נסך.** היית מנסך לפניהם יין והעלית להם מנחה: **העל אלה אנחם.** וכי מהראוי שעל העושים מעשים כאלה יתהפך מחשבתי מרעה לטובה: **(ז) שמת משכבך.** עשית משכב לזנות; רצונו לומר, שם העמדת עבודת כוכבים. ולפי שנמשלה לזונה אמר לשון הנופל בזונה: **גם שם.** על גובה ההר: **(ח) ואחר הדלת והמזוזה.** לפי שהוא מדמה אותה אל אשה זונה אמר לשון הנופל בזונה שנואפים צופים וממתינים לה אחר הדלת לבה וזכרונה אל העומדים אחר הדלת והמזוזה ורצה לומר בעוד היותך במקדש ה׳ שמת זכרונך ללכת אל בית העבודת כוכבים: **כי מאתי גלית ותעלי.** אצלי היית שוכבת; גלית הכסות שהיינו מכוסים יחד ותעלי מאצלי ללכת אל הנואפים: **הרחבת משכבך.** עשית לך מקום משכב רחב לקבל בו נואפים הרבה; רצונו לומר, עבדת לעבודת כוכבים הרבה: **ותכרת.** כרת לך מהם ברית אהבה: **אהבת משכבם.** אהבת שישכבו עמך בכל מקום אשר ראית ואף בפרסום רב:

## מצודת ציון

**(ה) הנחמים.** מלשון חמימה: **באלים.** שם אילן סרק; כמו, כִּי יֵבֹשׁוּ מֵאֵילִים וכו׳ (לעיל א, כט): **רענן.** ענין לחות ורטיבות; כמו, בְּשֶׁמֶן רַעֲנָן (תהלים צא, יא): **בנחלים.** ענין עומק וגיא; וכן, וַיַּחְפְּרוּ עַבְדֵי יִצְחָק בַּנָּחַל (בראשית כו, יט): **סעיפי.** כן נקרא שן הסלע; כמו, אֶל סְעִיף סֶלַע (שופטים טו, יא), והוא מושאל מענף היוצא מן האילן אשר יקרא סעיף; כמו, שכתוב, וְכִלָּה סְעִפֶיהָ (לעיל כז, י): **(ו) בחלקי נחל.** באבני נחל ויקראו כן על שם שהמה חלקים; כמו, שכתוב, חֲמִשָּׁה חַלֻּקֵי אֲבָנִים מִן הַנַּחַל (שמואל־א יז, מ), ולקצר לא אמר אבני, וסמך על המבין: **גורלך.** ענינו כמו חלק; וכן, וְגוֹרָל לְבֹזְזֵינוּ (לעיל יז, יד), על שם שעל פי רוב יחולק בגורל: **אנחם.** ענין הפוך מחשבה: **(ח) והמזוזה.** הם העומדים אצל חלל הפתח מזה ומזה: **גלית.** מלשון גלוי: **ותעלי.** ענין הסתלקות; כמו, כַּעֲלוֹת גָּדִישׁ בְּעִתּוֹ (איוב ה, כו): **יד.** מקום: **חזית.** ענין ראיה; כמו, וְתַחַז בְּצִיּוֹן עֵינֵינוּ (מיכה ד, יא):

Adulterous idolaters

*and the adulteress. [4] In whom do you take delight; against whom do you open wide*
*a mouth [and] extend a tongue [in mockery]? Are you not children of sin, seed of*
*falsehood, [5] you who indulge your lusts at the elm trees, under every leafy tree, who*
*slaughter children in the riverbeds, under the crags of the rocks? [6] Smooth stones of the*
*riverbed are your portion, only they are your lot. Even to them have you poured out*
*libation and offered up meal-offering. Can I relent regarding these deeds? [7] On the*
*high, lofty mountain you have set up your bed; even there you went up to slaughter a*
*sacrifice. [8] Behind the door and the doorpost you placed your remembrance; for you un-*
*covered yourself and rose up from [beside] Me; you expanded your bed and you made*
*covenants with them for yourself whenever you saw a place to demonstrate your love.*

**רד"ק**

אַזְכָּרָתָהּ לַה׳ (ויקרא ו, ח). כלומר שמת קטרת לעכו״ם אחר הדלת והמזוזה: **כי מאתי גלית ותעלי. כי מאתי גלית עצמך**. אני צויתי לך עבודתי במקום סתר, מִזְבַּח אֲדָמָה תַּעֲשֶׂה לִּי (שמות כ, כא), לא בנין אבנים גבוה, וצויתי, וְלֹא תַעֲלֶה בְמַעֲלֹת עַל מִזְבְּחִי (שם פסוק כג), ואת עשית בהפך, לאלהים אחרים, במקום מגולה, על ההרים הרמים: **הרחבת משכבך**. אני אמרתי, לא (פֶּן) תַּעֲלֶה עֹלֹתֶיךָ בְּכָל מָקוֹם אֲשֶׁר תִּרְאֶה (דברים יב, יג), כִּי אִם בַּמָּקוֹם אֲשֶׁר יִבְחַר ה׳ בְּאַחַד שְׁבָטֶיךָ (שם פסוק יד), ואת הרחבת משכבך במקומות רבים; כִּי מִסְפַּר עָרֶיךָ הָיוּ אֱלֹהֶיךָ יְהוּדָה (ירמיה ב, כח): **יד חזית**. בכל מקום ומקום אשר ראית הפך בכל מקום אשר תראה, כי אני צויתי לך זה שלא תלמדי ממעשי הגוים שהם מקריבים בכל מקום, ועשית הפך מצותי בכל דבר:

**4. עַל־מִי תִּתְעַנָּגוּ עַל־מִי תַּרְחִיבוּ פֶה תַּאֲרִיכוּ לָשׁוֹן** — *In whom do you take delight?* You take false delight in food and drink, and you dare to deride His prophets! *Against whom do you open wide a mouth [and] extend a tongue [in mockery]!* You should mock yourselves, for *Are you not children of sin, seed of falsehood?* (*Radak*).

Had you been loyal to God, you would have taken delight in His service and His blessings. But now that you have spurned Him, in whom will you take delight? When you mock and shame His prophets, on whom will you depend to answer the prayers uttered with your mouth opened wide and your tongue extended? (*Rashi,* as explained by *Abarbanel*).

**5. הַנֵּחָמִים בָּאֵלִים תַּחַת כָּל־עֵץ רַעֲנָן** — *You who indulge your lusts at the elm trees, under every leafy tree.* This is a metaphor for worshiping idols (*Ibn Ezra*), which were generally located beneath verdant trees (*Radak*).

**שֹׁחֲטֵי הַיְלָדִים בַּנְּחָלִים** — *Who slaughter children in the riverbeds,* as sacrifices to their idols (*Rashi* et al.).

**6. בְּחַלְּקֵי־נַחַל חֶלְקֵךְ** — *Smooth stones of the riverbeds are your portion.* The smooth stones of the riverbed, which they would use as idols (*Radak; see Ibn Ezra*) would be their portion and lot, for those very stones would be thrown at their worshipers (*Rashi*). *Radak* comments that Isaiah uses a play on words. The root חלק can mean both *smooth* and *portion.* Thus the first word of the phrase refers to the smoothness of the stones, and the last word says that these stones will be their *portion.*

Alternatively, this verse is a continuation of the previous one, which dealt with the slaughter of children. Among the stones of the brook are the bodies of your children — חֶלְקֵךְ, *your portion* in life — whose blood you poured out like a libation to your idols (*Abarbanel*).

**7. עַל הַר־גָּבֹהַּ וְנִשָּׂא שַׂמְתְּ מִשְׁכָּבֵךְ** — *On the high, lofty mountain you have set up your bed.* You worshiped your idols through public displays of immorality (*Rashi*).

Alternatively, adultery is a metaphor for idolatry (*Radak*), because just as adultery is an obscene display of disloyalty to a spouse, idolatry is unforgivable disloyalty to God.

**8. וְאַחַר הַדֶּלֶת וְהַמְּזוּזָה שַׂמְתְּ זִכְרוֹנֵךְ** — *Behind the door and the doorpost you placed your remembrance.* Even when you are together with your husband, your mind is on the other side of the door and doorpost where your adulterous companion awaits you. This is a metaphor for something that dishonest people did during the era of spiritual corruption. They feigned loyalty to Hashem, but they placed idols on the inside of their doors, so that they would not be visible when the doors were open (*Mahari Kara*).

Alternatively, God gave the commandment of *mezuzah* on the doorpost as a reminder to always serve Him, but you abandoned His service. In place of the *mezuzah,* you place other reminders behind your door, such as incense for your idols.

**כִּי מֵאִתִּי גִּלִּית וַתַּעֲלִי** — *For you uncovered yourself and rose up from [beside] Me.* The translation follows *Rashi* and *Mahari Kara.* In the metaphor, Israel is an unfaithful wife. While she is pretending to be loyal to her husband, her lovers are waiting outside the door.

Israel was commanded to bring its offering on an earthen Altar, in the seclusion of the Temple, and to ascend to the Altar on a ramp, not on steps. Instead they deserted the Temple. They built high stone altars and erected a stairway to reach the top, and they built these forbidden altars for all to see on the highest mountains (*Radak*).

**הִרְחַבְתְּ מִשְׁכָּבֵךְ** — *You expanded your bed.* In the metaphor, you expanded your bed to accommodate your many lovers. You enjoyed their company and made yourself available wherever they wished (*Rashi*).

God forbade you to bring offerings outside the Temple,

ט וַתָּשֻׁרִי לַמֶּלֶךְ בַּשֶּׁמֶן וַתַּרְבִּי רִקֻּחָיִךְ וַתְּשַׁלְּחִי צִירַיִךְ עַד־מֵרָחֹק וַתַּשְׁפִּילִי
י עַד־שְׁאוֹל: בְּרֹב דַּרְכֵּךְ יָגַעַתְּ לֹא אָמַרְתְּ נוֹאָשׁ חַיַּת יָדֵךְ מָצָאת עַל־כֵּן לֹא
יא חָלִית: וְאֶת־מִי דָּאַגְתְּ וַתִּירְאִי כִּי תְכַזֵּבִי וְאוֹתִי לֹא זָכַרְתְּ לֹא־שַׂמְתְּ עַל־
יב לִבֵּךְ הֲלֹא אֲנִי מַחְשֶׁה וּמֵעֹלָם וְאוֹתִי לֹא תִירָאִי: אֲנִי אַגִּיד צִדְקָתֵךְ וְאֶת־
יג מַעֲשַׂיִךְ וְלֹא יוֹעִילוּךְ: בְּזַעֲקֵךְ יַצִּילֻךְ קִבּוּצַיִךְ וְאֶת־כֻּלָּם יִשָּׂא־רוּחַ יִקַּח־הָבֶל

## רש"י

(ט) **ותשורי למלך בשמן.** ואני מתחלה גדלתיך והיית מקבלת פני מלכך בכל מיני תפנוקים. ותשורי לשון ראיית פנים; כמו, אֲשׁוּרֶנּוּ וְלֹא קָרוֹב (במדבר כד, יז) וכן, וּתְשׁוּרָה אֵין לְהָבִיא (שמואל א ט, ז), דורון של הקבלת פנים: **ותשלחי ציריך.** שלוחייך למרחוק לגבות מס ממלכי האומות: **ותשפילי.** את חזקי האומות עד שאול כן תרגמו יונתן: (י) **ברוב דרכך יגעת.** נתעסקת בצרכייך למלאות תאותך להרבות הונך: **לא אמרת נואש.** אתייאש מאלו ולא אחיש עוד לעסוק בהן, כי בתורה ובמצות אתן לב: **חית ידך מצאת.** צורך ידך מלאת הגלאת במעשיך: **על כן לא חלית.** לא נחלה לבך לדאג על עבודתי לעסוק בתורה: **חית.** לשון ערבי הוא צורך: (יא) **ואת מי דאגת.** ממי נתייראת: **כי תכזבי.** כי פסקת לך מעבודתי וכזבת בי; כמו, לֹא יְכַזְּבוּ מֵימָיו (לקמן נח, יא), כָּל הָאָדָם כֹּזֵב (תהלים קטז); פליינג"א בלע"ז, וכן כל לשון כזב מי שבוטחין עליו, והוא כוזב ובוגד: **הלא אני מחשה.** שהחשתי על כמה פשעים שפשעת בי: (יב) **אני אגיד צדקתך.** אני תמיד מגיד לך דברים שאם תעשי אותם תלדקי: **ואת מעשיך.** שאתה עושה שלא ברצוני לא יועילוך בעת רעתך: (יג) **בזעקך יצילוך קבוציך.** יקומו נא קבוצות אלילים ופסילים ומכחישי תורה אשר קבצת ויצילוך בזעקך מצרתך הלא את כולם ישא רוח ולא יוכלו להציל:

## רד"ק

(ט) **ותשרי למלך בשמו.** ותשורי פירש רב סעדיה זכרונו לברכה מענין תשורה שהוא מנחם. ואני פירשתיו בספר השרשים כמו ותלכי, וכן, תָּשׁוּרִי מֵרֹאשׁ אֲמָנָה (שיר השירים ד, ח); ישור על אנשים, וכן שרותיך ומערביך, וכן בדברי רבותינו זכרונם לברכה, שיירה והעוברת ממקום למקום: **למלך.** בפתח הלמ"ד לידיעה, רצונו לומר, מלך אשור שהוא היה מושל בכל הארצות בימים ההם. אמר, לא די שעבדת אלהים אחרים, אלא שסלקת בטחונך ממני ובטחת בזרוע בשר ודם. ועל זה נאמר, אָרוּר הַגֶּבֶר אֲשֶׁר יִבְטַח בָּאָדָם וְשָׂם בָּשָׂר זְרֹעוֹ וּמִן ה' יָסוּר לִבּוֹ (ירמיה יז, ה); שאלו היו עובדים כוכבים ודעתם לאל שהוא הסבה הראשונה ועובדים השמש והירח לכבודו ועובדים צורותם לעבודה היה רע; כמו שאמר, לֹא תַעֲשׂוּן אִתִּי אֱלֹהֵי כֶסֶף וגו'; אלא עוד עשו רעה שהסירו לבם ובטחונם מהאל ובטחו במלך אשור ואחר כן נפלו בידו. ואמר בשמן, כי שמן היו מוליכים מארץ ישראל; כמו שנאמר עליה, אֶרֶץ זֵית שֶׁמֶן (דברים ח, ח). ואמר, יְהוּדָה וְאֶרֶץ יִשְׂרָאֵל הֵמָּה רֹכְלָיִךְ בְּחִטֵּי מִנִּית וּפַנַּג וּדְבַשׁ וָשֶׁמֶן וָצֹרִי נָתְנוּ מַעֲרָבֵךְ (יחזקאל כז, יז); ואמר וְשֶׁמֶן לְמִצְרַיִם יוּבָל (הושע יב, ב): **ותרבי רקחיך.** שהיית שולחת להם למנחה שמן רוקח, עשית ממנו הרבה לשלוח למלך אשור להיות לך לעזר: **ציריך.** שלוחיך. שלחת אותה במנחה עד מרחוק, כי ארץ אשור רחוקה היא מארץ ישראל, ותשפילי. השפלת עצמך עד שאול ובזית בשלחך אל ארץ רחוקה לבקש עזר. ואפשר שיהיה תשפילי פעל עומד; וכן, הַשְׁפִּילוּ שֵׁבוּ (ירמיה יג, יח); כלומר שפלת עד שאול בעבור המעשים הרעים. ויונתן תרגם הפסוק כן, כַּד עֲבַדְתְּ לִיךְ אוֹרַיְתָא וגו': (י) **ברוב דרכך יגעת.** אלו רצית היית נושעת במנוחה בארצך, אלו הלכת בדרכי האל יתברך; ועתה כי מרדת בו הוצרכת לבקש עזר ויגעת ברוב דרכים: **לא אמרת נואש.** כמו האדם היגע בדרכים שיאמר נואש לבי מלכת בדרכים האלה, אשב ואנוח. לא אמרת אחר כן, אלא ערב היה לך כל הטורח ההוא; על כן לא חלית ולא כאבת בטורח ההוא מאהבתך ללכת בדרכי העמים ולסור מדרך ה'. פירוש חית ידך, חיי כחך; כלומר, מצאת דבר שהיה ערב לך כמו המזונות, שהם חיי האדם וכחו: (יא) **ואת מי דאגת.** ממי פחדת ותירא: **כי תכזבי.** אם תרצי לכזבו לאמר שלא עשית אלה המעשים שזכרתי, ממי פחדת? כי אותי לא זכרת כשהיית עושה המעשים הרעים, ולא שמת על לבך; כי לא היית חושבת שאני רואה מעשיך אם כן לא פחדת ממני. למה תכזבי? טוב הוא שתתוודי עליהם: **הלא אני מחשה.** הלא אני שתקתי לך והארכתי אפי ולא הענשתיך מיד, ומעולם. ומקדם מדתי כן עם בריותי, שאני מאריך אפי עליהם: **ואותי לא תיראי.** אבל את לא יראת אותי, כי אם יראת אותי לא היית עושה המעשים הרעים. ואם לא יראת אותי בעת המעשה לא תיראי אותי בעת התוכחה שתכזבי ותאמרי לא עשיתי רע: (יב) **אני אגיד.** אף על פי שתכזבי את ותאמרי צדיקה אני, אני אגיד הצדקה שעשית והם המעשים הנזכרים; התאמרי כי הם מעשים טובים? **ואת מעשיך.** ואגיד מעשיך שעשית ולא יועילוך המעשים שעשית כאשר חשבת אבל יזיקוך: (יג) **בזעקך.** עתה תראי אם יועילוך מעשיך כשתזעקי מרעת האויבים' תראי איך יצילוך קבוציך, רצונו לומר העמים שהיית מקבצת לעזור לך, והיית נושאת מנחה להם להיות לך לעזרה, עתה תראי אם יצילוך כי הם יחריבוך כי מלך אשור החריב ארץ ישראל, והנה הם לא הצילו עצמם כשבא לירושלם בעם כבד: **ואם כולם ישא רוח.** כמו הרוח שישא המוץ קל מהר, כן מתו כולם ברגע אחד: **והחוסה בי.** והוא חזקיהו וסיעתו, ינחל ארץ, לא כמו

## מצודת דוד

(ט) **ותשורי.** רצונו לומר, לא די שעבדת עבודת כוכבים, אלא שסולקת בטחונך ממני ושלחת תשורה למלך אשור בדורון של שמן, ותרבי לשלוח לו בשמים מעשה רוקח למען יהיה בעזרתך: **ותשלחי.** שלחת מלאכיך אליו עד אשור הרחוקה מארצך: **ותשפילי.** השפלת נפשך עד שאול בהראות הכנעה מרובה: (י) **ברוב דרכך.** במה שהלכת הרבה בדרכי לבך לבקש עזר ממלך אשור הנה נתייגעת הרבה בזה ועם כל זה לא אמרת אתייאש עצמי מלבקש עזרה ממנו לפי רוב הטורח: **חית ידך מצאת.** על כי מצאת ממנו כח ידך כי זרוע לך ברכב ובפרשים לכן לא נעשית חולה וכואב עם כל הטורח כי קבלת בשמחה: (יא) **ואת מי דאגת.** רצונו לומר, הנה כל זה היה בחנם, כי ממי פחדת ותיראי אשר עזבת בטחונך בי ולא זכרת אותי? רצונו לומר, וכי יש מי בעולם אשר לא תגבר ידי עליו: **לא שמת על לבך.** כי טוב לחסות בה'. וכפל הדבר במילים שונות: **הלא אני מחשה.** באמת אני משתיק את כל הקמים עליך, ומעולם בא הדבר ממני ולא מעזר האומות. ועם כל זאת לא תיראי מפני, כי אם מן הקמים עליך: (יב) **אני אגיד צדקתך.** אני מגיד לך במה תמצא צדקה ממני ואת המעשה אשר תעשה; וזהו לחסות בה', לא בעזר העובדי כוכבים: **ולא יועילוך.** אבל כל דברי אינם מועילים לך, כי אינך פונה אליהם: (יג) **בזעקך.** בעת תאספי רכב ופרשים מצבא העובדי כוכבים הבאים לעזרתך מול האויב, וכי יצילוך הקבוץ שקבצת, בתמיה: **ואת כולם וכו'.** אבל את כולם ישא הרוח ויפוצו על פני האדמה והבל יקחם; רצונו לומר, יכלו מן העולם במעט סיבה, ואיה אם כן בטחונך:

## מצודת ציון

(ט) **ותשורי.** מלשון תשורה ודורון; כמו, וּתְשׁוּרָה אֵין לְהָבִיא (שמואל־א ט, ז): **רקוחיך.** בשמים מעשה רוקח; וכן, רֹקְחֵי הַמִּרְקַחַת (דברי הימים־א ט, ל): **ציריך.** מלאכיך; כמו, וְצִיר בַּגּוֹיִם שֻׁלָּח (עובדיה א, א): **שאול.** בור הקבר: (י) **נואש.** מלשון יאוש ועזיבת הדבר; כמו, וְאָמְרוּ נוֹאָשׁ (ירמיה יח, יב): **חית.** ענין כח ובריאות; וכן, עַד חֱיוֹתָם (יהושע ה, ח): **חלית.** מלשון חולי ומכאוב: (יא) **דאגת.** מלשון דאגה ופחד: **תכזבי.** ענין עזיבת הדבר; כמו, תִהְיֶה לִּי כְּמוֹ אַכְזָב (ירמיה טו, יח): **מחשה.** ענין שתיקה; כמו, הֶחֱשֵׁיתִי מֵעוֹלָם (לעיל מב, יד): (יב) **יועילוך.** מלשון תועלת: (יג) **בזעקך.** ענין קבוץ ואסיפה על כי באה בזעקת המאסף; וכן, מַה לְּךָ כִּי נִזְעָקְתָּ (שופטים יח, כג): **הבל.** דבר שאין בו ממש:

*[9] You sent a tribute of oil to the king and prepared numerous spice mixtures [for*
*him]; you dispatched your agents afar, and you demeaned yourself as low as the*
*grave. [10] You wearied yourself with the length of your journey; you did not say, "I*
*am discouraged"; you found your source of strength and therefore did not become*
*ill. [11] Whom did you dread and fear, that you should have been deceitful [to Me]? You*
*did not remember Me; you did not take [Me] to your heart. Behold, I have been silent,*
*as always — but you did not fear Me. [12] I proclaim how you should be righteous and*
*what deeds you should do, but they will not avail you. [13] When you cry out, let your*
*cohorts rescue you! But the wind will carry them all off; nothingness will take them.*

---

but *you expanded your bed* to bring offerings wherever you pleased (*Radak*).

*Abarbanel* notes that the Talmud (*Niddah* 13a) interprets verses 3-8 as literal references to the moral depravity of the time.

**9. וַתָּשֻׁרִי לַמֶּלֶךְ בַּשֶּׁמֶן** — *You sent a tribute of oil to the king* of Assyria [or Egypt (*Ibn Ezra*)]. Not only did you serve other gods, but you repudiated your faith in God to rely on the might of flesh and blood (*Radak*).

**וַתְּשַׁלְּחִי צִירַיִךְ עַד־מֵרָחֹק וַתַּשְׁפִּילִי עַד־שְׁאוֹל** — *You dispatched your agents afar, and you demeaned yourself as low as the grave.* You dispatched your tribute-bearing agents to faraway lands, Assyria and Egypt, thereby demeaning yourself (*Radak*). You were demeaned when Assyria, the very nation to which you brought tribute, turned against you and conquered *Eretz Yisrael* (*Abarbanel*).

Alternatively, the verse refers back to the days of Israel's grandeur, when King Solomon was greeted with all sorts of delicacies, its emissaries traveled to faraway places to collect tribute, and strong nations were humbled before them (*Rashi*, from *Targum*).

**10. בְּרֹב דַּרְכֵּךְ יָגַעַתְּ לֹא אָמַרְתְּ נוֹאָשׁ** — *You wearied yourself with the length of your journey; you did not say, "I am discouraged."* Had you served God, you could have stayed at home in peace, but you enjoyed the journeys — i.e., the pursuit of alien gods and ideologies — and found them invigorating rather than wearying (*Radak*).

Alternatively, during your period of grandeur you emphasized personal indulgence and increasing your wealth. You should have realized the futility of such a lifestyle and said, "*I am discouraged* of living this way. I will go back to a life of Torah and its commandments," but you did not do so. You were so successful in your material pursuits that you never wearied of them (*Rashi*).

The Evil Inclination is very creative and offers unlimited temptations. People enjoy them and are sucked into lives that take them farther and farther from allegiance to the Torah.

**חַיַּת יָדֵךְ מָצָאת עַל־כֵּן לֹא חָלִית** — *You found your source of strength and therefore did not become ill.* Sadly, Isaiah tells the people that they deluded themselves that pleasure and wealth were the goals of life. They were so proud of their illusory achievements that instead of becoming fatigued and ill by their non-stop striving, they felt robust and healthy (*Radak*).

When people are doing something they enjoy or something that brings them the rewards that they crave, the adrenaline flows and they feel energized, and feel no need to eat or sleep. On the other hand, when people are doing something they do not enjoy or which will yield no benefit, they become bored, tired, and hungry.

**11. וְאֶת־מִי דָּאַגְתְּ וַתִּירְאִי כִּי תְכַזֵּבִי** — *Whom did you dread and fear, that you should have been deceitful [to Me]?* You have been deceitful by trying to hide your disloyalty. Why do you not confess to what you have done? (*Radak*).

Alternatively, what fear motivated you to be unfaithful to Me? Is it because *I have been silent* as you sinned? (*Rashi*).

**לֹא־שַׂמְתְּ עַל־לִבֵּךְ הֲלֹא אֲנִי מַחְשֶׁה וּמֵעֹלָם** — *You did not take [Me] to your heart. Behold, I have been silent, as always.* You forgot to take Me into account because you thought that just as I was silent until now while you sinned, I would always be silent (*Mahari Kara, Abarbanel*).

One of God's Thirteen Attributes of Mercy is that He is אֶרֶךְ אַפַּיִם, *slow to anger.* If God were to punish people as soon as they sinned, no one could survive. He is patient, to give people ample opportunity to reflect and repent. But now, Isaiah laments, instead of realizing that God was waiting for them to come to their senses, the people thought that He was unconcerned with their conduct and they could go on doing as they pleased.

**12. אֲנִי אַגִּיד צִדְקָתֵךְ** — *I proclaim how you should be righteous.* I constantly tell you how God wants you to act. And I tell you that whatever you do against His Will *will not avail you* (*Rashi* [and *Targum*]).

Alternatively: Deceitfully you claim that you are righteous, but it is a lie. *I will tell you about your* [self-proclaimed] *"righteousness."* I have detailed your deeds earlier (vv. 1-11), how can you claim that such conduct is righteous? Do you think that such deeds will benefit you? You are wrong. *They will not avail you;* they will harm you (*Radak*).

Self-delusion is all too common. People don't want to be "wicked," so they justify what they do, and are usually more successful at deceiving themselves than others.

**13. בְּזַעֲקֵךְ יַצִּילֻךְ קִבּוּצַיִךְ** — *When you cry out, let your cohorts rescue you! Your cohorts* are the idols and your fellow deniers of the Torah whom you gathered around yourselves. Let them *rescue you*! (*Rashi*).

Alternatively, *your cohorts* are the nations you paid to come to your aid. Let them *rescue you*! You thought they

HAFTARAS YOM KIPPUR SHACHARIS 57:14-58:14

יד וְהַחוֹסֶה בִי יִנְחַל־אֶרֶץ וְיִירַשׁ הַר־קָדְשִׁי: ◂וְאָמַר סֹלּוּ־סֹלּוּ פַּנּוּ־דָרֶךְ הָרִימוּ
טו מִכְשׁוֹל מִדֶּרֶךְ עַמִּי: כִּי כֹה אָמַר רָם וְנִשָּׂא שֹׁכֵן עַד וְקָדוֹשׁ שְׁמוֹ
מָרוֹם וְקָדוֹשׁ אֶשְׁכּוֹן וְאֶת־דַּכָּא וּשְׁפַל־רוּחַ לְהַחֲיוֹת רוּחַ שְׁפָלִים וּלְהַחֲיוֹת לֵב
טז נִדְכָּאִים: כִּי לֹא לְעוֹלָם אָרִיב וְלֹא לָנֶצַח אֶקְצוֹף כִּי־רוּחַ מִלְּפָנַי יַעֲטוֹף וּנְשָׁמוֹת
יז אֲנִי עָשִׂיתִי: בַּעֲוֹן בִּצְעוֹ קָצַפְתִּי וְאַכֵּהוּ הַסְתֵּר וְאֶקְצֹף וַיֵּלֶךְ שׁוֹבָב בְּדֶרֶךְ לִבּוֹ:

### רש״י

**(יד) ואמר סלו סלו.** כה אמר הנביא בשמי לעמי כבשו מסילה סלולה פנו יצר הרע מדרכיכם: **הרימו מכשול.** סלקו האבנים שאתם נכשלים רגליכם בהם, הם הירהורי רשע: **(טו) מרום וקדוש.** אני שוכן, ומשם אני עם דכא ושפל רוח שאני מרכין שכינתי עליו: **שפלים.** נדכאים, סובלי עוני וחליים: **(טז) כי לא לעולם אריב.** אם אביא יסורין על האדם, אין תחרותי עליו לאורך ימים ולא קצפי לנצח: **כי רוח מלפני יעטוף.** כאשר רוח האדם שהוא מלפני, שניתן בו מאתי, יעטוף; יודה ויכנע על מעלו; כמו, הָעֲטוּפִים בְּרָעָב (איכה ב, יט), בֵּעָטֵף עוֹלֵל וְיוֹנֵק (שם פסוק יא); והנשמות שאני עשיתי: **כי רוח מלפני.** כי זה משמש בלשון כאשר, כמו כִּי תִרְאֶה (שמות כג, ה), כִּי תָבֹא (דברים יז, יד). כלומר, כשרוחו נעטפת והוא נכנע, אני מבטל ריבי וקצפי מעליו: **(יז) בעון בצעו.** גזלתו: **קצפתי.** תחלה ואכהו, הסתר פני תמיד מצרתו ואקצוף; ועל כי הולך שובב בדרך לבו. וסרס את המקרא וכן פירושו, בעון בצעו, וילך שובב בדרכי לבו, קצפתי ואכהו:

### רד״ק

שחשב מלך אשור ללכוד ירושלם, ויירש הר קדשי. הוא ירושלם. ואף על פי שענין זה על חזקיהו וכלל בו גם כן כל הארץ וכל קבוץ האדם לא יועיל לו בזעקו מצרתו, כי כל קבוצי האדם בעולם הזה הוא רוח והבל, ויראת ה׳ היא אוצרו. והחוסה בי ינחל ארץ ויירש הר קדשי. העולם הבא נקרא ארץ חיים והר הקדש, והעולם הזה מכשול, והרמתו היא התשובה: **(יד) ואמר סלו סלו.** החוסה בי יאמר במגפת האויב סלו סלו פנו דרך, כי המכשול שהיה בדרכים הורם, והוא האויב. שלא היו יכולים ישראל לבא ירושלם מפני האויב, אמר, פנו להם הדרך עתה והרימו המכשול. אם יש בדרכים אבני מכשול הרימו אותם, כי המכשול הגדול והוא האויב כבר הוסר. והצווי אינו לאנשים מיוחדים אלא למי שיהיה; וכן, רְאֵה רֵיחַ בְּנִי (בראשית כז, כז), אֱמֹר לַמֶּלֶךְ וְלַגְּבִירָה (הושע יג, יח), חַזְּקוּ יָדַיִם רָפוֹת (לעיל לה, ג), והדומים להם. ואמר שיפנו להם דרך ויבא עתה ישראל בהשקט ובבטחה. וענין סלו ומסלה, שמרימים באבנים שמשימים בדרכים שהם מקולקלות בטיט. ויונתן תרגם סלו מה שמסירין האבנים מן הדרכים שלא יכשלו בהם בני אדם העוברים בדרכים והבהמות: **(טו) כי כה אמר ה׳.** מאמר הנביא: **שוכן עד.** שוכן לעולם. וטעם שוכן עד, כי כמו שיקרא שוכן מי שמתמיד עמידתו במקום, וכן יקרא האל יתברך שוכן עד, לפי שמתמיד השגחתו בנבראים: **וקדוש שמו.** כמו ששמעתי שהיו קוראים אותו השרפים קדוש ה׳ צבאות, מה יאמר האל מרום וקדוש אשכון: **ואת דכא ושפל רוח.** ואף על פי שאשכון עם מרומים וקדושים, והם הגלגלים והמלאכים, כן אשכון עם התחתונים, עם מי שהוא בהם דכא ושפל רוח להחיות רוחם ולבם. אף על פי שהם בצרה, פעמים לא תחשבו שאיני משגיח עליהם. וכן ישראל שעתידין להיות זמן ארוך בגלות והם שפלים ונדכאים, אני עתיד להחיותם, כי הם כמו מתים בגלות מרוב הצרות: **(טז) כי לא לעולם אריב.** מיום היותם לי לעם ועד עתה הייתי במריבה עמהם; הם חוטאים ואני קוצף עליהם, ולא תהיה זאת המריבה והקצף לעולם, כי אסיר לב האבן מהם ועשיתי אשר בחקי ילכו: **כי רוח מלפני יעטוף.** הרוח מלפני הוא, והוא יעטוף וילבש הגוף ויכבוש אותו ללכת בדרך הטובה. וכפל הענין ואמר: **ונשמות אני עשיתי.** כמו שאמר מלפני, כי אין בנשמה מטבע הארץ כמו הגוף שהוא מטבע הארץ. לפיכך הוא חוטא והולך אחר תאות הבהמות, וימשיך הרוח אחריו. ולא תהיה כן לעולם, אלא יכיר האדם כי הנשמות מלפני הם ואני לבדי עשיתי אותם, ואין בהם מטבע הארץ, ומלאו דעה את ה׳. וזה מיום שאעלה אותם מהגלות ואחיה אותם מתמותת הגלות. ויונתן תרגם הפסוק על תחית המתים, אֲרֵי לָא לְעָלְמָא וגו׳: **(יז) בעון בצעו.** שהיה חומד ועושק; כי עון החמס גדול ואף על פי שאין בו מיתה. ומה שלא חייבה עליו תורה מיתה, לפי שאין עון זה נמצא ברוב, כי הוא מפסיד סדר הישוב לפיכך מונעים אותו בני אדם. אבל כשהעון הזה מתפשט במדינה לא תוכל לעמוד ותחרב מפני החמס. והמבול בא לעולם מפני החמס; כמו שכתוב, כִּי מָלְאָה הָאָרֶץ חָמָס מִפְּנֵיהֶם (בראשית ו, יג): **הסתר.** פירוש הסתר פנים; כמו שאמר, וְאָנֹכִי הַסְתֵּר אַסְתִּיר פָּנַי (מהם) (דברים לא, יח): **וילך שובב.** מרד, שמרד בי ועבודתי ופנה אחרי אלהים אחרים כמו שהתעהו לבו:

### מצודת דוד

**והחוסה בי.** מה שאין כן החוסה בי, הנה ארצו תשאר לו לנחלה ועיר ציון הר קדשי ישאר לו לירושה, ולא יזיזנו האויב משם. ועל חזקיהו נאמר שבטח בה׳ ולא זז ממקומו, לא כמו שחשב סנחריב: **(יד) ואמר.** חזקיה שחסה בי יאמר סלו סלו; רצונו לומר, עשו מסילה ודרך כבושה: **פנו דרך.** מן המכשולות: **הרימו.** הפרישו אבני מכשול מן הדרך שילכו בו בני עמי, כי לא יפחדו עוד מן האויב כי מת ואיננו: **(טו) כי כה אמר וכו׳.** מוסב למעלה, לומר, טוב לחסות בה׳ כי הוא משגיח בכל; כי כה אמר ה׳ המרומם והמנושא השוכן נצח, כי לא יתואר בו תנועה כאשר בנבראים: **וקדוש שמו.** שמו מקודש ונבדל ואין ערוך אליו: **מרום וכו׳.** רצונו לומר וזהו אמריו אשר יאמר אני שוכן במקום (במקום) קדוש, עם כל זה אני עם הדכא ושפל רוח להשגיח להחיות רוח שפלים וכו׳: **(טז) כי לא לעולם אריב.** כי המריבה אשר אני עושה עם החוטא להענישו בגמול מעשיו הנה לא תתמיד לעולם: **ולא לנצח וכו׳.** כפל הדבר במילים שונות: **כי רוח וכו׳.** כי רוח האדם מלפני בא לו ועטפה אותו, והנשמות כולם הלא אני עשיתי, ולכן ראוי לי לרחם עליהם: **(יז) בעון בצעו.** בעבור עון הגזל קצפתי עליו והכתיו, ולא על חנם: **הסתר ואקצוף.** הסתרתי פני ממנו לבל אראה בצרתו, ועוד הקצפתי עליו להכביד עליו הצרה: **וילך שובב.** כי אף בעוד נסתרתי פני הים, הולך לפני בסרוב ומרד ובדרך תאות לבו, ולכן הרביתי עוד לקצוף:

### מצודת ציון

**והחוסה.** ענין בטחון: **ויירש.** מלשון ירושה: **(יד) סלו.** מלשון מסילה ודרך; כמו, וַיָּסֹלּוּ עָלַי אָרְחוֹת אֵידָם (איוב ל, יב): **פנו.** ענין הסרה: **הרימו.** ענין הפרשה; וכן, תְּרוּמָה לַה׳ (שמות ל, יג): **(טו) עד.** ענינו נצח; וכן, בִּטְחוּ בַה׳ עֲדֵי עַד (לעיל כו, ד): **דכא.** כתות ומשובר: **ושפל רוח.** כן נקרא העניו: **נדכאים.** כתותים: **(טז) אריב.** מלשון מריבה: **אקצוף.** מלשון קצף וכעס: **יעטוף.** מלשון עטיפה ולבישה: **(יז) בצעו.** ענין גזל וחמס; כמו, שֹׂנְאֵי בָצַע (שמות יח, כא): **שובב.** ענין מרד וסרוב; כמו, מַדּוּעַ שׁוֹבְבָה הָעָם הַזֶּה (ירמיה ח, ה):

---

would save you from the mighty Sennacherib, but after he conquered all of Israel, he couldn't even save himself! (*Radak*).

**וְהַחוֹסֶה בִי יִנְחַל־אֶרֶץ וְיִירַשׁ הַר־קָדְשִׁי** — *But the one who trusts in Me will have a portion in the earth and will inherit My holy mountain.* As opposed to your evil *cohorts*, who will

*But the one who trusts in Me will have a portion in the earth and will inherit My holy*
*mountain.* 14 *He will say, "Pave, pave! Clear the road! Remove the obstacle from My*
*people's path."*

*God's abode*

15 *For thus said the exalted and uplifted One, Who abides forever and Whose*
*Name is holy: I abide in exaltedness and holiness, but I am with the despon-*
*dent and lowly of spirit, to revive the spirit of the lowly and to revive the heart*
*of the despondent.* 16 *For not forever will I contend, nor will I be eternally wrath-*
*ful, when the spirit that envelops [them] is from Me, and I made [their] souls.*
17 *I became angry because of his sinful thievery; I struck him, I hid Myself*
*and became angry, because he continued waywardly in the path of his heart.*

*Contrition, healing, consolation*

---

be carried away by the wind, those who trust in Hashem, such as those who observe Shabbos [see above 56:6-7], will succeed (*Ibn Ezra*).

Alternatively, the prophet refers to Hezekiah and his followers in contrast to other people throughout history. Those who rely on the assistance of so-called allies will fail, just as Israel's reliance on foreign "saviors" did not avail them. But those who trust in God *will have a portion in the land and will inherit My holy mountain,* i.e., they will have a portion in the World to Come, because service of God is the road to the eternal life of the spirit (*Radak*).

**14-21.** Isaiah resumes his prophecy about the ultimate Redemption.

**14. סֹלּוּ־סֹלּוּ פַּנּוּ־דָרֶךְ** — *Pave, pave! Clear the road!* Remove the Evil Inclination that prevents us from repenting (*Rashi;* see *Succah* 52a). According to *Targum,* the verse metaphorically refers to Torah study; Isaiah urges Israel to clear their hearts from wicked inclinations and then be free to go on the Torah's path without spiritual obstacles.

Alternatively, God will clear the way for those who sincerely wish to repent. He will pave new paths for penitents, and remove the obstacles that prevent them from approaching Him (*Malbim*). Although God does not force people to repent — freedom of choice is inviolable — He helps deserving people by making it easier for them to improve themselves. If poverty tempts them to be dishonest or desecrate the Sabbath, He may provide them with unexpected resources to relieve the pressure, so that they can serve Him as they truly wish.

It is common for people to say they believe in God, but they claim it is inconceivable that God is concerned with the mundane goings on of this world. To such people the prophet says, "Remove the pseudo-philosophical distractions that prevent you from serving God as you should" (*Abarbanel*).

According to *Radak,* foreign conquerors prevented Israel from ascending to Jerusalem. In His mercy God removed the enemy, so the people should seize the opportunity to go to the Holy City. The metaphor is that just as one can move freely when the road is cleared of rocks, so when the enemy is removed and people are free to travel, they should go to the right places (*Radak*).

Homiletically, the verse is addressed to the leaders. First they should pave their own way and make it smooth. Only then can they effectively preach to the people to remove their own obstacles (*Chomas Anach*).

**15. שׁוֹכֵן עַד** — *Who abides forever,* as opposed to all that is created, which is in constant motion (*Ibn Ezra*). Alternatively, His Providence abides forever (*Radak*).

**מָרוֹם וְקָדוֹשׁ אֶשְׁכּוֹן וְאֶת־דַּכָּא וּשְׁפַל־רוּחַ** — *I abide in exaltedness and holiness, but I am with the despondent and lowly of spirit.* God lowers His Divine Spirit to rest upon the downtrodden (*Rashi*) to revive them (*Ibn Ezra, Radak*).

R' Yochanan says: Wherever you find [a statement of] the power of the Holy One, Blessed is He, you find His humbleness . . . In the prophets it says . . . *I abide in exaltedness and holiness,* followed by *but I am with the despondent and lowly of spirit* (*Megillah* 31a).

Among the Divine traits that man should emulate is the trait of humbleness, as described in this verse (*Yismach Moshe*).

**16. כִּי לֹא לְעוֹלָם אָרִיב . . . כִּי־רוּחַ מִלְּפָנַי יַעֲטוֹף** — *For not forever will I contend . . . when the spirit that envelops [them] is from Me.* When I bring suffering upon a person [in punishment for sin (*Metzudos*)], My anger is not permanent. Their soul is a gift from Me, and when it becomes subservient to My Will and confesses, My anger will cease (*Rashi*).

Alternatively, God says that from the time Israel became a nation, they sinned and angered Him, but this pattern will end when the Heavenly soul dominates their body and guides them to do good deeds (*Radak*).

**17. בַּעֲוֺן בִּצְעוֹ קָצַפְתִּי וְאַכֵּהוּ הַסְתֵּר וְאֶקְצֹף וַיֵּלֶךְ שׁוֹבָב בְּדֶרֶךְ לִבּוֹ** — *I became angry because of his sinful thievery; I struck him, I hid Myself and became angry, because he continued waywardly in the path of his heart.* Because of his sinful thievery and his refusal to overcome the continuing waywardness of his heart, I became angry and struck him (*Rashi*).

The sin of thievery is very serious, even though it is not punishable by death. The reason the Torah does not decree the death penalty for thievery is because, since it is so destructive to civilization, society generally does not tolerate it. No country can thrive when thievery is rampant. The Flood in Noah's time came because, as the Torah says (*Genesis* 6:13), *The earth is filled with robbery* (*Radak*).

יח־יט דְּרָכָיו רָאִיתִי וְאֶרְפָּאֵהוּ וְאַנְחֵהוּ וַאֲשַׁלֵּם נִחֻמִים לוֹ וְלַאֲבֵלָיו׃ בּוֹרֵא °נוב
כ [°נִיב ק׳] שְׂפָתָיִם שָׁלוֹם | שָׁלוֹם לָרָחוֹק וְלַקָּרוֹב אָמַר יהוה וּרְפָאתִיו׃ וְהָרְשָׁעִים
כא כַּיָּם נִגְרָשׁ כִּי הַשְׁקֵט לֹא יוּכָל וַיִּגְרְשׁוּ מֵימָיו רֶפֶשׁ וָטִיט׃ אֵין שָׁלוֹם אָמַר
**נח** א אֱלֹהַי לָרְשָׁעִים׃ קְרָא בְגָרוֹן אַל־תַּחְשֹׂךְ כַּשּׁוֹפָר הָרֵם קוֹלֶךָ
ב וְהַגֵּד לְעַמִּי פִּשְׁעָם וּלְבֵית יַעֲקֹב חַטֹּאתָם׃ וְאוֹתִי יוֹם יוֹם יִדְרֹשׁוּן וְדַעַת דְּרָכַי

### רש״י

(יח) **דרכיו ראיתי.** כשהוא נכנע מלפני, שבאתהו צרה: **וארפאהו ואנחהו.** אוליכו בדרך מרפא. או ואנחהו, לשון הנחה ומרגוע: **לו ולאבליו.** למצטערים עליו: (יט) **בורא ניב שפתים.** בורא אני לו ניב שפתים חדש. כלפי שבאתהו צרה עד עתה והכל קראו עליו תגר, יקראו לו שלום שלום: **לרחוק ולקרוב.** שניהם שוין, מי שנתיישן והורגל בתורתי ועבודתי מנעוריו, ומי שנתקרב עתה מקרוב לשוב מדרכו הרעה, אמר ה׳, ורפאתיו מחליו ומחטאיו: (כ) **והרשעים.** שאין נותנין לב לשוב: **כים נגרש.** הים הזה גליו מתגאים לרום למעלה, ולצאת חוץ לגבול החול אשר שמתי גבול לים, וכשמגיע שם הוא נשבר על כורחו. וכל זה, גל חבירו רואה ואינו חוזר בו. כך הרשע; רואה את חברו לוקה ברשעו ואינו חוזר בו. ומה הים רפשו וסריותו על פיו, כך הרשעים סריותם בפיהם. כגון פרעה אמר, מִי ה׳ אֲשֶׁר אֶשְׁמַע בְּקֹלוֹ (שמות ה, ב). סנחריב אמר, מִי בְּכָל אֱלֹהֵי הָאֲרָצוֹת הָאֵלֶּה (לעיל לו, כ). נבוכדנצר אמר אֶדַּמֶּה לְעֶלְיוֹן (שם יד, יד): **כים נגרש.** כים אשר נגרש, שגורש כל היום רפש וטיט: (כא) **אין שלום.** כלפי שאמר לצדיקים ולבעלי תשובה שלום שלום לרחוק וגו׳, חזר ואמר אין שלום לרשעים: (א) **והגד לעמי פשעם.** אלו תלמידי חכמים, שכל שגגתם פשע, ששגגת תלמוד עולה זדון: **ולבית יעקב חטאתם.** אלו עמי הארץ, שאף זדונם שגגה: (ב) **ואותי יום יום ידרשון.** כענין שנאמר, וַיְפַתּוּהוּ בְּפִיהֶם (תהלים עח, לו):

### רד״ק

(יח) **דרכיו ראיתי.** ראיתי דרכיו כי אינו עומד זמן ארוך בדרך טוב שלא יחטא וישוב, וכיון שהכתיו והגלתיו זמן רב אשוב: **וארפאהו.** רצונו לומר, רפואת הנפש; כמו, רְפָאָה נַפְשִׁי (תהלים מא, ה), וָשָׁב וְרָפָא לוֹ. אסלח לעונו: **ואנחהו.** בדרך הטוב, כלומר; איישר לבו שלא יחטא עוד, ואשלם נחמים לו ולאבליו. על הצרות ועל הרעה שסבל בגלות אשלם לו נחומים; כלומר, טובות שינחם בהם ויותר לאבליו, לאותם שהתאבלו בגלות על חרבן ירושלם. כמו שאמר שישו אתה משוש כל המתאבלים עליה. ויונתן תרגם דרכיו ראיתי, אוֹרַח תְּיוּבְתְּהוֹן גַּלְיָא קֳדָמִי. ותרגם לו ולאבליו, לְהוֹן וּלְמִתְאַבְּלִין עֲלֵיהוֹן: (יט) **בורא.** ואהיה מחדש דבר שפתים שיאמר בפי הכל, שלום שלום, ולא יזכר שם מלחמה בעולם; וזה יהיה אחר מלחמה גוג ומגוג. ופירוש לרחוק ולקרוב, לרחוק מירושלם ולקרוב לה. ולפי שהמלחמה ההיא תהיה בירושלם, סמך השלום אליה: **ורפאתיו.** שב לישראל, כמו שפירשנו וארפאהו. ויש מחלוקת בדברי רבותינו זכרונם לברכה בדבר זה; ומקצתם פירשו בהפך זה. ופירשו רחוק, בעלי תשובה, ופירשו קרוב, הצדיקים. ולמדו מזה ואמרו גדולים בעלי תשובה מצדיקים גמורים שנאמר לרחוק ולקרוב, ברישא רחוק והדר קרוב. ופירשו רחוק, מי שהיה רחוק ונתקרב וקרוב, מי שהיה קרוב כבר: (כ) **והרשעים.** ואז יסופו הרשעים, כמו שאמר בנבואת מלאכי, וְהָיוּ כָל זֵדִים וְכָל עֹשֵׂה רִשְׁעָה קַשׁ וגו׳. ופירוש הפסוק נמשך טעמו עד אין שלום; לפי שאמר שלום שלום לרחוק ולקרוב, אבל הרשעים שהם כים נגרש אין שלום להם אלא יספו כולם אז. ופירוש כים נגרש, כמו הים שהוא נגרש אל השפה כל רגע ורגע, כי השקט לא יוכל, אלא יבא גל אחר גל לעולם לא ינוח, ובבאו אל השפה יגרשו מימיו רפש וטיט מקרקע הים אל היבשה. ודמה מעשי הרשעים לרפש וטיט, כי לעולם לא ינוחו הרשעים מהרגש העולם עד שימותו, כמו שאמר שָׁם רְשָׁעִים חָדְלוּ רֹגֶז (איוב ג, יז): (כא) **אין שלום אמר אלהי.** כן הוא. והספרים שכתוב בהם אמר ה׳ טעות הוא, כי הראשון אשר בפרשה צאו מבבל (לעיל מח, כ) הוא אמר ה׳, וזהו אמר אלהי; והסימן ה׳ אלהי: (א) **קרא בגרון.** אמר האל לנביא שיקרא בקול לבני דורו שהיו מראים עצמם טובים והיו רעים, ויוכיחם על מעשיהם וירים קולו עליהם כמו השופר שישמע קולו למרחוק. והקריאה היא בגרון, אף על פי שהדבור הוא נחתך בפה, הקול יוצא מן הגרון. וכן אמר, רוֹמְמוֹת אֵל בִּגְרוֹנָם (תהלים קמט, ו), בְּקָרְאִי נִחַר גְּרוֹנִי: **אל תחשך.** אלא תמיד קרא להם: **לעמים שהם נקראים עמי.** וכפל הענין במלות שונות: (ב) **ואותי.** דורשים וחפצים בפה ולא בלב ולא במעשה. כי העושה צדקה ומשפט לו נאה לדרוש ולשאול איך יעשה, (אכל) אבל מי שלא יעשה למה ידרוש? הנה בדרשו כפל עונו:

### מצודת דוד

(יח) **דרכיו ראיתי.** וכאשר ראיתי דרכיו הראוים לו אשר שב ללכת בהם ונחם על הרעה: **וארפאהו.** אז רפאתיו מן המכות הפקודות עליו: **ואנחהו.** אוליכו בדרך הישר לטוב לו: **ואשלם.** אתן לו טובה הרבה שיהיה לו תשלומין תנחומין על הרעה שעברה עליו: **לו ולאבליו.** אשלם לו תנחומין ולכל המתאבלים והמצטערים בצרתו: (יט) **בורא ניב שפתים.** אחדש אני לו ניב שפתים מחודש לא כמו לשעבר שהכל קנתרו אותו בדבריהם כי מעתה כולם יאמרו לו שלום שלום והכפל לחזק: **לרחוק ולקרוב.** בין להרחוק ממנו בין להקרוב לו בשפתי כולם אחדש למולו דברי שלום: **אמר ה׳ ורפאתיו.** רצונו לומר, כן אמר ה׳ וכן היה כי נרפא מן המכות ומן העדר השלום (מלת ורפאתיו אמר במקום ה׳ כאלו הוא המדבר): (כ) **והרשעים.** אבל הרשעים העומדים במרדם יתמידו בצרה, כים הזה אשר בכל עת הוא נגרש מן הרוח ומתנדנד בגליו אל השפה; כי לא יוכל להיות בהשקט ובמנוחה כי רוח קימעא מגרשו ומנדנדו: **ויגרשו מימיו.** רצונו לומר, בבואו אל השפה יגרשו מימיו להלן את הרפש והטיט המצויים בשפת הים, וכן הרשעים האלה יתמידו בצרה והם עוד יוסיפו סרה להכאיב לזולת: (כא) **אין שלום וכו׳.** כלפי שאמר למעלה שאל מול השב יחדש אמרי שלום, לזה אמר אבל על הרשעים הללו אמר אלהי שלא יהיה שלום להם כי כולם יקנתרו אותו בדברי ריב ומצה: (א) **קרא בגרון.** זהו מאמר ה׳ אל הנביא, קרא בגרון; רצונו לומר, קרא בקול רם ביותר עד שיצא הקול מן הגרון, כדרך הצועק להיות נשמע למרחוק: **אל תחשוך.** אל תמנע הקריאה: **כשופר.** כהרמת קול השופר: **והגד לעמי פשעם.** אמור להם במה הם פושעים והוכיחם עליהם: **ולבית וכו׳.** כפל הדבר במילים שונות: (ב) **ואותי יום וכו׳.** רצונו לומר, והם מראים עצמן כצדיקים כי בכל יום ידרשו אותי להתפלל אלי: **ודעת.** חפצים לדעת דרכי תורתי:

### מצודת ציון

(יח) **ואנחהו.** ענין הנהגה; כמו, וְלֹא נָחָם אֱלֹהִים (שמות יג, יז): **נחומים.** מלשון נחמה: **ולאבליו.** מלשון אבילות וצער: (יט) **בורא.** כל דבר חדש יקרא בריאה: **ניב.** ענין דיבור; כמו, יָנוּב חָכְמָה (משלי י, לא), והוא מלשון מִתְּנוּבֹת שָׂדָי (דברים לב, ט), כי הדבור הוא פרי הלשון: (כ) **נגרש.** מלשון גרושין ותנודה: **השקט.** ענין מנוחה ומרגוע: **יוכל.** מלשון יכולת: **רפש.** הוא עפר לח כעין הטיט, ואין לו דמיון במקרא. ובדברי רבותינו זכרונם לברכה, לא יהא אלא כרפש (בבא קמא ל, א): (א) **בגרון.** בצואר: **אל תחשוך.** אל תמנע; כמו, וְלֹא חָשַׂכְתָּ (בראשית כב, יב): **הרם.** מלשון הרמה:

---

**18. דְּרָכָיו רָאִיתִי** — *But when I see his [contrite] ways.* When I see the contrition that follows his suffering (*Rashi*). Alternatively, when I see that *his ways* are immutably bad (*Ibn Ezra*).

*[18] But when I see his [contrite] ways, I will heal him; I will guide him
and recompense him and his mourners with consolations. [19] I create
the speech of the lips: 'Peace, peace, for the far and near,' said HASHEM,
'and I will heal him.' [20] But the wicked will be like the driven sea that
cannot rest, and whose waters disgorge mire and mud. [21] 'There is no
peace,' said my God, 'for the wicked.'*

**58** *[1] Cry out vociferously, do not restrain yourself; raise your voice like a
shofar — proclaim to My people their willful sins, to the House of
Jacob their transgressions. [2] They seek Me every day and desire to know*

**וְאֶרְפָּאֵהוּ** — *I will heal him.* I will heal him since he is like a sick person who cannot walk (*Ibn Ezra*), or since he is spiritually sick (*Radak*).

Alternatively, the word should be understood as from the root רפה, *soften;* i.e., when I see that he softens his rebelliousness and begins to repent,] I will show him mercy (*Targum*).

**וְאַנְחֵהוּ** — *I will guide him.* This continues the thought of the previous phrase: *I will guide him on a path of healing.* Alternatively, it is from the same root as מְנוּחָה, *rest,* and is rendered, *I will bring him rest* (*Rashi*).

**וְלַאֲבֵלָיו** — *And his mourners,* i.e., those who are close to him and who love him enough to mourn him when he dies (*Rashi, Ibn Ezra*).

Alternatively, it refers to those who mourned Jerusalem during the exile, of whom Isaiah says (66:10): *Exult with her in exultation, all you who mourned for her* (*Radak*).

**19. בּוֹרֵא נִיב שְׂפָתָיִם** — *I create the speech of the lips.* I create a new speech pattern. Until now, as long as there was suffering, people bemoaned their plight. When I redeem Israel they will say, "*Peace, peace*" (*Rashi*).

Alternatively, when the nations see that Israel has repented and changed its ways, they will no longer speak of the nation with contempt. They will speak with respect (*Mahari Kara*).

**שָׁלוֹם שָׁלוֹם לָרָחוֹק וְלַקָּרוֹב אָמַר ה׳ וּרְפָאתִיו** — *"Peace, peace, for the far and near," said HASHEM, "and I will heal him."* He who has kept My Torah and My service from long ago and he who has kept My Torah and My service from recent times, even though he had been a sinner and repented only recently — both are equal before Me. I will heal each of them from his sickness and from his sins (*Rashi*).

*Rashi* follows the view of R' Yochanan. That view is disputed by R' Abahu, who understands *far* as someone who had been far from God and recently returned to Him; *near* is someone who was always close to Him. Since *far* precedes *near* in the verse, R' Abahu derives that penitents are superior to those who had always been righteous (*Berachos* 34b; see *Maharsha* there).

Alternatively, the verse refers to the era after the War of Gog and Magog. Then people will no long speak about "war, war." They will exclaim, *Peace, peace.* From then on those close to Jerusalem and those far from it will no longer know war (*Radak*)

**20. וְהָרְשָׁעִים כַּיָּם נִגְרָשׁ** — *But the wicked will be like the driven sea.* The wicked, who pay no heed to repentance, will be like the driven sea. Each wave comes rushing to the shore trying to exceed its boundaries but crashes down at the shore. Nevertheless, the next wave keeps on coming to face the same fate, not learning from the end of its predecessor. Similarly, a sinner sees the fate of his wicked friend whose wickedness comes crashing down on him, and yet does not repent (*Rashi*).

**21. אֵין שָׁלוֹם אָמַר אֱלֹהַי לָרְשָׁעִים** — *"There is no peace," said my God, "for the wicked."* After saying about the righteous and the penitent *Peace, peace, for the far and near,* Isaiah now says that there is no peace for the wicked (*Rashi*).

According to *Radak,* verses 20-21 are a continuation of v. 19 (see comm. there). There will indeed be no war in the Messianic Era, but the wicked will be like the driven sea and there will be no peace for them, for they will all be destroyed.

### 58.

The prophet continues to exhort his people to improve, repent, and act righteously. *R' Hirsch* introduces the present chapter, which is read as the *Haftarah* on Yom Kippur morning, as "The Great Yom HaKippurim Sermon." It addresses outwardly pious Jews who observe the formal requirements of the Torah, but have bad character traits (*R' Schwab*).

**1. וְהַגֵּד לְעַמִּי פִּשְׁעָם וּלְבֵית יַעֲקֹב חַטֹּאתָם** — *Proclaim to My people their willful sins, to the House of Jacob their transgressions.* The comments on this compound phrase illustrate a basic disagreement among the commentators regarding Bible commentary in general, and Isaiah in particular. The two phrases seem to repeat the same idea in different words. According to *Radak,* Isaiah often repeats an idea in different words [for emphasis or poetic effect].

According to *Rashi* and others, the two phrases have different meanings. The first is addressed specifically to *My people* — the sages and leaders — who are chastised for *willful sins.* Since they are held to a higher standard, even their unintentional sins are considered as if they were willful. The ordinary people of *the House of Jacob,* on the other hand, are told of their *transgressions* — a term used for unintentional sins — for even their willful sins are considered unintentional (*Rashi,* from *Bava Metzia* 33b).

*Malbim* explains פֶּשַׁע, *willful sin,* as a rebellious sin, performed to show defiance of God; this is worse than an intentional sin. By contrast, חֵטְא, *transgression,* is performed

יֶחְפָּצ֔וּן כְּג֞וֹי אֲשֶׁר־צְדָקָ֣ה עָשָׂ֗ה וּמִשְׁפַּ֤ט אֱלֹהָיו֙ לֹ֣א עָזָ֔ב יִשְׁאָל֙וּנִי֙ מִשְׁפְּטֵי־
ג צֶ֔דֶק קִרְבַ֥ת אֱלֹהִ֖ים יֶחְפָּצֽוּן׃ לָ֤מָּה צַּ֙מְנוּ֙ וְלֹ֣א רָאִ֔יתָ עִנִּ֥ינוּ נַפְשֵׁ֖נוּ וְלֹ֣א תֵדָ֑ע
ד הֵ֣ן בְּי֤וֹם צֹמְכֶם֙ תִּמְצְאוּ־חֵ֔פֶץ וְכָל־עַצְּבֵיכֶ֖ם תִּנְגֹּֽשׂוּ׃ הֵ֣ן לְרִ֤יב וּמַצָּה֙ תָּצ֔וּמוּ
ה וּלְהַכּ֖וֹת בְּאֶגְרֹ֣ף רֶ֑שַׁע לֹֽא־תָצ֣וּמוּ כַיּ֔וֹם לְהַשְׁמִ֥יעַ בַּמָּר֖וֹם קוֹלְכֶֽם׃ הֲכָזֶ֗ה
יִהְיֶה֙ צ֣וֹם אֶבְחָרֵ֔הוּ י֛וֹם עַנּ֥וֹת אָדָ֖ם נַפְשׁ֑וֹ הֲלָכֹ֨ף כְּאַגְמֹ֜ן רֹאשׁ֗וֹ וְשַׂ֤ק וָאֵ֙פֶר֙
ו יַצִּ֔יעַ הֲלָזֶה֙ תִּקְרָא־צ֔וֹם וְי֥וֹם רָצ֖וֹן לַיהוָֽה׃ הֲל֣וֹא זֶ֗ה צ֚וֹם אֶבְחָרֵ֔הוּ פַּתֵּ֙חַ֙
חַרְצֻבּ֣וֹת רֶ֔שַׁע הַתֵּ֖ר אֲגֻדּ֣וֹת מוֹטָ֑ה וְשַׁלַּ֤ח רְצוּצִים֙ חָפְשִׁ֔ים וְכָל־מוֹטָ֖ה תְּנַתֵּֽקוּ׃

**רש"י**

**ודעת דרכי יחפצון.** חפלים לשאול הוראות לחכמים כאילו רוצים לקיימם: **כגוי אשר צדקה עשה וגו'.** כך שואלים אותי תמיד משפט צדק, ואין דעתם לקיימם. וכשהן צמים ואין נענין אומרים, למה צמנו ולא ראית? ואני אומר, הן ביום צומכם תמצאו חפץ, כל חפצי צרכיכם אתם עמלים למצוא, ואף בגזל וחמס: (ג) **וכל עצביכם.** בעלי חוב שלכם הנעצבים על ידכם, אתם נוגשים אותם ביום צומכם: (ד) **לא תצומו ביום.** כמשפט היום לשבור לבבכם, כדי שישמע קולכם במרום, (ה) הלכוף. ה"א זו תמיהה. כלומר, שמא לכוף כאגמון ראשו אני צריך? אגמון הוא כמין מחט כפוף ולדין בו דגים וקורין לו איי"ס בלע"ז: **הלזה תקרא צום.** לשון תמיהה, לפיכך הה"א נקודה חטף פתח: (ו) **חרצובות.** לשון קישור ואיסור: **מוטה.** הטיית משפט: **וכל מוטה תנתקו.** תירגם יונתן; וכל דין מסטי תסלקון:

**רד"ק**

(ג) **למה צמנו.** והם אומרים לי, למה צמנו ולא ראית תעניתנו ולא קבלת תפלתינו? **ולא תדע.** כאלו לא תדע, כלומר, אין אתה משגיח בנו, ואויבינו מושלים בנו, וצמנו. ולא ראינו שהושעתנו. והתשובה, הן ביום צומכם, ואיך אראה צומכם ואינו כי אם למריבה; כי ביום התענית יאספו העם ויראה אדם בעל חובו וישאל ממנו חפצו, כלומר חובו; כי ימצאנו ביום התענית ואם לא יתן ינגוש אותו וידחקנו עד שיתן, וגם יכנו באגרוף רשע אם יענה לו שלא כרצונו. הנה כי אין צומכם לאל כי אם לצורכיכם: **עצביכם.** ממונכם; כמו, וַעֲצָבֶיךָ בְּבֵית נָכְרִי (משלי ה, י), כי הממון יגיע האדם ועצבונו. ודגש צד"י עצביכם לתפארת הקריאה, כדגש קו"ף מקדש, והדומים להם: **תנגשו.** מן, לֹא יִגֹּשׂ אֶת רֵעֵהוּ (ויקרא טו, ב), ובא בחולם. ומן התימה שתרגם אותו יונתן, וְכָל תַּקְלָתְכוֹן אַתּוּן מְקָרְבִין; תרגם כמו בשי"ן כמו, וַיִּגַּשׁ אֵלָיו יְהוּדָה (בראשית מד, יח), שתרגומו, וּקְרֵב לְוָתֵהּ יְהוּדָה: (ד) **הן לריב.** הנה אין צומכם כי אם לריב ומצה, ואיך ארצה אותו: **אגרוף.** ידוע בדברי רבותינו זכרונם לברכה, כאמרם בעלי אגרופים (קידושין עו, ב) וזולתו: **כיום.** כמו כהיום. והכף כף האמתי; כמו, כף הִשָּׁבְעָה לִּי כַּיּוֹם (בראשית כה, לג), והדומים לו. להשמיע במרום שאתם צועקים בתפלתכם כאלו אתם שופכים נפשיכם לפני, ואינו כי אם דרך מרמה כאלו איני יודע לבבכם: (ה) **הכזה.** אין הצום הנרצה התענית מלאכול ומלשתות וכפיפת הראש כמו האגמון, והוא הגומא שכופף ראשו, ולא הצעת השק והאפר. כי אין המעשים האלה נבחרים ונרצים לפני, אם לא בלב נשבר ובמעשים טובים ושוב מדרכים רעים: (ו) **הלא זה.** חרצובות רשע, קשורי רשע; וכן, כִּי אֵין חַרְצֻבּוֹת לְמוֹתָם (תהלים עג, ד). כי מעשה הרשע כשיתחזק ידמה לקשר אמיץ שלא יוכל אדם לפתחו ולהתירו כי אם בטורח גדול; וכפל הענין במלות שונות, ואמר **התר אגדות מוטה.** כי מוטה כמו רשע, שממטים העניים, מן, יָמִיטוּ עָלַי אָוֶן (שם נה, ד). או יהיה המוטה שם העול; כמו, וַיִּקַּח חֲנַנְיָה (הַנָּבִיא) אֶת הַמּוֹטָה (ירמיה כח, י). דמה דחקה העניים ונגשה אותם כאלו ישימו עול ומוטה על צוארה. ויונתן תרגם, שְׁרוֹ קִטְרֵי כְתָבֵי דִין מַסְטֵי: **ושלח רצוצים חפשים.** הם העבדים שהם רצוצים ושבורים ביד אדוניהם, עוברים על לֹא תִרְדֶּה בוֹ בְּפָרֶךְ (ויקרא כה, מג), ולא ישלחום מקץ שבע שנים כמו שהוכיח ירמיהו הנביא גם כן בני דורו על זה: **מוטה.** פירשנוהו:

**מצודת דוד**

**כגוי וכו'.** כאלו היה גוי העושה צדקה בכל עת ולא עזב משפט אלהיו שדרכו לחקור לדעת את המשפט; כן ישאלני הם משפטי צדק וחפצים להתקרב אל אלהים לדעת מצותיו. ורצונו לומר, כן מראין עצמם כאלו היו חרדים על המצות אבל לא כן הוא: (ג) **למה צמנו.** רצונו לומר כאשר יצומו ואינם נענים מתרעמים עלי ויאמרו למה היתה כזאת אשר אנחנו צמנו וכאלו לא ראית להשגיח בדבר ולהסיר מעלינו ממשלת העכו"ם: **עניננו וכו'.** כפל הדבר במילים שונות: **הן ביום צומכם.** רצונו לומר, התשובה היא הן ביום צומכם וכו'; כלומר כל אחד מכם ידרוש וימצא דבר החפץ בו ותאותו אליו ויעסוק בו להפג ממנו צער התענית ולא שת לבו לשוב לה': **וכל עצביכם.** כל עצבון התענית תלחצו להסירו מכל וכל בדברים המשמחים: (ד) **הן לריב וכו'.** באמת הצום היא סיבה לכם לחטוא לריב ולהתקוטט זה עם זה ולהכות באגרוף, כי הדרך להתאסף יחד בימי הצום, והאדם מצוי עם שונאו ומתקוטט עמו, ובאים לידי הכאה: **באגרוף רשע.** כי כשמכה בה קרויה אגרוף רשע: **לא תצומו כיום.** אינכם צמים כמשפט יום הצום להתפלל לפני להשמיע קולכם אל השמים: (ה) **הכזה.** וכי בזה הענין ראוי להיות צום שאבחר בו? וחוזר ומפרש שהוא יום שהאדם מענה נפשו בתענית: **הלכוף.** האם מה שהאדם כופף ראשו למטה בהכנעה כצמח הגומא ויציע תחתיו שק ואפר; וכי לזה תקרא לה' צום מקובל ויום רצון: (ו) **הלא זה.** באמת זהו ענין הצום אשר אבחר בו, שיפתח ביום ההוא את קשרי הרשע; רצונו לומר, לבטל הקשר לבל יעשהו: **התר אגדות מוטה.** התר קשרי אגודות עצי העול אשר הוכנו לתת על צוארי העניים (דומה נגישת העניים ודחקם כאלו ישימו העול על צוארם): **ושלח רצוצים חפשים.** העבדים הרצוצים ועשוקים בידך, שלחם לנפשם בשנה השביעית ויהיו חפשים: **וכל מוטה.** כל עצי העול אשר שמתם על צוארם תנתקו מהם; רצונו לומר, לא

**מצודת ציון**

(ג) **צמנו.** ענין תענית: **עניננו.** מלשון עינוי התענית: **עצביכם.** מלשון עצבון: **תנגשו.** תלחצו ותדחקו; כמו, וְנִגַּשׂ הָעָם (לעיל ג, ה): (ד) **ומצה.** ענין מריבה; כמו, בְּזָדוֹן יִתֵּן מַצָּה (משלי יג, י): **באגרוף.** כן יקרא היד הכפופה באצבעותיה; וכן, בְּאֶבֶן אוֹ בְאֶגְרֹף (שמות כא, יח): **במרום.** בשמים הרמים: (ה) **הלכוף.** מלשון כפיפה והשפלה: **כאגמון.** הוא הפוך מן גמא, והוא שם צמח רך; וכן, כִּפָּה וְאַגְמוֹן (לעיל ט, יג): **ושק.** יריעה עבה: **יציע.** מלשון מצע המשכב: (ו) **פתח.** ענין התרה: **חרצבות.** ענין קישור ואיסור; וכן, אֵין חַרְצֻבּוֹת לְמוֹתָם (תהלים עג, ד): **אגודות.** ענין דבר הקשור יחד; וכן, אֲגֻדַּת אֵזוֹב (שמות יב, כב): **מוטה.** ענין עצי העול; כמו, מוֹסֵרוֹת וּמֹטוֹת (ירמיה כז, ב): **רצוצים.** ענין שבירה ונתיצה; כמו, הָרֹצְצוֹת אֶבְיוֹנִים (עמוס ד, א): **חפשים.** ענין חירות; כמו, יֵצֵא לַחָפְשִׁי חִנָּם (שמות כא, ב): **תנתקו.** ענין העתק והסרה ממקומו:

within the House of Jacob, i.e., a sin against a fellow Jew.

*Abarbanel* notes that Isaiah was specifically commanded to chastise the leaders of the nation. It is easy to chastise common people, but one is often reluctant — even afraid —

*My ways, like a nation that acts righteously and has not forsaken the justice of its*
*God; they inquire of Me about the laws of justice, as if they desire the nearness of God,*
*[asking,]* 3 *"Why did we fast and You did not see? Why did we afflict our souls and*
*You did not know?"*
*Behold, on your fast day you seek out personal gain and you extort all your*
*debts.* 4 *Because you fast for grievance and strife, to strike [each other] with a*
*wicked fist; you do not fast as befits this day, to make your voice heard above.*
5 *Can such be the fast I choose, a day when man merely afflicts himself? Can it*
*be merely bowing one's head like a bulrush and spreading [a mattress of] sack-*
*cloth and ashes? Do you call this a fast and a day of favor to* HASHEM? 6 *Surely,*
*this is the fast I choose: To break open the shackles of wickedness, to undo the*
*bonds of injustice, and to let the oppressed go free, and annul all perversion.*

*Sincere fasting*

to admonish powerful and influential people, who can retaliate against those who displease them.

If people don't know what they are doing wrong, especially if they can justify their misbehavior by saying, "everyone does it," there is scant hope for repentance. Therefore, God instructed Isaiah, *proclaim to My people their willful sins.*

**2. וְאוֹתִי יוֹם יוֹם יִדְרֹשׁוּן וְדַעַת דְּרָכַי יֶחְפָּצוּן** — *They seek Me every day and desire to know My ways.* They pretend to seek Me every day and pretend a desire to know My ways, as if they desire the nearness of God (*Rashi, Radak*).

Alternatively, they actually *do* seek Me every day, and they truly desire to know My ways and become close to Me, but they are deficient in their conduct with other people (*Ibn Ezra*).

*Malbim,* too, comments that the desire is real, but the seekers are deficient, because their quest is only intellectual — *they seek Me* — but they do not intend to put that knowledge into practice. People seek to understand the nature of God and the commandments, but they do not perform the commandments. Their relationship with other people is the same; it is theoretical, but they do not sincerely wish to help others. God wants people to emulate His *ways* of kindness and compassion, but the sinners whom Isaiah addresses desire only to study the Torah as an intellectual challenge; they do not put their knowledge into practice. *Malbim* lived in a time of so-called "Enlightenment," when many people engaged in study of the "science of Judaism," but not its practice.

They seek to understand *My ways* through philosophical inquiries such as why the wicked prosper and the righteous (among whom they count themselves) suffer, and *they desire the nearness of God,* but do not attempt to find practical ways to implement their knowledge by improving their character (*Abarbanel*).

**3.** The sinners complain that God ignores them. They fast and afflict themselves on Yom Kippur [the only fast day that existed in Isaiah's time (*R' Schwab*)] but God does not respond. Instead of blaming God, they should examine themselves and realize that they do not deserve to be answered.

**עִנִּינוּ נַפְשֵׁנוּ וְלֹא תֵדָע** — *Why did we afflict our souls and You did not know?* They ask: "Why do You act as if You do not know the afflictions we suffer from our enemies?" (*Radak*).

**בְּיוֹם צֹמְכֶם תִּמְצְאוּ־חֵפֶץ** — *On your fast day you seek out personal gain,* even through thievery and extortion (*Rashi*). On fast days people gather together in the synagogues, so a creditor is likely to see the person who owes him money. When he does, he demands his *personal gain,* i.e., his debt, and will harass the debtor. Accordingly, they change the fast from a day of repentance and closeness to God to a time for personal gain (*Radak*).

**וְכָל־עַצְּבֵיכֶם תִּנְגֹּשׂוּ** — *And you extort all your debts.* The connection of עצב (lit., *sadness*) to debt is that a debtor is saddened by his financial obligations (*Rashi*), or that money in general ultimately brings sadness in its wake (*Radak;* see *Ibn Ezra*).

Alternatively, עֲצַבֵּיכֶם is rendered *your idols* (as above 46:1; *Psalms* 106:36, 115:4), and תִּנְגֹּשׂוּ is read as if it is spelled with a *shin,* like תִּנְגְּשׁוּ, *approach.* Thus, the verse states: *You draw close to your idols,* from whom תִּמְצְאוּ חֵפֶץ, *you seek what you desire* (*Targum*).

### ◆§ God responds to their complaints.

**4. לֹא־תָצוּמוּ כַיּוֹם לְהַשְׁמִיעַ בַּמָּרוֹם קוֹלְכֶם** — *You do not fast as befits this day, to make your voice heard above.* So why do you expect Me to relate to your fast? (*Mahari Kara, Radak*).

**5. הֲלָכֹף כְּאַגְמֹן רֹאשׁוֹ** — *Can it be merely bowing one's head like a bulrush?* Did you think that going through the external motions of submissiveness, such as bowing one's head, is sufficient? (*Abarbanel*). For these actions to be desirable before Me they must be accompanied by a broken heart, good deeds, and repentance (*Radak*). The simile of *a bulrush* was chosen because of the spikes on a bulrush that can cause pain. In other words, the person seems submissive, and yet, when you come too close to him you are harmed by his spikes (*Mahari Kara*).

Alternatively, an אַגְמֹן is a *fish hook,* whose point can prick and be harmful (*Rashi*).

**6. וְשַׁלַּח רְצוּצִים חָפְשִׁים** — *And to let the oppressed go free.* This refers to slaves who are illegally oppressed or are kept longer than the Torah permits (*Radak*).

ז הֲלוֹא פָרֹס לָרָעֵב לַחְמֶךָ וַעֲנִיִּים מְרוּדִים תָּבִיא בָיִת כִּי־תִרְאֶה עָרֹם וְכִסִּיתוֹ
ח וּמִבְּשָׂרְךָ לֹא תִתְעַלָּם: אָז יִבָּקַע כַּשַּׁחַר אוֹרֶךָ וַאֲרֻכָתְךָ מְהֵרָה תִצְמָח וְהָלַךְ לְפָנֶיךָ
ט צִדְקֶךָ כְּבוֹד יהוה יַאַסְפֶךָ: אָז תִּקְרָא וַיהוה יַעֲנֶה תְּשַׁוַּע וְיֹאמַר הִנֵּנִי אִם־תָּסִיר
י מִתּוֹכְךָ מוֹטָה שְׁלַח אֶצְבַּע וְדַבֶּר־אָוֶן: וְתָפֵק לָרָעֵב נַפְשֶׁךָ וְנֶפֶשׁ נַעֲנָה תַּשְׂבִּיעַ
יא וְזָרַח בַּחֹשֶׁךְ אוֹרֶךָ וַאֲפֵלָתְךָ כַּצָּהֳרָיִם: וְנָחֲךָ יהוה תָּמִיד וְהִשְׂבִּיעַ בְּצַחְצָחוֹת
נַפְשֶׁךָ וְעַצְמֹתֶיךָ יַחֲלִיץ וְהָיִיתָ כְּגַן רָוֶה וּכְמוֹצָא מַיִם אֲשֶׁר לֹא־יְכַזְּבוּ מֵימָיו:

### רש"י

(ז) **ועניים מרודים.** נאנחים ונאנקים על צרתם, כגון, עָנְיִי וּמְרוּדִי (איכה ג, יט), אָרִיד בְּשִׂיחִי (תהלים נה, ג): **ומבשרך.** ומקרובך: (ח) **יבקע כשחר.** כעמוד השחר הבוקע בעבים: **וארוכתך מהרה.** ורפואתך מהרה, כמו, הַעֲלֶה אֲרֻכָה לָךְ (ירמיה ל, יז): (י) **ותפק לרעב נפשך.** בתנחומי דברים טובים: (יא) **בצחצחות.** בעת למאון ובצורת, כך תירגם יונתן. **יחליץ.** יזיין כמו, חֲלוּצֵי צָבָא (במדבר לא, ה).

### רד"ק

(ז) **הלא פרוס.** הפריסה היא הבציעה ידוע בדברי רבותינו זכרונם לברכה בענין חתיכות הלחם, מברך ואחר כך בוצע (ברכות לט, ב) וזולתו, מרודים. כתרגומו, מְטַלְטְלִין, וכן עניים ומרודים. עניה ומרודיה, עָנְיָהּ וּמְרוּדֶיהָ (איכה א, ז) ענין טלטול: **ומבשרך לא תתעלם.** להאכיל הרעב ולכסות הערום הוא חיוב לכל ישראל, אבל מי שהוא קרובו הוא חייב יותר זה; ואם יראה אותו שהוא עני לא יעלים עיניו ממנו עד שיצטרך לשאול מחיתו, אלא חייב להלוות לו ולפתוח לפניו דרכים שירויח בהם: **ומבשרך.** כמו, אִישׁ אִישׁ אֶל כָּל שְׁאֵר בְּשָׂרוֹ (ויקרא יח, ו). ומי שעושה המעשים האלה מוחזק הוא שמקיים כל המצות, אלא זכר מעשים אלו שהם הפך המעשים הרעים שזכר: (ח) **אז.** אם תעשה מעשים אלו לא תצטרך לצום ולשק ואפר, ויבקע כשחר אורך; כמו, השחר שהולך ואור עד נכון היום: **אורך.** רצונו לומר, הצלחתך: **וארוכתך מהרה תצמח.** רפואתך. אם בא עד עתה עליך רעה בגופך או בממונך, עתה בהטיבך מעשיך תצמח רפואתך מהרה. כצמח האדמה שהולך וגדל כן תהיה הצלחתך, זה יהיה בעולם הזה ובעולם הבא: **והלך לפניך צדקך.** כשתמות, כבוד ה׳ יאספך אל מקום הכבוד אשר נפשות הצדיקים צרורות שם בצרור החיים. ושנה זה הענין ושלש במלות שונות לחזק הענין, אלא שבפעם שנית פרט דברים שזכר בכלל, ובפעם השלישית זכר בפרט שמירת שבת שהוא יסוד גדול לכל המצות כמו שפירשנו למעלה: (ט) **אז תקרא.** כי עתה בעשותך המעשים הרעים תאמר למה צמנו ולא ראית, אבל בהטיבך מעשיך תדע שאענה אותך בקוראך אלי, ואראה צומך ואשמע תפלתך: **אם תסיר.** אם תשוב מהמעשים האלה הרעים ותעשה מעשים טובים, מוטה. פירשתיו: **שלח אצבע.** מקור כמו שאמר למעלה ולהכות באגרף רשע. אמר, אם תסיר אותו המעשה הרע, ואפילו שלח אצבעך תסיר, כדרך בני אדם המריבים שישלח אצבעו האחד אל פני חברו לא שיכנו, וכן תסיר דבר און, שלא תריב עם רעך אפילו בדברים; והכל הוא בכלל חרצבות רשע שזכר: (י) **ותפק לרעב נפשך.** ואלה המעשים הטובים שתעשה, שתוציא לרעב נפשך ורצונך, כלומר כשתפרוש לו לחמך, ברוח נדיבה תעשה ובהסברת פנים, שיכיר כי ברצון ובלב טוב אתה נותן לו; וכן על הכסות שכבר זכרו: **ותפק.** כמו ותוצא; וכן, וַיָּפֶק רָצוֹן מֵה׳ (משלי ח, לה), מְפִיקִים מִזַּן אֶל זַן (תהלים קמד, יג): **תשביע.** שתהיה פרוסת הלחם שתתן לו כדי שביעה: **כצהרים.** אם היה לך אפלה וצרה, תשוב כמו הצהרים שהוא חוזק אור היום: (יא) **ונחך ה׳.** כדרך, ה׳ נְחֵנִי בְצִדְקָתֶךָ (תהלים ה, ט). כלומר, תמיד ישגיח עליך בכל אשר תפנה: **בצחצחות.** ענין יובש; כמו, צִחֵה צָמָא (לעיל ה, יג). בעת שיהיה צמא וחסרון טוב בעולם הוא ישביע נפשך: **ועצמותיך יחליץ.** ידשן, על דרך, (ו)שְׁמוּעָה טוֹבָה תְּדַשֶּׁן עָצֶם (משלי טו, ל). וזכר העצמות לפי שהם מוסדות הגוף. וכענין זה אמרו רבותינו זכרונם לברכה, העובר לפני התיבה ביום טוב של ראש השנה אומר החליצנו ה׳ אלהינו (עירובין לט, א); כלומר השביענו ודשננו במצותיך. או פירוש הניחנו, כי כן פירשוהו לשון מנוחה. ואמרו כי בארבע לשונות נשתמשו בלשון הזה, ישלף, ישזיבן, יזין, יניח. ישלף; כמו, וְחָלְצָה נַעֲלוֹ (במדבר כה, ט); ישזיב; כמו, חַלְּצֵנִי ה׳ (תהלים קמ, ב); יזין כמו חֲלוּצִים תַּעַבְרוּ (דברים ג, יח); ינוח כמו וְעַצְמֹתֶיךָ יַחֲלִיץ. היך מה דאת אמר רצה והחליצנו:

### מצודת דוד

תוסיפו לעשות בהם שום עבודה: (ז) **הלא פרוס.** באמת ביום ההוא פרוס לחמך ותן למי שהוא רעב ואין לו מה יאכל: **ועניים מרודים.** עניים הנאנחים על כי לא ימצאו מקום לחסות בו, הביאם אל ביתך: **כי תראה.** כאשר תראה ערום מבלי לבוש תכסהו משלך: **ומבשרך.** לא תתכסה עצמך מקרובך לבל יראוך: (ח) **אז יבקע וכו׳.** כשתעשה כן, אז יאיר אור הצלחתך כעמוד השחר הבוקע בעבים ומאיר לעולם: **וארוכתך.** רפואתך תצמח מהרה: **והלך.** הצדקה שעשית תלך לפניך להוליכך אל הגן עדן, וכבוד ה׳ יאספך אל המקום אשר שם גנוזות נפשות הצדיקים: (ט) **אז תקרא וכו׳.** כשתעשה כן אז כאשר תקרא לה׳ הוא ישיב לך למלא שאלתך: **תשוע וכו׳.** כפל הדבר במילים שונות: **הנני.** להשלים חפצך: **אם תסיר.** אם מכל וכל תסיר מתוכך את עצי העול שהכבדת על צוארי העניים: **שלח אצבע.** מוסב על אם תסיר, לומר אם גם תסיר מלשלוח אצבעך אל מול פני חברך כדרך בני אדם המריבים, וגם תסיר מלדבר לחברך און ודברי קנתור: (י) **ותפק.** תוציא לרעב את רצונך הטוב לדבר דברי נחומים בעת תתן לו המאכל: **ונפש נענה.** נפש המעונה ברעב תתן לה די שבעה: **וזרח בחושך אורך.** בהיות בעולם חשכת הצרות יזרח אורך ולא תהיה נכלל עמהם: **ואפלתך.** אם תהיה לך אפלת צרה, תשוב כמו הצהרים בהזרחת אור ישועה: (יא) **ונחך.** המקום ינהג אותך תמיד בדרך הטוב לך: **והשביע בצחצחות נפשך.** בעת יהיה בעולם צמאון ויובש, ישבע את נפשך ולא תהיה חסר מכל טובה: **ועצמותיך יחליץ.** יבריא ויחזיק את עצמותיך. וזכר את העצמות לפי שהם מוסדי הגוף: **והיית.** תהיה שבע מטובה כגן השבע מן המים; כי הדרך הוא להשקותה בכל עת. וכמוצא מים תהיה בכל עת, מושפע בטובה כמקור המוצא מים אשר המים הנוטפין אינם נפסקין:

### מצודת ציון

(ז) **פרוס.** ענין שבירה ובציעה; וכן, פֹּרֵשׂ אֵין לָהֶם (איכה ד, ד): **מרודים.** נאנחים ונאנקים; כמו, אָרִיד בְּשִׂיחִי (תהלים נה, ג): **ומבשרך.** מקרובך כמו שכתוב, כִּי אָחִינוּ בְשָׂרֵנוּ הוּא (בראשית לז, כז): **תתעלם.** מלשון העלם והסתר: (ח) **כשחר.** הוא האור המאיר בפאת המזרח עד לא יצא השמש: **וארוכתך.** ענין רפואה; כמו, אֲרֻכַת בַּת עַמִּי (ירמיה ח, כב): **יאספך.** ענין הכנסה; כמו, וְאֵין אִישׁ מְאַסֵּף אוֹתָם (שופטים יט, טו): (ט) **יענה.** מלשון עניה ותשובה: **תשוע.** ענין צעקה; כמו, שִׁוַּעְתִּי שָׁמַעְתָּ קוֹלִי (יונה ב, ג): **הנני.** הנה אני: **מוטה.** עצי העול: **און.** ענינו דבר שאינו הגון: (י) **ותפק.** ותוציא; כמו, זְמָמוֹ אַל תָּפֵק (תהלים קמ, ט): **נפשך.** ענין רצון; כמו, אִם יֵשׁ אֶת נַפְשְׁכֶם (בראשית כג, ח): **נענה.** מלשון עינוי: **וזרח.** ענין הארה: **ואפלתך.** מלשון אופל וחושך: **כצהרים.** היא עת עמידת השמש בחצי השמים: (יא) **ונחך.** ענין הנהגה; כמו, וְלֹא נָחָם (שמות יג, יז): **בצחצחות.** ענין יובש וצמאון; כמו, שָׁכְנוּ צְחִיחָה (תהלים סח, ז): **יחליץ.** יזיין; כמו, חֲלוּצֵי צָבָא (במדבר לא, כד), ורצונו לומר, יבריא ויחזיק: **רוה.** שביעה; כמו, תְּלָמֶיהָ רַוֵּה (תהלים סה, יא): **יכזבו.** ענין עזיבת הדבר וההפסקה; כמו, תִהְיֶה לִי כְּמוֹ אַכְזָב (ירמיה טו, יח):

*7 Surely you should break your bread for the hungry, and bring the moaning*
*poor [to your] home; when you see a naked person, clothe him; and do not hide*
*yourself from your kin. 8 Then your light will burst out like the dawn and your*
*healing will speedily sprout; your righteous deed will precede you and the glory*
*of HASHEM will gather you in. 9 Then you will call and HASHEM will respond;*
*you will cry out and He will say, 'Here I am!' If you remove from your midst*
*perversion, finger-pointing, and evil speech, 10 and offer your soul to the hungry*
*and satisfy the afflicted soul; then your light will shine [even] in the darkness,*
*and your deepest gloom will be like the noon. 11 Then HASHEM will guide you*
*always, sate your soul in times of drought, and strengthen your bones; and you*
*will be like a well-watered garden and a spring of water whose waters never fail.*

**רד״ק**

**כגן רוה.** שיש בו מעינות ישקוהו והוא רוה ושבע תמיד והירקות אשר בו לחים. או תהיה כמו מוצא מים, והוא המקור אשר לא יכזבו מימיו, כי אפילו בעת היובש הוא נובע. וכלות הדבר הוא כזב, כאלו מכזב בו שלא היה שם מעולם; על דרך, כִּחֵשׁ מַעֲשֵׂה זַיִת (חבקוק ג, יז), וְתִירוֹשׁ יְכַחֶשׁ בָּהּ (הושע ט, ב):

**7. הֲלוֹא פָרֹס לָרָעֵב לַחְמֶךָ** — *Surely you should break your bread for the hungry.* The fast that I desire includes not only abandoning evil, but also charitable actions, such as helping the poor, as if they were your own kin (*Abarbanel*). Alternatively, if you do these actions, fasting will be unnecessary and your future will be bright (*Radak* on next verse).

**וּמִבְּשָׂרְךָ לֹא תִתְעַלָּם** — *And do not hide yourself from your kin.* Homiletically, the previous phrase refers not only to people without garments, but to people who are "denuded" of the commandments. "Clothe" such people with *tzitzis, tefillin,* and all the forms of observance that they lack. However, it is not enough to help others improve: מִבְּשָׂרְךָ, literally, *your* [own] *flesh,* thus: do not be oblivious to your personal deficiencies. While bringing others closer to Torah observance, be sure to improve yourself as well (*Likkutei Sichos*).

People are often charitable with strangers, but neglect their own flesh and blood. It is especially commendable to be charitable and kind to those to whom we are closely related if they are in distress (*R' Schwab*).

**8. אָז יִבָּקַע כַּשַּׁחַר אוֹרֶךָ** — *Then your light will burst out like the dawn.* Your success (*Radak*) will increasingly grow much as the light increases after dawn (*Ibn Ezra*).

**וְהָלַךְ לְפָנֶיךָ צִדְקֶךָ כְּבוֹד ה׳ יַאַסְפֶךָ** — *Your righteous deed will precede you and the glory of HASHEM will gather you in.* Your good deeds will be a source of merit throughout your life and also when you are *gathered in,* i.e., when you die (*Radak, Abarbanel*).

**9. אָז תִּקְרָא וַה׳ יַעֲנֶה** — *Then you will call and HASHEM will respond.* When you perform the sins mentioned in the earlier verses, you unjustly complain that Hashem does not respond to you. Why should He? However, when you improve your deeds, you can be certain that He will respond (*Mahari Kara, Radak*). Isaiah then enumerates the deeds that must be done.

**אִם־תָּסִיר מִתּוֹכְךָ שְׁלַח אֶצְבַּע וְדַבֶּר־אָוֶן** — *If you remove from your midst . . . finger-pointing, and evil speech.* Israel was chastised above (v. 4), for striking one another *with a wicked fist.* Here, Isaiah goes further. If the people want God to respond to their pleas, they should refrain also from heated finger-pointing when they argue, and even from *evil speech* in an altercation (*Radak*).

**10. וְתָפֵק לָרָעֵב נַפְשֶׁךָ** — *And offer your soul to the hungry.* Offer consoling words from the heart to someone starved for consolation (*Rashi*). When you offer food to the hungry, which is among the good deeds that elicit God's response, take a genuine interest in the recipient's plight, so that he will see that you are doing it wholeheartedly (*Radak*).

This teaches that when someone does not have money to give a poor person, he must *offer his soul* to him and say, "If only I could satisfy you with the blood of my soul I would do so" (*Chareidim* 38).

**וְזָרַח בַּחֹשֶׁךְ אוֹרֶךָ** — *Then your light will shine [even] in the darkness.* The nature of the world is spiritual darkness, for without the influence of the Torah and the soul, people are drawn to pleasure and prosperity. Israel's mission is to bring the light of Torah into everyday life. The prophet assures us that not only is this possible, it is the reason God created the world and gave the Torah to Israel (*Sfas Emes*).

**וַאֲפֵלָתְךָ כַּצָּהֳרָיִם** — *And your deepest gloom will be like the noon.* Your gloomy problem will end brightly, like the noontime sun (*Radak*), a metaphorical expression of the great success you will achieve through this behavior (*Abarbanel*).

**11. וְנָחֲךָ ה׳ תָּמִיד** — *Then HASHEM will guide you always,* and will keep His Providence on you, so that you may succeed in all your endeavors (*Radak*).

**וְהִשְׂבִּיעַ בְּצַחְצָחוֹת נַפְשֶׁךָ** — *Sate your soul in times of drought.* God will reward you for satisfying the afflicted soul (see previous verse).

According to *Abarbanel,* the entire verse refers to spiritual reward in the World to Come. It is not possible to say that in this world, *HASHEM will guide you **always.*** Furthermore, the only true satiety of the soul is that received in the World to

יב וּבָנ֤וּ מִמְּךָ֙ חָרְב֣וֹת עוֹלָ֔ם מוֹסְדֵ֥י דוֹר־וָד֖וֹר תְּקוֹמֵ֑ם וְקֹרָ֤א לְךָ֙ גֹּדֵ֣ר פֶּ֔רֶץ מְשֹׁבֵ֥ב נְתִיב֖וֹת
יג לָשָֽׁבֶת׃ אִם־תָּשִׁ֤יב מִשַּׁבָּת֙ רַגְלֶ֔ךָ עֲשׂ֥וֹת חֲפָצֶ֖ךָ בְּי֣וֹם קָדְשִׁ֑י וְקָרָ֨אתָ לַשַּׁבָּ֜ת עֹ֗נֶג
יד לִקְד֤וֹשׁ יהוה֙ מְכֻבָּ֔ד וְכִבַּדְתּוֹ֙ מֵעֲשׂ֣וֹת דְּרָכֶ֔יךָ מִמְּצ֥וֹא חֶפְצְךָ֖ וְדַבֵּ֥ר דָּבָֽר׃ אָ֗ז תִּתְעַנַּג֙
עַל־יהוָ֔ה וְהִרְכַּבְתִּ֖יךָ עַל־°במותי [°בָּ֣מֳתֵי ק׳] אָ֑רֶץ וְהַאֲכַלְתִּ֗יךָ נַחֲלַת֙ יַעֲקֹ֣ב אָבִ֔יךָ

### רש״י

**(יב) משובב נתיבות לשבת.** תרגם יונתן, מְתִיב רַשִׁיעַיָא לְאוֹרַיְיתָא: **משובב.** כמו משיב: **לשבת.** ליישובו של עולם: **(יד) נחלת יעקב אביך.** נחלה בלא מצרים, כמה שנאמר, וּפָרַצְתָּ יָמָּה וָקֵדְמָה וגו׳ (בראשית כח, יד). לא כאברהם שנאמר (שם יג, טו), הָאָרֶץ אֲשֶׁר אַתָּה רֹאֶה. ויעקב שמר את השבת שנאמר (שם לג), וַיִּחַן אֶת פְּנֵי הָעִיר; שקבע תחומין עם דמדומי חמה. כך פירש רבי שמשון:

### רד״ק

**(יב) ובנו ממך.** כי כמו שהמעשים הרעים מחריבים הארץ, כן המעשים הטובים מישבים אותה, ופירוש **ממך.** המעשים הטובים היוצאים ממך יבנו חרבות העולם שהיו חרבות זמן רב: **מוסדי דור ודור.** המוסדות שנפלו זה דור ודור, אתה במעשיך הטובים תקומם אותם: **וקורא לך גודר פרץ.** בני העולם יקראו לך, כי בזכותך ובמעשיך הטובים יגדרו הפרצות: **משובב נתיבות לשבת.** כי בחרבן הארץ הנתיבות שוממות אין עובר בהם; כמו שאמר, דַּרְכֵי צִיּוֹן אֲבֵלוֹת מִבְּלִי בָּאֵי מוֹעֵד (איכה א, ד). ויאמרו עליך כי אתה המשובב הנתיבות לעבור בהם לשבת, כי מפני ישיבת הערים ישובו גם כן הדרכים. ויונתן תרגם, וְיִקְרוּן לָךְ מְקַיְּים אוֹרְחָא דְתַקְנָא מְתִיב רַשִׁיעַיָא לְאוֹרַיְתָא: **(יג) אם תשיב משבת.** מלכת בשבת חוץ לתחום. ואמר אם תשיב, כלומר אם היות הולך בדרך, ונזכרת שהוא שבת, והשיבות רגלך אחור מלכת עוד לכבוד שבת; כל שכן עשות חפצך, שהוא כולל המלאכות שחייבין עליהם מיתה. כי אפילו לצאת חוץ לתחום שהוא בלאו חמור עליך ותשמר ממנו: **ביום קדשי.** שאני קדשתי; כמו שאמר, וַיְקַדֵּשׁ אֹתוֹ (בראשית ב, ג); והקדוש הוא שהבדילו משאר הימים. ופירוש עשות חפציך, מעשות, ומ״ם משבת עומדת במקום שנים. ורגלך, וחפצך, חסרים יו״ד הרבים. ורבותינו זכרונם לברכה פירשו רגלך דרך המקרא לשון רבים, שאמרו רגלו אחת בתוך התחום ורגלו אחת חוץ לתחום יכנס שנאמר אם תשיב משבת רגלך, רגליך קרינן(עירובין נב, ב). כלומר אף על פי שכתוב רגלך בלא יו״ד, יש אם למקרא: **וקראת לשבת עונג.** אם תשיב משבת, מצות לא תעשה; וקראת לשבת עונג. מצות עשה לענג הגוף ביום השבת במאכלים ערבים וטובים, שמתוך שישנהו משאר ימים לטוב, יזכור מעשה בראשית ושהאל חדשו מאין, ושבת ביום השביעי. ומתוך כך ישבח לאל ויפארוהו בפיו ובלבבו, ותתענג נפשו בו. ופירוש וקראת; כמו, מִקְרָא קֹדֶשׁ (שמות יב, טז): **לקדוש ה׳ מכובד.** כפל הענין במלים שונות. ורבים פירשו ביום הכיפורים, שאמרו, מאי דכתיב לקדוש ה׳ מכובד זה יום הכפורים שאין בו לא אכילה ולא שתיה אמרה תורה כבדהו בכסות נקיה (שבת קיט, א): **וכבדתו מעשות דרכיך.** זהו הכבוד, שתמנע מעשות כל מלאכה; כי פירוש דרכיך, חפציך ומעשיך; כמו, דְּרָכַי סִפַּרְתִּי (תהלים קיט, כו), וּדְרָכֶיךָ לַמְחוֹת מְלָכִין (משלי לא, ג) והדומים להם. ורבותינו זכרונם לברכה פירשו דרכיך, מנהגיך; שלא יהא מנהגו של שבת כמנהגו של חול; כמו שאמרו וכבדתו שלא יהא מלבושך של שבת כמלבושך של חול, וכן שלא יהא הלוכך של שבת כהלוכך של חול (שבת קיג, א); וכן שלא יאכל המאכלות והמשתה של שבת כשל חול; ופירושו לשנות מנהג עת האכילה להקדים או לאחר: **ממצוא חפצך.** כפל ענין במלים שונות, כי הוא כמו מעשות דרכיך כמו שפירש על דרך הפשט; וכתרגום יונתן, מִלְסַפָּקָא צוֹרְכָךְ. ורבותינו זכרונם לברכה פירשו (שם), ממצוא חפצך, בדברים; שלא ידבר בשבת בחפציו והם הדברים שצריך לעשותם בחול. ודקדקו מחפציך, ואמרו חפציך אסור לדבר הא חפצי שמים מותרים; כמו, שאמרו חשבונות של מצוה מותר לחשבן בשבת. ואמרו פוסקין צדקה לעניים בשבת, ואמרו משדכין על התינוקות ליארס ועל התינוק ללמדו ספר וללמדו אומנות; כי כל הדברים האלה אם ידבר בהם הם מצוה, ואפילו ללמדו במה שיחיה כדי שלא יהיה גנב ומלסטם את הבריות. ואמרו דבר, שלא יהיה דבורך של שבת כדבורך של חול, כלומר שידבר בשבת בנחת וימעט בדברים. ואמר דבר דבור אסור, הרהור מותר. ואף עלפי כן, החסידים נזהרים אפילו מהרהור חפצים אלא בחפצי שמים, כמעשה החסיד ההוא שמספר במסכת שבת (קנ,ב). ויונתן תרגם, ודבר דבר, וּמַלָּלָא מִלִּין דְאוֹנָס, פירוש, דבר און, כי כן מתרגם און, אונס; וזה אסור אפילו בחול: **(יד) אז תתענג על ה׳.** אם תתענג את השבת, תתענג על ה׳; כלומר ישפיע לך טובות עד שתתענג עליו ותודה בו ובטובו כי מאתו הכל ובידו. והתענוג על ה׳ הוא תענוג הנפש. והגאון רב סעדיה פירש תענוג הגוף, כלומר תענוג גופך יהיה על ה׳, לא ככסילים שנאמר בהם, לֹא־נָאוֶה לִכְסִיל תַּעֲנוּג (משלי יט, י); אבל המשכיל לא ירבה בתענוג יותר מדאי כי אם במשפט, בעבור כי הוא מתעסק בחכמה ובה יתענג יותר; אלא שתענוגי הגוף במשפט ייטיבו שכלו ויחזקו כחותיו השלשה והם, כח הזכרונות וכח הבחינה וכח המחשבה: **והרכבתיך על במותי ארץ.** כמו, יַרְכִּבֵהוּ עַל־בָּמֳתֵי אָרֶץ (דברים לב, יג), והיא ארץ ישראל שהיא גבוה מכל הארצות. כלומר, אם תגלה ממנה, ישליטך עוד עליה בשכר שמירת שבת ושאר המצות. וההבטחה הזאת לכל בני הגלות, אם הוא קרוב מזמן הגאולה יזכה לישועה, ואם הוא רחוק מזמן הגאולה יזכה לתחיית המתים ויזכה לארץ ישראל ולטובה: **והאכלתיך.** כפל הענין במלות שונות. ואמר יעקב, כי בניו הם מיוחדים בנחלה,

### מצודת דוד

**(יב) ובנו ממך.** רצה לומר, המעשים הטובים היוצאים ממך יבנו את חרבות העולם, וכמו שהמעשים הרעים מחריבים את העולם, כן הטובים יבנו החרבות: **מוסדי דור ודור.** היסודות שנפלו בימי הדורות אתה תקומם אותם במעשיך הטובים; וכפל הדבר במילים שונות: **וקורא לך.** כל בני העולם יקראו אותך גודר פרץ, שהרי בזכות מעשיך גדרת פרצות העולם: **משובב.** אתה הוא המשיב את הנתיבות להיות מיושבות באנשים, כי בהיות הערים חריבים נשמו הנתיבות, ובזכותך נבנו הערים ונתיישבו הנתיבות: **(יג) אם תשיב משבת וכו׳.** רצונו לומר, אם החזקת בדרך לצאת חוץ לתחום ונזכרת שהוא שבת, והשבות רגלך בעבור השבת: **עשות.** המ״ם של משבת עומדת במקום שתים; ורצונו לומר, אם תשוב מעשות חפצך אחד מן המלאכות האסורות: **ביום קדשי.** זהו השבת שקדשו המקום: **וקראת לשבת ענג.** תקרא את השבת יום עונג; רצונו לומר, יהיה מיוחד לך להתענג בו: **לקדוש ה׳ מכובד.** ליום השבת שקדשו המקום תקרא יום מכובד, מבלי עשות בו מלאכה של חול: **וכבדתו.** רצונו לומר, לא בקריאת שם לבד, אלא תכבדו בו ענינך: **ממצוא.** מבלי מצוא בו חפצך; רצונו לומר, שלא תעשה בו חפצך מדברים האסורים בשבת: **ודבר דבר.** ומלדבר בו דבר הנאסר בשבת, כחשבונות וכיוצא: **(יד) אז תתענג על ה׳.** כשתעשה כן, אז ישפיע לך טובה הרבה ותתענג על ה׳. ורצונו לומר, לא תתענג לעדון הגוף כי אם להעמיד הגוף במצב הראוי להשכיל בתורת ה׳: **והרכבתיך.** רצונו לומר, תהיה ברום המעלה והממשלה: **והאכלתיך.** רצונו לומר, לך תהיה הארץ אשר הנחלתי ליעקב אביך. ואמר יעקב, לפי שלו ולבניו נתנה הנחלה ולא לישמעאל בן אברהם ולא לעשו בן יצחק; וכן נאמר, וַיַּעֲמִידֶהָ לְיַעֲקֹב לְחֹק וכו׳ לֵאמֹר לְךָ אֶתֵּן אֶרֶץ כְּנָעַן (תהלים קה, יז־יח): **כי פי ה׳ דבר.** וכיון שהוא דבר יקיים:

### מצודת ציון

**(יב) מוסדי.** מלשון יסוד: **גודר פרץ.** בונה כותל במקום הפרוץ והשבור; כמו, וַתִּגְדְּרוּ גָדֵר וכו׳ (יחזקאל יג, ה): **משובב.** מלשון השבה: **נתיבות.** שביל ודרך: **לשבת.** מלשון ישיבה: **(יג) תשיב.** מלשון השבה: **חפצך.** מלשון חפץ ורצון: **עונג.** מלשון תענוג ותפנוק: **דרכיך.** ענינך; וכן, דְּרָכַי סִפַּרְתִּי (תהלים קיט, כו): **(יד) והרכבתיך.** מלשון רכיבה והתנשאות: **במותי.** ענין גובה; כמו, עַל בָּמֳתֵי עָב (לעיל יד, יד):

[12] *Ancient ruins will be rebuilt through you, and you will restore generations-old foundations; and they will call you, 'repairer of the breach' and 'restorer of paths for habitation.'*

*The Sabbath and its reward*

[13] *If you restrain your foot because it is the Sabbath; refrain from accomplishing your own needs on My holy day; if you proclaim the Sabbath 'a delight,' and the holy [day] of HASHEM 'honored,' and you honor it by not engaging in your own affairs, from seeking your own needs or discussing the forbidden —* [14] *then you will delight in HASHEM and I will mount you astride the heights of the world; I will provide you the heritage of your forefather Jacob,*

---

Come. When receiving this spiritual reward, one is considered *like a well-watered garden and a spring of water whose waters never fail.*

**12.** **וּבָנוּ מִמְּךָ חָרְבוֹת עוֹלָם** — *Ancient ruins will be rebuilt through you.* Much as wicked deeds destroy the land, good deeds that come through you will rebuild that which was destroyed (*Radak*).

**מְשֹׁבֵב נְתִיבוֹת לָשָׁבֶת** — *Restorer of paths for habitation.* Metaphorically, this refers to one who restores the wicked to the paths of the Torah (*Targum,* cited in *Rashi*).

In a homiletic interpretation of vv. 7-12 the Sages (*Bava Basra* 9b) say: One who gives a *perutah* to a pauper is blessed with six blessings, as it is written (v. 7): *Surely you should break your bread for the hungry, and bring the moaning poor to your home; when you see a naked person, clothe him . . .,* followed by (1) *Then your light will burst out like the dawn* (2) *and your healing will speedily sprout;* (3) *your righteous deed will precede you* (4) *and the glory of HASHEM will gather you in.* (5) *Then you will call and HASHEM will respond;* (6) *you will cry out, and He will say, "Here I am."* And one who comforts him with words is blessed with eleven blessings. For it is stated (v. 10 ff.): *And offer your soul to the hungry and satisfy the afflicted soul* [you will merit the following blessings]: (1) *Your light will shine [even] in the darkness,* (2) *and your deepest gloom will be like the noon.* (3) *Then HASHEM will guide you always,* (4) *sate your soul in times of drought,* (5) *and strengthen your bones;* (6) *and you will be like a well-watered garden* (7) *and a spring of water whose waters never fail.* (8) *Ancient ruins will be rebuilt through you,* (9) *and you will restore the generations-old foundations;* (10) *and they will call you "repairer of the breach,"* (11) *and "restorer of paths for habitation"* (*Bava Basra* 9b).

**13-14.** Above (56:2,4,6) Isaiah spoke of the importance of Sabbath observance. Here he lists it as the final step of return to Hashem to merit His guidance.

**13.** **אִם־תָּשִׁיב מִשַּׁבָּת רַגְלֶךָ . . . וְקָרָאתָ לַשַּׁבָּת עֹנֶג** — *If you restrain your foot because it is the Sabbath . . . if you proclaim the Sabbath "a delight."* The former refers to refraining from doing prohibited work in honor of the Sabbath, and the latter refers to bringing delight to the Sabbath by means of good food and the like, which will result in praising God and feeling delight (*Radak*).

Homiletically, רַגְלֶךָ can be rendered as *your habit.* Do not observe the Sabbath merely out of habit, without giving thought to its profound spiritual significance (*Avnei Nezer*).

**וְכִבַּדְתּוֹ מֵעֲשׂוֹת דְּרָכֶיךָ** — *And you honor it by not engaging in your own affairs.* Your behavior on the Sabbath should be different from your behavior during the rest of the week. What you wear on the Sabbath should be different from what you wear during the week; the way you walk on the Sabbath should be different from the way you walk during the week, and your meals on the Sabbath should be different from those the rest of the week (*Radak,* citing *Shabbos* 113a).

The greatest honor to the Sabbath is to avoid arguments within the family (*Sefer Chassidim* 863).

Although you may enjoy the rest and tranquil atmosphere of the Sabbath, have in mind that you are not observing the day for your own pleasure, but to *honor the One* Who commanded you to do so (*Sfas Emes*).

**מִמְּצוֹא חֶפְצְךָ וְדַבֵּר דָּבָר** — *From seeking your own needs or discussing the forbidden.* The two are connected: It is forbidden to discuss your mundane needs on the Sabbath. It is, however, permitted to discuss Divine needs, such as charity, marriage, and education. All in all, your speech on the Sabbath should be different from that of the rest of the week, i.e., speak less and in a more relaxed fashion (*Radak,* citing *Shabbos* 113a-b).

Although the Talmud prohibits only mundane *speech,* but not thought, pious people are careful even to *think* only about Divine needs on the Sabbath (*Radak;* see *Shabbos* 150b).

**14.** **אָז תִּתְעַנַּג עַל־ה׳** — *Then you will delight in HASHEM.* If you *proclaim the Sabbath a delight* (see previous verse), your reward [measure for measure (*Mari Kara*)] will be that Hashem will shower His good on you and you will be able to delight in Him for the ultimate spiritual delight (*Radak, Abarbanel*).

**וְהִרְכַּבְתִּיךָ עַל־בָּמֳתֵי אָרֶץ** — *And I will mount you astride the heights of the world,* i.e., in the Land of Israel (*Ibn Ezra, Radak*).

**וְהַאֲכַלְתִּיךָ נַחֲלַת יַעֲקֹב אָבִיךָ** — *I will provide you the heritage of your forefather Jacob.* Whoever delights in the Sabbath is granted a boundless heritage, as it says, *Then you will delight in HASHEM and I will mount you astride the heights of the world; and I will provide you the heritage of your forefather Jacob . . .* Your heritage will not be like that of Abraham, regarding whom it is written (*Genesis*13:17), *Arise, walk about the land through its length and its breadth, for to you I will*

**נט**

א כִּ֛י פִּ֥י יְהֹוָ֖ה דִּבֵּֽר׃ הֵ֛ן לֹֽא־קָצְרָ֥ה יַד־יְהֹוָ֖ה מֵֽהוֹשִׁ֑יעַ וְלֹא־כָבְדָ֥ה אׇזְנ֖וֹ
ב מִשְּׁמֽוֹעַ׃ כִּ֤י אִם־עֲוֺנֹֽתֵיכֶם֙ הָי֣וּ מַבְדִּלִ֔ים בֵּינֵכֶ֖ם לְבֵ֣ין אֱלֹהֵיכֶ֑ם וְחַטֹּאותֵיכֶ֗ם הִסְתִּ֧ירוּ
ג פָנִ֛ים מִכֶּ֖ם מִשְּׁמֽוֹעַ׃ כִּ֤י כַפֵּיכֶם֙ נְגֹאֲל֣וּ בַדָּ֔ם וְאֶצְבְּעוֹתֵיכֶ֖ם בֶּעָוֺ֑ן שִׂפְתוֹתֵיכֶם֙
ד דִּבְּרוּ־שֶׁ֔קֶר לְשׁוֹנְכֶ֖ם עַוְלָ֥ה תֶהְגֶּֽה׃ אֵין־קֹרֵ֣א בְצֶ֔דֶק וְאֵ֥ין נִשְׁפָּ֖ט בֶּאֱמוּנָ֑ה בָּט֨וֹחַ
ה עַל־תֹּ֜הוּ וְדַבֶּר־שָׁ֗וְא הָר֥וֹ עָמָ֖ל וְהוֹלֵ֥יד אָֽוֶן׃ בֵּיצֵ֤י צִפְעוֹנִי֙ בִּקֵּ֔עוּ וְקוּרֵ֥י עַכָּבִ֖ישׁ
ו יֶאֱרֹ֑גוּ הָאֹכֵ֤ל מִבֵּֽיצֵיהֶם֙ יָמ֔וּת וְהַזּ֖וּרֶה תִּבָּקַ֥ע אֶפְעֶֽה׃ קוּרֵיהֶם֙ לֹא־יִהְי֣וּ לְבֶ֔גֶד

**רש״י**

**(א) הן לא קצרה.** לא אשר לא נושעתם לא מקוצר ידו הוא: **(ב) הסתירו פנים.** גרמו לכם שהסתיר פניו מכם: **(ג) נגאלו.** לשון טינוף; וכן, לֶחֶם מְגֹאָל (מלאכי א, ז): **(ה) צפעוני.** מין נחש רע: **בקעו.** אישקלורש״ט בלע״ז. כלומר מעשים מכוערים שאינם לטובתם עשו: **וקורי עכביש.** אירינייי״ש בלע״ז, וקורי אורטור״ש בלע״ז. קורי הם כלי האורג שהשתי מוסך בהן. ומנחם חברו במחברת קורות, על שם שהעכביש מיסך אריגותיו בקורות: **והזורה.** תרגם יונתן, וּמְשַׁחְנָן, לשון חימום שקורין בלע״ז קובי״ר. המחממן יוצא מהן כשהוא מבקע הקליפה. ועיקר לשון והזורה לשון עיצור הוא, להוציא הבלוע בתוכו; כמו, וַיָּזַר אֶת הַגִּזָּה. (שופטים ו, לח) ועיצורו של זה הוא חימומו: **אפעה.** מין נחש שהוא רע כך לא ישתלמו במעשיהם אלא רעה:

**רד״ק**

לא ישמעאל בן אברהם ולא עשו בן יצחק. וכן אמר וַיַּעֲמִידֶהָ לְיַעֲקֹב לְחֹק לְיִשְׂרָאֵל בְּרִית עוֹלָם, לֵאמֹר לְךָ אֶתֵּן אֶת אֶרֶץ כְּנָעַן חֶבֶל נַחֲלַתְכֶם, (תהלים קה, י־יא). ורבותינו זכרונם לברכה דרשו (שבת קיח, א־ב), כל המענג את השבת נותנין לו נחלה בלא מצרים שנאמר והאכלתיך נחלת יעקב אביך, לא כאברהם שנאמר בו, קוּם הִתְהַלֵּךְ בָּאָרֶץ לְאׇרְכָּהּ וּלְרׇחְבָּהּ (בראשית יג, יז), ולא כיצחק שנאמר בו, כִּי לְךָ וּלְזַרְעֲךָ אֶתֵּן אֶת כׇּל הָאֲרָצֹת הָאֵל (שם כו, ג), אלא כיעקב שנאמר בו, וּפָרַצְתָּ יָמָּה וָקֵדְמָה וְצָפֹנָה וָנֶגְבָּה (שם כח, יד): **כי פי ה׳ דבר.** וכיון שהוא דבר יקיים דברו: **(א) הן לא קצרה.** אחר שהשלים להורותם על המעשים הטובים ושיסורו מהמעשים הרעים, שב להוכיחם עוד על רוע מעשיהם; ואמר כי לשוא יתלוננו על האל ואומרים למה צמנו ולא ראית. ואמר להם, זה שלא ראה האל צומכם ולא הושיע אתכם מאויביכם, לא מפני שקצרה ידו מהושיע ולא מפני שכבדה אזנו משמוע, כי הוא שומע צעקתכם ובידו להושיע אתכם, אלא שעונותיכם גרמו לכם והם מבדילים ביניכם לבינו, והרי הוא כאילו אינו שומע או כאלו אין כח בידו להצילכם; ולמה? מפני עונותיכם: **הסתירו.** עובר לשלישי: **(ב) כי אם.** מפורש הוא: **(ג) כי כפיכם נגאלו בדם.** בשפיכות דם נקי: **ואצבעותיכם בעון.** לשלח אצבע ולהכות באגרוף: **ושפתותיכם.** והנה העון במעשה ובדבור, ומלת נגאלו מורכבת מן נפעל ופעל שלא נזכר שם פועלו, וסבת ההרכבה כתבנו בספר מכלל; וענינו ענין טנוף; מן, לֶחֶם מְגֹאָל (מלאכי א, ז): **(ד) אין קורא.** אחד מהם לחבירו להוכיח בצדק, ויונתן תרגם, לֵית דְמַצְלֵי בִקְשׁוֹט: **ואין נשפט.** באמונה, כי השופט יעות דינו: **בטוח על תהו.** כשמדבר עם חבירו שוא, שאין לבו עמו כפיו; על מה הוא בוטח? על תהו, כי חושב בלבו שלא יגלה לחבירו אם הוא מדבר בשוא. והלא הוא גלוי לפני האל, וגם לחבירו יגלה יום אחד מתוך מעשיו, והנה בטחונו בהבל: **הרה עמל.** דמה המחשבה להריון והדבור והמעשה ללידה, והוליד. נכתב ביו״ד המשך: **(ה) ביצי.** דמה עוד מחשבותיהם ומעשיהם לביצי צפעוני, כשיבקעו יצאו מהם צפעונים, כן מחשבותם רעות ומעשיהם רעים. ופירוש בקעו, הצפעונים מבקעים אותם, כמו ביצת האפרוח שמנקר בחוטמו ובוקע הקליפה מעט מעט עד שיצא. כך הם מטרידים לבם תמיד במחשבות רעות עד שיוציאום למעשה: **וקורי עכביש.** יריעות שאורג העכביש שאין להם תועלת וקיום והעמדה, כן מעשיהם לא יועילום: **האוכל מביציהם.** שב לביצי צפעוני שזכר; אמר, כמו האוכל ביצי צפעוני שימות בלא ספק, כן המתחבר אליהם ולמעשיהם ימות: **והזורה.** כמו והזורה בקמץ הרי״ש על משקל, עַל פִּי אַבְשָׁלוֹם הָיְתָה שׂוּמָה (שמואל־ב יג, לב). ובא בסגול תחת הקמץ, כמו, וְלָנָה בְּתוֹךְ בֵּיתוֹ (זכריה ה, ד) שהוא כמו ולנה בקמץ, וענינו כמו וַתִּשְׁכַּח כִּי רֶגֶל תְּזוּרֶהָ (איוב לט, טו). והוא אומר על ביצי הצפעוני כשהוא זורה ברגל; אמר אם יאכל אדם מביצי הצפעוני ימות, וכן אם תזורה רגלו על הביצה תבקע הביצה ויצא האפעה וימיתנו. כן כל המתחבר עם הרשעים בכל ענין שיתחבר עמהם ימיתוהו. ואפעה הוא הצפעוני ושני שמות יש לו. וכן תרגם יונתן שניהם, חֵיוֵי חוּרְמְנִין; ותרגם והזורה תבקע אפעה, וּמְשַׁחְנָן וּמְפַקָּן חֵיוֵי חוּרְמְנִין מְפַרְחִין: **(ו) קוריהם.** כמו קורי עכביש שאינם ראוים לעשות מהם בגד ולהתכסות בהם כן לא יתכסו הם שמעשיהם בבא הרעה עליהם בעבור כי מעשיהם מעשה און:

**מצודת דוד**

**(א) הן לא קצרה.** אמר, לא בעבור שקצרה ידו ולא יוכל להושיע, ולא בעבור שכבדה אזנו מלשמוע קול צעקתכם מצרת האויב: **(ב) כי אם.** רק העונות שעשיתם הם המבדילים ביניכם לבין אלהיכם, ולכן לא יפנה אליכם: **הסתירו.** הם גרמו להסתיר פני המקום מכם לבל שמוע צעקתכם: **(ג) נגאלו בדם.** מטונפים ומלוכלכים בדם נקי אשר שפכתם: **בעון.** נגאלו בעון כי תכתבו בהן דברי און ומרמה: **(ד) אין קורא בצדק.** אין מי קורא לה׳ בצדק ובכוונת הלב, ואין נשפט באמונה. כי הדיינין מעוותים את המשפט: **בטוח אל תוהו.** כל אחד בוטח על תוהו כי כאשר יבטח מי לחברו לא יקיים ההבטחה: **ודבר שוא.** כל אחד מדבר שוא: **הרו עמל.** מדמה המחשבה להריון והמעשה ללידה; ורצונו לומר, לא בהזדמן עשה און כי אם חשב עליה מתחילה לעשותה: **(ה) ביצי צפעוני בקעו.** רצונו לומר, כמו הביצים האלה שעד לא נתבקעו עדיין אין המזיק בעולם, וכאשר יתבקעו אז תצא הצפעון ובא המזיק; כן הם חושבים רע בקרבם ואחר זה יעשוהו ויזיקו לבני אדם: **וקורי עכביש יארגו.** רצונו לומר, אין תועלת וקיום והעמדה במעשיהם, כמו שאין תועלת וקיום ביריעות העכביש: **האוכל מביציהם ימות.** האוכל מביצי הצפעון; ימות רצונו לומר, המתחבר עמהם עוד הרעה טמונה בקרבם, ישיגהו המיתה והאבדון: **הזורה.** הממעך אותם להוציא הבלוע הנה מן הבקע, תצא אפעה ותזיקנו; ורצונו לומר, וכן המתגרה בו להראות קלונו יפול ברעה, ואין תקנה אלא ללכת מנגד: **(ו) קוריהם.** רצונו לומר, כמו שאין ראוי לעשות

**מצודת ציון**

**(ג) נגאלו.** ענין טינוף ולכלוך; כמו, לֶחֶם מְגֹאָל (מלאכי א, ז): **תהגה.** תדבר; כמו, וּלְשׁוֹנִי תֶּהְגֶּה (תהלים לה, כח): **(ד) תהו.** דבר שאין בו ממש: **הרו.** מלשון הריון: **(ה) צפעוני.** שם מין נחש רע: **וקורי עכביש.** אריגת השממית קורא בלשון קורי, על שמיסך אריגותיו בקורות הבית: **והזורה.** ענין מעור להוציא הבלוע; וכן, כִּי רֶגֶל תְּזוּרֶהָ (איוב לט, טו), והוא מלשון וַיָּזַר אֶת הַגִּזָּה (שופטים ו, לח): **אפעה.** הוא הצפעון, ובשתי השמות נקרא: **(ו) קוריהם.** אריגת השממית המחובר בקירות:

---

*give it.* And not like that of Isaac, regarding whom it is written (ibid. 26:3), *For to you and your offspring will I give all these lands.* Rather, your heritage will be like that of Jacob, regarding whom it is written (ibid. 28:14), *and you shall burst out*

*for the mouth of* H*ASHEM has spoken.*

**59**

*Iniquity distances man from God*

1 *Surely, the hand of* H*ASHEM is not too limited to save, nor is His ear heavy,*
*[preventing Him] from hearing;* 2 *rather, your iniquities have separat-*
*ed between you and your God, and your transgressions have caused [Him]*
*to hide [His] countenance from you, from hearing [you].* 3 *For your palms are*
*stained with blood and your fingers with iniquity; your lips speak falsehood,*
*your tongues utter wickedness.* 4 *No one calls out in righteousness and no*
*one is judged truthfully; trusting in emptiness and speaking vanity, conceiv-*
*ing wrongdoing and giving birth to wickedness.* 5 *They hatch adder's eggs*
*and weave spiderwebs: Whoever eats of their eggs will die, and when they*
*are squeezed a viper is hatched.* 6 *Their webs will not become a garment,*

---

*westward, eastward, northward, and southward* [i.e., without any limit or border] (*Shabbos* 118a-b, cited by *Rashi* and *Radak*).

*R' Yosef Karo* explains that this, too, is measure for measure. When someone spends funds without restraint for Sabbath delight, he will be granted an unrestricted inheritance (*Beis Yosef*, citing *Mahari Abuhav, Orach Chaim* 242).

**59.**

In the previous chapter, Isaiah elaborated on the conduct that would save Israel; now he chastises them for their previous actions. The prophet emphasizes that even though the nation had sinned, God is still close to them and He hears their prayers.

**1. הֵן לֹא־קָצְרָה יַד־ה׳ מֵהוֹשִׁיעַ** — *Surely, the hand of* H*ASHEM is not too limited to save.* That you have not been redeemed from exile is not because God lacks the strength to do so (*Rashi*), as implied by your complaint that you are fasting in vain (see above 58:3). It is not His ability that is deficient. Rather your sins build a barrier between you and God that makes it seem as if He does not hear your prayers (*Radak*). A person mired in sin is shaped by his desires and activities, so he has no common dialogue with someone who lives in a world of holiness.

**2. וְחַטֹּאותֵיכֶם הִסְתִּירוּ פָנִים מִכֶּם מִשְּׁמוֹעַ** — *And your transgressions have caused [Him] to hide [His] countenance from you, from hearing [you].* Metaphorically, like someone who does not wish to hear or see someone else, God covers his face and ears, as it were, and ignores your insincere prayers and fasts (*Ibn Ezra*).

The world is filled with God's Presence (6:3, *Jeremiah* 23:24). Only sin can interfere with Israel's closeness to God, because, by definition, sins are a denial of His Presence. Similarly, certain sins are so serious that they subject the sinner to *kareis,* spiritual excision, which means that the transgressor's connection to God has been severed. Among those sins are idolatry and sexual immorality (*Tanya*).

**3. כִּי כַפֵּיכֶם נְגֹאֲלוּ בַדָּם** — *For your palms are stained with blood.* This explains why God said (1:15), *When you spread your hands [in prayer], I will hide My eyes from you.* Your hands are blood stained; why should I look at you? (*Mahari Kara*).

**כַּפֵּיכֶם . . . וְאֶצְבְּעוֹתֵיכֶם . . . שִׂפְתוֹתֵיכֶם . . . לְשׁוֹנְכֶם . . .** — *Your palms . . . your fingers . . . your lips . . . your tongues.* Your deeds and your words are filled with sin (*Ibn Ezra*). Your *palms* are contaminated by bloodshed, your *fingers* by making a fist to strike the innocent, your *lips* and *tongues* by slander and talebearing (*Radak*).

**4. אֵין־קֹרֵא בְצֶדֶק וגו׳** — *No one calls out in righteousness. . . .* Your spiritual leaders do not rebuke the people, your judges are unjust, and people make promises with no intention of keeping their word (*Ibn Ezra*). They think no one will know they are being dishonest — but God knows (*Radak*).

According to *Targum,* no one calls out *to* H*ASHEM* in righteousness, i.e., no one prays properly.

**5. בֵּיצֵי צִפְעוֹנִי בִּקֵּעוּ** — *They hatch adder's eggs.* Much as hatching the eggs of a poisonous snake is dangerous and can bring the hatcher to grief, so the sinners of Israel will bring harm upon themselves (*Rashi*).

Alternatively, their wicked thoughts and deeds are compared to adder's eggs. The unborn adders strike at the shell until it gradually breaks and they can emerge to cause harm. Similarly, when people constantly harbor wicked thoughts it gradually corrupts them, until they emerge from thought to wicked deed (*Radak*).

**וְקוּרֵי עַכָּבִישׁ יֶאֱרֹגוּ** — *And weave spiderwebs.* Just as spiderwebs have no long-term benefit or permanence, so, too, the wicked will gain no lasting benefit from their deeds (*Radak*).

**הָאֹכֵל מִבֵּיצֵיהֶם יָמוּת וְהַזּוּרֶה תִּבָּקַע אֶפְעֶה** — *Whoever eats of their eggs will die, and when they are squeezed a viper is hatched.* Eating the eggs of a viper is dangerous and so is squeezing them, because a poisonous snake will be hatched. Similarly, any connection with the wicked and association with their deeds is deadly (*Radak;* see *Rashi*).

**6. קוּרֵיהֶם לֹא־יִהְיוּ לְבֶגֶד** — *Their webs will not become a garment,* for they do not last. Similarly, the deeds of the wicked are ephemeral; they have no more permanence than spiderwebs (*Ibn Ezra*). Just as one cannot make clothing out of spiderwebs, so the deeds of the wicked will afford them no protection when they are called to judgment (*Radak*).

ז וְלֹא יִתְכַּסּוּ בְּמַעֲשֵׂיהֶם מַעֲשֵׂיהֶם֙ מַעֲשֵׂי־אָוֶן וּפֹעַל חָמָס בְּכַפֵּיהֶם: רַגְלֵיהֶם֙
לָרַע יָרֻצוּ וִימַהֲרוּ לִשְׁפֹּךְ דָּם נָקִי מַחְשְׁבֹתֵיהֶם֙ מַחְשְׁבוֹת אָוֶן שֹׁד וָשֶׁבֶר
ח בִּמְסִלּוֹתָם: דֶּרֶךְ שָׁלוֹם֙ לֹא יָדָעוּ וְאֵין מִשְׁפָּט בְּמַעְגְּלֹתָם נְתִיבוֹתֵיהֶם֙ עִקְּשׁוּ
ט לָהֶם כֹּל דֹּרֵךְ בָּהּ לֹא יָדַע שָׁלוֹם: עַל־כֵּן רָחַק מִשְׁפָּט֙ מִמֶּנּוּ וְלֹא תַשִּׂיגֵנוּ
י צְדָקָה נְקַוֶּה לָאוֹר֙ וְהִנֵּה־חֹשֶׁךְ לִנְגֹהוֹת בָּאֲפֵלוֹת נְהַלֵּךְ: נְגַשְׁשָׁה כַעִוְרִים֙
יא קִיר וּכְאֵין עֵינַיִם נְגַשֵּׁשָׁה כָּשַׁלְנוּ בַצָּהֳרַיִם֙ כַּנֶּשֶׁף בָּאַשְׁמַנִּים כַּמֵּתִים: נֶהֱמֶה
יב כַדֻּבִּים֙ כֻּלָּנוּ וְכַיּוֹנִים הָגֹה נֶהְגֶּה נְקַוֶּה לַמִּשְׁפָּט֙ וָאַיִן לִישׁוּעָה רָחֲקָה מִמֶּנּוּ: כִּי־
רַבּוּ פְשָׁעֵינוּ֙ נֶגְדֶּךָ וְחַטֹּאותֵינוּ עָנְתָה בָּנוּ כִּי־פְשָׁעֵינוּ אִתָּנוּ וַעֲוֹנֹתֵינוּ יְדַעֲנוּם:

## רש״י

**(ח) ואין משפט במעגלותם.** כלומר אין במעגל דרכיהם דבר נשפט באמת כמשפטו: **נתיבותיהם עקשו להם.** הם העוו את דרכם לעצמם: **(ט) רחק משפט ממנו.** שהיינו לועקים חמס מאויבינו ואין הקדוש ברוך הוא שופט לנקום נקמה: **ולא תשיגנו צדקה.** הנחמות הטובות שהבטיחנו אין משיגות אותנו לבוא: **לנגוהות.** נקוה ובאפלות נהלך: **(י) באשמנים.** מנחם פתר לשון מחשכים ורוב הפותרים מודים לו, אבל דונש פתר בו לשון שומן, והאל״ף נוסף בו; כמו אל״ף שבוְאַחֲוָתִי (איוב יג, יז) ושבאַכְזָב (ירמיה טו, יח), ודֶּרֶךְ הָאֲתָרִים (במדבר כא, א). אף כאן בין האשמנים, בין החיים השמנים, אנחנו כמתים. ויונתן תירגם, לשון מסגר; אִתְאֲחַד בְּאַפָּנָא כְּמָא דַאֲחִידִין קִבְרַיָא בְּאַפֵּי מֵתַיָא: **(יא) הגה נהגה.** לשון יללה:

## רד״ק

**(ז) רגליהם.** וימהרו. כי אפילו החייב מיתה ראוי לדיין לאמץ דינו ולא ימהר בדיני נפשות, והם ימהרו לשפוך דם נקי: **(ח) דרך שלום לא ידעו.** כי לא דרכו בה: **עקשו להם.** הם עותו נתיבותיהם לעצמם כי יכשלו בם: **(ט) על כן.** הפסוקים האלה עד וירא כי אין איש הם דברי הנביא על לשון בני הגלות הזה. כי בעון האבות עם עון הבנים ארכה הגלות הזאת, כי רוב ישראל לא שבו עוד משגלו בגלות ראשונה. וכן אמר ירמיהו הנביא על לשון בני הגלות, אֲבֹתֵינוּ חָטְאוּ וְאֵינָם וַאֲנַחְנוּ עֲוֹנֹתֵיהֶם סָבָלְנוּ. ואמר דוד על לשון בני הגלות, אַל תִּזְכָּר לָנוּ עֲוֹנֹת רִאשֹׁנִים (תהלים עט, ח), ואמר על כן שהרבו אבותינו להרע אנחנו עוד היום בגלות והנה האל שופטנו מדה כנגד מדה, הם רחקו המשפט והצדקה והשלום, על כן רחק משפט ממנו: **ולא תשיגנו צדקה.** כי ממדות הבורא הוא לפקוד עון אבות על בנים כשאוחזין מעשה אבותיהם בידיהם: **נקוה לאור.** יום יום נקוה לאור ולישועה שהיא האור, והנה חשך והוא הגלות. וכפל הענין במלות שונות: **(י) נגששה כעורים קיר.** כמו נמששה, מן, וְהָיִיתָ מְמַשֵּׁשׁ בַּצָּהֳרַיִם (דברים כח, כט). והצרות בגלות הם החשך והעורון: **באשמנים כמתים.** הרי אנו חשובים כאלו אנו נקברים כמו המתים. ומלת באשמנים פירשה אדוני אבי זכרונו לברכה כי הנון נוספת ושרשו אשם; מן תֶּאְשַׁם שֹׁמְרוֹן (הושע יד, א), שהוא ענין שממה, והקברים הם מקום שממה. ויונתן תרגם, אִתְאֲחַד בְּאַפָּנָא וגומר: **(יא) נהמה כדובים כלנו.** קול הדובים בקול המיה ויללה, וכן היונים הוגות בקול יללה, כי ההגיגה והיללה נמצא בזה הענין בקול יללה. וכן אמר, כְּיוֹנֵי הַגֵּאָיוֹת כֻּלָּם הֹמוֹת (יחזקאל ז, טז). ויונתן תרגם, עַסֵינָא מִן קֳדָם בַּעֲלֵי דְבָבָנָא וגו׳: **למשפט.** שיקח האל משפטנו מאויבינו: **(יב) כי רבו פשעינו.** עם פשעי אבותינו. כי בתחילה אמר כי בפשעי האבות היה אריכות הגלות, ועתה הוסיף ואמר, לא בפשעי האבות לבד ולא בפשעי הבנים לבד, אלא אלה ואלה גרמו. ואמר נגדך, כי אנחנו מתודים בגלות על עונותינו שהם גלוים וידועים לפניך. לפיכך אמר נגדך, לא כמו האבות שהיו אומרים מקצתם אין השם רואה אותנו, וחטאתינו ענתה בנו. אמר וחטאתינו לשון רבות, ואמר ענתה לשון יחידה; רוצה לומר כל אחת ואחת מהחטאות העידה בנו, כי בעונש העונות באות לנו הצרות. וכמוהו לשון יחיד על רבים, וְעֵינָיו קָמָה (שמואל־א ד, טז), וַיָּבוֹא אֵלַי אֲנָשִׁים (יחזקאל יד, א), נִלְכְּדָה הַקְּרִיּוֹת (ירמיה מח, מא), לֹא תִמְעַד אֲשֻׁרָיו (תהלים לז, לא) והדומים להם: **אתנו.** שאנחנו מכירים

## מצודת דוד

בגד מיריעות העכביש, כן אין קיום למעשיהם: **ולא יתכסו.** לפי שהמשיל מעשיהם לקורי עכביש אמר לשון כסוי הנופל ביריעה; ורצונו לומר, אין העמדה למעשיהם, ופעל חמס. מעשה עושק וגזל: **(ז) לרע ירוצו.** ברדיפה ילכו לעשות רע: **במסלותם.** במקום שהם הולכים ימצא שם שוד ושבר, כי הם יעשו אותם בדרכיהם: **(ח) לא ידעו.** אינם מכירים דרך שלום, כי בכל מקום שהולכים אין למו שלום בסבתם: **ואין משפט.** אין במעגל דרכיהם דבר העשוי במשפט וביושר: **נתיבותיהם.** הנתיבות שהולכים בהם העוו אותם לצורך עצמם; רצונו לומר, עשו אותם מעוקל ומעוקם למען יכשלו שם בני אדם ויהיו להם לשלל: **כל דורך בה.** כל הפוסע בזו הדרך לא ידע מן השלום, כי השודדים יצפונו שמה לשלול שלל: **(ט) על כן.** בעבור זה רחק משפט, שאין המקום שופט משפטנו לקחת נקם מיד העכו״ם: **ולא תשיגנו צדקה.** הצדקה שהבטיח לנו המקום לא השיגו אותנו: **נקוה לאור.** רצונו לומר, אנו מקוים לישועה ובא עוד צרה, לנגוהות. אנו מקוים לנגוהות ולא כן הוא, כי נהלך בחושך; והוא כפל עניין במילים שונות: **(י) נגששה.** בעבור החושך נמשש הכותל ללכת אצלה כדרך העורים, והוא ענין מליצה לומר שגבר עלינו חשכת הצרות: **וכאין עינים.** כמו שממשש מי שאין לו עינים, כן נמשש אנו; וכפל הדבר במילים שונות: **כשלנו בצהרים.** בעת הצהרים כשלנו באבני מכשול כמו שהדרך להכשל בחשכת הלילה; רצונו לומר, אף שיש שלום בעולם אנו יושבים בצער ובחרדה: **באשמנים.** כאלו אנו שוכנים בקברים השוממים כמו המתים: **(יא) נהמה.** מרוב הצרות נהמה כולנו כדובים וכיונים המהגים: **נקוה למשפט.** שיעשה משפט בהעכו״ם לנקום נקמתינו, ואין. אין משפט: **לישועה.** נקוה לישועה והנה רחקה ממנו ולא באה: **(יב) כי רבו.** מה שפשענו נגדך רבו מאד: **וחטאתינו.** כי אם מהחטאים העידה בנו לקטרג עלינו: **אתנו.** רצונו לומר עדיין לא עזבנום: **ידענום.** ידועים הם לנו ומכירים בהם, ולא בלא דעת עשינו אותם:

## מצודת ציון

**(ז) ירוצו.** מלשון ריצה ורדיפה: **שוד.** מלשון שדידה וגזלה: **במסלותם.** מלשון מסילה ודרך: **(ח) במעגלותם.** ענין שביל ודרך; כמו, מַעְגַּל צַדִּיק תְּפַלֵּס (לעיל כו, ז): **נתיבותיהם.** מלשון נתיב ודרך: **עקשו.** ענין עקום ומעוקל: **להם.** לעצמם: **דורך.** מלשון דריכה והלוך: **(ט) תשיגנו.** ענין קריבה: **לנגוהות.** מלשון נוגה והארה; כמו, מִנֹּגַהּ נֶגְדּוֹ (תהלים יח, יג): **באפלות.** מלשון אופל וחושך: **(י) נגששה.** ענין משוש והנגיעה בדבר, ואין לו דמיון במקרא. ובדברי רבותינו זכרונם לברכה, בזמן שהספינה גוששת (גיטין ז, ב): **קיר.** כותל: **בצהרים.** הוא חצי היום: **בנשף.** ענינו חשכת הלילה; כמו, וַיָּקוּמוּ בַנֶּשֶׁף (מלכים־ב ז, ה): **באשמנים.** בקברים השוממים; כמו, תֶּאְשַׁם שֹׁמְרוֹן (הושע יד, א) והנון נוספת: **(יא) נהמה.** מלשון המייה: **כדובים.** שם חיה: **הגה נהגה.** ענין צפצוף היונים; כמו, אֶהְגֶּה כַּיּוֹנָה (לעיל לח, יד): **(יב) ענתה.** העידה; כמו, לֹא תַעֲנֶה (שמות כ, יג):

*and people will not clothe themselves with their work; their work is the work of
wickedness and an act of corruption is in their palms.* 7 *Their feet run to evil, and
they rush to shed innocent blood; their thoughts are thoughts of wickedness;
plunder and calamity are in their roads.* 8 *They know not the way of peace and
there is no justice in their circuits; they have made their paths crooked; all who
walk them do not know peace.*

*Israel's lament and confession*

9 *"That is why justice has become distant from us and righteousness has
not reached us; we hope for light, but, behold, there is darkness; for bright-
ness, but we walk in deep darkness.* 10 *We grope the wall like the blind; and
like the eyeless we grope; we stumble at noon as in the dark of night; as if in
graves, like the dead.* 11 *We all wail like bears and moan like doves. We hope
for justice, but there is none; for salvation, but it is distant from us.* 12 *For our
willful sins have increased before You and our transgressions have testified
against us; for our willful sins are with us and we are aware of our iniquities:*

**7. רַגְלֵיהֶם לָרַע יָרֻצוּ וִימַהֲרוּ לִשְׁפֹּךְ דָּם נָקִי** — *Their feet run to evil, and they rush to shed innocent blood.* Although they run to do evil deeds, their judges have no right to put them to death in haste. Even one who commits a capital offense deserves to be judged deliberately and carefully, without haste, but these corrupt judges are quick to condemn, without considering how they can save the life of the accused. They rush to condemn even the innocent (*Radak*).

Sinners become so accustomed to satisfying themselves that they run instinctively to indulge themselves whenever they are tempted, without stopping to think that they are doing wrong.

**8. דֶּרֶךְ שָׁלוֹם לֹא יָדָעוּ** — *They know not the way of peace.* Speaking of dishonest judges, Isaiah says that *peace* is unfamiliar to them, because they never bother to seek it (*Radak*).

**נְתִיבוֹתֵיהֶם עִקְּשׁוּ לָהֶם** — *They have made their paths crooked.* They manipulated everything for their personal benefit (*Rashi*) and, as a result, they stumbled on their self-made crooked paths (*Radak*). Furthermore, any who follow their example will *not know peace* (*Ibn Ezra*).

**9-15.** Isaiah now speaks to the thoughts of the chastened and contrite nation in the future. They wonder why God seems to ignore their pleas for help. According to *Radak,* this passage is addressed to our current exile.

**9. עַל־כֵּן רָחַק מִשְׁפָּט מִמֶּנּוּ** — *That is why justice has become distant from us.* Although we cried out to Hashem to save us from our enemies, He does not punish our oppressors (*Rashi*). The reason is, as the previous verse states, because the Jewish people were not being just among themselves (*Mahari Kara*), so what right have they to complain about foreign oppressors?

If this is the plaint of the people in the current exile, the people lament that they are still suffering for the sins of their ancestors, because in their own lives they have not repudiated those sins. People are not punished for the sins of their forebears unless they carry on their way of life. Since the earlier generations did not act justly, God permits our enemies to act unjustly against us, measure for measure (*Radak*).

**נְקַוֶּה לָאוֹר וְהִנֵּה־חֹשֶׁךְ** — *We hope for light, but, behold, there is darkness. Light* and *dark* are metaphors for redemption and exile, i.e., we hoped for redemption, but remain in the darkness of exile (*Radak*).

**10. בָּאַשְׁמַנִּים כַּמֵּתִים** — *As if in graves, like the dead.* The word בָּאַשְׁמַנִּים is a cognate of שממה, *desolation;* a grave is desolate (*Radak*). Because we are spiritually desolate, *we stumble* even *at noon as in the dark of night,* and certainly in the depths of night we are as helpless as the dead (*Mahari Kara*).

Alternatively, the word is a cognate of שמנים, *the corpulent ones*: Compared to the thriving and fat nations (*Ibn Ezra*) we are like the dead (*Rashi*).

**11. נֶהֱמֶה כַדֻּבִּים כֻּלָּנוּ וְכַיּוֹנִים הָגֹה נֶהְגֶּה** — *We all wail like bears and moan like doves.* We plead for justice but our pleas are ignored. We hoped in vain that God would bring our enemies to justice (*Radak*).

According to *Malbim,* we *growl* like bears. We demanded angrily that God treat us justly and that those who mistreat us should be punished. But when we realized that our demands would be ignored because we were undeserving, we moaned and begged like powerless doves.

**12. כִּי־רַבּוּ פְשָׁעֵינוּ נֶגְדֶּךָ** — *For our willful sins have increased before You.* Above (vv. 2-8), Isaiah tells the people that they are distanced from God because of their sins, and in v. 9 the people understand why they are distanced from God's justice. Why is the same idea repeated here? According to *Radak,* the former verses refer to the sins of the fathers, which caused the exile to be lengthened. This verse gives an additional reason: *our own willful sins* (*Radak*).

Alternatively, the former verses speak of sins between man and his fellow man, while this verse refers to sins committed against God, as indicated by the word נֶגְדֶּךָ, literally, *against You.* The next phrase combines plural and singular: חַטֹּאותֵינוּ, *our sins,* and then עָנְתָה, literally **it** *testifies,* as if to imply that each individual sin is sufficient to earn retribution (*Abarbanel*).

יג פָּשֹׁעַ וְכַחֵשׁ בַּיהוָה וְנָסוֹג מֵאַחַר אֱלֹהֵינוּ דַּבֶּר־עֹשֶׁק וְסָרָה הֹרוֹ וְהֹגוֹ מִלֵּב
יד דִּבְרֵי־שָׁקֶר: וְהֻסַּג אָחוֹר מִשְׁפָּט וּצְדָקָה מֵרָחוֹק תַּעֲמֹד כִּי־כָשְׁלָה בָרְחוֹב
טו אֱמֶת וּנְכֹחָה לֹא־תוּכַל לָבוֹא: וַתְּהִי הָאֱמֶת נֶעְדֶּרֶת וְסָר מֵרָע מִשְׁתּוֹלֵל
טז וַיַּרְא יהוָה וַיֵּרַע בְּעֵינָיו כִּי־אֵין מִשְׁפָּט: וַיַּרְא כִּי־אֵין אִישׁ וַיִּשְׁתּוֹמֵם כִּי

### רש"י

**(יג) דבר עשק.** כמו לדבר עשק: **(יג) הורו והוגו.** לירות ולהוציא. הורו לשון יָרָה בַיָּם (שמות טו, ד). דבר אחר, הורו והוגו הרב והתלמיד. שם המקור. (סא"א) והוגו, כַּאֲשֶׁר הָגָה מִן הַמְסִלָּה (שמואל־ב כ), הָגוֹ סִיגִים מִכָּסֶף (משלי כה, ד): **(יד) והוסג אחור משפט.** נקמתינו מאויבינו שהיא תלויה בהקדוש ברוך הוא, ולדקתו עומדת מרחוק; למה? כי כשלה אמת ברחובותינו. וכיון שהאמת כשלה מארץ, אף משמים אין הלדק והמשפט בא"ן: **(טו) משתולל.** מוחזק שוטה על הבריות. כמו, (מיכה א, ח) אֵילְכָה שׁוֹלָל. והוא מגזרת שוגג דמתרגמינן שָׁלוּ, וכן (שמואל־ב ו, ז) עַל הַשַּׁל: **וירע בעיניו כי אין משפט.** לפיכך הביא עליהם הפורענות, (טז) וירא כי אין איש. ועתה בהנחמו על הרעה לעמו, רואה כי אין איש לדיק לעמוד בפרץ: **וישתומם.** ויחרש לראות אם יש

### רד"ק

בהם ומתודים עליהם. וכפל הענין ואמר ועונותינו ידענום: **(יג) פשע וכחש בה'.** שניהם מקור, וכן נסוג דבר, הורו והגו, מקור. או יהיה נסוג מנחי העי"ן והנון לנפעל, כמו לֹא נָסוֹג אָחוֹר לִבֵּנוּ (תהלים מד, יט). ופירוש וכחש אין זה כמו, כִּחֲשׁוּ בַּה' וַיֹּאמְרוּ לֹא הוּא (ירמיה ה, יב), שהרי אמר נגדך כלומר שהוא יודע בנו ובמעשינו. אלא פירוש וכחש בהשם, כי כשיכחש איש בחברו כאלו מכחש בה'; וכן אמר, וּמָעֲלָה מַעַל בַּה' וְכִחֵשׁ בַּעֲמִיתוֹ (ויקרא ה, כא); וכיון שמכחש בעמיתו שהפקיד אצלו או שהלוה לו בלא עדים הרי הוא כאלו מכחש בה' שהרי הוא עד ביניהם. או פירוש בה' כמו שתרגם יונתן, בְּמֵימְרָא דַה'; כלומר כחש במצותו שצוהו, לֹא תִּגְנֹבוּ וְלֹא תְכַחֲשׁוּ וְלֹא תְשַׁקְּרוּ אִישׁ בַּעֲמִיתוֹ (ויקרא יט, יא): **ונסוג מאחר אלהינו.** הפך, אַחֲרֵי ה' אֱלֹהֵיכֶם תֵּלֵכוּ (דברים יג, ה). ונסוג שרשו נסג; ענינו ענין התאחרות כמי ששב לאחור, (יד) וכן **והוסג אחור משפט.** וסרה, רוצה לומר דבר סרה, פירוש מעוותת: **הרו.** כמו הרו עמל הנזכר למעלה. ובאה הה"א בחולם והיה משפטו בקמץ; וכן והגו כי שרשו הגה ובא הה"א בחולם במקום קמץ, ופירשו כמו הרו עמל שפירשנו למעלה. ומה שחושבים בלבם ומוציאים מן המחשבה אל הדבור ואל המעשה מחשבותיהם ודבריהם דברי שקר. ואדוני אבי זכרונו לברכה פירש הרו, כמו, וּלְהוֹרֹת אֶת בְּנֵי יִשְׂרָאֵל (ויקרא י, יא), ששרשו ירה. ויונתן תרגם הרו והגו, מוֹחַן וּמַפְקִין: **והסג.** אמר על דרך משל כי המשפט שב לאחור, כי אין לו מקום ביניהם. וכן הצדקה מרחוק תעמוד ולא תקרב אליהם. והמשפט הוא לשפוט בין שני בעלי ריב, להצדיק הצדיק ולהרשיע הרשע בדינו: **והצדקה.** היא לתת לעני ולהלוות לו, וגמילות חסדים ותקון המדות בין לעניים בין לעשירים. והאמת להיות דובר אמת, ולא ישקר בעמיתו בפקדון או בתשומת יד והדומה להם, ולא יהיה אחד בפה ואחד בלב. וראש האמת שיודה באל ובמצותיו: **ונכוחה.** הוא היושר, שיהיה ישר בדרכיו ובמה שבינו לחברו, ולא יאהב לעצמו יותר מלחברו; כמו שנאמר, וְאָהַבְתָּ לְרֵעֲךָ כָּמוֹךָ (ויקרא יט, יח), ויהיה ישר עם כל אדם מאיזה עם שיהיה. ומה שאמר ברחוב, כי בסתר היו בהם אנשי אמת. וכן אמר ירמיהו, וּבַקְשׁוּ בִרְחוֹבוֹתֶיהָ אִם תִּמְצְאוּ (יש) אִישׁ. . . מְבַקֵּשׁ אֱמוּנָה (ירמיה ה, א); כי אנשי אמת היו נחבאים לא היו מתראים בפני האחרים כי היו נבזים ושפלים בעיניהם. ויונתן תרגם משפט, עָבְדֵי דִינָא, וצדקה, עָבְדֵי זְכוּתָא, אמת, עָבְדֵי קוּשְׁטָא, ונכוחה, עָבְדֵי הֵימְנוּתָא: **(טו) ותהי האמת נעדרת.** שלא היתה נמצאת ביניהם כלל, כאילו לא היתה מעולם: **וסר מרע משתולל.** אינו נמצא, כאלו שללו ובזזו אותו מן העולם: **וירא ה' וירע בעיניו.** כי אין משפט. זכר משפט והניח האחרים, כי זה קשה מכולם; כי אם אין משפט בטל סדר בני אדם ולא יעמוד הישוב. ואמרו רבותינו זכרונם לברכה (סנהדרין קח, א), גדול כחו של חמס שהרי דור המבול עברו על הכל ולא נחתם עליהם גזר דין אלא על החמס, שנאמר כִּי־מָלְאָה הָאָרֶץ חָמָס מִפְּנֵיהֶם (בראשית ו, יג): **(טז) וירא כי אין איש.** הנה מצאנו בתורה, וְשַׁבְתָּ עַד ה' אֱלֹהֶיךָ וְשָׁמַעְתָּ בְּקֹלוֹ (דברים ד, ל); ואמר וְשָׁב ה' אֱלֹהֶיךָ אֶת שְׁבוּתְךָ וְרִחֲמֶךָ (שם ל, ג); וכן אמר, וּבִקַּשְׁתֶּם מִשָּׁם אֶת ה' אֱלֹהֶיךָ וּמָצָאתָ כִּי תִדְרְשֶׁנּוּ בְּכָל לְבָבְךָ וּבְכָל נַפְשֶׁךָ (שם ד, כט). הנה על ידי התשובה יהיה קבוץ גליות, וישעיה אמר וירא כי אין איש ותושע לו זרועו וגומר, וכן אמר ואביט ואין עוזר, וכן אמר דרכיו ראיתי וגומר, כמו שפירשנו למעלה. ואמר יחזקאל, לֹא לְמַעַנְכֶם אֲנִי עֹשֶׂה בֵּית יִשְׂרָאֵל וגומר (יחזקאל לו, כב); ואמר, וְהוֹצֵאתִי אֶתְכֶם מִן הָעַמִּים וגו' (שם כ, לד). ואומר, וּבָרוֹתִי מִכֶּם הַמֹּרְדִים וְהַפּוֹשְׁעִים בִּי מֵאֶרֶץ מְגוּרֵיהֶם אוֹצִיא אוֹתָם וְאֶל אַדְמַת יִשְׂרָאֵל לֹא יָבוֹא (שם כ, לח). וגם בתורה אמר, וְזָכַרְתִּי לָהֶם בְּרִית רִאשֹׁנִים וגו' (ויקרא כו, מה). נראה כי בחסד האל ובזכות האבות יצאו, לא בזכותם. וגם בדברי רבותינו זכרונם לברכה ראינו שהיו נבוכים בזה אם יצאו על ידי תשובה אם לאו. ואמרו (סנהדרין צח, א) אמר רבי יוחנן, אין בן דוד בא אלא או בדור שכולו זכאי או בדור שכולו חייב. בדור שכלו חייב, דכתיב וַיַּרְא כִּי אֵין אִישׁ וַיִּשְׁתּוֹמֵם כִּי אֵין מַפְגִּיעַ, והדר וַתּוֹשַׁע לוֹ. בדור שכלו זכאי דכתיב, וְעַמֵּךְ כֻּלָּם צַדִּיקִים לְעוֹלָם יִירְשׁוּ אָרֶץ (לקמן ס, כא). ועוד אמרו (שם) רבי יהושע בן לוי רמי כתיב, וַאֲרוּ עִם עֲנָנֵי שְׁמַיָּא כְּבַר אֱנָשׁ אָתֵה הֲוָא (דניאל ז, יג), וכתיב, עָנִי וְרֹכֵב עַל חֲמוֹר (זכריה ט,ט). הא כיצד? זכו, עם ענני שמיא, לא זכו, עני ורוכב על חמור. ועוד בדבריהם, רבי אליעזר אומר, אם ישראל עושין תשובה מיד נגאלין שנאמר, שׁוּבוּ בָנִים שׁוֹבָבִים (ירמיה ג, יד). אמר לו רבי יהושע, והלא כבר נאמר, חִנָּם נִמְכַּרְתֶּם וְלֹא בְכֶסֶף תִּגָּאֵלוּ (לעיל נב, ג), אלא בתשובה ומעשים טובים. הנה אנו רואים כי מסופקים היו אם יהיה קבוץ גליות על ידי תשובה או לאו, וזה מפני מחלוקת הפסוקים. ואפשר לתרץ הפסוקים כי רוב ישראל ישובו בתשובה אחר שיראו סימני הגאולה, ועל זה נאמר 'וירא כי אין איש', כי לא ישובו בתשובה עד שיראו תחילת הישועה, ועדין יהיו בהם פושעים ומורדים ויצאו מהגלות בכלל רוב ישראל השבים בתשובה, ויכלו בדרך, שלא יבאו לארץ ישראל. ובאמרו וירא כי אין איש, רוצה לומר על כלל ישראל שלא ישובו בתשובה שלמה ולא יפגעו לאל בלב נכון עד שיראו סימני הגאולה. ואיש, אומר על כלל ישראל; כמו, וְאִישׁ יִשְׂרָאֵל נִשְׁבַּע בַּמִּצְפָּה (שופטים כא, א) שהיו שם כל ישראל, כי לא יתכן

### מצודת דוד

**(יג) פשוע.** דרכנו לפשוע בה' ולכחש בהשגחתו ולחזור לאחור מאחר אלהינו לבל נקבל מצותיו: **דבר עושק.** ולדבר דברי עושק וסרה: **הורו והוגו.** כי אם מורה ומלמד ומוציא מלב דברי שקר: **(יד) והוסג.** ובעבור זה המשפט הראוי לעשות באומות הוסג אחור ולא נעשה, והצדקה שהבטיח לנו המקום תעמוד מרחוק ולא באה: **כי כשלה.** על כי האמת נכשלה ונחלשה ברחוב, במקום פרסום רב; לכן לא תוכל לבוא מן השמים דבר נכוחה הוא המשפט להאומות וצדקה לנו: **(טו) נעדרת.** הולכת ונחסרת: **משתולל.** מוחזק הוא בעיני הבריות לשוטה וסכל: **וירא ה'.** את מעשיהם וירע בעיניו, כי אין דבר נעשה במשפט הראוי: **(טז) וירא.** וכאשר יראה שאין בהם איש כשר והגון להיות נגאלין בזכותו: **וישתומם.** וכאשר יעמוד בתמהון ויתבונן שאין בהם מי מפגיע ומתפלל על הגאולה:

### מצודת ציון

**(יג) ונסוג.** מענין החזרה לאחור; כמו, הַנְּסוֹגִים מֵאַחֲרֵי ה' (צפניה א, ו): **וסרה.** ענין עוות ומרד; כמו, כִּי דִבֶּר סָרָה (דברים יג, ו): **הרו.** מלשון הוראה ולימוד: **והגו.** ענין הוצאה; כמו, הָגוֹ רָשָׁע (משלי כה, ה): **(יד) והוסג.** ענין החזרה לאחור: **כשלה.** ענין תשות וחלישות הכח; כמו, וְהָיָה הַנִּכְשָׁל בָּהֶם (זכריה יב, ח): **ונכחה.** ענין דבר יושר וראוי; כמו, בְּאֶרֶץ נְכֹחוֹת יְעַוֵּל (לעיל כו, י): **(טו) נעדרת.** ענין חסרון; כמו, אִישׁ לֹא נֶעְדָּר (לעיל מ, כו): **משתולל.** ענין שוטה וסכל; כמו, מוֹלִיךְ יוֹעֲצִים שׁוֹלָל (איוב יב, יז): **(טז) וישתומם.** ענין תמהון; כמו, מַשְׁמִים בְּתוֹכָם (יחזקאל ג, טו),

*[13] defiance and denial of HASHEM and withdrawal from after our God, speaking of*
*oppression and rebellion, conceiving and contemplating words of falsehood from the*
*heart. [14] Thus justice has been withdrawn and righteousness stands at a distance;*
*because truth has stumbled in the street, and integrity cannot enter. [15] Truth became*
*lacking and refraining from evil seemed foolish. HASHEM saw all this and it was evil*
*in His eyes that there is no justice."*
*[16] But He saw that there was no [worthy] man and was astounded that there was*

**רד"ק**

שלא יהיה איש ואנשים בישראל צדיקים וטובים שיהיו ראוים לגאולה אבל לא לגאול כל ישראל בזכותם. וכן מה שאמרו רבותינו זכרונם לברכה, דור שכלו חיב, רצונו לומר רובו, כי לא היה מעולם בישראל דור שכלו חייב שלא היו בהם אנשים צדיקים וטובים. וגם החייבים, לא אמר שיהיו חייבים כליה חס ושלום, אלא שאין ראוין לגאולה: **וישתומם**. ענין תמהון לבב; וכן, כַּאֲשֶׁר שָׁמְמוּ עָלֶיךָ רַבִּים (לעיל נב, יד), אשתומם כשעה חדא (שבת מז, א):

**13.** **פֶּשַׁע וְכַחֵשׁ בַּה׳** — *Defiance and denial of HASHEM.* Those who cheat their fellows are defying God because they, in effect, deny that He knows what they are doing. The sinner thinks that he can prevail because his victim has no proof that the debt was incurred, but this is tantamount to saying that God does not know the truth and that He has no power to right the wrong (*Radak*).

**הֹרוֹ וְהֹגוֹ מִלֵּב דִּבְרֵי שָׁקֶר** — *Conceiving and contemplating words of falsehood from the heart.* The greedy desires of the heart "give birth" to lies and legal fictions that are used to defraud others (*Radak*).

Alternatively, הֹרוֹ is from the root ירה, *to shoot,* and הֹגוֹ is a cognate of מִן הַמְסִלָּה הֹגֶה, *removed from the road* (*II Samuel* 20:13). Accordingly, the phrase is rendered, the sinners *shoot out and bring forth words of falsehood from the heart* (*Rashi*).

*Abarbanel* relates the word הֹרוֹ to הוֹרָאָה, *teaching,* and understands this phrase as referring to dishonest lawyers, who *teach* their clients to lie.

**14.** **וְהֻסַּג אָחוֹר מִשְׁפָּט וּצְדָקָה מֵרָחוֹק תַּעֲמֹד** — *Thus justice has been withdrawn and righteousness stands at a distance.* Justice is not practiced in the courts, and there is no righteousness in the form of charitable deeds, nor is there truth (*Radak*).

Alternatively, *justice* refers to God's retribution against the oppressors of Israel, which in normal times is an expression of His righteousness. But during the exile this righteousness remains *at a distance, because truth has stumbled in the street.* When there is no truth on earth, justice and righteousness do not come from the heavens (*Rashi*).

**כִּי־כָשְׁלָה בָרְחוֹב אֱמֶת** — *Because truth has stumbled in the street.* There was no truth in public. Although there were truthful people, they were ashamed to display it openly; their truthfulness remained private (*Radak*). When society is immoral and ridicules traditional values, good people are put on the defensive and avoid incurring the wrath or mockery of their powerful fellows.

Alternatively, *truth has stumbled* even *in the street* — i.e., even in public, people do not hesitate to lie — since it is no longer considered shameful to lie (*Abarbanel*). *Maharal* comments that if there is shame, a sin is not complete, because as long as a sinner knows he is doing wrong, there is hope that he will sooner or later repent. But if there is no shame, the sin is complete, because conscience is gone.

**15.** **וְסָר מֵרָע מִשְׁתּוֹלֵל** — *And refraining from evil seemed foolish.* The word מִשְׁתּוֹלֵל is a cognate of שׁוֹלָל, *delirious,* in *Micah* 1:8 (*Rashi, Ibn Ezra*). Alternatively, it is a cognate of שָׁלָל, *plunder,* i.e., truth will be non-existent, and people who refrain from evil will be so scarce that they will seem to have been removed from the world, as plunder is removed from a defeated city (*Radak, Ibn Ezra*'s second explanation).

**וַיֵּרַע בְּעֵינָיו כִּי־אֵין מִשְׁפָּט** — *And it was evil in His eyes that there is no justice.* God cannot tolerate injustice, so He brought calamity upon them (*Rashi*).

Verse 14 noted the absence of justice, righteousness, truth, and integrity, but this verse implies that the only evil in Hashem's eyes is the absence of justice. *Radak* explains that the absence of justice is the most serious infraction, for when there is no justice there can be no social order, and civil life disintegrates. This is similar to the idea expressed by our Sages (see *Sanhedrin* 108a) that the decree to destroy the generation of the Flood was sealed only as a result of thievery.

**16.** **וַיַּרְא כִּי־אֵין אִישׁ** — *But He saw that there was no [worthy] man.* After chastising His people and being ready to react to them positively, God saw that there was no righteous man to step into the breach and exercise leadership (*Rashi*).

When our verse says *there was no [worthy] man,* the implication is that it means the entire nation, without exception, although it is inconceivable that among all Israel there was not even a minority of righteous people. As is common in Scripture, if the righteous people are few, the prophet refers to the nation as a whole and says there is *no [worthy] man* who is concerned and repents. *Radak* notes that there are seeming contradictions in Scriptural verses and in teachings of the Sages regarding the final Redemption. Some say that only repentance will bring redemption; others say that even if there is no return to Him, God will redeem Israel in the merit of the Patriarchs and because of His eternal covenant. *Radak* explains that there is no contradiction. Universal repentance will bring the Messiah without delay, but even in its absence, God will bring the Redemption anyway. Then, when the nation as a whole recognizes the Divine intervention, all will repent.

**וַיִּשְׁתּוֹמֵם** — *And was astounded,* as it were. The expression refers to God in human terms. If a man were to see that his nation is in serious danger yet everyone remains nonchalant, he would be astounded at their complacency in the face

יז אֵ֣ין מַפְגִּ֑יעַ וַתּ֤וֹשַׁע לוֹ֙ זְרֹע֔וֹ וְצִדְקָת֖וֹ הִ֥יא סְמָכָֽתְהוּ׃ וַיִּלְבַּ֤שׁ צְדָקָה֙ כַּשִּׁרְיָ֔ן
יח וְכ֥וֹבַע יְשׁוּעָ֖ה בְּרֹאשׁ֑וֹ וַיִּלְבַּ֞שׁ בִּגְדֵ֤י נָקָם֙ תִּלְבֹּ֔שֶׁת וַיַּ֥עַט כַּמְעִ֖יל קִנְאָֽה׃ כְּעַ֤ל
יט גְּמֻלוֹת֙ כְּעַ֣ל יְשַׁלֵּ֔ם חֵמָ֣ה לְצָרָ֔יו גְּמ֖וּל לְאֹיְבָ֑יו לָאִיִּ֖ים גְּמ֥וּל יְשַׁלֵּֽם׃ וְיִירְא֤וּ
מִֽמַּעֲרָב֙ אֶת־שֵׁ֣ם יְהוָ֔ה וּמִמִּזְרַח־שֶׁ֖מֶשׁ אֶת־כְּבוֹד֑וֹ כִּֽי־יָב֤וֹא כַנָּהָר֙ צָ֔ר ר֥וּחַ יְהוָ֖ה

**רש״י**

מפגיע בעדם ואין מפגיע, וישתומם. לשון אדם העומד ותוהא ושותק בתמהונו. ותי״ו וישתומם כתי״ו של משתולל ושניהם כאן משמשות לשון מתפעל. וכן דרך התיבה שיסודה הראשון שי״ן או סמ״ך, כשהיא נהפכת ללשון מתפעל, נתפעל ויתפעל, בא התי״ו באמצע אותיות שרש התיבה. נמצא וישתומם לשון שֹׁמּוּ שָׁמַיִם (ירמיה ב, יב), מַשְׁמִים בְּתוֹכָם (יחזקאל ג, טו), נָשַׁמּוּ אַחֲרֹנִים (איוב יח, כ) לשון תמהון: **ותושע לו זרועו**. וינקם מאויביו: **וצדקתו סמכתהו**. הוא להשיאו ולאמץ ידיו בנקמתו ואף על פי שאין אנחנו הגונים להושיע: **(יז) קנאה**. אינפרימנ״ט בלע״ז, לקנאות לשמו הגדול: **(יח) בעל גמולות**. כדת להשיב על גמולות האויבים: **בעל ישלם**. כדת להשיב עליהם ישלם: **(יט) כי יבא כנהר**. צרה על אויביו: **נוססה בו**. נפלאות בו לשון נס. דבר אחר, נוססה בו, אוכלת בו כתולעת בעץ, כמו (לעיל י, יח) וְהָיָה כִּמְסֹס נֹסֵס:

**רד״ק**

**מפגיע**. ענין תפילה ובקשה; כמו, אַל תִּפְגַּע בִּי (ירמיה ז, טז), ותושע לו זרועו. כי אין עוזר וסומך עמו כי אם כחו וצדקתו לבדו. כי מעשה האיש וצדקתו הם כעוזרים וסומכים למושיע אותו. ואמר זרועו ואמר צדקתו, אמר זרועו כנגד העכו״ם, לקחת נקמה מהם; כמו שנאמר, הֲיֻקַּח מִגִּבּוֹר מַלְקוֹחַ (לעיל מט, כד) כמו שפירשנו. ואמר צדקתו כנגד האבות, שזכר בריתו עמהם ולזרעם אחריהם ועושה עמהם הצדקה להושיעם מהגלות. ובאמרו ותושע לו, רוצה לומר לעצמו. והטעם, לפי שעל האדון מוטל להושיע עבדו מיד המחזיקים בו והמשתעבדים בו כמו שהיו עושים בנו העכו״ם, ובתשועת העבד יושע האדון, רוצה לומר שיגדל שמו; וכן, הוֹשִׁיעָה יְמִינְךָ וַעֲנֵנִי (תהלים קח, ז): **(יז) וילבש צדקה**. כליו יהיו שני מינים על דרך משל, כלי צדקה וישועה לישראל, וכלי נקם לעכו״ם. והמשיל כלי הישועה לכלי מלחמה שהם מגן שריון וכובע; משל שיגן על ישראל בגלות ובצאתם מהגלות מהאויבים שלא ירעו להם. והשריון והכובע אינם מלבושים אלא לפי שעה בעת המלחמה, והתשועה תאריך מאת התחלתה עד שיהיו ישראל בארצם ובשעת מלחמת גוג ומגוג. והמשיל כלי הנקם והקנאה לבגדים והמעיל שילבש האדם אותם כל שעה. כי עוד כל ימי עולם יהיו העכו״ם עבדים לישראל ורדו בשונאיהם, ובני נכר אכריהם וכורמיהם. והוא נקם וקנאה על השעבוד ששעבדו בישראל כל ימי הגלות: **תלבשת**. שם. ואמר השם אחר הפעל לחזק הענין; כמו, וַיָּצָם דָּוִד צוֹם (שמואל־ב יב, טז), קָצַף ה׳ עַל אֲבוֹתֵיכֶם קָצֶף (זכריה א, ב), וּמָעֲלָה מַעַל (ויקרא ה, כא), לְמַעַן טְבֹחַ טֶבַח (יחזקאל כא, טו), והדומים להם: **כמעיל**. המ״ם נקראת רפה שלא כמנהג ברוב, אלא שנמצא כמוהו: **(יח) כעל גמולות**. כמו שלבש קנאה על גמולות שגמל לפרעה ולסנחריב ולשאר צוררי ישראל, כן ילבש קנאה כשיוציאם מגלותם; וכפל הענין עוד לחזק. ואמר כעל ישלם, כמו ששלם על אותם גמולות לאויבינו כן ישלם. ומהו השלום? חמה לצריו גמול לאויביו: **גמול**. הרע שעשו לישראל ישלם להם. וכפל עוד ואמר, לאיים גמול ישלם, לאיי הגוים. וזכר איים, לפי שישראל מפוזרים בגלות בכל האיים, וכולם הרעו לישראל ולכולם ישלם האל גמול: **(יט) וייראו**. ואחר שישלם הגמול ייראו אותו כל העולם ממערב וממזרח, כלומר בכל העולם: **כי יבא כנהר צר**. פירש אדוני אבי זכרונו לברכה, יבא לשון שקיעה; כמו, וּבָא הַשֶּׁמֶשׁ וְטָהֵר (ויקרא כב, ז). אמר ישקע הצר ולא יראה עוד, כמו הנהר שיכנס בים ולא יראה. ופירוש נוססה, ענין ניסה; אמר רוח ה׳ תניס הצר שלא יראה: **ונססו**. מבנין מרובע ושרשו נוס, ואז ובא לציון גואל. ובדברי רבותינו זכרונם לברכה (סנהדרין צח, א), אם ראית דור שצרות רבות עליו חכה לו, שנאמר כי יבא כנהר צר וגומר, וכתיב בתריה ובא לציון גואל. ויש לפרש כי יבא כנהר צר, טעם למה שאמר וייראו ממערב וגומר. אמר טעם למה ייראו ה׳, כי יבא כנהר צר — כי יבא גוג ומגוג שהוא הצר בארץ ישראל כמו הנהר הבא במרוצה, ואז רוח ה׳ נוססה בו ותכלנו מן העולם; כמו שנאמר בנבואת יחזקאל ובנבואת זכריה. ואז ובא לציון גואל, כי אף על פי שיהיו ישראל בירושלם קודם שיבא גוג ומגוג, כיון שיבא הוא יאמרו כי לא בא להם גואל הואיל והעכו״ם באים ונלחמים עליהם. וכשישפטהו האל שם בדבר ובדם וגשם שוטף ואבני אלגביש, אז יאמרו כי בא לציון גואל באמת ולשבי פשע ביעקב; כי אז ישובו כל ישראל בתשובה שלמה. ונוססה מענין נס; כמו, כִּמְסֹס נֹסֵס (לעיל י, יח). כי מנהג העולם כי נושא הנס מכה בראשונה בחיל שכנגדו, ורוח ה׳ תהיה נוססה בו ומכה בחיל גוג ומגוג. ועל הדרך הזה תרגם יונתן, יֵיתוּן כְּשְׁפַע נְהַר פְּרָת מְעִיקָן בְּמֵימְרָא דַה׳ יִתַּבְרוּן:

**מצודת דוד**

**ותושע**. זרוע ה׳ תושע לו להביא הגאולה מבלי זכות ומבלי מפגיע: **וצדקתו**. מדת הצדקה תסמוך אותו לעשות לפנים משורת הדין: **(יז) וילבש**. לפי שיושיע את ישראל ויעשה עמהם צדקה ויעשה נקם באומות, לזה אמר בו לשון הנופל בגבור היורד במלחמה: **כשריון**. כדרך גבור הלובש שריון: **בראשו**. ישים בראשו כדרך הגבור המשים בראשו כובע נחושת: **בגדי נקם**. רצונו לומר יעשה נקמה בעכו״ם: **תלבושת**. להיות לו למלבוש: **ויעט**. יעטוף קנאה כמעיל המעטיף את הלובשו: **(יח) כעל גמולות**. רצה לומר, כמו שלבש קנאה על תשלום גמולות צוררי ישראל אשר מאז, כן עתה ילבש קנאה על אשר ישלם חמה לצריו: **גמול לאויביו**. כפל הדבר במילים שונות: **לאיים**. אף להיושבים באיי הים ממרחק ישלם גמול מה שהרעו לישראל: **(יט) ממערב**. כל העולם יפחדו מה׳ ממערב וממזרח, כי יבא כנהר צר. רצונו לומר, בעבור זה יפחדו מה׳, כי יראו אשר יבוא גוג ומגוג שהוא הצר בארץ ישראל ובמרוצה יבוא כנהר; ואז רוח ה׳ נוססה בו ותכלנו מן העולם, ולכן יפחדו מה׳:

**מצודת ציון**

ואחז במשל מאדם העומד בתמהון ומתבונן בדבר: **מפגיע**. ענין תפלה ובקשה; כמו, וַיְצַו עָלֶיהָ בְמַפְגִּיעַ (איוב לו, לב): **(יז) כשריון**. הוא כעין מלבוש עשוי מברזל ולובשים בו במלחמה להציל מהכאת חרב וחנית; וכן, וְשִׁרְיוֹן קַשְׂקַשִּׂים (שמואל־א יז, ה): **כובע הראש**. שם כלי מגן על הראש; כמו, וְכוֹבַע נְחֹשֶׁת עַל רֹאשׁוֹ (שם): **נקם**. מלשון נקמה: **תלבושת**. מלשון לבוש, ושני התוי״ן נוספין כתוי״ן של תפארת שהוא מלשון פאר: **ויעטו**. ענין עטיפה; כמו, כְּבֶגֶד יַעְטֶה (תהלים קט, יט): **כמעיל**. שם מלבוש מה: **קנאה**. ענין נקמה; כמו, בְּקַנְאוֹ אֶת קִנְאָתִי (במדבר כה, יא): **(יח) כעל גמולות כעל ישלם**. באו שני כפי״ן לדמיון גמור; וכן, כְּעַמִּי כְעַמֶּךָ (מלכים־א כב, ד): **גמולות**. ענין תשלום שכר המעשה: **(יט) וייראו**. מלשון יראה והוא חסר יו״ד: **נוססה בו**. אוכלת בו כתולעת בעץ; כמו, וְהָיָה כִּמְסֹס נֹסֵס (לעיל י, יח):

of danger. So, too, God speaks of Himself as if standing in silent astonishment at how no one realizes that it is a time of national crisis and the only way to avert disaster is through sincere repentance.

**וַתּוֹשַׁע לוֹ זְרֹעוֹ** — *So His arm wrought salvation to him.* God's arm represents His avenging might against the nations who oppress Israel (*Rashi, Radak*)

**וְצִדְקָתוֹ הִיא סְמָכָתְהוּ** — *And it was His benevolence that was*

*no one to entreat, so His arm wrought salvation to him and it was His benevolence that was his support.* [17] *He donned righteousness like armor and a helmet of salvation on His head; and He donned garments of vengeance as His attire and clothed Himself in zealousness like a coat.* [18] *Just like [His earlier] retributions, so shall He reciprocate wrath to His enemies, retribution to His adversaries; He will pay retribution to the islands.* [19] *From the west [people] will fear the Name of HASHEM, and from the east, rising of the sun, His glory; for travail will come like a river, the spirit of HASHEM will gnaw at them.*

*his support.* Although we do not deserve God's intervention, His *benevolence* would be enough to *support* His decision to help Israel and take vengeance on the oppressors (*Rashi*). This benevolence is a function of God's righteousness in remembering His covenant with the forefathers and redeeming their descendants from exile (*Radak*).

According to *Rashi, Ibn Ezra,* and *Radak,* the object of God's benevolence is Himself, because a Master is obligated, as it were, to help His servants. Thus, when God helps Israel, it is in *His [own] support,* because He helps "Himself," as it were, by sanctifying His Name.

*Abarbanel* considers it farfetched to say that God saves or supports Himself (cf. *Ibn Ezra* and *Radak*). Accordingly, he postulates that the object of God's salvation and benevolence is the Jew who entreats Him. God uses His might and benevolence to enable a person to entreat Him and be answered.

**17. וַיִּלְבַּשׁ צְדָקָה כַּשִּׁרְיָן . . . וַיַּעַט כַּמְעִיל קִנְאָה** — *He donned righteousness like armor . . . and clothed Himself in zealousness like a coat.* This is the source for the line recited before the *Kedushah* of the Rosh Hashanah morning service: לְבוּשׁוֹ צְדָקָה מַעֲטֵהוּ קִנְאָה — *His raiment is righteousness, His cloak is zealousness.*

The various forms of armor mentioned in the verse represent God's righteous salvation of Israel and zealous revenge against their enemies (*Radak*). Each of these pieces of armor signify some form of Divine manifestation at the time of the Redemption, but we will not know precisely what they are until that time comes — speedily in our days (*R' Schwab*).

In a homiletic interpretation of this phrase, the Talmud renders צְדָקָה as *charity.* Thus, just as a suit of armor is made by joining individual plates together, so too many small coins accumulate to make a large sum (*Bava Basra* 9b).

Alternatively, just as armor protects a warrior in battle, charity protects the donor from *Gehinnom* (*Midrash,* cited in *Menoras HaMa'or*).

*R' Levi Yitzchak of Berditchev* presents another comparison to armor. If even one of the plates is missing, the suit of armor cannot protect its wearer; when it is repaired, it is as if the wearer was presented with entirely new armor. So, too, a poor person may lack only a few pennies, and even a very small gift can change his life. He may have the ingredients to bake or cook a meal, but may lack a pittance to buy fuel for his oven. Someone who gives him a small gift enables him to buy what he needs to prepare a meal, feed his family, and keep his children from going to bed hungry.

**18. כְּעַל גְּמֻלוֹת כְּעַל יְשַׁלֵּם חֵמָה לְצָרָיו** — *Just like [His earlier] retributions, so shall He reciprocate wrath to His enemies.* Just as He meted out retribution to Pharaoh, Sennacherib, and others of their ilk, so shall He mete out retribution to the oppressor nations when He returns Israel from its final exile (*Radak, Abarbanel*).

**19. וְיִירְאוּ מִמַּעֲרָב אֶת־שֵׁם ה׳ וּמִמִּזְרַח־שֶׁמֶשׁ** — *From the west [people] will fear the Name of HASHEM, and from the east, rising of the sun.* After it sees His retribution, the whole world — from west to east — will fear His Name (*Radak*).

**כִּי־יָבוֹא כַנָּהָר צָר** — *For travail will come like a river.* This is another example of a short phrase in *Isaiah* for which there are almost as many explanations as there are commentaries. The very first word, כִּי, can be rendered *for* (as here) or *when.* The next word, יָבוֹא, is rendered *will come* by most, but it can also be rendered *will set [like the sun]* (see *Radak*). כַנָּהָר can only mean *like a river,* but does it refer to any river or specifically to the Euphrates? (see *Targum*). צָר can be related to צָרָה, *travail,* or it can mean *enemy* or *narrow.*

Our translation is based on *Rashi* and *Ibn Ezra.* According to *Rashi,* the travail will come upon the enemy; according to *Ibn Ezra,* it will befall the whole world — including Israel. Some alternative renditions are: *For the [sun of the] enemy shall set [permanently] like a river [flowing into the sea]* (*Radak's* first explanation); *When the enemy comes [rushing down] like a river* (*Radak's* second explanation; *Abarbanel's* first explanation); *For [the vengeance of God] shall come like a river [rushing through] in narrow straits* (*Abarbanel*).

**רוּחַ ה׳ נֹסְסָה בוֹ** — *The spirit of HASHEM will gnaw at them.* Here the word נֹסְסָה can be understood three different ways. The translation follows *Rashi,* based on the similar words used above (10:18), כִּמְסֹס נֹסֵס, *like a termite's chewing.*

Alternatively, it can be a cognate of נוּס, *flee,* and be rendered *For the [sun of the] enemy shall set [and never be seen again] like the river [flowing into the sea], the spirit of HASHEM makes them flee [into oblivion]* (*Radak's* first explanation).

The third possibility is that it is a cognate of נֵס, *banner.* Accordingly, it would be rendered *the spirit of HASHEM will bear the standard* [in defeating the enemy] (*Radak's* second explanation).

**20-21.** Regardless of the way the previous verse is rendered the end is the same: *a redeemer* — the Messiah — will come to Zion. *Radak* explains the connection between the previous verse and this passage. Even when much of Israel lives in its land, the redemption will still not have come. Israel will have

כ-כא נִסְסָה בוֹ: וּבָא לְצִיּוֹן גּוֹאֵל וּלְשָׁבֵי פֶשַׁע בְּיַעֲקֹב נְאֻם יהוה: וַאֲנִי זֹאת בְּרִיתִי
אוֹתָם אָמַר יהוה רוּחִי אֲשֶׁר עָלֶיךָ וּדְבָרַי אֲשֶׁר־שַׂמְתִּי בְּפִיךָ לֹא־יָמוּשׁוּ מִפִּיךָ
ס א וּמִפִּי זַרְעֲךָ וּמִפִּי זֶרַע זַרְעֲךָ אָמַר יהוה מֵעַתָּה וְעַד־עוֹלָם: ◀קוּמִי
ב אוֹרִי כִּי בָא אוֹרֵךְ וּכְבוֹד יהוה עָלַיִךְ זָרָח: כִּי־הִנֵּה הַחֹשֶׁךְ יְכַסֶּה־אֶרֶץ וַעֲרָפֶל

HAFTARAS KI SAVO 60:1-22

**רש"י**

(כ) **ובא לציון גואל.** כל זמן שציון חריבה, עדיין לא בא הגואל (סא"א): (כא) **זאת בריתי אותם.** בדבר זה כרתי בריתי להם ואקיים, כי אף בגלותם לא תשכח תורתי מהם:

**רד"ק**

(כ) **ובא לציון גואל.** מפורש הוא: **ולשבי.** מלרע: (כא) **ואני זאת בריתי אותם.** פירש החכם רבי אברהם בן עזרא, זאת הברית שאכרות עמהם, רוח הנבואה שיהיה להם; זהו שאמר רוחי אשר עליך: **ודברי אשר שמתי בפיך.** כפל דבר, כמו שכתוב, וְהָיָה אַחֲרֵי כֵן אֶשְׁפּוֹךְ אֶת רוּחִי עַל כָּל בָּשָׂר וגו׳ (יואל ג, א). והנבואה לא תפסק מהם לעולם זהו שאמר לא ימושו מפיך וגומר, אמר כנגד ישראל. ואדוני אבי זכרונו לברכה פירש כי בריתי היא התורה שנתנה בברית, והבטיחה שלא תמוש מפיהם לעולם. ותהיה ברית דבר שהוא קיים, כי כל ברית הוא קיום דבר. ולפי דעתי כי כן הוא פירוש הפסוק, אמר ואני, פירוש ואני מבטיח אותם בזאת לפי שאמר ולשבי פשע ביעקב שיהיו בלי עון נקיים מכל פשע. אמר כי זאת תהיה בריתי אותם; כמו שאמר ירמיהו, וְכָרַתִּי אֶת בֵּית יִשְׂרָאֵל וְאֶת בֵּית יְהוּדָה בְּרִית חֲדָשָׁה וגו׳ (ירמיה לא, ל). ואמר נָתַתִּי אֶת תּוֹרָתִי. . .(ב) לִבָּם וגו׳ (שם פסוק לב). ואומר כי כולם ידעו אותי למקטנם ועד גדולם; וזהו שאמר רוחי אשר עליך, זאת רוח טהרה שאתן בתוכה שלא יחטאו עוד. וזהו שאמר יחזקאל, וְאֶת רוּחִי אֶתֵּן בְּקִרְבְּכֶם וְעָשִׂיתִי אֵת אֲשֶׁר בְּחֻקַּי תֵּלֵכוּ וגו׳ (יחזקאל לו, כז). וזהו שאמר ישעיהו רוחי אשר עליך, כי זאת הרוח היתה בנביא; ואמר לו שאותה הרוח תהיה לישראל אז ודברי כמו שהם סדורים בפיך. ואמר כנגד ישראל לא ימושו מפיך, אחר שאשים אותם בפיהם לא ימושו עוד לעולם לא מפיך ולא מפי זרעך לעולם: (א) **קומי אורי.** אמר כנגד ירושלם; ואורי ציווי. וכבר פירשנו כי האורה משל על השמחה ועל הטובה, והחשך בהפכו על הצרה ועל הרעה שיבא: **כי בא אורך.** הגיע זמן ישועתך שהוא לך אורה גדולה. וכפל הענין ואמר וכבוד ה׳ עליך זרח. וכן תרגם יונתן, אֲרֵי מְטָא זְמַן פּוּרְקָנִיךְ. ויש מפרשים כי בא אורך, שקע אורך; כמו שאמר, וּבָא הַשֶּׁמֶשׁ (ויקרא כב, ז). אמר דרך משל, שקע אורך שהוא אור בעולם הזה, ויהיה לך תמורתו אור גדול והיא הישועה והשמחה. וכן אמר, לֹא יִהְיֶה לָּךְ עוֹד הַשֶּׁמֶשׁ לְאוֹר יוֹמָם (לקמן פסוק יט), והכל דרך משל: (ב) **כי הנה החשך.** חשך וערפל משל על הצרות:

**מצודת דוד**

(כ) **ובא לציון גואל.** אז יבוא הגואל לציון והוא מלך המשיח: **ולשבי פשע ביעקב.** רצונו לומר, גם אותם מבני יעקב שיצאו מן הכלל וישובו מפשעם, גם להם יבוא המשיח ויגאלם: (כא) **ואני זאת בריתי.** רצונו לומר הנה על זאת אכרות ברית עמהם אמר ה׳. ופירש על מה היא הברית? ואמר, רוח הנבואה השורה עליך אתה ישראל, ודברי התורה אשר שמתי בפיך ללמדם, הנה שתי אלה לא יסורו מפיך וכו׳. כן אמר ה׳ שלא ימושו מעתה ועד עולם עד סוף כל הדורות: (א) **קומי אורי.** את ירושלים, קומי והאירי כי בא לך ההארה הראויה לך, והוא משל על השמחה והטובה: **וכבוד ה׳ וכו׳.** רצונו לומר, השכינה יגלה עליך ותשרה בך: (ב) **יכסה ארץ.** רצה לומר, צרות יתרבו בעולם:

**מצודת ציון**

(כ) **נאום.** ענין אמירה: (כא) **רוחי.** כן יקרא הנבואה; כמו, וְהָיָה אַחֲרֵי כֵן אֶשְׁפּוֹךְ אֶת רוּחִי (יואל ג, א): **ימושו.** ענין הסרה; כמו, לֹא יָמִישׁ עַמּוּד הֶעָנָן (שמות יג, כב): (ב) **וערפל.** עב הענן:

---

enemies and may even suffer attacks, and the people will despair, saying that they have still not been redeemed. But when the vengeance mentioned in verse 19 inundates their enemies, the people will see the hand of God and repent. Then . . .

**20.** **וּבָא לְצִיּוֹן גּוֹאֵל** — *A redeemer will come to Zion.* This refers to the Messiah (*Ibn Ezra*), who had not come while Zion was desolate (*Rashi*).

The Talmud homiletically connects this verse to the preceding one: "If you see a generation upon which numerous troubles come like a [raging] river, expect [the Messiah], as it is stated: *For travail will come like a river [with] the spirit of HASHEM gnawing at [devouring] them,* and after that verse it is written: *A redeemer will come to Zion* (*Sanhedrin* 98a).

**וּלְשָׁבֵי פֶשַׁע בְּיַעֲקֹב** — *And to those of Jacob who repent.* Even those who have sinned will share in the final Redemption (*Ibn Ezra, Metzudos*).

**21.** **וַאֲנִי זֹאת בְּרִיתִי אוֹתָם** — *And as for Me, this is My covenant with them.* I will keep My covenant with them no matter how bitter the tribulations of exile and oppression. This is detailed in the continuation of the verse: That My Torah shall never be forgotten from the Jewish people (*Rashi*).

Alternatively, the covenant refers to the end of the previous verse: *to those of Jacob who repent from willful sin.* The covenant is God's promise that there will come a time when the most willful sinners will repent and be cleansed of their sins, and will have a spirit of [Divine] purity. That spirit will remain with the Jewish people, unsullied, forever. Even though the nation may sink into sin, there will always be righteous people who will remain loyal to the Torah (*Radak;* see *Abarbanel*).

According to *Malbim,* verse 20 assures Israel in exile that a redeemer will come and restore the glory of the Temple and the Sanhedrin. In response to those who wonder how Israel could survive intact as a holy nation through the long, long exile, verse 21 replies that God's covenant with Israel always remains intact; God's *spirit* of prophecy, i.e., the message of His prophets, will always remain with the nation to inspire it in times of misery; and when the era of prophecy ended in the early years of the Second Temple, *My words that I have placed in your mouth,* i.e., the words of the Torah, will take the place of the prophets to show Israel the way of God's service. As Malachi, the last of the prophets, said in his concluding prophecy to the nation, *Remember the words of Moses My servant* (*Malachi* 3:22).

From this prophecy, we see that even though Israel in the throes of the exile may seem to be unworthy of redemption, there is a Divine pledge that they will be redeemed, just as the Jews were redeemed from Egypt, at a time when

Israel's redeemer will come

20 *A redeemer will come to Zion, and to those of Jacob who repent from will-*
*ful sin — the word of* HASHEM. 21 *And as for Me, this is My covenant with them,*
*said* HASHEM, *My spirit which is upon you and My words that I have placed*
*in your mouth will not be withdrawn from your mouth nor from the mouth of*
*your offspring nor from the mouth of your offspring's offspring, said* HASHEM,
*from this moment and forever.*

**60** God's glory arrives

1 *Arise! Shine! for your light has arrived, and the glory of* HASHEM *shines upon you.*
2 *For, behold! Darkness may cover the earth and a thick cloud [may cover] the*

they hardly seemed better than the Egyptians. As Rabbi Yehoshua taught (*Sanhedrin* 98a), Israel will be redeemed even without repentance (*Abarbanel*).

**לֹא־יָמוּשׁוּ מִפִּיךָ . . .** — *Will not be withdrawn from your mouth . . .* In addition to the assurance that the Torah will endure throughout the generations, this prophecy foretells that in the time of the final Redemption all of Israel will not only repent, but the nation will reach such a high spiritual level that there will no longer be a desire to sin. When people recognize the truth with absolute clarity, sin will be inconceivable to them (*Radak*).

During a period of religious persecution and the rise of a false Messiah in Yemen, *Rambam* wrote *Iggeres Teiman,* a lengthy essay of encouragement to the beleaguered Jewish community. In it he cited this verse, that the Torah is the symbol of the bond between God and Israel, and the proof that Israel will survive every threat to its existence.

*R' Schwab* notes that this raises a philosophical question. Since reward is possible only if there is freedom of choice, people will lose the ability to grow if there is not even a temptation to sin. If so, this promise will deprive people of the challenge to overcome sinful desires, and therefore they will lose the ability to grow. Why should we pray to lose this possibility? Rabbi Dessler is said to have asked this question of the Chafetz Chaim. The sage responded that the greatest possible good is for all mankind to recognize the greatness of God. This is a blessing that outweighs all other considerations.

**60.**

Isaiah continues to prophesy about the magnificent future that awaits Jerusalem when she attains her ultimate glory, becoming the spiritual leader of the world. Although he speaks in second person as if these glorious events are actually happening, this is a prophecy about the Messianic Era. This chapter is the last of the seven *Haftarahs* of consolation that are read on the seven Sabbaths after Tishah B'Av, the fast day that commemorates the destruction of the Temples and the Babylonian and Roman exiles.

**1-3.** Isaiah uses the allegory of light to describe the state of spiritual illumination that will envelop Jerusalem. The Sages interpret this light as a metaphor for a number of concepts: the Third Temple (*Bereishis Rabbah* 2:5), the Messiah (ibid. 1:6), the Torah, and the primordial light of Creation (*Me'am Loez*), which God withdrew from the world, and will return it in the Messianic Era (*Chagigah* 13a). *Maharal* explains that light is the entity that is most removed from the constraints of the physical world (*Chiddushei Aggados, Bava Basra* 4a), and therefore it is an apt metaphor for spirituality, which means removing oneself from the petty constraints of the material world. The above concepts are all sources of the spiritual illumination that enable man to rise above his petty desires and emulate and cleave to the Divine.

**1. קוּמִי אוֹרִי כִּי־בָא אוֹרֵךְ** — *Arise! Shine! For your light has arrived.* In contrast to the earlier state referred to in the previous chapter — *We hope for light but, behold, there is darkness* (59:9) — Isaiah assures Jerusalem that the darkness will end and the Holy City will glow with spiritual, majestic splendor (*Mahari Kara*).

The light of joy and goodness has arrived (*Metzudos*). Alternatively, *Ibn Ezra* translates this phrase as *your light has set.* Thus, speaking about the future, Isaiah is saying that light in its current form, which provides only physical illumination, will *set,* and in its place *the glory of* HASHEM *shall shine upon you,* i.e., light will be transformed into a spiritual radiance. Accordingly, this verse alludes to the description in verse 19, *And the sun will no longer be for you the light of day . . .* HASHEM *will be an eternal light for you* (*Radak*).

**וּכְבוֹד ה׳ עָלַיִךְ זָרָח** — *The glory of* HASHEM *shines upon you.* The *Shechinah,* the manifestation of Hashem's Presence, will reside in Jerusalem (*Metzudos*), only *upon you,* and not upon other nations (*Yalkut Shimoni*).

When a Jew observes the 613 commandments, he merits the spiritual glow of the Torah, and then the glory of God shines upon him. When Israel sinned to such a degree that the Temple was destroyed, these spiritual manifestations left the nation. Now Isaiah assures the people that when the Redemption comes, the *light* and the *glory* will return to Israel (*Degel Machaneh Ephraim*).

**2.** Isaiah now describes the manner in which the ultimate illumination of Jerusalem by Hashem's glory will unfold.

**כִּי־הִנֵּה הַחֹשֶׁךְ יְכַסֶּה־אֶרֶץ . . . וְעָלַיִךְ יִזְרַח ה׳** — *For, behold! Darkness may cover the earth . . . but upon you* HASHEM *will shine.* Just as one cannot perceive the light of the moon before the light of the sun disappears, so, too, the true spiritual light will not be seen until alien values are gone (*Bereishis Rabbah* 1:6).

*Rav Tzadok HaKohen* (*Resisei Lailah* 14) explains that the glory of the Torah's way of life is best manifested by the contrast between the spiritual darkness of the nations and

ג לְאֻמִּים וְעָלַיִךְ יִזְרַח יְהֹוָה וּכְבוֹדוֹ עָלַיִךְ יֵרָאֶה: וְהָלְכוּ גוֹיִם לְאוֹרֵךְ וּמְלָכִים לְנֹגַהּ
ד זַרְחֵךְ: שְׂאִי־סָבִיב עֵינַיִךְ וּרְאִי כֻּלָּם נִקְבְּצוּ בָאוּ־לָךְ בָּנַיִךְ מֵרָחוֹק יָבֹאוּ וּבְנֹתַיִךְ עַל־
ה צַד תֵּאָמַנָה: אָז תִּרְאִי וְנָהַרְתְּ וּפָחַד וְרָחַב לְבָבֵךְ כִּי־יֵהָפֵךְ עָלַיִךְ הֲמוֹן יָם חֵיל גּוֹיִם
ו יָבֹאוּ לָךְ: שִׁפְעַת גְּמַלִּים תְּכַסֵּךְ בִּכְרֵי מִדְיָן וְעֵיפָה כֻּלָּם מִשְּׁבָא יָבֹאוּ זָהָב וּלְבוֹנָה
ז יִשָּׂאוּ וּתְהִלֹּת יְהֹוָה יְבַשֵּׂרוּ: כָּל־צֹאן קֵדָר יִקָּבְצוּ לָךְ אֵילֵי נְבָיוֹת יְשָׁרְתוּנֶךְ

**רש״י**

**(ד) על צד תאמנה.** על גססין, כסלים של מלכים תהיינה אמונות: **(ה) אז תראי ונהרת.** בְּכֵן תֶּחֱזִין וּתְנַהֲרִין: **ופחד ורחב לבבך.** ויתמה וירחב לבך: **כי יהפך עליך המון ים.** אֲרֵי יִתְחַלַּף לִיךְ עוֹתַר מַעַרְבָא: **חיל גוים.** נִכְסֵי פַלְחֵי כוֹכְבַיָא: **(ו) שפעת.** רוב: **בכרי מדין.** הוגני מדין. הם גמלים בחורים, וכן, בִּכְרָה קַלָּה (ירמיה ב, כג): **ועיפה.** גם הם מבני מדין; עֵיפָה וָעֵפֶר (בראשית כה, ד): **(ז) אילי נביות.** דכרי נביות:

**רד״ק**

**יזרח ה׳ וכבודו עליך יראה.** כפל ענין במלות שונות, כי ה׳ כבוד ה׳. ויש מפרשים כמו בכבודו, וכן, נראה בכבודו: **(ג) והלכו גוים.** כמו שאמר, וְהָלְכוּ גוֹיִם רַבִּים וְאָמְרוּ לְכוּ וְנַעֲלֶה אֶל הַר ה׳ וְאֶל בֵּית אֱלֹהֵי יַעֲקֹב וְיוֹרֵנוּ מִדְּרָכָיו וְנֵלְכָה בְּאֹרְחֹתָיו (מיכה ד, ב); זהו שילכו הגוים לאור ישראל הם ומלכיהם ושריהם: **זרחך.** שם יאמר ממנו זרח, על משקל צמח פרח: **(ד) שאי סביב.** כולם פירוש בניך ובנותיך; וכתרגום יונתן, כָּל (בְּנֵי) עַם גַּלְוָתָךְ. ובא הידיעה אחר הכנוי, כמו וַיְשַׁנּוֹ אֶת טַעְמוֹ (שמואל־א, יד), וַתִּפְתַּח וַתִּרְאֵהוּ אֶת הַיֶּלֶד (שמות ב, ו) והדומים להם שכתבנו בספר מכלל: **תאמנה.** מענין כַּאֲשֶׁר יִשָּׂא הָאֹמֵן אֶת הַיֹּנֵק (במדבר יא, יב); והיתה הנו״ן ראויה להדגש לחסרון נו״ן השרש כי הנו״ן כתובה לרבות. ואדוני אבי זכרונו לברכה כתב כי המלה יחידה והנו״ן שרש וההה״א נוספת כה״א וַתִּקְרַבְנָה (במדבר כז, א), וַתָּבֹאנָה (בראשית מא, כא). ואף על פי שאמר ובנותיך, רצונו לומר כל אחת ואחת. ופירוש על צד תאמנה, על צד המלכות והשרות כמו שכתוב וְשָׂרוֹתֵיהֶם מֵינִיקֹתַיִךְ (לעיל מט, כג): **(ה) אז תראי.** מן ראה. ורבים טעו בזאת המלה שקראו התי״ו בגעיא, כמו מן ירא. וגם יש ספרים שכתוב ביו״ד, וטעות הוא כי מן ראה היא. וכן תרגם יונתן, בְּכֵן תֶּחֱזִין וּתְנַהֲרִין. ופירש תראי בניך, שיבאו מכל צד ויצהבו פניך; זהו ונהרת, שהוא ענין אורה כמו וְאַל תּוֹפַע עָלָיו נְהָרָה (איוב ג, ד), הִבִּיטוּ אֵלָיו וְנָהָרוּ (תהלים לד, ו): **ופחד ורחב לבבך.** ופחד, כאדם הנבהל בבא אליו טובה רבה פתאום, ורחב לרוב הטובה ולרוב העם שיבאו בך. כי כמו שיצר הלב בעבור הרעה והצרה והאבל, כן ירחב לטובה ולשמחה: **כי יהפך עליו המון ים.** כי היית חרבה ושממה ועתה תהיי בהפך כי יבאו עליך עמים רבים בהמון ים. ותרגם יונתן, וְתִדְחֲלִין וְיִפְתֵּי לִבִּיךְ וגומר: **(ו) שפעת.** ענין רבוי; וכן, וְשִׁפְעַת מַיִם תְּכַסֶּךָּ (איוב כב, יא), כִּי שֶׁפַע יַמִּים יִינָקוּ (דברים לג, יט): **בכרי.** הם גמלים הקטנים עולי ימים; וכן, בִּכְרָה קַלָּה (ירמיה ב, כג): **ותהלות ה׳ יבשרו.** כתרגומו, כלומר הגמלים והסוחרים והזהב והלבונה יביאו אותם בסחורה גם למנחה למלך המשיח ולבית ה׳. וטעם יבשרו, לפי שיהיו אומות העולם חדשים בספור תהלות ה׳; כי עד אותו הזמן ישראל הוא שיתיחדו בספור תהלות ה׳. וכל מספר חדשות יקרא מבשר: **(ז) כל צאן קדר.** רצונו לומר, רוב, כמו וְכָל הָאָרֶץ בָּאוּ מִצְרַיְמָה (בראשית נא, מז). קדר ונביות מגדלי צאן לרוב, כי הם יושבי אהלים ונוסעים ממקום למקום ומבקשים מקום המרעה: **אילי נביות ישרתונך.** חסר בי״ת השמוש, ופירושו; באילי נביות ישרתונך הגוים שיביאו לך מנחה מהם: **ישרתונך.** מלעיל, האתנחתא בתי״ו לפיכך הנו״ן בסגול:

**מצודת דוד**

**וערפל לאמים.** כפל הדבר במילים שונות: **יזרח ה׳.** יאיר לך אור הישועה: **וכבודו וכו׳.** רצונו לומר ישרה השכינה עליך: **(ג) לאורך.** רצונו לומר ממך ילמדו דרכי ה׳ ואתה תאיר עיניהם, ומלכים וכו׳. כפל הדבר במילים שונות: **(ד) שאי.** את ירושלים, שאי עיניך מסביב וראי איך כל אנשיך נקבצו ובאו אליך: **על צד תאמנה.** כל אחת מהן תהיה מגודלת על צד המלכים ובחיקם; וכמה שכתוב, וְהָיוּ מְלָכִים אֹמְנַיִךְ (לעיל מט, כג): **(ה) אז תראי.** את בניך באים מכל צד ויאיר פניך מרוב השמחה: **ופחד.** דרך האדם להיות נבהל וכאלו מפחד בבוא אליו טובה פתאום: **ורחב.** יתרחב לבך בעבור רוב הטובה והשמחה: **כי יהפך.** המון עושר העכו״ם השוכנים בפאת המערב יתהפך לבא לך: **חיל וכו׳.** כפל הדבר במילים שונות: **(ו) שפעת גמלים.** רבוי גמלים יביאו לך למנחה ויכסו הארץ: **בכרי מדין.** גמלים בחורים הבאים ממדין ועיפה: **כולם משבא יבואו.** כל בני שבא יבואו אליך וישאו עמהם זהב ולבונה למנחה לה׳, ובבואם לארצם יבשרו ויספרו תהלות ה׳: **(ז) כל צאן קדר.** הצאן שבארץ קדר המה מובחרים: **יקבצו לך.** יאספו להביאם אליך: **אילי נביות.** האילים שבנביות המה מובחרים: **ישרתונך.** יהיו לך לצרכך:

**מצודת ציון**

**(ג) לנוגה.** ענין הארה; כמו, מִנֹּגַהּ נֶגְדּוֹ (תהלים יח, יג): **זרחך.** מלשון זריחה: **(ד) על צד.** הדרך לשאת הקטן על צדו: **תאמנה.** ענין גידול בנים קטנים; כמו, וַיְהִי אֹמֵן אֶת הֲדַסָּה (אסתר ב, ז): **(ה) תראי.** מלשון ראיה: **ונהרת.** ענין הארה; כמו, וְאַל תּוֹפַע עָלָיו נְהָרָה (איוב ג, ד): **המון.** ענין רבוי; כמו, וּמִי אֹהֵב בֶּהָמוֹן (קהלת ה, ט): **ים.** פאת מערב: **חיל.** ענין עושר; כמו, חַיִל בָּלַע (איוב כ, טו): **(ו) שפעת.** ענין רבוי; כמו, מִשִּׁפְעַת סוּסָיו (יחזקאל כו, י): **בכרי.** גמלים בחורים; כמו, בִּכְרָה קַלָּה (ירמיה ב, כג): **ולבונה.** שם מין בושם הוא מסממני הקטורת: **יבשרו.** ענין ספור חדשות: **(ז) נביות.** שם מקום ישבו שם מבני ישמעאל; כמו, שכתוב, בְּכוֹר יִשְׁמָעֵאל נְבָיוֹת (בראשית כה, כט): **ישרתונך.** יהיו לצורכך, וכמוהו, אֶת בִּגְדֵי הַשְּׂרָד לְשָׁרֵת בַּקֹּדֶשׁ (שמות לה, יט):

---

**וַעֲרָפֶל לְאֻמִּים** — *And a thick cloud [may cover] the kingdoms.* Even nations that recognize the Creator have a clouded and flawed perception of His intentions for humanity (*Malbim*).

**וּכְבוֹדוֹ עָלַיִךְ יֵרָאֶה** — *And His glory will be seen upon you.* His *Shechinah* will be manifest in you (*Metzudos*).

**3.** As the nations' darkness becomes evident, they will be drawn to the light of the Torah that emanates from Jerusalem.

**וְהָלְכוּ גוֹיִם לְאוֹרֵךְ** — *Nations will walk by your light.* The attention of one who is enveloped in darkness is naturally drawn

the illumination of the Divine Presence. Just as Creation began with darkness before God said, "Let their be light," so, too, the brilliance of the Divine way of life will emerge in its greatest glory from the darkness of the exile.

When people experience the corruption and immorality of their surroundings, they may despair of coming close to God. Here, the prophet proclaims that such an attitude is wrong. If a Jew recognizes that everything comes from God and he resolves to resist the tests and temptations — *the darkness* that *may cover the earth* — of this world, he will enjoy the spiritual joys that *HASHEM will shine* upon him (*Bais Yaakov*).

*kingdoms, but upon you* HASHEM *will shine, and His glory will be seen upon*
*you.* 3 *Nations will walk by your light and kings by the brilliance of your shine.*
4 *Lift up your eyes all around and see, they are all assembling and coming to you;*
*your sons will arrive from afar and your daughters will be raised at [their] side.*
5 *Then you shall see and be radiant, your heart will be startled and broadened,*
*The wealth of nations* *for the affluence of the West will be turned over to you, and the wealth of*
*nations will come to you.* 6 *An abundance of camels will envelop you, camel colts*
*of Midian and Ephah, and all of them will come from Sheba; gold and frank-*
*incense will they bear, and the praises of* HASHEM *will they proclaim.* 7 *All the*
*flocks of Kedar will be gathered unto you, the rams of Nebaioth will serve you;*

---

toward those who are in the light (*Ibn Ezra*). They will follow the light of the Torah (*Malbim*).

**וּמְלָכִים לְנֹגַהּ זַרְחֵךְ** — *And kings by the brilliance of your shine.* The rulers of the world will seek the prophetic insight that will shine upon you (*Malbim*).

**4-5.** After describing the prominent place that Jerusalem will ultimately occupy as the source of truth and inspiration, Isaiah describes the transformation of Jerusalem itself as she returns to her rightful place. Initially the Jewish people, *her sons and daughters,* will return from exile, and subsequently the rest of humanity will flow to her, seeking Divine illumination.

**4. שְׂאִי־סָבִיב עֵינַיִךְ וּרְאִי** — *Lift up your eyes all around and see.* Look around the four directions of the world (*Malbim*). From all sides of the Diaspora the Jewish people will return to their true home.

**כֻּלָּם נִקְבְּצוּ בָאוּ־לָךְ** — *They are all assembling and coming to you.* The Jewish people will assemble and come to you (*Targum, Tanna d'Vei Eliyahu*). Alternatively, the kings mentioned in the previous verse will assemble, bringing *your sons and your daughters* along with them (*Ibn Ezra*).

Accordingly, this verse highlights the contrast to the earlier times of Jerusalem's history, when nations assembled at her walls to wage war. Those who will assemble in the Messianic Era will come to draw from her wellsprings of Torah and prophecy (*Malbim*).

**וּבְנֹתַיִךְ עַל־צַד תֵּאָמַנָה** — *And your daughters will be raised at [their] side.* This verse refers back to the *kings* mentioned in the previous verse. The word תֵּאָמַנָה derives from the word אוֹמֵן, *to nurture* or *to raise.* Our translation follows *Metzudos* that the verse refers to the actual nurturing of the daughters.

Alternatively, your daughters will be carried to Jerusalem by royalty in a maternal manner, *as a nurse carries her suckling* (*Numbers* 11:12) (*Targum, Alshich*).

**5. אָז תִּרְאִי וְנָהַרְתְּ** — *Then you shall see and be radiant.* When Jerusalem sees her children streaming to her from all sides, she will glow with joy (*Radak*).

One who experiences an instantaneous reversal of a difficult situation tends to be unsure at first of whether to believe his eyes, but after careful observation, he attains joyous clarity. Jerusalem will experience this exultation as the recognition of her new reality sinks in (*Malbim*).

**וּפָחַד וְרָחַב לְבָבֵךְ** — *Your heart will be startled and broadened.* This phrase continues the previous thought. Alternatively, seeing multitudes of nations streaming to her, Jerusalem will fear yet another war, an event painfully familiar to her. Only after she discovers the true nature of the gathering will *her heart be broadened* (*Ibn Ezra, Malbim*).

*Targum* explains the anxiety as referring to the fear of Heaven that will result from observing the cataclysmic events of these verses.

**כִּי־יֵהָפֵךְ עָלַיִךְ הֲמוֹן יָם** — *For the affluence of the West will be turned over to you.* The translation of יָם as *West* follows *Targum.* Others translate יָם as *sea,* a reference to the sea of humanity that will converge upon the city (*Ibn Ezra, Malbim*).

**6-7.** People of all races will flock to Jerusalem, bringing along the wealth with which their Creator has endowed them. They will view the upkeep and adornment of the Holy City as their sacred privilege.

**6. שִׁפְעַת גְּמַלִּים** — *An abundance of camels will envelop you.* The nations will bring camels as a gift to Jerusalem (*Metzudos*). *Targum* explains the verse as referring to desert-dwelling nomads (people of the camel) who will encamp around the city, enveloping the surrounding area.

**כֻּלָּם מִשְּׁבָא יָבֹאוּ זָהָב וּלְבוֹנָה יִשָּׂאוּ** — *All of them will come from Sheba; gold and frankincense will they bear,* as gifts to Hashem (*Metzudos*). Sheba is a land of abundant natural gold deposits (*Me'am Loez*).

**וּתְהִלֹּת ה׳ יְבַשֵּׂרוּ** — *And the praises of* HASHEM *will they proclaim.* Upon returning home after being exposed to the deep spiritual insights of their pilgrimage, they will proclaim the praises of Hashem (*Metzudos*). *Radak* notes that the word מְבַשֵּׂר generally denotes the bearing of new tidings. He explains that although Jews have proclaimed Hashem's praises for millennia, the other nations will only then begin to do so. Their newfound praises can therefore be referred to as new tidings.

**7. כָּל־צֹאן קֵדָר . . . אֵילֵי נְבָיוֹת** — *All the flocks of Kedar . . . the rams of Nebaioth . . .* The choicest flocks of sheep come from *Kedar; Nebaioth* produces the most superior rams (*Metzudos*). Each nation will bring its own unique gifts as an offering to their Creator.

**יַעֲלוּ עַל־רָצוֹן מִזְבְּחִי** — *They will be brought up with favor upon My Altar.* The Book of *Isaiah* opens with the admonition of *Why do I need your numerous sacrifices? says* HASHEM (1:11).

ח יַעֲלוּ עַל־רָצוֹן מִזְבְּחִי וּבֵית תִּפְאַרְתִּי אֲפָאֵר: מִי־אֵלֶּה כָּעָב תְּעוּפֶינָה וְכַיּוֹנִים
ט אֶל־אֲרֻבֹּתֵיהֶם: כִּי־לִי | אִיִּים יְקַוּוּ וָאֳנִיּוֹת תַּרְשִׁישׁ בָּרִאשֹׁנָה לְהָבִיא בָנַיִךְ
מֵרָחוֹק כַּסְפָּם וּזְהָבָם אִתָּם לְשֵׁם יהוה אֱלֹהַיִךְ וְלִקְדוֹשׁ יִשְׂרָאֵל כִּי פֵאֲרָךְ:
י וּבָנוּ בְנֵי־נֵכָר חֹמֹתַיִךְ וּמַלְכֵיהֶם יְשָׁרְתוּנֶךְ כִּי בְקִצְפִּי הִכִּיתִיךְ וּבִרְצוֹנִי
יא רִחַמְתִּיךְ: וּפִתְּחוּ שְׁעָרַיִךְ תָּמִיד יוֹמָם וָלַיְלָה לֹא יִסָּגֵרוּ לְהָבִיא אֵלַיִךְ חֵיל
יב גּוֹיִם וּמַלְכֵיהֶם נְהוּגִים: כִּי־הַגּוֹי וְהַמַּמְלָכָה אֲשֶׁר לֹא־יַעַבְדוּךְ יֹאבֵדוּ וְהַגּוֹיִם

**רש״י**

**(ט) בראשונה.** כמו כבראשונה בימי שלמה; כענין שנאמר (מלכים־א י, כב) כִּי אֳנִי תַרְשִׁישׁ לַמֶּלֶךְ בַּיָּם עִם אֳנִי חִירָם אַחַת לְשָׁלֹשׁ שָׁנִים תָּבוֹא אֳנִי תַרְשִׁישׁ וגו׳. תרשיש שם הים: **לשם ה׳ אלהיך.** שנקרא עליך, כי ישמעו שמעו ושם גבורתו ויבואו: **כי פארך.** נתן לך פאר: **(י) וברצוני.** ובהרצותי לך אימונ״א פייזמנ״ט בלע״ז: **(יא) ופתחו שעריך תמיד.** לשון פתוח. ממשקולת לשון כבד על שם שפתיחתן פתיחת עולם פתיחת תמיד, כמו שבר מלשון שבירה, כך מלשון פתיחה טי״ש אוירט״ש בלע״ז:

**רד״ק**

**יעלו על רצון מזבחי.** כמו הפוך, יעלו על מזבחי לרצון. וכן מְקוֹם שָׁם קֶבֶר (יחזקאל לט, יא), כמו מקום קבר שם, ופירוש יביאו מנחה מהם; וכן יעלו מהם על מזבחי, שיקריבו מהם קרבן לה׳: **או ישראל יקריבו מהם.** יש מחלוקת בדבר זה בדברי רבותינו זכרונם לברכה (עבודה זרה כד, א), כי רבי אליעזר אומר שאין מקריבין מבהמות העכו״ם לא אנחנו ולא הם לפי שחוששין בהם לרביעה. והקשו זה הפסוק לרבי אליעזר, ותירץ, כולם גרים גרורים הם לעתיד לבא; דכתיב, כִּי אָז אֶהְפֹּךְ אֶל עַמִּים שָׂפָה בְרוּרָה לִקְרֹא כֻלָּם בְּשֵׁם ה׳ לְעָבְדוֹ שְׁכֶם אֶחָד (צפניה ג, ט): **אפאר.** שיביאו שם הגוים מנחה וקרבנות. וטעם אפאר, שאתן בלבה לפארו; וכן, טעם אֶהְפֹּךְ אֶל עַמִּים (שם): **(ח) מי אלה.** אמר תעופנה לשון נקבות, על קהלות ישראל העולות מהגלות מזה ומזה, ותבאנה קל מהרה כמו העב. והמשיל מרוצת הקלות לעופפות, כי היא התנועה הקלה שבתנועות; וכן, מֵחֵץ יָעוּף יוֹמָם (תהלים צא, ה): **וכיונים אל ארבותיהם.** כי יותר יעופו מהרה בשובם אל קניהם ממה שיעופו בצאתם מהם, מפני שממהרות לשוב אל גוזליהם שהניחו, להאכילם מאשר בפיהם: **ארבותיהם.** הם חלונות השובך. וכ״ף כיונים פתוחה לידיעה, כלומר היונים שיניחו הגוזלים בשובך: **(ט) כי לי איים יקוו.** פירוש שוכני האיים יקוו לי כי אני המטיב ומריע, לפיכך יביאו בניך במקומה; ואפילו יהיו רחוק יביאו אותם אל ארץ ישראל: **ואניות תרשיש בראשונה.** בחסרון כף הדמיון, כבראשונה; כמו שהיו באות אניות תרשיש בראשונה בימי שלמה: **כספם וזהבם אתם.** אפשר כספם וזהבם של ישראל, כלומר עם כל ממונם יבאו, לא יניחו ממונם דבר בארצות הגולה. או אפשר כספם וזהבם של העכו״ם; כמו שנאמר בעולי בבל, יְנַשְּׂאוּהוּ אַנְשֵׁי מְקֹמוֹ בְּכֶסֶף וּבְזָהָב וּבִרְכוּשׁ וּבִבְהֵמָה (עזרא א, ד), לשם ה׳ אלהיך, כי ישמעו את שמע כבודו וגדלו שיעשה בהוציאו עמו מהגלות ובעשותו נקמה בשונאיהם: **פארך.** בקמץ הרי״ש לנקבה, כמו בכנוי הזכר. בעבור כי כאשר מדבר כנגד כנסת ישראל ידבר פעם בלשון זכר ופעם בלשון נקבה, לשון זכר כנגד העם, ולשון נקבה כנגד הכנסם. ופירוש פארך, הוא נתן לך הפאר והכבוד הזה שיעבדוך העכו״ם: **(י) ובנו בני נכר.** מלבד שיעבדוך במנחות שיביאו לך, יעבדוך בארצך, שיבנו חומותיך ויעשו מלאכתך: **ישרתונך.** מלעיל, כמו אשר לפניו: **כי בקצפי.** אז תכיר כי כל עניניך בין הטוב בין הרע הוא מאתי, ואינו מקרה כלל. כי בעת שהיה קצפי עליך היית אמה לעבדים בגלות, ובעת רצוני שיהיה עליך, יעבדוך אפילו מלכי העכו״ם, כל שכן העם: **(יא) ופתחו.** מן הדגוש והוא פעל עומד; וכן, פִּתַּח הַסְּמָדַר (שיר השירים ז, יג), פִּתְּחָה אָזְנֶךָ (לעיל מח, ח). כלומר, יהיו נפתחים תמיד יומם ולילה להביא אליך חיל גוים. אמר כנגד העיר ירושלם כמו שהיא כל הפרשה, שעריך יהיו נפתחים תמיד בלילה כמו ביום כדי שיכנסו נושאי חיל הגוים אליך למנחה, כי יהיה שלום בעולם וילכו בלילה בעת החום. וכן תרגם יונתן, להביא אליך, לַאֲעָלָא לְגַוִיךְ נִכְסֵי עַמְמַיָּא: **ומלכיהם נהוגים.** יהיו נהוגים אליך, שיבאו לפני מלך המשיח כעבדים לפני אדוניהם. ומה שאמר נהוגים, כי מנהג המלכים כשילכו בדרך ילכו רוכבים או רגלים ינהגו אותם שרים דרך כבוד. ויונתן תרגם נהוגים, זְקִיקִין; רוצה לומר, אסורים בזיקים:

**מצודת דוד**

**יעלו וכו׳.** הוא כמו הפוך, יעלו על מזבחי לרצון; כמו, כָּל תִּשָּׂא עָוֹן (הושע יד, ג) ורבים כמוהו: **ובית תפארתי.** זהו בית המקדש: **אפאר.** כי האומות יביאו שמה מנחת כסף וזהב: **(ח) מי אלה.** כאלו הבריות ישאלו על בני הגולה, מי אלה אשר ממהרים לשוב כעפיפת הענן וכיונים הממהרים לעוף אל ארובותיהם; הם חלונות השובך: **(ט) איים יקוו.** יושבי איי הים יאספו לבוא אלי, והאניות ההולכות על ים תרשיש הם יתעוררו בראשונה להתאסף ולהביא בניך וכו׳: **כספם וכו׳.** להביא מנחה לה׳: **לשם ה׳.** כל זה יהיה בעבור פרסום שם ה׳: **ולקדוש ישראל.** כפל הדבר במילים שונות: **כי פארך.** אשר נתן לך פאר והדר וחשיבות: **(י) חומותיך.** חומות הערים: **ישרתונך.** ישמשו אותך: **כי בקצפי.** רצונו לומר כל הבאה עליך לא היה בדרך הטבע; כי לשעבר הכיתי אותך בקצפי, ולזה היית בתכלית השפלות, ועתה רחמתי אותך ברצוני הטוב, ולזה תמשול ממשל רב: **(יא) ופתחו וכו׳.** יהיו פתוחים ועומדים: **יומם וכו׳.** כפל הדבר במילים שונות: **חיל גוים.** עושר העכו״ם:

**מצודת ציון**

**(ח) כעב.** כענן: **תעופינה.** מלשון עפיפה ופריחה: **ארובותיהם.** מלשון ארובה וחלון; כמו, וַאֲרֻבֹּת הַשָּׁמַיִם (בראשית ז, יא), ורצונו לומר, חלונות השובך, והוא מקום מדורם: **(ט) יקוו.** ענין אסיפה; כמו, יִקָּווּ הַמַּיִם (בראשית א, ט): **ואניות.** ספינות: **(י) בקצפי.** מלשון קצף וכעס:

When Israel is sinful, its offerings bring God no satisfaction, but Israel's repentance will bring the world to such an elevated state that all nations' offerings will be accepted with Divine favor.

**וּבֵית תִּפְאַרְתִּי אֲפָאֵר** — *And I will glorify the House of My Splendor.* I will inspire the nations to glorify My House (*Radak*).

**8.** Returning to the theme of the exiled Jews returning to the city of their roots, Isaiah describes the astounding speed at which the ingathering will occur.

**מִי־אֵלֶּה כָּעָב תְּעוּפֶינָה** — *Who are these who fly like a cloud.* Observers will be struck by the swiftness of the return, and will wonder aloud *who are these* that return so quickly? (*Metzudos*). *Maharal* explains the allegory of our verse. Just as clouds and birds seem to be unencumbered by the earth's gravitational pull, so Israel will be freed from the natural pull of human materialistic desires. When the Redemption comes, they will quickly rise to the lofty spiritual grandeur of the Holy City (*Chiddushei Aggados to Bava Basra* 75b).

*they will be brought up with favor upon My Altar, and I will glorify the House*
*of My Splendor.* 8 *'Who are these who fly like a cloud, like pigeons to their*
*cote-windows?'*
9 *For the islands will place their hope in Me, and the ships of Tarshish [as]*
*in earlier times, to bring your children from afar, their gold and silver with*
*them, for the Name of HASHEM, your God, and for the Holy One of Israel,*
*for He will have glorified you.* 10 *Then the sons of foreigners will build your*
*walls, and their kings will serve you. Though I struck you in My indignation,*
*in My favor I have been compassionate to you.* 11 *Your gates will be opened*
*continuously, day and night they will not be closed; for [them] to bring*
*you the wealth of nations, and their kings under escort.* 12 *For the nation*
*and kingdom that does not serve you will perish, and those nations will be*

**וְכַיּוֹנִים אֶל־אֲרֻבֹּתֵיהֶם** — *Like pigeons to their cote-windows.* A pigeon returning to feed its young does so with greater haste than when leaving to forage for food (*Radak*). So too, Israel will hasten to the original source of its spiritual connection, like a pigeon returning to its brood.

**9. כִּי־לִי אִיִּים יְקַוּוּ** — *For the islands will place their hope in Me.* The translation follows *Targum* and *Ibn Ezra*. Even from far-flung, isolated islands, people will recognize that whatever happened over the course of history — whether obviously good or seemingly bad — emanated from God, and will flock to Him (*Radak*).

**וָאֳנִיּוֹת תַּרְשִׁישׁ בָּרִאשֹׁנָה** — *And the ships of Tarshish [as] in earlier times.* Just as in the days of Solomon, ships made their way from the sea of *Tarshish* to Jerusalem bearing cargoes of gold and silver (see *I Kings* 10:22) (*Rashi*), ships will now bring *your sons from afar* (*Mahari Kara*).

Alternatively, *the ships of Tarshish [will come] first.* Because *Tarshish* is near *Eretz Yisrael,* those ships will be the first to arrive (*Ibn Ezra, Metzudos*).

**לְהָבִיא בָנַיִךְ מֵרָחוֹק** — *To bring your children from afar.* They will bring their local Jewish populations to Jerusalem (*Radak*)

**כַּסְפָּם וּזְהָבָם אִתָּם** — *Their gold and silver with them.* The verse may refer to the *gold and silver* of the Jewish population, i.e., the ships will bring the Jewish island-dwellers with their valuables. Or, it may refer to the *gold and silver* of non-Jews. When they recognize the greatness of God and His nation, they will enrich the Jews with gold and silver to bring to Jerusalem (*Radak*). Others explain that the nations will bring *gold and silver* as gifts to the Temple (*Metzudos, Me'am Loez*).

**לְשֵׁם ה' אֱלֹהַיִךְ** — *For the Name of HASHEM, your God.* The nations will bring *your sons* because they are the ones that represent the exalted Name of Hashem (*Rashi*).

**10. וּבָנוּ בְנֵי־נֵכָר חֹמֹתַיִךְ וּמַלְכֵיהֶם יְשָׁרְתוּנֶךְ** — *Then the sons of foreigners will build your walls, and their kings will serve you.* In addition to the abundant gifts that the nations will bring, they will engage in physical labor for your benefit (*Radak*).

*Me'am Loez* notes the contrast between the future Redemption and that of those who returned to the Land from the Babylonian exile, as recorded in *Nehemiah* (3:34). Then the non-Jewish population scorned and harassed the Jews, and resisted their efforts to rebuild Jerusalem. In the future, the nations and their rulers will recognize that it is a sacred privilege to join in the rebuilding.

**כִּי בְקִצְפִּי הִכִּיתִיךְ וּבִרְצוֹנִי רִחַמְתִּיךְ** — *Though I struck you in My indignation, in my favor I have been compassionate to you.* Just as in My indignation I struck you in a supernatural manner, so too, in My favor I will elevate you in a supernatural manner (*Metzudos*). This demonstrates that all that happens to you is directly from Me (*Radak*).

**11. וּפִתְּחוּ שְׁעָרַיִךְ תָּמִיד יוֹמָם וָלַיְלָה לֹא יִסָּגֵרוּ** — *Your gates will be opened continuously, day and night they will not be closed.* With security no longer an issue, the gates of Jerusalem will be perpetually open to accommodate the continuous flow of nations bringing gifts (*Me'am Loez, Malbim*).

Our translation of וּפִתְּחוּ in the passive voice follows most commentators. Others translate it in the active voice, i.e., *the nations will continuously open the gates so that* they can enter with their gifts and offerings (*Abarbanel,* see also *Ibn Ezra*).

**וּמַלְכֵיהֶם נְהוּגִים** — *And their kings under escort.* They will need escorts because they will be unfamiliar with the Temple area (*Abarbanel*). Others explain *escort* as having a connotation of servitude; the kings will be in chains, unable to enter the area without being escorted (*Targum, Ibn Ezra*).

**12. כִּי־הַגּוֹי וְהַמַּמְלָכָה אֲשֶׁר לֹא־יַעַבְדוּךְ יֹאבֵדוּ** — *For the nation and kingdom that does not serve you will perish.* This explains the previous verses; the reason the nations will be humble is not because of their nobility, but because they will know that insubordination to Jerusalem carries with it the grave consequences described in this verse.

Because Israel will be ascendant during the Messianic Era, it will be assumed that non-Jews who wish to convert are motivated not by a sincere motivation to serve God, but because it is advantageous to be Jewish. Therefore the Sages teach that converts will not be accepted during that period (*Alshich*). Similarly, converts were not accepted during the reigns of David and Solomon, because the wealth and power of Israel during those years were a magnet for insincere candidates (*Yevamos* 24b).

*Abarbanel* suggests that some nations will refuse to

יג חָרֹב יֶחֱרָבוּ: כְּבוֹד הַלְּבָנוֹן אֵלַיִךְ יָבוֹא בְּרוֹשׁ תִּדְהָר וּתְאַשּׁוּר יַחְדָּו לְפָאֵר
יד מְקוֹם מִקְדָּשִׁי וּמְקוֹם רַגְלַי אֲכַבֵּד: וְהָלְכוּ אֵלַיִךְ שְׁחוֹחַ בְּנֵי מְעַנַּיִךְ וְהִשְׁתַּחֲווּ
טו עַל־כַּפּוֹת רַגְלַיִךְ כָּל־מְנַאֲצָיִךְ וְקָרְאוּ לָךְ עִיר יהוה צִיּוֹן קְדוֹשׁ יִשְׂרָאֵל: תַּחַת
הֱיוֹתֵךְ עֲזוּבָה וּשְׂנוּאָה וְאֵין עוֹבֵר וְשַׂמְתִּיךְ לִגְאוֹן עוֹלָם מְשׂוֹשׂ דּוֹר וָדוֹר:
טז וְיָנַקְתְּ חֲלֵב גּוֹיִם וְשֹׁד מְלָכִים תִּינָקִי וְיָדַעַתְּ כִּי אֲנִי יהוה מוֹשִׁיעֵךְ וְגֹאֲלֵךְ
יז אֲבִיר יַעֲקֹב: תַּחַת הַנְּחֹשֶׁת אָבִיא זָהָב וְתַחַת הַבַּרְזֶל אָבִיא כֶסֶף וְתַחַת
הָעֵצִים נְחֹשֶׁת וְתַחַת הָאֲבָנִים בַּרְזֶל וְשַׂמְתִּי פְקֻדָּתֵךְ שָׁלוֹם וְנֹגְשַׂיִךְ צְדָקָה:

### רש״י

(יג) **ברוש תדהר ותאשור.** מיני עצי יער לבנון: (יד) **ציון קדוש ישראל.** צִיוֹן דְאִתְרְעֵי בָהּ קַדִּישָׁא דְיִשְׂרָאֵל. ציון של קדוש ישראל: (טז) **ושד מלכים.** לשון שדים ותינקי יורה עליו: (יז) **תחת הנחשת.** שנטלו ממך: **ושמתי פקודתך שלום.** וַאֲשַׁוֵי פַּרְנָסָךְ שְׁלָם וְשִׁלְטוֹנַיִךְ בִּזְכוּ: **פקודתך.** פקידים שלך. ורבותינו אמרו הפקודות שבאו עליך בגלותך, והנוגשים שדחקוך יהיו לך לשלום ולצדקה:

### רד״ק

(יב) **כי הגוים חרוב יחרבו.** ענין חרבן. ויש מפרשים ענין חרב, כלומר, יהרגו: (יג) **כבוד הלבנון.** העצים הטובים שבו ואם כן מפרש מה הם, כמו שהיה משלח מלך צור למלך שלמה: **ברוש תדהר ותאשור.** כבר פירשנו בפרשת העניים והאביונים (לעיל מא, יז): **לפאר מקום מקדשי.** שיבנו בהם בית המקדש: **ומקום רגלי אכבד.** כי בית המקדש מכוון כנגד כסא הכבוד, ואם כסא הכבוד מושבו בית המקדש, הדום רגליו אכבד, כי הוא יתן בלבם להביא: (יד) **והלכו שחוח.** שם בשקל גבוה קומתו מן תחתיו שחחו: **בני מעניך.** אותם שהיו מעניך בגלות ומתו כבר בזמן הישועה, בניהם ילכו אליך שוחחים ומתנפלי לפניך. ורצונו לומר מעניך, מעני בניך; כי כנגד ירושלם מדבר. על כפות רגליך ועל כפות רגלי בניך, ורוצה לומר על מדרך הכפות, כי הכף מתחת: **עיר ה׳.** כי כבודו יראה בה: **ציון קדוש ישראל.** סמוך ציון של קדוש ישראל: (טו) **תחת עזובה.** שנגלה כבוד ה׳ מעליך: **ואין עובר.** בחרבנה: **משוש דור ודור.** לכל דורות העולם תהיה משוש, כמו שנקראת, יְפֵה נוֹף מְשׂוֹשׂ כָּל הָאָרֶץ (תהלים מח, ג): (טז) **וינקת חלב גוים.** דרך משל, כלומר, שתאכלי טוב ארץ העכו״ם: **ושד מלכים.** בחולם כמו בפתח, כמו חלצו שד. והוא על דרך משל, רוצה לומר טובם; וכן תרגם יונתן, וְתִסְבְּעִין נִכְסֵי עַמְמַיָּא וּבְבִזַּת מַלְכִין תִּתְפַּנְקִין: (יז) **תחת הנחשת.** תחת הנחשת שלקחו העכו״ם ממך אביא זהב; כלומר אתן בלבם לשלם לך כפלים וכפלי כפלים מאשר לקחו ממך הם ואבותיהם: **ושמתי פקדתך שלום.** תחת פקודתך שהיו העכו״ם נותנים פקידים על ישראל לגבות מהם מס, אשים לך שלום וצדקה, ולא יהיו עוד עליך פקידים ונוגשים:

### מצודת דוד

(יג) **כבוד הלבנון.** האילנות הנכבדים שביער הלבנון יביאו אליך, והם ברוש, תדהר ותאשור כולם יחדיו: **לפאר.** לבנות בהם מקום מקדשי בנין מפואר: **ומקום רגלי אכבד.** בית המקדש יבנה בנין מכובד. ואחז במשל כאלו המקום יושב על הכסא אשר בשמים ורגליו יורדים לנוח בבית המקדש; כמו, וְהִשְׁתַּחֲווּ לַהֲדֹם רַגְלָיו (תהלים צט, ה): (יד) **שחוח.** בכפיפה ובהכנעה: **על כפות רגלך.** רצונו לומר, עד סמוך לארץ: **עיר ה׳.** עיר של ה׳ ציון של קדוש ישראל, וכפל הדבר במילים שונות: (טו) **תחת.** במקום שהיית עזובה, ולא היה מי מתחבר עמך והיית שנואה לכולם ואין מי עובר בארצך לשאול לשלום לך: **ושמתיך.** במקום זה אשים אותך להיות מושלת עד עולם ולהיות מלאה משוש בכל ימי הדורות: (טז) **וינקת.** הוא דרך משל, לומר שתאכלי טוב האומות: **ושד וכו׳.** כפל הדבר במילים שונות: **וידעת.** אז תכיר שלא במקרה בא הדבר, רק הוא בעבור שאני ה׳ מושיעך ואביר יעקב הוא גאלך: (יז) **תחת הנחושת.** במקום הנחושת שנטלו האומות ממך אביא במקומו זהב וכו׳: **ושמתי פקודתך שלום.** רצונו לומר, תחת הפקידים שהיו נותנים עליכם לגבות המס, אשים עליך שלום; כי לא יבואו עוד בתגר לגבות המס, כי אם יבואו לשאול בשלומך: **ונוגשיך.** במקום הנוגשים את הכסף יבואו לעשות עמך צדקה:

### מצודת ציון

(יב) **חרב יחרבו.** מלשון חורבן: (יג) **הלבנון.** שם יער בארץ ישראל: **ברוש וגו׳.** שמות מיני אילנות חשובים: (יד) **שחוח.** ענין כפיפה והשפלה; כמו, תַּחְתָּיו שָׁחֲחוּ עֹזְרֵי רָהַב (איוב ט, יג): **מעניך.** מלשון עינוי: **כפות רגליך.** כמו שנקרא שטיחת היד כף היד, כן נקרא שטיחת הרגל כף הרגל: **מנאציך.** ענין בזיון; כמו, נִאֲצוּ הָאֲנָשִׁים אֵת מִנְחַת ה׳ (שמואל־א ב, יז): (טו) **תחת.** במקום: **לגאון.** ענין ממשל רב: **משוש.** ענין שמחה: (טז) **וינקת.** מלשון יניקה: **ושוד.** מלשון שדים: **תינקי.** מלשון יניקה: **אביר.** ענין חוזק: (יז) **פקדתך.** מלשון פקיד וממונה: **ונגשיך.** ענין הלחץ לקחת הכסף; כמו, נָגַשׂ אֶת הַכֶּסֶף (מלכים־ב כג, לה):

---

**13.** Having described the manner in which the walls of Jerusalem will be built, Isaiah now turns to the rebuilding of the Temple (*Me'am Loez, Malbim*).

**כְּבוֹד הַלְּבָנוֹן אֵלַיִךְ יָבוֹא** — *The glory of the Lebanon [forest] will come to you.* The most glorious trees of the Lebanon forest are the ones mentioned in this verse, *cypress, fir, and boxwood* (*Ibn Ezra, Radak*). Although King Solomon needed to hire the workers of King Hiram of Tyre to fell and deliver the wood, in the enlightened Messianic Era the nations will volunteer to do so (*Me'am Loez*).

**וּמְקוֹם רַגְלַי אֲכַבֵּד** — *And I will bring honor to the place of My feet.* I will inspire mankind to donate the necessary materials (*Radak*). The prophet refers to the Sanctuary, declaring that the materials mentioned in this verse will provide glory to the structure, and also to its inner, spiritual dimension, *the place*

subordinate themselves to Jerusalem; our verse foretells that they will not survive.

**וְהַגּוֹיִם חָרֹב יֶחֱרָבוּ** — *And those nations will be utterly destroyed.* Noting Isaiah's use of the word חָרֹב, *destruction,* the Sages explain that the word is an allusion to *Mount Horeb,* another name for Mount Sinai, where the Torah was given. Because the nations refused to accept the Torah, they brought eventual destruction upon themselves (*Shabbos* 89b).

*Maharal* explains the "destruction" as being a loss of significance [*Be'er HaGolah* 4:16]. Israel's acceptance of the Torah gave a new and higher meaning to humanity. As a result, the significance of a nation will depend on the degree of its allegiance to the values symbolized by Jerusalem, the heart of the Jewish nation. The earlier self-identity of nations will fade into oblivion.

*The Temple will be rebuilt*

*utterly destroyed. 13 The glory of the Lebanon [forest] will come to you —
cypress, fir, and boxwood together — to glorify the place of My Sanctuary;
and I will bring honor to the place of My feet. 14 The sons of your oppres-
sors will go to you submissively, and all who scorned you will prostrate
themselves at the soles of your feet; they will call you 'City of HASHEM, Zion
of the Holy One of Israel.' 15 Instead of your being forsaken and despised,*

*Zion, eternal city*

*without wayfarers, I will make you into an eternal pride, a joy for genera-
tion after generation. 16 You will nurse from the milk of the nations and from
the breast of kings you will nurse; then you will realize that I, HASHEM,
am your Savior and your Redeemer, the Mighty One of Jacob. 17 In place
of the copper I will bring gold; and in place of the iron I will bring silver;
in place of the wood, copper; and in place of the stones, iron. I will desig-
nate your appointed officials for peace and your overlords for righteousness.*

---

*of My feet,* declaring that Hashem will cause mankind to feel reverence for the site of His glory.

The Temple is described as *the place of My feet.* Later (66:1), Isaiah refers to the entire terrestrial world as *My footstool.* When Israel merits having the Temple in its midst, God relates to the world by means of human effort. His glory therefore resides in the House built by man. But when Israel is unworthy of the Temple, God's relationship with the world bypasses man.

**14-17.** Isaiah now discusses the attitude of Israel's former oppressors, their sincere regret, heartfelt apologies, and offer of financial reparations.

**14. וְהָלְכוּ אֵלַיִךְ שְׁחוֹחַ בְּנֵי מְעַנַּיִךְ** — *The sons of your oppressors will go to you submissively.* Those that oppressed you will no longer be living; their descendants will humbly approach you (*Radak*).

**וְהִשְׁתַּחֲווּ עַל־כַּפּוֹת רַגְלַיִךְ כָּל־מְנַאֲצָיִךְ** — *And all who scorned you will prostrate themselves at the soles of your feet;* even those that did not oppress you actively, but merely expressed scorn and derision, will now *prostrate themselves at the soles of your feet,* and express utmost veneration (*Malbim*).

The Sages contrast this verse with the prophecy of Jeremiah (*Lamentations* 1:5), *Her adversaries have become leaders.* Formerly, to oppress Israel was the means of becoming a leader (see *Gittin 56b*); now they will see the folly of their ways, and humble themselves in remorse (*Eichah Rabbah* 1:1).

**וְקָרְאוּ לָךְ עִיר ה׳ צִיּוֹן קְדוֹשׁ יִשְׂרָאֵל** — *They will call you "City of HASHEM, Zion of the Holy One of Israel."* Israel's sanctity is bound to the sanctity of Jerusalem. The cause of their scorn and derision was the failure of the nations to appreciate the spiritual stature of Jerusalem and the nation of Israel. When that stature becomes evident, the nations will apologize and acknowledge the elevated nature of Jerusalem's inhabitants (*Me'am Loez*).

**15. תַּחַת הֱיוֹתֵךְ עֲזוּבָה** — *Instead of your being forsaken,* i.e., forsaken from Hashem's glory (*Radak*), forsaken from your children (*Malbim*), forsaken and alone among the nations (*Metzudos*).

**וּשְׂנוּאָה וְאֵין עוֹבֵר** — *And despised, without wayfarers.* You were so despised that wayfarers would avoid your land (*Me'am Loez*).

**וְשַׂמְתִּיךְ לִגְאוֹן עוֹלָם** — *I will make you into an eternal pride.* The nations will admire Jerusalem's abundant wealth and glory (*Me'am Loez*). Alternatively, they will admire Israel's unique relationship with its Creator (*Kli Paz*).

**16. וְיָנַקְתְּ חֲלֵב גּוֹיִם וְשֹׁד מְלָכִים תִּינָקִי** — *You will nurse from the milk of the nations, and from the breast of kings you will nurse.* Isaiah uses the metaphor of nursing to describe the benefit that Jerusalem will derive from the best that the nations can offer (*Radak*).

Generally, when a nation becomes powerful enough to extract tribute from its neighbors, its haughtiness and vanity are a scourge upon its subjects. By contrast, the nations that will pay tribute to Jerusalem will take joy in her success (*Malbim*).

**17. תַּחַת הַנְּחֹשֶׁת אָבִיא זָהָב וְתַחַת הַבַּרְזֶל אָבִיא כֶסֶף** — *In place of the copper I will bring gold; and in place of the iron I will bring silver.* I will influence the nations to send you gold in place of the copper that they plundered throughout history (*Radak*). But although they can reimburse you for the material wealth that they took, they will never be forgiven for the Torah giants whose lives they took (*Rosh Hashanah* 23a).

**וְשַׂמְתִּי פְקֻדָּתֵךְ שָׁלוֹם וְנֹגְשַׂיִךְ צְדָקָה** — *I will designate your appointed officials for peace and your overlords for righteousness.* In place of foreign overlords and unscrupulous tax collectors, I will appoint officials who strive for peace and righteousness (*Radak*). Instead of sending taskmasters, the nations will send emissaries to inquire about your welfare, and perform charitable acts (*Metzudos*).

Alternatively, the officials and tax collectors that you appoint to oversee the collection of tribute from the nations will be regarded in a positive, peaceful light. The nations will recognize that giving to Jerusalem is for their benefit, enabling them to fulfill the Will of the Creator (*Malbim*).

The Sages (*Bava Basra* 9a) interpret *overlords for righteousness* to mean that the money that was taken by the foreign overlords will be considered as having been given

יח לֹא־יִשָּׁמַע עוֹד חָמָס בְּאַרְצֵךְ שֹׁד וָשֶׁבֶר בִּגְבוּלָיִךְ וְקָרָאת יְשׁוּעָה חוֹמֹתַיִךְ
יט וּשְׁעָרַיִךְ תְּהִלָּה׃ לֹא־יִהְיֶה־לָּךְ עוֹד הַשֶּׁמֶשׁ לְאוֹר יוֹמָם וּלְנֹגַהּ הַיָּרֵחַ לֹא־יָאִיר
כ לָךְ וְהָיָה־לָךְ יהוה לְאוֹר עוֹלָם וֵאלֹהַיִךְ לְתִפְאַרְתֵּךְ׃ לֹא־יָבוֹא עוֹד שִׁמְשֵׁךְ
כא וִירֵחֵךְ לֹא יֵאָסֵף כִּי יהוה יִהְיֶה־לָּךְ לְאוֹר עוֹלָם וְשָׁלְמוּ יְמֵי אֶבְלֵךְ׃ וְעַמֵּךְ כֻּלָּם
כב צַדִּיקִים לְעוֹלָם יִירְשׁוּ אָרֶץ נֵצֶר °מטעו [°מַטָּעַי ק׳] מַעֲשֵׂה יָדַי לְהִתְפָּאֵר׃ הַקָּטֹן
**סא** א יִהְיֶה לָאֶלֶף וְהַצָּעִיר לְגוֹי עָצוּם אֲנִי יהוה בְּעִתָּהּ אֲחִישֶׁנָּה׃ ◂ רוּחַ

### רש״י

**(יט) לא יהיה לך עוד.** לא תצטרכי לאור השמש: **(כ) לא יאסף.** לשון חָסְפוּ נָגְהָם (יואל ב, י), הכניסו אורם: **(כא) להתפאר.** שאהיה מתפאר בם. פורוונטי״ר בלע״ז: **(כב) בעתה אחישנה.** זכו אחישנה, לא זכו בעתה:

### רד״ק

**(יח) לא ישמע עוד חמס.** שיעשו לך העכו״ם, לא ישמע עוד, וקראת. אז תקראי ישועה חומותיך, כי לא תצטרכי עוד לעלות על החומות ולסגור השערים מפני האויב. לפיכך תקראי להם ישועה, הפך המלחמה שהיתה מקדם. וכן בשערים לא יספרו בהם אלא תהלות ה׳. ויונתן תרגם, וְיַעַרְעוּן פּוּרְקַן עַל שׁוּרָךְ וְעַל תַּרְעָךְ יְהוֹן מְשַׁבְּחִין: **(יט) לא יהיה.** כבר פירשנו כי ימשיל הישועה והטובה לאורה. אמר כל כך יהיה אורך גדול, שהוא אור ה׳ והוא הטובה הגדולה, עד שלא יהיה נחשב אור השמש ואור הירח לכלום. והכל דרך משל; כמו שאמר, וְאוֹר הַחַמָּה יִהְיֶה שִׁבְעָתַיִם (לעיל ל, כו): **לתפארתך.** שתתפאר בכבודו וטובו שיגדיל עמך: **(כ) לא יבא.** גם זה משל, כתרגומו, לָא תִבְטֵל עוֹד מַלְכוּתִיךְ וִיקָרִיךְ לָא יֶעְדֵי: **(כא) ועמך כולם צדיקים.** שיצרף אותם האל, כמו שכתוב, וּצְרַפְתִּים כִּצְרֹף אֶת הַכֶּסֶף (זכריה יג, ט). והנשארים יהיו כולם צדיקים וקדושים, כמו שכתוב, וְהָיָה הַנִּשְׁאָר בְּצִיּוֹן וְהַנּוֹתָר בִּירוּשָׁלַם קָדוֹשׁ יֵאָמֶר לוֹ וגו׳ (לעיל ד, ג): **לעולם ירשו ארץ.** שלא יגלו עוד ממנה לעולם, כי יהיו נצר מטעי, שיראו במעשיהם כי אני נטעתים. לא כבראשונה שנאמר עליהם, מַדּוּעַ קִוֵּיתִי לַעֲשׂוֹת עֲנָבִים וַיַּעַשׂ בְּאֻשִׁים (לעיל ה, ד), ולא היה נראה שהיה מטע ה׳ אלא זמורת זר: **להתפאר.** שאתפאר בהם בקרא להם עם ה׳; כמו שאמר, יִשְׂרָאֵל אֲשֶׁר בְּךָ אֶתְפָּאָר (לעיל מט, ג): **(כב) הקטן.** אינו אומר על גוף אחד, כי מה ענין קטן וצעיר? אלא רוצה לומר השבט והמשפחה; הקטן מהם יהיה לאלף פעמים ממה שהוא עתה. וכפל הענין במילים שונות כמנהג; ואמר הצעיר לגוי עצום: **אני ה׳ בעתה אחישנה.** זאת הטובה שאני מבטיחם; אני ה׳ אעשנה שהיכולת בידי. ואמר בעתה ואמר אחישנה אמרו רבותינו זכרונם לברכה (סנהדרין צח, א), זכו אחישנה לא זכו בעתה. ויש לפרש, כשיגיע עתה אחישנה, לגמרה מהרה כי לא יארך זמן מעת החל הישועה עד כלותה. ויונתן תרגם, אֲנָא ה׳ בְּזִמְנָהּ אַיתִינָהּ:

### מצודת דוד

**(יח) לא ישמע וכו׳.** מן הצר הצורר כי לא יהיה עוד: **שוד וכו׳.** כפל הדבר במילים שונות: **וקראת.** לא תקראי עוד על חומותיך ובשעריך קול מלחמה, כי אם תקראי קול ישועת ה׳ ותהלתו: **(יט) לא יהיה לך.** רצונו לומר, לא תהיה צריך לאור השמש להאיר לך ביום: **ולנוגה.** לזריחת הירח לא תצטרך להאיר לך בלילה: **והיה לך ה׳.** אבל אור השכינה יהיה לך לאור עולם ביום ובלילה: **לתפארתך.** תתפארי בכבוד ה׳: **(כ) לא יבא.** לא ישתקע עוד שמשך, וירחך לא יכניס אורו לבל יאיר לך; רצונו לומר, לא תבטל מלכותך וממשלתך: **כי ה׳ וכו׳.** רצונו לומר, הואיל ומה׳ בא הממשלה, אם כן יהיה לאור עולם ולא תבוטל עוד: **ושלמו.** יתמו ויגמרו ימי אבלך כי לא תתאבלי עוד: **(כא) ועמך.** העם הנשאר בך יהיו כולם צדיקים, כי הרשעים יכלו בחבלי המשיח: **לעולם יירשו ארץ.** הם ירשו הארץ לעולם ולא יגלו עוד ממנה: **נצר מטעי.** הענף אשר נטעתי מעשה ידי הוא, ויש מה להתפאר בו; רצונו לומר, העם אשר בחרתי אתפאר בו כי יהיו צדיקים ותמימים: **(כב) הקטן.** השבט הקטן יתרבה עד אלף פעמים ככה: **והצעיר.** כפל הדבר במילים שונות: **אני ה׳.** אשר היכולת בידי, לכן בבוא עת הגאולה אמהר להרבות הקטן לאלף והצעיר לגוי עצום:

### מצודת ציון

**(יח) חמס.** עושק וגזל: **שוד.** מלשון שדידה וגזל: **תהלה.** ענין שבח: **(יט) ולנוגה.** ענין זהירה וזריחה: **(כ) לא יבוא.** לא ישקע; כמו, כִּי בָא הַשֶּׁמֶשׁ (בראשית כח, יא): **יאסף.** ענין הכנסה; כמו, וְאֵין אִישׁ מְאַסֵּף אוֹתָם (שופטים יט, טו): **ושלמו.** ענין גמר: **(כא) נצר.** ענף; כמו, וְנֵצֶר מִשָּׁרָשָׁיו יִפְרֶה (לעיל יא, א): **מטעי.** מלשון נטיעה: **(כב) והצעיר.** הקטן; כמו, וְרַב יַעֲבֹד צָעִיר (בראשית כה, כג): **עצום.** ענין רבוי; כמו, עָצְמוּ לִי אַלְמְנוֹתָיו (ירמיה טו, ח): **בעתה.** מלשון עת וזמן: **אחישנה.** ענין מהירות; כמו, אָחִישָׁה מִפְלָט לִי (תהלים נה, ט):

---

to charity (*Bava Basra* 9a). Charity causes forgiveness of sin because money is a necessity of life and when someone gives money for a good cause it is as if he is giving away a piece of his life. In His mercy, God regards the money that was forcibly taken by the overlords as if it were given to charity, and it atones for the victim (*Maharal, Chiddushei Aggados*).

**18. וְקָרָאת יְשׁוּעָה חוֹמֹתַיִךְ וּשְׁעָרַיִךְ תְּהִלָּה** — *And you will call [God's] salvation your protective walls, and [His] praise will be your gateways.* You will not need walls for defense against the enemy; instead you will rely on God. You will not need gates to protect you from crime; the praiseworthiness of Jerusalem's citizens will suffice (*Malbim*). Alternatively, you will proclaim the salvation of Hashem from on top of your walls and His praise from [within] your gateways (*Targum*).

**19-20.** Isaiah returns to the metaphor of the pervasive light with which he opened this chapter. This future light will eclipse all other light, and be enduring.

**19. לֹא־יִהְיֶה־לָּךְ עוֹד הַשֶּׁמֶשׁ לְאוֹר יוֹמָם** — *The sun will no longer be for you the light of day.* You will not need the illumination of the sun (*Targum*). This phenomenon occurred after the Exodus, during the forty years Israel sojourned in the Wilderness, for the clouds of glory provided the people with light. A person was able to look at a barrel and know its contents. In the future, this transcendent light will become the norm (*Baraisa d'Meleches HaMishkan,* Ch. 14).

*Radak* explains this figuratively. The Divine illumination will render physical light insignificant by comparison, but *Malbim* understands this verse literally; the sun will no longer exist.

*Abarbanel* explains the light of our verse as an allegory of redemption. No longer will your freedom stem from the intervention of heavenly intermediaries; it will emanate directly from God's providence.

*The splendor of God*

*18 No longer will violence be heard of in your land, nor plunder and calamity
in your borders. And you will call [God's] salvation your protective walls, and
[His] praise will be your gateways. 19 The sun will no longer be for you the
light of day and the brightness of the moon will not illuminate for you.* H*ASHEM*
*will be an eternal light for you, and your God will be your splendor. 20 Never
again will your sun set, and your moon will not be withdrawn; for* H*ASHEM will
be unto you an eternal light, and the days of your mourning will be ended.
21 Your people will all be righteous; they will inherit the land forever; a shoot of
My planting, My handiwork, in which to glory. 22 The smallest will increase a
thousandfold, and the youngest into a mighty nation. I am* H*ASHEM, in its time
I will hasten it.*

---

**וּלְנֹגַהּ הַיָּרֵחַ לֹא־יָאִיר לָךְ** — *And the brightness of the moon will not illuminate for you.* The brightness of the moon is a reflection of the sun's rays. In the future, just as the sun will no longer exist, the reflected light that you will enjoy will emanate not from the moon, but from the righteous people and prophets, who will reflect the Divine glory that God provides them (*Malbim*).

**וְהָיָה־לָךְ ה׳ לְאוֹר עוֹלָם וֵאלֹהַיִךְ לְתִפְאַרְתֵּךְ** — *HASHEM will be an eternal light for you, and your God will be your splendor.* Your glory will come from the immense good that He will shower upon you (*Radak*). Although Hashem is the Creator of the entire universe, nonetheless He will reveal Himself as the God of Israel (*Me'am Loez*).

**20. לֹא־יָבוֹא עוֹד שִׁמְשֵׁךְ וִירֵחֵךְ לֹא יֵאָסֵף** — *Never again will your sun set, and your moon will not be withdrawn.* Never again will your sovereignty be annulled, or your glory removed (*Targum*).

**כִּי ה׳ יִהְיֶה־לָּךְ לְאוֹר עוֹלָם וְשָׁלְמוּ יְמֵי אֶבְלֵךְ** — *For HASHEM will be unto you an eternal light, and the days of your mourning will be ended.* The physical world is of an ephemeral nature; success that stems from the natural world is temporal. In contrast, the transcendent success that emanates from Divine illumination is enduring and permanent (*Me'am Loez*).

**21.** The final prophecy regarding Jerusalem during the Messianic Era concerns *your people,* the nation of Jerusalem. Their inherent righteousness will entitle them to eternally inherit the land.

**וְעַמֵּךְ כֻּלָּם צַדִּיקִים לְעוֹלָם יִירְשׁוּ אָרֶץ** — *Your people will all be righteous; they will inherit the land forever.* The Jews that survive the tumultuous Messianic Era will all be righteous, and therefore they will inherit the land forever, never again to be exiled (*Radak*).

The Mishnah (*Sanhedrin* 90a) expounds this verse as referring to the eternal life in the World to Come. They teach "All Jews have a portion in the World to Come as it says, 'And your people are all righteous.' " The custom is to recite this mishnah during the summer months, prior to studying the weekly chapter of *Ethics of the Fathers* (*Kol Bo* §40). *Maharal* explains that this custom is intended to encourage and uplift Israel in the depth of exile; when people see the nations enjoying wealth and success, they will be encouraged by the knowledge that their own fortune lies in the ultimate, enduring reward of the World to Come. Accordingly, the verse is interpreted as saying that the Jewish people, even the sinners, *will all be righteous,* provided that they have not rejected their connection to the eternal nation (such as by heresy, or a rejection of Torah or Torah scholars; see *Sanhedrin* ibid.). The Jew's association with the World to Come is by virtue of his inherent nature, even if he is lacking in the performance of good deeds (*Derech Chaim*).

This is because even the sinners among the Jewish nation have, in the depths of their hearts, a deep connection to God. Their negative actions will therefore be viewed retroactively as an aberration, rather than an expression of their essence (*Rav Tzadok, Machshevos Charutz* 4).

**נֵצֶר מַטָּעַי מַעֲשֵׂה יָדַי לְהִתְפָּאֵר** — *A shoot of My planting, My handiwork, in which to glory.* Their actions will reflect the fact that I planted them, and they will enable Me to be glorified by their existence (*Radak*), like an artisan who is praised when his products are flawless (*Ibn Ezra*).

**22. הַקָּטֹן יִהְיֶה לָאֶלֶף וְהַצָּעִיר לְגוֹי עָצוּם** — *The smallest will increase a thousandfold, and the youngest into a mighty nation.* The smallest tribe or family will grow a thousandfold (*Radak*); the youngest, or weakest, will become a mighty and powerful nation (*Me'am Loez*).

**אֲנִי ה׳** — *I am HASHEM,* i.e., I am the only One Who can make this happen (*Radak*).

**בְּעִתָּהּ אֲחִישֶׁנָּה** — *In its time I will hasten it.* When the proper time comes, I will do it in an expeditious manner (*Radak*). The Sages note the apparent contradiction. If the Redemption will come only *in its time,* then it is not being hastened, and if *I will hasten it,* then it will come *before* its preordained time. They explain that if Israel is meritorious, *I will hasten it;* but even if not, it will come *in its* [preordained] *time* (*Sanhedrin* 98a). In other words, there is a deadline beyond which the Redemption will not be delayed.

The *Vilna Gaon* says that the difficulties and tribulations foretold by the prophets and the sages that are associated with the coming of the Messiah will occur only if Israel lacks merit. But if they become meritorious all those sufferings will be unnecessary.

אֲדֹנָ֥י יֱהֹוִ֖ה עָלָ֑י יַ֡עַן מָשַׁח֩ יהוה אֹתִ֨י לְבַשֵּׂ֤ר עֲנָוִים֙ שְׁלָחַ֙נִי֙ לַחֲבֹ֣שׁ
ב לְנִשְׁבְּרֵי־לֵ֔ב לִקְרֹ֤א לִשְׁבוּיִם֙ דְּר֔וֹר וְלַאֲסוּרִ֖ים פְּקַח־קֽוֹחַ׃ לִקְרֹ֤א שְׁנַת־רָצוֹן֙
ג לַֽיהוה וְי֥וֹם נָקָ֖ם לֵאלֹהֵ֑ינוּ לְנַחֵ֖ם כָּל־אֲבֵלִֽים׃ לָשׂ֣וּם ׀ לַאֲבֵלֵ֣י צִיּ֗וֹן לָתֵת֩
לָהֶ֨ם פְּאֵ֜ר תַּ֣חַת אֵ֗פֶר שֶׁ֤מֶן שָׂשׂוֹן֙ תַּ֣חַת אֵ֔בֶל מַעֲטֵ֣ה תְהִלָּ֔ה תַּ֖חַת ר֣וּחַ
ד כֵּהָ֑ה וְקֹרָ֣א לָהֶם֙ אֵילֵ֣י הַצֶּ֔דֶק מַטַּ֥ע יהוה לְהִתְפָּאֵֽר׃ וּבָנוּ֙ חָרְב֣וֹת עוֹלָ֔ם
ה שֹׁמְמ֥וֹת רִאשֹׁנִ֖ים יְקוֹמֵ֑מוּ וְחִדְּשׁוּ֙ עָ֣רֵי חֹ֔רֶב שֹׁמְמ֖וֹת דּ֥וֹר וָדֽוֹר׃ וְעָמְד֣וּ זָרִ֔ים

**רש"י**

(א) **יען משח.** אין משיחה זו אלא לשון שררה וגדולה: **לקרוא לשבויים דרור.** כלומר, לבשר להם בשורת הגאולה: **פקח קוח.** פקח את מלקוחם ושביס והתירם: (ב) **שנת רצון.** שנת פיוס ורצוי: (ג) **אילי הצדק.** לשון אילנות; כמו, מֵהָאֵילִים אֲשֶׁר חֲמַדְתֶּם (לעיל א, כט), ומטע ה' יורה עליו:

**רד"ק**

(א) **רוח ה' עלי.** אלה הם דברי הנביא על עצמו. רוצה לומר כי הבשורות הטובות שאמר ושעתיד לומר, רוח הנבואה מאת ה' היא ששרתה עליו, ושלחו האל לבשר בהם ישראל העתידים להיות בגלות זמן ארוך, וימצאו אלה הנחמות כתובות ולא יתיאשו מן הגאולה; כי מפי ה' הם אלה הנחמות ששלחני לאומרם ולכתבם, לבשר בהם בני הגלות שהם ענוים ונשברי לב, כי סובלים הגלות לשם ה'. ואלו רצו להפרם מיחודו ומתורתו, היו כאחד מהעמים אשר הם ברשותם. וטעם משח, רבה וגדל ומנה אותי להיות שליח באלה הנחמות; וכן, וּמָשַׁחְתָּ אֶת חֲזָאֵל (מלכים א־יט, כו), תמשח לנביא תחתיך, אַל תִּגְּעוּ בִּמְשִׁיחָי (תהלים קה, טו). ולפי שמנוי המלכים הוא על ידי משיחה, נאמר למנוי אחר לשון משיחה, ואף על פי שאין שם משיחה. ופירוש יען, בעבור, כי אפשר שתשרה עליו רוח נבואה ולא ימנה אותו להיות שליח לבשר בנבואה ההיא אחרים, לפיכך אמר רוח ה' עלי יען משח אותי, כלומר מה שאני אומר ברוח נבואה שהיתה עלי בעבור כי האל מנה אותי לזה להיות שליח לבשר ענוים, לחבש לנשברי לב: **פקח קוח.** שתי מלות וענינה מלה אחת, ופירוש פתוח המאסר. ויש לפרשו כענין שתי מלות, ושיקראו לאסירים פקח, רוצה לומר שיפתחו ממאסרם. וכן יקראו להם קוח, רצונו לומר שילקחו מהגלות. ואדוני אבי זכרונו לברכה פירש כי שם המאסר קוח, לפי שהם נלקחים ונכלאים בו; כאלו אמר פתחו בית המאסר ויצאו האסירים. ויונתן תרגם, וְלִדְאֲסִירִין אִתְגְּלוֹ לְנֵיהוֹר: (ב) **לקרא שנת רצון.** שנת הגאולה שהיא שנת רצון, כמו שכתוב וּבִרְצוֹנִי רִחַמְתִּיךְ (לעיל ס, י). אבל שנות הגלות היו שנות קצף, כמו שאמר, בְקִצְפִּי הִכִּיתִיךְ (שם), ויום נקם. הוא יום גוג ומגוג, שינקם ה' בהם ובזה ינחם האל כל אבלים. ואחר כך פירש מי הם האבלים, ואמר לאבלי ציון: (ג) **לשום, פאר תחת אפר.** כי מנהג האבל לשום אפר בראשו: **שמן ששון.** וכן; שֶׁמֶן שָׂשׂוֹן מֵחֲבֵרֶיךָ (תהלים מה, ח). וזה גלה על חברו, פאר תחת אפר: **מעטה תהלה.** הוא משל, כי אין מעטה תהלה הפך רוח כהה אם לא יהיה דרך משל. כי מצאנו גם כן מעטה ולבישה ברוח; כמו, וְרוּחַ לָבְשָׁה אֶת עֲמָשַׂי (דברי הימים־א יב, יח). שמן ששון תחת אבל, כי האבל אינו סך שמן, כמו שאמר בדבר התקועית: **כהה.** תאר לנקבה, וכן וְהִיא כֵהָה (ויקרא יג, כא); פירוש, רוח קצרה וחלושה. וכן, וְכִהֲתָה כָל רוּחַ (יחזקאל כא, יב), כי רוח ישראל קצרה בגלות: **אילי הצדק.** כמו אלני, כמו שאמר מטע ה', כמו כי יבשו מאלים, להתפאר. כבר פירשנוהו: (ד) **ובנו חרבות עולם.** בזה אין בו ממך אלא באותו של מעלה בפרשת קרא בגרון (לעיל נח, א), וּבָנוּ מִמְּךָ חָרְבוֹת עוֹלָם (שם יב), וכן מתחלף בשאר המלות. ופירש, ובנו ישראל אילי הצדק, שוכר חרבות עולם שהיו חרבות מזמן רב: **שממות ראשונים.** שהיו שוממות מדורות הראשונים, הם יקוממו אותם: **וחדשו ערי חרב.** אותן הערים שהיו חרבות יחדשו אותם, והפסוק כפול במלות שונות: (ה) **ועמדו זרים.** ועמדו מעצמם, יקומו ממקומם ויבאו לעבוד אתכם ורעו צאנכם:

**מצודת דוד**

(א) **רוח וכו'.** רוח נבואה מה' היתה עלי; רצונו לומר, כל התנחומין שאני אומר לא מלבי המה כי אם בדבר ה': **יען.** בעבור כי ה' משח אותי לבשר את הענוים, ושלחני לעשות תחבושת לנשברי לב; רצונו לומר, לנבאות נחמה להמצטערים על איחור הגאולה: **לקרוא.** לנבואת על שבויי ישראל שיצאו לחפשי: **ולאסורים.** לנבאות על האסורים בגולה, שיפתח מאסרם וילקחו מן הגלות: (ב) **לקרוא.** לבשר שיבא מה' שנת רצון לישראל עת נקמה מהאומות: **לנחם.** נקמת האומות יהיה לתנחומין לאבלי ציון על הצער שסבלו: (ג) **לשום וכו'.** לשום דבר לאבלי ציון. וחוזר ומפרש מהו, ואמר, לתת להם פאר במקום האפר שהיו מתפלשין בו בזמן האבל: **שמן ששון.** כי לפעמים מושחים בשמן לרפאות המכה, לכן אמר שמן ששון העשוי להתענג: **מעטה תהלה.** עטיפת שבח והלול במקום רוח כהה וחשיכה: **וקורא להם.** כי אם יקרא אותם אילי הצדק כי יהיו גדולים כמעשה הצדק: **מטע ה'.** אשר ה' נטע אותם להתפאר בהם: (ד) **ובנו חרבות עולם.** יבנו הערים החרבות מימות עולם; רצונו לומר, מזמן רב: **שוממות ראשונים.** הערים השוממות מימים ראשונים יקומו; וכפל הדבר במילים שונות: **וחדשו.** יבנו מחדש הערים החרבות והשוממות מדור ראשון; וכפל הדבר פעמים רבות לחוזק רב: (ה) **ועמדו זרים.** הכשדים הזרים יעמדו וירעו צאנכם, ובני נכר יעבדו אתכם בחרישת השדה ועבודת הכרם:

**מצודת ציון**

(א) **יען.** בעבור: **משח.** ענין גדולה; וכן, לִמְשִׁיחוֹ לְכוֹרֶשׁ (לעיל מה, א): **לחבוש.** ענין כריכת המטלית על השבר; כמו, וְלַנִּשְׁבֶּרֶת לֹא חֲבַשְׁתֶּם (יחזקאל לד, ד): **דרור.** חפשי וחירות; כמו, וּקְרָאתֶם דְּרוֹר (ויקרא כה, י): **פקח.** ענין פתיחה; כמו, פָּקוֹחַ אָזְנַיִם (לעיל מב, כ): **קוח.** מלשון לקיחה: (ג) **מעטה.** ענין עטיפה; כמו, כְּבֶגֶד יַעְטֶה (תהלים קט, יט): **תהלה.** מלשון הלול ושבח: **כהה.** ענין עכירות וחושך; כמו, כֵּהָה הַנֶּגַע (ויקרא יג, ו): **אילי.** שם אילן גדול ויפה; כמו, מֵאֵילִים אֲשֶׁר חֲמַדְתֶּם (לעיל א, כט): **מטע.** מלשון נטיעה: (ד) **חורב.** מלשון חורבן: (ה) **זרים.** עכו"ם:

**61.**

Generations before the tribes of Judah and Benjamin were exiled, God sent Isaiah to proclaim that even in the darkest moments of exile and suffering, Israel could turn to this chapter and find the spiritual fortification to maintain their faith, and resist the urge to assimilate into their powerful host countries. Isaiah emphasized that the words were not his own; his message of hope came directly from God (*Radak*).

**1. יַעַן מָשַׁח ה' אֹתִי** — *Because HASHEM has anointed me.* He has appointed me to deliver this message (*Ibn Ezra*). The word *anointed* here is a borrowed term. Actual anointment with oil is restricted to a king or Kohen Gadol, but the word anoint is also used to connote an elevation of status. God has elevated me to be His messenger to convey these good tidings (*Radak*).

The Sages (*Vayikra Rabbah* 10:2) comment that unlike

**61** *Joyful tidings to the humbled*

*[1] The spirit of my Lord, HASHEM/ELOHIM, is upon me, because HASHEM has anointed
me to bring tidings to the humbled; He has sent me to bind up the brokenhearted,
to proclaim freedom for captives and [to proclaim] to the imprisoned release from bond-
age, [2] to proclaim a year of favor unto HASHEM and a day of vengeance for our God, to
comfort all mourners, [3] to bring about for the mourners of Zion, to give them splendor
instead of ashes, oil of joy instead of mourning, a cloak of praise instead of a dim spirit.
They will then be called "Elms of righteousness, the planting of HASHEM in which to
glory." [4] They will rebuild the ancient ruins, the wastelands of former times they will re-
store; they will renew ruined cities, generations-old wastelands. [5] Foreigners will stand*

---

all other prophets, with the exception of Moses, who were disciples of a more senior prophet, Isaiah was endowed with a direct spirit of prophecy.

**לְבַשֵּׂר עֲנָוִים שְׁלָחַנִי לַחֲבֹשׁ לְנִשְׁבְּרֵי־לֵב** — *To bring tidings to the humbled; He has sent me to bind up the brokenhearted.* The *humbled* are those who have no complaints about the difficulties of the exile; they have faith that there will be a Redemption and they anticipate it. To them, Isaiah needs only to act as the agent who brings glad tidings. The *brokenhearted,* however, are so embittered by the difficulties of the exile that they are unable to see beyond their daily strife. To them God sends Isaiah to prevent their despair and give them hope (*Malbim*).

From this verse the Sages (*Avodah Zarah* 20b) derive that the highest level of spiritual achievement is the trait of humility. Since the humbled were designated to be the recipients of the ultimate good tidings, they are on a high level (*Tosafos*). Perhaps the reason the humbled were chosen is because they can accept the Divine message with pristine clarity, without embellishment. One who attaches importance to himself will manipulate the message to suit himself.

**וְלַאֲסוּרִים פְּקַח־קוֹחַ** — *And [to proclaim] to the imprisoned release from bondage.* The translation follows *Rashi* and *Radak's* father, who relate the word קוֹחַ to לָקוּחַ, *taken* [captive].

**2. לִקְרֹא שְׁנַת־רָצוֹן לַה׳** — *To proclaim a year of favor unto HASHEM,* i.e., a year of appeasement (*Rashi*). This refers to the year of the final Redemption (*Ibn Eza, Radak*).

**וְיוֹם נָקָם לֵאלֹהֵינוּ** — *And a day of vengeance for our God.* This refers to the war of Gog and Magog (*Radak*). The Name Hashem connotes the Attribute of Mercy; the Name Elokeinu connotes the Attribute of Justice. God will display mercy to His exiles, and justice to the nations that oppress them. The appeasement will extend for an entire year; whereas there will be an entire *year of favor,* the vengeance will last only one day (*Malbim*).

**לְנַחֵם כָּל־אֲבֵלִים** — *To comfort all mourners,* i.e., the mourners of Zion, mentioned in the next verse (*Ibn Ezra, Radak*).

**3. לָשׂוּם לַאֲבֵלֵי צִיּוֹן** — *To bring about for the mourners of Zion.* The translation follows *Abarbanel.* Others translate לָשׂוּם as *to place,* referring to the *splendor instead of ashes* (*Ibn Ezra, Radak*).

**לָתֵת לָהֶם פְּאֵר תַּחַת אֵפֶר** — *To give them splendor instead of ashes.* It is customary for a mourner to place ashes upon his head (*Radak*).

The Sages (*Taanis* 16a) infer from our verse that when the court decrees a day of fasting and prayer, such as during a drought, the congregation puts ashes on the part of the head where *tefillin* are placed. The Sages refer to *tefillin* as splendor (see *Moed Katan* 15a).

**שֶׁמֶן שָׂשׂוֹן תַּחַת אֵבֶל** — *Oil of joy instead of mourning.* In earlier times people smeared oil on themselves as a luxurious indulgence. A mourner may not smear himself with oil (*Ibn Ezra, Radak*).

**מַעֲטֵה תְהִלָּה תַּחַת רוּחַ כֵּהָה** — *A cloak of praise instead of a dim spirit.* Isaiah uses the metaphor of a garment to describe the donning of the spirit. Their spirit will be "clothed" with praise (*Radak*).

**וְקֹרָא לָהֶם אֵילֵי הַצֶּדֶק מַטַּע ה׳ לְהִתְפָּאֵר** — *They will then be called "Elms of righteousness, the planting of HASHEM in which to glory."* Although Israel will become a mighty nation, they will not abuse that power; rather they will continue to act with righteousness (*Me'am Loez*). Acts of righteousness will sprout and spread out, as a mighty tree sends out its branches (*Malbim*). All this will bring glory to Hashem, Who has bestowed His Name upon them (*Radak*).

**4. וּבָנוּ חָרְבוֹת עוֹלָם שֹׁמְמוֹת רִאשֹׁנִים יְקוֹמֵמוּ** — *They will rebuild the ancient ruins, the wastelands of former times they will restore.* "They" refers to Israel, the elms of righteousness mentioned in the previous verse (*Radak*)

**וְחִדְּשׁוּ עָרֵי חֹרֶב שֹׁמְמוֹת דּוֹר וָדוֹר** — *They will renew ruined cities, generations-old wastelands.* They will not merely repair the existing structures; they will rejuvenate them to the point that their previous desolation will be unnoticeable. These structures are a metaphor for Jewish values. Isaiah foretells that the corruption that crept into mankind's worldviews will be discarded, allowing the pristine values of the Torah to flourish once again (*Malbim*).

**5-6.** Isaiah describes how in the future Israel will be able to dedicate its energy to spiritual pursuits, with their material needs being fulfilled by the nations. God's initial plan for Adam was for him to live in the Garden of Eden, free to devote himself to spiritual endeavors. Thus the situation described in these verses is merely the return to the world's original state (see *Zohar* 1:143b).

ו וְרָעוּ צֹאנְכֶם וּבְנֵי נֵכָר אִכָּרֵיכֶם וְכֹרְמֵיכֶם: וְאַתֶּם כֹּהֲנֵי יהוה תִּקָּרֵאוּ
ז מְשָׁרְתֵי אֱלֹהֵינוּ יֵאָמֵר לָכֶם חֵיל גּוֹיִם תֹּאכֵלוּ וּבִכְבוֹדָם תִּתְיַמָּרוּ: תַּחַת
בָּשְׁתְּכֶם מִשְׁנֶה וּכְלִמָּה יָרֹנּוּ חֶלְקָם לָכֵן בְּאַרְצָם מִשְׁנֶה יִירָשׁוּ שִׂמְחַת עוֹלָם
ח תִּהְיֶה לָהֶם: כִּי אֲנִי יהוה אֹהֵב מִשְׁפָּט שֹׂנֵא גָזֵל בְּעוֹלָה וְנָתַתִּי פְעֻלָּתָם
ט בֶּאֱמֶת וּבְרִית עוֹלָם אֶכְרוֹת לָהֶם: וְנוֹדַע בַּגּוֹיִם זַרְעָם וְצֶאֱצָאֵיהֶם בְּתוֹךְ

**רש״י**

**(ה) אכריכם.** מנהיגי המחרישה: **(ו) כהני ה׳.** נשיאי הקדוש ברוך הוא: **חיל גוים.** נִכְסֵי פַּלְחֵי כוֹכְבַיָּא: **תתימרו.** אתם תכנסו תחתיהם בכבוד שנטלו עד הנה: **(ז) תחת בשתכם.** שהיה משנה, אף הם כלמה ירונו תמיד חלקם. כלומר, תחת אשר עד הנה תמיד עמי היו רוננים כלמה חלקם. יש רנה שהוא אבל; כמו, קוּמִי רֹנִּי בַלַּיְלָה (איכה ב, יט), וכמו, וַיַּעֲבֹר הָרִנָּה (מלכים־א כב, לו) דאחאב: **(ח) כי אני ה׳ אוהב משפט שונא גזל בעולה.** לכך איני מקבל עולות העכו״ם, שכולן גזל: **ונתתי פעולתם.** של ישראל שתהא באמת. או ונתתי פעולתם שפעלו שכר, שסבלו גידופי העכו״ם על כבודי באמת:

**רד״ק**

**אכריכם.** עובדי שדותיכם: **וכורמיכם.** עובדי כרמיכם: **(ו) ואתם.** לא תהיו צריכים לעבוד עבודתכם, כי בני נכר יעשו אותה ותהיו פנוים לעבוד את השם; כמו הכהנים שהיו מוכנים ומזומנים לעבודת בית המקדש, כן תהיו פנוים מעסקי העולם ותתעסקו בתורת אלהים ובדברי חכמה לדעת את ה׳, חיל גוים תאכלו. וזה מלבד שיעבדו אתכם בארצם, יביאו לכם למנחה זהב וכסף וכל טוב מארצם. והחכם רבי אברהם בן עזרא פירש, והנה יהיו העכו״ם כנגד ישראל כישראל כנגד בני אהרן הכהנים, על כן חיל עכו״ם כנגד המעשר: **תתימרו.** תתגדלו ותתרוממו בכבודם שהוא ממונם: **תתימרו.** היו״ד תחת אל״ף; וכן, וַה׳ הֶאֱמִירְךָ הַיּוֹם (דברים כו, יח). ויונתן תרגם, תִּתְפַּנְקוּן: **(ז) תחת בשתכם.** שהייתם בגלות לבשת ולחרפה, ותחת אותו הבשת יהיה לכם הפכו והוא הכבוד, על פי שנים שהיה לכם בשת יהיה לכם כבוד. ויונתן תרגם, חֲלַף דִּבְהַתְהוֹן וְאִתְכְּנַעְתּוּן עַל חַד תְּרֵין בְּטַבְוָן דַּאֲמָרֵית אַיְתֵי לְכוֹן: **וכלימה ירונו חלקם.** תחת שזכר עומד במקום שנים. ותחת כלימה שהיה להם בגלות, ירונו בחלקם הטוב שאתן להם. ויונתן תרגם, וְיִתְבַּהֲתוּן עַמְמַיָּא דַהֲווֹ מִשְׁתַּבְּחִין בְּחוּלַקְהוֹן: **לכן בארצם משנה יירשו.** ולא יצטרכו לצאת מארצם לסחורה להרויח ממון, כי בארצם יירשו מטוב העולם, משנה ממה שהיה להם, ואותה השמחה תהיה להם לעולם, שלא תפסק: **(ח) כי אני ה׳ אוהב משפט.** נותן טעם למה שאמר שיתן להם משנה. אמר כי אני אוהב משפט, וזה יהיה עול ולא משפט. כי ישראל שהם מבחר הגוים ואשר דבקו בה׳ כל ימיהם וארכו להם ימי הגלות והרעה אם לא יהיה להם עוד תקוה לא יהיה משפט. ואני ה׳ אוהב משפט, אוהב שיעשו אותו בני האדם כל שכן שאעשהו אני כי אפילו בעבודתי אני שונא גזל, וזהו בעולה; כמו שאמר, וַהֲבֵאתֶם גָּזוּל (מלאכי א, ג). אם כן, על כל פנים כיון שאני אוהב משפט ושונא הפכו שהוא גזל, צריך שאגמול להם תחת גלותם ורעתם רב טובה כפליים מה שהיה להם ברעה; כי הכל סבלו לשמי. לפיכך ונתתי פעלתם באמת שכר פעלתם שפעלו ועשו לשמי אתן להם באמת, וברית עולם שלא יהיה לו הפסק: לא כברית אשר הוצאתי אותם מארץ מצרים שהיה לו הפסק: **(ט) ונודע בגוים.** כשילכו בארצות הגוים לטייל או לסחורה, אף על פי שלא יצטרכו, יהיו נודעים ונכרים לרוב הכבוד והגדולה שיהיה להם, וילכו בבגדי חופש ורקמה.

**מצודת דוד**

**(ו) כהני ה׳.** נשיאי המקום: **יאמר לכם.** יהיה נאמר עליכם: **ובכבודם תתימרו.** אתם תהיו מרוממים בהכבוד שיש עתה אל האומות כי לכם יבוא: **(ז) תחת.** במקום הבושת שהיה לכם יהיה לכם משנה פי שנים מהכבוד: **וכלימה.** ותחת הכלימה שהיה להם בגלות ירונו וישמחו בחלקם הטוב שאתן להם: **לכן.** בעבור הכלימה שהיה להם מן העכו״ם לזה יירשו בארצם ירושה כפולה ומרובה: **שמחת עולם.** כי לא יגלו עוד מארצם: **(ח) אוהב משפט.** לכן נכון הדבר שיקבלו ישראל את הטובות האלה: **שונא גזל בעולה.** אפילו בהבאת העולה אני שונא אם בא מגזל; וכמו שכתוב, וַהֲבֵאתֶם גָּזוּל וכו׳, הַאֶרְצֶה אוֹתָהּ (מלאכי א, יג): **פעולתם.** שכר פעולתם אתן באמת: **וברית עולם.** ברית המתקיים לעולם אכרות להם: **(ט) ונודע בגוים זרעם.** זרע ישראל יהיה ניכר בחשיבות: **וצאצאיהם.** הבנים היוצאים מהם יהיו נודעים בתוך העמים, וכפל הדבר במילים שונות:

**מצודת ציון**

**ורעו.** מלשון מרעה: **אכריכם.** כן יקראו החורשים בשדה; כמו, בֹּשׁוּ אִכָּרִים (ירמיה יד, ד): **וכרמיכם.** מלשון כרם: **(ו) כהני.** ענין שררה וגדולה; כמו, וּבְנֵי דָוִד כֹּהֲנִים הָיוּ (שמואל־ב ח, יח): **חיל.** עושר: **תתימרו.** ענין גדולה ורוממות; כמו, את ה׳ האמרת (דברים כו, יז) ובאה היו״ד במקום האל״ף; וכן, אֲשֶׁר יֹאמְרֻךָ לִמְזִמָּה (תהלים קלט, כ): **(ז) משנה.** כפול; כמו, וְכֶסֶף מִשְׁנֶה (בראשית מג, יב): **(ט) וצאצאיהם.** מלשון יציאה, והם הבנים:

---

**5. וְעָמְדוּ זָרִים וְרָעוּ צֹאנְכֶם** — *Foreigners will stand and tend to your flocks.* They will do so of their own accord (*Radak*). The ideal role of the nations is to enable Israel to cleave to spiritual endeavors (*Maharal, Derech Chaim*). Israel has its roots in the transcendent spiritual arena. By facilitating the soaring heights attained by the nation of Israel, the nations, too, associate themselves with the intense bond between Creator and humanity.

The Talmud (*Berachos* 35b) quotes Rabbi Shimon bar Yochai that the concept of others providing for Israel's material needs is not limited to the Messianic Era described in this verse. Rather, whenever Israel fulfills the Will of God to the fullest degree, its needs will be cared for.

*Nefesh HaChaim* (1:8) explains that in our current state, the majority of Jews are unable to maintain the lofty level necessary for such Divine assistance. However, the extraordinary few that do so will experience the promise of this verse. As *Rambam* (*Hilchos Shmittah V'Yovel* 13:12) writes, "Not only the tribe of Levi, but every person whose spirit has motivated him to separate himself and stand before Hashem and cast off the yoke of human calculations [thereby] has sanctified himself in the holiest manner and [Hashem] will provide him his necessities in this world, just as He has provided it for the Kohanim and the Levites."

**6. וְאַתֶּם כֹּהֲנֵי ה׳ תִּקָּרֵאוּ מְשָׁרְתֵי אֱלֹהֵינוּ יֵאָמֵר לָכֶם** — *And you will be called "priests of* HASHEM*"; "ministers of our God" will be said of you.* Just as the Kohanim were supported by the nation, giving them the freedom to devote their time to serve in the Temple, you will be provided for sufficiently to enable you to devote yourselves to Torah study and to gain knowledge of Hashem (*Radak*).

This relationship between Israel and the Kohanim, whereby the people support the Kohanim, will, in the future, be that of the nations and Israel (*Malbim*).

*and tend to your flocks and the sons of the stranger will be your plowmen and*
*your vineyard workers.* 6 *And you will be called "priests of* HASHEM*"; "ministers*
*of our God" will be said of you. You will eat the wealth of nations and will pride*
*yourselves in their glory.* 7 *Instead of your shame that was double and disgrace*
*that they would bemoan as their portion; therefore, they will inherit a double*
*portion in their land, and eternal gladness will be theirs.*

*Spiritual-preeminence*

8 *For I am* HASHEM*, Who loves justice and hates a burnt-*
*offering [bought] with robbery; and I will repay their deeds in truth*
*and I will seal an eternal covenant with them.* 9 *Their offspring will*
*be known among the nations, and their descendants amid the*

When Hashem offered the Torah to Israel, He promised (*Exodus* 19:6): *and you will be to Me a kingdom of priests [Kohanim].* Although the people forfeited this privilege because of their sins, this verse foretells that there will be a time when they will merit fulfillment of that promise (*Baal HaTurim,* quoting *Midrash Arakim*).

Alternatively, some translate כֹּהֲנֵי ה׳ not as Kohanim, but as *aristocrats of* HASHEM, a term referring to general nobility (*Rashi*).

**חֵיל גּוֹיִם תֹּאכֵלוּ** — *You will eat the wealth of nations.* Besides coming to your land to do your work, the nations will bring you lavish gifts (*Radak*). The nations will feel honored that Israel accepts their gifts, like someone who feels privileged when a king accepts his gift (*Me'am Loez*). *Ibn Ezra* likens these gifts to the tithes that are given by Jews to the Kohanim and Levites.

**וּבִכְבוֹדָם תִּתְיַמָּרוּ** — *And will pride yourselves in their glory.* You will attain the prominence and glory currently enjoyed by the nations (*Rashi*).

**7. תַּחַת בָּשְׁתְּכֶם מִשְׁנֶה** — *Instead of your shame that was double.* In return for the double measure of shame that you suffered during the exile, you will receive a double measure of inheritance when you are redeemed (*Ibn Ezra, Radak*).

**וּכְלִמָּה יָרֹנּוּ חֶלְקָם** — *And disgrace that they would bemoan as their portion.* The term יָרֹנּוּ, while often denoting joyous proclamation, can also refer to mournful bemoaning (*Rashi*).

Alternatively, *Instead of disgrace they will sing glad song about their portion* (*Radak*). *Targum* explains this phrase as referring to the nations, *and disgrace will consume [the nations] that formerly praised their own portion.*

**לָכֵן בְּאַרְצָם מִשְׁנֶה יִירָשׁוּ** — *Therefore they will inherit a double portion in their land. Eretz Yisrael* will yield so much prosperity that there will be no need to engage in commerce with foreign countries (*Radak*).

*Malbim* comments that God originally promised Abraham an inheritance of ten nations (see *Genesis* 15:19-21), but only seven were captured in Biblical times. The remaining three are the *double portion* referred to in this verse.

The Sages (*Chagigah* 15a) explain the *double portion* as referring to the concept that every person is created with a portion in the World to Come and a portion in *Gehinnon,* i.e., a person has the potential for great good and great evil. The righteous inherit two portions in the World to Come, their own and those of evildoers; thus they receive a *double portion.* The reverse is true of sinners.

*Beis HaLevi* (*Noach*) explains why this is so. The presence of evildoers creates an environment that is conducive to laxity in Torah observance. Thus, people who overcome these increased obstacles are entitled to receive the reward that could have gone to those whose evil created much greater challenges to righteous people. Conversely, those that sin in spite of the positive influence of the righteous deserve a twofold punishment.

**שִׂמְחַת עוֹלָם תִּהְיֶה לָהֶם** — *And eternal gladness will be theirs.* The good mentioned in this verse will be everlasting (*Radak*). *Me'am Loez* suggests that this *eternal gladness* refers to the joy of the entire world, for Israel will be the cause of much happiness for humanity at large.

**8. כִּי אֲנִי ה׳ אֹהֵב מִשְׁפָּט** — *For I am* HASHEM, *Who loves justice.* Since I love justice, I will certainly give Israel their just reward for all the travails they have borne in My Name (*Radak*).

The Sages (see *Devarim Rabbah* 5:7) derive from this verse that God's most passionate love is for justice. The purpose of creating man, a creature of free will, was to allow him to experience the consequences of his choices. It is the Attribute of Justice that facilitates this purpose (see *Rashi* to *Bereishis* 1:1).

**שֹׂנֵא גָזֵל בְּעוֹלָה** — *And hates a burnt offering* [*bought*] *with robbery.* One may rationalize that by dedicating ill-gotten profits as an offering one is returning to God what was always His; nonetheless He rejects such offerings. God wants justice, not tribute derived from dishonesty (*Succah* 30a).

If I hate theft even in an offering, all the more so do I detest the nations that plundered Israel throughout the ages (*Metzudos*).

Not giving Israel their proper reward would be tantamount to stealing from them, an act abhorred by God (*Ibn Ezra*).

**וְנָתַתִּי פְעֻלָּתָם בֶּאֱמֶת** — *And I will repay their deeds in truth.* Their reward will be commensurate with their deeds. Alternatively, I will reward the good deeds that they performed with sincerity, despite the mockery of the nations (*Rashi*).

**וּבְרִית עוֹלָם אֶכְרוֹת לָהֶם** — *And I will seal an eternal covenant with them.* Unlike the covenant that was made upon leaving Egypt, which was interrupted, the covenant I will make in the future will endure forever (*Radak*).

HAFTARAS NITZAVIM 61:10-63:9

י הָעַמִּ֑ים כָּל־רֹֽאֵיהֶם֙ יַכִּיר֔וּם כִּ֛י הֵ֥ם זֶ֖רַע בֵּרַ֥ךְ יְהוָֽה׃ ◄ שׂ֨וֹשׂ אָשִׂ֜ישׂ
בַּֽיהוָ֗ה תָּגֵ֤ל נַפְשִׁי֙ בֵּֽאלֹהַ֔י כִּ֤י הִלְבִּישַׁ֙נִי֙ בִּגְדֵי־יֶ֔שַׁע מְעִ֥יל צְדָקָ֖ה יְעָטָ֑נִי כֶּחָתָן֙
יא יְכַהֵ֣ן פְּאֵ֔ר וְכַכַּלָּ֖ה תַּעְדֶּ֥ה כֵלֶֽיהָ׃ כִּ֤י כָאָ֙רֶץ֙ תּוֹצִ֣יא צִמְחָ֔הּ וּכְגַנָּ֖ה זֵרוּעֶ֣יהָ תַצְמִ֑יחַ

**סב**

א כֵּ֣ן ׀ אֲדֹנָ֣י יֱהוִ֗ה יַצְמִ֤יחַ צְדָקָה֙ וּתְהִלָּ֔ה נֶ֖גֶד כָּל־הַגּוֹיִֽם׃ לְמַ֤עַן צִיּוֹן֙ לֹ֣א אֶֽחֱשֶׁ֔ה
וּלְמַ֥עַן יְרוּשָׁלִַ֖ם לֹ֣א אֶשְׁק֑וֹט עַד־יֵצֵ֤א כַנֹּ֙גַהּ֙ צִדְקָ֔הּ וִישׁוּעָתָ֖הּ כְּלַפִּ֥יד יִבְעָֽר׃
ב וְרָא֤וּ גוֹיִם֙ צִדְקֵ֔ךְ וְכָל־מְלָכִ֖ים כְּבוֹדֵ֑ךְ וְקֹ֤רָא לָךְ֙ שֵׁ֣ם חָדָ֔שׁ אֲשֶׁ֛ר פִּ֥י יְהוָ֖ה יִקֳּבֶֽנּוּ׃

### רש״י

**(י) בחתן.** אשר ילבש לבושי פאר ככהן גדול: **וככלה תעדה כליה.** תכשיטיה: **(יא) כי כארץ תוציא צמחה וגו׳:** **(א) למען ציון.** אעשה, ולא אחשה על מה שעשו לה: **לא אשקוט.** לא יהא שלום לפני עד יצא כנוגה צדקה: **(ב) יקבנו.** יפרשנו:

### רד״ק

יאמרו עליהם, אלו בני ישראל הם, אלו זרע ברך ה׳ הם. ובאמרם ונודע בגוים זרעם וצאצאיהם בתוך העמים, כי הם הבחורים הם שילכו לתאותם לראות ארצות העכו״ם: **(י) שוש אשיש בה׳.** אלה הם דברי ירושלם לדעת המתרגם, שתרגם, אֲמָרַת יְרוּשְׁלֵם מֶחְדָא אֶחְדֵי בְּמֵימְרָא דה׳, או הם דברי ישראל בשובם מהגלות. וכתב אדוני אבי זכרונו לברכה, בה׳ — במדת רחמים: **באלהי.** במדת הדין; ועל כן כפל שוש אשיש. ועוד כי כאשר זכר מדת רחמים, הגוף והנפש שמחים, אך במדת הדין תגל הנפש שהיא עליונית ומקבלת יסורין יותר מהגוף: **בגדי ישע מעיל צדקה.** דרך משל. והבגדים הם שילבש אותם האדם והמעיל הוא שיתעטף בו, לפיכך אמר יעטני על מעיל: **יכהן פאר.** יגדיל פארו בלבושים נאים. כי הכהן שהוא עובד האל הוא ראש העם וגדולה, לפיכך נאמרה הגדולה בלשון כהונה; וכן, וּבְנֵי דָוִד כֹּהֲנִים הָיוּ (שמואל־ב ח, יח). ויונתן תרגם, כְּחַתְנָא דְמִצְלַח בִּגְנוּנֵהּ וּכְכַהֲנָא רַבָּא דְמַתְקַן בִּלְבוּשׁוֹהִי: **כליה.** כלי תכשיטים וקשוריה: **(יא) כי כארץ.** ועוד המשיל ישועת ישראל לארץ שתוציא צמחה, כי היה הגרגיר בארץ נפסד ונשחת ואחר כך יצמח ויתחדש וישוב למה שהיה ויותר טוב ויפה בחדושו; כי ברוב החדש טוב מן הישן, ועוד כי מגרגיר אחד יצאו כמה גרגירים. כן ישראל היו ימים רבים בגלות נשחתים ונפסדים וכמעט אבדה תקותם, ויצמחו בהגיע עת הגאולה ויפרו וירבו ויוסיפו על מה שהיו במספר ובכבוד ובגדולה יותר ממה שהיו כפלי כפליים. ועוד המשיל אותם לגנה שתצמיח זרועיה זו אחר זו, שאין הירקות צומחין כאחד אלא לפי עתי השנה, ויתחדשו בה צמחים לפי עתי השנה. כן ישראל, תתחדש להם טובה אחר טובה וזה יהיה נגד כל העכו״ם, כי כולם ידעו ויכירו בטובתם שהיא גדולה על כל הטובות שבעולם: **זרועיה.** שם על כל זרע זרוע תואר ואדוני אבי זכרונו לברכה פירש כי מקצת הטובה הם מאת הבורא יתברך, והוא משל כארץ תוציא צמחה מעצמה בלא זריעה, ומקצתם שישראל זרעו בטובות שעשו, והוא משל כגנה זרועיה תצמיח שזורעים אותה ומצמחת. כן יצמיח צדקה מאתו ותהלה מזכיות ישראל: **(א) למען ציון.** אלה הם דברי ה׳ בהיות ישראל בגלות; ואמר, למען ציון אשר נקרא שמי עליה. וזכר ציון וירושלם הוא כפל ענין במלות שונות, וכן לא אחשה ולא אשקוט; כי ציון וירושלם עיר אחת אלא שהמצודה נקראת ציון: **כלפיד יבער.** כלפיד הבוער שיראו אותו מרחוק, כן צדקך וישועתך יראו אותו הגוים הרחוקים: **(ב) וראו גוים צדקך.** הצדק שיעשה האל עמך צדקך, וכבודך אמר כנגד ירושלם: **שם חדש.** כמו שאמר חפצי בה: **יקבנו.** יפרשנו; כמו, אֲשֶׁר נִקְּבוּ בְּשֵׁמוֹת (במדבר א, יז):

### מצודת דוד

**כל רואיהם.** כל הרואה אותם יכיר בהם אשר הם זרע המבורך מה׳: **(י) שוש אשיש.** אז יאמר ישראל, שוש אשיש בתשועת ה׳ תגל נפשי בעזר אלהי: **כי הלבישני וכו׳.** רצונו לומר, סבב אותי בישע ובצדקה כלבוש המסבב את הגוף וכמעיל המעטף את הלובשו: **כחתן.** כמו החתן אשר יגדיל פארו, וכמו הכלה אשר תתקשט כלי תכשיטים: **(יא) כי כארץ.** כמו הארץ מוציאה צמחה אחר שנרקב ונפסד הגרגיר הזרוע וכמו הגנה המצמחת הדברים הנזרעים בה אחר ההפסד כן יצמיח ה׳ לישראל צדקה והלול: **(א) למען ציון לא אחשה.** לא אשתוק לה עלבון שעשו לציון, שהחריבו אותה עד היסוד: **לא אשקוט.** לא יהיה מנוחה לפני עד אשר יראה הצדקה שאעשה לה כדבר המנהיר ומזריח, והישועה שאביא עליה יהיה נראה לכל כלפיד אש הבוער: **(ב) צדקך.** הצדקה שאעשה לך: **וקורא לך.** יהיה נקרא לך שם חדש אשר פי ה׳ יפרשנו, והוא חפצי בה דרושה עיר לא נעזבה האמור למטה:

### מצודת ציון

**יכירום.** מלשון הכרה: **(י) שוש אשיש.** ענין שמחה: **תגל.** מלשון גילה וששון: **ישע.** מלשון תשועה: **מעיל.** שם מלבוש מה: **יעטני.** ענין עטיפה: **יכהן.** ענין גדולה: **תעדה.** מלשון עדי וקשוט; כמו, וְעָדִית עֶדִי (יחזקאל כג, מ): **(יא) וכגנה.** מלשון גן: **זרועיה.** מלשון זרעונים: **(א) אחשה.** ענין שתיקה; כמו, הֶחֱשֵׁיתִי מֵעוֹלָם (לעיל מב, יד): **אשקוט.** ענין מנוחה: **כנוגה.** ענין הארה וזריחה: **כלפיד.** הוא העץ אשר מנדנדים בו האש, המתייבש מחום האש ומעלה שלהבת רב; וכן, וּכְלַפִּיד אֵשׁ בְּעָמִיר (זכריה יב, ו): **יבער.** ידלק: **(ב) יקבנו.** יפרש אותו; כמו, אֲשֶׁר נִקְּבוּ בְּשֵׁמוֹת (במדבר א, לא):

---

**9. וְנוֹדַע בַּגּוֹיִם זַרְעָם וְצֶאֱצָאֵיהֶם בְּתוֹךְ הָעַמִּים** — *Their offspring will be known among the nations, and their descendants amid the peoples.* This does not mean that Jews will be prominent in the Diaspora; to the contrary, in the Messianic Era all Jews will be in *Eretz Yisrael.* Rather it means that the nations coming to celebrate the festival of Succos (see *Zechariah* 14:16) will encounter the Jewish people, who will stand out prominently among the multitudes (*Ibn Ezra*).

Jews will be unique in their elegant attire (*Radak*).

Homiletically, Jews will be unique in spurning the urges of their Evil Inclination. Even their *descendants,* their young people, will be in control of their inclinations (*Me'am Loez*).

**כָּל־רֹאֵיהֶם יַכִּירוּם כִּי הֵם זֶרַע בֵּרַךְ ה׳** — *All who see them will recognize them, that they are the seed that* HASHEM *has blessed.* Wherever they go, people will comment on their wisdom and purity (*Midrash HaGadol, Eikev*). Their faces will shine like that of primordial man (*Midrash Tanchuma, Bereishis* 6).

**10-11.** Having described the glorious future of Jerusalem and Israel, Isaiah now turns to the overwhelming joy and exultation of the recipients of this glory. Most commentators ascribe this declaration to Israel. Alternatively, *Targum* understands it to refer to Jerusalem.

**10. שׂוֹשׂ אָשִׂישׂ בַּה׳ תָּגֵל נַפְשִׁי בֵּאלֹהַי** — *I will rejoice intensely with* HASHEM, *my soul will exult with my God.* The verse contains two distinct expressions of joy. The first contains

*peoples; all who see them will recognize them, that they are the seed that*
*HASHEM has blessed.*
10 *"I will rejoice intensely with HASHEM, my soul will exult with my God, for He has*
*dressed me in the raiment of salvation, in a robe of righteousness has He cloaked me,*
*like a bridegroom who exalts [himself] with splendor, like a bride who bedecks herself*
*with her jewelry.* 11 *For, as the earth sends forth its growth and as a garden sprouts forth*
*its seedlings, so will my Lord, HASHEM/ELOHIM, cause righteousness and praise to sprout*
*in the presence of all the nations."*

**62** 1 *For Zion's sake I will not be silent, and for Jerusalem's sake I will not be still,*
*until her righteousness emanates like a bright light, and her salvation blazes*
*like a torch.* 2 *Nations will perceive your righteousness and all the kings your*
*honor; and you will be called by a new name that HASHEM will pronounce.*

---

the Name *HASHEM,* the Name that connotes the Attribute of Mercy. The second contains the Name *Elokai,* the Name that connotes the Attribute of Justice, and states that the exultation is limited to the soul. *Radak,* quoting his father, notes that the joy associated with justice is felt by *my soul,* for the soul craves justice. Mercy, however, is enjoyed by both the body and the soul: *I will rejoice.* The entire being rejoices with God's Mercy, whereas only the soul, the more elevated part of man, can fully appreciate His justice.

*Malbim,* too, notes the two different words for joy. The first word, שׂוּשׂ from שָׂשׂוֹן, is an outer expression of joy, whereas the second word, תָּגֵל, from גִּילָה, refers to inner exultation. Accordingly, the Jew declares that he will openly express joy with Hashem, the Creator of the *entire* universe. Inwardly, however, he will exult with *Elokai, my* personal *God,* Who providentially oversees me.

**כְּחָתָן יְכַהֵן פְּאֵר וְכַכַּלָּה תַּעְדֶּה כֵלֶיהָ** — *Like a bridegroom who exalts [himself] with splendor, like a bride who bedecks herself with her jewelry.* A bridegroom wears lavish clothing, like a high priest who bedecks himself in ornate vestments; a bride adorns herself with her jewelry (*Rashi*). That is how God has adorned me with His salvation and righteousness.

**11. כִּי כָאָרֶץ תּוֹצִיא צִמְחָהּ וּכְגַנָּה זֵרוּעֶיהָ תַצְמִיחַ** — *For, as the earth sends forth its growth and as a garden sprouts forth its seedlings.* When a seed is planted, it rots, and only then does a beautiful plant emerge, fresher and bigger than the seed. So too, God planted Israel in the bitter exile, only for it to emerge as a nation that is greater and more manifold than it ever was (*Radak*).

*Radak*'s father explains that *the earth sends forth its growth* refers to seeds that grow spontaneously, without human intervention. This is a metaphor for charity that God performs of His own volition. Whereas *a garden sprouts forth its seedlings* refers to a garden that is planted and nurtured by human toil, a metaphor for the merit earned by people's own efforts.

**כֵּן אֲדֹנָי אֱלֹהִים יַצְמִיחַ צְדָקָה וּתְהִלָּה** — *So will my Lord, HASHEM/ELOHIM, cause righteousness and praise to sprout.* God's righteousness and praise will develop incrementally, like a plant (*Ibn Ezra*).

**62.**

While Israel is yet languishing in exile, God promises not to rest, so to speak, until their situation is rectified (*Radak*).

**1. לְמַעַן צִיּוֹן לֹא אֶחֱשֶׁה וּלְמַעַן יְרוּשָׁלַםִ לֹא אֶשְׁקוֹט** — *For Zion's sake I will not be silent, and for Jerusalem's sake I will not be still.* I will not be *silent* from exacting retribution from the nations that destroyed Jerusalem, and I will not *be still* until *her righteousness emanates* (*Rashi*).

*Zion* is another name for Jerusalem, although, more specifically, it refers to the Fortress (*Radak*). According to *Malbim,* the names Zion and Jerusalem represent two aspects of the Holy City. Zion refers to the aspect of justice and therefore refers to the Temple Mount, home of the Sanhedrin. Jerusalem refers to the aspect of Divine redemption and therefore applies to the general population of the city. Accordingly, God says, *for Zion's sake I will not be silent;* I will show the truthfulness of the values espoused in Zion. *For Jerusalem's sake I will not be still,* I will actively save Jerusalem's inhabitants from their enemies.

According to *Targum,* God says that as long as Zion and Jerusalem have not been redeemed, He will give no rest to the nations. *Rabbi Mordechai Gifter* applied this to modern history. The world is constantly preoccupied with the Jewish people in their land, as if the nations can have no rest as long as Zion and Jerusalem have not been restored to their spiritual eminence.

**עַד־יֵצֵא כַנֹּגַהּ צִדְקָהּ וִישׁוּעָתָהּ כְּלַפִּיד יִבְעָר** — *Until her righteousness emanates likes a bright light, and her salvation blazes like a torch.* Just as light is visible at a great distance, so too, your righteousness and salvation will be recognized universally (*Radak*).

**2. וְקֹרָא לָךְ שֵׁם חָדָשׁ אֲשֶׁר פִּי ה׳ יִקֳּבֶנּוּ** — *And you will be called by a new name that HASHEM will pronounce.* Most commentators explain this to refer to the name חֶפְצִי בָהּ, *My Desire Is In Her,* mentioned in verse 4 (*Radak, Metzudos, Malbim*).

*Pesikta DeRav Kahana* (148a) indicates that this new name will be ה׳ שָׁמָּה, *HASHEM Is There* (*Ezekiel* 48:35, see ArtScroll commentary there for further elaboration), which the Sages

ג־ד וְהָיִית עֲטֶרֶת תִּפְאֶרֶת בְּיַד־יהוָה °וצנוף [°וּצְנִיף ק׳] מְלוּכָה בְּכַף־אֱלֹהָיִךְ: לֹא־
יֵאָמֵר לָךְ עוֹד עֲזוּבָה וּלְאַרְצֵךְ לֹא־יֵאָמֵר עוֹד שְׁמָמָה כִּי לָךְ יִקָּרֵא חֶפְצִי־בָהּ
ה וּלְאַרְצֵךְ בְּעוּלָה כִּי־חָפֵץ יהוה בָּךְ וְאַרְצֵךְ תִּבָּעֵל: כִּי־יִבְעַל בָּחוּר בְּתוּלָה יִבְעָלוּךְ
ו בָּנָיִךְ וּמְשׂוֹשׂ חָתָן עַל־כַּלָּה יָשִׂישׂ עָלַיִךְ אֱלֹהָיִךְ: עַל־חוֹמֹתַיִךְ יְרוּשָׁלַםִ הִפְקַדְתִּי
שֹׁמְרִים כָּל־הַיּוֹם וְכָל־הַלַּיְלָה תָּמִיד לֹא יֶחֱשׁוּ הַמַּזְכִּרִים אֶת־יהוה אַל־דֳּמִי לָכֶם:
ז־ח וְאַל־תִּתְּנוּ דֳמִי לוֹ עַד־יְכוֹנֵן וְעַד־יָשִׂים אֶת־יְרוּשָׁלַםִ תְּהִלָּה בָּאָרֶץ: נִשְׁבַּע יהוָה

**רש״י**

(ד) **בעולה.** מיושבת: (ה) **כי יבעל וגו׳.** הֲרֵי כְמָה דְמִתְיַתַּב עוּלֵים עִם בְּתוּלְתָּא כֵּן יִתְיַתְּבוּן בְּגַוַּיְכִי בְּנַיְכִי: (ו) **על חומותיך ירושלים.** רבותינו דרשוהו כמשמעו, מלאכים המזכירים את ה׳ על חורבנה לבנותה, מאי אמרי? אַתָּה תָקוּם תְּרַחֵם צִיּוֹן (תהלים קב, יד), כִּי בָחַר ה׳ בְּצִיּוֹן (שם קלב, יג), כדאיתא במסכת מנחות (פז, א). ויונתן תרגם, חומותיך, אבות הראשונים, המגינים עלינו כחומה: **הפקדתי שומרים.** לכתוב ספר זכרונות, שלא ישתכח זכותם מלפני: **לא יחשו.** מלהזכיר זכותם לפני: **המזכירים את ה׳.** את זכות האבות: **אל דמי לכם.** אל תחרישו:

**רד״ק**

(ג) **והיית.** הענין כפול במלות שונות, עטרת וצניף תפארת ומלוכה יד וכף. וטעם ביד ה׳ בכף אלהיך לומר, כי הוא יחזקם לך שלא יפלו לעולם עטרת תפארתך וצניף מלכותך, כי תמיד יהיה ידו עמך לסמכם. והטעם שתהיה היא עטרת תפארת לעכו״ם שיתפארו בה ובמלכותה: (ד) **לא יאמר.** ולארצך, שאר ארץ ישראל, כי לירושלם ידבר: **חפצי בה.** כי בירושלם יהיה הכבוד: **בעולה.** על דרך משל, כי הארץ המיושבת דומה לאשה שיש לה בעל; וכשהיא שוממה היא כאלמנה שאין לה בעל. וכן אמר, הָעִיר רַבָּתִי עָם הָיְתָה כְּאַלְמָנָה (איכה א, א). ותרגום יונתן בעולה, יָתְבָא, וכן תרגם תבעל, תִּתְיַתָּב: (ה) **כי יבעל.** כי כמו שיבעל בחור בתולה, שהוא דבר נאה ומתקבל בחור שיבעל בתולה, יותר משיבעל זקן בתולה או בחור בעולה; כן ארץ ישראל, כל זמן שלא היו בניה בתוכה, אף על פי שהיו יושבים בה אומות העולם, לא היתה נקראת בעולה, כי לא היו מתקבלים בה ולא היה נאה שבתם בה; אלא כמו זקן עם בתולה או בחור עם בעולה. אבל כשישובו ישראל בתוכה, הרי היא כבעילת בחור בתולה: **ומשוש חתן על כלה.** בימי חופתה, שהוא נקרא חתן והיא כלה, ואז הוא השׂשון והשמחה ביניהם יותר כי אז הם בחדושה, כן יהיה שמחת אלהיך עליך כל הימים: (ו) **על חומותיך.** דרך הדרוש בזה ידוע, שהשומרים הם המלאכים והם מתפללים לאל על ירושלם שישיבנה לישובה. ויש מפרשים כי השומרים הם אבלי ציון שמתפללים ביום ובלילה על ירושלם. וגם יש לפרש על כל ישראל בגלותם, שהם שומרים וצופים תמיד בנין ירושלם, ומזכירים בונה ירושלם ביום ובלילה בתפלותיהם ובברכותיהם. ויונתן תרגם, הָא עַל עוֹבָדֵי אֲבָהָתָךְ צַדִּיקַיָּא קַרְתָּא דִירוּשְׁלֵם וגו׳. וכן תרגם יונתן אל תתנו דמי לו, וְלָא יִפְסוֹק דָּכְרָנְהוֹן מִן קֳדָמוֹהִי עַד דִּיתַקֵּן וְעַד דִּישַׁוֵּי יַת יְרוּשְׁלֵם תּוּשְׁבַּחְתָּא בְּאַרְעָא. ויש לפרש הפסוק כן, על חומותיך ירושלם, אמר האל לירושלם, אחר שיבנו חומותיך, אל תפחדי שיפלו עוד לעולם; כי אני (שעברו) הפקדתי עליהם שומרים כל היום וכל הלילה תמיד: **לא יחשו.** כי שאר שומרי חומות, אם הם ערים בלילה, לא יחשו מלדבר, להעיר האחד את חברו, וביום הם ישנים. אבל שומרי חומות ירושלם יהיו ערים ביום ובלילה תמיד. והשומרים הם דרך משל, כלומר, השגחת האל; כמו, עֵינֵי ה׳ אֱלֹהֶיךָ בָּהּ מֵרֵשִׁית הַשָּׁנָה וְעַד אַחֲרִית שָׁנָה (דברים יא, יב): **המזכירים את ה׳.** אמר כנגד בני הגלות, אתם שעליכם להזכיר את ה׳: **אל דמי לכם.** לא יהיה לכם דמי ושתיקה, והתפללו לפניו תמיד ושפכו לפניו לבבכם, עד יכונן ירושלם בחומותיה ובבנינה וישימה תהלה בארץ, הפך מה שהיא עתה כל ימי הגלות חרפה לגוים וקלסה לכל הארצות. ודברים אלה הם דברי האל מראש הפסוק על דרך, שׁוּבוּ בָּנִים שׁוֹבָבִים אֶרְפָּה מְשׁוּבֹתֵיכֶם הִנְנוּ אָתָנוּ לָךְ כִּי אַתָּה ה׳ אֱלֹהֵינוּ (ירמיה ג, כב); שמזרז אותם על התשובה. ומה שאמר תחילה הפקדתי, ואחר כך אמר המזכירים את ה׳, ואמר אל תתנו דמי לו, כן דרך הכתוב; כמו, וְאֶל מֹשֶׁה אָמַר עֲלֵה אֶל ה׳ (שמות כד, א) והדומים לו. ויש לפרש, כי המזכירים את ה׳ הם דברי הנביא כנגד בני הגלות; ואמר, הואיל וכל ההבטחות הטובות האלה מבטיח אותם האל, הזכירו את שמו תמיד, שפכו לפניו לבבכם עד יקבץ הגלות ויכונן ירושלם וישימה תהלה בארץ: (ז) **ואל תתנו דמי לו.** כפל ענין לחזק, ומפורש הוא בפסוק של מעלה ממנו. ואמר ״דמי לכם״, ואמר ״דמי לו״, כי כמו שהמדבר לחברו מתעסק בדברו זמן התמדת דבורו, מזקיק את את חברו להיות מאזין לו, שיתן את לבו לכל דבריו בלא דמי ובלא הפסק, והנה כשיפסוק מלדבר, תהיה השתיקה וההפסק לשומע כמו למדבר: (ח) **נשבע ה׳.** כי כאשר יזכור השבועה הוא קיום הדבר בלא תנאי. ואמר נשבע, ואמר אתן, כמו שפירשנו; כמו, וְאֶל מֹשֶׁה אָמַר עֲלֵה אֶל ה׳ (שמות כד, א). ואמר בימינו ובזרוע עזו, רוצה לומר, כי הכח והיכולת בידו לקיים השלום ולא ישלטו עוד בהם אויבים:

**מצודת דוד**

(ג) **עטרת תפארת.** רצונו לומר, תהיה שמורה בידו כעטרת תפארת: **וצניף מלוכה.** כפל הדבר במילים שונות: (ד) **לא יאמר לך.** לא יאמר עוד עליך שאת עזובה מה׳: **ולארצך.** על ארצך: **חפצי בה.** רצוני בה ואינה נעזבת ממני: **ולארצך בעולה.** לארצך יקרא מיושבת ולא שממה: **כי חפץ וכו׳.** לזאת יקרא ירושלים חפצי בה, כי חפץ ה׳ בך, ולכל הארץ בכללה יקרא בעולה, כי תבעל ותתיישב באנשים: (ה) **כי יבעל.** כמו כשבחור נושא בתולה מתיישבים יחד מבלי פירוד, כן יתיישבו בך בניך ולא יתפרדו ממך: **ומשוש.** כמו השמחה שיש להחתן על כלתו כן ישיש וכו׳: (ו) **על חומותיך.** על עסק חומותיך: **הפקדתי שומרים.** אלה השומרים כינוי על אבני ציון שאין להם עסק אחר, כי אם יתמידו בבכי ואבל כשומרי החומות שאינם זזים מן השמירה. והוסיף לומר כל היום וכל הלילה, כי מנהג שומרי החומות לישן ביום, ולא כן המה כי יבכו ויתאבלו ביום ובלילה: **תמיד לא יחשו.** אינם שותקים בשום זמן, וכפל הדבר במילים שונות: **המזכירים את ה׳.** כאלו הנביא מזרזם לומר להם, אתם המתאבלים על ציון להזכיר את המקום על בניינם, לא יהא שתיקה לכם, אלא התאבלו והזכירו את ה׳: (ז) **ואל תתנו דמי.** לא תניחו את ה׳ לשתוק מלבנותה, אלא תפצירו בו עד יכונן את ירושלים על כנה ובסיסה, וישים אותה לפאר ותהלה בקרב הארץ: (ח) **נשבע ה׳.** הנביא אומר להם בנחמה, הן נשבע ה׳ בימינו ובזרוע עוזו, והוא כפל במילים שונות:

**מצודת ציון**

(ג) **וצניף.** מלשון מצנפת העשוי לסבב את הראש: (ד) **בעולה.** מיושבת; כמו, מִבְּנֵי בְעוּלָה (לעיל נד, א): (ו) **הפקדתי.** ענין מינוי וגזברות: **לא יחשו.** לא ישתקו: **דמי.** ענין שתיקה; כמו, וַיִּדֹּם אַהֲרֹן (ויקרא י, ג): (ז) **ואל תתנו.** ואל תניחו; וכן, וְלֹא נָתַן סִיחֹן (במדבר כא, כג): **יכונן.** מלשון כן ובסיס:

(*Bava Basra* 85b) interpret as "*HASHEM* Is Her Name." Just as Hashem's Name is too sacred to be uttered, so too the Jerusalem of the future will be infinitely holy.

A name represents the essence of the being. Jerusalem will get a new name, because her essence will have none of its previous limitations.

*3 Then you will be a crown of splendor in the hand of HASHEM and a royal*
*diadem in the palm of your God. 4 It will no longer be said of you 'The Forsaken*
*One,' and of your land it will no longer be said 'Desolate Place'; for you will*
*be called 'My Desire Is In Her,' and your land [will be called] 'Inhabited,' for*
*HASHEM's desire is in you, and your land will become inhabited. 5 As a young*
*man takes a maiden in marriage, so will your children settle in you; and like a*
*bridegroom rejoicing over his bride, so will your God rejoice over you.*

*The guardians on the walls*

*6 Upon your walls, O Jerusalem, have I posted guardians; all the day*
*and all the night, continuously, they will never be silent. 'You who remind*
*HASHEM, do not be silent! 7 Do not give Him silence, until He establishes and*
*until He makes Jerusalem a source of praise in the Land.' 8 HASHEM has sworn*

---

**3.** **וְהָיִית עֲטֶרֶת תִּפְאֶרֶת בְּיַד־ה׳** — *Then you will be a crown of splendor in the hand of HASHEM.* Jerusalem will be the crown of splendor for the entire world. Hashem will place her in His *hand,* i.e., He will support her so that she remains in that position eternally (*Radak*). He will guard the city as one guards a crown of splendor (*Metzudos*).

**4.** **לֹא־יֵאָמֵר לָךְ עוֹד עֲזוּבָה** — *It will no longer be said of you "The Forsaken One."* In her time of isolation Zion declared, "*HASHEM has forsaken me*" (see 49:14). Now God is reassuring her that after her ultimate redemption she will never again be considered forsaken (*Me'am Loez*).

**כִּי לָךְ יִקָּרֵא חֶפְצִי־בָהּ** — *For you will be called "My Desire Is In Her."* Jerusalem will be the place of God's glory (*Radak*). I desire her more than any other place (*Midrash Shir HaShirim Zuta* 1:1).

**וּלְאַרְצֵךְ בְּעוּלָה** — *And your land [will be called] "Inhabited."* The term בַּעַל literally means *husband.* Inhabited land is like a woman with a husband; a desolate land is like a widow (*Radak*).

**5.** **כִּי־יִבְעַל בָּחוּר בְּתוּלָה יִבְעָלוּךְ בָּנָיִךְ** — *As a young man takes a maiden in marriage, so will your children settle in you.* Just as a young couple settles down together, so too will your children be settled in your land (*Targum*). The ideal marriage is of a *young man* and a *maiden.* So too, when the land was inhabited by foreign nations, the land was not considered as being settled, in the ideal sense; the nations were not appropriate settlers. Only the children of Israel are an appropriate match for the Holy Land (*Radak*).

The reunion of Jerusalem with its children will not be like that of a divorced couple remarrying, whose joy may be marred by emotional scars. Rather, it will have the freshness and joy of a young couple marrying for the first time, with all the freshness and joy of a new marriage (*Malbim*).

**וּמְשׂוֹשׂ חָתָן עַל־כַּלָּה יָשִׂישׂ עָלַיִךְ אֱלֹהָיִךְ** — *And like a bridegroom rejoicing over his bride, so will your God rejoice over you.* The intense joy experienced by the bridegroom during the seven days of celebration will be continuously experienced in the Messianic Era (*Radak*).

**6-7.** Having declared that He will not remain silent in the face of Zion's degradation, Hashem goes further, saying that He has appointed guardians to constantly beseech Him on behalf of Jerusalem.

**6.** **עַל־חוֹמֹתַיִךְ יְרוּשָׁלַםִ הִפְקַדְתִּי שֹׁמְרִים . . . תָּמִיד לֹא יֶחֱשׁוּ** — *Upon your walls, O Jerusalem, have I posted guardians . . . continuously, they will never be silent. Radak* offers three interpretations of the *guardians.* They are angels whom God charged with the mission of "reminding Him," as it were, to rebuild Jerusalem; they are those who were bereaved during the foreign conquests, who pray, day in day out, for the city's restoration; or they are the many Jewish communities wherever they are, who never stop praying for Jerusalem.

These are the true guardians of Zion; ultimately their tears will bring about the rebuilding of Jerusalem's walls, as the next verse goes on to promise (*Ibn Ezra*).

The Sages explain that the guardians are the angels Michael and Gabriel, the defenders of Israel. This can be inferred from *all the day, and all the night, continuously, they will never be silent,* something applicable to angels (*Maharzu, Shemos Rabbah* 18:5). The Sages (*Menachos* 87a) say that they beseech Hashem, "Arise and have mercy on Zion!" (*Psalms* 102:14), "The builder of Jerusalem is Hashem" (ibid. 147:2).

*Targum* interprets the *walls of Jerusalem* as the merits of our forefathers. God appointed angels to inscribe their righteous deeds in the Book of Remembrance, and to declare their merits verbally.

**הַמַּזְכִּרִים אֶת־ה׳ אַל־דֳּמִי לָכֶם** — *You who remind HASHEM, do not be silent!* God exhorts the guardians to fulfill their mission and constantly remind Him of Jerusalem (*Radak* ).

**7.** **וְאַל־תִּתְּנוּ דֳמִי לוֹ** — *Do not give Him silence.* The previous verse exhorted the guardians not to give themselves respite from their entreaties. Now they are urged not to allow God to remain silent, as it were. When petitioners do not give up and constantly exhort their master to act upon their pleas, the chances are much greater that they will prevail (*Radak*).

**8-9.** In the frightening *Tochachah,* Admonition, to Israel (see *Leviticus* 26:16), God warned that if the people of Israel are sinful, they will work their fields and orchards only to have their produce harvested by their enemies. In a deeper sense, the Kabbalists teach that sin allows the forces of evil to gain

בְּיָמִינ֖וֹ וּבִזְר֣וֹעַ עֻזּ֑וֹ אִם־אֶתֵּן֩ אֶת־דְּגָנֵ֨ךְ ע֤וֹד מַאֲכָל֙ לְאֹ֣יְבַ֔יִךְ וְאִם־יִשְׁתּ֤וּ בְנֵֽי־נֵכָר֙
ט תִּירוֹשֵׁ֔ךְ אֲשֶׁ֥ר יָגַ֖עַתְּ בּֽוֹ׃ כִּ֤י מְאַסְפָיו֙ יֹֽאכְלֻ֔הוּ וְהִֽלְל֖וּ אֶת־יְהוָ֑ה וּמְקַבְּצָ֥יו יִשְׁתֻּ֖הוּ
י בְּחַצְר֥וֹת קָדְשִֽׁי׃ עִבְר֤וּ עִבְרוּ֙ בַּשְּׁעָרִ֔ים פַּנּ֖וּ דֶּ֣רֶךְ הָעָ֑ם סֹ֣לּוּ סֹ֤לּוּ
יא הַֽמְסִלָּה֙ סַקְּל֣וּ מֵאֶ֔בֶן הָרִ֥ימוּ נֵ֖ס עַל־הָעַמִּֽים׃ הִנֵּ֣ה יְהוָ֗ה הִשְׁמִ֙יעַ֙ אֶל־קְצֵ֣ה הָאָ֔רֶץ
יב אִמְרוּ֙ לְבַת־צִיּ֔וֹן הִנֵּ֥ה יִשְׁעֵ֖ךְ בָּ֑א הִנֵּ֤ה שְׂכָרוֹ֙ אִתּ֔וֹ וּפְעֻלָּת֖וֹ לְפָנָֽיו׃ וְקָרְא֥וּ לָהֶ֛ם
**סג** א עַם־הַקֹּ֖דֶשׁ גְּאוּלֵ֣י יְהוָ֑ה וְלָ֙ךְ֙ יִקָּרֵ֣א דְרוּשָׁ֔ה עִ֖יר לֹ֥א נֶעֱזָֽבָה׃ מִי־זֶ֣ה ׀

### רש״י

(ט) **יאכלוהו.** מוסב על דגנך: **ישתוהו.** מוסב על תירושך: **עברו עברו בשערים.** אֲמַר נְבִיָא עֲבָרוּ וְתוּבוּ בְּתַרְעַיָא אַפְּנוּ לֵב עַמָּא לְאוֹרַח תַּקְנָא: (י) **סלו סלו המסלה.** כבשו הדרך. בטי״ן לוקמי״ן בלע״ז. סולו לשון מסלה הוא: **סקלו מאבן.** סקלו המסילה והשליכו אבני מכשול לצדדין. סקלו אישפירייא״ן בלע״ז: **מאבן.** מהיות שם אבן; וכנגד יצר הרע הוא אומר. ויש עוד לפותרו על תיקון הדרכים לקבוץ הגליות: **הרימו נס.** כלונס, פורקא בלעז. אות הוא שיקבלו אלי ויביאו לי את הגולים אללם: (יא) **הנה שכרו.** שמוכן לתת לעבדיו מוכן אתו: **ופעולתו.** שכר הפעולה שפעלו עמו לפניו הוא, מוכן לתת:

### רד״ק

**ובימינו ובזרוע עזו.** הוא כפל ענין במלות שונות, כי הימין הוא הזרוע העז באדם, וכן מדבר באל על דרך משל: (ט) **כי מאספיו.** מן הדגוש, והוא מן הקל, וכמוהו רבים. וטעם והללו את ה׳, רמז למעשר שני ונטע רבעי, וזהו כי מאספיו יאכלוהו, שהיו נאכלים לבעלים, ונטע רבעי הוא הלולים לה׳, וכן במעשר שני היה מתודה ומהלל לאל, והוא שאמר בחצרות קדשי, כי מעשר שני ונטע רבעי לא היו נאכלין אלא בירושלם לפנים מן החומה כמו שכתוב, לִפְנֵי ה׳ אֱלֹהֶיךָ תֹּאכְלֶנּוּ (דברים טו, כ), וכל העיר נקרא ״לפני ה׳ אלהיך״, וכן נקראת ״חצרות קדשי״, והחצר — כלל הבתים: (י) **עברו עברו.** הצווי כמו שפירשנו במלת סֹלּוּ סֹלּוּ (לעיל נז, יד), והכפל גם כן לחזק הענין: **בשערים.** על דרך, עִבְרוּ וָשׁוּבוּ מִשַּׁעַר לָשַׁעַר בַּמַּחֲנֶה (שמות לב, כז): **פנו דרך העם.** עם ישראל. וענין סלו ומסלה פירשנוהו גם כן שם: **סקלו מאבן.** לפירוש הראשון שפירשנו שם, יהיה פירוש סקלו מאבן שישליכו במסלות אבנים, וזהו פירוש סקלו, ומה שאמר מאבן, רוצה לומר, מאבנים גדולות סקלו אותם; ולפירוש השני, יהיה פירוש סקלו, הסרת האבנים מהדרכים: **הרימו נס על העמים.** שיבשרו אותם בכל מקום שהם בגלות. וכל זה דרך משל, לא שירימו נס ויסקלו דרכים, אלא דרך משל, כאומר, פנו דרך לפלוני שבא; כי בהגיע עת הישועה, יאמרו העמים לישראל, צאו שובו לארצכם; כאלו הרימו להם נס, כל כך תגלה הישועה לכל: (יא) **הנה ה׳, הנה שכרו אתו.** שכר טוב שישלם לישראל על הגלות שסבלו בעבור שמו הגדול: **ופעלתו לפניו.** ושכר פעלתו, ושכר שזכר עומד במקום שנים. ופירוש ופעלתו, הפעלה הטובה שעשו הם לאל בהחזיקם בגלות בתורתו ובמצותיו עם הצרות הגדולות. וכנוי וי״ו ופעלתו שב לאל, כי פעלתם היא פעלתו, כי לשמו יעשוה; וכן, וְשִׂמַּחְתִּים בְּבֵית תְּפִלָּתִי (לעיל נו, ז), כמו שפירשנו (שם). ולפניו, רוצה לומר, עמו, כי מה שעמו הוא לפניו ומה שלפניו הוא עמו. ויונתן תרגם, הָא אֲגַר עָבְדֵי מֵימְרֵיהּ עִמֵּיהּ דְּכָל עוֹבָדֵיהוֹן גְּלָן קֳדָמוֹהִי: (יב) **וקראו, דרושה.** הפך שהיו קוראים לך, צִיּוֹן הִיא דֹּרֵשׁ אֵין לָהּ (ירמיה ל, יז): **עיר לא נעזבה.** הפך מה שאמרת, עֲזָבַנִי ה׳ (לעיל מט, יד):

### מצודת דוד

**אם אתן.** ענין שבועה הוא, וגזם ולא אמר, והרי הוא כאדם האומר, כך וכך יהיה אם אעשה הדבר הזה; וכן, אַחַת נִשְׁבַּעְתִּי בְקָדְשִׁי אִם־לְדָוִד אֲכַזֵּב (תהלים פט, לו), אשר יגעת בו. בעבודתו ולאספו אל הבית: (ט) **כי מאספיו.** המאספים אותו אל הבית הם יאכלו את הדגן: **והללו את ה׳.** על השפעת הטובה: **ישתוהו.** את התירוש: **בחצרות קדשי.** רצונו לומר, בבתיהם העומדים בחצרות ירושלים עיר הקודש, ולא ישתוהו העכו״ם בארצותם: (י) **עברו עברו.** הוא מאמר הנביא אל האומות, עברו בשערי העיר ללכת השדה ופנו ממכשול את הדרך אשר ילכו בו ישראל לשוב לארצם: **סלו סלו המסילה.** הרימו והגביהו את המסלה להשוות הגומות להיות נוח ללכת: **סקלו מאבן.** השליכו משם האבנים מהיות נשאר שם אבן מכשול: **הרימו נס.** הגביהו למעלה נס לרמז את האומות להביא את ישראל לארצם: (יא) **השמיע.** שבא זמן הגאולה: **ישעך בא.** רצונו לומר בא תשועתך: **שכרו.** גמול השכר שעליו לשלם לישראל הנה מוכן אתו: **ופעולתו.** שכר הפעולה שעליו לפרוע הוא לפניו ומוכן לתתו והוא כפול במילים שונות: (יב) **להם.** לבני ציון: **גאולי ה׳.** הגאולים של ה׳: **ולך.** על ציון יאמר: **דרושה.** ה׳ דורש בשלומה ולא נעזבה ממנו:

### מצודת ציון

(ח) **עוזי.** ענין חוזק: **תירושך.** יינך; כמו, וְאָסַפְתָּ דְגָנֶךָ וְתִירֹשְׁךָ (דברים יא, יד): (ט) **מאספיו.** ענין הכנסה אל הבית; כמו, וְאֵין אִישׁ מְאַסֵּף אוֹתָם (שופטים יט, טו): **והללי.** ישבחו: (י) **פנו.** מלשון הפנה והסרה: **סלו.** ענין הרמה והגבהה ודוגמתו, סֹלּוּ לָרֹכֵב בָּעֲרָבוֹת (תהלים סח, ה): **המסילה.** ענין שביל ודרך: **סקלו.** הסירו האבנים; וכן, וַיְעַזְּקֵהוּ וַיְסַקְּלֵהוּ (לעיל ה, ב): **מאבן.** מהיות בה אבן; וכן, וַיִּמְאָסְךָ מִמֶּלֶךְ (שמואל־א טו, כג), ורצונו לומר, מהיות מלך: **נס.** כלונס ארוך ובראשו וילון:

strength and prominence, thus "robbing" God of the allegiance and service of His creatures. Measure for measure, God punishes sinners to see their own labor go to strengthen the enemies that seek their destruction. Now God promises that this will not happen in the Messianic Era.

**8. נִשְׁבַּע ה׳ בִּימִינוֹ וּבִזְרוֹעַ עֻזּוֹ** — *HASHEM has sworn by His right hand and by His powerful arm.* Hashem's *oath* signifies His commitment regardless of circumstances. These synonymous terms for God's might signify His absolute commitment and His infinite ability to ensure the reign of peace (*Radak*).

The Sages understand *His powerful arm* as His left arm (see *Nazir* 3b). *Malbim* explains that the *right hand* signifies God's miraculous intervention in return for Israel's adherence to the Torah, whereas His left hand refers to miracles even when Israel is not deserving. Accordingly, God swears, so to speak, that whether or not Israel is worthy, He will no longer allow Israel's enemies to reap her crops.

**אִם־אֶתֵּן אֶת־דְּגָנֵךְ עוֹד מַאֲכָל לְאֹיְבַיִךְ וְאִם־יִשְׁתּוּ בְנֵי־נֵכָר תִּירוֹשֵׁךְ אֲשֶׁר יָגַעַתְּ בּוֹ** — *I will no longer give your grain as food for your enemies; and the sons of strangers will not drink your wine for which you have toiled. Malbim* explains that *your enemies* refers to those who dwell in proximity to Israel, who tend to take grain for their personal consumption. *The sons of strangers* refers to invaders from distant lands, who tend to take primarily items of value that are worth transporting for commerce, such as wine.

**9. כִּי מְאַסְפָיו יֹאכְלֻהוּ וְהִלְלוּ אֶת־ה׳** — *For those who have harvested it will eat it, and will praise HASHEM.* This refers to

*by His right hand and by His powerful arm: 'I will no longer give your grain*
*as food for your enemies; and the sons of strangers will not drink your wine*
*for which you have toiled.* [9] *For those who have harvested it will eat it, and*
*will praise* HASHEM*; and those who have gathered it in will drink it in My holy*
*courtyards.'*
[10] *Go through, go through the gates; clear the way for the people; pave, pave*
*the road; clear it of stones; raise a banner over the peoples.* [11] *Behold,* HASHEM
*has announced to the ends of the earth: Say to the daughter of Zion, 'Behold,*
*your Savior has come!' Behold, His reward is with Him, and His wage is before*
*Him.* [12] *People will call them, 'the Holy People, the Redeemed of* HASHEM*'; and*
*you [Zion] will be called, 'Sought After,' 'The City Not Forsaken.'*

*The Holy People*

---

the grain mentioned in the previous verse (*Rashi, Ibn Ezra*). According to *Radak,* the verse refers specifically to *maaser sheni,* the second tithe, which was brought to Jerusalem and a special text of praise was recited in connection with it (see *Deuteronomy* 26:13-15).

Alternatively, the verse refers to *neta revai,* fruit of a tree's fourth year. The Torah describes such produce as being *sanctified to laud* HASHEM (*Leviticus* 19:24), for it is brought to Jerusalem and consumed in a spirit of sanctity and with praise to the Almighty (*Radak*).

**וּמְקַבְּצָיו יִשְׁתֻּהוּ בְּחַצְרוֹת קָדְשִׁי** — *And those who have gathered it in will drink it in My holy courtyards.* This refers to the wine mentioned in the previous verse (*Rashi, Ibn Ezra*). *My holy courtyards* refers to the entire Land of Israel (*Mahari Kara*).

*Rinas Yitzchak* explains that Jerusalem is called *My holy courtyards* because of the intense devotion to Torah and fear of Heaven that permeated its inhabitants and inspired all those who came into the city.

**10-12.** Isaiah now envisions the actual return of the exiles (*Malbim*).

**10. עִבְרוּ עִבְרוּ בַּשְּׁעָרִים פַּנּוּ דֶּרֶךְ הָעָם** — *Go through, go through the gates; clear the way for the people.* Isaiah instructs the people of Israel to go from area to area, to prepare for the arrival. *Gates* refers to inhabited areas (*Radak*).

Alternatively, this directive is addressed to the nations. Isaiah commands them to leave the gates of their cities and go to the fields, where they should remove any obstacles that prevent Israel's ascension to Zion.

**סֹלּוּ סֹלּוּ הַמְסִלָּה סַקְּלוּ מֵאֶבֶן** — *Pave, pave the road; clear it of stones.* Clear away the obstacles and potholes and make the roads passable (*Radak; Rashi*).

*Targum* interprets our verse as a metaphor for the spiritual revival necessary to herald the Messianic Era. Accordingly, *clear the way* means that Israel should direct its heart toward the proper path. *Clear the stones* means bring the good tidings of the Redemption to the righteous who have overcome their Evil Inclination, which is referred to allegorically as a stone. The Midrash explains the concept of removing stones as overcoming each individual temptation as it arises. Only in the World to Come will the Evil Inclination be uprooted entirely (*Bamidbar Rabbah* 15:12, *Tanchuma Beha'aloscha* 10).

**הָרִימוּ נֵס עַל־הָעַמִּים** — *Raise a banner over the peoples.* Raise a banner to instruct the nations to bring the Jews to their homeland (*Rashi*).

According to *Radak,* the redemption will be universally apparent, as if a banner had been raised among the nations declaring that the time has come for all to know that Israel is returning to its homeland.

**11. הִנֵּה ה׳ הִשְׁמִיעַ אֶל־קְצֵה הָאָרֶץ** — *Behold,* HASHEM *has announced to the ends of the earth* that the time of Redemption has come (*Metzudos*). The *ends of the earth* refers to the Jews living in all four corners of the earth (*Malbim*).

Alternatively, prior to the Redemption there will be Divine voices (i.e., a spiritual calling), admonishing even those at the *ends of the earth* to repent and prepare for the impending Redemption (*Me'am Loez*).

**אִמְרוּ לְבַת־צִיּוֹן** — *Say to the daughter of Zion,* i.e., the Jewish nation (*Ibn Ezra*).

**הִנֵּה יִשְׁעֵךְ בָּא** — *"Behold, your Savior has come."* Your redemption has come (*Metzudos*).

**הִנֵּה שְׂכָרוֹ אִתּוֹ וּפְעֻלָּתוֹ לְפָנָיו** — *Behold, His reward is with Him, and His wage* [lit., *His labor*] *is before Him.* God's reward for His faithful servants is *with Him,* ready to be given out (*Rashi*).

There are two aspects to fulfilling God's Will. By observing the commandments, one demonstrates his subservience to God. Additionally, performance of the commandments brings benefit to the person (see *Derech* HASHEM 1:4:5-6). Perhaps our verse alludes to both aspects. God will *reward* the faithful for their subservience to Him, and they will enjoy the *wage* of their good deeds by reaping personal spiritual growth.

According to *Malbim,* the verse refers to two reasons for Israel's redemption. One is to reward Israel. The other is for God's initial plan for Creation to materialize. Accordingly, the *reward with Him* refers to Israel's reward, and *His labor* refers to the effort, as it were, that God invests in the fulfillment of His Creation.

**12. וְקָרְאוּ לָהֶם עַם־הַקֹּדֶשׁ גְּאוּלֵי ה׳** — *People will call them, "the Holy People, the Redeemed of* HASHEM.*"* This refers to the daughters of Zion mentioned in the previous verse (*Metzudos*).

**וְלָךְ יִקָּרֵא דְרוּשָׁה עִיר לֹא נֶעֱזָבָה** — *And you [Zion] will be called "Sought After," "The City Not Forsaken."* This is in contrast

בָּא מֵאֱדוֹם חֲמוּץ בְּגָדִים מִבָּצְרָה זֶה הָדוּר בִּלְבוּשׁוֹ צֹעֶה בְּרֹב כֹּחוֹ אֲנִי
ב־ג מְדַבֵּר בִּצְדָקָה רַב לְהוֹשִׁיעַ: מַדּוּעַ אָדֹם לִלְבוּשֶׁךָ וּבְגָדֶיךָ כְּדֹרֵךְ בְּגַת: פּוּרָה |
דָּרַכְתִּי לְבַדִּי וּמֵעַמִּים אֵין־אִישׁ אִתִּי וְאֶדְרְכֵם בְּאַפִּי וְאֶרְמְסֵם בַּחֲמָתִי וְיֵז
ד נִצְחָם עַל־בְּגָדַי וְכָל־מַלְבּוּשַׁי אֶגְאָלְתִּי: כִּי יוֹם נָקָם בְּלִבִּי וּשְׁנַת גְּאוּלַי בָּאָה:

**רש"י**

**(א) מי זה בא מאדום.** נתנבא הנביא על שעיר ובצרה. אמרו רבותינו, שתי טעיות עתיד שר של שעיר לטעות; כסבור הוא שבצרה היא בצר במדבר שהיתה עיר מקלט, וטועה משום שאין קולטת אלא שוגג והוא הרג את ישראל מזיד. ועוד יש מדרש אגדה, על שהספיקה בצרה מלך לשעיר במות מלכה הראשון וימלך תחתיו יובב בן זרח מבצרה, ובצרה ממואב היא, כענין שנאמר על קריות ועל בצרה: **זה** (שהיה) **הדור בלבושו וצעה ונאזר ברוב כחו.** והקדוש ברוך הוא משיבו, אני הוא שעלתה לפני לדבר בצדקת האבות ובצדקת דורו של צרה, וצדקתי גם היא עמהם, ונגליתי להיות רב להושיע. והם אומרים מדוע אדום ללבושך? מדוע בגדיך אדומים: **(ג) ומעמים אין איש אתי.** מתייצב לפני להלחם: **ויז נצחם.** דמם, שהוא תוקפו ונצחונו של אדם: **אגאלתי.** כמו, נְגֹאֲלוּ בַּדָּם (איכה ד, יד):

**רד"ק**

**(א) מי זה בא מאדום.** נבואה זו על חורבן אדום העתיד, כמו שפירשנו בפרשת קִרְבוּ גוֹיִם לִשְׁמֹעַ (לעיל לד, א); והמשיל האל יתברך המחריבה לגבור עושה נקמה באויביו ובגדיו אדומים מדם ההרג, וכאלו אדם שואל, מי הוא זה, והוא עונה, אני מדבר בצדקה, כלומר, מה שדברתי אני בצדקתי לישראל עשיתי, כי אני רב להושיע, כלומר, רב כח להושיע ישראל; כי בחורבן אדום תהיה ישועת ישראל, כמו שפירשנו באותה פרשה: **חמוץ.** אָדום, לפי ענין הפסוק, מבצרה. בצרה היתה עיר גדולה לאדום, לפיכך כינה אדום בשם בצרה: **הדור בלבושו.** שלבש בגדי נקם: **צעה ברב כחו.** מניע ומטלטל הגוים מקצה אל קצה; וכבר פירשנו המלה בפסוק מִהַר צֹעֶה לְהִפָּתֵחַ (לעיל נא, יד): **(ב) מדוע אדום ללבושיך.** הלמ"ד כלמד לַאֲמוֹת חָמֵשׁ (דברי הימים־ב ג, יא), הָרְגוּ לְאַבְנֵר (שמואל־ב ג, ל), הַשְּׁלִשִׁי לְאַבְשָׁלוֹם (דברי הימים־ב ג, יא), והדומים להם. וכל זה דרך משל, כמו שפירשנו, שדמה האל לגבור הורג באויביו ובגדיו אדומים מן הדם. ויונתן תרגם, מָא דֵין יִסְמְקוּן טוּרִין מִדַּם קְטִילִין וּמֵשְׁרִין יְפִיקוּן כַּחֲמַר בְּמַעְצָרָא: **(ג) פורה.** והנה האל כעונה לשואלים ואומר, פורה דרכתי לבדי; הגת נקראת פורה לפי שמפררין ומרצצין בתוכה הענבים כשדורכים אותם, והמשיל הרשעים כאלו הם ענבים בגת והאל דורכם. ומה שאמר לבדי ואין איש אתי, רוצה לומר, שאין זכות לישראל, והוא היה כעוזר לאל אם היה להם זכות; וכבר פירשנו זה בפסוק וַיַּרְא כִּי אֵין אִישׁ (לעיל נט, נז): **גם מהעמים אין איש.** לעזרתי, להנקם באויבי ישראל, כי כולם היו אויביהם ובכולם אעשה נקמה: **לפיכך אדרכם באפי.** שיש לי עליהם על שהרעו לישראל שהגליתים ביניהם, ואני קצפתי מעט והם עזרו לי לרעה: **ויז נצחם.** דמה הזה על בגדי, לפיכך הם אדומים. ונקרא הדם נצח לפי שהוא חיי האדם וחזקו: **אגאלתי.** כמו הגאלתי ואל"ף תמור' ה"א הפעיל, וכן, אֶתְחַבַּר יְהוֹשָׁפָט (דברי הימים־ב כ, לה) כמו התחבר. ואגאלתי — ענין טנוף ולכלוך, וכן, לֶחֶם מְגֹאָל (מלאכי א, ז): **(ד) כי יום.** היה בלבי זמן רב עד שבאה שנת גאולי, ואז יהיה יום נקם בעמים:

**מצודת דוד**

**(א) מי זה בא.** הנביא התנבא שעתיד הקדוש ברוך הוא לעשות נקמה בשעיר תחלה; והנביא מדבר בלשון הנוהג בבני אדם לבושי בגדים, אשר בהרגם את מי נתז הדם על בגדיהם. ולזה אמר כאלו ישאלו, מי הוא זה הבא מאדום מוצבע בגדים בדם מעיר הבצורה היא כרך גדול וכו': **זה הדור בלבושו.** הלא זה היה הדור בלבושו המפואר, ומה זה נתלכלכו בדם: **צעה ברב כחו.** הלא ברוב כחו מניע ומטלטל את כל הרוצה ממקום למקום ואין מי עומד נגדו, ומה זה הדם על לבושו: **אני מדבר בצדקה.** כאלו המקום משיב לומר, אני הוא זה המדבר והמבטיח לעשות צדקה לישראל, ואני הוא המרבה להושיע כאשר הבטחתי: **(ב) מדוע אדום ללבושך.** כאלו ישאלו גם אותו, מדוע כתמים אדומים על לבושך, ובגדיך המה כבגדי הדורך בגת להוציא היין מן הענבים, שיש על בגדיו כתמים אדומים מהתזת היין: **(ג) פורה דרכתי לבדי.** כאלו המקום ישיב לומר, אני לבדי דרכתי גת הענבים; רצונו לומר, לא בזכותם כי אם בצדקתי לבד הרגתי השר להוציא דמו, כמו שדורכים בגת להוציא היין: **ומעמים.** אין מי לעמוד עמדי במלחמה: **ואדרכם.** אם כן אני דורך גם אותם באפי ואני רומס אותם בחמתי: **ויז נצחם.** ודמם טפטף על בגדי ולכלכתי כל מלבושי, וכל זה הוא דרך משל מלשון הנוהג בבני אדם: **(ד) כי יום נקם בלבי.** זמן רב היה בלבי יום הנקם: **ושנת גאולי באה.** בא זמן לגאול את עמי ולעשות הנקם:

**מצודת ציון**

**(א) חמוץ.** ענין צביעה, ואין לו דומה. ויתכן שהוא הפוך מן, תִּמְחַץ רַגְלְךָ בְּדָם (תהלים סח, כד), שהרגל הצבוע מדם נראה כפצוע: **מבצרה.** מלשון מבצר: **הדור.** ענין פאר ויופי: **צועה.** ענין הטרוד והטלטול; כמו, צֹעָה זֹנָה (ירמיה ב, כ): **(ב) ללבושך.** על לבושך: **כדורך.** מלשון דריכה ורמיסה: **בגת.** כן שם הכלי שדורכים שם הענבים להוציא היין; וכן, גַּת דָּרַךְ ה׳ (איכה א, טו): **(ג) פורה.** הגת תקרא פורה כי שם מפררים הענבים להוציא היין; וכן, חֲמִשִּׁים פּוּרָה (חגי ב, טז): **ואדרכם וארמסם.** ענינם אחד וכפל הדבר במילים שונות: **ויז.** מלשון הזאה וטפטוף: **נצחה.** הוא הדם שהוא כח האדם וחזקו, והוא מלשון, וְגַם נֵצַח יִשְׂרָאֵל (שמואל־א טו, כט): **אגאלתי.** ענין לכלוך; כמו, לֶחֶם מְגֹאָל (מלאכי א, ז) והאל"ף תחת הה"א:

---

to having been called "*She is Zion — no one cares about her*" (*Jeremiah* 30:17) and her sad plaint "*HASHEM has forsaken me*" (*Isaiah* 49:14) (*Radak*).

## 63.

**1-6.** This chapter discusses the retribution Edom will suffer for its ruthless destruction of the Second Temple and persecution of Israel throughout the current exile. In the prophetic vision, the onlooker wonders at the fate of Edom until God Himself, as it were, declares that indeed it is He himself Who punishes Edom and delivers Israel. In the metaphor, God appears as a human avenger wreaking destruction on his enemies.

**1.** **מִי־זֶה בָּא מֵאֱדוֹם** — *Who is this coming from Edom?* This question is posed by Israel (*Rashi*), or by an anonymous observer (*Radak*). *Abarbanel* comments that it is the prophet's own rhetorical question.

**חֲמוּץ בְּגָדִים מִבָּצְרָה זֶה הָדוּר בִּלְבוּשׁוֹ** — *With sullied garments from Bozrah? This One Who is majestic in His raiment?* His garments will be sullied with the blood of His enemies (*Rashi, Radak*). The word חָמוּץ can refer to anything with a vile odor and appearance (*Rashi*). Although God's "raiment" is majestic, it will now be sullied with the blood of His enemies (*Metzudos*).

Alternatively, God's *majestic raiment* refers to His manifestation as the Avenger of the harm inflicted upon His people (*Radak, Abarbanel,* see also *Zohar* 3:89). *Abarbanel*

**63**

*The Conqueror of Edom*

[1] *'Who is this coming from Edom, with sullied garments, from Bozrah? This
One Who is majestic in His raiment, girded with His abundant strength?'
'It is I, Who speaks with righteousness, abundantly able to save!'*
[2] *'Why is there red on Your raiment, and [why are] Your garments like those of
someone treading in a wine vat?'*
[3] *'I alone have trodden a winepress, not a man from the nations was with
Me; I trod on them in My anger and trampled them in My wrath, and their
lifeblood spurted out on My garments, so I soiled all My garments.* [4] *For a
day of vengeance is in My heart, and the year of My redemption has come.*

---

comments that the Attribute of Revenge is a *majestic raiment* because God's punishment fits the sin perfectly.

The commentators grapple with the identity of *Bozrah*. Some say that it is a major city in Edom (*Radak;* see also *Bamidbar Rabbah* 14:22). According to *Ibn Ezra,* although Bozrah was an actual place, it is a metaphor for any place that adopts the culture and beliefs of Edom.

The Midrash (*Bereishis Rabbah* 83:3) identifies Bozrah as the Moabite city mentioned in Genesis 36:33. After the death of the original king of Edom, his nation foundered, lacking a monarch capable of continuing her dominance. Bozrah provided such a monarch. For enabling Edom to establish herself as a uniquely vicious nation, Bozrah, too, will be punished alongside her (see *Rashi*).

The blood in this verse alludes to God's vengeance when He delivers Israel from Edom (*Rashi, Radak*).

The Sages (*Makkos* 12a) interpret that God will kill the guardian angel of Edom, who vainly tried to find refuge in Bozrah. God will act Himself, as He did when He smote the firstborn children of Egypt (*Zohar* 1:211). Each nation has an angel that God appoints to direct its affairs. The angel is the conduit of its nation's heavenly source of life. When the angel is removed, its nation fails. Thus when God kills, as it were, the angel of Edom, the nation will cease to be a world power and will become subservient to Israel.

**צֹעֶה בְּרֹב כֹּחוֹ** — *Girded with His abundant strength?* The translation follows *Rashi.* Others translate צֹעֶה as *causing to move,* i.e., God will uproot the nations from their homeland (*Radak*).

Alternatively, *Abarbanel* translates צֹעֶה as *shouting,* i.e., to those who wonder how Edom could have suffered such retribution, God will reply emphatically that it was He Who repaid the nation for its crimes.

**אֲנִי מְדַבֵּר בִּצְדָקָה רַב לְהוֹשִׁיעַ** — *It is I, Who speaks with righteousness, abundantly able to save!* Hashem answers the question of His identity, revealing that it is He, acting upon His own *righteousness* and the *righteousness* of the Patriarchs and the countless Jews who accepted martyrdom rather than renouncing their faith. Thus, He reveals Himself as the Savior of His nation (*Rashi*).

Alternatively, the *righteousness* of Israel in accepting the Torah (*Yalkut Shimoni*), or the charity given by Israel (*Midrash Tehillim* 14).

Ultimately God Himself will advocate on behalf of Israel (*Tanchuma, Ki Sisa* 32). Only He can perceive that Israel has lived up to the lofty level that is demanded of the nation representing His glory. God alone will recognize that for prevailing over its trials and travails, Israel merits its unique destiny.

**2. מַדּוּעַ אָדֹם לִלְבוּשֶׁךָ** — *Why is there red on Your raiment?* Following the metaphor of verse 1, God is likened to a mighty warrior, whose garb is red with the blood of His enemy. The name *Edom* translates literally as *red,* a color that connotes justice (see *Zohar* 2:20b). Edom's warped sense of justice, which destroys all who don't adhere to its values, will be subjected to God's ultimate justice.

**3. פּוּרָה דָּרַכְתִּי לְבַדִּי** — *I alone have trodden a winepress,* unaided by the merit of Israel (*Radak*). Although God often acts by virtue of Israel's meritorious deeds, the scale of the ultimate Redemption will transcend Israel's merit, requiring Him to act alone. In a broader sense, by acting alone, for His own sake, God reveals the depth of His connection with Israel. By choosing to become His nation, Israel created the unique relationship that goes beyond their individual merit.

**וּמֵעַמִּים אֵין־אִישׁ אִתִּי** — *Not a man from the nations was with Me.* At the time of the Redemption, none of the nations will come to the aid of Israel (*Radak*).

**וְאֶדְרְכֵם בְּאַפִּי וְאֶרְמְסֵם בַּחֲמָתִי** — *I trod on them in My anger and trampled them in My wrath. Malbim* notes the change of expression, *anger* and *wrath*: אַף, *anger,* connotes an outward expression of displeasure; חֵמָה refers to inner *wrath.* God will express His rage in two stages. Initially, He will display outer anger, to induce the nations to repent; the reference to treading grapes in a winepress symbolizes the crushing of the nations for the purpose of extracting repentance, as one removes the outer shell of the grape to reveal its inner value. When they do not respond, God will pour out His inner wrath and destroy them.

**וְיֵז נִצְחָם עַל־בְּגָדַי וְכָל־מַלְבּוּשַׁי אֶגְאָלְתִּי** — *And their lifeblood spurted out on My garments, so I soiled all My garments.* Scripture in this verse and again in verse 6 uses the term נִצְחָם, literally, *their victory,* as a reference to lifeblood. The commentators explain that blood is the strength and life source of man (*Rashi, Ibn Ezra, Radak*). For most of history it appeared that the nations who were absorbed in their own glory were successful, but when the reality of God's supremacy causes their downfall, His ultimate triumph will be revealed to all.

**4. כִּי יוֹם נָקָם בְּלִבִּי וּשְׁנַת גְּאוּלַי בָּאָה** — *For a day of vengeance is in My heart, and the year of My redemption has come.* The day

ה וְאַבִּיט וְאֵין עֹזֵר וְאֶשְׁתּוֹמֵם וְאֵין סוֹמֵךְ וַתּוֹשַׁע לִי זְרֹעִי וַחֲמָתִי הִיא סְמָכָתְנִי:
ו־ז וְאָבוּס עַמִּים בְּאַפִּי וַאֲשַׁכְּרֵם בַּחֲמָתִי וְאוֹרִיד לָאָרֶץ נִצְחָם: חַסְדֵי
יְהוָה | אַזְכִּיר תְּהִלֹּת יהוה כְּעַל כֹּל אֲשֶׁר־גְּמָלָנוּ יְהוָה וְרַב־טוּב לְבֵית יִשְׂרָאֵל
ח אֲשֶׁר־גְּמָלָם כְּרַחֲמָיו וּכְרֹב חֲסָדָיו: וַיֹּאמֶר אַךְ־עַמִּי הֵמָּה בָּנִים לֹא יְשַׁקֵּרוּ

**רש״י**

(ה) **ואביט ואין עוזר.** לישראל: **ואשתומם.** לשון שתיקה. וכבר פירשתי למעלה וישתומם כי אין מפגיע: **וחמתי היא סמכתני.** חמתי שיש לי על האומות, אשר אני קצפתי מעט על עמי, והמה עזרו לרעה היא סמכתני; חיזקה ידי ועוררה את לבי ליפרע מהם; ואף על פי שאין ישראל ראוין והגונים לגאולה: (ו) **ואבוס.** לשון מתגולל בדם ודורך ברגלים; כמו, מִתְבּוֹסֶסֶת בְּדָמָיִךְ (יחזקאל טז, ו), וכמו בֹּסְסוּ אֶת חֶלְקָתִי (ירמיה יב, י): **נצחם.** גבורת נצחונם: (ז) **חסדי ה׳ אזכיר.** הנביא אמר, אזכיר את ישראל את חסדי ה׳: **ורב טוב.** אזכיר אשר גמל לבית ישראל ברחמיו: (ח) **אך עמי המה.** אף על פי שגלוי לפני שיבגדו בי, מכל מקום עמי הם, והרי הם לפני כבנים אשר לא ישקרו:

**רד״ק**

(ה) **ואביט.** פירשנו זה הענין בפסוק וַיַּרְא כִּי אֵין אִישׁ (לעיל נט, נז); ואמר למעלה, זְרֹעוֹ וְצִדְקָתוֹ (שם), והנה אמר זרועי וחמתי זרועי כמו שפירשנו שם, וחמתי על נקם שיעשה ברשעים בזמן הישועה לפיכך סמך לו ואבוס עמים: (ו) **ואבוס.** ענין רמיסה ודריכה; כמו, בּוֹסִים בְּטִיט חוּצוֹת (זכריה י, ה): **ואשכרם בחמתי.** אשקם כוס חמתי עד שישכרו, נצחם. חזקם ותקפם: (ז) **חסדי ה׳.** אמר הנביא, על החסדים שהראה לו האל שיעשה לעתיד לעמו, אזכור לבני אדם החסדים שעשה להם בשעבר כדי שיודו וישבחו שמו. ואמר חסדים לבד, לפי שהם מרו את דברו, והוא הטיב להם בכל דור ודור, לפיכך אמר תהלות ה׳, כי על אותם החסדים ראוי להלל את ה׳. כעל כל אשר גמלנו ה׳, אזכיר אותם החסדים כמו שהיו, על כל אשר גמלנו: **ורב טוב.** שעשה לבית ישראל, אשר גמלם כרחמיו וכרוב חסדיו, לא לפי מעשיהם: (ח) **ויאמר.** כאשר לקחם לו לעם, כשהוציאם ממצרים אמר, אך עמי המה, אלה עמי הם שלקחתים מתוך עם אחר, ולקחתים לי לבנים ולא ישקרו בי לעולם, ויהי להם למושיע. כיון שהיה להם למושיע, שהושיעם ממצרים, אמר שלא ישקרו בו לעולם, ומלת אך היא לאמת הדבר; כמו, אַךְ עַצְמִי וּבְשָׂרִי אָתָּה (בראשית כט, יד), אַךְ טוֹב לְיִשְׂרָאֵל אֱלֹהִים (תהלים עג, א), והדומים להם:

**מצודת דוד**

(ה) **ואביט.** הייתי מסתכל אם אמצא עוזר, אבל אין עוזר; רצונו לומר, הסתכלתי אם יש זכות בישראל שיהיה עוזר וסעד אל הגאולה, ולא מצאתי בהם זכות: **ואשתומם.** עמדתי בתמהון והתבוננתי אם אמצא בהם זכות להיות סומך את הגאולה, ואין סומך; וכפל הדבר כמו שכתוב: **ותושע לי זרועי.** הזרוע שלי תושע לי ואם אין בהם זכות: **וחמתי.** החמה שיש לי על האומות היא תסמוך אותי לגאול את ישראל ולעשות בהם נקם: (ו) **ואבוס.** ארמוס את האומות באפי ואשכר אותם בכוס חמתי. (המשיל חמת המקום ליין המשכר המבלבל דעת האדם): **ואוריד לארץ נצחם.** את דמם אשפוך לארץ: (ז) **חסדי ה׳ אזכיר.** אמר הנביא, אזכיר את ישראל חסדי ה׳ שעשה עמהם, אשר מהראוי להרבות תהלות ה׳ כפי הראוי להללו על כל הטובה אשר גמלנו ה׳; ורב הטוב הנתון לישראל אשר גמלם כרחמיו וכרוב חסדיו, ולא בצדקותינו: (ח) **ויאמר.** כשהוציאם ממצרים אמר, אך המה לבד עמי המה ובהם בחרתי מכל העכו״ם, ולבנים יחשבו לי ולא ישקרו בי לעזבני, ולכן היה להם למושיע:

**מצודת ציון**

(ה) **ואשתומם.** ענין תמהון והתבוננות; וכן, וַיִּשְׁתּוֹמֵם כִּי אֵין מַפְגִּיעַ (לעיל נט, טז): (ו) **ואבוס.** ענין רמיסה; כמו, כְּגִבֹּרִים בּוֹסִים (זכריה י, ה): **ואשכרם.** מלשון שכרות ובלבול הדעת: **נצחה.** דמה: (ז) **גמלנו.** מלשון גמול ותשלום טובה:

---

of vengeance which has been in My heart has finally arrived (*Radak*).

There is no outward indication of the time of the day of deliverance, not even to the angels (*Sanhedrin* 99a); indeed, this concealment is a facet of the exile. God allows Edom to flourish and it seems to enjoy unending success. Only at the end of time will God take Edom to task, demanding a full reckoning of their deeds.

**5. וְאַבִּיט וְאֵין עֹזֵר וְאֶשְׁתּוֹמֵם וְאֵין סוֹמֵךְ** — *I looked, but there was no helper; I was astounded, but there was no supporter.* The term *helper* refers to Israel's meritorious deeds; *supporter* refers to its prayers and supplications (*Targum*). God is *astounded* that there is not even a righteous prayer to *support* His actions (*Malbim* 59:16).

In verse 1 God speaks of Israel's righteousness as earning its redemption, but here He says that He has no helper. Perhaps God speaks of Israel's righteousness only because it is the nation that represents His glory. Although their personal merit is insufficient to earn the ultimate Redemption, He will redeem them for His Own sake, since Israel represents God's glory

**וַתּוֹשַׁע לִי זְרֹעִי וַחֲמָתִי הִיא סְמָכָתְנִי** — *So My arm wrought salvation for Me and My wrath was a support for Me.* The salvation of God Himself, as it were — *salvation for Me* — is intertwined with the salvation of Israel. Since it is incumbent upon the Master to save His servant, God's glory is enhanced when He saves Israel (*Radak* 59:16).

*Aderes Eliyahu* (*I Chronicles* 4:10) explains that the difference between עוֹזֵר, *helper,* and מוֹשִׁיעַ, *savior,* is that a helper assists someone to do something he could not do on his own; thus the act is done in collaboration. A *savior* rescues entirely on his own. Thus God declares that since I had no one to *help* me, I acted as a *savior.*

Our verse reflects the idea expressed in Deuteronomy (9:5): *Not because of your righteousness and the uprightness of your heart are you coming to possess their Land, but because of the wickedness of these nations does* Hashem*, your God, drive them away from before you, and to fulfill the word that* Hashem *swore to your forefathers* (*Abarbanel*).

Earlier (59:16) we find an almost identical expression of God coming to Israel's assistance, but our verse speaks of God's *wrath,* while there it speaks of His *righteousness.* The difference lies in the context: there, because Israel is helpless, God's *righteousness* compels Him to act. Our verse discusses the redemption from the perspective of settling God's debt with Edom. Here, His *wrath* against the enemy motivates His actions.

*[5] I looked, but there was no helper; I was astounded, but there was no sup-*
*porter; so My arm wrought salvation for Me and My wrath was a support*
*for Me. [6] I stepped on peoples in My anger and made them drunk with My*
*wrath, and I threw their lifeblood to the ground.'*

*The prophet praises God*

*[7] I will proclaim HASHEM's kindness as the praises of HASHEM, in accordance with*
*all that HASHEM has bestowed upon us and the abundant goodness to the House*
*of Israel that He has bestowed upon them in His compassion and in His abundant*
*kindness. [8] For He said, "Indeed they are My people, children who will not be false,"*

---

**6.** וְאָבוּס עַמִּים בְּאַפִּי וַאֲשַׁכְּרֵם בַּחֲמָתִי — *I stepped on peoples in My anger and made them drunk with My wrath.* God's *wrath* is compared allegorically to wine, which causes a drunkard to lose his mental faculties. The extent of the retribution will be beyond their understanding (*Metzudos*).

*Me'am Loez* explains that this refers to the removal of Edom's free will to repent. So great was their sin of inducing Israel to transgress — both through physical coercion and seductive temptation — that they were punished by being deprived of the ability to repent, even if they had wanted to do so. Similarly, in ancient Egypt, Pharaoh was deprived of the ability to save himself from punishment by repenting. The acceptance of repentance is a gift, not a right.

Alternatively, the *peoples* of this verse refers to nations other than Edom (*Ibn Ezra*). For being complicit in Edom's corruption, they too will suffer Divine wrath.

**7.** This verse begins a prayer by Isaiah, concluding with verse 64:11 (*Rashi*).

Having prophetically witnessed God's boundless righteousness in delivering Israel and avenging their oppression, Isaiah praises Hashem to all mankind for the multitude of kindnesses that He has displayed throughout the generations (*Radak;* see also *Yalkut Shimoni* 2:833).

Alternatively, this prophecy, which continues until the end of Chapter 65, is unrelated to the previous chapters. Isaiah now addresses Israel's despair during the long and painful exile. God responds by relating the broad context of His kindness from the time of the Egyptian Exodus, until Israel's misdeeds finally compelled Him to cast them out of their Land. He assures them that ultimately a seed will sprout from Jacob that will enjoy the glorious future intended for His Chosen People (*Ibn Ezra, Abarbanel*).

חַסְדֵי ה׳ אַזְכִּיר תְּהִלּוֹת ה׳ — *I will proclaim HASHEM's kindness as the praises of HASHEM.* After prophesying about the glorious future awaiting Israel, Isaiah proclaims that Israel should also look to the past, recognizing God's enormous kindness throughout our history, even though Israel has been disobedient to Him (*Radak*). *Ibn Ezra* explains this proclamation to be the future reaction of those witnessing the ultimate Redemption.

The Sages (see *Mechilta, Beshalach* 15:13) explain that *HASHEM's kindness* in this verse refers specifically to Israel's unworthiness of the great miracles of the Exodus and the splitting of the Sea of Reeds. They point out that God's Attribute of *Kindness* was a prerequisite of Creation. The *Vilna Gaon* explains that *kindness* connotes good that one does even when one is not beholden to the recipient. *Truth* refers to benefits that are conferred in return for good (*Mishlei* 3:3). Accordingly, Creation of the world was the ultimate *kindness,* because there was as yet no living creature who could have been deserving of God's largess. Rivaling the kindness of Creation was God's kindness to Israel at the birth of their nationhood, at a time when they were devoid of merit.

כְּעַל כֹּל אֲשֶׁר־גְּמָלָנוּ ה׳ — *In accordance with all that HASHEM has bestowed upon us.* God's essence transcends human understanding; we can relate to Him only in accordance with His acts of kindness, which enable us to mention His praise (*Malbim*).

וְרַב־טוּב לְבֵית יִשְׂרָאֵל אֲשֶׁר־גְּמָלָם כְּרַחֲמָיו וּכְרֹב חֲסָדָיו — *And the abundant goodness to the House of Israel that He has bestowed upon them in His compassion and in His abundant kindness.* His *abundant goodness* to Israel stems from His own attributes of *compassion* and *kindness,* not from the nation's merit (*Radak*).

*Compassion* applies to saving someone from danger or difficulty; it ends when the beneficiary's circumstances improve. *Kindness* applies at all times, and continues even after the person is saved. God deals with Israel with both compassion and kindness.

*Abarbanel* comments that Isaiah is anticipating the nation's grievance during times of exile and suffering: Why does God ignore our travail? The prophet responds that the nation should not forget God's long history of *kindness* and His strong desire to continue His generosity. That the nation was exiled was due to its own shortcomings, and they should have absolute faith that God will end the exile with a brilliant display of love and *kindness.*

**8.** This verse reflects a central theme of Judaism: Hashem relates to Israel's travails as His own. Their oppression is His oppression. They are never alone.

וַיֹּאמֶר אַךְ־עַמִּי הֵמָּה בָּנִים לֹא יְשַׁקֵּרוּ — *For He said, "Indeed they are My people, children who will not be false."* At the time of the Exodus from Egypt, God said to Himself, "Since I have rescued them, surely they will not deal falsely with Me" (*Radak*). Indeed, it was this assumption of Israel's continued fidelity that caused Him to rescue them (*Abarbanel*).

Although God knew of their future misdeeds, He dealt with them as if they would always remain true to Him (*Mechilta, Yisro* 19:2).

ט וַיְהִי לָהֶם לְמוֹשִׁיעַ: בְּכָל־צָרָתָם | °לא [°לוֹ ק׳] צָר וּמַלְאַךְ פָּנָיו הוֹשִׁיעָם בְּאַהֲבָתוֹ
י וּבְחֶמְלָתוֹ הוּא גְאָלָם וַיְנַטְּלֵם וַיְנַשְּׂאֵם כָּל־יְמֵי עוֹלָם: ◂ וְהֵמָּה מָרוּ וְעִצְּבוּ אֶת־
יא רוּחַ קָדְשׁוֹ וַיֵּהָפֵךְ לָהֶם לְאוֹיֵב הוּא נִלְחַם־בָּם: וַיִּזְכֹּר יְמֵי־עוֹלָם מֹשֶׁה עַמּוֹ אַיֵּה |
יב הַמַּעֲלֵם מִיָּם אֵת °רֹעֵה צֹאנוֹ אַיֵּה הַשָּׂם בְּקִרְבּוֹ אֶת־רוּחַ קָדְשׁוֹ: מוֹלִיךְ לִימִין מֹשֶׁה °נ״א רֹעֵי

### רש״י

**(ט) בכל צרתם.** שהביא עליהם: **לא צר.** לא היצר להם כפי מעלליהם שהיו ראויין ללקות, כי מלאך פניו, הוא מיכאל שר הפנים, ממשמשים לפניו, הושיעם תמיד בשליחותו של מקום: **(י) והמה מרו.** הקניטו; כמו, מַמְרִים הֱיִתֶם (דברים לא, כז): **(יא) ויזכור ימי עולם משה עמו.** הנביא מתאונן ואומר בלשון תחינה, היום בגולה זוכר עמו את ימי עולם, את ימי משה, ובצרתו הוא אומר, איה משה רועם המעלם מים סוף: **את רועי צאנו.** דמיון רועה המעלה את צאנו, איה הוא אשר שם בקרב ישראל את רוח קדשו של הקדוש ברוך הוא, ולמדנו חוקים ומשפטים:

### רד״ק

**(ט) בכל צרתם לא צר.** כתוב באל״ף וקרי בוי״ו, ופירוש הכתוב, לא הרבה להם הצרה כי הושיעם ממנה, ופירוש הקרי לו, לאל צר בצרתם, על דרך, וַתִּקְצַר נַפְשׁוֹ בַּעֲמַל יִשְׂרָאֵל (שופטים י, טז); והכל דרך משל, ודברה תורה בלשון בני אדם. ויונתן תרגם, בְּכָל עִדָּן דְּחָבוּ קֳדָמוֹהִי לְאֵיתָאָה עֲלֵיהוֹן עָקָא לָא אֲעִיק לְהוֹן. ורבותינו זכרונם לברכה כתבו על הפסוק הֵן יִקְטְלֵנִי לוֹ אֲיַחֵל (איוב יג, טו), שהוא קרי וכתיב גם כן, אמרו (סוטה לא, א), לחזי האי, אי בלמ״ד אל״ף כתוב, אי בלמ״ד וי״ו כתוב, וכל היכא דכתוב למ״ד אל״ף לא הוא. אלא מעתה בכל צרתם לא צר, דכתיב בלמ״ד אל״ף, הכי נמי דלא הוא? וכי תימא הכי נמי, והא כתיב ומלאך פניו הושיעם? אלא משמע הכי ומשמע הכי, ומלאך פניו הושיעם, מסבב סבות להושיעם, והסבות יצאו מלפניו לא שיהו מקרה, והסבה תקרא מלאך. גאלם מהצרה שהם בה; כן יעשה עמהם בכל דור ודור, זהו שאמר כל ימי עולם: **וינטלם, וינשאם.** כפל ענין במלות שונות: **(י) והמה מרו.** ענין מרי; כמו, מְרִיתֶם פִּי (במדבר כז, יד): **ועצבו.** ענין הכעסה; וכן, כַּמָּה יַמְרוּהוּ בַמִּדְבָּר יַעֲצִיבוּהוּ בִּישִׁימוֹן (תהלים עח, מ). אמר, אחר שהיה גואל אותם מהצרה, המה שבו ומרו את דברו ולא שמעו לקולו; ורוח קדשו והוא דברי נביאיו הנאמרים ברוח הקדש, וכן תרגם יונתן, וְאִנּוּן סָרִיבוּ וְאַרְגִּיזוּ עַל מֵימַר נְבִיֵּי קוּדְשֵׁיהּ: **ויהפך להם לאויב.** הפך שגאלם מיד אויב, הוא נלחם בם; והיו עניניהם באים להם בדרך רעה, עד שהיו אומרים, זה מיד האלהים הוא: **(יא) ויזכור ימי עולם.** ישראל בגלות בעתות הצרה הוא זוכר ימים מקדם, זהו ימי עולם, כששלח משה לעמו. ועמו, חסר למ״ד השמוש; כמו, וַיָּבֹא יְרוּשָׁלַם (שמואל־ב י, יד), והדומים לו. ואמר הנביא בדרך הנבואה, כי ישראל זוכר בגלות אותם הימים, ואומר, הנה ישראל במצרים היו רבים בהם עובדי עכו״ם, כמו שמפורש בספר יחזקאל (כ, ח). ואף על פי כן, כיון שראה את עניים רחם עליהם, ואמר, וַיִּשְׁמַע אֱלֹהִים אֶת נַאֲקָתָם (שמות ב, כד); ונגלה למשה ואמר, רָאֹה רָאִיתִי אֶת עֳנִי עַמִּי אֲשֶׁר בְּמִצְרָיִם (שם ג, ז), ושלחו להם ועשה עמהם אותות ומופתים והוציאם ממצרים וגאלם; ואף על פי כן, כשרדפו מצרים אחריהם לא זכרו הנפלאות שעשה עמהם, ואמרו, הֲמִבְּלִי אֵין קְבָרִים בְּמִצְרַיִם וגו׳ (שם יד, יא), ואף על פי כן העבירם בים ביבשה, והעלה מן הים, וַיְכַסּוּ מַיִם צָרֵיהֶם (תהלים קו, יא), ולפיכך הם תמהים בגלות ואומרים: **איה המעלם מים את רועי צאנו.** עם רעי צאנו והם משה ואהרן? ואף על פי שאנו חוטאים לפניו, הלא גם אבותינו חטאו והיה מושיעם בעת צרתם; למה ארך לנו זה הגלות כל כך, עד שנצטרך לומר, איה הוא המושיע את אבותינו? כאלו היום אינו נמצא: **איה השם בקרבו את רוח קדשו.** שישלח בהם רוח נבואה; מלבד משה אהרן ומרים היו שבעים זקנים שנחה עליהם רוח נבואה; גם ביום מעמד הר סיני היו כולם נביאים; ומי שעשה עמהם כל זה איה הוא עתה? והנה עתה נסתלק רוח נבואה משמתו חגי זכריה ומלאכי, שאלו היו עמנו נביאים היו מודיעים לנו קץ הגאולה, והיה לנו נחת רוח בזה; אבל אנחנו זה כמה שנים בגלות; אֵין עוֹד נָבִיא וְלֹא אִתָּנוּ יֹדֵעַ עַד מָה (תהלים עד, ט): **המעלם.** בצר״י, ומנהג הפעל בקמץ עם מ״ם הפעלים, כמו אֵינֶנִּי רֹצָם (ירמיה יד, יב). והמפרשים פירשו ויזכר על האל יתברך, ועל הדרך הזה תרגם יונתן, וְחָס עַל יְקַר שְׁמֵיהּ בְּדִיל דְּכְרַן טָבְוָתֵיהּ וגו׳: **(יב) מוליך לימין משה.** עתה ספר איך העלם מים, ואיך ירדו בתוך הים; ואף על פי שהוא ידוע, אומר כן להגדיל הספור ולהודות האל יתברך, כי בנס גדול ופלא מופלא היה,

### מצודת דוד

**(ט) בכל צרתם.** בכל זמן שהיו בצרה היה לו צר: **ומלאך פניו.** מלאך המשמש לפניו הושיעם בשליחות המקום: **באהבתו.** בעבור אהבתו להם וחמלתו עליהם גאלם מן הצרה הבאה: **וינטלם.** סבל משאם לתת די מחסורם כל ימי עולם בכל שני הדורות: **(י) והמה מרו.** רצונו לומר, לא כן היה כפי מה שחשב אשר לא ישקרו בו, כי המה מרו בו ועצבו לפני רוח קדשו: **ויהפך.** אז נהפך להם לאויב להביא עליהם הרעות והוא נלחם בם ולא באו במקרה: **(יא) ויזכור.** בגלות יזכור ישראל את ימי עולם שהיה מקדם כששלח את משה לעמו, וחסרה למ״ד השמוש במלת עמו: **איה המעלם מים.** רצונו לומר, יאמרו איה הוא המעלה אותם מן הים עם רועה צאנו; רצונו לומר, על ידי משה שהיה מנהיג את עמו, וכאלו יאמרו, מדוע לא יעשה עמנו כזאת גם היום: **איה השם וכו׳.** איה הוא השם בקרב משה את רוח הנבואה: **(יב) מוליך.** מוסב על מלת איה, לומר; איה המוליך לימין משה את זרוע תפארתו; רצונו לומר, חוזק ה׳ היתה מוכנת למשה בכל עת חפצו: **בוקע.** איה הבוקע מפניהם מי הים והירדן לעשות לעצמו שם גבורה עד עולם:

### מצודת ציון

**(ט) ובחמלתו.** מלשון חמלה ורחמנות: **וינטלה.** ענין סבל המשא; כמו, כִּי נָטַל עָלָיו (איכה ג, כח), ולתוספות ביאור אמר וינשאם: **(י) מרו.** מלשון מרי ומרד:

---

**9. בְּכָל־צָרָתָם לא [לוֹ] צָר** — *In all their troubles He is troubled,* The reading of this verse is, לוֹ, *to Him,* i.e., He was troubled when they were troubled. This differs from the spelling, לא, *is not,* i.e., *He was not troubled* when they were troubled; He was unconcerned by their suffering. The commentaries relate to both interpretations. When Israel experiences difficulties, *He is troubled;* He feels constrained, so to speak, as Scripture states (*Judges* 10:16), *His spirit could not tolerate the travail of Israel* (*Ibn Ezra, Radak*).

*Targum* and *Rashi* interpret the phrase based on the spelling. Even when He brought punishments upon them, He would never do so to the full extent of their sins: *In all their troubles, He would not trouble them* as much as they deserved.

The Sages teach, "God is compared to Israel's twin. When one twin encounters pain it is felt by the other" (*Shemos Rabbah* 2:5). Close relatives feel each other's distress; God reacts to Israel the same way (*Tomer Devorah* 4). He does not merely feel for Israel the way one feels for a friend. Rather He is equally hurt, so to speak, by our pain (*Tanna d'Vei Eliyahu* 18).

In a deeper sense, the two interpretations are inextricably bound. By making their travails His, they are inevitably diminished. *Nefesh HaChaim* (2:11) writes that someone in distress should direct the focus of his prayers toward the

*and He became their Savior.* [9] *In all their troubles He is troubled, so an angel before*
*Him saved them. With His love and with His compassion He redeemed them; He*
*lifted them and bore them all the days of the world.*
[10] *But they rebelled and distressed His Holy Spirit; so He changed toward them*
*into an enemy; He fought with them.* [11] *They [then] remembered the days of old,*
*of Moses [with] His people: Where is the One Who brought them out of the Sea*
*together with the shepherds of His flock? Where is the One Who infused His Holy*
*Spirit in their midst?* [12] *Who caused His splendrous arm to go at Moses' right side?*

*Kindness through the centuries*

Divine suffering, rather than toward his own pain. Doing so will facilitate the ultimate salvation from his travails.

**וּמַלְאַךְ פָּנָיו הוֹשִׁיעָם** — *So an angel before Him saved them.* The *angel before Him,* i.e., the angel Michael, who serves in the Inner Sanctum of the Divine, as it were (*Rashi*).

Alternatively, the *angel* refers to the natural circumstances that God brings about to remove the affliction (*Radak*).

**בְּאַהֲבָתוֹ וּבְחֶמְלָתוֹ הוּא גְאָלָם** — *With His love and with His compassion He redeemed them.* Although God conceals His presence, He nevertheless sustains Israel with an *angel,* i.e., through the mask of the natural world. When the time for Redemption comes, it is He, in His glory, Who redeems them, unbound by the constraints of nature (*Malbim;* see also *Abarbanel*).

**וַיְנַטְּלֵם וַיְנַשְּׂאֵם כָּל־יְמֵי עוֹלָם** — *He lifted them and bore them all the days of the world.* He *lifted* them out of their ordeal, and *bore* them, i.e., sustained them during their years in *Eretz Yisrael* (*Ibn Ezra*). *Abarbanel* explains *all the days of the world* as referring to God's sustaining Israel throughout the generations.

**10-14.** After speaking of God's kindness, as mentioned in verse 7, Isaiah now elucidates *the praises of HASHEM* (ibid.) that Israel proclaims. The nation contrasts its own imperfect behavior with God's graciousness.

**10. וְהֵמָּה מָרוּ וְעִצְּבוּ אֶת־רוּחַ קָדְשׁוֹ** — *But they rebelled and distressed His Holy Spirit. His Holy Spirit* refers to His commandments conveyed to them by His prophets (*Targum, Radak*). This contrasts with God's assumption (v. 8) of Israel as *children who will not be false* (*Metzudos*). *Ibn Ezra* notes that some refer this term to God's messengers such as Moses, as we see in the next few verses.

**וַיֵּהָפֵךְ לָהֶם לְאוֹיֵב הוּא נִלְחַם־בָּם** — *So He changed toward them into an enemy; He fought with them.* God would orchestrate events to their detriment, to the point that it was obvious that only He had the power to do so (*Radak*).

When Israel is worthy, God fights on their behalf; when they are not worthy, He fights against them (*Tanchuma, Beshalach* 15). When Israel's conduct reflects its unique role, He oversees their success. When they ignore their lofty calling, He takes them to task.

Initially, He was *distressed* that He must punish them, as a father is troubled when he must punish his beloved child. But when they continued their rebellion, He rejoiced at their downfall at the hands of their enemies. Eventually He waged war against them Himself (*Malbim*).

**11.** In the depths of despair, Israel wistfully recalls the bygone era when God miraculously revealed His presence through the hand of Moses (*Rashi, Radak*). According to *Abarbanel,* Israel recalls this in the context of mentioning its waywardness; they transgressed in spite of all the wondrous good that He performed for them.

**וַיִּזְכֹּר יְמֵי־עוֹלָם מֹשֶׁה עַמּוֹ** — *They [then] remembered the days of old, of Moses [with] His people.* The translation follows *Ibn Ezra.* Israel remembers the miracles that God performed through Moses in Egypt.

Alternatively, *of Moses [who was sent to] His people* (*Radak*).

Most commentaries understand the term *His people* as referring to *they remembered.* Accordingly, the verse is saying *His people [then] remembered the days of old, of Moses* (*Rashi, Mahari Kara*).

**אַיֵּה הַמַּעֲלֵם מִיָּם אֵת רֹעֵי צֹאנוֹ** — *Where is the One Who brought them out of the Sea together with the shepherds of His flock?* The translation follows *Radak.* Alternatively, it reads *through the shepherds of His flock,* i.e., He performed the miracle at the Sea through Moses and Aaron (*Mahari Kara, Metzudos*).

**אַיֵּה הַשָּׂם בְּקִרְבּוֹ אֶת־רוּחַ קָדְשׁוֹ** — *Where is the One Who infused His Holy Spirit in their midst?* Where is God, Who infused Israel with His Holy Spirit through Moses, who transmitted God's commandments to the people (*Rashi*). Alternatively, God infused Moses with His Holy Spirit (*Ibn Ezra*).

According to *Radak,* Israel asks why God doesn't deal with them in the current exile the way He did during the Egyptian exile. Although most Jews served idols in Egypt (see *Ezekiel* 20:7-9), God saw their suffering and had mercy upon them, sending Moses to redeem them. Moreover, in spite of having experienced the miracles of the Exodus, Israel at the Sea of Reeds had the temerity to question whether God would save them from the advancing Egyptian army. Yet He nevertheless demonstrated His forbearance and rescued them by splitting the Sea. Now, in the darkness of their exile Israel wonders why God doesn't overlook their errant ways, and redeem them now as He did then. Furthermore, why does He not infuse them with His spirit of prophecy, as He did after the Exodus, and enlighten them by revealing the time of their Redemption? (*Radak*).

*Abarbanel* interprets *the shepherds of His flock* as referring to Isaiah and his contemporaries, Hosea, Amos, and Micah. Accordingly, Israel speaks to Isaiah and recalls *the days of old,* of Moses, and asks, "*Where is the one* [Moses]

יג זְרוֹעַ תִּפְאַרְתּוֹ בּוֹקֵעַ מַיִם מִפְּנֵיהֶם לַעֲשׂוֹת לוֹ שֵׁם עוֹלָם: מוֹלִיכָם
יד בַּתְּהֹמוֹת כַּסּוּס בַּמִּדְבָּר לֹא יִכָּשֵׁלוּ: כַּבְּהֵמָה בַּבִּקְעָה תֵרֵד רוּחַ יהוה
טו תְּנִיחֶנּוּ כֵּן נִהַגְתָּ עַמְּךָ לַעֲשׂוֹת לְךָ שֵׁם תִּפְאָרֶת: הַבֵּט מִשָּׁמַיִם וּרְאֵה
מִזְּבֻל קָדְשְׁךָ וְתִפְאַרְתֶּךָ אַיֵּה קִנְאָתְךָ וּגְבוּרֹתֶךָ הֲמוֹן מֵעֶיךָ וְרַחֲמֶיךָ
טז אֵלַי הִתְאַפָּקוּ: כִּי־אַתָּה אָבִינוּ כִּי אַבְרָהָם לֹא יְדָעָנוּ וְיִשְׂרָאֵל לֹא יַכִּירָנוּ

### רש״י

(יב) **מוליך לימין משה זרוע תפארתו.** הקדוש ברוך הוא היה מוליך לימין משה את זרוע גבורתו, בכל עת שהיה צריך לעזרתו של הקדוש ברוך הוא היה זרועו מוכן לימינו: (יג) **כסוס במדבר.** שאינו נכשל לפי שהיא ארץ חלקה, כן לא נכשלו בתהום: (יד) **כבהמה.** אשר בבקעה תרד. ובקעה היא ארץ חלקה ואין בה מכשול; קנפיי״א בלעז: **תרד.** תתפשט; כמו, לְרַד לְפָנָיו גּוֹיִם (לעיל מה, א). כן רוח ה׳ תניחנו לתהום ועשה בו דרך כבושה: **כן נהגת עמך.** כן היה הכל כמו שאמרנו נהגת עמך, (טו) איה קנאתך. הראשונה: **המון מעיך.** שהיו רגילים להמות עלינו כאשר מאז, כענין שנאמר, עַל כֵּן הָמוּ מֵעַי לוֹ (ירמיה לא, יט). והמון רחמיך הראשונים אלינו, עתה התאפקו נתחסנו מהיות הומים עלינו כאשר מאז: **התאפקו.** כמו, וַיִּתְאַפַּק וַיֹּאמֶר שִׂימוּ לָחֶם (בראשית מג, לא). נתאפק, ולא הכירו את אשר נכמרו רחמיו אל אחיו: (טז) **כי אתה אבינו.** ועליך להביט ולראות בצרותינו: **כי אברהם לא ידענו.** בצרת מצרים: **וישראל לא יכירנו.** במדבר כי כבר נסתלקו מן העולם, ואתה ה׳ אבינו בכולם נעשית לנו אב. ורבותינו דרשו בו כמו שדרשו במסכת שבת:

### רד״ק

שהיה מוליך זרוע תפארתו לימין משה, שהיה בימינו המטה, ואיך היה מטה משה בוקע הים? אלא שהאל היה מוליך לימינו זרוע תפארתו, והיה בוקע הים מפניהם, פירוש, מפני ישראל, כדי שיעברו בתוכו: **לעשות לו שם עולם.** שיזכרו אותו כל העמים על זה הדבר הגדול וייראו ממנו, כמו שאמר, שָׁמְעוּ עַמִּים יִרְגָּזוּן (שמות טו, יד); כי לא היה צריך זה להעביר ישראל לפאה האחרת, כי מאותה הפאה שנכנסו לאותה הפאה עצמה יצאו, אלא עשה זה להראות ידו הגדולה ולהראות כי בידו הכל, אפילו להפך הטבעים היסודיים, וזהו תפארת לו ושם עולם; וכל זה הראה על ידי משה וישראל עמו מאהבתו אותם: (יג) **מוליכם.** עוד ספר גודל הנס, שלא תאמר, אף על פי שהיה יבש קרקע הים, לא היה כל כך יבש שיהיו יכולים ללכת בו בחוזקה או לרוץ בו. לפיכך אמר מוליכם בתהומות כסוס במדבר, הוליכם באותם התהומות כמו הסוס הרץ במדבר, שהוא ארץ המישור, ואין שם לא אבן ולא טיט שיהיה לו מכשול, כן היו הם יכולין לרוץ באותו קרקע הים, כל כך נתקשה הקרקע בים כרגע, ולא נכשלו בו: (יד) **כבהמה.** והמשיל עוד לכתם בקרקע הים, ואמר כי הם ירדו בתוך הים כמו שתרד הבהמה בבקעה בלי עמל, כי המורָד מעט, וההליכה בבקעה נוחה כי היא דרך מישור: **רוח ה׳ הניחנו.** הכנוי לעמך שזוכר אחר כן; כמו, וַתִּרְאֵהוּ אֶת הַיֶּלֶד (שמות ב, ו), והדומים לו. אמר, רוח ה׳ הניח עמך מצריו והרודפים אחריו. ואמר רוח ה׳ כמו רוחך; וכן, וְאֶל מֹשֶׁה אָמַר עֲלֵה אֶל ה׳ (שמות כד, א). ומלת כן מוסב לדמיון כבהמה שזוכר, וענין הפסוק כן, כבהמה בבקעה תרד כן נהגת עמך ורוח ה׳ תניחנו. ויונתן תרגם תניחנו כמו תנחנו, מן נְחֵה אֶת הָעָם (שם לב,לד), כְּבְעִירָא דִּבְמֵישְׁרָא מִדַּבְּרָא מֵימְרָא דַה׳ דַּבְּרִינוּן: **שם תפארת.** שם שיהיה לך תפארת וכבוד לעולם. והנה כל זה עשית בימים הקדמונים, ועתה נטשתנו בגלות זה כמה שנים: (טו) **הבט.** על דרך, כִּי רָם ה׳ וְשָׁפָל יִרְאֶה (תהלים קלח, ו), ובשמים זבול קדשו ותפארתו, כי בהם יראה עזו, כי הם עומדים לעד לעולם בגבורתם, לא ישנו ולא יחליפו: **איה קנאתך וגבורתך.** שהיית מקנא בראות עוני עמך ומראה גבורתך בעמים, איה הם עתה? ואיה המון מעיך ורחמיך, שאמרת, הָמוּ מֵעַי לוֹ רַחֵם אֲרַחֲמֶנּוּ נְאֻם ה׳ (ירמיה לא, יט), איה המון המעים ואיה הרחמים? **אלי התאפקו.** אני רואה שהתאפקו והחזקו רחמיך אלי, ולא נכמרו למהר לרחם עלי, ואיך היה זה: (טז) **כי אתה אבינו.** והאב לא יתאפק על הבן, אלא ירחם עליו מיד: **כי אברהם לא ידענו.** על דרך, אָבִי וְאִמִּי עֲזָבוּנִי וַה׳ יַאַסְפֵנִי (תהלים כז, י); כי אף על פי שאברהם אבינו, הנה כמה דורות שמת, ואב בשר ודם לא ידע בנו או בן בנו אלא בחייו; אלא אתה אבינו חי וקיים מעולם ועד עולם, ואין לנו לצעוק אלא אליך, ובכל הדורות שעברו ושיהיו אתה אבינו ואתה גואלנו מכל צרה, ומעולם שמך עלינו. וזכר אברהם, כי הוא ראש האבות; ועוד שאמר לו האל, כִּי בְיִצְחָק יִקָּרֵא לְךָ זָרַע (בראשית כא, יב), ואמר, וָאֶתֵּן לוֹ אֶת יִצְחָק (יהושע כד, ג), ולא אמר את ישמעאל, כמו שאמר וָאֶתֵּן לְיִצְחָק אֶת יַעֲקֹב וְאֶת עֵשָׂו (שם פסוק ד); וזכר ישראל כי כל זרעו זרע אמת, לא כיצחק שיצא ממנו עשו, ואומר, וַיֶּאֱהַב יִצְחָק אֶת עֵשָׂו (בראשית כה, כח):

### מצודת דוד

(יג) **מוליכם.** איה המוליכם בעומק הים כסוס הרץ במדבר במקום ישר ושוה שאינו נכשל במרוצתו, כן לא נכשל כאשר הלכו בעומק הים כי היה המקום שוה וישר: (יד) **כבהמה בבקעה תרד.** כמו הבהמה היורדת ללכת בבקעה שנוח לה, מאלו עלתה ללכת בהר; כן רוח ה׳ הנהיג את ישראל בנחת: **כן נהגת עמך.** רצונו לומר, כך היה הכל כמו שאמרנו, באופן זה נהגת עמך לעשות לך פרסום שם תפארת: (טו) **הבט משמים.** רצונו לומר, הואיל וכן עשית בימים הקדמונים, לכן גם עתה הבט משמים וראה ממדור קדשך: **איה קנאתך.** איה הקנאה והגבורה שהראית במצרים בימים הקדמונים: **המון מעיך.** מה שבימים הראשונים היו מעיך הומים עלי ורחמת אותי, הנה עתה התחזקו אלי כי אמצת לבבך ומאנת לרחם: (טז) **כי אתה אבינו.** וראוי לאב לרחם על בנים: **כי אברהם לא ידענו.** עשה עצמו כאלו לא ידענו עם כי נגלה לו בברית לא התפלל עלינו: **וישראל לא יכירנו.** עשה עצמו כאלו לא הכיר אותנו, עם כי בשעה שראה סולם מוצב ארצה ומלאכי אלהים עולים ויורדים בו, הם שרי האומות זו עולה וזו יורדת לא שם לבו להתפלל עלינו:

### מצודת ציון

(יג) **בתהומות.** עומק הים: (יד) **תניחנו.** ענין הנהגה; כמו, נָחִיתָ כַצֹּאן (תהלים עז, כא): (טו) **מזבול.** ענין מדור; כמו, בֵּית זְבֻל לָךְ (מלכים־א ח, ב): **קנאתך.** ענין חימה וכעס; כמו, בְּקַנְאוֹ אֶת קִנְאָתִי (במדבר כה, כא): **המון מעיך.** הוא ענין הכמרת רחמים וחמלה; וכן, עַל כֵּן הָמוּ מֵעַי לוֹ (ירמיה לא, יט): **התאפקו.** ענין התחזקות ואמצות הלב; וכן, וַיִּתְאַפַּק וַיֹּאמֶר שִׂימוּ לָחֶם (בראשית מג, לא):

*who brought the Israelites out of the Sea?* Why don't you now perform miracles as Moses did? Since you don't, what right do you have to rebuke us?" The people address God Himself: "*Where is the One Who infused His Holy Spirit in their midst?*" i.e., why does He not remove the stubborn inclination of our hearts, and replace it with His Spirit, as He did in the days of Moses? Then we too would mend our ways.

**12. מוֹלִיךְ לִימִין מֹשֶׁה זְרוֹעַ תִּפְאַרְתּוֹ** — *Who caused His splendrous arm to go at Moses' right side?* Hashem's right arm would always be at Moses' right side, providing Divine intervention whenever necessary (*Rashi*). According to *Radak*, the verse refers specifically to the Splitting of the Sea, mentioned in the latter part of the verse. *Moses' right side* refers to the staff, with which he performed miracles.

*Who split the Sea before them to make Himself eternal renown?* 13 *Who led them in*
*the depths as a horse in the desert, so they would not falter?* 14 *As an animal descends*
*into a valley, so the spirit of* HASHEM *led them; thus did You guide Your people along,*
*to make a splendrous Name for Yourself.* 15 *Look down from Heaven and see, from*
*Your abode of holiness and splendor! Where is Your zealousness and Your might?*
*Your inner yearning and Your mercy have been held back from me!* 16 *For You are*
*our Father; though Abraham may not know us and Israel may not recognize us,*

---

*Malbim* defines Hashem's *splendor* as miracles that transcend the laws of nature, inspiring universal recognition of His splendor. The Midrash relates that Moses was unable to persuade the Sea to split until God placed His right [arm] on Moses' right arm, as it were, and the Sea fled in terror (*Shemos Rabbah* 21:6). God did not merely split the Sea, He did so in a manner that symbolized Israel's superiority over nature.

**בּוֹקֵעַ מַיִם מִפְּנֵיהֶם לַעֲשׂוֹת לוֹ שֵׁם עוֹלָם** — *Who split the Sea before them, to make Himself eternal renown?* The Splitting of the Sea was unnecessary for Israel's journey through the Wilderness; they exited the Sea on the same side that they entered. Rather, it was to inspire awe among mankind, and to demonstrate God's omnipotence (*Radak*).

**13. מוֹלִיכָם בַּתְּהֹמוֹת כַּסּוּס בַּמִּדְבָּר לֹא יִכָּשֵׁלוּ** — *Who led them in the depths as a horse in the desert, so they would not falter?* A horse gallops easily in the flat desert, since there is nothing to cause it to stumble (*Rashi*). So too, the floor of the Sea hardened instantaneously, enabling the people to cross easily (*Radak*).

**14. כַּבְּהֵמָה בַּבִּקְעָה תֵרֵד רוּחַ ה׳ תְּנִיחֶנּוּ** — *As an animal descends into a valley, so the spirit of* HASHEM *led them.* Israel descended into the Sea as easily as an animal descending into a valley (*Rashi*), on a gentle slope (*Radak*). *Ibn Ezra* explains this verse as referring to the gentle manner that Hashem led Moses and Israel in the desert.

The Sages explain the allegory of an animal to refer to Israel's lack of the necessary merit for the Splitting of the Sea (*Yalkut Shimoni* 2:746). Accordingly, Isaiah is saying that You acted on their behalf not as a result of their merit, rather to make Yourself a Name of splendor.

**15.** Having described God's boundless forbearance, Isaiah, speaking on behalf of Israel, now beseeches God to once again treat His people as He did in the past (*Metzudos*). According to *Abarbanel*, the following verses, until 64:4, are the nation's grievance about the difficulties it endures.

**הַבֵּט מִשָּׁמַיִם וּרְאֵה מִזְּבֻל קָדְשְׁךָ וְתִפְאַרְתֶּךָ** — *Look down from Heaven and see, from Your abode of holiness and splendor!* Unlike earth, where the level of God's presence fluctuates, in Heaven His splendor is always evident in its complete glory. It is from there that God discerns the plight of the humble (as in *Psalms* 138:6) (*Radak*). Rather than be content with His splendor in Heaven, Hashem wants the earth, too, to be the seat of His glory.

According to the Sages (*Chagigah* 12a), זְבוּל, *abode,* is the spiritual heaven that is the home of the celestial Jerusalem and Temple. This Heaven corresponds to the Jerusalem on earth (*Shemos Rabbah* 33:4), which represents the bond of the Divine with the earthly. Thus Israel beseeches God to look from His spiritual abode, where He reigns in splendor, and bring His glory to the physical world.

**אַיֵּה קִנְאָתְךָ וּגְבוּרֹתֶךָ** — *Where is Your zealousness and Your might?* Where is the *zealousness* aroused by the oppression of Your nation, and the *might* that You should display against its oppressors? (*Radak*).

**הֲמוֹן מֵעֶיךָ וְרַחֲמֶיךָ אֵלַי הִתְאַפָּקוּ** — *Your inner yearning and Your mercy have been held back from me!* Why have You withheld the yearning for Israel that You displayed in the past?

**16.** Israel continues to question the long and bitter exile. They point out that it was always God Who championed their cause. Even the Patriarchs were unable to rescue them (*Malbim*).

A father's compassion for his son is constant and unwavering. Since God is our Father, His compassion for us should be unchanging. The people discount the possibility that the passing of the Patriarchs is responsible for the diminishing of compassion; the earlier generations came long after the era of the Patriarchs, yet God treated them with great compassion.

**כִּי־אַתָּה אָבִינוּ** — *For You are our Father.* When a father sees his child's plight he cannot control his compassion (*Radak*), and You are our only Father (*Malbim*).

**כִּי אַבְרָהָם לֹא יְדָעָנוּ וְיִשְׂרָאֵל לֹא יַכִּירָנוּ** — *Though Abraham may not know us and Israel may not recognize us.* Abraham could not rescue us from the oppression of Egypt, and Israel, i.e., Jacob, could not perform the miracles we experienced in the desert (*Targum*). Abraham did not pray for us when the difficulties of the Egyptian exile were revealed to him during the Covenant Between the Parts (see *Genesis* Ch. 15); Israel did not pray for us when he envisioned the angels representing the four kingdoms ascending and descending the ladder (ibid. 28:12-15) (*Metzudos*).

The commentaries grapple with our verse's omission of the Patriarch Isaac. Most explain that since Abraham, the first Patriarch, and Israel, the Patriarch who is closest to us chronologically, were unable to save us, it is unnecessary to mention Isaac (*Ibn Ezra, Radak, Abarbanel*).

The Sages offer two explanations for the omission of Isaac. When Isaac blessed Esau, he said, *when you are aggrieved* [when you see your brother lax in his commitment to Torah] *you may cast off his yoke from upon your neck* [and rule over him] (*Genesis* 27:40). Since Isaac, in effect, gave Esau

יז אַתָּ֤ה יהוה֙ אָבִ֔ינוּ גֹּאֲלֵ֥נוּ מֵעוֹלָ֖ם שְׁמֶֽךָ׃ לָ֣מָּה תַתְעֵ֤נוּ יהוה֙ מִדְּרָכֶ֔יךָ תַּקְשִׁ֥יחַ לִבֵּ֖נוּ
יח מִיִּרְאָתֶ֑ךָ שׁ֚וּב לְמַ֣עַן עֲבָדֶ֔יךָ שִׁבְטֵ֖י נַחֲלָתֶֽךָ׃ לַמִּצְעָ֕ר יָרְשׁ֖וּ עַם־קָדְשֶׁ֑ךָ צָרֵ֕ינוּ
יט בּוֹסְס֖וּ מִקְדָּשֶֽׁךָ׃ הָיִ֗ינוּ מֵֽעוֹלָם֙ לֹֽא־מָשַׁ֣לְתָּ בָּ֔ם לֹֽא־נִקְרָ֥א שִׁמְךָ֖ עֲלֵיהֶ֑ם ל֤וּא־קָרַ֙עְתָּ֙
**סד** א שָׁמַ֣יִם֙ יָרַ֔דְתָּ מִפָּנֶ֖יךָ הָרִ֥ים נָזֹֽלּוּ׃ כִּקְדֹ֤חַ אֵשׁ֙ הֲמָסִ֔ים מַ֖יִם תִּבְעֶה־אֵ֑שׁ לְהוֹדִ֤יעַ

**רש"י**

**(יז) למה תתענו.** כי בידך להסיר יצר הרע, כמה שנאמר, כַחֹמֶר בְּיַד הַיּוֹצֵר וגו' (ירמיה יח, ו). ואומר, וַהֲסִרֹתִי אֶת לֵב הָאֶבֶן וגו' (יחזקאל לו, כו): **תקשיח.** לשון אימוץ לב: **(יח) למצער ירשו עם קדשך.** גדולתם וירושתם זמן מועט היתה להם: **בוססו.** דוששו: **(יט) היינו.** עתה כעם אשר לא בחרת למשל בם מעולם, וכאילו לא נקרא שמך עליהם: **לוא קרעת שמים.** וירדת להצילנו עתה כאשר ירדת להציל מיד מצרים, אז מפניך הרים נזולו ברתת וזיע: **(א) בקדוח אש.** את דבר הנימס מלפניו, וכאשר המים תבעה האש; כשתתן גחלת או מתכת במים, יעלו המים אבעבועות. כל זה עשית במצרים, וַיְהִי בָרָד וְאֵשׁ מִתְלַקַּחַת בְּתוֹךְ הַבָּרָד (שמות ט, כד). אבל יונתן תירגם כקדוח אש המסים, על אליהו בהר הכרמל שנאמר בו, אֶת הַמַּיִם אֲשֶׁר בַּתְּעָלָה לִחֵכָה (מלכים־א יח, לח):

**רד"ק**

**(יז) למה תתענו ה'.** בראותינו שלות הרשעים ואורך הגלות לנו והצרות תמידות עלינו, הנה אנו תועים מדרכיך ואומרים, אין תקוה עוד, וכאלו אתה תתענו בהאריכך גלותינו. ובאמרו תתענו תקשיח לבנו, אינו אומר על כלם, אלא רבים מישראל נתיאשו מהגאולה לאורך הגלות, וכיון שיש בהם קצת, מדבר בלשון כלל; וכן אמר הקדוש ברוך הוא אל משה, עַד אָנָה מֵאַנְתֶּם (שמות טז, כח), בעבור קצת העם שיצאו בשבת ללקוט מן, וכן אמר דניאל, חָטָאנוּ וְעָוִינוּ הִרְשַׁעְנוּ וּמָרָדְנוּ (דניאל ט, ה): **תקשיח.** ענין אכזריות ורחוק הלב מהדבר הנאהב; וכן, הִקְשִׁיחַ בָּנֶיהָ לְּלֹא לָהּ (איוב לט, טז): **שוב למען עבדיך.** שוב מחרון אפך בנו, ואם לא למעננו, כי אנחנו חוטאים, שוב למען עבדיך, והם האבות ולמען שבטי נחלתך והם שנים עשר שבטים. ופירוש נחלתך, שהיו לך לנחלה; כמו שכתוב, יַעֲקֹב חֶבֶל נַחֲלָתוֹ (דברים לב, ט): **(יח) למצער.** לזמן מעט ירשו הארץ, עם קדשך שנתת להם הארץ נחלה, מעט זמן עמדו בה וגלו ממנה, כי לא היו בה אלא ארבע מאות ועשר שנה בראשונה, ורוב ישראל לא שבו עוד אליה: **צרינו בססו מקדשיך.** זמן מצער עמדו, ובאו צרינו וגרשונו ממנה, ולא עוד אלא שבססו ורמסו מקדשך שהיה מקום כבוד, ולא היו נכנסים בו אלא יחידים: **(יט) היינו מעולם.** היינו אנחנו תחת ממשלתך, לא צרינו, כי לא משלת בם ולא נקרא שמך עליהם, ואיך באו הם תחתינו בארץ ירושתנו? **לוא קרעת שמים ירדת.** דרך שאלה, שמא קרעת שמים וירדת לדבר עמהם כמו שעשית לנו? ואם מפניך הרים נזלו בעבורם כמו בעבורנו? וזה היה ביום מעמד הר סיני, שירד כבודו על הר סיני והיה אש וענן וההר חרד, ונזדעזע הוא והאחרים שהיו קרובים אליו, כמו הר שעיר והר פארן, גם כן נזלו מים מהענן ששכן עליהם; אלא שעיקר הדבר היה על הר סיני, לפיכך נזכר בתורה הר סיני לבד, והנה היה ההר בוער באש ונוזל מים, כי האש והענן עליו: **קרעת שמים.** דרך משל; כמו, וְדַלְתֵי שָׁמַיִם פָּתָח (תהלים עח, כג); ושמים הוא האויר: **נזלו.** דגש הלמ"ד לתפארת הקריאה, מפני ההפסק: **(א) בקדוח אש המסים.** המסים שם, שרשו מסס, והיתה הסמך ראויה להדגש בחסרון הכפל, אלא שבא הנח תמורת הדגש; והאחד מן המסים המס. ואש גדול וחזק יקרא אש המסים, שממס כל דבר, כן היה האש ההוא על הר סיני, כקדוח. ענין בעירה ושריפה; כמו, כִּי אֵשׁ קָדְחָה בְאַפִּי (דברים לב, כב), כִּי אֵשׁ קְדַחְתֶּם (ירמיה יז, ד); והיתה אש שתבעה מים, כי האש היתה בהר ומים היו בהר, הנה היו המים רותחים, והיה ההר עשן כלו בין מקום האש בין מקום המים, כי המים הרותחין יעלו עשן. וכל זה להודיע שמך לצריך, שאינם יודעים שמך ולא היו מכירים בך, ועל ידי הנוראות הודעת להם כי יש אדון בעולם ומנהיג יעשה בכל כרצונו, יבעיר ההרים שלא כמנהג וטבע העולם, ובעבור שרגזו גוים מפניך כאשר רגזו ההרים שאותו היום נשמע ונודע בעולם: **מים תבעה אש.** אש הוא הפועל אף על פי שבא אחרון, והמים הוא הפעל אף על פי שבא ראשון, כי הדבר מבואר כי האש תרתיח המים, ואין לטעות בו, לפיכך לא הקפידו בראשון ובאחרון: **תבעה.** ענין רתיחה, לפי שהמים ברתיחתם יעלו אבעבועות נאמר בזה הלשון. ויש לפרש הענין הזה כלו דרך משל על המלחמות שנלחם האל בעבור ישראל באויביהם. ואמר, קָרַעְתָּ שָׁמַיִם יָרַדְתָּ (לעיל סג, יט), על דרך הַכּוֹכָבִים מִמְּסִלּוֹתָם נִלְחֲמוּ עִם סִיסְרָא (שופטים ה, כ), וכן ההרים, משל על הגדולים. והאש כמו שאמר וְהָיוּ עַמִּים מִשְׂרְפוֹת שִׂיד (לעיל לג, יב):

**מצודת דוד**

**אתה ה' אבינו.** בכל ימים שמת לבך עלינו כדרך האב המשים לבו בתקנת בנו: **גאלנו מעולם שמך.** מימות עולם שמך הוא גאלנו, כי בכל פעם אתה הוא הגואל אותנו: **(יז) למה תתענו.** רצונו לומר, בעבור שלוות האומות ואורך הגלות אנו תועים מיראתך, וכאלו אתה מתעה אותנו: **תקשיח לבנו.** בעבור זה הקשה לבנו וסתם מן היראה וכאילו מידך בא והוא כפל ענין כמו שכתוב: **שוב.** לכן שוב אלינו להשרות שכינתך בינינו כמאז, ואם אין בנו מעשים, עשה למען עבדיך הם האבות ולמען השבטים אשר הנחלתם לך לנחלה: **(יח) למצער.** על מעט זמן ירשו עם קדשך את המקדש, ועתה הצרים אותנו הנה בוססו ורמסו את מקדשך: **(יט) היינו מעולם.** הלא מעולם היינו אנחנו עם ממשלתך ולא משלת בהעכו"ם. וחוזר ומפרש, לא היה שמך נקרא עליהם כמו שהיה נקרא עלינו להקרא אלהי ישראל: **לוא קרעת שמים.** האם למענם קרעת השמים להיות נפתח, וירדת על הארץ ולתת התורה להרעיד ההרים ולהחרידם להיות הזיעה מטפטף מהם מגודל החרדה כמו שירדת למעננו לתת לנו התורה, לכן גם עתה עשה עמנו כמאז: **(א) בקדח אש המסים.** רצונו לומר, הנה מאז כלית את הצרים אותנו כמו אש המקדיח ושורף את הדבר הנמס עד התכלית, וכמו חום האש מעלה במים רתיחה ואבעבועות ומוספת והולכת, כן הוספת לייסר את הצרים: **להודיע.** רצונו לומר, לא בצדקותינו, כי אם להודיע פרסום שמך אל צריך הם המכחישים בה':

**מצודת ציון**

**(יז) תתענו.** מלשון תועה: **תקשיח.** היא מלה מורכבת מן קשה ומן סח; רצונו לומר, תקשה ותסיח לבנו; וכן, הִקְשִׁיחַ בָּנֶיהָ (איוב לט, טז), ועם כי המה בשי"ן, וזהו בעבור מלת קשה: **(יח) למצער.** למעט זמן; כמו, הֲלֹא מִצְעָר הִוא (בראשית יט, כ): **בוססו.** ענין רמיסה; כמו, יָבוּס צָרֵינוּ (תהלים ס, יד): **(יט) לוא.** הוא כמו אם; וכן, לוּ הַחֲיִתֶם אוֹתָם (שופטים ח, יט): **נזולו.** ענין הטפה; כמו, יִזַּל מַיִם מִדָּלְיָו (במדבר כד, ז): **(א) בקדח.** ענין שריפה; כמו, אֵשׁ קָדְחָה בְאַפִּי (דברים לב, כב): **המסים.** מלשון המסה והמגה: **תבעה.** מלשון אבעבעות:

---

the possibility to rule over Jacob, he is not mentioned here (*Bereishis Rabbah* 67:6).

The Talmud foretells that God will tell both Abraham and Jacob about their descendants' guilt. They will both respond that Israel should be destroyed in the sanctification of God's Name. Only Isaac will defend them, insisting that they are God's children as much as they are his, and that his own merit of offering himself as a sacrifice should be sufficient to warrant their salvation. Whereupon the nation will say to Isaac, *"You are our father; Abraham may not know us and*

*You, HASHEM, are our Father; "our Eternal Redeemer" is Your Name.* [17] *Why, HASHEM,*
*do You let us stray from Your paths, letting our heart become hardened from fearing*
*Return!* *You? Return [to us] for the sake of Your servants, the tribes of Your heritage!* [18] *For*
*but a short time did Your holy people possess [it]; our enemies have trampled Your*
*Temple.* [19] *We have become as if You had never ruled over them, as if Your Name had*
*not been called upon them. If only you would tear open the heavens and descend,*
*the mountains would melt before You!*

**64** [1] *Like the kindling of a melting fire — a fire that bubbles water — to make*

*Israel may not recognize us."* Isaac will respond that they should direct their praise to God. The people will lift their eyes to God, saying, *"You HASHEM are our Father; 'our Eternal Redeemer' is Your Name"* (*Shabbos* 89b). Thus, the criticism of the Patriarchs implied in this verse does not apply to Isaac.

**אַתָּה ה' אָבִינוּ** — *You, HASHEM, are our Father.* In all of our exiles, it was You Who was vigilant about our welfare, as a father is vigilant for the welfare of his child (*Metzudos*).

**גֹּאֲלֵנוּ מֵעוֹלָם שְׁמֶךָ** — *"Our Eternal Redeemer" is Your Name.* Since You are recognized by mankind as the One Who redeems Israel, what will happen to Your Name if You allow us to languish in exile? Why do You not act for the sake of Your Name when the nations deny Your omnipotence? (*Malbim*).

**17.** Isaiah now directs his attention to the root cause of destruction: man's Evil Inclination.

**לָמָּה תַתְעֵנוּ ה' מִדְּרָכֶיךָ תַּקְשִׁיחַ לִבֵּנוּ מִיִּרְאָתֶךָ** — *Why, HASHEM, do You let us stray from Your paths, letting our heart become hardened from fearing You?* This long and bitter exile has led some Jews to lose hope of ever being redeemed, causing them to stray from the Torah's path *(Radak, Abarbanel*).

Why do You not remove our Evil Inclination? (*Rashi*). Why do You not direct our hearts to Your service? (*Mahari Kara*). Had we not been exiled, the Presence of God would have been in our midst; we would have been enveloped with a spirit of purity, making it easier to serve Him (*Me'am Loez*).

**שׁוּב** — *Return [to us].* Return Your Presence to Your nation (*Targum, Metzudos*). Relent [from Your flaring anger] (*Radak*).

**לְמַעַן עֲבָדֶיךָ שִׁבְטֵי נַחֲלָתֶךָ** — *For the sake of Your servants, the tribes of Your heritage!* For the sake of Your righteous ones, the Patriarchs, to whom You promised that their progeny would be the tribes of Your inheritance (*Targum*). If we lack merit, act for their sake and for the sake of the holy tribes of Israel (*Metzudos*).

**18. לַמִּצְעָר יָרְשׁוּ עַם־קָדְשֶׁךָ** — *For but a short time did Your holy people possess [it].* The era of Your nation's greatness lasted but a short time (*Rashi*). The First Temple stood for 410 years, before the Babylonian exile, from which most Jews never returned to their homeland (*Radak*).

Some commentaries explain the subject of our verse as the total time Israel was in *Eretz Yisrael* (*Ibn Ezra, Radak*). Others say that it refers to the Holy Temple (*Metzudos,* see also *Midrash Tehillim, Shocher Tov* 42-43).

Alternatively, *Abarbanel* and *Malbim* explain the term מִצְעָר as a *small place,* referring to *Eretz Yisrael,* which is a small country, and Zion. Accordingly, this verse concludes the idea of the previous verse, *Return [Your Presence], for the sake of Your servants, the tribes of Your heritage,* to the small country that Your holy people inherited.

**צָרֵינוּ בּוֹסְסוּ מִקְדָּשֶׁךָ** — *Our enemies have trampled Your Temple.* We are in anguish not for ourselves, but because our enemies have destroyed Your Temple and desecrated Your Name (*Malbim*).

**19. הָיִינוּ מֵעוֹלָם לֹא־מָשַׁלְתָּ בָּם לֹא־נִקְרָא שִׁמְךָ עֲלֵיהֶם** — *We have become as if You had never ruled over them, as if Your Name had not been called upon them,* The translation follows *Rashi* and *Ibn Ezra*. Accordingly, the verse speaks of Israel in the third person.

Others render *We have always been Your nation; You have never ruled over the other nations and Your Name has not been called over them* (*Targum, Radak, Abarbanel*).

**לוּא־קָרַעְתָּ שָׁמַיִם יָרַדְתָּ מִפָּנֶיךָ הָרִים נָזֹלּוּ** — *If only You would tear open the heavens and descend, the mountains would melt before You!* If only You would descend from the heavens and save us as You rescued us from Egypt (*Rashi*).

Alternatively, Isaiah asks rhetorically, *Did You tear open the heavens and descend to speak with them* [as You did when You gave us the Torah]*? Did the mountains melt at that time?* When Hashem gave the Torah on Mount Sinai, the mountains trembled (see *Psalms* 114:4).

**64.**

Having described at length in the previous chapter the wonders performed for Israel throughout its history, Isaiah concludes with a heartrending prayer that God once again have mercy on His people, despite our diminished spiritual state.

**1-3** Isaiah begins with a poetic description of God's awesome power.

**1. כִּקְדֹחַ אֵשׁ הֲמָסִים מַיִם תִּבְעֶה־אֵשׁ** — *Like the kindling of a melting fire — a fire that bubbles water.* God's wrath is like a fire that melts wax or tar (*Rashi, Bava Kamma* 4b), and as water bubbles when a fiery coal or glowing metal is inserted (*Rashi*).

The Sages and the commentators have various approaches to Isaiah's allusion:

❒ The giving of the Torah, mentioned at the end of the previous chapter (*Bereishis Rabbah* 4:1, *Mechilta Yisro* 19:20).

ב שִׁמְךָ לְצָרֶיךָ מִפָּנֶיךָ גּוֹיִם יִרְגָּזוּ: בַּעֲשׂוֹתְךָ נוֹרָאוֹת לֹא נְקַוֶּה יָרַדְתָּ מִפָּנֶיךָ הָרִים
ג נָזֹלּוּ: וּמֵעוֹלָם לֹא־שָׁמְעוּ לֹא הֶאֱזִינוּ עַיִן לֹא־רָאָתָה אֱלֹהִים זוּלָתְךָ יַעֲשֶׂה
ד לִמְחַכֵּה־לוֹ: פָּגַעְתָּ אֶת־שָׂשׂ וְעֹשֵׂה צֶדֶק בִּדְרָכֶיךָ יִזְכְּרוּךָ הֵן־אַתָּה קָצַפְתָּ וַנֶּחֱטָא
ה בָּהֶם עוֹלָם וְנִוָּשֵׁעַ: וַנְּהִי כַטָּמֵא כֻּלָּנוּ וּכְבֶגֶד עִדִּים כָּל־צִדְקֹתֵינוּ וַנָּבֶל כֶּעָלֶה כֻּלָּנוּ

### רש״י

**להודיע שמך לצריך.** כענין שנאמר באותה מכה, וְאוּלָם בַּעֲבוּר זֹאת הֶעֱמַדְתִּיךָ וגו׳ (שמות ט, טז). לו עשית עתה כן, אז מפניך גוים ירגזו: **(ב) בעשותך.** במצרים ובכל האויבים, נוראות אשר לא היינו מקוים שתעשה לנו כל אותן נוראות שלא היינו הגונים לכך: **ירדת.** להר סיני, אז מפניך הרים נזולו. כך פירש דונש בן לברט: **(ג) ומעולם לא שמעו.** כאותן נוראות שנעשות לאחת מכל העכו״ם לפני כן, וגם עין לא ראתה אלהים אחר זולתך אשר יעשה האלהים למחכה לו מה שעשית אתה למחכה לך. כך שמעתי מרבי יוסי, והנאני. אבל רבותינו שאמרו (ברכות לד,), כל הנביאים כולם לא נתנבאו אלא לימות המשיח, אבל לעולם הבא עין לא ראתה וגו׳; משמעו עין שום נביא לא ראתה את אשר יעשה הקדוש ברוך הוא למחכה לו, זולתי עיניך אתה אלהים: **(ד) פגעת את שש ועושה צדק.** כמו, וַיִּפְגַּע בּוֹ וַיָּמֹת (מלכים־א ב, כה). סילקת ממנו והרגת את הצדיקים שהיו ששים לעשות צדק לדרכי רחמיך, היו מזכירים אותך בתפלתם: **הן אתה.** כשקצפת עלינו על כל אשר היינו חוטאים בהם, מעולם נושענו, בתפלתם נושענו מעולם: **ונושע.** לשון הווה: **(ה) ונהי בטמא.** מאחר שנסתלקו הצדיקים ממנו: **וכבגד עדים.** וכלבוש מרחק, כבגד מאוס שהכל אומרים הסר. עדים תרגום של הסרה: **ונבל בעלה.** וכמוש כעלה. פלייסט״ר בלעז, ועוננו כרוח ישאנו. וּבְאוּבָנָא כְּרוּחָא אִתְנְטֵילְנָא:

### רד״ק

**(ב) בעשותך.** לא נקוה הנוראות הגדולות שהיית עושה עמנו לא היינו מקוים להם, שתעשה בעבורנו כל כך נוראות שתרד בעבורנו ויזלו הרים מפניך: **(ג) ומעולם לא שמעו.** אומות העולם ולא האזינו הנוראות שעשית עמנו ולא שמעו ולא ראו: **אלהים זולתך.** רצונו לומר; שום אלוה זולתך שיעשה למחכה לו מה שעשית אתה למחכה לך. ויונתן תרגם כן, וּמֵעָלְמָא לָא שְׁמַעַת אוֹדֶן וגו׳. ובדברי רבותינו זכרונם לברכה (ברכות לד, ב), אמר שמואל, כל הנביאים לא נתנבאו אלא לימות המשיח, אבל לעולם הבא, עין לא ראתה אלהים זולתך יעשה למחכה לו: **(ד) פגעת את שש ועשה צדק.** יש אומרים, פגיעת המיתה, כלומר, סלקת מן העולם הצדיקים שהיו ששים במצותיך ועושים צדק. יש מפרשים פגעת, קבלת תחנת הצדיקים, וכן וְלֹא אֶפְגַּע אָדָם (לעיל מז, ג) — לא אקבל תחינת אדם עליהם. ולשני הפירושים ענין הפסוק על דרך אָבַד חָסִיד מִן הָאָרֶץ (מיכה ז, ב); אמר, אותם הצדיקים שהיו עושים מצותיך בשמחה, אינם בעולם עתה שיעמדו לנו בפרץ כמו שהיו עושים הראשונים: **בדרכיך יזכירוך.** היו זוכרים אותך בדרכיך, שהם שלש עשרה מדות, כשהיית כועס על עמך בעונותם היו הצדיקים עומדים לפניך, כמו שעשה משה בדבר העגל ובדבר המרגלים, אמר, ה׳ אֶרֶךְ אַפַּיִם וְרַב חֶסֶד נֹשֵׂא עָוֹן... סְלַח נָא לַעֲוֹן הָעָם וגו׳ (במדבר יד, יח־יט): **הן אתה קצפת ונחטא.** כשהיית קוצף עלינו בעבור שחטאנו לפניך, בהם עולם ונושע. בהם היינו סומכים כל ימי עולם, כלומר, בכל דור ודור שהיו בהם צדיקים, והיינו נושעים בהם, שהיו מתפללין לפניך בעדינו, אבל עתה בגלות אפסו החסידים והצדיקים, וכלנו אנחנו כטמא, אין דבר אלא שתעשה אתה למען שמך: **ונחטא.** אחר שחטאנו, וכן, וַיָּרֻם תּוֹלָעִים וַיִּבְאַשׁ (שמות טז, כ), אחר שבאש, וכן וַיִּבָּקְעוּ הַמָּיִם (שם יד,כא), אחר שנבקעו המים: **(ה) ונהי כטמא, עדים.** מתרגום סַפַּחַת (ויקרא יג, ב), עַדְיָא. ויש מפרשים מתרגום הרה (לעיל ז, יד) מְעַדְיָא, כלומר, כשתלד, בגדיה מלוכלכים בדם. ויש לפרש בגד סמרטוט ובלוי, וכן בדברי רבותינו זכרונם לברכה (נדה ב, א) המשמשת בעדים, (שם טז, ב) עד שהוא נתון

### מצודת דוד

**מפניך.** או חרדו הגוים מפניך: **(ב) בעשותך.** בעת עשיית פלאות נוראות אשר לא היינו מקוים להם, כי לא היינו כדאים לנפלאות כאלה: **ירדת.** רצונו לומר, לא היה די באלה, כי עוד ירדת למעננו על הר סיני, נתת לנו התורה ואז חרדו ההרים מפניך עד שהיו מטפטפים זיעה מגודל החרדה: **(ג) ומעולם.** מימות עולם לא שמעו הבריות ולא האזינו כדברים האלה: **עין לא ראתה.** שום עין לא ראתה אשר אלהים זולתך יעשה כדברים האלה אל מי אשר מחכה לו ומאמין בו: **(ד) פגעת.** הנה עתה סלקת ממנו את הצדיקים אשר כל אחד מהם היה שש לעשות צדק, כי היה מצפה שתבוא לידו: **בדרכיך יזכרוך.** בדרכי רחמיך היו מזכירים אותך בתפלתם: **הן אתה קצפת.** באמת כאשר אתה קצפת עלינו, והקצף היה בעבור כי נחטא לך. ודוגמתו, הֶקִיצֹתִי וָאֶרְאֶה (ירמיה לא, כה); ורצונו לומר, ההקצה היתה על כי ראיתי: **בהם עולם ונושע.** בכל ימי עולם בטחנו בזכותם ובתפלתם והיינו נושעים על ידיהם, והלך לו הקצף אם כי בא על החטא ולא שבנו עליו: **(ה) ונהי.** ועתה בהסתלקם נהיה כולנו כטמא, כי אין מי להגן עלינו: **וכבגד עדים וכו׳.** כל הצדקות שאנו עושים המה כבגד בלוי וסמרטוטין, כי אינם מדעת שלימה רק להתיהר: **ונבל כעלה כולנו.** ולכן כמשנו ותש כחנו כעלה הכמושה:

### מצודת ציון

**ירגזו.** ענין תנועות הרעדה, ; כמו, רִגְזוּ וְאַל תֶּחֱטָאוּ (תהלים ד, ה): **(ב) נזולו.** נטפו: **(ג) האזינו.** ענין שמיעה, והוא מלשון אוזן: **זולתך.** בלעדיך: **למחכה.** ענין תקוה, ; כמו, לָכֵן חַכּוּ לִי (צפניה ג, ח): **(ד) פגעת.** ענין פגישה לרעה בהכאת נפש, ; כמו, וַה׳ הִפְגִּיעַ בּוֹ (לעיל נג, ו): **שש.** ענין שמחה: **(ה) ונהי.** נהיה: **עדים.** ענינו מופסד ובלוי, ובדברי רבותינו זכרונם לברכה, המשמשת בעדים (נדה ב, א), ורצונו לומר, סמרטוטין: **ונבל.** ענין כמישה, ; כמו, וְעָלֵהוּ לֹא יִבּוֹל (תהלים א, ג): **כעלה.** עלי האילן:

---

❒ The Splitting of the Sea, which included a miraculous fire licking at the Egyptians (*Avos D'Rabbi Nassan* 33).

❒ Elijah's great assembly on Mount Carmel, when a heavenly fire consumed his offering and evaporated the water in a large trench (*Targum*, see *I Kings* 18:38).

❒ The fiery plague of hail in Egypt (*Rashi*).

❒ The many times that God "melted" our enemies (*Radak*).

❒ The great flood in Noah's time (*Yalkut Shimoni*).

**לְהוֹדִיעַ שִׁמְךָ לְצָרֶיךָ מִפָּנֶיךָ גּוֹיִם יִרְגָּזוּ** — *To make Your Name known to Your enemies, so that nations would tremble before You.* The above miracles demonstrated God's omnipotence to the nations (*Rashi, Radak*). Isaiah beseeches, "If only You would once again display Your might, nations would tremble before You" (*Rashi*).

Alternatively, the verse asks a question: When the powerful flaming fire descended on Mount Sinai, was it *to make Your Name known to Your enemies*? Was it *so that nations would tremble before You*? No! it was purely for our sake, so that He make His Name known to us! (*Abarbanel*).

**2. בַּעֲשׂוֹתְךָ נוֹרָאוֹת לֹא נְקַוֶּה** — *When You performed awesome wonders that we had not expected,* Since we were undeserving, we did not expect the miracle that delivered us from our enemies (*Rashi, Radak*).

*Your Name known to Your enemies, so that nations would tremble before*
Knowledge of God *You,* 2 *when You performed awesome wonders that we had not expected, You*
*descended and the mountains melted because of You.* 3 *[People] had never heard,*
*never observed, no eye had ever seen a god — except for You — that acted for*
*those who await Him.*
4 *You have eliminated those who rejoiced in doing righteousness, who would*
Confessed guilt *invoke Your ways [in prayer]; You became enraged because we had sinned.*
*We had always [relied] on them and been saved.* 5 *We have all become defiled*
*and all our righteousness is like a worn-out garment; we all wither like a leaf;*

---

**יָרַדְתָּ** — *You descended.* Not only did You deliver us, You descended to Mount Sinai to give us the Torah (*Metzudos*).

According to *Abarbanel,* the entire verse refers to the miracles at Mount Sinai.

**3. וּמֵעוֹלָם לֹא־שָׁמְעוּ לֹא הֶאֱזִינוּ עַיִן לֹא־רָאָתָה אֱלֹהִים זוּלָתְךָ יַעֲשֶׂה לִמְחַכֵּה־לוֹ** — *[People] had never heard, never observed, no eye had ever seen a god — except for You — that acted for those who await Him.* We have never heard of such wonders happening to any other nation, nor has any eye witnessed a deity that has performed such miracles as You have performed for those who trust You (*Rash*).

*Mahari Kara* interprets this verse as continuing the idea of the previous verse, explaining why, in Egypt, we did not expect such miracles. Those awesome wonders were unprecedented; no nation had ever experienced such Divine intervention and we could not have anticipated such salvation.

The Sages explain that this verse also refers to the ultimate reward that God will grant those who truly await His glory. All the promises of the prophets speak only about the rewards that await one who gives his daughter in marriage to a Torah scholar, conducts business on behalf of a scholar, or helps a scholar with his possessions. But as for the reward awaiting Torah scholars themselves "*no eye had ever seen it, O God, except for You, that which He will do for one that awaits Him*" (*Berachos* 34b).

A true Torah scholar is someone whose every move is dedicated solely to Divine service. Such behavior transcends ordinary human nature, and the reward awaiting such people is beyond human comprehension. Even prophets cannot envision it; it is known only to God (see *Shemoneh Perakim of Rambam,* 7).

*R' Schwab* understands the foregoing verses as a prayer. "If only You would instill terror in the hearts of the nations of the world so that they dare not harm us — terror as palpable as a raging volcano — the nations would tremble before Your Presence, and they would not dare harm Your people."

**4-6.** Isaiah now discusses the importance to the Jewish people of the relatively few truly righteous people. In their merit Israel could be spared the harshest retribution for its sins, but when such people are lacking, the results are tragic.

**4. פָּגַעְתָּ אֶת־שָׂשׂ וְעֹשֵׂה צֶדֶק** — *You have eliminated* [lit. *smitten*] *those who rejoiced in doing righteousness,* You have struck the people who rejoiced in doing righteous deeds (*Rashi, Radak*).

Alternatively, פָּגַעְתָּ is a reference to prayer: You eliminated the righteous people who would have prayed for us, had they been alive (*Ibn Ezra, Radak*). According to either rendering, the nation suffers when there are no *tzaddikim*

Literally, the word פגע means to act in a strong manner. Thus the word is used to refer both to striking (see *I Kings* 2:34), and to engaging in powerful prayer (see *Jeremiah* 7:16).

See commentaries to 57:1 about the purpose and effect of the death of the righteous.

**בִּדְרָכֶיךָ יִזְכְּרוּךָ** — *Who would invoke Your ways [in prayer].* They would invoke Your merciful ways in their prayers (*Rashi*), by invoking Your Thirteen Attributes of Mercy during times of Divine Wrath (*Radak*), as when Moses prayed for the nation after the sin of the Golden Calf.

**הֵן־אַתָּה קָצַפְתָּ וַנֶּחֱטָא בָּהֶם עוֹלָם וְנִוָּשֵׁעַ** — *You became enraged because we had sinned. We had always [relied] on them and been saved.* Whenever You were angry at us because of our sins, it was their prayers that saved us (*Rashi*). Now that these great people are gone, we have no one to rely on, unless You act on our behalf for the sake of Your Name.

The Sages (*Taanis* 8a) interpret this verse as referring to the righteous who willingly accept upon themselves the Divine Attribute of Justice. In their merit all of Israel finds salvation (*Taanis* 8a).

*Ramchal* explains that God wanted even those who were less worthy to enjoy His ultimate good. To make this possible, He regards all of Israel as one unit, so that lesser people can benefit from the merits of the most righteous, and thereby merit the World to Come. By willingly accepting upon himself the suffering and pain of others, as if this suffering was to atone for his own deeds, the *tzaddik* spares his generation in this world, and benefits them in the World to Come (*Derech Hashem* 2:3:8). Thus, if there are no righteous people in the generation, as happened when righteous people were removed, the generation has no shield against punishment for its sins.

**5. וַנְּהִי כַטָּמֵא כֻּלָּנוּ** — *We have all become defiled.* Since the righteous have departed this world, we are in a state of defilement (*Rashi*), for there is no one to protect us (*Metzudos*). Just as one who is defiled must distance himself from the Sanctuary, we have been prevented from having the Temple (*Malbim*).

**וּכְבֶגֶד עִדִּים כָּל־צִדְקֹתֵינוּ** — *And all our righteousness is like a worn-out garment.* Even our righteous deeds are repulsive,

ו וַעֲוֺנֵנוּ כָּרוּחַ יִשָּׂאֻנוּ: וְאֵין־קוֹרֵא בְשִׁמְךָ מִתְעוֹרֵר לְהַחֲזִיק בָּךְ כִּי־הִסְתַּרְתָּ פָנֶיךָ
ז מִמֶּנּוּ וַתְּמוּגֵנוּ בְּיַד־עֲוֺנֵנוּ: וְעַתָּה יהוה אָבִינוּ אָתָּה אֲנַחְנוּ הַחֹמֶר וְאַתָּה יֹצְרֵנוּ
ח וּמַעֲשֵׂה יָדְךָ כֻּלָּנוּ: אַל־תִּקְצֹף יהוה עַד־מְאֹד וְאַל־לָעַד תִּזְכֹּר עָוֺן הֵן הַבֶּט־נָא
ט־י עַמְּךָ כֻלָּנוּ: עָרֵי קָדְשְׁךָ הָיוּ מִדְבָּר צִיּוֹן מִדְבָּר הָיָתָה יְרוּשָׁלַםִ שְׁמָמָה: בֵּית קָדְשֵׁנוּ
וְתִפְאַרְתֵּנוּ אֲשֶׁר הִלְלוּךָ אֲבֹתֵינוּ הָיָה לִשְׂרֵפַת אֵשׁ וְכָל־מַחֲמַדֵּינוּ הָיָה לְחָרְבָּה:

**רש"י**

(ו) **מתעורר.** כמו מתגבר על ילרו: **ותמוגגנו.** ותניענו:

**רד"ק**

תחת הכר; והענין אחד, כי בגד מלוכלך הוא מוסר מהבריות. אמר, אנחנו נשארנו בגלות כמו הדבר הטמא, או כמו בגד עדים שהוא נמאס, כן כל צדקותינו, אפילו הצדקות שאנו עושים אינן רצויות אלא נמאסות, כי אין אנחנו עושים אותם אלא להתפאר בהם ולהתגדל ולקנאת איש מרעהו, ולפיכך, ונבל כעלה כלנו, כמו העלה שהוא נובל כן אנחנו נובלים כלנו, וכמו הרוח שנושא העלה הנופל, כן ישיאונו עונותינו לזרותינו בכל פאה. ודקדוק מלת ונבל יש אומרים שהוא מבנין נפעל, ומשפטו וננבל, ובהעדר פ"א הפעל הועלה תנועתה על נו"ן איתן; ויש אומרים שהוא מבנין הפעיל, והיה משפט הבי"ת להדגש, ובא הנח תמורת הדגש, כמו שבא במלת וַיָּזֶד יַעֲקֹב נָזִיד (בראשית כה, כט): **ועוננו.** חסר יו"ד הרבים מהמכתב: (ו) **ואין קורא בשמך.** כמו שהיו חסידים הראשונים עושים: **מתעורר.** ואין מתעורר; ואין שזכר עומד במקום שנים, להחזיק בך. במצותיך ובדרכיך: **כי הסתרת פניך.** כי כענין כאשר; כמו, כִּי תוֹלִיד בָּנִים (דברים ד, כה); אמר, כאשר הסתרת פניך ותמוגגינו ביד עונינו אין קורא בשמך: **מתעורר להחזיק בך.** כמו שהיו עושים הראשונים, שהיו עומדים בפרץ לפניך: **ותמוגגנו.** ענין המסיסה. ואמר ביד עונינו, כי לא אתה עשית, אלא עונינו: (ז) **ועתה ה'.** אף על פי שחטאנו לפניך, אנחנו בניך ואתה אבינו, והאב לא יזנח הבן ואף על פי שחטא לו. והנה אנחנו החומר ואתה יוצרינו, והיוצר ישנה החומר מכלי לכלי כאשר יישר בעיני היוצר, כן אנחנו בידך. ולא כן שאר העכו"ם, כי אין השגחתך עליהם תמידה, אבל אנחנו בידך כחומר ביד היוצר, שעיניו תמיד כחומר ועושה כלי, ואם לא יישר בעיניו ישוב ועשהו כלי אחר, כן אתה עיניך בנו תמיד ופוקד מעשינו; ואם חטאנו וקצפת עלינו והנה אנחנו כלי נשחת, שוב ועשנו כלי אחר: **ואל תזכור לעד עונינו והבט כי עמך כלנו.** ואף על פי שחטאנו לא יצאנו מתחת רשותך ולא עזבנו שמך הגדול ולא פנינו אל אלהים אחרים, לפיכך העבר עונינו ורחם עלינו: (ח) **אל תקצוף.** מפורש הוא: (ט) **ערי קדשך.** והבט ערי קדשך שהיו מדבר, ציון וירושלם שהיו משכן כבודך הנה הם מדבר ושממה, אף על פי שאחר חרבנה שבו הגוים ובנו אותה, כיון שאין ישראל עליה, הרי היא חרבה ושממה מיושביה; ועוד כי בידם תחרב מזמן, כי יבאו אדומים ויקחוה מיד ישמעאל ויחריבוה, והנה היא היתה בזה הענין מיום גלות ישראל ממנה: (י) **בית קדשינו.** אבותינו הללוך בו והיה לשרפת אש בראשונה ובשנייה, ועודנו בחרבנו, כי לא נבנה מעולם מקום המקדש ביד הגוים: **וכל מחמדינו היה.** בית המקדש, והנה הוא לחרבה זה כמה שנים:

**מצודת דוד**

**ועוננו.** העונות מקטרגים עלינו ונפרעים מאתנו להיות נעים ונדים כרוח הנושא דבר ומנידו: (ו) **ואין קורא.** לא יש בנו מי אשר יקרא בשמך להתפלל עלינו: **מתעורר.** מלת ואין משמשת בשתים לומר, אין מי מתעורר להחזיק ידו בך להיות נמשך אחריך להחזיר אותנו למוטב ולשוב אליך: **כי הסתרת.** כאשר הסתרת פניך ממנו בעבור מעשינו היינו נמסים בעבור עונינו, כי אין מי להשיב אפך ממנו; לא כמו לשעבר שהיה מי להעביר הקצף ולבטל הגזירה: (ז) **ועתה ה'.** רצונו לומר, עם כל זה הלא אתה אבינו ודרך האב לרחם על הבן: **אנחנו החומר.** רצונו לומר, כמו יוצר חרס הוא העושה הכל מן החומר, כן הלא אתה בראת אותנו וכולנו המה מעשה ידך, והיאך תשחית מעשה ידיך: (ח) **עד מאד.** אל תרבה לקצוף: **ואל לעד וכו'.** אל תזכור העון עד עולם: **הן הבט נא.** התבונן עתה בנו וראה אשר כולנו המה עמך ומאמינים בך ואין לבב מי פונה מאחריך: (ט) **ערי קדשך.** הנה ערי קדשך היו חרבות כמדבר, וגם ציון היתה כמדבר וירושלים היא שממה: (י) **ותפארתנו.** אשר היינו מתפארים בו: **אשר הללוך.** אשר בו הללוך אבותינו: **לשרפת אש.** להיות נשרף באש: **וכל מחמדינו.** כל המקומות שהיה לנו נהפך כל אחד להיות חרבה:

**מצודת ציון**

(ו) **מתעורר.** מלשון הערה והתגברות: **להחזיק.** לאחוז: **ותמוגגנו.** מלשון המגה והמסה: **ביד.** רצונו לומר, בעבור: (ז) **החומר.** טיט היוצר: **יוצרנו.** יאמר על יוצר חרס ועל הבריאה המוחלטת: (י) **הללוך.** מלשון הלול ושבח: **מחמדינו.** מלשון חמוד ואהוב: **לחרבם.** מלשון חורבן:

---

as they are performed insincerely, merely for self-glorification (*Radak*).

*Me'am Loez* explains this with a parable. If someone wishes to make a garment from material that has holes in it, he sews a strong piece of fabric under the holes, to make the garment wearable. Similarly, many ordinary people are unable to perform all the commandments, so God applies the deeds of the righteous to those who are less deserving, so that the unified community can be considered like a whole, wearable "garment." When the righteous die, it is as if the underlying material is removed, so that the holes are exposed and the garment cannot be worn.

The translation *worn-out garment* follows *Radak* (second approach). *Rashi,* based on *Targum,* renders עִדִּים as *remove,* i.e., a garment that people say is repulsive and should be taken off.

Alternatively, it is a *charming garment.* Our good deeds are like a beautiful garment; it adorns us, but does not make us better people. So, too, we perform good deeds, but do so insincerely (*Malbim*).

**וַנָּבֶל כֶּעָלֶה כֻּלָּנוּ וַעֲוֺנֵנוּ כָּרוּחַ יִשָּׂאֻנוּ** — *We all wither like a leaf; and like a wind, our sins carry us off.* Just as a leaf withers and is blown about by the wind, our sins have caused us to wither and be dispersed to every corner of the globe (*Radak*).

**6. וְאֵין־קוֹרֵא בְשִׁמְךָ** — *There is no one to call out in Your Name,* in prayer (*Targum*), as the righteous would do when they were still alive (*Radak*).

Alternatively, there is no prophet to urge the people *in Your Name* to return to God in repentance (*Malbim*).

**מִתְעוֹרֵר לְהַחֲזִיק בָּךְ** — *Who arouses himself to hold fast to You.* No one arouses himself to fulfill Your commandments (*Radak*).

Alternatively, no one *arouses us* to repent (*Metzudos, Malbim*).

*and like a wind, our sins carry us off.* 6 *There is no one to call out in Your Name,*
*who arouses himself to hold fast to You when You hide Your face from us and melt*
*us away because of our iniquities.*
7 *So now, HASHEM, You are our Father. We are the clay and You are our Potter, and*
*we are all Your handiwork.* 8 *O HASHEM, do not become greatly enraged and do not*
*remember iniquity forever; behold, see now, we are all Your people.* 9 *Your holy cit-*
*ies have become a wilderness; Zion has become a wilderness, Jerusalem a waste-*
*land.* 10 *The Temple of our holiness and our splendor, where our fathers praised*
*You, has become a fiery conflagration, and all that we desired has become a ruin.*

---

**כִּי־הִסְתַּרְתָּ פָנֶיךָ מִמֶּנּוּ וַתְּמוּגֵנוּ בְּיַד עֲוֹנֵנוּ** — *When You hide Your face from us and melt us away because of our iniquities.* When You hide Your face from us and we melt away, ashamed because of our iniquities, there is no one left to pray to You (*Radak*). The natural consequence of sin is destruction (*Me'am Loez*). One sin leads to another and another until it becomes so habitual that the sinner "melts away."

**7-11.** This passage is a heartfelt prayer. Having described Israel's glorious birth as a nation and its subsequent physical and spiritual decline, Israel now addresses God as *our Father* and makes an impassioned plea for mercy. Recognizing that we lack merit and that the righteous are no longer among the living, we plead for the mercy of our Father, Who has compassion even when His child is undeserving.

**7. וְעַתָּה ה׳ אָבִינוּ אָתָּה** — *So now, HASHEM, You are our Father.* Your love for us is as boundless as a father's love for his child (*Targum*). A father will not abandon his child regardless of his sins (*Radak*), rather he will admonish him to correct his ways (*Abarbanel*). Hashem is our Father, for He is the One Who raised and nurtured us, causing us to develop into a nation (*Shemos Rabbah* 46:3).

**אֲנַחְנוּ הַחֹמֶר וְאַתָּה יֹצְרֵנוּ וּמַעֲשֵׂה יָדְךָ כֻּלָּנוּ** — *We are the clay and You are our Potter, and we are all Your handiwork.* We are completely in Your hands, unable to control our own destiny, like clay in the hands of the potter (*Ibn Ezra*). Israel, which merits God's constant attention, is likened to God's handiwork. Just as a craftsman evaluates his creation and alters it if it does not meet his specifications, so, too, if we displease You, You can change our destiny into one of Your choosing (*Radak*).

**8. אַל־תִּקְצֹף ה׳ עַד־מְאֹד וְאַל־לָעַד תִּזְכֹּר עָוֹן** — *O HASHEM, do not become greatly enraged and do not remember iniquity forever;* May Your rage at our sins not become more intense than it already is, and may it not endure forever (*Malbim*).

**הַבֶּט־נָא עַמְּךָ כֻלָּנוּ** — *See now, we are all Your people.* Although we have sinned, we have not left Your domain, and we have not abandoned Your faith (*Radak*). We have not assimilated with the other nations (*Abarbanel*).

**9. עָרֵי קָדְשְׁךָ הָיוּ מִדְבָּר צִיּוֹן מִדְבָּר הָיָתָה יְרוּשָׁלַםִ שְׁמָמָה** — *Your holy cities have become a wilderness; Zion has become a wilderness, Jerusalem a wasteland.* This verse continues the theme of the previous verse, asking Hashem to think not only about us, but also to behold the desolate state of the holy cities (*Radak*).

Just as a mortal man will not live forever, so the city he builds will eventually become desolate. However You, Hashem, are eternal; it is inconceivable that Your cities, Zion and Jerusalem, should remain desolate (*Yalkut Shimoni* 2: 643).

Upon seeing the ruins of Judah one should recite, "*Your holy cities have become a wilderness,*" and rend his garments; upon seeing Jerusalem in her desolation one should recite "*Zion has become a wilderness, Jerusalem a wasteland,*" and rend his garments (*Moed Katan* 26a).

**10. בֵּית קָדְשֵׁנוּ וְתִפְאַרְתֵּנוּ אֲשֶׁר הִלְלוּךָ אֲבֹתֵינוּ הָיָה לִשְׂרֵפַת אֵשׁ** — *The Temple of our holiness and splendor, where our fathers praised You, has become a fiery conflagration.* Our forefathers would sing Your praises with the song of the Levites (*Ibn Ezra*), the Kohanim would perform the holy service, and the Israelites would pray (*Abarbanel*).

*Me'am Loez* explains *our fathers* as referring to the Patriarchs, Abraham, Isaac, and Jacob. Each of them prayed on the Temple Mount. Furthermore, Abraham performed the *Akeidah* there, and Jacob offered an oil libation.

**וְכָל־מַחֲמַדֵּינוּ הָיָה לְחָרְבָּה** — *And all that we desired has become a ruin.* This is another way of referring to the Temple (*Radak*). *Abarbanel* explains that *all that we desired* refers to the Holy of Holies.

*Me'am Loez* says that the term refers to the study halls of Torah. Isaiah left it for last since Torah is God's most beloved.

*Kli Paz* notes that just as the level of sanctity mentioned in these two verses is progressively greater, so, too, the description of the destruction is progressively more severe. The holy cities of Judah become a desert; Jerusalem is desolate, a greater degree of destruction; the Temple is consumed by flames; and the Holy of Holies is a total ruin.

*Maharal* (*Netzach Yisrael* 26) explains that a new creation emerges from the destruction of what came before; for example, an egg yolk rots before a new chick begins to form. If the old entity were to remain intact, what emerges from it would retain its previous limitations; only complete destruction enables complete creation. Thus the precondition of the ultimate, eternal Temple was the destruction of the earlier Temple (ibid. 26). This explains why Rabbi Akiva was glad at the tragic sight of foxes roaming the ruins of the Second Temple (*Makkos* 24a). As he told his grieving colleagues, if the prophecy of utter destruction was fulfilled so totally, surely the prophecy of redemption will be fulfilled to a similar degree.

**סה** יא־א הַעַל־אֵלֶּה תִתְאַפַּק יהוה תֶּחֱשֶׁה וּתְעַנֵּנוּ עַד־מְאֹד: נִדְרַשְׁתִּי
לְלוֹא שָׁאָלוּ נִמְצֵאתִי לְלֹא בִקְשֻׁנִי אָמַרְתִּי הִנֵּנִי הִנֵּנִי אֶל־גּוֹי לֹא־קֹרָא
ב בִשְׁמִי: פֵּרַשְׂתִּי יָדַי כָּל־הַיּוֹם אֶל־עַם סוֹרֵר הַהֹלְכִים הַדֶּרֶךְ לֹא־טוֹב אַחַר
ג מַחְשְׁבֹתֵיהֶם: הָעָם הַמַּכְעִיסִים אוֹתִי עַל־פָּנַי תָּמִיד זֹבְחִים בַּגַּנּוֹת וּמְקַטְּרִים
ד עַל־הַלְּבֵנִים: הַיֹּשְׁבִים בַּקְּבָרִים וּבַנְּצוּרִים יָלִינוּ הָאֹכְלִים בְּשַׂר הַחֲזִיר °ופרק
ה [°וּמְרַק ק׳] פִּגֻּלִים כְּלֵיהֶם: הָאֹמְרִים קְרַב אֵלֶיךָ אַל־תִּגַּשׁ־בִּי כִּי קְדַשְׁתִּיךָ

**רש״י**

(יא) **תחשה ותעננו.** תחריש על העשוי לנו. עד כאן תפלת הנביא, ותחלתה חסדי ה׳ אזכיר: (א) **נדרשתי ללא שאלו.** הקדוש ברוך הוא משיבו, אי אפשר שלא להנקם מהם, כי נדרשתי מהם להוכיחם על ידי נביאי, והם לא היו שואלים: **אמרתי הנני הנני.** שובו אלי, והנני מוכן לקבל: **אל גוי לא קורא בשמי.** אשר לא היה חפץ להיות נקרא על שמי: (ב) **פרשתי ידי.** כדי לקבלם בתשובה: **סורר.** סר מן הדרך: (ג) **זובחים בגנות.** מעמידים עכו״ם בגנותיהן ושם מקטרין בשמים על הלבנים: (ד) **היושבים בקברים.** שתשרה עליהם רוח טומאה של שדים: **ובנצורים.** הם פגרי המתים שהם נתונים במצור שאינם יכולים לצאת: **ומרק פגולים.** רוטב נתעב; כמו, וְאֶת הַמָּרַק שָׁפַךְ (שופטים ו, כ): (ה) **האומרים.** אל הצדיקים: **קרב אליך.** עמוד בעצמך ואל תגש בי: **כי קדשתיך.** כי קדשתי וטהרתי יותר ממך. כן תרגם יונתן:

**רד״ק**

(יא) **העל אלה.** איך תוכל להתאפק על אלה ולא תרחם: **תחשה.** תשתוק, כאלו אין אתה שומע צעקתינו: **ותעננו.** שאנחנו מעונים בגלות ביד האויבים. ויונתן תרגם, הַעַל אִלֵּין תִּתְחַסַּן ה׳ וגו׳: (א) **נדרשתי.** והנה האל משיב לבני הגולה, כי בעונות אבותיהם שגברו ושעבדו עכו״ם ובעונותם בגלות ועברו על המצות, ארך הגלות כל כך; ואמר, נדרשתי ללא שאלו, נדרשתי לאבותיכם אם ידרשוני, ולא שאלוני ולא דרשוני. וכפל הענין במלות שונות ושלש הענין, ורבע, שאמר נמצאתי, ואמר אמרתי הנני, ואמר פרשתי ידי. וכל זה לחזק הענין, כי כמה פעמים היה שולח להם ביד הנביאים, שׁוּבוּ אֵלַי וְאָשׁוּבָה אֲלֵיכֶם (מלאכי ג, ז), וכיוצא בענין הזה: **לא קורא בשמי.** כאלו לא נקרא בשמי עם ה׳, וכן לא פנה אלי: (ב) **פרשתי ידי.** לקבלם בתשובה, אם ירצו. ויונתן תרגם שְׁלַחִית נְבִיי וגו׳: **לא טוב.** רצונו לומר, דרך רע, וכן מנהג הלשון; כמו, יִתְיַצֵּב עַל דֶּרֶךְ לֹא טוֹב (תהלים לו, ה), אֲשֶׁר לֹא טְהֹרָה הִוא (בראשית ז, ב), אֲשֶׁר אֵינֶנָּה טְהֹרָה (שם ח), והדומים לו: (ג) **העם, על פני.** רוצה לומר, בירושלם, גם בבית המקדש עשו תועבות: **בגנות.** כמו שהיה מנהגם תחת כל עץ רענן: **על הלבנים.** בשעה שהיו שורפין הלבנים, היו משימין עליהם קטרת לעכו״ם: (ד) **היושבים בקברים.** לדרוש אל המתים. ויונתן תרגם, דְּיָתְבִין בְּבָתַיָּא דְּבָנַן מֵעֲפַר קִבְרַיָּא וגומר: **ובנצורים ילינו.** בחרבות ילינו בלילה שיראו להם השדים לדעתם, כי המזיקים נראים בחרבות למאמינים בהם; וכן, וּנְצוּרֵי יִשְׂרָאֵל לְהָשִׁיב (לעיל מט, ו), ענין חרבות. ויונתן תרגם, וְעִם פִּגְרֵי בְנֵי אֱנָשָׁא דָיְרִין: **בשר החזיר.** עוברין על כל הנמנע בתורה: **ומרק פיגולים.** כולל כל שאר הבהמות טמאות שקצים ורמשים, וכלם הם פגולים ונתעבים: **ומרק.** כמו, וְאֶת הַמָּרַק שָׁפוֹךְ (שופטים ו, כ), כי הוא מרוק הבשר. וכליהם נראים באותו השומן הדבק בהם, ויכיר אדם כי בשר חזיר ושקצים בשלו בהם, אם ירצו לכפור בהם ולומר שלא אכלום. וכתוב ופרק, והענין אחד: (ה) **האומרים.** הם טמאים, אוכלים כל טמא, ואומרים למי שהוא טהור, אני טהור ממך: **קרב אליך.** כלומר, עמוד בעצמך, אל תקרב אלי: **אל תגש בי כי קדשתיך.** אני קדוש ממך:

**מצודת דוד**

(יא) **העל אלה.** וכי על חורבן אלה הדברים תתאפק ותאמץ לבך לבל יכמרו רחמיך: **תחשה.** וכי תחריש להאומות אשר כל אלה עשו, וכי עוד תענה אותנו בידם עד זמן מרובה? הלא די במה שעבר: (א) **נדרשתי.** כאלו האל משיב לבני הגולה על תלונתם, לומר, איך אגאל אתכם? הלא המצאתי עצמי להיות נדרש בצרה, אבל היתה בלא תועלת, כי היא היתה לעם אשר לא שאלו לדרוש אלי: **נמצאתי.** הייתי ממציא עצמי והיא היתה מבלי תועלת, כי היתה לעם אשר לא בקשו אותי. וכפל הדברים פעמים רבות להפלגת הענין והתמדתו, כי הרבה לשלוח נביאים להחזירם למוטב ולא הועיל: **אמרתי הנני.** לקבל תפלתך: **אל גוי.** רצונו לומר, אבל היתה אל גוי אשר לא רצו לקרוא בשמי: (ב) **פרשתי ידי.** שיתקרבו אלי ואקבל תשובה, כאדם המרמז לחבירו לבוא אליו: **אל עם סורר.** אבל היתה אל עם סורר אשר הולכים בדרך לא טוב, אחר מחשבות לבם: (ג) **העם.** הם העם המכעיסים וכו׳: **על פני.** לפני בירושלים מקום השראת השכינה: **זובחים.** לעכו״ם: **בגנות.** דרכם היה להעמיד עכו״ם בתוך הגנות; וכן נאמר, הַמִּתְקַדְּשִׁים וְהַמִּטַּהֲרִים אֶל הַגַּנּוֹת (לקמן סו, יז): **על הלבנים.** בשעה שהיו שורפין הלבנים היו משימין עליהם קטורת לשם עכו״ם: (ד) **היושבים בקברים.** שתשרה עליהם רוח טומאה של שדים: **ובנצורים ילינו.** היו לנים בין פגרי המתים שאינם יכולים לצאת ממקומם כמו הנתונים במצור; והוא כפל ענין כמו שכתוב: **ומרק פגולים כליהם.** כל כליהם בלוע מרוטב מתועב מדבר טמא: (ה) **האומרים.** לאלה שאינם אוכלים ממאכלים יאמרו, גשה אליך לעמוד במקומך, אל תגש לנגוע בי כי קדשתי ממך, ואל תטמא אותי:

**מצודת ציון**

(יא) **תתאפק.** ענין התחזקות ואמצות הלב: **תחשה.** ענין שתיקה, ; כמו, עֵת לַחֲשׁוֹת (קהלת ג, ז): **ותעננו.** מלשון עינוי: (ב) **סורר.** מעוות; וכן, בֵּן סוֹרֵר וּמוֹרֶה (דברים כא, יח): (ג) **על פני.** לפני; וכן, עַל פָּנֶיךָ יְבָרְכֶךָּ (איוב א, יא): **הלבנים.** עשוים מחומר ושורפין בכבשן לשומם בבנין: (ד) **ובנצורים.** מלשון מצור; כמו, כְּעִיר נְצוּרָה (לעיל א, ח): **ומרק.** רוטב מבישול הבשר; כמו, וְאֶת הַמָּרַק שְׁפוֹךְ (שופטים ו, כ): **פגולים.** ענין תעוב; כמו, פִּגּוּל הוּא לֹא יֵרָצֶה (ויקרא יט, ז):

---

**11. הַעַל־אֵלֶּה תִתְאַפַּק ה׳** — *Will You restrain Yourself in the face of all of these, HASHEM?* How can You refrain from having mercy upon us? (*Radak*).

**תֶּחֱשֶׁה** — *And be silent.* How can You be silent in the face of our adversity? (*Rashi*), and ignore our heartfelt prayers? (*Radak, Abarbanel*). How can you be silent in the face of the nations that perpetrate such evil? (*Metzudos*).

**וּתְעַנֵּנוּ** — *And let us suffer.* The translation follows most commentaries, that the root word of וּתְעַנֵּנוּ is עִינּוּי, *suffering.*

Alternatively, *Malbim* renders it as *responding,* from the root מענה, *response.* Accordingly, the prophet implores, If You will remain silent in the face of my fervent pleas for help, that silence will be a shockingly eloquent *answer,* as if to say that You are ignoring the plight of Your people.

*Malbim* explains verses 8-11 as a combination of a plea and an explanation. Israel acknowledges the sorry state of

[11] *Will You restrain Yourself in the face of all these, HASHEM, and be silent and let us suffer so much?*

## 65

God is accessible

[1] *I was accessible to those who did not ask; I could be found by those who*
*did not seek Me. I said, 'Here I am! Here I am!' to a nation not called by My*
*Name.* [2] *I stretched out My hands all day to a straying people, who walk the*
*road that is not good, following after their own thoughts;* [3] *the people who*
*continually anger Me to My face; who sacrifice in their gardens and burn*
*incense on the bricks;* [4] *who sit in graves and sleep with corpses; who eat*
*the flesh of the swine and have the sauce of forbidden foods in their utensils;*
[5] *who say, 'Keep to yourself; do not come near me, for I am holier than thou.'*

---

its spirituality and observance of the commandments, but it offers an explanation and a promise. We have become so deficient because we no longer have Zion and Jerusalem, the sources of inspiration, the prophets who resided in Jerusalem; the Temple and the Sanhedrin, whose seat was adjacent to the Temple. If God would only return these holy institutions to us, we would again become worthy of our role as His chosen nation.

### 65.

This chapter contains God's response to Israel's prayer (beginning 63:7), in which it contrasted its former glory with its state in exile. God responds that He performed many miracles for them; when they sinned He sent prophets to admonish them and He punished them through their enemies. But they did not repent, so He thrust them into exile, in order to force them to return to Him.

**1. נִדְרַשְׁתִּי לְלוֹא שָׁאָלוּ נִמְצֵאתִי לְלֹא בִקְשֻׁנִי** — *I was accessible to those who did not ask; I could be found by those who did not seek Me.* God responds to Israel's grievance. Before He punished them He warned them through His prophets, but they stubbornly refused to seek His favor (*Rashi*). I extended myself to save them in their times of distress, even though they did not request My help (*Ibn Ezra*).

**אָמַרְתִּי הִנֵּנִי הִנֵּנִי** — *I said, "Here I am! Here I am!"* I said time and again (*Ibn Ezra*), "Return — I am prepared to accept you!" (*Rashi*).

**אֶל־גּוֹי לֹא־קֹרָא בִשְׁמִי** — *To a nation not called by My Name.* Israel should have regarded itself as the nation of Hashem, but it chose not to have that title (*Rashi, Radak*).

*Malbim* explains the progression of this verse: *I sought them out* through My prophets, but *they did not ask* them [for guidance]. Furthermore, *I could be found* to fulfill their every request, but they *did not seek Me.* I would say, "*Here I am! Here I am!*" for I was prepared to fulfill what you ask, but My pleadings were *to a nation that did not want to be called by My Name.*

**2. פֵּרַשְׂתִּי יָדַי כָּל־הַיּוֹם אֶל־עַם סוֹרֵר** — *I stretched out My hands all day to a straying people.* I stretched out My hands to accept their repentance (*Rashi, Radak*), but they never repented.

*Targum* interprets God's *hands* as His prophets, who acted on His behalf.

God says that it was not only in Egypt that I was merciful; in *Eretz Yisrael* I would send prophets *all day* to encourage the straying people to be righteous (*Abarbanel*).

**הַהֹלְכִים הַדֶּרֶךְ לֹא־טוֹב אַחַר מַחְשְׁבֹתֵיהֶם** — *Who walk the road that is not good, following after their own thoughts.* A person has two rulers: his intellect and his imagination. [The intellect urges him to be rational; the imagination tempts him to ignore reality and follow his passions.] Isaiah says that people follow *their own thoughts,* i.e., their imagination rather than their intellect (*Abarbanel*).

They did not walk the wrong path by mistake; rather they chose the path of evil only after careful deliberation, because they preferred heresy (*Malbim*).

**3. הָעָם הַמַּכְעִיסִים אוֹתִי עַל־פָּנַי תָּמִיד** — *The people who continually anger Me to My face,* like a slave who rebels even as his master is watching (*Ibn Ezra*), they committed abominations even in the Temple (*Radak*).

**זֹבְחִים בַּגַּנּוֹת וּמְקַטְּרִים עַל־הַלְּבֵנִים** — *Who sacrifice in their gardens and burn incense on the bricks.* They erect idols in their gardens, and worship them with incense offerings (*Rashi*).

Alternatively, when they would fire up bricks they would sprinkle incense on them, as an idolatrous offering (*Rashi, Radak*).

Normally, sinners are punished through apparently natural means. The sin of idolatry, however, directly interferes with God's relationship with humanity. It replaces the awe due the Creator with service to an inanimate object. God relates directly to this sin, bypassing His usual manner of conduct.

**4. הַיֹּשְׁבִים בַּקְּבָרִים** — *Who sit in graves,* so that the impure spirit of demons that reside in a cemetery will settle upon them (*Rashi*). Targum renders *who dwell in houses built from the earth of graves.* Presumably the intention is the same, to be surrounded by the impure.

Alternatively, to communicate with the dead (*Radak*).

**וּבַנְּצוּרִים יָלִינוּ** — *And sleep with corpses.* The dead are called נְצוּרִים, literally, *constrained,* because they are unable to escape their situation (*Rashi*).

Alternatively, the word refers to an abandoned ruin (*Ibn Ezra*), believed to house impure spirits (*Radak*).

**5. הָאֹמְרִים קְרַב אֵלֶיךָ אַל־תִּגַּשׁ־בִּי כִּי קְדַשְׁתִּיךָ** — *Who say, "Keep to yourself; do not come near me, for I am holier than thou."* Although they defile themselves with forbidden foods, they

ו אֵלֶּה עָשָׁן בְּאַפִּי אֵשׁ יֹקֶדֶת כָּל־הַיּוֹם: הִנֵּה כְתוּבָה לְפָנָי לֹא אֶחֱשֶׁה כִּי אִם־
ז שִׁלַּמְתִּי וְשִׁלַּמְתִּי עַל־חֵיקָם: עֲוֺנֹתֵיכֶם וַעֲוֺנֹת אֲבוֹתֵיכֶם יַחְדָּו אָמַר יְהוָה
אֲשֶׁר קִטְּרוּ עַל־הֶהָרִים וְעַל־הַגְּבָעוֹת חֵרְפוּנִי וּמַדֹּתִי פְעֻלָּתָם רִאשֹׁנָה °עַל־
ח [°אֶל־ ק׳] חֵיקָם: כֹּה | אָמַר יְהוָה כַּאֲשֶׁר יִמָּצֵא הַתִּירוֹשׁ
בָּאֶשְׁכּוֹל וְאָמַר אַל־תַּשְׁחִיתֵהוּ כִּי בְרָכָה בּוֹ כֵּן אֶעֱשֶׂה לְמַעַן עֲבָדַי לְבִלְתִּי
ט הַשְׁחִית הַכֹּל: וְהוֹצֵאתִי מִיַּעֲקֹב זֶרַע וּמִיהוּדָה יוֹרֵשׁ הָרָי וִירֵשׁוּהָ בְחִירָי

### רש״י

**אלה.** התועבה אשר עשו, הנה לעשן חמה באפי: **(ו) הנה כתובה.** חטאתם לפני כבר נגזר דינם ונחתם: **(ז) עונותיכם.** שלכם ושל אבותיכם יחדיו אשלם לכם: **(ח) כאשר ימצא התירוש באשכול.** תרגם יונתן, כְּמָא דְאִשְׁתְּכַח נֹחַ זַכַּאי בְּדָרָא דְטוֹפָנָא: **התירוש.** זה נח, שהיה מתוק: **באשכול.** בדור המשוכל. ויש לפתור כמשמעו: **למען עבדי.** למען כל צדיק וצדיק הנמצא בהם:

### רד״ק

**אלה.** שעשו המעשים הרעים האלה ולא הכירו בעצמם כי רע עשו, הם מעלים עשן באפי: **אש יוקדת.** באפי כל היום עליהם ועל זרעם אחריהם, לפיכך ארבה הגלות לבניהם זמן רב: **(ו) הנה כתובה.** החטאת הגדולה לא נמחית, אלא הרי היא כתובה לפני, לזכרה תמיד: **לא אחשה.** ולא אשקוט: **כי אם שלמתי.** עד אשר אשלם להם משלם רעות אבותיהם המצטרף עם עונותם בגלות, אבל העיקר הוא עונות אבותם שגדל: **ושלמתי על חיקם.** אף על פי שאני עתיד לשלם גמולם לבניהם אחריהם, מעתה אשלם לעצמם שעשו הרעה. ויונתן תרגם כן, הָא כְתִיבָא קֳדָמַי לָא אֶתֵּין לְהוֹן אַרְכָּא בְּחַיַּיָא אֱלָהֵין אֲשַׁלֵּים לְהוֹן פּוּרְעָנוּת חוֹבֵיהוֹן וגומר: **(ז) עונותיכם ועונות אבותיכם יחדו.** כלומר, הצטרפו אלה עם אלה והאריכו אתכם בגלות: **אשר קטרו.** אותו המעשה הרע, כפרו בי ועבדו עבודת כוכבים; והוא שאמר חרפוני, כי כשעבדו על הגבעות, הנה חרפוני ובזוני וכפרו בי, כי אני צויתים שלא לעבוד עבודת כוכבים, כי העובד עבודת כוכבים כופר בעיקר: **ומדותי פעולתם ראשונה אל חיקם.** תחלה אמדד להם עצמם פעולתם אל חיקם, ואחר כך לבניהם. הראשון כתוב אל (פסוק ו), וקרי על חיקם וזה השני על וקרי אל חיקם: **(ח) כה אמר ה׳.** אמר כנגד בני הגלות, אל תתיאשו בעבור זה שאמרתי מן הגאולה, כי אף על פי שאשלם לכם עון אבותיכם בהאריכי גלותכם בעונם עם עונותיכם, לא אטוש אתכם, אלא על כל פנים אוציא אתכם מן הגלות ואשיבכם אל ארצכם אחר שישלם ענשכם. והמשילם לאשכול ענבים שבשל להוציא ממנו התירוש, אם יבא אדם להשחיתו, יאמר לו חברו, אל תשחיתהו כי ברכה בו, כי תירוש יש בו, שהוא ברכה וטובה, ואף על פי שיש בו חרצנים וזגים שאין בהם ברכה, בעבור התירוש שיש בו השאירהו; כן ישראל, אף על פי שיש בהם חוטאים, צדיקים יש בהם שהם ברכה לעולם, ובעבור הצדיקים אין ראוי להשחיתו, אלא כמו שיעשו באשכול, שידרכו אותו ויוציאו ממנו התירוש, וישליכו ממנו החרצנים והזגים, כן יעשה האל בישראל, יוציאם מהגלות בהגיע עתם ויצרפם בדרך; כמו שכתוב בנבואת יחזקאל, וּבָרוֹתִי מִכֶּם הַמֹּרְדִים וְהַפּוֹשְׁעִים בִּי וגו׳ (יחזקאל כ, לח). ויונתן תרגם כן, כִּדְנַן אֲמַר ה׳ כְּמָא דְאִשְׁתְּכַח נֹחַ זַכַּי בְּדָרָא דְטוֹפָנָא וַאֲמַרִית דְּלָא לְחַבָּלוּתֵיהּ וגו׳: **(ט) והוצאתי מיעקב זרע.** פירוש, זרע ברכה, כלומר, זרע הראוי ליעקב; וכלל בכלל יעקב עשרת השבטים: **ומיהודה.** כלל בו בנימן, כי מלכות אחת היו, וגלו כאחד. וזכר שתי הגליות, שלא יתיאשו אפילו עשרת השבטים שלא שבו משגלו בראשונה, מבטיח אותם שישובו עוד לארצם וירשוה. ואמר הרי, רוצה לומר, הר ציון והר הבית שהוא בחלק יהודה:

### מצודת דוד

**אלה.** הדברים האלה העלו עשן באפי, להיות חמתי בוערת כל היום כאש הבוער: **(ו) הנה כתובה לפני.** הרעות שעשו כתובה לפני ולא נשכחו: **לא אחשה.** לא אשתוק עליהם, כי אם אשלם גמול והתשלומין יהיה על חיקם ולא לבניהם אחריהם: **(ז) עונותיכם.** תשלום הגמול יהיה על עונותיכם ועל עונות אבותיכם יחדיו: **אשר קטרו.** לעכו״ם: **חרפוני.** במה שעבדו שמה לעכו״ם בפרסום רב: **ומדותי.** בראשונה אמדוד אל חיקם גמול פעולתם, ואחר זה אפרע מהם עון אבותם, הואיל ואחזו במעשה אבותם: **(ח) כאשר ימצא.** רצונו לומר, עם כל זה אל תתייאשו מן הגאולה, כי כמו כאשר ימצא באשכול ענבים גרגרים מבושלים כל צרכם הראויים לעשות מהם יין: **ואמר.** רצונו לומר, ואם מי רוצה להשחיתו יאמר האומר אל תשחיתהו כי יש בו תירוש שהוא ברכה וטובה, ואף על פי שיש בו חרצנים וזגים שאינם ברכה, מכל מקום השאירהו בעבור התירוש: **למען עבדי.** הצדיקים אשר בקרבם: **לבלתי השחית הכל.** כלל וכלל לא אשחית בעבור עבדי הצדיקים: **(ט) זרע.** רצה לומר זרע ברכה הראויה ליעקב: **יורש הרי.** הר ציון והר הבית: **וירשוה בחירי.** העם שבחרתי לי, הם ירשו את הירושה שהבטחתי להם, זו ארץ ישראל:

### מצודת ציון

**(ה) עשן.** ענין כעס; כמו, עָלָה עָשָׁן בְּאַפּוֹ (תהלים יח, ט): **יקדת.** בוערת; כמו, אֵשׁ תָּמִיד תּוּקַד (ויקרא ו, ו): **(ו) אחשה.** ענין שתיקה: **על חיקם.** רצונו לומר, על עצמם ובשרם: **(ז) חרפוני.** מלשון חרוף וגדוף: **ומדותי.** מלשון מדידה: **(ח) התירוש.** היין; כמו, וְתִירֹשְׁךָ וְיִצְהָרֶךָ (דברים יא, יג): **באשכול.** ענף מגרגרי ענבים; כמו, וְאֶשְׁכּוֹל עֲנָבִים (במדבר יג, כג): **ברכה.** רצונו לומר, דבר טובה:

---

have the temerity to tell the truly righteous, who guard what enters their mouths, that their own holiness overshadows that of the righteous (*Rashi, Ibn Ezra, Radak*).

In a significant way, such sinners who delude themselves into thinking that they are "holy" are worse than sinners who acknowledge their transgressions. Someone who knows he is a sinner may one day recognize his folly and repent, but a self-congratulatory hypocrite is far from repentance because he insists that his way is the right way. Such people will always rationalize that they are right, so why repent?

**אֵלֶּה עָשָׁן בְּאַפִּי** — *These are the smoke of My wrath.* These people (*Ibn Ezra, Radak*), alternatively, these acts (*Rashi*), *are the smoke of My wrath.* The term עָשָׁן בְּאַפִּי literally means *smoke in My nose;* the nose refers figuratively to the sensation of anger, because one who is angry tends to breathe strongly through the nostrils, thus *smoke in My nose* signifies powerful anger.

The Sages explain our verse with a metaphor of the king's servant who lives on the bottom floor of the castle and causes smoke to rise to the king's residence (*Yalkut Shimoni* 2:793). Although these people's actions take place in the temporal world, the effects of their actions impact the highest worlds, the residence of the Supreme King. *Nefesh HaChaim* teaches that God created the world so that the

*Idolatry punished*

*These are the smoke of My wrath, like a fire burning all the day.* 6 *Behold, it*
*is inscribed before Me; I will not be silent until I repay; I will repay into their*
*bosom.* 7 *for your sins and the sins of your fathers together, said HASHEM, who*
*burned incense on the mountains and blasphemed Me on the hills. First I will*
*mete out the payment of their actions into their bosom.*
8 *Thus said HASHEM: Just as when the wine exists in a cluster, and some-*
*one says, 'Do not destroy it, for there is blessing within it,' so will I do for My*
*servants, not to destroy everything.* 9 *I will bring forth offspring from Jacob,*
*and from Judah the heir of My mountains; My chosen ones will inherit it and*

---

actions of man, particularly of Jews, influence the cosmos. As *Malbim* explains, *the smoke of My wrath* is caused by *the fire [of their sins] burning all day.*

*Targum* renders the *fire* as that of *Gehinnom,* the place of the ultimate retribution for the people mentioned in these verses.

This verse explains that by igniting *My anger* with their actions, they have condemned themselves and their progeny to the lengthy exile (*Radak*). Unlike Israel's claim that the hardships of the exile caused them to sin, it was their sins that led them into exile (*Abarbanel*).

**6.** **הִנֵּה כְתוּבָה לְפָנָי** — *Behold, it is inscribed before Me.* I will never forget their evil deeds (*Ibn Ezra*). Although *you* may have forgotten your iniquities, they are inscribed before *Me* (*Abarbanel*). Accordingly, they call for immediate action, as the verse goes on to explain.

**לֹא אֶחֱשֶׁה כִּי אִם־שִׁלַּמְתִּי** — *I will not be silent until I repay.* I will not delay (*Targum*); I will not rest (*Radak*).

**וְשִׁלַּמְתִּי עַל־חֵיקָם** — *I will repay into their bosom.* The commentators note the repetition of the repayment. The first repayment will come when they are alive, and the second payment will occur posthumously (*Targum*).

The earlier generations will be punished for their own sins, and their offspring who embrace the sins of their predecessors will be punished not only for their own sins, but also for the earlier sins that they have embraced (*Radak*). Accordingly, God says that full punishment for the nation's continuing sins may extend for many generations, but the retribution will begin in the *bosom* of the original sinners.

Alternatively, *Metzudos* and *Malbim* explain: *I will repay expeditiously, and the payment will be to their own bosom,* but not to their progeny.

**7.** A sin performed by multiple generations becomes entrenched, requiring a greater level of punishment to fully purge it from the perpetrators' psyche. Isaiah now discusses the punishment for many generations of continued sin.

**עֲוֹנֹתֵיכֶם וַעֲוֹנֹת אֲבוֹתֵיכֶם יַחְדָּו** — *For your sins and the sins of your fathers together.* You have added sins to the sins of your fathers (*Ibn Ezra*), and these compounded sins have caused the lengthy exile (*Radak*).

**אֲשֶׁר קִטְּרוּ עַל־הֶהָרִים וְעַל־הַגְּבָעוֹת חֵרְפוּנִי** — *Who burned incense on the mountains and blasphemed Me on the hills.* The act of idolatrous service is blasphemous; it not only ignores God's command, it is a denial of His omnipotence (*Radak*). Serving idols in a highly visible area — *on the mountaintops* — is a public humiliation of God, as it were (*Metzudos*).

**וּמַדֹּתִי פְעֻלָּתָם רִאשֹׁנָה אֶל חֵיקָם** — *First I will mete out the payment of their actions into their bosom.* I will punish them first, and then their children (*Radak*).

Alternatively, first I will punish them for their own iniquities, and then for the iniquities of their fathers (*Metzudos*).

**8.** Having explained why Israel has been exiled, God tells Israel not to lose hope. Ultimately He will redeem them from exile (*Radak*).

**כַּאֲשֶׁר יִמָּצֵא הַתִּירוֹשׁ בָּאֶשְׁכּוֹל וְאָמַר אַל־תַּשְׁחִיתֵהוּ** — *Just as when the wine exists in a cluster, and someone says, "Do not destroy it, for there is blessing within it."* Hashem compares Israel to a cluster of grapes that contains both wine and sediment. Rather than discarding the clusters because of the peels and pits, God focuses on the wine that has the potential for blessing and joy (*Abarbanel*). Similarly, God will draw Israel out of the exile, preserving the righteous who are an eternal blessing, and casting aside the unworthy [see *Ezekiel* 20:38] (*Radak*).

In *Perek Shirah* (3), our verse is the song of the grapevine. This metaphor of the blessing concealed within a casing is the essence of the grapevine.

Even if there is only one cluster on the vine, one does not cut down the vine; one salvages the cluster. So too, God will not destroy Israel because of its sinners; rather, He will save the righteous and nurture them with blessing (*Malbim*).

Some will contend that the nation does not deserve to survive, but God will not let that happen, because even sinners have the potential to produce righteous descendants. *Rinas Yitzchak* (based on *Midrash Tanchuma*) suggests that this is so because of the principle of *arvus,* i.e., Jews are guarantors and are responsible for one another. Therefore, the merit of the righteous protects the others.

*Targum* applies the metaphor of our verse to Noah. In his merit, the world was preserved, while the wicked were destroyed. So, too, at the End of Days God will preserve the righteous (see also *Bereishis Rabbah* 29:2).

**9.** **מִיַּעֲקֹב זֶרַע וּמִיהוּדָה יוֹרֵשׁ הָרָי** — *Offspring from Jacob, and from Judah the heir of My mountains. Jacob* refers to the Ten Tribes; *Judah* refers to the tribes of Judah and Benjamin. Although the Ten Tribes did not return to *Eretz Yisrael* during the Second Temple era, Gos promises that they will

י וַעֲבָדַי יִשְׁכְּנוּ־שָׁמָּה: וְהָיָה הַשָּׁרוֹן לִנְוֵה־צֹאן וְעֵמֶק עָכוֹר לְרֵבֶץ בָּקָר לְעַמִּי
יא אֲשֶׁר דְּרָשׁוּנִי: וְאַתֶּם עֹזְבֵי יהוה הַשְּׁכֵחִים אֶת־הַר קָדְשִׁי הָעֹרְכִים לַגַּד שֻׁלְחָן
יב וְהַמְמַלְאִים לַמְנִי מִמְסָךְ: וּמָנִיתִי אֶתְכֶם לַחֶרֶב וְכֻלְּכֶם לַטֶּבַח תִּכְרָעוּ יַעַן
קָרָאתִי וְלֹא עֲנִיתֶם דִּבַּרְתִּי וְלֹא שְׁמַעְתֶּם וַתַּעֲשׂוּ הָרַע בְּעֵינַי וּבַאֲשֶׁר לֹא־חָפַצְתִּי
יג בְּחַרְתֶּם: לָכֵן כֹּה־אָמַר | אֲדֹנָי יֱהוִֹה הִנֵּה עֲבָדַי | יֹאכֵלוּ וְאַתֶּם תִּרְעָבוּ
יד הִנֵּה עֲבָדַי יִשְׁתּוּ וְאַתֶּם תִּצְמָאוּ הִנֵּה עֲבָדַי יִשְׂמָחוּ וְאַתֶּם תֵּבֹשׁוּ: הִנֵּה עֲבָדַי

### רש״י

(י) **השרון.** שם מחוז שהיה בארץ ישראל: **ועמק עבור.** כמשמעו: (יא) **עוזבי ה׳.** רשעי ישראל שהחזיקו בעכו״ם ומתו ברשעם: **העורכים לגד.** שם עכו״ם העשוים על שם המזל. ובלשון משנה יש גד גדי וסיכוך לה: **למני.** למניין חשבון הכומרים היו ממלאים אגנות מזג יין: **ממסך.** יין מזוג במים כמשפטו; כמו, לַחְקוֹר מִמְסָךְ (משלי כג, ל), מָסְכָה יֵינָהּ (שם ט, ב). ויש פותרים למני, לעבודה זרה; שמניתם עליכם, אבל ומניתי אתכם שלא נקוד, ומניתי דגש, יורה שהוא לשון מניין: (יג) **עבדי.** הצדיקים (של ישראל): **ואתם.** הפושעים בי:

### רד״ק

(י) **והיה השרון לנוה צאן.** כמה שהיה, כי השרון מקום מרעה; וכן כתוב, וְעַל הַבָּקָר הָרֹעִים בַּשָּׁרוֹן (דברי הימים־א כז, כט): **ועמק עכור לרבץ בקר.** וכן העמקים ירבצו בהם הבקר, וירעו בהם כמו שהיו, ויותר טוב, כי ירבצו בטח, ולא יפחדו מאויב; והעמקים מקום מרעה גם כן. ומה שזכר עמק עכור, לפי שהיה לו שם גנאי מתחילה, אמר, עוד לא יזכר אותו השם, כי רבץ בקר יקרא ועמק ברכה; וכן אמר הושע, וְאֶת עֵמֶק עָכוֹר לְפֶתַח תִּקְוָה (הושע ב, יז). ולמי תהיה כל זאת הברכה? לעמי אשר דרשוני, לא לאשר עזבוני; לפיכך אמר אחריו: (יא) **ואתם עוזבי השם.** אמר כנגד אנשי הדור שהיו עובדים עכו״ם, והם יכלו ברשעתם, הם ונשמתם, ולא יראו בטובת ישראל לעתיד לבא; כמו שאמר, וְרַבִּים מִיְּשֵׁנֵי אַדְמַת עָפָר יָקִיצוּ (דניאל יב, ב), רבים ולא כולם, אלא הצדיקים: **השכחים.** שם התאר. אמר, הם השוכחים הר קדשי שהוא בית המקדש, מלהקריב עליו קרבן: **העורכים לגד שלחן.** גד פירושו מזל, כלומר, מקריבים למזל מן המזלות, ואמר רבי משה כהן שהוא כוכב צדק, כי כן יקרא בלשון ערבי, והממלאים למני ממסך. וכן ממלאים, כלומר, משלימים ממסך יין, רוצה לומר, נסך למני, והוא שם כוכב. ויש מפרשים לכוכבים שהם מנוים, והם שבעה כוכבי לכת: (יב) **ומניתי.** לשון נופל על הלשון, והוא דרך צחות; כמו, גָּד גְּדוּד יְגוּדֶנּוּ (בראשית מט, יט), דָּן יָדִין עַמּוֹ (שם פסוק טז), וְעֶקְרוֹן תֵּעָקֵר (צפניה ב, ד); ולפי שאמר למני, אמר, ומניתי — אתם עובדים למנין הכוכבים ואני אמנה אתכם לחרב, ולא יחסר אחד, וכן אמר אחריו, כלכם לטבח תכרעו יען: **ובאשר לא חפצתי.** זה היה מרד להכעיס, שבחרתם באשר לא חפצתי, (יג) לכן כה אמר ה׳. מה שאמר למעלה מזה הוא כנגד אותו הדור שהיה הנביא בו, כמו שפירשנו שהיו עובדים עכו״ם, ואם כנגדם אמר זאת הפרשה גם כן, לא יתכן זה, כי כלם גלו, כי כשגלו צדיקים ורשעים, גם מהצדיקים מתו בחרב, כמו שכתוב, נָתְנוּ אֶת נִבְלַת עֲבָדֶיךָ מַאֲכָל לְעוֹף הַשָּׁמָיִם בְּשַׂר חֲסִידֶיךָ לְחַיְתוֹ אָרֶץ (תהלים עט, ב). אלא מה שאמר ומניתי אתכם לחרב, על הרשעים גמורים המכעיסים האל בעבודת כוכבים אמר, שלא נשאר אחד מהם שלא מת בחרב, אבל האחרים גלו, הצדיקים ושאינם צדיקים גמורים, ואף על פי שמתו מן הצדיקים; אֵל אֱמוּנָה וְאֵין עָוֶל (דברים לב, ד), ידע מה שעשה, אין להרהר אחריו. ואם נאמר כי זאת הפרשה כנגד עולי הגולה, כמו שכתוב שיצרפם בעלותם מהגלות, אינו דבק במה שכתוב למעלה; ועוד שאמר ואתם תרעבו, ולא אמר ואתם אלא לאותם שזכר. על כן הנכון בעיני, כי אלה הפסוקים נאמרו דרך משל על שכר העולם הבא; אמר, מתחלה ענשם בעולם הזה, ומניתי אתכם לחרב, ועתה אמר ענשם לעולם הבא, ואמר, הנה עבדי יאכלו, רוצה לומר, תשיג נפשם המשכלת בחכמה העליונה בידיעת האל; וההשגה הזאת תענוג הנפש, כמו שהאכילה והשתיה תענוג הגוף; וכן נאמר גם כן דרך משל, הוֹי כָּל צָמֵא לְכוּ לַמַּיִם, ואמר, לְכוּ שִׁבְרוּ וֶאֱכֹלוּ, ואמר, שִׁמְעוּ שָׁמוֹעַ אֵלַי וְאִכְלוּ טוֹב (לעיל נה, א־ב), כל זה משל לחכמה. וכתוב, לֹא רָעָב לַלֶּחֶם וְלֹא צָמָא לַמַּיִם כִּי אִם לִשְׁמֹעַ אֵת דִּבְרֵי ה׳, (עמוס ח, יא), וכן, צָמְאָה נַפְשִׁי לֵאלֹהִים (תהלים מב, ג), וכן בספר משלי הרבה כזה. ורבותינו זכרונם לברכה משלו גם כן שכר העולם הבא וענשו בזה הענין, והביאו גם כן אלה הפסוקים לראייה. אמרו, תנן התם רבי אליעזר אומר שוב יום אחד לפני מיתתך; אמרו לו תלמידיו, וכי אדם יודע באיזה יום ימות? אמר להם, כל שכן ישוב היום, שמא ימות למחר, ונמצא כל ימיו בתשובה (שבת קנג, א). ואף שלמה אמר בחכמתו, בְּכָל־עֵת יִהְיוּ בְגָדֶיךָ לְבָנִים (קהלת ט, ח) — אלו תשובה ומעשים טובים. אמר רבן יוחנן בן זכאי, משל למלך שזמן את עבדיו ולא קבע להם זמן; פקחים שבהם קשטו את עצמן וישבו על פתח בית המלך; אמרו, כלום בית המלך חסר כלום? טפשים שבהם הלכו ועשו מלאכה ואמרו, כלום יש סעודה שאין בה טורח? פתאום בקש המלך את עבדיו, הללו נכנסין מקושטין והללו נכנסין כשהן מלוכלכים, שמח המלך לקראת פקחין וכעס לקראת טפשים, אמר, הללו ישבו ויאכלו והללו יעמדו ויראו. זיואי חתנו של רבי מאיר בשם רבי מאיר אומר, אף הם נראים כמשמשים! אלא אלו ואלו יושבים, הללו אוכלים והללו רעבים, הללו שותים והללו צמאים, שנאמר לכן כה אמר השם הנה עבדי יאכלו ואתם תרעבו הנה עבדי ישתו ואתם תצמאו וגומר (שם): (יד) **הנה עבדי.** מנהג הסעודה, לאחר אכילה ושתיה שהם שמחים, ישמחו וירונו וירימו קול בשירים,

### מצודת דוד

**ישכנו שמה.** ולא יגלו עוד ממנה: (י) **והיה השרון.** מקום המישור והשמן יהיה לנוה צאן, כי שמה ירעו כמאז, ולא תהיה שממה כמות שהיתה בזמן הגולה: **ועמק עכור.** אף העמקים העכורים והמקולקלים יהיה לרבץ בקר כי שם ירבצו ושם ירעו מרעה שמן: **לעמי.** כל הטובה הזו תהיה לעמי אשר דרשוני בהיותם בגולה ולא עזבו את ה׳: (יא) **ואתם.** אבל אתם העוזבים את ה׳ וכפרו בו: **השכחים.** אשר שכחו את בית המקדש ולא זכרו שבו לבד ראוי להקריב קרבנות: **העורכים.** אשר ערכו מאכלים על השלחן להקריב לגד, והוא כוכב צדק; והיו ממלאים יין מזוג לנסך למני, וגם הוא שם כוכב: (יב) **ומניתי אתכם לחרב.** במנין אמסר אתכם לחרב למען לא יפקד מי: **וכולכם לטבח תכרעו.** איש לא נעדר מן המנין: **יען.** בעבור אשר קראתי אליכם ביד עבדי הנביאים לעזוב דרך ההוא, ולא עניתם לאמר, נעזוב הדרך הרע הזה: **ובאשר.** בהדבר אשר לא חפצתי אני בחרתם אתם: (יג) **לכן וכו׳.** רצונו לומר, מלבד העונש שיהיה לכם בעולם הזה, עוד תקבלו עונש בעולם הבא; כי עבדי הצדיקים יאכלו; רצונו לומר, יהנו מזיו השכינה; וכן, וַיֶּחֱזוּ אֶת הָאֱלֹהִים וַיֹּאכְלוּ וַיִּשְׁתּוּ (שמות כד, יא) ורצונו לומר, שנהנו מזיו השכינה כאלו אכלו ושתו: **ואתם.** אבל אתם עוזבי ה׳ תהיו רעבים מזה ההנאה, כי לא תזכו לזה: **הנה עבדי ישתו וכו׳.** כפל הדבר כמו שכתוב: **ואתם תבושו.** על אשר מעלתם בה׳:

### מצודת ציון

(י) **השרון.** מקום מישור ושמן; כמו, הָרֹעִים בַּשָּׁרוֹן (דברי הימים־א כז, כט): **לנוה.** ענין מדור: **ועמק עכור.** עמק מקולקל; וכן, וְאֶת עֵמֶק עָכוֹר לְפֶתַח תִּקְוָה (הושע ב, יז): **לרבץ.** מלשון רביצה, והוא השכיבה לנוח: (יא) **העורכים.** ענין סדור: **לגד למני.** שמות כוכבים: **ממסך.** יין מזוג; כמו, לַחְקוֹר מִמְסָךְ (משלי כג, ל): (יב) **ומניתי.** מלשון מנין ומספר: **לטבח.** ענין שחיטה: **תכרעו.** ענין נפילה על הברכים: **עניתם.** מלשון עניה ותשובה:

*Reward . . .*

*My servants will dwell there.* 10 *The Sharon will become a fold for the sheep and*
*the Valley of Achor will become fit for cattle to lie down, for My people who have*
*sought Me out.* 11 *But you who have forsaken* HASHEM, *who have forgotten My*
*holy mountain, who set a table for Gad, who fill a libation to Meni —* 12 *I will*
*consign you to the sword and you will all slump down in slaughter, because I*
*called and you did not answer; I spoke and you did not hear; you did what is*
*evil in My eyes, and what I did not desire you chose.*
13 *Therefore, thus said my Lord,* HASHEM/ELOHIM: *Behold, My servants will*
*eat and you will starve; behold, My servants will drink and you will thirst; be-*
*hold, My servants will rejoice and you will be ashamed;* 14 *behold, My servants*

---

ultimately return. *My mountains* refers to Mount Zion and the Temple Mount, located in the portion of Judah (*Radak*).

**בְּחִירַי וַעֲבָדַי** — *My chosen ones . . . My servants. Malbim* suggests that *My chosen ones* refers to the Israelites, who will inherit the land; *My servants* refers to the Kohanim and Levites, who dwell in the land, but do not receive their own province.

**10. וְהָיָה הַשָּׁרוֹן לִנְוֵה־צֹאן וְעֵמֶק עָכוֹר לְרֵבֶץ בָּקָר לְעַמִּי אֲשֶׁר דְּרָשׁוּנִי** — *The Sharon will become a fold for the sheep and the Valley of Achor will become fit for cattle to lie down, for My people who have sought Me out.* The *Sharon* was always ideal grazing land (see *I Chronicles* 27:29); the *Valley of Achor* was formerly unfit for use (see *Hosea* 2:17), but in the future both areas will be places of blessing (*Radak*).

All people have areas of strength and areas of weakness. Those who seek Hashem are careful not to corrupt that which is good, and they endeavor to improve where they are weak. Measure for measure, God showers them with both forms of blessing: what is good remains undiminished, and what is unfit becomes good.

**11-15.** Although God promises to bring glory to His nation, He will not do so indiscriminately. Only those who seek to serve Him will enjoy His largess.

**11. וְאַתֶּם עֹזְבֵי ה׳** — *But you who have forsaken* HASHEM, i.e., those who worship idols (*Rashi, Radak*), or who reject Hashem (*Metzudos*). Although God will shower the righteous with His blessing, sinners who do not repent (*Rashi*) will die an eternal death, never coming back to life to enjoy the ultimate glory of Israel (*Radak*). *Ibn Ezra* applied this to those who forget Him.

**הַשְּׁכֵחִים אֶת־הַר קָדְשִׁי** — *Who have forgotten My holy mountain,* i.e., who "forget" to bring offerings on the Temple Mount (*Radak*), or who bring offerings in other places, "forgetting" that offerings may be brought only in the Temple (*Metzudos*).

Alternatively, these are people who deny the coming of the Messiah, who will rebuild the Temple Mount (*Malbim*).

**הָעֹרְכִים לַגַּד שֻׁלְחָן וְהַמְמַלְאִים לַמְנִי** — *Who set a table for Gad, who fill a libation to Meni.* According to most commentators, *Gad* was a constellation or a star believed to bring good fortune to its worshipers, and *Meni* was a star that people worshiped as an idol.

*Rashi* renders *Meni* as *number,* i.e., idolaters filled libations according to the number of priests who served the idol.

According to *Abarbanel* (see also *Malbim*), our verse refers to merrymakers who squander their lives in frivolous revelry, rather than focusing on serving their Creator. He renders *Gad* as *groups* (see *Genesis* 49:19), and *Meni* as numbers, i.e., the groups fill beer kegs according to the numbers of the assembled revelers.

**12. וּמָנִיתִי אֶתְכֶם לַחֶרֶב וְכֻלְּכֶם לַטֶּבַח תִּכְרָעוּ** — *I will consign you to the sword and you will all slump down in slaughter.* The translation follows *Targum.* Others render וּמָנִיתִי as *I will count,* i.e., God will count those condemned to the slaughter; no one will escape (*Ibn Ezra, Radak*).

Alternatively, וּמָנִיתִי is a play on the word מְנִי of the previous verse, which refers to [worship of] the counted stars (*Ibn Ezra, Radak*).

**וּבַאֲשֶׁר לֹא־חָפַצְתִּי בְּחַרְתֶּם** — *And what I did not desire you chose.* Rebelliously, you chose that which I did not desire (*Radak*).

**13-14.** These verses contrast the fates of the righteous and the wicked. According to *Ibn Ezra,* these verses refer to the time of the Redemption. The righteous will go up to Zion to enjoy God's unbounded kindness; the sinners will remain in their deprived state (*Ibn Ezra*).

Others apply these verses to the era of ultimate reward, the World to Come (*Radak, Metzudos*).

Those who squander their lives will watch the righteous being rewarded and suffer the everlasting frustration of knowing that they, too, could have enjoyed God's boundless goodness had they made the same choices. The *Vilna Gaon* writes that the pain of recognizing lost opportunity is the greatest punishment the soul of the wicked must endure.

**13. הִנֵּה עֲבָדַי יֹאכֵלוּ וְאַתֶּם תִּרְעָבוּ** — *Behold, My servants will eat and you will starve.* The metaphor of eating, drinking, and rejoicing refers to the spiritual delight of the soul, enjoying ever-growing perception of the Creator and basking in the light of Divine glory (*Radak*).

The three terms described in our verse correspond to the three terms in verse 11. Those who *set a table for Gad* — thus squandering their days by reveling in food and drink, while ignoring spiritual perfection — will experience everlasting hunger and thirst. Those who have *forsaken* HASHEM will be ashamed. However, those who served God despite hunger will ultimately be satiated (*Mahari Kara, Abarbanel*). Those

טו יָרֹ֖נּוּ מִטּ֣וּב לֵ֑ב וְאַתֶּ֤ם תִּצְעֲקוּ֙ מִכְּאֵ֣ב לֵ֔ב וּמִשֵּׁ֥בֶר ר֖וּחַ תְּיֵלִֽילוּ׃ וְהִנַּחְתֶּ֨ם שִׁמְכֶ֤ם
טז לִשְׁבוּעָה֙ לִבְחִירַ֔י וֶהֱמִֽיתְךָ֖ אֲדֹנָ֣י יֱהֹוִ֑ה וְלַעֲבָדָ֥יו יִקְרָ֖א שֵׁ֥ם אַחֵֽר׃ אֲשֶׁ֨ר הַמִּתְבָּרֵ֜ךְ
בָּאָ֗רֶץ יִתְבָּרֵךְ֙ בֵּאלֹהֵ֣י אָמֵ֔ן וְהַנִּשְׁבָּע֙ בָּאָ֔רֶץ יִשָּׁבַ֖ע בֵּאלֹהֵ֣י אָמֵ֑ן כִּ֤י נִשְׁכְּחוּ֙
יז הַצָּר֣וֹת הָרִאשֹׁנ֔וֹת וְכִ֥י נִסְתְּר֖וּ מֵעֵינָֽי׃ כִּֽי־הִנְנִ֥י בוֹרֵ֛א שָׁמַ֥יִם חֲדָשִׁ֖ים וָאָ֣רֶץ
יח חֲדָשָׁ֑ה וְלֹ֤א תִזָּכַ֙רְנָה֙ הָרִ֣אשֹׁנ֔וֹת וְלֹ֥א תַעֲלֶ֖ינָה עַל־לֵֽב׃ כִּֽי־אִם־שִׂ֤ישׂוּ וְגִילוּ֙

### רש״י

**(טו) שמכם לשבועה.** לוקח משמכם קללה ושבועה לדורות, אם לא יקריבו כאשר אירע לפלוני: **והמיתך.** מיתת עולם: **ולעבדיו יקרא שם אחר.** שם טוב וזכר לברכה: **(טז) אשר המתברך בארץ.** כי תהיה יראתי על כולם ומלאה הארץ דעה, והמתהלל ומשתבח בארץ יתברך באלהי אמן יתהלל, שהוא עבד לאלהי אמן, אלהי האמת; שאימן ושמר הבטחתו זאת: **כי נשכחו הצרות.** לכך יקראוני אלהי אמן: **(יז) שמים חדשים.** ויש אומרים שמים חדשים ממש, וכן עיקר; כי מקרא מוכיח, כִּי כַאֲשֶׁר הַשָּׁמַיִם הַחֲדָשִׁים וגו׳ (לקמן סו, כב):

### רד״ק

וצעקתם תהיה להפך. כי הרמת קול עבדי תהיה מטוב לב, והרמת קולכם תהיה מכאב לב ומשבר רוח, ויהיה קולכם קול יללה: **(טו) והנחתם.** על עונש הגוף אמר זה, כי עונש הנפש לא ידע אדם בו, אלא פירוש, כשתמותו מיתת הגוף בחרב, תניחו אחריכם שמכם לשבועה ולקללה, הפך הצדיק שכתוב בו זֵכֶר צַדִּיק לִבְרָכָה (משלי י, ז), אבל אתה יזכר שמכם לקללה, כי בחירי יקללו בכם מי שיקללו, ויאמרו, יהיה כך וכך, והמיתך ה׳ כמו שהמית פלוני ופלוני, כמו שאמר על צדקיה ואחאב שקלם מלך בבל, שנאמר בהם, וְלֻקַּח מֵהֶם קְלָלָה לְכֹל גָּלוּת יְהוּדָה אֲשֶׁר בְּבָבֶל לֵאמֹר יְשִׂמְךָ ה׳ כְּצִדְקִיָּהוּ וּכְאֶחָב אֲשֶׁר קָלָם מֶלֶךְ בָּבֶל בָּאֵשׁ (ירמיה כט, כב): **ולעבדיו יקרא שם אחר.** בהפך זה, שיהיה שמם וזכרם אחריהם לברכה ויתברכו בהם; כמו שאמר, בְּךָ יְבָרֵךְ יִשְׂרָאֵל לֵאמֹר יְשִׂמְךָ אֱלֹהִים כְּאֶפְרַיִם וְכִמְנַשֶּׁה (בראשית מח, כ): **לשבועה.** כמו לקללה, וכן אמר בסוטה, יִתֵּן ה׳ אוֹתָךְ לְאָלָה וְלִשְׁבֻעָה (במדבר ה, כא); כי בשבועה יזכיר האדם קללה כמי שאומר אדם בשבועתו, אהיה כך וכך אם עשיתי זה. ויונתן תרגם והמיתך, וִימִיתְכוֹן ה׳ אֱלֹהִים מוֹתָא תִנְיָנָא: **(טז) אשר המתברך.** ומתי יהיה זה שיקללו בחירי ה׳ הרשעים? אחר צאת ישראל מהגלות, ויבאו הרשעים לעת הזאת לכליון; וְהָיוּ כָל זֵדִים וְכָל עֹשֵׂה רִשְׁעָה קַשׁ (מלאכי ג, יט), כי באותו הזמן המתברך בארץ יתברך באלהי אמן, שלא ישאר בעולם שום אמונה ושום יראה שיתברך וישבע אדם בה אלא באלהי אמן לבד. ואמר בארץ, כי בכל העולם תהיה אמונה אחת, והיא אמונת אלהי אמן. ופירוש אלהי אמן — כמו, אֵל אֱמוּנָה (דברים לב, ד); כמו שאמר, כִּי אָז אֶהְפֹּךְ אֶל עַמִּים שָׂפָה בְרוּרָה לִקְרֹא כֻלָּם בְּשֵׁם ה׳ לְעָבְדוֹ שְׁכֶם אֶחָד (צפניה ג, ט). ופירוש מתברך, מבקש הברכה לעצמו, כמו, וְהִתְבָּרֲכוּ בְזַרְעֲךָ (בראשית כב, יח), ולא אמר וְנִבְרְכוּ בְךָ (שם יב, ג); והמתברך יאמר, אלהי אמן יברכני כמו שברך פלוני ופלוני הצדיקים. וכן לא ישבעו שום שבועה אלא באלהי אמן, כמו שאמר, כִּי לִי תִּכְרַע כָּל בֶּרֶךְ תִּשָּׁבַע כָּל לָשׁוֹן (לעיל מה, כג): **כי נשכחו הצרות הראשונות.** כי עד אותו הזמן לא היה העולם בלא צרות ובלא מלחמות, ובאותו זמן יהיה שלום בעולם; כמו שאמר, וְדִבֶּר שָׁלוֹם לַגּוֹיִם (זכריה ט, י). ואמר, וְכִתְּתוּ חַרְבוֹתָם לְאִתִּים וַחֲנִיתוֹתֵיהֶם לְמַזְמֵרוֹת לֹא יִשָּׂא גוֹי אֶל גּוֹי חֶרֶב וְלֹא יִלְמְדוּ עוֹד מִלְחָמָה (לעיל ב, ד); וכל כך יהיה שלום עד שישכחו הצרות הראשונות. ובאמרו וכי נסתרו מעיני, הראה כי הכל היה מאת ה׳ לכל גוי וגוי לא בדרך מקרה, וכן דברו הנביאים מפי ה׳ על הצרות והמלחמות על כל גוי וגוי טרם בואם: **(יז) כי הנני.** מרוב הטובה שתהיה כאלו יהיה העולם חדש, שמים חדשים והארץ חדשה, כמו שאמר ולא תזכרנה הראשונות, פירוש הצרות הראשונות כמו שאמרנו. והחכם רבי אברהם פירש שמים חדשים על הרקיע, אמר שהאל יחדש אויר טוב, שיהיו בני אדם בריאים ויחיו שנים רבות, גם יוסיף בכח הארץ, והנה היא חדשה. ואם כפירושו, יהיה זה בכל העמים; והנה אמר הכתוב, כִּי כִימֵי הָעֵץ יְמֵי עַמִּי (להלן פסוק כב), לא עמים אחרים: **(יח) כי אם שישו.** יאמר כנגד ישראל; יאמר להם האל, שישו וגילו עדי עד מרוב הטובה; לא יאמר להם דבר אחר, כלומר, שום דבר רע, כי אם זה הדבר הטוב:

### מצודת דוד

**(יד) מטוב לב.** מסיבת טוב לב: **ומשבר.** מסיבת שבר רוח תעסקו ביללה: **(טו) והנחתם שמכם.** לאחר שתמותון תניחו את שמכם להיות לשבועה לבחירו הצדיקים, כי יאמרו בשבועתם, אם עשיתי כזאת יקרני כמקרה הרשעים ההם; כמו יְשִׂמְךָ ה׳ כְּצִדְקִיָּהוּ וּכְאֶחָב וכו׳ (ירמיה כט, כב): **והמיתך.** כל אחד מכם ימות מיתת עולם באבדן הנפש בעולם הבא: **ולעבדיו.** אבל לעבדיו שדבקו בו יקרא שם אחר לכבוד ולתפארת, וכמו שכתוב וְאַתֶּם כֹּהֲנֵי ה׳ תִּקָּרֵאוּ וכו׳ (לעיל סא, ו): **(טז) אשר המתברך בארץ.** רצונו לומר, כל כך יגדל שמם, עד אשר שכל המתברך והמתהלל בפי אנשים בכל הארץ לא יתהלל בשום דבר, כי אם בזאת יתהלל לומר עליו שנדבק באלהים אמת, שאימן ושמר ההבטחה ההיא לגדל שמות הדבקים בו: **ישבע באלהי אמן.** כי כולם יאמינו בו על שהאמין הבטחתו, ולכן ישבעו בו; וכמו שכתוב, וְנִשְׁבָּעוֹת לַה׳ צְבָאוֹת (לעיל יט, יח): **כי נשכחו.** רצונו לומר, כל כך חרבה הטובה עד שיהיו נשכחים כל הצרות הראשונות שסבלו בהיותם בגולה: **וכי נסתרו מעיני.** גם מעיני יהיו נסתרים צרות כאלה, כי לא יהיה עוד בעולם אם כן לא יהיה נראה: **(יז) כי הנני בורא שמים וכו׳.** רצונו לומר, יהיה רוב טובה בעולם כאלו נברא עולם חדש אשר לא ימצא שם צרות. או הדברים כמשמען; וכמו שכתוב, כִּי כַאֲשֶׁר הַשָּׁמַיִם הַחֲדָשִׁים וכו׳ עֹמְדִים לְפָנַי (לקמן סו, כב): **ולא תזכרנה הראשונות.** לפי רוב הטובה שיהיה אז לא תזכרנה הצרות הראשונות: **ולא תעלינה על לב.** כפל הדבר כמו שכתוב: **(יח) כי אם שישו.** רצה לומר לא יאמר לכם שום דבר כי אם שישו וגילו עד עולם על אשר אני הוא הבורא את השמחה ותהיה מתקיימת לעולם:

### מצודת ציון

**(יד) ומשבר רוח.** רצונו לומר, מצער ויגון: **תילילו.** מלשון יללה: **(טז) המתברך.** ענין התפארות; כמו, מְבָרֵךְ רֵעֵהוּ (משלי כז, יד): **אמן.** ענינו כמו אמת: **(יח) וגילו.** ענין שמחה:

---

**14.** **הִנֵּה עֲבָדַי יָרֹנּוּ מִטּוּב לֵב וְאַתֶּם תִּצְעֲקוּ מִכְּאֵב לֵב וּמִשֵּׁבֶר רוּחַ תְּיֵלִילוּ** — *Behold, My servants will exult from good-heartedness, and you will cry out from pain of heart and wail from a broken spirit.* After a feast, the celebrants rejoice. The loyal servants of God will exult when the Redemption arrives. Those who forsake God will also raise their voices, but from the intense pain of a broken heart (*Radak*).

who hunger for spiritual growth will be satiated in a world of spiritual delights. But those who yearn for physical indulgence will be perpetually ravenous in a world where superficial pleasure is meaningless.

The Sages derive from our verse that in the World to Come sinners will sit alongside the righteous, watching them feast while they starve (*Shabbos* 153a).

*will exult from good-heartedness, and you will cry out from pain of heart and*
*wail from a broken spirit.* 15 *You will leave your name as an oath for My chosen*
*ones, and the Lord, HASHEM/ELOHIM, will put you to death; but He will call His*
*servants a different name.*
16 *Whoever blesses himself in the land will bless himself by the God of Truth,*
*and whoever takes an oath in the land will take an oath by the God of Truth, for*
*the earlier travails will have been forgotten and concealed from My eyes.* 17 *For*
*behold, I am creating new heavens and a new earth; the former [events] will no*
*longer be recalled and will not be taken to heart.* 18 *Only rejoice and be happy*

---

*Pain of heart* refers to the sinner's outer expression of pain; *a broken spirit* refers to their emotional anguish when they realize that when life on earth is over, it is too late for them to hope for salvation. It is told that shortly before he died, the Gaon of Vilna lovingly fingered his *tzitzis* and said that in this world a person can acquire mitzvos for pennies, but in the World to Come it is too late. One can only enjoy the reward for what he accomplished in life, and lament his lost opporunities to serve God.

**15. וְהִנַּחְתֶּם שִׁמְכֶם לִשְׁבוּעָה לִבְחִירַי** — *You will leave your name as an oath for My chosen ones.* The horrifying downfall of sinners will inspire people to use them as an example when they take an oath: "If you breach this oath, may what transpired to them happen to you" (*Rashi, Ibn Ezra, Radak*).

*Abarbanel* comments that the previous verses discussed eating and drinking, but a refined person is more concerned with his honor than with bodily indulgence. Therefore, the prophet speaks of the perpetual shame to which they will be subjected.

**וֶהֱמִיתְךָ אֲדֹנָי אֱלֹהִים** — *And the Lord, HASHEM/ELOHIM, will put you to death.* This part of the verse continues the oath: people will say that Hashem should kill the one who breaches the oath just as He has killed the sinners (*Ibn Ezra, Radak*).

Alternatively, this is an additional punishment. In addition to their suffering in this world — which makes them the subject of an oath in future generations — their souls will die a second, eternal death (*Targum, Rashi*).

**וְלַעֲבָדָיו יִקְרָא שֵׁם אַחֵר** — *But He will call His servants a different name.* Unlike the sinners whose name will be invoked in a curse, the righteous will be mentioned for blessing: "May God bless you as He blessed the righteous" (*Radak, Mahari Kara*).

*Abarbanel* adds that in the future people will know who was punished and who was rewarded. This will enable them to mention specific individuals, either in an oath or a blessing.

**16. אֲשֶׁר הַמִּתְבָּרֵךְ בָּאָרֶץ יִתְבָּרֵךְ בֵּאלֹהֵי אָמֵן וְהַנִּשְׁבָּע בָּאָרֶץ יִשָּׁבַע בֵּאלֹהֵי אָמֵן** — *Whoever blesses himself in the land will bless himself by the God of Truth, and whoever takes an oath in the land will take an oath by the God of Truth.* Since all people will be God fearing, the only basis for praise will be that someone is sincerely subservient to God, Who has established His truthfulness by being faithful to His commitments (*Rashi*).

Since there will be no idols or heresy in the world, those who bless themselves or takes an oath will do so in the Name of the God of Truth (*Radak*).

**כִּי נִשְׁכְּחוּ הַצָּרוֹת הָרִאשֹׁנוֹת וְכִי נִסְתְּרוּ מֵעֵינָי** — *For the earlier travails will have been forgotten and concealed from My eyes.* Hashem will be called *the God of Truth* because He will have fulfilled His promises to Israel and caused the earlier travails to be forgotten (*Rashi*).

Alternatively, the travails of the righteous caused sinners to ridicule them and to disparage Divine service. But when all the difficulties of exile are removed, everyone will recognize the *God of Truth* (*Ibn Ezra*).

In commenting on the Song at the Sea, the Midrash applies some of the praises to the tribulations of the slavery in Egypt. *Rabbi Gedaliah Schorr* explains that when Israel saw the amazing miracles of the Exodus, the people realized that even the once inexplicable suffering of the exile was a hidden blessing and a preparation for the eventual liberation. As our verse says, *the earlier travails will have been forgotten.*

**17. כִּי־הִנְנִי בוֹרֵא שָׁמַיִם חֲדָשִׁים וָאָרֶץ חֲדָשָׁה** — *For behold, I am creating new heavens and a new earth.* The commentators take various approaches in explaining the nature of these *new heavens and new earth. Radak* explains that because of the abundance of good that God will shower upon His nation, it will appear as if the world has been created anew, a world that will have no resemblance to the previous world order. *Ibn Ezra* explains that God will create a new atmosphere, in which people will enjoy healthier, longer lives, and in which the earth will be more productive.

Alternatively, God will reorder the hierarchy of the Heavenly ministers through which He guides the world. At the End of Days, the angel of Israel will be superior and the angels of the nations will be subservient to him. When that happens in the upper spiritual spheres it will be reflected on earth, as well. However, the plain sense of the verse is that God will literally create new heavens and earth (*Rashi*).

**וְלֹא תִזָּכַרְנָה הָרִאשֹׁנוֹת וְלֹא תַעֲלֶינָה עַל־לֵב** — *The former [events] will no longer be recalled and will not be taken to heart.*

The travails of the past will no longer be remembered (*Ibn Ezra*) because of the abundance of good (*Radak*). *Malbim* explains that there will be so much unadulterated blessing in the world of the future that people will not even be able to imagine suffering; the entire concept will be foreign to them.

יט עֲדֵי־עַד אֲשֶׁר אֲנִי בוֹרֵא כִּי הִנְנִי בוֹרֵא אֶת־יְרוּשָׁלַ͏ִם גִּילָה וְעַמָּהּ מָשׂוֹשׂ: וְגַלְתִּי
כ בִירוּשָׁלַ͏ִם וְשַׂשְׂתִּי בְעַמִּי וְלֹא־יִשָּׁמַע בָּהּ עוֹד קוֹל בְּכִי וְקוֹל זְעָקָה: לֹא־יִהְיֶה
מִשָּׁם עוֹד עוּל יָמִים וְזָקֵן אֲשֶׁר לֹא־יְמַלֵּא אֶת־יָמָיו כִּי הַנַּעַר בֶּן־מֵאָה שָׁנָה
כא יָמוּת וְהַחוֹטֶא בֶּן־מֵאָה שָׁנָה יְקֻלָּל: וּבָנוּ בָתִּים וְיָשָׁבוּ וְנָטְעוּ כְרָמִים וְאָכְלוּ
כב פִּרְיָם: לֹא יִבְנוּ וְאַחֵר יֵשֵׁב לֹא יִטְּעוּ וְאַחֵר יֹאכֵל כִּי־כִימֵי הָעֵץ יְמֵי עַמִּי וּמַעֲשֵׂה
כג יְדֵיהֶם יְבַלּוּ בְחִירָי: לֹא יִיגְעוּ לָרִיק וְלֹא יֵלְדוּ לַבֶּהָלָה כִּי זֶרַע בְּרוּכֵי יהוה הֵמָּה
כד וְצֶאֱצָאֵיהֶם אִתָּם: וְהָיָה טֶרֶם יִקְרָאוּ וַאֲנִי אֶעֱנֶה עוֹד הֵם מְדַבְּרִים וַאֲנִי אֶשְׁמָע:

### רש״י

**(כ) עול ימים.** נער; כמו, עולל (איכה ב, יב). עול ימים, קטן בשנים: **בן מאה שנה ימות.** יהא בן עונשין להתחייב מיתה בעבירה שיש בה מיתה. כך מפרש בבראשית רבה: **יקולל.** בעבירה שהיא צריכה נדוי: **(כב) בימי העץ.** תירגם יונתן, עץ החיים:

### רד״ק

**אשר אני בורא.** פירוש, מחדש, כי הדבר החדש יקרא בריאה; כמו, בְּרֵאשִׁית בָּרָא אֱלֹהִים (בראשית א, א) וגו׳, וְאִם בְּרִיאָה יִבְרָא ה׳ (במדבר טז, ל): **כי הנני בורא את ירושלים גילה.** שיהיה שמה, גילה ושם עמה, משוש. וזכר ירושלים, כי אף על פי שיהיה שלום בכל העולם, תהיה ירושלים העיקר, ומשם יצא השלום לעולם והתורה והדרך הטוב שבעבורו יהיה שלום; כמו שאמר על מלך המשיח, וְדִבֶּר שָׁלוֹם לַגּוֹיִם (זכריה ט, י); ואמר, וְהָלְכוּ גּוֹיִם רַבִּים וְאָמְרוּ לְכוּ וְנַעֲלֶה אֶל הַר ה׳ וְאֶל בֵּית אֱלֹהֵי יַעֲקֹב וְיוֹרֵנוּ מִדְּרָכָיו וְנֵלְכָה בְּאֹרְחֹתָיו, כִּי מִצִּיּוֹן תֵּצֵא תוֹרָה וּדְבַר ה׳ מִירוּשָׁלָ͏ִם (לעיל ב, ג); ורוב הטובה והשלום ואריכות הימים, בירושלם ובארץ ישראל יהיה; כמו שאמר, נָכוֹן יִהְיֶה הַר בֵּית ה׳ בְּרֹאשׁ הֶהָרִים וְנִשָּׂא מִגְּבָעוֹת (שם פסוק ב): **(יט) וגלתי בירושלם.** לפיכך יהיה שמה גילה, כי אני אשמח בה מפני שיעשו בה רצוני וישכון בה כבודי, וכן עמה משוש, שאשיש בהם, שיהיו עבדי ובחירי ועושי חפצי: **קול בכי וקול צעקה.** כי לא יבכו בני אדם בעיר על מת בלא זמנו, או על חלל או על שביה ששבו מן העיר. וכל זה לא יהיה, כי חרב ומלחמה לא יהיה, ומיתה טבעית לא תהיה כי אם לשנים ארוכים שיחיה האדם, ויהיה מלא ימים כשימות עד שלא יבכו לו; והנה יהיה הפירוש בפסוק שאחריו: **(כ) לא יהיה משם.** מירושלם, והוא הדין לכל ארץ ישראל, אבל ירושלם היא העיקר, והיא ראש ממלכת ישראל. ופירוש משם, כי באמרו לא יהיה, רצונו לומר, לא יצא משם לקבורה: **עול.** נער, כמו עולל. **וזקן.** כי בן ששים לזקנה (אבות ה, כא), והנה הוא זקן ולא מלא את ימיו עד שיהיה בן שבעים. וזה בזמן הזה, אבל באותו הזמן, לא יאמרו על זקן שמלא את ימיו עד שיהיה בן שלש מאות או חמש מאות שנה ויותר, כמו שהיו הדורות הראשונים; בתחילת בריאת העולם היו החיים ההם בכלל או ביחידים, ולעתיד לבא יהיה בכלל ישראל: **כי הנער בן מאה שנה ימות.** אם ימות אדם בן מאה שנה, וזה יהיה בעונו, יאמרו עליו, נער מת; ופירש זה ואמר, והחוטא בן מאה שנה יקולל, כלומר כי קללת האל תהיה לו, וחוטא הוא כשימות בן מאה שנה: **(כא) ובנו בתים וישבו בהם.** כל ימי עמוד הבנין ויותר, וכן ונטעו כרמים ואכלו פרים כל ימי היותם נושאי פרי, ופירש הענין ואמר: **(כב) לא יבנו.** כי כימי העץ שיטעו כן יהיו ימיהם, כמו שאמר, לא יטעו ואחר יאכל. ואמר עמי ובחירי, כי להם יהיה אריכות הימים לבד, ועל דרך מופת, לא לשאר העמים. ויונתן תרגם כי כימי העץ, אֲרֵי כְּיוֹמֵי אִילָן חַיַּיָא, ואפשר שכיון בזה למה שאמרו רבותינו זכרונם לברכה, עץ חיים מהלך חמש מאות שנה (בראשית רבה טו, ו): **יבלו בחירי.** שיבלה מעשה ידיהם בימיהם, כמו שאמר, ולא יבנו ואחר ישב, (כג) לא יגעו לריק. הפך מה שאמר בקללה, וּזְרַעְתֶּם לָרִיק זַרְעֲכֶם וַאֲכָלֻהוּ אֹיְבֵיכֶם (ויקרא כו, טז), אמר להם כי כל יגיעם יהיה לברכה כי לא יבא אויב שיאכל יגיעם ולא שדפון וירקון: **ולא ילדו לבהלה.** כי לא ימותו בניהם בחייהם שיבהלו במיתתם, וצאצאיהם אתם. כל ימיהם יהיו אתם כי לא ימותו בחייהם, וכפל הענין במלות שונות: **(כד) והיה.** הפך מה שנאמר בגלות סַכּוֹתָה בֶעָנָן לָךְ מֵעֲבוֹר תְּפִלָּה (איכה ג, מד): **טרם יקראו.** פעמים טרם יקראו, ופעמים עוד הם מדברים:

### מצודת דוד

**בורא את ירושלים גולה.** אחדש שם ירושלים להקרא גולה ואחדש שם עמה להקרא משוש: **(יט) וגלתי בירושלים.** כי כשהיתה ירושלים חריבה ועמה בגולה לא היתה שמחה לפני המקום, לכן אמר כשתהיה בנויה ועמה יהיו בטובה יהיה שמחה לפני המקום: **ולא ישמע וכו׳.** כי לא יבוא עוד עליהם צרות: **(כ) לא יהיה משם.** לא יצא משם לקבר אדם שהוא קטן בשנים ואף הזקן קצת שלא השלים כל ימיו, ולא ימות גם הוא, כי אז יאריכו ימי האדם באריכות נפלא: **כי הנער בן מאה שנה ימות.** רצונו לומר, אם ימות מי בן מאה שנים יאמרו עליו נער מת: **והחוטא.** הנחסר מן העולם כשיהיה בן מאה שנה לקללה תחשב, כי עודו נער לפי מרבית חיי האנשים שיהיה אז; וכפל ענין כמו שכתוב: **(כא) ובנו בתים וישבו.** לא ימותו טרם יכלה הבנין עד לא ישבו בה, וכן ונטעו כרמים וכו׳: **(כב) ואחר ישב.** על כי ימותו הם עד לא ישבו בה: **כי כימי העץ.** כימי משך זמן עמידת העץ המתקיים הרבה כאילן חרוב וכדומה כימי עץ הזה יהיה ימי עמי: **ומעשה וכו׳.** כי יש מעשים שיעשה האדם והוא יזקין והם עדיין נראים חדשים, כבנין והמכתב; לכן אמר עמי בחירי יבלו מעשה ידיהם, כי הם יראו בחורים וחזקים ומעשה ידיהם יזקינו וירקבו בימיהם: **(כג) לא יגעו לריק.** לא יהיה יגיעתם לריק; רצונו לומר, לא ימותו בניהם בחייהם: **לבהלה.** למות בחייהם להבהיל אותם, וכפל הדבר כמו שכתוב: **כי זרע.** כי זרעם המה זרע ברוכי ה׳, ולא ימותו בקוצר שנים: **וצאצאיהם אתם.** כל ימיהם יהיו צאצאיהם עמהם כי לא ימותו בחייהם, וכפל הדבר כמו שכתוב: **(כד) והיה טרם יקראו.** פעמים אענה להם למלאות שאלות לבבם עד לא יקראו להתפלל בפה; פעמים כשעוד הם מדברים בתפלה אשמע אני לתת משאלותם:

### מצודת ציון

**עדי עד.** עד עולם; כמו, בִּטְחוּ בַה׳ עֲדֵי עַד (לעיל כו, ד): **(יט) וגלתי.** מלשון גילה: **(כ) עול ימים.** קטן בימים, והוא מלשון עולל; וכן, הֲתִשְׁכַּח אִשָּׁה עוּלָהּ (לעיל מט, טו): **לא ימלא.** לא ישלים: **והחוטא.** ענין חסרון; כמו, מִשְּׁבָרִים יִתְחַטָּאוּ (איוב מא, יז): **(כב) יבלו.** ענין זוקן; כמו, יְכַלּוּ בַטּוֹב יְמֵיהֶם (שם כא, יג): **(כד) אענה.** ענין תשובה:

---

**18. כִּי־אִם־שִׂישׂוּ וְגִילוּ עֲדֵי־עַד אֲשֶׁר אֲנִי בוֹרֵא** — *Only rejoice and be happy forever for what I am creating;* God urges Israel to enjoy pure, endless rejoicing, for in the world of the future there will be only joy (*Radak*). Joy over material acquisition is fleeting, but those who rejoice in the Torah will find that their pleasure is eternal. By definition, physical pleasure cannot last forever, but spirituality does not decay (*Tanna d'Vei Eliyahu* 18).

*forever for what I am creating; for behold, I am recreating Jerusalem as*
*'Gladness,' and its people as 'Joy';* 19 *for I will rejoice over Jerusalem and exult*
*with My people, and there will no longer be heard in it the sound of weeping*
*and the sound of outcry.* 20 *From there, there will never again be brought a*
*young child or old man who will not fill his days; for the youth of one hundred*
*years will die and a sinner at the age of one hundred years will be cursed.*
An age of peace
21 *They will build houses and inhabit [them], they will plant vineyards and*
*eat their fruit;* 22 *they will not build and have another inhabit [their homes],*
*they will not plant and have another eat. For the lifetime of My people will be*
*like the lifetime of the tree, and My chosen ones will wear out their handiwork.*
23 *They will not struggle in vain nor produce for futility; for they are the off-*
*spring of the blessed ones of HASHEM, and their descendants will be with them.*
24 *It will be that before they call I will answer; while they yet speak I will hear.*

**כִּי הִנְנִי בוֹרֵא אֶת־יְרוּשָׁלַםִ גִּילָה וְעַמָּהּ מָשׂוֹשׂ** — *For behold, I am recreating Jerusalem as "Gladness," and its people as "Joy."* Because Jerusalem will be the source of peace for the entire world, it will be figuratively renamed *Gladness.* The values of human goodness that the Torah mandates will emanate from her to the rest of the world, resulting in universal peace and joy (*Radak*). A name connotes the spiritual essence of a being. The ultimate purpose of Creation is the *gladness* and *joy* that humanity will enjoy when it acknowledges the sovereignty of God and dedicates itself to His service.

**19. וְגַלְתִּי בִירוּשָׁלַםִ וְשַׂשְׂתִּי בְעַמִּי** — *For I will rejoice over Jerusalem and exult with My people.* This verse explains the previous one. God says that Jerusalem will be renamed "Gladness" because He will rejoice that His will is carried out within her and therefore His glory will rest upon it. The nation will be called "Joy," because God will exult that they will do His will and deserve to be His Chosen People (*Radak*).

**וְלֹא־יִשָּׁמַע בָּהּ עוֹד קוֹל בְּכִי וְקוֹל זְעָקָה** — *And there will no longer be heard in it the sound of weeping and the sound of outcry.* As explained in the next verse, there will no longer be the sounds of weeping as a result of premature or violent death. People will live out their years (*Ibn Ezra, Radak*).

**20. לֹא־יִהְיֶה מִשָּׁם עוֹד עוּל יָמִים וְזָקֵן אֲשֶׁר לֹא־יְמַלֵּא אֶת־יָמָיו** — *From there, there will never again be brought a young child or old man who will not fill his days.* Since people will live out their years, people who die untimely deaths will not be removed from Jerusalem for burial. Although Isaiah specifies Jerusalem, the same will be true of the entire land (*Radak*).

**כִּי הַנַּעַר בֶּן־מֵאָה שָׁנָה יָמוּת וְהַחוֹטֶא בֶּן־מֵאָה שָׁנָה יְקֻלָּל** — *For the youth of one hundred years will die and a sinner at the age of one hundred years will be cursed.* People will live for hundreds of years; if someone dies at only 100, people will say that a *youth* has died; his death will be recognized as a Divine curse brought about by his sins (*Radak*).

Others explain our verse figuratively. Isaiah is describing a new era when life spans will return to those of before the Flood in Noah's time, when the normal life span could be as much as 900 years or more. In such an era, a person will not be liable to Heavenly punishment for sin until he is 100 years old; until then, punishment will be suspended to allow time to reflect and repent. Thus, our verse refers to *a youth of one hundred years,* who only then will become liable to a Heavenly death sentence (*Rashi,* based on *Bereishis Rabbah* 26:2).

**21. וּבָנוּ בָתִּים וְיָשָׁבוּ וְנָטְעוּ כְרָמִים וְאָכְלוּ פִּרְיָם** — *They will build houses and inhabit [them], they will plant vineyards and eat their fruit.* In that idyllic future, man will enjoy his own handiwork. One will build or plant and live to enjoy the fruit of his labor without fear of enemy conquest (*Ibn Ezra;* see *Deuteronomy* 20:5-7). Or people will live so long that they will outlive their handiwork, so that those who build or plant vineyards will enjoy them for as long as the buildings stand and the vineyards produce fruit (*Radak, Mahari Kara*).

**22. לֹא יִבְנוּ וְאַחֵר יֵשֵׁב לֹא יִטְּעוּ וְאַחֵר יֹאכֵל** — *They will not build and have another inhabit [their homes], they will not plant and have another eat.* They will live long enough to enjoy the entire duration of their handiwork, and not die prematurely, leaving their handiwork as an inheritance for their progeny (*Mahari Kara*).

**כִּי־כִימֵי הָעֵץ יְמֵי עַמִּי וּמַעֲשֵׂה יְדֵיהֶם יְבַלּוּ בְחִירָי** — *For the lifetime of My people will be like the lifetime of the tree, and My chosen ones will wear out their handiwork.* People will enjoy and outlive all the productive years of their trees [and buildings (*Ibn Ezra*)], even of trees that are known for their longevity (*Radak, Mahari Kara*). This miraculous longevity will be experienced only by *My people* and *My chosen ones* (*Radak*).

**23. לֹא יִיגְעוּ לָרִיק וְלֹא יֵלְדוּ לַבֶּהָלָה** — *They will not struggle in vain nor produce for futility.* Israel will not be subject to the warning (*Leviticus* 26:16), *you will sow your seeds in vain, for your enemies will eat it.* In the future, their efforts will be assured of success (*Radak*).

*Ibn Ezra* and *Metzudos* explain our verse as referring specifically to child rearing. They will no longer experience the bereavement that comes with the loss of a child, for there will no longer be premature death.

**24. וְהָיָה טֶרֶם יִקְרָאוּ וַאֲנִי אֶעֱנֶה עוֹד הֵם מְדַבְּרִים וַאֲנִי אֶשְׁמָע** — *It will be that before they call I will answer; while they yet speak I will hear.* Unlike the years of exile, when the prophet

כה זְאֵב וְטָלֶה יִרְעוּ כְאֶחָד וְאַרְיֵה כַּבָּקָר יֹאכַל־תֶּבֶן וְנָחָשׁ עָפָר לַחְמוֹ לֹא־יָרֵעוּ
**סו** א וְלֹא־יַשְׁחִיתוּ בְּכָל־הַר קָדְשִׁי אָמַר יהוה: כֹּה אָמַר יהוה הַשָּׁמַיִם
כִּסְאִי וְהָאָרֶץ הֲדֹם רַגְלָי אֵי־זֶה בַיִת אֲשֶׁר תִּבְנוּ־לִי וְאֵי־זֶה מָקוֹם מְנוּחָתִי:
ב וְאֶת־כָּל־אֵלֶּה יָדִי עָשָׂתָה וַיִּהְיוּ כָל־אֵלֶּה נְאֻם־יהוה וְאֶל־זֶה אַבִּיט אֶל־עָנִי

HAFTARAH SABBATH ROSH CHODESH 66:1-24

**רש"י**

(כה) **יאכל תבן.** ולא יצטרך להשחית בבהמה: **ונחש.** הרי עפר לחמו מצוי לו תדיר. ומדרש אגדה, ואריה כבקר יאכל תבן, לפי שמלינו שעשו נופל ביד בני יוסף, שנאמר, בֵּית יַעֲקֹב אֵשׁ וּבֵית יוֹסֵף לֶהָבָה וּבֵית עֵשָׂו לְקַשׁ וגו' (עובדיה א, יח). אבל ביד בני שאר השבטים שנמשלו לחיות לא מלינו. לכך נאמר ואריה כבקר יאכל תבן, אותם השבטים שנמשלו כאריה, כגון יהודה ודן, כיוסף שנמשל כשור, יאכלו אותו שנמשל כתבן: (א) **השמים כסאי.** איני צריך לבית המקדש שלכם: **איזה בית.** אשר הוא כדאי לשכינתי: (ב) **ואת כל אלה.** השמים והארץ ידי עשתה זאת, אשר לימלמתי שכינתי בתוככם בהיותכם נשמעים לי, לפי שכן דרכי להביט אל עני ונכה רוח וחרד על דברי. אבל עתה אין לי חפץ בכם, שהרי שוחט השור הכה את בעליו וגזלו ממנו. לפיכך זובח השה דומה לפני כעורף את הכלב, והמעלה את המנחה הרי הוא לפני כדם חזיר. והמזכיר לבונה, מקטיר לבונה; כמו, אַזְכָּרָתָהּ (ויקרא ה, יב), וְהָיְתָה לַלֶּחֶם לְאַזְכָּרָה (שם כד, ז):

**רד"ק**

(כה) **זאב וטלה.** כבר פירשנו הענין בפרשת וְיָצָא חֹטֶר (לעיל פרק יא): **ונחש עפר לחמו.** כמו שהיה, לא דבר אחר, כלומר, לא ישוך אדם מישראל, כמו שמפורש, לא ירעו ולא ישחיתו בכל הר קדשי, והיא ארץ ישראל. והמשיל התורה כנחש יהיה פירושו, שלא יהיה מאכלו אלא מין שהוא עפר; שנאמר, כִּי עָפָר אַתָּה וְאֶל עָפָר תָּשׁוּב (בראשית ג, יט). כי ישראל נאמר עליו בזמן ההוא, כִּי מָלְאָה הָאָרֶץ דֵּעָה אֶת ה' (לעיל יא, ט), והנה איננו עפר ולא ישוך הנחש עקבו: (א) **כה אמר ה'.** עתה חזר להוכיח בני דורו הרשעים, והוכיחם על דברי הזבחים עם מעשים רעים כמו שהוכיחם בתחילת הספר גם כן, לָמָּה לִּי רֹב זִבְחֵיכֶם וגו' (לעיל א, יא). אמר השמים כסאי, כלומר, וכי סבורים אתם שהבית שאתם מביאים הזבחים, שאני שוכן בו, ושיכילני הבית כמו שמכיל הגוף? אין זה, כי הנה השמים כסאי והארץ הדום רגלי; כמו שאמר שלמה, הִנֵּה הַשָּׁמַיִם וּשְׁמֵי הַשָּׁמַיִם לֹא יְכַלְכְּלוּךָ אַף כִּי הַבַּיִת הַזֶּה אֲשֶׁר בָּנִיתִי (מלכים־א ח, כז). אלא אני לא צויתי על הבית שאשכון אני בו, ולא על הזבחים שאוכלם; לא צויתי אלא כדי שיכינו ישראל לבם אלי, ויהיה להם מקום מיוחד לבא שם להתפלל ולהעלות עולות וזבחים, לעורר לבם לבער המחשבות הרעות ולצרפם כדמות הדבר הנשרף על המזבח, אם כן אם אתם עושים הרע ובאים לביתי וזובחים לפני, הפסדתם הכוונה, ואין זה מצותי ואין אתם עושים בזה רצוני, אלא ההפך, ואתם מכעיסים אותי בזה; לפיכך אמר, השמים כסאי. ומה שאמר כסאי, לא שיהיה הוא יתברך גוף שישב בכסא, אלא דרך משל, כמלך שיושב על הכסא ורגליו בשרפרף ומצווה על עמו מה יעשו. והכסא באמת מכובד משרפרף, לפיכך דמה השמים לכסא והארץ להדום רגלים, שהוא השרפרף, וכל מה שבשמים ובארץ הוא סבה לכל, והכל נעשה במצותו ובגזרתו מן העליונים על התחתונים: **ואי זה מקום.** כפל ענין במלות שונות: (ב) **ואת כל אלה.** ולא תחשבו, לפי שאמרתי השמים כסאי והארץ הדום רגלי כי הם קדומים כמוני, לא כן, אלא אני הקדמון לבדי, וחדשתי ועשיתי את כל אלה, השמים וכל צבאם הארץ וכל אשר עליה: **ויהיו כל אלה.** אני עשיתים והיו כמו שצויתי. ועם כל זה שאני רם על כל רמים, אני מביט אל השפלים והענוים והחרדים אל דברי לקיים מצותי, אף על פי שאין מקריבין קרבן; מי שאינו חוטא אין צריך לקרבן, אבל המקריבים קרבן ומעשיהם רעים אין קרבנם לרצון, אבל הם לעון; ועל זה אומר:

**מצודת דוד**

(כה) **ירעו כאחד.** ולא יטרוף הזאב את הטלה, כי אף החיות הטורפות לא יטרפו עוד; כמו שכתוב, וְגָר זְאֵב וכו' (לעיל יא, ו): **כבקר.** כמו הבקר אוכל תבן, כן יאכל האריה: **ונחש עפר לחמו.** הנה עפר יהיה מאכלו כתולדתו וכטבעו, ולא יזיק למי: **לא ירעו.** לא יעשו רעה למי ולא ישחיתו את מי: **בכל הר קדשי.** הוא ארץ ישראל: **אמר ה'.** כן יאמר ה': (א) **השמים כסאי.** עתה שב להוכיחם ואמר, הלא השמים הוא מקום המכון לשבתי, והארץ היא הדום רגלי. ואחז במשל מבן אדם היושב על הכסא ורגליו יורדות לנוח על השרפרף: **אי זה בית.** מהו הבית אשר תוכלו לבנות לי שיהיה הגון לי לפי רוב גדולתי: **ואי זה מקום מנוחתי.** כפל הדבר במילים שונות: (ב) **ואת כל אלה.** אף השמים והארץ אינם קדומים כמוני כי ידי עשתה אותם: **ויהיו כל אלה.** ואחר זה היו כל אלה אבל אינם קדומים כמוני: **ואל זה אביט.** ועם שאני רם על רמים, עם כל זה אביט ואשגיח בשפלים אל העני ואל מי שרוחו נשברת בעבור הצער והיגון, ואל החרד על דברי לעשותם; וכאומר אבל לא על המקריבים קרבנות ולבם רחוק ממני:

**מצודת ציון**

(כה) **ירעו.** מלשון מרעה: **לחמו.** מאכל: **ירעו.** מלשון רעה: (א) **הדום.** ענין שרפרף הכסא הנתון תחת רגלי האדם כשהוא יושב; וכן, וְהִשְׁתַּחֲווּ לַהֲדֹם רַגְלָיו (תהלים צט, ה):

---

Jeremiah said of God, *You wrapped Yourself in a cloud that prayer cannot pierce* (*Lamentations* 3:44), God will immediately respond to Israel's prayers. Sometimes God will answer even before the prayer is articulated, and sometimes He will wait until the supplicant has commenced his prayers (*Radak,* see also *Devarim Rabbah* 2:10).

Some comment that *while they yet speak* refers to the time before the actual prayer, when people *yet speak* to each other, arranging to gather in prayer (*Abarbanel, Malbim*). The very act of arranging to pray is deserving of God's response, because it demonstrates that the people recognize that only God is the source of their salvation.

**25. זְאֵב וְטָלֶה יִרְעוּ כְאֶחָד וְאַרְיֵה כַּבָּקָר יֹאכַל־תֶּבֶן** — *Wolf and lamb will graze as one, a lion — like cattle — will eat straw.* Since predators will be satiated with grass and straw, there will be no need for them to prey upon other animals (*Rashi*).

Some understand this verse literally, that in the Messianic Era, the nature of animals will revert to what it was before the sin of Adam, when all animals ate straw and none were carnivorous (see *Ramban, Vayikra* 26:6; *Maharal, Netzach Yisrael* 50; see also *Bereishis Rabbah* 95:1).

However, *Rambam* (*Hilchos Melachim* 12:1) interpets our verse metaphorically. Israel, symbolized by domestic, non-aggressive animals, will live peacefully alongside nations that have always been violent. However, see *Rambam* in *Iggeres Techiyas HaMeisim,* where he asserts that we cannot be sure that verses such as these are meant figuratively.

*Abarbanel* suggests that the various animals mentioned in our verse refer to the Four Kingdoms described in *Daniel.* In the future they will no longer prey upon Israel; rather they too will recognize God's sovereignty (see *Abarbanel* for an elaboration).

25 *Wolf and lamb will graze as one, a lion — like cattle — will eat straw, a snake's food will be dust; they will not inflict harm nor destruction in all My holy mountain, says* HASHEM.

**66**

1 *Thus said* HASHEM: *The Heaven is My throne and the earth is My footstool;*
*what house could you build for Me, and what place can be My resting*
*place?* 2 *My hand created all these things and thus all these things came*
*into being — the word of* HASHEM *— but it is to this that I look: to the poor*

The Sages interpret the peace mentioned in our verse as referring to lasting peace between the tribes of Israel (*Tanchuma, Vayigash* 8).

**וְנָחָשׁ עָפָר לַחְמוֹ** — *A snake's food will be dust.* Most commentators explain that this is a continuation of the previous theme. Snakes, too, will no longer prey on animals; they will be content with consuming earth (*Rashi, Ibn Ezra*).

Alternatively, *Radak* interprets *dirt* metaphorically, as creatures and even humans of lowly spiritual stature, which are likened to earth. Israel, however, will be of elevated spiritual stature, above earthly limitations, and will no longer be subject to the attacks of snakes.

*Abarbanel* interprets the *snake* of our verse as referring to the kingdom of Edom. Edom's evil is on a completely different order than that of the other nations. Although they will ultimately merit to enjoy the Divine glory, Edom will never be allowed to do so.

**לֹא־יָרֵעוּ וְלֹא־יַשְׁחִיתוּ בְּכָל־הַר קָדְשִׁי אָמַר ה׳** — *They will not inflict harm nor destruction in all My holy mountain, says* HASHEM. *My holy mountain* is the Land of Israel. The supernatural peace described in our verse, extending even to the animal kingdom, will be limited to the Holy Land (*Ibn Ezra, Radak*).

### 66.

The chapter begins by refuting the notion that the Temple and the offerings are necessary for the sake of God; He Himself has no need for our service. Rather, it is the nation that benefits, by expressing its desire to serve Him and come close to Him. God's intention is twofold: to reward those who serve Him with alacrity and humility, and to punish the nations that sin against Him (*Radak, Abarbanel*).

*Malbim* elaborates that Isaiah interrupts his description of Jerusalem's future glory, to rebut the misconception that lulled people into a false sense of security. They imagined that God would ignore even egregious sins as long as they brought their offerings in the Temple. Contrary to the warnings of the prophets, they were sure that He would never permit His service to be disrupted. To this, God responds that He is not confined to a specific building, nor does He require the animals that are brought as offerings. Rather, He takes pleasure that Israel humbly submits to His Will. As *Rashi* expresses it, שֶׁאָמַרְתִּי וְנַעֲשָׂה רְצוֹנִי, *I have spoken and My Will was fulfilled* (*Leviticus* 1:9).

"I cannot be limited to the narrow space of a temple or a synagogue where you would worship and pray, and then think that you are free to do as you please everywhere else in the world" (*R' Hirsch*).

*Abarbanel* disputes the prevailing opinion that in this final chapter of the Book, Isaiah returns to the theme of rebuke. Rather, this chapter continues to discuss the Redemption. Lest a person think that God will redeem His people for His own sake, so that He will have a Temple for Himself and enjoy the offerings, Isaiah dismisses this foolish notion by saying "The Heaven is My throne and the earth is My footstool," so God has no need for a Temple. Instead, His intention is solely for the sake of Israel — the poor suffering nation described in verse 2 — so that it can renew itself and return to its spiritual heights of old.

The idea that "God's feet" reach down to the earth is the subject of the Talmud's statement (*Kiddushin* 31a): Whoever commits a sin is considered as if he has pushed away the feet of God's Presence, as it were. If a person sins in secret, but would be ashamed to do so in public, it is as if he dismisses the notion that God is aware of what takes place on earth. Thus he signifies that he does not believe in God, and he is, in effect, "pushing away" God's feet from the earth, as it were. If he really believed in God, he would be ashamed to sin anywhere (*R' Schwab*).

**1. הַשָּׁמַיִם כִּסְאִי וְהָאָרֶץ הֲדֹם רַגְלָי** — *The Heaven is My throne and the earth is My footstool.* I do not require your Temple (*Rashi*). How can you entertain the thought that a physical structure can contain My glory; Heaven is [merely] My throne, and the earth is [merely] My footstool! I commanded you to build the Temple not to benefit Me, but so that the hearts of Israel would focus upon Me, so that they would have a place for prayer and offerings. This would encourage them to eradicate their faulty values, just as the Altar consumes their offerings (*Radak*).

The entire universe, not only heaven, is filled with God's glory. Heaven is called His *throne* as a metaphor. Just as a human ruler issues decrees while seated on his throne, God's decrees issue from Heaven, as it were (*Ibn Ezra*).

The earth is referred to as a *footstool,* in the sense that it belongs to God, to do with as He pleases (*Ibn Ezra*), and it is inferior to Heaven, just as a footstool is merely an accessory of the throne (*Radak*). Heaven symbolizes spirituality, which is superior to the material existence symbolized by the *earth.*

**אֵי־זֶה בַיִת אֲשֶׁר תִּבְנוּ־לִי וְאֵי־זֶה מָקוֹם מְנוּחָתִי** — *What house could you build for Me, and what place can be My resting place?* What structure can you build that can be worthy to house My glory? (*Rashi*). How can you create something that I don't already own? (*Ibn Ezra*).

The purpose of the Temple is that there be a place where Israel would pray and bring offerings, and when Jews see the

ג וּנְכֵה־ר֔וּחַ וְחָרֵ֖ד עַל־דְּבָרִֽי׃ שׁוֹחֵ֨ט הַשּׁ֜וֹר מַכֵּה־אִ֗ישׁ זוֹבֵ֤חַ הַשֶּׂה֙ עֹ֣רֵֽף כֶּ֔לֶב
מַעֲלֵ֤ה מִנְחָה֙ דַּם־חֲזִ֔יר מַזְכִּ֥יר לְבֹנָ֖ה מְבָ֣רֵֽךְ אָ֑וֶן גַּם־הֵ֗מָּה בָּֽחֲרוּ֙ בְּדַרְכֵיהֶ֔ם
ד וּבְשִׁקּוּצֵיהֶ֖ם נַפְשָׁ֥ם חָפֵֽצָה׃ גַּם־אֲנִ֞י אֶבְחַ֣ר בְּתַעֲלֻלֵיהֶ֗ם וּמְגוּרֹתָם֙ אָבִ֣יא לָהֶ֔ם
יַ֤עַן קָרָ֙אתִי֙ וְאֵ֣ין עוֹנֶ֔ה דִּבַּ֖רְתִּי וְלֹ֣א שָׁמֵ֑עוּ וַיַּעֲשׂ֤וּ הָרַע֙ בְּעֵינַ֔י וּבַאֲשֶׁ֥ר לֹֽא־חָפַ֖צְתִּי
ה בָּחָֽרוּ׃ שִׁמְעוּ֙ דְּבַר־יְהוָ֔ה הַחֲרֵדִ֖ים אֶל־דְּבָר֑וֹ אָמְרוּ֩ אֲחֵיכֶ֨ם שֹׂנְאֵיכֶ֜ם מְנַדֵּיכֶ֗ם
ו לְמַ֤עַן שְׁמִי֙ יִכְבַּ֣ד יְהוָ֔ה וְנִרְאֶ֥ה בְשִׂמְחַתְכֶ֖ם וְהֵ֥ם יֵבֹֽשׁוּ׃ ק֤וֹל שָׁאוֹן֙ מֵעִ֔יר ק֖וֹל מֵֽהֵיכָ֑ל

**רש"י**

(ג) **מברך און.** מברך אותי בתשורת אונס. מברך און, מתשיר אונס, זהו פירושו. ולשון ברכה נופל בתשורה שהיא להקבלת פנים כמו קַח נָא אֶת־בִּרְכָתִי (בראשית לג, יא), עשו אתי ברכה וצאו אלי: **גם המה בחרו בדרכיהם.** הם חפצים בדרכים הללו הרעים, וגם אני אבחר ואחפוץ בתעלוליהם. ואם תאמר מהו גם? כן דרך לשון עברי, לומר שני גמין זה אצל זה; כמו גַּם בָּחוּר גַּם בְּתוּלָה (דברים לב, כה), גַּם לִי גַּם לָךְ (מלכים א ג, כו), גַּם אַהֲבָתָם גַּם שִׂנְאָתָם (קהלת ט, ו), וְלֹא יָמֻתוּ גַם הֵם גַּם אַתֶּם (במדבר יח, ג). אף כאן גם הם בחרו, וגם אני אבחר: (ד) **בתעלוליהם.** להיות עולל בם, לשון כִּי הִתְעַלַּלְתְּ בִּי (במדבר כב, כט): **ומגורותם.** מה שהם יראים: **יען קראתי.** שמעו שמוע ושובו אלי: **ואין עונה.** לאמר שמעתי: (ה) **החרדים אל דברו.** הצדיקים הממהרים בחרדה להתקרב אל דבריו, אמרו אחיכם. פושעי ישראל הנזכרים למעלה. דבר אחר, אמרו אחיכם מנדיכם, אשר אמרו לכם, סוּרוּ טָמֵא (איכה ד, טו): **שנאיכם מנדיכם.** הָאֹמְרִים קְרַב אֵלֶיךָ אַל תִּגַּשׁ בִּי (לעיל סה, ה), למען שמי יכבד ה'. בגדולתנו הקדוש ברוך הוא מתכבד, שאנו קרובים לו יותר מכם: **ונראה בשמחתכם והם יבושו.** הנביא אומר, אבל לא כן הוא כדבריהם, כי בשמחתכם נראה והם יבושו. למה? כי קול שאון שלהם בא לפני הקדוש ברוך הוא ממה שעשו בעירו וקול יוצא מהיכלו ומקטרג על מחריביו, ואחרי כן קול ה' משלם גמול לאויביו:

**רד"ק**

(ג) **שוחט השור.** אמר, מי שישחוט השור להקריבו לפני, והוא ברשעו, הרי אני חושב אותו בשחטו השור כאלו מכה איש ומת; וכן זובח השה להקריבו, כאלו ערף כלב להקריבו לפני, וכן מעלה מנחה לפני, כאלו מעלה דם חזיר לפני, שהם כמו הכלב והחזיר, טמאים; וכן מזכיר לבונה כאלו מברך און, ודבר שוא לפני, כלומר, גזל שהוא און ושוא: **מזכיר.** מקטיר, כמו אַזְכָּרָתָהּ לַה' (ויקרא ו, ח): **מברך.** מביא מנחה; כמו, קַח נָא אֶת בִּרְכָתִי (בראשית לג, יא), שענינו כמו מנחתי, וכן, קַח נָא בְרָכָה מֵאֵת עַבְדֶּךָ (מלכים־ב ה, טו) — מנחה, וכן, לִשְׁאָל לוֹ לְשָׁלוֹם וּלְבָרְכוֹ (שמואל־ב ח, י) — ולהביא לו מנחה. ומה שאמר עורף כלב, לפי שאינו בן שחיטה אמר בו לשון עריפה, כמו שאמר בפטר חמור וַעֲרַפְתּוֹ (שמות יג, יג), וכן וְעָרְפוּ שָׁם אֶת הָעֶגְלָה (דברים כא, ד), שהיו מכין אותה בקופיץ ממול ערפה, ופירושו, כריתות הערף. וערף קריאתו בשני טעמים, והוא פעל, כי השם הוא מלעיל, עֹרֶף וְלֹא פָנִים (ירמיה ב, כז). וזכר כלב וחזיר, לפי שהכלב מפריס פרסה אף על פי שאינו שוסע שסע, והחזיר מפריס פרסה ושוסע שסע, והנה שניהם יש בהם צד סימני טהרה והם טמאים, כך הם מראים בעצמם צד מעשה טוב בהקריבם הקרבן, והם טמאים במעשיהם הרעים. ואמר גם המה, פירוש, הם ששוחטים השור וזובחים השה, גם המה הם כמו עורף כלב ומעלה דם חזיר; למה? שבחרו בדרכיהם הרעים: **ובשקוציהם נפשם חפצה.** לא בדרכי ובמצותי, שאמרתי להם, אַל תְּשַׁקְּצוּ אֶת נַפְשֹׁתֵיכֶם (ויקרא יא, מג): (ד) **גם אני אבחר בתעלוליהם.** כיון שהם משחיתים דרכיהם, גם אני אבחר בהשחתת מעשיהם; וכן, וְכַעֲלִילוֹתֵיכֶם הַנִּשְׁחָתוֹת (יחזקאל כ, מד), והדומים להם, ענינם מעשה הרס והשחתה: **ומגורתם.** מה שהם יראים ממנו, והוא החרב והרעב אביא להם: **יען קראתי.** להם על ידי הנביאים להשיבם לדרך הטובה, ואין עונה. כלומר אין מקבל דברי: (ה) **שמעו.** מנדיכם, מרחיקים אתכם, בעבור שאתם חרדים לדבר ה', הם שונאים אתכם ומרחיקים אתכם; והם אומרים, למען שמי יכבד ה', כלומר, כבד הוא עלינו במצותיו אשר צונו; כמו, וְלֹא נִכְבַּד עָלֶיךָ (שמואל ב יג, כה). הם אמרו זה בעבור ה', אבל הוא האל יהיה נראה ונגלה בשמחתכם, שתשמחו בישועתו, והם יבשו. ומתי יהיה זה? כאשר יהיה קול שאון מעיר. ואם כנגד בני דורו החרדים אל דבר ה' אמר, כמו שאמר וחרד על דברי, יהיה פירושו ונראה בשמחתכם, על שכר הנפשות, כמו שפירשנו, או לפי שהם עתידים לחיות בתחית המתים לימות המשיח. ויתכן לפרש, כי אמר זה כנגד עולי הגולה החרדים אל דבר ה': (ו) **קול שאון מעיר.** אז לימות המשיח יצאה קול שאון מעיר ירושלם על גוג ומגוג, והם אויבי ה', וכן אמר בנבואת זכריה, וְיָצָא ה' וְנִלְחַם בַּגּוֹיִם הָהֵם (זכריה יד, ג):

**מצודת דוד**

(ג) **שוחט השור.** רצונו לומר, כי קרבנות הרשעים אינם מקובלים לפני, והשוחט את השור הרי הוא כאילו מכה איש, כי דם יחשב ולא לרצון: **עורף כלב.** נמאס בעיני כאילו ערף את הכלב: **דם חזיר.** נתעב בעיני כאילו זרק דם חזיר: **מזכיר לבונה.** המקטיר לבונה הוא מביא תשורה דבר שאינו הגון וראוי: **גם המה בחרו.** רצה לומר, הואיל והמה גם בחרו בדרכיהם, ולא הלכו בהם כדרך קרי והזדמן, ונפשם חפצה לעשות לשקוצים הנראה להם, ולא בלא דעת ובלא לב יעשוה: (ד) **לכן גם אני אבחר.** לכן גם אני אבחר להתעולל בהם בהבאת הרעות, ולא אעזבם אל המקרה כי אם אבחר בהבאת הרעות: **ומגורותם.** מהדבר אשר הם יראים זה בעצמו אביא עליהם: **יען.** בעבור כי קראתי אליהם על ידי הנביאים להזהירם ליישר דרכם, ואין מי משיב לומר, איישר דרכי מעתה: **דברתי וכו'.** כפל הדבר במילים שונות: **הרע בעיני.** הדבר הרע בעיני: **ובאשר.** בהדבר אשר לא חפצתי אני בחרו הם: (ה) **שמעו וכו'.** אתם הצדיקים החרדים אל דבר ה' לעשותם, שמעו דבר ה': **אמרו וכו'.** פושעי ישראל: **אחיכם.** השונאים אתכם המנדים להרחיק אתכם; כמו שכתוב, הָאֹמְרִים קְרַב אֵלֶיךָ וכו' (לעיל סה, ה), הנה הם אמרו למען שמי יכבד ה'; רצונו לומר, בעבור פירסום שמי בא כבוד לה' כי אנו קרובים אליו ומתכבד הוא עמנו: **ונראה.** אבל לא כן הוא כדבריהם, כי בעינינו נראה בשמחתכם, והרשעים ההם יבושו על כי הלכו אחר ההבל: (ו) **קול שאון מעיר.** אז יצא קול שאון מעיר ציון, וחוזר ומפרש שיצא הקול מן היכל ה' העומד בציון; ולתוספת ביאור אמר שזהו קול ה' היוצא לאיים על עכו"ם לשלם גמול לאויביו; הם גוג ומגוג; כמו שכתוב, וְיָצָא ה' וְנִלְחַם בַּגּוֹיִם (זכריה יד, ג):

**מצודת ציון**

(ב) **ונכה.** ענין שבור וכתות; כמו, וְנִכְאֵה לֵבָב (תהלים קט, טז): **וחרד.** ענין מהירות רב; וכן, וַיֶּחֶרְדוּ זִקְנֵי הָעִיר לִקְרָאתוֹ (שמואל־א טז, ד): (ג) **עורף.** רצונו לומר, כורת עורף, והוא אחורי הצואר; כמו, וְאִם לֹא תִפְדֶּה וַעֲרַפְתּוֹ (שמות יג, יג): **מזכיר.** כן נקרא הקטרת הלבונה כמו שכתוב, וְהָיְתָה לַלֶּחֶם לְאַזְכָּרָה (ויקרא כד, ז): **מברך.** הוא ענין תשורה הבאה להקבלת פנים; וכן, קַח נָא אֶת בִּרְכָתִי (בראשית לג, יא): **און.** ענין דבר שאינו ראוי והגון: **ובשקוציהם.** מלשון שקץ ותעוב: (ד) **בתעלוליהם.** ענין לעג והתול; כמו, כִּי הִתְעַלַּלְתְּ בִּי (במדבר כב, כט): **ומגורתם.** ענין פחד; כמו, וַיָּגָר מוֹאָב (שם כב, ג): (ה) **החרדים.** הממהרים: **מנדיכם.** מלשון הנדה והנעה: (ו) **שאון.** ענין המייה:

*Corrupt offerings*

*and broken-spirited person, who is zealous regarding My word.* 3 *He who*
*slaughters an ox [is as if he] slays a man; he who offers a sheep [is as if he]*
*breaks a dog's neck; he who brings up a meal-offering [is as if he offers] a*
*swine's blood; he who brings a frankincense remembrance [is as if he] brings*
*a gift of wickedness. They have even chosen their ways, and their souls have*
*desired their abominations.*
4 *I, too, will choose to mock them and what they dread I will bring upon*
*them — because I have called but no one responded; I spoke but they did*
*not hear. They did what is wrong in My eyes and what I did not desire,*
*they chose.*
5 *Listen to the word of HASHEM, you who are zealous regarding His word:*
*Your brethren, who hate you and shun you, say, 'HASHEM is glorified be-*
*cause of my reputation' — but we will see your gladness, while they will be*
*shamed!* 6 *A sound of tumult comes from the city, a sound from the Sanctuary:*

*The sound of retribution*

---

offerings consumed on the Altar, they would be inspired to purge inappropriate thoughts and values from their hearts. But if they perform the Temple service while continuing to engage in depraved behavior, they undermine its very purpose (*Radak*).

**2.** וְאֶל־זֶה אַבִּיט אֶל־עָנִי וּנְכֵה־רוּחַ וְחָרֵד עַל־דְּבָרִי — *But it is to this that I look: to the poor and broken-spirited person, who is zealous regarding My word.* Although My glory is infinite, My concern is only about those who are humble and whose most ardent wish is to serve Me (*Radak*).

God's relationship with a person is a reflection of his relationship with God. Their own concerns are secondary; their priority is service of God. Such people deserve that God is concerned with them (*Nefesh HaChaim*).

**3.** שׁוֹחֵט הַשּׁוֹר מַכֵּה־אִישׁ — *He who slaughters an ox [is as if he] slays a man.* The offerings of the wicked are devoid of positive meaning; the animal's blood is shed in vain, and God regards it as an abomination.

So hateful is the insincere, hypocritical service of the wicked that God regards their slaughter of an ox as if they had shed the blood of a human, as if they had beheaded a dog, and put a swine's blood on the Altar (*Radak*).

According to *Rashi,* he kills a man to steal his ox and bring it as an offering. His offering is as destructive and offensive as breaking a dog's neck, offering swine's blood.

Homiletically, the Sages comment that one who steals an ox, thus leaving the owner unable to plow his field and provide for his family, is akin to a murderer (*Tanchuma, Acharei* 12; see also *Bava Kamma* 119a).

מַזְכִּיר לְבֹנָה מְבָרֵךְ אָוֶן — *He who brings a frankincense remembrance [is as if he] brings a gift of wickedness.* The frankincense offering is referred to as a *remembrance* offering, as in *Leviticus* 24:7 (*Mahari Kara*).

גַּם־הֵמָּה בָּחֲרוּ בְּדַרְכֵיהֶם וּבְשִׁקּוּצֵיהֶם נַפְשָׁם חָפֵצָה — *They have even chosen their ways, and their souls have desired their abominations.* They do not commit these abominations only occasionally and in moments of weakness. They actively chose to follow the path of abomination (*Metzudos*).

**4.** גַּם־אֲנִי אֶבְחַר בְּתַעֲלוּלֵיהֶם וּמְגוּרֹתָם אָבִיא לָהֶם — *I, too, will choose to mock them and what they dread I will bring upon them.* Just as they deliberately chose a path of sin, making a mockery of My service (*Malbim*), I will not merely abandon them to their natural fate; rather, I will deliberately bring upon them the very evil that they fear (*Metzudos*), i.e., the sword and starvation (*Radak, Abarbanel*).

יַעַן קָרָאתִי וְאֵין עוֹנֶה דִּבַּרְתִּי וְלֹא שָׁמֵעוּ — *Because I have called, but no one responded; I spoke but they did not hear.* Through My prophets, I exhorted them to repent, but they ignored My call (*Radak*).

**5.** Isaiah assures the truly righteous that ultimately God will rejoice with them.

אֲחֵיכֶם שֹׂנְאֵיכֶם מְנַדֵּיכֶם — *Your brethren, who hate you and shun you.* Isaiah refers to the sinners (see 65:5) who, although they are inwardly insincere, consider themselves to be of primary importance to God (*Rashi*), because of their elaborate offerings (*Malbim*). This causes them to belittle the truly righteous.

לְמַעַן שְׁמִי יִכְבַּד ה' — *HASHEM is glorified because of my reputation.* The sinners claim that they are the source of God's glory, that they are nearer to God than the righteous (*Rashi*).

According to *Abarbanel,* these *brothers who hate you* are the descendants of Edom and Ishmael. They call themselves "brothers of Israel" because Esau was Jacob's brother, and Ishmael was Isaac's brother. They insist that their religions are the true ones and that God's promises to His nation will be fulfilled through them. (See also *Zohar* 2:188b, who interprets our verse as referring to Edom.)

וְנִרְאֶה בְשִׂמְחַתְכֶם וְהֵם יֵבֹשׁוּ — *But we will see your gladness, while they will be shamed.* In spite of the claims of their so-called brothers, God assures the righteous of Israel that ultimately it is they with whom He will rejoice, and those who are insincere will be shamed (*Rashi*).

**6.** The prophet now describes the era when the above rejoicing will occur.

ז קֽוֹל יהוֹה מְשַׁלֵּם גְּמוּל לְאֹיְבָֽיו׃ בְּטֶרֶם תָּחִיל יָלָדָה בְּטֶרֶם יָבוֹא חֵבֶל לָהּ וְהִמְלִיטָה
ח זָכָֽר׃ מִֽי־שָׁמַע כָּזֹאת מִי רָאָה כָּאֵלֶּה הֲיוּחַל אֶרֶץ בְּיוֹם אֶחָד אִם־יִוָּלֵד גּוֹי פַּעַם
ט אֶחָת כִּֽי־חָלָה גַּם־יָלְדָה צִיּוֹן אֶת־בָּנֶֽיהָ׃ הַאֲנִי אַשְׁבִּיר וְלֹא אוֹלִיד יֹאמַר יהוָה
י אִם־אֲנִי הַמּוֹלִיד וְעָצַרְתִּי אָמַר אֱלֹהָֽיִךְ׃ שִׂמְחוּ אֶת־יְרוּשָׁלַ͏ִם וְגִילוּ בָהּ
יא כָּל־אֹהֲבֶיהָ שִׂישׂוּ אִתָּהּ מָשׂוֹשׂ כָּל־הַמִּתְאַבְּלִים עָלֶֽיהָ׃ לְמַעַן תִּינְקוּ וּשְׂבַעְתֶּם

### רש״י

**(ז) בטרם תחיל.** ציון חיל היולדת ילדה את בניה. כלומר, יתקבצו בניה לתוכה אשר היתה שוממה מהם ושכולה, והרי הוא כאילו ילדתן עכשיו בלא חבלי יולדה, כי כל העכו״ם יביאום לתוכה: **והמליטה זכר.** כל יציאת דבר בלוע קרוי המלטה. והמליטה אישקמוליי״ר בלעז: **(ח) היוחל ארץ ביום אחד.** היבוא חיל ליולדת לילד מלא ארץ בנים ביום אחד: **(ט) האני אשביר ולא אוליד.** האני אביא את האשה על המשבר ולא אפתח רחמה להוציא עוברה? כלומר, שמא אתחיל בדבר ולא אוכל לגמור? והלא אני המוליד את כל היולדות, ועכשיו שמא עצרתי? בתמיה!:

### רד״ק

**(ז) בטרם.** רצונו לומר; כי פתאום תבוא הישועה לישראל. והמשיל ירושלם לאם וישראל לבנים. ואמר זכר, כי הוא טוב וחזק מן הנקבה ובו ישמחו יולדיו יותר מן הנקבה, כן יהיה אותו הדור שתהיה להם הישועה. והנה אמר בטרם תחיל ילדה, ואמר אחר כן היוחל, ואמר כי חלה? הטעם כי הישועה תבא להם פתאם כמו אם תלד הנקבה בטרם יבא חבל לה, אבל קודם שתשלם הישועה וטרם שיקבצו כל ישראל בארצם ותשלם שלותם, תהיה להם מעט זמן כמו חבלי יולדה; כמו שאמר, חֲבִי כִמְעַט רֶגַע עַד יַעֲבָר זָעַם (לעיל כו, כ), כמו שפירשנו, וכן אמר בנבואת זכריהו, וְנִלְכְּדָה הָעִיר וְנָשַׁסּוּ הַבָּתִּים וגו׳ (זכריה יד, ב). ואחר החבלים האלה, וְיָצָא ה׳ וְנִלְחַם בַּגּוֹיִם הָהֵם (שם פסוק ג). ואמר, לְעֵת עֶרֶב יִהְיֶה אוֹר (שם פסוק ז); וזוהי הלידה אחר שחלה, ואמר, וְיָשְׁבוּ בָהּ וְחֵרֶם לֹא יִהְיֶה עוֹד (שם פסוק יא): **והמליטה.** הלידה נאמרה בזה הלשון; וכן, שָׁמָּה קִנְּנָה קִפּוֹז וַתְּמַלֵּט (לעיל לד, טו): **(ח) מי שמע.** היוחל ארץ, בא בלשון זכר; כמו, וְלֹא נָשָׂא אֹתָם הָאָרֶץ (בראשית יג, ו), והוא משלא נזכר שם פעלו מהנוסף. והנוסף ימצא כן פעל עומד ויוצא, העומד; כמו, יָחִילוּ עַמִּים (יואל ב, ו), וּלְאִשָּׁה מַה תְּחִילִין (לעיל מה, י); והיוצא, קוֹל ה׳ יָחִיל מִדְבָּר (תהלים כט, ט), יָחִילוּ דְרָכָיו בְּכָל עֵת (שם י, ה); ומלת היוחל, פעול מהיוצא כי ממנו יבנה שלא נזכר פועלו: **(ט) האני אשביר.** אחר שהמשיל ציון לאשה יולדת, אמר, האני אשביר ולא אוליד? כלומר, אם אביא האשה על המשבר ולא אוליד אותה כן? זה לא יתכן ואם אביא ציון על המשבר במלחמת גוג ומגוג, באמת אוליד אותם; והלידה היא הישועה: **אם אני המוליד ועצרתי.** אני הוא המוליד ארצות הגוים עד הזמן ההוא, ואז אעצור אותם מלדת, כי הגדולה והכבוד יהיה לישראל לבדם. ויונתן תרגם, אֲנָא אֱלָהָא בְּרֵית עָלְמָא וגו׳: **(י) שמחו.** כל אוהביה בגלות, על דרך, כִּי רָצוּ עֲבָדֶיךָ אֶת אֲבָנֶיהָ (תהלים קב, טו); ואז בקבוץ גליות תשמחו בה ותשישו בתוכה, שתראו בבנינה כמו שראיתם בחרבנה והתאבלתם עליה, כן תשמחו בה ותשישו בתוכה: **(יא) למען.** התאבלתם עליה למען שתראו בשמחתה ותינקו ושבעתם משוד תנחומיה כי ידעתם כי זה יהיה גמולכם:

### מצודת דוד

**(ז) בטרם תחיל.** על ציון יאמר, בטרם תחיל חיל היולדה תלד רצונו לומר, יתקבצו בניה לתוכה כאלו ילדה אותם עכשיו מבלי חיל וחבלי לידה: **בטרם יבוא וכו׳.** כפל הדבר במילים שונות: **והמליטה זכר.** ילדה זכר, ולפי שתרבה השמחה בלידת זכר מלידת נקבה אמר והמליטה זכר לפי גודל השמחה: **(ח) מי שמע כזאת.** מי שמע פלא כזאת ומי ראה פלא כאלה? האם מעולם בא חיל יולדה לכל נשי הארץ ביום אחד? האם מעולם נולדה אומה שלימה בפעם אחת: **כי חלה.** רצונו לומר, כי זה הפלא נעשה בציון, כי חלה מכל בניה וגם ילדתם בפעם אחת; רצונו לומר, כולם כאחד יצאו ממקום גלותם ובאו לציון באין שטן ובאין פגע רע: **(ט) האני אשביר.** האני אביא את אשה על המשבר ולא אפתח רחמה שתלד? רצונו לומר, שמא אתחיל בדבר ולא אוכל לגמור: **אם אני המוליד.** אם אמנם אני הוא המוליד את כל היולדות, ושמא עכשיו אעצור אותך? בתמיה. רצונו לומר, הלא לכל האומות אני הוא הנותן כח בידם, ואיך לא אתן הכח בידכם: **(י) שמחו.** אתם הבאים מן הגולה, שמחו את ירושלים בבואכם אליה: **כל אוהביה.** כל מי שאהב אותה ותאב לראותה בבניינה: **כל המתאבלים עליה.** בעת חורבנה: **(יא) למען תינקו.** התאבלתם עליה למען שתראו בשמחתה, ותינקו ותשבעו משדי תנחומיה, כי ידעתם אשר זה יהיה גמולכם:

### מצודת ציון

**(ז) תחיל.** היא כאב הלידה; וכן, לֹא חַלְתִּי וְלֹא יָלַדְתִּי (לעיל כג, ד): **חבל.** צירים ומכאובי לידה; כמו, חֶבְלֵי יוֹלֵדָה (הושע יג, יג): **והמליטה.** כן נקרא לידת הולד; כמו, וַתְּמַלֵּט וּבָקְעָה (לעיל לד, טו): **(ח) היוחל חלה.** הם מלשון חיל: **(ט) אשביר.** מקום מושב היולדת נקרא משבר; כמו, לֹא־יַעֲמֹד בְּמִשְׁבַּר בָּנִים (הושע יג, יג): **ועצרתי.** ענין עכוב ומניעה; כמו, עֲצָרַנִי ה׳ מִלֶּדֶת (בראשית טז, ב): **(י) המתאבלים.** מלשון אבלות וצער: **(יא) תינקו.** מלשון יניקה:

---

**קוֹל שָׁאוֹן מֵעִיר . . . קוֹל ה׳ מְשַׁלֵּם גְּמוּל לְאֹיְבָיו** — *A sound of tumult comes from the city . . . the sound of* H*ASHEM* *dealing retribution to His enemies.* The tumultuous sound of the sinner's deeds arises from Jerusalem, the sound of their deeds that led to the destruction of the Temple Sanctuary. Those arrogant sounds of wicked jubilation will end with the sound of God's retribution (*Rashi*). According to *Mahari Kara,* the sounds are those of Israel bemoaning the destruction.

Alternatively, the sounds will be those of the future wars of Gog and Magog, when God avenges the tribulations of Israel and defeats its enemies (*Radak*). Accordingly, the prophet first describes tumultuous sounds arising from Jerusalem, specifying that the source of the sound is from the place of the Sanctuary. Scripture then identifies the sound as being that of Hashem dealing retribution to His enemies (*Metzudos*).

*Ibn Ezra* says that the Sanctuary referred to in this verse can refer to either the physical Sanctuary in Jerusalem, or to the celestial Sanctuary, the abode of the Divine glory. The sound will reverberate throughout the world.

**7-9.** Isaiah compares the ingathering of the exiles — the rebirth of Zion — to a woman giving birth. Unlike ordinary childbirth, however, it will happen quickly, painlessly, and wondrously.

**7. בְּטֶרֶם תָּחִיל יָלָדָה** — *Before she even feels her labor pains she will give birth.* The ingathering of the exiles will be like a new rebirth of Jerusalem. It will happen effortlessly; the nations themselves will transport the newly redeemed Jews back to

*the sound of HASHEM dealing retribution to His enemies.* [7] *Before she even*
*feels her labor pains she will give birth; before any travail comes to her she*
*will deliver a son!* [8] *Who has heard such as this? Who has seen such as*
*these? Has a land ever gone through its labor in one day? Has a nation ever*
*been born at one time, as Zion went through her labor and gave birth to her*
*children?* [9] *Shall I bring [a woman] to the birthstool and not have her give*
*birth? says HASHEM. Shall I, Who causes birth, hold it back? says your God.*
[10] *Be glad in Jerusalem and rejoice in her, all you who love her; exult with her*
*in exultation, all you who mourned for her;* [11] *so that you may nurse and be sated*

*Repopulated Zion*

their homeland (*Rashi*). The return from all corners of the earth will happen with astonishing quickness (*Ibn Ezra*).

Although many verses in the *Prophets* discuss upheavals that will transpire prior to the redemption, once God's glory has been revealed, the actual ingathering of the exiles will happen quickly and effortlessly.

**בְּטֶרֶם יָבוֹא חֵבֶל לָהּ וְהִמְלִיטָה זָכָר** — *Before any travail comes to her she will deliver a son!* Isaiah uses the masculine gender to signify that this ingathering will be of a robust nature. Furthermore, the birth of a male heir is cause for joy [because it represents a continuation of the family heritage] (*Radak, Abarbanel*). *Targum* explains this as referring specifically to the revelation of the Messiah.

*Malbim* interprets *deliver a son* as foretelling that many years before the coming of Messiah there will be a small ingathering of the exiles to Jerusalem. Accordingly, our verse is saying that before Zion experiences the *travail,* i.e., the labor pains of the Final Redemption, *she will deliver a son,* i.e., a small immigration, that will precede the Messianic Era.

**8. הֲיוּכַל אֶרֶץ בְּיוֹם אֶחָד** — *Has a land ever gone through its labor in one day?* Has an individual woman's birth pangs ever resulted in a land full of children? (*Rashi*). Was a nation ever born in a single day? Yet Zion will become populated in a short span of time, as the exiles will stream back without mishap (*Metzudos*). This is a wondrous occurrence! (*Ibn Ezra*).

According to *Malbim,* the birth pangs refer to the war of Gog and Magog, which will erupt suddenly. The birth of a nation refers to the abrupt rebirth of Israel.

**9.** The Sages (*Taanis* 2a) teach that God does not entrust childbirth to an angel; He keeps the "key of childbirth," and it is then that His presence is most palpable. The prophet, therefore, uses childbirth as the metaphor for the rebirth of Zion.

According to *Targum,* God speaks from the perspective of the One Who created the universe. History is but a prelude to the ultimate rebirth of Zion, the seat of His glory. Just as He brings to fruition the birth of each individual child, He will surely bring to fruition the culmination of His plan for the universe: the rebirth of Zion.

**הַאֲנִי אַשְׁבִּיר וְלֹא אוֹלִיד יֹאמַר ה׳** — *Shall I bring [a woman] to the birthstool and not have her give birth? says HASHEM.* Will I set the process of redemption in motion and not complete it? (*Rashi*). If I bring Zion to the war of Gog and Magog, surely she will experience the ultimate Redemption! (*Radak*).

**אִם־אֲנִי הַמּוֹלִיד וְעָצַרְתִּי אָמַר אֱלֹהָיִךְ** — *Shall I, Who causes birth, hold it back? says your God.* How can I bring agonizing difficulties upon Israel without bringing the joyous birth that should follow? (*Mahari Kara*). Since God gives might and potential to the other nations, surely He will do so for Israel, His own people! (*Metzudos*).

**10-11.** Isaiah describes the unbridled joy when Jerusalem is rebuilt.

**10. שִׂמְחוּ אֶת־יְרוּשָׁלַםִ וְגִילוּ בָהּ כָּל־אֹהֲבֶיהָ** — *Be glad in Jerusalem and rejoice in her, all you who love her.* When Israel returns from exile, those who loved her and yearned to see her rebuilt will be overcome with joy (*Metzudos*).

The Sages (*Taanis* 30b) infer from our verse that only those who mourned her destruction will share in her joy and reap her spiritual rewards. People who were apathetic to her during her desolation will lack the spiritual capacity to partake in that jubilation and delight.

**שִׂישׂוּ אִתָּהּ מָשׂוֹשׂ כָּל־הַמִּתְאַבְּלִים עָלֶיהָ** — *Exult with her in exultation, all you who mourned for her.* Just as you saw her state of destruction and mourned for her, you will see her rebuilt and exult within her (*Radak*).

*Ritva* (ad loc.) explains that at the time of the Revivification of the Dead, those who mourned her loss will be the first ones returned to life, to experience the joy of her rebuilding.

Others explain that if one mourns Jerusalem, it means that Jerusalem is not forgotten. If one were to feel that the era of the Temple is over, never to return, and that one must move on and deal with the "new reality," it means that for him, Jerusalem is gone forever. But if one still mourns its loss, it means that for him Jerusalem is still a reality, and that should be a comfort to him (see *Pri Tzaddik, Devarim* 16; *Michtav MeEliyahu* Vol. 2, p. 47).

**11.** Besides the initial joy the mourners of Jerusalem will experience upon seeing her rebuilt, Isaiah describes the deep fulfillment that these people will reap. The prophet allegorically refers to this enjoyment in the terms of a nursing baby. Just as a mother's milk nurtures the infant in the most complete sense, enabling it to develop into a healthy child, the deep spiritual revelation that Jerusalem's mourners experience will become the foundation of their growth.

יב מִשֹּׁד תַּנְחֻמֶיהָ לְמַעַן תָּמֹצּוּ וְהִתְעַנַּגְתֶּם מִזִּיז כְּבוֹדָהּ: כִּי־
כֹה | אָמַר יהוה הִנְנִי נֹטֶה־אֵלֶיהָ כְּנָהָר שָׁלוֹם וּכְנַחַל שׁוֹטֵף כְּבוֹד גּוֹיִם
יג וִינַקְתֶּם עַל־צַד תִּנָּשֵׂאוּ וְעַל־בִּרְכַּיִם תְּשָׁעֳשָׁעוּ: כְּאִישׁ אֲשֶׁר אִמּוֹ תְּנַחֲמֶנּוּ
יד כֵּן אָנֹכִי אֲנַחֶמְכֶם וּבִירוּשָׁלַ͏ִם תְּנֻחָמוּ: וּרְאִיתֶם וְשָׂשׂ לִבְּכֶם וְעַצְמוֹתֵיכֶם
טו כַּדֶּשֶׁא תִפְרַחְנָה וְנוֹדְעָה יַד־יהוה אֶת־עֲבָדָיו וְזָעַם אֶת־אֹיְבָיו: כִּי־הִנֵּה יהוה
בָּאֵשׁ יָבוֹא וְכַסּוּפָה מַרְכְּבֹתָיו לְהָשִׁיב בְּחֵמָה אַפּוֹ וְגַעֲרָתוֹ בְּלַהֲבֵי־אֵשׁ:

### רש״י

(יא) **משד.** לשון שדים: **תמוצו.** סוליי״ר בלעז: **מזיז כבודה.** מכבוד גדול הזז וממשמש לבא לה: **זיז.** איסמובימנ״ט בלעז: (יב) **ובנחל שוטף.** אני נוטה אליה כבוד גוים: **על צד.** על צדי אומניכם על גיססין: **תשעשעו.** תהיו משועשעין, כדרך שמשעשעין את התינוק. אישבניי״ר בלעז: (יד) **ונודעה יד ה׳.** בעשותו נקמותיו ונוראותיו, ידעו עבדיו את כח גבורת ידו: (טו) **באש יבוא.** בחמת אש יבוא על הרשעים: **להשיב.** לצריו בחימה את אפו:

### רד״ק

**משוד.** כמו, וְשֹׁד מְלָכִים תִּינָקִי (לעיל ס, טז), והוא כמו שד בפתח, והוא על דרך משל רצונו לומר, תענוג: **תמצו.** ענין מציצה: **מזיז.** ענינו לפי מקומו, כמו זיו. ויונתן תרגם, מֵחֲמַר יְקָרַהּ: (יב) **כי כה אמר ה׳ שלום.** שלום הגוים, שיבאו מכל פאה לשאול שלומם, ומביאים להם מנחה. ומה שאמר כנחל שוטף, לא שיזיק כמו הנחל השוטף, אלא כמו שהנחל השוטף יבא במרוצה, כן יבא להם כבודה וממונם במרוצה; ועל הדרך הזה בא, כּוּשׁ תָּרִיץ יָדָיו לֵאלֹהִים (תהלים סח, לב): **וינקתם.** על דרך משל, כמו שיונק התינוק החלב מאין עמל, כן תאכלו כבוד הגוים שלא יגעתם בה. ואחר שהמשיל אותם לתינוק ביניקה, המשיל אותם גם כן ליונק כמו שנושאת אותו האומנת על זרועיה והיא משעשעת אותו על ברכיה, וכל זה ממיני גדול היונק; כן תהיו אתם מנושאים בגוים ומכובדים בכל מיני כבוד וגדולה: **תשעשעו.** מבנין פעל שלא נזכר שם פועלו מבנין פועֵל שממנו יוצא זה; וכן, וְשִׁעֲשַׁע יוֹנֵק (לעיל יא, ח): (יג) **כאיש אשר אמו תנחמנו.** מצרה שעברה עליו, כן אנכי אנחמכם מצרת הגלות: **ובירושלם תנוחמו.** כי שמה יראה כבודי עליכם. ומה שזכר האם ולא האב, לפי שהאשה משדלת בדברים יותר מן האיש: (יד) **וראיתם.** ועצמותיכם כדשא תפרחנה, הפך וְרוּחַ נְכֵאָה תְּיַבֶּשׁ גָּרֶם (משלי יז, כב); כי כמו שהדאגה והיגון יבשו עצמותיכם בגלות, כן כשתשובו לירושלם השמחה והששון יפריחו עצמותיכם: **את עבדיו.** כמו עם עבדיו, שתהיה יד ה׳ עמהם לטובה ועם אויביו לרעה ולזעם; וזה יהיה במלחמת גוג ומגוג: **וזעם.** מלרע, כי הוא פעל עבר, לפיכך חציו קמץ וחציו פתח. ויונתן תרגם ועצמותיכם כדשא תפרחנה, וְגוִיָּתְכוֹן כְּדִתְאִין יַזְהֲרָן: (טו) **כי הנה ה׳ באש נשפט.** כמו שאמר בנבואת יחזקאל, אֵשׁ וְגָפְרִית אַמְטִיר עָלָיו וְעַל אֲגַפָּיו (יחזקאל לח, כב): **מרכבותיו.** גזרותיו היורדות מן השמים: **להשיב בחמה אפו.** שלא היה עדין גדול על כל גוים, עתה ישיבנו בחימה. וחימה גדולה מאף, כי חימה לשון חמום, כי כשיתחמם בעל הכעס בדבר שיכעס בו יהיה כעסו גדול; ועל הדרך הזה תרגם יונתן, לְאָתָבָא בִּתְקוֹף רוּגְזֵיהּ. ואדוני אבי זכרונו לברכה פירש, להשיב, להבעיר,

### מצודת דוד

**למען תמוצו.** למען תהיו מוצצים ומתענגים מן הכבוד הזו והמשמש לבוא לה; והוא כפל ענין במילים שונות לומר, שהרבה טובה תקבלו בבוא עת בניינה: (יב) **נוטה אליה.** אטה אל ירושלים שלום הרבה כמי נהר, וכבוד הגוים ועשרם אטה לה לבוא במרוצה כנחל שוטף: **וינקתם.** אתם המתאבלים עליה תהיו יונקים את העושר הזה; והוא דרך משל לומר, כמו התינוק יונק חלב מאין עמל, כן תאכלו כבוד העכו״ם אשר לא יגעתם בה: **על צד תנשאו.** רצונו לומר, תהיו מכובדים מאד; ולפי שהמשילם לתינוק היונק אמר לשון הנופל בתינוק היונק; שנושאים אותו על הזרוע בצד הגוף ומשעשעים אותו על הברכים לשמחו: (יג) **אשר אמו תנחמנו.** דרך האם לנחם את בנה יותר מן האב: **ובירושלים תנוחמו.** כל התנחומין שלכם תהיה בירושלים, כי שם תקבלו הרבה טובה, וזה יחשב לתנחומין על הצרות שעברו עליכם: (יד) **וראיתם.** כאשר תראו ירושלים בבניינה ישיש לבכם: **כדשא תפרחנה.** יפרחו כעשב השדה; רצונו לומר, יתחזקו בבריאות ולפי שהדאגה והיגון מייבשים העצמות כמו שכתוב וְרוּחַ נְכֵאָה תְּיַבֶּשׁ גָּרֶם (משלי יז, כא) אמר בעת השמחה יתחזקו העצמות: **ונודעה יד ה׳.** אז ידעו עבדיו כח גבורת ה׳: **וזעם.** גם ידעו הזעם אשר זעם את אויביו: (טו) **באש יבוא.** לאבד בו את חיל גוג ומגוג: **וכסופה.** כרוח סופה יבוא מרכבותיו; רצונו לומר, יבוא בחימה שפוכה: **להשיב בחמה אפו.** להשיב לצריו גמול אף בחימה רבה: **וגערתו.** הגערה אשר יגער עליהם תהיה בלהבות אש:

### מצודת ציון

**משד.** כמו משד בפת״ח; וכן, וְשֹׁד וכו׳ (לעיל ס, טז): **תנחומים.** מלשון נחמה: **תמצו.** מלשון מציצה; כמו, שָׁתִית מָצִית (לעיל נא, יז): **והתענגתם.** מלשון תענוג: **מזיז.** מלשון הזזה ממקום למקום; וכן, וְזִיז שָׂדַי יִרְעֶנָּה (תהלים פ, יד): (יב) **שוטף.** ענין רדיפה ומהירות המשיכה: **כבוד.** ענין עושר; כמו, וּמֵאֲשֶׁר לְאָבִינוּ עָשָׂה אֵת כָּל הַכָּבֹד הַזֶּה (בראשית לא, א): **תנשאו.** מלשון משא וסבל: **תשעשעו.** ענין התעסקות לשמחה: (יד) **כדשא.** כעשב: **תפרחנה.** מלשון הפרחה וגדול: **וזעם.** ענין כעס: (טו) **וכסופה.** רוח סופה וסערה: **וגערתו.** ענין צעקת נזיפה:

---

**לְמַעַן תִּינְקוּ וּשְׂבַעְתֶּם מִשֹּׁד תַּנְחֻמֶיהָ** — *So that you may nurse and be sated from the breast of her consolations.* This verse continues the idea of verse 10; mourn over Jerusalem so that you can ultimately be sated from her nurturing bounty (see *Radak* and *Metzudos*). One's association with Jerusalem during the time of her destruction will bring the joy of her benefits when she is rebuilt.

**לְמַעַן תָּמֹצּוּ וְהִתְעַנַּגְתֶּם מִזִּיז כְּבוֹדָהּ** — *So that you may suck and delight from the glow of her glory.* The translation of זיז as *glow* follows *Radak* and *Minchas Shai,* who relate it to the word זיו, or *shine.* Others relates it to זז, *move.* The glory of Jerusalem is *moving,* advancing to her proper place of prominence (*Rashi, Metzudos*).

The prophet depicts total satisfaction using the metaphor of a baby who nurses and falls blissfully to sleep. So, too, the Jerusalem of the future will be a source of comfort to Israel after the pain and suffering of the long exile (*R' Schwab*).

**12-14.** Addressing a nation that has been war-torn and battered, God reassures them that they are destined to be consoled, with peace and glory flowing freely in their path.

**12. כִּי־כֹה אָמַר ה׳ הִנְנִי נֹטֶה־אֵלֶיהָ כְּנָהָר שָׁלוֹם** — *For thus said* HASHEM*: Behold, I will extend peace to her like a river.* I will extend peace to Jerusalem in abundance, like the waters of a river (*Metzudos*). A river, whose waters flow in tranquility, symbolizes the peace, redemption, and security that calmly flow to those who mourned Jerusalem (*Malbim*). *Radak*

*Motherly consolation*

*from the breast of her consolations; so that you may suck and delight from*
*the glow of her glory.* 12 *For thus said HASHEM: Behold, I will extend peace to*
*her like a river and the wealth of nations like a surging stream, and you will*
*suckle; you will be carried on the side and dandled on the knees.* 13 *Like a man*
*whose mother consoled him, so will I console you, and in Jerusalem you will be*
*consoled.* 14 *You will see and your heart will exult, and your bones will flourish*
*like grass; the hand of HASHEM will be known to His servants, and He will show*
*anger to His enemies.* 15 *For behold, HASHEM will arrive in fire and His chariots like*
*the whirlwind, to vent His anger with wrath, and His rebuke with flaming fire.*

---

explains that the peace refers to the nations coming from all sides to inquire about the welfare of Israel.

**וּכְנַחַל שׁוֹטֵף כְּבוֹד גּוֹיִם וִינַקְתֶּם** — *And the wealth of nations like a surging stream, and you will suckle.* Although a surging stream can cause great damage, the verse refers only to the swiftness of the waters. Likewise, the nations will rush to bring Israel wealth and glory (*Radar*). Isaiah uses the concept of *suckling* to indicate deriving benefit without preceding labor. So, too, you will benefit from the largess of the nations without any preceding work with effort on your part (*Radak, Metzudos*).

**עַל־צַד תִּנָּשֵׂאוּ וְעַל־בִּרְכַּיִם תְּשָׁעֳשָׁעוּ** — *You will be carried on the side and dandled on the knees.* Having compared Israel to a nursing baby, Isaiah continues the allegory. Just as a nurse carries the infant in her arms and plays with him on her lap, so too the nations will glorify Israel and shower her with prominence (*Radak, Metzudos*).

**13. כְּאִישׁ אֲשֶׁר אִמּוֹ תְּנַחֲמֶנּוּ כֵּן אָנֹכִי אֲנַחֶמְכֶם** — *Like a man whose mother consoled him, so will I console you.* Like a man who experienced a calamity and was consoled by his mother, I will console you. Isaiah chooses the mother's consolation over that of the father, because a mother tends to express more heartfelt sympathy than the father (*Radak, Ibn Ezra, Metzudos*).

According to *Me'am Loez,* our verse refers to a son mourning his father; his widowed mother can more readily console him because she shares the tragedy. God is a partner, so to speak, in Israel's suffering and can therefore best console the people.

**וּבִירוּשָׁלַםִ תְּנֻחָמוּ** — *And in Jerusalem you will be consoled.* The abundant good that you will receive in Jerusalem will be your consolation (*Metzudos*). *Abarbanel* explains that because it was in Jerusalem that Israel suffered misfortune, it is fitting that the consolation be in Jerusalem.

It is normal for a mother to comfort her child. Here, she is comforting a grown adult, a nation. The consolation of an adult must combine wisdom with warmth and love. She says, "My child, I know you have suffered very much, but it will turn out for the best. I still remember how much I suffered when I gave birth to you, but it was all worthwhile because I had you. Just as my pain ended in happiness, so will yours." Similarly, in the Messianic Era, God will show Israel that its seemingly inexplicable suffering had a purpose, and it gave birth to unprecedented bliss and joy (*R' Schwab*).

**14. וּרְאִיתֶם וְשָׂשׂ לִבְּכֶם וְעַצְמוֹתֵיכֶם כַּדֶּשֶׁא תִפְרַחְנָה** — *You will see and your heart will exult, and your bones will flourish like grass.* You will see Jerusalem rebuilt (*Metzudos*). Scripture (*Proverbs* 17:22) describes someone in distress with the words: *a broken spirit will dry up the bone.* The intense joy experienced by Israel will have the opposite effect; their bones will flourish (*Radak, Metzudos*).

*Baal HaTurim* notes that the word for "your heart" is generally spelled לְבַבְכֶם; in our verse it is spelled לִבְּכֶם, without the second *beis.* He explains that the shortened spelling implies that heretofore the heart was constricted by pain. Now, that heart will experience relief and joy.

*Tanna d'Vei Eliyahu* (*Rabbah*13) explains this part of the verse as referring to the retribution described in the latter part of the verse. Accordingly, the joy is that of the righteous when they see the punishment of the wicked, and realize that it was their own life choices that saved them from such retribution.

**וְנוֹדְעָה יַד־ה׳ אֶת־עֲבָדָיו וְזָעַם אֶת־אֹיְבָיו** — *The hand of HASHEM will be known to His servants, and He will show anger to His enemies.* His might will be known to His servants when He shows anger to His enemies (*Rashi, Metzudos*). *Targum, Radak,* and *Malbim* interpret *the hand of HASHEM* as referring to His kindness to His servants. Accordingly, His repayment of good and evil will be known to all.

**15. כִּי־הִנֵּה ה׳ בָּאֵשׁ יָבוֹא** — *For behold, HASHEM will arrive in fire.* God will come with fiery wrath against evildoers (*Rashi*).

According to *Radak* and *Metzudos,* this refers specifically to the armies of Gog and Magog. *Ibn Ezra* says the fire refers to flaring nostrils, a simile used by Scripture to connote extreme anger.

**וְכַסּוּפָה מַרְכְּבֹתָיו** — *And His chariots like the whirlwind.* Isaiah refers allegorically to God's outpouring of wrath as *His chariots* come like *the whirlwind* (*Metzudos*).

*His chariots* refer to Divine decrees (*Radak*), which will come quickly, like charging *chariots,* referring to the fast pace of Divine retribution (*Malbim*). They will be like *the whirlwind* that fans His *fire,* causing immediate and widespread destruction of the armies of Gog and Magog.

**לְהָשִׁיב בְּחֵמָה אַפּוֹ** — *To vent His anger with wrath,* upon His enemies (*Rashi*). Noting that the word לְהָשִׁיב generally indicates the idea of "returning," *Metzudos* explains that God will "return" to His enemies what they deserve.

God's anger was formerly described as אַף, but before the

טז־יז כִּי בָאֵשׁ יְהוָה נִשְׁפָּט וּבְחַרְבּוֹ אֶת־כָּל־בָּשָׂר וְרַבּוּ חַלְלֵי יְהוָה׃ הַמִּתְקַדְּשִׁים
וְהַמִּטַּהֲרִים אֶל־הַגַּנּוֹת אַחַר °אחד [°אַחַת ק׳] בַּתָּוֶךְ אֹכְלֵי בְּשַׂר הַחֲזִיר וְהַשֶּׁקֶץ
יח וְהָעַכְבָּר יַחְדָּו יָסֻפוּ נְאֻם־יְהוָה׃ וְאָנֹכִי מַעֲשֵׂיהֶם וּמַחְשְׁבֹתֵיהֶם בָּאָה לְקַבֵּץ אֶת־
יט כָּל־הַגּוֹיִם וְהַלְּשֹׁנוֹת וּבָאוּ וְרָאוּ אֶת־כְּבוֹדִי׃ וְשַׂמְתִּי בָהֶם אוֹת וְשִׁלַּחְתִּי מֵהֶם ׀
פְּלֵיטִים אֶל־הַגּוֹיִם תַּרְשִׁישׁ פּוּל וְלוּד מֹשְׁכֵי קֶשֶׁת תֻּבַל וְיָוָן הָאִיִּים הָרְחֹקִים אֲשֶׁר

## רש״י

**(טז) כי באש.** של גיהנם ה׳ נשפט עם בריו. ולפי שהוא בעל דין ודיין נופל בו לשון נשפט; שאף הוא טוען טענותיו למלוא עוונם ופשעם. וכן, וְנִשְׁפַּטְתִּי אִתּוֹ (יחזקאל לח, כב), הִנְנִי נִשְׁפָּט אוֹתָךְ (ירמיה ב, לה). לשון וויכוח הוא, דריסניי״ר בלעז. ופשוטו, כי באש ה׳ וחרבו נשפט כל בשר, וכן רבים מפורשים במקראות: **(יז) המתקדשים.** המזדמנים, אני ואתה נלך ליום פלוני לעבוד לעכו״ם פלונית: **אל הגנות.** שזורעין שם ירק, ושם היו מעמידין עכו״ם: **אחר אחת.** כמה שתירגם יונתן, סִיעָא בָּתַר סִיעָא. מתקדשים ומטהרים לעבוד סיעה אחר, שגמרה חבירתה את עבודתה: **בתוך.** באמצע הגינה; כן היה דרכם להעמידם: **(יח) ואנכי מעשיהם ומחשבותיהם באה וגו׳.** ואנכי מה לי לעשות? מעשיהם ומחשבותיהם באה אלי, והיא תזקיקני לקבץ את כל הגוים ולהודיע שמעשיהם הבל, ומחשבותם שהם חושבין למען (שמי) יכבד ה׳, יבינו שהוא שקר. והיכן הוא אותו קיבוץ? הוא האסיף שניבא זכריה, וְאָסַפְתִּי אֶת כָּל הַגּוֹיִם אֶל יְרוּשָׁלַםִ (זכריה יד, ב): **וראו את כבודי.** בהלחמי בהם במכת הָמֵק בְּשָׂרוֹ... וְעֵינָיו... וּלְשׁוֹנוֹ (זכריה יד, יב): **(יט) ושמתי בהם אות וגו׳.** פליטים ינצלו מן המלחמה, ואני אשאירם כדי לילך לבשר לאיים הרחוקים את כבודי אשר ראו במלחמה. ואף באותם פליטים אשים אות מן האותות שנידונו חביריהם בהם, כדי להודיע לרחוקים, במגפה זו נגפו הצובאים על ירושלים:

## רד״ק

מן שְׁבִיב אִשּׁוֹ (איוב יח, ה); והוא על משקל, לְהָקֵל כָּל נִכְבַּדֵּי אָרֶץ (ישעיה כג, ט), ואם זה בחיר״ק וזה בצר״י אחד הוא: **(טז) כי באש ה׳ נשפט.** נפעל עומד, והוא קמוץ. ואמר כי יהיה נשפט עם גוג ומגוג באש, כמו שאמר בנבואת יחזקאל, וְנִשְׁפַּטְתִּי אִתּוֹ בְּדֶבֶר וּבְדָם (יחזקאל לח, כב) וגו׳. **ובחרבו.** הוא מה שאמר שם, חֶרֶב אִישׁ בְּאָחִיו תִּהְיֶה (שם פסוק כא), והוא חרב ה׳, את כל בשר. כמו שנאמר בנבואת זכריהו, וְאָסַפְתִּי אֶת כָּל הַגּוֹיִם אֶל יְרוּשָׁלַםִ לַמִּלְחָמָה (זכריה יד, ב): **(יז) המתקדשים.** רוב המפרשים פירשו אלו שהם מתקדשים במעשה ידיהם שעושים וזה קוראים בזה הלשון בלע״ז סנטוג״ר: **והמטהרים.** דינו מתטהרים, כי הוא מבנין התפעל, כמו המתקדשים; וכן הוא הענין בבנין התפעל, כמו, וְהִתְבָּרֵךְ בִּלְבָבוֹ לֵאמֹר (דברים כט, יח), כי הוא לא יהיה ברוך, אלא מתברך הוא בעצמו, שהוא חושב שיהיה ברוך; וכן, מִמִּתְכַּבֵּד וַחֲסַר לָחֶם (משלי יב, ט). הוא מראה עצמו נכבד ועשיר ואינו, כי הוא חסר לחם; וכן המתקדשים, מראים עצמם כקדושים, והם טמאים; וכן המטהרים, והם הפרסיים שהם מטהרים גופותם ורוחצים עצמם תמיד, והם טמאים במעשיהם הרעים ומטונפים, והנה הם מראים עצמם טהורים, ואינם, אל הגנות. בברכות המים אשר בגנות: **אחר אחת בתוך.** אחר הבריכה הגדולה המיוחדת שהיא בתוך הגן, הולכים אחריה ושם רוחצים גופם, ומעשיהם מכוערים שם בזנות. והכתיב אחד והקרי אחת, כלומר, יהיה מעין או בריכה, כי מעין לשון זכר, ובריכה לשון נקבה. ויש מפרשים, אחר אחת האשרות בתוך הגן. והנה אין עתה עובדי אשרה; אולי יש בקצות הארץ: **והשקץ והעכבר.** אלו הפרסיים שהם אוכלים השקץ והעכבר: **יחדיו יסופו.** במלחמת גוג ומגוג, כי המלכיות אלה הגוברות בעולם בזמן הזה; והיא מלכות רביעית במראות דניאל, ושתיהן נחשבות למלכות אחת, לפי שלא שלטה אחת לבדה בעולם. והמפרשים הפסוק על ישראל אינו נכון, כי אינו ענין הפרשה אלא על העתיד בימי גוג ומגוג, ואין עתה בישראל אוכלי בשר החזיר ועובדי אשרה. ויונתן תרגם, דְּמִזְדָּמְנִין וּדְמִדַּכַּן לְגִינַאךְ וגו׳: **(יח) ואנכי מעשיהם.** אנכי אהיה עם מעשיהם ומחשבותיהם של אלה העמים המתקדשים. אמר, העת הבאה לקבץ את כל הגוים, כלומר אני אסבב שיבאו כל העמים עם גוג ומגוג, כדי שיראו את כבודי שאֶכָּבֵד בהם; כמו שאמר בנבואת יחזקאל, וְנָתַתִּי חַחִים בִּלְחָיֶיךָ וְהוֹצֵאתִי אוֹתְךָ (יחזקאל לח, ד), ואמר, וְהַעֲלִיתִיךָ... וַהֲבֵאוֹתִךָ (שם לט, ב), ואמר יַעֲלוּ דְבָרִים עַל לְבָבֶךָ וְחָשַׁבְתָּ מַחֲשֶׁבֶת רָעָה (שם לח, י) כמו שאמר הנה, ומחשבותיהם. ואמר בנבואת זכריה, וְאָסַפְתִּי אֶת כָּל הַגּוֹיִם אֶל יְרוּשָׁלַםִ לַמִּלְחָמָה (זכריה יד, ב); נראה כי האל יסבב ויתן בלבבם לבוא, לפיכך אמר הנה, ואנכי מעשיהם ומחשבותיהם. ואמר, באה, על העת, כלומר, העת ההיא העתידה, וכן אמר בנבואת זכריה, הִנֵּה יוֹם בָּא לַה׳ (שם פסוק א), וכמוהו בחסרון עת, הִנֵּה בָאָה וְנִהְיָתָה (יחזקאל לט, ח), שנאמר בזה הענין בנבואת יחזקאל: **(יט) ושמתי בהם אות.** זהו שאמר בנבואת זכריה, וְעֵינָיו תִּמַּקְנָה בְחֹרֵיהֶן (זכריה יד, יב), והוא האות שישים האל, ואלה שילכו בגוים יהיו עדות על המעשה הגדול שעשה האל במחנה גוג ומגוג, וכן ושלחתי מהם פליטים אל הגוים; הוא שנאמר שם, וְהָיָה כָּל הַנּוֹתָר מִכָּל הַגּוֹיִם הַבָּאִים עַל יְרוּשָׁלָםִ וְעָלוּ מִדֵּי שָׁנָה וגו׳ (שם פסוק טז), כי האל יותירם להגיד כבודו בגוים שלא באו לירושלים, והם איים רחוקים מירושלים שלא שמעו, ואלה הפלטים ובעלי האות ילכו בכל הארצות להגיד. ואומר מושכי קשת הם הטורק״ש: **תובל ויון.** ואף על פי שכתוב כי גוג הוא, נְשִׂיא... מֶשֶׁךְ וְתֻבָל (יחזקאל לח, ג), אם כן יבאו עמו, ואיך יאמר כי להם יגידו המגידים? לא יתכן שלא ישארו בארצם רבים מן הגוים, אלא בעלי מלחמה ילכו, והמגידים יגידו לנשארים בארצות:

## מצודת דוד

**(טז) נשפט.** יהיה מתווכח עמהם בהבאת אש ובחרבו יהיה מתווכח את כל בשר ויתרבו החללים אשר יהרג ה׳, וזה יחשב לויכוח, כי בזה יודיע שפשעו לו: **(יז) המתקדשים.** המזדמנים יחד ומטהרים עצמם ללכת אל העכו״ם העומדות בגנות: **אחר אחת בתוך.** סיעה אחר סיעה אחר שגמרה הראשונה את עבודתה נכנסת השניה באמצע הגנה מקום מעמד העכו״ם: **אוכלי.** בני ישראל האוכלים בשר החזיר וכו׳: **יחדיו.** כולם יחד יתמו מן העולם: **(יח) ואנכי מעשיהם ומחשבותיהם.** רצה לומר ואנכי עם מעשיהם ומחשבותיהם כלומר הן ידעתי כל מעשיהם ומחשבותיהם כאלו נמצאתי עמהם: **באה.** רצונו לומר, לכן באה העת לקבץ את כל העכו״ם והלשונות; כלומר אני אסבב שיבואו כל העכו״ם עם גוג ומגוג למען יראו את כבודי שאתכבד בהם בעשות בהם נקם, ויכירו שהבל נתלו: **(יט) ושמתי בהם אות.** בכל הבאים אשים אות וזהו מה שנאמר, וְעֵינָיו תִּמַּקְנָה בְּחֹרֵיהֶן וכו׳ (זכריה יד, יב): **ושלחתי מהם פליטים.** כי רובם ימותו סביב ירושלים, ופליטים מהם אשלח לנפשם ללכת אל העכו״ם היושבים בתרשיש וכו׳: **מושכי קשת.** המלומדים לירות חיצים בקשת, ולפי שהדרך למשוך יתר הקשת למותחו לכן אמר מושכי קשת: **האיים הרחוקים.** ואל היושבים בהאיים הרחוקים:

## מצודת ציון

**(טז) נשפט.** ענין ויכוח; וכן, הִנְנִי נִשְׁפָּט אוֹתָךְ (ירמיה ב, לה): **(יז) המתקדשים.** ענין הזמנה; כמו, קַדְּשׁוּ עָלֶיהָ מִלְחָמָה (שם ו, ד): **בתוך.** באמצע; וכן, וַיְבַתֵּר אֹתָם בַּתָּוֶךְ (בראשית טו, י): **והשקץ.** רצונו לומר, כל מין שקץ, והוא שם כולל לכל השרצים: **והעכבר.** שם שרץ מה: **יסופו.** ענין כליון; כמו, אָסֹף אֲסִיפֵם (ירמיה ח, יג): **(יח) והלשונות.** כן יקראו אומות חלוקות שיש לכל אחד שפת לשון בפני עצמו: **(יט) אות.** סימן: **פליטים.** ענין שארית; כמו, אַל יְהִי לָהּ פְּלֵטָה (שם נ, כט): **תרשיש וגו׳.** שמות ארצות:

[16] *For HASHEM will enter into judgment with fire and with His sword against all*
*mankind; there will be many who will be slain by HASHEM.* [17] *Those who prepare*
*and purify themselves [to go] to the gardens, going one [group] after another to its*
*midst, and those who eat the flesh of the swine, the abominable creature, and the*
*mouse will all be consumed together — the word of HASHEM.*
[18] *I [know] their actions and their thoughts; [the time] has come to gather all*
*the nations and tongues, they will come and see My glory.* [19] *I will put a sign*
*upon them and send some of them as survivors to the nations — Tarshish, Pul,*
*Lud, the Archers, Tubal and Javan, the distant islands who have not heard of My*

---

final Redemption His *anger* will become *wrath,* a stronger form of fury. The word חֵמָה implies *heat,* for extreme *anger* causes a rise in his body temperature (*Radak*).

*Radak*'s father related the word לְהָשִׁיב to שְׁבִיב, *spark.* Accordingly, the verse reads *to spark His anger with wrath.*

**16. כִּי בָאֵשׁ ה׳ נִשְׁפָּט וּבְחַרְבּוֹ אֶת־כָּל־בָּשָׂר** — *For HASHEM will enter into judgment with fire and with His sword against all mankind.* God will judge His enemies with the fire of *Gehinnom* (*Rashi*).

Alternatively, our verse refers to the fire and sword of the war of Gog and Magog (*Ezekiel* 38:21-22): *I will summon the sword; each man's sword will be against his brother. I will punish him, and fire and sulfur will rain down upon him* (*Radak, Malbim*).

**17. הַמִּתְקַדְּשִׁים וְהַמִּטַּהֲרִים אֶל־הַגַּנּוֹת** — *Those who prepare and purify themselves [to go] to the gardens.* They would place their idols in a garden (*Rashi*). This refers specifically to worship of the *asheirah*-trees (*Ibn Ezra*). *Mahari Kara* adds that they would go into a garden, finding wood that did not rot, and declare that to be an *asheirah.*

The translation follows *Rashi* and *Metzudos,* who translate מִתְקַדְּשִׁים as *prepare* or *designate,* i.e., the people would agree on a time to serve a specific idol. Others render הַמִּתְקַדְּשִׁים וְהַמִּטַּהֲרִים as *who sanctify and purify themselves,* i.e., they think that by serving idols they become sanctified and purified (*Malbim*).

*Radak* explains that the verse refers to the Persians, who frequently bathed and cleansed themselves. Although they appeared to sanctify and cleanse themselves in pools by the gardens, in reality their lifestyle is immoral and impure.

**אַחַר אַחַת בַּתָּוֶךְ** — *Going one [group] after another to its midst,* the midst of the garden, where they placed their idol. After one wave of idol worshipers concluded, another arrived (*Rashi, Metzudos*).

**אֹכְלֵי בְּשַׂר הַחֲזִיר וְהַשֶּׁקֶץ וְהָעַכְבָּר** — *And those who eat the flesh of the swine, the abominable creature, and the mouse.* Although they purify themselves, they fill their bodies with the impure food (*Ibn Ezra*).

**יַחְדָּו יָסֻפוּ נְאֻם־ה׳** — *Will all be consumed together — the word of HASHEM.* The nations that joined forces for the war of Gog and Magog will be considered like one nation, since there will be no dominant power among them (*Radak*).

**18.** This verse describes God's plan to gather the nations in war against Jerusalem. According to *Radak* and *Metzudos,* our verse speaks from the perspective of the nations: God will orchestrate the sinners described in the previous verse to assemble in war, so that they may ultimately witness His glory when they are defeated. *Rashi* explains our verse from the perspective of the Jewish sinners, as described in verse 5. Because they did not serve God, He gathered the nations against them, thereby compelling them to recognize their own shortcomings. Ultimately these Jews will come to realize God's glory, as He brings justice upon their adversaries.

**וְאָנֹכִי מַעֲשֵׂיהֶם וּמַחְשְׁבֹתֵיהֶם בָּאָה לְקַבֵּץ אֶת־כָּל־הַגּוֹיִם וְהַלְּשֹׁנוֹת וּבָאוּ וְרָאוּ אֶת־כְּבוֹדִי** — *I [know] their actions and their thoughts; [the time ] has come to gather all the nations and tongues, they will come and see My glory.* I am with their actions and thoughts; I know what they do and think (*Metzudos*). Therefore, I recognize that the time has come to cause the nations to gather alongside Gog and Magog, so that they may see My glory as I exact vengeance upon them, causing them to recognize My sovereignty (*Radak, Metzudos*).

*Rashi,* who interprets the verse as referring to the Jewish sinners, renders the verse: *[As for] Myself, [what can I do?] their actions and their thoughts have come before Me; [I am therefore compelled] to gather all the nations and tongues [to demonstrate to the sinners the emptiness of their actions, and the falsehood of their thoughts]. They will come and see My glory [as I fight on their behalf, dealing a terrible blow to their enemies].*

**19.** The outcome of the war is transcribed in detail by the prophet Zechariah (14:12). God will smite the warring armies with unprecedented plagues. Isaiah foretells that God will allow some of the soldiers to survive, so that they would return home and relate the Divine glory revealed in that battle.

**וְשַׂמְתִּי בָהֶם אוֹת וְשִׁלַּחְתִּי מֵהֶם פְּלֵיטִים אֶל־הַגּוֹיִם** — *I will put a sign upon them and send some of them as survivors to the nations.* According to *Rashi,* the survivors will return home and exhibit the plague suffered by their comrades.

**תַּרְשִׁישׁ פּוּל וְלוּד מֹשְׁכֵי קֶשֶׁת תֻּבַל וְיָוָן** — *Tarshish, Pul, Lud, the Archers, Tubal and Javan.* These are various countries. *The Archers* refers to a specific country that is proficient with the use of the bow (see *Radak*). Although *Tubal* is the country led by Gog, not all the people went into battle; those staying behind will be informed firsthand of God's glory.

כ לֹא־שָׁמְעוּ אֶת־שִׁמְעִי וְלֹא־רָאוּ אֶת־כְּבוֹדִי וְהִגִּידוּ אֶת־כְּבוֹדִי בַּגּוֹיִם: וְהֵבִיאוּ
אֶת־כָּל־אֲחֵיכֶם מִכָּל־הַגּוֹיִם | מִנְחָה | לַיהוָה בַּסּוּסִים וּבָרֶכֶב וּבַצַּבִּים
וּבַפְּרָדִים וּבַכִּרְכָּרוֹת עַל הַר קָדְשִׁי יְרוּשָׁלִַם אָמַר יְהוָה כַּאֲשֶׁר יָבִיאוּ
כא בְנֵי יִשְׂרָאֵל אֶת־הַמִּנְחָה בִּכְלִי טָהוֹר בֵּית יְהוָה: וְגַם־מֵהֶם אֶקַּח לַכֹּהֲנִים
כב לַלְוִיִּם אָמַר יְהוָה: כִּי כַאֲשֶׁר הַשָּׁמַיִם הַחֲדָשִׁים וְהָאָרֶץ הַחֲדָשָׁה אֲשֶׁר אֲנִי
כג עֹשֶׂה עֹמְדִים לְפָנַי נְאֻם־יְהוָה כֵּן יַעֲמֹד זַרְעֲכֶם וְשִׁמְכֶם: וְהָיָה מִדֵּי־חֹדֶשׁ
בְּחָדְשׁוֹ וּמִדֵּי שַׁבָּת בְּשַׁבַּתּוֹ יָבוֹא כָל־בָּשָׂר לְהִשְׁתַּחֲוֺת לְפָנַי אָמַר יְהוָה:

### רש״י

(כ) **ובצבים.** הם עגלות מטוקסות במחילות ואהל, ודומה לו, שֵׁשׁ עֶגְלֹת צָב (במדבר ז, ג): **ובכרכרות.** בשיר משחקים ומכרכרים; כמו, דָּוִד (מְפַזֵּז) וּמְכַרְכֵּר (שמואל ב ו, טז), טריפי״ר בלעז. ומנחם פירשו לשון כבש; כמו, שִׁלְחוּ כַר מֹשֵׁל אֶרֶץ (לעיל טז, א), כאשר יביאו. מנחה בכלי טהור לרצון, כן יביאו את אחיכם למנחת רצון: (כא) **וגם מהם אקח לכהנים ללוים.** מן העמים המביאים אותם ומן המובאים, אקח כהנים ולוים. ולפני גלוים הכהנים והלוים שבהם. ואברור אותן מתוכן ויהיו משמשין לפני אמר ה׳. והיכן אמר? הַנִּסְתָּרֹת לַה׳ אֱלֹהֵינוּ (דברים כט, כח). כך מפורש באגדת תהלים:

### רד״ק

(כ) **והביאו.** ישראל, שהיו נשארים באיים הרחוקים, שלא עלו עם אחיהם; אותם הגוים אשר הם בתוכם, כשישמעו זה הפלא הגדול שעשה האל במחנה גוג ומגוג, יביאו ישראל בסוסים וברכב מנחה לה׳, ויביאו אותם מלובשים בגדי תפארת ורוכבים בסוסים וברכב, כמו שמביאים ישראל את המנחה בכלי טהור בית ה׳, כן יביאו הגוים את ישראל בבגדים טהורים ונאים, ובמרכבות נאות ונכבדות. ופירוש בצבים; כמו, שֵׁשׁ עֶגְלֹת צָב (במדבר ז, ג), שתרגומו, כַּד מְחַפְיָן; והם כלים מעצים מחוברים שנושאים בהם בני אדם על גבי בהמה, וחופים אותם מבפנים בבגדים נאים: **ובכרכרות.** הם הגמלים, או שאר בהמה שהם קלים בהליכתם, עד שמרוב מרוצתם ידמה שהם מרקדים, לפיכך נקראו כרכרות; כמו, וְדָוִד מְכַרְכֵּר (שמואל־ב ו, יד) שפירושו, מרקד, ויונתן תרגם מכרכר, מְשַׁבַּח, ובכרכרות, וּבְתוּשְׁבְּחָן וגו׳: **על הר קדשי.** כמו אל; וכן, וַתִּתְפַּלֵּל (חנה) עַל ה׳ (שמואל־א א, י), כמו אל ה׳, וַיֵּלֶךְ אֶלְקָנָה הָרָמָתָה עַל בֵּיתוֹ (שם ב, יא), כמו אל ביתו, והדומים להם: (כא) **וגם מהם.** כלומר, אפילו מאותם שהיו משוקעים בגוים באיים הרחוקים עד שלא נודע זכרם, ולא עלו עם אחיהם בית ישראל מן הגולה, ואפשר ששנו קצת מן הדת, אף על פי כן מהם אקח לכהנים ללוים, אותם שהיו כבר ממשפחות כהונה ולוים, אקח אותם הכהנים להיות כהנים משרתים לפני, והלוים לשרת כמו הלוים לשורר בשיר בכנורות ובנבלים. ובדברי רבותינו זכרונם לברכה, וגם מהם אקח, משהם מביאים אותם ומנחתם והם באים לילך, והוא זה ישראל וזה כהן וזה לוי, כגון שנמכרו לעבדים ונשתכחו ועל אונס נעשו גוים; אמר רבי אליעזר, וגם מהם אקח, מן הגוים, שהם מביאים את ישראל למלך המשיח, כל מי שיהיה בהן, ישראל או כהן או לוי, גם מהם אקח, מן המביאים ומן המובאים. ויונתן תרגם וְאַף מִנְהוֹן וגו׳. ואדוני אבי זכרונו לברכה פירש, וגם מהם אקח לכהנים ללוים, לצורך הכהנים, להיות להם חוטבי עצים ושואבי מים; וכן אמר בנבואת זכריה, וְלֹא יִהְיֶה כְנַעֲנִי עוֹד בְּבֵית ה׳ (זכריה יד, כא), רצונו לומר, הגבעונים שהיו חוטבי עצים ושואבי מים; כי מגדולי הגוים יהיו עובדים הכהנים. (כב) כי כאשר השמים החדשים. קראם חדשים, כי הם עומדים בחדושם, ולא יבלו, כמו שהיו ביום שנבראו כן הם היום, וכן יהיו, וכן הארץ עומדת בחדושה, לא תבלה, אלא שתולדותיה בלים; וכן אמר שלמה, דּוֹר הֹלֵךְ וְדוֹר בָּא וְהָאָרֶץ לְעוֹלָם עֹמָדֶת (קהלת א, ד). ופירוש לפני, כי אני סבת קיומם ועמידתם, ופירוש אשר אני עושה, שאני מעמידם בחדושם. וכן יעמד זרעכם ושמכם, שלא תחשבו אתם שתהיה בימיכם הגאולה, שמא זרעכם אחריכם יגלו מארצם ויאבד שמם בגלות; לא יהיה זה, כי באותה הטובה שתהיו אתם, יעמד זרעכם אחריכם כל ימי עולם, כימי השמים על הארץ, כי לעולם לא יאבד שם ישראל ולא יגלו עוד מארצם, כמו שחשבו אלו הגוים שבאו עם גוג ומגוג להלחם על ירושלם, שחשבו להגלות את ישראל ולאבד שמם; לפיכך אמר, כי כאשר, לא יהיה כמו שהם חשבו, כי לעולם יעמד זרעכם כעמוד השמים והארץ: **(כג) והיה מדי חדש בחדשו.** כמו, וּמֵחֹדֶשׁ לְחֹדֶשׁ (אסתר ג, ז); ומלת די מורה על התמדת הדבר בלא הפסק. וזכר שני זמנים, הקרובים לקרובים, והרחוקים לרחוקים, כמו משנה לשנה או יותר, לפי רחוק הארצות וקרבתם לירושלם: **כל בשר.** רצונו לומר, כל בני אדם ואפילו שאר העמים; וכן, וִיבָרֵךְ כָּל בָּשָׂר שֵׁם קָדְשׁוֹ (תהלים קמה, כא). והנה ראינו בנבואת זכריה כי, כָּל הַנּוֹתָר מִכָּל הַגּוֹיִם הַבָּאִים עַל יְרוּשָׁלָם וְעָלוּ מִדֵּי שָׁנָה בְשָׁנָה לְהִשְׁתַּחֲוֹת לְמֶלֶךְ ה׳ צְבָאוֹת וְלָחֹג אֶת חַג הַסֻּכּוֹת (זכריה יד, טז). וטעם בחג הסכות, כי מלחמת גוג ומגוג תהיה באותה הזמן:

### מצודת דוד

**אשר לא שמעו.** אשר לא שמעו מעולם שמועת ה׳ ומעולם לא ראו כבוד ה׳: **והגידו.** אלה הפליטים אשר בהם האותות יבואו בכל המקומות ההם ויגידו את כבודי בין העכו״ם כי יראו את האותות ההושם בהם: **(כ) והביאו את כל אחיכם בני ישראל.** הרחוקים שלא עלו עם אחיהם, אותם העכו״ם שישראל הם בתוכם, כשישמעו הפלא הגדול שיעשה המקום במחנה גוג ומגוג, יביאו את ישראל בסוסים וברכב וכו׳ למנחה לה׳: **על הר קדשי.** אל הר קדשי, ולתוספות ביאור אמר ירושלים: **כאשר יביאו וכו׳ בכלי טהור.** כמו שמביאים ישראל את המנחה בית ה׳ בכלי טהור כן יביאו העכו״ם את ישראל בבגדים טהורים ונאים ובמרכבות נאות ומכובדות: **(כא) וגם מהם.** גם מהמובאים אקח להיות כהנים ולוים מאותם שיהיו ממשפחת כהונה ולויה עם כי נשכחת זכרם בהיותם בארץ רחוקה והיו מחזיקים עצמם בחזקת ישראל הנה לפני גלוי הכל: **(כב) אשר אני עושה.** בימים ההם: **עומדים לפני.** אשר יהיו עומדים וקיימים לפני; רצונו לומר, שיהיה עמידתם לעולם על ידי ולא יכלו עוד כקדמונים: **כן יעמוד.** כן יתקיים לעולם זרעכם ושמכם כי לא ימחה שם ישראל עד עולם: **(כג) והיה מידי חדש בחדשו.** מתי שיהיה ראש חדש והוסיף לומר בחדשו רצונו לומר, בראש חדש עצמו ולא יעבור הזמן וכן ומדי שבת בשבתו: **יבוא כל בשר.** רצונו לומר, כל בני אדם אפילו שאר העמים: **להשתחות לפני.** בבית המקדש:

### מצודת ציון

**(כ) ברכב.** במרכבות: **ובצבים.** עגלות מכוסות; וכן, עֶגְלֹת צָב (במדבר ז, ג): **ובפרדים.** הם הנולדים מן הסוס והחמור: **ובכרכרות.** ברקודים של שמחה; וכן, וְדָוִד מְכַרְכֵּר בְּכָל עֹז (שמואל־ב ו, יד): **(כג) מדי.** ענינו כמו מתי; וכן, מִדֵּי עָבְרוֹ (לעיל כח, יט): **חדש.** כן יקרא ראש החדש; וכן, מָחָר חֹדֶשׁ (שמואל־א כ, יח):

---

**וְהִגִּידוּ אֶת־כְּבוֹדִי בַּגּוֹיִם** — *And they will declare My glory among the nations.* They will declare God's glory by exhibiting the signs that were placed on them (*Metzudos*). The Sages infer from this verse that God values the recognition of all

*fame and not seen My glory — and they will declare My glory among the nations.*
*20 They will bring all your brethren from all the nations as an offering to HASHEM —*
*with horses and with chariots and with covered wagons and with mules — and with*
*joyous dances, to My holy mountain, Jerusalem, says HASHEM; just as the Children of*
*Israel bring the offering in a pure vessel to the House of HASHEM. 21 From them, too, I*
*will take men to be Kohanim and Levites, says HASHEM. 22 For just as the new heavens*
*and the new earth that I will make will endure before Me — the word of HASHEM — so*
*will your offspring and your name endure. 23 It shall be that at every New Moon and on*
*every Sabbath all mankind will come to prostrate themselves before Me, says HASHEM.*

---

humanity. This underscores the magnitude of a Jew's obligation to deal honestly with all of mankind, Jew and non-Jew alike, thereby causing God's Name to be universally sanctified (*Tanna d'Vei Eliyahu, Rabbah* 28).

**20.** Upon learning of the might and glory of God, the nations will send the remnants of Israel to serve God in *Eretz Yisrael,* amidst great joy and celebration, as a gift offering. *Tanna d'Vei Eliyahu* adds that the nations will consider what type of gift they can possibly bring to the Almighty; gold, silver, and precious stones already belong to Him. They will then bring the remnants of Israel to Him as a gift (*Rabbah* 16).

**וְהֵבִיאוּ אֶת־כָּל־אֲחֵיכֶם מִכָּל־הַגּוֹיִם מִנְחָה לַה׳** — *They will bring all your brethren from all the nations as an offering to HASHEM.* When the nations hear of God's wonders, they will bring the Jews who are so distant that they did not ascend to Jerusalem on their own accord [those who are assimilated among the non-Jews (*Malbim*)] as an offering to Hashem.

**בְּסוּסִים וּבָרֶכֶב וּבַצַּבִּים וּבַפְּרָדִים** — *With horses and with chariots and with covered wagons and with mules.* They will bring the Jews expeditiously and in great honor (*Malbim*).

**וּבַכִּרְכָּרוֹת** — *And with joyous dances.* The translation follows *Targum* and *Rashi. Ibn Ezra* says it is a stately type of camel. Alternatively it is a camel or other animal that moves so nimbly that it appears to be dancing.

**כַּאֲשֶׁר יָבִיאוּ בְנֵי יִשְׂרָאֵל אֶת־הַמִּנְחָה בִּכְלִי טָהוֹר בֵּית ה׳** — *Just as the Children of Israel bring the offering in a pure vessel to the House of HASHEM.* They will bring the Jews dressed in pure, dignified clothing (*Metzudos*).

*Rinas Yitzchak* comments that the offering will be *bikkurim,* the first produce, that was brought by Israel in a pure vessel, to the accompaniment of music and joyous song. In the same manner, the nations joyously bring Israel, the nation that is described as *bikkurim,* the first produce of the world, because it was the first nation to accept the yoke of Divine service [see also *Abarbanel*].

**21. וְגַם־מֵהֶם אֶקַּח לַכֹּהֲנִים לַלְוִיִּם** — *From them, too, I will take men to be Kohanim and Levites.* Although these Jews have become completely assimilated, since their assimilation was not their fault, I will take those of them that descend from Kohanim and Levites to serve before Me (*Radak, Malbim*). Although these Jews do not even know that they are Kohanim or Levites, I know, and I will choose them for My service (*Rashi*).

*Radak's* father comments that our verse refers to the non-Jewish nations that bring the gift of the Jews to Jerusalem. Hashem will select the most distinguished among them to assist the Kohanim and Levites in the Temple.

**22-24.** In 65:17, Isaiah foretold of a new world. The final verses of the Book expand upon that theme, describing both the prominence of Israel during that time and universal recognition of God's sovereignty.

**22. כִּי כַּאֲשֶׁר הַשָּׁמַיִם הַחֲדָשִׁים וְהָאָרֶץ הַחֲדָשָׁה אֲשֶׁר אֲנִי עֹשֶׂה עֹמְדִים לְפָנַי נְאֻם־ה׳ כֵּן יַעֲמֹד זַרְעֲכֶם וְשִׁמְכֶם** — *For just as the new heavens and the new earth that I will make will endure before Me — the word of HASHEM — so will your offspring and your name endure.* Just as the universe will endure eternally, so, too, Israel will endure forever (*Metzudos*). Do not suspect that although I will redeem you from the war of Gog and Magog, eventually your progeny will once again be thrust into exile, causing the name of Israel to become obliterated. After the Redemption, Israel will never again be exiled; their progeny will continue to live in their land forever (*Radak*).

The Sages interpret this verse as referring to the Revivification. Just as the heavens and the earth will be recreated in an eternal, enduring manner, so too will every righteous person be revivified and lovingly brought to his portion in the World to Come (*Tanna d'Vei Eliyahu*).

**23.** Many commentators understand the final verses of *Isaiah* to refer to the Messianic Era (*Radak, Metzudos, Malbim*). According to the Sages, it refers to events that occur in the next world.

**וְהָיָה מִדֵּי־חֹדֶשׁ בְּחָדְשׁוֹ וּמִדֵּי שַׁבָּת בְּשַׁבַּתּוֹ** — *It shall be that at every New Moon and on every Sabbath. Radak* notes that our verse mentions both a weekly pilgrimage and a monthly pilgrimage. He explains that the frequency of each nation's pilgrimage depends on its proximity to Jerusalem. *Malbim* explains the prostration described in our verse as referring to non-Jews accepting upon themselves belief in the Almighty, and their rejection of false religions. Each Sabbath and New Moon will witness the arrival of new pilgrims to subordinate themselves to the God of Israel.

*Me'am Loez* explains the pilgrimage of the New Moon as referring specifically to Nissan, the month of miracles. The pilgrimage of the Sabbath will recall the Sabbath of creation, which signifies God's creation of the natural order of the world. Each manner in which God directs the

כד וְיָצְאוּ וְרָאוּ בְּפִגְרֵי הָאֲנָשִׁים הַפֹּשְׁעִים בִּי כִּי תוֹלַעְתָּם לֹא תָמוּת וְאִשָּׁם לֹא
תִכְבֶּה וְהָיוּ דֵרָאוֹן לְכָל־בָּשָׂר:
וְהָיָה מִדֵּי־חֹדֶשׁ בְּחָדְשׁוֹ וּמִדֵּי שַׁבָּת בְּשַׁבַּתּוֹ
יָבוֹא כָל־בָּשָׂר לְהִשְׁתַּחֲוֹת לְפָנַי אָמַר יהוה:

**רש"י**

(כד) **תולעתם.** רמה האוכלת את בשרם: **ואשם.** בגיהנם, דראון. לשון בזיון. ויונתן תירגם, כמין שתי תיבות, די ראייה, עַד דְיֵימְרוּן עֲלֵיהוֹן צַדִּיקַיָא מִיסַת חֲזֵינָא:

**רד"ק**

(כד) **ויצאו וראו.** אותם הגוים שיבאו להשתחוות מחדש לחדש או משבת לשבת, יצאו חוץ מירושלם לעמק יהושפט לראות בפגרי מחנה גוג ומגוג, שפשעו באל וחשבו לעשות כנגדו, להגלות ישראל מארצם; וזה יהיה קרוב ליום המשפט. ואף על פי שיקברום בית ישראל; כמו שכתוב, וּקְבָרוּם בֵּית יִשְׂרָאֵל לְמַעַן טַהֵר אֶת הָאָרֶץ שִׁבְעָה חֳדָשִׁים (יחזקאל לט, יב); אפשר כי באותם שבעה חדשים יראו משפט הרשעים ההם: **כי תולעתם לא תמות ואשם לא תכבה.** והאש תהיה לאות בהם, וכן התולעת תהיה גם כן אות, שלא תמות מפני האש: **והיו דראון לכל בשר.** לאותם שבאו להשתחוות להשם, כמו שאמר, יבא כל בשר להשתחוות לפני; וכשיצאו ויראו בהם משפט הנגזר להם, ויראו פגריהם מלאים תולעים אוכלים אותם והאש הבוער בהם, יעלה באשם באפם ויהיה מאוס להם וילכו מפניהם; אחר שראו משפטם, לא יוכלו לעמוד שם שעה מרוב הסרחון. ומלת דראון ענין מאוס; וכן, לְדִרְאוֹן עוֹלָם (דניאל יב, ב); ועקר מלת דראון היא תולעת, מלשון רבותינו זכרונם לברכה הדרא והכנה שבתבואה כשרץ מפני שאין בהם לחה. ויש מפרשים שזה הוא יום הדין לפושעי ישראל, ויצאו הצדיקים חוץ לירושלם בגיא בן הנום ושם יראו בפושעים זה המשפט. ויש מפרשים שזה יהיה אחר תחית המתים, ויקיצו גם כן הרשעים ויהיו אחר שיקיצו לדראון עולם, כמו שכתוב בדניאל. ואחרים אמרו כי ואשם לא תכבה, רמז לנשמה בהפרדה מעל גויתה, אם לא היתה זוכה לעלות אל מלאכי האל, תשאר אצל גלגלי האש: **ותולעתם לא תמות.** אמר על הגוף, שהרי אמר, בפגרי האנשים. והנכון בעיני מה שפירשנו. ויונתן תרגם, וְיִפְּקוּן וְיֶחֱזוּן בְּפִגְרֵי גֻבְרַיָא וגו':

**מצודת דוד**

(כד) **ויצאו.** העכו"ם הבאים להשתחות לפני ה' יצאו מירושלים לעמק יהושפט לראות בפגרי מחנה גוג ומגוג שפשעו באל יתברך וחשבו להגלות את ישראל; וזה יהיה בתוך אותם שבעה חדשים בעוד שלא קברו אותם; וכמו שכתוב, וּקְבָרוּם וכו' שִׁבְעָה חֳדָשִׁים (יחזקאל לט, יב): **כי תולעתם.** הרימה האוכלת בשר ההרוגים ההם לא תמות, והאש הבוער בהם לא תכבה: **והיו דראון.** פגרי מחנה גוג ומגוג יהיו לחרפה ולבזיון בעיני כל בשר הבאים להשתחות לפני ה':

**מצודת ציון**

(כד) **בפגרי.** כן יקראו גופות ההרוגים; וכן, כְּפֶגֶר מוּבָס (לעיל יד, יט): **תולעתם.** מלשון תולעת ורימה: **ואשם.** מלשון אש: **תכבה.** מלשון כבוי: **דראון.** ענין בזיון; וכן, לְדִרְאוֹן עוֹלָם (דניאל יב, ב): **לכל בשר.** לכל אדם:

world — the miraculous and the natural — will be commemorated individually.

According to the Sages, this verse discusses events that occur in the World of the Souls. After twelve months of atoning for the sins committed during its lifetime, the newly purified soul emerges from *Gehinnom* and prostates itself before God, signifying its entry to *Gan Eden* (*Eduyos* 2:10). Accordingly, the verse states that on the anniversary of a death, all flesh will come to prostrate themselves before Me.

The Sages (*Sotah* 5a) interpret the prostration of this verse as referring to prayer. Accordingly, only one who has a *heart of flesh,* i.e., a heart receptive to the truth, merits to have his prayers heard. *Rashi* explains that those of an arrogant heart will not come to the prayer mentioned in this verse.

**24.** The righteous who spurned the overtures of their base inclinations — often to the derision of their peers — will come to appreciate their choice even more when they see the consequences of the life they avoided.

**וְיָצְאוּ וְרָאוּ בְּפִגְרֵי הָאֲנָשִׁים הַפֹּשְׁעִים בִּי** — *And they will go out and they will see the corpses of the men who rebelled against Me.* Upon leaving Jerusalem, those who ascended to prostrate themselves before God will pass the Valley of Jehoshaphat, and see the corpses of the armies of Gog and Magog, who sought to drive God's nation from its homeland (*Radak*). This will take place during the seven months that it will take to bury them [see Ezekiel 39:12] (*Metzudos*).

24 *And they will go out and they will see the corpses of the men who rebelled against Me, for their decay will not cease and their fire will not be extinguished, and they will lie in disgrace before all mankind.*

*It shall be that at every New Moon and on every Sabbath*
*all mankind will come to prostrate themselves before Me, says* H*ASHEM*.

---

**כִּי תוֹלַעְתָּם לֹא תָמוּת וְאִשָּׁם לֹא תִכְבֶּה** — *For their decay will not cease and their fire will not be extinguished.* The word תּוֹלַעַת literally means *worm*: the worms that gorge upon their flesh will not cease (*Rashi, Radak, Metzudos*). The presence of worms in spite of the unending fire is a further proof of God's miraculous intervention (*Radak, Malbim*).

*Targum* interprets our verse as referring to the next world, [either World of the Souls, or this world after the revivification [see *Ibn Ezra, Radak, Abarbanel*]. Accordingly, *their worm will not cease* refers to the punishment of their bodies, whereas *their fire will not be extinguished* refers to the punishment of their souls, in *Gehinnom* (*Radak*).

The Sages (*Rosh Hashanah* 17a) interpret the verse as referring to those who denied belief in the basic tenets of Judaism, or caused the masses to sin. Such people will ultimately endure unending retribution. God will grant them unnatural strength to be able to bear their supernatural punishment (*Sanhedrin* 100b). Although it is natural for anyone to fall prey to the temptation of sin, the seeds of truth lie deep within the human psyche. Someone who uproots the truth in a blatant manner will be punished in a way that defies nature.

**וְהָיוּ דֵרָאוֹן לְכָל־בָּשָׂר** — *And they will lie in disgrace before all mankind.* The translation of דֵּרָאוֹן as *disgrace* follows *Radak* and *Metzudos.* Those who ascend to Jerusalem will, upon their departure, observe the spectacle of the corpses, and be overcome by the stench, unable to remain there for any length of time (*Radak*).

*Targum* translates the word as two words די ראיון, or *sufficiently seen.* The sinners will be punished in *Gehinnom* until the righteous declare that they have seen enough (*Rashi*). Punishment is not an end in itself; it is meant as a declaration of God's ultimate sovereignty. Once man, embodied by the truly righteous, has absorbed this lesson, there is no need for future retribution. The Sages (*Rosh Hashanah* 17a) state that this retribution spans the generations. Accordingly, it is all of humanity throughout history that must witness the retribution of sinners before God's total sovereignty can be established.

When this chapter is read in the synagogue as the *Haftarah* of Rosh Chodesh that falls on the Sabbath, verse 23 is repeated at the end of the chapter, so that the *Haftarah* will end on a positive note.

*R' Schwab* ends his commentary by noting that the Book of *Isaiah* does end by prophesying that everyone "will live happily ever after." This is not so. Even at the time of the Messiah, R' Schwab contends, there will still be people who persist in their wickedness, adamantly deviating from God's moral law. Such incorrigible people will eventually be destroyed, just as the righteous will receive their external reward, as prophesied by Isaiah. This promise applies throughout history; not one drop of innocent blood nor one anguished cry will remain unpunished. God created this world with freedom of choice, Human beings are not machines. People make choices, and are rewarded or punished according to the choices they make.

*R' Hirsch* comments on this chapter as follows:
*The first chapter of Isaiah and the last belong together, for their contents relate to each other like a beginning to an end. The first chapter concerns itself with Isaiah's mission and the realities of his contemporary scene, and the last chapter offers a summary and a broader view of his prophecies that are relevant for all times.*

# Appendix

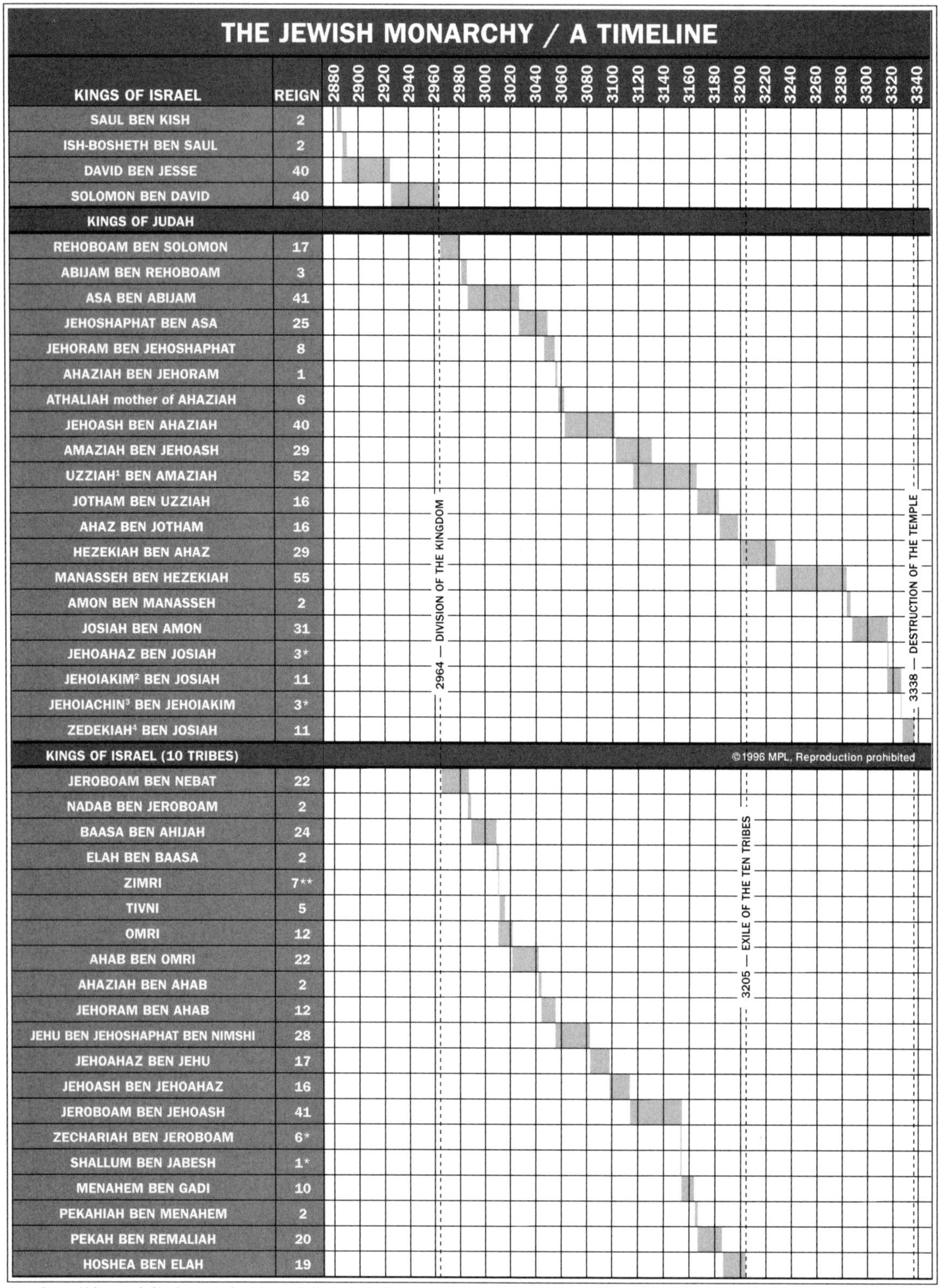

# THE JEWISH MONARCHY / A TIMELINE

2880 · 2900 · 2920 · 2940 · 2960 · 2980 · 3000 · 3020 · 3040 · 3060 · 3080 · 3100 · 3120 · 3140 · 3160 · 3180 · 3200 · 3220 · 3240 · 3260 · 3280 · 3300 · 3320 · 3340

| KINGS OF ISRAEL | REIGN |
|---|---|
| SAUL BEN KISH | 2 |
| ISH-BOSHETH BEN SAUL | 2 |
| DAVID BEN JESSE | 40 |
| SOLOMON BEN DAVID | 40 |
| **KINGS OF JUDAH** | |
| REHOBOAM BEN SOLOMON | 17 |
| ABIJAM BEN REHOBOAM | 3 |
| ASA BEN ABIJAM | 41 |
| JEHOSHAPHAT BEN ASA | 25 |
| JEHORAM BEN JEHOSHAPHAT | 8 |
| AHAZIAH BEN JEHORAM | 1 |
| ATHALIAH mother of AHAZIAH | 6 |
| JEHOASH BEN AHAZIAH | 40 |
| AMAZIAH BEN JEHOASH | 29 |
| UZZIAH[1] BEN AMAZIAH | 52 |
| JOTHAM BEN UZZIAH | 16 |
| AHAZ BEN JOTHAM | 16 |
| HEZEKIAH BEN AHAZ | 29 |
| MANASSEH BEN HEZEKIAH | 55 |
| AMON BEN MANASSEH | 2 |
| JOSIAH BEN AMON | 31 |
| JEHOAHAZ BEN JOSIAH | 3* |
| JEHOIAKIM[2] BEN JOSIAH | 11 |
| JEHOIACHIN[3] BEN JEHOIAKIM | 3* |
| ZEDEKIAH[4] BEN JOSIAH | 11 |
| **KINGS OF ISRAEL (10 TRIBES)** | |
| JEROBOAM BEN NEBAT | 22 |
| NADAB BEN JEROBOAM | 2 |
| BAASA BEN AHIJAH | 24 |
| ELAH BEN BAASA | 2 |
| ZIMRI | 7** |
| TIVNI | 5 |
| OMRI | 12 |
| AHAB BEN OMRI | 22 |
| AHAZIAH BEN AHAB | 2 |
| JEHORAM BEN AHAB | 12 |
| JEHU BEN JEHOSHAPHAT BEN NIMSHI | 28 |
| JEHOAHAZ BEN JEHU | 17 |
| JEHOASH BEN JEHOAHAZ | 16 |
| JEROBOAM BEN JEHOASH | 41 |
| ZECHARIAH BEN JEROBOAM | 6* |
| SHALLUM BEN JABESH | 1* |
| MENAHEM BEN GADI | 10 |
| PEKAHIAH BEN MENAHEM | 2 |
| PEKAH BEN REMALIAH | 20 |
| HOSHEA BEN ELAH | 19 |

2964 — DIVISION OF THE KINGDOM

3205 — EXILE OF THE TEN TRIBES

3338 — DESTRUCTION OF THE TEMPLE



*months **days 1. Also known as Azariah. 2. Also known as Eliakim. 3. Also known as Jeconiah. 4. Also known as Mattaniah.

## THE BABYLONIAN EXILE / A TIMELINE

**70 YEARS OF EXILE: 3338-3408**

| KING | COUNTRY | YEARS OF RULE* | COMMENT |
|---|---|---|---|
| NEBUCHADNEZZAR | BABYLON | 3319-3363 | Destroyed Jerusalem |
| EVIL-MERODACH | BABYLON | 3363-3386 | Freed King Jehoiachin |
| BELSHAZZAR | BABYLON | 3386-3389 | Last Babylonian king |
| DARIUS THE MEDE | PERSIA-MEDIA | 3389-3390 | Defeated Belshazzar |
| CYRUS | PERSIA-MEDIA | 3390-3393 | Authorized return of exiles and rebuilding of Temple |
| AHASUERUS | PERSIA-MEDIA | 3393-3407 | Husband of Esther |
| DARIUS THE PERSIAN | PERSIA-MEDIA | 3407-3442 | Esther's son; authorized Temple's completion |

Timeline: 3310 3320 3330 3340 3350 3360 3370 3380 3390 3400 3410 3420 3430 3440

3338 — DESTRUCTION OF THE TEMPLE

3408 — AUTHORIZATION TO COMPLETE THE TEMPLE

*Based on *Seder Olam* and *Talmud* (*Megillah* 11b-12a, according to *Rashi*).

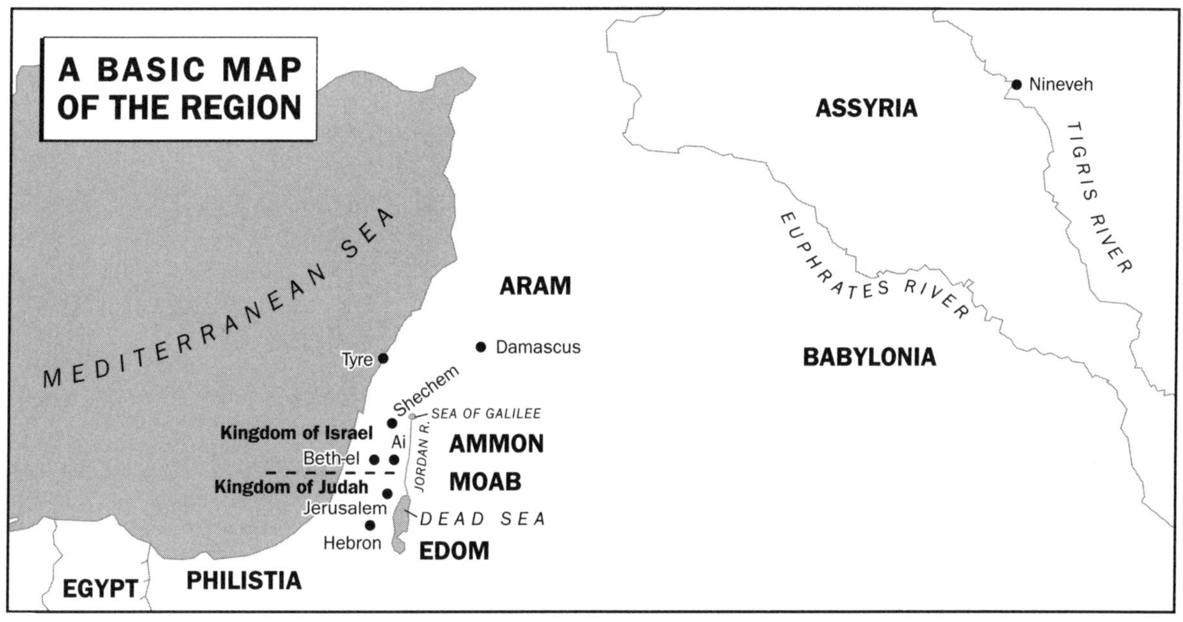

# Translation of Names in Tanach

(IN HEBREW ALPHABETICAL ORDER)

## א

| | |
|---|---|
| Abigail | אֲבִגַיִל/אֲבִיגַיִל |
| Abi | אֲבִי |
| Abijah | אֲבִיָּה |
| Abihail | אֲבִי הַיִל |
| Abihail | אֲבִיחַיִל |
| Abihu | אֲבִיהוּא |
| Abijam | אֲבִיָּם |
| Abimelech | אֲבִימֶלֶךְ |
| Abinadab | אֲבִינָדָב |
| Abiner | אֲבִינֵר |
| Abiram | אֲבִירָם |
| Abishag | אֲבִישַׁג |
| Abishai | אֲבִישַׁי |
| Abiathar | אֶבְיָתָר |
| Abner | אַבְנֵר |
| Abraham | אַבְרָהָם |
| Abram | אַבְרָם |
| Absalom | אַבְשָׁלוֹם |
| Agag | אֲגַג |
| Edom | אֱדוֹם |
| Adalia | אֲדַלְיָא |
| Adam | אָדָם |
| Adoni-bezek | אֲדֹנִי־בֶזֶק |
| Adonijah | אֲדֹנִיָּה |
| Adoni-zedek | אֲדֹנִי־צֶדֶק |
| Adoram | אֲדֹרָם |
| Adrammelech | אַדְרַמֶּלֶךְ |
| Ehud | אֵהוּד |
| Oholiab | אָהֳלִיאָב |
| Aaron | אַהֲרֹן |
| Evil-merodach | אֱוִיל מְרֹדַךְ |
| On | אוֹן |
| Onan | אוֹנָן |
| Uri | אוּרִי |
| Uriah | אוּרִיָּה(וּ) |
| Urijah | אוּרִיָּה (הַכֹּהֵן) |
| Ahab | אַחְאָב |
| Ahaz | אָחָז |
| Ahaziah | אֲחַזְיָה |
| Ahijah | אֲחִיָּה |
| Ahimelech | אֲחִימֶלֶךְ |
| Ahinoam | אֲחִינֹעַם |
| Ahiezer | אֲחִיעֶזֶר |
| Ahisar | אֲחִישָׁר |
| Ahitophel | אֲחִיתֹפֶל |
| Ahasuerus | אֲחַשְׁוֵרוֹשׁ |
| Job | אִיּוֹב |
| Jezebel | אִיזֶבֶל |
| Ichabod | אִיכָבוֹד |
| Elon | אֵילוֹן |
| Ish-bosheth | אִישׁ בֹּשֶׁת |
| Ithamar | אִיתָמָר |
| Achish | אָכִישׁ |
| Elah | אֵלָה |
| Elhanan | אֶלְחָנָן |
| Eliab | אֱלִיאָב |
| Elihoreph | אֱלִיחֹרֶף |
| Elijah | אֵלִיָּהוּ |
| Elihu | אֱלִיהוּא |
| Elimelech | אֱלִימֶלֶךְ |
| Eliezer | אֱלִיעֶזֶר |
| Eliphaz | אֱלִיפַז |
| Eliakim | אֶלְיָקִים |
| Eliashib | אֶלְיָשִׁיב |
| Elishama | אֱלִישָׁמָע |
| Elisha | אֱלִישָׁע |
| Elazar | אֶלְעָזָר |
| Elkanah | אֶלְקָנָה |
| Amon | אָמוֹן |
| Amaziah | אֲמַצְיָה |
| Amraphel | אַמְרָפֶל |
| Enosh | אֱנוֹשׁ |
| Asa | אָסָא |
| Asenath | אָסְנַת |
| Asaph | אָסָף |
| Esar-haddon | אֵסַר חַדֹּן |
| Esther | אֶסְתֵּר |
| Ephraim | אֶפְרַיִם |
| Ephrath | אֶפְרָת |
| Araunah | אֲרַוְנָה |
| Ornan | אָרְנָן |
| Ashpenaz | אַשְׁפְּנַז |
| Asher | אָשֵׁר |
| Ittai | אִתַּי |

## ב

| | |
|---|---|
| Bigthan | בִּגְתָן |
| Bidkar | בִּדְקַר |
| Boaz | בּוֹעַז |
| Baladan | בַּלְאֲדָן |
| Belshazzar | בֵּלְאשַׁצַּר/בֵּלְשַׁאצַּר |
| Bildad | בִּלְדַּד |
| Bilhah | בִּלְהָה |
| Belteshazzar | בֵּלְטְשַׁאצַּר |
| Balaam | בִּלְעָם |
| Balak | בָּלָק |
| Ben-hadad | בֶּן־הֲדַד |
| Benaiah | בְּנָיָהוּ |
| Benjamin | בִּנְיָמִין |
| Baanah | בַּעֲנָא |
| Baanah | בַּעֲנָה |
| Baasha | בַּעְשָׁא |
| Bezalel | בְּצַלְאֵל |
| Berodach | בְּרֹאדַךְ |
| Baruch | בָּרוּךְ |
| Barzillai | בַּרְזִלַּי |
| Bera | בֶּרַע |
| Barak | בָּרָק |
| Birsha | בִּרְשַׁע |
| Bethuel | בְּתוּאֵל |
| Bath-sheba | בַּת־שֶׁבַע |

## ג

| | |
|---|---|
| Gabriel | גַּבְרִיאֵל |
| Gad | גָּד |
| Gedaliah | גְּדַלְיָה |
| Gideon | גִּדְעוֹן |
| Gog | גּוֹג |
| Gehazi | גֵּיחֲזִי |
| Goliath | גָּלְיָת |
| Gomer | גֹּמֶר |
| Gaal | גַּעַל |
| Gershom | גֵּרְשֹׁם |
| Gershon | גֵּרְשׁוֹן |

## ד

| | |
|---|---|
| Deborah | דְּבוֹרָה |
| Doeg | דּוֹאֵג |
| David | דָּוִד |
| Dinah | דִּינָה |
| Delilah | דְּלִילָה |
| Dalphon | דַּלְפוֹן |
| Dan | דָּן |
| Daniel | דָּנִיֵּאל |
| Darius | דָּרְיָוֶשׁ |
| Dathan | דָּתָן |

## ה

| | |
|---|---|
| Abel | הֶבֶל |
| Hegai | הֵגַי |
| Hagar | הָגָר |
| Hadad | הֲדַד |
| Hadadezer | הֲדַדְעֶזֶר |
| Hadassah | הֲדַסָּה |
| Hadoram | הֲדֹרָם |
| Hoham | הוֹהָם |
| Hosea | הוֹשֵׁעַ (הנביא) |
| Hoshea | הוֹשֵׁעַ |
| Heman | הֵימָן |
| Haman | הָמָן |
| Horam | הֹרָם |

## ו

| | |
|---|---|
| Vaizatha | וַיְזָתָא |
| Vashti | וַשְׁתִּי |

## ז

| | |
|---|---|
| Zeeb | זְאֵב |
| Zabad | זָבָד |
| Zebadiah | זְבַדְיָהוּ |
| Zabud | זָבוּד |
| Zebudah | זְבוּדָּה |
| Zebulun | זְבוּלֻן/זְבֻלוּן |
| Zichri | זִכְרִי |
| Zechariah | זְכַרְיָה(וּ) |
| Zilpah | זִלְפָּה |
| Zimri | זִמְרִי |
| Zerubbabel | זְרֻבָּבֶל |
| Zerah | זֶרַח |
| Zeresh | זֶרֶשׁ |

## ח

| | |
|---|---|
| Habakkuk | חֲבַקּוּק |
| Haggai | חַגַּי |
| Eve | חַוָּה |
| Huram | חוּרָם |
| Hushai | חוּשַׁי |
| Hazael | חֲזָאֵל |
| Hezekiah | חִזְקִיָּה |
| Hiel | חִיאֵל |
| Hiram | חִירָם |
| Hilkiah | חִלְקִיָּהוּ/חִלְקִיָּה |
| Hamutal | חֲמוּטַל |
| Hannah | חַנָּה |
| Enoch | חֲנוֹךְ |
| Hanani | חֲנָנִי |
| Hananiah | חֲנַנְיָה |
| Hophni | חָפְנִי |
| Hefzibah | חֶפְצִי־בָהּ |
| Hezron | חֶצְרוֹן |
| Harbonah | חַרְבוֹנָא |
| Haran | חָרָן |

## ט

| | |
|---|---|
| Tob-adonijah | טוֹב אֲדוֹנִיָּה |
| Tobiah | טוֹבִיָּה |
| Tobijah | טוֹבִיָּהוּ |

## י

| | |
|---|---|
| Jair | יָאִיר |
| Jaazaniah | יַאֲזַנְיָה |
| Josiah | יֹאשִׁיָּהוּ |
| Jabin | יָבִין |
| Jeduthun | יְדוּתוּן |
| Jedidah | יְדִידָה |
| Jehu | יֵהוּא |
| Jehoahaz | יְהוֹאָחָז |
| Jehoash | יְהוֹאָשׁ |
| Judah | יְהוּדָה |
| Jehozabad | יְהוֹזָבָד |
| Jehoiachin | יְהוֹיָכִין |
| Jehoiakim | יְהוֹיָקִים |
| Jehonadab | יְהוֹנָדָב |
| Jehonathan | יְהוֹנָתָן |
| Jonathan | יְהוֹנָתָן/יוֹנָתָן (בן שאול) |
| Jehoaddan | יְהוֹעַדָּן/יְהוֹעַדִּין |
| Jehozadah | יְהוֹצָדָק |
| Jehoram | יְהוֹרָם |
| Jehosheba | יְהוֹשֶׁבַע |
| Jehoshabeath | יְהוֹשַׁבְעַת |
| Joshua | יְהוֹשֻׁעַ |
| Jehoshaphat | יְהוֹשָׁפָט |
| Joab | יוֹאָב |
| Joah | יוֹאָח |
| Joel | יוֹאֵל |
| Joash | יוֹאָשׁ |
| Jobab | יוֹבָב |
| Jozacar | יוֹזָכָר |
| Johanan | יוֹחָנָן |
| Joiada/Jehoiada | יוֹיָדָע/יְהוֹיָדָע |
| Jochebed | יוֹכֶבֶד |
| Jonadab | יוֹנָדָב |
| Jonah | יוֹנָה |
| Joseph | יוֹסֵף |
| Joram | יוֹרָם |
| Jotham | יוֹתָם |
| Jezreel | יִזְרְעֶאל |
| Jahaziel | יַחֲזִיאֵל |
| Jahzeiah | יַחְזְיָה |
| Ezekiel | יְחֶזְקֵאל |
| Jecoliah | יְכָילְיָה(וּ) |
| Jabez | יַעְבֵּץ |
| Jedi the Seer | יֶעְדִּי/יֶעְדּוֹ |
| Jael | יָעֵל |
| Jacob | יַעֲקֹב |
| Japhia | יָפִיעַ |
| Japheth | יֶפֶת |
| Jephthah | יִפְתָּח |
| Isaac | יִצְחָק |
| Joktan | יָקְטָן |
| Jerubaal | יְרֻבַּעַל |
| Jeroboam | יָרָבְעָם |
| Jerusah | יְרוּשָׁא/יְרוּשָׁה |
| Jeremiah | יִרְמְיָה(וּ) |
| Ishvi | יִשְׁוִי |
| Jeshua | יֵשׁוּעַ |
| Jesse | יִשַׁי |
| Ishmael | יִשְׁמָעֵאל |
| Isaiah | יְשַׁעְיָה(וּ) |
| Israel | יִשְׂרָאֵל |
| Issacher | יִשָּׂשכָר |
| Jether | יֶתֶר |
| Jethro | יִתְרוֹ |
| Ithream | יִתְרְעָם |

| | |
|---|---|
| Ebed-melech | עֶבֶד־מֶלֶךְ |
| Eber | עֵבֶר |
| Eglon | עֶגְלוֹן |
| Oded | עֹדֵד |
| Iddo | עִדּוֹ |
| Adriel | עַדְרִיאֵל |
| Obed | עוֹבֵד |
| Obadiah | עוֹבַדְיָה |
| Og | עוֹג |
| Uzzah | עֻזָּא |
| Uzziah | עֻזִּיָּה |
| Ezra | עֶזְרָא |
| Azariah | עֲזַרְיָה |
| Achan | עָכָן |
| Achsah | עַכְסָה |
| Eli | עֵלִי |
| Amon | עָמוֹן |
| Amos | עָמוֹס |
| Amminadab | עַמִּינָדָב |
| Amalek | עֲמָלֵק |
| Omri | עָמְרִי |
| Amram | עַמְרָם |
| Amasa | עֲמָשָׂא |
| Ephron | עֶפְרוֹן |
| Er | עֵר |
| Oreb | עֹרֵב |
| Orpah | עָרְפָּה |
| Asahel | עֲשָׂהאֵל |
| Esau | עֵשָׂו |
| Athaliah | עֲתַלְיָה |
| Othniel | עָתְנִיאֵל |

## פ

| | |
|---|---|
| Potiphar | פּוֹטִיפַר |
| Poti-phera | פּוֹטִי־פֶרַע |
| Pul | פּוּל |
| Puah | פּוּעָה |
| Poratha | פּוֹרָתָא |
| Peleg | פֶּלֶג |
| Palti | פַּלְטִי |
| Paltiel | פַּלְטִיאֵל |
| Pelatiah | פְּלַטְיָהוּ |
| Ploni Almoni | פְּלֹנִי אַלְמֹנִי |
| Phinehas | פִּנְחָס |
| Peninnah | פְּנִנָּה |
| Pekah | פֶּקַח |

| | |
|---|---|
| Maacah | מַעֲכָה |
| Mephiboshet | מְפִיבֹשֶׁת |
| Merab | מֵרַב |
| Mordechai-bilshan | מָרְדְּכַי בִּלְשָׁן |
| Mordechai | מָרְדְּכַי |
| Merodach-baladan | מְרוֹדַךְ בַּלְאֲדָן |
| Miriam | מִרְיָם |
| Merari | מְרָרִי |
| Moses | מֹשֶׁה |
| Meshullemeth | מְשֻׁלֶּמֶת |
| Methusael | מְתוּשָׁאֵל |
| Mattan | מַתָּן |
| Mattaniah | מַתַּנְיָה |
| Mithredath | מִתְרְדָת |

## נ

| | |
|---|---|
| Nebuzaradan | נְבוּזַרְאֲדָן |
| Nebuchadnezzar | נְבוּכַדְנֶאצַּר |
| Nebuchadrezzar | נְבוּכַדְרֶאצַּר |
| Naboth | נָבוֹת |
| Nabal | נָבָל |
| Nadab | נָדָב |
| Noah | נֹחַ |
| Nahum | נַחוּם |
| Nahor | נָחוֹר |
| Nehemiah | נְחֶמְיָה |
| Nimrod | נִמְרֹד |
| Nahash | נָחָשׁ |
| Nahshon | נַחְשׁוֹן |
| Naamah | נַעֲמָה |
| Naomi | נָעֳמִי |
| Naaman | נַעֲמָן |
| Naphtali | נַפְתָּלִי |
| Nathan | נָתָן |
| Nethanel | נְתַנְאֵל |

## ס

| | |
|---|---|
| Sibbecai | סִבְּכַי |
| Sihon | סִיחוֹן |
| Sisera | סִיסְרָא |
| Sanballat | סַנְבַלַּט |
| Sennacherib | סַנְחֵרִיב |
| Saph | סַף |

## ע

| | |
|---|---|
| Obed-edom | עֹבֵד אֱדוֹם/עֹבֵד אֱדֹם |

## כ

| | |
|---|---|
| Chedorlaomer | כְּדָרְלָעֹמֶר |
| Cyrus | כּוֹרֶשׁ |
| Cush | כּוּשׁ |
| Cushan-rishathaim | כּוּשַׁן רִשְׁעָתַיִם |
| Cozbi | כָּזְבִּי |
| Chileab | כִּלְאָב |
| Caleb | כָּלֵב |
| Chilion | כִּלְיוֹן |
| Cononiah | כָּנַנְיָהוּ |
| Canaan | כְּנַעַן |

## ל

| | |
|---|---|
| Leah | לֵאָה |
| Lo-ammi | לֹא עַמִּי |
| Lo-ruhamah | לֹא רֻחָמָה |
| Laban | לָבָן |
| Labben | לַבֵּן |
| Levi | לֵוִי |
| Lemuel | לְמוּאֵל |
| Lamech | לֶמֶךְ |
| Lappidoth | לַפִּידוֹת |

## מ

| | |
|---|---|
| Mehuman | מְהוּמָן |
| Maher-shalal-hash-baz | מַהֵר שָׁלָל חָשׁ בַּז |
| Moab | מוֹאָב |
| Mahlon | מַחְלוֹן |
| Michael | מִיכָאֵל |
| Micah | מִיכָה/מִיכָא |
| Micaiahu | מִיכָיְהוּ (הנביא) |
| Micajehu | מִיכָיְהוּ (מהר אפרים) |
| Michal | מִיכַל |
| Mishael | מִישָׁאֵל |
| Meshach | מֵישַׁךְ |
| Mesha | מֵישַׁע |
| Malachi | מַלְאָכִי |
| Malchizedek | מַלְכִּי־צֶדֶק |
| Malchishua | מַלְכִּישׁוּעַ |
| Queen of Sheba | מַלְכַּת שְׁבָא |
| Memucan | מְמוּכָן |
| Manoah | מָנוֹחַ |
| Menahem | מְנַחֵם |
| Manasseh | מְנַשֶּׁה |
| Mispar-begvai | מִסְפָּר־בִּגְוַי |

| | |
|---|---|
| Shemiramoth | שְׁמִירָמוֹת |
| Shimeah | שִׁמְעָא |
| Simeon | שִׁמְעוֹן |
| Shimei | שִׁמְעִי |
| Shemaiah | שְׁמַעְיָה |
| Shemer | שֶׁמֶר |
| Samson | שִׁמְשׁוֹן |
| Shimshai | שִׁמְשַׁי |
| Shinab | שִׁנְאָב |
| Seir | שֵׂעִיר |
| Shaashgaz | שַׁעַשְׁגַז |
| Shephatiah | שְׁפַטְיָה |
| Shaphan | שָׁפָן |
| Sarezer | שַׁרְאֶצֶר/שַׂרְאֶצֶר |
| Sarah | שָׂרָה |
| Sarai | שָׂרַי |
| Seraiah | שְׂרָיָה |
| Sheshbazzar | שֵׁשְׁבַּצַּר |
| Seth | שֵׁת |
| Shethar-bozenai | שְׁתַר בּוֹזְנַאי |

## ת

| | |
|---|---|
| Tibni | תִּבְנִי |
| Tiglath-pileser | תִּגְלַת פִּלְאֶסֶר |
| Tola | תּוֹלָע |
| Tamar | תָּמָר |
| Toi | תֹּעִי |
| Terah | תֶּרַח |
| Tirzah | תִּרְצָה |
| Teresh | תֶּרֶשׁ |
| Tartan | תַּרְתָּן |
| Tattenai | תַּתְּנַי |

| | |
|---|---|
| Rebecca | רִבְקָה |
| Rabashakeh | רַב־שָׁקֵה |
| Regem-melech | רֶגֶם מֶלֶךְ |
| Ruth | רוּת |
| Rezon | רְזוֹן |
| Rahab | רָחָב |
| Rehoboam | רְחַבְעָם |
| Rachel | רָחֵל |
| Reuel | רְעוּאֵל |
| Reelaiah | רְעֵלָיָה |
| Rezin | רְצִין |
| Rizpah | רִצְפָּה |

## ש

| | |
|---|---|
| Saul | שָׁאוּל |
| Shearjashub | שְׁאָר יָשׁוּב |
| Shebna | שֶׁבְנָא |
| Sheba | שֶׁבַע |
| Shadrach | שַׁדְרַךְ |
| Shavsha | שַׁוְשָׁא |
| Shechem | שְׁכֶם/שֶׁכֶם |
| Shecaniah | שְׁכַנְיָה |
| Shelah | שֵׁלָה |
| Shallum | שַׁלּוּם |
| Solomon | שְׁלֹמֹה |
| Salmah | שַׂלְמָה |
| Shelomith | שְׁלֹמִית |
| Shalmaneser | שַׁלְמַנְאֶסֶר |
| Shem | שֵׁם |
| Shemeber | שֶׁמְאֵבֶר |
| Shamgar | שַׁמְגַּר |
| Shammah | שַׁמָּה |
| Samuel | שְׁמוּאֵל |

| | |
|---|---|
| Pekahiah | פְּקַחְיָה |
| Purah | פֻּרָה |
| Parmashta | פַּרְמַשְׁתָּא |
| Pharaoh | פַּרְעֹה |
| Pharaoh-neco | פַּרְעֹה נְכוֹ |
| Perez | פֶּרֶץ |
| Parshandatha | פַּרְשַׁנְדָּתָא |
| Pashur | פַּשְׁחוּר |

## צ

| | |
|---|---|
| Zibiah | צִבְיָה |
| Zadok | צָדוֹק |
| Zedekiah | צִדְקִיָּה |
| Zophar | צוֹפַר |
| Ziba | צִיבָא |
| Zelophehad | צְלָפְחָד |
| Zemah | צֶמַח |
| Zephaniah | צְפַנְיָה |
| Zipporah | צִפֹּרָה |
| Zaphenath-paneah | צָפְנַת פַּעְנֵחַ |

## ק

| | |
|---|---|
| Kohath | קְהָת |
| Kore | קוֹרֵא |
| Keturah | קְטוּרָה |
| Cain | קַיִן |
| Kish | קִישׁ |
| Korah | קֹרַח |

## ר

| | |
|---|---|
| Reuben | רְאוּבֵן |

# Index

the prophets
נביאים